阿拉伯语汉语词典

北京大学外国语学院阿拉伯语系　编

北京大学出版社
2008 年·北京

图书在版编目(CIP)数据

阿拉伯语汉语词典(修订版)/北京大学外国语学院阿拉伯语系编.
—北京：北京大学出版社,2008.12
　ISBN 978-7-301-14277-6

　Ⅰ.阿… Ⅱ.北… Ⅲ.①阿拉伯语-词典②词典-阿拉伯语、汉语
Ⅳ.H376

中国版本图书馆 CIP 数据核字(2008)第 146690 号

书　　　　名：	阿拉伯语汉语词典(修订版)
著作责任者：	北京大学外国语学院阿拉伯语系　编
责 任 编 辑：	兰　婷
标 准 书 号：	ISBN 978-7-301-14277-6/H·2074
出 版 发 行：	北京大学出版社
地　　　　址：	北京市海淀区成府路 205 号　100871
网　　　　址：	http://www.pup.cn
电 子 邮 箱：	zbing@pup.pku.edu.cn
电　　　　话：	邮购部 62752015　发行部 62750672　编辑部 62759634
	出版部 62754962
印　　刷　者：	北京中科印刷有限公司
经　　销　者：	新华书店
	890 毫米×1240 毫米　A5　44.75 印张　1130 千字
	2008 年 12 月第 2 版　2024 年 12 月第 13 次印刷
定　　　　价：	148.00 元

未经许可，不得以任何方式复制或抄袭本书之部分或全部内容。
版权所有，侵权必究　　举报电话：010－62752024
　　　　　　　　　　　电子邮箱：fd@pup.pku.edu.cn

مُعجَمُ العَرَبِيَّةِ الصِّينِيَّةِ

تأليف

قسم اللغة العربية في كلية اللغات الأجنبية
بجامعة بكين

دار النشر في جامعة بكين
بكين ٢٠٠٨

"北京大学卡布斯苏丹阿拉伯研究讲席"
资助项目

تم طباعة هذا المعجم بدعم من
كرسي السلطان قابوس للدراسات العربية في جامعة بكين

目 录

一、再版前言 …… 1

二、体例说明 …… 2

三、词典正文 …… 1-1416

أ …… 1
ب …… 59
ت …… 123
ث …… 143
ج …… 159
ح …… 217
خ …… 301
د …… 347
ذ …… 392
ر …… 405
ز …… 477
س …… 506
ش …… 591
ص …… 653
ض …… 701
ط …… 719
ظ …… 760
ع …… 766
غ …… 857
ف …… 889
ق …… 946
ك …… 1030
ل …… 1087
م …… 1135
ن …… 1198
ه …… 1297
و …… 1335
ي …… 1407

四、附录 …… 1417-1420

1. 月份名称 …… 1417
2. 字母数字对照表 …… 1417
3. 阿拉伯国家、首都、主要城市 …… 1418

再版前言

经过几年努力，读者盼望已久的《阿拉伯语汉语词典》即将再版付梓。

《阿拉伯语汉语词典》第一版由商务印书馆于1966年出版。该词典有两大特点：实用性强，释义准确。词典收词量大，以新词为主，又兼收部分古词；既有各学科领域的词语（包括外来语），又收入了部分阿拉伯语方言的常用词语。词典各词条的汉语释义选词妥帖准确。词典面世近半个世纪以来，在国内阿拉伯语的教学与研究、中国与阿拉伯国家的合作与交往过程中，有着重要作用，受到读者欢迎，影响广泛持久。

本次再版主要做了以下修改：

一、对词典全文进行了重新排版。汉语释义采用左起排版的汉语习惯；主词条与亚词条在字体上做了区分；部分体例也做了相应调整。这样做无疑增加了排版难度，但方便了读者，是值得的。

二、词语及其释义有所增删及修改。词语作为语言中最活跃的因素，随着时代的发展和社会生活的变化，必然有其敏感的反映。有些词语或已消失，有些新词必然产生。就已有的词语来说，其词义范围或扩大，或缩小，或失去旧义，或产生新义。在词典的重排修订过程中，我们在不影响词典原有编排体系和风格的前提下，做了适当的增删和修改，以反映上述变化与发展。但要对词典作全面修订和增补，则是一项浩大的工程，远非这次再版所能实现，希望将来尽力弥补这一缺憾。

我们再次对本词典编纂过程中付出艰辛的前辈表示深深的敬意，也对词典此次修订重排和校对过程中付出辛劳的阿拉伯语系教师，特别是退休教师表示衷心的感谢。

由于我们知识水平有限，词典中错误和遗漏在所难免，希望读者不吝指出，以便今后更正补充。

北京大学外国语学院阿拉伯语系
2008年9月

体例说明

一、词条的组成

一、本词典以三个字母和四个字母的简式过去动词为结构基础，简式过去动词以阿语词律（فعل、فعلل）为依据，按阿拉伯语字母顺序排列。

二、基本字母相同的动词，按下列次序排列：

①简式动词（随后列出动词的现在式和词根，较常用的词根在前面）

②复式动词（随后列出动词的现在式，词根除例外者一概不列）

③简式动词的派生名词：

　　主动名词（اسم الفاعل）及其关系词

　　半主动名词（الصفة المشبهة）

　　被动名词（اسم المفعول）

　　张大名词（صيغة المبالغة）

　　比较名词（اسم التفضيل）

　　时空名词（اسم المكان واسم الزمان）

　　工具名词（اسم الآلة）

④复式动词的派生名词：

　　主动名词

　　被动名词

　　时空名词

三、为了便利读者，尽可能阿拉伯语汉语双解，阿拉伯语解释用符号"：" 分隔，如：

　　基础的，基本的　　　　　　　　　　　　أَساسِيّ: قاعِديّ

　　轻（指重量、负担等）　　　　　　　　　خِفَّة: ضدّ ثِقَل

四、名词的阳性和阴性，单数和复数，按下面的排列法：

　　　　　عَطِش / عَطْشَانُ ج عِطَاش وعَطَاشَى وعَطْشَى م عَطْشَى وعَطْشَانَة ج عِطاش / عاطِش

　　渴的，口渴的

　　正在哭泣的，正在流泪的　　　　باكٍ ج بُكاة م بَاكِيَة ج بَاكِيات وبَوَاكٍ: في حالة البكاء

五、变形的动词和名词，不加注释，只说明（في كذا）（即参看…）如：

　　　　　　　　　　　　　　　　　　　　　اِتَّصَل (في وصل)

　　　　　　　　　　　　　　　　　　　　　مَسَافَة (في سوف)

六、外来语后面，一般都附有原文，并注明其为何国语，如：

أَلْمَانِيَا...(法) Allemagne　日耳曼，德意志，德国

إلْجِي جـ إلْجِيَّة (土)　大使

二、几种符号的说明

一、“و”，用于下列几种情况：

①连接同一名词的各单数形式，如：

أَقْط وإقْط وأُقْط وأَقَط وأَقِط وأَقُط وإقِط جـ أُقْطَان　干酪，乳饼

②连接同一名词的各复数形式，如：

صَبِيّ جـ صِبْيَان وصُبْيَان وصِبْوَان وصُبْوَان وأَصْبِيَة وصِبْيَة وصَبْيَة وصُبْيَة　男孩，童儿，少年

③连接同一动词的各简式，简式和复式，同一动词的各复式，如：

خَلُقَ ـُ خُلُوقَةً وخَلَقًا وخَلَقَ ـُ وخَلِقَ ـَ الثَّوْبُ: بَلِيَ　(衣服)破旧

خَزَنَ ـُ خَزْنًا وخَزَّنَ واخْتَزَنَ المالَ: ادَّخَرَه　储存，贮藏

تَخَطَّفَ واخْتَطَفَ الشيءَ　攫取，抓住

二、“/”，用于同义的各词语之间，如：

مُخَيِّلَة / خَيَالِيَّة: قُوَّة التَخَيُّل　想象力

三、一个词有几种含义时，或分列成几个词条，或在汉语解释中加“；”来区别，如：

أَرْضِيّ: مختصّ بالكُرَة الأَرْضِيَّة / دُنْيَوِيّ　地球的，大地的…；今世的…；陆栖的

أَصْلِيّ: أَوَّلِيّ / بِدَائِيّ / قَدِيم　原始的，最初的；首先的，首要的，主要的

ـ: أَسَاسِيّ　基础的，基本的，根本的

ـ: حَقِيقِيّ　真的，真正的，纯粹的

三、略语表

一、阿拉伯语略语：

(مـ)	埃及方言标志	ه (المفعول به)	宾语
(سـ)	叙利亚方言标志	ـَ (عين المضارع مفتوحة)	现在式动词的ع带开口符
(عـ)	伊拉克方言标志	ـِ (عين المضارع مكسورة)	现在式动词的ع带齐齿符
(أ)	外来语标志	ـُ (عين المضارع مضمومة)	现在式动词的ع带合口符
ـ	为替代某词的标志	ـَـِـُ (يجوز في عين المضارع الفتح والكسر والضمّ)	现在式动词的ع可带三种符号
جـ (الجمع)	复数		
جج (جمع الجمع)	复数的复数		
م (المؤنّث)	阴性		
مث (المثنّى)	双数		

二、汉语略语:

(德)德语
(意)意大利语
(俄)俄语
(波)波斯语
(土)土耳其语
(英)英语
(法)法语
(希)希腊语
(拉)拉丁语
(希伯)希伯来语
[天]天文学
[动]动物学
[植]植物学
[地]地质学；地理学
[语]语言学；语法学
[物]物理学
[化]化学
[解]解剖学
[哲]哲学
[机]机械学
[宗]宗教
[基督]基督教
[伊]伊斯兰教
[罗神]罗马神话
[希神]希腊神话
[铁]铁路
[医]医学
[矿]矿物学
[鸟]鸟类
[生]生物学
[经]经济学
[逻]逻辑学
[数]数学
[修]修辞学
[史]历史学
[建]建筑学
[军]军事学
[音]音乐
[气]气象学
[法]法律学
[体]体育

الألف

ا (الألف) 阿拉伯字母表第 1 个字母，代表数字 1。是半元音字母，与开口符配合构成长音；用作喉音字母“ء”(الهمزة)的依托。

أ (هَمْزَة الاستفهام): هَلْ (疑问词)吗？么？
ـ لا ... / ـ ما ...؟ 不…吗？难道不…？没有…吗？难道没有…吗？
ـ ما رأيتَ أخِي؟ 你(难道)没有看见我哥哥(弟弟)吗？
ـ (همزة التَسْوِيَة) / سَواء ـ ... أمْ ... 是…呢，还是…？…也好…也好，无论…或…都是一样的
ـ تَتحدَّث جِدًّا أم أنْتَ مَازِح؟ 你说的是正经话呢，还是开玩笑？
هو لا يُبَالِي ـ ذَهَبْتُ أم بَقِيتُ 无论我走不走，他都满不在乎
ألاَ وهو (هي) 即，就是
آب (أ): أُغُسْطُس 阳历 8 月
آب (في أوب)
أب (في أبو) / **آبار** (في بئر)
أبَّ ـُ أبًّا وأبَابًا وأبَابَةً وإبَابَةً إليه: اشتاق إليه 渴望，想念，怀念
أبّ جـ أُوبّ: عُشْب 草，牧草
أبَابَة: حَنين إلى الوَطَن 思乡病，怀乡病
ابتاع (في بيع) / **ابتزّ** (في بزز)
أبْجَدِيّ 字母的；按照字母次序排列的
فِهْرِسٌ ـ 字母顺序索引
الحُرُوفُ الأبْجَدِيَّة 字母表，字母的总称
أبَدَ ـِ أُبُودًا بالمكان: أقَام 居住，居留
ـُـِ أُبُودًا الحَيَوَانُ: توحَّش (动物)不驯服，变成野的
أبَّدَه: خَلَّدَه 使永存，使不朽，使永久
تَأَبَّدَ: تَوَحَّشَ (动物)变为野的
أبَد: دَوام 永存，永恒，永远，永久
إلى الـ / ـ الدَهْر: دَائِمًا 永远地，永久地，永恒地
إلى ـ الآبِدِين 永远地，长远地，永久地
أبَدًا: قَطْعًا / أَصْلاً 决不，从来没有
ـ: دائمًا 始终，往往，常常地，永久地，永远地
لا ... ـ 根本不…，绝对不…
ما ... ـ 从来不…，向来不…
كَلاَّ لم أُشَاهِدْ ذلك ـ 不，我根本没见过这个
أبَدِيّ: دائِم 无终的，永久的，永恒的
ـ: أَزَلِيّ 无始的，永恒的
أبَدِيَّة: أزَلِيَّة 永恒性，无始性
ـ: دَوَام 永恒性，无终性
آبِد: بَرِّيّ / مُتَوَحِّش 野的，没有养驯的(动物)
آبِدَة جـ أوَابِدُ: هُولَة / وَحْش أو شيء مُخِيف 怪物；野兽；非常重大的事件，浩劫
مُؤَبَّد: دائِم 无尽的，无限的，永久的，永恒的
ـ: مَدَى الحياة 终身的，终生的
الأشغال الشاقَّة الـ ة 终身苦役，无期徒刑
أبَرَ ـِ أبْرًا وإبَارًا العقرب فلانًا: لدغه (蝎子等)蜇，刺
ـ فلانًا: افترَى عليه 污蔑，诽谤，毁坏…

ـ فلانًا: اغتابه 暗骂，窃议，背后骂人
的名誉

أَبَّرَ النخلَ أو الزرعَ [植]授粉
إبَار / تأبُّر 受粉
إبْرَة جـ إبَر وإبَار وإبَرَات 针；刺
ـ: طرف مدبّب 尖，尖头，尖端
ـ الحَشرة: حُمَة / زُبَانَى (蜂、蝎等的)刺
ـ انحراف مَغْنَطِيسيّ 倾角计，伏角计
ـ الخِيَاطَة 缝衣针
ـ الرَاعي: خُبَّيزَى (مـ) / افرنكيَّة [植]天竺葵
ـ الراهِب [植]马蹄纹天竺葵
ـ العَجُوز [植]蔓生天竺葵
ـ العَجُوز / أَبو مِقَصّ (مـ) 蠼螋
ـ المِدْفَع 大炮的撞针
ـ مَغْنَطِيسِيَّة / ـ مَغْناطِيسِيّة / ـ مُمَغْطَسَة 磁针，指南针
ـ المَلاَّحِين: البُوصلَة / حُقّ 指南针，罗盘，罗针仪
ـ النَبات: سَدَاة [植]雄蕊
ـ وَابُور الغاز (煤气灯和煤气炉的)通针
بَيْت ـ 指南针
شُغْل الـ 针黹，刺绣，缝纫，针线活儿
أَبَّار: صانِع الإبَر أو بائعها 制针工人，卖针的
مُتَأَبِّر: مِدقَّة النبات [植]雌蕊
مِئْبَر / مِئْبَار / أَبَّارة (مـ) 针盒子，针插子
ـ / مِيْبَر (مـ) 打包针
أَبْرَاميس / أَبْرَمِيس (أ): شِلْبَة (مـ) [动]鳊
إبْرَاهِيمُ 易卜拉欣(男名)
إبْرِيز (أ): ذهَب خالص 纯金，足金
إبْرِيسَم (أ): حَرِير 丝，绸，绢，缎
إبْرِيق جـ أَبَارِيقُ (أ) (راجع برق) 有柄的壶，罐
ـ الشَاي 茶壶

ـ القَهْوَة 咖啡壶
ـ الزَيْت 油壶，油罐
إبْرِيل / أَبْرِيل (أ) April: نَيْسَان / الرابع من شهور السنة الشمسيّة 阳历4月
أَوَّل ـ: يوم الكِذْب 愚人节，万愚节
أَبْزَن (أ): حوض التشطيف (انظر حوض) (固定在墙上的)洗脸盆
إبْزِيم جـ أَبَازِيمُ (皮带等的)扣子，带钩
إبْسِن (أ) Ibsen 易卜生(挪威剧作家1828—1906)
إبْسِيط جـ أَبَاسِيطُ (مـ): حِتار العَجَلَة الخارجي 辋(车轮的外周)
أَبَشَ ـُ أَبْشًا وأَبَّشَ الشيءَ: جَمَعَه 集合，聚集，搜集，采集，征集
أُبَاشَة: خليط من الناس (راجع وبش) 乌合之众；暴徒
أُبْض جـ آبَاض / مَأْبِض جـ مَآبِضُ 腘，膝弯，腿弯，腿窝
إبَاضَة: قَبْقابُ الفَرْمَلَة 制动器，制轮具，车闸
مَأْبِضِيّ (في التشريح) 腿弯部的，膝腘部的
تَأَبَّطَ الشيءَ: وضَعَه تحت إبطه 挟在腋下
ـ كِتابًا 把书挟在腋下
إبْط جـ آبَاط: باط (مـ) / باطِن الكتف (通性) 腋，胳肢窝
إبْطِيّ: مُختَصّ بالإبط 腋的，胳肢窝的
أَبِقَ ـَ وأَبَقَ ـِ إبَاقًا وأَبْقًا وأَبَقًا: هرب 逃跑，逃走，逃亡，潜逃，私逃
أَبق: كَتَّان 亚麻
آبِق جـ أُبَّاق وأُبَّق: هارِب 私逃者，逃走者，逃亡者，亡命者；逃奴
إبُقْرَاط Hippocrates 希波克拉底(希腊名医，公元前460—前377)

إبل / إبْل جـ آبَال: جِمال 骆驼群

إبالة: سِياسة 善于理财，善于驾驭(骆驼等)；权术，权谋，外交手腕，手段，策略，精明

إبَّالَة: بَالَة (مـ) / رِزْمَة (货物或柴草的)捆，包

ضِغْثٌ على ـ: بَلِيَّة على بَلِيَّة 祸上加祸，祸不单行；越来越糟，每况愈下

أَبِيل جـ آبَال وأُبْل: رئِيس دَيْر رُهْبان 男修道院院长

أَبِيلَة: رئيسة دَيْر راهبات 女修道院院长

أَبْلَكَاش (أ): خشب مُصَفَّح 三合板，胶合板

إبْلِيز / طين الإبْلِيز 沉泥，淤泥，淤沙，冲积层，冲积土

إبْلِيس جـ أَبالِيسُ وأَبالِسَة (希伯): شَيْطَان 撒旦，魔鬼，恶魔

إبْلِيسِيّ 魔鬼的，恶魔似的

ابْن / **ابنة** (في بني)

أَبَّنَ المَيْتَ 吊唁，哀悼，追念，追悼，颂扬或称赞死者

ـ ه بمَقالة 撰文追悼某人

حَفْلَةُ التَّأْبِينِ / حَفْلَةٌ تَأْبِينِيَّة 追悼会

إبَّان: وقت / أَوان 时候，时节

في ـ الثَّوْرَةِ / إبَّانَ الثَّوْرَةِ 革命时期(期间)

لِكُلِّ شيءٍ ـُ ه 凡事各有其时

أُبْنَة جـ أُبَن: عُقْدَة في خشب 树节，树瘤

مَأْبُون 娈童，相公

أَبْنُوس / آبِنُوس / آبِنُوز (أ): خشب أسود 乌木，黑檀

أَبَه ـَ أَبْهًا له: فَطِنَ 注意到，看到

يُؤْبَه له 可重视的

لا يُؤْبَه له 不足道的，无足轻重的，不屑一顾的

أُبَّهَة / أُبْهَة: عَظَمَة 壮观，庄严

ـ: فَخامة 壮丽，辉煌，显赫

أَبَا ـُ إبَاوَةً وأُبُوَّةً وأُبُوًّا الولدَ: ربّاه كوَلَدِه 认义子，纳为义子

أُبُوَّة: صِفة الوَالِد 父职，父道，父权

أَب مث أَبَوَان جـ آباء / أَبُون: وَالِد 父亲

أَبُوهُ (主) أَباهُ (宾) أَبِيه (属) 他的父亲

أَبُو كذا: ذُو أو صاحِبُ كذا 有…的，戴…的

ـ بَيْضٍ (مـ) 稷草

ـ بَيْضٍ (مـ): عَنْكَبُوت 蜘蛛

ـ جُعْرَانٍ (مـ): جُعَل 蜣螂

ـ جَلَمْبُو (مـ) / حَنْجَل جـ حَنَاجِلُ (مـ) 海蟹

ـ جَلَمْبُو راهِب (مـ) 寄居蟹

ـ زَنِيبٍ (مـ) 蝌蚪

ـ خَنْجَرٍ (مـ): حُرْف [植]水芹

ـ دَقِيقٍ (مـ): فَرَاشَة 蝴蝶，粉蝶

ـ ذَنَبٍ (مـ) 彗星

ـ ذَقَنٍ (مـ) 有胡须的

ـ الرُكَب (مـ): حُمَّى الدنْج [医]登革热

ـ رُكْبَةٍ (مـ): كرنب لِفْتِيّ 苤蓝，球茎甘蓝

ـ رِيَاحٍ (مـ) 风信鸡，定风针

ـ ـ (مـ): نَطَّار (س) / خَرَّاعة (ع) 刍灵，稻草人

ـ شَبَثٍ (مـ): رُتَيْلاء 意国蛛

ـ صاحِبِي (مـ): والِده 我朋友的父亲

ـ فَرْوَة (مـ): قَسْطَل / قَسْتَنَه (سـ) 栗子，板栗

ـ فَصَادة (مـ): ذُعَرَة 鹡鸰

ـ قَتَب (مـ): مُقَتَّب الكاهل 驼背

ـ قِرْدَان (مـ): عَنْز 朱鹭

ـ كَبِير (مـ): حِلْتِيت 阿魏(药名)

ـ كِرْش (مـ): أَكْرَش 大肚子的人，大腹便便者

ـ لِحْيَة (مـ) 带胡须的

ـ مُعاوِيَة (مـ) 豹

ـ مَغازِل (مـ): طويل الأرْجُل 鹳

ـ مِنْجَل (مـ) [鸟]朱鹭

ـ نَظَّارة (مـ): ذو النظَّارة 戴眼镜的人

ـ النَوْم (مـ): خَشْخاش 罂粟

ـ الهَوْل (مـ) (埃及的)狮身人面像

ـ يَقْظَان (مـ): دِيك 公鸡

الـ: نُوئيل (أ) Nowel 圣诞老人

من الـ إلى الاِبْن 世代相传，世袭

يا أَبَتِ 爸爸！

أَبَوان: والِدان 双亲，父母

أَبًا عن جَدّ 祖祖辈辈，自祖辈以来，世袭

أَبَوِيّ: والِدِيّ 父亲的，像父亲的；慈爱的

ـ: من جِهَة الأب 同血统的，同宗的，父系的

الآب: الأُقْنُوم الأوَّل [基督]圣父

أَبُولُّو (أ) Apollo : أحد أرباب الإغريق والرومان [希神]阿波罗(太阳、音乐、诗、健康等的守护神)，太阳神

أَبُونَيْه جـ أَبُونَيْهَات (أ) (法)abonné: مُشْتَرِك (公共汽车等的)月、季票持有人

أَبَى ـِ إِبَاءً وإِبَاءَةً وتَأَبَّى الشيءَ: رَفَضَه 拒绝，推却，不愿，不肯

ـ الشيءَ: عافه 嫌恶，嫌弃，厌恶，不屑于做…

يَأْبَى إلاَّ أنْ ... 他无论如何也要…，他一定要…

آبٍ جـ آبُون وأُبَاة وأُبَّاء: غير راضٍ 拒绝者，不愿者，不肯者；厌恶者

أَبِيّ / مُتَأَبٍّ: مُتَرَفِّع / أَنُوف 有气节的，不肯苟且的

في تَأَبٍّ 嫌恶地；骄傲地，傲慢地

أَبِيب (أ) 埃及科卜特历的11月(相当于阳历7月)

أَبِيس (أ) Apis : العِجْل المُقَدَّس لدى الفراعِنَة 神牛(古埃及人尊为神的公牛犊)

أَبِيقُور (أ) Epicurus 伊壁鸠鲁(希腊划时代的唯物主义者和无神论者)

أَبِيقُورِيّ جـ أَبَاقِرَة 伊壁鸠鲁学说者；享乐主义者

اتَّأد (في وأد) / **إتاوة** (في أتو)

إِتْب جـ آتَاب وأُتُوب وآتُب وإِتَاب: فُوطَة المدرسة (مـ) (胸前挂的)围裙，围嘴

اتَّجه (في وجه) / **اتَّحد** (في وحد)

أُتْرُجّ / أُتْرُنْج (أ): تُرُنْج 枸橼，香橼，佛手柑

اتَّسع (في وسع) / **اتَّسق** (في وسق)

اتَّصل (في وصل) / **اتَّضح** (في وضح)

اتَّضع (في وضع) / **اتَّفق** (في وفق)

اتَّقد (في وقد) / **اتَّقى** (في وقي)

اتَّكأ (في وكأ) / **اتَّكل** (في وكل)

أَتَشْ (مـ) 开火！开枪！射击！(口令，命令)

أَتَشْجِي جـ أَتَشْجِيَّة (مـ): عَطَشْجِي (مـ) 烧炉工人，司炉，火夫

أَتْعاب (مـ) 报酬，酬劳，小费，(تَعَب的复数)酒钱，赏金，劳务费，辛苦费

أَثْل (مـ): أَثْل /عَبَل (مـ) [植]柽柳

أَتَم ـُ أَتْمًا بالمكان: أقام 居住

مَأْتَم جـ مَآتِم: اجتماع في حُزْن 追悼会，(为纪念死者举行的)诵经晚会

لَيَالِي الـ 追悼晚会

أُتُمْبِيل / أُتُومُوبِيل (أ) automobile: سَيَّارة 汽车

اِتْنَاشَر (مـ) = اِثْنَا عَشَرَ 十二

أَتَان جـ أُتُن وأُتْن وآتُن: حِمارة 母驴

أَتُّون جـ أَتَاتِينُ وأُتُن: تَنُّور 火炉，烘炉，炉灶
ـ: قَمِين （烧石灰、砖瓦等的）窑，炉
ـ صَهْر 熔铁炉，熔冶炉，高炉
اتّهم (في وهم)
إتَاوَة جـ أَتَاوَى: ضريبة 税，赋税
ـ: رِشْوَة 贿赂
أَتَى ـِ إِتْيَانًا وأَتْيًا وإِتْيَانَةً ومَأْتَاةً: جاء 来，到来
ـ المدينَةَ 来城里
ـ به: أحضره 带来，拿来，取来
ـ ه بِهَدِيَّة 给他带来了礼物
ـ الأمْرَ: فعلَه 做…（事）
ـ الجُرْمَ: اِرْتَكَبَه 犯（罪）
ـ الرجلَ: مرَّ به 从（某人）旁边走过
ـ المرأةَ: غَشِيَهَا 交媾
ـ على الأمر: أتمَّه 做完，完成
ـ على الشيء: أَنْهاه 用完，吃光，烧尽
ـ عليه الدَهْرُ: أهلكه 被破坏，被毁灭
كَمَا يَأْتِي / فِيمَا يَأْتِي 如下；在下面，在下文
كَمَا سَيَأْتِي بَيَانُه 如下所述，像下面将要说明的
أَتَتْ بِوَلَدٍ 她生了一个孩子
آتَى إيتَاءً فُلانًا الشيءَ وبه: أعطاه إيّاه 把…给（某人）
ـ الرجلَ: جازاه 报酬，酬劳
آتَى مُؤَاتَاةً فلانًا على الشيء: وَافَقَه 同意，赞成
ـ الثَوْبُ أو الجوُّ فلانًا （衣服或气候）适合某人
تَأَتَّى الأمرُ: تسهّل 成为易事，（事情）容易、顺利
آتٍ: جاءٍ 前来的，到来的
ـ: مُقْبِل 下列的，下面的
الشهرُ الآتِي 下月
الجُمْلَة الآتِيَة 下一句，下面的句子
كما هو الآتِي 如下所述
الآتِي ذِكْرُه 下面即将谈到的，下述的，下列的
الآتِي بَيانُه 下面将要说明的
مُؤَاتٍ: مُوَافِق 适合的，顺利的
فُرْصَةٌ مُؤَاتِيَة 适合的机会，良机
مَأْتًى جـ مَآتٍ 到达时间；到达地点
ـ 来源，来处，出处
ـ 前面，对面
أثاب (في ثوب) / **أثار** (في ثور)
أَثَّ ـِ أَثَاثًا وأُثُوثًا وأَثَاثَةً: التفّ وكثر （头发）浓密，（植物）稠密
أَثَّثَ الفِراشَ: مهّده 整理床铺
ـ البيتَ: فَرَشَه 布置房屋，陈设家具
تَأَثَّثَ البَيْتُ （房子）有了家具
أَثَاث جـ أُثُث: مَتَاعُ البَيْتِ 家具，陈设
أَثِيث جـ إثاث: غَزِير 茂密的，稠密的，浓密的
ـ: سَمِين 肥的，肥胖的，多脂肪的
ـ (مـ): عِرْق مَدَّاد ［植］蔓纤，匐枝
مُؤَثَّث: مَفْرُوش 设有家具的
أَثَرَ ـُ أَثْرًا وأَثَارَةً وأُثْرَةً الحَدِيثَ: نقله 引用，引证
ـ ه: أَكْرَمَه 尊重
أَثَّرَ فيه: ترك أَثَرًا 影响，刺激，感动
ـ تَأْثِيرًا بَلِيغًا في ... 对…发生巨大影响，深刻地影响了…
ـ عليه 留下印象、记号，铭刻
ـ الكلامُ أو الدَواءُ （话、药）奏效，生效
ـ في النَفْسِ 感动
لا يُؤَثِّرُ فيه شَيءٌ 不受任何事物的影响
آثَرَ إِيثَارًا على كذا 宁取，宁择，宁选，宁愿
ـ الرجلَ: أكرمه 尊敬，尊重

تَأَثَّرَ من كذا أو بكذا　受影响，受感染
ـ من كلامٍ أو فِعْلٍ: تكدَّر　(为某话或某行为)感到不快
ـ تْ عَوَاطِفُه　受感动，激动
ـ ه: اِقْتَفَى أَثَرَه　追踪，跟踪，追逐，追随
اِئْتَثَرَ من كذا أو بكذا　受…的影响
اِسْتَأْثَرَ بكذا　据为己有，独揽，独享，独占
ـ اللهُ به / ـ تْهُ المَنِيَّةُ: مات　死去，逝世
أَثَر جـ آثَار وأُثُور: عَلَامة بَاقِيَة　痕迹，标志，记号
ـ: تَأْثِير　影响，作用，效力；印象
ـ: جُرَّة (مـ)　足迹，踪迹
ـ: مَسْحة أو عَلَامَة أو لَوْثَة　痕迹，污点
ـ: بِناءٌ أَثَرِيّ　石碑，纪念碑，古迹，古建筑
ـ قَدِيم أو بَقِيَّة أَثَرِيَّة　古迹，遗迹，遗址
ـ الجُرْح　伤痕，伤疤
ـ سَيِّئ　坏印象，不良印象；不良影响
بعيد الـ　影响深远的
في ـِ (أو إِثْرِ) كذا: بَعْدَه　在…之后
على ـِ كذا　立即，立刻，马上，紧接在…之后
أَصْبَحَ ـً ا بَعْدَ عَيْنٍ　有名无实，名存实亡
أَضَاعَ الأَثَرَ　失去踪迹，失去线索
تَيَّهَ عن الأَثَرِ　令追者迷失踪迹或线索
أَثَرِيّ: مُختصّ بالآثار　纪念物的，纪念性的；古迹的
ـ: عالِم بالآثار　考古学家
ـ: باقٍ كأَثَر لشيء بائد　[生]退化器官
بَقَايَا ـ ة　遗物，遗迹，古迹，遗址
عُضْو ـ　废退器官，退化器官
أُثْر وأُثُر جـ آثار وأُثُور: أَثَر الجرح　伤疤，伤痕
أَثارة وأُثْرَة من عِلم جـ أُثَر　绝学

أَثَرَة / اِسْتِئْثار: صَلَف　自傲，自吹自擂
ـ / ـ: حُبّ الذات　自私自利，唯我主义
آثار　痕迹；古迹
الـ المَادِّيَّة　[法]物证
دار الـ: مَتْحَفٌ / مَتْحَفَة　博物馆，古物陈列馆
تَخْرِيب الـ القَدِيمة　破坏古迹
عِلْم الـ القَدِيمَة　考古学
تَأْثِير: أَثَر / وَقْع　影响，印象，效果，作用
ـ: نُفُوذ　势力
ذُو ـِ: مُؤَثِّر / ناجع / فَعَّال　有效的，起作用的
عَدِيمُ الـ　无效的，不起作用的
إيثار: تَفْضِيل　优先选择，偏爱
ـ　利他主义
تَأَثُّر: شُعُور　感应，感受性，感染性
ـ: اِنْفِعَال نَفْسَانِيّ　感动，感激，激动
سَرِيع الـ　易感染的，多愁善感的
سريع الـ والاِضْطِراب: عَصَبِيّ (مـ)　易激动的，神经过敏的，神经质的
سُرْعَة الـ　敏感，敏感性，易感性
قَابِلِيَّة الـ　感受性，感性(如感光性)
أَثِر　利己的
أَثِير جـ أُثَرَاءُ　所喜欢的，心爱的
ـ　被选择的
ـ (أ) ether　[物]以太，能媒
على أَمْوَاج الـ　通过无线电波，凭无线电波，靠以太波
ـ　[化]醚，乙醚
أَثِيرِيّ (أ) ethereal　太空的，苍穹的；[物]能媒的，如能媒的，以太的
ـ　[化]似醚的(有高度挥发性的)，乙醚的
ـ المَثِيل (أ) methyl ether　[化]甲醚

مَأْثُور 传说的，口传的，所引证的
و مِنَ الـ أنْ ... 据传说…，相传…
قَوْلٌ ـ / العِبارَةُ المَأْثُورَة 格言，谚语，箴言
مَأْثَرَة جـ مَآثِر: عمل حميد 善举，德行
ـ: عمل عَظيم 丰功伟绩，功勋，事迹
مُؤَثِّر: فَعَّال / ناجِع 发生功效的，有效的，起作用的
ـ في العَقْل أو النَفْس 令人难忘的，令人感动的，动人的，令人伤感的
مُؤَثِّرات 因素，要素
ـ 刺激剂，兴奋剂
مُتَأَثِّر 受感动的，受影响的
مُتَأَثِّرًا بكذا 在…的影响下
مَاتَ ـ بجِراحِه 他由于受伤而死
أُثْفِيَّة جـ أَثَافِيّ (支锅或水壶的)石块，火炉上支锅的铁架，锅撑子
أَثَلَ ـِ أُثُولاً وأَثُلَ ـُ أَثَالَةً: تَأَصَّلَ 扎下深根，生根，根深蒂固
أَثَّلَ الأَمْوَالَ في ... 投资于
أَثْل واحدته أَثْلَة جـ أَثَلات وآثال وأُثُول: عَبَل (مـ) 柽柳
أَثِيل / مُؤَثَّل 出身名门的，门第高贵的
ethyl ـ [化]乙(烷)基
أَثِمَ ـَ إِثْمًا وأَثَمًا ومَأْثَمًا: أَذْنَبَ 作恶，犯罪
أَثَّمَ فلانًا 归罪于(某人)，认为(某人)有罪
آثَمَ فلانًا: أوقَعَه في الإثم 诱人犯法
تَأَثَّمَ 痛改前非，改邪归正，放下屠刀
إِثْم جـ آثام / مَأْثَم ومَأْثَمَة جـ مَآثِم: ذَنْب 罪，罪恶，罪过
ـ: شَرّ 邪恶，恶行，恶事
ـ فَظِيع 暴行，滔天罪行
أَثِيم جـ أُثَمَاءُ وآثِم جـ أَثَمَة: مُذْنِب 有罪的；罪人，罪犯
ـ: شِرِّير 作恶者，恶人，恶棍，凶徒
أُثْمُد / إِثْمِد: أَنْتِيمُون (أ) antimony 锑
أثناء / **اثنان** / **أثنى** (في ثني)
أَثْيُوبِيَا (أ) Ethiopia 埃塞俄比亚
أَثْيُوبِيّ 埃塞俄比亚的；埃塞俄比亚人
أجاب (في جوب) / **أجاز** (في جوز)
اجاص (في أجص) / **اجتاح** (في جوح)
اجتاز (في جوز) / **اجترّ** (في جرر)
أَجَّتْ ـُ أَجِيجًا وتَأَجَّجَت النارُ 火发焰，火旺，发光，发亮，熊熊燃烧
أَجَّجَ النارَ 使火发焰，使燃旺
أُجَاج: يُلْهِب الفمَ 极咸的
ماءٌ ـ: مِدَّان / شديد الملوحَة 极咸的水，又苦又咸的水
أجاج (مـ): سمَك مُمَلَّح 咸鱼；腌鱼
أَجَّاج: مُتَلَهِّب 炽烈的，火热的
أَجُوج / مُتَأَجِّج: وَهّاج 白炽的，灼热的
أَجِيج 燃烧的，熊熊的，炽热的，白热的，通红的
أَجَرَ ـِ أَجْرًا وإجَارَةً وآجَرَ إيجَارًا الرجلَ على كذا: كافأه 报酬，报偿，酬劳，报答
أَجَّرَ وآجَرَ الدارَ فلانًا: أَكْرَى 出租，租赁
ـ واستَأْجَرَ: اِسْتَكْرَى 雇用
ـ وـ أَرْضًا أو بَيْتًا 租用，赁用(房、地)
ـ وـ سَفِينَة 雇船
ـ من باطِنه أو بَطْنه (مـ) 转租，分租
أَجَّرَ الطِينَ: شَواهُ 把泥烧成砖
تَأَجَّرَ 租赁
ـ 佣工
ائْتَجَرَ: طَلَب ما له من أَجْر 索取工资
أَجْر جـ أُجُور وآجَار: ثَوَاب 报酬，报偿，报答

ـ / أُجْرَة جـ أُجَر: جُعْل 工资，薪金
بِغَيْرِ ـ 无报酬地，无代价地
الأُجور على نِظام القِطْعة 计件工资
أُجْرَة: كِراء 租金
ـ العَمَل 工资，劳动报酬
ـ يَوْمِيَّة 日薪，计日工资
ـ التَّعْليم أو التربيَة أو المَدْرَسَة 学费
ـ السَفَر أو الرُكوبة 旅费
ـ الطَبيب أو المُحَامِي 诊费；律师费
ـ السَفَر بقِطار سكّة الحديد 火车费
ـ العَرَبَة 车费
ـ النَقْل 运费
ـ النَقْل بِعَرَبَة كارُّو 货车运费
ـ نقل (شَحْن) البَضَائع: نَوْلُون (أ) 水上运输费，货物运费
ـ العَقَار: إيجَار (房、地等的)租金，赁费
بالـ 付工资的，有工资的，有报酬的
الـ المُتوسِّطَة 平均工资
آجُرَّة جـ آجُرّ: طُوب / قِرْميد 砖
إيجَار جـ ايجَارَات / إجارَة (لمدَّة طويلة تزيد على سنة) (租借房、地的)租约
للإيجَار: معروض للإيجار (كالمَنْزِل) 招租
غُرْفَة للـ 房间出租
إجّار / إجّارة جـ أَجَاجِيرُ 平屋顶
آجِر: مَخْدُوم 雇主，东家
أجير جـ أُجَرَاءُ: خادِم 仆人，佣人
ـ: عامِل 工人，雇工，雇佣劳动者
فَلاَّح ـ 雇农
مَأْجُور: مستخدَم 雇员，从业人员，薪给人员
مَأْجُور / مُسْتَأْجَر: مُكْرًى 被租用的，被雇用的
مَأْجُور / مُؤَجَّر: مشترًى بالمال 被收买的人(如汉奸、打手等)

مُؤَجِّر / مُؤْجِر: صاحب المِلك المُؤَجَّر 出租人，业主
مُؤَجَّر / مُسْتَأْجَر 租用的，赁用的，雇用的
ـ له / مُسْتَأْجِر / مُؤَاجِر 承租人，租房人，房客，租地人，租户，佃户
آجُرُومِيَّة (أ) grammar /أَجْرُومِيَّة (مـ): عِلْمُ قَواعِدِ اللغة 语法，文法
أَجْرُومِيّ 语法的
النِظام الـ 语法构造
أَجْزَاجِي جـ أَجْزَاجِيَّة (مـ): صَيْدَلِيّ 药剂师；制药家，药材商
ـ في صَيْدَلِيَّةٍ مَجَّانِيَّةٍ 施药局的配药者
أَجْزَاخَانَة جـ أَجْزَاخَانَات (مـ): صَيْدَلِيَّة 药房，药铺，药店
إجّاص: بُرْقُوق 李子
ـ (سـ): كُمَّثْرَى 梨
أَجِلَ ـَ أَجَلاً: تَأَخَّرَ 耽搁，延缓
أَجَّلَ الشيءَ: أَخَّرَه 拖延，延宕，推迟
ـ الاجْتِماعَ: أَرْجَأَه 会议延期
أَجَلّ (في جلل)
تَأَجَّلَ الأمرُ 延缓，延长
اِسْتَأْجَلَ: طَلَبَ التأجيلَ 请求延期
لِأَجْلِ كذا / لِأَجْلِ أن ... 为了…
لِأَجْلِ خاطِرِ كذا 为了…的缘故，为…起见
لِأَجْلِ خاطِرِ فلان 看在…面上
من أَجْلِ كذا / من أَجْلِ أن ... 为了…
أَجَلْ: نَعَمْ (肯定词)是，是的
أَجَل جـ آجَال: وقت الاستحقاق (票据等的)到期，满期
ـ: مُدَّة 时期，期限
ـ: وقت الموت 寿数，大限
اِنْقَضَى ـُه: مات 寿数到了，寿终正寝，

死了
الـ المَحتُوم 死期，死亡
لـ ـ: لوقت 到某一期限
لـ ـ: مُوَقَّت 暂时的
لـ ـ: ضد نَقْدًا (في التِجارة) 赊购
إلى ـ غَيْرِ مُسَمًّى 无限期推延
قَصِيرُ الـ 短期的，短命的
في الـِ القريب 在最近的时期
إجْل 脖子疼(落枕)
ـ جـ آجَال 牛群
آجِلاً أو عَاجِلاً 早晚，迟早，总有一天
الآجِل / الآجِلة [宗]末日，死后的生活
مُؤَجَّل 延期的
دُفعَ مُؤَجَّلاً 分期付款
مَوْجِلُ الماءِ جـ مَآجِل 沼泽，沼地
أجَمة جـ أجَم وأُجُم وأَجَمات جج آجام 丛林，矮林；狮窟
أَجَمِيَّة 疟疾
بَعُوضَة الأَجَمِيَّة 疟蚊
أُجُم جـ آجَام 堡垒，碉堡
أجَنَ ـ أجْنًا وأَجَنَ ـِ أَجَنًا وأُجُونًا الماءُ: تغيَّر لونُه وطعمُه 水变了色和味
أَجَنَ ـُ أَجْنًا الصانعُ الثوبَ: دقّه 捶布
أَجَنَة (مـ): مِنْقَر 錾子，凿子
ماءٌ آجِن 死水，臭水
إجَّانَة جـ أَجَاجِينُ 洗衣盆
مِئْجَنَة جـ مَآجِنُ: مِدقّة الغسّال 砧，捣衣石；砧杵
أجْنَبِيّ (في جنب)
أجِنْدَة (أ) agenda 备忘录，记事簿，笔记簿
أجْنَسِيَّة جـ أَجْنَسِيَّات (أ) agency / وِكَالَة جـ وِكَالَات/ وكالة الأَنْبَاء 通讯社，代理处

آح (في أوح) / **أحّ** (في أحح)
أحاط (في حوط) / **أحاق** (في حيق)
أحال (في حول) / **أحبولة** (في حبل)
احتاج (في حوج) / **احتار** (في حير)
احتاط (في حوط) / **احتال** (في حيل)
احتجّ (في حجج) / **احتدّ** (في حدد)
احتفى (في حفي) / **احتكّ** (في حكك)
احتلّ (في حلل) / **أحجية** (في حجي)
أحَّ ـ أحًّا /كَحَّ (مـ): سَعَل 咳，咳嗽
أُحَاح: عَطَش 口渴
ـ / أَحِيح / أَحِيحَة: غَيْظ 愤怒
أحَّدَ (راجع وحد) 统一，合并
اِتَّحَدَ القومُ: اِتَّفَقُوا 一致，团结
ـ الشيئَان: صارَا وَاحِدًا 合二为一
ـ الشيءُ بالشيء 结合，接合
أَحَد: واحِد (راجع وحد) 一，一个
ـ: فَرْد 个体，单个
ـ ما: شَخْص ما 任何人
فلان ـ الأحَدَيْنِ: لا مَثِيلَ له 某人是数一数二的
الـ: يَوْمُ الأَحَد جـ أَيَّام الأَحَد 日曜日，星期日，礼拜日
ـ السَعَفِ(مـ) / الشَعَانِين (مـ) [宗]棕枝主日(复活节前的星期日，欢迎耶稣在受难前进入耶路撒冷的纪念日)
ـ المَرَافع (مـ) [宗]忏悔星期日(四旬斋前的星期日)
الـ الجديد (مـ): أول أَحَدٍ بَعْدَ الفِصْح [宗]复活节后的第一个星期日
لا ـَ: لا واحِد 没有任何人
أُحُد: جبلٌ قُرْبَ المدينة 伍侯德山
أَحَدَ عَشَرَ م إحْدَى عَشْرَة (١١) 十一

حَادِيَ عَشَرَ م حادِيَةَ عَشْرَةَ 第十一
أَحَدِيّ 星期日的
أَحَدِيَّة: فَرْدِيَّة 单一性，独一性，同一性，一致性
آحَاد: الأعداد التسعة الأُولَى [数]个位，个数
ـ الناس 普通人，老百姓
خانة الـ 单位行，单位栏
أُحَادِيّ 单个的，由同一成分组成的；[语]由一个辅音构成的
جَاءُوا أُحَادَ: جاءوا واحدًا واحدًا 他们一个个地来了
أُحَادِيُّون 独唱家
اِحْمِ 哼！(表示疑惑、不信或讽刺，用于双关的暗示，或表示意味深长的沉默等)
اِحْنَا (مـ) 我们
إِحْنَة جـ إِحَن: حِقْد 仇恨，怨恨
أحصّ (في حصص) / **احفور** (في حفر)
أحلّ (في حلل) / **أخ** / **إخاء** (في أخو)
أُخْبُوط / أُخْطُبُوط (أ): دَوْل 章鱼
أُخْت (في أخو) / **اختار** (في خير)
اختال (في خيل) / **اختشى** (في خشي)
اختصّ (في خصص) / **اختطّ** (في خطط)
اختفى (في خفي) / **اختلّ** (في خلل)
أَخٌّ / آخْ (سـ) 哎哟！哎呀！天哪！呸！(表示哀悼、轻蔑或厌恶的感叹词)
أَخَذَ ـُ أَخْذًا وتَأْخَاذًا الشيءَ: تَنَاوَلَه 拿，取
ـ الشيءَ: نالَه 获得，取得，得到
ـ إِخْذَهُ 仿效，模仿，效法
ـ اِسْمًا: اِشْتَهَرَ 成名，得到名誉，有了声望
ـ في كذا: شرَعَ 开始，着手，动手
ـ أَقْوَالَهم 审讯，问口供，录取口供
ـ أَنْفَهُ (有臭味时)捂着鼻子

ـ بالَه من ... 好好照料(看管)
ـ به: أَمْسَكَه 抓住，握住，捉住
ـ بأَقْوَاله 听取某人的话
ـ بلُبِّه أو ـ بأَلْبَابِهِم 令人神往，使人喜欢，使人心旷神怡
ـ صُورَةً 摄影，照相
ـ ه العطشُ 觉得渴
ـ الطريقَ 选择道路
ـ مَكانَه 入座，就座，占地方，占位置
ـ مَوْقِفًا 采取…态度，采取…立场
ـ ه إلى ... 把他领到…，把他带到…
ـ تْهُ الحُمَّى 发烧，打摆子，发疟子
ـ اللغةَ عن فلان 跟(某人)学了语言
ـ يَعْمَلُ كذا 开始做(某事)
ـ وأَعْطَى مَعَ فُلانٍ 交际，往来；交换，互换，互让
ـ حِذْرَه: تَنَبَّهَ 留心，提防，防备，警戒，警惕
ـ ه على غِرَّةٍ 袭击，出其不意，攻其不备
ـ عِلْمًا بكذا 注意，注目
ـ رأيَه 请教，领教，咨询，征求意见
ـ على نَفْسِه أو عاتِقِه 承担(责任等)
ـ نَفَسَه: تَنَفَّسَ 呼吸
ـ نَفَسَه (مـ): استراح 休息
ـ على عادةٍ (مـ): اعتادها 养成某种习惯
ـ عليه (مـ): اعتادَه 熟习，惯于(如听惯、看惯等)
ـ عليها وجها (مـ): استنجد عليها 跟…亲热，跟…随随便便，调戏(妇女等)
ـ على خاطِره (مـ): امتعض 发怒，生气
ـ دَمًا (مـ): فَصَدَه 放血
ـ مَرَضًا (مـ): اقتبسه 生病，染病

ـ ه العَجَبُ من كذا / ـ تهُ الدَهْشَةُ 吃惊，惊愕，诧异

ـ ه / آخذه مُؤاخَذةً بِذَنْبِه أو عليه: عاقبه 惩罚，治罪

ـ هُ بظاهِرِه أو بناصِره أو بيده: ساعده 帮助

ـ من نَفْسه الغَضَبُ 愤怒，发火，生气

يُؤْخَذُ من هذا أنَّ ... 由此得知，由此可见

أُناس لا يَأْخُذُهم حَصْرٌ 无数的人

يَأْخُذُ من القَوِيّ للضَعيف 锄强扶弱

يأخُذُ من الظالِم للمَظْلُوم 除暴安良

آخَذَه: لاَمه 责备，责怪，埋怨

لا تُؤَاخِذْني! 对不起！请原谅！请勿见怪！

اِتَّخَذَ الشيءَ 采用，采纳，采取

ـ ه صَدِيقًا: جعله صديقًا له 把他当作朋友，和他交朋友

ـ قرارًا بكذا (就…)通过决议，做出决定

ـ التَدابِيرَ اللازِمَةَ 采取必要措施

ـ ه أساسًا لكذا 把…作为…的基础

ـ له مَحَلاًّ مُخْتارًا 选定合适的住址

أَخْذ: تَنَاوُل / قَبُول 拿，取；接受

ـ ورَدّ 讨论，辩论，争论

ـ وعَطَاء 交际，往来；交换，互换，互让

ـ الثأْر 雪耻，报仇，报复

مُؤَاخَذَة 责怪，责备，埋怨

لا ـ! 请原谅！请勿见怪！对不起！

أَخِيذ جـ أَخْذَى: أَسِير 俘虏

أَخِيذَة: ما يُؤْخَذ في الحرب من العدو 战利品

أَخَّاذ: يَسْحَر 动人的，迷人的，有吸引力的

مَأْخُوذ: أُخِذَ 被拿的，被取的

ـ: مَبْغُوت / مُنْدَهِش 受惊的，吃惊的

ـ به: مَعْمُول به 通行的，通用的，被采用的

مَأْخَذ جـ مَآخِذُ: مَوْضِع الأَخْذ 根源，来源，源头

ـ: معنًى 意义

ـ: طَرِيقَة 方法，方式，手段

قد أَخَذَ مِنْهُ الإِعْيَاءُ كلَّ ـ 他感到疲惫不堪，他已筋疲力尽

أَخَّرَهُ تَأْخِيرًا: عاقه 耽搁，迟延，延缓

ـ الرجلَ عن كذا: منعه عنه 阻碍，阻止

ـ الأمرَ: أَجَّلَه 延期，展期，推迟，延迟

أُخِّرت الساعةُ: ضد قُدِّمَت 把钟表拨慢

تَأَخَّرَ واسْتَأْخَرَ: أَبْطَأَ 来晚，迟到

ـ: ضد تَقَدَّمَ 落后

ـ: تَوانَى 延误，迁延

ـ: تَعَوَّقَ 耽搁

قد ـ الليلُ 已是深夜，已经很晚了

تَأَخُّر: تعوُّق 延搁，耽搁

ـ: فَوات الوَقْت 过时，迟到，来晚

آخَر جـ آخَرُون م أُخْرَى جـ أُخْرَيَات وأُخَر: خِلَاف هذا 另一个，别的，别人，其他(它)

الـ: الثانِي 另外的那个

تارةً ... وأُخْرَى... 有时…有时…，时而…时而…，忽而…忽而…

ذكرتُ أنا الآخَرُ (الأُخْرَى) أن ... 我也想起了…

آخِر جـ أَوَاخِرُ: نِهَايَة 末尾

ـ: أَسْفَل (كآخِرِ الصَفْحَة مثلاً) 末了，末尾(如页末)

ـ: حَدّ 界限，限度

ـ: خِتام 终结，结束

ـ: طَرَف 末端，顶端，极端，极点

ـ: الأَخِير 最近的，最新的(如消息)

ـ: غَايَة 极限，极度，极端，最大限度

ـ الخَطّ أو الطَّريق 路线的终点

ـ الصَفّ: ذَيْلُه 全班最后一名，末名，殿军

ـ الأَمْرِ 归根到底，结果

في الـ 毕竟，终究，到底，终于，最后，末了

له ـ: مَحْدود 有限的

إلى ـ هِ (الخ) 等等，云云

دَعَاهُم عن ـ هم 他邀请了他们全体

أَوَاخِرُ الشَهْر 一个月的最后几天，月末

أَوَاخِرُ السَنَة 一年的最后几周(天)，年末

الآخِرَةُ: ما بعد الموت [宗]后世，来世

أَخِير ج أَخِيرُونَ / الأَخِير: آخِر الكُلّ 最后的，最末的

أَخِيرًا 终于，最后

ـ: مُؤَخَّرًا / من عَهْد قريب 最近，近来

أَخِيرًا وليس آخِرًا 最近而不是最后

أَخَرَة: بطء 迟缓，缓慢

جَاء أَخَرَةً وبِأَخَرَة 最后他来了，他终于来了

أُخْرَوِيّ 后世的，来世的，阴间的

أُخُور (س) / يَاخُور 马厩

مُؤَخَّر: خَلْف 背面，背后，后部

ـ السَفِينة: كَوْثَل / قِشّ (م) 船尾，舰尾

مُؤَخَّرًا: من عهدٍ قريب 最近，近来，不久以前

مُؤَخَّرة الجيش: الساقة 殿后部队，殿军

ـ البُنْدُقِيَّة 步枪的枪柄，枪托

ـ السيّارة 汽车的尾部

ـ الرأس 后脑勺

مُتَأَخِّر: ضد مُبَدِّر 迟的，晚的，迟到的

ـ: بَاقٍ 拖欠的，下欠的，剩余的，未还的(债等)

مَبَالِغُ ـ ة أو ضرائب ـ ة 未按期交付的款项或捐税

ـ: ضدّ مُتَقَدِّم 迟延的，过期的，误期的，落后的，落伍的，进步慢的

ـ في الآراء: رَجْعِيّ (见解)陈腐的，反动的

مُتَأَخِّرَات (بَقَايَا الحِساب) 未付的尾数；尾数，余数

أخطبوط / أخبوط (انظر أخبوط) 章鱼

آخَى إخاءً ومُؤَاخَاةً وإِخَاوَةً وتَأَخَّى الرجلَ 结交，交朋友，结为兄弟

تَآخَى الرَجُلَانِ وتَآخَيَا: صار كلّ منهما للآخر أخًا 他俩结交，交朋友，结为异姓兄弟

تَأَخَّى وتَوَخَّى الشيءَ: قصَده 寻求，追求，探索，力求

أُخُوَّة / إخَاء / إخَاوَة / أَخْوِيَّة (س) 兄弟关系，手足之情，友谊，朋友关系

أَخ وأَخّ وأَخُو ج إِخْوَة وإِخْوَان 哥哥，弟弟

ـُ وهُ 他的弟弟(哥哥)(主格)

ـَ اهُ 他的弟弟(哥哥)(宾格)

ـِ يهِ 他的弟弟(哥哥)(属格)

ـ شَقِيق 同父同母的兄弟，同胞兄弟，亲兄弟

ـ من أَحَد الوالِدَيْنِ 同父或同母的兄弟

ـ من الأُمّ 同母异父的兄弟，半亲兄弟

ـ من الأب 同父异母的兄弟，半亲兄弟

ـ في الرِضَاعَة: بَزِيّ 同乳兄弟

أخو الزَوْج: صِهْر (夫的兄弟)大伯子，小叔子

أخو الزَوْجَة: صِهْر (妻的兄弟)内兄，内弟，大舅子，小舅子

أَخُو النَوْمِ 死，死亡

أَخُو ثِقَةٍ	勇敢的，胆大的，敢作敢为的
أَخَوِيّ	兄弟的，兄弟般的，友爱的
أَخَوِيَّة (س)	兄弟关系，手足之情，友爱
الإخْوَانُ المُسْلِمُونَ	穆斯林兄弟会
إخْوَانِيّ	穆斯林兄弟会会员
أُخْت ج أَخَوَات	姊妹，姐姐或妹妹
الـ الكَبِيرة	姐姐
الـ الصَّغِيرة	妹妹
الـ الكُبْرَى	大姐，长姊
الـ الصُّغْرَى	老妹妹（排行最末之妹）
ـ شَقِيقَة	同父同母的姊妹，同胞姊妹，亲姊妹
ـ في الرَّضَاعَة	同乳姊妹
ـ الزَّوْج	（夫的姊妹）大姑，大姑子，小姑，小姑子
ـ الزَّوْجَة	（妻的姊妹）大姨子，小姨子
أَخَذَ السِّيجَارَةَ وأَعْطَانِي ـَها	他拿了一枝香烟，又给了我同样的一支
أَخِيَّة وآخِيَّة ج أَوَاخِيّ وأَوَاخٍ	（一头埋在地下，系牲畜用的）系绳；[机]卷扬机，绞盘
صَدَاقَة مَتِينَةُ الأَوَاخِي	巩固的友谊
أَخُور (أ): إِسْطَبْل (أ)	厩，马厩，马棚，马房
أَمِير ـ	马厩总管，皇族武官
أَخِيلُوس / أَخِلَّس (أ) Achilles : بَطَلُ إليَاذَة هُومِيرُوس	[希神]阿奚里斯（《伊里亚特》长诗中的英雄人物）
أَخْيُون (أ)	紫草科植物
أَدْ (في أدد) / أَدَاة (في أدوات)	
أَدُبَ ـَ أَدَبًا: ظَرُفَ / كان ذا أَدَب	有礼貌，有教养，优雅
أَدَبَ ـِ أَدْبًا وآدَبَ إيدَابًا: أَوْلَمَ	宴请，设宴，举行宴会
أَدَّبَه: هَذَّبَه	教导，教养
ـ: قَوَّمَه أَو أَصْلَحَه	训导，教训，改造
ـ: عَاقَبَه	惩戒，惩罚
تَأَدَّبَ: تَهَذَّبَ	受教养，受教导
ـ: كان مُؤَدَّبًا	有礼貌，有教养，成为文质彬彬的，成为谦恭的
ـ به: اِقْتَدَى به	效仿某人的行为，跟某人学习
ـ: عُوقِبَ	受罚，受惩罚
أَدَب / تَأَدُّب: ظَرْف	文雅，优雅
ـ / تَهَذُّب	受教导，受教养
ـ / ـ: حِشْمَة	正派，端庄，庄重，有礼貌
ـ ج آدَاب	礼节；文学
ـ الاسْتِئْذَان	求见的礼节
ـ البَدْو	牧民的礼节
ـ السُّلُوكِ أَو المُعَاشَرَة	礼仪，礼节，礼貌
ـ المَائِدَة	筵席上的礼节，礼仪
الـ الشَّعْبِيّ	民俗学，古俗学
الـ العَبَّاسِيّ	阿拔斯朝的文学
الـ المُعَاصِر	当代文学
بَيْتُ الـ	厕所
عِلْمُ الـ	文学，纯文学（诗歌、戏曲、小说及文学批评等的文学）
عِلْمُ الـ (في اللُّغَة العربية)	语言学
قَلِيلُ الـ / عَدِيمُ الـ	无教养的，文化低的，缺乏礼貌的，粗鲁的，无礼的，厚颜无耻的
كُلِّيَّةُ الآدَاب	文学院
بأَدَب / بتأَدُّب / مُتَأَدِّبًا	有礼貌地，殷勤地，文雅地，斯文地，客气地
أَدَبِيّ: يَتَعَلَّق بالآدَابِ أَو الأَخْلاق	道德的，道义的，伦理的

تأييد ـ ومَادِّيّ 道义的和物质的支持

ـ: مختصّ بعُلوم الآداب 文学的，文艺的

الفَلْسَفَة الـ ة 伦理学

العَلاَقَات الـ ة 文化关系，文化联系

أُدَباتِي جـ أُدَباتِيَّة (مـ) 即兴诗人，街头说唱者，说数来宝的

أَدَبِيَّات: آدَاب 文学

تَأْدِيب: تَهْذِيب / تقويم 教育，教养，训导，教导，教训，改造

ـ: قِصَاص 惩罚，惩戒

مَجْلِس ـ 惩戒法院

تَأْدِيبِيّ: تَقْوِيمِيّ 矫正的，训导的，教训的，改造的

ـ: تَهْذِيبِيّ 教育的，教育上的，有关教育的

ـ: قِصَاصِيّ 惩罚的，惩治的，惩戒的

حَمْلَة ـ ة 讨伐

آدِب: مُضِيف 主人，东道主，款待者，招待者

آدِبَة: مُضِيفَة 女主人，女东道主，女招待者

أَدِيب جـ أُدَبَاءُ: عالِم / كاتِب 学者，著作家，文学家，文人

ـ: مُؤَدَّب 有礼貌的，谦恭的，文质彬彬的

مَأْدُبَة ومَأْدَبَة جـ مَآدِبُ 宴会，酒宴

مُؤَدِّب 训育者，教导者

مُتَأَدِّب 受教育的，有学问的，有礼貌的

أَدَبْخَانَة جـ أَدَبْخَانَات (مـ): مُسْتَرَاح 厕所，便所，卫生间，盥漱室

ادّخر (في دخر)

أَدّه ـِ أَدًّا الويلُ: دَهَاه 使苦恼，使烦恼，使悲伤，使疲倦

إِدّ / إِدَّة جـ إِدَاد وإِدَد: داهِيَة 灾难，祸患，灾害，苦难

أُدْرَة / أَدَرَة: فَتْق صَفَنِيّ [医]阴囊疝

آدَر 患阴囊疝的

إدريس 易德里斯(人名)

الإِدْرِيسِيّ 易德里斯(阿拉伯地理学家，公元1100—1165)

ادّعى (في دعو) / **أدلى** (في دلو)

أَدَمَ ـِ أَدْمًا الخُبْزَ: خلطه بالإِدَام 调味，加作料

أَدَم / أَدَمَة: جِلْد 皮，皮肤，外皮，真皮

أُدْم / إِدَام: ما يُؤْدَم به الطعامُ 作料，调味品

أُدْمَة 棕色，茶色，褐色

آدَمُ: أَبُو البَشَرِ [宗]阿丹，亚当

بَنُو ـ: بشر 人，人类

من قَبْل ـ: فِطَحْلِيّ 洪荒，太古时代

آدَمِيّ: بَشَرِيّ 人的，人类的，有人性的，通人情的

آدَمِيَّة: بَشَرِيَّة 人情，人性，人道，人道主义

إِدَام (مـ): دُهْن (动物的)脂油，脂肪

أَدَّام: تَاجِرُ الأَدِيمِ 皮毛商，毛货商，皮革商

أَدِيم جـ أُدُم: جِلْد مَدْبُوغ 熟皮，皮革

ـ: جِلد خَام 生皮，毛皮

ـ الأَرضِ / ـ الغَبْرَاءِ 地壳，地面

ـ السَّمَاءِ 天空，天

ـ الضُّحَى: أَوَّله 早晨

ـ النَّهَارِ: كلُّ النَّهار 整天

أدمى (في دمي) / **أدنى** (في دنو)

أَدَوَات (أَدَاة جـ أَدَوَات): مَوَادّ / لَوَازِمُ / مُهِمَّات (مـ) 材料，物资，器材

ـ مَنْزِلِيَّة 家具，什物

ـ الإِنْتَاج 生产工具

ـ المَطْبَخ 厨房用具

ـ البِنَاءِ 建筑器材
ـ المَائِدَةِ 餐具
ـ مَكْتَبِيَّة / ـ الكِتَابَةِ 文具
ـ العَمَلِ 劳动工具
ـ الغِيارِ 备用零件
أَدَاة: آلَة 工具，器具，用具
ـ: شيء (في النحو) [语]小品词
ـ تَعْرِيفٍ 确指词(名词前的اَلْ)
ـ تَنْكِيرٍ 泛指词(名词后的鼻音符)
أَدَّى الدَّيْنَ تَأْدِيَةً: قَضَاه 偿还，清付(债务)
ـ الضَرَائِبَ 缴税，纳税
ـ الخبرَ إلى فلان: أوصله إليه 传达
ـ الأمرُ إلى: أَفْضَى إلى 导致，通向
ـ حِسَابًا عن كذا 提出关于某事的报告
ـ الخِدْمَةَ لِفلانٍ 替…效劳，为…服务
ـ رسالتَه 完成自己的使命
ـ السَلاَمَ 问候，致敬，行敬礼
ـ الشَهَادَةَ 作证，证明，提供证据
ـ التَعْظِيمَ 欢迎，致敬
ـ الامْتِحَانَ 应试，应考
ـ عَمَلَه 进行工作
ـ الوَاجِبَ 尽义务，执行任务
ـ وَظِيفتَه 尽职，起作用，行使职能
ـ اليَمِينَ 宣誓
تَأَدَّى إليه: وَصَلَ 到达
ـ إليه الخَبَرُ: وصل إليه 他接到消息
ـ إلى الفَنَاءِ 濒于灭亡，到了死亡的边缘
تَأْدِيَة / أَدَاء: وَفَاء 支付，缴纳；偿还，清付
مُؤَدٍّ إلى كذا 导致，引向，通向
مُؤَدَّى 内容，意思，实质
وَصَلَنَا خَبَرٌ مُؤَدَّاه أَنَّ ... 我们得到了一个消息(通知)，它的意思(内容)是…

آدِيَّة (ـ): قالَبُ طُوبٍ يُوضَع بعرضِه في اتّجاه الحائط [建]露头砖
إِذْ: ظَرْف الزَمانِ الماضِي / لا يَقَعُ بعدها إلاّ الجُمْلة 过去时的时间宾词，后面只用句子：
(1)当…时候
اِنْتَصَرَتْ ثَوْرَةُ الصِّينِ ـ قادَها الحِزْبُ الشُيُوعِيّ 当共产党领导中国革命的时候，中国革命胜利了
(2)突然(用在 بَيْنَمَا 和 بَيْنَا 之后)
بَيْنَا الجَوُّ حَارٌ ـ نَزَلَ المَطَرُ 正当天气炎热之际，突然下雨了
(3)因为(说明事情发生的原因)
كَرِهْنَا الاستعمارَ أَجْمَعِينَ ـ كان عَدُوَّنا المُشْتَرَك 我们都痛恨帝国主义，因为它是我们共同的敌人
ـ ذَاكَ 当时
ما كان العِلْمُ راقِيًا ـ ذاك 当时科学还不发达
ـ ما: حرفُ شَرْطٍ جازمٌ فِعْلَيْنِ بمعنى إنْ الشَرْطِيَّة 条件虚词，与条件虚词إنْ同义
ـ ما تُسافِرْ أُسافِرْ مَعَكَ 如果你出门，我就跟你一道出门
ـ إنَّ 因为
إذا: ظَرْف للمستقبَل مُتضمّن معنَى الشَرْطِ 未来时的时间宾词，含条件的意义：
(1)当…的时候，如果，只要…
ـ اجْتَهَدْتَ نَجَحْتَ 只要你用功，你就能成功
(2)突然
اِسْتَيْقَظْتُ ـ حَرِيقٌ بِدارِ جارِي 我醒来了，突然看见邻居家失火了。
إلاَّ ـ: مَا لَمْ 除非，除了
لا يَخافُنَا عدوُّنا إلاَّ ـ كانَتْ عِنْدَنَا قوَّة دِفاعِيَّة

جَبَّارة 除非我们有强大的抵抗力量，否则，敌人是不会害怕我们的
ـ كانَ 是不是，是否(用在询问后)
سَأَلَني عمّا ـ كان هُناك خَطَر 他问我是否有危险
إذًا / إذَنْ (حرف جَواب ونَصْب) 那么
سَوْفَ أُساعِدُك. ـ أَشْكُرُك "我将帮助你"。"那么，我感谢你"
آذار / أذار (أ): مارْس / الثالث من شهور السنة الشمسيّة 阳历 3 月
آذَرْيُون (أ) [植]白头翁
أذاع (في ذيع) / **أذلّ** (في ذلل)
أَذِنَ ـَ إذْنًا له في الشيء: أباحه له 许可，允许，准许，容许
أَذِنَ ـَ أَذَنًا إليه: استمع إليه 倾听，留心听
أَذَّنَ بالإشارة 发信号
ـ بالرَحِيل 发出动身的讯号
ـ في مالْطَةَ (مـ) (在马耳他岛宣礼)毫无反应，对牛弹琴
آذَنَ إيذانًا فلانًا الأمرَ أو بالأمر 告知，通知
ـ وأَذَّنَ بالصلاة: أَعْلَم بها ودعا إليها 宣礼，召人祈祷，宣告祈祷时间
ـ بالسُقُوطِ 摇摇欲坠
تَأَذَّنَ الأمرَ: أعلمه 通知
ـ بالشرّ: أنذر به 警告
اِستَأْذَنَه في الأمر: طلب منه الإذن 向他请示，请求许可，请求准许(做某事)
ـ عليه: طلب إذْنًا للدُخُول إليه 请求接见
ـ 告别，告假
أَستَأْذِنُكُمْ 我向您告辞
إذْن: إجازَة 许可，准许，答应，允许
ـ جـ أُذُون جج أُذُونَات 票据，单证
ـ الصَرْفِ 支票
ـ البَرِيدِ / ـ البُوسْتَةِ 邮政汇票
عَنْ ـ كَ 请允许！对不起！
بـ ـ اللهِ 如果真主允许的话
أُذْن / أُذُن جـ آذان: وِدْن (مـ) 耳朵
أَعارَه ـًا صاغِيَةً 倾听，仔细听
ـ: عُرْوَة / مُسْكَة 耳子，柄，把，把柄
ـ خارِجيَّة [解]外耳
ـ داخِلِيَّة: مَحارَةُ الأُذُنِ [解]内耳
ـ وُسْطَى [解]中耳
ـ الظُفْرِ 肉根，指甲肉
ـ: وُدِينَانِي (مـ) 耳软者，轻信者
بِنْتُ الـ: لَوْزَةُ الحَلْق 扁桃腺
آذَن / أُذَانِيّ: عَظِيمُ الأُذُنِ 有大耳的
آذان الفأْرِ 勿忘草
آذانُ الفأْرِ الجَبَلِيّ 野生的勿忘草
ـ الدُبِّ 樱草
أُذُنِيّ: مختص بالأذن 耳的
أُذَيْنُ القَلْبِ [解]心耳，心房
الأُذَيْنُ الأَيْسَرُ (أو الأَيْمَنُ) 左(右)心房
أُذَيْنَة 小耳朵，小耳
ـ / أُذَنَة [植]托叶
آذِن: مُلَوِّحة /سِيمَافُور (أ) semaphore [铁]信号机
مَأْذُون 全权证婚人
مِئْذَنَة / مَأْذَنة جـ مَآذِنُ: مادِنَة (مـ) (清真寺的)尖塔，宣礼塔
مُؤَذِّن / أَذِين (清真寺的)宣礼员
أَذِيَ ـَ أَذًى وأَذاةً وتَأَذَّى: أُصِيبَ بأَذًى 受损害，受伤害，受侵害；受侮辱
آذَاه إيذاءً: أَضَرّه 伤害，损害，侮辱，虐待，折磨

لا يُؤْذِي 无害的，良性的，无恶意的，不惹人讨厌的

تَأَذَّى: اِسْتاءَ 感觉不愉快，反感，不满，认为有害

ـ: تضرَّرَ 受损害，受伤害，受侵害

أَذًى / أَذِيَّة / أَذَاة: ضَرَر 害，损害，侵害，伤害

ـ / ـ: إساءَة 冒犯，侮辱，凌辱

لم يُصِبْهُ ـ 没有受伤，没有受害，安然无恙

آذِيّ جـ أَوَاذِيّ: مَوْجُ البَحْرِ 波浪

مُؤْذٍ: ضارّ 有害的，伤害的

ـ: مُسِيء 侮辱的，无礼的，使人不快的，使人讨厌的

ـ: يضُرُّ بالمَصْلَحَة 损害的，伤人的

غَيْرُ ـ 无害的，无恶意的，不令人讨厌的

أَراتِيقِيّ جـ أَرَاتِقَة / أَرَاتِيكِيّ جـ أَرَاتِكَة (أ) heretic [基督]异教徒，异端者

أَرَاجُوز (أ): قره قوز (في قره قوز)

آرامِيّ (أ) Aramaic 阿拉马的；阿拉马人

اللُغة الآرامِيَّة / الـ ة 阿拉马语

أراح (في روح) / **أراد** (في رود)

أَرَارُوط (أ) arrowroot: نَشاء حشيشة السِهام [植]葛；葛粉

أراع (في روع) / **أراق** (في روق)

أُرَانُوس (أ) Uranus [天]天王星

أَرَاوِيَة (مـ) / أَرَاوِلَة (مـ) 菊花

أَرِبَ ـَ أَرَبًا: صارَ ماهِرًا 熟练，巧妙，精巧，练达

أَرَبَ ـِ أَرْبًا العُقْدَةَ 打紧结，把结收紧

تَأَرَّبَ الرَجُلُ 自作聪明

ـ الرَجُلُ: تَفَرْنَجَ 欧化

ـ الأمرُ: تعسَّرَ / تعقَّدَ 事情错综复杂

ـتْ عُقْدَةُ الحَبْلِ 绳结变紧

أَرَب جـ آرَاب: حاجة 需要

ـ: غاية 目的，愿望，希望，期望

قضى ـهُ 他达到了他的目的

أَرَب: مَهارَة 技巧，精巧，巧妙，熟练

أُرْبَة جـ أُرَب: عُقْدَة 结，绳结

ـ: فِيونْكَة (أ) 蝴蝶花结，蝴蝶领结

أُرْبِيَّة: خُنُّ الورك (مـ) (راجع ربو) [解]鼠蹊

إرْبًا إرْبًا 一块块地，一片片地

مَزَّقه إرْبًا إرْبًا 把他碎尸万段，千刀万剐

أَرِيب / أَرِب م أَرِيبَة: ماهِر 巧妙的，熟练的，灵敏的

ـ: ثاقِبُ الفِكْرِ 机灵的，精明的，明智的，有机智的

مَأْرَب ومَأْرَبَة ومَأْرُبَة جـ مَآرِبُ: غايَة 目的，欲望，愿望，企图

أربع / أربعاء (في ربع) / **أربى** (في ربو)

أَرْبِيوم (أ) erbium [化]铒

أُرْبِيان: جَمْبَرِي (مـ) / قُرَيْدِس (مـ) 虾

ارتاب (في ريب) / **ارتاح** (في روح)

ارتدى (في ردي)

أَرْتوازِيّ (أ) artesian 喷水井的，自流井的

بِئْر أَرْتوازِيَّة 喷水井，自流井

أَرْتِيسْت (أ) artist 演员

أُرْتِيكارِيَا (أ) urticaria: بُثور صغيرة مَصْحُوبة [医]荨麻疹

أَرَّثَ النارَ: أوقدها 燃，点

ـ بَيْنَهم: أوقد نارَ الفِتْنَةِ 煽风点火，挑拨离间

أُرْثَة / إرَاث: ما توقد به النارُ 火绒，火种

إرث (في ورث)

إرْثِيّ 继承的

أُرْثُوذُكْسِيّ (أ) orthodox 信奉正教的，正统派的，希腊教会的

أَرِجَ ـَ أَرَجًا وأَرِيجًا وتَأَرَّجَ: فاح شَذَاه 香气馥郁，芬芳四溢
أَرِيج: شذا 花香，香气，馨香，芳香，芬芳
أَرِج 芳香的
أُرْجُوان ［植］紫荆
أُرْجُوَانِيّ: لَوْن أحمر قاتِم 紫色的，深红色的
صَخْر أُرْجُوَانِيّ ［矿］班岩
أَرْجُون (أ) argon 氩
أَرَّخَ الخِطابَ وغيرَه 在书信等上记载年月日
ـ: كَتَب تاريخًا (حِكاية الوقائع بأوقاتها) 写历史，写传记
ـ بتاريخٍ متأخِّرٍ: أخَّر التاريخَ 迟填日期，迟写日期
ـ بتاريخٍ متقدِّمٍ: قدَّم التاريخَ 倒填日期，提前写日期
تَارِيخ جـ تَوارِيخُ: تعريف الوقت 年月日，日期，日子，时日，年代
ـ: حِكايَة 史话，故事，传奇
ـ: حكايَة الحَوادِث وأَزْمِنَتها 历史，年代记，编年史，年表，史记
ـ: زَمَن 时期，时代，年代
ـ شَخْصٍ: سِيرَة أو تَرْجَمة حَياتِه 传记，言行录
بِلا ـٍ: غُفْل من التاريخ 无日期的，不记日子的
بِحَسَبِ ـ حُدُوثها 编年的，按年月次序
عِلْمُ الـ 史学，历史学
عِلْمُ الـ الطَبيعيّ 博物学
خَتْمُ الـ 日期戳
ما قَبْلَ الـ 史前的
تارِيخِيّ: مختصّ بالتاريخ 历史的，有历史意义的，有历史价值的
دَوْرٌ ـ 历史作用，历史意义
المادِّيَّة الـ ة 历史唯物主义
مُؤَرِّخ: مُدَوِّن الحَوادِث التاريخيّة 史学家，历史学家
مُؤَرَّخ 记有年月日的，记有日期的
أَرْخَبِيل (أ) archipelago: مَجْمُوعة جُزُر 群岛
أرخى (في رخو)
إِرْدَبّ جـ أَرَادِبّ ardeb: مِكْيال مصريّ للحبوب 艾尔代卜(埃及容量单位，等于 197.6 公升)
الأُرْدُنّ 约旦
نَهْرُ الأُرْدُنّ 约旦河
شَرْقُ الأُرْدُن 外约旦
أُرْدُنِّيّ 约旦的；约旦人
أُرْدُواز (أ) ardoise (法) 青石
لَوْحُ ـ plaque d'ardoise (学校用的)石板
قَلَم ـ 石笔
أردى (في ردي)
أَرْز 西洋杉
ـ لُبْنانِيّ 黎巴嫩杉
اِخْضِرار الـ 繁荣，万古长青
أَرُزّ / رُزّ: حَبّ يُطْبَخ 稻谷，大米
أَرَسَ ـِ أَرْسًا 务农
أَرِيس وإِرِّيس جـ أَرِيسُون وإِرِّيسُون وأَرَارِيس وأَرَارِسَة وأَرَارِسُ 农民
الأَرِيسِيّ: الحَرَّاث 农民
إِرِّيس 王子
أَرِسْطُقْرَاطِيّ / أَرِسْتُقْراطِيّ (أ) aristocratic 贵族政治的，贵族的；贵族
أَرِسْطُقْرَاطِيَّة (أ) aristocracy: عُلْوِيَّة 贵族政治
أَرِسْطو / أَرِسْطُوطَالِس (أ) Aristotle: الفَيْلَسُوف

الإغريقيّ 亚里士多德(希腊哲学家，公元前 384—前 322)
أَرِسْطِيّ 亚里士多德的
أَرَّشَ بينهم: أَغْرَى بعضهم ببعض 挑拨离间
أَرْش جـ أُرُوش: دِيَة أو رِشْوَة 赎金；贿赂
ـ: تعويض 赔偿
أَرْشِمَنْدَرِيت (أ) archimandrite (希腊教的)大僧院长，修道院长
أَرْشِيدُوق (أ) archduke 大公(奥国皇太子的称呼)
ـة archduchess (奥国的)公主，皇女
أَرْشِيف (أ) archives 公文，档案；档案室，档案处
أَرَّضَ [电]使接地
أَرْض جـ أُرُوض وأَرَضُونَ وأَرَاضٍ وآرَاض:
خِلافُ البَحْرِ 陆地(与海洋相对)
ـ: خلافُ السَماءِ 地(与天相对)
ـ زِرَاعيّة: طِين 土地，耕地
ـ: ما تَطأهُ القَدَمُ 地板(与天花板相对)，地面，底部
ـ غَرِينَة 冲积地
ـ النَعْلِ: ما أصابَ الأرضَ منها 鞋底
ـ بِكْر / ـ عَذْرَاء 荒地，处女地
ـ تَجْرِبِيَّة 试验田
ـ خِصْبَة 肥沃的土地
ـ فَضَاءٍ 空地
ـ مَلْعَب 马戏演技场，马戏场
ـ المِيعاد [宗]上帝许给的地方(指迦南)
ـ الوَطَنِ 祖国的领土
الـ: الكُرَة الأَرْضِيَّة / الدُنْيَا 地球
الـ المُقَدَّسَة: فِلَسْطِين 圣地(巴勒斯坦)
ابْنُ الـِ: قِنّ 农奴
تَحْتَ الـ 地下
كَوْكَبُ الـ: طَلْق (أ) 滑石
أَرَضَة جـ أَرَض: النَمْلة البَيْضاء العَمْياء 白蚁
أَرْضِيّ: مختصّ بالكُرة الأَرْضِيَّة / دُنْيَوِيّ 地球的，大地的，地球上的，地上的；今世的，俗世的；陆栖的，陆生的
ـ: عَقَارِيّ 土地的，田产的
ـ شَوْكِيّ: خَرْشُوف artichoke [植]朝鲜蓟
دَوْر أو طابِق ـ (楼房的)底层
أَرْضِيَّة (مـ): ما تَطأه القَدَمُ 房屋的地面，地板(与天花板相对)
ـ (织物的)经线，(盆或桶的)底
ـ (سـ): مِبْوَلَة 溺器，尿壶
ـ (مـ): أُجْرَة التَخْزِين 仓库费，贮藏费，保管费
ـ الجُمْعَة (سـ) 一周内
ـ الصُورَة (مـ): خَلْفِيَّة (图画的)背景，远景
أَرْضِيَّات 人世的幸福，世上的幸福，人间的美德
أَرِيض 宽广的；多产的，肥沃的
أُرْطَة (مـ) / أُورْطَة (مـ)جـ أُورَط / أُورْتَا (土):
جزء من الجَيْش 营，团，联队
أَرْطَنْسِيَّة (أ) hortensia: زهرة اليابان [植]八仙花，绣球花，紫阳花
ارعوى (في رعو)
أُرْغُن جـ أَرَاغِنُ (أ) orgue (法): سلطان المعازف (آلة طرب كالبيان) 大风琴
أُرْغُول: مِزْمَار 木箫，高音箫
أَرْغُون (أ) argon: اسم غاز [化]氩
أَرَّفَ الأرضَ: حدَّدها 划界，定界限
أُرْفَة جـ أُرَف 地界，界限，疆界
أَرِقَ ـَ أَرَقًا: ذهب عنه النوم في الليل 失眠

أَرَّقَه وآرَقَه: أسهره 使他失眠

أَرَق: امتناع النوم 失眠，失眠症

أَرَقَة: يَرَقة / دُودة في طورها بين النقف والتفريش 蠋，幼虫

أُرَقَان / إرْقَان / إرِقان / أَرُقان / أَرَقان أُرَاق: يَرَقان 黄疸病

أَرِق / آرِق / أَرُق / أَرْق 失眠者，失眠病患者

مَأْرُوق 黄疸病患者

أَرَاك [植]牙刷树

إرْلاَنْد (أ) Ireland 爱尔兰

إرْلاَنْدِيّ 爱尔兰的；爱尔兰人

أُرَّم: أَضْراس （复数名词）臼齿

حَرَّقَ الـَ على فلانٍ （对某人）咬牙切齿，含恨，怀恨，痛恨，深恶痛绝

إرَم وأَرِم جـ آرَام وأُرُوم 沙漠中的指路石

أُرْمَة جـ أُرَم / أَرْمَة (مـ): يافِطَة (مـ) 招牌，幌子

ـــ: شِعَار الملك أو الإمارة （盾形的）徽章

أَرُومَة وأُرُومَة وأَرُوم جـ أُرُوم: أَصْل الشَجرة 树根

ـــ: مَحْتِد 出身，血统

بِلاَ فَرْق في الـ 起源相同，不分出身

أَرْمِينِيَا / أَرْمِينِيَّة (أ): بلاد الأَرْمَن 亚美尼亚

الأَرْمَن الواحد أَرْمَنِيّ 亚美尼亚人

أَرْمَنِيّ 亚美尼亚的

الـ ة 亚美尼亚语

أَرِنَ ـَ أَرَنًا وأَرِينًا وإرَانًا البعيرُ: نشِط （骆驼）成为活泼的

إرَان 活泼，机敏

ــ 舁床，担架

ــ جـ أُرُن 棺材，柩车

الأَرْنَاوُط (مـ) / أَرْنَاوُد(土) 阿尔巴尼亚人

بِلادُ ــ 阿尔巴尼亚

أَرْنَاؤُوطِيّ (مـ) / أَرْنَاوُطِيّ جـ أَرَانِطَة: أَرْنَاؤُودِيّ (مـ) 阿尔巴尼亚的；阿尔巴尼亚人

أَرْنَب (في رنب)

أُرْنِيك (مـ) / أُورْنِيك (مـ) / اِسْتِمَارَة (مـ) 表格纸，空格表

ـــ: مِثَال / مَسْطَرَة (سـ) 模型，标本，样品

أُرُوبَّا / أُورُبَّة / أُرُبَّا (أ): بلادُ الإفْرَنْكِ (الإفْرَنْج) 欧洲

أُرُوبِيّ: إفْرَنْجِيّ 欧洲的；欧洲人

أُرُوبْلاَن (أ) aeroplane 飞机

أَرْي 蜂蜜

آرِيّ (أ) arian: نسبة إلى الجِنْس الآرِيّ 雅利安人

آرِيّ وآرِيَّة جـ أَوَارِيّ وأَوَارٍ 拴牲畜的桩子；马厩

أَرِيتَرِيا 厄立特里亚

أَرِيج (في أرج) / **أَرِيحِيّ** (في روح)

أَرِيكَة جـ أَرَائِكُ وأَرِيك 沙发，长椅

أَرْيُوس (أ) Arius 阿里乌斯（埃及亚历山大里亚神学家 260？—330）

أَرْيُوسِيّ: نسبة إلى مذهب أريوس الاسكندريّ 阿里乌斯教的

أَزّ (في أزز) / **إزاء** (في ازي)

أزاح (في زيح) / **أزال** (في زول)

ازَّاي؟ (مـ) / **ازَّي؟** (مـ) 怎么样？

اِزَّيك؟ (مـ) 你怎么样？你好吗？

اِزَّيك في كِدا؟ (مـ) 你怎么这样呢？

اِزَّيك في البيت دا؟ (مـ) 你喜欢这所房子吗？

أَزَبَ ـِ أَزْبًا الماءُ: جرَى 水流出，流注

مِيزَاب / مِئْزَاب جـ مَيَازِيبُ ومَآزِيبُ: مزارب (مـ) 水槽

إزْب: قَصِير وسَمِين 矮胖子

ازداد (في زيد)

أَزْبَسْتُوس (أ) asbestos [矿]石棉，石绒

أَزَّجَ البَيْتَ 建筑带拱门的房子
أَزَج جـ آزُج وآزَاج وإزَجَة 拱形圆顶，拱门
أَزَحَ ـِ أُزُوحًا وتَأَزَّحَ: تباطأ وتخلّف 迟，晚
أَزُوح 迟到者，落伍者
أَزْدَرَخْت / آزَادَارَخْت / أَزْدِرَخْت / آزَادِرَخْت (أ) 波斯紫丁香
ازدرى (في زري)
أَزَاذ 良种椰枣
أَزَّرَه: غطّاه 遮盖，掩蔽，遮掩，包裹
آزَرَه: عاونه 支持，帮助，援助，支援
تآزَرُوا 互相帮助，互相支援，团结
اِئْتَزَر وتَأَزَّرَ: لبس الإزارَ 穿外衣、斗篷
أَزْر: قُوَّة 力量
ـ: ظَهْر 背，背部
شَدَّ ـ ه: عَضَدَه 救助，支援，帮助；支持
إزَار جـ آزِرَة وأُزُر / إزْر 外衣，大衣，斗篷；盖单，被单
ـ الحائط: وَزَرَة (مـ) 墙脚板，护墙板
مِئْزَر جـ مآزِر: فُوطة الخدمة أو الشُغْل (مـ) 工作服，围腰布，围膝布
ـ: إزار 裙子，围裙
أَزَّ ـِ أَزًّا وأَزازًا وأَزِيزًا الطَّبْخُ على النار 咕嘟，咕嘟地沸滚
ـ الشَرَابُ الفوّار (沸水或沸汤)咕嘟咕嘟地响
ـ النَفَسُ في الصَدْر 作呼呼声，作嘘嘘地喘气声
ـ ت الريحُ أو القَذيفَةُ (风或子弹)呼呼作响，嘘嘘地叫，呼啸
أَزِيز النَفَس أو القذائف (喘气或子弹等的)呼呼声，嘘嘘声
ـ الريح أو القذيقة (风或子弹等的)呼啸声，吱吱声，呼呼声
ـ الطائِرات (飞机等的)嗡嗡声
ـ: صوتُ الغَلَيان 水沸声
ـ: صوتُ الفَوَرَان 啤酒的嘶嘶声
أَزِفَ ـَ أَزَفًا وأُزُوفًا الوقتُ: دَنَا 时间已近
آزِف 即将到来的(时间)
الـ ة [宗]世界末日
أَزِقَ ـِ أَزْقًا وأَزِقَ ـَ أَزَقًا وتَأَزَّقَ المكانُ: ضاق (地方)狭窄，变窄，变狭
مَأْزِق جـ مآزِقُ: مَضِيق 隘口，关口，狭路，难以通行的道路
ـ: موضع الحرب 战场
ـ حَرِج 窘境，困难的处境，紧急关头
أَزَل / أَزَلِيّة: أَبَدِيَّة 无始，永恒
من الـ 自无始以来
أَزَلِيّ: أبديّ 无始的，永恒的
تَأَزَّمَ 当危急存亡之际，发生危机
ـ الموقفُ 局势危急
ـ القومُ: أصابتْهم أَزْمة 遭受危机
أَزْمَة جـ أَزْمَات وأَزْم وأَوَازِمُ: شدّة 危机，恐慌，危局，紧要关头，成败关头
ـ اقتصاديَّة 经济危机，经济恐慌
ـ اقتصاديَّة دَوْرِيَّة 周期性的经济危机
ـ سياسيَّة 政治危机
ـ قَلْبِيَّة 心脏病的发作
ـ المَساكِنِ 房荒
ـ وزاريَّة 内阁危机
ـ (مـ): قَازِمَة / حَدَأَة 鹤嘴锄，尖嘴锄
ـ (أ) / أَزْمَا (أ) asthma: رَبْو (مَرَض صدريّ) 气喘病，哮喘病
مَأْزُوم 为危险所笼罩
إِزْمِيل جـ أَزَامِيلُ (راجع زمل) 凿子，镌凿，

车刀，切削工具

ـ الجَواهِريّ 凸花雕刻刀

أَزُوت (أ) azote: ونَتْرُوجين (أ) [化]氮

أَزُوتَات / أَزُوتَاة: نِتْرَات (أ) nitrate [化]硝酸盐

ـ النُشَادِر [化]硝铵

أَزُوتِيّ / أَزُوتِيك azotic 氮的，含氮的

إزَاء 在…前面，对面，对于

أسّ (في أسس) / **آس** (في أوس)

آسا (في أسو) / **أساء** (في سوأ)

أساغ (في سوغ)

إسْبَانَخ (أ): سَبَانخ/ سَبَانَخ (مـ) spinach 菠菜

إسْبَانِيا (西) España 西班牙

إسْبَان 西班牙人(复数)

إسْبَانِيّ 西班牙的；西班牙人

إسْبَانيُولِيّ espagnol 西班牙的；西班牙人

إسْبَانِيُولَة جـ إسْبَانِيُولاَت (أ) spanioletta (意) 窗子的扣闩

إسْبَاهِيّ جـ إسْبَاهِيَّة (أ) (法国陆军中的)阿尔及利亚骑兵；(英军中的)印度士兵

إسْبِتَالِيَة جـ إسْبِتَالِيَات (أ) ospedale (意)：مُسْتَشْفًى 医院

ـ انتقاليّة 流动医院

اِسْبِرْتُو (أ) spirito (意) 酒精

ـ مَخْلُوط 混合酒精

أَسْبِرِين (أ) aspirin [药]阿斯匹林

أَسْبِسْتُوس (أ) asbestos: سَارِي مَسْتَرَة (مـ) حجر الفَتيل 石棉

اِسْبَلِيطَة / اِسْبَالِيطَة (أ) spallina (意) 肩章，肩饰

أسبوع (في سبع)

أَسْبِيدَاج (مـ) / سِبِيدَاج /إسْفِيدَاج (أ) (波)：

بياض الرصاص [化]铅白

است (في سته)

أَسَتُون (أ) acetone 丙酮

استاء (في سوء)

أُسْتَاذ جـ أَسَاتِذَةٌ وأَسَاتِيذُ: مُعَلِّم 教师，老师，先生；教授

ـ مُساعِد 副教授

دَفْتَرُ الـ: سِجِلُّ الحِساب التِجاريّ 总账，清册

الـ الأَكْبَر 开罗爱资哈尔大学校长

أُسْتَاذِيَّة 教授的学衔，教授的职位

اِسْتَاتِسْتِيك (أ) statistique (法) 统计学

الإسْتَانَة العَلِيَّة 伊斯坦布尔的别名

اِسْتِئْمَارَة جـ اِسْتِئْمَارَات (مـ): اِسْتِمَارَة (مـ) 表格纸，空格纸

استباح (في بوح) / **استبدّ** (في بدد)

إسْتَبْرَق (أ): مُخَيَّش (مـ) (حرير وذهب) 锦缎，花缎，金银线的浮花锦

استتبّ (في تبب) / **استثنى** (في ثني)

استجار (في جور) / **استحال** (في حول)

استحقّ (في حقق) / **استحمّ** (في حمم)

استحيا (في حيي) / **استخفّ** (في خفف)

استدعى (في دعو)

إسْتِرَاتِيجِيّ (أ) 战略的；战略家

إسْتِرَاتِيجِيَّة / إسْتِرَاتِيجَة (أ) strategy 兵学，军事学，兵法；战略，军略

أُسْتُرَالِيَا (أ) Australia 澳洲

أُسْتُرَالِيّ (أ) 澳洲的；澳洲人

استراح (في روح) / **استرباحة** (مـ) (في ربح)

استسقاء (في سقي)

إسْتَرُونْتِيُوم (أ) strontium [化]锶

استشار (في شور) / **استشاط** (في شيط)

استطاع (في طوع) / **استعاذ** (في عوذ)

استعار (في عور) / **استعاض** (في عوض)
استعان (في عون) / **استعدّ** (في عدد)
استعفى (في عفو) / **استغلّ** (في غلل)
استغنى (في غني) / **استفاد** (في فيد)
استفتى (في فتو) / **استفزّ** (في فزز)
استقال (في قيل) / **استقام** (في قوم)
استقصى (في قصو) / **استقلّ** (في قلل)
أَستِك أسِد (أ) acetic acid [化]醋酸
استكان (في كون) / **استلّ** (في سلل)
استلقى (في لقي) / **استلم** (في سلم)
استماح (في ميح) / **استمارة** (م) (في أمر)
اِستِمَارَة جـ اِستِمَارَات (م) 表格纸，空格纸
ـ المَصْرُوفَات 账目，账单
استمال (في ميل) / **استمرّ** (في مرر)
استمنى (في مني) / **استناخ** (في نوخ)
اِستِنجَة التِرام (أ): ذِراع (电车触线杆上的)触轮
استهان (في هون) / **استهلّ** (في هلل)
إِستُودِيُو جـ إِستُودِيُوهَات (أ) studio (拍电影的)摄影棚；照相馆，摄影室
استيداع (م) (في ودع)
أَستِيق (أ): لَستِك (أ) 弹性橡皮，印度橡胶
أُستِيك (م): سِلْسِلة حلية / كُوستِك (土) (饰物的)链子
أَستِيكة (م): مَسَّاحَة 擦字橡皮，橡皮擦
أَسَد جـ أُسُود وأُسُد وأُسْد وآسَاد وآسُد م لَبُؤَة:
سَبُع (م) 狮子(阴阳通用)
ـ هِنْدِيّ: بَبْر أو بَبِر 虎
ـ البَحْر 海狮
ـ العَدَس [植]肉苁蓉
داء الـ: جُذَام 癞病
بُرْج الـ [天]狮子宫

أَسَدِيّ 属于狮子的，有狮子特性的，狮子般的
مَأْسَدَة جـ مَآسِد 产狮子的地方，豢养狮子的地方
أسدّ (في سدد) / **أسدى** (في سدي)
أَسَرَه ـِ أَسْرًا وإِسَارَةً: شَدَّهُ بالإسار 用皮带捆缚，用皮带紧缚
ـ أَسْرًا وإِسَارًا الرجلَ: سَبَاه 俘获，俘虏
ـ الحَوَاسَّ: سَبَى العَقْلَ 迷人，勾魂，使人神魂颠倒
اِستَأْسَرَ: أسلم نفسه أسيرًا 投降
أَسْر: سَبْي 俘虏，俘获
بِأَسْرِه: بِرُمَّتِه 完全地，全部地；整个
في العالم بأَسْرِه 在全世界
إِسَار جـ أُسُر: سَيْر / قِدّ 皮条，皮带
أُسْر: احتباس البَوْل [医]闭尿
أُسْرَة جـ أُسَر: عائِلة 家庭，家族；王朝，朝代
ـ الرجُل: أَهْله 家属
الـ العَلَوِيَّة (埃及)穆罕默德阿里王朝
آسِر: سَابٍ 俘获者
ـ: يَسبِي العَقْلَ 迷人的，勾魂的
أَسِير جـ أَسْرَى وأُسَرَاءُ وأُسَارَى وأَسَارَى: سَبِيّ 俘虏
أصبح ـ هَوَاها 他被她迷住了
مُبَادَلَة الأَسْرَى 交换俘虏
أَسْرَى الحرب 战俘
مُعَسْكَر ـ الحرب 战俘营
مَأْسُور: أَسِير 俘虏
إِسْرَائِيل (أ) Israel: اسم رجل 以色列(男名)
دَوْلَة ـ 以色列(国)
بَنُو ـ: اليَهُود 以色列人，犹太人
إِسْرَائِيلِيّ: يهودِيّ 以色列的，犹太的

إِسْرَافِيل (أ) [伊]世界末日来临之时吹号角的天神
أُسْرُب وأُسْرُوب وأُسْرُبّ (أ) 石墨(俗称黑铅)
أَسَّسَ البِناءَ 奠立建筑物的基础，奠基
ـ كذا: أنشأه 建立，创立，树立，创建，开办，创办，成立
ـ شَرِكَةً 创办一个公司
تَأَسَّسَ: أُنْشِئَ 建立起来，建成，成立
أُسّ: دَلِيل القُوَّة (في الرياضة) [数]指数，幂
أَسَاس وأَسَس جـ أُسُس وآسَاس: قاعِدة البِناء 屋基，房基
ـ: أصل أيّ شيءٍ 基础，根基，基本
ـ: عِلَّة 原因，理由；源本，起源
لا ـ له 无根据的，无基础的
قَوْلٌ لا ـ له من الصِحّة 无稽之谈
على ـ التَكافُؤ 在平等的基础上
على ـ مُقابَلَة المِثْل بالمِثْل 在互惠的基础上
العملُ على ـ القِطْعة 计件(给工资的)工作
التعاوُن على ـ المَنافع المُتَبادَلة 在互利基础上的合作
من حَيْثُ الـ 基本上，大体上
أَساسِيّ: قَاعِدِيّ 基础的，基本的
ـ: جَوْهَرِيّ 根本的，本质的
ـ: رَئِيسِيّ 首要的，主要的
حَجَر ـ 基石
حَفْلَة وَضْع الحجر الـ 奠基典礼
قَانُون ـ 基本法
أَسَاسِيًّا 基本上
تَأْسِيس 建立，创建，创办，成立
الذِّكْرَى السَّنَوِيَّة العاشِرَة لـ ـ جُمْهُورِيَّة الصِّينِ الشَّعْبِيَّة 中华人民共和国建国十周年纪念
أَسْهُم أو حِصَص ـ (公司)发起人的股份

مُؤَسِّس: مُنْشِئ 创立者，创办者，创始者
ـ الشَرِيكات أو المَشْرُوعات (公司、企业的)发起人，创办人
مُؤَسَّس: منشأ 被创立的，被建立的
ـ على كذا 建立在…上的
مُؤَسَّسَة جـ مُؤَسَّسَات 公司，企业
مُؤَسَّسات مُشْتَرَكة يَمْلِكُها الأَفْراد والدَوْلة 公私合营企业
اِسْطامة (مـ) (في سطم)
إِسْطَبْل جـ إِسْطَبْلَات (أ) / إِصْطَبْل stabile (意): مَأْوَى الخيل 马厩，马房
ـ / إِصْطَبْل: مجموعة خَيْل سِباقٍ لمالِكٍ واحد 某马主的一群赛马
أَسْطُرْلَاب (أ) astrolabe: آلة فلكيّة قديمة [天]星盘
أُسْطُوَانَة جـ أَسَاطِينُ وأَسَاطِنَة وأُسْطُوَانَات (أ):
عَمُود / أُسْتُون (波) 圆柱，柱
ـ: إحْدى قوائم الدابَّة 兽腿
ـ: جسم مُسْتَدِير مُستَطِيل 圆柱体
ـ آلة التسجيل (录音机的)小轴，小圆筒
ـ الفُنُغْراف أو الفُونُوغراف: قُرْص 唱片
أهل الـ 斯多噶派，禁欲主义者
ـ الجَلْخ 滚筒，辗压筒
ـ الأُكْسِيجِين 氧气筒
أُسْطُوَانِيّ 圆柱体的，圆柱形的，长圆形的
أَسَاطِين: أَعْمِدة 柱，支柱
ـ العلم 学术界的台柱，科学界的权威
ـ الأَدَب 最杰出的作家，文豪
أُسْطُورَة جـ أَسَاطِيرُ (في سطر) 神话，传说，寓言
أُسْطُول بَحْرِيّ جـ أَسَاطِيلُ 舰队，船队
ـ جَوِّيّ (飞机的)机队

ـ تِجَارِيّ 商船队

ـ الحراسة 护航舰队

أُسْطَى وأُوسْطَى جـ أُسْطَوات (مـ): مُعَلِّم 师傅（对手艺人的称谓，如厨师等），技师，工长

ـ: طَبَّاخ / عَشِّيّ (سـ) 大师傅，厨师，炊事员

ـ: سائِق 司机（火车司机，汽车司机，马车工人）

ـ دَرِيسَة 监工，工头

أَسِفَ ـَ أَسَفًا وتَأَسَّفَ على كذا 懊悔，悔恨；遗憾，抱歉；惋惜，悲伤；哀悼，悼念

أَمْرٌ يُؤْسَفُ له... 可惜的，令人遗憾的事

مِمَّا يُؤْسَفُ له أن ... …是值得惋惜的，可惜…

آسَفَ إيسَافًا فلانًا: أحزنه 使…忧愁，使…伤心，使…难过，使…感到遗憾

يُؤْسِفُنِي أَنْ نَفْتَرِق 我们离别使我很难过

أَسَف / تَأَسُّف 懊悔，悔恨；遗憾，抱歉；惋惜

لل ـ / ومع الـ 抱歉，遗憾；可惜

مع شديد الـ 十分抱歉，非常遗憾

يا لَلأَسَفِ! 真可惜！

وا أَسَفاهْ / يا أَسَفَاهْ 哎呀！真可惜！哀哉！呜呼！

آسِف / أَسِيف: حَزِين 伤感的，悲哀的，苦恼的，忧愁的

ـ / مُتَأَسِّف: نادِم 懊悔的，悔恨的；感觉遗憾的，抱歉的

أنا ـ جدًّا! 很对不起！抱歉得很

مَأْسُوف عليه 值得惋惜的，可惜的

غير مَأْسُوف عليه 不足惋惜的

أَسْفَلْت (أ) asphalt: الزِفْت الأسود 沥青，柏油

إِسْفَنْج الواحدة إِسْفَنْجَة جـ إِسْفَنْجَات (أ):

سِفِنْج (مـ) sponge 海绵

إِسْفَنْجِيّ 海绵状的，海绵质的，多孔的，松软的，吸收性的

إِسْفَنْدَان (أ): قَيْقَب 槭树

إِسْفِيدَاج (أ): سِبِيدَاج (مـ) 铅白，铅粉

اسفين (في سفن)

أُسْقُف جـ أَسَاقِفَة وأَسَاقِفُ 主教

رَئِيس الأَسَاقِفَة 大主教

أُسْقُفِيّ 主教，有教会最高权力者

أُسْقُفِيَّة 主教级

أُسْقُمْرِي (أ) (في سقمري) 青花鱼，鲭

اسْقَنْقُور: عَظَايَة كبيرة [动]石龙子

أَسْكَتَّان (أ) [解]阴唇

إِسْكَارَة (ع): مِشْوَاة / شِكَارة (مـ) / إِسْقَرَه (土) （烤鱼、肉等用的）铁丝格子

إِسْكَاف (في سكف) 鞋匠，补鞋匠

إِسْكِتْش (أ) sketch 独幕剧

إِسْكُتْلانْدا / إِسْكُتْلَنْدَة (أ) Scotland 苏格兰

إِسْكُتْلَنْدِيّ 苏格兰的；苏格兰人

أَسْكَرْبُوط (أ) ascorbot 坏血病

أُسْكُفَّة (في سكف): عَتَبَة 门槛，门限

إِسْكِلَة جـ أَسَاكِلُ (أ): مِينَاءُ 港，海港；港口的城市

إِسْكُمْلَة جـ إِسْكُمْلات (مـ) / إِسْكَمْلي: كُرْسِي صغير 凳子，小凳子

الإِسْكَنْدَر الأكبر 亚历山大大帝

الإِسْكَنْدَرِيَّة Alexandria: مِينَاء مِصْرِيّ 亚历山大港（埃及）

إِسْكَنْدَرُونَة Alexandretta (Iskenderun) （伊斯肯德伦）亚历山大勒塔（土耳其）

إِسْكَنْدِيوم (أ) scandium [化]钪
أَسْكُولابِيّ (أ) aesculapian 医术的，治疗学的；药的
إِسْكِي (أ) ski 滑雪板，雪橇
أَسْكِيم (سـ أ): ثوب الرُهْبَان 法衣，僧服
شَلَحَ أو خَلَعَ الـ 剥夺…的祭司权利或资格
إِسْكِيمُو (أ) Eskimo 爱斯基摩人
إِسْكِيمَاوِيّ 爱斯基摩的；爱斯基摩人
أَسَلَ الرُمْحَ أو نحوه: حدَّده / دبَّبه 磨尖，削尖；磨快，使锐利，使锋利
تَأَسَّلَ أباه: أشبهه في أخلاقه وشمائله 他像他父亲
أَسَل الواحدة أَسَلَة: سَمَار [植]灯心草，蔺
أَسَلَة: شَوْكَة 刺，针，荆棘；长钉，尖铁
ـ: رأس اللِسان 舌尖
أَسَلِيّ 舌齿音
أَسِيل الخَدَّيْن 鹅蛋脸
مُؤَسَّل: مُحدَّد الطَرَف 削尖的，磨尖的，有尖头的，锐利的
ـ: دقيق الطَرَف (النبات) [植]有尖叶子的
أسلوب (في سلب) / **أسلى** (في سلو)
أُسَامَة 雄狮(当专名用)
اِسْم (في سمو)
إِسْمَاعِيل Ismael 伊斯马仪(男名)
إِسْمَاعِيلِيّ [伊]伊斯马仪派的；伊斯马仪派信徒
إِسْمَانْجُونِيّ (أ): سَمَنْجُونِيّ 天青色的，天蓝色的，蔚蓝色的，淡青色的，浅蓝色的
اِسْمَنْت (أ) cement: سِمِنْتُو / سِمِنْت (أ) 水泥，洋灰，士敏土，水门汀
الـ المُسلَّح 钢筋混凝土
أَسَنَ ـِ أَسْنًا وأُسُونًا وتَأَسَّنَ الماءُ 水变味
أَسِنَ ـَ أَسَنًا 下井被臭气熏倒

ماءٌ آسِن: راكِد 死水，不流动的水，变味的水，臭水
أَسْنَوِيّ 阿斯纳市民
ماءٌ أَسُونِيّ (مـ): هُجاهج 有盐味的水
أَسَا ـُ أَسْوًا وأَسًا وأَسَّى تَأْسِيَةً الرجلَ: عَزَّاه 安慰，慰藉
ـ وـ الرجلَ: عالجَه 医治创伤
ـ وـ ه: عاونَه 援助，帮助
آسَى مُؤَاسَاةً الرجلَ: عاونَه 帮助，辅助，援助，协助
تَأَسَّى: تعزَّى 得到安慰，得到慰藉
أُسْوَة وإِسْوَة جـ أُسًى وإِسًى: قُدْوَة 榜样，模范，范例，表率
ـ بِنَفْسِي: مِثْل نَفْسِي 以我为例
ـً بفلان 和某人一样，以某人为榜样
اِجْتَهَدَ في الدراسة أُسْوَةً بِبَقِيَّة الطُلَّاب 他同别的学生一样努力学习
إِسَاء جـ آسِيَة / أُسُوٌ: دواء 药
أَسْوَان: حَزِين 忧郁的，悲伤的
أَسْوَان 阿斯旺(埃及省名，省会同名)
السَدّ العالِي في ـ 阿斯旺高水坝
حَجَرُ ـ [矿]黑花岗石
أَسْوَانِيّ 阿斯旺的；阿斯旺人
تَأْسِيَة / مُؤَاسَاة: تعزية 安慰，慰藉
أُسُوج 瑞典
أُسُوجِيّ 瑞典的；瑞典人
الـ ة 瑞典语
أَسِيَ ـَ أَسًى على كذا: حَزِنَ عليه 为…而悲伤、悲痛、难过
أَسًى: حُزْن 悲伤，悲痛，难过，忧愁
آسٍ جـ أُسَاة وإِسَاء م آسِيَة جـ آسِيَات وأَوَاسٍ 医生

آسٍ وأَسْيَانٌ جـ أَسْيَانُونَ م آسِيَة وأَسْيَانَة جـ أَسْيَانَات وأَسْيَيَات وأَسَايَا 悲痛者

مُؤْسٍ: مُحزِن / فاجع 悲惨的，使人悲痛的

مَأْسَاة جـ مَآسٍ: رِواية مُحزِنَة 悲剧；惨案

آسِيَا: قارَّة آسِيَا 亚细亚洲，亚洲

آسِيَوِيّ 亚洲的；亚洲人

مُؤْتَمَرُ التَضَامُنِ الآسِيَوِيّ الأَفْرِيقِيّ 亚非团结大会

أَسِيتِلِين (أ) acetylene [化]乙炔；电石

أَسْيُوط 艾斯尤特(埃及省名，省会同名)

أَسْيُوطِيّ جـ أَسَايِطَة 艾斯尤特的；艾斯尤特人

أَشَار (في شور) / **أَشَاع** (في شيع)

أَشِبَ ـَ أَشَبًا وتَأَشَّبَ الشجرُ: التفّ واشتبك (树枝)缠结，缠绕

تَأَشَّبَ القومُ: اختلطُوا (人群)混杂

أَشَب 丛林

أُشَابَة جـ أَشَائِبُ: أخلاط الناس 杂乱的人群，乌合之众

اِشْبِين (في شبن) / **اشتاق** (في شوق)

اشترّ (في شرر) / **اشترى** (في شري)

اشتقّ (في شقق) / **اشتكى** (في شكو)

اشتهى (في شهو) / **أشدّ** (في شدد)

أَشِرَ ـَ أَشَرًا: بَطِرَ ومرح 狂妄，自大

أَشَّرَ على كذا (مـ) 签证

ـ على جَواز السفر 在护照上签证

تَأَشَّرَ 签证

تَأْشِير جـ تَأْشِيرَات 签证

مُؤَشِّر 签证员

ـ (仪表的)指示板，指针；指示器，指示表

مُؤَشِّر جـ مؤشِّرات 指数

اشرأبّ (في شرب) / **اشرجيّ** (مـ) (في شور)

أَشْكِين (مـ): رَمْح هَيِّن (马)溜蹄，缓步

أَشَلّ (في شلل) / **أشلاء** (في شلو)

اشمأزّ (في شمز)

أَشْمُونِي (مـ) 艾什木尼(棉花的一种)

أُشْنَان / إِشْنَان [植]厚岸草(藜科岗羊栖菜属植物，尤指制碱灰用的数种)

ـ: قِلًى [化]钾碱，碳酸钾，草碱

أُشْنَة / كِشَّة العَجُوز (مـ): نبات طُفَيْلِيّ 苔，苔藓，地衣

آشُور / أُشُّور: اسم مَمْلَكة بائدة 亚述(古国名)

آشُورِيّ 亚述人；亚述的

أصاخ (في صوخ) / **أصرّ** (في صرر)

آصِرَة جـ أَوَاصِر 亲属，关系，情谊

أَوَاصِرُ الصَدَاقَة 友谊关系

إِصْر وأَصْر وأُصْر جـ آصَار 担负；盟约；罪恶

مَأْصِر ومَأْصَرَة جـ مَآصِرُ: مكان تحصيل المكوس 税卡，关卡，卡门

أَصِيص: شالِيَة الزَرْع (مـ) 花盆

ـ: مِبْوَلَة / قَصْرِيَّة (مـ) / قَعَّادَة (مـ) / خَدَّامة (س) 夜壶，尿壶

اصطاد (في صيد) / **اصطاف** (في صيف)

إِصْطَبْل جـ إِصْطَبْلَات: إِسْطَبْل (أ) 马厩，马棚

أَصْطُرْلَاب / أَسْطُرْلَاب (أ) astrolabe [天]星盘

اصطفى (في صفو) / **اصطكّ** (في صكك)

اصطلح (في صلح) / **اصطلى** (في صلي)

أَصُلَ ـُ أَصَالَةً: رسخ أصلُه 根深蒂固，成为有根基的

ـ الرجلُ: كان شريفَ الأصل 出身贵族，出身望族

أَصَّلَهُ: بيَّن أصلَه 指出来源，指出出处，确定来源

تَأَصَّلَ: رَسَخ 生根，根深蒂固

ـ من ... 发生于…；是…的苗裔
اِسْتَأْصَلَ الشيءَ: قلعه من أصله 拔起，连根拔起
ـ ه / ـ شَأْفَتَه 根绝，根除，扑灭，灭绝，铲除，彻底消灭
ـ العُشْبَ الضارّ 薅草，除草，拔除害草
أَصْل جـ أُصُول: جِذْر 根
ـ: مَنْشَأ 根本，根源
في الـ 本来，原来，最初
ـ: نَسَب 血统，系统，家系，世系
شَرِيف الـ 出身高贵的
جزَائِرِيّ الـ 他是阿尔及利亚人
ـ: عِلَّة / سَبَب 原因，缘故，理由，根源，缘由
ـ: أساس 基础，根基
ـ وفَصْل 根和杈
قَوْلٌ لا ـ له ولا فَصْلَ 无稽之谈，荒唐的话
لَيْسَ هذا من ـ المَوْضُوع 这不是本题
الـ والفوَائِد 资本和利润
حَيَوَانِيّ الـ 来自动物的
نَبْتِيّ الـ 来自植物的
١٣ من ـ ٤٠ (١٣/٤٠) 四十分之十三 (13/40)
اِبْنُ ـ: أَصِيل 出身贵族的，出身名门的
أُصُول وفُرُوع 主要部分和次要部分，主次
أَصْلِيّ: أَوَّلِيّ / بِدَائِيّ / قَدِيم 原始的，最初的；首先的，首要的，主要的
ـ: أَسَاسِيّ 基础的，基本的，根本的
ـ: حَقِيقِيّ 真的，真正的，纯粹的
حَرِير ـ 真丝，纯丝
عَدَد ـ (في الحِساب) [数]质数，素数，基数，纯数
كَلِمَة أَصْلِيَّة [语]词根

السُكّان الأَصْلِيُّون 土著，土人，原住民
أَصْلاً: في الأَصْلِ 本来，原来，最初
ـ: قَطْعًا / بَتَاتًا 决(不)，根本(不)，断然(不)
أَصَلَة: حَنَش 大蛇，蟒蛇
أَصَالَة الرَأْي 见解正确，判断正确
بالـ عن نَفْسِي 以我的名义，以我个人名义
بالـ عن نَفْسِي وبالنِيابَةِ عن الحُكومة 以我个人名义并代表政府
أُصُول: قَوَاعِد 规则，法则，规律，原则，规矩，道理
ـ الكِتَاب: نُسْخَتُه الأَصليَّة 写本，原稿，手稿
بِحَسَبِ الـ 照章，依法，按规矩，按原则
ـ وخُصُوم (مـ) [经]借方和贷方，借项和贷项
أُصُولِيّ 依照法律和规则的；法律家，法学家；原教旨主义者
أُصُولِيَّة 原教旨主义
تَأْصِيل 确定来源，指出来源，指出出处
عِلْمُ الـ 词源学
تَأْصِيلَة: سِلْسِلَة النَسَب 系谱，血统，家系
أَصِيل جـ أُصَلاءُ: ابن أصل 出身贵族的
ـ: ضد دخيل 土生土长的，本地的，土著
ـ: حَقِيقِيّ 纯正的，真正的；道地的；真实的，实在的
حيوانٌ ـ أو مُؤَصَّل 纯种的牲畜，良种的牲畜
حِصَانٌ ـ 纯种的马，良马，骏马
عَيْبٌ ـ 生来的缺点
ـ جـ آصال وأَصَائِلُ وأُصُل وأُصْلاَن: الوقت بين العَصْر والمَغْرِب 傍晚

جاءوا بأَصِيلَتِهِم: جاءوا كلهم 他们都来了

مُتأصِّل: راسخ 根深蒂固的，根基巩固的

ــ: مُزْمِن (مَرَض) 慢性病，长年的(病)，痼疾

عَداوَة ــ ة 夙仇，旧仇

أصمّ (في صمم) / **أصيص** (في أصص)

أضاء (في ضوء) / **أضاع** (في ضيع)

أضاف (في ضيف) / **اضبارة** (في ضبر)

اضطجع (في ضجع) / **اضطرّ** (في ضرر)

اضطرب (في ضرب) / **اضطرم** (في ضرم)

اضطهد (في ضهد) / **اضمحلّ** (في ضمحل)

أضنى (في ضني) / **أطاح** (في طوح)

أطاع (في طوع) / **أطاق** (في طوق)

أطال (في طول) / **أطبق** (في طبق)

أطَرَ ـِ أَطْرًا وأَطَّرَ الشيءَ: عطَفه وثناه 使曲，弄弯

إطَار جـ أُطُر وإطَارَات: بِرْوَاز (مـ) 框，架

ــ النَظَّارة 眼镜框，眼镜架

ــ العَجَلة: حِتَار / إِبْسِيط (مـ) 轮辋，轮圈

ــ العجلة الخارجِيّ: طَبَّان (مـ) (橡皮)轮胎，车胎，外胎

ــ البِرْمِيل: طَوْق 桶箍

أُطْرُغُلَّة (أ): يَمَامَة 斑鸠

اطّرد (في طرد) / **أُطْرُوحَة** (في طرح)

أطَّ ـِ أَطِيطًا الإبِلُ (驼)哀鸣

أَطْلَس (أ) atlas: مَجْمُوع مُصَوَّرات جُغْرافِيَّة 地图册(集)

أَطْلَانْطِيقِيّ (أ) Atlantic/أَطْلَنْطِيّ (أ): أَطْلَسِيّ 大西洋的

المُحِيط الـ 大西洋

أَطْمَة (أ) atom: ذَرّة مادِيَّة 原子

أُطُم جـ آطَام: حِصْن 堡垒，城堡，工事

أُطُوم جـ أُطُم وآطِمَة: ناقة البَحْر [动]儒艮，人鱼

اطمأنّ (في طمن) / **أظفور** (في ظفر)

أعار (في عور) / **أعاض** (في عوض)

أعاق (في عوق) / **أعال** (في عول)

أعان (في عون) / **اعتاد** (في عود)

اعتدّ (في عدد) / **اعتدى** (في عدو)

اعتزّ (في عزز) / **اعتنى** (في عني)

أعدّ (في عدد) / **أعدى** (في عدو)

اعصار (في عصر) / **أعطى** (في عطو)

أعفى (في عفو) / **أعلومة** (في علم)

أعلى (في علو) / **أعمى** (في عمي)

أعوذ بالله (في عوذ) / **أعيا** (في عيي)

أغاث (في غوث) / **أغار** (في غور)

أغاظ / اغتاظ (في غيظ) / **اغتال** (في غول)

أغرى (في غري)

إغْرِيقِيّ Greek: يُونَانِيّ قديم 古希腊的，古希腊语的

ــ جـ إغْرِيق 古希腊人

الـ ة 古希腊语

أُغُسْطُس (أ) August: آب / الثامن من شهور السنة الشمسية 阳历8月

أُغُسْطُوس (أ): أَوَّل قَيَاصِرة الرُومان 奥古斯都(古罗马大帝)

أَغَا جـ أَغَوَات / آغا جـ آغاوات (أ) agha (土) 阿哥，太监，宦官，阉人；警官

أغنّ (في غنن) / **أفّ** (في أفف)

أفاد (في فيد) / **أفّاق** / **آفاق** (في أفق)

أفاق (في فوق) / **أفاويه** (في فوه)

افتأت (في فأت) / **افترّ** (في فرر)

إفْرَنْج (أ) franks الواحد إفْرَنْجِيّ: أُورُوبِيُّونَ 欧洲人；西洋人

بلادُ الـ: أُرُوبًّا 欧洲

إفْرَنْجِيّ 欧洲的，西洋的
المَلَابِس الـ ة 西服，洋服，西装
مَرَض ــ: العَيَا الإفْرَنْجِيّ (مـ) 梅毒，花柳病
إفْرَنْسِيّ 法国的；法国人
إفْرَنْكِيّ = إفْرَنْجِيّ
أَفْرُودِيْت (أ) Aphrodite: رَبَّة العِشْق والجَمال الإغريقيَّة [希神]爱与美的女神
إفْرِيز جـ أَفَارِيز (في فرز) [建]飞檐，檐板，壁带，柱带
ــ الطريق 路边人行道
ــ المَحطَّة 月台
إفْرِيقِيا / أَفْرِيقِيا (أ) Africa: / إفريقيَّة 非洲，阿非利加洲
إفْرِيقِيّ / أَفْرِيقِيّ 非洲的；非洲人
إفْسَنْتِين (أ) absinth: شِيح رُومِيّ [植]苦艾
ــ: خلاصة الشيح 苦艾汁，苦艾酒
إفْشِين (祈祷的，祝贺的)形式
أفضى (في فضو) / **أُفعوان** / **أفعى** (في فعو)
أَفْغَان الواحد أَفْغَانِيّ 阿富汗人
أَفْغَانِيّ 阿富汗的
أَفْغَانِسْتَان 阿富汗
تَأَفَّفَ الرَجلُ: تذمَّر 烦躁，不安
أَفَف: ضَجَر 烦躁，不安
أُفُّ الأُذُن: إفْرَازُها 耳垢
أُفٍّ: كلمة تضجُّر 呸！唉！哼！讨厌！（表示厌恶或烦躁的感叹词）
ــ لَكَ! 去你的吧！你真讨厌！
أَفَقَ ـِ أَفْقًا: ذهب في الآفاق 游历，漫游；漂泊，流浪
أُفْق وأُفُق جـ آفَاق 地平，地平线，地平圈；天涯，天际
أُفُقِيّ: ضد رأسِيّ 横的，地平的
إحْدَاثِيّ ــ [数]横标，横坐标
أُفُقِيَّة [数]横坐标
أَفَّاق: جَوَّاب 漫游者，游历家，遨游者
ــ 流浪汉，漂泊者
مِئْفَاق: مِنْظَارُ الغَوَّاصات والخَنَادِق (潜艇或战壕中的)潜望镜
مِئْفَاقِيّ 潜望镜的
أَفَكَ ـِ أَفْكًا وأُفُوكًا وأَفِكَ ـَ أَفَكًا وأَفَّكَ: كذِب 说谎，扯谎，造谣
إفْك: كِذْب 谎言，瞎话，谣言
أَفَّاك: كَذَّاب 说谎者，造谣者，捏造者
أَفَلَ ـُ وأَفِلَ ـَ أُفُولاً النَجْمُ أو القَمَرُ: ضد بزَغ (星或月)落，落下
ــ نجمُ فُلان 不走运，倒霉，运气不好
آفِل جـ أُفَّل وأُفُول: ضد بازِغ 没落的
أَفْلَاطُون / إفْلَاطُون (أ) Plato 柏拉图(希腊哲学家)
أَفْلَاطُونِيّ Platonic 柏拉图的，柏拉图学派的
حُبٌّ ــ: حُبّ عُذْرِيّ 精神恋爱
الأَفْلَاطُونِيَّة الحَدِيثَة 新柏拉图派
مَأْفُون 愚蠢的，糊涂的
ــ أَحْمَق 大傻瓜
أَفَنْدِي جـ أَفَنْدِيَّة (أ) (土): سَيِّد 先生，阁下
آفة (في أوف)
أَفُود (أ) ephod: صدرَة عَظِيم أَحبار اليهود (犹太教大祭司的)法衣，披肩
أَفُوكَاتُو (مـ) avvocato (意): مُحَامٍ 律师，辩护人，代言人，代理人
الـ العُمُومِيّ 国家公诉人，检察长，检察官
أَفْيُون (波) / آبيون: صمغ الخَشْخَاش 鸦片；阿芙蓉
صِبْغَة الـ / خَمْرُ الـ 劳丹，鸦片酊

أَفْيُونْجِي جـ أَفْيُونْجِيَّة (مـ) 吸鸦片者，烟鬼

أَقَاقِيَا / أَقَاصِيَا (أ) acacia: شجر السَّنْط 阿拉伯胶树

أقال (في قيل) / **أقام** (في قوم)

اقتات (في قوت)

أُقْحُوَان / قُحْوَان جـ أَقَاحِيّ وأَقَاحٍ الواحدة أُقْحُوَانَة وقُحْوَانَة 延命菊

أقرّ (في قرر)

أَقْرَابَاذِين / أَقْرَبَاذِين (أ) 药理学，药学

علم الـ: علم تركيب الأدوية 制药学

أَقْرَبَاذِينِيّ: مختصّ بتركيب الأدوية 制药学的

أقصى (في قصو)

أَقْط وإقْط وأُقْط وأَقَط وأَقِط وأَقُط وإِقِط جـ أُقْطَان، القطعة منه أَقْطَة 干酪，乳饼

أَقط / أَقِيط 难消化的食品

أُقَّة جـ أُقَق وأُقَّات (أ): وُقَّة (مـ) 欧克(重量单位，在埃及等于1.248公斤；在叙利亚等于1.283公斤；在伊拉克等于1.28公斤)

إِقْلِيدس (أ) Euclid 欧几里得(古希腊数学家)

إقليم (أ) (في قلم)

أَقَنْثَا / أَقَنْثُوس (أ) acanthus: شَوْكُ اليَهُود / شوكُ الجَمَل [植]爵床

أُقْنُوم جـ أَقَانِيم (في قنم) / أَقُونَة (أ) icon: شخص لاهُوتي [基督]圣像

أقنى (في قنو)

أَكَادِيمِيَة/ أَكَادِيمِيَة (أ) academy 学会，研究院，学术协会，文艺协会，专门学院

ـ العُلومِ في الصِينِ 中国科学院

ـ العُلوم الزِراعية 农业科学院

اكتظّ (في كظظ)

أَكْتِنْيُوم (أ) actinium [化]锕

أُكْتُوبَر (أ) October: تِشْرِين الأول / العاشر من شهور السنة الشمسية 阳历10月

ثَوْرَة ـ 十月革命

أَكَّدَ ووَكَّدَ السَرْجَ: شدّه وأوثقه (راجع وكد) 把马鞍缚牢

ـ الشيءَ: قَرَّرَه وأثبته 强调，断言，肯定，证实

تَأَكَّدَ وتَوَكَّدَ: توثَّق 牢固

ـ وـ: تقرَّر وتحقَّق 被证明，被证实

ـ من الأمر 确信，对…有把握

أَكِيد: مُحقَّق 确实的，确定的，必定的，一定的，肯定的

ـ 烈(酒)，酽(茶)

تَأْكِيد / تَوْكِيد: تحقيق وتوثيق 确定，确认，肯定，证实

بالـ / بِكُلِّ ـ 的确，确实，一定，自然，当然

ـ رُوحِ العَدَالَة 发扬正气

التَأْكِيدات القائلة 论调

مُؤَكِّد 肯定者，确证者，强调者

بصِفَةٍ ـ ةٍ 确信地，有把握地

مُتَأَكِّد 深信的，确信的，始终不渝的

أُكْرَة جـ أُكَر: كُرَة 球，木球

ـ: حُفْرَة 坑；沟，窖

ـ البابِ (مـ): سَعْدانة 门柄，门上的球形把手

أَكَّار جـ أَكَرَة وأَكَّارُون: حَرَّاث 农民，庄稼人

مُؤَاكَرَة (实物地租的)分成制

أَكْزِيمَا (أ) eczema: بُثُور جِلْدِيَّة [医]湿疹

ـ رَخْوَة أو دامعة 溃烂的湿疹

إِكْسبَرِسّ express train/ إِكْبَرِيس (أ): عاجلة / قطار سريع 特别快车

أَكْسَدَه (أ): صَدَّأه 使生锈

ـ: حوَّلَه إلى أُكْسِيد 使氧化
تَأَكْسَدَ: تَصَدَّأَ 生锈
ـ: بلُد من البطالة 因失业而迟钝，无聊
أَكْسَدَة / تَأَكْسُد: تصدئة 生锈，氧化作用
أُكْسِيد وأُوكْسِيد جـ أَكَاسِيدُ (أ) oxide: صَدَأ 氧化物，锈
ـ (谷物上的)褐斑
ـ الحَدِيد 氧化铁
ـ الرَصاص 氧化铅
ـ الزِنْك (الخارصِينيّ) 氧化锌
ـ النُحاس 氧化铜
ثاني ـ 二氧化物
أَكْسَرْخَس (أ) exarch: نائب الامبراطور أو رئيس الأَساقِفة (东罗马帝国的)总督；(东正教的)大主教
أَكْسَنْتَرِيك (أ) eccentric: لا مركزيّ [机]偏心器，偏心轮
أُكْسِيجِين (أ) oxygen: مُصْدِئ 氧
إِكْسِير (أ) elixir: حَجَرُ الفَلاسِفة (炼金家的)点金石，炼金药
ـ 配剂，甘香酒剂，兴奋剂，强壮剂，补药
ذَهَبٌ ـ (مـ) 纯金，二十四开金
ـ الحَياةِ 金丹，不老药
ـ السَعادةِ 长生不老药
أَكَّفَ وآكَفَ إيكَافًا الحِمارَ: شدّ عليه الأكاف 鞁驴
أُكَاف جـ أُكُف وآكِفَة 驴骡的驮鞍
أَكَّاف: صانع الأُكَاف أو بائعه 驴鞍匠；鞍商
اكفهر (في كفهر)
أَكَل ـُ أَكْلاً ومَأْكَلاً الطعامَ: تناولَه 吃，食，进食，用饭
ـ الشيءَ: أباده 耗尽，用尽

ـ عليه الدَهْرُ وشَرِبَ 成为陈旧的
ـ عَيْشًا ومِلْحًا معه 受他的款待，做他的客
ـ وجهَه 埋怨他，责备他
ـ تْه الغَيْرةُ 嫉妒心使他苦恼
ـ حَقَّه (مـ): هضمه 侵占他的权利
ـ مُخَّه (مـ): لعب بعقله 欺骗，瞒哄
ـ مُخَّه (مـ): أقنعه 说服
يَأْكُلُ من ثَمْرَةِ عَمَلِه 自食其力
يَأْكُلُه الجُوعُ 饥饿折磨着他
بِيَأْكُل روحَه (مـ) (حَسَدًا وغَيْظًا) 烦恼，苦闷
أَكَلَه ـُ إِكْلاً وأُكَالاً وأَكَالاً رأسُه: حَكَّه 头皮发痒
جِسْمِي بيأْكُلْنِي (مـ) 我浑身发痒
أَكِلَ ـَ أَكَلاً السنُّ أو العودُ: صار منخورا وسقط 被腐蚀，被侵蚀
أَكَّلَه وآكَلَه إيكَالاً: وَكَّلَه (مـ) / أطعمه 饲，喂，育，请吃饭
آكَلَه مُؤَاكَلَةً: أكل معه 和他一起进餐
تَأَكَّلَ الشيءُ: نَخِرَ / أكله الصَدَأُ 被腐蚀，被侵蚀，锈坏，生锈
ـ: تعفَّن / بَلِيَ وتفتَّت 腐朽，腐烂，腐蚀
ـ بالاحتكاك 磨损，撞坏，用坏
الجَزْمَة اتَّاكَلَتْ (مـ) 皮鞋穿破了
تَاكَلَ 被折磨(如被嫉妒心所折磨)
أَكْل: طَعَام 饭食，食品，食物
ـ: تناول الطعام 食，进餐，用饭
ـ عَيْش (مـ) 谋生，糊口
ـ وشُرْب ونَوْم (كقولك عن الإقامة في الفَنادِق) 膳宿
ـ بَحْر (مـ) 海水的侵蚀
أَكْلُه لَحْم ورَمَاه عَضْم (مـ) (把他的肉吃了，把他的骨头扔了)过河拆桥
عَرَبَةُ الـ 餐车

قَاعَةُ الـ (في المَدارِس) 餐厅，食堂
وقت الـ 进膳时间，开饭时间
أُكْل / أُكُل: ما يُؤْكَل 食物，食品
أُكْلَة 一片，一口（食物）
أُكُل: ثَمَر 果实
آتَى الشجرُ ـ ه （树）结果
أَكْلَة: وَجْبَة 一餐，一顿
ـ شِبْع 盛馔，正餐
ـ قُرْدَيْحِي (م) أو صِيَامِيّ 便饭，家常便饭
أَكْلاَن (م) 疥癣，疥疮，痒
ـ (م) 臭虫
تَأَكُّل: نَخْر 被侵蚀，被腐蚀，蚀坏
ـ الجُسُور 桥梁被水冲刷
آكِل: نَخِر 腐蚀的，腐坏的
آكِل جـ أَكَلَة: الذي يَأْكُل 食者
ـ الحَشَرات 食虫者
ـ اللَحْم 食肉的，食肉类；［医］腐蚀性的
ـ لُحُومِ البَشَر 食人肉的；吃人的野人
ـ النَبَاتات 食草的，食草类
ـ الأَطْعِمة النَباتِيَّة: نَباتِيّ 素食者，吃素的
آكِلَة: قُرْحَة أو قُرْحَة جِلْدِيَّة 溃疡，烂疮，坏疽
أَكَّال / أَكُول / أَكِيل 嘴馋的，贪食的，大吃大喝的，讲究口味的，健啖的
ـ: قارض 侵蚀的，腐蚀的
مَأْكُول جـ مَآكِيل: ما يُؤْكَلُ 可食的，可吃的
ـ: طعام 食品，食物
مَأْكُولاَت ومَشْرُوبَات 饮食，食物和饮料，吃的喝的
مَأْكَل جـ مَآكِلُ: طعام 食物，食品，饭食
مُؤَاكِل: شريك المائدة 共食者，桌友，同桌的人
إِكْلِيرُس / إِكْلِيرُوس (أ): خُدَّام الدِين 教士职，祭司职
الـ (希): رِجال الدِّين （集合名词）牧师们，僧侣们
إِكْلِيرِكِيّ (أ): كَهَنُوتِيّ 僧侣的，牧师的，祭司的
ـ: كَنائِسِيّ 教会的，宗教上的
إِكْلِيشَة جـ إِكْلِيشَهات (أ) cliché（法）［印］铅版
إِكْلِينِيك (أ) clinic: عِيادة طِبِّيَّة 门诊部，医务室，诊所
إِكْلِينِيكِيّ (أ) clinical 临床的，临床讲义的，临床学的
أَكَمَة جـ أَكَمات وأَكَم جج آكَام وأُكُم وإِكَام:
تَلّ 丘，小丘，小山，土墩
يَعْرِف ما وَرَاءَ الـ 他很清楚事态
قد أَيقَنْتُ أَنَّ وَرَاءَ الـ ما وَرَاءَها 我深信这里面有文章，有鬼
آكُونَيْت (أ) aconite: بِيش / نبات سامّ ［植］乌头，附子
أَكِيد (في أكد وفي وكد) / **آل** (في أول)
ال: أداة التعريف ［语］确指冠词
إِلّ: عَهْد 盟约
ـ: حِقْد 仇恨，怨恨，遗恨
أَلَّة 短矛
أَيْلُولَة (م) 地契
أَلاَ 难道不，莫非，岂不
أَلاَّ / هَلاَّ: حرف تحضيض أو عرض 何不
ـ = أَنْ+لاَ 免得
لِئَلاَّ = لِـ+أَنْ+لا （为）怕，免得
إِلاَّ: عَدَا 除外，除去
الساعةُ الخامِسَةُ ـ خَمْسَ دَقائِق 五点差五分
لا (ما أو ليس)... ـ ... 只，只有，只是
و ما ذلك ـ لِأَنَّ 那只是因为…
لا (ما)... ـ و... 只有在…情况下才…

لا يَخُوض مَعْرَكَةً ـ وهو واثق من الانتصار
他自信能胜利才参加战斗

ـ أنَّ 然而，不过

لَيسَ ـ = لَيْسَ غَيْرُ 而已，罢了

قبضتُ عشرةَ دَراهِمَ لَيسَ ـ (لَيسَ غَيْرُ) 我只
拿到十个迪尔汗而已，我领了十个迪尔
汗整

إلاَّ = إنْ+لاَ 否则，若不

إنْ تَذْهَبْ أذْهَبْ وإلاَّ (تذهبْ) فَلاَ (أذهبْ)
你去我就去，否则我也不去

ـ إذا 除非，在…条件下

إلاَّ (مـ) 告诉我

ـ وهُوَ مَا راحْش لِيه؟ (مـ) 告诉我，他为啥
没去？

ـ وانْت ما جِيتِشْ لِيه؟ (مـ) 告诉我，你为啥
没来？

وَإلاَّ (مـ) 还是

قَمْح وـ شَعِير (مـ) (是小麦还是大麦)
是好消息还是坏消息

آلاتيّ (في أول) / **الآن** (في أون)

إلاه (في أله)

ألاسْكا (أ) Alaska 阿拉斯加

ألاووظ (أ): قلَاوُظ (مـ) (في قلظ)

ألاَي جـ ألاَيَات (مـ): فِرْقَة كبيرة من العسكر
[军]团，联队

ـ الاسْتِطْلاَع 侦察团

ألب ـُ ألْبًا وتألَّبَ: تجمَّع 集合，密集

ألَّبهُمْ على فلان 煽动他们，怂恿他们，
唆使他们(反对某人)

إلْب: القوم تَجْمَعُهم عداوةُ واحدٍ 同仇敌忾

هُمْ عَلَيّ ـ واحد 他们联合起来反对我

ألْبِيّ: مجتمع 聚集的，集合性的

جِبَال الألْب Alps 阿尔卑斯山脉

ألُوب: نشيط 热心的，积极的，勤奋的，
活跃的，活泼的

ألْبان الواحد ألْبَانِيّ 阿尔巴尼亚人

ألْبَانِيّ 阿尔巴尼亚的

الـ ة 阿尔巴尼亚语

البارِح / البارِحة (في برح)

ألْبُوم (أ) album: مُجَلَّد لِحِفْظ الصُوَر وغيرها
照相册，纪念册

التهم (في لهم) / **التي** (في لتي)

الثغ والدغ (مـ) (في لثغ) / **الذي** (في لذي)

الْجِي جـ إلْجِيَّة (أ) (土) 大使

الخ = إلى آخِرِه 云云，等等

ألَسْطه / ألَسْته (أ) allesta (意) 预备！(海员
用语)

إلْشين (مـ): قالجين/ لَفافة الساق 绑腿，裹腿

ألِفَ ـَ ألْفًا الشيءَ: اعتاده 习惯于

ـ ه: أنِسَ به / أَحبَّه 熟识，喜爱(某人)

ـ: صار أَلِيفًا 变成驯服的，驯顺的

ألَّفه: صيَّره أَلِيفًا 使驯，饲驯，驯养

ـ الشيءَ: وصل بعضه ببعض 编成，组织，
构成

ـ: وحَّد 联合，结合，团结；编成，组成

ـ بَيْنَهم: وفَّق 调停，调解，使调和，使
一致，使和谐，使协调，使和好

ـ الكِتابَ: صنَّفه 编辑，编纂，著作，著述

ـ وزارة 组阁

آلَفه: عاشَرَه وآنَسَه (与某人)结交，和睦，亲
睦，友好

تَألَّفَ من كذا 由…组成，由…构成

تَآلَفُوا 达成协议，取得一致意见，缔结同盟

اِئْتَلَفَ به: اتّحدَ 与…联合，交往，和…相交，

结交

ـ به: اعتاده 和…熟悉，和…亲近

أَلْف جـ آلاَف وأُلُوف: عَشَر مِئات 一千

ـ ليلةٍ وليلةٌ 一千零一夜(天方夜谭)

سمِعت هذا ـ مرَّةٍ ومرَّةً (我听过一千零一次了)我听腻了

الأُلُوف (الآلاَف) المُؤَلَّفَة 成千上万的

بـ ـ 成千地，数以千计的

إلْف جـ آلاَف / أَلِيف جـ أَلاَئِف 朋友，同伴

أَلِف: الحَرْف الأول 艾列弗(阿拉伯字母中第一个字母的名称)

ـُ بَاء 初步，入门，进阶，端绪

من ـ ه إلى يَائِه 自始至终，从头到尾，彻头彻尾

لا يَعْرِفُ الأَلِفَ من البَاءِ 目不识丁，不辨之无，一字不识

أنا الأَلِفُ واليَاءُ [基督]我是初，我是终(旧约中的话)

أَلِفْبَاء 字母表

أَلِفْبَائِيّ 字母表的

أَلِفْبَائِيًّا 按字母表的顺序

أُلْفَة: إينَاس 亲近，亲热，亲密，深交

ـ: صَدَاقَة 友谊，友爱，友情

ـ: اِتِّحاد 融洽，协调

ـ 亲和力

الـ تَرْفَعُ الكُلْفَة 朋友之间无需客气

أَلْفَة (مـ): وكِيل المُعَلِّم 级长，监督生，代理教师的学生

أَلْفِيَّة (مـ): زُجاجةُ خَمْرٍ كبيرة 大酒瓶，千迪瓶(一个迪尔汗等于3.12克)

أَلْفِيَّة 千行诗篇

ـ 千年

تَأْلِيف الحَيَوان 驯服，驯养(动物)

ـ الكُتُبِ 编辑，编纂，著作

الـ الصامِت 器乐曲

الـ الناطِق 声乐曲

ـ جـ تَآلِيف وتَأْلِيفات / مُؤَلَّف جـ مُؤَلَّفَات: كتاب 著作

مُؤَالَفَة 友谊

إيلاف 和睦，一致，协调，融洽，友谊

تآلُف 彼此同意，全体一致

اِئْتِلاَف: وِئَام 一致，和睦，和谐，协调，融洽

ـ: اتِّحاد 联合，结合，统一，联盟

دُوَلُ الـ [史]协约国

اِئْتِلاَفِيّ 联合的，联盟的

حُكُومة ـ ة 联合政府

وزارة ـ ة 联合内阁

ـ 联邦的，联邦制的，联邦组织的

آلَفُ من ... 比…更亲密

أَلِيف: ضد وحشيّ أو آبِد 驯服的

ـ: وَلِيف (سـ) / فَرْدَة (مـ) 配偶，一对动物中的一个

ـ: أنيس 和气的，平易近人的

أَلُوف جـ أُلُف 亲近的，亲密的(朋友)

مَأْلُوف: عادِيّ 寻常的，平凡的，常见的

ـ: دارِج 通俗的，平易的，流行的，熟知的

ـ: مَطْرُوق / عَمَلِيّ 实际的，实用的，可以实践的，由实践得来的，实验的

غير ـ 非常的，非凡的，稀罕的，不常见的

مُؤَلِّف: كاتِب 编辑者，作者，著者，撰述者

الـ المُوسِيقِيّ 作曲家

مُؤَلَّف: مَكْتُوب 编纂物，作品，著作，被编辑的，被编纂的，被写成的

ـ من كذا: مركَّب منه 由…组成，由…构成

مَأْلَف جـ مآلِف 驻在地，住所

أَلْفَى (في لفو)

أَلَقَ ـِ أَلْقًا وتَأَلَّقَ وائتَلَقَ البرقُ 闪烁，辉耀，灿烂，闪闪发光

أَلَّاق 光辉的，灿烂的，闪烁的，鲜明的，发光的

مُتَأَلِّق 闪烁的，辉耀的，灿烂的，发光的

أَلْقَى (في لقي)

أَلَكَ ـِ أَلْكًا وأُلُوكَةً وأُلُوكًا ومَأْلَكًا 派遣

أُلُوكَة جـ أَلَائِكُ / مَأْلُكَة جـ مَآلِكُ 书信，正式信件，公文

مَأْلَك جـ مَلَائِك ومَلَائِكَة (في مَلَك)

أَلَكْتْرِيك (أ) electric 电气的

أَلَكْتْرُون جـ أَلَكْتْرُونَات / إِلَكْتُرُون (أ) electron: كُهَيْرِب 电子

إِلَكْتُرُونِيّ 电子的

الله (في أله) / **أَلَمّ** (في لمم)

أَلِمَ ـَ أَلَمًا وتَأَلَّمَ: توجَّع / حصل له وَجَع 感觉疼痛，感觉痛苦，受折磨

أَلَّمَه وآلَمَه: أَوْجَعَه 使疼痛，使受痛苦

أَلَم جـ آلَام: وَجَع 痛，疼痛，痛苦

ـ الرَّأْس 头痛

ـ الأَسْنَان 牙痛

ـ نَفْسَانِيّ 苦恼，精神上的痛苦

ـ الوَضْع 产痛

والـ كلُّ الـ في أنَّ 令人十分痛心的是…

ـ / تألُّم: توجُّع 受苦，受痛苦，遭难

زَهْرَةُ الآلامِ 西番莲

أَلِم 感觉痛苦者

أَلِيم / مُؤْلِم: مُوجِع 使人疼痛的，使人苦痛的，折磨人的

ـ / ـ: مُحْزِن 不幸的，悲惨的，可惋惜的，可哀悼的

أَلْمَاس (مـ): مَاس 金刚石，金刚钻

ـ وَرْدَة (مـ) 二十四面金刚石

ـ بِرْلَنْتِي (مـ) brilliant 多面的上等金刚石

أَلْمَانِيَا (أ) Allemagne (法): بلاد في وَسَط أُرُوبَا 日耳曼，德意志，德国

أَلْمَان 德国人

أَلْمَانِيّ 一个德国人；德国的

الـ ة 德文

أَلَّهَ: رفعه إلى منزلة الآلِهَة 崇拜为神，视为神圣，尊为神明

تَأَلَّهَ: صار إلاهًا 变为神圣，成神

ـ: اعتقد بالله 信仰上帝，信仰安拉

ـ: تشبَّه بالآلِهَة 神化自己，自命不凡，自夸，赞美自己，自吹自擂

أُلُوهَة / أُلُوهِيَّة 神性，神格

اللهُ: رَبُّ الكَوْنِ [伊]安拉，真主

وـ! (مـ) 真的！

و ـ أَعْلَمُ 真主知道得最清楚(穆斯林表示谦虚的口头禅)

للهِ! 多好呵！

ـ أنتَ! 你多好呀！

للهِ دَرُّكَ! 好呀！好极了！妙呀！妙极了！

بِاللهِ عَلَيْكَ 请看在真主面上

اللّهُمَّ: يَا اللهُ 真主呀！天呀！(表示祈望、苦痛、悲愁、激怒)

إِلَاه / إِلَه جـ آلِهَة: مَعْبُود 神，神灵，崇拜物

ـ البَحْرِ [希神]海神，海王

ـ الحُقُولِ والرُّعاة [罗神]牧畜之神

ـ الحَرْب: مارْس (أ) Mars [罗神]战神(马尔斯)
ـ الحُبّ [希、罗神]爱神
ـ الخَمْر [希神]酒神
ـ الفَصاحَة والتِجارة: هِرْمِز (أ) Hermes [希、罗神](赫耳墨斯)财神
لا إلهَ إلاَّ اللهُ [伊](除安拉外没有值得崇拜的)万物非主，唯有真主
إلاهَة: مَعْبُودَة 女神
ـ الحِكْمَة: مِنَرْفا (أ) Minerva (انظر منرفا) [罗神]智慧女神(密涅瓦)
ـ الشَباب والرَبيع: ساقِية الآلِهَة [希神]青春女神
ـ الأَثْمار والزُهور [罗神]花果女神
ـ الشِعْر [希神]诗歌女神
ـ الجَمال والعِشْق 恋爱女神(意大利神话)
ـ الصَيْد 狩猎女神
إلاَهِيّ / إلَهِيّ: مُختصّ بالله 神的，似神的，属于真主的
ـ: دِينِيّ 神学的，神学上的，宗教的
عِلْم الإلاَهِيَّات: اللاهُوت 神学，教义学
آلة (في أول) / **أَلْهَى** (في لهو)
أَلاَ ـُ أَلْوًا وأُلُوًّا وأُلِيًّا وأَلَّى وائْتَلَى في الأمر: قصَّر وأبطأ 不积极，不尽责，懈怠
لم يَأْلُ جُهْدًا 不遗余力，努力，竭力，尽一切力量
آلَى إيلاءً وتَأَلَّى وائْتَلَى 发誓，起誓
أَلْوَة وأُلْوَة / أَلِيَّة جـ أَلاَيَا 誓约，誓言
أَلِيّ 乱发誓的人
مِئْلاَة جـ مَآلٍ 雇来哭丧的妇女手中拿着的手帕
أَلُومِنيُوم (أ) aluminium 铝

إلَى: حَرف جرّ بمعنى لِ أو عِنْد 向，至，往，入(接代名词的时候变成إلَيْ如إلَيْكَ)
ـ آخِرِه / الخ (等于删节符号)云云，等等
ـ أَنْ 直到，以迄，以至，至…为止
ـ أَيْنَ؟ 到哪里？到什么地方？
ـ مَتَى؟ 到何时？到什么时候？
جَلَسَ ـ المائِدة 坐下来吃饭
مَنْدُوبُ العِراقِ ـ هَيْئَةِ الأُمَمِ المُتَّحِدَةَ 伊拉克驻联合国代表
يُتَرْجِم مِنَ العَرَبِيّة ـ الانكليزية 阿译英
وما ـ ذلك 等等，诸如此类，如此类推
إلى = عند:
هذا أَحَبُّ طعامٍ إليه 在他看来，这是最好吃的食品，这是他最喜欢的食品
إلى = مع:
ضُمَّ هذا الكتابَ ـ تلك الكتبِ 把这本书跟那些书收在一起
إلَيْكَ: لَكَ 由你做主
الأمرُ ـ 这件事由你做主
إلَيْكَ 动名词，有下面两义：
(١) ـ هذا: خُذْه 请接受这个，请拿这个
و ـ البَيانَ 请听说明
(٢) ـ عَنِّي: اِبْتَعِدْ! 让开！滚开！走开！躲开我！
آلِيّ (في أول) 机械的
إلْي / إلَى جـ آلاَء 恩典，恩惠，恩宠
أَلْيَة جـ أَلاَيَا وأَلَيَات: لِيَّة (مـ) / ذيل الغنم 羊尾
ـ عَجِيزة 臀，尻，屁股
إلْيَاذَة Iliad 伊利亚特(描写特洛伊战争的长诗)
أَمْ 选择连词，意为“还是”，往往与疑问词أ相对

أ قَرِيبٌ ـ بَعِيدٌ؟ 是远呢，还是近？

又可以当بَلْ用

هَلْ يستوي الأعْمَى والبصيرُ ـ هل تَسْتَوِي الظُّلُماتُ والنورُ؟ [伊]盲人与明眼人相等呢，还是黑暗与光明相等？

أمّ / أمّا (في أمم) / **إمارة** (في أمر)

أماط (في ميط) / **أماع** (في ميع)

أمال (في ميل) / **أمام** (في أمم)

أمان / أمانة (في أمن) / **أماه** (في موه)

إمْبَرَاطُور جـ أَبَاطِرَة وبَرَاطِرَة (أ) imperatore (意): عاهل 皇帝，(古罗马)最高统帅

إمْبَرَاطُورَة 女王，女皇；皇后

إمْبَرَاطُورِيّ 帝国的，皇帝的

إمْبَرَاطُورِيَّة جـ إمْبَرَاطُورِيَّات 帝国

إمْبِرْيَالِيَّة (أ) 帝国主义

أمْبُولَة (أ) ampoule (راجع نبل) (装药的)安瓿，小玻璃瓶

أمْت جـ أُمُوت وإمَات 高地，小邱；空隙

ـ 衰弱，软弱，懦弱；怀疑

لم نسمعْ لهم عِوَجًا ولا أَمْتًا 我们没听说他们有什么不端庄

امتاز (في ميز) / **امتصّ** (في مصص)

امتطى (في مطو)

أمَد جـ آمَاد: غايَة 限度，期限，日期

منذ ـ بعيد 很久以来

قَصِير الـ 短期的

أمَرَه ـُ أَمْرًا وآمِرَةً وإمَارًا الشيءَ وبالشيءِ: طلب منه فعل شيء 命令，指挥，吩咐

أَمِرَ ـَ أَمَرًا وأَمُرَ ـُ إمْرَةً وإمَارَةً: صار أَمِيرًا 成为当权者、执政者、酋长、头人

ـ على البلد: وَلِيَه 管辖，统治，管理

أَمَّرَه: جعله أَميرًا 封为王侯，封为郡主

ـ: أعطاه سلطة 授权

آمَرَه في أمر: شاوَرَه 磋商，征求意见，请教

تَأَمَّرَ عليه: تحكَّم وتسلَّط 专横，霸道

تَآمَرُوا به 谋害

اِئْتَمَرُوا وتآمَرُوا: تشاوَرُوا 商议，商量，讨论

اِئْتَمَرَ الأمرَ وبه: امتثله 遵命，服从

أَمْر / آمِرَة جـ أَوَامِرُ: فَرْض 命令，号令

ـ: تفويض 委任

ـ: سُلْطَة 权力，权威，权柄，权限

ـ: صِيغَة الأمر في النحو [语]命令式动词

الـ المَلَكِيّ / الـ العالِي / الـ الكريم 国王的命令，勅令

الـ اليَوْمِيّ 军令

صاحِبُ الـ والنَهْيِ 掌权的人，统治者，有势力的人

تحت ـ ك أو ـ كم 随你处理，听你调用，听你指挥

كَمْبِيالة تحت الـ 汇票

لأمر فلان 奉某人的命令

أوامرُ الدين ونَواهيه 宗教的教规

أَمْر جـ أُمُور: مَسْأَلَة 题目，主题，问题，事情

ـ: شأن 事务，业务

ـ ما: شَيْءٌ ما 某件事，什么事

ـ بَدِيهِيّ 当然的事情，显而易见的事情

ـ محقَّق أو واقِعِيّ 实际问题，事实问题

ـ مَعْرُوف 常识

ـ مَعْلُوم / ـ ما 某件事，确定了的事情

ـ واقع 既成事实

لِـ ـ ما 因为某种缘故

نَحْنُ إذَنْ أمامَ ـ يْنِ 那么，我们只能二者必择其一

صَغَائِرُ الأُمُورِ 琐事

وَلِيُّ الأَمْرِ 政权代表，统治者
وُلاةُ الأُمور 首长
قُضِيَ أمرُه 一切都完了，一切都无望了
قُضِيَ الأمرُ 万事皆休，事已决定
أَمَرَة: صُوَّة / مَعْلَم 里程碑
إِمْرَة 命令，统率，指挥
تَحْتَ ـ ه 在他的统率之下
إِمَارَة: صفة الأمير أو مركزه 王子之位，王子的职权，(埃米尔)亲王之位
ـ: ولاية 小王国，酋长国，公国
ـ (مـ): تحكّم 作威作福，跋扈，专权
أَمَارة جـ أَمَارَات 记号，符号，标志，征兆，表征
ـ: كَلِمَةُ السِرِّ 口令，口号，暗号
مُؤَامَرة جـ مُؤَامَرَات: تواطُؤ 共谋，阴谋
تَأَمُّر 作威作福
في ـ 盛气凌人地，威严地
تآمُر 阴谋
اِئْتِمَار / مُؤَامَرَة 商议，商讨，谈论
اِسْتِئْمَارَة / اِسْتِمَارَة (مـ): أُرْنيك (مـ) 表格，格式纸
ـ / ـ (مـ): إذْن 证明书，保证书，凭单
تَأْمُور جـ تآمير: غِلاف القَلْبِ [解]心包，心囊
اِلْتِهَاب الـ 心包炎
تَأْمُورَة جـ تَأْمُورات 修道院
تَأْمُورِيّ 心包的，心囊的
آمِر: صاحِبُ الأَمْرِ 发号施令者，指挥者
ـ / أَمْرِيّ: في صيغة الأمر 命令式的动词
ـ فَصِيلة جُنودِ الهَنْدَسَة 工兵连长
هو الآمِر والناهِي 他握有一切权力
أَمير جـ أُمَرَاءُ: سَلِيلُ المُلُوكِ 皇子，王子，亲王
ـ: رئيس 领袖，首领，指挥者，司令官，酋长；埃米尔
ـ البَحْر: أَمِيرَال (أ) 海军将官，海军上将；舰队司令
ـ الحَجّ 朝觐团团长
ـ السِلاح: سِلاَحْدَار (مـ) (波) 武士的扈从
ـ المُؤْمِنِينَ [伊]信士们的长官(“哈里发”的称号)
أَمِيرَة 公主，皇帝的女儿，亲王的女儿
ـ النَحْلِ: أُمّ 蜂王，雌蜂
الـ الحَمْراء: اسم فَراشة 红凤蝶
أَمِيرِيّ: مِيرِي (مـ) / حكوميّ 国家的，官方的，政府的，国立的，公家的
أَمِيرَالاَي جـ أَمِيرالاَيَات (أ): عَقِيد (سـ) / رُبَّان (رُتبة عسكرية) 陆军上校，团长
أَمِيرَالِيّة 海军部，海军上将的职位；船坞
أَمَّار: محرِّض 好发号施令的，煽动者，怂恿者
النَفْسُ ـ ة السُوءِ [伊]性是令人为恶的
مَأْمُور: الذي أُمِرَ 被指挥的，接受命令者
ـ (مـ): مُوَظَّف حكومِيّ 官吏，职员，政府官员，公务人员
ـ (مـ): مَنْدُوب 代表，使者
ـ (مـ): ذُو سُلطة قَضَائِيّة 治安推事
ـ البُوسْتَة (مـ) (البريد) 邮政局长，邮官，邮务长
ـ البُولِيس (مـ) 警察总监，警察局局长
ـ السِجْن 典狱长
ـ المَرْكَز (مـ) (في مصر) 县长
ـ التَصْفِيَة (مـ) (في التجارة) [法](破产财产)管理人
مَأْمُورِيّة: مُهِمَّة 差事，使命，任务
مُتَآمِر 阴谋者

مُؤْتَمِر 参加大会者
مُؤْتَمَر ج مُؤْتَمَرات: اجتماع المشاورة 会议
ـ: اجتماع لغرضٍ عامّ أو سياسيّ 集会，
大会，代表大会
ـ بَانْدُونج 万隆会议
ـ القِمَّة 最高级会议，首脑会议
ـ سِيَاسِيّ أو دِينِيّ 政治会议，宗教会议
ـ السَلام أو الصُلْح 和平会议，媾和会议
ـ السَلامِ لِمَناطِقِ آسِيَا والمُحِيط الهَادِي 亚洲及
太平洋区域和平会议
ـ أَنْصار السِلْم العالَمِيّ 保卫世界和平大会
ـ الصَلِيبِ الأَحْمَرِ الدُوَلِيّ 国际红十字大会
ـ صَحَفِيّ 记者招待会
امرأة / امْرُؤ (في مرأ)
أَمْرَكَ 使美国化
تَأَمْرَكَ 美国化
أَمرِيكا / أَميرِكا America 美洲，亚美利加洲
ـ (س) / ـ (س): الوِلايَاتُ المُتَّحِدَة
(الأمْرِيكيَّة) 美国
أَمْرِيكِيّ (س) ج أَمْرِيكان (م) / أَمِيرِكيّ (م)
ج أَمِيرِكان (س) 美国人；美国的
أَمْس (راجع مسو): البارِحة 昨天，昨日
ـ الأول 前天
الـ ج آمُس وأُمُوس وآماس: الماضي 近来，
最近，不久以前；昔日，过去
أُمْسِيَّة ج أُمْسِيَّات (في مسي) 晚上，夜晚
أَمْشِير 艾木什尔(中古时代古埃及历的6月)
إِمَّع / إِمَّعَة ج إِمَّعُون: مُسَايِر 愚蠢的人，傻子，
蠢货，笨蛋；帮闲，阿谀者，谄媚者；
两面讨好的人，骑墙派，随风转舵的人，
机会主义者；叛徒
ـ / ـ: مَعْمَعِيّ 顺应潮流者，随时变通
者，随波逐流者，趋炎附势者
إِمَّعِيَّة 机会主义；随风转舵
أمعاء (في معو)
أَمْفِتْيَاتْرُو (أ) amphitheatre: مُدرَّج (古罗马
时代的)圆形剧场，斗技场
أَمْق ج آمَاق 眼的内角
ماءُ الآماق 眼泪
أَمَلَه ـُ أَمَلاً وأَمَّلَه: رجاه 希望，期望，预期
تَأَمَّلَه: نظَر فيه 注视，凝视，端详，打量
ـ الأمرَ 考虑，熟思，默想，沉思
أَمَل ج آمال: رَجَاء 希望
ـ: مَطْمَح 展望，期望
ـ كاذِب 幻想，妄想，空想
أَمَلِي كبيرٌ أنْ ... 我很希望…
قَطَعَ الأملَ منه 对于…已经绝望了
تَأَمُّل ج تَأَمُّلات: تَرَوٍّ 沉思，熟虑
من غير ـ 不加考虑地，轻率地，冒昧地
آمِل / مُؤَمِّل: راجٍ 希望者，盼望者
مَأْمَل / مَأْمُول: ما تأمله 希望，所希望的目的、
人或事物
مِنَ المَأْمُول أنْ ... 可以预期，可以预料
أُمَّال (م) 当然喽；肯定
ـ (م) 到底，究竟；那么
أملى / إملاء (في ملو)
أَمَّ ـُ أَمًّا الشيءَ: قصَده 赴，往，去，趋向…
أَمَّ ـُ إمَامَةً وأَمًّا وإمَامًا القومَ: صار إمامَهم 领导，
率领，引导，为…的领袖
ـ تْ ـُ أُمُومَةً المرأةُ: صارَتْ أُمًّا 成为母亲，
做了妈妈
أَمَّمَ الشيءَ: جعله مِلْكًا للأُمَّة 国有化，使成为
国有
اِئْتَمَّ به: اقتدى به 模仿，效法(某人)

ـ بفلان 承认…为领导者、为伊斯兰教长

أمة (في أمو)

أمّ جـ أُمّات: والِدة 母亲，妈妈，娘(通用于动物)

أمّ جـ أُمّهات: والِدة 母亲，妈妈，娘(通用于人类)

ـ: قالَب السَّبْك 字模，铸型，模型

ـ: مَصْدَر / أصل 原始，起源，根源

ـ أَرْبَعٍ وأَرْبَعِينَ: حَرِيش 蜈蚣

ـ أُوَيْقٍ (مـ) 枭，鸮，猫头鹰

ـ الحِبْرِ (مـ) 乌贼

ـ الخُلُولِ (مـ) [动]贻贝，壳菜，淡菜

ـ الدِماغ / ـ الرأْس [解]软脑膜，脑髓，头顶

ـ الشُعُورِ 垂柳

ـ قِرْشٍ 一角的银币或镍币

ـ القُرَى: مَكّة المُكَرَّمَة 麦加的别名

ـ القِرَى: النار (款待之母)火

ـ المَسائِل 最主要的问题

ـ المَلِك 母后，王太后

نِجْمَة ـ دَيْل (مـ) 彗星，扫帚星

ـ النُجُوم: المَجَرَّة [天]银河，天河，星河，云汉，天汉

المَحْصُول على ـ ه 尚未收割的庄稼

يا ـ اهْ 妈妈！

حَنَان الـ: الأُمُومَة 母爱

matrices ـ [印]字模，纸版，模型

رأَى بأُمِّ عَيْنِه 目睹，目击，亲眼看见

أُمّهات المُدُن 最主要的城市

أُمّة جـ أُمَم: شعب 民族

ـ: جِيل 世代，(世人的)一代

ـ مُحَمَّدٍ (穆罕默德的民族)伊斯兰教徒

ـ مُوسَى (摩西的民族)犹太人，(古)希伯来人

الـ: الجُمْهُور 公众，全民

مُنَظَّمَة (هَيْئَة) الأُمَم المُتَّحِدَة 联合国组织(机构)

عُصْبَة أو جَمْعِيَّة الأُمَمِ 国际联盟

أُمَمِيّ: مُتَبادَل بَيْنَ الأُمَم 国际的，各国间的，万国的，各国共同的，世界的

ـ: خارِجِيّ / غير يَهُودِيّ أو مَسِيحِيّ [基督]异邦人，异教徒，非犹太人或非基督徒

ـ: وَثَنِيّ [基督]偶像崇拜者

النَشِيد الأُمَمِيّ 国际歌

أُمَمِيَّة 国际，国际主义

أُمِّيّ: مختصّ بالأُمّ 母亲的；如母的，母系的

ـ: غير متعلم 文盲，不识字的

ـ: جاهِل 愚昧的，无知的

أُمِّيَّة / أُمُومَة: صِفَة الأُمّ 母亲的地位，母亲的责任，母权，母性，母道

ـ: جَهْل 无知，愚昧

ـ: جَهْل القِراءَة والكِتابَة 文盲

مَحْوُ الـ 扫除文盲

أُمَيَّة 伍麦叶(人名)

بَنُو ـ: الأُمَوِيُّون 伍麦叶人(白衣大食)

العَهْدُ الأُمَوِيّ 伍麦叶朝时代

أَمامَ ...: قُدّام ... 在…前边，在…的前方

ـ: تِجاه 对，向，在…的对面

ـ: في حَضْرَة 当面，在(某人)面前

ـ عَدُوٍّ قَوِيّ 大敌当前

ـ عَيْنَيْهِ 在眼前，在跟前

سارَ إلى ـ 向前迈进

التَقرِيرُ ـ المُؤْتَمر 向代表大会作的报告

فَتحَ الخِطابَ ـ هذا الرجلِ 他当着这人的面

把信拆开了

قَدَّمُوه للمُحاكَمة ـ المَحْكَمةِ العَسْكَرِيَّة 把他交给了军事法庭去审判

إلى الـ 向前！前进！

أَمامِيّ 前面的

الخُطُوط الـ ة 前沿阵地，前线

إمَام جـ أَئِمَّة وأَيِمَّة: قائِد / مقدَّم 领导者，指导者，领袖，首领；康庄大道，公路；［建］蛇腹层，带，层拱

ـ (清真寺的)教长，阿訇

ـ (阿曼等国的)教长

أَئِمَّة اللُّغَة 语言学权威

ـ الكُتَّابِ 第一流作家

إمَامَة: رِئَاسَة 领导的地位，领导权

أَمِيم / مَأْمُوم 脑部受伤者

أَمَا (反问词)难道不？难道没有？(提醒词)真的，诚然

ـ قُلْتُ ذلك؟ 难道我没对你说过？

ـ وَاللهِ إنّه لَخائِنُ الوَطَنِ 真的，指真主发誓，他的确是卖国贼

أَمَّا ... فـ ... 至于…则…

ـ الصِّينُ فَهِيَ دَوْلَةٌ اشْتِرَاكِيَّةٌ قَوِيّة 至于中国，则是一个社会主义强国

إمَّا ... وإمّا ... 要么…要么…，不是…就是…

العَدَدُ ـ فَرْدٌ ـ ـ زَوْجٌ 数字不是奇数就是偶数

ـ هذا ـ ـ ذاك 非此即彼

أَمُنَ ـُ أَمَانَةً: كان أَمِينًا 忠实，诚实，可靠，坚守信约

أَمِنَ ـَ أَمْنًا وأَمَنًا وأَمَانًا وأَمَنَةً: اِطْمَأَنَّ 安全，放心，稳妥，自觉安全，自认为稳妥

ـ العَدُوَّ ومِنَ العدوّ: سَلِمَ منه 脱离了敌人

أَمَّنَه: طَمْأَنَه 保障，保证，担保他的安全

ـ على الحَياة أو ضد الحَرِيق 保人寿险或火险

ـ ه على حَياته 保证他的生命安全

ـ على كَلامه 对他的讲话道“阿门”

ـ ه: اِئْتَمَنَه / اِسْتَأْمَنَه على كذا 委托，托…保管(金钱等)，把东西寄托给…

آمَنَ به: اعتقده 信仰，相信

ـ به: وثِق 信任，信赖，相信，认为可靠

اِئْتَمَنَه واِسْتَأْمَنَه: وثِقَ به 信任，认为忠实可靠

اِسْتَأْمَنَ إلى فلانٍ 求…保护

ـ ه على كذا 托…保管

أَمْن / أَمَان: ضد خَطَر 安全，安稳，无危险

ـ / ـ: سَلام 太平，安宁

ـ عَامّ 公安，公共治安，公共安全，社会安全

مَجْلِس الـ 安全理事会

في الـ: مَصُون 安全的，平安的，安稳的

حَافَظَ على الـ 维持治安

أَمَان 宽恕，恕罪，赦免

تَأْمِين: تَطْمِين 保证，保障，使安心，使放心

ـ جـ تَأْمِينات: رَهْن 保证金，押金

ـ: ضَمانة 担保

ـ: اِسْتِعْهاد /سِيكُورْتَا (أ) sicurta (意) 保险

ـ على الحَيَاة 人寿保险

ـ ضدّ الحَرِيق 火灾保险

ـ اجْتِماعِيّ 社会保险

ـ ضدّ الإصابَة 意外(伤亡)保险

صَكّ الـ / بُولِيصَة الـ 保险单

إيمَان: مُطْلَق التصديق / عَقِيدة 信仰(伊玛尼)，坚信，信心

الإيمانِيَّة ［哲］信仰哲学，崇神主义

اِئْتِمَان / اِسْتِئْمَان: وُثُوق 信任，信赖，信用
ـ: نَسِيئَة / مُدايَنة 信用贷款
الـ الزراعِيّ 农贷
سُوءُ ـ 不诚实，无诚意，不正直
أُمَنَة: أخُو ثِقَةٍ / مَوْثُوق به 可依赖的，可靠的，可信任的
أَمَنَة: يَثِقُ بكلّ واحدٍ 轻信的，过信的，对任何人都相信的
أَمَانَة: وَلاَء 忠实，忠诚，忠心
ـ: ضِدّ خِيانة 老实，坚贞，信义，诚实
ـ ج أَمَانَات: وَدِيعَة 寄托物，托人保管的物品
ـ: اِئْتِمَان 忠实，诚实，可靠，可信任
ـ: ثِقَة 信任
ـ العَاصِمَةِ (ع) (伊拉克的)市政府，市政局
ـ 秘书处，书记处
الـ العامَّة للجامِعة العَربيَّة 阿拉伯联盟总书记处
بِضَاعَةُ الـ 寄售物品，托卖物品
مَخْزَنُ الأَمَانَاتِ (في المَحَطَّات) (火车站上的)行李寄存处
أَمْنِيَّة 安全，保险
ـ 保障，保证，保证金
إدَارة الـ 公安处(某些国家的政治警察)
أُمْنِيَّة (في مني)
آمِن: يأمَن الناسَ 相信别人的，信任别人的，不疑的
ـ: مُطْمَئِنّ 安全的，安稳的，稳固的，平安的
ـ: غير خائف 太平的，安宁的，安心的，放心的，安逸的

المُواطِنُ الـ / السُكّان الـ ُونَ 爱好和平的居民，和平居民
المُدُنُ الـ ة 和平的城市
أَمِين ج أُمَنَاءُ: وَفِيّ 忠实的，诚实的，忠诚的，可靠的，守约的，有信用的
ـ: ضِدّ خائن 忠实的，坚贞的
ـ: مُؤْتَمَن / ثِقَة 可信赖的，可靠的，可信任的
ـ: مَأْمُون / غير خَطِر 安全的，安稳的，稳固的，平安的，无危险的
ـ: غير مُؤْذٍ 无害的，无恶意的
ـ على ...: حارِس 保管人，看守人，守护人
ـُ سِرٍّ 秘书，书记
ـُ سِرِّ الدَوْلَةِ 国务大臣
ـُ الصُنْدُوق: صَرَّاف (م) 出纳员
ـُ العاصِمَةِ (ع) 首都市长
ـُ المَتْحَفِ 博物馆馆长
ـُ المَحْفُوظاتِ 档案保管员
ـُ المالِ 会计员，司库员，财务秘书
ـُ المَخْزَن: خازِن / مَخْزَنْجِي (م) 仓库管理人
ـُ المَكْتَبَةِ العُمُومِيَّة 图书馆员，图书管理员
ـُ المَلِكِ 国王的侍从
الـ الأَوَّلُ 典礼官，皇室的侍从长
الـ العَامّ 总书记，秘书长
غَيْرُ ـ: خائِن 不诚实的，不忠实的，不忠诚的
كَبِيرُ الأُمَنَاء 典礼官
آمِين: فَلْيَكُنْ كَذلِك [宗]阿门！但愿如此！愿主准我所求！
مَأْمُون: غَيْرُ خَطِر 安全的，保险的，稳妥的
ـ / مُؤْتَمَن: يُوثَقُ به 可信赖的，可靠的，

可信任的，确实的

غَيْرُ ــ: خَطِر 危险的，不安全的，不稳妥的，不保险的

مَأْمَن: مَكَانُ الأَمْنِ 安全的地方，保险的地方

هُوَ في ــ مِنْ ... 他受保障(不)…，没有…的危险

مُؤْمِن: مُعْتَقِد / خِلاف الكَافِر 信仰者，信徒

أَمْنِيبُوس (أ) omnibus: حافلة / لَمَّامَة 公共马车，公共汽车，(接送旅客用的)旅馆马车，汽车

الأَمْهَرِيَّة Amharic 阿姆哈拉语(埃塞俄比亚官方语言)

أَمَة ج إِمَاءٌ وأَمَوَات وآمٍ: جارِيَة 女奴，婢女

أَمِيبَى (أ) amoeboid [医]阿米巴状

أَمِير / أَمِيرَال / أَمِيرَالاي (في أمر)

أَمِيرِكا (في أَمْرِيكَا) America 美洲；美国

أَمِيرِكِيّ ج أَمِيرِكان / أَمْرِيكِيّ ج أَمْرِيكان 美国人

أَمْرِيكَانِيّ 美国的，美国人

أَمِيرِي (في أمر) / **آن** (في أون) / **أَنّ** (في أنن)

إِنْ (1)条件虚词，能使两个现在式动词变成切格，前者构成条件句，后者构成结句。意思是：倘若，如果，假使

ــ تُسافِرْ أُسافِرْ مَعَكَ 你若旅行，我与你同行

لَئِنْ 如果

وــ 纵然，即使

(2)否定虚词，相当于ليس，可以加在名词句上：

ــ أَحَدٌ خَيْرًا من أحدٍ الاّ بالعافِية 除了健康，谁也不比谁强

ــ ... إلاّ ... 不过是，只是

ــ هِيَ الاّ أَحْلامٌ 这只是梦想

也可以加在动词句上：

إِنْ أَدْرِي أَقَرِيبٌ أم بَعِيدٌ ما تَأْمُلون 你们所希望的，我不知道是近的还是远的

(3)附加的：

ما ــ ... حَتَّى ... 刚一…就…

ما ــ رَآنِي حَتَّى ضَحِكَ 他一见我就笑了

أَنْ (1)词根性的虚词，能使现在式动词变成宾格，起词根的作用：

أُحِبُّ ــ تَجتهِدَ = أُحِبُّ اجْتِهَادَكَ 我喜欢你用功

(2) أَنَّ 的简化，前面的动词是表示真知灼见的：

عَلِمْتُ ــ سَيَنْجَحُ المُجتهِدُونَ في الاِمتِحَان

我知道，用功的将考试及格

(3)作解释用，起 أَيْ 的作用：

أَمَرْتُه ــ اِفْتَحْ الشَّبَابِيكَ 我命令他打开窗子

(4)为加强语气而增加的：

لَمَّا أَنْ انتَصَرَتْ ثَوْرَةُ الصِّينِ 当中国革命胜利的时候…

على ــ 以…为条件

بِدُونِ ــ ... / من غَيْرِ ــ ... 而不

إلى ــ ... 直到

أَنَّ 词根性的强调虚词，加在名词句上，使原来的起词变成宾格，使原来的述词保持主格，而起词根的作用：

عَلِمْتُ ــ صَدِيقَكَ يُساعِدُكَ = علمتُ مُساعَدَتَه لك 我知道你的朋友帮助你

بِمَا ــ: لِأَنَّ 由于，因为

على ــ 然而

إِنَّ 词根性的强调虚词，加在名词句上，使原来的起词变成宾格，使原来的述词保持主格：

إِنَّ الشعبَ الصينيَّ حُرٌّ 中国人民的确是自

由的

إِنَّمَا 不过，只是，仅仅，单单

أَنَا: ضمير المُتكلِّم 我(第一人称)

ـ هُنَا 我在这儿

ـ وزَوْجَتِي 我和我的妻子

يَبْحثُون عَنِّي ـ 他们寻找的正是我

أَنَانِيّ: مُحِبّ لِذَاتِه 自私自利者，利己主义者

ـ: مَنْ يَقُولُ أَنا 唯我主义者，自我主义者，自大者，自傲者

أَنَانِيَّة: حُبّ الذات 自私自利，自我主义，利己主义

ـ / أَنَانَة: أَثَرَة 唯我独尊，自高自大

إناء (في أني) / **أناخ** (في نوخ)

أنار (في نور) / **أُناس** (في نوس)

أناضول (أ) Anatolia 安纳托利亚(小亚细亚)

أَنَاناس (أ) ananas: فَاكِهَة 菠萝，凤梨

أَناة (في أني)

أَنَّبه: لامَهُ وعنَّفه 指责，谴责，非难

ـ ه ضَمِيرُه 良心责备，后悔，悔恨，懊悔，内疚

أُنْبَاشِي جـ أُنْبَاشِيَّة / **أُونْبَاشِي** جـ أُونباشِيَّة (مـ):

رَئِيسُ عَشَرَةٍ [军]班长

وكِيلُ ـ 副班长

أُنْبُوب (في نبب) / **أُنْبُوثة** (في نبث)

أَنْبولة (أ) (في نبل)

إِنْبِيق التَّقْطِير alembic 曲颈蒸馏器

أَنْتَ م أَنْتِ: ضمير المُخاطَب والمخاطَبة 你(第二人称阴阳性)

أَنْتُمَا 你们俩(第二人称阴阳性)

أَنْتُمْ 你们

أَنْتُنَّ 你们(阴性)

إِنْتَرْنَت / شبكة الإِنْتَرْنَت (أ) internet 因特网

إِنْتَرْنَتِيّ 因特网的

أَنْثَرُوبُولُوجِيَا / أَنْثَرُوبُولُوغِيَا (أ) anthropology: علم وصف الإنسان / التاريخ الطبيعيّ للأجناس البَشَرِيَّة 人类学

أَنْثَرُوبُولُوجِيّ / أَنْثَرُوبُولُوغِيّ 人类学的

أَنْتِيكَه (أ) antica (意): أثر قديم 文物，古物，古董，古迹

أَنْتِيكْخَانة جـ أَنتيكْخَانَات: دار العادِيَّات أو الآثار / مَتْحَف 博物院，古物陈列馆

أَنْتِيمُون (أ) antimony: أُثْمُد [化]锑

أَنُثَ ـُ أَنْثًا وأُنُوثَةً 变为女子气，无大丈夫气概

أَنَّثه: جعله مُؤَنَّثا 使化为阴性，使变为阴性

أُنْثَى جـ إِنَاث وأَنَاثِيّ جج أُنُث / نِتَايَة (مـ) / اِنْتَايَة (سـ): ضدّ ذَكَر 母的，雌的，牝的

مُؤَنَّث: ضدّ مُذَكَّر [语]阴性的

أَنِيث 柔和的，柔软的；美妙的，可爱的

إِنْجَاص (سـ أ) / إِجَّاص: كُمَّثْرَى 梨

ـ / إِجَّاص (عـ): بَرْقُوق 李子

أَنْجُذَان (في نجذ)

أَنْجَر جـ أَنَاجِرُ (أ): مِرسَاة السَفِينة 锚

أَنْجَل (أ) angel: عُمْلَة إنْكليزِيَّة ذَهَبِيَّة قديمة 英国古金币名

إِنْجِلِيزِيّ جـ إِنْجلِيز / إِنْكلِيزِيّ جـ إِنْكلِيز 英国人

الإِنْجِلِيزِيَّة / الإِنْكلِيزِيَّة 英语，英文

إِنْجِيل جـ أَناجِيل evangile (法): بِشارة [基督]福音

ـ: كِتابُ العَهْدِ الجَدِيد [基督]新约，四福音书

إِنْجِيلِيّ: مختصّ بالإنجيل 福音的

ـ: بِرُوتِسْتَانْتِيّ (أ) protestant [基督]新教的

الإِنْجِيلِيّ: البَشِير / كاتب أحد الأناجيل 福音

传道师，福音书的著者

أَنْدَلُسِيَا (أ) Andalusia 安达鲁西亚(西班牙南部地区)

أَنْدَلُسِيّ 安达鲁西亚的；安达鲁西亚人

انحطّ (في حطط)

أَنْزِيم (أ) enzyme / خَمِيرة [化]酶

أَنَسَ ـُ وأَنِسَ ـَ أَنَسًا وأَنَسَةً وأَنَسَ ـِ أَنْسًا: كان أَنِيسًا 和气，和蔼，殷勤，易与结交，温柔

ـ به وإليه 与…亲近，相熟，有亲密关系

أَنِسْنَا بِلِقَائِهِ 我们很高兴和他见面

أَنَّسَ الحيوانَ 驯养(动物)

آنَسَه يُؤْنِسُه إينَاسًا وآنَسَه يُؤَانِسُه مُؤَانَسَةً: سلاَّه أو نادَمَه 温存，慰藉，使愉快

ـ الشيءَ: أبصره 看见

ـ الصوتَ 听见

اِسْتَأْنَسَ: صار أَنِيسًا 变成和气的，和蔼可亲的

ـ الحيوانُ: صار أَلِيفًا (动物)变驯服

ـ به وإليه: أَلِفَهُ 和他亲近，相熟，有亲密关系

ـ له: أصْغَى 倾听，留心听，仔细听

أُنْس 和气，和蔼，亲热

أُنْسِيّ: ضد وَحْشِيّ (في التشريح) 内部的，中间的，中央的，当中的

إنْس الواحد إنْسِيّ وأَنَسِيّ جـ أُنَاس وأَنَاسِيَّة وآنَاس وأَنَاسِيّ: غير الجِنّ والمَلاك 人类(非精灵)

لَيْسَ هُنَاك إنْسِيّ 那里一个人也没有

ناس = أُناس (راجع نوس)

أَنَسَة 社交性

إنْسَان جـ أَنَاسِيّ وأَنَاسِيَّة وآنَاس (阴阳性通用) 人，一个人

ـ: بَشَر 人类

ـ بَكِين 北京人(1929年在北京附近周口店发现遗骨的史前人类)

ـ جَاوَه 爪哇猿人(1891—1892年在爪哇发现遗骨的史前人类)

ـ العَيْنِ: بُؤْبُؤُهَا 瞳仁，瞳人

ـ الغابِ: سِعْلاَة 猩猩

ـ الغابِ: غُول 大猩猩，黑猩猩

إِنْسَانِيّ: بَشَرِيّ 人的，人类的，有人性的

ـ: يُحِبُّ خَيْرَ البَشَر 仁人，人道主义者，慈善家，博爱主义者；人道主义的

إِنْسَانِيَّة: بَشَرِيَّة 仁慈，人性，人格；人类；人道主义

آنِسَة جـ آنِسَات وأَوَانِس: طَيِّبَةُ النَفْسِ 淑女，小姐，姑娘(现在常用做对未婚女子或已婚青年妇女的敬称)

أَنِيس: لَطِيف 和气的，和蔼的，易与结交的，温和的，亲切的

ـ: أَلِيف 驯服的，驯养的，驯顺的(动物)

الـ: قَيْق / زَرْيَاب / أبو زُرَيْق 柽鸟

مَأْنُوس (مـ) 习惯的，熟识的

مُؤْنِس 友爱的，温存的，讨人喜欢的

مُسْتَأْنِس 家的，家饲的，驯养的

انسلّ (في سلل) / **اِنْسِيَابِي** (في سيب)

أُنْشُوطة (في نشط)

إِنْسِيكْلُوبِيدِيَة (أ) encyclopedia: دائرة مَعارف 百科全书

إِنْش جـ إِنْشَات (أ) inch 英寸

أَنْطُوش جـ أَنَاطِش 旅店，客栈

أَنْطُولُوجِيا / أَنْطُولُوغِيا (أ) ontology: عِلمُ الكائنات أو المَخْلُوقات وحَقِيقتِها [哲]本体论

أَنِفَ ـَ أَنَفًا منه: استنكف منه 鄙弃，唾弃，不屑

اِسْتَأْنَفَ وِائْتَنَفَ الشيءَ: بدأه من جَديد 更新，

重新开始，恢复

ـ الدَعْوَى [法]控诉，上诉

أَنْف ج أُنُوف وآنَاف وآنُف: مَنْخِر 鼻，鼻子

ـ الجَبَلِ: الجزء الداخل منه في البحر 海角，岬

ـ دَرَجَةِ السُلَّمِ 楼梯的踏板，梯级

حَمِيَ ـُ ه 他尊贵

رَغْمَ ـِ ه / رَغْمًا لِـ ـِ ه / عَلَى رَغْمِ ـِ ه/ بالرَغْمِ من ـِ ه: كُرْهًا منه 尽管他不愿意，不管他反对

سَالَ ـُ ه 流涕，流鼻涕

كَسَرَ ـَ ه 侮辱他，使他丢脸

لا يَرَى أَبْعَدَ مِنْ ـِ ه 无远见，鼠目寸光

ماتَ حَتْفَ ـِ ه: ماتَ من غير قَتْل ولا ضَرْبٍ بل على فراشه 善终，寿终正寝

تكلَّمَ مَعَه مِنْ وَرَاءِ ـِ ه 盛气凌人地和他讲话

بلَغَتِ الرُوحُ ـَ ه 差点累死

شامخ الـ 扬眉吐气

أَنْفِيّ: مختصّ بالأنف (أو منه) 鼻子的，属于鼻子的

ـ الشَكْلِ 鼻形的，鼻状的

أُنُف 没有放牧过的草场

كَأْسٌ ـ 没有喝过的酒杯

أَنَفَة: شَمَم 知耻，廉耻心；自尊心

اِسْتِئْنَاف: بدء من جديد 重新开始，更新，恢复，重做，返工

ـُ الدَعْوَى [法]控诉，上诉

قُضَاةُ الـ 受理控诉的法官

مَحْكَمَةُ الـ 上级法院

اِسْتِئْنَافِيّ: مختصّ بالاستئناف 控诉的

آنِفُ الذِكْرِ 上面提到的

ـ البَيَان 前面说明的

آنِفًا: قَبْلًا 刚才，不久以前

ذُكِرَ ـ: سبقَ ذِكْرُه 上述的，前述的，上面说过的，上面提到的

آنِفَةُ الشَبَابِ 青春

إنَفِيّ (م) 脾气怪的，挑三拣四的

أَنُوف: أَبِيّ 知耻的，自尊的，有廉耻心的

مُؤْتَنَف 开始

مُسْتَأْنِف الدَعْوَى 上告者，上诉人

مُسْتَأْنَف 未来，将来

المُسْتَأْنَف عليه أو ضدّه 被控告的

مُستأنَفًا 今后，此后

أَنْفِيثْيَاتْرُو (أ) anfiteatro (意): مُدرَّج (انظر درج) (古罗马时代的)圆形剧场，斗技场

انفحة (في نفح) [化]凝乳酶

إنْفِلُونْزَا (أ) influenza: النَزْلة الوافِدة 流行性感冒

آنَقَه إيناقًا ونِيقًا (في نوق)

أَنِقَ ـَ أَنَقًا: كان حَسَن الترتيب 整齐，整洁

ـ: كان حَسَنًا 成为优雅的，文雅的，优美的

تَأَنَّقَ في عمله 精密地做，当心地做，谨慎地做

ـ في لَبْسِه وأَكْلِه 讲究吃穿

أَناقَة: حُسْن 优雅，文雅，优美

أَنُوق: رَخَمَة (طائر) 兀鹰

بَيْض الـ 兀鹰蛋(虚幻的事物，不可能的事情，难以取得的东西)

تَأَنُّق: تدقيق زائد 讲究，精致，细密

شديد الـ في مَلْبَسِه 穿得极为雅致，讲究穿戴

أَنِيق: حَسَن 优雅的，文雅的，优美的，美丽的

ـ: مُتقَن الترتيب 整齐的，整洁的

مُتأنِّق: مدقق 细心的，讲究的

أَنْقَرَة (أ) Ankara 安卡拉(土耳其首都)

انقضّ (في قضض) / **انقضى** (في قضي)

آنُك 铅

إِنْكِشَارِيّ (أ) janissary 旧土耳其近卫步兵(1328—1826)

إِنْكِلْتَرَة / إِنْكِلْتَرَا (أ) Inghilterra (意): بلاد الإنكليز 英格兰，英吉利，英国

إِنْكِلِيزِيّ جـ إِنْكِلِيز: نسبة إلى بلاد الإنكليز 英国的，英国人的

ـ: شخص انكليزيّ 英吉利人，英国人

الـ ة: اللغة الإنكليزيّة 英文，英语

أَنْكْلُوسَكْسُون (أ) Anglo-Saxon 盎格鲁撒克逊族(公元 5 世纪前后移居英国的日耳曼人)

أَنْكْلُوسَكْسُونيَّة (أ) 盎格鲁撒克逊气质

أَنْكَلِيس (سـ أ): ثُعبان الماء 鳗，鳗鲡

أَنْكَلُوفِيل (أ) anglophil: إنكليزيّ المَشْرَب أو السياسة 亲英(或崇英)者

أنام / الأنام: الخَلْق 万物

أُنْمُوذَج جـ نَمَاذِج / نَمُوذَج: مِثَال 模型，典型，范例，模范

ـ / نَمُوذَج: عيِّنة (مـ) 样品，样本，范本

أَنِيمُومِتْر (أ) anemometer: مِقياس سُرعة الرياح واتّجاهها 风力计，风速计

أَنَّ ـِ أَنِينًا وأَنًّا وأَنَانًا وتَأْنَانًا / عَنَّ (مـ): تَأَوَّه 呻吟，叹气

ـ (مـ): عنا 屈服，服从

أَنِين / أَنَّة: تأوُّه 呻吟，叹气

آنَّة 安那(印度币名，一卢比的 1/16)

أَنَنَاس (أ) (انظر أناناس)

أَنُوبِيس (أ) Anubis: دليل أرواح المَوْتَى عند القُدَماء المصريِّين 古埃及神名(死人灵魂的向导)埃努毕斯

أَنَى ـِ أَنْيًا وإِنًى وأَنَاءً وأَنَّى تَأْنِيَة: دنا وقرُبَ وحضَرَ 接近，走近

ـ النَبَاتُ: أدرك 成熟

أَنِيَ ـَ وأَنَي ـِ أُنِيًّا وإِنًى: تأخَّر 耽搁，拖延，迁延

تَأَنَّى واسْتَأْنَى في الأمر وبه: تَنَظَّر وترفَّق 耽搁，拖延，因循

ـ / ـ الرجلَ: لم يُعْجِله 不催促，给予时间，宽限时间

اِسْتَأْنَى واسْتَنَّى (مـ): انتظر 等候，等待

أَنًى جـ آنَاء 时间，时候

آنَاءَ الليلِ وأَطْرَافَ النَهارِ 白天黑夜地，夜以继日地

إِنَاء جـ آنِيَة جج أَوَانٍ: وِعَاء 容器，器皿(盂、壶、瓶、罐等)

أَنَاة: صَبْر 容忍，宽容

طويلُ الـ 容忍的，能忍耐的，善忍耐的，坚忍的

في هُدُوءٍ وـ 从容不迫地，不慌不忙地

تَأَنٍّ: تمهُّل 从容，审慎

مِنْ غَيْرِ ـ 毫不迟延地

مُتَأَنٍّ / مُسْتَأْنٍ: متمهِّل 从容的，审慎的，不慌不忙的

مُتَأَنِّيًا / مُسْتَأْنِيًا 慢慢地，不慌不忙地，从容不迫地

أَنَّى: أَيْنَ (疑问名词，用于空间)何处?

ـ: مَتَى (疑问名词，用于时间)何时?

ـ: كَيْفَ (疑问名词，用于情况)如何?怎样?

ـ: اسمُ شرطٍ جازمٌ يجزم فعلَيْنِ مضارعين

无论何处(条件名词，这个名词能使两个现在式动词变成切格，前者构成条件句，后者构成结句)

أنّى تَذْهَبْ تَجِدْ الغُرَابَ أَسْوَدَ 天下乌鸦一般黑

أَنِيسُون / آنِيسون (أ) (希): يَانِسُون (مـ) 茴香

ـ نَجْمِي 八角，大茴香，大料

أَنِّيطَة (مـ): طُبْنَّة / خُبْزَة يَابِسة 硬饼，干饼，脆饼

أَنِيمِيَا (أ) anemia: فَقْرُ الدَمِ 贫血症

اه 终，完(为 انتهى 的缩写，放在引文之末)

آهِ وأَهْ وآهْ وآهٍ وآهًا: كلمة توجّع! 哎哟！哎呀！(表示苦痛的叹词)

أهان (في هون)

أَهَّبَ وتَأَهَّبَ للأمر: تهيّأ واستعدّ 为…作准备

أُهْبَة: عُدَّة 准备

ـ الحَرْبِ: عُدَّتها 战争准备

على ـ السَفَرِ / على ـ الرَحِيل 作旅行准备，整装待发

أَخَذَ ـ ه: استعدّ 作好准备

إِهَاب: جِلْدٌ خَام 皮，兽皮，生皮

اهتمّ (في همم) / **أهدى** (في هدي)

أَهَلَ ـِ أَهْلاً وأُهُولاً الرجلُ: تزوّج 娶妻，成家，安家

ـ امرأةً 他娶了老婆

أُهِلَ المكانُ: كان عامرًا (地方)有人家，有人烟，有居民

أَهِلَ ـَ أَهَلاً بِه: أَنِسَ به 和…亲密

ـ بالبَلَدِ 服水土

أهّله (مـ) وآهَلَه إيهَالاً: زوّجه 使成家，安家

ـ ه وـ للأمر: جعلَه أو رآه أَهْلاً له أي صالحًا له (使他或认为他)适合，适应，合格

أَهَّلَ به وتَأَهَّلَ به (مـ): رحَّب به قائلاً "أَهْلاً وسَهْلاً" 欢迎…

ـ الشَرِكَةَ: أَمَّمَها (把公司)收归国有

تَأَهَّلَ للأمر 适于，适合于，适宜于

ـ واتَّهَلَ: تزوّج 娶妻，成家，安家

اِسْتَأْهَلَ الشيءَ: استوجبَه 应受，应得，值得，配(作什么)

ـ الرجلَ: رآه أَهْلاً 认为…合格

أَهْل ج أَهْلُون وأَهَالٍ وآهالٌ وأَهْلاَت وأَهَلاَت:

عَشِيرة وذَوُو القُرْبَى 家属，亲戚

ـ: أَقْرِبَاء 家族，家属，亲属

ـ الأَمْرِ 首长，上司，当局

ـ الإنسانِ: أَنْسِبَاؤُه 亲戚，姻亲

ـ البَدَاوَةِ 游牧人

ـ البَيْتِ [伊]圣先知穆罕默德的家属

ـ الحِرْفَةِ 手艺人

ـ الحِلْفِ 同盟者

ـ الخِبرَة (مـ): خَبِير 专家，技师

ـ الدَارِ 家族，家属，家眷，眷属，全家，同居一家的人

ـ الرَأْيِ 权威人士

ـ الرَجُلِ: زوجتُه / جَمَاعَتُه (مـ) 妻子，老婆

ـ السَفْسَطَةِ sophists (古希腊)诡辩学派

ـ الأَسْفَارِ 旅行家

ـ السَلْبِ والنَهْبِ 强盗，土匪

ـ السُنَّةِ [伊]逊尼派，正统派

ـ الضَادِ 达德民族(阿拉伯人)

ـ الأَغْرَاضِ 追求名利者

ـ المَدَرِ والوَبَرِ 定居人和游牧人

ـ الوَجَاهَةِ والحَيْثِيَّةِ 名人，要人

ـ لكذا: يَلِيقُ به 适于…的，宜于…的，有资格做…的，配…

ـ لكذا: يَسْتَوْجِبُه 值得…的，应得…的

أَهْلاً وسَهْلاً! 欢迎！

ـ بكَ! 欢迎你！

ـ بأَهْلٍ: بلا كُلْفَةٍ 不拘礼地，不拘仪式地，不客气地，像一家人一样

أَهْلِيّ: عائليّ / بَيْتِيّ 家的，家内的，家庭的；豢养的；驯服的

ـ: بَلَدِيّ 土著的，本乡的，本地的，土产的

ـ: وَطَنِيّ 本国的，国民的，国家的，国立的

قَرْضٌ ـ 公债，内债

حَرْبٌ ـ ة 内战，国内战争

البَنْكُ الـ 国家银行

الإنْتاجُ الـ 地方的生产

مَدارِسُ ـ ة 私立学校

أَهْلِيَّة: صَلاحِيَة 能力，本领，本事，技能

ـ: صِفَةٌ مُؤَهِّلَة 资格

ذُو ـ: مُؤَهَّل لكذا 适合于…的，适宜于…的，有…才能的，有…资格的

عَديمُ الـ 没有才干的，没有才能的

كامِلُ الـ 有充分资格的

آهِل / مَأْهُول: عامِر 有人住的，有居民的；拥挤的，挤满人的

أَماكِنُ ـ ةٌ بالسُكّان 人烟稠密的地方

مُؤَهِّل: مُؤَهِّل دِراسيّ 学历

مُؤَهِّلات الناخِبين 选举资格

مُسْتَأْهِل: مُسْتَوْجِب 值得…的，应得…的，应受…的

إهْليلج (في هلج) / **أَهْوج** (في هوج)

أَهيف (في هيف)

أَوْ 或，或者，连接虚词，有下面几种意义：

(1)表示怀疑：

سَوْفَ نَمْكُثُ بِبكِين يَوْمًا ـ يَوْمَيْن 我们要在北京逗留一天或两天

(2)表示含糊：

نَحْنُ ـ أَنْتُمْ على الحَقّ 我们或你们是有理的

(3)表示准许做两件事中的任何一件(可能并举)：

جَالِسْ العمالَ ـ الفلاّحِينَ 你跟工人或农民交往

(4)表示同意选择两种行为之一(不可能并举)：

سِرْ رَاكِبًا ـ مَاشِيًا 你骑车去或步行去

(5)表示分类：

الكَلِمَةُ اِسْمٌ ـ فِعْلٌ ـ حَرْفٌ 词分为名词、动词、虚词

(6)= إلى

لَأَجْتَهِدَنَّ في العِلْمِ ـ أُجِيدَهُ = إلى أَنْ أُجِيدَهُ

我一定要努力学习，直到学好为止

(7)与除外的 إلاّ 同义：

لَنُنَاضِلَنَّ عَدُوَّ الشَعْبِ ـ يَخْضَعَ = إلاّ أَنْ يخضعَ

我们一定要跟人民的敌人作斗争，除非他们屈服

أَوَابِك (أ) OAPEC / مُنَظَّمَة الأوَابِك: مُنَظَّمَة الأَقْطار العربيَّة المُصدِّرة للبِتْرُول 阿拉伯石油输出国组织

أوان (في أون)

أَوَانْطَة (مـ) aventura (意) 冒险，欺骗，诈取

رَجُل ـ 骗子

شُغْل ـ 欺骗行为

أَوَانْطَجِي جـ أَوَانْطَجِيَّة (مـ) 骗子手

آبَ ـُ أَوْبًا ومَآبًا من السَفَر: عادَ 返回，归来，

回来

ـ بالخُسْرَان 遭受失败

أَوْب / أَوْبَة / إيَاب: رُجُوع 归回，返回

ـ: عادة وطريق 习惯，道路

جاءُوا من كُلِّ ـٍ أي من كل جِهَة 他们从四面八方来了

ذَهَابًا وإِيَابًا 往返，来回

تَذْكِرَةُ الذَهابِ والإِيَابِ 来回票

أَوَّاب 悔悟者

مَآب جـ مَآوِب: مَرْجِع 归宿，着落

أوبرا جـ أُوبرَات (أ) opera-house: دار التَمْثِيل 歌剧院

ـ بَكِينَ 京剧，京戏

ـ: مَأْسَاة غِنَائِيَّة opera (意) 歌剧

أوبك (أ) OPEC / مُنَظَّمَة الأُوبك: مُنَظَّمَة الدُوَل المُصَدِّرة للبِتْرُول 石油输出国组织

أُوتوبيس جـ أُوتُوبِيسَات (أ) autobus (法) / أُوتُوبُوس 公共汽车

أُوتُومَاتِيكِيّ (أ) automatique (法) 自动化的

أُوتُومُوبِيل جـ أُوتومُوبِيلاَت automobile (法): أُتُمْبِيل / سَيَّارة 汽车

أُوتِيل (مـ) hôtel (法) 旅馆

أَوْج: ضد حَضِيض 远地点，最高点，极点，终极

ـ: قِمَّة 顶点，绝顶

بَلَغَ الـ 登峰造极，达到极点，达到高潮

الـ الأَعْلَى 顶点，最高峰

آح: بَيَاض البَيْضَة 蛋白，蛋清

أَوِدَ ـَ أَوَدًا وتَأَوَّدَ العُودُ: اِعْوَجّ وانْحَنَى 弯曲，变成弯曲的

آدَ ـُ أَوْدًا وأَوَّدَ العُودَ: عَطَفه وحَنَاه 使弯曲

آدَه ـُ أَوْدًا وأُوُودًا الحِمْلُ: أثقله 负担沉重，为重负所压

أَوْدَة: حِمْل 负担，重荷

أَوَد 弯曲，劳累，疲乏

قَوَّمَ ـَ ه 资助，救济

أُودَة جـ أُوَد وأُودَات (مـ) / أُوضَة جـ أُوَض وأُوضَات: غُرْفَة / أُوطَة (土) 室，房间

ـ اِسْتِرَاحَة (مـ) 休息室，接待室

ـ جُلُوس (مـ) 座谈室

ـ سُفْرَة (مـ) 餐室

ـ ضُيُوف (مـ) 客厅

ـ المَرْضَى (مـ) 病房

ـ نَوْم (مـ) 寝室

مَؤُود: أَثْقَلَهُ الحِمْلُ 有负担的；受折磨的

أُوار: حَرَارة 热，热度

ـ: عَطَش 渴，口渴

أُورَانْجُوتَان (أ) orang-outang (印尼): إنسان الغاب 猩猩

أُورَانُوس (أ) Uranus: اسم سيَّارة ［天］天王星

أُورَانِيُوم يُورَانِيُوم (أ) uranum 铀

الأُورْدِيَّة / اللُّغة الأُورْدِيَّة Urdu 乌尔都语（通用于巴基斯坦和印度的某些地区）

أُورْشَلِيم (أ) Jerusalem 耶路撒冷

أُورْطَة جـ أُورَط (أ): وحدة من ألف جندي تقريبًا / أُورتَا(土) 大队，营（约一千人的单位）

ـ بَيَّادة (مـ) 步兵营

أَوُرْطَة (أ) aorta: الشَرْيَان الأَوُرْطِيّ / الأَبْهَر 主动脉

أُورُغْواي (أ) Uruguay 乌拉圭

أُورْكَسْتْرَا (أ) orchestra (意) 管弦乐队；（剧场内的）奏乐席

أُورْنِيك جـ أَرَانِيكُ (أ): أُرْنَيك /أُورْنَك(土) 表

格，空白表格，格式

ـ: مِثال يُحْتَذَى 模范，楷模，典型，榜样

أُورُوبَة / أُورُبّا (أ) 欧罗巴洲，欧洲

أُورُوبِيّ: إفْرَنْجِيّ 欧洲的；欧洲人

إوَزَّة / وَزَّة جـ إوَزّ 鹅

فَرْخُ الـ 小鹅

إوَزّ العِراق / تَمّ / إوَزّ غِرْياق 鹄，天鹅

أَوَّزَ عليه (مـ): لمز 嘲弄，嘲笑，戏弄

أُوزْمِيُوم (أ) osmium [化]锇

أُوزُون (أ) ozone: عُنْصُر هَوَائِيّ [化]臭氧

أُوزِيّ (مـ): قُوزِيّ (مـ) / حَوْلِيّ / صغير الغنم أو لحمه 小羊，羊羔；小羊肉，羊羔肉

أُوزِيرِيس (أ) Osiris: إلاهة فِرْعَوْنِيَّة [埃神]地狱判官(古埃及的主神之一)乌季利斯

آس: رَيْحَان شَامِيّ [植]桃金娘

ـ (مـ) Ace: واحد (في النَرْد ووَرَق اللعب) 纸牌，骨牌或骰子的一点(幺点)

حَبُّ الـ: حِنْبِلَاس (سـ) [植]桃金娘果

ـ بَرِيّ [植]乌不宿

أُوسْتُرْجِي (أ) ostrica / اِسْتِرِيدِيا 牡蛎

أُوسْتِرِيَا (أ) Austria 奥地利

أُوسْطَى (مـ): أُسْطَى / مُعَلِّم 师傅，工头，工长

ـ: سائق العَرَبَة والوابُور وغيرهما 驾驶员，司机

أُوسْلُو (أ) Oslo 奥斯陆(挪威首都)

أُوضَة جـ أُوَض (مـ): أُودَه / أُوتَه(土) 房间

آفَة جـ آفَات: ضَرْبَة جائِحة 疫病，瘟疫

ـ: عاهَة / مَرَض 残疾

ـ: كلُّ ما يُؤْذِي أو يُفْسِد 毒害，病害

ـ زِراعِيَّة 作物病害，植物病害

مَؤُوف: مَضْرُوب بآفَة 受病害的

آقَ ـُ أَوْقًا عليه وأَوَّقَ: أتاه بالشؤم 给他带来不幸，给他带来厄运

أَوَّق عليه (مـ) وآقَهُ: أَنْذَرَه بالبين 预示凶兆，作不吉的预报

أُمّ أُوَيْق: أُمّ قُوَيْق 仓鸮

أُوقَّة جـ أُوقّات / أُقَّة جـ أُقَّات (أ) 欧卡(等于400迪尔汗，或1.248公斤)

أُوقِيَّة / وَقِيَّة جـ أَوَاقٍ وأَوَاقِيّ 欧基亚(等于12迪尔汗，或37.4克)

أُوقِيَانُس وأُوقِيَانُوس جـ أُوقِيَانُوسَات (أ) okeanos: بَحْر مُحِيط 洋，大洋

الـ الأَطْلَنْطِيّ Atlantic: بَحْرُ الظُلُمات 大西洋

الـ البَاسِيفِيكِيّ (أ) Pacific: المُحِيطُ الهَادِئ 太平洋

الـ الهِنْدِيّ: بَحْرُ الهِنْد 印度洋

الـ المُتَجَمِّد الشِمَالِيّ 北冰洋

الـ المُتَجَمِّد الجَنُوبِيّ 南冰洋

أُوقِيَانُوسِيّ 大洋的，在大洋中的

أُوكْرَانِيَا (أ) Ukraine 乌克兰

أُوكْسِيجِين (أ) oxygen: مُصْدِئ 氧，氧气

أُوكْسِيد الأَلُومِينُوم (أ) aluminum oxide 氧化铝

أُوَيْقَات: تصغير أَوْقَات 短促的时间，片刻，少顷

آلَ ـُ أَوْلاً إلى كذا: عاد 回复，返回，复归

ـ إلى ....: تحوّل وصار 化为，变为

ـ إلى ....: أنتج 结果为，终于

ـ به إلى ....: أوصله 导致，助成

ـ على نفسه 承担

أَوَّلَ وتَأَوَّلَ الكَلامَ: فسَّره 解释，说明

تَأْوِيل جـ تَأْوِيلَات وتآوِيل 解释，注释，说明，阐明，阐述，解说

آل: أَهْل 家族，亲戚，亲属，家属；朝代(只用于贵族)

ـ 族，宗族
ـ: سَرَاب 蜃景
ـ خِبْرَة: خَبِير 专家，内行
آلَة جـ آلَات وآل: أداة 器具，工具，用具
ـ: عُدَّة (医疗、制图等的)仪器
ـ: عُضْو 器官
ـ الحِسّ 感觉器官
ـ: مَكِنَة (أ)/ دُولَاب 机械，机器
ـ الاِسْتِقْبَال (无线电)收报机，收话机
ـ بُخارِيَّة 蒸汽机
ـ التَحْرِيك / ـ مُحَرِّكة 引擎，发动机
ـ التَصْوِير 照相机
ـ التَنْبِيه 警报器，信号机
ـ الجَرّ: جَرَّارَة 拖拉机
ـ الجَرْف [机]铲土机
ـ جَهَنَّمِيَّة 炸弹
ـ الرَنَّان 共振器
الـ الحاسِبة 计算机
ـ حَرْبِيَّة 武器，兵器
ـ الخِياطَة 缝纫机
ـ الرَادِيُو radio 收音机
ـ رافِعة 起重机
ـ رافِعة للمِيَاه 泵，抽水机
ـ الرُونِيُو 乘数机
ـ سَنّ اللَوْلَب [机]螺丝磨床
ـ صَمَّاء 被人利用的人，受人愚弄的人，傀儡
ـ الضَغْط / ـ ضَاغِطة الثُقُوب / ـ ضاغِطة ثَقْبِيَّة [机]冲床
ـ ضَغْط الهَوَاء 气体压缩机
ـ الطِبَاعَة / مِطْبَعَة 印刷机
ـ الطَرَب 乐器

الـ الكاتِبَة / ـ الكِتَابة 打字机
ـ مُقَطِّرَة 蒸馏器
الـ القاطِعة 切削机
ـ مُكَبِّرَة للصَوْت 扩音器
ـ التَكْسِير / كَسَّارة جـ كَسَّارات 粉碎机
ـ مُوسِيقِيَّة / ـ الطَرَب / ـ اللَهْو 乐器
ـ التَنْقِيب 钻探机
آلِيّ: عُضْوِيّ 有机的，有机体的，有机物的
ـ: مِيكَانِيكِيّ 机械的，机械上的，机械学上的；无意识的
بِحَرَكَةٍ ـ ة 机械地，无意识地
القُوَّات الـ ة 机械化部队
آلِيَّة جـ آلِيَّات 机械；机制，机理；自动化，自动操作；机动车辆，机械器具
آلاتِيّ جـ آلاتِيَّة (م): مُوسِيقِيّ 乐人，乐师
أَوَّل جـ أوائِل وأَوَالٍ وأَوَّلُون م أُولَى جـ أُوَل وأُولَيَات: ضد آخِر 第一
ـ: بِدَايَة 当初，开始，开端，发端，起初
ـ: أَهَمّ 首要的，主要的，最重要的
ـ كُلِّ شَيْءٍ 最初
ـ: مُقْتَبَل 最初，初期；青春，壮年
ـ دَرَجَةٍ: مُمْتَاز 头等的，上等的，第一流的
ـ البارِحة 前天
الـ: الأَسْبَق 最前的，最先进的，第一流的
الإنْسَان الـ 原始人
من الـ 从头
في ـ الأمرِ 起初，首先
مِنْ ـ ه إلى آخِرِهِ 自始至终，从头到尾，彻头彻尾
في الزمان الـ 古时候
أوَّلاً بـ ـ / أوَّلاً فأوَّلاً 按次序，有顺序地，连贯地，逐一地，一个跟一个地

أَوائِلُ الشَهْرِ 月初，上旬
أَوائِلُ الجَيْش (军)前卫，先锋队
لأَوَّلِ مَرَّةٍ 初次，第一次
أَوَّلاً: فِي الأَوَّل 第一，第一点，首先
ـ: أَصْلاً 原来，起初，本来
أَوَلاَنِيّ جـ أَوَلاَنِيِّين (مـ) 第一的，最初的，最前的
الأَوَّلُونَ 古人
الأَوَّلين والآخِرينَ (مـ) 古人和今人
أَوَّلِيّ: رَئِيسِيّ 主要的，首要的
ـ: أَسَاسِيّ 基础的，基本的，根本的
ـ: أَصْلِيّ / بَدائِيّ / كائِن قبل غيره 原始的，最初的
ـ: تَحْضِيرِيّ 预备的
ـ: اِبْتدائِيّ 初步的，初级的
مَدْرَسَة ـ ة 初级小学
عَدَدٌ ـ [数]质数，素数
المَوادُّ الـ ة 原料
أَوَّلِيَّة جـ أَوَّلِيَّات: مَبْدأٌ مُقَرَّر 公理，原理，原则，自明之理，显而易见的道理
ـ: قَضِيَّةٌ مُسَلَّمٌ بها 明明白白的事情，无可置疑的真理，不容争辩的事实
ـ: أَسْبَقِيَّة 优先，优越性
ـ / أَوْلَوِيَّة (مـ): الحَقُّ الأَسْبَق 优先权
مآل: نَتِيجَة 结果，结局，后果
ـ الكلامِ: مُفَادُه 意思，意义
في الحالِ والـ 现在和将来
أُولاَءِ / هؤُلاَءِ / أُولئِكَ 这些；那些(指近处的集体，阴阳性兼用)（هَاء وَاو 不发音，和 كاف 是附加的）
أُولِمْبِيّ (أ) /أُلِنْبِيّ (أ) olympic, olympian 奥林匹克运动会的

الأَلْعَابُ الأُولِمْبِيَّة (الحديثة) 奥林匹克运动会的项目
أُولِمْبِيَاد (أ) olympiad 奥林匹克运动会
أُولُو: ذَوُو أي أَصْحَاب ... …的所有者
ـ الرَأْيِ 宗教分离论者；小心的人，细心的人；世故深的人，精明的人
ـ الأَمْرِ 指挥者，发号施令者，首长，负责人
ـ الشُهْرة أو الفَضْلِ 有声望的人，有信誉的人
أُوم (أ) ohm [物]欧姆(电阻单位)
أُومْبَاشِي جـ أُومْبَاشِيَّة وأُنْبَاشِي جـ أُنْبَاشِيَّة (مـ) / أُمْبَاشِي (مـ): رَئِيس عشرة 班长
وكِيل ـ 副班长
أُومْنِيبُوس (أ) omnibus: لَمَّامَة (انظر امنيبوس) 公共汽车，旅馆汽车
أَوْن: رِفْق ودَعَة 温和，温顺，温厚；优雅，文雅
ـ: وَقْت / مَوْسِم 时期，时间；季节
آن 时间
في ـِ واحِدٍ 同时，同时期
بَيْنَ ـِ وآخَرَ/مِنْ ـ لآخَرَ / ـًا بَعْدَ آخر / ـًا ف ـًا 不时地
في كُلِّ ـ ومَكان 随时随地
ـَئِذٍ 这时，当时
ـ ذلك 那时，当时
الآنَ: الوقت الحاضِر (定格名词，词尾固定为宾格)现今，现在，目前
مِنَ ـَ فَصَاعِداً 从今以后，今后
إلى ـَ / لِغَايَة ـَ / حَتَّى ـَ / لِـ ـ 至今，迄今，到现在为止
بَعْدَ ـ 今后，往后

أَوَان جـ آوِنَة / آن: حِين / زَمَن 时间，时刻，时候
في ـ ه: في وَقْتِه 合时，适时，及时
في ـ ه: في الوقت المُناسِب 在适宜的时候
في غير ـ ه: فاتَ وقتُه 过时的
في غير ـ ه: في غير وقتِه 不适时的，不及时的
قَبْلَ الـ 提前，过早，时机未到
بَيْنَ الآوِنَةِ 时常，时时，随时
بَيْنَ الآوِنَةِ والأُخْرَى / آوِنَةً بَعْدَ أُخْرَى 有时，间或，偶尔
آوِنَةً ... وأُخْرَى 时而…时而…
أَوَنْطَجِي (مـ) aventura (意): نَصَّاب 骗子，诈取者
آهَ ـُ أَوْهًا وأَوَّهَ وتَأَوَّهَ: شكا وتوجَّع / قال "آه" أو "آهًا" أو "أَوَّهْ" أو "أَوِّهِ" 呻吟；叹气，悲叹，叹息
آهَة جـ آهات 叹息声
أرسل ـ 叹了一口气，叹息
آه! / آهًا! / أَوَّهْ! / أَوِّهِ! 哎！呀！哎哟！
أَوَى ـِ أُوِيًّا وإِوَاءً البيتَ وإلى البيت: نزل فيه 居住，住下；寄宿
ـ إلى كذا 采取，诉诸，求助于，乞灵于（某物）
ـ إلى فِراشِه 他上床睡觉了
آوَى الرجلَ: سَتَره 掩护，庇护，保护，隐匿，窝藏，供给避难所，留宿，收容
ـ وأَوَّى الرجلَ: أسكنَه أو أضافه 留宿，供以住所
ـ ه في مَلْجَأ 把他安置在避难所里
إِيوَاء: إِسْكَان 留宿，留住，供给住所
ـ: سَتْر 庇护，保护，收容，窝藏
ابْنُ آوَى جـ بَنَاتُ آوَى [动]胡狼

مَأْوًى / مَأْوَاة جـ مَآوٍ: مَسْكَن 居所，住所
ـ: مَلْجَأ 隐匿处，避难所，隐退处，安身地
ـ المَجَانِين 精神病院
إِيوَان جـ إِيوَانَات وأَوَاوِين / لِيوَان جـ لَوَاوِينُ: قاعَة كبيرة 大厅
ـ: سَرَاي 宫殿，华屋，大厦
آيَة جـ آي وآيات: عَلَامة 标志，象征
ـ: مُعْجِزَة 奇迹
ـ: شيء عجيب 奇事
ـ مِنْ آيات الفنِّ 艺术的奇迹
آيات الشُكْرِ والوَلاءِ 感谢和忠诚的标志
آيُ الذِكْرِ الحَكِيمِ [伊]古兰经经文
أُوَيْمَة (مـ): حَفْر على الخشب 木刻，木版画，木刻印刷物
أُوَيْمَجِي: حفَّار على الخشب 木刻家
أَيْ: يَعْنِي 即，就是，意即，就是说
إِيْ: نَعَمْ 是的，的确（肯定虚词，只能用在发誓词前，如 إِي وَاللهِ）
أَيَّارُ (سـ ع): مَايُو / الخامس من شهور السنة الشمسيّة 阳历 5 月
إِيَالَة جـ إِيَالَات: مُقَاطَعَة 省，州
إِيْبِيس (أ) ibis: عَنْز / أبو قِرْدَان (مـ) [动]朱鹭，红鹤
إِيثِير (أ) ether: أَثِير [物]以太，能媒
إِيثِيرِيّ: أَثِيرِيّ (راجع أثر) 以太的，能媒的
إِيجَاز (في وجز) / **إِيحَاء** (في وحي)
أَيَّدَه: عَزَّزَه وقَوَّاه 支持，拥护，声援，巩固，加强
ـ ه: أثبته 证实，证明
ـ ه: ساعده 帮助，协助，援助
تَأَيَّد 被证实，被证明，被支持，得到援

助，巩固

تَأْيِيد: تعضيد 支持，拥护，声援

ـ: إثبات 证实，证明

تأييدًا لكذا 为证明…，为了声援…

مُؤَيِّد 支持的；支援者，同情者（如政党的）

إِيدَرُوجِين (أ): هِيدَرُوجِين (أ) 氢，氢气

إِيدَرُوجِينِيّ 氢的

الأَيْدْز (أ) 爱（艾）滋病

أَيْدِيُولُوجِيَا (أ) ideology 意识形态；观念学，观念论

أَيْدِيُولُوجِيّ 意识形态的，思想体系的

أَيْر جـ أُيُور وآيَار: آلةُ الرَجُلِ （下流话）屌

إيراد (في ورد)

إِيرَان: بلاد فارس 伊朗

إِيرَانِيّ 伊朗的

إِيرْل (أ) earl: لَقَب شَرَف انكليزيّ （英国）伯爵

إِيرْلَنْدَا (أ) Irland 爱尔兰

إِيرْلَنْدِيّ 爱尔兰的；爱尔兰人

أَيْرِيَال (أ) aerial 天线

أَيْزِيس (أ) Isis: إلاهَةُ الخِصْبِ عند الفراعنة [埃神]司生育与繁殖的埃及女神爱吉思

أَيِس ـَ إِيَاسًا منه: يَئِسَ 绝望，失望

آيَسَ عليه أو عنه (مـ) 冒险，好歹试试看

إِيَاس: يَأْس / قُنُوط 绝望，无望

أَيْش (سـ): أيُّ شيء؟ 什么？

ـ حالُكَ؟ (سـ) 你怎么样？

ـ عندَكَ؟ (سـ) 你有什么？

ـ قال لكَ؟ (سـ) 他对你说了什么？

إِيشَرْب (أ)/ إيشارَف (أ) écharpe（法）围巾

آضَ ـِ أَيْضًا 重复，反复做

أَيْضًا (مصدر مَنْصُوب إمَّا على المفعوليّة المطلقة وإمَّا على الحال): كذلك 亦，也，又，同样

ـ: ثانيًا / مرَّةً ثانيةً 又，再，再一次，再一回

ـ: بالمِثْل 同样，而且

ـ: غير ذلك 此外

إِيضاح (في وضح)

إِيطَالِيَا (أ) Italia（意）: بلاد الطِّلْيَان 意大利

إِيطَالِيّ Italian（意）/ طِلْيَانِيّ / إيطَالِيَانِيّ جـ طِلْيَان 意大利的；意大利人；意大利人的；意大利语的

الـ ـة 意大利语

إيعاز (في وعز) / **إيفاء** (في وفي)

إيفاد (في وفد) / **أَيْقَظ** (في يقظ)

أَيْقُونَة (أ) icon : نَصَمَة / صُورة مُقَدَّسة [基督]圣像

أَيْك: دَغَل 丛林，密林

إِيكُولُوجِيَا (أ) ecology 生态学

أَيَّل / أَيِّل / أُيَّل جـ أَيَائِل 赤鹿

ـ / ـ آدَم 黇鹿

الـ المُستأنِس: رَنَّة 驯鹿

أَيْلُول (أ): شهر سبتمبر / التاسع من شهور السنة الشمسيّة 阳历9月

أَيْلُولَة: انتقال (مِلْكيّة أو حقّ الخ) （权利、财产等的）转移，转让

آمَ يَئِيمُ أَيْمَةً وأُيُومًا وأَيْمًا الرجلُ من زوجته 丧妻

ـ ت المراةُ من زوجها 丧夫

تَأَيَّمَ: مكث زمانًا لا يتزوَّج 鳏居，独居

أَيِّم جـ أَيَائِم وأَيَامَى وأَيِّمُون وأَيِّمات: أَرْمَل 鳏夫，光棍

ـ: أَرْمَلَة 寡妇，孀妇

أَيْم جـ أُيُوم: حَيَّة 蛇，长虫

ـ: ذَكَر الأَفْعَى 公蝰蛇

أَيْمُ اللهِ (في يمن): باللهِ 凭真主发誓
ـ الحَقِّ 凭真理发誓
أَيْمَة / أُيُوم: تَرَمُّل 独居，鳏居，守寡，守孀
إيماء (في ومأ) / **إيمان** (في أمن)
آنَ يَئِينُ أَيْنًا: حانَ (时间)到来
آنَ الأَوانُ 正是时候，时机成熟
أَيْنَ؟ 哪里？什么地方？这个定格名词有两种用法：
(1)疑问名词，专用于空间：
ـ مَوْطِنُكَ؟ 你的故乡在哪里？
مِنْ ـ جِئْتَ؟ 你从哪里来？
إلى ـ تَذْهَبُ؟ 你到哪里去？
ـ أنا مِنْ زَمِيلِي؟ 我哪里比得上我的同事呢？
ـ هذا من ذلِكَ؟ 这和那无法比较
هُوَ قَرِيبُكَ مِنْ ـ؟ (مـ) 你哪里来的这个亲戚？
(2)条件名词，能使两个现在式动词变成切格，前者构成条件句，后者构成结句：
ـ تَقِفْ أَقِفْ 你站在哪里，我站在哪里
有时在后面加 ما：
أَيْنَمَا تَقِفْ أَقِفْ
أَيَّانَ 定格名词，有两种作用：
(1)疑问名词，专用于时间，与مَتَى同义：
ـ تَنْتَهِي الدِراسَةُ؟ 什么时候停课？
(2)条件名词，意为“什么时候”，能使两个现在式动词变成切格：
ـ تَعْتَمِدْ على قُوَّةِ الجَماعةِ تَنْتَصِرْ في عَمَلِكَ
你什么时候依靠集体的力量，你的工作什么时候就能成功
أَيْه (مـ) 什么
آية / **إيواء** / **إيوان** (في أوي)

إيهِ: اِسم فِعْل للاستزادة من حديث (动名词，表示鼓励人说话)好！往下说吧！
أَيْوَا (سـ) / أَيْوَهْ (مـ) 是，对
أَيُّوبُ job 艾尤卜，约伯(旧约里的人名，是吃苦耐劳的典型人物)
صَبْرُ ـ 艾尤卜(约伯)的忍耐，忍耐力强
أَيُون جـ أَيُونات (أ) ion [物]离子
ـ مُوجِب 正离子，阳离子
ـ سَالِب 负离子，阴离子
أَيّ 什么？哪样？这个名词有五种用法：
(1)条件名词，能使两个现在式动词变成切格，前者构成条件句，后者构成结句：
أَيًّا نَزْرَعْ نَأْكُلْ 我们种什么，吃什么
(2)疑问名词，可以加在时间名词上：
في ـِ وَقْتٍ تَقُومُ مِنَ النَّوْمِ؟ 你什么时候起床？
也可以加在空间名词上：
في ـِ مكانٍ نَجْتَمِعُ غَدًا؟ 明天我们在什么地方聚会？
也可以加在代名词上：
أَيُّكُمْ يَعْرِفُ اللغةَ العَرَبِيَّةَ؟ 你们中有谁懂阿拉伯语？
(3)连接名词：
سَلِّمْ عَلَى أَيُّهُمْ أَفْضَلُ! 你向他们中最高贵者致敬！
(4)作泛指名词的形容词，表示全美之义：
هو شابٌّ ـُ شابٍّ 他是一个名副其实的青年
(5)招呼词，起媒介作用：
يَا أَيُّهَا الرَّفِيقُ / يَا أَيَّتُهَا الرَفِيقَةُ 喂！同志
(注意)当作疑问名词用的时候，أَيّ 不跟着后面的名词变性

وَمَا تَدْرِي نَفْسٌ بِـ ـِ أَرْضٍ تَمُوتُ [伊]没有一个人知道自己将死在何处

ـًا كَانَ 无论是谁，不管是谁，任何人

ـ واحدٍ: أَيًّا كانَ 任何人，不论是谁，不管是谁

عَلَى ـ حالٍ: عَلَى كُلِّ حالٍ 无论如何，横竖

عَلَى ـ حالٍ: مَهْمَا كانَ 总而言之，无论如何，不管怎样

فَفَرِحَ بِهذا ـ ما فَرَحٍ 他对这事感到非常高兴

إِيَّاكَ (إِيَّاكُمَا، إِيَّاكُمْ ...) من كذا 注意，当心，谨防，切忌，切勿…

ـ أَنْ تَفْعَلَ كذا! 当心，不要做…！谨防，勿作…！

إِيَّاكُمْ وَخُلْفَ الوَعْدِ! 你们谨防违背诺言！

الباء

ب (الباء) 阿拉伯字母表第 2 个字母；代表数字 2

قَرْضٌ دَاخِلِيٌّ ب 乙种内债

فِيتَامِين ب 维生素 B

فِيتَامِين ب١٢ 维生素 B_{12}

بِ: حرف جَرّ 介词，后面的名词都是属格，这个介词有下面几种意义：

(1)表示借助于某种工具：

أَكْتُبُ بالقَلَمِ 我用笔写

امْلأْ الصُّنْدُوقَ بالقَشّ 用稻草装箱

مَدْهُونٌ باللَّوْنِ الأَبْيَض 漆成白色

يُسافِرُ في الدَّرَجَة الأُولَى بتَذْكِرَةِ الدَّرَجة الثالِثة 他用三等票乘头等车

باللُّغَة العَرَبِيَّة 用阿拉伯语

بالتِلْفُون 用电话

بِمَ؟ 用什么(如 بِمَ أَكْتُبُ 我用什么写字)

بِدُون .../ بِغَيْرِ .../ بِلاَ ... 无，缺，没有

يَئِنّ بِدُونِ مَرَضٍ 他无病呻吟

(2)表示粘着：

يَعْمَلُ واصِلاً اللَّيْلَ بِالنَهارِ 他夜以继日地工作

(3)表示通过：

مَرَرْتُ بمَدِينَة نانْكِينَ 我经过南京城

(4)表示原因：

مَاتَ بالسُلِّ 他死于肺病

بالإهْمَال / بسَبَبِ الإهْمالِ 由于疏忽，由于粗心大意

بِالضَرُورَة 必要，有必要

بِما أَنَّ 因为，由于

(5)表示交换：

اِشْتَرَيْتُ كِتابًا بقِرْشٍ 我花一角买了一本书

العَيْنُ بالعَيْنِ 以眼还眼

بِثَمَنٍ بَخْسٍ 以贱价…

(6)表示伴随：

وَصَلْنَا إلَى مُوسْكُو بسَلاَمٍ 我们安抵莫斯科

(7)表示时间或空间：

يَعْمَلُ بالنَهار واللَيْلِ 他昼夜劳动

أَقَمْتُ بِبَكِينَ أَرْبَعَ عَشْرَةَ سنةً 我在北京住了 14 年

بِالمِرْصَادِ 在道旁侦候

الإدَارَة الشَرْعِيَّة بالحَقَّانِيَّة 司法部教律司

(8)变不及物动词为及物：

ذَهَبَ السَيْلُ بأَمْوَالِهِمْ 洪水冲走了他们的财产

قامَ بِالعَمَلِ 进行工作

(9)表示发誓：

بِاللهِ اصْدُقْنِي 凭安拉发誓，你要对我说真话

(10)表示强调，这种附加的介词，多在下面几种情况下使用：

① لَيْسَ 的述词前面：

لَسْتَ بِصادِقٍ 你并不是诚实的人

لَيس هو بِرَجُلٍ طَيِّبٍ 他并不是个善良的人

②惊叹动词的后面：

أَحْسِنْ بهذا المَنْظَرِ! 这个景致真美丽！

③表示突然的 إذا 后面：

خَرَجْتُ فَإِذَا بِالمَطَرِ يَنْزِلُ 我走出去，只见正下着雨

④在 كَفَى 的主词前面：

كَفَى بالحِزْبِ قائدًا لِجَمِيعِ الأَعْمالِ 党能做一切工作的领导者
⑤在某些起词的前面：
بِحَسْبِكَ الْخَطُّ العامُّ للحِزْب 能使你满足的是党的总路线
⑥在عَرَفَ的宾词前面：
عَرَفْتُ به 我认识他
⑦在 ذات، نَفْس 等的前面：
جاءَ مَحْمُودٌ بنَفْسِه 马哈茂德亲自来了
بِالجُمْلَةِ 总之；按批发
بكَثْرَةٍ 充分地，丰盛地
بِاعْتِدَالٍ 适度地，温和地
بسُرْعَةٍ 快速地，迅速地
بُوضُوحٍ 清楚地
يبِيعُ اللَحَمَ بالرَطْلِ 他论磅卖肉
وبَعْدَ ذلك بأُسْبُوعٍ 一星期后
بَاءَ (في بوأ) / **بائِنة** (في بين)
بَاب (في بوب)
بَابَا: أَب 爸爸，父亲
بَابَا ومَامَا 爸爸妈妈
ـ ج بَابَاوَات وبَابَوَات pope: الحَبْرُ الأَعْظَمُ
罗马主教，(天主教)教皇
ـ المِيلاد / ـ نُوَيْل Santa Claus 圣诞老人
قائم الـ (مـ): مبدأ دَرَابَزِين السُلَّم 螺旋梯的中柱
باباوِيّ / بَابَوِيّ 教皇的；教皇职位的；教皇统治制度的
بَابَاوِيَّة 教皇职权；教皇职位；教皇世系；教皇统治制度
البَابَوِيَّة: المَشِيخِيَّة / السُلْطَة الأَبَوِيَّة 家长式统治
بَابِلُ Babylon 巴比伦
بُرْجُ ـ 巴比伦塔

بَابِلِيّ 巴比伦的
بَابُوج ج بَوَابِيج (مـ): خُفّ / مُزّ 套鞋；拖鞋
بَابُور ج بَابُورَات وبَوَابِيرُ (أ) vapore (意) (انظر وابور في وبر) 汽机，蒸汽机
ـ البَحْرِ: باخِرة 轮船
ـ الجَاز 汽炉，煤油炉
ـ سِكَّةِ الحَدِيد: قاطِرة 机车，火车头
بَابُونَج / بَابُونج [植]甘菊
مَغْلِيُّ الـ 甘菊茶
بات (في بيت)
بَاتِنْجَان (أ) / بَاذِنْجَان الواحدة بَاتِنْجَانَة ج بَاتِنْجَانَات 茄子
بَاتِيسْتَه (أ) batiste: نسِيج قُطْنِيّ رَفِيع 细洋布
بَاتَنْتَا (أ) patent (法): بَرَاءَة صِحِّيَّة 健康证明书
بَاثَالُوجيا (أ) / بَاثُولُوجيَا pathology: علم عِلاج 病理学
بَاثَالُوجِيّ 病理学的
باح (في بوح) / **باخ** (في بوخ)
بَاخُوس (أ) Bacchus: إلاهُ الخَمْرِ [希神]酒神巴克斯
باد (في بيد) / **بادٍ** / **بادى** / **بادية** (في بدو)
بادِزَهْر (أ) 牛黄，马宝
بادِشَاه (أ) 元朝驻突厥、波斯之王；阿富汗王之称号
بَادِنْجَان (أ) / باذِنْجَان: بِتِنْجَان / بَاتِنْجَان 茄子
بَار ج بَارَات (أ) bar: حانَة / خَمَّارة 酒店，酒吧间
بار (في بور) / **بارّ** (في برر)
بَارْبِتَالى (أ) barbital [药]巴比妥片
بَارَاتِيفُود (أ) paratyphoid 副伤寒
بَارَادَى كُلُورْد بِنْزِين (أ) para-chlobenzene

对位氯化苯

بَارَافَان (أ) paravent(法)屏风，围屏(可折的)

بارَة جـ بَارَات (مـ): رُبع عُشر القِرْش المِصْرِيّ 帕拉(埃及币单位等于二厘五)

بارُود (في برد) 火药

بَارُودَة جـ بَوَارِدُ (سـ) 枪，步枪

بَارُومِتْر جـ بَارُومِتْرَات (أ) barometer: مِيزَان ضَغْط الهَوَاء 气压计

ـ ذُو المِمَصّ 虹吸管气压计

بَارُون جـ بَارُونَات (أ) baron 男爵

بَارِيس (أ) Paris 巴黎

بَارِيسِيّ 巴黎的；巴黎人

بَارْيُوم (أ) / بَارِيم barium [化]钡

بارْيُوم كْلُورَايْد (أ) barium chloride [化]氯化钡

بَازَار (أ) bazaar: سُوق 市场

ـ: سُوقٌ خَيْرِيَّة 义卖市场

بَازَان جـ بَازَانَات (أ) basin 流域；水池；矿区

بَازُوكَة (أ) bazooka 反坦克炮，(反坦克)火箭筒

بَازْيَار / بَازْدَار 隼匠，饲隼匠

بَازِيلاّ (أ): بِسِلَّة piselli(意)青豌豆

الـ المُعَطَّرة 芳香豌豆

البَانْجَاشِيلا (أ) 潘查希拉(五项原则)

باس (في بوس)

بَاسَابُورت جـ بَاسَابُورْتَات (أ) passport / بَاسْبُورْط / بَاسْبُور: فَسْح / جَواز السَفَر 护照

باسور (في بسر)

البَاسِيفِيكي (أ) Pacific: الهَادِئ 太平洋

بَاش (مـ): رَئِيس / أَوَّل 长；首领，魁首，头目

بَاشَا جـ بَاشَاوَات (مـ) pasha: لَقَب عُثْمَانِيّ رَفِيع 帕夏(土耳其高级文武官员的尊称)

ـ جـ باشَات (扑克牌)王

بَاشْبُزُق (مـ) / باشِي بُوزُوق 土耳其的非正规军

بَاشْتَخْتَة (مـ): مَكْتَبَة 书桌；写字台

ـ (مـ): سَبُّورَة 黑板

بَاشْتَمَرْجِي (سـ) 护士长

بَاشْجَاوِيش (مـ) 团部或营部的军士长(曹长)

باشْكَاتِب (مـ): كاتب أَوَّل 秘书长；文书主任

بَاشْمُحْضِر (مـ) 主要执行吏

بَاشْمُهَنْدِس (مـ): مهندس أَوَّل 总工程师

بَاشْسَجَّان (مـ) 典狱长

بَاشَوِيَّة (مـ) 帕夏的爵位和身份

بَاشْرُوش 红鹤

بَاشِق جـ بَوَاشِقُ: طوط / صَقْر صَيْد صغير 雀鹞

بَاشْكِير جـ بَاشَاكِير (مـ) / بَشْكِير جـ بَشَاكِير: قَطِيلَة 面巾，毛巾

بَاشِلُوس (أ) bacillus: أُنْبُوبِيَّات [医]杆菌

بَاص جـ بَاصَات (أ) bus 公共汽车

بَاطِسُ الحِذاءِ / طِراق 皮鞋的内底

باطية (في بطي)

بَاظ جـ بَاظَات 格板，烤物用的铁网，火炉条

باع (في بيع) / **باع** (في بوع)

باعوث (في بعث)

بَاغَة (مـ): خَلِّيُود (أ) celluloid 赛璐珞；假象牙

بَاقِلاء / بَاقِلّى / بَاقِلَى 蚕豆

باقة (في بوق)

بَاكِسْتَان (أ) / بَكِسْتَان Pakistan 巴基斯坦

بَاكَلِيت (أ) bakelite 胶木，电木

بَاكُم (أ) vacuum/ فَرْمَلَة الباكُم: شاكِم فَراغِيّ 真空；真空制动器，低压煞车

ـ التَنْظِيف أو الكَنْس 吸尘器，真空除尘器

بال / **بالّ** / **بالة** / **إبّالة** (في بول)

بَالانْكُو (أ) parranco(意) 复滑车

بَالصَةُ التأْمِين ج بَوالِصُ (أ) policy 保险单
بَالْطُو ج بَالْطُوَات وبَلاَطِي (أ) paletot (法) 大衣
ـ مُشَمَّع 雨衣
بالُو (أ) ballo (意) : مَرْقَص 跳舞会
بَالُوتاج (أ) ballottage (法) 第二次投票（由法定数的两个候补人中决定谁当选的投票）
بَالُوص (مـ) 阳物，阴茎
بَالُوظَة (مـ) /بالُوده (波) 胶状物
مَنْشُورَاتٌ بالـ 胶印的传单
بالوعة (في بلع)
بَالُون ج بالّونات / مُنْطاد balloon 气球；汽艇
بَالِينَة (أ) balena (意) / بَلِّين 鲸须，鲸骨
بَالَيْه (أ) ballet 芭蕾舞
قِطَعُ الـ 芭蕾舞节目
بالى (في بلي)
بَامِيَا (مـ) / بَامْيَة [植]秋葵（俗名黄蜀葵），秋葵荚
بَانُ (أ) Pan: إلاهُ الرُعَاة [希神]牧羊神潘
مِصْفَارُ ـ 牧羊神吹的笙
بان (في بين) / بان / بانة (في بون)
بانيُو (أ) bangno (意) : حَوض الاستحمام (انظر بتيه) 浴盆，澡盆
بَاوِنْ (أ) pound 英镑
باهٌ (في بوه) / باهٍ (في بهي)
بايخ (في بوخ) / باين (في بين)
بَأْبَأَ الوَلَدُ: قالَ "بَابَا" 叫"爸爸"
بُؤْبُؤُ العَيْنِ 瞳孔
بَأَرَ ـَ بَأْرًا وابْتَأَرَ: حفَرَ بِئْرًا 掘井
بِئْر ج آبَار وأَبْآر وبِئَار وأَبْؤُر 井
ـ أُرْتُوَازِيَّة artesian 自流井
ـ البِتْرُول 石油井
ـ السُلَّم 楼梯间；井孔（装楼梯或升降梯处），升降井
ـ الماء 水井
بُؤْرَة ج بُؤَر: مَرْكَزُ التَجَمُّع 焦点，中心
ـ 灶，炉
ـ: حُفْرَة 坑；凹处
ـ فَسَاد 罪恶的渊薮
بُؤْرَتَا العَدَسَةِ 前后焦点
بُؤْرِيّ: مختصّ ببؤرة 焦点的，在焦点上的
البُعْد الـ [物]焦距
بَؤُسَ ـُ بَأْسًا: اشتدَّ وشجع 成为勇敢的，成为英勇的
بَئِسَ ـَ بُؤْسًا وبَئِيسًا وبُؤُوسًا وبُؤْسَى الرجلُ: اِشْتَدَّت حاجتُه وافتَقَرَ 成为不幸的，成为穷困的
اِبْتَأَسَ: كرُه وحزن 悲伤，忧伤，忧愁
بَأْس: قُوَّة 勇力，威力
ـ: شَجَاعَة 英勇，勇敢，勇猛，勇武
ذُو ـِ: قَوِيّ 强大的，壮健的，强有力的
ذُو ـِ: شُجاع 勇敢的，勇猛的
لا ـَ في ذلك 没关系，不要紧
لا ـَ عليك! 别怕！（对病人和忧伤者的安慰）
لها صَوْتٌ لا ـَ به 她的嗓子还不坏
لا ـَ هُنا بِبَعْضِ الإيضاح 这里不妨作一些解释
لا يَرَى فيه بَأْسًا 他认为没有什么害处
بِئْسَ: ضد نِعْمَ 多糟呀！多坏呀！真糟糕！
بِئْسَ هذا الإنْسَانُ ! 这个人多坏呀！
بَنَاتُ ـ: الدَّوَاهِي 灾，灾难，祸患，苦难
بُؤْس / بَأْساء: شَقَاء 可怜，不幸，凄惨，困苦，贫困

بائِس جـ بُؤْس: تَعِس 可怜的，不幸的，凄
惨的；困苦的，贫困的
بَئِيس جـ بُؤَسَاءُ 英勇的，勇敢的，骁勇的
بَأَهَ ـَ بَأْهًا للأمر: فَطَنَ 注意
بُؤُونَة (أ) 埃及科卜特历10月
بَبْر جـ بُبُور: أسد هِندِيّ 虎
بَبْسِين (أ) pepsin: عصير مَعِدِيّ هاضم 胃(药)
液素，胃蛋白酶
بَبْغَاء جـ بَبْغَاوَات / بَبَّغَاء جـ بَبَّغَاوَات 鹦鹉
ـ صَغِير: دُرَّة (مـ) 长尾鹦鹉
كَرَّرَ الكَلَامَ كالـ 鹦鹉学舌
بَبَّغَاوِيّ 模仿的，模仿别人的
بَبَّغَائِيَّة 模仿
بَتَّه ـُ بَتًّا: قَطَعَه 割掉，切开
ـ النِيَّةَ: جزَمَها 决心
ـ الأمرَ: أمضاه 决定
اِنْبَتَّ 被切断
بَتّ جـ بُتُوت 粗衣服
بَتِّيّ / بَاتّ: فاصِل 断然的，坚决的
بَتَّةً / البَتَّةَ: قَطْعًا 断然地
ـ / ـ: أَبَدًا 决，永
بَتَاتًا: نِهائِيًّا 断然，决然
بَتَّاو الواحدة بَتَّاوَة جـ بَتَّاوَات (مـ) 玉米饼
بَتَرَه ـُ بَتْرًا: قطَعه وفصله 切断
ـ عُضْوًا: قطَعه 割去，截断(肢体)
باتِر وبَتَار وبَتَّار جـ بَوَاتِرُ: سَيْف قاطع 锋利的剑
أَبْتَر م بَتْرَاءُ جـ بُتْر / مَبْتُور: بلا ذَيْل 无尾的，
没尾巴的
ـ: مَنْ لا عَقِبَ له 绝后的，无子女的
ـ: مُقْتَضَب 缩短的，节略的，删削过的
رِيش ـ [植]尖羽状的
جُمْلَة أو عِبارَة مَبْتُورَة 支离破碎的文句

بِتْرُول (أ) petrole(法) 石油
ـ خَام 原油
مَنَابِع الـ 油井
بِتْرُولِيّ 石油的，含有石油的
المُنْتَجَات الـ ة 石油制品
بَتْع: حَيْل / قُوَّة 力量，能力
بِتْع: نَبِيذ العَسَل 蜂蜜酒
أَبْتَعُ م بَتْعَاءُ جـ بُتْع 全体，全部
جاءوا كلّهم أَبْتَعُون 他们全都来了
بِتَاع جـ بُتُوع (مـ) 所有物，属于……的
دَا بِتَاعِي (مـ) 这是我的
الكُتُبُ بُتُوعُه (مـ) 他的书
الراجِل بِتاعُ العَيْشِ (مـ) 卖饼(面包)的
بِتاعُ الرَجُل (مـ) 男人的东西(阳物)
بِتاعُ المَرْأَة (مـ) 女人的东西(阴户)
بَتْفُورة (أ) / **بَتَافُورة** / **بَطَافُورة**: حَمَّالُ قارب
النَجاةِ mettafuori(意) (救生船的)挂架，
吊柱
بَتَلَ ـِ بَتْلاً وبَتَّلَ الشيءَ: قطَعه وأَبْعَده 切下，
割下，割去，截去
بَتَّلَ وتَبَتَّلَ: ترك الزَواجَ 过独身生活，独居，
不娶，不嫁
تَبَتَّلَ لِلّه [宗]出家
بَتْلَة (أ) petal: ورقة الزَهْرَة 花瓣
بَتُول: عَذْراء 处女，童贞女；未婚女子
الـ [基督]圣母
بَتُولِيّ: بِكْر 处女的，似处女的
ـ: عُذْرِيّ 贞洁的，有节操的
بَتُولِيَّة 处女性，童贞，纯洁
بَتُولاَ (أ) betula [植]风桦
بِتِنْجَان (مـ): بَذِنْجان (انظر باذنجان) 茄子
بِتُوم (أ) bitumen: قِير / زِفْت مَعْدِنِيّ [矿]沥青

بَتِّيَّة جـ بَتِّيَّات (مـ): حَوْضُ الإِسْتِحْمَام 洗澡盆
ـ: إناء للاغتسال 洗衣盆
بَثَّه ـُ بَثًّا: أرسلَه 发出，派出
ـ الشيءَ: نشَرَه 散布
ـ الأَلْغَامَ 布(置地)雷
ـ الخَبَرَ: نشَره 发表，公布
ـ مَبْدأً أو تَعْلِيمًا 传播，散布，宣传(主义或教训)
تَبَاثَّ القومُ الأَسْرَارَ 相互传达，互相转告(秘密的话)
اِنْبَثَّ 散开，散布，分散
ـ القومُ يَبْحَثُونَ عن كذا 他们分头去找
بَثّ 传播，散布
بَثّ جـ بُثُوث 悲哀
بَثَرَ ـِ وبَثِرَ ـَ وبَثُرَ ـُ بَثْرًا وبَثَرًا وبُثُورًا وتَبَثَّرَ وَجْهُه 长疙瘩，起面疱，生粉刺
بَثْر جـ بُثُور الواحدة بَثْرَة 面疱，粉刺
بَثِر / بَثِير 有疙瘩的，有面疱的，有粉刺的
بَثَقَ ـُ بَثْقًا وتَبْثَاقًا وبَثَّقَ السَّيْلُ الموضعَ: خرقه / شقّه 溃堤，决堤；(水)溃堤流出，决堤流出
اِنْبَثَقَ الماءُ: اِنْفَجَرَ وخرج (水)涌出，冲出
ـ منه: صَدَرَ 出自，出于
ـ الفَجْرُ 破晓，东方发白
انْبِثَاقُ الرُوحِ القُدُسِ [基督]圣灵流出
بَجَحَ ـَ بَجَحًا به: فَرِحَ 喜悦，快乐
بَجَّحَ (مـ): قَلَّ حَيَاؤُه 不知耻，厚颜无耻
تَبَجَّحَ: اِفْتَخَرَ وبَاهَى 夸示，炫耀，自矜，自负，矜夸
بَجَدَ ـُ بُجُودًا وبَجَّدَ بالمكان: أقام به 居住
بَجْدَة: أَصْل 根源，起源，源泉
ـُ الأَمْرِ 真相，内幕
هُوَ ابْنُ بَجْدَتها 熟悉内情，了解真相
بِجَاد جـ بُجُد: ثوب مُخَطَّط 条纹布
بِجَادِيّ: حَجَر كالياقُوت [矿]红玉，红榴子石
بَجِرَ ـَ بَجَرًا الرَّجُلُ: عظُم بطْنُه 肚子大，大腹便便
بَجَرَ البطنَ (أ): بَقَرَه 剖腹，取出脏腑
بُجْرَة جـ بُجَر: سُرَّة 脐
ـ: عَيْب 缺点，瑕疵，缺陷
ذَكَرَ عُجَرَه وبُجَرَه 历数他的各种缺点
أَبْجَرُ م بَجْرَاءُ جـ بُجْر: كَبِير البَطْن 大肚的，大腹便便的
بَجَسَ ـِ بَجْسًا وبَجَّسَ الماءَ: فَجَّرَه 使水迸出
اِنْبَجَسَ وتَبَجَّسَ الماءُ (水)喷出，迸出，冲出
بَجِيس 外溢的，流出的
بَجَع الواحدة بَجَعَة جـ بَجَعَات [动]鹈鹕，塘鹅
بَجَّله: عظَّمه 尊崇，尊敬
ـ ه: كَرَّمَه 款待
تَبَجَّلَ (مـ) 享受尊敬、尊崇或款待
بَجَلْ: نَعَمْ 是，对(肯定语气词)
مُبَجَّل / بَجِيل 可敬的，令人肃然起敬的
بَجَمَ ـِ بَجْمًا وبُجُومًا: سَكَتَ من فَزَعٍ أو عجز 目瞪口呆，张口结舌，愕然无语
بَجَم (مـ): بَلِيد أو غَبِيّ 愚钝的，愚蠢的，鲁钝的
بَجَّنَ المِسْمَارَ: بَرْشَمَه (مـ) 铆接，用铆钉铆牢
بَجَّان 铆工
بحّ (في بحح)
بَحْبَحَ وتَبَحْبَحَ: كان مُرْتَاحًا 安乐，安逸，安闲，悠闲
ـ وـ: رَغُدَ عَيْشُه 生活富裕
بَحْبُوح (مـ): كَرِيم الطَّبْع 慷慨的，豁达的
ـ (مـ): يَحْبُور 快乐的，愉快的，快活的，活泼的，有精神的，生气勃勃的

بُحْبُوحَة ج بَحَابِحُ: وَسَط 中心，中央

ـ: رَغْد / سَعَة 安乐，安适，舒适，安逸

ـ الحُرِّيَّة 充分的自由

مُبَحْبَح: مُرِيح 安乐的，舒适的，安适的

ـ: ضدّ ضَيِّق 松弛的，宽大的，不紧的

بَحْت: خَالِص 纯粹的

المَسْأَلَة السياسيَّة البَحْتَة 纯粹的政治问题

الرِيَاضِيَّة الـ ة 纯粹数学

بَحْتَرَ (م) بَحْتَرَة: بَحْثَرَ / بَعْثَرَ (انظر بحثر)

تَبَحْتَرَ (م): تَبَحْثَرَ / تَبَعْثَرَ (انظر بحثر)

بُحْتُر ج بَحَاتِر / بُحْتُرِيّ: قصير مجتمع الخلق 矮胖子

بَحَثَ ـَ بَحْثًا في المَوْضُوع 研究，调查，审查，研讨，探讨

ـ الأمرَ: دَرَسه 研究

ـ عن الشيء 寻找，寻求，搜寻，搜索

بَاحَثَه وتَبَاحَثَ مَعَه في الأمر 和他研究问题，谈判，商谈

ـ وـ مَعَه: حاوَرَه 讨论，辩论

بَحْث: تَفْتِيش 调查，研究；寻找

ـ: فَحْص 检查，审查

ـ ج أَبْحَاث وبُحُوث 研究

الأَبْحَاثُ العِلْمِيَّة 科学研究

الأَبْحَاثُ النَوَوِيَّة 核子研究

بُحَيْثُ جَزِيرَةٍ (م): شِبْهُ جزيرةٍ 半岛

مُبَاحَثَة ج مُبَاحَثَات 讨论，议论，会谈，商谈

بَاحِث / بَحَّاث / بَحَّاثَة 研究者，调查者，探讨者

مَبْحَث ج مَبَاحِث: مَوْضُوع 题，题目，课题，论题，议题

ـ: مَوْضُوع يُدْرَس 研究课题，学术论文

قَلَمُ المَبَاحِثِ الجِنَائِيَّة 刑事调查局(科)

رِجالُ المَبَاحِث 调查人员，侦察员，政治警察，特务

بَحْثَرَ الشيءَ: بَعْثَرَه 散布，分散，使散乱

ـ المالَ: بدَّده 浪费，挥霍

تَبَحْثَرَ 分散，散乱，被浪费

مُبَحْثِر 散布者，使分散的，使散乱的；浪费者，挥霍者

بَحَّ ـَ بَحًّا وبُحُوحًا وبَحَحًا وبَحَاحًا وبَحُوحَةً وبَحَاحَةً الصوتُ: خَشُنَ 声音变得粗哑，发嘎声

ـ البَطُّ: بَطْبَطَ 鸭叫

بُحَاح: اختِناقُ الصوت [医]发音困难

بُحَّةُ الصَوْت 嘶哑，嘎声

أَبَحُّ م بَحَّاءُ ج بُحّ / مَبْحُوح (م) 嘶哑的，嘎声的

بَحِرَ ـَ بَحَرًا: بُهِتَ 张皇失措

بَحَّرَ (م) 到下埃及去，到埃及北方去

أَبْحَرَ: سافَر بَحْرًا 航海

ـ تْ السَفِينَةُ 起航，出航，拔描，起碇，解缆

تَبَحَّرَ في الدَرْس أو العِلْم 深入研究，钻研

بَحْر ج بُحُور وبِحَار وأَبْحُر: خِلاف البَرّ 海，大江，大河

ـ: أُوقِيَانُوس (أ) 洋，大洋

الـ الأَبْيَضُ المُتَوَسِّط 地中海

الـ الأَحْمَرُ 红海

الـ الأَسْوَدُ 黑海

ـ الرُومِ: البَحْرُ الأَبْيَض المُتَوَسِّط 地中海

ـ الظُلُمَات (الأَطْلَسِي) 大西洋

ـ السَرْج 鞍座

ـ: نَظْم (في العَرُوض) 诗的韵律

ـ الطَوِيل 长律

ـ القَصِير 短律

في ـ كذا: في أَثْنَاء 在…之内，在…期间

بُرْغُوثُ الـ: جَمْبَري (م) (انظر برغث) 虾

بِنْتُ الـ: حُورِيَّة المَاء 美人鱼

تُوتِيَا الـ [动]海胆

حَشِيشُ أو حَمُولُ الـ 海草，海藻

حَشِيشَةُ الـ: عُشْبُ البَحْر / أُشْنَة 海藻

حِصَانُ أو فَرَسُ الـ 河马

دُوَارُ الـ / دَوْخَةُ الـ: بُحَار 晕船

سِلْكُ الـ: مِلاَحة 航海，航海术

شَاطِئُ الـ 海岸

شَاطِئُ الـ الرَمْلِيّ 海滨

شَاطِئُ الـ المُنْبَسِط 海滩

عِجْلُ الـ 海豹

عُرْضُ الـ: طَمْطَام 海面，洋面

كَلْبُ الـ: قِرْش 鲨鱼

مُسْتَوَى الـ 海面，标准海面

فَوْقَ مُسْتَوَى الـ 海拔

نَسِيمُ الـ 海风

هَوَاءُ الـ 海边的空气

بَحْرِيّ: مختص بالبحر أو منه 海的，大海的，大洋的，远洋的，深海的，海上的，航海的

ـ: مختص بسِلْكِ البَحْرِ 海事的，有关航海术的

ـ: مختص بالسُفُن والمِلاحَة 航运的

ـ (م): شِمَالِيّ 北方的，下埃及的

ـ (م) 尼罗河的

ـ جـ بَحْرِيَّة / بَحَّار: مَلاَّح 水手，海员，航海者，水兵

بَحْرِيَّة / قُوَّات ـ 海军

وِزَارَةُ الـ 海军部

بُحَار: دُوَارُ البَحْر / هُدَام 晕船

بَحْرَة جـ بِحَار وبُحْر 池，塘，潭，静水潭

بُحْرَان: هَذَيانُ المَرَض 谵语

ـ: غَيْبُوبَةُ اشْتداد المَرَضِ [医]昏迷

بَحْرَانِيّ جـ بَحَارِنَة 航海者，航海家

بَحْرَايَة جـ بَحْرَايَات (م) 池子，池塘，小湖

بُحَيْرَة جـ بُحَيْرَات 湖

بَحَّار جـ بَحَّارة: مَلاَّح 水手，海员，水兵，航海者

البَحْرَيْن 巴林群岛

مُتَبَحِّر 博学的，渊博的，博识的

ـ في كذا 熟谙、精通、通晓…的

بَحْلَقَ: حَمْلَقَ (م) 凝视，睇视，注视

بُحَيْث (في بحث)

بَخْت: حَظّ 时运，运气

فَتْحُ الـ 算命，卜卦，打卦

فَتْحُ الـ بورَق اللعب 用纸牌卜卦

كِتاب فَتْح الـ 卜卦的书，算命的书

فاتِحُ الـ: عَرَّاف / بَصَّار 卜卦者，算命者

قَلِيلُ الـ 不幸的，薄命的

سُوءُ ـ 厄运，倒霉

بَخْتَك رِزْقَك (م) 靠运气吃饭

بَخِيت / مُبْخَت / مَبْخُوت 幸运的，好运的，走运的，有福的

بَخْتَرَ وتَبَخْتَرَ: مشى مِشْيَةَ المتكبِّر المُعجَب بِنَفسِه 高视阔步，趾高气扬

ـ وـ عُجْبًا وزَهْوًا 昂首而行，大模大样，摆架子

بَخْتَرِيَّة / تَبَخْتُرِيَّة: مِشْيَة المتكبِّر المُعجَب بنَفْسِه 傲慢的步伐

بَخَّ ـُ بَخًّا في النوم: غَطَّ / شَخَرَ (م) 发鼾声，打鼾，打呼噜

ـ الماءَ (مـ): بَقَّهُ　喷出水，喷射水
بَخَّتِ السماءُ: أَمْطَرَت رَذاذًا　降细雨，下小雨，细雨蒙蒙
بُخَّيخَة جـ بُخَيخَات (مـ) / بَخَّاخ وبَخَّاخَة:
مِضَخَّةٌ صَغِيرة　注射器
ـ (مـ): رَشَّاشة　喷雾器，喷油机，喷漆器
ـ الحَدَائق (مـ)　浇花园用的注水器
ـ العُطُور وخِلافِها　香水喷洒器
بَخ بَخٍ: مَرْحَى　好！真好！好极了！
بَخِرَ ـَ بَخَرًا الفَمُ　口有臭味
بَخَرَ ـُ بَخْرًا الماءُ أو القِدْرُ　(水或锅)冒热气
بَخَّرَه: حَوَّلَه إلى بُخار　使蒸发，使汽化，使脱水
ـ الشيءَ: طَهَّره بالتَّبْخِير　用蒸汽消毒
ـ الشيءَ: عطَّره بالبَخُور　(用香料)熏香
تَبَخَّرَ: تَحَوَّلَ إلى بُخار　蒸发，汽化，脱水
بَخَر: رائحة الفَم الكَرِيهة　口臭
تَبَخُّر　蒸发，脱水，汽化
ـ: فَوَحَان / تضوُّع　散发(指香气)
بُخَار جـ أَبْخِرَة: دُخان السَوائِل الساخِنَة　汽，蒸汽
مَاسُورَةُ الـ　蒸汽管
مِيزَانُ الـ　蒸汽计
مِيزانُ ضَغْطِ الـ　汽表，气压计
بُخَارِيّ: كالبخار أو به بُخار　蒸汽状的，有蒸汽的
ـ: مُشَبَّع بالبُخار　多蒸汽的
حَمَّامٌ ـ　蒸汽浴(土耳其式沐浴)
مِحْرَاثٌ ـ　蒸汽犁
وَابُورٌ ـ (مـ) vapore(意): آلةٌ بُخارِيَة　汽机，蒸汽机
سفينةٌ بُخاريَّة: باخِرة　汽船，火轮船，轮船
القوَّةُ البُخَارِيَّة　蒸汽力
بَخُور جـ أَبْخِرَة وبَخُورَات　香，香料
ـ مَرْيَمَ　[植]樱草花
حرَق أمامَه ـَ المَدِيح　赞美，奉承，称颂
باخِرة جـ بَوَاخِرُ　汽船，火轮船
ـ البُوسْتَة　邮船
بُوَيْخِرَة　小轮船，小火轮
مِبْخَرَة جـ مَبَاخِرُ: مِجْمَرَةُ البَخُور　香炉
ـ: جِهازُ التَطْهِير بالبُخار　熏蒸消毒器
مُبَخِّر / ـ الوَقُود　[机](内燃机)汽化器
بَخَسَ ـَ بَخْسًا القِيمَةَ: نَقَصَها　减价，贬值，低估
ـ ه حقَّه: ظَلَمَه　损害…的权利
بَخْس: واطِئ　低廉的
باع بالـ　廉价出售
لِـ ـِ طالِعي　由于我倒霉
بأَبْخَسِ الأَثْمان　以最廉价
بَخْشَشَ (مـ): أَعطى حُلْوَانًا　给小费，给小账，付酒钱
بَخْشِيش جـ بَخَاشِيشُ: هِبَة / راشِن　小费，酒钱，小账
بَخْشَوَنْجِي (مـ) / بَخْشَوَانِيّ جـ بَخْشَوَانِيَّة
bāwchāwan(土): بُسْتَانِيّ　园丁
بَخَعَ ـَ بَخْعًا نفسَه　愁得要死，气得要死
بَخَقَتْ ـَ بَخَقًا عَيْنُه　成为独眼的
بَخَقَ ـَ بَخْقًا وأَبْخَقَ عينَه: عَوَّرَها　使成为独眼，挖掉一只眼睛，弄瞎一只眼睛
بَخَق: الماءُ الأَزْرَقُ في العَيْن　青光眼(绿内障)
باخِق / ـ العَيْن　独眼者
بَخِلَ ـَ بَخَلًا وبَخُلَ ـُ بُخْلًا: كان بَخِيلًا　成为悭吝的，小气的，吝啬的
بُخْل: تَقْتِير　吝啬，悭吝，小气

ـ: حُبّ حَشْدِ المال 贪财

بَخِيل جـ بُخَلاءُ / باخِل جـ بُخّال وبُخَّل: شَحِيح 吝啬的，小气的

ـ: مُولَع بحَشْدِ المال 守财奴，财迷

تَبَخْنَقَ (مـ): تَبَشْنَقَ (مـ) 包头

بُخْنُق جـ بَخَانِقُ: بُشْنِيقَة (مـ) 修女头巾

بَخُوس (أ) Bacchus: إلاهُ الخَمْر عند الرومان (انظر باخُوس) [希神]酒神巴克斯

بَدّ (في بدد) / **بدا** (في بدو)

بَدَأَ ـ بَدْأً وابْتَدَأَ الشيءَ وبه: اِفْتَتَحَه 开始

ـ وـ الشيءَ: شَرَعَ فيه 着手，动手

ـ وـ الحديثَ 开始谈话

ـ وـ العملَ 开始工作，着手工作

ـ وـ الفَصْلُ: حَلَّ 季节到来

بَدَّأَه على كذا: قدَّمه وفضَّله 给予优先权

بَادَأَ: كان البادِئ 先开始，先下手

ـ ه بالشَرّ 向他发动攻击，行凶

ـ ه بالكَلام 先打招呼，先对他说话

بَدْء / بَدَاءَة / بِدَايَة / اِبْتِداء: أوَّل 初，发端，开始

ـ / نُقْطَةُ البَدْءِ 起点，起跑点，出发点

في البِدَايَة 起初，开始

مُبَادَأَة 先下手，先开始

ـ بالشَرّ: اعتداء 发动攻击，行凶，侵犯

حُسْنُ الابْتِداءِ (في البديع) 绪言，绪论，开端

ابتداءً من كذا 从…开始，从…算起

بَدَائِيّ: أَصْلِيّ 原始的，最初的

الإنْسَانُ الـ 原始人

بَدَائِيَّة 原始性，简陋

اِبْتِدَائِيّ: أوَّلِيّ 初步的，初级的，初等的，基本的

ـ: تَحضِيرِيّ 预备的，准备的，筹备的

شَهَادَة ابتِدائيَّة 小学毕业证书

مَحْكَمَة ابْتِدائِيَّة 初级法院，第一审法院

مَدْرَسَة ابْتِدائِيَّة 小学，初级小学

بادِئ: مُبْتَدِئ 初学者，生手，开始者

الـ بالشَرّ: مُعْتَدٍ 启衅者，发动攻击者

في ـ الأمر / ـ بَدْءٍ 从最初起，一开始

ـ ذِي بَدْءٍ 首先，最先

مَبْدَأ جـ مَبَادِئُ: مكان البَدْء 起点，起跑点，出发点

ـ: أصل / قاعدة 原理，主义，原则，定律

صاحِبُ ـ 有原则性的；有道义的，正直的，公正的，有节操的

مِنْ حَيْثُ الـ 原则上

شَخْصٌ لا مَبْدَأَ لَه 没有原则性的人

ـ أَيْزِنْهَاوِر 艾森豪威尔主义

ـ الخِدْمَة العَسْكَرِيَّة الإجْبَارِيَّة 义务兵役制

مَبادِئُ العِلْم 科学的基础知识

ـ "بَانْدُونْج" العَشَرَة 万隆十项原则

الـ الخَمْسَة للتَعايُشِ السِلْمِيّ 和平共处五项原则

سَامِي المَبادِئ 有高度原则性的，很有道义的，节操高尚的

مَبْدَئِيّ: أَساسِيّ 主要的，首要的，基本的

مَبْدَئِيًّا 原则上

مُبْتَدِئ: بَادِئ 开始者；初学者，生手

مُبْتَدَأ: أوَّل 初，开端，起源

ـ الجُمْلَة [语]名词句的起词

تحدَّث عن شيءٍ مِنَ الـ إلى الْمُنْتَهَى 从头说到尾

بَدَّ ـُ بَدًّا رِجْلَيْه: فرَّج بينهما 叉开两腿

بَدَّدَ الشيءَ أو القومَ: شتَّته 使分散，使散开，使散乱；使离散

ـ المالَ أو نحوَه　浪费，挥霍，倾家荡产

تَبَدَّدَ　分散，离散；被浪费

اِسْتَبَدَّ: كان مُسْتَبِدًّا　专横，专制，独裁

ـ به: تحكَّم فِيه　压制，虐待，施虐政

ـ بفِكْرِه　顽固，固执，坚持己见

بُدّ: مَناص　逃路

ـ / بُداد: نَصِيب　份额

لا ـَ / مِنْ غَيْرِ بُدٍّ: ضَرُورة　一定，必定，必然，务必

لا ـَ مِنْهُ: ضَرُورِيّ　必要的，必须的，不可缺少的

لا ـَ مِنْ حُضُورِكَ　你必须来，你必定来

شَرٌّ لا ـَ مِنْهُ　难免的灾难

لا ـَ لنا مِنَ القَوْلِ هُنا إنّ ...　这里我们必须要说…

بِدِّي (م): بِوُدِّي / أُرِيدُ أنْ ...　我想要，我希望…

أَبادِيد / تَبادِيد　分散，散开

ذَهَبُوا أبادِيدَ وتَبادِيدَ: تَبَدَّدُوا　离散，四散，东离西散

طَيْرٌ أبادِيدُ وتَبادِيدُ: مُتَفَرِّقة　四处飞的鸟

تَبْدِيد　散开，抛撒；浪费，耗费，滥用

اِسْتِبْداد: جَوْر　专制，专横，霸道，独裁

ـ بالرَأْيِ　顽固，执拗，固执己见，刚愎自用，独断独行

حُكْمُ الاِسْتِبْدادِ / اسْتِبْدادِيَّة　暴政，专制

اِسْتِبْدادِيّ　专横的，专制的，独裁的，暴虐的

مُبَدِّد: مشتِّت　使…离散者，使…散乱者

ـ: مُسْرِف　浪费者，挥霍者，败家子

مُسْتَبِدّ　暴君，独裁者，专制者

ـ برأْيِه　独断专行者，刚愎自用者

السُلْطَةُ الـ ة　无限的权力

بدر بَدَرَ ـُ بُدُورًا إلى الشيء: أَسْرَعَ　迅速从事，抢先

ـ الشيءُ　突然出现，（话）脱口而出

عَسَى أن يَكُونَ قد ـ مِنِّي ما أَغْضَبَهُ　可能我说话有不注意的地方惹他生了气

بَدَّرَ وبادَرَ: ضد تأخَّر　早来，早到，早去

ـ (م): وَضَعَ البُودَرَة powder　搽粉，扑粉

بَادَرَ إلى كذا: أَسْرَعَ إليه　赶紧，急忙做…，奔赴

ـ وابْتَدَرَ إلى كذا: استبَق　主动；占先，抢先；先发制人

اِبْتَدَرَنِي بالقَوْل ...　他抢在我前面说…

تَبادَرَ القومُ إلى كذا　急忙，赶忙，主动抢先，争先恐后地…

ـ إلى ذِهْنِه أنَّ ...　马上想到要…

بَدْر جـ بُدُور: قَمَر كامِل　满月，全月，圆月

بَدْرِي (م) / مُبَدِّر / باكِرًا　早

لِسَّه (لِسَّا) بَدْرِي (م)　还早

بَدارة (م) / بَدْرِيَّة جـ بَدارِيُّ　雏鸡，小鸡

بَدْرَة جـ بِدَر وبُدُور　一万银币；装有一万银币的钱袋

مُبادَرَة (سـ)　倡议；积极性

ـ فَرْدِيَّة (سـ)　个人的倡议

بَدارِ: أَسْرِعْ!　赶紧！赶快！快些！快点儿！

بادِرَة جـ بَوادِرُ: بَدِيهَة　直觉知识，直观知识

ـ: ما يبدو من حِدَّة الإنسان في الغضب　愤怒时的错误

بدرتْ ـ منه　失言

ـ　征候，迹象；苗头

ـ المَرَضِ　症候

أَقْبَلَتْ بَوادِرُ العيد: أقبلتْ الأيّامُ القليلةُ التي تسبق العيدَ　已到节前

بَيْدَرُ الحِنطَة ونحوها جـ بَيَادِرُ 打谷场
بَدْرُوم (مـ) / بَدْرُون جـ بَدْرُونَات (مـ): الطابِق السُفْلِيّ من الدار 地下室，(建筑物的)最下层
بَدَعَ ـَ بَدْعًا الشيءَ وابْتَدَعَه: اخترعه 创造，独创，创制
ـ وـ: أتى بجديد 标新立异
ـ وأَبْدَعَ: أَنْشَأَ 创作，创造
أَبْدَعَ: أتى عَمَلاً بَدِيعًا 出色地做，做得很好
ـ في الغِناء 唱得很好
بَدْع / اِبْتِدَاع: اختِراع 创造，独创，创制
بِدْع جـ أَبْدَاع وبُدُوع 新事，奇事
بِدْعَة جـ بِدَع: شَيء جديد 新事，奇事，新奇事物
ـ: مَذْهَبٌ جديد 新教义，新学说，新主义
ـ دِينِيَّة (宗教上的)异端
إِبْدَاع 创作，创新，创造
الـ الأَدَبِيّ والفَنِّيّ 文艺创作
إِبْدَاعِيّ 创作的，创造性的
بَدِيع: عَجِيب 奇异的，美妙的，杰出的
ـ / مُبْدِع: مُوجِد 创造者，创作者
علم الـ 阿拉伯语修辞学的第三部分
بَدِيعِيّ 修辞学的
الغُلُوُّ الـ 过于讲究修辞
بَدِيعَة جـ بَدَائِعُ (مـ) 新奇的事物，罕见的现象
مُبْتَدِع 革新家，发明家
بَدَلَ ـُ بَدْلاً وبَدَّلَ وأَبْدَلَ الشيءَ: غيَّره 变更，改变，改换
ـ وـ: نَاوَبَ 交替，替换，轮流，轮班，换班
ـ وـ رِيشَه أو صُوفَه: قَلَّش (مـ) 脱换(羽毛等)

ـ وـ أَسْنَانَهُ 换牙
بَادَلَه بكذا: أعطاه مثل ما أخذ منه 交换，物物交易，交易
تَبَدَّلَ 被改变，被变更，被更换
تَبَدَّلاَ وتَبَادَلاَ: تَنَاوَبَا العَمَلَ 轮班，换班
تَبَادَلاَ ثَوْبَيْهِمَا: أَخَذَ كلٌّ منهما ثوبَ الآخرِ 两人交换衣服
تَبَادَلُوا 交换，互换
ـ الآرَاءَ 交换意见
ـ العُرُوضَ (أي السِلَعَ والمَتَاعَ) 交易，交换货物，以货易货，物物交易
اِسْتَبْدَلَه بكذا 交换，调换
ـ بكذا: استعَاضَ 替换，代替…
بَدْل / إِبْدَال / تَبْدِيل 变更，改变，更改
ـ / ـ / اِسْتِبْدَال: تَغْيِير 交换，调换
ـ / ـ / ـ: استعاضَة 代替，替换
قِطَعُ التَبْدِيل 备用零件
تَبَادُل / مُبَادَلَة: مُقَايَضَة 交换，交易
ـ / ـ: أَخْذ وعَطَاء / مُعَاوَضَة 交换利益
ـ / ـ السِلَع أو البَضَائِع 物物交易，以货易货
ـ الخَوَاطِر [心]传心术，心灵沟通术
ـ المُعَامَلَة أو الاتِّصَال 交往，交际，相互来往，相互联系
ـ التَمْثِيل السياسيّ 互换外交代表
ـ قرارَاتِ الإبْرَام 互换批准书
ـ الأَسْرَى 交换俘虏
اِسْتِبْدَال العُقُوبَة أو المَعَاش أو الأداء [法]代金，折偿，折偿金
بَدَل / بَدِيل جـ بُدَلاءُ وأَبْدَال: خَلَف 代替人，接班人，替班人，接班兵
ـ الاِشْتِرَاكِ (مـ) 会费，党费，刊物订费

ـ الاغْتِراب (مـ) 离乡津贴(发给出国人员的津贴)

ـ الأَكْلِ (مـ) 伙食代金

ـ التَعْلِيمِ (مـ) 子女教育津贴

ـ الصَابُونِ 肥皂代用品

ـ سَفَرِيَّة (مـ) 旅行津贴

ـ سَكَن (مـ) 住宿津贴

ـ / غِيار (مـ) 代替品，代替物，代用品

اِسْمُ الـ (في النحو) [语]同位名词，同格名词

بَدَلاً مِنْ كذا 代替

ـ مِنْه: عِوَضًا عنه 代替他；补偿，弥补

ـ مِنْ أَنْ ... / بَدَلَ أَنْ ... 以…代替…；不…反而…

اِتَّجَهَ إلى الشِمالِ بَدَلاً من أَنْ (بَدَلَ أَنْ) يَسِيرَ إلى الجَنُوبِ 他不向南走，反而向北去了

بَدْلَة ثِيابٍ جـ بَدَلات (مـ): بِذْلَة 一套衣服

ـ رَسْمِيَّة (مـ) 制服，礼服

ـ القُدَّاسِ [基督](牧师举行仪式时穿的)无袖外衣

بَدَلِيَّةُ العَوْنَةِ (مـ) 劳役代金

ـ عَسْكَرِيَّة (مـ) 兵役代金

بَدَّال: صَرَّاف النُقُودِ 银钱兑换商

ـ: بَقَّال (مـ) / سَمَّان (سـ) 食品杂货商

بِدَال (أ) pedal: مِدْوَس 踏板，脚蹬

بَدَّالَة الريّ (مـ): بَرْبَخ 下水道，导水管

مُتَبادَل: مُشْتَرَك 相互的，交换的

ـ: شائع 共有的，公用的

تَيَّار ـ [电]交流电

بَدُنَ ـُ بَدانَةً وبَدانًا وبَدَنَ ـُ بَدْنًا وبُدْنًا وبُدُونًا:

كان بدينا 成为肥胖的，身体发胖

بَدَن جـ أَبْدان: جَسَد 身体，肉体

ـ: جِذْع 躯干

ـ: جِذْع (في فَنّ النَحْت) 没有头和手足的躯干像(雕刻)

ـ العَمُود [建]柱身

بَدَنِيّ 身体的，躯体的，肉体的

الرِياضَة الـ ة 体育

عُقُوبَة بَدَنِيَّة (جَسَديّة) 体罚

بَدَنَة: عَشِيرَة 氏族，部族

ـ 喂肥的骆驼或黄牛

بَدانَة: امتلاءُ الجِسْمِ باللحم 肥大，肥胖

بَادِن م بَادِن وبادِنَة جـ بُدَّن / بَدِين جـ بُدُن:

مُمْتَلِئ الجسم 肥大的，肥胖的，胖子

بَدَهَ ـَ بَدْهًا وبادَهَ مُبادَهَةً الرجلَ: فَاجَأَه (风雨、灾难等)突然袭击

اِبْتَدَهَ الخُطْبَةَ ونحوها: ارتجلها 即席(演说)，即席(发言)，即景(赋诗)

بَداهَة / بَدِيهَة 直觉，直观，由直觉得来的知识

بَدَاهَةً / بالـ / على البديهة / بَدِيهًا / على البَدِيه 即席(演说)，即景(赋诗)

بَدَهِيّ: لا يحتاج إلى طُول التَفْكِير 显而易见的

ـ / بَدِيهِيّ: غَنِيّ عن البَيان 不言而喻的

بَدِيهِيَّة جـ بَدِيهِيَّات 自明之理，原理，公理

بَدَا ـُ بُدُوًّا وبَدَاءً وبَدْوًا وبَدَاءَةً الشيءُ 出现，显现，显露

ـ للفِكْر 想到，想起

ـ: لاحَ 有…的样子，似乎，好像，仿佛

يَبْدُو أَنَّكَ مَرِيض 你好像有病的样子

بَدَا ـُ بَدَاوَةً وبِدَاوَةً 过游牧生活

بَادَى الشيءَ: أَظْهَرَه 显示出，表示，表明

ـ بالعَدَاوَةِ 显出敌意，公开表示敌意

أَبْدَى الأمرَ: أظهره 表示，表明，表达，表现

ـ له صَفْحَتَه 绝交
ـ أَسَفَهُ 表示惋惜，表示遗憾，表示歉意
ـ رأْيَهُ 表达自己的意见
ـ له اعجابَه 向他表示敬佩
تَبَدَّى الشيءُ: ظهر 出现，显现，显露
ـ: سكن البادِيَةَ 在沙漠居住，过游牧生活
تَبادَوْا بالعداوة: تجاهَرُوا بها 公开地互相仇视、为敌
بَدْو: خلاف الحَضَر 游牧生活，逐水草而居的生活
ـ: أهلُ البادِيَة 游牧民族，逐水草而居的人
بَدَوِيّ م بَدَوِيَّة ج بَدَاوِيّ: سَاكِن البادية 游牧人，逐水草而居的人
بَدَاوَة 游牧生活；流浪生活
أَهْل الـ 游牧人
بَدَاة ج بَدَوَات 空想，幻想
بادٍ: ظاهِر 显明的，显然的，明白的
بَادٍ ج بُدَاة 沙漠居民
صار حديثًا لـ ـ وحاضر ... …成了话柄，…成为谈资
بادِيَة ج بَاديات وبَوادٍ: صَحْرَاء 沙漠，旷野，无人烟的地方，人迹罕至之地
الـ والحاضِرة 游牧人和城市居民
بَذَأَ ـ بَذْأً الشَخْصَ: اِحتقَرَه وذَمَّه 轻视，诽谤，辱骂
ـ وبَذِئَ ـ بَذُؤَ ـ بَذَاءً وبَذَاءَةً الرجلُ: فَحُشَ قوله 说下流话、淫秽话
بَذَاءَة: قَبَاحَة (言语)下流，淫秽，猥亵
ـ اللِسان 说话下流，说话不干不净
بَذِيء: قَبِيح (كلام) (言语)猥亵的，下流的，淫秽的
بَذَخَ ـ بَذْخًا وبَذِخ ـ بَذَخًا وبَذُخ ـ بَذَاخَةً
وتَبَذَّخ: ارتفع أو تكبَّر 傲慢，骄傲，自大
بَذْخ 豪华，阔绰，阔气，奢华，铺张
باذِخ ج بَوَاذِخ / بَذِيخ ج بُذَخَاءُ 豪华的，阔气的，阔绰的，奢华的；骄傲的，自大的，傲慢的
بَذَّه ـُ بَذًّا: غَلَبَه 击败，战胜，压倒，克服
ـ ه: فاقَه 胜过，超越，优于
بَذَّ ـ بَذَذًا وبَذَاذًا وبَذَاذَةً وبُذُوذَةً: ساءَتْ حالتُه / رثَّتْ هَيْئَتُه 衣服不整洁，衣衫褴褛
بَذّ / بَاذّ: رَثُّ الهَيْئَة 不整洁的，衣服褴褛的
ـ / ـ: قَذِر 不干净的，肮脏的，污秽的
بَذّ / فَذّ ـ: فَرْد 无与伦比的，独一无二的
بَذَاذَة: قَذَارَة 不洁，污秽，肮脏
بَذَرَ ـُ بَذْرًا الحَبَّ (في الأرض) 播种
ـ الشيءَ: بَثَّه / نَشَرَه 撒，传播，散布
بَذَّرَ المالَ: بدَّده 挥霍，浪费
ـ (م): ظَهَرَتْ بُذُورُه (植物)结子
تَبَذَّرَ 散开，分散
بَذْر: زَرْع البَذْر 播种
أَوانُ الـ / مَوْسِمُ الـ 播种期
ـ الشِقاق بَيْنَ الناسِ 挑拨离间
ـ ج بُذُور وبِذَار الواحد بَذْرَة ج بَذَرَات: تَقَاوِي (م) (راجع بزر) 种，种子
ـ ج بُذُور 后代，子孙，儿女
بُذُورُ الرأْسَمَالِيَّة 资本主义因素
بَذَر / ذَهَبُوا شَذَرَ بَذَرَ وشَذَرَ مَذَرَ 流离失所，东逃西散
تَبْذِير: تَبْدِيد / إِسْرَاف 浪费，挥霍
بَذِر / تِبْذَار / بِيْذَار / بَيْذَارَة 浪费者，败家子
بَذَّار 播种者
بَذَّارَة / مِبْذَرَة ج مَبَاذِر / آلة بَذَّارَة 播种机
مُبَذِّر: مُبَدِّد / مُسْرِف 耗费者；浪费者，挥

霍者，奢侈者，败家子

بَذَلَ ـُ بَذْلاً الشيءَ 付出(人力、物力等)

ـ نفسَه 献身，舍身，牺牲自己

ـ وُسْعَه / ـ جَهْدَه 卖力，竭力，尽力，竭尽全力

ـ النَّفْسَ والنَّفِيسَ 贡献出生命财产

ـ ماءَ الوَجْهِ 丢脸，丢人，丢面子

ـ وابتَذَلَ الثوبَ: امتهنه 不爱惜衣服，久穿不换，穿旧

تَبَذَّلَ وابْتَذَلَ: ترك الاحتشامَ والتصوُّنَ 无拘束，随随便便

بَذْل: إنفاق أو إعطاء 花费(钱财)，付出

ـ الذاتِ 自我牺牲，献身

بِذْلَةُ ثِياب: بَدْلَة (مـ) 一套衣服，一身衣服；日常穿的衣服

ـ السَهْرَة 晚会服

ـ العَمَل أو الشُغْل: عَفْرِيته (مـ) 工作服

ـ رَسْمِيَّة 制服，礼服

بالـ الرسميَّة 盛装

مِبْذَل / مِبْذَلَة جـ مَباذِلُ 常穿的衣服

مُتَبَذِّل 无拘束的，随便的

مُبْتَذَل: مُمْتَهَن 常穿的衣服

كَلام ـ 口头禅，老生常谈

ـ: قَدِيم / خَلَق 破旧的，褴褛的(衣服)

بَرَأَه ـَ بَرْءًا وبُرُوءًا: خَلَقَه 创造，创始

بَرِئَ ـَ وبَرأَ ـَ وبَرُؤَ ـُ بَرْءًا وبُرْءًا وبُرُوءًا من المرض: شُفِيَ منه 痊愈，复原，恢复健康

ـ الجُرْحُ 痊愈，长好(伤口)

بَرِئَ ـَ بُرُوءًا وبَراءًا وبَرَاءَةً مِنْ الدَيْن: خَلَصَ منه 付清，清还(债务)

ـ من كذا: كان بريئًا منه 与某事无干

بَرَّأه تَبْرِئَةً من التُهْمَة 开脱，宣告…为无罪，认为…无罪

ـ ه من الخَطِيئَة [基督](听人忏悔的神父)宣告罪恶消灭

ـ ه وأَبْرَأَه من الدَيْنِ: جعَلَه بريئًا منه 豁免，免除(债务等)

أَبرأَ المريضَ والجريحَ: شَفاه 治愈，治好

ـ ذِمَّته 免除了他的债务；把账还清

تَبرَّأَ من كذا: أَنْكَرَه 否认，抵赖

ـ منه: نَفَضَ يَدَيْه منه 和…脱离关系，摆脱，洗手不干

ـ من التُهْمَة 被宣告无罪，被开脱

اِسْتَبْرَأَ من كذا 要求开脱，要求豁免(债务)

بُرْء / بُرُوء: شِفاء 复原，痊愈，恢复健康

بَرْء: خَلْق 创造，创作，创始

بَرَاء / هو بَرَاء من كذا 他没有过错，他无罪

بَرَاءَة: تَخَلُّص 付清，清还(债务)；与…无关

ـ: طَهارة الذَيْل 无罪，无辜，清白

ـ: إجازَة 执照，许可证

ـ رُتْبَةِ الشَرَفِ أو الوِسَام: بُيُورَلْدِي (مـ) 名誉升级(升级不升薪)

ـ الساحَةِ 无罪

ـ الاخْتِرَاعِ 发明专利特许证

ـ القُنْصُلِ (驻在国发给的)领事认可证书

إبْرَاء / تَبْرِئَة: حَلّ 开脱，认为无罪，豁免

بَرِيء جـ بَرِيئُون وأَبْرِيَاءُ وبُرَآء وبِرَاء وأَبْرَاء م بَرِيئَة جـ بَرِيئَات من كذا 与…无干的

ـ من التُهْمَة: خالص منها وخلاف المُذْنِب والمُتَّهَم 清白的，无辜的，无罪的，无过错的

ـ من المَرَض أو الجُرْح 痊愈的，复原的

ـ براءَةَ الذئبِ مِنْ دَمِ ابْنِ يَعْقُوبَ [宗](正如狼对雅各之子的血无罪一样)完全无

罪的

بَرِيَّة جـ بَرَايَا: خَلِيقة 天地万物，宇宙

بَارِئ: خالِق [宗]创造者，造物主，上帝

بَراتِيكَا (أ) / بَرَاتِيكَة pratique(法)：بَرَاءَةُ فَكِّ الحَجْرِ الصِحِّيِّ 防疫通行证(检疫完毕后准许通行的许可证)

بَرَازِيل (أ) Brazil 巴西

بَرَازِيلِيّ 巴西的；巴西人

بَرَاشُوت (أ) parachute(法) 降落伞

جُنُود الـ 伞兵

براطرة (انظر امبراطور)

بِرَاغْمَاتِزْم (أ) pragmatism [哲]实用主义

بَرَافِين (أ) paraffin 石蜡，地蜡

زَيْتُ الـ 石蜡油

بْرَافُو (أ) bravo(意)：مَرْحَى / بَخٍ 好极了！妙极了！

بَرَّانِيّ (في برر)

بَرْبَخ جـ بَرَابِخ: إرْدَبَّة / سَحَّارَة (مـ) 下水道，导水管

بَرْبَخْتِي (سـ مـ): حِرْبَايَة [动]石龙子，变色龙

بَرْبَرَ: اكثر الكلامَ والجَلَبة 喧哗，扰攘，叫嚣

ـ: تَمْتَمَ 喃喃，咕哝，嘟哝

بِرْبِر جـ بَرَابِرُ (سـ): زَغْلُول 雏鸡，小鸡

بَرْبَر جـ بَرَابِرَة 柏柏尔人

بَرْبَرِيّ جـ بَرَابِرُ وبَرَابِرَة: هَمَجِيّ 野蛮的，未开化的，不文明的，化外的

ـ: واحد البَرْبَر 一个柏柏尔人

ـ: نُوبِيّ (من سُكَّان بلاد النُوبَة) 努比亚人(非洲东北部努比亚沙漠的居民)

بَرْبَرِيَّة: هَمَجِيَّة 野蛮，残忍，凶暴

مُتَبَرْبِر 野蛮的

بَرْبَرِيس (أ) barbaries [植]伏牛花

بَرْبَشَ (مـ): طَرَفَ بِعَيْنِه 眨眼，眼睛闪亮

بَرْبَطَ في الماء (مـ): بَرْكَلَ 玩水，弄水，以手足划水

بَرْبَكَة (مـ): تصنُّع الحُزْن 故作悲伤

بَرْبُور جـ بَرَابِيرُ (مـ) 鼻粘液

بَرْبُونِي (مـ): سُلْطان إبْرَاهِيم / أَبُو ذَقَنٍ 红鲻鱼

بَرْبَى (مـ) / بِرْبَة: هَيْكَلٌ قَدِيم 古埃及的神庙；破庙

ـ: تِيه / مَتَاهَة / مَحَارَة 迷津，迷路，迷宫

بَرْبَاوِيّ: مُحَيِّر / مُتِيه 曲折的，错综复杂的

بَرْبَرِين سُلْفات (أ) berberine sulphate 硫酸小蘖碱

بَرْبِيس (أ) barbell: سمك بِنِّي (انظر بنن) 白鱼

بُرُتَسْتَنْتِيّ (أ) protestant [基督]新教徒

بُرْتُغَال (أ) Portugal/ بلاد البُرْتُغَال 葡萄牙

بُرْتُغَالِيّ 葡萄牙的；葡萄牙人

بُرْتُقَال / بُرْتُقَان (مـ) الواحدة بُرْتُقَالَة جـ بُرْتُقَالاَت 橙，香橙

ـ أَبُو سُرَّة 脐橙

ـ بِدَمِه 赤橙

ـ يَافَاوِيّ 雅法橙子(雅法港所产)

شَرَاب الـ 桔子汁，鲜桔水

بُرْتُقَالِيّ 香橙的；香橙色的，橙黄色的

بُرْتُكُول (أ): بُرُوتُوكُول 草约，议定书，附件

بَرْتِيتَة (أ) partita(意) 一批(货物)

بُرْثُن جـ بَرَاثِنُ الطائر (猛禽的)爪

تَبَرَّجَت المرأةُ: تزيَّنت (妇女)艳服出游

ـ ت الأُنْثَى: أظهرت جمالَها 女性炫耀美色

بُرْج جـ بُرُوج وأَبْرَاج وأَبْرِجَة: حِصْن / قَصْر 堡垒，碉堡，城堡，城楼

ـ في أَعْلَى البِنَاء 尖塔，尖阁，角楼，角塔

ـ أَيْفِيل 埃菲尔铁塔(巴黎)

ـ الحَمام: تِمْرَاد 鸽笼，鸽棚
ـ النَغَم [音]音阶
ـ ج بُروج / بُرُوجُ الأَفْلاكِ [天]十二宫:
ـ الأَسَد 狮子宫(座)
ـ الثَوْر 金牛宫(座)
ـ الجَدْي 摩羯宫(座)
ـ الجَوْزَاء 双子宫(座)
ـ الحَمَل 白羊宫(座)
ـ الحُوت 双鱼宫(座)
ـ الدَلْو 宝瓶宫(座)
ـ السَرَطَان 巨蟹宫(座)
ـ السُنْبُلَة 室女宫(座)
ـ العَقْرَب 天蝎宫(座)
ـ القَوْس والرَامِي 人马宫(座)
ـ المِيزَان 天秤宫(座)
ـ (في عِلْم الفَلَكِ): مَجْمُوع نُجوم [天]星座，星宿
مِنْطَقَة البُروج: زُدْيَاك (مـ) zodiac [天]黄道带，十二宫
بُرُوجِيّ (مـ): بَوَّاق 司号员，号手，号兵
بَارِج: مَلاَّح حاذِق 熟练的水手
بَارِجَة ج بَوَارِجُ: سَفِينَة حَرْبِيَّة 军舰，战舰
بُرْجُد 一种带条纹的粗毛布衣服
بَرْجَسَ 参加骑马比赛
بِرْجَاس (مـ)/ بُرْجَاس (波) 比赛，锦标赛
بَرْجَلَ: أَزْعَجَ وشَوَّشَ 扰乱，使紊乱
بَرْجَل ج بَراجِلُ (مـ): بَرْكَار / بِيكار / دَوَّارة 圆规，两脚规
ـ دائِر 卡钳，弯脚规
بَرْجَمَ (مـ): دَمْدَمَ 喃喃自语，发牢骚
بُرْجُمَة ج بَرَاجِمُ: عُقْدَةُ الإِصْبَع 指节，指关节
بُرْجُوَازِيّ (أ) bourgeois (法) 资产阶级的
بُرْجُوَازِيَّة (أ) 资产阶级
الـ الصَغِيرة 小资产阶级
الـ الوَطَنِيَّة 民族资产阶级
بَرِحَ ـَ بَرَاحًا وبَرَحًا وبَارَحَ المكانَ: زايَلَه 离开，离去
ما ـَ: ما زَالَ 仍旧，仍然，还在，依然
ما ـ يَكْتُبُ 他仍在写
بَرَّحَ به الأمرُ: أَتْعَبَهُ 使疲劳，使疲倦
ـ به الأَمرُ: آذاه 苦于…，为…所苦
بَرْح ج أَبْرَاح 痛苦，苦难，悲痛
الأَبْرَاح البَارِحَة 异常的痛苦
بَرَاح: أَرْض فَضَاء 空地
ـ: سَعَة 广阔，广大，宽阔
تَبَارِيحُ 苦恼，困苦
ـ الشَوْق 思念的痛苦
بارِح: واسع 广阔的，宽大的，广大的
الـ / البارحة 昨天
أَوَّل البارِحة 前天
مُبَرِّح: شديد 剧烈的，猛烈的
أَلَم ـ 剧痛
ضَرْب ـ 痛打
يَبْرُوح (مـ): تُفَّاحُ المَجَانِين [植]蔓陀罗根，狼毒
بَرْحَى: ضد مَرْحَى 糟了！坏了！
بَرَدَ ـُ بَرْدًا وبَرُدَ ـُ بُرُودًا وبُرُودَةً: صار بارِدًا 冷，变冷
ـَ: شَعَر بالبَرْدِ 感觉冷
ـ (مـ): أُصِيبَ بالزُكَام 受寒，着凉，伤风，感冒
ـَ: فَتَر 变温，温度降低
ـ ت هِمَّته 沮丧，灰心，意志消沉
ـُ بَرْدًا بالمِبْرَد 锉，锉磨

بَرَّدَ الشيءَ: صَيَّرَه بارداً 使冷却，使凉，使消热，使清凉

ـ المأكُولات وغيرَها 冷藏(食物等)

ـ الألَم 减轻痛苦，镇痛

ـ الهمَّة 使沮丧，使灰心，泼冷水

أبْرَدَ: أرسلَ خِطابًا بالبَرِيد 邮寄，交邮

ـ ت السَّماءُ 下雹子

تَبرَّدَ: بَرَّدَ نَفْسَهُ / طلب البرودة 寻求凉爽

نَزَل في الماء يَتبرَّد 到水里凉快凉快

تَبارَدَ: تكلَّفَ البرودةَ 对(人)冷淡，淡漠，怠慢

ـ (س) 成为迟钝的

اِبْتَرَدَ 在冷水里洗澡

ـ ت حَماسَتُهُ (热情)消减，渐冷

بَرْد: ضد حَرّ 冷，寒冷

الدُّنْيَا ـ (م) 天气冷

كانت هذه الكلماتُ ـًا وسَلامًا على جميع الحاضِرين 这番话使听众精神爽快

ـ العَجُوز: أيَّام العَجُوز 老太婆最怕的冷天(雨水惊蛰之间最冷的七天，2 月 24 日到 3 月 3 日)

بَرَد: حَبُّ الغَمَام 雹子

بُرْد جـ بُرُود وأبْراد وأبْرُد الواحدة بُرْدَة جـ بُرُدَات وبُرَد 斗篷，无袖男外套，有条纹的大衣

بَرْدَان (م) 冷的，凉的

أنا ـ (م) 我冷，我觉得冷

بَرْدِيّ [植]纸草(古埃及人造纸的原料)

الأوْرَاقُ البَرْدِيَّة 纸草纸；纸草纸所钉的书

بُرَدَاء / بَرْدِيَّة (م): بَرْدُ الحُمَّى [医]寒战，疟疾

بُرُود 寒气，冷气

بُرُودَة: ضد حَرارة 寒冷；冷淡；冷酷

بـ ـ 冷淡地

لُحُوم مَحْفُوظَة بالبُرُودَة 冻肉，冷藏肉

بَرُود: كُحْل [医]眼药膏，眼药水

ـ (م) / بَارُود 火药

مَصْنَع الـ 火药厂

إطلاقُ الـ 射击，开火

بَرُودَة / بارُودة: بُنْدُقِيَّة 枪，步枪

تَبْرِيد: ضد تَسْخِين 使冷却，使凉

ـ الألَم 减轻疼痛

خزَّانُ الـ في السَّيَّارة (汽车的)冷却器，减热器

أَبْرَدُ جـ أَبارِدُ م أَبْرَدَة: نَمِر أرْقَط 豹

بارِد: ضد حَارّ 冷的，凉的；冷淡的

ـ: بَلِيد 愚的，呆的，愚昧的，昏庸的

ـ (م): كَلِيل / ثالِم 钝的，不快的，无锋的(刀)

ـ الطَّبْع 冷静的，沉着的，冷淡的，冷酷的

دُخَان (تِبْغ) بارِد 轻淡的烟草

غَنِيمة بارِدة 横财,不劳而获之物

بَرِيد جـ بُرُد: رَسُول 信使，急差，送信人

ـ: سَاعِي البَرِيد (م) 邮递员，邮差

ـ: بُوسْتَة (أ) posta (意) 邮政，邮件

ـ سِيَاسِيّ 外交邮件

ـ جَوِّيّ 航空邮件，航空信

ـ عادِيّ 普通邮件

بالـ 邮寄

أُجْرَة الـ 邮费

طابع الـ 邮票

هِواية جَمْع طَوابِعِ الـ 集邮爱好

صُنْدُوق الـ 邮箱，信箱

خَتْم الـ: سِمَتُه 邮戳

خالِص أُجْرة الـ 邮资已付

يَنْتَظِر بشُبَّاك الـ 留局待领

مَكْتَبُ الـ 邮政局

بَرِيدِيّ: مختصّ بالبريد 邮政的，邮政局的

بَرَّاد (مـ): الذي يُركِّب الآلاتِ الحَدِيدِيّة 钳工，(器械等的)装配工

ـ شَايٍ (مـ): إبْرِيقُ شَايٍ 茶壶

بَرَّادَة: خِزَانَة التَّبْرِيد 冰箱，冷却器

ـ كَهْرَبَائِيَّة 电冰箱

ـ بَيْتِيَّة 家庭用冰箱

بَرَّادِيَّة ج بَرَّادِيَّات (مـ): إناء لتَبْرِيد الماء 水的冷却器

بُرَادَة: سُقَاطَة المِبرَد 锉屑，锉末

مِبْرَد ج مَبَارِدُ 锉刀，锉子

ـ أَقْطَش 钝锉刀

ـ ظَهْر الحَيَّة 蛇背锉

ـ قَطِيفَة 细锉

ـ مُثَلَّث 三棱锉

ـ نِصْف دَائِرة 半圆锉

مُبَرِّد 使冷却的，制冷的

ـ ج مُبَرِّدَات: مُنْعِش 提神的，使人爽快的；清凉饮料，冷饮

مبرَّد 被冷却的

اللَحْم الـ 冻肉

بَرْدَخَ (مـ): صَقَلَ 擦亮，磨光，使光滑

بَرْدَعَة ج بَرَادِعُ (مـ): بَرْذَعَة / إكَاف 鞍，驮鞍

بَرَادِعِيّ ج بَرَادِعِيَّة (مـ) 鞍工，鞍匠，鞍商

بَرْدَقُوش (مـ): مَرْزَنْجُوش / نبات عِطْرِيّ [植]鼠耳草，琉璃草

بَرْذَعَة ج بَرَاذِعُ: بَرْدَعَة 鞍，驮鞍

بِرْذَوْن ج بَرَاذِينُ م بِرْذَوْنَة: حِصانُ جَرّ أو حَمْل 驮马，挽马

بَرَّ ـِ بِرًّا ومَبَرَّةً والِدَه: أَطاعَه 孝顺，顺从

بَرَّ ـِ بِرًّا وبَرَارَةً وبُرُورًا في قوله: صدَقَ 守信，履行诺言

بَرَّرَه: زَكَّاه 为他辩护，辩明，辩解，剖白

ـ ه: عَذَرَه وحلَّه 赦免，免罪，释放

يُبَرَّرُ: يُمْكِنُ تَبْرِيرُه 可以辩明的，可以辩解的；正当的，有理的

لا ـ 无理的，不正当的，不能分辩的

بَرّ ج بُرُور: ضد بَحْر 陆地

بِلاد ـ (مـ): خارج البلاد 国外，海外

ـ البَاب (مـ) (في النجارة) [建]楣梁，额缘，轩缘

ـًا: على البَرّ 由陆地

ـًا وبَحْرًا 由陆路和海路

ـًا (مـ): خَارِجًا 在外，在外面

ـ ج أَبْرَار / بَارّ ج بَرَرَة: صالح 公正的，正直的；廉洁的，虔敬的

ـ / ـ: زَكِيّ 无罪的，无辜的，纯洁的，清白的

ـ / ـ: مُقِيم بِوَاجِبَاتِه 孝顺的，忠顺的，尽责的，效忠的，服从的

بَرِّيّ: ضد أَهْلِيّ من الحَيَوَان وبُسْتَانِيّ من النبات 野(兽)，野生(植物)

ـ: ضد بَحْرِيّ 陆地的，陆上的

بَرِّيَّة ج بَرِّيَّات وبَرَارِيّ: قَفْر 旷野，荒野，大荒，无人烟的地方

بِرّ: صَلَاح 公正，正直，正当，廉洁

ـ: إحْسَان 仁爱，慈善

رَجُل الـ والإِحْسَان 慈善家

بُرّ: قَمْح / حِنْطَة الواحدة بُرَّة 小麦

بَرَّانِيّ (مـ): ضد جَوَّانِيّ 外面的，外部的

ـ: غَرِيب / مَجْهُول 生人，外人，局外人

ـ (مـ): زَيْف 伪造的(钱)，假(币)，伪(币)

بَرْمَائِيّ (بر+ ماء) 两栖的，水陆两用的

مَبْرُور 善良的，正当的，虔诚的，真挚的(行为)

مَبَرَّة جـ مَبَرَّات 慈善机关，慈善团体；孤儿院

بَرَزَ ـُ وبَرِزَ ـَ بَرَزًا: ظَهَرَ 露出，浮现，出现，显现

ـ ـُ بُرُوزًا: نَتَأَ 突出，凸出

بَرُزَ ـُ بَرَازَةً الرجلُ: برَّز على غيرِه 杰出，卓越，超群出众

أَبْرَزَه: أَظْهَرَه / جاء به 使露出，呈出，提出，表现

ـ الكتابَ: نشَره 印行，出版

بَارَزَه 和…作战、战斗、格斗，决斗

تَبَرَّزَ: تغوَّط 大便，出恭，排泄粪便

تَبَارَزَ القومُ 械斗，格斗，决斗

بُرُوز: نُتُوء 突出，凸起

إِبْرَاز: تقديم 呈出，提出

بِرَاز الإنسان: غائط 大粪，大便

ـ الحَيوان: رَوْث 牛马粪

المَوادّ الـ يَّة: بِراز 粪便

بَرْوَزَ الصُورَةَ (مـ): أحاطها بإطارٍ 装框

بِروَاز جـ بَرَاوِيزُ (مـ): إطَار (انظر أطر) 框

بَارِز: ناتِئ 突出的，凸起的

ـ 明显的，醒目的

بِحُرُوفٍ ـ ة 用醒目的字

مِثالٌ ـ 明显的例子

شَخْصِيَّة ـ ة 名人，名流

نَقْشٌ ـ (مِثْل كُتُب العُمْيان) 有浮雕的，有浮纹的(如盲人书等)

مُبَرِّز 杰出的，卓越的

بَرْزَخ جـ بَرَازِخُ: أرض بين بَحْرَيْن 地峡

بُرْس / بِرْس: قُطْن 棉花

بِرْسَام: ذات الجَنْب 胸膜炎

بِرِسْكُوب (أ) periscope 潜望镜

بِرْسِيم: نَفَل [植]苜蓿

ـ حِجَازِيّ: فِصْفِصَة [植]紫花苜蓿

بَرَشَ ـُ بَرْشًا (ـه) الشيءَ: بشره 擦去表皮

بَرِشَ ـَ بَرَشًا وابْرَشَّ 有斑点

بُرْش جـ أَبْرَاش: مِمْسَحة الأَرجُل (设在门口擦鞋泥的)席子

بَرْش: دَاتُورَة (أ) datura [植]曼陀罗花

أَبْرَشُ م بَرْشَاءُ جـ بُرْش: أَبْقَع / أرقط 有斑点的，有斑纹的

أَبْرَشِيَّة (أ) parish [基督]教区，牧师管区，主教管区

مَبْرُوش 磨碎的，擦碎的(如蔬菜)

بِرِشْت (مـ): نِمْبِرِشت 溏心鸡蛋

بَرْشَم بَرْشَمَةً وبِرْشَامًا إليه أو فيه: أَحَدَّ النَظَرَ إليه 注视，凝视，盯视，睇视

ـ الخطابَ: ختَمَه / أحكَمَ إقفاله 封印，加封条，密封，封缄

ـ المِسْمَارَ: بجَّنه 钉铆钉，钉帽钉

بُرْشَام جـ بُرْشَامَات (مـ) / بُرشان الأكل (天主教圣餐用的)圣饼，薄松饼

ـ (مـ) / ـ اللصق (单面有粘质的)贴纸，封缄纸，糯米纸，胶纸

ـ الأَدْوِيَة (مـ) [医]胶囊

ـ (مـ): مِسْمار البَرْشَمَة 铆钉，两头钉，盘钉，帽钉，缀钉

آلة البَرْشَمَة 铆钉机，缀钉机

بُرْشَامْجِي جـ بُرْشَامْجِيَّة (مـ): بَجّان 铆钉工人，缀钉工人

بُرْشَان (مـ) (في برشام)

بَرَشُوت (مـ) / بَارَاشُوت / بَرَاشُوت parachute:

مِظَلَّة واقية / مِهْبَطَة 降落伞
بَرَشُوتِيّ: جُنْدِيُّ المِظَلَّة 伞兵
بَرِصَ ـَ بَرَصًا: أصابه البَرَص 患麻风病，患癞病
بَرَص: مرض خبيث [医]麻风病，癞病
مُسْتَشْفَى الـ 麻风医院
بَرْص / بُرْص (مـ) جـ أَبْرَاص/ أَبُو بُرَيْص (مـ) 壁虎，守宫
أَبْرَصُ م بَرْصَاءُ جـ بُرْص: مُصاب بالبَرَص 患麻风病者，染癞病的
ـ (مـ): أَحْسَبُ / أَبْيَضُ الشَعْرِ والبَشَرَة 天老，天老儿(生来毛发皆白的人)
بُرْصُل جـ بَرَاصِلُ القماش (مـ): حاشيته (布的)织缘，织边
بَرَضَ ـُ بُرُوضًا النباتُ: فرَّخ (植物)出芽，发芽，萌芽
بَارِض: أول ما يطلع من النبات (植)幼芽，胎芽，小芽
بَرْطَشَ بَرْطَشَةً (مـ) (皮鞋或拖鞋踏在地上)得得作响
بَرْطَاش جـ بَرَاطِيشُ: أُسْكُفَّة حَجَر 门限，门槛
بَرْطَعَ (مـ): سَرْطَعَ 驰骋，奔驰，跑开
بَرْطَلَه: رَشَاه 贿赂，行贿，收买
تَبَرْطَلَ 受贿
بِرْطِيل جـ بَرَاطِيلُ: رشوَة 贿，贿赂
بُرْطُل (أ): تاج الأُسْقُف [基督]法冠，主教冠
بُرْطُلَة: شَمْسِيَّة 阳伞
مُبَرطِل 行贿者
مُبَرْطَل 受贿者
بَرْطَمَ: انتفخ غضبًا 狂怒，暴怒，盛怒
ـ (مـ): دَمْدَم 喃喃而言，出怨言，发牢骚
بَرْطَمَان جـ بَرْطَمَانَات (مـ): مَرْطَبَان (مـ) / وِعاء (انظر مرطبان) 瓶，瓮，壶

بَرْطُوم جـ بَرَاطِيمُ (مـ) 平底船；浮桥；浮筒
ـ السَّقْف (مـ) [建]托梁，搁栅，小桁
ـ الفيل (سـ): الخُرْطُوم 象鼻
بَرَعَ ـُ وبَرِعَ ـَ وبَرُعَ ـُ بَرَاعًا وبَرَاعَةً وبُرُوعًا: فاق علمًا أو فضيلة أو جمالاً 娴熟，精通；(学问、道德、相貌等)出色，出众
تَبَرَّعَ: تطوَّع 自愿，志愿，自告奋勇
ـ: أعطى مع غيره 捐献，捐助
بَرَاعة: مَهارة 熟练，精通，谙练，精巧
تَبَرُّع: تقديم جزء من إعانة 捐献，捐助，捐赠
ـ جـ تَبَرُّعَات: هِبَة 捐助物，捐献物，捐款
بَارِع: ماهِر 精巧者，熟练者，擅长者，谙练者，精通者
بارِعة الجَمال 艳丽的，妩媚的，娇媚的(女子)
بَرْعَمَ وتَبَرْعَمَ النباتُ: خرج بُرْعُمُه [植]打苞，含苞，出蕾
بُرْعُم وبُرْعُمَة جـ بَرَاعِمُ / بُرْعُوم جـ بَرَاعِيم 苞，蕾，蓓蕾，花骨朵儿
ـ 干笋
بَرْغَثَ المكانُ: كثُر فيه البرغوثُ 长跳蚤，被跳蚤所扰，遍地跳蚤
بُرْغُوث جـ بَرَاغِيثُ 蚤，蛇蚤，跳蚤
ـ البَحْر: جَمْبَري (مـ) 虾
حَشِيشَةُ البَرَاغِيث 一年蓬，杀蚤草
بَرْغَش الواحدة بَرْغَشَة جـ بَرْغَشَات: بَعُوض صغير 小蚊子
بُرْغُل (مـ): حِنطَة الطبخ 舂碎的小麦，麦子渣
بَرْغَمُوت (أ) bergamot: لَيْمُون بَرَنْطِي 佛手柑
زَيْت الـ 佛手柑香油
بُرْغِيّ وبِرغِيّ جـ بَرَاغِيّ (مـ): لَوْلَب 螺旋，螺旋状物

مِسْمَار ـ 螺丝钉

بَرْفَان (أ): دَرِيئَة / دِرْوَة (مـ) 屏风，围屏

بَرَقَ ـُ بَرْقًا وبُرُوقًا وبَرَقَانًا وبَرِيقًا البَرْقُ 闪光，闪烁，闪耀

ـ: لَمَع 发光，辉耀，灿烂

ـ تْ وأَبْرَقَت السماءُ 打闪

الدُّنْيَا تَبْرُق (مـ) 打闪

بَرَقَت في خاطِري فِكْرَةٌ 一个念头在我的脑子里一闪

ـ ورَعَدَ 大发雷霆

أَبْرَقَ: أصابَهُ البَرْقُ 被雷电击中，被雷打

ـ: أرسل تِلِغْرَافًا 发电报，打电报

ـ تْ أَسِرَّتُه 容光焕发

بَرْق جـ بُرُوق: وَمِيض السحاب 闪，电光

بِسُرْعَة الـ 闪电般地，疾速

حرب الـ 闪电战

ـ الزرْكَشَة: ترْتر (مـ) (戏装上的)金银片

ـ: تِلِغْرَاف (أ) 电报

ـ سِلْكِيّ 有线电报

ـ لا سِلْكِيّ / ـ غَيْرُ سِلْكِيّ 无线电报

بَرْقِيّ 电报的，电报用的

رِسالةٌ ـ ة / إشارةٌ ـ ة / بَرْقِيَّة جـ بَرْقِيَّات:

رسالة تِلْغرافيَّة 电报，电讯

بَرْقِيَّة جـ بَرْقِيَّات 电报

ـ التَعْزِيَة 唁电

ـ التهْنِئَة 贺电

بُرْقَة جـ بُرَق / أَبْرَق جـ أَبَارِق: خَرَسانة (مـ) 混凝土，三合土

أَبْرَقُ م بَرْقَاءُ 黑白花的(如花马)

إِبْرِيق جـ أَبَارِيقُ 壶

ـ الخَلّ 醋壶

ـ الشَاي 茶壶

ـ الشَراب 酒壶

ـ القَهْوَة 咖啡壶

ـ وطِشْت / ـ الغَسِيل 盥洗瓶和受水盆

بارِقَة: سَحَابَة ذات بَرْق [天]雷云

ـ أَمَلٍ 一线希望

مِبْرَقَة: آلة التِلِغْراف 电报机

بَرِيق 闪耀，闪光；光亮

بُرَاق / بَرَاق: فرس مُجَنَّح [神]飞马，翼马

بُرَاق: أَلَم أَعْصاب 神经痛

بَرَّاق: لامِع 闪耀的，闪烁的，灿烂的

عُيُون بَرَّاقة 炯炯发光的眼

بَرْقَشَه: زيَّنه بِأَلوان مُختلفة 弄成杂色的，加彩色

بِرْقِش جـ بَرَاقِشُ / أَبُو بَرَاقِش: شُرْشُور أحمر 金翅雀

مُبَرْقَش: كَثِيرُ الأَلْوانِ 多彩的，多色的，有几种颜色的，杂色的

بَرْقَعَ الوَجْهَ 戴面纱，戴面罩

تَبَرْقَعَت المرأةُ 蒙上面纱

بُرْقُع جـ بَرَاقِعُ: نِقاب (伊斯兰教妇女出闺房时所戴的)面纱，面罩，面幕

ـ السِتَارة 窗帘的上缘

ـ الجَنِين [生]羊膜

بُرْقُوق / خَوْخ (س) 李

ـ بَرِّيّ: زَعْرُور (س) 野李，西洋李

ـ أَبْيَض: رَنْجِلُوت (أ) 青梅

بَقْلَة الـ 夏枯草

بَرَكَ ـُ بُرُوكًا وتَبْرَاكًا وبَرَّكَ واسْتَبْرَكَ البَعِيرُ:

اِسْتَناخَ / نَخَّ (مـ) (骆驼)跪倒，卧下

بَرَّكَ الماءُ في الأرض 水汇成池塘

ـ وأَبْرَكَ الجَمَلَ 使骆驼卧下

ـ فيه 祝福

بَارَكَ له وفيه وعليه 祝福

ـ له (مـ): هَنَّأَه 祝贺

تَبَرَّكَ به وتبَارَكَ به 沾他的福

حفْلَة التبَرُّك [伊]祖饯

بَرَكَة جـ بَرَكَات: نِعْمَة 幸福，吉利，吉祥，禧

حَبَّة الـ: الحَبَّة السَوْدَاء / الشُونِيز [植]蒝荽子

بِرْكَة جـ بِرَك وبِرْكَات: مكان تَجَمُّع الماءِ 池，塘，池沼

بَرُوكَة (مـ): مجلبة البَرَكَة 吉人；吉祥的东西

تَبْرِيك جـ تَبْرِيكَات 祝贺，祝福

مُبَارَك / مَبْرُوك: سَعِيد 享福的，幸福的

ـ / ـ: مَيْمُون 幸运的，吉利的，吉祥的

بِرْكَار / بِيكَار: بَرْجَل (مـ) (انظر برجل) 圆规

بُرْكَان جـ بَرَاكِينُ (أ) vulcano (意): جَبَل النار 火山

ـ ثائِر 活火山

ـ خامِد: حِلاءَة 死火山

ـ ساكِن 暂死火山

فُوهَةُ الـ 火山口

مَقْذُوفَات الـ: حُمَم 熔岩，火山石

بُرْكَانِيّ 火山的，火山性的，火成的

بَرْكِيه (أ) parquet: أرضيَّة خشبيَّة 嵌木地板

بَرْلَمَان جـ بَرْلَمَانَات (أ) parliament: دار النِيَابَة 国会，议会，议院

بَرْلَمَانِيّ 国会的，议会的，议院的

برم ـُ بَرْمًا وبَرَّمَ وأَبْرَمَ الحَبْلَ: فتَلَه 捻，撮合，绞合(绳)

ـ وأَبْرَمَ الأمرَ: أحكمَهُ 加强，办好

ـ وـ المعاهدةَ أو الاتفاقَ: ضد نقضها 批准，认可(条约或协定)

ـ (مـ): لَفَّ من مَكانٍ لآخَرَ 逍遥，游手好闲，到处游逛，游荡

بَرِمَ ـَ بَرَمًا وتَبَرَّمَ بِكذا: سَئِم وتضجَّر 烦恼，厌烦，厌倦

أَبْرَمَه: أَمَلَّه وأضجره 使烦恼，使厌烦

اِنْبَرَمَ 搓成，搓好；被加强

بَرْمَة جـ بَرَمَات: لَيَّة 一绺

ـ (مـ): دَوْرَة 一绕，一转，一圈

بُرْمَة جـ بُرَم وبِرَام: حَلّة فَخَّار (مـ) 有柄瓦锅，砂锅

مِسْمَار ـ (مـ): مِسْمَار بُرْغِيّ 螺丝钉

الإبْرَام 批准，认可

مَحْكَمَة النَقْض والـ 最高法院

قَرَارَات الـ 批准的决议

تَبَرُّم: مَلَل 烦恼，烦躁，坐卧不安

بَرِّيمَة جـ بَرِّيمَات (مـ) / بَيْرَم: خَرَّامَة 锥，手锥，手钻，钻孔器

ـ (مـ) (لِفَتْح الزُجاجات): فَتَّاحَة / بِزَال 螺丝锥，拔塞钻

بَرِيم / بَرَام: قِيطَان (مـ) (鞋子等的)带子，花边

مَبْرُوم: مَفْتُول 被撮合的，被绞合的

مُبْرَم: مُحْكَم 被确定的，被确认的

قَضَاء ـ 不可避免的命运，注定的命运，定数

بَرَّمَائِيَّات (في برّ) [动]两栖纲

بَرْمَق جـ بَرَامِقُ (مـ) الدرَابزِين 栏杆中的小柱

ـ العجلة: شُعَاع الدُولاَب (车轮的)辐

بَرْمَكِيّ جـ بَرَامِكَةُ 百尔麦克人

بِرْمِيل جـ بَرَامِيلُ 桶，琵琶桶

ـ حَدِيد (مثل براميل الزيت) 汽油桶，铁桶

ضِلْع الـ: دَفّ 桶板

طَوْق الـ 桶箍

نِصْف الـ: بَسْتِلَّة (洗衣服用的)木盆

الـ الفَارِغُ يَرِنُّ 空桶轰轰而响

بَرَامِيلِيّ / بَرَامِيلْجِي جـ بَرَامِيلْجِيَّة (مـ): صانع البراميل 木桶匠，箍桶匠

بَرَمْهَات (أ) 科卜特历 7 月(相当于阳历 3 月)

بَرْمُودَة (أ) / بَرَمُودَة 科卜特历 8 月(相当于阳历 4 月)

بَرْنَامَج جـ بَرَامِجُ (أ): بَيَان 秩序单，程序单，节目单；计划书，说明书；纲领

ـ الحِزب 党纲

ـ داخِلِيّ 条例，规章，章程

ـ الدِراسة أو التَعلِيم 教学大纲

ـ السَنوات الخَمْس 五年计划

ـ النِضَال 斗争纲领

الـ الخُمَاسِيّ 五年计划

بُرُنْجُك (أ): كُرِيشَة (مـ) (丧服用的)黑绉纱

بُرُنْز (أ) bronze 青铜，古铜；青铜器

بُرْنُس جـ بَرَانِسُ: ثوب رأسُه ملتَصِق به (阿拉伯人穿的)带风帽的斗篷

ـ الحَمَّام (مـ) 浴衣

بِرِنْس (أ) prince: أَمِير 王子，皇子，太子，亲王

بِرِنْسِيسَة (أ) princess : أميرة 公主，皇女

البِرِنْستَانِيَّة (أ) الجديدة New Bernsteinism 新伯恩斯坦主义

بَرْنَطَ 戴帽子

بُرْنَيْطَة وبُرنِيطَة جـ بَرَانِيطُ (أ): قُبَّعَة (有边的)帽子

ـ شَمْس: أُرْصُوصَة (胄状的)帽子，(盔形的)帽子

ـ الرَسْمِيَّات 高帽，礼帽

ـ اللَمْبَة: كُمَّة المِصباح 灯罩

ـ الشُبَّاك أو الباب: حِلْيَة فَرَنْتُون [建]三角顶，人字头

بَرَانِيطِيّ 制帽工人

مُبَرْنَط 戴帽子的人

بَرْنُوف [植]一年蓬

بِرْنِيق (أ) birnik 河泥

بَرْنِيَّة جـ بَرَانِيّ: وعاء خَزَفِيّ 陶器，瓦器

بُرْهَة / بَرْهَة جـ بُرْهَات وبُرَه: حِين 时间，时候

ـ: وَقت قَصير 瞬时，霎时，一会儿，片刻，顷刻

في كل ـ 时时刻刻，每时每刻

في ـ من الزَمان 在短暂的时间内

بُرْهِيّ: سَرِيع 瞬间的，片时的，即时的

بَرْهَما (أ) Brahma: الأُقنُوم الأول في الثالوث الهندوسي 梵天(婆罗门教神名)

بَرْهَمِيّ جـ بَرْهَمِيّ / بَرْهَمَن جـ بَرَاهِمَة Brahman 婆罗门(印度国四个阶级中最高的阶级，僧侣阶级)

بَرْهَمِيَّة 婆罗门教

بَرْهَنَ الشيءَ وعليه وعنه: أقام عليه البُرْهَان وأوضحه 证明，论证，证实

تَبَرْهَنَ 被证明，被证实

بُرْهَان جـ بَرَاهِينُ 证明，证据，凭据

مُبَرْهَن عليه 被证明的，已证实的

بَرْهِيز (أ) (波) 规定的饮食

بُرُوتِينَات (أ) protein 蛋白质

بِرْوَاز (مـ) (في بروز) 框，框子

بِرُوتِسْتَانْتِيّ (أ) / بِرُوتِسْتَنْتِيّ (سـ) protestant [基督]新教的；新教徒

بِرُوتِسْتُو جـ بِرُوتِسْتَات (أ) protest: إقامَة الحجَّة / احتجاج (提出)抗议，(声明)不服

سَحَبَ عليه ـ / عَمَل ـ (على الكَمْبِيَالة) [商]拒付(汇票或支票)

مَصَاريف عمَل الـ 公证手续费
بُرُوتُوبلازْم (أ) / بِرُوتوبُلاَسْم (أ) protoplasm:
المادَّة الحيَّة في الخلية [生]原形质，原浆
بُرُوتُوكول جـ بِرُوتُوكُولاَت (أ) protocol: مَضْبَطَة
سِياسيَّة / عُرْف سِياسيّ (条约等的)草约，
议定书
بِرُوتوكُوليّ 议定书的，草约的
بُرُوتُون جـ بِرُوتُونَات proton 质子
ـ متعادِل 中子
بُرُوجَرام program 纲领，程序表，计划，
节目单
بُرُوجِيّ جـ بُرُوجِيَّة (مـ) (راجع بَوّاق) 司号员，
号手，号兵
بَرْوَزَ (مـ): كفَّف / أطَر 配框，装框
بِرْواز جـ بَرَاوز وبَرَاوِيز (أ): إطار 框，框子
بُرُوسْتَاتا (أ) prostate: غُدّة تحتَ القَناة البَوْليّة
[医]摄护腺，前列腺
بُرُوسِيا (أ) Prusia 普鲁士
بُرُوسِيَانِيّ (أ) Prusian 普鲁士人；普鲁士的
بْرُوش (أ) brooch: دَبُّوس صدر 饰针，胸针
بُروغْرَام (أ) (في بروجرام)
بُرُولِتَارِيا (أ) proletariat 无产阶级
الـ المُتَشَرِّدَة 流氓无产阶级
بِرُولِتَارِيّ 无产阶级的；无产者
أنْصَافُ الـ ين 半无产阶级
بُرُوفَه (أ) proof: مسوّدة الطبع [印]校样
صَحَّح بِرُوفَات 校对
بِرُوم (أ) bromine [化]溴
بِرُومِير (أ) bromide / بَرُومُور (أ) [化]溴化物
بَرُوَّة (أ) / بُرُوَّة prow: مرتحة / مقدم السفينة 船首
بَرْوَة جـ بَرَوَات (مـ) 剩余，残余
ـ الصابونة (مـ) 肥皂头

ـ اللِجام 马嚼子
ـ مبيِّض الحِيطان (泥水匠涂墙用的)镘，
抹子
بَرَى ـ بَرْيًا وابْتَرَى القلمَ وغيرَهُ 修，削(铅笔等)
ـ السفرُ الشخصَ أو الحيوانَ: هزله وأضعفه
(旅行)使人畜削弱
ـ بالحَكّ 磨损，磨，擦破
بَارَى الرجلَ: سابَقه 竞赛，比赛
ـ 摹仿，仿效
تَبَارَوْا 互相竞赛
اِنْبَرَى له 挑战
ـ للأمر 要求(任务)
بَرًى 尘，尘土；土壤，土地；地球，地面
مُبَارَاة: مُغَالَبَة 比武，竞技，比赛，竞赛
المبارَيَات النِهائيَّة 决赛
المُبَاراة على كَأْس 锦标赛
مَبْرِيّ 削尖了的，削好的(铅笔等)
بَرَّاءَة / مِبْرَاة جـ مَبَارٍ: مَطْوًى (مـ) / مِطْوًى 小
刀，削刀；怀中小刀
ـ / بَرَّايَة (مـ) 修笔刀，铅笔刀
بَرّي / بَرّيّة (في برر) / **بريّة** (في برأ)
بِرِيتُون (أ) peritoneum: غِلافُ الأمْعَاء المُخاطِيّ
[解]腹膜
بَرِيزَة مِياه (أ): مَأخَذُ مِياه من الأنابيب العُموميَّة
[机]给水栓，水道栓
ـ كَهْرَباء [电]插口，插座
بِرِيطَانِيَا (أ) Britannia (拉) 不列颠，英国
بِرِيطَانِيّ: نِسْبَة إلى بريطانيَا 不列颠的，英国的
ـ: ابْنُ بِرِيطانِيَا 不列颠人，英国人
بَرِيل (أ) beryl / بُجَاوِيّ / زُمُرُّد مصريّ 绿柱
石，绿玉
بَرِيلِيُوم (أ) beryllium [化]铍

بريم / **بريمة** (في برم) / **بزّ** (في بزز)

بَزْبُوز جـ بَزَابِيزُ (مـ): صُنْبُور / بُلْبُلَة 管口，筒口

بَزَرَ ـِ بَزْرًا وبَزَّرَ الحَبَّ: زرعه 播(种)，撒(种)

ـ وبَزَّرَ 调味；(蛾)产卵

بِزْر: تَقَاوِي (مـ) (راجع بذر) 种，种子，籽儿

ـ قَطُونا: حشيشة البراغيث 杀蚤草

ـ الكِتَّان 亚麻子

بِزْرَة جـ بِزْرَات: حبّة 一颗种子，谷粒

ـ: جُرْثُومَة 细菌

ـ القُطْن 棉籽

بلا ـ 无种子的

البِزْر جـ أَبْزَار جج أَبَازِيرُ: حُبُوب تطيب الطعام 调味料，味料，作料

بَزْرَاء: كثيرة الأولاد 多产的(妇女)，多子女的(妇女)

بَزَّار: بُزُورَاتِيّ (مـ) 种子商人，粮食商人

بَزَّارِيّ (مـ): مُرَمِّق 粗制滥造者，骗钱的

مُبَزِّر 有子的，多子的，结子的

بُزَيْرَة [植]孢子，芽孢

بَزْرَمِيط (مـ): (حيوان) مُجَنَّس أو مولَّد (动物的)杂种

بَزَّ ـُ بَزًّا وبِزِّيزَى منه الشيءَ وابْتَزَّه 强取，夺取，诈取

ـ ه: غَلَبه 战胜，打败

بَزّ جـ بُزُوز: ثِياب القُطْن والكِتَّان 棉布，麻布；棉布衣，麻布衣

بُزّ وبِزّ أنثى الحيوان (مـ): ضَرْعها 动物的乳房

ـ المَرْأَة: ثَدْيها 人的乳房

ـ الخَشَب (مـ): أُبْنَة 木节，木瘤

ـ الرِجْل (مـ): كَعْب [解]踝骨

وَلَد على الـ 乳儿，吃奶的婴儿

بِزِّي (مـ): أخ في الرضاعة 同奶兄弟

بِزَّة جـ بِزَّات: ثِياب 衣服，服装

ـ: هَيْئَة 外观，外表，仪表，风度

ـ رَسْمِيَّة 制服，礼服

بَزَّاز: تاجر الأَقْمِشَة 布商

بَزَّازَة الأطفال: رَضَّاعة 奶瓶

مُبَزَّز (مـ): مُؤَمَّن / مُعَقَّد 多节的，多瘤的

بَزَغَت ـُ بَزْغًا وبُزُوغًا الشمسُ: طلَعت 日出

ـ: انبثق 发出，出现，发射，流出

بَزَقَ ـُ بَزْقًا وبَزَّقَ: بَصَقَ / بَسَقَ 吐唾沫，吐痰

بَزْقَة جـ بَزَقَات 一口唾沫，一口痰

بُزَاق: بُصَاق / بُسَاق 唾沫，涎沫

بَزَّاقَة (س): قَوْقَعَة [动]蜗牛

ـ / مِبْزَقَة ومَبْزَقَة جـ مَبَازِقُ: مِبْصَقَة 痰盂，唾壶

ـ: صِلّ مِصْرِيّ / ناشِر 眼镜蛇

بَزَلَ ـُ بَزْلاً الشيءَ: ثقبه 刺孔，穿孔，打眼

ـ الزُجاجَةَ: قلَع سدادَتَها 打开瓶塞

ـ البِرْمِيلَ (在大酒桶上装嘴子)放酒

ـ المريضَ بالاستسقاء [医](腹部开刀)放出腹水

بَزْل: استخراج السائل من البَطْن [医]放液刺术，空针导液术

بُزَال: حنفيّة بَرْمِيل (酒桶上的)龙头，小孔，嘴子

بِزَال القَنانِي: فَتَّاحَة قَزَايِز (مـ) 拔塞钻

مِبْزَل جـ مَبَازِلُ: آلة البَزْل الطِبِّيّ [医]套针，套管针

بِزْمُوت (أ) bismuth: اسم مَعْدِن [化]铋

بَزِيم 枣椰皮搓成的绳子

أَبْزَى م بَزْوَاءُ: أَقْعَس [医]有鸡胸的

بَازٍ / بَازّ جـ أَبْوَاز وبَوَازٍ وبُزَاة: صقر الصَّيْد 隼，鹰，苍鹰

بَزِيك (أ) bésigue (法) : لعبة وَرَق 扑克牌玩法之一

بس / بسّة (في بسس)

بسَارِيَه (مـ) (希) : سمك صغير 白杨鱼

بَسْبَاسَة 肉豆蔻

بَسْبور (أ) / بَاسْبُورْت / بَاسَابُورْت: فَسْح / جَواز السفَر passport 护照

بُسْتَان جـ بَسَاتِينُ: حَدِيقَة 花园，菜园，果木园

بُسْتَانِيّ: جَنَائِنِيّ (مـ) 园丁，花匠

بِسْتَك (أ) beefsteak: بِفْتَيْك (أ) 铁扒牛肉

بَسْتَلَّة (أ): نصف برميل 半截桶，浴盆

بِسْتَم جـ بَسَاتِمُ (أ) piston 活塞

بَسْتُور (أ) (Louis) Pasteur : مكتشف التعقيم ودواء الكَلْب (路易斯)巴斯德(法国科学家)

بِسْتُون وبِسْتُن جـ بَسَاتِنُ (أ) piston 活塞

بَسْتُونِي (مـ) (في ورق اللعب) (扑克里的)黑桃

بَسْتِيلْيَة (أ) pastille (法) : أقراص سُكَّرِيَّة 小糖片

بَسَرَ ـُ بَسْرًا وابْتَسَرَ الخَبَرَ: ذكَره قبل وقته 过早提及，说得太早，过早地透露消息

ـ ـُ بُسُورًا وبَسْرًا: قطَّب وَجْهَه 皱眉头，作不悦之色

بُسْر جـ بِسَار الواحدة بُسْرَة جـ بُسُرَات: البَلَح قبل أن ينضج 生椰枣

بَاسُور جـ بَوَاسِيرُ 痔疮

باسِر: مقطِّب الوجه 忧郁的，愁眉不展的

مُبْتَسَر: قبل أوانه 过早的，不成熟的，生的，时机未熟的

ـ الأَسَارِير 愁眉不展的，闷闷不乐的

فمن الـ أَنْ ... 还不是时候，为时过早

بَسّ م بَسَّة جـ بِسَاس 猫

بَسْ (مـ): حَسْب / كَفَى 够了，够了！得了，得了！

ـ (مـ): فَقَطْ 仅，只，而已，罢了

بِسْ بِسْ (مـ) / بُسْ بُسْ 出去！滚开！走开！

بَسِيسَة 甜食(用奶油和蜂蜜做成的)

بَسَطَ ـُ بَسْطًا: وسَّع / فَرَد (مـ) 扩展，扩大，扩充，展开

ـ المائدَةَ 摆席，陈设(饭桌)，张(筵席)

ـ الشيءَ: نشَره 打开，展开，伸开，铺开

ـ الشيءَ: أبداه 表现，呈现，呈出，展出

ـ الأمرَ: شرَحه 说明，解释，阐明

ـ ذِراعَه: مَدَّها 伸开胳膊

ـ يَدَه: فتَحها 张开手，伸开手

ـ الرَّجُلَ: سَرَّه 使喜悦，使快乐

ـ وبَسَّطَ الحديدَ وغيرَه: طَرَقَه 轧(钢)，锤平，轧平

بَسُطَ ـُ بَسَاطَةً: كان بَسِيطًا 简单，简易，平易，浅显，明白

بَسَّطَ الأمرَ: جعَلَه بَسِيطًا وسَهْلاً 使其简易，简化

تَبَسَّطَ الشيءُ 扩大，扩张；延伸，伸开

ـ مع فلان 和某人畅谈

اِنْبَسَطَ الشيءُ: تمدَّد 被展开，伸开

ـ: سُرَّ 感到喜悦，快乐，欣喜，欢喜

بَسْط: سُرُور 欢喜，喜悦，愉快

ـ: مَرَح 欢乐，狂欢，兴高采烈

ـ: مَدّ 扩大，扩张，展开

ـ: نَشْر 铺开，展开，伸开

ـ: شَرْح 说明，阐明，解释

ـ الكَسْر: صُورَته (分数的)分子

قَلَم ـ (مـ) 芦杆笔

ـ اليَدِ 慷慨大方

بَسْطَة (مـ): سَعة 宽阔；宽裕，丰富

تَكلَّم بـ ـ 畅谈

يَحْيَى في ـ مِنَ العَيْشِ ويُسْرٍ 生活富裕

ـُ السُلَّم (مـ): قُرْصُ الدَرَج 梯头，梯顶，楼梯平处

ـ (أ) pastry: فَطائِرُ صغيرة 发面点心

ـ 柜台

بَسَاطَة: سَذَاجة 简单，简易；简朴，朴实，纯朴，天真；浅显，明白

اِنْبِسَاط: سُرُور 欢喜，喜悦，愉快

ـ: تمدُّد 伸开，展开，伸展

ـ القَلْبِ والشَرايين: تمدُّدهُمَا 心脏或动脉扩张

قابِلِيَّةُ الـ أو التَمَدُّدِ 膨胀性

بِساط جـ بُسُط وأَبْسِطَة: سجَّادَة / طَنْفَسة 地毯

ـ الرَحمةِ (مـ) 棺罩，柩衣

ـ الريح (童话中的)飞毯

على ـ البَحْثِ 在研究中，在审议中

بَسِيط: ساذَج أو سَهْل 简易的；单纯的

ـ جـ بُسُط وبُسَطَاء: سَليمُ النيَّة 简朴的，朴素的；天真的

ـ الكَفِّ 慷慨的，大方的，豪爽的

من الـ إلى المركَّب 由简单到复杂

مَعْرِفَةٌ (صُحْبَة) بَسِيطَة 浅交，泛泛之交，一面之交

بَسِيطة جـ بَسَائِطُ 简单的

بَسائِطُ العِلْم 科学的基本问题

الـ / ـ الأَرْض 地球，大地

إبْسِيط (مـ): حِتَار العَجَلة (الدولاب) 辋(车轮周围的框子)

مَبْسُوط: مَسْرُور 欢喜的，喜悦的，高兴的

ـ: مُمْتَدّ أو مَنْشُور 被展开的，被铺开的，被扩张的

ـ (مـ): سَكْرَانُ قَليلاً 有酒意的，微醉的

ـ (مـ): في سَعَة 小康的，富裕的

مُنْبَسِط 辽阔的，广阔的；平坦的，伸展的

ـ: مسرور 满意的，情绪好的

بَسْطَرْمَة (مـ) / بَسْطِرْمَة: وَشِيقَة 牛干粑，腌牛肉

بَسَقَ ـُ بُسُوقًا النَخْلُ أو غيرُه: طال وارتفع (枣椰等)高耸，耸立

بَسَّقَ الشيءَ: طوَّله 使长高，提高

بَاسِق جـ بَوَاسِقُ: مرتفع / عالٍ 高耸的，耸立的，巍峨的

ـ ة 白云；扶疏的树木

ـ الأَخْلاق 高贵的，高尚的

بِسْكْلِيت (أ) bicyclette (法): دَرَّاجَة 自行车

بَسْكُوت (أ) / بَسْكَوِيت biscuit (法) / بَسْكُوتي الواحدة بَسْكَوِيتَة جـ بَسْكَوِتَات 饼干

بَسُلَ ـُ بَسَالَةً وبَسَالاً: كان باسلاً 勇敢，勇猛，英勇

تَبَسَّلَ: عبس 皱眉头，有忧郁之色

اِسْتَبْسَلَ: اِسْتَقْتَلَ 拼命(战斗)

بَسَالَة: جَرَاءَة 勇敢，勇猛，英勇

بَاسِل جـ بُسَّل وبَواسِلُ وبُسَلاءُ وبُسْل: جَرِيء 勇敢的，勇猛的，大胆的，英勇的

بِسِلَّة (أ) (بِزِلَّة) piselli (意) 豌豆

ـ خَضْرَاء 青豌豆

ـ مُفَرَّطَة 柳豆

ـ ناشِفة 干豌豆

ـ الحَدَائِق / الـ المُزْهِرَة 麝香豌豆，芳香豌豆

بَسَمَ ـِ بَسْمًا وابْتَسَمَ وتَبَسَّمَ: ضد عَبَس 微笑，含笑

بَسْمَة جـ بَسَمَات 微笑

اِبْتِسام / تَبَسُّم 微笑
تكلُّفَ الـ: أَهْلَسَ 假笑，强笑；嘻嘻地笑
باسِم / مُبْتَسِم 微笑的，含笑的
بَسَّام 爱微笑的
مَبْسِم جـ مَبَاسِم: فَم 口，嘴
ـ السِيجارَة (مـ): فُم (مـ) 香烟嘴
بَسْمَلَ: قال بِسْمِ اللهِ 说“奉安拉之名”
بَشْبَشَ الشيءَ (مـ): مَشَّه / نَقَعَه في الماء 浸，泡，浸软，浸化
تَبْشَبَشَ الشيءُ (مـ) 变成湿的
ـ به 对他表示亲切，表示欢迎
بَشْبَشَة الخُبْزِ في المَرَق (مـ) 把面包泡在肉汤里
بُشْت (أ) (波) 娈童，相公，像姑
بَشْتَخْتَة جـ بَشْتَخْتَات (مـ): لَوْحُ الطَبَاشِير / سَبُّورة 黑板
ـ (مـ) / بِيشْتَخْتَه (波) 带抽屉的小衣柜；梳妆台
بَشَرَ ـُ بَشْرًا الجُبْنَ وجَوْزَ الهِنْد وغيرهما （把干奶酪、椰子等）擦碎，擦成碎屑
ـ العودَ والثمرَ: قشَره 剥（皮），去（皮）
بَشَرَ ـِ وبَشِرَ ـَ بَشْرًا وأَبْشَرَ واسْتَبْشَرَ بِهِ ولَهُ: سُرَّ به 因…而高兴，因…而欢欣，为…而欢喜，为…而快乐
بَشَّرَه: بلَّغه البُشْرَى 报喜，通知喜讯，报告佳音
ـ بكلام اللهِ 说（教），讲（道），宣传福音
ـ بالدين 传教
بَاشَرَ الأمرَ: تَوَلَّاه بنفسه 处理，管理
ـ التِجارَةَ 从事贸易，做买卖，经商
ـ الصِناعَةَ أو العَمَلَ: تعاطاه 干，经营，从事（行业、工作等）
ـ المَرْأَةَ 性交

تَبَاشَرُوا بالأَمْرِ 相互报喜
بِشْر: سُرُور 愉快，喜悦，欢喜，欢欣
بُشْرَى / بُشْر: بِشَارَة 好消息，喜讯，佳音
بِشَارَة جـ بَشَائِرُ وبِشَارَات: خبر سارّ 好消息，喜讯，佳音
ـ: إِنْجِيل (أ) [宗]福音，福音书
ـ خَيْر: فَأْل حَسَن 吉兆，佳兆
عِيد الـ [基督]天使报喜节（3 月 25 日）
بُشَارَة 报喜费
بَشَر: انسان 人，人类
أَبُو الـ: آدَمُ [宗]人类始祖（阿丹、亚当）
بَشَرَة جـ بَشَر: ظاهِرُ الجِلْد 表皮，外皮
بَشَرِيّ: إِنْسَانِيّ / آدَمِيّ 人的，人类的；有人性的，通人性的
ـ: مختص بِبَشَرَة الجلد 表皮的，外皮的
المُجْتَمَع الـ 人类社会
بَشَرِيَّة 人类
تَبَاشِير: بُشْرَى 喜讯，好消息，福音，吉兆，佳兆
ـ: أوائِلُ كلِّ شيءٍ 初生的东西，新生的事物，初结的果实
ـ: أَوائِلُ الصُبْح 天灰灰亮，天蒙蒙亮
بَشُورَة (مـ): سَدادة حَشْوَة العيار الناريّ 填弹塞
تَبْشِير: إِبْلاغُ الخَبَر السارّ 报喜，报告好消息，通知喜讯
ـ بكلام اللهِ 说教，讲道，宣传福音
جَمْعِيَّة الـ 传教士协会
تَبْشِيرِيّ 传教士的
مُبَاشَرَةً (مـ) 直接；立即
غَيْرَ ـ 间接
رَئِيسُه ـُ (مـ) 他的顶头上司
بَشِير جـ بُشَرَاءُ: مُبَشِّر بالخَيْر 报捷者，报喜讯

者，通知佳音者，好消息的发表者

ـ الوَجْهِ: جَمِيلُه 秀美的，悦目的，美貌的

مَبْشُور (كالجُبْن) 被擦碎的，碎屑

مِبْشَرَة جـ مَبَاشِرُ: مِحَكَّة 擦子

مُبَشِّر: كارِز 说教者，讲道者，传教士

ـ: بَشِير 报喜人，通知佳音者

مُبَاشِر (مـ): قاصِد 直接的，即时的，立刻的

ـ 从事者，管理者

رَئِيسٌ ـ (مـ) 顶头上司

غَيْرُ ـ 间接的

مُسْتَبْشِر: مُتَفَائِل 乐观者，乐天主义者，乐天派

بَشْرَف جـ بَشَارِفُ مُوسِيقى (مـ): استهلال [音]序乐，序曲，前奏曲

بَشَرُوش (مـ) / بَشَارُوش: نُحَام 红鹳，火鹤

بَشَّ ـ بَشًّا وبَشَاشَةً: كان طلق الوجه 微笑，含笑，满面春风，面有喜色，和颜悦色

ـ له 笑对，笑迎

بَشّ / بَاشّ / بَشُوش / بَشَّاش 微笑的，笑容可掬的，满面春风的，和颜悦色的

بَشِعَ ـ بَشَعًا وبَشَاعَةً الشيءُ والمَرْءُ: صار بَشِعًا 丑陋，难看，其貌不扬，面目狰狞

اِسْتَبْشَعَه: استقبحه 认为丑陋

بَشِع / بَشِيع 丑陋的，难看的，面目狰狞的

بَاشَق جـ بَوَاشِقُ 鹞，鹞鹰

بَشْكُور جـ بَشَاكِيرُ (مـ): مِسْعَر 火钳，拨火棍，通条

ـ الفُرْن 火钩，火铲

بَشْكِير جـ بَشَاكِيرُ (مـ): قَطِيلَة 毛巾

ـ الحَمَّام 浴巾

بَشْلِك (أ) 比什里克(土耳其五角银币)

بَشِلُّوس (أ) bacillus: حيوان مِكْرُسْكُوبِيّ 杆菌

بَشْلَمِيط (مـ): عَصًا غَلِيظَة 粗棍

ـ (مـ): سَوْطٌ غليظ 粗鞭子

ـ (مـ): ذَكَر 阳物，阴茎

بَشِمَ ـ بَشَمًا من الشيء: سَئِمَ 厌恶，厌腻

ـ من الطعام: أُتْخِمَ 过饱，吃伤，饱胀，吃撑着

أَبْشَمَهُ الطعامُ: أتخمه 过食，吃伤，饱胀

بَشَم: تُخَمَة وسَآمَة 过食，饱胀，食伤；厌烦

بَشِم 吃得过饱的，吃撑了的

بُشْمُلَة [植]枸杞

تَبَشْنَق (مـ) 带头巾，包头

بَشْنُوقة (أ) / بُشْنِيقَة (أ) (انظر بُخْنُق) [基督]修女头巾，包头围巾

بَشَنْس (مـ) 科卜特历9月(阳历5月)

بَشْنِين (مـ): عَرَائس النيل 睡莲

لا يُعْجِبُهُ الـ ومَنْ زرعه (他不爱睡莲，也不爱种莲的人)无法使他欢喜

بَصْبَصَ وتَبَصْبَصَ الكلبُ بذَنَبه: حرّكه 狗摇尾巴

ـ الرجلُ: تملّق 奉承，阿谀，讨好，谄媚，献媚，巴结

ـ وتَبَصْبَصَ (男人对女人的)挑逗，调戏

ـ بعَيْنِه (مـ): هَجَلَ 使媚眼，送秋波，以目传情

بَصُرَ ـُ وبَصِرَ ـَ بَصَرًا وبَصَارَةً به وأَبْصَرَه: رآه 看见

ـ و ـ به و ـه: عَلِمَ به 看出，看到，认出，认识，领悟

بَصَّرَه الأمرَ 启发，开导

تَبَصَّرَ في الأمر 沉思，熟思，考虑

ـ به 看出，懂得，明白

اِسْتَبْصَرَ في الأمر 注意观察，调查研究

بَصَر جـ أَبْصَار: حاسَّة النَظَر 视觉，目力，视力

ـ: عِلْم 鉴别，识别，洞察，领悟

طَوِيلُ الـ 远视的人；有远见的，高瞻远瞩的

قَصِيرُ الـ 近视的人；浅见的人，鼠目寸光的

صَحِيحُ الـ 视力正常的

وَقَعَ ـَ ي على ... 我的视线落在…上

مَدَى الـ 视距，视程

كَلَمْحِ الـ 转瞬间，一刹那

غابَ عن الأَبْصَار 消失，不见

بَصَرِيّ: مختصّ بالبصر 视力的，视觉的；光学的

عِلْم البَصَرِيّات [物]光学

أَبْصَارِيّ 光学的，视觉的

البَصْرَة 巴士拉城(伊拉克)

مُبَاصَرَة: رُؤْيَة القَاصِي / تَلْفَزَة (أ) 电视，无线电传真

بَاصِرة جـ بَوَاصِرُ: عين 眼睛

بَصِير جـ بُصَرَاءُ: فَطِن 有眼力的，有识别力的，明察的，有慧眼的

بَصِيرة جـ بَصَائِرُ: فِطْنَة 眼光，眼力，洞察力，见识

رِجال الرَّأْيِ والـ 聪明的人，有见识的，有卓见的

هُوَ عَلَى ـِ من ... 他完全知道…

مِبْصَار: تِلْفَاز (أ) / تِلِفِزْيُون (televisor) 电视机

مُبْصِر 有视力的

بَصَّ ـِ بَصًّا وبَصِيصًا: بَرَقَ / تَلأْلأَ 闪烁，辉耀，灿烂，发亮，发光

ـ الماءُ: رشح (水)渗出

ـ (مـ): نظر 看，视，望，瞧，瞅

بَصَّصَ الجَرْوُ: فتح عَيْنَيْه (小狗)睁开眼睛

تَبَصَّصَ واتْبَصَّصَ (مـ) 侦探，密查，暗查；当间谍，暗探

بَصَّة (مـ): نَظْرَة 一见，一视，一望

ـ نار (مـ): بَصْوَة 火炬，火把

بَصِيص: بَريق 闪耀，光辉，发亮

ـ من الأَمَلِ 一线希望

بَصَّاص (مـ): مُخْبِر 侦探，侦查者

بَصَّاصَة: عين 眼，眼睛

ـ كَهْرَبِيَّة: عين سِحْرِيَّة / هَصْهاصَة (收音机的)魔眼，电眼；光电管，电子射线管

بَصَقَ ـُ بَصْقًا: تَفَلَ / بَزَقَ / بَسَقَ 吐唾沫

بُصَاق: تُفَال 唾沫

مِبْصَقَة جـ مَبَاصِقُ: بَصَّاقَة 痰盂，唾壶

بَصَل 洋葱

ـٌ صَغِير [植]冬葱

ـ الفَأْر: عُنْصُل / بِصَّيْلَة (مـ) 野葱

ـ طَلْيَانِيّ أو أَحْمَر 意大利葱，红葱

ـ أَخْضَر 海葱，绵枣儿；青葱

مِينَاءُ الـ Aleksandropol 伊斯肯德伦港(土耳其)

ماءُ الـ 葱浆

وقع زَرْع ـ (مـ) / (على رأْسِه) 倒栽葱

بَصَلَة جـ بَصَلات 一头葱，一棵葱

ـُ إبْلِيسَ [植]水仙

ـ الزَهْر [植]球茎，球根

ـ المحِبِّ خَرُوف (مـ) (情人送头葱，等于送只羊)礼轻情意重

رَجُلٌ لا يُسَاوِي ـ 一钱不值的人，毫不足取的人

ـ بِخَمْسَةٍ وبِخَمْسَةٍ ـ (مـ) (一头葱卖五文，五文买一头葱)半斤八两，差不多

بَصَلِيّ: ذو بَصَلات أو كالبَصَل 球茎的，球根状的，由球根长成的

بَصَمَ ـُ بَصْمًا: وَسَمَ (在布匹上)印染，印花样
ـ بالخَتْم: خَتَمَ 盖印，打图章
بَصْمَة ج بَصَمَات: وَسْم 印记，印痕
ـ الإصْبَع 指纹，手印
المَبْصُومُ بِخَتْمِي 盖有我的印记
بَصْوَة: جَمْرَة 红火炭
بَضَّ ـِ بَضِيضًا وبَضًّا وبُضُوضًا أَوْتارَ العُود 校准
(乐器的)音调，定弦
ـ الماءُ 缓流
أَبَضَّ له: أعطاه شيئًا قليلاً 给他一点东西
بَضّ: ناعِمُ الجِلْد 皮肤柔嫩的，皮肤细腻的
بَضَعَ ـَ بَضْعًا وبَضَعَ: شرَّح [解]解剖
ـ الشيءَ: قطعه 割断，切开
ـ الجَرَّاحُ المَرِيضَ 施手术，动手术
بَضَّعَ (مـ) وتَبَضَّعَ واسْتَبْضَعَ: تسوَّق 做买
卖，办货
بِضْع م بِضْعَة 几个，少数
ـ ةَ عَشَرَ بَيْتًا / بِضْعَ عَشْرَةَ دارًا 十几所房屋
بِضاعَة ج بَضَائِعُ: مال التجارة / سِلَع 商品，
货物
ـ الأمانَة 寄售货物，委托商品
قِطارُ الـ 货物列车
هو قليلُ الـ 他知识浅薄
بَضائِعُ كَمالِيَّة 奢侈品
مَبْضُوع: أُجْرِيَتْ له جِراحة [医]被施过手术的
مِبْضَع ج مَبَاضِعُ الجَرَّاح: مِشْرَط [解]解剖刀
بَطُؤَ ـُ بُطْأً وبِطَاءً وبُطُوءًا وأَبْطَأَ وتَبَاطَأَ: تَأَخَّر
迟缓，缓慢，迟延
اِسْتَبْطَأَه: وجده أو عدَّه بَطِيئًا 认为迟慢，嫌慢
بِبُطْءٍ: في مَهَلٍ 迟缓地，慢慢地，慢腾腾地
بِلاَ إبْطَاءٍ 毫不迟延地
بَطِيء م بَطِيئَة ج بِطَاء: مُتَوَانٍ 迟缓的，迟滞
的，缓慢的，因循的
ـ الحَرَكَة 动作迟缓的，慢手慢脚的，
慢条斯理的
بَطَّارِيَّة ج بَطَّارِيَّات (أ) كَهْرَبِيَّة (أو حَرْبِيَّة)
battery 电池；炮台
ـ كَلْوَانِيَّة Galvanic battery 伽伐尼电池
ـ جَيْبٍ 手电筒，手电灯
بَطَاطَا (أ) / بَطَاطِس potato 马铃薯，洋芋
ـ حُلْوَة 甘薯，白薯，红薯
ـ [植]山药
بَطْبَطَ البَطُّ: بحّ / صَاتَ (鸭)嘎嘎地叫
ـ 潜入水中
بَطْبَطَة 玩水，泼水，溅水，蹚着(水、泥等)
前进
بَطَحَه ـَ بَطْحًا: ألقاه على الأرض 把他摔倒，
(风)吹倒
ـ ه على وَجْهِه 使他趴在地上
ـ الرأسَ (مـ): جَرَحَه 打伤(头部)
اِنْبَطَحَ وتَبَطَّحَ 拜倒；趴下
بَطْح: ضدّ كَبّ 仰卧
بَطْحَاء ج بِطَاح وبَطَائِحُ وبَطْحَاوَات / بَطِيحَة
ج بَطَائِحُ / أَبْطَح ج أَبَاطِحُ (洪水干涸后的)
大沙河，大干河
بَطِيحَة ج بِطَاح وبَطَائِحُ 母蝴蝶
مُنْبَطِح: مُتَسَطِّح 拜倒的；趴下的
ـ: مُسْتَلْقٍ على ظهره 仰卧的
بَطَحْجِي ج بَطَحْجِيَّة (مـ) 拳师，魁首，暴徒，
打手，流氓
بَطْحَة ج بَطَحَات 平原，原野；头部的伤口
اللِّي على راسه ـ يُحَسِّسُ عليها (مـ) 谁的头
上有伤口，谁就常碰到它
بِطِّيخ أَحْمَرُ الواحدة بِطِّيخَة ج بِطِّيخَات /

بَطِّيخ (مـ): جَبَس (سـ) 西瓜
ـ أَصْفَرُ: شَمَّام (مـ) 香瓜，甜瓜
بَطِّيخَةُ العَجَلَةِ (مـ): قَبّ 毂(车轮中心可插轴的地方)
بَطِرَ ـَ بَطَرًا النِعْمَةَ وبها: استخفَّ بها 骄横，骄傲自满，得意忘形
أَبْطَرَه: جعَله يَبْطَر 使得意忘形，使飘飘然
بَيْطَرَ الحِصانَ: نَعَلَه 钉马掌
بَيْطَرَة / الطِبّ البَيْطَرِيّ 兽医学
بَطِر / بَطْران (مـ) 得意忘形者
بَيْطَرِيّ: مختص بمعالجة الدوَابّ 兽医的
بَيْطَار جـ بَيَاطِرَة: طبيب بيطريّ 兽医
مُبَيْطِر: مطبّق الدوابّ (مـ) 钉马掌的
بَطَّارِيَّة (أ) (راجع بطّارية)
بَطْرَخ جـ بَطَارِخُ / بَطْرُوخ السمك 鱼卵，鱼子
ـ / ـ: خِبْيَارِيّ / خَبْيَارِيّ 鱼子酱
ـ / ـ ناشِف 干鱼子
مُبَطْرِخَة: سَمَكَة ـ 有鱼卵的鱼
بَطْرَشِيل (أ) / بَطْرَشِين (أ): هَرار (ع) (天主教的)袈裟
بَطْرَق وبَطْرِيق جـ بَطَارِقَة (أ) patriarch: بَطْرَك [基督]大主教
بِطْرِيق جـ بَطَارِيقُ: فَنْجَل 企鹅
بَطْرَك وبَطْرِيك وبَطْرِيَرْك جـ بَطَارِكَة وبَطَارِيك (أ): بَطْرَق patriarch [基督]大主教
بَطْرَكِيَّة / بَطْرِيكِيَّة [基督]大主教的职权或管区
بَطَشَ ـِ ـُ بَطْشًا به: فتَك به 猛攻，突击
بَطْش: جَرَاءة 勇敢，勇猛，勇武
ـ: شِدَّة 强烈，激烈，猛烈，暴力
باطِش / بَطَّاش / بَطِيش 强有力的，猛烈的，残酷的

بَطَّ ـُ بَطًّا الجرحَ: شقَّه 剖开伤口
ـ البَطْنَ: أَخْرَجَ الأمعاءَ 取出脏腑
ـ الدَجَاجَةَ: أخرج أمعاءَها 开鸡膛，取出脏腑
بَطَّطَ الأرضَ وغيرَها (مـ): بسطها 轧平，使平，扎扁
بَطّ جـ بُطُوط وبِطَاط الواحدة بَطَّة جـ بَطَّات 鸭子
ذَكَر الـ 公鸭
بَطَّة الرِجْلِ (مـ): رَبْلَة الساق [解]腿肚包
مُبَطَّط 平的，平坦的
بِطَاقَة جـ بَطَائِقُ وبِطَاقَات: رُقْعَة العُنْوَان 签条，贴纸，标签，卡片，柬
ـ الاِسْمِ / ـ الزِيَارَة: كَارْت (أ)carte(法) 名片
ـ البَرِيد 明信片
ـ التَموين 配给证
ـ الدُخُول 入场券，门票
ـ الشَخْصِيَّة أو الهُوِيَّة 身份证
ـ الإعاشَة 购粮证
بَطَلَ ـُ بُطْلاً وبُطُولاً وبُطْلاَنًا: صار مُلْغًى 被废止，被废除
ـ عَمَلُه: سقَط 失效，无效
ـ استعمالُه 已废除，已不用
ـ وبَطَّلَ(مـ): كان بلا عَمَلٍ 失业
بَطُلَ ـُ بُطُولَةً وبَطَالَةً: كان أو صار بَطَلاً 是英雄，成为英雄；成为冠军
بَطَّلَه وأَبْطَلَه: أَلْغَاه 废除，注销
ـ التَدْخِينَ 戒烟
تَبَطَّلَ 失业；不务正业
بُطْل / بُطْلاَن: كذب 伪言，伪行，谎言
ـ / ـ: لَغْو 虚妄，无价值，无谓的事物
ـ / ـ: عَدَم فَائِدَة 无用，无益

بطل 92 بطن

بَطَالَة / بُطُولَة: شَجَاعَة 英勇，大胆，英雄气概

بُطُولَة 冠军

نَالُوا بُطُولَةَ بَكِينَ في كُرَةَ السَّلَّةِ 他们获得北京市篮球冠军

بَطَل جـ أَبْطَال: شُجَاع 勇敢的，英勇的，刚毅的，勇猛的，无畏的

ـ: فارِس 英雄，豪杰，勇士

ـ القِصَّة 小说中的主人公

ـ العَمَلِ الاشتراكيّ 社会主义劳动英雄

ـ: لاَعِب رِيَاضِيّ مُمْتَاز [体]健将，选手

الـ العالَميّ 世界冠军

ـ التِنِس 网球冠军

أباطِيل 琐事

بَطَلَة جـ بَطَلات: فارِسة 女英雄，女豪杰，巾帼英雄

بَطَّال: لا عَمَل لَدَيْه 失业的

ـ (مـ): رَدِيء 坏的，恶劣的，无价值的

بِطَالَة: عُطْلَة / مُسَامَحَة (مـ) 休假，假期，假日

ـ: ضدّ شُغْل 失业，无职业，无工作

باطِل جـ أَبَاطِيل: ضدّ حَقّ 虚妄，无理的事

ـ: كاذِب 假的，虚伪的，虚妄的，不真实的

ـ: عَدِيم القِيمَة 无价值的，无足轻重的

ـ: عَبَث 无用的，无益的，枉然的，徒然的

ـ: عَدِيم التَأْثِير 无效的，无效力的，无结果的

تُهْمَة بَاطِلَة 诬告

باطِلاً: عَبَثًا 徒然地

مُتَبَطِّل 闲散的，懒汉

بَطَالِسَة (أ) / بَطَالِمَة Ptolemies 托勒密人（在公元前 323—30 年间统治埃及的马其顿王朝）

بَطْلِيمُوس (أ) / بِطْلِيمُوس Ptolemy: عالِم فَلَكِيّ اسكندرِيّ [天]托勒密（埃及古代天文学家）

بُطْم الواحدة بُطْمَة جـ بُطَمَات: شَجَرُ التُرْبَنْتِينَا [植]笃耨香树，笃耨香 turpentine-tree

بَطَنَ ـُ بُطُونًا وبَطْنًا الشيءُ: خَفِيَ 隐藏，隐匿，藏匿，隐蔽

عَلِمَ بما ـ وما ظَهَر 洞悉一切

بَطِنَ ـَ بَطَنًا وبَطُنَ ـُ بَطَانَةً: عظُم بَطْنُه 大腹便便，有大肚子

بَطَّنَ الثَوْبَ وغيرَهُ 为衣服等加衬里，做夹里；裱褙

ـ الحائطَ (قَبْلَ تَبْيِيضِه) （刷粉前）粗涂墙壁

أَبْطَنَ الشيءَ: أخفاه 隐藏，隐匿

تَبَطَّنَ واسْتَبْطَنَ الشيءَ: دخل بطنه 钻进…里去

ـ وـ الأمرَ: عرف باطنه 看穿，看透，穷究根底

بَطْن جـ بُطُون وأَبْطُن وبُطْنَان: مَأْنَة 腹部，肚子

ـ: جَوْف 内脏

ـ الرِجْلِ: أَخْمَصُ القَدَمِ 蹠，足掌，脚心，脚底

ـ الأَرْض 地球的内部

ـ المِلْعَقَة وأمثالها 汤匙等的凹处

ـ المَرْكَب 船舱

ـ 部族

ـ (مـ): وَلْدَة 一次分娩，一胎

أَخَذَهُ ـ ه 他肚子痛

وَلَدَتْ ثَلاثةً في ـ واحِدٍ 她一胎生了三个婴儿

اِبْنُ ـ ه: فَجْعَان (مـ) 老饕，贪食者

بَطْنًا لظَهْرٍ 倒置地，颠倒地

بَطْنِيّ: مختص بالبَطْن 腹部的

التَكَلُّمُ الـ: مَقْمَقَة 腹语术

بَطْنِيَّةُ العَقْد والعَتَب وغيرهما (مـ) [建](拱门，横楣等的)背面，下端

بِطْنَة: شَرَه 贪食，饕餮，爱口福

بِطَان جـ أَبْطِنَة وبُطْن: حِزام بطن الدَابَّة 马的肚带；[医]腹带

بِطَانَة الثوب جـ بَطَائِنُ: خلاف ظهارَته 衣里，衬里

ـ الأَمير: حاشِيَتُه (王子的)侍从，亲信

ـ الماس وكل حجرٍ كَريم بَرَّاق شَفَّاف: فُوِيَة (أ) foil (垫在宝石下的)金属片，衬底

بَطَّانِيَّة جـ بَطَّانِيَّات (مـ) / بَطَاطِين: حِرام (مـ) / دِثَار 毯子

بَاطِن جـ أَبْطِنَة وبُطْنَان وبَوَاطِنُ: بَطْن / داخِل 内脏；内部

ـ: خَفِيّ 隐秘的，秘密的，奥妙的

ظَاهِرًا وـًا 公开地、秘密地；表里

في ـ الأمرِ: بالحقيقة 本质上，实际上

ـُ الكَفِّ: الرَاحة 手掌心

ـُ القَدَم 脚掌心

ـُ السَهْل 平原中部

أَجَّرَ مِنْ ـ ه (مـ) 分租，转租

ـًا: قَلْبِيًّا 在肚皮里，暗自

بَوَاطِنُ وظَوَاهِرُ الأَمْرِ 问题的详情，底细

بَاطِنِيّ: داخِلِيّ / جَوَّانِيّ 心里的，内部的

ـ: خَفِيّ 隐秘的，秘密的

أَمْرَاضٌ باطِنِيَّة 内科病

بَطِين / مِبْطَان: كَبِيرُ البطن 大腹便便的，有大肚子的

ـ: شَرِه 老饕，贪食者

بُطَيْن: تَجْوِيف (كبُطَيْنِ القلب) [解]室(如心室)

البَاطُونُ المُسَلَّح 钢筋混凝土

مُبَطَّن 带里子的，夹的

ـ 裱褙过的

مُبَطَّنَة 夹衣

ـ 小帆船

مَبْطُون 肚子痛的人，腹痛者

بَاطِيَة جـ بَوَاطٍ: قَدَح كبير 大杯，漱口杯，大茶杯

بَظْرُ الأُنْثَى جـ بُظُور [解]阴蒂

بَظَّ ـ بَظًّا العُودَ: أَصْلَحَ أَوْتَارَه فأعدَّ للضرب 校准乐器，定弦

أَبَظَّ الرجلُ 肥大，肥胖

فَظٌّ بَظٌّ 粗暴的，蛮横的

بَعْبَعَ: ثَرْثَرَ 唠叨；胡言乱语，饶舌，空谈，瞎聊

بُعْبُع جـ بَعَابِعُ (مـ): تخويفة 草人；妖怪，妖魔，可怕的人，可怕的东西

بَعَثَه ـَ بَعْثًا وتَبْعاثًا: أَرْسَلَه وحْدَه 派遣…作(代表)

ـ به: أرسلَه مَعَ غيره 派遣…和…(代表团)

ـ بالرِسالة: أرسلها 寄信

ـ بالبَرقِيَّة: أرسلها 打电报

ـ الشيءَ: أخرجَه / قذَفه 发射，发出

ـ ه من نَوْمِه: أَيْقَظَه 唤醒

ـ ه من المَوْت 使复活，使再生

ـ ه على العَمَل: دفعه 勉励，鼓舞

ـ ه على التَفْكِير 令人深思，发人深省

تباعثا على الشيء 相互鼓舞，互相激励

اِنْبَعَثَ من المَوْت 复活，再生

ـ من كذا: خرج / اِنبثق 出自…，发源于…

ـ: انْدَفَعَ 急于，急忙，赶忙

اِنْبَعَثَه: أرسله 派遣

تَبَعَّثَ الشِعْرُ منه: تدفّق 涌出

بَعْث: قِيامَة الأَمْوات 复活，再生

ـ: إرسال 寄出，派遣

ـ العَسْكَرِيَّة 复活军国主义

ـ / بَعْثَة جـ بَعَثَات: إرْسَالِيَّة / قَوْم مُرْسَلُون لِغَرَضٍ ما (被派遣的)团，使团，代表团

ـ / بَعَث جـ بُعُث وبُعُوث / بَعْثَة حَرْبِيَّة أو اكتشافيَّة 远征队，远征团；探险队

عَصْرُ الـ 文艺复兴时代

يَوْم الـ 复活日

اِنْبِعَاث: انبثاق 流出，发出，放射

ـ 反对，反驳

مَبْعَث 时间，出发的地点

ـ 根源，源泉，出身地点

ـ الوَحْي 灵悟的源泉

ـ 理由

بَاعُوث جـ بَوَاعِيثُ: اثنين الباعوث (س) 复活节的星期一

بَاعِث جـ بَوَاعِث: مُرْسِل 寄出者，发出者

ـ: سَبَبَ دافع 动机，理由，原因

مَبْعُوث: مُرْسَل 所寄的，所发的

ـ: رَسُول 使臣，使者，使节，公使

ـ: نائبُ مُفوَّض 代表，特派员

الـ الشخصي 私人代表

مَجْلِسُ المَبْعُوثِين 下议院，众议院

بَعْثَرَ الشيءَ 播种；使分散，使散开

ـ المالَ: بدّده 浪费(金钱)

ـ 翻转，弄翻

تَبَعْثَرَ 四散，散乱

بَعَجَ ـ بَعْجًا البطنَ: شقّه 剖腹，破腹

ـ المطرُ الأرضَ: جعل فيها نُقْرَة 雨在地面上留下凹痕

اِنْبَعَجَ (在金属制品上)留下凹痕、压痕

بَعْجَة: نُقْرَة 凹痕，凹迹，压痕

بَعُدَ ـُ بُعْدًا وبَعِدَ ـَ بَعَدًا: ضدّ قَرُبَ 遥远，远离，远隔

لا يَبْعُدُ أَنْ ... …这并不是不近情理的，…这并不是不可能的

بَعَّدَه وأَبْعَدَه: أقصاه 放在远处，挪开

أَبْعَدَه: عزَلَه 隔开，隔离，使孤立

ـ ه عن ...: طَرَدَه 开除，解雇，革退，免职，罢免

ـ ه من ...: نَفَاه 放逐，流放

ـ ه: أَقْصَاه 驱逐，排斥

ـ ه: أزالَه 除去，消除

ـ الشيءَ واسْتَبْعَدَه: اِسْتَثْنَاه 除开

بَاعَدَه 疏远

ـ بين فلانٍ وفلانٍ 使…分离；使某人和朋友疏远

ـ بين خُطاه 大踏步地走

اِبْتَعَدَ وتَبَاعَدَ عنه: تَجَنَّبه 避开，疏远

ـ وـ عنه: فارَقَه 分离，离别，离开

تَبَاعَدُوا: أبعد أحدهم الآخر 相离很远；渐渐地互相离开

ـ تْ طَرَائِقُنا في الحَيَاة 我们的生活方式各不相同

اِسْتَبْعَدَ الشيءَ: حَذَفَه 略去，省略

ـ الأمرَ: وَجَدَه أو عدَّه بعيداً 认为…不会发生，认为…不可能，认为…难以置信

ـ الشيءَ: ظَنّه بعيداً 认为遥远，觉得很远

ـ الموضوعَ من جَدْوَل الأعمال 从议事日程上撤销这个问题

بُعْد: ضدّ قُرْب 遥远，偏僻
ـ جـ أَبْعاد: مَسَافَة 距离，路程
ـ النَظَر 远见
ـًا له! 但愿他滚远些！
عَنْ ـ: مِنْ بَعِيد 远(看)，遥(望)，遥遥
(相对)，远距离(操纵)
على ـ: بَعِيدًا 遥远地，远远地
أَبْعادٌ أَحْداثِيَّة 大小，长短，面积，坐标
ـ البالة 包的大小(长、高、宽)
مُتَساوِي الـ 等距离的
أَبْعادِيَّة جـ أَبْعَادِيَّات (مـ) / أَباعِدُ: ضَيْعَة / مَزْرَعَة
/ حَانُوت (سـ) 田地，农场，田庄
بَعِيد جـ بُعَدَاء وبُعُد وبُعْدَان: ضد قَرِيب 遥远的，
远方的
ـ 久远的
ـ 难以想像的，料想不到的，不可能的
ـ الشقَّة 距离遥远的，千里迢迢的
ـ: قاصٍ 远离的，远隔的，边远的，
偏僻的
ـ النَظَر 有远见的，眼光远大的
من ـ 从远处，远(看)，遥(望)，遥遥
(相对)，远距离(操纵)
بَعْدُ: ضد قَبْلُ 以后，之后
ـ: ثُمَّ 其次
ـ: للآنَ 至今，迄今，仍然，尚，还
أَمَّا بَعْدُ / وبَعْدُ 赞词之后，问候之后
لَمْ يَبْلُغْ بَعْدُ الثامنة عَشْرَةَ 他还未满 18 岁
ـَ الآنَ: فِيمَا ـ 今后，后来
ـَ ذلك: بَعْدَئِذٍ 其后，后来，以后，嗣后
ـَ ما / من ـِ أَنْ / ـَ أَنْ ... 在…之后
ـَ الظُهْر 午后，下午
ـَ قَلِيلٍ من الزَمَان 不久以后

ـَ وُقُوعِ الأمرِ 在事情发生之后，事后
واحدًا ـَ آخَرَ 相继地，鱼贯地，一个接
一个地，接二连三地
يَوْمًا ـَ يوم 一天天地，日益
بَعْدَيْنِ (مـ) 后来，稍停就…
بُعَيْد 不久之后
ـَ الثَوْرَة 革命后不久
أَبْعَدُ: أَكْثَرُ بُعْدًا 较远的，更远的，更遥远的
الـ: الأَقْصَى 最远的，最遥远的，最边远的
بَعَّرَ الحيوانُ: أَخرَجَ بَعْرَه (动物)拉屎，排粪
بَعْر وبَعَر الحيوان جـ أَبْعَار 驼、牛、羊粪(偶蹄
类的粪)
بَعِير جـ بُعْرَان وأَبْعِرَة جج أَبَاعِرُ وأَبَاعِيرُ: جَمَل
骆驼(不分公母)
مَبْعَر: مَخْرَج البَعْر 肛门
بَعْزَقَ الشيءَ: بَدَّدَه 浪费，挥霍
ـ 撒播，散布
مُبَعْزِق / بِعْزَاق (مـ) 浪费者，挥霍者
بَعْض جـ أَبْعَاض 某些，部分
ـ الشيءِ: قليل منه 一些，一点儿
مُنْذُ السَنَة وـ السنةِ 一年多以来
ـ الناسِ 某些人
عَرَاهُ ـُ الخَجَلِ 他有点害羞，害臊
في ـ الأَيَّامِ 有一天
فَهِمَه ـَ الفَهْمِ 懂得一些
ـ لـ ـ 彼此，互相
يؤيد ـُ نا ـً ا 互相支持
ـ اللَيَالي: ليلة من الليالي 一夜
بَعُوض: نَامُوس 蚊，蚊子
بَعُوضَة جـ بَعُوضَات: نَامُوسة 一个蚊子
ـ المَلاَرِيا 疟蚊
بَعْكُوكَة الناس: مجتمعهم 会场；俱乐部

بَعْل جـ بُعُول وبِعَال وبُعُولَة: زوج 夫，丈夫

ـ: اسمُ مَعْبُودِ الفِينِيقِيِّينَ 伯阿勒(腓尼基人所崇拜的太阳神)

ـ 老爷，先生

ـ 老板，主人

ـ 旱地，靠雨水灌溉的土地

بَعْلِيّ: جَزَوِيّ / ضد مِسْقَوِيّ 适于干燥气候和土地的(植物)

زِراعَةٌ ـ ة 旱地农业

بَعْلَزَبُول (أ) beelzebub: إله الشرّ 魔王，恶魔

بُغَادَة (مـ): ماءُ القِلَى أو الرَّمَاد (洗衣服的)灰汁，灰水，碱液

بَغَتَه ـ بَغْتًا وبَاغَتَه: فَاجَأَه 使他吃惊，使他感到突然，使他措手不及

ـ و ـ 袭击

اِنْبَغَتَ: فُوجِئَ 吃惊

ـ 措手不及

بَغْتَةً: فَجْأَةً 突然，忽然，骤然

ـ: على غِرَّة 出其不意地，突如其来地，冷不防地

باغِت 突然的，出其不意的

بَغْتِيّ / باغِت: فُجَائِيّ 意外的，突然的

بُغَاث جـ بِغْثَان 灰色小鸟(比鸢小而且飞得慢)

ـ الطيور 小鸟

يَسْتَنْسِر هُنَا الـ (在这里小鸟变成鹰)在本部落的保护下，弱者变为强者

بَغْدَاد 巴格达

بَغْدَادِيّ 巴格达的；巴格达人

خَشَبٌ ـ (مـ) 板条，灰条

بُغْدَدْلِي (مـ) (بناء) 板条和灰泥构成的建筑

تَبَغْدَدَ (مـ): خَفِرَ 腼腆，含羞，怕羞，忸怩

بُغَاز جـ بَوَاغِيزُ (أ) bogaz (土) 海峡

بُغَازِيّ جـ بُغَازِيَّة 引水人，领航员

بَغَشَتْ ـ بَغْشًا السماءُ: أَمْطَرَت قليلاً 下细雨

بَغْشَة: رَذَاذ 细雨，微雨，蒙蒙细雨

بُغَاشَة (مـ) 馅饼

بَغُضَ وبَغَضَ ـُ وبَغِضَ ـَ بَغَاضَةً: صار مُبْغَضًا 被憎恶，被痛恨

بَغَّضَه إليه 惹人仇恨，令人憎恨

بَاغَضَ وتَبَاغَضَ القومُ 互相憎恨

أَبْغَضَ الرجلَ: كَرِهَه 憎恶，痛恨

بُغْض / بِغْضَة / بَغْضَاء 憎恨，嫌恶

مُبْغَض / بَغِيض: كريه 可恶的，可恨的

ـ / مَبْغُوض: مَكْرُوه 被痛恨的，被深恶痛绝的

بَغْل جـ بِغَال وأَبْغَال / بَغْلَة جـ بَغَلَات وبِغَال: دابّة بين الحِصان والحِمار 骡子

بَغْلَة القَنْطَرَة (مـ) 桥脚，桥台

بَغَّال: صاحبُ أو سائِقُ بِغال 骡夫，骡子的主人

بَغَمَتْ ـِ بُغُومًا وبَغِمَتْ ـَ بُغَامًا وتَبَغَّمَتْ الظَّبْيَةُ (瞪羚)发呻吟之声

بَغَى ـِ بُغَاءً وبَغْيًا وبُغًى وبُغْيَةً وبِغْيَةً الشيءَ: طلبه 寻求

ـ عليه: ظلمه 虐待，迫害，压迫

ـ ت المرأةُ: زَنَت 通奸，卖淫

ـ وابْتَغَى الشيءَ: رغِب فيه 希望，要求

أَبْغَى الرجلَ الشيءَ: أعانَه في طلبه 帮助…获取

يَنْبَغِي أنْ: يَلْزَمُ أنْ 应，应当，应该

ـ له أنْ 他应当，他应该

بَغْي: ظُلْم 不公平，不义，虐待，迫害，压迫

ـ / بُغَاء: زِنًى 通奸，卖淫

بُغَاء / ابتِغَاء: رَغْب 愿望，希望

بِغَاء 放荡生活，淫乱，腐化；卖淫

بُغْيَة: مُرَام 愿望，切望

بُغْيَةَ ... 为了…，企图…
ـَ التَدخُّل في ... 企图干涉…
بَغِيّ جـ بَغَايَا: زانِيَة 淫妇，妓女
باغٍ جـ بُغاة وبُغْيَان: ظَالم 不公正的，不公平的；不义的，不当的，虐待的
ـ: عاتٍ 暴君，专制者，压迫者，压制者
مُبْتَغًى: مَرْغُوب فيه 所希望的，所希求的
بَفْت (مـ) / بَفْتَا / بَفْتَة: نَسِيج من القُطْن 白洋布，印花布
بَفْتَة سَمْرَاء 本色布，未经漂白的白洋布
بِفْتِيك (أ) bifteck (法) 牛排
ـ (أ) بَانِيه pané (法) (裹上面包粉煎炸的) 肉
بَقَالا (مـ): بَقَلَة (مـ) (راجع بقلة) 风干的鱼
بَقْبَقَ الماءُ 翻起泡沫，潺潺地响
ـ: ثَرْثَرَ 多言，唠叨，空谈，说废话
بَقْبَاق / بَقَّاق: ثَرْثَار 多言者，唠叨者，空谈者
بَقْبُوقَة (مـ): مَكْيَة 小脓疱，小疱，水泡
بُقْجَة جـ بُقَج وبُقَجَات (مـ): صُرَّة من الثياب أو نحوها 一包(衣服等)
ـ 包袱，包袱皮儿
ـ صَابُون 肥皂饼，肥皂片
ـ في نِجَارة الأَبْوَاب 镶在门上的薄板，镜板，嵌板
بَقْدُونَس / بَقْدُونِس [植]荷兰芹
بَقَرَ ـَ بَقْرًا الشيءَ: شقَّه وفتحه 裂开，割开，撕开
ـ البَطْنَ 切腹，剖腹
بَقَرة جـ بَقَرَات وبَقَر وبُقُر وأَبْقُر وأَبْقَار وأَبَاقِر وأَبَاقِير الواحدة بَقَرَة 黄牛
ـ الوَحْشِ 野牛
أَبُو ـ 白鹭

ثَوْرُ الـ 公牛，种牛
جُوعُ البَقَر 善饥
عُيُونُ البَقَر 黑葡萄
بَقَرَة جـ بَقَرَات: أُنْثَى الثَّوْر 母牛，牝牛(指黄牛)
ـ الماءِ أو البَحْرِ: زَالِحَة 海牛
البَقَرَة الوَحْشِيَّة: مَهَاة 大羚羊(阿拉伯半岛所产的羚羊)
بَقَرِيّ 牛的，似牛的，牛性的
لَبَنٌ ـ 牛奶
لَحْمٌ ـ 牛肉
باقِر / بَاقُور / بَيْقُور: جماعة البقر 一群牛
بَقَّار جـ بَقَّارَة: رَاعِي البَقَر أو صاحِبها 牧牛者，牛主
بَقْس (أ) box-tree: شَجَر وخَشَبه صُلْب 黄杨树
ـ: خَشَبُ الـ 黄杨木
بُقْسُمَاط (مـ) / بُقْسُمَاطَة جـ بُقْسُمَاطَات / بَقْسَمَاط (مـ) 干面包片，烘面包片，焦黄面包片
بَقْشَشَ على فلان (مـ): أعطاه حُلْوَانًا 给赏钱，给酒钱，给小费
بَقْشِيش جـ بَقَاشِيش: هِبَة 赠品，礼物
ـ: حُلْوَان 赏金，赏钱，酒钱，小费
بَقِعَ ـَ بَقَعًا الطيرُ: اختلف لونه (鸟)有黑白花，有斑点，有杂色
بَقَّعَ الثَوْبَ: تَرَك فيه بُقَعًا 在衣服上留下斑点；染得不均匀
تَبَقَّعَ الثوبُ: أَصابَتْه بُقَع (衣服)被玷污，被污染
ـ الثوبُ: انتضح عليه الماء فابْتَلَّت بقع فيه 衣服被喷湿
بُقْعَة جـ بُقَع: لَطْخَة 污点，斑点，瑕疵，黑点

ـ جـ بِقَاع: مَكان / نُقْطَة 地点，场所，地方，地段，地带
أَبْقعُ اللون م بَقْعَاءُ جـ بُقْع: أَبْرَشُ 颜色斑驳的，有黑白花的
غُرَاب ـ 白肩老鸹
مُبَقَّع 多污点的，有斑点的
بَقَّ ـُ بَقًّا الماءَ من فيه: بَخَّه (مـ) 把水从口里喷出
بَقَّقَ وأَبَقَّ البيتُ: كَثُر بَقُّه 房内多臭虫
بَقّ الواحدة بَقّة جـ بَقَّات 臭虫
ـ الفِراش: فَسْفَس / أَكَلان (سـ) 臭虫
ـ دَقِيقِيّ / ـ النَبات [动]水腊虫(葡萄的害虫)
شَجَرَةُ الـ: دَرْدَار [植]榆，山榆
بُقّ (مـ): فَم 口，嘴
ـ (مـ): جُرْعَة صَغِيرَة 极少量的饮料，一口饮料
ـ من النَبِيذ (مـ) 一口酒，少量的酒
بَقَل ـُ بَقْلاً وبُقُولاً وأَبْقَلَ النَبْتُ: نَبَتَ 发芽，出芽，萌芽，成长，出现
بَقْل جـ بُقُول وأَبْقَال: خُضَر 蔬菜
ـ 青草
بُقُول: قَطانِيّ / حُبُوب الطبخ 豆类，荚豆
بَقْلَة: نَبْتَة 蔬菜
ـ بَارِدَة: لَبْلاَب 埃及豆，黑豆
ـ حَمْقَاء: رِجْلَة [植]马齿苋
ـ مُبارِكة: هِنْدِباء [植]菊苣，茅菜
بَقَلَة (مـ): سمك يُشْبِهُ القدّ 长身鳕鱼
ـ مُقَدَّدة (مـ): بَكَلا (مـ) baccalá (意) 干鱼
بَاقِل: زِرٌّ ورقة النبات 叶芽
بَاقِلّى / بَاقِلاَء: فُول 豆，蚕豆
بَقَّال: خَضَّار / خُضَرِيّ 蔬菜商人，卖菜的
ـ (مـ): بَدَّال / بائع مَأْكُولاَت ومَشْرُوبَات 食品杂货商人
بَاقِلاَنِيّ 食品杂货商人
بِقَالَة 食品杂货买卖
مَبْقَلَة جـ مَبَاقِلُ 菜园，菜田
بَقْلاَوَة (مـ): عَجِين مَرْقُوق 酸面食品，酸面点心
بَقْلُولَة (مـ): فُقَّاعَة [解]泡，气泡，水泡
بَقَّم 苏木，苏方木，巴西木
ـ أَسْوَد 苏木，苏方木，苏方树
بُقُوطِي (مـ): قَوْطَة / سَلَّة 小篮子，小筐子
بَقِيَ ـَ بَقَاءً وبَقَى ـِ بَقْيًا: دَامَ 存留
ـ: مَكَثَ 逗留，停留
ـ وتَبَقَّى: فَضَلَ 遗留，剩余，剩下
يَبْقَى حَيًّا خالدًا على كَرِّ العُصُور 万古长存
يَبْقَى عارُه إلى يَوْمِ القِيامة 遗臭万年
لم تَبْقَ طِفْلاً ! 你已经不是孩子啦！
أبقاه: حجزه 保留，保持
أَبْقَى على حَيَاته 救命
ـ على فلان: رَحِمَه وأَشْفَقَ عليه 怜惜，怜悯
ـ واسْتَبْقَى: حَفِظَ 保存，保藏，保持
بَقَاء: دَوَام 继续，持续，持久，耐久，永久
ـ: مُكُوث 留，逗留，停留，滞留
ـ: خُلُود 永存，不朽，不死，不灭
ـُ الأَنْسَبِ / ـُ الأَصْلَح 适者生存
نِزَاعُ الـ / تَنَازُعُ الـ 生存竞争
دارُ الـ / عَالَمُ الـ [宗]后世，阴间，灵魂世界
بَقِيَّة جـ بَقَايَا: جُزْء بَاق 残余，剩余
ـ أَثَرِيَّة (لعضو) [生]退化器官
ـ بَاقِيَة 残余，残存的渣滓
له ـ 未完，待续
الـ على الصَفْحَة الرابعة 下接四版，下接第

四页

الـ في حَياتِكُمْ يا ...! 你还活的长着呢！

(安慰死者家属时说的话)

بَقَايَا: فَضَلَات 残余

إبْقاء / اِسْتِبْقَاء: حِفْظ 保存，保藏，保守

ـ على 留情，怜悯，保留

بَاقٍ م بَاقِيَة جـ بَاقِيَات وبَوَاقٍ: رَصِيد (في الحِساب) [商]差额，余额，尾数，积存，积余

ـ: مُستمِرّ 继续的，持续的，耐久的

ـ: فاضِل / مَتْرُوك 剩余的，剩下的，遗留下的

ـ: دائم 永续的，永远的，永久的

ـ إلى الأَبَد: أبديّ 永恒的，无穷的，无终的

ـ على أَرْضِه: غير مَحْصُود 未采摘的，未收割的

ـ حَيّ: لم يَمُتْ مع غيره 仅存者，生存者

الحَيُّ الـ: الله 永恒者(上帝)

بَاقِي الوَرقة الماليَّة 找的零钱

فارَقَ الدارَ الفانِيَة إلى الدار الباقِيَة 死了，去世了，逝世了

بَاقِيَة جـ بَوَاقٍ [植]羊齿

أَبْقَى 更永久的，更持久的

لقد كان خَيْرًا لكم وأَبْقَى لو ... 那对于你们是更好的，是更能持久的，假若…

مُتَبَقٍّ: بَاقٍ 剩余的，剩下的，遗留下的

مُسْتَبْقًى / مُبَقًّى عليه 被保存的，被贮藏的，被保持的，被留住的，节省下来的

بَك جـ بَكَوَات (مـ) (لقب عُثْمَانِيّ مصريّ) 贝克

ـ [体]后卫

بَكَوِيَّة 贝克的爵位、称号

بَكَابُورْت (أ) [船]舱口，升降口，天窗

بَكَّارَا (أ) baccara (法) 一种纸牌游戏

بكارة (في بكر) 童贞，处女性

بَكَاسِين (أ) / بَكَاشِين (أ): شُنْقُب 鹬

بَكَالُورِيا (أ) (في بَكَلُوريا) baccalau- réate (法) 学士学位

بَكْبَاشِي (مـ) / بِيكْبَاشِي / بِمْبَاشِي (مـ) 陆军中校

بَكَتَه ـُ بَكْتًا: ضربه بِسَيْف أو عصًا 打，击，用剑击，用棍打

ـ (在辩论中)战胜

ـ وبَكَّتَه: لامه وعنَّفه 非难，责备，叱责

تَبْكِيت الضَمِير 良心的谴责

بَكْتِيرِيَا (أ) bacteria: رَاجِبِيَّات / جُرْثُومَة 细菌

بَكَرَ ـُ بُكُورًا وبَكَّرَ: قام مُبَكِّرًا 早起

ـ وـ: بَدَّرَ 早到，早来

ـ بكذا 早晨做事

ـ إلى ... 清晨动身

ـ في النَوْم 早就睡了

بَاكَرَ 早来

اِبْتَكَرَ: استنبط 发明，创制

ـ الشيءَ: أخذ باكورتَه 取得初次果实，初次利润

بَكْر جـ أَبْكُر وبُكْرَان وبِكَار وبِكَارة م بَكْرَة جـ

بِكَار: جَمَل صَغِير 幼驼

بَكْرَة البِئْرِ وأمثالها / بَكَرَة جـ بَكَر وبَكَرَات 滑车，辘轳

دلسَة الـ (مـ) 绞轮

ـ الخَيْط 卷线车，卷轴，线轴

ـ جِنْزِير السَاعَة (钟表的)发条轮

ـ: جَمَاعَة 集体，全体

جاءوا على ـ أَبِيهِم 他们全都来了

إنهم على ـ أَبِيهِم اِحْتَفَوْا به 他们全都尊敬他

بِكْر جـ أَبْكَار: أَوَّل مَوْلُود الإنسان 第一胎生的

ـ: عَذْرَاء 少女，处女
ـ: جَدِيد 新鲜的，未用过的，原封未动的
الأَرْضُ الـ 荒地，处女地
الدُرَّة الـ 没有穿孔的珍珠
ـ: أَوَّل نِتاج المَوَاشِي 头胎幼畜
بِكْرِيّ (بِكْرِيَّة): أَوَّل الأَوْلاد 头生的，第一胎生的，大儿子(或大女儿)
بِكْرِيَّةُ الوِلاَدَة: تَلِدُ أَوَّل مرَّة 初产妇
بُكْرَةً / بَاكِرًا: غَدًا (راجع غدوة) 明天，明日
ـ / ـ / مُبَكِّرًا: غُدْوَةً 清晨，拂晓，一早
ـ / على بُكْرة (س): غَدًا صَبَاحًا 明天早晨
في ـ النهار 天亮时，黎明时
بَعْدَ ـ 后天
بَعْدَ بَعْدِ ـ 外后天，大后天
ـ في المِشْمِش (م) (乌头白、马生角)永远不可能
بَكَارَة: عُذْرَة 处女性，童贞
غِشَاءُ الـ 处女膜
أَزَالَ ـ ـهَا 奸污处女，破坏处女的贞操
بُكُورِيَّة: حقُّ البِكْر أو صِفته 长子继承权
بَاكُورَةَ الشيء جـ بَاكُورَات وبَوَاكِير: أَوَّله 初结的果实；初熟的果子
بَاكِر 早晨的；早期的，早到的
إنَّ الوقتَ ـ 现在还早
مَوْت ـ 早死，夭折
بَاكِرًا 早
باكِرَة جـ بَوَاكِرُ 最早成熟的果子
بَكِيرَة جـ بَكَائِرُ: الثَمَرَة التي تدرك أولا 早熟的
مُبْتَكَر جـ مُبْتَكَرَات 新发明的，新颖的
بَكْرَج جـ بَكَارِجُ (م): غَلاَّيَة الماء 开水壶
مُبَاكَسَة (أ) box [体]拳击，拳术
بَكِسْتَان (أ) / بَاكِسْتَان Pakistan 巴基斯坦

بَكَلَ ـُ بَكْلاً (أ) وبَكَّلَ الشيءَ: شَدَّ بالإِبْزِيم 用带纽扣上，扣住，扣紧
بُكْلَة جـ بُكَل buckle: إبْزِيم (أ) 带子纽，带扣
بَكَلاَ (م) / بَكَلاَة baccalá (意): سمك البَقَلة (من نوع القد) 鳕鱼
ـ مُقَدَّد 鳕干
بَكَلُورِيَة (أ) / بَكَالُورِيَا baccalauréat (法) 学士学位
بَكَلُورِيُوس: حائز البكلورية 大学毕业生，学士
ـ عُلُوم 理学士
ـ فُنُون 文学士
بَكِمَ ـَ بَكَمًا وبَكَامَةً: خَرِسَ 哑，变哑
بَكُمَ ـُ بَكَامَةً: سكَتَ تَعَمُّدًا 缄默，不开口，不作声
أَبْكَمَه: أخرَسه 使缄口，使无言，使哑然
تَبَكَّمَ 哑；安息，守口如瓶
بَكَم: خَرَس 哑；默不作声，默默无言
أَبْكَمُ م بَكْمَاءُ جـ بُكْم: أَخْرَس 哑巴，哑子，哑的
بَكَى ـِ بُكَاءً وبُكًى 哭
ـ الميتَ: ناح عليه 哭亡人
ـ بحُرْقَة 恸哭，痛哭，痛哭流涕
بَكَّى وأَبْكَى فلانًا: جعله يَبْكِي 使哭
تَبَاكَى 和别人同哭泣
ـ على 装哭，流假泪
اسْتَبْكَاه: هيَّجَه للبُكاء 使人啼哭，使人流泪
بُكَاء / بُكًى: نُوَاح 哭，哭泣，悲啼
باكٍ جـ بُكَاة م بَاكِيَة جـ بَاكِيَات وبَوَاكٍ: في حالة البُكَاء 正在啼哭的，正在流泪的
ـ: نائح 哭泣者，悲啼者
باكِيَة جـ بَوَاكٍ (م) 弓形门，拱门，穹窿
بَكَّاء 好哭者

مُبْكٍ / مُبكٍّ 可悲的，使人伤心的，使人恸哭的
مَبْكًى جـ مَبَاكٍ 哭泣的地方
ـ اليَهُود / حائط الـ 犹太人的哭墙
مَبْكِيّ (أو عليه) 可哀悼的
بَلْ: لَكِنْ 而，却
بلّ (في بلل) / **بلا** (في بلو)
بِلاَ (بِـ+لاَ): بِدُون / مِنْ دُون 无，不，没有
يئِن ـ مَرَض 无病呻吟
بلاء (في بلي) 灾难，灾害，祸患
بَلاتِين (أ) platinum 铂，白金
بَلادة (في بلد)
بَلاَدِيُوم (أ) palladium [化]钯
بَلازْما الدَم (أ) blood plasma 血浆
بَلاَسْمُودِرْم (أ) plasmoderm/ أدَمَة بَلاَزمِيَّة [生] 原生质膜
بَلاَشْ (مـ): بِلاَ شَيْء 无偿的，免费的
يَا ـ! 真便宜！价钱真贱！贱卖啦！
بَلْبَصَ (مـ) 擦光，擦净，擦亮，用布帚擦
بُلْبَاص جـ بَلاَبِيصُ (مـ) (有长把的)布帚，拖帚，拖布
بَلْبَطَ (مـ) 拍溅；向自身洒水，互相撩水
بَلْبَطَة (مـ) 汩汩声，水激溅声，哗啦声
بَلْبَلَه: أَقْلَقَه 使混乱，使不安心
ـ: أَفْسَدَ / شَوَّش 打搅，扰乱，搅乱
تَبَلْبَلَ: قَلِقَ 被扰乱，搅乱，不安
ـ: تَشَوَّش 发慌，着忙，慌乱，混乱
بَلْبَلَة / بِلْبَال: قلق 忧虑，困难，为难
بَلْبَلَة جـ بَلاَبِلُ: اِخْتِلاَط 混乱，紊乱
قَرَّت بَلاَبِلُه 他不再担心了
بَلْبَال: شدة الهم 焦急不安，忧虑
بُلْبُل جـ بَلاَبِلُ 夜莺

ـ الشَعِير: طائر 蒿雀
ـ (سـ): دوَّامَة / نَحْلَة (مـ) 陀螺
بُلْبُلَة: صُنْبُور / بِزْبُوز (مـ) 管口，筒口，喷嘴
مُبَلْبَل: قَلِق 不安的，焦虑的，担心的
ـ: مُشَوَّش 混乱的，慌张的
بَلْبُوعَة (مـ): حَبَّة 丸药，弹丸
بَلَجَ ـُ بُلُوجًا وأَبْلَجَ وتَبَلَّجَ وانْبَلَجَ وابْتَلَجَ الصُبْحُ
露出曙光，东方发白，天光发白，黎明
بَلِجَ ـَ بَلَجًا الحَقُّ: ظَهَر 真理大白
بِلاَج جـ بِلاَجَات (أ) plage (法) 海滩，海滨浴场，海滨娱乐场
أَبْلَج م بَلْجَاءُ جـ بُلْج 辉煌的，灿烂的，愉快的
بَلْجِيكَا (أ) / بَلْجِكَا 比利时
بَلْجِيكِيّ 比利时的；比利时人
بَلَح الواحدة بَلَحَة جـ بَلَحَات: ثَمر النَخْل 不成熟的椰枣
ـ البَحْر: حيوان صَدَفِيّ [植]壳菜
بَلُدَ ـُ بَلاَدَةً وتَبَلَّدَ: كان بَليدا 拙笨，迟钝
بَلَّدَه تَبْلِيدًا: عوَّده مُنَاخَ البلد 使服水土
ـ ه 使变得呆笨、迟钝
تَبَلَّدَ: صار بَلِيدًا 变得呆笨，变得迟钝
ـ 在某地定居，服某处水土
تَبَالَدَ: أظهر البَلادة 装傻，装糊涂
بَلَد جـ بِلاَد وبُلْدَان: كل مَكان من الأرض 地方，地区；国，国家，国土
ـ / بَلْدَة جـ بِلاَد / مَدِينَة 镇，市镇，城市
اِبْنُ الـ 都市人，本地人；本地的，本国的
بَلَدِيّ: مُختص بالبَلَد / وَطنِيّ 本地人，本国人
ـُ فلان: وَطَنِيّه 同乡，同国人
مَجْلِسٌ ـ 市议会，乡议会
بَلَدِيَّة جـ بَلَدِيَّات: بَلْدَة لها مجلس بَلَدِيّ 自治市
رئيسُ الـ 市长

بَلاَدَة 愚蠢，拙笨，迟钝

بَلِيد جـ بُلْدَاءُ 迟钝的，愚蠢的，拙笨的

ـ الذِهْنِ 愚蠢的，痴愚的，低能的

بِلَّوْر جـ بِلَّوْرات (في بلور) 结晶，结晶体

إبْلِيز: طِينُ الـ 沉泥，淤泥，冲积土

إبْلِيس جـ أَبَالِسَة: شَيْطَان 魔鬼，恶魔，魔王；极恶的人

ـ اللَعِينُ 恶魔，魔鬼

إبْلِيسِيّ 恶魔似的，可怕的，穷凶极恶的

بَلْسَم جـ بَلاَسِمُ (أ) balsam 止痛药，香胶，香脂

ـ مَكَّة (أ) gilead 基列山香胶，麦加香胶

ـ شَافٍ 医治有效的药膏

بَلْسَمِيّ: كالبَلْسَم أو منه 香胶质的

بَلَسَان / بَيْلَسَان [植]接骨木，接骨木树

بَلْشَفَه (أ): صيَّره بَلْشَفِيًا 使布尔什维克化

بَلْشَفَة (أ) 布尔什维克化，布尔什维主义

بُلْشَفِيك (أ) bolshevik 布尔什维克

بُلْشَفِيّ جـ بَلاَشِفَة (أ) 布尔什维克的

شَارَةُ البَلاَشِفَة 布尔什维克党党徽

بُلْشَفِيَّة (أ) / بَلْشَفَة bolshevism 布尔什维主义

بَلَشُون (مـ) (راجع بَيُوضِي) 苍鹭，青庄

كُلُّ بِرْكَةٍ ولها ـ (有塘就有苍鹭)有坟就有鬼

بَلَص ـُ بَلْصًا: أخذ عَنْوَةً 敲诈，讹诈，勒索

بَلاَّص وبَلاَّصِي جـ بَلاَلِيصُ (مـ): وِعاء لنَقْل الماء 瓮，瓦罐，酒坛子

بَلَّطَ: فَرَشَ بالبلاط 铺石板，铺路面

ـ: أَعْيَا في المشي 走乏，走累

ـ وَجْهَه (مـ) 成为厚脸皮，厚颜无耻

بَلْطَة جـ بَلَط (مـ): فَأْس 斧

بَلْطَجِي جـ بَلْطَجِيَّة (مـ): جُنْدِيّ يَحْمِلُ البَلْطَة [军]坑道兵，工兵

ـ (مـ): حامِي المَلاهِي الخَلِيعة 歹徒，恶棍，流氓，暴徒，打手(戏院的保镖、护场员)

بَلاَط: حَجَر التَبْلِيط 石板

ـ المَلِكِ: قَصْرُه 皇宫，宫廷

ـ المَلِكِ: مَجْلِسه 朝廷

ـ قَاشَانِي (قِيشاني) 瓷砖，花砖

ـ أَسْمَنْت 水泥砖

بَلاَطَة جـ بَلاَطَات: تربيعَة بلاط 砖，花砖，石板

ـ الضَرِيح: شاهِدة 墓石，墓碑

ـ مُلَوَّنَة 瓷砖，花砖

بَلُّوط: اسم شَجَر أو خَشَبه [植]栎树，橡树

ـ أمريكيّ (خَشَب) 熏干的栎木

ثَمرَة أو نَواة البَلُّوط 栎子，橡子

شَاهُ بَلُّوط: كَسْتَنَا (أ) 栗子，板栗

تَبْلِيط: رَصْف 铺路，铺地

ـ: فَرْش الأرض بالبَلاط 铺石板

مُبَلِّط الأرض 铺路者

مُبَلَّط: مَرْصُوف 铺有石板的，石路

بَلْطُو جـ بَلْطُوَات (أ) paletot (法)：مِعْطَف 外套，大衣

بُلْطِي (سـ): مُشْط 美洲淡水产小翻车鱼之任何一种

بُلْطِيَّة جـ بُلْطِيَّات 尼罗河的桂鱼(鲈鱼)

بَلَعَه ـَ بَلْعًا وابْتَلَعَه: اِزْدَرَدَه 吞下，咽下，狼吞虎咽

ـ الإهَانَةَ: صَبَرَ عليها 忍受侮辱，忍气吞声

ـ رِيقَه: اِستراح 缓气，换气，休息，歇息，歇一歇

بَلَّعَه وأَبْلَعَه الشيءَ: جعله يَبْلَعه 使吞下，咽下

ـ الطعامَ بالماء (مـ): أساغه 用汤水把食物冲下去

ـ ه ريقَه: أمْهَلَه 让他暂缓，容许片刻喘息

بَلْعَة جـ بَلَعَات 一口，一口之量

بَلاَّعَة جـ بَلاَّعَات / بَالُوعَة جـ بَوَالِيع / بَلاَلِيعُ:

مَصْرَف الماء القَذِر 阴沟，暗沟

ـ / ـ: مُسْتَوْدَع الماء القَذِر 污水坑，污水池

ثَقْب الـ: بِيب (مـ) (كلمة مجمعيَّة) 暗沟口，阴沟口

بُلْعم جـ بَلاَعِمُ / بُلْعُوم جـ بَلاَعِيم: مَزْرَد [解]咽

بُلْعُمِيّ: مختصّ بالبُلعوم 咽的

بَلْعَمَة جـ بَلاَعِمُ: خَلية الدم البيضاء 白血球

بَلَغه ـُ بُلوغًا: أدركه / وصَل إليه 至，到，到达

ـ الولدُ: أدرك 达到青春期、发身期、春情发动期

ـ سِنّ الرُشْد 成年，成丁

ـ الثمرُ وغيْرُه: نَضِجَ (果实等)成熟

ـ المِقْدارُ كذا 合计，共计；达到

ـ ه كذا: عَلِمَ به 知道，听说

ـ منه الغَيْظُ أشدَّ (كل) مَبْلَغٍ 他极为愤慨

ـ رِضَاه 获得他的好感

بَلُغَ ـُ بَلاغَةً: كان بَلِيغًا 成为有口才的

بَلَّغَ وأَبْلَغَ فلانًا الخَبَرَ وإليه: أوصله إليه 传达，通知

ـ ه وـ ه: أخبره 告诉，报告，照会

ـ وـ عنه: خَبَّرَ 报道

ـ وـ عنه: وَشَى به 告发，告密，揭发

ـ الفارسُ 纵马奔驰

بَالَغَ في الأمر: غَالَى فيه 夸张，夸大，张大其词

تَبَلَّغَ بالشيء: اِكْتَفَى / قَنِع به 满意于，满足于，对…感到满意

بُلْغَة: كَفَاف 勉强够用，仅足糊口，家道小康

بَلاغ جـ بَلاَغَات: خَبَر 报告，报道，报知，情报

ـ: إعْلاَن 布告，公告，声明，广告

ـ: رِسَالة 音信，通知，通信，照会，公文，文书

ـ: إنذار 通牒

ـ أَخير أو نِهَائِيّ 最后通牒，哀的美敦书

ـ مُشْتَرَك 联合公报

بَلاَغَة: فَصَاحَة 雄辩，辩才，口才

عِلْم الـ 修辞学

بَلاَغِيّ 关于雄辩的；修辞学的

بُلُوغ: تَمام النُمُوّ 成熟

ـ: إدْرَاكُ الغَرَض 达到目的，抵达目的地

ـ: إدراكُ سِنّ الرُشْدِ 成年，成丁

ـ: مُراهَقة 青春期，春情发动期

تَبْلِيغ 通知，通告；提交，呈请

مُبَالَغَة: مُغَالاة 夸张，夸大，张大其词，过甚其词，[修]夸张法

بَالِغ: ضد قاصِر 成年的，成丁的

ـ 十分的，巨大的

ـ: مُراهِق 青春期的

ـ: تَامّ النُمُوّ 成熟的

بَلِيغ جـ بُلَغَاءُ: فَصِيح 善辩的，能辩的，雄辩家，有辩才的

جُرْح ـ 巨创，重伤

خِطَاب ـ 动人的演说，雄辩的演说

مُبَلِّغ: مُخَبِّر 通知者，报告者

ـ: وَاشٍ / فَتَّان 密告者，告发者，揭发者

مُبَالِغ: مُغَالٍ 夸大者，夸张者，张大其词的，言过其实的

مُبَلَّغ عنه 被告发的，被揭发的

مَبْلَغ جـ مَبَالِغ: قَدْر / كَمِيَّة 数量，程度；金额，款项，钱数

ـ: حدّ الشيءِ ونِهَايَتِه 限度，界限，极限，范围

بُلْغَارِيَا 保加利亚

بُلْغَارِيّ جـ بُلْغَار 保加利亚人

الـ ة 保加利亚语

بَلْغَم: نُفَاثَة الصَدْر 痰

ـ 迟钝；冷静，恬静

بَلْغَمِيّ 痰性的，有痰的

ـ المِزَاج 迟钝的；冷静的，恬静的

بَلَفَ ـُ بَلْفًا (أ) to bluff: أَوْهَمَ وخَدَعَ 虚张声势

بَلْف (أ) valve: صِمَام 真空管；[机]阀

بَلِقَ ـَ وبَلُقَ ـُ بَلَقًا وأَبْلَقَ وابْلَقَّ وابْلاقَّ وابْلَوْلَقَ:

كان أَبْلَقَ اللون 有黑白斑，有黑白纹

بَلَق 大理石

أَبْلَق م بَلْقَاءُ جـ بُلْق: في لونه بَيَاض وسَوَاد 黑白斑的(马)，花马

الطائِر الـ: طائر مغَرِّد 黄连雀

بَلْقَان 巴尔干半岛

بَلْقَع / بَلْقَعَة جـ بَلاقِعُ: أَرْض قَفْر 荒地，瘠土，不毛之地，人迹罕至之地，无人烟之地

بُلُك جـ بُلُكَات (مـ) (土) [军]连，中队

ـ سَوَارِيّ 骑兵连

بُلْكَة جـ بُلُكَات 女人的短外衣

بَلْكِه (مـ) / بَلْكِي (副词)也许，可能

ـ يَجِيء (مـ) 他也许来

بَلْكُون جـ بَلْكُونَات (أ) balcony: شُرْفَة 阳台

بَلَّ الثَوْبَ وبَلَّه بالسائل 使(布)湿，湿润，濡湿，使潮湿

أَبَلَّ من مَرَض 复原，痊愈，恢复健康

اِبْتَلَّ الشيءُ وتَبَلَّلَ بالماء 变湿，润湿，潮湿，沾潮气，有水汽

بِلّ من مرض: شفاء 复原，痊愈，康复

بَلَل / تَبَلُّل 湿，潮湿，湿润

بَلِيل / بَلِيلَة: هَوَاء نَدِيّ بارِد 冷湿的微风，阴湿的空气

بِلِيلَة (مـ سـ): قَمْح مَقْشُور مَسْلُوق بِلَبَن وسُكَّر 牛奶麦粥

مُبَلَّل / مُبْتَلّ / مَبْلُول 湿的，潮湿的，润湿的

ـ / ـ جدًّا 湿透的，浸透的

بَلَم جـ أَبْلاَم (أ)(波) 桥，浮桥船，长的平底船(伊拉克)

بَلَم جـ بِلام الواحدة بَلَمَة جـ بَلَمَات 鳀鱼

بَلاَّم (ع) 船夫，舟子

بَلاَّن (مـ) (土): خادِم الحَمَّام 浴室侍者

بَلاَّنة (مـ) (土): خادمة الحمّام 浴室女侍者

ـ (مـ): مَاشِطَة 女客的女侍者

بَلَنْسِيَة (أ) Valencia 巴伦西亚(西班牙港口城市)

بَلَنْج (أ) planca (拉) / بَلَنْجَة جـ بَلَنْجَات 平板条；船板

بَلَنْجَة (مـ): شريط حَدِيديّ [铁](路轨接头处用的)鱼尾(夹)板

بَلَنْك (مـ): تَصْلِيبَة مِقَصّ [机]剪脚起重机

بَلِهَ ـَ بَلَهًا وبَلاَهَةً: كان أَبْلَه 呆，呆头呆脑，白痴，成为白痴

تَبَالَه 假装糊涂

بَلَه / بَلاَهَة: ضَعْف العَقْل 痴呆，白痴

بَلْه: دَعْ واتْرُكْ 何况，更不待言，更不必说

لا يستطيع أَنْ يَخُطَّ حَرْفًا ـ كلمةً! 他连字母都不能写，还写什么词！

أَبْلَه م بَلْهَاءُ جـ بُلْه: ضَعِيف العقل 痴呆的；白痴

ـ [禽]鹈，鸬鹚

بِلْهَرْسِيَة جـ بِلْهَارِسِيَا (أ) bilharzia: بَقِيرى 血吸虫

بُلَهْنِيَة العيش 生活的美好，生活的宽裕

بَلْوَرَ: جعله كالبَلُّور 使结晶，使具体化

تَبَلْوَرَ وتَبَلَّرَ 结晶；具体化

بَلُّور / بِلَّوْر الواحدة بَلُّورَة جـ بَلُّورَات 结晶；结晶体，精制玻璃

بَلُّور صَخْرِيّ 水晶

بَلُّورِيّ: مُتَبَلِّر أو كالبلّور 结晶质的，水晶的，透明的

بَلُّورِيَّات 晶体，晶质

بَلُّوزَه: فالوذَج / هُلاَم 胶状物，果酱，果膏，肉冻（与糖同煮而凝结的食品）

مِطْبَعَة ـ [印]胶板

بَلُوزَه (أ) blouse (法): بُلْكَه (مـ) / صِدَار 工装，作业服

بَلُّوط (في بلط) 栎树，橡树

بُلُوك (مـ) / بلُك (مـ): فَوْج / جَمَاعة [军]连，中队

ـ أمِين: درجة عسكريّة 军需官

بَلُّون جـ بَلُّونَات (أ) / بَالُّون balloon: مُنْطَاد 轻气球，气球；飞船，汽艇

بَلاَ ـُ بَلْوًا وبَلاَءً الرجلَ: اختبره 考验，试验

ـ ه: امتحنه 折磨，虐待，使苦恼，麻烦

بَلِيَ ـَ بِلًى وبَلاَءً الثوبُ: صار رَثًّا 衣服破旧，衣衫褴褛

ـ الشيءُ: نَخِرَ أو فَسُدَ 腐朽，腐败，败坏

ـ الشيءُ: تَعَفَّنَ 腐烂，腐化

بُلِيَ بمَرَض أو بَلِيَّة 患病；遭难

بَلَّى وأَبْلَى الثوبَ 穿破，穿坏

بَالَى مُبَالاَةً وبِلاَءً وبَالَةً وبَالاً الأمرَ وبِالأمْرِ: اكترث 留心，关心，注意，在意，介意

أبْلَى في القتال بَلاَءً حَسَنًا 勇敢地作战

ـ بَلاَءً حسنًا في دَفْع... 英勇地反对…

ـ فلانًا: اختبره 考验

تَبَلَّى على (مـ): اِتَّهَم بَاطِلاً 诬告，栽诬

اِبْتَلَى الرجلَ: جَرَّبَه 磨难，折磨，考验

أُبْتُلِيَ بمَرَض أو بَلِيَّة 患病，遭难

بَلاَء: مِحْنَة 患难，艰难，困苦

ـ: مَرَض البَرَص أو الجُذَام [医]癞病，麻风

ـ: اختبَار (يكون بالخَير والشَرّ) (用吉凶、祸福)考验人

حُسْنُ الـ 坚忍不拔

بَلْوَى وبَلِيَّة جـ بَلاَيَا: مُصِيبَة 灾难，祸患

عَمَّتْ الـ به 这成了共同的要求(如吸烟)

بِلًى 衰老；颓废；用旧

تَبْلِيَة (مـ): اِتِّهَام بَاطِل 诬告，栽诬

مُبَالاَة: اكتراث 留心，关心，注意

اللا ـ / عَدَمُ الـ 漠不关心，不感兴趣

في غَيْرِ ـ 毫不在意地，漠不关心地

بَالٍ م بَالِيَة: رَثّ 破烂的，褴褛的

ـ: فاسِد / مُتَعَفِّن 堕落的，腐化的

ـ: ناخِر / مسَوَّس 腐烂的，腐朽的

مُبَالٍ م مُبَالِيَة: مُكْتَرِث 关心的，注意的，在意的，介意的

لا مُبَالِيَّة (مـ) / لا أُبالِيَّة 冷淡；漠不关心

بَلَى 不错(承认肯定问句)；不然(否定反问句)

أ كَتَبْتَ مَكْتُوبًا؟ بَلَى! 你写信了吗？是的。

أمَا كَتَبْتَ مَكْتُوبًا؟ بَلَى 你没有写信吗？不然(我已写信)

بِلْيَة جـ بِلْي وبِيَل (أ) ball 滚珠

كُرْسِيّ بِلْي 滚珠轴承

بلُوتُونيُوم (أ) plutonium [化]钚

بِلْيَتْشُو: بُهْلُول 小丑，丑角，滑稽角色

بَلِيد (في بلد) 痴呆的，白痴

بِلْيَرْدُو (أ) / بِلْيَارْدُو billiards 台球，弹子戏

مائِدة الـ 台球台，弹子台

عَصَا الـ: سَتِيكَة (مـ) 打弹子用的球竿
كُرَةُ الـ 台球
بَلِيعَال (أ) belial: من أسماء ابليس 魔鬼，恶魔
بَلِّين (أ) / بَلِّينَة (أ): عظم الحوت 鲸骨，鲸须
بَلْيُورَا (أ) pleura: غِشاء الرِئَة [解]胸膜
اِلْتِهَاب الـ: ذات الجَنْبِ / بِرْسَام [医]胸膜炎
بِلْيُون جـ بَلاَيِينُ (أ) billion: أَلْف مِلْيُون في أميركا وفرنسا ومليون مليون في انكليترا وألمانيا (美、法)十亿，(英、德)一万亿，兆；无数
بِمْبَاشِي (مـ): بِكْبَاشِي (مـ) [军]陆军中校
بُمْبَاغ جـ بُمْبَاغَات (مـ): رَبْطَة الرَقَبَة 领带，蝶形领带
ـ: حِلْيَة مِعْمَارِيَّة [建]垂花雕刻
بُمْبَة (أ) bomb: قُنْبُلَة 炸弹，炮弹
بَمْبَة (مـ) / بَمْبَه (مـ) / بَمْبِيّ (意): أَحْمَر فاتح 桃色，粉红色
بَنُ (في بني) / بُنّ / بنان (في بنن)
بِنْت (في بني)
بَنَادُورَة (سـ): طَماطِم (أ) / قُوطَة (مـ) 番茄，西红柿
عَصِير ـ 番茄汁，西红柿汁
بِنَالْتِي (أ) penalty (راجع جزاء) [运]足球十六米罚球
بُنْبَة (أ) bomb: قنبلة 炸弹，炮弹
بَنْبَه (أ) / أحمر فاتح (في بمبه)
البِنْتَاغُون / البِنْتَاجُون 五角大楼(美国国防部)
بِنْتُو جـ بِنْتَيَات (أ) vingti (意): ٢٠ فرنك ذهب 路易多币(大革命前的法国金币，约合20 法郎)
بَنْتُفْلِي (أ) pantofola (意): خُفّ 拖鞋，趿鞋
بَنَجَ ـُ بَنْجًا: رَجَعَ إلى أصله 返本，还原

بَنَّجَ الرجلَ: نوَّمه بالبَنْج 用氯仿麻醉，(古)用迷药麻醉
ـ ه: خدَّره (أفقد حِسَّه) 麻醉
تَبَنَّجَ 神志昏迷，用氯仿麻醉了
بَنْج: نبات مُخَدِّر سَامّ [植]莨菪，黑莨菪
ـ (مـ): كُلُورُوفُورْم (أ) chloroform / مَشْمُوم مُنَوِّم 氯仿
بِنْج: بُنْك / أَصْل 起源，根源
تَبْنِيج مَوْضِعِيّ 局部麻醉
بِنْج بُنْج (أ) ping-pong: تَنِس المائدة (تعريب مصري) / كُرَةُ الطاوِلَة 乒乓球
بَنْجَةُ السَبُعِ (أ): فَرْخ جَمْر (مـ) [医]痈疽，脾脱，疽热，炭疽
بَنْجَر جـ بَنَاجِرُ (مـ): شَمَنْدَر 甜菜，糖萝卜
بَنْد جـ بُنُود (أ): عَلَم كَبِير / لِوَاء 旗帜，军旗
ـ: مادَّة (من قَانُون أو مُشَارَطة) 条款，项目
بَنْدَا 熊猫
بَنْدَتِيف (أ) pendant: مِجْوَل 垂饰
بَنْدَر جـ بَنَادِرُ (أ): مدينة تِجارِيَّة 码头，商埠
ـ: مدينة مَرْكَزِيّة 中心市镇
بَنْدَقَ 射击，杀害
بُنْدُق: جِلَّوز / شَجَر أو ثَمَره 榛，榛子
خَشَب ـ (مـ) 瑞典的或威尼斯的木材
خازِن الـ: طائر 山鸟，星鸟
بُنْدُقَة جـ بُنْدُقَات 榛子
ـ: رَصَاصة 弹，弹丸，子弹
بُنْدُقِيّ sequin venetian: نقد قديم أو عيار ذهب 西昆(威尼斯古金币)
ذهب ـ (عيار ٢٤ قيراط) 纯金，24 开金
بُنْدُقِيَّة جـ بَنَادِقُ: بَارُودَة 步枪，大枪
ـ رَشّ: جِفْتَه (سـ) 霰弹枪，鸟枪
ـ رَصَاص (شَشْخَان) 来福枪

ـ هَواء 气枪
ـ كَارْبِين carbine 卡宾枪；马枪
ـ سَرِيعةُ الطَّلَقات / ـ آليّة / ـ رَشَّاشة 自动步枪，冲锋枪
سَرِيَّةُ البَنادِق 步兵连
مَدِينَة الـ: فِنِيس (أ) 威尼斯城
بَنْدُول (أ) pendulum: رَقَّاصُ الساعةِ وغَيرِها 钟摆
ـ الساعةِ الصَغِيرة 游丝，细弹簧
بَنْدِير: دُفّ / طار (م) (带小铃的)手鼓
بَنْدِيرة جـ بَنْدِيرات (أ) 小燕尾旗，枪旗
بَنْزَهِير (م): لَيْمُون صغير 小柠檬
ـ 解毒剂
حَجَر ـ bezoar stone 牛黄，猴枣
بَنْزِين (أ) benzine: سائل سريع الاشتعال 苯，汽油，轻油精，石油精
ـ المِثيل: تُولُوِين toluene 甲苯
بِنْسَة (أ): (راجع ملقط في لقط) 镊子；钳子
بَنْسِيه (أ) pansy: زَهْرَة الثالوث [植]三色堇菜
بِنِسِلِين (أ) penicillin 青霉素，盘尼西林
بَنْسِيُون جـ بَنْسِيُونَات (ع م) pension (法)宿舍，公寓，寄宿学校
بِنْش جـ بِنِشَات (أ) (土) 过节穿的长袖衣服
بِنْصِر جـ بَنَاصِرُ: الإصبع بين الخِنْصِر والوُسْطَى 无名指
بُنْط جـ بُنُوط (أ) point: في ألعاب الورق والطباعة وغير ذلك 点(铅字大小的单位，约一英寸的 1/72)，(市场术语)点(美指一元，英指一镑)
ـ 体育比赛赢得的分数
نَزَل سِعْرُ القُطْنِ عَشَرَةَ بُنُوطٍ 棉价下降十点
بُنْطَة (م): مِثْقَاب 钻子，钻孔器

بَنْطَال (أ): سِرْوَال إفْرَنْكِيّ 长裤
بَنْطُغْرَاف (أ) pantograph 缩图器
بَنْطَلُون جـ بَنْطَلُونَات (أ)pantalon / بَنْطَال 长裤
ـ تَحْتَانِيّ 衬裤
ـ قَصِير 短裤，裤衩
ـ الرُكُوب 马裤
بَنْطُمِتْر (أ) pantometer 万角测器，万测仪
بَنْطُمِيم (أ) pantomine: تَمْثِيل صامِت 哑剧，无言剧
بُنْطِيطَة الحِذَاء (م): قُرْطُوم (靴和鞋的)盖趾部，皮鞋头
بَنَفْسَج الواحدة بَنَفْسَجَة جـ بَنَفْسَجَات 紫罗兰
بَنَفْسَجِيّ (اللون) 紫罗兰色
الأَشِعَّة فَوْقَ الـ ة 紫外线
بِنْقَة / بَنِيقَة: سَمَكَة (م) (لتوسيع الثوب) 三角形布片，裆，接角布
بَنْك جـ بُنُوك (أ) bench: مَقْعَد / مَصْطَبَة 板凳，条凳
ـ (أ) bank: مَصْرِف مالِيّ 银行
الـ الأَهْلِيّ 国民银行
ـ التَسْلِيفَات 贷款银行
ـ التَوْفِير 储蓄银行
ـ الحُكُومَة 国家银行
ـ الرُهُونَات 当铺
الـ العَقَارِيّ 农民银行，土地贷款银行
ـ النَجَّار (木匠等的)工作台
بُنْك: أَصْل 原始，起源，本源，根本
ـ العُمْر: عُنْفُوانُه (人生的)少壮，青春，盛年
بَنْكِرِيَاس (أ) pancreas: مِعْقَد [解]胰腺
بَنْكِرِيَاسِيّ: مِعْقَدِيّ 胰腺的
العَصِير البَنْكِرِيَاسِيّ [化]胰腺液，胰酶

بِنَكْل (أ) pinocle: لعبة ورق 一种纸牌游戏
بَنْكِنُوت جـ بَنْكِنُوتَات (أ) banknote: عُمْلَة وَرَقِيَّة
钞票，纸币
بَنْكِير جـ بَنْكِيرِيَّة (أ) banker: صَيْرَفِيّ 银行家
ـ: مالِيّ / ذو مال 理财家，金融家
بَنَّنَ الشاةَ: ارتبطها ليسمّنها 关着养，用干草饲养
بَنَان الواحدة بَنَانَة جـ بَنَانَات: أَطْرَاف الأصابع
指尖，趾尖
طَوْعَ ـ ه 唯命是听，唯其马首是瞻
على أَطْرَافِ ـ ه 熟习，精通
يُشارُ إليه بالـ 他很有名
عَضَّ ـ النَدَمِ 痛悔
بُنّ: حَبُّ القَهْوَةِ 咖啡豆
ـ مَسْحُوق 咖啡面，咖啡粉
بِنَّة جـ بِنَن (أ) penha (意) 钢笔尖
بُنِّيّ (اللون) 咖啡色，棕色
بِنِّيّ (م): سمك نهريّ 白鱼
بَنَّان 咖啡商
بَنُو (راجع بني) 某人的子孙，苗裔，某支族
بَنْوَار (أ) / بِنْوَار: خَلْوَة (في تياترو) (剧场的)
一等包厢
بَنُّور 精制玻璃，上等玻璃
بَنُّورَة جـ بَنُّورَات 小药瓶，小玻璃瓶
بَنَى ـِ بِنَاءً وبُنْيَانًا وبَنْيًا وبِنْيَةً وبِنَايَة وابْتَنَى: شيَّد
建设，建筑，建造
ـ بـ ... (على) 以…为基础
تَبَنَّى: اِتَّخذ اِبْنًا 纳为养子，收为义子
ـ 接受，采取
ـ اِقتراحًا 附议
ـ قرارًا 通过决议
اِنْبَنَى 被建筑，被建造的
ـ على 以…为基础

بِنَاء / بُنْيَان: تَشْييد 建筑，建造，建设
ـ / ـ / بِنَايَة: عِمَارَة 建筑物，大厦
ـ: صناعة البِناء 建筑术
ـ: نَوْع البِناء / تَرْكِيب 构造，结构
ـ الاِشْتِرَاكِيَّة 建设社会主义
ـ تَحْتَانِيّ / ـ أَسَاسِيّ [哲]基础
ـ فَوْقَانِيّ / ـ أَعْلَى [哲]上层建筑
ـ [语]定格
بِنَاءً عَلَى 根据，依据，按照
ـ عليه 因此，于是，所以
ـ على طلب ... 照…的请求
بُنْيَان: تَرْكِيب 结构，建筑，建造，建设
شَجَرَة البَنْيَان banyan, banian 榕树
بِنَايَة جـ بِنَايَات / مَبْنًى جـ مَبَانٍ: عِمارة 建筑物，
大建筑物，大厦
بِنْيَة الجِسم / بُنْيَته جـ بِنًى وبُنًى: تَرْكِيبه 体格，
体质
سَلِيم الـ 体质健全的
صَحِيح ـ 体质健康的，体质良好的
ضَعِيف ـ 体质衰弱的
قَوِيّ ـ 体质强壮的
ـ الكَلِمَة: صيغتها ومادّتها 词的结构
بِنْت جـ بَنَات: اِبْنَة / صَبِيَّة 女孩；女儿
ـ: عَرُوسَة / دُمْيَة 洋娃娃，洋囡囡
ـ: في ورق اللعب (纸牌的)皇后
ـ الشَفَةِ: كلمة 一个字，一个词，词儿
ـ الأَمْسِ 不久以前的事
ـ الحَان / ـ العِنَبِ 酒
ـ العَيْنِ 泪
ـ الكَنَائِنِ 箭
ـ الماءِ والبَحْرِ 美人鱼
ـ الوِدْنِ (م): لَوْزَة الحَلْق [解]扁桃体

ـ اليَمَن: القهوة 咖啡

بَنَاتُ الأَرْضِ 小河，溪流

بَنَاتُ الدَهْرِ 灾难，祸患，苦难

بَنَاتُ الطَرِيق 迂路，弯路

بَنَاتُ الظُنُون 臆断，捏造，推测，猜想

بَنَاتُ الهَوَى 妓女

بِنْتِيّ 女儿的，闺女的

اِبْن ج بَنُون وأَبْناء: الولد الذكر 子，儿子

ـ آوَى ج بَنَات آوَى وبَنُو آوى [动]胡狼

ـ البَلَدِ 本地人，当地人，土著，土人

ـ البِنْتِ 外孙

ـ الجِنْسِ 同乡，同胞

ـ الأَخِ 侄子

ـ الأُخْتِ 外甥

ـ الخَالِ أو العَمَّةِ 姑表兄弟

ـ الخَالَة 姨表兄弟

ـ الدين 信仰同一宗教的人，同教，同道，教友

ـ الزَوْجِ: رَبِيب 前夫的儿子

ـ الزَوْجَةِ: ربيب 前妻的儿子

ـ السَبِيلِ: مُسافِر 旅行者，旅客

ـ السَبِيلِ: مُتَشَرِّد 流浪者，漂泊者

ـ الشَرْقِ 东方人

ـ العَرَبِ 阿拉伯人

ـ عِشْرِينَ سَنَةً 20 岁的青年

ـ العَمِّ 堂兄弟

ـ غَيْرُ شَرْعِيٍّ: ابنُ حَرَامٍ 非婚生子，私生子

ـ المَدِينَة 城市居民

ـ مِصْرَ 埃及人

ـ نَاسٍ 出身于贵族家庭的

ـ اليَوْمِ في ... 生手，新手

ـ بالتَبَنِّي: مُتَبَنًّى 养子，义子，干儿子

هو ـُ أَبِيهِ 他完全像他父亲，有其父必有其子

اِبْنَة ج بَنَات: بِنْت 女儿

ـ الأَخِ 侄女

ـ الأُخْتِ 外甥女

ـ الخَالِ أو العَمَّةِ 姑表姊妹

ـ الخَالَةِ 姨表姊妹

ـ الزَوْجِ: رَبِيبة 前夫的女儿

ـ الزَوْجَةِ: ربيبة 前妻的女儿

ـ العَمِّ 堂姊妹

اِبْنِيّ: بَنَوِيّ 儿子的，做儿子的

بُنَيَّ: يا ـ / يا ـ ة! 小儿子！小女儿！(有小宝贝的意思)

بَنُو آدَمَ 人，人类

ـ أُمَيَّةَ 伍麦叶王朝(白衣大食，公元 661—750)

ـ حَرْب 久经战斗的人

ـ العَبَّاس 阿拔斯王朝(黑衣大食，公元 750—1258)

ـ فُلان (某人的)子孙，儿子，后裔

أَبْناءُ العربيَّة / أَبْناءُ يَعْرُبَ 阿拉伯人

أَبْناءُ العُمَّال والفَلاَّحِين 工农子弟

أَبْناءُ قَوْمِه 他的同胞

أَبْناءُ اللُغَة 同胞，说同一语言的人

أَبْناءُ (بنو) وَطَنِي 我的同胞，同乡

بُنُوَّة: حالُ أو صفةُ الاِبْنِ 儿女的身份，为子之道

بَنَوِيّ: مختص بالبَنِين 子女的，做子女的

بَنَّاء ج بَنَّاءُون: مَنْ صِناعَتُه البِنَاءُ 石匠，泥水匠

ـ 建设性的；机构上的

ـ / بانٍ ج بُنَاة م بَانِيَة ج بَوَانٍ: الذي بنى أو يبني 建筑者

ـ حُرّ: مَاسُونِيّ Freemason 共济会会员

مَبْنِيّ: مُشَيَّد 建筑好的，已建造的，建设的，建立了的
ـ: لا يَنْصَرِف (في النحو) 定格的
بِنِي (أ) penny 便士(英国铜币，合先令的 1/12)
بَنِيسِيلِين نُوتَاتُوم (أ) penicillium notatum ［医］特异青霉；青霉素
ـ زَيْتِيّ (أ) 油剂青霉素
بَنِيقَة ج بَنَائِق 领子
ـ مَقْلُوبَة 翻领
بَنْيُو (أ): حَوْض الاستحمام 澡盆
بَهِتَ ـَ وبَهُتَ ـُ وبُهِتَ بَهْتًا وبَهَتًا: دَهِشَ 吃惊，惊愕
ـ وـ: سَكَتَ مُتَحَيِّرًا 愕然无语，张口结舌
ـ اللونُ (مـ): ذهب / نفض 褪色，掉色
بَهَتَه ـَ بَهْتًا الشيءُ: بَغَتَه 使吃惊，使惊愕，使惊异
بَهَّتَه وباهَتَه: أَدْهَشَه 使惊愕，使吃惊
بُهْت / بُهْتَان: كَذِب 虚言，虚妄，妄语
ـ / ـ: اِفْتِراء 诽谤，诬蔑
باهِت (مـ): نافِض (لون) 褪色的，掉色的
مَبْهُوت 惊奇的，惊讶的，惊愕的
بَهِجَ ـَ بَهَجًا به وابْتَهَجَ به: سُرَّ به 喜悦，欣喜，欢乐
بَهَجَه ـَ بَهَجًا وأَبْهَجَه: فَرَّحَه 使欢乐，使喜悦，使娱乐，使快活
بَهُجَ ـُ بَهَاجَةً وبَهَجَانًا 成为灿烂的、光辉的、华丽的、辉煌的
بَهْجَة: رَوْنَق 光辉，华丽，光彩，富丽堂皇
ـ 欢天喜地，兴高采烈
ـ / اِبْتِهَاج: سُرُور 欣喜，喜悦，愉快，欢乐，娱乐

بَهِج / بَهِيج / مُبْهِج 可喜的，令人喜悦的
ـ 光辉的，灿烂的，壮丽的
مُبْتَهِج 高兴的，愉快的，喜悦的，兴致勃勃的
مَبَاهِجُ الحياة 生活的快乐
بَهْدَلَة (مـ) 侮辱，凌辱；庸俗，粗俗，鄙陋
مُبَهْدَل (مـ) 混乱的，无秩序的，乱七八糟的
بَهَرَ ـَ بَهْرًا النَظَرَ 耀眼的，使眼花缭乱
بُهِرَ 因…而惊奇
ـ بَصَرُه 眼花缭乱
ـ وانْبَهَرَ نَفَسُه 喘息，喘气
اِنْبَهَرَ (مـ) 眼花缭乱
بُهْر: انقطاع النَفَس من الإعياء 喘不出气，透不过气来，喘气急促
بُهْرَة 中心，中央，中部
ـ الشتاء 仲冬
ـ الظَلام 漆黑
بَهَار ج بَهَارَات: تَابِل / أَفَاوِيه 香料，作料，调料
الـ الناعِم 胡椒面
بُهَار: قُطْن مَحلوج 轧过的棉花
اِنْبِهَار 惊奇，惊讶；眼花缭乱
بَهْوَرَ الجُرْحَ (مـ): جهّاه 加宽(伤口)
باهِر: يَبْهَرُ النظرَ 耀眼的，灿烂的，光辉的，眩目的，出色的
نَجاح ـ 辉煌的成就
مَبْهُور: لاهِث 气喘吁吁的，气喘的
أَبْهَر: الشَرْيان الأَوْرَطَى (أ) aorta ［解］主动脉
بَهْرَجَ: زَوَّقَ 装饰，盛装，打扮
ـ الدماءَ: أهدرها 下令格杀勿论
تَبَهْرَجَ المكانُ 允许自由放牧
تَبَهْرَجَت المرأةُ: تزيَّنت 盛装，打扮
بَهْرَج: باطل أو زائف 浮华的，虚饰的，讲究

虚荣的，华而不实的
ـ: دِرْهَم زائف　伪币，假钱
ـ / بَهْرَجَان: تَلِّى (مـ) كالخُيوط　金银丝
ـ / مُبَهْرَج: لون زاهٍ　鲜艳夺目的(颜色)
مُبَهْرَج: مُزَوَّق　浮华的，虚饰的，虚美的，
俗美的，俗艳的
بَهَظَه ـَ بَهْظًا وأَبْهَظَه: أثقل عليه　过载，重压，
使负担过重
بَهَاظَة　[物]重力，引力；过度，过分
ـ الأَتْعاب　丰厚的酬金
باهِظ: ثَقِيل الاحتمال　沉重的，艰难的，
烦琐的
ـ: زائد عن الحَدّ　过度的，过分的
ثَمَن ـ　过高的价格，不合理的价格
مَبْهُوظ　不能胜任的
بَهَق / بُهَاق (مـ): مَرَض جِلْدِيّ (غير البرص)
[医]犊皮病，白斑病，白癜风
ـ الصَخْر: نبات كالطُحْلُب يَعْلُو الصَخْر
[植]地衣(藓)
بَهَلَه ـَ بَهْلاً اللهُ: لَعَنَه　诅咒，咒骂
تَبَهَّلُوا وتَبَاهَلُوا: تلاعنوا　互相咒骂
اِبْتَهَلَ إلى الله: دعا وتضرَّع　祈祷，恳求，祈求
بَهْلَة　咒骂，咒骂声，诅咒
بَهْلَى (مـ)　露脸的妇女
عَلَى الـ (مـ): بلا حَيَاء　明目张胆地
باهِل ج بُهَّل وبُهْل: لا عَمَل له　失业的，无常
业的，无工作的，无固定工作的
بَهْلَوَان ج بَهْلَوَانات (مـ): لاعب على الحَبْل　演杂
技者，演奇技者
ـ　柔软体操家，体育家
عَصًا ـ　(杂技演员的)平衡竿
بَهْلَوَانِيَّة　杂技
بَهْلَوَانِيّ　杂技的，演杂技的，走绳索的
أَلْعاب ـ ة　杂技
حَرَكات ـ ة هَوائِيَّة　空中艺术，绝技
بُهْلُول ج بَهَالِيل: بِلْيَاتْشُو (مـ)　小丑，丑角，
(往昔宫廷和贵族家的)滑稽者，(流浪的)
乐师，歌手
ـ　傻子
أَبْهَمَ　变得不固定、不清楚、杂乱
ـ الكَلامَ　说话暧昧、不清，含糊其词
ـ واسْتَبْهَمَ عليه الكلامُ　感觉词义不清
بَهْم / بَهَم / بِهَام الواحدة بَهْمَة / بَهَمَة: أولاد
البقر والمَعْز والضأن　牛犊，羊羔
إبْهَام: اِلْتِبَاس أو غُمُوض　暧昧，含糊
الإبْهَام الرَمْزِيّ　文艺美术的象征主义；象征
ـ اليَد　大拇指
ـ الرِجْل　大趾，大脚趾
بَهِيم ج بُهْم وبُهُم: أسود حالِك　漆黑的，纯
黑的
حائِط ـ: مُصمَت (لا فتحة فيه)　闷墙，无窗
的墙
فَرَس ـ: على لون واحد　纯色马
لَيْل ـ: لا ضَوْءَ فيه إلى الصباح　漆黑的夜间
بَهِيمة ج بَهَائِمُ: حيوان　畜牲，家畜；走兽，
牲畜
بَهِيمِيّ: حَيَوَانِيّ　畜牲的，野蛮的
بَهِيمِيَّة: حَيَوَانِيَّة　兽性，兽欲
ـ المَزْرَعة (مـ): مَوَاشٍ / سائمة　家畜，牲口
مُبْهَم: مُلْتَبِس　暧昧的，不明白的，含糊的
ـ: غامِض　朦胧的，模糊的，混沌的
عَدَد ـ (في الحساب)　[数]不名数
بَهَا ـُ وبَهِيَ ـَ وبَهُوَ ـُ بَهَاءً: كان بَهِيًّا　美，美丽，
漂亮，容光焕发，光辉

باهاه مُباهاةً: فاخره 夸耀，矜夸，以…自豪，以…自傲

ـ 比美

تباهى بـ 吹嘘，夸耀，以…自豪

بَهْو ج أبْهاء وبُهُوّ وبُهِيّ: رَدْهَة بَيْت 客厅

بَهائِيّ: الـ [宗]白哈依教派的

بَهائِيَّة / الـ [宗]白哈依教派

بَهِيّ / باهٍ: زاهٍ (لون) 鲜艳的，绚烂的，绮丽的，华丽的，华美的，秀丽的

ـ / ـ: جَميل 美丽的，绮丽的

ـ / ـ: مُشْرِق 光辉的，灿烂的，辉煌的

باهٍ: فاخِر 壮丽的，堂皇的

مُتَباهٍ 吹嘘的人，夸耀的人，夸口者，自大者

بَهْوَرَ الجُرْحَ (م): جهّاه 弄大，扩大(伤口)

بَوّ 剥制的假小驼、小牛、小羊(用来引诱母畜下奶)；刍灵，草人

فلان أخْدَعُ من الـ 某人比草人还能骗人

باءَ ـُ بَوْءًا إليه: رَجَعَ 归，回，还

ـ به 携回，带回，归还原处

ـ بالفَشَل 遭到失败

ـ بالخَيْبة 失望，绝望，大失所望

بوّأ وأباءَ الرجلَ مَنْزِلاً 留宿

ـ المكانَ: حلّ فيه 居住(某处)

تبوّأ 居(席位)

ـ العَرْشَ 即位，登极，登基

بَوَاء (أ): حيَّة عظيمة غير سامّة 蟒蛇，无毒的大蛇

بِيئَة ج بيئات / باءَة: مَقام 位置，场所

ـ: مُحيط 环境，境遇，境地，处境

ـ / مَباءَة: مَنْزِل 住宅，住所，寓所

مَباءَة 策源地，发源地

هذا ـ لكَثِيرٍ من الأمْراض 这里是许多疾病的发源地

بَواسِير (في بسر) 痔疮

بَواكِي (م): سَوابِيط [建]连环拱廊，栈道，干桥

باكِيَة: عَقْد / قَنْطَرَة [建]拱门，弓形门

بَوَّبَ الكِتابَ: قَسَّمَه فُصُولاً 把书分成若干章

ـ الأشْياءَ: رتَّبَها 分类

تَبَوَّبَ الرجلَ: اتخذه بوّابًا 用作门房

بَاب ج أبْوَاب وبِيبان: مَدْخَل 门，入口；[动]门

ـ (收入的)来源，出处

ـ [生]属，族，类，科，种类

ـ [语]动词式的分类

ـ من كِتاب: فَصْل (书的)一章或一篇

ـ أرْضِيّ 地板门，活板门，坠门

ـ سَقْفِيّ 天窗

ـ / بَابَة: رُتْبَة 种类，类目

ـ لَفّاف (انظر لفف) 旋转门

ـ دَوّار 旋转栅门(设在公园入口处，只让人一个个通过)；旋转门

ـ جَهَنَّم 地狱之门

ـ البَدَن 肛门

ـ القِصَّة (报纸的)故事栏

ـ جَدِيد للثَرْوَة 新的财源

الـ العالي (سابقًا) (帝制时代的)土耳其政府

فتحَ ـَ الكلام 开始谈话

أصْبحَ على الـ 出现在门外

سِياسَة الـ المَفْتُوح 门户开放政策

في هذا الـ 在这方面

واحِد في ـ ه 独特的，无双的

من ـ كذا 属于某类

من ـ أوْلَى 更当，更应该

من ـ الاحْتِيَاطِ 出于预防(谨慎)

من ـ الصُدْفَة أن ... …是偶然的

من ـ العَطْف 出于同情

من ـ الاقْتِصَاد 由于节约

بَابَة ج بَابَات 种类，范围

هذا شَيْء من بَابَتِك 这对你是合适的

بَابِيّ (في عِلْم التَشْرِيح) [解]门(静脉)

بَابِيَّة: الـ [伊]巴比教派(起源于伊朗)

بوَّاب: حارس الباب 看门人，门房

ـ المَعِدَة: فَتْحَتُها البَوَّابِيَّة [解]幽门(胃通十二指肠的孔道)

بوَّابَة: رِتَاج 大门，城门

ـ السَدّ لدُخُول المِياه 进水闸

ـ السَدّ لتَوْزِيع وتَفْرِيق المِياه 节制闸

ـ القَنْطَرَة 闸，水门，水闸

مُبَوَّب 分类的，分门别类的

بُوبْلِين (مـ) poplin 府绸；丝毛交织品，毛葛

بُوتَاشَا (أ) / بُوتَاسَة potash: قِلْي [化]钾碱，碳酸钾，草碱

ـ كَاوِيَة [化]苛性钾，氢氧化钾

بُوتَاسِيُوم (أ) potassium: قَلاء [化]钾

بُوتَقَة ج بَوَاتِقُ وبُوتَقَات (أ) / بُوطَة / بُوطَقَة
坩埚，熔炉

ـ الدَهْر 生活的熔炉

بُوجِيه (أ) / بُوجِي الأُتُمْبِيل وغيره: وَارِيَة 火花塞，电花插头

بَاحَ ـُ بَوْحًا وبُؤُوحًا وبُؤُوحَةً السِرُّ: ظَهَر 机密泄露出来

ـ إليه بالسِرّ وأَبَاحَه: أَظْهَرَه 向…泄密，向…吐露秘密

أَبَاحَ الشيءَ: عَدَّه مِلْكًا لِلجَمِيع 视(某物)为公共财产

ـ الشيءَ: أجازه 准许，允许

ـ الأمرَ: حلّله 使成为合法，使成为正当

اِسْتَبَاحَ العَمَلَ: عدَّه مُباحًا 认为合法，视为正当，认为可行

ـ ه 践踏，蹂躏

ـ دَمَه 格杀勿论，人人得而诛之

ـ مَالَه: صادَره 没收他的财产

بَاحَة ج بُوح: سَاحَة 旷地，空地，庭院，天井

في ـ هذه الجَامِعَة 在这个大学里面

بَوْح / إبَاحَة 泄露，吐露

إبَاحَة / إجَازَة 准许，容许，允许，许可

ـ السِرّ 泄露(机密)

ـ: تَبْرِير 辩解，剖白

ظُرُوف الـ 情有可原，可以免罪的情况

إبَاحِيّ 自由思想者，虚无主义者

إبَاحِيَّة ج إبَاحِيَّات 自由思想主义，虚无主义

اِسْتِبَاحَةُ الأَمْوَالِ 充公，没收

مُبَاح: جَائِز 被允许的，被准许的，被许可的

ـ: مُحَلَّل 合法的，依法的，正当的

ـ: عُمُومِيّ 公开的，公众的，公共的，公费的

الدُخُول ـ 大家都可自由入内

مسْتَبَاح 被蹂躏的，被践踏的

بَاخَ ـُ بَوْخًا الغضبُ والنارُ: سَكَنَ وفَتَرَ (火)平熄，(怒气)平静，减退

ـ اللحمُ: فَسَدَ 腐坏

ـ الطعمُ: مُسِخَ (饮食、食物)无味

بَايِخ (مـ): لا طعمَ له 乏味的，没趣的(笑话)

احتشَام ـ 庸俗的礼仪

كَلام ـ 胡说，胡言乱语

بُودرَة (أ) poudre (法): غُمْنَة / مَسْحُوق الزينة

化妆粉，香粉
ـ العِفْرِيت 荨麻的茸毛
عُلْبَة الـ 香粉盒
فُورْشَة الـ 粉扑
بُودَقَة جـ بَوَادِقُ (أ): بُوتَقَة (أ) / بُوطَة 坩埚，熔罐，熔炉
بُوذَا Buddha: مُؤَسِّس الدِيانة البُوذِيّة الهِنْدِيَّة 佛，佛陀
بُوذِيّ: تَابِعُ دِين بُوذَا 佛教徒
بُوذِيَّة: دِين بُوذَا العَظِيم (في الهند) 佛教
بَارَـُ بَوْرًا وبَوَارًا: تَلِفَ 损坏，败坏，毁灭
ـ العملُ: لم يَنْجَح 失败
ـ تْ الأَرْضُ 荒废，荒芜
ـ تْ 当老处女
ـ تْ السُوقُ 萧条
ـ تْ السِلْعَةُ 滞销，销路不畅
بَوَّرَ الأَرْضَ 休耕土地(在一定时期内犁锄而不耕种)
ـ: عَطَّلَ 损坏，使败坏，弄坏，使无用，纵容
بُور: أَرْض مَتْرُوكَة بلا زرع لإِرَاحَتِها 休耕地
أَرْض ـ (مـ): قاحِلة 荒地
ـ 荒芜的，闲着的(土地)
الأَرَاضِي الـ 不适于耕种的土地
بَائِر جـ بُور 荒的，未开垦的
بِنْت ـ ة 老处女
بَوَار: خَراب 灭亡，毁灭
ـ 萧条
ـ 荒废，荒芜
دارُ الـ: جَهَنَّم 地狱
بُورْجَوَازِيّ (أ) bourgeois (法) 资产阶级的
بُورْجَوَازِيَّة 资产阶级
ـ صَغِيرة 小资产阶级
ـ وطنيّة 民族资产阶级
ـ حُرَّة 自由资产阶级
بُورْصَة جـ بُورْصَات (أ) bourse: مَصْفِق 交易所
ـ الأَوْرَاق المَالِيَّة 证券交易所
ـ البِضَاعَة 货物交易所，商品市场
ـ الغَلاَّت 粮食交易所
بَوْرَق (أ) / بُورَق borax: نَوْع من النَطْرُون 硼砂
ـ أَرْمَنِيّ 苏打，碳酸钠，碱
بُورِيك (أ) boric 硼素的，含硼素的
الحَامِضُ الـ 硼酸
بُورِيّ جـ بَوَارِيّ: سمك 鲻鱼
بُورِيَّة جـ بُورِيَّات 诸子鲦(似鲤)
ـ الصائغ (مـ): ما يُنْفَخ به على النار 吹火筒，吹风管
ـ (مـ): نَفِير / بُورو (土) 喇叭，号角，号筒
بُورْجِي جـ بُورْجِيَّة (مـ) / بُورُوجي (土) 号手，喇叭手，吹鼓手
بُورِيه (أ) 有抽屉的橱柜，四斗柜
بَوَّزَ (مـ): تَجَهَّمَ / (波) بُوز 撅嘴，绷脸
بُوز جـ أَبْوَاز [动]嘴
ـ الإِبْرِيق وأَمْثَالِه (壶，管等的) 嘴，喷口，尖嘴
ـ الحِذاء أو الجَوْرَب 鞋头，袜尖
ـ الحَيَوان: فَمه وأَنْفه مَعًا / خَطْم 嘴，喙，口部
ـ الإِنْسَان: فمه 人的口，嘴
ـ (سـ): دَنْدُرْمَه (مـ): حَلِيب مُثَلَّج 冰淇淋
بُوزَة (مـ): جِعَة مِصْرِيَّة 埃及啤酒
بَاز جـ بِيزَان وأَبْوَاز / بَازِي: صَقْر 鹰，苍鹰，隼
بَاسَهـُ بَوْسًا (أ): قَبَّلَه / لَثَمَه 接吻，亲嘴

بُوس الواحدة بُوسَة جـ بُوسَات (مـ): تَقْبِيل 接吻，亲嘴

بُوسْتُو (أ) busto (意)：مِشَدّ الخَصْر 妇女的胸衣

بُوسْتَة جـ بُوسْتَات (أ) / بُوسْطَة (أ): بَرِيد 邮政，邮件，邮局，邮政局

الـ الكبيرة posta (意) 邮政总局

بُوسْتَجِي جـ بُوسْتَجِيَّة: ساعِي البَرِيد 邮递员，送信的

بَاشَ ـُ بَوْشًا وبَوَّشَ وتَبَوَّشَ القَوْمُ: ضَجُّوا 喧闹，喧哗

بَوَّشَ الشيءَ (مـ): نقعَه لِيَلِين 浸软，泡软，浸透

بَوْش جـ أَبْوَاش / أَوْبَاش: رَعَاع 乌合之众，一群暴徒，流氓，地痞，恶棍

بُوش (مـ) (土) 白白地，徒然，徒劳无益

بُوشُ القُماش (مـ): ما يَكُون عليه قبل غَسله 漂白粉

بُوص: نَسِيج من حَرِير أو كَتَّان 丝织品或麻织品

ـ (مـ) / بُوصَة جـ بُوصَات: قصب 芦苇

ـ هِنْدِيّ 竹子，竹苇

بُوصَة جـ بُوصَات (أ) pouce (法)：١٢/١ من القدم الانكليزيّ (٢،٥٤ سنتي) pouce (法) 英寸(等于 2.54 厘米)

بَوْصَاء: القَمَر والنُجُوم (مـ) (عود يُشْعَل فيَخرُجُ منه شَرَر مُلَوَّن) 室内用的烟火，花爆

بُوصْلَة / بَوْصَلَة bussola (意)：إبْرَة المَلَّاحِين 指南针，罗盘，罗针仪

بُوط جـ أَبْوَاط (أ) boot 长筒靴

بُوطَة جـ بُوَط (أ): بُوتَقَة (مـ) 坩埚，熔罐

بَاظَ ـِ بَوْظًا وبَيْظًا (مـ) 变坏，弄坏

ـ 无用

بَوَّظَ على (مـ) 损害，损伤，破坏，败坏

بُوظَة (مـ) / بُوزَة (مـ) 埃及啤酒

بُوع: عَظْم يلي إبهام القَدَم أو الكَفّ [解]附前骨，蹠骨

بَاع جـ أَبْوَاع وبَاعَات وبِيعَان: قَدْر مَدّ اليَدَيْن 庹(成人两臂左右伸直的长度，约五尺)

طَوِيل الـ: مُقْتَدِر 有力量的，有权力的，有势力的，有能力的

قَصِير الـ: عاجِز 无能的，不能胜任的

بالبَاعِ والذِرَاع 尽全力，出死力，用九牛二虎之力

تَبَوَّغَ الدَمُ: هَاجَ 血沸腾起来，激怒起来

بَوْغ / بَوْغَة: هَبْوَة [植]芽孢，孢子

بَوْغِيّ 芽孢的，孢子的

بُوغَاده (مـ) / بُوغَاضَة: ماء الرماد 灰质，灰水，碱水

بُوغَاز جـ بَوَاغِيز (أ) (土)：مَضِيق مائِيّ بين بَحْرَيْن 海峡

ـ (مـ): مِينَاء 港，港口，海港

بُوغَازِي جـ بُوغَازِيَّة 领港人，领水

بُوفِيه (أ) / بُوفَة جـ بُوفِيهَات buffet (法)：مَقْصَف 小餐馆

ـ: خِزَانَة أَدَوَات المَائِدَة 餐橱

بَوَّقَ: نَفَخَ في البُوق 吹号，吹喇叭

بُوق جـ أَبْوَاق وبِيقَان وبُوقَات: نفير 号，喇叭，号角，号筒，传话筒

ـ: حَلَزُون بَحَرِيّ كَبِير 海螺

ـ الفُنُغْرَاف أو السَيَّارة 留声机或汽车喇叭

أَصْبَحَ بُوقًا لـ ... 成为…传话筒

بَاقَة: حُزْمَة 簇，束，串

ـ زُهُور: طَاقَة زهور 花束，花扎

بائِقة جـ بَوَائِقُ: داهِيَة 灾，灾难，祸，苦难

بَوَّاق: بُرُوجِي (مـ) 喇叭手，号手，吹鼓手

بُوكَر (أ) poker: لعبة ورق معروفة 扑克牌

بَالَ ـُ بَوْلاً ومَبَالاً: خَرَجَ بَوْلُه 撒尿，小便
بَوَّلَ وتَبَوَّلَ: شَخَّ 撒尿，小便
بَوْل جـ أَبْوَال: ماء المَثانة 尿，溺，小便
مَجْرَى الـ: القَناة البَوْلِيَّة [解]尿道
بَوْلِيّ: من البَوْل / بَوْلِيك (أ) 尿的，从尿而得的
ـ: مُختص بالبَوْل أو مِثْلُه 似尿的，尿质的
بُوَال: مرض البَوْل السُكَّرِيّ 糖尿病，消渴症
بَال: قَيْطَس / حُوت (مـ) 鲸
ـ: عَقْل 心，心神，心灵
مُرْتَاح أو هادِئ الـ 心神平静的，心情舒畅的
مُنْشَغِل الـ 心神不安的，心不在焉的
انْشِغَال الـ 不安心，心不在焉
أَعْطَى ـَ ه إلى 注意，留意，留心
غابَ عن ـ ه 忘，遗忘，忘却，忘记
خَطَرَ بـ ـ ه 想起，思及
ما ـ: لِمَاذَا؟ 为何？为什么？
ما ـُ كَ 你怎么啦？
ذُو ـ 重大的，严重的
بالة: قَارُورَة الطيب 香水玻璃瓶
ـ (أ) bale / إِبَّالَة: حُزْمَة بَضائع (货物的)包，捆
تَبَوُّلٌ دمَوِيّ [医]尿毒症
عَدَمُ الـ 尿闭
مَبَال / مُبَالَاة (في بلي)
مِبْوَلَة جـ مَبَاوِلُ: وِعاء التَبْوِيل / قَصْرِيَّة (مـ) 便壶，溺器，尿器，夜壶
ـ: مَكان التَبْوِيل 小便处，便所
مَبْوَلَة: مُدِرّ للبول 利尿的，通小便的；利尿剂，利尿物
بُولَاد (سـ): فُولَاذ / صُلْب (مـ) 钢
بُولِصَة (أ) (راجع بُولِيسَة) polizia(意) 保险单

بُولَاق 布拉格(开罗一个区)
ـ (أ) (土) 河源
رَاخَ على الـ (مـ) 他呕吐了
بُولْكَا (أ) polka: اسم رَقْصَة 波尔卡舞(1830年创于波希米亚)
بُولُو (أ) polo: لُعْبَة التَجَاحُف بالكُرَة / لُعْبَة كُرَة الخَيْل 马球，马上球戏
بُولَنْدَة (أ) Poland 波兰
بُولَنْدِيّ 波兰的；波兰人
بُولُونِيَا (أ) 波兰
بُولُونِيّ 波兰的；波兰人
الـ ة 波兰语
بُولْكَه (أ): بُلْكَه 女外衣
بُولْتِيكَه (أ) politica(意) 政治
بُولِيس (أ) police(法): ضَبْط / شِحْنَة 警备队
ـ: شُرْطَة / رِجال الضَبْط 警察
ـ: ضَبْطِيَّة 警察署
ـ الآدَاب 风纪警察
الـ الجِنَائِيّ 刑事警察
الـ السِرِّيّ: مُخْبِر 侦探，暗探，便衣警察
الـ العَسْكَرِيّ 宪兵
ـ المُرُور 交通警察
ـ المَبَاحِث 侦缉队
بُولِيسِيّ 警察的
رِوَايَةٌ ـ ة / قِصَّة ـ ة 侦探小说
بُولِيسَة جـ بَوَالِيسُ (أ) / بُولِيصَة جـ بَوَالِيصُ / بُولِصَة (أ) polizia: صَكّ 保险单
ـ السِيكُورْتَاه (التَأْمِين) sicurta(意) 保险证券，保险单
ـ الشَحْن بالبَحْر 海运货单
ـ الشَحْن بِسِكَّة الحَديد 铁路货运单
بُوم جـ أَبْوَام / بُومَة جـ بُومَات: طائِر الظَلَام 枭，

猫头鹰
الـ الصيَّاح: أمّ قُوَيْق 叫枭
بُومَا (أ) puma / أَسَد أَمْرِيكيّ 美洲豹
بُومَادَة (أ) pomade: دِهَان للشَعْر والبَشَرَة 发膏，润肤油
بُومْبِرِيس (أ) bompresso (意): بَسْتُون المَرْكَب (مـ) [航]第一斜桅，牙樯
أَلْبُومِين (أ) albumen: المادَّة الزُلالِيَّة 蛋白质
بَوْن: مَسَافَة / بُعْد 距离，间隔
ـ: فَرْق 差别，区别，殊异，不同
ـ شَاسِع 很大差别；差距
بَان: شَجَرُ اليَسار [植]垂柳；肉豆蔻树
بُونَات (أ) bon (法) 支票，信用券，临时纸币
بَاه: نكاح 结婚
ـ: جِماع 性交
مُقَوٍّ للـ: نَاعُوظ 春药
بَاهَة الدار: ساحَتُها 庭院，院子，院落
بُويَة جـ بُويَات (مـ): صِبَاغ / بُويَا (土) 颜料，染料，油漆，涂料
ـ بالزَيْت 油漆料
ـ جَاهِزَة 油画颜料
ـ جِزَم 靴(鞋)油，擦鞋油
بُويَجِي جـ بُويَجِيَّة (مـ): مَسَّاح الأَحْذِيَة 擦皮鞋的
ـ 写生画家，色彩画家
ـ 刷墙匠，彩画匠
بيئة (في بوأ)
بِيَادَة (مـ): عَساكِر المُشاة 步兵
بِيَادِيّ: جُنْدِيّ رَاجِل / مَاشٍ 步兵
بَيَّارَة (سـ) (بِلُغة فلسطِين): بُسْتَان 果树园，果园
بَيَان (في بين) 宣言，宣告，布告
بِيَان (أ) / بِيَانُو (أ) piano (意): مِضْرَاب 钢琴

العَازِف على الـ 钢琴演奏者，钢琴家
بَاتَ ـ بَيْتًا وبيَاتًا وبَيْتُوتَةً ومَبِيتًا ومَبَاتًا في المكان:
أقامَ فيه الليلَ 过夜，度夜
ـ فلانًا وبهِ وعندَه: نَزَل عندَه 在他家过夜
ـ يَفْعَلُ كذا: فعلَه لَيْلاً 趁夜做(事)
أَبَاتَهُ: جعلَه يَبِيت 留宿
بَيَّتَ الشيءَ: عمِله أو دبَّره ليلاً 夜间安排
ـ العدوَّ: هجَمَ عليه ليلاً 夜袭
ـ رأيَه: فكَّر فيه وخمَّرَه 预谋
بُيِّتَ الشيءُ: قُدِّرَ 估计
ـ (مـ) وأَبَاتَ 留宿，供给住所，给过夜地方
ـ (مـ) وبَاتَ: أقامَ الليلَ 过夜，度夜
ـ في الصفّ (مـ) (في المدرسة) 留级
ـ السَيْفَ وأمثالَه في قِرَابِه (مـ) 纳剑于鞘
بَيْت جـ بُيُوت وأَبْيَات جج بُيُوتَات وأَبَابِيت:
مَسْكَن / دار 房子，房屋，房舍，馆
ـ (棋)场，界
ـ: مَنْزِل / مَوْطِن 家，宅，住宅，住所，寓所
ـ: أُسْرَة 家庭，家族
ـ: جُزْء من مكان 一段地方，一块地方
ـ: قِرَاب 鞘，套袋
ـ مَدَرٍ (مَبْنِيّ): مَبْنًى 建筑，建筑物，屋宇
ـ شَعْرٍ: خَيْمة 帐篷，帐幕
ـ شِعْرٍ جـ أَبْيَات (诗的)一行
ـ الخَلاءِ / ـ الرَاحَةِ / ـ الأَدَبِ / ـ الماءِ: دَوْرَةُ المِيَاهِ 厕所，便所，盥洗室
ـ الإِبْرَة 指南针
الـ الأَوَّل (浴室的)更衣间，化妆室
ـ تِجَارِيّ 商店，商铺
ـ زُجَاجِيّ 温室，暖花房

ـ العَنْكَبُوت 蜘蛛网
ـ الفَسادِ 妓院
ـ الكِلابِ 狗窝，犬舍
ـ اللهِ / الـ الحَرام / الـ العَتِيق [伊]天房，克而白
ـ المال 国库
ـ المُقَدَّس: القُدْسُ / أُورَشَلِيم 耶路撒冷
هذا هو ـ القَصِيد 这就是精华，这就是要旨
أَهْل الـ 家属，(史)穆罕默德的后裔
بَيْتِيّ: عَائِلِيّ / أَهْلِيّ 家的，家内的，家庭的，家里的
ـ: داجِن 豢养的，养驯的
ـ: مَصْنُوع في البيت (ضد سُوقِيّ) 家制的，家造的
بَيَات 夜袭
بُيُوتَات 显贵的家庭
تَبْيِيتَة [机]箱，套，机匣
بَائِت 过夜的，隔夜的
عَيْش ـ 隔夜的面包，陈面包
ـ (م): قديم (ضد صابح) 陈的，陈旧的，不新鲜的
ـ في الصَفّ (م): مُعِيد 留级学生
مَبِيت: مكان البَيات 住处，过夜的地方
بِيتْهُوفِن (أ) Beethoven: مُوسِيقِيّ شهير 贝多芬(德国作曲家 1770—1827)
بَادَ ـِ بَيْدًا وبَيَادًا وبُيُودًا وبَيْدُودَة: هَلَكَ 死，灭亡，消灭，灭绝
أَبادَه: أَفْناه 使毁灭，使灭亡，使消灭
ـ ه: اِسْتَأْصَلَه 根除，除根，彻底消灭
بَيْدَ أَنَّ: غَيْرَ أَنَّ ... 但，但是，然而，可是
بَيْداء ج بِيد وبَيْداوَات: فَلاَة 荒野，旷野，原野，沙漠，无人烟之地

إِبادَة: إِفْناء 灭绝，剿绝灭尽，毁灭，消灭
ـ: اِسْتِئصال 除根，根绝，铲除
بَائِد: مُنْقَرِض 灭亡的，灭绝的，绝种的，绝亡的，消亡的
الأُمَم الـ ة 灭种的民族
الحَضَارَات الـ ة 消失了的文明
مُبِيد: مُهْلِك 使消灭的，毁灭性的，致灭亡的
ـ الحَشَرات 杀虫剂
خَطَر ـ 致命的危险
ـ ج مُبِيدَات 灭虫药品；杀虫剂
بِيتِلُّو (أ) vitello (意) 小牛肉
بِيدَاجُوجِيَا (أ) pedagogy: فنّ التَعْلِيم 教授法，教学法，教育学
بَيْدَر الغِلال ج بَيَادِر: جُرْن 打谷场
بَيْدَق / بَيْدَق الشَطْرَنْج ج بَيَادِق [棋]卒，兵
بِير (م) / **بئر** (في بأر)
بِيرَا (أ) / بِيرَة (أ) birra (意): جِعَة 啤酒
ـ: حَانَةُ شُرْب الجِعَةِ أو مصنعها 啤酒店
مَصْنَع الـ 啤酒酿造所
بِيرارِيَّة ج بِيرارِيَّات birraria (意) 啤酒铺
بَيْرَق ج بَيَارِق (أ): عَلَم 旗，旗帜，有竿的旗
بَيْرَقْدَار ج بَيْرَقْدَارِيَّة: حامِل العَلَم 旗手，打旗的，掌旗官，持旗的军官或士兵
بَيْرُوت 贝鲁特(黎巴嫩首都)
بِيرُوقْراطِيّ (أ) bureaucratist 官僚主义的，官僚主义者，官僚式的
بِيرُوقْراطِيَّة bureaucratism 官僚主义
بِيسِيكُولُوج (أ) psychology 心理学
بِيسِيكُولُوجِيّ 心理学的
بِيرُومِتْر (أ) pyrometer / ميزان حرارة النار 高温表
بَيْزَار ج بَيَازِرَة: حامل البازي 持鹰的人

بَيْزَرَة 鹰猎
بِيزَنْطِيّ (أ) / بُوزَنْطِيّ Byzantine 拜占庭的，东罗马帝国的
بِيش جـ أَبْيَاش (أ): خَانِق الذئب [植]附子，乌头
بِيشَة 被单，床单；遮布，罩布，面罩
بَاضَتْ ـ بَيْضًا الدَجاجَةُ 产卵，生蛋
بَاضَ ـ بَيَاضًا 成为白色的
بَيَّضَ الشيءَ: جعَله أبْيَض 漂白，涂白
ـ الحَائطَ والبَيْتَ 把墙刷白
ـ القُمَاشَ: قصَره 将布漂白
ـ الآنِيَة النُحَاسِيَّة بالقَصْدِير 镀锡
ـ المَكْتُوب 誊清(底稿)
ـ الوَجْهَ 显扬，增加光辉，使荣耀
ـ الأَرُزَ 碾米
تَبَيَّضَ 镀了锡；誊清了
اِبْيَضَّ الشعْرُ وغيرُه: صارَ أبْيَض (头发等)变白，呈白色
ـ الوَجْهُ والنَبَاتُ واللونُ 变白色，呈白色
ـ 镀了锡
بَيْض جـ بُيُوض: ما تضعه إناثُ الطَيْرِ ونحوها 卵，蛋
ـ بِرِشْت (مـ): نِيمْبِرِشت 溏心蛋
ـ ٌ جَامِد (مـ) (مَسْلُوق) 煮鸡蛋，煮熟的蛋
ـ ٌ مَقْلُوّ (مـ) (مَقْلِيّ بالسَمْن أو الزَيْت) 油煎蛋，油炸蛋
ـ ٌ مَقْلِيّ مُخْتَلِط البَيَاض بالصفَار (مـ) 炒蛋
ـ ُ الأَنُوق: أمر متعذِّر 兀鹰蛋(很能办到的事)
أَبُو ـ ِ (مـ): رُتَيْلاء 意国蛛(一种有毒的大蜘蛛)
ساعَة الـ 煮蛋用的沙表(至蛋熟时约有三分钟沙即落尽)
ظَرْفُ أَكْل الـ 蛋杯(食溏心蛋时所用的杯)
مِخْفَقَةُ الـ (مـ): مِخْوَض 蛋帚(搅蛋用的工具)
بَيْضَة جـ بَيْضَات: واحدة البَيْضِ 一个蛋
ـ: خُصْيَة 睾丸
ـ: خُوذَة 胄，钢盔
ـ الديكِ / بَيْضُ الأَنُوق 公鸡蛋(不可能的事物)
ـ القُنِّ: رَقُوبَة (مـ) 留巢卵，留窝蛋(防产卵母鸡弃巢而置于其巢中的天然卵或人造卵)
ـ رَفْو الجَوارِب 球形补袜台
الدِفَاعُ عن ـ الوَطَن 保卫祖国的主权
بَيْضِيّ الحَجْم / بَيْضَوِيّ الحَجْم 卵形体的，卵状体的
ـ الشَكْل 卵形的，椭圆的，长圆形的
شَكْل ـ 椭圆，椭圆形
بُيَيْضَة / بُوَيْضَة جـ بُوَيْضَات 卵细胞，胚珠
بُوَيْضَات الجَرَاد 蝗虫卵
بَيُوض / بَائِض: تتناسَلُ بالبيض 卵生的，产卵的家禽
بُيُوضِيّ: طائِر ثَمين الرِيش 白鹭
بَيَاض: ضدّ سَواد 白，白色，素白，洁白
ـ البَيْض 蛋白
ـ جـ بَيَاضَات (مـ) 衬衣，内衣；床单
ـ العَيْنِ 眼白，白眼球，白睛
ـ اليَوْم: النَهارُ 白天，白昼，光天化日
ـ اليَوْم: طُولُه 终日，整天
ـ الحائط: ما تُبَيِّضُه به (涂墙壁等的)石灰水或白粉胶泥水
ـ: اسم سَمَك 鳕类

ـ بالأَصْل 空白
مَرَضُ الـ 褐斑(植物病)
كَسَبَ ـَ الوَجْهِ عِنْدَه 在他面前为自己辩护
(表白)
عَلَى ـِ (مـ): أَبْيض / غير مَكْتُوب 空白，白
纸，格式纸
بَيَاضِيَّة وقِنَان (مـ): حِلْية مِعْمَارِيَّة [建]卵形与
箭形相间的雕刻
تَبْيِيض: ضدّ تسويد 涂白，漂白
ـ الجُدْرَان 刷白墙壁
ـ المَكْتُوب 誊清(底稿)
ـ النُحَاس 镀锡
تَبْيِيضَة (مـ) / مُبَيَّضَة: ضدّ مسوَّدة 清稿
أَبْيَضُ م بَيْضَاءُ ج بِيض: ضدّ أَسْوَد 白的，白
色的
ـ البَشَرَة 肤色洁白的
ـ أو أَسْمَر 白色的或棕色的
ـُ ناصِعٌ (كالثَلْج) 雪白的
ـ: غير مَكْتُوب 空白的，无字的
الإِرْهَابُ الـ 白色恐怖
لا يَمْلِكُ ـ ولا أَسْوَد 他什么也没有，两袖
清风
سِلاحٌ ـ 白刃；刀剑
مَوْتٌ ـ: فُجَائِيّ 暴死，骤死，突然的死亡
يَدٌ بَيْضَاء 慷慨，宽大，恩惠，善行，仁爱，
仁德
أَبْيَضَانِيّ (مـ): أَبيضُ البَشَرَة 肤色洁白的
بَيَّاض 卖鸡蛋的
مُبَيِّض 缮写员
ـ الحِيطان 刷墙匠
ـ النُحَاس 镀锡匠
ـ الأَقْمِشَة: قصَّار 漂布匠

مُبَيَّضَة [植]白蘑菇
مَبِيضُ الأُنْثَى ج مَبَايِضُ (أو نبات) [动]卵巢；
[植]子房
بَيْطَار / بيطر / بيطرة (في بطر)
بَاعَ ـِ بَيْعًا ومَبِيعًا فلانًا كِتابًا أو من فلان كِتابًا:
ضدّ اشتراه 卖，卖出，贩卖，出售
ـ بِثَمَنٍ أَقَلَّ مِنْ غَيْره 贱卖，廉卖
ـ بثَمَنٍ أَزْيَدَ من غَيْرِه 贵卖，高价出售
ـ بالقَطَّاعِيّ 零售，零卖
ـ بالمُنَادَاة 叫卖，负贩
ـ بالمَزَاد 拍卖
ـ واشتَرَى 买卖，贸易，经商，做生意
ـ تْ عِرْضَها: أَوْمَسَتْ المَرْأَةُ 卖淫，为娼
بَايَعَه مُبَايَعَةً 向他宣布效忠，发誓，宣誓
ـ ه: عَقَدَ معه البَيْعَ 签订交易
أَبَاعَ الشيءَ: عرَضَه للبيع 陈列售卖，求售，
兜销
بِيعَ وانباعَ الشيءُ: نفق 被出售，被让与
ـ بالمَزَاد العَلَنِيّ 用拍卖方式出售
يُبَاعُ ويُشْتَرَى: يُنَالُ بالمَال 可用金钱得到
اِبْتَاعَ الشيءَ: اشتراه 买，购，收买
ـ صَفْقَةً واحِدَةً 全买，趸买
ـ له الشيءَ: نَابَ عنه في شِرَائِه 代购
بَيْع: ضد شِرَاء 卖，贩卖，售卖，出售
ـ جَبْرِيّ 强制拍卖
ـ عَلَنِيّ 拍卖
ـ بالمُنَادَاة 叫卖，肩贩
الـ بالنَسِيئَة 赊卖
الـ والشِراء 生意，买卖，贸易，商业
بَيْعَة ج بَيْعَات: عَمَلِيَّة بَيْع 买卖，交易
ـ (أو شَرْوَة) رابحة 有利的买卖
على الـ (مـ): عَلَاوَة 加之，而且

ـ 誓言

بِيعةُ (النصارى) جـ بِيَع وبِيعَات وبِيعَات: كَنِيسَة [基督]教堂，礼拜堂

ـُ (اليَهُودِ): كَنِيس 犹太会堂

اِبْتِيَاع: شِرَاء 买，购，收买，收购

مُبَايَعَة جـ مُبَايَعَات: عَقْد التَمْلِيك [法]地契

بَيَّاع / بَائِع جـ بَاعَة: ضد شَارٍ 卖者，卖主，贩卖人

ـ / ـ: تاجِر 商人，生意人

ـ / ـ (أحد الباعة في مَخْزَن تِجاريّ) 店员，售货员

ـ / ـ مُتَجَوِّل 小贩，行商，沿街叫卖者

مَبِيع جـ مَبِيعَات / مُبَاع 被售的，被卖的

ـ: بَيْع 卖，出卖，贩卖

مُبْتَاع: مُشْتَرٍ 购买者，买主，收买者，顾客

البِيقِيَّة 绿豆

بَيْك جـ بَيْكَوَات (مـ) / بَك: لَقَبُ شَرَف عُثمانيّ مِصريّ 贝克(帝制时期，土耳其与埃及的爵位)

ـ 地主老爷，地主

بَيْكَوِيَّة 贝克的称号

بِيكار جـ بَيَاكِرُ (أ): بَرْجَل 圆规，两脚规

ـ الزَوَايَا 斜角规，歪角曲尺

بِيكباشي جـ بِيكْباشِيَّة (أ) [军]少校

بِيكَرْبُونَات (أ) bicarbonate: ثَانِي كَرْبُونَات [化]碳酸氢盐

بِيكَةُ النُورِ الكَهْرَبَائِيَّة 灯泡，电灯泡

بَيْلَسَان: بَلَسَان [植]接骨木，接骨树

بِيلْيَة جـ بِيلْيَات (أ): كُرَة صغيرة 小球，毬

ـ: يَلْعَبُ بها الصِبْيَانُ (小孩游戏的)弹子

بِيمَارِسْتَان (أ): مُسْتَشْفَى المَجَانِين 疯人院，精神病院

بَانَ ـِ بَيَانًا وتَبْيَانًا وتِبْيَانًا: ظَهَرَ 出现，显现，显露

ـ: اِتَّضَحَ 明白，清楚

بَانَ ـِ بَيْنًا وبُيُونًا وبَيْنُونَةً عنه: فارَقه 离开，离别，抛弃，离去

بَيَّنَ الشيءَ: أَظْهَرَه 展示，显示，暴露，出现

ـ ه وأبانَه: أَوْضَحَه 说明，解释，阐明，辩明

بَايَنَه: هَجَرَه 弃，离弃，遗弃，舍去

ـ ه: خَالَفَه 与他不同，相异

ـ ه: نَاقَضَه 与…相反，反对，不合，违反，和…不一致

تَبَيَّنَ الأمرَ 确定，调查，探知，探闻，把事情弄清

ـ الأمرُ: اِتَّضَحَ 真相大白，事情清楚

اِسْتَبَانَ الشيءَ 认出，看出，看清

ـ 说明，阐明

بَيْنَ الشَيْئَيْنِ 在(两者)之间

ـ الأَشْيَاء أو الجمَاعة 在(多数)中间

ـ / من بَيْنِ (كقولك مرّ مِنْ بَيْنِهِمْ) 经，经过

ـ يَدَيْهِ: أَمَامَه 在他面前，在他前面

ـ ساعَةٍ وأُخْرَى 随时

ـ الشكِّ واليَقِين 半信半疑

ـ / ما ـ ... و... 既…又…

هُناك نَحْوُ سِتَّةِ آلافِ مَصْنَعٍ ما ـ كَبِيرٍ وصغيرٍ 那儿大大小小有近六千家工厂

فِيما ـ ذلك 同时，当时

حالَ ـ ه وبين ... 妨碍他不能…

كانَ ـ الغافِي والواعِي 他在半醒半睡的情况下

تَخَلَّصَ مِنْ ـ ذِرَاعَيْهِ 挣脱他的拥抱

بَيْنَ بَيْنَ: بينَ الرديء والجيِّد 平常，尚可，

中等，不好不坏，还罢了，还过得去
بَيْنَمَا / بَيْنَا: أَثْنَاء 正当…之际
بَيْنٌ: فُرْقَة 分离，隔离，分裂
ذاتُ الـ: عَدَاوَة 敌对，敌意，仇恨，不睦，意见不合，冲突，纷争，倾轧
بَيَان / تَبْيَان: إظْهَار 表示，展示，表现，显示
ـ / ـ: إيضَاح 说明，阐明
ـ: شَرْح 解释，释文，解说
ـ: تَصْرِيح 宣言，声明，布告
ـ: تَقْرِير 报告，报道
ـ: لائحة 程序表，说明书，计划书
ـ رَسْمِيّ: بَلاَغ 公报，正式通报
ـ وِزَارِيّ 政府声明
الـ الشُّيُوعِيّ 共产党宣言
ـ صَحَفِيّ 新闻公报
الـ المُشْتَرَك 联合公报
عِلْمُ الـ 阿拉伯语修辞学第二部分
حُسْنُ الـ: فَصاحة 辩才，口才
عَطْفُ الـ (في النحو) [语]同位语，同格语
غَنِيٌّ عَنِ الـ 自明的，自然明白的，不言而喻的，无需说明的
بَيَانَات: مَعْلُومَات 材料，资料

بَيَانِيّ: إيضَاحِيّ 说明的，解释性的，证明的，指示的
ـ 演说家
أَرْقَامٌ ـ 说明的字数
بَيِّن: ظاهِر / واضح 显著的，明白的
بَيِّنَة جـ بَيِّنَات: بُرْهَان (أو شاهد) 凭据，明证，证据
ـ ظَرْفِيَّة 情况证据，间接证据
كان على ـِ مِنْ أَمْرِهِ 他熟悉他的事情
بَانَة: سُكْسُكَة 鹪鹩
تَبَايُن / مُبَايَنَة: اختلاف 差别，差异，区别
ـ: تناقُض 矛盾，抵触
تَبَايُنِيّ: خلافِيّ 分歧的，抵触的
مُبِين: ظاهر 明显的，显著的
مُتَبَايِن: مُخْتَلِف 不同的，个别的
بِينْتُو (مـ) (٢٠ فَرَنْك ذَهَب) vingti (意) 路易多币(大革命前的法国金币，约合 20 法郎)
بِيُورُلْدِي (مـ): بَرَاءَة الوِسام أو رُتْبَة الشَرَف 将校加衔的命令
بِيُولُوجِيَا (أ) biology 生物学
بِيُولُوجِيّ (أ) 生物学的；生物学家

التاء

ت (التاء) 阿拉伯字母表第3个字母；代表数字400。التاء是这个字母的名称，是阴性名词，复数是تَاءَات；关系名词是تَائِيّ、تَاوِيّ 。قصيدة تَائِيّة أو تَيَوِيَّة 是以تاء为韵脚的长诗。这个字母可以当名词用，也可以当虚词用。当名词用时放在过去式动词词尾上，做第一人称和第二人称的主格代名词ذَهَبْتُ، ذَهَبْتِ، ذَهَبْتُمَا، ذَهَبْتُمْ، ذَهَبْتُنَّ

当虚词用的时候有下面五种用法：

(1)当阴性的标志，放在名词后面：عَامِلَةٌ或者放在动词的后面：ذَهَبَتْ

(2)当个位的标志，放在种类名词的后面：زَهْرَة ، شَجَرَة

(3)当张大名词的标志：

هو رَاوِيَةٌ شَهِيرٌ 他是一位著名的传说家

(4)当介词用，表示发誓：

تَاللّٰهِ 指真主发誓

(5)附加：

①加在动词前面或中间：تَقَاتَلَ، اِقْتَتَلَ

②加在名词末尾上，代替被省略的字母：

صِلَة (وَصْل) / شَفَة (شفه)

ت: سَاعَة (钟点的)缩写

ت: تِلِفُون (电话的)缩写

ت: تِجَارِيّ (商业的)缩写

س. ت.: سِجِلّ تِجَارِيّ (商业注册的)缩写

تَا / تَاكَ / تِيكَ / تِلْكَ (阴性单数指示名词)这，这个

تَاسُوعَاء (في تسع)

تَانِ / تَانِكَ / تَانِّكَ (阴性双数指示名词)这俩，这两个

تاب (في توب) / **تابل** (في تبل)

تَابُوت ج تَوَابِيت: صُنْدُوق 箱，柜，匣

ـ الجُثَث المُحَنَّطَة 木乃伊棺材

ـ العَهْد [基督]约柜

ـ المَوْتَى 棺材

ـ رَفْع المِيَاه (م): طُنْبُور 螺旋水车

ـ السَّاقِيَة 筒车

تَابُور ج تَوَابِيرُ (راجع طابور) [军]纵队

تَابِيُوكا (في تبيوكا) / **تاج** (في توج)

تَاجِيكْسْتَان (أ) Tadjikstan 塔吉克斯坦

تَارَةً: مَرَّةً 一次，一回

ـً: أَحْيَانًا 有时，常常，往往

ـ بَعْدَ أُخْرَى 有时…有时

ـ ... وـ ... / ـ ... وأخرى ... 时而…时而…，有时…有时…

تاريخ (في أرخ) / **تاريع** (في ترع)

تاق (في توق) / **تال** (في تلو)

تَالْك (أ) / **طَلَق** (أ) talc 滑石

تَالُووِين (أ) / **تُولُوِين** toluene 甲苯

التَّامِيز (أ) Thames 泰晤士(英国河名)

تاه (في تيه)

تَأْتَأَ تَأْتَأَةً وتَأْتَاءً الرجلُ 谈话时常带 ت 的音

تُؤدة (في وأد) / **تأكّد** (في أكد ووكد)

أَتْأَمَت المرأةُ : وَلَدَتْ تَوْأَمَيْنِ 生双胞胎

تَوْأَم ج تَوَائِمُ وتُؤَام م تَوْأَمَة : وَلَدَانِ يُولَدَانِ في بطن واحد 双生的，孪生的

هٰذا تَوْأَمُ ذلك 这两人是孪生的弟兄

هٰذه تَوْأَمَةُ تلك 这两人是孪生的姐妹

هٰذَانِ تَوْأَمٌ أو تَوْأَمَانِ 这是一对孪生子
هَاتَانِ تَوْأَمَةٌ أو تَوْأَمَتَانِ 这是一对孪生女
التَوْأَمَانِ: الجَوْزَاء [天]双子座
تآمر / تآمور (في أمر) / **تأنى** (في أني)
تَبَّ ـُ تَبًّا وتَبَبًا وتَبَابًا وتَبِيبًا الرجلُ: هلك 灭亡，毁灭
اِسْتَتَبَّ له الأمْرُ: اِستقام 安定，稳定，秩序恢复
تَبًّا له: أَلْزَمَهُ اللهُ خُسْرَانًا وهَلاكًا 该死！
ـ لك، لا أَسْتَطِيعُ ... 滚你的蛋吧！我不能…
تَبَاب 减损，损失
ـ 死亡，灭亡
التِبَت 西藏
تُبَّت [史]吐蕃(西藏)
تِبْر: تُراب كل مَعْدِن 原矿物，自然矿
ـ الذَهَب 金矿，金沙
تَبَار 没落，衰亡，毁灭；消灭，歼灭
تِبْرِيَة: هِبْرِيَة 头垢，头皮屑
تَبِعه ـَ تَبَعًا وتَبَاعًا وتَبَاعَةً واتَّبَعَه: لَحِقَه 随从，跟随，追随
ـ و ـ: سار في إثْرِه 追踪，追击，追赶
ـ و ـ: اِنْقَاد إليه 遵从，顺从
ـ: أتى بَعْدَه 继承，续来，继…之后，接着…发生
يُتْبَعُ: للكلام بَقِيَّة 待续，未完
تَبَّعَه: اِتَّبَعَه 追随，跟随
تَابَعَه على الأمر: وَافَقَه عليه 赞同，遵从，遵守；照(章)办事
ـ العملَ: أَحْكَمَه وأَتْقَنَه 做好工作，贯彻
ـ العملَ: وَالاَه 继续工作；不断关注
أَتْبَعَه: لَحِقَه 跟随，追随
ـ ه كذا: أَلْحَقَه به 派遣…跟着；把…附在…上
تَتَبَّعَ الأمرَ 注意研究某事的发展，继续关注
تَتَابَعَ: تَوَالَى 接连，连续，相继
تَتَابَعَتِ الأَخْبَارُ 消息源源而来
اِتَّبَعَ سياسةَ كذا 遵循…政策
اِسْتَتْبَعَه: طَلَبَ منه أَنْ يَتْبَعَه 叫他跟着
تَبَع / اِتِّبَاع: لَحَاق 跟踪，追随，尾随，跟随
ـ 属于(某人或某物)的，与(某人或某物)有关的
ـ ج أَتْبَاع 信徒，门生，从者
تَبَعِيَّة 附属，依属性；国籍
تِبَاعًا: بالتَتَابُع 连续地，陆续地，接连地，相继地，一个跟着一个地
إِتْبَاع 派遣
ـ [语]用同式名词加重语气，如：
حَسَن بَسَن، حَيْص بَيْص، كَثِير بَثِير، خَبِيث نَبِيث، شَيْطان لَيْطَان 这种用法类似汉语里的“辛辛苦苦”，“冷冷清清”
تَتَبُّع / مُتَابَعَة: مُلاحَقَة 跟踪，追击，追赶
تَتَابُع: تَوَالٍ 接连，连续，相继
بالـ: على التَوَالي 接连地，连续地，陆续地，相继地
تُبَّع ج تَبَابِعَة 土伯尔(古代也门国王的称号)
تابع ج تَبَع وتَبَعَة وتَوَابِعُ وتُبَّاع 后面的，下述的
ـ: مَرْؤُوس 属下，部下，下级的
ـ: تِلْمِيذ 学生，门徒，徒弟，门生
ـ: خَادِم 侍从，随员，仆人
ـ ومَتْبُوع 主从，主仆，领导者与被领导者
ـ [语]同格词(形容词等)

ـ لكذا 附属，隶属

مَجْلِسُ الأَمْنِ الـ لهيئة الأُمَمِ المُتَّحِدَة 联合国安全理事会

تَابِعِيّ/تابع جـ تابِعُون [伊]圣门再传弟子

تَابِعِيَّة 属性，从属；国籍

تَوَابِعُ: حَشَم (أو أَقْمَار تتبع سيَّار) 仆从；卫星

الشُمُوس وـُـ ها 太阳及其行星，太阳系

星球

أَصحابُ الـ والعَرَّافُون 卜卦者，卜卦的

تَبِعَة جـ تَبِعَات / تَابِعَة: نَتِيجَة 结果，效果

ـ /ـ: مَسْؤُولِيَّة 责任

أَلْقَى التَّبِعَةَ على فلانٍ 把责任推给某人

تَبِيع جـ تِبَاع وتَبَائِعُ 跟随者，拥护者，门徒，门生，徒弟

مَتْبُوع 首领，领导者

ـ [语]同格语前面的名词(如形容词前面的名词)

مُتَّبَع 通用的，一般通行的

ـ 人们遵守的东西

مُتَتَابِع 连续的，接连的，相继的

تِبْغ (أ) / تَبْغ / تَبَغ جـ تُبُوغ: دُخان 烟草，烟叶，烤烟

تَبَّل وتَوْبَلَ الطعامَ 加作料，加调料，以香料调味

ـ المَقْلِيَّ بالدَقِيق أو الفُتَاتَة (مـ) 复以面粉或面包屑

تَتَبَّلَ الطعامُ 食物加了香料(作料)

تَابِل / تَابَل / تَأْبَل جـ تَوَابِلُ 香料，作料，调味料

مُتَبَّل جـ مُتَبَّلات 加作料的，带作料的饭菜

تَبَّال 香料商

تِبْن: عُصَافَة القَمح والشَعِير تَعْتَلِفُه الدَوَابّ 草料

حُمَّى الـ [医]干草热，花粉热(因花粉刺激结合膜与鼻粘膜而引起的鼻卡他)

تِبْنِيّ: بِلَوْن التِبْن / مُتَبَّن / مَتْبُون 稻草色的，麦秸色的，淡黄色的(衣服或牲畜)

تَبَّان: بَيَّاع التِبْن / عَلَّاف (مـ) 草料商

دَرْبُ التَبَّانَةِ (مـ) / سِكَّةُ التَبَّانَة (مـ): المَجَرَّة 银河，天河

مَتْبَن جـ مَتَابِنُ / تَبَّانَة 放草料的地方，草料房

تُبَّان (波): سراويل قصيرة 短裤，裤衩

تَبَوَّعَ (مـ): تهوَّع 干呕

تَبْيُوكَا (أ) / تَابِيُوكَا: دَقِيق مُغَذٍّ 参茨淀粉

ـ خَشِنَة 珠粒的参茨淀粉

تَثَاوَبَ (مـ): تَثَاءب (في ثئب) 打哈欠

تَتَر / تَتَار: قَوْم مقامهم بين الصين وبحر الخَزَر 塔塔尔人，[史]鞑靼人

تَتَرِيّ: واحد التَتَر 一个塔塔尔人，[史]一个鞑靼人

الـ ة 塔塔尔语，[史]鞑靼语

تَتْرَى (أصلها وَتْرَى) 陆续，相继，鱼贯

تَتِك (مـ): ضَابِط أو غَمَّاز الزِنَاد 枪的扳机

تُتُن (أ) (土): دُخان 烟草，烟叶

تِتَنُوس (أ) tetanus: كُزَاز [医]破伤风

تَجَرَ ـُـ تَجْرًا وتِجَارَةً وتَاجَرَ واتَّجَرَ: تَعَاطَى التِجارة 做买卖，经商，贸易

ـ وـ وـ في كذا 经营…，做…生意

تِجَارَة / مَتْجَر 生意，买卖，贸易，商业

أَعْمَال الـ والإِجَارَة 商业和租赁

ـ المُرُور 过境贸易

أَرْبَابُ الـ 商人

ـ /ـ: بِضَاعَة 商品，货物

ـ مُحَرَّمَة أو مَشِينَة 违法贸易，非法交易

تِجَارِيّ / مَتْجَرِيّ: مختصّ بالتِجارة 商业的，

贸易的，商务的

اِتِّفاقٌ ـ 贸易协定

غُرْفَةٌ ـ ة 商会，贸易局

حَرَكَةٌ ـ ة 商务活动

بَيْتٌ ـ / مَتْجَر ج مَتَاجِرُ 商店，商号

شَارِعٌ ـ 商业大街，交易街

شَرِكَةٌ ـ ة 贸易公司

القَانُونُ الـ [法]商法

العُرْفُ الـ 贸易惯例

الرَأْسَمَالُ الـ 商业资本

تَاجِر ج تُجَّار وتِجَار وتَجْر 商人，经商者，商贾，贸易者

ـ: بائع الخَمْرِ 酒商

ـ الجُمْلَة 批发商

ـ المُفَرَّق أو القَطَّاعِي أو التَجْزِئَة (الكَسْر أو الإخْتاء) 零售商人

ـ بالعُمُولة 代售商

سَرْتُجَّار (مـ) (波) 商会会长

تُجَّارُ الحَرْبِ 战争贩子

تَاجِرَة ج تَوَاجِرُ 女商人；商品，货物

بِضَاعَة ـ: رابِحَة/ضد كاسِدة 畅销货

مَتْجَرَة ج مَتَاجِرُ 商场

تِجاه / تُجَاه (في وجه) / **تجلّى** (في جلو)

تَحْتَ 在…下面(空间名词，常做正次，居于宾格)

ـ: أَسْفَل أو إلى أَسْفَل 在下，向下

ـ: في أو إلى الطابِق السُفْلِيّ 在楼下，到楼下

ـ كذا: أَقَلّ منه 低于，次于

ـ الأَرْض 在地下

ـ إشْرَافِ فُلانٍ 在某人监督下

ـ التَجْرِبَة 在试验中

ـ التَحْضِير 在准备中

ـ التَسْوِيَة 在解决中，悬而未决的

ـ تَصَرُّفِه 在他的支配下

ـ التَمْرِين 在练习中，在训练中

ـ الجِلْدِ 皮下的

ـ الحِفْظِ 在…保管下

ـ الذَقَنِ 颏下的

ـ زَعَامَةِ ... 在…领导下

ـ السَدَاد/ـ التَسْدِيد 未付的，未结清的，未偿还的

ـ سَطْحِ البَحْرِ 海面之下

ـ السِلاحِ 武装着，准备着打仗

ـ سَمْعِهِم وأَبْصَارِهِم 在他们的视听下

ـ الصِفْرِ (温度)零下

ـ الطَبْعِ 在印刷中

ـ طَيِّ الخَفَاء 私下，暗地，秘密地，偷偷地

ـ عُنْوان ... 以…为题的

ـ عَيْن رِجَال الرِقَابة 当着监察人员的面

ـ يَدِه 在他的管辖下

ـ اليَد 在手下，在手边

السِكَّة الحديديَّة ـ الأَرض 地下铁道

ـ رُتْبَة [动]亚目

ـ قِسْم [动]亚纲

من تَحْتُ 从下面

من تَحْتْ لِتَحْتْ (مـ): خِفْيَة 偷偷地，暗暗地，秘密地，私下

تَحْتَانِيّ/تَحْتِيّ: ضد فَوْقَانِيّ 下边的，底下的

مَلابِس تَحْتَانِيَّة 衬衣

التُحُوت: الطَبَقَة السُفْلَى 下层社会

تَحْتَشُعُورِيّ 潜在意识

تَحْتَحَة: حَرَكة 动作，运动

أَتْحَفَه الشيءَ وبه 赠送，献给

تُحْفَة وتُحفَة جـ تُحَف: هَدِيَّة 珍品，礼品
ـ أَدَبِيَّة أو مَعْنَوِيَّة 宝贵的作品，杰出的艺术品
ـ: شيء فاخِر ثَمِين 古董，古玩，珍品
مَتْحَف / مُتْحَف جـ مَتَاحِف / دار التُحَفِ: دار الآثار 博物馆，古物陈列所
تَحوّى (في حوي) / **تحيّة** (في حيي)
تَخَّتَ 安天花板，四壁镶上木板
ـ (مـ) 坐在柔软的床上
تَخْت جـ تُخُوت: مَقْعَد 坐位，凳子
ـ الرُقَاد: سَرِير 床
ـ: مِصْطَبَة / مَقْعَد 长凳，沙发床
ـ الثِياب: خِزَانَة المَلابس 衣橱
ـ الغِناء 音乐厅，演艺馆
ـ المَلِك: عَرْشُه 宝座，御座
ـ المَمْلَكَة: عاصِمتها 国都，京城
ـ مُوسِيقِيّ (طَرَب) 管弦乐队
تَخْتَة الكتابة جـ تُخَت: مَكْتَب 书桌，写字台
ـ / بَشْتَخْتَة (مـ): لوح الطَباشِير 黑板
تَخْتْ رُوان / تَخْتَرُوَان جـ تَخْتَرُوَانَات: رِجازة 舁床，担架；（中国的）轿子
مُتَخَّت 游艇
تَخَّ ـُ تُخُوخَةَ العَجِينُ: ظهرَتْ فيه الحُمُوضَةُ / حَمَّضَ (مـ) （面粉）发酵
ـ تَخًّا العجِينَ أو الطِينَ: أكثرَ ماءَه لِيَلِين 加水于面团（泥块），使其软化
ـ (مـ) / تَخْتَخَ (مـ): تعفَّنَ بالبلل 腐烂，霉烂
تَخّ: عَجِين حامض 酸面
ـ: عصارة السمسم 芝麻油
تَخْتَخَة: لُكْنَة 口吃
تَخْتَاخ / تَخْتَخَانِيّ 结巴，口吃者
ـ 说阿拉伯话发音不正确的外国人

تَخْتَايَة 套螺丝的板牙
تاخ 胃口不开的
تَخذه ـ تَخْذًا: أَخذَه 拿，取
تَخَطّى (في خطو) / **تَخَلّى** (في خلو)
تَخمه ـِ تَخمًا: جعل له حدًّا 划界，立界标
تَخِمَ ـَ تَخمًا واتَّخَمَ: ثقُل عليه الأَكْلُ 过饱，饱胀，（肚子）撑
ـ وـ: أُصِيبَ بتُخْمَة 患消化不良症
أَتْخَمَه الطعامُ / تَخَمَ (مـ) (راجع وخم) 他撑病了
تاخَمَ وَطَنِي وَطَنَكَ: اِتَّصل حَدُّهُ بحَدِّكَ 接壤，交界，毗连
تُخْم وتَخْم جـ تُخُوم: حَدّ 国界，边界
تُخْمَة: سُوء الهَضْم 不消化
مَتْخُوم 患消化不良症的
مُتَاخِم 和…交界的，接壤的，毗连的
تُخْن (مـ) (في ثُخْن) 粗大
تِخِين (مـ): ثَخِين 粗大的
تَدْرُج جـ تَدَارِجُ (أ): تَذْرُو 雉，野鸡
تَدَشَّى (سـ مـ): تَخَشَّأً 打嗝儿
تدلّى (في دلو)
تَدْمُر / بَلْمِيرَا: اسم بلدة سورية أَثَرِيَّة Palmyra 台德木尔（帕尔米拉）废墟（在大马士革东北 210 公里）
تدين (في دين) / **تراث** (في ورث)
تَرَاخُومَا (أ) trachoma ［医］沙眼（颗粒性结膜炎）
تَرَافَرْتِين (أ) travertine 石灰华
تِرام (أ) / تِرَامْوَاي جـ تِرَامْوَايَات tramway 电车
مَرْكَبَة ـ: جمَّاز 电车
تَرَانْزِيت (أ) / تَرَانْسِيت transit（法）豁免关税
تَرِبَ ـَ تَرَبًا المكانُ: كثُر ترابُه 多灰尘

تَرَّبَ وأَتْرَبَ الشيءَ: جعل عليه التراب 使有灰尘，蒙上灰尘，弄得…上面满是灰尘，让它积满灰尘

ـ وـ الرجلُ: كثر ماله كأنه صار له من المال كالتُراب 豪富

ـ وـ: قَلَّ مالُه 贫困

تَارَبَه: كان تِرْبَه 与他同年，与他结交

تَتَرَّبَ: صار تُرَابًا 变成土壤

ـ: لوَّث بالتُراب 沾染灰土

تُرَاب جـ أَتْرِبَة وتِرْبَان / تُرْب: أرض وما نعم منها 尘土，泥土

ـٌ نِفْطِيّ [矿]地蜡，石蜡

ـٌ مَعْدِنِيّ 矿物，矿石

تُرَابِيّ: من التراب 土的，土质的，土制的

ـ: ناعِم / ذَرُورِيّ 细如粉末的

تُرَابَة (س) 水泥，洋灰

تُرَابِيه (س) 掘墓人，(从事挖掘劳动的)工人

تَرْبَاء: تُرَاب 土

الـ: الأرضُ نفسها 地，地面

بَيْنَهما ما بَيْنَ الجَرْبَاء والـ 二者之间有天壤之别

تُرْبَة: أَرض 土地，泥土，土壤

ـ سَوْدَاء 黑土

ـ صَفْرَاء / ـ نَبَاتِيَّة 黄土

ـ جـ تُرَب: مَقْبَرَة 墓地，坟地

ـ الإنسَان: رَمْسُهُ 坟墓

تُرَبِيّ جـ تُرَبِيَّة: حارس المقبرة 看守墓地的人

تِرْب جـ أَتْرَاب: نِدّ 对手，敌手，匹敌

ـ 同年岁的人，同龄人

ـ: زَمِيل 同学，同事，同伙，同伴，同僚

ـ: مُعَاصِر 同时代的人

تَرِب / مُتْرَب: عليه التُرَاب 沾有尘土的

تَرِيبَة جـ تَرَائِبُ 胸，胸骨

مَتْرَبَة: بُؤس مُدقع 赤贫，贫寒

تَرْبَسَ الباب (مـ): ضَبَّبَه 闩上门，加门闩，以横木栏门

ـ 阻塞，阻碍，设防寨，设街头堡垒

تِرْبَاس: مِتْرَاس 门闩

تَرْبَسَة (مـ) /دَرْبَسْت (波) 插上门闩

ـ (مـ) 阻塞，阻碍，设防寨，设街头堡垒

تَرْبَنَ الجُمْجُمَة (أ) trepan [医]施环锯术，施环钻术

تَرْبَنَة: عَمَلِيَّة فَتح الجُمْجُمَة [医]环锯术

تِرْبَان: مِنْشَار الجُمْجُمَة trepan [医]环锯

تَرْبَنْتِينَا (أ): راتِينَج البُطْم turpenthina 松节油

تَرْبِيزَة (أ) / تَرَابِيزَه جـ تَرَابِيزَات trapezio (意): خِوَان 桌子

تِرْبِيُوم (أ) terbium [化]铽

تَرْتَرَ الشيءَ: حرَّكه وزَعْزَعه 摇动，震动

ـ (مـ): ثَرْثَرَ 瞎谈，闲聊

تَتَرْتَرَ: تَزَلْزَلَ 动摇

تَرَاتِرُ: شَدَائِدُ 灾难

تِرْتِر واحدتها تِرْتِرَة جـ تِرْتِرَات (مـ): بَرْق / خَضَض 金箔，银箔，闪光片

زَرْكَشَ بالتِرْتِر 饰以闪光片，饰以金银箔

تَرْتُوار (أ) trottoir (法) 人行道，步道

تُرَاث (في ورث)

تَرِجَ ـَ تَرَجًا: اِستَتَرَ 被包藏，掩没，被隐藏

تَرِجَ ـَ تَرَجًا الرجلُ: خفي وأشكل عليه شيء 感觉微妙，奥妙

تَرْج 狮子多的地方

تَرِيج م تَرِيجَة 肌肉发达的，强健的，有膂力的

تَرْجَمَه: فسَّره بلسان آخر 翻译

ـ ه: فسَّره / شرَحه 说明，解释
ـ عن كذا 表达，表现，表示
ـ عن شُعُوره 表情
ـ 写传记、言行录
تَرْجَمَة: نقْل من لغة إلى أُخرى 翻译
ـ: تفسير 说明，解释
ـ إنسان / ـ الحياة جـ تَرَاجِمُ: تاريخ حياته 传，传记
ـ ذاتِيَّة 自传
ـ حَرْفِيَّة 死译，直译，逐字翻译
ـ تَفسِيرِيَّة 释义，意译
تُرْجُمَان جـ تَرَاجِمَةُ وتَرَاجِمُ / مُتَرْجِم dragoman 译员，通事，解释者，解说者
مُتَرْجَم 被译的，被叙述的人
ترِحَ ـَ ترحًا وتَترَّحَ: حَزِنَ 悲伤，忧愁
تَرَّحَه وأَترَحَه: أَحْزَنَه 使忧愁，使悲伤
تَرَح جـ أَتْرَاح: حُزْن وهَمّ 悲伤，忧愁
ـ وفَرَح 悲欢，苦乐
مُتَرَّح 缺水的(小溪)；痛苦的(生活)
مِتْرَاح 奶易绝的母驼
ترَخَ ـَ تَرْخًا 放血，扎痧子
تَرَّ ـِ تَرًّا وتُرُورًا العظمُ: انقطع وسقط (骨)折断，脱落
ـ عن قومه: انفرد وابتعد 脱离(群众)
ـ تَرارةً الرجلُ: سَمِنَ واسترخى 成为肥胖
تَارّ 肥胖的
أَتَرَّه: أَبْعَدَه 驱逐，放逐
ـ يدَه: قطعها 割手
تُرّ (أ) (波): أَصْل 根
ـ: خَيْط يُمَدُّ على البِناء فيقدَّر به [建]平线
تُرَّى: يد مَقْطُوعة 被割了的手
تَرِزَ ـَ وتَرَزَ ـُ تَرْزًا وتَرَزًا وتُرُوزًا الشيءُ: يَبِسَ 干透
ـ: صَلُبَ 变得坚硬
ـ الماءُ: جَمُدَ (水)凝固
تَرَزَه ـِ تَرْزًا: صرعه 把他撂倒
أَتْرَزَ الشيءَ: صلَّبه 使…坚硬
ـ: أَيْبَسَه 使…变干
تَارِز 干枯的；硬的，坚硬的
تُرَاز 暴卒(急病死)
تَرْزِي جـ تَرْزِيَّة (مـ): طَرْزِي جـ طَرْزِيَّة / خيَّاط / دَرْزِي (波) 裁缝，缝衣工人
تَرَازِي (مـ) 天秤
تَرَّسه: درَّعه 给他盾牌
تَتَرَّسَ 用盾牌自卫
تُرْس جـ أَتْرَاس وتِرَاس وتُرُوس وتِرَسَة: دِرْع 盾牌
سَمَك الـ 鲽
تَرْس: طَرْبُوط (أ) / مِبْرَد 欧洲大比目鱼(系上等食用鱼)，大菱鲆
تِرْس جـ تُرُوس (مـ): سِنّ دُولَاب (عجلة) (齿轮(或齿板的)钝齿，轮牙
عَجَلَة بِتُرُوس (مـ) 钝齿轮
صُنْدوق التُرُوس 传动装置的外罩
تَرَس 浪子，放荡的人
تِرْسَة جـ تِرْسَات (مـ): سُلْحَفَات البحر 玳瑁
تَارِس: مُدَرَّع 装甲的
تِرَاسة: صَنْعَة التراس 制盾业
تَرَّاس جـ تَرَّاسَة: صانع التروس 制盾牌者
ـ (مـ) 出租驴子者
مِتْرَس/ مِتْرَسَة جـ مَتَارِس/ مِتْرَاس جـ مَتَارِيسُ: حِصْن 防御物，防御工事，围墙，街垒
ـ / ـ: تِرْبَاس 门闩
تَرْسَانَة جـ تَرْسَانَات (أ) darsena (意) / تَرْسَخَانَة

ج تَرْسَخَانَات 兵工厂军械库，军火库

ـ: مُسْتَوْدَع أو مَصْنع السُفُن 造船厂

تَرِسكل (أ) tricycle (法) 三轮车，三轮自行车

تَرَسِينَة ج تَرَسِينَات (أ) / تِرَسِينَة (意)

terrazzino: شُرْفَة / بَلْكُون 阳台，露台

ـ (أ): مادَّة تُرابِيَّة مُلَوَّنة (颜料)黄土

ـ مُسْتَوِيَة (أ) (لونها بُنيّ) 富铁煅黄土

ـ نَيَّة (أ) (لونها طَحِينيّ) 富铁黄土

تَرِشَ ـَ تَرَشًا الرجلُ: ساء خُلُقه 乖张，乖僻，性格恶劣

تَرِش 性格恶劣的人

تَرَصَ ـُ تَرَاصَةً الشيءُ: أُحكِم وقُوِّم 校正，矫正

تَرَّصَ وأَتْرَصَ الميزانَ: قوّمه وسوّاه 使天秤平衡

تَرِيص: مُحكَّم ومُقوَّم 被矫正的

ميزان ـ ومُتْرَص 平衡的天秤

مُتْرَصات: رماح مثقّفة 挺直的矛

تَرِعَ ـَ تَرَعًا الكوزُ أو الحوضُ: اِمْتَلأَ 满，盈满

أَتْرَعَ الإناءَ: مَلأَه 盛满，装满

تُرْعَة ج تُرَع: قَنَاة / نَهْر مَصْنُوع 运河，沟渠，水道

ـ خُصُوصِيَّة (في الريّ) 私有水道，民间水渠

ـ عُمُومِيَّة 主渠，干渠

ـ فَرْعِيَّة 支渠

ـ مُشْتَرَكَة 公有水渠

ـ إيْرَاد (م) 进水渠

ـ تَصْرِيف (م) 排水渠

ـ: بَاب 门

ـ: رَوْضَة 园圃

ـ: مَفْتَح الماء إلى الأرض 闸门

تارِع ج تَوَارِعُ / تَارِيع (م): مِساحة الأراضي 地籍图，陆军正式测量

مُتْرَع 充满的，装满的

تَرَّاع: بوّاب 门房，看门人

ـ: سَيْل يملأ الوادي 洪水

تُرْغُلَّة / تِرْغَلَّة: يَمامة 斑鸠

تَرِفَ ـَ تَرَفًا وتَتَرَّفَ: تنعَّم 过奢侈生活，过优裕的生活

تَرَّفَه وأَتْرَفَه المالُ: أَبْطَرَه وأفسَده (生活)使他放肆，无节制

أَتْرَفَ الرجلُ: أصرَّ على البغي 坚持不义

أُتْرِفَ 奢侈成习

تَرَف / تُرْفَة: رَغْد العَيْش 奢侈，豪华，安适，安逸，安乐

مُتْرَف / مُتَرَّف: متنعِّم 奢侈的，豪华的，耽于逸乐的，娇生惯养的

تِرْفَاس / تِرْفَاش: ذُنُون / ذنون الجِنّ 松露，麦蕈(菌属，可食)

تَرْقَاه تَرْقَاةً 打伤他的锁骨

تَرْقُوَة ج تَرَاقٍ وتَرَايِق: عَظْم أعلى الصَدر [解]锁骨

بَلَغَت رُوحه التَرَاقِيَ: شارَفَ الموتَ 垂死，濒死

تَرَكَه ـُ تَرْكًا وتِرْكَانًا واتَّركَه: خلّاه 放弃，抛弃，舍去

ـ: أهمله 忽视，无视

ـ: أقلع عنه 戒除(烟、酒)

ـ: أغْفَلَه 省去，略去

ـ إرثًا: خلَّفه 留下遗产

ـ الطعامَ أو المائدةَ 离开餐桌，吃完(饭)

ـ ه يفعل: سَمَحَ له أن يفعل 允许，许可，准(他做…)

ـ ه وشَأْنَه 放任，置之不理

لا يَتْرُكُ مَجَالاً لشَكٍّ 无可置疑

تَرَّكَه 使他土耳其化

تارَكَه: هادَنَه 休战，停战
تَتَرَّكَ 土耳其化
تَرْك: ضد أَخْذ 舍，去
ـ: إغفال 略去，省去
مُتارَكَة / ـ السلاح: هُدْنَة 停战，休战
تَرِكَة / تِرْكَة المُتوفَّى جـ تَرِكَات: تُراث 遗产，遗物
تَرِيكَة: امرأة تُتْرَك في بيت أبيها لم يَتزوَّجْها أَحَدٌ 老处女，老姑娘
مَتْرُوك 被放弃的，被舍弃的，被留下的
مَتْرُوكات 特留份（依继承权留下的财产）
ـ الرُكَّاب 乘客遗忘的东西
تُرْك جـ أَتْراك واحده تُرْكِيّ 突厥人，土耳其人
تركيّ: عثمانيّ 土耳其人
الـ ة 突厥语，土耳其语
المَسْئَلَةُ دَخَلَتْ عليه بالـ 他一点也不懂
تُرْكِيا (أ) Turkey: بلاد التُرْك 土耳其
مُسْتَتْرِك 土耳其学家
تُرْكِسْتَان (أ) Turkestan ［史］突厥斯坦
تُرْكُمانِسْتَان (أ) Turkmenistan 土库曼斯坦
تُرْكُمانُ الواحد تُرْكُمَانِيّ 土库曼人
تُرْكُمانِيّ 土库曼的；土库曼人
الـ ة 土库曼语
تِرَّكُوتَة (أ) terracotta（意）: فَخّار مَحْرُوق 赤土陶器（如缸管）；紫泥陶器（如宜兴壶）
تَرَلْك (س) 跳舞靴
تِرْم جـ أَتْرَام (أ) terme（法） 期限
تُرُمْبَط (م) tromba（意） 吹号者
تُرُمْبِيطَة جـ تُرُمْبِيطَات (أ) trumpet: نَفير / بُوق 喇叭，号筒
تُرُمْبِيطِجِي جـ تُرُمْبِيطِجِيَّة (م) 吹号者
تُرْمُس / تُرْمُسَة جـ تُرْمُسَات: حَبّ مُرُّ الطعم ［植］羽扇豆

تُرْمُسَة: تُرْنُسَة 隧道
تِرْمُس جـ تَرَامِسُ (أ) thermos: كَظِيمَة 热水瓶，暖壶
تِرْمُوبِيل (أ) thermopile: عَمُود الحَرارة ［物］温差电堆，热电堆
تِرْمُودِينَمِكَا (أ) thermodynamics: عِلْمُ القُوَّةِ الحَرارِيَّة 热力学
تِرْمُوسْتَات (أ) thermostat: مُنَظِّم الحَرارة 恒温器
تِرْمُوسْكُوب (أ) thermoscope: مِكْشاف الحَرارة ［物］验温器，测温器
تِرْمُوغْرَاف (أ) thermograph: مِرْسَمَة الحَرارة ［物］温度记录器
تِرْمُومِتْر جـ تِرْمُومِتْرَات (أ) thermometer: مِقْيَاس الحَرارة 温度计；寒暑表
ـ فَارِنْهِيت (أ) Fahrenheit thermometer 华氏温度计
ـ مِئَوِيّ (أ) (إفْرَنْسِيّ) centigrade thermometer 百分温度计、摄氏温度计
تُرُنْج (أ) / أُتْرُنْج (أ) / أَتْرُجّ (أ) الواحدة تُرُنْجَة جـ تُرُنْجَات: تُفَّاح مَاهِي (م) ［植］枸橼，香橼
تُرُنْجَان (أ) melissa ［植］麦列萨（茶的代用品）
تَرَنْجَبِين (أ) 波斯的甘露，糖胶
تِرِنْكِيت (أ) trinquete（西） 前桅帆
تَرِهَ ـ تَرَهًا: وَقَع في الأَباطِيل 闲荡，游惰，做无聊事，说无聊话
تُرَّهَة جـ تُرَّهَات: أمر باطل 琐事，小事，无聊事，废话
تُرَّهات الأَمَانِي 空想，幻想
تِرَة (في وتر) / **ترويص** (في ربص)
تُرُوب جـ تِرُوبَات (أ) troop ［军］队伍，小队；

骑兵中队

ـ سَوارِي (أ) 骑兵中队

تِرُوتُوار (أ) trottoir (法): رَصِيف الشارع (مـ) 人行道

تِرُوسْت جـ تِرُوسْتَات (أ) trust: شَرِكة اِحتِكَار 托拉斯

تَرُولِي (أ) / تِرُولْلِي trolley: عَرَبَة مَكَسَّحة (مـ) 无轨电车

ترَوّى (في روي) / **تُرى** (في رأي)

تِرِيَاسِي (أ) iassic [地]三叠纪

تِرْيَاق (أ) theriaca (希): دَواء يَدْفَع السُمُوم 底也伽(解毒药)

ـ فَارُوقِيّ / ـ فارُوق 可靠的解毒药

تريض (في روض) / **تريقة** (في روق)

تَرِيقَة (مـ) 责备，斥责

أَشْبَعَه ـ وتَقْرِيعًا على ... 因为…把他狠狠地申斥了一顿

تَرِيلُوبِيت (أ) trilobites [动]三叶虫

تَزْجَة النَجَّار جـ تَزَجَات وتُزَج (مـ) (木匠所用的)工作台，细工台

تَازَج / تَازِج جـ تَازَة: طازَج 新鲜的，新的

تَزْكَة جـ تَزَكَات / تُزَك: تَزْجَة 工作台

تِزْكِين (سـ) / دِزْكِين (土) 马笼头(缰、辔、口衔等的总称)

تَسَعَ ـ تَسْعًا القومَ: كان تاسِعَهم 成为第九个

ـ المالَ: أخذ تُسْعَه 拿了钱的九分之一

تُسْع جـ أَتْسَاع: جُزْء من تِسْعة (١/٩) 九分之一

تِسْعَة جـ تِسْعَات م تِسْع: ثَلَاث ثلاثات (٩) 九

ـ عَشَرَ / تِسْعَ عَشْرَةَ (١٩) 十九

ـ أَضْعَاف 九倍

تِسْعُونَ (٩٠) 九十

الـ 第九十

تَاسُوعَاء 回历正月初九

تُسَاعَ: تِسْعَةً تِسْعَةً 九个九个地，九个一队，或九路编队

تُسَاعِيّ 由九个组成的

تُسَاعِيَّة novena 连续九天的祷告

تَاسِع 第九

ـ عَشَرَ 第十九

تسلّى (في سلو) / **تسوّل** (في سأل)

تَاسُومَة جـ تَوَاسِيمُ (سـ) / **تَاسُم** (波) 凉鞋，便鞋，拖鞋

تِشْرِين الأوّل (عـ س): أُكْتُوبَر / العاشر من شهور السنة الشمسية 阳历10月

ـ الثَانِي (عـ س): نُوفَمْبَر / الحادي عشر من شهور السنة الشمسية 阳历11月

تَشَارِين 秋季10月和11月内采集的桑叶

تِشِيك (أ)Czekh Czech 捷克人(复数)

تشيكِيّ م تَشِيكِيَّة 捷克人(单数)

ـ 捷克的；捷克人的

الـ ة 捷克语

تِشِيكُوسْلُوفَاكِيَا (أ) Czechoslovakia 捷克斯洛伐克，捷克

تصبّى (في صبو) / **تعال** / **تعالى** (في علو)

تَعِبَ ـَ تَعَبًا: ضدّ استراح 疲劳，疲倦，疲乏，累了

ـ: كَدَّ 劳动，劳作，勤劳

ـ منه: مَلَّه 厌烦，厌倦

لا يَتْعَبُ: لا يَكِلُّ 不疲倦，不屈不挠

أَتْعَبَه: أَكَلَّه 使疲倦，使厌倦

ـ: ثَقَّل عليه 烦劳，烦扰，使麻烦，使感不便

ـ نفسَه في... 用…麻烦自己

تَعَب: كَلاَل 疲倦，疲劳，疲乏
ـ: ثِقْلة 烦劳，烦扰，不便
ـ: كَدّ 劳动，劳作，勤劳，辛劳
أَتْعَابُ الْمُحامِي والطَبِيب (مـ) (律师的)酬劳；(医生的)诊费
مقدَّم ـ: عَرَبُون 定金
مَتْعَب / مَتْعَبَة جـ مَتَاعِبُ 困难，艰难
تَعِب / تَعْبَان / مُتْعَب 疲倦的，疲乏的，疲惫的，困顿的
مَتْعُوب (مـ) / تَعِب 疲乏
ـ عليه 牵强附会的，强词夺理的
مُتْعِب: مُضَايِق 麻烦的，使人厌烦的
ـ: ضِدّ مُرِيح 令人厌倦的，生厌的
ـ: شَاقّ 烦难的，困难的，费力的
ـ: جَهِيد 发奋的，奋勉的，奋斗的
تَعْتَعَه: قَلْقَله وتَلْتَله 摇动，晃动，推动
ـ 强迫人做某件事
ـ 虐待
ـ 使他口吃
ـ 拔牙；把石头挖出
ـ في الكلام: تَهْتَهَ (مـ) 口吃，结结巴巴
تَتَعْتَعَ: تَقَلْقَلَ / تَزَحْزَحَ 晃动，动摇
تعدّى (في عدو) / **تَعْرِيَة** (في عري)
تَعِسَ ـَ وتَعَسَ ـَ تَعْسًا وتَعَسًا: كان تَعِيسًا 成为不幸的，可怜的，穷困的，受苦的，受罪的
تَعَسَه ـَ تَعْسًا وتَعَسًا وأَتْعَسَه 使遭不幸，使悲惨，造成困苦，使受罪
تَعْس / تَعَاسَة: شقاء 不幸，悲惨，困苦，穷困
تَعِس / تَعِيس جـ تُعَسَاءُ: شَقِيّ 悲惨的，穷困的，困苦的，可怜的
ـ/ـ: بائِس 不幸的，薄命的，时运不佳的

مَتْعُوس (مـ) = تَعِس
تعشّى (في عشو) / **تعافى** (في عفو)
تَعَّ ـُ تَعَّةً وتَعًّا وأَتَعَّ: اِسْتَرْخَى 成为四肢无力的
ـ وانْتَعَّ: تَقَيَّأَ 呕吐
تَعٌّ وتَعَّة 疲倦，呕吐
تَفْتَا (أ) / تَفْتَة taffetas (法): حَرِير رَفِيع مُمَوَّج الصَقْلَة 塔夫绸，光滑的绸缎，波纹绸
تِفْتِه (مـ): صِبَاغ / أَنِيلِين (أ) aniline [化]苯胺，阿尼林
مِلْحُ ـ 阿尼林盐
تُفَّاح 苹果
شَرَابُ الـ 苹果酒
تُفَّاحَة جـ تُفَّاحَات وتَفَافِيح 一个苹果
شَجَرَةُ الـ 一棵苹果树
ـ آدَمَ: عُقْدَةُ الْحُنْجُور [解]喉结，结喉
تُفَيْفِحَة أو ـ حَمْرَاء: طائر [禽]红雀，红莺
أَتْفَرَ الشجرُ: ظهرت بَرَاعِمُه 发芽
ـ الرجلُ: خرج شعر أنفه إلى تُفْرَته 鼻毛长到人中
تُفْرَة / تِفْرَة / تُفَرة 人中
تَفِرَة الشجر / طَفِرَة الشجر 萌芽，蓓蕾
الرجل التافِر أو التَفِر أو التَفْرَان 肮脏的人，邋遢的人
تَفَّ ـُ تَفًّا (مـ): تفل (راجع تفل) / بزق 吐唾沫
تَفَّفَه: قَالَ له " تُفًّا لَكَ " 说"呸！"(表示轻蔑或嫌恶)
ـ الأَظَافِرَ 修指甲，剪指甲
تُفّ جـ تِفَفَة 指甲下面的泥垢
تُفًّا لك / تُفٍّ لك 呸！好恶心！
تُفَاف 唾液，唾沫，口水
تِفَّان 时机，良机
تَفَلَ ـِ تَفْلاً: بَزَقَ 吐唾沫

تَفِلَ ـَ تَفَلاً الرجلُ 身上发出臭味,身上有臭味
أَتْفَلَه: صَيَّرَ رِيحَه مُنتنًا 发出臭味
تُفْل / تُفَال: بُصَاق 唾沫
ـ / ـ: زَبَد (海水的)泡沫
تِفْل (مـ): تُفْل 沉淀物，渣滓，糟粕
تَفِل م تَفِلَة / مِتْفال 带恶臭的人
مِتْفَلَة ج مَتَافِلُ: مِبْصَقَة 痰盂，唾壶
تَتْفُل وتُتْفُل 狐狸；干草
تَفَنْكَة (سـ) (土) 枪
تَفَنْكَجِي (سـ) (土) 拿枪的人
تَفِهَ ـَ تَفِهًا وتُفُوهًا الشيءُ: كان زَهِيدًا 成为无价值，微不足道，琐细，轻微
تَفِهَ ـَ تَفَاهَةً الطعامُ والشَرَابُ 饮食无味(不甜、不酸、不苦)
تَفَه / تُفُوه: خِسَّة 轻微，无意义，无价值
تَفَاهَة: مَسَاخَة 无味，无趣
تُفَّه: عَنَاقُ الأرض [动]獾
تَفِه / تَافِه: بلا طَعْم 乏味的，无趣的
ـ / ـ ج تَوَافِه: بَسِيط 轻微的，琐碎的
ـ / ـ: زَهِيد / لا يُعْتَدُّ به 无价值的，无关重要的，微不足道的
ـ / ـ: رَكِيك 平凡的，陈旧的
تَقْدَة [植]胡荽子，芫荽子(可做香料)
تَقَاوِي (مـ): بَذْر [植]种籽
تقصّى (في قصو)
تَقَنَ ـُ تَقْنًا (مـ) وأَتْقَنَ الأمرَ: أحكمَه 使完美，使完善，做得精巧
ـ وـ العِلْمَ الفلانِيَّ 精通，熟谙，熟练
تَقَّنَ الأرضَ: أَسْقَاها الماءَ الخاثِرَ لتجود 用浑水浇地
أَتْقَنَ التَكَلُّمَ باللغة العربيَّة 他阿拉伯语讲得很流利

إِتْقَان / تَقَانَة 完善，完美，精确，正确，精巧
بـ ـ: بِإِحْكَام 完美地，圆满地，精确地，出色地
تِقْن ج أَتْقَان: طَبِيعَة 本质
ـ: طِين 淤泥
ـ: بَقِيَّة الماء الكَدِرِ 浑水的残余
رَجُل ـ وتَقِن 精巧的人
مُتْقَن / مَتْقُون (سـ) 精确的，完善的，完美的，精制的
تقوى (في وقي) / **تقيّ** (في وقي)
تقيّل (في قيل) / **تُكَاءَة** (في وكأ)
تَكْتَكَ: دَاسَ 践踏，蹂躏，踩
ـ ت الساعةُ وغيرُها: دقَّت (钟表等)发嘀嗒声
ـ الطَّبْخُ (مـ): كَتَّ (煮沸时)发咕嘟声
ـ: ارتعد من البَرْد أو الحُمَّى 发抖
تَكْتِيك (أ) tactics 战术，策略
تَكَّس 规定，规定价格
مُتَكِّس 规定价格的，按定价支付钱的
رِسالة ـ ة 挂号信
تَكَّه ـُ تَكًّا: داس عليه 践踏，蹂躏，踩碎
ـ ته الخَمْرَةُ: أسكرتْه (酒)使他醉，使他酩酊
ـ ـُ تُكُوكًا الرجلُ: كان مهزولا 瘦弱
تَكَّكَ واسْتَتَكَّ: دكَّك (مـ) 穿活带(把活带穿进裤腰)
تِك (أ) / تِيك teak: خَشَب وشَجَر الساج [植]麻栗树
تَكَّة ج تَكَّات (سـ) (钟表)秒
تِكَّة ج تِكَك: دِكَّة (مـ) 活带
مِتَكّ: دكَّاكَة (مـ) 大针，粗针，串子
تَكْنَة (مـ) (في المعمار) [建]柱顶线盘

تَكْنِيك (أ) technique 技术，手法，技巧，技能

تكيّة (في وكأ) / **تلّ** (في تلل)

تلا (في تلو) / **تلاشى** (في لشو)

تلافى (في لفو) / **تلألأ** (في لألأ)

تلْب 损失

تِلْب (م) 身体结实

تلبّد (في لبد)

تَلْتَلَ تَلْتَلَةً 充满，挤满，塞满

تَلَّجَ (م) = ثَلَجَ 冻

تلج (في ولج)

تُلْد / تَلِيد / تَالِد (راجع ولد) 祖传的，世代相传的，长期占有的，悠久的

تِلِسْكُوب جـ تِلِسْكُوبَات (أ) telescope: مِنْظَار مُقَرِّب / مِقْراب 望远镜

ـ مَنْشُورِيّ 棱镜望远镜

تَلِعَ ـَ تَلَعًا وتَلاعَةً عنقُه: طال 成为长颈的

تَلْعَة جـ تِلاَع وتَلْع وتَلَعَات 丘陵，高冈

أَتْلَع 长颈的

تَلْغَفَ: أَبْرَقَ / راسَلَ تِلِغْرَافِيًّا 发电报，打电报

تَلْغَفِيّ / تِلِغْرَافِيّ / بَرْقِيّ 电报的，电讯的

تِلْغَافِيّ / تِلِغْرَافِجِي جـ تِلِغْرَافِجِيَّة (م): عامل التِلِغْرَاف 电报员，报务员

تِلِّغْرَاف جـ تِلِّغْرَافَات (أ) / تِلْغَاف (أ) telegraph: برق / مُوَصِّل بَرْقِيّ 电报机，电讯机；电报术，电讯术

ـ: رسالة بَرْقِيَّة 电报

ـ شَمْسِيّ 回光信号机

ـ لاَ سِلْكِيّ 无线电报

عَمُودُ الـ 电线杆

غَمَّازُ الـ 电钥，发报电钥

تَلِفَ ـَ تَلَفًا الشيءُ: تعطَّب 遭损坏，出故障

أَتْلَفَه: أَضَرَّه 损伤，损害，毁坏，弄坏，破坏

ـ ه: أَفْسَدَه 使腐败，使败坏，使污损

تَلَف: ضَرَر 损害，损伤，伤坏，毁坏

ـ: فَسَاد 腐败，污损

ـ جُزْئِيّ (في أشياء مؤمَّن عليها) 部分损害

في حالِ الـ 在损坏的情况下

تَلَفِيَّات 损失，亏损

إِتْلاَف: إفْسَاد 损伤，损坏，弄坏，破坏

تالِف جـ تَوَالِفُ / تَلِيفَة / مُتْلَف / مَتْلُوف 被损害的，受损伤的，被毁的，腐败的，污损的

أَرْض تَوَالِف 荒废的土地

تَوالِفُ الأَطْيَان 荒废的庄园

تَلْفَان (س) 垂死的，临终的，将死的(病人)

ـ 磨损的，用坏的(小刀)

مُتْلِف: مُفْسِد 破坏者，致毁灭的

ـ: مُؤْذٍ 为害的，有害的，毒害的

مِتْلاَف 破坏者，破坏分子

ـ وَقْتٍ 浪费时间者

مَتْلَف ومَتْلَفَة جـ مَتَالِفُ 死亡之地，遭难之地，死亡的原因

تَلْفَزَة (أ) television: مُباصَرَة / الرُؤْيَة عن بُعْد 电视

تِلِفِزْيُون (أ) / تِلْفَاز جـ تَلاَفِيزُ televisor: مبصار / جِهاز التَلْفَزَة 电视机

تَلْفَنَ (أ): خاطب بالتِلْفُون 打电话，通电话

تِلْفُون (أ) / تِلِيفُون / تَلَفُون جـ تِلْفُونَات telephone: مِسَرَّة / هاتِف (نَدِيّ) (س) 电话，电话机

تِلِفُونِيّ 电话的

آلَة ـ ة 电话机

تِلِفُونِيًّا 用电话

مُخَابَرَة تِلْفُونِيَّة 电话联系

تَلْفِيقِيَّة (في لفق)

تَلْقَاء (في لقي)

تِلْكَ: اسم إشَارَة 那，那个(阴)

تلكّأ: تلكّع (مـ) (في لكأ)

تَلّ جـ تِلاَل وتُلُول الواحدة تَلَّة: أكَمَة 小山，冈，丘

تَلِّيّ 多丘陵的

تُلَيْل: تلّ صغير 小冈，小丘

تُلُّ النَامُوسِيَّات (أ) tulle (法)(做蚊帐用的)网布

ـ حرير (أ): شِفّ (妇女所用的)薄纱绢网，网布，纱网

تَلِم ـَ تَلاَمَةً (مـ) 成为无耻的人

تَلاَمَة (مـ): سَلاطَة 大胆，唐突，鲁莽；无礼，厚脸皮，厚颜无耻

تَلَم جـ أتْلاَم: شَقّ المِحْرَاث 犁沟，犁掘的痕路

تِلْم جـ تِلاَم 僮仆；珠宝商

تلِم (مـ): تالِم (في ثلم) 钝的，无锋的

ـ (مـ): سَلِيط 厚脸皮的，无耻的

وَجْه ـ (مـ) 厚脸皮的，无耻的

تَلْمُود اليَهُودِ (أ) Talmud: كِتاب دِينِيّ لَهم 犹太法典

تَلْمَذَه: اتَّخذه تِلْمِيذًا 收(认)他作学徒或学生

تَتَلْمَذَ له: صار تِلْمِيذًا له 拜他为师，做他的学生或学徒

ـ على المُعَلِّم 听师长教诲，向师傅学习

تَلْمَذَة: دِرَاسَة 学习，做学生

ـ: تَمْرِين على عَمَل 当学徒

ـ: تَرْشِيح / تَجْرِبَة 见习，试用

تِلْمِيذ جـ تَلاَمِذَة وتَلاَمِيذُ: طالِب عِلْم 学生

ـ: في التمرين 学徒，徒弟，艺徒

ـ: مُرَشَّح / في التَجْرِبَة 见习生，试用生

ـ: حَوارِيّ (أحد تلاميذ المسيح) [基督](耶稣的)门徒

ـ في مدرسة عَالِيَة 高等学校学生

ـ في مدرسة حَرْبِيَّة 军校学生

ـ بَحْرِيّ 海军士官候补生，乘舰练习生

ـ خَارِجِيّ 通学生，走读生，住家的学生

ـ دَاخِلِيّ 寄宿生，住校的学生

تَلِهَ ـَ تَلَهًا: تحيَّر 为难，狼狈

ـ الشيءُ: تلف 损坏

ـ ه وعنه: نَسِيَه 忘记，忘却

تاله: حائِر 为难的，狼狈的

ـ العَقْل / مَتْلُوهُ العَقْلِ: ذاهِل 茫然的，心不在焉的，精神分散的，心烦意乱的

تَلاَ ـُ تُلُوًّا الرجلَ: تَبِعَه 跟随

ـ عنه: تَرَكَه وخذله 抛弃，遗弃

ـ: تَبِعَ / نَشأ عن 随之而来，因而发生

ـ المَكْتُوبَ تِلاَوَةً: سَرَده 背诵，朗读，宣读

ـ الكتابَ: قرَأه 读，阅读，阅览

الوَاحِدُ تِلْوَ الآخَر 一个跟着一个

كَأسًا تِلْوَ كَأْسٍ 一杯接着一杯

تَتَالَت الأُمُورُ أو الخيلُ: تَلاَ بَعْضُها بَعْضًا (事情)相继发生；(马队)连续前进

تِلاَوَة: سَرْد 背诵，诵读，吟诵

ـ: تَصَفُّح / قِرَاءَة 读，阅读，阅览，翻阅

تَالٍ م تَالِيَة جـ تَوَالٍ: تَابِع 后继的，继续的，以下的，随至的

ـ جـ تالِيَات: رابع من خَيْل الحلبة 赛马中的第四名

بالتالي: بالنتيجة 因而，所以，必然；其后，其次，接着

بالتَتَالِي 一个接一个地，相继地，接踵地

مُتَتَالٍ 相继的，连续的，接踵的，鱼贯的

تلِّي (مـ): بَهْرَج تَلْ (土) 金银丝的织物，
金丝，银丝，金箔，闪光片
تَلِيباثي telepathy 心灵感应术
تليد (في تلد)
تَلِّيس جـ تَلالِيس (مـ): غِرارَة / كِيس 囊，袋，包
لا تَجِدُ هذا ولو بَذَلْتَ فيه تلاليسَ من المَال
你花多少钱也找不到这个
تمّ (في تمم)
تَمْتَمَ: دَمْدَمَ 含糊而言，嘟囔，咕哝
تَمْر جـ تُمُور وتُمْرَان الواحدة تَمْرَة جـ تَمَرَات:
بَلَح يَابِس 干椰枣
ـ حِنَّاء (راجع حنأ) [植]指甲花
ـ هِنْدِيّ [植]酸角(可制清凉饮料)
تَمْرَة القَضِيب (مـ): حَشَفة [解]龟头
أبو ـ / تُمَيِّر 太阳鸟
تَمْرِيّ 椰枣的；爱吃椰枣的人，椰枣迷
تَمَّار 卖枣的，枣商
تمراد (في مرد) / **تمرجح** (في رجح)
تَمَرْجِي جـ تَمَرْجِيَّة (مـ)(土)：مُمَرِّض 男看护，
男护士
تِمْسَاح جـ تَمَاسِيحُ 鳄鱼
ـ أَمِرِيكَا 短吻鳄
ـ البَاب (مـ) (في نجارة العمارات) (洋式
门窗上的)镜板，嵌板
تَمَسْخَر (في سخر) / **تمطّع** (في مطع)
تَمْغَة (مـ): دَمْغَة / سِمَة 印，戳记，记号
رَسْمُ ـ 印花税
وَرَقُ ـ 印花
تَمَلِّي (مـ): دائم 永久的，不变的，经常的
تَمَّ ـ تَمًّا وتُمًّا وتَمامًا وتُمامًا وتَمامَةً
الشيءُ: نَجَز 完成，成为完美的
تَمَّمَه وأَتَمَّه: أَنجزه 完成(工作、计划等)
ـ وـ: أَنْهَى (工作)结束，做完，竣(工)
تَمَّمَه 补足，补充，增补
أَتَمَّ دُرُوسَه 结束学习
اِسْتَتَمَّ الشيءَ: كَمَّلَ أَجْزَاءَه 补充，补足，增补
ـ الشيءَ: سأل إتمامه 要求做完
تَمَام: كَمَال 完全，完美，完善，完备，完整
ـ / تَامّ: كامل 完全的，完美的，圆满的，
完整的
بَدْرٌ ـ 满月，圆月
في ـ الساعةِ الرابعة / في الساعة الرابعة تَمامًا
准四点钟
هم عالِمون بواجبَاتِهم ـَ الْعِلْمِ 他们完全了
解自己的职责
استعدَّ ـَ الاِسْتِعْدادِ 他已充分准备
جَيْبُ الـ [数](三角)余弦
ظِلُّ الـ (مـ) [数](三角)余切
نَوْبَة ـ (مـ): نِداء حَرْبِيّ [军]归营号，点名号
بـ ـ مَعْنَى الكَلِمَة 意味深长地
تَمامًا: كُلِّيَّةً 完全地，全然地，整个地
ـ / بالتَمام: بالضَبْط 准确，分毫不差
ـ: بأَكْمَلِه 全部地，详细地，不省略地
تَمامِيَّة 完全，完备，完备性，完善，完美，
成功
تَمّ: وَزّ غِرْياق 鹄，天鹅
تُمّ (مـ) 口，嘴，口腔
إتْمام: إنْجاز 完成，实现
ـ / تَتْمِيم: إنْهاء 终结，完结，结束，做完
تَتِمَّة / تَمامَة: تَكْمِلَة 补充，补足，补全，补遗
تامّ: كامِل 圆满的，完全的，完善的，完备的
ـ / مُتَمَّم: مُنْجَز 已完成的，已完工的
مُتَمِّم: تَكْمِيلِيّ 补充的，增补的
يَمِين مُتَمِّمَة 补充的誓言

التَميم: كامل الخلق 完美的，完善的
تَميمَة جـ تَمَائِمُ: طِلَسْم 护身符，辟邪物
ـ لجَلْب الحَظّ (أو لدَفْع الحَسَد) 吉物(用以祈福或防妒等)
تَمُّوز (أ): يُولِيُو (أ) / السابع من شهور السنة الشمسيَّة 阳历7月
تمير (في تمر) / **تناهٍ** (في نهي)
تُنْبَاك (أ) / تُمْبَاك: تِبْغ عَجَمِيّ 波斯烟草
تُنْبَاكْجِي جـ تُنْبَاكْجِيَّة (مـ) 卖烟草的人
تَنْبَلَ: كَسِلَ 偷懒，懒惰
تَنْبَلَة 懒惰，怠惰性
تِنْبَل وتِنْبَال وتُنْبُول جـ تَنَابِيلُ وتَنَابِلَة 矮子，侏儒，无丈夫气的，懒人
تَنْبُل / تَانْبُول / تَامُول [植]枸酱，蒟酱
تَنْتَله (أ) / دَنْتِلَّه dentella(意) 花边
تُنْجَسْتِين (أ) tungsten 钨
تنحّى (في نحو)
تَنْدَة جـ تَندَات (مـ)tenda(意)：مِظَلَّة 凉篷，雨篷，帐篷，遮篷，凉亭
تُنْدرَا (أ) tundra: الصَحْرَاء الجَلِيدية [地]苔原，冻原，冻土带，寒漠
تَنِّس (أ) / تَنِيس (أ) tennis 网球
ـ المَائِدَة: كُرَة الطَاوِلة 乒乓球
مِضْرَب ـ: طَبْطَابَة 网球拍
مَلْعَب تَنِّس أو صَاعة ـ 网球场
تَنَك (أ): صَفَائح من حديد رقيقة تُطْلَى بالقصدير 白铁片，洋铁片
تَنَكَة جـ تَنَكَات (مـ): غَلاَّية 洋铁壶，吊子
ـ قَهْوَة (مـ) 咖啡壶，咖啡吊子
تَنَكْجِي جـ تَنَكْجِيَّة (مـ) 洋铁匠，镀锡工
تِنْكَار (أ) tincal, tinkal [化]硼砂
تِنَكَارِي (س) / تَنَكْجِي: سَمْكَرِيّ 洋铁匠，补锅匠
تَنَّهُ قاعِد (مـ) 他老是坐着吃
ـ ه مَاشِي (مـ) 他老是走来走去的
تُنّ (أ) tunny 金枪鱼
تَنُّوب الواحدة تَنُّوبَة: شجر كالصَنَوْبَر 枞树
ـ الجَمِيل [植]针枞，云杉
تَنُّور جـ تَنَانِيرُ: أتُّون 炉，灶，火炉，熔炉
تَنُّورَة جـ تَنُّورَات (مـ): نُقْبَة تَحْتَانِيَّة 裙，（波）衬裙
ـ فَوْقَانِيَّة (أي برّانيّة) 女外裙
تُنُّوط 织巢鸟
تَنُوفَة / تَنُوفِيَّة جـ تَنَائِفُ 沙漠
تَنِّين tannin [化]丹宁；丹宁酸，鞣酸
تِنِّين جـ تَنَانِينُ: حَيَّةُ الأساطِير الهائلة 龙；[天]天龙座
ـ بَرِّيّ: حَيَّةُ الصَخْر [动]蟒，蚺蛇
ـ خَيَالِيّ [神]两脚飞龙(前半身似龙，后半身似蛇)
ـ النَامُوس: صَقْرُ النَامُوس 蜻蜓
تَهْتَه (مـ): تَأْتَأَ / هَتْهَتَ 口吃，结巴
تهجّى (في هجو)
تَهِمَ ـَ تَهَمًا اللحمُ: أنتن (肉)发臭
تَهَمَ واتَّهَمَ (في وهم)
تِهَامَة: بلاد غربيّ الحِجاز 帖哈麦(希贾兹西部红海沿岸的低地)
ـ: مَكَّةُ المُكَرَّمَة 麦加
تِهَامِيّ 帖哈麦的；帖哈麦人
تُهْمَة (في وهم) / **تهيّب** (في هيب)
توّ / **توًا** (في توو) / **تَوْأَم** (في تأم)
تُوَالِيت (أ) toilette (法) 化妆，化妆台；厕所
تَابَ ـُ تَوْبًا وتَوْبَةً وتَابَةً ومَتَابًا وتَتْوِبَةً إلى الله: رجع عن معصيته إليه [宗]向真主悔罪

ـ عن عمَلٍ: نَوَى نَبْذَه 抛弃，放弃，誓绝，誓戒

ـ: نَدِمَ 懊悔，后悔，悔恨，改悔，忏悔

ـ اللهُ عليه: غَفَرَ له [宗]真主饶恕他

تَثَاوَبَ (م): تَثَاءَبَ 打呵欠

اِسْتَتَابَه: طلب منه أنْ يتوب 劝他改邪归正，叫他改悔

تَوْبَة: نَدَامَة 懊悔，改悔，悔悟，忏悔

تَائِب: نَادِم 懊悔的人，改悔的人

تَوَّاب 宽恕的；接受悔改的(专用于安拉)

تَوْبَل تَوْبَلَةً 调味

تُوبُوغرَافِيَا (أ) topography: وَصْفُ الأَمَاكِن 地志，地形学

تُوت الواحدة تُوتَة جـ تُوتَات 桑树

ـ أَبْيَض: فرصاد 白桑椹

ـ أَحْمَر أو شَامِيّ 红桑椹，黑桑椹

ـ العُلَّيْق [植]覆盆子

ـ شَوْكِيّ أو وَحْشِيّ [植]悬钩子，黑莓

ـ إفْرَنْجِيّ / ـ أَرْضِيّ: فَرَاوْلَه [植]草莓；杨梅

تُوت (أ) Thoth: إلهُ الكتابة والفلسفة عند قدماء المصريِّين [埃神]智慧与魔术之神图特(鹭头人身)

تُوتَالِيتَارِيَّة (أ) totalitarism 极权主义

تُوتُونِيّ (أ) / تِيُوتُونِيّ Teutonic: مَنْسُوب إلى الجنس التُوتُونِيّ 条顿族的；日耳曼人的

تُوتِيَا (أ): خارَصِين / زِنْك (أ) zinc [化]锌，天然氧化锌

ـ (أ): سُلْفَات الخارَصِين المَعْدِنِيّ zinc sulfate [化]皓矾，天然硫酸锌(阿拉伯人用作眼药)

ـ حَمْرَاء (أ) lead sulfate: سُلْفَات الرَصَاص [化]硫酸铅

ـ زَرْقاء: سُلْفَات النُحَاس [化]硫酸铜，胆矾，蓝矾

ـ البَحْر / تُوتِيَاء: ريتسا [动]海胆，海猬

حَجَرُ الـ: كَرْبُونَات الزِنْك الخَام [矿]异极矿，碳酸锌矿

تَوَّجَه: أَلْبَسَه التَاجَ 加冕

ـ: أجلسه على العَرْش 使即皇位，立为王

تَتَوَّجَ: أُلْبِسَ التاجَ 被加冕

تَاج جـ تِيجَان: إكْلِيل 冠冕，皇冠，王冠

ـ الأُذُن: صوان أو محارة الأذن [解]耳轮

ـ الأُسْقُفِ: بُرْطُل [基督]法冠，僧帽

ـ السِنّ [解]齿尖

ـ العَرَب: عِمَامَة 头巾，头帕，缠头巾

ـ العَمُود / ـ العَقْدِ [建]柱头

ـ مَحَلّ 泰姬陵

الـ المصريّ الثُنَائِيّ: سِخِنْت (أ) pschent 双冠(古埃及王冠，合南北两王国的王冠而成)

حُرُوفُ الـ 大写

مُسْتَعْمَرَة الـ 英国直辖殖民地

تاجيّ الشَكْل 法冠状的，僧帽状的，王冠式的

تُوَيْج الزَهْرَة [植]花冠

تائج / مُتَوَّج 戴王冠的，加冕君主

تُوجُو (أ) / تُوجُو لَنْد Togo 多哥(位于非洲西部)

تُوج (أ) / تُونَج (土) 青铜

تَاحَ ـُ تَوْحًا له الشيءُ: تهيَّأ (راجع تيح) 他遭遇，(事情)对他顺利

تَوْح: تَهْيِئَة 准备，预备，筹备

تُؤدة (في وأد)

تَوْر جـ أَتْوَار: إناء صغير 小容器

ـ: الرَسُول بين القَوْم 使者

ـ: هُورْمُون (أ) hormone 荷尔蒙，激素

التَوْرَاة: أَسْفَار مُوسَى الخَمْسَة Torah 律法书，摩西五经(旧约书卷首的五书)

الـ والإنْجِيل [基督]圣经(旧约和新约)

أَهْلُ الـ 犹太人，古希伯来人

تُورْبِيد (أ)/ طُرْبِيد (أ) torpedo: مَقْذُوف ناسِف 鱼雷，水雷

تُورْبِين (أ) turbine 涡轮机，透平(机)

ـ بُخَارِيّ 蒸汽涡轮机

ـ مائِيّ 水轮机

تُوفَكْجِي جـ تُوفَكْجِيَّة (مـ): صانع الأَسْلِحَة / سِلاَحِيّ 制造兵器者

تَاقَ ـُ تَوْقًا وتُؤُوقًا وتَوْقَانًا وتَوَقَانًا وتِيَاقَةً الرجلَ وإليه: اشتاق 想望，渴望，热望，切望

تائِق: مُشْتَاق 切望的人，热望的人

تَوَّاق إلى كذا 渴望者，渴望…的人

تُولْسْتُوي (أ) Leo Tolstoy 托尔斯泰(俄国小说家，1828—1910)

تَالَ ـُ تَوْلاً: عالَج السِحْر 以邪术惑人，迷惑，诱惑

تُولَة / تِوَلَة جـ تِوَلات (مـ): ذُهُول (السِحْر) 妖术，魔法，魅惑，蛊惑

مَتْوُول: ذاهِل 被蛊惑的，迷乱的，惑乱的，心慌意乱的

تُومَة جـ تُوَم وتُوم (مـ)/ثُوم 大蒜

ـ 银珠子，珍珠，耳环，珠宝项圈；鸵卵

أُمّ ـ 珍珠母，夜光贝

تُومَان (أ) (波) 一万

تُومَرْجِي (مـ) / تُومَرْجِيّ: مُمَرِّض 男护士

تُونَة (أ) tunny: تُنّ / سَمَك كبير أو لحمه 金枪鱼

تُونِس 突尼斯

تُونِسِيّ 突尼斯的；突尼斯人

الجُمْهُورِيَّة التُونِسِيَّة 突尼斯共和国

تاه / توه (في تيه)

تَوًّا: قاصِدًا لا يعرّجه شيء 一直地，直接地，径直地，照直地

ـ: حَالاً 立即，立刻，马上

جِئْتُ ـ 我刚来

إنَّا مُسَافِرُونَ في الـ 我们马上就出发

وقَدْ مَاتَ لـ ـ ه 他当时就死了

تَوَّة: ساعَة 时，刻

تِيَاتْرُو جـ تِيَاتْرَات (أ) teatro (意): مُمَثَّل / مَلْعَب / دار التَمْثِيل 剧场，舞台，戏院

مَسْرَح أو مَرْسَح الـ (سـ) 戏台，舞台

أَعْلَى الـ (戏院中票价最廉的)顶屋，楼座

تِيَاتْرِيّ: مختصّ بالمَلاهِي والمَلاَعِب 剧院的，戏院的，戏剧的，演剧界的

تِيتَانُوس (أ) / مَرَض التِتَنُوس tetanus: الكُزاز [医]破伤风

تِيتَانِيُوم (أ) titanium [化]钛

تَيْتَل جـ تَيَاتِلُ (مـ) 角鹿，麋

تَاحَ ـِ تَيْحًا له: قُدِّرَ 被注定，命中注定

ـ ت له فُرْصَةٌ ... 他有机会

أَتَاحَ له: تهيَّأ 替他准备

ـ الفُرْصَةَ لـ ... 让他有机会…

ـ له: قدَّر 注定，预定

تَيَّاح / تِيحان / تَيِّحان / مِتْيَح: من يَدْخُل في ما لا يَعْنِيه 好管闲事的人

مُتَاح / مِتْيَاح: مُقْدَّر 被前定的，被注定的

ـ: مُمْكِن نَيْلُه 可以获得的

تَارَ ـِ تَيَرَانًا البحرُ: هاجَ 澎湃

تَيَّار جـ تَيَّارَات: مَجْرًى 潮流；电流；气流

ـ شديد: عُباب 急流，激流，湍流
ـ هَواء 气流
ـ: رجل تائِه متكبّر 骄傲的人
ـ 学派，思潮，派别，流派，倾向
ـ بَحْرِيّ 海流
ضدّ الـ 逆水而上，逆流
مَعَ الـ 顺流而下，顺流
سارَ مَعَ الـ 顺水漂流，随波逐流，跟随潮流
الـ الاِسْتِوائِيّ 赤道洋流
ـ مُتَذَبْذِب / ـ مُتَنَاوِب / ـ متقطّع / ـ متغيّر 交流电
ـ مُسْتَمِرّ / ـ مباشِر 直流电
ـ سَرِيعُ الترَدُّد 高频率
ـ بَطِيءُ التَرَدُّد 低频率
ـ عَالِي (واطِئ) الجُهْد 高压(低压)电流
تيرازو (أ) errazzo [医]水磨水
تَيْس جـ تُيُوس وأَتْيَاس وتِيَسَة: ذَكَر المَعز 公山羊
ـ جبلِيّ: وَعْل (بين المعز والظباء) 北山羊，羱羊
ـ (مـ) 愚蠢者，糊涂人，傻子，笨蛋
تَيَاسَة (مـ) 糊涂，愚蠢，蠢话
تَيْسِيَّة وتيُوسِيَّة / تَيْسَنَة (مـ) 顽固，固执，偏执，执拗，刚愎，顽强
تَيْفُود (أ) typhoid / تِيفُوئِيد [医]伤寒
بَارًا ـ (أ) paratyphoid 副伤寒
تَيْفُوس (أ) typhus: الحُمَّى المحرقة [医]斑疹伤寒
تِيك: هٰذِه / تِلْكَ 这个，那个
تِيك (أ) tick: تِيل الفَرش (راجع تيل) 床褥布
تِيل (مـ): نَسيج الكتَّان 亚麻线，亚麻布，夏布
ـ 亚麻
ـ الفرش / تِيك 褥料(做褥套用的条纹麻布)

تِيلَة جـ تِيلَات (مـ): مِشْطَة [机]开尾栓，开尾销
ـ: سَوْطُ الجِلْد 皮鞭
ـ القُطْن: عِرْقُه (مـ) 纤维
طَوِيلُ الـ 长纤维的
قُطْنٌ قصيرُ الـ 短纤维的棉
تِيلِيّ 亚麻的，亚麻布的，夏布的
تِيليا (أ) tilia / تيلْيُو (مـ): زَيْزَفُون 菩提树
تَامَه ـ تَيْمًا وتَيَّمَه الحُبُّ: استعبده 为爱情所迷惑，成为爱情的俘虏
تَيْم / مُتَيَّم: مستعبَد 爱情的奴隶，非常钟情的，热恋的
مُتَيَّم بِها: مُوَلَّه بها 为之倾倒，痴迷
تِيم (أ) team: جَماعةُ اللاعِبِين بالكُرَة 球队
تِين: فَاكِهَة 无花果
ـ شَوْكِيّ: صُبَّيْر 仙人掌果
ـ صِينِيّ 柿子
خُنْفَسَاء الـ 无花果虫
تِينَة جـ تِينَات: شَجَرَة التِين 无花果树
ـ: واحدة التِين 一棵无花果树
مَتَانَة / أَرْض ـ 无花果园
تَيَّان 无花果商
تَاهَ ـِ تَيْهًا وتَيَهَانًا: ضلَّ الطريق 迷路
ـ: ذَهَبَ متحيّرًا 为难，狼狈
ـ: هَلَكَ 死亡，灭亡
ـ الفِكْرُ: شَتَّ 思想混乱，心不在焉
ـ منه كذا: أضاعه 遗失，失落
تَاهَ ـِ تِيهًا عُجْبًا 骄傲自大，忘其所以，得意忘形
تَيَّهَه وتَوَّهَه وأَتَاهَه: أَضَلَّه 引入迷途，使迷失方向
ـ ه و ـ ه: حيَّره 使他为难，狼狈

ـ وـ الفِكْرَ: أَلْهاه 使心乱，使思想分散

تِيه جـ أَتْياه وأَتَاوِيه وأَتَاوِهَة: قَفْر يُضَلُّ فيه 荒野，荒漠，无人烟之地

مَتاهَة جـ مَتَاهَات / أرض تَيْهَاء ومَتِيهَة ومَتْيَهَة

ومَتْيَه: بَرْبَى (مـ) 迷津，迷宫，迷路

تَوَهَان (مـ) 漂泊，流浪，迷路

تائِه / تَيْهَان: ضالّ 迷路的，彷徨的，漂泊的，徘徊的，流浪的

ـ: ضائع / مَفْقُود 迷失的，遗失的，离群的

ـ عُجْبًا / تَيْهَان وتَيَّاه 得意忘形的，洋洋得意的，忘其所以的

ـ الفِكْر 心神分散的，心不在焉的，心乱的

العَصَبُ الـ [解]迷走神经，肠胃神经

تِيُوتُونِيّ (أ) / تُوتُونِيّ Teutonic: نسبة إلى التيوتون 条顿族的；日耳曼人的

تِيُودُولِيت (أ) theodolite: مِزْوَاة 经纬仪

تَيُّوع / يَتُّوع جـ يَتُّوعَات [植]大戟

الثاء

ث (الثاء) 阿拉伯字母表第 4 个字母；代表数字 500

ث: ثانية (秒的)缩写

ثَالْيُوم (أ) thallium: عُنْصرُ اللَهَب الأَخْضَر [化]铊

ثَئِبَ ـَ ثَأَبًا وثُئِبَ وتَثَاءَبَ الرجلُ: تَثَاوَبَ (م) 打呵欠

تَثَاءَبَ الأَخْبَارَ: تَجَسَّسَهَا 调查，探查，侦查

ثَأْب / ثُؤَبَاء / تَثَاؤُب / تَثَاؤُبَة 打呵欠

ثُؤَبَاء 疲倦，无气力；沉闷

مُتَثَؤُوب 打呵欠的人

أَعْدَى من الثُؤَبَاء 比打呵欠传染得还要快

ثَأْثَأَ النَاقَةَ: عطّشها 让驼渴着

ـ: أَرْوَاهَا 饮驼

ـ النارَ: أَطْفَأَهَا 灭火

ـ الغَضَبَ: سكّنه 息怒

ـ ه عن الأمر: حَبَسَه عنه 干涉

ثَأَجَتْ ـَ ثَأَجًا الغَنَمُ: أسمعت صوتَها 羊叫，咩咩地叫

ثُؤَاج: صياح الغنم 羊叫声

ثَئِدَ ـَ ثَأَدًا النبتُ: نَدِيَ 草木上有露水

ـ الرجلُ: برد 感觉冷

ثَأد / ثَأْد 泥土；露水；寒冷；丑事；嫩绿的植物；露营

رَجُلٌ ثَئِد وثَئِيد 感到冷的人

مكانٌ ـ وـ 潮湿的地方

ثَأْدَة: امرأة كثيرةُ اللَحْمِ 肥胖的女人

ثَأْدَاء: أَمة 女奴

ثَآدَة: سِمَن 肥胖

ثَأَرَ ـَ ثَأْرًا القَتِيلَ وبالقتيل: قَتَلَ قاتلَه 报仇，雪耻

ـ: قابَلَ بِالمِثْل 还报，报复

ثَأْر جـ أَثْآر وآثار وثَائِر / ثُؤْرَة: انتقام 报仇，雪耻

هو ـُ فلان: قاتِل قَرِيبِه 他是…的仇人

أخذ منه الثأرَ 向他报了仇，实行了报复

ثَأْرٌ مُنِيم: ثَأْرٌ كاملٌ إذا أصابه طالبه يكتفي وينام 不共戴天之仇

ثَأْرِيّ: انتقاميّ 复仇的，复仇主义的，报复主义的

ثائِر: آخِذ الثَأْر 报仇者，复仇者

ثَئِطَ ـَ ثَأَطًا اللحمُ: فَسَدَ (肉)变坏

ثُئِطَ الرجلُ: زُكِمَ 感冒

ثَأْطَة: وحل فاسد الرائحة 臭泥塘

ـ مُدَّت بماء (臭泥塘里添水)火上浇油

ثَأْطَاءُ: حَمْقَاء 傻妇人

ثُؤْلِلَ وتَثَأْلَلَ جسدُه: خرج فيه ثُؤْلُول 身上长瘊子

ثُؤْلُول جـ ثَآلِيل / ثُؤْلُولَة (م): نُتُوء جِلْدِيّ صُلْب [医]瘊子；小疙瘩，疣，疣肿

ـ: حَلَمة الثَدْي 乳头

ثَأْي 疤

ثُبَة (في ثبي)

ثَبُتَ ـُ ثَبَاتَةً وثُبُوتَةً: كان شُجَاعًا 成为勇敢的

ثَبَتَ ـُ ثَبَاتًا وثُبُوتًا في المكان: كان ثابِتًا 成为坚定的，成为稳定的

ـ: استقرّ 稳定，屹然不动

ـ الأمرُ: تحقّق 得到证明，得到证实，被确定

ـ على الأمر: حافَظ عليه 保持，坚持

ـ على كَلاَمه أو عَهْدِه 信守约言

ـ ت عليه الجَرِيمَةَ 证明有罪，确定他有罪

ثَبَّتَه: مَكَّنَه 使坚定，使稳固

ـ: وَطَّدَه 稳定，使保持安定

ـ قَدَمَه في البَحْرِ 巩固自己的制海权

ـ العاملَ في مَرْكَزِه 确定(官吏的)任务

ـ ه وأَثْبَتَه: أيَّده 证实，证明，查明

ـ ه وـ ه: حقَّقَه 调查，考证

ـ وـ بالبُرْهَان 用证据证明

ـ وـ الذَنْبَ على فلان 判决某人有罪

ـ وـ الذاتِيَّة أو الشَخْصِيَّة 证明身份

أَثْبَتَ في المَحْضَر 记入记事簿

تَثَبَّتَ من كذا: تحقَّقه 查明，弄明白，搞清楚

ـ في كذا (对…)坚信，深信；立场坚定

اِسْتَثْبَتَ وتَثَبَّتَ في الأمر والرأي: تَأَنَّى فيه / شَاوَرَ فيه وفَحَصَ عنه 慎重行事，商量，研究

ثَبَت جـ أَثْبَات: حُجَّة وبُرْهَان 确证，明证，令人信服的证据；权威人士

ـ (书的)索引

ثُبُوت 坚定性，稳定性，可靠性

عَدَم الـ 动摇性(论据)

في ـ 可靠地

ثَبَات: اِسْتِقْرَار 坚固，稳固，坚决，不变，坚定，稳定，屹立，屹然不动

ـ: مُثَابَرَة 坚忍，坚持，有恒心

ـ: بَقاء / اِسْتِمْرَار 永恒，永存，不变，耐久

ـ / ثُبُوت: تحقُّق 确定，证明，证实

إثْبَات: تَقْرِير 确定，确立，确证

ـ: تأْكِيد 表明，证明，证实

ـ: ضدّ نَفْي 肯定

ـ: دَلِيل / بُرْهَان 凭据，证据，证明

ـ الذاتِيَّة أو الهُوِيَّة 证明身份

شاهِد الـ [法]有责证人

إثْبَاتِيّ: ضد نَفْيِيّ 肯定的

تَثْبِيت [基督]坚信礼

تَثَبُّت: تَحَقُّق 确信，认为无疑，得到证明

عن ـ 坚信地

ثُبَات 使人卧倒的病

ثابِت م ثَابِتَة جـ ثَوابِتُ: ضد متحرِّك أو مَنْقُول 固定的，不动摇的，不可移动的

ـ: راسخ 坚定的，安定的，稳定的

ـ: دائم 永恒的，常设的

ـ: مُقَرَّر 被确认的，被确立的

ـ: لا يتغير / وَفِيّ 坚定不渝的，不屈不挠的，坚韧不拔的

ـ الجَأْش 无畏的，勇敢的

ـ العَزْم 坚决的

ـ القَدَم 稳定的，脚步站稳的，立场坚定的

لون ـ 经久不变的颜色

ـ الغاز [物]气体常数，气体恒量

أَمْلاَك ثابتَة / أموال ثابتَة 不动产，固定资本

النُجوم الثَوابِت 恒星

الثَوابِتُ الحَرِجة [物]临界常数，临界恒量

ثَبِت / ثَبْت / ثابِت 坚定的，可靠的，可凭信的

ثَبِيت / ـ / ـ 有恒心的

مَثْبُوت / مُثْبَت: مُقَرَّر 被确立的，被确认的

مَرِيض مُثْبَت 卧床不起的病人

مُثَبَّت: مُمَكَّن 被确定的，被固定的

ثبج ـ ثَبْجًا وثَبَّجَ الخَطَّ: عَمَّاهُ 滥写，潦草书写

ـ الكلامَ: لم يُبَيِّنْه 含糊其辞

ـ ـِ ثَبْجًا وثُبُوجًا: جلس على أطراف قَدَمَيْه 跪坐

ثَبَج: كتابة غير واضحة 滥写，潦草的书法

ثَبج جـ أَثْبَاج وثُبوج كُلِّ شيءٍ: وَسَطه / مُعْظَمُه 中间，中部

ثَبجُ البَحْرِ: مُعْظَمُه 海中，海面

ـ: أمّ قُوَيْقٍ (أُوَيْق) [鸟]仓鸮

ثَبَرَه ـُ ثَبْرًا: طَرَده 逐出，赶出，驱逐

ـ: أَهْلَكَه 破坏，毁灭，毁坏

ثَبَرَ ـُ ثُبُورًا: هَلَكَ (一般事物)毁灭，毁坏

ثَابَرَ على الأمر: واظَب عليه 坚持，(做事)有恒心，不屈不挠地做

ثُبُور: هَلاك 毁灭，死亡

نَادَى بالوَيْل والثُّبُور 发出悲叹声

مُثَابَرَة 耐心，坚忍，孜孜不倦，恒心，持久性

مُثَابِر 孜孜不倦的，坚韧不拔的，不屈不挠的，百折不回的

ثَبطه ـُ ثَبْطًا وثَبَّطَه عن الأمر: عوَّقَه وشغل عنه 阻挠，阻碍，妨碍，抑制

ـ وـ العَزْمَ 挫其锐气，使沮丧，使气馁，泼冷水

مُثَبِّط العَزْم 挫折锐气的，使人沮丧的

ثُبْنَة: ملء حِجْر (衣兜的)一满兜

ثِبَان جـ ثُبُن / ثُبْنَة جـ ثُبَن 兜(撩起衣襟形成的兜)

مَثْبَنَة جـ مَثَابِنُ: كِيسُ زِينَة المرأةِ (女用)手提包

ثُبَة جـ ثُبَات وثُبُون 马群；人群

ثَجَّاج من الأمطار: السَّيَّال الشديد الانصباب 大雨

ثَخُنَ ـُ ثِخَنًا وثَخَانَةً وثُخُونَةً: غَلُظَ 变厚，变浓，变密，变粗

أَثْخَنَ في كذا: بالَغ فيه 残酷对待，严厉对待，摧残；走极端，趋极端

ـ في العَدُوِّ 痛杀敌人

ـ ه ضَرْبًا بالسَوْط 痛加鞭打

أَثْخَنَتْهُ الجِراحُ: أَوْهَنَتْهُ 创伤、摧残(他的健康)，使他虚弱

اِسْتَثْخَنَ منه المرضُ أو النومُ 被(疾病或瞌睡)压倒，制服

ثِخَن / ثَخَانَة / ثُخُونَة 粗，厚，稠；浓度，密度

ـ / ـ / ـ 粗俗，粗野，无礼

ثَخِين جـ ثُخَنَاءُ / ثَخِن: غَلِيظ 粗的，厚的，浓的，稠的

ثَدْي وثَدًى جـ ثُدِيّ وثِدِيّ وأَثْدٍ: نهد (阴阳性通用)(妇女的)乳房

ـ الحيوان: ضَرْعه 动物的乳房

ذَواتُ الـ 哺乳类的

ثَدْيَاءُ: عَظِيمةُ الثدي 乳房发达的妇女

ثَدْيِيّ: مختصّ بالثَدي 乳房的

ـ: من ذوات الثَدْي 哺乳动物

الثَدْيِيَّات: الحيوانات اللَبُونَة 哺乳类

ثَرَبَه ـِ ثَرْبًا وثَرَّبَه وثَرَّبَه عليه وأَثْرَبَه: لامه 非难，谴责，责备

أَثْرَبَ الكَبْشُ: زاد ثَرْبه 羊长膘

ثَرْب جـ ثُرُوب وأَثْرُب جج أَثَارِب: شَحم رَقيق على الكرش والأمعاء 肠胃上的脂肪

تَثْرِيب: لوم 非难，谴责

ثَرْثَرَ الكلامَ: كثّره في تردّد وتخليط 唠叨，啰嗦

ـ الشيءَ: بدّده وفرّقه 分散，散布

ـ الطعامَ: خلطه 混合(食物)

ـ في الطعام: أكثر من أكله 多吃

ثَرْثَار 唠唠叨叨的人

ثَرَدَ ـُ ثَرْدًا وأَثْرَدَ واثَّرَدَ الخُبْزَ: فتّه في المرق 在肉汤里浸面包，用肉汤泡馍

ثَرِيد وثَرِيدَة جـ ثَرَائِدُ وثُرُود: فَتِيت / فَتّه (مـ) 肉汤泡馍

ثَرَّ ـُ ثَرًّا وثُرُورًا وثُرُورَةً وثَرَارَةً الشيءُ: اِتَّسَعَ 扩大，扩张
ـ تْ السَحابةُ: غزُرَ مطرُها (云)多雨
ـ تْ العينُ: غزُر دمعُها 泪多
ـ ـُ ثَرًّا الشيءَ: بدَّدَه 散布，散播
ـ تْ السحابةُ: صبَّت ماءَها (雨水)倾注
ثَرَّرَ المكانَ: ندَّاه 使地方潮湿
ثَرّ ج ثِرَار: كثِيرُ الكلام 饶舌的
فَرَس ـ: واسعُ الركْضِ 快马
شَاةٌ ـ ة: غَزِيرة اللَّبَن 多乳的母羊
مَطَرٌ ـ: غزِيرُ القَطْر 猛雨，骤雨
ثَرَّة / ثَرُور / ثَارَّة: كثيرة الكلام 长舌妇
ثَرَّارَة من العُيون 涌泉
ثرع ـَ ثَرَعًا الرجلُ: تطفّل على القوم 做不速之客
ثُرْعُلَة: رِيش مجتمع على عنق الديك 鸡颈上的羽毛
ثُرْغُل: أُنثى الثَعْلَب 母狐狸
ثرمه ـِ ثَرْمًا وأَثْرَمَه: كسر ثَنِيَّتَه من أصلها أو سِنَّه من أصلها 打掉他的门齿或牙齿
ثَرِم ـَ ثَرَمًا وانْثرَم: اِنْكَسَرَت ثَنِيَّتُه 门齿掉了
أَثْرَمُ م ثَرْمَاءُ ج ثُرْم 门齿脱掉的
أَثْرَمَان: الليل والنهار 昼夜
ثِرْمُومِتْر (أ) (في ترمومتر) 温度计
ثَرَا ـُ ثَرَاءً وثَرِيَ ـَ ثَرًى وأَثْرَى الرجلُ: كثُر مالُه 发财，变富，变富足，变富裕
ثَرْوَة ج ثَرَوَات / ثَرَاء / ثَرًى: غِنًى 财富，财产，财宝
ـ قَوْمِيَّة 国民财富
ـ مَائِيَّة 水产财富
ثَرِيّ ج أَثْرِيَاءُ / مُثْرٍ / أَثْرَى م ثَرْوَاءُ: غَنِيّ 富人，富翁，财主，富足的
ثُرَيَّا ج ثُرَيَّات: نَجَفَة (م) (吊在天花板上的)分枝灯架
الـ (في الفلك) [天]昴宿(西方白虎七宿之一)
ثَرِيَ ـَ ثَرًى وأَثْرَى الترابُ: نَدِيَ ولان بعد اليُبْسِ (土)变潮润
ثَرًى / ثَرَاء: تراب نَدِيّ 湿土，潮土
كالفَرْق بَيْنَ الـ والثُرَيَّا 天渊之别
طَيَّبَ اللهُ ـ ه [伊]求真主使他在墓中安眠
أَيْنَ الـ مِنَ الثُرَيَّا؟ (土与昴宿是无法比拟的)怎能同日而语呢？
ـ: نَدًى 露水
ـ: خَيْر / رَخَاء (财富)丰饶，充裕
ثعب ـَ ثَعْبًا الماءَ: أجراه 使水流动，使流出
ثُعْبَان ج ثَعَابِينُ: حَيَّة (阴阳性通用)蛇
ـ الماءِ / ـ السمك / ـ بحريّ: حِنْشَان (م) 鳗鲡，海鳗鲡
ـ أبو جَرْس 响尾蛇
ـ الوَحْل [动]黏鳗
ثُعْبَانِيّ 蛇状的，曲折的
ـ 阴险的
مَثْعَب: مِحْبَس روائح المَجارير / سِيفُون (أ) [机] S或U形防臭瓣，凝气阀
ثَعْلَب ج ثَعَالِبُ وثَعَالٍ (阴阳性通用)狐狸
داءُ الـ: الصلع 秃发病
بَنُو ـ ة / بنو ـ 赛耳莱伯部族(阿拉伯一个部族)
فَما مِنْ وادٍ إلاَّ ولـ ـ ة أَثَرٌ فيه / بِكُلِّ وادٍ أَثَرٌ مِنْ ـ ة (在各河谷里都有赛耳莱伯部族人的踪迹)天下乌鸦一般黑
ثَعْلَبِيّ 狐狸的，像狐的
ثَعْلَبَة 母狐狸；[医]尾骶骨，肛门
ثُعْلُبَان 公狐狸

ثُعَالَة 母狐狸的外号

ثَغَرَ ـَ ثَغْرًا الإناءَ: فتحَ ثُغْرَة فيه 使裂口，开缺口，打窟窿，打洞

اِثَّغَرَ واتَّغَرَ الطفلُ: سَقَطَ أو نَبَتَ ثَغْرُه (小孩)长牙，出牙；掉牙

اِنْثَغَرَ 被穿孔

ثَغْر جـ ثُغُور: فَم 口，嘴

ـ: مُقَدَّم الأَسْنَان 门牙，前齿

ـ: مِينَاء 港，港口，埠头，海口

ـ: كل فُرْجَة في جبل أو وادٍ 峡谷

ـ 国境区域，边境地带

ثُغْرَة جـ ثُغَرَات: فَتْحَة 破口，裂口，间隙，通路

ثُغَرَاتٌ للرِيبَة 猜疑的借口

أَثْغَمَ الوَادِي: أَنْبَتَ الثَغامَ 河谷中长艾草

ـ الرَأْسُ: صار ثاغمًا أي أَبْيَض 头发变白，白发苍苍

ثَغَا ـُ ثُغَاءً الخَرُوفُ: صَوَّتَ (羊)叫，咩咩地叫

أَثْغَى الشَاةَ: حملها على الثُغاء 使羊叫

ثُغَاء: صوت الغَنَم (羊)叫声

ما بالدار ثاغٍ ولا راغٍ 房里没有人

ما له ثَاغِيَة ولا رَاغِيَة 他没有羊，更没有驼

ثَفَرُ السَرْج جـ أَثْفَار: طَفَر (مـ) / عُزْقُل (مـ) (马)屁鞦，后鞧(骡马等尾巴下面的皮带)

ثُفْل جـ أَثْفَالٌ: راسِب / عكَر 渣滓，滓屑，糟粕，沉淀物

ثَفِنَتْ ـَ ثَفَنًا يدُه: غلظت من العمل 手上长茧子，趼子

ثَافَنَه: جالَسَه 交游，往来

ثَقَبَ ـُ ثَقْبًا الشيءَ: خرَقه 穿孔，凿孔，钻眼，刺穿

ـ: اِخْتَرَقَ 贯穿，穿入，穿透，贯入

تَثَقَّبَ واِنْثَقَبَ 被戳通，被钻通，被刺穿，被穿孔

ثَقْب جـ أَثْقُب وثُقُوب وأَثْقَاب / ثُقْبَة جـ ثُقَب وثُقَب: خرق نافذ 洞，孔，眼，窟窿

ثِقَاب / ثَقُوب / كِبْرِيتَة (مـ) / شُحَيْطَة (سـ) 火柴，洋火

ثاقِب: نافِذ 刺穿的，贯通的，锐利的

رأْيٌ ـ 透彻的见解

ـُ الفِكْرِ 思想敏锐的，精明的

ـةُ الحُبُوبِ الصُفْرى [动]谷蠹

مَثْقُوب 被钻透的，有窟窿的

مِثْقَب جـ مَثَاقِبُ: مِثْقاب (مـ) 锥，钻，钻头，钻孔机

ثَقِفَ ـَ وثَقُفَ ـُ ثَقْفًا وثَقَفًا وثَقَافَةً: كان حاذقا خفيفا 贤明，机敏，慧敏，伶俐

ثَقِفَه ـَ ثَقْفًا: ظَفِرَ به أو أدركه أو صادَفه 获得，抓得，赶上，赶及，碰见，遇见

ـ ثَقْفًا وثَقَافَةً وثُقُوفَةً الحديثَ: فهِمه بِسُرْعَة 敏悟

ـ ثَقْفًا العِلْمَ أو الصِنَاعَةَ: حذقهما 很快就学会(科学或工艺)

ثَقَّفَ الرُمْحَ: قوّمه وسوّاه 矫正(枪杆)

ـ الوَلَدَ: علّمه وهذّبه 教育，教养，陶冶

ـ عَقْلَه 启发，教育，教化

ثَاقَفَه: لاعَبَه بالسيف وهي محاولَة إصابَة الغِرَّة 比剑

ـ ه: غالَبَه في الحِذْق 斗智

ـ ه: خاصمه 斗争

تَثَقَّفَ 受教育，成为有文化的

ثَقَافَة 文化

وِزارة الـ 文化部

الـ العَرَبِيَّة 阿拉伯文化

ثَقَافِيّ: تَهْذِيبِيّ 文化的，教育的，人文上的

القِيَم الـ ة 文化价值
العَلاقَات الـ ة 文化关系
تَثْقِيف: تَهْذِيب 修养，教育，教化
مُثاقفَة 击剑，劈剑，剑术
مُثَقَّف: مهذَّب 受教育的，被教化的，被开化的，有修养的，有教养的，风雅的
ـ الذَوْق 有雅趣的人
ـ جـ مُثَقَّفُون 知识分子，知识界
ثِقاف: آلة تُثَقَّفُ بها الرماحُ 箭端，枪端(用来矫正箭和枪杆的工具)
امْرَأَة ثَقَاف: فَطِنَة 聪慧的妇女
ثَقْف وثَقُف وثَقِف وثَقِيف: حاذق خفيف 聪明的，灵巧的
ثَقِيف: حاذِق جدًّا 具有妙手的人
خَلّ ـ: حامض جدًّا 很酸的醋
ثَقُلَ ـُ ثِقلاً وثَقَالَةً: ضد خفّ 重，沉重，变重
ـ سمعُه: ذهب بعضُه 耳沉，耳朵发背，听觉困难
ثَقُلَ ـُ ثَقلاً المريضُ: اشتدَّ مرضُه 病重，病势沉重
ـ القولُ: لم يطِبْ سماعُه 不入耳，不中听
ثَقُلَت المرأةُ: استبان حَمْلُها 孕妇身重，出怀
ثَقَلَ ـُ ثَقْلاً الشيءَ: رفعه بيده لينظر ثِقْله من خفَّتِه 掂一掂分量
ثَقَّلَه: صيَّره ثَقيلاً 使沉重，使繁重，加重
ـ الحَرْفَ: شدَّده [语]在字母上加叠音符
ـ عليه: أتعبه 烦劳人，麻烦人，使人费事
ـ عليه: حمَّله 使负重，使劳累，使负担过重
ثاقَل: أكل طعاما ثقيلا 吃难消化的东西
ثَقَّلَ وتَثاقَل عليه: ضَايَقَه 烦扰，滋扰，使困难，搅乱
أَثْقَلَه المرضُ 病势沉重

ـ ه بالحديد 给他带上镣铐
ـ تْ المرأةُ: ثَقُل حَمْلُها في بَطْنها ودَنَا وَضْعُه 孕妇身重
تَثَاقَلَ عنه: تباطَأَ 慢腾腾地，懒洋洋地
ـ القومُ: لم ينهضوا للنَجْدة وقد استُنْهِضُوا لها 迟迟不救
اِسْتَثْقَلَ الشيءُ: كان ثقيلا 重，沉重，繁重
ـ الشيءَ: وجَده ثَقِيلاً 觉得沉重，认为繁重
بِثِقَلٍ 沉重地，艰难地，累赘地
ثِقْل جـ أَثْقَال: وَزْن 重量，重力，重
ـ: حِمْل ثقيل 重担
الـ النَوْعِيّ [物]比重
مِيزَان الـ النَوْعيّ [物]比重计
رَفْع الـ 举重
أَثْقَال الأرض: ما في جوفِها 地下宝藏
ثَقَل جـ أَثْقَال: مَتاعُ المُسافِر وحَشَمُه 旅客的行李及其仆人
ـ: كل شيء نفيس 一切贵重物品
ثَقْلَة / ثَقَلَة: تَعَب 疲倦，疲乏
ـ / ـ / ثُقَّالَة (مـ) 压东西的重物(如镇纸)
ثَقْلة / ثِقْلَة / ثَقَلَة / ثِقَلة: أَمْتِعَة وأثقال 行李，货物
ـ: ثِقَلُ الطَعام في الجوف 胃中难消化的东西
ـ: نَعْسَة تَغْلِبك 无法克服的瞌睡
الثَقَلانِ: الإنْس والجِنّ 人类和精灵
تَثاقُل 迟缓，缓慢，懒散
في الـ وفي شيءٍ مِنَ الـ 慢腾腾地和勉勉强强地
ثَقِيل جـ ثُقَلاءُ وثِقال: ضد خفيف 重的，沉重的，累赘的，繁重的
ـ: مُضايِق 繁搅的，使人厌烦的，麻烦的
ـ الحِمْلِ / تَيِل (مـ) 负担沉重的
ـ الدَمِ 使人厌烦的，令人讨厌的

ـ الرُوح 迟钝的，拙劣的，无聊的，不同情的；无好意的
ـ السَمْع 耳沉，耳朵发背，听觉不灵，听觉不好
ـ الظِلّ / سَقِيل (مـ) 使人扫兴的人
ـ الفَهْم 愚笨的，愚钝的
ـ الهَضْم 难消化的
مُثقَّل: مُحمَّل 负担重的，装满的，受重压的
مُتَثَاقِل 迟缓的，懒散的，懒洋洋的
مُتَثَاقِلاً 慢腾腾地，懒洋洋地，勉勉强强地
نَوْمٌ مُسْتَثْقَل 熟睡
عَيْنٌ ـ ة 发涩的眼睛
مِثْقَال جـ مَثَاقِيلُ: عيار أو وَزْن 砝码（等于 4.68 克）
ـُ ذَرَّةٍ 极少之量，丝毫，一点点
ثقة (في وثق)
ثَكِلَ ـَ ثُكْلاً وثَكَلاً ابْنَه: فقدَه 丧子
أَثْكَلَ الأُمَّ ولدَها 使母丧子
ثَاكِل / ثَكْلاَن 丧子的父亲
ثاكِل وثاكِلة جـ ثَوَاكِلُ / ثَكْلَى جـ ثَكَالَى 丧子的母亲
مَثْكَلَة: ما يسبب الثُكْل 丧子的原因
ثَكَمَ ـُ ثَكْمًا الأمرَ أو الطريقَ: لزمه 常做某事，常走某路
ـ الآثارَ: اقتَصَّها 跟踪追赶，尾追
ـ له الأمرَ: بيَّنه له وأَوْضَحَه 为他解释
ـ وثَكِمَ ـَ ثَكَمًا بالمكان: أقام 居住
ثُكْنَة الجُنود جـ ثُكَن وثُكُنَات وثُكْنَات: قُشْلاَق (مـ) / قَشْلَة (س) 兵营，营房
ـ: جَمَاعَة من الناس والبهائم 一群人；一群牲口
ـ: سِرْبُ الحَمام وغيره 一群（鸽子等）

ـ: قِلاَدَة 项圈，项链
ـ: رَايَة 旗帜
ثَلَبَ ـِ ثَلْبًا الشيءَ: ثَلَمَه 弄出缺口
ـ الرجلَ: عابَه وتنقَّصه 诽谤，辱骂，中伤
ـ الرجلَ: طَرَدَه 驱逐
ـ وثَلِبَ ـَ ثَلَبًا جِلْدُه: تَقَبَّضَ 起皱纹
ـ الثوبُ: وَسِخَ （衣服）染污
ـ الرجلُ: تَلَطَّخَ بالعُيُوب 沾染缺点、毛病
ـَ تِ القَدَمُ: تشقَّقَتْ （脚）开裂
ثِلْب وثَلِب: مَعِيب 令人指摘的
رَجُلٌ ثِلْب جـ أَثْلاَب 老掉牙的
مَثْلَبَة جـ مَثَالِب: عَيْب 缺点，毛病
ثَلَثَ ـُ ثَلْثًا الشيءَ: أخذ ثُلْثَه 取（某物的）三分之一
ـ القومَ: كان ثالِثَهم 成为第三个
ـ القومَ: أَخَذَ ثُلْثَ مَالِهم 征收三分之一的财产
ثلَّثَ الاثْنَيْنِ: صيَّرهما ثلاثة بنفسه 自己加入，使两人变三人
ـ الحَرْفَ: جعلَه ذا ثَلاثِ نُقَطٍ 字母加三个点
ـ الحَرْفَ: جعله ذا ثلاث حَرَكَاتٍ 字母上标上三个音符
ـ الشرابَ: طبخه حتى ذهب ثُلُثُه 煮果汁煮到只剩三分之二
ـ الشيءَ: جَعَله ثلاثة أضعاف 使成为三倍
ـ الشيءَ: فَعَله ثلاثَ مَرَّات 做了三次
ـ المِساحةَ: قسّمها إلى مثلثات 作三角测量，划为三角形
أَثْلَثَ القومُ: صاروا ثلاثةً 他们凑成三个人
ـ القومُ: صاروا ثَلاثِينَ 他们凑成三十个
ثُلْث وثُلُث جـ أَثْلاَث / ثَلِيث: جُزْء من ثَلاثة أجْزاءٍ 三分之一

دُونَ أَن يَقُول ـُ الثَّلاثَة كَمْ (مـ) (他不说三的
三分之一是多少)不分青红皂白

الخَطُّ الثُّلْثِيّ: خطٌّ غليظُ الحرف 三一体(阿拉伯
文大楷)

ثَلاث م ثَلاثَة (٣) 三

ـ ةُ أَضْعَافٍ 三倍

ـَ عَشْرَةَ / ثَلاثَةَ عَشَرَ (١٣) / تَلاتَشَّر (مـ) 十三

مِنْ ـ نُسَخٍ 一式三份

ثَلاثًا: ثلاثُ مَرّاتٍ 三次，三回

جاءُوا ثُلاثَ أو مَثْلَثَ: ثَلاثَةً ثَلاثَةً 他们三个
三个地来

ثَلثان / ثُلثان [植]龙葵(有毒植物)

ثُلاثِيّ م ثُلاثِيَّة: مؤلَّف من ثلاثة 三方面的，
三重的，三层的

ـ الحُدُودِ (في الرياضة) [数]三项式

ـ الحُرُوفِ: مؤلَّف مِنْ ثلاثةِ أَحْرُف 三个字
母组成的词

ـ الخُطُوطِ [数]三线的

ـ الزَوايا 三角形的，三角的

ـ السُطُوحِ أو الأَضْلاعِ 有三面的，有三
边的

ـ السُطُوح المُتَساوِيَة 有三等面的

ـ الأَرْجُلِ: سِيبَة (مـ) 三脚台，三脚架

ـ الفُصُوص (في النبات) [植]有三瓣的

ـ الأَلْوان 三色的

ـ النَوْرِيّات أي البتَلات (في النبات) [植]有
三花瓣的

ـ الوَرَقات (في النبات) [植]有三小叶的

ـ الأَلْسُن أو اللُغات 三国语的，用三国语的

ـ المِحْوَر 有三轴的

ـ المَقاطع 三音节字，三音节语，三缀音语

الهَرَمُ الـ 三棱锥体

الدرّاجة الثُلاثِيَّة 三轮车

الثُلاثَاء / الثَلاثاء / يَوْمُ الثَلْثَاءِ 星期二

ثَلاثُون (٣٠) 三十

الـ 第三十

ثِلْث: ولدُ الناقةِ الثالث 驼的第三子

سَقَى زَرْعَه الثِلْثَ 每三天灌溉一次

تَثْلِيث: جعله ذَا ثَلاثةِ أَرْكانٍ أو أَضْعافٍ 变成
三股、三倍

ـ: الاعتقادُ بثلاثةٍ في واحد 信仰三位一体

المِساحة التَثْلِيثِيَّة 三角测量术

ثَالِث م ثالثة: واقعٌ بعدَ الثَانِي 第三

ـ أُكْسِيدِ الأَزُوتِ [化]三氧化二氮

الـ عَشَرَ م الـ ةَ عَشْرَةَ 第十三

ثَالِثًا 第三

ثَالُوث (في اللاهُوت) [基督]三位一体

ـ الجَمالِ [神]象征美艳、温雅、欢乐的
三女神

ـ: اتِّحادُ ثلاثةٍ 三联，三合，同押一韵
的三句；[音]三和音

زَهْرَةُ الـ [植]三色堇菜

جاءُوا مَثْلَثَ أو ثُلاثَ: ثلاثةً ثلاثةً 他们三个
三个地来

مِثْلَث جـ مَثالِث 三弦的

مَثْلُوث: ذُو ثلاثةٍ 三倍的，三重的，三层的

ـ 仅余三分之二的

حَبْل ـ: مِنْ ثَلاثِ قُوًى 三股绳

مُثَلَّث: مُؤَلَّف من ثلاثة 三倍的，三重的

ـ 三日疟

ـ 三二酒(由煮剩的三分之二的果汁酿
成的酒)

ـ جـ مُثَلَّثات (في الهَنْدَسة) 三角形

ـ الرَّسّام وغيره 矩尺

ـ مُتَساوِي الساقَيْنِ 等腰三角形，二等边
三角形
ـ مُختَلِفُ الأَضْلاعِ 不等边三角形
ـ قائِمُ الزاوِيَة 直角三角形
الـ ة الأَلْوان / العَلَم الـ 三色旗
الزَهْرَة الـ ة: شِعار فَرنسيّ قديم 鹰尾花
(古代法国国徽)
حِساب المُثَلَّثات / المُثَلَّثات 三角学
المُثَلَّثات الكُرَوِيَّة 球面三角学
المثلَّثات المُسْتَوِيَة 平面三角
مُثَلَّثِيّ 三角学的
النِسْبَة الـ ة 三角函数
ثَلَجَتْ ـُ ثَلْجًا وأَثْلَجَت السماءُ: نزل منها الثَلْجُ
下雪
ـ ت ـُ ثُلوجًا نَفْسِي به وإليه: اِرْتَاحت به
واطمأنّت إليه 信任
ثَلِجَتْ ـَ ثَلَجًا وأَثْلَجَتْ نَفْسِي به: بردت وسُرَّت
(我)感觉满意、高兴
ثَلِجَ فُؤادُه: بلُد وذهَبَ 丧失才智，呆傻了
ـ تْ الأرضُ وأُثْلِجَتْ: سقط عليها الثلجُ
地上有雪
ثَلَّجَه: برَّده أو جمّده بالثلج 使冷，使冻结，
凝结
أَثْلَجَ القومُ: دخلوا في الثلج 他们遇到下雪
ـ ماءُ البِئْر: انقطع 井水枯竭，干涸
ـ ه: فرَّحه 使他高兴、愉快、快乐、满意，
感到安慰
ـ تْ عنه الحُمَّى: تركته 他的烧退了
ثَلْج جـ ثُلوج واحدته ثَلْجَة 雪；冰
ـ رَخْو: خَشَف 雪
ـ جامِد: جَمَد (خصوصا الصِناعِيّ) 冰(尤
指人造冰)

نُدْفَة ـ: خشيفة 雪花，雪片
ثَلْجِيّ: كالثلج أو منه 冰的，如冰的
العَصْر الثَلْجِيّ أو الجَليدِيّ 冰河纪，冰河时代
ثُلاجِيّ 雪白的
تَثْليج 变冷，冷却，冻结
مَثْلوج: واقع فيه الثلج 有雪的
رَجُل ـُ الفُؤاد: بَليدُه 丧失才智的，呆傻的
ماءٌ ـ: مُبرَّدٌ بالثلج 冰水
حَليب ـ 冰淇淋
ثَلِيج 冰结的，冰冷的
ثَلج / مَثْلوج / مُثَلَّج 冰冻的，结冰的，
冻结的
لُحومٌ مُثَلَّجَة ومَثْلوجَة 冻肉
مُثَلَّجات 冷饮
ثَلاَّج: بائعُ الثَلْج 冰商
ثَلاَّجة جـ ثَلاَّجات: صُنْدُوق الثلج 冰箱
ـ كَهْرَبائِيَّة 电冰箱
مَثْلَجَة جـ مَثالِجُ: خِزانَة التبريد 冷藏器，冷房，
冷藏库，冷却室
ثَلَغَ ـَ ثَلْغًا رأسَه: شدخه 打破头
مُثَلَّغ: تَمر سَقَطَ على الأرض مشَدَّخًا 落在地
上摔破的椰枣
ثَلَّ ـُ ثَلاًّ وثَلَلاً القومَ: أَهلَكَهم 使他们毁灭、
灭亡
ـ البيتَ: هدمه 拆毁(房屋)
ـ الإناءَ: أخذَ ما فيه 取出容器里的东西
ـ اللهُ عَرْشَهم (安拉颠覆他们)使他们毁灭
ثُلَّ عَرْشُهُم 他们被推翻了，被打倒了
ـ ثَلاًّ البئرَ: أخرج ترابها 掏井
تَثَلَّلَ البَيْتُ: تساقَط وتهدَّم شيئًا فشيئًا 房子逐
渐坍塌
ثَلَل: هَلاك 毁灭，灭亡

ـ: سقوط الأسنان 牙齿脱落

ثِلَّة جـ ثِلَل: هلكة 毁灭

ثَلَّة: جماعة الغَنَم الكثيرة 一群羊

ـ: صُوف 羊毛

ـ: ما أُخْرِجَ من تُراب البئر 从井里掏出的泥土

ثُلَّة جـ ثُلَل: جَماعة الناس / ثَلَّة (م) 一伙人，一群人

مَثَلَّة: مِظَلَّة في الصَحْراء 沙漠里的凉篷

ثَلَمَ ـِ ثَلْمًا وثَلَّمَ الحائطَ: أحدث فيه خللا 把墙壁弄裂，弄破，挖壁洞

ـ وـ الإناءَ: كسر من حافته 把容器打缺了

ـ وـ الصيتَ أو السُمْعَةَ 中伤，诽谤，毁损名誉

ـ السَيفَ وثَلَّمَه: تَلَّمَ (م) / صيَّره كليلاً 使剑变钝

ثَلِمَ ـَ ثَلَمًا وانْثَلَمَ وتَثَلَّمَ (剑)成为钝的，(容器)成为有缺口的

ثَلَّمَ حِدَّةَ المَشاعِر 使感觉麻痹

تَثَلَّمَ 成齿状

ثَلْم جـ أَثْلام / ثُلْمَة: خَلَل 刻痕，缺口，锯齿形

سَدُّ ثُلْمَة 填满缺口

ثالِم: تالِم (م) / كَلِيل 钝的，不锐利的

مَثْلُوم 名誉毁坏的

ـ العِرْض 受侮辱的

مُنْثَلِمُ الصيتِ أو السُمْعَة 名声不好的，名誉坏的，声名狼籍的

ثَمَأَه ـَ ثَمأً: أطعمَه الدسَمَ 用多脂的食品招待他

ـ الرأسَ: شدَخَه 打破头部

ـ الأنفَ: كسرَ حَرْفَه 打破鼻尖

ثَمَجَه ـِ ثَمْجًا: خلَّطَه 混合

مُثْمِج: الذي يصبغ الثياب بألوان مختلفة 用各色颜料染衣服的工人

ثَمَدَ ـُ ثَمْدًا وأَثْمَدَ واسْتَثْمَدَ الماءَ: جعل له موضعًا كالحَوْض ليجتمع فيه 挖塘蓄水

ـ الشيءُ فُلانًا: صيَّره يُفْنِي مالَه 使他倾家荡产

ـ الناقةَ: اشتفَّها 把奶挤干

اِثَّمَدَ واتَّمَدَ واثْتَمَدَ: ورد الثَمْدَ أو الثَمَد 到小水塘去饮水

اِسْتَثْمَدَه: طلب مَعْرُوفَه 向他乞讨

ثَمْد وثَمَد جـ ثِماد: ماء قليل يتجمع في الشتاء وينضب في الصيف 小水塘

ـ / ـ: حُفْرَة يجتمع فيها ماء المطر 雨水塘

ثَمُود 赛木德(男名)

ـ: قَبِيلة من العَرَب الأُولَى 赛木德族(原始阿拉伯的一个部落)

إِثْمِد / أُثْمُد: حَجَر يُكْتَحَل به [化]皓矾，硫酸锌(阿拉伯人用作眼药)

رَجُل مَثْمُود: كثر عليه السُؤال حتى أنفدوا ما عنده 被人乞讨得身无分文的人

ثَمَرَ ـُ ثُمورًا وأَثْمَرَ الشجرُ: طلع ثمرُه 结果实

ثَمَّرَ واسْتَثْمَرَ المالَ في كذا: كثَّره 投资于…

اِسْتَثْمَرَ الشيءَ: استغلَّه 利用，开发

ثَمَر جـ ثِمَار جج أَثْمَار وثُمُر الواحدة ثَمَرَة: حَمْل النبات أو غيره 果实

ـ: مَحْصُول / نِتاج 产物，产品；收获，成果

ـ / ثَمَرَة: فائدة 利益，裨益，益处

ـ / ـ: رِبْح 利，盈利，利润

ـ / ـ: نَتِيجَة 结果，效果，成果，结局

ثَمَرَة: نَسْل ووَلَد 子女

ـ السَوْط: عقدة في طرفه 鞭子头上的疙瘩

ـ القَلْب: المَوَدَّة 友爱，友情

ـ اللِسان: طَرَفه 舌尖

بلا ثَمَرَة: عَقِيم 不结果的，不生产的；无效果的，无结果的；无益的

إثْمار: إنتاجُ الثَمَرِ 结果实

اِسْتِثْمَار: اِسْتِغْلَال 投资，利用

ـ 剥削

مَصاريفُ الـ 营业费

مُثْمِر: مُنْتِج 多果实的，多产的，有成果的

ـ: مُرْبِح 有利的，生利的，有盈利的(贸易)，有生产效能的

ثامِر: لُوبِيَاء [植]菜豆

شَجَرَة ثَمْرَاء: ذاتُ ثمر 会结果的树

أَرض ثَمْرَاء: كثيرة الثمر 丰产的土地

ثَمِلَ ـَ ثَمَلاً: سَكِرَ 醉，沉醉，酩酊

ثَمَلَ ـُ ثَمْلاً وثُمُولاً: مَكَثَ 逗留，停留(居住)

ثَمَلَه ـُ ثَمْلاً: أغاثَه 援助

ـ: أطعمَه وسقاه 抚养(孤儿)

أَثْمَلَه: أسكَره 使他醉

ـ اللبنُ: كثُرَتْ ثُمالتُه 奶的泡沫增多了

ـ وثَمَّلَ اللبنَ: حرّكه ليزبد 振动奶使泡沫增多

تَثَمَّلَ ما في الإناءِ: تَحَسَّاه 干杯，喝干

ثَمَل: سُكْر 醉，沉醉，酩酊

ثُمَالَة ج ثُمَال: راسِب 沉淀，沉渣，残渣，渣滓，糟粕

إلى الـ 喝干，干杯

ثَمَلَة ج ثُمُول / ثُمْلَة ج ثُمَل / ثَمِيلَة ج ثَمِيل وثَمائِلُ: ما بقي في الإناء أو الحوض من الماء وغيره 剩下的水

ـ: رَغْوَة 奶的泡沫

ثُمَال / مُثَمَّل: سُمّ مُنْقَع أُنقِعَ أياما حتى اختمر 发酵的毒药

ثِمالُ القَوْمِ: غِياثُهم الذي يقوم بأمرهم 部落的管事人

ثَمِيل: لَبَن حامض 酸奶

مَثْمَلَة: صِهْرِيج 大水槽

مِثْمَلَة (用枣椰叶织成的)篮子；牧人的袋子；井底的泥

ثَمَّ ـُ ثَمًّا الشيءَ: أصلحه 改善，改良，改革

ـ ت الشاةُ النبتَ بفِيها: قلعته 羊拔草木

اِنْثَمَّ الجسمُ: ذابَ وضعُف (身体)消瘦，瘦弱

ـ الشيخُ: كَبِرَ وهَرِمَ 衰老

ـ عليه: انثال عليه 拥上去

ثَمَّ / ثَمَّةَ: هُناكَ 那里

مِنْ ـ: لذلك 由此，因此，为此

ثُمَّ: حِينَئِذٍ / بَعْدَئِذٍ 然后，其后，以后，其次

ثُمَّة: قَبْضَة من الحشيش 一把干草

ثِمَّة: شيخٌ كبيرٌ هَرِم 衰迈的老人

ثُمَام / يَثْمُوم [植]稗

ثَمّ: إصلاح 修理，整理

كُنَّا أهلَ ثَمِّه ورَمِّه 我们是修理者，整理者

هو ثُمُّه ورُمُّه / ثَمُّه ورَمُّه / ثِمُّه ورِمُّه: جَيِّدُه ورديئُه أو قليله وكثيره 他的优点和缺点

ما لَهُ ثُمّ ولا رُمّ: لا يَمْلِكُ شيئًا 他一无所有

مِثَمّ مِنَ النَاسِ: الذي يأكل الجيّد والرديء من الطعام 他不分粗细什么都吃

ثَمَنَ ـِ ثَمْنًا الشيءَ: أخذ ثُمْنَه 取某物的八分之一

ـ الرجلَ: أخذ ثُمنَ مالِه 取其财产的八分之一

ـ القومَ: كان ثامِنَهم 成为一群人的第八个

ثَمُنَ ـُ ثَمَانَةً الشيءُ: كان ثمينًا أي كثير الثَمن 成为值钱的，有价值的

ثَمَّنَ الشيءَ: قدَّر ثمنَه 估价，评价，鉴定

ـ الشيءَ: حدَّد له ثَمنًا 定价

ـ: جعل له ثَمَانِيَةَ أَرْكَانٍ 使成八角形

لا يُثَمَّنُ: ثَمِينٌ جِدًّا 无价的，不可估价的，贵重的

لا يُثَمَّنُ: عدِيمُ القِيمة 不值钱的，一文不值的，无用的，不足取的

أَثْمَنَ القَوْمُ: صارُوا ثَمَانِيَةً 变成八人

أَثْمَنْتُ المالَ زَيْدًا ولِزَيْدٍ: أعطيتُه ثَمنَه 我把货款交给宰德

ثُمْن وثُمُن جـ أَثْمَان: جُزْء من ثَمانِيَة أَجْزَاءٍ 八分之一

ثُمُنَة 土木奈(容积名，等于 0.258 公升弱)

ثَمَن جـ أَثْمَان وأَثْمِنَة وأَثْمُن: سِعْر / عِوَضُ المَبِيع 价，价值

ـ أَصْلِيّ (بلا ربح) 原价，价格

ـ أَسَاسِيّ (股票等)票面价格

أَزْيَدُ مِنَ الـ الأَساسِيّ 高于平价，票面以上的价格

أَقَلُّ من الـ الأَساسِيّ 票面以下的价格

ثَمانٍ م ثَمَانِيَة جـ ثَمَانِيَات (٨) 八

ثَمَانِيَ عَشْرَةَ / ثَمَانِيَةَ عَشَرَ (١٨) 十八

ثُمَانَ / مَثْمَنَ: ثَمَانِيَةً ثَمَانِيَةً 八个八个地

ثَمَانُونَ: ثَمَانِي عَشَرَات (٨٠) 八十

الثَمَانُون 第八十

ثَامِن م ثَامِنَة: واقع بعد السابع 第八

ثَمِين: مُثْمِن (مـ) 有价值的，贵重的，昂贵的，高贵的

مُثَمِّن: مُقَوِّم 估价者，评价者，定价者

ـ الجُمْرُك 关税评价人，海关鉴定人

مُثَمَّن: مُقَوَّم 已被估价的，已被定价的

ـ: مَسْمُوم 有毒的，中毒的

ـ: مَحْمُوم 发烧的，害热病的

ـ الأَرْكَان (في الهَندسة) 八边形

ـ الزَوَايَا 有八角的，八角的

ـ السُطُوح 八面体

الثُنْدُوَة / الثَنْدُوَة للرجل بمنزلة الثدي للمرأة جـ ثَنادٍ 男子的乳部

ثُنَّةُ الدابَّة جـ ثُنَن: الشعَرات الخَلْفِيَّة فوقَ الحافر 距毛(马蹄上的长丛毛)

ثَنَى ـِ ثَنْيًا الشيءَ: طَواه وعطفه 弄弯，使弯曲，折起，折叠起，卷起

ـ ه عن كذا: صَرَفَه عنه 阻挠，阻挡，阻止，劝阻，劝戒，谏止

ـ صدرَه: أسرَّ فيه العَداوةَ 怀恨在心

ـ الرجلَ: كان ثانيَه 成为第二人

ـ عليه بِضَرْبَةٍ ثانيةٍ: أي ارتدَّ عليه بها 再揍他一次

فلانٌ لا يَثْنِي ولا يَثْلُث: لا يستطيع المَشْيَ 他寸步难行

ثَنَّى العَدَدَ: ضعَّفه 使数目增加一倍，使倍增起来

ـ الاسمَ 使名词变为双数

ـ الحَرْفَ 在字母的上面或下面加两点

ـ العملَ: أعادَه 重复(某个动作、行为)，重提，再作一次

ـ الثوبَ: كَشْكَشَه 打褶，给衣服打褶

ـ الثوبَ: جَعَّده 把衣服弄皱

ـ على استدعاءٍ 赞成，赞同(提案人)，附议

أَثْنَى على فلان: مدَحه 颂扬，赞美，称赞

ـ عليه بالضَرْبِ: ارتدَّ عليه به 再揍他一次

ـ الرجلَ: صار ثانِيَه 变成第二人
تَثَنَّى الشيءُ: انعطف 折叠起来，卷起来
ـ في صدره كذا: تردّد 犹豫
ـ في مَشْيِه: تمايَلَ 大摇大摆地走，趾高气扬地走
اِنْثَنَى واثَّنَى: انعطف 弯曲，折叠，鞠躬
ـ وـ: اِرْتَدَّ بعضُه على بعضٍ 蜷曲
ـ عنه: انصرف 脱离，越轨，逸出
ـ أمامَ المَصاعِب 知难而退，回避困难，在困难面前低头
تَثَانَوْا عليه: أَظْهَرُوا أَلْطافَه 他们颂扬他的恩德
اِسْتَثْنَى الشيءَ: أخرجه من الحُكْم العامّ 除外，作为例外
ـ فلانًا وعلى فلان: أعفاه من حُكم غيره 免除，豁免
اِثْنَوْنَى صَدْرُه على البَغْضاء: انطوى وانحنى 怀恨
ثَنْيًا بعد ثَنْيٍ (مـ): مرَّةً إثر أُخرى 一再地，再次
ثِنْي جـ أَثْناء / ثَنْيَة: طيَّة (蛇、绳等的)一卷，折，折叠
ـ / ـ: جَعْدَة (衣服等的)褶，皱纹
أَرْسَلْتُه ـ كِتابِي أيْ طيَّه 我附函寄去
ثِنًى: أمر يُعاد مرَّتَيْن 重演的事情
ـ وثُنْيان: من كان دُونَ السيِّدِ في المَرْتَبة 二级头领
أَثْناءُ الكَلامِ: أوساطُه وسِياقُه 字里行间
أَثْناء / في ـ 当，当…之际
جاء في ـ الأمر: في خلاله 他在…之际到来
في ـ ذلك / في هذه الـ / في تلك الـ 在这时期，期间
ـَ التَحْقِيق 侦查期间，审讯期间
اِثْنا عَشَرَ / اِثْنَتا عَشْرَةَ (١٢) 十二
ـ عَشَرِيّ الأَضْلاعِ 十二边形，十二角形

ـ عَشَرِيّ السُطُوحِ 十二面体
الـ عَشَرِيَّة الإمامِيَّة [伊]十二伊马目派(什叶派中主要的教派，盛于伊朗和伊拉克)
الـ عَشَرِيّ (أوّلُ الأَمْعاء) [解]十二指肠
اِثْنان م اِثْنَتان وثِنْتان (٢) 二，两个，俩
ـ: زَوْجان / زَوْج (مـ) / جَوْز (مـ) / جُوز (مـ) 一双，一对
ـ / ثُنائِيّ (في الغِناء) [音]二部曲，二音曲，二重唱
لا يَخْتَلِفُ ـ في هذا الأَمْرِ 在这个问题上，二者没有区别
نَحْنُ بَيْنَ اِثْنَتَيْنِ إمَّا ... وإمَّا ... 二者必居其一，不是…就是…
يوْمُ الاِثْنَيْنِ 星期一
اِثْنَيْنِيَّة 二元论，两面性，二重性，二元性
ثانٍ م ثانِيَة: واقع بعد الأوَّل 第二
ثاني أُكْسِيدِ الكَرْبُونِ carbon dioxide [化]二氧化碳
ـ: آخَر 又一，另一个
الـ: الآخَر (二者之中)另一个，另一方
إنَّ الجَوابَ على هذا السؤال واحد لا ثانِيَ له
这个问题只有一个答案，没有第二个
ثانِيَ عَشَرَ م ثانِيَةَ عَشْرَةَ: بعد الحادي عشر 第十二
ثانِيًا / ثانِيَةً 第二，其次
ـ / ـ: أَيْضًا 再，又，又一次
ثانِيَة جـ ثَوانٍ: ١/٦٠ من الدقيقة 一秒
ـ 梁，托梁
ثَنَوِيّ 二元论者
ثَنَوِيَّة: الاعتقادُ باثْنِيَّة الاله 二神论者
ثانَوِيّ 第二的，次要的，二等的，第二流的，副的，中等的
مَدْرَسَةٌ ـ ة 中等学校，高级中学

ثَنِيَّة جـ ثَنَايَا: سِنّ قاطِعة [解]门齿
ثَنِيَّة جـ ثَنَايَا: طريق العقبة 山径，山上小路
فلانٌ طَلاَّعُ الثَنايَا: ركّابُ المَشاقِّ 能克服困难的
ثَنِيَّة جـ ثَنَايَا 褶儿，褶痕
في ثَنَايَاه 在褶里，在内部，在里面，在…内
ثَنَايا الفُؤَادِ 内心深处
ثَنَاء جـ أَثْنِيَة: مَدْح 称赞，赞美，赞赏，称颂
ثَنائِيّ: مَدْحِيّ 赞美的，称赞的，颂扬的
ثُنَاءَ / مَثْنَى: اِثْنَيْنِ اِثْنَيْنِ 两个两个地
جاءوا مَثْنَى أو ثُناءَ: جاءوا اثْنَيْنِ اثْنَيْنِ 他们两个两个地来，一双一双地来
ثُنائِيّ: مُزْدَوِج 两重的，双重的，二体的，二元的，双边的(条约协定等)
ـ [地]第二岩层
ـ المَسْكَنِ [植]雌雄异株
ـ 两个字母的(名词)
ـ 二重奏，二重唱
الحُكْمُ الـ 双重统治，共同管辖
ـ الزَوَايَا 有两角的，双角的(指几何学上的角)
ـ الازْدِوَاج 双对或双叉的
ـ العُيُونِ 有两眼的，用两眼的(通常指双眼望远镜、双眼显微镜等)
ـ المُكافِئِ [化]两价的
ـ الوَرَقات [植]有双叶的
العَقِيدَة الثُنائيَّة: عقيدة الالَهَيْن (الخير والشرّ) 善恶二神说，二神教
المُراقَبة الثُنائيَّة 双重监督
ثُنائيَّة 二重，两面性，骑墙态度
مُثَنَّى: مُزْدَوِج 双重的，双层的，双倍的
ـ: مُؤَلَّف مِنَ اثْنَيْن (في النحو وغيره) 双数的，两元的，两体的，两性的，双重的
ـ [语]带两个点的字母
مَثْنَى: ما بَعْدَ الأوّل من أَوْتارِ العُودِ 琵琶的第二弦
ـ الوادِي: مُنْعَطَفُه 河谷的弯曲处
مَثْنَاة جـ مَثَانِيَة: حَبْل مِن صُوفٍ وشَعْرٍ وغيرهما 绳子
ـ: عِوَج 弯曲
ـ: طَيّ والْتِوَاء 折叠，曲折
مَثَانِي الشيءِ: قُواه وطاقاته 能力
المَثانِي: آياتُ القُرْآن 古兰经的韵文
المَثَانِي مِنَ الدابَّةِ: رُكْبَتاها ومِرْفَقَاها 牲畜的膝
مَثْنَوِيّ 两重的，加倍的，成双的
ـ 两行诗(诗格式之一)
مَثْنِيّ: مَطْوِيّ 被折叠的，被折拢的，双折的
ـ 双倍的
مُسْتَثْنَى 被排除的，被免除的；[语]所除名词
ثَابَ ـُ ثَوْبًا وثُؤُوبًا: عاد 回，返回，归
ـ إليه رُشْدُه أو إلى رُشْدِه 恢复知觉，恢复理智，清醒过来
ـ إلى الهُدُوءِ 恢复安静，重新平静下来
ـ ثُؤُوبًا الناسُ: اِجتمعُوا (人)聚集，集合
ـ الماءُ: اجتمع في الحوض (水)汇集，汇合
ـ ثَوَبَانًا وأَثْوَبَ وأَثَابَ المَرِيضُ: عادتْ إليه الصِحَّةُ 恢复健康，复元，康复
ثَوَّبَ الداعِي: لوَّح بثَوْبِه لِيُرَى (号召人)挥动衣服，使人注意
ـ الرجلُ: رجَعَ بعدَ ذهابٍ 回来，返回
ـ وتَثَوَّبَ المُصَلِّي: تنفَّل بعد الفَرِيضة [伊](礼拜者)做附益礼拜
ـ ه من كذا: عوَّضَه وجَازاه 报酬，酬劳

أثابَ الرجلَ: جازاه 报酬
ـ جزاءَه: أعطاه إيَّاه 把报酬给他
ـ الحوضَ: ملأَه 充满池子
تثوَّبَ: كسب الثواب 谋得报酬
اِسْتَثابَ المالَ: استرجعه 收回财产
ـ الرجلَ: سأله أن يُجازِيَه 要求报酬
ثَوْب جـ ثِيَاب وأثْوَاب وأثْوُب: لِبَاس 衣服，服装，装束
ـ: مَظْهَر خارِجيّ 外表，外貌，外观，态度
ـ تَنَكُّرِيّ 化装用的服装
يَتظاهرُ بِـ الصَّدِيقِ 装出一副友好的样子
أخَذَ ـ ه في أسْنانِه 跑起来了，开始跑了
ألبسه ثَوْبًا مِنَ العَظَمَةِ 把他描绘成一个伟人，把…形容得了不起
في ـ الحَقِيقةِ 伪装真理；假借真理的口实，扮作老实
ثِياب: مَلَابِس 衣，衣服
طاهِرُ الـ: طاهِرُ النَّفْس 心地纯洁的，有道德的
دَنِسُ الـ: دَنِسُ النَّفْسِ 不道德的，品行坏的
دَخَلَ الجَنَّة بِثِيَابِه (他穿着原来的衣服进天堂)一步登天
ثِيَابِيّ: قائِم على حفظ الثياب 司衣，衣帽间的服务员
ثَواب: عَسَل 蜂蜜
ـ: نَحْل 蜜蜂
ـ: مَطَر 雨
ـ: جَزَاء 报酬，酬劳
تَثْوِيب: دُعاء إلى الصلاة 招祷，叫人做礼拜
ثائِب: رِيح شديدة في أوَّلِ المطر 雨前暴风
ـ من البَحْرِ: ماؤُه الفائض بعد الجَزْر 退潮后残存的海水

مَثُوبَة / مَثْوبَة 报酬，工资，津贴，奖赏
ثَوَّاب: بائعُ الثِياب 卖布的，卖衣服的
مَثَاب / مَثَابَة: مُجْتَمَع 集会场
مَثابَة 程度
بِـ ـ كذا: يُعادِله 和…相等，等于…
ثَارَ ـُ ثَوْرًا وثَوَرَانًا وثُؤُورًا: هاج 高涨，涌起，动荡，兴奋，纷乱
ـ الجَرَادُ: ظهر 蝗虫纷飞
ـ البُرْكَانُ أو الحَرْبُ (火山、战争等)爆发
ـ الدُخَانُ: اِرتفع 炊烟袅袅
ـ الجُنْدُ: تمرَّد 起义，暴动；骚乱，哗变
ـ الشَعْبُ: قامَ 人民起义
ـ الغُبَارُ: ارتفع 尘土飞扬
ـ تْ نَفْسُه: جشأَتْ 作呕，呕吐
ـ إليه وبه: وثَبَ عليه 突击，冲击，袭击
ـ ثائِرُه 暴怒，大发雷霆
ثَوَّرَه وأثَارَه واسْتَثَارَه: صيَّره يثُور 刺激，激起，鼓动，煽动，挑起
ـ الأمرَ: بحثه 研究(问题)
ـ الكتابَ: بحث في مَعانِيه 研究(某书)
ثَوْر جـ ثِيرَان وثِيرَة وثِوَرَة وأثْوَار وثِيَار: ذَكَرُ البَقَر 公牛
ـ [医]丘疹，疙瘩，粉刺；半月甲(指甲根的白色部分)
ـ فَحْل 纯种公牛
ـ مَخْصِيّ 阉牛，犍牛
بُرْجُ الـ [天]金牛宫，金牛座
كالشَعْرَة البَيْضاء في الـ الأسْوَدِ (像黑牛身上的一根白毛)黑白分明
ثَوْرَة: هِياج 革命；叛乱；暴动
ـُ أكْتُوبَرَ الاِشْتِراكِيَّةُ العُظْمَى 伟大的十月社会主义革命

ـ: بَقَرَة 母牛，牝牛

ـ: كَثْرَة، يقال "ثَوْرَةُ رِجالٍ أو رِمال" أي كَثِير
人群；沙堆

ـ (火山的)喷出，爆发，喷火

ثَوْرِيّ / ثائِر / ثَوْرَوِيّ (مـ): مُثِيرُ الفِتَنِ / ثَوْرَجِي
(مـ) 暴动者，骚动者，煽动者，挑拨者

ـ: مختصّ بالثورات أو مُسَبِّبها 革命的，引
起革命的；革命者，革命家

النِضَالُ الـ 革命斗争

ثَوْرِيَّة 革命性

ثَوَرَان: هَيَجان 纷乱，激动，骚动，爆发

ـ البُرْكَان وأَمْثَاله (火山等的)喷出，爆发

مَثَار 激励，鼓舞，刺激

ـ البَحْث 争论的原因

ـ النِزَاع 争论对象，争辩的目标

ثائِر: غَضِب 愤怒的，激怒的

ثَارَ ـُ وفَارَ فائِرُه 他大发脾气，暴跳如雷

وإذا بالعاصِفَةِ قَدْ ثَارَ ـُ ها 忽然狂风大作

ـ: هائِج 激动的，汹涌的，澎湃的

رَأَيْتُه ـ الرَّأْسِ: مشتعِلاً شعرُ رأسِه شَيْبًا أو
مُتَفَرِّقَ الشَّعْرِ منتشِرَه 我看见他白发苍苍，
或头发蓬松

بُرْكَانٌ ـ 活火山

ـ: واحد الثُوَّار 革命者，起义者，暴动者

ثَائِرة جـ ثَوَائِرُ: ضَجَّة وشَغَب 扰攘，骚动

مُثِير: مُهَيِّج 激动人心的，鼓动的，刺激的，
令人不安的

ـ: مُحَرِّك 煽动者，发动者，鼓动者

ـ الفِتَنِ السِياسِيَّةِ 政治动乱煽动者

ـ القَلاقِلِ والاِضطرابات 暴乱的煽动者；
挑拨者，煽惑者

مَثْوَرَة: أَرضٌ كثِيرةُ الثِيرَانِ 产牛多的地方

ثَاعَ ـُ ثَوْعًا الماءُ: سال 流

ثُوِلَتْ ـ ثَوَلاً وثَالَتْ ـُ ثَوْلاً الشاةُ خاصَّةً: أصابَها
عَرَضٌ كالجُنُون (羊)害晕倒症

ـ الرجلُ: حَمُقَ 变成傻子

تَثَوَّلَ النَحْلُ أو الناسُ: تجمَّع 蜜蜂成群；人蜂
拥而至

ـ عليه القومُ: قَامُوا عليه بالشَتْم والضَرْب
群起而攻之，又骂又打

اِنْثَالَ عليه التُرابُ: انصبّ (灰尘)堆积，积压

اِنْثَالَ عَلَيْهِ القَوْلُ: تدفَّق على لِسانِه 滔滔不绝，
口若悬河

ـ عليه الناسُ مِنْ كُلِّ وَجْهٍ: انصبّوا عليه 他们
从四面八方进攻他

ثَوْل: جماعة النَحْل 蜂群

أَثْوَلُ م ثَوْلاءُ جـ ثُول جج أَثَاوِلَة 傻子

ثُوم الواحدة ثُومَة / تُوم (مـ): نباتٌ قَوِيُّ الرائحة
蒜

ثَوَى ـِ ثَوَاءً وثُوِيًّا وأَثْوَى المكانَ وفيه وبه: أَقَامَ
居住，滞留，逗留

ـ: مَاتَ 去世，逝世，死

ثُوِيَ: دُفِنَ 被埋葬，被埋藏，被隐藏

أَثْوَى صاحِبَه: أَضَافَه 留宿，给予住所

ثُوَّة جـ ثُوًى: ما يُنْصَب على الطريق ليهتدى به
路标，道标，路标牌，指路牌

مَثْوًى جـ مَثَاوٍ: مَنْزِل 住所，寓所，住处

ـ: نُزُل / بَنْسِيُون 寄宿舍，公寓

ـ الكَمَالِ 乌托邦(空想小说中的仙乡
乐土)

أَكْرَمَ اللهُ مَثْوَاهُ! (愿真主优待他)安息吧!

ثَين 采珠业；采珠场；珍珠穿孔器

الجيم

ج (الجيم) 阿拉伯字母表第 5 个字母；代表数字 3

ج: جَوَاب (回答的)缩写

ج: جَمْع (复数的)缩写

ج: جُمَادَى الآخِرَة (回历六月的)缩写

ج: جِلْد (卷的)缩写

ج. م.: جُنَيْه مِصْرِيّ (埃镑的)缩写

جا: جُمَادَى الأُولَى (回历五月的)缩写

جَاثَلِيق / جِثْلِيق جـ جَثَالِقَة (أ): متقدّم الأساقفة 亚美尼亚教长，景教教长

جاد (في جود) / **جار** (في جور)

جارٍ / **جارى** / **جارية** (في جري)

جاز / **جائزة** (في جوز)

جَاز جـ جَازَات (مـ أ) / غَاز جـ غازَات / كَاز gas 气，气体；瓦斯，煤气

ـ (مـ أ) 原油，石油，煤油

ـ (مـ أ) 罗纱，纱布

جَازْبَنْد (أ) jazz band 爵士乐队

جاس (في جوس) / **جاش** (في جيش)

جاع (في جوع) / **جال** (في جول)

جَاكِتَة جـ جَاكِتَات (مـ أ) / جَاكِيتَة جـ جَاكِيتَات jacket 外套，上衣

جَاكُوش (مـ) / شَاكُوش / شَكُوش: مِطْرَقَة 锤子

جَالُون جـ جَالُونَات (أ) gallon: مِكْيَال انكليزيّ يَسَعُ ١٠ أرطال 加仑(4.546 公升)

جالية (في جلو) / **جام** (في جوم)

جانّ (في جنن) / **جانٍ** (في جني)

جَانْدَرْمَة / جَنْدَرْمَة (أ)gendarmerie (法) 宪兵队

جاه (في جوه)

جَاوَرْس /كَاوَرْس (أ): نَبات وحَبُّه [植]非洲大粟

جَاوَهْ (أ) Java: جَزِيرة في ارخبيل المَلايا 爪哇

جَاوِيّ (في جوي) 安息香，安息香属

جَاوِيش جـ جَاوِيشِيَّة (مـ) / شَاوِيش جـ شَاوِيشِيَّة (سـ): قائِد عَشَرَة 中士，军曹，巡官，班长

بَاشْ ـ (警察)上士，司务长，军曹长

جاء (في جيأ)

جَأَبَ ـَ جَأْبًا: كسب المالَ 获得(钱财)

ـ: باع الجَأْب 售卖赭石

جَأْب 赭石

ـ ة البَطْن 肚脐

جَأَثَ ـَ جَأْثًا الرجلُ 负着重担慢慢地走；传播新闻

جَئِثَ ـَ جَأَثًا 担负重担

جَأْجَأَ بالإبل: دعاها للشرب يقول جِئْ جِئْ 叫驼饮水

تَجَأْجَأَ عن كذا: كَفَّ وامْتَنَعَ 戒(酒)，断(烟)

جُؤْجُؤُ السَفِينَةِ جـ جَآجِئُ: صدرُها أو قُدَّامُها 船嘴，船首，船头

جَأَرَ ـَ جَأْرًا وجُؤُورًا وجُؤَارًا الثورُ: صاح 牛叫

ـ إلى اللهِ: رفَعَ صوتَه بالدعاء 祈祷，祷告

ـ: زَأَرَ / جَعَّرَ (مـ) 吼，啸，咆哮，轰鸣

جَأْر / جُؤَار 吼(声)，啸(声)，咆哮(声)，轰鸣(声)；呼救，救助

جَأَشَ ـَ جَأْشًا قلبُه: اضطرب من حزن أو فزع (心)不定，忐忑

جَأْش جـ جُؤُوش 心胸

أسكَنَ ـَ ـه 安慰，使他的心平静下来

رابِطُ الـ / ساكِنُ الـِ 沉静的，镇静的，自若的，泰然的，大胆的

رِبَاطَةُ الـ 态度沉着，心情平静

جُؤْشُوش جـ جآشِيش 胸；粗笨的人；人群

جَأَفَه ـَ جأْفًا وجأَّفَه تَجْئِيفًا: صَرَعَه 摔倒

جَيْأَل / جَيْأَلَةُ [动]鬣狗

جَأَى ـَ جُؤْوَةً وجُؤَةً 马嘶

ـ جَأْوًا؛ 修理，修补(衣服)；阻止，退缩；掩盖，隐藏；看守(羊群)

جُؤْوَة 棕色；深红，暗红色

جَبَأَ ـَ جَبْأً وجُبُوءًا عن ... (因害怕而)退回，缩回，抽回；停止，收缩，畏缩

أَجْبَأَ الشيءَ 藏，隐藏；扑灭(火)

جَبَأ [植]红松露

جُبَأ / جُبَأَة 怯懦；胆小的人

جَبَّه ـُ جَبًّا: قطَعه 切断，割掉

ـ الرجُلَ: استأصلَ خُصْيَتَه 阉割(割去睾丸)

ـ جِبَابًا بالنَخْلَة: لقحها 给(枣椰)授粉

ـ: غلبه 战胜，征服

جَابَّه مُجَابَّة وجِبَابًا: غالبه وفاخره 争胜

تَجَابَّ الرَجُلَانِ: تزوَّج كل منهما أُخْتَ الآخَرِ 各娶对方姐妹为妻，换亲

تَجَبَّبَ واجْتَبَّ: لبس جُبَّةً 穿大衣，穿上衣

جُبّ جـ أَجْبَاب وجِبَاب وجِبَبَة: بِئْر عَمِيقة 深井

ـ: حُفْرَة 坑，矿井

ـ: سِجْن تحتَ الأَرض 地牢

جُبَّة جـ جُبَب وجِبَاب: رِداء مَعْرُوف 外袍，东方敞袍，肥袖的外衣

ـ: العَظْمُ المُحيط بالعَيْن 眼骨

جَبَاب وجُبَاب 饥馑

مَجْبُوب 阉人，太监，相公

جِبْت 偶像；魔法，妖术；男巫，术士

جَبْخَان (م) / جَبْخَانَة جـ جَبْخَانَات (م): ذَخِيرة 军需，弹药

ـ 火药库

جَبَدَه ـِ جَبْدًا (م) وجَبَذَه ـِ جَبْذًا: جَذَبه 拉，扯，拽

جَبَرَ ـُ جَبْرًا وجُبُورًا وجِبَارَةً وجَبَّرَ المَكْسُورَ: أَصلحه 修复，修理

ـ (م) وجَبَّرَ العَظْمَ: أَصلحه 接骨，正骨

ـ القَلْبَ وـ خاطرَه 安慰，抚慰

ـ ـُ جُبُورًا وجَبْرًا وانْجَبَرَ وتَجَبَّرَ واجْتَبَرَ الفَقِيرَ: سَاعَدَه 救助，救济，帮助

ـ ه على الأَمْر وأَجْبَرَه على الأمر: أَلْزَمَه بفعله 强迫，强制，威逼

جَابَرَه (م): لاَطَفَه 表示好意，温和相待，施惠于…

تَجَبَّرَ: تكبَّر 傲慢，倨傲，自命不凡，目空一切

ـ: طَغَى / عَتَا 暴虐，专横，压制

ـ وانْجَبَرَ (骨)已接好，复位；(树木)复青

جَبْر / إِجْبَار: قَهْر 强迫，威逼

ـ / جِبَارَة / تَجْبِير العِظام 接骨术，正骨

ـ: عِلْمُ الجَبْر / علم الـ والمُقابَلَة (移项和方程)代数学

الـ العَالِي 高等代数学

ـ: قَضاءُ اللهِ وحُكْمُه 前定，命定，宿命

ـ 奴隶；国王；骄傲；沉香

جَبْرًا / بالجَبْر 强迫地，强制地

جَبْرِيّ: مُختص بعِلْم الجَبْر 代数学的

الرَمْز الـ 代数的符号

ـ: إِلْزَامِيّ 强迫的，强制的

القُوَّة الـ ة 强制的力量

جَبْرِيّ جـ جَبْرِيَّة (伊斯兰教)宿命论者(否定

人有自由意志)
الفَلْسَفَة الـ ة 宿命论
جَبْرِيَّة: الاعتقادُ بالجَبْر الإلهيّ 宿命论
جِبَارَة وجَبِيرَة جـ جَبَائِرُ: العِيدانُ أو الخِرَق التي تُجْبَر بها العِظامُ 夹板；绷带
إجْبَار: جَبْر / إلْزَام 强迫，强制，威逼
إجْبَارِيّ: جَبْرِيّ 强迫的，强制的，义务的
اِنْجِبَارِيّ (م) 朴实的，善良的；中等财富；中等才能
أبوجَابِر / جابِرُ بْنُ حَبَّة 面包
جَبِيرَة العِظَام جـ جَبَائِرُ [医]（外科用）夹板
ـ 皮袋；纸夹；公事包
جَبَّار جـ جَبَابِرَة: متمرِّد / عاتٍ 暴虐者，专制者，压制者
ـ: هائِل القُوَّة أو الجسم أو الحَجْم 巨大的，强大的，强有力的，庞大的
مَجْهُود ـ 巨大的努力
الـ [天]猎户座
مُجْبَر / مَجْبُور: مُلْزَم 被迫的，不得已的，勉强的，被强制的
مُجَبِّر / جَابِر العِظام 接骨者，正骨者，正骨医生，外科医生
جَبَرْدِين (أ) gaberdine 华达呢（俗称轧别丁）
جَبَرُوت / جَبْرُوت / جُبْرُوت: قُدْرَة 强力，威力，力量，实力
جِبْرِيل / جَبْرِيل / جَبْرَائِيلُ / جِبْرَائِيلُ: اسمُ مَلاكٍ أو رَجُل [宗]伽百利（天使名，男名）
جُبْرَان: جَبْرَائِيل （伽百利的）缩写
جَبَزَ ـ جَبْزًا الشيءَ: قطَعه 切断，割断
جَبُزَ ـُ جَبَازَةً الخبزُ: يَبِس （面包）变干
جِبْز 悭吝的；卑鄙的，下贱的
جَبِيز 干面包

جَبَّسَ الحائطَ: طَلاَه بالجِبْس 涂墙，涂灰泥在墙上
ـ العُضْوَ المَرِيض 敷石膏，上石膏，带石膏绷带
جِبْس (أ) gypsum: تُراب كالجِصّ (راجع مَصِيص) 石膏，灰泥
مَعْدِن الـ 石膏矿
جَبَس (س): بِطِّيخ أَحْمَر 红瓤西瓜
جَبِيس 小熊
جَبَّاس 抹灰工，灰泥匠
جَبُوس 无用之辈，废物
جَبَّاسَة جـ جَبَّاسَات (م) 石膏开采场，石膏厂
مَجْبُوس وأَجْبَسُ وجَبِيس 名誉不好的
جَبَلَه ـُ جَبْلاً: صَوَّرَه / صَاغَه 造形，铸造
ـ: عَجَنَه 揉泥，混合，和（面或泥）
ـ على الكَرَم 赋予高贵品质
يُجْبَلُ 可用模型制造，可塑造
أَجْبَلَ وتَجَبَّلَ وجَابَلَ المُسافرُ: صار إلى الجَبَل 登山，上山
ـ وـ وـ: دخَل الجبل 入山
جَبْل 庭院
قَابِلِيَّة جَبْلٍ 可塑性
جَبَل جـ جِبَال وأَجْبَال وأَجْبُل: طُور 山，山岳，大山，高山
ـ سِينَا 西奈山（位于西奈半岛）
ـ طَارِق 直布罗陀
ـ نَارٍ: بُرْكَان 火山
ـ جَلِيد: كَسِيفَة جَمَد 冰山
اِبْنَة الـ 回声；蛇；灾难，灾害
أَنْفُ الـ: شناخ 岬，海角
جَبَلِيّ: مختص بالجبل أو منه 山的
ـ: كثير الجِبال 多山的

ـ: يَنْبُت في الجبل 山区生长的(植物)

ـ / جَبَلاوِيّ جـ جَبَلاوِيَّة (مـ): من سُكَّان الجِبال 山区居民，山地人

جَبْلَة / جِبْلَة / جَبَلَة / جِبِلَّة / جُبُلَّة جـ جِبِلاَّت: خِلْقَة 素质，性质，脾气，本质，本性

جِبِلِّيّ: طَبِيعِيّ 天赋的，自然的

جَبَلايَة (مـ): مَغَارَة في جَبَل مَصْنُوع (避暑用)洞室，(假山的)洞窟

جَبُنَ ـُ جُبْنًا وجُبُنًا وجَبَانَةً: هَابَ وضَعُفَ قلبُه 怯懦，胆小

ـ: خارَ عَزْمُه 意志沮丧，气馁，无大志

جَبَّنَه: نَسَبَه إلى الجُبْن 责备其胆怯、懦弱，说其胆怯

ـ الحَليبَ: صيَّره جُبْنًا 使奶凝固，做干奶酪

ـ (مـ) وتَجَبَّنَ الحَليبُ 奶凝结，变成奶酪

جُبْن وجُبُن وجُبُنّ، الواحدة جُبْنَة 奶酪，干酪，乳饼

ـ / جُبْنَة بَيْضاء أو حَالُوم 酸牛奶做的软干酪

ـ الصُّويَا 豆腐

ـ الصُّويَا المُخَثَّر 豆腐脑

ـ الصويَا المُخمَّر 豆腐乳，酱豆腐

ماءُ الـ: شِرْش (مـ) 乳清(制奶酪后的汁水)

جُبْن / جَبَانَة: ضدّ شَجَاعة 胆小，怯懦，懦弱

جُبْنِين 酵母，发酵剂

جَبَان جـ جُبَنَاء م جَبَانَة وجَبان جـ جَبَانَات / جَبِين: ضدّ شُجَاع 怯懦的，胆小鬼

جَبِين جـ أَجْبُن وجُبُن وأَجْبِنَة: جَبْهَة 额

جَبِينِيّ: مختصّ بالجَبين 额部的，前额的

جَبَّان جـ جَبَّابِينُ: صانع أو بائعُ الجُبْن 干酪工人；干酪商

ـ / جَبَّانَة جـ جَبَّانَات: مَقْبَرَة 墓地，坟场

مَجْبَنَة جـ مَجَابِنُ 干酪制造厂

جَبَهَ ـَ جَبْهًا الرجلَ بالمكروه: استقبله به 使他面临、面对、碰到

ـ الرجلَ: ضربَه على جبهتِه 击额部

جَبَّهَه: نَكَّس رأسَه 使他低头

جَابَهَ الأمرَ 面对，对付，对峙

ـ ه بالقول 回答他

تَجَبَّهَ 结成统一战线

جَبْهَة جـ جِباه وجَبَهات: جبين 额

ـ القومِ: سيِّدُهم 领袖，头目

ـ مِنَ الناسِ: جماعة 团体

ـ الاِتِّحاد الوَطَنِيّ / الـ الوطنيَّة المُتَّحِدة 民族统一战线

ـ مُتَّحِدَة / ـ مُوَحَّدَة 统一战线

الـ الأيديُولُوجيَّة 思想战线

الـ والقاعِدة 前方和后方

جِبَاهُ القَوْمِ وأَعْيَانُهُم 贵族，绅士；领袖，族长

جَبَا ـُ جَبًا وجَبْوًا وجَبْيًا وجَبْوَةً وجَبَاوَةً وجِبَى ـِ جِبَايَةً الضَرائِبَ أو الأَمْوَالَ 征集，征收(税、捐等)

جَبَّى (礼拜时将手放在膝上或地上)叩拜

اِجْتَبَاه: اِخْتاره واصْطَفاه 选择，选举

جِبَايَةُ الأَمْوَال: تَحْصِيلها 课税，征税

جَابٍ جـ جُبَاة: مُحصِّلُ الضَرائِبِ 收税员，税吏

جَثَّه ـُ جَثًّا واجتثَّه: اِقْتَلَعه 连根拔起，根除

جُثَّة جـ جُثَث: جِسْم 身体，肉体，躯干

ـ المَيْتِ (خصوصًا الإنْسَان) 尸体，尸身

ـ المَيْتِ (خصوصًا الحَيَوان) 兽尸

ـٌ هامِدة 死尸，僵尸

جَثّ 死蝗虫；死蜜蜂

اِجْثَأَلَّ (鸟因冷)竖起羽毛；激怒而奋起挑战；(树)长得高而密

جَثْل / جَثِيل 稠密的，浓密的(毛发)；暗黑的

جَثْلَة ج جَثْل 大蚂蚁

جُثَالَة 落叶

جَثْلِيق وجَاثِلِيق ج جَثَالِقَة (أ) catholicos: متقدِّم الأَساقِفَة 亚美尼亚教长，景教教长

جَثَمَ ـِ جَثْمًا وجُثُومًا الرجلُ أو الحيوانُ أو الطائرُ: اِنطرح بصَدْرِه على الأرض (人、畜)平伏，伏卧，趴在地下，(鸟)歇在树上

ـ الليلُ: انتصف 夜半

جَثُوم 野兔

جُثَام / جَاثُوم: كابُوس 梦魇，厄梦

جُثْمَان: جِسْم 身体，肉体，躯体

ـ المَيْتِ: رُفَاتُه 尸首，尸体，遗骸

رَجُلٌ جَثَّامَة وجُثَم وجُثَمَة وجَثُوم 呆坐着的，懒惰的人

مَجْثَمُ الطائر ج مَجَاثِمُ: مَحَطّه 栖木，鸟的栖息处

جَثَا ـُ جُثُوًّا وجَثَى ـِ جَثِيًا وجُثِيًّا: ركَع 双膝跪下；趴下

جَثْوَة وجُثْوَة وجِثْوَة ج جُثًى وجِثًى 坟堆；山丘，石堆

جَاثٍ ج جُثِيّ وجِثِيّ م جَاثِية: راكع 跪下的，趴下的

الجَاثِي [天]武仙座

مَجْثًى ج مَجَاثٍ: وِسادة أو كُرْسِيّ الركوع (祈祷时下跪用的)膝垫，拜垫

جَحْجَحَ الشيءَ 细查，追究；急于做…

ـ عن كذا 戒绝，戒

جَحْجَحَة 灭亡，毁灭

جَحَدَه ـَ جَحْدًا وجُحُودًا: أَنْكَرَه 反对

ـ: كذَّبه ودَحَضَه 驳斥，抗辩，反驳

ـ: كَفَرَ به 不信，视为虚妄

ـ حَقَّه وبحَقِّه: أَنْكَرَه 拒绝，否定(权利)

جَحِدَ ـَ جَحَدًا الشيءُ: قَلَّ 稀少

ـ النباتُ: لم يطل (树)不长

ـتِ الأرضُ: يَبِست وخَلَتْ من الخير (土地)干旱

ـ الرجلُ: قلَّ خَيْرُه 贫困

جَحْد / جُحُود: إنْكار 否认，拒绝，不承认，摒弃

ـ / ـ: كُفْر 不信，视为虚妄

ـ / ـ المَعْرُوف 忘恩负义

جَحْد / جَحِد / أَجْحَد 干旱的；贫困的；稀少的

عَامٌ ـ 干旱的年成

جَاحِد: ناكِر 否认者，拒绝者

ـ: كافِر 不信仰者

ـ المَعْرُوفِ 忘恩负义的

جَحْدَل 强壮活泼的小伙子

جَحَرَ ـَ جَحْرًا وتَجَحَّرَ وانْجَحَرَ الحيوانُ: دخل جُحْرَه (蜥蜴、蛇)窜进洞里，躲在洞里

جُحْر ج أَجْحَار وجِحَرَة وأَجْحِرَة / جُحْرَان: وَجَار 穴，洞，窝，兽窟

مَجْحَر ج مَجَاحِرُ 隐藏处，潜伏处

جَحَسَ ـَ جَحْسًا وجَحَشَ ـَ جَحْشًا الجلدَ 剥皮；把皮抓破

ـ 杀死；在墙上划一个记号

جَحْش ج جِحَاش وجِحْشَان وجِحَشَة: ولد الحِمار 小驴子

ـ 羚羊；粗糙，又厚又粗

ـ (س) 笨蛋，傻子

ـ أو حِمارُ خَشَبٍ (م) 木马；橛

جَحْشَة: أُنْثَى الجَحْش 小母驴

جَحَظَتْ ـَ جُحُوظًا عَيْنُه (眼珠)凸出，眼鼓
جَحَّظَ إليه: حدَّد النظرَ إليه 注视，盯着
جُحُوظُ العَيْنِ 眼球突出症(眼球异常突出，甲状腺肿大)；拔塞多氏病
جَاحِظ العَيْنَيْنِ 眼珠突出的，突眼的
عَيْنَاه جاحِظَتَان من الفَرَح 高兴得得意忘形
جَحَفَه ـَ جَحْفًا: قَحفَه (مـ) / جرَفَه 刮去，擦去
ـ ه بِرِجْلِه: رَفَسَه 踢
جَحَفَ معه وله على غيره: مال معه 偏袒，附和，支持，袒护
أَجْحَفَ به: جارَ عليه 损害，压迫，伤害，虐待
ـ به السَّيْلُ: ذهب به 被洪水冲走
ـ الدهرُ بالناس: استأصلهم وأهلكهم (天灾)使人灭绝
جَاحَفَه: زاحمه 排挤他
ـ عنه: دافع عنه 保卫他
تَجَاحَفُوا بالكُرَة: تخاطَفُوها بالصَوالِجَة 玩曲棍球
ـ: تناوَشوا بالسيوف والعِصِيّ 用剑和棍相斗
اِجْتَحَفَه: اِستلبه 抢夺
ـ ه: اِسْتَأْصَلَه وأهلكه 消灭他
ـ ماءَ البئرِ: نزَحَه ونزفه 汲干井水
جَحْفَة: لُعْبَة الهُوكِي 曲棍球
جُحَاف 急流；腹泻；死亡
إِجْحَاف: جَوْر 暴虐，无道，不公正，不公平
ـ: مَيْل / تَحَزُّب 偏见，成见，私见
جَحَّاف 有害的，致命的，摧残的
مُجْحِف: جائر 虐待者，压迫者，有偏见的，怀私的，不公正的，不公平的
جَحْفَلَه: صرَعَه أو بَكَّتَه 摔倒；责骂，申斥
تَجَحْفَلُوا: اِجْتَمَعُوا 集合
جَحْفَل ج جَحَافِلُ: جَيْش عَظِيم 大军
رَجُل ـ: عَظِيمُ القَدْرِ 伟大的人物，要人，显要人物
جَحْفَلَة ج جَحَافِلُ 单蹄类的嘴唇
جَحَلَه ـَ جَحْلاً وجَحَّلَه 摔倒，打倒
جَحْل ج جِحَال 大皮袋
جَحْل ج جُحُول وجِحْلان 蜥蜴，变色龙；蜂王，后蜂；甲虫；领袖
جُحَال 毒物，剧毒
جَحَمَ ـَ جَحْمًا النارَ: أَوْقَدَها 点火，燃火
ـ العينَ: فتحها 张开眼睛
جَحَّمَه بعينَيْه: أحدَّ إليه النظرَ 瞪，盯，凝视，怒视
أَجْحَمَ عن الأمر: كفَّ عنه 节制，抑制，放弃，拒绝
ـ ت النارُ: اِشْتَدَّت وتَأَجَّجَت 炽烈
جَاحِم 热烈的，火热的，炽旺的(煤炭)；炎热的地方；吵架，打架；纷争；战争最激烈处
أَجْحَم م جَحْمَاءُ 有红眼的
جَحِيم: نار جَهَنَّم 地狱，火狱；烈火
جَحِيمِيّ: جَهَنَّمِيّ 地狱的，像地狱的，凶恶的
جَحْمَرِش ج جَحَامِر 老妇；悍妇，泼妇；大母兔
جَحِنَ ـَ جَحَنًا الصَبِيُّ: ساء غذاؤه 营养不良
جَحِن 营养不良的孩子；软弱的植物
جُحَا / جُحَى 朱哈(著名的才子)
جَخَّ ـِ جَخًّا (مـ): جَخَفَ 说大话，夸口，吹牛；瞒骗，欺诈
جَخَّاخ (مـ): جَخَّاف 好自夸的，爱说大话的
جَخَرَ ـَ جَخْرًا وجَخَّرَ وأَجْخَرَ البِئْرَ: وَسَّعَها 使井扩大
جَخَفَ ـِ جَخْفًا وجَخِيفًا وجَخَفًا 夸口；打呼噜
جَدَبَ ـِ جَدْبًا وجَدُبَ ـُ جُدُوبَةً وتَجَدَّبَ وأَجْدَبَ

المكانُ (土地)干旱，不毛，贫瘠

ـ فلانًا 贬损，指摘，谴责

أَجْدَبَ القومُ: أَصابَهم الجَدْب 遭遇荒年

تَجَدَّبَ أَنّ ....: تعيّب 觉得…是可耻的

جَدْب: مَحْل 干旱，不毛，荒瘠

ـ: قَحْط 饥馑，饥荒，荒歉

ـ م جَدْبَة جـ جُدُوب / جَدِيب / مُجْدِب /

مَجْدُوب: ماحِل 干旱的，荒瘠的，不毛的

أَجْدَبُ م جَدْبَاءُ 不毛之地，荒地

مَجْدُوب (مـ) (راجع مجذوب) 癫狂的，疯狂的，
狂热的

جَدَث جـ أَجْدَاث وأَجْدُث: تُربة / قَبْر 坟墓

جُدْجُد جـ جَدَاجِدُ: صَرَّارُ اللَّيْل 蟋蟀，蛐蛐

جَدَحَ ـَ جَدْحًا وأَجْدَحَ واجْتَدَحَ السَّوِيقَ في الماء
أو اللبن 混合，搀合(面粉、药品等)

جَدَّ ـَ جَدًّا وجُدًّ: كان ذا جَدٍّ أي حَظٍّ 成为幸
运的

ـ ـِ جَدًّا: كان عَظِيمًا 成为伟大的，卓越的

ـ ـِ جِدَّةً الثوبُ: صار جَدِيدًا 成为新的，崭
新的

ـ: حَصَلَ حَدِيثًا 近来发生，新近出现

جَدَّ ـُ جِدًّا: اجْتَهَدَ 努力

ـ وكَدَّ 满脸流汗地工作，严肃地、认真
地做

ـ في الأَمْرِ: حقَّقَ 认真干，真心实意地干

جَدَّدَ وأَجَدَّ الشيءَ: جعلَه جَدِيدًا 更新，刷新，
革新

ـ ه: أَعادَه مِنْ جَدِيدٍ 重做，重新开始，重
复，反复做

ـ الشبابَ 返老还童

ـ القَلْبَ: هداه 洗心革面

ـ القُوَى 恢复元气，重获力量

أَجَدَّ الأمرَ: حقَّقَه وأحكمه 做得很结实，很牢靠

ـ في الأمر: اِجتهدَ 认真做，努力做

ـ الطريقُ: صارَ جَدَدًا (路、路面)变为平稳

ـ ثوبًا: لبسه جديدًا 穿上新衣服

ـ 使安定，弄好；重订，更改(契约)

تَجَدَّدَ 更新，革新，恢复

اِسْتَجَدَّ الشيءُ 更新，变新，焕然一新

ـ الشيءَ: صيَّره أو وَجَدَه جديدًا 使事物更新
或发现事物是新的

جَدّ: حَظّ 幸运，佳运，好运

عاثِرُ الـ 不幸的，不走运的

الـُ العاثِر 厄运，不幸的命运

ـ 伟大，巨大，重大

ـ: سَلَف 祖先，祖宗，先人

ـ جـ أَجْدَاد وجُدُود وجُدُودَة: أَبُو الأب أو الأمّ
祖父；外祖父

جَدَّة جـ جَدَّات: أمّ الأب أو الأمّ 祖母；外祖母

جِدّ: اِجتهاد 努力，勤勉，奋发

ـ: ضدّ هَزْل 认真，严肃，正经

أَخَذَهُ مَأْخَذَ الـ 严肃地接受或担任

مَسْأَلَة ـ خَطِيرَة 很重大的问题

كُلُّ أَفْعالِه ـ في ـ 他一举一动都是认真的

نَظَرَ إليه بِعَيْنِ الـِ 严肃地看待他

أَنْتَ ـ عالِمٍ أَنَّ ... 你很了解…

عالِمٌ ـُ عالِمٍ 饱学之士，很有学问的人

إنَّ الناسَ مُهْتَمُّونَ ـَ الاهتمامِ بكذا 人们对
…很感兴趣、很关心

مِنْ ـِ / بـ ـِ 认真地，严肃地，庄严地

جِدِّيّ: ضدّ هَزْلِيّ 认真的，严肃的，正经的，
庄严的

ـ هَزْلِيّ: بَيْنَ الجِدِّ والهَزْل 半真半戏的，亦庄
亦谐的

جِدِّيَّة 严肃，认真，庄重，庄严

جِدًّا: للغايَة 极，十分，极端，非常，很…

جِدَّة: حَداثَة 新，新颖，新奇

ـ جـ جُدَد 岸；河滩，河岸

ـ جـ جِدَّات (مـ): أمّ الأب أو الأمّ 祖母；外祖母

جُدَّة جـ جُدَد 记号，商标；驴颈上的斑纹；方法，模样，式样；破布，碎布

جَدَد جـ أَجْداد 平地

مَنْ سَلَكَ الـ أَمِنَ العِثارَ 走平路的不会摔跤

الجَدِيدَان والأَجَدَّان: الليل والنَهار 日夜，昼夜

تَجَدُّد / تَجْدِيد 革新，更新，恢复，更生

ـ / ـ الشَبابِ 回春，返老还童

ـ / ـ القَلْبِ 改正，洗心革面，迁善

ـ / ـ القُوَى 复元，恢复精力，恢复元气

تَجْدِيدِيّ 革新的，更新的

جَادّ: ضدّ هازِل 认真的，严肃的，庄严的，一本正经的

جادَّةُ الطَرِيقِ جـ جَوَادّ 大道，正途

ـ الحَقّ 真理之路

عادَ إلى ـ الصَوابِ 回到正路上来，走上真理的道路

ـ النَهْرِ 水路

جَدِيد جـ جُدُد م جَدِيدَة: ضدّ قَدِيم 新的，新式的，崭新的

ـ 伟大的(人物)；肥胖的(母驴)；地面，地表

ـ: حَدِيث 新近的，最近的

هَلْ للأَمْرِ ـ؟ 有什么新闻吗？

ـ: مُسْتَحْدَث 新奇的，珍奇的，稀罕的

الـ الأَبْيَضُ يَنْفَعُ في اليَوْمِ الأَسْوَدِ (白色的皮亚斯特在拮据之时也会有用的)要珍惜一文钱，以备不时之需

ـ لَنج (مـ): قَشِيب 簇新的，新制的

من ـ / جَدِيدًا 重新，再，复

مَجْدُود: ذُو حَظّ 运气佳的，幸福的，走运的，有福的

أَجَدّ 最新的

العَصْر الـ [地]新生代

مُجِدّ 勤劳的，勤奋的，奋勉的，努力的

مُجَدِّد 更新的，革新的；更新者，革新者

مُسْتَجَدّ 新的，新近的

جدر جَدَرَ ـُ جَدْرًا (树木)发芽；(手掌)满布水泡；躲在墙后

جَدَرَ وجُدِرَ وجُدِّرَ وجَدَّرَ (مـ) 患天花，染上天花，患痘疮

جَدُرَ ـُ جَدارَةً بكذا: كان أَهْلاً له 堪当，堪受，值得(怎样)，宜受，应受，应得

يَجْدُرُ بالذِكْر 值得提起的

جَدَّرَ (مـ): جَذَّرَ 刨根，连根拔起，根除，根绝

أَجْدَرُ: أَحْرَى 更合适的，更适当的，更相称的

جَدْر جـ جُدْران / جِدار جـ جُدُر وجُدْر: حائط 墙，壁，垣，篱

ـ وجِدْر جـ جُدُور الواحدة جَدْرَة وجِدْرَة: تَرْتُوف (نبات رَمْلِيّ) [植]菊芋

ـ 肥料堆，粪堆

جِدْر جـ جُدُور (مـ): (راجع جِذْر) 根

جَدَرَة: تورُّم الرَقَبَة / تضخُّم الغُدَّة الدرَقِيَّة 甲状腺肿

جَدار (مـ) / جِدار جـ جِدارات: أَساس 基础，根基

جِدارِيّ (في التشريح) [解]腔壁的，壁的

جَدارَة: أَهْلِيَّة 资格，能力

جُدَرِيّ / جَدَرِيّ / جِدْرِيّ (مـ): مَرَض نفاطِيّ [医]天花

آدَمِيّ

ـ البَقَر [医]牛痘

جَدَرِيّ الْمَوِيّ (مـ) 麻疹

جُدَيْرِيّ: جَدَرِيّ الماء أو الدَجاج [医]水痘

جَدْوَار (أ): زَدْوَار (أ) zedoary [植]莪术，蓬莪术(其根茎作药及香料用)

جَدِيرٌ بكذا 值得，应当，堪受，有…的价值

ـ بالذِكْر 值得一提，值得提及

ـ بالاِعْتِبَار 值得注意的，有注意价值的

ـ وجَدِيرَة جـ جَدَائِر 畜圈，畜栏；有围墙的花园

مَجْدُور: مُصابٌ بالجُدَرِيّ 患天花症的

ـ / مُجَدَّر (مـ): مُحَقَّر بِبُثُور الجُدَرِيّ 天花病人，麻子

مُجَدَّرَة 食物名称(用大米、扁豆加油脂做成)

مِجْدَار: فَزَّاعَة / أَبُو رِياح (مـ) (用来吓鸟的)稻草人，刍灵

جدع ـَ جَدْعًا الأنْفَ: قَطَعَه 劓，割鼻子

ـ عُضْوًا من الجسم لتَشْوِيهه 断肢

ـ وجَدَّعَ وأَجْدَعَ الولدَ: أَسَاء غذاءه 克扣孩子的营养

جَدَع جـ جُدْعَان (مـ): جَدَع / شَابّ 青年，年轻人，小伙子

ـ (مـ): شَخْص 家伙，人

ـ (مـ): مَاهِر 聪明的，伶俐的，敏捷的，有能力的，有才智的，能干的

ـ (مـ): شُجَاع 勇敢的，勇猛的，英勇的

جَدِع 营养不良的，喂得过少的(小孩)

أَجْدَعُ م جَدْعَاءُ جـ جُدْع / مَجْدُوع: مَقْطُوعُ الأَنْفِ أو اليَدِ أو الأَصابِعِ الخ 受劓刑的人，被割去鼻子或手足的，残废的

جدف ـِ جُدُوفًا الطائرُ: حرَّك جَنَاحَيْه ولم يَطِرْ 鼓翼，振翅

جَدَفَ ـِ جَدْفًا (妇女、羚羊)走碎步；(男人)走快时摆手

جَدَّفَ (عَلَى الله) 骂(天)，亵渎(神明)

ـ القارِبَ: جذفه / سيَّره بالمِجْذَاف 荡桨，划船

مَرْكَبُ تَجْدِيفٍ 划子

تَجْدِيفِيّ: كُفْرِيّ 骂神的，不敬神的

مُجَدِّف 荡桨者

مِجْدَاف جـ مَجَادِيفُ: مِجْذَاف 桨，桡，橹

ـ 鸟翼；皮鞭

بَيْتُ الـ: شَكَرْمُو (مـ) 桨架

مَجْدُوف 双腿被截去的

جدل ـُ جَدْلاً الحَبْلَ: فتله 搓，绞(索)，撚(线)

ـ وجَدَّلَ الرجلَ: رماه في الجَدالة 摔倒

ـ وجَدِلَ ـَ جَدَلاً الحَبُّ: قَوِيَ في سنبله (谷物)生长

جَدَّلَ الشَعْرَ: ضَفَره 编辫子

جَادَلَه مُجادَلَةً وجِدالاً: حاجّه 争辩，争吵

تَجادَلَ الرجلان: تَخاصَمَا 互相争论，争吵

اِنْجَدَلَ (مـ) وتَجَدَّلَ الشَعْرُ أو الحَبْلُ 被捻搓，被编织

ـ وـ الشيءُ 被摔倒在地上

جُدُول 腿骨

جَدْلَة 乳钵槌儿

جَدَل / جِدَال: أَخْذ ورَدّ 辩论，争辩，论战

ـ / ـ: خِصام 吵闹，争吵，口角

يَقْبَلُ الـ 可争论的，可争辩的

لا يَقْبَلُ الـ 无可争辩的，不容置辩的

بِلاَ جِدالٍ 无可争论地

فَرَضَ جَدَلاً (为辩论而)假定，假设，就算

نَفْرِض (نُسَلِّم) جَدَلاً بِأَنَّ هذا قد حصَل 为了便于辩论，我们假设这个已经发生；就算这个已经发生

جَدَلِيّ / جِدَالِيّ 辩论的，争论的

عِلْمُ الـ / ـ (神学上的)辩论法

الفَلْسَفَةُ الـ ة 辩证哲学

المادِّيَّةُ الـ ة 辩证唯物论

الجَدَالَة: الأرض 土地，土壤

جَدِيلَة جـ جَدَائِلُ (س): ضَفِيرَة 发辫，辫子

ـ 方法，式样；地方，国家；部落，宗族

جَدَّال / جَدِل / مِجْدَل جـ مَجَادِلُ / مِجْدَال جـ مَجَادِيلُ: شديد الجدال 好辩的，好争论的

أَجْدَل جـ أَجَادِلِ 鹰

مِجْدَل جـ مَجَادِل 好辩者；宫殿，城堡

مَجْدُول: مَحْبُوك 编成的，搓成的，撚成的；细瘦的，纤细的

مِجْدَال جـ مَجَادِيلُ (م): حَجَر كبير 栏石，边石，道路边的缘石

جَدْوَلَ 画线，打格；制表格，编目录、制一览表

تَجَدْوَلَ 画线，划上线格

جَدْوَل وجِدْوَل جـ جَدَاوِلُ: نَهْر صغير 小河，溪，细流，沟渠

ـ: بَيَان / قَائِمَة 表格，图表，一览表，(名)单，(名)册，(时间)表，(统计)表

ـ: عَمود / خانة (م) (报纸的)栏

ـ حِسَابِيّ 对数表

ـ الضَرْب 九九表，乘法表

ـ تَحْوِيلِ (النُقود والمَوَازِين) 换算表

ـ الأَعْمَال 工作顺序表，日程表

ـ القَضَايَا أي الدَعَاوَى (المَعْرُوضَة على المَحْكَمَة) 诉讼案件一览表

قَلَمُ ـ (م) (制图用的)鸭嘴笔

جَدَاوِلُ الوَارِدَاتِ والصَادِرَاتِ 进出口图表

جَدْوَلَة 划线，打格

جَدْوَار (أ) (في جدر)

جَدُونٌ (أ) الدرَّاجَة: مُوَجِّه (脚踏车的)把手，龙头

جَدَا ـُ جَدْوًا عليه: أَعْطَاه عَطِيَّة 给，给予

ـ واجْتَدَى واسْتَجْدَى فلانًا: استعطاه 乞求，求助

جَدَى ـِ جَدْيًا: طلب الجَدْوَى 乞求，要礼物

أَجْدَى (伤口)流血

أَجْدَى الأَمْرُ: أَفَادَ 有用，有效，中用

لا يُجْدِي 无效，无用，无益，不中用，无济于事

هذا لا يُجْدِيكَ 这个于你无益

جَدْي جـ أَجْدٍ وجِدَاء وجِدْيَان: ولد المَعز 小山羊，山羊羔

أُذُنُ الـ [植]车前草

بُرْجُ الـ [天]摩羯座

مَدَارُ الـ 冬至线，南回归线

جَدْوَى: فائدة 裨益，用处，益处，好处，效用

ـ: عَطِيَّة 赠礼，礼物，赠物，赠品

عَلَى غَيْرِ ـ 没有任何好处

بِلا ـ / عَديمُ الـ: بلا فائدة 徒然地，无益地，无效地

أَجْدَى: أكثرُ فائدةً 更有用的，更有益的，更有效的

جُدَاء [数]平方数；乘数

جَدْيَة جـ جَدًى وجَدَيَات 鞍鞯

جَذَبَه ـِ جَذْبًا واجْتَذَبَه إليه: ضدّ دفعه عنه 拉，

扯，拽，牵引
ـ ه وـ ه: اِستمَالَه 诱惑，勾引，引诱
جَذَبَ واجْتَذَبَ القَلْبَ 迷惑人心，诱人
جَاذَبه الشيءَ: نازَعه 向相反的方向互拉(如拔河那样)
جَاذَبْته حَبْلَ المُكاتَبة 我和他保持通信联系，我经常和他通信
تَجذَّبَ (م) 伸懒腰
ـ اللَبَنَ 喝牛奶
تَجَاذَبَا الشيءَ: تنازَعاه 向相反的方向拉扯
ـ 互相想念；互相吸引
ـ أَطْرَافَ الحَدِيثِ 谈话，聊天
اِنْجذَبَ 被引诱；失神，入迷，发呆
ـ في السَيْر 他走远了
جَذْب / اِجْتِذَاب 拉，扯，拽；吸引，勾引
ـ / جَاذِبِيَّة / القُوَّة الجَاذِبَة 吸引力，诱惑力，魅力
ـ [宗](圣灵之)降临，灵感；失神，痴呆
الـ والدَفْع 争吵
ـ وجَذْبَة (م) 狂喜，失神，入迷
جَذْبَة ج جَذَبَات 距离，间隔；锭子(纺锤)一转的纺线长度
أَخَذَ في وَادِي جَذَبَات 他没有目的地了，他没有目标了
جَذْبِيَّة 魅力，诱惑力，吸引力
تَجَاذُب 互相想念；连接，结合
ـ طَبِيعِيّ 混合
ـ كِيمِيَاوِيّ 化合
اِنْجِذَاب 丧魂失魄状态，失神状态，入迷，发迷
جَاذِبِيَّة: انجذاب أو تجاذب المادّة [物]引力
ـ الثِقْل: الجاذِبِيَّة الأَرْضِيَّة [物]重力，地心引力
ـ شَعْرِيَّة (راجع شعريّة) [物]毛细现象，毛细管引力
ـ الالْتِصَاق [物](分子的)内聚力，内聚性
ـ مَغْنَطِيسِيَّة 磁性，磁力
ـ جِنْسِيَّة: مَيْلٌ جِنْسِيّ 性的魅力，性感
نَامُوسُ الـ / قَانُونُ الـ 万有引力定律
جَاذِب / جَذَّاب: يَجْذِب 有吸引力的，磁性的，磁质的
ـ / ـ: خَلَّاب 引人注意的，诱人的，动人的，勾魂摄魄的
ـ ج جَوَاذِب وجِذَاب 奶少的母驼
القُوَّةُ المَرْكَزِيَّةُ الـ ةُ [物]向心力
شَخْصِيَّةٌ جَذَّابَة 有吸引力的人物
مَجْذُوب / مُنْجَذِب 被引诱的
ـ ج مَجَاذِيبُ (م): مَجْنُون 疯子，癫狂的
مُسْتَشْفَى المَجَاذِيب (م) (المَجانِين) 疯人院，精神病院
شَبِيهُ الشَيْءِ مُنْجَذِب إليه 物以类聚
جَذَّه ـُ جَذًّا: قَطَعَه أو كسره 切，割，刈，砍断
جَذَاذ وجُذَاذَة ج جُذَاذَات: فِيشَة (أ) 碎片，签条，纸条，标签，索引卡片
جُذَاذَات 截下来的东西(碎纸条、碎木块)，细长片，剪辑下来的(报纸杂志)
جَذَرَه ـُ جَذْرًا وجَذَّرَه: اقتلعه 连根拔起，根除，根绝，铲除
جَذَّرَ: مَدَّ جِذْرًا 生根，扎根
ـ العَدَدَ [数]开方，求…的根
جِذْر وجَذْر ج جُذُور: أَصْل (أو جِذْر العدد) (活树)根，根基；[数](平方、立方)根；(牛)角
ـٌ أَصَمّ [数]不尽根，根式

ـ تَرْبِيعِيّ / ـ مُرَبَّع [数]平方根，二次根

عَلامَةُ الـ [数]根号

جِذْرِيّ 根源的，基础的

كَمِّيَّة جِذْرِيَّة [数]不尽根量

تَجْذِير: اِسْتِخْرَاج الجُذور 拔根，连根拔，根绝；[数]开方，求根

مَجْذُور: عدد حاصل من ضرب عدد بنفسه 平方数

جَوْذَر وجُؤْذُر وجُوذُر جـ جَوَاذِر وجَآذِر 野牛犊

جذع جـ جِذاع وجُذْعَان: جَذَع (مـ) / شَابّ 青年人，小伙子

جِذْع الشَجَرَة والحَيوان والإنسان جـ جُذُوع وأَجْذَاع 树干，树身，茎，梗；人或兽的躯干，躯体

ـ التَمَاثِيل الآدَمِيَّة (雕塑像的)躯干，(没有头和手足的)躯干像

جِذْعِيّ: مُختصّ بالجِذْع 躯干的

جذف ـِ جَذْفًا وأَجْذَفَ (鸟)轻快地飞翔；用快碎步走

ـ الشيءَ 割断，切断

جَذَّفَ القاربَ (انظر جدف) 荡桨，划船

مِجْذَاف جـ مَجَاذِيفُ: مِجْدَاف 桨，桡，橹

جذل ـَ جَذَلاً واجْتَذَلَ: فَرِحَ 高兴，欢喜

جَذَلَ ـُ جُذُولاً واسْتَجْذَلَ: اِنْتَصَبَ واسْتَقَام 直立，挺立

أَجْذَلَه: فرَّحه 令人欢喜，令人兴奋

جِذْلُ الشَجَرَة جـ جِذَال وأَجْذَال وجُذُول وجُذُولَة وأَجْذَال: الظاهِر منها في الأرض بعد قطعها 树桩，残干

جَذِل وجَذْلَان جـ جُذْلَان م جَذِلَة وجَذْلَى: فَرْحَانُ 欢喜的，高兴的，畅快的，欢天喜地的，愉快的

جذمه ـِ جَذْمًا وجَذَّمَه: قطعه بسرعة 斫断(手足等)，割去(耳鼻等)，使残废

جُذِمَ وتَجَذَّمَ (سـ): أَصابَه داءُ الجُذَام 患癞病

جِذْم وجَذْم جـ جُذُوم وأَجْذَام: أَصل ومَنْبَت 根

جِذْمَةُ الشَجرةِ وأَمْثَالها: جُذْمُور 树桩，残干，残株，断桩

جُذَام: داءُ الأَسَد 癞病

جُذَامَةُ النباتِ: المَتْرُوك منه عند الحِصَاد 茬儿

أَجْذَمُ م جَذْمَى وجَذْمَاء جـ جُذْم: مَقْطُوع اليَد أو الأَصَابِع الخ (手指等)被切断的、被毁损的，残废的

ـ / مَجْذُوم: مُصاب بالجُذَام 患癞病者

جذمور الشجرةِ وغيرها: الباقي بعد قَطعها 断桩，树桩，残干

جذوة وجُذْوَة وجِذْوَة جـ جِذَاء وجُذًى وجِذًى: جَمْرَة 红火炭

جرام (أ) gramme; gram: وحدةُ الوَزْنِ المِتْرِيّ 克，厘米，格兰姆

جراموفون (أ) gramophone: الحاكِي (用平圆盘的)留声机

جرانيت (أ) granite: حَجَر أَعْبَل مُحَبَّب 花岗岩，花岗石

جرؤ ـُ جَرَاءَةً وجُرْأَةً وجُرَةً وجَرَائِيَةً عليه: جَسَر عليه 敢于，胆敢

جرَّأه: شَجَّعَه 助势，鼓励，壮胆，鼓舞

اِجْتَرَأَ وتَجَرَّأَ (سـ) على كذا 敢于

جُرْأَة / جَرَاءَة: جَسَارَة 大胆，勇敢，无畏，勇气，胆量

ـ / ـ: وَقَاحَة 无耻，厚颜，胆大妄为

جَرِيء جـ أَجْرَاء وأَجْرِئَاءُ: جَسُور 大胆的，勇敢的，无畏的

ـ: وَقِح 厚颜的，无耻的

قَلْبٌ ـ 勇气

جَرِيئَة جـ جَرَاء (捉野兽的)捕机，陷阱，套索

جرِب ـَ جَرَبًا: أُصِيبَ بالجَرَب 患疥疮

ـ (مـ): ذهب أو تغيَّر لَوْنُه 褪色，失去色泽

جَرَّبَه: اِخْتَبَرَه 试，试行，察用，试验，考验

ـ ه: أَغْرَاه 诱，诱惑，引诱，勾引

ـ أَمْرًا: حَاوَلَه 试图，企图，尝试

ـ نفسَه في كذا 试行，做来看看

تَجَرَّبَ 受试验，受考验；遭诱惑

جَرَب: مَرَض جِلْدِيّ 疥癣，疥疮

ـ الحَلاَّقِين 须疮，须癣

ـ الحَيوانَات (الخَيْل والكِلاب خاصّة) (动物的，尤指狗、马等的)疥癣，畜癞，畜疥

ـ الغَنَم (خاصّة) 羊疥癣

جِرَاب جـ أَجْرِبَة وجُرُب وجُرْب: غِلاف 鞘，套

ـ السَّيْفِ: غِمْد / قِراب 剑鞘，刀鞘

ـ: وِعَاء من جلد 皮囊，公事皮包

ـ الفَرْدِ 手枪皮套

ـ: صَفَن / كِيس الخُصْيَتَيْن [解]阴囊

ـ: خُرْج 鞍袋，背囊，行囊

ـ: جُدْجُد 蟋蟀，蛐蛐

تَجْرِبَة / تَجْرِيب: اختبار 试，试验，考试

ـ / ـ: مِحْنَة 艰难，困苦，严重考验，灾难

ـ / ـ: إغْرَاء 诱惑，引诱，勾引

ـ جـ تَجَارِب: عَمَلِيَّة اختبارِيَّة 实验

ـ: خِبْرَة 经验，阅历，体验

ـ: سَعْي 尝试，努力，力图，奋勉

ـ في العمل 工作经验

في (تَحْتَ) الـ 在试验中，在考验中

ـ الطَّبْع 印刷校对用的版样

مُدَّة الـ 试用期，试验期

التَجارِب النَوَوِيَّة الذَرِّيَّة 原子核试验

تَجْرِيبِيّ 试验的，实验的

التَجْرِيبِيَّة 经验主义

جَرِب وجَرْبان وأَجْرَبُ م جَرْبَاءُ جـ جُرْب وجِرَاب وجَرْبَى وأَجَارِب 生疥疮的；患疥癣的

جَرْبَان (مـ): ذاهِب اللون 褪色的，暗淡的，失色泽的

جِرِبَان / جُرُبان / جُرُبَّان / جِرِبَّان 铁锈；衬衫领子

مُجَرِّب: فاحِص 试验者；检查员，审查员

ـ: مُغْرٍ 诱惑者；诱惑物

مُجَرَّب: مُخْتَبَر 验过的，经过考验的，已证明的，检验过的

ـ / مُجَرِّب: خَبِير 有经验的，过来人，熟练的，老练的

جَوْرَب قَصِير جـ جَوَارِب وجَوارِبَة وجَوْرَابَات

(أ): شُرَّاب (مـ) 短袜

ـ طَوِيل: كَلْسَات (سـ) 长袜

جُرَاب جـ جَوَارِب وجُرَابَات (مـ) 长袜

جُرَيْب: وِعاء صغير [解]毛囊滤胞，腺管

جرَبَنْدِيَّة جـ جَرَبَنْدِيَّات (مـ): جِرابُ الجُنْدِيّ 士兵和旅行者的背包(为帆布等所制，搭过双肩而负于背上)

جَرْبُوع جـ جَرَابِيعُ (مـ) jerboa: يَرْبُوع 跳鼠

ـ 无家可归者，流浪者

جَرْثَمَ 感染细菌

تَجَرْثَمَ واجْرَنْثَمَ 集合，会合；从高处跌下，落下

تَجَرْثُمُ الدم: وُجُودُ البَكْتِيريا (مؤقتًا عادةً) في الدم [医]细菌血症

جُرْثُومَة جـ جَرَاثِيمُ: بِزْرَة 种子，幼芽；细菌，微生物

ـ: أَصْل 根，根本，起源，原始
فَنُّ الجَرَاثِيم 细菌学
حَرْبُ الجَرَاثِيمِ / الحَرْبُ الجُرْثُومِيَّة 细菌战
قُنْبُلَةُ الجَرَاثِيم 细菌弹
جُرْثُومَةُ النَمْلِ 蚁山
جَرَاثِيمُ مَنَوِيَّةٌ / جَرَاثِيمُ الذكرِ [生]精虫
جُرْثُومِيّ 细菌的
الذُبَاب الـ 带菌的苍蝇
مُجَرْثَم 传染疾病的细菌
جَرَّجَ الأُتُمْبِيلَ (ع): وَضَعَه في الجَارَاشِ 把汽车开进车房
جَرَاج جـ جَرَاجَات (أ) garage/ جَارَاش: بيت الاتُمْبِيلات 汽车房，汽车库
جَرِجَ ـَ جَرَجًا (戒指)太松；在硬地上走
جَرْجَرَ الجملُ: ردَّد صَوْتَه في حَنْجَرَته (راجع غرغر) (骆驼)发出连续的声音
ـ الرَعْدُ 雷鸣
ـ المَاءُ 水汩汩地流
ـ الحَيَوَانُ (狗)狺
ـ المَاءَ في حَلْقِه: غَرْغَرَ 漱口，含漱
ـ ذَيْلَه (مـ): جَرَّرَه 拖曳尾巴
ـ نفسَه أو رِجْلَيْه (مـ) 曳足而行
جَرْجَر 打谷机
جِرْجِر 蚕豆
جَرْجَرَة 喧哗声
ـ (س) 死前的喉鸣，临终时的痰声
ـ 拖曳
جِرْجِير / جَرْجَار [植]水芥菜
ـ / ـ أَرْضِيّ [植]山芥
ـ / ـ بَرِّيّ [植]南芥菜
ـ / ـ المَاء [植]水芹
جَرَحَه ـَ جَرْحًا: كلَمه 伤，创伤
ـ الإحْسَاسَات 伤感情
ـ ه بلسَانه: عابَه 以口舌伤人
ـ الشهادةَ أو الوَصِيَّةَ: رَدَّها 驳回(见证)
جَرَّحَه 使负重伤；碰坏，碰破
ـ شُعُورَه (أو مَشَاعِرَه) 得罪他
ـ وَرْنِيشَ العَزْلِ 碰坏绝缘漆
تَجَرَّحَ 受重伤
اِجْتَرَحَ الإثْمَ: ارتكبَه 犯罪，作恶
اِنْجَرَحَ 受伤
جُرْح جـ جُرُوح وأَجْرَاح / جِرَاحَة جـ جِرَاح وجِرَاحَات: كَلْم 伤口，创伤
جارِح: مُؤْلِم 讥刺的，尖酸刻薄的，刺人的，刻毒的
ـ: (حيوان) مُفْتَرِس 猛禽、猛兽
اِنْتِقادٌ ـ 讥刺性的批评，冷言冷语
جَارِحَة جـ جَوَارِحُ: عُضْو / طَرَف 肢体(特指手)，身体各部
جَرِيح جـ جَرْحَى / مَجْرُوح جـ مَجَارِيحُ 受伤者，伤员
جَرَّاح / جِرَاحِيّ/ جَرَائِحِيّ (س): طَبِيب جَرَّاح 外科医生
جِرَاحَة: صِنَاعَةُ الجَرَّاح أو عملُه 外科术，外科学，外科
ـ: عَمَلِيَّة جِرَاحِيَّة 外科手术
ـ التَجْمِيلِ 美容术
مَائِدَةُ الـ 手术台
جِرَاحِيّ: مختص بالجِرَاحَة 外科的，外科术的，外科用的
غُرْفَةُ العَمَلِيَّاتِ الجِرَاحِيَّة 外科手术室
جَرَدَ ـُ جَرْدًا وجَرَّدَ العُودَ: قشرَه 剥皮，脱皮，削皮
ـ ه وـ ه من كذا: أخذه منه 夺取，强夺，

剥夺

ـ وـ من كِسَاء 剥去衣服，脱光衣服

ـ البَضَائعَ أو المَوْجُودَات (مـ) 清查存货，盘货，盘存，清点，点存

جَرِدَ ـَ جَرَدًا: صار أَجْرَدَ 变成荒芜的

ـ المكانُ: أَصابَه الجَرادُ 遭蝗灾

ـ الفرسُ: قَصُرَ شَعْرُه 马毛短

ـ ت الأرضُ: صارتْ جَرْدَاء 成为不毛之地

جَرَّدَ السيفَ من غِمْدِه: سلَّه 拔剑，亮剑，剑出鞘

ـ الجُيُوشَ 召集军队，征集队伍，兴兵

ـ هُ ثَوْبَه ومن ثوبِه: عرّاه من ثَوْبه 剥去衣服

ـ الكتابةَ: عرّاها من الضَبْط (书写时)不加点

ـ الجلدَ: نزع عنه الشَعْرَ 刮毛

ـ من الرُتَب العَسكريَّة 降级，撤职，免职

ـ من السِلَاح: نَزَعَه 缴械，解除武装

ـ من المُعَدّات الحَرْبيَّة 拆除军事设备

ـ مِنَ المِلْكِ 收用，征用

تَجَرَّدَ من كذا 被剥夺，被夺去，被强夺，被没收

ـ: تَعَرَّى 剥光衣服

ـ للأمر: تفرَّغ له وجدَّ فيه 专心致志地做，腾出手来做(如脱产进修)

ـ الفَرَسُ (马)在比赛中跑在最前面

جَرْد ج جُرُود / جَرِد: لا نَبات فيه 寸草不生的，贫瘠的，荒凉的

الثوبُ الـ: الخَلَق البالِي 破烂的衣服

ـ (الأَشْياء أو البَضائع) (مـ) 清查存货，盘存，盘货

الـ السَنَوِيّ 年终核算，清点(商品)

قَائِمَة الـ (مـ) 财产清单，商品目录，货物清单

جَرَاد، الواحدة جَرَادَة 蝗虫，蚂蚱

ـ البَحْرِ: سَرَطانُ المَاءِ 龙虾，大海虾

جُرَادَة 树皮

تَجْرِيد: نَزْع شَعْرِ الجِلْد وغيره 刮毛

ـ (مـ) أو تَتْوِيج العَقْد (خارجه) [建]拱的外弧面，外弧，弧拱的外曲线

ـ: تَعْطِيل 拆除军事装备

ـ من الكِسَاء 剥光衣服

ـ من الرُتَب 降级，撤职，免职

ـ من السِلاح والمُعَدّات الحَرْبيَّة 缴械，解除武装

ـ 抢掠，劫夺；抽象

تَجْرِيدي / مُجَرَّد 抽象的，空洞的

المَدْرَسَة الـ ة [美术]抽象派

تَجْرِيدَة: حَمْلَة حَرْبيّة 远征，征伐，率师征讨

تَجَرُّد 不感兴趣，冷漠；公正，公平

جَرِيد، الواحدة جَرِيدَة: قُضْبان النَخْل المُجَرَّدَة من خُوصها 枣椰叶柄

لِعْب الجَرِيد (مـ): بِرْجاس 马上比武，马上枪战，马上枪术比赛

جَرِيدة ج جَرَائِد: صَحِيفة 纸，新闻纸；报，报纸

ـ يَوْمِيَّة 日报，日刊

ـ: بَيَان 表，一览表，目录，清单

ـ: سِجِلّ الأَرَاضِي لترتيب الضَرِيبَة عليها 地籍簿，土地册

الجَرائدُ الرَسْمِيَّة 官方报纸

الجَرائدُ الشَبِيهةُ بالرَسْمِيَّة 半官方报纸

بائعُ الجَرائدِ 卖报人，报贩

مَجْرُود (س): جَرُوف 铲子，煤铲

أَجْرَدُ م جَرْدَاءُ ج جُرْد / أَجْرُودِيّ (س): بلا شَعْرٍ

无毛的，无发的，光秃的

لَبنٌ ـ: لا رغوةَ عليه 无泡沫的奶

أرْضٌ جَرْدَاء: لا نباتَ فيها 不毛之地

خَمْرَةٌ جَرْدَاء: صافِيَة خالِيَة من الكدر 醇酒

صَخْرَة جَرْدَاء: مَلْسَاء 光秃的岩石

مُجَرَّد جـ مُجَرَّدَات: ضدّ مَزِيد (في الصَرْف) [语]简式的(动词或名词)

ـ من كذا 无…的，丧失…的

ـ: ضدّ مُركَّب 简单的，非复合的

ـ لـ ...: صِرْف 纯粹的

ـ: مُعَطَّل (من الآلات أو الأثاث) (家具、装备等)被拆除的

ـ: عُرْيَان 裸体的

ـ التَشَابُه 仅有一点相似

بصُورةٍ ـ ة 空洞地，抽象地

بِالعَيْنِ الـ ة 用肉眼

بـ ـ ... 一…就…

وبـ ـ إتمامِ الأعمالِ تَنْحَلُّ اللجنةُ 工作一结束委员会就解散

مجرَّدًا لـ ... 只为了…

مُجَرَّدَات 事物的概念

مِجْرَدُ الأَسْنَانِ جـ مَجَارِدُ / فُورْشَة (مـ) 牙刷

ـ جـ مَجَارِد (牙科用)净牙器

ـ: مِحْلَجُ القُطْنِ 轧花机

جَرْدَق وجَرْدَقَة جـ جَرَادِقُ (أ): رَغِيف 一块面包

جَرْدَل جـ جَرَادِلُ (مـ): سَطْل / دَلْو 水桶，吊桶

جُرَذ جـ جِرْذَان: فَأْر كَبِير 鼠，老鼠

جَرَّه ـُ جَرًّا وجَرَّ به: سَحَبَه 拉，扯，曳，向前拉动，牵引

ـ من ... 抽出，拔出

ـ الكَلِمَةَ [语]把(名词)变成属格

ـ المَرْكَبَ: قَطَرَه (مـ) 拉纤，拖船

ـ المِيَاهَ إلى ... 把水引到…

ـ الهَوَاءَ إلى جَوْفِه 吸入空气

ـ قَدَمَيْه 曳足而行，勉强走动

ـ على ...: جلَبَ 招致，带来

ـ ه: سبَّبه 造成，引起，酿成

ـ رِجْلَه (مـ): أَغْرَاه 引诱，勾引，诱惑

ـ شَكْلاً مَعَ فلان (مـ) 寻衅，挑衅

جَرَّرَ: جَرْجَرَ (مـ) 用力拖曳，强引，拉曳

أَجَرَّ واجْتَرَّ البَعِيرُ: أَعادَ الأَكلَ من بَطْنِه فمضغَه ثانية / اشترَّ (مـ) 反刍，倒嚼

ـ ه الدَيْنَ: أَخَّرَه له 延期(还债)

اِنْجَرَّ: انسحب 被向前拖曳，被拉，被牵引

ـ مَعَ التَيَّار (顺水)漂流，随波逐流

ـ وَرَاءَ عَجَلَةٍ (被拖在车轮背后)当尾巴，跟在后面跑

اِسْتَجَرَّ (مـ) 慢慢地拉

جَرُّ الأَثْقَال 力学，机械学

ـ: قَطْر (مـ) 牵引，拉纤(船)

ـ شَكَلٍ مع فلان (مـ) 寻衅，挑衅

ـ مَغْنَمٍ 利用，私用，冒用，用以谋利

حَرْفُ ـ (في النَحْو) [语]介词

ـ 山脚；篮；兽穴，兽洞；属格

هَلُمَّ جَرًّا 如此，等等

جِرِّيّ وجِرِّيث: حَنْكَلِيس 鳗鲡，白鳗，白鳝

جِرِّيَة / جِرِيئَة: حَوْصَلَة 嗉子

جِرَّة: ما يَلُوكه الحيوانُ المجترّ 反刍的食物

ـ 反刍，倒嚼

جَرَّاء / من ـ ذلك 由于，因为

جُرَّة جـ جُرَر (مـ): أَثَر المُرُور 足迹，痕迹，车辙

ـ 耧

جَرَّة جـ جَرَّات وجَرّ وجِرَار: إناء فَخَّارِيّ 瓮，水罐

بِـ ـِ من القَلَم 一笔(勾销)
جَارُور جـ جَوَارِير (س): دُرْج 抽屉
ـ 小溪，溪流
اِنْجِرَارِيَّة (مـ): قَطْرُ المَراكِبِ أو أُجْرَة ذلك 拖船，拉纤；曳船费，拉船费
جَارّ: ساحِب 牵引者，牵拽者
ـ (في النحو) [语]属格的支配者
جَرِيرَة جـ جَرَائِرُ: إثْم 罪恶，罪过，罪行
ـُ ذلك عَلَيْهِ 那件事的后果要由他负责
ـ جـ أَجِرَّة 绳索；骆驼笼头，缰绳
جَرَّار: جَيْشٌ جَرّار 大军，重兵
ـ 陶工，陶器匠，陶器小贩
والحَبْلُ على الـ 等等
جَرَّارَة: عَقْرَبٌ صَفْرَاء (一种体小有剧毒的)黄蝎
ـ العَرَبَةِ (مـ) 马车的拖索，挽索，套绳，牵曳皮带
ـ المَرَاكِبِ (مـ) 拖船，拖轮
ـ المَرْكَبِ (مـ): لِبَان (مـ) (حَبْلٌ يُجَرُّ به) 纤索，曳船索，船缆
ـ: آلةُ جَرٍّ 拖拉机
ـ ذاتُ جَنَازِير / ـ ذاتُ حَصِيرَةَ 履带拖拉机
ـ كَهْرَبَائِيَّة 电气拖拉机；电力牵引机
مَجْرُور: مَسْحُوب 被拉的，被拖的，被曳的，被牵引的
ـ (في النحو) [语]属格的
الجَارّ والـ 介词和属格名词
ـُ المَنْزِل (مـ) (الجمع مَجَارِير) مصرف 阴沟，暗沟，下水道；污水管，排水管
مَنْزِل أو مدْخَل الـ (مـ): بَكْبُرْت (مـ) (清理或检修阴沟的)潜孔，扫除口，入孔
مَجَارِير: نِظام الصَرْف 排水工程，排水设备

شَبَكَةُ ـ 下水道网
مُجْتَرّ: مُشْتَرّ (مـ) 反刍动物
المَجَرَّة (في الفَلَك) [天]银河，天河
مِجَرّ 引带，轮带
جَرَسَ ـِ جَرْسًا: تَكَلَّمَ 说话
جَرَّسَ بِهِم: سَمَّعَ بهم ونَدَّد 诽谤，中伤
جَرَّسه الدَهْرُ: حَنَّكَه وجَرَّبه 磨炼，考验，使有阅历
أَجْرَسَ الطائرُ: سُمِعَ صوتُ مُرُورِه (飞鸟)发出沙沙声
ـ وانْجَرَسَ الحَلْيُ: سُمِعَ له صوتٌ كصوت الجَرَس 首饰作玎珰声
جَرْس وجِرْس جـ أَجْرَاس: صوت أو خَفِيّه 音响，声音，钟声，微声，嗡嗡响
ما سَمِعْتُ له حِسًّا ولا جَرْسًا 我没有听见他有一点儿声音
سَلِيمُ الـ 声调优美(均匀、悠扬)的
جَرَس جـ أَجْرَاس: آلة تُقْرَع للتَنْبِيه 铃，钟
ـ صغير: جُلْجُل 小铃铛
ـ الخَطَرِ أو التَحْذِيرِ 警钟，警铃
ـ المَوْتِ 丧钟
ـٌ كَهْرَبِيّ 电铃
ـُ يَدٍ 手摇的铃，手铃
حَبْلُ الـ 钟绳
دَقَّ الـ 摇铃，打钟，鸣钟
دَقَّة ـ 铃(钟)声一响
ذَاتُ الأَجْرَاسِ: قِرْطَال (حَيَّة) 响尾蛇
جَرَسِيّ: بِشَكْلِ الجَرَس [植]钟状的，钟形的，铃形的
جُرْسَة (مـ): هَتِيكَة 中伤，诽谤，侮辱；诋毁
جُرَيْسَة: اسمُ زَهْرَةٍ [植]山小菜
جَرْسُون جـ جَرْسُونَات (أ) garçon (法) (咖啡

馆、餐厅的)服务员，侍者

جرش ـُ جَرْشًا الحَبَّ والقمحَ: طحَنه ولم ينعِّم

طحنه / دشَّه (م) 碾碎，磨碎

ـ (蛇)蜕，脱皮

ـ وَحَرَّشَ الرَّأسَ: حكَّه حتّى يُسقِط هِبْرِيَتَه

(用梳子)梳去头皮

أَجْرَشَ الشيءَ: سرَقَه 偷窃

جارُوش وجارُوشَة جـ جَوَارِيش: رَحَى اليَدِ 手推的石磨

جَوَارِش / جَرَاوِيش (س)(波) 糖果，甜食

جَرِش (م): أَجَشّ 粗声，浊声，深沉的声音

جَرِيش / مَجْرُوش: مَدْشُوش (م) 被舂碎的，被捣碎的，被碾碎的，被磨碎的

ـ: دَشِيشَة (م) 粗碾粉，粗碾的小麦

مِجْرَشَة جـ مَجَارِشُ 碾碎机，碾谷机，碎矿机

جرضه ـُ جَرْضًا وأَجْرَضَه: خنقه 使闭气，使窒息

جَرِضَ ـَ جَرَضًا: اختنق (因愤怒或忧虑而)闭气，喘不过气来，窒息；困难地咽下唾沫

جَرَض / جَرِيض 窒息，闷死，临死的喘息

ماتَ جَرِيضًا 忧愤而死

جُرَاضِم 大肚皮的，饕餮的

جرع ـَ جَرْعًا وجَرِعَ ـَ جَرَعًا واجْتَرَعَ الماءَ: ابتلَعه بِمَرَّةٍ 痛饮，一饮而尽

جَرَّعَه الماءَ: أَبْلَعه جُرْعَةً بَعْدَ جُرْعَةٍ 使他一口一口地喝

تَجَرَّعَ الماءَ: شَرِبَه شيئًا فشيئًا 徐饮，一口一口地喝

ـ الغَيْظَ: كَظَمَه 忍气吞声

ـ (س) (تَجَرَّأَ之讹)

جُرْعَة وجَرْعَة وجِرْعَة جـ جُرَع: شَرْبَة / بَلْعَة 一口(饮料)

ـ دَوَائِيَّة (药的)一服，一剂

جَرْعَة / جُرْعَة 干旱

جَرِع 绳索；弓弦

جَرَعَة / جَرْعَاء / أَجْرَع جـ أَجَارِع 光秃的沙地

جَرَاعَة (س) 无畏，勇敢

أَجْرَعُ جـ أَجَارِع 不毛之地，荒漠多沙的地方

جرف ـُ جَرْفًا وجَرَّفَ وتَجَرَّفَ واجْتَرَفَ الشيءَ: ذهب به كلِّه أو مُعْظَمِه 扫除，扫荡，冲刷，铲除

ـ وـ وـ وـ الماءُ الشيءَ 冲走，冲掉

ـ وـ وـ وـ الطِينَ: كَسَحَه وقَشَره بالمِجْرَفَة (用铲子)铲土

جُرُف جـ جِرَفَة / جُرْف جـ أَجْرُف: عَرْضُ الجبل 悬崖，绝壁，断崖，陡岩，峭壁

ـ النَهْرِ والحَفْرَة وغيرهما (下部被水冲刷过的)河岸

جَرُوف / مِجْرَفَة جـ مَجَارِفُ: مَجْرُود (س) 铲子，铁锹

ـ / جَارُوف جـ جَوَارِيفُ 铲子，铁锹

ـ / ـ سُكَّر أو طَحِين 糖铲，芝麻酱勺

جَارُوف م جَارُوفَة 饕餮者，贪吃者

جَرَّافة جـ جَرَّافَات (م) 耙子；挖泥船

مِجْرَفَة / جَارُوفَة (س) / جُرَّافَة (م) 箒；铲；勺

ـ / ـ / ـ 耙

جَرْفَسَ الرجلَ 把他摔倒在地上

جِرْفَاس / جُرَافِس 狮

جرم ـِ جَرْمًا واجْتَرَم لِأَهْلِه: اِكْتَسَبَ 谋生

ـ الشيءَ: قطَعَه 伐，砍，截去

ـ الشيءَ: أَتَمَّه 完成，做成

ـ ـِ جَرْمًا وجِرَامًا النَخْلَ ونحوَه: جَنَى ثمرَه 采集果实

ـَ ـِ جَرِيمَةً وأَجْرَمَ واجْتَرَمَ إليه وعليه: أَذْنَبَ 犯罪，作恶，作孽

جَرَّمَه وتَجَرَّمَ عليه: اِتَّهَمَه بِجُرْمٍ 控告他犯罪

جَرَم وجُرْم ج أَجْرَام وجُرُوم / جَرِيمَة ج جَرَائِمُ: ذَنْب 罪，罪行，罪过，罪孽

لا ـَ / لا ـَ: حَقًّا 无疑，当然，诚然，固然

جَرْم ج جُرُوم: زَوْرَق / مَاعُون 小艇，驳船，脚船，划子，尼罗河上的大平底船

ـ: أَرْضٌ شَدِيدَةُ الحَرِّ 热的地方

ـ (مـ): حَجْم 体积，大小，尺寸，容量，容积

ـ (س) 刑罚，处罚款

الجُرُوم: ضدّ الصُرُود 热的地方

جِرْم ج أَجْرَام وجُرُم وجُرُوم: جِسْم 体，身体

الأَجْرَامُ الفَلَكِيّة أو السَمَاوِيَّة: النُجُوم 天体 (星辰)

جِرِم (مـ) / جَرِيم ج جِرَام: كبير الحَجْم 庞大的，形体巨大的

جَرَمِيّ 罪行的，犯罪的，罪恶的，有关犯罪的，关于犯罪的

أَدَوَاتٌ ـ ة (犯罪的)证据；罪证，物证

جَرِيم 截断的树；犯人，罪犯

ـ / جَرَام / جُرَام 干椰枣

جَرِيمَة ج جَرَائِمُ: جِنَايَة 罪；罪行，违法行为，罪过

ـ كُبْرَى 大罪；罪大恶极

الـ السِيَاسِيَّة 政治罪行

أَثْبَتَ الـ على ... 定罪

ـ ج جَرَائِمُ 果核

ـ (مـ) 罚金，罚款

مُجْرِم: جَانٍ 有罪的，犯罪的，犯罪者，罪人，罪犯

ـ الحَرْب 战犯

تَسْلِيمُ المُجْرِمِين 引渡犯人

جَرْمَانِيّ (أ) German 日耳曼人，德国人；日耳曼的，德意志的

جُرْمُوز 小屋；低地的湖沼

جُرَامِز / جَرَامِيز 人体；(野兽的)腿，胫

ضَمَّ جَرَامِيزَهُ 跑来跑去，跳来跳去

جُرْمُوق (أ): كَالُوش (أ) galosh 橡皮套鞋

جَرَّنَ الحَصِيدَ: كَوَّمَه 堆积，(谷物)堆起

جِرَان ج أَجْرِنَة وجُرُن (骆驼)颈的前部

أَلْقَى عليه جِرَانَهُ 他把重担加之于他

جُرْن ج أَجْرَان وجِرَان: حَوْض 池；贮水槽

ـ الماءِ المُقَدَّسِ (في كَنِيسَةٍ كاثُولِيكِيَّة) ［宗］圣水瓶

ـ المَعْمُودِيَّة 洗礼盘，盛圣水之器

ـ (س): هَاوُن 臼，研钵；擂钵

ـ كُبَّةٍ 卷线棒；线轴

ـ / جَرِين ج جُرُن: بَيْدَر 打谷场

جَرْنَة ج جُرُن 洋海棠(天竺葵属植物)

جُرْنَال ج جُرْنَالَات وجَرَانِيلُ (أ) journal: جريدة 新闻纸，报纸，报，日报

جَرْهَة 边，缘

جَرْهَدَ واجْرَهَدَّ في السَيْر: أَسْرَعَ 急行，快步走

جَرْهَاس 大狮子

جُرْهُم 主尔胡木(古代阿拉伯部族)

جِرْهَام 狮；大而壮的骆驼

جَرْو وجِرْو وجُرْو ج جِرَاء وأَجْرٍ جج أَجْرِيَة: وَلَدُ الكَلْبِ أو السَبُع 小狗，小狐，小狼等

جَرَى ـِ جَرْيًا وجَرَيَانًا وجِرْيَةً الفرسُ: رَكَض 跑，跑步，奔

ـ الماءُ: سَالَ (水)流

ـ تِ العُمْلَةُ (钱币)流通，通行

ـ الأمرُ: حدَثَ　发生，进行
ـ تْ الريحُ　(风)吹，刮
ـ تْ الشمسُ　运行
جَرَّى وأَجْرَى الماءَ　使水流，使水流动
ـ رِيقَه　使垂涎，引得口涎直流
جَارَاه: سابَقَه　竞走，竞赛，比赛，竞争
ـ ه: سايَرَه　并行，与…俱进，并驾齐驱
ـ ه في الأمر: وافقه واتَّفَقا فيه　同意，与他一致
ـ ه　模仿，仿效
أَجْرَى عليه الرزْقَ: أفاضه وعيَّنه　给予生活费
ـ الأمرَ: نفَّذه　施行，实行，执行
ـ الأمرَ إلى فلان: فوَّضه　授权于…
ـ عليه قِصَاصًا　处以刑罚，处罚
جَرْي / جَرَيَان　跑；流动
ـ / جَرَيان　腹泻
ـ　经过，过程
عَلَى ـ العَادَةِ　根据习惯
جَرْيًا على ما ...　按照…，根据…
مِنْ جَرَاكَ أو جَرائِكَ: بسَببك　由于你的关系，因为你的缘故
جِرَايَةُ العَسَاكِرِ ج جِرَايَات (م): تَعْيِين راتِب　兵粮，粮饷，配给粮，口粮，日粮
عَيْشُ ـ: غيرُ الخُبز الخاصّ　粗面包
عَيْشُ ـ الجُنُودِ　配给士兵的面包
نِظامُ الجِرايات على الخُبْز والقَمْح　面包、小麦定量制，卡片制，配给制
إجْرَاء: إنفاذ　执行，实行，履行，进行，举行
ـ قَانُونيّ: تصرُّف　法律程序，法律手续
مَأْمُورُ الـ　法庭上的法警
إجراءات: تَصَرُّفات　手续，步骤，措施，手段，方法
اتَّخَذَ إجْرَاءات　采取措施
ـ ٌ قَانُونِيَّة أو قَضَائِيَّة　法律程序，诉讼程序
ـ ٌ شَدِيدة أو عَنِيفة　激烈手段，严厉措施
إجْرَائِيّ: متعلّق بِالتصرُّفات　手续的，程序的，实行的，执行的
السُّلْطَة الـ ة　行政权
جَرَاية وجِراء　姑娘(少女)时代
جَارٍ م جَارِيَة: راكِضٍ　跑者，奔走的；流动的
ـ: دارِج　通用的，流通的，流行的
الشَهْرُ الجَارِي　本月
السَنَةُ الجارِيَة　本年
الحِساب الجَارِي　活期存款
كَجاري العَادة　像通常一样，照例
جَارِيَة: أَمَة　女奴
ـ: صَبِيَّة أو خَادِمَة　少妇，少女；丫鬟，婢女
ـ (م): اِمْرَأَةٌ زِنْجِيَّة　黑人妇女
ـ ج جارِيَات وجَوَارٍ　船，舰；毒蛇，蝮蛇；风；太阳；(动物的)眼珠
ـ بالريح　帆船
جَرَّاء: رَكَّاض　跑者，赛跑者
ـ الرَمْلِ: قُنْبُرُ الماءِ / جُمَيِّح　鹌鹑
مَجْرًى ج مَجَارٍ　进程，进行，(事件的)过程
ـ　河床，水路，航线；方针
الـ الأسْفَل والأعْلَى　下游和上游
ـ البَوْل: إحْلِيل　[解]尿道
ـ الحياةِ: سَيْرُها　生活的进程
ـ الشَمْسِ　黄道
ـ الماءِ　河道，水道，水渠，水槽
ـ الهَواءِ　通风，气流
ـ الأَحْوَال　事件发展的趋势
ـ التَنَفُّسِ　呼吸道
و ما يَجْرِي هذا الـ　诸如此类，等等

ما جَرَيَات (مـ) (ما جَرَى) / جَرَيَات / مَجْرَيَات
事件

جَزَأَ ـَ جَزْءاً وتَجَزَّأً واجْتَزَأً بالشيء: اكْتَفَى 知足
于…，满足于…

ـ الشيءَ: قسَّمه أَجْزَاءً 分割，划分，分成
若干份

جَزَّأَ تَجْزِيئًا وتَجْزِئَةً الشيءَ: قسَّمَه أجزاءً 分成
若干类

لا يمكن أن يُجَزَّأَ 不可分割的，不能划分的

تَجَزَّأَ الشيءُ: اِنْقَسَمَ أجزاءً 被分割、划分，被
分成若干份

يَتَجَزَّأُ: يُقْسَمُ 可划分，可分割

لا ـ 不可分割

جُزْء جـ أَجْزَاء: قِسْم 部分

ـ: قِطْعَة 片段，一块，一节

ـ من عَدَدٍ صحيح: كَسْر 分数

ـ: فَصْل (书的)节

ـ لا يَنْفَصِل (أو لا يَتَجَزَّأُ) 不可分割的一
部分

ـ 古兰经三十分册中的一册

جُزْأَة 锥子的把手；葡萄的支架

جُزَيْء جـ جُزَيْآت (جُزَيْئَات) 少量；[物]分子，
粒子

جُزْئِيّ: ضدّ كُلِّيّ 部分的，局部的

ـ: طَفِيف 琐碎的，细小的，轻微的

جُزْئِيًّا: ضدّ كُلِّيًّا 部分地，局部地

جُزْئِيَّات: تَفَاصِيل جُزْئِيَّة 细节，细目

أَجْزَائِيّ / أَجْزَاجِي (مـ): صَيْدَلِيّ / صَيْدَلَانِيّ
药剂师；制药商；卖药商

أَجْزَائِيَّة / أَجْزَاخَانَة جـ أَجْزَاخَانَات (مـ): صَيْدَلِيَّة
药房，药店，药铺

تَجْزِئَة: تَقْسِيم 分割，瓜分，划分

قَابِلِيَّةُ الـ 可分割性；[数]可除性

خَاصِيَّةُ عَدَمِ الـ 不可分割性；[数]不可
除性

بَيْع بالـ 零卖，零售

تَاجِرُ الـ 零售商

مَجْزَء / مَجْزَأَة / مُجزأ / مُجْزَأَة 满足；替换，
代用品

جَزِئ / مُجْزِئ (食物)能使人吃饱的

جِزْب جـ أَجْزَاب 部分

جِزْح 礼物，赠礼

جِزْدَان (سـ) / جُزْدَان جـ جُزْدَانَات: كِيسُ نُقُودٍ
(انظر جِزْلان) 钱袋，钱包，荷包

جَزَرَ ـُ جَزْرًا وجَزَرًا وجِزارًا واجْتَزَرَ الشَّاةَ: ذبحها
屠宰

جَزَرَ ـِ جَزْرًا البَحْرُ: ضدّ مَدَّ 退潮，落潮

جَزْرُ البَحْرِ ومَدُّه 退潮与涨潮

ـٌ كَامِل 小潮，低潮

جَزْرُ الثَّوْرَةِ 革命的低潮

جَزَر وجِزَر: نَبَاتٌ يُؤْكَل 胡萝卜

ـ إفْرَنْجِيّ أو رُومِيّ / ـ أَبْيَض 荷兰防风草

جَزَرَة (مـ) / مِحْبَسُ جَزَرَة (مـ): حَنَفِيَّة بِرْمِيل
有栓旋塞，(桶上的)龙头

جَزُور جـ جُزُر وجَزُورَات وجَزَائِر 适于屠宰的
骆驼

جَزِيرَة جـ جَزَائِرُ وجُزُر وجُزْر: أرض يَكْتَنِفُهَا الماءُ
岛，岛屿

شِبْهُ ـِ 半岛

الجَزِيرَة: ما بين النَهْرَيْن (دِجْلَة والفُرَات) 美索不
达米亚(平原)，河洲(底格里斯河和幼
发拉底河之间的平原)

الجَزَائِر الخَالِدَات 卡内里群岛

الجَزَائِر Algeria 阿尔及利亚

جَزَائِرِيّ: نِسْبَة إلى بلاد الجَزائِر 阿尔及利亚的；阿尔及利亚人
ـ: من أَهْل الجُزُر 岛民
جُزَيِّرَة: جَزيرة صغيرة 小岛
ـ بَنْكرِيَاسِيَّة [生理]胰岛
جَزّار: ذَبَّاح أو لَحَّام (بائع لحم) 屠夫，屠户，卖肉的；刽子手，残杀者，残暴者
مَجْزِر جـ مَجَازِرُ: مَذْبَحة 屠宰房，屠宰场
مَجْزَرَة جـ مَجَازِرُ ومَجْزَرَات: مَذْبَحَة 屠杀，残杀
جَزَّ ـُ جَزًّا وجَزَّزَ واجْتَزَّ واجْدَزّ الصوفَ أو غيرَه: قطَعه 剪(羊毛等)，剪断，割断
جِزَّة جـ جِزَز 剪下的(绵羊)毛
جِزَّةُ الغَنَم جـ جِزَز وجَزَائِز: صُوفُها المَجْزُوز 剪下的羊毛
جُزَازَة: قِطْعَة مَجْزُوزة 剪下的一团(羊毛)；砍下的一段(树)
مَجْزُوز: مَقْصُوص 被剪过的，剪下的
رَاح يَبْحَثُ عن صوفٍ فعاد ـًا 偷鸡不着蚀把米
جَزَّاز: قصَّاصُ الصُوفِ 剪毛工人
مِجَزّ: مِقَصُّ الجَزَّاز 剪羊毛用的大剪刀
جَزِعَ ـَ جَزَعًا وجُزُوعًا منه: لم يصبر عليه 急躁，性急，无耐性
ـ: حَزِنَ 悲伤，忧伤，忧虑
ـ: قَنِطَ 失望，绝望，灰心丧气
ـ عليه: قَلِقَ 担忧，担心，不安
ـ عليه: أَشْفَقَ 怜悯
جَزَعَ ـَ جَزْعًا الوَادِيَ: قطعه عرضًا 横渡河谷
جَزَّعَ الشيءَ: قَطَّعَه 切成几块
ـ (枣)半熟；(塘)剩下一点水
جَزْع: نَوْع من العَقِيق [矿]缟玛瑙

جَزِع / جَازِع / جَزُوع: ضدّ صَبُور 焦躁的，急躁的，性急的，没耐性的
ـ / ـ: قَلِق 不安的，担心的
مُجَزَّع: مُعَرَّق 大理石状的，有大理石纹的，有条纹的
وَرَقٌ ـ 条纹纸，云石纸，仿大理石纹纸
جَزَفَ ـُ جَزْفًا واجْتَزَفَ الشيءَ: تصرَّف بلا تصبُّر 胡乱行动，随便做，试试看，轻率从事，冒冒失失地做…
جَازَفَ بِنَفْسِه: خَاطَرَ بها 冒险，拼性命去干
ـ ه: بَايَعَه بلا وَزْن ولا كَيْل (不秤不量地卖)出卖
جُزَافًا 胡乱地，随便地，盲目地，不分青红皂白地
تكلَّمَ جُزَافًا 胡说，胡诌，信口开河，胡说八道
مُجَازَفَة 鲁莽
جَزَّاف 渔夫
مُجَازِف 轻率的人，鲁莽的人，冒失鬼
مِجْزَفَة 鱼网
جَزُلَ ـُ جَزَالَةً الحَطَبُ: عَظُمَ وغَلُظ 木柴成为粗大的
ـ المَنْطِقُ: فصُحَ ومَتُنَ (言语)简洁，洗练
ـ الرجلُ: صار جَيِّدَ الرأي 成为有见识的
جَزَلَ ـِ جَزْلاً 劈成两半
أَجْزَلَ له العَطَاءَ 大量给，大方地给，慷慨地给
جِزْلَة: قِطْعَة / شَرْحة 一片，一块
جَزَالَة: وَفْرَة 丰富，富足，充裕，富裕，大量
ـ المَنْطِق (文体)简洁，朴素，洗练
جَوْزَلُ الحَمام جـ جَوَازِل: زُغْلُول 雏鸽
جَزْل جـ جِزَال / جَزِيل جـ أَجْزَال وجِزَال: وافِر 丰富的，富庶的，富足的，充裕的，丰

饶的

ـ / ـ: فصيح 简洁的，洗练的

جَزِيلُ الاِحْتِرَام 崇高的敬意

خَيْرٌ ـ 很多的好处，很多的益处

شُكْرٌ ـ 多谢

جُزْلاَن جـ جُزْلاَنَات (مـ): كِيسُ النُّقُودِ 钱袋，钱包

جَزَمَه ـِ جَزْمًا: قطَعه 割开，割下，切去，切下

ـ الأمرَ: قطع فيه قَطْعًا لا عَوْدَةَ فيه 决定，断定，确定

ـ عليه الأمرَ: أوجَبَه عليه 使…成为他的责任

ـ على الأمر: عَزَمَ عليه 决心，决意，下决心

ـ الفِعْلَ: أسكن آخِرَه الصحيحَ أو حذفَ آخِرَه المعتلَّ أو حذفَ النونَ النائبَةَ عن الضمَّة في الأفعال الخمسة [语]把现在式动词变成切格

اِنْجَزَمَ 被割断，切断；(骨)折断；(动词)成为切格

عَلاَمَةُ الجَزْم / جَزْمَة: سُكُون (في النَحْو) [语] 切格的标志，静符

جَزْمَة جـ جِزَم وجزمَات (مـ): حِذَاء (طويل) / جَزْمَه(土) 靴子，长筒皮靴

ـ لَسْتِك (مـ) 松紧带皮靴

ـ برِبَاطٍ (مـ) 有带的高腰皮鞋

ـ بأَزْرَار (مـ) 带扣的靴子

ـ صَفْرَاء (مـ) أو ـ لَمَّاعة (مـ) 黄皮靴或漆皮鞋

ـ مَكْشُوفَة (مـ) (قصيرة) 鞋，皮鞋

رِبَاطُ الـ (مـ): شِرَاك / زِمَام 皮鞋带

جِزْمَاتِيّ جـ جِزْمَاتِيَّة (مـ) / جَزْمَجِي: إسْكَاف 皮鞋匠，皮鞋工人

ـ (مـ): مُرَقِّعُ الأَحْذِيَةِ 补鞋匠，修鞋匠

جَازِم: باتّ 下定决心的人，果断的人，能毅然决定的人

ـ جـ جَوَازِمُ [语]切格的支配者

مَجْزُوم فيه 被决定的

جَزُون (أ) gazon (法): حَشِيش الحدائق العُموميَّة 草坪

جَزْوِيتي (أ) Jesuit: يَسُوعِيّ 耶稣会会员

جَزَاه ـِ جزاءً الشيءُ: كَفَاه 使满足，使满意

ـ ه وجَازَاه: كَافَأَه 报偿，报答，酬谢，奖励

ـ ه وـ ه: عَاقَبَه 惩罚，惩办，处刑，处分，治罪

ـ وأَجْزَى الأمرُ منه أو عنه: قام مَقَامَه وأَغْنَى عنه 代替，替换

جَزَاء / جِزَاء / مُجَازَاة: مُكَافَأَة 报酬，酬劳，酬谢，奖励

ـ: قِصَاص 处分，处罚，惩罚，惩处

ـ نَقْدِيّ: غَرَامَة 罚金，罚款

قَانُونُ الـ 刑法法典

مِنْطَقَةُ الـ 罚球区

جَزَائِيّ / جِزَائِيّ: قِصَاصِيّ / عُقُوبِيّ 惩罚的，惩戒的

جِزْيَة جـ جِزًى وجِزْي وجِزَاء: إتَاوَة فَرِيضَة يُؤَدِّيها التابع للمَتْبُوع 贡品，人丁税，人头税

ـ: خَرَاجُ الأرض 租税，课税，土地税，农业税

جَسَأَتْ ـَ جَسْئًا وجُسُوءًا وجُسْأَةً اليدُ من العملِ: جَسَتْ / تَصَلَّبَتْ (由于劳动)手变硬，变结实

ـ: غَلُظَ وخَشُنَ 成为粗糙的，不光滑的

جُسْأَة / جاسِيَاء 硬性，硬度

جَاسِئ: خَشِن 粗糙的，不光滑的

نَقْد ـ: رَدِيء 劣币

ـ: صُلْب / قَاسٍ 硬的，强硬的，刚硬的，倔强的，顽强的

جسد ـَ جَسَدًا (血)凝结

جَسَّدَه بالجِسَاد 用番红花染

تَجَسَّدَ: صار ذا جَسَد 现身，体现，具体化，成为化身

جَسَد جـ أَجْسَاد: جِسْم 身体，躯体，主体

الـ: خِلاف الرُوح 肉体

عِيد الـ (عيد مَسِيحيّ) [基督]基督圣体节

ـ / جِسَاد [植]番红花

جَسَدِيّ / جُسْدَانِيّ: بَدَنِي 身体的，有形的

ـ / ـ: خِلاف رُوحِيّ 肉欲的，肉体的

القُوَّة الـ ة 体力

جَسَد / جَسِيد 凝结的血块

تَجَسُّد (في اللاهُوت) [神]化身，肉体化，显现，下凡，变成人形

مِجْسَد جـ مَجَاسِدُ 衬衫

مِجْسَاد: مِشْبَاح 实体镜，双眼照相镜

رَسْمٌ مِجْسَادِيّ 实体镜画，双眼镜照相

مُتَجَسِّد: ذُو جَسَدٍ 肉体的，具人形的，肉体化的，被体现的，被具体化了的

جسر ـُ جَسْرًا واجْتَسَرَ المَفَازَةَ: عَبَرَهَا 横过，跨过，穿过，通过(沙漠、荒野)

ـ وجَسَّرَ (مـ): أَقام جِسْرًا 筑桥，架桥，搭桥，造桥

ـُ جَسَارَةً وجُسُورًا على الأمر: أَقدم 勇于，敢于

جَسَّرَه: شجَّعه 鼓动，鼓励

ـ (مـ) 作堤

جِسْر وجَسْر جـ جُسُور وأَجْسُر: كُبْرِي (مـ) 桥，渡桥，桥梁

ـ مُتَحَرِّك 吊桥，开桥

ـ عائم (مُؤَلَّف من مَرَاكِب) 浮桥

ـ مُعَلَّق 悬桥

ـ النَهْرِ أو سِكَّةِ الحديد 堤，堤防，路堤，堤堰

ـ البَنَّاء (مـ) [建]脚手架，脚桁踏

ـ البِنَاءِ: كَمَرَة (مـ) / عَتَب [建]桁，梁，横木，架木

ـ الحِمَار 笨人难过的桥；初学者难解的问题

جُسُورٌ حديديَّة 铁梁

ـ خَشَبِيَّة 木梁

جَسَارَة: جَرَاءَة 勇敢，勇猛

ـ: جُرْأَة / وقاحَة 无耻，厚颜，厚脸皮

جَسَارِيَّة جـ جَسَارِيَّات (造浮桥用的)平底船

جَسُور جـ جُسُر وجُسْر م جَاسِرَة وجَسُور جـ جَوَاسِر: جَرِيء / شُجَاع / مِقْدَام 勇敢的，大胆的，有胆量的

ـ: وَقِح 厚颜的，老脸皮的

جسّه ـُ جَسًّا واجْتَسَّه: مَسَّه بِيَدِه ليتعرَّفه 摸，感觉，接触

ـ ه: سَبَرَه 探测，探查，试探，用探针检查(暗藏的东西)

ـ نَبْضَه (حَقيقيًّا ومجازيًّا) 诊脉，号脉；试探他的意见，摸底

ـ وتَجَسَّسَ الأخبارَ والأُمورَ: اِسْتَكْشَفَهَا 侦查，侦探

ـ وـ الأَحْوَالَ أو المَكَان 探出情况或地方

ـ وـ على كذا 刺探，打听，暗查，盯梢，偷听

تَجَسُّس 侦查，侦探，密查

جَاسُوس جـ جَوَاسِيس: مُستطلع الأحوال 间谍，侦探，密探，特务，奸细

جَاسُوسِيَّة 侦探制度，侦探技术，间谍活动，密探活动
مِجَسّ جـ مِجَسَّات ومَجَاسّ: مِسْبَر 探针，试探器
مَجَسّ / مَجَسَّة جـ مَجَسَّات ومَجَاسّ 脉
جَسُمَ ـُ جَسَامَة: عَظُمَ 大，巨大，严重，广大
جَسَّمَه: عظَّمه 扩大，加剧，使严重化
ـ ه: بالَغَه 夸张，夸大，言过其实
ـ 使具体化，使成形状
ـ بالجِصّ 给他做石膏像
ـ 组成，形成
تَجَسَّمَ 形成，具有…形状，成为具体的
ـ 变为好夸张的
ـ الخَطَرُ (危险等的)加剧，加重，加大，增大
جِسْم جـ أَجْسَام وأَجْسُم وجُسُوم: بَدَن أو كل ما له طُول وعَرْض وعُمْق 身体，躯干，肉体；主体，本体；体积，立体
ـ: مادَّة 物质，实体
ـ: كُتْلَة [物]质量
ـ: شَكْل 形体，形态，形状
الأَجْسَامُ الحَيَّة 生物体
جِسْمِيّ / جُسْمَانِيّ: بَدَنِيّ 肉体的，身体的，躯体的，体力的
ـ / ـ: مَادِّيّ 物质的，有形的
العَمَلُ الـ 体力劳动
جُسْمَان: جُثْمَان / جِسْم 身体
ـ 质体
جَسَامة: عِظَم 伟大
ـ: ضَخَامة 庞大，巨大，宏大
جُسَيْم جـ جُسَيْمَات 小体，粒子，小部分
جُسَيْمَة [物]微粒

جَسِيم جـ جِسَام م جَسِيمَة: عَظِيم 重大的
ـ: ضَخْم / كَبِيرُ الحَجْمِ 巨大的，庞大的
ـ: بَدِين / سَمِين 肥大的，肥胖的
مُجَسَّم 巨大的，粗大的，凸出的；[数]几何体，立方体的
الخَرِيطَة الـ ة 立体地图
جَشَأَ تَجْشِئَةً وتَجَشَّأَ: تَدَشَّى (س) / تَكَرَّعَ (م) 打嗝，打饱嗝儿
جُشَاء الواحدة جُشْأَة وجُشَأَة 打嗝儿
جَشَبَ ـُ وَجَشِبَ ـَ جَشْبًا وجَشُبَ ـُ جَشَابَةً الطعامُ: غلُظ 食物粗劣
جَشَرَ ـَ جَشَرًا وجُشِرَ: أصابَتْه الجُشْرَةُ أي البُحَّةُ أو السُّعالُ 声哑(因嘶叫、咳嗽造成)
جَشَرَ ـُ جَشْرًا وجَشَّرَ المَوَاشِيَ 放牧
جُشْرَة 咳嗽
جُشَار 自由吃草的牛羊群
جُشَارِيّ 牧人，牧童
جَشَّار 牧场主
أَجْشَرُ م جَشْرَاءُ جـ جُشْر 声哑的
جَشَّه ـُ جَشًّا: دقَّه وكسَره / دشَّه (م) 压碎，辗碎，打碎
جَشَّة / جُشَّة الصوت: بُحَّة 哑嗓，沙哑声
جَشِيش / مَجْشُوش: مَدْشُوش (م) 被捣碎的
ـ: طَحِين خشن 粗面粉，麦屑
أَجَشّ م جَشَّاء جـ جُشّ: غليظ (صوت) 深沉的(声音)，嘶哑的
مِجَشّ / مِجَشَّة 手摇磨
جَشِعَ ـَ جَشَعًا وتَجَشَّعَ: حرص وطمع أشدّ الحرص وأسوأ الطمع 贪婪，贪得无厌
جَشِع جـ جَشِعُون وجَشَاعَى وجُشَعَاءُ وجِشَاع: طَمَّاع 贪婪的，贪心的，贪得无厌的
جَشِمَ ـَ جَشْمًا وجَشَامَةً وتَجَشَّمَ الأمرَ: تكلَّفه

على مشقّة 勉强承担困难的工作或任务

جَشَّمه وأَجْشَمه الأمرَ: كلَّفه إيَّاه 使承担困难的工作

جُشْنَة / جَشْنَة: عُزَيْزاء (طائر) [鸟]木鹨

جَوْشَن: صَدْر 胸部

ـ: دِرْع 甲

ـ الليلِ: وسطه 半夜

جَصَّصَ البِناءَ: طلاَه بالجِصّ 涂抹灰泥

جِصّ / جَصّ: جِبْس (أ) 石膏，胶泥，灰泥

جَصَّاصَة: مَصْنَعُ (قَمِينُ) الجِصّ 石灰窑

جَعان (راجع جوعان)

جَعَبَه ـَ جَعْبًا وجَعَّبَه: قلبه 把…翻过来

ـ: صَرَعَه 把他摔倒

جَعْبَة جـ جِعَاب: كِنَانَة 箭筒，箭袋；子弹盒

إنَّ ـ ي قَدْ خَوَتْ 我的箭筒空了

نَفَضَ له ـ الأَخْبَارِ 他把一切新闻都告诉(泄露)给他

أَفْرَغَ ـ كَلامه 畅所欲言

جِعْثِنَة جـ جِعْثِن وجَعَاثِنُ 树干，树茎

جَعْجَعَ البَعِيرَ: حرَّكه للإناخة أو للنُهُوض 使骆驼下跪或站起来

ـ الجَمَلُ أو الدِيكُ الرُومِيّ (الحَبَشِيّ) (骆驼或火鸡)咯咯叫

جَعْجَعَة: صَوْتُ الرَحَى 磨磨声，隆隆声，咯咯声

ـ: جَلَبَة 嚷，喧嚷，叫嚣

ـ بلا طِحْنٍ (只闻磨声不见麦粉)干打雷不下雨；只听楼梯响，不见人下来

جَعْجَاع: مَكان ضيق 狭窄的地方

ـ: معركة الحرب 战役

جَعُدَ ـ جَعَادَةً وجُعُودة وتجعَّدَ الشَّعْرُ 头发卷曲

ـ وـ الجِلْدُ والثَوْبُ (皮或布)成为皱的，折成波纹

جَعَّدَ الجِلْدَ والثَوْبَ وغيرَهُمَا 使(皮或布)起皱纹

ـ الشَعْرَ 使发卷曲

جَعْدُ اليَدِ والكَفِّ والأَنَامِلِ 贪心的，贪婪的

ـ القَفَا 小气鬼

جَعْدَة شَعْر 卷发，卷毛

ـ في جلد أو ثوب 皮或布的皱纹

أبو ـ / أبو جَعَادة 狼

جَعْدِيّ / أَجْعَدُ م جَعْدَاءُ جـ جُعْد 卷曲的，卷发的

جُعَيْدِيّ جـ جُعَيْدِيَّة (مـ): وَبَش 恶霸，流氓，粗鄙的人

تَجْعِيد جـ تَجَاعِيدُ 皱纹

جَاعِد 垫子，褥子

مُتَجَعِّد / مُجَعَّد 卷曲的

جَبِينٌ مُجَعَّد 有皱纹的额

جَعَرَ ـَ جَعْرًا وانْجَعَرَ السبعُ: تغوَّط 野兽排粪

جَعَّرَ (مـ): جَأَرَ 吼叫，怒号，咆哮

جَعْر جـ جُعُور 野兽的粪便

جَعَار / أَبُو جَعَار 鬣狗

جِعِرَّى: كُرْسِيّ السُلْطان (مـ) 坐轿子(两个孩子手拉手抬另一个孩子的游戏)

أَبُو جِعْرَان: جُعَل (انظر جعل) 蜣螂，屎壳郎

جَعْضِيض: يَعْضِيد / جَلَوِين (مـ) [植]滇苦菜

جَعَظَه ـَ جَعْظًا وأَجْعَظَه 把他赶走

أَجْعَظَ 溜走，逃跑

جِعْظَايَة 小而活泼的，短小精悍的

جَعَفَه ـَ جَعْفًا وأَجْعَفَه 弄倒，推倒

ـ واجْتَعَفَ الشجرةَ 连根拔

جَعْفَر 小溪，小河，溪流；许多绵羊

ـ 加法尔(男名)

جَعْفِيل [植]列当属

جَعَلَ ـَ جَعْلاً الشيءَ: صنَعَه 制造

ـ 让…，使…变为

ـ الشَّعْبُ الحَضَارَةَ: خَلَقَها 人民创造文明

ـ الحَقَّ باطِلاً: ظَنَّه 认真理为虚妄

ـ الحَسَنَ قَبِيحًا: صَيَّرَه 变美好为丑恶

ـ البَصْرَةَ بَغْدَادَ (把巴士拉当作巴格达) 铸成大错

ـ عالِيَهُ سافِلَهُ: عَكَسَه 颠倒，倒转

ـ يَفْعَلُ كذا: شرع 开始，着手(工作)

ـ له كذا على كذا: عيَّنَه 确定，规定(报酬)

جاعَلَه: رَشاه 贿赂

تَجاعَلَ القومُ الشيءَ: جعلوه بَيْنَهم 互相约定

اِجْتَعَلَ الشيءَ: أخذه 取

جُعْل ج جُعُول وأَجْعَال / جِعَالَة وجُعَالَة وجَعِيلَة

ج جَعَائِلُ: أُجْرَة 工资，工钱；版税

ـ / ـ: جائِزَة 酬劳金，奖金

ـ / ـ: عُمُولَة 佣金，手续费，委托费

جُعَل ج جِعْلان: أَبُو جِعْرَان 蜣螂，屎壳郎；甲虫

مَجْعُول 被规定的，被指定的

جَعْلَفَ: قال "جُعِلْتُ فِداءَك" 说"我愿为你赎命"

جَعَا ـُ جَعْوًا 拾粪

جِعَة: بِيرَا (أ) / خَمْرُ الشَّعِيرِ 啤酒，麦酒

جُغْرَافِيَا / جُغْرَافِيَة geography: تَخْطِيط البُلْدَان 地理

ـ طَبِيعِيَّة 自然地理，地球物理

الـ الاِقْتِصَادِيَّة 经济地理

جُغْرَافِيّ 地理的，地理学的

جَفَأَ ـَ جَفْأً النهرُ: رَمَى بالزبَد والقَذَى 河水将泡沫冲上岸

ـ ت القِدْرُ: رمت بالزبد أو بما فيها 锅开了，汤出来了

جُفَاء 泡沫，浪花

ـ (被河水冲上来的)废物，糟粕，垃圾

جُفاءً 枉然，徒劳，无益

ذَهَبَ جُفاءً 白费，落空，徒劳无益

جِفْت ج جُفُوت (مـ): شِفْت (مـ) / مِلْقَط (土)镊子

ـ: كُلَّاب 抓钩

ـ 双筒猎枪

حِلْيَة ـ (مـ) (في المِعْمَار) [建]回纹，卍字纹，格字纹

جِفْتِشِي (مـ): صِناعة تخريم الفِضَّة والذَهَب 金银丝细工

جِفْتْلِك (سـ) / جَفْتَلِك /شِفْلِك (土) 农场，田产，田庄(土皇的私产，租给佃农)

تَجَفْجَفَ (鸟)竖起羽毛；(湿衣服)半干

جَفْر (أ) / جِفْر /جِفْرَة (أ) cipher: كِتَابَةٌ سِرِّيَّة 密码

عِلْمُ الـ 预测，预言，占卜

قَرَأَ كِتابَةَ الـ: حَلَّها 翻译密码，辨读密码

جَفِير ج جَفِيرات 木或皮制的箭筒、箭袋

جِفْصِين: جِبْس 石膏，石膏像

جَفَّ ـِ جَفَافًا وجُفُوفًا: يَبِس 干燥，逐渐干涸，枯瘦

ـ الماءُ والبِئْرُ 水干涸，井水枯竭

ـ حَلْقُه 喉咙发干

ـ ـُ جَفًّا الشيءَ 捡走，拾走

جَفَّفَه تَجْفِيفًا وتَجْفافًا 使干燥，烘干，晒干

ـ ه: أزال العُنْصُرَ المائِيَّ منه 脱水，除去水分

ـ المَسَاقِيَ أو مَجارِيَ المِياه 放干，排干水道中的水

ـ الفَرَسَ: ألبسه التِجْفَافَ 给马穿上铠甲
جَفَاف 干旱，干燥
جَفَافِيّ: يَعِيش في الجَفَاف / بَعْلِيّ (مـ) 生存于
干燥地带的
تِجْفَاف جـ تَجَافِيفُ 铁甲，甲胄
جَافّ: يَابِس 干的，干燥的，无水分的
مُجَفَّف 被弄干的，被除去水分的，晒干的
ـ جـ مُجَفَّفَات 干枯的；干果
جَفَلَ ـِ جُفُولاً وجَفْلاً وأَجْفَلَ البَعِيرُ: نفر وشرد
惊走
ـ تْ النَعامةُ: هَرَبَت 惊逃
ـ وتَجَفَّلَ وانْجَفَلَ القومُ: هَرَبُوا مُسْرِعِينَ 奔逃
ـ ت الريحُ السحابَ: هبَّت عليه وذهبت به
(风)把云吹散
ـ البحرُ السمكَ: ألقاه على الشاطئ (海)把
(鱼)抛到岸上
ـ الطائرَ: نَفَّرَه 使鸟惊起
تَجَفَّلَ الديكُ: نَفَشَ عُرْفَه 公鸡竖起鸡冠
جَفْل جـ أَجْفَال 象粪
جِفْلِك (مـ): دائِرةُ الأَمْلاكِ (مـ) (封建主的)
领地，庄园
جَفَلَى وأَجْفَلَى: دعوةٌ عامَّة إلى طعام 一般的邀请
جَفْن جـ جُفُون وأَجْفُن وأَجْفَان: غِطَاء العين 眼
皮，眼睑
ـ 鞘；葡萄树根，葡萄藤
نامَ ملءَ الجُفُون 熟睡，酣睡
جَفْنَة جـ جِفَان وجِفَن وجَفَنَات 大盘子，一
盘菜；慷慨的人；小井
جَفْنِيّ: مختصّ بالأَجْفان 眼皮的，眼睑的
جَفَا يَجْفُو جَفْوًا وجَفَاءً وجَفًا وجَافَى وتَجَافَى
صاحبَه: أَعْرَضَ عنه / ضدّ واصلَه 疏远，
不亲近，冷淡，不和，绝交

ـ ـُ جَفَاءً وجَفَاءَةً: لم يلزَمْ مكانَه 不安静，
坐卧不安
ـ عليه كذا: ثقُل 感觉沉重
ـ الثوبُ: غلُظ 衣服粗糙
ـ جَنْبُه عَنِ الفِرَاشِ 睡不安，睡不好
جَفَّاه: جعله يَجْفُو 使隔离，使疏远，离间
جافاه: حدث بينهما برودة 闹别扭
هذا يُجَافِي الصَوابَ 这不符合事实
تَجَافَى القومُ 互相疏远，互相感到冷淡
ـ (سـ) 骂人
جَفْو / جَفْوَة / جِفْوَة / جَفَاء: إِعْرَاض 冷淡，
疏远，隔阂，不和
جَفَاء / جَفَاءَة: غَلاَظَة 粗暴，残忍，苛刻，
冷淡，冷漠，无情
بـ ـ 严格地；冷漠地
جَافٍ جـ جُفَاة م جَافِيَة جـ جَافِيَات وجَوَافٍ:
خَشِن 粗野的，粗鲁的，粗暴的，无
礼的，无情的，冷酷的，严厉的
جَافِي الخُلُق 粗野的，无教养的，无礼的
الأُمّ الجافِيَة (في التشريح) [解]硬脑膜
جَفِيَّة: فَرْمِيلَة (مـ) / مانعة الاِصْطِدَام 车护栏，
保险架，防冲器
جَقَّ ـُ جَقًّا: ذرق (鸟)排粪
جَكْجَكَة (铁器)钉铛地响
جَكِرَ ـَ جكرًا وأجْكَرَ في البَيْع: أَلَحَّ في البيع
挜卖，强卖
جَكِرَ من (سـ) 触怒，得罪，憎恨，怨恨
جَاكَرَه (سـ) 惹，逗恼，取笑，戏弄
جَكَارَة (سـ) / جَكَارِيَّة في كذا 不顾，不管…
جلا / **جلاء** (في جلو) / **جلاّبيّة** (في جلب)
جَلأَ ـَ جَلأً وجَلاءً وجَلاءَةً الرجلَ 把他
摔在地上

جَلَبَه ـِ جَلْبًا وجَلَبًا: أَحْضَرَه 拿来，带来，携来，引来
ـ ه: جَاء به 招致
ـ عليه: سبَّب 为他招来(不幸)，致使，招致
ـ الجُرْحُ: عَلَتْه الجُلْبة 癒合，疮口结痂
ـ النَظَرَ: جَذَبَه 引起注意
ـ وأَجْلَبَ لِأَهْله: تكسَّب 挣钱(养家)
ـ وـ القَوْمُ: ضَجُّوا 喧嚷，吵闹，嘈杂
ـ وـ الدمُ: يَبِسَ / تَخَثَّرَ 血凝结，凝成块
ـ واجْتَلَبَ واسْتَجْلَبَ السِلعَ: اِسْتَوْرَدَها 进口，输入，运来(货物)，进货
ـ ه وـ ه وـ ه: حَصَلَ عليه 得到，获得，赢得
جَلْب: إحْضار 携带，带来，取得
ـ: تَسْبِيب 招致，惹起，引起，使发生
ـ / اِجْتِلَاب: اكتساب 挣来，赚得，获得
ـ / اِستِجْلَاب: استيراد 进口，输入
جُلْبَة جـ جُلَب: قِشْرَة الجُرْح عند البرء 痂
جِلْبَة جـ جِلَب وجِلْبات (مـ): وَرْدَة (مـ) / عَزَقَة (سـ) 垫圈，垫板(金属、皮革等所制，用以分配压力及防止动摇)
ـ (مـ): وصلة بين مَاسُورَتَيْنِ 机器套管
ـ (مـ): جُبَّة النَصْل (ما بين الحَدِيدَة والمِقْبَض) 剑铗
كرسيّ ـ جـ كراسيّ ـ [机]套管轴承
جَلَبَا (أ) jalap: نبات طِبّيّ مُسْهِل [植]球根牵牛(根作泻药)
جُلُبَان / جُلُبَّان 野豌豆，大巢菜
جُلَاب (مـ) / جُلَّاب: شَراب حُلْو [医]蔷薇水
اِجْتِلَاب 牵强附会
جَالِب: مُحْضِر 招致者；进口商人
جَلَب جـ أَجْلَاب / جَلِيب جـ جُلَبَاءُ وجَلْبَى / مَجْلُوب 入口的，进口的，被输入的
ـ / جَلَبَة: ضَوْضَاء 喧嚣，吵闹，嘈杂，扰攘
جَلَبَة وضَوْضَاء 人声鼎沸，吵吵嚷嚷
جَلِيب جـ جَلْبَى وجُلَبَاءُ م جَلْبَى جـ جَلَائِب (外来的，入口的)奴隶
جَلُوبَة وجَلِيبَة جـ جَلَائِبُ 外来的货品
جَلَّاب جـ جَلَّابَة: تاجِر 进口商，商人
ـ العَبِيد: نَخَّاس 奴隶贩子
جَلَّابِيَّة جـ جَلَّابِيَّات (مـ): جِلْبَاب 长衫，长袍，工作外衣
مَجْلَبَة جـ مَجَالِبُ: مُسَبِّب 诱因，起因，动机
مُجَلِّبَة / جُلُبَّانَة 嘴碎的女人，爱拌嘴的女人
جَلْبَبَه: أَلْبَسَه 给…穿上长衫
تَجَلْبَبَ: لَبِسَ 穿上长衫
ـ بجِلْبَاب الرحمة 披上羊皮(伪善)
جِلْبَاب جـ جَلَابِيبُ: ثَوْب واسع 宽大的长衬衫，阿拉伯长袍
جَلْجَلَ: خَشْخَشَ 作嘎嘎声，发铿锵声，发丁当声
ـ الصوتُ: دَوَى 声音轰鸣，发隆隆声
الجُلْجُلَة(希伯) [基督]髑髅地(基督受极刑地)
جُلْجُل جـ جَلَاجِل / جَلْجَلَة: جَرَس صغير 车铃，(系在牲口脖子下的)小铃
ـ: شَحَّاذُ العَيْن [医]睑腺炎，麦粒肿
جُلْجُلَان: ثمرُ الكُزْبَرة / حَبّ السِمْسِم 胡荽籽；芝麻粒
ـ الحَبَشَة [植]黑罂粟
ـ مِصْرِيّ 埃及莲
مُجَلْجِل: حادّ النَغْمَة 发音尖锐的，发尖锐

声的，清越的，高音的

ـ: مُطْرِب / فيه رَوْكَاء 响彻的

جَلَحَتْ ـَ جَلْحًا الماشيةُ الشجرَ: رَعَتْ أَعَالِيَه وقشرَتَه 牲畜把树顶吃光，把树皮啃掉

جَلِحَ ـَ جَلَحًا: اِنْحَسَرَ شَعْرُه عن جانِبَيْ رأسِه 鬓毛脱落

ـ الثورُ: صار أو كان لا قَرْنَ له (牛)无角

أَجْلَحُ م جَلْحَاءُ ج جُلْح وأَجْلاح وجُلْحَان 脱发的，秃头的；无角的牛

أرض جَلْحَاء 光秃的土地

جَلَخَ ـَ جَلْخًا وجَلَّخَ المُوسَى على الحَجَر 磨快，磨利，磨光

ـ وـ المُوسَى على الجِلْد: قَيَّشَ (مـ) 在砥皮上磨刀

اِجْلَنْخَى 被毁坏；倒下去，不能站起来

جَلْخ: مِسَنّ الزيْتِ 磨刀石，磨刀皮，砥皮

ـ الفُرْن أو الكور (مـ) 矿渣，铁渣，熔渣，火岩渣

أُسْطُوَانَات الـ 磨床

جِلاَخة 辗(铁)

مُجَلَّخ 被磨利的，被磨光的

جَلُدَ ـُ جَلْدًا وجَلاَدَةً وجُلُودَةً ومَجْلُودًا: كان ذَا قُوَّةٍ وصَبْرٍ وصَلاَبَة 成为坚硬、坚忍、有耐性、坚强

جَلَدَه ـِ جَلْدًا بالسَّوْط: ضربَه به 鞭挞，抽打，鞭笞

جَلِدَ ـَ جَلَدًا وجُلِدَ وأُجْلِدَ المكانُ: تَجَمَّدَ بالبُرُودَة 冻，冷凝，冰冻，结冰

جَلَّدَه وأَجْلَدَه: جمَّده بالبرودة 使冻结，使冷凝

ـ الكتابَ: أَلْبَسَه الجِلْدَ 订书，装订，装帧

جَالَدَه: صارَعَه 打架，格斗，比武，决斗

تَجَلَّدَ: صبر على الشدَّة 坚持，忍耐，(在困难面前)屹然不动

تَجَالَدَ على ... 反抗，抵抗，坚持住

ـ 斗争，互相厮杀

اِجْتَلَدَ 被刀剑刺中

ـ الإناءَ: شربَه كلَّه 喝光，干杯，一饮而尽

اِنْجَلَدَ 被鞭子痛打

جَلَد: اِحْتِمَال وصَبْر 耐性，坚忍力，坚持性，忍耐力

الجَلَد: القُبَّة الزَرْقاء 苍天，天空，苍穹

جَلْد: ضرب بالسِيَاط 鞭笞，鞭挞，毒打，抽打，笞刑

ـُ عُمَيْرَة 自渎，手淫

ـ ج أَجْلاَد م جَلْدَة / جُلُود (مـ): ذو جَلَد 有坚忍性的人，能忍受的人，能持久的人

عَرُوسَةُ الـ: آلةٌ يُشَدّ عليها المَجْلُود (捆绑被鞭打者的)刑桩

أَجْلاَدُ الإنْسَان وتَجَالِيده 身体的全部，身体与四肢

جِلْد ج جُلُود: غِشاء جِسْم كلّ حيوان أو نبات 皮肤，外皮，表皮，树皮

ـ الإنسانِ 人皮

ـ الحيَوَانَاتِ (خصوصا الكبيرة) قبلما يُدْبَغُ 兽皮，生皮

ـ مَدْبُوغ 熟皮，皮革，制过的皮

ـ أَبْيَض 白皮

ـ بَقَر 黄牛皮

ـ جَامُوس 水牛皮

ـ غَزال 软皮，雪米皮(山羊、羚羊、鹿等的软皮)，麂皮

ـ سِخْتِيَان (波) 摩洛哥皮，山羊皮

ـ شَجَران (أ) shagreen 珠皮，鲨鱼皮革，绿革；软羊皮(包书用)

ـ لَمَّاع (أو قزاز) 漆皮，亮皮
ـ الحَيَّةِ المُنسلخ طَبِيعِيًّا: مِسْلاخ 蛇蜕
ماتَ في ـِ ه 受惊至死，吓死
جِلْدَة جـ جِلْدَات: قِطْعَة جلد 一块皮子
ـ رأسِ الإنسانِ: فَرْوَةُ الرأس / شَواة 头皮
ابْنُ جِلْدَتك 亲戚；同国人，同胞
جِلْدِيّ 表皮的，皮肤的，皮革的
حَقْنٌ ـ 皮下注射
أَمْرَاضٌ ـ ة 皮肤病
قُفَّازٌ ـ 皮手套
جِلْدِيَّات 皮革制品
ـ 表皮，果皮，书皮，装订面
جَلْدَة جـ جَلَدَات: مِجْلَدَة / سَوْط 皮鞭
ـ: ضَرْبَةُ سَوْطٍ 一鞭，鞭打(一下)
جَلَادَة 坚毅性，刻苦耐劳精神
تَجْلِيدُ الماء والسَوائِل 使水或液体结冰
ـ الكُتُب 装订书，装上书皮
ـ الحِيطَانِ: تَكْسِيَة خَشَبِيَّة [建]上壁板，上腰板
مُجَالَدَة / جِلَاد: مُصَارَعَة 格斗，比武，决斗
تَجَلُّد 刻苦耐劳精神
جَلِيد: ماء مُتَجَمِّد بالبُرُودَة (راجع ثلج) 冰，霜
جَبَل ـ: طافية جليديَّة 冰山，大浮冰
مَرْكَبَة الـ: مزْلَجَة 冰橇，雪橇
ـ: ذو قُوَّة وصَبْر 坚强的，坚毅的
ـ 冷酷的，无情的，严寒的，寒冷的
ـ جـ جُلَدَاءُ وجِلَاد وجِلْد 坚强的，刻苦耐劳的，坚毅的
جَلِيدِيّ: مختصّ بالجَليد أو مثله 冰的，似冰的，多冰的，冰冷的，冰河的
العَصْر الـ 冰河期，冰河时代
جَلِد 刚毅的，坚韧不拔的

أنا ـ على ... 我能够…
جَلَّاد: تاجِر جُلُود 皮革商
ـ: منفِّذ حُكْمِ الإعدام 执刑人，刽子手
مُجَلِّد الكُتُب / مُجَلِّدَاتِيّ جـ مُجَلِّدَاتِيَّة 订书工人，装订工人
مُجَلَّد: مُجمَّد بالبُرُودَة 被冻结的，结冰的
ـ: مَحْبُوك (كِتاب) 装订好的书
ـ جـ مُجَلَّدَات: كِتاب أو جُزْء منه 卷，册，集
مُجَالِد: مُصارِع 格斗者，斗士，剑客，武士
مِجْلَدَة جـ مَجَالِدُ ومَجَالِيد: سَوْط 皮鞭
جُلْذ جـ مَنَاجِذ: خُلْد / أبو الأعْمَى / الفأر الأعْمَى [动]鼹鼠，地排子
جُلْذِيّ وجُلَاذِيّ جـ جَلَاذِيّ 机械的；僧侣，修道士
اِجْلَوَّذَ اِجْلِوَّاذًا: مَضَى مُسْرِعًا 急行，快快走
جَلَزَ ـِ جَلْزًا الرأسَ: عَصَبَه 把头包起来
ـ الشيءَ إلى الشيء: ضمَّه إليه 包扎，用绳索或皮条绑紧
جِلَاز جـ جَلَائِز / جِلَازَة: سَيْر مَشْدُود في طَرَف السَوط 鞭梢
جِلْوَاز جـ جَلَاوِزَة 士兵；税吏
جِلَّوْز: بُنْدُق 榛子
جِلَّوْزَة: شَجَرَةُ البُنْدُق 榛子树
خَازِن الجِلَّوْز [鸟]鸸，五十雀
جَلَسَ ـِ جُلُوسًا ومَجْلَسًا: قَعَدَ 坐，就座，入席
ـ (سـ) 成为直的
ـ إلى الطاولة 坐在桌子边
جَلَّسَه وأَجْلَسَه 让…坐，请…坐
ـ الشيءَ (سـ) 弄直，使直
ـ [宗]授以主教的圣职
جَالَسَه مُجَالَسَةً: جلس معه 同坐，同席

أَجْلَسَه: أَقْعدَه 让坐位，使坐下，给坐位
ـ على العَرْش 使登基，立…为王
تَجَالَسَ القومُ 一起坐下；开会
جَلْسَة ج جَلَسَات / جُلُوس / مَجْلِس 就座，开会，开庭，座谈
ـ (会议的)一次、一轮，(电影、演剧的)一场
ـ الشُّبَّاك (مـ): عَتَبَتُه السُّفْلَى 窗台，窗槛
ـ رَسْمِيَّة أو قَضَائِيَّة 开会，开庭；开会期，开庭期
ـ / مَجْلِس: اِجْتماع 集会，开会，会议
ـ عَامَّة 普通会议
ـ عامَّة تامَّة / ـ عامَّة بكامِلِ الأَعْضَاء 全体大会
الـ المُسْتَعْجَلَة 紧急会议，特别会议，临时会议
جِلْسَة 坐的姿势
عِيدُ الجُلُوسِ 即位节日，登极节日
جُلُوسِيّ: قُعُودِي 坐着做的
جَالِس ج جُلُوس وجُلاَّس 坐着的
جَلِيس ج جُلَسَاءُ وجُلاَّس: رَفِيق 同伴，伙伴，伴侣，同僚
مَجْلِس ج مَجَالِس: موضعُ الجُلُوسِ 坐位，坐的地方，椅子，凳子
ـ 委员会，理事会，议会；会议
ـ: مَحْكَمَة 法庭，法院，裁判所
ـ الأَمْن 安全理事会
ـ الإدارَة 董事会，理事会，管理委员会
ـ الجَامِعَة 大学委员会，大学校务委员会
ـ الرَقابة 监察委员会，管制委员会
ـ الوُزَرَاء 部长(内阁)会议
ـ اللُورْدات أو الأَعْيَان (في انكلْترا) (英国的)上院，上议院，贵族院
ـ العُمُوم (في انكلْترا) (英国的)下院，下议院，众议院
ـ قِيادة الثَوْرَة 革命指导委员会(埃及)
ـ السِلْمِ العَالَمِيّ 世界和平理事会
ـ الدفَاع 国防委员会
ـ الشُيُوخ (في أَمرِيكا وفَرَنْسا) (美国、法国的)元老院，参议院
ـ الشُورَى 咨议会，议会
ـ عُصْبَة الأُمَم 国际联盟
ـ النُوَّاب / الـ النِيَابِيّ: بَرْلَمَان (أ)parliament 国会，议会
ـ النُوَّابِ الأمريكيّ 美国国会
ـ بَلَدِيّ 市议会，镇议会
ـ تأْدِيبٍ 惩戒委员会
ـ خَاصّ 枢密院
ـ حَسْبِيّ (مـ) 遗嘱法院
ـ إقْلِيمِيّ 地方议会，(苏联)省苏维埃
ـ عَسْكَرِيّ 军事法庭
ـ مِلِّيّ (مـ) 宗教会议
ـ القُرْعَة (مـ) 招募委员会
ـ المُدِيرِيَّة (مـ) 省议会，州议会
ـ (مـ): المَرَّة من خُرُوج (استطلاق) البَطْن 大便，通便一次
الـ التَأْسِيسِيّ 立宪议会
الـ التَشْرِيعِيّ 立法议会，立法院
جُلَّسَان [植]白蔷薇；罗勒
جَلَطَ ـ جَلْطًا الجِلْدَ: سحَجَه 轻轻擦伤，擦伤表皮，磨去表皮
ـ: حَلَفَ 发誓
ـ: كَذَبَ 说谎
ـ الرأْسَ: حلقه 剃头

جُلْطَة دَمَوِيَّة: تخثُّر جِزْعَةٍ من الدم في وَرِيد [医]血栓形成

مَجْلُوط: مَسْحُوج 被擦伤的，被刮去的

جَلَعَتْ ـَ جُلُوعًا المرأةُ: كانتْ قليلة الحَياء وتكلَّمتْ بالفُحْش / تَدَلَّعَتْ (م) 厚颜无耻

امرأةٌ جالِعٌ أو جالِعَة: متدَلِّعَة (م) / قليلة الحياء 寡廉鲜耻的，没规矩的

اِجْلَعَبَّ (马)躺在地上休息

اِجْلَعَدَّ 四肢摊开躺在地上

جَلِفَ ـَ جَلَفًا وجَلاَفَةً: كان جِلْفًا أي جَافِيًا غَلِيظًا 变成无礼的，变成粗鲁的

اِجْتَلَفَ الشيءَ: اِسْتَأْصَلَه 连根拔；毁坏，摧毁

جِلْف الواحدة جِلْفَة 干面包；空坛子

ـ جـ أَجْلاَف وجُلُوف 皮囊，皮水袋

جُلاَف 泥

جُلْف (أ) golf: جَحْفَة 高尔夫球

جِلْف جـ أَجْلاَف وجُلُوف: فَظّ 粗野的，粗俗的，粗鲁的

جَلِيف [植]毒麦

جَلْفَطَ وجَلْفَظَ السَفِينَةَ: قَلْفَطَها (م) (用麻丝)填塞船缝

جَلْفَطَة / جِلْفَاط 塞船缝；填缝，充塞

جَلْفَنَ (أ)galvanize 通电流，电镀，镀锌

جَلَّ ـِ جَلاَلاً وجَلاَلَةً قَدْرُه 崇高，伟大，堂皇

ـ 年长，年老

ـ وتَجَالَّ عن كذا: تنزَّه وترفع 藐视，嘲笑；戒绝，戒断；不屑于(做)

هذا يَجِلّ عن الوَصْف 难于形容，难以描绘

الله عزَّ وـ 真主是伟大的、崇高的

ـ ـُ جَلاًّ وجَلَّةً واِجْتَلَّ الشيءَ: أخذ مُعْظَمَه 取其大部分

جَلَّلَ الشيءَ: غطَّاه 遮盖，盖起来，蒙起来

ـ بالسَواد 缠上黑布(戴孝)

ـ الشَيْبُ رأْسَه 他的头发全白了

ـ ه بالعار 使蒙受耻辱

ـ وأَجَلَّ الرجلَ: عظَّمه 尊重，尊敬，敬重

ـ ه وـ ه: كرَّمه / بجَّله 尊重，崇敬，推崇

ـ وـ عن العَيْب: نزَّهه 认为完美无缺

جَلاَل: سَنَاء 荣耀，光辉，壮丽，显赫

ـ / جَلاَلَة: عَظَمَة 威严，尊严，庄严，威风，崇高，雄壮，辉煌，堂皇

ذو الـ 伟大的

صاحِبُ الجَلاَلَة 陛下

أَخَذَتْه الجَلاَلَةُ (م): تطوَّرَ رُوحِيًا 出神，精神恍惚

جُلّ: وَرْد 蔷薇花

ـ جـ جِلاَل وأَجْلاَل 马被，马衣

ـ (س) 驮鞍；风帆

جُلّ / جُلاَل 东西的主要部分

ـ أو جُلَّة الشيء: مُعْظَمُه 大部分

جِلّ / جَلّ 巨大的，伟大的，庞大的

جُلَّة / جِلَّة / جَلَّة الحَيَوَان 畜粪，厩肥，干牛粪块(作燃料用)

ـ الجَمَل (م): شِقْشِقَة 骆驼喉袋

ـ جـ جُلَل / جِلال 筐，篮

ـ (م) 榴弹，炸弹，子弹，弹丸

ـ [体]铅球

رَمْيُ الـ / قَذْفُ الـ 掷铅球

إجْلاَل 尊敬，尊重

إجْلاَلاً له 为了他的荣誉、面子，为了尊敬他

تَجِلَّة: إكْرام 尊重，尊崇，敬重

جَلِيل جـ أَجِلاَّء وأَجِلَّة وجِلَّة: عَظِيم 伟大的，重大的，重要的，巨大的，庞大的

ـ: مُحْتَرَم 可尊敬的
ـ: سَنِيّ 光荣的，光辉的，荣耀的，灿烂的
صاحِب المَقام الـ 枢密顾问官，伯爵以下的贵族
جَلِيلَة جـ جَلائِل 伟大的事业，重要的事情
جَلَل / جُلَّى: عظيم / هامّ 伟大的，重大的，重要的，严重的，庞大的，宏大的，雄壮的，高贵的，显耀的
أَمْر ـ 重要的事情
فَعَلَه من جَلَلِكَ ومن إجْلالِك ومن تَجِلَّتِك: من أَجْلِك وإجْلالاً لَكَ 为了你他做这件事
جَلاَّلَة جـ جَلاَّلات (مـ) 在街上拾粪的姑娘
أَجَلّ م جُلَّى جـ جُلَل 重要的(事情)
مَجلَّة جـ مَجلاَّت: صَحِيفَة دَوْرِيَّة 杂志，期刊
جلم ـِ جَلْمًا واجْتَلَمَ الصُوفَ: جَزَّه 剪羊毛
جَلَم / جَلَمان: مِقَصّ الجَزّاز 羊毛剪
جَلاَّم 剪羊毛的人
جُلامَة 剪下的羊毛
جلمد جـ جَلامِدُ / جُلْمُود جـ جَلامِيدُ: صَخْر 磐石，巨石；强壮的人
جُلَّنار (أ): زَهْر الرُمَّان 石榴花
جَلَنْبَق 敲门声
جُلَنْجَبِين (أ) 蜜制玫瑰
جُلَنسرِين 荼蘼花，酴醾花
جَنْلَزَ 使英国化
تَجَنْلَزَ 成为英国派，模仿英国人
جله ـَ جَلْهًا الشيءَ: كَشَفَه ونَحَّاه 拿去，除去
جَلْهَة الوَادِي جـ جِلاَه: حافَته وجهته التي أَمامَك 山谷的对面、对岸
جَلْهَتا الوَادِي 山谷的两边、两岸
جَلْهَم [植]黑鼠李属

جلا ـُ جَلْوًا وجَلاءً السيفَ: صَقَلَه 擦光，磨光，擦亮，琢磨
ـ عنه الهَمَّ: أَذْهَبَه 为他解忧
ـ وجَلَّى الأمرَ: أَوضحه 说明，阐述
ـ من أو عن ... وأَجْلَى عن ...: رحل 撤出，腾出，离去，疏散，启程
ـ وانْجَلَى وتَجَلَّى الأمرُ: اِتَّضَحَ 清清楚楚地表现出来
جَلِي ـَ جَلًى 前顶光秃无发
جَلَّى فلانًا وعن فلان الأمرَ: كَشَفَه عنه 向他阐明，使他了解
أَجْلَى فلانًا: أَبْعَدَه / طَرَده 驱逐，赶走，逐出，驱走
تَجَلَّى الشيءُ: ظَهَر وانكشف 显示，显露，揭破
ـ على فلان 显赫地出现在他面前
اِجْتَلَى الشيءَ: نظَر إليه 观察，注视
اِنْجَلَى الأمرُ: انكشف 真相大白
ـ الهَمُّ عن قلبه 他心里的忧愁消失了
ـ: اِنْصَقَلَ 成为光滑的，磨光的，光亮的
اِسْتَجْلَى الشيءَ: اِسْتكشفَه 寻求，寻找
ـ 力图看清、弄清、查出
اِبْنُ جَلاَ 有声望的人；月亮；清晨
جَلْو: صَقْل 磨光，擦光，使光滑
جِلْوَة: ما يُعْطِي الزوجُ عَروسَه وقتَ تُعْرَضُ عليه 结婚时新郎赠给新娘的礼物
جَلاَء: وُضُوح 清楚，明白
ـ: رَحِيل 动身，离去，撤退，撤走，启程
الـ البَصَرِيّ 预见
بِجَلاَء 清楚地，明朗地，明显地
تَجلٍّ: ظُهُور 显示，显露，暴露，透露
تَجَلِّي السَيِّدِ المَسِيح [基督]耶稣的变容
عِيدُ الـ [基督]变容节

تَجَلِّيةٌ إلاهِيَّة 神的灵现

الجَلِيَّان [基督]启示录

جَالِيَة جـ جَالِيَات وجَوَالٍ: جَماعة الغُرَباء المستوطنين 侨民

جَلِيٌّ: واضح 清楚的，明显的，明白的，彰明较著的

ـ كالشمس 像太阳一样的明白

جَلِيًّا: بُوضُوح 清清楚楚地，明明白白地，彰明较著地

مَجْلًى جـ مَجَالٍ 前额

أُستُقْبِلَ بمجالِي التَكْرِيم 他受到尊敬的(荣誉的)接待

مُتَجَلٍّ 明显的

جِلْوَاز جـ جَلَاوِزَة 士兵，税吏

جِلَّوْز 榛子

جِلَّوْزَة جـ جِلَّوْزَات 一颗榛子

جِلُوكُوز (أ) glucose /غُلُوكُوز (أ): سُكَّر الفَوَاكِه 葡萄糖

جَلَوِين (مـ): جَعْضِيد (مـ) / تِلْفَاق (مـ) 兔苘苣草，胶汁菊苣草

جَلَى ـِ جَلْيًا السيفَ: صقلَه 磨光，擦亮，使光滑，琢磨

جَلَّى الفرسُ: سَبَق في المَيْدان (马)跑在前面，领先

جِلي: مِنْوَرُ السَقْفِ / قَمَرِيَّة (مـ) 天窗

جَلْيَط 涂，抹，擦(油)

جُمَان: لؤلؤ (راجع جمن) 珍珠

جَمْبَاز / جَمْبَازِيَّة 体操

الـ على الأَجْهِزَة 器械(体)操

جَمْبَازِيّ 体操的；体操家，体操运动员

جَمْبُوزِيَا: سَمَك ـ 干蒲西鱼(一种嗜食孑孓的小鱼)

جَمْبَرِي (مـ): بَرْغُوث البَحْر / إرْبِيان (سـ) 虾，龙虾

جَمْبُون (أ) jambon (法): فَخْذُ الخِنْزِير المُمَلَّح والمُجَفَّف 火腿

جَمْجَمَ وتَجَمْجَمَ الكلامَ 语无伦次，说话无条理，东拉西扯

جُمْجُمَة جـ جَمَاجِم: قِحْف 头盖，髑髅，骷髅；木杯

عِلْمُ الـ 头骨学，头盖学

جُمْجُمِيّ: قِحْفِيّ 头盖的，头颅的，骷髅的

جَمَحَ ـَ جَمْحًا وجِمَاحًا وجُمُوحًا الحِصانُ: تغلَّب على راكبه وركَض (马)刚愎，难驭，放肆

ـ الرجلُ: رَكِبَ هَوَاه 任性，放肆，刚愎自用

ـَتْ المرأةُ زوجَها: هَجَرَتْه 离弃丈夫

جِمَاح: هَوًى / كَيْف (مـ) 任性，轻浮

كَبَحَ ـه 克制，抑制，约束，制止，阻止，遏止

جامح جـ جَوَامِحُ / جَمُوح 难驾驭的，刚愎的，倔强的，不受管束的，蛮横的，放肆的，放纵的

جُمَّاح جـ جَمَامِح وجَمَامِيح: مُنْهَزِمُون / مَذْعُورُون 张皇失措的，惊惶败北的，狼狈不堪的(士兵)

ـ: شَطْلُوك (أ) 毽子；羽毛球

ـ: سهم بلا نصل 无镞的箭

جِمْخَانَة 一种有马和骆驼参加的阿拉伯体育竞赛

جَمَدَ ـُ جَمْدًا وجُمُودًا: يَبِس 成为坚硬的，成为僵硬的，硬化

ـ في نَفْسِه (مـ) 吃惊

ـَتْ يدُه: بَخِلَ 吝啬，小气

ـ وتَجَمَّدَ: تيبَّس بالبُرودة 冻结，结冰，冻死，冻僵

ـ و~ الدمُ: تَخثَّر / قَرِتَ 血凝结

ـ و~ المَزيجُ السائِلُ: عَقَد (牛乳、血等液体)凝固

جَمَّدَه: يبَّسه 变僵硬，使僵挺

ـ ه وأَجْمَدَهُ: خثَّره 使凝结，使凝固

ـ ه بالبرودة 使冻结

ـ الأَمْوَالَ 冻结资金

ـ 引起收缩，变浓

اِنْجَمَدَ 结成冰块，结冰

جَمَد ج أَجْمَاد: جَلِيد / ثَلْج 冰

ـ رَخْو: ثَلْجُ السماء / خَشَف 雪

جَمَاد ج جَمَادَات: غَيْرُ الحَيوَان والنَبَات من المَخْلُوقات 矿物，非生物，无机物

ـ: لا حَياةَ له 无生命的，无生机的

جَمَادِيّ 矿物的，无生命的

جُمَادَى الأُولَى 回历 5 月

ـ الآخِرَة 回历 6 月

جُمُود: عَدَمُ حَرَكَة 不灵活，不活动，呆板，迟钝，无生气

ـ: قُصُورٌ ذاتِيّ / مِرَّة [物]惯性

ـ / جُمُودَة 坚性，坚固，硬

تَجْمِيد 冻结

ـ الأَمْوَال 冻结资金

تَجَمُّد بالبُرُودَة 冻结，凝固

ـ: تَخثُّر / قَرْت 凝结，冻结物

جَامِد ج جَوَامِد: ضد لَيِّن أو سَائِل 固体的；固体；硬的，坚硬的，坚固的

ـ: صُلْب / جَاسِئ 僵挺的，僵直的，顽固的，不屈的

ـ (س) 愚钝的，呆笨的

فِعْلٌ ـ: لا يَنْصَرِف (في النحو) [语]不变形的动词(如 لَيْس وعَسَى)

ـ: عَدِيمُ الحَرَكَة أو الحَيَاة 无机的，无生命的

ـ ج جَوَامِد 矿物

ـ العَيْن 眼无泪的人，铁石心肠

ـ اليَدِ 吝啬的人，小气鬼

مُتَجَمِّد 冻结的，凝结的

أَموالٌ ـ ة 冻结的资本

ـ بالبُرودة 冻结的，冰结的，霜冻的

ـ: خاثِر أو مُخثَّر / قارِت 凝结的，凝聚的

المِنْطَقَة الـ ة الشمَالِيَّة 北极圈

المِنْطَقَة الـ ة الجَنُوبِيَّة 南极圈

مَجْمَدَة ج مَجَامِدُ 冰窖

جمر ـ جَمْرًا وجَمَّرَ وأَجْمَرَ واِسْتَجْمَرَ القومُ على أَمْرٍ: تجمَّعوا وانضمُّوا 聚集

جَمَّرَ اللَحْمَ 烤(肉)

ـ الشَعْرَ 把头发卷起、编在脑后

أَجْمَرَ الأَمْرُ القومَ: عمَّهم 普及

ـ النارَ 生火

تَجَمَّرَتْ القبائلُ: تجمَّعت 集合

جَمْر الواحدة جَمْرَة ج جَمَرَات: نار مُتَّقِدة 火炭，燃烧的炭块

هو على مِثْلِ الجَمْر من القَلَق (他像坐在一块火炭上似的)如坐针毡，焦急不安

جَمْرَة: حَصَاة 小石头

ـٌ حَمِيدَة [医]良性痈

ـ خَبِيثَة: فَرْخ جَمْر [医]恶性痈

ـ فارِسِيَّة [医]痈疽；炭疽

على أَحرَّ مِنَ الـ 焦急万分，如坐针毡

جَمِير: مُجْتَمَع القوم 集会地点

جَمِيرَة: ضفيرة من الشعر 发辫

جُمَّار وجَامُور واحدته جُمَّارَة وجَامُورَة ج

جُمَّارات وجَامُورات: شَحْمُ النَخْلَة 枣椰树的木髓

ـ النَخْل: يَقَق 枣椰的肉穗花序

مُجَمَّر: مُقَمَّر (م) 火烘干的

مِجْمَرَة جـ مَجَامِرُ: مَوْقِد 火盆，焊接用炉

ـ البَخُور: مِبْخَرَة 香炉

جُمْرُك جـ جَمَارِكُ (أ): دار المُكُوس / كُمْرُك(土) 海关

جُمْرُكِيّ 关税的，海关的

رُسُومٌ جُمْرُكِيَّة 关税

جُمْرُكْجِي جـ جُمْرُكْجِيَّة 海关官员

جُمَّيْزَة جـ جُمَّيْزَات / جُمَّيْز: شجَر وثَمَره 埃及野无花果树

جَمَسَ ـُ جُمُوسًا السمنُ ونحوُه (油脂等)冻结

جَامُوس جـ جَوَامِيسُ (أ) الواحدة جَامُوسَة جـ جَامُوسَات 水牛

ـ البَحْر 河马

أَبُو جَامُوس 光脊白鹭

جَمَّاس 牧牛人，赶牲口的

جَمَسْت (أ) / جَمَشْت [矿]紫石英，紫水晶

جَمَشَ ـُ جَمْشًا الرأسَ: أزال شَعْرَه 剃发

جَمَّشَه: قَرَصَه ولاَعَبَه 搔痒，使感到舒服

ـ ه: دَغْدَغَه / زَغْزَغَه 呵(痒)，胳肢，搔(胳肢)逗笑

جَمُوش وجَمِيش: مخلوط يستعمل لإسقاط الشعر / نُورَة (م) 脱毛药，脱毛膏

تَجْمِيش 呵痒，逗笑

جَمَعَ ـَ جَمْعًا الشيءَ: لَمّه / ضَمّه 收集，集合，汇集，合并，混合，收拢

ـ شَمْلَهم 使他们团聚，团圆

ـ المَحْصُولَ الزراعِيّ: حَصَدَه 收割，收获

ـ ه: وَصَلَه / وَحَّدَه 联合，合并，归并

ـ ه: عَمَّمَه 综合，概括

ـ الأَرْقَامَ 合计，结算

ـ كتَابًا: صَنَّفَه 编辑

ـ جَمْعِيَّة 召集，集合，开会

ـ الحُرُوفَ (في الطباعة) [印]排字

ـ بَيْنَهُمْ 把他们团结在一起

ـ الاِسْمَ: جعلَه في صِيغَة الجَمْع [语]使名词成为复数

ـ ه وجَمَّعَه: حشده 聚集，召集

ـ وـ الناسَ والأشياءَ 纠合；收集

يُجْمَعُ بَيْتٌ على بُيُوتٍ [语] بَيْت 的复数是 بُيُوت

جَامَعَ المرأَةَ: وَطِئَها 性交

ـ ه على كذا: اجتمع معه ووافقه 同意，赞同

أَجْمَعَ على الأَمْر: عَزَمَ عليه 决定(干)，决心(做)

أَجْمَعُوا على كذا: اِتَّفقوا عليه 一致同意，一致通过

أَجْمَعُوا على القَوْل 他们异口同声地说

اِجْتَمَعَ وتَجَمَّعَ القَوْمُ: أَتَوْا وانضَمُّوا 集合

ـ وـ الشيءُ المُتَفَرِّق: اِنضمّ وتألف 聚拢，合并

ـ به: قَابَلَه 会合，遇见，会见，会晤

ـ الغُلاَمُ: بلغ أَشُدَّه 成年

ـ تْ الجَمْعِيَّةُ 大会开幕

اِسْتَجْمَعَ القومُ 集合，准备，聚集

ـ قُوَاه 集中力量

ـ له أمرُهُ: تَمَّ حسَبَ مَرَامِه 如愿以偿

جَمْع: لَمّ / ضَمّ 收集，收拢，采集

ـ الأَرْقَام (في الحِساب) 加法，结算

ـ المَال 挣钱，赚钱，积财，敛钱

ـ الشَمْل 重聚，团聚，团圆

جَمْع جـ جُمُوع 人群；大军；羊群
ـ الأَفْكَار 追忆，回想
ـ / صِيغَةُ الـ (في النحو) [语]复数名词
اِسْمُ الـ [语]集合名词
ـٌ سَالِم (في النحو) [语]完整式复数名词
ـ التَكْسِير [语]破碎式复数名词
ـ الكَثْرَة [语]大量复数(表示三个以上到无穷的复数词)
ـ القِلَّة [语]少量复数(表示三个到十个的复数词)
يَوْمُ الـ: يَوْمُ القِيَامَة [宗]末日
ـ / جَمْعِيَّة: قوم مُجْتَمِعُونَ 集会的人群
جَمْعِيَّة جـ جَمْعِيَّات: اِتِّحَاد / جَمَاعَة 会社，社团，团体，协会，公会
ـٌ خَيْرِيَّة 福利会，慈善会
ـٌ عُمُومِيَّة 大会，全体大会
ـُ الإِسْعَاف 救护会
ـ الصَدَاقَة الصِينِيَّةِ العَرَبِيَّة 中阿友好协会
ـ الهِلَالِ الأَحْمَرِ 红新月会
ـ الصَلِيبِ الأَحْمَرِ 红十字会
الـ الإِسْلَامِيَّة الصِينِيَّة 中国伊斯兰教协会
الـ العُمُومِيَّة لِمُنَظَّمَةِ الأُمَمِ المُتَّحِدَةِ / الـ العامَّة للأُمَمِ المُتَّحِدَةِ 联合国大会
الـ التَعَاوُنِيَّة 合作社
الـ التَعاونيَّة للانتَاج الزِرَاعِيّ 农业生产合作社
الـ التَعاونيَّة للبَيْع والشِراءِ 供销合作社
الـ التَعاونيَّة للتَسْلِيف 信贷合作社
جُمْع الكَفِّ أو اليدِ جـ أَجْمَاع: الكَفّ حين تقبضها 拳，拳头
جُمْعَة جـ جُمَع وجُمْعَات 一周，一星期
ـ / جُمُعَة / يَوْمُ الـ 星期五，金曜日，主麻日，聚礼日

ـ الجُرْثُومِ المُوَرِّث [生]遗传原质
ـ الآلَام (عند النَصَارَى) [基督]受难周(复活节前的一周)
الـ الحَزِينَة (عند النَصارَى) [基督]圣金曜日，耶稣受难日
جَمَاعَة جـ جَمَاعَات: زُمْرَة 一群，一伙，一批；集体
ـ الرَجُلِ: أَشْيَاعه 某人的同道、同伙、羽翼
ـ الرجُلِ (م): زَوْجَته 妻
الـ المُعْتَدِلَة 中间温和阶层
جَمَاعِيّ: مُشْتَرَك 集体的，共同的
تَدَابِيرُ ـ ة 集体措施，集体办法
ـ ة 集体主义
جِمَاع: وَطْء 性交，交媾
بـ ـ فِكْره 全神贯注地
و ـُ القَوْلِ أَنَّ ... 总而言之
إِجْمَاع: اِتِّفَاقُ الآراء 意见一致，一致同意
الـ 一致同意，佥议(伊斯兰教权威学者关于教律的一致意见)
بالـ: بِاتِّحاد الآراءِ 一致同意地，全体同意地
إِجْمَاعِيّ: بِإِجْمَاع الآراءِ 一致同意的，无异议的
السلامة الإِجْمَاعيَّة: أَمْن جَماعِي 集体安全
اِجتِمَاع: مقابَلَة 会见，会晤，会谈
ـ جـ اِجتِمَاعَات: جَمْعِيَّة 会，会议
الـ العامّ 公共集会
عِلْمُ الـ 社会学，社会科学
اِجْتِمَاعِيّ: مختصّ بالهَيْئَةِ الاجتماعيّة 社会的
النِظَام الـ 社会体系，社会制度
الشُئُون الـ ة 社会事务
الخِدْمَة الـ ة 社会服务

المُساوَاة الـ ة 社会平等
الهَيْئَة الـ ة 人类社会
وَزِيرُ الشُّؤُونِ الـ ة 社会事务部长
اِجْتِمَاعِيَّات 社会问题，社会现象
جَمَّاع 收集者，采集人，搜集家
جَمَّاعَة 征集机关
ـ الكَهْرَبَاءِ / ـ كَهْرَبَائِيَّة 蓄电池
جامِع جـ جَامِعُون: الذي يجمع 集聚者，收集者
ـ: حَاشِد 积累者，堆积者，积蓄者
ـ: شامِل 广泛的，包含丰富的，包罗万象的
ـ الكتاب 编纂人，编辑者
ـ حُرُوفِ الطِباعَةِ: جُمَيِّع (مـ) 排字工人；排字机
ـ الكَلِمِ: ما قَلَّتْ ألفاظُه وكَثُرَتْ مَعانيه من الكلام 警句，名言
ـ جـ جَوامِع: مسجد كبير 清真大寺，大礼拜寺
ـ الأَزْهَرِ / الـُ الأَزْهَرُ (埃及)爱资哈尔清真寺
جامِعَة جـ جامِعات: مدرسة عالية 大学，综合性大学
ـ بكِينَ 北京大学
ـ القَاهِرَة (埃及)开罗大学
ـ: رابِطة 会，联盟
ـ (أو عُصْبَةُ) الأُمَمِ [史]国际联盟
ـ الدُوَلِ العَرَبِيَّةِ 阿拉伯国家联盟
ـ المَصْلَحَة 共同利益
الـ الطُورَانِيَّة 泛都兰主义
الـ العَرَبِيَّة 泛阿拉伯主义
الـ الإسْلامِيَّة 泛伊斯兰主义
سِفْرُ الـ (من التَوْرَاة) [宗]传道书(旧约)

جَمِيع: كُلّ 全部，全体，一切，整个的，所有的
ـُ الأَشْيَاءِ: كلُّ شَيء 万物，一切事物
ـُ الأَمَاكِنِ: كلُّ مَكانٍ 到处，处处
ـُ النَاسِ: كلُّ الناسِ 人人，所有的人
ـ / أَجْمَعُ / بِأَجْمَعِه 全部的，整个的，统统的
جَمِيعًا: الكُلّ 全部地，统统地
مَجْمُوع جـ مَجَامِيعُ: جُملة (في الحساب) 总数，和数
ـ: ما جُمِعَ 被收集起来的，被汇集的
ـ: مَضْمُوم / مَحْصُود 已收获的
مَجْمُوعَة جـ مَجْمُوعَات (من أيِّ شيء) 一堆，一群，一批；集子，丛书
الـ الحَشَرِيَّة 昆虫标本集
الـ النَبَاتِيَّة 植物标本集
أَجْمَعُ م جَمْعَاءُ جـ أَجْمَعُونَ: جَمِيع 全体，整个，全部，统统
بـ ـ هم 大家一起，他们全部
جاءوا أَجْمَعُهُمْ وبِأَجْمَعِهِمْ وبِأَجْمُعِهِمْ 他们全来了
في العَالَمِ أَجْمَعَ 全世界
مُجَمِّع: جَامِع / حَاشِد 积累的，集结的
مُجْتَمَع جـ مُجْتَمَعَات: اِجتماع 集会，会议
ـ: مكان الاِجتماع 会议地点，集会地点
ـ 社会
الـ البَدَائِيّ 原始社会
الـ الإنسانِيّ 人类社会
الـ العُبُودِيّ 奴隶社会
الـ الإقْطَاعِيّ 封建社会
الـ الرَأْسَمَالِيّ 资本主义社会
الـ الاِشْتِرَاكِيّ 社会主义社会

الـ الشُيُوعِيّ 共产主义社会
مَجْمَع جـ مَجَامِعُ: جَمْعِيَّة / اِجْتِمَاع 会社，集会，会议
ـ عِلْمِيّ 科学院，科学会
ـ اليَهُودِ 犹太会堂
أَخَذَتْ مَحَبَّتُهُ بِمَجامِع قَلْبِي 我迷恋、向往…
مَجْمَعِيّ 科学院的，科学会的
جَمْكِيَّة جـ جَمْكِيَّات / جَامَكِيَّة جـ جَامَكِيَّات / جَوْمَك جـ جَوَامِكُ (أ): رَاتِب 薪水，薪金，薪饷；津贴
جَمُلَ ـُ جَمَالاً: كان جَمِيلاً 成为美丽的、好看的、漂亮的
يَجْمُلُ بِنَا أَنْ نُلْقِيَ نَظْرَةً 我们最好看一眼（观察一下）
جَمَّلَه: زيّنه 装饰、美化
جَمَلَ ـُ جَمْلاً وأَجْمَلَ الشيءَ: جَمَعَه 总计，合计，把…聚拢
ـ وـ الشيءَ: ذَكَرَه إِجْمَالاً 一般地说，概括地讲
ـ وـ القولَ 总而言之
ـ وجَمَّلَ واجْتَمَلَ الشحمَ: أذابَه 溶化油脂
جَامَلَه: أحسنَ مُعامَلَته وعِشْرَتَه 温和地对待，客气地接待；讨好，奉承，谄媚
تَجَمَّلَ: تزيّن / تحسّن 打扮，装饰，修饰
ـ في الكَلام: تلطّف 说话委婉
ـ: صَبَرَ على الدَهْرِ 克己，自制，忍耐
اِسْتَجْمَلَ الشيءَ: عَدَّه جَمِيلاً 认为美丽
جَمَال: حُسْن 美，美丽，漂亮，典雅，优美
عِلْمُ الـ: الجَمَالِيَّة 美学
الإلاهَةُ أو رَبَّةُ الـ Venus 维纳斯（古罗马神话中爱和美的女神）

جَمَل جـ جِمَال وأَجْمَال وجُمْل وجَمالة جج جَمالات وجَمائِل: بعير 骆驼（四岁以上的公驼）
ـ رُكُوبٍ 骑驼
ـ البَحْرِ 旗鱼；鲸鱼；鹈鹕
ـ الماءِ: بَجَع 鹈鹕，塘鹅
ـ: جَمَلون (مـ) (انظر جَملون)
ـ اليَهُودِ [动]石龙子，变色龙（蜥蜴类）
لَيْسَ لهم في الأمر ـٌ ولا نَاقَة （在这件事里，他们既无公驼，又无母驼）这件事与他们毫无关系
جُمْلَة جـ جُمَل: عِبارة 句子
ـ اسْمِيَّة 名词句
ـ إِنْشائِيَّة 祈使句
ـ حَالِيَّة 状词句
ـ خَبَرِيَّة 陈述句
ـ شَرْطِيَّة 条件句
ـ فِعْلِيَّة 动词句
ـ مُعْتَرِضَة 插入句
ـ: مَجْمُوع 总数，总合，总计，共计
ـ: كَمِّيَّة 数量，分量，额数
ـ: عِدَّة 几个，许多
ـُ القَوْلِ / مُجْمَلُ القَوْلِ: خُلاصَةُ القول 总之，总而言之
ـ وتَفْصِيلاً / في ـِ ه وتفصيله 完整而详尽地
ـً: الكُلّ 全部，总计
ـ / بالجُمْلَة 大批地，整批地，大量地
بِالجُمْلَة (في التجارة) 批发，趸卖
ـ: مرّة واحدة 一总，一齐，一股脑儿
تاجِرُ الجُمْلَة 批发商
مِنْ ـ 包括在…之内
تَجْمِيل 装饰，送货

تَجْمِيلِيّ 有关装饰的
الجِراحَة الـ ة 整容术
مُجامَلَة: محاسَنة 客气地对待；奉承，谄媚
على سَبِيلِ الـ 以奉承的态度
قَواعدُ الـ 礼仪，仪式
زِيارَةُ ـ 礼节性拜访
مُجامَلَةً له 以示优礼，以示奉承
إجْمال: جَمْع 总计，合计，共计
إجْمالاً / بالـ / بِوَجْهِ الـ / على وَجْهِ الـ 大概，
一般地，概括地
إجْمَالِيّ: عُمُومِيّ 大体的，普通的，概括的
المُذَكِّرة الإجْمَالِيّة (外交团)联名通牒
جُمَّل / حِسابُ الـ: حِسابُ الأَبْجَدِيَّة 按字母
顺序计算(在诗词中以字母记年代)
جَمِيل: حَسَن 美丽的，漂亮的，俊俏的
ـ: فَضْل 恩惠，恩德，厚意
مَعْرِفَةُ الـ / عِرْفَانُ الـ 感恩，知恩
نُكْرانُ الـ 忘恩负义
ناكِرُ الـ 忘恩的，忘恩负义的
جَمَّال ج جَمَّالة: قائِدُ الجَمَلِ 驼夫
مُجَمِّل ج مُجَمِّلات 装饰着的，点缀着的；
装饰品，装饰物
مُجْمَل: خُلاصَة 概要，摘要，撮要，要略
ـ القَوْل: خُلاصَةُ القَوْل 总而言之，总之
يَظْهَرُ مِنْ ـ حالِهِ أَنَّ ... 所有的迹象，都表
明…
جَمَلَكَّة (أ) / مَحلولُ اللَّكِّ lacquer 真漆，喷漆
ـ: صَمْغُ اللَّكِّ lac 虫漆，虫胶片
جَمَلُون (م): جَمَل / سَنَام [建]三角形或人字
形的屋顶，双斜面的屋脊
استِرباحَة الـ [建]纵沿屋顶的水平桁条
(支于屋顶桁构，以持板片者)

سَقْف ـ [建]等斜屋顶
عاتِق الـ [建]椽接
لَوْح شُرْفَة الـ 屋脊
شُبَّاك ـ [建]房顶窗，天窗
جَمَّ ـِ جُمُومًا الماءُ: تَجَمَّعَ بكثرة 水积得很多
ـ ت البئرُ 井水充满
ـ جَمًّا وجِمامًا وجُمامًا وجَمامًا الكيلَ: كالَهُ
إلى رَأْسِ المِكْيال 用堆尖法量米
ـ الماءَ: تركه يجتمع 让水积起来
ـ جَمًّا وجِمامًا وجَمَّمَ المِكْيالَ: مَلأَهُ 把斗装满
ـ وأَجَمَّ الفرسَ: تُرِكَ ولم يُرْكَب 给(马)休
息，让(马)歇息
جَمَّمَ وتَجَمَّمَ النَّبْتُ: كثُر 草木茂密，丛生，
繁茂
اِسْتَجَمَّ اسْتِجْمَامًا: استراحَ 休息
ـ عافِيَتَه 恢复(健康、元气)，休息，休养
ـ ت الأرضُ 草木遍地，长满植物
جَمّ ج جِمام وجُمُوم: كَثِيرٌ من كل شيء 多的，
富饶的，丰富的
ـ النَّشاط: كثيرُهُ 精力充沛的
جاءوا جَمَّاءَ الغَفِيرِ وجَمَّاءَ الغَفِيرَةِ والجَمَّاءَ
الغَفِيرَةَ وجَمَّاءَ غَفِيرَةً وبِجَمَّاءِ الغَفِيرِ: جاءوا
جَمِيعًا 他们成群结队地来
جُمَّة ج جُمَم: مجتمع شَعْرِ الرَّأْسِ 满头
ـ 充满水的井
اِسْتِجْمامُ العافِيَةِ 恢复健康，休养
دارُ الـ 休养院
أَجَمُّ م جَمَّاءُ ج جُمّ: لا قَرْنَ له 无角的
ثَوْر ـ 无角牛
جُمَان الواحدة جُمانَة ج جُمَانَات: لُؤْلُؤ 珍珠；
银珠
ـ: قَتِير / مِسمار بِطاسة (م) 图钉，大头

钉，饰钉

جَمْهَرَ الشيءَ: جمعه 聚集，搜集

ـ الشيءَ: أخذ مُعْظَمَهُ 取其大部分

ـ وتَجَمْهَرَ القومُ 群集，麇集

جُمْهُور جـ جَماهِيرُ: حَشْد 群众，人群，人民
大众

الـ: أَفْراد الشَعْبِ 公众，人民大众

الجَماهِير الغَفِيرة 广大的群众，大批的人民
群众

الـ العامِلة 工人群众，劳动群众

جَماهِيرِيّ 群众的，群众性的

جُمْهُورِيّ 大众的，共和国的

حُكُومَةٌ جُمْهُورِيَّة: حكومة الشعب 共和政体

جُمْهُورِيَّة جـ جمهوريَّات 共和国

ـ الصِّين الشَعْبِيَّة 中华人民共和国

اِتِّحادُ الجُمهوريَّاتِ السُوفياتيَّةِ الاِشتِراكيَّةِ 苏维
埃社会主义共和国联盟

جناية (في جني) / **جنائني** / **جنايني** (في جنن)

جَنَبَه ـُ جَنْبًا وجَنَّبَه: وضعه على حِدَة 推开，
排除，放在一边

ـ ه وجَنَّبَه الشيءَ: أَبْعَدَه عنه 使他回避、避
免(某物)

ـُـ جَنْبًا وجَنِبَ ـَ جَنَبًا إليه: مال واشتاق وقلق
思慕，想念，挂念，渴望

ـ جَنُوبًا 吹南风

جَانَبَه: سار إلى جنبه 排队，排成行列

ـ ه: بَعُد عنه 避免，逃避，回避

هذا الرَأْيُ لا يُجَانِبُ الصَوابَ 这个意见
接近实情，这意见接近真理

تَجَانَبَت الدَوْلَتَان (两国)邻接、相近、毗邻

اِجْتَنَبَه وتَجنَّبه وتَجَانَبَه: بعُد عنه 避免，躲开，
回避，逃避

جَنْب جـ أَجْناب وجُنُوب / جَانِب جـ جَوَانِبُ
边，侧面，两侧；腰

ـ أو ـ المَرْكَبِ الأَيْمَنُ (船)右舷，右翼

ـ أو ـ المَرْكَبِ الأَيْسَرُ (船)左舷，左翼

جَنْبًا لِجَنْبٍ / جَنْبًا إلى ـ 并肩，并排，肩
并肩

بـ ـ ه / بِجَانِبِه: بالقُرْبِ منه 在他旁边，靠近
他，挨着他

ذاتُ الـ: بِرْسَام / داءُ الصَنادِيدِ [医]胸膜炎

على ـ: على حِدَة 在旁，一旁

جارُ الجَنْبِ: جارٌ لاحِقٌ بك إلى جَنْبِك 近邻，
隔壁邻居

جَانِب جـ جَوَانِبُ 边，侧面，方面

جانِبٌ عَظِيم: مِقدار عظيم 很多，大量

وقَفَ إلى ـ ه 拥护，支持，和他站在一边

اِلْتَزَمَ ـَ الصَمْتِ 保持沉默

التزم ـَ الحِياد 保持中立

لاَحَظَ أَنَّ ـ ه أُهْمِلَ 他觉察到自己被人
忽视

أَعْطَى صَوْتَهُ في ـ ... 投票赞成…，投…
的票

فكانت النَتِيجَةُ ٦١ صَوْتًا إلى ـِ المَشْرُوعِ
لصَوْتٍ واحدٍ ضِدَّه 结果是六十一票赞成
草案，一票反对

مَرْهُوبُ الـ 威严的，严肃的

سَهْلُ الـ 和蔼可亲的，温顺的

إلى ـ ذلك 此外，还

هو إلى ـ هذا مُثابِر 他还是个有恒心的人

رَقِيقُ الجانِبِ / لَيِّنُ الجانِب 温和的，柔和的

مُتَعَدِّدُ الجَوانِبِ (جِسْم هَنْدَسِيّ) [数]多面体

مُتَعَدِّدُ الجوانب (شكل هندسيّ) [数]多面形

جَنْبَكَ! (س) 靠边儿！小心！当心！

جَنْبِيّ / جَانِبِيّ: من جَنْبٍ 侧翼的，侧面的

جُنُب: مَن أصابَتْه النَجاسةُ (يقال للواحد والمثنى والجمع مذكّرًا ومؤنّثًا) [伊]无大净的(穆斯林)

قَرِيبٌ ـ 旁系亲戚

جارٌ ـ: جار من غير قومك 远邻

جَنابَة: نَجاسَة [伊]污秽，不洁

جَنْبَة جـ جُنَب وجَنَبات (م) (系在驴马背两侧的)筐，提篮；盛椰枣的大筐

جُناب: ذاتُ الجَنْب / داءُ الجَنْب [医]胸膜炎

جَناب جـ أَجْنِبَة: لَقَب تَبْجِيلِيّ 阁下(常在官场称呼外国人)

جَنَابُكم 您阁下

ـ القُنْصُل العامّ 总领事先生阁下

جَنَّابِيَّة جـ جَنَّابِيَّات (م): خَنْدَق مُجَانِب للطريق 铁路两侧的护路水沟

ـ 堤，路堤

جَنِيب / مَجْنُوب / مُجَنَّب 但马，诞马(带在侧边备用的马)

ـ / ـ: منقاد 恭顺的，驯服的

جَنُوب: ضد الشِمال / قِبْلِيّ (م) 南，南方

ـ شَرْقِيّ 东南，东南方

ـ غَرْبِيّ 西南，西南方

جَنُوبًا: نحوَ أو إلى جِهَةِ الجنوب 向南方

جَنُوبِيّ: ضد شِمَالِيّ / قِبْلِيّ (م) 南方的；南方人

القُطْبُ الـ 南极

جَنُوب جـ جَنائِب: الريح التي تَهُبّ من الجَنُوب 南风

أَجْنَبِيّ جـ أَجَانِبُ: غريب 外国人，异域人，异乡人，外边人

اللُغَات الـ ة 外国语言

مُجَنِّبَةُ الجَيْشِ: أحد جَنَاحَيْهِ (الأَيْمَن أو الأَيْسَر) [军](左、右)翼

مُجَنِّبَتَا الجَيْشِ [军]两翼

مُجَانِب: مُحَاذٍ 并排的，挨着的，平行的

جَنْبَاذِيَّة (م) (الجمع) 杂技家；体育家；演武艺者

جَنْبَاز جـ جَنَابِزَة (م) (波) 杂技家；体育家；特技表演者

جَنْبَاز (م) / جَنْبَازِيَّة (波): رِيَاضَة بَدَنِيَّة 体操，体育锻炼

جَنَح ـِ جَنْحًا الطائرَ: أَصَابَ جَنَاحَهُ 使鸟翅受伤

جَنَحَ ـَـُ جُنُوحًا وأَجْنَحَ واجْتَنَحَ واسْتَجْنَحَ إليه:

مال إليه 倾向，偏向

ـ ت و ـ ت السَفِينَةُ: لَصِقَتْ بالأرض (船)搁浅

ـ اللَيْلُ: أَقْبَلَ (夜)来临，到来

ـ إلى كذا 争取，力求

جَنَّحَ الشيءَ: جعل له جَنَاحًا 加翅，配翅

ـ ه 鼓舞，鼓励

ـ الرجلَ: نَسَبَ إليه جُنَاحًا أي إثْمًا 归罪，使负罪，控告

ـ يَدَيْه 挥动双手

ـ ه واسْتَجْنَحَه: أماله 使靠向，使倾向

جُنْح / جَنَاح جـ أَجْنِحَة وأَجْنُح وجَنَاحَات: ناحية 边，侧，腹侧，侧面

جَنَاحُ الطائِرِ: جِنْح (م) 鸟翅，翼，翅膀

ـ / جِنْح: حِمَايَة / كَنَف 保护，庇护

ـ 鳍

ـ 边屋，侧厅，耳房，陈列馆

ـ 叶片，浆片(如电扇的叶片)

ـ (衣服的)前襟

ـ الجَيْشِ وغيره 部队等的侧翼

ـ أَيْمَن 右翼
ـ أَيْسَر 左翼
الـ الأَيْمَنُ من الأَحْزاب الاشتراكيَّة الديمُقراطيَّة
(西方)社会民主党的右派
مُنْخَفِضُ الـ 谦虚的，虚心的
مَقْصُوصُ الـ 软弱的，虚弱的
على ـ السرعةِ 迅速地，飞快地
الحَرْبُ على ـ السرعةِ 闪击战，闪电战
ـ الطَريق 路旁
ـ: نَاحِيَة 地方，地区
مُفَصَّلَة بجَناحٍ (مـ) 丁字形的铰链
جُنْحٌ من الليل 夜晚，夜间
تَحْتَ ـ الظَلام 黑暗中，在夜色掩护下
جُنْحَة جـ جُنَح: جُرْم بين الجِناية والمُخالَفة ［法］轻罪
جُنَاح: إثْم 罪过，罪行，罪恶
لا جُنَاحَ عليه : لا إثْمَ عليه 他没罪过
لا ـ عليه إنْ ... 如果他…不会太糟糕
جَانِح جـ جَوَانِحُ: جَنْب 边，翼，侧，侧面
جَانِحَة جـ جَوانِحُ: ضِلْع 肋，肋骨，浮肋
بَيْنَ جَوانِحِه 在内心，在心里
مُجنَّح: ذو أَجْنِحَةٍ 有翅的，有翼的
القُرْصُ الـ (古代埃及)翼形盘
جَنَّدَ العَسَاكِرَ 招募新兵，征兵
تَجَنَّدَ الرجلُ 应征，应募，服役，入伍
جُنْد جـ جُنُود وأَجْنَاد: عَسْكَر 军队，部队
جُنُود نِظَامِيُّون 常备军，正规军
الجُنُودُ المُجَنَّدَة 被征召的军队
جُنْدِيّ: وَاحِد الجُنود 兵，士兵，军人
ـ المَقْثَأَة 田里的稻草人
جُنْدِيَّة 兵役制
تَجْنِيد: جَمْع الجُنود 征（兵），募（兵），招(兵)；动员
ـ إجْبَارِيّ 征兵，义务兵役
ـ اخْتِيَارِيّ 募兵
ـ الجَماهِير 动员群众
ـ العُمَّال أو الصُنَّاع 产业工人的编制
ـ كل العَوامِل الإيجابِيَّة 调动一切积极因素
جِنْدَار جـ جَنَادِرَة: حَرَسُ الأمير 近卫军
جَنْدَارْمَة (أ) gendarme (法) 宪兵队
جُنْدُب / جِنْدَب جـ جَنَادِبُ: أبو النُطَيْط (مـ) 蝗虫，蚱蜢
جَنْدَرَ الثَوْبَ (مـ) أو القُمَاشَ 压光(布匹)，压平(布匹)(用碾光机压布，使生光)
جَنْدَرَة / جِنْدَارَة 轧平机，砑光机，碾平机
جُنْدُفْلي (مـ): مَحار 蛤蛎，牡蛎，蠔
جَنْدَلَه: صرَعه 摔倒
جَنْدَل جـ جَنَادِل الواحدة جَنْدَلَة 巨石
ـ 瀑布
جَنَادِل النيل: شَلاَّلاَتُه 尼罗河的瀑布
جَنْدُولاَ (أ) / جُنْدُولَة جـ جُنْدُولاَت(意) góndol 威尼斯的游艇
جِنِرَال جـ جِنِرَالاَت وجِنِرَالِيَّة (أ)general 将军，陆军将官
ـ 一般的，全体的，总的，总括的
قُنْصُل ـ 总领事
جِنِرَالِيسِيم (أ) généralissime (法) 大元帅，最高统帅
جَنَزَ المَيْتَ: صَلَّى عليه 举行葬礼，为死者作殡仪祈祷
ـ 埋葬…，根本忘掉，把…置之脑后
جِنَّاز جـ جَنَانِيزُ: صَلاةُ أو حَفْلَةُ الدَفْنِ 丧礼，葬礼，殡仪
ـ على روح المَوْتَى ［宗］超度，道场，安魂

弥撒

ـ / جَنازَة (مـ): حَفْلَة الدَفْن　殡仪，出殡，

送殡

جَنازَة جـ جَنازات وجَنائِزُ: ما يُحمَل عليه المَيْتُ

إلى القَبْر　柩车，灵车

جَنائِزِيّ: من يَقْرَأُ أمامَ المَوْتَى　殡仪队员(出殡

时在灵柩前诵经的人)

جَنْزَبِيل (مـ): زَنْجَبِيل　姜

شَرابُ الـ　姜味饮料

كَعْكُ الـ　姜饼

جَنْزَرَ النُّحاسُ (مـ): زَنْجَرَ / أَصْدَأَ　生铜绿，

铜生锈

جِنْزار / جِنْزارَة (مـ) / جِنْزَرَة: زِنْجارُ النُّحاس

铜绿，铜锈

جِنْزارِيّ　黄绿色

جِنْزِير جـ جَنازِيرُ: زَنْجِير / سِلْسِلَة　链子，锁

链，链条

طارَةُ الـ / تُرْسُ الـ (مـ)　齿轮

جنازير لِتَوْصِيلِ الحَرَكَة　传动装置

ـ الجَرّارَة　拖拉机的牵引装置

جَنَّسَه به: شاكَلَه　把…同…相比拟，把…

同…相提并论，把…比作…

ـ ه: أدخله في الجِنْسِيَّة　归化，同化，令入…

国籍，入籍

ـ الشَّيْءَ (ـس)　分类

ـ (في الحساب): حوَّل　[数]化，约与

جانَسَه: ماثَلَه　…同类

ـ ه (مـ): جالَسَه وآنَسَه　接待，款待，结交

تَجَنَّسَ　与…同化

ـ　[语]同化

ـ　加入…国籍

جِنْس جـ أَجْناس: نَوْع　种类；种族，人种，

血统

الـ البَشَرِيّ　人类

ـ: فَصِيلَة　(动、植物的)类属，种系

ـ: صِفَة التَذْكِير أو التَأْنِيث / شِقّ　性别

الـ الخَشِن　(粗糙类)男人

الـ اللَطِيف　(温柔类)女人

ـ (في النحو)　[语](阴阳性的)性

ـ / جِنْسِيَّة: قَوْمِيَّة　国籍，民族

اِسْمُ الـ (في النحو)　[语]普通名词

هو عِراقِيّ الـ　他是伊拉克人

أَبْناء ـ ه　他的同胞

أَوْلادُ الـ　民族、部落的代表

عِلْمُ الأَجْناسِ البَشَرِيَّة　人文学，人种学，

人种志

جِنْسِيّ: نَوْعِيّ　种类的，种族的；性的

اِتِّصال ـ / اِخْتِلاط ـ　性交

جِنْسِيَّة　国籍；公民，公民权

الـ المِثْلِيَّة　同性恋爱

الـ المِثْلِيَّة الأُنْثَوِيَّة　妇女的同性爱

جِناس: تَشابُه في اللفظ دون المعنى　双关语

مُجانَسَة　相似，相同，同种，同类

تَجانُس / مُجانَسَة: مُماثَلَة　相同，类似，相似

ـ: الاِتِّحاد في الجِنْسِ　同种，同性，同质

مُجانِس: مُماثِل　类似的，相似的，相仿的，

同样的

مُتَجانِس: مِنْ ذاتِ النَوْع　同种的，同宗的，

同类的

مُجَنَّس: مُخْتَلِط الجِنْس　混合种，混血儿，

杂种

جَنَّشَ عودَ الحديد (مـ): عَقَفَه　把铁棍折为弯

钩形

جَنَفَ ـِ جُنُوفًا وجَنِفَ ـَ جَنَفًا عن الطريق: عدل

عنه 迷失正路

ـ وأَجْنَفَ في وَصِيَّتِه: كان جائرا 在遗嘱中犯错误

جَنَف 暴行，不公平行为，非正义行动

جَنْفَاص / جُنْفَاص / جِنْفَاص (أ) canvas /

جُنْفَيْص: خَيْش (سـ أ) 帆布，袋布

جَنَقَ ـ جَنْقًا وجَنَّقَ الحَجَرَ 用弩炮掷石

مَنْجَنِق جـ مَجَانِقُ ومَجَانِيقُ (أ) 古代的弩炮

جَنَّكَ (سـ) 战争激烈起来

جَنْك (سـ) (波) 战斗，战争

جُنْك جـ جُنُوك junk (波)铙钹，镲；(汉)船

جُنْلَّة جـ جُنِلاَّت (أ) gonnella (意) 裙子

جَنَّ ـُ جَنًّا وجُنُونًا وأَجَنَّ الليلُ الشيءَ وعليه: سَتَرَهُ (夜)遮蔽，掩盖

جَنَّ ـُ جَنًّا وجُنُونًا وجَنَانًا الليلُ: أَظْلَم (夜)来临，夜幕降临

ـ ـ جَنًّا الجَنِينُ: استتر في رَحِمٍ 胎儿在子宫里

جُنَّ جَنًّا وتَجَنَّنَ: ذهب عقلُه 发疯，疯狂，疯颠，神经失常，神经错乱，着魔，中邪

جَنَّنَه وأَجَنَّه: صيَّره مَجْنُونًا 使疯狂，逼疯，使发疯，使疯癫

ـ وـ: أثارَ السُخْطَ 使暴怒，激怒

تَجَانَّ 装疯，佯狂

اِسْتَجَنَّ: استتر 隐蔽，掩匿，藏匿

ـ الرجلَ (مـ): عدّه مجنونًا 认为他是疯子

ما أَجَنَّهُ! 他是多么疯狂！他真狂！

جَنَان جـ أَجْنَان: قَلْب 心，心脏，心坎，心绪，灵魂

ثابِتُ الـ 意志坚强的

جُنُون: حَماقة 呆痴，傻，愚昧

ـ: هِيَاج 暴怒，狂怒，盛怒

ـ في أَمْرٍ واحد 偏执狂(热衷于一物或一事)

ـ السَرِقَة [医]盗癖，盗窃狂

ـ إشْعَالِ النارِ [医]放火狂

ـ المُرَاهَقَة: مرضُ انْشِطارِ الشَخْصِيَّةِ [医]早发性痴呆症

ـ مُطْبِق 极端疯狂，狂乱透顶

الـُ فُنُون 疯狂是多种多样的

من الـ أن . . . 那是疯狂的行为…

جُنُوني / جِنّيّ 疯狂的，怪异的，骇人听闻的

جُهُود جُنُونِيَّة 疯狂似的努力

جِنّ / جَانّ واحده جِنِّيّ جـ جِنَّان 精灵，妖精，妖怪，妖魔

جِنِّيّ: مَنْسُوب إلى الجِنّ 精灵的

جِنِّيَّة جـ جِنِّيَّات: سِعْلاَة 女精灵

جُنَّة جـ جُنَن: سَتْر 庇护物，遮盖物，屏障

ـ / مِجَنّ جـ مَجَانّ: دِرْع / تُرْس 甲，盾、盾牌，籐牌

جَنَّة جـ جِنَان وجَنَّات: فِرْدَوْس 天堂，乐园，极乐世界

ـ: حَدِيقة 花园，庭园

ـ الخُلْدِ [宗]永恒的乐园，天国

ـ عَدْن [宗]天堂，乐园，伊甸园

عُصْفُورُ الـ: خَطَّاف 褐雨燕

أَهْلُ الـ 正直人，公正人，诚实人

ساكِنُ الـ (乐园的居民)亡人，死者

جِنَّة / جُنُون: فَساد العقل 疯狂，疯癫，精神错乱

به ـ: عليه عِفْرِيت (مـ) 中魔的，被妖怪缠住的，迷住的，疯狂的

جُنَان / جُنَانَة: تُرْس 盾，盾牌；籐牌

جَنِين جـ أَجِنَّة وأَجْنُن: الولد ما دَام في الرَحِمِ 胎儿

جَنِينِيّ 萌芽的，胚胎的

جُنَيْنَة ج جُنَيْنَات وجَنَائِنُ: حَدِيقَة 花园

جُنَيْنَتِيّ 园丁

جَنَائِنِيّ ج جَنَائِنِيَّة / جَنَايِنِيّ / جَنَّان: بُسْتَانِيّ 园艺工人，园丁，花匠

مَجْنُون ج مَجَانِينُ: ذاهِبُ العقل 疯子，疯人，失去理智的

ـ: أَحْمَق 愚妄的

شَخْص ـ 疯子，狂人，精神病患者

مِجَنّ / مِجَنَّة ج مَجَانّ: دِرْع 盾，盾牌

قَلَبَ له ظَهْرَ الـ: عاداه بعد مودَّة (翻盾相向) 翻脸，倒戈，背叛，叛变

جِنْطِيَانَا gentian [植]龙胆

جَنَى ـِ جَنْيًا وجَنَى واجْتَنَى الثَّمَرَ: تناوله من شَجَرته 采摘果子

ـ الفائِدَةَ أو الربح 获利

ـ جَنْيًا الذهبَ: جمعه من معدنه 采金矿

ـ ـِ جِنَايَةً: ارتكب ذَنْبًا 作恶，犯罪

جَانَى مُجَانَاةً وتَجَنَّى عليه: اِتَّهمه 诬蔑，诬赖，诬告

أَجْنَى الشجرُ: أدرك 果子成熟

ـ ت الأرضُ: كثُر جَنَاها وخيرُها 丰产

جَنْي 收割，收获

جَنًى ج أَجْنَاء وأَجْنٍ: ما يجنى من ثمر أو عسل أو ذهب 新采的水果、蜂蜜、金子

جِنَايَة ج جِنَايَات: اقتِراف 行凶，犯罪，为非作歹

جِنَايَة: ما فوقَ الجُنْحة من الجَرائم [法]重罪

ـ كُبْرَى 死罪

جِنَائِيّ: مُختصّ بالجِنايات 刑事上的

القَانُون الـ 刑法

جَانٍ ج جُنَاة: مُقْتَرِف 罪犯，犯人

ـ: مُذْنِب / أَثِيم 罪人，坏人；犯罪的，有罪的

ـ: حاصِد 收割人；收获人；收集人

مَجْنًى ج مَجَانٍ: مَوْرِد 财源，资源，富源

ـ 果园

مَجْنِيّ عليه 牺牲者，受难者，遭难者；被害者，罹灾者

ـ 被收集的，被采集的

جِنّيّ / جنين / جُنينة (في جنن)

جُنَيْه / جِنَيْه ج جُنَيْهَات (أ) guinea 镑(币名)

ـ انكليزيّ = ٢١ شِلنًا انكليزيًّا 古英镑(等于21先令)

ـ انكليزيّ (ذَهَب) / ـ إسْتِرْلِينِيّ sterling 英镑(金币)

ـ انكليزيّ (وَرَق) 英镑(纸币)

ـ مِصْرِيّ = ١٠٠ قِرْش 埃镑(一百角)

جِهْبِذ وجَهْبَذ ج جَهَابِذَة: ناقِد عارِف 能干的批评家(文学、政论)，公正的审判

ـ 杰出的，出色的，卓越的；专家，能手

جَهَدَ ـَ جَهْدًا وأَجْهَدَ الدابَّةَ 使牲畜负载过重，使…困惫不堪

ـ واجْتَهَدَ: جَدّ 努力，奋力，竭力，奋勉

ـ وجَاهَدَ: نَاضَلَ 奋斗，斗争

جَاهَدَ: حارَبَ 打仗，战斗，奋战，格斗

أَجْهَدَ الذّاكِرَةَ 强记，死背，硬记

ـ الأمرُ لِفلانٍ 成为可能，变为可能

ـ الحَقُّ (真理)出现，明白，显现

جَاهَدَ في سَبِيل كذا 为…而奋斗，为…而斗争

اِجْتَهَدَ: بَذَلَ وُسْعَه 竭尽全力而为，用功，勤奋

جَهْد ج جُهُود: مَشَقَّة 努力，尽力，费力；

疲倦

بِـ ـِ جَهِيد 较费力地

ـ: جِدّ 努力，尽力，竭力，奋勉

بَذَلَ ـ ه أو مَجْهُودَه 竭力，努力

أَفْرَغَ ـ ه 不遗余力，尽力，做最大努力

أَقْسَمَ ـ أَيْمَانِه أن 他竭力赌咒

جُهْد / مَجْهُود جـ مَجْهُودات: طَاقَة 力量，能力

ـ طاقَتِه 极限力量，最大限度的能力

ـ جَهِيد أو جَاهِد 不屈不挠的力量

أَقْصَى الـ 最大的力量

ـ المُستَطاع 尽可能，尽力

جِهَاد: قِتَال 战斗，斗争

ـ في سَبِيل الدِين [伊]圣战

ـ / مُجَاهَدَة: نِضَال 奋斗，斗争

جِهَادِيّ: حَرْبِيّ / عَسْكَرِيّ 军事上的，战争的，军用的

جِهَادِيَّة (م): الخِدْمَة العسكريَّة 兵役

مُجَاهَدَة 竭力，全力以赴

جُهَادَى 最大限度

ـ كَ أَنْ تَفْعَلَ كذا 你尽力而为也只能做到…

إِجْهَاد 努力，尽力，费力，用力

اِجْتِهاد 勤奋，勤勉，尽力，勤劳，努力

مُجَاهِد: مُحارِب 战士，士兵，勇士；圣战者

مُجْتَهِد: كَدُود 勤勉的；孜孜不倦的；勤奋的；刻苦的

ـ (伊斯兰教的)法学权威

مُجْهَد 疲劳的，疲倦不堪的

مَجْهُود جـ مَجْهُودَات 竭力，努力；劳动；精力

بَذَلَ ـ ه 全力以赴，努力

فذَهَبَتْ مجهوداتُهم عَبَثًا 他们的劳动白白地耗费了，他们徒劳无益、白费力气

جَهَرَ ـَ جَهْرًا وجِهارًا وجَهْرَةً الأمرَ وبه: أعلنه 公布，宣布，宣告

ـ بالقول: رفع به صوتَه 高声说话

ـ الصوتَ: رَفَعَه 提高声音

جَهُرَ ـُ جَهَارَةً الصوتُ: ارتفع 声音洪亮

جَاهَرَه وتَجاهَرَ بكذا 对他表白，坦白说出

ـ ه بالعَداوة 公开表示敌意

ـ وأَجْهَرَ بالقِراءة 朗读

أَجْهَرَه الشيءَ أو به 泄露；宣布

جُهْر: هَيْئَة 风度，仪表，风采

جَهْر / جَهْرَة / جِهار 公开，直率，坦白

جَهْرًا / جِهارًا: عَلانِيَةً 公开地

سِرًّا وـًا 秘密地和公开地

جَهْرِيّ: عَلَنِيّ 响亮的，洪亮的；公开的，直率的

جَهِر وجَهِير جـ جُهَرَاء 美丽的；显著的，明显的；洪亮的，响亮的(声音)

جَهْوَرِيّ: عال (صوت) (声音)响亮的，嘹亮的

أَجْهَرُ م جَهْرَاءُ جـ جُهْر: لا يَرى في الشمس [医]昼盲

ـ (م): قَرِيبُ الشُوف [医]近视眼；眼光短浅的人

وَرْدٌ أُجْهُورِيّ (م) 一种淡红色的蔷薇

مُجْهِر: مِكْرُسْكُوب (أ) 显微镜

مُجْهِرِيّ: مِكْرُسْكُوبِيّ (أ) 显微镜的，显微的

التَشْرِيحُ الـ [生]组织学

مِجْهَر / مِجْهَار: عالِي الصَوْتِ 声音响亮的，洪亮的

مِجْهَار: مُكَبِّرُ الصَوْتِ 扩音筒，扬声筒

ـ كَهْرَبِيّ: مِكْرُوفُون (أ) microphone 扩音器

جَهَزَ ـَ جَهْزًا وأَجْهَزَ على الجريح: شدَّ عليه وأتمَّ

قتله 结束，结果（受伤者的性命）

جَهَّزَ الأمرَ: أعدّه 准备，预备

ـ العَروسَ والمُسافرَ وغيرَهما （为旅客和新娘）准备（行装和嫁妆）

تَجهَّزَ: استعدَّ / تَهيَّأَ 预备，准备

مدرَسَة تَجهِيزِيَّة أو إعْدَادِيَّة 预备学校，补习学校

جِهَاز جـ أَجْهِزَة جج أَجْهِزَات: عُدَّة 器械，仪器，装置，装备，设备

ـ المُسَافِرِ 行装，旅行用品

ـ العَرُوسِ 嫁妆，妆奁

ـ ضَغْطٍ لِمُعَالَجَة السُلّ الرِئَوِيّ 人工气胸器

ـ: نِظَام / تركيب 系统，体系；机构；[解]器官

ـ عَصَبِيّ مَرْكَزِيّ 中枢神经系统

ـ الدَوْلَةِ 国家机构

ـ الإرْسَالِ (اللاسلكيّ) / ـ مُذِيع （无线电）发报机

ـ الاِسْتِقْبَالِ / ـ الاِلْتِقَاطِ / ـ مُسْتَقْبِل （无线电）收报机

ـ الرَادَار radar 雷达

الـ الرَحَوِيّ 原子击碎器

ـ لِتَكْيِيفِ الهوَاء 空气调节器

ـ صِحِّيّ 卫生设备

ـ التَنَفُّسِ 呼吸系统

ـ عَصَبِيّ 神经系统

ـ دَمَوِيّ 血液循环系统

ـ الهَضْمِ 消化系统，消化器官

الـ التَنَاسُلِيّ 生殖器

أَجْهِزَة الطاقَة الذرِّيَّة 原子动力装置

تَجْهِيزَات: مُعَدَّات مُلْحَقة 配件

ـ: لَوَازِم 设备

جاهِز / مُجَهَّز: مُعَدّ 准备好了的，预备停当的

دَوَاء ـ 成药

مَلاَبِسُ جاهِزَة / مَلاَبِسُ مُجَهَّزَة 成衣，现成衣服

مَوْت جَهِيز ومُجْهِز: موت سريع 暴卒，急病死

أَجْهَشَ بالبُكاء: تهيَّأَ له 准备放声大哭

جَهْشَة جـ جَهَشَات 泪，哭泣；群众

جَهَضَه ـَ جَهْضًا وأَجْهَضَ عن كذا: منعه 阻止，防止

أَجْهَضَت المَرْأَةُ: أسقطتْ حَمْلَها 妇女早产，流产；打胎，堕胎

ـ تْ الدابَّةُ: طرحَتْ 牲畜早产

إجْهَاض مُتَعَمَّد (أو مَقْصُود) 人工流产

ـ مُتَكَرِّر 习惯性流产

جِهْض / جَهِيض / مُجْهَض: مَوْلُود قَبْل وَقْتِه 早产的，流产的（胎儿）

جَهْض / إجْهَاض: إسقاط الحَمْل 流产，小产，早产，打胎，堕胎

مُجْهِض: دواء يُسَبِّب الإجهاض 堕胎药

مُجْهِض 流产的妇人

(اِمْرَأَة) مِجْهَاض جـ مَجَاهِيض 惯于流产的妇人

جَهِلَ ـَ جَهْلاً وجَهَالَةً: ضد علِم 无知，不学无术

ـ: حَمُقَ وجفا وغلظ 愚蠢，轻率，鲁莽

جَهَّلَه: رَمَاهُ بالجَهْل 说他无知、无礼貌

جَاهَلَه: سَافَهَه 低估，看轻

تَجَاهَلَ الأمرَ 不问，不管，不理，不顾

ـ: ادَّعَى الجَهْلَ 装不知，假装不懂

اِسْتَجْهَلَه: عدّه جَاهِلاً 认为糊涂，认为无知，认为外行

جَهْل / جَهَالَة: ضد عِلْم 无知，外行

ـ / ـ: حَمَاقَة 愚笨，愚昧，愚蠢

ـٌ مُطْبِق 一窍不通

جَهُول جـ جُهَلاَء / جاهِل جـ جُهَّل وجُهَّال

وجُهَلاَء وجُهُل وجُهْل وجَهَلَة: أَحْمَق 傻瓜，笨蛋

جَاهِل: ضدّ عالِم ودارٍ أو مُتَعَلّم 文盲，无知的，未受教育的，愚昧的，糊涂的

جاهِلِيّ 蒙昧时代的

جَاهِلِيَّةُ العَرَبِ 阿拉伯人的蒙昧时期(指伊斯兰教以前时期)

ـ: حالةُ الجَهْل 愚昧无知状态

مَجْهُول: ضد مَعْلُوم 不知道的，不详的，不知名的，匿名的，未被发觉的；[数]未知数

صِيغَةُ الـ / فِعْلٌ مَبْنِيٌّ للـ (في النحو) [语]被动式动词

مَجْهَل جـ مَجَاهِلُ 无人烟的地方，人迹罕至的地方

مَجَاهِلُ الصَحْرَاءِ 未经考察的沙漠地区

جهمه وجَهِمَه ـَ جَهْمًا وتَجَهَّمَه: استقبله بوجهٍ عَبُوسٍ كَرِيهٍ 脸色难看地接待他

جَهُمَ ـُ جَهَامَةً وجُهُومَةً: صار عابِسَ الوجهِ 愁眉苦脸，皱眉头

أَجْهَمَ الجَوُّ: صار ذا جَهام وهو سحاب لا ماءَ فيه 满天浮云

جَهَام: سحابٌ لا ماءَ فيه 浮云

جاهِم 愠怒的，忧郁的，愁眉苦脸的

جَهْم / مُتَجَهِّم: عابِسُ الوجه 愁眉苦脸的，面容难看的，没精打采的，愠怒的，绷脸的

ـ المُحَيَّا 闷闷不乐的

جهنّم (أ): جَحِيم 地狱，火坑

جَهَنَّمِيّ: جَحِيمِيّ 地狱的，火坑的

جَهَنَّمِيَّة (مـ): نبات متسلّق أَحمرُ الزَهْرِ [植]九重葛

آلةٌ ـ 定时炸弹

جهة (في وجه) / **جَهْوَرِيّ** (في جهر)

جَهِي ـَ جَهِيَ البيتُ: خرب (房屋)变为废墟

جَهَّى الجُرْحَ 使伤口扩大

أَجْهَى م جَهْوَاء 秃顶的

ـ من البُيُوتِ: لا سَقْفَ له / سَمَاوِيّ (مـ) 没有房顶的，露天的

سَمَاءٌ جَهْوَاء: مُصْحِيَة 晴朗的(天空)，一碧晴空，晴空万里

جوّ (في جوو)

جُوَال جـ جُوَالات وأَجْوِلة (مـ) / جُوَالِق: غِرارة / جُوال (土) 口袋，粮食袋

جُوَانْتي جـ جُوانْتِيَات (مـ) guanto (意): كَفٌّ / قُفَّاز 手套

ـ جِلْدٍ 皮手套

ـ صُوفٍ 毛手套

جَابَ ـُ جَوْبًا وتَجْوَابًا واجْتَابَ البلادَ: قطعها 游历，周游

ـ وـ الصَخْرَةَ: خرقها 凿穿岩石

ـ جَوْبًا الثوبَ: قطعه 裁衣，剪裁

ـ الشيءَ (مـ): جاءَ بِهِ / أحضَرَه 拿来，取来

جَاوَبَه وأَجَابَه: ردّ له الجوابَ 回答，答复

أَجَابَه إجابَةً وإجابًا وأَجابَ سُؤَالَه وعن أو إلى سُؤالِه واستَجابَه أو له استِجابَةً واستَجْوَبَه أو له استِجْوابًا 答问

أَجَابَه إلى حاجَتِه: ارتاح إلى قضائها 满足他的要求，答应

تَجَاوَبَ القَوْمُ: جاوب بعضُهم بَعْضًا وتَحَاوَرُوا 讨论

اِنْجَابَ الثوبُ: انشقّ (衣)扯裂，撕开

ـ الغَيْمُ والهَمّ: زال (云雾或忧愁)消失

اِسْتَجْوَبَ الشَاهِدَ أو المتّهمَ 查询，询问
ـ الشاهِدَ في مُواجَهة الخَصْمِ 盘问，盘诘，
拷问，审问
ـ الوزيرَ أو الحكومةَ (مـ) (في البرلمان) 向部
长或政府提出质询
جَوْب: رَوْد 游历
جَوْبَة جـ جُوَب: حُفْرَة 坑，凹处，凹地
جَائِبَة جـ جَوَائِبُ: خَبَر طارئ شائع 新闻，奇闻
جَوَاب جـ أَجْوِبَة وجَوابَات: رَدّ 回答，答复
ـ (مـ): خِطاب 信，信息，信件，音信
ـ مُسْكِت أو سَدِيد 无法反驳的答复
إجَابَة جـ إجَابَات: جَوَاب / رَدّ 回答，回复，
答复，应答
ـ / اِسْتِجَابَة: تَلْبِيَة 答应，响应
ـ عنه أو إليه أو عليه 回答，应答，答复，
作为对…的答复
ـً لِطَلَبِكُمْ 为了回应您的要求
اِسْتِجَابَة 满足(请求)；响应，回应
ـ إرَادِيَّة 随意反应
ـ شَرْطِيّة 制约反应，有条件反应
اِسْتِجْوَاب جـ اِسْتِجْوَابَاتُ الشُّهُودِ 询问(证人)，
查询
ـ (في المَجالِسِ النِيَابِيَّة) (议会中的)质询
مُجِيب: مُلَبٍّ 响应者，应答者
جَوَّاب: كَثِيرُ الجَوَلَان 旅行家
مِجْوَب / مِجْوَاب: خَرَّامة 剪票夹，穿孔器，
凿孔机
جُوبِلَان (أ) gobelan 葛布兰式花毡(17世纪
法国葛布兰国立工厂生产的室内装饰挂
用花毡)
جُوبِيتَر (أ) Jupiter/ يُوبِيتَر (أ) / يَهُوبَاتَر: كبير
آلهة الرُومانِ (أو النَجْم المُشْتَرِى) [罗神]朱
庇特(古罗马的主神)；[天]木星
جُوت (أ) jute: أَلْيَاف القِنَّبِ الهِنْدِيّ 黄麻
جَاحَه ـُ جَوْحًا وجِيَاحَةً واجْتَاحَه: اِسْتَأْصَلَه
وأهلكه 消灭，灭绝，歼灭，根除，根绝
جَوْح / جِيَاحَة: إبَادَة واستئصال 歼灭，灭绝，
全灭
ـ 大马士革西瓜
جَائِحَة جـ جَائِحَات وجَوائِحُ: كارثة 灾难，
灾害，祸患
سنةٌ ـ 旱年
ـ: آفة / ضَرْبَة 瘟疫，传染病
أَجْوَحُ م جَوْحَاءُ جـ جُوح 宽阔的
جُوخ جـ أَجْوَاخ (波) (سـ): نَسِيج من صُوف
呢，呢绒
مَسَحَ له ـ (مـ): مَالأَه 阿谀，谄媚，奉
承，巴结，讨好，拍马屁
جَادَ ـُ جَوْدَةً وجُودَةً: تَحَسَّنَ 变好，改好，改
善，进步；做得好
ـ ـُ جُودًا عليه: تكرَّم 慷慨地给予
ـ بِنَفْسِه 献身，舍身，舍命
ـ بالنَفَسِ الأَخِيرِ 断气，咽气
ـ ت ـُ جَوْدًا وجُؤُودًا العينُ: كثر دمعُها 泪下
如注，泪如雨下
ـ المطرُ: غَزُرَ 大雨倾盆
ـ ه ـُ جَوْدًا 比…更慷慨
لا يَجُودُ به الدَهْرُ 这是稀有的，不可多得的
جَوَّدَه: حَسَّنَه 改进，求精，改善
ـ القارئُ: حافَظ على قَواعِدِ التَجْوِيد في قِراءَة
القُرْآن 依照规则朗读古兰经
أَجَادَ: أَتَى بِالجَيِّد 精通；会做…
ـ المَضْغَ 细嚼
ـ اللُغَةَ العَرَبِيَّةَ 精通阿拉伯文

ـ العَزْفَ على البِيَانُو 他擅弹钢琴
اِسْتَجَادَه 认为优越、卓越
ـ فلانًا: طلَبَ جُودَه 要求慷慨的恩赐
جُود: كَرَم 慷慨，大方
جَوْد/ مَطَرٌ جَوْدٌ: مَطَر غزير 大雨，骤雨
جُودَة / جَوْدَة: طِيبَة 优良，卓越，优秀
ـ: صَلاَحِيَّة 效能，效果，效率，功效，实效
تَجْوِيد: تَحْسِين 改进，改善，改良
ـ في القراءة 按抑扬顿挫的语调朗诵古兰经
فَرَسٌ جَوَاد جـ جِيَاد وأَجْيَاد وأَجَاوِيد: سَرِيع 骏马，快马
جَوَاد جـ أَجْوَاد وأَجَاوِد وأَجَاوِيد وجُود وجُودَة وجُودَاء / جَوَّاد / جَيِّد: سَخِيّ 慷慨的，大方的，仗义疏财的
جَيِّد: طَيِّب 美好的，优良的，精良的
ـ: في حالة جيّدة 情况良好
عَلِمَ ـَ العِلْمِ 很知道，很懂得
جَيِّدًا: حَسَنًا 好好地，端正地，正确地
جَارَ ـُ جَوْرًا عن الشيء: مال عنه 离开，违背
ـ عن الطريقِ 背离正道，迷失道路，背道而驰
ـ على الرَّجُل: ظلَمَه 虐待，伤害，压迫，迫害
ـ على حقِّه: اعتدى عليه 侵害、侵犯(权利)
ـ على الأرض 霸占土地
جَاوَرَه مُجَاوَرَةً وجِوَارًا وجُوَارًا: أقامَ قُرْبَ مَسْكَنِه 跟他做邻居
ـ: ساكَنَه 与他同住一所房屋
ـ المسجدَ: اعتكَفَ فيه 在清真寺内静坐
ـ ت الدَّوْلَتَانِ: تَاخَمَتَا 两国接壤，毗邻
ـ 虔信，虔诚
ـ ربّه (和主宰做邻居)归天，去世，死亡
أَجَارَه: أغاثَه وأَنْقَذَه 援救，拯救，保护
ـ ه من العَذَاب: أَنْقذه 拯救
ـ فُلانًا: أَغاثَه 援救
ـ فلانًا عن كذا: أَمالَه 赶走，逐出，撵出；解雇
تَجَاوَرَ القومُ 比邻而居，相邻
اِسْتَجَار به: استغاثَ به 求他保护，求救
ـ منه: استغاث عليه 为抵抗他的侵害而求救于人
جَوْر: ظُلْم / استبداد 暴虐，压迫，虐待
ـ: حَيْف 不义，错误，罪过
وَرْد جُوري (م) [植]大马士革蔷薇，孟加拉蔷薇，淡红色蔷薇
جِوار / جِيرة 邻居，邻近，邻境
ـ: غَوْث 援救，庇护
مُعَاهَدَة حُسْن الـ 睦邻关系条约
سِيَاسَة حُسْن الـ 睦邻政策
اِنْتَقَلَ إلَى ـ ربِّهِ / دَعَاه اللهُ إلى ـ ه 归天，奉召归天，去世，逝世，死亡
مُجَاوَرَة: قُرْب 邻近，邻境
حُسْنُ الـ 睦邻关系
ـ [伊]在天房附近居住
جَار جـ جِيرَان وجِيرَة وجِوَار وأَجْوَار: الأَقْرَبُ إلى مَسْكَنِكَ 邻居，邻人
الـ قَبْلَ الدَّارِ 先择邻居，再买房屋
جَارَة جـ جَارَات 女邻居；配偶
جَائِر جـ جَوَرَة وجُورَة وجَارَة: ظَالِم 不公道的，不公平的，非正义的
ـ: اسْتِبدَادِيّ 残暴的，专制的，暴虐的，专横的，霸道的

ـ: بَاغٍ / معتدٍ　压迫者

حَرْب جَائِرَة　非正义的战争

مُجِير: مُغِيث　援救人

مُجَاوِر: في جِوار فلان　某人的紧邻，邻居

ـ لكذا: مُلاَصِق له　靠近的，毗邻的

ـ: تِلْمِيذ في مَدْرَسَة جامعة　宗教大学的学生

ـ في الأَزْهَرِ　爱资哈尔大学的学生

مُتَجَاوِر　相邻近的

جَايِر (مـ): قالَب صُنْع الأَحْذِيَة　鞋楦头

جَوْرَب جـ جَوارِبُ وجَوارِبَة (أ)　袜子

ـ قَصِير　短袜

حَمَّالَة الـ (مـ)　袜带，吊袜带

جُورْنَال جـ جُورْنَالاَت وجَرَانِيلُ (أ) journal　报纸

جُورْنَالْجِي جـ جُورْنَالْجِيَّة　新闻记者

جَازَ ـُ جَوَازًا الأمرُ: كان غيرَ مَمْنُوع　成为允许的、容许的、许可的、不碍事的

ـ ـُ جَوْزًا وجُؤُوزًا وجَوَازًا ومَجَازًا المكانَ واجْتَازَه: قطعَه　通过，横过，越过，穿过

ـ وـ الامْتِحانَ　考试及格

لا يَجُوزُ　不行，不允许，不准，不可以

جَوَّزَ وأَجَازَ الأمرَ: سَمَحَ به　允许，许可，准许，容许

ـ ه وـ ه: أباحه　审定，核准，认可

ـ ه (مـ): زَوَّجَه　使结婚

جَاوَزَ وتَجَاوَزَ المكانَ: تعدَّاه　越过，超过

ـ وـ عن الذَّنْب: صَفَحَ عنه　饶恕，宽恕，赦宥

ـ وـ عن الخَمْر: تَرَكَها　戒酒

ـ وـ السِّتِّين مِنْ عُمْرِه　年逾六十

هذا يُجَاوِزُ طاقته　这是超过他的能力的，这不是他所能胜任的

تَجَوَّزَ　用比喻的说法

تَجَاوَزَ عنه: أَغضَى وعَفَا　原谅，宽恕

ـ في الشيء: أَفْرَط　过分

اِجْتَازَ الشِدَّةَ　经历困难、逆境，渡过难关

ـ ضَائِقَةً: عاناها　遭受困难

جَوْز جـ أَجْوَاز　[植]核桃

ـ أَمْرِيكِيّ　黑胡桃

ـ البَلُّوط وأمثاله　[植]栎子，橡子

ـ أَرْقَم　花生

ـ جُنْدُم　[植]地衣

ـ صَنَوْبَر　松球，松塔儿

ـ الشَرْك والحَبَشَة　[植]白豆蔻

ـ المَرْج　[植]酸浆

ـ هِنْدِيّ　椰子

ـ الطِيب　[植]肉豆蔻

ـ مُقَيِّئ　[植]马钱子，番木鳖

ـ القَزّ: فَيْلَجَة　蚕茧

ـ الشَيء: وَسَطُه ومُعْظَمُه　核心，主要的部分，重要的部分

ـ (مـ): زَوْج　丈夫

ـ أَحْذِيَة (مـ): زَوْجَان (راجع زوج)　一双，一对

ـ أو فَرْد (مـ)　偶数或奇数，双数或单数

خَشَبُ ـ　胡桃木

أَجْوَازُ الفَضَاء　太空

جَوْزَة جـ جَوْزَات　一个胡桃

ـ التَدْخِين (مـ)　用椰子果做成的水烟筒

ـ الغَلْيُون　烟锅子

شَرِبَ الـ　抽水烟

ـ الرَقَبَة (مـ) / ـ الحُلْقُوم: حَرْقَدَة　[解]喉结，喉核

جَوْزِيّ: بِلَوْن الجَوْز　栗色的

ـ　胡桃的

جَواز جـ أَجْوِزَة وجَوَازات (م): سَماح 登记证，公民证
ـ (م) / جيزة جـ جِيز وجِيَز 结婚
ـ شَرْعِيّ [宗]合法的
ـ السَّفَر 护照，通行证
ـ / إجازَة جـ إجازَات: إذْن 公民证，登记证
ـ / ـ: تَصْرِيح 准许证，许可证，通行证，执照
إجازَة غِيابٍ 准假，给假
ـ مَرَضِيَّة 病假
ـ عِلْمِيَّة 文凭，毕业证书
ـ القُنْصُل (驻在国给予外国领事的)认可证书
ـ اعتِيادِيَّة / ـ سَنَوِيَّة 年假，例假
غائِب بالـ 他在休假中，他在假期中
حضَرَ إلى ... بالـ 请假到…
أُسَمِّيه هكذا من بَابِ التَجَوُّز 我用隐喻法给他命名
تَجاوُز / مُجاوَزَة: تَخَطٍّ 越过，超过
ـ / ـ عنه: تَرْكُه 断绝，戒除
ـ / ـ الحُدُودِ: تَعَدٍّ 越境，越界；过分
اِجْتِيَاز: عُبُور / مُرُور 通过，穿过，经过，过境
الجَوْزَاء: بُرْج الـ / بَيْتُ الـ / التَوْأَمان [天]双子星，双子宫，双子星座
جاز (أ) /غاز (أ) gas: بُخَارُ الفَحْم 煤气，瓦斯
ـ (م): نِفْط 煤油；火油
لَمْبَةُ ـ (م) 煤油灯
جَائِز: مَسْمُوح به 允许的，准许的，可行的
ـ: عابِر / قاطع 通行的，通过的，过往的
ـ: مُحْتَمَل 可能的，可能有的，大概有的
غَيْرُ ـ 不允许的，不准许的

مِنَ الـ أن ... 那是可能的…
جائِزَة جـ جَوائِزُ: مُكَافَأَة 奖，奖品，奖金，奖赏
ـ 锦标
ـ نوبل 诺贝尔奖
مُتَجاوِزٌ عن كذا 饶恕的，原谅的
مَجاز: مَمَرّ 甬路，小路；通路，过道；桥梁；海峡
ـ بَيَانِيّ [修]隐喻
ـ: تَعْبِير مَجازِيّ [修]隐喻的表现法
ـ عَقْلِيّ [修]动词的转用法
ـ مُرْسَل [修]换喻法
ـ مُرَكَّب [修]句子转用法
على سَبِيل الـ 用隐喻法
مَجازِيّ: ضد حقيقيّ 隐喻的，借喻的；象征的
مُجاز 有效的，许可的；有效的执照，有效的毕业证
الـ في العُلُوم الجُغْرافِيَّة 地理学硕士
مُتَجاوِز الحَدّ 过度的，极端的，份外的
جَوْزَل جـ جَوازِلُ (في جزل)
جاسَ ـُ جَوْسًا واجْتَاسَ الشيءَ: طلبه بالحِرْص
探索，探究，侦察，调查，追究，彻查
جَوَّاس 好追根究底者
جَوْسَق جـ جَوَاسِقُ وجَواسِيقُ: قَصْر 楼阁，亭
جاشَ ـُ جَوْشًا: سار الليلَ كله 整夜行走
تَجَوَّشَ الليلُ: مضَتْ طائفة منه (夜)过了一部分
جَوْش: صَدْر 胸脯
جَاوِيش / شَاوِيش (س) / شَاوِيشِيَّة 军士
بَاش ـ (团部或营部的)军士长
جَوْشَن جـ جَوَاشِنُ: صدر 胸部
ـ: دِرْع 铠甲

ـ: وَسَطُ الليل أو صدرُه 夜半三更，或二更时候

جَاعَ ـُ جَوْعًا وجَوْعَةً ومَجاعَةً: نقيض شَبِعَ 饿，饥饿

ـ إلى كذا 渴望，想望

جَوَّعَه وأَجَاعَه 使挨饿，使饥饿

تَجَوَّعَ 忍饥，挨饿

جُوع: ضد شبع 饿，饥饿

ـ قاتِل: سَغَب 饥饿，饥荒

ـ كاذِب: سُعَار / ـ كَلْبِيّ / ـ بَقَرِيّ [医]易饿病，贪食症

ـ / مَجاعَة: قَحْط 饥荒，饥馑

هذا لا يُسْمِن ولا يُغْنِي مِنْ ـ 这是无济于事的

جائع و جَوْعَان م جائِعَة وجَوْعَى جـ جِيَاع وجُوَّع: ضد شَبْعَان 饥饿的

جَعَان جـ جَعَانِين (م): جائع 饥饿的

جَوِفَ يَجْوَفُ جَوَفًا وتَجَوَّفَ: كان أَجْوَفَ 成为中空的，空洞的，空虚的

جَافَ ـُ جَوْفًا وجَوَّفَ الشَيْءَ 挖空，挖洞，刨空

جَوْف جـ أَجْوَاف: داخِلُ الشيءِ / بَطْنُه 内部，内里，里头，里边

ـ: بَطْن 肚子，肚腹

ـ الأَرْضِ 地下，地层内部

ـ الخِضَمّ 大洋的深处

في ـِ الليلِ 深夜

تَجْوِيف: جَعْل الشيءِ مُجَوَّفًا 挖空

ـ جـ تَجَاوِيفُ: وَقْب / حُفْرَة 孔，洞，眼，窝，腔，凹地

ـ حُقِّيّ [解]关节臼

الـ الصَدْرِيّ [解]胸腔，胸膛，胸廓

جُوَافَة (م): فاكهة وشجرها [植]番石榴

أَجْوَفُ م جَوْفَاءُ جـ جُوف / مُجَوَّف 空的，中空的；空虚的

ـ الخَدَّيْنِ 凹颊

فِعْلٌ ـ 中空动词

كَلِمَاتٌ جَوْفَاءُ 空洞的话，无内容的话

مَجُوف / جُوفِيّ 大肚子的

رجل مُجَوَّف: جَبان لا قلبَ له 懦弱的，胆小的

جَوْق جـ أَجْوَاق: جَماعة 人群

ـ 剧团乐队，合唱小组

جَوْقَة جـ جَوْقَات 剧团，艺术团

ـ مُوسِيقِيَّة 乐队

ـ الشَرَف 荣誉军团

أَجْوَقُ م جَوْقَاءُ جـ جُوق 歪嘴的

جَالَ يَجُولُ جَوْلاً وجُولاً وجُؤُولاً وجَوَلاَنًا وجِيلانًا وجَوَّلَ في المكان: طافَ 漫游，游历，盘桓

ـ: دارَ / سَرَى 巡回，漫游，兜圈子

أَجَالَ الشيءَ وبالشيء: أداره 旋转，转动

ـ بَصَرَه: أداره 环视

ـ فيه الفِكْرَ طويلاً 沉思，反复思考

ـ السَيْفَ 旋舞(宝剑)

جَاوَلَه مُجَاوَلَةً: طارَدَه ودافعه 和他周旋

تَجَوَّلَ (س) 转一圈

جَوْل / جَوَلَان: تَطْوَاف 漫游，游历

ما لَه جالٌ أو جُول 他一点也不明白

جَوْلاَن 风卷起的尘土

جَوْلَة: سَفْرَة 漫游，游览，步行

ـ: شَوْط 小游，散步，兜圈子；转一圈

ـ (运动)一场；一局

جُوَال جـ جُوَالاَت وأَجْوِلَة / جُوَلَق جـ جَوَالِقُ وجَوَالِيقُ: غِرارة / جُوَاله (土) 口袋，粮食袋；麻袋

تَجَوُّل 漫游，游历

حَظْرُ الـ لَيْلاً 宵禁
تَجْوَال: جَوَلاَن / تَنَقُّل 漫游，游历，漂泊
جَوَّال / مُجَوِّل: كثيرُ التنقُّل 游荡者，漂泊者，流浪者
ـ / ـ / مُتَجَوِّل (مـ): متنقِّل 徘徊的，流浪的
ـ / ـ / ـ: (كالتاجر أو الواعظ) 巡回者（如行商、巡回传教士）
جَوَّالَة: مُوتُوسِيكل (أ) motor-cycle 摩托车
ـ 大旅行家
مُتَجَوِّل 旅行者，漫游者
بَيَّاعٌ (مـ) ـ 小商，小贩，行商
وَكِيلٌ ـ （公司的）跑街，推销员
مَجَال: مَدًى 范围，场合，限度，领域
ـ حَيَوِيّ 生存空间，社会环境
الـ الاقْتِصَادِي 经济领域
ـ الحَرَكَة أو العَمَل 活动的范围
لَيْسَ هُنا ـ للشَكِّ 这是无可置疑的
واسعُ الـ 范围广阔，英雄有用武之地，大有文章可做
ـ مَغْنَاطِيسِيّ [物]磁场
شِدَّةُ الـ المَغْنَاطِيسِيّ 磁场力量，磁场强度
لم يَكُن عِندَه ـ للاِخْتِيار 他没有选择的余地
مِجْوَل: عُوذَة 符咒，符箓
ـ: خَلْخَال 脚镯
ـ القِلادَةِ: هِلال من الفِضَّة وَسَطَ القِلادَة 项链中间银质的新月
جُولْف (أ) golf 高尔夫球
جَوْلَق ج جَوَالِق (أ) 轴承
جَام ج جَامَات وأَجْوَام وأَجْؤُم وجُوم （波）: كَأْس 杯
صَبَّ ـ نِقْمَتِهِ أو غَضَبِهِ على فُلان 向…报复
جُوَيْمَة 小杯

جَوْن ج جُون 黑的；白的；淡红的
ـ من الخَيْل والإبِل: الأَدْهَمُ الشَديد السَواد 黑马；黑骆驼
جُون (أ) / جُونَة ج جُوَن / جَوْن: خَلِيج مُتَّسع المَدْخَل 海湾，港口
جُونَّلة (أ) gunnella（意） 裙子
جَاهٌ: مَكَانَة / مَقَام 面子，体面
عَرِيضُ الـ: وَجِيه 大面子的人，权贵，贵人
جَوْهَر ج جَوَاهِرُ: مَادَّة 精髓，本质
الـ الفَرْد: الذي لا يتجزأ أي لا يقبل الانقسام / أَطَمَة (أ) atom 原子；一价物，一价基
في الأَصْل والـ 基本上，本质上，根本上
جَوْهَرَة ج جَوْهَرَات: حجر كريم 宝石，珠宝
جَوْهَرِيّ: ضدّ عَرَضِيّ 本质的，主要的
ـ: ضَرُورِيّ 主要的，重要的
ـ / جَوَاهِرْجِي (مـ) / جَوْهَرْجِي ج جَوْهَرْجِيَّة 珠宝商，宝石匠
جَوْهَرِيَّة 物质的，实体性
جَوَاهِر / مُجَوْهَرَات (مـ) 珠宝类，珠宝工艺品
تَجَوْهُر (في الكيميا والطبيعة) [化]风化，风化物
جَوّ ج جِواء وأَجْوَاء: لُوح / ما حَوْلَ الأرض من الهَوَاء 大气
ـ: جَلَد 天空，空中
ـ: القُبَّةُ الزَرْقَاء 苍天，穹苍
ـ (مـ): مُنَاخ 水土，气候
ـ 野鸽
ـ البَيْت 屋内，室内
ـ كُلِّ شيءٍ: بَطْنُه وداخِله 内部
جَوًّا (مـ) / جُوًّا (مـ) 内部，内侧，内面
جَوِّيّ: هَوَائِيّ 大气的，空气的
ـ: سَمَائِيّ 天空的，天上的，太空的
ـ: مختصّ بالظَوَاهِر الجَوِّيَّة 气象的

أُسْطُولٌ ـ 空军

بَرِيدٌ ـ 航空邮政

حَجَرٌ ـ 陨石

الضَغْطُ الـ 气压

ظَاهِرَةٌ جَوِّيَّة 大气现象

عِلْمُ الظَوَاهِرِ الجَوِّيَّة أو الجَوِّيَّات / عِلْم الأَرْصَاد الجَوِّيَّة 气象学

مَحَطَّةُ الأَرْصَادِ الجَوِّيَّة 气象站，测候所

غَارَةٌ جَوِّيَّة 空袭

جُوَّاةَ البَيْتِ (م): داخله 屋内，室内，室内的

جَوَّانِيّ (م): ضد بَرَّانِيّ 室内的

أَجْوَائِيّ: عالِمٌ بالأَحْداث الجَوِّيَّة 气象学家

جَوِيَ يَجْوَى جَوًى: اكتوى بالحُبّ أو الحُزْن 哀伤，感伤，悲痛

جَوَّى (س) وتَجَوَّى 变成驯良的

اِجْتَوَى الطعامَ: كرِهه 厌恶饮食

جَوًى: شدّة الوَجْد من حُبٍّ أو حُزْنٍ 哀伤，感伤，悲痛，伤心

جَاوِيّ: صَمْغُ البَخُور 安息香

جُوَيْدَار 裸麦，黑麦

جَاءَ يَجِيءُ ويَجُوءُ مَجِيئًا ومَجِيئَةً وجَيْأً وجَيْئَةً: أَتَى 来，到来，来临

وقَدْ ـ في الأَمْثَالِ أن .. 俗语说……

ـ نَا البَيَانُ الآتِي .. 我们得到了如下的说明，别人给我们作了如下的解释

ـ مِنَ القاهِرَةِ أن ... 据开罗通讯……

ـ الأمرَ: فَعَلَه 做，办，干

ـ الجُرْمَ: ارتكبَه 犯罪

ـ ه الشيءُ: وَصَلَ إليه 收到，接到，得到

ـ طِبْقَ مَرَامِه 如愿以偿，称心如意

ـ عليه (م): ناسَبَه 适当，适合

ـ به وأجاءَه: أَحْضَرَه 携来，带来

جَاءٍ / جَايِئ: آتٍ 到来的，来临的

جَيْء: دعاء إلى الطعام والشراب 请吃饭，喝酒

مَجِيء: حُضُور / وُصُول 到来，莅临，抵达

ـ: قُدُوم 到达

جَابَ يَجِيبُ جَيْبًا القَمِيصَ: جعل له جَيْبًا 开领口

ـ يَجُوبُ جَوْبًا وتَجْوَابًا البِلادَ: قطعها 横过，穿过

جَيْب جـ جُيُوب: قَلْب 心，心脏，内心

ـ 衬衫领口

ـ، ـُ الزَاوِيَة (في الهندسة وحساب المُثَلَّثات) [数]正弦

ـُ التَمَام [数]余弦

ـ الثَوْبِ أو ما يُشْبِهُه 衣袋

قَامُوسُ الـ 袖珍字典

سِكِّينُ الـ 小刀

مَصْرُوفُ الـ 零用钱

سَاعَةُ الـ 怀表

على ـ الآخَر 由别人掏腰包

وَضَعَ في الـ (م) 装在衣袋内

نَاصِحُ الـ 至诚的，忠心的

جَيْبِيّ: للجيب 衣袋的；袖珍的

جَيْبِيَّة: كِتاب صَلَوات للجَيْب 袖珍祈祷书

جِيد جـ أَجْيَاد وجُيُود: عُنُق 脖子，颈

ـ 盔甲，甲胄

جَيِّد / جَيِّدًا (في جود)

جِير: جِسّ /كَلْس (أ) 石灰

ـٌ مُطْفَأ 熟石灰

ـٌ حَيّ / جَيَّار: نُورَة 生石灰

ماءُ الـ 石灰水

نِتْرَاتُ الـ 氮化石灰

جِيرِيّ: كَلْسِيّ 石灰的，似石灰的，含石灰的

جَيَّار: صانع الجِير 烧石灰工人

جَيَّارة جـ جَيَّارَات: قَمِينُ الجِيرِ 石灰窑
جيرة (في جور)
جَيْروسْكُوب (أ) gyroscope: دوَّام 回旋器，陀螺仪；(炮的)旋转机；(水雷的)纵舵机
جَيْرُوسْكُوبِيّ: دَوَّامِيّ 回旋器的
جَاشَ يَجِيشُ جَيْشًا وجَيَشَانًا وجُيُوشًا البحرُ: هاج واضطرب 波涛澎湃
ـ تْ القدرُ: غَلَتْ (锅)沸腾
ـ الصَدْرُ: غلى غيظًا 怒气冲冲
ـ ت الحَرْبُ بينهم: بَدَأَت تغلي 战争开始剧烈
ـ ت نَفْسُه: غَثَتْ 心烦欲呕
ـ ت العَيْنُ: فاضَتْ دُمُوعُها 热泪盈眶
اِسْتَجَاشَ الجيشَ: جَمَعَه 集合军队
ـ فلانًا: طلب منه المَدَدَ والجيش 求援
ـ القومَ: حرَّضهم على الإعانة 动员群众支援前线
جَيْش جـ جُيُوش: جُنْد 军队，部队，队伍，集团军
ـ التَحْرِيرِ الشَعْبِيّ الصِّينِيّ 中国人民解放军
ـ الخَلَاص [基督]救世军
ـ مُرَابِط 驻军
ـ المُتَطَوِّعِين 志愿军
ـ الإِنْتَاج 生产部队
وَحَدَاتُ الـ 军事单位、部门
ـ (س) 呼声
مَجْلِسُ الـ 军事会议
جَيَشَان 沸腾；兴奋；热情奔放
ـ: زُخُور / ارتفاع 波涛澎湃
ـ النَفْسِ 作呕，反胃
جَائِش: مُضْطَرِب 沸腾的，激情的，兴奋的
جَائِشَة 灵魂
جَيَّاش 汹涌的；激动的；容易策动的(马)
جَيَّصَ (مـ) 放屁
جَيْص جـ أَجْيَاص (مـ) 屁
جَافَتْ تَجِيفُ جَيْفًا وجَيَّفَت وتَجَيَّفَت واجْتَافَت وانْجَافَت الجُثَّةُ: أنتنت (尸体)发恶臭
جِيفَة جـ جِيَف وأَجْيَاف: جُثَّة منتنة 臭尸，腐尸
جِيفِيّ 尸体的
الغُرَاب الـ / الزَاغُ الـ 老鸦，小嘴乌鸦(爱吃腐尸)
جِيل جـ أَجْيَال: صنف من الناس 种族，氏族，部落，种类
ـ: أهل الزَمَانِ الواحدِ 一辈，一代
ـ: عَصْر 世代
عَلَى مَرِّ الأَجْيَالِ 历代
من جِيلٍ إلى جِيلٍ 代代相传
أَجْيَالاً 祖祖辈辈，世世代代
جِيلاً بَعْدَ جِيلٍ 一代代地
جِيلَاتْه (أ) / جِلَاتِه / جِيلَاتِي (أ) (意)gelate: لَبَن مُثَلُوج / بُوز (س) 冰淇淋，雪糕
جِيلَاتِين (أ) gelatina (意): هُلام / بَلُوظَة (مـ) 胶状物
جِيلُوتِين (أ) guillotiné (法) 断头机，断头台
جِيُولُوجِيَا (أ) geology: عِلْمُ الهَلَكِ (طبقات الأَرْض) 地质学

الحاء

ح (الحاء) 阿拉伯字母表第 6 个字母；代表数字 8

حَا (مـ) (رائح)的缩写，开罗方言表示事情即将发生的虚词

أنَا حَاكْتُبْ (مـ) 现在我就写

ـ (مـ) 驱赶驴子的吆喝声

حائط (في حوط) / حابى (في حبو)

حاجّ (في حجج) / حاجة (في حوج)

حَاحَة (مـ) 叫喊，吆喝(羊、鹅等)

كَانَتْ مُرْتَاحَة جَابَتْ لَهَا ـ (مـ) 自寻烦恼

حاخام (في حخم) / حادَ (في حيد)

حادّ (في حدد) / حادِى عشر (في أحد)

حاذَى (في حذو) / حار (في حير)

حارّ (في حرر) / حارة (في حور)

حازَ (في حوز) / حازوقة (في حزق)

حاشَ (في حوش) / حاشا (في حشي)

حاشية (في حشي)

حاصَ (في حوص وفي حيص)

حاصّ (في حصص)

حاضت (في حيض) / حافَ (في حوف)

حافّ (في حفف) / حافٍ (في حفي)

حافة (في حوف) / حافّة (في حفف)

حاقَ (في حيق) / حاكَ (في حوك)

حاكَى (في حكي) / حالَ / حالا /

حالما / حالة (في حول) / حَام (في حوم)

حامٍ (في حمي) / حامول (في حمل)

حامَى (في حمي) / حانَ / حانة (في حين)

حانوت (في حنت) / حبا (في حبو)

حبارَى (في حبر)

حَبَّه ـِ حُبًّا وحِبًّا: وَدَّه 爱，喜

ـ الشيءَ: رَغِبَ فيه 爱好

حَبَّ ـَ وحَبُبَ ـُ إليه: صار حَبِيبًا له أي مَحْبُوبًا 变成他所爱的人

حَبَّبَه إلَيَّ: جعله مَحْبُوبًا لي 使我觉得他可爱

ـ اللُغَةَ العَرَبِيَّة إلى تَلاَمِيذِه 使他的学生觉得阿拉伯语是可爱的

ـ القِرْبَةَ 装满水袋

ـ: صار كالحَبّ 变成颗粒状

ـ وأَحَبَّ الزرعُ: صار ذا حَبٍّ 庄稼结实

أَحَبَّه وحَبَّه (أحبَّ أكثرُ استعمالاً من حبَّ) 爱，恋，恋爱

ـ الشيءَ: اِسْتَحْسَنَه 认为满意

تَحَبَّبَ إليه: أظهَرَ له المَحَبَّة والوِداد 向他讨好，表示友好；求爱

ـ إليها: غَازَلَها / رَاوَدَها 调戏，调情，挑逗

تَحَابَّ القومُ: أحبّ بعضُهم بعضًا 相亲相爱

اِسْتَحَبَّه: أحَبَّه 喜爱

ـ ه: استحسنَه 认为满意

ـ كذا على كذا: فَضَّلَه 偏爱，选择

اِسْتَحَبَّ الشايَ على القَهْوَةِ 他宁愿喝茶，不喝咖啡

حُبّ / مَحَبَّة: هَوًى 爱情，爱慕，恋爱

ـ أو ـ الذَاتِ 自私自利，利己

ـ أو ـ الوَطَنِ 爱国

مَرِيضُ الـ 害相思病的

واقِعٌ في ـِ كذا أو فُلاَن 爱上某物或某人

وَقَعَ في ـ ها 钟情于她

ـ السِلْمِ 爱好和平

ـ الاسْتِطْلاع 求知欲，好奇心
ـ الظُهُور 虚荣心，爱出风头
حُبًّا وكَرَامَةً (以示敬爱)心甘情愿
حُبًّا لكذا 热爱…
حُبِّيّ: غَرَامِيّ 爱情的，恋爱的
ـ: وُدِّيّ 友谊的，亲善的，友好的
حُبِّيًا: وُدِّيًّا 亲善，亲切，友谊，殷勤
حُبّ ج حِبَاب وحِبَبَة وأَحْبَاب (波)罐子，瓮
حُبَّة: عَجَم العِنَب 葡萄核
ـ / مَحْبُوب / مَحْبُوبَة 爱人，情人
حَبّ ج حُبُوب وحُبَّان: بِزْر 种子，谷物
ـ الآس [植]杨梅果
ـ الشَّبَاب / ـ الصِبَا: دُهْنِيَّة (مرض جِلدِيّ) [医]粉刺，面疱，痤疮
ـ العَزِيز (مـ): زَلَم [植]土杏仁(一种豆类，大如黄豆，味苦)
ـ الغَمام / ـ القُرّ: بَرَد 雹，冰雹，冷子
ـ الفَقَد [植]牡荆
ـ الفَنَا [植]龙葵
ـ الهَال: حَبَّهان (مـ) [植]小豆蔻
أَلْقَى الـ 抛出谷粒(以引诱)
لا يُحْسِنُ إِلْقاءَ الـ 他不善于引诱
ـ البَرَكة [植]一种可食的蕈
ـ الرَّأْس [植]飞燕草
ـ الرَشَاد [植]独行菜(一名麦稭菜)
ـ المُلُوك [植]巴豆
حِبّ ج أَحْبَاب وحِبَّان وحِبَبَة وحُبّ وحُبُوب:
مُحِبّ ومَحْبُوب / عَشِيق 爱人，情人
ـ / حَبِيب: عَزِيز 亲爱的人，敬爱的人，心爱的
حَبَب: تنضُّد الأَسْنان 牙齿整齐
ـ / حَبَاب: فَقاقِيعُ الماءِ أو الخمر (酒、水的)泡沫
ـ / ـ: مُعْظَم الماءِ أو الرَمْلِ 一片汪洋；平沙无垠
حُبَاب: حُبّ ووَدّ 友爱，友谊，爱情
ـ: مَحْبُوب 爱人，情人
ـ: حَيَّة 蛇
أُمُّ ـ: الدُنْيَا 尘世，红尘
حَبَّة ج حَبَّات: بِذْرَة 种籽
ـ: كُرَة (دَوَائِيَّة) صَغِيرة 小药丸
ـ: بَثْرَة 粉刺，脓疱，面疱
ـ: ذَرَّة 一粒，一颗
ـ قَمْح أو رُزّ 麦粒或大米粒
ـ البَرَكة / الـ السَوْدَاء 蓖萎子
الـ الخَضْرَاء 笃耨香
ـ حُلْوَة: أَنِيسون / يَانْسُون (مـ) 茴香
ـ العَيْن 眼珠，眼球
ـ القَلْب 心底，心之底蕴
ـ (مـ): قَلِيل 少许，一点儿，一点点
ـ السُبْحَة 念珠
ـ 个(计算水果等)
ـ 哈伯(等于 58.34 平方米或 1/72 费丹)
ـ الشَعِير 哈伯(等于 5.2 公厘)
جَعَلَ كُلَّ ـ قُبَّةً 吹牛皮，大言不惭
حُبُوب: غِلَال 五谷，谷类，谷物
مَحَبَّة: حُبّ / هوًى 爱，爱情，爱慕，依恋
ـ الوَطَن 爱国
حَبِيب ج أَحِبَّة وأَحِبَّاءُ وأَحْبَاب: مَحْبُوب 爱人，情人，恋人；朋友
ـ 亲爱的，敬爱的
أَبُو ـ (مـ): فَرَسُ الشَيْطَانِ 鹭鹰(产于南非，喜食毒蛇)
حَبَّاب 制瓮工人，瓮商

مَحْبُوب: حَبِيب / عَشِيق 爱人，情人，意中人

ـ: مَعْشُوق 所爱的，心爱的

ـ: يُحَبّ 可爱的，亲切的，可亲的

ـ: يُسْتَحَبُّ 如意的，可心的

غَيْرُ ـ: لا يُسْتَحَبُّ 讨厌的，可恶的

أَحَبُّ إليَّ من كذا 我认为比…更可爱、更有趣

مُحِبّ: عاشِق 爱人，爱慕者，钟情者

ـ لكذا: مُغْرَم به 爱好者，热爱者

ـ لذَاتِه: أَنَانِيّ (راجع أنا) 自私的，利己的，利己主义者

ـ للسلْم 爱好和平的

ـ للحُرِّيَّة 爱好自由的

ـ لوَطَنِه 爱国者，爱国主义者

مُتَحَابُّون: على وِداد 友好的，亲密的，相亲相爱的

الدُوَلُ المُتَحَابّة 同盟国

مُسْتَحَبّ 令人满意的

ـ 比较喜欢的

ـ 赞成的

حَبْحَبَ الماءُ: جَرَى قليلاً 慢慢地流，缓缓地流

ـ تِ النارُ: اِتَّقَدَتْ 燃烧

حُبَاحِب جـ حَبَاحِب / أُمّ حُباحِب: قُطْرُب / دُوَيْبَة مُنِيرَة 萤火虫

ـ 火花，火星，电火花

حَبَّذَ العملَ: استصْوَبَه 赞成，颂扬，赞美

ـ الرجلَ 夸奖，称赞

حَبَّذَا: نِعْمَ / حَسَنًا 真好！好极了！

حَبَّذَا رَجُلاً خالِدٌ 哈立德真好！

حَبَرَه ـُ حَبْرًا وحَبْرَةً وأَحْبَرَه الشيءُ: سَرَّه وأبهجه 使他高兴，使他快乐，使他欢喜

ـ ه: زَيَّنَه 装饰，修饰，点缀

أَحْبَرَتْ الأرضُ: كَثُرَ نباتُها 草木茂盛

حَبَّرَ الدَواةَ: وضع فيها حِبْرًا 把墨汁放在墨盒里

ـ الكلامَ أو الخطَّ أو الشعرَ: حَسَّنَه 修润，润色

حَبِرَ ـَ حُبُورًا وحَبَرًا: سُرَّ 高兴，快活，兴高采烈，欢欣

ـ حَبَرًا الجُرْحُ: بَرِيءَ وقد بَقِيَتْ له آثارٌ (伤口)愈合，长疤

ـ تْ الأَسْنانُ: اصفرَّتْ (牙齿)发黄

ـ تْ الأَرْضُ: كثُر نباتُها 草木茂盛

تَحَبَّرَ: تزيَّن وتَحسَّن 修饰，装饰，打扮

ـ السحابُ: ظهر وانتشر (云)布满天空

حَبْر / حِبْر جـ أَحْبَار وحُبُور: عالم صالح 学士，学者

ـ: سُرُور 快乐，快活

ـ: نِعْمَة 恩惠，宠爱

الـ الأَعْظَم: البَابَا 罗马教皇

ـ: رئيس الكَهَنَة عندَ اليَهُود (古犹太)大祭司；主教

سِفْرُ الأَحْبَار [基督]士师记

حَبْرِيَّة: حَبْرَوِيَّة (م) 斗篷式长袍，罩袍

حَبْرَة / حُبْرَة: صُفْرَة تشوب بَياضَ الأَسْنان 牙齿上的黄色

حِبْر: مِدَاد 墨水

ـٌ سِرِّيّ 隐显墨水，暗墨水

ـُ الشِّين / ـٌ صِينيّ 中国墨汁

ـُ عَلامٍ أو تَمْرِيكٍ (م) (织品上印染花纹用的)不褪色的墨水

قَلَمُ ـ: مِدَاد 钢笔，自来水笔

ـ مَطْبَعِيّ / ـ طِبَاعَةِ الصُحُف 油墨

ـ فَوْقَ الوَرَق 白纸上写的黑字

حِبَرَة جـ حِبَرَات وحِبَر 有条纹的长袍

حَبَرَة ج حَبَرَات / حِبَرَة ج حِبَرَات وحِبَر: مِلاءَة سَوْدَاء (埃及妇女出门时用以遮盖全身的)黑纱披单

حَبَار ج حَبَارَات / حِبْر ج حُبُور: أثر 痕迹，足迹，线索，形迹

ـ الضَرْب (بالسِياط) 鞭痕

حُبَارَى ج حُبَارَيَات وحُبَارَات [鸟]鸨；野雁

حُبْرُور / حِبْرِير: فرخ حُبَارَى 小鸨；小野雁

حُبُور: سُرُور 快乐，高兴，欢欣，愉快

حَبَّار: أُمّ الحِبْر (مـ) 乌贼，墨鱼

مِحْبَرَة ج مَحَابِرُ: دَوَاة 墨盒，墨水瓶

يَحْبُور: بَحْبُوح (مـ) 快活的，愉快的，高兴的，满意的，称心的；得意的

حَبَسَه ـِ حَبْسًا ومَحْبَسًا: سَجَنَه 禁闭，拘禁

ـ ه عن الشيء: مَنَعه 阻止，制止，阻碍

حَبَسَنِي المَرَضُ المُفَاجِئُ عن أن .. 意外的一场病阻碍了我…

ـ الشيءَ: ضَبَطه 管制

ـ الغَازَ عن المُحَرِّك 关闭煤气，(汽车)关闭油门

ـ الشيءَ بالشيء: سَتَره أو أَحاطه به 遮盖，包围

ـ المالَ على كذا: وقفه عليه 把财产捐作某事业的基金

ـ واحْتَبَسَ: عَاق 禁止，阻拦，堵住

ـ أَنْفَاسَه 屏住呼吸，屏息

تَحَبَّسَ واحْتَبَسَ في الكلام: تَوَقَّف 口吃，结巴

اِنْحَبَسَ 被逮捕，被监禁，被阻滞，被堵住

صَرَخْتُ ولَكِنَّ الصَرْخَةَ ـ تْ في حَلْقِي 我喊了，但是喊不出来

حَبْس: سَجْن 禁闭，监禁，拘禁

ـ ج حُبُوس: سِجْن 监狱，监牢

ـ اِحْتِيَاطِيّ 看管，(审判前)先行拘禁

حَبْسَة: فِدية (مـ) / فَكَاك 赎款，赎身费

حِبْس ج أَحْبَاس: حَاجِزُ المَاءِ 水闸，堰，水坝，防水堤

ـ: مِلاءَةُ السَرِير 床单

حَبِيس / حُبُس / مُحْبَس / مَحْبُوس [法]永远管业(土地等归法人所有，永远不能变卖)

ـ ج حُبَسَاء 隐居者

حُبْسَة 口吃

اِحْتِبَاس: تَوَقُّف 迟延，停滞，耽搁

ـ البَوْلِ [医]闭尿，尿潴留

اِنْحِبَاس 停滞，耽搁，拖延

ـ الهَوَاءِ 不通风，空气不流通

ـ المَطَرِ 亢旱，干旱

مَحْبُوس / حَبُوس / حَبِيس ج حُبُس وحُبَسَاء: سَجِين 监犯，囚徒

مِحْبَس المَاءِ (مـ) (في الأَنَابِيب) 旋塞，活塞嘴子

ـ جزرَةٍ (مـ) 有栓旋塞

مَحْبِس ومَحْبَس ج مَحَابِسُ 监狱；保管处；地牢；储藏器

مَحْبَسَة ج مَحَابِسُ 茅庵，隐居处

حَبْسَخَانَة ج حَبْسَخَانَات (مـ) 监狱

حَبَّشَ الوِسَادَةَ (مـ): وضَع فيها القطنَ وغيرَه 填塞(棉絮等)

ـ (مـ): نَمَّق / زوَّق 修饰

تَحْبِيشَة (مـ): حَشْو 填塞物

ـ (مـ): زَرْكَش 修饰

الحَبَش / الحَبَشَة 埃塞俄比亚人(阿比西尼亚人)

دَجَاجُ الـ 火鸡

الحَبَشَة: بلاد الحَبَش 埃塞俄比亚(阿比西尼亚)

حَبَشِيّ ج أَحْبَاش وحُبْشَان 埃塞俄比亚的；

埃塞俄比亚人

حُبْشِيّ: جبل بأسْفَلِ مكّةَ ومنه أَحَابِيش قُرَيْش 侯卜什山(在麦加城南，附近居住的古莱什人被称为艾哈比什)

حَبِطَ ـَ حَبْطًا وحُبُوطًا عملُه: أخفقَ 失败

أَحْبَطَه: خيَّبه 挫败，使失败，使失望

حَبَطُ السِّيَاط: أثرُ ضَرْبِها 鞭打痕迹

حُبُوط: خَيْبَة / إخفاق 失败，失策，失望

حَبَّظَ 诙谐，消遣，以玩笑解闷，玩世不恭

حَبَقَ ـِ حَبْقًا حَبِقًا وحُبَاقًا العَنْزُ: ضرط (羊和驼)放屁

حَبَق: فُلَيَّة (م) [植]罗勒，野薄荷

ـ البَقَر: البَابُونَج [植]甘菊

ـ الرَّاعِي [植]茵陈

حَبَكَ ـُ حَبْكًا واحْتَبَكَ الثَّوْبَ: أجاد نَسْجَهُ 精织(布匹)

ـ الحَبْلَ أو الشعرَ: جدَلَه 搓绳，捻绳

ـ الكِتابَ: جَلَّدَه 装订书籍

ـ الجَوَارِبَ وأمثالَها 织袜等

ـ وحَبَّكَ: شَدّ وأحكم 加紧，缠紧，捻紧，扭紧

حَبْكَة الرِوَايَة 小说的结构、布局、情节等

حُبْكَة جـ حُبَك 腰带，带子

حِبَاكَة 编织业

حَبَّاك 编织工

مَحْبُوك: مُحْكَم الحِيَاكة 织紧的，绑紧的

حَبَلَه ـُ حَبْلاً: شدَّه بِحَبْل 用绳绑上，系住

ـ واحْتَبَلَ الصَّيْدَ: صاده بأُحْبُولَة 套住，系住，绊住

حَبِلَ ـَ حَبَلاً من الشيء: امتلأَ 装满，充满

ـ ت المرأةُ: حَمَلت (妇女)怀孕，受孕

ـ ت الدابَّةُ (牲畜)怀孕，受胎

حَبَّلَها وأَحْبَلَها: لَقَّحَها 授精，使受胎

حَبْل جـ حِبَال وأَحْبُل وحُبُول وأَحْبَال: كل ما يُرْبَطُ به 绳，绳子，索子

ـ الجَرِّ 绳，大缆

ـ الغَسِيل 晒衣绳，晾衣绳

ـ غَلِيظ: قَلْس 粗绳，大绳，巨缆

ـ: عِرْق 静脉

ـ الوَرِيد 颈静脉

ـ المَسَاكِين: لَبْلاَب (م) [植]常春藤

الـ السُّرِّيّ 脐带

الـ الشَّوْكِيّ 脊髓，骨髓

الـ المَنَوِيّ 精索

طَالَ ـُ المُشَاجَرَة 争吵延续了很久

أَلْقَى الـَ على الغَارِب (把韁绳放在鬐甲上)放纵，放任

اِنْقَطَعَ ـُ المَوَدَّةِ بَيْنَهما 友谊关系断绝了，闹翻脸了

اِضْطَرَبَ ـُ الأَمْنِ 社会秩序不安定

الـُ بَيْنَهم مَبْتُوت 他们之间的关系破裂了

لُعْبَةُ شَدِّ الـ 拔河，拉绳游戏

لُعْبَةُ نَطِّ الـ 跳绳游戏

حَبَل جـ أَحْبَال: حَمْل 怀孕，受孕

ـ كاذِب 假孕

ـ بِلاَ دَنَسٍ [基督]圣母玛利亚纯洁受胎(说)

حَابِل: صاحِبُ الحِبَالَة 下网人，下圈套的人，猎人

ـ النَسِيج: سَدًى 经线

اِخْتَلَطَ الـُ بالنَابِل 混乱，乱成一团

حَبَّال: صانعُ الحِبال 制绳工人，绳匠

حَبْلاَن: مُمْتَلِئٌ 满的，满载的，充满的

حُبْلَى جـ حَبَالَى وحُبْلَيَات: حامِل 孕妇

أُحْبُولَة جـ أُحْبُولَات وأَحَابِيلُ / حِبَالَة جـ حَبَائِلُ:
شَرَك 套索，圈套，罗网
حَبَن: اِسْتِسْقَاء زِقِّيّ [医]水肿
حَبَّهان (مـ): حَبُّ الهال [植]小豆蔻
حَبَا يَحْبُو حَبْوًا الولدُ: زَحَفَ على يَدَيْهِ وبطنه
爬行，蠕行，匍匐
ـ على يَدَيْهِ ورُكْبَتَيْه 匍匐行进
ـ ه كذا وبكذا: أهداه 赠予，馈赠
ـ ه عن كذا: منعه 阻止
ـ: دَنَا 临近
ـ إلى العَاشِرَة من العُمْر 他快十岁了
حَابَى الرجلَ: مال إليه 偏爱
ـ القَاضِي زَيْدًا في الحُكْمِ: مال إليه مُنْحَرِفًا
عن العدل 偏袒，袒护
ـ الوُجُوهَ 谄媚富贵，待人有差别，看人说话
أَحْبَى الرَامِي: أخطأ سَهْمُه الغرضَ 箭不中的
اِحْتَبَى بالثوب: اِشْتَمَلَ به 用布单把全身裹起来
ـ: جَمَعَ بين ظَهْرِه وساقَيْه بِعِمامةٍ ونحوها
(席地而坐时)用缠头布拴住脊背和两个小腿
حَبْوَة / حِبَاء / حُبْوَة: عَطِيَّة 礼物
حِبَاء: مَهْرُ المرأةِ 财礼，彩礼
حَبْوَة وحُبْوَة جـ حُبًى وحِبًى: ما يُحْتَبَى به أي ما يُشتمَل به من ثوب أو عمامة 用来裹身或拴背或腿的布单或缠头布
حَبِيّ / حَبًا: سَحابٌ كَثِيف يدنو من الأرض 接近地面的密云
مُحَابَاة: مُمَالأَة 偏心，偏爱，偏袒，徇私，徇情
بلا ـ 公正地，不偏不倚地
عَدَمُ ـ 公正，不偏不倚

مُحَاب: مُمَالِئ 偏袒的，不公平的，偏爱的
حَتَّ ـُ حَتًّا الشيءَ عن الثوبِ: حكَّه وأزالَه 擦去，擦掉，刮去
ـ الشَجَرَةَ: أسقط ورقَها وقِشْرَها 打落树叶，剥去树皮
ـ الوَرَقُ أو القشرُ عن الشجر: سقَط (树叶或树皮)脱落，剥落
تَحَاتَّ وانْحَتَّ الورقُ من الشجرة: تَنَاثَرَ (树叶)纷纷飘落
ـ شَعْرُه عن رأسه: تساقط 头发纷纷落下
ـ تْ الأَسْنَانُ: تأكّلت (齿)受腐蚀
حَتَت: داء يُصِيبُ الشجرَ تَتَحَاتُّ أوراقُها منه
[植]落叶病
حُتَات 残渣，残块
حِتَّة جـ حِتَت (مـ): حُتْرَة 小块，碎片
ـ بِخَمْسَةٍ 五角的银币
ـ بعَشَرَةٍ 十角的银币
الـ عندهُمْ أو ـ بَيْتِهِمْ 他们所住的地段
حَتَّى: إلى أن 直到，待到(虚词)，有下面几种作用：
(1)介词，加在名词前面，表示行为的终结：
أَكَلْتُ السَمَكَةَ ـ رأْسِهَا 我吃鱼，吃到鱼头为止(剩下鱼头没吃)
(2)介词，加在现在式动词前面，表示行为的目的性，假定介词与动词间有أَنْ被省略
سِرْتُ ـ أَدْخُلَ المَدِينَةَ 我走啊走，一直进了城
(3)介词，加在名词前面表示“甚至”“连…也”，意思相当于أَيْضًا
فَوَا عَجَبًا ـ كُلَيْبٌ تَسُبُّنِي 啊，真奇怪！连库莱卜部落也在骂我
(4)连词，与 وَاو 同义

أَكَلْتُ السَمَكَةَ ـ رأْسَها 我吃鱼，连头都吃了
ـ الآنَ 迄今，到现在
لَعَلَّكَ لم تَرَه ـ الآنَ 也许你到现在还没看见他
ـ الصَبَاحِ 到早晨
ـ يومِنا هذا 到今天
ـ أنْ ... 为的是…，为了要…
ـ: كَيْ / لِكَيْ 为了，以便
حَتَّامَ؟ (حتى+ما) 到什么时候？
ما (لم) ... ـ ... 刚…就…，一…就…
وما انْتَهَيْتُ من كَلاَمِي ـ ابْتَسَمَ 我刚说完他就笑了

حَتِدَ ـَ حَتَدًا الرجلُ: كان خالصَ الأَصْلِ 出身纯洁的血统，出身世家
مَحْتِد: أَصْل 血统，出身，系统
كَرِيمُ الـ 贵族的，名门的，世家的

حُتْرَة / حَتْر / حِتْر: قِطْعَة صَغِيرَة 一点儿，小块，碎块，一片，一段
حِتَار جـ حُتُر: إطَار 边，缘；(车胎外面的)轮圈；(罗、筛)圈儿，(眼镜)边，帽(边)，(镜)框

حَتْف جـ حُتُوف: مَوْت على الفراش 死，死亡，灭亡
لَقِيَ ـَ ه 死，逝世，去世
مَاتَ ـَ أنْفِه 善终，寿终正寝

حَتَمَ ـِ حَتْمًا وحَتَّمَ الشيءَ على (ه): أوجَبَه على 责成，使负责，要求
ـ بالأمر: جَزَمَ 决心，判断，断定，坚决
تَحَتَّمَ الشيءُ على: وجَب 必须，应该
حَتْم: حَزْم 决定，决心
ـ: تَحْتِيم (مـ) 命令，吩咐，责成
حَتْمًا: من كُل بُدّ 必定地，决然地
حَتْمِيّ: بَاتّ 决定的，断然的
ـ 必定的，不可避免的
حَتْمِيَّة 必然性，制约性，坚决性，决定性
ـ 决定论

حُتَامَة 残羹，残汤剩饭
حَاتِمٌ الطائِيّ: يُضْرَب به المَثَلُ في الجُود) 哈帖木(慷慨的典型)
أَجْوَدُ من ـ (比哈帖木还慷慨)非常慷慨的
حَاتِمِيّ / السَخَا الـ 哈帖木式的慷慨
الضِيَافة الـ ة 哈帖木式的招待
مُحَتَّم / مَحْتُوم: لا بُدّ منه 不可避免的，无可避免的，必然的
ـ / ـ: مَقْضِيّ به 被判决的，注定的
ـ عليه 他理应…，他有责任…

حتّه / **حتّى** (في حتت)

حَثَّ ـُ حَثًّا وأَحَثَّ واسْتَحَثَّ الرَجُلَ على الأمر:
حَضَّه على فِعْله 催，催促，督促，鼓舞
ـ ه وـ ه: اِسْتَفَزَّه 煽动，怂恿，鼓动
ـ وـ مَطِيَّتَه 驱策，鞭策，以刺马针刺(马)
ـ خُطَاه 加快步伐
حَثَاث / حِثَاث: سُرْعَة 迅速
ـ / ـ: نوم قليل خفيف سريع الذهاب 打瞌睡，打盹儿
ما اكْتَحَلَ فلانٌ حَثَاثًا 他一夜没有阖眼
حَثِيث 快的，迅速的，敏捷的
حَثِيثًا 快地，迅速地，敏捷地，急忙地
مَحْثُوث / مُسْتَحَثّ: مدفوع 被鼓动的，受煽动的
حُثَالَة: ثُفْل 渣滓，糟粕，废物

حَثَا يَحْثُو حَثْوًا وحَثَى يَحْثِي حَثْيًا وتَحْثَاءً التُرَابَ:
صَبَّه 扬撒(尘土)
ـ في وَجْهِهِ الترابَ: أي سبَقه 把他抛在后边

ـ في وَجْهِه الرَمادَ: أي أَخْجَلَه 给他抹一鼻子灰

حَجَبَه ـُ حَجْبًا وحِجَابًا وحَجَّبَه: سَتَرَه 笼罩，遮蔽，掩盖

ـ: منعه من الدُخُول 挡驾，不许他进去

ـ بينهما: حال 隔开

ـ من الإرْثِ 剥夺继承权

اِنْحَجَبَ 戴上面罩

تَحَجَّبَ: تستَّرَ 遮盖，盖起，蒙上，掩盖

اِحْتَجَبَ وتَحَجَّبَ: اِخْتَفَى 不见了，消失，失踪

ـ عن الناسِ 隐藏起来，隐居

ـ وَراءَ كذا 以某物为幌子

ـ ت الجَرِيدَةُ أو المَجَلَّةُ (报纸或杂志)停刊

ـ المُمَثِّلُ 演员没出场

حِجَاب جـ حُجُب: سِتْر 帐幔，面纱，遮盖物

ـ: حِظَار / حَاجِز 屏障，围屏，屏风，隔板，隔壁

ـ: حِرْز 护符，护身符

ـُ آلةِ التَصْوِيرِ / ـ الضَوْءِ (照相机的)镜头光圈，光阑

ـ حاجِز (في التشريح) [医]膈，膈膜

ـ الهَيْكَلِ 神龛上的幔帐

ـ (مـ): حِلْيَة مِعْمَارِيَّة [建]吊饰，雨珠饰

حِجَابَة 侍从的职务

حَاجِب: ساتِر 遮蔽物，遮盖物

ـ جـ حُجَّاب وحَجَبَة: خادِم يستَقْبِل القَادِمِين 侍从

ـ: بَوَّاب 看门人，守门人

ـ المَحْكَمَة (法庭的)庭丁

ـ العَيْنِ جـ حَوَاجِبُ وحَوَاجِيبُ 眉毛

حَوَاجِبُ كَثِيفَة 浓眉

مُحَجَّب / مَحْجُوب: مَسْتُور 遮起来的，被遮盖的，被挡起的

ـ (مـ): بسَبْعَةِ أَرْوَاحٍ (مـ) 天赋以避祸之命，有长生之命，吉人天相

حَجَّ ـُ حَجًّا الأَمَاكِنَ المُقَدَّسَةَ: زارَها 朝拜，巡礼，朝觐(圣地)

ـ ه: غَلَبَه بالحُجَّة 辩倒，说服，使信服，以理说服

حَجَّجَه وأَحَجَّه: أرسله لِيَحُجَّ 派他去朝觐

حَاجَّه: جادَلَه 辩论，辩驳，争论，争辩

تَحَجَّجَ بكذا 以…证明、辩明

تَحاجَّ القومُ 互相辩论，互相争论

اِحْتَجَّ على الأمر 抗议，抗辩，反驳

ـ بكذا 以…为借口

حَجّ / حِجَّة: زِيَارَةُ الأَمَاكِنِ المُقَدَّسَةِ 朝觐，朝拜(圣地)

الـ الأَكْبَرُ 大朝觐(伊斯兰教每年一次的正式朝觐)

حِجَّة: سَنَة 一年

ذُو الـ 回历 12 月

حُجَّة جـ حُجَج وحِجَاج: بُرْهَان 证据，论证，论据

ـ: عُذْر 借口，口实，托辞

ـ: وَثِيقَةُ المِلْكِيَّة 契据，地契

هُو ـ في ... (他是某部门专科的)专家，权威

بـ ـ كذا 以…为借口

حَجَاج جـ حُجُج وأَحِجَّة 眉下的骨头

حِجَاج / مُحَاجَّة: جِدَال 辩论，争论，论证，辩驳

اِحْتِجَاج: إقامة الحُجَّة 抗议；抗辩

ـ: اِعْتِرَاض 反驳

ـ / تَحَجُّج (مـ): تعلُّل 强辩，搪塞，推托

دِينُ الـ (Protestantism) [基督]新教
اِحْتِجَاجِيُّ العَقِيدة (Protestant) 新教徒
حَاجّ ج حُجَّاج وحَجِيج وحُجّ م حَاجَّة ج حَوَاجّ: زَائِرُ الأَمَاكِنِ المقدَّسة 哈只，朝觐者，朝拜圣地的人
مَحَجّ 朝觐地
مَحَجَّة ج مَحَاجّ: جَادَّةُ الطَرِيق أي وَسَطُه 公路，大路，道路，康庄大道
ـ الصواب 正路
ـ: عَلاَمَة النِيشَان 靶心，鹄的
مُحْتَجّ: مُقِيمُ الحُجَّة أو مُعْتَرِض 抗议者；抗辩人，反驳者

حَجَرَه ـُ حُجْرًا وحَجْرًا وحِجْرًا وحَجْرَانًا وحِجْرَانًا وحُجْرَانًا: منعه 阻止，遏止
ـ عليه القَاضِي: منَعَه عن التصرُّف بماله 禁治产，冻结
حَجَّرَ الشيءَ: جعله كالحَجَر 使石化，使硬化，使硬如石
تَحَجَّرَ واِسْتَحْجَرَ الشيءُ: صارَ كالحَجَرِ 石化，变成石头；僵化
ـ (吓得)呆呆地站着
ـ بَيْنَ طَبَقَاتِ الأرض كالحَيَوَان والنَبات 变成化石
حَجْر: مَنْع / حَرْم 禁止，停止，制止
ـ مِنَ العَيْنِ: ما دارَ بها 眼眶，眼窝
ـ صِحِّيّ 检疫，(为防止传染而施行的)隔离，封锁
حَجْرَة ج حَجْر وحَجَرَات وحَوَاجِرُ 方面
حِجْر / حُجْر: مُحَرَّم 禁忌
ـ ج حُجُور وحُجُورَة وأَحْجَار: فَرَس / أُنْثَى الخَيْلِ 骒马，母马，牝马
ـ ج أَحْجَار: حِضْن 怀(胸腹之间)
ـ (مـ): ثِبَان (وبمعنى كنف) (裙的)膝部，(衣服的)下摆
مِلْءُ ـِ (مـ): ثُبْنَة 满膝
الـ (在麦加天房西北角短围墙里的)禁地

حَجَر ج أَحْجَار وحِجَارَة وحِجَار وأَحْجُر الواحدة حَجَرَة 石头，石料
الـُ الأَسْوَدُ [伊](镶在天房一隅的)玄石，黑石
ـ البَلاَط 石板，装修石
ـ البَرْق 砂金石
ـ جَهَنَّم [化]硝酸银
ـٌ جَوِّي: رَجْم 陨石
ـ الحَيَّة 蛇纹石
ـ حَدِيدِيّ 稜铁矿
ـ خَزَفِيّ 牡蛎的化石
ـ الخَفَّان أو الرَخْفَة / ـٌ خَفَّاف 轻石，浮石
ـ الدَم 血石，鸡血石
ـ الرَصْفِ 圆石，碎石，筑路用石
الـ الرَمْلِيّ 砂石，砂岩
ـ الزَاوِيَةِ 隅石，(奠基礼的)基石
ـ السَكَاكِينِ (لتنظيفها) 砖形砂石，磨刀石
ـ شِطْرَنْج (مـ): بَيْدَق 棋子
ـ صَوَّانِيّ 石英
ـ مُشَقَّق / ـ الأَلْوَاح 片岩，板岩
ـ الطَاحُون 磨石
ـ طَاوِلَة (مـ): قُشاط (象棋等的)棋子
ـ عَثْرَة: عِثَار 绊脚石
ـ عَسَلِيّ 蜜蜡石
ـ الفَلاَسِفَةِ 点金石，仙石
ـ القَمَرِ 透明石膏
ـ الكِتَابَةِ 石墨，墨铅

ـٌ كَرِيم 宝石
ـ كِلْسِيّ / ـ جِيرِيّ 石灰石
ـ الكُحْلِ [化]皓矾，硫酸锌
ـ لامع 云母
ـ مَغْنَطِيسٍ 磁石
ـ النَارِ 黄铁矿
ـ الهَدْمِ: دَبْش 粗石，碎石
طِبَاعَةُ الـ 石印术，石印
لَوحُ ـٍ 石版
نُقُودُ ـ 现金，硬币
الحَجَرَان 金银
حَجَرِيّ: كالحَجَر أو منه 石制的，似石的
ـ 多石的，多岩的
العَصْرُ الـ 石器时代
حُجْرَة جـ حُجَر وحُجْرَات وحُجَرات وحُجُرَات:
غُرْفَة 室，屋子，房间
ـ السَطْحِ 屋顶室，阁楼
ـ النَوْمِ 卧室，寝室
ـ الزُوَّارِ 客厅
كُلُّ ـٍ لها أُجْرَة 每个房间都有自己的租金；一分钱，一分货
حُجَيْرَة 小屋，房间
ـ 细胞；(基层组织)支部；网眼；(蜂巢里的)窝穴
تَحَجُّر: تَحَوُّل أو تَحْوِيل إلى حجر 石化，变成石头；僵化
عِلْمُ الـ 古生物学，化石学
حَاجِر جـ حُجْرَان: مَنْزِل للحُجَّاج 朝觐人休息所
ـُ العَيْنِ: مَحْجِر 眼眶，眼窝
مَحْجُور 拖延，耽误
ـ عليه 禁治产人

حَجَّار: نَحَّاتُ الحَجَر 石匠，石工
ـ: بائع أو مُوَرِّد الحَجَر 石料商，石料进口商
مُتَحَجِّر: مُسْتَحْجِر 石化的；呆板的，僵化的
حَيوانٌ أو نباتٌ ـ: أُحْفُور 动物或植物的化石
مُتَحَجِّرَات 化石
مَحْجَر جـ مَحَاجِرُ: مكان مُعَدّ للحَجْر الصِحِّيّ 检疫所
ـ 郊区
مَحْجِرُ العَيْنِ جـ مَحَاجِرُ: حَاجِر 眼眶，眼窝
ـ (مـ): مَقْلَعُ الحِجَارة 石坑，石矿
حَجَزَه ـُ حَجْزاً وحِجَازَةً: منعه وكَفَّه 阻碍，拦住，阻住，挡住
ـ ه: رَدَعَه / ضَبَطَه 制止，阻止，抑止
ـ الطريقَ وغيرَه: سَدَّه 阻塞，堵塞，隔断，封闭，封锁
ـ بَيْنَ الشَيْئَيْنِ: فَصَلَ 分开，隔开，分离
ـ عليه المَالَ [法]查封，没收(财产)
ـ على راتبه [法]扣押工资
ـ الشيءَ أو المَكانَ: حَفِظَه 预订，包定(坐位、房间等)
ـ عنه الشيءَ 扣留，扣下
اِحْتَجَزَ الشيءَ 拘留，扣押
اِنْحَجَزَ 被查封，被扣押
حَجْز: مَنْع 阻止，阻挡
ـ: حَبْس 拦住，阻碍，阻住
ـ الأَمْوَال 查封，没收(财产)
ـ على المَزْرُوعَات 没收农产品
الـ التَحَفُّظِيّ 为了保证偿还预先查封
الـ التَنْفِيذِيّ 拍卖已查封的财产
حَجْزَة: ناحية 地方
حُجْزَة جـ حُجَز وحُجْزَات وحُجَزَات وحُجُزَات
腰带；地带；山脉；一切带状物

شَدِيدُ الـ 耐劳的，刻苦的
الحِجَاز 希贾兹
حِجَازِيّ 希贾兹人
سَنَا ـ [植]旃那
حَاجِز جـ حَجَزَة وحَوَاجِزُ: مُوَقِّع الحَجْز (مـ)
查封人，没收人，扣押人
ـ: عَائِق 障碍
ـ: حِظَار / دِرْوَة (مـ) 屏风，围屏
ـ السُلَّم 栏杆
ـ الأَمْوَاجِ / ـ الرَصِيف 防波堤
دَوْلَةٌ ـ ة 缓冲国
اِجْتَازَ الحَوَاجِزَ (马)跳越障碍物
حَوَاجِزُ جُمْرُكِيَّة 海关，卡子
حَوَاجِزُ حَرَجِيَّة واقِيَة 防护林
مَحْجُوز عليه 被扣押的(财产)
ـ: مَحْفُوظ 包定的，预定的(坐位等)
ـ: مُعَاق 被阻挡的，被阻止的
حَجَلَ ـِ حَجْلاً وحَجَلانًا: رَفَع رِجْلاً ومشى مُتَرَيِّثًا
على الأُخْرَى 用一只脚跳着走
ـ المُقَيَّدُ: قفز على الرِجْلَيْنِ معًا 戴镣的人双
脚跳着走
ـ الحِصَانُ وغيرُه: حَنْجَل (مـ) (马)腾跃，
跳跃
حَجَل جـ حِجْلان وحِجْلَى الواحدة حَجَلَة 鹧鸪
حَجْل وحِجْل جـ أَحْجَال وحُجُول: خَلْخَال القَدَم
踝饰，脚镯
ـ: قَيْد 脚镣
ـ: بَيَاض في رِجْلِ الفَرَس 马脚上的白毛
حَجَلَة جـ حِجَال وحَجَل: سترٌ يُضْرَب للعَرُوس
في جَوْف البَيْت 新娘的帷幕
ـ: بَيْت يُزَيَّن للعَرُوس 新房
الحُجُول لربَّات الحِجَال: الخَلاخِيل للنِساء 脚镯
是妇女的装饰
تَحْجِيل: بياض في قَوائِم الفرس (马脚上的)
白毛
مُحَجَّل القَوائِمِ ومحجولُ القَوائِم 四脚白
حَجِيل 三脚白
حَجَمَ ـُ حَجْمًا الحَجَّامُ المَرِيضَ: عالَجَه بالمِحْجَم
拔火罐(治疗)
ـ البَعِيرَ: جعل على فمه حِجاما وذلك اذا هاج
(给驼)戴笼头
أَحْجَمَ عن كذا: كفَّ أو نكص هَيْبَةً 自制，
节制，戒(酒)，戒绝
ـ: ضدّ أَقْدَمَ 退却，后退
حَجْم جـ حُجُوم: جِرْم 大小，容积，体积
كَبِيرُ الـ: ضَخْم 庞大的，体积大的
حِجَامة: سَحْبُ الدَمِ بالكَأْس [医]放血
إِحْجَام: ضدّ إقدام 退却，后退
ـ: اِمْتِناع / كَفّ 戒绝，节制
حَجَّام 拔火罐者，放血者，理发师(中世
纪的理发师兼营放血业)
مِحْجَم ومِحْجَمَة جـ مَحَاجِمُ: كَأْسُ الحِجامة
放血器，火罐
حَجَنَ ـُ حَجْنًا وحَجَّنَ العُودَ: عَقَفَه 弯曲，弄弯
ـ واحْتَجَنَ الشيءَ: جذَبه بالمِحْجَن 把东西钩
过来
أَحْجَنُ م حَجْنَاءُ جـ حُجْن: مَعْقُوف 弯曲的
مِحْجَن جـ مَحَاجِنُ: عَصًا مَعْقُوفَةُ الرأْس 钩子；
弯把的手杖
ـ الطائِر 鸟嘴，喙
حَجَا يَحْجُو حَجْوًا به خَيْرًا: ظنّ 对他有好感
ـ ه: قصده واعتمده 意图
حَاجَاه: أَلْقَى عليه الأحاجِيّ 给他猜谜；讽示
أَحْجَاه بكذا 使他适合于…

ما أَحْجَاه! أَحْجِ به! 他是多么合适呀！他
真配做这个！
تَحَاجَى 互打哑谜，彼此猜谜语
حِجًى: عَقْل 理智，智慧
ـ: فِطْنَة 聪明，机敏
أُحْجِيَّة جـ أَحَاجٍ وأَحَاجِيّ: لُغْز 谜语，灯谜，
哑谜
حَخَام (أ) / حَاخَامُ اليَهُودِ جـ حَاخَامَات 犹太的
法学博士
حدا / تحدٍّ (في حدو)
حَدَأَ ـَ حَدْأً الشيءَ عنه: صرفه 驱散，消除
حَدِئَ ـَ حَدَأً بالمكان: لزق به 不离开(某地)
ـ إليه: لَجَأَ 投奔他
ـ إليه وعليه: عطَفَ عليه ونصرَه 援救，救助
ـ عليه 发怒
حَدَأَة جـ حَدَأ وحِدَاء: فَأْس برأسَيْنِ 鹤嘴锄，镐
حِدَأَة جـ حِدَأ وحِدَاء وحِدْآن: حِدَّاية (مـ) 鹞
حَدِبَ ـَ حَدَبًا وأَحْدَبَ وتَحَادَبَ الرجلُ: كَانَ
أَحْدَبَ الظَهْرِ 佝偻，驼背
ـ: كان مُحَدَّبًا 成为凸面的，隆起的，
凸起的
ـ عليه: تَعَطَّفَ 同情，关怀，(母亲)抚爱
(子女)
حَدَّبَه وأَحْدَبَه: جعله أَحْدب 使弯曲；使驼背
ـ ه: ضدّ قَعَّره 使成凸面，使凸起
تَحَدَّبَ عليه: تَعَطَّفَ 同情
ـ واحْدَوْدَبَ احْدِيدَابًا وتَحَادَبَ: اِنْحَنَى 变成
驼背
حَدَب 流沙；波浪；疤痕；严寒
من كُلِّ حَدَبٍ وصَوْبٍ 从各方面，从各处
حَدَبة الظَهْر (أو سَنام الجَمَل) 驼峰
تَحَدُّب: ضدّ تَقَعُّر 凸出，隆起

حَدِب م حَدِبَة جـ أَحْدَاب وحَدِبَات / أَحْدَب م
حَدْبَاءُ جـ حُدْب / مُحْدَوْدِب 驼子，驼背
的；隆起的，凸起的
مُحَدَّب: ضدّ مُقَعَّر 凸出的，凸状的，隆起的
أَحْدَب: اسم نوع من السُيُوف 弯刀，偃月刀
حَدُثَ ـُ حَدَاثَةً وحُدُوثًا: كان حديثا 还是最近
的，最新的，不久以前发生的
ـَ ـُ حُدُوثًا الأمرُ: وقع 发生(事故)
حَدَّثَ عن فلان: رَوَى وأورد الحديث 传说，
传述
ـ ه كذا وبكذا: أخبره 告诉他
ـ ه قَلْبُه 预感，心血来潮，计上心来
حَدَّثَتْنِي نفسِي بـ ... 我预感到…
حَادَثَ السيفَ: جَلَاه (把刀、剑)磨光
ـ ه: كالَمه 交谈，会谈
أَحْدَثَه واسْتَحْدَثَه: ابتدَعَه 创造，创立，创办，
建立，开办
ـ ه: سَبَّبَه 惹起，引起，造成，招致
ـ تَأْثِيرًا على كذا 对…产生影响，起作用
ـ الرجلُ: تغوَّط 大便
تَحَدَّثَ به وعنه 谈论，谈到，说到，提及
ـ به الرُكْبَانُ 大家都在谈论他
تَحَادَثَ القَوْمُ: حدَّث بعضُهم بعضًا 谈判，
交谈，会谈
حَدَث جـ أَحْدَاث: أمر حادث 新事，事件
ـ: بِدْعَة 异端
ـ: غائط 屎，粪便
ـ جـ أَحْدَاث وحُدْثَان: شَابّ 少年
حِدْثَانُ وحَدَثَانُ وأَحْدَاثُ وحَوَادِثُ الدَهْرِ: نَوَائِبُه
命运的波折，人生的不幸，灾难，灾祸
حَدَاثَة: جِدَّة 新鲜，新奇，新颖
ـ السِنِّ 年青，年轻，年少，青年时期，

青春年少

ـ العَهْد 新近

حُدُوث: وُقُوع / حُصُول 发生

أُحْدُوثَة جـ أَحَادِيثُ: ما يُتَحَدَّثُ به 话柄，话
把，谈资，谈论的题目，话题，论题

ـ: حُدُّوته (مـ) 民间故事，民间传说

صَارَ هذا ـ تُرْوَى 这件事已成为话柄

مُحَادَثَة جـ محادثات: حَدِيث / مُكَالَمَة 会话，
交谈；会谈

إِحْدَاثِيّ جـ إِحْدَاثِيَّات (في الهندسة) [数]坐标

ـ أُفُقِيّ 横坐标，横标

ـ رَأْسِيّ 纵坐标，纵标

حادِث: جديد 近日的，新近的，近来的

حادِث / حادِثَة جـ حَوَادِثُ وحادِثَات: واقِعَة
事件

ـ وـ: كارِثَة 事故，祸事，不幸事件

ـ ة عَرَضِيَّة / ـ المُصادَفَة 偶然的或意外的
事故

مَكَانُ الـ ة 事故发生的地点，现场

حَوادِثُ مَحَلِّيَّة 本地事件

كَثِيرُ الحَوَادِث أو الوَقَائع 多变故的，事故多
的

حَدِيث جـ حِدَاث وحُدَثَاء: جديد 新近的，
现代的，新式的，新颖的

ـ السِنّ 年少，年轻人

ـ العَهْد 新近的，不久以前发生的

ـ أو مُحْدَثُ نِعْمَة 暴发户，新贵

ـًا: مِنْ عَهْدٍ قريب 新近，近日，不久

ـ جـ أَحَادِيثُ وحُدْثَان وحِدْثَان: خَبَر 消息，
新闻，外界的议论，流言蜚语

ـ: حِكَايَة 故事，传说，传闻

ـ: مُحَادَثَة 会话，会谈，交谈

ـ: كَلام 谈话，闲谈

أَدْلَى بـ ـ 发表谈话

و لا ـ لَهُمْ إلاَّ عَنْ .. 他们谈论的尽是…

ـ القَوْمِ: أُحْدُوثَتُهُمْ 街谈巷议，市井言论

ـ خُرَافَة 胡话，胡说八道，无稽之谈

الـ السائِرُ 杂谈，闲谈

عِلْمُ الـ عند المُسْلِمِين: هو عِلْم تُعْرَفُ به أقوالُ
النَبِيّ مُحَمَّدٍ وأفعالُه وأحوالُه [伊]圣训学
(以先知穆罕默德的言行和情况为研究的
对象)

مُحَدِّث: حاكٍ 讲述者，叙述者；圣训学家

مُحْدَث: حَدِيثُ نِعْمَةٍ 暴发户，新贵

ـ جـ مُحْدَثَات 新出的；不见经传的

مُتَحَدِّثٌ بِلِسانِ الوِزارَةِ 某部代言人

الـ الرَسْمِيّ 官方发言人

مُسْتَحْدَث: جديد 新奇的，新鲜的

حَدَجَ ـِ حَدْجًا وأَحْدَجَ البعيرَ: شدّ عليه الحِدْجَ
用驼鞍鞴驼

ـ الأَحْمالَ: شَدَّها 把货物打成驮子

ـ ه: ضربَه 打

ـ ه بالسَهْم: رماه 用箭射

ـ ه بالذَنْب: نَسَبَه إليه 指责他犯罪

حَدَّجَ بِبَصَرِه: حدَّق 凝视，逼视

حَدَج 苦西瓜

حِدْج جـ حُدُج وحُدُوج وأَحْدَاج: حِمْل 驮子

ـ / حِداجَة جـ حَدائِجُ: ما تَرْكَبُ فيه النِساءُ
على البعير 妇女坐的驼轿

أَبُو حُدَيْج: لَقْلَق [鸟]鹳，白鹳

حَدَّ ـُ حَدًّا وحَدَدًا وحَدَّدَ الدارَ: جعل لها حدًّا
划定(房屋的)界址

ـ الشيءَ عن الشيء: مَيَّزَه 划清二者的界线

ـ وحَدَّدَ المَكانَ: أقام له حدوداً 划界

ـ وـ وأَحَدَّ واسْتَحَدَّ السكّينَ: شَحَذَها 磨刀

حَدَّتْ ـُ حَدًّا وحِدَادًا وأَحَدَّتِ المَرْأَةُ: تركتِ الزينةَ ولبِسَتِ السَوَادَ لموت زوجها 为丈夫戴孝，穿丧服

ـ ـِ حَدًّا وحَدَدًا وحِدَّةً وحَدَّدَ واحْتَدَّ عليه: غَضِبَ 发怒，生他的气

حَدَّدَه: عيَّنه 确定，规定

ـ الأمرَ: عرَّفه 下定义，立界说

ـ ه: خصَّصه 指定

ـ إليه وله: قصَدَه 去，往，赴

ـ التاجرُ الأثْمانَ 定价

ـ ت الحكومةُ الأسْعَارَ (政府)限价

حَادَّه: عاداه وغاضَبَه 敌对，仇视

ـ ت أرضُه أَرْضِي: جَاوَرَتْها 他的土地与我的土地邻近(毗邻)

أَحَدَّ إليه النظرَ 凝视，注视，目不转睛地看

ـ ت المرأةُ 戴孝，穿丧服

تَحَدَّدَ 被限定，被指定

اِحْتَدَّ: اشتدَّ 变成严重，严厉

ـ عليه: غضِب 发怒

حَدّ ج حُدُود: مُنْتَهَى الشيءِ 限度，界限，止境

ـ المَمْلَكَة أو البلاد: تَخمها 国境，国界，边境，边界

ـ السكّينِ أو السَيْفِ: مَقْطَعُه 刀刃，剑锋

ـ الشيء: حَرْفُه 边缘

ـ: تَعْرِيف 定义，界说

ـ (في الرياضة وغيرها) [数]项

ـ: عُقُوبَة 处罚，刑罚

وَقَفَ عِنْدَ ـ 适可而止，(做事)不过分

إلى ـ مَعْلُوم 到一定限度

إلى ـ ما 在某种程度上

إلى ـ كَبِير / إلى ـ بَعِيد 在很大程度上

بـ ـ ذاته 本身，本来

بـ ـ السَيْفِ 以武力，用武力

لا ـَ له: غيرُ مُتَنَاهٍ 无限制，无限度，无止境，无边境

لا ـَ له: يَفُوقُ الحَصْرَ 无限量的，无穷的，无尽的

على ـ سَواءٍ 完全一样

الـ ُ الأدْنَى 最小限度；最低限度

الـ ُ الأقْصَى 最大限度；最高限度

الـ ُ الفاصِلُ بَيْنَ .. 分水岭，分界线

على ـ قَوْله 按他的说法，据他所说

في حُدُودِ القانُونِ 在法律范围内

لِـ ـِ كذا: لِغَايةِ كذا 到…止

لِـ ـِ الآن 迄今，至今，到如今，到现在

ذُو حَدَّيْنِ 双刃的，两刃的

سِكِّينَةٌ بِحَدَّيْنِ 双刃刀，两刃匕首

حُدُودُ الله [宗]真主的法度，上帝的禁令

تَخَطَّى حُدُودَ اللِياقَةِ 不风雅

حِدَّة: غَضَب 愤怒，恼怒

ـ 嫉妒，嫉妒性，醋意；羡慕，热衷；洞察力，远见

ـ: مَضَاء 锐利，尖锐，锋利

ـ: شِدَّة / سَوْرَة 威力，激烈

ـ الطَبْعِ / حِدِّيَّة (س): نَزَق 急躁，性急，性情暴躁

بِحِدَّةٍ 恼怒地，愤然

حِدَاد: حُزْن 丧，居丧

ـٌ كامل 正式丧服

ثَوْبُ الـ: سِلاب 丧服，孝服

ثوبُ ـ الزوجة 寡妇的丧服

شَارَةٌ أو شَرِيطُ الـ 丧章，(服丧)黑纱

حِدَادَة: مُعَالَجَةُ الحديد 铁匠业，铁匠的手艺
تَحْدِيد: تعريف 定义，界定
ــ: تَقْييد / حَصْر 限制
ــ: إقامةُ الحُدود 分界，划界
ــ النَسْلِ 节制生育
ــ الوَضْعِ الطَبَقِيّ 划定阶级成分
على وَجْهِ الـ 确定地，确切地，肯定地
حَادّ / حَدِيد: مَاضٍ (حَقِيقيًّا ومَجَازيًّا) 锐利的，尖锐的，锋利的
ــ أو ــ البَصَرِ 目光锐利的
ــ أو ــ الذِهْنِ أو الفُؤَادِ 机敏的，机警的
ــ أو ــ الطَبْعِ 性急的，暴躁的，易怒的，脾气大的
ــ على: حَزْنَان (مـ) 服丧，穿孝，哀悼
زَاوِيَةٌ حادَّة [数]锐角
آلةٌ حادَّة 有刃物，利器
حَدَد 禁止的(东西)；不可能的；谣言
حَدَدًا أنْ يَكُون كذا 但愿不这样
حُدَادَكَ أَنْ يَكُون هذا 尽你最大的力量也只能做到这样
حَدِيد جـ حِدَاد وأَحِدَّاءُ: حادّ 尖锐的，锐利的
ــ القَلْبِ 热心的，热情的；性急的
ــ اللِسانِ 刻毒嘴
ــ 铁
ــ صَبٍّ أو ظَهْر (مـ) / ــ مَسْبُوك 铸铁，生铁，铣铁
ــ قُرَاضَة (مـ) أو خُرْدَة (مـ) 碎铁
ــ صُلْب 钢
ــ مَشْغُول 韧铁
ــ مَطْرُوق 锻铁
ــ مُرَقَّق على شكل زاوية 三角铁
ــٌ خامٌ / ــٌ غُفْلٌ 铁矿

سِكَّةُ الـ 铁路，铁道
مَصَانِعُ الـ 铁厂；铁工厂
بِالـ والنَارِ 以武器
حَطُّوه في الـ 他们用锁链把他锁起来，给他戴脚镣
حَدِيدَة جـ حَدِيدَات وحَدَائِدُ جج حَدَائِدَات:
قِطْعَة حَدِيد 一块铁
ــ 铁器，铁制品
ــ المِحْرَاثِ 犁铧
ــ اللِجامِ 马衔，马爵子
هو على الـ (مـ): مُعْسِر 缺钱，手头紧
صِناعةُ الحَدائِدِ 炼铁工业，制铁工业
حَدَائِد: أَدَوَات حَدِيديَّة 铁器
تاجِرُ الـ أو المَصْنُوعات الحديديَّة 铁器商
حَدِيدِيّ 铁的，铁制的
السِتَارُ الـ 铁幕
مَعَادِنُ حَدِيديَّة 黑色金属
مَعادِنُ غيرُ حَدِيدِيَّة 有色金属，非铁金属
حَدَّاد: مُعَالِجُ الحَدِيد 铁匠
مَحْدُود: له حَدّ 有限的，有限度的，有限制的，有范围的；被限制的；狭小的；不充足的
ــ: مُعَيَّن 规定的，确定的，既定的
ــ: مُقَيَّد / مَحْصُور 有限定的，有限制的
ــ: مُتَنَاهٍ 有止境的
غَيْرُ ــ / لا ــ: لا حَصْرَ له 无穷的，无止境的
غَيْرُ ــٍ: لا حَدَّ له 无限度的，无限制的
مُدَّةٌ غيرُ مَحْدُودةٍ 无限期
مُحَدَّد: مُرْهَف / مَسْنُون 锋利的，磨快的
مُحْتَدّ: غاضِب 恼怒的，发怒的
حَدَرَ ـُـ حَدْرًا وحُدُورًا وتَحَدَّرَ وانْحَدَرَ وتَحَادَرَ الشيءُ: نزَل وهبَط 滚下，滑下，降落

ـ الشيءَ: أنزله من عُلُوٍّ إلى أسفل 使(东西)从高处降下
ـ ه وحَدَّرَه: جعله مُنْحَدِرًا 做成斜坡
ـ ت العَيْنُ الدمعَ: سكَبَتْه 流泪
ـ الدواءُ بطنَه: أمشاه 通便
ـ وأَحْدَرَ القراءةَ أو المشيَ: أسرع فيهما 快(读)；急(行)
ـ ـِ حَدْرًا وأَحْدَرَ الجِلْدَ: ورَّمه (打击)使皮肤发肿
تَحَدَّرَ وانْحَدَرَ: كان مُنْحدِرًا 斜下，倾下
ـ من 出身，出生，起源
اِنْحَدَرَ من ... …地方出生，出生于…
حَدُور / حَدْرَاء / حَادُور / مُنْحَدَر جـ مُنْحَدَرَات: مَوْضعُ الانحدارِ 坡，斜坡，斜面，倾斜面，坡地
حُدُور / تَحدُّر / اِنْحِدَار: مَيْل 斜，歪斜
حَادُور جـ حَوَادِيرُ: مُسْهِل 泻药
اِنْحِدَار (道德的)堕落，颓废
بِانْحِدارٍ / بتحدُّر: بِمَيْلٍ 歪斜的，倾斜地
واقِفُ الاِنْحِدارِ 断崖，绝壁，陡峭的，险峻的
حُدْرَة 骆驼群；人群
حادِر: سَمِين 胖，肥，饱满
مُنْحَدِر / مُتَحَدِّر 斜坡的，倾斜的
حَيْدَر: أَسَد 狮子
أُحْدُور: مكان مُنْحَدِر / دُحْدَيْرَة (مـ) 倾斜的地方，坡地
حَدَسَ ـِ حَدْسًا في الأمر: ظَنَّ / خمَّن 猜测，猜想，推测，臆度
ـ في الأرض 无目的地行走
ـ الشيءَ بِرِجْلَيْه: وَطِئَه 用脚踩住
تَحَدَّسَ الخبرَ وعنه 刺探(消息)

على الحَدْس 据猜想，据推测
الـ / الـ النَفْسِيّ 直观，直觉
حَدْسِيَّات 假设，臆说
حَدِيس ومَحْدُوس 屈服的，被摔倒的，匍伏的，趴着的
حَذَفَ الشيءَ (مـ): حَذَفَ به 扔，投，掷
حَدَّافَةُ الآلةِ الميكانيكيَّة 飞轮，整速轮，节动轮
حَدَقَ ـِ حَدْقًا وأَحْدَقَ واحْدَوْدَقَ القومُ به: أَطافُوا وأحاطوا به من كلّ جهة 包围，围绕，环绕
ـ وـ به الخَطَرُ: أَحاط به من كلّ جهة 危机四伏，四面楚歌，陷于危险之中
ـ ه بعَيْنَيْه: نظَر إليه 看
حدَّق إليه: حدَّد النظرَ إليه 凝视，注视
ـ الطعامَ (مـ) 往食物里加盐
حَدَق جـ حَدَقَة 有围墙的花园
حَدَقَة العَيْنِ جـ حَدَق وحَدَقَات وأَحْدَاق وحِداق: سَوَادُ العَيْنِ الأعظم 眼球，瞳仁，眸子
حَدَقِيّ 眼球的，瞳仁的
حَدُوق (مـ) 酸的
حَادِق الطَعْم (مـ): حاذِق 酸的
ـ (مـ): مالحٌ قَلِيلاً 微咸的
حَدِيقَة جـ حَدَائِقُ: جُنَيْنَة 花园；果园
ـ الحَيَوَان 动物园
مُحْدِق: مُكْتَنِف 环绕的，围绕的，包围的
خَطَر ـ 临头的危险，紧迫的危险，燃眉之急
حَدَلَ ـِ حَدْلاً وحُدُولاً عليه: ظَلَمَه 虐待
ـ السطحَ (مـ): مهَّده بالمِحْدَلَة (用碌碡)轧平
حَدَلَتْ ـِ حَدَالَةً العَجَلةُ (مـ): حَرْجَلَتْ 滚来滚去
حَدِلَ ـَ حَدَلاً: أشرف أحد عاتِقَيْهِ على الآخر

一肩高于另一肩

حادَلَه: راوَغَه 狡猾地对待他

تَحادَلَ: انحَنى على القَوْس (射箭时)倾向于弓

حَوْدَلَة: أكمة 小丘

مِحْدَلَة جـ مَحادِلُ (مـ): مِدْحاة 碌碡

ـ بُخارِيَّة (مـ): وَابور زَلْط (مـ) 压路机

اِحْتَدَمَ وتَحَدَّمَ الرجلُ 发怒，发脾气，大发雷霆

ـ النهارُ: اشتدّ حرُّه (白天)炎热

ـ الشرابُ: اشتدَّت سَوْرَتُه (酒性)猛烈

ـ ت القِدرُ: اشتدّ غَلَيانُها (锅)沸腾

حَدْم / حَدَم: شِدّةُ اتّقادِ النّارِ (火)炽热，灼热

حَدَمَة: صوتُ التهاب النار 熊熊之声

مُحْتَدِم: مُتَّقِد 发焰的，燃烧的

ـ غَيْظًا 发怒的，暴怒的，发脾气的

حِدَة (في وحد) / **حِدّة** (في حدد)

حَدُّوتَه (مـ) / **أُحْدُوثَة** (في حدث)

حَدا ـُ حَدْوًا وحِداء وحُداء الإبِلَ وبالإبل: ساقَها وغَنّى لها 以歌唱赶骆驼

ـ واحْتَدَى الليلُ النهارَ: تَبِعَه (夜晚)跟随(白昼)

ـ ت الريحُ السحابَ: ساقَتْه 驱策

ـ ه على كذا: بَعَثَه وساقه 推动，策动，鞭策

حِدْوَة جـ حَداوٍ (مـ): نَعْلُ الفَرَس 马掌，蹄铁

حادٍ جـ حُداة 用歌咏赶骆驼者

حَدِيَ ـَ حَدًى بالمكان: لزمه 逗留，停留，居留

تَحَدَّى: بارَى 竞争，争夺，竞赛，比赛

ـ الرَجُلَ: ناهَضَه 挑战，挑衅

ـ الأمرَ: تعمَّد فِعْلَه 想(做)，打算(做)

تَحَدٍّ جـ تَحَدِّيات 挑衅行为，挑战

في ـ 挑衅地

حذا / **حِذاء** (في حذو)

حَذِرَ ـَ حَذَرًا وحِذْرًا ومَحْذُورَةً الرجلَ ومن الرجل وحاذَرَ وتَحَذَّرَ منه واحتَذَرَه: تَحَرَّزَ منه 谨防，防备，提防，警惕

حَذَّرَه: نبَّهه وحرَّزه 警告，告戒，提醒

حاذَرَه: حَذِرَ كلٌّ مِنَ الآخَرِ 互相提防，互相警惕

حَذَر / حِذْر 注意，小心，留心

كانَ على ـ 防备着，警惕着

أَخَذَ ـ ه 采取预防办法

حَذارِ من كذا: اِحْذَرْه (动名词)请小心，请提防，请留神

تَحْذِير: تَنْبِيه 警告，警戒

حاذِر جـ حاذِرُون 准备的，预备的

حَذِر وحَذُر جـ حَذِرُون وحَذارَى: حاذِر 小心的，留意的，注意的，谨慎的

مَحْذُور جـ مَحْذُورات: ما يُحْتَذَر منه 注意事项

مَحْذُورَة: فَزَع 恐怖

ـ: داهِية 灾难

حَذَفَه ـِ حَذْفًا: أسقطه 摔倒

ـ الشيءَ: قطَعَه 割断，切断

ـ كلمةً: شطَبَها أو ضرَب عليها 删去，省略

ـ بالشيء: ألقى به 扔，投，掷，抛

ـ ه بكذا: رَماه به 以某物打击，或射击

اِنْحَذَفَ 被省略，被删去

حَذْف 扔开，抛开，撂掉；删去，省略

الـ أو الإضافة 减少或增加

حَذَف الواحدة حَذَفَة جـ حَذَفات: طائر كالبَطّ صغير [鸟]小凫

حِذْفار وحُذْفُور جـ حَذافِيرُ: جانِب 边，面，侧

أُشْدُدْ حَذافِيرَك 准备好

بحَذافِيرِه: بأَسْرِه 统统，全部，完全

أَخَذَه بحَذافِيرِه أو بحِذْفارِه أو بحُذْفُورِه: بأَسْرِه

وبِجَوانِبِه كلّها 他全部取去了

حَذَقَ ـِ وحَذِقَ ـَ حَذْقًا وحِذْقًا وحَذَاقًا وحِذَاقًا وحَذَاقَةً وحِذَاقَةً: كان مَاهِرًا 成为能手，成为巧妙的、熟练的、灵巧的

ـ الكتابَ: تَعلَّمه كلّه 学完一本书

ـ العملَ: مهَر فيه 精于工作

حَذَّقَه: جعله مَاهِرًا 使他熟练

حَذَقَ ـِ حَذْقًا الشيءَ: قطعه 切割

ـ ـِ حُذُوقًا الخلُّ: اشتدّت حُمُوضَتُه فلذع اللسانَ (醋的酸味)刺激舌头

حِذْق / حَذَاقَة: مَهَارة 灵巧，巧妙，熟练

حاذِق جـ حُذَّاق وحِذَاق: ماهِر 能手，熟练的，巧妙的，灵巧的，灵敏的

ـ: شَدِيد الحُمُوضَة 很酸的

حَذْلَقَ وتَحَذْلَقَ: أظهر الحِذقَ أو ادَّعَى الحذق 自矜博学，卖弄学问，冒充能手

انه يَتَحَذْلَقُ في كلامه: يتظرّف ويتكيّس 咬文嚼字

حَذْلَقَة / تَحَذْلُق: ادِّعاءُ العِلْم 自矜博学，冒充能手；咬文嚼字

مُتَحَذْلِق / حِذْلاَق: مُدَّعِي العِلْمِ 卖弄学问的人，咬文嚼字的人

حَذَام 哈扎密(女名)(眼光敏锐者)

حَذا ـُ حَذْوًا وحِذاءً النعلَ: قطعه على مثال 照样

ـ النعلَ بالنعل: قدَّرها بها وقطعها على مثالها 照鞋子裁制鞋子

ـ حَذْوَهُ: امتثل به 模仿，效法，以…为榜样

اِحْتَذَى: اِنْتَعَل 穿鞋

ـ مثالَ فلانٍ وعلى مثالِه: اقتدى وتشبَّه به 模仿，仿效

حَذَاه وحَاذَاه مُحَاذَاةً وحِذَاءً: كان بإزائِه وجَلَسَ بِحِذائِه 与…相对，与…平行

تَحاذَيَا 相对，相平行，并驾齐驱

حِذَاء طَوِيل جـ أَحْذِيَة: جَزْمَة (مـ) 皮靴

ـ قَصِير 皮鞋

ـ المَطَر أو الخَوْضِ 雨鞋

حِذَاءَه: إزَاءَه 对面

جلَسَ ـ ه وبِـ ه: إزاءَه 他坐在他对面

دَاري ـ دَارِه: إزاءَها 我的房子在他房子的对面

حَذَّاء: جَزْمَاتِي (مـ) / كُنْدَرْجِيّ (سـ) 鞋匠

مُحاذٍ له: بِحِذَائِه 与…对面的，与…相对的

حرَّان (في حرر)

حَرِبَ ـَ حَرَبًا: اشتدّ غَيْظُه 愤怒，暴怒

حَرَبَ ـُ حَرْبًا الرَّجُلَ: سَلَبَه مالَه وتركه بلا شيء 抢光(财物)

حَارَبَ العَدُوَّ: قاتَله 与敌斗争，厮杀

تَحارَبَ واحْتَرَبَ القومُ: أوقدُوا نارَ الحَرْب 开仗

حَرْب جـ حُرُوب: قِتال 战争，战斗，战役

ـ أَهْلِيَّة أو داخِلِيَّة 内战

ـ التَطْوِيق 围剿

ـ بَارِدَة 冷战

ـ التَحْرِير 解放战争

ـ جائِرَة 非正义的战争

ـٌ عادِلَة 正义的战争

ـُ الدِفَاعِ ضِدّ اليَابَان 抗日战争

ـ صِحَافِيَّة 笔墨官司

ـُ الصَوَارِيخ 火箭战

الـُ العالَمِيَّة / الـُ العامَّة / الـُ العُظْمَى (الكُبْرَى) 世界大战

في حالةِ ـ 处于战争状态

الـ الوَطَنِيَّة الكُبْرَى 伟大的卫国战争

مُشْعِلُو نِيرَانِ الـ 战争挑拨者

ما بَعْدَ الـ　战后的

أَرْكَانُ الـ　参谋部

دارُ الـ: بلادُ الأَعْدَاء　敌国，敌对国家

أَعْلَنَ الـ على / أشهرَ الـ　对…宣战

ـ الكَرِّ والفرِّ / ـ العِصَابَات　游击战

وَا حَرَبَا! (كلمة يُنْدَب بها المَيْتُ وتستعمل للتأسُّف)　呜呼！哀哉！

الحُرُوبُ الصَلِيبِيَّة　十字军战役

حَرْبِيّ: عَسْكَرِيّ (راجع عسكر)　军事的

مَجْلِس ـ　军事会议

مَدْرَسَةٌ حَرْبِيَّة　军事学校，军官学校

الحَرَكَاتُ الحربيَّة أو عِلْمُها　战术

وِزَارَةُ الحَرْبِيَّة　陆军部

حَرْبَة جـ حِرَاب: آلة للحرب من الحديد قصيرة محدَّدة وهي دون الرمح　标枪，短矛

ـ: رأْسُ الرمح　枪头，矛头

ـ البُنْدُقِيَّة: سِنْجَة (مـ) / سُونكى (مـ)　刺刀

ـ: فَسَادُ الدِين　轻视宗教

حِرْبَاء / حِرْبَاءَة جـ حَرَابِيّ: ضرب من الزحَّافات تتلوّن في الشمس أَلْوانًا مختلفة　避役（变色龙）

مُحَارَبَة　战斗，作战

ـُ التَبْذِير والإِسْرَافِ　反铺张，反浪费

حَرِيب　被抢劫的，被掠夺的

حَرِب　易怒的，易激动的

حَرَّاب / حَرِب: حامل الحَرْبَة من الجُنُود　持枪者，枪手

ـ: صانِعُ الحَرْبَة　制标枪工人

مُحَارِب: مُقَاتِل　战士

مُتَحَارِبُون: مُشْتَبِكُون في حرب　交战者

مِحْرَاب / مِحْرَب / حرْبَجِي (مـ): صاحبُ الحربِ والشُجاع　战士，勇士，好战的人

ـ جـ مَحَارِيب: صَدْرُ البَيْتِ　房屋的正位

ـ: أَكْرَمُ مَوَاضِعِ البَيْتِ　房子最好的地方

ـ: صَدْرُ المَجْلِس　首座，首席

ـ المَسْجِدِ: مَقَامُ الإمام　清真寺的壁龛（教长站的地方）

ـ المَعْبَد: قُدْس　高坛，圣所

ـ الكَنِيسَة: مَذْبَح　祭坛

ـ　犹太人的会堂

حَرَتَ ـُ حَرْتًا الشيءَ: دلكه شديدًا　用力摩擦

حَرِتَ ـَ حَرَتًا الرجلُ: ساء خُلُقه　性情恶劣

حَرَثَ ـِ حَرْثًا واحترَثَ وحَرَّثَ الأرضَ: شقَّها بالمِحْرَاث　犁地

ـ الأرضَ: فَلَحَها　种地，耕地

حَرْث / حِرَاثة الأرض　耕种

ـ: أرض تُفْلَح / أي زِرَاعِيَّة　耕地，田地

ـ　农业产品

أكلَت النارُ الـ　火灾毁灭了庄稼

حِرَاثَة: حِرْفَة الحَرَّاث　庄稼活

ـ: زِرَاعَة / فِلاحَة　农业，农事

حَرِيثَة جـ حَرَائِثُ: مكاسِب　收获

حَرَّاث / حريثة / حارِثُ جـ حُرَّاث　农夫，农民

أَبُو الحارِث: أَسَد / حَيْدَر　狮子

مِحْرَاث جـ مَحَارِيثُ: آلةُ الحَرْثِ　犁

ـٌ بُخَارِيّ　蒸汽犁，汽犁

ـٌ جَايِر (مـ)　条耕犁

بَسْخَةُ الـ (مـ)　犁辕

سِكَّةُ الـ: حَدِيدَتُه　犁刀

سِلاحُ الـ: لُؤْمَة　犁头，犁嘴

قَبْضَة الـ: مِقْوَم / بَلَنْجَة (مـ)　犁柄

قَوْسُ الـ　犁架，犁身

حَرِجَ ـَ حَرَجًا الشيءُ: ضَاق　成为狭窄的、太紧的、窘迫的

ـ الرجلُ: أَذْنَب　作恶，犯罪，犯法，犯

错误

ـ صَدْرُه 烦恼，烦闷，郁闷

ـ عليه الشيءُ: حَرُمَ 成为禁物(不许他用)

حَرِجَ ـَ حَرْجًا أنيابه 磨牙，咬牙切齿

حَرَّجه: ضيَّقه 限制，折磨，使窘迫

ـ في الأمر: أصرَّ عليه 坚持，固执

ـ وأَحْرَجَ عليه الأمرَ: حرَّمه 禁止，禁戒，阻止，制止

أَحْرَجَه: اضطرَّه 强迫，迫使

ـ مركزَه 使陷入困境

تَحَرَّجَ 变成紧张的，危急的

ـ: تجنَّب الحَرَجَ أي الإثْمَ 避开罪恶

حَرَج: تَحْرِيم 禁止，禁戒，阻止，制止

ـ: ضِيق 困窘，狭窄，困境，尴尬

ـُ المَركزِ أو الحالَةِ 处境困难、窘迫

ـ: نَقَّالَةُ المَرْضَى 担架

ـ ج أَحْرَاج / حَرَجَة ج حَرَج وحَرَجَات:

حِرْش (م) 树林，林地，森林地

ـ / حِرْج ج أَحْرَاج وحِرَاج: إثم 罪恶

لا ـَ: لا اِعْتِرَاضَ 无妨

لا ـَ عليك: لا جُنَاحَ 无人责备你

فَهَلْ مِنْ ـٍ عَلَيْنا ... 我们可以随便吗？

حَدِّثْ ولا ـَ / فَحدِّثْ عَنْه ولا ـَ 你随便说吧！

حَرَاج (م): مَزاد (م) / دَلالة 拍卖，公卖

تَحْرِيجُ الأَرض 植树，造林

حَرِج: ضَيِّق 狭窄的，紧迫的，紧的，困难的

مَرْكَزٌ ـ 困境，窘境，困难地位，尴尬地位

مُحَرِّج 使人为难的

حَلَفَ بالمُحَرِّجات: بالأيمان التي تضيِّق مَجالَ

الحالِف 发重誓，信誓旦旦

حَرْجَلَ الرجلُ: ركض يُمْنَةً ويُسْرَةً 忽左忽右地跑

ـ الشجر: طال 树长高

ـ الدُولابُ (العَجَلَة): حَدَل (م) / رَفَّ (م) (轮子)摇摆

حَرْجَلَة 马队；蝗群；跛

حَرْجَمَ الإبلَ: جمَعَها 把驼赶到一起

ـ (م): سَعَى طَالِبًا فَرِيسةً 悄悄地踱来踱去，蹑手蹑脚地来回走

اِحْرَنْجَمَ القومُ: اجْتَمَعُوا وازْدَحَمُوا 集合，拥挤，杂沓

ـ عن الأمر: رجع عنه بعد أن أراده 改变决心

حَرِدَ ـَ حَرَدًا وحَرْدًا عليه: غضِب 发怒，发脾气，生气

حَرَدَ ـِ حُرُودًا: اعتزل عن قومه وانفرد 离群索居，脱离群众

ـ ه حَرْدًا: منَعه 阻止，禁止，抑制，拘束

ـ ه: قصدَه 企图，打算

ـ الخشبَ: ثقَبه 钻木，在木上钻孔

حَرَّدَ: أوى إلى كوخ 藏身于茅舍中

أَحْرَدَه: أَفْرَدَه 单独放在一边

حارد / حَرِد / حَرْدَان: غَضْبَان 发怒的，生气的

حِرْذَوْن ج حَرَاذِينُ [动]石龙子，蜥蜴

حَرَّ ـَـِ حرًّا وحرَّةً وحَرَارَةً وحُرُورًا: ضدّ برد 热

ـ ـَ حَرَارًا العَبْدُ: عَتَقَ وصار حُرًّا 奴隶被释放，变成自由人

ـ ـُ حَرًّا الماءَ: أَسْخَنَه 热水，烧水

حَرَّرَ العَقْلَ: ثقَّفه ونوَّره 启发，启蒙，解放思想

ـ الكتابَ: أَصْلَحَه وحسَّنه 校正，订正

ـ الكتابَ (م): كَتَبَهُ 编纂，编写，编辑

ـ الكِتابَ والصَحِيفَةَ: هَذَّبَها وأعدَّها للطَبْع 编辑
ـ الوَزْنَ: ضبطه بالتدقيق 校准砝码、天秤、仪表
ـ الولدَ أو الشيءَ: كَرَّسَه (م) / وقفه لخِدْمَةِ اللهِ وطاعته 献给教堂
حَرَّرَ العبدَ: أعتقه 释放奴隶
أَحَرَّ النهارُ: صار حارًّا (天气)变热
تَحَرَّرَ: صار حُرًّا (奴隶)获释放，得到解放，获得自由，自我解放
ـ 被写成，被编纂成
اِسْتَحَرَّ القتالُ: اشتدَّ (战争)剧烈
حَرّ ج حُرُور وأَحَارِر / حَرَارَة: ضدّ برد وبُرودة 热，热度，温度
حَرَّة ج حَرَّات وحِرَار وأَحَرُّون وحَرُّون: أرضٌ ذاتُ حِجارة نَخِرة سُود كأنها أُحرِقَت بالنار 黑色凝灰岩区
حَرَارَة: حَمِيَّة 奋发、热心，热诚，热情，激情
ـ (م): طَفْحٌ جِلْدِيّ [医]疹
الـ الجَوِّيَّة أو البَدَنِيَّة 气温或体温
مِقْياسُ الـ / ميزان الـ: مِحَرّ 温度计；寒暑表；体温表
حَرَارِيّ 热的，热量的
ـ نَوَوِيّ 热核子的
وَحْدَةٌ حَرَارِيَّة أو وَحْدَةُ الحَرَارَةِ 热量单位
حَرُور: هواء حارّ / شَوْب (م) 热风
تَحْرِير ج تَحْرِيرات وتَحارِيرُ: إطْلاقُ الحرّيّة 释放，解放
ـ الأَرِقَّاء 解放奴隶，释放奴隶
ـ الصُحُف (الجَرائد) والكُتُب 编辑书刊
إدارَةُ الـ 编辑部
رَئِيسُ الـ 总编辑，主笔，主编
وقَدْ يُعْرَفُ الـ مِنْ عُنْوَانِهِ 由题目可以推知内容
جَيْشُ الـ 解放军
تَحْرِيرِيّ 书面的
امْتِحَانٌ ـ 笔试
ـ 编辑的，校阅的
ـًّا 书面的
ـ 解放的
تَحَرُّر (自我)解放
تَحَرُّرِيّ (自我)解放的
حَرَكَةٌ ـ ة (自我)解放运动
حُرّ ج أَحْرَار: مُطْلَق / غير مقيَّد 自由的，不受限制的，无拘束的
ـ: ضدّ عَبْد 自由人(非奴隶和俘虏)
ـ: مُسْتَقِلّ 独立的
ـ: غيرُ مُرْتَبِطٍ بِوَعْد 不受约会约束的
ـ: حَقِيقِيّ / أَصْلِيّ 真实的
ـ: خالِص / نَقِيّ 纯的，纯粹的，纯真的，纯正的
ـ: من حِزْبِ الأحْرارِ 自由党的成员
ـ العَقِيدَة 自由思想家(尤指宗教上的)
ـ الفِكْرِ 耿直的，率直的，磊落的
ـ الدارِ: وَسْطُها 房屋的中部
ـ الوَجْهِ 面颊；颧骨
بُخَارٌ ـ: غيرُ ضائع أو عادِم [机]受有压力的蒸汽
مَدْرَسَةٌ ـ ة 私立学校
حزب الأحرار 自由党
أَحْرَارِيّ 自由主义的
حُرَّة ج حَرَائِر وحُرَّات 自由的妇女
حُرِّيَّة / حَرُورَة / حَرُورِيَّة: ضدّ تَقْيِيد 自由，自

由权

ـ: اِسْتِقْلال 独立，自主，自立

ـ الاخْتِيَار 选择权，取舍权

ـ الفِكْرِ 思想自由，思想开明，磊落

ـ الشَخْصِيَّة 个人自由

ـ تَنْظِيم الإضْرَابِ 组织罢工的自由

ـ النَشْرِ / ـ الصِحَافَةِ 出版自由，新闻自由，言论自由

ـ الفَرْدِيَّة 人身自由

ـ الاِجْتِمَاع 集会自由

ـ العِبادة (ـ الأَدْيَان) 信仰自由

ـ الكَلَام 说话自由，言论自由

ـ التَعْلِيم 学习自由，教育自由

ـ العَمَل 工作自由

خُذْ حُرِّيَّتَكَ! 请随便吧！

النضال في سبيل الحرّيّة والاستقلال 为自由和独立而斗争

حَارّ: ضدّ بارِد 热的

ـ: غَيُور 热情的

ـ: حِرِّيف / حَرَّاق (مـ) / لاذِع 辛辣的

مِنْطَقَةٌ حَارَّة (في الجغرافيا) 热带

فَوَّارَةُ ماءٍ حارّ: شَبَّابَة / قَرقُوس 喷泉，间歇泉

يَنْبُوعٌ حارّ: حَمَّة 温泉

حَرِير ج حَرَائِرُ: النسيج المعروف (أو من حرير) 丝绸，绸缎，丝织物

ـُ مُشَاقَة 生丝

ـ صِنَاعِيّ 人造丝

ـ صَخْرِيّ 石棉

حَرِيرِيّ: كالحرير 如丝的

ـ: من الحرير 丝的

ـ 经营丝业的人

حَرَائِرِيّ 丝织工人

حُرَيْرَة 卡(卡路里 Caloric)(热量单位)

حَرَّان م حَرَّى ج حِرَار وحَرَارَى: شديد العَطَش 干渴的

ـ (مـ): ضدّ بَرْدَان 热，炎热的，感觉热

مَحْرُور: مُغْتَاظ 被激怒的

ـ 发热的，发烧的

مُحَرِّر: مُطْلِق الحُرِّيَّة 释放者，解放者

ـ (مـ): كاتِب 著者，作者，撰文者

ـ الجَرِيدةِ 报纸编辑，编者

ـٌ سِيَاسِيّ 政治评论家(员)

مُحَرَّر ج مُحَرَّرَات 通讯稿

ـ 文件，报告

حرز ـُ حَرْزًا المالَ: حَفِظَه وأصابه 保留，保存，照管，保管，保藏

حَرُزَ ـُ حَرَازَة وحَرَازًا المكانُ: كان حَصِينًا 成为巩固的，不易攻破的

أَحْرَزَ الشيءَ: حازَه وصانه وادَّخره 得到，获得，赢得

ـ المَكانُ الرَجُلَ: أَصْبحَ له مَلْجَأً 成为避难所

ـ شُهْرَةً 博得名誉，赢得名声

ـ فَوْزًا 获得胜利

ـ نَجاحًا 获得成功，有成就，获胜

ـ قَصَبَ السَبْقِ 夺得锦标，成为冠军

اِحْتَرَزَ وتَحَرَّزَ منه: تَوَقَّاه 防备他

حِرْز ج أَحْرَاز: حِصْن 堡垒，碉堡，炮台，要塞

ـ: عُوذَة / حِجَاب 符咒，护符，护身符

ـ القَضِيَّة (الجِنائِيَّة) [法]证件

ـ حَرِيز: حِصْن حَصِين 坚固的堡垒

كان في ـ حَرِيزٍ 他是戒备着的

حَرَزَة 货物的精粹

حَرِيز: مَنِيع 巩固的，坚强的，攻不破的；

安全的

حَرَسَ ـُ حَرْسًا وحِرَاسَةً الشيءَ: حَفِظه 保卫，守卫，看守，守护

ـ الشيءَ: وَقَاه 保管，保护

ـ على الشيء (س) 小心地看守，保守东西

حَرِسَ ـَ حَرَسًا: عاش طويلاً 长寿，活得久

اِحْتَرَسَ وتَحَرَّسَ من الشيء 预防，防备，戒备

اِحْتَرِسْ من كذا: حَذَارِ (فعل أمر) 请防备

ـ مِنَ النَشَّالِينَ 谨防扒手

حَرْس ج أَحْرَاس: دهر 时代，世纪

حِرَاسَة: حِمَايَة / رِعَايَة 保护，照料

ـ: عمل الحارِس 保卫，防卫，保护，看守，警卫

ـ قَضائِيَّة [法]假扣押，暂时查封，没收；暂时保管，托第三人保管(争执物)

اِحْتِرَاس: تحفُّظ 小心，谨慎

باحتراسٍ: بِحَذَرٍ 谨慎地，小心翼翼地

حَرَس الواحد حَرَسِيّ / حُرَّاس: حامية 卫兵，警卫兵，守卫队

ـ شَخْصِيّ 卫士，保镖

ـ الشَرَفِ 仪仗队

ـ السُلْطَانِ / ـ المَلِكِ: أعوانُه الواحد حَرَسِيّ 禁卫军，御林军

الحَرَسَان: اللَيْلُ والنَهارُ 昼夜

حارِس ج حَرَس وحُرَّاس وأَحْرَاس: خَفِير 卫兵，卫士，守卫

ـ: دَيْدَبان (م) / نَاطُور (س) 哨兵，岗哨，步哨

ـ: وَاقٍ 看守人，保护人，保管者

ـ: حافِظ 守护者，保护者

ـ قَضائِيّ [法]财产查封人，没收者，保管者

ـ أَمْلاكِ الأَعْدَاءِ (وقتَ الحرب) (战时)敌产监管人

المَلاكُ الـ 守护神，土地(中国的守护神)

الإلهةُ الـ ة 守护女神

حَرِيسة ج حَرَائِسُ: حائط يُعمل للغنم تُحْرَس وراءه 羊圈

ـ: شاة مَسْرُوقة لَيْلاً 夜间被偷的羊

ـ: سَرِقة 偷窃

أَحْرَسُ: قديم أتى عليه الحَرْسُ أي الدهر 陈旧的，古老的

مَحْرُوس 被保护的

ـ (س) 儿子

مَحْرُوسَة (س) 京城，首都

مُحْتَرِس: حَذِر 谨慎的，小心的，警惕的，有戒备的

حَرَشَ ـِ حَرْشًا وتَحْرَاشًا الرجلَ: خَدَشَه / هَرَشَ (م) 搔，抓，挠

حَرَّشَه: حرَّكه على الشَرّ 刺激，煽动，煽惑，怂恿，教唆，嗾使

ـ بَيْنَ القَوْمِ: أغرى بعضَهم ببعض وكذلك بَيْنَ الكِلاب 挑唆，挑拨，离间

ـ الأرضَ بالسَماد (用肥料)刺激(土地)

ـ 植树，造林

تَحَرَّشَ به: تعرَّضَ له 干涉，干预

ـ به للخِصام 挑衅，寻衅

حُرْش وحِرْش ج حُرُوش وأَحْرَاش (م): حَرَج / حَرَجَة 丛林

حُرْشَة / حُرَاش / حَرَاشَة (م): خُشُونَة 粗糙

تَحْرِيش: تَحْرِيض على شرّ 煽动，唆使，教唆

ـ بَيْنَ القَوْمِ: إغراءُ بعضِهم ببعض 挑拨，离间，挑唆

ـ الأرضِ 植树，造林，绿化

ـ (مـ): تَخْشِين 使粗糙，弄粗

ـ المَعِدَة (مـ) (بالمَأْكُولَات الخَشِنة) (用糙米、黑面包等)刺激胃

تَحَرَّش 干预，干涉

حَرِش (مـ) / أَحْرَشُ م حَرْشَاءُ جـ حُرْش: خَشِن 粗糙的，不光滑的

حَرِيش جـ حُرُش: أمُّ أربعٍ وأربَعِينَ 蜈蚣

ـ: كَرْكَدَّن 犀牛

حَرَّاش 猎食蜥蜴的一种黑蛇

حَرْشَف جـ حَرَاشِف 小鸟；蝗的幼虫；老人；病人

ـ السمك: قِشْرُه 鱼鳞

حَرْشَفِيّ 有鳞的

حَرَص ـِ وحَرِص ـَ حِرْصًا واحْتَرَصَ على الشيء: اشتدّ شَرَهُه إليه وعظُم تمسُّكه وبُخْله به 贪婪；珍惜，渴望

حَرَّصَه على الشيء: قَوَّى شرَهَه إليه ورغبتَه فيه 鼓励；怂恿

حِرْص: شَرَه وبُخْل 贪婪；珍惜，渴望

ـ 强烈的愿望

الـ على الثَّأر 复仇心

حَرِيص جـ حُرَصَاء وحِرَاص وحُرَّاص م حَرِيصَة جـ حَرَائِصُ وحِرَاص: بَخِيل 贪多的，贪婪的

ـ 渴望者，热望的

حَرَض ـُ حُرُوضًا وحَرِضَ ـَ حَرَضًا وحَرُضَ ـُ حَرَاضَةً: كان مُضْنًى مَرِضًا فاسِدًا 变憔悴，瘦弱

حَرَّضَه على الأمر: حثَّه 鼓励，催促

ـ على شرّ 煽动，唆使，嗾使，教唆

حارَضَ على العمل: وَاظَبَ 坚持工作

تَحَرَّضَ 被煽动，被教唆

تَحَارَضُوا على العمل: تحاثُّوا عليه (对于工作)互相鼓舞

تَحْرِيض: حَثّ 鼓动，煽动，怂恿，唆使

تَحْرِيضِيّ 煽动的，挑拨性的

مُحَرِّض (على شرّ) 挑拨者，煽动者，教唆者

مُحَرَّض: مَدْفُوع بالتحريض 被煽动的，受人煽动的

حَرَفَ ـِ حَرْفًا الشيءَ عن وَجْهِه: صَرَفَه وأماله 弄歪，使偏向，偏转，离开

ـ عن الشيءِ: مال 偏向，转向

حَرَّفَ الشيءَ: أمالَه 使倾斜，弄斜

ـ الكَلامَ 把话歪曲，曲解，篡改，修正

ـ المَعْنَى 歪曲含义，曲解

ـ القَلَمَ: قَطَّه محرَّفًا 把苇笔切成带斜口的

تَحَرَّفَ 被歪曲，被曲解，失真，变向

احْتَرَف كذا 从事(某种职业)，以…为业

ـ المُحَامَاةَ 当律师

اِنْحَرَفَ وتَحَرَّفَ عنه: مال وعدل إلى حَرْفٍ أي جانب 偏向，倾向

ـ تْ صِحَّتُه 不舒服，欠安

ـ إلى اليَمِين أو اليَسَار 右倾或左倾，偏右或偏左

حَرْف جـ حِرَف: حافة كلّ شيء 边缘，边际

ـ الجَبَلِ أو كلّ شيء مُرْتَفِع 崖(山边，高地的边)

ـ كلّ آلة قاطِعة: حَدّ 刀刃，刀锋，刀口

ـ 末尾，尽头

ـ جـ حُرُوف وأَحْرُف: أَحَدُ حُرُوف الهِجَاء (الحُرُوف الهِجَائِيَّة / الحُرُوف الأَبْجَدِيَّة) 字母

ـ: أَدَاة (في النحو) [语]虚词

ـ جَرّ [语]介词

ـ حَلْقِيّ [语]喉音字母

ـ صَفِير [语]咝音字母

ـ سَاقِط (法律上)已废的文字，空文

ـ ساكِن أو صامِت [语]辅音字母，子音字母

ـ صَوْتِيّ أو مُتَحَرِّك [语]元音字母，母音字母

ـ شَمْسِيّ [语]太阳字母(如الشَّمْس)

ـ قَمَرِيّ [语]太阴字母(如اَلْقَمَر)

ـ عَطْفٍ [语]连词

ـ عِلَّةٍ [语]柔弱字母(指ا،و،ي)

ـُ الاستِفْهام [语]疑问词

ـ نداء [语]呼唤词

ـ مَطْبَعِيّ 铅字

ـ تَعْرِيفٍ [语]确指冠词

بالـ أو بالـ الوَاحِد 照字义，逐字(翻译)，拘泥文字

نُشِرَ بِـ ـه 逐字逐句地登载、发表

لَمْ يَنْطِقْ بِـ 不做声，一言不发

وقَّعَ بالـ الأوَّلِ مِنَ اسْم 用姓名的头个字在草约上签字

وَضَعَ النُقَط على الحُرُوف (在字母上加点) 一丝不苟；重视细节；正确无误

حَرْفِيًّا: بالحَرف الواحد 拘泥文字地，逐字地(翻译)

تَرْجَمَةٌ حَرْفِيَّة 逐字译，直译，死译

حُرْفُ الماء: رَشاد بَرِّيّ [植]水芹

ـ [植]葶菜

ـ السُطُوح / حُرْفُوف (مـ) [植]遏蓝菜

حُرْفَة 厄运，倒霉

حِرْفَة جـ حِرَف: مِهْنَة 职业

ـ يَدَوِيَّة 手工业，手艺

ـ شَرِيفَة 正当职业

أَرْبَابُ الـ 手工业者

حِرَفِيّ 手工业者，手艺匠

حَرَافَة المَذاق 辛辣，刺激性

التَحْرِيفِيَّة / النَزْعَةُ التَحرِيفِيَّة 修正主义

اِحْتِرَاف حِرْفَةٍ 就业，从业

اِنْحِرَاف: مَيْل 偏斜，歪斜，偏向，斜度

ـ: حَيَدَان 偏向，偏差

ـ المِزَاج أو الصِحَّةِ 不适，微恙，不舒服

ـ: شُذُوذ 孤僻

زَاوِيةُ الـ [数]倾角，斜角

حَرِيف جـ حُرَفَاءُ 朋友，同行，同僚，同事

ـ (商店、银行等的)顾客；(美术品等的)鉴赏家，鉴定家

ـ 委托律师，辩护人

حِرِّيف: لَذّاع 辛辣的，刺激性的(味道)

مُحْتَرِف: ضدّ هَاوٍ 职业的(非业余的)

سِياسِيّ ـ 职业政治家

مُنْحَرِف: مائِل 倾斜的，倾侧的，歪的

ـ المِزَاجِ 不适的，不舒服的，精神不爽的，有微恙的

مِحْرَاف جـ مَحَارِيفُ [医](外科用)探针

حَرَقَ ـِ حَرْقًا وأَحْرَقَ الشيءَ بالنار: جعَلَ النار تُؤثِر فيه أثَرَها المعهود 烧，焚烧，烧毁

ـ ه بالمِبْرَد: بَرَدَه (用锉刀)锉

ـ ه وـ ه بسائِلٍ حارٍّ: سَمَطَه 用沸水烫，用沸油炸

ـ ه وـ ه بالحَرارَة: شيَّطه 烙，灼，烘

ـ الشيءَ: حكّ بعضَه ببعض 摩擦

ـ اللِسانَ (مـ): لذعه 刺痛(舌头)

ـ أمامَهُ بَخُورَ المَدِيح (在他面前烧香)阿谀，奉承，谄媚

حَرَقَ ـُ حَرْقًا وحَرِيقًا وحُرُوقًا نابَه عليه: حكَّه حتى سُمِعَ له صَرِيف 咬牙切齿

حَرَّقَ وأَحْرَقَ الشيءَ: حرقه 烧，焚烧，烧毁

تَحَرَّقَ: اِلْتَهبَتْ شَهْوَتُه 性欲冲动，欲火中烧

ـ شَوْقًا إليه ... 渴望，渴慕

اِحْتَرَقَ وتَحَرَّقَ: حَرَقَتْه النارُ 着火，燃烧

اِنْحَرَقَ 成为灰烬

ـ 尼罗河水微涨

حَرْق ج حُرُوق / حَرِيق / إحْرَاق 起火，火警，火灾

ـ عَمْدِيّ 放火，纵火

جَرِيمَة الـ العَمْدِيّ 放火罪，纵火罪

ـ أَجْسَادِ المَوْتَى: تَرْمِيد 火葬，火化，焚化

حُرْق: مَكَان الاحتراق في الجسم وغيره 烧痕

حَرْقَة / حُرْقَة: حَرَارَة 热情，热忱，热心

ـ القَلْبِ 非常愤怒，很烦恼

شَتَمَه بِـ 痛骂，臭骂

بَكَى بِـ 痛哭，号啕大哭

حُرَقَة / حَارُوقَة / حُرَّاقَة 利剑

تَحارِيق 干旱，旱灾

ـُ النِيلِ 尼罗河的枯水季节

اِحتراق: اشتعال 燃烧

ـٌ داخِلِيّ 内燃

مُحَرِّكٌ بِالـ الدَاخِلِيّ 内燃发动机，内燃机

سَرِيعُ أو قَابِلُ الـ 易燃的，可燃的

حُرَاق / حُرَاقَة / حَرُّوق: صُوفان 火绒，火种，引火物

ـ / حُرَّاق 咸水

حَارِق متعمِّد 纵火者，放火者

حَرِيق ج حَرْقَى 失火，起火，火灾，大火灾

ـ عَمْدًا 纵火，放火

بابُ الـ 太平门，消防门，火灾门

حَرِيقَة ج حَرَائِقُ 火堆，篝火，野火

حَرَّاق (مـ): حارّ / لَذَّاع 辛辣的

ـ 纵火者，放火者；煽动者，激动者

قُنْبُلَةٌ ـ ة 燃烧弹，烧夷弹

حُرَّاقَة ج حَرَارِيقُ (مـ): مُنَفِّطَة [医]起泡膏

حَرَّاقَة ج حَرَّاقَات: سَفِينَةٌ حَرْبِيَّة 火船，放火船(古代用猛火油投掷敌船的战舰)；鱼雷艇

مَحْرُوق 被烧尽的，被烧毁的，被火葬的

ـ 被折磨的，被磨难的，痛苦的

ـُ القَلْبِ 愁闷的，悲伤的

ـ ج مَحْرُوقَات 燃料

ـ جَامِد 固体燃料

ـ سائل 液体燃料

مُحَرَّق (مـ) 一文不名，身无分文

مُحْرِق:مُشْعِل 使燃烧的，灼人的

قُنْبُلَةٌ ـ ة 燃烧弹，烧夷弹

قَارُورَةٌ ـ ة (反坦克的)燃烧瓶

مُحْرَقُ أَجْسَادِ المَوْتَى: مَرْمَد 火葬场，焚化场

مُحْرَقَة ج مُحْرَقَات: صَعِيدَة 火祭，燔祭(古代人整烧兽类以供神前的仪式)

مُحْتَرَق [物]焦点

حرقد ج حَرَاقِدُ: أَصْلُ اللِسان 舌根

حَرْقَدَة ج حَرَاقِدُ: عُقْدَةُ الحُنْجُور وهي المعروفة بتُفَّاحَة آدَمَ [解]喉核，喉结

حَرْقَفَة ج حَرَاقِفُ وحَرَاقِيفُ: رأْس الوَرِك [解]髋骨，坐骨

حَرَك ـُ حَرَكًا وحَرَكَةً: ضدّ سَكَن 活动，移动

حَرَّكَه: جعله يَتَحَرَّك 使活动，挪动，移动，摇动

ـ ه: قَلْقَلَه أو زَحْزَحَه أو هزَّه 搅动，摇动，摇撼，振动

ـ الطَبْخَ: قلَّبه (مـ) 搅和，搅拌，搅动

ـ ه على كذا 摧动，推动

ـ ه على الأمرِ: بَعَثَه 鼓动，鼓励，激励

ـ ه: أثاره / هيَّجه 刺激，鼓舞，激起，激发，挑起
ـ العَوَاطِفَ 激发感情，使感动
ـ الشَهِيَّةَ 开胃，刺激食欲
ـ الحَرْفَ أو الكَلِمَةَ [语]加动符
لا يُحرِّكُ ساكِنًا 一动不动，纹丝不动
تَحرَّكَ: تَقَلْقَلَ 不安，动荡
ـ 带动符
حَرَكَة / حَرَاك: ضدّ سُكُون 动，运动，活动，行动，动作，举动
ـ ج حَرَكَات: شَكْلَة [语]动符
ـ تَحْرِيرِيَّة أو ـ تَحَرُّرِيَّة 解放运动
ـ انْتِخَابِيَّة 选举运动
ـُ المُرُورِ 交通
ـ عِلْمِيَّة 科学活动
ـ العُمَّال أو الـ العُمَّالِيَّة 工人运动
الـ النِسَائِيَّة 妇女运动
ثَقِيلُ الـ 行动迟钝的、迟缓的
خَفِيفُ الـ / صاحِب ـ 行动轻便的、灵便的、敏捷的
عِلْمُ الـ المُجَرَّدَة [物]运动学
العِلاجُ بالـ [医]运动疗法
حَرَكَاتٌ عَسْكَرِيَّة (演习时)军事上的转移
حَرَكَاتٌ اخْتِيَارِيَّة (体操的)自选动作
حَرَكَاتُه وسَكَنَاته 某人的动静
الحَرَكَاتُ عَيْنُها هي تَنَاقُض 运动的本身就是矛盾
لا يُبْدِي حَرَاكًا 他一动也不动
حارِكُ الحِصَان: أعلَى كاهِلِه 鬐甲
حَرِك: يُحِبُّ الحركة 活泼的，爱动的
مُحرِّك: يُسَبِّب الحَرَكة 发动者，鼓动者
ـ: باعِث 动机，动因；[物]冲力
ـ: مُحَرِّض 教唆者，煽动者，指使者
ـ: مُهَيِّج 使兴奋的，刺激性的
ـ الفِتَنِ أو القَلاقِلِ 煽动者，鼓动者，挑拨者
ـ الشَهِيَّةِ 开胃物，促进食欲的药品
ـ مِيكَانِيكِيّ 发动机
ـ كَهْرَبِيّ 电动机
ـ ةُ البَنْزِينِ 汽油发动机
ـ ةُ الدِيزِل 柴油机
ـ ةُ الدِيزِل المُنْخَفِضَةُ السُرْعَةِ 低速柴油机
القُوَّةُ المُحرِّكَةُ للثَوْرَة 革命的动力
مُتَحَرِّك: ضدّ ساكِن 运动的，动的
ـ: يُنْقَل (من مكانه) 活动的，可移动的
ـ: ضدّ الساكِن من الحُرُوف 带动符的字母
صُوَرٌ ـ ة 电影；动画
مِحْرَاكُ النار: مِسْعَر 拨火棒，炉子通条
حَرْكَشَ / حَرْكَشَ (م) 刺激，挑拨，煽动，激动
تَحَرْكَشَ به: تَحرَّش به 干预，干涉
ـ به للخِصَام 寻衅，挑衅，找碴儿
حُرُكْرُك (م): على الحُرُكْرُك 一发之差，毫厘之差，间不容发
وَصَلَ على الـ (م) 他恰好(准时)来到了
حَرَمَ ـِ وحَرِمَ ـَ حِرْمًا وحَرِيمًا وحِرْمَانًا وحَرِمًا وحِرْمَةً وحَرِيمَةً فُلانًا الشيءَ: منعه إيَّاه 剥夺
ـ الابْنَ الوِرَاثَةَ 剥夺儿子的继承权
ـ ه: مَنَعه من شَرِكَةِ الجَماعةِ [宗]开除教籍，逐出教会
ـ الكاهِنَ (راجع شلح) [基督]免去圣职
حَرِمَ ـَ حَرَمًا وَحَرَامًا وحَرُمَ ـُ حُرْمًا وحُرُمًا وحُرْمَةً وحُرُمَةً وحَرَامًا عليه الأمرُ: اِمتنع 某事对他成为禁忌
حَرَّمَ الشيءَ: جعلَه حَرَامًا 禁止，宣告为非法

ـ عليه كذا: أمره بالابتعاد عنه 禁止他做某事

ـ (مـ): تابَ عن (مـ) 戒，忌(烟、酒等)

ـ وأَحْرَمَ: دخل في الشهر الحَرام 到了禁月

تَحَرَّمَ 成为被禁止的、不合法的；成为神圣的

ـ منه بحُرْمَة: تمنَّع وتحمَّى بذمّة 求他保护

اِحْتَرَمَه: هابَه ورَعَى حُرْمَتَه 尊重，尊敬

اِسْتَحْرَمَه: عَدَّه حَرامًا 认为不合法

حِرْمَان: مَنْع 剥夺，褫夺，免职

ـ 剥夺(教籍)

حِرْم كَنائِسِيّ جـ حُرُم (مـ): قَطْع [基督]开除教籍，逐出教会

ـ كنَائسِيّ (مـ): لَعْنَة / ابسال [基督]咒逐，革出教门

ـ بابَوِيّ (مـ) [基督]驱逐出教，停止职权

حُرْمَة / حُرُمَة / حُرَمَة جـ حُرَم وحُرُمَات وحُرَمات: حالة التحريم 禁止的，拒绝的

ـ: قَدَاسَة 神圣，不可侵犯性

ـ الرَجُل: زَوْجَته 妻子

ـ (مـ): اِمْرَأَة 妇女

ـ 尊重，尊敬

بـ ـ فلان (سـ) 为了某人

حَرَم جـ أَحْرَام: مُحَرَّم / مَمْنُوع 禁律，禁忌，被禁止的

ـ: لا يُنْتَهَك / مقدَّس 神圣的，不可侵犯的

ـ: مَزَار 胜地

ـ مَعْبَد أو هَيْكَل [圣]圣所，神殿，礼拜堂，圣洁地区

ـ: زَوْجَة 妻子，夫人，老婆

الحَرَمَان: مَكَّة والمَدينَة 麦加和麦地那(伊斯兰教两大圣地)

تَحْرِيم: مَنْع 禁止，禁忌

إحْرَام 受戒(朝觐圣地时的仪式)

مَلابِسُ الـ 戒衣

اِحْتِرَام: اِعْتِبَار 尊敬，尊重

الـ المُتبادَلُ للسِيادَة وسَلامة الأَراضِي 互相尊重主权和领土完整

ـ 不可侵犯

ـ المِلْكِيَّة 私有财产不可侵犯

ـ المَسْكَن 住宅不可侵犯

حَرِيم جـ حُرُم وأَحْرُم وأَحارِيمُ / حَرَم جـ أَحْرَام:

حُرُم 被禁止的，违法的，违禁的

ـ: نِساءُ الدارِ 家庭妇女

بَيْتُ الـ 闺房，绣房，妇人住室

حَرِيمِي (مـ) 妇女的

جَزْمَةُ ـ (مـ) 坤鞋，女鞋

درَّاجَةُ ـ (مـ) 坤车，女车

حَرام جـ حُرُم: مُحَرَّم / مَمْنُوع 禁令，禁忌，被禁止的

مِنْطَقَةُ ـ / شُقَّةُ ـ (بينَ بلادَيْن) 禁区，中立地区，缓冲地带

بِلادُ الـ 麦加

بَيْتُ اللهِ الـ (麦加的)天房

الشَهْرُ الـ 禁月(伊斯兰教有四个禁月：伊历 1 月、7 月、11 月、12 月。禁月中不许开仗)

ـ: ضِدّ حَلال 不准许的，不合法的，非法的

اِبْن ـ: نَغْل 私生子

بالـ: بكَيْفِيَّةٍ مُحَرَّمَة 非法地，不合法地，不正当地

عاشَ بالـ / (بالخطيئة) 过着罪恶的生活，过着不正当的生活(如靠偷窃、卖淫为生)

ـ عَلَيْكَ ! 你不害羞！

حَرَامِيّ جـ حَرَامِيَّة: فاعِلُ الحَرام 作恶者，行为
恶劣者，罪人，恶人
ـ (مـ): لِصّ 窃贼，盗窃，小偷，强盗
حِرَام جـ أَحْرِمَة جـ حَرِيم (مـ): بَطَّانِيَّة (مـ) 毛毯
مَحْرَم جـ مَحَارِم: حَرَام 犯禁的
مَحْرَمَة جـ مَحَارِمُ (مـ): مِنْدِيل 手帕，手绢
مَحْرُوم من كذا 失去…的，被剥夺…的
ـ 不幸的，可怜的
مُحَرَّم: مَمْنُوع 被禁忌的，被禁止的
ـ 回历 1 月
المُحَرَّمَات: دَرَجات القَرَابة المحرَّم التزاوج بينها
至亲(禁止互相婚配的血亲，如亲兄妹等)
حَلَّلَ جَمِيعَ الـ 违反所有的禁令，无法无
天，无所不为
مُحْتَرَم: مُوَقَّر 尊敬的，可敬的，敬爱的
الـ: المُوَقَّر (لرِجَال الدين) 可尊敬的(对教
士、教长等的尊称)
الـ: المُكَرَّم (للأشراف) 可敬的(对贵族的
尊称)
حِرْمِد / حَرْمَد 黑而臭的粘泥
حِرْمِس جـ حَرَامِس 荒年，灾年
حَرْمَل: نَبات وحَبُّه كالسِمْسِم [植]芸香
حَرْمَلَة جـ حَرَامِلُ وحَرْمَلات (مـ): غِطاء للأكتاف
披肩
حَرَنَ وحَرُنَ ـُ حُرُونًا وحُرَانًا وحِرَانًا الحِصانُ:
وقف ولم يَنْقَدْ (马)逡巡不前，突止
ـ في البَيْع: لم يزِدْ في الثمن ولم ينقُص 按公平
的价格出售
حَرُون جـ حُرُن / حَرْنَان جـ حُرُن (مـ): عَنِيد 固
执的，死硬的，顽固的，不好驾驭的
حِصَان ـ: شَمُوس (马)倔强的，性野的
حَرْوَة: حَرْقَة في الحَلْق أو الصدر [医]胃灼热，
喉灼热
ـ: رائحة كريهة 臭气，臭味，恶臭
حَرَاوَة 芥末的刺激味
حَرَى ـِ حَرْيًا الشيءُ: نقَص 减少
أَحْرَى الشيءَ: نقَّصه 减少，使少
ما أَحْرَى بِه 他真配做…
فمَا أَحْرَانَا أنْ .. …，何况我们呢！
إنْ لَمْ تَفْهَمْ هذا أنتَ ـ أَنْ لا نفهمَه نَحْنُ 假如
你不懂，那我们就更不懂了；你尚且不懂，
何况我们呢！
تَحَرَّى الأمرَ أو حَقِيقتَه: تقصَّاه 调查，探查
ـ الأمرَ: فحَصَه 研究，查询
تَحَرٍّ جـ تَحَرِّيَات: تَقَصٍّ [法]审讯，审理，审
判前的调查、搜集证据
رِجَالُ التَحَرِّي 调查者，侦探，间谍
حَرِيّ به جـ حَرِيُّون وأَحْرِيَاءُ م حَرِيَّة جـ حَرِيَّات
وحَرَايَا: جَدِير 应当…，应该
الأَحْرَى أو بالأَحْرَى 何况…，更…
حَزَبَه ـُ حَزْبًا الوَيْلُ والغَمُّ: أصابَه واشتدَّ عليه
遭到灾难、忧患
ـ القُرْآنَ: جعله أَحْزَابًا 把全部古兰经分成
六十段落
حَزَّبَ القومَ: جَمَعَهم أَحزابًا 组织党派
ـ إليه 召集，集合(人们到自己周围)
ـ الأَحْزَابَ ضِدَّه 把各党派团结起来反对
他
حَازَبَه: صار من حِزْبه 与他同党
ـ / تَحَزَّبَ له (مـ): نصرَه 袒护，援助
تَحَزَّبَ القومُ: صَارُوا أَحْزَابًا 变成各种党派
ـ وا ضِدَّه 党同伐异
حِزْب جـ أَحْزَاب: جَمَاعَة 党，党派，政党
ـ 古兰经的段落(全部古兰经的 1/60)

ـُ العُمَّال 工党
الـُ الشُيُوعِيّ 共产党
ـُ العُمَّال المُوحَّدُ 统一工人党
ـ الجُمْهُورِيَّة 共和党
ـ الديمُقْرَاطِيَّة 民主党
ـ الأَحْرَارِ / الـُ الحُرّ 自由党
ـ المُحَافِظِينَ 保守党
حِزْبِيّ 党员；党的，党内的
لا ـ أو غَيْرُ ـ 非党人士，党外人士；非党的，党外的，无党派的
حِزْبِيَّة 党籍；党性
اللاحِزْبِيَّة 无党籍；无党性
تَحَزُّب: مُشَايَعة 偏见，成见，偏爱，偏执
عَدَمُ الـ 公正，公道，不偏不倚，不怀偏心
تَحَزُّبِيّ 偏袒的，偏私的，偏颇的
حازِب جـ حَوَازِبُ / حَزِيب جـ حُزْب وحُزُب 不幸的事，悲痛的事
مُتَحَزِّب: مُشايِع 偏好的，偏见的，成见的
حَيْزَبُون / حَيْزَبُور: عَجُوز 老妪，老妇，老太婆
حَزَرَ ـِ حَزْرًا ومَحْزِرَةً الشيءَ: قدَّره / خَمَّنَه 猜，揣测，推测，估计
ـ وحَزُرَ ـُ حَزْرًا وحُزُورًا النَبِيذُ واللَبَنُ: حَمُضَ (枣醴或奶)变酸
حَزْر / مَحْزَرَة: تَخْمِين 猜测，臆断，揣测
حَزْرَة جـ حَزَرَات / حَزِيرَة من كل شيء: خِيَارُه 精华
حَزُّورَة جـ حَوَازِيرُ (مـ): أُحْجِيَّة 谜，谜语
حازِر 卜者；酸的(酒或奶)
حَزِيرَان (أ): يُونِيو / السادس من شهور السنة الشمسية 阳历6月
حَزَّ ـُ حَزًّا وحَزَّزَه واحْتَزَّه: فرَّضَه 作凹口，作缺口
ـ وـ رَقَبَتَه: قَطَعَها 砍头，杀头
أَلَمٌ ـ فُؤادَه 疼痛撕裂了他的心
ـ هذا المَنْظَرُ في نَفْسِه 这种景象使他痛心
حازَّه مُحَازَّةً حِزَازًا: تفحَّصه واستقصاه 检查，审查
حَزّ جـ حُزُوز / مَحَزّ: فَرْض 记号，刻痕；豁口，缺口
ـ: وَقْت 恰好的时候，紧要时刻
ـ 伤口
حَزَّة جـ حَزَّات 时机，关键，关头
ـ: وَقْتُ الحَاجةِ 恰好的时候，在紧要关头
ـ: حَرْقَة في فَمِ المَعِدة [医]胃疼，胃灼热
ـ 沟痕，刻痕
حَزَّة (سـ) 一片瓜
حَزَاز / حَزَازَة جـ حَزَازَات: قِشْرَةُ الرأس 头皮屑
ـ [医]疱疹，湿疹
ـ: قُوبًا 癣，钱癣，发癣，秃发癣
ـُ الصَخْرِ: حَشِيشةُ البَحْرِ / أُشْنَة [植]地钱
حَزَازَة في القلب (من غَيْظ) 不平，不满，怨恨，嫉妒
مَحَزّ 肯綮，关键，刻痕
أَصابَ المَحَزَّ 中肯，正打中，击中要害
واليومَ وصلتِ السِكِّينُ على الـ 最艰难的时刻来到了，开始了
حَزَقَ ـِ حَزْقًا الشيءَ: ضَغَطَه / عَصَرَه 拧，压榨
ـ الوترَ أو الرباطَ: جذَبَه وشدَّه 拉紧(弦)
ـ الحِمَارُ: ضَرَط (驴)放屁
زَيّ الفِرَاخ تَبِيض وتحزِق للتاجر (مـ) (母鸡咯咯叫，下了蛋却给卖蛋人)为他人做嫁衣
تَحَزَّقَ: تقبَّض واجتمع 收缩，缩拢
حزِق / حِزْقَة / حازِقَة / حَزَاقَة / حَزِيقَة 人群，蜂群

حُزُّق / مُتَحَزِّق 固执的，执拗的

حَزُّوقَة (مـ) / حَازُوقَة: فُوَاق / زُغُطَّة (مـ) 打呃，打嗝

حَزَمَ ـِ حَزْمًا وحَزَّمَه: صرَّه / رَزَمَه 包，裹，(货物)打包

ـ ه: رَبَطَه 拴上，系上

ـ أَمْتِعَتَه (لأَجْلِ الرَّحِيلِ) 打行李，整装

ـ وحَزَّمَ: مَنْطَقَ 用带子捆紧，用皮带捆绑

حَزُمَ ـُ حَزْمًا وحَزَامَةً وحُزُومَةً: كان حازِمًا 自信，坚定，坚决

أَحْزَمَ الفرسَ: جعل له حِزَامًا 给马上肚带

تَحَزَّمَ واِحْتَزَمَ: لِبسَ الحِزام 系腰带，以带缠腰，鞍上系绳子

اِنْحزَمَ (مـ) 受束缚，被缠起来

حَزْم: رَزْم 包裹，包装

ـ: عَزْم 坚定，坚决，果断，决心

ـ: حَصَافَة 谨慎，仔细，细心，小心

في أو بـ ـ 坚决地

ـ / حَزَامَة / حُزُومَة 坚决，果断

حُزْمَة جـ حُزَم: رِزْمَة 一包，一个包裹

ـ: رَبْطَة / صُرَّة 一捆，一扎，一把，一簇；小包邮件

ـ حَطَبٍ أو عِيدَانِ قَمْحٍ وأمثالها 一捆(柴或麦秸)

تَأَلَّبُوا عليه ـ واحِدَةً 他们一致对付他，大家对他同仇敌忾

حِزَام جـ أَحْزِمَة وحُزُم: زُنَّار 腰带

ـُ السَّرْجِ: وَلَم 鞍带，肚带

ـُ الفَتْقِ: حِفَاظ [医]疝气带

ـُ النَّجَاةِ مِنَ الغَرَقِ 救生圈，救生带

ـ الأمان / ـ التثبيت 安全带

مِشْبَكُ ـِ 带钩，带环

شَدَّ ـ ه (系紧腰带)限制饭量，减轻体重

وثَّقَ اللهُ ـ ه 他生活得很富裕

حازِم جـ حَزَمَة وحُزَّم وأَحْزَام: حَصِيفُ الرَّأْي 慎重的，谨慎的，仔细的

ـ 明智的，聪明的，深谋远虑的

ـ 坚决的，果敢的，断然的

حَزِيم جـ حُزَمَاءُ: حَصِيفُ الرَّأْيِ 慎重的，谨慎的，坚决的，果断的(人)

ـ 腰

أَحْزَمُ 最明智的，最慎重的

الـ أَنْ ... 最慎重的是…

مَحْزَم جـ مَحَازِمُ 围裙；腰带；封条

ـ جـ مَحَازِمُ 腰部

حَيْزُوم جـ حَيَازِمُ وحَيَازِيمُ السَّفِينةِ 船首，船头

ـُ الصَّدْرِ: غِشَاء حاجز بَيْنَ الرِّئَتَيْنِ [解]纵隔腔

حَزَنَه ـُ حُزْنًا وحَزَّنَه وأَحْزَنَه: ضد سرَّه 使忧愁，使悲哀，使难过

حَزُنَ ـُ حُزُونَةً المكانُ: صار حَزْنًا أي غَلِيظًا 变成崎岖的

حَزِنَ ـَ حَزَنًا له وعليه: ضد سُرَّ وفَرِحَ 悲伤，难过；惋惜，悔恨；抱憾，抱歉

أَحْزَنَ 在崎岖的地上行走

ـ عليه: حَدَّ 哀伤，哀悼，悲伤，哀吊

تَحَزَّنَ وتَحَازَنَ واِحْتَزَنَ: صار حَزِينًا 悲哀，忧愁，伤心

ـ عليه ولأمره: توجَّع 哀悼，悼念，惋惜

حُزْن وحَزَن جـ أَحْزَان: ضد فرح 忧愁，悲哀，难过

ـ: حِداد 哀悼，悲伤，追悼，悼念

حَزْن جـ حُزُون وحُزُن: أرض غَلِيظَة 崎岖的地面，粗硬的地面

حُزَانَة 亲戚

حَزَايِنيّ (مـ) / حَزَائِنِيّ / مُحْزِن (كالنَغَم وغيره) 悲哀的，忧郁的(调子)

ـ (مـ): حِدادِيّ 暗色的，深色的

قُماش ـ (مـ) 丧服料

حَزِين ج حِزَان وحُزَنَاءُ وحَزَانَى / حَزِن / حَزُن / مَحْزُون / مُحْزَن / مِحْزَان / حَزْنَان 难过的，悲哀的，忧愁的

ـ / ـ: حادّ 居丧的

مُحْزِن: مُكَدِّر 令人悲哀的，使人忧郁的

ـ: مُثِيرُ الشُجُونِ 可怜的，动情的，感人的

ـ: فاجع 悲剧的，悲哀的

رِوَايَةٌ ـ ة: مَأْسَاة 悲剧

ـ مُضْحِك 悲喜剧的

حَزَنْبَل [植]千叶蓍草

حَزِيرَان (أ) (في حزر) / **حسا** / **حساء** (في حسو)

حَسِبَه ـَ حِسْبَانًا ومَحْسَبَةً ومَحْسِبَةً: ظَنَّه 料想，推想，揣测，认为

حَسُبَ ـُ حَسَبًا وحَسَابَةً: كان ذا أصل شريف أو ذا كرم 门第高贵，出身贵族

حَسَبَه ـُ حَسْبًا وحِسَابًا وحِسْبَانًا وحُسْبَانًا وحِسْبَةً وحِسَابَةً: عَدَّه / اِعْتَبَرَه 认为，以为，当作，看作

ـ: أَحْصَى 数，计算，总计

ـ عليه 记入借方，把(某数额)记入(某人)借方，作(某人)欠款

ـ له 记入贷方，把(某数额)记入(某人)贷方，作(某人)存款

ـ حِسَابَ كذا 以为，当作，考虑，斟酌，酌量，察看，体量

ـ للعَاقِبَةِ حِسابَها 考虑到后果

ـ النَجْمَ (ليرى حَظَّه من الحياة) 算命，占星

حَسَّبَه: وسَّده 给他枕头

ـ المَيْتَ: دفنه مكفنًا أو في الحِجَارة 埋葬死者

ـ ه وأَحْسَبَه: أَطْعَمَه أو أعْطاه حتى يقول حَسْبِي أي كَفَانِي 供给他食物或财物，直到他说："够了"

أَعْطَى فأَحْسَبَ 他慷慨地给

حَاسَبَه: تَحاسَبَ معه 清算，结账

حَاسَبَ: اِحْتَرَسَ / حذِر 小心，注意，留心，谨慎

تَحَسَّبَه: تعرَّفه وتوخَّاه 要求了解，设法明白

ـ الخبرَ: اِسْتَعْلَمَه 侦察，洞察

ـ: توسَّد 靠在枕上

اِحْتَسَبَ الأمرَ: حسب حِسَابه / اِعْتَدَّه 考虑，计及

ـ به: اِكْتَفَى 满足于

ـ وَلَدًا له: فقدَه كبيرًا 丧子(儿子已成年)

حَسْب / حُسْبَان / حِسْبَان: عَدّ / إحصاء 计算，总计

ـ / ـ: عدّ / ظَنّ 认为，预料

ـ / ـ: اِعْتِبَار 考虑，斟酌，酌量

ـ: كِفَايَة 够，满足

ـُ ك دِرْهَمٌ أو بـ ـِ ك دِرْهَمٌ 一块钱就能使你满足

ـُ كَ مثلاً أنْ .. 你只要…就够了

فَحَسْبُ: فَقَطْ 仅，只，单单

لا ... فَـ ـُ بل ...، أو لَيْسَ ... فـ ـُ ولكِن .. 不但…而且…

ليسَ مُهَندِسًا بارعًا فحَسْبُ ولكِنَه خَطِيب أيْضًا 他不仅是有才干的工程师，而且是演说家

وحَسْبِي كذا: يَكْفِينِي 这对我已经够了，这已使我心满意足

هذا لم يَكُنْ في الحِسْبَانِ 这是出乎预料的

حَسَب ج أَحْسَاب: مَفاخِرُ الآبَاء 祖先的光荣，高贵的门第；功绩，功勋
ـ: قَدْر 数量，分量
ـ ه ونَسَبُه 他的出身和功绩，他的品质和功勋
من كُلٍّ ـَ قُدْرَته ولِكُلٍّ ـَ حاجته 各尽所能，按需分配
من كُلٍّ ـَ قُدْرَته ولِكُلٍّ ـَ ما يُؤَدِّي من عَمَل 各尽所能，按劳分配
بِـ كذا / على ـِ كذا / ـَ ما: بِمُوجَب / بِمُقْتَضَى 依照，根据
بِـ شَرِيعَتِنَا 依照我们的法律
(هذا) بِحَسَبِ (ذلك): بِمِقْدارِه （这）等于（那）
حَسَبِيّ 对保护人的关系
قَانُون ـ 保护法
حِسْبَة ج حِسَب: عَمَلِيَّة حِسابيَّة أو مقدار ماليّ 总数，总合，总额
ـ: دَفْنُ الميتِ في الحجارة أو مكفَّنًا 埋葬
ـ: أَجْر وثَواب 报酬
حُسْبَة [植]白化病
حِسَاب ج حِسَابَات: تَقْدِير 估量，推测
ـ: عَدّ 计算
ـ: مُحاسَبَة 核算
ـ: ما بَيْنَ المتعاملين من الحِساب 往来账目
ـ التَفاضُل [数]微分学
ـ التَكامُل [数]积分学
ـ التَفاضُل والتَكامُل [数]微积分(学)
ـ المُثَلَّثَات 三角学
ـ جَارٍ 往来账目
ـ خِتَامِيّ 年度结算
ـ الأَرْباحِ والخَسَائِرِ 损益计算
الـ الشَرْقِيّ [天]儒略历(古罗马历法)
الـ الغَرْبِيّ [天]格列高利历，公历(目前世界通用的阳历)
ـ مَفْتُوح 未决算账目，未结账目
بِغَيْرِ ـ 数不胜数的，无数的，极多的
على الـ: بِالدَيْنِ 赊购，赊欠
على ـِ فلانٍ 由某人付款，归某人付钱
عَمَلُ الـِ 清算，决算，结账
قَدَّمَ الـَ 开账单，交账，报账
دَفَعَ أو سدَّدَ الـَ 结账，清账
أُسْقِطَ مِنَ الـ 由算盘上减去
سَوَّى الـ 使收支相抵，清算，结清；复算，核算
عِلْمُ الـِ 算术
يَوْمُ الـِ [宗]清算日，末日
رَئِيسُ الحسابات 会计主任
ـُ الميزانيَّاتِ الخِتَامِيَّة 决算
حِسَابِيّ 计算的
مُحَاسَبَة: عمل الحِسَاب 计算
رَئِيسُ دِيوان الـِ (في مصر) (埃及)国家审计长
اِحْتِسَاب 计算；满意；无怨言
حَاسِب ج حَسَبَة: عادّ 计算者
آلَة ـ ة 计算机
ـ: مُحَاسِب (مـ) 会计，簿记员，计账员
حَاسُوب ج حَوَاسِيبُ 计算机
حَسِيب ج حُسَبَاءُ: شَرِيفُ الأَصْلِ 贵族，门第高贵的人
حَسْبُكَ أو ـُكَ اللهُ [宗]真主将来要和你算账
لا رقيبَ عليه ولا ـ (没有任何人监视他)他自行处理

مَحْسُوب جـ مَحَاسِيبُ 所包庇的，所袒护的，手下，门徒

ـُـك 您的驯服的仆人(书信用语)

مَحْسُوبِيَّة (مـ): مُرَاعَاة الخَواطِر 偏袒，偏爱，徇私，裙带关系

أَحْسَب: أَبْيَضُ الشَعْرِ والبَشَرة / أَبْرَص (مـ) 天老儿，发肤生来苍白的人

مُحَاسِبٌ قانُونِيّ / مُحَاسِبْجِيّ جـ مُحَاسِبْجِيَّة: مُراجِع حِسَابَات 查账员

مُحْتَسِب 检票员

مِحْسَبَة / حُسْبَانة: وِسَادَة صغيرة 小枕头

حَسْحَسَ له: توجَّع 惋惜，哀悼

ـ اللحمَ: جعله على الجَمْرِ وقلّبه عليه 在炭火上烤肉

تَحَسْحَسَ لِلْقِيَام: تحرَّك (为站起来而)动作

حَسَدَ ـُـ حَسَدًا وحَسَادَةً وحَسَّدَ فُلانًا نِعْمَتَه وعلى نِعْمَتِه: تَمَنَّى زوالَ نعمتِه وتحوُّلَها إلى الحاسد 嫉妒某人

ـ ه (مـ): أصابَه بالعَيْنِ 以(凶眼、毒眼、恶眼)看人

تَحَاسَدُوا 互相嫉妒

حَسَد: اشتهاء ما للغير 嫉妒，妒忌

حاسِد جـ حُسَّاد وحَسَدَة وحُسَّد 嫉妒者

حَسَّاد: كثير الحسد 好嫉妒者

حَسُود جـ حُسُد: من كان طبعه الحسد (阴阳通用)天性嫉妒者

مَحْسُود 被嫉妒者

مَحْسَدَة: ما يدعو إلى الحسد 嫉妒的诱因、动机

حَسَرَ ـُـ حَسْرًا الشيءَ: كشفه 揭开，揭露

ـ كُمَّه عن ذِراعه 捋起、卷起袖子

ـت الجَارِيَةُ خِمارَها عن وجهها 姑娘揭开面罩、面纱

ـ اللِّثَامَ 取下(遮脸的)围脖，取下面纱

ـ القِنَاعَ عن ... 揭开假面具

ـ الشيءُ: انكشف 被揭开，被揭露

ـ عن رأسه 光头，科头

ـ ـِـ حُسُورًا بصرُه: ضعُف وكَلَّ 视力衰弱

حَسِرَ ـَـ حَسَرًا وحَسْرَةً وتَحَسَّرَ عليه: تلهَّف 哀悼，悲伤

حَسَّرَه: جعله يَتَحسَّر 使悲伤，引起悲痛

ـ الطيرُ: بدَّل ريشَه (鸟)脱换(羽毛)

اِنْحَسَرَ الشيءُ: انكشف 被揭开

حَسَر / حَسْرَة جـ حَسَرَات: لَهَف 忧愁，悲伤

بِحَسْرَةٍ (سـ) 不高兴地，勉强地

يَا حَسْرَتِي / وَاحَسْرَتَاهُ! 哎呀！哎哟！噫！实在可怜！真可怜！

حُسُور 近视眼，眼光浅近

حَاسِر جـ حَوَاسِرُ 无盔甲又无缠头的

ـُ الرأسِ: عاري الرأسِ 光头的，科头的

حُسَّر 远视眼的，花眼的

حَسِير جـ حَسْرَى / حَسِر: تعِب 疲倦的，疲劳的，疲惫的

ـ الطَرْفِ 眼睛疲倦的

ـ / مَحْسُورُ البَصَرِ 视力弱的，视力差的

حَسَّ ـِـ حَسًّا وأَحَسَّ الشيءَ وبالشيءِ: علمه وشعر به (حَقِيقيًّا ومَجازِيًّا) 感觉，察觉，觉得

ـ ـُـ حَسًّا البردُ الزرعَ: أحرقَه (严寒)冻坏(植物)

ـ ه: قتلَه 杀害

ـ الحِصَانَ: طَمَّره (مـ) / نَفَضَ الترابَ عنه بالمِحَسَّة 梳刷(马毛)

ـ ـَـ حَسًّا وحِسًّا له: رَقّ 可怜他，怜悯他

حَسَّسَ (مـ): تلمَّس 探摸，摸索
اِللِّي على رأسه بَطْحَة يُحَسِّس عليها (مـ) (谁伤了头就摸头)哪儿疼就说哪儿
تَحَسَّسَ الخبرَ: سَعَى في إدْرَاكِه 侦察消息，打听消息
حِسّ 预感，预觉，心血来潮
ـ الإنسانِ أو الحيوان: صَوْت 人或动物的声音
حَسّ / إحْسَاس جـ إحْسَاسَات: شُعُور 感觉，感触
حِسِّيّ: مختص بالحِسّ 感官的，可以感觉到的
الإدْرَاكُ الـ 知觉
عَدِيمُ أو فَاقِدُ الإحْسَاسِ 麻痹的，无感觉的，不省人事的
حَاسَّة جـ حَوَاسّ / إحْسَاس: قابِلِيَّةُ التأثُّرِ 感性，敏感性
ـ: إحْدَى الحَواسِّ الخَمْس 感官
ـُ البَصَرِ 视觉
ـُ السَمْعِ 听觉
ـُ الشَمِّ 嗅觉
ـُ الذَوْقِ 味觉
ـُ اللَمْسِ 触觉
حَسِيس 簌簌声，沙沙声，细微的声音、动作；被杀害的
حَسَّاس: ذُو شُعُورٍ 敏感的，易感的
حَسَّاسَة: مَشْعَر 感官，感觉器官
ـ: عُضْو الحَسّ في الحَشَرَات والأَسْمَاك والنبات 触手，触角，触须
نُقْطَة ـ 易感点，敏感点
حَسَّاسِيَّة 敏感，感应性
مَحْسُوس / مُحَسّ 可以触知的，可以感觉到的
غيرُ ـ 不易觉察的

صادِراتٌ غيرُ ـ ة 看不见的输出额
مِحَسَّة جـ مِحَسَّات / ـ الخيل 马梳
حَسَفَتْ ـِ حَسْفًا وحَسِيفًا الحَيَّةُ: صَوَّتَت (蛇)嘶，蛇咝咝地叫
ـ حَسْفًا وحَسَّفَ التَمْرَ: نقَّاه من الحسافة 挑选椰枣
تَحَسَّفَ الجلدُ: تقشَّر 脱皮
حُسَافَة 坏枣，杂物
حَسِيفَة جـ حُسَافَة: عداوة وغيظ 敌意，仇恨，怨恨
حَسِكَ ـَ حَسَكًا عليه: غضب 对他生气
ـ ت الدابّةُ: قَضَمَت الحَبّ (牲口)吃料
حَسَّك (س) 哽着鱼骨
حَسَك الواحدة حَسَكَة جـ حَسَكَات: شَوْك (植物的)针，刺
ـ السَمَكِ 鱼刺，鱼骨
ـ السُنْبُلَةِ 麦芒，谷针
ـ النَسَّاج: شوكةُ الطَرَابِيشِيَّة 起毛机
حَسَكِيّ: شائِك 带刺的；多刺的
حَسْكَنِيت 刺
حِسْل جـ حِسَلَة وأَحْسَال وحُسُول وحِسْلَان 小鳄蜥
أَبُو حِسْل أو أَبُو حُسَيْل: ضَبّ 鳄蜴
حُسَالَة 银粉
ـ / حَسِيل 废物，碎屑
حَسَمَ ـِ حَسْمًا الشيءَ: قطعَه 割断
ـ الأمرَ: بَتَّه 决定，裁决，裁定
ـ: طَرَحَ / خصَمَ (مـ) 折扣，减价，扣减
اِنْحَسَمَ 被割断
حَسْم: بَتّ 决定，判决，裁决
ـ 分部，局，所，处，科
ـ: خَصْم (مـ) / إسْقَاط 折扣

حُسُوم: شُؤْم 不吉利
حُسَام: سَيْف قاطع 利剑，指挥刀
ـ 长夜
حاسِم: بَاتّ 有决心的，果断的，坚决的
حَسُنَ وحَسَنَ ـ حُسْنًا: كان جَميلاً 成为美丽的，美观的，美貌的，标致的，漂亮的
إذَا ـ في عَيْنَيْه 如果他认为美好
يَحْسُنُ بِي أَنْ ... 我应当…
حَسَّنَ الشيءَ: صيَّره أَحْسَنَ مما كَانَ 改良，改善
ـ العِبَارَةَ: صيَّرها حَسَنَة 修润(文字)，润色
ـ الكاسِدَ أو القَبِيحَ 粉饰，贴金
حَاسَنَه: عامَله بالحُسْنَى 优待，礼遇，善待，很好地对待
أَحْسَنَ: فَعَلَ الحَسَنَ 做好事，办好事
ـ إليه: أعطاه الحَسَنَة 施舍，救济，赈济
ـ إليه وبه: عَمِلَ معه حَسَنًا 优遇，善待，宽大相待，对他做好事
ـ اسْتِقْبَالِي 他很好地接待(招待)了我
ـ اللُغَةَ العَرَبِيَّةَ 精通阿拉伯文
ـ الظَنَّ بِفُلانٍ 对某人怀好感
أَحْسَنْتَ! 好！好极了！
تَحَسَّنَ: صار حَسَنًا شَيْئًا فشيئا 改善，改进，(健康)逐渐恢复
اِسْتَحْسَنَه: عدَّه حَسَنًا 赞许，认为好，珍惜
حُسْن جـ مَحَاسِنُ: جَمال 美，美丽，美妙
ـ الأَدَبِ 品格高尚，有礼貌
في ـ أَدَبٍ وحَفَاوَةٍ 有礼貌地，很文雅地
مِنْ ـ حَظِّي 由于我的幸运
ـُ الخُلُق 德行，品德端正，好的性情
ـُ الظَنِّ 好的猜测
ـُ البَلاءِ في 坚韧不拔，坚强地，表现好
ـُ المُعَامَلَةِ 善待，很好地对待
ـُ القَبُول 哂纳，笑纳
ـُ السَيْرِ والسُلُوك 良好的品行
ـُ الابْتِداءِ (في البديع) [修]开端，绪论
ـُ الانْتِهاءِ (في البديع) [修]结尾，结语
ـُ التَعْبِيرِ (في البَيان) [修]委婉法，婉言
ـُ القَصْدِ أو النِيَّةِ 善意，诚意
ـُ يُوسُفَ (سـ) [植]长在海滩上的一种海藻
بِحُسْنِ قَصْدٍ أو نِيَّة 善意地，诚意地
الحُسْنَى: العاقِبَة الحَسَنَة 善果，善终，好收场
قَابَلَ ـ بالشَرِّ 以怨报德
بالـ 友善地，亲切地，和蔼地，善意地
تَسْوِيَةُ الخِلافَاتِ بالـ 调停，和解
الأَسْمَاءُ الـ 美名(古兰经中有关真主的99个尊名)
حُسْنَيَان 胜利和牺牲，成功和成仁
حَسَنَة جـ حَسَنَات / إحْسَان: صَدَقَة 恩赐品，施舍物，捐款
ـ: صِفَةٌ حَسَنَة 美德
ـ: عَمَل حَسَن 善行，义举，好行为
ـ (مـ): وَحْمَة 痣，胎记，母斑
ـ / حَسْنَاء جـ حِسَان: امرأة جَمِيلة 美人，美女
تَحْسِين جـ تَحْسِينَات: إصْلاح 改善，改良；修饰，修润，润色
ـُ الإدارَةِ المَالِيَّةِ للمُؤَسَّسَات 改进企业的财政管理
التَحْسِينَاتُ الفَنِّيَّة 改进技术
إحْسَان جـ إحْسَانَات: فِعْلُ الخَيْرِ 恩赐，恩惠，恩典，赏赐，善行
جَمْعِيَّةُ الـ 慈善团体
صَاحِبُ الـ 善人，恩人

حَسَن ج حِسَان: جَمِيل 清秀的，俊俏的，漂亮的
ـ: جَيِّد 好的，可心的，满意的
النِيَّةُ الـ ة 善意，好心眼，好意图
حَسَنًا: جَيِّدًا 好！很好！
حُسَيْنٌ 侯赛因(男名)
حُسَيْنِيّ (مـ) 狐，狐狸
حَسُّون (سـ) 金翅雀
حُسَّان م حُسَّانَة ج حُسَّانُون وحُسَّانَات 很漂亮的，很美丽的
أَحْسَنُ ج أَحَاسِن م حُسْنَى: أَفْضَلُ / أَكْثَرُ حُسْنًا 更好的，最好的
أَحَاسِنُ القَوْمِ: حِسانُهم 清秀的人，俊俏的人
مُحَسِّن: مُزَيِّن 美容家，美容师
ـ: مُصْلِح 改良者，改善者
مَحَاسِن: صِفَات حَسَنَة 优点，美德
مُحْسِن: خَيِّر 善人，慈善家
مُسْتَحْسَن 称心如意的，满意的，被欣赏的
حَسَا ـُ حَسْوًا وتَحَسَّى واحْتَسَى المَرَقَ: شرِبَه شَيْئًا بَعْدَ شيءٍ 呷，吸饮，一口一口地喝
حَسْو / حَسُوّ / حَسَا /حَسَاء: صَبَّه (مـ) / شُورْبَه (مـ) 羹汤，肉汤
حَسْوَة ج حَسَوَات: جَرْعَة 吸一口，喝一口
حُسْوَة ج أَحْسِيَة وأَحْسُوَة جج أَحَاسٍ: قدر ما يُحْسَى مرَّةً واحدةً 一口汤
حَسَى ـِ حَسْيًا واحْتَسَى: احتفر الحِسَى 挖掘沙地(取水)
حِسًى وحَسْيٌ وحِسْيٌ ج حِسَاء وأَحْسَاء: سَهْل من الأرض يَسْتَنْقِع فيه الماء 沼泽地
حسّون (في حسن) / **حشا** (في حشو)
حَشَأَ ـَ حَشْأً النارَ: أَوقدَها 点火，燃火
مِحْشَأ ومِحْشَاء ج مَحَاشِيّ 兜肚

أَحْشَبَه: أَغْضَبَه 激怒，惹怒
حَوْشَب 兔；牛；雄狐；大肚子的人；人群
حَشَدَ ـِ ـُ حَشْدًا الشيءَ: جَمَعه 收集，搜集
ـ ه وحَشَّده: جَمَعه / كَدَّسه 积聚，积累，堆积
ـ حُشُودًا الزرْعُ: نَبَتَ كلُّه (植物)发芽
ـ وأَحْشَدَ واحْتَشَدَ وتَحَشَّدَ وتَحَاشَدَ القومُ: اجتمعوا لأمر واحد 集合，集拢
حَشْد 收集，收拢
ـ الجُنُودِ: ضدّ تسريحها [军]集结军队
ـ وحَشَد من الناس 人群
حَاشِد 聚集的，积集的
جُمْهُورٌ ـ 聚集起来的人群
حَشَرَ ـِ ـُ حَشْرًا الناسَ: جَمَعَهم 召集，集合，集结
ـ ه: دَسَّه 插入，填入
ـ أَنْفَه في كذا 干涉，管闲事
ـ مُحدِّثَه في الزاوِيَةِ (把自己的对话人赶到墙角去)把他逼得走投无路
حُشِرَ واحْتُشِرَ في رأسه: كان عَظِيمَ الرأْسِ 头大
ـ ت الوُحُوشُ: مَاتَتْ وأُهْلِكَتْ 野兽死去
يَوْمُ الحَشْرِ [宗]末日，清算日
حَشَرَة ج حَشَرَات 昆虫
عِلْمُ الحَشَرَاتِ 昆虫学
حِشَرِيّ (مـ) / حِشْرِيّ (سـ): فُضُولِيّ 好管闲事的人
حِشْرِيَّة (مـ) / حُشْرِيَّة (سـ) 爱好研究，爱追根究底
حَاشِر ج حَاشِرُون وحُشَّار 收税人
مُتَحَشِّر 好管闲事的人
مَحْشِر ومَحْشَر ج مَحَاشِرُ 集合地，集合地点
حَشْرَجَ: غَرْغَرَ عِنْدَ المَوْتِ وتَرَدَّدَ نَفَسه 临终时

喉头发出咯咯声

حَشَّ ـُ حَشًّا العُشْبَ: قطعه 割草

ـ النارَ: أَوْقَدَها وحرَّكها بالمِحَشّ 点火，拨火

ـ الحربَ: هيَّجها 发动战争，挑起战争

ـ المالَ: كثَّره 增加财富

حَشَّشَ (سـ): تَعَاطَى الحَشِيشَ 吸食大麻烟

ـ (مـ) 割草

أَحَشَّت اليدُ: شُلَّتْ ويَبِسَت [医]手害萎缩症

ـ الأرضُ: كثُر حشيشُها أو صار فيها حشيش (土地上)长草，或草茂盛

حَشّ: قَطْعُ العُشْبِ أو البِرْسِيم 割(草或苜蓿)

حَشَّة 割刈

الـ الأُولَى 第一次收割

حَشِيش جـ حَشَائِشُ: عُشْب يابس 干草

الـ الصينِيّ 苧麻，苎麻

ـ / حُشّ: مَوْلُود مَيْتًا 死胎，死后生下的

ـ (سـ) / حَشِيشَةُ التَخْدِير 大麻烟(用印度大麻叶制成的内服麻醉药，能催眠)

حَشِيشِيّ (مـ): أَخْضَرُ فاتح 浅绿色的

حَشِيشَة: عُشْبَة 草，草本

ـ 草丛

ـُ الجَبَلِ 羊齿

ـُ الحَمْرَاءِ [植]颠茄，洋莨菪

ـ الحَجَلِ (مـ) [植]贝母

ـ الشُومِيَّة (مـ) 一种芥属植物，有极强之蒜臭

ـُ الأَسَدِ [植]肉苁蓉

ـُ الأَفْعَى [植]猪殃殃

ـُ البِزَازِ (سـ) [植]稻茬菜

ـُ البَحْرِ: لِيكِن (أ) lichen [植]地衣

ـُ الدِينَارِ [植]蛇麻草花，忽布花，(啤)酒花

ـُ الزُوفَى [植]牛膝草(唇形科植物)

ـ المَحْمُودِيَّة 牵牛花

ـ القِطَّة (راجع هِرر) / ـ الهِرّ [植]缬草，广叶拔地麻

الـ الغَرْبِيَّة [植]土当归

حُشَاش / حُشَاشَة 临终的人

يا ـ ةَ قَلْبِي (سـ)! 我的心肝呀！

حَشَّاش جـ حَشَّاشُون وحَشَّاشة 吸食麻烟的

ـ 草商

مِحَشّ جـ مِحَشَّات: مِنْجَل كَبِير 大镰刀

مَحْشَشَة (مـ): مكانُ تَدْخِينِ الحَشِيشِ 吸麻烟室，麻烟馆

مَحَشّ 干草多的地方

تَحَشَّفَ: لَبِسَ الحَشِيفَ 穿褴褛的衣服

ـ (مـ) 头发脱落

الحَشِيف: الثوب البالِي 褴褛的衣服

حَشَف 质量不好的椰枣

كالَ بِهِ شيئًا كَيْلَ الـ 大方地给人东西

حَشَفَةُ القَضِيب [解]龟头

مُتَحَشِّف: لا يَعْتَنِي بِهِنْدَامِه 邋遢鬼

مُتَحَشِّفَة 懒婆娘，邋遢的女人

حَشَكَ ـِ حَشْكًا وحُشُوكًا القومُ: احتشدوا 聚集

ـ القومُ في المَسْرَح 人们聚集在剧院里

ـ ت النَخْلَةُ: كثُر حَمْلُها (椰枣)结实累累

ـ ت الرِيحُ: اختلفت جهاتُ هُبُوبِها (风)不断改变方向，转向

حَشْكَة 阵雨，骤雨

حَشَكَة 大群

حَشِيكَة 精饲料(如大麦)

حَشَمَه ـِ حَشْمًا وحَشَّمَه وأَحْشَمَه: أَخْجَلَه 侮辱，羞辱，使丢人，给丢脸

تَحَشَّمَ واحْتَشَمَ: اِسْتَحْيَا 害羞，害臊，羞怯

حَشَم: خَدَم 侍从，随从，卫士

حِشْمَة / اِحْتِشَام: حياء 腼腆，羞怯

ـ / ـ: تأَدُّب 规矩，礼貌

حُشْمَة: امْرَأَة 妇女

ـ: قَرابَة 亲戚

حَشِيم جـ حُشَمَاءُ / مُحْتَشِم ومُتَحَشِّم: حَيِيّ 谦恭的，有礼貌的，羞怯的

مَحْشَم جـ مَحَاشِمُ (مـ) 睾丸

مَحاشِم 阴部

حَشَا يَحْشُو حَشْوًا الوِسَادَةَ بالقُطْن: ملأَها 填充，填塞，填补(如用棉花装枕头)

ـ الشيءَ بغيره: دسَّه فيه 插进，嵌进，(把不正当的句子等)偷偷插入(正文)，(把假货)偷偷羼入(真货)

ـ السِلاحَ الناريّ: عمَّره (مـ) 装弹

ـ الدَجاجَةَ أو غيرَها لطَبْخِها (用大米、香料等)填塞(鸡、鸭)以备烹调

حَشْو جـ المَحَاشِي / حَشْوَة (مـ): ما يُحْشَى به 填料(褥垫的填料：羽毛、棉花、(عُمومًا) 稻草等；鸡、鸭、羊的填料：大米、香料等)

ـ / ـ مِنْ لَحْمٍ مَفْرُوم 肉馅

ـ: فَضْلُ الكلام 废话

ـ / ـ السِنِّ أو الضِرْسِ 补牙

ـ / تَحْشِيَةُ الكلام 添改，窜改

ـ / ـ: دَسّ 插入，增入

ـ: كَلِمَة أو عِبارة مَدْسُوسَة وزَائِدة 填补的，附加的，多余的，废话

حَشْوَة (一伙)恶棍，(一群)流氓，地痞

ـ الأرضِ 森林，丛林

حَشًا جـ أَحْشَاء 内脏，脏腑，五脏六腑

أَحْشاءُ الأرضِ 矿藏

حَشِيَّة جـ حَشَايَا من القُطْنِ أو الصُوفِ 装棉或毛的床垫

ـ مِنْ قَشّ 草褥，草荐，草垫

مَحْشُوّ: مَحْشِيّ (مـ) 饺子，包子

ـ: مُعَمَّر (مـ) (كالسلاح الناريّ) 实弹的，装有子弹的

مَحْشِيّ جـ مَحْشِيَّات ومَحَاشِيّ 饺子，包子，小西葫芦等填馅食品

حَشِيَ ـَ حَشًى الرجلُ: أصابَه مَرَضُ الحَشَى 害气喘病

حَشَّى الشيءَ والثوبَ: جعلَ له حاشِيةً (衣服)加边，加边缘，镶边

ـ الكتابَ 加边注，加旁注

ـ في النصِّ الأَصْلِيّ 插入正文，补入正文

ـ بَيْنَ الأَسْطُرِ 填在行间，注在行间

حَاشَى مُحَاشَاةً وتَحَشَّى زَيْدًا: اِسْتَثْنَاه من القوم 除去，排除，除外

تَحَشَّى من كذا أو تَحَاشَى عن كذا: تنزَّهَ عنه 避开，离开，躲开

حَشًى جـ أَحْشَاء 内脏，脏腑

ـ 气喘病

مِنْ بَيْنِ الـ 从内心深处

حَاشَا: سِوَى 除，除…外

تَأَخَّرَ الناسُ ـ زيدًا 除宰德外，大家都迟到了

ـ كَ / ـ لَكَ أن تَفْعَلَه 你不会那样做

ـ اللهُ عن ذلك [伊]真主不许！上天不容！万万不能

ـ (مـ) [植]野芹菜，野塘蒿

حَاشِيَة جـ حَوَاشٍ: حَرْف 边，缘

ـ: تَعْليق على الهامِش 边注，旁注，眉批

ـ: حَشَم 侍从，随从，扈从，仆从

ـُ الثوبِ: هُدْبُه 衣边

ـُ القُماشِ / بُرْصُل (مـ) 布的织边、织缘

ـُ المِنْدِيلِ وأمثالِه (手帕等的)花边

ـُ الكِتَابِ أو الصفحةِ: هَامِشُه (书籍的)天头，地脚

ـ في خِطابٍ (书传中的)再启，附言，又及

لَيِّنُ الـ 具有温柔性格的

رَقِيقُ الحَوَاشِي 善良的，殷勤的，友好的

مُحَشًّى 带边注的(书)

حَصَالُبَان: إكليلُ الجَبَلِ 迷迭香

حصاة (في حصو)

حَصَبَه ـِ حَصْبًا: رَمَاهُ بالحَصْبَاء 用石子投掷他

ـ وحَصَّبَ الأرضَ: فَرَشَها بالحَصْبَاء 用石子铺地

ـ باللعَنَاتِ والشَتَائِم 进行诅咒和谩骂

حَصِبَ ـَ حَصَبًا وحُصِبَ وحَصَّبَ (مـ): أُصِيبَ بمَرَضِ الحَصْبَة [医]患麻疹

حَصَب / حَصْبَاء: زَلَط (مـ) 石子，碎石

حَصْبَة [医]麻疹

ـ ألمَانِيَّة / حُصَيْبَة [医]风疹

حَاصِب جـ حَوَاصِبُ: ريح شديدة تحمل الحَصْبَاء (卷起石子的)狂风，暴风

ـ: بَرَد 雹

ـ: سَحَاب يَرْمِي بالبَرَد 下雹子的云彩

حَصْحَصَ الحقُّ: ظَهَرَ 真相大白

حَصَدَ ـِ حَصْدًا وحِصَادًا وحَصَادًا واحْتَصَدَ الزرعَ وغيرَهُ: قطعه بالمِنْجَل 收割

ـ فلانٌ: ماتَ 死了，死亡

حَصِدَ ـَ حَصَدًا الحبلُ أو الدرعُ: اشتدّ فتلُه (绳、甲胄、织物等)织得坚实

أَحْصَدَ الزرْعُ: حَانَ حِصادُه (庄稼)成熟

حَصَاد وحِصَاد: أوانُ الحَصْدِ 收获期，收割季节

حَاصِد جـ حُصَّاد وحَصَدَة / حَصَّاد: جانٍ 收割者

حَصَد / حَصِيد جـ حَصَائِد / حَصِيدَة: زَرْع مَحْصُود 收获物，收割物，收成

حَصِيدَة: أسافِلُ الزرع التي لا ينالها المِنْجَلُ 谷茬

حَصَّادَة / مِحْصَدَة جـ مَحَاصِدُ: آلة الحَصْدِ 收割机，割草机

آلَةٌ ـ 收割机

(آلة) حَصَّادَة درَّاسة 联合收割机

مِحْصَد جـ مَحَاصِدُ: مِنْجَل 镰刀

حَصَرَه ـُ حَصْرًا: ضيَّق عليه وأحاط به 包围

ـ البَحْثَ في ... 把讨论限于…范围之内

ـ اهْتِمامَه في ... 把注意力集中于…方面

ـ جُهُودَه في ... 把精力集中于…

ـ ه: حَجَزَه / حَبَسَه 扣留

ـ: حَدَّدَه 限制，限定

ـ كلمةً أو عِبَارةً 用括号把词句括起

حَصِرَ ـَ حَصَرًا: بَخِلَ 吝啬

ـ: عَيِيَ في النُطْقِ 口吃

ـ بالسِرِّ: كتَمَه 保密

ـ الرجلُ: ضاقَ صَدْرُه 胸口烦闷

حَاصَرُوا العَدُوَّ: أحاطُوا به ومَنَعُوا عنه الإمْدَادَ 包围，围攻(敌人)

أَحْصَرَه المَرَضُ أو البَوْلُ: جعله يحصر نفسه (疾病)压倒某人

اِنْحَصَرَ 被包围，被限制，被拘禁

حَصْر: إحْدَاق بالشيء 包围，围绕

ـ: مُحَاصَرَة 围困，封锁

ـ: تَقْيِيد 限制，约束

ـ: حَبْس / سَجْن 拘留，禁闭

ـ (أو احتِبَاس) البَوْلِ [医]尿闭
ـ بَحْرِيّ 海上封锁
ـُ الدُخَان (سـ) 烟草管制
بالـ / بِـ المَعْنَى ...: بالتَدْقِيق 严格说来，严格地说
عَلامَةُ الـ: هِلالان 括弧，括号(( ))
عَلامَةُ الـ هذه: عِضَادَتَان 方括号([ ])
ـ 计算，算法
لا يأخُذُهُمْ ـٌ 他们的人数无法计算
يَفُوقُ الـَ 数不尽，无数，无限
حُصْر / حُصُر: إمْسَاكُ البَطْن [医]便秘，大便秘结
حِصَار 封锁，围困
رَفْع الـِ 解围，解除封锁
حالةُ الـِ 包围状态
ـٌ بَحْرِيّ 海上封锁
ـٌ اقْتِصَادِيّ 经济封锁
ضَرَبَ حِصَارًا اقْتِصَادِيًّا 实施经济封锁
مُحَاصَرَة 封锁，包围
ـ / حِصَار [军]要塞，防舍，木舍
حَصِير جـ حُصْر وأَحْصِرَة: سِجْن 监狱
ـ / حَصِيرَة 草席；鞋擦
ـ 地表，地面；体侧；道路，马路；羊毛织物
حَصِيرَةُ الشُبَّاك جـ حَصَائِر 竹帘
ـ خَشَبِيَّة 可折的木条盖
مَكْتَب بِـ 附有折叠式盖子的写字台
ـ 履带
جَرَّارَة ذاتُ ـٍ 履带拖拉机
ـُ الصَيْفِ وَاسِعة (夏天的席子是宽大的)夏天到处可睡觉
حُصَرِيّ جـ حُصَرِيَّة (مـ) 制席工；制帘工

مَحْصُور / مُحَاصَر 被围困的，被包围的，被封锁的
ـ: مُقَيَّد 被限制的
ـ: ضَيِّق 紧的，窄狭的，狭隘的
حَصْرَمَ القوسَ: شَدَّ تَوْتِيرَها 拉紧(弓弦)
ـ الحَبْلَ: فَتَلَه شديدًا 搓紧(绳子)
ـ القِرْبَةَ: ملأَها 灌满，盛满(皮水袋)
ـ القَلَمَ: بَرَاه 削尖(笔)
حِصْرِم / حُصْرُم (مـ): أول العِنَب ما دام أخضرَ حامضًا أو الثمرُ عمومًا قبلَ أن ينضج الواحدة حِصْرِمَة 酸葡萄，未成熟的果实
حَصَّه ـُ حَصًّا من المال كذا: كانت حصَّته منه كذا 分给他一份财产
ـ الشَعْرَ: حلقَه 剃发
ـ الصَقِيعُ النَبْتَ: أَحرقه (霜)冻坏植物
حَصْحَصَ الأمرُ: ظَهَرَ وبَانَ 水落石出，真相大白
حاصَّ مُحَاصَّةً الغُرَمَاءُ: اقتسَمُوا حِصَصًا (债权人)共受，分享，瓜分(破产者的财产)
أَحَصَّه: أَعْطَاه حِصَّتَه 分给他一份
ـ الشيءَ: قسَمه حِصَصًا 分成若干份
ـ ه: عيَّن حِصَّته 规定他的份额
اِنْحَصَّ الشعرُ: سَقَطَ (发、叶)凋落，脱落
حِصَّة جـ حِصَص: نَصِيب 份额
ـ مَالِيَّة: وَزِيعَة / سَهْم 红利，股息
ـ دِرَاسِيَّة 课时，一节课，一堂课
ـ نِسْبِيَّة 限额，比额
ـُ الأَسَدِ (狮子的份额)最良部分，极大部分
مُحَاصَّة / مُحَاصَصَة: تقسيمُ الحِصَصِ (الأَنْصِبَة) 分配，分开，瓜分
نِظَامُ الـ 互分制
أُشْغِلَ بالـ 照互分制工作

ــ: مُقَاسَمَة 分享，共受

شَرِكَة ــ 股份公司

حَصُفَ ـُ حَصَافَة: كان جيِّدَ الرأْيِ 精明谨慎，考虑周密，见解正确，判断正确

حَصَفَه ـَ حَصْفًا وأَحْصَفَه: أَبْعَدَه 移开

حَصِفَ ـَ حَصَفًا 长痱子

أَحْصَفَ: ركَضَ شديدًا 快跑，飞跑

حَصَف: حَمْوُ النيل (مـ) [医]痱子

حَصَافَة: جَوْدَةُ الرأْيِ 精明，正确的见解

حَصِف / حَصِيف: مُحْكَم العَقْل 精明的，明达的，明智的

حَصَلَ ـُ حُصُولاً ومَحْصُولاً الشيءُ: جَرَى / حَدَثَ 发生

ــ الشيءُ: بقي 余下，剩下

ــ له كذا: وَقَعَ 遭逢，遭遇

ــ على الشيءِ وحَصَّلَه: أَدْرَكَه 达到

ــ على الشيءِ: أحرزه وملكه 获得

ــ على الدَيْنِ: اِسْتَرَدَّه 收回债款

ــ على المال: جَمَعَه 聚敛钱

حَصِلَت ـَ حَصَلاً الدابَّةُ: أَكَلَت التُرابَ أو الحصَى فبقي في جوفها وشكت منه 牲口吃土或石子后肚子痛

حَصَّلَ الكَلامَ: اِسْتَنْتَجَه 得出结论，做出总结

ــ الكَلامَ: رَدَّه إلى محصولِه ومُفاده 摘要，撮要，扼要复述

ــ 收割，收集

ــ العِلْمَ: حصل عليه 通晓

والذي يحصُل يحصُلُ 不管怎样，无论如何

تَحَصَّلَ على 获得，取得，收到

اِسْتَحْصَلَ (مـ) 得到，收到，获得，力求

حُصُول: حُدُوث 发生，遭遇，碰到

حُصَالَة 残余，剩货，剩余的物资；谷糠，蔬菜的老叶

تَحْصِيل: نَيْل 得到，获得

ــ: جَمْع 采集，搜集，募集

ــُ حَاصِلٍ 无谓的重复

سَنَوَاتُ الـ 学习年限

تَحْصِيلْجِي جـ تَحْصِيلْجِيَّة (مـ): مُحَصِّل 收税员，收款员

حَاصِل جـ حَوَاصِلُ: نَتِيجَة 结果，效果，成绩，结论，结局

ــ الجَمْعِ (في الرِياضة) [数]和数

ــ الضَرْبِ [数]积数

ــ: شُونَة 仓库，粮仓，货栈，储藏室，军需库

ــ (مـ): سِجْن 监狱，禁闭室，拘留所

الـ / ــُ القولِ أو الكلام 旨趣，要领，要点

حَصِيلَة جـ حَصَائِلُ: مَجْمُوع 征集品，收集品

ــ المال: دَخْل / إيراد (مـ) 收入，进款

حُصَّالَة وحَصَّالَةُ النُقُودِ (مـ): كَنْزِيَّة 储蓄箱

مُحَصِّلُ التَذاكِرِ 收票员

مَحْصُول جـ محاصيل ومحصولات: منتجات 生产品，产物

محصولات زراعية 农产品

حَصُنَ ـُ حَصَانَة المكانُ: كان حصينًا 成为坚固的，防御周密的

حَصُنَت ـُ حُصْنًا وحِصْنًا وحَصَانَةً المرأةُ: كانَتْ عَفِيفةً (妇女)成为贞洁的

حَصَّنَ وأَحْصَنَ المكانَ: مَنَّعَه 设防

ــ ضد المَرَض أو العِقَاب الخ 使免疫

أَحْصَنَ المرأَةَ: زوّجها 把女子嫁出去

ــ ت المرأةُ: تَزَوَّجَتْ 结婚，出嫁

ــ الرجلُ: تزوَّج 结婚，娶亲

تَحَصَّنَ: تقوَّى / تمنّع 巩固

حِصْن جـ حُصُون وأَحْصَان وحِصَنَة: كل مكان مَحْمِيّ مَنِيع 堡垒，要塞，城堡
حُصَيْن 小要塞，小堡垒
أَبُو الحُصَيْن: ثَعْلَب 狐狸
حَصَانَة: مَنَاعة 巩固
ـ: ضد المَرَض أو العِقاب الخ 免疫，免疫性，不可感染
ـ 贞洁
حَصَان جـ حُصُن وحَصَانَات / حَاصِن وحَاصِنَة جـ حَوَاصِنُ وحَاصِنَات: امرأة عَفِيفَة 贞女，节妇
حِصَان جـ أَحْصِنَة وحُصُن: ذَكَرُ الخَيْلِ 公马，儿马
ـُ البَحْرِ 河马
ـُ العَرَبَة/ـُ الجَرّ: كَدِيش (سـ) 挽马
ـُ الحَمْلِ: بِرْذَوْن 驮马
ـُ الرُكُوبِ: جَوَاد 乘马，快马
ـُ السِبَاقِ 赛跑的马
ـٌ أَصِيل 纯种马，良种马
ـٌ طَلُوقَة 种马
ـٌ مَخْصِيّ 骟马
قُوَّة (كذا) حِصَان 马力
تَحْصِين جـ تَحْصِينَات: تَقْوِيَة 设防，加堡；[军]筑城，筑防御工事
خَطُّ الـ أو الدفاع 防御线
حَصِين: قَوِيّ / مَنِيع 坚强的，巩固的
ـ: ضدّ المَرَض أو العِقاب 免疫的，不受感染的；免罚的
مُحَصَّن 加堡垒的，设堡的，设防的
اِمْرَأَة مُحْصَنَة: في عِصْمَة رَجُل 有夫之妇
مِحْصَنَة جـ مَحَاصِنُ 篮，筐；锁
حصا ـُ حَصْوًا فلانًا: منعه 阻止，阻碍

حَصَى ـِ حَصْيًا الرجلَ: ضَرَبَه بالحَصاة 以石投击
حُصِيَ الرجلُ: تَوَلَّدَتْ حَصَاةٌ في مَثَانَتِه 患膀胱结石
حَصَّاه تَحْصِيَةً: وقَّاه 保护
أَحْصَى الشيءَ: عَدَّه وضبَطه 算，计算，点数，核计
ـ ه: عَدَّدَه 统计
ـ 进行调查，登记
لا يُحْصَى: لا يُعَدُّ 无数，数不尽，数不胜数
يُحْصَى عَدَدُهم على أَصَابِعِ اليَدِ 他们是屈指可数的
حَصًى / الواحدة حَصَاة وحَصْوَة (مـ سـ) جـ حَصَيَات وحُصِيّ وحِصِيّ 小石，石子，碎石，小圆石，砾石
طَرْقُ الـ / ضَرْب الـ 以石子占卦
حصاة بَوْلِيَّة [医]膀胱结石
ـ صَفْرَاوِيَّة [医]胆石
إِحْصَاء: عَدّ 计算，核计，统计
ـُ النُفُوسِ: تَعْدَادُها 人口调查，人口普查
ـ / إِحْصَائِيَّة جـ إِحْصَائِيَّات 统计，统计学，统计资料，统计表
إِحْصَائِيّ: تَعْدَادِيّ 有关统计的，统计学的
أَرْضٌ مَحْصَاة 多石子的地方
غَيْرُ مُحْصًى 无数的，数不胜数的
حضر ـُ حُضُورًا وحَضَارَةً الرجلُ: جاء 来，来到，莅临
ـ ه الموتُ: جاءه 临终，临死，弥留之际
ـ: ضدّ غابَ 到，到场，在场
ـ وحَضِرَ ـَ حُضُورًا المجلسَ: شهِدَه 参加，出席
ـ أمامَ المَحْكَمَةِ: شهِدَها 出庭

ـ حَضَارةً / وتَحَضَّر واحتَضَرَ: أَقَام بالحَضَر 居住城市

حَضَّرَ الشيءَ: أَعَدَّه 准备，预备，做准备

ـ ه: مَدَّنَه 给以文化，开化，使文明，教化

ـ وأَحْضَرَ الشيءَ: جاء به 拿来，带来，取来，把…送给

حَاضَرَ: أَلقى مُحَاضَرَةً 演说，演讲，做报告

ـ الجوابَ: جاء به حاضراً 立即答复

ـ ه: أجابَه بما حَضَرَه من الجَواب 即时答复

ـ ه: غَالَبَه 竞争，比赛

تَحَضَّرَ: تمدَّن 成为文明的，有文化的

ـ: تهيَّأ 预备好，准备好

أُحْتُضِرَ: حضَرَه الموتُ (人)临死，将断气

اِسْتَحْضَرَه: اِسْتَدْعَاه 召唤，找来

ـ ه (مـ): أَحْضَرَه 拿来，取来，带来，把…送来

ـ ه (مـ): اِسْتَعَدَّه 准备好，预备好

حَضَر / حَضَارَة: ضدّ البَداوَة 文化，文明，定居的生活，城市的生活

حَضَرِيّ: مَدَنِيّ 城市的，文明的

ـ 定居的，市民，都市人

مَطَالِبُ ـ ة 文化方面的问题

حَضْرَة / حُضُور: وُجُود 到场，来临，出席

في ـِ فلانٍ / بحُضُورِ فلانٍ: أَمَامَه 当…的面，有…在场

كنتُ بِـ ـِ الدارِ أي بِقربها 我在屋子附近

حَضْرَة جـ حَضَرَات 阁下(放在头衔前)；女士，夫人，太太

ـُ كُمْ 阁下

ـ صَاحِبِ الفَخَامَةِ الرَّئيسِ 尊敬的总统阁下

حَضَرَة (مـ) 建筑材料

ـ المَسْجِد (مـ) 清真寺的建筑材料

حُضُور: قُدُوم 光临，来到

في ـ فلانٍ: أمامَه 当某人的面，有某人在场

ـ الاِجتماعِ 出席集会，在场

ـ الذهْنِ 镇静，沉着

عَدَمُ ـ 缺席，不在场

حُضُورِيّ 当场发生的

حُضُورِيًّا 在对审时，在场的

حَضَارَة 文明；城市的生活

تَحْضِير 准备，预备，筹备

تَحْضِيرِيّ: إِعْدَادِيّ 准备的，预备的

مَحْضِر: حَضْرَة / وُجُود 当面，在场

مُحاضَرَة جـ مُحَاضَرَات 演说，演讲，报告

أَلْقَى ـ 演讲，做报告

مُذَكِّرَة إِحْضَارٍ (سـ) 传票，法庭通知书

تَحَضُّر 文明，文化程度

اِحْتِضَار 死亡，消逝

اِسْتِحْضَارُ الأَرْوَاحِ [宗]关亡术，招魂术

اِسْتِحْضَارات (سـ) 制药学

حَاضِر جـ حُضَّار وحُضَّر وحُضُور وحَضَرَة:

ضدّ غائب 出席的，在场的

ـ: مُتَأَهِّب 准备的，有准备的

ـ: جاهِز (مـ) / مَصْنُوع من قبلُ 现成的，做成的

ـ: حالِيّ / راهِن / غير الماضِي والمستقبَل 现在的，当今的，今天的，目前的

ـ الفِكْرِ أو الذِهْنِ 机敏的，有机智的

ـ 定居的，永住的

ـ 城市居民

صارَ حَدِيثًا لِـ ـِ وبادٍ 他成为城乡人民的

话柄
الـ [语]现在时
ـ! (مـ): أَجَلْ / نَعَمْ (表示答应)唉！到！有！
في الـِ / في الوَقْتِ الـ 现在，在现时
حاضِرَة جـ حَوَاضِرُ: عاصِمَة 首都；首府，省会
البادِيَةُ والـ 游牧人和定居人
مَحْضُور / مُحْتَضَر: شَخْص به شَيْطَان 中魔的人，中邪的人
ـ / ـ: مَكانٌ مَسْكُون بالجِنّ [宗]有鬼作祟的地方，凶地，凶宅
مُحْضِرُ المَحْكَمَة [法]传唤官，执行吏，法警
مُحَاضِر: مُلْقِي المُحاضَرَة 演说者，演讲者，报告人
مُحْتَضَر: على وَشْكِ المَوْتِ 临死的人，将断气的人，垂危病人
مُسْتَحْضَر جـ مُسْتَحْضَرَات 实验标本，药剂
مَحْضَر جـ مَحَاضِرُ (مـ): تَقْرِيرٌ كِتَابِيّ عن واقِعَة [法]检察官的调查书；审判记录
ـ وَقَائِع الجَلْسَة (مـ) 议事录，记录，备忘录
حَضْرَمِيّ جـ حَضَارِمَة 哈达拉毛人；哈达拉毛的；哈达拉毛的口音
حَضَّه ـُ حَضًّا وحَضَّضَه على كذا: حَثَّه 劝说，鼓动，鼓励
حَضِيض جـ أَحِضَّة وحُضُض 边，边缘，界限，疆界
ـ: أرض أَوْطأ من غيرِها 低地，根基，底部；山麓，海底，深渊
ـ: ضد أَوْج [天]近地点(行星轨道上最近地球之点)
بَلَغَ الـ 到达最低点
حَضَنَه ـُ حَضْنًا وحِضَانَةً واحْتَضَنَه: ضَمّه إلى صَدْرِه 搂抱，拥抱
ـ ه وـ ه: رَبَّاه 抚养，抚育，养育
ـ الطَّيْرُ بَيْضَه: رخَّم عليها للتفريخ 孵，孵卵，抱蛋
اِحْتَضَنَ 得到，获得
ـ نَصِيبَه من هذه الحياة 达到愿望
حَضْنَة: ما تَحْضُنُه الدجاجةُ ليفقس 被孵的蛋
حِضْن جـ أَحْضَان وحُضُون: ما بين العَضُدَيْنِ 胸，胸怀，怀抱
ـ: قَدْر ما يُحْمَل في الحِضْن 一抱
بالـ: بالتَّرْحَاب 张开两臂欢迎
أَصْبَح بِحُضْنَةِ سُوءٍ 他跌落在不幸的深渊中
حِضَانَة: تَرْبِيَة 养育，教养，抚养
دارُ الـ 托儿所
ـ 疾病的潜伏期
ـ البَيْضِ والجَراثِيمِ وغيرِهما 孵蛋；培养细菌等
ـ البَنِينَ (في الشَّرِيعَة) [法]监护
للوالِدِ حَقُّ حِضَانَةِ الطِفْلِ 父亲有监护子女之权
الطِفْلُ في ـ الوالِدِ 孩子在父亲的监护之下
حَاضِن جـ حُضَّان 教养员，小孩的老师
حاضِنَة جـ حَوَاضِنُ: مُرَبِّيَة أَطْفَال 乳母，奶妈；保姆，保育员
مَحْضَنَة جـ مَحَاضِنُ: دار حضانة 托儿所
حَطَبَ ـِ حَطْبًا وأَحْطَبَ واحْتَطَبَ: جَمَعَ الحَطَب 樵，采樵，打柴；拾柴，砍柴
حَطَب جـ أَحْطَاب: خَشَبُ الحَرِيق 柴，柴火，薪，燃料
ـ لِلحَرْب 炮灰
حَاطِب / حَطَّاب: جامع الحَطَبِ 樵夫，打柴的
ـ / ـ: بائعُ الحَطَبِ 卖柴的

ـ لَيْل: يَخْلِط في كلامه 语无伦次者

حطّ ـُ حَطًّا واحْتَطَّ الشيءَ: وضَعَه 放，放下，放置

ـ الحِمْلَ 卸载，下货，卸下

ـ عنه الأَغْلالَ (替他)取下枷锁

ـ الطائرُ 鸟落下，栖止，停栖

ـ الرِحالَ 放下行囊，停脚，落脚，住下

ـ مِنْ قُواه 减弱，使…衰弱

ـ مِنْ كَرَامَته / ـ مِنْ قَدْرِه أو شَرَفِه 贬低他的人格，轻视，贱视，侮辱，凌辱

ـ من قِيمَته 减价

ـ وانْحَطَّ: نزَل 下降，下落，堕落

ـ وـ السِعْرُ 物价下降，落钱，跌价

ـ (م) 付，支付；放下，降低

ـ ت الطائرةُ: نَزَلَتْ على الأرض 飞机着陆，降落

تَحَطَّطَ عليه (م) 申斥；怒责，骂

انْحَطَّتْ صِحَّتُه 体质下降；身体衰弱

اِسْتَحَطَّ: طلبَ الحَطَّ 要求…放下东西

ـ من الثَمَنِ شَيْئًا 要求减价

حِطَّة: إهانة 轻视，蔑视，侮辱，凌辱

ـ في المَقَام 贬职，降级

حَطَاط 酒刺；牛奶的泡沫

انْحِطَاط: تَأَخُّر 下降；衰落，衰微；零落

ـ: نُزُول 降下，落下

ـ: كَوْنُه أَحَطَّ مِنْ غَيْرِه 下等，劣等

حَطِيط 短小的

حَطِيطَة: خَصْم (اصطلاح ماليّ) [财]折扣，回扣

ـ (票据)贴现

مُنْحَطّ: واطِئ 低的

ـ: سافِل 低下的，下贱的，低廉的

ـ عن كذا 次于，亚于，低于

أَحَطُّ: أَوْطَأ / أَقَلُّ درجةً 次，劣

ـ من ... 次于，亚于，低于

مَحَطّ: مكانُ النُزُولِ 落脚处，休息的地方，停车处

ـ البَضَائِع 货站

ـ لرِحالِ القَوافِل 商队站，商队场

ـ آماله 希望所在，企望，盼望的东西

ـ الأَنْظَار 目标，惹人注意的地方

ـ النَغَم [音]终节，终曲

ـ / مَحَطَّة ج مَحَطَّات ومَحاطّ: مَوْقف 站，台，局，车站，停止处

مَحَطَّة اِخْتِيارِيَّة 招呼站，小站(无人上下就不停车)

ـ سِكَّةِ الحَدِيدِ 火车站

ـ طَيَران 飞机场

ـ المَاكِنَاتِ الجَرَّارَةِ 拖拉机站

ـ الوُصُول 指定站、局、台

ناظِرُ ـ 站长，所长，局长

ـ لا سِلْكِيَّة 无线电台

ـ الإذاعَة 广播电台

ـ كَهْرَبائِيَّة 发电站

ـ كَهْرَبائِيَّة ذَرِّيَّة 原子能发电站

ـ للأَرْصادِ الجَوِّيَّة 气象台

أَوْقَفَ التِرامَ بلا ـ 不到站就把电车停下来

حطم ـِ حَطْمًا وحَطَّمَ الشيءَ: كَسَّرَه 击碎，粉碎，打碎，打烂

تَحَطَّمَ وانْحَكَمَ: تكسَّر 被撞碎，被打碎

ـ ت السَفِينَةُ 船只失事，撞毁

ـ إناءُ الصَبْرِ 忍无可忍

حُطْمَة: نار شديدة 烈火

ـ: اِسْمِ لِجَهَنَّم 地狱的名称

حُطَام / حِطْمَة: ما تَكَسَّرَ 碎块，碎片，断片，破片
ـ الدُّنْيَا 俗世的浮华虚荣
ـ السَفِينة 船只失事后的残骸
حَطُوم / حَطَّام / مِحْطَم 狮子
تَحْطِيم 破坏，粉碎，毁灭
ـُ الخُرَافَات 破除迷信
ـُ الذَرَّة [物]原子分裂
مُحَطِّم 打碎的，破坏的
البَاخِرة الـ ة لِلجَلِيد 破冰船
الحَطِيم 哈推姆(天房外面的小围墙)
حَطَبَ ـِ حُطُوبًا وحَطِبَ ـَ حَطَبًا 成为矮胖的
حَطِب م حَطِبَة 大腹便便的矮胖子
حَظَرَه ـُ حَظْرًا الشيءَ وحَظَرَ عليه الشيءَ: منعه عنه 禁止(他做某事)
ـ التَعَامُلَ: أَوْقَفَه 封港，禁止船只出(入)港口
ـ المَوَاشِيَ: حَبَسها في الحَظِيرة 把牲畜圈起来，驱牲口入圈
ـ عليه القِمارَ 禁止他赌博
حَظَّرَ الشيءَ: شدَّد حَظْرَه 严禁
اِحْتَظَرَ 作(牛、羊)圈，作围墙
حَظْر: مَنْع 禁止，停止，取缔；禁令
ـ على الوَارِدَات 禁止入口货
حِظَار: حَاجِز / دِرْوَة (م) 屏风，围屏
ـ / حَظِيرَة: حَائِطُ الأَغْصَان 篱笆，栅栏
حَظُّورَة جـ حَظَاظِيرُ (س) 习题
ـ هَنْدَسِيَّة (س) 几何习题
حَظِيرَة جـ حَظَائِرُ: حَوْش 围场
ـ البَهَائِم: زَرِيبَة 牲畜圈，厩
ـ الغَنَم 羊栏，羊圈，羊栅
ـ القُدْسِ: الجَنَّة 天堂，天国，极乐世界

ـ المُنْطَاد 飞船、气球系留场
دَخَلَ في ـ 成为某组织的部分，参加某部
مَحْظُور جـ مَحْظُورَات: مَمْنُوع 被禁止的，违禁的
الضَرُورَات تُبِيحُ المَحْظُورَات 需要面前无禁忌
خالٍ من المَوَانع والمَحْظُورَات 无阻碍的，无禁忌的
حَظَّ ـَ حَظًّا وحُظًّا وأَحَظَّ: كان ذا حَظٍّ 成为幸运的人
اِحْتَظَّ بِـ (س) 享受；得…欢心，受…宠爱
حَظّ جـ حُظُوظ وحِظَاظ وأَحُظّ: سَعْد/ بَخْت 幸运，运气
ـ: يُسْر 隆盛，兴隆，繁荣，富裕
ـ غَيْرُ مُنْتَظَر 幸得，意外的收获
ـ (م): سُرُور 高兴，喜悦，欢喜，愉快
إلاَهَة الـ: بَخِيتَة 幸运女神
لِحُسْنِ الـ / مِنْ حُسْنِ الـ / مِنْ ـ ه الحَسَن 幸运地，走运地，侥幸地
لِسُوءِ الـ 不幸得很，倒霉地
سَيِّئ الـ 不幸的，倒运的
حَظِيظ / مَحْظُوظ / حَظِّيّ: مَبْخُوت 幸运的，走运的
مَحْظُوظ (م): مَسْرُور 高兴的，快乐的，愉快的，欢喜的
مَحْظُوظِيَّة (م) 满意，高兴，幸福
حَظَلَ ـُ حَظْلاً وحِظْلاَنًا وحَظَلاَنًا عليه: منعه مِنَ الْحَرَكَة والتصرُّف 禁止他活动
ـِ ـُ حَظَلاَنًا: توَقَّف في مِشْيَتِه وتَمَهَّلَ 停步
حَظِيَ ـَ حُظْوَةً وحِظْوَةً وحِظَةً بالشيءِ: ناله 得到，获得，赢得
ـ بِتَأْيِيده 得到他的支持、赞助
ـ بالحُضُور أو بالمُثُول 得以出席

ـ بمُقَابَلَته 得与…会见
أَحْظَاه بالشيء: جعله يَحْظَى به 让他取得、获得
حُظْوَة: مَنْزِلَة وحَظّ 宠，宠爱，宠幸
ـ: مَكَانَة 荣誉，地位，尊敬
نَالَ ـً عِنْدَه 获得某人宠爱
حَظِيَّة جـ حَظَايَا / مَحْظِيَّة (مـ): سُرِّيَّة 妾，姘妇，
情妇，如夫人；小姨太
حَفَدَ ـِ حَفْدًا وحَفَدَانًا وحُفُودًا واحْتَفَدَ في العمل:
أَسْرَعَ فيه 急办，赶办
حافِد جـ حَفَد وحَفَدَة 仆人；帮助者
حَفِيد جـ حُفَدَاء: وَلَدُ الوَلَدِ 孙子
حَفِيدة جـ حَفِيدَات: بِنْتُ الابْنِ 孙女
مَحْفِد جـ مَحَافِدُ 根源
مُحْتَفِد من السُّيُوف: السَّرِيع القَطْع 利剑
حَفَرَ ـِ حَفْرًا واحْتَفَرَ الأرضَ: أحدَثَ فيها حُفْرَةً
挖、掘
ـ على الخَشَبِ 刻木
ـ الكِتَابَةَ وأمثالها: نَقَشَها 刻，雕刻，刻版，
铭记
ـ على المَعْدِنِ (بماء النار أو الأحماض) 蚀镂，
制锌版，腐刻法
ـ بِئْرًا 挖井，掘井，打井，凿井
ـ ثَقْبًا (في مادَّة صُلْبَة) 钻孔，凿孔，穿孔
ـ حُفْرَةً: دبَّر مَكِيدَةً 设谋，暗算，设陷阱
حَفَرَ ـِ حَفْرًا وحَفِرَ ـَ حَفَرًا وحُفِرَ: فسدت
أصول أسنانه 变为龋齿
حَفْر جـ أَحْفَار جج أَحَافِير: بِئْر موسَّعة 大井
ـ: نَقْش 刻版，刻字，雕刻术
ـ الثُّقُوبِ 刺孔，穿洞，钻洞
ـٌ ورَدْمٌ (مـ) 土方工程
ـ / حَفَرُ الأَسْنَانِ 龋齿，蛀齿，虫牙
حُفْرَة جـ حُفَر: نُقْرَة 坑，洼处

أُحْفُور جـ أَحَافِيرُ (حَيوان أو نَباتيّ) 化石；
自地下掘出的古物
حافِرُ الدابَّة جـ حَوَافِرُ 单蹄
خُفّ وـ 骆驼和马
حافِرَة 开始，原状
عِنْدَ الـ 起初，开始，在最初；直接
رَجَعَ في ـ ه 返本还原
حافِرِيّ الشَّكْلِ 马蹄形的
حَفِير: ما حفر من الأرض 洞，穴
ـ: قَبْر 坟，墓
حَفَّار: الذي يحفرُ الأرض 挖土人，掘地者
ـ القُبُورِ 掘墓人
ـ: نَقَّاش (في المعادِن والأَحْجار) 刻版人；
雕刻者；刻字人
ـ: مَالُوش / حَرَّاثَة 蝼蛄
حَفَّارَة 挖泥船；掘土机
مِحْفَر ومِحْفَرة ومِحْفَار جـ مَحَافِرُ ومَحَافِيرُ 铲
حَفَزَه ـِ حَفْزًا بالرُمْح: طَعَنَه 刺，扎，戳
ـ ه: دفَعه من خَلْفه 推，推动；激励，鼓励
حافَزَه: جاثاه وداناه 对坐
تَحَفَّزَ واحْتَفَزَ للعمل 准备行动
حَفَز: أَجَل 极限，限度
حافِز جـ حَوَافِزُ 冲动，动机；刺激
مُتَحَفِّز: مُتَأَهِّب 有准备的
حَفْش 大白鲟鱼
حِفْش جـ أَحْفَاش 容器，背囊
حَفِظَ ـَ حِفْظًا الشيءَ: صانَه 保留，存留，保持，
收藏
ـ ه: وَقَاه 看守，守卫，保护
ـ ه: اِسْتَظْهَرَه 记住，牢记，背记，默记
于心
ـ ه في البال 记在心里，牢记在心

ـ المأكولاتِ وغيرَها 保藏食品等

ـ المأكولاتِ وغيرَها في عُلَب 将食品做成罐头

ـ ه وحافَظَ عليه: راعاه 遵守，履行，维持，维护，保持

ـ ه وـ عليه: اِعْتَنَى به 关心，注意，留心

ـ ه واحْتَفَظَ به: صانَه 看守，保持，保护

يُحْفَظُ بالبوسْتَة (邮件)存局待领

حَفَّظَه الكِتابَ: حمله على حفظه 强使背记

أَحْفَظَه على: أَغْضَبَه 惹他生气，使他发怒

تَحَفَّظَ عنه ومنه: احترزَ / احتاطَ 留心，留意，留神，提防

ـ بالشيء: عُنِيَ به 关心，关怀，留意

اِحْتَفَظَ الشيءَ وبالشيء لنفسه: اِخْتَصَّها به 擅自占用，动用

ـ برأْيِه 保留自己的意见

اِسْتَحْفَظَه مالاً أو سِرًّا 要求他保管财物或保守秘密

حِفْظ: وِقايَة 保存，保持，保留，保管，维持

ـ: حِمايَة 保护，保卫，防守

ـ اِسْتِظْهار 背记，牢记

ـ: حِراسَة 监视，防卫

ـ: مُراعاة 遵守，照顾

حِفْظَة / حَفيظَة: غَضَب وحَمِيَّة 愤怒，怒气

حِفاظ جـ حِفاظات: حفاض (مـ) / حِزامُ الفَتْق (انظر حزام) [医]疝气带

ـ الحَيْض 月经带

ـ 保护，保卫

مُحافَظَة: حِفْظ 保守，保管，保存，贮藏

ـ جـ مُحافَظات: 省；县；长官公署

تَحَفُّظ: اِحتِياط 谨慎，留心，预防，警惕

ـ في القَوْل 沉默，缄默，无言

ـ بَطّال (سـ) واحتفاظ باطِل 迷信；错误的崇拜

بِتَحَفُّظ 谨慎地，缄默地；有保留地

بِكُلِّ ـ 一字不谈，尽力隐讳，讳莫如深

ـ 保守主义

بِدُونِ ـ 毫无保留

بلا ـ 无保留地，坦白地，无隐瞒地

تَحَفُّظِيّ: احتِياطِيّ 小心的，有预防的，有警戒的；有准备的

حافِظ جـ حُفّاظ وحَفَظَة وحافِظون: واقٍ 保护人，监护人，看守人，保管者

ـ 博物馆长，图书馆长

ـ 安全装置；保险丝，熔断器

ـ العَيْن 注意的，留心的，警戒的

الـ / الحَفيظ [宗]保护者(上帝、真主)

الحافِظون / الحَفَظَة 众天使，众天神

حافِظَة جـ حَوافِظ: ذاكِرة 记忆，记忆力

ـ الكُتُب 书囊，书包

ـ النُقُود 钱包，皮夹子

ـ (مـ): بَيان وجيز بالمُسْتَنَدات المقدَّمة (公文中的)摘要，概略，附笺

حَفيظ 保管者，守卫者

حَفيظَة جـ حَفائِظ: حِقْد 怨恨，恨

مَحْفُوظ في الذاكِرة 被记下的，记牢的，被记住的

ـ: مَصُون 被保存的，被保持的，被保守的，被保留的

ـ 装罐头的

مَحْفُوظات: مُسْتَنَدات مَحْفُوظَة 卷宗，档案

ـ 必须背诵的语文课本

مُحافِظ: مُراعٍ 遵守者

ـ 保存着的，保持着的，保守的

ـ 看守所，保管所
ـ على المَوَاعِيد 遵守时间的，准时的
ـ على التَقالِيدِ القَدِيمَة 保守旧习俗的
ـ المَدِينَة (م): حَاكِمُها 长官，市长
حِزْبُ المُحَافِظِين 保守党
مُسْتَحْفَظُ الجَيْشِ [军]预备军，后备兵，后援部队
مِحْفَظَة: غِلاف [植]荚，子囊，花托
ـ الجَيْبِ 小皮包，钞票夹
ـ أَوْرَاق 文书夹，讲义夹
حَفَّ ـُ حَفًّا وحِفَافًا الشيءَ: قَشَرَه بالفَرْك 搓去外壳
ـ ـُ حَفًّا القومُ الرجلَ وبه وحَوْلَه: أَحْدَقُوا واستدارُوا به 包围，环绕
ـ اللِحْيَةَ: أحفاها أو أخذ منها 剪短胡须
ـ الوَجْهَ: أزال الشَعْرَ عنه 刮脸，修面
ـ الجِلْدَ وأمثالَه: رقَّقه بالكشط 刮兽皮
حَفَّت ـِ حَفِيفًا الشجرةُ أو الحَيَّةُ: أَبْدَتْ صوتًا (树叶等)作飒飒声，沙沙声
حَفَّ ـِ حُفُوفًا سَمْعُه: ذهَبَ كله 耳聋
ـ تِ الأَرْضُ: يَبِسَ بقلُها 草木枯萎
حَفَّفَ القومُ حولَه وحَفَّفُوه: أحدقوا به 包围，环绕，围绕
اِحْتَفَّ القومُ به: أحدقوا به 包围，环绕
حَفّ / حَفَف 足迹，踪迹
جَاء على ـ ه وحَفَفِه 沿着…的足迹来了
حَفَّان: صِغارُ النَعام 小鸵鸟
حَفِيف: صوتُ احْتكاك ورق الشجر وغيره (树叶)沙沙声
حِفَاف جـ أَحِفَّة: جانب 边，侧面
حَافّ / خُبْز ـ 光面包(无佐料的)
سَوِيق ـ 未拌的炒面

مَحْفُوف بالمَصَاعِب 困难重重，艰难困厄
مِحَفَّة: حَرْش / نَقَّالة 轿，担架
حَفَلَ ـِ حَفْلاً وحُفُولاً وحَفِيلاً القومُ: احتشَدُوا 聚合，聚集，会合
ـ به أو ـ ه: اِهْتَمّ 留心，关心，注意
يُحْفَلُ به 被重视，被关心
حَفَّلَه: جمَّعه 收集
ـ ه: زيَّنه 点缀
اِحْتَفَلَ القومُ: اجتمَعُوا 集会，聚会
ـ بالعِيد الوَطَنِيّ 庆祝国庆
ـ بِعِيدِ أَوَّلِ مَايُو 庆祝五一节(劳动节)
ـ بالذِكْرَى العَاشِرَة على تَأْسِيس جُمْهُورِيَّةِ الصِينِ الشَعْبِيَّة 庆祝中华人民共和国建国十周年
ـ بالأمر: اِهْتَمَّ 留心，关心，注意
ـ بالرجُل (م): اِحْتَفَى 欢迎，接待，款待
حَفْل: جَمْع 聚会，集会
بـ ـ هم وحَفِيلَتِهم: جَمِيعًا 所有的，全体
حَفْلَة جـ حَفَلات: اجتماع 会，集会
ـ: احتفال (盛大的)庆祝，祝宴，仪式
ـ الاسْتِقْبَال 招待会，接待会
ـ افْتِتَاحِ المُؤْتَمَر 会议开幕典礼
ـ خِطَابِيَّة 讲演会
ـ رَاقِصَة 舞会
ـ تَمْثِيلِيَّة 戏剧会
ـ مُوسِيقِيَّة 音乐会
ـ ساهِرة 歌舞晚会
ـ التَبَرُّك 祝福仪式
ـ التَأْبِين 追悼会
ـ الدَفْنِ 葬礼
ـ الشَايِ 茶会，茶话会
ـ الزِفَافِ / ـ العُرْسِ 婚礼，结婚仪式

ـ التكْرِيم 欢迎会

اِحْتِفَال جـ اِحْتِفَالاَت: مَوْكِب / زَفَّة (مـ) 队伍，行列，仪仗

ـ تَذْكَارِيّ 纪念会

اِحْتِفَالاً بـ ... 纪念，庆祝

حَافِل جـ حَوَافِلُ وحُفَّل: مَلْآن 富有的，充满的

جَمْعٌ ـ 众多的人群，广大的人群

حَافِلَة جـ حَوَافِلُ 火车车厢；电车车厢；公共汽车；公共马车

مُحْتَفَلٌ بِه 被祝贺的

مَحْفِل جـ مَحَافِلُ / مُحْتَفَل: اجتماع 集会

ـ مَاسُونِيّ 共济会会所

المَحَافِل الرَسْمِيَّة 官方集会

ـ السِيَاسِيَّة 政治集团，政界

ـ الدُوَلِيَّة 国际场合

مَحْفِلَة جـ مَحْفِلاَت 担架，抬床；轿子

حَفْلَطَ (مـ) 装饰，打扮

حَفْلَطَة 装饰，装饰品

ـ (سـ) 使人为难的事情，麻烦的事情

حَفَنَ ـُ حَفْنًا الشيءَ: جرفَه بِكِلْتَا يَدَيْهِ ولا يكون إلاّ من الشيء اليابس كالدقيق 捧一捧

اِحْتَفَنَ الشجرةَ: اِقتلعَها 拔(树)

ـ الشيءَ لنفسه: أَخذه 擅自占用，占为己有

حَفْنَة جـ حَفَنَات وحُفْنَة جـ حُفَن وحُفَنَات: مِلْءُ الكَفَّيْن 一捧

ـ مِن كِبَارِ المَالِيِّين 一小撮金融寡头

حَفَا ـُ حَفْوًا فلانًا: أعطاه 给他东西

ـ ه مِنَ الشيءِ: مَنَعَه منه 拒绝给他东西

حَفِيَ ـَ حَفًا وحَفَاوَةً حِفَايَةً وتَحْفَايَةً واحْتَفَى بِه: بالَغَ في إكرامه وإظهار الفَرَح به 殷勤款待

حَفِيَ ـَ حَفًا: مشى بلا خف ولا نعل 赤着脚走

ـ: رَقَّتْ قَدَمُه مِن كَثْرَةِ المَشْي 脚走破，脚走痛

أَحْفَى شَارِبَيْه: بالَغ في قَصِّهما 把髭修短

ـ السُؤَالَ: رَدَّدَه 追问，盘问，追根究底，打破砂锅问到底

تَحَفَّى في الشيءِ: اِجْتَهَدَ 努力

ـ له: بالَغَ في إكْرَامه 殷勤接待

حَفَاوة / اِحْتِفَاء: تَرْحِيب 殷勤款待

حَفِيّ جـ أَحْفِيَاء وحُفَوَاء 熟悉的，通晓的，专家，能手

ـ 成员，委员，院士(如阿拉伯研究院院士)

حَافٍ م حَافِيَة جـ حُفَاة: عارِي القَدَمَيْنِ 赤足的，光脚的，跣足的；没有马掌的马

ـ 学者；法官

مُحْتَفًى / الـ به 受到殷勤款待的

حقاني / حقّ (في حقق)

حَقَبَ ـَ حَقَبًا وأَحْقَبَ المطرُ: احتبس 无雨

ـ وأَحْقَبَ واحْتَقَبَ زيدًا على ناقتِه: أركبه وراءه 让宰德跟自己迭骑(骑在后面)

ـ واِسْتَحْقَبَ الشيءَ: ادَّخَرَه 保存，储藏，储蓄

حُقُب جـ أَحْقَاب / حُقْب جـ حِقَاب وأَحْقُب: ثَمَانُون سَنَة أو أكثر 八十年，八十多年

ـ: دَهْر 年代

أَحْقَابٌ خَالِيَة 史前期，史前时期

في سَالِفِ الأَحْقَاب 在过去时期

حَقَب / حِقَاب جـ حُقُب: حِزَام 腰带，裤带，裙带

حِقَاب جـ حُقُب 妇女作装饰的腰带；护符，符咒；指甲根的白痕

حَقِيب 骑在骑者后面的

حِقْبَة جـ حِقَب وحُقُوب: مُدَّة 时期，持续的时间

الـُ الأوَّلِيَّة [地]古生代

الـ الثَّانَوِيَّة [地]中生代

حَقِيبَة جـ حَقَائِبُ: شَنْطَة (مـ) 旅行袋，行囊，手提行李袋

ـ يَد 手提包，手提箱，皮包

أَحْقَبُ م حَقْبَاءُ 野驴

حَقَدَ ـِ حَقْدًا وحِقْدًا وحَقِيدَةً وحَقِدَ ـَ حَقَدًا وتَحَقَّدَ واِحْتَقَدَ على فلان: أَمْسَكَ عَدَاوَة في قَلْبه يتربَّصُ فُرْصَةَ الإيقاعِ به 怀恨，怨恨

أَحْقَدَه: صيَّره حاقدًا 激怒，使怀恨

تَحَاقَدَ القومُ: حقَدَ بَعْضُهم على بعض 互相怨恨

حِقْد جـ أَحْقَاد وحُقُود / حَقِيدَة جـ حَقَائِدُ 怨恨，仇恨

حَاقِد جـ حَقَدَة 怨恨的，怀恨的

حَقُود: كَثِيرُ الحِقْد 恨入骨髓的

حَقَرَه ـِ حَقْرًا وحُقْرِيَّةً وأَحْقَرَه واِحْتَقَرَه واسْتَحْقَرَه: اِسْتَصْغَرَه 蔑视，鄙视，轻视，轻蔑

حَقِرَ ـَ حَقَرًا وحَقُرَ ـُ حَقَارَةً: صَغُر وذلّ 成为卑鄙的，下贱的

حَقَّرَه: أَذلَّه وصَغَّرَه 贱视，贬抑

ـ ه: ذَمَّه 责备，责难

حَقَارَة 卑鄙，下贱

تَحْقِير / اِحْتِقَار 藐视，轻视，轻蔑

حَقِير جـ حُقَرَاء: زَهِيد 下贱的，卑贱的，微贱的，卑鄙的

ـ: لا يُعْتَدّ به 不足道的，琐细的

ـ: وَضِيع 低贱的，微小的，不足取的

ـ: دَنِيء / سافِل 卑劣的，下流的

المُحقَّرات 琐事，小事

مُحْتَقَر: مُزْدَرًى 受辱的，被轻视的，被嘲笑的

ـ: يَسْتَحِقّ الاِزْدِرَاءَ 可轻视的，可鄙的

حَقَفَ ـُ حُقُوفًا الشيءُ: اعوجّ 成为蹺曲的

ـ الظَّبْيُ: كان مُنْطَوِيًا كالحِقف وانحنى وتحنى في نومه (羚羊)蹺身侧卧

حِقْف جـ أَحْقَاف وحُقُوف وحِقَاف وحِقَفَة جج حَقَائِفُ: ما اعوجّ من الرمل واستطال 弯而长的沙丘

حَقَّ ـُ حَقًّا الخبرَ: وقف على حقيقته 查明真相

ـ الأمرَ: أثبته 确定，肯定

ـ ـِ ـُ حَقًّا وحَقَّةً الأمرُ: ثَبَتَ ووَجَبَ 成为必然的，确实的

ـ ـِ حَقًّا عليه: وَجَبَ 应负…责，理应，有义务

حَقَّقَ الأمرَ: أَثْبَتَه 证实，确定，检定，肯定

ـ الأمرَ والدَّعْوَى 查询，研究，审查，追究

ـ الذَّاتِيَّة 验明身份

ـ الأَمَلَ 实现希望

ـ القَوْلَ بالفِعْل 实践，付诸实践

أَحَقَّ الأمرَ: أوجبَه وصيَّره حقًّا لا يُشَكّ فيه 查明真相，追查真实性

تَحَقَّقَ الخبرُ: ثبت 消息被证实

ـ الأمرَ: تيقّنه 确定，证明，证实

اِنْحَقَّ الرِباطُ: اِنْشدّ (带子)被扎紧

اِسْتَحَقَّه: اِسْتَوْجَبَه 应得，应受，当，值得

ـ له كذا 应得，应当给，应归于

ـ الدَّيْنُ: حانَ أَجَلُه 债务到期

ـ تْ الكَمْبِيَالَةُ (مـ) 支票到期

يَسْتَحِقُّ الدَّفْعَ 成为应付的

ـ الذِكْرَ 值得说的，值得一提的

ـ الاِهْتِمَامَ 值得注意的，值得关注的

حُقّ جـ حِقَاق / حُقَّة جـ حُقَق وحُقَق وحِقَاق: وِعَاء 小盒，钱匣

ـ: نُقْرَة (في التشريح) [解]腔
ـ حَرْقَفِيّ [解]髀臼
ـُ العَيْن 眼窝
ـُ الإبْرَةِ أو المَلاَّحِين 指南针，指北针，罗盘
حَقّ: صَواب 正确的，正当的
أَخَذَ منه المَالَ بالـِ والباطِل 不择手段地向…要钱
تَعْرِفُه ـَ المَعْرِفَةِ 她十分了解他
عَلِمَهُ ـَ العِلْمِ 他确实地了解他
ـ: صَحِيح / ضِدّ كاذِب 真正的，真实的
ـ ج حُقُوق: اِمْتِيَاز 权利
ـ المُوَاطِنِينَ في إرْثِ الأَمْلاَكِ الخَاصَّة 公民的继承权
ـ الأَوْلَوِيَّة 优先权
ـُ تَقْرِيرِ المَصِير 自决权
ـُ المُسَاوَاةِ في الأَجْرِ في حالة تَأْدِيَةِ نَفْسِ النوع من العمل 同工同酬
ـُ المِلْكِيَّة 所有权
ـُ الانتِفاعِ 使用权，取益权
ـُ الامتيازِ 专利权，特许权
ـُ المُؤَلِّف 著作权
ـُ الرَفْضِ والاعتِرَاضِ 否决权
ـُ الارْتِفَاق 利用权
وكان مِنْ ـِ ه عَلَيْنا أَنْ ... 我们应该替他做…，他有权利要求我们做…
ـ 义务，职责
ـ عَلَيْكُمْ لِلْعِلْمِ 为了科学您应该做这个
بـ ـِ ه 对于他，关于他
حُرِّرَ بِـ ـِ ه مَحْضَرٌ 为他作了记录
قدَّمْتُ بِـ ـِ ه (عَنْ ـِ ه) تَقْرِيرًا 我已呈报了关于他的事情
ـٌ عَيْنِيّ 不动产

الـُ عَلَيْكَ 你错了，你不对
الـُ مَعَكَ 你对了
الـُ مَعَ القُوَّة 强权即公理，有强权无公理
والـُ يُقَالُ 老实说，说老实话
ـ / حَقِيقَة: صِدْق 实际，事实
حَقًّا / بِالْحَقّ 真正地，实在地
حَقَّانِي (م) / عادِل 公正地，正直的，正义的
ـ 有关司法制度的
وِزارَةُ الـ ـِة 司法部
حُقُوقٌ مَدَنِيَّة 公民权，民权
ـُ ووَاجِباتُ المُوَاطِنِين 公民的权利和义务
ـُ الطَبْع 版权
ـٌ عَيْنِيَّة 不动产权
عِلْمُ الـ 法律学
مَجْلِسُ الـ (高级的，特殊的)法庭，裁判所
كُلِّيَّةُ الـ 法学院
حُقُوقِيّ 法律的，裁判的；法学家，律师，法学院学生
تَحْقِيق: إدْرَاك 实现
ـ: فَحْص 考查，检查，调查，研究，鉴定
الـُ مَعَ الجَانِي 审问犯人
ـٌ قَضَائِيّ 审问，审讯，讯问
ـ الشَخْصِيَّة / ـ الذاتِيَّة 查明身份，验明正身
على الـ / على وَجْهِ الـ 确实，肯定地
تَحَقُّق / تَحْقِيق: تَأَكُّد 确定，肯定，探知，鉴定
اِسْتِحْقَاق: أَهْلِيَّة 资格
ـ: ما يستحِقُّه الإنْسانُ 应得物，当然权利，正当报酬
مَدَالِيَّةُ الـ 功勋奖章

ـُ دَفْعِ الدَيْنِ 债期满，应付款
بِلاَ ـٍ / بِدُونِ ـٍ 无理地，不公正地
بِغَيْرِ ـٍ 无理地，不公正地
تَارِيخُ الـِ (票据等)到期日；(工作)完成日
عَنْ ـٍ 当然地，有理地，合理地
وَقْتُ الـِ 到期
ـ جـ اسْتِحْقَاقَات 报酬，工资
حَقِيق جـ أَحِقَّاء: جَدِير 适合的，称职的，合格的
حَقِيقِيّ: صَحِيح / ضِد باطِل 真实的，确实的
ـ: وَاقِع 实在的，实际的，现实的
ـ: يَعْتَقِدُ بالوَاقِعِ المَحْسُوس 实在论的
أَمرٌ ـ: أمرٌ واقع 真事，实事
حَقِيقَة جـ حَقَائِقُ: صِحَّة 实际，真理，现实
ـٌ مَوْضُوعِيَّة 客观的真理，客观的事实
ـٌ ساطِعة 明显的真理
ـ: ضد مَجاز 本义，本质
في الـ 本质上，实际上，事实上
ـُ الأمرِ أو الشَيْءِ 实际，实况，现实
ـُ الحالِ 事物的真实情况
حَقِيقَة / بـ ـ: فِعْلاً 实际，实际上
ـً / حقًّا: صِدْقًا 真正地，真实地，实际地，如实地
ـً / حقًّا: يَقِينًا 一定地，无疑地，肯定地
الأَحَقُّ: الأَكْثَرُ اسْتِحْقَاقًا 最惠国，最有资格的
ـ 优先权
مَحْقُوق: خَلِيق جَدِير 胜任的，有资格的
ـ (مـ): عليه الحقّ 错误的，有过失的
ـ 不合法的
مُحَقِّق: فاحِص 考查者，检查者，研究者
ـ: قاضِي التَحْقِيقِ [法]预审推事，预审法官
ـ: باحِث 调查者，探索者，勘查者

مُحَقَّق: مُؤَكَّد 被确定的，被肯定的
هَلاكٌ ـ 必然的死亡，死定了
ـ 无疑的，正确的，现实的
فَوْزُهُ ـ 胜利对他是有保证的，他赢定了
مُحِقّ 正义的，正当的，正确的，无罪的
مُتَحَقِّق: على يَقِينٍ 深信不疑的
مُسْتَحِقّ: مُسْتَأْهِل 应得者，值得的；有价值的
ـ: مُنْتَفِع (بِحَقٍّ) 受惠的人，受益人
ـ الدَفْعِ أي الوَفاءِ 该付的
حاقَلَه: باعَه الزرعَ في حَقْلِه قَبْلَ بُدُوّ صَلاحِه 卖青苗
ـ 分成制雇工劳动
حَقْل جـ حُقُول: غَيْط 田地，田野
ـُ التَجارِب 试验田
ـ من صَحِيفَةٍ: عَمُود (报纸的)栏
ـ (活动的)范围；领域
عَمَل في ـ العُلُومِ والفُنُونِ والآدَاب 在科学艺术和文学领域内的活动(工作)
ـ مَغْنَطِيسِيّ 磁场
حُقُولُ النِفْطِ 油田
إلهُ الحُقولِ (عند الرُومان) [罗神]牧神
حِقْلَة 肥沃的田地
حَقْلَة / حِقْلَة / حُقْلَة 剩水，剩奶
مَحْقَلَة 已播种的田地
الحَقِيمان: مُؤَخَّرا العَيْنَيْنِ 外眼角
حقَنَ ـِ حَقْنًا بَوْلَه: حَبَسَه 憋住(小便)
ـ ماءَ وَجْهِه: صانَه 顾全他的面子
ـ دَمَهُ: أَبْقَى عليه 饶命，免死
ـ بالمِحْقَنَة [医]注射
ـ 灌肠，洗肠
اِحْتَقَنَ: حُقِنَ 被注射，被打针
ـ الدَمُ وغيره: تَجَمَّعَ 充血，充塞

ـ 灌肠，洗肠
حَقْنُ السائِلِ بالمِحْقَنَة 注射
حَقْنُ الإنْسُولِين 注射胰岛素
ـ 灌肠
ـ 憋住，忍住，抑住，抑制
ـ الدِماء 饶命，免死
حُقْنَة جـ حُقَن: سائِل الحَقْن 注射剂，针剂
ـ (مـ) / مِحْقَنَة جـ مَحَاقِنُ: آلة الحَقْن 注射器
ـٌ جِلْدِيَّة 皮下注射
ـٌ عَضَلِيَّة 肌肉注射
ـٌ وَرِيدِيَّة 静脉注射
ـٌ شَرَجِيَّة (للمُسْتَقِيم) 灌肠，洗肠
اِحْتِقَان: تجمُّع وازدحام [医]充血
ـٌ دِمَاغِيّ 脑充血
حَاقِن م حَاقِنَة جـ حَوَاقِنُ 憋住(小便)者
مُحْتَقِن: متجمِّع ومُزْدَحِم 充血的，充溢的，
充满的
ـ الوَجْه (因愤怒而)充血的脸，涨红的脸
مِحْقَن / مِحْقَنَة 注射器
مِحْقَان جـ مَحَاقِينُ 憋住小便的人
حقاه ـُ حَقْوًا: أَصَاب حَقْوَه 打伤他的腰部
حَقْو جـ حِقَاء وأَحْقٍ وأَحْقَاء وحُقِيّ: أسفل الخَصْر
[解]鼠蹊部，腰部
ـ: سَفْحُ الجَبَل 山麓，山脚
ـ: إزار 围裙
الماءُ يبلغ حَقْوَيْه 水没到他的腰
حَكَأ ـَ حَكْأً وأَحْكَأَ واحْتَكَأَ العُقْدَةَ: شدَّها 结
紧，打紧(绳结)
حكر ـِ حَكْرًا واحْتَكَرَ وتَحَكَّرَ الشيءَ: جَمَعَه
واحْتَبَسَه انتظارًا لغَلائِه فيَبِيعَه بالكثير 囤积居
奇，专卖，独占，垄断
ـ وـ السِلْعَةَ: اشترى كلَّ الموجود منه 全买，
包购，统购
ـ وـ السُوقَ 垄断市场
حَكَّرَه (مـ) 阻止他在地基上建造房屋
تَحَكَّرَ عليه: تحسَّر 悔恨，懊悔，痛惜
حُكْر / حَكَر 小酒杯
ـ / حَكَر: مُحْتَكَر 专卖品，被垄断的
ـ / حُكْرَة: اِحتكار 专卖，独占，垄断
حِكْر جـ أَحْكَار (مـ): أُجْرَة أَرْضِ البِنَاءِ 地皮租
ـ (مـ): مُقَامٌ على أرض الغَيْر [法]地上权者
ـ 有建筑物的土地的出租
اِحْتِكَار التِجَارة الخَارِجِيَّة 对外贸易的专营、
垄断
ـ (大量的)收购，收买
اِحْتِكَارِيّ 独占的，垄断的，专卖的
ـ 垄断组织，垄断者，垄断资本家
مَجْمُوعة احْتِكَارِيَّة / كُتْلَة احْتِكَارِيَّة 垄断集团
رَأْسَمَالِيَّة اِحْتِكَارِيَّة 垄断资本主义
احْتِكَارِيَّة 垄断，垄断性
صَاحِبُ الأَرْضِ المُحَكَّرة 地皮的主人
مَالِك بالحِكْر (مـ) 出租地皮者
حاكُورَة جـ حَوَاكِيرُ (مـ) 菜园
حَكَّ ـُ حَكًّا الشيءَ وبالشيءِ أو عليه: فَرَكَ 摩擦
ـ ه: كَشَطَه / قَشَرَه 擦去，刮去
ـ المعدنَ وغيره لفَحْصه 化验(金属)，试金
ـ جِلْدَه: هَرَشه (مـ) 挠，搔，抓
ـ واحْتَكَّ القولُ في صدره: عمل وأثَّر فيه 感
动，言语打动了他的心
أَحَكَّ واسْتَحَكَّ الجلدُ: أكل / رعى (مـ) 发痒，
作痒，患疥癣
تَحَكَّكَ به: تعرَّض له وتحرَّش للشرّ 挑衅
ـ تْ العَقْرَبُ بالأَفْعَى: يُضْرَب لِمَنْ يُنَازِع
مَنْ هو أَقْوَى مِنْهُ (蝎子向毒蛇挑衅)太岁

头上动土
تحاكّا: تباريا 互相竞赛
ـ: اصطكّ الواحدُ بالآخر 互相摩擦
احتكّ بالحائط (牛、羊等)在墙上擦痒
ـ بالقوم 接触，联系，交际
حَكَك (م): طباشير 粉笔，白垩
حُكّ (س): حُقّ الإبرة (انظر حقّ) 罗盘，指南针
حَكّ: فَرْك 摩擦
ـ: هَرْش (م) 搔，挠，抓
ـ: احتكاك 摩擦
ـ 刮
حَكّة (م) 湾，海湾
حِكّة: مَرَض كالجرب [医]痒疹
احتكاك: حكّ / فرك 摩擦
قوانين الـ 摩擦定律
ـ 相逢，会晤，接触
حَكّاك الأحجار الكريمة 玉工，琢磨工
مِحَكّ ج مِحَكّات: حَجَرُ فحصِ المعدن 试金石
مِحَكّة الخيل (م): مِحَسّة 马梳
حَجَرُ الحاكوك (م) 浮石，轻石
حكش ـِ حَكْشًا الشيءَ: جمعه 收集
ـ الرجلَ: ظلمه 虐待，迫害
حكف ـِ حُكوفًا الرجلُ: استرخى في عمله 松懈，懈怠
حكم ـُ حُكْمًا وحُكومةً البلادَ والناسَ: تولّى أمرهم 管理，治理，统治，管辖
ـ ه: ساسه / قاده 控制，掌握
ـ ه: أمره 命令，号令，指挥
ـ ه: ضبطه 遏制，抑制，约束
ـ ه: قرّره 决定，下决心
ـ: قضى وفصل 判决，裁判
ـ بينهما 仲裁，评判，裁判
ـ على فلان 判刑，判罪，宣判，定罪
ـ عليه بالإعدام 判死刑，判死罪
ـ بإدانته 定罪，判罪，宣布罪状
ـ له (لمصلحته) 判定某人胜诉
ـ ببراءته 宣告无罪
حُكِمَ عليه 被定罪
ـ عليه بكذا 被判处某罪
ـ عليه بالتعويض 被判赔偿损失
حَكُمَ ـُ حِكْمةً 成为有智慧的人、聪明人
حَكَّمه في الأمر: أقامه حَكَمًا 请他做仲裁
ـ ه: أقامه حاكمًا 任命他做长官、为执政者
ـ 给他绝对指挥权
ـ (س) (医生)治疗，医疗
حاكمه: قضاه 控诉他，和他打官司
ـ 告发，检举
ـ أمامَ مجلسٍ عسكريّ 军事审判，军事审讯
أحكمه: قوّاه 加强，增强，加固
ـ العملَ: أتقنه 做好工作，使完美，使尽善尽美；精通，掌握
ـ فَتْلَ الشارب 把胡子捻整齐
تحكّم واحتكم في الأمر: تصرّف وفق مشيئته 为所欲为，任意而为，专断，专横
ـ وـ فيهم: استبدّ 独裁，专权，作威作福
ـ في السوق 垄断市场，控制市场
تحاكم القومُ إلى الحاكم: تخاصموا إليه 打官司，争讼
احتكم على كذا (م): امتلكه 占有
ـ إلى 争讼，同…打官司
استحكم الأمرُ: تمكّن 成为巩固的，结实的
ـ: صار مُحكَمًا 成为坚固的
حُكْمُ البلادِ: إدارتها 管理，统治，统辖
كراسيّ الـ 政府要职，政权席位

الـُ الذاتِيّ	自治，自治权
ـ: مُدَّة الحُكْمِ	朝代，在位时期
ـُ الإرْهَابِ	恐怖统治
ـ: سَيْطَرة	权力，支配权
ـ: قَرار	决定，决议
ـ: قَضَاء	判决，断定，[法]审判，判决
ـُ القَانُون	法令，法制
ـ ثُنائِيّ أو مُشْتَرَك (بين دَوْلَتَيْن أو أَكْثَر)	两国共管，共同统治
ـ جِنائِيّ	定罪，判罪
ـُ الحَكَمِ أو لَجْنَةِ المُحَكَّمِين	(仲裁者的)裁决，判决
ـُ المُحَلَّفِ أو لَجْنَةِ المُحَلَّفِين	(陪审员的)判决，裁决
ـ عُرْفِيّ أي عَسْكَرِيّ	戒严令
ـ بالإفْلاَسِ	宣告破产，判决破产
ـ حُضُورِيّ (وِجاهِيّ)	当庭判决，当着被告面宣判
ـ غِيَابِيّ	缺席判决，缺席裁判
ـ يشمُل التنفيذ	最后传票
ـ مَوْقُوفُ التَّنْفِيذ	判决缓刑
الـ السُوفِيَاتِيّ	苏维埃政权
الـ الجُمْهُورِيّ	共和国政体
الـ النِيَابِيّ	议会制
الـ المَلَكِيّ	君主制
الـُ القَائِمُ	现行制度
الـُ بالإعْدَامِ	极刑，死刑
بـ ـِ الحَاجَة	由于需要
بـ ـِ الحَوَادِث	根据发生的事件
بـ ـ وَظِيفَتِه أو مَرْكَزِه	由于他的职位关系
بـ ـ العَادَة أو الظُرُوف	靠习惯或环境的力量
هو في ـِ المَفْقُودِ	作遗失论，作失踪论
الدَرَاوِيشُ ومَنْ في ـ ـهم	托钵僧及像托钵僧之类的人
حَكَم: فَيْصَل	仲裁人，裁决者，裁判员
حَكَمَة اللِجام جـ حَكَمَات: شَكِيمَة	马嚼子，马勒，马衔
ـ الآلة: مُنَظِّم	调整机，调速机
حِكْمَة جـ حِكَم: عقل	智慧，聪明
ـ: فَلْسَفَة	哲学，哲理
ـ: جَودَةُ الرأْيِ	睿智，明智
ـ: قَوْلٌ حَكِيم	格言，成语
ـ (م): طِبّ	医学，医术
بـ ـ: بعَقْلٍ	聪明地，英明地，明智地
حُكُومَة: إدارة	治理，管理，统治
ـ جـ حُكُومَات: دَوْلَة	政府
ـ جُمْهُورِيَّة	共和政府，共和政体
ـ دُسْتُورِيَّة	立宪政府
ـ العُمَّال	工人政府
ـ العُمَّال والفَلاَّحِين	工农政府
ـ دِيكْتَاتُورِيَّة	独裁政府
ـ دِينِيَّة	神权政治，神权国家
ـ صُورِيَّة	傀儡政府
ـُ المَنْفَى	流亡政府
ـُ الفَرْدِ	独裁政治，专制政治
ـٌ مَلَكِيَّة	君主专制，君主政体
ـٌ نِيَابِيَّة	代议政体
حُكُومِيّ: إدَارِيّ	政府的
ـ: أَمِيرِيّ	国有的，国营的，官有的，公营的
حُكُومِيَّة	国家的，政府的
تَحْكِيم	调停，仲裁
ـ (س)	治疗，医疗
صَكُّ الـ	妥协方案

لَجْنَةُ الـ 调停(仲裁)委员会

إحْكَام: إتْقَان 准确性，精密度

بـ ـ: بِضَبْطٍ 准确地，精密地

تَحَكُّم: اِسْتِبْدَاد 专制，专横，专断，武断

اِسْتِحْكَام جـ اِسْتِحْكَامَات / مُسْتَحْكَمَات: حِصْن 堡垒，防御工事

حَاكِم جـ حُكَّام وحَاكِمُون: وَالٍ 统治者

ـٌ عَسْكَرِيّ 警备司令

ـ: قَاضٍ 法官，审判官

ـٌ عَامٌّ 总督，高级专员

ـ ومَحْكُوم 统治者和被统治者

الـ الأَعْلَى 最高统治者

ـ بأَمْرِه (مُطْلَق السُّلْطَة) 专权者，独裁者，专制者

صِمَامٌ ـ: بَابُ النَفَس (مـ) [机]管制瓣，卡子，止瓣

حَكِيم جـ حُكَمَاءُ: عَاقِل 聪明的，英明的，明智的

ـ: فَيْلَسُوف 哲学家，哲人，贤人，智士

ـ (مـ): طَبِيب 医生，医师

ـُ العُيُونِ 眼科医师

ـ بَاشِي 主任医师

أُسْلُوبُ الـِ: (في البَدِيع) [修]遁词

رَأْيٌ ـ 高明的见解，明智的意见

مَحْكُوم عليه 被定罪的，被判了刑的

الـُ لَه أو الـ عليه بالفَشَل 胜诉的或败诉的

الـُ بِه 法律上的争点

مَحْكُومِيَّة 判罪

عَدَمُ الـِ 适诉性，不够定罪

مَحْكَمَة جـ مَحَاكِمُ: دارُ القَضَاءِ 法庭，裁判所

ـ الجِنَايَاتِ 刑事法庭

ـ ابْتِدَائِيَّة 预审庭，第一审判所

ـ جُزْئِيَّة 简易法院，即决法院

ـ المَوَادِّ الجُزْئِيَّةِ 简易治安裁判所

ـ الجِنَايَاتِ العُلْيَا 高等裁判所，巡回裁判所

ـ الجُنَحِ 轻罪法庭

ـ شَرْعِيَّة 教法法院，宗教法庭

ـ وَطَنِيَّة 本国法院，民族法庭

ـ مُخْتَلِطَة 混合法院，会审公廨

ـ مَدَنِيَّة 民事法庭，民事审判庭

ـ عَسْكَرِيَّة 军事法庭

ـ قُنْصُلِيَّة 领事法庭

ـ التَفَالِيسِ 关于审理破产的法庭

ـ العَدْلِ الدُوَلِيّ / الـ الدُوَلِيَّة 国际法庭

ـ الاِسْتِئْنَافِ / ـٌ اِسْتِئْنَافِيَّة 上诉法院

ـ عُلْيَا 最高法院

ـ النَقْضِ والإبْرَامِ 最高法院，最高上诉法院

أَعْضَاءُ الـ 法院人员

مُحْكَم: مَضْبُوط / مُتْقَن 严密的，精密的

ـ 有把握的，不动摇的

ـ 出色做完的；结实的

ـ: صائب 正确的，得当的

ـ الصُنْعِ 精工制造的

مُسْتَحْكَم 增强的，巩固的

عِدَاءٌ ـ 根深蒂固的仇视

حِكِمْدَار وحُكُمْدَار جـ حُكُمْدَارُون (مـ): حاكِم مَدِينَة 城市的行政长官，市长

ـُ البُولِيسِ (مـ) 公安局长，警察局长

حِكِمْدَارِيَّة وحُكُمْدَارِيَّة جـ حُكُمْدَارِيَّات (مـ): دِيوانُ الحِكِمْدَار 警察局

حَكَى ـِ حِكَايَةً الخبرَ: نَقَلَه 传述，传说

ـ عليه: نَمَّ 密告，告密，进谗

ـ (مـ): تكلَّم 说，谈，告诉，面谈，讲述

ـ ه وحَاكَاه: شَابَهَه 相似，相像，相仿，

类似

ـ ه وـ ه: قلَّده 模仿，描模，模拟，仿造

حِكَايَةُ الأَخْبَارِ: نقلُها 讲故事

ـ [语]直接引用语

ـ جـ حِكَايات: قِصَّة 故事，轶事，传闻，逸闻，传说

والـُ على اللهِ [宗]只有安拉知道将要发生什么事

مُحاكَاة: مُشَابَهَة 相似，模仿

حَاكٍ: ناقِلُ الخَبَرِ 讲故事者，说书人

ـ: فُنُوغْرَاف (أ) phonograph 留声机

حَكَّاء 讲话者

مُحاكٍ 模仿者

مَحْكِيّ 被讲述的，被阐明的

اللُغَةُ الـ ة 口语

حَلَبَ ـُ حَلْبًا وحَلَبًا وحِلابًا واسْتَحْلَبَ واحْتَلَبَ البَقَرَةَ 挤乳，挤奶

تَحَلَّبَ: رَشَحَ 渗出；漏水，漏出

ـ 分泌，排泄出

ـ اللُعابُ في فَمِي 流涎

ـ عَرَقًا 遍体流汗，汗流浃背

ـ بِقَطَرَاتِ الرُطُوبَةِ 盖满了水珠

اِنْحَلَبَ 流(泪、汗、水)

اِسْتَحْلَبَ الشيءَ: استدَرَّه 压出(汁液)，挤出

ـ اللَوْزَ والزَيْتَ وغيرَها 化成乳状液

حَلَب: بلد في سوريا 阿勒颇(叙利亚)

ـ 鲜奶；椰枣酒；税

ـُ الكَرْمِ / ـُ العَصِيرِ 酒

حَبَّةُ ـ [医]东方疖(一种慢性皮肤传染病)

حَلَبِيّ 阿勒颇的；阿勒颇人

حِلابَة: صناعةُ الأَلْبان ومستخرَجاتِها / لِبانة 牛奶业

حُلْبَة: نَبات وحَبُّه [植]葫芦巴

حَلْبَة: مَرَّة من الحلب 挤奶(一次)

ـ جـ حَلَبات وحَلائِب: مَجالُ الخَيْلِ للسِباق / مِضْمَار 跑马场

ـ 舞台，场所，活动范围

ـ السِبَاق: مَيْدَان الرِهان (على الخَيْل) 赛马场

حَلِيب / حَلَب: لَبَن 鲜奶

ـ مُكَثَّف 炼乳

ـ أُمِّهِ على فَمِهِ (他母亲的奶还在他嘴上)乳臭未干

بائعُ الـ 卖奶的人

حَلَّاب: الذي يَحْلُب 挤奶人

ـ (م) / حَلُوب / حَلُوبَة جـ حُلُب وحَلائِب 奶牛，奶驼，奶羊

مَحْلَب جـ مَحَالِبُ: نبات وحَبّه [植]樱

ـ: مَلْبَنَة / دارُ صناعة الأَلْبان 制奶场

حَالِب جـ حَلَبَة: قَنَاةُ البَوْلِ بين الكُلْوَة والمَثَانَة [解]输尿管

حَلائِب: جماعات 人群

حِلَاب / مِحْلَب جـ مَحَالِبُ / مِحْلاب جـ مَحَالِيب 挤乳桶，挤乳器皿

مُسْتَحْلَب 乳状液，乳剂

ـُ اللَوْزِ الخ 杏仁乳

حِلِبْلَاب: لَبْلَاب [植]常春藤

حليت 冰；霜；雹，霰

ـ / حِلْتِيت: أَبُو كَبِير (م) 阿魏(伞形科植物)

حَلَجَ ـِ حَلْجًا القطنَ 轧棉花

اِنْحَلَجَ (棉花)被轧过

قُطْنٌ حَلِيج / قُطْنٌ مَحْلُوج 皮棉

حَلَّاج القطن 轧花者

مَحْلَجُ القُطْنِ / مَحْلَجَة جـ مَحَالِجُ: دار الحِلاجة 轧花厂

مِحْلَج / مِحْلَجَة جـ مَحَالِجُ / مِحْلاَج جـ مَحَالِيجُ: آلة الحَلْج 轧花机

حَلْحَلَ الشيءَ: زَحْزَحَه 移动，移开，更动

تَحَلْحَلَ عن المَكان 移动，动摇

مُحَلْحَل / حُلاَحِل جـ حَلاَحِل 族长

حَلَزُون جـ حَلَزُونات: قَوْقَعَة / بَزَّاقَة 蜗牛

ـ (内耳的)耳蜗

ـ [数]螺线，螺状线

حَلَزُونَة: لَوْلَب 螺旋线

حَلَزُونِيّ: لَوْلَبِيّ 螺旋形的，盘旋上升的

سُلَّمٌ ـ 螺旋梯

حُلَيْزِين 螺旋菌

حَلِسَ ـَ حَلَسًا وتَحَلَّسَ بالمكان: لزمه 常住某地

حَلَسَت ـِ حَلْسًا وأَحْلَسَت السماءُ 下毛毛雨，连绵不断地下雨

ـ البَعِيرَ: غشّاه بالحِلْس 给牲口上鞍鞯

حَلَّسَ بالمكان: أقام 居住

حِلْس وحَلَس جـ أَحْلاَس وحُلُوس وحِلَسَة: ما يُوضَعُ تحت السَرْج 鞍鞯，马衣

حِلاَّس (مـ): فَضْلَة / مِفْضَلَة 便服，常服，便装，便衣

أَحْلَسُ م حَلْسَاءُ جـ حُلْس: لونه بين سواد وحمرة 栗色的

ـ: أَصْلَعُ 秃顶的

أرضٌ مُحْلِسَة 长满植物的土地

حَلِيشَة (س) 豆类的收获

حَلَفَ ـِ حَلْفًا وحِلْفًا وحَلِفًا ومَحْلُوفًا ومَحْلُوفَةً ومَحْلُفَاءَ بكذا: أقسم به 发誓，起誓

ـ له على ... 对他起誓

ـ اليَمِينَ 宣誓

ـ كَذِبًا 发伪誓

حَلَّفَه واسْتَحْلَفَه: جعله يحلف 让他发誓，使人发誓

ـ ه وـ ه: ناشَدَه 恳求，苦求

حَالَفَه: عاهَدَه ونَاصَرَه 联盟，订盟约

تَحَالَفُوا: تَعَاهَدُوا 缔结同盟

اِسْتَحْلَفَه على القُرْآن 要他凭古兰经起誓

حَلْف / حِلْفَان (مـ): يَمِين 起誓，立誓，誓言

ـ كاذِب 伪誓，假誓

حِلْف جـ أَحْلاَف / حَلِيف جـ حُلَفَاءُ / مُحَالِف 联盟国，同盟国，盟友

ـُ نِسْوَةٍ 讨女人喜欢的人

ـ: اتِّحَاد 同盟，联合，条约

ـُ البَلْقَان 巴尔干联盟

الـ الأَطْلَسِيّ 大西洋联盟

الـ العَرَبِيّ 阿拉伯联盟

أَحْلاَفُ بُؤْسٍ ومَتْرَبَةٍ 穷人们

حَلِيف 同盟者，盟友

وكان النَجَاحُ ـ ي (成功是我的盟友)我获得了成功

مُحَالَفَة / تَحَالُف: مُعَاهَدَة 联盟，同盟

حَلْفَاء جـ حَلْف وحُلُف / حَلْفَايَة جـ حَلْفَايَات / حَلْفَة [植]芦苇(多产于非洲)

ـ 希腊语字母表第一个字；原始

حِلْفَان (مـ) 誓言

حَلُّوف جـ حَلاَلِيفُ (مـ): هِلُّوف / خِنْزِيرٌ بَرِّيّ 野猪

ـ: خِنْزِير مستأنِس 猪

ـ: ذَكَرُ الخِنْزِير 公猪

ـ مَخْصِيّ 阉猪

مُحَلِّف: أحد أَعْضَاءِ لجنة التحليف 陪审官，陪审员

_ 被领导宣誓者
هيئة المُحلَّفين: لَجْنَةُ التحليف 陪审团
هيئَةُ المُحلَّفين الكُبْرَى 大陪审团
هيئَةُ المُحلَّفين الصغْرَى 小陪审团
أَعْضاءُ لَجْنَةِ التَحْلِيفِ 陪审员
حلَقَ ـِ حَلْقًا وتَحْلاقًا الشَعْرَ: أزاله بِالمُوسَى 剃发，刮脸
ـ له على النَاشِفِ (给他剃干头)对他说逆耳的话
حَلَّقَ الطائرُ 翱翔，盘旋
ـ الشيءَ: جعله كالحَلْقَة 卷成一圈
ـ عليه (م): حوَّق 包围
حَلَّقُوا على الخِوَان 他们围着桌子坐下
تَحلَّقَ حَوْلَ (在…周围)坐下，降落
ـ (月)有月晕；(人)坐成一圈
حَلْقُ الشَعْرِ 剃发，刮脸
ـ جـ أَحْلاَق وحُلُوق وحُلُق: بُلْعُوم مَزْرَد [解]喉，咽，咽喉
ـُ البَابِ (م) 门框
ـ الشُبَّاك (م) (في النِجارة) 窗框，窗架
سَقْفُ الـ: حَنَك [解]上颚
حَلْقِيّ: مختص بسَقْف الحلق 上颚的；颚音的
ـ: بُلْعُومِيّ 咽头的，咽喉的
حَرْفٌ ـ 喉音字母
حَلَق جـ حِلْقَان (م): قُرْط 耳环，耳坠
حَلْقَة جـ حَلَق وحَلَقات 戒指，指环，耳环；环节
ـ: دَائِرَة 圆，圆周，(体操用的)籐圈，圆环，圆圈
ـ من الناس: جَماعة (人围的)圈子，集团；界(如政界、商界)；小组
ـ من السِلْسِلَة: زَرَدَة (م) 环节，链索的环
节，联结物
ـ الانْتِقال 转移的环节
ـ مُوصِّلَة 连接的环节
ـُ ساعة الجَيْبِ (怀表的)表环
ـ شُرْبٍ 酒席，酒筵
ـ السَمَكِ 鱼市
ـ القُطْنِ: سُوقه 棉花市场
الـ / ذاتُ الحَلَقِ: آلة فَلَكيّة قديمة 浑天仪
ـ الذِكْر / ذاتُ الحَلَقِ 苏非派念经小组
الـ المَفْقُودَة 失掉的环节
هو في الـ الخَامِسَة من العُمْر 他是个40多岁的人
ـُ التَعْبِير الذَاتِيّ 业余剧团，业余艺术团体
حَلْقِيّ: مُسْتَدِير 环形的，环状的
حَلْقِيَّة 圆，圆形，圆周，环形
حِلاقَة: عَمَلُ الحَلاَّقِ 理发业
صَالُونُ الـ 理发馆
فُورْشَةُ ـ 修面刷
حَالِق جـ حَلَقَة: مُنِيف / مُرْتَفِع 崇高的，巍峨的；高山，高地
ـُ الشَعْرِ [植]葫芦科的一种蔓草
أَلْقَى شَيْئًا مِنْ ـ 把东西从高处抛下
حَلِيق جـ حِلاَق وحَلْقَى: مَحْلُوقُ اللِحْيَةِ 胡须剃光的，刮过脸的
حَلاَّق: مُزَيِّن (م) 理发匠，理发师，理发员
مِحْلَق / مِحْلَقَة جـ مَحَالِقُ: مَكنَةُ حِلاَقَةٍ (م) 保险刀，安全剃刀
مُحلِّق: مُرْتَفِع في طَيَرَانه 高翔的，翱翔的
مُحلِّقَة: قَلْعَةٌ طائِرة 飞行堡垒，空中堡垒
مِحْلاَقُ النَباتِ: عَنَم / سِلْك يتعشَّق به (植物的)蔓，须，卷须
حُلْقُوم جـ حَلاَقِيمُ: حَلْق 喉，喉头，咽头

ـ (س) 瓶颈
راحةُ الـ (س): مَلْبَن (م) 土耳其糖果
حلك ـَ حُلوكةً وحلَكًا وحُلوكًا واسْتَحْلَكَ
واحْلَوْلَكَ الليلُ (夜)变为漆黑，黑暗，极黑
اِحْلَوْلَكَ 变黑了
ـ تْ الدُنْيا 天黑了
حَلَك / حُلْكة 极黑，黑色
حَلْكة / حَلْكاء / حُلْكاء / حَلَكاء / حُلَكاء /
حُلُكّى 一种蜥蜴
حَلِك / حَالِكُ السَوادِ 深黑的，黝黑的，漆黑的
ـ / ـُ الظَلامِ 极黑的
فِعْلٌ حالِكٌ 凶暴的行为，残忍的行为
عُمْرٌ حالِكٌ 不幸的生活，悲惨的生活
حلّ ـُ حَلاًّ العُقْدَةَ 解开(疙瘩)
ـ المُعَقَّدَ: سلّكه 解释，阐明(复杂的意义)
ـ ه: تركه / سيَّبه 放任，抛开(不管)
ـ 拧出，扭出，扭开，旋出
ـ ه: ضدّ ألَّفه وركَّبه 解散，拆开
ـ ه: أَطْلَقَه / أرخاه 放松
ـ ه: أذابه 溶解，分解
ـ البَرْدَعَةَ 解鞍
ـ الفَدَّانَ 卸下公牛(耕地时把两头牛拴在一起)
ـ المَسْئَلَةَ أو اللُغْزَ الخ 解答(问题、谜语)
ـ الرمْزَ أو الجِفْرَ 辨认(符号、密码等)
ـ المَكْتُوبَ بالجِفْر (المُصطَلَح) 翻译(密码)
ـ الشرِكَةَ أو المَجْلِسَ 解散(公司或会议)
ـ من كذا: أَطْلَقَ 释放，解开；免除，解除
حَلَّ ـِ حلاًّ وحَلَلاً وحُلُولاً: نزَل 降下，降落
ـ مَحَلَّ كذا 取代，代替，替代
ـ بالمكان: نزَل أو أقام 定居，安居

ـ به الأمرُ: أصابَه 他遭遇
ـ الشيءُ مَحَلَّه 物得其所，得到适当的地位，处置适当
حَلَّ ـِ حِلاًّ الشيءُ: كان حَلالاً 变成合法的
ـ الدَيْنُ: حانَ وَقْتُ وفائِه 债务到期，债期已满
لقد مَضَى دَوْرُ الكَلامِ وـ دَوْرُ العَمَلِ 话已说够了，应该行动了
ـ اللَوْنُ: ذهب 褪色，脱色
ـ الشتاءُ أو الصَيْفُ 冬天或夏天到了
حَلَّلَ الأمرَ: أجازَه 使合法，允许，许可
ـ الكَلامَ والشيءَ: ردَّه إلى عَناصِره 分析，分解，解析
ـ البَوْلَ: فسَّره 化验小便，验尿
ـ ه مِنْ ذَنْبٍ 宣告无罪，免罪，雪冤
ـ اليَمِينَ: كفَّرها 还愿，完誓
ـ الذَرَّةَ: فكَّكَ أجزاءَها 分解原子，分裂原子
ـ أو صرَّف الوَرَمَ 消散肿疡
أَحَلَّهُ: أَنْزله 安置，放置，安放
ـ ه مَحَلَّه 使代替他
ـ له الأمرَ 允许，许可
ـ المُحْرِمُ: خرج من إحرامه [宗]开戒(朝觐仪式结束后恢复日常生活)
تَحَلَّلَ من يَمِينِه 解除誓言，宣布誓言无效
ـ مِنْ 解放，摆脱
ـ مِنَ القُيُودِ 挣脱枷锁
ـ 已被解决
ـ به السَفَرُ 旅行使他憔悴，疲于旅行
اِحْتَلَّ المكانَ: نزَلَ فيه وشغَله 占领，占用，占据
اِنْحَلَّ: تَفكَّكَ 分解，瓦解，散开
ـ: اِنْفَضَّ 松弛，被解散

ـ 放荡，无纪律，被驱赶

ـ 被解散；取消(死者的养老金)

ـ (问题)被解决

ـ وتَحلَّل: تفكَّكَتْ أَجْزَاؤُه 分解

ـ وـ: ذاب 溶解

استحلَّه: عَدَّه حَلالاً 认为合法

حَلّ جـ حُلُول: فَكّ 解除，免除，免去，解散，解开

ـ: تَدْبِير 和解，调处

ـٌ مُوَفَّق 顺利的解决或处理

ـ: إطلاق 释放，解放

ـ: إبْراء 免罪，释放，开释

ـ: شيرج أي زيت السِمْسِم 芝麻油

ـ مِنْ خَطِيئَةٍ: غُفْران 免罪，赦免，解除责任，宽恕

ـ الشَرِكَةِ 散伙，散台，散摊子

ـ 停止，停歇，逗留

ـ 结局，终结

ـٌ وَسَطِيّ / ـُ وَسَط 妥协，折衷

أَصْحَابُ الـِ والعَقْدِ 支配事情的人，主事人，当事人

صَحِبَه في ـِ ه وتَرْحَالِه 寸步不离，如影随形

جعلَه بَيْنَ ـٍ وتَرْحَالٍ 使他不能安居乐业

الـُ والرَبْطُ 最高权力

ـ 法律上的效力

على الـ (مـ) 纯正的，纯洁的，无杂物的

إنَّا في ـ مِنْ أَنْ نَتَحَدَّثَ ... 我们可以说…

هو في ـٍ من هذا 他和这个没有关系

حِلَّة: مَحَلَّة 军营，兵营；小村庄

ـ: مَجْلِس ومُجْتَمَع 会场

حُلَّة جـ حُلَل وحِلاَل: ثوب 一套衣服

اِرْتَدَتْ المَدِينَةُ ـَ العِيدِ 城市穿上节日的盛装

ـ 装璜，外观

ـ المَجَلَّةِ 杂志的装璜

حَلَّة جـ حِلَل وحِلال (مـ): قِدْرُ الطَبْخِ 瓦炖锅，有耳瓦锅

حُلُول: نُزُول 降，临

ـُ شَخْصٍ مَحلَّ آخرَ (كدائن) 代替，取代

حُلُولِيَّة: فِرْقَة من المتصوِّفة 泛神论

حَلاَل: ضد حَرام 合法的，正当的

اِبْنُ ـٍ: ابْنٌ شَرْعِيّ 合法儿子(私生子的相对)

اِبْنُ ـٍ (مـ): طَيِّبُ الأَخْلاَقِ 好人，善良的人，正派的；好好先生，老好人

حِلال: متاعُ الرَحْلِ 行装(鞍韂)

حَلاَّل 善于解决难题的人

ـُ الدَمِ والمالِ 图财害命

كُلُّ عُقْدَةٍ ولها ـ (任何难题都有解决它的人)事怕行家，酒后吐真言

الخَمْرُ خَيْرُ ـٍ لِعُقَدِ اللِسانِ (酒是舌头的钥匙)酒醉吐真情

تَحِلَّة / مُسْتَحِلّ (مـ): ما تنحلّ به عُقْدَةُ اليَمِينِ [宗]特赦

إحْلِيل جـ أَحَالِيل: مَجْرَى البَوْل في القَضِيبِ [解]尿道口；马眼

حَلِيل جـ أَحِلاَّء: زَوْج 丈夫，配偶

حَلِيلَة جـ حَلاَئِلُ: زَوْجَة 妻子，配偶

تَحْلِيل جـ تَحَالِيلُ: حَلّ 分解，溶解，解散

ـُ الوَرَمِ 消退肿疱，消肿

ـُ الكَلاَمِ أو الشيءِ 分析

ـٌ طَيْفِيّ [物]分光，光带分析

ـٌ نَفْسِيّ 心理分析

تَحْلِيلِيّ 分析的

اِحْتِلاَل: إشْغَال 占领

حلل 280 حلم

جَيْشُ الـ 占领军
اِحْتِلاَلِيّ 占领的
اِنْحِلاَل / تَحَلُّل: تفكُّك 解决，解散，分解，溶解；分崩离析
ـُ أو ـُ النور 散光，光的扩散
ـ: ضَعْف 软弱，虚弱，衰弱，式微
ـُ الظَهْرِ: عُنَّة [医]阳痿
اِنْحِلاَلِيّ 颓废的，灰心丧志的
اِنْحِلاَلِيَّة 颓废心理，悲观失望主义
مُحَلِّل: مُفكِّك / مُذِيب 分解剂，溶解剂，消散剂
ـُ الأَوْرَام [医]消散剂，消肿剂
ـ: مُبَرِّر 理由，道理
مَحْلُول ج مَحَالِيلُ: سائِب 被放开的，被解开的，松散的，没捆紧的，散装的
ـ: مَفْكُوك 被解松的，打开的，拆开的
ـ: مُذَاب 溶解的，溶化的，已溶解的
ـ: الشيءُ المُذَاب 溶液，浸液；胶泥
ـُ الظَهْرِ: عِنِّين 阳痿者
مَحَلّ ج مَحَالّ ومَحلاّت: مَكَان / مَوضع 地点，位置，场所，地方
ـ 住所，房间
ـ 商号，商店，店铺
ـ تِجَارِيّ 公司，商行，企业
في ـ ه: بَدَلاً منه 代替，取代
في ـ ه: مُناسِب 适合的，适当的，适得其所的
في غَيْرِ ـ 不适当的，不得其所的
ـ: مكانُ الحُلُولِ 休息地，驻军地
كانَ في ـ ه 是适宜的，有根据的
مَحالُّ الحَلْوَى والأَلْبَانِ 糖果、点心、牛奶铺
مَحالُّ البَقَّالِ 食品杂货铺

ـُ حُدُوثِ الجَرِيمَةِ 犯罪现场
مَحَلِّيّ: مَوْضِعِيّ 本地的，当地的，局部的，地方的
مَحَلَّة: مكانُ الحُلُولِ (أو مُعَسْكَر) 营地，营寨；村落
ـ (都市的)区，区域
ـ (临时的)居住地，立脚地
ـ 夏令营，野营，兵营
أَخْبَارٌ مَحَلِّيَّات 报纸上的记事栏
حلَم ـُ حُلْمًا وحُلُمًا بكذا: رآه في النَوْم 梦到，梦见
ـ واحْتَلَمَ: أَدْرَكَ 到性熟期，到发情期；梦遗，遗精
حَلُمَ ـُ حِلْمًا: كان حَلِيمًا 成为容忍的、宽大的
تَحَلَّم: تكلَّفَ الحِلْمَ 变成宽厚的、温和的
اِحْتَلَمَ وتَحَلَّمَ: تَنَوَّمَ 做春梦，梦遗，遗精
حُلْم ج أَحْلاَم: مَنَام 梦
ـ: إدْرَاكُ سِنِّ الرِجالِ والنِساءِ 性成熟期，青春期
بَلَغَ الـ 成年
أَضْغَاثُ الأَحْلاَمِ 乱梦，被打断了的梦，不连贯的梦
عَالَمُ الأَحْلاَمِ 梦境，梦乡，幻境，梦幻世界
حُلْمِيّ: مختصّ بالأَحْلام 梦境的，梦幻的
حِلْم ج أَحْلاَم وحُلُوم: صَبْر وأَناة 容忍，宽厚，宽大，忍耐，温和，慎重
خَرَجَ مِنْ ـِ ه 忍无可忍，发怒
حَلَمَةُ الثَدْيِ وغَيْرِه ج حَلَمَات وحَلَم 人的乳头
ـُ الضَرْعِ 牲畜的乳头
ـُ الأُذُنِ: شَحْمَتُها 耳垂
ـ: قُرَادَة 扁虱

ـٌ صَغِيرَة / حُلَيْمَة [解]乳头状的突起
حَلَمِيّ: كالحَلَمة 乳头状的
ـ: طُفَيْلِيّ 寄生的
حَيَوَانٌ أو نَبَاتٌ ـ 寄生虫，寄生物
وَرَمٌ ـ [医]疣状肿疡
ـ جـ حَلَمِيّات 寄生虫
حَلُوم (مـ) / حَالُوم (جُبْنَة) 奶皮，奶酪，乳饼
حَالُوم [植]朱草，朱草染料
اِحْتِلَام 梦遗，遗精
حَلِيم جـ حُلَمَاءُ م حَلِيمَة: طَوِيلُ الأَنَاةِ 宽厚的，容忍的，温和的
مُحْتَلِم: بالِغ 达青春期的，成年的
حَلَا ـُ حُلُوَ ـُ وحَلِيَ ـَ حَلَاوَةً وحُلْوَانًا: كان حُلْوًا 变成甜的，(果子)成熟
ـ وـ وـ: لَذَّ 美味，香甜，甘美
ـ وـ وـ في عَيْنِهِ 合心意，称心，满意
كما يَحْلُو له أَنْ... 随他的高兴，他想怎么办就怎么办，随他的便
ما أَحْلَاكَ في هذه المَلَابِسِ 你穿这衣服真漂亮！
حَلَّى تَحْلِيَةَ الشيءَ: صَيَّره حُلْوًا 使…变甜
ـ الشيءَ: زَيَّنَه 装饰，修饰，装扮，打扮
تَحَلَّى 成为甜的，发现某物是甜的
اِسْتَحْلَى الشيءَ: وجدَه حُلْوًا 觉得甜，觉得好，认为好，觉得美，感到称心如意
اِسْتَحْلَاه في نَظَرِه 爱好，爱上，对眼
حَلَاوَة: كَوْنُ الشيءِ حُلْوًا 甘甜，美味，甜美
ـ (مـ) / حَلَاوَى / حَلَوِيّات (مـ) 糖果
ـ (مـ): فِدْيَة / فِكَاك 身价，赎金
ـ 奖金；报酬；茶钱，酒资
يُبَاعُ كالحَلَاوَى 畅销，销路很好，卖得快
حُلْوَةٌ مُرَّة [植]洋莨菪
حَلَاوات (مـ): الغُدَّة الحُلْوَة 胰脏

حَلَاوِيّ جـ حَلَاوِيُّون 糖果商人
حَلْوَاء / حَلْوَى وحَلَوِيَّات (مـ) وحَلَاوِيَّات (سـ) / حَلَاوَة (مـ) 糖果
حُلْوَان 茶钱，酒钱，小费，礼品，赠品，奖金
حَلْوَانِيّ / حَلْوَائِيّ: صانعُ الحَلَاوَى وبائِعُها 糖果工人，糖果商人
دُكَّانُ الـ 点心铺
حَلْوَجِي جـ حَلْوَجِيَّة 糖果点心商
حُلْو: ضد مُرّ أو مالح أو حامِض 甜的
ـ: جَمِيل 美丽的，美妙的
ـ: لَذِيذ 甜美的，美味的，甘美的
زَيْتٌ ـ 棉籽油
مَاءٌ ـ أو عَذْبٌ 淡水
حَلِيّ م حَلِيَّة 甜蜜；甜言蜜语
حَلِي ـَ حَلْيًا المَرْأَةَ بـ ... 用…装饰
حَلِيَتْ ـَ حَلْيًا المَرْأَةُ 被装饰，打扮
حَلَّى الشيءَ بالذهَب 镀金
تَحَلَّى بـ ... 具有(特征、美德等)
حَلْي جـ حُلِيّ وحِلِيّ: مَصُوغ / مَصَاغ (مـ) 首饰，珠宝，装饰品
حِلْيَة جـ حِلًى وحُلًى: شَيء للزينة 装饰品
حما (في حمو)
حَمَاة 哈马(叙利亚城市名)
حَمَأَ ـَ حَمْأً البِئْرَ والتُرْعَةَ وغيرَهما: طَهَّرَها (مـ) 掏(井)，挖泥，疏浚(河道)
حَمِئَ ـَ حَمْأً وحَمَأً عليه: غضِب 发火，发脾气，勃然大怒
ـ الماءُ (水)成为浑浊的
حَمْأ / حَمْأَة: طِين 泥，沉积泥，软泥
غَرِقَ في ـ 陷入泥淖
حَمْحَمَ وتَحَمْحَمَ الحِصَانُ: صَهَل (马)嘶

حِمْحِم الواحدة حِمْحِمَة وحُمْحُمَة [植]亚
尔卡那(紫草科植物)
حَمِدَه ـَ حَمْدًا ومَحْمَدًا ومَحْمِدًا ومَحْمَدَةً
ومَحْمِدَةً: أَثْنَى عليه 赞美，称赞，赞扬
ـ ه: شَكَرَه 感谢
حَمِدَ اللهَ 赞颂真主
الحَمْدُ لله 赞颂全归真主
مَحْمَدَة ج مَحَامِدُ 值得赞扬的行为
حَامِد / حَمُود: شاكِر 感激的，感恩的，
赞美的，赞扬的
حَمِيد م حَمِيدَة / مَحْمُود: الذي يَسْتَحِقُّ الحَمْدَ
值得称赞的，可嘉的
ـ / مَحْمُود السُمْعَة 有令名的，有声誉的
ـ: سَلِيم العَاقِبَة (مَرَض) [医]良性的(恶性
的对称)；无危险的(病)
حُمَدَة / حَمَّاد 多赞扬的
مَحْمُود 麦哈茂德(男名)(被赞扬的)
مَحْمُودَة (مـ) [植]牵牛花
أَحْمَد 艾哈迈德(男名)(可嘉许的)
أَحْمَدِيَّة 艾哈迈德派
مُحَمَّد 穆罕默德(男名)(值得称赞的)
حَمْدَلَ: قَالَ الحَمْدُ لله 说：“赞颂全归真主”
حَمِرَ ـَ حَمَرًا الفرسُ: سَنِقَ واتَّخم (马因饲
喂过多)生病
ـ الرَجُلُ: تَحرَّقَ غَضَبًا 发怒
حَمَّرَ الجِلْدَ: صَبَغَه بِلَوْنٍ أَحْمَر 染红
ـ فلانًا: قال له يا حِمَارُ 喊他“蠢驴！”
ـ اللَحْمَ وغيرَه (مـ): قَلاه 烤，烧(肉)
تَحَمَّرَ 染红；涂口红
اِحْمَرَّ: صار أَحْمَر 变红
اِحْمَارَّ 逐渐变红
حُمَر: نوع من القار الأَسْوَد 地沥青

حَمْر 赤粘土，胶泥
حُمْرَة / حَمَار (مـ) / اِحْمِرَار 赤色，红色
ـ / حَمْرَة (مـ): مَرَض [医]丹毒
ـ (مـ): دِمَام للوَجْه أو الشفتين 口红，胭脂
ـ (مـ): مَسْحُوق الطُوب الأَحمر 红砖粉
ـ الخَنَازِير [医]小猪流行性腮腺炎
حُمَيْرَة [医]麻疹
حِمَار ج حَمِير وحُمُر وأَحْمِرَة وحُمُور
وحُمُرَات 驴
ـ الزَرَد: فَنَّان (انظر فنن) 斑马
ـ الوَحْش: عَيْر (انظر عير) 野驴
حِمَارة ج حَمَائِر: أَتَان 母驴，草驴
حُمْرَان (مـ) / حُمْرَاى [鸟]矶凫，铃鸭
حَمَّار ج حَمَّارَة: صاحِبُ أو سائِقُ الحِمار 驴夫，
驴户，赶驴的
حَمَارَّة ج حَمَارّ: شِدَّة الحَرّ 炎热，酷热
أَحْمَرُ م حَمْرَاءُ ج حُمْر وحُمْرَان وأَحَامِر 红的，
赤色的
ـ كالدَم (للعُيُون) 充血的，血红的
الـ والأَبيض 金和银
ـ قَان 猩红的，血红的
ـ وَرْدِيّ 玫瑰色的
ـ قَرَنْفُلِيّ: بَمْبِيّ (مـ) 桃色的，粉红色的
ـ فاتِح 浅红的，绯红的
الـ والأَسْوَد 白人和黑人
مَوْتٌ ـ 横死
حَمْرَاء (مـ) 谷物上的褐斑
الـ أو القَلْعَةُ الـ 红宫(在西班牙)
حَمْرَاء 红种人
الأَحْمَرَان 两红：鲜肉和酒；黄金和番红花
مُحَمَّر (مـ): مَقْلِيّ بالسَمْن أو بالزَيْت 红烧的；
煎的

حَمْرَقَ في اللَعِبِ أو الاتِّفَاق وغيره (مـ) 无端指摘，吹毛求疵；撤销合同
حَمْرَقَة (مـ) 无端指摘
حَمَزَ ـِ حَمْزًا الخَرْدل اللِسَانَ: لذَعه 辣舌头
ـ الشَفْرَةَ: حدَّدها 磨快(刀片)
حَامِز: الذي يلذَع اللسانَ 辛辣的，辣嘴的，辣舌头的
حَمِسَ ـَ حَمَسًا: غَارَ 热心，热情
حَمُسَ ـُ حَمَاسَةً وحَمَسَ ـِ حَمْسًا: شجُع 勇敢
حَمَسَه ـِ حَمْسًا: أَغْضَبَه 激怒，惹恼
ـ اللحمَ: قَلاَه 炒肉，烧肉
حَمَّسَه وأَحْمَسَهُ: هيَّجَه 激动，煽动
اِسْتَحْمَسَ: هَاجَ 激动
حَمَاس / حَمَاسَة: غَيْرَة 热心，热诚
حَمَاسة: شدَّة في الأمر وشجاعة 勇敢，坚强
دِيوَانُ الـ 《坚贞诗集》(古诗选)
حَمَاسِيّ / مُحَمِّس 动情的，激情的
حَمِس / أَحْمَسُ م حَمْسَاءُ جـ حُمْس وأَحَامِس: غَيُور 热情的，热心的
سَنَةٌ حَمْسَاء جـ سِنُون حُمْس 荒年
أَرْضٌ أَحَامِسُ 不毛之地，贫瘠的土地
مُتحمِّس: هائجُ الحَوَاسِّ 激昂慷慨的
حَمَشَه ـُ حَمْشًا: أَغْضَبَه 激恼，触怒
حَمَشَتْ ـِ حَمُشَتْ ـُ حُمُوشَةً الساقُ: دقَّتْ (小腿)成为细的
حَمَّصَ: شَوَى 烤，烙，烘
ـ الخُبْزَ وغيرَه 烘烤(面包)
تَحَمَّصَ 烤好
حُمْص / حِمْص 霍姆斯(叙利亚城市名)
حِمَّص / حِمِّص / حُمُّص (مـ) 埃及豆，鸡豆
حِمِّصَانِيّ 埃及豌豆商
حُمُّصَة (في الطِبّ) جـ حُمُّصَات [解]囟门

مِحْمَصَةُ البُنِّ 咖啡豆的焙器；(烤鱼、肉等有柄的)铁丝格子
مُحَمَّص: مَشْوِيّ 烤熟的，烙熟的
حَمَضَ ـُ حَمْضًا وحَمِضَ ـَ حَمَضًا وحَمُضَ ـُ حُمُوضَةً: كان أو صار حامِضًا (酒、奶等)发酸，变酸
حَمَّضَه وأَحْمَضَه: صيَّره حامضًا 使发酸
ـ فِلْمَ الصُورَةِ الشَمْسِيَّةِ 冲胶卷，显影
ـ اللَبَنُ وغيره (مـ) 奶等发酵凝结、凝固
حَمْض جـ أَحْمَاض وحُمُوض 酸
حِمْض (مـ) / حَامِض 酸的，酸性的
حُمُوضَة 酸，酸性，含酸量，酸度
حُمَّاض / حُمَّيْض: نبات [植]酸模，酢浆草
حَامِض جـ حَوَامِض / حَامُض (سـ): مَاضِر 酸的，酸性的
ـ (سـ): لَيْمُون 柠檬
ـ / مُحَمَّض 变酸的，发酵的
ـ فِنِيك (أ) carbolic acid 石碳酸
ـ كِبْرِيتِيك / ـ سَلْفُورِيك sulphuric acid 硫酸
ـ كَبِرْبُونيك carbonic acid 碳酸
ـ الأَسْكُورْبِيك ascorbic acid 抗坏血酸
ـ السَالِيك salicylic acid 水杨酸
ـ كَاوٍ [医]棒状硝酸银
ـ اللَبْنِيك 乳酸
ـ نِيتَرِيك nitrate acid 硝酸
حَمْضِيَّات 含柠檬酸的植物(柑、橘、李等)
حَمَاطَة 喉头发炎
ـ جـ حَمَاط وحَمَائِط 野无花果树
حَمِقَ ـَ وحَمُقَ ـُ حُمْقًا وحُمُقًا وحَمَاقَةً: فَسُدَ رأْيُه 愚昧，愚蠢
ـَتْ السُوقُ (市场、贸易)萧条，呆滞

حَمُقَ وانْحمقَ (مـ): حَمِيَ 发脾气，发火

حمَّقه: نَسَبَه إلى الحُمْق 视为愚蠢

ـ الرأيَ: سفَّهه 认为是蠢见

حُمْق / حَمَاقَة 愚蠢，呆气，糊涂

حُمَاق وحُمَاق وحَمَقِيق وحُمَيْقَى وحُمَيْقَاء: جُدَرِيّ الدَجَاج أو الماء 天花，水痘

حَمْقَان (مـ) / مَحْمُوق (مـ): غَاضِب 怒的，发怒的，发脾气的

أَحْمَقُ م حَمْقَاء جـ حُمْق وحُمُق وحَمْقَى وحِمَاق وحَمَاقَى وحُمَاقَى: أَخْرَق 蠢人，愚人，呆子，傻子，糊涂人

ـ (مـ) / حِمقِيّ (مـ): سَرِيعُ الغَضَبِ 易怒的，暴躁的

البَقْلَةُ الحَمْقَاء: رِجْلَة [植]马齿苋

حمل ـِ حَمْلاً وحُمْلاَنًا الشيءَ على ظَهْرِه: استقلّه ورفَعَه 负担，扛，挑，背

ـ عنه: حَلُمَ 容忍，宽待

ـ العِلْمَ: رواه ونقله 传授(科学)

ـ فلانٌ الحِقْدَ على فلانٍ: أكنّه في نفسه 怨恨，憎恨

ـ ه على الأمرِ: أغراه به 煽动，怂恿

ـ الشيءَ على الآخرِ: أَلْحقَه به في حُكْمِه 相提并论

ـ تِ الشجرةُ: أَثْمرَتْ (树)结果

ـ تِ المرأةُ: حَبِلَتْ 怀孕，怀胎

ـ حَمْلَةً في الحرب عليهم: كَرَّ 攻击，扑去，攻打

حَمَّلَ: وَسَّقَ (مـ) 装载

ـ ه الشيءَ: جعله يَحْمِلُه 使负担

ـ ه فوقَ الطاقة 使负担过重，超载，超重

تَحَمَّلَ تَحَمُّلاً وتِحِمَّالاً الرجلُ: تَجَلَّدَ 忍耐，坚韧

ـ الأمرَ: احتمله 忍受

ـ القومُ: ارْتَحَلُوا 动身，启程

تَحَامَلَ في الأمرِ وبالأمرِ: تكلَّفه على مَشَقَّةٍ وإعْيَاءٍ 勉强承担

ـ على فلانٍ: جارَ 迫害，虐待

ـ الشَيْخُ في مَشْيِهِ: تثاقَلَ 缓慢地走，步履蹒跚

ـ على نَفْسِه: تَكَلَّفَ الشيءَ على مَشَقَّةٍ 勉力为之

ـ الزمانُ عن فلانٍ: أعرضَ عنه 时运不佳

ـ: تكلَّفَ الحَمْلَ بالأُجْرَة 当搬运工人

اِحْتَمَلَ الأمْرُ أنْ يكونَ كذا: جازَ (事情)可能，会

ـ الأمرَ: أطاقه وصَبَرَ عليه 忍受，忍耐，熬住，容忍

ـ: تغيَّرَ لونُه إذا غَضِبَ 勃然大怒

ـ الصَنِيعَةَ: تقلَّدَها وشَكَرَها 感恩戴德

اِنْحَمَلَ على 被怂恿，被煽动

حَمْل: رَفْع 负，荷，担，挑，背，担负

ـ 重量名，等于 200 أُقَّة 或 249.6 公斤

ـ جـ حِمَال وأَحْمَال وحُمُول 果子

ـ: حَبَل 怀孕，妊娠

حَمَل جـ حُمْلاَن وأَحْمَال: خَرُوف صَغِير 小羊，羊羔

بُرْجُ الـ [天]摩羯宫

حِمْل جـ أَحْمَال وحُمُولَة: ما يُحْمَل 担子，所负之物，装载

ـٌ ثَقِيل: ثِقْلَة 重载，重负，重担

ـُ البَعِير 骆驼的驮子

حَمْلَة جـ حَمَلاَت: كَرَّة 攻击，袭击

ـ 哈姆来(等于 60 或 74.88 公斤)

ـٌ حَرْبِيَّة / ـٌ عَسْكَرِيَّة: تجريدة 军事远征

ـٌ حَرْبِيَّة أو كَلاَمِيَّة 战役；舌战，笔战

ـ إصْلاح أُسْلُوبِ العَمَلِ	整风运动
ـ ّ انْتِخابِيَّة	选举运动
ـ ّ شَعْواءُ	猛烈攻击
حِمِلِيّ (مـ): سَقَّاء / بَائِعُ ماءٍ مُتَجَوِّل	水夫，卖水人
حِمَالَة جـ حَمَائِلُ / حَمَّالَة (مـ): شِمَار	吊带
ـ	搬运职业
ـ / ـ الوِعَاءِ (مـ)	架，台，垫，托
ـ / ـ القَنْطَرَةِ (مـ)	桥脚，桥基，桥墩
ـ الصَدْرِ	妇女的紧身上衣
حِمَالَة وحَمِيلَة جـ حَمَائِل	剑带
حُمُولَة: وَسْق	载重量，吨数，[机]载(荷)，排水量
حَامُول	扁豆的病
تَحْمِيل	使负担，委托
تَحْمِيلَةُ المَهْبِلِ (مـ): صُوفَة / فَرْزَجَة	[医]子宫托，子宫栓
ـ المُسْتَقِيمِ (مـ): لُبُوس (مـ)	[医]坐药
اِحْتِمَال: أَرْجَحِيَّة	可能性
ـ / تَحَمُّل: إِطَاقَة	忍耐，容忍，耐性
ـ / ـ: مَتَانَة	耐力
حَامِل جـ حَمَلَة م حَامِلَة: رافع	搬运工人，负荷者
ـ الطائِراتِ	航空母舰
ـ النَقَّالَة	担架员
ـ لَقَبِ بَطَلِ العَمَلِ الاِشْتِرَاكِيّ	荣获社会主义劳动英雄称号者
ـ هذه الوَرَقَةِ	(证券、股票)持有人
ـ الشَيْءِ: صاحِبُه	持有者，主人，主权人
ـ جـ حَوَامِلُ: حُبْلَى	孕妇
ـ زَهْرِيّ (في النبات)	[植]花托，花床
حَمَلَةُ الأَقْلامِ	作家们，笔杆子
حَمِيل: ولد في بطن أُمِّه	胎儿，胚胎
حَمَّال: شَيَّال (مـ)	搬运人，搬运工人，脚夫
حَمُول	刻苦的，坚韧的
ـ البَحْرِ	海草，海藻
مَحْمُول جـ مَحْمُولاَت: مرفوع	被载的
ـ المَرْكَبِ: حُمُولَتُه	吨位，容量，载重
ـ (في المَنْطِق)	[逻]宾辞
ـ عليه (في المَنْطِق)	[逻]主辞
ـ / مُحْتَمَل: مُطَاق	可以容忍的，可耐的，可支持的
مِنْ غَيْرِ الـ أن ...	不可能是…
مُحْتَمَل: مرجَّح	可能的，或许的
أَمْرٌ ـ	可能发生的事
مِنَ الـ: على الأَرْجَحِ	可能，或许，大概
مَحْمَل / مَحْمِل: مِحَفَّة	轿子
الـ الشَرِيفُ (مـ)	载天房帷幕的驼轿
حَفْلَةُ الـ الشَرِيفِ (مـ)	送天房帷幕典礼
لَمْ آخُذْ شَكْوَاه على ـ الجِدِّ	我没有认真对待他的申诉
حِمْلاَج جـ حَمَالِيجُ	风箱
حَمْلَقَ فيه: بَحْلَقَ (مـ)	瞪视，注视，凝视，盯住
حَمْلَقَة	惊奇的眼光，瞪大着眼睛
حَمَّ ـَ حَمًّا الشيءُ: اِسْوَدَّ	变黑，变乌
ـ ـُ حَمًّا وحَمَّمَ وأَحَمَّ الشيءَ	加热，使热
حُمَّ الرجلُ: أَصابَتْهُ الحُمَّى	受热病传染，染热病，患热病，患疟疾
ـ الأمرُ: قُضِيَ	命定，注定
ـ القَضاءُ	不可避免地发生了
حَمَّمَ: غَسَلَ / حَمَّى	洗澡，沐浴
اِسْتَحَمَّ وتَحَمَّمَ (مـ): اغتسل	洗澡，沐浴
حَمّ	暑热，炎热
حُمَّة جـ حُمَم وحِمَام: فَحْم	煤，碳

حُمَم: مَقْذُوفاتُ البُرْكَانِ 熔岩，火成岩
ـ من القَنابِلِ (مـ) 大堆炸弹
حُمَة: شَوْكَة (في حمي) [动]螯针，刺；[植]刺，毛
حَمَّة: عَيْنُ ماءٍ حارّ 温泉
ـ: شَبَّابَة / فَوَّارَةُ ماءٍ حارّ 喷泉
حِمَّة: مَنِيَّة 死亡
حُمَّة جـ حُمَم وحِمَام: سَوَاد 黑，黑色，暗黑
ـ / حُمَّى جـ حُمَّيَات: سُخُونَة (مـ) 热病
حُمَّى الدِقّ [医]消耗热
ـ رَاجِعَة [医]回归热
ـ خَبِيثَة [医]恶性疟疾(瘴气病)
ـ الرِبْع [医]三日疟
الـ الصَفْرَاء 黄热病
الـ المُخيَّة الشَوْكِيَّة 流行性脑膜炎
ـ عَفِنَة [医]腐败性热病
ـ اِلْتِهَابِيَّة [医]炎性热
ـ الغِبّ [医]间日疟
ـ مُتَرَدِّدَة (مُتَفَتِّرَة) [医]弛张热
ـ مُتَقَطِّعَة [医]间歇热
ـ قِرْمِزِيَّة [医]猩红热
ـ قُلاعِيَّة (الحَيَوَانَات) (牛羊蹄上嘴上易患的)鹅口疮，口蹄疫
ـ مُرْدِمَة (مُطْبِقَة أو مُسْتَدِيمة) [医]连续热
ـ مَعَوِيَّة / ـ تِيفُودِيَّة [医]伤寒病，肠热病
ـ المَلارِيَا / ـ المُسْتَنْقَعَات Malarial [医]疟疾
ـ النِفَاسِ / ـ نِفَاسِيَّة [医]产褥热
ـ الوِرْد [医]日发疟
ضِدُّ الحُمَّى [医]解热剂，退热药
حُمِّيّ: مختصّ بالحُمَّى 热病的
حَمَام جـ حَمَائِم وحَمَامَات الواحدة حَمَامَة 鸽子
ـ بَرِيّ أو جَبَلِيّ 野鸽，山鸽
ـ الزاجِل أو الرَسَائِلِيّ 信鸽，通信鸽，传书鸽
ـ مُتَوَّج 凤头鸽，带冠鸽
رَعْيُ الـ [植]牛蒡
ـ مُطَوَّق 斑鸠
ـ هَزَّاز 凸胸鸽，球胸鸽
رِجْلُ الـ: شَجَرَةُ الدَمِ [植]牛舌草
سَاقُ الـ: (نبات طِبِّيّ)(columba) [植]古伦僕
حَمَامَة جـ حَمَامَات 鸽子，雌鸽；一只鸽子(不分雄雌)
ـ: امْرَأَة جَمِيلَة 美女
حِمَام / حِمَة: مَوْت 死亡，去世，终局，末期
اِسْتِحْمَام 洗澡，沐浴
حَمِيم جـ حَمَائِمُ 热水或冷水；汗水；伏天，盛夏；盛夏的骤雨
حَمِيم جـ أَحِمَّاء: قَرِيب 亲戚；友好的，亲密的
حَمِيمَة جـ حَمَائِمُ 温热的牛奶；热水
حَمَّام: استحمام / اغتسال 洗澡，沐浴
ـ جـ حَمَّامَات 浴室，澡堂
ـ: حَوْضُ الاستحمامِ 浴盆，浴池
ـ بَحْرٍ 海水浴
ـ بُخَارِ السُونَة 蒸汽浴，桑拿浴
ـ جَافّ / ـ شَمْسِيّ 日光浴
ـ سِبَاحَةٍ (室内)游泳池
ـ نِصْفِيّ 坐浴，半身浴
حَمَّامَات كِبْرِيتِيَّة 温泉浴，硫磺泉水浴
حَمَّامْجِي (مـ) / حَمَّامِيّ 澡堂老板，浴室服务员
مَحْمُوم 发热的，发烧的，患热病的
أَحَمّ م حَمَّاءُ جـ حُمّ: أَسْوَد 黑的，黑色的
مِحَمّ: قزان (مـ) 煮水器，水锅，锅炉
مُسْتَحَمَّات 海滨浴场

حَمْو وحَمُو وحَمْء وحَمًا جـ أَحْمَاء: أَبُو الزَوْج
أو الزَوْجة 公公；岳父，丈人
ـ / حُمُوّ: شِدّة الحَرّ 炎热
ـ النيلِ (مـ): حَصَف [医]痱子
حُمُوّة الألم: سورته 剧痛
حَمَاة جـ حَمَوَات: أم الزوج أو الزوجة 婆，
婆婆，婆母；岳母，丈母，丈母娘
ـ 哈马(叙利亚城市名)

حمّى (في حمم)

حَمَى ـِ حَمْيًا وحِمْيَةً وحِمَايَةً ومَحْمِيَةً الشيءَ:
وقاه 保护
ـ ه: سَتَرَه 遮挡，掩护
ـ حِمْيَةً المريضَ ما يضُرّه 使病人吃规定
的饭食，饮食管制
حَمِيَت ـَ حَمْيًا وحُمِيًا وحُمُوًّا النارُ: اشتدّ حَرُّها
(火)热烈
ـ غَضَبُه 大怒，暴怒
حَمَّى الحديدَ وأَحْمَاه: سَخَّنه 把铁烧热
ـ ه: هَيَّجه 激怒，刺激
ـ (مـ): حَمَّمَ / غَسَلَ 洗，洗澡，沐浴
حَامَى عنه: دافَع عنه 保卫，保护，防御，防卫
تَحَامَى الشيءَ والأمرَ: اِجْتَنَبَه 避免，避开，躲开
اِحْتَمَى منه: اِتَّقَاه 躲避，防备
ـ وتَحَمَّى المريضُ (في طعامه) 病人照医
生的指示进饮食，忌嘴
حُمَيًّا: سَوْرَة الخَمْرِ 酒性的强烈
ـ: خَمْر 酒
ـ / حَمِيّة: شِدّةُ الغَضَبِ وأوّلُه 盛怒
حَمِيّة: حَمَاس 热情，热心，热忱
ـ: أَنَفَة 藐视，侮蔑，轻视，蔑视，鄙夷，
不屑，鄙弃
حِمْيَة / طعامُ الحِمْيَةِ: تدبير غِذَائِيّ 对病人规定
的饮食
حِمَايَة: وِقَايَة 保卫，保护，守卫，防卫
ـ دُوَلِيَّة (强国对弱小国家的)保护制度
الـ الجُمْرُكِيَّة 保护关税
ـ الأُمُومَةِ 妇幼保健；保护妇女
مَحْمِيّ 被保护者；手下，门徒
مَحْمِيَّة جـ مَحْمِيَّات 保护国；保护区
مُحَامَاة: دِفَاع 保护，防御，防卫
ـ: شَرِيعَة 法律，法学；律师职业
حُمَةُ النَحْلَةِ وغيرها جـ حُمَات وحُمًى: إِبْرَتُها أو
شَوْكَتُها (蜂类的)刺，针
حِمًى: وِقَايَة 保护，防卫，防守，防御，庇护
حَامٍ جـ حُمَاة وحَامِيَة: حارِس 保护者；庇护
者，守护者
ـ: سُخْن 热的，暖的
ـ: حارّ / لاذع 辛辣的
ـ: قَوِيّ (كقولك تِبْغٌ حَامٍ) 烈性的，厉害的
(烟、酒)
ـ الطَبْعِ: حَمِس 有火热的性格的，热情的
ـ الوَطِيسِ (كقولك مَعْرَكَة حَامِيَة) 激烈的
战争
الـ 狗；狮子
بالـ وبالبارد 冷热不均，忽冷忽热
ـ المَرْمَى [体]守门员
ـ المَعَارِف 教育的维护者
حَامِيّ (في حوم) 哈姆族的，含族的
حَامِيَة جـ حَامِيَات: وَاقِيَة 女保护人，女卫士，
女守卫，女守护人
ـ: حَرَسُ الحِصْنِ وغيره 警备队，守备队
ضَرِيبَة حَامِيَة 保护税
مُحَامِي الدِفَاعِ [法]辩护人
مُحَامٍ: مُدَافِع 保护者，防御者，守卫者

ـ شَرْعِيّ 律师，辩护人
ـ: مستشارٌ حُقُوقِيّ 法律顾问
حِمْيَر 希木叶尔族(古代也门部族名)
حِمْيَرِيّ 希木叶尔族的；希木叶尔人
الـ ة 希木叶尔语
حَنَأَ ـَ حَنْأً المكانُ: اِخْضرَّ نَبَاتُه (地方)一片绿色
حَنَّأَه تَحْنِيئًا وتَحْنِئَةً / حَنَّى (م): خضبّه بالحِنَّاء
用指甲花染指甲
حِنَّاء ج حُنّآن واحدته حِنَّائَة: نبات يُتَّخَذ وَرَقُه
للخضاب [植]指甲花
أَبُو الـ 知更鸟
تَمْرُ الـ / زَهْرُ الـ [植]指甲花
حَنِبَ ـَ حَنَبًا وحَنَّبَ وتَحَنَّبَ الشَيْخُ: تقوَّس
واحْدَوْدَبَ (老人)驼背，弓背
حَنْبَرَ حَنْبَرَةً البَرْدُ: اشتدَّ 天气严寒
حَنْبَطَ (م): جَسَأَ / صَلُبَ 僵挺，僵硬
مُحَنْبَط: جَاسِئ 枯萎的
حَنْبَلِيّ ج حَنَابِلَة: مُدَقِّق في أمور الدِّينِ وغيره
(宗教上)拘泥细节的、呆板的、严谨的
ـ [伊]罕伯里教派的
حُنْبُوط ج حَنَابِيطُ 高茎菠菜花
حَانُوت ج حَوَانِيتُ: دُكَّان 商店，铺子
ـ: دكَّان الخَمَّار 酒店，酒馆、酒家
حَانُوتِيّ ج حَانُوتِيَّة: صاحبُ دُكَّان 店家，店主
ـ (م): سَيَّاء / مَتَعهِّدُ لَوَازِمِ الدَفْن 殡葬料理
人，经营殡仪馆的人
ـ (م): مُغَسِّل الأَمْوَاتِ 洗尸人，洗尸者
حَنِثَ ـَ حِنْثًا في يَمِينِه 违背誓言
حَنْجَرَة ج حَنَاجِرُ/حُنْجُور ج حَنَاجِيرُ 喉
حَنْجَلَ الحِصانُ (م): حَجَلَ 马腾跃，尥蹶子
حَنْجَل ج حَنَاجِلُ (م): سَلْطَعُون (س) 螃蟹
حَنْجَلَة 尥蹶子，马用后脚跳起

حِنْدِس ج حَنَادِسُ 黑夜
حَنْدَقُوق وحِنْدَقُوق وحَنْدَقُوقَى / حِنْدَقُوقَى بُسْتَانِيّ:
نبات عِطْرِيّ [植]香翘摇
ـ بَرِيّ [植]野翘摇
حَنْدَوِيل / حَنْدَوِيلَة ج حَنْدَوِيلات 玉米面小
面包
حَنَذَ ـِ حَنْذًا تَحْنَاذًا اللَحْمَ: شواه 烤肉
حُنْذَة: حَرارةٌ شديدة 酷热
حَنَاذِ: الشَمْس 太阳
حَنِيذ: لَحْمٌ مَشْوِيّ 烤肉
حَنِيرَة ج حَنِير وحَنَائِر: عَقْدُ الطاق المَبْنِيّ 拱形
圆顶
حَنَّسَ (م): كَايَدَ 逗惹，愚弄，戏弄
حَنَش ج أَحْنَاش وحُنْشَانُ: أَفْعَى 毒蛇，蝮蛇
أَبُو ـ: أَبُو حَنَّا [鸟]朱鹭
حَنَّطَ الجُثَّةَ: حَفِظَها من التعفُّن 制成香尸
(木乃伊)，尸体防腐
ـ الحَيَوَانَات أو الطُّيُور وغيرها 制标本
تَحْنِيطُ الحيوانات والطيور: تَصْبِير 剥制术
حِنْطَة: قَمْح 小麦
ـ سَوْدَاء 荞麦
ـ رُومِيَّة [植]二粒小麦
ـ لرَحَى الحَرْب 炮灰
حِنْطِيُّ اللَوْن 麦皮色的，褐色的
مُحَنِّط الحَيَوانات والطُيور 剥制标本师
حَنْطُور ج حَنَاطِير: عَرَبَة لِرَاكِبَيْن وسَائِق 一种
单马、四轮、敞篷、双座的轻快马车
حَنْظَل / حَمْظَل: نبات مُرّ [植]苦西瓜(葫
芦科植物，作猛泻剂)
حَنَفَ ـِ حَنَفًا: مَالَ 偏向，倾向
حَنَفِيّ [伊]哈奈斐派的
حَنَفِيَّة ج حَنَفِيَّات: صُنْبُور 水龙头

ـ حَرِيق 消火栓，消火塞

حَنِيف جـ حُنَفَاءُ: مُسْتَقِيم الرأْيِ 正统的，正确的

الدينُ الـُ: الإسْلامُ 正教（伊斯兰教）

أَحْنَفُ م حَنْفَاء جـ حُنْف: مُعْوَجُّ الأَرْجُلِ 腿弯的，罗圈腿的

حَنِقَ ـَ حَنَقًا منه وعليه 生气，发怒

ـ من الأمر: غضِب 愤怒

أَحْنَقَه: أَغْضَبَه / أغاظَه 激怒，触怒

ـ على 表现对…不可调和的憎恨

حَنَق: غَيْظ وغَضَب 怒，恼怒，愤怒，愤恨

حَنِق حَنِيق جـ حُنُق: مُغْتَاظ 发怒的，生气的，愤怒的，愤恨的，激怒的

حانِق على النِساءِ (مـ) 厌恶女人的

مُحْنَق 发怒的

ـ الصَدْرِ 凶狠的

حَنَكَ ـِ حَنْكًا وحَنَّكَ وأَحْنَكَ واحْتَنَكَ الدَهْرُ الرجلَ 使有经验，使长经验

حَنَك جـ أَحْنَاك: أَعْلَى باطِنِ الفَمِ 上颚，硬颚

ـ (مـ): فَم 口，嘴

ـ الغُرابِ: مِنْقارُه 乌鸦嘴

حَنَكِيّ [语]硬颚音，硬颚的

حُنْك / حُنْكَة: خِبْرَة 经验，阅历

حِنَاك جـ حُنُك: قَمَّاطَة القَصَّاص 枷

ـ 马笼头

مُحَنَّك: مُخْتَبِر 有经验的，老练的，有阅历的，饱经世故的

حَنْكَلِيس (أ): جِرِّيّ / ثُعْبَانُ الماء 鳗鲡

حَنَم الواحدة حَنَمَة 枭

حَنَّ ـِ حَنِينًا إلى: اِشْتَاقَ 渴求，希望，切盼，怀念

حَنَّ ـِ حَنَّةً وحَنَانًا عليه وتَحَنَّنَ عليه 同情，怜悯，怜恤

حَنَّنَ الشَجَرُ: أَزْهَرَ 开花

ـ القَلْبَ (مـ) 使同情，使动情，使动心

حَنَان / حَنَّة / حِنِّيَّة (مـ) 同情，怜悯，怜恤

حَنِين: شَوْق / صَبْو 渴望，希冀，希求，企望

ـ إلى الوَطَنِ 怀念家乡，乡思，思乡病，怀乡病

حُنَيْن 侯奈尼（男名）

رَجَعَ بِخُفَّيْ ـِ / عادَ بِخُفَّيْ حُنَيْنٍ （他带回了侯奈尼的一双鞋）得不偿失

أَبُو الحِنَّاءِ (انظر حنأ) 知更鸟

تَحْنَان: رَحْمَة 怜悯，慈悲

حَنُون / حَنَّان: شَفِيق 富于同情心的，善心的，软心肠的

ـ: شَجِيّ 动情的，感人的，哀感的

أُمُّ الـِ: (في التشريح) [解]软脑膜

حَنَا ـُ حَنْوًا وحَنَى يَحْنِي حِنَايَةً الشيءَ: عَطَفَه ولَوَاه 使弯曲

حَنَا يَحْنُو حُنُوًّا وأَحْنَى عليه: عكَف ومَالَ إليه 同情，怜惜，怜悯

حَنَى رأْسَه خَجَلاً 羞愧地低下头来

اِنْحَنَى: مَالَ 弯曲，倾斜，弯腰，卑躬

ـ اِحْتِرَامًا 鞠躬致敬

ـ خُضُوعًا 屈从，屈身，卑躬，屈服

حُنُوّ: عَطْف 怜悯，怜恤，同情

حَنْي / حَنْو: عَطْف 弯曲，屈身，倾斜，倾向

حَنِيَّة جـ حَنَايَا وحَنِيّ / حَنْيَة: قَوْس 弓形，弧形

ـ العمارة 拱门

حَنَايَا القَلْبِ 内心深处，心坎；心的底蕴

حَانَة: خَمَّارَة 酒馆，酒店

اِنْحِنَاء: تقوُّس 弯曲，屈曲，曲度

حَان 弯着身的

حَانِي الرأْسِ 垂着头的

مَحْنِيَة ومَحْنُوَة ومَحْنَاة جـ مَحَانٍ: منعطِف الوَادِي
河谷的弯处
مُنْحَنٍ: مُتقَوِّس 弯的，弯曲的，曲状的
ـ: مائِل 斜的，倾斜的
ـ جـ مُنْحنَيات: مَحْنِيّة 斜面，斜坡，曲线
حوّاء: اسمُ أُمِّ البَشَر 哈娲，夏娃
اِبْنَةُ ـَ (夏娃的女儿)女人，妇女
حاب يَحُوبُ حَوْبًا وحُوبًا وحَوْبَةً وحَابًا وحِيَابَةً
بكذا: أَثِمَ وأَذْنَبَ 犯罪，作孽
حَوْب / حُوب / حَوْبَة / حُوبَة / حاب / حَابَة:
إِثْم 罪过，罪孽
حَوْبَاء جـ حَوْبَاوَات 心，心灵
حُوبَة: قَرَابَة من الأمّ 母系亲属
ـ: حاجَة 需要
ـ: زَوْجَة 妻子
حُوت جـ حِيتَان وأَحْوَات وحِوَتَة: بال 鲸
ـ سُلَيْمَانَ 鲑鱼，萨门鱼
بُرْجُ الـ [天]南鱼座，双鱼宫
حَوِيت (مـ) 骗子手
اِسْتَحاثَ استحاثَةً الأَرْضَ: أَثَارَها وطَلَبَ ما فيها
发掘
ـ الشيءَ: اسْتَخْرَجَه 取出
عِلْمُ المُسْتَحَاثَات: علم استخراج ما في باطِنِ
الأَرضِ من المَطْمُورَات 古生物学
حاجَ ـُ حَوْجًا: اِفْتَقَرَ 贫乏，缺乏，匮乏
أَحْوَجَ إليه: اِفْتَقَرَ 需要
أَحْوَجَه: جَعَلَه مُحْتَاجًا 使贫乏，使需要
تَحَوَّجَ: طَلَبَ حاجَتَه 寻求需要物
خَرَجَ فلانٌ يتحَوَّجُ أيْ يَشْتَرِي ما يَحْتَاجُ إليه
出去买东西
اِحْتَاجَ إليه: اِفْتَقَرَ 需要
حَوْج / حَاجَة / اِحْتِيَاج: فَقْر 缺乏，贫乏

حَاجَة جـ حَاج وحِوَج وحَاجَات وحَوَائِج: ما
يُحْتَاج إليه 需要物，必需品
ـ / احْتِيَاج: اِقْتِضَاء 需要，必要
ـ: غَرَض 希望，欲望，愿望
ـ (مـ): شَيْء 物品，物件
فائِض عن الـ 多余的
قَضَى حَاجَتَهُ 满足希望，完成愿望
قَضَى الحَاجَة: تَغَوَّطَ 大便，大解，出恭
حَاجِيَّات: لَوَازِم 必需品
مُحْوِج 必需的，有需要
مُحْتَاج: مُعْوِز / فَقِير 需要者，贫乏者，贫困者
ـ إلى كذا: يُعْوِزُهُ كذا 缺乏…的，急需…的，需用…的
حَوْجَلَة / حَوْجَلَّة جـ حَوَاجِلُ وحَوَاجِيلُ 瓶
حادَ يَحُودُ حَوْدًا عنه: مال 避开，躲开
حَوَّدَ (مـ) 转
حَوِّدْ على يَمِينِك (مـ) 向右转
حود / حودة (في حيد)
حاذَ يَحُوذُ حَوْذًا وأَحْوَذَ الدَّابَّةَ: سَاقَها سَرِيعًا
快赶，加鞭
اِسْتَحْوَذَ على الشيء: استولى 据有，占有
ـ على فلان: غَلَبَه 战胜
حُوذِيّ جـ حُوذِيَّة: سائِقُ العَرَبَة / عَرَبَجِي (مـ)
赶车人，马车夫
ـ الرُكُوبِ 街头马车夫
ـ النَقْلِ 载货马车夫
حَوْذ: سَوْق / سِيَاقَة 赶，加鞭
حارَ يَحُور حَوْرًا وحُؤُورًا ومَحَارًا ومَحَارَةً: تَحَيَّر
(راجع حير) 为难，狼狈，困惑，惶惑
حَار بعدَ ما كَارَ 他先富裕后亏空
حَارَ يَحُورُ حَوْرًا القُمَاشَ: بَيَّضه 漂白
حَوِرَتْ ـَ حَوَرًا العينُ: اشتدَّ بَيَاضُها وسَوَادُها

(眼珠)黑白分明
حَوَّرَ القُرْصَ: أدارَهُ بالمِحْوَر 擀面
حَاوَرَه مُحَاوَرَة وحِوَارًا وحَوَارًا: جادَلَه 辩论,
争论,争辩,对话
ـ (م): حَاوَطَ ولاَعَبَ 托词,闪避,搪塞,
支吾
حَاوْرِينِي يَاكِيكَة (م): جَنَابِي 捉迷藏
أَحَارَ الجوابَ: رَدَّه 回答
تَحَاوَرَ القومُ: تَرَاجَعُوا الكلامَ وتَجَاوَبُوا 交谈
حَوَر جـ أَحْوَار / حُور (م): جِلْدُ الغَنَم المَدْبُوغ
熟羊皮
ـ / ـ (م) / حَوْر: شجر [植]白杨
حَوْرٌ رُومِيّ (س) 白白杨
حَوْرٌ فَارِسِيّ (س) 黑白杨
حَارَة جـ حَارَات وحَوَارَى: قِسْم من بلدة / حَيّ
区,区域
ـ: زُقَاق 巷,里弄,胡同
ـ (س): مَسْكَن / بَيْت 房屋,宅院,住宅
ـ البُخَارِ (م): مَمَرُّ نَفَسِ المُحَرِّك [机]汽
门,入汽口
حُوار جـ أَحْوِرَة وحِيرَان: ولد الناقة قبل أن يُفْصَل
عنها 骆驼仔
حُوَّارَى: طَبَاشير / حَكَك 粉笔
حَوَارِيّ جـ حَوَارِيُّون: ناصِر / رَسُول المَسِيح
[基督]使徒(基督十二门徒之一)
حُورِيَّة: امرأة خَيَالِيّة جَمِيلَة 仙女;[伊]天堂的
仙女
ـ الجَرَادِ: دَبَاة 蝗蝻
ـ المَاء 美人鱼
مَحَار: أَصْدَاف 贝壳类,牡蛎类
ـ / مَحَارَة جـ مَحَارَات: صَدَفَة 蠔壳
مُحَاوَرَة وحِوَار: مُحَادَثَة / أَخْذ ورَدّ 对话,问答

ـ وـ: مُجَادَلَة 争论,辩论,讨论
أَحْوَرُ م حَوْرَاءُ جـ حُور 眼睛黑白分明的
حَوَارَة (س) 凝灰岩
مِحْوَر جـ مَحَاوِرُ الخَبَّاز: شَوْبَك (م) 擀面杖
ـ: قُطْب 中枢,枢要
ـ: مَدَار 轴
ـ العَجَلَة: دُنْجُل (م) 车轴
ـ: مَرْكَز / وَسْط 中心,中央,中心人物
ـ أَمَامِيّ 前轴
ـ خَلْفِيّ 后轴
ـ السِينَاتِ [数]横坐标轴
صادِقُ الـ [植]单生枝
كاذِب الـ [植]假轴,假单条
مِحْوَرِيّ 关于轴的,轴杆的,轴心的
حَازَ يَحُوزُ حَوْزًا وحِيَازَةً واحْتَازَ الشيءَ: اِسْتَوْلَى
عليه 占有
ـ: نَالَ 取得,获得,得到
ـ: وَسِعَ 含有,包含,容纳
تَحَوَّزَ كالأَفْعَى: تَحَوَّى 像蛇一样的盘绕着
تَحَيَّزَ إلى 偏向,同意,赞成谁
اِنْحَازَ وتَحَيَّزَ إليه وله: مال إليه 偏袒,偏向
ـ وـ إليه: اِنْضَمّ 与他联合、结合、合并
اِسْتَحْوَزَ (م) 掌握
حَوْز / حِيَازَة: اِسْتِيلاَء 占有,掌握
ـ / ـ: نَيْل 得到,获得,取得
ـ (في الشَرِيعَة) [法]租借,租赁,租佃
ـ: هَوِيس الأَقْنِيَة والأَنْهُر (م) 水闸,闸门
ـ / حَوْزَة / حِيَازَة 所有
حَوْزَة: نَاحِيَة 方向
ـ المَمْلَكَة 领土
ـ: طَبِيعَة 大自然
ـ 葡萄

هذا في ـ جَميعِ الشَعْبِ 这是全民的财产
في ـ يَدِهِ 为某人占有
حِيازَة: امتلاك 占有，掌握
استِرْدَادُ الـ (في الفِقْه) [法]恢复所有权
حَيِّز وحَيْز: مَكان 空间，场所，余地
ـ من الدار: ما انضمَّ إليها من المَرافِق 房子的设备
في ـ الإمْكان 在可能范围内
حَاوُوز (س): حِبْس / خزَّان مِياه 水库
تَحَيُّز: تَعَصُّب 偏爱，偏私，偏袒，偏见
دَرَسَه بلا ـ 毫无成见地加以研究
اِنْحِياز 偏向，偏袒
عَدَمُ اِنْحِياز 不结盟，不偏袒
دُوَلُ عَدَمِ الانْحِياز / دُوَلٌ غير مُنْحازَة 不结盟国家
حائِز: مُسْتَوْلٍ 主有人，占有人，持有人
ـ على جائِزةِ نوبل 诺贝尔奖获得者
ـ على (شهادة) بَكَالُورِيُوس 学士，获得学士学位者
مُتَحَيِّز: مُغْرِض (م) 偏袒的，有偏见的
حاشَ يَحُوشُ حَوْشًا الفَرِيسةَ: أَحاط بها 围困(猎物)
ـ 收集，积聚
ـ (م): مَنَع 阻止，阻拦
حَوَّشَه: جَمَّعه 收集，搜集，积累，堆积
ـ (م): اِدَّخَرَ 储蓄
اِحْتَوَشَ 围困(野兽)
حَوْش جـ أَحْوَاش وحِيشَان: حَظِيرة 圈，栅
ـُ الدارِ 庭院
جُمْعَةُ الحاشِ / صلاةُ الحاش 受苦日(复活节前礼拜五)的祈祷
حَوَش (م): أَوْبَاش 暴民，乌合之众

حَوْشَة 渔具
حُوَاشَة / قَرابَةُ الحَواشِي 旁系亲属，支亲
حُوشِيّ: غَرِيب 奇怪的，生僻的，罕见的
ـ من اللفظ: وَحْشِيّ غريب 生僻的词句
تَحْوِيش (م): اِدِّخار 储蓄
حاصَ ـُ حَوْصًا وحِيَاصَةً الثوبَ: سَرَّجَه (م) / خاطَهُ خِياطَةً متباعدةً 粗缝，假缝
ـ حَوْلَهُ: حَامَ 环绕
حَاوَصَ: نظر بمؤخَّرِ عَيْنِه وهو يُخْفِي ذلك 瞟，送秋波
حَوْص / حياصة: خياطة متباعدة 粗缝，大针缝，假缝
حِيَاصَة: حِزَامُ الدابَّةِ (系马鞍的)肚带
أَحْوَصُ م حَوْصَاءُ جـ حُوص وأَحَاوِص 眯着眼睛的人，小眼睛的人
حَوْصَلٌ: بَجَع 鹈鹕，塘鹅
ـ / حَوْصَلَةُ الطائِرِ 膆囊
حَوْصَلَة: مَثَانَة [解]膀胱
حُوَيْصِلَة (في التشريح) [解]泡，胞
ـ صَفْرَاوِيَّة 胆囊
حَاضَ ـُ حَوْضًا وحَوَّضَ واحْتَوَضَ: اتّخذ حَوْضًا 造水池
ـ الماءَ: جَمَعه 聚水
حَوَّضَ الأرضَ: قسَّمها أَحْوَاضًا 分成畦
حَوْض جـ أَحْوَاض وحِيَاض وحِيضَان: مكان اجتماع الماء عُمومًا 池子
ـ: صِهْرِيج 水池，池塘，蓄水池
ـ 畦
ـ 桶，水箱
ـُ التَشْطِيفِ (الاغْتِسَالِ) 有水龙头的洗脸盆
ـ لِشُرْبِ الدَوَابِّ 饮牲口的水槽
ـ السُفُنِ 船坞

ـ النَهْرِ 流域
ـٌ عائِم 活动船坞
ـ لحمل طين البناء (مـ): نَقير (سـ) 搬运灰泥砖瓦的斗或用具
ـُ زَرْع (في حَدِيقة) 花池，花坛
ـ (في التشريح) [解]骨盆
حَوْضِيّ (في التشريح) [解]骨盆的
حَاطه ـُ حَوْطًا وحِيطةً وحِيَاطَةً وتَحَوَّطَ الشيءَ: حَفِظَه وتعهَّده 照管，看守
ـ وأَحَاطَ به: أَحْدَقَ 包围，围绕，环绕
حوَّطَه: سَوَّره 围起，栅起
حَاوَطَه: حَاوَرَه (مـ) / دَاوَرَه 躲开，闪避；托词闪避，与他周旋
أَحَاطَ به عِلْمًا 洞悉，彻底了解，精通
ـ 笼罩，普及
ـ ه عِلْمًا 通知，报告
ـ بالمَوْضُوع 解决一个问题
ـ باللُغَة 掌握语言，了解语言
اِحْتَاطَ اِحْتِيَاطًا: أَخَذَ في أُمُورِه بالأَحْزَمِ 预防，防备，警惕，警戒，采取预防措施
ـ لنَفْسِهِ: أخذ بالثِقَةِ 谨慎，慎重
ـ على الشَيْءِ: حافَظَ 看守，照管
ـ به: حَاقَ 包围，围绕，环绕
حِيطَة 防备，提防
أَخَذَ ـ ه 采取防备措施
تَحْوِيطَة 墙壁，障壁
اِحْتِيَاط جـ اِحْتِيَاطَات: تَحَفُّظ 注意，慎重
ـ: حَذَر 防备，警戒，小心
على سَبِيلِ الـ 为小心起见，为了慎重
اِحْتِيَاطَاتُ البَنْكِ 银行的准备金
اِحْتِيَاطِيّ 储备(的)，预备(的)，后备(的)，准备(的)，储量

ـ الحُبُوب 粮食储备
ـ الذَهَب 黄金储备
ـ العُمَلات الصعبة 外汇储备
الحَبْسُ الـ (审判前的)先行拘禁
قُوَّات ـ ة / وَحْدات ـ ة 后备部队，后备军
عُضْوٌ حِزْبِيّ ـ 预备党员
فَتْرَة ـ ة 预备期
حائط جـ حِيطَان وحِيَاط: جِدَار 墙，墙壁
مِصْبَاحُ ـ 墙灯，壁灯
جَرِيدَةُ الـ 墙报，壁报
الـ المَبْكِيّ (犹太教的)哭墙(在耶路撒冷)
للحِيطَان آذانٌ 隔墙有耳
حَوِيط (مـ): دَهِيّ 策略多的，多计谋的
حَوَاطَة (مـ) 诡计，圆滑，狡猾
حَوَّاط 乡村中的收税员
مُحِيطُ جـ مُحِيطَاتُ الدائِرَةِ: حَدُّها 圆周
ـ: بِيئَة 环境
ـ الجِسْمِ: سَطْحُه 周围，外面
الـ / البَحْرُ الـ: أُوقِيَانُوس (أ) 大洋
يَشْرَبُ الـ (مـ) 豪饮，牛饮，痛饮
مُحِيطِيّ 圆周的，大洋的
مُتَحَوِّط: حَذِر 谨慎的，慎重的
حَافَ يَحُوف حَوْفًا وحَوَّفَ الشيءَ: جعله على الحافَة 使濒于，置于边缘
حَافَة جـ حَافَات وحِيف: حَرْف 边际，边缘
ـ الوِعَاء 边缘
ـ الشيءِ المستديرِ: حِتَار / كَفَاف 轮圈，轮缘，圆框
ـ: حَرْف / شَفا 崖，峭岸
حاق به (في حيق)
حُوق 圈儿，框子
حَوْق / حَوْقَة 群众

حُوَاقَة 垃圾

مِحْوَقَة / مِحْيَقَة جـ مَحَاوِق 扫帚

حَوْقَلَ حَوْقَلَةً وحِيقَالاً: قالَ لاحَوْلَ ولا قُوَّةَ إلاَّ بِاللهِ 说："别无办法，只靠真主"

حَاكَ ـُ حَوْكًا وحِيَاكًا وحِيَاكَةً وحَيَّكَ الثوبَ (مـ): نسجه 织布

ـ المُؤَامَرَةَ على ... 进行阴谋

حَوْك / حِيَاكَةُ الجَوَارِب وغيرها: نَسْج 编织，针织

إبْرَةُ الحِيَاكَةِ 织针

حائِك جـ حَاكَة وحَوَكَة م حَائِكَة وحَائِك جـ حَائِكَات وحَوَائِكُ: نسَّاج 织布工人，编织工人

الطائِر الـ: تَنَوُّط 织巢鸟

حَالَ ـُ حَوْلاً وحُؤُولاً: تحوَّل من حالٍ إلى حالٍ 转变，改变

ـ حَيْلُولَةً بينهما: حَجَزَ 隔离，隔开

ـ دُونَ ... أو ـ بَيْنَ ... و... أو ـ بَيْنَ 阻碍，妨碍

ـ بَيْنَ 把…分开，干涉，干预，过问

ـ: مَضَى / مَرَّ (时间)过去，经过

ـ: تَحَوَّل / تَغَيَّرَ 变化，变换，变更

ـ إلى 变成，变为

ـ عن أَصْلِه 变得认不出来

ـ تْ عنه السَّعَادَةُ (幸福离开他)他不走运

حَوِلَ ـَ حَوَلاً: كان بِعَيْنِه حَوَل 成为斜眼

حَوَّلَه: نقلَه من مَوْضع إلى آخر 迁移，移动，转移

ـ 加工制造

ـ ه: وجّهه وأداره 转动，指导，转向

ـ ه: غَيَّره من حالٍ إلى حالٍ 改造，改变

ـ ه عن كذا: صرَفَه 使转向，使转折

ـ خطَّ السَّيْرِ 转辙，转轨，转线

ـ الصَكَّ: ظهَّره 在支票背面签名

ـ نُقودًا: أَرْسَلَها 汇款，汇钱

ـ بِنَظَره إلى ... 环视

ـ طَرْفَه عن ... 把目光撇开

ـ ه: نقله من موضع إلى آخر 转移

ـ الشيءَ: جعله مُحالاً 使他变成不可能

ـ ه عن 劝阻，劝止

حَاوَلَ مُحَاوَلَةً أمرًا: عالَجه / جرَّبه 试图，企图

ـ: رَاوَغَ / طلب نَيْلَ الشيءِ منه بحِيلَة 计取，以诡计取得

أَحَالَ الأمرَ أو المَسْأَلَةَ على 转交，移交

ـ ه على المَعَاش 使退职并发给养老金

ـ الدَيْنَ على 转账，过户

ـ ه إلى 把…变为…

ـ ه إلى الاِسْتِيدَاع 转为后备役

ـ ه على المَحْكَمَة 送交法院，转交法院

تَحَوَّلَ: تغيَّر 变化，改变

ـ الحالُ 情况改变了

ـ من كذا إلى كذا 变成

ـ عن مكان إلى مكان آخر 离开…到…

اِحْتَال / تَحَايَلَ: أتى بالحِيلَة 用计谋

ـ عليه: خدَعه 欺骗，迷惑

اِحْوَلَّتْ عينُه: حَوِلَت 变成斜眼

اِسْتَحَالَ: تغيَّر 转变，变化

ـ الأمرُ: صار مُحَالاً 成为不可能

حَوْل جـ أَحْوَال وحُؤُول: قُدْرَة 能力，威力

ـ: سَنَة 年

ـ 变化，变动

في ـ نا أَنْ ... 我们能够…，我们有力量…

ـَ / مِنْ حَوْلِ 在附近，在周围

ـَ: نَحْو 大约，大概，左右

ـ 关于

لا ـ ولا قُوَّةَ الاَّ باللهِ （无能为力，只靠真主）别无办法，只凭真主

حَوْلِيّ جـ حَوَالِيّ: ابن سَنَة 一周岁的

ـ: حَمَل / قُوزِيّ (مـ) 羊羔，小绵羊

ـ 年度的，年生的；季度的，季生的（植物）

حَوْلِيَّة جـ حَوْلِيَّات 年报，年鉴，年刊，编年史，年代史

حَوَلُ العَيْنِ 斜视

حُؤُول / تَحَوُّل: تغيُّر 变化，变质

ـ: فَسَاد 退化，衰退，堕落，蜕化

حَيْلُولَة: تَفْرِيقُ الزَّوْجَيْنِ [法]（判决）夫妇分居

حَيْل: قُوَّة 武力，强力

ـ الدُمَّل (مـ) / دَبْل [医]横痃

شِدَّ ـ َك (مـ)! 坚持吧！鼓起勇气吧！加油！

حِيَلِيّ: مُحْتَال 狡猾的，奸诈的，诡诈的，阴险的

حِيَلِيَّات / عِلْم الحِيَلِ (المِيكَانِيكَا أو الدِينامِيكا) 机械学，力学

حِيلَة / حَوْلَة جـ حِيَل وحِوَل: تَدْبِير 计谋，巧计，手段，计策

ـ: خُدْعَة 诡计，狡猾

ـ: تَحَايُل 欺诈

ـ: رُوَيْغَة 骗术，奸计，诡计，欺诈

ـ حَرْبِيَّة 战术

ـ قَانُونِيَّة: إفْتَاء （颠倒是非的）诡辩术，决疑法

ما بِاليَدِ ـ 毫无办法，束手无策，一筹莫展

حَيْل جـ أَحْيَال وحُيُول: ماء مستنقع في بطن وادٍ 积水

ـ: قوّة (لغة في حول) 能力

الأَحْيَلُ والأَحْوَلُ: الأكثرُ حِيلةً 最有办法的

حَال جـ أَحْوَال وأَحْوِلَة / حَالَة جـ حَالاَت: كِينَة / صِفَة وكَيْفِيَّة 情况，状况，状态

ـ [语]状语

ـ: دَرَّاجَةُ الأَطْفَالِ 婴儿学步的四轮椅

ـ: قِمْطَرُ المُسافِرِ 旅行背包

لا ... بِـ ـ مِن الأَحْوَالِ 无论如何也不…

عَلَى كُلِّ ـ 无论如何，总之

كَيْفَ ـ ُكَ؟ 你的情况如何？你好吗？

ويَرْتَدُّ به الـ ُ إلى ما يُشْبِهُ الطُفُولَةَ 他返老还童

لِسانُ الـ للحزبِ 党的机关报

بِـ ـ هِ الرَاهِنَةِ 依他的现状

ـ ة الحَرْب 战时，战争情况

أَقْوَامٌ عَلَى الـ ة الأُولَى 未开化的民族

في ـ ةِ مَرَضِه 在他生病的时候

والـ ةُ هذِهِ 情况如此，情况是这样

في ـ ةِ كذا 在…情况下

في ـ ة عدَم الاِتِّفَاقِ 在不同意的情况下

في أَحْوَالٍ مُتَعَدِّدَةٍ 在许多情况下

في أَحْسَنِ الأَحْوَال 在最好的情况下

الأَحْوَالُ الطارِئَة 紧急的情况

الأَحْوالُ الجَوِّيَّة 气候情形

دَفْتَرُ الأَحْوَالِ (مـ) (في مَرْكَزِ البُولِيس) （警察的）事故纪录

قَانُونُ الأَحْوَالِ الشَخْصِيَّةِ 关于公民权的条例

حَالاً: في حَالٍ 现在，现今，目前

ـ: تَوًّا 立即，立刻，马上

ـ: سَرِيعًا 很快

حَالَمَا: عِنْدَمَا 当…时

حَالِيّ: حَاضِر / راهِن 现在的，目前的，当前的，目下的，眼下的

الشَهْرُ الحالِيّ أو السَنَةُ الحَالِيَّة 本月或本年

حَالِيَّات 当前的问题
حَالاَتِيّ (مـ): إِمَّعَة / مَعْمَعِيّ 顺应潮流者，趋炎附势者
ـ (مـ): مُتَقَلِّب 易变的，不固定的，易动的，无恒的
حِوَال / حَائِل جـ حَوَائِلُ وحُول وحِيَال وحُوَّل: مانع 障碍，阻碍，妨碍
حَوَالَة جـ حَوَالاَت / تَحْوِيل: أَمْر 汇单，汇款通知书
ـ / ـ مَالِيّ: صَكّ 支票，汇票
ـ مَالِيَّة (بالبَرِيد) 邮政汇票
حَوَالَيْ: حَوْلَ / نَحْوَ 大约，接近，左右
حِيَالَ: إزاءَ / أَمَامَ 对面，面对
ـ: تِلْقَاءَ 对于
حُيُولُ أُنْثَى البَهَائِم 母畜发情
تَحْوِيل جـ تَحَاوِيل وتَحْوِيلاَت: نَقْل 转移，让渡，交付，转交
ـ: سَفْتَجَة 汇票
ـ: صَكّ /شِيك (أ) 支票，票据
ـ حِسَابِيّ 转账
ـ النُّقُودِ: إِرْسَالها 汇款，汇兑
ـ الصُّكُوكِ: تَظْهِيرُها 票据背签，票据背书(在票据背面签字)
ـ: إبدَال / تَغْيِيرُ الحَالَةِ 改造，改变，加工
جَدْوَلُ ـ النُّقُودِ والأَوْزَانِ الخ （钱币、度量衡）换算表
قَابِلُ الـ (كالصكوك) 可转移的（票据）
تَحْوِيلَةُ سِكَّةِ الحَدِيد جـ تَحْوِيلاَت (مـ) [铁]（等候交车等用的）岔轨，侧线，岔道；把（车）开到岔轨上，调车
ـ (في الرَيِّ) (مـ) 转向，变更
دَفْتَرُ الـ 支票本

تَحْوِيلِيّ 加工的
الصِنَاعَات الـ ة 加工工业
إِحَالَة 转移，转交，传达
تَحَوُّل: تغيُّر 变更，变化，更改，变形，变换
نُقْطَة الـ 转折点，转捩点
مُحَاوَلَة جـ مُحَاوَلاَت 试图，企图
اِحْتِيَال / تَحَايُل: استعمال الحيلة 用计谋，施诡计
ـ / ـ: خداع 欺骗，欺诈
اِحْتِيَالِيّ / تَحَايُلِيّ: خِداعِيّ 欺诈的，巧于欺诈的，欺骗的
اِسْتِحَالَة: تغيُّر 变换，变化
ـ: عَدَمُ إِمْكان / عَدَمُ احْتِمَال 不可能
حائِل اللون 变色的
ـ: حِظَار / دِرْوَة (مـ) 屏风，屏障，围屏
أَحْوَلُ العَيْنِ م حَوْلاء جـ حُول 斜眼的，斜视的人
مَحَالَة جـ مَحَال ومَحَاوِل: مِدْحَاة 滚子，碾子，辊滚，碌碡
مَحَالَة: حِذْق وقُدْرَة على التَصَرُّف 才能
لا ـَ منه: لا بُدَّ 必须的，不可避免的
لا ـَ منه: لا رَيْبَ فيه 一定的，无疑的
مُحِيل 票据发出人，开支票者
مُحَال: غَيْرُ مُمْكِنٍ 不可能的
ـ: لا يُدْرَك 达不到的，办不到的
طَلَبُ الـ 无益的追求，缘木求鱼
مُحَوِّلُ (مـ) / مُحِيلُ الصَكّ: مُظْهِر 签票据者
ـ (مـ) / ـ: ساحِبُ الحَوالَةِ المَالِيَّةِ 发汇票者
ـ 转告者，转交者
ـ 转辙员，扳道工；调车助手
ـُ التَيَّار 变压器
مُحَوِّلَة: مِفْتَاحُ تَحْوِيلِ خَطِّ السَيْرِ [铁]转辙器

مُحَوَّل عليه (مـ) / مُحَال عليه: مَسْحُوب عليه 汇票(支票)支付人，付款人

ـ له (مـ) / مُحَال: المظهَّر لاِسْمِه 被背书人(承受背书票据的人)

ـ 变性的(酒精)

مُحْتَال: حِيَلِيّ 奸诈的，诡诈的

ـ: خَدَّاع / نَصَّاب 骗子

مُسْتَحِيل: غيرُ مُمْكِنٍ 不可能的

ـ: باطِل 荒唐的，荒谬的

مِحْوَلْجِي جـ مِحْوَلْجِيَّة (مـ): مُحَوِّل [铁]扳道工，转辙员

حَامَ يَحُوم حَوْمًا وحَوَمَانًا على الشيء وحَوْلَه: دارَ به 环绕

ـ الطائِرُ: حلَّقَ في الجَوّ 翱翔，盘旋

ـ (谣言等)流传；(货币)流通

حَوَّمَ في الأمر: دوَّم واسْتَدَارَ 彻底实行(调查、研究)

حَوْم / حَوَمَان 翱翔，盘旋

حَوْمَةُ الوَغَى: مَوْضِعُ القِتَالِ 战场，战地

ـُ القِتَالِ وغيره: شِدَّتُه 激战

ـ أيِّ شيء أو أمر: مُعْظَمُه 主要部分

ـُ البَحْرِ: مُعْظَمُه 海面

حَوَى يَحْوِي حَوَايَةً وحَيًّا الشيءَ: جَمَعه 积聚，收集

ـ واحْتَوَى الشيءَ: تَضَمَّنَ واشْتَمَلَ عليه 包括，容纳，包容

ـ وـ الشيءَ وعليه: أَحْرَزَه 掌握，占有

تَحَوَّى: انقبض واستَدَار 盘绕，盘卷

حَوَايَة جـ حَوَايَات (مـ) 垫枕(垫在头上顶重物用)

حُوَّة 深绿色

حَوِيَّة جـ حَوَايَا 驼鞍垫

ـ 弯管

ـُ حِبَالٍ: لَفَّة 一盘绳子

ـ الرَّأْسِ / حَوَايَة (مـ) (垫在头上顶重物用的)垫枕

حَاوٍ جـ حُوَاة / مُحْتَوٍ: شامِل 包含的，包括的，包容的，容纳的

ـ / حَاوِي الحَيَّاتِ 耍蛇人，弄蛇者

ـ إفْرَنْكِيّ (مـ) / جوَّاء: مُشَعْوِذ 变戏法的，魔术家，幻术家

جِرابُ الحَاوِي 魔术袋，戏法袋

حَاوِيَة جـ حَاوِيَات 集装箱

أَحْوَى م حَوَّاء 深绿色的

مُحْتَوَيَات: مُشْتَمَلات 内容

حويصلة (في حوصل) / **حصاية** (في حوص)

حيّ / **حيًا** / **حياء** / **حياة** (في حيي)

حَيْثُ: ظرف مكان مبني على الضّم 在那里

بِـ ـُ 因此，由此

ـ إنّ / مِنْ ـ إنّ 由于

مِنْ ـُ المَبْدأ 原则上

مِنْ ـُ الأساسُ 基本上

مِنْ ـُ الإدارة 行政上；在管理方面

مِنْ ـُ لا يَعْلَمُ 不知不觉地

من ـُ هو (هي) 就他(她)本人来说

حَيْثُ كَانَ (مـ): كَيْفَمَا كانَ 无论如何

حَيْثُمَا: أينما 无论何处

حَيْثِيَّة: اِعْتِبَار 关系，威信，威望，名声

ـ: مَنْزِلَة اِجْتِمَاعِيَّة 社会地位

أَهْلُ الـ / أَرْبابُ الـ 地位高的人

مِنْ هذه الـ 在这方面

حَيْثِيَّاتُ الحُكْمِ 判决的前文

حَادَ ـِ حَيْدًا وحَيَدَانًا وحَيْدَةً ومَحِيدًا وحُيُودًا وحَيْدُودَةً عن كذا: مَالَ 违背，背离，离开

ـ القِطَارُ من الخَطِّ 火车出轨

ـ عنه بِبَصَره 把视线转到别的方面去
حَوَّدَ (م): مَالَ / انعطف 弯曲，倾斜
حَيَّدَ الشيءَ: جعله على حَيْدَةٍ 撇开，撂在一边
حَايَدَه: جَانَبَه 躲开，避开，守中立
ـ 保持客观态度，公正，中立
تَحايَدَ 站在一边；守中立
حَيْد / حَيَدَان / حَيْدَة / مَحِيد 离正道，偏差
لَزِمَ الحَيْدَةَ / لزم الحِيَادَ 保持中立
على حَيْدَةٍ: على جَنْبٍ 在旁
حَيْد جـ حُيُود وحِيَد وأَحْيَاد: ما نتأ من الشيء
凸起，隆起
حَوْدَة (م): عَطْفَة 弯曲，倾斜
مَحِيد: اجتناب 逃避，避开
لا ـَ عنه 不可避免的
حِيَاد / مُحَايَدَة 中立
لَزِمَ الـ / التزم جانِبَ الـ 他们坚守中立
مِنْطَقَةُ الـ 中立地带(地区)
شُقَّةُ الـ (بين بَلَدَيْن) 两国间的中立地带
عَلَى الـ: مُحايد 中立的，中间的
هُمْ عَلَى الـ 他们守中立
حِيادِيّ 中立的；客观的，公平的
حائِد / مُحايِد 中立的，守中立的
دُوَل مُحايِدَة 中立国
حَيْدَر: أَسَد 狮子
حَارَ ـَ حَيْرًا وحَيْرَةً وحَيَرَانًا وحَيَرًا واحْتَارَ وتَحَيَّرَ
الماءُ: تردَّد الماءُ كَأَنَّه لا يَدْرِي كَيْفَ يَجْرِي
فتجمَّع 水流不畅，最后积在一起
ـ: ضَلَّ الطريقَ ولم يهتدِ لسبيلِه 为难，狼狈
ـ في أمره: جَهِلَ وَجْهَ الصوابِ 不知如
何是好，张皇失措
ـ بَصَرُه: نَظَرَ إلى الشيء فلَمْ يَقْوَ على النَظَرِ إليه
وارتَدَّ عنه 眼花缭乱

حَيَّرَه: أَوْقَعَه في الحَيْرة 困扰，使困惑，使惶惑，
使失措
ـ ه: رَبَكَه 使为难，使狼狈，使进退维谷
ـ بالأَسْئِلَة (提出难题)难住，盘问，诘问
الحِيرَة 希拉城(伊拉克一古城名)
حَيْرَة / تَحَيُّر: ارتبَاك 为难，狼狈，困惑
ـ: شَكّ أو عَدَمُ وثُوقٍ 半信半疑
في ـ / مُتَحَيِّر / حائِر 为难的，狼狈的
حائِر جـ حُورَان وحِيرَان 水槽
حَيْرَانُ م حَيْرَى جـ حَيَارَى وحُيَارَى 狼狈不堪的
مُحَيِّر: مُرْبِك 使人为难的
الكَوَاكِبِ المُتَحَيِّرَة: الكَوَاكِب السَّيَّارة 行星
حَازَ ـِ حَيْزًا الإبِلَ: ساقَها 赶骆驼
تَحَيَّزَ / **تَحَوَّزَ** / **حَيِّز** (راجع حوز)
حَيْزَبُون (في حزب) / **حَيْزُوم** (في حزم)
حَاصَ ـِ حَيْصًا وحَيْصَةً وحُيُوصًا ومَحِيصًا
وحَيَصَانًا عن كذا وانْحَاصَ وتَحَايَصَ عن كذا:
عدل وحاد (راجع حوص) 躲开，逃避
وَقَعَ في حَيْصَ بَيْصَ أو في حِيصَ بِيصَ 陷于混乱
حِيَاصَة 肚带
مَحِيص: مَهْرَب / مَحِيد 逃避地，避难所
أمرٌ لا ـَ عَنْهُ 不可避免的事情
لا ـَ لَكَ عَنِ الوُقُوعِ في … 你难免遭到…
حَاضَتْ ـِ حَيْضًا ومَحِيضًا ومَحَاضًا وتَحَيَّضَتْ
المَرْأَةُ 行经
حَيْض / حِيَاض: طَمْث 月经
ـ: نُزُولُ دَمِ الحَيْضِ 行经
حَيْضِيّ 月经的
حائِض / حائِضَة جـ حُيَّض وحَوَائِض 行经的，
来月经的
حَيْط / **حَيْطَة** (في حوط)
حَافَ ـِ حَيْفًا عليه: جَارَ وظَلَم 虐待，欺侮

تَحَيَّفَ الشيءَ: تَنَقَّصَه وأخَذ من جَوانِبِه 蚕食

حَيْف: جَوْر وظُلْم 不义，残暴，暴虐，不公正，不公道

ـ علَيْه (مـ) 真可惜！实在可怜！真寒碜！

حائِف 不义的，不公正的

ـ الجبَل 山脚

حَاقَ ـِ حَيْقًا وحُيُوقًا وحَيَقَانًا وحَوَّقَ فيه (مـ): أَثَّر 影响，起作用

ـ وأَحَاقَ به: أَحَاط 围起，包围，环绕

ـ بِهِمْ العَذابُ 陷于痛苦，深受折磨，陷于困境

حَيَّقَ الطعامَ (مـ): أَمْلَحَه وتبَّله 调味

حَيْق: عَاقِبَة 结局，后果

حيك (في حوك) / **حيل** / **حيلة** (في حول)

حَانَ ـِ حَيْنًا وحَيْنُونَةَ الوقتُ: قرُب (时间)临近，逼近

ـ الوقتُ: حَلَّ 时间到了，正是时候

ـ تْ الفُرْصَةُ 时机来到，机会来了

ـ تْ منه التفاتةٌ إليها 他无意中看见了她，他无意中发觉了她

تَحَيَّنَ واستَحَانَ واسْتَحْيَنَ الفُرْصَةَ 乘机，待机

حَيْن: هلاك 灭亡，死亡

حَان / حَانَة جـ حَانَات 酒馆

حِين جـ أَحْيَان جج أحايِينُ: وَقْت / زمَن 时，时候，时间

إلى ـِ: لمُدَّةٍ قَصِيرةٍ 暂时，到一定期限

في ـِ ه 及时的，适时的，合时的

حِينًا بَعْدَ ـِ / بَيْنَ ـِ و ـِ 时有，时常

بَيْنَ ـِ وآخَرَ 不时，时时，时常

بَعْدَ ـِ 过一些时候

ولَوْ إلى ـِ 暂时，临时

على ـِ أَنَّ ... أو في ـِ أَنَّ ... 可是，虽然…可是

حِينًا 一时

في بعض الأحيان 有时候

أَحْيَانًا / مِنْ ـِ لـ ـِ / مِنْ ـِ إلى ـِ 常常，时常，往往

ـًا / بعض الأَحْيَانِ 有时

لِـ ـ 有时候

حِينَمَا: إذْمَا 当…时

ـ: بَيْنَمَا 正当…之际

حِينَ ذَاكَ 当时

حِينَئِذٍ: إذْ ذَاكَ 那时，其时，当时

حَيَّانِيٌّ 生的(椰枣)

تَحَيُّنُ الفُرَصِ 乘机，待机，寻机

مِتْحَيِّن (مـ): مُتَيَسِّر 富足的，小康的，富饶的

حية / **حيوان** / **حيوي** (في حيي) **حيول** (في حول)

حَيِيَ ـَ حَيَاةً: عاشَ / ضدّ ماتَ 生活，生存

يَحْيَى ... (某人)万岁

حَيِيَ ـَ حَيَاءً منه: اِسْتَحَى 抱愧，羞愧

حَيَّاهُ تَحِيَّةً: سلَّم عليه وقال له حَيَّاكَ اللهُ 行礼，致敬，祝贺，问候

ـ الخَمْسِينَ مِنْ عُمْرِهِ: دَنَا منها 年近五十

ـ كَ اللهُ وبَيَّاكَ 真主赐你永生

حَايَا الصَبِيَّ: غذَاه 抚育

أَحْيَاه: أَعْطَاه الحَيَاةَ 使复活，苏生，给以生命，救活，起死回生

ـ ه: أَنْعَشَه 使复兴，使振兴

ـ الليلَ: سَهِرَه 熬夜

ـ حَفْلَةً 开会，举行晚会

ـ الذِكْرَ / ـ الذِكْرَى 纪念，庆祝

ـ ذِكْرَى مُرُور مِائَة عَامٍ عَلَى وَفَاتِهِ 举行他逝世一百周年纪念会

اِسْتَحْيَا منه: خَجِلَ 羞愧，害臊，惭愧

ـ واستحى: احتشم 客气，害羞，腼腆，羞怯

حَيّ ج أَحْيَاء م حَيَّة: ضدّ مَيْت 活着的

ـ: ذُو حياةٍ / ضِدّ جامِد 活动的，活泼的，有生气的

ـُ الضَمِيرِ 有良心的

ـ باقٍ 不死的，不灭的，永生的

هُوَ مَوْسُوعةٌ ـ ة 他是一部活的百科全书

ـُ العَالَم / ـُ العَلَم (مـ) (نبات) [植]石莲花

الأَحْيَاءُ والأَمْوَاتُ 活的和死的，活泼的和消沉的

حَيَّ على الصَلاةِ: هَلُمَّ! 快来祈祷！

حَيَاء: خَجَل 羞惭，害臊，惭愧

حَيَاة ج حَيَوَات: ضد مَوْت 生命，生活，生存

ـ: ضد جُمُود 活力，活气，生气

هُوَ على قَيْدِ الـ 他还活着

مُسْتَوَى الـ 生活水平

الـُ الاجْتِمَاعِيَّة 社会生活

الـ الخَاصَّة 私人生活

تَرْجَمَة (أو سِيرَة) ـ إنسان / تَارِيخ الـ 传，传记，实录，生活史

عِلْمُ الـ أو الأَحْيَاء / بَيُولُوجِيَا 生物学

عِلْمُ الـ الاجْتِمَاعِيَّةِ 社会生物学

عِلْمُ الأَحْيَاء المَائِيَّةِ 海洋生物学

أَحْيَائِيّ: يختصّ بعِلْم الأَحْيَاءِ 生物学的；生物学家

حَيَاتِيّ (عـ) 生活的

الظُرُوفُ الـ ة 生活条件

حَيَّة ج حَيَّات وحَيَوات: أَفْعَى 蛇

ـُ البَحْرِ 水蛇，海蛇

ـُ الصَخْرِ: أَصَلَة 蟒蛇，岩蚺

حَيَوَان ج حَيَوَانَات: كُلُّ ما فِيهِ حَيَاة 动物

ـ: بَهِيم 家畜

عِلْمُ الـ: زُولُوجِيَا (أ) zoology 动物学

حَدِيقَةُ الـ 动物园

حَيَوَانِيّ: مختصّ بالحَيَوان 动物的；野蛮的

ـ: مُتَعَلِّق بعِلْمِ الحَيَوَانِ 动物学的

حَيَوَانِيَّة 动物性，兽性

حُوَيِّن ج حُوَيِّنَات 微生物

ـ المَلارِيَا 疟原虫

حُوَيَّة 小蛇

حُيَيْوِين 微生物

حَيَوِيّ: لازم للحياة 生命必需的

المَدَى الـ 生活的范围

حَيَوِيَّة / القُوَّةُ الحَيَوِيَّة 生机，活力，生命力

الأَعْضَاءُ الـ 命门，要害

حَيِيّ: خَجُول 害羞的，羞怯的，腼腆的

حُيَيّ: مِكْرُوب (أ) 细菌，微生物，微生虫

تَحِيَّة ج تَحِيَّات: سَلَام 祝贺，敬礼，致意，问候

ـ عَسْكَرِيَّة 军礼

تَحِيَّات 贺词，祝贺，问候

مُحَيًّا: وَجْه 容貌，面貌

مُسْتَحٍ: خَجْلانُ 害羞的，惭愧的

المُسْتَحِيَة [植]含羞草

الخاء

خ (الخاء) 阿拉伯字母表第 7 个字母；代表数字 600

خاب (في خيب) / **خابية** (في خبأ)

خاتون (في ختن) / **خار** (في خور)

خازوق (في خزق) / **خصّ** (في خصص)

خاصّية (في خصص) / **خاض** (في خوض)

خاط (في خيط) / **خاف** (في خوف)

خاقان جـ خواقين (土) : مَلِك 可汗，汗(君主之称)

خال (بمعنى أخو الأمّ) (في خول)

خال (بمعنى شامة) (في خيل)

خال (بمعنى ظنّ) (في خيل) / **خالٍ** (في خلو)

خام (في خيم) / **خامّ** (في خمم)

خان / **خانة** (في خون) / **خاوٍ** (في خوي)

خبّ (في خبب) / **خِباء** (في خبو)

خَبَأَ ـَ خَبْأً وخَبَّأَ الشيءَ: سَتَرَه وأخفاه 隐藏，隐匿，隐蔽

اِخْتَبَأَ وتَخَبَّأَ منه: استتر 躲起来，隐匿

خَبْء / خَبِيء / خَبِيئَة جـ خَبَايَا: ما خُبِئَ 所隐藏的，被隐藏的

عَرَف خَبِيئَةَ أمْرِه 知道他的秘密

خَبَايَا الأرضِ 地下资源，矿藏

خَبَايَا النَفْسِ 心中的秘密

خابِئَة / خابِيَة جـ خَوابٍ وخَوابِئُ: وِعاء كبير 瓦瓮，大罐子

مَخْبَأ جـ مَخَابِئُ: موضعُ الاِخْتِباء أو التَخْبِئَة 避难所，隐避处，掩护物

ـ: مكان الوِقاية والاِحْتِماء 隐蔽处，藏身处

ـ للوِقاية من أخْطارِ الغازاتِ 防毒掩体

مُخبَّأ / مَخْبُوء 被隐藏的

مُخْتَبِئ 隐藏起来的，隐蔽的，潜伏的

مَخْبَأة جـ مَخْبَآت (مـ) 秘密的地方

ـ (隐蔽、埋藏的)财物，宝藏

خَبَّ ـُ خَبًّا وخَبِيبًا وخَبَبًا واختَبَّ الحِصانُ 马蹓蹄，缓驰，小跑，小走

خَبَّ ـَ خَبًّا (مـ) في الطِينِ أو الرَمْل 陷入(泥沙)中

خَبَّ ـَ خَبًّا وخِبًّا: صار خادِعًا 欺骗，诈骗

خَبّ: خدّاع 骗子，诈骗者

خَبُثَ ـُ خُبْثًا وخَبَاثَةً وخَبَاثِيَةً: كان كَرِيهًا أو رَدِيئًا 成为可厌的，恶劣的；恶性的，狡猾的

ـ: كان شِرِّيرًا أو مَاكِرًا 成为邪恶的，恶劣的，恶意的；狡猾的，狡诈的

ـ تْ رِيحُه: أَنْتَنَ 发臭味，发恶臭

ـ (疾病)变成恶性的

تَخابَثَ: أظهر الخُبْثَ وعَمِلَ به 做坏事

خُبْث / خَبَاثَة: شَرّ 邪恶，恶意；狡猾，狡诈

ـ / ـ: رَداءَة 恶劣；恶性

ـ / ـ: تعمُّد الأذَى 恶意，狠心，毒心

خَبَث: ما لا خَيْرَ فيه 渣滓，糟粕，废物

ـ المَعادِنِ المذابَةِ وغيرها 铁渣，铁屑，矿渣，(金银里的)杂质

خَبِيث جـ خُبَثاءُ وخُبُث وأَخْبَاث وخَبَثَة م خَبِيثَة جـ خَبِيثَات وخَبَائِثُ: شِرِّير 不好的，邪恶的

ـ: رَدِيء 恶劣的，下流的，卑鄙的

ـ: مُؤْذٍ 有害的，有毒的

ـ 恶性的，癌的

ورَم ـ 恶性肿瘤，癌肿，癌瘤

ـ: كَرِيه 可憎的，可恶的，讨厌的
ـ الرائِحَةِ: نَتِن 有恶臭的，怪味的
الشَّيْطانُ الـ 恶魔
أُمُّ الخَبائِثِ 万恶之母(酒)
خَبَرَ ـُ خُبْرًا وخِبْرَةً الأمرَ: عَلِمَه عن تَجْرِبَة 经历，经验，阅历，体验
ـ وخُبَرَ ـُ وخَبِرَ ـَ خُبْرًا وخِبْرًا وخُبْرَةً وخِبْرَةً ومَخْبُرَةً ومَخْبَرَةً الشيءَ أو به وتَخَبَّرَ الأمْرَ: عَلِمَهُ بِحَقِيقَتِهِ 洞悉，精通，熟悉事物，认识事物的真相
أَخْبَرَه وخَبَّرَه الشيءَ وبالشيءِ: أَعْلَمَه إيَّاه وأَنْبَأَه به 通知，告诉，告知，报告
ـ وـ: بلَّغه الخَبَرَ 告诉他一个消息
خابَرَه: راسَلَه / كاتَبَه 通信，通讯
ـ وتخابَرَ مَعَ: تَفاوَضَ 磋商，谈判，协商，交涉
تَخابَرَ القَوْمُ 相告
اِخْتَبَرَ الأمرَ: عرفه بالاخْتِبار 经历，经验，阅历，体验
ـ الرجلَ والشيءَ: جرَّبه 试验，考验
ـ الشيءَ: فَحَصَه 调查，审查，检验
اِسْتَخْبَرَه وتَخَبَّرَه: سأله الخَبَرَ 询问，探询，打听
ـ هُ عن كذا 探询，盘问
ـ هُ عن صِحَّةِ فلان 问候健康
خِبْرَة / خُبْر / اِخْتِبار: دُرْبَة 经验，阅历，体验
ـ / ـ / ـ: دِرايَة 精通，通晓，谙练
ذُو الخِبْرَةِ 有经验的
عَدَمُ الـ 缺乏经验
واسِعُ الـ 富有经验的
خَبَر ج أَخْبار وأَخابِيرُ: نَبَأ 信息，新闻，消息，传闻，情报
ـ شُؤْم أو سُوء 噩耗
ـ كاذِب 谎言，误报
ـ الجُمْلَةِ: غير مُبتدئِها [语]述词
ـ / خَبَرِيَّة (مـ): إشاعَة 传闻，风闻，谣传，谣言
ما الـ ؟ 什么事?
صارَ في ـِ كانَ 已成过去，明日黄花
خَبَرِيّ 叙述的，直述的
أَخْبار: أَنْباء 新闻，消息
لا أَعْرِفُ شَيْئًا عن ـ ه 他的消息一无所知
نَشْرَةُ أَخْبارٍ 新闻广播；新闻简报
الـ 编年史
وِكالَةُ الـ / وِكالَةُ الأَنْباء 新闻社，通讯社
وِكالَةُ أخبار (أنباء) شينخوا 新华通讯社
أَخْبارِيّ 史学家，编年史者
مُخابَرَة: مُراسَلَة 通讯，通信
ـ: تَخابُر 通讯，通告，照会
ـ: مُفاوَضة 商议，商谈，谈判
ـ تِلِفُونِيَّة 电话商谈
وِكالَةُ المُخابَرات / إدارَةُ المُخابَرات 情报部(局)
اِخْتِبار: تَجْرِبَة 试验，考验，尝试，试用
ـ: فَحْص 鉴别，检查
عَدَمُ أو قِلَّةُ اخْتِبار 缺乏经验，不熟练
حَقْلُ الاخْتِباراتِ الزِراعِيَّة 农业试验田
اِسْتِخْبار 打听，侦察
قَلَمُ الاِسْتِخْباراتِ 侦察局，情报局
إخْبار 报道
إخْبارِيّ 情报的
إخْبارِيَّة ج إخْبارِيَّات 情报，消息
خَبِير ج خُبَرَاءُ: أَهْلُ خِبْرَة 熟手，老手，专家
ـ / مُخْتَبِر: مُجَرَّب 有经验的，老练的，熟练的

ـ بالأمْرِ: عالِمٌ به 熟悉的
خَابُور جـ خَوَابِيرُ (مـ): وَتَد 木钉，签子
ـ (مـ): إسْفِين 楔子
ـ (مـ): شِكّ 小栓，塞子
ـ تَوْصِيل أو سُرَّة (مـ): مَسْظ [机]楔，扁栓，楔针，楔钉
مُخْبِر / مُخَبِّر: مُبَلِّغُ الخَبَرِ 告密者，报道者，联络者
ـ: ناقِلُ الأَخْبَارِ (كمُخْبِرِ الجَرَائِدِ) 记者，访员，通讯员
ـ (مـ): بُولِيس سِرّيّ 侦探，探员，便衣侦探，秘密警察，特务
مُخْتَبِر: خَبِير 老练的，有经验的，有阅历的
مُخْتَبَر عِلْمِيّ جـ مُخْتَبَرَات / مَخْبَر: مَعْمَل 实验室，化验室
خبز ـِ خَبْزًا واخْتَبَزَ الخُبْزَ: عَمِلَه 烙饼，烤面包
خَبْز: تَحْوِيلُ العَجِينِ إلى خُبْز 烙饼，烤面包
خَبْزَة: كَمِّيَّةُ المَخْبُوز 一炉面包
خُبْز: عَيْش 面包，馒头，烙饼，馍馍，饽饽
ـ التَّقْدِمَةِ أو الوُجُوهِ [宗]圣饼
ـُ الغُرَابِ: كَمْأَة 菌，蕈，蘑菇
ـُ التَّنُّورِ / ـُ المَلَّةِ / الـ المَلِّيّ (在热灰中焖熟的)烧饼
الـ اليَوْمِيّ 每日的粮食，最低的生活资料
خُبْزَة: رَغِيفُ خُبْزٍ 一个面包，一张饼，一个馍
خَبِيز 烤熟的
خِبَازَة: عَمَلُ الخَبَّازِ أو مَحَلُّه 面包业；面包房，面包店
خَبَّاز: صَانِعُ الخُبْزِ / فَرَّان 面包工人
خُبَّازَة / خُبَّازَى / خُبَّيْزَة [植]锦葵
ـ / ـ / ـ إفْرَنْكِيَّة: إبْرَةُ الراعِي [植]天竺葵
مَخْبَز جـ مَخَابِزُ / مَخْبَزَة: فُرْن 面包炉，面包房，面包店
خبص ـِ خَبْصًا الشيءَ وبالشيءِ: خَلَطَه 混合，搀混，搅混
ـ بَيْنَهم (مـ): أَفْسَدَ 挑拨，离间
ـ عليه (مـ): تَخَرَّص 诽谤，造谣中伤
ـ عليه (مـ): وَشَى به 告密，谗害
ـ 乱撒，乱扔；浪费金钱，挥霍
خَبَّصَ الشيءَ: خلَّطه 掺混，搅混，搅拌
ـ الخَبِيصَ: عمِله 做杂拌儿
خَبِيص / خَبِيصَة: خَلِيط 混合物，杂拌儿
ـ / ـ: عَصِيدَة 布丁，蛋糕
خَبَّاص (مـ): واشٍ 告密人，进谗言者，阴谋家
ـ (مـ): داعِر 放荡的，淫逸的，淫佚的
مَخْبُوص 混合的，紊乱的，混合物
خبط ـِ خَبْطًا: ضَرَبَه ضَرْبًا شديدًا 打，敲，击，叩，拍
ـ البابَ: طَرَقَه 叩门，敲门
خَبَّطَ 用尽全力地打(敲)
تَخَبَّطَ 肢体乱动，发抖，打颤，挣扎
ـ في قَوْلِه 讲话不清，含糊其词
اِخْتَبَطَ: تصرَّفَ على غَيْرِ هُدًى 摸索，瞎摸
خَبْط الواحدة خَبْطَة جـ خَبَطَات: ضَرْب 打，击，敲，拍，叩
ـ عَشْوَاءَ 胡搞，胡来
يَخْبِطُ ـَ عَشْوَاءَ 乱干，乱来，乱碰，乱撞，盲目从事
خَبْطَة: طَرْقَة / دَقَّة 打，叩，击(一下)
ـ بِخَبْطَةٍ: واحِدَةٌ بِواحِدَةٍ 一报还一报
مِخْبَاط / مِخْبَط 捣衣用的杵
خبله ـُ خَبْلاً وخَبَّلَه: حيَّره 使混乱，使惊惶，使狼狈，使惶惑

ـ ه وـ ه: جَنَّنَه 使发疯，使狂乱
ـ ه وـ ه: عَرْقَلَه / عقده 阻挠，妨碍，纠缠
خَبِلَ ـَ خَبَلاً وخَبَالاً: اختلَّ عَقْلُه 发狂，发疯，神经错乱
تَخَبَّلَ 紊乱，陷于混乱
اِخْتَبَلَ 神志不清
خَبْل / خَبَل: جُنُون 疯狂，癫狂
ـ ج خُبُول / خَبْلَة 麻痹，瘫痪
خَبَال: فَساد / نُقْصَان 意识、身体等不健全
ـ: سُمّ قاتِل 剧毒药
خابِل 魔鬼，妖怪，破坏者
الخَابِلَان: الليلُ والنهارُ 昼夜
خَبِل 发狂的，癫狂的
مَخْبُول 过度疲乏的
مُخَبَّل: مُرْتَبِك 发狂的；惊惶的，困惑的，困窘的
ـ (كالخَيْط أو الشَعْر) 纠缠的(线或发)
مُخْتَبَل 发狂的
ـُ العَقْلِ 神志不清的
خَبَت النارُ ـُ خَبْوًا وخُبُوًّا: خَمَدت وطَفِئَت 熄灭
ـ أُوارُ الحَرْب 战争结束了
أَخْبَى النارَ: أَطفأها 使火熄灭
خِبَاء ج أَخْبِيَة: خَيْمَة (انظر خيم) 帐篷，帐幕
ـُ القَمْحَةِ أو الشَعيرة: قِشْرَتُها 麦壳
خَبْيَارِي (أ) caviare: بَطَارِخ 鱼子酱
ـ أَحْمَر 红鲑鱼卵
خَتَرَه ـِ خَتْرًا: غَدَرَ به 密告，陷害
خَتَّار / خاتِر 叛徒，陷害者
خَتِيعَة: وِقاءُ الإصبَع 指套
خَتَلَه ـِ خَتْلاً وخَتَلانًا وخاتَلَه: خَدَعَه 欺骗，欺诈，玩弄奸计
اِخْتَتَلَه: خدَعَه 欺骗

ـ لأَسْرَارِ القَوْمِ: تسمَّع لها 打听，试探(秘密)
خَتَمَ ـِ خَتْمًا وخِتَامًا الشيءَ وعليه 盖章，盖印
ـ بالشَمْعِ أو الرَصَاصِ 加封条，签封(用火漆或铅封)
ـ الإناءَ: سَدَّه 封起，封上，封闭(器具)
ـ العملَ: أَتَمَّه 结束，结尾，完结，完成
ـ الجُرْحُ (مـ): اِنْدَمَلَ 伤口愈合
ـ القُرْآنَ 读完一遍古兰经
تَخَتَّمَ الخاتِمَ وبه: أدخلَه في إصْبَعه 戴戒指
اِخْتَتَمَ: ضد افتتح 结束，结尾；闭幕
اُخْتُتِمَ المُؤْتَمَرُ 大会闭幕
خَتْم: وَضْعُ الخَتْم 盖章，签封
ـ ج أَخْتَام: بَصْمَةُ الخَتْمِ 戳记
ـ البَرِيدِ 邮戳
ـُ تاريخٍ 日脚戳子
ـ / خاتِم: ما يُخْتَمُ به 图章，印信，戳记
خَتْمَة ج خَتَمَات 读完全部古兰经
خِتَام ج خُتُم / خاتِمَة: نِهَايَة / آخِر 完结，终了，结束，终局，结论
ـ / ـُ الكِتَابِ: ضدّ فاتِحَة 跋，结论，结束语，收场语
ـ / ـُ الخِطابِ (أي الخُطْبَةِ) 结论，结尾，尾语，结语
ـ / ـ مُوسيقِيَّة 终曲，终节，终了曲
ـ: شَمْعٌ أَحْمَر (مـ) 火漆，封蜡
في الـ: أَخِيرًا 最终，最后
خِتَامِيّ: نِهائِيّ / أَخِير 最终的，最末的，终局的；闭幕的
حِسَابٌ ـ 年度决算
جَلْسَة ـ ة 闭幕会议
حَفْلَة ـ ة 闭幕式
خاتَام ج خَوَاتِيمُ 戴宝石的小戒指，有戳记

或无戳记的指环
خَاتِم وخَاتَم جـ خَوَاتِمُ وخُتُم: حَلْيُ الإصْبَع
戒指，指环
ـُ الزَوَاجِ 结婚戒指
ـُ سُلَيْمَانَ [植]黄精
ـ [解]肛门
خاتِمَة جـ خَوَاتِمُ وخَوَاتِيمُ وخَاتِمَات 终局，结论
في خَوَاتِيم القَرْنِ الخَامِس 5世纪末
خَتَّام 制造图章者
خَتَّامَة (مـ): حبَّارةُ الخَتْمِ 印色盒，打印台
مَخْتُوم: عليه عَلامةُ الخَتْمِ 盖有图章的，盖有戳记的
ـ: مُقْفَل بالخَتْم أو بغَيره 封起的，加封的
المَخْتُومُ بِخَتْمِي 盖有我的印记的
خَتَنَ ـِ خَتْنًا الصَبِيَّ: قَطَعَ قُلْفَه / طاهَرَه (مـ) 割包皮
اِخْتَتَنَ: خُتِنَ 被割去包皮
خَتْن / خِتَان / خِتَانَة 割礼
خَتَن جـ أَخْتَان: زَوْجُ الابْنَةِ 女婿
خَتَنَة جـ خَتَنَات: أُمُّ الزَوْجَةِ 岳母
خَتِين / مَخْتُون: مَقْطُوعُ القُلْفَةِ 割过包皮的
خَاتُون جـ خَوَاتِينُ (أ) (土): سَيِّدَة 可敦(皇后、夫人之称)
خُثّ 泥炭，泥煤
مَخَثَّة 泥炭田

خَثَرَ ـُ خَثْرًا وخُثُورًا وخَثَرَانًا وخَثِرَ ـَ خَثَرًا وخَثُرَ ـُ خَثَارَةً وخُثُورَةً وتَخَثَّرَ الدمُ وغيرُه: قَرَت
(血等)凝结成块，凝固
ـ وـ السائِلُ: عَقَدَ (液体)浓缩
ـ وـ اللَبَنُ: رَابَ (奶)凝结
خَثَّرَ وأَخْثَرَ الشيءَ: عقَّده 凝固，使凝结成块，使浓缩
ـ اللبنَ: روَّبه 使奶凝结，凝固，变硬
تَخَثَّرَ 变浓，浓缩，凝结
خُثَارَةُ الشيءِ: حُثَالَته 沉渣，淀渣
خاثِر / مُخَثَّر: مُجَمَّد 凝固的，凝结的，浓缩的
ـ / ـ: مُرَوَّب 凝固的，凝结的(奶)
خاثِرة: جُلْطَةُ دَمٍ 血块，凝血
خَثْى / خِثْيٌ جـ أَخْثَاء 牛粪；大象粪
خَجِلَ ـَ خَجَلاً منه: اِسْتَحَى 感觉惭愧
ـ: اِحْمَرَّ خَجَلاً 害羞，惭愧，羞愧，羞得满面通红
خَجَّلَه وأَخْجَلَه: جعله يَخْجَل 使他脸红，扫他的脸，使他丢脸
ـ وـ: خزاه 侮辱
تَخَاجَلَ 感觉羞愧
خَجَل: حَيَاء 羞耻，丢脸，丢人，失体面
ـ: خِزْي 侮辱，耻辱
خَجْلَة 惭愧，羞耻
خَجِل / خَجْلان / مَخْجُول 害羞的，惭愧的
خَجُول: حَيِيّ 害羞的，怕羞的，含羞的，羞怯的，腼腆的
ـ: هَيَّاب 胆小的，羞怯的
مُخْجِل: مُخْزٍ 丢脸的，不体面的，不名誉的
الأَعْضَاء المُخْجِلَة 羞体，阴部，私处
خَدِيج جـ خَدَائِجُ 流产的胎儿
خَدَّ ـُ خَدًّا الأرضَ: خَطَّطَها بالمِحْرَاث وغيره (مـ) 耕，作畦沟
ـ وتَخَدَّدَ الجِلْدُ وغيرُه: تَكرَّشَ 发皱
خَدَّدَ الجِلْدَ 使发皱
ـ الأَرضَ: شقَّها 使(土地)成垄
خَدّ جـ خُدُود: وَجْنَة 腮，颊，面颊，脸蛋

ـ جـ أَخِدَّة وخِدَاد وخِدَّان / خُدَّة جـ خُدَد / أُخْدُود جـ أَخَادِيدُ 沟，畦，壕
مِخَدَّة جـ مَخَادّ: وِسَادَة 垫子，枕头
كِيسُ أو بَيْتُ الـ 枕头套
خَدِرَ ـَ خَدَرًا العُضْوُ: خَدَلَ (مـ) 麻木，麻痹
خَدَّرَ العُضْوَ: أَفْقَدَه الحَسَّ 使麻痹，麻醉
ـ ه وأَخْدَرَه: أَفْقَدَ الوَعْيَ 使失去知觉，全身麻醉
ـ وـ وخَدَرَ ـُ خَدْرًا البنتَ: أَلزمَها الخِدْرَ 使女子蛰居深闺
خِدْر جـ أَخْدَار وخُدُور جج أَخَادِيرُ 闺房，绣阁，闺闼，妇女私室
ـ 帷幕，门帘
خَدَر: خَدَل (مـ) 麻木
ـ: فُقْدَانُ الحَسِّ [医]麻醉，麻痹，失掉知觉；[医]嗜眠病
ـ: نَمَل / تَنْمِيل (مـ) [医]蚁痒，痒感
تَخْدِيرٌ عَامّ 全身麻醉
ـٌ مَحَلِّيّ / ـٌ مَوْضِعِيّ 局部麻醉
خَادِر 隐藏起来的，疏懒的
خَدِر / مُخَدَّر: خَدْلَان (مـ) 麻痹的，失去知觉的
ـ / ـ: نائم (كالرجْل النائمة) 麻木的
مُخَدِّر: يُعْدِمُ الحَسَّ 麻醉剂，麻药
ـ جـ مُخَدِّرَات: مُغَيِّب عن الصَواب 麻醉剂，蒙药，迷药，(鸦片、吗啡等)麻醉品
مُخَدَّر (مـ): سَكْرَانُ قَلِيلاً 微醉的，入醉的
مُخَدَّرَة جـ مُخَدَّرَات / مَصُونَة 深闺妇女，幽居闺女
خَدَشَه ـِ خَدْشًا وخَدَّشَه: خَمَشَه 挠，抓，搔
ـ ه وـ ه: مَزَّقَه 扯，撕，扯破，撕裂
ـ السُمْعَةَ 毁人名誉，污辱，诽谤
ـ الحَيَاءَ 侮辱，凌辱
ـ أُذُنَه 刺耳
خَدْش جـ خُدُوش وخِدَاش وأَخْدَاش: خَمْش 挠，抓，搔
خَدْشَة جـ خَدَشَات 搔伤，抓痕，搔痕，擦伤
خَدَعَه ـَ خَدْعًا وخِدْعًا وخَادَعَه: غَشَّه 欺骗，哄骗
ـ ه: لَعِبَ عليه 愚弄，迷惑，蒙蔽
تَخَادَعَ: أرى أنه مَخْدُوع وليس به 假装受骗
ـ القومُ: خدَعَ بعضُهم بعضا 互相欺骗
اِنْخَدَعَ 被欺骗，被蒙蔽
خِدَاعُ الحَوَاسِّ 错觉
ـُ البَصَرِ 视错觉，错视
خُدْعَة جـ خُدَع: حِيلَة 计，计策，诡计，伎俩
ـٌ بَصَرِيَّة 错视
خَدِيعة جـ خَدَائِعُ / خِدَاع: غِشّ 欺骗，哄骗，欺诈，迷惑
ـ / ـ: نِفَاق 二心，奸诈，口是心非
خَدَّاع / مُخَادِع 骗子，骗人的
ـ / خِدَاعِيّ 欺诈的，迷惑的
خَيْدَع: سَرَاب 蜃景
مَخْدُوع 受骗的，被哄的
مَخْدَع جـ مَخَادِعُ: حُجْرَة 私室，小房间
خَدَلَتْ ـَ خَدَلاً وخَدَالَةً وخُدُولَةً الساقُ (مـ) (راجع خدر) 麻痹，麻木
خَدْلَان (مـ) 麻木，麻痹
خَدَمَه ـُ خَدْمَةً وخِدْمَةً: عَمِلَ له 服务，服役
ـ: قَامَ على خِدْمَتِه 侍候，伺候，服侍
ـ الأرضَ 耕种，田间管理
خَدَّمَه (مـ) واسْتَخْدَمَه: اتَّخَذَه خادمًا 使用，役使，雇用
ـ الخَشَبَ (مـ): سَوَّاه 刨平(木头)

اِسْتَخْدَمَه: استعملَه 用，使用，雇用，役使
أُسْتُخْدِمَ (مـ): أُلحق بخدمة 被使用，被雇用
خِدْمَة: شُغْل / عَمَل 服务，服役，工作
ـ: مُسَاعَدَة 协助，辅助
ـ: القِيَام على خِدْمَة 侍候，伺候，服侍
ـُ الأرضِ: فِلَاحتها 耕种
ـُ الحُكُومَةِ 公务
الـُ العامِلَة [军]现役
في خِدْمَتِكُمْ: تَحْتَ أَمْرِكم (客套话)为君服务，听候使用
وَضَعَهُ في ـ ه 使…为…服务
تَخْدِيم 介绍工作
مَكَاتِبُ الـ 就业介绍所，劳动登记处
اِسْتِخْدَام: استعمال 使用，利用，役使，雇用
ـ (مـ): خِدْمَة 服务，职务，工作
خَادِم / مُسْتَخْدَم (مـ): مُوَظَّف / عامِل 雇员，雇工，服务员，勤务员
خَادِمِيَّة: حالةُ الخادِمِ 仆人的地位，服务员的身份，雇员的身份
خَدَم / خُدَّام: جُمْلَة الخَدَم 服务员，随员，侍从
خَدَّام / خادِم جـ خَدَم وخُدَّام 仆人，仆役(男女通用)
ـ / ـ: صانع (س) 男仆，男勤务员
خَدَّامَة / خادِم / خَادِمَة جـ خَادِمَات: صانعة (س) 女仆，女勤务员
مَخْدُوم: آجِر 雇主，主人，店东，经理人
مَخْدُومِيَّة: حالةُ المَخْدُوم 雇主的地位
مُخَدِّم (مـ): وَسِيط بين الخادِمِ والمَخْدُوم 荐头(以介绍仆役为业的人)
مُخَدِّم (مـ): مُسَوًّى (في النِجَارَة) 刨平的
خَادَنَه: صادقَه 结交，交朋友
خِدْن جـ أَخْدَان / خَدِين: صَدِيق 知己，爱人，情人(男女通称)，心腹朋友，亲密的朋友
خُدَيْوِيّ (أ) / خِدِيوِيّ (波) (埃及)总督(原义是国王、大臣)
خُدَيْوِيَّة 埃及总督的职位
خُذْرُوف جـ خَذَارِيفُ: نَعَّارة (مـ) / خَرَّارَة (س) 响簧陀螺，有声陀螺
ـٌ صِينِيّ 空竹
ـ: دوَّامَة / نَحْلَة (مـ) 陀螺
خُذْرُوفِيُّ الشَكْلِ 陀螺形的
خَذَلَه ـُ خَذْلاً وخَذْلاَنًا وخِذْلاَنًا وخَاذَلَه: ترك نُصْرَته 放弃，遗弃(朋友)，使失望
ـ: غَلَبَه 击败，击破，战胜
ـ (身体器官)丧失机能
ـ تْهُ قُوَاهُ 精疲力竭
خَذَّلَه 使气馁，使沮丧，使失掉勇气
خَذَّلَ عنه أصحابَه 使他们遗弃他
تَخَاذَلَ القومُ 互相遗弃
ـ تْ رِجْلاه: ضَعُفَتَا 两腿酸软
ـ 变成胆小的，屈服于
اِنْخَذَلَ وخُذِلَ 失望，失败，被遗弃
ـ (政府)没取得支持或援助
ـ 感到自己软弱无力，孤立无援
ـ 屈服，屈服于
خِذْلاَن 无助，失败，不成功
تَخَاذُلُ الرِجْلَيْنِ 两腿的酸软
مَخْذُول / مُخَاذَل 被弃的，被遗弃的
اِسْتَخْذَى: اِتَّضَع وانقاد 屈服
مُسْتَخْذٍ 屈辱的
خَرِئَ ـَ خَرْءًا وخَرَاءَةً وخِرَاءَةً وخُرُوءًا: تَغَوَّطَ 通便，排泄，大便，拉屎
خِرَاء / خُرْء / خَرَا (مـ): غائط 粪，屎

خَرَبَه ـِ خَرْبًا وخَرَّبَه: ضد عمَّره 毁坏，毁灭，破坏
خَرِبَ ـَ خَرْبًا وخَرَابًا وتَخَرَّبَ البَيْتُ: تهدَّم 倒塌
ـ بَيْتِي (我的房子倒塌了)一切都完蛋了
خَرْب / خَرَاب: ضدّ تَعْمِير 破坏，毁坏
خُرْبَةُ الظَهْرِ (مـ): صَلاَ 腰的中部
خِرْبَة / خَرِبَة جـ خِرَب وخَرِب وخَرَائِبُ وخَرِبَات / خَرَابَة جـ خَرَابَات (مـ): مَوْضِعُ الخَرَابِ 废墟，遗迹，遗址
خَرَاب جـ أَخْرِبَة وخِرَاب: ضد عمار 荒凉，废墟
خُرْب وخُرْبَة جـ خُرَب وأَخْرَاب وخُرُوب: نُقْرَةُ رَأْسِ الوَرِك [解]髋臼
ـ الإبْرَة: ثَقْبُها 针眼，针孔
تَخْرِيب: ضد تعمير 破坏，毁坏，毁灭
ـ الإنتاج 破坏生产
ـ الوَحْدَة 破坏团结
ـ الآثارِ القديمةِ: وَنْدَلَة vandalism 破坏文物的行为，野蛮行为
خارِب جـ خُرَّاب / مُخْرِب: ضد مُعمِّر 破坏者，毁灭者
خَرِب / مُخَرَّب: مُتَهدِّم 被毁坏的，被破坏的
ـ / خَرْبَان (مـ): يَحتاج إلى إصلاح 有毛病的，需要修理的
خَرُّوب: خُرْنُوب [植]角豆树
ـ: ثَمَرُ الخَرُّوبِ [植]角豆荚
خَرُّوبَة جـ خَرُّوبَات: ١/٢٤ من القَمْحَة 海鲁白(衡量名，等于 1/24 厘)
مُخْرِب / مُخَرِّب: مُتْلِف 破坏性的，毁坏性的
تُخْرُوب جـ تَخَارِيبُ 小圆孔，蜂房里每只蜂所做的窝
خُرْبُر (مـ): مِثْقَبٌ قَوْسِيّ 钻孔器，舞钻，弓锥

خَرْبَشَ الكتابَ أو العملَ: أَفْسَدَه 毁坏，破坏，损坏，败坏
ـ: كَتَبَ بِلا اعْتِنَاءٍ 随意写，乱写，涂鸦
ـ (مـ): خَرَشَ / خَدَشَ 挠，搔，抓，刮
خَرْبَصَ الأشياءَ: مَيَّزَ بعضَها من بعض 清理
ـ المالَ: أخذه وذهب به 把财产拿走
ـ (سـ) 弄乱
خَرْبَطَ 破坏(秩序)
تَخَرْبَطَ 损坏
خَرْبَقَ العملَ: أَفْسَدَه 破坏，毁坏，损坏
خَرْبَقٌ أَسْوَدُ: نَباتٌ طِبِّيّ [植]黑藜芦
خَرَتَ ـُ خَرْتًا الأُذُنَ: ثَقَبَها 在耳上穿孔
ـ الأرضَ: عرفَها ولم تَخْفَ عليه طرقُها 熟悉地形
خَرْت / خُرْت جـ خُرُوت وأَخْرَات: ثَقْب 洞，孔
أَضْيَقُ مِنْ ـ الإبْرَةِ 比针眼还窄狭
خِرِّيت جـ خَرَارِيتُ وخَرارِت 有经验的、能干的向导
خَرْتِيت (مـ): كَرْكَدَّن 犀牛
خَرَجَ ـُ خُرُوجًا ومَخْرَجًا: ضد دخل 出来，出去
ـ: طَلَعَ 露出，现出，出现
ـ: برزَ / نتأَ 伸出，突出
ـ به: أَخرَجَه 拿出，带出，取出
ـ عليه: انْبَرَى له 扑过去，攻击，袭击
ـ على الحَاكِم أو الحكومةِ 背叛，叛乱，叛变，反叛，造反，起义，暴动
ـ عن كذا 拒绝，抛弃
ـ عنهم: خالَفَهم (从教会、政党等)退出，脱离
ـ إلى الوُجُودِ 出现，出世，降生
ـ عن صَمْتِه 摆脱沉默的状态
ـ عن الخَطّ (火车)出轨

ـ الزُهُورَ والخمرَ (مـ): استقطرها 蒸馏，提取精华
خَرَّجَه وأَخْرَجَه: ضدّ أَدْخَلَه 取出，放出
ـ ه وـ ه: طرَده 开除，放逐，逐出，撵出
ـ ه وـ ه: حذفه 省略，删去
ـ ه وـ ه: استثناه 除开，除外
ـ ه: درَّبه وعلَّمه 训练，教练，教育
ـ المسألةَ: بيَّن لها وَجْهًا 说明问题
أَخْرَجَ الشيءَ: قذفه / بعثه 发出，发射
ـ 运出，输出
ـ الكِتابَ 出版(书籍)
ـ المَسْرَحِيَّةَ 导演(戏剧)
ـ 建立，成立
ـ لِسانَهُ 伸出舌头来
ـ رِيحًا 放屁
ـ الصَوْتَ 发出声音
ـ الصُوَرَ 洗照片，显影
ـ هُ من الخِدْمَةِ 辞退，解雇，免职
ـ الحُرُوفَ من مَخارِجِها [语]正确地发音
تَخَرَّجَ: تعلَّمَ 受教育
ـ في المَدْرَسَةِ الفُلانيَّةِ 毕业于某校
تَخارَجَ عن حقٍّ: تنازَلَ عنه 放弃权利，弃权
ـ الشُرَكاءُ: اقتسموا فأخَذَ بعضُهم الدارَ وبعضُهم الأرضَ 相互平分(财产、共同费用)
ـ 走散，分散
اِسْتَخْرَجَه: سَحَبَه 抽出，提取，提炼，获得，开采
ـ 蒸馏
ـ المَسألةَ: حَلَّها 解决(问题)，解释，解说，讲明
ـ الجِذْرَ [数]开平方，得出平方根

خَرْج جـ أَخْرَاج: ضدّ دَخْل / نَفَقَة 费用，用度，开支，支出
ـ لِمَلابِسِ النساءِ (مـ): كَشْكَش 装饰，花边，花彩
ـ (مـ): هُدَّاب 流苏，穗子
ـ الجُنْدِيّ: جِرايَتُه (مـ) (士兵的)口粮，粮饷
ـ كذا (مـ): يَسْتَحِقُّه 应得的，受赏的
ـ: ضَرِيبَة 人丁税，人头税
خَرْجَة جـ خَرَجَات: بُرُوز [建]突出，凸起，突起部
ـ في بِناء: جَرْصُون (ع) [建]悬臂，悬桁
ـ (مـ): حَفْلَةُ الدَفْنِ 殡仪，葬礼
خُرْج جـ أَخْرَاج وخِرَجَة 鞍袋，马褡子，马褡裢，背囊
حَطَّ (وَضَعَ) الأمرَ إلى الـ (久久地放在箱底)束之高阁
خَرَاج جـ أَخْرَاج وأَخْرِجَة جج أَخَارِيجُ: مالُ الأرضِ 土地税，田赋
ـ رأسِيّ 人丁税，人口税，人头税
خَرَاجِيّ 课地税的
خُرَاج جـ أَخْرِجَة / خُرَّاج: دُمَّل / طُلُوع (مـ) [医]肿疡，肿瘤，脓疮
خُرُوج: ضدّ دُخُول 出去，出来，走出，出外
الـ لِمُقاتَلَةِ العَدُوِّ 出动与敌人作战
سِفْرُ الـ (الثاني من التَوْرَاةِ) [基督]出埃及记(旧约第二卷)
إِخْرَاج 查问，打听
ـ 输出，出口，输出额
ـ 排除，消除
ـ المَسْرَحِيَّة 导演
تَخَارُج: تنازُل عن حَقّ [法]放弃权利，弃权
اِسْتِخْرَاج 拔出，取出，求得

ـ	开采
ـ الجُذُور	开平方，得出平方根
اِسْتِخْرَاجِيّ	属于开采方面的
الصِنَاعَة الـ ة	采矿工业
خَارِج: ضدّ داخِل	出来的人，出去的人
ـ: الجِهَة الخَارجِيَّة	外边，外面，外部
ـ القِسْمَة (في الحِساب)	[数]商数
ـ	在…外面
ـ القَانُون	不受法律的保护
وَضعَه ـَ القَانُون	把他置于法律保护之外
في الـ (أي خارج البلاد)	在国外
من الـ	从国外，从外面
هَرَعَ إلى الـ	慌忙跑出来，跑出去
خَارِجًا / في الخَارِج: بَرًّا (مـ)	在外边，在外面，在外部
خَارِجِيّ: ضدّ داخِلِيّ	外部的，外边的，在外的，外来的
ـ: غَرِيب / أَجْنَبِيّ	外人，生人，异乡人，局外人
ـ جـ خَوَارِج: هَرْطُوقِيّ	叛教者
تِلْمِيذٌ ـ	走读的学生，通学的学生
السِلْكُ الـ	外交界
وِزارةُ الـ ة	外交部
وَزِيرُ الشُؤُون الـ ة / وَزِيرُ الـ ة	外交部长，外交大臣，外相
أَخْرَجُ م خَرْجَاءُ	黑白花的
خِرِّيج	毕业生
خَرَّاج وَلاّج	灵活的，敏捷的，聪明的
مَخْرَج جـ مَخارِجُ: ضدّ مَدْخَل	出口
ـ: مَنْفَذ	出口，出路
ـ: مَخْلَص / مَهْرَب	出路，太平门
ـ الكَسْرِ (سـ): مَقَامُه (مـ)	[数]分母
ـ هِجَائِيّ: مَقْطَع	分节发音部位
مُخْرِج	导演
مُخْرِجٌ سِينَمَائِيّ	影片制造者
مُتَخَرِّج	毕业生
مُسْتَخْرَج	被取出的，被开采的
مُسْتَخْرَجَات	[化]提出物，浸物
ـ	生产部门的副产品
ـ مَعْدِنِيَّة	矿物，矿砂
خَرْخَرَ النائمُ: غَطَّ / شَخَرَ	打鼾，打呼噜
خَرِدَتْ ـَ خَرَدًا وتَخَرَّدَت البِنْتُ: كانت بِكْرًا	是处女、童贞女
ـ الرجلُ	沉默寡言
خُرْدَة (مـ): حَدِيد قُرَاضَة (مـ)	碎铁，铁屑
ـ	零钱；小事情
خُرْدَوَات (مـ): ما صَغُرَ من السِلَع	(纽扣、缝针等)零星杂货，(领结、花边等)服饰杂货，(钉子、插销等)小五金
ـ (مـ): السِلَع اللازِمَة للنساء	(化妆品、装饰品等)小商品，妇女用的小百货
ـ من القُطْن	小的棉织品
خَرِيدَة وخَرِيد وخَرُود جـ خَرَائِدُ وخُرُد وخُرَّد: عذراء	处女，童贞女
ـ: لُؤْلُؤَة لم تُثْقَب	未钻孔的珍珠，未打眼的珍珠
خُرْدَجِي جـ خُرْدَجِيَّة (مـ): بائع السِلَع الصغيرة	零星杂货商，货郎
خُرْدُق (أ سـ): رَشّ الصَيْدِ (مـ)	(打鸟用的)散弹
خُرْدُقَة جـ خُرْدُقَات	小弹丸
خَرْدَل	[植]芥，芥子
ـ بَلَدِيّ: كَبَر (مـ) (نبات حِرِّيف)	印度芥子
حَبَّة الـ	芥子粒
حُقّ الـ	芥末瓶

غَاز الـ 芥子气
لَزْقة ـ: صِنَاب 芥末硬膏
لا يَسْقُط ـ من يَدِه 他是一毛不拔的
لا يَعْدِل هذا الأمرُ حَبَّةَ ـِ 这事不值一提，鸡毛蒜皮
خَرْدَلَة ج خَرْدَلَات 芥子粒
خَرَّ ـِ خَرِيرًا الماءُ 发潺潺声，发淙淙声
ـ النائمُ: غَطَّ / شَخَرَ 打鼾，打呼噜
خَرَّ ـِ ـُ خَرًّا وخُرُورًا: سَقَطَ 倒下，坠下
ـ سَاجِدًا 拜倒，叩头，俯伏
ـ (مـ): سَالَ 滴落，滴漏，滴下
خَرُّوا صَرْعَى الجِهادِ 他们为圣战而牺牲
خَرِيرُ الماءِ 潺潺声，淙淙声
خَرَّارة ج خَرَّارَات 排水管，污水坑
خَرَزَ ـِ خَرْزًا الجِلْدَ: ثَقَبَه 钻孔，穿孔，刺孔
خَرَز: ما يُنْظَم (يُلْضَم) في خَيْط 成串的珠子，数珠，念珠
ـ زُجَاج 玻璃珠子
خَرَزَة ج خَرَزَات (念珠上的)一颗珠子
ـ البِئْر: حَاجِز 井栏，井围
ـ الرَّقَبَة 喉结节
ـ الظَّهْر: فَقْرَة [解]椎骨，脊椎
مِخْرَز ج مَخَارِزُ / مِخْرَاز: مِثْقَب 鞋锥子，锥子
خَرِسَ ـَ خَرَسًا: بَكِمَ / صَمَتَ 哑
ـ: سَكَتَ 哑口无言，不说话，缄默
ـ: انعقد لِسانُه عن الكلام 张口结舌
اِخْرَسْ! 别响！别开口！
أَخْرَسَه: أَسْكَتَه 使安静，使肃静
ـ ه: أَبْكَمَه 使他哑口无言
أَخْرَسُ ج خُرْس وخُرْسَان وأَخَارِسُ م خَرْسَاءُ: لا صَوْتَ له 哑的，无声的，静悄悄的
ـ: أَبْكَمُ 哑巴，哑口无言的
خَرَسَان (أ) / خَرَسَانَة (土) 混凝土，三合土
خَرَسَانَة مُسَلَّحَة 钢筋混凝土，钢骨水泥
خَرَشَه ـِ خَرْشًا وخَرَّشَه وخَارَشَه واخْتَرَشَه 抓伤
خَرْشَنَة: خطّافُ البَحْرِ [鸟]燕鸥(海燕)
خُرْشُوف [植]朝鲜蓟
خُرْشُوم ج خَرَاشِيمُ 高山；崖，悬崖
خَرَصَ ـُ خَرْصًا: كَذَبَ 说谎，说假话，说瞎话
ـ في الأمر: خَمَّنَ فيه 推测，臆测，揣度，猜想
تَخَرَّص واخْتَرَصَ عليه: اِفْتَرَى 诬告，诽谤，中伤，进谗言
ـ 推测，捏造
خُرْص ج خُرْصَان وخِرْصَان (金、银)耳环，耳坠，耳饰
تَخَرُّص ج تَخَرُّصَات 捏造；诽谤
خَرَّاص: كَذَّاب أو مُفْتَرٍ 说谎者，诽谤者，进谗言者
خَارْصِين: تُوتِيَا [化]炉甘石，菱锌矿
خَرَطَ ـُ خَرْطًا الخَشَبَ والمعدنَ بالمِخْرَطَة 镟
ـ (مـ) وخَرَّطَ (مـ): قَرَّطَ / قطَّعَ 切细，剁碎
ـ (مـ): فَاخَرَ كَذِبًا 说大话，大言不惭，吹牛
ـ المَغْلِيَّ (مـ): استَخْلَصَه بالغَلْي 酿造(啤酒)，调(饮料)，泡茶
خَرَّطَ [医]洗(肠)
تَخَرَّطَ 清除，清洗(肠)
اِنْخَرَطَ في سلك كذا 参加组织，加入(团体)
ـ 被镟制
ـ في الأمر: اِنْدَفَعَ 轻率从事，鲁莽地干，蛮干
اِسْتَخْرَطَ في البُكَاء 痛哭

خَرْط / خِرَاطَة: عَمَل الخَرَّاط 镟，镟工的工作，镟工的职业

خَرْطَة جـ خُرَط 小块

خَرِيطَة جـ خَرَائِطُ / خَارِطَة جـ خَوَارِطُ: مُصَوَّرٌ جُغْرَافِيّ 地图

ـ: قِمَطْرُ المُسَافِرِ والجُنْدِيِّ 旅行袋，行军粮袋，背包

ـ: كِيس / جِرَاب 口袋

خُرَاطَة: ما يسقط عند الخَرْط 镟屑

خَرَّاطُ الخَشَبِ أو المَعْدِنِ 镟工

ـ (مـ): فَجْفَاج 说大话的人，吹牛大家，牛皮大王

خَرَّاطَة (مـ): قرّاطَة 菜刀，剁肉刀，镟刀

مَخْرُوط (في الهَنْدَسَة) [数]圆锥体

ـ ةُ الفَخَّارِ 圆锥体的陶器

ـٌ مَقْطُوعُ الرَّأْسِ (في الهندسة) [数]半截头圆锥体

مَخْرُوطِيُّ الشَكْلِ 圆锥形的

مِخْرَطَة جـ مَخَارِط: آلةُ خَرْطِ الخشب أو المَعْدِن 镟床，铣床

خَرَاطِين: دِيدَانٌ حُمْرٌ 蚯蚓

خَرَاطِينِيّ: دُودِيّ 虫状的，如虫的

خَرْطَال 野燕麦

خَرْطُوش جـ خَرَاطِيشُ (أ) الواحدة خَرْطُوشَة 弹药筒；子弹

ـ (مـ): مُسَوَّدَة (دَفْتَر تِجَارِيّ) 草账，杂记账，流水账

ـ (مـ): كِتَابَةٌ هِيرُوغْلِيفِيَّة [建](柱头、纪念碑等的)卷轴装饰；(古埃及象形文字中表示法老名字的)王名圈

خُرْطُومُ الفِيلِ 象鼻

ـ جـ خَرَاطِيمُ (مـ): أُنْبُوبٌ مَرِن 水龙带

الخَرْطُوم 喀土穆(苏丹首都)

خَرُعَ ـُ خَرَاعَةً وخُرْعًا وخُرُوعًا: لانَتْ مفاصلُه / اسْتَرْخَى 四肢无力

خَرِعَ ـَ خَرَعًا وانْخَرَعَ الرجلُ: ضَعُفَ جسمه 衰弱

اِخْتَرَعَ الشيءَ: استنبطَه 发明，创造

خِرْوَع: نَباتُ الخِرْوَعِ 蓖麻

زَيْتُ الـ 蓖麻油

اِخْتِرَاع: استِنبَاط 发明，创造

خَرِع / خَرِيع: خَسع (مـ) 无力的，没气力的

خَرَّاعَة (ع): فَزَّاعة 刍灵，稻草人

مُخْتَرِع: مُسْتَنْبِط 发明者，创造者

مُخْتَرَع جـ مُخْتَرَعات 发明物

خُرْعُوبَة جـ خَرَاعِيبُ 年轻的姑娘，少女

خَرِفَ ـَ وخَرُفَ ـُ خَرَفًا وخَرَّفَ الشَيْخُ (مـ): أَهتر 年老昏聩

ـ المَرِيضُ: خَطْرَفَ (مـ) / هَذَى (病人)发谵语，说胡话

خَرَف: هُتْر 年老昏聩

خُرَافَة جـ خُرَافَات: اعتقاد سَخِيف باطل 迷信

ـ: أُسْطُورَة / خُزَعْبَلَة 传奇，神话，童话

خُرَافِيّ: مَنْسُوب إلى مُعْتَقَدٍ باطِل 迷信的

ـ: أَسَاطِيرِيّ / خُزَعْبَلِيّ 传奇的，神话的

خَرُوف جـ خِرْفَان وخِرَاف وأَخْرِفَة: حَمَل 小绵羊

ـ: ذَكَر الغَنَم الكَبِير 公绵羊

ـ البَحْرِ: أُمّ زُبَيْبَة 海牛

خَرِف / خَرْفان (مـ) 年老昏聩的

خَرِيف: فَصْلٌ بين الصَّيْف والشِتاء 秋，秋季

خَرْفَشَ الشيءَ: خَلَّطَه 混合，搅乱

خَرْفُوشَة (مـ) (في ورَق اللعب) 打出的牌，垫牌，垫出的牌

خَرِقَ ـَ وخَرُقَ ـُ خَرَاقَةً: حَمِقَ 愚蠢，昏庸

خَرَقَ ـِ خَرْقًا وخَرَّقَ الثوبَ: مزَّقه 撕破

ـ: فتَحَ نافِذَةً 开洞，开孔

ـ (مـ): خَرَمَ / ثَقَبَ 钻孔，打眼

ـ جَبْهَةَ العَدُوِّ 突破敌人的阵地

ـ الاتِّفاقية 违反，破坏(协议、条约)

ـ العَادَةَ: تَجاوزَها 反常

ـ واخترَقَ الشيءَ 穿过，刺穿

اِخْتَرَقَ الحِصَارَ 突破(包围)；冲破，突围

لا يَخْتَرِقُه الرَصَاصُ 子弹打不穿的，防弹的

تَخَرَّقَ وانْخَرَقَ واخرَوْرَقَ الشيءُ: تَمزَّقَ 裂开，破裂

ـ الكذبَ: اختلقه 造谣，捏造

خَرْق جـ خُرُوق: ثَقْب 孔，眼，洞

خِرْقَة جـ خِرَق: خَلَق 破布，破衣

خِرْقَة جـ خِرَق 布匹，织物，料子

ـ من الكَتَّان 一块麻布

خِرَق: قِطَعُ الأَقمشَةِ البالِيَة 破布块

جامعُ الـ أو بائعُها 收买破烂的，买卖破布的人

خُرْق: حَماقة 愚蠢，昏庸

اِخْتِرَاق: نُفُوذ 穿入，透入

خاصيَّةُ الـ أيْ النُفُوذِ: تداخُل 可入性

خارِق: نافِذ / ثاقِب 穿刺的，刺戳的

ـ الطَبِيعَةِ 奇迹，超自然的，神奇的，不可思议的

ـ العادَة 反常的

خارِق جـ خَوارِقُ 反常的现象，怪现象

خِرِّيق: كَرِيمٌ سَخِيّ 慷慨的

أَخْرَقُ م خَرْقَاءُ جـ خُرْق: أَحْمَق 愚蠢的，昏庸的，蠢笨的

خَرَمَه ـِ خَرْمًا وخَرَّمَه: ثقبه 穿孔，钻眼

خَرَّمَ (مـ): اِخْتَزَنَ الطَرِيقَ 走近路，抄近路，走捷径

ـ حِسَابُه (مـ): أَخْطَأَ 误算，错算

ـ (مـ): طَرَّزَ 刺绣

اِخْتَرَمَه: أَهْلَكَه 毁坏，摧毁，扑灭，根绝

ـ تْهُ المَنِيَّةُ: أَخذَتْهُ 他死了

اِنْخَرَمَ أَنْفُه: انشقَّتْ وَتَرَتُه 鼻孔的隔障破裂

خَرْم / تَخْرِيم: ثَقْب 钻孔，打眼

خُرْم جـ خُرُوم: ثَقْب 孔，眼

ـ الإِبْرَة 针眼，针孔

خَرَمَةُ نَعْلِ الحِذاءِ (مـ) 鞋底的凹缝

خَرْمَان: أَبُو مِنْقَارٍ 长嘴硬鳞鱼

خَرَمَنْجِي (مـ): مُؤَلِّفُ التِبْغِ 搀混烟草的工人

آلَةُ التَخْرِيم / عُدَّةُ التَخْرِيم 打孔机，打孔设备

تَخْرِيمَة (مـ): طريقٌ مُسْتَعْجِلَة 近路，捷径

خَرَّامة: مِثْقَب 钻孔器，锥子

مُخَرَّم: مُثَقَّب 被钻孔的，被穿孔的，被穿通的

ـ: مُطَرَّز 绣花的

خِرْنِق جـ خَرَانِقُ: أَرْنَبٌ صغير 小兔

خَرْنُوب وخُرْنُوب: خَرُّوب (راجع خرب)

خَروع (في خرع)

خَزَرَ ـُ خَزْرًا: نظَرَ بمُؤخَّرِ عَيْنِه 瞟，斜视，侧目而视

بَحْرُ الخَزَر: بَحْرُ قَزْوِين 里海

خَيْزُران: قَصَبٌ هِنْدِيّ 竹子，籐子

خَيْزُرانَة: عَصًا من الخيزران 籐杖

خَزَّ ـُ خَزًّا واخْتَزَّ: غَزَّ (مـ) / شَكَّ 刺，戳

ـ الحائطَ: وضَعَ عليه شوكًا لِئَلاَّ يُطْلَعَ عليه 墙上安置铁蒺藜、碎玻璃等

خَزّ: نَسِيج من صُوفٍ وحَرِير 丝毛混纺织物

خُزَز جـ خِزَّان وأَخِزَّة 公兔

خُزْعِبل / خُزَعْبَلَة جـ خُزَعْبَلات / خزَعْبَل
神话，传奇
خُزَعْبَلِيّ 无稽的，杜撰的，虚构的，假想的
خَزَف: فَخَّارٌ صِينِيّ 瓷器
ــ: فَرْفُورِيّ (مـ) 薄瓷器
خَزَفِيّ: من الخَزَف 瓷器的
آنِيةٌ خَزَفِيَّة 瓷器
خِزَافَة 陶瓷业
خَزَّاف: نُمْرُسِيّ (مـ) / بائع الأوانِي الخَزَفِيَّة 瓷器商
ــ / خَزَفِيّ: صانعُ الأوانِي الخَزَفِيَّة 陶工，瓷工
خَزَقَ ــ خَزْقًا الشيءَ في الشيء 插入，插进
ــ (مـ) وخَزَّقَ (مـ س): مزَّق 撕破，扯裂
خَوْزَقَه: قتَلَه على الخازُوقِ 执行刺桩刑（用尖锐的木桩刺入肛门）
ــ ه (مـ): وَرَّطَه 使入窘境，使进退两难
خَزْق (س مـ): مَزْق 撕裂
خازُوق جـ خَوَازِيقُ: آلةُ إعْدامٍ قَدِيمة 刺桩（古刑具）
ــ: عَمُود مُحَدَّدُ الرأْسِ 尖头木桩
خازِق: سِنَانُ الرُمْحِ وأَمْثاله 枪头，矛头；箭头，箭镞
مُخزَّق (مـ): مُمَزَّق 撕烂的，扯裂的，扯破的，扯碎的
مُخَوْزَق 被判处坐尖木桩的犯人
الـ يَشْتُم السُلْطَانَ （被处坐尖木桩的人连国王都敢骂）豁出去了，什么也不怕了
خَزَلَ ــ خَزْلاً الشيءَ: قطَعه 截断，截开，切断
اِخْتَزَلَ الكلامَ: اِخْتَصَرَه 缩短，节略，省略
ــ الكَسْرَ: حَطَّه [数]简化分数式
ــ بِرأْيِه: اِنْفَرَدَ 固执己见，狃于成见
اِخْتِزَال: اخْتِصار 缩短，节略，省略
ــ / كِتَابَةُ الاِخْتِزالِ 速记，速记学，速记术
كَتَبَ بالـ 速记
كاتِبُ الـ 速记员
اِخْتِزَالِيّ (في الكتابة) 速记的
خَزَمَ ــ خَزْمًا البَعِيرَ 给骆驼带鼻环
ــ أَنْفَ فُلان: أَذَلَّه وتَسَخَّره 欺压某人
ــ المَرِيضَ [医]在皮肤上穿排液线
ــ: نَظَمَ / لَضَمَ (مـ) 串起，穿线
خُزَام: سُنْبُل بَرِّيّ [植]风信子
ــ: بَلِيخَة 木犀草
خُزَامَة صَفْرَاء 风信子
خُزَامَى: لَوَنْدَة (أ) [植]薰衣草
ــ: تَمْرحِنَّا إفْرَنْكِيَّة 园艺的木犀草
خِزَامُ الأَنْفِ 鼻环，鼻饰
ــ: خِلال (في الطبّ القديم) (古医学)排液线，串线法
خَزَنَ ــ خَزْنا وخَزَّنَ واخْتَزَنَ المالَ: اِدَّخَره 储存，贮藏
ــ وـ الشيءَ: وضَعه في مَخْزَن 进栈，入库，入仓
ــ واخْتَزَنَ الطَرِيقَ: اختصَره 走近路，抄近路，走捷径
ــ السِرَّ: كتَمَه 保密，保守机密
خَزَّنَ القِطارَ الحَدِيدِيّ [铁]转辙（移列车于侧线，让其他重要的列车通过）
خَزْن / تَخْزِين: حِفْظ في مَخْزَن 入库，入仓，进栈
ــ / ــ: إخْفاء وادِّخار 储藏，贮藏，储存
أُجْرَةُ الـ أو التَخْزِينِ / مَخْزَنْجِيَّة (مـ) 栈租，仓库费
سِكَكُ التَخْزِين [铁]待避线
خَزْنَة جـ خُزَن / خِزَانة جـ خَزَائِن 食橱，碗柜

ـ / ـ الثِيابِ 衣橱，藏衣室
ـ / ـ الكُتُبِ 书橱，书柜
ـ / ـ حَدِيد 保险柜，保险箱
ـ 弹膛，枪膛
ـ السُفْرَةِ 小卖部(火车站，剧院里供给顾客小吃的地方)
خِزَانَة (农民家里的)小储藏室
ـ الدوْلة / الـ الحُكُومِيَّة / الـ العامَّة 国库，金库
خَزِينَة جـ خَزَائِن وخَزِينَات: كَنْز 宝藏，财宝
ـ: بَيْتُ المالِ 金库，国库
خازِن جـ خَزَنَة وخُزَّان / خَزنْدَار (مـ) / خَزَنْدَار جـ خَزَنْدَارِيَّة: أَمِينُ بَيْتِ المَالِ 司库员，出纳员
ـُ البُنْدُق [鸟]五十雀
ـ / مَخْزَنْجِي جـ مَخْزَنْجِيَّة (مـ): أَمِينُ المَخْزَنِ 仓库管理人，栈房管理人
خَزَّان جـ خَزَّانَات وخَزَازِينُ 贮藏室
ـ الوَقُودِ 油箱，油槽
ـ المِيَاهِ: حِبْس 水库，水坝
ـ: صِهْرِيج / حَوْض 水池，水堰，大水槽，水柜
مَخْزُون جـ مَخْزُونَات 库存的，存货
مَخْزَن جـ مَخَازِن: مَوْضِعُ الخَزْنِ 栈房，仓库，贮藏室
ـ: مُسْتَوْدَعُ بَضَائِعَ / دُكَّان 商店，店铺，批发庄，百货公司
مَخَازِنُ الطَرِيقِ: طريق قَصِيرة / تَخْرِيمَة (مـ) 近路，捷径
مَخْزَنْجِيَّة (مـ): أُجْرَةُ الخَزْنِ 栈租，仓库费
خَزِيَ ـَ خِزْيًا وخَزًى: ذَلّ وهَانَ 受辱，受侮辱
ـ: اِسْتَحْيَا 惭愧

خَزَى ـِ خَزْيًا وأَخْزَى فلانًا: أَخْجَله 使害羞，使难为情
ـ ه و ـ ه: فضحه 揭发他的丑事，使丢脸，使失体面
اِسْتَخْزَى: استحيَا 惭愧，羞愧
خِزْي: عَار 耻辱，羞耻，丢脸
ـ: خَجَل 怕羞，羞怯
خِزْيَة جـ خِزَيَات 耻辱
خَزْيَانُ م خَزْيَاء جـ خَزَايَا / مَخْزِيّ 惭愧的
المَخْزِيّ: الشَيْطَان 恶魔
مَخْزَاة جـ مَخَازٍ 可耻的行径
مُخْزٍ م مُخْزِيَة: مُخْجِل 使人丢脸的，不体面的，可耻的，使人羞愧的
خَسَأَ ـَ خَسْأً الكلبَ: طَرَدَه 驱逐(狗)
ـ ـَ خَسْأً وخُسُوءًا البَصَرُ 眼力减弱
خَسِئَ ـَ خَسَأً وانْخَسَأَ الكلبُ: بَعُدَ وانزجر (狗)被逐
خَسِئْتَ يا رَجُلُ! 滚开！
خَسْئًا لَكَ / اِخسَ عَلَيْكَ (مـ)! 呸！可耻！不害羞！不要脸！没羞没臊！
خَاسِئ 被逐的
ـ (视力)减弱的
فارْتَدَّ بَصَرُهُ خاسِئًا 他的眼力减退了
خَسْتَخَانَة جـ خَسْتَخَانَات (波) 医院，医务室
خَسْتَك 有病，感到不大舒服
خَسْتَكَة: تَوَعُّك المِزَاج 不适，不舒服
مُخَسْتَك: مَوْعُوك 患微恙的，不舒服的
خَسِرَ ـَ خَسْرًا وخُسْرًا وخَسَرًا وخَسَارًا وخَسَارَةً وخُسْرَانًا: ضَلَّ 迷路
ـ: ضدّ رَبِحَ (وبمعنى فَقَدَ وأَضَاعَ) 折本，亏本
ـ: تَلِفَ 损坏，败坏

ـ: هَلَكَ 死亡，灭亡
ـ حَقًّا أو مَالاً: أضاعَه 丧失权利或财产
خَسَّرَه وأَخْسَرَه: جعله يخسر 使损失，使丧失
ـ ه: أتْلَفَه 毁坏，糟蹋，损坏，伤害
خُسْر / خَسَار / خَسَارَة / خُسْرَان: ضدّ رِبْح 折本，亏损
ـ / ـ / ـ / ـ: تَلَف أو ضَرَر 损坏，毁坏
ـ / ـ / ـ / ـ: هَلاك 灭亡，毁灭，沉沦
خَسَارَة جـ خَسَائِرُ 损失
يا ـ! 多可惜!
وَقعَ في الخُسْرَان 受到损失
خَاسِر / خَسْرَان (مـ): ضدّ رَابِح 折本者，受亏损者
مُخسِرٌ: يَعْبَثُ بالمَصْلَحَة 不利的，有害的
خَسْرَوَان (مـ) / سَرْج خَسْرَوَان 横鞍，偏座鞍，女鞍
خَسَّ ـُ خَسًّا وخَسَّسَ نَصِيبَه: نقّصه 减少(份额)
خَسَّ ـَ خَسَاسَةً وخُسُوسَةً وخِسَّةً: نَقَصَ 减少，减低，减弱，减缩
ـ الرجُل: رَذُل 成为下贱的、卑贱的、卑劣的
خِسَّة / خَسَاسَة: دنَاءَة 下贱，卑劣
ـُ النَفْسِ 卑鄙，下贱
خَسّ [植]莴苣
خَسِيس جـ خِسَاس وأَخِسَّة وأَخِسَّاء: سَافِل / دَنِيء 下贱的，卑劣的，粗野的，恶劣的
خَسَفَ ـِ خُسُوفًا وانْخَسَفَ: غارَ / هَبَطَ 崩溃，倒塌，倾颓
ـ وـ القَمَرُ 月食
ـ الأَرْضَ 使沉沦，使大陆沉陷
خُسُوفُ القَمَرِ: احتِجابُه 月食
ـ الكَوَاكِبِ 掩食(一星被他星掩蔽)
خَسْف: ذُلّ 屈辱
سَامَهُ خَسْفًا: أَذَلَّه 侮辱他，凌辱他
خَسِيفُ العَقْلِ 愚蠢的，昏庸的
خَشُبَ وتَخَشَّبَ (مـ) واخْشَوْشَبَ 木质化，变成木质
ـ ه (مـ): حَوَّله إلى خَشَب 使变成木质，木质化
تَخَشَّبَ: تَيَبَّسَ 变硬
خَشَب جـ خُشُب وخُشْب وخُشْبَان وأَخْشَاب:
ما تَشُقُّه من الشَجَر (عُمُومًا) 木头，木料，木材
ـ أَبْيَض 木板，枞料，松料，杉木
ـ البِنَاءِ (أو الخَام) / ـُ العِمَارَةِ 木料，木材
ـ (في عِلْمِ النَبات) 木质，木素，木质素
ـ البُنْدُقِيَّة 枪托
ـ مَحْفُور 木刻
ـ صُلْب أو صَلْد 硬(木)材，阔叶材；阔叶树
ـ لَيِّن 软(木)材，针叶材；针叶树
ـ القَلْبِ (树木的)心材
ـ النُسْغ (树皮和树心之间的)边材
ـ مُعَاكِس / ـ رَقَائِقِيّ / أبلكاشي 三合板，胶合板
أَخْشَابُ الحَرِيق 劈柴，木柴
خَشَبَة جـ خَشَب وخَشَبَات: قِطعة خَشب 一块木头
ـ المَسْرَح 舞台，戏台
ـُ المَيِّت: نَعْش 棺架，尸架
خَشَبِين: المادّة الخشبيّة في النبات 木质，木素，木质素，木质纤维原料
تَخْشِيبَة جـ تَخْشِيبَات (مـ): مِظَلَّة خَشَبِيَّة 木棚

ـ: سجن موقّت 临时拘留所，禁闭室，临时监狱

خَشَبِيّ / من الخشب 木头的，木质的，木制的

ـ / كالخشب 如木的，木质似的

مَسامِيرُ ـ ة 木钉

خَشَبِيَّة: زِلْفُون (أ) xylophone [乐]木琴

تخَشَّبَ رِمِيّ (المَوْتَى): نُزُور 尸僵，死后僵直

خَشِيب: غيرُ مَصْقُول 粗糙的，不光滑的

خَشَّاب: بائع الخَشَب 木材商，木料商

مُتَخَشِّب: متيَبِّس / جَاسِئ 强直的，僵硬的

خُشْت جـ خُشُوت (مـ): عَصًا مُدَبَّبَةُ الرَّأسِ / مِخْزَق 尖头棍

خُشْتَاشَة (مـ): وَصِيفَة 侍女

خِشْتَق جـ خَشَاتِقُ / خَشْتَك جـ خَشَاتِكُ (مـ) 裤袋，表袋

خَشْخَش: صَلَّ / حَفْحَفَ 叮当地响，作叮当声

ـ: قَعْقَعَ / جَلْجَلَ 发叮当声，金属相碰作声

ـ الثَّوْبُ الجديدُ: حَفَّ 新衣作沙沙声

خَشْخَشَة: شَخْشَخَة (مـ) 铿锵声，叮当声

ـ: حَفِيف 沙沙声，飒飒声

خَشْخَاش: أَبُو النَّوْمِ (مـ) [植]罂粟花

خَشْخَاشَة: لَحْد 坟中藏尸处，墓穴

خَشْخِيشَة: شُخْشِيخَة (مـ) / أُلْعُوبَة 玩具，骗钱货，骗孩子的东西，美观的便宜货

خَشْخَنَ الماسَ وغيرَه (مـ) (在钻石等上)刻小平面，琢磨

ـ السِلاحَ الناريَّ (在枪、炮腔内)作来福线

ـ العَمُودَ (في المِعْمار) [建](在柱子上)刻沟，挖槽

خَشْخَنَة 研磨；刻凹槽；刻来福线

خُشْخَان: تَقْوِير (مـ) (في المعمار) [建](柱等的)槽，沟

ـُ السِلاحِ النَارِيِّ 枪炮的来福线

ـُ الأَحْجَارِ الكَرِيمة 多面体宝石的小平面

مُخَشْخَن 有槽或沟的；有来福线的

خُشَار 废物；残肴；坏人

خَشْرَم جـ خَشَارِمَة 一群(蜂)

خَشَّ ـُ خَشًّا فيه: دَخَلَه 入，进，进来，进去

ـ البَعِيرَ 把小木棍插入骆驼鼻子

خِشَاش جـ أَخِشَّة: هَوَامُّ الأَرضِ 蠕虫，爬虫

مَخْشُوش 鼻子上戴小木棍的骆驼

يَهِيجُ كالجَمَل الـ (像被穿鼻子时的骆驼一样咆哮)暴跳如雷

خَشَعَ ـَ خُشُوعًا له: خَضَعَ 屈从，恭顺，谦恭

ـ ببَصَرِه: غَضَّه 垂目示敬

تَخَشَّعَ: أَظْهَرَ الخُشُوعَ 表示恭敬或严肃

ـ: أَظْهَرَ الخُضُوع 表示谦虚，表示谦逊

خُشُوع: اِحْتِرَام 恭敬，庄重

ـ: خُضُوع 谦虚，谦逊

خَاشِع جـ خُشَّع وخَشَعَة وخَاشِعُون 谦恭的，谦逊的

خَاشِعًا خَاضِعًا 毕恭毕敬地，肃穆地

خَشَفَ ـِ خُشُوفًا وخَشَفَانًا الماءُ: جَمَدَ 结冰，冻结

خَشَّفَه: دلَّه على الطريق 引路，带路，向导

خَشْف وخِشْف وخُشْف جـ خُشُوف وخِشَفَة: وَلَدُ الظَّبْيِ 初生的小羚羊

خَشَف / خَشِيف: ثَلْج خَشِن / جَمَد رَخْو 雪

خَشُوف: مُتَحَرِّش / حِشَرِيّ (مـ) 干涉者，干预者，好事者

خُشَاف 甜水(用葡萄干、无花果干、杏干等泡成的饮料)

خُشَّاف (عـ): خُطَّافٌ جَبَلِيّ 褐雨燕

ـ الليلِ (عـ): خُفَّاش (انظر وَطْوَاط) 蝙蝠

خُشْكَار 黑面包
خُشْكَرِيشَة (مـ): غَثِيثَةُ القُرْحة [医]腐肉
خَشَّمَهُ: أَسْكَرَهُ 使醉
خَيْشُوم جـ خَياشِيم / خَشْم (مـ): أَنْف 鼻子
ـ السَمَك: تَخْشُوش (مـ) 鳃
خَشُنَ ـُ خُشُونَةً وخُشْنَةً وخَشَانَةً ومَخْشَنَةً: ضدّ نَعُمَ 粗，粗糙，粗劣
ـ: ضدّ مَلُسَ 不光滑
خَشَّنَه: صَيَّره خَشِنًا 使粗糙，使不光滑
خَاشَنَه: ضدّ لايَنَه 粗野地对待他
اِخْشَوْشَنَ وتَخَشَّنَ 过艰苦生活；粗糙异常
خُشُونَة / خَشَانَة 粗糙，不光滑，不细腻
خَشِن جـ خِشَان: ضدّ ناعِم أو دَقيق 粗的，粗糙的，不细腻的
ـ: ضدّ مَلِس 粗糙的，不光滑的
ـ: جَافّ 粗糙的，不柔和的
ـُ الأَخْلَاقِ 粗鲁的，无礼貌的，粗野的
الجِنْسُ الـ 男人
خَشِيَه ـَ خَشْيًا وخِشْيًا وخَشْيَةً وخَشَاةً وخَشَيَانًا ومَخْشِيَةً ومَخْشَاةً: خَافَه 畏惧，惧怕
ـ عليه 为他担心
اِخْتَشَى (مـ): خَجِلَ 害羞，害臊，羞愧
خَشْيَة / خِشْيَة / خَشْي / خِشْي: خَوْف 恐惧，畏惧，忧惧，害怕
خَشْيَةً منْ أَنْ: لِئَلاَّ 恐怕，生怕
خَشٍ / خَاشٍ / خَشْيَان م خَشِيَة / خَاشِيَة / خَشْيَانَة / خَشْيَا جـ خَشَايَا: خائف 惧怕的，害怕的
خَشِيّ / مُخْتَشٍ (مـ) 羞怯的，怕羞的，畏缩的，腼腆的
خِشْو (مـ) / اِخْتِشاء (مـ) 害羞，害臊
خَصِبَ ـَ وخَصُبَ ـِ خِصْبًا وأَخْصَبَ المكانُ: كان خَصِبًا 肥沃
أَخْصَبَه وخَصَّبَه (مـ): صيَّره خَصِبًا 使肥沃
أَخْصَبَ المكانُ: خصِب 肥沃
خِصْب جـ أَخْصَاب: كَثْرَةُ الإِنْتاجِ 肥沃，富腴
ـ: رَخَاء / كَثْرَةُ الخَيْرِ 富饶，丰饶
قَرْنُ الـ [神]丰饶角，丰富的象征
خَصِب / خَصِيب / مُخْصِب / مِخْصَاب 肥沃的
الهِلَالُ الخَصِيبُ (العِراق وسُورية ولُبْنان وغيرها) 肥沃的新月地带（指伊拉克、叙利亚、黎巴嫩等地）
خَصِرَ ـَ خَصَرًا اليومُ: صارَ بَارِدًا 天冷
ـ الرجلُ: آذاه البَرْدُ في أَطْرَافِه 手足被冻伤
خَاصَرَ المرأةَ في الرَقْصِ 在舞蹈中搂抱妇女的腰部
تَخَاصَرَ: وضَعَ يده على خَصْره 叉腰
اِخْتَصَرَ الكلامَ: أَوْجَزَه 摘要，撮要，节略
خَصْر جـ خُصُور: وَسَط 腰部
ـ العَقْد (في المِعمار) [建]起拱石
بِالاِخْتِصَارِ: قُصَارَى الكلامِ 简言之，一言以蔽之
ـ: بلا تَطْوِيلٍ 简洁地，简短地，简略地，扼要地
خَاصِرة جـ خَوَاصِرُ: جَنْب 侧，胁腹
مِخْصَرَة جـ مَخَاصِرُ: عصا قصيرة كعصا الساحِرِ 指挥棒；魔杖
مُخَصَّرة: دقيقةُ الخَصْرِ 细腰的，柳腰的
مُخْتَصَر: مُوجَز 节略的，摘要的，扼要的
ـ: وَجِيز 简略的，简要的
ـ: مُفِيد 简明的，简洁的，扼要的，言简意赅的
ـ: خُلَاصَة 摘要，概要，梗概
خَصَّ ـُ خَصًّا وخُصُوصًا وخُصُوصَةً وخُصُوصِيَّةً

وتَخِصةً وخِصِّيَّةً وخِصِّيصَى وخِصِّيصَاء واخْتَصَّ فُلانًا بالشيء: فَضَّله به 特别供给他，(以特别的东西)专归(某人)

ـ وـ به: تَعَلَّق 属于他，关于他

ـ وـ به: كان مِنَ اخْتصاصِه 属于他的职权

ـ ه كذا: خصّه 属于他的份额

ـ ه بالذِكْر 特别提到他

خَصَّ ـَ خَصَاصَةً وخَصَاصًا وخَصَاصَاءً: افتقر 贫困

خَصَّصَ الشيءَ: ضد عَمَّمَه 指定，列举

ـ ه: عيَّنه لغَرَضٍ خَاصّ 专门化，特殊化；专用于

ـ ه: أَفْرَدَه 指示，指定，选定，留下

تَخَصَّصَ واخْتَصَّ بكذا: انفرد 专作某用

ـ بفَرْعٍ من العِلْم 专长于，擅长于(某门科学)

خَصَاص: شَقّ 空隙，间隙，罅隙，裂缝

خُصّ جـ أَخْصاص وخُصُوص وخِصَاص: عُشَّة (م) 草棚，棚舍，小棚，茅舍，草屋

خُصَاصَة جـ خُصَاص 残存的葡萄；不大的数量

خُصُوص: صَدَد 关于…

من ـ (وبِخُصُوصِ) كذا 关于…，对于…

من هذا الخُصُوصِ 关于这方面，对于这一点

وخُصُوصًا / على الخُصُوصِ / على وَجْه الخُصُوصِ 特别地，格外地，尤其

خُصُوصِيّ / خَاصّ: ضدّ عُمومِيّ 特别的，特殊的，独特的，专门的

ـ / ـ: شَخْصِيّ 私人的，个人的，本人的

خُصُوصيَّات 特殊性，独特性，个别性

تَخْصِيص: ضدّ تعميم 指定，列举

ـ: تَعْيين لغَرَض مَخْصُوص 专门化，特殊化

عَلامَةُ الـ 引号，括弧(“ ”)

بالـ 特地

عَلَى الـ وعلى التَعميم 个别的和一般的

اِخْتِصاصُه: دائِرةُ نُفُوذِه وسُلْطَتِه 管辖权限，职权范围

ـُ المَحْكَمَة أو القَاضِي 裁判权，司法权

عَدَمُ ـ المَحْكَمَة [法]无能力

الدَفْعُ بِعَدَم الـ [法]妨诉抗辩

اِخْتِصَاصِيّ / إخْصَائِيّ 专家，技师

خَاصّ: نَوْعِيّ [生]种的

المِلْكِيَّةُ الـ ة 私有财产制

الحَيَاةُ الـ ة 私人生活

عَيْش ـ (م): ضدّ جِرَايَة (م) 白面包

خَاصَّة جـ خَوَاصّ: صِفَة خُصُوصِيَّة 特性，特征，特色，特质；怪癖

خَوَاصّ: خُلاصَة 要素，精粹

خَاصَّةً / خُصُوصًا / على الخُصُوص: بِنَوْعٍ أَخَصّ 特别地，独特地，专门地，格外地

الخَاصَّة: ضد العامّة من الناس 上流社会，贵族

عَرَفَ هذا الخاصُّ والعامُّ 不论官民都知道这件事

عَامَّةً ... وخَاصَّةً ... 一般说来…而其中特别是…，总的说来…而其中特别是…

خَاصِّيَّة جـ خَاصِّيَّات وخَصَائِصُ 特征，属性

خَصَائِصُ (فَوَائِدُ) طِبِّيَّة 治疗效果，疗效

خِصِّيصًا 特意地

مَخْصُوص: خُصُوصِيّ 特别的，特殊的，特备的，专门的

ـًا (م): عَمْدًا 有意地，故意地

قِطَار ـ 专车，特别列车

مُخَصَّصَات 专款

ـُ المَلِكِ (立宪君主国)皇室费

مُتَخَصِّص في كذا 专门于，擅长于，特长于，专长于

مُخْتَصّ 适当的，应有的，规定的

السُلْطَانُ الـ 当局

الهَيْئَاتُ الـ ةُ 有关部门，专门机构

على الأَخَصّ / بِالأَخَصِّ 特别是，尤其是

خَصَفَ ـِ خَصْفًا وأَخْصَفَ واخْتَصَفَ النَعْلَ: خَرَزَها بالمِخْصَف 修理，补(皮鞋)

خَصَفَة جـ خَصَف وخِصَاف 用枣椰叶编织的筐子

مِخْصَف جـ مَخَاصِفُ: مِخْرَزُ الإسْكَافِ 锥子

خَصْلَة جـ خِصَال: خَلَّة 习惯，习性，癖性

خُصْلَة جـ خُصَل: حُزْمَة صَغيرة 一簇，装饰用的花结

ـ: لِمَّة / عُنْقُود 一簇，一挂，一串，一嘟噜

ـ شَعْرٍ 一绺头发

خَصَمَه ـِ خَصْمًا: تَغَلَّبَ عليه 克服，击败，胜过，压倒

ـ (مـ): أَسْقَطَ / طَرَحَ 扣除，折扣

ـ من الثَمَنِ (مـ): حَطَّ 减价

ـ كَمْبِيَالَةً (مـ) (سُفْتَجَةً) 折息，扣息，贴现

خَاصَمَه 争论，口角

اِخْتَصَمَ وتَخَاصَمَ القَوْمُ 相互争论

خَصْم جـ خُصُوم وأَخْصَام وخِصَام / خَصِيم جـ أَخْصَام وخُصْمَان وخُصَمَاء / مُخَاصِم: غَرِيم 对手，敌手

ـ / ـ: أَحَدُ الفَرِيقَيْنِ المُتَقَاضِيَيْنِ 诉讼当事人(原告或被告)

ـ / ـ: مُزَاحِم / غَرِيم 对手，对方，竞争者，仇人，敌人

خَصْم ثَالِث [法]第三者

ـ (مـ): إسْقاط / حطّ 扣除，折扣

ـ من الثَمَن (مـ): سَمَاح 折扣，减价

ـ الكَمْبِيَالاَت (مـ): قَطْع 折息，扣息，贴现

بَنْكُ الـ 贴现银行

أُصُول وخُصُوم 本金和贴现，本和利

خِصَام / خُصُومَة جـ خُصُومَات: نِزَاع 争吵

ـ / ـ: مُشاحَنَة 争论，论战

ـ / ـ: مُقاضَاة 涉诉，打官司

مُخَاصَمَة: مُنازَعَة 争吵，诉讼

خُصِين جـ خُصُن وأَخْصُن: فأس صغيرة 小锄头

خَصَاه ـِ خَصْيًا وخِصَاءً واخْتَصَاهُ: سَلَّ خُصْيَتَيْه ونَزَعَهما / طَوَّشَه (مـ) 阉割，截除睾丸，劁

ـ ه وـ ه: قَطَعَ ذَكَرَه 去势

خِصَاء: تَطْوِيش (مـ) 去势，阉割，截除睾丸

خُصْيَة: بَيْضَة من أَعْضاءِ التَناسُل وهما خُصْيَتَان جـ خُصًى 睾丸，精巢

خَصِيّ جـ خِصْيَة وخِصْيَان: طَوَاشِي (مـ) / أَغا (مـ) 阉人，太监，宦官，老公，公公

حَيَوَانٌ خَصِيٌّ ومَخْصِيٌّ 被阉割的动物(骟马；宦牛，犍牛；羯羊；阉猪；骟狗；净猫；镦鸡)

إخْصَائِيّ 专家，能手，技师

خَضَبَ ـِ خَضْبًا وخَضَّبَ الشيءَ: صَبَغَه 染，浸染

اِخْتَضَبَ 着色，变成…颜色

اِخْضَوْضَبَ اِخْضِيضَابًا الشَجَرُ: اخْضَرَّ 变成绿色

خِضَاب: ما يُخْضَبُ به 染料，颜料，色素

خَضِيب جـ خُضُب: مَخْضُوب 被涂上颜色的

خَضْخَضَ: هَزَّ / حَرَّكَ 震荡，摇荡

خَضَدَ ـِ خَضْدًا العُودَ: كَسَرَه 折断

ـ شَوْكَتَه 去掉刺；挫伤了他的威力

خَضِرَ ـَ خَضَرًا واخْضَرَّ 变绿，变成绿色的，

青葱的，翠绿的

خَضَّرَه: صيَّره أَخْضَرَ اللَوْنِ 使变绿，染绿色，加绿色，使成绿色

ـ الأَرْضَ (مـ): زرَعَها 播种，撒种，种植

خُضْرَة جـ خُضَر وخُضَر / خَضَار (مـ): لَوْنُ الأَخْضَرِ 绿色，新绿，青葱，翠绿

خَضَار / خُضَار (مـ) وخَضْرَاوَات: بَقْلَةٌ خَضْرَاء 蔬菜，青菜

خُضَارِيّ / خُضْرِيّ (مـ) جـ خَضَارِيّ: بَطٌّ بَرِّيّ 野鸭

ـ / خُضَيْرِيّ جـ خَضَارِيّ / أَخْضَرُ: أَخْيَل 金翅鸟

خَضَّار / خَضَرْجِي (مـ) / خُضَرِيّ: بَيَّاع الخَضَارِ 蔬菜商

خَضِير / خَضِرٌ / أَخْضَرُ م خَضْرَاء جـ خُضْر 绿的，青葱的，翠绿的

أَخْضَرُ: بلون الزَرْع 青的，绿的

ـ: غيرُ ناضجٍ 不熟的

ـ زَيْتِيّ 油绿色的，绿油油的

ـ حَشِيشِيّ 深绿色的，草绿色的

أَخْضَرُ بَارِيسَ 巴黎绿

أَخْضَرَان: شَجَر وعُشْب 二绿(树和草)

اِكْتَسَحَ الأَخْضَرَ واليَابِسَ (急流、风暴)扫去一切，席卷一切

الخَضْرَاءُ 天空，青天，碧落

خَضْرَاءُ الدِمَنِ (粪堆上的青草)小家碧玉

مَخْضَرَة: مكان خَضِر 牧场，草地，草坪，细草地

يَخْضُور 叶绿素

خِضْرِم: بئر كثيرة الماء 水多的井

بَحْرٌ خِضْرِم: كثيرُ الماءِ 汪洋大海

رَجلٌ خِضْرِم: كثيرُ العَطاءِ 仗义疏财的人

شَاعِرٌ مُخَضْرَمٌ: من مَضَى شيء من عمره في الجَاهِلِيَّة وشيء في الإسلام 跨时代的诗人(生在伊斯兰教前蒙昧时代和伊斯兰教初期的诗人)

خَضَّه ـُ خَضًّا (مـ): خَضْخَضَه / رَجَّه 摇荡，震荡，摇动

ـ ه (مـ): أَفْزَعَه 恐吓，威胁，恫吓，吓唬

ـ اللَبَنَ (مـ): مَخَضَه 搅拌牛奶

ـ الزجاجةَ (مـ): رجَّ ما فِيها 震动瓶子，摇动瓶子

خَضَّضَ البنتَ: زَرْكَشَها بالتِرْتِر وغيره 饰以灿烂的小饰物

اِنْخَضَّ 颠簸，被震动

ـ 被吓唬的

خَضّ (مـ): خَضْخَضَة 摇动，猛摇

لَبَنُ الخَضِّ (مـ): مَخِيض 酪浆，酪乳(脱脂的奶)

خَضَّة جـ خَضَّات (مـ): فَزْعَة 震惊，惊愕

خَضَّاضة: مِلْحُ النُشَادِرِ وخَلٌّ عِطْرِيّ (妇女用的，碳酸铵等所制的)香药，嗅盐

خَضَعَ ـَ خُضُوعًا وخَضْعًا وخُضْعَانًا: أَذْعَنَ وانْقَادَ 服从，顺从，屈从

خَضَّعَه وأَخْضَعَه: صيَّره خَاضِعًا 征服，制服，使屈服

خُضُوع: إذْعان 服从，顺从，屈从

نُقْطَةُ الـ: نِهايةُ حدّ المُرُونَةِ [物]屈服点

خاضع جـ خُضَّع / خَضوع جـ خُضُع: مذعن 服从的，顺从的，驯服的

ـ لكذا: تَحْتَ حُكْمِ كذا 隶属于…，归…管理、指挥

ـ للقَانُون 守法的

الأَقْطَارُ الـ ـة 附属国

خَضَّلَ وأَخْضَلَ الشيءَ: بلَّله	使潮湿，弄湿
خَضِل	湿的，潮湿的，湿润的
–	新鲜的，凉爽的，有生气的
خِضَمّ: بَحْرٌ عَظيم	大海
غَرِقَ في – من التَفاؤُل (沉于乐观之海) 非	
	常乐观
خَطا (في خطو)	
خَطِئَ –َ خَطَأً وأخْطَأَ: ضِدّ أصاب	做错
– و–: غَلِطَ	(说)错；(写)错
– –ـَـ خَطَأً وخَطَأَةً: أذْنَبَ	犯罪，作恶
خَطَّأَهُ: غَلَّطه	责备，谴责，责难，非难
أَخْطَأَ بين الشيئَيْن	误认，错认，误会
– الإستِعْمَال	错用
– التَقْدير أو الحِساب	误算，错算，错误估计
– الغَرَض	未中，没打中
– الفَهْم	误解，误会
– في الإستِنْتاج	误推，推论错误，推断错误
– في النَقْل (أي التَرْجَمة)	误译，译错
– في التَهْجِئَة	误拼(字母)，拼错
– اللَفْظ	误读，读错
– في التَسْمِيَة	误称，叫错名字
خَطَأ وخَطَاء جـ أخْطَاء: غَلَط	错误，过失，过错
– /–ـَـ: غَيْرُ صَحِيح	错误的，不对的，不正确的
– لَفْظِيّ	发音上的错误
– مَطْبَعِيّ / – الطَبْع	印刷上的错误，手民之误
– في الحِساب	算错
مِنَ الـ أَن …	错误的是…
خَطَأً / بالخَطَاء	错误地
خَاطِئ جـ خَطَأَة م خَاطِئَة جـ خَوَاطِئُ: مُذنِب	

犯罪者，犯过失者，犯错误者	
错误的，错的，误失的，弄错的	– / مُخْطِئ: غَالِط
خَطِيئَة جـ خَطَايا وخَطِيئَات / خَطِيَّة جـ خَطَايا:	
罪恶，罪行；错误，过错	إثْم
小罪，轻罪	– عَرَضِيَّة
大罪，重罪	– مُمِيتَة
خَطَبَ –ُ خُطْبَةً وخَطْبًا وخَطابَةً: ألْقَى خُطْبَةً	
演说，讲演，讲话	
خَطَبَ –ُ خِطْبَةً وخَطْبًا وخِطِّيبَى الفَتَاةَ: عَقَدَ	
订婚	خِطْبَتَه عليها
求婚	– الفتَاةَ: طَلَبَ الاقترانَ بها
交朋友，得欢心	– وِدَّه
把她嫁给他	خَطَّبَ (م) وخَطَّبَ فَتَاةً على فَتًى
交谈	خَاطَبَه وتَخاطَبَ معه
写信给他	– ه: كَتَبَ إليه
交谈，会谈	تَخَاطَبَا: تَحَادَثَا
彼此通信	–: تَكَاتَبَا
不幸，灾难，灾祸	خَطْب جـ خُطُوب: أمْر مَكْرُوه
怎么啦！	ما خَطْبُك
演说，讲话，发言	خُطْبَة جـ خُطَب / خَطَابَة: كَلامُ الخَطِيب
说教，训诫	– دِينِيَّة: مَوْعِظَة
学术讲演	– / – عِلْمِيَّة
讲演术，雄辩术	فَنُّ الخَطَابَة
讲演的，演说的，雄辩的	خَطَابِيّ
演讲会	حَفْلَة – ة
求婚，订婚	خِطْبَة جـ خِطَب / خُطُوبَة (م)
信，信札，书信	خِطَاب جـ خِطَابَات: رِسَالَة
活支汇票，旅行提款折	– اعْتِمَاد
介绍信，推荐信	– تَوْصِيَة

ـُ العَرْش 英国国会开会式的敕语

فَصْلُ الخِطَاب 最后决定

مُخَاطَبَة جـ مُخَاطَبَات 谈话，谈判

لُغَةُ التَخَاطُبِ 口语

خاطِب 谈话者，讲演者

ـ أو خَاطِبَة: وَسِيطُ الزَواج 媒人，月下老人，婚姻介绍人

خَطِيب جـ خُطَبَاء: مُلْقِي الخُطْبَةِ 讲演人，讲话者，发言人

ـ مُحْتَرِف 讲演家，演说家，雄辩家，辩士

ـ (مـ) / خاطِب: طَالِبُ الزَواج 求婚人

ـ (مـ) / ـ: المُرْتَبِط للتَزَوُّج 未婚夫，已订婚的男人

خِطِّيبَة جـ خِطِّيبَات / خَطِيبَة (مـ) / مَخْطُوبَة 未婚妻，已订婚的女子

مَخْطُوب 已订婚的

المُخَاطَب: (في النحو) الشَخْصُ الثَانِي [语]第二人称

الـ: المُوَجَّه إليه الكلامُ 对话的人

خَطَرَ ـِ خَطَرَانًا وخَطِيرًا: تَذَبْذَبَ / تَرَجَّحَ 摆动，摇摆，摇动，游移

ـ في الغُرْفَةِ 在室内踱来踱去

ـ بسَيْفِه: هزَّه ولوَّح به مُعْجَبًا 挥剑

ـ / تَمَخْطَرَ (مـ): تَبَخْتَرَ 高视阔步，大摇大摆

خَطَرَ ـُ خُطُورًا الأمرُ له: سَنَحَ 想到，想起

ـ الأمرُ على باله وفي بالِه وببالِه 想到，想起

لَمْ يَخْطُرْ بالبال 没有想到，料想不到

خَطَرَت على ذِهْنِه هذه الخاطِرةُ 他脑海中有过这个想法

خَطُرَ ـُ خَطَرًا وخُطُورَةً: كان خَطِيرًا 重要，重大，严重

خاطَرَه على كذا: رَاهَنَه 打赌，赌赛

ـ بنَفْسِه: جَازَفَ 冒险

ـ بكذا: عَرَّضَه للخَطَر 使受危险，危及，危害，置于险地

أخْطَرَ الشيءَ في أو على أو ببَالِه: أعْلَمه ونبَّهَه 通知

ـ ه: صار مثلَه في الخَطَرِ والقَدْرِ 变成与…同样重要

ـ المريضُ: دَخَلَ في الخَطَرِ 病危，病笃，病情严重

تَخَاطَرُوا على كذا: تَرَاهَنُوا 打赌，一起打赌

خَطَرَانٌ / تَخَطُّر (مـ): تَذَبْذُب 摇摆，摇动，摆动，摇晃，游移

خُطُورَة: أَهَمِّيَّة 严重，重要，重大

خَطَر جـ خِطَار جج خُطُر: ما يُرَاهَن عليه 赌注，赌物，赌金

ـ جـ أَخْطَار: إشْرَاف على تَهْلُكَة 危险，危难

ـ: مُجَازَفَة 冒险

ـ مُحْدِق 迫近的危险

ـ على الصِحَّة 对健康的威胁

ـُ الحَرْبِ 战争威胁

إشارةُ الـ 警报

أَوْقَعَه في ـ 置于险地，使受危险

خَطْرَة جـ خَطَرَات 回，次

خَطَرَاتُ الريح 阵阵微风

إخطار: إنْذَار 忠告，警告，提醒，劝告

خَاطِر جـ خَوَاطِر: فِكْر 意见，想法，念头

خَاطِر جـ خَوَاطِر 感怀，感触，偶感

خاطِر (مـ): هَوًى / مَيْل 兴趣，爱好，愿望

ـ (مـ): كُرْمَة / كُرْمَان 缘故

لم يَدُرْ بـ ـ ي 我连想也没想到过

كدَّر ـ ه 使他惶恐不安
على ـ ـِكَ 随你的便
إكْرَامًا لِـ ـ ـكَ 为了使你喜欢
سَرِيعُ الـ ـِ 聪敏的，机警的，伶俐的，机灵的
لِأَجْلِ ـ ـِي 为我的缘故，看在我的面上
رَاعَى ـ ـَه 照顾他，体贴他
كَسَرَ ـ ه (مـ): أَغَمَّه 不体贴，不肯通融，使他伤心
عن طِيبِ ـ 自愿地，心甘情愿地
أَخَذَ على ـ ـِه (مـ): تكدَّر 生气，发怒
أَخَذَ بـ ـ ـِه (مـ): عزَّاه 安慰，慰劳，慰藉
ـ ـَكُمْ (س): في حِفْظِ الله 再会，再见
تَبَادُلُ الخَوَاطِرِ 精神感应术，以心传心术
تَوارُدُ الخَوَاطِرِ 两首诗的偶合(不是剽窃)
خَطِر: مُخْطِر 危险的，有危险的，不安全的
خَطِير جـ خُطْر: هَامّ 严重的，重要的，重大的
ـُ الشَّأْنِ 重要的
خَطَّارُ السَّاعَة: بَنْدُول (أ) 钟摆
مُخاطِر: مُراهِن 打赌的人
ـ: مُجَازِف 冒险者
مَخاطِر 危险
خَطْرَفَ المَرِيضُ (مـ): هَذَى 发谵语
خَطَّ ـُ خطًّا بالقلم: كَتَبَ 书写，写
ـ على الشيء: رَسَمَ عليه خطًّا 画线，打线
ـ تَحت جُمْلَةٍ خطًّا (لإظْهَار أَهميّتِها) 在词句下面画着重线
ـ واخْتَطَّ خُطَّةً: رَسَمَهَا 作计划，设计，策划
ـ وـ الشارِبُ: طَلَعَ 生髭，长小胡子
خَطَّطَ: سَطَّر 画线，画线条
ـ الأمرَ 计划，规划，部署
ـ الأَرْضَ: مَسَحَهَا / قَاسَهَا 测量土地

ـ الأرضَ بالمِحْرَاثِ: خَدَّها 耧沟，作畦沟
ـ القُمَاشَ وغيرَها: قَلَّمَه (مـ) 织出条纹
ـ الحَوَاجِبَ: زَجَّجَها 画眉，描眉
ـ الوَجْهَ 涂脸
تَخَطَّطَ (مـ) 给自己画眉和涂脸
خَطّ جـ خُطُوط: سطر 线，行；路线
ـ (بِلَوْنٍ مُخْتَلِف): سَيْح / قَلَم (مـ) 线纹，条纹，条痕
ـ: كِتَابَة 字迹，手迹，墨迹，笔迹，手书
ـ / عِلْمُ الخَطِّ 书法；字体
زَادَ على هذا المكتوب بِـ ـ يَدِه ما يَأْتِي ... 他亲笔在这封信上添上…
ـ المُؤَلِّفِ 作者亲笔题名，自署
الـ الكُوفِيّ 库法体
الـ المِسْمَارِيّ 楔形文字
ـ: أُخْدُود / ثَلْم 犁沟，畦
ـ (في الزِرَاعَة) [农]条沟，小畦
ـ الاِسْتِوَاءِ (في الجُغْرَافيا) [地]赤道
ـ تِلِغْرَافِيّ 电报线
الـ الجَمَاهِيرِيّ 群众路线
ـ الحُدُود 边界，边界线
الـ المُنْحَنِي 曲线
ـ السَّفَر 旅行的路线
ـ الهُجُوم 进攻的路线
ـ تَقْسِيم المِيَاه 分水岭
الـ الجَوِّيّ في الخارِج 室外天线
الـ الأَرْضِيّ 地线
ـ رَئِيسِيّ 干线
ـ الطُّولِ / ـُ نِصْفِ النَّهَارِ / ـ الزَّوَالِ 子午线
ـ الطول (في الجُغْرَافِيا) [地]经线，经度
ـ العَرْضِ (في الجُغْرَافِيا) [地]纬线，纬度
ـ الاِعْتِدَالِ (في الفَلَكِ) [天]昼夜平分线，

ـ 赤道
ـ أُفُقِيّ 地平线，水平线
ـ الانْتِهَازِيَّة 机会主义路线
ـ التَّنْظِيم (في الحَرْبِيَّة والهَنْدَسَة) 准线
ـ العَوْم (船舶)载货吃水线
ـ السِكَّةِ الحَدِيدِيَّة / ـ حديديّ 铁路线
ـ مُسْتَقِيم 直线
في ـ ٍ مُسْتَقِيم: دُغْرِي (م) 笔直地走
على ـ ٍ مُسْتَقِيم 彻底地，彻头彻尾地
ضِدَّهُ على ـ ٍ مُسْتقيم 立于直接反对的地位
على طُول الـ 沿着全线
رَايَةُ الخُطُوط والنُجُوم 星条旗(美国旗)
خُطُوطُ الكَفِّ 手纹
خُطُوطُ المُوَاصلاَتِ 交通线
الخُطُوطُ الأَمَامِيَّة 前线
الخُطُوطُ الجَوِّيَّة 航线
خَطِّيّ 手抄的；书面的
خُطّ جـ أَخْطَاط: حَيّ / قِسْم من بَلْدَة (城市的)区域
مَحْكَمَةُ الأَخْطَاطِ 城区法庭
خَطَّة: شَرْطَة / فَاصِلَة / وعَلاَمَتها هذه[—] 短横线，破折号；[印][—]线，长画[——]
خُطَّة جـ خُطَط: طَرِيقَة 计划，(行动)方针，方法，规划
الخُطَطُ الحَرْبِيَّة [军]战术
خُطَطُ الدِرَاسَةِ / خُطَطُ التَعْلِيم 教学计划
تَخْطِيط 计划，设置，规划
ـ الأَرَاضِي: مِسَاحَتُهَا 测量土地
ـ البُلْدَان: جُغْرَافِيَا 地志，地理，地理学
ـ الحُدُودِ 划界，定界，区划
ـ المُدُن 城市的平面配置，城市规划
ـ القَلْبِ 心电图，心动电流图

رسم تخطيطيّ 草图，略图，图表，示意图，粗样
خَطَّاط: كاتِب 书法家
مَخْطُوط ومَخْطُوطَة جـ مَخْطُوطَات 原稿，手抄本
مُخَطَّط: مُزَيَّح / مُقَلَّم (م) 有条纹的
مِخْطَاط / مِخَطّ 尺
خَطِفَ ـَ خَطْفًا واختَطَفَ الشيءَ: اِسْتَلَبَه 攫取
ـ ه وـ ه: اسْتَلَبَه عَنْوَةً 绑架，劫持，抢夺
ـ وـ البَصَرَ: بَهَرَه 夺目，眩目
ـ وـ وَلَدًا أو مرْأَةً: هَرَبَ بها 诱拐，拐骗，拐骗妇女
تَخَطَّفَ واختَطَفَ الشيءَ 攫取，抓住
تَخَاطَفَ 互相抢夺
رَفَعَ بِيَدَيْهِ خَطْفًا ٩٠ كِيلُوغرَامًا 他一下抓举起90公斤
خاطِف: سَرِيع 快的，快速的
الحَرْبُ الـ ة 闪电战
نَظْرَة ـ ة 约略一瞥
خَطِيفة 被夺去的，被偷去的
خَطَّاف 偷盗者，掠夺者
خُطَّاف وخَطِّيف جـ خَطَاطِيفُ (م) 钩子；四爪锚；燕
ـ جَبَلِيّ / خُطُّف (س) 褐雨燕
ـ البَحْرِ: خرشنة 海燕，燕鸥
مِخْطَاف جـ مَخَاطِيفُ: كَلاَّب 钩，铁钩，吊钩
ـ / خُطَّف: عُصْفُورُ الجَنَّةِ (م) 燕子
ـ جَبَلِيّ: عُوَّار 褐雨燕
خَطِلَ ـَ خَطَلاً وأَخْطَلَ في كلامه: أَتَى بكلامٍ كثيرٍ فاسد 胡说，胡诌，乱道
ـ وـ في مَنْطِقِه أو رأيِه: أَخْطَأَ 错误
ـ وـ وتَخَطَّلَ: تَبَخْتَرَ 高视阔步，趾高气

扬，大摇大摆

خَطَل: كَلَام فارِغ (مـ) 废话，无聊话，胡话

من الـ أَنْ .. 是愚蠢的…

خَطِل جـ أَخْطَال 荒谬的，愚蠢的

خَطَمَه ـِ خَطْمًا وخَطَّمَه بالخِطَام: كَمَّمَه 给动物戴口套

ـ بالكلام: أسْكَتَه 使哑口无言

خَطْم / مَخْطِم / مِخْطَم: مُقَدَّمُ الفَمِ والأَنْفِ 人鼻；鸟嘴

خِطْمِيّ / خِطْمِيَّة: نَبات [植]药蜀葵

خِطَام جـ خُطُم: عِنَان (马的)笼头

خَطَا ـُ خَطْوًا واخْتَطَى: نَقَلَ رِجْلَه 步行，迈步

ـ نَحْوَ الأمام: تقدَّم 迈步前进，向前走，开步走

ـ خَطَوَاتٍ قَصِيرةً 小步，缓步，徐步

ـ خَطَوَاتٍ واسعةً في ... 大步迈进，迈了几大步

تَخطَّاه: جَاوَزَه 越过，跨过，超过，超越

خَطْوَة جـ خَطَوَات وخِطَاء: نَقْلَةُ الرِجْلِ 步，脚步，步伐，步调

ـ: قِياس طُولِيّ (٧٥ سَنْتِيمِتْرًا) 步距(等于75厘米)

خَطْوَة إلى الأمام 前进了一步

خَطْوَة حَاسِمَة 决定性的步骤

خُطْوَة جـ خُطًى وخُطْوَات وخُطُوَات: فَشْخَة (سـ) / ما بين القَدَمَيْن 步，脚步，步子；一跨，一步宽；步调，步伐

خَطِيَّة: خَطِيئَة 罪恶，罪过

خَفاء (في خفي)

خَفَتَ ـُ خُفُوتًا الصَوْتُ: سَكَنَ (声音)静寂，静止

خَفَتَ ـُ خُفَاتًا: مَاتَ فَجْأَةً 猝然而死，暴卒

خَفَتَ ـُ خَفْتًا بِكلامِه وبصوتِه: أَسَرَّهُ / خَفَضَه وأخفاه 低声，小声，轻声说话

خَافَتَه: كَلَّمَه بصوت مُنْخَفِض 低声说话

أَخْفَتَ 压低声音，强使某人沉默

تَخافَتَ بكلامِه وبصوتِه: أسرّه / خَفَضه وأخفاه 低声说话

ـ: تكلّف الخفوت 压低声音

اِنْخَفَتَ 声音低沉，声音轻微，声音小了

خَافِت: ضَعِيف (صوت) 微弱的(声音)，轻(声)，小(声)，低(声)

خَفَرَه ـِ خَفْرًا وخَفَرًا وخَفَّرَه وبه وعليه: حَرَسَه 保卫，护卫，看守，守卫，警卫

خَفِرَت ـَ خَفَرًا وخَفَارَةً وتَخَفَّرَتْ المرأةُ: اسْتَحْيَتْ 害臊，害羞，羞怯

خَفَر: حَيَاء 害臊，害羞，羞怯

ـ: حَرَس 保护，看守，护守，警卫

خَفَارَة: حِرَاسة 守卫，警卫，看守，保卫

خَفِر: حَيِيّ 害臊的，害羞的

خَفِير جـ خُفَرَاءُ: حارِس / نَاطُور (سـ) 守卫人，警卫员，卫兵，哨兵

مَخْفِر جـ مَخَافِرُ 岗哨，岗房，哨棚

خَفْرَع: مَلِك مِصْرِيّ من العائلة الرابِعَة وبَانِي ثاني أَهْرَامِ الجِيزَة 埃及第四王朝法老名(吉萨第二金字塔的建筑者)

خَفَسَ ـُ خَفْسًا البناءَ: هَدَمَه 拆毁建筑物

ـ الرجلَ: هَزَأَ به 嘲笑，讥笑，讽刺，嘲弄

ـ (مـ): خَسَفَ 倒塌，坍塌，崩溃

خَفَش: عَمًى نَهَارِيّ [医]昼盲症

أَخْفَشُ م خَفْشَاءُ جـ خُفْش: لا يَرَى في النَهار 昼盲者

خُفَّاش جـ خَفَافِيشُ: وَطْوَاط 蝙蝠

خَفَضَه ـِ خَفْضًا: ضد رفعه 降低

ـ ه وخَفَّضَه: نَقَّصَه 减少，减低(物价等)

خَفَضَ ـُ خَفْضًا عَيْشُه: سَهُلَ 安逸，舒适，安乐

اِنْخَفَضَ وتَخَفَّضَ (温度等)降低，下降

خَفْض / تَخْفِيض: ضد رَفْع 降下，降低

ـُ العَيْشِ: سُهُولَتُه 安逸，舒适，安乐

ـ من العَيْشِ 富裕的生活，宽裕的生活

ـ [数]还原法

ـ: جَرّ [语]属格

تَخْفِيضُ السِلاحِ 裁军

ـُ قِيمَةِ العُمْلَةِ 货币贬值

ـُ الأَسْعَارِ 减价

اِنْخِفَاض 下降

ـُ النِيلِ 尼罗河水位下降

خافِض 下降的，向下低垂的

ـ: جَارّ [语]介词

أَثْمَان مُخَفَّضَة 减低的价钱，廉价

مُنْخَفِض: ضد مُرْتَفِع / وَاطِئ 低的

ـ المَرْدُود 低产的

ـ التَرَدُّد 低频的

ـ الحَرَارَة 低温的

ـ / مَخْفُوض: ضد مَرْفُوع 被降低的，被减少的

مُنْخَفَض ج مُنْخَفَضَات 洼地

خَفَّ ـِ خَفًّا وخِفَّة وخَفَة: ضد ثَقُلَ 变轻，减轻(如疾病)，减弱(如传染病的流行)

ـ خَفًّا وخِفَّة وخُفُوفًا إلى ....: أَسْرَعَ 赶紧，迅速，急忙

خَفَّفَه: ضد ثَقَّله 减轻(重量等)

ـ ه: أسكنه 使缓和，减轻(痛苦)，使镇静

ـ ه: عدَّله 调节，调整

ـ ه: لطَّفه 使缓和；慰藉，安慰

ـ عنه: أَرَاحَه 减轻(痛苦、忧虑、恐惧等)，慰藉

ـ العُقُوبَةَ: أَبْدَلَها بأَخَفَّ منها 减刑，减轻处分

ـ كَثَافَةَ المَزِيجِ: أَمْرَخَه 冲淡，稀释，使稀薄

ـ الزرعَ (مـ): خَلَّه (مـ) 使苗稀疏，疏苗，间苗

تَخَفَّفَ 穿软底鞋

اِسْتَخَفَّ بالأمر: استهانَ به 轻视，藐视，玩忽，瞧不起

ـ الشيءَ: ضد استثقلَه 认为轻，感觉轻

ـ ه الفَرَحُ: أَطْرَبَه 快乐得了不得，欢欣鼓舞，心荡神移，欢天喜地，欣喜若狂

خِفَّة: ضد ثِقَل 轻(指重量、负担等)

ـ: طَيْش 轻浮，轻率，轻薄

ـ الحَرَكَةِ 敏捷，轻快，利落

ـ الرُّوحِ والدَّمِ 活泼，讨人喜欢，生气勃勃

ـ الطَرَبِ 狂喜，喜气洋洋，欢天喜地

ـ العَقْلِ 无头脑，无思想，愚蠢

ـ اليَدِ 手快的，灵巧的，敏捷的；变戏法，魔术

أَلْعَابُ ـ اليَدِ 变戏法，魔术

خُفّ ج أَخْفَاف وخِفَاف 软底靴，软底鞋

ـ الجَمَلِ والنَعامَةِ (انظر حافر) (骆驼和鸵鸟的)软蹄

رَجَعَ بِخُفَّيْ حُنَيْنٍ 空手而归，得不偿失，大失所望

تَخْفِيف: ضد تَثْقِيل 减轻

ـ: تَلْطِيف 缓和，减轻

ـ الضَرَائِبِ 减税

ـ العُقُوبَةِ 减刑，减轻处分

ـ المَزِيجِ والعَجِينِ والزَرْعِ الخ 使稀薄，使软和，使稀疏

تَخْفِيفَة (سـ) (宽大的)便服，便装

اِسْتِخْفَاف: اِسْتِهانَة 藐视，轻视，轻蔑，侮慢，轻举妄动

خَفِيف جـ أَخِفَّاءُ وخِفَاف وأَخْفَاف: ضد ثقِيل 轻的，不重的

ـ: قَلِيل الكَثَافَة 稀薄的，单薄的，稀少的，稀疏的，疏落的

ـ الحَرَكَة 敏捷的，灵便的，利落的，轻快的

ـ الرِجْلِ 疾足的，捷足的，脚步快的，健步如飞的

ـ الرُوح والدَم 讨人喜欢的，活泼的，活跃的

ـ العَقْلِ 无头脑的，缺乏思考力的

ـ اليَدِ (في العَمَل) 手指灵巧的，利落的，手快的，敏捷的

ـ اليَدِ (في السَرِقَة) 手指灵巧的(扒手)，善于偷窃的

ـ الشَعْرِ 头发稀少的

دُخَان ـ 温和的烟草

شَاي ـ 淡茶

لِحْيَة ـ ة 稀疏的胡须

وَرَق ـ (مـ) 香烟纸

خَفِيفَة جـ خَفَائِفُ (مـ) (用金薄片做成的)轻便装饰品

خَفَاف 轻石，浮石

خُفُوف 迅速

أَخَفّ م خَفَّاء جـ خُفّ 轻举妄动的人

مُخَفِّف: ضد مُثَقِّل 减轻者，缓和者，减缓者

ظَرْف ـ للجَرِيمَة 可以减罪的情况，情有可原

مُسْتَخِفّ: مُسْتَهِين 轻视的，侮慢的，轻蔑的，轻举妄动的

خَفَقَ ـُ خَفْقًا وخُفُوقًا وخَفَقَانًا القَلْبُ 心跳，心悸

ـ البَرْقُ 打闪，闪光，闪烁，闪耀

ـ البَيْضَ وغيرَه (مـ): دَافَه 打蛋，搅蛋

خَفَقَ ـِ خَفْقًا وخُفُوقًا وأَخْفَقَ الطَائِرُ والعَلَمُ: رَفْرَفَ 鼓翼；飘动，飘扬，招展

ـ وـ برأْسِه: تَنَوَّدَ / فَقَّرَ (مـ) (打盹时)点头，打盹

ـ وـ النَجْمُ: غاب (星)没落

أَخْفَقَ: حَبِطَ 失败

خَفَّقَ الحَائطَ (مـ): طَلاهُ بالخَافِقِيّ 糊泥，涂灰泥，抹墙泥

خَفْقُ / خَفَقَانُ القَلْبِ 心跳，心悸

خَافِق: ضَارِب 搏动的，跳动的

الخَافِقَان 东方和西方

الخَوَافِق [天]方位基点，四方

خَافِق / خَافِقَة جـ خَوَافِقُ: عَلَم 旗帜

خَافِقِيّ (مـ): طِلَاءُ الحِيطَانِ (粉墙用的)灰泥，胶泥

خَفَّاق (مـ): هَجَّاص (مـ) 骗子，讹诈的人

ـ 激烈跳动着的

ـ القَلْبِ 忐忑不安的

مِخْفَقَةُ البَيْضِ (مـ): مِخْوَض (打蛋用的)搅拌器

خُفَّان: رَخَفَة 轻石，浮石

خَفِيَ ـَ خَفَاءً وخُفْيَةً وخِفْيَةً واخْتَفَى: ضد ظهر 消失

ـ وـ: اختبأ 隐藏，躲藏，潜伏

ـ وـ: كان مُخْتَبِئًا 藏起，隐蔽起，躲起

لا يَخْفَى على أَحَدٍ أن ... 大家都知道…

خَفَى ـِ خَفْيًا وخُفِيًا وأَخْفَى وخَفَّى الشيءَ 隐藏，

隐匿，藏起，掩盖，掩蔽

أَخفَى مُجرِمًا: تَستَّرَ عليه 窝藏，庇护犯人

ـ المَسْرُوقاتِ 隐匿赃物，窝藏赃物，积赃放盗

تَخفَّى: تَستَّرَ 藏匿，躲藏，逃匿

ـ: تَنكَّرَ 化装，改装，乔装

اِستَخفَى: تَستَّرَ وتَوارَى 消失不见，隐藏起来

خُفْيَةً / خِفْيَةً / في الخَفاءِ 悄悄地，秘密地，暗暗地

ـ: خُلْسةً 偷偷摸摸地，鬼鬼祟祟地

مَلْبسُ ـ 化装舞会服装

تَحتَ طَيِّ الخَفَاءِ 非常机密地

بَرِحَ الخَفاءُ: وضحَ الأمرُ 显露，明朗化

إخْفَاء: ضد إظْهار 隐藏，隐匿，藏匿

اِختِفَاء: ضد ظُهور 消失，失踪

تَخفٍّ / اِستِخْفَاء: تَنكُّر 化装，改装，乔装

خَفِيّ / خَافٍ: غيرُ ظاهِرٍ 隐蔽的，潜伏的，看不见的

ـ / ـ: غامِض 暧昧的，隐晦的，晦涩的，不明显的

ـ / ـ: غير مَنْظُورٍ 隐秘的，神秘的，玄妙的

ـ: سِرِّيّ / خُلْسِيّ 秘密的，偷偷摸摸的，鬼鬼祟祟的

اِسْتِيراد ـ 无形的输入

غَيْرُ خافٍ أن ... …不是秘密的

خَفِيَّة ج خَفَايَا وخفيَّات (م) 密探，特务

خافِيَة ج خَوافٍ: سِرّ 秘密，机密，神秘

لَيسَتْ بـ ـِ على أَحَدٍ أن ... ……，这已经成为公开的秘密了

الخَوافِي: ما دُونَ قوادِمِ الجناحِ (鸟)次列拨风羽（复蔽羽翮基部的羽毛），腕羽

مَخفِيّ / مُختَفٍ: ضد ظاهِرٍ 藏起的，隐蔽的，隐藏的，隐匿的

مُتخَفٍّ: مُتنكِّر 化装的，乔装的，微行的

خَلّ (في خلل) / **خَلا** / **خَلاء** (في خلو)

خَلَبَه ـُ خَلْبًا: مَسَكَ به بمِخلَبِ 攫取，用爪抓取

ـ العَقْلَ / ـ لُبَّه 迷惑，迷魂，夺魂，钩心夺魂，使神魂颠倒

خلَبَه ـُ خَلْبًا وخِلابًا وخِلابَةً وخَالبَه واختَلبَه: خَدَعَه 用花言巧语欺骗，迷惑

خِلْبُ النِسَاءِ 风流荡子，花花公子，艳冶郎，色魔

خِلْب ج أَخْلاَب 葡萄叶；肝脏薄膜

مَرَضُ الـ 腹膜炎

خُلَّب: سحاب لا مطر فيه 无雨的浮云

خَلاَّب / خَالِب / خَلُوب / خَلَبُوت 迷人的，夺魂的，引人入胜的，使人神魂颠倒的

مِخْلَبُ الحَيوان ج مَخَالِب: ظُفْر (猛兽的)爪

ـ الطائر: بُرْثُون (猛禽的)爪

مَخالِبُ المَوْتِ 死地，鬼门关，死亡的魔爪

خَلْبَص (م) 引起纠纷，离间

تَخَلْبَصَ (م) 淘气，顽皮

ـ وخَلْبَصَ (م) 撒谎，造谣

خَلْبُوص ج خَلابِيصُ وخَلاَبِصَة (م) 淘气的，顽皮的，恶作剧的

خَلَجَ ـُ خَلْجًا وخَالَجَ واخْتَلَجَ الفِكْرَ: انتزعه وجَذَبَه 吸住，迷住

خَالَجَه شَكّ 怀疑，疑虑

تَخلَّجَ: اِضطَرَبَ وتَحرَّك 震动，颤动

اِختَلَجَ: اِنْتَفَضَ 震动，颤动，战栗，抽搐

ـ الأمرُ في الصَدْرِ 使烦恼，苦恼，烦扰

ـ تْ العَيْنُ: رَفَّتْ 眼跳

خَلْجَة ج خَلَجَات (م) 不安，心中波动

اِختِلاج: تَقَلُّص 抽搐，痉挛

خِلاَج / خَالِج: هاجِس 疑惧，不安
خَالِجَة جـ خَوَالِجُ: هَوَاجِس 疑惧，不安，思潮
خَلِيج جـ خُلْجَان وخُلُج: شَرْم من البَحْر 海湾
خَلْخَلَ الشيءَ: حرّكه وقَلْقَلَه 摇松，震松，摇动
تَخَلْخَلَ من مكان: تحرّك وتقلقل 动摇，动荡
ـ الشيءُ: لم تكنْ أجزاؤه مُتَضامّةً (桌椅)松了，摇松了
خَلْخَال جـ خَلاَخِيلُ / خَلْخَل وخُلْخُل جـ
خَلاَخِلُ: سِوَارُ القَدَم 脚镯，脚环，踝饰
ـ الرِجْلِ (مـ): مُخَدَّم / المفْصَل بين القَدَم والسَاق 踝，踝骨
مُتَخَلْخِل 松散的
خَلَدَ ـُ خُلُودًا: دَامَ 永存，永在
ـ وخَلَّدَ وأَخْلَدَ إلى المكانِ وبالمكانِ 在某地停留，居住
خَلَّدَه وأَخْلَدَه: أدامَه 使永存，使永生，使常存，使不灭
ـ الذِكْرَ 使永垂不朽
ـ ذِكْرَه 永久纪念他
ـ (مـ): عَاشَ عُمْرًا طَوِيلاً 高龄，高寿，长寿
أَخْلَدَ إلى ... (مـ) 倾向于，醉心于，沉溺于，有意于
ـ إلى البَطَالَةِ 闲散，游手好闲
ـ إلى السُكُونِ 静息
تَخَلَّدَ 永垂不朽
خُلْد جـ مَنَاجِذ / جُلْذ / أَبُو الأَعْمَى / الفَأْر الأَعْمَى 鼹鼠
ـ أُورُوبِيّ 鼢鼠
ـ / خُلُود: دَوَام 永生，永存，永恒
ـ / ـ: عَدَمُ المَوْتِ 永生，不死，不灭
جَنَّةُ الـ 天国，永恒的乐园
خَلَد: بَال وقَلْب 心

لم يَدُرْ في ـ أَحَدٍ أن ... 谁也没有想到
ـ / خَالِد: دائِم 永久的，永远的，永恒的
خالِد: باقٍ / لا يَموت 永生的，永存的，常在的，不朽的，不灭的，永垂不朽的
الخَوالِد: الجِبَال 山，山岳
الجَزَائِر الخَالِدَات 加纳利群岛
خَلَسَ ـِ خَلْسًا وخِلِّيسَى واخْتَلَسَ الشيءَ: سَلَبَه 偷窃，侵吞，挪用
اِخْتَلَسَ النَظَرَ إلى ... 偷看
خُلْسَة: فُرْصَة 机会，机遇，时机
خُلْسَةً: خِفْيَةً 偷偷摸摸地
ـ: سِرًّا 秘密地，悄悄地
اِخْتِلاَس 偷窃，挪用，侵吞
ـ مَالِ الحُكومَةِ 贪污，盗用公款
خُلْسِيّ 秘密的，暗中的，不正当的
خِلاَسِيّ: اِبْنُ أَبَوَيْنِ أَسْوَدَ وأَبْيَض 黑白种的混血儿
مُخْتَلِس: سالِب 盗窃犯，盗用公物的人，侵吞公款者，监守自盗者
خَلَصَ ـُ خُلُوصًا وخَلاصًا الماءُ من الكَدَر: صَفَا (水)变成清澈的
ـ (مـ): اِنْتَهَى 完结，终结，完了
ـ وتَخَلَّصَ: نَجَا 逃脱，逃免，得救
ـ وـ منه: انعتق 摆脱，解脱
خَلَّصَه من كذا: أَنْقَذَه ونَجَّاه 拯救，营救，解救，解除
ـ ه: حَرَّرَه 解放，释放
ـ ه: صَفَّاه ونَقَّاه 过滤，澄清，精制，精炼
ـ ه (مـ): أَنْهَاه 使结束，使完结，用光，用尽
ـ حَقًّا: جَازَى 报复，报仇
ـ حَقَّه بيدِه 随意处罚，加私刑

ـ على البَضَائع (مـ): اِسْتَخْلَصَها 抛卖，甩卖，脱售
أَخْلَصَ له الحُبَّ 对…表示热爱
ـ الطَّاعَةَ وفي الطَّاعَة 对某人表示服从
خَالَصَه: صَافَاه 以诚相待，推心置腹
ـ (مـ) وتَخَالَصَ مع (مـ): تَحَاسَبَا 清理账目，结账
اِسْتَخْلَصَ: اِسْتَنْتَجَ [化]析出，使游离出来
ـ ه: اِخْتَاره 选择，挑选，拣选
ـ الشيءَ: أَخذ خُلاصتَه 提炼，榨出
ـ الرجُلَ: عَدَّه مُخْلِصًا 认为忠诚
خَلَاص: إنقاذ 拯救，救援，救济
ـ: نَجَاة 得救
ـ: اِفتداء 赎回
وـ! 那就完了
ـُ الجَنِينِ (مـ): عَذَب [解]胎盘，胎，衣胞
ـ (مـ): اِنْتَهَى الأَمرُ 完结，终结，完了
خُلُوص: صَفَاء 纯洁，纯粹，纯朴
ـ: صَرَاحَة 诚恳，诚实，忠实，真挚，坦率，坦白
إخْلَاص: صَرَاحَة 诚恳，真诚，真挚
بـ ـ 诚实地，坦白地，坦率地
خُلَاصَة جـ خُلَاصَات: زُبْدَة 精华，要素，精髓
ـ: مُلَخَّص 摘要，梗概，纲要
خِلْص جـ خُلَصَاءُ 忠诚的朋友
تَخْلِيص 解救，解脱，拯救，挽救
ـ 精选
يَومُ الـ 赎买日(由海关赎回货物)
مُخَالَصَة (مـ): صَكّ التَخَالُص 清欠收据，债务消灭证，清单
اِسْتِخلَاص 选择
ـُ الطَاقَةِ الذَرِّيَّة 取得原子能

خَالِص جـ خُلَّص: صَافٍ / نَقِيّ 纯洁的，纯粹的
ـ: حُرّ 自由的，自在的，无拘束的
ـ الأُجْرَة 先付的，付讫的
ـ أُجْرَة البَرِيدِ 邮费付讫的
ـ الطَوِيَّة 诚恳的，朴实的，坦白的，光明磊落的，开诚布公的
ـ المَصَارِفِ 免费的
ـ من كذا 没有…的
مُخْلِص: صادِق 诚恳的，诚实的，坦率的，真挚的
مُخَلِّص: مُنَجٍّ 拯救者，救援者，救济者，救星，恩人
مُسْتَخْلِصُ البَضَائعِ من الجُمْرُكِ 从海关提货的人
مَخْلَص 逃处，逃路，太平门
خَلَطَ ـِ خَلْطًا وخَلَّطَ الشيءَ بالشيء: مَزَجَه 混合，掺混
ـ وـ في الكلامِ 语无伦次，胡言乱语，胡说八道
ـ وـ وَرَقَ اللَعِبِ وغيره 洗纸牌，洗牌
خَلَّطَ المَرِيضُ: أَكَلَ ما يَضُرُّه (病人)不忌口(吃不适当的食物)
خَالَطَه: عَاشَرَه 交际，交游，结交
خُولِطَ في عَقْلِه أو اِخْتَلَطَ عقلُه: اضطرب عقلُه واختلَّ 发狂，神志不清
اِخْتَلَطَ: اِمْتَزَجَ 混合，混杂
ـ النابِلُ بالحَابِلِ (射箭的和张网的混在一起)一塌糊涂，乱七八糟
خَلْط: مَزْج 混合，混杂，混乱
الـ اليَسارِيّ 左翼盲动主义
تَخْلِيط 混合，混乱
ـ الحُمَّى 呓语，谵语

اِخْتلاط: امتزاج 混合，混杂，掺混
ـ: تَشْوِيش 纷乱，混乱，杂乱，凌乱
ـ العَقْلِ 狂乱，疯狂，精神错乱，神经病
ـ / مُخَالَطَة: مُعاشَرَة 交际，交游，结交
خِلْط جـ أخْلاط / خَلِيط: مَزِيج 混合物
ـ مِلْط / خَلْطَه بَلْطَه (مـ) 杂乱无章的，乱七八糟的
أخْلاطُ الجَسَدِ (古代医学的)四体液(血液、粘液、胆汁、忧郁液)
ـ النَاسِ 乌合之众，下流社会，恶棍流氓
خُلْطَة / خِلْطَة 交际，交往，友谊
خَلِيط جـ خُلُط وخُلَطَاء (من أشْياءَ متنافِرَة) 混杂物，混合物；杂记，杂录，杂曲
خلاَّطة 混合器
ـ خَرَسَانِيّة 混凝土搅拌机
مَخْلُوط حَدِيدِيّ 铁合金
مُخْتَلِط / مَخْلُوط جـ مَخَالِيطُ: مَمْزُوج 混合的，混杂的
المَحْكَمَة الـ ـة 混合法庭
ـ / مُخَلَّط: مُشَوَّش 混乱的，纷乱的
خَلَعَ ـَ خَلْعًا الرِداءَ أو الحِذاءَ: نَزَعَه 脱下(衣服或鞋子)
ـ ثِيَابَه: تَعَرَّى 脱去所有的衣服
ـ سِنًّا (مـ): اِقْتَلَعَه 拔牙
ـ ه: عَزَلَه 撤职，免职
ـ ه عن العَرْش 废黜，夺去王位
ـ المِفْصَلَ: مَلَخَه 使脱臼，使脱骱
ـ عليه ثَوْبًا 赐衣袍
ـ العِذَارَ 放荡，任情，纵欲
ـ القَلْبَ 使沮丧，使丧胆，使气馁，使震惊，使惊骇
خَلَعَ ـَ خَلْعًا وخُلْعًا ابنَه: تبرَّأ منه 与儿子脱离关系，声明脱离父子关系
ـ (مـ) وخَلَّعَ: فكَّكَ 拆散
خَلُعَ ـُ خَلاعَةً: انقاد لِهَوَاه 放荡不羁
ـ: تَهَتَّكَ 放荡，淫荡
خَلَّعَ المِفصَلَ 使脱臼，使脱位
ـ 使动摇，使震动
تَخَلَّعَ: تفكَّكَ (机器)被拆散
ـ في الشَراب 痛饮，大喝
اِنْخَلَعَ 被脱掉，被拔掉，被罢免，被免职
ـ 脱了臼的
ـ قَلْبُه من الهَوْلِ 吓得张皇失措，心都要蹦出来啦
اِخْتَلَعَ الشيءَ 拔除，取下，脱下，免除
خَلْع الثِيَاب: نَزْع 脱掉衣服
ـ ه: عَزْلُه 撤职，革职
ـُ المِفْصَلِ: مَلْخُه [医]脱臼，脱骱，脱位
خَلاعة 淫佚，放荡
خِلْعَة جـ خِلَع 荣誉袍，荣誉礼服
خَلِيع جـ خُلَعَاءُ: مُتَهَتِّك 放荡的，淫佚的，荡子
ـ / مَخْلُوع: مَعْزُول 被撤职的，被革职的
ـ 被唾弃的，被放逐的
ـ 穿破了的(衣服)
ـ العِذارِ 荒荡的，放荡的
مَخْلُوع / مُخَلَّع 脱位的，脱骱的，脱臼的
مُخَلَّع 麻痹的，瘫痪的
خَلَفَه ـُ خِلافَةً خِلِّيفَى: كان خليفتَه 继承，继任，继他的位，接任，接班
ـ ه: بَقِيَ أو عاشَ بَعْدَه 后死；未死
ـ ه: حَلَّ مَحَلَّه 代替他
ـ اللهُ له وعليه: عوَّض 补偿他
ـ عن أصْحابه: تأخَّر 落伍

خَلَّفَ الشيءَ: تركه وراءَه 遗留，留下
ـ أثرًا جميلاً 留下良好的印象
ـ: تركَ إرثًا 遗留给，留给，传给
ـ هَا على داره 让她继承自己的房产
ـ: ولدَ / انسلَ 有后，生后代(儿女)
ـ ولدًا (مـ): ولَدَه 生产，生育，生儿
خَالَفَه: ضد وافقه 反对他，与他不合
ـ ه: باينَه 与他矛盾，对立
ـ كذا: نقَضَ كذا 违背，违反
ـ ه: عَصَاه 违抗
ـ ه: تعدَّى عليه 侵犯，干犯
ـ واختَلَفَ عن كذا 区别于，和…不同
أَخْلَفَ وَعْدَه وبه 食言，违约，失信
ـ الظَنَّ 使失望，使落空
ـ عليه: عوَّضَ 赔偿，补偿，报酬
تَخَلَّفَ: بَقِيَ مُتَأَخِّرًا 留后，滞后，落后
ـ عن ... 落后于，落伍
ـ القومَ: جازَهم وتَركهم خَلْفَه 把他们抛在后面
ـ: عاش بَعْدَ مَوْتِ غيرِه 后死，未死
اِخْتَلَفَ إلى المَكانِ: تردَّد 常去，经常出入
ـ عن كذا 区别于，不同于
ـ على كذا 不同意，有异议
ـ معَهم (وإيَّاهُم) 他和大家有分歧
لا يَخْتَلِف في هذا اثْنان 毫无异议
اِخْتَلَفَا وتَخَالَفَا: ضد توافَقَا واتَّفقا 两人有分歧，不一致，不协调
اِسْتَخْلَفَه: جعله خَلِيفَةً له 使他做自己的后继者
اِسْتَخْلَفَتِ الأرضُ: أنبتت العُشْبَ الصيفِي 地上长满了夏草
خَلَف: ضد سَلَف 后继者
ـ: ذُرِّيَّة 后人，后代，子孙

ـ: بَدَل 代替人；接班人
خَلْف جـ خُلُوف: ظَهْر 后背
ـ: ضد أمام / وَرَاء 背后，后面，在后面
إلى ـُ 向后
من الـِ 从后面，在后面
خَلْفِيّ: ضد أَمَامِيّ 背后的，后边的，后方的
مِصْبَاح أو نُور ـ (في مَرْكَبَة) 尾灯，后灯
خَلْفِيَّة 宅后的小花园
ـُ الصُورَة: أَرْضِيَّتُها 背景
خُلْف جـ أَخْلَاف: عَدَمُ إنجاز الوَعْد وهو في المُسْتقبَل كالكَذِب في الماضِي 食言，违约
خِلْف جـ أَخْلَاف وخِلْفَة: حَلَمَةُ الضَرْعِ 乳头
خِلْفَة: رُقْعَة 补丁，补缀物
ـ 夏天的青草
ـ النَبَات (مـ) (كالقَصَب والبِرْسِيم) 二茬
خِلَاف / اِخْتِلَاف جـ اِخْتِلَافَات: فَرْق 差别，差异，区别
ـ / ـ: ضد وِفَاق 分歧，不一致，不调和
ـ / ـ: تَبَايُن 矛盾，冲突，对抗，抵触
خلافًا لما ... أو على ـ ما ... 与…相反，违反…
خِلَافًا لـ ... 不同于…，与…相反
أَبُو ـِ 食蚁兽
بِـ كذا: عَدَا كذا 另外，又，更，并且，除…外
بِـ ذلك / خِلَافًا لذلك 与此相反
عليه ـ 有争论
وـ ه: وغَيْرُ ذلك …等等
ـِ 柳树
خِلَافِيّ 争论的
خِلَافَة: عُقُوب / الإتْيَانُ بَعْدُ 继续，继承，连续
ـ: إمَامَة 哈里法的职位

مُخالَفَة: ضد مُوافَقَة 不一致，不同意，不调和
ــ: مُناقَضَة 矛盾，差异
ــ: عِصْيان 不顺从，不服从，反抗
ــ: تَعَدٍّ 违犯，破戒
ــ: جُرْم أخفّ من "الجُنْحَة" [法]违警罪
على اختلافِ أنْواعِهم 包括一切种类
اِخْتِلافَات داخِلِيَّة 内部矛盾，内在矛盾
خَالِف 落后的
ــ 代理的
ــ 随某人或某物之后的
خَلِيف ج خُلْف وخُلُف وخَلَف: طَرِيق بين الجَبَلَيْنِ 两山之间的路
ــ: مُخالِف للعَهْدِ 食言的人
خَلِيفَة ج خُلَفَاءُ وخَلائِفُ: من يَخْلُف غيرَه 继任者，后继者，接班人
ــ 哈里发(伊斯兰教帝国元首)
خَوَالِف 妇女
مَخْلُوفَة ج مَخْلُوفَات: رَحْلُ البَعِيرِ 驼鞍
مُخالِف: مناقِض 相反的，抵触的，矛盾的，不协调的
ــ: عاصٍ 违抗的，不服从的
ــ / مُخْتَلِف: مُغَايِر 不同的，差异的
مُخْتَلِف: مُتَنَوِّع 各种各样的，不同的
ــ عن ... 区别于，不同于
مُخَلَّف: باقٍ / مَتْرُوك 留存的，被遗留的
مُخَلَّفَات 遗产，遗物
مُخْتَلَف عليه 有争论的
مُتَخَلِّف 落后的，落伍的
مُتَخَلِّفَات 废物，残余
مِخْلاَف ج مَخَالِيفُ: الكُورة من البلاد 省区
مَخَالِيفُ اليَمَن 也门各省
خَلَقَه ـُ خَلْقًا وخِلْقَةً: بَرَأَه 创造
ــ واخْتَلَقَ: استنبط 发明，创制
اِخْتَلَقَ كَذِبًا 伪造，捏造
خَلُقَ ـُ وخَلَقَ ـَ وخَلِقَ ـَ خُلُوقَةً وخَلَقًا الثوبُ:
بَلِيَ (衣服)破旧
ــ بكذا: كان جَدِيرًا به 适合，适于
أَخْلَقَ الثوبَ: أَبْلاه 穿旧，穿破，穿烂
تَخَلَّقَ بِغَيرِ خُلُقِه 模仿他人的性格
ــ بِأَخْلَاقِ الأَطْفَالِ 带孩子脾气(喜怒无常)
ــ (م): غَضِبَ 发脾气，发怒
اِخْلَوْلَقَ الثوبُ: بَلِيَ (衣)穿破，穿旧
ــ: عسَى 也许，或许，说不定
ــ تِ السَّمَاءُ أَنْ تُمْطِرَ 说不定要下雨
خَلْق / خِلْقَة ج خِلَق: فِطْرَة 天性，资质，素质
ــ: إيجاد / بَرْء 创造，制造，创作
ــ: نَاس 人类
خِلْقَة: هَيْئَة 容貌，形态
خِلْقِيّ: طَبِيعِيّ 天然的，自然的，生来的，固有的，身体上的
ــ: فِطْرِيّ 生来的，生成的，天赋的，本来的
عَيْب ــ 先天性的缺陷
مَرَض ــ 先天性的疾病
خَلْقَاء وخُلَيْقَاء 软腭
خُلْق / خُلُق ج أَخْلاَق: سَجِيَّة وطَبْع 脾气，性格，品性，品德，禀赋
ــ (م): غَضَب 怒，恼怒
طَلَعَ ــ ه (م) 发怒，发脾气
طالعُ ــ ه (م) 脾气坏的
طَلَّعَ ــ ه فيها (م) 他对她发脾气
سَيِّءُ الخُلُق 品质恶劣的，性情恶劣的
أَخْلاَق: آداب 道德，礼貌
عِلْمُ الأَخْلاَقِ 伦理学

خلق 335 خلل

الأَخْلاَق الطَّيِّبة 端正的品行
أَخْلاَقِيّ 道德的，合乎道德的，道义上的，精神上的
الفَلْسَفَةُ الأَخْلاَقِيَّة 伦理学
الجَرائِم الـ ة 违反道德的罪行
أَخْلاَقِيَّة جـ أَخْلاَقِيَّات 道德，道义；品行，德行
لا ـ 不道德，不道德行为，放荡，荒淫
خُلُقِيّ (مـ): شَكِس 暴躁的，急躁的，易怒的
خَلَق جـ أَخْلاَق وخُلْقَان: بَالٍ 褴褛，破旧的，破烂的
خَلَقَة: خِرقَة بالِيَة 破布块
خُلْقَانِي: بائع المَلابِسِ القَدِيمَة 旧衣商，估衣商
خالِق / خَلاَّق / بَارِئ 创造者，造物主
خَلِيق جـ خُلُق وخُلَقَاءُ: جَدِير 合适的，适合的，适宜的
ـ به 适合于他的，与他相宜的
خَلِيقَة جـ خَلاَئِق: ما خَلَقَهُ اللهُ 宇宙，万物，万有
الـ: الطَبِيعَة 自然，大自然，造化
قَبْلَ الـ: قَبْلَ خَلْقِ العالَمِ 开天辟地以前
مَخْلُوق جـ مَخْلُوقَات ومَخَالِيقُ 生物，人类，万物
مُخْتَلِق: مُخْتَرِع 发明人，设计人，创造人
مُخْتَلَق: غيرُ حَقِيقِيّ 虚构的，捏造的，杜撰的
مُخْتَلَقَات 捏造，臆想
خَلْقِين جـ خَلاَقِينُ (أ) (希): مِرْجَل كبير 大铜锅
خَلَّ ـِ خَلاً وخُلُولاً الزَرْعَ (مـ): خَفَّفَه 疏苗，间苗，择苗
خَلَّلَ: صارَ خَلاًّ أو كالخَلِّ 发酸，变酸
ـ ه: كَبَسَه بالخَلّ أو المِلح / مَقَرَه 用醋或盐腌，泡(菜)
ـ العَصِيرَ: صَيَّرَه خَلاًّ 使果汁变醋
ـ الأَسْنَانَ 剔牙
ـ لِحْيَتَه بأَصَابِعه 用手指捋胡须
خالَّه مُخَالَّةً وخِلاَلاً وخَلاَلاً: صادقه وآخاه 交朋友，结交
خَالَلَ امرأةً 姘居，以她为情妇
أَخَلَّ بالأمر: قَصَّرَ فيه 怠慢，疏忽，不尽职
ـ بالأَمْنِ 扰乱治安
ـ بالعَهْدِ وغيره 违约，失信
تَخَلَّلَ الشيءُ فيه: نَفَذَ 通过，穿过，透过，渗入
ـ: وَقَعَ بَيْنَ شَيْئَيْنِ أو زَمَنَيْنِ 介于中间，插入，处在中间
اِخْتَلَّ الأمرُ: وَهَنَ 不健全，有缺陷
ـ النظَامُ: فَسَدَ 秩序紊乱
ـ عَقْلُه 心乱，狂乱，心神失常
خَلّ: ما حَمُضَ من العَصِير 醋
ـ (في الزراعة) (مـ): تَخْفِيف 疏苗，择苗
إناءُ الـ والزَيْتِ: مِقْزَحَة 调料瓶
خِلّ وخُلّ م خِلّ وخُلّ وخِلّة وخُلّة جـ أَخْلاَل: صَدِيق 朋友
خَلَّة جـ خِلاَل وخَلاَّت وخَلَل: خَاصِيَّة 特性，特点
ـ: خَصْلَة 习惯，习性
ـ: حاجة وفَقْر 需要；贫困
سَدَّ ـ 满足需要
خُلَّة جـ خُلَل: صَدَاقَة 亲密，友谊，知心
خِلَّة (مـ): بَشَام [植]牙签草
بِذْرُ الـ 牙签草籽
أُمُّ الخُلُول: حَيَوان بحري صَدَفِيّ [动]贻贝，贝壳
خَلاَّة (أ) / خَلاَّت: مِلْحُ الحامِضِ الخَلِّيّ [化]

醋酸盐
ـ الرَصَاصِ [化]醋酸铅
خَلَل جـ خِلال: عَيْب 缺陷，缺点，短处，毛病
ـ: فُرْجَة 裂口，裂缝，罅隙，间隙
ـ: تَشْوِيش 凌乱，纷乱，紊乱，杂乱
ـ عَقْلِيّ / ـ في العَقْلِ 神志错乱，狂乱，疯狂
خِلاَل جـ أَخِلَّة: سَفُّود / سِيخ (مـ) 炙肉叉，钎子(烤肉用)
ـ: خِزَام (في الطِبّ القديم) [医]串线法
ـ / خِلاَلَةُ الأَسْنَانِ 牙签
ـ: مُدَّة مُتَوَسِّطَة 休止期，间歇，间隔
في ـ ذلك 当时，同时，在…期间(内)
من ـِ ه 经过，通过，从中
من ـِ البابِ 通过大门
من ـِ الزُجَاج 透过玻璃
في ـِ اليَوْمِ 在一天之内
ـَ الكُتُبِ 在书中间
ـَ الصَحْرَاءِ 通过沙漠
ـَ الزِيَارَةِ 在访问期间
إِخْلاَل بِالأَمْنِ 扰乱治安，妨害治安
ـ بالعَهْدِ 背誓，背约，失信
اِخْتِلاَل 不正常，混乱
ـ العَقْلِ 心神错乱，精神失常
خَلِيل جـ أَخِلاَّء وخُلاَّن: صَدِيق 知心朋友，知己，密友，好友
خَلِيلَة جـ خَلِيلاَت وخَلاَئِلُ 女情人，情妇，姘头
مَخْلُول جـ مَخَالِيلُ 损伤的，损坏的
ـ 不正常的，发狂的
مُخْتَلّ: به خَلَل 有缺陷的，有缺点的，有毛病的

ـ: مُشَوَّش 紊乱的，杂乱的，凌乱的
ـُ العَقْلِ / مَخْلُول (مـ) / ـُ الشُعُورِ 精神错乱的，疯狂的
مُخَلَّل: مَكْبُوس بالخَلّ أو المِلْح 盐腌的，醋泡的
ـ جـ مُخَلَّلاَت: طُرْشِي (مـ) 泡菜，酸菜
خِلْم جـ أَخْلاَم وخُلَمَاءُ 朋友
خَلَنْج / خَلَنْجِيَّة: نبات [植]石南属，窄叶越桔
خَلَنْجَان galangal/ خَوْلَنْجَان: نبات عِطْرِيّ [植]高良姜
خَلاَ ـُ خُلُوًّا وخَلاَءً الإِنَاءُ: فَرَغَ (راجع خوي)
空，空虚，空起来
ـ جَيْبُه من الدِرْهَم والدَانِق 腰无分文
ـ عن ومن كذا: تجرَّد 无，没有
لا يَخْلُو من جَمالٍ 不无姿色
ـ به (مـ): خَذَلَه 舍弃，放弃，丢弃(朋友)
ـ به (مـ): هَجَرَه في ضِيقَتِه 把(朋友)丢在困难之中，患难中置(朋友)于不顾
ـ الشَهْرُ: مضى 一个月过去了
خَلاَ ـُ خَلْوَةً وخَلْوًا وخَلاَءً واخْتَلَى به ومَعَه وإليه: اِجْتَمَع مَعَه على خَلْوَة 幽会，私会，单独会面
ـ بَالُه: اِطْمَأَنَّ واسْتَرَاح 无忧无虑
خَلَّى الأَمرَ: تَرَكَه 丢下，丢开，放开，放手
ـ سَبِيلَه 放走，释放，让他走
ـ بَيْنَه وبَيْنَ... 放任，不管
خَلِّ عَنْكَ! 让我来，我给你帮忙
أَخْلَى المَكَانَ 腾空，腾出，使地方空起来
ـ الإِنَاءَ: فَرَّغَه 倒空，弄空
ـ مَكَانًا: وسَّعه 让出地方，让出位置
ـ سَبِيلَه: خَلاَّه 丢开他，释放他，放走他，让他走
ـ طَرَفَه (مـ): عَزَلَه 解雇，免职，开除，

解除

تَخَلَّى عن كذا: هَجَرَ 放弃，抛弃，丢弃，遗弃

ـ: اِنْفَرَدَ في خَلْوَة 独处

ـ له: تفرَّغَ 专心做某事

اِخْتَلَى: انفرد في خَلْوَة 独处，幽居

خَلاَ / مَا خَلاَ: سِوَى 除去，除外

خَلاَء: فَضَاء 空处，空间，空隙

ـ: رِيف 乡间，旷野，郊外

في الـ: تَحْتَ السَماءِ 露天，室外，门外

بَيْتُ الـ: مِرْحَاض 厕所，便所，茅房

هو على ـ 他空着肚子

إِخْلاَء: إِخْرَاج 逐出，腾出，让出

حُكْمٌ بالـ (إخراج الساكن) 判决搬家或腾房子

تَخْلِيَة 丢弃，释放

خَلْوَة ج خَلَوَات: مَكَانُ الاختلاء 幽静处，僻远处，偏僻地，隐居地

ـ الحَمَّام 洗澡房，洗澡间

ـ المُتَعَبِّد 修道士的居室，僧房

ـ المَلْهَى: لُوج (م) (剧场的)包厢

ـ / اِخْتِلاَء: انفراد 独居，蛰居，隐居

على ـ: على انْفِرادٍ 单独地，独自个

خَلَوِيّ: رِيفِيّ 乡村的，农村的

بَيْتٌ خَلَوِيّ 乡村房屋，农舍，茅舍

خِلْو ج أَخْلاَء 空的，没有…的

هِيَ ـٌ من ... 她没有…的

خَالٍ م خَالِيَة: فارِغ (راجع خوي) 空的，空旷的，空洞的，空虚的

ـ: غَيْرُ مَشْغُولٍ 闲着的，空着的，未被占用的，无人占用的

ـ: حُرّ / غيرُ مُرْتَبِط 空闲的，闲暇的，无事的

ـ: عَزَب وعَزَبَة 单身汉，光棍儿；独身女子

ـ من (عَيْب أو دَيْن الخ) 没有(毛病、缺点或债务)的

ـ من كذا: مُجَرَّد منه 空虚的，缺乏的

ـ من السُكَّانِ 空闲的，未占用的，无居民的

ـ من الضَرَرِ 无害的

ـ من العَمَلِ 失业的，无工作的

ـ من الغَرَضِ 无企图的，无私心的，清廉的

ـ من العَرَاقِيلِ 无困难的，无阻碍的，无障碍的，无麻烦的

ـ من المَوَانِع والمَحْظُورَاتِ 无阻碍的，不受妨碍的

مَرْكَزٌ ـ 空位，空地方

خَالِي الوِفَاضِ 没有分文的，口袋空空的

القُرُونُ الخَالِيَة أو الخَوَالِي 史前时代

خَوَالِي الذِكْرَيَاتِ 过去的回忆

خَلِيّ ج أَخْلِيَاءُ وخَلِيُّون: خالٍ 空的，闲的，空洞的，空虚的；单身汉，光棍儿

ـ وخالِي البال 无牵挂的，无忧无虑的

ـ البالِ (من الحُبِّ) 没有恋爱关系的

ـ من ... 没有什么的，缺乏什么的

ـ من الثَقَافَة 没有文化的

خَلِيَّةُ النَحْلِ ج خَلاَيَا: قَفِير 蜂房，蜂巢

ـ: إِحْدَى خَلاَيَا الجِسْمِ 一个细胞

ـ 基层组织，小组，支部

خَلاَيَا الضُبَّاطِ الأَحْرَارِ 自由军官组织

خَلِيَّة 鸟笼，兽槛

ـ مُعَقَّدَة 精致的笼子

مِخْلاةُ (الدابَّةِ) ج مَخَالٍ 马料袋

خَلّى (في خلو) / **خليّة** (في خلو)

خَلِيش (مـ): زُرْزُور 欧椋鸟，高粱头，燕八哥

خَنْخَم: خَنْخَنَ 带鼻音说话，哼声哼气

ـ (مـ): خَمَّ 发酸，发霉味，发腐臭味

خَمَدَ ـُ وخَمِدَ ـَ خَمْدًا وخُمُودًا: سَكَنَ /هدَأَ 减弱，缓和，平息，平静，安静

ـ تِ النارُ: سَكَنَ لَهَبُهَا (火)熄灭

خَمَّدَ 偿还，抵消，抵偿；[机]缓冲，减震

أَخْمَدَ: أَسْكَتَ 使安静，使寂静

ـ: أَطْفَأَ 熄灭，扑灭

ـ: قَمَعَ 镇压，压下，压制，抑制，遏止

ـ أَنْفَاسَه 扼杀，扼死，掐死，窒息

ـ الصَّوْتَ 使不发声，使不吭声

ـ الهِمَّةَ 使气馁，使沮丧，使丧志

خُمُود: سُكُوت 安静，寂静，静肃

خَامِد: سَاكِت 寂静的，缄默的，无声的

خَمَرَه ـِ خَمْرًا وخَمَّرَه: سَتَرَه / حَجَبَه 遮盖，以面纱遮掩

ـ وـ العَجِينَ: جعل فيه الخَمِير 在面团里放面肥(发面)

ـ الخَمْرَةَ 酿麦酒

خَمَّرَ المَعْدِنَ (مـ) 韧煅；油淬

خَامَرَه: أَرَابَه 使疑惧，使疑虑

ـ هُ شَكٌّ 怀疑，疑虑

أَخْمَرَ وخَمَّرَ له (مـ): حَقَدَ 居歹心，怀恨

تَخَامَرُوا: تَوَاطَأُوا 共谋，互相勾结

اِخْتَمَرَ وتَخَمَّرَ العَجِينُ وغَيْرُه 发酵

ـ وـ: لَبِسَ الخِمَارَ 戴面罩

ـ تِ الفِكْرَةُ 思想成熟

خَمْر / خَمْرَة ج خُمُور 酒，烈性饮料

ـ عَنْبَرِيّ 甜酒，蜜酒

لَوْنٌ خَمْرِيّ 赤褐色，酒的颜色

خُمَيْرَة 酵素，酵母

خَمْرَجِي ج خَمْرَجِيَّة (مـ) 酒商

خُمَار: صُدَاعُ الخَمْرِ 醉后头疼

خِمَار ج خُمُر وأَخْمِرَة وخُمْر: قِنَاع 面纱，面罩

تَخْمِيرُ العَجِينِ 使面发酵

ـُ الخُمُور 酿酒，造酒

اِخْتِمَار / تَخَمُّر / تَخْمِير 发酵，酝酿

خَمِير: ضِدّ فَطِير 发面面包

خَمِيرَة ج خَمِيرَات 酵母，酵素，酵子

ـ السُّكَّرِ أو الكُحْلِ 酵, 酵母，酒媒，麹子

ـ العَجِينِ (الخُبْزِ) 发面酵子

ـ (مـ): رَأْسُ المَالِ 资金，存款，储金，积金

ـ البِيرَا (مـ) 酒酵母，酿母，酒麴

ـُ العَطَّارِ (مـ): سُورَنْجَان [植]野蕃红花，郁金花

مَرَضُ الـ (في النبات) [植]黑穗病

وَجْهُه يَقْطَعُ الـ من البَيْتِ (有了他的面孔，家里不愁没有发面)他有乖张的面孔

خِمِّير: سِكِّير 酒徒，嗜酒者，好饮酒的人

خَمَّار / خَمُورْجِي (مـ) 酒商，酒保

خَمَّارَة ج خَمَّارَات: مَحَلّ بَيْعِ الخَمْرِ 酒馆

مَخْمُور: مَن أَسْكَرَتْهُ الخَمْرُ 醉酒的，酩酊的

مُخْتَمِر / مُخَمَّر 发过酵的；酝酿过的

ـ / خَامِر (مـ) (للعَجِين) 发过酵的，发面

خَمَسَ ـِ خَمْسًا القَوْمَ: أَخَذَ خُمْسَ مالِهِم 取财产的五分之一

خَمَّسَ الشيءَ: جَعَلَه ذا خَمْسَةِ أَرْكَانٍ 使成五边形

ـ العَدَدَ: ضَرَبَه في خَمْسَةٍ 使成五倍，以五乘之

خُمْس وخُمُس جـ أَخْمَاس (١/٥) 五分之一 (1/5)
ضَرَبَ أَخْمَاسًا لأَسْدَاسٍ 施展阴谋诡计
رَاجَعَ أَخْمَاسَه وأَسْدَاسَه 证实、验证自己的猜测或假设
خَمْسَة / خَمْس (٥) 五，五个
ـ أَضْعَافٍ 五倍
ـَ عَشَرَ / خَمْسَ عَشْرَةَ (١٥) 十五
خِمْس 每五天饮驼一次
حُمَّى الـ 隔五天发一次的疟疾
خَمْسُون (٥٠) 五十
أَحَدُ الخَمْسِينَ (犹太教)五旬节，(基督教)圣灵降临节
أَيَّامُ الخَمْسِينَ 五旬风期(埃及自3月中旬至五月上旬期间的热南风)
رِيح الـ 埃及五旬风，南来热季风
عِيدُ الـ 五旬节
العِيد الـ 五十周年纪念日
خُمَاسِيّ: مُؤَلَّف من خَمْسَة 由五个组成的
ـ الأَصَابِع 有五趾的；有五指的
ـ الزَّوَايَا 五角形
ـ السُّطُوحِ 五面体
ـ البَتَلاَتِ (وَرَقُ الزَهْرَةِ) 有五花瓣的
ـ الوَرَقَاتِ 有五叶的
المِنْهَاجُ (البَرْنَامَجُ) الـُ الأَوَّلُ / مَشْرُوعُ السَّنَوَاتِ الخَمْسِ الأَوَّلُ 第一个五年计划
ـ جـ خُمَاسِيَّة 乐器的最细弦或最高弦
الخَامِس: بعدَ الرَابع 第五
الـ عَشَرَ: بعدَ الرَابعَ عَشَر 第十五
خَمِيس جـ أَخْمِسَة وأَخْمِسَاء: يَوْمُ الخَمِيس 星期四，礼拜四
ـُ الصُعُودِ (عِيد مَسِيحِيّ) [基督]圣星期四，升天节
ـُ العَهْدِ (عِيد مَسِيحِيّ) [基督]洗足木曜日
خَمِيسِيَّة 每星期四的支付
مُخَمَّس: ذُو خَمْسَةِ أَرْكَانٍ (في العَرُوض) [诗] 哀歌，五步句，五韵诗
ـُ الأَضْلاَعِ والزَوَايَا 五边形
النَجْمَةُ المُخَمَّسَة 五角星
خَمَشَ ـِ خَمْشًا وخُمُوشًا الوجهَ: خَدَشَه 抓伤、抓破
خُمَاشَة جـ خُمَاشَات: خَدْش 抓的伤痕
خَمَصَ وخَمِصَ ـَ خَمْصًا وخَمُصَ ـُ خَمْصًا وخُمُوصًا ومَخْمَصَةً البَطْنُ: فرغ 腹空
خَمِيص / خُمْصَان / خَمْصَان جـ خِمَاص م خَمِيصَة وخُمْصَانَة وخَمْصَانَة جـ خِمَاص وخُمْصَانَات وخَمْصَانَاتُ الحَشَى: جائع 空腹的，枵腹的，肚子饿的
أَخْمَصُ جـ أَخَامِصُ القَدَمِ 脚心
نَظَرَ من قِمَّة رأْسِه إلى ـِ قَدَمَيْهِ 仔细打量，从头到脚打量一番
ـُ البَطْنِ / ـُ الحَشَى 空腹的，饥饿的
خَمَعَت ـَ خَمْعًا وخُمُوعًا وخَمَعَانًا الضَبُعُ: عَرَجَ (土狼)蹒跚，颠跛而行
خَمَلَ ـُ خُمُولاً ذِكْرُه أو صَوْتُه: خَفِيَ وضَعُفَ 不出名，无名，无声无臭
خُمُولُ الذِكْرِ 无名，不出名，无声无臭
ـ (مـ): فُتُور وكَسَل 懒惰，呆钝
خَمْل / خَمْلَة: زِئْبِر / وَبَر (مـ) (绒布等的)毛
ـ (في النَبات والتشريح) [解]绒毛；[植]长软毛
خَمْل / خُمَالَة / خَمِيلَة 鸵鸟毛
خَامِلُ الذِكْرِ جـ خَمَلُ الذِكْرِ 无名的，不出名

خَمَلُ المَعِدَةِ 胃的粘液膜

خَمِيلَة جـ خَمَائِلُ 丛林，密林

خَمَّالِي (مـ): بِضَاعَة مُزْجَاة 未卖的货物，滞销的货，无买主的货物

مُخْمَل: قَطِيفَة 天鹅绒

مُخْمَلِيّ 天鹅绒的

خَمَّ ـُ خَمًّا البيتَ: كَنَسَه 扫除，清扫

ـَ خَمًّا وخُمُومًا وأَخَمَّ / خَمْخَمَ (مـ) 发酸，发霉，腐臭

خُمّ جـ خِمَمَة الدَجَاج: خُنّ (مـ) 鸡窝，鸡舍，鸡埘

ـُ نَوْم (مـ): نَؤُوم 爱睡懒觉的人

خَمَّة: رائِحَةُ الرُطُوبَة والتَعَفُّن 霉味，腐臭味

خَامّ / مُخِمّ 发霉的，发酸的，腐臭的

مِخَمَّة: مِكْنَسَة 帚，扫帚，笤帚

خَمَّنَ 猜，揣测，臆测，推测，忖度

تَخْمِين 臆说，猜测，猜度

على الـ 根据推测，臆测

مُخَمِّن 估价人，评价人

خَنّ (في خنن) / **خنا** (في خني)

خَنِثَ ـَ خَنَثًا وتَخَنَّثَ الرجلُ: أَنُثَ 柔弱，带女人气，无丈夫气

خَنَّثَه 娇生惯养，使懦弱

خَنِث / مُخَنَّث: أَنِيث 性格如同女子一般的男人，优柔的，柔弱的，无丈夫气的

خُنْثَى جـ خِنَاث وخَنَاثَى: ذَكَر وأُنْثَى في واحِد 阴阳人，两性人，二形人，二性子，二尾子

خُنْثِيَّة 两性畸形，雌雄同体

خَنْجَر جـ خَنَاجِرُ: مُدْيَة 短剑，匕首

طَعَنَ بِـ ـِ 以短剑刺，以匕首击

أَبُو ـَ: خُرْف (نبات) [植]金莲花

خَنْخَنَ خَنْخَنَةً: تَكَلَّمَ من أَنْفِه 带鼻音说话

ـَ: خَنْفَرَ (مـ) 哼声哼气

خُنَّة (في خَنّ)

خَنْدَقَ خَنْدَقَةً الخَنْدَقَ: حَفَرَه 挖沟，掘壕沟

خَنْدَق جـ خَنَادِقُ: حُفْرَة مُسْتَطِيلَة 堑壕

خِنْذِيذ جـ خَنَاذِيذُ 卓越的演说家

خَنْزَب / خِنْزَاب جـ خَنَازِيبُ 恶鬼，恶魔

خُنْزُوان / خُنْزُوانَة 自豪，骄傲

خِنْزِير جـ خَنَازِيرُ 猪

ـَ: ذَكَرُ الخِنْزِير 公猪

ـٌ بَرِّيّ: هِلَّوْف (انظر هلف) 野猪

ـُ الهِنْدِ 豚鼠

ـُ الأَرْضِ: أَبُو أَظْلاَفٍ [动]土豚(南非食蚁兽)

ـُ البَحْرِ: سَمَكُ يُونُس [动]海豚，五岛鲸

لَحْمُ الـ 猪肉

لَحْمُ الـ المُقَدَّدُ 咸猪肉，熏猪肉，火腿

خِنْزِيرَة 母猪

ـُ البِئْرِ 辘轳

خَنَازِيرِيّ: داءُ الخَنَازِيرِ [医]瘰疬，淋巴腺结核病

خَنْزَرَة: كَاسُور (مـ) 凿石斧

خَنَّاس 恶魔

خِنْشَار: سَرْخَس [植]羊齿

خَنُّوص جـ خَنَانِيصُ: ولدُ الخِنْزِير 小猪，猪仔

خِنْصَر جـ خَنَاصِرُ: الأَصْبَع الصُغْرَى 小指，小拇指

هذا أَمْر تُعْقَدُ عليه الخَنَاصِرُ 这是值得珍惜的东西

ـُ العَرُوسِ [植]箭筈豌豆

خَنَعَ ـَ خُنُوعًا له وإليه: خضعَ وذَلَّ 顺从，服从，

屈服

خانع / خَنُوع جـ خَنَعَة وخُنُع 屈服的，驯服的，恭顺的

مَوْجَاتٌ ـ ة 小风浪，平稳的波浪

خَنَفَ ـِ خُنُوفًا (مـ): خَنْخَنَ / خَنَّ 带鼻音说话

خَنَف: خُنَّة 鼻音，鼻声

أَخْنَفُ م خَنْفَاءُ جـ خُنْف (مـ) 带鼻音说话的人

خَنْفَرَ (مـ): نَخَرَ 吹鼻子，喷鼻

ـ: خَنْخَنَ 发鼻音，带鼻音讲话，(鼻塞时)呼吸不畅

خُنْفُس جـ خَنَافِسُ والأنثى خُنْفُسَة وخُنْفَسَاء جـ خُنْفَساوات وخَنَافِسُ 蜣螂，屎克郎

خُنْفَساءُ التِينِ 无花果虫

خَنَقَهُ ـُ خَنْقًا وخَنِقًا وخَنَّقَه: شدَّ على حَلْقه حتى يَمُوت 缢死，扼死，绞杀

ـ: حَبَسَ التَنَفُّسَ 窒息，闷死

ـ الرايَةَ: نَكَسَها 下半旗

خَنَقَتْه العَبَرَاتُ 哽咽，悲哽

خَانَقَ (مـ) وتَخَانَقَ (مـ) مع: تَشَاجَرَ 口角，争吵，拌嘴

اِخْتَنَقَ وانْخَنَقَ 窒息，闷死

ـ بهَواءٍ فَاسِد: أَسِنَ (恶臭)使他窒息

اِخْتَنَقَتِ الكَلِمَاتُ في حَلْقِه 话卡在喉咙里

خَنْق: حَبْس التنفُّس 窒息，闷死，绞死，缢死，勒死，扼杀

خُنَاق / خانُوق (مـ): دِفْتِيرِيَا (أ) [医]白喉

ـُ أو ـُ الطُيُورِ (وَباء يُصِيب الدَجاجَ) 鸡瘟

ـُ الخَيْلِ [医]马腺疫

خِناق: ما يُخْنَق به 缢带，绞绳

ـ: طَوْقُ الثوبِ 衣领

أَخَذَ بالـ 窒息；掐脖子

ضَيَّقَ الـ على ... 控制；压服，压制

تَضْيِيقُ الـ 控制；压服，压制

خِنَاقَة جـ خِنَاقَات (مـ): عِرَاك 口角，争吵，斗殴

خُنُقَةُ اليَدِ جـ خُنَق (مـ): رُسْغ [解]腕，腕关节

اِخْتِنَاق 窒息，闷死

ـ دَمَوِيّ: أَسَن [医]假死，窒息，昏厥

ـ (في الطبّ): انعِقَاد وانسداد [医]绞窄(肠子等)，绞扼

خانِق: الذي يَخْنُق 缢手，绞人者，窒息人者

ـُ الذِئْبِ: بِيش [植]牛扁

ـُ الكَلْبِ: نبات [植]毒狗草

هَوَاء ـ 窒息性的空气

خَنِيق 被窒息的，被勒死的

خَنَّاق 窒息者，使人窒息的，勒死人的

الغَازَاتُ الـ ة / الغازُ الخانِق 窒息性毒气

مَخْنَق 窒死，闷死

مِخْنَقَة جـ مَخَانِقُ ومَخَانِيقُ 颈圈，项饰，项链

مُخْتَنِق / مَخْنُوق 被窒息的

فَتْقٌ ـ [医]绞窄性疝

خَنَّ ـِ خَنِينًا: خَنَفَ (مـ) 哼出，用鼻发音，带鼻音说话

خُنُّ الدَجَاج جـ أَخْنَان (مـ): قُنّ 鸡窝，鸡埘

ـُ الوَرِكِ (مـ): أُرْبِيَة [解]鼠蹊

خُنَّة / خَنِين: خَنَف 鼻音，鼻音调

أَخَنّ م خَنَّاءُ جـ خُنّ: أَخْنَف (مـ) 带鼻音讲话的人

خَنِيَ ـَ خَنًى وخَنَا ـُ خَنْوًا وأَخْنَى عليه في الكلام: أَفْحَشَ 说下流话，说猥亵话

أَخْنَى عليه الدَهْرُ 受苦，受窘，遭殃

خَنًى: كلامٌ قَبِيح 下流话，丑话，秽语，猥亵语

خواء (في خوي)

خَوَاجَا وخَوَاجَة جـ خَوَاجَات (أ) (波): سيِّد

先生(在埃及对外国人的称呼)
خُوجَة جـ خُوجَات (أ) (波): مُعَلِّم 老师，教
师，教员(元史译为火者)
ـُ السَفِينَة: أَمِينُ حِسَابَاتِها (船上的)事务长
خَوَّخَ الخَشَبُ والتَمْرُ (مـ) (木材、椰枣)腐烂，
腐朽
ـ النباتُ والثَمرُ: شَاخَ 结实过多以致衰老
خَوْخ الواحدة خَوْخَة: دُرَّاقِن (سـ) 桃
الـُ العَسَلِيّ 水蜜桃
ـ (سـ): بَرْقُوق (مـ) 李子
خَوْخَةُ السَقْفِ: مِنْوَر (مـ) 天窗
ـ: باب صغير في بابٍ كَبِيرٍ / خَادِعَة (装在
大门上的)便门
ـُ القَنْطَرَةِ: فَتْحَة / عَيْن 水闸，闸门
خَوْد جـ خُود وخَوْدَات 少妇
خُوذَة جـ خُوَذ وخُوذَات: غِطَاءُ رأْس المُحارِب
钢盔
خَارَ ـُ خُوارًا البَقَرُ: صَاحَ 牛叫，发哞哞声
خَوِرَ ـَ خَوَرًا وخَار ـُ خُؤُورًا عَزْمُه: فَشِلَ 沮丧，
气馁
ـ تْ قُوَاه: ضَعُفَ 精疲力竭，全身酸软，
四肢无力
خَوْر: خَلِيج صَغِير 小弯，小港，河滨
خُوَار: صِيَاحُ البَقَرِ 牛鸣声，牛叫声，哞哞声
خَوَارُ العَزْمِ 沮丧，气馁
ـُ القُوَى 筋疲力尽，四肢无力，全身酸软
خَوْرَانٌ جـ خَوْرَانَات وخَوَارِين: مَجْرَى الرَوْثِ
[解]直肠
خَوَّار: خَائِرُ العَزْمِ 丧志的，气馁的，垂头丧
气的，无精打采的
خُورُس (أ): جَوْقَةُ المُرَتِّلِين 唱歌队，歌咏团，
合唱队，(教堂的)唱诗队，唱诗班

خُورِيّ جـ خَوَارِنَة (أ): كَاهِن 牧师
خوزق (في خزق)
خَوَّشَ الثَقْبَ (مـ): جَهَّاهُ 把孔扩大
خَوْشَق (مـ): وَرَقٌ أَسْمَرُ اللَوْنِ 褐色纸，棕色纸
(包装纸)
خَوَّصَ التَاجَ: زَيَّنَه بِقِشْرَة مَعْدِنِيَّة 镀，覆盖金属片
خَاوَصَ بعَيْنِه: أغمضَها قليلاً وحَدَّقَ 眯起眼睛
来探视，窥视
خُوص: وَرَقُ النَخْلِ 枣椰叶
ـ بَرْدِيّ 纸草
بُرْنِيطَة ـ 麦秆帽子
خُوصَة جـ خُوصَات (مـ): حِلْيَة مِعْمَارِيَة [建]
(花边旁的)平边，圆缘，螺旋边
أَخْوَصُ: ضَيِّقُ العَيْنَيْنِ 细眼的
خَاضَ ـُ خَوْضًا وخِيَاضًا وخَوَّضَ الماءَ: دَخَلَه
涉渡浅滩
ـ المَنَايَا: اقتحمها 投入困难中，冲进艰险
ـ في الحَدِيث أو المَوْضُوعِ 畅论，畅谈
ـ المَعْرَكَةَ / ـ غِمارَ الحَرْبِ 参战
ـ غِمَارَ السِيَاسَةِ 专心致力于政治
مَخَاضَةُ النَهْر جـ مَخَاوِض ومَخَاض ومَخَاضَات
浅滩，徒涉场，渡口
مِخْوَض: مِخْفَقَةُ البَيْضِ (مـ) 鸡蛋搅拌器
خَافَ يَخَافُ خَوْفًا وخَيْفًا ومَخَافَةً وخِيفَةً وتَخَوَّفَ
الرجلَ والأمرَ ومنه 害怕，畏惧
ـ وـ على كذا 为…担忧，忧虑
خَوَّفَه وأخافَه 恐吓，吓唬，威胁
خَوْف: ضد أَمْن 恐怖，恐惧
مَعَ الجَزَعِ والـ 战战兢兢的
خَوْفًا من كذا 因为害怕
خِيفَة جـ خِيَف 害怕，恐惧
إِخَافَة / تَخْوِيف: إِرْهَاب 恐吓，威胁

مَخافَة جـ مَخاوِف 害怕，恐惧
خائِف جـ خُوَّف وخِيَّف وخُيَّف وخائفُون: ضدّ آمِن (من) 恐惧者
خَوَّاف / خَوِّيف (مـ): ضدّ شُجَاع 胆小鬼
مَخُوف: يُخْشَى أو يُخَاف منه 可怕的
مُخيف: مُرِيع 吓人的，令人恐怖的
خُوفُو Khoufou: مَلِك من ملوك مِصرَ القديمة 胡夫(古埃及法老，为最大金字塔的建筑者)
خَوَّله حقًا 授权，予以权利
خَوَل: عَبِيد وحَوَاشٍ 奴隶，仆从等
خَوْلِيّ جـ خَوَل: قَهْرَمَان أو ناظِرُ المَزْرَعَة 管家，账房，总管，田庄看守人
خَال جـ أَخْوَال وأَخْوِلَة وخُؤُول وخُوَّل وخُؤُولَة: أَخُو الأُمّ 舅父
خَالَة جـ خَالاَت: أُخْتُ الأُمّ 姨母
خال (في خيل)
خَانَه ـُ خَوْنًا وخِيَانَةً ومَخَانَةً وخَانَةً في كذا: أُؤْتُمِن فلم يَنْصَح 不忠于他，出卖，背叛
ـ الرجلَ: غَدرَ به 出卖，背弃(朋友)
ـ العَهْدَ: نَقَضَه 违约，违誓
خَانَتْه الذَاكِرَةُ 记忆背叛了他，记错了
خَوَّنَه: نسب إليه الخِيانةَ 控诉他叛变
ـ واسْتَخْوَنَ (مـ): شكّ في أمانته 不信任
استخانَه: حاوَلَ خيانَتَه 企图背叛他，出卖他
خَوْن 叛变行为，变节行为
خِيَانَة: ضد أَمانة 不忠实，不忠诚
ـ: غَدْر 卖友，变节，通敌，叛逆
ـ: ائْتِمَار 谋反
ـٌ عُظْمَى: خِيانَةُ الدولةِ / الخِيانةُ الوَطَنِيّة 叛国罪，大逆不道
ـ الأَمَانَة 背信弃义

ـ العُهُودِ 违约，背约
خَان جـ خَانَات: فُنْدُق 栈房，客栈，旅店，旅馆，商队的旅店
الـ الخَلِيلِيّ 开罗著名市场的名称
ـ 汗，可汗
خَانَة جـ خَانَات (مـ): عَمُود / حَقْل 行，格，栏
ـ (مـ): مُرَبَّع 方的，四方形，平方
ـ 棋盘格
ـ (في لُعْبَةِ النَرْدِ والدَامَا): بيت (双陆棋盘或国际象棋盘的)格
مَلْوُ ـ (مـ) 权宜的计策，权变
خِوَان وخُوَان جـ أَخْوِنَة وخُون: مائِدَة 桌子，饭桌
ـٌ مُسْتَدِير 圆桌
ـٌ مَدَّاد 伸缩桌(可展长的桌子)
خَائِن جـ خَوَنَة وخَانَة وخُوَّان: ضد أَمِين 不忠实的，叛徒
ـ / خَؤُون / خَوَّان: غَدَّار 叛逆的，通敌的，卖国贼
خَوِيَ يَخْوَى خَيًّا وخُوِيًّا وخَوَايَةً وخَوَى ـِ خَوَاءً البيتُ: خَلاَ 空，空虚
ـ وـ الرجلُ: خَلاَ جَوْفُه 饥饿，枵腹
خَوًى / خَوَاء: جُوع 饥饿，空腹
ـ / ـ: فَرَاغ 空，空虚
خَاوٍ: خَالٍ / فَارِغ 空的，空虚的，空疏的
خَاوِي الحِيلَة 孤立无援的，束手无策的
خَابَ يَخِيبُ خَيْبَةً وتَخَيَّبَ: فَشِلَ 失败
ـ: ضد أَصَابَ 没有射中靶，没有打着目标
ـ أَمَلُه 失望，灰心
خَيَّبَه وأَخَابَه: ردَّه خائِبًا 使失败，挫折
ـ الأَمَلَ 使失望
ـ طَلَبَه: رَفَضَه 拒绝

ـ مَسْعَاه: أَحْبَطَه 击破，挫败

خَيْبَة: فَشَل 失败，挫折

ـُ الأَمَلِ 失望

خَارَ يَخِيرُ خِيرَةً وخِيَرَةً وخِيَرًا الشيءَ على غيره

واختارَه وتَخَيَّرَه: انتخبه 选择，挑选

ـ ه وـ ه وـ ه: فَضَّلَه 择取

خَيَّرَه وخَايَرَه: جعله يَختار 让他选择

اِخْتَارَه اللهُ إلى جِوَارِه (安拉挑选他去做邻居了)他死了

اِسْتَخَارَ اللهَ: طَلَبَ منه أن يختار له ما يُوافِقه (向安拉)乞求灵感

خَيْر جـ خُيُور: ضد شَرّ 善良的；健康的

ـ جـ أَخْيَار وخِيَار 善人，好人

ـ: فائِدَة 福，福利，利益

ـ: مَال 财产，财富

ـٌ مِن .../ أَخْيَرُ: أَفْضَلُ 较好，更好

هُوَ ـ منهم 他比他们好

ـٌ جَزِيل 很好

صَبَاحَ الـ 早安

الـُ العَامُّ 公益，公共财产

رَحَّبَ بِهِمْ ـَ تَرْحِيبٍ 表示最亲切的欢迎

فِعْلُ الـ 善行，好事，慈善行为

كَثَّرَ اللهُ ـَ كَ (م): شُكْرًا لك (安拉赐福于你)谢谢你

خَيْرًا: حَسَنًا 好，很好

خَيْرِيّ: لأَجْلِ الخَيْرِ أو نَفْعِ الغَيْرِ 慈善的，慈善性的

خَيْرِيَّة 善德，幸福，财富，财产

ـ 善行，恩惠

جَمْعِيَّة ـ 慈善会

خِيرَة / خِيَرَة / خِيَار: أَفْضَلُ الشيءِ 精华

خِيَار / اِخْتِيَار: اِنْتِخَاب 挑选，选择

ـ: حُرِّيَّةُ الاِخْتِيَارِ 选择权

ـ: حَقُّ الاِخْتِيَارِ أو الأَوْلَوِيَّة (م) 优先权，先买权

خِيَار / خِيَارَة جـ خِيَارَات: نبات وثمره كالقِثَّاء 黄瓜

ـ قَشَّة (م) (صغير مضرّس يُخلّل) 癞皮黄瓜

ـ شَنْبَر: خَرُّوب هِنْدِيّ 印度金链花

تَخَيُّر 选择

دَقِيقُ الـ [物]检波性能良好的

دِقَّةُ الـ [物]检波

اِخْتِيَار: اِنْتِخَاب 挑选，选择

اِخْتِيَارٌ طَبِيعِيّ 自然选择，自然淘汰

رَجُلُ اخْتِيَارٍ (م) 长者，可尊敬的老人，年高德劭的人

اِخْتِيَارًا / اِخْتِيَارِيًّا: طَوْعًا 自愿地

ـ: عَنْ طِيبِ خَاطِرٍ 心甘情愿地

اِخْتِيَارِيّ: طَوْعِيّ 自愿的

اِخْتِيَارِيّ: إِرَادِيّ 随意的

خَيِّر جـ خَيِّرُون: مُحْسِن 宽厚的，仁慈的，慈善的，慷慨的

مُخَيَّر: غَيْرُ مُسَيَّرٍ 有自主权的，有取舍权的，有选择权的

مُتَخَيَّر 精选的

مُخْتَار: مُنْتَخَب 选定的，择定的

ـ جـ مَخَاتِير (س): شَيْخ بَلَدٍ (م) 村长

ـ جـ مُخْتَارَات 选集

خَيْزُرَان (في خزر)

خَاسَ ـِ خَيْسًا وخَيَسَانًا بالعَهْدِ: نَكَثَ وغَدَرَ 失约，违约

مِيزَانٌ لا يَشِيلُ ولا يَخِيس 精密的天秤

خَيَّشَ (م): طَرَّزَ بالقَصَب 用金丝或银丝刺绣

خَيْش جـ خُيُوش وأَخْيَاش: نسيج خَشِن من الكَتَّان

粗布，帆布，粗麻布，口袋布

خَيْشَة جـ خَيْشَات: خَيْمة 帐幕

ـ: غِرَارَة 口袋

مُخَيَّش (مـ): استَبْرَق 锦缎，织锦

خَيْشُوم جـ خَيَاشِيمُ (في خشم) 鼻孔

خَاطَ يَخِيطُ خَيْطًا وخَيَّطَ الثوبَ وغيرَه 缝(衣)

ـ وـ الشقَّ أو الجُرْحَ: رَتَقَه 缝合(创口等)

تَخَيَّطَ رأسُه بالشَّيْبِ: بدأ فيه الشَّيْبُ كالخُيُوط 生白发

خَيْط جـ خُيُوط وخُيُوطَة وأَخْيَاط وخِيطَان (سـ): فَتْلَة (مـ) 线

ـ: سِلْك / حَبْل رفيع 细索

ـُ البَنَّاءِ: مِيزَانُ اعْتِدَالِ الحائطِ 垂准线

ـُ القِنَّبِ: دُوبَارة (مـ) 麻线

ـ / خُيَيْط: لِيفَة 纤维

الـُ الأَبْيَض 曙光

الـُ الأَسْوَد 黎明前的黑暗

بَكَرَةُ ـٍ: وَشِيعَة 线轴

خَيْطِيّ 线的，线制的

خِيَاط / مِخْيَط: إِبْرَة 针

خِيَاطَةُ المَلاَبِس 缝纫，缝衣

مَكِنَةُ الـِ / مَاكِينَةُ الـِ / آلة الـِ: مِخْيَطَة 缝纫机

خَيَّاط / خَائِط م خَيَّاطَة / خَائِطَة: تَرْزِي (مـ) 裁缝，成衣匠，缝衣工人

مَخِيط / مَخْيُوط / مُخَيَّط (مـ) 缝起的，缝成的

خَيَّفَ عن ...: نَكَصَ 退，退却，抽回，缩回

بَنُو (إِخْوَةٌ) أَخْيَافٍ: مِنْ أمّ واحدة 同母异父弟兄

خَالَ ـِ خَيْلاً وخِيلاً وخَالاً وخَيْلَةً وخِيلَةً وخَيَلاَنًا وخَيْلُولَةً ومَخِيلَةً ومَخَالَةً الشيءَ: ظَنَّهُ 想，认为

خَيَّلَ (مـ): حَيَّرَ النَّظَرَ 炫耀，耀目，照眼

ـ (مـ): حَيَّر / حَبَلَ 迷惑，使惶惑

خَيَّلَ: رَمَحَ بالحِصان 跑马，驰骋

خُيِّلَ إليه أنَّه كذا 由他看来好像是

خَايَلَ 耀目，使目眩

تَخَيَّلَ كذا: تَصَوَّرَه 设想，想像

ـ فيه الخَيْرَ 认为他好

اِخْتَالَ وتَخَايَلَ: تَبَخْتَرَ عُجْبًا 高视阔步，趾高气扬

خَال جـ خِيلاَن: شَامَة الخدّ / طابعُ الحُسْن 痣，美人斑，吉祥痣

ـ (في خول)

ـ 自满，自负

خَيْل جـ خُيُول وأَخْيَال: جَمَاعَةُ الأَفْرَاس 马队，马群

ـ 骑兵，骑兵队

ـٌ ورَجْلٌ 骑兵和步兵

سِبَاقُ الـِ 赛马

عَلَى الـِ 骑着马

خَيْلِيّ: مُختصّ بالخَيْل 马群的，马队的

خُيَلاَء: عُجْب 自负，自大，骄矜，自命不凡

خَيْلاَن: اِبْنَةُ البَحْرِ أو المَاءِ 美人鱼，人鱼

خَيَال جـ أَخْيِلَة: طَيْف 幻象

ـ 乌托邦

ـ: ضد حَقِيقَة 幻想，空想

ـ: ظِلّ 影，影子，阴影，暗影

ـ: وَهْم / ظَنّ 猜想

ـ: سِلْهُوطَه (أ) silhouette 侧面影像，剪影

رَكِبَ مَتْنَ الـِ 空想，幻想

خَيَالَة جـ خَيَالاَت 剪影，影子

ـ 电影

ـ في النَّظَر 眼睛里的黑影

خَيَالِيّ: تَصَوُّرِيّ 想像的，幻想的，空想的

— 幻想家，空想家

الاشْتِراكِيَّةُ الـ ةُ 空想社会主义

تَخَيَّلَ: تَصَوَّرَ 设想，想像

ـ الخَيْرَ فيه 认为他好

ـ ج تَخَيُّلات / ـ أَدَبِيَّة 文学家的想像

تَخَيُّلِيّ: تَصَوُّرِيّ / وَهْمِيّ 想像的，幻想的

مَخِيلَة ج مَخَائِل ومَخَايِل 特征，品质

ـ 记号，标志

مَخَايِلُ الاهتِيَاجِ 激动的象征

خَيَّال ج خَيَّالَة: فارِس 骑士

أَخْيَلُ م خَيْلاءُ ج خِيلٌ وأَخَائِلُ: غُراب زَيْتُونِيّ [鸟]啭声金丝雀

مُخِيل: مُحَيِّر / مُشْكِل 烦难的，使人为难的

مُخَيِّلَة / خَيَالِيَّة: قُوَّةُ التَخَيُّلِ 想像力

مُخْتَال: مُعْجَب بِذاتِه 自负的，自大的，自满的

خَيَّمَ وتَخَيَّمَ: نَصَبَ خَيْمَةً 扎营，下寨

ـ عليه (الظَلامُ والجَهْلُ الخ) 被（黑暗、愚昧等）笼罩

ـ اليَأْسُ في رُوحِه 悲观失望

خِيم: سَجِيَّة 天性，性情，脾气

أَخَذَ ـ ه: تعرَّفَه 探听他的意见

خَيْمَة ج خِيَم وخِيَام وخَيْمَات وخَيَم: بيت من الخَيْش وغيره 帐篷

ـُ الاِجْتِماع (في التوراة) 会堂，教堂，礼拜堂

ـ: تَنْدَة (مـ) tent 布篷，船篷，凉篷

خَام: بَفْتة (مـ) 白洋布

ـ ج خَامَات: مَوَادُّ أَوَّلِيَّةٌ 原料，素材

ـ: غَشِيم (مـ) / سَاذَج 无经验的，不熟练的，生手

ـ: غيرُ مَصْقُولٍ 粗制的，粗糙的

ـ: غيرُ مَشْغُول / فَطِير 未加工的，未精制的

ـُ الحَدِيدِ 铁矿

المَوَادُّ الـُ 原料，素材

مَوَارِدُ الخَامَاتِ 原料产地，原料的来源

خَيَّام / خِيَمِيّ: صانعُ الخِيامِ 制帐者

عُمَرُ الـُ: فيلسوف شاعر فارسيّ 欧默尔·赫雅木（波斯诗人？—1132）

مُخَيَّم ج مُخَيَّمَات: مَضْرِبُ خِيامٍ 营地

الدال

د (الدال) 阿拉伯字母表第 8 个字母；代表数字 4

داء (في دوأ) / **دائرة** (في دور)

دابَّة (في دبب)

داتُورَة (أ) datura/ تَتُورَة (مـ) [植]曼陀罗，风茄(极毒植物)

دادَى 照看孩子

دادَهْ جـ دادَات (مـ): حاضِنَة 奶妈，保姆；女教师

داخَ (في دوخ) / **دار** / **دارٌ** (في دور)

دارٍ / **دارَى** (في دري) / **داسَ** (في دوس)

داعٍ (في دعو) / **داعَى** (في دعو)

داغٍ (في دوغ) / **داف** (أ) (في دوف)

دالِيَة (في دلو) / **دامَ** /**داما** (أ) (في دوم)

دانَ / **دانَة** (مـ) (في دين)

دانْتِي (أ) / دَنْتِي Dante: شَاعِرُ الطِلْيَانِ الأَشْهَر 但丁(意大利著名诗人，《神曲》作者，1265—1321)

دانْمَرْك 丹麦

دانْمَرْكِيّ 丹麦的；丹麦人

حَرَكَاتٌ ـ ة 体操

الدانْمَرْكِيَّة 丹麦语

داهِية (في دهي) / **داوَى** / **داوية** (في دوي)

دايْل (أ) dial: مِزْوَلُ التِلْفُون (电话)拨号盘

دايَة جـ دايَات (مـ): قابلة 产婆，助产士，接生员

دَأَبَ ـَ دَأْبًا ودَأَبًا ودُؤُوبًا في العَمَلِ: جدّ وتَعِب واسْتَمَرَّ عليه 坚持，坚守，有恒，持久不懈

ـ في الشَرِّ 沉湎于，耽于，溺于

دَأْب / دَأَب / دُؤُوب 恒心，坚忍力，耐久性

ـ: عادَة مُسْتَحْكِمَة 习惯，习性，癖性

دائِب / دَؤُوب 持久的，坚持的，不懈的

الدائِبانِ 昼夜

دَأْدَأَ دَأْدَأَةً ودِأْدَاءً: عَدَا أشدَّ العَدْوِ 快跑，飞驶

دَأْداءَة من اللَيالِي جـ دَآدِي: شديدة مُظْلِمَة 黑夜

دَبَّ ـِ دبًّا ودَبِيبًا: زَحَف 爬，爬行

ـ: حَبَا 匍匐，蠕动，爬着走

ـ في أَحْشَائِها 胎动

ـ في الشيءِ: سَرَى (蔓、根等)蔓延，伸

ـ في نَفْسِه (感情、观念等)溜进，潜进内心

ـ الشِقاقُ بَيْنَهم 发生纠纷

ـ (مـ) 用脚猛踩

ـ على صَدْرِه 踩在胸上

ـ فيه الفَسَادُ 败坏，腐烂，腐败，变质

دَبَّتْ عَقَارِبُه 他的诽谤得逞

دَبَّبه (مـ): أَسَلَّه 削尖，修尖，磨尖，磨利

دُبّ جـ أَدْبَاب ودِبَبَة م دُبَّة 熊

الـ الأَصْغَرُ (في الفلك) [天]小熊星座

الـ الأَكْبَرُ (في الفلك) [天]大熊星座

شَجرَةُ الـ [植]山楂子

من شُبٍّ إلى دُبٍّ / من شُبَّ إلى دُبَّ 从小到老，从青年到老年

دُبِّيّ: مختصِ بالأَدْبَاب 熊的，熊类的，似熊的

دَابّ: زَاحِف 爬行的，匍匐的，蠕动的，徐行的

دَابَّة جـ دَوَابّ: مَاشِيَة 牲畜，牲口

ـُ الأَرْضِ 白蚁

ـ (س) 母驴

دَبَّابَة جـ دَبَّابَات: قَفْع / آلةُ حَرْبٍ قديمة 古代攻城用的龟甲形的战具

ـ: آلةُ حَرْبٍ حديثة 坦克车

ـ: حَيَوان زاحف 爬虫，爬虫类

دُوَيْبَة جـ دُوَيْبَات: حَشَرَة 虫，昆虫，小虫

مُدَبَّب (مـ) 尖锐的，尖利的

ـُ الأَنْفِ 鸡爪鼻

دَبَجَه ـُ دَبْجًا ودَبَاجَةً ودَبَّجَه: زَيَّنَهُ 装饰

ـ 书写得漂亮，用生动形象的语言写

دَبَّجَ (文字或文学上的)润色，修饰

دِيبَاج جـ دَبَابِج ودَبَابِيجُ الواحدة دِيبَاجَة: نَسِيجٌ سَدَاه ولُحْمَتُه حَرِير 丝绸，绸缎

دِيبَاجَة جـ دِيبَاجَات: مُقَدِّمَة 前言，序言，导言，绪言

ـ: وَجْه 面，面孔，颜面，容貌，脸面

مُدَبَّج: مُزَيَّن 装饰的，华美的，华丽的，富丽的

ـ 经过修饰、润色的

دُبَّاخ: لُعْبَةُ النِطَّةِ 跳背游戏(跳越人背的游戏)

دَبْدَب الحافِرُ 蹄子发出得得声

ـ بِرِجْلِه (مـ) 顿足

ـ ه (مـ): أَسَلَّه / دَبَّبَه 削尖

دَبْدَبَة: وَقْعُ الأَقْدَامِ 脚步声，马蹄声

دَبْدُوبَة جـ دَبَادِيبُ (مـ): طَرَف 尖儿，尖端

ـ 辛辣的结局

دَبَرَ ـُ دَبْرًا ودُبُورًا وأَدْبَرَ الرجلُ: وَلَّى 逃跑，逃去，逃遁；后退，退去

دَبَّرَ الأَمرَ: رتَّبه 布置，安排，计划，设计

ـ الأَمْرَ: أَعَدَّه / هَيَّأَه 预谋，准备

ـ الأَمرَ: أَوْجَدَه وقَدَّمَه 备办

ـ الأَمرَ: سَاسَه 处理，管理，办理，处置

ـ في المَال: اقتصَدَ فيه 节约，节俭，节用

ـ تُهْمَةً: لفَّقَها 捏造罪名

ـ خُطَّةً 设计，策划

ـ مَكِيدَةً 设计谋，谋划，策划，阴谋

دَابَرَه: عاداه 与他作对，反对他

أَدْبَرَ: وَلَّى الأَدْبَارَ 逃跑，逃遁，逃走；退去，后退

تَدَبَّرَ الأَمرَ 思考，考虑，深思，熟虑

ـ في مَالِه 节约，节俭，节省

اِسْتَدْبَرَه 以背向他

ـ 追踪

ـ الأَمرَ 推断后果

دُبْر ودُبُر جـ أَدْبَار: مَقْعَدَة 屁股，臀部；后部，背面

ـ: مُؤَخَّر 尾，末，终，尾部，末端

ـُ البَيْتِ 屋后

ـُ الشَّهْرِ 月尾，月底

وَلَّى ـَه (مـ) (转过屁股来)后退，逃窜

أَلْقَى ـ أُذُنَيْهِ بِنَصَائحَ 不听忠告，把忠告当耳边风，置若罔闻，充耳不闻

مِنْ ـُ 从背后，在后面

في ـِ ه 跟随他

دَبْر جـ أَدْبُر ودُبُور الواحدة دَبْرَة: زُنْبُور / نُعَرَة 黄蜂

دَبْرَة جـ دِبَار 战败；末尾，终点；结果，终局

دَبُور: رِيحٌ غَرْبِيَّة 西风

دَبُّور جـ دَبَابِيرُ (س) 黄蜂

ـ: زِيّ وشَكْل 样子，态度，举止；方法

دَبُّورَة (مـ): نَجْمَةُ تَمْيِيزِ الرُتَبِ العَسْكَرِيَّة (肩章上的)星

ـ (مـ): مِلْطَاسُ الحَجَّارِ 凿石斧

دَبَرَان / الدَبَرَان [天]毕宿五(金牛星座的一等星)

تَدْبِير: تَرْتِيب 布置，安置，安排
ـ: سِيَاسَة / إدارَة 管理，办理，处理，处置
ـ: إيجاد وتَقْدِيم 置备，备办
ـ: اقتصاد 节约，节用，节俭，节省
ـُ المَنْزِل 家政
ـُ المَكَايِد 策划，阴谋；设计谋
المَرْءُ في تَفْكِيرٍ وَاللهُ في تَدْبِيرٍ 谋事在人，成事在天
ـ جـ تَدَابِيرُ 办法，措施
اتَّخذَ الـ 采取措施
تَدَابِيرُ الحِيطَة 预防措施
التَدَابِيرُ الاسْتِثْنَائِيَّة 非常手段
إدْبَار 退却，逃去
دَابِر: آخِرُ كلِّ شيءٍ 末端，尾部
ـ: أَصْل 根，根本，基础，底部
ـ: ماضٍ 过去的，逝去的，已往的
ذَهَبَ كَأَمْسِ الـ 像往日那样逝去
قَطَعَ دَابِرَهُ 根绝；根除；扑灭
دَابِرَةُ المِخْلَبِ: صِيصَة 后爪
دَبِير 位于后面的
لا يُفَرِّقُ بَيْنَ قَبِيله وـ ه (他不能分辨自己的前后)他是个糊涂人
دُوبَارَة (م) / دُبَارَة (土): خَيْطُ القِنَّبِ 麻线
ـ (م) 欺骗，欺诈，骗局；奸计
مُدَبِّر: مُرَتِّب 布置者，安排者
ـ: مُقْتَصِد 节俭的，节省的；俭朴的
ـُ مَكَايِد 阴谋家，权谋家，阴谋策划者
ـُ الكَنِيسَةِ (س) [基督]教长，主教
مُدَبَّر: مُرَتَّب 布置好的
ـ: مُهَيَّأ / مُعَدّ 准备好的，安排好的
مَاءٌ ـ (س) 浸剂，稀释剂
دَبَّسَ الشيءَ: أَخْفَاه 隐藏，隐匿

ـ العِنَبُ (葡萄)变甜
ـ (س) 使葡萄汁变浓
دِبْس: عَسَلُ العِنَبِ والتَمْر (用葡萄汁、枣汁等熬炼而成的)糖浆，糖蜜
دَبَّاس 卖蜜人
دَبُّوس ودُبُّوس جـ دَبَابِيسُ (م): مِقْمَعَة 扣针，饰针
ـٌ إنْكلِيزِيّ (م) 别针(安全针)
ـ إبْرِيّ 大头针
ـُ رَسْمٍ (م) 图钉
ـُ رَبْطَةِ رَقَبَةٍ (م) 西服领带的卡子
ـُ شَعْرٍ (م): فُورْشِينَه (م) 发夹，发针
ـ (ع): هِرَاوَة (警察的)短棒；权杖；指挥棍
ـ (س): عَطَّار 药材商，药剂师
ـ (م) أو مِشْبَكُ صَدْرٍ 胸针
ـُ الغَسِيل (م): مِشْبَك (晾衣用)衣夹
دَبُّوسَة (م): وَرِكُ الدَجاجةِ المَطْبُوخَة (煮熟的)鸡腿
مَدْبَسَة (م): مِخَدَّةُ الدَبَابِيس (م) 插针用的针插、针扎、针垫子
دَبَش: سَقَطُ المَتَاعِ 废物，碎屑，不值钱的东西
ـ / دَبْش (م): سَقَطُ الحِجَارة 碎石
قِطْعَةُ الـ 圆石，碎石，鹅卵石
دَبَغَ ـِ ـُ دَبْغًا ودِبَاغًا ودِبَاغَةً الجِلْدَ 制革，鞣皮，硝皮
ـ ه (م): صَبَغَه 染色；着色；染透，深染
اِنْدَبَغَ 皮革制成
ـ (س) 深染，染透
دَبَّاغُ الجُلُود 制革工人；鞣皮匠，制革匠
مَدْبَغَة / مَدْبُغَة جـ مَدَابِغُ / دَبَّاغَة (س) 制革工厂

دبق ـَ دَبْقًا الطيرَ: صَادَه بالدِبْق (用鸟胶)粘鸟
دَبِقَ ـَ دَبْقًا به: لصقَ 粘住，粘着，依附
دَبَّقَه: تَلَزَّجَه 粘，粘着，粘住
ـ الطَيْرَ 用(鸟胶)捕鸟
ـ على ... 取得，弄到，找到
تَدَبَّقَ بالعَرَق (由于出汗而)粘住
ـ الشيءُ (粘在胶上)被捕，被捉
ـ بالشيء 迷恋，恋慕
اِنْدَبَقَ 粘附，贴上
دِبْق / دَابُوق / دَبُوقَاء: مُخيِّط لصيد العَصَافِير (م)
粘鸟胶
دَبِق: لَزِج 粘的，有粘性的
دَبَكَ ـُ دَبْكًا ودَبَّكَ 跳踏歌舞
دَبْكَة 硬物落地声，(拟音语)咚咚
ـ / رَقْصُ الـ 踏歌舞(黎巴嫩民间舞蹈)
دَبَلَ ـُ دَبْلاً ودُبُولاً الأرْضَ: سَمَّدها 施肥
دَبَلَتْه الدُبُولُ 灾难降临
دَبْل جـ دُبُول: وَرَم في غُدَّة لِنْفاوِيَّة [医]横痃，
腹股沟淋巴结炎
ـ 小溪，小河
طاعُونٌ دَبْلِيّ: طَاعُون بَشَرِيّ [医]腹股沟淋巴
结鼠疫，淋巴腺鼠疫
دُبْلَة جـ دُبَل ودُبَل: كُتْلَة 一块，一团
دِبْلَة جـ دِبَل (م) ودَبِلَة جـ دَبَل (س): فَتْخَة /
خاتِم بِلاَ فَصٍّ كأنه حَلْقَة 指环，戒指
ـُ سَاعة الجَيْبِ (م) (挂表的)表环
دَبْلاَن / دَبُولاَن 白印花布，衬衣料，粗制
的竹布
دُبَال: سَمَاد 肥料
دُبَّان (س): ذُبَّان 苍蝇
دِبْلوم diploma/ دِبْلُومَة جـ دِبْلُومَات 执照；许
可证；文凭，毕业证书

دِبْلُوماسِيّ / دِيبْلُومَاسِيّ جـ دَبَالِسَة / دِبْلُومَاتِيّ
diplomat 外交官，外交家；外交的，
有外交手腕的，外国使节的
دِبْلُومَاسِيَّة 外交，外交手腕、策略、机巧
دَبى الواحدة دَبَاة: حُورِيَات الجَرَاد 蝗蝻
دَثَرَ ـُ دُثُورًا الرسمُ واِنْدَثَرَ: اِمَّحَى 痕迹消灭，
被擦去，拭去，抹去，揩去
دَثَّرَه: أَهْلَكَه 使消灭，抹去，使湮没
ـ ه: غطّاه 给盖上毯子
تَدَثَّرَ بكذا 蒙上，盖上，包上，围上
دُثُور / اِندِثَار: اِمّحَاء 消逝，消灭，湮没
الـ والتَجَدُّد (في علم الأحياء) / الأَيْض [生]
新陈代谢，代谢
دَثْر جـ دُثُور 财富，财产，资源
دِثَار: غِطَاء أو مِعْطَف 毛毯；被子；外衣，
外套，长袍
داثِر جـ دَوَاثِر: هالك 消失的，看不见的
دَجَّجَه وتَدَجَّجَ بالسِلاح 全副武装，全身披挂
دُجّ: سُمَّن مُغَرِّد [动]画眉
دُجَّة: ظُلْمَة شَدِيدة 极暗，漆黑
دَجَاج ودُجَاج ودِجَاج جـ دُجُج الواحدة دَجَاجَة
جـ دَجَاجَات: طُيُور داجِنة 鸡
ـ فِرْعُون أو الوادِي أو السُودَان (س): غِرْغِر
珠鸡
ـُ الهِنْد أو الحَبَش (س) 火鸡，吐绶鸡
دَجَاجَة جـ دَجَاجَات: فَرْخَة (م) 母鸡
كَوْكَبَة الـ [天]天鹅座
دَجَاجِيّ: مختصّ بالدَجاج 似家禽的
ـ: بائعُ الطُيُورِ الداجِنة / فَرَارْجِي (م) 卖鸡
鸭的
دَيْجُوج ودَجُوجِيّ جـ دَيَاجِيج: ليل مُظْلِم 黑夜
مُدَجَّج بالسِلاح 全副武装，全身披挂的

ـ: دُلْدُل 箭猪，豪猪

دجر ـ دَجرًا: حَارَ 为难，狼狈

دَيْجُور جـ دَيَاجِيرُ ودَيَاجِر: ظَلام 黑暗，阴暗，幽暗，阴郁

دجل ـُ دَجْلاً: كَذَبَ 说谎，欺骗

دَجَّلَ: طَلَى / مَوَّهَ 涂，上油漆

ـ: طَلَى بماءِ الذَهَب 描金

ـ الأَرضَ: سَمَّدَها 施肥

ـ عليه (مـ): خَدَعَه 欺骗

ـ (مـ): اِدَّعَى السِحْرَ أو النُبُوغَ 自称能使用魔术；自称能知过去未来之事

دَجَال: سِرْجِين 粪便

دُجَالة: قَطْرَان 柏油，沥青

دِجْلَةُ: نَهر في العِراق 底格里斯河

دَجَّال جـ دَجَّالُون ودَجَاجِلَة: كذَّاب 骗子

ـ: مُدَّعٍ 吹牛的，大言不惭的

ـ: عَرَّاف 卜卦的，算命的，看相的

ـ: مَاءُ الذَهَب 金水

طَبِيبٌ ـ 庸医；江湖医生

المَسِيحُ الـ 伪基督

دجن ـُ دُجُونًا الحمامُ وغيره: أَلِف واستأنس 驯养，驯服

ـ وأَدْجَنَ الليلُ: اِسْوَدَّ 夜色苍茫

دَجَّنَ الحَيَوانَ 驯养，使驯服

دَاجَنَه: دَاهَنَه وخَاتَلَه 用甜言蜜语引诱，哄骗

دَجْن جـ دُجْن ودِجَان ودُجُون وأَدْجَان 多雨

دُجْنَة جـ دُجَن ودُجُنَات / دُجُنَّة جـ دُجُنَّات: ظُلْمَة 阴暗，黑暗

دَجَنَة جـ دَجَنَات (مـ) 棍棒

دَاجِن م دَاجِنَة جـ دَوَاجِنُ: بَيْتِيّ / أَلِيف 驯养的，驯服的，家养的

حَيَوَانَات ـ ة 家畜

دَوَاجِنُ / طُيُور دَاجِنَة 家禽

أَدْجَنُ م دَجْنَاءُ جـ دُجْن: مُظْلِم 黑暗的，阴暗的，幽暗的

دجا ـُ دَجْوًا ودُجُوًّا الليلُ: أَظْلَمَ 漆黑，黑暗

ـ الثوبُ: كان وَاسِعًا (衣服)宽大

دَاجَى مُدَاجَاةً الرَجلَ: داراه وسَاتَره العَدَاوَةَ 虚与委蛇，虚伪相待，敷衍

ـ ه: لاَطفَه وسَايَرَه 迎合，奉承，迁就

مُدَاجَاة 谄媚，迎合，奉承，巴结，敷衍

دُجَة جـ دُجَات ودُجًى: زِرُّ القَمِيص 衬衣扣子

دُجًى / دُجْيَة: ظلام 黑暗，幽暗，阴暗

دَجِيّ / دَاجٍ م دَاجِيَة: مُظْلِم 黑暗的，昏暗的

دَيَاجِي: ظُلُمَات 昏暗

دَاجٍ م دَاجِيَة 黑(夜)

عَيْشٌ ـ 舒服的生活

دحّ ـُ دَحًّا الشيءَ في الأرض 埋藏

دحدح / دَحْدَحَة / دَحْدَاح / دَحْدَاحَة / دُحَادِح / دُحَيْدِحَة / دَوْدَح: قَصِير وسَمِين 矮胖的，粗短的

تَدَحْدَحَ (مـ): دَلَفَ 蹒跚

دحدر الشيءَ 使滚下

تَدَحْدَرَ الشيءُ 滚下

دَحْدُورَة (مـ) / دُحْدَيْرَة جـ دَحَادِيرُ: أُحْدُورَة (في حدر) 斜坡，斜面

دحره ـَ دَحْرًا ودُحُورًا ومَدْحَرَةً: هزَمَه / طرَدَه 打垮，打败，击溃，赶走

اِنْدَحَرَ: اِنْهَزَمَ 失败，战败，败北

اِنْدِحَارِيّ 失败的；失败主义者

اِنْدِحَارِيَّة 失败主义

مَدْحُور: مَغْلُوب 被打败的，被击溃的

دحرج الشيءَ 使滚动

تَدَحْرَجَ الشيءُ 滚动

دُحْرَيْج ج دُحْرَيْجَات ودَحَارِيج (م): عُدَيْسَة
[植]野豌豆
ـ (م) 紫花苜蓿
دَحِسَتْ ـَ دَحَسًا إصْبَعُه: أصابَها الداحُوسُ 得瘭疽，患浓性指头(或趾头)炎
دَاحِس / دَاحُوس / دُحَاس (م) (指头或趾头患的)瘭疽；(兽类的)蹄周炎，蹄冠炎
دَحَشَ ـَ دَحْشًا (م): حَشَرَ 插入，插进，塞入
دَحَضَ ـَ دَحْضًا ودُحُوضًا ودَحَّضَ وأَدْحَضَ الحُجَّةَ: أَبْطَلَها 反驳，驳斥，驳倒
لا يُدْحَضُ: لا يُنْقَضُ 不能反驳的，无法驳倒的
دَحَمَه ـَ دَحْمًا: دفعه شَدِيدًا 猛推
دَخَرَ ودَخِرَ ـَ دَخْرًا ودُخُورًا: ذَلَّ وصغُر 卑贱
دُخَس: دَرْفِيل (أ) /دُلْفِين (أ) [动]海豚
دَخَلَ ـُ دُخُولاً ومَدْخَلاً الدارَ: ضد خَرَجَ 进，进去，进来
ـ به 领入，引入
ـ في الأَرضِ: اِخترقها 深入，穿入，侵入
ـ في الأمر 干预，参与
ـ عليه: زارَه وواجَهَه 来到他跟前，探视他
ـ على زَوْجَتِه 同房，行房，云雨
ـ على عَامِهِ العاشِرِ 他已九岁多了
ـ بِلاَ اسْتِئْذَانٍ 闯进
ـ الجَمْعِيَّةَ 加入团体
ـ ضِمْنَ كذا 包括在…之内
العِبَارَةُ ـ تْ عليه بالتُرْكِيّ (س) (这句话对他来说是土耳其语)他一点也不明白
ـ ه الشَكُّ 发生疑惑，起疑心
ـ ه وتَدَاخَلَه الشَكُّ 发生怀疑
دُخِلَ في عَقْلِه 发狂，发疯，精神失常
دَخَّلَه وأَدْخَلَه: ضد أَخْرَجَه 带进，引进，引入，放入
ـ وـ الشيءَ: دسَّه 插进，嵌进；钉入；塞入(口袋里)
ـ وـ الرجلَ: سَمَحَ له بالدُخُول 容许他进入，放入
ـ الرجلَ: صَحِبَهُ وقادَهُ إلى الداخِلِ 领入
أُدْخِلَتْ عليه تَعْدِيلاَتٌ 做了某些修正、调整
دَاخَلَه في أُمُوره: عَارَضَه 干涉，干预
تَدَخَّلَ في الشُؤُون الداخِلِيَّة 干涉内政
تَدَاخَلَ الشيءُ: دَخَلَ بعضُه في بعض 交叉，交错
ـ وتدَخَّلَ بَيْنَهُم: توسَّط 斡旋，调解
ـ ت الأُمُورُ: اِلْتَبَسَتْ وتَشَابَهَتْ 事情混淆不清
دَخَل: فَسادُ العَقْلِ 精神错乱，痴呆，疯癫
دَخَل: رِيبَة / شَكٌّ 嫌疑，疑惑，怀疑
ـ: حَصِيلَةُ المَالِ / إيرَاد (م) 收入，收益，所得
ضَرِيبَةُ الـ 所得税
كانَ له ـ في هذا الأمر 他与这事有关
دُخُول: ضد خُرُوج 进入，进来，加入
ـ: اِخْتِرَاق / نُفُوذ 穿入，渗入，侵入
دُخُولِيَّة (م): مَكْس 入市税，城门税，通行税
دِخْلَة / دَخْلَة / دُخْلَة 意向，心意
طاهِرُ الـ 心地坦然的，内心纯洁的
دَخْلَة (م) 入口，进口
لَيْلَةُ الدُخْلَة (م) 新婚之夜，(成婚、完婚、圆房、团房)之夜
دُخَّلَة: هَازِجَة [鸟]嚣鹪
تَدَاخُل / تَدَخُّل / مُدَاخَلَة (م) 干涉，干预
خَاصِيَّةُ الـ [物]可入性，贯穿性，渗透性
خَاصِيَّةُ عَدَمِ الـ [物]不可入性，碍性
دَاخِل: ضد خارِج 进入的，进来的，加入的

ـ الشيءِ: ضد خارِجه 内部，里面
مِنَ الـ 由里面，从里面，从内部
داخِلاً: نحوَ الداخل 向内，朝里面
دَاخِلِيّ: ضد خارجِيّ 内部的，内心的；内政的，国内的
ـ: خُصُوصِيّ 私的，个人的
قَرْضٌ ـ 国内公债
مَلَابِسُ ـ ةٌ 内衣，衬衣
حَرْبٌ ـ ة 国内战争，内战
طالِبٌ ـ 寄宿生
مِلاَحَة ـ ة 内河航运
تِجَارة ـ ة 国内贸易
مَدْرَسَةٌ ـ ة 寄宿学校
مُشَاغَبَاتٌ ـ ة 内部的骚扰
وَزِيرُ الـ ةِ 内政部长，内务部长，内务大臣
وِزَارَةُ الـ ةِ 内政部，内务部
ـ ةُ البِلادِ 内地，腹地，内陆
دَاخِلِيًّا: في الداخل 内心地，内部地
دَاخِلَة جـ دَوَاخِلُ: غَامِضُ الأرض 偏僻的地方
ـ ُ الإنسانِ: نِيَّته ومَذْهَبُه وبِطَانَتُه 意向，意志，意图，内心
دَخِيل جـ دُخَلاءُ: غَرِيب 外国人，外侨，异乡人，陌生人，门外汉，局外人
ـ: ضد أَصِيل 外来的，外国产的，外国种的，外来物
لَفظٌ ـ / كَلِمَةٌ ـ ة 外来语
ـَكَ (س): من فَضْلِكَ 请，劳驾
دَخِيلَةُ المَرْءِ: باطِنُه ونِيَّته 内心，意图，心意，意向
ـ جـ دَخَائِلُ الأمرِ: سِرُّه 机密，秘密
دَخَائِلُ الأُمُور: بَوَاطِنُها 事情的内幕，内情

مُتَدَخِّل في الأُمُور الداخِلِيَّة 干涉内政者
ـ (في جَرِيمة) [法]共犯，共同犯
ـ قَبْلَ الفِعْل [法]事前从犯
ـ بَعْدَ الفِعْل [法]事后从犯
مُتَدَاخِل في ما لا يَعْنِيه 好管闲事者
مَدْخُول جـ مَدَاخِيلُ (مـ): دَخْل / رَيْع 收入，收益
ـ فيه 伪造的，捏造的
ـ ُ الضَمِير 存心不良的
مَدْخَل جـ مَدَاخِلُ: ضد مَخْرَج 入口
دَخْمَسَه: خَدَعَه 欺骗
دَخْمَسَة: خِدَاع 欺骗，行骗，欺诈
دَخِنَ ـَ دَخَنًا ودَخَّن الطعامُ: عَلِقَ به الدُخان أو رائحتُه 为烟所熏，带烟熏味
ـ وـ التَبْغَ: شَرِبَ السِيجَارَ 抽烟，吸烟
ـ تْ ـِ دُخْنًا ودُخُونًا ودَخَّنَتْ وأدْخَنَتْ النارُ: خَرَجَ دُخَانُها وارْتَفَعَ (火)冒烟
دُخَان ودُخَّان جـ أَدْخِنَة ودَوَاخِن ودَوَاخِين 烟
ـ وـ: بُخار 蒸汽
تَدْخِين 吸烟，抽烟
أُوضَةُ الـ (مـ) 吸烟室
دُخْن: نَبَات وحَبُّه يُطْحَن 小米，稷粟，谷子
دُخْنَة: لَوْنُ الدُخَان 乌黑色
دُخَان: تِبْغ / طُبَاق 烟，烟草，烟叶
دَخَاخِنِي جـ دَخَاخْنِيَّة (مـ): بائعُ التِبْغ وتَوَابِعه 卖烟人，烟草商
داخِن / مُدْخِن 冒烟的，有烟的
داخِنة جـ دَوَاخِنُ / مَدْخَنَة جـ مَدَاخِنُ 烟囱
دَخِينَة 纸烟，香烟，烟卷
أَدْخَنُ م دَخْنَاءُ جـ دُخْن 乌黑色的
مُدَخِّن التَبْغ 吸烟的人
مَدْخَنَةُ القَاطِرَةِ (مـ) أو البَاخِرَةِ （机车或轮船

的）烟囱

الدَدُ / الددَن: لَهْو ولعب 玩耍，游戏，娱乐

د.د.ت: اسمه العِلْمي ديكلورو ديفنيل تريكلوريتان 滴滴涕 dichloro- diphenyl- trichloroethane （二氯二苯三氯乙烷的缩写，用作杀虫剂）

دَيْدَن / دَيْدَان: دأْب 习惯

دَرَأَه ـَ دَرْأً ودَرْأَةً: دَفَعَه / صَدَّه 挡住，抵御

ـ الشيءَ: بَسَطَه 展开

ـ السَّيْلُ عليه: اِندَفَعَ （山洪向他）冲来

دَرَأَ ـَ دُرُوءًا البَدْرُ: سَطَع 圆月发光

ـ تِ النارُ: أضَاءت （火光）照亮

دَرِيئَة: هَدَف 靶子，鹄的

ـ (م): دِرْوَة / حِظَار 围屏，屏风

دَرَبْزِين / دَرَابْزُون / دَرَابَزِين ج دَرَابْزُونَات（波）栏杆，阑干，扶栏，扶手，回栏

دِرَايَة (في دري)

دَرِبَ ـَ دَرَبًا ودُرْبَةً به: تَدَرَّبَ عليه 熟练

دَرَّبَه في الأمر وعليه وبه 训练，教练

دُرْبَة: تَمَرُّن وخِبْرَة 熟练

دَرْب ج دُرُوب ودِرَاب: طَرِيق في الجَبَل 羊肠小路，山路

ـ: طَرِيق 路

ـ (م): رَدْب / طَرِيقٌ لا يَنْفُذ 死胡同，死巷

تَدْرِيب ج تَدْرِيبَات: تَمْرِين 教练，训练

ـ عَسْكَرِيّ 军事训练

مُدَرِّب 训练者，教练（员）

مُدَرَّب / مُتَدَرِّب: مُتَمَرِّن 受训练的

دَرْبَسَ البابَ 把门闩上

دِرْبَاس ج دَرَابِيس: كَلْبٌ عَقُور 猛犬

ـ (م): تِرْبَاس (م) / مِتْرَس (انظر تربس) 门闩

دَرْبَكَ (م) 敲（鼓）

دَرْبَكَة (م): ضَوْضَاء 嘈杂，喧哗，吵闹声

ـ (س) 鼓声

دَرَابُكَّة / دِرْبَكَّة (س) / دَرْبُوكَّة ج دَرَابِك (م) 陶鼓

دَرَجَ ـُ دُرُوجًا ودَرَجَانًا الشَّيْخُ: مَشَى （老人）步行

ـ القَوْمُ: مَاتُوا وانْقَرَضُوا 死亡

ـ الأمرُ: اِنْتَشَرَ 流传

ـ الزِيُّ 时兴，流行，时髦，时尚

دَرَجَ ـُ دَرْجًا ودَرَّجَ وأَدْرَجَ الثوبَ: طَوَاه 折叠

ـ (س) 使流通，传播

ـ 刊登，登载，记入，写进

دَرِجَ ـَ دَرَجًا وتَدَرَّجَ إلى كذا: صَعِدَ في المَرَاتِب 逐渐提升，渐渐升级

دَرَّجَه إلى كذا 使渐次…，使逐渐…

ـ ه (م): قَسَّمَه إلى دَرَجَات 分成等级，分列度数

ـ الشيءَ: أَدَالَه 使流通，使周转，使流行

ـ 使习惯于；使养成…习惯

أَدْرَجَ الشيءَ في الشيء: أدخله في ضِمْنِه 把…包括在…内，计入，并入，列入

ـ (س) 刊登出，登载在…上

تَدَرَّجَ في ... 遵守（保持）次序

ـ من ... إلى ... 慢慢地通过

اِنْدَرَجَ في كذا: دَخَلَ 包含在…，包括在…，计入，并入，列入

اِسْتَدْرَجَه إلى ... 逐渐诱入，诱骗至…

ـ فلانًا: رَقَّاه بالتَدْرِيج 逐渐提升

ـ ه إلى الإقْرَار بالحقيقة 引诱他承认真情，诱出真情

ـ المُجْرِم 从犯人身上逐渐获得口供

دَرْج جـ دُرُوج: طُومَار 卷物，纸卷，卷轴

في ـ الكِتابِ 在书折内

دَرَج جـ أدْرَاج ودِرَاج 楼梯，梯子，阶梯，台阶

ذَهَبَ أدْرَاجَ الرِيَاحِ (随风而逝)付之东流，归于失败，结果一场空

رَجَعَ أدْرَاجَه 从原路折回，走回头路

دُرْج جـ أدْرَاج: جَارُور (س) 抽屉

دَرَجَة جـ دَرَجَات: سُلَّمَة (راجع سُلَّم) 梯子的一级，台阶的一级

ـ (في القِياس والجُغْرافِيا والفَلَك الخ) (温度、经纬、圆周等的)一度

ـ: رُتْبَة / مَنْزِلَة 等级

مُعادَلَة مِنْ الـ الأُولَى (الثانِيَة) 一次（二次）方程式

ـ جامِعِيَّة 学位

ـ الدُكْتُوراه 博士学位

بِـ ـ كَبِيرة 在很大程度上

ـ: طَوْر / دَوْر 进程，进度，阶段

ـُ الحَرارَةِ 温度

ـُ التَجَمُّدِ: نُقْطَتُه 冰点

ـُ الغَلَيان: نقطتُه 沸点

ـُ الطُولِ 经度

ـُ العَرْضِ 纬度

ـ: عَلَامَة / رَقْم /نِمْرَة (أ) (考试的)分数

ـُ السَيْرِ أو التَقَدُّمِ 进度，程度，速率

ـ: مَكان / صَفّ (学校的)班，班级

ـ أُولَى 第一级，一年级

أوَّلُ ـِ 头等的，最高级的，第一流的

الانْتِخَابُ على دَرَجَتَيْنِ 间接选举

تَدْرِيجًا / بالتَدْرِيجِ 渐渐地

تَدْرِيجِيّ 逐渐的

تَدْرِيجِيًّا 渐渐地

بِتَدَرُّج / بالـ: تَدْرِيجًا 渐渐地，逐渐地

دَارِج: مُتَدَاوَل 通行的，通用的，流通的

ـ: مَأْلُوف 常见的，习见的

ـ: على الزِيِّ المَأْلُوفِ 时髦的服装

ـ: عَادِيّ 普通的，平凡的，一般的

ـ: عَامّ 民间的

اللُغَةُ الـ ـةُ 方言，土语，口语，民间语

طِفْلٌ ـ 学步的小孩

دُرَّاج جـ دَرَارِيجُ واحدته دُرَّاجَة: أبُو ضَبَّة (م) 松鸡

دَرَّاجَة جـ دَرَّاجَات (م): عَجَلَة (م) 自行车，脚踏车，单车

ـ بُخَارِيَّة / ـ نَارِيَّة 摩托车

ـُ الأَطْفَالِ 小孩练步车

مُدَرَّج جـ مُدَرَّجَات: أَنْفِتِيَاتْر (أ) 圆形剧场，竞技场；阶梯式教室

ـُ مُوسِيقَى 乐谱，五线谱

مُنْدَرَجَات 内容

مَدْرَجُ الطائِراتِ 跑道，飞机跑道

دِرْخَمَة (أ) (راجع دِرْهَم) 古希腊银币

دَرِدَ ـَ دَرَدًا: ذَهَبَتْ أَسْنَانُه 牙齿全脱落

أَدْرَدُ م دَرْدَاءُ جـ دُرْد: أَهْتَمُ (م) 无牙的，无齿的

دُرْدِيّ: عَكَر 渣滓，糟粕，残渣，沉渣，淀渣

دَرْدَبِيس: عَجُوز 老太婆；老头子

دُرْدُر جـ دَرَادِرُ / دَرَادِيرُ (م): مَغَارِزُ الأَسْنَانِ 齿龈，牙床

دَرْدَار: شَجَر 榆树；梣树

دُرْدُور: دُوَّامَة / شِيمِيَة (م) 陀螺；旋涡，涡流

دَرْدَشَ مِنْ الفَاضِي والمَلْيَانِ (م) 说废话，饶

دَرْدَشَة: هَذَر 舌，空谈，说空话

说梦话，呓语，胡说

ـ: ثَرْثَرَة 饶舌，多话，空谈，唠叨

غرفة ـ 聊天室

دردم 盖满土

درّ ـِ دَرًّا الحَلِيبُ والعَرَقُ والبَوْلُ: كَثُرَ (乳汁、汗水、尿)多

ـ تْ عليه أَخْلاَفُ النِّعَمِ 他生活得很富裕

أَدَرَّ 供给，大量供给

اِسْتَدَرَّ اللَّبَنَ: أَسالَه 使奶流出

ـ عَطْفَه 乞怜

دَرّ 奶，乳

لِلّهِ ـُ ه أو دِرُّهُ (他的福气来自真主)好极！多好呀！真好！

لِلّهِ ـُ العُلَماءِ الذين ... 这些学者是多么好的学者！

دُرّ جـ دُرَر ودُرَّات واحدته دُرَّة: جَوْهَرَة 珍珠，宝石，宝玉，美玉

دُرِّيّ 明亮的，光辉的

كَوْكَبٌ ـ 明星，极亮之星

دُرَّةٌ يَتِيمَة 一颗大珍珠

ـ جـ دُرَر (مـ): بَبْغاء صغير 长尾小鹦鹉

دِرَّة ودَرَّة جـ دِرَر: لَبَن 奶，乳

دَرُور: ناقة كثيرة الدَّرِّ 多奶的驼

مُدِرّ للبَوْلِ 利尿剂

ـ للحَلِيبِ 下奶药，生乳药，催奶灵

ـ للعَرَقِ 发汗剂

ـ للطَمْثِ 通经剂，催经剂

مِدْرار (للمُذكَّر والمُؤنَّث): غَزِيرُ السَّيَلانِ 畅流的，涌流的

عَيْنٌ ـٌ: كثيرةُ الدَّمْعِ 泪汪汪的眼睛

سَماءٌ ـٌ: كثيرةُ المَطَرِ 多雨的天

مِدْرارًا 丰富地

درز ـُ دَرْزًا الثوبَ: خاطَه خِياطَةً مُتَلَزِّزَة 缝，密缝，巧缝，精细地缝缀

ـ الجَرَّاحُ الجُرْحَ (外科医生)缝合(伤口)

ـ (سـ) 充满，放满，塞满

دَرْز جـ دُرُوز: ارتفاع عند طَرَفَيْ شَيْءٍ مَخِيط (衣服的)接缝，缝合处

بَنَاتُ الدُّرُوزِ 虱

دَرْزَة: غُرْزَة 针脚

دُرْزِيّ: واحد دُرُوز 德鲁兹族(居住在利叙亚、黎巴嫩山中的一族，信奉伊斯兰教)

ـ جـ دُرُوز [矿]放射性结晶

تَدْرِيزُ الجُرُوحِ: خِياطتها 伤口缝合，缝合伤口

تَدارِيزُ العِظامِ (خُصُوصًا قَحْفَ الرأسِ) (关节的)缝(尤指头盖骨的合缝)

درس ـُ دَرْسًا الرَسْمَ: مَحاهُ 抹去，涂去

دَرَسَ ـُ دَرْسًا ودِراسًا الحِنْطَةَ: داسَها بالنَوْرَجِ 打麦，用打麦机碾麦

دَرَسَ ـُ دَرْسًا ودِراسَةً العِلْمَ أو الكِتابَ أو المَوْضُوعَ 学习，研究

ـ العِلْمَ على فلان 从…学习，在…指导下学习

دَرَّسَه وأَدْرَسَه: عَلَّمَه 教，教学，教授

دارَسه 同他一起学习

تَدارَسَ الطلبةُ الشيءَ 共同研究，共同学习

اِنْدَرَسَ: اِمَّحَى 被抹去，被涂掉，被消去，被消灭，被扫除

دَرْس / دُرُوس: مَحْو 涂掉，抹去

ـ جـ دُرُوس: ما نَتَعَلَّمُهُ / أُمْثُولَة 功课，课程；教训

ـ / دِراسَة جـ دِراسَات: مُطالَعَة أو فَحْص 学习，研究

ـ ودِرَاسُ الحِنْطَةِ 打麦
آلةُ دِرَاسٍ 打谷机
آلةُ الحِصَادِ والدِرَاسِ 联合收割机
دِرْس جـ أَدْرَاس 骆驼的尾巴；褴褛的衣服
دُرَّسَة (سـ): صَعْوَة (مـ) 颊白鸟
دِرَاسَة جـ دِرَاسَات 学习，研究
مَعْهَدُ الدِرَاسَاتِ الشَرْقِيَّة 东方研究所
دِرَاسِيّ 学习的，教学的
سَنَةٌ دِرَاسِيَّة 学年
تَدْرِيس 教，教学，教书
دَارِس جـ دَوَارِسُ 消失的，被抹去的
دَرِيس: بِرْسِيم مُجَفَّف 干苜蓿
حُمَّى الـ 干热病，花粉热，枯草热（一种夏季的热病）
دَرِيسَة (مـ) (法) terrassiers [铁]修理组
أُسْطَى الـ (مـ) 修理组组长
عُمَّالُ الـ (مـ) (في سكة الحديد) / عَسَاكِر
الدَرِيسَة [铁]修理组的工人
دَرَّاسَة جـ دَرَّاسَات: نَوْرَج 打谷机
ـ حَصَّادَة 收割机
مَدْرَسَة جـ مَدَارِسُ: مكانُ التَعْلِيمِ 学校
ـ جَامِعَة 综合性大学
ـ عَالِيَة أو كُلِّيَّة 学院，高等学校，专门学校
ـ اِبْتِدَائِيَّة 小学
ـ إِعْدَادِيّة 初级中学
ـ ثَانَوِيَّة 高级中学
ـ مُتَوَسِّطَة 中等学校
ـ خَارِجِيَّة 非寄宿（走读）的学校
ـ دَاخِلِيَّة 寄宿的学校
ـ المُعَلِّمِين 师范学校
ـ حَرْبِيَّة 军事学校
ـ تِقْنِيَّة أو فَنِّيَّة 技术学校
ـ مِهْنِيَّة 职业学校
ـ للتعليم بالمُرَاسَلَة 函授学校
أَيَّامُ الـ 学校时代，学生时代，在学时代
رَفِيقُ الـ 同学，同窗，校友，学友
نَاظِرُ الـ 中小学校长
ـ 派，派别；学派
الـ الوَاقِعِيَّة 现实主义流派
مَدْرَسِيّ 学校的，有关学校的；有关学派的
كِتَابٌ ـ: مِدرَس 教科书
عام ـ 学年
مُدَرِّس 教员；讲师
دِرسْوَار (أ) dressoir (法): صَيْهُور 碗厨，橱柜，碗柜儿
دِرْوَاس جـ دَرَاوِيس: كَلْبٌ كبيرُ الرأسِ 獒，大训犬
دَرْوَشَ وتَدَرْوَشَ (أ) (波) 做托钵僧，做苦修者
دَرْوِيش جـ دَرَاوِيشُ: متعبِّد وزاهِد 苦修者，苦行僧，托钵僧
ـ (سـ) 草率的人，粗心的人
ـ (مـ): مُتَحَشِّف 衣着不整洁的，衣衫褴褛的
دَرَّعَه: أَلْبَسَه الدِرْعَ 给他穿上铠甲，使他披铠甲，装甲
أَدْرَعَ وتَدَرَّعَ وادَّرَعَ 穿上铠甲，披上铠甲，装甲
ـ بالصَبْرِ 以忍耐为甲胄，坚忍耐劳
دِرْع جـ دُرُوع وأَدْرُع ودِرَاع: قَمِيص من زَرَدِ الحَدِيدِ 环甲，锁子甲，铠甲；[军]装甲兵；[海]装甲舰
ـ جـ أَدْرَاع 女衬衫
دَارِع / مُدَرَّع: عليه درع 披甲的，装甲的

دَارِعَة جـ دَوَارِعُ / مُدَرَّعة جـ مُدرَّعَات / دَرَّاعَة
装甲兵
سَيَّارةٌ مُدَرَّعَة 装甲车
دُرَّاعَة جـ دَرَارِيعُ / مِدْرَعَة جـ مَدَارِعُ 开襟
的女羊毛衫
مُدَرَّع [动]犰狳
دَرَّفه (ـ) 驱逐，赶走
دَرْف (أ): جَانِب 边，侧，翼；阴影；盾
دَرْفَةُ الباب أو الشُّبَّاكِ (مـ): دَفَّة 门扇，窗扇，
窗叶
دَرْفِيل جـ دَرَافِيلُ (أ) dolphin: دُخَس 海豚
ـ (مـ): أُسْطُوَانة لدَحْرَجَة المُتَقَّلات عليها 滑
材，枕木
ـ رُوسِيّ 鲟鱼
دَرَقَة جـ أَدْرَاق ودَرَق: تُرْس من جِلد 皮盾，
革制的盾
ـ 胸甲，护心镜；河渠的闸门
ـ 龟甲
دَرَقِيُّ الشَّكْلِ 盾状物，甲状物
الغُضْرُوفُ الدَرَقِيّ (في الحَنْجَرة) [解]甲状
软骨
الغُدَّةُ الدَرَقِيَّة 甲状腺
دُرَّاق / دُرَّاقِن (ـ) / دَرَّاقِن: خَوْخ (مـ) 桃子；
桃树
دَوْرَق: إناء يُشْرَب منه (饮水用的)玻璃水
瓶，(有玻璃塞的)酒瓶
دَرَّكَ المَطَرُ: تَتابعَ قَطْرُه 下大雨，连绵降雨，
大雨如注
دَارَكَه: تَبِعَه / لاَحَقَه 追踪，追赶，追上，紧
跟着，穷追
أَدْرَكَ الثَمَرُ: نَضِجَ 果子成熟
ـ الشيءَ: لَحِقَه 赶上，追上，抓到
ـ القِطَارَ 赶上火车
ـ المَسْأَلَةَ: عَلِمَها 知道，意识到，获知
ـ الشيءَ: بَلَغَه 到，达，抵，遂(愿)
ـ الوَلَدُ: ناهَزَ البُلُوغ 到青春期
ـ الشيءَ: نَالَه 得到，获得，赚到
لا يُدْرَكُ: بَعِيد المَنَال 不能得到的，不易完
成的，难达到的
تَدارَكَ ما فاتَه 弥补，补足
ـ: تَلاَحَقَ 追赶
ـ 采取预防措施
ـ الخَطَأَ بالصَوَاب 勘误，更正错误
اِسْتَدْرَكَ عليه 力争达到，力争赶上
ـ وتَدارَكَ الأمرَ: أصلحه 改正，修正
دَرْكٌ (اسمُ مصدرٍ من الإدْرَاك) 赶上，追及
ـ: تَبِعَة 责任
ـ: أسفلُ شيءٍ ذي عُمْقٍ 底(如井底、海底)
ـ ودَرْك: إدْرَاكُ الحَاجَةِ 获得需要
رِجَالُ الـ: شُرْطِيُّونَ 警察
ـ الخَفِيرِ أو البُولِيسِ: منطقة عمله 巡逻队的
巡逻区域
دَرَكَة جـ دَرَك ودَرَكات: دَرَجَة اذا اعتبرت
النزولَ لا الصعودَ ويقابلها دَرَجَة (向下数
的)阶梯，等级
الفَضِيلَةُ دَرَجَات، والرَذِيلَةُ دَرَكات 美德
恶德各有许多等
هو في أَقْصَى دَرَكَات الشَقَاء والفَاقَة 他穷困
极了
اِنْهَارَ إلى هذه الدَرَكَة 他堕落到这个地步
دَرَكَة (مـ): عَسَس 侦查队
إدْرَاك: بُلُوغ 到，达，抵
ـ: نَيْل 得到，获得
ـ: عَقْل 意识

ـ: فَهْم 了解，理会，领悟
ـ نَفسه 自觉性
ـ: نُضْج 成熟
ـ: بُلوغ الرُشْد 成丁，成年
اِسْتِدْرَاك 改正，修正
حَرْفُ ـ [语]限定词，转折词(如إلَّا、لكِنْ、بَلْ等)
دَارِكُ الْمُخل: مُرتَكزُ العَتَلةِ [物]支点
دِرَاك 不间断，不停止，连续不断
دِرَاكًا 连续地，一个接一个地
مُدْرِك: مُمَيِّز / عَاقِل 懂事的，懂道理的，有分辨能力的
ـ: بالِغُ سِنِّ الرُشْدِ 成年的，成年人
القُوَى الـ ة 智力
عَامِلٌ ـ 自觉的工人
الْمُدْرِكَات / الْمَدَارِكُ الخمس 感官，五官
مُدْرَك جـ مُدْرَكَات 认识，识别，知识
مُتَدَارِك 阿拉伯古诗的韵律第十式
درمت ـَ دَرَمًا الأَسنانُ: ذهبَتْ 全口牙齿脱落
دَرَّم أَظَافِيرَه 修指甲，剪指甲
تَدْرِيمُ الأَظْفَارِ والعِنَايَةُ بالأَيْدِي 修整指甲，关心手的清洁
دَرَامَا (أ) drama / دِرَامَا / دِرَامَة جـ دَرَامَات 戏剧
دِرَامِيّ 戏剧的
دَرَّام 猬
دَرْمَاء 无齿的；野兔；红叶的植物；肥胖的女人
درمق / درمك 白净的面粉
درن ـَ دَرَنًا الثوبُ وأَدْرَنَ: اِتَّسَخ (衣服等)玷污，弄脏
دَرَّنَ (مـ) وتَدَرَّنَ (مـ): تَعَجَّرَ 生结核病，生肺病
دَرَن جـ أَدْرَان: وَسَخ 脏，泥垢

أُمُّ ـِ: الدُنْيَا 红尘，下界
ـ الواحدة دَرَنَة جـ دَرَنَات (مـ): عُقْدَة وعُجْرَة 疙瘩，肿瘤；[医]结核
الـُ الرِئَوِيّ 肺结核
دَرَنِيّ (مـ) / تَدَرُّنِي (مـ) 结核(性)的，结核病的
تَدَرُّن / ـ الرِئَتَيْنِ: سُلّ (راجع سلل) 肺结核病，肺病，肺痨
دَرِين: ما بَلِيَ من الحَشِيش فلا تأكله الدَوابُّ 牲口不吃的烂草
أُمُّ ـِ 不毛之地，荒瘠地
مُتَدَرِّن (مـ): مُتَعَجِّر 患结核病的
دُرّة (في درر)
مدْرَه جـ مَدَارِه 演说家；贵族；党魁
دِرْهَم ودِرْهَام ودِرْهِم جـ دَرَاهِمُ ودَرَاهِيمُ: نَقْد قديم 迪尔汗(古希腊币名)，迪拉姆(摩洛哥币名)
ـ: ١/١٢ من الأوقيَّة 迪尔汗，迪拉姆(衡量名，等于3.12克)
خَالِي الوِفَاضِ من الدِرْهَم والدَانِق 身无半文，一文不名
لا دِرْهَمَ له في ... ولا دِينَارَ 毫无关系
دَرَاهِم (س): نُقُود 钱
ـُ مَعْدُودَات 可数的几个银币
دروة (مـ) (في درأ)
دَرْوِن (أ) Darwin: صاحب نَظَرِيَّة النُشُوء والارتقاء 达尔文(英国生物学家，进化论的创立者，1809—1882)
دَرْوِنِيّ 达尔文主义者
الدَرْوِنِيَّة 达尔文主义
دُرُوبَاك 折扣，退回的关税
دروش (في درش)
دَرَى ـِ دِرَايَةً ودَرْيًا ودِرْيًا ودَرْيَةً ودُرِيًّا ودِرْيَةً

ودَرَيَانًا ودِرْيَانًا الأمرَ أو بالأمر 知道，认识
ـ دَرْيًا وتَدَرَّى وادَّرَى الصَّيْدَ: خَتَلَه 欺骗，哄骗(猎物)
ـ الرأسَ: حَكَّه بالمِدْرَى 梳头
دَرَّى (م) وأَدْرَى بكذا 通知，告知，报告，告诉
ـ: ذَرَّى بالمِذْرَاة 簸扬谷物，簸除(秤糠)
فما أَدْرَاك؟ 你怎么知道？
دَارَاه مُدَارَاةً: لاطَفَه 迁就，抚慰
ـ ه: خاتَلَه 讨好，奉承，甘言诱骗
ـ (م): سَتَرَه 遮蔽，掩盖，隐瞒
ـ خَجَلَه 隐藏自己的羞耻
اللاَّ أَدْرِيَّة [哲]不可知论
دِرَايَة: عِلْم 知识，知悉，知道，谙习，认识
مُدَارَاة 隐蔽，窝藏
ـ 奉承，谄媚，讨好，拍马屁
ـ 小心，谨慎
دَارٍ بالأمر 知道的，晓得的，谙习的
مِدْرًى ومِدْرَاة ومَدْرِيَة جـ مَدَارٍ ومَدَارَى: مُشْط 梳子；(牛、羊、马等的)角
مِدْرَة (م) / مِدْرًى: مِذْرًى (في ذري) 干草叉，叉耙，簸谷铁叉
ـ المَرَاكِبِيّ (م): مُرْدِيّ (撑船用的)篙子，搭钩杆，测深杆
مِدْرِي (س): مَنْ يَدْرِي 谁知道，说不定
دَزِّينَة (أ) / دُزِّينَة (أ) dozen: دَسْتَه (م) / اِثْنَا عَشَرَ 一打，十二个
دِسْبِبْسِيَا (أ) dyspepsia,dyspepsy: تُخْمَة 消化不良，胃弱，不消化，饮食积滞
دَسْت جـ دُسُوت (波) 诡计，策略
ـ (م): مِرْجَل 锅，釜
ـ (م): مِرْجَل كَبِير 大锅
ـ [棋]局；一帖纸
الـ لِي: غَلَبْتُ [棋]我赢了，得胜
الـ عليَّ: غُلِبْتُ [棋]我输了，失败
ـ (装饰器具等)一套，一副；一套衣服
ـ 椅子，沙发椅，垫子，椅垫，坐褥
ـ [印]一套多号的活字
تَرَبَّعَ في ـِ سُلْطَةٍ / تَرَبَّعَ على ـِ الحُكْمِ 执掌政权
ـ الوزارة 内阁，内阁会议，部长会议
ـ وِزَارَةِ الدَّاخِلِيَّة 内务部办公厅
دَسْتَه جـ دَسْتَات ودِسَت (م) (波): اِثْنَا عَشَرَ / دَزِّينَة 一打
ـ وَرَقِ اللَّعِب: شَدَّة (م) 一副纸牌
دَسْتَان جـ دَسَاتِينُ (أ): وَتَرُ العُودِ وأمثاله (乐器的)弦；(乐器的)键盘；弦乐、器柄上的定音横格
دُسْتُور جـ دَسَاتِيرُ (波): قَانُون أو نِظَام أَسَاسِيّ 宪法
ـ: نِظَامُ الحُكْمِ 政体
ـ (م): إِذْن 允许，准许，答应，许可
دُسْتُورَك (م): عَنْ إِذْنِك 如果(你)允许的话，劳驾，借光，对不起(请人让路等情况下所用)
حَجَرُ ـِ (م) (مَنْحُوت) 方石，装饰墙面的石板
دُسْتُورِيّ: نِظَامِيّ 根据宪法的，宪法的，立宪的，宪政的；立宪主义者
دَسَرَه ـُ دَسْرًا: دَفَعَه وسيَّره 推，推进，使进行
دِسَار جـ دُسُر ودُسْر / دُسْرَة (م): كَوِيلَة (م) 两尖钉，合板钉，夹缝钉，暗榫
ـ / ـ (م) من حَدِيدٍ أو بُرُنْزٍ لِرَبْطِ حِجَارة (接合石材用的)铁钉，铜钉

دَاسِر: رَفَّاس (م) (飞机的)螺旋桨，推进器
دَسَّ ـُ دَسًّا ودِسِّيسَى عليه 对他用诡计，施阴谋
ـ الدَسَائِسَ 用阴谋，施奸计
ـ بَيْنَهم: أَوْقَعَ بينهم 挑拨离间，搬弄是非
ـ السُمَّ في ... 把毒药暗地撒于…
ـ أو حَشَرَ أَنْفَه في الأمر 干涉，管闲事
دَسَّسَه ودَسَّه: أَدْخَلَه وأَخْفَاه 埋藏，掩藏，塞进，插进
تَدَسَّسَ في كذا 潜入到…
اِنْدَسَّ في كذا 被埋在…中，被插入，被掩藏在…中
ـ بَيْنَهُمْ 溜进他们中间，混进他们中间
دَسِيس جـ دُسُس 奸细，暗探
دَسِيسَة جـ دَسَائِسُ: مَكِيدَة 阴谋，诡计
دَسَّاس: مُدَبِّرُ المَكَايِدِ 阴谋者，间谍，暗探
ـ / دَسَّاسة: حَيَّةٌ رَمْلِيَّة قَصِيرة 沙蛇，沙地蛇(沙地红色短蛇)
العِرْقُ ـ 有其父必有其子
مَدْسُوس عليه 受阴谋之害的
ـ 埋藏在地里的；涂有柏油的(驼)；凭触觉而知的
دَسْكَرَة جـ دَسَاكِرُ: قَرْيَة صَغِيرَة 小村庄，村庄
ـ 咖啡馆，小饭店，酒吧间
دَسِم / أَدْسَمُ م دَسْمَاءُ جـ دُسْم : كَثِيرُ الدَسَمِ 多脂的，肥的，油腻的
دَسَم / دُسُومَة 多脂，油腻
دَسَّ السُمَّ في الـ 在肥肉里下毒药
دَيْسَم: شَدَخ [植]苋，不凋花(藜科草的一种)
تَدَسَّى إلى ... 潜入，偷进，钻进
دَشْت (م): نُفَايَة 废料；碎片；零头，碎屑；碎铁

ـ 荒地，沙漠，荒漠
ـ 杂乱无章
ـ حُرُوف الطِبَاعة: نفايتها [印]混杂的铅字
وَرَق ـ 碎纸，纸屑，碎纸头
دِشْدَاشَة (ع) (伊拉克人穿的)长上衣
دَشَّره 放走，释放，准假，放出；保留，留下
دَشَّ ـُ دَشًّا القَمْحَ والفُولَ: رَضَّه 压碎，捣碎，舂碎(麦子或蚕豆)
مَنْ رَشَّ ـ 谁灌溉庄稼，谁将获得丰收
ـ 说废话
ـ في المكان 在…旅行
ـ: اِتَّخَذَ وأَعَدَّ الدَشِيشَة 预备麦片粥
دُشّ جـ أَدْشَاش (أ) douche (法) : مِنْضَح / مِشَنّ 淋浴，灌水浴
دَشِيش / دَشِيشَة: طعام من البُرِّ المَجْشُوش 麦片粥
ـ 压碎的谷粒
ـ ة (سـ) [医]疹，麻疹
دَشَّاش 空谈者，爱议论人者，碎嘴子，唠唠叨叨的人
دَشَنَ ـَ دَشْنًا الشيءَ: أعطاه 给
دَشَّنَ (أ): كَرَّسَ وخَصَّصَ 贡献，奉献，供奉，献身，委身
ـ المكانَ: اِفْتَتَحَه رَسْمِيًّا 为…举行开幕式、仪式、典礼
ـ الثوبَ (سـ) 穿上新衣服
إنَّ ثَوْرَةَ أُكْتُوبَرَ قد ـ تْ عَهْدًا جديدًا 十月革命开始了一个新时代
تدشين 开幕式，落成典礼，(船)下水仪式
تَدَشَّى (سـ) 打噎，打嗝
دَعْ / **دعة** (في ودع) / **دعا** / **دعاء** (في دعو)

دَعَبَه ـَ دَعْبًا ودَعَابَةً وداعَبَه: لاعَبَه ومَازَحَه 开玩笑，戏弄，挑逗，嬉戏，取笑
داعَبَ المَرْأَةَ (向女人)求爱，谄媚，调戏
دُعَابَة / مُدَاعَبَة 取笑，开玩笑，游戏，诙谐
دَاعِب 开始演奏的，愉快的
دَعِب / دَاعِب / دَعَّاب / دَعَّابَة: مُحِبّ لِلَّهْو 爱嬉戏的人，爱闹玩的人
دَعْبَلَ (م) 把(织物、纸等)弄皱，弄得乱七八糟
ـ (م) 弄坏，弄脏(书)
ـ الطِينَ 用手搓圆(泥、蜡等)
دِعْبِل: بَيْضُ الضِفْدِعِ 蛙卵
ـ / دِعْبِلَة 强壮的母驼
مُدَعْبَل (م): مُنْحَرِفُ الصِحَّةِ 健康失调的人，有病的人，身体不适的
دَعِجَتْ ـَ دَعَجًا العَيْنُ (眼睛)大而黑，大而美
دَعَّجَ 涂黑
أَدْعَج م دَعْجَاء جـ دُعْج 眼大而黑的
دَعِرَ ـَ ودَعَرَ ـَ دَعَارَةً الرجلُ: كان فاسِقًا 堕落，荒淫，无行，放荡，道德败坏
دَعَر / دَعَارَة 放荡，淫乱，无行，荒淫，道德败坏，卖淫
بَيْتُ الدَعارَةِ: مَاخُور 娼家，妓院
دَعِر / دَاعِر جـ دُعَّار م داعِرة: فاسِق 放荡的，荒淫的，淫乱的
دَعَسَ ـَ دَعْسًا الشيءَ: دَهَسَه (م) ودَاسَه 践踏，蹂躏，用脚踏，用脚踩
ـ 装满
مِدْعَس جـ مَدَاعِسُ ومِدْعَاس جـ مَدَاعِيسُ 被踩踏过的地方；矛，枪
دَعْسَة 平坦的(地面)
ـ (س) 脚印

دُعْسُوقَة: أَبُو العِيدِ 瓢虫，花大姐
دِعْص جـ دِعَصَة وأَدْعَاص / دِعْصَة جـ دِعَص 沙土岗
دَعَقَ ـَ دَعْقًا الطريقَ: وَطِئَه شَديدًا 猛踏(道路)
مَدْعُوق / دَعْق / دَعِق 被猛踏的
دَعَكَ ـَ دَعْكًا الثوبَ: مَسَحَه وفَرَكه ونَظَّفَه (把衣服上的土)搓掉
ـَ: دَلَكَ ومَسَّدَ 揉，搓
ـ (م): دَهَكَ / هَرَسَ 碾碎，捣碎
دَعْكَسَة: رَقْصَةُ الحَلْقَةِ 圆舞
دَعَمَ ـَ دَعْمًا الشيءَ: سَنَده 支撑，撑住，顶住
ـَ: عَزَّزَه / قَوَّاه 巩固，加强，使坚固
دَعَّمَه 支持，援助
ـ على ... 安装，放置，加固
اِدَّعَمَ على ...: اِسْتَنَدَ 依赖，依靠，凭借；依据，根据
دِعَامَة جـ دَعَائِمُ / دِعْمَة جـ دِعَم / دِعَام جـ دُعُم: سَنَد 支持物，支柱，屋柱
ـَ: خشَب مَنْصُوب للتَعْرِيش وغيره 支柱，柱子
ـُ السُلَّمِ 楼梯栏干柱
ـُ القَوْمِ: سَيِّدُهم 领袖，头目
دَعَائِمُ الدَوْلَةِ 国家的柱石，国家的领导人
دَعَاه ـُ دُعَاءً ودَعْوَى: نَادَاه 叫，呼，唤，喊，召唤，号召
ـ اللهَ 祈祷，哀求安拉
ـ ه فلانًا وبفلان: أَسْمَاه به / سَمَّاه به 命名，取名字，称为
ـ ه: طَلَبَ منه 要求，请，求
دَعاه ـُ دَعْوَةً ومَدْعَاةً إلى وَلِيمَةٍ: طلبه لِيَأْكُلَ عنده 邀请，宴请
دَعَا ـُ دُعَاءً عليه: طَلَبَ له الشرَّ 咒骂，诅咒

ـ له: طَلَبَ له الخَيْرَ 祝福
ـ له بسفرٍ سَعِيد 祝他一路平安
ـ الأمرُ إلى كذا: سَبَّبَه 致使，惹起，引起
اذا ما دَعَتْ الضَرُورَةُ إلى ذلك فَـ ... 如果有必要那样做，那么…
رَقْمٌ يَدْعُو إلى السُخْرِيَّةِ 引人发笑的数字
دَاعَاه مُدَاعَاةً: قَاضَاه 控诉，控告，打官司
ـ ه: حَاجَّه 与他争论
تَدَاعَى البِناءُ أو الحائِطُ: آلَ إلى السُقُوطِ 濒于倒塌，摇摇欲坠
ـ القومُ: دعا بَعضُهم بعضًا 相互邀请，相互召唤
ـ تِ الأفْكَارُ 联想
اِدَّعَى الشيءَ 要求权利
ـ بكذا: تَظَاهَرَ به 诈称，佯称，冒充，假托
ـ عليه بكذا: اتَّهَمَه 控诉，控告，告发
ـ عليه كَذِبًا 诬告
اِسْتَدْعَاه: أَرْسَلَ في طَلَبه 派人去叫他，召唤他
ـ الإعْجابَ 引人赞美，引人敬佩
ـ إلى المَحْكَمَةِ 传讯，召唤
دَعْوَة جـ دَعَوات / دَعَاوَة / دِعَاوَة / دَعْوَى جـ دَعَاوَى ودَعَاوٍ: قَضِيَّة 诉讼，案件
ـ: عُزُومَة (مـ) 邀请，宴请
الـ الشُيُوعِيَّة 共产主义宣传
الـ الدِينِيَّة 宗教宣传
دَعْوَى: ادِّعاء 断言，主张，论辩，论证，引证，要求，力求
أَقَامَ الـ 起诉
رَفَعَ الـ 提起诉讼
بِـ أَنَّ ... 以…为借口，为口实
دُعَاء جـ أَدْعِيَة: نِداء 叫喊，呼喊，召唤
ـ: طَلَب 要求，请求，恳求
ـ / دَعْوَة: طَلْبَة 祈祷，祈求
ـ / ـ بالشَرِّ 咒，诅咒，咒骂
دِعَايَة / دَعَاوَة: نَشْرُ الدَعْوَةِ 宣传
نَشْرُ الـ 宣传，传播；传教
اِدِّعَاء: زَعْم 诈称，佯称
ـ: حُجَّة 论证，论据，辩解
ـ: إظْهَار / تظاهُر (مـ) 佯为，假装，冒充
ـ: شَكْوَى / تُهْمَة 控告，起诉
ـ العِلْم 自矜博学，冒充行家
ـ المَرَضِ (تَخَلُّصًا من واجِب) 装病，托病
ـ 要求，奢望，野心
تَدَاعٍ 互相召唤
تَدَاعٍ جـ تَدَاعِيات 反应，反响
تَدَاعِي الأَفْكَارِ 联想
دَعِيّ جـ أَدْعِيَاء: منسوب إلى غير أَبِيهِ 私生子
ـ: مُتَبَنًّى 义子
مِدْعَاة جـ مَدَاعٍ: دَعْوَة 号召，邀请
الداعِي جـ دُعَاة 祈祷者；号召者；宣传者
الـ لكُمْ فُلانٌ 为您祝福者（常用在书信中）
دُعَاةُ السَلامِ 和平使者
دُعَاةُ الحَرْبِ 战争贩子
دَاعٍ / دَاعِيَة جـ دَوَاعٍ 需要；原因，动机，口实
مدعوّ 受邀者；应邀者
مُدَّعٍ: دَعِيّ / زاعِم 冒充者，假托者，自封者
ـ: رَافِعُ الدَعْوَى 起诉人，原告
ـ: مُطالِب 要求者，申请者，债权人
ـ بالحَقِّ المَدَنِيّ 民事诉讼者
مُدَّعِي العِلْمِ 自矜博学者，冒充行家
الـ العُمُومِيّ 公诉人，检察官，检察长
الـ العَسْكَرِيّ 军事检察官

مُدَّعٍ 教祷告者（礼拜时教朝圣地朝拜的）
أدعَى إلى الفشَل ... 失败的基本原因是…
مُدَّعًى عليه (مَدَنِيًّا) （民事）被告
ـ عليه (في قضيَّة طَلَاق) （离婚案件）被告
ـ عليه (جِنَائِيًّا): مُتَّهَم （刑事）被告
مُسْتَدْعًى جـ مُسْتَدْعَيَات 要求
دغدغه: زَغْزَغَه 呵（痒），逗笑，胳肢他
ـ (مـ): فَدَغَ / كَسَّر 打碎，打破（头）
ـ اللُّقْمَةَ (مـ): ضَغْضَغَهَا 作嘎扎嘎扎声，咬嚼（饼干等），咬碎
دَغْدَغَة 胳肢，逗笑
دغر ـَ دَغْرًا ودَغْرَى عليهم: هَجَمَ عليهم من غَيْرِ تَثَبُّتٍ 突进，突击，袭击
دُغْرِي (مـ) (土): مُسْتَقِيم 笔直的
ـ: قَاصِدًا / رَأْسًا 直接地
دغش / دَغِيشَة 黄昏，薄暮
دغص ـَ دَغْصًا: امْتَلأَ 充满，填满，装满（食物）
دَاغِصَة جـ دَوَاغِص: صَابُونَةُ الرُّكْبَةِ (مـ) 膝盖骨
ـ: ماء صافٍ رقيق 纯净的水
دغل جـ أَدْغَال ودِغَال: فَسَاد 堕落，腐败，败坏
ـ: شَجَرٌ كَثِيرٌ مُلْتَفٌّ 丛林，小森林
دَغَلَة 丛林，小森林
دَغِل / دَاغِل: فاسِد 腐败的，败坏的，污浊的，贪污的
ـ / مُدْغِل: كَثِيرُ الشَّجَرِ 小灌木的，灌木丛生的
مَدْغَل جـ مَدَاغِلُ 谷底
دغم ـَ دَغْمًا وأَدْغَمَ وادَّغَمَ الشيءَ في الشيء 插入，加进，纳入，使合并，混合，合并
ـ وـ الحَرْفَ ［语］叠字法
ـ ه: ضَمَّه / وَحَّدَه 混合，合并，归并

انْدَغَمَ 包括，归并
إدْغَام: إدْمَاج 插入，同化
دفئ يَدْفَأُ دَفَأً ودُفُوءًا ودَفُؤَ يَدْفُؤُ دَفَاءَةً من البَرْدِ: وجد الحَرَارَةَ 感觉暖和
دَفَّأَه وأَدْفَأَه 使他暖和
ادَّفَأَ وتَدَفَّأَ واسْتَدْفَأَ 取暖，烤火
دِفْء جـ أَدْفَاء / دَفَاءَة 暖，温暖，暖和，穿得暖和的；骆驼的产物（如驼毛、奶等）；礼物；有利的（货物）
دِفَاء / دَفَّايَة جـ دَفَّايَات (مـ) / مِدْفَأَة 火炉，取暖炉，暖气，暖气片
تَدْفِئَة 烤暖，加热
دَفَّايَة كَهْرَبَائِيَّة 电炉，电暖气
دَفِئ / دَفْآن م دَفْأَى / دَافِئ (مـ) / مُسْتَدْفِئ 暖的，温暖的（天气、房子、衣服等）；充满热情的，热心的
دَفْآن / مُسْتَدْفِئ / دِفْيَان م دَفْأَى (س) 热情，温暖
مِدْفًا / مِدْفَأَة جـ مَدَافِئُ: مُصْطَلًى (انظر صلي) 火炉，火炕，壁炉，暖气（片）
دفتر جـ دَفَاتِرُ: كُرَّاسَة 簿子，笔记簿
ـ التِّلِيفُون 电话簿
ـ الدَّوَام 工作出勤登记本
ـ اليَوْمِيَّة 日记本，日志本，日记账，流水簿
ـ الخِطَابَات (أي صُوَرِهَا) 来信整理簿，书信登记簿，书信誊录簿
ـ التَّشْرِيفَات 来客登记簿
ـ الشُّرُوط 契约本（在供应租借等情况下）
ـٌ كبيرٌ لقَيْدِ الحِسَابَات: سِجِلٌّ 注册簿，登记簿
ـُ شِيكَات 支票簿；存折
ـُ الحِساب 账本
ـُ المُسَوَّدَة / ـُ الخَرْطُوشِ 流水账

ـُ الأُسْتاذ 总账，分户账，底账
ـُ الصُنْدُوق 现金账，现金出纳账
دَفاتِرُ سَوْداءُ / القَائِمَة السَوْداء 黑名单
الحِيطَانُ دَفاتِرُ المَجَانِينِ （墙壁是疯子的账册）愚者写在墙上，智者写在心上
مَسْكُ الدَفاتِرِ 簿记
سَلَّمَ أو قَدَّمَ دَفاتِرَه (إلى المَحْكَمَة) 某人把自己的记录呈交法院，呈递状子
دَفْتَرْخَانَة ج دَفْتَرْخَانَات: دارُ الوَثَائِق 档案局
دَفْتَرْدار [史]古土耳其财政大臣的官衔；会计长；监察长
ـ 会计主任
دِفْتيريا (أ) diphtheria: خَانُوق / خُنَاق 白喉
دَفْدَفَ: مَرَّ على وجهِ الأرضِ أو الماءِ （从地面或水面）掠过
ـ عليه (مـ): رعاه 看守，看护，照料，服侍
دَفَره ـُ دَفْرًا: دَفَعَه في صَدْرِه / زَقّ (مـ) （向胸口处）推，猛推，搡
دَفِرَ ـَ دَفَرًا ودَفْرًا: خَبُثَت رائحتُه 发恶臭，有臭气
دَفَر: رائِحَة خَبِيثَة / زَفَر (مـ) 恶臭，臭气
أُمُّ دَفْرٍ / أُمُّ دَفَارِ: الدنيا 世界，今世，红尘
أُمُّ دَفْرٍ / أُمُّ دَفَارِ: داهِيَة 祸患
ـ 眼睛发炎
دِفْرَة (مـ): مالَج 泥刀，抹子，泥铲子
دَفِر / أَدْفَر م دَفْرَاءُ ودَفِرَة: زَفِر (مـ) / خَبِيثُ الرائحةِ 臭的，发恶臭的，有恶臭的
دِفْرَان (سـ): عَرْعَر 杜松
دَفَسَ ـُ دَفْسًا (مـ): دفَنَ وأَخْفَى 葬，埋葬，埋藏
دَفَشَه ـُ دَفْشًا (سـ) （用肘）推挤
دَفَّاش 推挤者
مَرْكَبٌ ـ (سـ) 螺旋轮船，暗轮轮船

دَفَعَه ـَ دَفْعًا ودَفَاعًا ومَدْفَعًا: رَدَّه وأَبْعَدَه 推，推动，推开，打退，击退；反驳，推却，拒绝，推回，不让接近
ـ بنَفْسه في ... 投身于
ـ ه: زَقَّه (مـ) / صدَّه 抵抗，抵御，阻拦
ـ ه إلى كذا: بَعَثَه عليه 推动
ـ ه إلى كذا: حَمَلَه عليه 驱使
ـ ه إلى كذا: اِضْطَرَّه 迫使，使不得不
ـ القَوْلَ: أَبْطَلَه بالحُجَّة 反驳，辩驳，驳倒
ـ ودَافَعَ عنه الأَذَى: حَمَاه منه 保卫，保护，维护
ـ المالَ إليه وله: أَدَّاه 支付，付给，偿清
ـ ه ودَافَعَه: قَاوَمَه 反抗，抗拒，抵抗
دَفَّعَ (مـ) 强求，逼(人做某事)，强迫支付
دَافَعَ عنه: حَامَاه 替他辩护
ـ عن كذا: تَرَافَعَ 说项，关说，答辩，抗辩，为某人辩护
تَدَافَعَ القومُ 互相推动，互相推进
ـ على ... 挤，推进
اِنْدَفَعَ في الأمر 轻率地从事
ـ في عِبَارَات 大胆表现
ـ من ... 突破，挣脱
ـ في سَيْرِه 急速前进
اِسْتَدْفَعَ 努力，用心，积极设法
دَفْع: صَدّ / رَدّ 阻止，阻拦；推开；打退，击退
ـ: ضِدُّ جَذْب 排斥
ـ: أَدَاء 支付，交纳，偿还，缴纳
ـ المُدَّعِي (في القَضَاء) [法]原告的辩驳
ـ المُدَّعَى عليه [法]抗辩，（被告的）第二答辩
ـ فَرْعِيّ 对证据的抗辩

ـ بِعَدَمِ الاِخْتِصَاصِ [法]妨诉抗辩，无效抗辩

ـ تَسْوِيفِيّ (لِأَجْلِ المُمَاطَلَة) 拖延时间的抗辩

رَفَعَ بِيَدَيْهِ دَفْعًا ١٢٠ كِيلُوغرَامًا 他推举起了 120 公斤

دَفْعَة جـ دَفَعَات: صَدّة / زَقَّة (م) 一推，一搡

ـ / دُفْعَة جـ دُفَع ودُفُعَات: قِسْط 支付，缴纳，偿还，分期摊付的款项

ـ / دُفْعَة: دُفْقَة / مَرَّة 一次，一回；一批

ـ واحدة: دفقة واحدة 一下子

ـ (机关枪发射的)一排子弹

على دَفَعَات 分期地，分批的

دِفَاع: ضد هُجُوم 防守，防御

ـ (في القَضَاء): مُرَافَعَة (诉讼程序中的)辩护

الـ عن نفسه 自卫

مُحَامِي الـ (刑事被告的)辩护人，律师

خَطُّ الـ 防线，防御线

وَزِيرُ الـ 国防部长，国防大臣

دِفَاعِيّ: ضد هُجُومِيّ 防御的；辩护的；自卫的

مُدَافَعَة 保卫；辩护

اِنْدِفَاع: تَطَوُّح 急躁，鲁莽，冲动

ـ في نُمُوّ القطن 棉花的急剧增长

طَائِرَة ذات ـ نَافُورِيّ / طَائِرَة نَفَّاثَة 喷气式飞机

ـ الدَم 充血

ـ وَرَاءَ الذَهَب 追求金钱

دَافِع جـ دَوَافِعُ: صَادّ / رَادّ 反抗者，反驳者，击退者，抵抗者

ـ: بَاعِث 推进力，原动力，刺激

ـ: ضد جاذِب [物]排斥的

القُوَّة الـ ة 推动力，推进力

القُوَّة المَرْكَزِيَّة الـ ة [物]离心力

ـُ المَال: مُؤَدِّيه 付款人

ـ الضَرَائِب 纳税人

مَدْفُوع: مؤدًّى (كالمال) 已付的，被支付的(款项)

ـ إليه 收款人

ـ على أمر أو عَمَل 被驱使做某事，被迫做某事

مَدْفُوعَات 支付(费)，支出，付款

اتِّفَاقِيَّة ـ 支付协定

مِدْفَع جـ مَدَافِعُ: آلة الحرب المعروفة 炮，火炮

ـ بَعِيدُ المَدَى 远射程炮

ـ ثَقِيل كَبِيرُ العِيَارِ 大口径炮

ـ جَبَلِيّ 山炮

ـ ذَرِّيّ 原子大炮

ـ مائِل 榴弹炮

ـ مَيْدَان 野战炮

ـ مَيْدَانٍ ٢٥ رَطْلاً 二十五磅加农炮

ـ مَيْدَانٍ ثَلَاثُ بُوصَات 三吋加农炮

ـ مُضَادّ للدَبَّابَات 反坦克炮

ـ مُضَادّ للطَائِرَات 高射炮

ـ مُضَادّ للزَوَارِق الطُورْبِيَّة 防水雷炮

ـ الهَاوُن 臼炮，迫击炮

ـ هَاوُنٍ ذاتِ سِتٍّ فُوهَاتٍ وعَشْرٍ 六筒和十筒迫击炮

ـ رَشَّاش 机关枪

ـ رَشَّاش ثَقِيل 重机关枪

ـ رَشَّاشٌ خَفِيف 轻机关枪

ـ مَاكِينَة مُتَوَسِّطَة 中口径机枪

ـ (م): وِسَادَة مُسْتَطِيلَة 长枕

مِدْفَعِيّ 炮的，炮兵的，炮术的

مِدْفَعِيَّة: طُوبْجِيَّة (مـ) 炮兵；炮术，炮学
سِلاح ـ 炮兵(部队)
مُدافِع: ضد مُهَاجِم [法]被告；保卫者，
辩护人，防御者；(足球)后卫
دَفَّفَ الرجلُ: أسرع 快走
دَفّ / دُفّ جـ دُفُوف: بَنْدِير / طار (مـ) 铃鼓，
羯鼓(旁边附铃的单面小扁鼓)
دَفَّة / دَفّ: جَنْب 边，侧，侧面
ـ وـ البِرْمِيل: ضِلْع 大琵琶桶的桶板
ـ الحُكْم 政权
ـ الكِتاب (书的)封面，包皮
ـ البَاب أو الشُبَّاك: دَرْفَة (مـ) 门扇，窗叶
ـ المَرْكَب: سُكَّان 舵，方向舵
هو للـ 他想成为舵手
أَدارَ الـ 掌舵，驾驶
ذِراع أو يَد الـ 舵柄，舵杠
مُدير الـ: دُومَانِيّ (مـ) 舵手
من الـ للشابُورة (مـ) 从船头到船尾，全船
دَفَقَ ـُ دَفْقًا الماءَ: صبَّه / سَكَبَه 泼水
ـ ـُ دَفْقًا ودُفُوقًا الماءُ من كذا وتَدَفَّقَ وانْدَفَقَ:
اِنْصَبّ (水)涌出；(感情)迸发
اِنْدَفَقَ واسْتَدْفَقَ وتَدَفَّقَ إلى (牲口)疾走，
冲向；大水滚滚
دَفْق / اِنْدِفاق / تَدَفُّق 涌出，流注
صُنْدُوق الـ (抽水马桶的)水箱
دُفْقَة جـ دُفَق ودُفَقَات: دفعة 一次，一趟，
一回，一遍
دُفَاق / دِفاق 溪水满盈
ـ / دَفُوق / دِفِقّ 迅速的，立即的，果断
的；快步走
دافِق 涌出的
مُتَدَفِّق: مُنْهَمِر 涌出的，急流的，滔滔不绝的

دِفْل / دِفْلَى [植]夹竹桃
دَفَنَ ـِ دَفْنًا الميتَ: قَبَرَه وطَمَرَه 葬，埋葬，掩埋
ـ الشيءَ: خَبَّأه وأَخْفاه 藏，隐藏
اِنْدَفَنَ 被埋葬，被掩埋
دَفْن: طَمْر 埋葬，丧葬，葬礼
ـ: إخفاء 藏，隐匿，掩蔽
دَفِين جـ دُفُن ودُفَناء وأَدْفَان: مَدْفُون 被埋葬的
ـ: خَفِيّ 隐藏的，潜伏的，埋伏的；神
秘的
داء ـ 隐疾
دَفِينة جـ دَفَائِنُ: كَنْز مَدْفُون 宝藏；被隐藏的
ـ السِفْل (مـ) (في النِجَارة) 护壁板，脚板
دَفَّان 将宝物埋藏在地下的人；掘墓人
مَدْفُون 被埋葬的，被埋藏的
دُمَّل ـ (مـ) أو دَفِين 疖子，疙瘩
مَدْفِن / مَدْفَن (س) جـ مَدَافِن: جَبَّانَة 坟地，
墓地，茔地
ـ العُظَمَاء (罗马的)万神殿
دق (في دقق) / **دفّى** (مـ) (راجع دفأ)
استدفى (راجع استدفأ)
دَفِّيَّة جـ دَفَافِي (مـ) 羊毛斗篷
دَقْدَقَ 马嘶；喧哗，吵闹
دَقْشُوم الواحدة دَقْشُومَة جـ دَقْشُومَات (مـ):
كَسارَة الطُوب والحَجَر 碎砖，碎石
دَقِعَ ـَ دَقَعًا وأَدْقَعَ: رَضِيَ بالدون من المعِيشَة 满
足于低下的物质生活
ـ: لصق بالتراب فَقْرًا وذُلاً 变成赤贫，一
贫如洗，家徒四壁
فَقْر مُدْقِع: مُذِلّ 赤贫
دَقَّ ـِ دِقَّةً: ضد غَلُظَ 成为细的，成精细的
ـ: كان صَغِيرًا 成细小的，微细的
دَقَّ ـُ دَقًّا الشيءَ 捣舂成粉

ـ الباب: طرَقه 敲门，打门，叩门
ـ الجرَس: قرَعه 打铃；敲钟，撞钟
ـ جَرَسَ الجَنازة 敲丧钟
ـ ت السَاعَةُ 时钟响了
ـ جَرَسَ الخَطَر 鸣警报，敲警钟
ـ التِلفُونَ (مـ) 打电话
ـ النُقُودَ 铸造钱币
ـ المِسْمَارَ 钉钉子
ـ بِيَدِه على صَدْرِه 以手捶胸
ـ العُنُقَ 砍头
ـ النباتُ (مـ): مَدَّ جِذْرًا 植物生根
ـ على جلده (مـ): وشم (在皮肤上)刺花，文身，黥墨
ـ على آلة مُوسِيقِيَّة (مـ) 奏乐
ـ (مـ): طَعَّمَ بمَصْل الجُدَرِيّ 种痘，种牛痘
ـ [农]接枝，接木
دَقَّقَ وأَدَقَّ: دَقَّ ناعِمًا 磨碎，研碎
ـ البَحْثَ في كذا 仔细调查研究
ـ النَظَرَ في الأمر 审查
ـ في عَمَله 认真工作，工作细微
ـ / دَاقَّ: تَتَبَّعَ الشيءَ الزهيد (对于琐碎的事务)认真追求，谨小慎微
اِنْدَقَّ 舂为粉末，研细；变小，变细，变尖
اِسْتَدَقَّ: كان دَقِيقًا 成为微细的，精细的
دَقّ: سَحْق / سَحْن 使成粉末，磨碎，捣研(成粉)
ـ: طَرْق 敲，打
ـ: قَرْع 打，敲，叩，击(钟、铃等)
ـ (مـ): وَشْم (在皮肤上)刺花，文身，黥墨
ـ (مـ): تطعيم بمَصْل الجُدَرِيّ 种牛痘
دَقَّة جـ دَقَّات: خبطة / قرعة 敲一下，打一下

ـ بِدَقَّةٍ (مـ): واحدة بواحدة 一报还一报
من الـ القَدِيمَة (مـ) 守旧的，古板的，墨守成规的
دَقَّات القَلْبِ 心跳
دقَّاتُ النَبْض 脉搏
دِقَّة: ضد غِلَظ 细小，精细，稀少
بـ ـ / على وَجْهِ الـ 精确地
الـ والإحْكام 精确
ـ 仔细
ـ / تَدْقِيق: إحْكَام 正确，准确，精确，精密，严密
دُقَّة / دُقَاق: مَسْحُوق / تُرَاب 粉，粉末
ـ 碾碎的香料
ـ 食盐或干薄荷
دُقاق: دقيق التُرْمُس 羽扁豆磨成的粉
دِقّ / دَقِيق جـ دِقاق 细微的
ـ الشَجَر (树林下的)树丛，乱丛棵子
حُمَّى الـ [医]消耗热
دَقِيق: رَقِيق / ضد سَمِيك 薄的
ـ جـ أدِقَّة وأَدِقَّاءُ م دَقِيقَة: ضد غليظ أو خَشِن 细的，精细的，精巧的
ـ: صَغِير جِدًّا 细微的
ـ: طَحِين الحِنْطَة وأَمْثَالِها 面粉
ـ الذُرَّة 玉米面，棒子面
ـ: مُحْكَم 精确的，精细的，精密的
ـ: حَرِج 微妙的
ـ / مُدَقِّق في عمله 丝毫不苟的人
ـ / ـ: صَعْب الإرْضَاء 爱挑剔的人
ـ / ـ: حَنْبَلِيّ (مـ) 谨小慎微的人
أَبُو الـ (مـ) / فَرَاشَة 蝴蝶
المِعَى الدَقِيق: عِفج 小肠
دَقِيقَة جـ دَقَائِقُ: ذَرَّة 分子；原子；微子

ـ (من الوقت): ١/٦٠ من الساعة 一分钟
ـ (م) 霎时，片刻，瞬息
دَقِيقِيّ: كالطَّحين 粉状的，粉末状的
دَقّاق: الذي يَدُقّ البُذُور وغيرها 磨粉工人
ـ [植]雌蕊
دقّاقة الباب 门环
ساعَة ـ 自鸣钟
مَدْقُوق: مَسْحُوق 细的，粉末状的
مِدَقّ / مُدُقّ جـ مَدَاقّ / مِدَقَّة خَشَبِيَّة: دُقْماق (م) 木槌
ـ (م): طَرِيق القَدَم 人行道，走道
مِدَقَّة: يَد الجُرْن أو الهاوُن 杵
ـ الحِنْطَة 打禾棒，连枷
ـ: متأبِّر / عُضْو التأنيث في النبات [植]雌蕊
رأْس الـ: مِيسَم [植]柱头
مُدَقِّق 精确的人，认真的人
باحِثٌ ـ 仔细的调查家
مُسْتَدِقّ 细的
دَقَل: صاري 大桅，主桅
دُقْمَاق (م): مِدَقَّة خَشَبِيَّة 木槌
دِكْتَاتُور (أ) dictator: حاكم بأمره / طَلْقَدَة 独裁者
دِكْتَاتُورِيّ 专政的，独裁的
دِكْتَاتُورِيَّة 专政，独裁
ـ البُرُولِيتَارِيَا 无产阶级专政
ـ الشَّعْب الدِيمُوقَراطِيَّة 人民民主专政
الـ العَسْكَرِيَّة 军事独裁
دُكْتُور جـ دَكَاتِرَة (أ) Doctor; Dr.: حائز على دَرَجَة علميّة عالية 博士；医生
ـ في الحُقُوق 法学博士
ـ في الطِبّ 医学博士
ـ في الآداب 文学博士
ـ في اللاَهُوت 神学博士
ـ في العُلُوم الزِراعِيَّة 农业科学博士
دُكْتُوراه / دُكْتُوراة / دُكْتُورِيَّة 博士学位
دَكْدَك ودِكْدِك جـ دَكَادِك / دَكْدَاك جـ دَكَادِيكُ 原沙
دكر (في ذكر)
ـ (م): ذكر الحيوان 男的，公的，雄的
ـ ونَتَايَه: ذكر وأنثى (انظر ذكر) 榫和榫眼
ـ نَجْران / مَدَار / عَقْب 枢轴，枢栓
دِكْرِيتُو جـ دِكْرِيتَات (م) decreto (意)法命，指命，命令
دَكَس ـَ دَكْسًا الشيءُ: تراكب بعضه على بعض 堆垒
دَكِيسَة من الناس 人群
دَاكِس 恶兆，凶兆
دُكَاس: نُعاس 瞌睡
دُكْسَة (س) / اِنْدِكَاس 复原，康复
دَكَش ودَاكَشَ في ... (س) 交换
دِكْش 火钩，通条，拨火棍
دَكِيش (س) 分物的人
دَكَّ ـُ دَكًّا الحائطَ: هَدَمَه وخَرَّبَه 摧毁
ـ الأرضَ بالمِنْدَالة 打夯
ـ التُرابَ: كَبَسَه (把土)压平
ـ الأرْضَ: مَهَّدَها 平整(土地)
ـ الطَرِيق بالحصَى 用碎石铺路
ـ البُنْدُقِيَّة والمِدْفَعَ 打枪，放炮
ـ (س) (枪、炮)装弹药
ـ بين ... 塞满，填满
دَكَّكَ: خَلَطَ 混合，搀合，掺杂，混淆
ـ (م): اِسْتَكَّ التِكَّة 把线带穿进裤腰，穿裤带
اِنْدَكَّ 被压实，被铲平，被踏平

ـ	打破，打碎
ـ (س)	(枪、炮等)装上子弹
دَكّ: هَدَمَ	摧毁，拆毁
ـ الأرض	平整(土地)
دَكَّة جـ دِكَاك الطريق والأساس	铺石子，打地基
دِكَّة السَرَاوِيل وغيرها (مـ): تِكَّة	活动的裤带
ـ جـ دِكَك ودِكَاك (مـ) / دُكَّان: مَقْعَد مُسْتَطِيل	长椅，条凳，板凳
دُكَّان جـ دَكَاكِينُ (波): حَانُوت	商店，铺子
ـ التَجْلِيد	装订车间
ـ: دَكَّة	长凳，板凳
دَكَاكِنِيّ جـ دَكَاكِنِيَّة (مـ) / دُكَّانْجِي جـ دُكَّانْجِيّة	小铺老板，小铺主人
دَكَّاكَة (مـ): مِتَكّ	大针，粗针，长别针；锥子；钻子
مِدَكّ جـ مِدَكَّات	夯，土槌
ـ البندقيَّة والمِدْفَع	(枪、炮前膛装火药的)枪杵，架杖
ـ الأَرْض: مِنْدَالة	(砸地基的)夯
دِكُلْتيه (مـ) décolleté (法): واسع الطوق (ثوب)	挖领的，露颈和肩的女装
دَكَن ـُ دَكْنًا المتاعَ ودَكَّنه: نضَّده ورتَّبه / سَتَّفَه	
(مـ)	堆置，堆起，堆放
دُكْنَة	稍黑，带黑色
دَكِن / أَدْكَنُ م دَكْنَاءُ جـ دُكْن: لَوْنُه مائِل إلى الأَسْوَد	稍黑的，带黑色的
دُكَّان: حَانُوت (في دكك)	
دِكِنْز (أ) / دِيكِنْس (أ) Dickens (Charles): رِوَائِيّ انكليزيّ شَهير	狄更斯(英国著名小说家 1812—1870)
دُلْب: صِنار	[植]筱悬木(俗称洋梧桐)
دُولاَب جـ دَوَالِيبُ (波): آلة	机器，机械
ـ: عَجَلَة (مـ)	轮，车轮
ـ (مـ): خِزانَة	食柜，碗柜
ـ كُتُب (مـ)	书橱，书柜
ـ هُدُوم (مـ): خِزَانَة مَلابس	衣橱，衣柜
دَلَبُوث	[植]水仙菖蒲
دِلْتَا (أ) delta	三角洲
ـ مِصْرَ أو النِيل	埃及三角洲或尼罗河三角洲
دَلَثَ ـِ دَلِيثًا: قارب خطوه	碎步走
تَدَلَّثَ إلى ...	冲向…
اِدَّلَثَه: غَطَاه	掩盖，遮盖
دِلاث جـ دُلُث ودُلُث: سَرِيع	迅速的
مَدَالِث	战场
دَلَجَ ـِ دُلُوجًا الماءَ: نطَل (مـ)	戽水，汲水
أَدْلَجَ	夜行，夜间上路
دَلْجَة / دُلْجَة	黎明时启程的旅行
دَلَجَان	蝗群
مُدْلِج / أَبو مُدْلِج	猬
مِدْلَجَة: دَلْو	提桶，手桶，吊桶
ـ اللَبَن: قِسْط (مـ)	牛奶罐，奶桶
دَلَحَ ـَ دُلُوحًا	负着重担慢慢地走
تَدَالَحَ رَجُلاَن الشيءَ	二人抬(货物)
دَلَخَ ـَ دَلَخًا الرجلُ: سَمِنَ	成为肥胖的
دَلِخ ودَلُوخ جـ دُلَّخ ودَوَالخ	胖子
دَلْدَلَ الشيءَ / دَنْدَلَ (س): دَلاَّه	使吊着，吊起，悬摆，垂摆
ـ	垂下，放下
ـ رأْسَه: حرَّكه في المَشْي	(走路时)摇头
تَدَلْدَلَ / تَدَنْدَلَ (س): تَدَلَّى	低垂，(摇来摇去地)吊着，挂着
دُلْدُل / دُلْدُول جـ دَلاَدِيلُ: قنفذ كبير	豪猪，箭猪

دُلْدُولَة: شيء مُعَلَّق (耳环等的)垂饰，小装饰品
مُدَلْدَل / مُتَدلّ: مُعَلَّق 吊着的，排着的，垂着的
دَلَّسَ البائعُ: غَشَّ (商人)隐瞒货物的缺点
دَالَسَه: خادَعَه 欺骗，欺诈，哄骗
دَلَس / دُلْسَة 黑暗
ـ ج أَدْلاس 在夏末生叶的植物
تَدْلِيس: غِشّ 欺骗，欺诈，哄骗
بالـ / تَدْلِيسِيّ: غِشّيّ 欺骗的，欺诈的，哄骗的
مُدَلِّس 欺骗者，骗子
أَفْلاس ـ 伪币
مُدَلَّس 伪造的，捏造的
دَلَعَ ـَ دَلْعًا وأَدْلَعَ لِسانَه: أخْرَجَه 吐出舌头
ـُـَ دَلْعًا ودُلُوعًا وادَّلَعَ وانْدَلَعَ اللسانُ: خرَجَ 舌头伸出
ـ لِسَانُ اللهَب وغيره 火苗等吐出来
دَلَّعَه (مـ): دَلَّلَه 纵容，溺爱，娇生惯养
ـ ه (مـ): لاعَبَه ولاطَفَه 爱抚，溺爱，怜爱，宠爱，疼爱
يُدْلِعُ النَفْسَ (مـ) 令人作呕的，讨厌的，俗恶的
تَدَلَّعَ 娇养，惯坏
ـ 调皮，任性
ـ 冒失，莽撞
انْدَلَعَ 孩子被娇生惯养
تَدَلُّع 娇养，调皮，莽撞，任性
دُلاَّع (摩洛哥)西瓜；贝壳
مُدَلَّع (مـ): مَدَلَّل 娇生惯养的，被惯坏了的
ـ (مـ): فاسِد التَرْبِيَة / جَالع 失教的人，娇养坏了的人
دِلْغَان (أ سـ): غَرِين / غِرْيَن 淤泥，沃土

دَلَفَ ـِ دَلْفًا ودَلَفًا ودُلُوفًا ودَلِيفًا ودَلَفانًا: مَشَى بِخُطُوات قَصِيرة 蹒跚而行，碎步前进
ـ إلى ... 到达
ـ: سَال / شَرّ (مـ) 漏，漏出，渗出
دُلْفِين ج دَلافِينُ (أ) dolphin: دُخَس 海豚
ـ روسيّ 鲟鱼
دَلَقَ ـُ دَلْقًا وأَدْلَقَ السَيْفَ من غِمْدِهِ 拔剑出鞘
ـ (مـ): دهَق / أَرَاق 倒出，泼出，倾注
ـ عليه سطلا من الماء البارد 把一桶冷水倒在他身上
ـ البابَ: فتحه فَتْحًا شديدًا 用力把门打开
انْدَلَقَ 倒出，泼出，流出
دَلَق: سَنْسَار 榉貂
بُو دَلاَق (سـ) [植]椤，秦皮
دَلَكَ ـُ دَلْكًا الشيءَ: دَعَكَه 摩擦
ـ ودَلَّكَ: مَسَّدَ ومَرَخَ 湿擦，涂擦
دَلَّكَ: مَرَسَ / كَيَّسَ (مـ) 按摩，推拿
ـ 集中，集结
دَلُوك: ما يُتَدَلَّكُ به 涂搽剂
تَدْلِيكٌ صِحِّيّ: تَكْبِيس (مـ) 按摩术，推拿术
دِلاكَة 按摩者的职业
مُدَلِّك 按摩者
دَلَّه ـُ دَلالَةً ودُلُولَةً ودِلِّيلَى إلى الشيء وعليه: أظهَرَه 表明，指示，表示
ـ: أَرشَده 指导，指示，指点
ـ: قاده 领导，引导
دَلَّ ـِ دَلاًّ ودَلالاً ودَلَّ ـَ دَلَلاً وتَدَلَّلَ: تَغَنَّجَ 卖弄风情，成为迷人的，娇艳的，婀娜多姿的，娇滴滴的
دَلَّلَه: رَفَّهَه / دَلَّعَه (مـ) 纵容，娇养，溺爱
ـ 证明
ـ على ... 引证

ـ على الشيء (مـ): باعَه بالدِلاَلَة 拍卖
أَدلَّ عليه: اِجْتَرَأَ 撒娇，狎亵，无礼对待
تَدَلَّلَ 玩，消遣
اِسْتَدَلَّ: طلبَ الإرْشادَ 求指导，求指示，请示
ـ بكذا على الأمر: وَجَدَ فيه ما يدُلّ على الأمر 引证
ـ عليه (مـ): أَرْشَدَه 指导
دَلّ / دَلاَل: غُنْج 卖弄风情
دَلاَلَة: إرْشَاد 指导，指示，引导
لا صَرَاحَةً ولا دَلاَلَةً 没有坦白地，也没有暗示地
دِلاَلَة: عُمُولَة 佣金，回扣，经手费
ـ: مَزاد (مـ) / حَرَاج 拍卖
بَيْع بِطَريقِ الـ 拍卖
ـ: عَمَل الدَلاَّل أو حِرْفَته 经纪业，掮客的行业
دَلاَلَة جـ دَلاَئِلُ / دَلِيل جـ دَلاَئِلُ وأَدِلَّة: علامة (مـ) / إشارة 记号，标志；征兆，预兆
وهذا بـ ـ أن ... 这是可以从…看出的
أَدِلَّة: إثباتات 证据，证物
تَدَلُّل 卖弄风情，献媚
تَدْلِيل 证明，证据，论证
تَدْلِيلاَت 理由，证据，论证
اِسْتِدْلاَل: استِنْتَاج 推理，推断，推论，推定
دَالّ: مُرْشِد 指导者，引导者
ـ على كذا: مُشِير إلى كذا 指示的，表示的
دَالَّة جـ دَوَالّ [数]函数
جَامَا ـ 音阶功用
ـ (مـ) 王牌，必胜的牌
ـ 亲密的谈话
ـ: جُرْأَة 随便，不拘束，不客气
بـ ـ 冒昧地…

دَلِيل جـ أَدِلاَّء: مُرْشِد 引导者，指导者，向导，带路人，引路人，导游
ـ السُفُنِ والطائرات 引水员，领航员
ـ: بُرْهَان 证据，证物，证件
ـ: شَاهِد 证人，见证
ـ: عَلاَمَة 记号，标志；征兆，预兆
ـ: فِهْرِس 索引，目录
ـ: كِتَاب يُسْتَرْشَدُ به 指南；年鉴
ـُ بَلَدٍ: كِتَاب فيه أسماءُ السُكَّانِ وعَنَاوِينُهم 工商行名录，人名地址录
ـٌ ظَرْفِيّ [法]间接证据，情况证据
ـ الهاتِفِ 电话簿
ـُ مِصْرَ 旅埃指南
أَقَامَ الـَ 证明，说明
دَلاَّل: وَسِيط / سِمْسَار 经纪人，掮客
ـ: الذي يَبِيع بالمَزاد 拍卖人
مَدْلُول جـ مَدَالِيلُ ومَدْلُولاَت 意思，意义
مُدَلَّل: مُدَلَّع (مـ) 娇养的，惯坏了的，受溺爱的
دَلَّهَه الحُبُّ (因爱情)手足无措，狼狈
تَدَلَّهَ 手足无措，狼狈
مُدَلَّهٌ 狼狈的，张皇失措的
ادْلَهَمَّ الليلُ (夜)漆黑，变得很黑
دَلْهَمّ: أَسْوَدُ 黑的
ـ 狼；公松鸡
دَلاَ ـُ دَلْوًا ودَلَّى الدَلْوَ: أَرْسَلَها في البِئْرِ 把水桶放到井里
دَلْو جـ دِلاَء وأَدْلٍ ودُلِيّ ودِلِيّ ودَلَّى: جَرْدَل (مـ) 桶，水桶，手桶，吊桶，提桶
بُرْجُ الـ [天]宝瓶座
أَدْلَى ـ ه في ... 参加…
دَلاَّيَة جـ دَلاَّيَات (مـ): عِلاَق 附属物

ـُ القِلادَةِ (مـ): مِجْوَل 垂饰；耳环；表链垂

دَالِيَا (أ) dahlia 天竺牡丹

دَالِيَة جـ دَوالٍ: شَجَرةُ الكَرْمِ 葡萄藤

ـ: سَاقِيَة (مـ) / نَاعُورَة 水车

دَلَّى وأَدْلَى: عَلَّقَ وأَرْسَلَ (将水桶)吊、挂、悬、放下井去

أَدْلَى فيه: قال عنه قَبِيحًا 中伤，诽谤

ـ بحديثه 发表谈话

ـ بِشَهَادَتِه 作证，证实

ـ إِلَيْنَا بما يَأْتِي 他对我们叙述了下面几点

ـ بُحجَّتِه 举证，答辩

ـ برأْيِه 表示意见

ـ بالاِعْتِرَافَات 提出口供

تَدَلَّى الثَمرُ: تَعَلَّقَ واسترسل (果实)累累下垂

ـ إلى ... 降下，沉下

ـ مِنَ الخَيْلِ 下马

مُدلًّى / مُتَدَلٍّ 悬挂的，悬挂物

دِلْوَقْت (مـ) 现在

دم (في دمي) / **دمّ** (في دمم)

دَمُثَ ـُ دَمَاثَةً أَخْلاَقُه (性情)温和，温柔

دَمَّثَه: لَيَّنَه 使性情温和，温良，温顺，柔和

دَمَاثَة 温顺，温柔，柔和

ـُ الأَخْلاَقِ 性情温顺，温柔，娴雅，和蔼

دَمْث ودَمْث ودَمِث جـ دِمَاث وأَدْمَاث 软沙地

دَمَجَ ـُ دُمُوجًا وانْدَمَجَ وادَّمَجَ في كذا 化合，合并，并入，加入，结合

أَدْمَجَ الحَبْلَ: أَجَادَ فَتْلَه 打绳，搓绳，捻绳

ـ الشيءَ في الشيء 使合并，使结合

ـ الكلامَ 修正，改正，矫正(话)

اِنْدَمَجَ في ... 坚实地插入…

ـ 溶合在一起

اِنْدِمَاج: اِنْضِمام واتِّحاد 合并，编入，结合

مُدْمَج 紧密的，坚固的

مُنْدَمِج 合并的，结合的，溶合的

دَمَجَانَة جـ دَمَجَانَات (مـ) demijohn/ دَامِجَانَة جـ دَامِجَانَات (سـ): وِعَاء زُجَاجِيّ كَبِير 用柳条编护着的小口大瓶

دَمَّحَ الرأْسَ 低头

دَمَخَ ـَ دَمْخًا: اِرْتَفَعَ 升高

دَمْدَمَ عليه: غَضِبَ 发怒

ـ القومَ وعليهم: طَحَنَهُمْ فأَهْلَكَهم 毁灭

دمر ـُ دُمُورًا ودَمَارًا ودَمَارَةً: هَلَكَ 毁灭，死亡

دَمَّرَه: خَرَّبَه 破坏，毁坏，摧毁

دَمَار: خَرَاب 破坏，毁坏

حَلَّ به الـُ 遭破坏，遭毁坏

تَدْمِير 破坏，毁灭，毁坏，摧毁

دَمَّر 一种树脂

تَدْمُرُ 台德木尔废墟(在大马士革东北 130 哩)

دَمُّور 达摩尔(一种价廉的织品)

دَمِيرَة (مـ): زَمَن فَيَضَان النيل 尼罗河泛滥季节

دُمَيْرِيّ (مـ): نَوع من الشَمَّام 甜瓜

مُدَمِّر 破坏的，毁坏的；破坏者，毁坏者

مُدَمِّرَة: سَفِينَة حَرْبِيَّة 驱逐舰

دَمَسَه ـِ دَمْسًا ودَمَّسَه: غَطَّاه / دفنه 埋葬，埋藏；掩蔽，遮盖

ـ وـ النارَ 闷住火，使火微弱

ـ وـ الطَبْخَ 用文火焖、炖

دَمَسَ ـِ دَمْسًا ودُمُوسًا الظَلامُ أو الليلُ: اِشْتَدَّ سَوادُه (夜)很黑

دِمْس: تُرَابُ الفُرْنِ / مَلَّة 煤渣，炉渣，灰烬

دَامِس: شَدِيد الظَلام 漆黑的，极黑的

ظَلاَمٌ ـ 极黑的，很黑的

مُدَمَّس 熄了的，吹熄的

فُولٌ مُدَمَّس (مـ) 焖蚕豆
دَمْسِيس (مـ) / دَمْسِيسَة (مـ) [植]猪草
دِيماس ودِيمَاس جـ دَيَامِيس ودَمَامِيس: مكان مُظْلِم تحت الأرض 地牢
دَيَامِيسُ الأَمْواتِ (سـ) 墓穴，茔窟，坟墓
ـ 地窖，地下室
دِمُسْتِين (أ) Demosthenes: أَشْهَرُ خُطَبَاءِ الإغْرِيق 古希腊雄辩家狄斯莫汀(公元前 384—前 322)
دِمَشْق: مَدِينَةُ الشَام 大马士革
دِمَشْقِيّ 大马士革的；大马士革人
دمص ـُ دَمْصًا في الشيء: أَسْرَع 迅速
ـ ت الدَجَاجُ البَيْض أو بالبيض (母鸡)孵蛋
دمعت ـَ دَمْعًا ودَمِعَت ـَ دَمَعًا ودَمَعَانًا ودُمُوعًا العَيْنُ: سَالَ دَمْعُهَا 流泪，洒泪，淌眼泪，掉泪
أَدْمَعَ الإِنَاءَ 充满，灌满，满溢
دَمْع جـ دُمُوع وأَدْمُع الواحدة دَمْعَة: مَاء العَيْنِ 泪，泪珠
دُمُوع الرِيَاءِ 虚伪的泪，猫哭老鼠假慈悲
ـ التِمْسَاح 鳄鱼的眼泪
دِمْعَة (مـ): مَرَقُ اللَحْمِ المُحَمَّر 烹肉时煮出的汁，肉汁，红烧肉的汤
دَمِع / دَمَّاع / دَمُوع: سَرِيعُ البُكَاء أو كَثِيرُ الدَمْع 爱流泪的，多泪的，爱哭的，好哭的
مَدْمَع جـ مَدَامِعُ: شَأْن / مَجْرَى الدَمْع [解]泪管
ـ: الغُدَّةُ الدَمْعِيَّة 泪腺
دُمَّاع 葡萄藤里渗出的液汁；(病人或老人的)泪
دَمَّاع 多雨的，多露珠的
دَمْعَان 满溢的
دمغ ـَ دَمْغًا الحُجَّةَ: أَبْطَلَهَا 驳倒证据
ـ (مـ): وَسَمَ 盖印，打图章
ـ الذَهَبَ أو الفِضَّةَ (مـ) (在金银上)盖纯度检验印记
ـ ه الشَمْسُ: آلَمَت دِمَاغَه (阳光)晒痛头脑
دَمْغَة جـ دَمْغَات (مـ): وَسْم 印，印记，符号，标记，火印
ـُ الذَهَبِ أو الفِضَّةِ (مـ) 品质证明，检验(金银纯度)刻记
وَرَقُ ـ (مـ) 印花税票
رُسُومُ ـ 印花税
دِمَاغ جـ أَدْمِغَة: مُخّ أو عَقْل 脑，头脑；智力
أُمُّ الـ: أَغْشِيَة سِحَائِيّة [解]脑膜
نَزْف في الـ 脑溢血
حُجَّةٌ دَامِغَة: لا تُنْقَض 不可反驳的论证，驳不倒的论据
مَدْمُوغ جـ مَدْمُوغَات (مـ) 印花；标印，火印，商标
دمق ـُ دُمُوقًا واندَمَقَ على ...: دخل بغير إذن 闯入，侵入
ـِـُ دَمْقًا الشيءَ: سرقه 偷窃
ـ فاهُ: كَسَّرَ أَسْنَانَه 打掉他的牙齿
دَمَّقَت السَمَاءُ بالمطر (سـ) 下小雨
دَمَق: ثَلْج مع ريح 暴风雪
مُنْدَمَق 入口
دِمَقْس ودِمَقَاس: نَسِيج حَرِيريّ أو كَتّانيّ مُشَجَّر 缎子，花缎，锦缎
دَمَك ـُ دَمْكًا الرِشاءَ: فتَلَه 扭紧，搓紧，编紧
ـ ت الشمس في الجوّ (太阳)升起
ـ الشيءَ (سـ) 使结实
دَامِكَة جـ دَوَامِكُ 不幸
دَمُوك جـ دُمُك 快的
مِدْمَاك جـ مَدَامِيكُ: عَرَقَة 墙上的一排土坯或

一排砖

مُدْمَك / مَدْمُوك (مـ): مُلَزَّز 结实的，紧密的

دمل ـُ دَمْلاً ودَمَلاَنًا وأَدْمَلَ الأَرْضَ: سَمَّدَها 施肥，上粪

دَمِلَ ـَ دَمَلاً واندَمَلَ وادَّمَلَ الجُرْحُ (伤口)愈合

دُمَّل ودُمَل جـ دَمَامِلُ ودَمَامِيلُ: خُرَاج 疮，疔疮，脓肿，肿疡

ـ صغير: بَثْرَة (医)丘疹，疙瘩

دَمَال 肥料；腐烂的椰枣；海中漂浮的杂物

دُمْلُج ودِمْلَج جـ دَمَالِجُ / دُمْلُوج جـ دَمَالِيجُ: سِوارُ الذِراعِ أو القَدَمِ 臂钏，手镯，手钏，脚镯

دَمَّ ـُ دَمًّا الشيءَ بالصِبْغ أو القِير ونحوهما ودَمَّمَه: طلاه به (用颜料)描绘，着色，上油漆

ـ الأَرْضَ: سَوَّاها 平整(土地)

ـ البَيْتَ أو المَرْكَب 粉刷(房屋)；(船只)涂柏油，油漆

ـَـِ دَمَامَةً: كان حَقِيراً وقَبُحَ مَنْظَرُه 成为丑陋的

دَمّ / دِمَم / دِمَام: طِلاَء 油漆，脂粉

دِمَامُ الوَجْهِ: حُمْرَة (مـ) 口红，胭脂

دِمَّة 粪便；虱；猫；蚂蚁

دَمَامَة 丑陋，丑恶

دَمِيم جـ دِمَام م دَمِيم ودَمِيمَة جـ دَمَائِمُ ودِمَام:

قَبِيحُ الصُورَة 丑陋的，难看的

ـ: قَزَم 矮人，侏儒

مِدَمَّة 耙子

دَيْمُوم ودَيْمُومَة جـ دَيَامِيمُ 无垠的沙漠

دَمَنَ ـُ دَمْنًا الأَرْضَ: سَمَّدَها 施肥，使肥沃

أَدْمَنَ بـ... أو على ... 沉溺于…，耽于…，嗜好，爱好，对…有瘾

إدْمَان: مُلاَزَمَة 热衷，嗜好，上瘾

دِمْن / دَمَان: سَماد 畜肥料，厩肥

دِمْنَة جـ دِمَن ودِمْن 粪堆，肥料堆

خُضْرَة الدِمَن / خَضْرَاء الدِمَن (粪堆上的青草)下流人家的美女，小家碧玉

دُمَان (مـ) / دُومَان (مـ): مِقْبَضُ الدَفَّةِ (船)舵轮，舵机

مُدْمِنُ كذا 有嗜好的，耽溺于…的人

ـُ خَمْرٍ / ـُ الكُحُولِ 有酒瘾的人，酒徒，酒鬼

ـ تَدْخِينٍ 有(纸)烟瘾的人

دَمِيَ ـَ دَمًى ودُمِيًّا الجُرْحُ: خَرَجَ منه الدَم (创伤)出血，流血

دَمَّى وأَدْمَى: أَسَالَ الدَم 使流血

اِسْتَدْمَى 血液循环

دَم جـ دِمَاء ودُمِيّ المثنّى دَمَان ودَمَوَان ودَمَيَان:

سائِل حَيَوِيّ مَعْرُوف 血，血液

ـُ الغَزَالِ / ـُ الأَخَوَيْنِ / ـُ التِنِّينِ: عَنْدَم 麒麟竭，龙血(龙血树的树脂)

ثَقِيلُ الـ 讨厌的，不灵活的

خَفِيفُ الـ 灵活的，有生气的，和蔼可亲的，引人同情的，给人好感的

ـُ العِفْرِيتِ (س) 红棉布

ضَرْبَةُ الـ (مـ) 中风

فَقْرُ الـ 贫血

اِتِّصَالُ ـِ: قَرَابَة 血族，血缘，同族，亲属

مِنْ ـٍ واحد 血亲，血族关系，同一血缘

حَجَرُ الـ [矿]血玉髓，血滴石，血石

وَلِيُّ الـ 苦主，被杀害者的至亲

دَمٍ / دَامٍ م دَامِيَة: يَسِيلُ منهُ الدمُ 流血的，血淋淋的

جُرْحٌ دامٍ 流血的创伤

دَمَوِيّ / دَمِيّ: مُختصّ بالدم 血的，血腥的

ـ المِزاجِ 多血质的
ـ: قتَّال 凶恶的，残忍的
المَجاري الـ ة 血管
مَعْرَكَةٌ ـ ة 血战
دَمَوِيَّة (س) [医]痨瘵性热，潮热
دُمْيَة جـ دُمًى ودُمْيَات: صُورة مُلوَّنة 绘画，油画，彩色画
ـ: عَرُوسَة (م) 洋娃娃，洋囡囡
ـ: صَنَم 偶像
ـ: صُورَة / شَخْص وَهْمِيّ 傀儡
صِنَاعة الدُمَى الشَمْعِيَّة 蜡质玩具工业
تِيَاتْرُو للدُمَى 木偶剧院
دُمْيَاط 杜姆亚特城(埃及)
دِمْيَاطِيّ جـ دَمَايِطَة 杜姆亚特的；杜姆亚特人
دميرى (في دمر) / **دنا** (في دنو)
دَنَأَ ـَ ودَنُؤَ ـُ دُنُوءَةً ودَنَاءَةً: كان دَنِيئًا (راجع دنو) 成为卑鄙的，下贱的
دَنَاءَة: خِسَّة / دَنَاوَة 下贱，卑鄙，劣等
ـُ النَوْعِ أو الصِنْفِ أو المَرْتَبَةِ 低级，下等，劣等
دَنِيء جـ أَدْنَاء ودُنَاء: خَسِيس / سافِل 卑鄙的人，下贱的人
ـُ النَوْعِ أو الصِنْفِ 劣质的
أَدْنَأُ من كذا 比…更低劣，更下贱
دَنْتِلاّ (أ) dentelle (法): مُخَرَّم 花边，针织花边
مُدَنْتَل 带花边的，缝有花边的
دَنْتِي (أ) Dante (Alighieri): شاعِر الطليان 但丁(意大利著名诗人，神曲的作者，1265—1321)
دَنْج (أ) dengue /دِنْجَهْ (أ) (حُمّى): أبو الرُكَب [医]登革热，骨痛热
عِيدُ الدِنْج (ع): عيد الغِطَاس [基督](1月6日庆祝耶稣出现的)主显节
دُنْجُلُ العَجَلَةِ جـ دَنَاجِلُ (م): جُزْء 轴，车轴，心棒
دُنْدُرْمَه (م): بُوز (س) 冰淇淋，冰激凌，雪糕
دَنْدَش (م): خَشْخَشَ 玎玲地响，玎玲玎玲响
دَنْدَنَ: رَنَّ أو طَنَّ (苍蝇)嗡嗡叫
ـ القِطُّ: قَرْقَرَ (猫)咕噜咕噜地叫
ـ المُغَنِّي: غَنَّى بصوتٍ مُنْخَفِض 低唱，低吟，哼调，低声歌唱
دِنْدِن 嗡嗡声，嘈杂声
دِنْدِيّ جـ دَنَادِيّ (م): دِيك حَبَشِيّ أو رُومِيّ 吐绶鸡，火鸡
دَنَّرَ النُقُودَ (م): ضَرَبَهَا 铸钱
دِينَار جـ دَنَانِيرُ: نَقْد رُومِيّ وعَرَبِيّ قَدِيم من الذَهَبِ 第纳尔(阿拉伯古代金币)
حَشِيشَةُ الـ 蛇麻草，酒花
دِينَارِيّ [牌]红菱形，红方块
دَنِسَ ـَ دَنَسًا ودَنَاسَةً وتَدَنَّسَ ثوبُه: اِتَّسَخ 玷污，染污
دَنَّسَ: نَجَّسَ 使品性败坏
ـ العِرْضَ 玷污，污辱声名
ـ شَيْئًا مُقَدَّسًا 亵渎神圣的事物
دَنَس جـ أَدْنَاس: قذارة 污秽
بِلا ـ: طَاهِر 纯洁无染，无瑕疵的
تَدْنِيس 使品性败坏，玷污
ـ العِرْضِ 玷污，污辱声名
ـُ الأَشْيَاءِ المُقَدَّسَةِ 亵渎神圣的事物，玷污神圣
جَرِيمَةُ ـ الأَشْيَاءِ المقَدَّسَة [宗]渎圣罪
دَنِس جـ أَدْنَاس ومَدَانِيس 污秽的，肮脏的，污浊的
دَنِفَ ـَ دَنَفًا وأَدْنَفَ المَرِيضُ: ثقُل مرضُهُ ودَنَا من

الموت 病重，病危，病入膏肓，濒于死亡
ـ ت الشمسُ: مالت للغروب واصْفَرَّت 日薄西山
ـ من ... 接近…
دَنَف / دَنِف جـ أَدْنَاف م دَنِفَة جـ دَنِفَات 害重病的人，病危的人
دَنْفَش 斜视，送秋波，使媚眼
دَنِق ـَ دَنَقًا ودَنِيقًا (س) 冻死
دَنَقَ ـُ دُنُوقًا: كان شَحِيحًا 吝啬，小气
دَنَّقَ الوَجْهُ: ضَعُفَ من هَمّ أو مَرَض 憔悴，瘦削
دانِق: سُدْسُ دِرْهَم 达尼克(货币名，等于一个迪尔汗的 1/6)；小银币
دَنْكَل جـ دَنَاكِلُ (مـ) 车轴
دَنْكَلَة (س) 苍鹭
دَنَك 粗木棍
دَنْمُو (أ) dynamo: مُوَلِّد كَهْرَبِيّ 发电机
دَنَّ ـِ دَنًّا ودَنَّنَ الذُبَابُ: طَنَّ (苍蝇)嗡嗡叫
أَدَنَّ 定居，住下
دَنّ / دَنِين: طَنِين 嗡嗡声
ـ جـ دِنَان: وِعَاء كالبِرْمِيل كَبِير 大肚小底的酒坛
دَنَا ـُ دُنُوًّا ودَنَاوَةً وأَدْنَى وادَّنَى له ومنه وإليه 接近，将近，临近，近于
دَنِيَ يَدْنَى دَنًا ودَنَايَةً (راجع دنأ): صار دَنِيًّا 成为卑鄙的，下贱的
دَنَّاه ودَانَاه وأَدْنَاه: قَرَّبَه 使接近，临近
ـ نَفْسَه (مـ) 自卑，自甘下贱，妄自菲薄
دَانَى مُدَانَاة 渐近
ـ القيد: ضيّقه 收紧(镣铐)
لا يُدانَى: لا يقارَب 不可接近的，望尘莫及的
تَدَنَّى وتَدَانَى تَدَانِيًا: دَنَا قَلِيلاً فَقَلِيلاً 渐近，逐渐地走近
ـ (价格)降低，跌落
ـ 堕落(道德上的)
اِسْتَدْنَاهُ 要求他接近
دُنُوّ / دناوة: قرب 接近，临近，亲近
دَنَاوَة (مـ) / دَنَايَة: دَنَاءَة 下贱，卑贱，卑鄙，恶劣
دَنِيّ جـ أَدْنِيَاءُ / دَنِيء: سافِل 下贱的，卑鄙的，劣等的，卑劣的
ـ / دَان: قَرِيب 接近的，邻近的
دَنِيَّة جـ دَنَايَا 不道德的行为，卑鄙的行为
دُنْيَا جـ دُنًى ودُنْيَات (مـ): عالَم 世界，万物；红尘，世间，人间，尘世
الـ القَدِيمة 旧大陆(欧、亚、非、澳洲)
الـ الجَدِيدة 新大陆(美洲)
ضَاقَتِ الـ في وَجْهِه 他陷于绝境
وكانتِ الـ صَيْفًا 那是在夏天
الـ نُور 外面是明亮的
الـ بَرْد 外面很冷
اِسْوَدَّتِ الـ في وَجْهِه 眼前发黑
الـ عَتَمَة 外面是黑暗的
صُنْدُوقُ الـ (مـ) 西洋镜，拉洋片
ـ / الحَيَاة الـ 今世生活，世俗生活
الـ: الأرض / الكُرة الأَرْضِيَّة 地球
أَقَامَ الـ وأَقْعَدَها 闹得满城风雨
رَجُلُ الـ 世故深的人，通世故的人
أُمُّ الـ: القَاهِرَة 开罗
دَخَل الـ (مـ): تَزَوَّجَ (走入世界)结婚
دُنْيَوِيّ / دُنْيَاوِيّ: عَالَمِيّ 世界的，地球的
ـ / ـ: زَمَنِيّ 现世的，世间的，今世的，世俗的，尘世的，人间的
دَانٍ جـ دُنَاة: قَرِيب 邻近的，附近的

يَعْرِفه القاصِي والدانِي 闻名遐迩，远近皆知
أَدْنَى جـ أَدَانٍ وأَدْنَوْن م دُنْيَا جـ دُنًى: ضدّ أَقْصَى 更近的；最近的
ـ مِنْ ...: أَحطّ 比…还低级，比…还卑贱
الحَدُّ الـ: ضدّ الحدّ الأَقْصَى 最低限度
ـ شَكٍّ 一点怀疑
لَمْ يَبْقَ ـ مُوجِب أَنْ ... 没有任何原因…
الشَرْقُ الـ 近东
المَغْرِبُ الـ 阿尔及尔
أَدْنَاه (مـ) / مَذْكورٌ أَدناهُ: في مَا يَلِي 如下文所说
المُوَقِّعُون ـ 在下面签名者
دُنَيْبا (مـ): ذُنَيْبَة 谷草，小禾，小米草
دهاء (في دهي)
دَهَبَ المَلاَبِسَ (مـ): أَبْلاَها 穿旧，损耗，磨破
دَهْدَهَ ودَهْدَى الحجرَ: دحرجه 滚(石头)
دَهْدَهَة / دَهْدَهَان / دُهَيْدِهَان 有一百多只骆驼的驼队
دَهْدَأ / دَهْدَاء: صغار الإبل 小骆驼
ما أَدْرِي أَيُّ الدَهْدَاءِ هو 我不知道他是怎样的一个人
دَهَرَ ـَ دَهْرًا القومَ وبالقَوْمِ أمرٌ مكروه: نزل بهم (灾难)降临，遭殃
دَهْر جـ دُهُور وأَدْهُر: زَمَان طَوِيل 世代，时代
إلى ـِ الدَاهِرِينَ 永远
تَصَارِيفُ الـ: تَقَلُّبَاته 时代变迁，世事变迁
أَكَلَ عليه الـُ وشَرِبَ 他饱经风霜
ـ الإنْسَان: مُدَّةُ حَيَاتِه 一生，一辈子，毕生，终身
يَدُ الـ 司命之神
بَنَاتُ الـ: الشَدَائِدُ 艰难，灾祸
ما كَذِبَ ـَ ه 他任何时候都没有说谎

دَهْرًا: أَبَدًا 永远
دُهْرِيّ / دَهْرِيّ: طاعِن في السِنّ 年老的，年纪大的，年迈的
دَهْرِيُّ المَذْهَبِ: طَبِيعِي 无神论者，不信神者
ـ: زَمَنِيّ 现世的，世俗的，时间的
دَهَسَ (مـ): دَاسَ ودَعَسَ 踩平，踩烂，踩扁，蹂躏
ـ (القِطارُ أو العَرَبَة) فلانًا 压(火车或马车)压倒、辗过、轧过
دَهِسَ ـَ دَهَسًا المكانُ: كان سَهْلاً 成为平坦的(地面)
اِنْدَهَسَ 被压坏了
دَهْس جـ أَدْهَاس 平地
دُهْسَة 淡红色
دَهَشَه ـَ دَهْشًا خَطبٌ: حَيَّرَه 使吃惊，使惊异
دَهِشَ ـَ دَهَشًا ودُهِشَ: تَحَيَّرَ 被…吓了一跳，大吃一惊
دَهَّشَه وأَدْهَشَه الأَمْرُ: حَيَّره 使吃惊，使惊异
اِنْدَهَشَ (مـ) 惊讶，惊愕，吃惊，惊奇
دَهِشٌ ومَدْهُوش ودَهْشَان 惊讶的
مُدْهِش جـ مُدْهِشَات 惊人的
دَهَقَ ـَ دَهْقًا الماءَ: دَلَقَه (مـ) / صَبَّه 倒出，泼出，倾倒
ـ الكَأْسَ وأَدْهقه: مَلأَهُ لِلحَافَةِ 斟了满满一杯酒
دَهَق: آلَةُ تَعْذِيبٍ 桎架(拘锁犯人之足于架穴中以示众)
دِهَاق 满满的，满盈的(水)
دُهْقَان ودِهْقَان جـ دَهَاقِنَة ودَهَاقِينُ (أ) (波) 指导者；领袖；市长；商人
ـُ القَرْيَة 村长
دَهَكَ ـَ دَهْكًا الشيءَ: دعك 压碎，压烂，磨碎

(م) (果肉)

دِهْلِيز ج دَهَالِيزُ: مَمْشًى مُسْتَطِيل 走廊，过道

اِبْنُ الـ (الدَّهَالِيز): لَقِيط 弃儿

دَهَمَه ـَ دَهْمًا الأمرُ: فَاجَأَه 突遭事故，(暴风雨等)突袭

دَاهَمَه 突然袭击，猛攻，(灾难等)侵袭

دُهْمَة: سَوَاد 黑，漆黑

أَدْهَمُ م دَهْمَاءُ ج دُهْم: أَسْوَدُ حالِكٌ 黑的，黑色的，漆黑的

حِصَان ـ / فَرَس ـ 黑马，骐

دَهْمَاء: سُوقَة 群众，老百姓

دُهَيْم / دُهَيْمَاء / أُمُّ الدُّهَيْمِ 灾难

دَهْمَقَ الشيءَ 打破，打碎；把食物煮得柔软美味

دَهَنَ ـُ دَهْنًا ودَهْنَةً: طَلَى بلَوْنٍ 着色，彩画

ـ ودَهَّنَ: طَلَى بدُهْنٍ أو غيره 涂油，搽油，上油漆

دَاهَنَه: مَلَّقَهُ 谄媚，奉承

تَدَهَّنَ 抹上香膏

دُهْنُ الشيءِ ج أَدْهَان ودِهَان: زَيْتُه 油

ـ (س) 香油，香膏

ـُ اللَّحْمِ: شَحْمُه 脂肪

دُهْنِيّ: به دُهْن أو كالدُّهْنِ 脂肪的，油腻的，脂肪质的

ـ: زَيْتِيّ 油滑的，油质的，油性的

ـ: شَحْمِيّ 脂肪的，多油脂的，脂肪质的

غُدَّةٌ دُهْنِيَّة [医]皮脂腺

دُهْنِيَّات 油脂，板油

دِهَان ج دِهَانَات: ما يُدْهَن به (机器的)滑油

ـ: طِلاءٌ مُلَوَّن 油漆

ـ: مَرُوخ 油膏，软膏

ـ: جِلْد أَحْمَر 红色的皮革

ـ مِنَ الزِنْك 硫酸锌软膏

مُدْهُن ج مَدَاهِنُ 油瓶，油罐

مُدَاهَنَة: تَمْلِيق 谄媚，奉承，拍马，讨好

دَهِينَة 香油，油膏

دَهَّان: نَقَّاش (م) 油漆匠，壁画家

ـ 油商

مُدْهِن: به مَادَّة زَيْتِيَّة 多油的，油的，油腻的，油滑的，油性的

ـ: سَمِين (كاللحم) 膘

مُدَاهِن: مُتَمَلِّق 谄媚的人，拍马屁的人，奉承者

دَهْنَج [矿]孔雀石

ـ (س) 金刚石，金刚砂

دَهْوَرَه: أَوْقَعَه 使陷落，使堕落

تَدَهْوَرَ: وقع في مَهْوَاة 堕落，退化，迅速恶化

تَدَهْوُر 堕落，退化，迅速恶化

دَهَى ـَ دَهْيًا ودَهَّى فلانًا: أصَابَه بداهِيَة 扰乱，搔扰，侵扰，困扰，使烦恼，使为难

دَهِيَ ـَ دَهَاءً ودَهْيًا ودَهَاءَةً: تصرَّف بدهَاء 施诡计，以智取

دَهَاء: جَوْدَةُ الرأيِ 机智，精明，机敏，机灵

ـ: اِحتِيَال 手段，手腕，奸计，策略，狡猾，阴险

ذُو ـ / داهٍ ج دُهَاة / دَاهِيَة ج دَوَاهٍ: واسِعُ الحِيلَة 精明的人，足智多谋的人

ذُو دَهَاءٍ / داهٍ / داهِيَة: مَكَّار 狡猾的，阴险的，诡诈的

دَاهِيَةُ السِيَاسَة 卓越的政治家

دَاهِيَة ج دَوَاهٍ: مُصِيبَة 灾难，祸患

ـةٌ دَهْيَاءُ 大灾大难

أَدْهَى م دَهْيَاءُ 更严重的，可怕的(灾祸)

دَوَاء / دَوَاة / داء (في دوي)

دَابَ (مـ): ذَابَ 溶解，消融，消失
دَوَّبَه (مـ): ذَوَّبَه / أَذَابَه 使溶解
ـ الثَّوْبَ وأمثالَه: أبلاه بالاستعمال (衣服等)
穿坏，穿旧；磨破
يَا دُوبْ (سـ): بالكاد (مـ) / تَقْرِيبًا 差不多，
几乎
فَصّ مِلْح ودَابَ (مـ): ذَهَبَ واخْتَفَى 融掉，
消失
دُوبَارَة (مـ): خَيْط المَصِّيص (سـ) 麻线
ـ 技艺
دُوبِيَا (أ) doppia (意): الحِساب التِجاريّ المُزْدَوج
复式簿记
دُوتَّا (أ) dote (意): بائنة 嫁妆，嫁资
دُوج جـ دُوجات doge 古代威尼斯(697
—1797)热那亚共和国的总督
انْداحَ 膨胀，展开，伸开，扩张，扩大
دَوْحَة جـ دَوْح جج أَدْوَاح: شَجَرَة عظيمة 大树
دَاخَ ـُ دَوْخًا ودَوَّخَ البلادَ 征服，打败，蹂躏，
毁灭(国家)
دَاخَ: خَضَعَ 投降，归降，屈服，顺服
ـ (مـ): مادَ / دارَ رأسُه 发晕，感觉头晕
眼花，感觉头昏眼花
ـ (مـ): أُغْمِيَ عَلَيْهِ 昏倒，晕厥，昏过去
ـ (مـ): أَصابَه دُوَارُ البَحْرِ 晕船
دَوَّخَ البِلادَ: دَاخَها 征服，打败
ـ الرَّأْسَ: أَدارَه 使头晕眼花，使头晕
ـ الرَّجُلَ: أَخْضَعَه 制服，压服
دَوْخَة (مـ) / دَوَخان (مـ): دُوَارُ الرأسِ 头晕，
眼花，晕眩
ـُ البَحْرِ (مـ): دُوَار 晕船
ـُ الهَواءِ (مـ): هُدَام 晕飞机
دائخ / دايِخ (مـ): يَعْتَرِيه الدُّوَارُ 发晕的

دَادَ ـَ دَوْدًا ودِيدَ وأَدَادَ ودَوَّدَ الطعامُ: صارَ فيه
الدودُ 生虫，生蛆
دُودَة جـ دُود ودِيدَان ودُودَات: حَشَرَة 虫，蛆，
幼虫
ـ بَالِغَة 成虫
ـ الأَرْضِ 蚯蚓
ـ ثُعْبَانِيَّة 小麦虫
ـ الجُبْنِ 乳饼蛆，干酪蛆
ـ الحَرِير أو القَزِّ 蚕
ـ القَزِّ البَرِّيَّة 柞蚕
ـ خَيْطِيَّة 蛔虫
ـ الشَرِيطِ / الدُودَة الشَرِيطِيَّة / الدُودَة الوَحِيدة
绦虫
ـ العَلَقِ: عَلَقَة 水蛭，蚂蝗
ـ القَرْعِ ودُودٌ قَرْعَى 蛲虫
ـ القِرْمِز 胭脂虫
ـ القُطْنِ 棉虫
ـ قَرَنْفُلِيَّة 红蛉虫(棉蛾的幼虫)
ـ اللَوْزِ (لَوْز القُطْنِ) 螟蛉的幼虫(食棉桃)，
棉花荚虫
حَشِيشَةُ الـ [植]艾菊
دُودِيّ: كالدُود 蠕虫状的
الزَائِدَة الدُودِيَّة [医]盲肠，阑尾
الْتِهَابُ الزَائِدَةِ الدُودِيَةِ 盲肠炎，阑尾炎
دِيدَان: هَوامّ / حَشَرَات (虱、蝇、臭虫等)
寄生虫
قاتِل لِلـ 杀虫剂，杀虫药
دَوَاء طارِد لِلـ 打虫药，驱虫药，除虫药
مَدُود / مُدَوَّد: به دود 有虫的，生虫的
مِذْوَد جـ مَذَاوِدُ (مـ): مِذْوَد 秣桶，马槽
دَارَ يَدُورُ دَوْرًا ودَوَرَانًا: تَحَرَّكَ على مِحْوَرِه 旋
转，周转

ـ: تَحوَّلَ	转向
ـ: تَجوَّلَ / تنقَّل	巡迴，巡游
ـ: سَرَى	(血液等)循环，运行，流通
ـ: تَكرَّرَ	反复
ـ عليه: اِنْقَلَبَ	翻转
ـ الرأسُ	发晕，头昏眼花
ـ مع الزمَن: سايرَ الظُرُوف	迎合潮流，顺应时势，与世推移
ـ بالشيء على القَوْم: قدَّمه إليهم	引导环行，环绕传递，环示，环送
ـ على القَهَاوى ليَبِيع	在各咖啡馆兜售
ـ بالُه إلى الأمر: التفت	注意
ـ الوَابُور (مـ) والآلة: اِشْتَغَلَ	(机器)转动
دِيرَ بِي أو أُدِيرَ بِي	我头晕了
دَوَّرَه: جعله مُدَوَّرًا ومُسْتَدِيرًا	弄圆
ـ ه وأَدَارَه: جعله يَدُور	使转动，使旋转，使运转，使循环
ـ وـ الشيءَ على القوم: دارَ به عليهم	环递，环送，使周转，使环绕传递
ـ وـ الرأسَ	使发晕，使头晕，使头晕眼花
ـ وـ العملَ أو حَرَكَته	引致，引导，指导，指挥，管理，经营
ـ ه وـ ه: قلَبَه / عَكَسَه	倒转，翻转，颠倒
ـ وـ الآلة: جعلها تشتغل	开动机器
ـ وـ اِتِّجاهَ أو مَرْكَزَ الشيءِ	转变方向
ـ وـ وَجْهَهُ عن ...: أَبْعَدَه	回避
ـ وـ السَّاعَةَ: مَلأَها	上表，上钟
ـ على الشيء (مـ): فَتَّشَ عنه	寻找，搜查
ـ عَقْلَه (مـ): أَقْنَعَه	说服，诱从
ـ في ذِهْنِه	深思
أَدَارَ الحديثَ حولَ ..	谈论…问题

ـ الحَاكِيَ	开留声机
ـ المِنْدِيلَ على عُنُقه	用手巾围在脖子上
دَاوَرَه: دار معه	敷衍，与他周旋
ـ ه على ...: حَايَله	欺骗，诱骗
اِسْتَدَارَ وتَدَوَّرَ: صار مُدَوَّرًا	变成圆的、圆形的
ـ وـ: كان مُسْتَدِيرًا	原是圆的、圆形的
ـ على عَقِبَيْه	他向后转
ـ لـ ...	转向…
ـ على ...	归返
دَوْر جـ أَدْوَار الواحدة دَوْرَة: مَرَّة	一阵，一回，一转，一次，一番，一回合
ـ: وَقْت	时代，时期，周期
ـ: نَوْبَةُ مَرَضٍ	(疾病的)一阵发作
ـ مُوسِيقِيّ	(音乐的)一曲，(音乐会上的)一个节目
ـ من مَنْزِل: طَابِق	(楼房的)一层
الـ الأَرْضِيّ	楼房底层，楼房一层
ـ مَسْرُوق (مـ)	[建]夹层阁楼
ـ	圆形
ـ (في الزِراعة والرِيّ): نَوْبَة	(轮种的)一轮，(灌溉的)一次
ـ: طَوْر / دَرَجَة	程度
ـ تَشْخِيصِيّ (حقيقيًّا ومَجَازِيًّا)	(演员所扮演的)角色
لَعِبَتْ ـ عامِلَةٍ	她扮演女工人(角色)
لَعِبَ ـ القُدْوَةِ / قام بـ ـ ه كَقُدْوَةٍ	他发挥模范作用
ـ: فُرْصَة	机会，时机
ـ الليلِ والنهارِ	夜班和日班
ـ شَرَاب (مـ)	喝一周，喝一转，轮流喝，轮着喝
لَعِبَ دَوْرًا في ...	扮演角色；发挥作用

ـ انْعِقَادِ البَرْلَمَان 国会开会(期)

ـ الطَلِيعَةِ 先锋作用

ـ المُبَادَرَة الذَاتِيَّة 主观能动性的作用

بالـ: مُنَاوَبَةً 轮流

ـ [棋]局，盘

ـ نِهَائِيّ وـ نصف نِهَائِيّ [体]决赛，半决赛

الـ لك / جاء ـُ ك / الآن ـُ ك 轮到你了

دَوْرَة جـ دَوْرَات: لَفَّة (مـ) 旋转，转向，回转，周期，(会议的)届，循环，时期

الـ الحاليّة للجَمْعِيّة العامّة للأمم المتحدة 本届联合国大会

ـ الإنتاج 生产周期

الـ الدَمَوِيَّة / ـ الدَمِ 血液循环

ـ زِرَاعِيَّة 轮作(法)，轮种

ـ ثُلاثِيَّة 三段轮种制

ـ: جَوْلَة (في صِراع أو سِباق) (摔跤或竞赛中的)一回，一个回合

ـ (مـ): حِيلَة 转弯抹角，委婉

ـ 循环，顺序

ـ المِيَاه (مـ): مَطْهَرَة 洗手间，卫生间，盥洗室

ـ (生产上)轮班

ـ نَزْوِيَّة [动]发情期

دَوْرِيّ: يَقَع في أَوْقَات مُعَيَّنَة 周期的，定期的

الحُمَّى الـ ة 间歇热

ريح ـ ة أو مَوْسِمِيَّة 季风

نَشْرَة أو مَطْبُوعَة ـ ة 期刊，定期刊物

دَوْرِيَّة جـ دَوْرِيَّات (مـ): عَسَس 巡逻队

دُورِيّ: عُصْفُور 家雀，麻雀

دَوَرَان 转动，旋转，回转

ـ 游行者的行列

دِيرَة 籍贯，住址

إدَارَة / تَدْوِير (بكُلّ مَعَانِيهما) 旋转

ـ / ـ الآلاتِ 运转(开动)机器

ـ العَمَلِ 管理，经营

مَجْلِس الـ 管理委员会，董事会

مَجْلِس ـ البَنْكِ 银行经理处

رَئِيسُ الـ 经理，管理人

مَرْكَزُ الـ 总管理处，总局

ـ تَحْرِير الجَرِيدَةِ 报纸编辑部，报社

الـ المُبَرْمَجَة 计划管理

إدَارِيّ 管理的，行政的

إدَارِيًّا 按行政关系

اسْتِدَارَة 圆，圆形

دَار جـ دُور ودِيَار وأَدْوُر وأَدْؤُر وأَدْوِرَة ودِيَارَة وأَدْوَار ودُورَات ودِيَارَات ودُورَان ودِيرَان 房子，住宅，宅院，院子，所，馆，社

ـ الآثَارِ: مَتْحَف 博物馆，文物馆

ـ البَقَاءِ / الـ البَاقِيَة / ـ القَرَار 天堂

ـ السَلام / الجَنَّة 天堂，乐园

ـ التَمْثِيلِ 剧院，戏院，剧场

ـ الحَرْب 敌国

ـ الإسْلامِ 伊斯兰教国家

ـ السِينَمَا / ـُ الصُوَر المُتَحَرِّكَة 电影院

ـ الصُلْحِ [史]休战国

ـ الصِنَاعَةِ 兵工厂；军火库

ـ الضَرْبِ: دارُ المَسْكُوكَاتِ / ضَرَبْخَانَة 造币厂

ـ الحِضَانَة 托儿所

ـ الفَنَاءِ (破灭的或短暂的住宅)世间，尘世，红尘，今世，现世

ـ العُلَمَاء: أَكَادِمِيَّة / مَحْفَى 学会，科学院

ـ النشر 出版社

ـ الفِتَنِ 世界

ـ القَضَاءِ: مَحْكَمَة 法院，法庭
ـ الكُتُبِ 图书馆
ـ الأيْتَام 孤儿院
ـ النَدْوَة 会场，会议室
ـ الهجْرَة 麦地那
الـ الأُولَى 今生，今世，生世
الـ الآخِرة 来生，后世，阴间
الـ البَيْضَاء 卡萨布兰卡(摩洛哥城市名)
دِيَارُنَا 祖国
الدِيَارُ المِصْرِيَّة 埃及
دُورُ الحُكُومَة 政府大楼
اخْتِلافُ الدَارَيْنِ 国籍的差别
دَارَصِيني: قِرْفَة 肉桂，桂皮
دَارَةُ القَمَرِ ج دَارَات ودُور: هَالَته [天]月晕，光轮
ـ الشَمْسِ: طُفَاوَة [天]日晕
دُوَارُ الرأسِ 晕，头晕眼花
ـ البَحْرِ: بُحَار 晕船
ـ الهَواءِ (الطَيَرَان): هُدَام 晕飞机
دَاوِرِيَّة 巡逻队，巡察队，(巡逻兵的)岗位，哨，岗
دَائِر: مُتَحَرِّك في دَائِرَة 旋转的
ـ: سَائِر أو مُتَدَاوَل 流行的，周转的
ـ: مُسْتَدِير 圆的，圆形的
ـ (كالآلة) (机器等)在运转的
ـ: مُتَكَرِّر 再发的，重复的
ـ على مِحْوَره أو مَرْكَزِه 旋转的，周转的
ـ سَرِير (مـ) أو دِيوَان (床、沙发等的)挂布
المَسْرَحُ الـ (أو الدَوَّار) 旋转舞台
دائرة هَنْدَسِيَّة ج دَوَائِر [数]圆
ـ: حَلْقَة 环，圈
ـ: مِنْطَقَة 范围，区域
ـ: مِنْطَقَة (في الجُغْرَافِيَا والفَلَك وغيرهما) (地理或天文上的)带，地区
ـ: دَاهِيَة 灾难
ـ: هَزِيمَة 败北
ـ البُولِيسِ 警察总局
ـ الحُكُومَةِ 政府机关
ـ الطُول 经度
ـ العَرْضِ 纬度
ـ الانْتِخَابِ 选举区
ـ قُطْبِيَّة 极圈
ـ كَهْرَبَائِيَّة [电]回路，电路，线路
ـ مَعَارِف 百科全书
ـ المَعَارِفِ الإسْلامِيَّة 伊斯兰教百科全书
الـ دارتْ عليه 他遭遇厄运
الـ السَنِيَّة 埃及特有的债务
كُلٌّ في ـ عَمَلِه 各管各业
الدَوَائِرُ السِيَاسِيَّة 政界
الدَوَائِرُ المُطَّلِعة 消息灵通人士(方面)
الدَوَائِرُ الرَسْمِيَّة 官方人士
تَرَبَّصَ به الدَوَائِرَ 为伤害…而等待时机
دَائِرِيّ: مُسْتَدِير 圆的，圆形的
رُبْع ـ 象限(圆的四分之一)
دَوَّار: كَثِير الدَوَرَان 旋转的，循环的，回转的
ـ ج دَوَاوِيرُ (مـ): حُوش المَزْرَعة 农场，农庄，庄园
ـ أو عَبَّاد الشَمْس 向日葵
ـ: مُتَنَقِّل 巡回的，巡游的
بائع ـ 巡回售货员，流动商贩
دَوَّارَةُ الماء: دَوَّامَة 漩涡
ـ الرِيح: دَلِيل اتِّجَاهها 风标，风信鸡，定风针，风信旗
ـ 喜欢串门的女人

مَدْوَر: مِرْوَد مِحْوَرِيّ (机)转环，活节，铰
丁环，旋转轴承
مَدَار جـ مَدَارَات: مِحْوَر / قُطْب 轴，轴心，
枢轴，中枢
ـ / مُسْتَدَار: فَلَك [天]轨道
ـ (في عِلْم الفَلَك والجُغرافِيَا) 回归线(夏
至线或冬至线)
ـ الجَدْي 冬至线，南回归线(南纬23°
27″)
ـ السَرَطَان 夏至线，北回归线(北纬23°
27″)
ـ الحَدِيث أو البَحْث 论题，话题
ـ الأَرْض 地球的轨道
على ـ السَنَة 全年
مُدِير جـ مُدَرَاء (ع) 厂长，经理，司局长
ـ مُدِيرِيَّة (埃及的)省长
ـ التَشْرِيفَات 礼宾司长，典礼局长
ـ عَامّ 主管人，总经理
ـ الجامِعَة / رئيس الجامعة 大学校长
ـ الشَرِكَة 公司经理
ـ الشُرْطَة 警察局长
مُدِيرِيَّة جـ مُدِيرِيَّات: إقليم يَحْكُمه مدير (埃及
的行政区)省
مُدَوَّر 圆形的
مُدَاوِر: يَدُورُ مَعَ الظُرُوف 顺应潮流者，随
波逐流者，与世浮沉者
مُسْتَدِير / مُدَوَّر 圆的，圆形的
مُسْتَدِيرَة: دَائِرَةٌ تَلْتَقِي عندها عِدَّةُ طُرُق 环形
交叉路，环形交通枢纽
المُسْتَدِيرَة [音]全音符
مُسْتَدِيرَات الفم [动]圆口纲脊椎动物
مُسْتَدَار /مَدَار: فَلَك [天]轨道

دَوْرَق جـ دَوَارِقُ (مـ) (波): إناء للشراب 玻璃
水瓶，有玻璃塞的圆酒瓶
دَوْزَنَ آلةَ الطربِ الوَتَرِيَّة 调音
دُوزَان (أ) / دَوْزَنَة (مـ): بَضّ 调音
دَاسَ يَدُوسُ دَوْسًا ودِيَاسًا ودِيَاسَةً الطَرِيقَ والأَرْضَ
践踏
ـ الشيءَ: اِحتقره وأذلَّه 蹂躏，作践，贱视
ـ القِطَارُ والعَرَبَةُ فُلانًا: دعَسه (火车等)压
过，辗过
ـ الشيءَ: سَحَقَه بالدَوْس 踩坏，踩扁
ـ الزَرْعَ: درسه 打麦，打谷
دَوْس: وَطْء 踩，踏，践踏
دِيَاسَة 打麦，打谷
دَوْسَة 踏歌舞(黎巴嫩的一种舞蹈)
دُوسِيَة جـ دُوسِيَات ودُوسِيهَات (أ) dossier(法)
卷宗，档案
دُوسِيه (أ): مِلَفّ أَوْرَاق / إضْبَارة 纸夹，文件夹
دِيسَة: غَابَة مُتَلَبِّدَة 丛林，密林
دَوّاس: نُحَام [鸟]红鹤，火鹤
ـ: أَسَد 狮子
دَوَّاسَة جـ دَوّاسَات (مـ) (纺车等的)踏板
ـُ الآلَةِ: مِدْوَس 踏板
مُدَاس / مَدُوس: مَوْطُوء بالقَدَم 被踩的，被践
踏的，被蹂躏的
مَدَاس جـ مَدَاسَات: حِذَاء 鞋
ـ (刷皮鞋人的)脚架子
مِدْوَس / مِدْوَاس الآلة (التي تُدَار بالرِجْل)
(纺车等的)踏板；(自行车的)踏脚
دُوسنطَارِيَا (أ) dysentery: زُحَار 赤痢
دَوْشَة (مـ): ضَوْضَاء 吵闹，骚扰
دُوش جـ دُوشَات (أ) douche(法) 淋浴
مُدَوِّش 充满嚣声的，震耳欲聋的

دُوطَة (أ) dote (意) 嫁妆，妆奁

دوَّغ (مـ): وَسَمَ 打火印，鲸墨，刺字，文身

دَاغ جـ دَاغَات: سِمَة 烙印，火印，商标

دَافَ يَدُوفُ دَوْفًا وأَدَافَ البَيْضَ أو الدَوَاءَ (在碗里)搅蛋；调药

دَوْف: خَفْق (مـ) 搅拌，调均

دَاقَ يَدُوقُ دَوْقًا ودُؤُوقًا ودُؤُوقَةً ودَوَاقَةً الطعامَ (مـ): ذَاقَه 尝

دَوْق (مـ): ذَوْق 口味，味道

دُوق جـ دُوقَات (أ) duke: أَمِير 公爵，君主

دُوقَة (أ) duchess: أَمِيرَة 女公爵，公爵夫人

دُوقِيّ (أ) ducal 公爵的，公爵似的

دُوقِيَّة (أ) duchy 公国，公爵领地

دَوْقَل المَرْكَب الشِراعيّ [航](横帆的)帆桁

دَوْكَة / دُوكَة خُصُومَة: شَرّ / اضطراب وضَوْضَاء 骚动，扰攘

دُوكَار (أ) dog-cart 有两个背对背坐位的轻便马车；狗拉的车

دَالَ يَدُولُ دَوْلاً ودَوْلَةً الدَهْرُ: انتقل من حالٍ إلى حالٍ 时代变迁，岁月流逝，斗转星移

ـ تِ الأَيَّامُ: دَارَتْ 日子转变

ـ الثوبُ: بَلِيَ 衣服破旧

ـ تْ عليه الدَوْلَةُ 他遭到厄运，他倒霉了

ـ تْ له الدولةُ 他转运了，运气好转了

دَوَّلَ القَنَاةَ: جَعَلَها دُوَلِيَّةً 使运河国际化

دَاوَلَه وأَدَالَه: جعله مُتَدَاوَلاً 使成为转动的，周转的；使(纸币等)流通，通用

ـ بَيْنَ ... و... 交换，轮换，使交替

ـ ه بَيْنَ يَدَيْهِ 把物品由一手转移到另一手，转手，换手

أَدَالَه من أو على ... 使他克服、战胜、胜过…

تَدَاوَلُوا الشيءَ 使用，常用

ـ وا: تَشَاوَرُوا 商量，商议，磋商，协商，讨论

ـ وا: تَفَاوَضُوا 谈判，交涉

ـ وا 互相传递

تَدَاوَلَتْهُ الأَلْسُنُ 口传，口耳相传，流传

ـ تْ الأَيْدِي 手传，依次传递，传送

دَوْلَة جـ دُوَل ودِوَل: دورة الزمان وانقلابه 兴衰，盛衰，隆替，时代的变迁

ـ: حُكُومَة 国家

ـ ذاتُ أَوْلَوِيَّة 最惠国

أَرْكَانُ الـ 国家的砥柱

مَجْلِسُ الـ 国务院

ـ فِدْرَالِيّة 联邦制国家

ـ بُولِيسِيّة 警察国家；极权国家

ـ الرَفَاهة 福利国家

ـ مُتَسَلِّطَة أو مُهَيْمِنَة 宗主国

ـ مَدِينِيَّة / ـ المَدِينَة 城邦，城市国家

دُوَلُ المِحْوَر 轴心国

دُوَلُ الائْتِلاف 协约国

الدُوَل العُظْمَى أو الكُبْرَى 超级大国，列强

دَوْلَة: عائلة حاكِمة 朝代

الـ العَلِيَّة 土耳其政府(奥斯曼王朝时代)

ـ الحَرِيم أي النِسَاءِ 妇人政治

ـ: مَمْلَكَة 王国

صاحِبُ الـ: لَقَبُ رَئِيسِ الوُزَرَاءِ 阁下(对首相的尊称)

ـ 意外事变，波折(命运)

دُوَيْلَة 小国

دُوَلِيّ: مُتَبَادل بين الدُوَل 国际的，国际间的，万国的

القانون الـ 国际法

سوق ــ ة 国际市场
دُوَلِيَّة 国际，国际化，国际性
الـ الثَالِثَة 第三国际
تَدْوِيل: تَرْوِيج 传播，使(纸币等)流通、通用
ـ 使成为国际的，国际化
مُداوَلَة جـ مُداوَلات: مُفَاوَضَة / مُخابَرَة 谈判，交涉
ــ: تَبادُلُ الآراءِ 讨论，交换意见
تَداوُل: رَوَاج 传播，流通，畅销
بالـ 轮班，顺序，轮流
دُولَة جـ دُوَلات: داهِيَة 灾难
إدالَة : غَلَبة 战胜
دَوَالَيْكَ / دَوَلَيْكَ 反复
فَعَلْنا ذَلِك ــ: فعلناه كرَّات بعضها بعد أخرى 我们反复地做了那件事
وهكذا ــ: إلى آخر ذلك 等等，云云，依此类推，诸如此类
الدَوَالِي: غِلَظ في الأَوْرِدَةِ 静脉瘤，静脉肿
مُتَدَاوَل: دارِج 流通的，流行的
ــ: مَأْلُوف 平凡的，通俗的，习见的
ــ: مُتَعَاقِب 交替的，轮流的
ـ 通用的
دُولَاب جـ دَوَالِيبُ (في دلب) 轮，车轮
ـ إضافيّ 备用轮胎，预备轮胎
ـ الماء 水车
ـ المُوَازَنَة [机]飞轮，整速轮
ـ مُسَنَّن / عَجَلَة مُسَنَّنَة / تُرْس [机]齿轮
ـ 衣柜
وَقَفَ (تَعطَّلَ) ـُ الأَعْمالِ (مـ) 工作停止了
ـ (مـ) 勾当，奸计，把戏，戏法
دُولَار جـ دُولَارَات (أ) dollar 元，美元

دَام يَدُومُ ويَدَامُ دَوْمًا ودَوَامًا ودَيْمُومَةً ودَوَّمَ الشيءَ: دار على نفسه 旋转
ـ ودَاوَمَ: اِسْتَمرَّ / ظَلَّ 连续，继续，持久
ما ــ: طَالَمَا ... 只要，…一日…一日
أَعْمَلُ ما دُمْتُ حَيًّا 活一天，就劳动一天
دَوَّمَ الطائرُ: حلَّق في الهواء (鸟)翱翔，盘旋
دَاوَمَ على الأَمْر: وَاظَبَ عليه 坚持，百折不回
أَدَامَ الشيءَ: جعلَه دائِمًا 使不朽，使不灭，使永久存在
ـ اللهُ بَقاءكم [伊]愿安拉赐您长寿
اِسْتَدَامَ: اِسْتَمرَّ وامْتَدَّ 持续，持久
دَوْم: شجر كالنخل وثمره 埃及棕榈及其果实
ـ / دَوَام: اِسْتِمْرَار 继续，持续，持久，长久，耐久，连续性
ـ / ــ: بَقاء 常在，永存，持久，永久，永久性，耐久性
ـ / ــ: ثَبات 坚定，坚贞，恒心，持久性
ـ / ــ: أَبَدِيَّة 永存，永在，永恒
دَوَام / اِسْتِدَامَة: بَقَاء 继续，持久，永久，常在，永恒，永久性，耐久性
دَوَامًا / على الـ 经常地
دَفْتَر الـ 考勤簿
أَضْرَبَ عن الـ 停止出席，停止参观
أوقات الـ 工作时间，上班时间
دَامَا: اِسم لُعْبَة 西洋棋，国际象棋
لَوْحَة الـ 西洋棋盘，国际象棋盘
حَجَر الـ 西洋棋子
طلع ـ (مـ) [棋]加冕
مُدَاوَمَة: اِسْتِمْرَار 持续，继续，连续，坚持
دائِم / مُسْتَدِيم 持久的，永恒的
ـ / ــ: ماكِد (في الريّ والزِرَاعَة) 四季不断的，继续多年的，多年生植物

ـ: لا نِهَايَة له 无穷尽的，无尽的
ـ: ضد وَقْتِيّ 永久的，永恒的，经久的，常在的
ـ الاِخْضِرَار: أَبِيد 常绿的，常绿树，常绿植物
دَائِمًا / دَوَامًا / على الدَوَام 始终，永远，老是，总是
ـ وأَبَدًا 经常地，不断地
قَهْوَة ـ ة (مـ) 感谢招待喝咖啡
تنمية مُسْتَدِيمَة (مُسْتَدَامَة) 可持续发展
دُومَان المَرْكَب (مـ) (船)舵，舵机，舵轮
دُومَانْجِي جـ دُومَانْجِيَّة: مُوَجِّه / مُدِير الدفّة 舵手
دُوَّامَة جـ دُوَّام (مـ) / دَوَّامَة جـ دَوَّامَات (مـ):
نَحْلَة (مـ) / بُلْبُل (سـ) 陀螺
ـ الماء (مـ): دُرْدُور 漩涡
ـ الذِكْر (齐克尔舞的)小舞会
مُدَام / مُدَامَة: خَمْر 酒，葡萄酒
دومس المَرْكَب (مـ) 舱底，船底弯曲部
دُومَيْن (أ) domains: أَمْلاَك الحُكُومَة 国家领土权，国家征用权
دُومِينُو (أ) domino: اسم لُعْبَة 多米诺骨牌(游戏)，用 28 块牌九玩的牌戏
حَجَر الـ 骨牌，牌九
دُومِينُون جـ دُومِينُونَات (أ) dominion (英国的) 自治领
دِيمَة جـ دِيَم ودُيُوم: مَطَر يَدُوم في سُكُون بلا رَعْدٍ ولا بَرْقٍ 淫雨，零雨(自四小时延长到一天以上)
دَيْمُومَة: دوام 延长，延续
دَوَّنَ: كَتَب وسَجَّل 记录，记载，登记，挂号
ـ: قَيَّد 写，记，录
ـ التاريخَ 载入编年史中，记录于编年史里
ـ شَرْطًا 订明条件，规定条目
دُون: حَقِير / سَافِل 下贱的，下作的，卑贱的，卑鄙的，低级的，劣等的
دُونَ ...: أَحَطّ من ... 在…之下，比…低，比…差，不及，不如，次于
ـ: أَمَامَ 在前，在前面
ـ: خَلْفَ 在后面
ـ: فَوْقَ 在上，在上面
ـ: تَحْتَ 在下，在下面
ـ: قَبْلَ 在…之前
ـ ك: خُذْ 拿着吧！
حَالَ ـ: اِعْتَرَضَ 妨碍，阻碍，阻挡
ـ / مِنْ ـ أَنْ: مِنْ غَيرِ أَنْ 不，无，没有；除开
ـ أَدْنَى تَأْخِير 毫不耽误地，毫不延迟地
مَاتَ ـ أَنْ يَكْتُبَ الوَصِيَّةَ 他没有写遗嘱就死了
بـ ـ / مِنْ ـ 没有
هو ـ عِشْرِين سَنَة 他不到 20 岁
ـ ما (دُونَما) 除了
بـ ـ أَنْ 除此以外
هذه حَمَاقَة ـَ ها كلُ حَمَاقَةٍ 这是再傻不过的事
إنَّ له ـَ غيرِه التَصَرُّفَ في هذا 只有他才能支配这个
شَيْءٌ ـٌ: خَسِيس 琐事，小事
رَجُلٌ ـٌ: حَقِير 卑劣的人，小人
ـ أَنْ تَنَالَهُم يَدُ العِقاب 逍遥法外
ـ التخلِّي عن كذا في منتصَف الطريق 不肯半途而废
دُونِيّ (مـ) 坏的，劣等的

دُونِيّة 被压迫的地位
دان (مـ) ودَيْن جـ دَيْنَات (سـ): أذن 耳朵
دِيوَان شِعْر جـ دَوَاوِينُ 诗集
ـ: مَحْكَمَة 法院，法庭
ـ: مَرْكَز الإدَارَة 行政机关
ـ جـ دِيوَانَات divan: أرِيكَة 沙发，沙发椅
ـُ التَفْتِيشِ ［史］宗教裁判所
ـُ الرِئَاسَةِ 主席团
الـُ العَالِي المَلَكيّ 王室的内阁
ـ في قِطَارٍ حَدِيدِيّ (مـ) （可坐 6 至 10 人的）分格车室
أرْبَابُ الـ (مـ) 部长，大臣，阁员
ـ المَشُورَةِ (مـ) 内务部
ـ الجِهَادِيَّة (مـ) 国防部
ـ الخَزْنَة (مـ) 财政部
دِيوَانَة (مـ) 海关，税关
دِيوَانِيّ 公文书法
دِيوَانِيَّة 官僚主义
مُدَوَّن جـ مُدَوَّنَات 札记，日记，记事
دُونَانْمَة جـ دُونَانْمَات (مـ)（土） 船队，舰队
دُونْكِيشُوتِي (أ) / دُون كِيخُوته Don Quichotte（西） 唐吉诃德（又名堂吉诃德）
دُونكِيشُتِيَّة / دُون كِيخُوتِيَّة 异想天开，想入非非，唐吉诃德行为
دُونُم جـ دُونُمَات（土） 杜诺亩（面积单位，等于 939.3 平方米）
دَوَى يَدْوِي دَوِيًّا ودَوًّى: أَصْدَى 反响，回声，轰鸣
دَوِيَ ـَ دَوًى: مَرِضَ 患病，疼痛
ـ صدرُه: ضَغِنَ 怀恨，怨恨
دَاوَى المرضَ أو المريضَ 治疗，医治（疾病或病人）

تَدَاوَى: عَالَجَ نَفْسَهُ 自疗
دَوِيّ الصوت: صَدَاه 回声，回音
دَاء جـ أَدْوَاء: عِلَّة 病，疾病，弊病，弊端
ـُ الأَرْضِ 癫痫，羊癫疯，羊角疯
ـُ الأَسَدِ 发热，热病
ـُ الجُمُودِ 全身僵直，痫
ـُ الحَيَّة / ـُ الثَعْلَبِ 秃头病
ـُ الذِئْبِ 饿
ـُ الثَعْلَبِ 脱发（症）
ـُ الجَنْبِ 肋膜炎，胸膜炎
ـُ الخَنَازِير / ـ المَلِك 淋巴结核
ـُ الخَيْطِيَّات 丝虫病
ـُ الشَرْطِيَّات 绦虫病
ـُ الشَعْرِيَّة 毛线虫病，旋毛虫病
ـُ الصَفَرِيَّات 蛔虫病
ـُ الفِيلِ 象皮病
ـُ الكَلْبِ 狂犬病
ـُ المَفَاصِلِ 痛风，关节炎
ـُ المُلُوكِ 痛风
ـُ النُقْطَةِ 中风，脑溢血
ـُ المِنْطَقَة 带状疱疹，缠腰龙
به ـُ الظَبْيِ 他身体很好
دَوَاء جـ أَدْوِيَة: ما يُسْتَعْمَلُ لمقاومة المرض 药，药剂，药品
ـ: عِلاج 医疗，治疗，医治
مَوْضِعُ الأَدْوِيَةِ 药房
دَوَائِيّ 医药的，药用的；医治的，治病的
دَوَاة جـ دَوًى ودُوِيّ ودِوِيّ ودَوَيَات / دَوَايَة (مـ) 墨盒，墨水瓶
ـ بِمَقْلَمَتِها (النوع القديم) （角质的）书写用具，笔墨匣
مُدَاوَاة: مُعَالَجَة 处理，治疗

دَاوٍ / دَاوِيَة: فُرْسانُ القُدْسِ 圣殿骑士团，圣殿骑士

دَايَة جـ دَايَات (مـ) 产婆，接生婆

مُدَاوٍ 医生，医师

مَدْوِيّ 大声的，高声的，隆隆的

شُهْرَةٌ ــ ة 鼎鼎大名

دِيَالَكْتِيك (أ) dialectic: طَرِيق التَحْلِيل المَنْطِقِيّ 辩证法

ــ الطَبِيعَة 自然辩证法

الـ المارْكَسِيّ 马克思主义辩证法

جَوْهَر الـ 辩证法的核心

الطَرِيق الـ 辩证方法

دِيَالَكْتِيكِيّ 辩证法的

المَادِيَّة الـ ة 辩证唯物主义

دِيَالُوج جـ دِيَالُوجَات (أ) dialogue 对话，（话剧）对白

دِيَانَا (أ) Diana: إلاهةُ الصَيْدِ والعِفَّة والزوَاج [罗神]月亮女神狄安娜(狩猎、贞节、婚姻等的女神)

دِيب (مـ) (في ذأب) / **دِيبَاج** / **دِيبَاجَة** (في دبج)

دَيُّوث: قَوَّاد 老鸨，淫媒，妓院老板，拉皮条者

الـ: دُخْلَة (انظر دخل) 啸鸟(鸣禽，善鸣的莺科鸟类的一种)

دَاجَ يَدِيجُ دَيْجًا ودَيَجَانًا: مَشَى قَلِيلاً 轻轻走，慢慢走

دَيْجَاة جـ دَيَاج 黑暗，昏暗，蒙昧，无知

دَيْجُور جـ دَيَاجِير 漆黑，黑暗

دَيْدَبَان جـ دَيْدَبَانَات / دَيْدَب: حارِس [军]哨兵，步哨，看守人，守兵

ــ 小时的，按钟点的

ــ المَرْكَبِ: دَلِيل 领港员，引水员

دَيْدَبَانِيَّة 站岗，放哨，值班

دَيْدَن / **دَيْدَان** (في ددن)

دَيْر جـ أَدْيَار وأَدْيِرَة ودُيُورَة: مُقامُ الرُهْبَان أو الراهِبَات 修道院

ــ رُهْبَان 修道院

ــ رَاهِبَات 修女院，女修道院，尼庵

رَئِيس ــ: أَبِيل 修道院院长

رَئِيسَة ــ: أَبِيلَة 女修道院院长

حَيَاة أو عِيشة الأَدْيِرة (هادئة) 修道院的生活，隐居的生活

دَيْرِيّ: مختصّ بالأَدْيِرة ومَعِيشَتِها 修道院的，僧侣的，出家人的，禁欲的

دَيَّار / دَيْرَانِيّ: ساكِن دَيْر / راهِب 修道士，隐士

دِيزَل (أ) diesel 内燃机，柴油机

مَرْكَبَة الـ 有轨自动货车或客车

مُحَرِّك الـ 内燃发动机

ديسم (في دسم) / **ديسة** (في دوس)

دِيسَمْبَر (أ) / دِيسَنْبَر December: كَانُون الأَوَّل / الثاني عشرمن شهور السنة الشمسية 12 月

دِيسِيجَرَام (أ) decigramme: عُشْر الجَرَام 分克(=1/10 克)

دِيسِيمِتْر (أ) decimetre: عُشْر المِتر 分米(=1/10 米)

دِيك جـ دُيُوك ودِيَكَة وأَدْيَاك: ذكر الدجاج خُصُوصًا والطُيُور عمومًا 雄鸡，公鸡；雄鸟

ــ: أَبُو يَقْظَانَ 司晨(公鸡)

ــ رُومِيّ أو حَبَشِيّ: ذَكَرُ الدَنْدِي 火鸡，吐绶鸡

ــ بَرِّيّ 野鸡，雉

ــ هِنْدِيّ 公火鸡

دِيكَارْت (أ) (رِينَه): Descartes, Renve فَيْلَسُوف

ديكارت 390 دين

ورِيَاضِيّ وفِيزِيَائِيّ فَرَنْسِي 勒内·笛卡尔
(法国哲学家、数学家和物理学家)
دِيكَارْتِيّ (أ) 笛卡尔派哲学家；笛卡尔信徒
دِيكْتَاتُورِيَّة (أ) (في دكتاتوريَّة) 专政，独裁
ـ البُرُولِيتَارِيَا 无产阶级专政
دِيكْرِيتُو جـ دِيكْرِيتَات (أ) decreto (意)：أمرٌ عالٍ 法令，命令
الدِيلَم (أ) delam (拉) 低廉
دِيمُقْرَاطِيّ (أ) democratic: شَعْبِيّ 民主的，民主主义的，民主作风的
دِيمُقْرَاطِيَّة democracy 民主，民主政治，民主政体，民主主义
بُلْدَانُ الـ ةِ الشَعْبِيَّة 人民民主国家
دِيمُوسْتِين (أ) / دِيمُوسْتِينِس Demosthenes 狄摩西尼(又译德摩斯梯尼)(古希腊雄辩家，公元前384—322)
دِيمُوطِيقِيّ (أ)：demotic شعبِيّ 人民的，民众的，通俗的
الكِتَابَة الدِيمُوطِيقِيَّة: الخطّ الشعبِيّ المِصْرِيّ القديم 古埃及通俗的文字
دانَه يَدِينُ دَيْنًا وأدَانَه: أقْرَضَه 给予贷款
ـ يَدِينُ دِينًا فلانًا: حَكَمَ عليه 定罪，判罪
ـ يَدِينُ دِينًا ودِيَانَةً وتَدَيَّنَ بكذا 信仰，信奉(某教)
ـ له: أطَاعَه / ذَلّ له 服从，顺从
ـ 为…尽力
ـ 服务于
ـ واسْتَدَانَ: اِسْتَقْرَضَ 借款，借债，借钱
أدَانَه 责备他，把他交给法庭惩办，认为有罪，定罪，谴责，传讯
دَايَنَه 借给，贷给
تَدَايَنَ القومُ: اِسْتَدَانَ بعضُهم من بعضٍ 互相借贷
اِسْتَدَانَ: اِشْتَرَى بالدَيْن 赊买；赊购
دَانَة جـ دَانَات 核心；炮弹
دَيْن جـ دُيُون وأدْيُن: قَرْض مُؤَجَّل 借款，欠款，债务
ـ: حَقّ / عَهْد / ذِمَّة 义务，职责，责任，负担；恩惠，恩义
ـ هالِك أو مَيِّت: ضِمَار 倒账，呆账，收不到的债款
قَضَى ـ ـَه: ماتَ (他付清了自然的债务)他死了
ـ مُمْتَاز 特许的债务或借款
بالـ: على الحساب 赊
أرْبَابُ دُيُون 债主
دَيْن ودَيْنَة جـ دَيْنَات (س) 耳朵
دِين جـ أدْيَان: مُعْتَقَد 宗教，信仰
ـ: تَقْوَى / وَرَع 虔诚，虔敬
أُصُولُ الـ [伊]教义学
الـُ الحَنِيف 正教(伊斯兰教)
يَوْمُ الـِ أو الدَيْنُونَةِ [宗]最后的审判日，世界的末日
دِينِيّ: مختص بالدِين 宗教的，宗教上的
لا ـ 非宗教的，无神论的
دِيَانَة جـ دِيَانَات 信仰，信教，宗派，教理
إدَانَة 定罪；谴责
تَدَيُّن 虔诚，虔敬
شِدَّةُ التَدَيُّنِ أو الظُهُورِ (التظاهرِ) بذلك 宗教狂热，宗教癖
دَيْنُونَة: الحِساب الأَخِير [宗]世界末日的判决，最后的判决
دَائِن 贷方，债权人
مَدِين / مَدْيُون 借方，债务人

ـ / ـ بفَضْلٍ أو حَقٍّ أو مَالٍ 受过恩惠的，沐恩的，蒙恩的，受惠的；欠债的

أنا ـ أو ـ لَكَ 我受你的恩惠

هِيَ ـ ةٌ له 她应该感谢他

مَدِينَة جـ مُدُن (في مدن)

مَدْيُونِيَّة 负债；恩，恩义

مُدَايِن 债主，债权人

مُدَان: مُذْنِب 有罪的

ـ إلى الأَبَدِ 千古罪人

دَيِّن / مُتَدَيِّن: مُتَمَسِّك بِدِينِه 虔诚的宗教信徒

مُتَدَيِّن 虔诚的教徒

دِينار / دِينارِيّ (في دنر)

دِينَامِيْت (أ) dynamite: مادَّة ناسِفة 炸药

دِينَمُو (أ) dynamo: مُوَلِّد كَهْرَبِيّ 发电机

دِينَامِيَّة dynamics 动力学

دِيَة جـ دِيَات (في ودي) / **دَيُّوث** (في ديث)

دِيُوجِين (أ)/دِيُوجِينُس الكَلْبِيّ Diogenes: فيلسوف إغريقيّ شهير 提奥奇尼斯（又译第欧根尼）

（古希腊哲学家，公元前 412－323）

الذال

ذ (الذال) 阿拉伯字母表第 9 个字母；代表数字 700

ذا ج أُولاءِ: هذا (指示名词)这，这个

مَنْ ذا؟ 这是谁？

بِذا/ لِذا 因此

كَذا 如此，照这样

كَذا وكَذا 如此如此，这般这般

هكَذا 像这样

ماذا؟ (疑问名词)什么？

لِماذا؟ (疑问短语)为什么？为何？

ذاكَ م تاكَ ج أُولائِكَ (أُولئِكَ): ذلِك (指示名词)那，那个

إذْ ــ: حِينَئِذٍ (指过去或未来的特定时期)那时，当时

ذلِكَ م تِلكَ ج أُولائِكَ 那，那个

بَعْدَ ــ (时间宾词)此后，后来，之后

مَعَ ــ 与此同时，虽然，尽管这样

وَ ــ أنَّ 那是…

كَ ــ 照这样，同样，同时，同样地

وعَلَى ــ 所以就…

ــ وإلاَّ 否则

ذا / ذات: (في ذو)

ذأبه ـَ ذأْبًا: خوَّفه 恐吓，吓唬

ذِئْب ج ذِئاب وأَذْؤُب وذُؤْبان 狼

ــ البَحْر: فَرْخ (硬鳍类的鱼)石首鱼，海鲈

ذِئْبَة: أُنْثى الذئب 母狼

ذُؤابَة ج ذَوائِبُ: قُصَّةُ شَعْر 刘海儿，额发，额毛

ذأَلَ ـَ ذألاً وذألانًا: مَشَى في خِفَّةٍ ومَيْس 走得轻快

ذأمه ـَ ذأْمًا: عابَه 责备，指责，谴责

ــ ه: خزاه / حقَّره / طرَده 蔑视，轻视；驱逐

ذأْم وذام: عَيْب 缺点，毛病，恶习

ذَبَّ ـُ ذَبًّا عنه: دفَع عنه ومنَع وحامَى 防御，保卫；辩护

ــ ه: طرده 赶走，驱逐，开除

ذُباب ج أذِبَّة وذِبَّان وذُبّ الواحدة ذُبابَة 蝇，苍蝇；家蝇

ــ الخَيْل: نُعَرَة 马蝇

ــ المَواشِي: نِبْر 牛蝇，虻

ــ هِنْدِيّ 斑蝥

ــ الفاكِهة 果蝇

ــ اللَحْم 麻蝇

وَزْن الـ (مُلاكِم من وزن الـ) (拳击选手)最轻级

ــ تْسِي تْسِي: ــ مَرَض النوم 舌蝇，采采蝇

ــ الرَمْل 白蛉

ــ القَفْص 五倍子虫

ــ: حَدّ 刀锋，刀口

ــ / ــ السَيْف: حَدُّه 剑刃

قَتَّالة الذُباب / مِضْرَبه 苍蝇拍

مِذَبَّة الذِبَّان ج مِذَبَّات ومَذابّ: مِنَشَّة (م) 蝇拂

ذَبَحه ـَ ذَبْحًا وذَباحًا: جزَره 屠宰，宰杀

ــ ه: قتله 杀害，杀死，斩杀

ــ: قدَّم ذَبِيحةً 献牺牲品，宰牲献祭

تَذابَحَ القومُ: ذبح بعضُهم بعضًا 互相残杀

ذُبْحَة وذِبْحَة (croup): مرَض يُصِيب الحَلْق

[医]格鲁布，哮吼

ـ صَدْرِيَّة 心绞痛

ـ قَلْبِيَّة 心肌梗塞

ذُبَاح / ذُبْحَة كَوْزِيّة [医]咽峡炎，咽痛

ذَبِيح / ذَبِيحَة: حَيوان مَذْبُوح 被屠宰的动物、牲畜

ذَبِيحَة جـ ذَبَائِحُ: ضَحِيَّة 牺牲，祭品

مَذْبُوح 被宰杀的，被屠杀的，被砍死的

ذَبَّاح: جزَّار 屠夫，屠户，杀人者，刽子手

مَذْبَح جـ مَذَابِحُ: مَجْزِر 屠场，屠宰场

ـ الهَيْكَل: مِحراب 祭坛，圣餐台

مَذْبَحَة جـ مَذَابِحُ: مَجْزَرَة 屠杀，屠宰；大激战，大血战，大屠杀

ذَبْذَبَ وتَذَبْذَبَ الشيءُ: خطَر 摆动，摇摆，动摇

تَذَبْذَبَ: تردَّد 踌躇，动摇，摇摆

ذَبْذَبَة جـ ذَبَاذِبُ / تَذَبْذُب: خَطَرَان 摆动，振动，动摇

ـ / ـ: تَرَدُّد 动摇，踌躇

ـ (绳、绦带等的)缨子，穗子

مُذَبْذِب: مُتَرَدِّد 摇摆的，动摇的，不稳定的，拿不定主意的

مُتَذَبْذِب: مُتَخَطِّر 摆动的，动摇的

ذَبَلَ وذَبُلَ ـُ ذُبُولاً وذَبْلاً النباتُ: ذَوَى 凋残，萎谢，枯萎

ذَبْل: قِشْرَةُ السُلَحْفَاةِ 龟甲，龟壳，玳瑁

ـ صِنَاعِيّ: بَاغَة /خَلْيُود (أ) (celluloid) [化]假象牙；赛璐珞

ذُبَالَةُ المِصْبَاح جـ ذُبَال: فَتِيلَة 灯芯

ذَابِل جـ ذُبَّل وذُبُل: ذَاوٍ 凋谢的，枯萎的，憔悴的，褪色的

عَيْنٌ ـ ة: فَاتِرَةُ الجُفُونِ 疲倦的眼睛，无神的眼睛

ذَوَابِل: رِماح 矛，枪

ذَابُول 扁豆类所患的枯萎病

ذُبَّانَة البُنْدُقِيَّة (سـ): مُوَجِّه / نَشَانْكَاه (枪炮的)准星，照星，照尺

ذَحْل جـ ذُحُول وأَذْحَال: ثأر / انتقام 报复，复仇

ـ: حِقْد 仇恨，怨恨

ذَخَرَ ـَ ذَخْرًا واذَّخَرَ الشيءَ: خَبَّأه لوقْتِ الحاجَةِ 储蓄，贮存，贮藏

ـ ه و ـ ه: خزَنه وخبَّأه 积蓄，贮藏，囤积

ذَخَّرَه 储藏；供应；把弹药装进枪炮

اِدَّخَرَه وادَّخَرَه 保存，储藏

ما ـ جُهْدًا في سَبِيلِه / ما ـ وُسْعًا في ... 为…不惜牺牲力量，不遗余力…

ذُخْر جـ أَذْخَار 储藏，储藏品

أَضَافَ ذُخْرًا جَدِيدًا إلى العِلْم 他在科学上作出了新贡献

إِذْخِر جـ أَذَاخِرُ: حَشِيش أَخْضَر [植]雄刈萱

اِدِّخَار / اِذِّخَار 储蓄，储藏，贮存

ذَخِيرَة جـ ذَخَائِرُ: ما ذُخِرَ 财宝，贵重物品

ـ: رَأْس مَال 资金，资本，本钱

ـ الحَرْبِ: جَبْخانة (مـ) 弹药，军需品，军用物资；军粮

ـ 储藏量，(储存的)物资，供给物，供应品，补给品

ـ مُقَدَّسَة [宗]圣骨，圣物(圣徒等死后遗留下的可以作纪念的东西)，神圣的纪念物

الـ المقدَّسة: قُربان مُدَّخَر [宗]圣饼，圣体

الـ اللُغَوِيَّة 词汇量

مَذْخُور [军]储藏；预备兵

مَذْخَر جـ مَذَاخِرُ 仓库，堆栈

مَذَاخِر 肠，内脏；静脉管

ذَرَب جـ أَذْرَاب: المَرَض الذي لا يُبْرَأ 不治之症
ـ البَطْن (مـ): إِسْهال 腹泻，泻肚
ذَرِب جـ ذُرْب: حادّ 尖锐的，锋利的(剑、刀)；讽刺性的，尖酸刻薄的
رَجُلٌ ـ: بَذِيء اللِسان 说话不干净的，嘴巴臭的
ذُرَّاح جـ ذَرارِيح: ذُباب هنديّ [动]斑蝥(常用复数)
أَحْمَر ذَرِيحِيّ 紫色的，深红色
ذَرْ (في وذر)
ذَرَّ ـُ ذَرًّا المِلْحَ: رَشَّه / نَثَرَه 撒(如撒盐)，喷；喷洒
ـ الرَمادَ في الأَعْيُن / ـ التُرابَ في العُيُون 蒙蔽，欺骗，欺瞒，欺人
ذَرَّ ـُ ذَرًّا وذُرُورًا القرنُ أو النباتُ 发芽，出芽；(牛、羊)长角
ذَرّ: رَشّ / نَثْر 撒播；喷雾
ـ: صِغارُ النَمْلِ واحدته ذَرَّة 小蚁，小蚂蚁
ذَرَّة جـ ذَرَّات: أَصْغَرُ جُزْء من المادّة 原子
ـ: هَبَاءَة 尘埃，微屑
ـ: جُزَيْء 分子
ـ كَهْرَبِيَّة: أَيُون / طَلِيق [物]离子，游子
مُحَطِّمَة الـ / السِيكْلُوتْرُون [物]回旋加速器
مِثْقَال ـ 一点点，一丝毫
مِقْدَار ـ 些许，微小，毫末，一点儿
ذَرَّات العَرَق 汗珠
ذَرِّيّ 原子的，原子能的
الإِشْعَاع الـ 原子放射性
رَقْم ـ 原子序数(指元素在周期表中按次序排列的号数)
عَصْر ـ 原子(能)时代
وَزْن ـ 原子量(各种元素原子的相对重量)
مُفَاعِل ـ 核反应堆，(原子)反应堆
كُتْلَة ـ ة 原子质量
طاقَة ـ ة 原子能
النَظَرِيَّة الـ ة 原子学说，原子论
الحَرب الـ ة 原子战争
القُنْبُلَة الـ ة 原子弹
ذُرِّيَّة جـ ذَرارِيّ وذُرِّيَّات: نَسْل 儿女，儿孙，子孙，苗裔，后裔
ذَرُور جـ أَذِرَّة: مَسْحُوق / تُرَاب 粉末，(药)粉，(药)面
ـ 分散的，喷成雾状的
ذَرُورِيّ: ناعِم 粉的，粉状的，如粉的
ذَرَعَ ـَ ذَرْعًا عند الرجل وإليه: تشفَّع 调停，和解，说情，斡旋，代请，代求
ذَرَعَ ـَ ذَرْعًا الثوبَ: قاسَه بالذِراع (用尺)量布
ـ بعَيْنِه / ـ بنَظَرِه 细看，注视
ـ الشَوارِعَ على قَدَمَيْه 沿街道走，溜马路
ـ الغُرْفَةَ ذَهابًا وجِيئَةً 在房间里踱来踱去
تَذَرَّعَ بذَرِيعَة 使用…手段，借用…工具
ـ بكذا: تَحَجَّجَ به 以…为借口，制造借口
ـ بشَتَّى الحُجَج أو الذَرائِع 巧立名目
ـ بالمرض: اِحْتَجَّ به 称病
ـ 用尺量
ذَرْع: بَسْط اليد 伸开手，张开手
ـ: طاقَة 能力，力量
واسع الـ 强的，有能力的
خالِي الـ 无忧无虑的
ضَاقَ بالأمر ذَرْعًا 对此无能为力，束手无策
لقد ضِقْتُ بهم ذَرْعًا 我被他们弄得无可奈何
ذِرَاع جـ أَذْرُع وذُرْعان 臂，手臂，臂膀，胳

膊；前臂，下臂（自肘至腕）
ـ: سَاق أو ذِراع أو جَناح 肢；手足；翅膀
ـ: مِقياس طُولِيّ 腕尺（自肘至中指尖的长度，阿拉伯腕尺等于 0.5883 米）
ـ هِنْدَازَة 古尺名（英格兰为 45 吋，苏格兰为 37 吋）
ـ بَلَدِيّ 长度名（等于 0.58 米，商业用）
ـ مِعْمَارِيّ 长度名（等于 0.75 米，建筑用）
ـ مِعْمَارِيّ مُربَّع 面积单位（等于 0.5625 平方米）
ـ مِعمارِيّ مُكَعَّب 体积、容积单位（等于 0.4218 立方米）
ـ هَنْدَسَة 长度名（等于 0.65 米）
ـ اِستَانبُولِيّ (تُرْكِيّ) 长度名（等于0.66 米）
ـ: عَظْم الزَنْدِ السُفْلِيّ (الوَحْشِيّ) [解]尺骨
ذَرِيع: سَرِيع 快的，迅速的，敏捷的
ـ: شفِيع 调解人，说项者，斡旋者
قَتْلٌ ـ: قتل فَظِيع 残杀，惨杀
ذَرِيعَة ج ذَرَائِعُ: وَسِيلَة 手段，方法，媒介
ـ 借口，口实
مَذْهَبُ الذَرَائِع / الذَرَائِعِيَّة 功利主义
مَذَارِع / مَذَارِيع 兽腿；旷野边上的城市
ذرف ـِ ذَرْفًا وذَرِيفًا وذُرُوفًا وذَرَفَانًا وتَذْرَافًا الدمعُ من العَيْن: سَال 流泪
ذَرَّفَ تَذْرِيفًا وتَذْرِفَةً وتَذْرَافًا الدمعَ: صبَّه 挥泪，洒泪
ـ على كذا 超过，突破
ـ على الخَمْسِين 年逾五十
اِنْذَرَفَ (م) 流出（眼泪）
ذرق ـُ ذَرْقًا وأَذْرَقَ الطائرُ: رمى بسلحه 鸟拉屎
ذَرْقُ الطُيُورِ: سَلْحها 鸟粪
ـ الطَيْرِ [植]槲寄生

ذرة (في ذري) / **ذرّة** / **ذرور** (في ذرر)
ذرا يَذْرُو ذَرْوًا وذَرَى يَذْرِي ذَرْيًا وذَرَّى تَذْرِيَة وأَذْرَى الحِنْطَةَ 簸（谷、麦），搧掉（米糠等），扬（谷）
ـ ت وـ ت الرِيحُ التُرابَ 大风扬尘
يَذْرُو فُلُوسَه كما يَذْرُو الترابَ 一掷千金，挥金如土
ذَرَّى فلانا: مدَحه 赞扬，称赞，颂扬
أَذْرَى الشيءَ: أَلْقَاه 抛，扔，掷
ـ تِ العَيْنُ الدَمْعَ 流泪，挥泪
تَذَرَّى الجَبَلَ 上山，登山，爬山
ـ به: اِستَتَر 用以遮蔽，掩盖
اِسْتَذْرَى به: التجأ إليه 请求保护
ـ بالشجرة: استظلَّ بها 在树下乘凉
ذُرَة شَامِيَّة أو صَفْراء 玉蜀黍，玉米，苞谷
ـ سُكَّرِيَّة 甜玉米
ـ بَلَدِيَّة 黍，稷，高粱
ـ المَكَانِس 高粱
ـ رَفِيعَة 小米
ـ عُوَيْجَة أوصَيْفِيَّة 糜子（不带黏性的），黍子（带黏性的）
ذُرْوَة وذِرْوَة ج ذُرًى وذِرًى: قِمَّة أو أَوْج 顶，顶点，绝顶，峰巅，顶峰，绝巅
بَلَغَ الـ في ... 在…上已登峰造极
ذَرًى: حِمًى 保护，掩护，照顾
ـ 掩蔽所
ذَرَّايَة / آلة ذَرَّايَة （簸谷用）风车，簸谷机，簸扬机，扬场机
مِذْرًى ومِذْرَاة ج مَذَارٍ / مِدْرَة (م) 木叉，扬谷叉
ذعره ـَ ذَعْرًا وأَذْعَرَه: أفزعه 使恐怖，吓唬，威胁，使吃惊，恐吓

ذُعِر: اِنْذَعَرَ 吃惊，震惊，惊讶

ذُعْر / ذُعَر: فزَع 恐慌，惊慌，恐怖，恐吓

ذُعَرَة: أَبُو فَصَادة (م) / فَتَّاح (س) / أُمّ سَكَعْكَع (ع) / زِيطَة / أُمّ صُفَيْدَة [鸟]鹡鸰

مَذْعُور 畏惧的，害怕的

ذُعَاف ج ذُعُف 剧毒，致命的毒剂

مَوْت ذُعَاف 暴死，暴亡，突然死亡

طَعام مَذْعُوف 带毒剂的食品

ذَعَقَه ـَ ذَعْقًا: صاح به 叫唤，呼喊，喊叫

ـ ه: أَفْزَعَه 用惊呼吓唬他

داء ذُعَاق 致命的疾病

ذَعِنَ ـَ ذَعَنًا وأَذْعَنَ له: اِنقادَ 服从，听从，迁就

أَذْعَنَ بالحَقّ 承认真理

مِذْعَان: سَهْلُ الانْقِيادِ 柔顺的，易说服的，驯良的，易教的

ذَفَر: رائحة كَرِيهة 臭气，恶臭

ذَقَن وذِقْن ج أَذْقَان: مُجْتَمَع اللِحْيَيْنِ من أسْفَلِهما 下巴，下颚，下颔

ذَقْن ج أَذْقَان (م): لِحْيَة 胡须

ـ التَيْس (م): عُثْنُون / سَكْسُوكَة (م) 山羊胡须，羊胡子

ـ البَاشَا (م): زَهْر شَجَر / اللَّبخ (م) [植]女萎

ـ الشَيْخ [植]苦艾

ـ ه رَخْوَة 他是意志薄弱的人，他是软弱的

أَبُو ـ (م) 留胡须的人

غَصْبًا عن ـ كَ 尽管你不愿意

تَحْتَ ذُقُون فلانٍ 当面，在…眼前

ضَحِكَ على ـ ه (م) 捉弄，播弄，欺弄，暗中嘲笑，欺骗

ذَكَرَ ـُ ذِكْرًا وتَذْكَارًا الخَبَرَ: قاله 叙述，报道(消息)

ـ اللهَ: مَجَّده وسَبَّحه 赞美，颂扬(真主)

ـ اسْمَ اللهِ: نطَق به 说“奉真主之名”(بِسْمِ اللهِ)

ـ الحَدِيثَ: سرَده 引用，引证

ـ الشيءَ: نوَّه بِه 指出，提到

ـ الشيءَ: سمَّاه 提名，点名

ـ وتَذَكَّرَ واسْتَذْكَرَ الشيءَ: حفِظه في ذِهْنه 记忆，记住，记得

ـ وـ وـ الأمرَ: فطن إليه / اِفْتَكَرَ (م) 想起，回想，想到

يُذْكَرُ: يَسْتَحِقّ الذِكْرَ 值得一提的

ـ: يُمْكِن ذِكْرُه 可以提说的，可以提到的

الشيءُ بالشيءِ ـ 谈论这个，想起那个

هذا الأمرُ لا ـ 这件事情不值一提，不足挂齿

لا ـ هذا بجانِبِ ذلك 不能相提并论

عَدَد ـ 相当大的数目

ذَكَّرَه الشيءَ وبه وأَذْكَرَه الشيءَ: فكَّره (م) 提醒，提示，使想起…

ـ [语]使用阳性动词

ذَاكَرَه: فاوَضه / حادَثه 商议，协议，谈判

ـ دَرْسَه: طالَعه ودرَسه 温习，复习

ـ القومَ: وَعَظَهم 教导，开导

ـ (س) (枣椰树)授粉

تَذَاكَرُوا في الأمر: تَفَاوَضُوا فيه 共同讨论，共同商议

ـ الشيءَ: ذكَروه 一起回想(往事)

ـ 集体学习，集体复习(功课)

اِذَّكَرَ واِدَّكَرَ الشيءَ: بمعنى ذَكَره 想起

اِسْتَذْكَرَ الشيءَ: درَسه وحفِظه 背记；默诵

ذِكْر جـ ذُكُور: صِيت 声望，名声
ـ: دُعاء 祈祷(结束时不断合唱安拉之名)
حَلْقَةُ الـ 祈祷小组
الـُ الحكيم 古兰经的别号
طيِّبُ الـ / سَعِيدُ الـ 流芳百世(用于死人)
ـ: إيراد 陈述，提到，记载，引证，列举
وعلى ـ هذا العملِ نَقُول ... 提到这件工作，我们要说…
مُتَقَدِّمُ الـ 前面(上面)所说的
سالِفُ الـ 前面提过的
إحياءُ الـ 纪念，追念
ذِكْرَى جـ ذِكْرَيات / ذِكْر جـ أَذْكَار / تَذَكُّر 记忆，回忆，回想，纪念；回忆录
الـ السَنَوِيَّة 周年纪念
الـ المِئَوِيَّة أو الأَلْفِيَّة 百年(千年)纪念
ذِكْرَياتُ المَاضِي 回忆过去
تَذْكَار جـ تَذْكَارَات / تَذْكِرة 使想起的人(或物)；纪念品，纪念物
ـ: ما تَحْفَظُه للذِكْرَى 纪念品
تَذْكَارًا لِكذا 为纪念
ـ له 为纪念他
تَذْكَارِيّ 作纪念用的
اِحْتِفالٌ ـ 纪念会
تَذْكِرَة جـ تَذاكِرُ: وَرَقَة السَفَر أو الدُخُول الخ 票，车票，入场券
ـ 卡片；证件；通知；教训
ـ العِلاَج 病历
ـ بَرِيدٍ / ـ البُوسْتَة 明信片
ـ سَفَرٍ (ذهاب فقط) (车船)单程票
ـ ذَهَاب وإِيَاب (车船)来回票
ـ مُرُورٍ / ـ سَفَرٍ: بَسْبُورت (أ) passport / فَسْح 通行证，护照

ـ طِبِّيَّة: وَصْفَة طبيب 药方，处方，药单
ـ الرَصِيفِ 月台票
ـ الدَعْوَة 请帖
ـ الهُوِيَّة / ـ الشَخْصِيَّة 身份证
شُبَّاكُ التَذاكِرِ 售票处
مَكانُ صَرْفِ التَذاكِرِ 售票处，票房
تَذْكِرْجِي جـ تَذْكِرْجِيَّة (مـ) / تَذْكِرِيّ: عامِل صَرْفِ التذاكِرِ 售票员，卖票员
تَذْكِير: تَفْكِير (مـ) 使想起，使回想起
الـ: التَلْقِيحُ بماءِ الذكَرِ 授精
ذُكْرَانِيّ 男人的，男子的
ذاكِرة: حَافِظَة / بال 记忆，记忆力，意识
ذَكَر جـ ذُكُور وذُكُورَة وذُكْرَان وذِكَار وذِكَارَة وذِكَرَة: خلاف أُنْثَى 男的，公的，雄的，男性
سَيْفٌ ـ 锋利的剑
ـُ النَحْلِ 雄蜂
ـ: قَضِيب 阳物，阴茎
ـ وأُنْثَى: نَقْر ولسان (مـ) 榫头和榫眼
ـ وأُنْثَى: دكَر ونتايه (مـ) 男和女，雄和雌，公和母
اِمْرَأَةٌ ذَكِرَة: مُتَشَبِّهَة بالذُكُور 女英雄，巾帼英雄，勇敢的女子，男子似的女子
مَذْكُور: ما ذُكِرَ 说到的，被提到的，被引证的
ـ 有重要意义的，值得一提的
ـ سابِقًا 上述的，前述的，前面说到的
ـ أَعْلاَهُ 上面已说过的
ـ أَدْنَاهُ 下面要说明的
مُذَكِّر: مُفَكِّر 回忆者，追记前事者
مُذَكِّرة جـ مُذَكِّرَات: مُفَكِّرَة (مـ) 备忘录
ـ: تَفْكِرَة (مـ) (دَفْتَر) 笔记簿

ـ المُحَامِي (في القَضِيَّة المَعْرُوضَة) 律师提出的答辩书，案情说明书
ـ 报告书
ذكا يَذْكُو ذكًا وذَكَاةً وذَكَّى الذَبِيحةَ 宰牲，宰杀(献祭用的)牺牲品
ـ ذَكَاءُ المِسْكُ: سطعَتْ رائحتُه 芬芳四溢
ذَكَتْ تَذْكُو ذُكُوًّا وذكًا وذكاءً واستَذْكَتْ النارُ: اشتدَّ لَهِيبُها 冒火焰
ـ تِ الشمسُ: اشتدّتْ حَرارتُها 炎热，炙热
ذكى يَذْكَى وذَكِيَ يَذْكَى وذَكُوَ يَذْكُو ذكاءً 成为聪明的、具有洞察力的，有机智
ذَكَّى وأَذْكَى النَارَ: أوقَدها 燃起，使起火焰，点(火)
أَذْكَى مُسَدَّسًا 发射，放枪，开枪
ذَكَاء: سُرْعَةُ الفَهْمِ 智慧，聪明，智力，才智
ـ مُجرَّد 抽象智力
ذَكِيّ جـ أَذْكِيَاء: سَرِيعُ الفَهْمِ 有智力的，聪明的，伶俐的，精明的，灵敏的
ـُ الرائحةِ 芳香的，气味芬芳的
ـُ الطَعْمِ 有滋味的，好吃的
ذُلْذُل وذِلْذِل جـ ذَلاَذِل: أَسْفَل الثوب (衣)下摆
ذلق ـُ ذَلْقًا السكِّينَ: حدَّده 磨刀
ذَلُقَ ـُ ذَلاَقَةً اللسانُ: كان فصيحًا 说话流畅、流利，有口才
وُهِبَ ذَلاَقَةَ اللِسان 生就一张利嘴
ذَلْقُ الشيءِ وذَلْقَتُه: حَدُّه 刃，锋
ـُ اللِسَان: طَرَفه 舌尖
ذَوْلَقُ اللِسَان: طَرَفه 舌尖
الحُرُوفُ الذَوْلَقِيَّة: ما كان مخرجها طرفَ اللسان [语]舌音字母(ل، ر، ن)
ذَلِقُ اللِسَانِ: ذَلِيق 能说会道的，出言锋利的

ذلك: ذَاكَ (راجع ذا) (指示名词)那，彼
بَعْدَ ـ 其后，以后，然后，此后
غَيْرَ ـ: أَيْضًا 此外，另外
مَعَ ـ 虽然如此，尽管如此
ذَلَّ ـِ ذُلاًّ وذِلَّةً وذَلاَلَةً ومَذَلَّةً: ضد عَزَّ 成为卑贱、下流
ذَلَّله: تغلَّب عليه 克服，战胜(困难等)
ـ ه: راضَه وطوَّعه 使顺从，使驯服，征服
ـ 驯养(马)
أَذَلَّه واستَذَلَّه: أخضعَه 使服从，打败，克服，征服，压服
ـ 驯养(马)
ـ ه وـ ه: حقَّره 贬损…的尊严，使丢脸，侮辱
تَذَلَّلَ له: خضع وتواضع 下贱，低声下气，卑躬屈膝，自卑
اِسْتَذَلَّه 贬损…的尊严，认为是卑贱的
ذُلّ / ذَلاَلَة / ذِلَّة / مَذَلَّة: ضد عِزّ 屈辱，卑躬屈膝，下贱，卑贱，低三下四，低声下气
ذَلُول جـ أَذِلَّة وذُلُل 乘骑的骆驼
ذَلِيل وذُلاَّن جـ أَذِلاَّء وأَذِلَّة وذِلاَل: حَقِير 下贱的，卑贱的，屈辱的，卑躬屈膝的，低三下四的，低声下气的
ـ: مُنْكَسِر الخاطرِ 悔恨的，失望的，痛心的，忧伤的
ذمر ـُ ذَمْرًا الأسدُ: زأَر (狮)吼，咆哮
تَذَمَّرَ الرَجُلُ: تضَجَّر 发牢骚，出怨言；鸣不平
ذِمَار: شَرَف (必须保卫的)光荣、名誉、声望、信誉
مُتَذَمِّر 不满意的，牢骚满腹的
ذَمِيل 骆驼柔和的步调

ذَمُول 步调柔和的骆驼

ذَمَّه ـُ ذَمًّا ومَذَمَّةً: ضد مَدَحَهُ 责备，指责

ـ ه: اِنْتَقَدَه 批评，挑剔；对…不满；诋毁，诽谤

ذَمَّمَه: بالغ في ذمّه 大骂，痛斥

ذَمّ جـ ذُمُوم: ضد مَدْح 非难，责备，指责，申斥，谴责

ـ: اِنتقاد 批评，批判；责备

ذِمَّة جـ ذِمَم: ضَمان 保证，担保，抵押；契约，协定

ـ: أمان 保护

أَهْلُ الـ [史]被保护人(伊斯兰教国家保护下的犹太教徒、基督教徒)

أَنْتَ في ـ الله 你在安拉的护佑下

هُوَ في ـ المَنُونِ 他已死了

ـ: ضَمير 良心，道德心；忠诚，诚恳

بِالـ والصِدْقِ 凭良心和真诚

عَدِيمُ الـ 没良心的，没道义的

قَلِيلُ أو خَرِبُ الـ 无耻的，没节操的

في ذِمَّتِي / على ذِمَّتِي 凭良心(发誓)一定…

ـ 责任，职责

أَصْبَح في ـِ التاريخِ 已成历史上的事，明日黄花

ـ 权限，权威，资格

هو على ـ التَحْقِيق (مـ) 他在待审中

ذِمَّة جـ ذِمَامَات: دَيْن 债，债务；义务，责任

أَبْرَأَ ـ فلانٍ 他免除了某人的债务

باعَهُ على ـ ... 赊卖给…

اِتِّحاد الـ (في التِجارَة) 商品的混淆，货物的混乱

في ذِمَّتِه (مـ): عَلَيْه / مَدِين 他欠着债，他有支付的义务

ذِمَّتِلِيّ (مـ): ذو ذِمَّة 有良心的，诚实的，耿直的；谨慎的

ذِمِّيّ: من أَهْلِ الذِمّة 在穆斯林保护下的人

ذِمَام جـ أَذِمَّة 责任，职责；义务，本分

حُسْنُ الـ 忠诚，诚恳

ذَمِيم / مَذْمُوم: ضد مَمْدُوح 被责备的，被申斥的；可耻的，不名誉的

ـ / ـ: يَسْتَحِقّ الذمّ 该受责备的，有罪的，有过失的

مَذَمَّة جـ مَذَامّ 恶劣的、邪恶的品性；恶劣的行为

ذَنَبَه ـُ ذَنْبًا: تبعه 紧紧地跟着他，尾追，尾随

ذَنَّبَ الكِتابَ: جعل له ذَنبًا 书后加补遗

ـ العِمامَةَ 缠头上留一个尾缨子

ـ (مـ): عاقَب 处罚，惩罚

أَذْنَبَ الرجلُ: ارتكب ذَنْبًا 犯法，犯罪，作孽

ـ الرجلُ: أَخْطَأ 做错，犯错误

اِسْتَذْنَبَه: عدَّه مُذْنِبًا 证明有罪，宣告有罪，定罪

ـ ه: تبعه ولم يفارق أثرَه 尾随，紧追

ذَنْب جـ ذُنُوب جج ذُنُوبَات: إثْم 罪，罪恶

ـ: خَطِيئَة 过错，过失

ذَنَب جـ أَذْنَاب: ذَيْل 尾巴；下部；末端，尖端；随从，仆从，走狗，狗腿子

ـُ الثَوْرِ [植]三芒草

ـُ الثَعْلَبِ [植]狐尾草

ـُ الخَيْلِ [植]问荆

ـُ الفارَةِ [植]车前草

ـُ القِطِّ [植]欧洲产的毛蕊；蒲，芦苇

أَبُو ـٍ / نَجْمٌ ذُو ـٍ (مـ) / نَجْمٌ مُذَنَّب 彗星

ذَنَبِيّ: ذَيْلِيّ 尾的，尾巴的，似尾的

ذُنَيْب [植]叶柄

ذُنَيْبَة: دُنَيْبَة (م) [植]稗

مُذْنِب: أَثِيم 有罪的，犯罪的

ـ: خَاطِئ (宗教上、道德上的)罪人

ـ: ضد بَرِيء 有罪的，有过失的，该责备的

مُذَنَّب جـ مُذَنَّبَات: له ذَيْل 有尾的

ـ: نَجْمَة بذَيْل 彗星

رَأْسُ الـ: نَوَاة (في الفَلَك) 彗星核，彗星体

ذَهَبَ ـَ ذَهَابًا وذُهُوبًا ومَذْهَبًا: ضد أتى 去，往，赴，走，离开，离去，走掉

ـ الأمرُ: انقضى 过去，逝去

ـ: مات 死亡

ـ به: أخذَه ومَضَى 拿去，取去，带走

ـ إلى كذا: رأى فيه كذا 主张，认为

ـ عليَّ الشيءُ: نَسِيتُه 忘记，忘却

ـ أَدْرَاجَ الرِيَاحِ 付之东流，一无所得

ـ كَأَمْسِ الدَابِرِ 消失，无影无踪

ـ إلى القَوْلِ 大胆地说，断言，肯定地说

ـ عَبَثًا / ـ سُدًى 徒然，无益地，白白地，归于泡影，落一场空，徒劳无益

ـ مَذْهَبًا 提出或坚持(某种)理论、学说、学派

ـ 消失，消亡，牺牲

ـ ضَيَاعًا 丢失，失落，遗失

ـ ضَحِيَّةَ الانفجارِ 成为爆炸的牺牲品

ذَهَّبَ الشيءَ: موَّهه بالذهب 镀金，包金，描金

أَذْهَبَه: جعله يَذْهَبُ 派…去，差遣…去

تَمَذْهَبَ بالمذهب الفُلانيّ 信奉某宗教、教派，追随某种主义、学术、学派

ذَهَابًا وإِيَابًا 往返，来回

ذَهَب جـ أَذْهَاب وذُهُوب وذُهْبَان القطعةُ منه ذَهَبَة 黄金，金子

ـ جـ ذِهَاب وأَذْهَاب جج أَذَاهِيب 蛋黄

الـ الأَسْوَد 黑金(石油、煤)

الـ الأَبْيَض: بَلاَتِين (أ) platinum [化]白金，铂

مَاءُ الـ 贴金胶水，金箔下之涂料，液体黄金

عِرْقُ الـ [植]吐根(南美产茜草科植物的根，用作吐剂或下剂)

قَاعِدَةُ الـ [经]金本位(制)

ذَهَبِيّ: كالذَهَب أو منه 金制的，黄金的，如金的，金色的

عَصْرٌ ـ 黄金时代，全盛时期

ذَهَبِيَّة: مَرْكَبُ سَكَنٍ 尼罗河上的住宅艇

ذاهِب 逝去的，消失的

ـ الصَبْرِ 没有耐心的，无恒心的

ـ اللَوْنِ 无色的，苍白的，无花的，平淡的

مَذْهُوب / ـ به 失去理智的

مَذْهَب جـ مَذَاهِبُ: مُعْتَقَد 信仰，信条，信念；主张，主义，学说；道路；行为，作为；方法

ـ: عَقِيدَة / تَعْلِيم 教派，学派，派别

ـ الفَرْدِيَّة 个人主义

ـ النِسْبِيَّة 相对论

ـ الوَحْدَة 一元论

ـ الكَثْرَة أو التَعَدُّد 多元论

الـ الوَاقِعِيّ 现实主义

الـ التَطَوُّرِيّ المُبْتَذَل 庸俗进化论

الـ المادِّيّ 唯物主义，唯物论

الـ التَجْرِيبِيّ أو الاكتِسَابِيّ 经验论

الـ الغَرَضِيّ 目的论

الـ المِثَاليّ 唯心主义，唯心论
الـ المِثَاليّ الذاتيّ 主观唯心论
ـ لا أَدْرِيَّة (اللا أَدْرِيّة) 不可知论
ـ المَعَانِي 概念论
الـ النَقْدِيّ التَجْرِيبيّ 经验批判论
ـ السُلْطَة المُطْلَقة 专制主义
الـ التَوْفِيقِيّ 折衷主义
الـ الجَمَالِيّ: الجَماليَّة 唯美主义
ـ المَنْفعَة 功利主义
الـ اللِيبِرالِيّ / اللِيبِرالِيّة 自由主义
الـ العَقْلِيّ 理性论，唯理论
مَذَاهِبُ الإسْلام الأربعة: الحَنَفِيّ والشَافِعِيّ والمَالِكِيّ والحَنْبَلِيّ 伊斯兰教的四大法学派别：哈乃斐派；沙菲尔派；马立克派；罕百里派
مَذْهَبِيّ 有关教义的，有关教义解释的；有关主义的，有关理论的，学派思潮的
مُذَهَّب: مُمَوَّه بالذَهَب 镀金的，包金的，描金的
المُذَهَّبات: سبعُ قصائدَ للجاهلِيّة في الطبقة الثانية بعدَ المُعلَّقات 描金诗集(仅次于悬诗集的七篇长诗)
ذَهَلَ ـَ ذَهْلاً وذُهُولاً الأمرَ وعن الأمر 忘记，疏忽
ذَهِلَ ـَ ذُهُولاً وانْذَهَلَ 张皇失措
أَذْهَلَ 使忘记，分散注意力；使心烦意乱
تَذَاهَلَ عن كذا 装做忘记(什么)
انْذَهَلَ 惊愕
ذُهُول 茫然失措
ذَهْلَة 出神的瞬间
ذاهِل / مُنْذَهِل 束手无策的，处在困惑不安状态的；心烦意乱的
مَذْهُول: مَدْهُوش 惊讶，惊异
ذِهْن جـ أَذْهَان: عَقْل 心；领悟，理解，智能，智力，记忆，头脑
حُضُورُ الـ 机智，机灵
حِسَابٌ ـِ: هَوائِيّ 心算
ذِهْنِيَّة 脑力，智力，智能；精神；思想，意识
ذُو / ذَا / ذِي ومُثنّاه ذَوَان جـ ذَوُون: اسم بمعنى صاحب 具有，占有，持有，拥有
ـ أَلْفِ ورَقَةٍ [植]蓍草
ـ ثَلاثِ حَبَّاتٍ [植]山楂果
ـ ثَلاثَةِ أَلْوَان [植]睡菜
ـ خَمْسَةِ أَجْنِحَة [植]蛇含
ـ خَمْسَةِ أَصَابِعَ [植]牡荆
ـ صِحَّة 健康的，健全的
ـ عَقْل: عاقِل 有智力的，有理解力的，聪明的
ـ حَدَّين 双刃的
ـ حَدَّين [数]二项(式)的
ـ القَرْنَيْنِ 亚历山大大帝
ـ القَعْدَة جـ ذَوَات القَعْدة 回历十一月
ـ الحِجَّة جـ ذَوَات الحجّة 回历十二月
ـ مال: غَنِيّ 有钱人，富裕的
رجلٌ ـ قَدَمٍ خَشَبِيَّةٍ 装假脚的人
المُحرِّك ـ الاحْتِراقِ الدَاخِلِيّ 内燃机
ـ أَجْنِحَةٍ 有翼的
ـ السُمْعَة السَيِّئَة 声名狼藉的人
ـ الشَأْن 当事人
ـ الأَعِنَّة [天]御夫座
ـ الإِقْطَاع 封建主
ـ الكَلِمَة 有势力的人
ذَوُو الأَرْحام: الأَقارِب 至亲，血亲

ذَوُو الرَّجُلِ: أَقَارِبُهُ / ذَوُو القُرْبَى 家属，亲属

ذُو جـ أَذْوَاء [史]也门古代国王(因为每个国王的尊号前面都有 ذُو 如：ذُو يَزَن 、ذُو نُوَاس)

ذَاتَ مؤنَّث ذُو ومُثَنَّاه ذَوَاتَان جـ ذَوَات (女) 具有，占有，持有，拥有

ـُ البَيْنِ: حال 情况

ـُ التَّلافِيف [解](反刍动物的)重瓣胃

الفَتَاة ـ الشَّعْرِ الرَّمَادِيّ 灰头发的姑娘

ـُ الأَجْرَاس 响尾蛇

ـ الجَنْبِ: بِرْسَام 肋膜炎，胸膜炎

ـ حُسْنٍ 美丽的女人，漂亮的女人

ـ الرِئَةِ: اِلتهابُ الرِئَةِ 肺炎

ـ الشيءِ 同一事物，同样的事情

ـ الشِمالِ 向左

ـ فَجْرٍ 某天拂晓

ـ الكُرْسِيّ [天]仙后座

ـ اللهِ 真主的本体

ـ مَرَّةٍ: مَرَّةً ما 有一次，有一趟，有一回

ـ يَوْمٍ: يومًا ما 某日，有一天

وفي اليوم ـ ه 就在那天，在同一天

ـ نُفُوسٍ / ـ صُدُورٍ 思想，思考，计谋，念头

ـ اليَدِ 财富，财产

مَدْرَسَةٌ ـُ فَصْلَيْنِ 有两个班的学校

تَذْكِرَة ـُ قِرْشٍ 一皮亚斯特的(车、船、戏)票

قِطْعَة ـُ عَشَرَةِ القُرُوشِ 面值十皮亚斯特的硬币

طَبَقَةٌ فِي ـِ ها [哲]自在阶级

طَبَقَةٌ لِـ ـِ ها [哲]自为阶级

ذَات جـ ذَوَات: نَفْس / عَيْن 自己，本身，自身，亲自，主体；同样的，相同的

قَائِم بـ ـ ه 独立的，特殊的，独特的

ذَاتَكَ / بِذاتِكَ: بِعَيْنِكَ 你自己，你自身，你亲自，你本人

بالـ 正巧，恰巧，就是；实质上；亲自，亲身

بـ ـِ المكانِ 在原来的地方，在原处

ـُ ه 他自己，他本人，他亲自

في ذاتِه / في حَدِّ ذاتِه / بِحَدِّ ذاتِه / بِذَاتِه 本来

احترامُ الـ 自尊，自重

الاِعْتِمَاد على الـ 自立，依靠自己，自力更生

الإعْجابُ بالـ 自矜，自负

الاِغْتِرارُ بالـ 自大，自夸，自满

الثِقَةُ بالـ 自信

إِنْكارُ الـ 忘我，克己，自制，无私

حُبُّ أو مَحَبَّةُ الـ 自爱，自私，任性，自恣

مَدْحُ الـ: أنانَة 自尊，自大，自我主义，言必称“我”的习惯

مُحِبٌّ ـِ ه 自爱的，自私的，利己主义的

مُناقِضُ ـِ ه 自相矛盾的，前后矛盾的

صَرِيح أو واضِح بـ ـ ه 自明的

ذاتًا 亲自，亲身

الحَيَوَانات ذَواتُ الفِقَراتِ 脊椎动物

ذَاتِيّ: شَخْصِيّ 个人的，本身的

الحُكْمُ الـ 自治

ـ: غير موضوعِيّ [哲]主观的

ذَاتِيًّا: مِنْ ذاتِه / شَخْصِيًّا 个人地，亲身地；主观地

ـ / من تِلْقَاءِ الذاتِ: انبعاثِيّ 自然地，自主地，自发地，自动地

ذَاتِيَّة: شَخْصِيَّة 个性，人格，品格

ـ الشَيْءِ 同一，同样，一致，同一性
ـ 特性，独特性，独立性
ـ / ذَاتَانِيَّة 主观主义，主观性
ذَاتَانِيّ: قائل بالذَاتَانِيَّة 主观主义者
ذَوَاتُ البَلَدِ: الأعْيَان 士绅，名流，贵族
ـ الأرْبَعِ: سائِمة / بَهَائِم 四足兽
أوْلادُ الـ (مـ) 大少爷，公子哥儿，纨绔子弟
ذَابَ يَذُوبُ ذَوَبَانًا وذَوْبًا: انْحَلَّ 溶解，融解，溶化
ـ أسًى أو هَمًّا (因伤感或忧愁而)憔悴，消瘦
ـ جِسْمُ الرجُلِ 消瘦
ذَوَّبَ وأذَابَ: حَلَّ 使溶解，使融化，使消融化开
اِسْتَذَابَ
ذَوْب: عَسَل 蜜，稀蜜
تَذْوِيب / إذَابَة 溶解，溶化
ذائِب: مُنْحَلّ 溶解的，溶化的
مُذِيب: مُحَلِّل 有溶解力的，解凝的；溶解剂，解凝药，溶媒
ـ ومُذَاب 溶剂和溶质
مُذَاب 被溶解的，被溶化的
مِذْوَبَة 容器
ذَادَ يَذُودُ ذَوْدًا وذِيَادًا عنه: دافع عنه 防御，保护，保卫，辩护
ـ: دَفَعَ / طَرَد 驱逐，赶走
ذَوْد: دِفَاع 防御，保护，保卫，御敌
ـ 一群母驼(三只到十只)
ذَائِد جـ ذَادَة وذُوَّاد وذُوَّد 保卫者
مِذْوَد جـ مَذَاوِدُ: مُعْتَلَف الدَوابِّ 马槽，秣草槽，饲料槽
ـ: ما يُدَافَع به 防卫的工具

ذَاقَ يَذُوقُ ذَوْقًا وذَوَاقًا ومَذَاقًا الشيءَ: اختبر طَعْمَه 尝；试品(味道)
ـ العَذَابَ: قاسَاه 饱尝痛苦，受苦，受难
ـ الأمَرَّيْنِ (الفَقْر والهَرَم) 他尝了最苦的两样东西(贫困和衰老)
ـ حُلْوَ الحَيَاةِ وبَلاَ مُرَّها 他饱尝世味，久经世故，饱经风霜
ذُقْ تَغْتَبِطْ 你尝一尝就会满意
ذَاقَ ـُ ذَوْقًا وذَوَاقًا الرَجُلَ وما عندَ الرجلِ: خَبَرَه 考验
أذَاقَه: جعله يَذُوقُ 使他尝尝(滋味)
ـ 迫使经受
أذَاقَنِي المُرَّ 他让我吃了苦头
تَذَوَّقَ الشيءَ: ذَاقَه تَدْرِيجًا 细尝，品味，领略
ذَوْق جـ أذْوَاق / ذائِقَة: حاسَّة الذَوْقِ 味觉；欣赏力，鉴赏力，审美力
ـ / ذَوَاق: هَوًى / مَيْل 爱好，嗜好，偏爱，趣味
ـ: حَصَافَة 机智；机敏；老练，圆滑
ـ: لِيَاقَة 风雅，有风趣
ـ (مـ): مُؤَدَّب 文雅的，有礼貌的，有教养的，懂事的
قِلَّةُ ـ 无礼貌，没规矩，俗气，粗鄙
قَلِيلُ الـ 失礼的，无礼的，不懂礼的，不风雅的，无风趣的
ذَوَّاقَة / ذَوّاق 嗜食美味者，讲究吃的人
مَذَاق: طَعْم 味，味道，滋味，香味，风味，情趣
مُذْوِق (مـ): حَسَنُ الذَوْقِ 懂得风趣的，有鉴赏力的，有欣赏力的，雅的
ذَوَى يَذْوِي وذَوِيَ يَذْوَى ذَيًّا وذُوِيًّا النَبَاتُ: ذَبُلَ 枯萎，凋谢，萎谢

أَذْوَى النباتَ 使凋谢，使枯萎，使衰败

ذَاوٍ م ذَاوِية: ذَابِل 枯萎的，凋谢的，凋零的，凋残的，萎谢的

ذي / ذا (في ذو)

ذَاعَ يَذِيعُ ذُيُوعًا وذَيْعًا وذَيْعُوعَةً وذَيَعَانًا الخَبَرُ: انتشر (消息)传播，传开

ـ السِرُّ: فشَا (秘密)泄漏，透露

أَذَاعَ الخَبَرَ وبالخبر: نشَره 公布，发表，披露，传播，广播

ـ مَبْدأً: نشَرَه ودعا إليه 传播，宣传(某种主义)

ـ السِرَّ 泄漏，透露(机密)

ـ باللاَسِلْكِيّ أو بالراديو 无线电广播

ـ بالتِلِفِزْيون 电视广播

إذَاعَة 公布，推广

ـ الأخبار (باللاَسِلْكِيّ) (用无线电)广播

مَحطَّة ـ لاَسِلْكِيَّة 广播电台

ذَائِع: مُنْتَشِر 传播的，散布的，传开的

ـُ الصِيتِ 出名的，驰名的，著名的

مُذِيع: ناشِر 广播员，播音员；传播者；报幕员

مِذْيَاع: الذي لا يَكْتُمُ السِرَّ 不能保密的人，爱小广播的人

ـ: نَدِيّ 传声器，扩音器，传话筒

ـ كَهْرَبِيّ: مِجْهَار 播音器，麦克风

ـ: رَادِيُو (انظر راديو) 无线电收音机

ذَيَّلَ الكِتَابَ 加附录；加补遗

ـ الثوبَ 放长衣缘

ـ الخِطَابَ (书信后的)再者，又及

ذَيْل جـ ذُيُول وأَذْيَال: ذَنَب 尾，尾巴

ـ: طَرَف 端，尖，末尾，末端，极端

ـ الثَوْبِ: رِفْل 衣边，衣缘

ـ الحِصَانِ [植]杉叶藻

ـ الصَحِيفَةِ من الكتاب 书页的最下部，书页的末部

ـ الفَأْرِ [植]鼠尾(毛茛科的一种)

ـ / تَذْيِيل: مُلْحَق 附录，补遗，增补

طاهِرُ الـ 纯洁的，无缺点的

خَرَجَ منه طاهِرَ الـِ 摆脱干净，不受沾染

حامِلُ الـِ 拉(礼服)衣裾的人

قُصْرُ ـ (مـ) (تُقالُ عند امتناع الأمر) 不认输，好强

في ـِه (مـ): على إِثْرِه 追随，跟从，跟随；盯梢

أَذْيَالُ الناسِ 流氓

جَرَّ أَذْيَالَ الخَيْبَةِ 感到失望

سَحَبَ أَذْيَالَ: الخُيَلاَء 高视阔步，趾高气扬

لاَذَ بأَذْيَالِ الفِرَار 逃跑

ذَيْلِيّ: ذَنَبِيّ 尾性的，尾状的

تَذْيِيل 附加，补遗

ذَائِل / مُذَيَّل: له ذَيْل 有尾的

ذَامَه يَذِيمُ ذَيْمًا وذَامًا 斥责

مَذْيُوم / مَذِيم 被斥责的

الراء

ر (الراء) 阿拉伯字母表第 10 个字母；代表数字 200

راب (في روب وريب) / **رابّ** (في ربب)

رابية (في ربي)

رَاتِينَج: صَمْغُ الصَنَوْبَرِ 松香，树脂，树胶

راث (في روث) / **راج** (في روج)

راج / **راجا** (في رجو) / **راح** / **راحة** (في روح)

راد (في رود)

رَادَار (أ) radar 雷达、无线电探测器

رَادِيكَالِيّ (أ) radical: حُرٌّ مُتَطَرِّف 激进分子，激进主义者

رَادِيُو (أ) radio: لاَسِلْكِيّ 无线电

ـ / آلاَت الـ: مِذْيَاع رَادِيُونِيّ 无线电收音机

إذَاعَة رادِيُونِيَّة 无线电广播

رَادِيُوغرَاف (أ) radiograph: صُورة بالأَشِعَّة النافِذة 射线照片，X 光照片)

رَادِيُوفُون (أ) radiophone: تِلْفُون لاَسِلْكِيّ 无线电话(机)

رَادِيُوم (أ) radium [化]镭

المُعَالَجَة بالـ 放射线疗法，镭锭疗法

رَادِيُومِيّ 镭的

الإشْعَاع الـ 放射能，镭的射线

رَازِيَانْج 茴香

ـ شامِيّ 大茴香

رَاسُخْت (أ)(波) [化]锑；朱砂

راضٍ (في رضي) / **راض** (في روض)

راع (في روع) / **راغ** (في روغ)

راق (في روق) / **راقٍ** (في رقي)

رال (في رول) / **ران** (في رين)

رَاوَنْد / رِوَنْد [植]大黄

رَاى (مـ) 鳐鱼

رَأَبَ ـَ رَأْبًا وأَرْأَبَ الصَدْعَ: أَصْلَحَه 修理，修补

ـ بَيْنَهم: أَصْلَحَ 调停，调解，仲裁

رُؤْبَة جـ رِئَاب ورُؤْبَات 碎木片，破布片；夜的一部分；需要，需求

مَرْأَب 修理厂；汽车库

رِئْبَال جـ رَآبِل ورَآبِيلُ 狮；狼

تَرَأْدَ (老人)颤抖，抖动；(风)不停息；(颈或枝)低垂

رَأْد / رُؤْد / رَأْدَة / رُؤْدَة / رَؤُودَة 美丽的姑娘

رِئْد جـ أَرْآد 同时代的人；狭猛，狭小；(树)短枝

رَأْرَأَ بعَيْنِه 转动眼珠

رَأْرَأَةُ العَيْنِ [医]眼珠震颤

رئة (في رأي) / **رائحة** (في روح)

رَأَسَ ـَ رِئَاسَةً القومَ وعليهم: كان رَئِيسَهم 领导，率领，带领

ـ العَمَلَ 主持，指挥，管理

ـ الجَمْعِيَّةَ أو الاحتفال 做会长，任主席；主持会议

رَؤُسَ يَرْؤُسُ رِئَاسَةً: كان رَئِيسًا 成为首长，成为领导人

رَأَّسَه ورَيَّسَه (مـ) على ....: جعله رَئِيسًا 推举他做领导，选举他做会长

رَوَّسَ (مـ) القَلَمَ: حدَّد طَرَفَه 把笔削尖

ـ المَقالَةَ أو الكِتَابَ 加标题

رَأْس جـ رُؤُوس وأَرْؤُس وآرَاس ورُوس: ما فوق

الرَقَبَةِ 头，脑袋
ـ: قِمَّة 顶，顶点
ـ: عَقْل 头脑，智力，智慧
ـ: أَوَّل 开始，开端，起点
ـ (في الجغرافيا) [地]岬
ـ الرَجاءِ الصالحِ 好望角
ـ الزاوِيَةِ [数]顶角
ـ الشَيْءِ 主要部分，重要部分
ـ الجِسْرِ / ـ كُبْرِي (ـ): حِصْنُه 桥头堡
ـ السَنَة 元旦
ـ السُلَّمِ 梯台
ـ الشَهْرِ القَمَرِيّ 月初，初一(阴历月首)
ـ سُكَّرٍ 塔糖，块糖
ـ بِرْسِيمٍ 苜蓿的第一次收割
ـ مالٍ جـ رُؤُوسُ أَمْوَالٍ / رِسْمَال (مـ) 资本，本钱
ـ البَابِ (مـ) (العُلْيَا والوُسْطَى والسُفْلَى) 门扇的横木(分上、中、下)
ـ العَمُودِ 柱的顶部，柱顶，柱头
ـ العَيْنِ / ـ النَبْعِ 泉源，水源
ـ القُنْفُذِ [植]山楂
ـ الهُدْهُدِ [植]兰属
ـ القَوْمِ: زَعِيمُهم 首脑，领袖，领导人，头目，头子
ـ برأسٍ: مُتَعَادِلاَنِ 齐头并进，并驾齐驱
ـ برأسٍ: على السَوَاءِ 平等的，相等的，一样的
على ـ عَدَدٍ كذا من الرجال 领着若干人
على الـ والعَيْنِ: بكُلِّ سُرُورٍ 十分高兴，完全同意
من تَحْتِ ـ (سـ) 因为，由于，以…托辞
من الـ للقَدَمِ 从头到脚，浑身上下

وُلِدَ على ـ أخيه 紧接在他哥哥后出生
جِلْدَةُ الـ: شَوَاة / شَوًى 头皮
عِشْرُون رَأْسًا من كذا 二十头(牛或羊)
على رُؤُوسِ المَلأِ 当众，公开地，彰明较著地
على رُؤُوسِ الأَشْهَادِ 当着证人
رَأْسُمال 资本
الـ الاحتِكَارِيّ 垄断资本
الـ المُتَدَاوَل 流动资金
الـ المَالِيّ 金融资本，财政资本
رَأْسُمالِيّ 资本家，资本主义者；资本家的，资本主义的
المُجْتَمَعُ الـ 资本主义社会
رَأْسُمالِيَّة 资本主义
الـ البِيرُوقراطِيَّة bureaucratic capitalism 官僚资本主义
الـ الصِناعِيَّة 工业资本主义
الـ الدَوْلِيَّة 国家资本主义
رَأْسًا: مُبَاشَرَةً 直接地，直截了当地
ـ على عَقِبٍ 颠倒着，头脚倒置，杂乱无章，天翻地覆
رَأْسِيّ: عَمُودِيّ 垂直的
ـ 头的，头脑的
إحْدَاثِيّ ـ [数]纵坐标，直坐标
رِئَاسَة / رِيَاسة: مَنْصِبُ رِئاسةِ الجمهوريّةِ أو الحكومة أو اللجنة أو المجلس أو الجلسة 总统、主席、委员长、总理等职位
تَرْوِيسَة (مـ) الكتاب أو المَقالة 标题
رَئِيس ورَيِّس جـ رُؤَسَاء 首领，首长，领袖；元首，主席，总统，头目，头子
ـ الجَزْمَاتِي: طرف الخيط المقوّى بالشعر والشمع 皮鞋匠绱鞋用的鬃线头

ـ: مُقَدَّم 工头，监工，监督者

ـ: ضد مَرْؤُوس 上级，上司，领导人

ـ إدارةٍ أو مَكْتَبٍ 经理，管理人，办公室主任

ـ جَلْسَةٍ أو لَجْنَةٍ (会议或委员会)主席

ـ دَيْرٍ وأمْثاله (寺院的)方丈，僧长

ـ مَحْكَمَةٍ (法院)院长

ـ جُمهوريَّة (共和国)总统，主席

ـ مَجْلس النُوَّاب 议会议长

ـ اللَجْنَة التَنْفيذيَّة 执行委员会主席

ـ البَلَديَّة 市长

ـ فَخْرِيّ / ـ شَرَفٍ 名誉主席，名誉会长

ـ عامِل (实任)主席，(实任)会长

ـ أرْكانِ الحَرْبِ / ـ الأرْكان 总参谋长

ـ أرْكانِ حَرْبِ الفِرْقَةِ 师参谋长

ـ التَحْرير 总编辑，主编，主笔

ـ القِسْمِ السياسِيّ 政治部主任

ـ ألْف(م س): عَميد / مَيْجُور 少校(埃、黎)

ـ مَدْرَسَةٍ أو جامِعَةٍ 校长

ـ مَعْهَدٍ عِلْمِيّ أو دِينِيّ 学院院长

ـ الوُزَراءِ / ـ الحكومة / ـ مَجْلِسِ الوُزَراءِ 总理，首相，部长会议主席

ـ التَشْريفات أو المَراسِم 礼宾司长

ـ مَجْلِس الإدارة 董事长

ـ مُنْتَخَب (尚未宣誓就职的)当选总统

ـ الأساقِفَة 大主教

ـ الشَمامِسَة 副主教

ـ الشَياطِين 魔王

ـ المَلائِكَة 天使长

ـ عِصابَة: زَعِيمُها 魁首，头子

ـ نَفْسه 能自制的人

الشَيْخ الـ 伊本•西那(阿维森纳，阿拉伯哲学家)

رُؤَساء رُوحانِيُّون 宗教活动家

رَئِيسِيّ: أوَّلِيّ 首要的，主要的

مَقالَةٌ ـ ة 社论

الحَيَوانات الرَئِيسِيَّة / الرَئِيسِيَّات [动]灵长类(人猿等)

الأعْضاءُ الرَئِيسِيَّة أي الحَيَوِيَّة 生命上最重要的器官(如心、肺、脑等)，命门，要害

مَرْؤُوس: ضد رَئِيس 下级，被领导者

رَئِيس وـ 长官和部下，上级和下级，领导和被领导

مِرْآس 赛马时跑在前面的马

رَأَفَ ـَ رَأْفَةً ورَؤُفَ ـُ رَآفَةً ورَئِفَ ـَ رَأَفًا وتَرَأَّفَ به: رحمه أشدَّ رحْمةٍ 怜悯，怜恤

رَأَّفه واسْتَرْأَفَه 安慰，抚慰

رَأْفَة 怜悯，怜恤，慈悲

رَؤُوف / رَؤُف / رَأْف / رَئِف / رائِف 仁慈的，恻隐的

اسْتَرْأَلَ (鸵鸟、植物)成长

رَأْل جـ أرْؤُل ورِئْلان ورِئال ورِئالَة 一岁的鸵鸟

مَرَّ مُرائِلاً 他很快地走过

رَئِمَتْ ـَ رَأْمًا ورِئْمانًا النَاقَةُ ولدَها: عطفت عليه (母驼对小驼)怜爱，慈爱

رَئِمَ الشيءَ: أحبَّه وألِفه 爱慕

رُؤام 牲口口水

رِئْم جـ أرْآم وآرام م رِئْمَة 白羚羊

رَؤُوم 怜爱的，仁慈的

رَأَى يَرَى رَأْيًا ورُؤْيَةً وراءَةً ورِئْيانًا الشيءَ: أبْصَره 看，见，视，看见

رآه رَأْيَ العَيْنِ 目睹，目击

ـ: أدْرَكَ 了解，理会，发觉，看出

ـ: حَسِبَ 认为，以为，主张

أ تَرَانِي نَسِيتُكَ؟ 你以为我把你忘记了么？

نَرَى من الواجِب أَنْ ... 我们认为应该…

لا أَرَانِي أُفْشِي سِرًّا إِذَا قُلْتُ 我认为假若我说了这句话不算是泄露机密

يُرَى: مَنْظُور 可以看见的，显而易见的

يَا تُرَى ويَا هَلْ تُرَى: يا رجلُ هَلْ ترَى وتَظُنُّ؟ (疑问的口气，旁边不一定有人)你是这样认为的么？

فَأَيْنَ هُوَ يَا تُرَى؟ 他到底在哪里呢？

تُرَى مَاذَا نَفْعَلُ ؟ 我们究竟怎么办呢？

رَاءَى وتَرَاءَى: تَظاهَرَ 假装

أَراه يُرِيه إِراءَةً وإِراءً: جعلَه يَرَى 使看，把…给…看，把…指给…看

تَرَأَّى بِرَأْيِ فُلان: مالَ إلى رَأْيِه 偏向于…的意见

تَرَأَّى وتَرَاءَى له: ظَهَرَ 出现，显现

تَرَاءَى النَّاسُ 互相看，面面相觑

اِرْتَأَى الأمرَ: نظَر فيه 考虑，细想，斟酌

ـ رَأْيًا 建议，提议，主张

رَأْي جـ آرَاء وأَرْآء: فِكْر 意见，见解，想法，看法

ـ: اِقْتِرَاح 建议，提议

ـ: نَصِيحَة / مَشُورَة 忠告，劝告

الـ العَامّ 舆论

على ـ المَثَلِ 像谚语所说的

أَهْلُ الـ: أَهْلُ الثِقَةِ 权威人士

أَخْذُ الـ 征求意见

صُلْبُ الـ 坚持己见的，顽固的，执拗的

ـ دَبَرِيّ: ما يسنح بعدَ فَواتِ الحاجة 马后炮

ـ فَطِير: رأي بديهِيّ دونَ تَرَوٍّ 不成熟的意见

في رَأْيِي / في اعْتِقَادِي 依我看，照我看来，我认为

تَبادُلُ الآراءِ 交换意见

رُؤْيَا جـ رُؤًى: ما تَرَاهُ في المَنَام 梦，梦境

ـ إلاهِيَّة 天启，默示

سِفْرُ الـ (من الإنْجِيل) [圣]启示录

رُؤْيَة جـ رُؤًى / رِيَة: نظر بِالعين أو بالقلب 眼见；见解，意见

ـ / وُضُوحُ الـ / مَجَال الـ: إمكانيَّة المُشاهَدَة 能见度(性)，能见距离，视界

رِئاء / رِيَاء: تَصَنُّع 虚伪，表里不一，口是心非

ـ / ـ: نِفَاق 沽名钓誉

ـ / ـ دِينِيّ 假装神圣，假装虔诚

هُمْ ـ ُ أَلْفٍ 他们看起来有一千人的样子

رِئَة مث رِئَتَان جـ رِئَات ورِئُون / رِيَّة: مِنْفَاخُ الصَدْرِ 肺

ذاتُ الـ / اِلْتِهابُ الـ 肺炎

حَشِيشَةُ الرِيَّة [植]兜苔

رِئَوِيّ: مختص بالرئة 肺的，肺状的

طَاعُون ـ [医]肺鼠疫

مُرَاءَاة / رِيَاء 虚伪，口是心非，不诚实

رَاءٍ م رَائِيَة جـ رُئَاة: ناظِر 观看者，观众，观察兵，瞭望哨

مُرَاءٍ: مُنَافِق 伪君子，口是心非的人

مَرْئِيّ: مَنْظُور 可见的，肉眼能见的，明显的

مَرْئِيَّات 可见的东西

عِلْمُ الـ / عِلْمُ البَصَرِيَّات 光学

مَرْأًى جـ مَراءٍ: مَنْظَر 视界，视野，眼界；意见，见解；景象；[军]准星

على ـ النَّاسِ / على ـ منهم 当众，当他们的面

مِرْآة جـ مَرَاءٍ ومَرَايَا / مِرايَة (م) 镜子

ـ مَعْدِنِيَّة: مِنْظَار (في الجِراحة) [医]窥器，扩张器

راية (في ريي) 旗，旗帜

ربا / ربًا (في ربو) / **ربّان** (في ربب)

رَبَأَ ـ رَبْأً وارْتَبَأَ على جبلٍ 瞭望，俯视

ـ الشيءَ: رفعه 升起，举起

ـ المالَ: أَصْلَحَه 保管，整理(财产)

رَبَأْتُ بنفسِي عن عَمَلِ كذا 我不屑于做这种事

ـ بِكَ عن كذا 我不肯让你做这种事

مَرْبَأ 瞭望所

رَبَّ ـُ رَبًّا وربَّبَ وتَرَبَّبَ الولَدَ: رَبَّاه 教育，抚养，照看，教养

رَبَّ ـُ رَبًّا الشيءَ: جمعه 收集

ـ القومَ: ساسَهم 统治

أَرَبَّ بالمكان 留，停留在某地

رَبّ جـ أَرْباب ورُبُوب: سَيِّد 统治者，领主

الرَبّ [宗]主，主宰，真主

ـُ العائلةِ أو البَيْتِ 家长，户主

ـُ عائلةٍ 有妻室的人

ـُ العَمَلِ 业主，雇主，资方

أَرْبَابُ البُنُوكِ 银行家

أَرْبَابُ المَصَانِعِ 厂主

أَرْبَابُ الأَمْلاكِ 地主，财主，财产所有者，资产持有人

أَرْبَابُ الصنائع أو أَرْبَابُ الحِرَفِ 手工业者，手艺人

أَرْبَابُ الدَوْلَة 国家的首长

أَرْبَابُ الأَقْلامِ 作家，拿笔杆的人

أَرْبَابُ الحَرْبِ 军阀

أَرْبَابُ الحيثيّات 要人，居显要地位者

أَرْبَابُ الدُيُون 债主，贷款人

رَبَّة جـ رَبَّات: سَيِّدة 主妇，太太

ـُ البَيْتِ 家庭主妇，女主人

ـُ الشِعْرِ 诗歌女神

ـُ الحُسْنِ 美人，美女，漂亮的女人

رِبَّة جـ رِبَب وأَرِبَّة ورِبَاب (مـ): طَفْح جِلْدِيّ [医]红疹

ـُ البِرْسِيم (مـ) وغيره: رَبْل 二茬苜蓿

ـ القَصَبِ 二茬甘蔗

رُبّ جـ رُبُوب ورِبَاب: عَصِيرُ الثِمارِ المخثَّر بالطَبْخ / مُرَبًّى (راجع ربو) 果酱

ـُ سُوسٍ 甘草膏

ـُ وَرَق: عَجِينَتُه 纸浆

رُبَّ / رُبَّمَا: لَعَلَّ 或许，也许，说不定

ـ / ـ: من المُمْكِن 可能

و ـ قائلٍ يَقُول إنَّ ... 或许有人说…

ـ ضارَّةٍ نافعةٌ 塞翁失马，坏事会变好事

رَبَاب / رُبَاب (سـ) / رَبَابَة جـ رَبَابَات: آلَة طَرَب وَتَرِيَّة 雷贝琴，三弦古琴；胡琴(单弦，形似二胡)

ـ: سَحَاب أَبْيَض 白云

رِبَابة / رُبُوبَة / رُبُوبِيَّة 主人的身份

رُبَّان جـ رَبَابِين: رئيس المَلاَّحين 水手长

ـ السَفِينة الكبيرة 船长，舰长，艇长

ـ الطائرة 机长

مُسَاعِد الـ (في الطائرة) 副驾驶员

رَبَّان / حَاخَام 犹太法学博士

رَبَّانِيّ 主的，真主的，神的，神性的，关于神的，关于宗教的

رَابّ: زَوْجُ الأُمّ 继父，后父

ـ 养育者，义父

رَابَّة: زَوْجة الأَب 继母，后母

ـ 义母

رَبِيب / رَبُوب جـ أَرِبَّاء وأَرِبَّة: اِبْنُ الزَوْجِ أو الزَوْجَةِ 前妻之子；前夫之子

ـ: زَوْجُ المَرْأَة التي لها ولد من زَوْجِها الأَوَّل 养父，继父

رَبِيبَة جـ رَبَائِبُ: بِنْت الزوج أو الزوجة 前妻之女；前夫之女

ـ: زوجةُ الرجل الذي له ولد من زوجته الأُولَى 养母，继母

مُرَبَّة جـ مُرَبَّات 果酱

ـ مائعة 果糕

مَرْبُوب 养子；白奴

رَبَتَ ـِ رَبْتًا ورَبَّتَ الصَّبِيَّ: طَبْطَبَ له (مـ) 轻拍，抚摩

ـ على الكَتِفِ 轻拍肩膀

رَبِحَ ـَ رِبْحًا ورَبَحًا ورَبَاحًا في تِجَارَته: ضد خسِر 赚钱，获利

رَبَّحَه وأَرْبَحَه: جعله يَرْبَحُ 使获利，使赚钱

ـ (مـ): أَعْطَاهُ رِبْحًا 给他利润

مُرَابَحَة 证券交易，股票买卖

أعطاه مالاً ـً 他借给他钱，以赢利共享为条件

رِبْح جـ أَرْبَاح / رَبَاح: ضد خسارة / فائِدة 利润，赚头，利益

ـُ المَالِ : فائِدتُه (القانونيّة) 利息

ـ بَسِيط 单利

ـ مُرَكَّب 复利

الأَرْبَاحُ الفاحِشة 过高利润，暴利

الأَرْبَاحُ الشَرْعِيَّة 合法利润

الأَرْبَاحُ الخارِقة 额外利润

الأَرْبَاحُ المُتَوَسِّطَة 平均利润

الأَرْبَاحُ الأُسْطُورِيَّة 令人难以置信的利润，神话般的利润

رَبح ورُبَّاح جـ رَبَابِيحُ: قُرْدُوح / مَيْمُون [动] 狒狒，黑面狒狒

اِسْتِرْبَاحَة (مـ): تَصْلِيبَة St. Andrew's cross 圣安德鲁式十字架

رابِح / مُرْبِح: مُكْسِب 有利的，有益的，合算的，可赚钱的，有利可图的

صَفْقَةٌ ـ ة 赢利的交易

الأَرْقَامُ الـ ة 中彩的号码，（轮盘赌上）赢了的号码

رَبَدَ ـُ رُبُودًا بالمكان: لَبَد 逗留，停留

اِرْبَدَّ وارْبَادَّ 成为灰色的、土色的；(天空) 成为多云的

رَبْد / رُبَيْدَان [植]牛眼菊

رُبْدَة جـ رُبَد 土灰色

أَرْبَدُ م رَبْدَاءُ جـ رُبْد: أَغْبَرُ 灰褐色，土灰色

ـ 毒蛇；狮子

رَبِذَ ـَ رَبَذًا الرجلُ في المشي أو في العمل 轻手轻脚地走路或工作

رَبَسَه ـُ رَبْسًا بيَدَيْه 打，用手打

رَبْس: أَمر منكر 丑事，坏事

ـ: كَثِير 大量，许多

رَبِيس: شُجَاع 勇敢的

ـ: داهِية 灾难

ريباس [植]一种洋莓

رَبَصَ ـُ رَبْصًا به وتَرَبَّصَ: كَمِنَ وانتظر 埋伏；伺候

رَوْبَصَة (مـ) / تَرَوْبُص: يَقظَة النَوْم 梦中走路，[医]梦行，梦游病

رَبَضَ ـِ رَبْضًا ورُبُوضًا ورِبْضَةً الدابَّةُ: بَرَك (牲畜或野兽) 屈膝，跪下，伏下

ـ 窥伺（猎物）

رَبَض جـ أَرْبَاض / مَرْبِض / رُبْضَة: مَأْوَى الغَنَم 栏，畜圈，畜舍，畜棚

ـ المَدِينَة: ما حولها من مساكن 郊外，近郊

أَرْبَاض القَرْيَة 乡村附近
رَبُوض جـ رُبُض 大树；人口多的村庄；粗链
رَبَطَه ـِ رَبْطًا: ضد حلَّه 扎，束，捆绑
ـ: وَصَلَ 连接，接合，联系
ـ النَظَرِيَّة بالعمل 理论联系实际
ـ الجُرْحَ: عصَبه 扎绷带，缠裹伤口
ـ اللِسَانَ: أَخْرَسَه 使缄默，使哑口无言
ـ على كذا 绑在…上，拴在…上
لا يَرْبُطُ ولا يَحُلُّ 他没有任何权力
رَابَطَ الجَيْشُ (军队)驻扎，安营，驻屯
تَرَابَطَ 互相联系
ـ (ـــ) وارْتَبَطَ 缚，捆绑
ـ مع ... 约定，说好，商妥
اِرْتَبَطَ به: رُبِطَ 受约束，与他有联系
رِبَاطَة 约束性，结合性
ـ الجَأْش 沉着，镇定，泰然，泰然自若
رَبَط جـ رَبَطَات (突)(城市的)地段，区，区域，街区，郊区
رَبْط: ضد حَلّ 捆，绑，拴
ـ المِيزَانِيَّة 按预算项目总额分配
ـ الضَرِيبَة 课税，税额
رَبْطَة جـ رَبَطَات ورُبَط: حُزْمَة 束，包，捆，扎
ـ الرَقَبَة / ـ العُنُق: كَرَافْتَة (أ) 领带
ـ السَاق (لجَوارِب النِساء) 女用袜带
وِسَام ـ السَاق 嘉德勋章(英国爵士的最高勋位或勋章)
رِبَاط جـ أَرْبِطَة ورِبَاطَات ورُبُط: ما يُرْبَطُ به 带，绳，用于结扎的东西
ـ 旅馆；马站；心，心脏；收容所，避难所
ـ: عِصَابَة أو ضِمَادَة 绷带
ـ: قَيْد 带，韧带，纽带

ـ: صِلَة 联系，关系
ـ الزَوْجِيَّة 夫妻关系
ـ الأَوْعِيَة الدَمَوِيَّة [医]缝合线，结扎线
ـ الحِذاء: شِرَاك 靴带，鞋带
ـ الجَوارِب (للرِجال) 男用吊袜带
ـ الرَقَبَة 领带
تَرَابُط 互相联系，团结
اِرْتِبَاط: تعَهُّد 约定，合同，约书，契约
ـ: اِتِّصال 连接，联系
ـ: عَلاقة / صِلة 关系
ضَابِط الـ 联络官
بالاِرْتِبَاط / عن الارْتِبَاط: معًا 相连地，结合地，共同地
رابِط: يَرْبُط 缚，捆，绑；拘束
ـ: مُوصِل 连接的，联系的，接合点
ـ الجَأْش 镇静的，冷静的，沉着的
رابِطَة جـ رَوَابِطُ: ارتباط / صِلة 联系，关系
ـ 一束，一把，一捆
تَضُمُّهُمْ ـ واحدة 他们有着共同的联系
ـ العُلَمَاء العَالَمِيَّة 世界科学工作者协会
ـ الديمُقْرَاطِيَّة الصينِيَّة 中国民主同盟
ـ النِقَابَات الدُوَلِيَّة 国际工会联合会
رَوَابِطُ لا تَنْفَصِمُ عُرَاهَا 牢不可破的关系
مُتَرَابِط 相互联系的，联系密切的；连贯的，连续的
مُرَابِط 警卫
ـ: نَاسِك مُسْلِم 伊斯兰教隐士
الجَيْشُ الـ 驻军，驻防军
مَرْبُوط / مُرْتَبِط 被束缚的，被约束的，有联系的
التَاء الـ ة (ة) 圆形的“تاء”
مُرْتَبِط بِمَوْعِدٍ أو عهدٍ 受约会约束的，受条

约束缚的

مُرْتَبِطَة اِرْتباطًا وَثِيقًا 千丝万缕的联系

رَبَعَ ـَ رَبْعًا ورَبَّعَ وارْتَبَعَ الحصانُ: أكل الربيعَ 吃春草，(在春季)放牧

ـ الحِصَانُ (مـ): جرَى عدوًا (马)奔腾，疾驰，奔驰

ـ: توقّف / انتظر 停留，等候

ـ الرجلُ: رفع الحجر بيده اِمْتِحَانًا لِقُوته 举石锁

ـ تْ عليه الحُمَّى: جاءته رُبْعًا 疟疾(每隔三天复发)

ـ ـَ رُبُوعًا الرَبِيعُ 春天来到

رَبَعَ ـُـ رَبْعًا: أخذ رُبْعَ الأموال 取四分之一

رُبِعَ القومُ والأرضُ 淋到春雨

رَبَّعَ العددَ: ضربَه في مثله [数]某数自乘；平方

ـ العددَ: جعله أربعة أَضْعَاف 使成四倍

ـ البَيْتَ أو الحوضَ: جعله مربعا 造成四方形

ـ الشيءَ 叠成四折

رَابَعَ (田租)取收成的四分之一

ـ الحِمل 以杠杆举重物

تَرَبَّعَ واِسْتَرْبَعَ في جلُوسِه 趺坐，盘腿而坐，盘膝而坐

ـ في زَعَامَتِه 盘踞领导地位

اِرْتَبَعَ بالمكان 在某地度过春天

اِسْتَرْبَعَ الرَمْلُ: تَرَاكَمَ (沙土)成堆

ـ الغُبارُ: ارتفع (尘土)飞扬

رَبْع: دار بها عِدَّة مَساكن 大公寓，公馆，大宅院，大院儿

ـ / رِبْع (مـ) / رَبَع / رَبْعَة القامة 中等身材

ـ جـ أَرْبَاع ورُبُوع ورِبَاع وأَرْبُع: جماعة الناس 一大群，一伙(人)

آلة الـ: مِزْوَلَة الأبعاد 四分仪

رَبْعَة جـ رَبْعَات ورَبَعَات ورَبْع 中等身材的人

رَبَعة (马)疾驰；跑的距离

رُبْع ورُبُع جـ أَرْبَاع ورُبُوع 四分之一

ـ 一季，季度

ـ الدَائِرة (٩٠ دَرَجَة) [数]象限，九十度的弧

ـ جَالُون 一加仑的四分之一，一夸脱

ـ 卢布阿(埃及容积单位，约为 4 个卡达赫或 8.25 公升或 3.63 加仑)

ـ نِهَائِيّ / مُبَارَاةٌ رُبْعُ نِهَائِيَّة [体]复赛，四分之一决赛

قَطْع الـ (纸的)四开

رُبْعِيّ 季度的

مَجَلَّة ـ ة 季刊

ـ 象限的

رُبْعِيَّة / ـ ضَبْطِ المَدَى 象限仪

رِبْع 每四日复发

حُمَّى الـ [医]三日疟

تَرْبِيع: ضَرْب العدد في مثله [数]自乘；平方

ـ الدائرة [数]圆积求方

ـ [天]方照，上(下)弦之月(上弦；下弦)

تَرْبِيعِيّ [数]平方的

الجِذْر الـ [数]平方根

مُرَابَعَة 四分制的工作(工作后得收成的四分之一)

نِظَام الـ 四分制(实物地租之一种，劳动者得收成的四分之一)

تَرْبِيعَة جـ تَرَابِيع / مُرَبَّع: خانَة (مـ) 方格，方框

ـ (مـ): بَلاطَةُ أَسْمَنْت 花砖，瓷砖

رُبَاعَ 四个一组的，四个四个地

رُبَاعِيّ (في الجَبْر والهَنْدَسَة) [数]二次曲线，

二次曲面，二次的

ـ: غِنَاء ـ 四人合奏；四人小合唱；四重唱

ـ الأَحْرُف (مقطع أو كلمة) 四个字母组成的词

ـ الأَبْعَاد 四维的

ـ التَكَافُؤ [化]四价的

ـ الحُدُود [数]四项式(的)

ـ السُطُوح 四面体的

ـ الأَضْلاَع أو الجَوَانِب 四边的

ـ الأَرْجُل أو الأَقْدَام 有四足的

الهَرَم الـ 方锥体

الدَوْر الـ [地]第四纪的

المُعَادَلَة الـ ة [数]双二次方程，四次方程

رَبَاعِيَة جـ رَبَاعِيَات 眼齿(位于门牙与犬齿间)

رُبَاعِيَّات [音]四度音合；[诗]四行诗

أَرْبَع م أَرْبَعَة 四，四个

ـ عَشْرَةَ م أَرْبَعَة عَشَرَ 十四，十四个

أَرْبَعَة أَضْعَافٍ 四倍，四重

أُمّ ـ وأَرْبَعِينَ: حَرِيش 蜈蚣

ذَوَات الـ 有四足的，四腿的，四足兽

يَوْم ـ (مـ): الأَرْبِعَاء 星期三

أَرْبَعُون 四十，四十个

الـ: واقع بعد ٣٩ 第四十

الـ 死后的第四十天

حَفْلَة الأَرْبَعِين 死后四十天的追悼

الرَابِع: واقع بعد الثالث 第四

الـ عَشَرَ: بعد الثالث عشر 第十四

رَابِعًا 第四，其四

في ـ ةِ النَهَار (سـ) 在白昼，青天白日下

أَرْبَاع / ـ النَاس 人群

رَبِيع جـ أَرْبِعَة ورِبَاع وأَرْبِعَاء: فَصْل الربيع 春季，春天

ـ 春雨；春草

ـ الأَوَّل 回历三月

ـ الثَانِي / ـ الآخر 回历四月

ـ جـ أَرْبِعَاء ورُبْعَان: الحَظّ من الماء للأرض 水流，一股水

ـ جـ رُبُع: جُزْء من أربعة 第四部分

ـ رابع: مُخْصِب 丰足的水草

أَبُو الـ 戴胜鸟

ـ 同志，伙伴

زَهْرَة الـ: آذَان الدُبّ [植]樱草，樱草花，报春花

رَبِيعَة 练武艺的石锁；花园；铁盔

رَبِيعِيّ: مختص بالرَبِيع 春天的，春季的

مَرْبُوع القَامَة 中等身材

مُرَبَّع (شَكْلاً أو عَدَدًا) [数]正方形，正四边形；平方

ـ: أربعة أضعاف 四倍的

ـ (لسدّ الفراغ في الطباعة) [印](填空的)铅块

ـ قائِم الزاوِية [数]四边形

ـ سِحْرِيّ [数]幻方

شِبْه ـ / ـ منحرف [数]梯形

مُرَابِع (每年获收获量四分之一的)四分制的佃农

مَرْبَع جـ مَرَابِعُ 牧场

ـ 度春的地方

ـ الصَيْد 猎场

مِرْبَعَة جـ مَرَابِعُ ومِرْبَعَات 杠杆

يَرْبُوع: جَرْبُوع [动]跳鼠(后腿特长)

رَبَغَ ـ رَبْغًا القوم في النَعِيم 生活舒适

أَرْبَغَه 让骆驼畅饮

رَباغَة 丰富，丰裕，富裕
رَبَقَه ـِ رَبْقًا ورَبَّقَه: شدَّه في الربق 用套绳
套住脖子
ـ ه في الأمر: أوقعه فيه 把他拉入事务中
تَرَبَّقَه: تعلَّقه 吊住脖子
اِرْتَبَقَ في حِبَالة 陷入罗网
رِبْق / رِبْقَة جـ رِبَق ورِبَاق وأَرْبَاق: حَبْل فيه عروة
套索，圈套(捕马等用)
هو في ـ الحياة 他还活着
رَبِيقَة 套住的野兽
مُرَبَّقَة 脂肪馅面包
رَبَكَ ـُ رَبْكًا الشيءَ: خلَطَه 使错综，使混乱，
使纠缠
ـ ه: حَيَّرَه 使迷惑，困惑，使狼狈
رَبِكَ ـَ رَبَكًا وارْتَبَكَ 迷惑，困惑，狼狈，
惊慌失措
اِرْتَبَكَ في ... 在(网中)挣扎；(口中呐呐)
说不出话；(泥泞中)跋涉
رَبْك / اِرْتِبَاك 迷惑，困惑，惊惶失措
رَبْكَة 局促，困窘，惶惑不安
رَبِيكَة 泥泞；椰枣；奶饼、奶油等混合而
成的食品
مُرْبِك 讨厌的，麻烦的，使人苦恼的
مُرْتَبِك: مُعَقَّد 错综复杂的
مُرْتَبِك / رَبِك 狼狈的，惶惑的
رَبَلَ ـِ رَبْلاً القومُ: كثر عددهم ونَمُوا (人口)
繁殖，增殖
رَبَالَة: امتلاء الجِسْم (身体)肥胖，丰满
رَبْل جـ رُبُول: رِبَّه (مـ) 二茬草，再生草
رَبْلَة الساق جـ رَبَلات: بَطَّة الساق / سِمَّانة
الرِجْل(مـ) 腓，小腿肚
رَبِل / رَبِيل جـ رَبَائِل: ممتلئ الجسم 肥胖的，
丰满的
ـ 斗胆的土匪
رَبِيلَة 湿润；富裕
ـ العيش 宽裕的生活
ربّما / ربّة (في ربب)
أَرْبَنَه 给保证，交定钱
رُبَّان / رُبَّانِيّ جـ رَبَابِنَة 船长
رَبُون / أَرْبُون / أَرْبَان (راجع عربون وعبون)
保证，担保，保证物
ـ 预付款，定金，信物
رَبَا يَرْبُو رِبَاءً ورُبُوًّا المالُ: زاد ونما (财产)增
加，增多
ـ الرابيةَ 爬山，上山
ـ على كذا 超过，超越
ـ ـُ رَبْوًا ورُبُوًّا الولدُ: نشأ 生长，成长
رَبَّى الولدَ: غذَّاه ورَعاه 抚养
ـ ه: هذَّبه 教育，教养
ـ الماشِيَةَ 饲养
ـ الثمرَ بالسُكَّر: عقده 以糖渍果品
ـ ذَقْنَه (مـ): أَطْلَقَها 留胡子
ـ شاربه (مـ) 留髭，留小胡子
رَابَى: أَعطى ماله بالرِبا 放高利贷
أَرْبَى: جعله يَزِيد 增大，增加，增殖，繁殖
ـ عليه: زاد 超过，越过
تَرَبَّى: نشأ 长，长起，生长
ـ: تَهَذَّبَ 受教育，受教养
رَبْو جـ أَرْبَاء / داء الـ: مَرَض صَدْرِيّ [医]气喘
病，喘息病，哮喘症
الـ الشُعْبِيّ [医]支气管哮喘，支气管性气喘
رَبْوَة ورُبْوَة جـ رُبًى ورُبِيّ / رَابِيَة جـ رَوَابٍ: أَكَمَة
小丘，小山，丘陵
رَبْوَة: عَشَر كَرَّات / مِلْيُون 百万

رِبْوَة جـ رِبًى ورِبْوَات: عشرَةَ آلاَف 一万左右
رِبًا / رِبَاء: فائِدة المال (المحرَّمة) 重利，高利贷，非法的利润
الرِباء الفاحِش 高利，利率很大
رِبَوِي / رَبَوِيّ: مختص بالربا 高利贷的
تَرْبِيَة: تَهْذِيب 教育，训导，教化
ـ الأَوْلاَد 抚养，教养
الـ البَدَنِيَّة 体育
عِلْم الـ 教育学
ـ الحَيَوَانَات وغيرها 饲养，喂养
ـ الدَوَاجِن 饲养家禽
ـ المَوَاشِي 饲养家畜
ـ النَعام 饲养鸵鸟
ـ الزُهُور 种花
ـ النَبَاتَات 栽培植物
قَلِيل التَرْبِيَة 缺教养的，失礼的，粗野的
تَرْبَوِيّ: مُخْتص بالتربية 教育的，教育上的，关于教化的，关于教养的
مُرَبٍّ: مُهَذِّب 教师，导师，教育家，教化者，教养者
مُرَبِّيَة: قَهْرَمَانَة 女教师，家庭女教师；保育员，保姆
ـ أَطفال: داده (مـ) 保姆，保育员
مُرَابٍ: فَايِظْجِي (مـ) 放高利贷的，放印子钱的
مُرَبًّى / مُتَرَبٍّ 受抚育的，受教养的
ـ / ـ: مُهَذَّب 受教育的，有教养的
ـ جـ مُرَبَّيَات: كل ثَمَر مَطْبُوخ بالسكّر 果酱，果膏
أَرْبِيَان 龙虾
بهار ـ [植]矢车菊
أَرْبِيَة: خُن الورِك (مـ) [解]鼠蹊(大腿与小腹相介的凹处)，腹股沟
أَرْبِيّ: مختص بأصل الفَخذ [解]鼠蹊部的，腹股沟的

رَتَبَ ـُ رَتْبًا ورُتُوبًا في الصَلاَة (在礼拜中)端立
رَتَّبه: نظَّمه 安排，布置
ـ ه: وضَّبه 整顿，整理，拾掇
ـ ه: دبَّره / أعدَّه 准备
ـ على ... 引起，激起
ـ على الحُرُوف الهجائِيَّة 按字母顺序排列
تَرَتَّبَ: صَار مُرَتَّبًا 成为整齐的，有条理的
ـ على كذا 由…发生、引起，是由于…
ـ صُفُوفًا 整队，排队
رَتَب 困难；地方突起、突出部分；四个手指合并起来的宽度
رُتْبَة جـ رُتَب / مَرْتَبَة جـ مَرَاتِبُ: صَفّ 种类，部属，数目，范畴，程度
ـ / ـ: دَرَجَة 级别；学位；梯级；[音]音阶，音程
ـ / ـ: مَنْزِلَة 地位，身份
ـ شَرَف 等级，品级，级别，爵位
ـ العَشَرَات 十位数
ـ المِئَات 百位数
الـ الجَامعية 学位
تَرْتِيب: تَنْظِيم 安排，希望，整理，编排
ـ: نظام 次序
ـ: تَدْبِير / إعْدَاد 准备
ـ هِجَائِيّ 依字母的顺序
بـ ـ: بانْتِظَام 有规则地，有秩序地，井井有条地
تَرْتِيبِيّ 顺序井然的，有次序的
رَتَابَة 单调
لُعْبَةٌ واحِدَةٌ لا تَخْلُو من الـ 玩一种游戏，未

免单调一些

مَرْتَبَة 级别；长凳，板凳

اِحْتَلّ الـ الأولى 居于头等

راتِب جـ رَوَاتِبُ / مُرَتَّب: مَاهِيَّة (مـ) 工资，薪金，薪水

ـ: دائم ثابِت 永久的，不变的，持久的，固定的

ـ / رَتِيب: على نسق واحد 单音的，单调的，无变化的，千篇一律的

ـ تَقاعُدِيّ 退休金，养老金

الرَوَاتِب / ـ القُرْآن 规定时间内念诵的经文，每天诵读的古兰经

إمَام الرَوَاتِب 每日五次礼拜的领拜人

رَتِيب م رَتِيبَة 单调的，枯燥无味的

عَيْش رَتِيب 单调的生活，枯燥无味的生活

كلام رَتِيب 贫乏的语言

حَرَكَة رَتِيبَة 不变的运动，习惯的动作

مُرَتَّب: مُنْتَظِم 整理好的，安排好的，有规则的

ـ: مُعَدّ 准备好的，预备好的

مَرْتَبَة جـ مَرْتَبَات (مـ): حَشِيَّة 褥，垫子

رَتَجَ ـ رَتْجًا وأَرْتَجَ الباب: أَغْلَقَه 关门

رَتِجَ ـ رَتَجًا الخَطِيب وأُرْتِجَ عليه (演说者)突然停住，讲不下去，语塞

ـ وـ عليه الأمرُ 难决，犹豫不决

رِتَج 不通的道路；储存的金钱

رِتَاج: باب عظيم 大门

رِتَاجَة جـ رَتَائِجُ 岩石

مِرْتَاج 木闩，插闩

مَرَاتِجُ 窄路

رَتَخَ ـ رُتُوخًا العَجِين (面团)太稀

رَتَخَة 烂泥

رِتْسَا (مـ): تُوتِيا البَحْر [动]海胆，海猬

رَتَعَ ـ رَتْعًا ورُتُوعًا ورِتَاعًا: عاش في خِصْب 过安乐生活，过享乐的生活

ـ ت المَاشِيَةُ: رَعَتْ 放牧

أَرْتَاع (人数)众多

راتِع جـ رُتَّع ورُتَّع ورِتَاع ورُتُوع ورَاتِعُون 自由放牧的家畜；生活舒适的人

مَرْتَع جـ مَرَاتِعُ: مَرْعًى خَصِيب 丰饶的牧场

ـ الرَذِيلَة أو الشَرّ الخ 罪恶的渊薮，罪恶的温床

رَتَقَ ـِ رَتْقًا الثوبَ: أَصْلَحَه 缝补(衣服)

ـ: ضد فَتَق 缝合，缝补

رَتَّق 打补丁，缝补

ـ 整个的，完整的，单一的

هو الفاتِق والراتِق (他是撕破者，又是补缀者)他是权力最高的统治者

رَتَكَ ـِ رَتْكًا ورَتَكًا ورَتَكَانًا البَعِيرُ: جَرَى خَبًّا 疾走，快步走

أَرْتَكَ الضَحِكَ 冷笑

مَرْتَك: أُكْسِيد الرَصاص المُتَبلور [化]密陀僧，(一)氧化铅

رَتَّلَ الكلامَ: أَحْسَنَ تأليفَه 井井有条地讲话，讲话条理清楚

ـ: ترنَّم 歌唱；吟唱，吟咏《古兰经》；朗读

تَرْتِيل: تَرْنِيم 歌唱，唱

ـ المَزَامِير 唱赞美诗

تَرْتِيلَة جـ تَرَاتِيلُ: تَرْنِيمَة [宗]赞美诗，圣诗，圣歌，赞歌

رَتَل: صَفّ / طابُور (مـ) 纵队，行列

ـ جـ أَرْتَال 队，行列

ـ من الدَبَّابَات 坦克队，战车队

رُتَيْلاء جـ رُتَيْلاوَات [动]意国蛛(一种有毒的大蜘蛛)

مُرَتِّل: مُرَنِّم 歌唱者，吟诵者，领唱者，歌手

ـ (القُدَّاسِ) [宗]唱诗班男童

رَتْمَة جـ رَتْم ورِتَام / رَتِيمَة جـ رَتَائِمُ (缠在手指上的)记事线

ما زَالَ رَاتِمًا على هذا الأمر 他仍然关心这件事

رتُوش (أ) retouche (法)修饰照相底板，修像

رَتِينَة مِصْبَاح الغَاز جـ رَتَايِنُ (أ) (النفس) rétine (法) 煤气灯的白热纱罩

رَثَّ ـِ رَثَاثَةً ورُثُوثَةً الثوبُ: بَلِيَ (衣服)褴褛，破烂

رَثّ جـ رِثَاث ورِثَث / رَثِيث 褴褛破烂的衣服，破布；破旧的家具；愚笨的老妇

ـ / ـ الهَيْئَة 不体面的，不整齐的服装

رَثِيث جـ رِثَاث 半死的伤员；破烂的，褴褛的

رِثَة (في ورث)

رَثَدَ ـُ رَثْدًا وارْتَثَدَ المَتَاعَ: نضَّده 堆起，垒起(家具)

رَثَد ورَثِيد 旧家具；无用的东西；疲倦的

مَرْثَد / مُرْثِد 慷慨的人；狮

رَثِعَ ـَ رَثَعًا: كان ذا حرص وشره شديد 极贪

ارْثَعَنَّ المطرُ: ثبت وجاد 绵绵不断地下雨

ـ الشعرُ: تَسَدَّلَ (发)下垂

ـ فلان: ضَعُفَ واسترخى 软弱，虚弱

رَثَمَ ـِ رَثْمًا الأنْفَ: كَسَرَه 打破鼻子

رِثْمَة جـ رِثَام 微雨

مَرْثِم ومِرْثَم جـ مَرَاثِمُ: أَنْف 鼻子

رَثَان 时断时续的雨点

رَثَى ـِ رَثْيًا ورِثَاءً ورِثَايَةً ومَرْثَاةً ومَرْثِيَةً ورَثَا ـُ رَثْوًا المَيْتَ: بَكَاه 哭死人，哀悼

ـ له: حَزِنَ عليه 悲悼，哀悼

ـ له: رَقَّ له ورحِمه 哀怜，怜悯，同情

رَثَاه بمَرْثَاةٍ 作挽歌祭吊，写祭文悼念

يُرْثَى له 可悲的，令人哀悼的

في حال يُرْثَى له 处于悲惨的境地

رَثِيَ يَرْثَى رَثًى ورَثْيًا: كان به رَثْيَة 松软无力

رَثْي / رِثَاء: نَدْب 痛惜，哀悼，吊唁，挽歌

رَثَاءَة / رَثَّايَة 包哭死人的人

مَرْثَاة ومَرْثِيَة جـ مَرَاثٍ 挽歌，哀歌，悼诗，祭文

رَثْيَة: التهاب المَفَاصِل [医]关节炎

رَثْيَّة: الضَعْف والفُتُور 无力

مَرَاثِي أرميا (جُزْء من التوراة) [宗]耶利米哀歌(旧约圣经之一卷)

أَرْجَأَ الأمرَ: أخَّره 推迟，暂缓，延搁

ـ تَنْفِيذ العُقُوبَة 缓刑

إرْجَاء: تَأْخِير 延缓，延搁

المُرْجِئَة: طائفة من المُسْلِمِين [伊]展缓派

رَجِبَ ـَ رَجَبًا ورَجِبَ ـَ رَجَبًا منه 惭愧，羞愧；怕，畏惧

ـ ـُ رَجْبًا ورُجُوبًا ورَجِبَ ورَجَّبَ وأَرْجَبَ 敬畏

رَاجِبَة جـ رَوَاجِبُ 指关节

أَرْجَاب 肠子

رُجْبَة (植物的)支持根；支柱

رَجَب جـ أَرْجَاب ورِجَاب ورُجُوب ورَجَبَات 回历七月

رَجَّه ـُ رَجًّا: هزَّه وخَضْخَضَه 摇动，抖动，震动，震撼，震荡

رُجَّ وارْتَجَّ 被摇动，被震动，颤抖，震颤

ـ وـ الصَوْتُ 声音颤抖

رَجّ: هَزّ 震动，抖动

اِرْتِجَاج: اهتِزَاز 震动，发抖

ـ المُخّ / ـ مُخّيّ [医]脑震荡
رَجَّة 震动，震荡，奔走；喧闹的人群
رَجَّاج: مُتَرَجْرِج 发抖的，震颤的，震动的
ـ: رَجْرَج / نَوْع من الحور 白杨
مُرْتَجّ 被摇动的，颤抖的，震颤的，激动的，翻腾的
صَوت ـ 颤音
رَجَحَ ـَـُـ رُجْحَانًا ورُجُوحًا وتَرَجَّحَ المِيزانُ والرأْي والقُوَّة الخ: غَلَب （天秤、意见、势力等）占优势，占上风
ـ الشيءَ بيده: وزنه 掂一掂(分量)
ـ ت كفَّةُ الميزان لنا 我们占优势
رَجَّحَه وأَرْجَحَه: جعله راجحًا 侧重
ـ الرأْيَ والظنّ 侧重(某种意见)
ـ ه على كذا: فضَّله 选择
يُرَجَّح أن ... 十之八九…
اِرْتَجَحَ وتَرَجَّحَ وتَمَرْجَحَ (مـ) 摇摆，摇晃
ـ تْ وـ تْ به الأُرْجُوحَةُ 打秋千
رُجْحَان / أَرْجَحِيَّة 偏重
ـ / ـ: أَفْضَلِيَّة 优先权
رَجَاحَة 稳健，严肃，庄重
ـ العَقْل 见地高超
رُجَاحَة / مَرْجُوحَة جـ مَرَاجِيحُ / مُرْجِيحَة (مـ) / أُرْجُوحَة جـ أَرَاجِيحُ: مُطَوَّحَة 秋千
أُرْجُوحة: زُحْلُوفة 跷跷板
ـ الطِفل 摇篮，摇床，吊床
مَرْجَح (مـ): هزّ الأُرْجُوحَة (前后或左右)摇动，摇摆
تَرْجِيح 侧重
راجِح: غالِب 偏重的
ـ: مُحْتَمَل 可有的，可能的
الـ أن ... 可能的是…

عقل ـ 高明
ـ / أَرْجَحُ: مفضَّل 较好的
مُرَجِّح 产生优势的因缘
صَوْت ـ 决定性的一票
أَرْجَحُ 最可能的
ـ الظنّ أن ... 最可能…
والـ أن ... 比较可能的是…
على الـ 十之八九
رَجَدَ ـُـ رَجادًا: نقل السُنْبُل إلى البَيْدر 把谷穗送到打谷场
رُجِدَ رَجْدًا ورُجِّد وأُرْجِدّ 震颤，颤抖
رَجْرَجَ وتَرَجْرَجَ: اِهتزّ واضطرب 摇动，震动，晃动，摇晃，摆动，(水波)荡漾
ـ وـ 移动，蠕动
رَجْرَاج / مُتَرَجْرِج 发抖的，抖晃的，晃动的
حور ـ 白杨
نَاسٌ رَجْرَاجٌ: ضُعَفاء العُقول 智力薄弱者
رَجَزَ ـُـ رَجْزًا وارْتَجَزَ شِعْرًا 作诗，吟诗
اِرْتَجَزَ 朗读长短韵律的诗
رِجْز: دَنَس 污物，秽物，污秽，污垢
رَجَز: بَحْر من أَبْحُر الشِعْر “拉加兹”(阿拉伯古诗 16 式格律中的一式)
رِجَازة (妇女乘的)小驼轿
أُرْجُوزَة جـ أَرَاجِيزُ: قَصِيدَة من بَحْر الرَجز “拉加兹”式的格律诗
رَجِسَ ـَ ورَجُسَ ـُ رَجَاسَةً: أَتى عملاً قبيحًا 犯丑行，做可耻的事，做丢脸的事
رَجَسَ ـُ رَجْسًا: هدر (骆驼)吼叫
ـ ت السماءُ: قصفت بالرَعْد أو المَطَر (雷)轰响；(雨)嘈杂
رِجْس جـ أَرْجَاس: عَمَل قَبِيح 丑行，丑事，卑污的行为

رَجِس: دَنِس 肮脏的，污秽的，不洁的
رَجَّاس 嘈杂的，轰响的
مِرْجَاس: مِسْبار الأعْمَاق 测深锤
ـ مِضْغَطِيّ 气压计
نَرْجِس / نِرْجِس 水仙花
رَجَعَ ـِ رُجُوعًا ومَرْجِعًا ومَرْجَعَةً ورُجْعَى ورُجْعَانًا:
عَادَ 回，返，回去，回来
ـ إلى الأمر 重新开始
ـ إلى صَوَابِه 回心转意
ـ إليه في الأمر 依靠他，借助于他，凭借他
ـ عن الأمر 停止，放弃，作罢
ـ عن عزمه 放弃自己的决心
ـ في كَلامِه 食言，背约
ـ عليه: طالَبَه 要求，请求
ـ: أفاد / نَجَحَ 生效，有效
ـ إليه 退还…，归结于…
ـ بخُفَّيْ حُنَيْن (带着侯奈尼的一双鞋回来）
得不偿失
رَجَّعَه وأَرْجَعَه: ردّه 送还，归还
ـ 重复
ـ في صَوْتِه: ردده في حلقه 哼，哼哼，哼唧，
伴唱
رَاجَعَ الشيءَ: فحصه 校对，检查，审查，
审核，鉴定
ـ الحسَابَات: تحقّق صِحّتها 核对，查核
ـ الحِسابات والدَفَاتِر التِجارِيَّة 查账
ـ ه في الأمر: طلب رأيه 和他商量，征求
他的意见，请教；质疑
ـ ه: كرَّره 反复，重演，再做，反复地讲
ـ دُرُوسَه 复习功课
ـ الكُتُبَ 看(参考书)，参考
ـ ه (مـ): رَدَعَه 抵抗，反对，阻止，逐退

أَرْجَعَ الشيءَ إلى أُصُولِه 还原
أَرْجَعَه إلى ... 回溯，追溯
ـ الشيءَ 归还
تَرَاجَعَ: اِرْتَدَّ 返回，倒退，缩回
ـ: ضد تقدَّم 后退，退却
اِرْتَجَعَ 后退，返回
ـ الناقَةَ: اشتراها بثمنِ أخرى مثلها 卖了一
只骆驼，用卖价再买一只
اِسْتَرْجَعَه: اِسْتَرَدَّه 索回，收回，取回
ـ ذِكْرَيَات 回忆，回想
ـ ه: سَحَبَه 撤回，招回，抽回，召还
ـ الشيءَ: طلبَ ردَّه 要求归还
ـ الأمرَ: أَلْغَاه 作废，废除(命令)
ـ ما ضاعَ 恢复，挽回，失而复得
ـ عافيته 复元，恢复健康
ـ ه: أخذ منه ما دفعه إليه 索回，要回(已付
的款项)
ـ في المُصِيبَة: استعاذ بقول "إنَّا لِلّهِ وإنَّا إليه
رَاجِعُون" 遇到灾难时说“我们属于安拉，
并将回到他那里去”
رَجْع: عَوْد 归来，回来
ـ ج رِجَاع / رُجْعَان / رِجْعَان / رُجُوع /
رُجْعَى: مطر بعد مطر 接连的雨
ـ: نَبَات الرَبِيع 春草
ـ: غَدِير 小溪，溪流，小河，细流
كـ ـ البَصَر / في ـ البصر: كارتداد الطرف
瞬息，瞬时，顷刻，一刹那，一眨眼
ـ 回答，答复；脚步声
رُجْعَة / رَجُوعَة / رُجْعَى / رُجْعَان: وصل / مُسْتَنَد
收条，收据
رَجْعَة: العَوْد إلى الأصل الخَلْقِيّ [医]隔代遗
传，返祖现象，返祖性

ـ ج رِجَع　回答，答复
ـ　反动势力，反动政策
ـ　归还，返回
لا ـ له / إلى غَيْر ـ　一去不复返
ـ: تَقَهْقُر　撤退，后退
خطّ ـ　撤退路线
رَجْعِيّ: مُتَمَسِّك بالقَديم　守旧的，顽固的
ـ: للوراء　反动的，反动分子
ـ: يَسْرَى على المَاضِي　复古的，复古主义的
قَانُون ـ　[法]追溯法
ـ (م)　水果第二次收获
رَجْعِيَّة القَوَانِين　法律的追溯性
رُجُوع فَحْم　矿滓，熔滓
ـ　回答，答复；脚步声
تَرْجِيع　重复
ـ　哼，哼哼，伴唱，哼唧
مُرَاجَعَة: إعَادَة / تكرار　反复，温习
ـ　咨询；意见，质疑
ـ　溯逆
ـ: إعادة النظر　校对，订正，复查，复审
ـ الحِسَابات　检查(账目)
تَرَاجُع: ارتداد　退却，倒退
اِرْتِجَاع　反动，反动政策
اِرْتِجَاعِيّ　反动的
اِسْتِرْجَاع: سَحْب / اِسْتِرْدَاد　收回，撤退
ـ: اِسْتِعَادَة　召回，追回，恢复，重获
رَاجِع ج رَوَاجِعُ　复还的，再现的，回归的
الحُمَّى الـ ة　[法]回归热
رَجِيع　被留下的
ـ　重复的(字句)；疲倦的(驼)；补缀的(衣服)；汗水；反刍的食物
فَحْم ـ (م) / فَحْم ناعِم (م)　灰渣，煤渣，煤屑，煤灰
مُرَاجِع: فاحِص　检查员
ـ الحِسابات　查账员，审计员
مُتَرَاجِع: مُتَقَهْقِر　倒退的，退却的
مَرْجَع ج مَرَاجِعُ: مكان الرُجُوع　原地，原处，集会场
ـ: مُسْتَنَد　权威
ـ: كِتاب يُرْجَعُ إليه　参考书
ـ: مَلْجَأ　避难所
ـ　源泉，来源
ـ　(法院或机关的)级别
الـ الأَخِير　最后一招，最后的手段；最后的解决办法
المَرَاجِع الرَسْمِيَّة　政府机关
مَرَاجِعُ الاختصاص　专门的机关
ـ / ثَبَتُ الـ / قَائِمَة الـ　(写书或写文章的参考或引证的)文献目录，参考书目
رَجَفَه ـُ رَجْفًا ورَجَفَانًا ورُجُوفًا ورَجِيفًا: هزّه / حرّكه شديدًا　摇动，震撼
ـ وارْتَجَفَ: اِرتعد　发抖，战栗，颤栗，哆嗦
ـ وـ: اِرْتَعَشَ　颤动，颤抖
أَرْجَفَ: نشر أَخْبَارًا مُزْعِجة　传播恐怖消息，妖言惑众
ـ ت وأُرْجِفَت الأرضُ　地震
ـ في أو بـ...　牵制，分心
اِسْتَرْجَفَ　摇(头)
رَجْفَة: رَعْدَة / هَزَّة　震颤，发抖，惊悸，战栗，哆嗦
ـ: رَعْشَة　发抖，打颤，震颤
ـ تَشَنُّجِيَّة　[医]痉挛，搐搦，抽筋
ـ / إرْجاف ج أَرَاجِيفُ: أَخْبَار مُهَيِّجَة　动摇

人心的谣言，蛊惑人心的言论
راجِف 发抖的，哆嗦的
ـ / الـ ة [宗]末日的第一声号角
رَجَّاف 汹涌澎湃的海；复活日
مُرْجِف 散布谣言者，妖言惑众者
رَجَلَ ـَ رَجَلاً الرَجلُ: سار على رِجْلَيْه 步行，
徒步
رَجَّلَ الشَعْرَ: سرَّحه 梳发
تَرَجَّلَ: نَزَلَ عن رَكُوبَتِهِ 下马，下车
ـ تِ المرأةُ: صارت كالرجل 男性化
اِرْتَجَلَ الكلامَ 即席发言
ـ ه 绑住两腿
ـ الشِعرَ 口占，出口成章
ـ العَمَلَ 即席作出，临时作出，当场表演
اِسْتَرْجَلَ 把自己打扮得像男人一样
رَجُل جـ رِجَال ورَجَلَة ورَجْلَة وأَرَاجِل / رِجَّال
(سـ) / رَاجِل (مـ): إنْسَان 男人，男子，
汉子，男儿，男子汉
ـ في الرِجال 豪杰，男子汉，大丈夫
ـ دَوْلَة 国家领导人
ـ العِلْم 学者，科学家
ـ السِيَاسَة 政治家
ـ الصِحَافَة 记者，新闻工作者
ـ اللاَهُوت 僧侣，牧师
ـ الأَعْمَال 商人，企业家，实业家
ـ نَكِرَات 平凡的人，不知名的人士
ـ الأَمْن 安全人员，保安人员
ـ المَبَاحِث 侦探，密探，秘密警察
ـ ضِفْدِع 蛙人，潜水员
ـ عِصَابَة 匪徒，歹徒
ـ (حَرْب) العِصَابَات 游击队员
ـ قَوِيّ 大力士，铁腕人物；强人

رَجُلَة 女子
رِجْل وإجْر (سـ) جـ أَرْجُل: قَدَم 脚，足，
牲口后脚
ـ: سَاق أو قائِمَة 小腿，(桌椅的)腿
ـ جـ أَرْجَال (鱼、鸟、蝗、蜂)群
مِنْفَاخ ـ 脚踏式打气筒
ـ الأَرْنَب [植]金花菜
ـ الأَسَد (مـ) [植]薄雪草
ـ الجَراد / زَرْنَب / شجرة الفُشاغ / سَمِيلَقْس
[植]紫杉，水松
ـ الحَمام / رَعى الحمام [植]马鞭草
ـ الحَمام / كَحْلاَء / شجرة الدم / حنا الغُول
[植]亚尔卡拿(可作染料)
ـ الذِئْب / كِبْرِيت نَبَاتِيّ / مُسَكيه [植]石松
ـ الغُرَاب / ـ الزاغ / ـ آصِيلال / جَزَر الشَيْطَان
[植]百脉根(产于欧洲)
ـ القِطّ [植]连钱草
ـ اليَمَامَة [植]飞燕草
ـ الجَوْزاء [天]猎户座，(参宿四，三星中
右边的星)
ـ الجَبَّار / ـ الجَوْزَاء اليُسْرَى [天]猎户座
(参宿七，三星中左边的星)
الدُنْيا واقفة (قائمة) على ـ 他们心神不宁
قطع ـ ه من بينهم 他不到他们那里去，不
露面
يُقَدِّم رِجلاً ويُؤَخِّر الأُخْرَى 踌躇，迟疑，
犹豫不决
رِجْلَة [植]马齿苋
رُجُولَة / رُجُولِيَّة / رُجْلَة / رُجْلِيَّة / رَجُولِيَّة:
كمال الرجل (男子)成丁，成年
ـ / ـ: شَجَاعَة / صِفَة الرَجُل الكامِل 男子
的性格，丈夫气概；英雄气概，刚勇

بلغ دَرَجَة الـ 长成大人
اِرْتِجَال 发言，即席演奏，当场表演
اِرْتِجَالاً 临时地，无预备地，即席地
اِرْتِجَالِيّ / مُرْتَجَل 临时作的，即席的，口占的，出口成章的
رَجِل / رَاجِل جـ رَجْل ورَجَّالة ورِجَال ورُجَّال ورَجَالَى ورُجَالَى ورُجْلَان: ضد راكِب 徒步的，步行的
شَعْر ـ: بين الجُعُودة والاسترسال 波状的发，波浪式的头发
جُنْدِيّ راجِل: ماشٍ 步兵
رَجَّالَة 步行的
رَجْلَان جـ رُجَالَى ورَجَالَى ورَجْلَى 步行者，徒步者
رَجِيل جـ أَرْجِلَة وأَرَاجِلُ وأَرَاجِيل 步行者，徒步者；徒步旅行家
أَرَاجِيل 猎人
رَجَاجِيل 步兵
مُرْتَجَل 临时作成的，即席演奏的；脱口而出的，没准备的，口占的
مِرْجَل جـ مَرَاجِلُ: آلة بُخاريّة / خِلْقِين 汽锅，锅炉
غُرفة الـ 锅炉房
ـ كَهْرَبَائِيّ 电锅炉
ـ الصَهْر 平炉(马丁炉)
ـ 梳子
يَغْلِي ـُه (他的锅炉沸腾了)他勃然大怒
رَجَمَه ـُ رَجْمًا: رماه بالحِجَارَة 用石头砸死，处以石击刑(伊斯兰教教法上规定)
ـ بالغَيْب 占卜，占卦，卜卦
ـ ورَجَّمَ: تكلّم بالظَنّ 推测，臆断，猜想，揣想

رَجْم: رَمْي بالحِجَارة 用石头砸死
ـ بالغَيْب 占卜，占卦，预言
ـ جـ رُجُوم: ما يُرْجَمُ به / قَذِيفَة 抛射体
ـ جـ رُجُم: حجر جَوِّي 陨石
رَجَم / رِجَام 墓；井；炉灶
رَجْمَة ورُجْمَة جـ رُجَم ورِجَام: حجارة تنصب على قبر 墓石，墓碑
رَجِيم: لَعِين 被诅咒的，该死的，受天罚的
ـ: مَرْجُوم 被石头砸死的
مِرْجَم 强壮的；投掷器
تَرْجَمَه (انظر ترجم)
رَجَنَ ـُ ورَجِنَ ـَ ورَجُنَ ـُ رُجُونًا بـ... 居住，停留
رَجِين 剧毒
رَجِينَة 队伍，团体
مَرْجُونَة جـ مَرْجُونَات: قُفَّة 篮子，筐子
رجا يَرْجُو رَجَاءً ورَجْوًا ورَجَاةً ومَرْجَاةً ورَجَاوَةً ورَجَاءَة: ضد يَئِسَ 希望，期望
ـ وتَرَجَّى وارْتَجَى الشيءَ 指望，盼望
ـ له خَيْرًا 祝他好
ـ (مـ) وـ (مـ): توسَّل 请求，恳求，祈求，哀求
أَرْجَاه: أَرْجَأَه وأخَّره 拖延，延期，搁置
رَجًا / رَجَاء جـ أَرْجَاء: نَاحِية 方面，角落，范围，区
واسع الأَرْجَاء 幅员辽阔
في أَرْجَاء البِلاد 在全国各地
رَجَاء جـ رَجَوَات / رَجَاة / مَرْجَاة: أَمَل 希望，盼望，期待
ـ (مـ) / تَرَجٍّ (مـ): توسُّل 请求，恳求
قطع الـ 绝望，失望，断念
رَاجٍ: آمِل 希望者

مَرْجُوّ: يُرْجَى منه 有希望的，被希望的

الـ أن ... 希望，务望

رَاجَا جـ رَاجوَات Raja (印)[史]拉甲，罗阇 (指印度的酋长、王公或贵族)

أُرْجُوان 紫色

رحاية (في رحي)

رَحُبَ ـُ رُحْبًا ورَحَابَةً ورَحِبَ ـَ رَحَبًا المكانُ: كان مُتَّسِعًا 宽广，宽敞

رَحَّبَ وتَرَحَّبَ به 欢迎，迎接

ـ المكانَ: وسَّعه 扩大，拓宽

تَرَاحَبَ: اِتَّسع 成为宽广的

رَحَب / رُحْب / رَحَابَة 广阔、宽敞的房间

رُحْب / على الـ والسَّعَة! 欢迎！

رَحْبَة جـ رِحَاب ورَحَبات ورَحْب ورَحَب ورَحْبَات: سَاحَة 庭院，广场，空地

ـ الكَنِيسَة 教堂的中间部分

رِحاب الكَوْن 世界空间

تَرْحَاب / تَرْحِيب: حُسن الملاقاة 欢迎，迎接

خِطاب الـ 欢迎词

بـ ـ 高高兴兴地，欢欣地，愉快地

رَحْب / رَحِيب: واسع 广阔的，宽敞的，广大的

ـ وـ الباع: سَخِيّ 慷慨的，好施的，博施的

ـ وـ الصَدْر: كَرِيم 胸襟开阔的，宽容的，容忍的

مَرْحَبًا بِك وأَهْلاً وسَهْلاً ومَرْحَبًا! 欢迎！欢迎你！

مَرْحَب 哈达拉毛人所崇拜的偶像

مَرْحَبَة 广阔的地方，广阔的范围

أَرَحّ 平足的(人)，翻蹄的(牲口)

رَحْرَاح / عَيْش ـ 宽裕的生活

الـ: الواسع المنبسِط 宽而浅的

رَحَضَ ـَ رَحْضًا وأَرْحَضَ الثوبَ: غسَلَه / شَطَفَه 洗(衣服等)

رُحِضَ (病人)发汗，盗汗

رُحَضاء: عَرَقٌ في أَثَر الحُمَّى عند إشرافها على الفَتْرة 发烧后的汗

مِرْحَاض جـ مَرَاحِيض: مُسْتَرَاح 厕所，盥洗室，卫生间，化妆室

رَحِيق / رُحَاق 美酒，醇酒，烈性醇酒

رَحِيقِيّ / رُحَاقِيّ 美酒的，甘美的，美味的

رَحَلَ ـَ رَحْلاً ورَحِيلاً وتَرْحَالاً وارْتَحَلَ عن المكانِ: انتقل وذهب 出发，启程

ـ وـ عن الوطن: هاجَر 离乡背井

ـ وـ إلى رَحْمَة رَبِّه 逝世

تَرَحَّلَ: تنقَّل 游历，巡游，旅行

رَحَّلَه: صيَّره يَرْحَل 使离去，使迁移

ـ ه (م): نقله 搬，搬运

ـ (م): سفَّره 打发，遣发，派遣

ـ الأَقْلاَم الحسابِيَّة (م) 过账，誊账

رَحِيل / اِرتحال: ذَهاب 出发，启程，离去

ـ / ـ: مُهاجَرة 迁居，移民，侨居

الـ عن الحَياة 亡人，死者；死亡

رَحْل جـ رِحَال وأَرْحُل: سَرْج البَعِير 驼鞍

ـ: عَفْش / أَمْتِعَة المُسَافِر 行李

حَطَّ ـ ه عند ... 住下来…

شَدَّ ـ ه إلى ... 动身到…去

رِحْلَة جـ رِحْلاَت: سَفْرَة 旅行；访问，参观

ـ قَصِيرَة للنُزْهَة 小旅行，游览，远足

رِحالَة جـ رَحَائِل 皮鞍

تَرْحِيل (م): نَقْل 迁移，搬运，运输

ـ الحِسابات (م) 过账，转账

هذا جعله بين حلّ وـ 使他辗转迁徙

مُرْحِل 骆驼的主人和训练者

راحِل جـ رَاحِلُون ورُحَّل ورُحَّال: ذاهِب 起身者，动身者

ــ: نازِح / مُهَاجِر 侨民，移民

رَاحِلَة جـ رَوَاحِل 供骑用的骆驼

رَحَّال جـ رَحَّالَة: كثير التنقُّل 游牧的，漂泊的

ــ / رَحَّالَة (والتاء لِلمُبالغة): سائح / كثير الترحال 旅行家

مُرَحَّل 备好的骆驼

مَرْحَلَة جـ مَرَاحِلُ: ما يقطعه المسافِر في يومه 当天的)行程、路程

ــ: مَسَافَة 行程，路程，旅程，阶段

ــ الانتقال 过渡时期

ــ الدَوْرَة 循环期

أَحْسَنُ منه بمَرَاحِل 比他好得多

رحمه ـَ رَحْمَةً ومَرْحَمَةً ورَحْمًا ورُحُومًا: رَقَّ له 怜悯，怜恤，怜爱

رَحِمَت ورَحُمَت ـُ رَحَمًا ورَحَامَةً ورُحِمَت المرأةُ 子宫疼痛

ــ: غفر له 宽恕，饶恕

لا يَرْحَمُ: عديم الرَحْمَة 不予宽恕，不怜悯

رَحَّمَ وترَحَّمَ على ... 祈求上帝怜悯

تَراحَمَ القومُ 互相怜恤，互相关怀

اسْتَرْحَمَه 请求宽恕，请发慈悲

رَحْمَة / مَرْحَمَة جـ مَرَاحِمُ 仁慈，慈爱，怜悯

ــ و ــ الله 天恩，安拉的慈恩

تحت ــ ه 完全受他支配，在他掌握之中，在他的怜悯之下，仰人鼻息，寄人篱下

بِسَاطُ الـ: يُبْسَطُ على النعش أو يحمل في الجنائز 棺衣，棺罩，柩衣

عدَم ــ 无情，残忍

عَديم الـ 无情的，残忍的

عَرْش الـ 神位，上帝的宝座；天堂，乐园

بلا ــ ولا شَفَقَة 残忍地，冷酷地，无情地

رَحِم / رِحْم جـ أَرْحَام: بيت الولد (م) 子宫

حَمْل خارِج الـ [医]宫外孕

صِلَة الـ 亲戚关系，血统关系

ذُو الـ 亲戚，亲人，亲属

قَرابَة ــ: من الأمّ 母系的亲戚关系

أمّ رُحْم / أُمّ الرُحْم 麦加城的别号

رَحُوم / رَحِيم 大仁大慈的，大慈大悲的

الرَحْمَن أو الرَحْمَان الرَحِيم 大仁的，大慈的，大仁大慈的(安拉)

مَرْحُوم: مُتَوَفًّى 已故的，已死的，去世的

الـ فلان 已故的某人

رحا يَرْحُو رَحْوًا ورَحَى يَرْحِي رَحْيًا وتَرَحَّى الحَيَّة (蛇)盘圈，盘成一堆

ــ الرَحَى: أدارها 推磨

رَحًى جـ أَرْحِيَة وأَرْحاء وأَرْحٍ ورُحِيّ ورِحِيّ وأُرْحِيّ / رَحَايَة جـ رَحَايَات (م): جارُوشة 小磨，手磨

ــ 驼队；族长；臼齿

دارتْ ــ الحَرْب: نَشِبَت 战争爆发了

حَجَرُ الـ 磨石，磨盘

رَحَوِيّ: دَوَّار 旋转的，回转的，轮转的

رَحَوِيَّة (大船上的)起锚机，绞盘

رخاء (في رخو) / **رخام** (في رخم)

رَخْت جـ رُخُوت 马鞍

ــ (س) 马衣

رَخَّ ـُ رَخًّا الشرابَ: مزَجه بالماء 搀水冲淡；稀释(溶液)

ــ ت السماءُ (م): رشَّت 天降阵雨

رَخَّة مَطَر جـ رَخَّات (م): نَخَّة 阵雨

رُخّ جـ رِخَاخ ورِخَخَة: طائر خرافيّ كبير 大鹏，

(阿拉伯和波斯神话中的)怪鸟

ـ مِصريّ: بجمَة 秃鹰

ـ (في لُعبة الشِطْرَنْج) (国际象棋的)车，

(其形为城堡)

ـ (س) 兀鹰

رَخاخ: هَنِيء 安乐的，舒适的(生活)；柔

和的，软的

رَخْرَخَ (م): رَخَى / أَرْخَى 松弛，放松

مُرَخْرَخ: ضد مَشْدُود أو مُتوتِّر 松弛的，宽

松的，不紧

张的

تَرَخَّش وارْتَخَشَ 受惊，被扰乱

رَخُصَ ـُ رُخْصًا الشيءُ: ضد غَلاَ 价廉，便宜

رَخُصَ ـُ رَخَاصَةً ورُخُوصَةً الشيءُ: لاَنَ وطَرَى

柔软，柔和

رَخَّصَه وأَرْخَصَه: جعله رَخِيصًا 贬值，减价

ـ وتَرَخَّصَ له بكذا: أَجَازَ 许可，允许

ـ له: أعطاه رخصة 批准，发给特许证，

给予执照

تَرَخَّصَ في الأمر 通融办理，从宽处理

اِرْتَخَصَ الشيءَ واِسْتَرْخَصَه 认为便宜，认为价

廉

ـ: طلب الرُخْصة 请求许可，请准许

رُخْصَة: تَصْرِيح (م) / بَرَاءَة 许可证，特许证，

执照

رَخْص / رَخِيص جـ رِخَاص ورَخَائِصُ: لَيِّن

软的，柔软的，温和的

ـ / ـ: ضد غَالٍ 廉价的，贱价的，低价的

ـ: لَيِّن طَرِيّ / لَدِن ناعم 温顺的

بَذَلَ كلَّ ـ وغالٍ في سَبِيل كذا 为了…而

尽一切力量，为…贡献一切

مُرْتَخِص 便宜的，贱价的

رَخُفَ ـُ رَخْفًا ورَخِفَ ـَ رَخَفًا ورخُف ـُ رَخَافَةً

ورُخُوفَةً العَجِينُ 面团变软

رَخْف جـ رِخَاف 软奶油，乳脂

رِخْل ورَخِل ورِخْلَة جـ أَرْخُل ورُخَال ورِخَال

ورِخْلاَن ورَخَلَة ورِخَلَة 母山羊羔

رَخُمَ ـُ رَخْمًا ورَخُمَ ـُ رَخَامَةَ الصوتُ: رَقَّ

ولاَنَ (声音)悦耳，柔和

ـ ت ـَـُ رَخْمًا ورَخْمَةً ورَخَمةً المرأةُ ولَدَها

抚爱，怜悯

ـ ت ـُ رَخْمًا ورَخَمًا ورَخْمَةً الدَجاجةُ على

البَيْض (母鸡)孵蛋，抱窝

رَخَّمَ الصوتَ 使声音柔和

ـ (في النحو) [语]省略词尾

ـ الأَرضَ (م): فَرشها بالرُخَام (用大理石)

铺地

رَخْم / إرْخَام البيض 孵蛋，抱窝

رَخَم جـ رُخْم / رَخَمَة جـ رَخَمَات 埃及兀鹰

ـ 稠浓的牛奶；同情

رُخَام الواحدة رُخَامَة جـ رُخَامَات: حَجَر معروف

大理石；雪花膏石

رَخَامَة 旋律，曲调

رَخِيم / رَخِم 有旋律的，好听的，柔美的，

悦耳的

رَخُوَ يَرْخُو رَخَاوَةً ورَخِيَ يَرْخَى رَخًا ورِخْوَةً:

تَرَخْرَخ (م) 柔软，松弛

رَخَا يَرْخُو ورَخَى ـَ ورَخِيَ يَرْخَى ورَخُوَ يَرْخُو

رَخَاءُ العيشُ 生活宽裕，生活舒适

رَخَى وأَرْخَى الشيءَ: سدَله 垂下，放下，落幕

ـ وـ الليلُ سُدُولَه على القافِلة 夜色笼罩着

商队

ـ وـ للحِصَان: أَطلق العِنان 放松缰绳

ـ وـ: حلَّ ورَخْرَخَ (م) 解开，宽松

ـ وـ: أَطْلَقَ / فكَّ 放行，放任，释放，解放

تَرَاخَى: تَوانَى 松懈，缓慢，迟缓

ـ عن كذا: تَبَاعَدَ 离开

ـ ت الأَثْمانُ لكَثْرة البَيْع (物价)下跌

اِرْتَخَى واسْتَرْخَى: صار رخوًا 变为松懈的，成为柔软的，成为缓慢的

ـ وـ: كَلَّ 疲倦，软弱

رَخَاء: يُسْر 丰富，富裕，宽裕，安乐，繁荣

رَخَاوَة 柔软，松软

ـ الأَرْض 土壤的松软度

ـ العُود 性格软弱

رُخَاء: ريح لَيِّنَة 微风

أُرْخِيَّة جـ أَرَاخِيّ 放下的窗帘

اِرْتخَاء / اِسْتِرْخَاء 松懈，弛缓，懒散

ـ / ـ: سَجْو 松弛，减轻，宽舒，和缓

ـ العِظَام: مرَض الكُسَاح [医]佝偻病，软骨病

تَرَاخٍ 松懈，软弱

ـ 疲倦

مُتَرَاخٍ: مُتَوَانٍ 缓慢的

ـ: مُرْخِيّ (مـ) / سَاجٍ / ضد مُتَوَتِّر 松懈的，松弛的，不紧张的

رَخْو: لَيِّن 软的，没力气的

ـ السَوْط 鞭头绳

ردأ ـَ رَدْأً الحائطَ: دعَمه 支撑，支住(墙壁)

ـ الرجلَ: أَعَانَه 帮助，支援

رَدُؤَ يرْدُؤُ رَدَاءَةً: كان رَدِيئًا / فَسُدَ 成为恶劣的

أَرْدَأَه: صيَّره رَدِيئًا 使恶化

تَرَدَّأَ 变坏

رَدَاءَة: ضد جَوْدَة 坏，劣，不良

ـ الطَقْس 天气恶劣

ـ: شَرّ 恶，邪恶

رَدِيء جـ أَرْدِيَاءُ وأَرْدِئَاء: ضد جَيِّد 坏的，不好的，不良的，拙劣的

ـ: شِرِّير 坏蛋，坏家伙

ـ: خَبِيث 居心不善的，恶毒的

ـ التَرْبِيَة 无教养的，没有礼貌的

ـ الطبع 脾气不好的，性情乖张的，暴躁的

رِدْء جـ أَرْدَاء 支持者，帮助者；支柱

أَرْدأُ من ... 比较坏，更坏

ردب: طريق مَسْدُود 死巷，死胡同

إِرْدَبّ جـ أَرَادِب 伊尔达勃(容积名，约等于197.6 公升或 44 加仑)

ردج ـُ رَدَجانًا 一步一步走

ردح ـَ رَدْحًا له: ثبت 成为稳健的

رَادَحَ 反驳

رَدَح: مُدَّة طَوِيلة 长期

رَدَحًا طَوِيلاً 长久的

رَدْح: وَجَع خفيف [医]不舒服，小病，微恙

ـ: إمعان في السَبّ 谩骂，辱骂

رَدَاح جـ رُدُح 重载的(军队、骆驼)；肥胖的(妇女)；肥沃的(土地)；严重的(暴乱)；大碗

رُدْحَة 帐幕，帐篷

رُدْحِيّ 蔬菜商

رَدَّاح 爱争吵的人

رده ـُ رَدًّا ومَرَدًّا ومَرْدُودًا ورِدِّيدَى عن كذا:

أَرْجَعَه / أَعَادَه 送回，退回

ـ نَامَ (سـ) 他又去睡了

ـ ه: دفعه 击退，打退，赶回去

ـ عليه: أَجابه 答复，回答

ـ عليه بِفَظَاظَة: عاكَسه 顶嘴，顶撞

ـ الدَّيْنَ	偿还(债务)，偿付，归还，还债
ـ الشيءَ إلى مَكانِه	把…放还原处，退回原处
ـ الشيءَ إلى صاحبه: أَرجعه	送还，退还
ـ الزيارةَ	回访，回拜
ـ النورَ: عكَسه	(光)反射，反映，反照
ـ الصوتَ: جعله يرتدّ	反响
ـ ه عن عَزْم: أَثنى	劝阻，劝戒
ـ التُهْمَةَ: دفعها	反驳，举反证
ـ على القَول: فنَّده / نقَضه	驳倒，驳斥
ـ العَدُوَّ: قاوَمَه / صدَّه	抵抗，反抗，抵挡
ـ ه: درَأه	挡开，架开，架住
ـ البابَ: أَطْبَقَه	关闭
ـ ه إلى مَرْكَزِه	使复位，使复职，使复任
ـ اِعتبار المَحْكُوم جِنائِيًّا	恢复犯人的名誉
ـ إلى الغَرِيق حَيَاتَه	使溺水者苏醒，救活淹溺者
ـ يَدَه	把他的手挡回去
ـ العَدُوَّ إلى أعقابه	击退敌人
ـ السَلاَمَ	答谢问候(祝贺)
ما يَرُدُّ هذا عليك شيئًا: لا يَنْفَعُك	这对于你毫无裨益
لا يُرَدُّ: لا يُنْقَض	不可反驳，驳不倒
رَدَّدَه: كَرَّرَه	重复，反复
تَرَدَّدَ في الجَواب: توقَّف قليلاً	支吾，迟疑
ـ في الأمرِ: ارتاب فيه فلم يثْبُت	疑虑，犹豫不决，拿不定主意
ـ في كلام: تَلَجْلَجَ	言语支吾，嗫嚅，讷讷而言
ـ إلى المكان	常去，常访
ـ	交替着发生；反复无常
اِرْتَدَّ: رَجَعَ / تَقَهْقَرَ	退却，倒退
ـ عنه: تَرَكه	抛弃
ـ عنه: هجَره	背离，离去
ـ راجِعًا إلى ...	退回到…
ـ على عقبه	退回
ـ من ...	(子弹)弹回，跳回
ـ إلى رَبِّه	[宗]悔改，忏悔
اِسْتَرَدَّه: اِسْتَرْجَعَه	收复，收回，克复，复得，挽回
ـ خَسارةً: استعاضَها	弥补损失
ـ ه الشيءَ: سأله ان يَرُدَّه	要求归还
ـ أنْفاسَه: اِلْتقطها	喘息，喘一口气
رَدّ: إرجاع	归还，退还
ـ: إجابة / جَواب	回答，答复
ـ: انعكاس	反射，反光，反映
ـ: دفْع / صَدّ	击退，打退
ـ: دفْع / اعْتِراض	[法]反驳；反证
ـ: رَفْض	拒绝
ـ: تَفنيد / دَحْض	反驳，驳倒
ـ الاِعتبار أو الشَرَف	复权，复职，恢复名誉
ـ الحَقّ	归还权利
ـ الحِيازَة	[法]收回(租地或租房)
ـ الرُسُوم الجُمْرُكِيَّة	退(关)税
ـ الفِعْل أو تأْثيره: ارتكاس	反应，反作用
ـ فِعْلِ الآلَةِ	机械反动量，反撞
بَعْدَ أَخْذٍ وـ	讨价还价后，反复磋商后
رَدَّ على كتابِه	给他写回信
ـُ الصَوْتِ	回声
رَدًّا على ...	回答，答复，回信
طَلَبُ ـ القاضِي	[法]审判官例应回避的声明
ـ المُدَّعِي	[法](原告对被告抗辩的)答辩

ـ بالمِثْل: انْتِقَام	报复
رَدَّة (مـ): نُخالة	麸(皮)，糠
ـ ناعِمة (مـ)	细麸，细糠
ـ	伴唱，合唱
رِدَّة: صَدَى الصوت	回声，应声
ـ: الارتداد إلى الأصل الخِلْقيّ	[生]隔代遗传，还原遗传，返祖现象
ـ عن الدِين	叛教
تَرَدُّد: توقُّف لرِيْبَةٍ	踌躇，犹豫
ـ: اِمْتِنَاع	拒绝
اِرْتِدَاد: تَرَاجُع	退却，倒退
ـ: رُجُوع	退回
ـ عن الدِين أو العَقِيدة: مُرُوق	脱离宗教或信仰，叛教
اِسْتِرْدَاد: اسْتِرْجَاع	收复，收回，光复
ـ: سَحْب	撤回
ـ (في الحُقُوق)	要求收回，要求恢复(权利)
ـ: طلَب الرَدّ	要求退还，索回
رُسوم الـ	偿还的关税
تَرْدَاد: تَكْرار	重复
ـ: تكرار الزيارة	屡访，常往
رَادّ	反击的
لا ـَ له	难免的
مَرْدُود: مَنْقُوض / يُنْقَض	可驳的，可反驳的，可驳倒的
ـ	被反映的，被反应的
ـ	收入
ـ	收获量，产量
مَرَدّ	回复的地点；回击
لا ـ له	难免的，必然的
ـ ه إلى ...	这个解释为…
مُرَدِّد: مُكرِّر	反复者，重做者，重演者
مُرَدِّدُون: مُساعِدُو المُغَنّي	第二流的歌手，副歌手
مُتَرَدِّد: مُرَدِّد / حائِر بائِر	游移的，迟疑的
ـ الفِكْر	无决断力的，无定见的，踌躇的
مُرْتَدّ: مُتَقَهْقِر	撤退的，退却的，倒退的
ـ عن الدين	叛教的
رَدَس ـِ رَدْسًا الأرضَ: دكَّها بالمِرْدَس	打夯
مِرْدَس / مِرْدَاس: مِنْدَالَة (مـ)	撞槌，汽槌，蒸汽碾路机
ردعه ـَ رَدْعًا عن كذا	制止，挡住，抵住，抑制，遏止，威慑
اِرْتَدَعَ عن كذا: كَفَّ وارْتَدَّ	被制止，自制，自阻
رَدْع	番红花；血污
رِدَاع	粘泥，软泥
رَادِع جـ رَوَادِع	抑制，制止，拘束，威慑
لا ـ لهم	不能制止他们，无法拘束他们
قُوَّة ـ ة / قُوَّة رَدْع	威慑力量
رَدْغَة / رَدَغَة جـ رِدَاغ ورَدْغ ورَدَغ ورَدَغات: وَحْل شديد اللُزُوجة	粘泥
رَدَفَه ـُ ورَدِفَ ـَ رَدْفًا له: تبِعه	跟随，追随
ـ: رَكِب وَرَاءه	骑在后面
رَادَفَه: رَكِب وَرَاءه	骑在后面
ـ	与…同义
أَرْدَفَه	让他骑在后面
ـ: تَوَالَى	连续
تَرَادَفَت الكَلمات: تَشَابَهَت في المعنى	同义，成为同义词
تَرَادَفُوا: تَتَابَعُوا	陆续，相继而来
ـ: سَارُوا خَلْف بَعْض	成单行行进，鱼贯而行
تَرَادُفُ الكَلام: تشابُه المَعْنَى	同义

رِدْف جـ أَرْدَاف: خَلْف / وَرَاء 后面的，在背后的
ـ: عَجُز 臀部，屁股
ـ / رَدِيف جـ رِدَاف ورُدَفَاء: راكِب خلف راكب 骑在后面的人
ـ / رداف الدابّة: كفَل 牲畜的臀部
أَرْدَاف مُسْتَعَارَة: عَجَازة 衬于妇人腰后的软垫式撑架，(女人撑裙折的)腰垫
الرِدْفَان: اللَيل والنَهار 昼夜
رادِف: خَلْف / وَرَاء 在后边
الـ ة [宗]世界末日的第二次喇叭声
رَدِيف (في الجيش) / قُوَّة ـ ة 预备军，后备队
جُنْدِيّ ـ: يُطلب عِند الحَاجَة 预备兵，后备兵
رَدِيفًا لـ ... 跟随…走的
مُتَرَادِف: متشابه المعنى 同义的
مُتَرَادِفَة جـ مُتَرَادِفَات / مُرَادِف جـ مُرَادِفَات: كلمة تشابه غيرها في المعنى 同义词
رَدَمَ ـُ رَدْمًا الثَلْمة أو الحُفْرَة 填塞，填平
ـ ت وأَرْدَمَت الحُمَّى [医]持续发烧，发烧不止
رَدْم: ضد حَفْر (用土)填平
ـ: أنقاض الهدم 废墟，瓦砾场
ـ / رُدَام / مِرْدَام 废物，无用的人
أُرْدَم جـ أُرْدَمُون: مَلّاح حاذِق 精明的水手
مُتَرَدَّم 需要修缮的地方
رَدَنَ ـِ رَدْنًا: غَزَل على المِرْدَن 纺纱
ـ على ... (مـ): بَرْطَمَ ودمدم 发牢骚，鸣不平，诉委屈
رُدْن جـ أَرْدَان: كُمّ 袖子
الأُرْدُنّ (في الأردنّ) 约旦
رُدَيْنِيّ: رمح منسبة إلى رُدَيْنَة 矛，枪
مِرْدَن جـ مَرَادِنُ: مِغْزَل 纺锤；锭子，纱锭，纺锭
ـ وعِرْنَاس 锭子和卷线杆

رَدَّة (مـ) (في ردد)
رَدْهَة جـ رَدَهَات ورَدْه ورِدَاه ورُدَّه الدار: أوسع مَحَلّ فيها 大厅，厅堂，客厅；过道
ـ 石洞或山洞；雪水
رَدِيَ يَرْدِي رَدْيًا ورَدَيَانًا ورَدِيَ يَرْدَى رَدْيًا: سقط أو هلك 倒下，摔倒，跌倒；死亡，灭亡
رَدَّى وأَرْدَى الرجلَ: صرَعه 摔倒，使跌倒
ـ وـ: قتَله 杀害，杀死，谋害
أَرْدَاه قتيلاً 把他杀死，击毙
تَرَدَّى وارْتَدَى: لبِس الرِدَاءَ 穿(大衣、外套)
ـ في كذا: سقط 跌入，落入，滚入
ـ أَهْمِيَة كُبْرَى (مـ) 具有很大意义
رِدَاء جـ أَرْدِيَة: عَبَاءة 披风，斗篷，外套
ـ: ثَوْب 衣服，衣裳
رَدَاة جـ رَدًى 岩石
مِرْدًى جـ مَرَادٍ (用来打碎石块的)大石锤
مَرَادٍ 象腿，马腿，骆驼腿
مُرْدِيّ / مِدْرِي (سـ) جـ مَرَادِي / مِدْرَى ومِدْرَاة جـ مَدَارٍ (船夫用的)篙子
رَدِيتُور (أ) radiator 散热器，暖气片
رَذَّتْ ـُ رَذَذًا وأَرَذَّت السَمَاءُ 下毛毛雨，下濛濛细雨
رَذَاذ: مَطَر خفيف 毛毛雨，牛毛细雨
رَذُلَ ـُ ورَذِلَ ـَ رَذَالَةً ورُذُولَةً: كان رَذِيلاً 成为卑鄙的，下贱的
رَذَلَه ـُ رَذْلاً وأَرْذَلَه: رفضه 弃绝，抛弃
ـ ه واسْتَرْذَلَه: اِحْتَقَرَه 轻视，鄙视，蔑视，藐视
ـ ه (مـ) ورَذَّلَه (مـ): أَهَانَه 骂，申斥，斥责，非难

رَذْل جـ أَرْذَال ورُذَال ورُذُول ورَذْلُون / رَذِيل جـ رُذَلَاء ورِذَال: سافِل 卑鄙的，下贱的，卑贱的，恶劣的，可鄙的

ـ: رَفْض 抛弃，弃绝

رَذَالَة: سَفالة 下贱，卑鄙

رَذِيلَة جـ رَذَائِلُ: ضد فَضِيلَة 恶德，不道德，不道德的行为

رذَمَ ـِ رَذْمًا ورَذَمَانًا ورَذِمَ ـَ رَذَمًا وأَرْذَمَ الإناءُ 满溢

رذِيَ يَرْذَى رَذَاوَةً: أَثْقَلَه المَرَضُ 病得精疲力竭

رزَأَ ـَ رَزْءًا ومَرْزِئَة ورُزْءًا الرجلَ مالَه 剥夺他的部分财产

رَزِئَ ـَ رُزْءًا وارْتَزَأَ الرجلُ: أصاب منه خَيْرًا 从…上得到好处

رُزْء جـ أَرْزَاء / رَزِيئَة / رَزِيَّة جـ رَزَايَا: مُصِيبَة 灾难，祸患

رزَبَ ـُ رَزْبًا المكانَ: لَزِمَه 在某地久居

مِرْزَبَّة / مِرْزَبَة جـ مَرَازِبُ / إِرْزَبَّة: عَصًا من حديد 铁竿，铁棒

مِرْزَاب جـ مَرَازِيبُ: مِيزَاب [建]承溜口，笕嘴(突出于屋子上部，常为屋顶泄水沟的水口)，落水管

رُزْبِيت (مـ): اِحتياطيّ 预备品，预备金

رزَحَ ـَ رَزْحًا ورُزُوحًا ورَزَاحًا الجَمَلُ تحت حمله (驼)力竭，累得爬不起来

رُزْدَاق / رُسْتَاق جـ رُزْدَاقَات ورَزَادِيقُ 黑色；郊区

رزَّتْ ـِ رَزًّا وأَرَزَّت الجَرَادَةُ: غَرَزَت ذنبها في الأرض لتبيض (蝗)把尾部插入土中产卵

رَزَّزَ الشيءَ: صقلَه 摩擦，磨光，擦亮，弄光滑

رُزّ / أُرُزّ 稻米，大米

ـ بِلَبَنٍ 牛奶大米粥

ـ دَفِين (مـ) 抓饭(用牛羊肉、牛油加上各种香料煮成的饭)

عُصْفُورُ الـ 食米鸟，禾雀，文鸟

رَزَّة جـ رُزَز ورِزَاز ورَزَّات (مـ): مِسمار بحلقة / لَزّ 有环的螺丝钉

مِسمار ـ / جَمْبَرِّت (مـ) U 字钉，骑马钉

مُغْلَق بأَلْف ـ 上了千层锁

إِرْزِيز 战颤；小雹

رَزَّاز 米商

رزَعَ ـَ رَزْعًا (مـ) 使倒下，砍倒；打，敲

ـ الباب 乓的一声关上门

رزَقَه ـُ رَزْقًا: أَوْصَلَ الرِزْق إليه 供养，供给生活资料

رُزِقَ: نال الرِزْقَ 获得供给，受供养

ـ بالبَنِينَ 得子，生儿子

ـ منها وَلَدًا 她给他生了一个儿子

هو حَيّ يُرْزَق 他还活着，他身体健壮

اِرْتَزَقَ 谋生，糊口

اِسْتَرْزَقَ: طلب الرِزْق 求供养，寻找生计

رِزْق جـ أَرْزَاق: كل ما تَنْتَفِع به 生活之计，糊口之资

ـ: حَظّ أو خَيْر 运气，命运；好运

ـ (س): مِلك 财产，资产

ـ (س): مَاهِيَّة (مـ) 薪水，薪金

ـ مَوْرُوث 遗产

ـ اليوم 每天的口粮，最低的生活资料

قَفَلَ بابَ الـ في وَجْهِهِ 使他无法谋生

بَخْتَك رِزْقَك (مـ) 凭运气吃饭

الرَزَّاقُ 普施主，供给生活资料者(指安拉)

مَرْزُوق: حَسَن الحظّ 幸运的，侥幸的，好运气的

ـ 具有一切必要的东西的

مُرْتَزِق 获得的口粮，生活资料的来源
مُرْتَزِقَة 取得给养的人，雇佣军
مُسْتَرْزِقَة: جُنُود مَأْجُورُون 雇佣军
رَزَمَ ـُ رَزْمًا الشيءَ: حزَمه 打捆，打包
أَرْزَمَ الرَّعْدُ 打雷，雷声隆隆
رِزْمَة جـ رِزَم: حُزْمَة 一卷，一包，一捆，
包裹，小包，行李
ـ كَبِيرة: بَالة (مـ) / إِبَّالَة (货物的)大包、
大捆
ـ وَرَق (مـ) (نحو ٥٠٠ فرخ أي طَلْحِيّة) 一令
(纸)
رَزَمَة (婴孩、母驼的)哭喊，叫
رَزْمَة 够吃一天的口粮
رَزَّام 怒吼的狮子
أُمّ مِرْزَم 北风
رَزُنَ ـُ رَزَانَةً وتَرَزَّنَ: كان رَزِينًا 成为沉着的，
镇静的，成为稳重的，成为老成持重的
رَزَنَ ـُ رَزْنًا الشيءَ: قدَّر وزنه 掂掂(分量)
ـ بالمكان: أقام به 定居，安居
تَرَزَّنَ في الأمر 成为稳重的
رَزَانَة 庄重
ـَـ: امرأة رَزِينَة 端庄的女人
رَزِين جـ رُزَنَاءُ: رَصِين 沉着的，稳重的，庄
重的
ـ: ثقيل 有分量的，沉重的
أَرْزَن: خَشَب صُلْب 坚木，硬木
رُزْنَامَة (مـ) 历法，历书
رَسَبَ ورَسُبَ ـُ رُسُوبًا ورَسَبًا الشيءُ: سقَط إلى
الأَسْفَل 沉淀
ـ في الامتحان: أَخْفَقَ 考试不及格，落第
رَسَّبَ (سـ) 使沉淀
تَرَسَّبَ (سـ) 澄清，沉淀

تَرَسُّب 沉淀
إناء الـ أو وِعاء الـ 沉淀池，沉淀桶
راسِب جـ رَوَاسِبُ / رُسُوب: ثُفْل 沉淀物，沉渣
ـ (في الكيمياء) [化]沉淀物
رَوَاسِب الماضي 过去的遗迹
ـ مَعْدِنِيَّة 矿石层
ـ فَحْم حَجَرِيّ 煤矿
رَسْتَقَ (مـ): كَمَّلَ الناقِصَ 补满，补足
مُرَسْتَق: مُيَسَّرٌ 小康的，富饶的
مَرْسَح جـ مَرَاسِحُ (مـ): مَسْرَح / دار التَمْثِيل 戏
院，剧场
رَسَخَ ـُ رُسُوخًا: ثبَت 稳固，坚固，坚定
ـَ: تَأَصَّلَ 生根，根深蒂固
ـ في الصدر أو الذِهن 牢记
ـ في العِلْم 成为专家，精通
أَرْسَخَه ورسَّخه (مـ) 使坚定，使固定，使生根
ـ في الذِهْن 使牢记
رُسُوخ: ثبات 固定，坚定
راسِخ: ثابِت 坚固的，意志坚定的，不屈不
挠的，有恒心的
ـَ: متأصِّل 固定的，不变的，生根的，根
深蒂固的
ـ في كذا: متمكِّن 有基础的，精通的
ـ في العِلم 精通科学的人
فَنَّان ـ القَدَم 杰出的艺术家
رَسَّ ـُ رَسًّا البِئْرَ: حفرها 挖井
ـ له الخبرَ 告诉他消息
ـ 隐藏；埋葬(死者)
ـ بين القوم: أصلح 使和解，调解
رَاسَّه بالأمر: فاتحه به 先开始做
ارْتَسَّ (消息)传布
رَسّ جـ رِسَاس 古井；开始

رُسَّة / أُرْسُوسَة 高帽子
رِسْرَاس (م) / سَرَاس 胶，浆糊
رَسَغَ ـُ رَسْغًا البَعِيرَ 用绳扎驼骹
رُسْغ ج أَرْسَاغ وأَرْسُغ اليَدِ 腕，手腕，腕关节
ـ الرِجْلِ 踝骨
سَاعَةُ ـ أو يَد 手表
رَسَفَ ـِ رَسْفًا ورَسِيفًا ورَسَفَانًا: مَشَى مُقَيَّدًا 带着脚镣走
رَسِلَ ـَ رَسَلاً ورَسَالَةً واِسْتَرْسَلَ الشَعْرُ وأمثالُه (头发等的)下垂，披散
رَاسَلَه في أو بـ أو على كذا وتَرَاسَلَ معه: كَاتَبَه 通讯(信)
أَرْسَلَ الشيءَ: بعَث به 发，送(物)，寄
ـ نُقُودًا 汇钱，汇款
ـ في طَلَبِه 派人去(拿)取，派人去叫
ـ حُكْمًا 发出判决案
ـ الصَوْتَ 发出叫喊声
ـ الدُخَانَ 散发烟雾，吐出烟雾
ـ نَظْرَةً إلى ... 把眼光投向…
ـ ه عن يده 抛弃，放弃
ـ شَعْرَه 留头发
تَرَسَّلَ في...: تمهَّل وتَرَفَّقَ (行动)缓慢，徐缓
اِسْتَرْسَلَ في الكلام 语言流畅，口若悬河，高谈阔论
ـ تْ في أَفْكَارِها 深思
ـ تِ الدُمُوعُ من عُيُونِها 挥泪
رَسْل: سَهْل 徐缓的，闲适的，轻松的
ـ / مُسْتَرْسِل: سَبْط (شَعْر) 披散的，披肩的，下垂的(发)
رَسَل ج أَرْسَال 人群；驼群
رَاسِلاَن 两肩
رِسْل 缓慢，文雅；牛奶
ـ / رِسْلَة 缓慢
ـ ج رِسَال ورَسَال: قَوَائِم البَعِير (骆驼的)蹄
على ـ ك أيُّها الصَدِيقُ! 朋友，慢点儿！
رُسَيْلَة ج رُسَيْلاَت 自由自在
أَلْقَى الكلامَ على رُسَيْلاَتِه 信口开河
رِسَالَة ج رَسَائِلُ ورِسَالاَت: خِطَاب 信，函，书信
ـ ٌ غَرَامِيَّة 情书
ـ ُ التَحِيَّةِ 贺信
ـ اِعْتِذَار 道歉信
ـ بَرْقِيَّة / ـ تِلِغْرَافِيَّة 电报
ـ: كُرَّاسَة / كُتَيِّب 小册子
ـ: مَقَالَة / نُبْذَة 文章，短论
ـ: مُهِمَّة 使命，任务
ـ الدُكْتُوراه 博士论文
ـ / إرْسَالِيَّة ج إرْسَالِيَّات (م): شيء مُرْسَل 交付递送之物
ـ /ـ: بَعْثَة 差遣
مُرَاسَلَة: مُكَاتَبَة 通信，通讯
ـ (م): خَادِمٌ جُنْدِيّ [军]勤务兵，传令兵，通信员
التَعْلِيم بالـ 函授教学
إرْسَال 寄，派遣，发报
رَسِيل ج رُسَلاَء ورُسُل 使者
رَسُول ج رُسُل ورُسْل وأَرْسُل ورُسَلاء [宗]使者，使徒，信徒；先知
ـ: مِرْسَال(م) 送信人，传令兵，邮差
الـ [宗](指安拉的)使者穆罕默德
ـ سِرِّيّ أو خَاصّ 密使或特使
ـ: إفْرَاز الغُدَد الصُمّ [生化]荷尔蒙，激素
ـ: نَذِير 预兆，前兆
ـ: حَوَارِيّ 使徒，传道者

ـ: مُرْسَل / مَبْعُوث 使节，使者
ـ الغَيْث [动]鸻；鸻科鸟
رَسُولِيّ 使徒的，罗马教皇的
الكُرْسِيّ الـ [宗]圣座，宗座，罗马教廷，罗马教皇的直辖教区
مِرْسَال ج مَرَاسِيلُ (س) 使者，传信者
مُرَاسِل: مُكَاتِب 通信者，通信员
ـ خَاصّ 特约记者，特约通讯员
مُرْسِل / رَاسِل (م): الذي يُرْسِل 发送人，寄信人，(报社的)通讯记者
جِهازٌ ـ 发射机，发报机
مُرْسَل (للتبشير بالدِينِ) 传道的，传教的，传教士
ـ إليه: المُسْتَلِم 领收者，收信人，收件人
رسم ـ رَسْمًا الرَسْمَ: صَوَّرَه 描写，描画，写生，绘画
ـ بالأَلْوَانِ: نقَش 用颜料画
ـ الشيءَ: صنَع صُورَتَه 画画，作画
ـ ه: وَصَفَه 描写，描绘，描述
ـ له كذا: أَمَرَه به 指示，规定
ـ ـُ رِسَامَةً (س): كَرَّسَه 授以圣职
رَسَّمَ 绘图；拟定计划
تَرَسَّمَ 制图
ـ خُطَّةً 制定计划
ـ الآثَارَ 追踪
ـ للقَوَاعِد 遵守规则
ـ خُطَاه 步(某人)后尘，追随
اِرْتَسَمَ 奉令
ـ (س) 承圣职
رَسْم ج رُسُوم ورُسُومَات وأَرْسُم: تَصْوِير أو صُورَة 画，描绘
ـ: صُورَة 图画，画像
ـ: وَصْف 描写，描绘
ـ: أَثَر 印象，痕迹
ـ ٌ بَيَانِيّ 图解，图表
ـ ٌ مُجْمَل: كُرُوكِي (م) 草图，略图，草案
ـ ٌ هَزْلِيّ 漫画，讽刺画
ـ ٌ نَظَرِيّ 自由画，自在画，写意画
ـ زَيْتِيّ 油画
ـ: شَعِيرَة / طَقْس [宗]典礼，仪式
ـ: عادَةٌ رَسْمِيَّة 礼节
ـ بالأَلْوَان 彩色画，着色画
ـ (م): ضَرِيبَة 税，规定费
ـُ الدُخُولِ 入口税
ـُ الدَعْوَى 诉讼费
ـُ الإِنْتَاجِ 生产税
ـُ المُرُورِ 过境税
ـُ دَمْغَةٍ: دَمْغُ الشِيكات عن طريق المصلحة المختصة 印花税
ـُ تنازُلٍ /ـُ انْتِقالٍ 转让税，过户税
ـ ٌ قِيمِيّ 从价税
بِـ ـِ ه 为了他，以他的名义
بَضائعُ بِـ ـ التَصْدِيرِ 出口货
تِلِغْرَافات بِـ ـ ... 向…发出电报
قَلَمُ ـِ 画笔，直线笔
وَرَقُ ـِ أو تَرَسُّمٍ (透明的)描图纸
وَرَقُ ـ (سَمِيك خشن) (粗厚的)图画纸，制图纸
رُسُومٌ عافِيَة 勉强可以辨认的痕迹
رُسُوم وأَطْلَال 房屋的废墟
رُسُومٌ دِينِيَّة 宗教仪式
رَسْمِيّ: ذُو صِفةٍ رَسمِيَّة أو حُكُومِيَّة 正式的，官方的，政府的
ـ: أُصُولِيّ / قانُونِيّ 合法的

ـ: مُخْتَصّ بالرَسْمِيَّات 仪式的，礼节的
ـ (مـ): مُتَكَلِّف 勉强的，拘泥的
ثَوْبٌ ـ / بَدْلَةٌ ـ ة (مـ) / لِبَاسٌ ـ 礼服，制服
شِبْهُ ـٍ / نِصْفُ الـ / شَبِيهُ الـ / شَبِيه بالـ 半官方的(声明、消息、人物等)
غيرُ ـٍ 非正式的，非官方的
إجْراءٌ ـ (أي دِيوانِيّ سخيف) 官样文章，繁文缛节
مَلاَبِسُ رَسْمِيَّة 礼服，大礼服
رَسْمِيًّا: أُصُولِيًّا 正式的，合法的
رَسْمِيَّات سَخِيفَة 无聊的礼节
ـ 具有官方性质的…
ـ 文件
ـ 形式(手续)
مُتَمَسِّكٌ بالرَسْمِيَّات 古板的，守礼节的，讲究仪式的
رَسِيم 前进的骆驼
رَسَّام: واضِع الرُسُومِ الهَنْدَسِيَّة 图案家，制图员
ـ: مُصَوِّر 画家，插画家
مَرْسُوم: مُصَوَّر 有插图的，有图画的，画过的，画成的
ـ: مُدَبَّر 计划过的，设计的
ـ: مُعَيَّن 被规定的，被指定的
ـ: مأْمُور به 受命的，听命的
ـ بقَانُون: أمرٌ عالٍ 法令
ـ إمْبَرَاطُورِيّ 诰命，敕令
الكِتابُ الـُ بِاسْمِ ... 以…为题的书
مَرْسُوم جـ مَرَاسِم ومَرَاسِيم 仪式，礼节
مُدِيرُ إدارَةِ المَرَاسِيم بوِزَارَةِ الخَارِجِيَّة 外交部礼宾司司长
مَرَاسِيمُ الجَنَازَة 殡礼，葬礼
مَرْسَم: مُحتَرَف الرَسَّامِ 画室

ـ السِينَمَا: سْتُودِيُو (أ) studio 电影制片厂；电影摄影棚
مِرْسَمَة الرِيح 风速计
ـ الزَلازِل 地震仪
ـ الطَّيْف 光谱仪，摄谱仪
ـ القَلْب 心电图仪，心电描记器
ـ النَبْض 脉搏描记器，脉波计
رَسْمَلَ 投资，拨款，使资本化，使资金化
رَسْمَال جـ رَسَامِيل: رَأْسُ مَالٍ 资金，资本
جَمْعُ الرَسَامِيلِ 积累资金
رَسَنُ الدابَّةِ جـ أَرْسُن وأَرْسَان: قِيَاد 缰绳
راسِن [植]土木香花
مَرْسَن جـ مَرَاسِنُ 牲畜的鼻子
على رغم مَرْسَنِهِ 不顾他，不管他
رَسَا ـُ رَسْوًا ورُسُوًّا المَرْكَبُ (船)抛锚，下锚
ـ المَرْكَبُ أو راكِبُه (أو الطائرة) على البَرّ (船、飞机等)着陆，登陆；靠岸
ـ: ثَبَت 坚牢，固定，稳定
ـ عليه التَزْوِيدُ 他享有供应权利
أَرْسَى السَفِينَةَ 使船停泊，抛锚，下锚
ـ حَجَرَ الأَسَاسِ 放基石，奠定基石
رَسْو ورُسُوّ المَرْكَب 停泊，下锚
رَاسٍ م رَاسِيَة جـ رَوَاسٍ ورَاسِيَات: واقِف في المَرْسَى 停泊的，抛锚的
ـ: ثابِت 坚固的，坚决的，固定的，稳定的，不动的
ـ جـ رَوَاسٍ: جَبَل 山，山岳
مَرْسَى السُفُن جـ مَرَاسٍ: مَرْفَأ 停泊处，码头
ـ الفَحْم 加煤的码头
مِرْسَاة / مِرْسَايَة (سـ) المَرْكَب جـ مَرَاسٍ 锚
رَشَأ جـ أَرْشَاء (非洲的)小羚羊
رِشْتَة 用牛奶烹调的通心粉

رَشَحَ ـَ رَشْحًا ورَشَحَانًا وأَرْشَحَ وارْتَشَحَ الماءُ: تَحَلَّبَ (水)渗出
ـ و ـ الإِنَاءُ: وكَف / نضَح 渗漏，漏出
ـ و ـ الجَسَدُ: عَرِقَ 出汗，流汗
لم يرشَح له بشَيْءٍ 他什么也没有给他
رَشَّحَه: أهّله لأمرٍ ما 推…做候选人，给以候选资格
ـ الرجلَ لمَنْصِبٍ: ذكَر اسمَه 提名，推荐，推举
ـ الماءَ (مـ): قطّره 滤，过滤
ـ (مـ): زُكِمَ 伤风，着凉，受凉
تَرَشَّحَ لمَنْصِب 被提名任某职，被推荐任某职
ـ لأمر: تأهَّل له 有任某事的资格
ـ الماءُ 过滤水
ـ (植物)生长
رَشْح / تَرْشِيح (مـ): وكْف / نَضْح 漏出，洩漏
ـ / ـ (مـ): تَحلُّب 滤出，渗出，渗透
ـ: عَرَق 汗，汗水
ـ (مـ): زُكَام (鼻)粘膜炎，感冒
ـ 土壤有碱
رَشِيح: عَرَق 汗，汗水
تَرْشِيح لمَنْصِب 提名，推荐，推举
ـ 候选资格
مُرَشِّح الماء جـ مُرَشِّحَات (مـ) / راشح جـ رَوَاشحُ: رَاوُوق 滤水器，滤净器
مُرَشَّح لمنصب 候选人
ـ لمَجْلِس النُوَّاب 议会候选人，国会候选人
رَشَدَ ـُ رُشْدًا ورَشَادًا ورَشِدَ ـَ رَشَدًا: أفاق 恢复理性，觉醒
ـ: اِهتدى 走正路
ـ (مـ): بَلَغ رُشْدَه أو سِنَّ الرُشْد 成年
أَرْشَدَه: علّمه 教导
ـ ورَشَّدَه إلى وعلى ولـ ...: دَلَّ وهَدى 指引，指导
ـ: أشَاره على 忠告，劝导，劝告
اِسْتَرْشَدَ بكذا 以…为方针(或指南)
ـ ه: طلب منه الإرشاد 请教，请求指导，征求意见
رُشْد: عَقْل / صَوَاب 理智，智慧，理性
ـ سِيَاسِيّ 政治上的成熟
ـ / رَشَد / رَشَاد: يَقْظَة 意识，知觉，自知，觉悟
بَلَغَ ـ ه 已成年
فَقَدَ ـ ه 智力失常，失去知觉，发狂
سِنّ الـ: بُلُوغ 成年
ابن ـ: فيلسوف العَرَب 伊本·鲁世德 (阿拉伯哲学家 1126—1198)
اِبْنُ رُشْدَةٍ: ابنٌ شَرْعِيّ 嫡子，嫡出子
رَشَاد / رَشَد / حَب الرشاد: نبات [植]蔊菜
ـ بَرِّيّ: حُرْف [植]水芹
إرْشَاد جـ إرْشَادَات: دَلاَلَة 指导，指教
ـ: تَعْلِيم 教导，教训
ـ: مَشُورَة 忠告，劝告，意见
رَاشِد / رَشِيد: يَقِظ / صَاحٍ 有意识的，神智清醒的
ـ / ـ: عاقِل 有智慧的，有理智的，有理性的
ـ / ـ: مُهْتَدٍ 走正路的
ـ: بالغ / ضد قاصِر 成年的，成丁的
أُمّ ـ 母鼠
الخُلَفَاء الرَاشِدُون [史](阿拉伯帝国的)正统哈里发
أَرْشَدِيَّة: بُلُوغ الرُشْد 成年，成丁
مُرْشِد: دَلِيل 指导者，领导者；领水员，

领航员

ـ: مُعَلِّم 教师，教导员，导师

رَشْرَش 洒水，喷水

رَشَّ ـُ رَشًّا وتَرْشَاشًا الماءَ وغيرَه 洒水

ـ الأرضَ بالماء 在地上洒水

ـ الحائطَ بالجير (الجَصّ) 用石灰水粉刷墙

ـ الشجرَ بالماء وغيره (انظر بخخ) (用水等)喷树

ـ دَقِيقًا أو سُكَّرًا على العَجِينِ: ندَّغَ العَجِينَ 把面粉或糖撒在面团上

ـ ت وأَرَشَّتْ السماءُ 下阵雨，下毛毛雨

رَشّ جـ رِشَاش 细雨，毛毛雨

ـ الصَّيْد (مـ): خُرْدُق (سـ) / رَصَاص صغير (猎枪用的)霰弹

عَرَبَة الرَشّ (لرشّ الطرق) 洒水车

رَشَّة مَطَر 阵雨

ـ جـ رَشَّات (مـ): خُرْدُقة (سـ) / حَبَّة رَصَاص 小子弹，弹丸

رَشَاش 飞沫，水花

رُشُوش (سـ) 粉末，香粉

رَشَّاش / مِدْفَع رَشَّاش 机枪，机关枪

رَشَّاشَة جـ رَشَّاشَات: أداة مُثَقَّبة لرشّ الماء / مِنْضَحَة 洒水器，喷壶，喷头

ـ الحَدَائِق: مِرَشَّة (庭园用)喷水壶，洒水壶

ـ الرَوائح العِطْرِيَّة: بُخَيْخَة (مـ) 香水喷洒器

ـ السُكَّر والدَقيق وغيرهما: نَدَّاغة 撒粉器

رَشَفَ ـُ رَشْفًا ورَشِيفًا وتَرْشَافًا ورَشِفَ ـَ رَشَفًا ورَشَفَانًا الإناءَ: شرِب مَا فِيه 喝干，喝净，倒干

ـ وأَرْشَفَ وتَرَشَّفَ وارْتَشَفَ الشَراب: مَصَّه 呷，吮吸

ارْتَشَفَ سَلْسَبِيلَ العِرْفَان 吸取知识的泉源

رَشَقَه ـُ رَشْقًا بحجر 用石头砸他，对他扔石头

ـ بلسانه 诽谤，诋毁，讲坏话，中伤

رَشُقَ ـُ رَشَاقَةً الغلامُ: كان حَسَنَ القَدِّ لَطِيفَه 成为袅娜的、苗条的

ـ: كان سَرِيعًا خَفِيفًا 敏捷，轻快

تَرَاشَقَ القومُ 互相投掷石头

رَشَاقَة القَوَام 身段的苗条，体态的轻盈

ـ: سُرْعَة وخِفَّة 敏捷，轻快

رَشِيقُ القَوام 体态轻盈的，身段苗条的

ـ الحَرَكة: نَشْنَاش / خَفِيف 行动敏捷的，动作轻快的

رَشَل (مـ) 松懈，缓慢

الـ يَجْلِب الفَشَلَ 做事拖拉，造成失败

رَشَمَ ـُ رَشْمًا البَيْدَرَ: خَتَمه بالرَوْشَم 在…上打上封印，贴上封条，加上封蜡或封铅

ـ الصَلِيبَ: صَلَّبه [基督]划十字

رَشْمَة الحِصان والحِمار جـ رُشَم (مـ) 装饰的络头，笼头

راشَن جـ رَوَاشِنُ: بَقْشِيش (مـ) 赏金，酒钱，小费，小账，慰劳金；礼物

رَوْشَن جـ رَوَاشِنُ: كُوَّة السَقْف (波)天窗

ـ: مِشْكَاة 灯穴(墙上放灯处)

رَشَاه ـُ رَشْوًا: بَرْطَلَه 收买，行贿，贿赂

أَرْشَى الدلوَ 在桶上系绳子

اِرْتَشَى: قبِل الرَشْوَة 受贿

رَشْو / إرْشَاء: بَرْطَلَة 行贿，收买，贿赂

رِشْوَة ورُشْوَة ورَشْوَة جـ رِشًى ورُشًى: بِرْطِيل 贿赂

رَشَاة جـ رَشًا [植]伽罗木

رِشَاء جـ أَرْشِيَة 绳子

أَرْشِيَة [植]卷须，蔓

رَاشٍ: مُقَدِّم الرَشْوَة 行贿者

مُرْتَشٍ: قابل الرِشْوَة 受贿者

رَصَدَهُ ـ رَصْدًا ورَصَدًا: رقبه 观察，观测，测候
ـ الجوَّ السياسيّ 关心政治
ـ لـ ... 侦候
ـ وا له العَيْنَ 他们使暗探跟上了他
ـ المَبْلَغ 拨款
ـ لـ ... 指定，规定，确定
رَصَّدَه (مـ): رقبه 观察，观测
ـ وتَرَصَّدَ له: تَرَبَّصَ 侦候，伺机，伺隙，窥伺
رَصَّدَ الحسابَ: وزَنه وقفله 结账，结算借贷两方的差额
أَرْصَدَ له شَيْئًا: أعدَّه له 预备，准备
ـ: خَصَّصَ مالاً 拨款
ـ جُهُودَه على ... 为…献出自己全部的精力，致力于…
اِرْتَصَدَه 观察，观测，守候，等候
ـ 侦候
رَصْد جـ أَرْصَاد: مُرَاقَبَة 观察，观测，测候
الأَرْصَاد العِلْمِيَّة 科学的观测
الأَرْصَاد الجَوِّيَّة / عِلْم الأَرْصَاد الجَوِّيَّة 气象学
مَحَطَّة الرَّصْد / مَحَطَّة الأَرْصَاد الجَوِّيَّة 气象台，气象(观测)站
رَصَد جـ أَرْصَاد: ما يُرْصَدُ به الكَنْز 符录，符咒
ـ / مِرْصَاد: كَمِين 埋伏，埋伏的地点
تَرْصِيد الدَفَاتِر 结清账务
راصِد جـ رُصَّد ورَصَد 观察者，测候者
رَصِيد الحِساب جـ أَرْصِدَة (مـ): بَاقِيه [商]余额，尾数
ـ البَضَائع: الموجُود منها 存货
ـ الذَهَب 黄金储备
مَرْصَد (فَلَكِيّ) / مِرْصَاد جـ مَرَاصِدُ ومَرَاصِيدُ: مَرْقَب 观测所，观象台，天文台
مِرْصَدَة: مِرْقَب 望远镜，单筒望远镜
مِلْك مُرْصَد 不动产
رَصَدْخَانَة جـ رَصَدْخَانَات 天文台，观象台
رَصّـ رَصَّ ـُ رَصًّا الشيءَ: نصَّه وستَّفَه (مـ) 堆置，堆积
ـ ه (مـ): رتَّبه 整理，布置，安排
رَصَّصَ الشيءَ: غطاه بالرَصاص 镀铅，用铅包
ـ ورَصَّ الشيءَ: كَبَسه ودكَّه 压紧，压实
ـ ه وـ ه: دكَّه 夯，打夯，打实，夯实
تَرَصَّصَ: تلاَصَقَ 毗连，彼此紧接
ـ 堆在…上面
تَرَاصَّ القومُ 密集，结合
رَصَّة (سـ) 防波堤，破浪堤
رَصَاص: مَعْدِن ثَقِيل 铅
ـ أَسْوَد: أُسْرُب 黑铅，石墨
قَلَم ـ 铅笔
مِيزان أو خَيْط الـ 铅垂线
ـ البُنْدُقِيَّة الواحدة رَصَاصَة جـ رَصَاصَات 枪弹，子弹
أَطْلَق الـ 射击，放枪
رَصَاصَة طَائِشَة 流弹
رَصَاصِيّ: من الرَصَاص أو ثَقِيل كالرصاص 铅制的，铅质的，沉重如铅的
ـ اللَوْن 铅色的，灰色的，苍白的
ـ: يَحْتَوِي رَصاصًا أو يُشبِهه 含铅的；如铅的
التَسَمُّم الـ [医]铅中毒
أُرْصُوصَة: قَلَنْسُوَة كالبِطِّيخة 太阳盔
رَصِيص م رَصِيصَة جـ رَصَائِصُ / مَرْصُوص: مَكْبُوس 压紧的，压实的，坚固的，结实的
ـ 蛋堆；遮到眼的面纱
أَرَصّ م رَصَّاء جـ رُصّ 牙关紧闭的
مُتَرَاصّ 密集的

رَصَعَه ـَ رَصْعًا بيده: ضربه 打他
ـ ه بالرَمْح وأَرْصَعَه: طعنه شَديدًا 以矛刺他
ـ الحَبَّ وارْتَصَعَه: دقَّه 磨碎
ـ رُصُوعًا 定居，停留
ـَـ رَصَعًا وارْتَصَعَ بالشيء 粘在一起
ـ الذَهَبَ بالجَواهرِ: أنزلها فيه 镶宝石
رَصَّعَه: قدره ونسجه 织，编，织成
رَصَّعَ الطائِرُ عُشَّه بالقُضْبان: قارَبَ بعضَه من بعض ونَسَجه (鸟)搭窠，做窠(巢)，做窝
رَصِيعَة جـ رَصَائِعُ: حِلْيَة يُرَصَّعُ بها 镶嵌的宝石
ـ 马勒上的绳结；大麦片粥
مِرْصَاع (ع): نَحْلَة بُلْبُل (مـ س) / دَوَّامَة 陀螺
مُرَصَّع بكذا 镶…的，用…镶成的
ـ جـ مَرَاصِع: مِدَالِيُون (أ) 小金盒，小银盒(常装相片，挂在颈上)
رَصَفَ ـُ رَصْفًا الطَرِيقَ بالأَسْفَلْتِ(asphalt) 铺柏油路
رَصُفَ ـُ رَصَافَةَ العملُ: أُحكِمَ وثُبِّتَ (工作)做得踏实
هذا لا يَرْصُف بِكَ 这对你不太合适
رَصِفَتْ ـَ رَصَفًا ورُصِفَتْ رَصْفًا أَسْنانُه: انْتَظَمَت 牙齿整齐
رَصَافَة: إحكام 确切，切实，严密
رَصَف / رَصِيف جـ أَرْصِفَة: طريق مَرْصُوفَة 铺好的道路
ـ / ـ الشارِع (مـ): مَمْشًى / إفْرِيز 人行道
ـ / ـ المَحَطَّة (مـ) وغيرها 车站月台
ـ / ـ المِيناء (مـ) 码头，埠头
ـ / ـ الأَمْوَاج (مـ): مَرْطَم 防波堤
عُمَّال الأَرْصِفَة 码头工人
رَسْم (مـ) أو عَوَايِد الرَصِيف 码头费
رَصِيف: مُحْكَم 确切的，切实的，严密的，坚固的，稳固的
ـ جـ رُصَفَاء: زَمِيل 同事，同僚，同窗，伙伴
مَرْصُوف 铺好的，整齐的
مِرْصَافَة 槌，榔头
رَصُنَ ـُ رَصَانَةَ العَقْلُ وغيرُه: كان ثابِتًا رَزِينًا 沉着，镇静，恬静
رَصَّنَ المَعْرِفَةَ 明确地知道
رَصَانَة 沉着，镇静，稳重
رَصَن [植]石松
رَصِين: ثابِت حازِم 沉着的，镇静的；庄重的
ـ: متألِّم مُوجَع 痛苦的，苦恼的
رَضَبَ ـُ رَضْبًا وأَرْضَبَ المطرُ: سَحَّ 降暴雨，下大雨，倾盆大雨
رُضَاب: لُعَاب / رِيق 口水，唾液
ـ (糖、麝香、雪)屑、片；雹；泡沫
رَضَحَ ـَ رَضْحًا النَوَى: كسَرها 击碎，粉碎，压碎(核)
رَضَخَ ـَ رَضْخًا النَوَى: كسَرها 打破，打碎
ـ رَضْخًا ورُضُوخًا له: أَذْعَنَ له 屈服，服从
ـ: لانَ 温和，宽厚
ـ له من ماله: أعْطَاه قليلاً من كثير 施舍，赐予
ـ للأمر الواقع 承认(屈服于)既成事实
تَرَضَّخَ الخُبْزَ: كسره وأكله 把面包撕碎了吃
يَرْتَضِخُ لَكْنَةً أَعْجَمِيَّةً 说话用外国语调，洋腔洋调地说话
رَضْخ / رَضِيخَة: عطاء قليل 微薄的礼物，薄礼
رُضُوخ: إذْعان 屈服，屈从
مِرْضَخ: كَسَّارة (مـ) (الجَوْز واللَوْز) 胡桃钳，坚果破裂器
رَضَدَ ـُ رَضْدًا المَتاعَ: نضده 整理(货物)
رَضْرَضَه: جَرَشَه 捣烂，舂碎

رَضْرَاض: زَلَط (مـ) 小石子，鹅卵石，铺路碎石

رَضَّه ـُ رَضًّا: رَضْرَضَه / جرَشه 捣碎，压碎，捏碎

ـ العُضوَ (مـ): كدَمه 打伤，撞伤，跌伤

رُضَّت كَبِدِي 我的心碎了

أَرَضَّ (身体变得)笨重、笨拙；飞跑，飞奔

تَرَضَّضَ وتَرَضْرَضَ 被砸碎，砸破

ـ 被挫伤，被击伤，受伤

رَضّ جـ رُضُوض 伤痕，打伤处

ـ / مُرِضَّة / مِرَضَّة: تَمْر يُخلَّص من النوى ثُمَّ يُنقع في اللبن (椰枣去核后浸在牛奶里的)枣奶茶

رَضِيض / مَرْضُوض 跌伤的，被打伤的，被撞伤的，被压伤的

قَصَبَة مَرْضُوضَة 被捣碎的芦苇

رَضِعَ ـَ ورَضَعَ ـِ رَضْعًا ورَضَعًا ورَضِعًا ورَضَاعًا ورِضَاعًا ورَضَاعَةً ورِضَاعَةً وارْتَضَعَ الولدُ أُمَّه: امتصّ الثَدْيَ 咂奶，吃奶，吮乳

أَرْضَعَت ورَضَّعَت المرأةُ 喂奶，哺乳

اِسْتَرْضَعَ 找奶妈

استرضعتُ المرأةَ ولدِي: طلبتُ منها أنْ تُرْضِعَه 我找了奶妈喂我的孩子

رَضْع / رَضَاع ورِضَاع / رَضَاعَة / رِضَاعَة 哺乳，喂奶

وَلَدٌ في عَهْد الـ 婴儿，乳儿

أُمّ الـ 奶妈

رَضْعَة 喂一次乳

رَضَاعَة: اِمْتِصَاص الثَدي 吃奶，吮乳

إرْضَاع / تَرْضِيع (مـ) 哺乳，喂奶

راضِع جـ رُضَّع ورُضَّاع 奶头

ـ 寒微的；微贱的；乞丐

رَاضِعَة جـ رَوَاضِعُ 乳齿

مُرْضِع جـ مَرَاضِع ومُرْضِعَات: الأُمّ ولها ولد تُرْضِعُهُ (带着乳婴的)母亲

مُرْضِعَة: امرأة تُرْضِعُ بأجْر (替别人的孩子哺乳的)奶妈，奶娘

ـ /مُرْضِع: أُمّ في الرِضاعَة 乳母

رَضِيع جـ رُضَعَاء ورُضَّاع ورَضْع جـ رُضُع: ما زال يُرضَع 乳儿，乳婴，吃奶娃娃

ـ: طِفْل 婴儿，幼儿

ـ: بَزِّي / أخ بالرِضَاعة 共奶兄弟

رَضَّاعَة جـ رَضَّاعَات (مـ): زجاجة الإرضاع الصناعيّ (婴儿吸乳用带软嘴的)奶瓶

رَضَفَ ـِ رَضْفًا اللحمَ: شواه على الرَضْف 炙，烤(肉)

ـ اللبنَ: سخَّنه على الرضف 温奶，热奶

رَضْف 红热的石块

هو على الـ 焦虑不安，如坐针毡

رَضْفَة الرُكْبَة [解]膝盖骨

رَضَفَات العَرَب 四个骁勇阿拉伯部族的别名

رَضِيف / مَرْضُوف 在热石上烤熟的肉

رَضَمَ ـِ رَضْمًا الأرضَ: حرثها 耕田

ـ البَيْتَ 用大石造房屋

ـ رَضْمًا ورَضَمَانًا في المَشي: ثَقُلَ 走路脚步沉重

رَضْم ورَضَم ورِضَام 大石

رَضِيَ ـَ رُضًى ورِضًى ورُضْوَانًا ورِضْوَانًا ومَرْضَاة وارْتَضَى الشيءَ وبه وفيه: قبله 赞同，甘愿

ـ وـ الشيءَ: قنع به 满足于…；对…心满意足

ـ عنه وعليه: ضد سَخط 欣悦，中意

ـ عنه وعليه: استحسَنَه 嘉纳，嘉许

ـ اللهُ عنه 愿真主喜爱他

رضه = رضي الله عنه

رَاضَى وتَرَضَّى واسْتَرْضَى الرجلَ 取得他的欢心，和解，和好

أَرْضَاه ورَضَّاه 使满足，使喜悦，使愉快，使满意

تَرَاضَى القومُ الشيءَ: ارتضى كل منهم به 彼此互相满意，彼此和解，彼此和好

رِضَاء / رُضًى / رِضًى / رُضْوَان / رِضْوَان / مَرْضَاة / مُرَاضَاة: قَبُول 心甘情愿

ـ / ـ / ـ / ـ: سُرُور 愉快

ـ / ـ / ـ / ـ: قَنَاعة 满意，满足

نَظَر إليه بعَيْن الـ 满意地看着他

عَدَم الـ 不满意

عن ـ ورَغْبَة 心甘情愿地

مَرْضَاة له 为了讨好他，迎合他

تَرْضِيَة: تعويض 赔偿，补偿

نال ـ من ... 由于…而得到满足

تَرَاضٍ: تَبَادُل المَرضاة 互相满意，相互赞成

بالتراضي 和睦地，友善地

استرضاء 讨好，和好，和解

استرضاءً له ... 为了讨他喜欢

رَاضٍ جـ رَاضُونَ ورُضَاة: قابِل وقانع 满意的，满足的

ـ: مُرِيد 心甘情愿者，欣然赞同的

عِيشَة رَاضِيَة 愉快的生活，适意的生活

رَضِيّ جـ أَرْضِيَاء ورُضَاة 愉快的，满意的

مُرْضٍ: مُقْنِع 令人满意的，给以满足的

ـ: سارّ 令人适意的，令人愉快的

بحالة ـ ة 令人满意的情况

رطب ـَ ورَطُبَ ـُ رُطُوبَةً ورَطَابَةً: نَدِيَ / اِبْتَلّ 潮润，湿润

رَطُبَ ـُ رَطَابَةً ورَطَبَ ـُ رَطَابَةً: صار رُطَبًا (椰枣)成熟

رَطَّبَ وأَرْطَبَ الثوبَ: نَدَّاه / بَلَّله 弄润，濡湿

ـ ه: شبَّعه بالرُطُوبَة 使润透，使湿润

ـ البَلَحَ: صار رُطَبًا (椰枣)变熟

ـ ه (مـ): سكَّنه 镇定，使温和，使冷静

ـ ه (مـ): أَنْعَشَه 使神清气爽，使爽快，使精神振作

رُطْبَة ورَطْبَة جـ رِطاب: فِصْفِصة [植]苜蓿，紫花苜蓿

رُطُوبَة: ضد جَفاف 潮湿，湿气，润湿

الـ / دَرَجَة الـ 湿度

ـ الهَواء / ـ الجوّ 空气湿度

ميزَان الـ 湿度表

رُطَب الواحدة رُطْبَة ورُطَبَة جـ رِطَاب وأَرْطَاب 熟枣

مُرْطِب 长满植物的(土地)

رَكِيَّة مَرْطَبَة 夹在两口咸水井中的淡水井

مُرَطِّب: مُنْعِش 令人心爽神怡的，令人清爽的，提神的，清凉的

ـ الالتهاب [医]镇痛剂，缓和剂

مُرَطِّبَات: مَشْرُوبات منعشة 清凉饮料，不含酒精的饮料

رَطِب / رَطِيب: نَدْيَان 湿的，潮湿的，湿润的

ـ / ـ: بَلِيل / بَارِد 清凉的，冰凉的

ـ / ـ: ضد يابس 柔嫩的，新鲜的，柔嫩多汁的

رطل ـُ رَطْلاً الرجلُ: عَدَا 跑，奔跑

رَطَلَ ـُ رَطْلاً الشيءَ 掂掂分量

رَاطَلَه: باعه بالأَرْطال 按磅出售

رَطْل مِصْرِيّ جـ أَرْطَال 埃及磅(等于449.3克)

بالـ 论斤卖，多而便宜的

ـ 软弱的；愚笨的

رطم ـُ رَطْمًا المركبَ 使触礁，使搁浅

ـ ه 使他处于困境

اِرْتطَمَ: وَحِلَ 陷入泥中；陷于窘境

ـ المركبُ 搁浅，触礁

ـ في الأمر 被纠缠在某事里

ـ بـ 碰，碰撞

ـ بعقبات 碰到障碍，碰壁

رُطْمَة 错综复杂的事情

مَرْطَم: رَصِيف الأمواج (مـ) 防波堤；分水角

رطن ـُ رَطَانَة ورِطَانَة له ورَاطَنَه: كلَّمه بلغة غريبة 对他说外国语

تَرَاطَنَ 互相用外语对话

رَطَانَة جـ رَطَانَات: لُغَة غريبة 外国语

رُطَيْنَى: كلام غير مَفْهُوم 莫名其妙的话，听不懂的话

رَعْ (أ) Ra: إلاهُ الشَمْسِ الفِرْعَوْنِيّ (埃及法老时代神话中的)太阳神“拉”

رعب ـَ رَعْبًا ورُعْبًا ورَعَّبَ وأَرْعَبَ الرجلَ 恐吓，威吓，使恐怖，使惊慌，震惊

ـ ورَعَّبَ (鸽)咕咕地叫

ـ رَعْبًا 作押韵的诗

اِرْتَعَبَ: فزِعَ 受惊吓，畏惧，惊惧，恐怖，吓得发抖，打哆嗦

رُعْب / رُعُب جـ رِعَبَة: فزع 恐惧，恐怖，惊惧

أَلْقَى الـ في القلب 使恐惧，使惊骇

رَعْب 押韵的散文；骈文，骈体文

رَعِيب / مَرْعُوب العَيْن 怯懦的，胆小的

رَاعِب / رَعَّاب 魔术师；恐吓者

مُرْعِب: مُخِيف 令人恐怖的，可怕的

رُعْبُوب جـ رَعَابِيبُ 胆小的人

جَارِيَة ـ / رُعْبُوبَة / رِعْبِيب 美少女

رعد ـُ رَعْدًا ورُعُودًا السَحابُ 打雷，雷鸣

ـ وبَرَق 大声威胁，大发雷霆

ـ له: تهدَّده 怒喝，大发雷霆，大声恐吓，威胁

أَرْعَدَه 使发抖，使战栗

اِرْتَعَدَ: اِضطرب 发抖，颤动，颤抖，哆嗦，震动，震颤；震悚

ـ خَوْفًا أو غَضبًا الخ (因惊恐或生气)震颤

ـ ت فَرَائِصُه 心惊肉跳，浑身发抖

رَعْد جـ رُعُود: صوت السحاب (حقيقةً ومجازًا) 雷，雷声

رَعْدَة 发抖；战栗

ـ 一个雷，一个霹雳

رَعَّاد: سمك [动]电鳐

ـ / رَعَّادَة 多辩的，饶舌的

رِعْدِيد جـ رَعَادِيدُ: جَبَان 怯懦的，胆小的，懦弱的

ـ 美女；蜜制凉粉

رعرعه: أَنْبَتَه 使(植物)长出、茁长

ـ الماءُ وتَرَعْرَعَ (水)起涟漪

تَرَعْرَعَ: نشأ وشبَّ (青年)长大，成长

ـ (牙齿)摇动

ـ 成为清新的

رَعْرَع / رُعْرُع / رَعْرَاع جـ رَعَارِعُ ورَعَارِيع: نامٍ وناضِر 年轻结实的

رَعْرَاع أَيُّوب: نبات [植]一种紫菀科植物

مُتَرَعْرِع 十至十二岁的青年

رعش ـَ رَعَشًا وارْتَعَشَ: اِرْتَجَفَ 发抖，战栗

ـ وـ بَرْدًا أو خَوْفًا 寒战，发抖

أَرْعَشَه ورَعَّشَه (مـ): جعله يَرْتَجِفُ 使发抖，使颤动

رَعْش / رَعَش / اِرْتِعَاش: اِرتجاف 发抖，打战，战栗
اِرْتِعَاش شَيْخُوخِيّ 老年人的颤动，震颤
رَعْشَة الجِماع [医]色欲亢进，性欲亢进
ـ الحُمَّى (疟疾的)发抖
رَعِيش اليَدَيْن 怯懦的，胆小的
رعص ـَ رَعْصًا وأَرْعَصَ الشيءَ: حرّكه 摇动，使摇摆，颤动
تَرَعَّصَ وارْتَعَصَ: تَلَوَّى وانتفض 蠢动，蠕动
رَعَّتْ ـُ رَعًّا الريحُ: سكَنت (风)止息
رَعَاع: سَفَلَة الناس 流氓，地痞，下流人
رعف ـَ رَعَفًا ورَعَفَ ـُ رَعْفًا ورُعَافًا ورُعِفَ الرجلُ 流鼻血
أَرْعَفَه: أَعْجَلَه 催促
رُعَاف: فصْد الأنف (مـ) 鼻血
راعِف جـ رَوَاعِفُ: طرف أرنبة الأنف 鼻尖
ـ 出血的(鼻子)；(赛马时)领先的马；山嘴
رَاعُوف / راعُوفَة / أُرْعُوفَة: خَرْزَة البئر (مـ) 井栏
مَرْعُوف: مَفْصُود أنفه (مـ) 流鼻血的人
مَرَاعِف 鼻子及其周围
رعل ـَ رَعَلًا: حمق 愚蠢
رَعَّلَ الكَرْمُ: خرجت رَعْلَته (葡萄藤)长蔓
رَعْل 山嘴
رَعْلَة 马队的先锋；鸵鸟；家庭
رُعَال 鼻涕
رُعْلَة زُهُور 花冠，花圈，花环
رَعِيل من الخُيول والرِجَال جـ رِعَال 先驱
ـ الفِرْقَة 先遣支队
الـ المُتَقَدِّم من الثَوْرِيِّين 革命前辈
رعم ـَ رُعَامًا ورَعُمَ ـُ رَعَامَةً وأَرْعَمَ الحِصَانُ (马)瘦而患鼻疽

رُعَام: مرَض يُصيب الخَيل [医]马鼻疽
ـ جـ أَرْعِمَة: مُخاط 鼻涕
رَعُوم 灵魂；患鼻疽的牲口；瘦弱的
رعن ـُ رُعُونَةً ورَعَنَ ـُ رَعْنًا ورَعِنَ ـَ رَعَنًا: كان أحمق 成为孟浪的、懵懂的、愚鲁的、轻率的、轻浮的
رَعَنَتْه الشمسُ: ضَرَبته (مـ) [医]中暑，患日射病
رَعَن: ضربة شمس (مـ) [医]中暑，日射病
رَعُون 夜间的黑暗；强壮的；无休止的，不停息的
رُعُونَة: طَيْش ونَزَق 轻率，孟浪，懵懂
أَرْعَنُ م رَعْنَاءُ جـ رُعْن: طائش نزِق 轻率的，孟浪的，懵懂的
رعا يَرْعُو رَعْوًا ورَعْوَةً ورِعْوَةً ورُعْوَةً وارْعَوَى عن جهل 改过，改过迁善
اِرْعَوَى اِرْعِوَاءً: كَفّ ورجَع عن القبيح 戒(烟、酒)，断，戒绝
رَعْوَى ورُعْيَا: الرُجُوع عن الجَهْل 痛改前非，改过
رَعَتْ يَرْعَى رَعْيًا ورِعَايَةً ومَرْعًى وارْتَعَت المَاشِيَةُ الكَلَأَ: أكلَته 放牧，吃草
ـ الماشيةَ: سرّحَها في الكَلَأ 放牧
ـ الأميرُ رَعِيَّتَه رِعَايَةً: ساسَها وتدبّرَ شؤونَها 统治
ـ الجِلْدُ (مـ) والرأسُ: أَكَلَ / استحكّ 痒，发痒
ـ وراعَى النُجُومَ أو غيرَها: راقبَها 观察，观测，测候
ـ وـ الأمرَ: حافَظ عليه 遵守，照(规则)行事
ـ وـ الأمرَ: عَمِل حِسابَه 想，估量，考虑到

أَرْعَى الْمَاشِيَةَ: رَعَاهَا 放牧

ـ المكانَ: جعله مَرْعًى 把那个地方当作牧场

أَرْعَيْتُه سَمْعِي 我倾听他…

أَرْعَتْ الأرضُ: كثر رِعْيُهَا 水草丰足

رَاعَى الرجلَ: لاحَظَه مُحْسِنًا إليه 看重，重视，尊重

ـ الخَوَاطِرَ 徇私，徇情；偏袒，袒护

ـ الحِيادَ 守中立

رَاعَيْتُه وأَرْعَيْتُه سَمْعِي 静听，倾听

اِسْتَرْعَى الالتفاتَ 引起注意

ـ اِنْتِبَاهَ العالَم 引起世界的注意

رِعَايَة / مُرَاعَاة: التفات 注意，留心，照顾

ـ / ـ: حِفْظ 看守，看护

ـ: تَعْضِيد 赞助，支持

تحت (في) رِعايَة فلان 在某人的关怀下、支持下

الدولةُ الأَكْثَرُ ـً 最惠国

مُرَاعَاة الخَوَاطِر 徇私，徇情；偏袒，袒护

ـ النَّظِير (في البديع) 相关语

ـ الوَاجِبَات 遵守义务

قَاعِدَة أَوْلَى الدُّوَل بالـ 最惠国的原则

مُرَاعَاةً لكذا 为了尊重…，为了照顾…

مُرَاعَاةً لصحتِه 为了照顾他的健康

رِعْي جـ أَرْعَاء 牧场

ـ الأُيَّل [植]美洲防风

ـ الحَمَام [植]马鞭草

رَعَوِيَّة: تَبَعِيَّة / جِنْسِيَّة 国籍

الـ: البَابَوِيَّة 家长式统治，家长作风

رَعِيَّة جـ رَعَايَا: قَطِيع عليه راعٍ 一个牧人所看守的一群牲畜

ـ: القوم عليهم حاكم 一个长官所统治的人民，老百姓

ـ الحُكُومة المَحَلِّيَّة: تابع لها 地方政府所管辖的人民

رَاعَوِيّ / رَعَوِيّ (مـ) 畜牧的，牧民的，田园诗的

رَاعٍ جـ رُعَاة ورُعْيَان ورُعَاء: الذي يَرْعَى الغَنَم (أو الشَّعْب) 牧人；统治者，官吏

رَاعِي القُطْعَان 牧人，牧夫

ـ المَوَاشِي 赶家畜上市场的人，家畜商

ـ الكَنِيسَة 牧师，教士

إِبْرَة الـ [植]天竺葵；老鹳草

شَرَّابَة الـ: عُنَّاب بري / آس بريّ [植]枸骨叶冬青

شَرَّابَة الـ: طَيْم / عُود الخير [植]冬青槲

حَبَق الـ [植]萎蒿

عَصَى الـ [植]胡水蓼

عَصَى الـ: بطباط / شبط الغول [植]萹蓄

كِيس الـ [植]荠

كِيس الـ: جراب الراعي [植]紫蘩蒌，紫菽

مُرَاعٍ: ملتفت 小心的，留心的

مُرَاعِي المَوَاعِيد: محافِظ عليها 遵守时间的人

مَرْعِيّ: مُلْتَفَت إليه أو مَعْمُول به 可注意的，被遵守的

عَادَة مَرْعِيَّة 通例，常规，惯例

حسب العادة الـ ة 按照通例，照例

مَرْعًى جـ مَرَاعٍ: مَرْتَع 牧场

رَغِبَ ـَ رَغْبَةً ورَغَبًا ورُغْبًا في كذا 渴望，渴慕

ـ عنه: أعرض عنه وتركه 嫌弃，厌恶，憎恶

ـ به عن غيره: فضَّله 抉择，宁取

ـ ـَ رَغَبًا ورُغْبَى ورَغْبَى ورُغْبَةً ورَغَبَةً ورَغَبُوتًا ورَغَبَانًا ورَغْبَاءَ إليه: ابتهَلَ 恳求，祈求，央求

رَغَّبه وأَرْغَبَه في الشيء: جعله يَرْغَب فيه 鼓励，鼓舞，引起兴趣
ـ ه وـ ه: شهّاه / أغراه 诱惑，引诱
رَغَب 愿意，喜爱
رَغَبًا ورَهَبًا 又爱又怕
رَغْبَة: شَوْق 渴望，渴慕
بالـ لا بالرَهْبَة 是出于自愿，而不是出于恐惧
راغِب 愿望者，希望者，渴望者
طريق رَغِب جـ رُغُب 宽广的道路
مُرَغِّب: يحمل على الرغبة 使人高兴的，令人高兴的，引人入胜的
رَغِيبَة جـ رَغَائِبُ: الشيء المَرْغُوب فيه 想望的东西，可喜爱的东西
رَغِيبَة جـ رَغَائِب: أَمانِيّ 意愿，愿望
مَرْغُوب فيه: مَطْلُوب 为人所渴望的，为人所希望的，为人所喜爱的
ـ فيه: رائج / مَطْلُوب 畅销的货物，热货
شَخْص غير ـ فيه (外交)不受欢迎的人
شَخْص ـ فيه (外交)受欢迎的人
رَغَثَ ـ رَغْثًا وارْتَغَثَ الولدُ أُمَّهُ: رضَعها 婴儿吃奶
رَغْث 石榴花
رُغْثاء 乳腺
رَغُوث: كل مُرْضِعَة 哺乳的(妇女或母羊等)
رَغِدَ ـ رَغَدًا ورَغُدَ ـُ رَغَادَةً العيشُ: طاب واتسع (生活)舒服，安乐，宽裕
رَغْد / رَغِيد 小康的(生活)，舒适的(生活)，富裕的(生活)
رَغَد / رَغادَة العيش 生活的安乐、舒适、富裕
رَغْرَغَ: انغمس في الخير 沉浸于快乐中
ـ تْ الإبلُ: وردت الماء كل يوم متى شاءت (驼群)每天自由饮水
ـ: غَرْغَرَ (انظر جَرْجَرَ) 漱口
رَغَفَ ـ رَغْفًا العَجِينَ: قرَّصه 做面包，做馒头，擀面制饼
أَرْغَفَ في المَشْي 急走
رَغِيف جـ أَرْغِفَة ورُغُف ورُغْف ورُغْفَان وتَرَاغِيف 面包，饼子，馒头
رَغيف رَقِيق 薄饼
رَغَلَ ـ رَغْلاً الولدُ أُمَّه: رَضَعها 吃奶
أَرْغَلَ إليه: مال 偏向，倾向
رَغْلَة 羊羔
رَغُول 吃奶的羊羔
أَرْغَل 舒适、愉快的生活
رَغَمَه ـ رَغْمًا ورَغِمَه ـَ رَغَمًا وأَرْغَمَه 强制，强迫，使服从
ـ الشيءَ: كرهه 厌恶
رَغِمَ ـَ ورَغَمَ ـُ رَغْمًا ورَغَمًا أَنْفَهُ لله 屈服
رَغْم / إرْغَام 强制，强迫
على الـ من أو عن... / بالـ من أو عن.../
ـًا عن ... / بـ ـِ ... 不管，不顾，尽管
ـًا عن أَنْفِه / ـَ أَنْفِه / على مَرْغَمَتِه / ـًا عنه
(ـه) / على ـِ مِنْ أَنْفِه 不管他愿意与否
ـ ذلك 虽然如此，尽管如此
بالـ مِنْ أَنَّ ... 纵使，纵然
ـًا عن أَهَمِّيَّة ... 不管…的重要性
إرْغَامِيّ 强迫的，被迫的
رَغَام: تُراب 土，沙土
هَبَط به إلى الـ 使…陷于泥坑
رُغَام جـ أَرْغِمَة / مُخاط 粘液，鼻涕
رُغَامَى: قَصَبة الرِئَة [解]气管
ـ: أنف 鼻子
رَاغِم 不愿意的，不情愿的，勉强做的

مَرْغَمَة 强迫
في مُراغَمته 敌对他
رَغَنَ ـَ رَغْنًا فيه: طمع 贪图，想望
ـ إليه: أصغى 倾听
رَغْنَة 平软的土地
أُرْغُن وأُرْغُنون جـ أَراغِنُ (أ) organ 风琴
رَغَا يَرْغُو رَغْوًا ورَغَّى وأَرْغَى اللَبَنُ: أَزْبَدَ 起泡沫
رَغَا يَرْغُو رُغاءً البعيرُ: صوّت وضجّ (驼)咆哮
ـ (مـ) وـ الصَابُونُ (مـ) 肥皂起沫
أَرْغَى الرجلُ وأَزْبَدَ 因暴怒而口沫乱飞，吹胡子瞪眼
رَغَى (مـ): هَذْرَمَ 饶舌，瞎聊
رَغْي (مـ) / كلام مُرَغٍّ: هَذْرَمَة 含糊的话，暧昧的话
رُغْوَة ورَغْوَة جـ رُغًى ورِغًى / رُغَاوَة: زَبَد 泡沫
ـ / ـ الطَبْخ: رِيمَة 煮沸时起的浮沫，撇出的浮沫
ـ المَعادِن المُذَابة 矿渣
ـ الصابُون 肥皂沫，肥皂泡
تَحْتَ الرَغْوَةِ الصريح 泡沫下面有纯奶，水落石出
رَغْوَة القَمَر [矿]透明石膏；[化]亚硒酸盐
رَغْوَة الحَجَّامِين 海绵
رَغَّاء (مـ): ثَرْثَار 空谈家，饶舌者，碎嘴子
رَاغِيَة: نَاقَة 骆驼
ما له ثَاغِيَة ولا رَاغِيَة 他既无羊又无驼
مِرْغاة: مِطْفَحَة / مَقْصُوصَة 漏勺，笊篱
رَفَأَ ـَ رَفْأً الخَرْقَ: رتقه فلم يَظْهَر 细补
ـ الجَوارِبَ وأَمثالها 缝补，修补袜子等
ـ السَفِينَةَ: أدناها من الشطّ 使船拢岸、靠岸
رَفَّأَهما تَرْفِيئًا وتَرْفِئَةً: هنَّأهما بالزواج قائلاً لهما بالرِفَاءِ والبَنِين 祝贺新婚夫妇百年好合，多子多孙
أَرْفَأَ إلى ... 避难到，逃进
تَرَافَأَ القومُ على الشيء: توَافَقُوا 互相同意；互相帮助
رِفَاء: اتفاق ووِفاق 和谐，和睦
بالـ والبَنِين (祝词)百年好合，多子多孙
رَفَّاء: رَفّى (مـ) 织补者，修补者
بَيْضَة رَفْي الجَوارِب (衬着缝补袜用的球形撑子)缝补球
مَرْفَأ جـ مَرَافِئ / مُرْفَأ جـ مَرَافِئ: مَرْسَى المَراكِب 港，港口，停泊处，船舶抛锚处
رَفَتَ ـِ رَفْتًا الشيءَ: دقّه وكسره 打碎，捣碎，舂烂
ـ ه (مـ): رفعه / عزله 解除，解雇，开除，免职
اِنْرَفَتَ (مـ) / تَرَفَّتَ 被革职，被解除
رَفْت (مـ): رَفْع / عَزْل 解雇，解职，罢免，开除
رَفَت: قول الفُحْش 猥亵的话，下流话
رَفْتِيَّة جـ رَفَاتِيّ (مـ): شَهادة خلُوّ الطَرَف (مـ) 解雇书
ـ الجُمْرُك (مـ) 出港证，出港许可证，海关验单，过关手续
رُفَات: جُثَّة المَيِّت 遗骸，死尸，尸体
رافِت 龙芽草
رَفَخ (سـ) (面团)发酵
رَفَدَه ـِ رَفْدًا وأَرْفَدَه: دعَمه 帮助，扶助，支援，救济
ـ ه وـ ه: أعطاه 赠给，授给
اِسْتَرْفَدَه 要求帮助，要求支援
رِفْد / مِرْفَد جـ مَرَافِدُ 大杯
أُرِيقَ ـُ ه 他死了

رِفْد جـ أَرْفَاد ورُفُود / رَافِدَة جـ رَوَافِدُ: دِعَامَة 支柱，撑木
ـ: مَعُونَة 帮助，救济
ـ: عطاء 赠品，礼品
رِفادَة: عِصابَة الجرح 绷带
ـ الحُجَّاج [史]招待朝觐者的职务
رافِد جـ رُفَّد 帮助者
ـ جـ رَوَافِدُ 支流
الرَافِدَانِ 两大支流(底格里斯河和幼发拉底河)
بِلاد الرَافِدَيْن 美索不达米亚
وِسَام الرَافِدَيْنِ 伊拉克勋章名(以两河为名的勋章)
رَافِدة جـ رَوَافِدُ (屋顶的)椼，椽
رَفْرَفَ الطائرُ: حرَّك جَنَاحَيْه (鸟)鼓翼
ـ العَلَمُ (旗帜)飘扬
ـ العَيْنَ (مـ): عصبَها (眼睛)上绷带，用绷带遮目
رَفْرَفُ العينِ جـ رَفَارِف (害眼病时用的)绷带
ـ العَجَلَةِ (مـ): غِطَاؤُها 车轮挡泥板
ـ البِنَاءِ (مـ): طُنُفه 檐，飞檐，屋檐
ـ: وِسَادة 枕，枕头，靠枕，靠垫
ـ: رَفّ 搁架；壁架
رَفْرَاف 鱼狗(一种食鱼鸟，尾短，喙大而坚)，翠鸟
رَفْرُوف جـ رَفَارِيفُ (مـ) (扎眼睛的)绷带
رَفَسَه ـِ رَفْسًا ورِفَاسًا: ضَرَبَه في الصَدْر 打在胸口上
ـ (مـ): لَبَط / دفَع بالرِجل 踢
رَفْسَة (مـ): لَبْطَة / دَفْعَة بالرِجْل 踢一脚
ـ السِلاح الناريّ (枪的)反撞，反冲，反坐
رَفَّاس / رَفَّاص: زَوْرَق بُخَارِيّ 汽艇
ـ قَطْر المَرَاكِب (مـ) 拖轮
ـ (مـ): داسِر (انظر دسر) (汽船和飞机的)推进器；螺旋桨
ـ 尥蹶子的(骡、马、驼)
رَفْش / مِرْفَشَة: كُرِيك (مـ) / مِجْرَف 铲，锹
ـ الخَبَّاز (做面包用的)木铲
ارْتَفَصَ السعرُ: غَلاَ 涨价
رَفِيص 共享者
رَفَضَ ـِ رَفْضًا ورَفَضًا الشيءَ: ضد قَبِلَه 拒绝，不接收
ـ حوالةً ماليَّةً 拒付票据
ـ الدَعْوَى القَضَائِيَّة [法]驳回诉讼
اِرْفَضَّ الناسُ: ذَهَبُوا 人群散开、散去、离散
ـ: زَالَ 消逝，消散
ـ المَجْلِسُ: انصرف 散会，解散
ـ الدَمْعُ 流泪
تَرَفَّضَ (مـ): تعصَّب 成为固执的、顽固的、执拗的
رَفْض: ضد قَبُول 拒绝，不接受
حَقُّ الـ / حَقُّ الفِيتُو 否决权
ـ جـ رُفُوض ورِفَاض 飞散的雀群；跑散的羚羊群
رَفْضِيّ (مـ): مُتَعَصِّب 固执的，执拗的，顽固的，盲信者，狂热者
ـ (مـ) / رافِضِيّ: مرتدّ (عن الدين وغيره) 叛徒，背教者，叛教者，变节者
ترفُّض: تعصُّب 固执，顽固，狂热
رَفِيض / مَرْفُوض: ضد مَقْبُول 被拒绝的
رَفَعَ ـَ رَفْعًا الشيءَ: ضد وضعه 升起，举起，提起，抬起
ـ ه: أقامه / شيَّده 竖起，建立，树立
ـ ه: أزاله 排除，消除

ـ السِعْرَ 抬高价钱，提价，加价，涨价
ـ العَلَمَ: نشَرَه 升旗
ـ السِلاحَ 挑战
ـ الجَمَلُ في السَيْر: أسرع (驼)疾行
ـ جَوابًا (مـ) 他带来一封信
ـ عنه: خفَّف 减轻
ـ رأْسًا لفلان 敬仰
ـ الدَعْوَى على كذا 起诉，控告
ـ الغِطَاءَ: كَشَفَه 揭露，揭破，揭盖子
ـ العَرِيضَةَ إلى ... 提出申请书，递交请愿书
ـ الحَظْرَ عن ... 取消禁令，解除禁令
ـ الكلمةَ: ألْحقَها علامةَ الرَفْع [语]在词尾加主格的标志
رُفِعَ له الشيءُ: أبصره عن بعد 遥见，从远处看见某物
اِرْفَعْ يدَكَ 请举手！(要求对方赞同、同意或准备提问或回答时用)
اِرْفَعُوا أَيْدِيَكُمْ (عَنْ) 住手！不许动手！不许碰！不许干涉！
اِرْفَعُوا أَيْدِيَكُمْ 举起手来！(命令对方投降)
رَفَّعَ الرِفَاعَ (مـ) [宗]庆祝嘉年华会，狂欢节
ـ 升起，举起，提高
ـ (س) 提纯，精炼
تَرَفَّعَ عن كذا: تَعَالَى 不屑于做某件事
ـ عنهم: تَكَبَّرَ 看不起他们
رَافَعَ عن ... 辩护
تَرَافَعَ الخَصْمَانِ إلى الحاكم 诉讼，打官司
ـ (مـ) (المُحامِي أمامَ المَحْكَمَة): دافَعَ (律师在法庭上)进行辩护
اِرْتَفَعَ: طَلَعَ / صَعِدَ 升，上升，升高
ـ: زَادَ 增加，高涨
ـ: زالَ 消失，消逝
ـ النهارُ: امتدَّ وطال 天已不早，日色不早了
رَفْع: ضد وَضْع 举起，升起，吊起
ـ نِسْبة استِغلال المُعَدَّات 提高设备利用率
ـ الضرائب 免除捐税，免税
ـ: تَرْقِية (في الرياضة) [数]自乘，乘方，幂方
حالة الـ (في النحو) [语]主格
عَلامة الـ (في الموسيقى) [音]婴号(调子提高半音的记号)
رِفْعَة المَقَام 显职，高位
رِفَاع (مـ) / رَفَاع / مَرْفَع: عِيد الصيام عند النَصَارَى [宗]狂欢节，嘉年华会
رَفَاعَة / رُفَاعَة / رِفَاعَة من الصوت 高声，大声
تَرَفُّع: استِكْبار 傲慢，目中无人，目空一切
بـ ـ 傲慢地，目空一切地
مُرَافَعَة المُحامي (مـ): دِفاعه 律师的辩护，答辩，抗辩
جَلْسَة ـ [法]审问
قَانُون المُرافَعات (مـ) [法]诉讼法
اِرْتِفَاع: صُعُود 升，上升
ـ: اِزْدِياد 增高，增加，高涨
ـ جـ اِرْتِفَاعَات: عُلُوّ 高，高度
الـ عن سَطْح البَحْر 海拔
ـ الطَيَرَان 飞行高度
العَمَلُ على ـ عالٍ 高空作业
رافع جـ رَوَافِعُ 升降机，电梯
ـ: في صُعُود 上升的，升起的
ـ: سامٍ 杰出的，卓越的
رَافِعَة جـ رَوَافِعُ: مُخْل / عَتَلَة 杠杆
ـ / مِرْفَاع: وِنْش (أ) winch 起重机
ـ الصوت 扩音器

ـ الألْغام 扫雷艇
رَفِيع / مُرْتَفع: عَالٍ 高的；高尚的，崇高的
ـ القَدْر 杰出的，卓越的，显著的
صاحِب المَقام الـ 总理阁下
ـ (م): ضد غَليظ 薄的，细的，细微的
الـ والوَضِيع 贵与贱，尊与卑
رَفَّاع 起重机
مَرْفُوع / رُفع 被举起的，被升起的
ـ (في النحو) [语]居于主格的
الدَعْوَى المَرْفُوعَة على ... 对…提出的诉讼
مَرْفع جـ مَرَافِعُ (م) / رِفَاع (م): عيد الصَوْم الكبير [宗]狂欢节，嘉年华会
أَحدُ المَرَافع (م) [宗]忏悔的星期日
ثُلاثاء المَرَافع (م) [宗]忏悔的星期二
مَرْفَع (游行时手持的)标语牌
مَرْفَعِين (م): ضَبع [动]鬣狗
مُتَرَفِّع: مُستكبِر 傲慢的，目中无人的，目空一切的
مُرْتَفِع: عَال 高的
مُرْتَفع جـ مُرْتَفعَات 高度
ـ 高地
رَفَغَ ـُ رَفَاغَةَ العيشُ: كان واسعًا هنيئًا 生活宽裕
رَفْغ جـ أَرْفَاغ 下层人民
ـ 腋窝；不毛之地
رافغ ورَفِيغ وأَرْفَغ 舒适的生活
رَفَّ ـِ رَفًّا ورَفِيفًا وارْتَفَّ القَلْبُ 心跳，忐忑，悸动
ـ الجَنِينُ في البطن 胎动
ـ تِ العينُ: اختلَجَتْ 眼跳
ـ الطائِر (鸟)鼓翼，展开翅膀
ـ على ذاكرته 计上心来
ـ اللبنَ: شربه كل يوم 每天喝奶

قال دونَ أن يَرِفَّ له جَفْن 不眨眼地说
أَرَفَّ الطائرُ والرايةُ (鸟)鼓翼；(旗)飘扬
رَفّ: اختلاج 跳动，忐忑，悸动
ـ / رَفِيف: اهتزاز (في الطبّ) [医]震颤
ـ جـ رُفُوف ورِفَاف: صُفَّة (自壁间突出的)架子，壁架；搁板，吊板
ـ النَافِذَة 窗台
ـ 牛羊群；牲口圈；柔软的衣服
وُضع على الـ 束之高阁
رُفّ / رُفَّة 稻草碎屑
رَفَّاف 颤抖的，颤动的
ـ 灿烂的，辉煌的
ما له حَافّ ولا رَافّ 没有人照顾他
رفًّا 每天，日日
رَفَقَه ـُ رَفْقًا وأَرْفَقَهُ: نفعه وأفاده 有利于他，有益于他
ـ ه: أعانَه 帮助，扶助
رَفَقَ ورَفُقَ ـُ ورَفِقَ ـَ رِفْقًا ومَرْفِقًا ومَرْفَقًا ومِرْفَقًا به وعليه وله وتَرَفَّقَ به وأَرْفَقَه 和蔼可亲地待人，厚道地对人，温和地对人
أَرْفَقَ بكذا (م): أَلْحَقَ 附加某物，附上某物
رَافَقَه: صاحَبه وعاشَره 结交，交往，相处
ـ ه: سَار معه 陪伴，陪随，陪同
تَرَافَقَا 互助伴随
اِرْتَفَق به: استفاد منه 得益，获利，利用
ـ: اتَّكأ على مرفقه 靠在肘上，曲肱而枕之
اِسْتَرْفَقَه 求他帮助
رِفْق / رَافِقَة: لين 柔和，温和，和蔼，宽厚
جَمْعِيَّة الـ بالحَيَوَانَات 动物保护协会
رِفْقَة ورُفْقَة ورَفْقَة جـ رِفَاق ورِفَق وأَرْفَاق 同伴
اِرْتِفاق: اِنْتِفاع 利用，取利
ـ (في التشريح) [解](骨的)联合

ـ 义务，徭役，捐税

حَقّ الـ (في القانون) [法]使用权

رَفِيق: ذو رِفْق 柔和的，温和的，厚道的

ـ جـ رُفَقَاء ورِفَاق: مصاحب 朋友，伙伴，同伴，伴侣

ـ: زَمِيل 同事，同仁，同僚，同志

ـ: شَرِيك 伙友，合伙人

ـ: عَشِيق 爱人，情人

ـ المَدْرَسَة 同学，同窗，校友

ـ بالسلاح 战友

رَفِيقَة: عَشِيقَة 情妇，女友

رَفَاقِيّ 同志式的，友谊的

مِرْفَق ومَرْفِق جـ مَرَافِق: كُوع (مـ) 肘，胳膊肘

ـ المَقْعَد 椅子的扶手

ـ / مُرْتَفَق: مُتَّكَأ 靠垫

مَرَافِقُ الحياة 生活福利各个方面

مَرَافِقُ الدَوْلَة 国家的公共福利事业（铁路、水道、电报等）

مَرَافِقُ العَالِم 学者研究的必要设备（图书馆等）

مَرَافِقُ المَدِينَة 城市的公共福利事业（自来水、下水道、电车等）

مَرَافِقُ الدار 住宅附属部分（井、下水道、厨房、厕所等）

مَرَافِق عَامَّة 公用事业；公共设施

المَرَافِق العِلْمِيَّة 科学方面的业务设备

مُرفَق بهذا: مُلْحَق به 附上（书信用语）

مُرْفَقَات 附录，附件

مِرْفَقَة 枕头

ـ المَكْتَب 吸墨纸本

مُرَافِق 陪同者，陪随者，随员

ـ المَرْأَة 情人，情夫

مُرْتَفِق: له حقّ الارتفاق على ملك غيره 有共用权的人

مُرْتَفَق جـ مُرْتَفَقَات: مُتَّكَأ 靠垫

ـ (مـ): بيت الرَاحَة 厕所，盥洗室

رَفَلَ ـُ رَفْلاً ورُفُولاً ورَفَلاَنًا وأَرْفَل: جرَّ ذَيْلَه وتَبَخْتَرَ 大摇大摆地走，洋洋得意地走

ـ في بُحْبُوحَة نِعَمِه 养尊处优

تَرَفَّلَ: تَبَخْتَرَ كِبْرًا 大摇大摆地走，趾高气扬地走，高视阔步

رِفَلّ: الطويل الذنب من الخيل 长尾的马

ـ: واسع من الثياب 宽大的衣服

ـ: الكثير اللحم 肉多的人，肉厚的人

عيشٌ ـ: واسع 优裕的生活

رَفْلُ الثوب: ذَيْلُه 衣裾，衣脚

رَفَال 长发

رَفَهَ ـَ رَفْهًا ورِفْهًا ورُفُوهًا وتَرَفَّهَ: لان عَيْشُه وطاب 生活舒适

رَفُهَ ـُ رَفَاهًا ورَفَاهِيَةً ورَفَاهَةَ العيشُ: لانَ وطابَ 生活舒服

رَفَّهَه وأَرْفَهَه: عوّده على الرَفاهة 使他享乐，使他过安逸的生活

ـ عن نفسه 自娱

ـ عن أَصحابه 助兴

رَفَاه / رَفَاهَة / رَفَاهِيَة 安乐的生活，舒适的生活，福利

العَمَلُ من أجل رَفَاهِيَة الشعب 为人民谋福利

تَرْفِيه عن النفس 娱乐，消遣

رَفَا ـُ رَفْوًا الثوبَ: رَفَأَه (راجع رفأ) 细补

رَافَى الرجلَ: وافقه 同意

أَرْفَى إلى ....: لَجَأَ 投奔…

رَقَأَ ـَ رَقْأً ورُقُوءًا الدمُ والدَمْعُ: انقطع (血)止，(泪)断

أَرْقَأَ الدمَ والدمعَ: حقَنه 止血，止住泪流
رَقُوء: يحقن الدم 止血的，[医]止血剂
مِرْقَأة: ضاغِطة الشَرايين [医]止血带，压脉器
رقا (في رقي)
رَقَبَ ــُ رُقُوبًا ورَقُوبًا ورَقَابَةً ورِقْبَانًا ورِقْبَةً ورَقْبَةً النجمَ وغيرَه: رصَده 观察，观测，侧候
ــ ه: حاذَره 监视，警备
ــ ه وراَقَبَه: حرَسه 防守，看守
ــ وــ اللهَ: خافَه 敬畏真主(上帝)
ــ وــ العملَ: ناظَره 管理，监督，检查
ــ ه وترَقَّبه وارْتَقَبَه: انتظره 盼望，等待，期待
ــ ه وــ ه: تَرَبَّصَه 侦候
اِرْتَقَبَ المكانَ: علاه وأَشْرَفَ عليه 居高临下，登临，登高眺望
رَقَبَة جـ رَقَبَات ورِقَاب: عُنُق 颈，脖子
على ــ ه خَمْسُ بَنَاتٍ 他要养活五个女儿
غليظ الـ: عنيد 强项的，执拗的，倔强的
لحم الرَقَبة (الضأن) 羊颈肉
رباط الـ (مـ): أُرْبَة 领带
رَقَبِيَّة 马的护肩
رِقْبَة 观测，监视，侦察，警戒
بغير ــ ولا حساب 没有监督，没有检查
رَقَابَة / مُرَاقَبَة 管制，监督，检查
الـ القاصيَة 远距离操纵
ــ / ــ المَطْبُوعَات 出版物检查
الـ والـ القَضَائيَّة 司法上的监视
ــ الجَماهير العُمَّاليَّة 工人群众的监督
لَجْنَة المُرَاقَبَة 监察委员会
رُقُوب / رَقُوب / تَرَقُّب: انتظار 等候，期待
رَقُوبَة (مـ): بَيْضَةُ القُنّ 留窝蛋(防止母鸡弃窝他去而搁在窝里的天然蛋或人造蛋)

رَقِيب جـ رُقَبَاءُ / مُرَاقِب: حارِس 防护者，看守者
ــ / ــ: راصِد 观察者，观测者
ــ جـ رَقِيبَات ورُقُب 毒蛇
ــ السَارِيَة 桅杆下的值班员
ــ الشَمْس: عَبَّاد الشمس 向日葵
مُرَاقِب: مُشْرِف 管理人，监察人，监督人
ــ التَعْلِيم 督学，视学员
ــ تعليم البَنَات 女子教育督学
ــ المَطْبُوعَات وغيرها 出版物的检查员
مَرْقَب جـ مَرَاقِبُ / مَرْقَبَة: مكان مُرتفع للرقيب 瞭望楼，瞭望台，岗楼
ــ الرُبَّان 船长台，舰长台
ــ: مَرْصَد / مكان الرصد 天文台，气象台，观测所
مِرْقَب فَلَكِيّ جـ مَرَاقِبُ: تَلَسْكُوب (أ) 天体望远镜
مُتَرَقَّب: منتظَر 所等待的，所期待的
رَقَدَ ــُ رَقْدًا ورُقُودًا ورُقَادًا: نام أو مات 睡觉，睡眠；长眠
ــ: دخل سريره لِيَنام 就寝
ــ: اِضطجع 躺，卧
ــ الحَرُّ أو الرِيحُ (热)减退；(风)平息，停息
ــ لِمَرَضٍ أصابه 卧病，卧床不起
ــ ت السُوقُ: كسدت 市场萧条
ــ ت الدَجَاجَةُ على بيضها (母鸡)抱蛋，孵卵，抱窝
ــ رقدتَه الأَبَدِيَّة وــ بالربّ 长眠，永眠
رَقَّدَه وأَرْقَدَه: جعله يَنَامُ 安排他睡觉
ــ ه وــ ه: جعله يرقد 使他躺下
ــ الدَجَاجَةَ على البيض 使母鸡抱蛋，抱窝

ـ النَّبَاتَ (في الزراعة) [农]压条，压条繁殖
ـ 安慰，使安心
ـ الأَعْصَابَ 使神经安静下来
رُقَاد / رَقْدَة / رُقُود: نَوْم 睡眠
ـ / ـ / ـ: اِضْطِجَاع 躺，卧
وقت الـ 就寝时间，睡觉时间
ترقيد النبات [农]压条，压条繁殖法
ـ البيض 抱窝，孵卵，孵化
تَرْقِيدَة (م): عكِيس (في النبات) [农]压条，幼芽，新芽
رَاقُود جـ رَوَاقِيدُ 大坛；虾虎鱼；小海鱼
رَاقِد: نائِم 睡眠的，睡着的，睡觉的
ـ: مُضطجع 躺下的
مَرْقَد جـ مَرَاقِدُ: مَضْجَع 床铺，卧榻
الـ الأخير 坟墓
مُرَقِّد: دواء مُنَوِّم 安眠药，催眠剂
رَقْرَقَ الخمرَ: مَزَجَها بماء 把酒搀淡，酒里搀水
تَرَقْرَقَتْ العينُ بالدُّمُوع / تَرَقْرَقَ الدمعُ في العَيْن 热泪盈眶，两眼含泪
ـ: تَلأْلأَ 闪耀
ـ النَّجْمُ والسَّرابُ 发微光，闪闪发光
رَقْرَاق 闪亮之物，回转之泪
رُقَارِق: ماء رقيق 浅水
رَقَزَ ـُ رَقْزًا العِرقُ: نَبَض (动脉)跳动
رَقَشَه ـُ رَقْشًا ورَقَّشَه: نقَشه 着色，彩画，加彩色
ـ ه وـ ه: زيَّنه 装饰，修饰
رَقَاش 花蛇
أَرْقَشُ م رَقْشَاءُ جـ رُقْش: أَرْقَط / مُنَقَّط 有斑点的，杂色的
رَقَصَ ـُ رَقْصًا 跳舞
ـ فَرَحًا وطَرَبًا 高兴得手舞足蹈
رَقَّصَه وأَرْقَصَه 使他跳舞；舞弄，播弄(孩子)；使(马、驼)慢走，溜蹄
رَاقَصَه: رَقَصَ معه 和他跳舞
تَرَقَّصَ: تَذَبْذَبَ / خطر 摆动，摇摆
ـ ت الأرضُ: ارتفعت وانخفضت بسُرعة 崎岖不平；地势起伏
اِرْتَقَصَ 跳动
ـ السعرُ: غلا 涨价
رَقْص 舞蹈，跳舞
ـ إيقَاعِيّ [体]韵律体操，艺术体操
ـ البَطْن 肚皮舞(一种东方的女子单人舞)
ـ شَعْبِيّ أو فُولكلوريّ 民间舞蹈
ـ سَنْجِيّ (سَان جِيّ) [医]舞蹈病
أبو الـ: قِرِلَّى 鱼狗，翠鸟
عِلْم الـ 舞蹈学
مُعَلِّم الـ 舞蹈教师
قَاعَة الـ 舞厅
حَفْلَة الـ / حفلة راقصة 舞会
رَقْصَة جـ رَقَصَات 一次舞蹈
ـ البَحْشَلَة (夏威夷的)草裙舞，忽拉忽拉舞
رَاقِص 跳舞者，舞蹈家
خَيَال ـ 活动电影
مُوسِيقَى ـ ة 舞曲
الـ [天]天龙座的一颗星
رَاقِصة جـ رَاقِصَات 舞女，女舞蹈家
ـ بَاليه 芭蕾舞女演员
رَقَّاص: الذي يَرْقُصُ 跳舞者，舞蹈者，舞蹈家
ـ السَّاعَة الكَبِيرة 钟摆
ـ السَّاعَة الصَّغِيرة (钟表)平衡轮，轮摆
عَمُود ـ الساعة الصَغِيرة 平衡轮的轴

رَقَّاصَة 舞女，女舞蹈家
ـ 不毛之地；阿拉伯人的一种游戏
مَرْقَص جـ مَرَاقِصُ: بَالُّو (مـ) 舞会
ـ: مكان الرَّقْص 舞厅，舞场
رَقَّطَ على الثوب أو نَقَّطَه: رقَّشه 弄上斑点，加上斑点
اِرْقَاطٌ اِرْقِيطَاطًا وارْقَطَّ اِرْقِطَاطًا وتَرَقَّطَ 带污点的，带斑点的
أَرْقَطُ م رَقْطَاءُ جـ رُقْط: مُنَقَّط 有斑点的
ـ: فهد 豹，金钱豹
حَيَّةٌ رقطاءُ 蝮蛇
رُقْطَة جـ رُقَط 斑点
رَقْطَاء 暴动，闹事；花母鸡；油粥
سُلَيْسِلَة وسِلْسِلَة ـ 有毒的蜥蜴
مُرَقَّط 带有斑点的（蛋）
ـ بالنُجُوم 布满了星星的
رَقَعَ ـَ رَقْعًا ورَقَّعَ الثوبَ 补衣，补缀
ـ ه: ضرَبه 拍，打，掴
ـ البابَ: صفقه 使劲关上门
رَقُعَ ـُ رَقَاعَةً: حمُق وكان قليل الحياء 愚蠢，无耻
رَقَّعَ الزرْعَ وـ الحقْلَ 补种
ـ العينَ ［医］移植（角膜）
رُقْعَة جـ رِقَاع ورُقَع: ما يُرْقَع به 补片，布片
ـ الدَامَا / ـ الشَطْرَنْج 西洋棋盘，国际象棋棋盘
ـ العُنْوَان: بِطَاقَة 标签，签条
ـ الأرض 一块土地
ـ الدَعْوَة 请帖
ـ عارٍ في … 对…是耻辱、污点
خَطّ ـ 行书
رَقَاعَة: قِلَّة حَياء 无礼，厚颜无耻，寡廉鲜耻
ـ: حماقة 愚蠢

تَرْقِيع الثِياب وأمثالها 补缀
ـ الزرْع 补种
جِرَاحة تَرْقِيعِيَّة ［医］（假肢、假眼、假牙）装补术，修复术
رَقِيع جـ أَرْقِعَة 苍天，天空
مُرَقَّع 带补丁的衣服
مُرَقَّعَة: صَفِيحة العَلام 模板，刷印底板
رَقَّ ـِ رِقَّة: ضد غَلُظ وثخُن 成为细的，薄的
ـ له: رَحِمه 怜悯
ـ وجهُه: استحيا 害羞，腼腆，脸皮薄
ـ وتَرَقَّق له: عطف عليه 怜爱，同情
رَقَّقَه وأَرَقَّه: جعله رَقِيقًا 弄薄，弄细
ـ وـ قِوَام الشيء 使细，弄薄，使淡，弄稀
ـ وـ اللفظَ 轻声、文雅地读出、说出
ـ ورَقّ (مـ) العَجِينَ وأمثالها （使面团）稀软；擀面
ـ (في الطِباعة) ［印］（在行间）插铅条
اِسْتَرَقَّ العبدَ: ملكه 占有奴隶
ـ الشيءُ 变柔软
رَقّ جـ رُقُوق: سُلَحْفَاة البَحْر 蠵龟，玳瑁，海龟
ـ: جلد رَقِيق يُكْتَب عليه 细羊皮纸，犊皮纸
رِق / اِسْتِرْقَاق: عُبُودِيَّة 奴隶身份，奴隶制，奴役性
ـ: دُفّ / طَار (مـ) 小手鼓，铃鼓，羯鼓
ـ التَصْوِير الشَمْسِيّ 照像软片
ـ: عَبْد 奴隶
إلْغَاء نِظَام الـ: تَحْرِير العَبِيد 废除奴隶制
رِقَّة: ضد غِلَظ أو كَثَافة أو ثخانة 薄，细，稀
ـ الجِسْم: نُحُول 身材苗条，纤弱
ـ الجَانِب: دعَة 谦让，和蔼
ـ الطَبْع: دَمَاثة الخُلُق 性情温和，温厚，温顺
ـ الشُعور أو الإحساس 敏感；感情细腻

ـ القَلْب: حُنُوّه	慈悲
رُقَاق: خبز رَقِيق	薄饼
ـ: عَجين مرْقُوق	软面团
ـ: رُقّ	浅海，浅水
رُقَاقَة جـ رُقَاقَات	一张薄饼
رَقِيق جـ أَرِقَّاءُ م رَقِيقَة جـ رِقَاق: رِقّ / عَبْد	奴隶
ـ أَبْيَض	白奴
ـ: ضد ثَخِين أو كَثِيف	细的，薄的，稀的
ـ الجَانِب	和蔼的
ـ الجِسْم	身材苗条的，纤弱的
ـ الحَال: قليل المال	贫困的，贫穷的，贫寒的
ـ الشُعُور / ـ العاطِفَة: حَسَّاس	敏感的，善感的
ـ الطَبْع	性情温和的
ـ القَلْب	慈善的，慈悲的
ـ اللَفْظ	声音柔和的
غير ـ	粗笨的
تاجِر الـ: نَخَّاس	奴隶贩子
تِجارة الـ: نَخاسَة	奴隶买卖
رَقِيقَة: صَفِيحَة	薄板，薄片
ـ: قِشْرَة	薄皮，薄膜；软片，胶片
ـ (مـ) (في طِباعة الأَحْرُف)	[印]插铅，铅条
مِرْقَاق العَجِين: شَوْبَك (مـ)	擀面杖，擀面棍
مَرْقُوق: بَقْلاوة (مـ)	面食点心(甜馅饼、糖包子)
أَرْقَلَ: أَسْرَعَ	快，急追
رَقْلَة جـ رَقْل ورِقَال	高挺的枣椰
رَقَمَ ـُ رَقْمًا: كَتَبَ	写，记
ـ ورَقَّمَ الكتابَ	加点，[语]加标点符号
ـ وـ الحِصانَ: كَواه ووسمه	烙印，打火印
ـ وـ: نَمَّرَ (مـ)	加号码，记号数
يَرْقُمُ على الماء	(在水上划线)非凡的技巧
رَقْم جـ أَرْقَام ورُقُوم: عَدَد	数，数字，数码，号码
ـ قِيَاسِيّ	记录
ضَرَبَ (سَجَّل) الـ القِيَاسِيّ العَالَمِيّ	创造世界记录
حَطَّمَ الـ القِيَاسِيّ العَالَمِيّ	打破世界记录
ـ مُتَسَلْسَل	序号；编号
ـ القَيْد	收文号码，登记号码
جاء بالـ أو بالرَقِم	他带来了许多东西
الأَرْقَام الهِنْدِيّة	印度数字(1234567890)
الأَرْقَام الغُبَارِيَّة	尘土数字(阿拉伯各国通用的数字١٢٣٤٥٦٧٨٩٠)
أَرْقَام فَلَكِيَّة	天文数字
أَرْقَام سِرِّيَّة / أَرْقَام اصطلاحيَّة	密码，号码
رَقْمِيّ	数字的，数码的
رَقْمِيَّة	数量；数字化
تَرْقِيم	加点，加标点，加号码，号数，计算
طَرِيقَة الـ	加点法
عَلامَات الـ	点点，标点
نِظَام الـ	计算法
تَرْقِيمِيّ	带有符号的
النِظام الـ	计算法
رَاقِم	打字的，计算的
ـ السَيَّارَة	汽车的计算器，汽车的速度表
رَقِيم: كِتَاب	碑文，铭文
ـ (سـ)	书信
مِرْقَم جـ مَرَاقِمُ: آلة رَقْم الأعداد	[电]表号机；[机]打号码机
ـ	羽笔，芦管笔
مَرْقُوم	被写出来的
ـ رَقْم ... بشَارِع	某街几号门牌

رَقَّنَ الكتابَ: قارب بين سُطوره 写密行字

ـ الشيءَ: زيَّنه وحسَّنه 修饰，美化

أَرْقَنَ وترَقَّنَ وارْتقنَ واسْتَرْقَنَ: اختضب بالرِقان (以指甲花)染，涂

رِقان ورُقُون وإِرْقَان 指甲花；番红花

رَقْو / رَقْوَة 沙丘

رُقْوَانِيّ جـ رُقْوَانيَّة: رَاقٍ ورَقَّاء 术士，方士

رَقِيَ ـَ رَقْيًا ورُقِيًّا وارْتَقَى الجَبَلَ وفيه وإليه: صعِد 爬山，登山

ـ وـ وتَرَقَّى: تقدَّم 升级，前进，上进，进步

رَقَاه يَرْقِي رُقِيًّا ورَقْيًا ورُقْيَةً وعليه: استعمل الرُقْيَة 用符箓治病，用妖术迷惑

ـ: طرَد الأَرْوَاحَ الشرِيرَةَ بالرُقْية 念符驱邪，祓魔，祓散

رَقَّاه: قدَّمه ورفَعه 提拔，提升

ـ ه: حسَّنه وأَصْلَحَه 改进，改善

ـ ه: هذَّبه 鼓舞士气

اِرْتَقَى به الأمرُ 步步高升

ـ إلى كذا: تسلَّقه 攀登

رَقْي / رُقِيّ 上升，提高，进步

ـ 符咒，护身符

رُقْيَة جـ رُقًى ورُقْيَات/ رَقْيَة (مـ) ورُقيَات / رَقْوَة (سـ) 禁咒，符咒，妖术

اِرْتقَاء: صعود 上升，登高

ـ / تَرَقٍّ: تقدُّم 前进，进步，发展，进化

تَرْقِيَة 提升，升级；改善，改进，提高

ـ الكَمِّيَّة (في الرياضة) [数]自乘，乘方，幂方

تحت الـ 在前进中，正在发展中

راقٍ جـ رُقَاة وراقُون / رَقَّاء: الذي يَرْقِي 术士，方士

ـ: عالٍ / سامٍ 高的，发达的；高尚的，崇高的，高贵的

ـ / مُرْتَقٍ: مُهذَّب 受过教育的，有教养的

مَرْقًى ومَرْقَاة ومِرْقَاة جـ مَرَاقٍ: مِعْرَج / سُلَّم نَقَّال بركيزة 段梯，活梯

ـ: دَرَجَة 梯级，台阶

رَكِبَ ـَ رُكُوبًا ومَرْكَبًا الدابَّةَ وعلى الدابّة: امتطاها / علاها 骑、乘、搭(车、船)

ـ الفَرَسَ 骑马

ـ السَفِينةَ 乘船

ـ السفينةَ والقِطارَ والعَرَبَةَ والترامَ 上船或搭火车或坐汽车、电车

ـ الأَهْوَالَ 冒险

ـ البَحْرَ: سَافَرَ فيه 航海

ـ الهواءَ: طار 飞行

ـ هَوَاهُ: انقاد له 恣意，恣情，恣肆，任性

ـ رأسَه 胡干，乱干

ـ الفرسُ رأْسَها 马不服驾御(驭)

ـ ه بالدُعابة القاسية 狠狠地嘲笑他

ـ الشَطَطَ 行为乖张，陷入错误

ـ الغُرُورُ رأسَه 自负

ـ وارْتَكَبَ الذَنْبَ: اقترفه 犯罪

ـ وـ الفَحْشاءَ 通奸

ركَّبه وأَرْكَبه 使骑马，使乘坐

ـ الشيءَ: ضد فكَّكه 构造，架设，建筑；装配

ـ الأشياءَ: جمَعها 装配

ـ الفصَّ في الخاتم 镶，嵌

ـ الكلامَ أو الدواءَ 作文；配药

ـ وتَرًا للعُود (给琵琶)上弦，配弦

اِرْتَكَبَ عملاً شَائنًا 做出可耻的行为

ـ جرَائم شائنة 罪大恶极

تَرَكَّبَ من كذا 由某物组成、构成
تَرَاكَبَ الشيءُ: تراكم 叠起，堆起，堆积
اِسْتَرْكَبَ 要求骑乘，要求交通工具
رُكُوب: اِمتطاء 骑，乘
ـ الحِصان 骑马
ـ البَحْر 航海
ـ الهَواء: طَيَرَان 航空
رَكُوب ورَكُوبَة جـ رَكَائِبُ: مَطِيَّة 坐骑(骑用的马、骡等)
رَكْب جـ أَرْكُب ورُكُوب / رُكْبَان 驼队，马队，商队
رَكَب: عانة 阴阜
رُكْبَة جـ رُكَب ورُكْبَات ورُكُبَات: ما بين الفخذ والساق 膝，膝盖
أبو ـ: كُرُنْب لِفْتِيّ [植]大头菜，芜菁
أبو الرُكَب: حُمَّى الدِنْج dengue [医]登革热
رِكاب السَرْج جـ رُكُب 马镫
شَدَّ ـَ ه إلى ... 动身到什么地方去
حَطَّ ـَ ه في ... 定居在什么地方
ـ الأمير (王子或长官的)护卫
ـ / مَرْكب 行列
سَار في ـ ه 加入…行列
العَظْم الرِكَابِيّ [解]镫骨
تَرْكِيب: بِناء 构造，装配，建造
ـ الذَرَّة 原子的构造
ـ الجِسْم 身体的组织
تَرَاكُب 重叠
اِرْتِكاب 犯罪
رَاكِب جـ رُكَّاب ورُكْبَان ورُكُوب ورِكَبَة ورَكْب ورَكَبَة م رَاكِبَة جـ رَوَاكِبُ: ضد ماشٍ 乘者，骑者
ـ: مُسَافِر 乘客，旅客

ـ 山峰
يَسِيرُ بذِكْرِه الرُكْبَان 大家都在谈论他
مَرْكُوب جـ مَرَاكِيبُ: مُمْتَطًى 走骑(马、骡、驼)
ـ: حِذاء 靴，鞋
أبو ـ: طائر 非洲产的一种鹳
رَكَّاب الخَيل: فَنْجَرِي 骑师，赛马的骑师
مَرْكَب جـ مَرَاكِبُ: سَفِينَة 船
ـ شِرَاعِيّ 帆船
ـ بُخَارِيّ 轮船
ـ خَطِّيّ 有一定航线的船只
ـ جَوّال 无定线的船只
ـ سَرِيع العَدْو 快速艇
ـ فضائيّ / مركبُ فضاءٍ / مَرْكَبَة فَضَائِيَّة 宇宙飞船
رَكِبَ أَقبحَ ـ 举止不雅观
رَكِبَ ـ الطَيْش 举止轻率，轻举妄动
رَكِبَ الحَماقة 傻干，蛮干
رَكِبَ الهَوَسَ والجُنون 狂暴，疯狂
رَكِبَ مَرَاكِب الزَلَل 经常犯错误
مَرْكَبَة جـ مَرْكَبَات: عَرَبَة 车，马车
ـ تِرَام (انظر ترام) 电车
ـ الجَلِيد 雪橇
مَرَاكِبِيّ ومَرْكَبِيّ جـ مَرَاكِبِيَّة 船家，撑船者
مُرَكَّب جـ مُرَكَّبَات: ضد بَسِيط 复合的，配合的，合成的
ـ من كذا 由…组成的，由…合成的
ـ عليه كذا 镶嵌着…的，安装着…的
ـ: عُقْدَة 情绪，意绪，变态(复合)心理
ـ النَقْص: شُعور بالحِطَّة [心理]自卑感
جَهْلٌ ـ 做假行家，不懂装懂
رِبْحٌ ـ 复利；重利
عَدَدٌ ـ (صَحِيح وكَسْر) [数]复合数

كَسْرٌ ـ (في الرِياضة) [数]繁分数
ـٌ كِيمِيَائِيّ 化合物
مُرْتَكِب: مُقْتَرِف 犯人，犯罪者
رَكَدَ ـُ رُكُودًا الماءُ والريحُ: سكن أو وقفت حركتُه (水、风)停滞，不流动
ـ: كسد (贸易)萧条
رُكُود: سُكُون الحركة 不流，不动，停滞，(商业)萧条
رُكُود اقتصاديّ 经济萧条
راكِد: ساكِن الحركة 不动的，不流的，停滞的，萧条的
ماء ـ 死水，静水
رَكَزَ ـِ رَكْزًا وركَّزَ الرُمْحَ: غرزه في الأرض 插在地上
ـ وارْتَكَزَ: وقف قليلاً 暂停，暂止
ـ وـ عليه: استنده 依靠，依赖；建筑在…
ـ (م) وـ: استقرَّ 安定，定居，稳定
ركَز المَعْدِنُ (矿)含有金、银
ـ ه (م) وأَرْكَزَه (م): ثبَّته 竖，插，使稳定
ـ (م): حَصَرَ في نُقْطَة واحدة 集中，凝聚
ـ جهودَه على... 集中精力
أركز المعدنُ: وُجِدَ فيه ركاز 矿苗内有金和银
تَركَّزَ على كذا 集中在…
تَراكَزَ 以…为中心，成为集中的
رَكْز 安静；坚定
رِكْز 轻的声音
رَكْزَة: وَقْفَة قَصِيرَة 短暂中止，暂停一会儿
تَرْكِيز (م): تَرْسِيب أو توحيد 集中，凝聚
تَراكُز: اتّحاد المركز 同中心，同心
اِرْتِكاز 依靠
نُقْطَة الـ 支点，据点

رِكَاز ج رِكْزَان وأَرْكِزَة ورَاكِزَة 金矿或银矿；地下埋藏的财富，宝藏
رَكِيزَة ج رَكَائِزُ / مُرْتَكَز 支柱，撑柱，依靠物
ـ 矿脉
ـ (م): قَائِمَة 柱，桩，杆，撑柱
رَاكِز 安静的，沉着的，镇静的，冷淡的
مَرْكَز ج مَرَاكِزُ: مِحْوَر / وسَط الدائرة 中心，轴心，中央，中点
ـ كَهْرَحَرَارِيّ 热电中心
ـ مَائِيّ 水利中心
ـ كَهْرَبَائِيّ 电力中心
ـ كَهْرَمَائِيّ 水电中心
ـ رِئَاسَة السَرِيَّة (ع) 连部
ـ رِئَاسة الكَتِيبَة (ع) 营部
ـ الثِقَل (في الطبيعة) [物]重心
ـ الجَذْب (في الطبيعة) [物]引力的中心
ـ: مكان أو حالة 位置；境遇
ـ: مَنْزِلَة / مَقَام 地位；身份
ـ: مَنْصِب 职位，职务
ـ شَاغِر 空位，空缺
ـ (م): قِسْم من مُدِيرِيَّة 县
مأْمُور ـ (م) 县长
ـ البُولِيس (م): ضَبْطِيَّة 警察局
ـ الإدارة 总局，总部，总管理处
ـ الرِيَاسَة 司令部
ـ الدَاء 病源
ـ البِلاد في السِيَاسة العَالَمِيَّة 国家的国际地位
مَرَاكِزُ قِيادَةِ الاقْتِصَادِ 经济命脉
مَرْكَزِيّ: متوسِّط 中心的，中央的
لا ـ 中心不同的，偏心的
دائِرة لا مَرْكَزِيَّة 偏心圆

القُوَّة المَرْكَزِيَّة الجَاذِبَة 向心力

القُوَّة المَرْكَزِيَّة الطَارِدَة (الدافعة) 离心力

اللَجْنَة الـ ة 中央委员会

كُرِيَّة مَرْكَزِيَّة (في الخلية) [生]中心小体

مَرْكَزِيَّة 中央集权制

لا ـ 地方分权制

مُرَكَّز 集中的，集合的

ـُ النور 探照灯，聚光灯

مُتَرَاكِز / مُتَّحِد المَرْكَز 同中心的，集中的

رَكَسَ ـُ رَكْسًا: اسْتَجَاب لِمُؤَثِّر (对刺激等的)反应，感应

اِرْتَكَسَ: اسْتَجَاب 反应，感动；反射，反作用

ـ: انْتَكَسَ أو تَرَاجَعَ 倒退，反退，退步，退减(作用)

رِكْس 肮脏；人群；洞窟；桥梁

اِرْتِكَاس شَرْطِيّ أو إشْرَاطِيّ 条件反射

رِكْشا (أ) rickshaw 人力车，黄包车

رَكَضَ ـُ رَكْضًا: عَدَا 跑，驰，奔

ـ الفَرَسَ بِرِجْلَيْهِ: استحثّه (用马刺刺马)策马疾行

ـ من ...: هرَب مُسرِعًا 逃跑，溜走

رَاكَضَه: باراه في الرَكْض 赛跑，赛马

تَرَاكَضَ القومُ 一起跑，赛跑

ارتكض خَيْلُهم إليه: ركضوها إليه (向他)策马前进

ـ: تحرك واضطرب 激动，颤动，骚动

ـ الجَنِينُ في البَطْنِ 胎动

ـ 起浪

رَكْض: عَدْو 跑，奔驰

الـ وراءَ الأَرْباح 追逐利润

الـ وراءَ التَسلُّح 军备竞赛

اِرْتِكَاض الجنين (في البطن) 胎动

رَكَّاض / رَكُوض: جَرَّاء 赛跑的人，竞赛运动员

رَكَعَ ـَ رَكْعًا ورُكُوعًا: اِنْحَنَى احترامًا 行鞠躬礼

ـ (م): جَثَا 跪下，跪倒

ـ أمامَه 崇拜，跪在他的面前

رَكَّعَه وأَرْكَعَه 使跪下，跪倒

رُكُوع (م): جُثُوّ 跪

رَكْعَة جـ رَكَعَات 跪拜，鞠躬

ارْتَكَفَ (霜、雪)盖在地上

رَكَّ ـِ رَكًّا ورِكَّةً ورَكَاكَةً: كان رَكِيكًا 软弱无力，不健康，瘦弱

رَكَّ ـُ رَكًّا الشيءَ في عنقه: ألزمه ايّاه 使某人担负责任，委托他

رَكَاكَة / رِكَاكَة 弱，瘦，不健康

رَكّ 根基，支柱，原则

حَطّ الـ على ... 信赖

ـ: مَهْزُول 瘦弱的

طِبّ الرُكَّة (راجع طب) 民间医学，俗用方药

رُكَاك / رَكِيك جـ رِكَاك ورَكَكَة 瘦弱的，不健康的；词义晦涩的；没有主张的，没有志气的

رَكِيك اللفظ 句子结构不完整

رَكِيك العِلْم: قَلِيله 知识贫乏

رَكِيك العَقْلِ: ضَعِيفه 智力低下，脑筋迟钝的

رَكَلَه ـُ رَكْلاً ورَكَّلَه: لَبَطَه ورفسه (م) 用脚踢

رَكْلَة 一踢；一束青菜

رَكْل: كُرَّاث 韭菜

رَكَّال 卖韭菜的

رَكَمَ ـُ رَكْمًا الشيءَ: جَمَّعَه وكَوَّمَه 堆积，累积

تَرَاكَمَ وارْتَكَمَ الشيءُ 堆起，叠起，累积起来
رَكَم / رُكَام: كَوْمَة 堆，叠
ـ / ـ: السَحاب المتراكم 密云，乌云
ـ الناس 人群，人山人海
تَرَاكُم 积，聚
الـ الابتِدَائيّ 原始积累
ـ الثَرْوَة 财富的积聚
مِرْكَم كَهْرَبِيّ: جَمَّاعَة 蓄电池
مُرْتَكَم الطريق: جادته 路中间，路心；大道，车道；(铁路的)路基，路床
رَكَنَ ـُ وركِنَ ـَ رُكُونًا وأَرْكَنَ إليه: مال إليه ووثق به 信赖，相信，信任
ـ وـ إليه: عوَّل أو اعتمد عليه 依赖
يُرْكَنُ إليه 可依靠的，可信任的
رَكُنَ ـُ رَكَانَةً ورُكُونَةً: كان وَقُورًا رَزِينًا ثَابِتًا 成为坚定的
أَرْكَنَ إلى الفِرَار 逃走，逃窜
ـ وارْتَكَنَ على ...: مال واستند 靠在…，凭借…
ـ وـ على ....: لجأ إلى ... 投靠，投奔
رُكْن جـ أَرْكَان: زَاوِيَة / ظِئْر (桌子的)角，隅，角落
ـ: سَنَد / عِمَاد 支柱
ـ: جُزْء أَصْلِيّ 基础，要素，基本部分，主要部分
الأَرْكَان الأربعة عند القدماء العرب (هي الهَواء والنار والماء والتراب) 古阿拉伯人提出的四要素(气、火、水、土)
أَرْكَانُ الحَرْب (مـ) (في الحربية) [军]参谋部
أَرْكَانُ حرب اللِواء (مـ) أو الفيلق 旅或军参谋
رَئِيسُ أَرْكَان الحَرْبِ / رئيس الأَرْكَان [军]参谋长
ضَابِط الأَرْكَان 参谋
أَرْكَانُ المُفَوَّضِيَّة 公使馆负责人
أَرْكَانُ الحَيَاةِ الاقتصاديَّة 经济基础
أَرْكَانُ البِلاَدِ 国家的基石
رُكْنَة 角
رُكْنِيّ 角的，呈角形的
ضربة ـ ة [体]侧击
رَكَانَة 庄严性，庄重性
رُكُون / إِرْكَان: وثوق 信赖，信任，依靠
أُرْكُون جـ أَرَاكِينُ وأَرَاكِنَة 王子，领导者，领袖，首领
مِرْكَن جـ مَرَاكِنُ: طشت الغسيل 洗衣盆
مُرَاكَنَة 订婚(阿尔及利亚用语)
رَكَا يَرْكُو رَكْوًا الأرضَ: حفرها 挖掘
رَكَّى 牢固地安装在…、支撑在…
ـ مرفقَيْه على ... 他把两肘牢固地放在…
تَرَاكَى 靠向，倒向，靠岸
رَكْوَة ورِكْوَة ورُكْوَة جـ رَكَوَات ورِكَاء 咖啡壶；小皮水袋；小船
الـ الصُغْرَى [天]小北斗(小熊星座的七颗主星)
الـ الكُبْرَى [天]北斗七星
رَكِيَّة جـ رَكَايَا ورَكِيّ 水井
أنا مُرْتَكٍ عليك 我信赖你
مَرْكُوّ 大桶
رَمَأَ ـَ رَمْأً ورُمُوءًا بالمكان: أقام 逗留，停留
ـ الخبرَ 调查，打听(消息)
أَرْمَأَ على المائة: زاد 超过(一百)
مُرَمَّات الأَخْبَار 谣言
رَمَثَه ـُ رَمْثًا 安排，整理；偷窃；用手揩抹
رَمَث جـ أَرْمَاث ورِمَاث: رُومس (مـ) / طَوف

木排，木筏

هم في مَرْمُوثَاء 他们在一团混乱中

رَمَجَ ـُ رَمْجًا الطائرُ: ألقى ذرقه (鸟)撒粪，拉屎

رَامِج 用作猎鹰之饵的活鸟

رَمَحَه ـَ رَمْحًا: طعَنه بالرُمْح 拿矛扎，用矛(枪)刺

ـ ته الدابّةُ: رفَسته (牲口)踢人

ـ (م): عَدَا / رَكَضَ 跑，飞奔

رَمَّحَ 投标枪

ـ (م) 使马疾跑

ـ وصَفَّحَ 制造武器

رُمْح جـ رِمَاح وأَرْمَاح: عُود طويل في رأسه حَرْبَة 长矛；红缨枪

ـ: مِزْرَاق 标枪

ـ 贫困，缺乏；圆周的四度半

كَسَرُوا بينهم رُمْحًا 他们在交战

نحن عليهم كـ ـ واحد 我们团结起来反对他们

رَمْي الـ [体]掷标枪，投标枪

رَامِح 矛兵，枪手

السِمَاك الـ [天]大角星(牧夫座中一等恒星)

ـ الجِنّ 时疫，瘟疫

أخذت رِمَاحُها (植物)长出针刺；(骆驼)长膘

رَمَّاح جـ رَمَّاحَة: حامِل الرُمْح 枪兵，矛兵，枪手

مِرْمَاح جـ مِرْمَاحَات 演技场，竞技场，赛马场

مَرْمَح 马戏院

ارْتَمَخَ: لان وذلّ 懦弱，怯懦

رَمِدَ ـَ رَمَدًا وأُرْمِدَ الرجلُ: هاجَتْ عينُه 害眼炎，(眼)发炎

ـ تِ العينُ وارمَدَّتْ: هاجت 眼发炎

رَمَّدَ الشيءَ: وضَعه في الرماد 埋在灰烬中

ـ النارَ: غَطَّاها بالرماد 用灰烬把火盖起来

ـ الجُثَّة: أَحْرَقَها 火葬，火化

ارْمَدَّ الشيءُ: صار بلونِ الرماد 带灰色

تَرَمَّدَ (سـ) 化为灰烬；眼发炎；被灰盖住

رَمَدُ العَيْن 眼炎

ـ حُبَيْبِيّ [医]沙眼，颗粒性结膜炎

رَمَدِيّ: طبيب العيون 眼科医生

تَرْمِيد المَوْتَى 火葬，火化

رَمِد / رَمْدَان / أَرْمَدُ م رَمْدَاءُ جـ رُمْد 患眼炎的；眼发炎的；肮脏的(衣服)

رَمَاد جـ أَرْمِدَة: تُراب النار 灰烬

ـ الجُثَّة المَحْرُوقَة 骨灰

ماء الـ: بُوغَادَه (م) 灰汁，碱水，(洗衣用的)碱性液

ذَرَّ الـ في العُيُون (撒灰在眼里)迷惑

ـ الصُودَا 纯碱

كَثِير الـ 慷慨的，乐善好施的

هو يَنْفُخ في الـ (他在吹灰)费力不讨好，白费蜡

رَمَادِيّ: بِلَوْن الرَماد 灰色的，灰褐色的

رَمْدَاء 鸵鸟

رَمَزَ ـِ رَمْزًا إليه: أشار وأَوْمَأَ 指示，暗示

ـ: كَنَّى 象征，标志

ارْتَمَزَ 被鼓动，煽动，激动

ـ وتَرَمَّزَ: تهيَّأ 准备好

رَمْز ورُمْز ورَمَز جـ رُمُوز: إشَارَة / دليل 符号，记号，密码

ـ: كِنَايَة 象征，标记，记号

ـ 假名，匿名

象征的，象征性的	رَمْزِيّ
编密码的	—
象征主义	رَمْزِيَّة
样本，范本，样品	رَامُوز ج رَوَامِيز: نَمُوذَج
标本，货样；大海；起源，根本，出处	
无休止的；无数的；安静的，镇静的；聪明的，明智的；高贵的，受尊敬的	رَمِيز
埋，葬（尸体）	رَمَسَهُ ـُ رَمْسًا وأرْمَسَهُ: دفنه
浸入水中，泡在水里	ارْتَمَسَ في الماء
	رَمْس ج رُمُوس وأرْمَاس / رَامُوس ج رَوَامِيس:
坟，墓；坟土	قَبْر
在夜间活动的鸟兽	رَامِس ج رَوَامِيس
筏，木排	رُومِس (م): طَوْف
羊羔	رَمِيس ج رُمْسَان (س)
	رَمَشَ ـُ رَمْشًا الشيءَ: تناوله بأطراف الأصابع
用指尖撮取，用手指尖拾取	
转眼	ـ بِعَيْنِه (م): طَرَف
结膜炎	رَمَش: التهاب الجَفْن
卷曲的头发；指甲上的白点	رُمْش
睫毛	رِمْش ج رُمُوش (م): هُدْب العَيْن
眨眼，转眼	رَمْشَة ج رَمَشَات
流眼眵，	رَمِصَتْ ـَ رَمَصًا العَيْنُ: عمَّصت (م)
出眼眵，出眼屎	
弥补他在灾难中的损失	رَمَصَ ـُ رَمْصًا اللهُ مصيبتَه
（母鸡）拉粪；野兽下幼畜	—
眼眵，眵目糊，眼屎	رَمَص: عُمَاص (م)
[天]南河三（小狗座第一星）	الشِّعْرَى الرُّمَيْصَاء
（天气）极热，	رَمِضَ ـَ رَمَضًا النهارُ: اشتدَّ حَرُّه
酷热	
致痛	أرْمَضَه: أوجعه

烧	ـ ه: أَحرقه
非常疲倦	ـ ه التَّعَبُ
酷热，炎热，酷暑；晒烫的地面	رَمْضَاء: شدَّة الحَرّ
[伊]回历九月，斋月	رَمَضَان
日光浴；[医]中暑	رَمَض
夏末的雨或云	رَمَضِيّ
利剑，烤羊肉	رَمِيض
诽谤，诋毁	رَمَطَهُ ـِ رَمْطًا: عابه وطعن عليه
用手指	رَمَعَ ـَ رَمَعَانًا بيده: أشار
流泪	ـت عينه بالدُموع
[医]萎黄病	رُمَاع: داء الرماع
头盖骨柔软部分；屁股	رَمَّاعة
瞟	رَمَقَهُ ـُ رَمْقًا: لَحَظَه بالعين
看，观察	ـ ه: لاحظه
凝视，盯住	ـ ورَمَّقَ إليه: أطال النَّظَر
潦草行事，粗制滥造，工作没有做好	رَمَّقَ العملَ ورامَقَه: لم يتقنه / طَصْلَقَ (م)
勉强维持生活，收支勉强相抵	ـ العيشَ ترميقًا
监视	رَامَقَه: رقبه / تتبَّعه بنظره
粗制滥造，草草了事	تَرْمِيق: طَصْلَقَة
残生，余生，余年	رَمَق ج أرْمَاق: بَقِيّة الحَياة
羊群	—
一息尚存	الـ الأخِير
气息奄奄	على آخِر ـ
糊口，勉强维持生活	سَدَّ ـ ه / أَمْسَكَ ـ ه بالشيءِ
最低的生活资料	رُمْقَة / رَمَاق / رِمَاق
穷人；嫉妒者	رامِق ورَمُوق ج رُمُق
盯	رِمَاق
显要的，显著的，令人瞩目的	مَرْمُوق

رمك ـُ رُمُوكًا بالمكان 居住(某地)
ارْمَكَّ 成为瘦弱的；成为灰色的
رَمَكَة جـ رَمَك ورِمَاك ورَمَكَات وأَرْمَاك 种马；
瘦弱的人
رُمْكَة 灰骆驼
رمله: رَشَّ عليه رَمْلاً 撒沙
أَرْمَلَ وتَرَمَّلَ الرَجُلُ: أصبح أَرْمَل 成为鳏夫
ـ ت وـ ت المَرْأَةُ 成为寡妇
رَمَل (阿拉伯古诗格律之一)拉麦勒
رَمْل جـ رِمَال وأَرْمُل 沙
ـ (مَسْحُوق عَظْم أُمّ الحِبر لتَجْفِيف الحِبْر) 吸墨粉
زَمَّار الـ: طِيطَوَى [鸟]矶鹬
عِلْم أو ضَرْب الـ 沙卜(抓沙撒在地上，按其所成形象，判断吉凶)
رَمْلَة 沙地；一粒沙子
رَمْلِيّ / مُرْمِل 沙的，沙色的，多沙的
سَاعَة ـ ة 沙漏(古代计时器)
تَرَمُّل الزوجة: أُيوم 守寡，居孀
أَرْمَل جـ أَرَامِلُ وأَرَامِلَة: أَيِّم 鳏夫
ـ / أَرْمَلَة: أَيِّم 寡妇
أَرْمَلَة المَلِك (皇)太后(已故君主之妻)
رَمَّال 占卜者，在沙盘上算卦者；卖沙者
مِرْمَلَة: وعاء رَمل الكِتَابة (سابقًا) 沙箱；吸墨粉盒；撒沙机
رَمَّ ـِ رَمًّا ومَرَمَّةً البِنَاءَ أو الأمرَ ورَمَّمَه: أصلحه 修理，修缮，修葺
لا يُرَمُّ 没法修理的，不可修补的
تَرَمَّمَ الشيءَ 经常修理
رَمّ / تَرْمِيم / مَرَمَّة 修理，修缮
ما له حَمّ ولا رَمّ أو ما له حُمّ ولا رُمّ 他什么也没有

رِمّ 骨髓；牧草；湿土
رِمَّة جـ رِمَم ورِمَام: قطعَة بالية من العِظام 朽骨
ـ (م): جِيفة (الإنسان أو الحيوان) 臭尸(指人和动物)，腐尸
رُمّ: هَمّ 忧愁
ـ: جماعة 人群
رُمَّة: القطعة من الحبل البالي 一段腐烂的绳
بِرُمَّته: بِجُمْلَته 完全地，全部地，整个地，通通
تَرْمِيمَات 修理工作，修缮工作
رَمِيم / رُمَام: بَال 腐烂的，腐朽的
رُمَّان الواحدة رُمَّانَة 石榴
ـ السَعالِي [植]白罂粟
ـ الأَنْهار [植]缬草
ـ بَرِّيّ [植]铁力木
زَهْر الـ: جُلَّنار 石榴花
رُمَّانَة جـ رُمَّانَات: شجرة الرُمَّان 石榴树
ـ مِيزَان القَبَّان 秤锤
ـ (م): عُجْرَة 纽，瘤，柱顶圆球
ـ (م) 反刍动物的胃
ـ 大贝壳；妇女的胸脯；秤，提秤
رُمَّانِيّ 红色的，红宝石色的
رَمَى ـِ رَمْيًا ورِمَايَةً الشيءَ أو بالشيء: طرَحه 扔，投，掷
ـ ه: أَلقاه 抛，掷下
ـ ه: نَبَذه 抛弃，丢弃
ـ بقَذِيفَة 射击
ـ بكَلامه إلى كذا 他说话的用意是…
ـ بينهم: ألقى الشِقاقَ 挑拨，离间
ـ عنه: نفَضَه 抖去，拍去，弹去，拂去
رَمَاه بكذا: اِتَّهَمَه به 控告，告发，指控
ـ بكذا: عابه به 以…攻击他、指摘他

ـ إلى ... 旨在…

رَمَتْني بدائِها وانسلَّتْ 她嫁祸于我

تَرَامَى: تَتَابَعَ 相继，一个跟着一个

ـ ت به البلادُ: أخرجته 赶出去，驱逐出境

ـ السَحابُ: انضمّ بعضُه إلى بعض 集合，堆集(云)

ـ الأمرُ: تَرَاخَى 拖延，迟缓

ـ على ... 拜倒于…前

ـ 互相投掷，互相射击

ـ 伸展

ترامى إليه أن ... …不断地传到他那里

اِرْتَمَى: مُطَاوِع رمى 被投掷，被扔，被摔倒

ـ على الأرض 卧倒在地上

ـ على قَدَمَيْ فلان 拜倒在某人之前，爬在某人脚下

رَمْيَة جـ رَمَيَات 扔，摔，投掷，抛，射击

ـ من غير رَامٍ 侥幸击中

ـ حَجَرٍ من هُنا 距此一掷石之遥(约 50 到 150 码)

على ـ سَهْم منه 一箭之远

رِمَايَة 射击

رَمْي 投掷，射击

ـ القُرْص 掷铁饼

ـ الرُمْح 投标枪

رَمِيَّة جـ رَمَايَا 野禽，野兽

رَامٍ جـ رُمَاة ورَامُون: سديد الرِمَاية 射手，神枪手，狙击手

ـ: مُلْقٍ 投掷者

رامي القُرْص / رامي المِطَثَّة 掷铁饼者

الرَامِي [天]人马座(十二宫的第九宫)

مَرْمِيّ 被投掷的，被射击的

مَرْمِيَّات 投掷器械

مُتَرَامٍ 辽阔的，连绵的

مُتَرَامِي الأَطْرَاف 幅员辽阔的，广阔的；(内容、意义)丰富的

شَجَرة مُتَرَامِيَة الأَغْصَان 枝叶扶疏的树

مَرْمًى جـ مَرَامٍ: مَدًى للرمي 射程；射击场

ـ النَظَر / ـ البَصَر 眼界，视野

ـ المِدْفَع 大炮射程

بَعيد الـ 远射程的(炮)

ـ: قَصْد / غَرَض 目的，意旨

ـ 球门

لَمَحْنَاهُ على ـ العَيْن 我们在视野内望见他

كان على ـ حَجَر 他距一掷石之远

أَنْقَذَ مَرْمَاهُ من كُرَتَيْنِ 他接住两个险球，守住了球门

أَرْنَب جـ أَرَانِب 兔，兔子

ـ بَيْتِيّ / ـ دَاجِن 家兔

ـ بَرِّيّ 野兔

ـ هِنْدِيّ أو رُومِيّ: قُبَع 豚鼠

آذَان الـ [植]药琉璃草

ـ 首饰

أَرْنَبَة: أُنثى الأرْنَب 母兔，雌兔

ـ الأَنْف 鼻尖

شَفَة أَرْنَبِيَّة: شفَة شَرْمَاء [医]兔唇，唇裂，豁嘴

مُؤَرْنَب 兔裘(带兔皮里子的衣服)

مُرْنِب / مُؤَرْنِب / مُؤَرْنَب 兔子很多的地方

يَرْنَب 短尾田鼠

رِنْجَة جـ رِنجَات (أ) / رِنْكَة herring 鲱鱼

رانج جـ رَوَانج الواحدة رَانِجَة 椰子

رَنَّحَ الغُصْنَ: أماله 使偏，弄偏斜，使之摇摆不定

تَرَنَّحَ (م): تَمَايَلَ 蹒跚，踉跄

ـ السَكْرانُ 醉汉趔趔趄趄地走路

ـ زهوًا وتيهًا 趾高气扬，大摇大摆

رَنْح: الدُوار والاختلاط [医]眩晕，眼花

مَرْنَحَة السَفينة: مقدمها 船首

مُتَرَنِّح: مُتَمَايِل 蹒跚的，踉跄的，趔趄的，站不稳的

ـ: نَشْوَان 醉汉

رَنَّخَ بالمكان (مـ): رنَّق / أقام طويلاً 久居某地

رَنْد: غار [植]沉香

رَنَّقَ النظرَ إليه: أطاله 凝视，盯着看

ـ بالمكان: رنَّخ (مـ) 久居某地

ـ وأَرْنَقَ الماءَ: كدَّره (把水)搅混

ـ الطائرُ: خَفَق بجناحيه ورفرف ولم يطر (鸟)振翅欲飞

ـ النومُ عَيْنَيْهِ أو فِيهما: خَالَطَهما ولم يَنَمْ 朦胧欲睡

رَوْنَق 光彩，光辉，壮丽，华丽

رَنَق 浊水

رَنْك جـ رُنُوك (أ) (土耳其)王公的徽章

رَنْكَة جـ رَنْكَات (أ): سمك (انظر رنجة) 鲱鱼

رَنَم ـَـ رَنِيمًا وتَرَنَّمَ: غنَّى 歌咏，吟唱

تَرْنِيمَة جـ تَرْنِيمَات: أُغْنِيَّة / تَرْتِيلَة 歌，赞歌，颂歌

رَنَّ ـِـ رَنِينًا وأَرَنَّ: طَنَّ 发叮当声，铿锵声

ـ: دَوَى 轰响

ـ الوَتَرُ أو القَوْسُ: هزم 弓弦响

البِرْمِيل الفارِغ يَرِنُّ (空桶易响)一瓶不动半瓶摇

رَنَّة جـ رَنَّات / رَنِين: طَنِين 铿锵声，叮当声

ـ (أ): الأَيِّل المستأنس 驯鹿

رَنَّان: طنَّان / دَاوٍ 响亮的，铿锵的，叮当作响的

مُرِنّ 响亮的，嘹亮的

رَنَا يَرْنُو رُنُوًّا ورَنًا إليه وله 凝视，注视，盯着

رَنَّى 唱

رَهِبَ ـَـ رَهْبَةً ورُهْبًا ورَهْبًا ورَهَبًا ورَهَبَانًا ورُهْبَانًا

الرجلُ: خاف 害怕，恐惧，畏惧

رَهَّبَه وأَرْهَبَه واسْتَرْهَبَه 威吓，恐吓，使恐怖

تَرَهَّبَ الرجلَ: توعَّده 恐吓，威胁，恫吓，威吓

ـ الرجلُ وتَرَهْبَنَ (مـ) 出家，当修士

ـ ت المرأةُ: صارت راهِبَة 出家，当修女

تَرَاهَبَا 互相畏惧

رَهْب جـ رِهَاب 锐利的箭镞

رَهْبَة / رُهْبَى / رَهْبَى / رَهْبَاء: خَوْف 害怕，畏惧，恐惧

رَهْبَنَة (س) / رَهْبَانِيَّة / تَرَهُّب: نُسْك 出家，修道

عِيشة الـ 修道生活，僧尼生活，出家人的生活

إِرْهَاب 威吓，恐吓，威胁，恐怖

ـ (قُوَّة الإرهاب) 恐怖力量

الـ الأَبْيَض 白色恐怖

إِرْهَابِيّ: تَهْدِيدِيّ 恐吓的，威胁性的；恐怖主义的；恐怖分子

الإِرْهَابِيَّة 恐怖主义

رُهَابَة: طَرَف القَصّ 后胸骨

رَهْبَان جـ رَهَابِين ورَهَابِنَة 畏神的，虔敬的

رُهْبَان م رُهْبَانَة جـ رَهَابِين 僧侣，修道士

رَهِيب: مُخِيف 可怕的，骇人的，望而生畏的

راهِب جـ رُهْبَان: ناسِك / ناذِر العِفَّة 僧侣，和尚，修道士

رَاهِبَة جـ رَاهِبَات ورَوَاهِبُ: ناذِرة العِفَّة 尼姑，

修女

رَهْبَل 费解的词语

أَرْهَجَ: أثار الغُبَار 扬起灰尘

ـ ت السماءُ: هَمَّت بالمطر 天阴欲雨

ـ بينهم: هيّج بعضهم على بعض 挑拨是非，制造纠纷

رَهَج / رَهْج: غُبَار 灰尘

ـ / ـ: سَحَاب بلا ماء 无雨之云

ـ: فِتْنَة وشَغَب 暴动，混乱，骚动，吵闹

ـ أَبْيَض [矿]砷，砒

ـ أَحْمَر [矿]鸡冠石，雌黄

ـ أَصْفَر [矿]雄黄

ارْتِهَاش أَرْجُل الخَيْل 马走时两蹄相碰

راهِش وراهِشَة ج رَوَاهِشُ: عِرق في باطن الذِراع [解]肱动脉

رَهَصَ ـَ رَهْصًا الشيءَ: عصره 拧

ـ ه: لاَمَه 埋怨，斥责

ـ وأَرْهَصَ الحَائطَ: بَنَى رِهْصَه 奠定基础

ـ ه: أَثْبَتَه 使坚定

رَهَطَ ـَ رَهْطًا اللُقْمَةَ: أكل أكلا شَدِيدًا / لهط (م) 狼吞虎咽地吃，拼命地吃，贪吃

رَهْط / رَهَط ج أَرْهُط وأَرْهَاط جج أَرَاهِط وأَرَاهِيطُ: جَمَاعة 部落，部族；一簇人，一群人(数目不超过十个)

ـ (م) / ـ: وَزْرَة الحَقْوَيْن 腰布，缠腰布

ـ (م) / ـ: نِطاق البَكَارة 处女膜(处女童贞的象征)

رِهَاط 家具

رَهَفَ ـَ رَهْفًا وأَرْهَفَ السيفَ: رقّقَه 把(剑)磨快，使(剑)锐利

رَهُفَ ـُ رَهَافَةً ورَهَفًا الشيءُ: رَقّ 稀薄，脆弱，细微

ـ 成为尖锐的

أَرْهَفَ أُذُنَيْه 注意听，侧耳细听

ـ 使…加剧，使…更加紧张

تَرَهَّفَ 变成懦弱的

ـ 变成细巧的

رَهَافَة 尖锐性

ـ (刀)锐利，(坡)陡峭

ـ الحِسّ 感觉敏锐

رَهِف / رَهِيف: رَقِيق 稀薄的，细微的，精细的

رَهِيف: نَحِيل 苗条的，瘦弱的

ـ / مُرْهَف: مُحَدَّد 磨利的，磨快的，尖锐的，锐利的，锋利的

رَهِقَ ـَ رَهَقًا: ظَلَمَ 横霸，作恶多端

أَرْهَقَه: ظلَمه 压迫；蹂躏；虐待；使负担过重；困累

راهَقَ الغُلامُ: قارب الحُلْمَ 出挑，出脱(接近青春期、发情期，达到成年)

أَرْهَقَ الذَاكِرَةَ 强记，死背，硬记，集中记忆

ـ ه طُغْيَانًا 压迫，压制

رَهَق 残酷，残忍

رَهَقَى 快跑

رِهاق ورُهاق مِئة 一百左右

رَهَقان 钩虫病(易致严重的贫血)

مُرَاهِق: بالغ حَدّ الرجال 青春期的青年，少年

مُرَاهَقَة: بُلوغ سِنّ الرِجال 青春期，青年期

مُرْهِق 繁重的，负担过重的

مُرْهَق ج مُرْهَقُون 疲惫不堪的

رَهَكَ ـَ رَهْكًا الشيءَ (用两块石头)舂碎，打碎

ـ بالمكان: أقام 居住

رَهْكَة 软弱，羸弱

رَهَكَة / رُهْكَة 无用的人，不足取的人，废物

رَهَلَ ـَ رَهَلاً وتَرَهَّلَ: اِسْتَرْخَى 成为萎靡不振的，成为没有力气的，软弱的，没生气的，松弛的

ـ (لحمُه) / ـ: اِنْتَفَخَ وورِمَ من غير داءٍ 虚胖

رِهْل 薄云

تَرَهُّل 暮气，萎靡，松弛；虚胖

رَهِل / مُتَرَهِّل: رَخْو 软弱的，没有生气的，松弛的

مُتَرَهِّل 萎靡的，松弛的，软弱的，虚胖的

رِهْمَة جـ رِهَم ورِهَام: مَطر خفيف 毛毛雨，牛毛细雨

رَهَام / رَهُوم 憔悴的小羊

رُهَام 无害的鸟；大数目

مَرْهَم جـ مَرَاهِمُ: دِهَان 膏药，软膏

رَهَنَ ـَ رَهْنًا وأَرْهَنَ المَنْقُولاَت: أودعها كرهن 典，当，典当，典押；抵押

ـ عقارًا (مِلْكا ثابِتًا) 以不动产作抵押

رَاهَنَ على كذا: خاطَرَ 赌，打赌，下赌注

أَرْهَنَ الشيءَ: جعله رَهْنًا 把…作抵押

تَرَاهَنَ القومُ 彼此打赌

اِرْتَهَنَ الشيءَ: أخذه رَهْنًا 拿…作抵押，收作抵押品

ـ بالأمر: تقيَّد 受某事约束

اِسْتَرْهَنَ 要求(需要)抵押

رِهَان: مُخاطَرة 打赌，赌赛

خَيْل الـ 赛马用的马

كَفَرَسَيْ ـ (赛马时两匹马)并驾齐驱，势均力敌

مَحَلّ الـ 赛马场

رَهْن جـ رِهَان ورُهُون ورَهِين ورُهُن / رَهِينَة جـ رَهَائِنُ: ما يُوضَع تأْمينًا للدَين 抵押品

ـ / ـ: شَخْص مَحْبُوس كرَهْن 人质

ـ عَقَاريّ أو رَسْمِيّ: رَهْنِيَّة (مـ) [法]抵押(以不动产作抵押)

ـ حِيَازة [法]扣押财产(以待偿债)

ـ المَنقولات 以动产作抵押；当，典卖

ـ إشارته 惟命是从，归他指挥

ـ مُحاكمته 由他仲裁

بَقَاء الكتب ـ بما حَوَتْ من مَنْفَعة 书籍能否存在，要看内容如何

لا تَزال هذه المَسألةُ ـ البَحْثِ 这个问题尚在研究中

نَضَعُ أَنْفُسَنَا ـ أوامِرِك 我们服从你的领导

هو ـ التَحْقِيق 他在待审中

رَهْنِيَّة (مـ) / وَصْلُ الرَهِينَة / سَنَدُ الرَهْن 当票，抵押单据

رَهَائِن المَلاجِئ 收容所的难民

راهِن: ثابِت / دائِم 固定的，永久的，坚定的

ـ: حاضِر / واقع 现在的，现实的，目前的，现行的，当前的，当代的

ـ: مُودِع الرَهْن 抵押人

الحَالة الراهِنة 现状，目前的情况，目前的境况

بحالَته الراهنة 按他目前的情况

في الظُرُوف الـ ة 在目前的条件下

حَقِيقة ـ ة 颠扑不破的真理

مُرَاهَنَة جـ مُرَاهَنَات 打赌

رَهِين بأعماله: مأخوذ بها 对自己的工作负责

قَضَى نِصفَ عُمْرِه ـ أَسْوَارِ السِجْن 他在监牢里度过半生

ـ / مَرْهُون / مُرْتَهَن 被抵押的，抵押品

حَلَّ الوقتُ المَرْهُون للاتِّفَاق 签订条约的时候到了

الأُمُور مَرْهُونَة بأَوْقَاتها 凡事各有其时

مَرْهَن: بنك الرَهْنِيَّات (مـ) / مكتب الرَهْن 当铺
مُرْتَهِن: آخِذُ الرَهْن 受抵人，收抵押品的人，接受赌物者
ـ / مُسْتَرْهِن المَنْقُولاَت 当铺老板
رَهْنامَج: سِجِلّ السَفِينة [航]航海日志
رَهَا يَرْهُو رَهْوًا الحِصَانُ وتَرَهْوَنَ (مـ) (马)蹓花蹄，轻跑，溜蹄跑
رَهْو جـ رِهَاء: كُرْكِيّ 鹤
ـ / رَهْوَة 人群
فَعَلَه رَهْوًا 他轻而易举地做完了
رَهِيَّة 碎麦片和牛奶煮的粥
رَاهِيَة 蜜蜂
رَهْوَان 轻跑的马
رَوَّأ تَرْوِيئًا وتَرْوِئَةً في الأمر 深思，考虑
رَوِيئَة / رَوِيَّة: تفكُّر ونظر في الأمر 考虑，思虑
اِرْتِيَاء 沉思，熟虑
راء 海水泡沫；阿拉伯字母ر；[植]橡胶树
رَاب (في ريب)
رَاب يَرُوب رَوْبًا ورُؤُوبًا اللبَنُ (乳)凝结
رَوَّبَ وأَرَابَ اللبنَ: خثَّرَه 使乳凝结
رُوب جـ رُوبَات (أ) robe: رِدَاء رسميّ 礼服，制服
راب 数量，总数
رَوْب: لبن رائِب أو حامض 凝结的乳，酸乳
لا شَوْب ولا ـ عليك 你是无罪的
رَوْبَةُ اللبَن (مـ) 奶酪，乳酪，干酪
ـ / رُوبَة 小牛皱胃的内膜(制干酪用)；冷淡，漠不关心；生活，活计
رُوبَة 需要；舒适的生活；半夜，夜的一部分；一块肉；[植]枸杞；肥沃的土地
رائِب / مُرَوَّب: مُخثَّر 凝结的乳
رَوْبَصَة (مـ) 梦游病

رُوبُوط (أ) robot: انسان (عَبْد) آلِيّ 机器人
رُوبِيَّة جـ رُوبِيَّات (أ) Rupee: نَقْد هِنديّ 卢比(印度的货币单位)，卢比银币
رُوتِين (أ) routine 例行公事，日常工作；常规；手续；惯例
رَاثَ يَرُوثُ رَوْثًا الحَيَوانُ (牲畜)屙屎；拉粪
رَوْث الحيوان جـ أَرْوَاث (牛马等的)粪
رَوْثَة 从麸子中筛出的面粉；鼻尖；鹰喙
مَرَاث / مَرْوَث 马的肛门
رَاجَ يَرُوجُ رَوْجًا ورَوَاجًا الأمْرُ والعُمْلَةُ: دال 通行，流通
ـ الخبرُ أو الإشَاعَة (消息或谣言)流行，盛传，流传
ـ ت السِلْعَةُ (货物)畅销
ـ ت السُوقُ (市场)活跃
رَوَّجَ الأمرَ والخبرَ 散播，传播
ـ العُمْلَةَ 使货币流通
ـ السِلْعَةَ: جعلها تَرُوج 推销，促销，使畅销
ـ الشيءَ وبه: عَجَّلَه 促进，推进，加速
رَوَاج: تداوُل 流通，流传，散布，传播
ـ: كثرة الطَلَب 畅销，销路好
تَرْوِيج: تدويل 推销，促销；使货币流通
رائِج: مطلُوب 畅销的，销路好的
ـ: متداوَل 流通的，通行的
مُرَوِّج: وَسِيط بين التاجِر والزَبُون 推销员
ـ: مُثِير / مُحَرِّك 推进者，助长者
رَاحَ يَرُوحُ رَوَاحًا: ذهَب / مَضَى 离去，走开
غدا وـ 早出晚归，来来去去
ـ يكتُب 他开始写，他写起来了
ـ يَمُوت 他快要死了
ـ يَرَاحُ رَاحَةً للمَعْرُوفِ 见义勇为，急公好义
ـ يَراحُ رَوَاحًا وراحًا وراحَةً ورِيَاحَةً ورُؤُوحًا

وأَرْيَحِيَّةً للأمر: فرح به وأقبل عليه 高兴，喜悦
رَوَّحَ وأَرَاحَ القومَ وريَّحَ (مـ) الرجلَ 使休息；使解脱；使安然
ـ القلبَ: أنْعَشَه 使精神兴奋，振奋人心
ـ عن نفسه 以…自娱、自慰、消遣，散散心
ـ وتَروَّحَ بالمِرْوَحَة 搧扇子，摇扇子
ـ: ذهَبَ إلى بَيْتِه 回家
ريَّحَ البِنَاءُ (مـ) 建筑下沉，下陷
أَرَاحَ عن ... 使(他)从…摆脱出来
أَرَاحَ رأسَه على ... 把头靠在…上
رَاوَحَ بين العَمَلَيْنِ 交互，交替，轮流做两件工作
غادَى وـ 往前后走动
ـ في مَكانه 原地踏步，停留在原地
أَرْوَحَ وتَروَّحَ الماءُ: أنتن 水发恶臭，发臭气
تَرَاوَحَ الرَجُلَانِ الأمرَ 轮流做
ـ العددُ بين... و... (数目)介于…与…之间
اِرْتَاحَ للأمر وإليه (对某事)满足、满意、高兴
ـ (مـ) واِسْتَرَاحَ الرجلُ 休息，歇息
ـ إليه 感到放心
اِسْتَرْوَحَ 闻到气味
رَاح: خَمْر 酒
راحَة / رَوَاح 休息，得闲，闲暇，悠闲
ـ البال 宁静，安静
ـ 衣褶；庭院
ـ اليد: باطنها 手掌
مع الـ 安乐地，轻松地
ـ الحُلْقُوم (مـ): مَلْبَن (مـ) 橡皮糖
بيت الـ (مـ): مُسْتَراح 厕所，盥洗室

دار ـ 休息室
بالـ: بِسُهُولَةٍ 容易地，安安逸逸地
بالـ: على هَوْنٍ 得空时，有空时
الريّ بالـ (مـ) 放水灌溉
يَوْمٌ رَاحٌ أو لَيْلَةٌ راحةٌ 有风的昼或夜
ـ (مـ) 球拍
رُوح جـ أَرْوَاح: نَفْس 精神；灵魂
الـ العَامَّة 群众的情绪
ـ الانتِقام 报复主义
ـ جَنِيفَ 日内瓦精神
ـ مُؤْتَمرِ بَانْدُونْج 万隆会议精神
ـ المُحافَظة 保守主义
سلَّم الـ لخَالِقِهِ (他把灵魂交给造物主了)他死了
ـ (مـ): خلاصة 精华
ـ: كائن غير مَنْظُور 妖精，魔鬼，幽灵；魄，魂魄
ـ شِرِّير 邪魔，恶魔
به ـ شِرِّير: مَحْضُور 鬼附体
ـ القُدُس [基督]圣灵(三位一体的第三位)
ـ 生命
ـ 酒精，火酒
ـ الأَفْيُون 鸦片酊
ـ كَمَرَة الحديد (مـ): ما بين شفتيها [机]辋圈，辐版
خَفِيف الـ 活泼的，愉快的，高兴的，快乐的
طَوِيل الـ 有耐性的，能忍耐的，坚忍的
عَمَل رُوحَهُ كذا (سـ) 他装做…
بُنْدُقِيَّة بِرُوحَيْن (مـ) 双筒枪
فَرْد بِسَبْعَةِ أَرْوَاحٍ (مـ) 七响枪，七发手枪

خسارَة في الأَرْواح 生命的损失

اِستحضار أو مُخاطبة الأرواح 关亡术，招魂术

رُوحِيّ / رُوحَانِيّ: غير مادِيّ 精神的，非物质的，神的

ـ / ـ: دِينِيّ [基督]神圣的，神的，神性的

مَشْرُوبَات رُوحِيَّة 酒精饮料，酒类

رَوْح: الرَاحَة 休息，安宁

رَوْحَة جـ رَوْحَات 晚上来往（用于一般的来往）

رافقَهم في غدَواتِهم ورَوْحَاتِهم 他与他们一起来来往往，他到处伴随着他们

رَوَاح 离开，出发；晚上回来

ريح جـ أَرْيَاح وأَرْوَاح ورِيَاح ورِيَح جج أَرَاوِيح وأَرَايِيح: هَواء مُتَحَرِّك 风

ذَهَبَ على مَتْن الـ 乘风而去，随风飘散

تَحْتَ الـ: سُفَالَتها 占下风

فَوْقَ الـ: عَلاَوَتها 占上风

المَرَاكِبُ التي تَحْتَ الـ يَجِبُ أن تُخلِي الطَرِيقَ للتي فوقَ الـ 逆风航行的船只应该让路给顺风航行的船只

ـ: رائحة 气味

ـ: قُوَّة 强力，威力，实力，力量

ذَهَبَت ـ الدَوْلَة 国家实力丧失了

ـ البَطْن 屁；肠胃充气

ـ الشَوْكَة: داحس الأصبع [医]甲沟炎，脓性指甲炎

أَخْرَجَ رِيحًا 放屁，出虚恭

طَاحُون الـ 风磨

طَارِد الـ (دَوَاء) 驱风药，顺气药

دُوَّارة الـ: دليل اتجاه الريح 风标，风信旗，定风针

أَبُو رِيَاح (مـ): نَطَّار (سـ) /خَرَّاعة (أ) （用来吓鸟的）稻草人

رِيحة 气味

تَرْوِيح: تَهْوِيَة 搧扇，使空气流通

ـ القَلْب أو النَفْس 安慰；休养，娱乐，消遣，散心

تَرْوِيحَة جـ تَرَاوِيحُ [宗]间歇拜（斋月期间晚上自由举行的礼拜，每四拜休息一次）

تَرْيِيح البِناء (مـ) 下沉，下陷

اِسْتِرَاحَة 休息，憩息

ـ (مـ): مَنْزِل المُسافِرِين 休息室

ـ (مـ): غُرْفَة انتظار 候车（机）室，候诊室

إرَاحَة / تَرْيِيح (مـ): ضد إتعاب 救助，救济；安慰；使得到休息

اِرْتِيَاح: رضى 愿意，满意

بِـ 满意地，高兴地

رائح جـ رَوْح 去了的，已往的

كل ـ وغادٍ 所有来往的人

رايح (مـ) 将要

من هنا ورايحًا / من اليوم ورايحًا 从今以后，往后，以后

من اليوم ورائح (سـ) 今后

بالـ من النهر 河对岸

ما له سارحة ولا رائحة 他没有牲畜

رائِحَة جـ رَوَائِحُ / رِيحَة (ذكيَّة أو خبيثة) 气味（香或臭）

ـ / ـ ذَكِيَّة 香气，芳香

ـ / ـ خَبِيثَة 臭气，恶臭

ذَكِيّ الـ 芬芳的气味，芳香的味道

رَدِيء الـ 恶臭的，有臭味的

خَبِيث الـ 气味恶劣的

عَدِيم الـ 没气味的，没香味的
رَيِّح: شديد الريح 大风的
ـ / رَيُوح 凉爽、舒适的日子
رَيْحَان جـ رَيَاحِينُ: كل نبات طيِّب الرائحة
香草，芳香植物
ـ (مـ) / ـ بَرِّيّ: صَعْتَر هِندِيّ [植]罗勒，
甜罗勒
ـ الشيُوخ [植]香薄荷
ـ القُبُور / ـ شَامِيّ: آس [植]桃金娘
ـ سُلَيْمان 野葡萄
ـ الكَافُور 樟脑树
رَيَّاح جـ رَيَّاحَات (مـ): جَدْوَلُ مِياهٍ 渠道，沟
渠，小河，溪
أَرْيَحِيّ: واسع الخُلُق 气量大的，宽厚的
أَرْيَحِيَّة: حُبّ الأفعال الحميدة وبذل العَطايا 气量
大，宽厚，慷慨
مُرِيح: ضد مُتْعِب 安慰的，舒适的
مُرْيِح: يَنْفُخُ البَطن 气胀的
مَرَاح 归宿；俱乐部
مُرَاح 马厩，马房，牲畜栏
ـ الغَنَم 羊栏
مُرْتَاح / مُسْتَرِيح: ضد تَعْبَان 安逸的，悠闲的，
舒适的，满意的
ـ / ـ البال 安心的
مِرْوَحَة جـ مَرَاوِحُ: مهْوَاة 扇子
ـ الطائرة والباخِرة: داسر 推进器，螺旋桨
ـ كَهْرَبِية 电扇
ـ الخَيْش (المُدَلاَّة من السقف) (吊在天花板
上的)布风扇
ـ السَّقْف (الكَهْرَبِيَّة) 吊扇
ـ: مِنْفَس / كُوَّة التَهْوِية 气窗，通风孔，
通风管，通风筒

سُلَّم ـ (مـ): سُلَّم مَأْذَنِيّ 灯塔楼梯，螺旋
楼梯
مَرْيُوح (مـ): به رُوح شِرِّير 鬼附体的，着魔
的，为魔鬼所迷的人
مُسْتَرَاح جـ مُسْتَرَاحَات: كَنِيف 厕所，盥洗室
ـ 休息室
مُرَوْحَن: متردِّد 犹豫的，踌躇的
رَاد يَرُودُ رَوْدًا ورِيَادًا البلادَ: طافها للاستكشاف
踏勘，探查
ـ الشيءَ: طلبه 寻，找，搜求，探求
ـ ت رَوْدًا ورَوَدَانًا المرأةُ: أكثرت التردد إلى
بُيُوت جارَاتِها (妇女)串门子
رَاوَدَه: خادَعه 诱惑
إنَّ أَفْكارًا مُبْهَمَةً تُرَاوِدُه 混乱的思绪引诱着
他，他思想混乱
ـ المرأةَ عن نفسها 挑逗妇女
أَرَادَ الشيءَ: شَاءه 愿，想，要(做某事)
ـ: اِختار 选择，愿意
ـ: قصَد 企图
ـ أو لم يُرِدْ 无论他愿意与否
ـ به خيرًا 他愿他好，他对他怀好意
اِرْتَادَ الشيءَ: طلبه 寻求，寻找；探究，考察
ـ الأَمَاكِنَ 踏勘
اِسْتَرَادَ الرجلُ: طلب الرزقَ مترددا في طلبه 谋生
ـ ت الدابَّةُ: رعت (牲畜)吃草
رَوْد: جَوْب 踏勘
ريح ـ / ـ رُوَاد 微风
رُوَيْدًا: مَهْلاً / على مَهْلٍ 慢慢地
رِيَاد 踏勘
إرادَة: مَشِيئَة / اِخْتِيَار 意志，意愿
ـ: رَغْبَة / مَرَام 希望，愿望
الـ الطَيِّبَة 良好的意愿

ـ 命令，法令，告示

ـ مَلَكِيَّة 国王的命令

بِحَسَب الـ: كما يُريد 随意，如愿

بإرادة الله: بِمَشِيئَة الله 若得天意

إرادِيّ: اِخْتِيارِيّ 自愿的，随意的，自由意志的，不以人的意志为转移的

غَيْر ـ / لا ـ 不由己的，本能的，无意的

اِرْتِياد 寻找，调查，考察，研究

ـ المَخازِن 逛商店

ـ المُحيط 在大海洋上航行

رائِد جـ رُوَّاد ورَائِدُون ورادَة: كَشَّاف 童子军

ـ: جاسُوس 间谍，侦探

ـ: دَلِيل 向导，指导者

ـ: الذي يَجوب أو يَطُوف البلاد 游历家

ـ: مُكْتَشِف المجاهل 探险家

ـ سَبَّاق 前锋，先驱

ـ 磨把；跑在前面的；无家的

مُراد: قَصْد / نِيَّة 目的，意愿

مَراد 空间，地方，场所

ـ / مُسْتَرَاد 骆驼的牧场；上风处

مِرْوَد العَيْن جـ مَرَاوِدُ 点眼药的棒，妇女用来涂黑眼圈的笔

ـ: مِحْوَر / بَنْز (مـ) 滑车轴

ـ مِحْوَرِيّ 转环，铰丁环

رازَ ـُ رَوْزًا الشيءَ 掂

رَوَّزَ الكلامَ أو الرأيَ: قدَّره 估计，估量

رِيَازَة: هَنْدَسَة المِعْمار 建筑学，建筑术

مَراز / مَرازَة 重量；总数

رَوْزَن 壁孔，天窗

رُوزْنامَة (أ) / رُوزْنامَجَة: إدارة المعاشات 年金局，退休金局

ـ (أ): تَقْوِيم السَنَة 月份牌，日历，历书

راسَ يَرُوس رَوْسًا السَيْلُ الغُثَاءَ (急流)把渣滓冲走

رَوَّسَه 使他俄罗斯化

رَوْس سُوء 坏人

رُوسِيّ جـ رُوس 俄罗斯人

ـ 俄国的

الـ ة 俄语，俄罗斯语言

رُوسِيا 俄罗斯

رُوسُو (أ) Rousseau 卢梭(法国思想家 1712—1778)

رَوْسَم جـ رَوَاسِمُ (أ) 铅版

راشَ يَرُوش رَوْشًا: أكل كثيرًا 吃得很多

ـ ه المَرَضُ (病)使他衰弱、软弱

رُوشِتَّة جـ رُوشِتَّات (أ) receptum (拉) 药方；方案

رَوْشَن جـ رَوَاشِنُ (أ) (波) 天窗，透光孔，屋顶天窗

راضَ يَرُوض رَوْضًا ورِيَاضَةً ورِيَاضًا ورَوَّضَ المُهْرَ: ذَلَّله وعلَّمه السير 驯马，训练小马走路

ـ وـ الحَيوانَ البَرِّيَّ: طبَّعه 驯养野兽

رَاوَضَه على ...: خاتَله 骗，哄骗，诱惑，用甘言引诱

تَرَيَّضَ: تنزَّه 散步

ـ على الجَلِيد 溜冰

تَرَاوَضُوا: تَمَاحَكُوا في الشِراء أو البيع 议价，讲价，讨价还价

ـ (مـ) 比赛，竞赛

اِرْتَاضَ 被训练

اِسْتَرَاضَ (مـ) 散步，闲逛

ـ المَكانُ 被积水淹没

ـ: اِتَّسع 成为宽阔的

ـ النَفْس 心情舒畅

رِيَاضَة جـ رِيَاضَات: تَمْرِين 体操；闲游，散步；体育活动

ـ رُوحِيَّة [基督]默想(为祈祷和沉思而退隐)

ـ بَدَنِيَّة 体育锻炼

ـ تَطْبِيقِيَّة 实用数学

رِيَاضِيّ: عالم في الرياضيّات 数学家，数理学家

ـ: يحبّ الألْعاب الرياضيَّة 运动员

العِلْم الـ / عِلْمُ الرياضيَّاتِ / الرِيَاضَة / الرِيَاضِيَّة: العُلوم الرياضيّة 数学

الأَلْعابُ الرِيَاضِيَّة: جُنْبَاز (م) 体操，体操活动

رَوْضَة جـ رِيَاض ورَوْض: أرض مخضرة 牧场，草地

ـ: حَدِيقة 花园

ـ الأَطْفَال 幼儿园

رائِض جـ رَاضة ورُوَّاض ورُوَّض ورائِضُون:

مُرَوِّضُ الخيلِ 驯马师，驯马者

رَيِّض 初受训练的小马

النَاقَة الـ ة 初受训练的小驼

الأمر الـ 没有布置好的事情

مُرَوِّض 驯养者

ـ الوُحُوش 驯兽者

رَاعَه ـُ رَوْعًا ورُؤُوعًا وروَّعَه وأَرَاعَه: أفزعه 使畏惧，使惊骇，使吃惊，使恐惧

ـ ه وـ ه وـ ه: هزّ مشاعِرَه 刺激；使感动，使兴奋

ـ ه وـ ه وـ ه: أَعْجَبَه 使高兴；使敬佩，佩服，惊叹

رَاعَ وارْتَاع منه 畏惧，骇怕

رِيعَ العَالَمُ بِوَفَاتِهِ 他的逝世使世界大为震惊

لا تَرُوعِي يا بِنْتُ! 姑娘，不要害怕！

رَوْعَة / رَوْع 畏惧，惊吓，惊心动魄

رَوْعَة: هزَّة عاطِفِيَّة 激昂，慷慨，奋激

رُوع: قَلْب 心，心灵，心脏

خَطَر برُوعه 想起

سكَّن رُوعَه 使安心、平静、镇定，抚慰

أَلقى في رُوعه 使感知，使想起

وقَع في ـ ه (أي في نَفْسِه) أن ... أو ألقى في ـ ه أن ... 他想到…

اِسْتَرَدَّ ـ ه / سَكَن ـ ه 放心，安心，平息，静息，恢复常态，复原

مَلَكَ ـ ه 抑制焦急的心情，抑制自己的情感

رَوْع / رَوْعَة: جَمال 华丽，堂皇，华美，光辉，辉煌；美丽，美妙，惊人的美

رائع جـ رائِعُون ورُوَّع: مُعْجِب 优美的，精湛的，卓越的，令人惊叹的

ـ ة النَهار أو الضُحَى 大白天

ـ ة الشَيْب 第一根白发

في ـ ة النهار 大白天，光天化日下

بصُورة ـ ة 卓越地，精彩地

رائِعَة جـ رَوَائِعُ ورُوَّع 代表作

رَوَائِعُ الأَدَبِ العَرَبِيّ 最优秀的阿拉伯作品

أَرْوَع جـ رُوَّع وأَرْوَاع م رَوْعَاء (在优秀和英勇方面)卓越的、绝妙的、令人敬佩的

مُرِيع 可怕的，恐怖的，令人畏惧的，令人生畏的

مُرَوَّع / مُرْتَاع 受惊的，吃惊的，惊慌的

رَاغَ ـ رَوْغًا ورَوَغَانًا الصيدُ: حَاد مَكْرًا وخَدِيعة (猎物)欺骗，狡猾，东躲西藏

ـ عن الطَرِيق 离开道路

راوَغَه: خادَعه 欺骗，诱惑
ـ (في الكلام) 花言巧语地说
ـ في الإجابة 转弯抹角地回答，搪塞
أراغَه 骗取，诈取
رَوَاغ / رُوَيْغَة 诡计，计谋，狡猾，欺骗，耍手段，耍滑头
روَاغة / رِياغَة 角力场，竞技场
رَوَغَان / مُرَاوَغَة: تملُّص 躲闪，推脱，搪塞，耍滑头
ـ / ـ (في الكلام) 花言巧语，模棱两可
رَوَّاغ / مُرَاوِغ 狡猾的，诡诈的，滑头，老奸巨猾
مُراوِغ 花言巧语的人
رَاقَ ـ رَوْقًا الشرابُ: صفَا 清洁，纯洁，纯净
ـ ه رَوَقَانًا الأمرُ: أَعجبه وسَرَّه (事情) 使…愉快，使…高兴
ـ ه الأمرُ: صادَفَ هوًى في نفسه 投其所好
هذا اللحنُ لا يَرُوقُ لِلأُذن 这个曲子不好听
رَوَّقَ الشرابَ: صفَّاه 澄清，使纯清，使纯洁
ـ البِضَاعَةَ: صفَّاها بالبيع 大贱卖，大甩卖，出清存货，清仓甩买
ـ بالَه 放心，安心
أَرَاقَ الماءَ أو الدمَ: سكَبه 倒(水)；流(血)
تَرَوَّقَ (س): أكَلَ أَكْلَةَ الصَّبَاح 吃早点，吃早饭
رَوْق جـ أَرْوَاق / رُوَاق ورِوَاق جـ أَرْوِقَة ورِوَاقَات ورُوق: سَقْف في مقدم البيت [建]门廊，柱廊
ـ: قَرْن 角
ـ 华盖，天盖
ـ 帷幕；临终时的痰声；生命，生活；大胆的人，不屈不挠的人；自大，自尊；纯洁的爱情；清洁的水；初夜；领袖；人体；好马
رُوَاق جـ أَرْوِقَة 侧厅，旁听席
رُوَاقِيّ: زِينونيّ 斯多葛学派的人，禁欲主义者
رُوَاقِيَّة: نِسبة إلى مذهب زِينُون الإغْرِيقيّ 斯多葛派(一译“画廊派”，系希腊哲学家芝诺(Zeno)的学说)；禁欲主义
رَاق جـ رَاقَات (مـ): طَبَقَة 层，阶层
تَرْوِيقَة (سـ) 早饭
رائِق جـ رَوْق ورُوقَة: صافٍ 清澈的，澄清的，纯粹的，纯洁的
ـ 优美的，光辉的
رَاوُوق / مُرَوِّق: مُصَفٍّ 滤酒器
ـ: مُرَشِّح (مـ) (انظر رشح) 滤水器
ـ 酒杯，酒盅，酒壶，大杯
تَرْوِيقَة (سـ): فَطُور / أَكْلَة الصَّبَاح 早餐
تَرْيَقَة (مـ): تهكُّم 讽刺，讥刺，挖苦
مُرَوِّق 弄清洁的，滤清的
رَوْك / رُوك (مـ): عُمُومِيّ / مُشَاع 共同的，共有的
مال الرَوْك (مـ) 共有财产；破产者的财产
على الـ 共同地
رَوْكَاء ورَوْكَة: جَلْجَلَة الصوت 回声，共鸣，反响
فيه ـ: مُجَلْجَل / دَاوٍ 共鸣的，反响的
رَوَّلَ الفرسُ / رَال (راجع ريل) 马流口水
رُوَال جـ رَوَاوِيلُ: لُعَاب 口水，唾液，唾沫
رُول (أ) róle (法): جَدْوَل قَيْد القضايا 案卷
رُولْمَان جـ رُولْمَانَات 滚子，滚柱，小轮子，脚轮
ـ بِلِي 滚珠轴承
رُولِيت 卷尺，带尺，皮尺

رَامَ ـُ رَوْمًا ومَرَامًا الشيءَ: ابتغاه 希望，愿望，想望

رَوَّمَ 逗留，等候

ـ فلانًا وبه: جعله يَرُوم 使想望

ـ رأيَه 策划各种计谋

تَرَوَّمَ به 嘲笑

رَوْم / مَرَام جـ مَرَامَات: بُغْيَة 希望，愿望，想望

ـ / ـ: قَصْد 目的，意向，意图

ـ / رُوم 耳垂

رُوم جـ أَرْوَام 古罗马人；古希腊人

ـ (أ) rum: مَشْرُوبٌ مُسْكِر 甜酒，糖酒

بَحْرُ الـ / البحرُ الأبيض 地中海

رُومَةُ ورُومِيَة 罗马(意大利首都)

رَامَة 积水塘

رُومَة 黏羽毛的胶

رُومِيَّة جـ رَوَامِيّ (مـ) 梁；椽

رُومِيّ / رُومَانِيّ 罗马人，罗马的；拜占庭的

ـ: يُونَانِيّ 古希腊人；古希腊的

دَجاج ـ أو حَبَشِيّ 火鸡

رُومَان الواحد رُومَانِيّ 罗马人

رُومَانِيَا 罗马尼亚

رُومَانِيّ 罗马尼亚的；罗马的

الرُّومَانِيَّة 罗马尼亚语

رُومَاتِزْم (أ): رَثْيَة / داء المَفاصِل [医]风湿症

رُومَاتِزمِيّ [医]风湿病的；风湿病人

رُومَانْسِيّ (أ) / رُومَنْطِيقِيّ romantic 浪漫(主义)的，罗曼蒂克

رُومَانْسِيَّة / رُومَنْطِيقِيَّة romanticism 浪漫主义

رُومس جـ رَوَامِسُ (مـ): رَمَث / طَوْف 筏子，木排

رُون جـ رُؤُون: شِدَّة 不幸，厄运

رُونَة الشيءِ 东西的主要部分

أَرْوَنَان 困难的，难熬的

يَوْم ـ 酷热的、炎热的、闷热的日子

مُرُونَة (في مرن)

رَوْن 区域，空间，面积，领土，境域

رِوَنْد / رَاوَنْد [植]大黄

رونق (في رنق) / **رؤوف** (في رأف)

رُونِيُو (أ) / آلة الرُونِيُو roneo(意) 复写机，复写器

رَاهَ يَرُوهُ رَوْهًا ورُوَاهًا الماءُ (水)起涟漪，起波纹

رَوَى يَرْوِي رِوَايَةً الحديثَ: قصَّه / حكاه 叙述，传述

ـ عنه: نقَل وذكر 引用，引证

ـ وأَرْوَى: سَقَى 灌溉(庄稼)，浇(花)，饮马

ـ (مـ) وـ: كسر العَطَش 解渴，止渴

رَوِيَ يَرْوَى رِيًّا ورَيًّا ورِوًى وارْتَوَى الحَقْلُ (地)被灌溉，(花木)被浇水

ـ وـ الإنسانُ والحيوانُ من الماء (人和畜)喝饱，解渴，止渴

تَرَوَّى: تفكَّر 细想，深思，熟虑

ـ 被水浸透，被灌溉

ـ الحديثَ: رَوَاه 讲述，叙述，传述

رُوَاء: حُسْنُ المَنْظَر 好看，悦目，美丽的面貌

رِوَائِيّ 叙事的

طَرِيقة ـ ة 叙事的方法

ـ 小说家

رِوَايَة جـ رِوَايَات: خبر أو إشاعة 传闻，传说

ـ: قِصَّة أو حكاية 故事，轶事，传奇，小说(尤指长篇小说)

ـ: بَيان 说明，声明

ـ بُولِيسِيَّة 侦探小说

ـ خَيَالِيَّة 虚构小说，幻想小说

ـ تَمْثِيلِيَّة 戏剧，话剧

ـ تَمثيليَّة غِنَائيَّة 歌剧

ـ هَزْلِيَّة / ـ مُضْحِكَة: مَهْزَلَة 喜剧

ـ مُحْزِنَة: مَأْسَاة 悲剧

ـ مَسْرَحِيَّة 剧本

ـ سِينَمَائِيَّة 电影剧本

ـ نَاطِقَة 有声电影

رَوِيَّة: تفكُّر 细想，深思熟虑；反省，回顾

عن ـ 故意地，有意地，处心积虑地

عن غير ـ 粗心地，冒昧地

رَيّ / رِيّ / إرْوَاء: سَقْي 灌溉，水利

ـ بالراحة 放水灌溉(自然灌溉)

ـ بالآلات 抽水灌溉(用机械灌溉)

رِيًّا 香味，香气

رِيَّه (سـ) re (意) (纸牌)王

رِيَّة: رِئَة [解]肺，肺脏

ـ 种类，类别

رِيَّة البَحْر 水母

عَيْنٌ رَيَّة (丰富的)泉水

تَرَوٍّ / رَوِيَّة: تَفَكُّر 思考，深思熟虑

بـ ـ: بتفكُّر 处心积虑地

تَرْوِيَة 饮(马)

يَوْم ـ 饮驼日(回历十二月八日)

رَوَاء: ماء عَذْب 淡水；足以解渴的水

رَوِيّ 足以解渴的水；多雨的云彩；身心健全的人

ـ 诗歌韵脚末尾的字母

رَيَّان م رَيَّا ج رِوَاء / مُرْتَوٍ: ضد عَطْشان 喝饱了的

ـ: غَضّ 翠绿的，嫩绿的，青葱的，多液的，苍郁的

رَاوٍ ج رُوَاة ورَاوُون / رَاوِيَة ج رَوَايَا: حاكٍ 讲述者，传述者，讲故事者

رَاوِيَة 发报机

مَرْوًى ج مَرَاوٍ 灌溉渠，沟渠

مَرْوِيّ 口头的，口述的

راية (في ريي) / **رؤيا** (في رأي)

رياء (في رأي) / **ريازة** (في روز)

رياسة (في رأس) / **رياضة** (في روض)

ريال / **ريالة** (مـ) (في ريل) / **ريان** (في روي)

رَابَه يَرِيبُ رَيْبًا وأَرَابَه 引起怀疑

أَرَابَهُ: أَقلقه وأزعجه 使不安

اِرْتَابَ في أو من الشيء: شكَّ فيه 怀疑，疑惑

تَرَيَّبَ به واِستَرَابَ به 怀疑

ـ منه: تَخَوَّف 疑惧

رَيْب / رِيبَة / اِرْتِيَاب: شَكّ 疑心，怀疑，猜疑

بلا ـ 无疑地，无可置疑地

لا رَيْبَ فيه 毫无疑问的，无可置疑的

مَسْلَك الـ والشَكّ 怀疑论，怀疑主义

رِيبَة: قَلَق النَّفْس / اضطرابها 不安，提心吊胆

مُرْتَاب: شَاكّ 怀疑，多疑的，猜疑的，有疑心的

ـ في عَقِيدَة: مُلْحِد 怀疑者，怀疑论者，对某种信仰抱有怀疑的人

اِرْتِيَابِيّ 怀疑的，怀疑主义者，怀疑派

مُرِيب 可疑的，引起怀疑的

ـ 使人不安的，使人混乱的

رَاثَ يَرِيثُ رَيْثًا وتَرَيَّثَ: تمهَّل 慢，迟慢，迟缓

رَيَّثَ: تعِب 累，疲倦

ـ الشيءَ: لَيَّنَه 使软

أَرَاثَهُ 使慢

رَيْث: مقدار المهلة من الزمن 延缓期

رَيْثَمَا: وَقْتَمَا 以…的时候为限
اِنْتَظِرْني رَيْثَمَا أُغَيِّرُ ثِيَابِي 请你等我换换衣服
مُرَيَّث العَيْنَيْنِ 眼钝的，缺乏观察力的
ريح / ريحان (في روح) / **ريّس** (في رأس)
رَاخَ يَرِيخُ رَيْخًا ورَيَخَانًا ورُيُوخًا: ذَلّ 成为卑贱的
رَيَّخَه: أضعفه 使软弱，使精疲力竭
رَيْد جـ رُيُود وأَرْيَاد 悬崖
رِير رَيْرًا ورَيَّرَ ورُيِّر 成为肥大的，肥胖的
رِيْر 婴孩的口涎
ـ ورير ورَار 软骨髓
رَاسَ يَرِيسُ رَيْسًا ورَيَسَانًا: مشى مُتَبَخْتِرًا 趾高气扬地走，大摇大摆地走
ـ القومَ 制服，克服，战胜
رَيِّس 领袖，首领
رَاشَ يَرِيشُ رَيْشًا وتَرَيَّشَ: جمع المالَ والأثاثَ واغتنى 成家立业，发财致富
ـ ورَيَّشَ الطائرُ: نبت ريشُه 鸟生羽毛
ـ وـ وأَرَاشَ السهمَ: لزَّق عليه الريش 在箭上安羽毛
رِيش جـ رِيَاش وأَرْيَاش: كِسَاء الطائر 羽毛
ـ النَعَام 鸵鸟的羽毛
ـ / رِيَاش: ثِياب ومَفْرُوشَات 华丽的服装和地毯
رِيشَة جـ رِيشَات: واحدة الريش 一支羽毛，翮，羽茎，(翼或尾部结实的)羽毛
ـ الكِتابة (مـ): قلم (من الريش أو غيره) 鹅毛笔
ـ المُصَوِّر (مـ) 画笔，画家的笔
ـ الكِتابة (مـ): طرف القَلَم المَعْدِنيّ 钢笔尖，钢笔头
ـ الجَرَّاح (مـ): مِشْرَط (انظر شرط) [外]刺胳针，外科用小刀
ـ العَزْف (مـ): زَخْمَة / مِضْرَاب (弦乐器的)拔子
ـ المِحْرَاث (مـ): مِقْوَم 犁柄，犁把
ـ الرَفَّاس أو طَاحُونة الهَوَاء: عَنَفَة (螺旋桨、风磨等的)叶，翼
وَزْن الـ [体]次轻级
رِيشِيّ: النِسبة إلى الرِيش 生羽毛的，羽毛似的，轻如羽毛的
ـ: بِكَسْم الرِيشَة [植]羽状的，有羽状叶的
رَيَش 耳朵上的厚毛
رَيْش / رَيِّش 多叶的(植物)
رَايِش (مـ): حَافَّة معدنية خَشِنة 磨锥
رَاعَ يَرِيعُ رَيْعًا وارْتَاعَ (راجع روع) 恐怖，惊骇
ـ ـِ رَيْعًا ورُيُوعًا ورِيَاعًا ورَيَعَانًا الشيءُ: زَاد ونَمَا 生长，茁壮，茂盛，繁荣
رَيَّعَ المَالَ: ثمَّره وأنْماه 投资
رَيْع: غَلَّة / مَحْصُول 产物，生产物
ـ: حَصِيلة 收入，收益，所得，地租，息金
الـ العَقَارِيّ 地租
الـ المُطْلَق 绝对地租
ـ / رَيْعَان: أَوَّل وأَفْضَل 初期，盛时，精华
في رَيْعَان الشَبَاب: في عِزِّ الشَبَاب 在青年时代，青春时代，风华正茂
رِيع جـ رِيَاع 小山，山丘；之形山路；基督徒礼拜的小室；鸽巢式岗楼
رِيعَة 高地；人群
تَارِيع (مـ) / تَرِيع (مـ): سِجِلّ الأراضي الزراعيّة 土地登记册
ـ (مـ): مِسَاحَة الأراضِي 土地测量
أَرْض مَرِيعة: مُخْصِبَة 多产的土地，肥沃的

土地

رَافَ يَرِيفُ رَيْفًا وأَرْيَفَ وتَرَيَّفَ 到乡村去

لم يَمْضِ على تَرَيُّفِها سنةٌ بعدُ 她到农村去还不满一年

رِيف جـ أَرْيَاف ورُيُوف: أَرْض فيها زَرْع 耕作地，熟地

ـ (مـ): خَلاَء 乡下，农村

ـ (مـ) 下埃及

ـ البَحْر [动]海胆

رِيفِيّ: خَلَوِيّ / فِلْحِيّ 乡村的，乡下的，田园的

رِيق جـ أَرْيَاق ورِيَاق: لُعَاب 口水，唾沫，唾液

على الـ: لم يَأْكُلْ 还没有吃早点

على الـ: قَبْلَ الأكل صباحًا 早餐前，空肚子

كَسَرَ الـ 用早餐(早点)

جَرَى ـ ه عليه 对…垂涎

أَجْرَى الـ 使流口水，使垂涎，引起食欲

بلع ـ ه (مـ): اِسْتراح 歇一歇

رَيْق / رَيِّق / رَيُّوق 最好的，初期的，旺盛的

ـ 虚伪，虚妄；(剑)闪光

في ـ العُمْر 青春时代，青年时代

رائق: صافٍ (راجع روق) 清澈的，纯洁的

رَالَ يَرِيل رَيْلاً ورَيَّلَ (مـ) الصَبِيُّ: سال لُعابُه 淌口水，垂涎，流涎

رِيَال / رِيالَة (مـ): رُوَال 口水，唾沫，唾液

ـ جـ رِيَالاَت (أ) riyal 里亚尔(沙特阿拉伯、卡塔尔、也门、伊朗等地货币单位)

ـ أَمِيرِكَانِيّ: دُولاَر (أ) dollar 美元

ـ أبومِدْفَع (مـ) 西班牙银币

ـ مَجِيدِيّ 土耳其银币

ـ مَسْكُوبِيّ 卢布

مَرْيُول الطِفل جـ مَرَايِلُ / مَرْيَلَة (مـ) (儿童的)围嘴，涎围

ـ: وِزْرَة / إِتْب (لوقاية الثياب) 围裙，围腰布

رَامَ يَرِيمُ رَيْمًا المكانَ أو منه 离开，离别

ـ بالمكان ورَيَّمَ 居住，逗留

ما ـ فِرَاشَه 卧床不起

رَيَّمَ على ... (مـ): تَوَعَّدَ 吓唬，威胁

رِيم (مـ) / رَيْم: غزَال أبيض (انظر رأم) [动](北非及阿拉伯产的)曲角羚羊

ـ: قَبْر 坟墓

ـ: جَبَل صغير 小山，小丘，土墩

ـ 小羚；丽玛(女名)

رَجَعَتْ (عادَتْ) ـ إلى عادَتِها القديمة (丽玛的老脾气又发作了)旧病复发，故态复萌

رِيمَة (مـ) / رِيم: طُفَاوَة القِدْر (沸汤的)泡沫

رئة: رِيَّة (في رأي وروي) [解]肺，肺脏

رَانَ يَرِينُ رَيْنًا ورُيُونًا الشيءُ فلانًا وعليه وبه:

غَلَبَ عليه 战胜，征服，支配；(感情)弄昏，使昏聩

رَاهَ ـ رَيْهًا الرجلُ: جاء وذهَبَ 来来往往

رَيَّهَ الرجلَ: جعله يَرِيهُ 使他来来往往

تَرَيَّهَ السرابُ: اضطرب وجَرَى (海市蜃楼、幻景)移动，晃动

أَرْيَى الرَايَةَ: رفعها 升旗

ـ الصَمْتَ 他沉默了

ـ على جَفْنِه الكَرَى فنَامَ 他疲倦得睡着了

رَايَة جـ رَايَات ورَايٍ: عَلَم 军旗，旗帜

رَايَة شادِن (عـ): طَيَّارَة 风筝

الزاي

ز (الزاي) 阿拉伯字母表第 11 个字母；代表数字 7

زاج (في زوج)

زَاجُورَة 一种棉花

زاح (في زوح) / **زاد** (في زيد)

زاد (في زود) / **زاغ** (في زيغ)

زاف (في زيف) / **زال** (في زول)

زام (في زوم) / **زان** (في زين)

زاه (في زهو) / **زاول** (في زول)

زاؤوق: زِئبَق 汞，水银

زاوية (في زوي) / **زايل** (في زيل)

زِئْبر / زِئْبر / زُؤْبَر / زَوْبَر: زِغْبَر أو خَمْل 绒布，细毛绒布

زَأْبَقَ الشيءَ: طلاه بالزئْبَق 涂以水银，以汞锡合金处置

ـ 通电流，电镀

زِئْبَق / زِئْبِق / زَيْبَق (سـ مـ): فَرَّار 水银，汞

ـ 反复无常、易变、浮躁的人

ـ حُلْو: كَلُومَل (أ) calomel 甘汞，轻粉（氯化一汞）

زِئْبَقِيّ: كالزِئْبَق أو له خَصائصه 水银的，含水银的，似水银的，水银状的

زَأَرَ ـِ وزَئِرَ ـَ زَئِيرًا وزَأْرًا وتَزْآرًا وأَزْأَرَ إِزْآرًا وتزأَّر الأسدُ: زَمْجَرَ （狮）吼

زَئِير: زَمْجَرَة 吼声，咆哮

ـ المَدافع 大炮的轰击声

زُؤَام / مَوْت زُؤَام: سَرِيع 暴卒，暴死，横死

مَوْت ـ: كريه 横死，凶死

زُؤَان: زُوَان ［植］毒麦；稗子

زَبَّ ـ زَبًّا: كثر شعر وجهه وأُذُنَيْه 脸和耳上多毛

ـ ـُ زَبًّا القِرْبَةَ: مَلأَها 装满（水袋）

زَبَّبَ العِنَبَ: جفّفه 把葡萄晒干，使成葡萄干

تَزَبَّبَ العِنَبُ: صار زَبِيبًا 变成葡萄干

زُبّ جـ أَزْبَاب (مـ) وأَزُبّ وزِبَبَة 男性生殖器

ـ جـ أَزْبَاب وأَزُبّ 鼻子；胡须

ـ البَحْر 海螵蛸

زَبِيب الواحدة زَبِيبَة جـ زَبِيبَات: ما جفّف من العِنَب 葡萄干

ـ: السُمّ في فَم الحيَّة 毒蛇口中的毒液

ـ بَنَاتِيّ: كِشْمِش 无核葡萄干

عمل من الزبيبة خَمَّارَة 吹嘘，吹牛，小题大做

أَزَبّ م زَبَّاء جـ زُبّ: كثير شعر الوجه والأُذُنَيْن （脸和耳朵）毛多的

زَبَدَ ـُ زَبْدًا اللبنَ أو القِشْدَةَ: مَخَضَه 从奶中取出奶油

زَبَّدَ اللَبَنُ: علاه الزُبْدُ （奶）结乳皮

أَزْبَدَ البحرُ أو القِدْرُ أو الفَمُ: أخرج الزَبَدَ 起泡沫，（口）吐白沫

ـ الرجلُ: فارَ غضبُه وتوعَّد 盛怒，暴怒

زُبْدَة جـ زُبَد / زُبْد الحَلِيب 黄油，奶油

ـ مُسَيَّحَة 炼过的黄油

ـ طازَة 新鲜的黄油

ـ مُمَلَّحة 咸乳油

ـ صِنَاعِيَّة 人造奶油，人造黄油

ـ الشيءِ: أَفْضَلُه 最好部分

ـ الشيءِ: خُلاَصَته 精华

ـ المَوْضُوع: لُبَابه 要点，要旨，要义，

(新闻)摘要

زَبَد جـ أَزْبَاد / زَبَدَة جـ زَبَد: رِغْوَة / رَغْوَة / رُغْوَة 泡沫，口沫

ـ الجِبَال (山洪造成的)风化产物

ـ البَحْر [岩]浮石，浮岩

ـ: خَبَث 浮渣，渣滓，铁渣，废物

زَبْدِيَّة (مـ) / زِبْدِيَّة جـ زَبَادِيّ وزَبْدِيَّات: سُلْطَانِيَّة 小碗

زَبَاد: نوع من الطيوب 麝猫香

قِطّ الـ [动]麝猫，香猫(灵猫科)

لَبَن زَبَادِيّ (مـ): لَبَن حامِض (سـ) 酸奶，凝乳

زَبَرَه ـُ زَبْرًا عن الأمر: منعه ونهاه عنه 阻止…做…

ـ وزَبَّرَ وازْدَبَرَ الكتابَ: كتبه 写，抄写

زَبُور جـ زُبُر: مَزَامِير دَاود (圣经的)诗篇

زِبْرَا (أ) zebra: حِمار الزَرَد [动]斑马

زُبْر (مـ) 男生殖器

زُبْرَة جـ زُبَر وزُبُر 楔，横杆，铁楔

مَزْبُور / زَبِير 被写的，已写的

زَبِير 聪明俊美的男子

مِزْبَر 写字用的芦苇

زِبْرِج جـ زَبَارِجُ (أ) (波): حِلْيَة 名贵的首饰

زَبَرْجَد جـ زَبَارِجُ وزِبَرْدَاج (أ) (波): حجر كريم [矿]黄玉

زِبْرِقَان: قَمر 月亮

ـ: خفيف اللحية 胡子稀疏的人

زَبَطَ ـِ زَبْطًا وزَبِيطًا البَطُّ: صَاحَ 鸭叫

زَبْط (مـ): وَحْل 泥，泥浆，粘泥，稀泥

زُبَاطة بَلَح جـ زُبَاطَات (مـ): قَرْط (سـ) / عِذْق 一嘟噜椰枣

زَوْبَعَة جـ زَوَابِعُ: هَيَجَان الأَرْيَاح وتصاعُدها إلى السَمَاء 飓风

ـ بَحْرِيَّة أو بَرِّيَّة: عاصِفة 大风暴

زَبَقَ ـِ زَبْقًا شعرَه: نتَفه 拔(毛)

ـ وانْزَبَقَ (مـ): دخَل خُلْسة 溜进，潜入，钻入

زَبَلَ ـِ زَبْلاً وزَبَّلَ الأَرْضَ: سمَّدها وأَصلحها بوضع الزِبْل فيها 上肥料，施肥

زَبْل / زِبْل / زِبْلَة: سِرْجِين أو سَرْقِين أو سِرْقين 肥料，粪，牲口粪

ـ الحَمام 鸽子粪

زِبِّيل جـ زَبَابِيلُ / زِنْبِيل وزَنْبِيل جـ زَنَابِيلُ: قُفَّة 草包，草袋，(枣椰树皮编成的)篮

ـ: وِعَاء 器皿

ـ كَبِير 容积名，等于 115.5 公升

ـ صَغِير 容积名，等于 57.75 公升

زُبَالَة / زِبَالة (مـ): كُنَاسة / قُمَامة 垃圾

صُنْدُوق الـ 垃圾箱

عَرَبَة الـ 垃圾车

مِجْرَفَة الـ: مِقْحَفَة (扫垃圾的)簸箕，畚箕

زَبَّال (مـ): كَنَّاس 清道夫，清洁工人

مَزْبَلَة ومَزْبُلَة جـ مَزَابِلُ 垃圾堆，粪堆

زُبَانَى جـ زُبَانَيَات / زَبَان (مـ): شَوْكَة / حُمَة (动物的)针、螯、刺、钩；(植物的)刺、针

زُبَانَيَا العَقْرَب: قَرْناها 蝎子的螯；[天]天蝎座中的两星

زَبَانِيَة جَهَنَّم / ـ النار 管理火狱的天使

ـ 走狗，奴才，仆从，喽啰，跟班

ـ الإمْبِرْيَالِيَّة 帝国主义的走狗

زَبُون جـ زُبُن / زَبَائِن: غَبِيّ 愚笨的，愚蠢的

حَرْب ـ: شَدِيدة 激烈的战斗

زُبُون (مـ) وزَبُون جـ زُبُن وزَبَائِنُ (مـ): عَمِيل 顾客，顾主，买主

زَبَانَة (مـ): جُمْلَة العُمَلاء 顾客们，顾主们，

买主们

زُبْيَة جـ زُبًى 山洪不能淹没的地方；捕兽的陷阱

بلغَ السَّيْلُ الزُبَى: اشتد الأمرُ وانتهى إلى غاية بعيدة (洪水已经漫到高地)事情已到万分危机的地步，危在旦夕，千钧一发

زَجَّ ـُ زَجًّا بالشيء: رَمَى به 投，掷，扔

ـ نفسَه 猛扑过去

ـ في كذا 投身于，干涉，干预，过问，参与

ـ ـِ زَجَجًا وازْدَجَّ حاجِبُه: رَقَّ في طول (眉)成为柳眉

زَجَّجَ الحاجِبَ 画眉

ـ الشيءَ (مـ): حوَّله إلى زجاج 使变成玻璃，弄成玻璃状

اِنْزَجَّ في كذا 投身于

زُجّ العَصَا جـ زِجَاج وأَزِجَّة وزِجَجَة: كَعْب مَعْدِنِيّ 手杖和伞的镦

ـ 肘端；矛镦；箭头；种马的犬齿

ـ الشَرِيط: طَرَفه المعدنيّ 带端的金属箍(物)

زُجَاج / زَجَاج / زِجَاج: قِزاز (مـ) 玻璃

ـ عُضْوِيّ 有机玻璃

زُجاجَة وزَجاجَة جـ زُجَاجَات: قِنِّينَة 玻璃瓶

ـ الرَوَائح 香水瓶

ـ: كِسْرَة زُجاج 一片玻璃，一块玻璃

زِجَاجَة: صَناعة زَجَّاج 玻璃制作活；玻璃制造业

زُجَاجِيّ: كالزُجاج أو منه 玻璃质的，玻璃状的

ـ: بائع الزُجاج 玻璃商人，贩卖玻璃者

ـ / زَجَّاج: قِمْرَاتِيّ (مـ) 配玻璃者，镶玻璃工人；玻璃制造工人

أَوَانٍ زُجَاجِيَّة 玻璃器皿

زَجَرَه ـُ زَجْرًا وازْدَجَرَه عن كذا: مَنَعَه ونَهَاه 喝阻，抑制，禁止，制止

ـ ه وـ ه: طَرَدَه صائحا به 驱逐，赶走

ـ ه: انتهره 呵斥，斥退

ـ الطَيْرَ 惊鸟以其方向占卜

تَزَاجَرَ القومُ عن الشرّ: نهى بعضهم بعضًا عنه 互相禁止作恶

اِزْدَجَرَ وانْزَجَرَ 被禁止，被驱逐，被斥退

زَجْر وزَجَر جـ زُجُور: سمك عظيم الجُثّة صغير الحَرْشف 一种细鳞的大鱼

ـ: انتهار 申斥，呵斥

زاجِر جـ زَوَاجِرُ: مانع / رادع 禁止者，抑制者

ـ الإنسانِ: ضميرُه 良心

ـ 以飞鸟占卦者

أَبُو ـ 乌鸦的外号

زَجَلَه ـُ زَجْلاً وبه: رشقه ورماه 射，射击

زَجِلَ ـَ زَجَلاً: طَرَّب وتغنَّى 歌唱

زَجَل جـ أَزْجَال / حِمْل ـ (مـ): شِعْر عاميّ 一种方言诗歌

ـ (مـ) 欺骗，骗人的话，欺骗的行为

حَمام الزَاجِل والزَجَّال 通信鸽，信鸽

زَجَلِيَّة (مـ) 民歌

زَجَّال 民间歌唱家，人民歌唱家

مِزْجَل / مِزْجَال 矛头；短矛

زَجَاه ـُ زَجْوًا وزَجَّاه وأَزْجَاه وازْدَجَاه: ساقه 驱，赶，催促

ـ: دفعه برفق 轻轻一推

أَزْجَى التَحِيَّةَ أو الشُكْرَ 致敬，致谢

ـ الثَنَاءَ 赞美，颂扬

زَجَّى أَيَّامَه: دفعها 度过，熬过(日子)

ـ الفَرَاغ 消遣

تَزَجَّى بالشيء: اكتفى به 满足于…

مُزْجًى م مُزْجَاة: شيء قليل أو رَدِيء 少的或次的东西

زَجَرَ ـِ زَجِيرًا وزُحَارًا وزُحَارَةً وزَحَّرَ وتَزَحَّرَ: أَخْرَجَ الصوت أو النفس بأَنين عند عمل أوشدّة 哼，呻吟，悲叹

زُحِرَ: أصابه الزُحَارُ والزَحِيرُ [医]患痢疾，患赤痢

زُحَار / زَحِير: أَنِين 呻吟，呜咽，悲叹；粗重的喘息声

ـ / ـ: تَعَنَّى (م) (إسهال مُؤْلِم) [医]赤痢，红痢

زَحْزَحَه عن مكانه: باعَده أو أزاله 移动，移去，挪开

تَزَحْزَحَ عن مكانه: تَبَاعَدَ وتَنَحَّى 被移动，被搬走

زَحْزَاح: بَعِيد 远的

زَحَفَ ـَ زَحْفًا وزَحَفَانًا وزُحُوفًا: دَبَّ 爬，匍匐

ـ: حَبَا 爬行，蠕行

ـ الجيشُ: سارَ 军队前进，进军，行军

زَحَّفَ الأرضَ (م): سلَفها / ملَّقها 耙地，平地

تَزَحَّفَ وازْدَحَفَ إليه: تمشَّى 挺进

زَحْف 行军，进军

زَحْف جـ زُحُوف: جيش كثير يزحف إلى العدوّ 前进的军队

زَحَّافَة جـ زَحَّافَات: دبَّابة (حيوان) 爬虫类，爬行动物

ـ الأرض (م): مَلاَّقَة (道路)整平机

زَحَّافَة (الاسقَنْقُور) [动]石龙子

زاحِف جـ زَوَاحِف / زَحَّاف: دابّ 爬行的，匍匐的，蠕行的

ـ 蔓生的

زَحَلَ ـَ زُحُولاً وتَزَحَّلَ عن مكانه: تباعد وتَنَحَّى 移动，离开

زَحَّلَ وأَزْحَلَ الشيءَ: نقله وأبعده 移动，移开

زُحَلُ [天]土星

زَحْلَقَ الشيءَ: دَحْرَجَه 使滚动，使转动

ـ: جعله يَزْلَق 使滑行

ـ المَوْضِعَ: زَلَّقه 使平滑

تَزَحْلَقَ: تزلَّج (انظر زلج) 滑动，滑行

ـ: زلق وزَلَّ (راجع زلق) 滑，滑倒

زَحْلَقَة / تَزَحْلُق 滑冰，滑行

قَبْقَاب الـ (四轮)溜冰鞋

مَرْكُوب الـ على الثَلْج 雪橇，滑雪板

زُحْلُوقَة جـ زَحَالِيقُ: مَزْلَقَة 滑道，滑坡，滑梯板；雪橇，滑橇，滑板

زَحَمَ ـَ زَحْمًا وزِحَامًا وزَاحَمَ الرجلَ: دافعه في مَحَلّ ضَيِّق 挤，拥挤

زَاحَمَه: نافَسه / ناظَره 竞争

ـ الخَمْسِين: قاربها 年近五旬

ـ ه: ضايقه 使窘，使为难，烦扰，打扰

اِزْدَحَمَ المكانُ بكذا 充满…，充斥，挤满

تَزَاحَمُوا 拥挤在一起，挤成一堆

زَحْمَة / زِحَام / اِزْدِحَام / مُزْدَحَم 拥挤

مُزَاحَمَة: منافسة 竞争，倾轧

مُزَاحِم (م): منافِس / خَصْم 竞争者，敌手，对手

أَبُو ـ 象；断角牛

مُزْدَحِم: مُمْتَلِئ 拥挤的，挤满人的

مُزْدَحَم 拥挤的地方

زَخَّ ـِ زَخًّا وزَخِيخًا الجمرُ: بَرَق شَدِيدًا (火炭)发白光，强热发光，闪烁

زَخِيخ (م): كَوْكَبَة / بَرِيق 白炽，白热，灼热，闪光

زَخَرَ ـَ زَخْرًا وزُخُورًا وتَزْخَارًا وتَزَخَّرَ البَحْرُ:

طمى وتملأ 涨水
ـ ه: ملأه 充满，装满
اِزْدَخَرَ وتزخَّرَ البحرُ أو الوادِي: زخر 充满，满溢，溢出，盈溢
تزْخار 盈溢，充满，装满
زاخِر: ملآن وطافح 充满的，满盈的，溢出的，漫出的，洋溢的
زَخَّار 充满的，装满的，满盈的，丰满的(泉源)
زَخْرَفَه: زوَّقه / زيَّنه 修饰，装饰，美化
زُخْرُف جـ زَخَارِفُ: زِينَة 装饰品
ـ: ذَهَب 黄金
ـ باطِل 虚饰，浮华，无谓的铺张
ـ الكلام: أباطيله المموَّهة 浮辞
زَخَارِف: سُفُن 花船
ـ الدُّنْيا 世间的浮华
ـ الماء: طرائقه 涟；涟漪，波纹
زُخْرُفِيّ: زِينِيّ 装饰的，修饰的
زَخَمَه ـَ زَخْمًا: دفعه بشدَّة 搡，用力推，使力推
زَخِمَ ـَ زَخَمًا وأَزْخَمَ اللحمُ: فوَّح (م) / أَنْتَن (肉)腐败，发臭
زَخْم: قُوَّة الدفع [物]动量，动力
زَخْمَة: رائحة كَرِيهَة 臭气，臭味，恶臭
ـ (م) / زُخْمَة الطَّبْلَة (م): مَلْوِينَة (م) 鼓槌
ـ العُود / زُخْمَة العود (م) وأمثاله: مِضْراب (弦乐器的)拨子
ـ / زُخْمَة (م): سوط 皮鞭，马鞭，(鞭子的)皮条，鞭梢
زَخِم / أَزْخَمُ م زَخْمَاءُ جـ زُخْم 有臭味的，腐败的(肉)
زَرَبَ ـُ زَرْبًا وزرَّبَ المَوَاشِيَ: أدخلها في الزَرِيبة 把牲口关在畜圈内，把牲口赶入栏圈
ـ للغَنَم: بنى لها زريبة 给(羊)造圈
زَرِبَ ـَ زَرَبًا الماءُ: سَالَ (水)流，流动
زُرْبَة (م): سُرْبَة 一群(牛、羊)
ـ (م) 一群(儿童)
عنده أَوْلَاد ـ 他有一群孩子
زُرْبِيّ وزُرْبِيَّة جـ زَرَابِيّ 靠枕；贵重的地毯
زِرْيَاب [鸟]椋鸟
زَرِيبَة جـ زَرَائِبُ: حظيرة مواشٍ (牲口的)栏，圈，栅
ـ الخَنَازِير 猪圈
زَارُوب جـ زَوَارِيبُ (م): زَقَب / دَرْب 小路，狭巷，胡同
مُزَرَّب: مَوْضُوع في زَرِيبة 被关进栏里的
مِزْرَاب جـ مَزَارِيبُ: مِيزَاب السَطْح [建]承溜口，笕
زَرْبُول جـ زَرَابِيلُ: حِذَاء طَوِيل الكَعْب 高跟皮靴
تَزَرْبَنَ (م) 生气，愤怒，勃然大怒，说话粗暴，说无礼的话
زَرْبُون جـ زَرَابِينُ (م) 粗俗的，无礼的人
مُزَرْبَن (م): متجهِّم 愠怒的，绷着脸的
ـ (م): حانِق 不高兴的，生气的
زَرْخ 甲，铠甲
سَفِينة ـ 铁甲舰
زَرَدَه ـُ زَرْدًا: خنقه 勒死，扼杀
زَرِدَ ـَ زَرَدًا وازْدَرَدَ وتَزَرَّدَ اللُّقْمَةَ: بلعها وأسرع 吞，咽，狼吞虎咽
زَرَد جـ زُرُود: دِرْع مَزْرُودة 锁子甲，环甲
حِمار الـ 斑马
زَرَدَة: حَلْقَة 链环，铁环
زَرْدَة (م) 蜜糕(稻米和蜂蜜作的甜食)
زَرْدِيَّة جـ زَرْدِيَّات (م): كَسْمَايَة (م) 小钳子，

夹钳

مَزْرَد: الحلق والبُلْعُوم 咽喉，喉头；气管；食道

زَرَّ ـُ زرًّا عَيْنَه: ضيَّقها 眯起眼睛，眯缝着眼睛

ـ وزَرَّرَ القَميصَ: شدَّ أَزْرارَه 扣纽扣

زِرّ جـ أَزْرَار وزُرُور: ما يُدْخَل في العُرْوَة 纽子，纽扣

ـ السيفِ: حدّه 剑锋

ـ كَهْرَبَائِيّ (电灯等的)电钮，开关

ـ: جُمَان 图画钉，饰钉、大头钉

ـ الزَهْرَة: بُرْعُم 蓓蕾，花苞

ـ وَرْد 蔷薇花苞，玫瑰花芽

ـ الطَرْبُوشِ (مـ) وغيره: عَذَبَة / شُرَّابَة (红毡帽子的)穗，坠子

ـ العَيْنِ (مـ): نُتُوء مرضي فيها [医]葡萄肿

ـ الجَرَسِ الكهربيّ (مـ) (电铃等的)按钮

جَزْمَة (مـ) (حذاء) بأَزْرَار 带纽扣的皮鞋

زرار جـ زَرَايِر (مـ) 扣子，纽扣

زَرْزَرَ العُصْفُورُ: صوَّت (雀)唧唧地叫，唧唧喳喳地叫

ـ ه (مـ): كدَّره وأَغْضَبَه 使烦恼，惹恼，激怒

زَرْزَرَة 唧唧声

زُرْزُر / زُرْزُور جـ زَرَازِرُ وزَرَازِيرُ [鸟]欧椋鸟(白头翁的一种)

ـ الجَراد [鸟]粉红椋鸟

زَرَعَ ـَ زَرْعًا وازْدَرَعَ الحَبَّ: طرَح البذْرَ في الأرض 播种

ـ الأرضَ 种地，耕种

ـ النباتَ: أَنْبَتَه وأنْماه 栽培，栽种，种植

زَارَعَ فُلانًا: عامله على الأرض ببعض ما يخرج منها ويكون البذر من مالكها 出租(土地)

تَزَرَّعَ إلى الشرّ: تسرع إليه 急于作恶

اِنْزَرَعَ (مـ) (土地)已耕种

زَرْع: زِرَاعَة النَبات والأَرض 播种，种植，栽培，耕作

ـ جـ زُرُوع: النَبات المَزْرُوع 庄稼，谷物(常指小麦和大麦)，作物，农作物

قابِل للـ: يُزْرَع 适于种植的

ـ وضَرْع 庄稼和家畜

وَقع ـ بَصَل على قِمَّة رأْسه (مـ) 栽下来，倒栽葱

زَرْعَة وزِرْعَة وزَرْعَة وزُرْعَة جـ زَرَعَات: موضع يُزْرَعُ فِيه 田地

زِرَاعَة: فِلاحة 农业

ـ البَسَاتين 园艺

ـ التُفَّاح 栽培苹果

عِلم الـ 农业学，农艺学

وِزَارَة الـ 农业部

ـ (مـ) / زَرِيعَة: الشيء المَزْرُوع 庄稼，农作物

زَرِيعَة 苗，秧，树苗

زِرَاعيّ: مختص بالزراعة 农业的，农艺的，耕作的

خَبِير ـ / مُهَنْدِس ـ 农艺师，农学家

أَرض زِرَاعِيَّة 农田，耕地

مُزَارَعَة [农]互分制，分成制

مُزَارِع 农民，庄稼人；农场经营者

مُزْدَرِع 自耕农

مَزْرُوع جـ مَزْرُوعَات 所种植的，所培育的

زَرَّاع / زَارِع: من يزرع الأرض 农民，耕者，庄稼人

مَزْرَعَة جـ مَزَارِعُ: موضع الزرع / عِزْبَة (مـ) 农场，农庄，庄园

ـ تَعاوُنِيَّة 合作农场

الـ الاشتِرَاكِيَّة 社会主义农场
الـ الجَماعِيَّة 集体农庄
زَرَافَة وزُرَافَة وزَرَافَّة جـ زَرَافِيّ وزُرَافَى وزَرَائِفُ 长颈鹿；[天]麒麟座(北方星座之一)
زَرَافَة جـ زَرَافَات: جَماعة 一群(人)
جَاءُوا زَرَافَاتٍ ووُحْدَانًا 他们单独地和成群地来了
زَرَقَ ـِ زَرْقًا الطَّائرُ: رمى بسَلْحه (鸟)拉屎
زَرِق ـَ زَرَقًا وازْرَقَّ: صار أَزْرَق 变成蓝色的，变青
زَرَق / زُرْقَة / زَرَاق (مـ) 天蓝色，青色
زَرْق 鸟粪
زُرَيْق / أَبُو زُرَيْق [鸟]松鸦
زُرَيْقَاء [动]麝(香)猫
زُرِّيقَة / أَبُو زُرِّيق / صَعْوَة / سكْسكة (طائر صغير) 鹡鸰
زَوْرَق جـ زَوَارِقُ 小艇
ـ بُخَارِيّ / ـ مُوطَرِيّ (أ) motor-boat 汽艇
ـ شِراعِيّ 小帆船
ـ النَّجَاة 救生艇
ـ الطُّورْبِيَّة 鱼雷艇
أَزْرَق م زَرْقَاءُ جـ زُرْق 蓝色的，青色的
ـ بُرُوسِيّ Prussian blue 普鲁士蓝
ـ سَمَاوِيّ: لَبَنِيّ (مـ) 天蓝色的
عَدُوّ ـ (مـ) 死敌，不共戴天的仇人
خَوْف ـ (مـ) 极度的害怕
القُبَّة الزَرْقَاء: السَماء 苍穹
مِزْرَاق جـ مَزَارِيقُ: رُمْح صَغِير 标枪
زَرْقُون (أ) zircon: حَجَر كريم بُرْتُقَالِيّ اللَوْن [矿]锆石
زَرْكَشَه (أ سـ): زَخْرَفَه 修饰，装饰
زَرْكَش (أ) (波): نَسيج الحَرير وخُيُوط الفِضَّة 金银丝织成的浮花锦缎
زَرْكَشِيّ جـ زَرَاكِشَة 织锦者，刺绣者
مُزَرْكَش 绣出的
زِرْنِيخ (أ) (波): عَقَّار سامّ 砷，砒霜；信石
زِرْنِيخِيّ 砒霜的
زَرَى يَزْرِي زَرْيًا وزُرْيًا وزِرَايَةً ومَزْرِيَةً ومَزْرَاةً وأَزْرَى وتَزَرَّى عليه عَمَلَه: عاتبه أو عاب عليه 指责，责备，谴责
أَزْرَى به: حقَّره 轻视，轻蔑，轻侮
ـ بالأمر: استخفَّ (把事情)看轻，小看，轻视
اِزْدَرَاه واسْتَزْرَاه وبه: احتقره واستخفَّ به 轻视，蔑视，瞧不起
ـ وـ بالخَطَر 轻视危险，不顾危险
زِرَايَة 指责，斥责
اِزْدِرَاء 轻视，蔑视，小看，看不起
ـ الخطر 轻视危险
زَرِيّ: يستحقُّ الاِزْدِرَاء 卑鄙的，可鄙的，微贱的
ـ: زَهِيد 琐碎的，少许的，不足道的
مُزْرٍ 有伤体面的，降低身价的，可耻的
مُزْدَرٍ 轻视者，小看者
زُطّ الواحد زُطِّيّ / غَجَرِيّ (مـ) / نَوَرِيّ (ع) 吉卜赛人，茨冈人
زَعْبَرَ (أ): شَعْوَذَ 变戏法，玩魔术
ـ على فلان (سـ) 欺骗，哄骗，诈骗
زَعْبَرَة 欺骗行为，招摇撞骗
مُزَعْبَرَاتِي (سـ): مُشَعْوِذ (انظر شعذ) 骗子，吹牛的，走江湖的
زَعْبُوبَة (مـ): زَوْبَعَة 飓风
زَعْبُوط جـ زَعَابِيطُ (مـ) 农民披的斗篷
زَعْتَر (سـ): سَعْتَر / صَعْتَر [植]百里香

زَعَجَه ـَ زَعْجًا وأَزْعَجَه: أَقْلَقَه 滋扰，扰乱，
打搅，使不安，使惊惶
اِنْزعَجَ: قَلِقَ 吃惊，惊慌，惶恐
زَعَج / اِنْزِعَاج 恐慌；烦恼
مُزْعِج 麻烦的，烦难的，搅扰的
زَعِر م زَعِرَة / أَزْعَرُ م زَعْرَاءُ ج زُعْر: خَفيف
الشَعر 毛发稀少的，稀疏的
أَزْعَرُ (مـ): بلا ذَيْل 无尾的，秃尾的(鸟)
ـ (سـ) / زَعْرَان (سـ): عائِر 坏蛋，恶棍，
流氓，无赖
زُعْرُور ج زَعَارِيرُ: سريع الغَضَب 脾气暴躁的，
性情坏的，好生气的
ـ (سـ): تُفَّاح بَرِيّ [植]枸杞子，欧山楂
ـ: بَرْقُوق بَرِّيّ [植]西洋李
ـ الأَوْدِية [植]山楂
زَعْزَعَه: هَزَّه / قَلْقَلَه 撼动，摇动
تَزَعْزَعَ: تحرَّكَ 动摇
رِيحٌ زَعْزَعٌ / زَعْزَاعٌ / زُعْزُعٌ / زُعَازِع /
زَعْزَعَان: شديدة تُزعزع الأشياء 狂风，暴风，
大风
زَعْزَعَة ج زَعَازِعُ: هَزَّة 震动，撼动，摇动
تَزَعْزُع 动摇
زَعْزُوع (مـ): طويل الأَرْجُل 腿细长的人
زَعْزُوعَة ج زَعَازِيعُ (مـ) 甘蔗的顶端
مُزَعْزَع / مُتَزَعْزِع: مُقَلْقَل 动摇的，不坚定的，
不稳的
زَعَطَه ـَ زَعْطًا: خنقه 勒死，绞死，扼杀
ـ الحمار: صوّت 驴叫
زَعِيط ومعِيط ونَطَّاط الحَيْط (مـ): كل من هَبّ
ودَبّ 乌合之众，各色人等，普通人
زَعَفَه ـَ زَعْفًا وأَزْعَفَه وازدَعَفَه: قتله حالاً وفي
مكانه 即刻处死，就地正法

زَعَّف البيتَ (مـ) (用枣椰枝)打扫房屋
زَعَف (مـ) الواحدة زَعَفَة ج زَعَفات / زَعَفَة
(مـ): سعَفَة 枣椰枝
سُمٌّ زُعَاف: يَقْتُل سَرِيعا 致命毒药，烈性毒药
تَزْعِيف البُيوت (مـ): تَنْظِيف شَامِل 清扫房间，
大扫除
مُزْعِف 致命的
مَوْت ـ: مهلك حالا 暴卒
زَعْفَرَان ج زَعَافِرُ: نَبات أَصفر الزهر [植]藏
红花
ـ المُرُوج / ـ المَرْج 野藏红花
زَعَقَ ـَ زَعْقًا: صرخ 喊，叫，嚷
ـ: رفَع صوته 大嚷，大声喊
ـ بملء صوته / ـ بعلو حِسّه (مـ) 大声疾呼，
扯着嗓子叫喊
ـ تْهُ العَقْرَبُ: لدَغته (蝎)蜇人
ـ تِ الرِيحُ التُرابَ (风)刮起尘土
زَعَّقَ (مـ) 喊叫，大声叫
زَعْق / زَعِيق: صِيَاح / صُرَاخ 呼喊，叫喊声
ماءٌ زُعَاق: مالح ومُرّ لا يُشْرَب 又咸又苦的水
زَعِلَ ـَ زَعَلاً من المَرَض وغيره: ضَجِر واضطرب
烦躁，烦躁不安
ـ (مـ): تكدَّر 烦恼，心烦
زَعَّلَه (مـ): كدَّره 得罪(某人)，惹他生气
أَزْعَلَه: أَزْعَجَه وضايَقه 打搅，麻烦(某人)
زَعِل / زَعْلَان / إزْعِيل 烦恼的，烦躁的，焦躁
不安的，心绪不佳的
ـ (مـ) وـ (مـ) من أو على 不高兴的，不愉
快的，烦恼的，生气的
زَعَل: ضَجَر 焦躁，烦躁
ـ (مـ): كدر أو غضب 生气，不高兴，不
愉快

زِعْلِفَة جـ زَعَالِفُ (مـ) / زِحْلَفَة (مـ) / زِلْحَفَة (مـ)
龟，鳖
زَعَمَ ـُـ زَعْمًا وزِعْمًا وزُعْمًا ومَزْعَمًا: اِدَّعَى
妄言，妄称，佯称，瞎说，胡说什么
ـ زَعْمًا بالمَال: كَفَلَ به (用金钱)担保
أَزْعَمَ الأمرُ: صار مُمْكِنًا (事情)成为可能的
ـ ه المالَ: كفَّله به 用钱担保他
ـ اللبنُ: أخذ يطيب (乳)成为好的
ـ إليه: اِنقاد وأَطاع 服顺，顺服
تَزَعَّمَ بين الناس: أتى بالأَكَاذِيب 散布谎言，散布谣言
ـ 领导，率领，以领导自居，自命为领导者
زَعْم: اِدِّعاء 妄言，佯称，瞎说
ـ: فَرْض 假定，假设
بـ ـ ه 据他说
زَعَامَة: رِئَاسَة 领导，领导权，领导地位，领导作用，领袖地位
مَزْعَم جـ مَزَاعِمُ 妄言
هذا أمر ـ 这是不可靠的，不确实的
زَعِيم جـ زُعَمَاءُ: رئيس 领袖，首领，领导者，党魁
ـ (ع): أمِير لِواء 旅长，陆军准将
ـ عِصَابَة 匪首，土匪头子
أنا ـ بـ ... 我担保…
مَزعُوم 臆造的，虚构的，虚假的，所谓的
زَعْنَفَة وزِعْنِفَة جـ زَعَانِفُ: عَوَّام 鳍
ـ الحُوتِ أو عِجْلِ البَحْر (海豹、海象等的)鳍状前肢，鲸的前鳍
زَعَانِفُ القوم: الرَعاع 地痞，流氓
زَغَب: صِغار الشَعْر أو الرِيش (人面上的)毫毛，汗毛，(鸟兽的)柔毛，绒毛，(棉花等织品上的)绒；胎毛
زُغَابَة / زُغَابى (最软的)毫毛，绒毛
زَغِبَ / أَزْغَبُ م زَغْبَاءُ جـ زُغْب: له زغب 长出软毛的，有绒毛的，带绒毛的
ـ 有斑点的马
زُغْبَة: الفَأْرَة النوَّامة [动]睡鼠
زَغْبَر / زِغْبِر / زِغْبُر / زُغْبَار (مـ): زَغَب / وَبَر (مـ)
(呢、布、绒毯等的)绒头，绒毛
زَغَده (مـ): ضربه ضربة صامِتة 打闷棍
ـ ـَـ زَغْدًا 压，挤，榨
زَغْدَة جـ زَغْدَات (مـ) 搡，推，撞，推动
زَغَرَ ـَـ زَغْرًا إليه (مـ): شزَرَ إليه 瞟
زَغْرَدَتْ المرأةُ 妇女发出欢呼声
زَغْرَدَة جـ زَغَارِيدُ النِساء في الفَرَح 阿拉伯妇女的欢呼声(舌头在口里摇动)
زَغْرُودَة جـ زَغَارِيدُ / زَغْرَدَة (راجع زغردة)
زَغْرَطَ=زَغْرَدَ (مـ) (راجع زغرد)
زَغْرُوطَة جـ زَغَارِيطُ (مـ)=زَغْرَدَة (راجع زغردة)
زَغْزَغَ الشيءَ: خبَّأه وأَخفَاه 藏，隐藏，隐匿
ـ: زَكْزَكَ (سـ) / دَغْدَغَ 呵痒，隔肢(使人发笑)
زَغَطَ ـُـ زَغْطًا الشيءَ (مـ): اِزْدَرَدَه 吞，咽
زَغَّطَه (مـ) 喂，养活，养育，供养，豢养，供给
زَغْطَة (مـ) / زَغَطَّة / زُغُطَّة: فُوَاق 呃逆，打呃，打嗝儿
زَغَلَ ـَـ زَغْلاً وأَزْغَلَ الماءَ: صبّه دَفْعَةً دفعةً 把水一次一次地倾出、倒出
ـ (مـ): غشَّ / زَيَّفَ 掺假
ـ ت عَيْنِي (مـ) 我看不胜看，我看了这个又看那个，目不暇接(给)
زَغَل 掺假，欺骗

مَزْغَل جـ مَزَاغِلُ: كُوَّة لإطلاق الأسلحة منها
(城墙上的)雉堞，堞，枪眼，炮眼

زَغْلَلَ النظرَ (مـ): خطف البَصر 耀眼，使眼花缭乱

زَغْلَلة 耀眼

زُغْلُول جـ زَغَالِيلُ: طِفْل 婴儿，娃娃

ـ الحمام (مـ): جَوْزَل 小鸽子，雏鸽

زَغْلوطة وزَغْلَطَة جـ زَغَالِيطُ (مـ): زَغْرَدَة (راجع زغردة)

زَغْورة المَصَارِين (مـ): أَنِيض [医]腹鸣

زَفَتَ ـُ زَفْتًا الإناءَ: ملأه 灌满，装满

ـ الرجلَ: أَتْعَبه وأرهقه 使疲倦

ـ ه: غاظه 激怒

زَفَّتَ السَفِينةَ: طلاها بالزِفْت 涂沥青

زِفْت: قار 沥青

ـ التِرْمَنْتِين (سـ) 松脂，松香

دُخَان الـ 煤黑，煤炱，烟尘

زَيّ الـ (مـ) 糟得很！糟透啦！坏极啦！

زَفَرَ ـِ زَفْرًا وزَفِيرًا (مـ) الرجلُ: ضد شهَق 吐气，呼气

ـ ت النارُ (火)燃着时发出爆裂声

زَفَّرَ (مـ): وسَّخ بمادة دُهْنِيَّة 涂上油垢，擦着油渍

ـ (مـ) وتَزَفَّرَ 吃油腻的食物

زُفَر 狮子；勇士；大海，大江；先生；大量的礼物

زَفِر (مـ): ذَفِر الرائحة 恶臭的

ـ (مـ): وَسِخ 肮脏的

شَبَّة زَفْرَة (مـ) 结晶的明矾

اليَوْمِيَّة الـ ة (مـ): الخَرْطُوش (مـ) 流水账

زَفارَة (مـ) 肥胖；猥亵

زَفَر 脂肪，脂油

زَفْرَة جـ زَفَرَات: ضد شَهْقَة 叹息，长叹

زَفِير: ضد شَهِيق 呼气，吐气

زَفْس (أ) Zeus: زَوْس / زوش / رَبّ الأَرْبَاب عند قُدَماء الإغريق 宙斯(希腊神话里诸神之主)

زَفَّ ـِ زَفًّا وزَفِيفًا الطائرُ: بسَط جناحَيْه (鸟)展翅高飞，翱翔

زَفَّت ـِ زَفًّا وزُفُوفًا وزَفِيفًا الريحُ: هبَّت هُبُوبًا غير شديد 微风吹动

ـ / أسرعَ 迅速，快速

زَفَّ ـُ زَفًّا وزِفَافًا العروسَ إلى زَوْجها 送新娘

ـ البُشْرَى 报喜

زِفّ 短小的羽毛

زَفَّة 送亲一次

جِئْتُه ـ أو زَفَّتَيْنِ 我到他那儿去了一次或两次

ـ جـ زَفَّات: مَوْكِب 队伍，行列

ـ العُرْس 婚礼的行列

أقامتْ لزوجها الـ 她对丈夫做了一件丢脸的事，她给丈夫丢了脸

زِفَاف: عُرْس 婚礼，结婚仪式

أَزَفُّ: سَرِيع 快的，迅速的

ـ 羽毛丰厚的鸵鸟

مِزَفَّة: عَرَبَة العُرس أو التَشْرِيفَات (结婚用的)花车，花轿

زَفَنَ ـِ زَفْنًا: رقَص 跳舞

ـ: دفع شديدًا وضرب برِجله 推，搡；踢

زِفْن 棚；平顶房上的帐篷

زَفُون / زَافِنَة 跛足的(母驼)

زَيْزَفُون (أ)(希) 菩提树

هُوَ كَالـ يُزْهِرُ ولا يُثْمِرُ 他像菩提树一样，只开花不结果，华而不实

زَقْزَقَ الطَائِرُ فَرْخَه: أطعمه بمِنْقارِه (鸟)用嘴喂小鸟

ـ الطَائِرُ: صوَّت (鸟)吱吱地叫，唧唧喳喳地叫，作啾啾声

ـ الطِفْلَ: رقَّصه 拨弄，舞弄(小孩)

ـ الرجلُ: ضحك ضحكًا ضعيفًا 冷笑

ـ 闲聊(关于女人的事)

زَقْزَقَة 鸟叫声；拨弄，逗(孩子)

ـ 闲聊

زَقْزَاق [鸟]鸻(千鸟科)

ـ بَلَدِيّ (مِصْرِيّ) / أَبو ظفر / قَطْقَاط / سَقْسَاق 距翼鸻，鳄鱼鸟(千鸟科)

ـ شَامِيّ 田凫

زَقْزُوقَة جـ زَقَازِيقُ (مـ) 小鱼或小鸟

زُقْطَة (مـ): زُغُطَّة 打呃，打嗝儿

زَقَفَ ـُ زَقْفًا وتَزَقَّفَ وازْدَقَفَ الشيءَ: اختطفه بسُرْعَةٍ 抢，夺取，攫取

ـ (سـ) وزَقَّفَ: صفَّق 拍手，鼓掌

زَقَفُونَة: سَقًّا عوَّض (مـ) 背，背负(孩子)

زَقَّ ـُ زَقًّا الطائرُ: رَمَى بِسلْحِهِ (鸟)拉屎

ـ الطائر فرخَه: زقّقه (مـ) (鸟)用嘴喂雏鸟

ـ ه (مـ): دَزَّه (سـ) / دزره / دفعه 推，搡

زِقّ جـ زِقَاق وأَزْقَاق وزُقَّان وأَزُقّ 皮袋，皮囊

ـ الماء: قِرْبَة 装水的皮袋

زُقَاق جـ أَزِقَّة وزُقَّان: طريق ضَيِّق 巷，衖，胡同

زَقَّة جـ زَقَّات (مـ) 推，搡

زُقَّة / زُقَق [鸟]蛇颈鹈

زُقَيْقَة / زُقَيْقِيَّة: طائر صَغير [鸟]金翅雀

زَقَلَ ـُ زَقْلاً (مـ) 掷，扔，抛出

زُقْلِيَّة (مـ) / زُقْلَة جـ زُقَل (مـ): هِرَاوَة الشرطي 棍棒，短棒，警棍

زَقِيلَة 狭路，小胡同

زَقَمَ ـُ زَقْمًا وازْدَقَمَ الطعامَ: ابتلعه 吞，咽

زَقَّمه (مـ) وأَزْقَمَه: بلَّعه (鸟)用嘴喂食

ـ الكِتَابَ (مـ) 切去书角

مَكِنَةُ تَزْقِيمِ الكُتُبِ (مـ) وغيرها 切角(边)机

زَقُّوم [植]埃及香枞(胡颓子科)

زَكَاء / زَكَاة (في زكي)

زَكَبَ ـُ زَكْبًا وزُكُوبًا الإناءَ: ملأه 装满，灌满

زَكِيبَة جـ زَكَائِبُ (مـ): غِرارَة (انظر غرر) 袋，包，囊，麻袋，粮袋

زَكَّ ـِ زَكًّا وزَكَكًا وزَكِيكًا الشيخُ: مرّ يقارب خَطْوَهُ ضَعْفًا 蹒跚，踉跄而行，趔趔趄趄地走

زَكَمَه ـُ زَكْمًا وأَزْكَمَه: سبَّب له الزُكَام 引起伤风，使感冒

ـ (…气)扑鼻而来

زُكِمَ: أصابه الزُكَام 患伤风，感冒

زُكَام / زُكْمَة: رشح (مـ) 感冒，伤风

زُكْمَة: آخر ولد الأبوين 老儿子，老姑娘

زَكَنَ ـَ زَكَنًا الأمرَ: فهِمه 了解，领悟

زَكَّنَ عليه: شبّه ولبَّس 怀疑，斟酌

زَاكَنَه: دَانَاه وجالَسه 接近，靠近，行近

زَكَانَة / زَكَانِيَة: أَصالة الرأي 正确的判断，正确的见解

زَكِيَ يَزْكَى زَكًى وزَكَا يَزْكُو زَكَاءً وزُكُوًّا به: صَلُحَ له 成为适当的、相称的、适宜的

زَكَا وزَكَّى وتَزَكَّى الزَرعُ: نَمَا وزاد 滋长，繁茂，茂盛，兴旺

زَكَّى الرجلَ: برَّره 声明…无罪，为…辩护，雪冤

ـ ه: طهَّره 使清洁，清洁身心，涤除罪孽

ـ 推荐，介绍，提名为候选人

ـ الشَهَادَةَ (对作证)认可，确认

ـ المالَ: أدَّى عنه الزكاة （按照伊斯兰教律）缴纳天课
تزكَّى: تصدَّق 施舍，布施
زكاة: طَهارة 纯洁，纯净
ـ جـ زكًا وزكَوات: صدَقة 施舍，捐款
ـ المال: عُشُور （伊斯兰教的）天课
تزْكِيَة: تَطهير 清除，扫除
ـ: تَبْرير 辩护，剖白
ـ 提出候选人，提名为候选人；推荐，介绍
زكِيّ جـ أزْكِياءُ م زكِيَّة: بَارّ 纯洁的，无罪的，无辜的
زلابية: عَجِين مَقْلُوّ 油煎饼，甜薄饼
زَلَبانِيّ (م) 现成的油煎饼
زلج ـُ زَلْجًا وأزْلَجَ البابَ: أغْلَقه بالمِزْلاج 闩上门，上（门）栓
زلَجَ ـَ زُلُوجًا وتزَلَّجَ: زلِق 滑，滑倒
ـ وـ على الثَّلْج أو ما يُشبهه 滑冰，溜冰
زلاج: سُقَّاطَة الباب (م) 门闩，门鼻儿，插销
زُلَّيْج 瓷砖，琉璃瓦
زَلِج / زَلِيج: زَلِق 滑的，滑溜的，光滑的
مُتزَلِّج (م) 滑冰者
مِزْلَج جـ مَزَالِجُ: قَبْقَاب الزَلْج 带轮的溜冰鞋
مِزْلَجَة 雪橇
مِزْلاَج الباب جـ مَزَالِيجُ: تِرْبَاس (أ) 门闩，插销
مَزْلَجَة: مكان الزَلْج 溜冰场
زلح ـَ زَلْحًا وتزَلَّحَ الشيءَ: ذاقه 尝
ـ ت (م) رأْسُه: جَلِحَت 头顶秃了，谢顶
أزْلَحُ م زَلْحاءُ جـ زُلْح (م): أجْلَحُ 秃顶的，光顶的
زلحفة: سُلَحْفَاة 龟，鳖
زلخ ـُ زَلْخًا: سمن （牲口）长膘

زَلَخَ ـِ زَلَخانًا وزَلْخَانًا الرجلُ: تقدّم في المشي 走向前
زلَّخَه: ملَّسه 使光滑
زُلَّخَة: ألَم عَصَبِيّ / لَمْباغُو (أ) lumbago ［医］腰痛，腰肌痛
زالِخَة: أطُوم ［动］儒艮
زلزله زَلْزَلَة وزَلْزَالاً وزِلْزَالاً وزُلْزَالاً: هزّه 摇动，震撼，震动
تَزَلْزَلَت الأرضُ 地震
زَلْزَلَة / زِلْزَال الأرض جـ زَلاَزِلُ 地震，地动
مِقْيَاس الزلاَزِل / جِهاز الزَلاَزِل 地震仪
زِلزِلِيّ قِيشَانِيّ (م) / قَاشَانِيّ 釉瓦，瓷瓦，琉璃瓦；瓷砖，花砖
زَلْزَلَخْت (أ) (في زَنْزَلَخْت)
زلزة (م) 喜欢作客的人
زلط ـِ زَلْطًا: مشى سريعًا 快走，急行
ـ ه (م): سَرَطه / بَلَعه 吞，咽
هو يَزْلِطُ ولا يَمْضَغ (م) 他囫囵吞下
زَلَّط الأرضَ (م): حصَبها 铺碎石
ـ ه (س): عرَّاه 使赤裸，使赤身，剥去衣服，脱去衣服
تزَلَّطَ (س): تَعرَّى 脱去衣服，脱光
زُلْط (م) 裸体，赤裸，一丝不挂
زَلَط: زِلَّة (الواحد زِلّ) / حَصْبَاء 小石子，小鹅卵石
ـ لرَصْف الطُرُق (م) 铺路用的碎石子
وَابُور الـ (م): مِرْدَاس 汽碾，压路机
زَلَطَة جـ زَلَطَات (م): حصْبَة 一块小石子，一块小鹅卵石
عُمْلَة ـ (م) 小钱，零钱
زلعة جـ زِلَع: جراحة فاسِدة 生脓的伤口
ـ (م): دَنّ 瓮，罐，坛

زَلْعُوم جـ زَلاَعِيمُ (مـ سـ) حُلْقُوم 食管，咽喉，喉咙

زَلَفَ ـُ زَلْفًا وزَلَفًا وزَلِيفًا وتزَلَّفَ وازْدَلَفَ إليه: تقدَّم وتقرَّب 接近，亲近，靠拢

ـ وـ إليه 奉承，讨好，谄媚，拍马屁

زَلْف / زُلْفَى / تزلُّف 谄媚，拍马屁

زَلْف 草地，花园

زُلْفَة جـ زُلَف وزُلَفَات وزُلُفَات 品位；大碟；头更

زَلْفَة جـ زَلَف 装满水的水池；盘，碟；贝壳；光滑的磐石；坚硬的地面；镜子

مُتَزَلِّف: متطفِّل 阿谀者，谄媚的人，拍马屁的人

زَلَقَت ـَ وزَلَقَت ـُ زَلَقًا القدمُ: زَلَّت 滑，滑倒

زَلَّقَه: زلَّجه 使滑倒

تَزَلَّقَ 滑，滑走，滑溜

ـ على الجَلِيد 滑冰

انْزَلَقَ 滑了一下，滑倒；滑冰

ـ إلى ... 滑到…

ـ عن الشيء 滑下

ـ السَيْرُ عن الطَارة 皮带从轮子上滑下来

زَلَق / زَلِق / زَلْق /زَلاَّقة 泥泞之地，滑溜的地方

زَلْقَة: زَلَّة 滑了一脚，滑了一下

زُلَّيق جـ زَلاَئِق الواحدة زُلَّيقَة [植]油桃

انْزِلاَق: تَزَلُّج 滑动；溜冰

مَلْهَى الـ 溜冰场

جُنُود الـ [军]滑雪部队

زَلاَقَة / مَزْلَقَة (مـ) 光滑，平滑，滑溜

أَزْلَقُ م زَلْقَاءُ 重新长出头发的人

زَلِق: زَلِج 滑溜的，平滑的

مُنْزَلَق 平滑的地方，滑溜的地方

مَزْلَق جـ مَزَالِقُ / مَزْلَقَة: زَحْلُوقَة (مـ) 滑道，滑板，滑坡，滑面，光滑的地面

مِزْلَقَة / زَلاَّقَة جـ زَلاَّقَات: مِزْلَج / مَرْكَبَة الجَلِيد 雪橇，雪车

مَزْلَقَان جـ مَزْلَقَانَات في سِكَّة الحَدِيد (مـ): مَعْبَر [铁]辙叉；道口

ـ 坡，斜坡，斜面

ـ 防水堤，拦河坝，路堤

زَلَّ ـِ زَلاًّ وزَلَلاً وزُلُولاً وزَلِيلاً ومَزِلَّة وزِلِّيلَى وزِلِّيلاَء: زَلَق وسقَط 失足，滑倒，滑跌

ـ: أَخْطَأَ 做错，犯错误

ـ ت به القَدَمُ 失足，摔跤

أَزَلَّه: جعله يَزِلُّ 使他滑倒，使他跌倒

زَلَل: خطأ 过失，错误

زُلِّيَّة جـ زَلاَلِيّ 地毯，毛毯

زَلَّة جـ زَلاَّت: زَلْقَة أو هَفْوَة 失足，失言，失检，疏忽

ماء زُلاَل / زُلاَزِل / زَلِيل / زُلُول 新鲜而清净的水

ـ البَيْض:: بَيَاضه 蛋白

زُلاَلِيّ 蛋白质的

مَرَض البَوْل الـ [医]布赖特氏病，肾炎，肾小球肾炎

مَزِلَّة جـ مَزَالّ 滑的地方

ـ 错误，过失

زَلَمَ ـُ زَلْمًا: أَخْطَأَ 犯错误

ـ الإناءَ: ملأَه 盛满，灌满(水)

ـ الأَنْف: قطَعه 割去鼻子

زَلَم جـ أَزْلاَم (求签用的)无羽箭

ـ [动]蹄兔，非洲蹄兔

حَبّ الـ / حَبّ العَزِيز (مـ) 土杏仁

زُلْمَة / زَلْمَة / زَلَمَة جـ زَلَم: هَيْئَة وقَدّ 身材，

ـ الطَّالِب هو | 他看起来像个学生

外貌，外表，仪表

زَلَمَة: رَجُل 男人

زَلُّومَة جـ زَلَالِيمُ (مـ): مُلَمْلِمَة 象鼻

ـ الإبْرِيق (سـ): بُلْبُل 壶嘴

زَمْبَلِك (مـ) / زَنْبَرك (راجع زَنْبَرك)

زَمُتَ ـُ زَمَاتَةً وتَزَمَّتَ: كان جَلِيلاً وَقُوراً 成为严肃的、有威严的

وقَدْ ـ وَجْهُه 他脸上带着严肃的表情

زَمَاتَة 严肃性，认真的态度

مُتَزَمِّت 严肃的，庄重的

زَمِيت جـ زُمَتَاءُ / زِمِّيت / قِنِط (مـ) 严肃的，沉着的，镇静的，端庄的

زَمِجَ ـَ زَمَجًا: غَضِب 发怒

زُمَّجُ المَاءِ: نَوْرَس (مـ) 海鸥

زَمْجَرَ: زَأَرَ 吼，咆哮

زَمْجَرَة جـ زَمَاجِرُ وزَمَاجِيرُ 吼，咆哮

زَمَرَ ـِ زَمْرًا وزَمِيرًا وزَمَّرَ 吹笛，吹箫

زَمَّرَ وطَبَّلَ (吹笛打鼓)吹吹打打，敲锣打鼓，鼓吹

زَمْر / زَمِير / تَزْمِير 吹笛，吹箫

زُمْرَة جـ زُمَر: جَمَاعَة / فوج 一群，一伙，一批，一小撮

زِمَار: صوت النعام 鸵鸣

زِمِّير وزَمِّير: زَقْزُوق (مـ) 丝鱼，棘鱼

زُمَّيْر (مـ): هُرْطُمان 燕麦

مَزْمُور ومُزْمُور جـ مَزَامِيرُ داوُد [基督]旧约诗篇

زَمَّار / زَامِر 吹笛者，吹箫者

ـ الرَّمْل: طائِر (انظر رمل) [鸟]矶鹞(涉禽，鸣声如笛)

زَمَّارَة جـ زَمَّارَات / مِزْمَار جـ مَزَامِيرُ 笛，横笛

ـ الرُّعَاة 牧神笙，潘神笙；(芦秆制的)排箫

ـ الزُّور (مـ): حَنْجَرَة [解]喉

ـ التِرام 电车铃

ـ الإنْذَار / صَفَّارة الإنذار 警笛

مِزْمَار جـ مَزَامِيرُ: مَاصُول / زَمْخَر 长笛，黑管，单簧管

ـ القِرْبَة (苏格兰高地人特用的)风笛

لسان الـ: لَهَاة [解]小舌，悬雍垂

فَتْحَة لِسَان ـ [解]声门

ـ الرَّاعِي [植]泽泻

زُمُرُّد (أ) / زُمُرُّذ (波): حجر كريم 祖母绿，纯绿宝石

زَمْزَمَ 嗫嚅；喃喃，嘀咕，咕哝；隆隆之声；(火)熊熊作响；(歌咏者)哼哼

زَمْزَم 渗渗泉(麦加天房附近的水井)

ماءٌ ـ 丰富的水；微咸的淡水

زَمْزَمَة: ضَجِيج الرَّعْد 雷声

زِمْزِمَة جـ زَمَازِمُ وزِمْزِم 组，队，集团，社，群；由五十个人和驼组成的队伍

زَمْزَمِيّ 渗渗泉的提水人

زَمْزَمِيَّة جـ زَمْزَمِيَّات (سـ): إناء لحمل ماء الشراب 水瓶，(帆布制的)水袋

ـ: آنِية تَحْفَظُ دَرَجَة حَرَارَة ما فيها 热水瓶，暖壶

زَمَطَ ـُ زَمْطًا (مـ): أَفْلَتَ وهَرَبَ 逃去，逃脱，溜掉

ـ 脱下，滑下(戒指)

أَزْمَعَ وزَمَّعَ الأمرَ وعليه وبه: عَزَم 决意，决心，决定(作)

زَمَعَة جـ زَمَع وزِمَاع (羊等蹄上的)距毛

مُزْمِع: عَازِم 决定作…的

ـ: قريب الحدوث 行将到来的，即将发生的

مُزْمَع / ـ عليه 已被决定的，预先决定的
زَمَّكَ الثوبُ (س) (衣服)成为紧的
زَمَك: غضَب شديد 盛怒
زَمَكة من الرجال: سريع الغضب 易怒的人
ـ: أحمَق 愚蠢的，愚笨的
ـ: قَصِير 矮的，短的
زِمِكّ / زِمِكَّى: أَصل ذَيْل الطائِر 鸟尾根；鸟的屁股
زِمِكَّى الدَجَاجة 鸡屁股
زَمَلَ ـ زَمْلاً / زَامَلَ الرجلَ (م): رَافَقَه 陪伴，作伴，跟随，伴同
زَامَلَ الرَفِيقَ 同乘一个驼轿(各乘一边)
اِزَّمَلَ وازْدَمَلَ وتَزَمَّلَ بِثَوْب 盖衣服，披上衣服
زُمْلَة: رِفْقَة 同伴关系，友谊
ـ 伙伴，同伴；组，队，集团，社，群
زِمَالة / زَمَالَة: رُفْقَة / رَفْقَة (同学、同事、同行等的)关系
زَمِيل جـ زُمَلاءُ: رَفِيق 伴侣，伙伴
زَمِيل في مَنْصب أو صِناعَة أو مِهْنَة 同事，同僚；同行，同业
ـ المَدْرَسَة 同学，同窗
ـ الكَأْسِ 酒友，酒肉朋友
إزْمِيل: مِنْحَت 錾子，凿子
ـ المَعادِن: مِنْقَاش 雕刻刀，錾刀
زَمْلَك جـ زَمَالِكُ (م) 小屋，茅屋
زَمَّه ـُ زَمًّا: رَبطه وشدَّه 缚紧，绑牢
ـ شَفَتَيْه 紧闭双唇
ـ الذِئْبُ كَبْشَةً 狼叼走了一只羊
ـ القِرْبَة: ملأَها 灌满，装满
ـ بأنْفه وازْدَمَّ 趾高气扬，昂首阔步
ـ وزَمَّمَ الجِمالَ: خطمها 上鼻辔，套鼻韁
اِنْزَمَّ: اشتدّ ورُبِطَ 被捆着，被拴着，被缚着

زِمَام جـ أَزِمَّة: مِقْوَد 缰绳
ـ: رِبَاط (捆、绑、扎用的)带子，绳索
ـ النَعْل وغيره 鞋带，纽带
ـ الحُكْم / ـ الأَمْر والنَهْي / أَزِمَّة الأُمور 权柄
ـ زِرَاعَة القُطْن (م) 植棉的面积
ـ البَلَد (م) 地方上该纳赋税的土地
ـ (م): حَدّ 境界，界限，界线
خَارِج الـ (م) 不纳赋税的土地
داخِل الـ (م) 须纳赋税的土地
أَرْض في ـ الحُكُومَة 政府拥有的土地
لا ـ له 难凭信的，不可靠的，靠不住的
قَانُون ثُلْث الـ 用三分之一的土地种棉花的法律
هو ـ الأَمر 他是负责人
أُلْقِي في يَدِهِ ـُ أمره 掌握大权
بَعِيد مَنَال الـ 不可达到的，难于接近的，高不可攀的
لم يَمْلِكْ ـ إرادَتِه 不能自制，情不自禁
مَلَكَ ـ نَفْسِه 抑制情感，克制自己(的情感)
زَمَمَ كذا: مُقابِلٌ له 面对…
دارِي زَمَمَ دارِه: تُجاهَها وتِلْقاءَها 我家就在他家对面
زَمِنَ ـَ زَمَنًا وزُمْنَةً وزَمَانَةً: أصابته عاهة مُسْتَدِيمَة 成为残疾人，有了残疾
أَزْمَنَ الشيءُ: طال عليه الزمان …经久
ـ عليه المَرَضُ: تأصَّل واسْتَعْصَى 患痼疾，患宿疾，疾病缠绵，久病不愈，长期患病，患慢性病
زَمَن جـ أَزْمَان وأَزْمُن / زَمَان جـ أَزْمِنَة / زَمَنَة: وَقْت 时间；工夫
ـ / ـ: عَصْر 时代，时期
ـ الرَجْع [化]反应时间

ـ الفِعْل (في النحو) [语]动词的时间(过去、现在、未来)
من ـ قَرِيب 最近，不久
من ـ 很早
من غَابِرِ الـ 自古以来
تَصَارِيفُ الزَّمَان 时代的变迁(盛衰、兴废、隆替)，命运的波折
زَمَنِيّ: دُنْيَوِيّ / عِلْمَانِيّ 现世的，世间的，今世的，世上的，世俗的，人世的，俗世的，凡尘的；时间的；暂时的，非永恒的
تَرْتِيب ـ 编年的，按年月次序编排的
قُنْبُلَة ـ ة / قُنْبُلَة مَوْقُوتَة 定时炸弹
الخَيْرَات الـ ة 今世的利益，今生的幸福
السُّلْطَة الـ ة (基督教教会尤指教皇处理世俗事务的)俗权
زَمَانَة: مَرَض مُزْمِن 痼疾，宿疾，慢性病，长期病
زَمَانِيّ 世俗的
ـ 暂时的
زَمَانِيَّة 顷刻，刹那，瞬间
زَمِن جـ زَمِنُون وزَمِين جـ زَمْنَى وزَمَنَة: مُصَاب بعاهة مُسْتَدِيمة 残疾人，有残疾的
مُزْمِن: طَال عليه الزَمَن 长期的，时间过了很久的
ـ: راسخ بطول الاستمرار 根深柢(蒂)固的
ـ: مُتَأَصِّل (مرض) 痼疾，宿疾，慢性病，经久不愈的病
عَامَلَه مُزَامَنَةً 订定期合同
زَمْهَرَتْ وازْمَهَرَّت العَيْنُ: احمرَّت غَضبًا 气得眼睛发红
اِزْمَهَرَّ (天气)严寒；(星)照耀，闪耀；愁眉苦脸

زَمْهَرِير: برد شَدِيد 严寒
مُزْمَهِرّ 暴怒的，狂怒的
زَنَأَ ـ زَنْأً بولَه: حَصَرَه 忍住小便，憋住小便
زَنَّأَ عليه: ضَيَّق 束缚，拘束，限制，使他为难
زَنْأَة البَوْل: حُصْر [医]尿潴溜，闭尿
تَزَنْبَرَ عليه: تكبَّرَ 傲慢，自大
زَنْبَر: أَسَد 狮子
زُنْبُور جـ زَنَابِيرُ: دَبُّور (س) 黄蜂，大黄蜂
أَخْذَه بزَنَوْبَرِه 他全都拿走了
زِنْبَار / زِنْبِير 黄蜂
زُنْبُرُك (أ) / زَنْبَرَك / زَنْبَرِك: زَنْبَلِك (م) / زُمْبُلَك 弹簧，发条
زَنْبَق / زَنْبَقَة جـ زَنَابِقُ: نبات وزَهره 百合；白合花
ـ خزَامَة (س) [植]风信子，唐水仙
ـ المَاء [植]睡莲
ـ 素馨花油
زُنْبَة (م): خَرَّامَة 打眼钳，剪票钳
زَنْبِيل (في زبل)
تَزَنْتَرَ: تَبَخْتَرَ 大摇大摆地走
زَنْتَرَة 傲慢态度
ـ: ضِيق وعُسْر 穷苦，贫困
زَنْج جـ زُنُوج الواحد زِنْجِيّ 黑人，黑种人
زِنْجِيّ: مَنْسُوب إلى الزُنُوج 一个黑人；黑人的，黑人似的；[史]僧祇
زَنْجَبِيل (أ): جَنْزَبِيل (م) 姜
كَعْك الـ 姜饼
زَنْجَرَ المَسْكُوكَات 在钱币上轧花边，作凸边，作锯齿边
زِنْجَار النُحَاس: صَدَاء / جِنْزَار (م) 铜绿
زِنْجِير جـ زَنَاجِيرُ: سِلْسِلَة / جَنْزِير (م) 链子
ـ (乐器的)弹器，拨子

ـ / زَنْجِيرَة 指甲上的白斑

حساب الـ: دُوبْيا (أ) doppia (意)复式账簿

زِنْجَفْر / زُنْجُفْر: كِبْرِيتُور الزِئبَق 辰砂，银硃，硃砂，丹砂

زَنِخَ ـَ زَنَخًا وزَنَّخَ (مـ) الجوزُ أو الزيْتُ: تغيَّر وفسَد (油、胡桃等)变质，变味，变坏，哈剌

زَنَخ: زُهُومَة 腐臭，恶臭

زَنَاخَة 苦味

زَنِخ: زَهِم / خَمّ 变质的，有哈剌味的(胡桃)；变了味的(油)

زَنَدَ ـِ زَنْدًا وزَنَّدَ الإناءَ: ملأه 灌满，盛满

ـ النارَ: قدحها وأخرجها من الزَنْد 打火，钻火

زَنِدَ ـَ زَنَدًا الرجلُ: عطِش 渴

أَزْنَدَ الشيءُ: زاد 增加

زَنْد جـ زِنَاد وأَزْنُد وأَزْنَاد: مَوْصِل الذِراع في الكَفّ 腕，腕关节

ـ (مـ): سَاعِد 前臂，胳膊肘

ـ (أ س): حُلّةٌ كَهَنُوتِيّة (天主教神父佩于左臂近腕处的)弥撒带

ـ (س) / زِنَاد 火镰

ـ وـ البُنْدُقِيَّة (火枪的)扳机

ـ خَشَب 一块(节)圆木头，木块

عَظْم الـ السُفْلِيّ: ذِرَاع [解]尺骨

ـ 小狗(表爱)

تَزْنِيدَة (مـ): قائم الباب الخَشَبِيّ 门框；门梃(门框两侧直立的边框)

زِنَاد جـ زِنَادَات 火镰，打火石

ـ (工具、武器的)扳机

حَجَر الـ 火石

وَارِي الـ 成功的

إِبْرَة الـ (枪的)撞针

كَابِي الـ 失望的；遭受挫折的

قدح ـ فِكْرِه (ذِهْنِه) 开动脑筋

تَزَنْدَقَ 不信神，成为不信神的

زَنْدَقَة: التظاهُر بالإيمان 假装信神，伪信

ـ: كُفْر 不信神

زِنْدِيق جـ زَنَادِيقُ وزَنَادِقَة: كافر 不信神的

ـ: مُتَظاهِر بالتَقْوَى 假装信神的，假装虔信的

زَنَّرَ بعَيْنِه إلى ....: حدَّق 注视

زُنَّار جـ زَنَانِيرُ (أ) zonar (希): حِزَام زِينِيّ 腰带，束腰带；标带(古时伊斯兰教国家的基督教徒的标志)

زِنْزَانَة جـ زِنْزَانَات (مـ): غُرْفَة السِجْن 牢房

زَنْزَلَخْت (مـ س): أَزْدَرَخْت azedarach [植]苦楝树；楝根皮

زَنْطَرَ (مـ) 自高自大

زَنَقَ ـُ زَنْقًا وزَنَّقَ وأَزْنَقَ على أولاده: قتَّر لبخله 吝啬，小气，悭吝

ـ وـ الفَرَسَ: جعل الزناق تحت حنكه 给马带上嚼环

ـ ه وـ ه: ضيَّقه 压缩，紧束

زَنْقَة (مـ) 压，压迫，压力

ـ البَوْل: اِحْتِبَاس البَوْل [医]闭尿，尿潴留

زَنْقَة 胡同，巷

زِنَاق جـ زِنَاقَات وزُنُق: طَوْق (马的)护肩，(犬的)颈圈

مَزْنَقَة جـ مَزَانِقُ (مـ) 颈环，颈饰，项圈

مِزَنَّقَة (مـ) 绕两圈的颈链

زَنْقُور جـ زَنَاقِيرُ (س) 隅，角落

زِنْك (أ) zinc: تُوتِيَا / خَارْصِين 锌

ـ أُكْسِيد (أ) zinc oxide 氧化锌

زَنِم من الجِمال م زَنِمَة / أَزْنَم م زَنْمَاءُ جـ زُنْم:

مَشقوق الأُذُن 耳朵被割裂的骆驼

زَنَمَة: أُذَيْنَة / وَرَقَة قاعِدِيَّة [植]托叶

زَنيم / مُزَنَّم: لَئيم (出身)卑贱的，(人格)卑下的，小人

ـ / ـ: دَعِيّ 义子；野种，杂种，私生子

زِنَة (في وزن)

زَنَّ ـِ زَنًّا (م): طَنَّ 嗡嗡地叫、鸣、响

زَنّ (م): طَنين 营营的叫声，嗡嗡的叫声

زَنُوبِيا (م): سِيجَارَة سَوْدَاء كَبيرة 雪茄烟

زَنَى يزْنِي زِنًى وزِناءً وزانَى: فسَق 通奸，私通

زِنًى / زِنَاء: فِسْق 通奸，私通

ـ / ـ: بَيْع العِرْض / بِغَاء 卖淫，为娼

ـ (في القَضاء) [法]奸非罪

ابن ـ: نَغْل 非婚生子，私生子

زَانٍ جـ زُنَاة: فاسِق 私通者，通奸者，诱奸者，强奸者，奸夫

زَانِيَة مُحْصَنَة جـ زَوَانٍ: فاسِقَة 淫妇，奸妇

ـ غير مُحْصَنَة: عاهِرة 妓女

زِهْ! 好极了！真妙！(惊叹词)

زها / زُهاء (في زهو)

زَهَدَ وزَهِدَ ـَ وزَهُدَ ـُ زُهْدًا وزَهَادَةً فيه وعنه:

رغب عنه وتركه 戒(酒)，戒绝，避免

ـ فيه: لم يُبَالِ به 对…不关心，不注意，对…冷淡

ـ في الدُنْيَا وتَزَهَّدَ 弃绝红尘，放弃世俗快乐，变成一个逸士、隐士、修道士、僧侣

ـ تُ في هذا / ـ تْ نَفْسِي في هذا 我对这感到厌烦

زَهَّدَه في الشيء وعنه 劝他不要贪恋

تَزَهَّدَ: تَرَكَ الدُنيا للعِبادة 出家，苦修

زُهْد / زَهَادَة / تزهُّد: نُسْك 修行，修道，出家

ـ / ـ: عَدَم اِهتمام 冷淡，不关心，不注意

زاهِد جـ زُهَّاد وزُهَّد وزاهِدُون: ناسِك 隐士，修行者，苦行者，出家人，禁欲主义者

ـ في الشيء 冷淡的，不关心的，不注意的

زَهِيد: طَفِيف 没价值的，轻微的，渺小的，一点点的

ـ: لا يُعْتَدّ به 琐碎的；不足道的；无关紧要的

زَهَرَ ـَ زُهُورًا وازْدَهَرَ السِراجُ أو القَمَرُ أو الوَجْهُ:

أَشْرَقَ 发光，闪耀

أَزْهَرَ وزَهَّرَ (م): نوَّر 开花

اِزْدَهَرَ 繁荣，兴盛，兴旺

ـ بـ ... 关怀

زَهْر وزَهَر جـ أَزْهَار وأَزْهُر وزُهُور جج أَزَاهِرُ وأَزَاهِير: نَوْر النَبَات 花

ـ 生铁

ـ البُرْتُقَال 香橙花

ـ النَرْد 骰子

ـ الكَشَاتِبِين [植]指顶花

ـ الحَجَر [植]地衣

ـ الرَبِيع (س) [植]樱草，樱草花；报春花属

ـ الصَبَّاغ (س) 菊花

ـ العَسَل (س): عَلَنْدا [植]忍冬，金银花

ـ العَنْكَبُوت (س) [植]紫鸭跖草

ـ اللُؤْلُؤ (س) 雏菊，延命菊

ـ اللَيْل [植]草茉莉，紫茉莉，胭脂花

ـ المِلْح 不纯的碳酸钠

ـ النُحَاس 铜绿

مَاءُ الـ 香橙花水

زَهْرَة جـ زَهَرَات: نُوَّارة 一朵花，花朵

ـ الثَالُوث [植]三色堇，三色紫罗兰

ـ الآلام [植]西番莲

ـ [植]白菖蒲

ـ 美色，美丽

ـ الحَياة / ـ العُمْر 韶华，韶光

ـ الدُّنْيا: بَهْجَتُها 世界的瑰丽；大块文章

ـ الريح 白头翁

ـ الغَسِيل (مـ): كُرَة النِيل 蓝粉(洗衣用)

ـ الكِبْريت 硫华

زُهْرَة: حُسْن وبَيَاض جَمِيل 俊美，俊俏，白俊

الزُهَرَة: كَوْكَب المَساء أو الصُبْح 金星，太白星，长庚星，启明星

ـ: ربَّة الحُسْن والحبّ 美神，爱神

زُهَرِيّ: حُلاَق /سِفْلِس (أ) syphilis 梅毒

زُهَرِيّ 花柳的

الأَمْراض الـ ة 花柳病

زَهْرِيَّة جـ زَهْرِيَّات / زُهْرِيَّة جـ زُهْرِيَّات (مـ): وِعَاء الزُهُور 花瓶

زَهْرَاوِيّ (سـ): يُحِبّ الضَحك واللَعِب 活泼的，愉快的，有趣的，高兴的

ـ [史]土耳其钱币

تَزْهِير: تَنْوِير 开花，花期

زَاهِر: زَاهٍ 华丽的，漂亮的，鲜艳的

ـ / مُزْهِر 开花的，盛开的

مُزْهِر 照耀的，有色的，五彩的

ـ 开花的，茂盛的

أَزْهَرُ م زَهْرَاءُ جـ زُهْر: نَيِّر 发光的，闪耀的，明亮的，鲜明的

ـ: صافِي اللَوْن 色纯的

ـ: مشرق الوَجْه 美貌的，容光焕发

ـ: قَمَر 明月

ـ: ثَوْر وَحْشِيّ 野牛

الجَامِع الـ (开罗的)爱资哈尔清真寺

الـ / جَامِعَة الـ (开罗的)爱资哈尔大学

أَزْهَرِيّ 在爱资哈尔学习或毕业的，与爱资哈尔有关的

الأَزْهَرَان: الشمس والقمر 太阳和月亮

الزَهْرَاء 宰海拉(安达鲁西亚古城名)

مَزْهَرِيَّة: زَهْرِيَّة 花瓶

مِزْهَر جـ مَزَاهِرُ (آلة طرب) 竖琴

زَهَقَتْ ـَ زَهْقًا وزُهُوقًا نَفْسُه: خرَجت من الجسم 断气，咽气

زَهِقَ منه (مـ): تَضَايَقَ 厌倦，烦恼，烦躁

زَهَقَ ـَ زُهُوقًا الشيءُ: اِضمَحَلَّ 灭亡，散失，消失

زَهَّقَ (مـ) 使…厌倦

أَزْهَقَ: لاَشَى 消灭，灭亡，毁灭

ـ رُوحَه: قتَله 杀，杀死，处死

ـ الإناءَ: ملأَه 灌满，盛满

ـ في السَيْر: أَسْرَعَ 快走，疾走

يُزْهِقُ النَفْسَ 使人厌恶，使人发呕

زاهِق / زَهُوق: مُضْمَحِلّ وهالِك 灭亡的，毁灭的，消亡的

زَهْقَان (مـ): مُتَضَايِق 厌倦的，烦恼的

ـ منه (مـ) 厌倦的，厌烦的，发腻的

زَهَكَ ـَ زَهْكًا الشيءَ 磨碎；(风)刮起(尘土)

زَاهَل 安静，平静

زَهْلَقَ الشيءَ 磨光

زَهْلَق 活泼的人；暴风

زَهَمَ ـُ زَهْمًا وأَزْهَمَ العَظْمُ: اكتنز مُخُّه 充满骨髓

زَهِمَ ـَ زَهَمًا: أُتْخِمَ 患消化不良症

زُهْم / زُهْمَة / زُهُومَة 臭气，恶味

زَهِم م زَهِمَة: زَنخ (مـ) / سَنِخ 臭的，有恶臭的

زَهَا يَزْهُو زَهْوًا وزُهُوًّا وزَهَاءً: أَشرق وازدَهَرَ 发亮，发光

ـ وأَزْهَى: نَما 生长

ـ وـ: تكبَّر　骄傲

ـ الغُلَامُ: شَبَّ　(少年)成长

أَزْهَى بـ ...　以…自豪

اِزْدَهَى الرجلُ　骄傲自满

ـ ه وبه　轻视，蔑视

زَهْو / زُهُوّ: تِيه وكِبْر　浮夸，虚饰，自负

ـ: بَاطِل　虚伪，虚妄

ـ: رَوْنَق　光辉，光彩，灿烂

زُهَاء: مِقْدَار / نَحْو　大约，差不多

ـ سَاعَة　一小时左右

زُهًى　光华，鲜艳

زَاهٍ م زَاهِيَة: بَهِيّ　华丽的，绚丽的，灿烂的，辉煌的

ـ　繁荣的，昌盛的

لون ـ / زَهِيّ: ضد قاتِم　鲜艳的颜色

مَزْهُوّ　骄傲的，自高自大的，得意洋洋的

زوان (في زأن) / **زوبعة** (في زبع)

زَوَّجَ فلانًا اِمْرأةً أو بِامرأة أو لِامرأة: عقد له عليها　许配，嫁给，使他和她结婚

زَاوَجَ وأَزْوَجَ بينهما: قرنهما　使他俩结婚

ـ بينَ ... وبينَ ...　交叉，使…和…相结合

ـ بين العَمَلِ والعِلْمِ　把工作和学习结合起来，使工作和学习相结合

تَزَوَّجَ امرأةً وبامرأة: تأهَّل بها　娶妻

ـ ه النَّوْمُ　想睡，昏昏欲睡

تَزَاوَجُوا: اختلطوا بالتزاوُج　通婚

اِزْدَوَجَ　成为双(二)重的，成为一对(双)的，成为重叠的

ـ الخَطُّ　(铁路)成为双线

زَوْج جـ أَزْوَاج جج أَزَاوِيجُ: قَرِين　丈夫

ـ: أَلِيف / وَلِيف (مـ)　动物的配偶(公的或母的)

ـ (مـ) / زَوْجَان: اِثْنَان　夫妻；一对，一双，一付

ـ أَحْذِيَة (مـ)　一双鞋

ـ الاِبْنَة　女婿

ـ الأُخْت　姐夫或妹夫

ـ الخَالَة　姨父

ـ العَمَّة　姑父

ـ الأُمّ: رَابّ　养父，继父，后父

زَوْجَة جـ زَوْجَات: قَرِينَة　妻，老婆，配偶

ـ الأَب: رَابَّة　继母，后母，晚娘，后娘

ـ الاِبْن　儿媳妇

ـ الأَخ　嫂嫂或弟媳

ـ الخَال　舅母

ـ العَمّ　伯母或婶母

زَوْجِيّ / عَدَد زَوْجِيّ　偶数

أَوَاصِر الزَوْجِيَّة　婚姻关系

زَوَاج / زَوْجِيَّة / زِيجَة (مـ): قِرَان　结婚，婚姻

حياة الـ　夫妻生活

ـ غَير شَرْعِيّ　同居，非法结婚

ـ بين الأَهْل　血族结婚，近亲结婚

ـ اِخْتِيَارِيّ أو تَجْرِيبِيّ　试婚

ـ عُرْفِيّ أو مَدَنِيّ　照习惯或民间仪式举行的结婚

حَفْلَة الـ　婚礼，结婚仪式

خَاتِم الـ　结婚戒指

شَهادة أو كِتاب الـ　婚书，结婚证

صالح أو صالِحة للـ　可以结婚的，已到结婚年龄的

كَرَاهَة الـ　憎恶结婚，不愿结婚

وحدة الـ　一夫一妻制

تَعَدُّد الأَزْوَاج: ضِمَاد　一妻多夫制

تَعَدُّد الزَوْجَات: ضِرّ　一夫多妻制

جَرِيمَة التَزَوُّج بِامْرَأَتَيْنِ (أو رَجُلَيْنِ) في آنٍ وَاحِدٍ 重婚罪
زِيجِيّ / زَوَاجِيّ: مختص بالزَوَاج 结婚的，夫妻的，婚姻的，有关婚姻的
اِزْدِوَاج 二重，双重，成对，成双，重叠
ـ البَصَر [医]复视(病)
ـ الجِنسِيَّة 双重国籍
ـ الضَرِيبَة 双重课税
اِزْدِوَاجِيَّة 两重性，二重性，重叠
مُزَوَّج / مُتَزَوِّج: متأهِّل 已结婚的，结过婚的，有老婆的，有妇之夫
مُزْدَوِج: مؤلَّف من اثْنَيْنِ 成双的，成对的，两重的，双重的，重叠的
مِعْيَار ـ 双重标准
مُهِمَّة ـ ة 双重任务
تَمْثِيل ـ (外交)双重代表
ـ الجِنسِيَّة 双重国籍的
شَخْصِيَّة ـ ة 双重人格
جَاسُوس ـ 双重间谍
جِذْر ـ 二重根
تَكَامُل ـ (二)重积分
انْعِكَاس ـ 双反射
نَافِذَة ـ ة 双层窗
سِكَّة ـ ة 双轨道
جِسْر ذُو سِكَّة ـ ة 双轨桥
عَزْل ـ 双层绝缘
سَقْف ـ 双重屋顶
نِظَام ـ 双重系统
طَبِيعَة ـ ة [哲]两重性
مِزْوَاج 经常闹结婚离婚的人
زَاج: مِلْح أخضر يُصْبَغ به [化]矾，硫酸盐
ـ أَخْضَر [化]绿矾，硫酸亚铁
ـ أَبْيَض: سُلْفَات الزِنْك [化]皓矾，七水硫酸锌
ـ أَزْرَق: سُلْفَات النُحَاس [化]胆矾，蓝矾，五水硫酸铜
زَيْت الـ / رُوح الـ 硫酸
زَاحَ يَزُوحُ زَوْحًا وزوَاحًا عن المَكان وانْزَاحَ: تباعَد وذهَب 离开，走开，离去，远离
ـ زَوْحًا الإبلَ: فرَّقها / جمَعها (ضد) 分散，集合(驼群)
أزاحه: نقله ونحّاه 移动，使离开，使远离
زَوْح / إزَاحَة: نَقْل (راجع زيح) 挪开，移去，移置，移动
زَوَّده بكذا: أَعْطَاه له 供给，供应，给予
ـ ه / وأَزَادَه: أَعْطاه الزَادَ / موَّنه 供给，备办(食物)，供给食物
ـ (مـ): زَاد (في زيد) 增加，增进
تَزَوَّدَ وزَادَ: اِتَّخذ الزَادَ 带干粮，带给养
ـ بكذا 带上…，用…装备起来
ـ بالسِلاح 带上武器
زَاد جـ أَزْوِدَة وأَزْوَاد / زُوَّادَة (مـ): ما يُتَّخَذُ من الطعام / مُؤْنَة 食粮，粮秣，供应品，军需
مَزَادَة / مَزَاد / مِزْوَد جـ مَزَاوِدُ: جِراب طعام المُسَافِر (军人或旅客的)背包，行囊，干粮袋
زَوِرَ ـَ زوَرًا: مَالَ 成为倾斜的
ـ بالطَعَام (مـ): غُصَّ 哽，噎，哽塞，被食物卡住
زَارَه يَزُور زِيَارَةً ومَزَارًا وزَوْرًا وزُوَارًا وزُوَارَةً وازْدَارَه: عاده 访问，拜访，探望，参观
زَوَّرَ الشيءَ: زيَّفه 伪造，仿造，作假
ـ الشيءَ: لفَّقه 伪造，捏造，虚构，造谣
ـ إرَادَةَ الشَعْب 强奸民意，歪曲民意
أزَارَه: حمله على زيارة 请他作客，邀请他

تزاوروا: تبادلوا الزيارات 互相访问，互相拜访
ازورّ وازوارّ عنه 回避，规避
استزاره 请他做客
زَوْر (م): أعلى وسط الصدر 胸部最高部
ـ: خيال يُرى في الليل 幻影
ـ: مزرد / حلق 咽，咽喉
زُور: كاذب 伪的，假的
ـ: مزيّف 伪造的，假冒的
ـ: كذب / بهتان 谎言，瞎说
بالـ (م): غصبًا / قسرًا 凭暴力，强迫
شاهد الـ 伪证者
ـ 音乐厅；美味；力量；(衣服的)光滑，柔软
زير جـ أزوار وزيرة وأزيار: كتّان 亚麻
ـ: دنّ 能渗水的尖底水缸
ـ دقيق من الأوتار 细弦
ـ: عادة 习惯，风俗
ـ: الذي يُحبّ محادثة النساء لغير شرّ 喜欢和女人交际的男人，纨袴子弟，花花公子，对妇女献殷勤的人
زَوْرة: المرّة من زار 访问一次，拜访一次，探望一次，参观一次
زارة / زاورة / زاوورة (鸟的)膝囊
زيار: خشبتان يضغط بهما البيطار جحفلة الفرس أي شفتيه فيذلّ فيتمكن من بيطرته (钉马掌时制马用的)唇钳
زيارة 访问，拜访，探望，参观
ـ 巡礼，朝圣
تزوير: تزييف أو تقليد 伪造，假冒
ـ: تدليس 欺骗，欺诈，舞弊
مُزوِّر 伪造者，掺假者
مزوّرو التاريخ 伪造历史的人

مُزَوَّر: زيف أو مقلّد 伪造的，假造的，假冒的，假的，捏造的
مزار جـ مزارات: موضع الزيارة 访问、参观的地方
ـ: ما يُزار من أماكن الأولياء 圣地，圣徒墓
زائر جـ زائرون وزوّار وزُوّر م زائرة جـ زائرات وزُوّر وزَوْر 访问者，拜访者，参观者
ـ: ضيف 客人
ـ 巡礼者，朝拜圣地者
أزور م زوراء جـ زور 斜的，歪的
الزوراء 弓；深井；底格里斯河；巴格达城的别名

زورق (في زرق)

زوران جـ زوارنين (مـ) 噎住的，哽住的
زوس (أ): زفس (انظر زفس)
زوعة جـ زوع (瓜或肉的)薄片
جوعة على جوعة تُخلّي الصبيّة ـ (مـ) 饥饿使人失去丰采
ـ (سـ) 废料
زائع جـ زاعة 警察
زاغ ـُ زوغًا وزوغانًا: مال (راجع زيغ) 偏斜，逾出常轨
ـ (مـ): هرب / تملّص 躲开，闪开，闪避，推脱，搪塞
ـ (سـ) (骨)脱臼
زوّاغ (مـ): مُراوغ 闪避者，推托者
زافت ـُ زوفًا الحمامةُ والطائرةُ: نشرت جناحيها وتحرّكت على الأرض (鸽子)在地上展翅而行，(飞机)在地上滑行
زوف الطائرة 飞机滑行
زوفة: بالـ 论堆(卖)
زوفاء / زوفى / زوفا: ثغام / نبات عطريّ [植]

牛膝草；海索草

زَوَّقَ الكلامَ: زَخْرَفَه وزَيَّنَه 装饰，修饰，润色（语言…）

تَزَوَّقَ 被装饰

زَوَاق / زِوَاق (م): بَهْرَج / بَهْرَجَان (م) （金属的）箔片，闪亮的装饰，华美而不值钱的东西；金银丝织的布

تَزْوِيق / ـ (م) 图案

تَزْوِيق 装饰，装饰品

مُزَوَّق: مُزَخْرَف 被装饰的，被修饰的

ـ: جَمِيل الظاهر فقط 表面光，金玉其外；绚丽的，俗丽的，俗不可耐的

زُوَّيْقَة (م) / وَرَق مُزَوَّقَة: ورقة لعب مُصَوَّرة 花牌，画牌（扑克牌中带人像的）

زاؤوق (في زيبق)

زَاكَ يَزُوكُ زَوْكًا وزَوَكَانًا الرجلُ: حرَّك مَنْكِبَيْه وفرَّج بين رِجْلَيْهِ 大摇大摆地走路

زَالَ يَزُولُ زَوْلاً وزَوَالاً وزَوَلاَنًا وزُؤُولاً وزُوُولاً وزَوِيلاً: تَلاَشَى واِضْمَحَلَّ 消散，消失，消逝，消灭

ـ: ذهب وانقضى 逝去，过去

زَالَت ـُ زَوَالاً وزُوُولاً وزَوَلاَنًا وزِئَالاً الشَمْسُ: مالت للغروب （太阳）偏西，（夕阳）西下

ما زَالَ / وَلَمْ يَزَلْ (في زيل)

زَاوَلَه: حاوَلَه / عَالَجَه 尝试，试图，有意…

ـ ه: مارَسه / تعاطاه 实行，实施，从事于…

أَزَالَه: أبعده 排除，除去，削除，弄走

ـ الأثرَ: طمَسه / محَاه 消除痕迹，涂掉，擦去，抹去，刮去

ـ الضَرُورَةَ (م): بال أو تغوّط 小便，撒尿；大便，出恭，拉屎

زَوْل جـ أَزْوَال: شَخْص 人

ـ (م) 形式，外形

ـ (م): شَبَح 鬼，妖怪，幻影，幽灵

زَوَال: انقضاء 消失，断绝，消灭，灭绝

ـ: تَلاَشٍ 消失，消散，消灭

ـ الشَمْس 太阳偏西

خَطّ الـ: خَطّ نِصْف النَهار 子午线

إزَالَة: إبْعاد 移动，除去，消除

ـ الخُرَافَة 破除迷信

مُزَاوَلَة: مُمَارَسَة 实行，实施，从事

زَائِل: سَرِيع الزَوَال 朝生暮死的，短促的，暂时的，一时的

ـ: عَابِر / لا يَدُوم 一时的，刹那间的，无常的，昙花一现的

لَيل ـ النُجُوم 长夜

مِزْوَل: دَايِل التِلفون الأُتُومَاتِيكِيّ (أ) （自动电话机的）号码盘

مِزْوَلَة جـ مَزَاوِلُ: ساعَة شمسيَّة 日规，日晷，日晷仪

ـ: آلة الرُبْع 象限仪，四分仪

ـ المِدْفَعِيَّة 炮兵的象限仪

زُولاَ (أ) Zola: رِوائِيّ فَرَنْسِيّ شَهِير 左拉（法国自然主义小说家，1840—1902）

زُولُوجِيَا (أ) zoology: عِلم الحَيَوَان 动物学

زُولُوجِيّ: مختص بعلم الحيوان 动物学的

زَامَ يَزُومُ زَوْمًا الرجلُ: مات 死亡

ـ الكلبُ وغيرُه: هرّ / عرّ (س) （动物）吠，叫，嚎，嗥，吼

زَوَّمَ 作鬼脸

زَام 任何东西的四分之一

زَامَة جـ زَامَات 人群

زُوم: نُسْغ / عصارة النبات 液汁，树液，果汁

زُوَان / زَوَان / زِوَان: زُؤَان [植]毒麦；杂草

زَوَى يَزْوِي زُوِيًّا وزَيًّا الشيءَ: نحّاه 把…放在角
落里，把…放在旁边
ـ 掩盖，掩藏，隐瞒
زَوَّى وتَزَوَّى وانْزَوَى: اِختبأ 隐藏，隐退，潜
伏；退到角落里
ـ ما بَيْنَ عَيْنَيْهِ 皱眉头
ـ وَجْهَه: عجَّاه 做苦脸，皱眉头，愁眉苦脸
زَاوِيَة جـ زَوَايَا: رُكْن 角，角落
ـ (في الهَنْدَسَة) [数](几何)角
ـ خَارِجة 外角
ـ دَاخِلة 内角
ـ عوْجَاء: كُوس 斜角
ـ النَجَّار والنَحَّات وغَيرهما 弯尺，三角
板，三角规
ـ قَائمة 直角
ـ حَادَّة 锐角
ـ مُنْفَرِجَة 钝角
ـ مُتَتَامَّة 余角
ـ مُتَكَامِلَة 补角
ـ الاِنْعِكَاس 反射角，投射角
ـ زَوْجِيَّة 二面角(由两平面构成的角)
ـ الوُقُوع 入射角
ـ: مَكان صغير للصَلاة 小(不举行聚礼的)
清真寺
حَجَر الـ 隅石；(奠基礼的)基石
حَادّ الـ 有锐角的
قائم الـ 有直角的
مُنْفَرِج الـ 有钝角的
مُتَسَاوِي الزوَايا 等角的
مُتَعَدِّد الزوايا 多角的
عَاشَ في زَوَايَا الرِيف 生活在穷乡僻壤
عَاش مُهْمَلاً في زوايا النِسْيَان 默默无闻地生
活着
من هذه الـ 从这个角度来看
مِزْوَاة: مِقْيَاس الأَبْعَاد 经纬仪
زيادة (في زيد) / **زيارة** (في زور)
زَيْبَق / **زِئْبَق** / **زاؤوق** (راجع زأبق)
أَزْيَب 南风；仇恨；活泼的人；刺猬；小人，
卑鄙者；苦难；惊愕；陌生人；丰足的水
زَاتَ يَزِيتُ زَيْتًا وزَيَّتَ الطعامَ: جعل فيه زَيْتًا
(食物里)放油，加油
زَاتَ يَزِيتُ زَيْتًا الآلَةَ 涂油，上油，擦油，膏油
زَيْت جـ زُيُوت (أو زيت طيب): عصِير الزَيْتُون
(وغيره) 油；橄榄油
ـ البِتْرُول / ـ الحَجَر / ـ الصَخْر / ـ حَجَرِيّ /
نِفْط / بِتْرُول 石油
ـ بَذْرَة القُطْن 棉籽油
ـ بَذْرَة القُطْنِ المُكَرَّر 精炼棉籽油
ـ بُذُور الخَرْدَل 芥菜籽油
ـ بُذُورالقِنَّب الهِنْدِيّ 大麻籽油
ـ البَرَافِين / ـ البَارَافِين paraffin 石蜡油
ـ التَبْرِيد 冷冻机油
ـ التَشْحِيم / ـ التَزْلِيق 润滑油
ـ التُونْج الصِينِيّ 桐油
ـ ثِمار الشَاي 茶油
ـ ثَمر النَخِيل 棕榈油
ـ حَارّ: زيت بذور الكَتَّان 亚麻油
ـ الحارّ 玷玔脂
ـ مَحاوِر اصطناعيّ 合成锭子油
الـ الحُلْو 番红花油
ـ الحُمْضِيَّات 香精油
ـ خَام: نِفْط 原油
ـ الخِرْوَع 蓖麻油
ـ خَشَب السِيدَار / ـ خَشَب الأَرْز 柏木油

ـ دِيزَل (أ) diesel oil / ـ مُحَرِّكَات دِيزَل 柴油
ـ خَفِيف لمحرِّكات دِيزَل 轻柴油
ـ ثَقِيل لمحرِّكات ديزَل 重柴油
ـ الزَانْثُورِيلْم (أ) zanthoxylum oil 花椒油
ـ زَيْتُون / ـ طَيِّب / ـ حُلْو 橄榄油
ـ السِمْسِم: سِيرِج / شِيرِج 芝麻油，麻油，香油
ـ السودَان 铁树油
ـ سِيلِينْجِيَا (أ) 梓油
ـ الشَلْجَم 菜油，菜籽油
ـ صُولَر (أ) solar oil 页岩油
ـ طَيَّار / ـ رُوحِيّ 挥发油
ـ العَزِيز 杨梅油
ـ الغَاز / ـ الاستصباح /كِيرُوسِين (أ) 煤油
ـ فُول الصُويَا 豆油，黄豆油
ـ فُول الصُويَا المُكَرَّر 精炼豆油
ـ الفُول السُودانيّ 花生油
ـ الفُول السُودانيّ المكرر 精炼花生油
ـ القِرْفَة / ـ القاسيا 肉桂油
ـ قَصَب الطيب 菖蒲油
ـ الكَافُور / ـ كَافُورِيّ (أبيض وأصفر) (黄、白)樟脑油
ـ كَبِد الحُوت / ـ سَمَك 鱼肝油
ـ تَكْثِيف 凝缩油
ـ الكُرْكُم (أ) curcuma oil/ ـ القُرْقُومَا 姜黄油
ـ الكَيْد 齿轮油
ـ اللَوْز 杏仁油
ـ اللَيْمُون 柠檬油
ـ امْتِصَاص 吸着油
ـ مَعْدِنِيّ 矿物油
ـ المَوْز 香蕉油
ـ النارَنْج الحلو 甜桔子油
ـ نُخَالَة الأرْز 米糠油
ـ النَعْنَاع 薄荷油
ـ رُوح النَعْنَع / ـ النَعْنَاع الفِلْفِلِيّ 薄荷素油
ـ الهِدْرُوجِينِيّ 硬脂油
ـ اليَانْسُون 茴香油
ـ اليُوكَالِيبْتُوس (أ) eucalyptus oil 桉叶油
زُيُوت وشُحُوم 动植物油及油脂
الزُيُوت النَبَاتِيَّة 植物油
مِسَنّ الزيت 油磨刀石
زَيْتِيّ: كالزَيْت أو منه 油的，油性的，油质的，有油气的
ـ: يُخْرِجُ زيتًا 含油的
أَخْضَر ـ: بلَوْن الزيت 油绿色
صُورَة زَيْتِيَّة / لَوْحَة زَيْتِيَّة 油画
زَيْتِيَّات 石油开采企业
زَيَّات: بائع الزُيُوت 油商，卖油人
مَزْيَتَة (مـ) ومِزْيَتَة جـ مَزَايِتُ: وِعاء تَزْيِيت الآلاَت 油壶
زَيْتُون 梓橄，橄榄，橄榄树
جَبَل الـ 橄榄山(位于耶路撒冷东)
غُصْن الـ: رَمْز السَلام 梓橄枝，橄榄枝(用作和平的象征)
زَيْتُونَة جـ زَيْتُونَات: شَجَرَة الزَيْتُون 梓橄树，橄榄树
ـ 橄榄果
جَامِع الـ (突尼斯)梓橄清真寺，梓橄大学
زَيْتُونِيّ: كالزَيْتُون 梓橄形的，橄榄的，像橄榄的，橄榄形的，卵形的
ـ: بِلَوْن الزَيْتُون 橄榄色的，淡绿色的
زِيج جـ زِيجَات وزِيجَة (سـ): تقويم فَلَكِيّ ［天］星历表

ـ بَنَّاء: تُرٌّ / خَيْط يُمَدُّ لتَسْوِية المَدَامِيك 水准器，水准仪

زيجة / زِيجِيّ (في زوج)

زَاحَ يزِيحُ زَيْحًا وزُيُوحًا وزِيُوحًا وزَيَحَانًا الرجلُ: ذهَب وتباعَد (راجع زوح) 离开，走开，离去，远离

ـ ه وأَزَاحَه: نقله ونَحَّاه 移动，排除，使离开，使远离

ـ وـ اللِثامَ عن كذا 揭露，揭去，揭开，脱去假面具，现出真面目

زِيح جـ أَزْيَاح (مـ): سَيْح / شُقَّة (布、纸等)碎片，纸条，布条

ـ (مـ): خَطّ عَرِيض 条纹，线条

زِيَاح (سـ) / زَيَّاح جـ زَيَّاحات: زَفَّة دِينِيَّة 宗教的行列，宗教的仪仗

زَادَ يَزِيدُ زَيْدًا وزِيدًا وزَيَدًا وزِيَادَةً ومَزِيدًا وزَيْدَانًا وازْدَادَ: ضد نَقَصَ 增加，增多，增长，扩大；加上，添上，补充

ـ ه وزَيَّدَه وزَوَّدَه (مـ) 使生长，增加，增长

ـ عن كذا أو على كذا: جَاوَزَ 超过，越过，胜过，多于，增过

زَادَتْنِي الإساءَةُ مَرَضًا على مَرَضٍ 这个侮辱更加深了我的病痛

زَادُوه ضَرْبًا 他们更加痛打他

زِدْ على هذا أنَّه ... 此外还有，不仅这样，而且

ـ في الطِين بَلَّة (泥里加水)火上加油，事情弄得更糟了

اِزْدَاد 增加，增多，增长

اِزْدَاد سُوءًا 恶化

زَايَدَ: قدَّمَ ثَمَنًا أَزْيَد 出价，投标，(拍卖时的)竞买

ـ فلانًا: قدَّم ثَمَنًا أَزْيَد مما عَرَض 与某人竞相出价

تَزَيَّدَ السِعْرُ: غَلاَ 价格上升，涨价

ـ في كذا 夸张，夸大

ـ بـ أو في كذا (在故事和小说中)加油加醋

تَزَايَدَ 渐渐增加，逐渐增长，继续增高，踵事增华

تَزَايَدُوا في البَيْع 竞相出价

اِسْتَزَادَ 请求增加

زِيَادَة: ضد نَقْص 增加(数、量)，增多，增长

ـ: عَلاَوَة 增加的，附加的，附加物，津贴，补贴，超额工资

اِبْتَدَأَ النَهْرُ في ـ 河水在涨

ـ: فَضْلَة 超过，过量，超额

ـ: مُتَوَالِيَة أو مُتَتَالِيَة / مُتَسَلْسِلَة [数]级数

ـ حِسَابِيَّة / مُتَوَالِيَة حِسَابِيَّة 算术级数

ـ هَنْدَسِيَّة / مُتَوَالِيَة هَنْدَسِيَّة 几何级数

ـ [语]词中附加的部分

ـ سَابِقَة 词头附加

ـ وَسْطِيَّة 词中附加

ـ لاحِقَة 词尾附加

ـ على ذلك 再加上，此外

ـ عن: أزيد 超过

ـ / زائِد: إِضَافِيّ 额外的，超额的，外加的，增加的

بالـ (سـ) / بالزَوْد 足够，过于，太

تَزَيُّد (物价)增长，增加

أَزْمَة ـ الإنتاج 生产过剩的危机

تَزَايُد 增长，增大；夸张，夸大

زَيْد 宰德(男名)

زَيْدِيّ [宗]宰德教派的；宰德教派的信徒

الـ ة [宗]宰德教派(十叶派的一个分支，盛行于也门)

مَزَاد جـ مَزَادَات (مـ): حَرَاج 拍卖

ـ عَلَنيّ (مـ) 公开拍卖

بَاعَ بالـ 拍卖

طَرَحَ بالـ 交付拍卖

مُنَادي الـ / بَائع الـ 拍卖人

مِطْرَقَة بَائع الـ 拍卖槌

زَائِد: مُفْرِط 过度的，过分的，格外的，份外的

بسُرور ـ 非常高兴，格外高兴

ـ: فائض 过多的，多余的，剩余的

ـ: غير لازِم 太多的，过剩的，不必需的，不必要的

ـ عن الحَاجَة 超过需求的，多余的，剩下的

سَاعَات العَمَل الـ 剩余劳动时间

ـ عن العَدَد المُقرَّر 额外的，超额的

الـ أخُو النَاقِص (过分是不足的弟弟)过犹不及，两端相通，两端相似

زَائِدَة جِلْدِيَّة [医]疣

ـ دُودِيَّة 盲肠，阑尾

اِلْتِهَاب الـ الدُودِيَّة 盲肠炎，阑尾炎

ـ جـ زَوَائِدُ 剩余，附属物

الزَوَائِدُ [语](名词和动词里的)附加字母(سَأَلْتُمُونيهَا中的字母)

مَزِيد 增加的，增大的，所增加的

طَلَبَ الـ 要求增加

بـ ـ سُرُور 非常愉快

ما عليه من ـ 无以复加

فِعْل ـ فيه [语]复式动词

مُزَايَدَة: ضد مُنَاقَصَة 逐渐增加

ـ 拍卖

أَزْيَدُ 更多

مُزَايِد (في البَيْع بالمَزَاد) 投标人，出价人，竞买人(拍卖)

ـ 加筹拍卖

مُتَزَايِد: ضد متناقص 增加的，上升的，增大的

يَزِيدِيَّة: الـ [宗]叶齐德教派(杂采基督教和伊斯兰教的教义，信徒多定居于伊拉克摩苏尔)

أَسْهَبَ في هذا المَوْضُوع بما لا يَتْرُك لمُسْتَزِيد

关于这个问题他讲得很详细，简直没有可以补充的了

زِير الماء جـ أَزْيَار وأَزْوَار وزِيَرَة: دَنّ / حُبّ 能渗水的瓦缸

ـ: يُحِبّ مُجالَسة النِساء 花花公子，爱奉承女人的，爱和女人厮混的人

زِيرُو (أ) zero 零(纸牌游戏的一种)

زَيَار: لَوَّاشَة البَيْطَار (مـ) (钉掌时制马用的)唇钳

زِيز [植]海葱

ـ الحِصَاد جـ زِيزَان 蝉

زَيْزَفُون: تِيلِيُو (أ) (راجع زفن) 菩提树

زِيزَى وزِيزَاء وزَازِيَة جـ زَيَازٍ 小丘；羽毛

زَاطَ يَزِيطُ زَيْطًا وزِيَاطًا وزَيَّطَ: أجلب 吵闹，喧哗，嘈杂

زَيَّاط: كثير الصياح والصخب 喧哗的，吵闹的，咆哮的

زِيطَة (س): ذُعَرَة / أَبُو فَصَادَه [鸟]鹡鸰

ـ (مـ): ضَوْضَاء 吵闹声，喊叫声

زَاغَ يَزِيغُ زَيْغًا وزَيَغَانًا وزَيْغُوغَةً: اِنْحَرَفَ ومال 偏斜，越出正轨，脱离正路

ـ النُورُ (راجع زوغ) (光线)回折

ـ 混杂，(声音等)含混不清，(视力等)模糊不明
ـ: ضَلَّ 迷路，走失，脱离正道
ـ وأزَاغ النورَ: أمَالَه 分解，[物]使(光线、电波等)绕射，回折
أزَاغ بَصَرَه عنها 他从她身上移开了视线
زَيْغ / زَيَغَان: اِنحراف 越(轨)，离开(正路)，偏斜，歪曲
ـ / ـ النُور (光线)回折
زَاغ: غُراب الزَرْع 穴乌，寒鸦(爱吃地里的谷种)
ـ جِيفِيّ 小嘴乌鸦(爱吃腐肉)
زَائِغ: مُنحَرِف 偏的，斜的，背离的
زَافَ يَزِيفُ زُيُوفًا وزَيَّفَ الدَرَاهِمَ 伪造货币
تَزْيِيف: غِشّ 假造钱币
زَيْف جـ زُيُوف وزِيَاف وأَزْيَاف / زائِف جـ زُيَّف وزُيُوف: مَغْشُوش 假的，伪造的，假造的，搀假的
ـ / مُزَيَّف: غير حَقِيقِيّ 假的，假造的，虚构的
ـ [建]飞檐，墙檐，墙冠，檐板，(门窗等上部的)帘架
عُمْلَة زَائِفَة 假钱，伪币，假钞
مُزَيِّف 假造者
ـ النُقُود 伪造货币者
زَيَّقَ البابُ وغيره (مـ): صرَفَ 辗轧声；(开门时)叽叽作响，发出唧唧的声音
ـ صدرُه (مـ): أَزَّ 呼哧呼哧的喘气声，发嘶嘶声
ـ (轻轻)吹口哨
ـ الثَوْبَ: جعل له زِيقًا 安上衣领
زِيق الثَوْب جـ أَزْيَاق: ما أحاط منه بالعنق 领子，衣领
ـ البَنَّاء: تُرّ / زِيج (石匠、瓦工用的)水准器，水准仪
ـ (مـ): سَيْح / خَطّ عَرِيض 条纹，条子
ـ (مـ): زِيح (مـ) / شُقَّة 细片，碎片，细长片，小木板
زَالَ يَزَالُ زَيْلاً: بَرِحَ 停止
ما ـ ولَمْ يزَل 还，仍然，继续，依然
لا يَزَالُ يَعْمَلُ 他继续在工作，他仍然在工作
زَيَّلَه: فرَّقه 使散开，使分散
زَايَلَه: فارَقَه وبايَنَه 离开，离去，分开，遗弃
تَزَايَلُوا: تفرَّقُوا 离散，解散
ـ عنه: احْتَشَمُوا 害羞，惭愧
زَيْل 两大腿间的宽度
زَيْلَفُون (أ) xylophone: خَشَبِيَّة 木琴
زَانَه يَزِينُ زَيْنًا وزَيَّنَه: زَخْرَفَه 装饰，修饰，点缀
ـ ه وـ ه: صَيَّره جميلا 美化，修饰，装饰，打扮
ـ ه وـ ه : ضد شانه 修饰，装饰，增光
ـ بالأَنْوَار أو الألوان أو الرسوم 饰以灯光、颜色、图画，张灯结彩
زَيَّن له أن 怂恿，鼓动，诱惑他(去做什么)
ـ لهم الحياةَ في ... 用美好的生活去引诱他们
تَزَيَّنَ: حَلَقَ 刮胡子，修面，美容
ـ: قَصَّ شَعْرَ رأْسِهِ 理发
ـ وازْدَانَ وازْيَنَّ ازْيَنَّانًا وازْيَانَّ ازْيِينَانًا وازَّيَّنَ ازَّيَّانًا: تَحَلَّى 被…装饰，饰以…
ـ بالأَنْوَار أو الأَلْوَان 饰以灯光和五彩，张灯结彩
زِينَة جـ زِينَات / زَيَان / زِيَان: زُخْرُف 装饰，

修饰，装饰品

ـ: هِنْدَام 妆饰，服装，服饰

ـ (مـ) [植]百日草

خِوَان الـ: تَسْرِيحَة 妆台，梳妆台

غُرْفَة الـ 化妆室，更衣室

لأَجْلِ الـ / زِينِيّ 为了装饰，为了美观

زَانٌ / خَشَبُ زانٍ [植]山毛榉

زَانَة 杆子

القَفْزُ بالـ [体]撑杆跳

زَيْن جـ أَزْيَان / زَيَان: جَمِيل 美丽的，修饰的，装饰的，漂亮的，雅致的，优美的，文雅的，庄重的

ـ: ضد شَيْن 光荣，荣誉

تَزْيِين: زَخْرَفَة 装饰，修饰

مُزَيِّن: حلاّق 理发师，美容师

مُزَيَّن / مُزْدَان: مُحَلًّى 被装饰的

زَيْنَب 宰奈白(女名)

زَيَّاه تَزْيِيَةً: أَلْبَسَه 给穿上衣服，把他打扮成…

تَزَيًّا وتَزَيَّى: لَبِسَ 穿衣，穿衣服

زِيّ جـ أَزْيَاء: طِرَاز /مُودَه (أ) 时样，式样，样式

ـ: لِبَاس 衣服，服装

ـ: هَيْئَة 样式，形式

على الـ الجَدِيد 时髦的，时尚的，新样式的

زَيّ (مـ): مِثْل 像，如

على ـ (مـ) 时新

زَيّ بَعْضُ (مـ) 一样地，同样地，没什么两样

زَيَّكَ 你好吗？

اِزَيَّك؟ (مـ): كَيْف حَالُكَ ؟ 你好吗？生活怎么样？

السين

س (السين) 阿拉伯字母表第 12 个字母；代表数字 60
س: سُؤَال (问题)的缩写
س: سَلام (敬意、问候)的缩写
س: سِجِلّ / مُسَجَّلَة (注册的、注册)的缩写
س. ت (سجِلّ تجاريّ) / م. س (ماركة مسجَّلة) (注册商标)的缩写
س (سم): سَنْتِمِتَر (厘米)的缩写
سَ (虚词)将，将要
سَيَكْتُبُ 他将写作
ساء (في سوأ) / **سائر** (في سير)
سائل (في سيل وسأل) / **سائمة** (في سوم)
ساب (في سيب) / **ساباط** (في سبط)
سَابِيَاء جـ سَوَابِي [植]胚珠的内皮，内种皮；鼹鼠洞外的土堆
سَاتِينِيه (مـ) / سَتِينِيه (مـ) sateen: نَسِيج من القُطْن 沙丁布(织得像缎子的毛织品或棉布)，仿缎
ـ حَرِير 缎子
ساج (في سوج) / **ساح** (في سيح)
ساحة (في سوح) / **ساخ** (في سوخ)
ساد / **سادة** (في سود)
سار (في سير) / **سارّ** (في سرر)
ساروخ (في سرخ) / **ساروفيم** (في سرف)
سارية (في سري) / **ساس** (في سوس)
سَاسَان [史]萨珊(波斯王)
بَنُو ـ [史](波斯的)萨珊王朝(公元 226—651)
سَاسَانِيّ 萨珊的；萨珊人

ساط (في سوط) / **ساع** (مـ) (في وسع)
ساعٍ (في سعي) / **ساعة** (في سوع)
ساغ (في سوغ) / **ساف** (في سيف)
ساف / **سافة** (في سوف) / **ساق** (في سوق)
ساقٍ / **ساقية** (في سقي) / **سال** (في سيل)
سامَ (في سوم) / **سامّ** (في سمم)
سام / **سامَى** (في سمو) / **ساهٍ** (في سهو)
سايَس (في سوس) / **سايَط** (مـ) (في سيط)
سَأَبَه ـَ سَأْبًا: خنَقه 勒死，绞死
سَأْب جـ سُؤُوب 大皮袋
سُؤْبَان: حَسَن القِيام على المال 善于理财者
سَأْت 喉侧
سَئِدَ ـَ سَأَدًا 饮(水)；(伤口)复发，拆裂
أَسْأَدَ إِسْآدًا: سار ليلته كلها 彻夜行走
سَأَرَ ـَ سَأْرًا وأَسْأَرَ الشاربُ في الإناء: أبقى فيه بقيَّة (在瓶中)留下一些(饮料)
سَئِرَ ـَ سَأَرًا الشيءُ: بَقِيَ 残余
سائِر: بَقِيَّة 残余的
سُؤْر جـ أَسْآر 剩余的饮料
سَأْسَأَه (مـ): سَغْسَغَه 渍，浸在水或汤里
ـ: نَضَحَ (كالشواء بالدُهْن) 润以脂油或汁，加佐料
سِئَاس (مـ) / سِئَاسَة / سُؤَاسَة: خشبة بين عِضَادَتَيْن 椅子腿间的横档
سَأَف 枣椰叶；尾巴上的毛
سَأَلَه ـَ سُؤَالاً وسَأَلَةً وسَآلَةً ومَسْأَلَةً وتَسْآلاً مَعُونَتَه: طلبه إيَّاها 要求，请求(帮助)
ـ ه عن حاله: استخبر 询问，打听
ـ سُؤَالاً 问，提问；乞讨，要饭

سَاءَلَه مُسَاءَلَةً وسَايَلَه مُسَايَلَةً: سأله 询问
أَسْأَلَه سُؤْلَه: قضى حاجتَه 满足他的要求
تَسَأَّلَ (مـ) وتَسَوَّلَ (مـ): استعطى 乞讨，要饭，当乞丐
تَسَاءَلَ وتَسَاوَلَ القومُ 互相提问
سَلْ: فِعْل أَمْر من (سَأَلَ)! 问吧！
سُؤَال جـ أَسْئِلَة: طلَب 请求，要求，恳求
ـ: استفهام 询问，疑问，提问
ـ: تَسَوُّل (مـ) / استعطاء 乞讨，行乞，要饭
سُؤْل / سُول / سُؤْلَة / سُولَة: ما يُسْأَلُ 所请求的东西
مَسْأَلَة / مَسْئَلَة جـ مَسَائِلُ: حاجة 要求，需要
ـ: مَطْلَب 问题
ـ: أَمْر 事物，事情
ـ يُطْلَب حَلُّها 要求解决的问题
ـ فيها نَظَر 未决的问题，有争论的问题
ـ عِلْمِيَّة 科学问题，学术问题
ـ غَرَامِيَّة 恋爱问题
ـ (棋的)目标
الـ الوطنيَّة 民族问题
ما الـ ؟ 什么事？什么事情？有什么问题？
سَائِل جـ سَائِلُون وسُؤَّل وسُؤَّال وسَأَلَة 询问的人，提问题的人
ـ: ضد جامِد (في سيل) 液体，流体
ـ جـ سُؤَّال / مُتَسَوِّل (مـ): مُسْتَعْطٍ 乞讨者，乞丐，叫花子
سَئَّال / سَؤُول: كثير السُّؤَال 多问的人，好问的人
مَسْؤُول / مَسْئُول 有责任的，负责的
ـ عن فعله 对自己行为负责的人
مَسْئُولِيَّة / مَسْؤُولِيَّة: تَبِعَة 责任

على ـ صاحِبه 由所有者负责
سَئِمَ ـَ سَأْمَةً وسَأَمًا وسَأْمَةً وسَأْمًا وسَآمَةً الشيءَ ومنه: ملَّه 腻，厌倦，厌烦
سَئِمْتُ من كذا 我对…感到厌烦
أَسْأَمَه إسْآمًا: جعله يَمَلّ 使厌倦，使生厌，使发腻
سَأَم / سَآمَة: مَلَل 厌倦，发腻
سَؤُوم 深感厌烦者，百无聊赖者
سَبَانِخ (أ) /إسْبَانَخ (أ) (波): خُضَارة تُطْبَخ 菠菜
سَبَأَ ـَ سَبْأً وسِبَاءً ومَسْبَأً واسْتَبَأَ الخَمرَ: شراها ليشربها 买酒(自饮)，沽酒
سَبَأ [史]赛伯邑(古代也门部落名)
ذَهَبُوا أَيْدِيَ ـ أو أَيَادِيَ ـ: تَفَرَّقُوا تَفَرُّقًا لا اجتماعَ بعده 他们离散了，他们东逃西散了
سِبَاء / سَبِيئَة 酒；买酒
سَبَّاء 酒商
سَبِيء الحَيَّة 蛇蜕
سَبَّه ـُ سَبًّا وسِبِّيبَى: شتَمه 谩骂，责骂，痛骂
ـ: قذَفَ في حَقِّه 诽谤，中伤，攻击，抨击，毁坏名誉
ـ الدِينَ 诋毁，诽谤(宗教)
سَبَّبَ الأمرَ: كان سببًا له 引起，惹起，造成，招致，使发生
ـ: جلب على كذا 惹起，引起，带来，造成
ـ الخسائرَ 造成损失
ـ الأسبابَ: وجَدها 找出原因
سَابَّه: شَاتمه 谩骂
تَسَابُّوا: تَشَاتَمُوا 相骂，对骂，互相谩骂
تَسَبَّبَ بالأمر وفي الأمر: كان سَبَبًا له 成为事情的原因，成为肇事的原因

ـ: تَعَاطَى الأسباب / تاجرَ 贸易，交易，做买卖，做生意
ـ من كذا وعن كذا 由某事产生，由某事引起
سَبّ: شَتْم 谩骂，辱骂，诟骂
ـ: قَذْف 诽谤，中伤，毁坏名誉
ـ الدين 诋毁，诽谤(宗教)
سِبَاب 相骂，对骂
سُبَّة 辱骂，诟骂，咒骂
مَسَبَّة جـ مَسَبَّات 辱骂，侮辱，诽谤，谩骂
سَبَب جـ أَسْبَاب: عِلَّة 原因，缘故，因缘
ـ: حَبْل 绳子
ـ: طَرِيق 手段，方法
ـ (مـ) 东西，物品
ـ: أَصْل 起因，根源
ـ: اِعْتِبَار 称作原因，成为理由
ـ: باعث 起因，动机，缘故
ـ: وَسِيلَة / واسِطة 媒介，中间物
ـ كَافٍ [哲]动因，足够的理由
ـ مُهَيِّئ [哲]形相因
ـ واهٍ 不重要的理由，不足道的理由，不充足的理由
قطعت ما بينه وبيني من ـ 我和他断绝联系
بـ ـ كذا 由于某种原因，因为…
أَسْبَاب الحُكْم 判决的序文
أَسْبَاب الرَاحَة 便利，方便
إِحْكَام أَسْبَاب الصَدَاقَة 巩固友谊关系
سَبَبِيَّة 因果性
سَبِيب / سَبِيبَة جـ سَبَائِبُ: خُصْلَة من الشعر 一绺头发
سَبُّوبَة جـ سَبُّوبَات (مـ) 事情，工作
سَبَّاب م سَبَّابَة 骂人的，谩骂者

سَبَّابَة / سَابَّة / مِسَبَّة 食指
مُسَبِّب 发起人，创办人，创作者，创造者
مُتَسَبِّب في الأمر 原因，理由，起因
ـ (مـ): مُتَعَاطِي الأسباب 小商人，零售商
سَبَتَ ـِ سَبْتًا: اِسْتَرَاحَ 安息，休息，安静
ـ واسْتَبَتَ: حفظ السَبْت [宗]遵守安息日
أَسْبَتَ: دخل في السَبْت 进入安息日
ـ ه وسَبَّتَه (مـ) 使麻痹，使失去知觉
اِنْسَبَتَ 伸长，延长；(枣)变熟
سَبْت جـ أَسْبُت وسُبُوت / يَوم السَبْت 星期六
ـ: يوم الرَاحَة (اليوم السابع) 安息日
ـ: نَوَّام 爱睡的
ـ 勇敢的孩子；良马；一周中的一天
ـ النُور (عيد مسيحيّ) [基督]圣礼拜六(复活节前周的星期六)
نقْض الـ 不守安息日，破坏安息日
سَبْتِيّ: من طائفة السَبْتِيِّين 安息派
سِبِتّ [植]药蜀葵
سَبَت جـ أَسْبِتَة (مـ): سَفَط / سَلَّة 篮子，筐子
ـ الجَوَّالة (مُوتُوسِكَل) (附于摩托车旁的)边车，跨斗，边斗
سِبْت 熟皮
سُبَات: غَيْبُوبَة [医]昏迷，昏睡，人事不省
ـ 安静，毫无生气；(动物的)冬眠，蛰伏
ـ: نوم أو راحة 睡眠；休息
ـ الشِتاء / إِسْبَات 冬眠
ـ [医]强直，木僵
اِبْنَا ـ: اللَيْل والنَهار 日和夜
سُبَاتِيّ: نِسْبَة إلى الشريان السُباتيّ 属颈动脉的
الشَرَيَان السُبَاتِيّ [解]颈动脉
سِبَاتى (في ورق اللعب) [牌]黑梅花

مُسْبِت: في حالة جُمود وغَيْبُوبَة 昏迷不醒的，
处在昏迷状态的
ـ 麻醉的，催眠的；冬眠的
الحَيَوانات الـ ة 冬眠动物
سَبْتَمْبَر (أ): أَيْلُول / التاسع من شهور السنة
الشمسية 阳历9月
تَسَبَّجَ 穿黑披风
سَبَج: زُجاج بُرْكانِيّ أَسْوَد [矿]黑曜岩
ـ: كَهْرَمان أَسْوَد [矿]黑玉珠，煤玉
سُبْجَة ج سُبَج / سَبِيجَة 无袖黑袍，黑披风
سَبَحَ ـَ سَبْحًا وسِبَاحَةً في الماء وبالماء: عَامَ 游泳
ـ في الكلام: أكثر منه 多言，唠叨
ـ 耽于幻想、空想、暇思
سَبَّحَ تَسْبِيحًا: صلَّى 祈祷
ـ اللّهَ ولِلّهِ: نزَّهه ومجَّده 赞美真主
سِبَاحَة / سَبْح: عَوْم 游泳，凫水，泅水
ـ حُرَّة 自由式游泳
ـ على الصَدْر 俯泳，蛙泳
ـ على الظَهْر 仰泳
سُبْح / تَسْبِيح 称赞，赞美
ـ / ـ ج تَسَابِيحُ 礼拜时的赞辞
الـ لله 赞主，感谢主，赞美真主
سَبْحَة 皮衣，皮外套
سُبْحَة ج سُبَح وسُبُحَات / مَسْبَحَة (م) ومِسْبَحَة
ج مَسَابِيح: خَرَزَات مَنْظُومَة في خيط 念珠，
串珠
ـ / ـ الصَلاَة 祈祷念珠
سُبْحَانَ اللهِ 赞美真主
تَسْبِحَة / تَسْبِيحَة ج تَسَابِيح: تَرْنِيمة [宗]圣歌，
赞诗，赞美歌
تَسَابِيحُ القُبَّرَات 云雀之歌
سَبَحَات الفِكْر 幻想的奔放

سَابِح ج سَابِحُونَ وسُبَّاح وسُبَحَاء م سَابِحَة ج
سَابِحَات وسَوَابِحُ: عائِم 游泳的，泅水的
سَابِحَة: طائِرة شِرَاعِيَّة 滑翔机
ـ ج سَابِحَات 船，舰；星宿
سَبَّاح: عَوَّام 游泳者，游泳运动员
سَبَّاحَة (م): حِلية مِعْمارِيَّة [建]珠缘，串珠
线脚
ثَوْب مُسَبَّح: ثوب قَوِيّ شديد 结实的衣服
مُسَبِّحَة / سَبَّاحَة: إصْبَع سَبَّابة 食指
فَرَس سَبُوح: سريع غير مضطرب في جريه 稳重
的快马
سَبْحَلَ: قال "سُبْحَانَ اللهِ" [伊]说“赞美真主”
سَبَخَ ـُ سَبْخًا وسَبَّخَ: نام نومًا عَمِيقًا 酣睡，
熟睡，沉睡
سَبَّخَ (م) الأرضَ: سَمَّدَهَا 施肥，下肥料
ـ له (م) 给他颜色看看，给他厉害瞧瞧
سَبْخ: الـ الإفْرِيقِيّ [医]非洲的昏睡症
سَبْخَة ج سِبَاخ: أَرض ذات نَزّ ومِلْح 盐碱地
سَبَخ (م) / سِبَاخ (م): سَماد 肥料
ـ (م) / ـ بَلَدِيّ (م) 农家肥
ـ (م) / ـ كِيمَاوِيّ (م) 化学肥料
ـ (م): أرض لم تُعَمَّر 荒地
سَبِخ: مُسْتَنْقَع 沼泽
تَسْبِيخ: نَوْم عميق 酣睡，沉睡
ـ الأرض (م) 施肥
سَبِيخ الواحدة سَبِيخَة ج سَبَائِخُ 棉絮，散乱的
羽毛、头发等
سُبَد ج سِبْدَان: صَقْر الليل [鸟]夜鹰
ـ: طَبَّة (م) 栓，塞子；填物，充填物
ما له سَبَد ولا لَبَد: ما له شَعر ولا صُوف، يقال لِمَنْ
لا شيءَ له 他一无所有
سَبَرَ ـِ سَبْرًا وأَسْبَرَ واسْتَبَرَ الجُرْحَ أو البِئْرَ أو الماءَ:

جَسَّه 探查(伤口)，探测(井深，水深)
ـ غَوْرَه (用测量索)测深浅；摸底
سَبْر: جَسّ 探查，探测，检查
ـ وسِبْر جـ أَسْبَار 根；颜色；美丽
سَبْرَة جـ سَبَرَات 凉爽的早晨
سَبُّورَة: بَاشْتَخْتَه (مـ) (波) 黑板
مِسْبَر جـ مَسَابِرُ / مِسْبَار جـ مَسَابِيرُ ومَسَابِرُ: مِجَسّ [医]探针

سَبْرَتَ 乞讨，成为贫穷的
سُبْرَت وسُبْرُوت وسِبْرِيت وسِبْرَات جـ سَبَارِيت وسَبَارٍ 贫穷的，贫苦的

سُبُرْتَك (مـ): جِلْدَة كَعب الحِذاء التي تلي الأرض 鞋后跟

سِبِرْتُو (أ) (انظر سِبِيرْتُو) spirito (意): كُحُول 酒精，火酒，乙醇

سَبْسَبَ (سـ) 使头发卷曲
ـ (مـ) 使头发光滑
ـ الماءَ: أساله 放水

سَبِطَ ـَ سَبْطًا وسَبَطًا وسُبُوطًا وسَبُطَ ـُ سُبُوطَةً وسَبَاطَةً الشَّعْرُ: اِسْتَرْسَلَ 头发直长，柔软
سُبِطَ سَبْطًا: أصابته الحُمَّى 患热病
أَسْبَطَ: سَكَتَ خَوْفًا 目瞪口呆
سَبْط وسَبَط جـ أَسْبَاط: ضد جَعْد 直长柔软的头发
ـ اليَدَيْن: كَرِيم 大方的，慷慨的，好施的
ـ الجِسْم: مُعْتَدِل القَوام حسَن القَدّ 体格匀称的，身段匀称的
سِبْط جـ أَسْبَاط: حَفِيد 外孙，孙子
ـ: عَشِيرَة / قَبِيلة (以色列的)部族
سَبَط 嫩绿的蓟
ـ 茂盛的树
سُبَاطَة جـ سُبَاطَات: مكان تُطْرَح فيه الأوساخ 垃圾堆
ـ البلح (مـ) / زُبَاطَه: عِذْق 一束或一串干椰枣
سَابَاط جـ سَابَاطَات وسَوَابِيطُ: بَوَاكِي (مـ) 走廊，回廊
سَبَطَانَة (مـ) (玩具)豆枪

سَبَعَ ـَ سَبْعًا القومَ: كان سابِعَهم 成为第七个
ـ الذئبُ الغَنَمَ: افْتَرسها (狼)猎食，捕杀
ـ ه وسَبَّعَه: جعله سَبْعَة أضعاف 使成七倍，变成七倍，以七乘
سَبَّعَ الإناءَ 洗七次
سَبْع وسَبُع وسَبَع جـ أَسْبُع وسِبَاع وسُبُوع وسُبُوعَة م سَبُعَة وسَبْعَة 猛兽；[天]天狼座
ـ (مـ): أَسَد (انظر أسد) 狮子
ـ البَحْر 海狮
ـ الجَبَل: بُهْمَة 美洲狮
ـ اللَّيْل: كَلْب 狗
ـ الأَرْض [植]过坛龙
ـ م سَبْعَة (٧) 七
ـ عَشْرَةَ م سَبْعَةَ عَشَرَ (١٧) 十七
سَبْعَة أَضْعَاف 七倍
سَبْعَة جـ سَبَعَات 七点的纸牌
سَبْعُون (٧٠) 七十
الـ 第七十
سَبْعُونِيّ / سَبْعِينِيّ: ابن سبعين سنة 七旬老翁
حَرْبٌ ـ ة [史]七十年战争
التَرْجَمَة الـ ة للتَوْرَاة 旧约圣经希腊文译本(相传在公元前 270 年由 72 人在 72 天内译出)
سُبْع وسُبُع جـ أَسْبَاع: جُزْء من سبعة (١/٧) 七分之一(1/7)
سُبُّوع (مـ) 婚礼后或小孩出生后第七天的

喜筵

سُبَاعِيّ: من سبعة أضعاف 七倍的，七边形

ـ الأحْرُف 七个字母的

ـ 第七个月生下的；成年人

سَابع جـ سَبَعَة وسَابِعُون: ما بين السادِس والثَامِن 第七

سَبِيع 第七部份

أُسْبُوع جـ أَسَابِيعُ: سَبْعَة أيام 一周，一星期，一礼拜

ـ الآلاَم (عند النَصَارَى) [基督]受难周(复活节前的一周)

أُسْبُوعِيّ وأُسْبُوعِيًّا 每周的，一星期一次的，七天一次的

مَجَلّة ـ ة 周刊

سَبَغَ ـُ سُبُوغًا الشيءُ: تَمَّ 成为完全的，圆满的

ـ العيشُ (生活)宽裕，富足

ـ الثوبُ: طال إلى الأرض (衣服)长，宽大

أَسْبَغَ عليه صفةً شَرْعيَّة 使合法化，赋予合法性

سابِغ جـ سَوَابِغُ 满足的，十足的，充足的，宽裕的

سَابِغَة جـ سَابِغَات 连绵的大雨；宽大的甲

سَبَقَه ـِ سَبْقًا إلى كذا: تقدّمه وخلّفه 领先，走在前面

ـ ه: فاته 追过，逾过

ـ ه على كذا: غلبه 打败，压倒

ألم يَسْبِقْ لك أنْ قرأتَ هذا الكتابَ؟ 你以前没读过这本书吗？

لم يَسْبِقْ له مَثِيلٌ في التَاريخ / لا سابِقةَ لِمثله 史无前例

سَبَّقَ (م): فعل الأمر قبل غيره 占先，先下手

سَابَقَه: غالبه في السباق 竞走

ـ ه: باراه وزاحمه 竞争

ـ الريحَ 飞奔，撒腿

تَسَابَقُوا واسْتَبَقُوا 赛跑，争先恐后

سَبْق / أَسْبَقِيَّة 优越，优先权

مع ـ الإصْرار 预谋的，预想的，处心积虑的

أَحْرَزَ قَصَبَ الـ (夺得锦标)名列前茅

حُبّ الـ 好竞赛的，好比的，爱较量的

له ـ وسابِقَة في هذا 他已有了优先权；他先走了一着

سَبَق جـ أَسْبَاق / سُبْقَة: ما يتراهن عليه المتسابقون 赌注，押注

سِبَاق: مُبَارَاة 赛，比赛

سِبَاق: مُسَابَقَة / مزاحَمة 比赛，竞赛

ـ المَرَاكِب / ـ القَوَارِب 赛船

ـ الخَيْل 赛马

ـ التَسَلُّح 军备竞赛

ـ السَيَّارَات 汽车(竞)赛

ـ الضَاحِيَة 越野赛，越野赛跑

ـ التَتَابُع ٤ × ١٠٠م 4×100 米接力赛

ميدان الـ / حَلْبَة الـ 跑马场，赛马场；赛跑场，跑道，赛车场

مِقْوَس الـ [体](比赛时的)起跑点，起点，出发点，出发标

مُسَابَقَة جـ مُسَابَقَات: منافسة 竞争，比赛，较量

الـ الاشتراكيَّة 社会主义竞赛

اِمْتِحَان الـ 会考

سَبَّاقة (ع) 首位，第一位，优先地位

سَابِق جـ سَابِقُونَ وسُبَّاق: متقدِّم 领先的，先行的

ـ: ضد لاَحِق 先到的，先行的

ـ: ماضٍ 以往的，以前的，过去的

ـ أوَانه	为时过早的，时机未熟的
الوَزير الـ	前任部长
أعداد ـ ة من جَريدة أو مجلّة	以前各期的报纸或杂志
في الـ	过去，以前，以往
سَابِقًا: قَبْلاً	以前，从前，在前地，领先地
ـ ولاَحِقًا	前后，过去和今后
سَابِقَة جـ سَوَابِقُ وسَابِقَات	先例，前例；[法]前科
ـ	首先到达的，获奖的马
ـ	[语]词头，前缀词，接头词
له ـ من نوعه	有前例的，有例在前的
يُعْتَبَرُ كـ ـ	作为先例
لا ـ لِمثله	史无前例
شَهَادَةُ (مـ) (كَشْفِ) السَوَابِق	(警察局)案件的档案
أَصْحَاب السوابِق	惯犯，屡犯者
سَابِقِيَّة القَصْد	处心积虑
سَبَّاق	经常占先的，(赛马中)常胜的马
ـ في المُغَامَرَات	经历过许多风险的人
ـ غَايَات	他的计划已占优势
مَسْبُوق	留在后面的，被丢在后面的，被超过的，被追过的
غير ـ / ليس له سابقة	空前的，无前例的
سابِق وـ	前辈和后代，先驱者和后继者
مُسَابِق: مُزَاحِم	敌手，竞争者，竞赛者
سَبَكَ ـِ سَبْكًا وسَبَّكَ الفِضَّةَ: أذابها أو صبّها في قالب	铸，铸造
سَبَّكَ الطَبْخَ (مـ)	炖，蒸，煮，烹调
سَبْك	铸造；铸造物
ـ المَعَادِن	铸造
سِبَاكَة	铸造业
سَبِيكَة جـ سَبَائِكُ (من الذَهَب أو الفِضّة أو غيرهما)	(金银等的)铸块，铸锭，金锭，银锭
سَبَّاك المَعَادِن	铸造工，翻砂工人
ـ (مـ): سَمْكَرِي (مـ) / رَصَّاص (مُشْتَغِل بتركيب الأنابيب والأدوات الصحيّة)	铅(管)匠，铅管工人
مَسْبَك جـ مَسَابِكُ: مَكان السبك	铸造车间，铸造厂
ـ حُروف الطباعة	铸字所
سَبَلَه ـُ سَبْلاً: شتَمه	辱骂
سَبَّلَ المالَ: جعله في الخير أو في سبيل الله	为公益而捐助、捐赠、施舍
أَسْبَلَ السِتَارَ: أرخاه	放下帷幕，闭幕
ـ السِتْرَ على ...	放下(拉上)帘子，遮住
ـ الماءَ: صَبَّه	倾倒，泼出
ـ الدمعَ: أرسله	流泪
ـ الزَرْعُ: سَنْبَلَ	(庄稼)结穗，抽穗
ـ أَهْدَابَه	垂下眼皮
ـ المطرُ أو الدمعُ: هطَل	下雨；流泪
سَبَل: مطر نازل	正在下的雨
ـ الذُرَة: شَوَاشِي (مـ)	(玉米)穗子
سَبَلَة جـ سَبَل: سُنْبُلَة (انظر سنبل)	(稻)穗
ـ جـ سِبال: مُقدَّم اللِحْيَة	山羊胡子
سَبْلَة (مـ): سَماد الاصطبلات	厩肥，圈肥
سَابِلَة جـ سَوَابِلُ: مَارّون	行人，过路人
سَبِيل جـ سُبُل وسُبْل وأَسْبُل وأَسْبِلَة وسُبُول: طَرِيق	路，道路；方法；手段
ـ (مـ): مَكان عُمُومِيّ لشرب الماء	公共饮水处
ابن الـ: مُتشرِّد	流浪者
ابن الـ: عابِر سَبيل	过路人，旅客
أَخْلَى الـ لغيره	让路给…

أَخْلَى ـ ه: أَطْلَق سَرَاحَه 释放，放走
في ـ الله 为了真主
كَرَامة في ـ الله 施舍
النِضال في ـ الحُرِّيَّة 为自由而斗争
في ـ الدِفاع عن ... 为了保卫…
كان هذا في ـ ه 这是为了他
على ـ كذا 按照某物
على ـ التَجْرِبَة 作为试验
على ـ المِثال 例如，比方说
مهَّد ـًا لِـ ... 为…而作好准备，铺平道路
نَحن بِـ ـ ه 我们正在作…
لا ـ إلى نُكْران 无法否认
في هذا الـ 在这方面
سَبَنِيَّة 黑丝面纱
سَبَنْتَى ج سَبَانِت وسَبَاتٍ: فَهْد 豹
سْبَنْسَر (أ) (Herbert) Spencer: فَيْلسوف انكليزيّ 赫伯特·斯宾塞(英国哲学家，1820—1903)
سِبِنْسَة ج سِبِنْسَات (مـ) القِطار dispensa (意): عَوَّاقة [铁]缓急车，司闸车
سَبَهْلَل: الرجل الفارغ 无所事事
جاء الرجلُ يمشي سَبَهْلَلاً: جاء وذهب في غير شيء 游手好闲，无所事事
سَبَاهِيّ (14世纪时)土耳其非正规骑兵
سَبَاهِيّ 昏聩的老人，老背晦
سَبَا: سبأ (في سبأ)
سَبَى ـِ سَبْيًا وسِبَاء واسْتَبَى العدوَّ: أسَره 俘获
ـ و ـ العَقْلَ 令人神魂颠倒
ـ و ـ الرجُلَ: نفَاه وغرَّبه 放逐，充军，流配
سَبْي ج سُبِيّ: ما يُسْبَى 战俘；战利品
ـ الحَيَّة: جلدها الذي تسلخه 蛇蜕
سَبِيّ ج سَبَايَا: أَسِير 战俘，俘虏(阴阳性通用)

سَبِيَّة 珍珠；女俘虏；输出的酒
سَابٍ / مُسْتَبٍ 捕手，捕捉者，俘获者
سِبِيدَاج (أ) / إسْبِيدَاج 白铅，铅粉
سِبِرْتُو (أ) spirito (意): كُحُول 酒精，火酒
وابُور ـ (مـ) 酒精灯；酒精炉
سَبْيُونَة الشُبَّاك أو باب الشُرْفَة (西) espagnolette 窗或门的小闩(自窗顶至底为一棒，有把手，扭转后可开合)
سْتَال (أ) stall: مَقْعد في مَلْهًى (剧院的)坐位，正厅前排的坐位；头等座，特别座，保留席位
سِتّ م سِتَّة (٦) 六
ـ عَشْرَةَ م سِتَّةَ عَشَرَ (١٦) 十六
ـ ج سِتَّات (س): سَيِّدَة / خَاتُون 太太，夫人
ـ الحُسْن: نبات [植]颠茄，西洋莨菪
ـ ي 夫人，太太
الـ المُسْتَحِيَة (مـ) [植]含羞草
سِتَّة أضعاف 六倍
سِتُّون (٦٠) 六十
الـ 第六十
قال واحد وسِتِّين (مـ) 用全力跑
سِتُّونِيّ (مـ): ابن سِتِّين سَنَة 六旬老翁
ـ 由六十组成
سُتَيْتِيَّة 黄色斑鸠
ساتّ: سَادِس (راجع سدس) 第六，六号
سَتَرَه ـُ سَتْرًا وسَتَرًا الشيءَ وسَتَّرَه: غطَّاه 盖住，遮盖
ـ ه و ـ ه: أخفاه وخَبَّأه 隐藏，隐蔽
ـ ه و ـ ه: حَمَاه 保护，窝藏
سَاتَرَه العَدَاوةَ 包藏祸心，隐藏敌意
تَسَتَّرَ واسْتَتَرَ: تحجَّب وتخفَّى 掩饰，遮蔽
ـ على مُجْرِم 窝藏罪犯

ـ بِستَار الدِين 以宗教作掩护

سِتْر جـ أَسْتَار وسُتُور / سِتَار جـ سُتُر: غِطاء 盖子，套子，罩子；房顶；外封

ـ / ـ: حِجاب 帐，幔，幕，屏风，围屏

ـ / ـ: ما تستتر به للحماية 避难所，掩护物，遮蔽物

رَفَعَ الـ 开幕，拉开帐幔

أَسْدَلَ الـ 闭幕，拉拢帷幕

كَشَفَ الـ عن ... 取下假面具，揭露

ـ فِضِّيّ 银幕

سِتَار / سِتَارَة جـ سَتَائِرُ (مـ): بُرْدَايَة (سـ) 幕，帷幕，幔，帐，窗帘

ـ / ـ الشُبَّاك (مـ) 窗帘，帘子

ـ المَسْرَح الخَارِجِيّ: سَدِيل 舞台外幕

ـ المسرح الداخِلِيّ 舞台内幕

ـ من دُخان أو غيره (لحجب ما خلفه) 烟幕

ما وراء الـ 幕后

سُتْرَة جـ سُتَر / سِتْرَة (مـ) / سُتْرِي 短上衣

تَحْتَ طَيِّ التَسَتُّر 隐秘地，暗暗地，在秘密的情况下

مُسَاتَرَة 隐藏秘密

في ـ 秘密地，悄悄地

سُتَرِيّ: مُهَرِّج 小丑，滑稽家

مَسْتُور جـ مَسَاتِيرُ ومَسْتُورُونَ 童贞的，贞洁的，纯洁的

سَتَّار 掩护者，掩蔽者；宽恕者(安拉的美名之一)

مُسْتَتِر / مَسْتُور: خَفِيّ 被掩护的，被隐藏的

ـ / ـ: كامِن / ضد ظاهِر 潜伏的，隐匿的

ـ: مُضْمَر 含蓄的，缄默的

سْتْرُونْتِيُوم strontium [化]锶

سَتَّفَ (مـ) البَضَائِعَ: دكَّنها 装，装入，收藏，贮藏

ـ 入栈，堆积

مُسَتِّفَاتى السفن التِجارِيّة: دكَّان 搬运工，码头工人

سَتَكُوزَا / أَسْتَكُوزا (أ) 蝲蛄

سَتَلَ ـُ سَتْلاً وتَسَاتَلَ وانْسَتَلَ واسْتَتَلَ القومُ: خرجوا متتابعين واحدًا إثر واحد 鱼贯而出

ـ الدمعُ 泪珠滚滚落下

سَتِلَه ـَ سَتَلاً وسَاتَلَه: تبِعه 跟随，追随

سَتَل جـ سُتْلاَن وسِتْلاَن 兀鹰

أَسْتَن / أَسْتَان 枯树根

الإِسْتَانَة العَلِيَّة 君士坦丁堡(土耳其)

سَتَه وسِتَه وسَتْه جـ أَسْتَاه: اِست 肛门

سْتُودِيُو جـ سْتُودِيُوهَات (أ) studio 电影制片厂；电影摄影棚，(摄影师的)摄影室，照像馆；(画家的)画室；(雕塑家的)雕塑室；(舞蹈、戏剧等的)排练房；(服装设计师的)工作室

سَجَّ ـُ سَجًّا الحائطَ: طيَّنه 以灰、泥抹墙

سَجَّة / سَجَاج 搀水的奶

سُجُج 泥抹的屋顶；善良的灵魂

مِسَجَّة (泥水匠用的)镘，抹子

سَجَحَ ـَ سَجَحًا وسَجَاحَةً 温柔，和蔼；身材苗条

سَجْحَة / سَجِيحَة / مَسْجُوح / مَسْجُوحَة 天性

سَجَاحَة 温柔，温和

ـ الخُلْق 性格温和

أَسْجَحُ م سَجْحَاءُ 五官端正的，身材适中的美男子、美女

سَجَدَ ـُ سُجُودًا: انحنى خُضُوعًا 叩首，磕头，跪拜

ـ لله: تعبَّد 敬拜，崇拜“安拉”

ـ (مـ): جَثَا 下跪
سُجُود 叩首，磕头，拜倒，平伏
ـ: عِبادة 崇拜，礼拜
اِثْنَيْنِ الـ أو السَّجْدَة [基督]降灵节后的星期一
سَجْدَة 叩一次头
سَاجِد جـ سُجَّد وسُجُود م سَاجِدَة جـ سَاجِدات وسَوَاجِدُ 叩头者，磕头者，鞠躬者
سَاجِدة 无力的(眼神)；低弯的(树)
سَجَّاد 经常做礼拜的人，崇拜者
سجّادة جـ سَجاجِيد: طِنْفِسَة 地毯，毯子
ـ الصَلاَة: مِسْجَدَة 礼拜毯，小地毯
ضَرَّابَة سَجَاجِيد 地毯拍子
مَسْجِد جـ مَسَاجِدُ: مكان العِبادة 清真寺，礼拜寺
الـ الحَرام 禁寺，圣寺，麦加清真寺
الـ الأَقْصَى 远寺，阿克萨清真寺(在耶路撒冷)
مَسْجَد جـ مَسَاجِدُ 前额
سِجَارَة جـ سَجَائِرُ (أ) cigarette 纸烟，烟卷
سَجُور / مِسْجَر 燃料
سَجِير جـ سُجَرَاءُ 真心的朋友，真诚的朋友
سَاجُور جـ سَوَاجِيرُ 铁的狗颈圈
سَجْس / سَجِيس / سَجِس 浑水
لا آتيه سَجِيسَ اللَيَالِي / سَجِيسَ الأَوْجَس / سَجِيس عَيْجس 我决不到他那儿去
سَجْسَج جـ سَجَاسِجُ وسَجَاسِيجُ (天气)适合的，好的，温和的
يَوْم ـ 温和的日子
هَوَاء ـ 温和的气候
رِيح ـ 微风，和风
سَجَعَ ـ سَجْعًا وسَجَّعَ الحَمَامُ (鸽等)咕咕叫
ـ وـ الكَلاَمَ 作骈文，作韵文，押韵
سَجْع الحمام (鸽、鸠等)咕咕地叫
ـ جـ أَسْجَاع / تَسْجِيع الكلام 使话语押韵，有韵脚的散文，骈文
ـ: كلامٌ مُقَفًّى 带韵脚的散文，骈文，韵文
سَجَفَ ـ سَجْفًا وسَجَّفَ وأَسْجَفَ البيتَ: أرخى عليه سجفًا 放下门帘，放下帐幔、帷幕
سَجْف وسِجْف جـ سُجُوف وأَسْجَاف / سِجَاف / سَجِيف: سِتَار 帷幕，帐幔，挂帐，门帘
سُجُقّ (مـ) / سُجُوق: سجأ / مقانق (سـ) 红肠，腊肠，香肠
سَجَّلَه: دوَّنه / قيَّده 登记，写入，记入，记录，挂号，注册
ـ العقدَ والحجّةَ وغيرهما 将契约等注册
ـ الاختراعَ 取得发明专利权
ـ خِطَابًا بالبَرِيد 寄挂号信
ـ شُكْرَه 对他表示感谢
ـ على أُسْرَتِه خِزْيًا 使自己家庭蒙受耻辱
ـ صَفَحَاتٍ جَلِيلَةً في التَارِيخ 把光荣的功绩载入史册
ـ الرَقْمَ القِيَاسِيّ 打破纪录，创造记录
ـ نَجَاحًا وانْتِصَارَاتٍ في ... (在某方面)取得成就和胜利
ـ إصابةً [体]打(踢)进一球
سَاجَلَه: بَارَاه 竞争，争胜；(吟诗)唱和
تَسَاجَلاَ: تَسَابَقَا 比赛，竞赛，竞争
سَجْل جـ سِجَال وسُجُول 水桶，吊桶
سِجِلّ جـ سِجِلاَّت: دَفْتَر التَسْجِيل 记录，记录册，登记簿，注册本；史册
ـ الشَرَف 功绩，功勋，功劳
ـ مَحَاضِر 日记，日志
ـ السَفِينَة أو الطَائِرَة 航海(航行)日志(记)

سِجِلُّهم في هذا المَيْدَانِ ناصع 他们在这方面的活动是很出色的
سِجِلاَّت: قُيُودَات (م) 档案处(馆、室)，案卷保管所
أَمِين ـ 档案管理员，案卷保管人
سِجِّيل (波): حَجَرَة كالطين اليابِس 像干泥似的石头，原始粘土和胶泥形成的石头
سِجَال 争夺战，拉锯战
تَسْجِيل: تدوين 记录，登记，注册
ـ الأَصْوات 录音
جِهاز الـ: آلة ـ الصَوْت 录音机
ـ العُقُود أو الخِطَابَات وغيرها 登记，注册，挂号
مَكْتَب ـ العُقُود 注册处，登记处
مُسَاجَلَة: مُبَارَاة 竞争，比赛，争胜
ـ كَلاَمِيَّة 争论，讨论，辩论
مُسَجِّل: مُدَوِّن / مُقَيِّد 记录员，书记
ـ العُقُود الرَسْمِيَّة 公证员，公证人
ـ 录音机，记录器
ـ الأَصْوات 录音员（机）
ـ الزَلاَزِل 地震仪
مُسَجَّل: مُدَوَّن في السجل 登记过的，注册过的，挂号的
خِطَاب ـ 挂号信
أَقْرَاص ـ ة 唱片，光盘
سَجَمَ ـُ سُجُومًا وسِجَامًا وانْسَجَمَ وأَسْجَمَ الدمعُ: سكَب (泪)流出，(水)流淌，流出
سَجَمَت ـِ سَجْمًا وسُجُومًا وسَجَمَانًا العينُ أو السحابةُ الماءَ 倾，注，浇，灌，倒，泼
ـ وانْسَجَمَ: سَالَ 流出，溢出
ـ وـ الكلامُ 言语流畅，说话流利，口若悬河
ـ وـ: تَلاءَم وتوافَق 调和，协调，和谐，融洽
اِنْسِجام الكلام 说话流畅、流利
ـ الأَصْواتِ والأَشْياء: تَوافُقها 和谐，协调
مُنْسَجِم 和谐的，协调的，流利的，流畅的，畅达的
سَجَنَه ـُ سَجْنًا: حبَسه في سِجْن 禁锢，下狱，监禁
ـ الهمَّ: أضمرَه 掩饰(忧伤)
سَجَّنَ الشيءَ: شقَّقَه 劈开
انْسَجَنَ (م) 成为囚徒
سَجْن: حَبْس 下狱，监禁
ـ مُؤَبَّد / ـ مَدَى الحَيَاة 终身监禁，无期徒刑
ـ انْفِرَادِيّ 单独监禁，单独禁闭
ـ مع الأَشْغَال الشاقَّة 劳役刑(一种监禁加劳役的刑罚)
سِجْن ج سُجُون: مكان الحَبْس 监狱，牢狱，监牢，班房
حُمَّى السُجُون [医]斑疹伤寒
سَجِين ج سُجَنَاء وسَجْنَى م سَجِين وسَجِينَة ج سَجْنَى وسَجَائِنُ / مَسْجُون ج مَسَاجِينُ 囚犯，监犯，囚徒
ـ سِيَاسِيّ 政治犯
سَجَّان: حارِس السِجْن 狱吏，狱卒，监狱看守
سَجَنْجَل ج سَنَاجِل (希) 镜；金银锭
سَجَا يَسْجُو سَجْوًا وسُجُوًّا الليلُ: سَكَنَ (夜)平静，宁静
سَجَّى الميتَ 用布遮盖尸体
سَاجٍ: ساكِن لَيِّن 安静而柔和的
عَيْن ساجِيَة 无精打采的眼睛
لَيْلَة ساجِيَة 安静的夜间
نَاقة سَجْوَاء 挤奶时安静的母驼

رِيح سَجْوَاء 和风，微风

سَجِيَّة جـ سَجَايَا وسَجِيَّات: طَبْع / خُلْق 性质，性情，性格，品性，气质，个性

ـ: طبيعة 自然，天然

سَحَبَه ـَ سَحْبًا: جَرَّه 拖，曳，拉，抽出，牵引

ـ (مـ): استَرْجَعَه / استَردَّه 撤退，撤回，取回

ـ (مـ): استقطر 榨出，提炼

ـ شِيكًا (مـ) / ـ الحَوَالَةَ (تَحْوِيلاً مَالِيًّا) 开给，开发（支票、汇票）

ـ ورَقَةَ اليَانَصِيب (مـ) （彩票）抽奖，开彩

ـ (مـ): أَغْرَى 诱惑，诱骗，引诱

ـ المعدنَ سِلْكًا (مـ) （金属）拉丝，拔丝

ـ نَفْسَه (مـ) / انْسَحَبَ 退却，退出，退去，退回

ـ له نَاعِمًا (مـ) 温和对待

تَسَحَّبَ عليه 表示亲热

اِسْتَحَبَه (اصطحبه) 偕行，陪同

ـ الكَسَلَ 怠惰成习

اِنْسَحَبَ: اِنْجَرَّ 被拖，被曳

ـ: تَقَهْقَرَ وارْتَدَّ 退却，后退，撤退

سَحْب: جَرّ 拉，拖，曳，牵引

ـ: اِسترداد 收回，撤回

ـ من التداول 收回货币

ـ 拿出，取出（如信件）

سَحْبَة واحدة (مـ): بلا انقطاع 一股劲地，一口气地（工作下去），不间断地

ـ: الاقتراع 抽签

سَحَاب جـ سُحُب الواحدة سَحَابَة جـ سَحَائِب:

غَيْم 云，乌云

ـ حَبِيّ 幕状卷云

ـ رَقِيق كالنَدى: رَهَج 雾状卷云

ـ مُرْتَفِع: طَخَارِير 卷云

ـ الصَّيْف: قَلَع 积云

ـ نَمِر 卷积云，絮云

سَحَابَة بَيْضَاء رَقِيقة: بَعْلُولَة 棉球云

ـ اليَوْم: طولَه 整天，终日

ـ (مـ) / سُحَابَة: غشَاوة على العين [医]角膜白斑

سَحْبَان / ـ وائل 赛哈班（阿拉伯演说家）

له بلاغة ـ / له لسان ـ 他长于演说，他善于辞令

اِنْسِحَاب: ارتداد 退却，撤退，归隐，幽居

ـ: تَقَهْقُر 退却，后退

قَابِل الـ (كالمَعْدن يُسْحَبُ أَسْلاَكًا) 可延展的，可拔丝的

قَابِلِيَّة الـ 延性

سَاحِب: جَارّ (أو ساحب التحويل الماليّ) 开发、开给（支票或汇票）者

سَحَّابَة (سـ) 抽屉柜，抽屉橱

مَسْحَب هَوَاء: تَيَّار 通风，气流

مَسْحُوب عليه: مطلوب منه دفع التحويل الماليّ 受票人，付款人

ـ: مَجْرُور 被拖的，被拉的

سَحَتَ ـَ سَحْتًا وسَحَّتَ وأَسْحَتَ 得非法利润

ـ ه وسَحَّتَه وأَسْحَتَه: أهلَكه 毁坏，破坏

سَحْت 破旧的衣衫；处罚；严寒

سُحْت / سُحُت جـ أَسْحَات: مُقتنًى بالحرام 非法所得

سُحْتُوت وسَحْتُوت وسِحْتِيت (سـ): شيء قليل 些微

لا يَمْلِكُ الدانِقَ ولا الـ 他一个子儿也没有，他身无分文

سَحَجَه ـَ سَحْجًا وسَحَّجَه: قَشَرَه 剥(皮)，刮(皮)

ـ الجِلْدَ: جلَطه 擦伤，擦破(皮肤)

سَحْجَة جـ سَحَجَات 擦伤，抓伤

سَحُوج / مِسْحَاج 常发誓的女人

مِسْحَاج جـ مَسَاحِيجُ: مِسْحَل كَبير / فَارَة (مـ) 长刨，机刨

مَسْحُوج جـ مَسَاحِيجُ / سَحِيج: مَجْلُوط 擦伤的，擦破的

سَحَّ ـُ سَحًّا الماءُ: سال وانصبّ غزيرًا 涌出，下注，倾注

ـ: وكَف / شرَّ (مـ) 漏，漏出

ـ تْ عَيْنُه: بَكَى 哭，哭泣，流泪，泪如雨下

سَحَاح 空气，大气

فَرَسٌ مِسَحّ 善跑的良马

سَحَّاح 泪如雨下的

عينٌ ـ ة 多泪的眼睛

سَحَرَه ـَ سِحْرًا وسَحَّرَه 令他心醉，对他施妖术，用邪术迷惑他

ـ ه: سلَبه قلبَه 迷惑，诱惑，使他神魂颠倒，使他心荡神驰

ـ الفِضَّةَ: طَلاها بالذَهب 银上镀金

تَسَحَّرَ 在破晓前进餐，在破晓前吃饭(如斋月中的破晓饭，又称封斋饭)

سِحْر جـ أَسْحَار وسُحُور 妖术，幻术；邪术，魔术，巫术，戏法

ـ: سلْب القلب 迷惑，销魂，荡魄，使人神魂颠倒

ـ شَيْطَانِيّ 中世纪借鬼怪而行的妖术

سِحْرِيّ 妖术的，幻术的，巫术的，魔术的；玄妙的，奇异的，奇妙的，不可思议的，迷人的，销魂的，使人神魂颠倒的

العَيْن الـ ة: هَصْهَاصة [电]魔眼，电眼，指示灯；[物]阴极，负极

فَانُوس ـ 幻灯

مُرَبَّع ـ 魔方(一种算术游戏)

سَحَر جـ أَسْحَار: قُبَيْلَ الصبح 鸡鸣时候(黎明之前)

سَحْر وسَحَر وسُحْر جـ سُحُور وسُحُر وأَسْحَار وسُحَارة: رئَة 肺，肺脏

سَحُور جـ سُحُر / مَوَائِد السحور: طعام السحَر 鸡鸣时候的饭，封斋饭

سَحَّار / سَاحِر جـ سَحَرَة وسَحَّار وسُحَّار وسَاحِرُون م سَاحِرَة جـ سَاحِرَات وسَوَاحِرُ 男巫，巫师，妖术家，魔法师，魔术师，妖道，术士

ـ إفْرَنْكِيّ 变戏法的，西洋魔术家

سَحَّارَة جـ سَحَّارَات / سَاحِرَة 女巫，巫婆，迷人的女人

ـ جـ سَحَاحِيرُ (مـ): صُنْدُوق 箱，柜；保险箱

ـ (مـ): أَرْدَبَّة (في الريّ) 暗渠

مُسَحِّر 鸡鸣时候喊人吃封斋饭者

طعام مَسْحُور 腐败的食物

مَكَان ـ 泥泞的地方

أَرض ـ ة 不毛之地

تَسَحْسَحَ الماءُ: سال من فوق (水)流下

سَحْسَح / سَحْسَحَة 天井，庭院，院落

سَحَطَه ـَ سَحْطًا ومَسْحَطًا: ذبحه ذبحًا سريعًا 屠宰

ـ الطعامُ: أغصّه 噎

ـ الشرابَ: مزَجه بالماء (往酒里)掺水

اِنْسَحَطَ من اليَد 滑脱，滑落

مَسْحَط 喉

سُحَاف 肺病

سَحِيف 小磨轧轧声

أُسْحُفَان 治坐骨神经痛的一种豆科植物

سَحَقَه ـَ سَحْقًا: دَقَّه 压碎，捣碎，粉碎，舂碎

ـ ه: سحنه 压成细粉

ـ الثَّوْبَ: أَبْلاَه 穿坏，穿破(衣服)

سَحِقَ ـَ وسَحُقَ ـُ سُحْقًا: كان بعيدًا 成为遥远的

سَحُقَ ـُ سُحُوقَةً الثوبُ: بَلِيَ 破坏，破烂

اِنْسَحَقَ: اِنْدَقَّ 被压碎，被捣烂，被粉碎，被舂成粉末

سَحْق: دَقّ 压碎，捣成粉

ـ جـ سُحُوق: ثوب بالٍ 破衣服

سُحْق / سُحُق: بُعْد 辽远，远方

سُحْقًا له: أَبْعَدَه اللهُ عن رحمته! 愿安拉疏远他！

اِنْسِحَاق القلب (نَدَمًا) 心碎，悲痛，悔恨

سِحَاق / مُسَاحَقَة: لِيَاطَةُ الأُنْثَى لِلأنثى 妇女相交合、交媾；女性间的同性爱关系(lesbianism)

سَاحِق: يَسْحق 毁灭性的，致命的，研成末的，压碎的，压倒的

أَكْثَرِيَّة ساحِقة 压倒的多数

قُنْبُلَة ـ ة ماحقة 重磅炸弹

سَحِيق: بَعِيد 辽远的，遥远的，深远的

هُوَّة ـ ة 无底坑，深渊

سَحِيقَة 大雨

مُنْسَحِق القَلْب 抱憾的，痛心的，忧伤的，悔恨的

مَسْحُوق جـ مَسَاحِيقُ / مُنْسَحِق: مُنْدَقّ 被压碎的，被捣碎的

ـ: مَسْحُون 被捣成粉末的，被粉碎的

ـ: تُراب كل شيء سُحِقَ 粉，粉末，药末

ـ البَيْض 鸡蛋粉

ـ التَّالْك 滑石粉

ـ مُبِيد الحَشَرات ٦٦٦ "六六六"杀虫剂

سَحَل ـَ سَحْلاً الشيءَ بالمِسْحَل 以刨子刨平，削平，整平

ـ الحَبْلَ: فتله فتلاً واحدًا 搓成一股(绳子)

ـ الغريمَ مائةَ دِرْهَم 付他百元

ـ ه مائةَ سَوْط 打他百鞭

ـ ت سَحْلاً وسُحُولاً العينُ: بَكَتْ 流泪

ـ سَحِيلاً وسُحَالاً البغلُ: نهق 骡叫

سَاحَلَ القومُ بأَوْلاَدهم: أتوا بهم الساحل 他们带着孩子来海滩

سَحْل 现款

ساحِل البحر جـ سَوَاحِلُ: شاطِئه 海岸，海边，海滨，海滩，沿海地带

مِدْفَعِيَّة السَّوَاحِل [军]海岸炮队

سَاحِلِيّ / سَوَاحِلِيّ: مُخْتَصّ بساحِل البحر 海岸的，海滨的，沿海的，海边的

سِحْلِيَّة جـ سَحَالٍ (مـ): عظاية [动]蜥蜴，壁虎，守宫

ـ (مـ) (من أدوات المطابع) [印](夹紧版面的)楔子

سُحَالَة (مـ) 锯屑，切屑，锉屑

مَسْحُول 虚弱的，衰弱的，渺小的

مِسْحَل النَّجَّار جـ مَسَاحِلُ: فأرة (مـ) 刨(子)

ـ الحَدَّاد: مِبْرَد 钢锉

تَسَحْلَبَ: ذهب خلسة 潜行，潜逃，溜走，偷偷逃走

سَحْلَبَ (مـ): خُصَى الثعلب [植]沙列布

سَحْلَفَة جـ سَحَالِفُ (سـ) / سُلَحْفَاة 龟

سَحِمَ ـَ وسَحُمَ ـُ سَحَمًا: اِسْوَدّ 变黑

سَحَم / سُحْمَة / سُحَام: سَواد 黑，黑色

أَسْحَمُ م سَحْماء جـ سُحْم 黑的

ـ (牛、羊)角；偶像；(女人的)奶头；

酒皮袋

سَحَنَ ـَ سَحْنًا الحجرَ: دَقَّه (把石头)打碎，

捣碎

ـ الخَشَبَة 磨光

سَحَنَة وسَحْنَة / سَحْناء / سَحَنَاء: سِيماء 相貌，

容貌，仪表；颜色

مِسْحَنَة جـ مَسَاحِنُ: مِدَقَّة 捣碎石头的大锤

سِحِنْتَ (أ): التَاج المِصْرِيّ الثُنَائِيّ Pschent 双冠

(古埃及王冠，合南北两王国的王冠而

成)

سَحَا يَسْحَا ويَسْحُو ويَسْحِي سَحْيًا واسْتَحَا الشعرَ:

حَلَقَه 剃头

ـ الطِينَ: جَرَفَه 刮去(泥土)

اِسْتَحْيَا واسْتَحى (في حيي)

سِحَايَة وسِحَاءَة جـ سَحَايَا: أمّ الرأس [解]脑膜

سِحَاء جـ أَسْحِيَة، الواحدة سِحَاءَة 做书面的

薄皮

سَحَاة جـ سَحًى 庭院，场院；地区，地方

سِحائيّ: مختصّ بالغشاء السحائيّ 脑膜的

الالتهاب الـ: سِرْسَام(波) [医]脑膜炎

مِسْحَاة جـ مَسَاحٍ: مِجْرَفَة 铲，锹

سخاء (في سخي)

سِخَاب جـ سُخُب 朴素的小儿项圈

سَخْت / سَخِيت: شديد 强壮的，猛烈的

سُخْت 单蹄类的粪

سِخْتِيَان وسَخْتَيَان (م) (波): نوع من الجلد

المَدْبُوغ 摩洛哥革，山羊革

سَخَرَه ـَ سِخْرِيًّا وسُخْرِيًّا وسَخَّرَه وتَسَخَّرَه

واسْتَسْخَرَه: كلَّفه عملاً بلا أجر 徭役(强制

性的无偿劳动)

سَخِرَ ـَ سَخَرًا وسَخْرًا وسُخْرًا وسُخُرًا وسُخْرَةً

ومَسْخَرًا وتَسَخَّرَ واسْتَسْخَرَ به ومنه: تَمَسْخَرَ

عليه (م) 嘲笑，戏谑，讥笑，奚落，讽

刺，挖苦

سُخْرَة / سُخْرِيَة: أُضْحُوكَة 笑柄，笑料

ـ: عَمَل بلا أجر 义务劳动

ـ / سُخْرِيّ وسِخْرِيّ: عَوْنَة 徭役，强迫的

劳役

سُخْرِيّ / مَسْخَرَة: مُضْحِك 可笑的，滑稽

的，好笑的，荒唐的，无意味的

ـ: تَهَكُّمِيّ 讽刺的，挖苦的，尖刻的

سُخْرِيَّة: هُزْء 讽刺，讥讽

سُخَّر 莨菪碱(一种麻醉剂)

ساخِر: مُتَهَكِّم 讽刺者，讥笑者，挖苦人的

ضَحِكَ ساخِرًا 嘲笑

وكِيل مُسَخَّر 法定的律师

مَسْخَرَة جـ مَسَاخِرُ (م) 化装舞会，假面戏

ثِياب الـ 新奇的服装，化装用的服装

سَخْسَخَ (م): أُغْمِيَ عليه 昏厥，昏晕，昏过

去，不省人事，失去知觉，陷于昏迷状态

ـ من الضحك 捧腹大笑

سَخِطَ ـَ سَخَطًا الرجلَ وعليه: غضِب عليه 恼怒，

生气，发脾气

ـ الشيءَ: كَرِهَه 讨厌

أَسْخَطَه: كدَّره 使烦恼，使烦躁

ـ ه: أَغَاظَه 惹恼，触怒，激怒

تَسَخَّطَه 不满意他，憎恶他

سُخْط / سَخَط / مَسْخَط: غَضَب 愤怒，发怒，

生气

ـ: ضِد رِضًى 不愉快，不满意，不高兴

سَاخِط: غاضِب 愤怒的，发脾气的，激怒的

ـ على ...: غير راضٍ عن ... 对…不满意

的，不高兴的

مَسْخُوط 讨厌的，可恶的

مَسْخَطَة ومَسْخَط جـ مَسَاخِطُ: ما يَدْعُو إلى السُخْط 引起愤怒的行为，无法无天的行为，令人气愤的行为

سَخُفَ ـُ سُخْفًا وسَخَافَةً: كان سَخِيفًا 成为愚蠢的；成为无聊的、无意义的；成为荒唐的、荒谬的、荒诞的；成为可笑的、好笑的、滑稽的

ـ عَقْلُه 理智薄弱

ـ 成为糊涂的，愚蠢的

ـ 成为毫无意义的、微不足道的

سَخَّفَه 认为糊涂，认为荒谬

اِسْتَسْخَفَه 认为糊涂，看作荒谬，认为是毫无意义，认为微不足道

سُخْف وسَخَافَة جـ سَخَافَات: ركَاكَة 荒唐，荒谬，愚笨，愚蠢，稀里糊涂，可笑，滑稽

ـ / ـ العَقْل 低能，理智薄弱

ـ / ـ: عدم المَعْقُولِيَّة 不合理，荒谬

سَخِيف: ضَعِيف 软弱的，拙劣的，单薄的（织品）

ـ: رَقِيق / رَكِيك 柔弱的，脆弱的，纤细的

ـ: غير مَعْقُول 不合理的，荒谬的

ـ العَقْل 理智薄弱的，缺乏理智的，糊涂的，愚蠢的

سَخْل جـ سُخَّل وسُخَّال 软弱无能的人；残缺的东西

سَخْلَة جـ سَخْل وسِخَال وسُخْلَان وسِخْلَة: وَلَد الشاة 小羊，羊羔

سَخِمَ اللحمُ: أَنْتَنَ 变臭，发臭味

ـ ه: سوَّده بالسُخَام 抹黑，弄黑，用锅灰抹黑

ـ المَاءَ: سخَّنه 加热水

ـ هُ بصدره: أَغْضَبَه 激怒

تَسَخَّمَ عليه: تحقَّد وغضِب 仇视，仇恨

اِسْخَمَّ وتَسَخَّمَ 被弄黑，被弄污

سَخَم / سُخْمَة: سَوَاد 黑

ـ / سَخِيمَة جـ سَخَائِمُ: حِقْد 恶感，仇恨，怨恨，憎恨

سُخَام: سَوَاد القِدْر / هِبَاب (مـ) 烟炱，锅烟子

لَيْل ـ 黑夜

أَسْخَمُ م سَخْمَاء جـ سُخْم 黑的

سَخْمَطَ (سـ) 涂抹，涂黑，乱涂，弄污

سُخْمَط (سـ) 污秽，脏物

سَخَنَ ـُ وسَخِنَ ـَ وسَخُنَ ـُ سُخُونَةً وسَخَانَةً وسَخَنًا وسُخْنًا وسُخْنَةً: كان حَارًّا 成为温的，成为热的，变成热的

ـ (مـ): مَرِضَ بالحُمَّى / حُمَّ 发热，发烧，害热病

سَخَّنَه وأَسْخَنَه: حَمَّاه 加热，烧热，使变热

تَسَخَّنَ (مـ) واسَّخَن (مـ) 变成热的

سُخُونَة / سَخَانَة: حَرَارَة 热，温热

ـ: حُمَّى 热病

سُخْن / ساخِن جـ سُخَّان م ساخِنَة / سَخْنَان / سُخْنَان / سَخَنَان: حَارٌّ / حَامٍ 热的，温暖的

ـ (مـ) / ـ (مـ): مَحْمُوم 发热的，发烧的，害热病的

سَخِين 热的，（眼睛）因流泪而发红，因挨打而火热地疼痛

سَخِينَة 麦片稀粥

سَخَّان / مِسْخَنَة / مِسْخَن جـ مَسَاخِنُ: جِهَاز تَسْخِين الماء 热水器

ـ الماء 煮水器，锅炉

سَخَّانَة جـ سَخَّانَات 加热器

ـ كَهْرَبَائِيّة 电炉
مُسَخِّن جـ مُسَخِّنات 加热器，（烹饪用的）电炉
سِخِّين جـ سَخَاخِينُ 铲；屠刀
سَخَا يَسْخُو وسَخِيَ يَسْخَى وسَخُوَ يَسْخُو سَخًا وسَخَاءً وسَخَاوَةً وسُخُوًّا وسُخُوَّةً: كان سَخِيًّا 成为慷慨的，成为大方的
سَخَتْ نَفْسُه وسَخَا بنفسه وسَخَّى نَفْسَه عن الشيء 慨然放弃…
تَسَاخَى وتَسَخَّى: تكلَّف السَخاء 假装慷慨，假装大方，显得慷慨大方
سَخَاء / سَخَاوَة: جُود 慷慨，大方
بـ ـ 慷慨地
سَخَاوَة (مـ): رَخَاصَة / ليونة 柔顺，柔软
سَخِيّ جـ أَسْخِيَاءُ م سَخِيَّة جـ سَخِيَّات: كَرِيم 慷慨者，大方者，好施者
هو ـ بالكلام شحيح بالعَمَل 他说得多做得少，只说不做
ـ (مـ): رَخْص 柔顺的，柔弱的
سداة (في سدي)
سَذَب (مـ): سَذاب [植]芸香
سِدَابَة خَشَبٍ (مـ): شُقَّة 木板，板条
ـ (مـ): سِدَادة 塞子
سَدَجَ ـُ سَدْجًا بالشيء: ظَنَّه 猜想
ـ وتَسَدَّجَ 说谎
سَدَّاج 说谎者
سَدَحَه ـَ سَدْحًا 宰后放在地上
ـ ه وسَدَّحَه 杀死
سَادِح 丰富的
سَدَّ ـُ سَدًّا الإناءَ: ضد فتحه 堵住，封住
ـ الباب: أَغْلَقَه 关门
ـ هُ: عاقَهُ 阻挡，阻拦，阻碍

ـ بسِدَادَة 用塞子塞住
ـ فَرَاغًا: مَلأَه 填满(空隙)，填空白
ـ ثَغْرَةً في … 补缺口
ـ الرَمَقَ بـ … / ـ رمقه بشيء من الأكل 糊口
ـ مَسَدَّه: قامَ مَقامَه 代替他，代理其职位
ـ النَفَقَاتِ (مـ): وَفَاهَا 付给(费用)，支付(费用)
ـ حاجَةً: قَضَاهَا 满足(需要)
ـ ـَ وـِ سَدَادًا وأَسَدَّ في كذا: كان سدِيدًا 击中，命中，打中，射中；中肯，正确
سَدَّدَه: أرشده إلى الصواب 指正，指明，指示正确的方向，指向正确的道路
ـ نحو …: صوَّب 对准，瞄准
ـ حِسَابًا (مـ): وَفَاه 清偿债务，结算，结账
ـ الدَيْنَ 偿还，抵偿
اِنْسَدَّ 成为紧闭的，塞紧的
ـ: أُغْلِقَ 被关闭
سَدّ: ضد فتح 阻碍，阻挡，阻拦，堵塞，关闭
ـ وسُدّ جـ سُدُود وأَسْدَاد: حاجِز 栅栏，障碍物
ـ في نَهْر: حِبْس 坝，河坝，水闸，水坝
ـ (لِمَنْعِ الفيضَان) 河堤，堤防，堰
ـ (لرَفْعِ مُسْتَوَى المياه أو تحويل مجراها) 堰，导流渠
ـ (صِنَاعِيّ يُقَام في مَجْرًى لزِيَادَة العُمْق) 拦河坝，堰
حارة ـ (مـ) 死巷，死胡同
طريق ـ (مـ): رَدْب / لا مَنْفَذ له 死路，绝路
مُحْكَم الـ: مَسِيك 堵得严密的，水泄不通的
ـ جـ أَسِدَّة 残疾

سُدّ جـ سُدُود 黑云
كَلامٌ سِدٌّ: مُصِيب 中肯的话
سَدَد / سَداد 正确性
سَداد: إحْكَام 适当，正确，合理
بـ ـ: باحكام 适当地，正确地
سَدَادًا لكذا: وَفَاءً لِكذا 偿还，偿付，支付
تَحْتَ الـ (مـ) أو التسديد: مُعلَّق 未偿的，未了的(债务)
سِدَاد جـ أَسِدَّة وسِدَادَات 塞子
سِدَادَة جـ سِدَادَات: ما يُسَدُّ به / سُبَد 塞子，盖子；闭塞器
ـ الحَوْض / طَبَّة (مـ) 水盆或水池的塞子
ـ الزُجَاجَة 瓶塞子
سُدَّة جـ سُدَد: باب 门
ـ: مِنْبَر أو عَرْش 讲座，讲坛；宝座，御座
ـ 坐位，凳子
ـ بَابَوِيَّة أو رَسُولِيَّة 罗马教皇的职位，主教的职位
ـ رِئَاسَة الجُمْهُورِيَّة 共和国总统的职位
تَسْدِيد: تَصْوِيب 瞄准，对准
ـ: إيفَاء 偿付，偿还
اِنْسِدَاد 堵塞
ـ وِعَاء دَمَوِيّ 血管堵塞
سَدِيد / أَسَدّ جـ سُدّ: مُحْكَم 合适的，正确的
ـ الرِمَايَة 神枪手，狙击手
جَوَابٌ ـ 正确的答复
سَادَّة جـ سُدُد 害白内障的眼睛
ـ 衰老的母驼
مَسَدّ 堵塞的地点
مَسْدُود 被关闭的，被堵塞的
طَرِيق (أو زُقَاق) ـ 死路，绝路，此路不通
سَدِرَ ـَ سَدَرًا وسَدَارَةً: تَحَيَّرَ 为难，受窘，狼狈
ـ البعيرُ (骆驼因热而)晕眩，眼花
ـ في غَيِّه / في غُلْوَائِه 张皇失措
ـ: كان لا يُبَالِي بما يَصْنَعُ 毫无顾忌，肆无忌惮，无法无天
سَدَرُ النَظَر: زَغْلَلَتُه 眼花缭乱，耀眼，眼花
سِدْر جـ سُدُور الواحدة سِدْرَة جـ سِدْرَات وسِدِرَات وسِدَر: شجرة النَبْق [植]滨枣
ـ بَرِّيّ: ضال [植]酸枣
سَدِر: مُتَحَيِّر 为难的，狼狈的，受窘的
سَدَر (مـ) [医]眩晕，眼花
سَادِر 毫无顾忌的，肆无忌惮的，无法无天的
جاء يَضْرِب أَسْدَرَيْهِ 他空手而归
سِدْرِيَّة جـ سِدْرِيَّات (咖啡馆中用来洗茶杯的)大锅，大盆
سَدَسَ ـِ سَدْسًا القَوْمَ (راجع ستت) 成为第六人
سَدَّسَ العَدَدَ 用六乘某数
ـ الشكلَ 作成六角形或六边形
أَسْدَسَ القومُ 成为六个的；每六天饮骆驼一次
سُدْس وسُدُس جـ أَسْدَاس (١/٦) 六分之一(1/6)
آلَة الـ: جِهاز تحقيق الموقع بالنسبة لخطوط الطول والعرض [物]六分仪
سُدُوس / سَدُوس 绿袍
سُدَاسَ / مَسْدَسَ 六个六个地
سُدَاسِيّ الحُرُوف 六个字母的词
ـ أو مُسَدَّس الأَرْكَان 六角形，六边形
ـ / ـ السُطُوح 六面体
ـ [乐]六部合唱曲
سَدِيس جـ سُدْس 六分之一的，由六构成的；六岁大的牲口

سادِس م سادِسَة: بعد خامِس 第六
ـ عَشَرَ م سادِسَة عَشْرَةَ 第十六
سادِسًا 第六
مُسَدَّس جـ مُسَدَّسات: فَرْد بِساقِيَة (مـ) 六轮手枪，左轮枪
ـ البُويَة (مـ) / ـ الدِهان 喷漆枪
أَسْدَفَ (夜)成为黑的；睡；(饿得)眼前发黑；(曙光)微露，东方发白，破晓
ـ ه 点(灯)；开(门)；拉起(幕、帐)；放下(面纱)
ـ عن كذا: تَنَحَّى 离开，避开，让出
سَدَف جـ أَسْداف / سُدْفَة: نُور الغسق والسَحَر 曙光，薄暮
سَدَف جـ سُدُوف 暗影；在远处看见的物体
سِدافَة 窗帘，幕
سُدْفَة 门帘；黑夜
سَدَلَ ـُ سَدْلاً وسَدَّلَ وأَسْدَلَ الشَعْرَ وغيرَه: أَرْخاه 垂下，放下，披下(头发等)
ـ وأَسْدَلَ السِتارَ: أَسْبَلَه 放下(窗帘、幔帐等)
سُدْل وسِدْل جـ سُدُول وأَسْدال وأَسْدُل: سِتْر 幕，窗帘，帷帐；面幕
سِدْل: عِقْد 项链，项圈
سَدِيل جـ سُدُل وسَدائِلُ وأَسْدال 驼轿帘，帐幕，门帘
سِدِّلي (波) 一种沙发
سَدِمَ ـَ سَدَمًا: ندِم وحزن 懊悔，悔恨
سَدَمَ ـُ سَدْمًا 关门，闩门
سَدَم 懊悔，悔恨
ـ وسَدُم وسَدِم وسُدُم جـ أَسْدام 腐水，臭水
سَدِيم جـ أَسْدام وسُدُم وسِدام: ضَباب 雾，薄雾，烟云
ـ (في الفَلَك) [天]星云
ـ حَلَزُونِيّ / ـ لَوْلَبِيّ 螺旋状星云
سَدِيمِيّ (في الفلك) 星云的，星云状的
سَدَنَ ـُ سَدْنًا وسِدانَة 看守天房，看守佛寺
سادِن جـ سَدَنَة: خادِم الكَنِيسَة 礼拜堂司事，教堂看门人
سَدِين 肥肉；血液；羊毛；帐幕
سَدَا يَسْدُو سَدْوًا وأَسْدَى واسْتَدَى بيده 伸手
تَسَدَّى 骑，乘，上；跟随，追随
اِسْتَدَى الفَرَسُ: عَرِقَ (马)出汗
سَدَّى وأَسْدَى إليه 恩赐，给予利益，给予好处
ـ وـ إليه النُصْحَ 给以劝告，提供忠告
ـ (织布时)弄好经线
ـ العَوْنَ إلى ... 给以帮助
ـ شُكْرًا 表示感谢
ـ الأَيادِيَ البَيْضاءَ 给以恩惠
سُدًى: باطِلاً 白白地，无益地，无效地，徒然地
سَداة النَسِيج جـ أَسْدِيَة / أُسْدِيّ / أَسْدِيّ: خِلاف لحمته 织物的经线
ـ جـ أَسْدِيَة: عُضْو الذكَر في النبات [植]雄蕊
سَذَاب: سَذَب (مـ) [植]芸香
ـ التَيْس [植]山羊豆
سَذَاجَة: بَساطة 单纯，简单，朴素，平凡，质朴，真诚，坦率，直率
ساذَج جـ سُذَّج: بَسِيط / ساده (مـ) 单纯的，朴素的，平凡的
ـ: سليم النِيَّة / بَسِيط 天真的，无伪的；幼稚的，头脑简单的
لَوْن ـ: لون ساده (مـ) 一色，单一色，清一色
ـ 纯酒

ـ هِنْدِيّ [植]甘松香
سَرْ (أ) (波) 主要的，首要的，基本的
ـ 首长，经理人，家长，头人；(书的)章，段，篇
ـ عَسْكر / ـ دَار sirdar (波) 将军，司令官，总指挥
ـ مُهَنْدِس 总工程师
ـ تُجَّار 商会会长
ـ كَاتِب (波) 秘书长
سَرّاء / سِرّ (في سرر)
سَرَابِيس (أ) Serapis: مَعْبُود بَطْلَمِيّ (古埃及下界的神)公牛神
سُرادِق (في سردق)
سَرَاي / سَرَايَة جـ سَرَايَات (في سري)
سَرَأَت ـ سَرْأً وسَرَّأَت الجَرَادَةُ أو السَّمَكَةُ (蝗、鱼)下卵
أَسْرَأَت 到排卵期，产卵期
سَرْء / سِرْء / سِرْأَة 蝗卵，鱼卵
سَرُوء جـ سُرُؤ وسُرَّاء 卵生的
سَرِبَ ـَ سَرَبًا وتَسَرَّبَ الماءُ من الإناء: سال (水)漏出，流出，渗出
ـ الإناءُ (容器)渗水，漏水
ـ وـ: خرجَ خُلْسَةً 溜走，潜逃
سَرَبَ ـُ سُرُوبًا الماءُ (水)流
ـ الإبِلُ والدابَّةُ (家畜到草地去)吃草，放牧
سَرَّبَ الإبِلَ: أَرْسَلَها قِطعةً قِطعةً 把骆驼一群群地放出去
ـ إليه الأشْيَاءَ: أَعْطَاهُ إيَّاهَا واحدًا بعد واحدٍ 把东西一件件地给他
تَسَرَّبَ في الشيء 渗透
ـ الخَبَرُ (消息)走漏
ـ الماءُ في الأرض (水)渗入地里

اِنْسَرَبَ 漏出，渗出
سَرَب جـ أَسْرَاب: نَفَق 隧道，地道
ـ 兽窟；流水
سِرْب جـ أَسْرَاب / سُرْبَة جـ سُرْب وسُرَب: قَطيع 一群(鸟、兽、妇女)
ـ / ـ: عَدَد عَظِيم 多数
ـ طُيُور 一群鸟
ـ طَائِرَات 飞行小队
قَائِد ـ 空军上尉
سِرْبِيّ (أ) Serb 塞尔维亚的；塞尔维亚人
الـ ة 塞尔维亚语
سَرْبَة 短途旅行；皮肤的伤痕
تَسَرُّب 渗透，泄漏
سَرَاب: خَيْدَع 蜃景，海市蜃楼
ـ (مـ): أقذار المَرَاحِيض 厕所里的秽物
سَرَبَاتِي (مـ) / سَرَابَاتِيّ جـ سَرَبَاتِيَّة: كاسح المَرَاحِيض 清洁工人(夜间打扫厕所的人)
أُسْرُب / أُسْرُبّ: رَصَاص أسود 黑铅，石墨
مَسْرَب جـ مَسَارِبُ: مَصْرَف / مجرى الماء 排水渠，阴沟，下水道
مَسْرَبَة 牧场，牧草；运河
ـ / مَسْرُبَة جـ مَسَارِبُ 护胸毛
سِرْبَاخ 大沙漠
سِرْبِسْت (سـ) 直率的，坦白的
سَرْبَلَه: أَلْبَسَه 给…穿衣服
تَسَرْبَلَ 穿上，穿衣服
سِرْبَال جـ سَرَابِيلُ: كلّ ما يُلْبَس 衣服，衬衫，背心
سَرْبَنْد (أ) (波) 头带
سَرْت (أ) (土) 酸
سَرَجَتْ المرأةُ ـُ سَرْجًا وسَرَّجَت شعرَها: ضَفَرَتْه 梳辫子

سَرَّجَ (مـ): شرّج / خاط خياطة متباعدة 粗缝，假缝，暂时缝合
ـ وأَسْرَجَ الحِصانَ (مـ) 鞁马
ـ شَمْعَةً 点蜡烛
ـ وسَرِجَ ـ سَرَجًا وتَسَرَّجَ 说谎
سَرْج جـ سُرُوج: بَرذَعة الخيل 马鞍
ـ جَنَّابِي (مـ) (انظر خَسْرَوان) 女鞍
سِرْجِين (波) 粪便，畜粪，厩肥
سِيرِج / شِيرِج (أ) (波): زَيت (دُهْن) السِمْسِم 芝麻油，麻油，香油
سِيرَجَة (مـ): معصَرة السيرج وغيره 榨油场
سِرَاجَة / سُرُوجِيَّة (مـ): صِناعة السُرُوج 马鞍业
ـ (مـ): شِرَاجَة / خِياطة متباعِدة 粗缝，假缝，暂时缝合
مَرَض الـ (مـ): رُعَام [医]马鼻疽
سِرَاج 夜明灯
سِرَاج جـ سُرُج: مِصْبَاح صَغِير 灯，油灯
ـ الليل: ـ الفعَلَة (س) / حُباحِب 萤火虫
ـ (مـ): أُنْبُوبَة النفخ على النار / تِلام 吹火筒
مَسْرَجَة جـ مَسَارِجُ: ما يُوضَع عليه السِراج 灯座，灯台，灯架
مِسْرَجَة جـ مَسَارِجُ: سِراج / مِصباح 灯
سرحت ـ سَرْحًا وسُرُوحًا المَوَاشِي: ذهبتْ ترعى (牲畜)去吃草
ـ سَرْحًا المواشِيَ: أرسلها تَرْعى 放牲畜去吃草
ـ العَقْلُ (مـ): شَرَدَ 茫然，发呆，恍惚
ـ بالبَصَر / ـ البَصَرَ 一望，一瞥
سَرِحَ ـ سَرَحًا الرجلُ: خرَج في أُموره 出去做事
سَرَّحَ المَوَاشِيَ 放牧牲畜，放牲畜去吃草
ـ البَصَرَ في ... / ـ الطَرْفَ في ... 一望，看一看，放眼望去
ـ نظرَه حتّى أَقاصِي الأُفُق 极目远眺
ـ اللّهُ فلانا للخير: وفّقه 佑助，相助
ـ القَوْمَ: صرفهم 遣散
ـ الجَيْشَ: صرَفَه 复员，遣散，解散
ـ الأَمْرَ: سهَّله 使容易，顺当，促进
ـ زَوْجَتَه: طلَّقَها 休妻，离婚
ـ الشَعْرَ: مشَطه 梳头，拢发
ـ عنه: فَرَّج 打消顾虑，解除愁闷
ـ العَقْلَ (مـ) 他在出神
تَسَرَّح عنه: فُرِّج عنه 疑惧被消除
اِنْسَرَحَ 伸脚而仰卧
ـ ت الدَابَّةُ: سارت سيرًا سريعًا سهلاً (牲口)轻快地走
ـ (مـ): خرج من ثيابه 裸露，赤身
سَرْح واحدته سَرْحَة جـ سُرُوح 牲畜；自由放牧的羊群；无刺的树，大树；庭院
سِرْحَان جـ سَرَاحٍ وسِرَاحٍ وسَرَاحِين 狼；狮；池(盆)的中部
سَرَحَان الفِكْر (مـ): شُرُوده 茫然，发呆，恍惚
سَرَحِيَّات (مـ) 想入非非
سَرَاح: صَرْف أو إطلاق 解散，遣去；离婚
أَطْلَقَ ـ ه: صرَفَه 释放，开释
مُطْلَق الـ 自由的，被释放的，不受限制的
تَسْرِيح الجُيُوش 复员，遣散(军队)
تَعْوِيضَات الـ 遣散费，离职津贴
تَسْرِيحَة: تَحْذِيف / تَرْتِيب الشَعْر 梳头，拢发
ـ (مـ): خِوان الزينة 梳妆台
ـ جـ تَسْرِيحَات 发型，发式
سارِح الفِكْر (مـ): شارِد العَقْل 心不在焉的，思想不集中的，思想开小差的
ما له سارِحة ولا رائِحة 他身无分文
سَرِّيح (مـ): بائع مُتَجَوِّل 小贩，流动的小贩
مُسَرَّح 退役的，退伍的，复员的

مُنْسَرِح 自由的，不受限制的，不受妨碍的
ـ: سِرْيَاح 快的，迅速的(马)
ـ 蒙塞利哈(阿拉伯古诗格律中的一式)
ـ: فَرَس ـ 快马
مَسْرَح جـ مَسَارِحُ: تِيَاتْرُو (مـ) 戏院，剧院，剧场
خَشَبَة الـ 舞台，戏台
مَسْرَحِيّ 戏院的，舞台的，话剧的，戏曲的
التَّأْلِيف الـ 戏剧创作，戏剧作品
مُؤَلِّف ـ 剧作家
مَسْرَحِيَّة جـ مَسْرَحِيَّات 剧本，话剧作品
سَارُوخ جـ سَوَارِيخُ (مـ): سهم ناريّ / صَارُوخ (مـ) (انظر صرخ) 火箭，烟火，花炮，五色烟火
سِرْخِس / سَرْخَس: خِنْشَار [植]羊齿，羊齿植物
سَرَدَ ـِ سَرْدًا وسِرَادًا وسَرَّدَ الشيءَ: ثقبه 穿孔，打眼，扎眼
ـ الحديثَ: ساقه 有条有理地讲话
ـ الشَوَاهِدَ: ذكرها 引用，引证，举出例证
ـ تفاصيلَ الموضوع 详述，缕陈
سَرَّدَ وأَسْرَدَ الأَدِيمَ: ثقبه وخرزه 刺穿，穿孔，打眼，缝(皮革)
سَرْد: ذِكْر / إيراد 引证，援引
ـ مُتَتَابِع بانتظام 连续地引用
سِراد / سَرِيد / مِسْرَد (皮匠用的)锥子
سِرْدَاب جـ سَرَادِيبُ (مـ): سَرَب / نَفَق 隧道，坑道，地道
ـ أَرْضِيّ: دَيْمَاس / مَخْبَأ تحت الأرض 地窖
سِرْدَاح جـ سَرَادِيحُ 强壮的母驼；阿拉伯橡胶树丛
سِرْدَار (مـ) sirdar (波): قائد الجيش 统帅，司令
سِرْدَارِيَّة 总司令部
سَرْدَقَ المكانَ: نصب السُرادق عليه 搭帐篷
سُرَادِق جـ سُرَادِقَات: خَيْمَة 帐篷，华盖，天篷，布篷，凉篷
ـ من الدُخَان أو الغُبَار 一朵烟雾，一团烟雾或灰尘
ـ 亭子，卖货棚，陈列棚
سَرْدِين sardine: صَحْنَاة 沙丁鱼
سَرَّهُ ـُ سُرُورًا ومَسَرَّةً وسُرًّا وسُرًّى وتَسِرَّةً وأَسَرَّه: أعجبه وأفرحه 令人喜欢，令人高兴，令人愉快，令人快乐
ـ ه (مـ) وسارَّه وأَسَرَّ إليه السِرّ 密谈，诉衷情，把秘密告诉他
يَسُرُّني أنْ ... 我因…而高兴，对…我感到高兴
سُرَّ سُرُورًا بكذا: فرح 喜欢，高兴，愉快
أَسَرَّ السِرَّ: كَتَمَه 保密
ـ إليه المَوَدَّةَ وبالمَوَدَّة: أَفْضَى بها إليه 表示，表露(敬慕、友好)
تَسَارَّ القومُ: تَنَاجَوْا 窃窃私语，悄悄地谈话
تَسَرَّرَ واسْتَسَرَّ / تَسَرَّى: اِتَّخَذَ سُرِّيَّةً 蓄妾，纳妾，娶姨太太，轧姘头
سُرّ جـ أَسِرَّة: الحبل السُرِّيّ 脐带
سُرُور / مَسَرَّة: فرح 快乐，高兴，愉快
مَسَرَّة جـ مَسَرَّات ومَسَارّ: سُرُور 高兴，快乐，满意
سُرَّة البَطْن جـ سُرَر وسُرَّات 肚脐，肚脐眼
ـ الأَرْض [植]石莲华
ـ البَلَد 市镇的中心，城市的中央，中心
ـ الطارة أو العَجَلَة: قُبّ (车)毂
ـ: حِلْيَة وَسْطَانِيَّة [建](天花板或餐桌的)中央饰件

ـ (م): حُزْمَة 包，捆，扎，束，卷
بُرْتُقَال أَبُو ـ 脐橙
ـ الوادِي: بطنه أو أفضل مواضعه 河谷中最肥沃处
سُرِّيّ: مُختص بسُرَّة البطن 肚脐的，有关肚脐的
سَرَّاء: ضد ضَرَّاء 幸运，幸福，安乐
في الـ والضَرَّاء 在安乐中和患难中
شاطَرَها ـ عيشِه وضَرَّاءه / شَارَكَها في الـ والضَرَّاء 他和她同甘共苦，同安乐共患难
سَرَر / سِرَر: الحَبْل السُرِّيّ 脐带
سِرّ / سُرّ جـ أَسْرَار جج أَسَارِير: خُطُوط الكَفّ والجَبْهَة (额)皱纹，(手)掌纹
أَبْرَقَتْ أَسِرَّتُهُ 喜气洋洋，容光焕发
الأَسَارِيرُ: مَحاسِن الوجه 相貌，面貌，容貌
سُرِّيَّة جـ سَرَارِيّ: حَظِيّة 妾，姨太太，偏房，姘头，情妇，二奶
سِرّ جـ أَسْرَار: ما يُكْتَم / خَافِيَة / دَخِيلَة 秘密，机密
ـ: خفاء 秘密，隐蔽
ـ غامِض أو خَفِيّ 神秘，秘教，秘传
ـ الصَنْعَة 秘诀，诀窍，窍门
ـ المِهْنَة 同行的秘诀，行业的秘传
ـ اللَيْل / كَلِمَة الـ 口令，口号
ـ التُجَّار: رَئِيس التُجَّار 商会会长
ـ (م): نَخْب (يشرب لصِحَّة الأَحِبَّاء) (为亲人的健康而)干杯
ـ عَسْكَر (م): مُشِير (م) [军]陆军元帅
الـ المقدَّس 圣餐
قرأ في ـ ه 默读，默念
أَتْعَبَ ـ ه 烦忧，搅忧，麻烦
شَرِبَ ـ ه 敬酒，为他的健康而干杯

في ـ كُمْ (م): في صِحَّتِكُمْ 为您的健康！
كاتِم أو كاتِب الـ: سَكْرْتِير (م) 秘书，书记
يَكْتُم الـ: كَتوم 能保密的
لا يكتُم الـ 不能保密的
قَالَتْ في ـ ها 她暗自说…
سِرًّا: ضد عَلانِية 秘密地
ـ: في الخفاء 秘密，私下，暗中，暗地里
ـ: بَاطِنًا / قَلْبِيًّا 暗自，在肚皮里
سِرِّيّ: ضد عَلَنِيّ 秘密的，暗中的
ـ: خَفِيّ / غامِض 神秘的，秘教的
ـ: خُصُوصِيّ 亲展的，亲启的(书信)；私人的
بُولِيس ـ 侦探，密探，包探，探员
بَيْت ـ: بَيْت دَعَارة سِرِّيَّة 私娼卖淫处，暗娼门
حِبْر ـ 隐显墨水，暗写墨水
مَرَض ـ: مَرَض تَنَاسُلِيّ 性病，花柳病
مُحاكَمَة ـ ة 秘密审判
مَصارِيف ـ ة (حُكومِيَّة) (政府)机密事务费用
تَسَرُّر / اِسْتِسْرَار: اتّخاذ الحَظَايا 纳妾，蓄妾
سَرِير جـ أَسِرَّة وسُرُر: مَضْجَع / تَخْت 床，床架，卧铺
ـ المَلِك: عَرْشه 宝座，帝位，王位
ـ الهِرّ (小孩玩的)翻线戏，翻绞绞，挑绳戏，挑花线
سَرِيرَة جـ سَرَائِرُ: نِيَّة 心，心胸，意向，意志
طَيِّب الـ: سَلِيم النِيَّة 心地光明的，内心纯洁的，天真无邪的
في ـ نَفْسِي 在我内心深处，在我心灵深处
سَارّ: مُفْرِح 令人高兴的(指事物)，如：喜(信)，喜(事)，喜(雨)

مَسْرُور: فَرْحَان (指人)愉快的，高兴的
مِسَرَّة ج مَسَارّ: أنبوبة التَخَاطُب بين غُرْفَتَيْنِ
两室间的传话筒，传声筒
ـ: تِلْفُون (أ) (راجع تلفون) 电话
ـ أثِيرِيَّة 无线电话
ـ سِلْكِيَّة 有线电话
سَرِيس (مـ): بقلة كالهِنْدِباء [植]菊苣
سِرْسَاب (مـ): سِرْسَام [医]疑病症，忧郁症，
癔病症
مُسَرْسَب: مُسَرْسَم [医]患疑病者，患忧郁
症者
سِرْسَام (波): خَوْف المَرَض [医]抑郁症，疑病
症，癔想症
ـ: التهاب سِحَائيّ [医]脑膜炎
سَرَطَ ـُ وسَرِطَ ـَ سَرَطًا وسَرَطَانًا وتَسَرَّطَ واسْتَرَطَ
الشيءَ: اِبْتَلَعَه 吞下，咽下
سِرَاط / صِرَاط: سَبِيل 路，道路
سُرَاط 锐利的，磨快的(刀、剑)
سُرَاطِيّ 利(剑)；快(马)
ـ / سُرَط / سُرَطَة / سِرْوَاط / سِرْطِيط 狼吞
虎咽者，饕餮者
سَرَطَان 蟹，螃蟹
ـ: بُرْج فَلَكِيّ رَابع [天]巨蟹宫
ـ: وَرَم سَرَطَانِيّ (مرض خبيث) [医]癌肿，
毒瘤
ـ بَحْرِيّ 海螃蟹
ـ نَاسِك 寄居蟹
ـ ظِهَارِيّ [解]上皮癌，上皮瘤
ـ غُدَدِيّ [医]腺癌
سَرَطَانِيّ: مَنْسُوب إلى مَرَض السرطان 癌症的，
毒瘤的
مَسْرَط ومِسْرَط: بَلْعُوم 咽喉

سَرِعَ ـَ وسَرُعَ ـُ سُرْعَةً وسِرَعًا وسِرْعًا وسَرْعًا
وسَرَعًا وسَرَاعَةً: ضد بَطُؤَ 快，迅速，赶快
سَرَّعَ 加快
سَارَعَ وتَسَارَعَ وتَسَرَّعَ إلى الأمر: بادر 迅速，
赶快，赶忙
ـ في الأمر: جَدّ 赶紧干，赶快办
أَسْرَعَ في العَمَل والمَشْي: ضد أَبْطأ 赶紧做；赶
快走
تَسَرَّعَ في عَمَله (مـ): اِندفع 草率地做，急忙
地做
سُرْعَة 快，迅速，急速
ـ السَّيْر: دَرَجَة سُرْعَته 速度，速率
ـ الإنْجاز 敏捷，迅速，机敏；速办，急
速处理
بسُرْعَة: بعَجَلَة 快快地，迅速地，急速地，
赶快地，赶忙地
بِـ البَرْق / بِـ خاطِفَة 飞快地，用闪电般
的速度，火速地，火急地，飞速地
سُرْع اللِجَام ج أَسْرَاع (س): زِمام 缰绳
سَرْعَان / سِرْعَان / سُرْعَان: أَسْرِع (اسم فعل)!
赶紧，赶快！快点！
ـ الرَفِيقُ = أَسْرِعْ يا رَفِيقُ! 同志，赶快！
ـ: ما أَسْرَعَهُ! 多快呀！真快呀！
لَـ ما تَغَيَّرَت الحَالَةُ! 情况变得真快呀！
تَسَرُّع: عَجَلَة 急迫，急遽，急忙，仓猝
ـ: طَيْش 性急，鲁莽，轻率，急躁
تَسَارُع [物]加速度
ـ الجَاذِبِيَّة (الأرْضِيَّة) 重力加速度
سَرِيع ج سُرْعَان م سَرِيعَة ج سِرَاع: ضد بَطِيء
迅速的，敏捷的，快的
ـ 塞利阿(阿拉伯古诗格律中的一式)
ـ: مُعَجَّل 快的，紧急的，急迫的，急遽

的，急忙的
ـ التَأَثُّر 敏感的，易感动的
ـ الجَرْي 脚快的，飞快的，飞毛腿
ـ التَصْدِيق 轻信的
ـ الخاطِر 机智的，机敏的，机灵的
ـ الزَوَال 昙花一现的
ـ الاِلْتِهَاب 暴躁的，易激动的
ـ العَطَب 脆的，脆弱的，易碎的；娇嫩的
ـ التَلَف 易腐败的，易坏的
سَرِيعًا: حالاً 立刻，立即，马上
أُسْرُوع ج أَسَارِيعُ / يُسْرُوع 蠋，青虫（蝶蛾类的幼虫）
مُتَسَرِّع: عَجُول 性急的，慌忙的，轻率的
سَرِغَ ـَ سَرَغًا: أكل عناقيد العنب بأصولها （连藤一起）吃葡萄
سَرْغ ج سُرُوغ 葡萄藤
سَرْغُو (أ) sorghum: نِجْرُو (مـ) [植]芦粟
سَرَفَتْ ـُ سَرْفًا السُرْفَةُ الشجرةَ: أكلت ورقها （虫）吃光了树叶
أَسْرَفَ المَالَ: بَذَّره 浪费，乱花（钱）
ـ في كذا: جاوز الحدّ 过度，无节制，超出范围
سَرَف: ضد قَصْد 过度，过分
في غير ـ 适度的，有节制的
سُرْفَة: يرَقَانَة 蛹，幼虫，幼体
ـ: دُودَة القزّ 蚕
سَرُوف: شديد عظيم 艰难的，恐怖的（日子）
إسْرَاف: تَبْذِير 挥霍，浪费
ـ 过度
مُسْرِف: مُبَذِّر 挥霍者，乱花钱者
ـ 超度的，过火的
ـ في الدِقّة 过于细致的，过于仔细的

مِسْرَاف 极度挥霍的，挥金如土的，极度浪费的
سَارُوفِيم (أ) Seraphim （希伯来）六翼天使
سَرَقَ ـِ سَرَقًا وسَرِقًا وسَرَقَةً وسَرِقَةً وسَرْقَانًا واسترَقَ منه الشيءَ وسَرَّقَه الشيءَ: أخذه منه خِفْية وبحيلة 偷，窃，偷盗
ـ ه: نَهَبَه 抢劫，掠夺
ـ شَخْصًا: خطَفه 绑架，拐走
ـ شَيْئًا قَلِيلاً: قَصْوَل (مـ) 偷，扒
ـ (كالخَيَّاط من القُماش 偷，揩油（如裁缝偷点儿布料）
ـ مُؤَلَّفًا: انتحله لنَفْسِه 剽窃（别人的文章、学说等）
سُرِقَ الرجلُ: سُرِقَ بَيْتُه 家中失窃
ـ صَوْتُه: بَحَّ 声音变哑
سَرَّقَه: نَسَبَهُ إلى السرق 告他偷窃，以剽窃罪控告他
سَارَقَه النَظَرَ / سَارَقَ النَظَرَ إليه 偷看
اِسْتَرَقَ السَمْعَ / سَارَقَ السمعَ: استمع مُسْتَخفِيًا 偷听
اِنْسَرَقَ عنه: انسحب 偷偷地溜掉；开小差
ـ ت مَفَاصِلُه: ضَعُفَت 变弱，身子骨儿软弱
سَرِقَة / سَرْقَة: أَخْذ ما للغير خِفيةً 偷，盗，偷窃
ـ: جَرِيمة السرقة 盗窃罪
ـ بإكْرَاه: نَهْب 抢夺，强夺，抢劫，掠夺
ـ أَدَبِيَّة 剽窃，抄袭
ـ البِحَار: قَرْصَنَة 海上掠夺，海盗行为
ـ التَأْلِيف أو الكِتَاب: اِنتحال （文章书籍的）剽窃，抄袭
ـ الأشخاص (كالأولاد وغيرهم) 拐走，绑架
ـ المَسَاكِن 侵入住宅
جُنُون الـ [医]盗癖，盗窃病

سَرِقَة 窃物，赃物

سَرَقَة جـ سَرَق (波) 一块绸子

سَارِق جـ سُرَّاق وسَرَقَة وسَارِقُون / سَرَّاق: لِصّ 贼，窃贼，小偷

ـ المُؤَلَّفات (著作的)剽窃者、抄袭者

مَسْرُوق جـ مَسْرُوقَات 赃物，偷来的东西

سَرَّاق (مـ): مِنْشَار تِمْسَاح (مـ) 手木锯，粗齿锯

سُرْقُع 酸酒

سَرْقِين (أ) / سِرْقِين (波): زِبْل 畜粪，厩肥

سِرْك جـ أَسْرَاك / سِيرْك (أ) circus: مَلْعَب الخَيْل والحَيَوَانَات 马戏场；马戏

سَرْكِي جـ سَرَاكِي (سـ): إذْن صَرْف 汇票，支票

ـ تَسْلِيم: كِتَاب الوصُولات 交货簿，送货簿

سَرْكَار جـ سَرَاكِيرُ (ع) 工头，组长

سَرَّمَه: قطَّعه 切碎

سُرْم جـ أَسْرَام: طَرَف المِعى المُسْتَقِيم ［解］直肠；肛门

سَرَم: وجع الدبر 肛门痛

سُرْمَان: زنبور خبيث أسود وأصفر 黄蜂，黑蜂

سَرْمَد: دائم 长久，永久

لَيل ـ: طويل 漫漫长夜

سَرْمَدِيّ: ما لا أَوَّل له ولا آخِر 永恒的，无始无终的

سَرْهَدَ الصَبِيَّ / سرهفه: أَحْسَنَ غِذاءَه ونعَّمه 很好地哺育儿童

ـ السَّنَام: قطعه 割取(驼峰)

سَرْهَدَة 很好地哺育儿童

سَرَا يَسْرُو وسَرُوَ ـُ وسَرِيَ ـَ سَرْوًا وسَرَاوَةً وسَرًا وسَرَاءً: كان سَرِيًّا أي صاحِب مروءة وسَخاء 成为仗义疏财的

سَرَتِ الجَرادةُ: باضت (蝗)产卵

سَرَّى تَسْرِيَةً وأَسْرَى إسراءً الثوبَ عنه: ألقاه 剥去衣服

سُرِّيَ وانْسَرَى عنه الهَمُّ 忧虑消失

تَسَرَّى / تَسَرَّرَ: اِتَّخذ سُرِّيَّةً 蓄妾，纳妾，有情妇，有姘头，包二奶

اِنْسَرَى عنه الهَمُّ: انكشف 忧虑消失

سَرَاة جـ سَرَوَات: ظهر 背，脊

ـ من الطريق: أعلاه ومتنه (路的)中心，中央，当中，正中间

ـ: ارتفاع النهار 中午，正午

ـ: أعلى كل شيء 顶端，极顶

سَرَوَات القَوْم: سَادَتُهم 领袖，首领

سَرْو واحدته سَرْوَة: شَجَر الحياة 柏树

ـ جَبَلِيّ: عَرْعَر ［植］杜松

ـ: فضل 功劳

ـ: سخاء في مروءة 豁达，豪爽

سَرْوَة وسِرْوَة وسُرْوَة جـ سِرَاء 短箭，小箭

سَرِيّ جـ سُرَاة وأَسْرِيَاء وسُرًى وسَرَاة وسُرَوَاء م سَرِيَّة جـ سَرِيَّات وسَرَايَا: صاحِب المروءة في شرف 慷慨的，豪爽的，有义气的，义士

تَسْرِيَة 娱乐，消遣

للـ والتَسْلِيَة 为了消遣和娱乐

سَرْوَلَهُ: ألبسه السِرْوالَ 给他穿裤子，给他裤子

تَسَرْوَلَ: لبس السروالَ 穿裤子

سِرْوَال / سِرْوَالَة / سِرْوِيل جـ سَرَاوِيلُ وسَرَاوِيلات (波): لِباس النصف الأسفل من الجسم 裤子，汗裤，衬裤

ـ / ـ: بَنْطَلُون (خارِجيّ) 西装裤

ـ فَضْفَاض: شِرْوَال (مـ) 灯笼裤，囊状裤

ـ المرأة 女灯笼裤

دجاج مُسَرْوَل 毛脚鸡

فرس ـ 黑脚马

سَرَى يَسْرِي سُرًى وسَرْيَةً وسُرْيَةً وسِرَايَةً وسَرَيَانًا

وَمَسْرًى وإِسْتَرَى: سار ليلا 夜行，夜间旅行
ـ الهَمُّ: ذهب (忧愁)消失
ـ به وأَسْراه وأَسْرى به: سار به ليلا 带着他夜行
ـ (疾病)传布，蔓延
ـ الدمُ في العروق: تسلسل 血液循环
ـ الأمرُ: عُمِلَ به (命令)实施，发生效力
ـ مَفْعُولُه: أَثَّر 奏效，见效；(法律)生效
ـ عليه الأمرُ (规则)适用于他
ـ على الماضي [法]有追溯效力
سَرَّى عنه أو عن قلبه: كشَف عنه الهَمَّ 消愁，释忧，解愁，打消挂念，释念
أَسْرَى 夜间旅行
سِرِّيّ (في سرر) / سَرِيّ (في سرو)
سَرِيَّة ج سَرَايَا: قطعة من جيش [军]支队，分遣队
ـ نَقْل 运输连
ـ الإسعاف الطِبِّي 卫生连
سُرِّيَّة (في سرر)
سَرَاي / سَرَايَا وسَرَايَة ج سَرَايَات (أ) (波): صَرْح 王宫，宫殿，宫城
السَارِي ج سُرَاة / المُسَارِي / المُسْتَرِي 狮
ـ: سحابة تأتي ليلا 夜云
سَارِي المَفْعُول (法律)生效的，有效的
ـ البَرْق 天线杆
سَارِيَة المَرْكَب ج سَوَارٍ / صَارِي (م) 樯，桅，桅杆
إِسْرَاء 夜间旅行
الـ [伊]穆罕默德神秘的夜间旅行
سُرْيَان 古叙利亚人
سُرْيَانِيّ 古叙利亚的；古叙利亚人
الـ ة 古叙利亚语

مَسْطَبَة ومِسْطَبَة ج مَسَاطِبُ: مِصْطَبة 石凳，板凳，墩子
ـ: سِنْدانُ الحدَّادِ 铁砧
أُسْطُبَّة (م): نُسَالة الكَتَّان 麻屑；麻刀
سَطَحَه ـ سَطْحًا وسَطَّحَه: سَوَّاه 使光滑，使平坦
ـ ه و ـ ه: أَضْجَعَه 打倒，摔倒，撂倒
ـ ه و ـ ه: بسَطه 摊开，展开，铺开
ـ ه و ـ ه: مدَّده 拉直
ـ هم على مستوًى واحدٍ 把他们放在同一水平上
تَسَطَّحَ وانْسَطَحَ: أبسط 成为平坦的，成为光滑的
ـ: اِسْتَلْقَى على ظَهْرِه 仰卧，偃卧
سَطْح ج سُطُوح: أَعْلَى الشيء / وَجْه 面；表面
ـ مُسْتَوٍ (في الهَنْدَسَة) [数]平面
ـ مائِل [数]斜面
ـ الأرض 地面，地表，地球表面
ـ البَحْر 海面，海平面
ـ البَيْت 屋顶，房顶
ـ البَاخِرة 甲板
حَدِيقَة الـ 屋顶花园
سَطْحِيّ: خَارِجِيّ 外部的，外面的，表面的，外表的
ـ: غير عَمِيق 表面的，皮毛的，肤浅的，不深刻的
مَعْرِفَة سَطْحِيَّة 表面的认识，肤浅的知识
سَطْحِيًّا 肤浅的，表面地，皮毛地
تَسَطُّح: اِنْبِسَاط 成为平坦的，成为光滑的
ـ: تَمَدُّد 仰卧，偃卧
سَطِيح / مُسَطَّح 仰卧的，偃卧的
ـ: منبسط 展开的，摊开的

ـ: بطيء القيام لِضعف أو مرض 虚弱的，
衰弱的；伤员
ـ / سَطِيحة: مزادة 运水用的皮袋
سُطّاح: ما افترش وانبسط من النبات 蔓生植物
مَسْطَح 平地；晒枣场
ـ ج مَساطح 帐篷杆
مِسْطَح ومِسْطاح (炒菜用的)平锅；面杖，
擀面杖
مُسَطَّح: مِساحة سَطْحِيَّة 平面，面积；平地
ـ قارِّيّ [地]陆棚，陆裙，大陆架
قَدَم ـ ة 平底脚
عَرَبة ـ ة 车尾带平台的车辆或车厢
سَطَرَه ـُ سَطْرًا واسْتَطَرَه: كتَبَه 写，书写
ـ ه بالسيف: قطعه 割，切，砍
ـ وـ بالمِسْطَرَة (مـ) 用尺划线，划平行线，
划格
سَطَّرَه 多写，快写；划线
ـ: أَلَّفَ الأَساطِيرَ 编写故事
ـ عليه 对他讲故事
تَسَطَّرَ (مـ) 被划线，划格
سَطْر وسَطَر ج أَسْطُر وسُطُور وأَسْطَار جج
أَساطِيرُ: خَطّ (أو صفّ) 行，字行，树行；
手迹，笔迹
سُطْرَة: أُمْنِيَّة 希望，愿望
ساطُور ج سَوَاطِيرُ: سِكِّين كَبِير 菜刀，大刀
إسْطَار وأُسْطَار وإسْطِير وأُسْطُورَة ج أَساطِيرُ:
حِكَايَة 寓言，神话，传说，小说，空谈，
传奇，轶事
ـ 传说的故事，小说轶事，口传的古
代神话
أَساطِيرُ الأَقْدَمِين / عِلْمُ الأَساطِير 神话学，神话
أُسْطُورِيّ 传奇的，神奇的，神话的，荒
诞的
مُسَطَّر: عليه أَسْطُر 划过线的(纸等)
مِسْطَار / مَسْطَرِين (مـ) (泥水匠等的)泥刀，
抹子，镘刀
مِسْطَرَة ومَسْطَرَة ج مَسَاطِرُ: مِخْطَاط 划线尺
ـ (س): نَمُوذَج / عَيِّنَة (مـ) 样品，货样，
标本，模型
سَطْرَنْج: شَطْرَنْج 国际象棋
سَطَعَ ـَ سَطْعًا وسُطُوعًا وسَطِيعًا النورُ: أضاء
闪耀，闪光，闪射，放光
ـ الغبارُ: اِنْتَشَرَ (灰尘)飞扬
ـ ت الرَّائحةُ: انتشَرَت (气味)发散
ـ الأمرُ: ظهر ووضح 明显，清楚，真相
大白
سَطْع / سُطُوع النُور 光辉四射，光明照耀，
辉煌灿烂
ـ / ـ الرائحة أو الغُبار 气味四溢；尘土飞扬
سَطَع: صوت الضربة أو الرَّمْيَة 拍打声，扣打
声，硬物落地声，击掌声
سَاطِع: مُضِيء بِشِدَّة 辉煌的，灿烂的，使人
目眩的
ـ: ظاهِر / واضِح 明显的,显眼的,明白的,
清楚的
سَطِيع: صُبْح 黎明，曙光
ـ: طَوِيل 长的
أَسْطَع: طَوِيل العُنُق 长脖的
مِسْطَع: بَلِيغ التكلُّم 说话流利的，口若悬河的
سَطَلَه ـُ سَطْلاً الدَّوَاءُ: أَسْكَرَه 使醉，使麻醉
اِنْسَطَلَ (مـ) واسْتَطَلَ 被麻醉，失去知觉
سَطْل ج أَسْطَال وسُطُول وسَيْطَل: جَرْدَل (مـ)
桶，水桶，吊桶，提桶
سُطَل (مـ): ما يُسْكِر 麻醉药，麻醉剂，刺激

素，兴奋剂

مَسْطُول: سَكْرَان 饮醉的

أُسْطُول جـ أَسَاطِيل (希): عِمارة بَحْرِيّة 舰队，船队

سَطَمَه ـُ سَطْمًا: سدَّه 塞住，堵住

ـ الباب: ردَّه وأغلقه 关门

ـ (س) 用钢包刀口

ـ النَّجَّارُ الخشبَ: خدَّمه (م) 刨平

سِطام: سِدَادَة 塞子，软木塞

ـ: مِحْرَاك النَار 拨火棍

ـ / سَطْم 剑刃

سُطُم: أُصُول 根柢，根源

إِسْطَام 拨火棍

إِسْطامة الباب (م): قائم 门框

ـ القُفْل (م) 门闩

قُفْل داخِل الـ 撞锁，固定锁

أُسْطُوَانَة جـ أَسَاطِين [建]柱，柱子，圆柱，柱体；门廊，柱廊；[机]圆筒，机筒，(印刷机等的)滚筒，汽缸；[乐]唱片

أهل الـ 斯多葛学派的人

أَسَاطِين (في العلم والأدب وغيرهما) 名家，大家，大师，权威，泰斗，台柱，栋梁

سَطَا يَسْطُو سَطْوًا وسَطْوَةً على المكان: دخله عَنْوَةً 闯入，冲进去，强行进入

ـ عليه وبه: صال عليه ووثب 攻击，袭击，狠扑

سَطْو: هُجُوم 攻击，袭击，进犯

ـ لأجل السرِقَة 盗窃，夜盗

سَطْوَة جـ سَطَوَات: نفُوذ / سُلْطَة 势力，权势，权力

ـ (م) 盗窃

ساطٍ م سَاطِيَة 大踏步，大步；(马)竖尾，翘尾；高的

تَسَعَّبَ (液体)生出粘性的丝

سَعَابِيب (蜜)拉出的粘丝

سَعْتَر (بَرِّيّ) / صَعْتَر (بَرِّيّ): زَعْتَر [植]百里香

سَعِدَ ـَ سَعَادَةً وسُعِدَ: ضد شَقِيَ 成为幸运的，成为幸福的

ولقد سَعِدْتُ بالاستماع إليه 听到了他的谈话我感到幸福

سَاعَدَه وأَسْعَدَه: عاوَنَه 帮助，援助

ـ: مدَّ يد المُسَاعَدَة 帮忙，帮助，援助，伸出援助的手

ـ على الأمر: أَفْضَى إليه 有助于…，有益于…

أَسْعَدَه: جعله سَعِيدًا 使快乐，使幸福

ـ ه: أَعانَه 救助，帮助

ـ ه اللهُ: وَفَّقَه 上帝赐他万事如意

سَعَادَة: ضد شَقَاء 幸福，幸运，愉快，吉祥，福气

دَار الـ 幸福之家(伊斯坦布尔的别名)

صاحِب الـ 阁下

سَعَادَة السَفِير 大使阁下

سَعْد جـ سُعُود وأَسْعُد: ضد نَحْس 幸运，好运气，幸福

سُعَادَى الواحدة سُعْدَة [植]莎草，香附子

سَعْدَان وسِعْدَان جـ سَعَادِينُ (س): قِرد كبير 猿，类人猿

الـ 金星和水星

سَعْدَانَة جـ سَعْدَانَات: حمامة 鸽子

ـ الثَدْي: حَلَمته [解]奶头，乳头；乳头晕

ـ الباب: أُكْرَة (م) (门的)把手，圆形拉手

ـ 皮鞋带的结

سُعُودِيّ 沙特阿拉伯人；沙特阿拉伯的

ساعِد جـ سَوَاعِدُ: ما بين المرفَق والكفّ 前臂
ـ: عظم الزند الإنسيّ [解]桡骨
ـ (مـ) 提琴的弓；鸟翼
ساعِدَة جـ سَوَاعِدُ: نهر يصبّ في أكبر منه 支流
سَعِيد جـ سُعَدَاءُ / مُسْعَد (مـ) / مَسْعُود 幸福的，好运气的
ـ: حَسَن الطَّالع 吉祥的，幸运的，运气好的，快乐的，吉庆的
مَسْعُود 幸福的，荣幸的
مُساعِد: مُعَاوِن 助手，助理，帮办
أُسْتَاذ ـ 副教授
مُسَاعَدَة: مُعَاوَنَة 帮助，援助
ـ: تَعْضِيد 支持，拥护
ـ مالِيَّة 补助金；财政援助
بلا مُساعِد أو مُسَاعَدَة 无援地，无助地
مَدَّ يدَ المُساعَدَة 伸出援助之手
سعر ـَـ سَعْرًا وسَعَّرَ وأَسْعَرَ النارَ أو الحربَ: أوقدهما وأشعلهما وهَيَّجهما 点起，燃起(火、战火)
سُعِرَ: جُنَّ 发疯，发狂
ـ وانْسَعَرَ الكَلْبُ (狗)发狂，患狂犬病
سَعَّرَ السِلعَةَ 定价，标价
ساعَرَه: سَاوَمَه على سعر 讨价，还价，讲价，磋商(货价)
تَسَعَّرَ واسْتَعَرَ: اِشْتَعَلَ 燃烧，着火，起火
سِعْر جـ أَسْعَار: ثَمَن 价格，价钱，行情
ـ التَعادُل (اصطلاح ماليّ) 汇兑牌价，交易牌价
ـ الخَصْم (الكَمْبِيَالات) 贴现率，折扣率
ـ القَطْع: الكَمْبِيُو 兑换率，汇兑行情
ـ إلْزَامِيّ 限价
ـ السُوق 市价，市场价格
ـ المُبَادَلَة 牌价，通货行情，外汇率
ـ الجُمْلَة 批发价
ـ المُفَرَّق 零售价
ـ الوَحْدَة 单位价值
ـ دَايِر (مـ): مَرَض وافِد 时疫，流行病，传染病
بسِعْر كذا: بالثمن الفلانيّ 以某价格出售
بسِعْر التَعادُل (اصطلاح ماليّ) 照票面(面额)价格
أَسْعَار العُمْلَة (货币)牌价，币值
سَعْرَة 开始，起初；咳嗽
سُعْر: جُنُون 疯狂，疯癫，精神错乱，狂乱
ـ: كَلَب [医]狂犬症，恐水症
ـ 极饿；热
سُعْرَة (أ) 卡路里，热量
ـ: ظُلْمَة 黑色
سُعَار: ضَوَر 渴极，饿极；[医]易饿病，贪食症
ـ حرّ 热度；夜间的热度
تَسْعِير: تَثْمِين 限价，定价
تَسْعِيرَة جـ تَسْعِيرَات 定价，限价
سَعِير النار جـ سُعُر: التهابها 火焰，烈火
مَسْعُور / سَعْرَان: كَلِب 狂的，发狂的，患狂犬病的
كَلْب ـ 疯狗，狂犬
مِسْعَر جـ مَسَاعِرُ / مِسْعَار جـ مَسَاعِيرُ 通条，拨火棍
ـ الحَرْب 战争挑拨者
ـ 火把
سعطه ـُـ سَعْطًا وسَعَّطَه وأَسْعَطَه الدواءَ 把药吸进鼻子里
اِسْتَعَطَ السَعُوطَ وغيره 闻鼻烟
سَعُوط: نَشُوق [医]鼻烟，催嚏剂

عُلْبَة الـ 鼻烟盒
سَعِيط 酒药；肉豆蔻；芥子油；芳香，芬芳
مِسْعَط: عُلْبَة النَشُوق 鼻烟壶，鼻烟盒
سَعَفَه ـَ سَعْفًا وأَسْعَفَه وساعَفَه: أنجده 救助，救济，援助，救护
ـ وـ بحاجَته: قضاها له 解决他的需求
سَعَّفَ المِسْكَ 调和，混合(麝香)
سَعَف / إسْعَاف: نَجْدة 救助，救济，帮助，援助，救护
الـ الأول 最先的帮助
سَعَف جـ سُعُوف: جَرِيد النَخْل 枣椰树叶
أَحَد الـ (مـ) (عيد مسيحيّ) [基督]棕榈主日(复活节前的礼拜日，纪念耶稣到耶路撒冷)
عَرَبَة الإسْعَاف / مَرْكَبَة الإسْعَاف (紧急)救护车
رِجال الإسْعَاف (急救场合下的)急救员
جَمْعِيَّة الإسْعَاف 慈善机关的急救会
سَعْفَة: قُرُوح تخرج في الرأس أو الوجه (长在头上的)烂疮，溃疡
مُسْعِف 帮忙做事的，有利的
سَعَلَ ـُ سُعالاً وسُعْلَةً: أَحّ / كَحّ (مـ) 咳嗽，害咳嗽病
سُعْلَة / سُعَال: كُحَّة (مـ) 咳嗽
حُبُوب الـ 咳嗽药丸
ـ مُتَقَطِّعَة [医]干咳，间歇的咳嗽
السُعَال الديكِيّ / ـ الكَلْبِيّ [医]百日咳
سُعال الخَيْل 马的哮喘症
قَصَب الـ 支气管
السَعَالِي / حَشِيشَة السُعَال [植]款冬(药用)
سِعْلاَة / سِعْلَى / سِعْلاَء جـ سَعَالَى وسِعْلَيَات: أنثى الغُول 女妖魔，女鬼怪；泼妇，悍妇
ساعِل / مَسْعَل 喉

أَسْعَنَ 支起帐幕
سَعْن 肥肉；纯酒
أَبُو سُعْن 苏丹鹳
سَعْنَة 吉兆；凶兆
مَا لَهُ سَعْنَةٌ ولا مَعْنَةٌ: ما له شيءٌ 他不名一文，一无所有
سُعْنَة جـ سُعَن 帐幕，营帐
سعة (في وسع)
سَعْو / سِعْوَة / سِعْوَاء: ساعة من الليل 夜晚的一段时间
سَعْوَة: شَمْعَة 蜡，蜡烛
سَعَى يَسْعَى سَعْيًا: سَارَ أو مَشَى 奔走，奔忙
ـ: عَمِل 工作，劳动
ـ في حاجة فلان 给…帮忙，为…奔忙
ـ على قَدَمَيْه 步行
ـ على فلان 施奸计(反对…)
ـ للأمر: اهتمَّ بتحصيله 致力于…
ـ لعِيالِه: كَسَبَ لهم 为家属谋生，挣钱养家
ـ إلى المكان 前往，奔向
سَعَى يَسْعَى سِعَايَةً وسَعْيًا بفلان عند الأمير: وَشَى به 诽谤，诬告，中伤
أَسْعَى الرجلَ: جعله يسعى 使他努力
سَعْي / مَسْعًى جـ مَسَاعٍ 努力，尽力，企图
ـ 阴谋，诡计
سَعْيًا وَرَاءَ ... 为…而努力
سِعَايَة: وشَاية 中伤，毁谤，谗言，诬告
سَاعٍ جـ سُعَاة: واشٍ / نَمَّام 诬告者，中伤者，诽谤者，污蔑者，谗毁者
ـ: رَسُول 使者，信使，送信人
ـ 告发者，告密者
ـ 挑拨是非者，爱议论人的
سَاعِي البَرِيد 邮递员，邮差

سَغَبَ ـ وسَغِبَ ـَ سَغْبًا وسُغُوبًا وسَغَبًا وسَغَابَةً ومَسْغَبَةً: جَاعَ 饿，挨饿
سَغَب / سَغَابَة: جوع 饥饿，挨饿
ساغِب / سَغِب / سَغْبَان م سَغْبَى ج سِغَاب 饥饿的，挨饿的
مَسْغَبَة / سَغَابَة 饥饿
مُسَغَّب 合法的，允许的
سَغْسَغَ الدُهْنَ في رأسه: سَأْسَأَه (م) 往头上抹油
ـ الطعامَ: أوسعه دَسَمًا 把食物浸在油里
سَغْسَغَة 涂油，抹油
سُفْتَجَة ج سَفَاتِجُ (波): حَوالة ماليّة 汇票，支票，期票
سَفَحَ ـَ سَفْحًا وسُفُوحًا الدمَ أو الدمْعَ: أراقَه 流(血、泪等)
سَافَحَا وتَسَافَحَا: زَنَيَا 私通，通奸
سَفْح ج سُفُوح الجَبَلِ: أصل الجبل وأسفله 山脚；山麓
سِفَاح: زِنًى 私通，通奸，淫乱
وَلَد من الـ / وَلَد ـًـا 私生子
تزوّج بها سِفَاحًا 姘居，同居
سَفَّاح: مُرِيق الدماء 杀人者，刽子手
الـ 屠夫(阿拔斯王朝第一个哈里发艾布·阿拔斯·阿卜杜拉的外号)
سَفِيح: كساء غَلِيظ 粗劣的衣服
سَفِدَ ـَ وسَفَدَ ـِ سِفَادًا وسَافَدَ الذكرُ أنثاه 交配，交尾
سَفَّدَ اللحمَ: شكّه في السَفُّود 把肉穿上烤肉铁棍
سِفَاد 交尾
سَفُّود ج سَفَافِيدُ: سِيخ 烤肉铁棍，炙肉棍
سَفَرَ ـِ سُفُورًا: خرج إلى السفر 旅行
سَفَرَتْ ـُ سُفُورًا وأَسْفَرَتِ المرأةُ: كشفت عن وجهها 揭去面纱
ـ البَضَائِعَ والبَرِيد 发送，发出(货物或邮件)
ـ وأَسْفَرَ الصُبْحُ والوجْهُ: أَضاء (晨光)照耀，闪耀；(脸)发光，发亮，容光焕发
سَفَّرَه: جَعله يُسَافِرُ 使旅行，使跋涉
أَسْفَرَ الفَجْرُ 破晓
ـ عن كذا 终于，终归，结果是…，揭晓
ـ ت الانْتِخَابَات عن نَتَائِجِها 选举结果已经揭晓
ـ ت الحَرْبُ (战斗)激烈，白热化
ـ مُقَدَّمُ الرأْس 前额变为光秃
سَافَرَ 旅行，动身，启程，出门
ـ بَرًّا 取道陆路旅行
ـ بَحْرًا 取道海路旅行
ـ جَوًّا 乘飞机旅行
تَسَفَّرَها واسْتَسْفَرَهَا 要求她揭去(掀起)面纱
ـ شيئًا من حاجَتِه 取得一点需要的东西
سَفَر ج أَسْفَار: رَحِيل 旅行
ـ البَحْرِ 航海，航行
ـ البَرّ 陆路旅行
ـ: الوقت الذي بُعَيْدَ مَغِيبِ الشمس 黄昏
نفقات الـ 路费
سَفَرِيّ 有关旅行的
سِفْر ج أَسْفَار: كتاب كبير 经典著作；圣经里的一章
الأسْفَار المُنْزَلَة 圣经，经典，圣典(天降的圣经)
أَسْفَار مُوسَى الخَمْسَة 摩西五经(旧约书的开头五卷)
سَفْرَة ج سَفَرَات: مرّة من السَفَر 一次旅行
سُفْرَة ج سُفَر: طَعام المُسَافِر 干粮
ـ (م): مَائِدَة الأَكْلِ 餐桌

ـ 台布

ـ الجُنْديّ: جِرايَته 军人口粮

فِضِّيّات الـ 银餐具

رَئِيس الـ 服务员领班

سُفْرَجِي جـ سُفْرَجِيَّة (مـ): أحد النُدُل 侍者，招待员

سِفَارَة / سَفَارَة: وَساطَة 调解，调停

ـ: مَرْكَز السَفِير السِيَاسِيّ 大使馆

سُفُور: كَشْفُ الوَجْه 揭去(面纱)，脱掉(面罩)

مَسْأَلة الـ 取消面纱的问题

سَفَار جـ سَفَارَات (سـ) 屋檐

سُفَارَة: كُناسَة 垃圾

سَفُّور: قُنْفُذ الماء 海胆

سافِر جـ أَسْفَار وسَفْر وسفَرة وسُفَّار جج أَسَافِر:

كاشِفة الوَجْه 露脸的，不戴面纱的

ـ 公开的，明显的

امْرَأَة ـ 不带面纱的妇女

بالقُوَّة الـ ة 明目张胆地使用武力

سَفِير جـ سُفَرَاءُ: رَسُول مُصْلِح بين القوم 调解人，中间人

ـ: مُمثِّل دولة عندَ دولة أخرى 大使

ـ بَابَوِيّ 罗马教皇的大使

سَفِيرَة جـ سَفَائِرُ: قلادة لها عرى من ذهب وفِضَّة 金或银的项圈

رَجلٌ سَفْر: مُسافر 旅客

قَوْمٌ سَفْر: مُسافِرُون 旅客们

مُسَافِر 旅行者，旅客

مَسَافِرُ الوَجْهِ: مَا يَظْهَرُ منه 露在面纱外面的脸部

مُتَسَفِّر (مـ): مُرَافِق الحَيوانات أو البضَائع المُسافرة 监运员，押运员

سَفَرْجَل جـ سَفَارِجُ: شَجر وثمره [植]榅桲树及果实

ـ هِنْدِيّ [植]番荔枝，释迦果

سَفَرْجَلَة جـ سَفَرْجَلَات 一个榅桲(果实)

سَفْسَطَة جـ سَفْسَطَات / سِفْسِطَة (أ) (希) sophistry: مُغَالَطَة مَنْطِقِيَّة 诡辩(法)

ـ 似是而非的推理

سَفْسَطِيّ / سُوفِسْطَائِيّ sophist (希) 诡辩的，强词夺理的；诡辩者；诡辩主义者

مُتَسَفْسِط 诡辩家，诡辩主义者，诡辩论者

سَفْسَفَ الدَقِيقَ 筛(面粉)

ـ العَمَلَ 工作不太细致

سَفْسَاف جـ سَفَاسِفُ: رديء من كل شيء 劣等的东西

فلان ـ الكلام 他说无聊话

سَفَاسِفُ الأُمُور 琐事

اشتغل بـ ـ الأمور 作无谓的事，作蠢事

سَفَطَ ـُ سَفْطًا السَمكَ: قشرَ سَفطَه 刮掉鱼鳞，去鱼鳞

ـ الورمُ (مـ): هبَط 消肿

سَفَط: قِشْر السَمَك 鱼鳞

ـ جـ أَسْفَاط: سَبَت / سَلَّة 篮子，篓

ـ 妇女放杂物、饰物的匣子

سُفَاطَة 家具

سَفَعَه ـَ سَفْعًا الحَرُّ وَجْهَه: لفَحه / لوَّحه 晒红，晒黑(皮肤)

ـ فلان فلانًا: لطمه وضربه 打，打耳光

سُفْعَة جـ سُفَع: بُقعة سوداء 黑点，黑斑；(太阳表面的)黑子

أَسْفَعُ م سَفْعَاءُ جـ سُفْع اللون 紫色的，黑里透红的

سَفَّ ـَ سَفًّا واسْتَفَّ الدَوَاءَ 吞、咽、服药

ـ ـُ سَفِيفًا وأَسَفَّ الطائرُ أو السحاب: مرّ على

وجه الأرض (鸟)掠过，滑过，(云)飘过，飞过
أَسَفَّ الخُوصَ: جدَلَه 编，织
ـ: تَتَبَّعَ الأمورَ الدَنِيَّة 追求低级趣味，沉迷于下流事，堕落，败坏
ما ـ منه بشيء 他绝不能从他那里得到什么东西
ـ النظرَ إليه: حدَّده 凝神，注视，盯住
إسْفاف: تتبُّع الأمور الدنيّة 堕落，败坏
ـ إلى الأمور الدَنِيَّة: دَنا 堕落
سِفّ / سُفّ: قَفَّازة / طَفَّارة [动]跳蛇
سَفُوف: ما تتعاطاه سفًا / قَمِيحَة 药末，药粉
سَفِيف 魔鬼；马肚带；(鸟)掠过
ـ / سَفِيفَة جـ سَفَائِف 椰枣叶编的绳
سفق ـُ سَفْقًا وأَسْفَقَ البابَ: ردَّه بِصَدْمَةٍ 砰地关门
سَفِيق الوَجْه 厚颜无耻，脸皮厚
سَفِيقَة: ضَرِيبَة دقيقة من الذَهَب والفِضَّة 金箔或银箔
سُفُقْلِيس (أ) Sophocles: شاعر ومسرحيّ الإغريق الأكبر 索福克勒斯(古希腊的悲剧诗人、剧作家，公元前 495—前 406)
سَفَكَ ـِ سَفْكًا الماءَ: أَراقَه 使流出
ـ: صبَّه 倾注，倾倒，倾泻
انْسَفَكَ: انصبّ وانسكب 流出，倾泻
سَفْك: إراقة 倾注，流出
ـ الدِمَاء 流血，杀人
سُفْكَة: لُمْجَة (正式用餐前的)小吃，点心
سَفَّاك للدِمَاء 屠夫，杀人犯
سَفَلَ ـُ وسَفِلَ ـَ وسَفُلَ ـُ سُفُولاً وسَفَالاً: ضد عَلاَ 低级，低下，劣等
ـ: كان نَذْلاً 成为下贱的，卑贱的，劣等的，卑鄙的
تَسَفَّلَ: تَدَانَى 成为下贱的，做卑贱事情，堕落，下贱，卑鄙
سُفْل: ضد عُلُوّ 低，低下
ـ / سُفَالة الشيءِ: أَسْفَلُه 底下，最下层
ـ 基础，根基
ـ / سُفْل الحائط (مـ) 墙脚
سُفْلِيّ: ضد عُلْوِيّ 低下的
ـ 下的，下面的，下级的，下游的
سَفَالَة: دَنَاءَة 下贱，卑贱，下流，劣等
تَسَفُّل 卑鄙，卑劣，下贱，卑鄙性，卑鄙行为，下贱行为
سَافِل جـ سَفَلَة وسُفَّل وسُفَّال وسُفْلاَن وسَافِلُون: واطِئ 低的，矮的
ـ دَنِيء 卑贱的，卑鄙的，下贱的，下流的
سَفِل وسَفِيل وسَفِلَة وسِفْلَة جـ سِفَل 低的，低级的，下贱的，庸俗的
أَسْفَلُ م سَفْلاءُ جـ سُفْل وأَسَافِل: قاع 底，最下部
ـ من ...: أَوْطَأ / تَحْتَ 较…低，次于…
ـ السَافِلِين 最低的，卑贱中最卑贱的
ـ 老年；毁灭，灭亡；错误；荒谬；地狱里的烈火
سفلس (أ) syphilis: مَرَض الزُهْرِيّ [医]梅毒
تَسَفْلَق على ... (مـ): تطفَّل 寄食，白吃，作食客
سَفْلَقَة (مـ): تطفُّل 白吃，寄食，作食客
سَفْلاَق (مـ) 寄食者，寄生虫，懒汉
سَفَنَ ـِ سَفْنًا الشيءَ: قشره 削皮，剥皮(果皮)
سَافِنَة جـ سَوَافِن / سَفُون 在地面上刮的风
ـ: لِيًا / وَرْنَك 鳐鱼
سَفَن: صَنْفَرة (مـ) 金刚砂
سِفْنَة: قِشْرَة كقِشْرَة الفُول والحمص [植]荚，

سقسق 540 سفن

豆壳
سِفَانَة: صناعة بِناء السُفُن 造船业
سَفِينَة جـ سُفُن وسَفِين وسَفَائِن: مَرْكَب 船，舰
ـ الشَحْن / ـ تِجَارِيَّة 商船，货船
ـ واضِعة الأَلْغام 布雷艇
ـ حاملة للطَائِرَات 航空母舰
ـ مُحَطِّمة الجَلِيد 破冰船
ـ نُوح [基督]诺亚的方舟，[伊]努哈的方舟
ـ حَرْبِيَّة 战船，战舰
ـ الدَجاجَة: صدرُها [解]鸡胸
الـ (في الفَلَك) [天]南船座
مُقدَّم الـ: مَرْنَحة /برُوَّة (أ) 舻，船首
مُؤَخَّر الـ: كَوْثَل / قِشّ (مـ) 舳，船尾
سَفَّان: صانع السُفُن 船匠，造船技师，造船工人
إسْفِين / سَفِين: وَشِيظ 楔栓，楔子，尖劈，突角
دَقَّ إسْفِينًا في ... 打个楔子
الخَطّ الإسْفِينِيّ أو المِسْمَارِيّ 楔形文字
سَفَنْج / سِفَنْج / سُفَنْج / إِسْفَنْج (أ) (希) sponge 海绵
إسْفَنْجِيّ 海绵状的，多孔的，松软的
سَفُهَ ـ سَفَاهَةً وسَفَاهًا: كان سَفِيهًا 成为精神衰弱的
سَفِهَ ـ سَفَهًا: كان عَدِيمَ الحِلْم أو جاهلا أو رديءَ الخُلُق 成为轻率的，糊涂的，愚蠢的
سَفَّهَ الرجلَ أو الرأْيَ 认作愚蠢的
ـ نَفْسَهُ 陷入自相矛盾中
سَفَه / سَفَاهَة: حَمَاقَة 愚笨，愚蠢，低能
ـ / ـ: إسراف وتبذير 浪费，挥霍
ـ / ـ: وَقَاحَة 鲁莽，莽撞，冒失，无礼，厚颜无耻，无耻，不要脸
سَفِيه جـ سِفَاه وسُفَهَاءُ م سَفِيهَة جـ سِفَاه وسُفَّه وسَفَائِه وسَفِيهَات: أحمق 愚笨的，愚蠢的，糊涂的
ـ: بَذِيّ اللِسان 说话不干净的，嘴巴子臭的
ـ: مُسْرِف / مُبَذِّر 浪费的，挥霍的
سَفًا الواحدة سَفَاة (谷物的)芒
سَفَى (ت) ـِ سَفْيًا وأَسْفَى (ت) الريحُ التُرَابَ 风刮起灰尘
سَافِيَاء / سَافِي (مـ): تُراب ناعِم 微尘，灰尘
سَافِيَة جـ سَافِيَات / ـ الرمال 被风卷起的沙土、尘土
مُسْفٍ: نَمَّام 诽谤者，谗言中伤者
سَقِبَتْ ـَ سَقَبًا وسَقَبَت ـُ سُقُوبًا وأَسْقَبَت الدارُ: قَرُبت (屋子)接近，邻近，贴近
سَقْب جـ سُقُوب وأَسْقُب وسِقَاب 初生的驼崽，小骆驼
ـ جـ سِقْبَان / سَقِيبَة: عمود الخِبَاء 帐幕的支柱
مَنْزِلٌ سَقَب 邻舍
سَقَتَ ـَ سَقْتًا وسَقَتًا 不愉快，不高兴
سَقَحَة 光秃的，无叶的
سُقْدَة جـ سُقَد / سُقَيْدَة جـ سُقَيْدَات 红雀，梅花雀
سَقَرُ: اسم لجَهَنَّم 地狱
سَقْرَة جـ سَقَرَات / سَاقُور 太阳的热度
سُقْرَاط الحكيم Socrates: أبو الفلسفةِ 苏格拉底
(古希腊大哲学家，公元前 469—前 399)
سُقُرْقُع (أ) (波) 玉米啤酒
سَقْسَقَ (مـ): سغسغ 浸润，泡在水中，浸在水中
ـ الطائرُ (鸟)拉屎

سَقْسَقَة 浸透，浸润，浸柔，泡软

ـ 鸟拉屎

سَقْسَاق [鸟]田凫

سَقَطَ ـُ سُقُوطًا ومَسْقَطًا: وَقَعَ 倒下，掉下，落下

ـ الحَرُّ: أقبل ونزَل 炎热来临

ـ الحَرُّ عنا: زال 炎热消失

ـ في الكلام: أخطأ 失言，说错了话

ـ في الإمْتِحان 落第，不及格

ـ في قَبْضَتِهِ 落在他手中

ـ من عَيْنِي: لم أَعُدْ أعتبره 我不再尊敬他

ـ على ضالّته: عَثَرَ على موضعها 发现失物

فَلْيَسْقُطْ الاستعمارُ 打倒殖民主义

سُقِطَ وأُسْقِطَ في يَدِهِ: أخطأ 弄错，做错

ـ وـ: تَحَيَّر 尴尬，狼狈，为难

ـ وـ: ندِم 悔恨，懊悔

سَقَّطَ (مـ) الشيءَ 投掷，抛弃，使倒下，使摔倒，使跌落

ـ الطالِبَ (مـ) 使考试不及格

ـ الحُبْلَى (مـ) 使小产，人工流产

أَسْقَطَه: أَوْقَعَه 推倒，打倒

ـ العَدَدَ من الحِساب: طَرَحَه [数]减去，扣除，除去

ـ (أو أَضاع) حَقًّا 剥夺，褫夺

ـ الدَعْوَى: أَوْقَفَ (مـ) السيرَ فيها [法](原告)撤销(诉讼)

ـ جُمْلَةً من العبارَة (从文章中)删去…，省略掉

ـ اسْمَهُ 勾销，取消(名字)

ـ الأَسْنَانَ 拔牙

ـ الطَائِرَةَ 击落飞机

ـ حِصْنًا 攻占堡垒

ـ امرأةً حُبْلَى: سقَّطها (مـ) 打胎，堕胎

أَسْقَطَت المرأةُ السِقْطَ: أجهَضَت 流产，早产，小产

ـ ت الدابَّةُ: طرَحت 流产(指牲畜)

تَسَقَّطَ الخبرَ: أخذَه شيئًا بعدَ شيء 刺探，打听(消息)

ـ (مـ) (道德)堕落

تَسَاقَطَ واسّاقَطَ الشيءُ: تتابَع سقوطُه 纷纷落下，陆续下降

ـ ت الزُهُورُ أو الثُلُوج 落英缤纷，大雪纷飞

ـ الدَمُ 滴(血)

ـ على نفسه 崩溃，倒塌，坍塌

سُقُوط: وُقُوع 落下，降下，掉下，倒下

ـ: خَراب 倒塌，坍塌，崩溃

ـ الحَقّ (权利等的)丧失

ـ الدَعْوَى (لعَدَم السير في الإجْرَاءات) (因原告证据不足)诉讼撤销

سِقْط: وَلَد لغير تمام مُدَّة الحمل 流产的胎儿，没足月的胎儿；死胎

ـ: غَيْض / ناقِصُ الخَلْقِ [生]发育不全的

سَقْطَة جـ سَقَطَات: وَقْعَة 倒下，落下，倒塌

ـ: زَلَّة 失足，过失，失误

ـ (مـ): سِنّ يضبُط تُرْسًا [机]棘齿轮，棘轮，制轮，掣子

سَقَط جـ أَسْقَاط: مُعَطَّل / شُرُك (مـ) 不健全的，不坚实的，有缺点的，无用的，坏的，不良的

ـ: سَلَب / أَحْشَاء وأكَارِع الذبيحة 废物(专指已宰动物的废弃部分)

ـ المَتاع 碎屑，渣滓，碎物

سَقَطِيّ: تاجر الثياب القديمة 旧衣商

تَسْقِيط الخَيْل (مـ): مَرَض يُصِيب أَرْجُلَها [医]

(马的)晕倒症

إسْقَاط: إيقَاع 推倒，打倒，摔倒，推翻

ـ: حَذْف / طَرْح 减去，折扣，扣除

سَاقِط جـ سُقَّاط وسِقَاط م سَاقِطَة: واقع 落下的，下降的，掉下的，倒下的

ـ: سَافِل / دَنِيء 堕落的，下贱的，下流的

اِمْرَأَة ـ ة 娼妓，堕落的女人

ـ من الحُقوق المَدَنِيَّة 剥夺公民权的

سَقَّاط م سَقَّاطَة جـ سَقَّاطَات: كَرَشَاتي (مـ) 叫卖熟肚的

سُقَاطَة وسَاقُوطَة الباب: مِزْلاَج 门锁，插销，活栓锁

مَسْقَط ومَسْقِط جـ مَسَاقِط: محلّ السُقُوط 降落处，东西落下的地方

ـ هَنْدَسِيّ (几何)射影，平面图法，投影法

ـ الشَكْل الأَصْلِيّ 投影图

ـ الرأْس: مكان المَوْلِد 故乡，家乡，出生地

ـ مِيَاهٍ 瀑布

ـ جَانِبِيّ 侧面图

ـ رأْسِيّ (في الهَنْدَسَة) 视面，正面图，竖面图

نِصْف ـ رأْسِيّ مَنْظُور من أَعْلَى 俯视半图

نِصْف ـ رأسيّ منظور من أَسْفَل 仰视半图

سَقَعَه ـَ سَقْعًا: ضرب بِبَاطِن الكَفّ 掌击，用巴掌打

ـ الدِيكُ: صَاح 鸡啼

سُقْع جـ أَسْقَاع: صُقْع / نَاحِيَة 地方，地点，处所

سَقَفَ ـُ سَقْفًا وسَقَّفَ البيتَ: جعل له سقفًا 盖屋顶

ـُ سَقِيفَى وسُقِّفَ وتَسَقَّفَ 成为主教

سَقَّفَ الحُجْرَةَ (مـ) 加天花板

سَقْف جـ سُقُوف: سَمْك / المقابل للأرض 天花板，平顶

ـ خَارِجِيّ: سَطْح 屋顶

ـ الحَلْق [医]腭

مِصْبَاح الـ 天花板灯，房顶吊灯

أُسْقُف / أُسْقُفّ جـ أَسَاقِفَة وأَسَاقِفُ (أ) (希)：فَوْق القِسِّيس 主教，教长

صَوْلَجانُ الـ [宗]牧杖(主教或修道院长的职标)，权杖

أُسْقُفِيّ 主教(团)的，主教派的

أُسْقُفِيَّة: مَركز الأسقف [宗]主教管区

سَقِيفَة جـ سَقَائِفُ وسَقِيفَات / تَسْقِيفَة (مـ): مِظَلَّة 棚，披屋，草棚，板棚，凉棚，茅舍，小舍，亭子，檐

سَقَّاف 修屋顶的工人

مُسَقَّف 盖着屋顶的

سُوق ـ ة 有顶棚的市场

سَقَالَة جـ سَقَالاَت وسَقَائِلُ (مـ) / صَقَالَة جـ صَقَالاَت / اسْقَالة جـ أَسَاقِيلُ 坛，台子，吊桥，踏板，脚手架

سَقْلَبَه: شَقْلَبَه 推翻，打倒，颠覆

سَقْلَبِيّ: واحد سَقَالِبَة (راجع صَقْلَبِيّ) 斯拉夫族人民，斯拉夫人

ـ الجِنْس أو اللُغَة 斯拉夫族的；斯拉夫语的

سَقِمَ ـَ وسَقُمَ ـُ سَقَمًا وسُقْمًا وسَقَامًا وسَقَامَة: مَرِضَ 有病，生病

ـ (مـ) وانْسَقَمَ (مـ): هزل 消瘦，衰弱，憔悴

سَقَّمَه وأَسْقَمَه: أعلّه 使他生病，得病

ـ ه وـ ه: ضَايَقَه 厌恶，厌弃，厌烦，讨厌

ـ ه وـ ه / سَقَمه (مـ): هزَّله 使消瘦，使瘦弱，使憔悴

سُقْم وسَقَم جـ أَسْقَام / سَقَام: مَرَض 病，害病，

疾病
ـ / ـ: نُحول الجِسْم 消瘦，瘦，瘦弱，憔悴
ـ الذَّوْق 欣赏力差，无鉴别力
سَقِيم جـ سُقَمَاءُ: مَرِيض / عَلِيل 害病的，有病的
ـ: هَزِيل 消瘦的，瘦弱的，憔悴的
ـ الغَرَام 害相思病的
لُغَةٌ ـ ة 拙劣的语言，贫乏的语言，无力的语言
ـ الصَدْر 坏心眼的，恶意的
مِسْقَام 多病的，病态的
سُقُمْرِيّ (سـ) /أُسْقُمْرِيّ (أ) (土) [动]青花鱼，鲭
سَقَنْقُور (أ): تمساح بريّ [动]石龙子(有鳞的小蜥蜴，学名 Scincus officinalis)
سَقَى ـِ سَقْيًا وأَسْقَى الرجلَ: أعطاه ماء ليشرب 给水喝，给饮水，喂水
ـ الدابَّةَ والزرْعَ 浇水；饮牲口
ـ الأرضَ 灌溉，浇水
ـ الحَدَّادُ المعدنَ (سـ) 锻炼(金属)，淬火
ـ بَطْنُه 患水肿病，患臌胀病
ـ سَقْوَةً الرجلَ (سـ) 毒害…，药死…
سُقِيَ قَلْبُه عَدَاوَةً 他满腔怨恨
سَقَّى الرجلَ: أَكثر سقيه 多给他水喝
ـ (الفولاذَ وغيره) 淬火
سَاقَاه: شرِب معه 陪酒，与人共饮
تَسَاقَيا 一起喝酒，互相敬酒，彼此干杯
اِسْتَقَى واِسْتَسْقَى منه: طلب ما يشربه 向他要求饮料
ـ الخبرَ 听到消息，得到新闻，采访新闻
سَقْي: رَيّ / إرواء 灌溉，浇水
ـ / اِسْتِسْقَاء: مَرَض [医]水肿，浮肿，腹水，水臌，积水

ـ: سائِل الاستسقاء [医]腹水(液)
ـ / ـ كُلْوِيّ [医]肾水肿，肾盂积水
سِقَاء جـ أَسْقِيَة وأَسْقِيَات وأَسَاقٍ: قِرْبَة 皮水袋，皮囊
سَقًّا عَوَّضَ (مـ): زَقَفُونَة 背着，在背上或肩上
سِقَايَة 供给饮料的地方，供给饮料的器皿
ـ الحَاجّ / الـ [伊]麦加城以饮料供应朝觐者的职务
السَقَاوَة الرِئَوِيَّة (马的)鼻疽
الـ الجِلْدِيَّة 皮肤疽病
اِسْتِسْقَائِيّ: النِسبة إلى مَرَض الاستسقاء 水肿的，有关水肿的
مَسْقِيّ: مَرْوِيّ 浇水的，灌溉的
ـ (للمعدن) 淬硬的，回火的，淬火的
مِسْقَوِيّ / مِسْقَاوِيّ (مـ): مَرْوِيّ / ضد بَعْلِيّ أو مَظْمَأِيّ 人工灌溉的(用河水、泉水或井水灌溉，相反的是靠雨水灌溉 مَظْمَأِيّ 或 بَعْلِيّ)
سَاقٍ جـ سُقَاة وسَاقُون وسُقَّاء وسُقِيّ: مُقَدِّم الشَرَاب 掌酒的，酒保，上酒人
سَاقِيَة جـ سَاقِيَات وسَوَاقٍ: خادِمة الحَانة 女招待，酒馆侍女
ـ (مـ) / نَاعُورَة: دَالِيَة يُدِيرُها الماء (用水力转动的)筒车，扬水车
ـ (مـ): دالية تُدِيرُها الدوابّ (用畜力转动的)吊水车
ـ: نهر صَغِير 小溪，小水流，小水沟
ـ / مِسْقًى جـ مساقٍ (مـ): مِرْوًى (مـ) 水渠，灌溉渠
سَقَّاء جـ سَقَّاءُونَ م سَقَّاءَة وسَقَّايَة / سَقًّا (مـ): ناقِل المَاء 水夫，卖水的人，运水的人，挑水的人

سَكَبَ ـُ سَكْبًا وتَسْكَابًا الماءَ ونَحْوَه: صبّه 倾倒，倾注，斟酒
ـ قَلْبَه 诉衷情，敞开心扉，开诚布公地谈话
ـ ـُ سُكُوبًا (س) 铸造
اِنْسَكَبَ: اِنصبّ 流出，倒出，慢慢流，散开口，洒开，漏出
ـ (س) 铸成(金属)
تَسْكَاب 流泻，倾注
سَكَب الواحدة سَكَبَة [植]海白头翁(白头翁属)，鹅掌草
ـ: نُحاس أو رَصاص 铜或铅
اِنسِكَاب: انصِباب 流出，倒出，水落下
ساكِب المَاء [天]宝瓶(星)座，宝瓶宫(黄道第十一宫)
سَكِيبَة خَمْر 奠酒，奠祭用的酒
ـ (م) 大囊
مُنْسَكِب / سَاكِب / سَكِيب / سَكُوب / أُسْكُوب: مُنْصَبّ 倒出的，流出的，洒出的
مَسْكُوبِيّ 莫斯科人，俄国人
سِكْبَاج (أ) 肉和醋做成的汤
سَكَتَ ـُ سَكْتًا وسُكُوتًا وسُكَاتًا وسَاكُوتَةً: صَمَتَ 不作声，不出声，保持沉默，(风)平静；息怒；死亡
سُكِتَ: أصابته السكتة 晕厥，中风
سَكَّتَه وأَسْكَتَه: جعله يَسْكُتُ 使肃静，使不作声，不讲话
ـ ه وـ ه: عقد لِسانَه 使吓呆、吓愣
ـ الطِفْلَ 安慰，哄拍小孩
أَسْكَتَ جُوعَهُ بقُضْمَة 吃一口东西解饥
ـ مِدْفَعِيَّةَ العَدُوّ 把敌人的炮火打哑了，压住敌人的炮火

سَكْت / سُكَات / سُكُوت 安静，肃静，寂静，默默无声
بسُكُوتٍ (م) / على السَكْت 安静地，肃穆地，静悄悄地
رَماه بسُكاته وصُماته 迫使他静默下来
هو على سُكَات الأمر 他快要完成这件工作了
سُكَاتَة: جَواب مُسْكِت 断然的回答
سُكُوت / سَكْت / سَاكُوت / سُكَيْت / سِكِّيت / سَاكُوتَة : كثير السُكات 沉默寡言者，不爱说话的人
سُكِّيت (م): بعوض صغير 小蚊子，蚋
ساكِت: صامِت 沉默者
ـ: ساكِن 安静的，静肃的
مُسْكِت 断然的回答，无法答复的话
سَكَّجَ (م) 补缀，缝补
مُسَكِّج 临时的补缀
سَكِرَ ـَ سَكَرًا وسَكْرًا وسُكْرًا وسَكَرَانًا من الشراب:ضاع صوابه 醉，喝醉，致醉
سَكَرَ ـُ سَكْرًا وسَكَّرَ الباب: سَدّه 关门
ـ ه (م) وـ ه وأَسْكَرَه: جعله يَسْكَر 灌醉，使醉
ـ النَهْرَ: جعله به سَدًّا 堵住，(用坝)堵，拦住
ـ الإناءَ: مَلأَه 灌满，盛满
سُكِرَ وسُكِّرَ بصرُه: تحيَّر وحُبِسَ عن النظر 目眩，视力不清
سُكِّرَت عَيْنُه 眼花
سَكَّرَه (م): حلاَّه بالسُكَّر 拌糖，撒糖，加糖
ـ الشَرابُ (م): جَمد سكَّرُه (果汁)变成糖，糖结晶
ـ الفَاكِهَةَ (م): طبَخها بالسُكَّر (用糖)制果脯，蜜饯

تَساكَرَ: أظهر السكر 假装喝醉
سُكْر: مصدر سكِر 喝醉，酩酊大醉
سِكْر النَهْر: سَدُّه 水坝，水堰
سَكَر / مُسْكِر: شَراب مُسْكِر 酒；椰枣酒
تَسْكِيرُ العَيْن 眼花
سَكْرَانُ م سَكْرَى ج سَكْرَى وسَكَارَى وسُكَارَى:
ثَمِل 醉汉，喝醉酒的
ـ طِينَة 大醉的，沉醉的，烂醉如泥的，酩酊大醉的
ـ قَليلاً: مَشَعْشَع (مـ) 半醉，微醉，半酣
سَكْرَة ج سَكَرَات: مرَّة من سَكِرَ 醉一次
ـ المَوْتِ: نَزْع 临死的痛苦，灵魂的痛苦；咽最后的一口气
ـ الشَبَاب 少年时代的狂妄行为
سُكَّر 糖
ـ خَام (غير مُكرَّر) 土糖，赤砂糖，原糖
ـ رُوس (رُؤُوس) (圆锥形的)一块糖
ـ مَكنَة (مـ) 块糖，方糖
ـ سَنْتَرْفِيش (مـ) 砂糖，粒状糖
ـ هَشّ / ـ ناعِم 糖粉，粉状糖，绵白糖
ـ نَبَات 冰糖
ـ الشَعِير 麦芽糖
قَصَب الـ 甘蔗
ـ القَصَبِ 蔗糖
الـ المُكَرَّر 精制块糖
ـ العِنَبِ 葡萄糖
ـ البَنْجَرِ 甜菜糖
ـ المَنِّ 甘露，蜜醇
مِلْقَطَة الـ 糖夹子
قَالَب الـ (مـ) 塔糖
سُكَّرِيّ: نِسْبَة إلى السُكَّر 糖的，糖质的，糖渍的
مَرَض البَوْل الـ [医]糖尿病，消渴症
سُكَّرَة ج سُكَّرَات 糖块
سَكَاكِر 甜食，糖渍食品，糖渍果子；奶糖
سُكَّرِيَّة ج سُكَّرِيَّات (مـ): وِعاء السُكَّر 糖钵，糖盆，小糖缸
سَكَّرِين (أ) saccharin: مَادَّة سُكَّرِيَّة كيميَّة 糖精
سِكِّير وسَكُور / مِسْكِير 醉汉，醉鬼，酒鬼，酒徒
مُسْكِرَات 酒类
سكرتاه (مـ) (في سوكر)
سِكْرتِير (أ) secrétaire (法): كاتِب السِرّ 秘书，书记
ـ عَامّ 总书记，秘书长
سِكْرِتَارِيَّة: وَظِيفة كاتِب السِرّ 秘书职务
ـ: دِيوَان السِكرتير 秘书处，书记处
سُكْرُجَة وسُكُرْجَة وسُكُرُّجَة ج سَكَارِيجُ (波):
صَحْفَة 盘子，碟子
تَسَكْسَكَ إليه: تضرع 乞求，祈求
ـ على أقْدامهم (在他们的脚下)摇尾乞怜
سُكْسُكَة: نِمْنِمَة [鸟]鹪鹩
سَكْسُوكَة (مـ): عُثْنُون / لِحْيَة صَغِيرة 山羊胡子
سَكْسُونِيّ الجِنْس saxon 撒克逊人
سَكَعَ وسَكِعَ ـَ سَكْعًا وسَكَعًا وتَسَكَّعَ: مَشَى على غير هِدَاية 游荡，漫游，逍遥，遨游，漫步
ـ ه (مـ): سَفَعَه / لطَمَه بالكفّ 掌击，用掌打
تَسَكَّعَ الظُلْمَةَ أو في أمرِه: خبط فيها (暗中)摸索，探索
سَكَعْكَع (عـ أ): ذُعَرَة / أبو فَصَادَة [鸟]鹡鸰
أُسْكُفَّة / أُسْكُوفَة الباب: ساكِف / عَتَبَة الباب 门槛，门限

ـ الشُبَّاك: جَلْسَة الشُبَّاك (مـ) 窗台
ـ البَاب أو الشُبّاك / ساكِف 门楣，横楣，(门窗上的)横木
سِكَافَة: حِرْفة السَكّاف 制鞋业，皮匠手艺
سَكَّاف / إسْكَاف / سَيْكَف / أَسْكَف / أُسْكُوف / إسْكَافِيّ: جزْمَاتِيّ (مـ) 鞋匠
ـ / ـ: صِرْمَاتي (مـ) 补鞋匠，修鞋匠
سَكَّ ـُ سَكًّا البابَ: أغلقه 锁门
ـ المَسَامِعَ 震耳欲聋
ـ ـَ سَكَكًا الرجلُ: صُمَّ 成为全聋的
ـ النُقُودَ: ضرَبها 铸钱，造币
اِنْسَكَّ البابُ 上了锁
سَكُّ النُقُود: ضرْبها 铸钱，造币
ـ جـ سِكَاك وسُكُوك 钉，栓，木钉
سِكَّة جـ سِكَك: عُمْلَة مَسْكُوكَة 钱币，硬币，货币
ـ المَسْكُوكَاتِ 印模，钱币模子
ـ: طَرِيق 大道，道路，通路
ـ: شَارِع 大街，通衢，街道
ـ زِرَاعِيَّة 田埂，阡陌，田间小道
ـ سُلْطَانِيَّة 大道，公路
ـ المِحْرَاث / ـ الفَلاَّح 犁刀，犁头，犁铧
ـ الحَدِيد / الـ الحَدِيدِيَّة 铁路，铁道
باب ذو ـ (مُنْزَلِقة) 滑动门
أَصْحَاب السِكَك: رِجال البَرِيد 邮递员，送信人
سُكَاك: طبقة الجوّ العُلْيَا [气]同温层，平流层(距地面 11 公里以上)
ـ / سُكَاكَة: هَوَاء 空气，大气
أَسَكُّ م سَكَّاءُ جـ سُكّ: أَصَمّ 聋子
مَسْكُوك جـ مَسْكُوكَات 钱币
ضَرْب المَسْكُوكَات 铸造钱币
عِلْم المَسْكُوكَات: علم النُمِّيَّات numismatics 钱币学，古钱学
سَكَلاَّرِيدس Sakellaridis 一种埃及棉花名称
سَكَنَ ـُ سُكُونًا: اِنقطع عن الحَرَكَة 不动，停止，静止
ـ: هَدَأَ 平静，平息；减缓，和缓
ـ سَكَنًا وسُكْنَى الدَارَ وفي الدار 居住
ـ إليه: ارتاح 放心，放任；相信，信托，信赖
ـ عنه الوَجَعُ 消痛，止痛，(痛苦)消退
ـ الحَرْفُ (字母)带静符
ـ الغَضَبُ 怒气平息，怒火熄灭
ـ ت رِيحُه 他的威风消失了
يُسْكَنُ: قابل السكن 可居住的，适于居住的
سَكُنَ ـُ سُكُونَةً وسَكَانَةً وأَسْكَنَ وتَسَكَّنَ وتَمَسْكَنَ فلانٌ: صار مِسْكِينًا 成为一无所有的，可怜的
سَكَّنَه: هَدَّأه 使安静，使悄静，使镇静
ـ الأَلَمَ 消痛，止痛，镇痛
ـ الجوعَ 充饥，果腹
ـ الغَضَبَ 息怒
ـ الحَرْفَ 在字母上加静符
ـ الرُوعَ / ـ جَأْشَه 安慰，抚慰，使镇定
سَاكَنَه: سكن معه 同居，同住一屋
ـ ها: عَاش (بلا زواج) 姘居
أَسْكَنَه الدَارَ 留宿，给他住宿
تَسَاكَنُوا في الدَار: سكَنُوها معًا 同住一所房子
اِسْتَكَانَ واسْتَكَنَ له: خضَع له وذَلّ 屈服；自卑，自贱
سَكَن / سُكْنَى 居住，住下
ـ / مَحَلُّ السُكْنَى: مَسْكِن 住宅，房屋，住所，住处

سُكُون: هُدُوء 安静，寂静，沉静

ـ: سُكُوت 无声，恬静

ـ: جَزْم الحرف 静符

سُكُونِيّ 静止的；静力学的

سَكِينَة 平静，安静，稳静，寂静

ـ وهُدُوء 寂静

مَلَكَ ـ نفْسه 镇静

سِكِّين جـ سَكَاكِينُ / سِكِّينَة 小刀

ـ الصَيَّادِين 猎刀

مُسَاكَنَة 同居，姘居

ساكِن: ضد مُتَحَرِّك / هادِئ 安静的，静止的

ـ جـ سُكَّان وسَاكِنُون كذا: مُقِيم فيه 居住者

ـ: قاطِن 居住者，居民

ـ الجِنَان (居天堂者)已故的

حَرْفٌ ـ 带静符的字母

سُكَّانُ المَرْكَبِ جـ سُكَّانَات: دَفَّة 舵

الـ: أهل البَلَد 人口

ـ المَدِينَة 城市居民

الـ المَدَنِيُّون 平民，百姓

ـ المَنْزِل أو العِمارَة السَكَنِيَّة 住户

كَثِير الـ: عامِر 人口多的，人口稠密的

مُسَكِّن / مُسَكِّنَات: مُرَطِّب / مُهَدِّئ [医]镇静剂

سَكَّان / سَكَاكِينِيّ: صانِعُ السَكَاكِين 制刀匠

مَسْكُون: به سُكَّان 有人住的，有人家的，有人烟的

ـ: عامر أو آهل بالسُكَّان 人口多的，繁庶的

ـ بالجِنّ (انسان) 发疯的，精神错乱的

ـ بالجِنّ (مَكان) 凶宅，闹鬼的房子

المَسْكُونَة: العَالَم 世界，宇宙

مَسْكُونِيّ 地球的，世界的，宇宙的

ـ 普遍的，普世的，世界范围的；[宗]全基督教的

مَسْكِن ومَسْكَن جـ مَسَاكِنُ: بَيْت 房屋，住宅，住所，住处，居所

ـ شَرْعِيّ أو رَسْمِيّ 法定住所，住宅

مِسْكِين جـ مَسَاكِينُ م مِسْكِين ومِسْكِينَة 一无所有的(人)，可怜的(人)

سَكَنْدَرِيّ / إسْكَنْدَرِيّ 亚历山大城的居民；亚历山大城的

سَكَنْجَبِين (أ): شَراب من خَلّ وعَسَل [医]醋蜜剂

سُكُوتَه (أ) scooter: دَرَّاجَة 踏板车(一脚踏板，一脚在地上蹬着跑的玩具车)

سِكِّين (في سكن) / **سَلّ** (في سأل)

سَلَأَ ـَ سَلأً واسْتَلأَ السَمْنَ: صَفَّاهُ 炼黄油

ـ الجِذْعَ: نَزَعَ شَوْكَه 去刺；剥去树枝上的刺

ـ السِمْسِمَ: استخرج دُهْنَه 榨芝麻油

سِلاء جـ أَسْلِئَة / مَسْلِيّ / مُسَلًّى: سَمْن / سَمْنَة 炼过的奶油；食用黄油，烹调用奶油

سُلاَّء الواحدة سُلاَّءَة / سِلاَّيَة (枣椰)刺，尖；箭镞

خَيْرٌ لِي أَنْ أَخِيطَ ثَوْبِي ولَوْ بِـ ـ 我自己做这事更好一些

سِلاَف (أ) slav 斯拉夫

سِلاَفِيّ 斯拉夫的；斯拉夫人

سلاقون / **سلاقيّ** (في سلق)

سَلَبَ ـُ سَلْبًا وسَلَبًا واسْتَلَبَ الشيءَ 抢夺，掠夺，劫夺

ـ العَقْلَ 使失去理智

سَلِبَ ـَ سَلَبًا: لَبِس السِلاب 穿孝服，戴孝

سَلَّبَتْ وأَسْلَبَتْ المرأةُ: ماتَ ولدُها 失去孩子

انْسَلَبَ: أسرع في السير 快走

سَلْب: نَهْب 抢掠

ــ: نَفْي / ضدّ إيجاب 否定；消极
عَلامةُ السَلْب أو السَالِب هذه (−) 减号，负号
سَلْبًا 否定地；消极地
سَلْبِيّ / سالِب: ضد مُوجَب 消极的；[电]负(电、极)的，阴(电、极)的
ــ: نَفْيِيّ / إنْكَارِيّ 否定的
سَلَب ج أَسْلاَب: ما يُسْلَب 从被杀的敌人身上取得的东西，战利品，掠夺物
ــ: سَقَطُ الذَبِيحَة (م) 碎渣，糟粕(被屠宰的牛羊的废物部分)
ــ 树纤维
ــ / سَلَبَة: قِلْس / مَرَس 绳；大缆，粗绳，锚缆
سِلْب 犁弯辕
سِلاَب ج سُلُب: ثياب الحِداد 丧服
أُسْلُوب ج أَسَالِيبُ: كَيْفِيَّة 方法，方式，手段
ــ: نَمَط 样式，形式，体裁，文体，式样，风格，作风；气派
الـ السريع في قطع الفُولاذ 高速切削法
الـ السريع في صَهْر الصُلْب 高速炼钢法
أَسَالِيب الإدارة الاستِبْدَادِيَّة 命令主义
تَقْوِيم أسَالِيبِ العمل 整风
سَلِيب ج سَلْبَى 被抢夺的，掠夺的
سَلاَّب الواحدة سَلاَّبَة / سَلَبُوت / سالِب: كثير السلب 土匪，强盗，劫匪
ــ: صانع السَلَب للحبال 制绳工人
مَسْلُوب ج مَسَالِيبُ 被掠夺的，被抢劫的
ــ القُوَّة 软弱的，不健康的
سَلَبَنْد: اسار يصل اللجام بالحزام 马嚼口，马颔韁
سَلَتَ ـِ سَلْتًا وسَلَّتَ المِعَى: سلّه وسَحَبَه 把肠子抽去、拉出、拔出、扯出
ــ مَلاَبِسَه (م): شلَحها بسُرْعَة 扒下衣服，剥去衣服
اِنْسَلَتَ: انسحب خُلْسَة 溜走，潜逃
ــ الضَيْفُ من مُضِيفه (客人)不告而别，不辞而去
سُلْت 裸麦
ذهَب مِنِّي فَلْتَةً وسَلْتَةً: سَبَقَنِي أو فَاتَنِي 我丧失了它，我失去了…
مَسْلُوت 剔去肉的骨头
أَسْلَت ج سُلْت: قُطِعَ أَنْفُه 割去鼻子的
سَلْتَم 灾难；荒年；没牙的骆驼
سَلَجَ ـَ سَلْجًا وسَلَجَانًا اللُقْمَةَ: بلَعها 吞，咽
سُلْجَة ج سُلَج 贝壳
سِلِّجان 食道，咽喉
سَلِيج 可口的食物
سَلْجَم ج سَلاَجِمُ (波): لِفْت 油菜，芸苔
زَيْت الـ 菜油
سَلْجُوقِيّ ج سَلاَجِقَةُ [史]土库曼奥古兹部族的塞尔柱人
سَلَحَ ـَ سَلْحًا الطائرُ: رَمَى بِسَلْحِه 鸟拉屎
سَلَّحَه: جهَّزه بالسِلاح 武装，加以武装，装备起来
تَسَلَّحَ بالسِلاح 武装起来，重整军备
سَلْح الطُيُور ج سُلُوح وسُلْحَان: نَجْوها 鸟粪
سِلاَح ج أَسْلِحَة وسُلُح وسُلْحَان: آلَة قِتال 武器，兵器
ــ الدِفاع: دِرْع 甲
ــ المِحْرَاث: حَدِيدَتُه 犁头，犁铧
ــ المِطْوَى أو السِكِّين (م): شَفْرَة / نَصْل 刀片，小刀
ــ من الجَيْش (م): قِسْم منه 兵种

تَحْتَ الـ (مـ): في الخِدْمَة العَسْكَرِيَّة 现役军人
تَخْفِيض الـ 裁减军备
سَلَّمَ ـ هُ 缴械(投降)，放下武器
نَزْع الـ 裁军，裁减军备；解除武装
ـ أَبْيَض 白刃
ـ الصِيانة 护身武器
ـ الطَيَران 空军
ـ الفُرْسَانِ 骑兵，马队
ـ المُشَاةِ 步兵
أَسْلِحَةٌ نَارِيَّة 武器，火器，枪炮
الـ الذَرِّيَّة 原子武器
الـ الجُرْثُومِيَّة 细菌武器
الـ الفَتَّاكَة 大规模的杀伤武器
الـ الكِيمِيائِيَّة 化学武器
الـ الأُوتُومَاتِيكِيَّة 自动化武器
سِلاَحِيّ: تاجِر الأَسْلِحَة 军火商，武器商
مَسْلَحَة جـ مَسَالِحُ 兵工厂；军火库
ـ: الجَماعة ذَوُو السِلاح 驻军卫戍部队，卫戍武装部队
مُسَلَّح: مُجَهَّز بالسِلاح 有武器的，武装起来的
بالقُوَّة الـ ة 用武力，用武装力量
الأَسْمَنْت الـ / خَرَسَانَة ـ ة 钢骨水泥，钢筋水泥
سِلاَحْدار جـ سِلاَحْدارِيَّة (مـ): أَمِير السِلاح 侍从武官
سُلَحْفَاة البَرّ وسِلَحْفَاة وسُلَحْفَاء وسُلَحْفَى وسُلَحْفِيَة جـ سَلاَحِف: لَجَأَة 乌龟
ـ البَحْر: رَقّ (انظر رقق) 海龟，玳瑁
سُلَحْفَائِيّ 龟的，龟样的
سُرْعَة ـ ة 乌龟的速度
سُلَحْفَائِيَّة 缓慢，迟钝
حَشِيشَة السُلَحْفَة [植]庭荠(油菜科)

سَلَخَ ـَ ـُ سَلْخًا الذَبِيحةَ: نزَع جِلْدَها 剥皮
ـ من ... 使分开
ـ البَشَرَةَ: سَحَجَها / جَلَطها 擦破，擦伤
ـ الثُعْبَانُ وانْسَلَخَ وتَسَلَّخَ من قِشْره (蛇)蜕皮
ـ وانْسَلَخَ الشَهْرُ: مَضَى (月份)过去，结束
سَلْخ: نَزْع الجِلد 剥皮
ـُ الحَيَّةِ وسَلْخَتُها: قشرُها 蛇蜕
سَلْخَة: صَغِير الغَنَم 小羊
ـ: شُقَّة / قِطْعَة مُسْتَطِيلَة 细长片，小木条
تَسَلُّخ جـ تَسَلُّخَات: سَحْج / جَلْط (مـ) (被鞍子擦破的)伤痕
سَلاَخَة: مَسَاخَة 无味，乏味
سَالِخ 黑蛇；痂；疥癣
سَلِيخ: بِلاَ طَعْم / مَسِيخ 无味的，乏味的(食物)
ـ / مَسْلُوخ / مُنْسَلِخ 去皮的，剥了皮的
لَحْم ـ 去皮肉
سَلِيخَة: قِرْفَة [植]粗劣的桂皮
ـ (مـ) 阿拉伯橡胶树
ـ [植]肉豆蔻油
سَلَخَانَة جـ سَلَخَانَات / مَسْلَخ جـ مَسَالِخُ: مَذْبَح 屠宰场
مِسْلاَخ الحَيَّة: قِشْرُها 蛇蜕
سَلُّور 海鳗鲡
سَلِسَ ـَ سَلَسًا وسَلاَسَةً وسُلُوسًا: كان لَيِّنًا مُنقادًا 成为柔顺的、温顺的
سَلَّسَ الحَلْيَ: رصَّعه بالجوهر 用宝石镶嵌
ـ اللُغَةَ 掌握语言，通晓语言，精通语言
أَسْلَسَ قِيادَهُ: صَيَّره سَلِسًا سَهْلاً 使服从，使柔顺
سَلَس: عَدَم اسْتِمْساك البَوْل 遗尿，小便失禁
سَلاَسَة: لُيُونَة 驯服性，温顺性，易教
ـ الكَلاَم 流利，顺畅

سَلِس: مِطْوَاع 顺从的，听从的；可驯养的，
容易教的，温顺的
كلامٌ ـ 流利的语言
سَلْسَبِيل جـ سَلاَسِبُ وسَلاَسِيبُ م سَلْسَبِيلَة جـ
سَلْسَبِيلاَت: شَرَاب أَهْل الجَنَّة [希神]醴
泉，甘泉
سَلْسَلَ الشيءَ بالشيء: أوصلَه به 联结起来
ـ الشيءَ: رَبَطَه بسِلْسِلَةٍ (用链子)捆住，
束住，拴牢
ـ فلانا إلى فلان: أوصلَه في النِسْبَة إليه 追溯
家谱，追溯世系
ـ الماءَ: صبّه في حُدور 把水倾注在斜的
地方
تَسَلْسَلَ الماءُ: جرَى في حُدور 流，缓流
ـ الماءُ: تَشَلْشَلَ 点点往下滴
ـ الثوبُ: لُبِسَ حتى رَقّ 褴褛
سَلْسَل / سَلْسَال / سُلاَسِل: شَلاَّل صَغِير 小瀑布
ـ: مَاء عَذْب 淡水，甜水
سِلْسِلَة جـ سَلاَسِلُ: زِنْجِير 链子，锁链
ـ: بَرْق مُتَسَلْسِل في السَحاب 云中连续地
闪光
ـ: سِيَاق / أَشْيَاء مُتَتَابِعَة 连续，贯串
ـ: أَشْيَاء مُرْتَبِطَة بِبَعْضِهَا 一串，一连串
ـ أَكَاذِيب 一套谎话
ـ من التَفَاعُل 连锁反应
ـ الجِبَال 山脉
ـ [电]回路，电路
ـ المَسَّاح (لقياس الأرض) 测链，丈地的链
ـ النَسَب 世系，家谱
ـ الظَهْر / الـ الفِقْرِيّة 脊柱
تَسَلْسُل: تَتَابُع 继续，连绵不绝
بالـ: بالتتابع 连续地，不断地

تَسَلْسُلِيّ 连贯的，一贯的，一连串的
بشكْل ـ 一贯地，连贯地，一连串地
مُسَلْسَل: مَرْبُوط بِسِلْسِلَة 连接起来的，串连
起来的，连续的，连载的
المَرْأَة المُسَلْسَلَة (فَلَك) [天]仙女座
روَايَة ـ ة 章回小说；连载小说
مُسَلْسَل تِلْفِزِيّ / مَسْرَحِيَّة تِلْفِزِيَّة مُتَسَلْسِلَة 电视
连续剧
مُتَسَلْسِل: متتابع 继续的，连绵不绝的，依次
相连的，连续的，连载的，系列的
بصُورَة ـ ة 一贯地，连续地，系列地
الجَرائم الـ ة 一系列的罪行
التَفَاعُل الـ 连锁反应
نِمْرَة ـ ة / رَقْم ـ 顺序号码，连续号码，
编号
مَحلاَّت (أو مُؤَسَّسَة) مُتَسَلْسِلَة (أو سِلْسِلِيَّة)
连锁商店(或公司)
سَلِطَ ـ وسَلُطَ ـُ سَلاَطَةً وسُلُوطَةً: كان طويل
اللِسان حَدِيدَهُ 有口才的，口齿伶俐，刻
薄嘴的
سَلَّطَه عليه: أَطْلَقَ له عليه السُلْطَة 使掌权，授权
ـ ه على فلان (مـ): حرّضه 唆使，怂恿，
煽惑，鼓动
تَسَلَّطَ عليه: تغلّب عليه 制服，克服，战胜，
压倒，占上风
ـ عليه: حكَمه 统治，管理，执掌，管辖，
控制
ـ على العَقْل 控制住了理智
سَلْطَنَه: جعَلَه سُلْطَانًا 宣布…为素丹，宣布…
为君主
تَسَلْطَنَ: صارسُلْطَانًا 登基，成为君主
سُلْطَان جـ سَلاَطِينُ: حاكِم 素丹，君主，国王

ـ / سُلْطَة: قُوَّة	权力，权势，权威，控制
ـ / ـ: حُكْم	政权，权柄，权限，权力
ـ / ـ: نُفُوذ	势力，威信，影响
ما أَنْزَلَ اللهُ بِه من ـ	真主没有赐予他任何权力
ـ إبْرَاهِيم (س): بَرْبُونِيّ (م)	绯鲵鲣
ـ الجَبَل	[植]忍冬
ـ الزُهُور (س)	[植]翠菊
زَهْر الـ (س)	[植]旋花
سُلْطَانَة: زَوْجَة السُلطان	素丹王后
سُلْطَانِيّ: نِسْبة إلى السُلْطَان	素丹的，君权的，皇家的
ـ: عَظِيم / فَخْم	堂皇的，辉煌的
سُلْطَانِيَّة جـ سُلْطَانِيَّات (م): وعاء الطعام وغيره	碗，饭碗
ـ الشُورْبَه أو الصُبَّه (م)	(有盖的)汤钵，(盛汤用的)盖碗
ـ المُسْتَراح (م)	盥洗碗(净下用)
سِكَّة ـ / طَرِيق ـ	大路，公路
سَلَطَة / سَلَاطَة جـ سَلَاطَات (أ) salad: كامَخ	生菜，凉拌杂菜，沙拉
سَلَاطَة: وقَاحَة	厚颜无耻，肆无忌惮，没规矩
تَسَلُّط: تغلّب	控制，统治，战胜
ـ: حُكْم	权柄，政权
سَلْطَنَة: مَمْلَكَة	素丹王国，君主国
سُلْطَة جـ سُلْطَات وسُلُطَات	权，权力；当局
ـ الحُكْم	政权
ـ التَشْرِيع / الـ التَشْرِيعِيَّة	立法权，制宪权
ـ القَضَاء (أي الحُكْم)	司法权，裁判权
ـ رُوحِيَّة (أي دِينِيَّة)	宗教权，教会管理权
ـ مُطْلَقَة (أي تامّة)	绝对权力，全权
ـ زَمَنِيَّة (أي عالَمِيّة)	世俗的政权
ـ تَقْرِيرِيَّة أو اسْتِنْسَابِيَّة	可自由采取行动的权力，可便宜行事权
الـ الحَاكِمة	执政权
الـ التَنْفِيذِيَّة	行政权
الـ القَضَائِيَّة	审判权
ـ الدَوْلَة الشَعْبِيَّة	人民政权
عَصَا الـ: صَوْلَجَان	权杖
السُلْطَات المَرْكَزِيَّة	中央当局，中央机关
الـ الأَهْلِيَّة / الـ المَدَنِيَّة	民政当局
الـ الدِينِيَّة	教会当局
الـ المُخْتَصَّة	负责当局，有关当局
الـ التَشْرِيعِيَّة	立法机关
الـ العَسْكَرِيَّة	军事当局
الـ المَحَلِّيَّة	地方当局，地方机关
سَلِيط: وَقِح	冒失的，莽撞的，无礼貌的
ـ: حَدِيد وشَدِيد	尖锐的，激烈的
ـ: كل دهنٍ عُصِرَ من حَبّ	植物油
ـ	讽刺的
ـ: زَيْت الزَيْتُون	橄榄油，橄榄油(拌生菜用)
رَجُلٌ ـ / سَلْط: طويل اللِسان	说话刻薄的
اِمْرَأَة ـ ة: طَوِيلة اللسان	长舌妇；泼妇
مُتَسَلِّط	统治的，占上风的，占优势的，支配的，操纵的，控制的
مِسْلَاط جـ مَسَالِيطُ: سِنّ المِفْتَاح	钥匙齿
اِسْلَنْطَحَ الوَادِي: كان وَاسِعًا عَرِيضًا	(川、谷)宽阔，宽大
ـ الرجلُ: وقع على وجهه أو على ظهره	向前摔倒，向后摔倒
سُلَاطِح / مُسْلَطِح (م): ضد غَوِيط	浅的
سَلْطَعُون (أ ع): سَرَطان بَحْرِيّ / حَنْجَل (م) / كَبُورْيا	螃蟹

سَلِعَتْ ـَ سَلَعًا وانْسَلَعَت القَدَمُ: تشقَّقت 皲裂，变粗糙
ـ وـ الأرضُ (土地)裂开，龟裂，坼裂
ـ 患麻风病
سَلَّعَه: شقّقه 劈开，砍开
سَلْع جـ سُلُوع: شَقّ في القدم (脚上的)皲裂
ـ جـ أَسْلاَع وسُلُوع 裂缝
ـ / سِلْع جـ أَسْلاع: تِرْب 同年龄的，同时代的，同龄人
غُلاَمَان سِلْعَان 两个同龄少年
سِلْعَة جـ سِلَع: بِضَاعَة 商品，货物，日用品
ـ كاسِدة 滞销货
ـ رائجة 畅销货
ـ: كِيس شَحْميّ تحت الجلد [医]皮脂囊
أَسْلَعُ م سَلْعَاءُ جـ سُلْع: متشقّق القدَم 脚皲裂的
ـ: أَبْرَص 麻风病人
سَلَفَ ـُ سَلْفًا وأَسْلَفَ الأرضَ: سوَّاها 耙地，平地
ـ ـُ سَلَفًا وسُلُوفًا: تقدَّم وسبَق 居前，领先
ـ: مَضَى 过去，逝去
فِيمَا ـ 在过去，以前
سَلَّفَه وأَسْلَفَه مَالاً: أقرضه 借钱给他，贷款给他
تَسَلَّفَ واسْتَلَفَ المالَ: اقترضه 向人借钱(贷款)
ـ: عقَد سُلْفَةً 订借约
سَلَف جـ أَسْلاَف: من تَقَدَّمَكَ من آبَائِك 祖先，祖宗，先人
ـ: ضدّ الخَلَف 前人，前辈，先人；前任
ـ: قَرْض بلا فائدة 无息借款，无息贷款
سَلَفِيّ 坚持祖先传统的
سَلَفِيَّة جـ سَلَفِيَّات 垫款，贷款
سُلَف جـ سُلْفَان وسِلْفَان 鹧鸪
سِلْف جـ أَسْلاَف: زَوج أُخْت الزوجة 连襟
سِلْفَان 两连襟，两僚婿

ـ (مـ): أَخُو الزَّوْج 大伯，小叔，夫兄，夫弟
الورق السُلُوفَان (أ) cellophane 玻璃纸
سِلْفَة: زَوْجَة أَخِي الزَّوْج أو زَوْجَة الأَخ 嫂嫂；弟妇
سِلْفَتَان 妯娌
سُلْفَة جـ سُلَف وسُلُفَات: قَرْض بفائدةٍ 有息贷款
ـ مُسْتَدِيمَة 垫款
ـ الحِذَاء: فَرْش (مـ) 鞋垫；短袜
جاءوا ـ ـً: جاءوا بعضُهم في إثر بعض 一个接一个地来了
سَلَفًا: مُقَدَّمًا 预支，预付，预借
ـ (كقَوْلكَ والشُكْرُ لكُم سَلَفًا) 预先的(如：先谢谢你)
سِلاَف Slav 斯拉夫人
سُلاَف / سُلاَفَة جـ سُلاُفَات: أَجْوَدُ الخَمْر 最好的酒，美酒
ـ العَسْكَر 先锋队
سالِف جـ سَلَف وسُلاَّف: مُتَقَدِّم 在前的，先前的
ـ: سابِق / ماضٍ 以前的，先前的，过去的，从前的
ـ الذِكْر 上述的，前述的，前边所说的
ـ العَرُوس: عمَار / رَيْحَان [植]苋
في ـ الزَّمَان / في ـ الدَهْر 古时，昔日
سَالِفًا: سَابِقًا 从前的，以前的，以往的
سَالِفَة جـ سَوَالِف 过去的事情
سَوَالِف (مـ) 太阳穴上的垂发，鬓发
سَالِفَتَان 脖子的两侧(与耳垂相对处)
سَلِيف جـ سُلَفَاءُ وسُلُوف 先驱者
مِسْلَفَة جـ مِسْلَفَات: أداة لتمهيد الأرض بعد

حرثها 耙
سُلْفَات /سُلْفَاة (أ) sulphate/كِبْرِيتَات (أ) [化] 硫酸盐，硫酸酯
ـ الحَدِيد 绿矾，七水硫酸铁
ـ الرَصَاص 硫酸铅
ـ الزِنْك (أ) zinc sulphate 皓矾，硫酸锌
ـ الصُودَا (أ) sodium sulphate 芒硝，硫酸钠
ـ المَغْنِيسِيَا (أ) sulphate of magnesia 泻盐，硫酸镁
ـ النُحَاس 胆矾，硫酸铜
ـ النُشَادِر / ـ الأُمُونِيُوم (أ) 氮肥；肥田粉，硫酸铵
سَلْفَت 铺柏油
سَلْفَتَة 铺柏油
مُسَلْفَت / طريق ـ 柏油路
سُلْفِيد (أ) sulphide: كِبْرِيتُور (أ) [化]硫化物，硫醚
سَلَقَ ـُ سَلْقًا البيضَ والبقلَ واللحمَ وغيره: أغلاه وطَبَخه 煮(蛋、菜、肉等)
ـ الشيءَ بالماء الحَارّ: أذهب شعرَه ووَبَرَه 用热水烫(鸡)去毛，脱毛
ـ ه باللِسان 痛骂
ـ ه بالسَوْط 打得皮开肉绽
ـ البَرْدُ النَبَاتَ: أَحْرَقَه (霜冻)把庄稼冻坏
ـ اِنْتِخَابَات 搞选举
ـ في الطَرِيق 在路上留下足迹
ـ اللَحْمَ عن العظم 剔肉
تَسَلَّقَ الشجَرَةَ والحائطَ 爬树，爬墙
ـ السُلَّمَ 登梯
ـ النَبَاتُ: عرَّش (植物)攀缘
اِنْسَلَقَ 被煮
سَلَق جـ أَسْلاَق وسُلْقَان وسِلْقَان 伤痕

سَلْق: مصدر "سَلَقَ" 煮
ـ (مـ) / سِلْق جـ سُلْقَان: نبات يطبخ 甜菜，恭菜
سَلاَقَةُ اللِسان: بَذَاءَة 尖酸，刻薄
سَلَقُون / سَلاَقُون (مـ): تُراب أَحْمَر (مـ) 铅丹(四氧化三铅)；朱砂(一硫化汞)
سُلُوقِيَّة: مَقْعَدُ الرُبَّان 舰桥，司令桥
تَسَلُّق 爬，攀登
ـ الجبَل 爬山，登山
حَبْل الـ: جِعَار 爬绳，吊绳
سَلاَّق ومِسْلَق ومِسْلاَق: بَلِيغ 雄辩的，有口才的
سَلِيق جـ سُلُق 煮的；落叶；路边，路旁
سَلِيقَة جـ سَلاَئِقُ / مَسْلُوقَة (مـ) 肉汤，羹汤
ـ: طعام مَسْلُوق 熟食品
ـ: طَبِيعة 本能，本性，性癖，气质
مَسْلُوق 煮过的，熟的
الفَوَاكِه الـ ة 蜜饯，干果
مُتَسَلِّق 爬上的，攀上的
نَبَات ـ: مُعَرِّش 攀缘植物
سَلَكَ ـُ سُلُوكًا وسَلْكًا الطريقَ: سار فيه متَّبعًا ايّاه 行路，走路
ـ المكانَ: دخل فيه 进入某地
ـ الخيطَ في الإبرة 穿针
ـ: سار / تصرَّف 行为，动作，行动，举止
ـ بمُوجَب كذا 依…而行，照…而办，根据…而作
ـ التَدْبِيرُ (مـ): نَجَحَ 成功，(措施)行得通
ـ وأَسْلَكَ الشيءَ وفي الشيء: نظمه ولَضمَه (مـ) 用线穿起
سَلَّكَ الخَيْطَ: حَلَّ عُقَدَه 解开，拆开，打开，清理(线团)
ـ صَوْتَه (说话或唱歌前)清嗓子

ـ الأمرَ المعقَّد 清理乱事，解决纠纷
ـ الأسنانَ: خللها 剔牙
اِنْسَلَكَ في الشيء 进入，透入
سَلْك الهَواء: الطَيَران 航空
ـ البَحْر: المِلاَحَة 航海
سِلْك جـ أَسْلاَك وسُلُوك: خَيْط 线，穿珠线
ـ مَعْدِنيّ 金属线，铁丝，铜丝，铅丝
ـ نَبَاتِيّ: أُظْفُور 蔓，卷须
ـ بَحْرِيّ 海底电线
ـ بَرْقِيّ 电报线
ـ هَوَائِيّ 天线
ـ سِيَاسِيّ 政界
الـ التَعْلِيميّ 教育界
آلة الخَزْم بالـ 铁丝订书机
اِنتظم في ـ الوزارة 参加内阁
الضُبَّاطُ من أيٍّ ـ كَانُوا يَجِبُ عليهم أن ...
各兵种的军官都应当…
الـ الدِرَاسِيّ (مـ) 学习时间，教练时间
أَسْلاَك شَائِكَة 铁蒺藜，有刺的铁丝网
أَسْلاَك مَفْتُولَة 电缆
سِلْكِيّ 铁丝的，金属线的
لا ـ / بلا أَسْلاَك 无线的，无线电
إشَارَة لاَ سِلْكِيَّة 无线电讯号，无线电呼号
رِسَالَة لاَ سِلْكِيَّة 无线电报，无线电讯
مُخَابَرَة لاَ سِلْكِيَّة 无线电通讯
جِهَازُ اِلْتِقَاطٍ لاَسِلْكِيّ 收音机
عامِل اللاَسِلْكِيّ 无线电报务员
سَلاَّكَة الأَسْنان: خِلالة 牙签
سُلُوك: تَصرُّف / سَيْر 操行，行为，举止
ـ البَحْر أو الهَوَاء 航行；航海；航空
آدَاب أو عِلْم الـ 礼节，礼仪，礼式
السَيْر والـ 操行，品行

حُسْنُ الـ 操行优良，品行端正
سُوء الـ 操行不良，品行恶劣
سُلُوكِيّ / مَسْلَكِيّ [心]行为主义者
المَذْهَب السُلُوكِيّ [心]行为主义
سَالِك: مَطْرُوق 畅通的，无阻碍的
مَسْلَك جـ مَسَالِكُ: طريق 路，道路，途径
مِسْلَكَة 纺车
ـ 纺锤
مَسْلَكَة 衣边
سَلَّ ـُ سَلاًّ واسْتَلَّ الشيءَ من الشيء: انتزعه برفق 轻轻抽出
سُلَّ وانسَلَّ (مـ): مَرِض بالسُلّ 害肺病
اِسْتَلَّ سَيْفًا أو سِكِّينًا 拔剑，抽刀出鞘
اِنْسَلَّ وتَسَلَّلَ: انسحب خِفْيَةً 潜行，溜走
ـ وـ إلى المكان 溜到某处，悄悄走到某地
سَلَّة جـ سِلاَل وسَلاَّت / سَلّ (مـ): سَبَت / سَفَط 筐，篮，篓
سَلَّة المُهْمَلات 字纸篓，废纸篓
كُرَة السَلَّة 篮球
سِلّ / سُلّ / سُلاَل / داء السِلّ: هُزَال (مرض) [医]痨病，结核病，肺痨
ـ رِئَوِيّ 肺病，肺痨，肺结核
ـ مُسْتَعْجِل 奔马痨，急性肺结核
ـ تَدَرُّنِيّ 结核病(特指肺结核)
ـ العِظَام 骨结核
سُلاَلَة: نَسْل 后人，后代，后辈，苗裔，后裔，子孙
ـ: أَصْل / جِنْس 品种
ـ: أصل النَسَب 世系，家系，家谱，血统
ـ: عائلة 家族，氏族，门第
ـ مَلَكِيَّة 王朝，朝代
سُلاَلاَت جَيِّدَة 种畜

عِلْم السُلاَلاَتِ البَشَرِيَّة ومُمَيِّزَاتِها 人种学

سُلاَلِيّ: مُختص بسِلْسِلَة النَسَب 家谱的，世系的，血统的

ـ: مختص بالسلالات البشريّة 人种学的

سَلِيل جـ سُلاَّل: من نَسْل 后人，后代，子孙

ـ / مَسْلُول: مُصَاب بالسِلّ 害肺病的

ـ / ـ / مُسْتَلّ (كالسَيْف) 被拔出的，被抽出鞘的

ـ 儿子

سَلِيلَة 女儿

سَلاَّل: صانع السِلال 制筐工人

ـ 贼

مِسَلَّة جـ مِسَلاَّت ومَسَالّ: إبْرَة كبيرة 缝合针，缝口袋针，缝草席、草袋的大针

ـ بناء: بُرْج مُسْتَدِقّ الطرف 尖塔

ـ فِرْعَوْن / عَمُود الـ 法老华标，(埃及的)方尖碑

سَلِمَ ـَ سَلاَمَةً وسَلاَمًا من خطَر: نَجَا 避免危险，脱险

ـ من عَيْب 完整无缺，没有缺点，没有毛病

ـ عن كذا 摆脱某事

سَلَّمَ عليه: حيَّاه 敬礼，致敬，问好，致意，祝贺

ـ الشيءَ له وإليه: ناوله إيّاه 交给，递给，送给，交代，传递

ـ إعْلاَنًا قضَائِيًّا 送达传票

ـ الأَمْرَ إليه 委托，委任，交代

ـ أَمْرَه إلى اللهِ 听从真主的支配，听天由命

ـ نَفْسَه إليه 自首，投案，投案自首

ـ بالأَمرِ: رَضِيَ 满意

ـ بالأَمرِ: قَبِلَه 接受，采纳，允许，同意，承认

ـ جَدَلاً بأنَّ ...: فَرَضَ جدلاً أَنَّ ... 假定那是正确的，就算…

ـ إليه: انْقَادَ وأَذْعَنَ 顺从，服从，投降

ـ له في ... (在某一点上)对他让步

ـ بالقَضَاء والقَدَر 安分守己，乐天知命

ـ أو قَدَّم دَفَاتِرَه 存放(账簿)，委托保管

ـ إلى العدوّ 投降，屈服

ـ ه من خطَر 拯救，援救

ـ سَيْفَه أو سِلاَحَه 放下武器，缴械

فطَارَ يُسَلِّمُ للرِيح سَاقَيْهِ 飞快地逃跑了

سَلِّمْ سِلاَحَكَ! 缴械！交枪！

ـ (لِي) عليه (代我)向他致意，(代我)向他问好，请向他致意(问好)

ـ تُمَّكَ (مـ) 你说得好

ـ دَيَّاتَك (مـ) 谢谢，多谢

سَالَمَه: صالَحه 讲和，和解，和好，和平共处

أَسْلَمَ إليه: انقاد له 投降，顺从，屈服

ـ فلانًا: خَذَلَه / خانَه 出卖，背叛

ـ عن الأمر: تَرَكه 放弃

ـ أَمْرَه لِفلان وإليه: فَوَّضَه 委托，托付

ـ أَمْرَهُ إلى اللهِ 听天由命

ـ الرُوحَ 断气，咽气

ـ: تَدَيَّن بالإسلام 皈依伊斯兰教

أُسْلِمَ: لدغَتْه الحَيَّةُ 被蛇咬

تَسَلَّمَ واسْتَلَمَ (مـ) الشيءَ: تَنَاوَلَه 接过，接到，收到

ـ مَقَالِيدَ الحُكْم 接过政权

تَسَلَّمْتُ خِطَابَكَ 我收到你的信，来函收悉

تَسَالَمَ القومُ: تصالحوا وتَوَافَقوا 和好，和解，和睦

اِسْتَلَمَ كذا 收(电)，收(款)，承接

ـ شيئًا مقدَّسًا: لَمَسَه إمّا بالقُبْلَة أو باليَدِ (对神圣的东西)亲吻或抚摩

اِسْتَسْلَمَ 听众，服从；投降，归顺

ـ لِلْعَدُوِّ 投降，归顺

ـ (لِلْعَدُوِّ) بِدُونِ قَيْدٍ أو شَرْطٍ 无条件投降

ـ لغَضَبِه 不能克制，不能克己

سِلْم / سَلْم / سَلاَم: سَكِينَة 安宁，安静，静穆，寂静

ـ / ـ: ضد حرب 和平，太平

ـ / ـ / سَلاَمَة: أَمْن 安全，平安

أَنْصَار الـ 和平人士，和平的拥护者

سِلْمِيّ 和平主义的；和平主义者

سِلْمِيًّا / بالطريق السِلْمِيّ 用和平的方法，通过和平的道路，和平地

سِلْمِيَّة 和平主义

سَلْم جـ أَسْلُم وسِلاَم: دلو بعُرْوَة واحدة 有把的提桶、吊桶

سَلاَم: تحيّة 问候，致意，致敬

ـ عَسْكَرِيّ 军礼

أَدَّى ـًا عَسْكَرِيًّا 行军礼

ـ (مـ): نَشِيد وَطَنِيّ 国歌

الـ الصِينِيّ 中国国歌

ـ دُور (مـ) / طُور (土) [军]举枪敬礼

دَار الـ: الجَنَّة (安宅)天堂，乐园

مَدِينَة الـ: بَغداد 和平城(巴格达的别名)

نَهْرُ الـ: دِجْلَة 底格里斯河

دارُ الـ: ميناء في شرق افريقيا 达累斯萨拉姆(东非港口名)

بـ ـ 平安地

الـُ عَلَيْكُمْ 祝你和平！祝你平安！(伊斯兰教的祝词)

وعَلَيْكُمُ الـ 也祝你和平！也祝你平安("الـُ عليكم"的答词)

يا ـُ (مـ) (للتعجّب) 哎呀！我的天呀！老天爷呀！乖乖！

والـ 色兰(表结束、事终、终了，常用在信尾表示再见)

بَلِّغْ (أَهْدِ) سلامِي إلى فلان 请向某人致意，请代我问候某人

أَنْصَار الـ 和平人士，保卫和平者

لَجْنَة الصِين لأَنْصَار الـ 中国人民保卫世界和平委员会(简称中国和大)

سَلاَمْلَك (مـ) (土) : دار الضِيَافَة / ـ التَشْرِيفَات 客厅，会客室，接待室

سَلاَمَة: الخُلوّ من العُيُوب 完整无缺，完好无损，无疵瑕，没毛病

ـ 得救

ـ 平安，安全

على الـ 平安地，安全地

ـ العَقْل 智力健全

ـ القَلْب 真诚

ـ النِيَّة: إخلاص 诚恳，忠实

ـ الذَوْق 健全的鉴赏力

ـ (مـ) salame (意) : نَوْع من المَقانِق (مـ) 意大利香肠

(مَصْحُوبًا) بالـ 再见

مع الـ 一路平安，再会，再见

سُلَّم جـ سَلاَلِمُ وسَلاَلِيمُ / سُلَّمَة: دَرَجَة 阶梯，台阶

ـ / سَلاَلِم البَيْت 楼梯

ـ مِيكَانِيكِيّ أو دَائِر 升降梯，自动扶梯

ـ مُتَنَقِّل: مِعْرَاج 梯子

ـ العَرَبَة أو التِرام وأمثالهما (火车或电车等

的)踏板
ـ الحَرِيق 太平梯
ـ الطَائِرَة (飞机的)活动舷梯
ـ السَفِينَة (船的)步桥，跳板
ـ الخَدَم (سِرِّيّ) 后楼梯
ـ: وَسِيلة / آلَة 工具
الـ المُوسِيقِيّ [乐]音阶
ـ النَغَم [乐]音阶；音域
صَدَفَة الـ (مـ): بَسْطَة (مـ) 梯顶，梯头
اِتَّخذَه سُلَّمًا (拿他当梯子)利用他人，损人利己
سُلاَمَى جـ سُلاَمَيَات: عَظْمَة الإصْبَع [解]指骨，趾骨
تَسْلِيم: قَبُول ورِضى 接受，接纳，允许，答应
ـ: إذعان 屈服，投降，归顺
ـ: اِعتراف (بأمر) 承认
ـ:مُناوِلَة 交给，递给
ـ: إلْقاء التَحِيَّة 致敬，敬礼，问候
ـ إلى العَدُوّ 投降，屈服
ـ المُجْرِمِين إلى حُكُومَتِهم 把犯人引渡给他们的政府
ـ مَوَانِي بَيْرُوت = تسليم البضائع في مَوَانِي بيروت 在贝鲁特港交货
شُرُوط الـ (في الحَرْب) 投降的条件
مُسَالَمَة 和好，和解，调和
إسْلاَم: اِنقياد 服从，屈服
الإسْلاَم: الدِين الإسْلاَمِيّ 伊斯兰教，回教，清真教
أهل الإسلام: المسلمون 穆斯林，伊斯兰教徒，回教徒
إسْلاَمِيّ 伊斯兰教的，回教的，清真教的
إسْلاَمِيَّة 伊斯兰教教义

اِسْتِلاَم / تَسَلُّم: أَخْذ 接受，收纳
اِسْتِسْلاَم: اِنْقِياد 投降
اِسْتِسْلاَمِيّ 投降的，投降分子
اِسْتِسْلاَمِيَّة 投降主义
سَلِيم جـ سُلَمَاءُ / سالِم: ليس به أذى 健康的，平安的，无恙的，无伤的
ـ / ـ: صَحِيح 健全的，完全的，完整的
ـ / ـ: خَالٍ من العُيُوب 无疵瑕的，无缺点的
ـ وـ البِنْيَة 体格健全的
ـ وـ العَقْلِ 头脑清楚的，神智健全的
ـ وـ من كذا: خَالٍ منه 没有某种缺陷的
ـ العَاقِبَة: حَمِيد (مرض) 良性的(病)(与恶性的相对)
ـ: صَائِب (رأْي) 正确的(意见)
ـ النِيَّةِ أو القَلْبِ 纯洁的，天真的，思想单纯的
ذَوْقٌ ـ 健全的鉴赏力
ـ جـ سَلْمَى: لَدِيغ أو جريح مشرف على الهَلاكِ سَمَّوه به تفاؤلاً بالسلامة 被毒蛇咬伤的濒危的人(称“安然无恙者”是为讨吉利)
جَمْعٌ سَالِم [语]完整的复数
فِعْلٌ سَالِم [语]健全的动词
عَادَ سَالِمًا غانِمًا 平安地满载而归
أَبُو سَلْمَانَ [动]蟑螂，蜚蠊
سَلْمُون (أ) salmon 鲑鱼，大麻(马)哈鱼
ـ سِيبِيرِيَا [动]鲑鱼
ـٌ مُرَقَّط 鳟鱼
ـٌ أَحْدَب 鳟鱼，驼背鳟
سُلَيْمَان: اسمُ رجل 苏莱曼(所罗门)(男名)
أُمُّ ـ [动]伶鼬
حُوتُ ـ / سَلْمُون 鲑鱼

سُلَيْمَانِيّ: عَقّار سَامّ [化]二氧化汞，升汞，氯化汞

حَجَر ـ [矿]异极矿

مُسَلَّم به: مَقْبُول 被承认的

ـ به / من الـ به أن ... 无可争辩的是…

مُسَالِم: مُحِبّ السِلْم 爱好和平的；和平主义者

ـ: متسامح 宽容的，包容的，大度的

مُسلِم جـ مُسْلِمُون م مُسْلِمَة جـ مُسْلِمَات: مُحَمَّدِيّ 穆斯林，伊斯兰教徒

مُتَسَلِّم (سـ) [史]城镇的管辖者、执政者

مُسْتَلِم: آخِذ 接受人，收件人

سِلِنْدَر جـ سِلِنْدَرَات (أ) cylinder [机]气缸；[数]柱体，圆柱体

سَلْهَب جـ سَلَاهِبُ وسَلَاهِبَة 体形高大的(马)，彪形大汉

ـ ة من النساء: جَسِيمَة 魁梧的妇人

سَلَا ـُ سَلْوًا وسُلُوًّا وسُلْوَانًا وسَلِيَ ـَ سُلِيًّا الشيءَ وعنه: نسيه 忘掉，忘却，忘记，忘怀，淡忘

سَلَّاه وأَسْلَاه: أَلْهَاه 使娱乐，使喜欢

ـ ه وـ ه: عَزَّاه 安慰，慰藉，开解

تَسَلَّى: تَلَهَّى 消遣，解闷，自娱，取乐，嬉戏

سَلْو / سُلُوّ / سُلْوَان: نِسْيَان 忘却，遗忘，忘怀，淡忘

ـ / ـ / ـ: عزاء 安慰，慰藉

نَسْأَلُ لِعَائِلَةِ الفَقِيدِ الصَبْرَ والسُلْوَانَ [基督] 我们为死者家属祈祷，但愿他们忍耐和淡忘(基督教的哀悼语)

سُلْوَة / تَسْلِيَة: لَهْو 娱乐，游戏

ـ / ـ (لقتل الوقت) 消遣，消闲，解闷

في ـ من العيش 康乐生活，安乐生活

تَسْلِيَات 娱乐

سَلْوَى جـ سَلَاوَى الواحدة سَلْوَاة / سُمَّن (مـ):

سُمَانَى [动]鹌鹑

مُسَلٍّ: مُلْهٍ 解闷的，有趣的，可供消闲的，令人愉快的

مَسْلَاة جـ مَسَالٍ: أماكن التَسْلِيَة 游艺场，娱乐场所

مِسْلَاة 玩具

مَسْلِي (مـ): سِلَاء / سَمْن 炼过的奶油

سِلِيكَا (أ) silica: معدن [化]硅石，二氧化硅

سِلِيُولُود (أ) celluloid: خَلْيُود / بَاغة (مـ) 赛璐珞

سمّ (في سمم) / **سما** / **سماء** (في سمو)

سِمْبَاتَوِيّ (أ) sympathetic سِنْبَاتَوِيّ /: اِنْجِذَابِيّ [物]共振的，共鸣的

الأعصاب الـ ة [解]交感神经

سَمْبُوسَك (مـ) (راجع سَنْبُوسَق) 菱形

سَمَتَ ـُ سَمْتًا: لزم السَمْتَ أي الطريق 沿路而行

ـ الشيءَ ونحوَه: قصدَه 想，企图，打算

سَامَتَهُ: قابله ووازاه 对面，相对，平行

سَمْت جـ سُمُوت: طَرِيق 道路，大路，途径

ـ جـ سُمُوت (الفلك) [天]方位，方位角

ـ الاِعْتِدَال [天]二分圈，昼夜平分圈

ـ الاِنْقِلَاب [天]二至圈

ـ الرَأْس (الفلك) [天]天顶

نَظِير الـ / ـ القَدَم [天]天底

أخذ (اتّخذ) ـ ه إلى ... 到…去

ـ: هَيْئَة 面貌，仪表

رَزِين الـ 稳健的，庄重的

هو من ذَوِي الـ والسنّ والوَقار 他是年高德劭的人

سَمُجَ ـُ سَمَاجَةً وسُمُوجَةً: قَبُح 粗糙，粗鄙，拙劣，不雅观

اِسْتَسْمَجَه: عدَّه سَمِجًا 认为他是丑陋的、拙劣的

سَمَاجَة: قُبْح 粗鲁，粗鄙

سَمْج وسَمج وسَمِيج جـ سِمَاج وسَمِجُون وسُمَجاء وسَمَاجَى: قَبِيح 粗鄙的，粗鲁的，拙劣的，不雅观的

ـ 龌龊的(言语、谈话)

سَمُحَ ـُ سَمَاحًا وسُمُوحًا وسَمَاحَةً وسُمُوحَةً وسَمْحًا وسِمَاحًا: كان سَمِيحًا 成为宽大的，宽容的；成为慷慨大方的

سَمَحَ ـَ سَمَاحًا وسَمَاحَةً له بالشيء: أعطاه إيَّاه 给他东西

ـ بكذا: أذن 允许，许可，准许

ـ بالأمر: أجازه 容忍，忍耐

لا ـ اللهُ 但愿不这样

سَمَّحَه / سَنَّحه (مـ): ساهَلَه 宽容，宽恕，姑息

سَامَحَه في الأمر وبالأمر: ساهلَه ولايَنه ووافقه على مطلوبه 宽容他

ـ ه بِذَنْبه: صفح عنه 饶恕，恕免

تَسَامَحَ في كذا: تساهل فيه 宽容

اِسْتَسْمَحَ (مـ): طلب الصَفْح 告饶，请求原谅，请求宽恕

ـ (مـ): اعتذَر 道歉

سَمْح / سَمَاحَة: جُود 慷慨，大方，豪爽

سَمَاح: صَفْح 宽容，饶恕，赦免

ـ: إجَازَة 允许，答应，准许，许可

عَدَم ـ 不准，不许

ـ: إسْقَاط 回扣

سَمَاحَة: سَعَة الصَدْر 宽宏，大量

صاحِب الـ المُفْتِي / ـُ المُفْتِي 阁下(对穆夫提的尊称)

مُسَامَحَة: صَفْح 原谅，宽恕，谅解

ـ جـ مُسَامَحَات / أيَام الـ: عُطْلَة 假期，假日

تَسَامُح: تَسَاهُل 宽容，宥恕，宽大

سَمْح جـ سِمَاح / سَمِيح جـ سُمَحَاء / مِسْمَاح جـ مَسَامِيحُ / مِسْمَح جـ مَسَامح: من أهل الجود والسماحة 慷慨的，大方的；宽容的，容忍的，气量大的，宽宏大量的

الشريعة السَمْحَة / الشريعة السَمْحَاء (宽大的法典)伊斯兰教法典

المِلَّة السَمْحَاء (宽大的宗教)伊斯兰教

مَسْمُوح به: جائز / مباح 允许的，许可的，可容忍的

ـ جـ مَسْمُوحَات / سَمُوحَات 免税的货物

سِمْحَاق: نَسِيج غِشَائِيّ [生]组织

ـ: غِشَاء العَظْم 骨膜

ـ الجُمْجُمَة [解]颅骨膜

سَمَخَ ـُ سَمْخًا الزرعُ: طلع أوّل طلوعه 发芽

ـ ه ـَ سَمْخًا: أصاب سماخَه فعقره 损伤耳孔

سِمَاخ 耳孔

زَرْعٌ حَسَنُ السَمْخَة 发育良好的庄稼

سَمَدَ ـُ سُمُودًا: قام مُتَحيِّرًا 为难，狼狈

ـ: غَنَّى 唱歌

ـ في العَمَل 致力，专心

ـ: رَفَع رأسَه ونصب صدرَه تَكَبُّرًا 高视阔步，趾高气扬

سَمَّدَ الأرضَ: سبَّخها 施肥，壅肥

تَسَمَّدَ 被施肥，上肥

سَمْد: دائِم سَرْمَد 永久，长久，永远

هو لك سَمْدًا 他永远是你的

سَمَاد جـ أَسْمِدَة: سِبَاخ 厩肥，灰肥

سَمِيد / سَمِيذ: دَقِيق (طحين) أبيض 白面，白面粉

ـ (مـ): جَرِيشُ قَلْبِ الحِنْطَة 粗粒小麦粉(做

通心粉或烹调用）

سَمَرَ ـُ سَمْرًا وسُمُورًا: لم يَنَمْ وتحدّث ليلا 夜间谈话，夜谈

ـ ـُ سَمْرًا عينَ فلان 用红热的钉子钩出眼珠

ـ وسَمَّرَ اللبنَ: رقَّقه بالماء (牛奶里)加水

سَمِرَ ـَ وسَمُرَ ـُ سُمْرَةً واسْمَرَّ اسْمِرَارًا واسْمَارَّ اسْمِيرَارًا: صارَ أسمر 变棕色，变褐色

سَمَّرَ البابَ: شَدَّه بمِسْمَار (用钉子)钉门

ـ المِسْمَارَ: دَقَّه ليدخُل 钉钉子

ـ عَيْنَه به 盯着…

سَامَرَه مُسامَرَةً: حدَّثه لَيْلاً 跟他夜谈

تَسامَرَ القَوْمُ: تَحَدَّثُوا ليلاً 他们夜谈

تَسَمَّرَ 被钉住的，被钉牢的

سَمَر ج أَسْمَار: حديث في الليل 晚上畅谈，夜谈

ـ 夜间；无月光处

سَمُر ج أَسْمُر الواحدة سَمُرَة [植]阿拉伯橡胶树

سُمْرَة اللَوْن 棕色，褐色

سَمار: نَبات كالحَلْفَاء [植]灯心草

ـ الحُصُر (织席用的)芦草，席草

ـ: لَبَن مَخْلُوط بالماء 搀水奶

سامِر / سَمَر: مجلس المتسامرين 夜谈会，晚会

أَحْيَا الـ 举行晚会

ـ ج سُمَّر وسُمَّار 夜间交谈者

سَمُّور ج سَمامِيرُ: حَيوان له فَرْو ثَمين 黑貂

سامُور: ماس 金刚石，钻石

سَمِير / مُسَامِر / سَامِر 夜谈者

أَسْمَرُ م سَمْرَاءُ ج سُمْر اللون: بين الأبيض والأسْوَد 褐色，棕色

ـ البَشَرِيَّة والشعر 棕色的人（皮肤和头发带浅黑色的人）

اِمْرَأَةٌ سَمْرَاء 棕色的女子

السَمْرَاء: الحِنْطَة والخُشار 麦子；面粉

الأَسْمَرَان: الماء والحِنْطَة 水和麦

ـ: المَاء والرُمْح 水和矛

أَسْمَرَانِيّ (م) 棕色的，褐色的

مُسَامَرَة ج مُسامَرَات 晚会，夜谈

مِسْمار ج مَسَامِيرُ: وَتِد التَسْمِير 钉子

ـ إبْرَة (م) 圆钉

ـ رَزَّة U 形钉，骑马钉，锔子

ـ صِنَّارة 图钉

ـ بِطَاسَة (م): جُمَان 饰钉，铜头钉，大头钉

ـ قَباقِيبي (م) (钉地毯用的)平头钉，鞃钉

ـ لَوْلَبِيّ (م) / ـ بُرْمَة (م) / ـ قَلاوُوظ 螺丝钉

ـ بِصَمُولَة (م) 螺丝闩，螺栓与螺母

ـ البَرْشَمَة 铆钉

ـ اللَبَن (م): لِبَأ / أَوَّل اللبن (产后的)初乳

ـ القَدَم (م): ثُؤْلول (脚底的)鸡眼

بِيكَة الكَهْرَبَاء بـ ـ 插口电灯泡

خَطّ مِسماريّ / الكِتَابَة المِسمارِيَّة: إسفِينِيّ 楔形文字

مُسَمَّر 被钉住的

سَمَرَّجَ 抽人头税

سَمْرَمَر: زرزُور الجَراد 红欧椋鸟(食蝗虫)

سَمْسَرَ: توسَّط بين البائع والشاري 做经纪人，作掮客

سَمْسَرَة: عَمَل السِمْسَار 经纪业，掮客业

ـ: أُجْرَة السِمْسَار 佣金，经纪费

سِمْسَار ج سَمَاسِرَة وسَمَاسِر وسَمَاسِيرُ (波): دَلَّال / وَسِيط 经纪人，掮客

ـ بُورْصَة (مَصْفَق الأوراق المالِيَّة) 证券交易

所经纪人

سَمَاسِرَة السُوء 罪恶的散播者

سمسم: جُلْجُلاَن / حَبّ زيت السِيرِج 芝麻

مُسَمْسَم (مـ): مُنَمْنَم 有条纹的，纤丽的

سَمَطَ ـُـ سُمُوطًا الرجلُ: صَمَتَ 沉默，不声作

ـــِ سَمْطًا الجَدْيَ: سلَخه (أو نطّفه) بالماء الحَارّ

用开水烫羊羔(以脱去羊毛)

سِمْط جـ سُمُوط 珠项圈

سِمَاط جـ سُمُط: دَوْر طَعام 一道菜

ـ: مائِدة الأَكْل 饭桌

ـ: ما يُبْسَطُ ليُوضَع عليه الطعام 桌布，台布

سَمِيط / سُمَيْط 堆砌好的砖块

ـ / سَمِيطَة جـ سَمِيطَات: سَمِيذ / سَمِيد 环形

小面包

سَمِعَ ـَ سَمْعًا وسِمْعًا وسَمَاعًا وسَمَاعَةً وسَمَاعِيَةً

ومَسْمَعًا الصوتَ: أَدْرَكَه بالأذن 听，听见

ـ بكذا: بَلَغَه خبرُه 听到，听说

ـ منه ولَه: أطاعَه 听从，顺从

ـ عَرَضًا (أي اتّفاقا) 无意中听到

لم يُسْمَعْ به 从未听说过的，闻所未闻的

سَمَّعَه وأَسْمَعَه: جعله يسمع 让人听，给人听，

叫人听

ـ به: فَضَحَه ونَشَرَ عيوبَه في الناس 诽谤，破

坏名声，诬蔑，恶意抨击

ـ الدرسَ: تلاه 细叙，宣读，背诵

أَسْمَعَ أُغْنِيَةً 演唱

ـ ه مُرَّ الكلامِ 对他讲刻薄话、恶毒话

تَسَامَعَ به الناسُ 变为人们的话柄

اِسْتَمَعَ وتَسَمَّعَ إليه: أَصْغَى 倾听，静听，侧耳

细听

ـ خُلْسَة / تَسَمَّعَ (مـ): تصنَّت 偷听，窃听

سَمْع الواحدة سَمْعَة جـ أَسْمَاع وأَسْمُع جج

أَسَامِعُ وأَسَامِيعُ / سَمَاع 听觉；耳朵；报告

أُمُّ السَمْع / أمّ السَمِيع 大脑

شاهِد سَمْع: غير شاهد العِيان 传闻证人

شَهَادَة سَمَاع 传闻证据

ثُقُلَ سَمْعُه 耳朵发背，听觉迟钝

سَمْعًا وطاعَةً 遵命！是，我听见了！(对长

者下达命令后的答语)

سَمْعِيّ: مُخْتَص بالسَمْع 听觉的，音响学的

عِلْم السَمْعِيَّات / السَمْعِيَّات / السَمَاعِيَّات 声学

سُمْعَة: شُهْرَة / صِيت 名誉，声誉，声望，名望

ـ حَمِيدَة 美名，令名，令誉，好名誉

ـ رَدِيئَة 恶名，臭名，丑名

حَسَن أو حَمِيد الـ 有声望的，有名气的

رَدِيء الـ 声名狼藉的，臭名远扬的

سَمَاع: خِلاَف القِياس [语]习惯用法

عِلْم الـ 声学

مَقْصُور على الـ 听到的，耳闻的，限于听

闻的

سَماعِ (اِسْم فعل بِمعنى اِسْمَعْ) 听着！注意！

سَمَاعِيّ: مَأْخُوذ بالسماع 习惯用法的

ـ: نَقْلِيّ 传闻的，口传的，口耳相传的

ـ 传闻的(证据)

شاهِد ـ / شاهِد سَمْع 传闻证人

تَسَمُّع / اِسْتِمَاع 听，收听，听取

سَمَّاعَة (الطَبِيب) [医]听筒，听诊器

فَحص القَلْب أو الرِئَتَيْن بالـ [医](对心、肺)

听诊

سَمَّاعَة البَاب (مـ) (敲门用的)门环(子)，

门槌

ـ تِلْفُون (电话)听筒，话筒

ـ فُنُغْرَاف (留声机)发声器，机头

سامِع / سَمِيع جـ سُمَعَاءُ / مُسْتَمِع 听者，收听

人，听众

الـ ان: الأُذُنان 耳朵

سَامِعُونَ / مُسْتَمِعُون 听众，听讲人

أمّ السَمِيع / أمّ السَمْع 大脑

مَسْمُوع: يُسْمَع 听得见的，声音清楚的

ـ: ما يُسْمَع 传闻，流言，蜚语

ـ الكَلِمة 言听计从的

مَسْمَع: مَدَى السَمْع 听力所及之处，听得见的地方

على ـ من ... 在听距内

مَسامِع 七窍(眼、耳、鼻、口)；耳朵

مِسْمَع جـ مَسَامِع الصَدْر 听筒，听诊器

ـ 提桶的把，耳子

سِمْفُونِيَا (أ) / سِيفُونِيَا symphony 交响乐，交响曲

سَمَقَ ـُ سَمْقًا وسُمُوقًا النَبَاتُ: عَلاَ وطَالَ (植物) 长高，长大

سُمَاق: خَالِص 纯洁的

سَامِق جـ سَمِق: طويل مُرْتَفِع 高大的，屹立的，高耸的

سُمَّاق / سُمُوق sumac: نَبات عِطْرِيّ ثَمرُه حامِض [植]盐肤木

حَجَرٌ سُمَاقِيّ [地]班岩

سَمَكَ ـُ سَمْكًا الشيءَ: رفعه 抬高，升高，抬起

ـُ سَمْكًا وسُمُوكًا وسَمُكَ ـُ سَمَاكَةً: كَانَ سَمِيكًا 变厚

سَمَّكَه: ضد رقّقه 加厚，使厚

سَمْك / سُمْك (مـ) / سَمَاكَة (مـ): سَقْف 顶棚，顶板，天花板

ـ: ضد رقّة 厚，厚度

ـ: قَامَة كل شيء ثَخِن صاعِد 高，度度

سَمَك جـ أَسْمَاك وسُمُوك وسِمَاك: حَيوان من خَلْق الماء أي مَخْلُوق فيه 鱼，鱼类，水产动物

ـ بَحْرِيّ 海鱼，咸水鱼

ـ نَهْرِيّ 河鱼，淡水鱼

ـ قَدِيد 熏鱼，腌鱼

ـ مُوسَى 比目鱼，偏口鱼；鳎；鲽

ـ الثُعْبَان 鳗鲡

ـ مُحَمَّر 红烧鱼

ـ مَشْوِيّ 烤鱼

ـ في ماء (مـ): بَخْتُكَ رِزْقُك (مـ) 碰运气，靠运气吃饭

تَرْبِيَة الـ 养鱼

صَيْد الـ 打鱼，捕鱼，捞鱼，钓鱼

مُخْتَصّ بصَيْد الـ 捕鱼的，打鱼的

مِجْرَفَة صَيْد الـ 渔网

كـ ـ غَاض بَحْرُه 如鱼失水

سَمَكِيّ: مختص بالأَسْمَاك 鱼的，鱼类的

سَمَكَة جـ سَمَكَات: واحِدة السَمَك 一条鱼

الـ [天]双鱼宫

شَوَى في الحَرِيق ـ ه (他在失火的房子里烤鱼)从不幸中取得利益

ـ (مـ) في ثوب: بَنِيقَة / قطعة مثَلَّثة لتوسيعه 三角布，三角形布片

سِمَاك: ما رُفِعَ به الشيء 支柱，台柱

الـ الأَعْزَل: السُنْبُلَة [天]角宿(室女座一等星)

الـ الرَامِح: حارِس السَماء [天]大角(牧夫座一等星)

سَمِيك / مَسْمُوك: ضد رَقِيق 厚的

ـ: وَثِيق 结实的

ـ: طَوِيل 高的

سُمَيْكَاء 小干鱼

سَمَّاك: بَائِع سَمَك 鱼商，鱼贩，卖鱼人
ـ: صائد سَمَك 渔夫，渔人，渔翁
مَسْمَكَة: حَوْض تَرْبِيَة الأحياء المَائِيَّة 鱼池，水族池，养水产动物的池子
المُسْمَكَات / المَسْمُوكَات: السَمَاوَات 天，诸天
سَمْكَرِي جـ سَمْكَرِيَّة (مـ): سَنْكَرِي (مـ) /تَنْكَارِي (أ) tinker 补锅匠，洋铁匠
مِكْوَاة الـ 焊刀，焊铁，烙铁
سَمَلَ ـُ سَمْلاً واسْتَمَلَ عَيْنَه 挖眼睛
سَمَلَ ـُ سُمُولاً وسُمُولَةً وسَمُلَ ـُ سَمَالَةً وأَسْمَلَ الثَوْبُ (衣服)穿破，磨烂
سَمَل وسَمِل جـ أَسْمَال: ثوب خَلَق بالٍ 破烂衣服，褴褛衣服
ثوبٌ سَمِلٌ وسَمُول وسَمِيل 褴褛的衣服，破烂的衣服
سَمَال: دُود في ماء ناقع 水蛭，水蛆
سُمْلَة وسَمَلَة جـ سَمَل وأَسْمَال وسِمَال وسُمُول 黑泥；剩水
سُمْلاَن الماء أو النَبِيذ: بَقَايَاهُمَا 剩水；剩酒
سوملة (في سومل)
سَمْلَق جـ سَمَالِقُ 不毛之地
سَمَّ ـُ سَمًّا الرجلَ: سَقَاه السُمّ 毒杀，毒害
ـ الجُرْحَ: أَنغله 使伤口化脓
ـ الشيءَ: لوّثه وأفسده 污染，使腐烂，使腐坏
ـ وسَمَّمَ الطعامَ: جعل فيه السُمّ 下毒，放毒
تَسَمَّمَ الرَجُلُ 中毒
ـ الجرحُ 伤口化脓，生坏疽
اِنْسَمّ (مـ) 中毒
ـ (مـ) 被激怒，生气
سُمّ وسَمّ وسِمّ جـ سُمُوم وسِمَام: ثَقْب 孔，眼，洞，洞穴
ـ 针眼
ـ: قَشْب 毒药，毒物，毒液，毒素
ـ الفَأْر: شَكّ 毒鼠药(特指砒霜、信土)
ـ قَتَّال 剧毒药，致死的毒药
ـ نَوْعِيّ: فِيرُوس virus [医]病毒，滤过性病毒，滤过性病原体
تَسَمُّم 中毒
ـ بَوْلِيّ [医]尿毒症
ـ دَمَوِيّ [医]毒血症，血中毒
ـ ذَاتِيّ 自体毒素
أَعْرَاض ـ 中毒症状
حَالَة ـ 中毒状态，中毒情况
سَمَامَة: سُنُونُوَة 岩燕
سَمُوم جـ سَمَائِمُ simoon: رِيح حارّة 热风
تَتَحَرَّقُ سَمَائِمُ سُخْطِه 他勃然大怒
سَامّ / مُسِمّ (مـ) 有毒的，有毒液的，分泌毒液的
ـُ أَبْرَص: أبو بُرَيْص (مـ) 壁虎，守宫
السَامَّة جـ سَوَامُّ: الخَاصَّة من الناس 上流社会，贵族
يُعْجَب به السَامَّةُ والعَامَّة 雅俗共赏
سُمِّيَات 毒物，有毒的物体
مَسْمُوم 中毒的，下过毒的，有了毒的
مَسَامّ الجِلْد: ثُقُوبُه 汗孔，毛孔
مَسَامِّيّ (ذو مَسَامّ) 多孔的，有气孔的
مَسَامِّيَّة 多孔，有气孔
سَمَافُور (أ) semaphore [铁]信号机，信号灯
سَمَاوَر (أ) самовар (俄) samavar 茶炊，火锅
سَمِنَ ـَ سِمَنًا وسَمَانَةً وتَسَمَّنَ: كَثُرَ شَحْمُه 发胖，变胖
ـ: زاد وَزْنُه 体重增加
سَمَنَ ـُ سَمْنًا وسَمَّنَ الطعامَ: عمله بالسَمْن (食

سَمَّنَ ... (物中)加奶油
سَمَّنَه: صيّره سَمِينًا 使肥，使胖
أَسْمَنَ الرجلُ: كان سَمِينًا 发胖
ـ الطعامَ: عمله بالسَمْن 制奶油食品
هذا لا يُسْمِن ولا يُغْنِي من جُوع (这不能使人发胖，也不能充饥)无济于事
اِسْتَسْمَنَه: وَجَده أو عَدَّه سَمِينًا 发现他是个胖子，认为他是个胖子
اِسْتَسْمَنْتَ ذا وَرَم (你把发肿的人当作胖子了)你受骗了
سَمْن جـ أَسْمُن وسُمُون وسُمْنَان: سِلاَء / مَسْلِيّ (مـ) 黄油，奶油
ـ عَرَبِيّ 炼过的奶油
ـ نَبَاتِيّ 人造奶油
ـ على عَسَل (蜂蜜加奶油)锦上添花
سِمَن / سِمْنَة: كَثْرَة الشَحْم على البَدَن 长膘，上膘
ـ / ـ (مـ): رَبَالَة 肥胖
ـ مُفْرِط 太肥，痴肥，臃肿
سُمَانَى / سُمَّن (مـ) / سُمَّان (مـ) الواحدة سُمَانَاة جـ سُمَانَيَات 鹌鹑
سَمَّان: بَائع السَمْن 奶油商人
سِمَّانَة الرِجْل (مـ): رَبْلَة الساق 小腿肚，腿肚包
سَمِين جـ سِمَان / سَمْنَان (مـ): شَحِيم (أو مُدْهِن كاللحم) 肥的，胖的，脂肪多的
ـ: بَدِين 肥的，胖的，多肉的
مُسَمَّن 喂肥的，养肥的
السُمَنِيَّة: قوم بالهند دَهْرِيُّون قائلون بالتناسُخ Somnath-pattan 素姆那派(印度信仰轮回之说的一派)
سِمِنْتو (أ) cement: أَسْمَنْت (أ) / سِمَنْت / تُرَابَة (سـ) 水泥，水门汀

سَمَنْجُونِي (波)/ إسْمَنْجُونِيّ 天蓝色的；青玉，蓝宝石
سَمَنْدَر / سَمَنْدَل (مـ) / سَمَيْدَر salamander: عَرُوس الشِتَاء [动]蝾螈
ـ الماء 水蜥蜴(蝾螈类)
سَمَنْدَل وسَمَنْد: عَنْقَاء 凤凰
سمة (في وسم)
سَمَهَ ـَ سُمُوهًا: دهش 惶恐，惊慌
ـ الفَرَسُ: جَرَى جَرْيًا لا يَعْرِف الإعياء (马)不停地跑
سُمَّهَى 大气
ـ / سُمَّيْهَى / سُمَيْهَى / سُمَّيْهَاء / سُمَيْهَاء 废话，无聊话
سَمْهَاج: كَذِب 谎言，妄言，说假话
قَدٌّ **سَمْهَرِيّ**: معتدل القامة 身材适中
سَمَا يَسْمُو سُمُوًّا: عَلاَ وارْتَفَعَ 崇高，高尚
ـ القومُ: خرجوا للصيد 出去打猎
ـ بنظره إلى الشيء: ارتفع إليه 仰视，抬头看
ـ به وأَسْمَاه: رفَعه وأعلاه 举高，提高，抬高，举起
سَمَتْ نَفْسُه إلى مَعَالِي الأُمور 立大志，一心向上
سَمَّى وأَسْمَى وسَمَا الرجلَ زَيْدًا وبزَيْدٍ: جعل اسمه زَيْدًا 把他叫做宰德，给他起名宰德
ـ / ـ الكِتابَ (给书)命名、定名、题名、加标题
ـ الرَجُلُ 说 :بِسْمِ الله (奉真主之名)
هذا ما يُسَمُّونَهُ طَرِيقَةَ الحَيَاة الأَمْرِيكِيَّة 这就是他们所谓的美国生活方式
سَامَاه: فَاخَرَه 争胜，赛光荣，比光荣
تَسَمَّى بكذا 被称为，被叫做
تَسَامَى القومُ 争胜，比光荣

ـ القومُ على الخيل 上马，骑马

اِسْتَسْمَاهُ 询问他的名字

سُمُوّ: عُلُوّ 崇高，高贵，高尚

ـ: رِفْعَة / عَظَمَة 高位，显职，卓越

صاحِب الـ / ـ الأَمِير 殿下，太子殿下(对亲王的尊称)

سُمًا: صِيت حَسَن بَعِيد 声望

سَمَاء جـ سَمَوَات وسَمَاوَات وسُمِيّ وسِمًى وأَسْمِيَة: ما يُحِيطُ بالأرض من الفَضَاء 天，天空，苍穹

ـ: جَلَد 苍天，上空，碧空，长空

ـ: جَنَّة 天堂，天国，乐园

ـ السَمَاوَات 九重天，最高天

ـ 云

بَنُو مَاءِ السَماء (靠天吃饭的人)阿拉伯人

طُيُور الـ 飞禽

سَمَاوِيّ / سَمَائِيّ: عَلَوِيّ 天堂的；天上的

ـ / ـ: رُوحِيّ 天启的，精神的

ـ / ـ: بِلَوْن السَماء 天蓝色的

الأَجْرَام السَمَاوِيَّة 天体

سَمَاوِيّ (م) 北风

سَمَاوَة 半身像，胸像；远处看见的形象

تَسْمِيَة عِلْمِيَّة 科学的命名法，记名法

ـ: لَقَب 命名，名目，名称

عِيد ـ 命名日

سَمِيُّ فُلَان 与某人同名的

ـ / سَامٍ جـ سُمَاة وسَامُونَ م سَامِيَة جـ سَامِيَات وسَوَامٍ: عَالٍ 崇高的，高尚的，高贵的

المَنْدُوب السَامِي / المُفَوَّض السَامِي (殖民主义国家派驻殖民地和保护国的大使级代表)高级专员

سَامُ Sam: اِسم رجل (ابن نوح) 闪(诺亚的长子)；萨姆(男名)

العَمُّ سَامُ 山姆大叔(美国、美国政府或美国人的绰号)

سَامِيّ 闪族的

اللُغَات الـ ة / السَامِيَّات Semitics 闪族语言(希伯来语，腓尼基语，阿拉伯语等)

سَامِيَّة 闪族语

الـ الأمّ 原始闪族语言

ـ: سِيَاسَة مُنَاصرة لليَهُود 支援犹太人政策

اللا ـ anti-Semitism 排犹主义，反犹太主义

العَالِم بالساميّات 闪学家

اِسْم جـ أَسْمَاء وأَسَامٍ وأَسَامِيّ وأَسْمَاوَات: لَفْظ مَوْضُوع لِتَعْيِين شَيْء 名，姓名，名称，名字

ـ: صِيت / شُهْرَة 名声，名望，名誉

ـ الكِتَاب وغيره: عُنْوَان 书名，题目，标题

ـ الشُهْرَة: لَقَب 名称，称呼，称号

ـ العَائِلة 姓，族名，堂号

ـ سِرِّيّ 诨名，绰号，外号

ـ شَخْصِيّ: اِسْم المولد 本人的名字

ـ مُسْتَعَار 化名，别名，代号

ـ كَاذِب أو مُصْطَنَع 假名

ـ مُنْتَحَل (للتأليف) 笔名

ـ عَلَم 原名，正式名字，专有名字，固定名字

ـ تَهَكُّمِيّ: نَبَز 诨名，外号，绰号

ـ (في النحو) [语]名词

ـ الإشَارَة [语]指示名词

ـ البَدَل [语]同位名词

ـ التَصْغِير [语]指小名词

ـ الجَمْع [语]集合名词

ـ الجِنْس [语]普通名词

ـ العَدَد [语]数词
ـ العَيْن [语]实物名词
ـ الفاعِل [语]主动名词
ـ المَفْعُول [语]被动名词
ـ مَعْنًى [语]抽象名词
ـ مَعْرِفَة [语]确指名词
ـ مَوْصُوف [语]实体名词，实物名词，被形容词，被修饰的名词
ـ نَكِرة [语]泛指名词
بـ ـ فُلان 以某人的名义…；代表某人
بـ ـ الله 奉真主的名字(用以取吉)，看在真主的情面上
الـ الأَعْظَم [宗]最伟大的名字(安拉的真名，据说凭这个名字可以制造奇迹)
كان اسْمًا من غير مُسَمًّى 有名无实，名不副(符)实
اِسْمًا 名义上
اِسْمِيّ: بالاسم فَقَط 名义上的，挂名的，头衔的
ـ: مختصّ بالأَسْمَاء (في النحو) [语]名词的，名词性的
جُمْلَة ـ 名词句，名词性子句
اِسْمِيَّة 名词性
مُسَمًّى جـ مُسَمَّيَات: مَدْعُوّ 被称为；有确定含义的；指称对象，定义，概念
أَجَلٌ غير ـ 未确定的日期，无限期
ظَلَّ اِسْمًا بلا ـ 仅限于文字上、名义上，有名无实
مُسَمَّيَات عِلْمِيَّة 科学概念，科学定义
أَسْمَى: أَرْفَع / فَوْق 更高的，上级的；最高的
سْمُوكِن (أ) smoking: سترة التدخين 吸烟服
ـ: بَدْلَة السَهْرَة 无尾常礼服

سَمَيْدَع جـ سَمَادِع 豪爽的人物，英勇的人物；剑；狼
سَنَاء (في سني)/ **سَنّ** (في سنن)
السَنَا المَكِّيّ: نبات ورقهُ مسْهِل [药]旃那叶(卓效的缓泻剂)
سَنَمُورَة: صِير 沙丁鱼，鳁
سُنْبَاذَج / سُنْبَادَج (أ) (波): حَجَر الصنفرة أو مسْحُوقة 金刚砂，刚砂粉
سُنْبُك جـ سَنَابِكُ: طَرَف الحافر 蹄缘，蹄边
ـ (مـ) / سُنْبُوك (مـ) / سُنْبُوق 小船，舢板，小划子
ـ لبَرْشَمَة المَسَامِير (مـ) 铆钉机
سَنْبَلَ الزَرْعُ: أَسْبَلَ 结穗，抽穗
سُنْبُل الواحدة سُنْبُلَة جـ سَنَابِلُ وسُنْبُلاَت: سَبَلَة 谷穗
ـ بَرِّيّ [植]野郁金香，野山慈姑
ـ خزام/ خُزامَى [植]风信子
ـ: قرن الغَزال [植]郁金香，山慈姑
ـ هِنْدِيّ (مـ) / ـ الطِيب [植]雄刈萱
بُرْج السُنْبُلَة (في الفلك) [天]室女座；室女宫
سُنْبُلِيّ: في شَكْل السُنْبُلَة 穗状的
سَنْبُوسَق (أ)/ سَنْبُوسَك (مـ): مُعَيَّن 菱形，斜方形
ـ (مـ سـ) (土) / ـ (مـ): فَطِيرَة نِصْف مُسْتَدِيرة مَحْشُوَّة 半圆馅饼，半圆卷饼；小煎肉饼；肉包子
سُنْبُوق وسَنْبُوق جـ سَنَابِيقُ: زَوْرَق صغير 舢板，小船，轻艇
سَنْبُوسك (مـ) الواحدة سَنْبُوسَكَة جـ سَنْبُوسَكَات: شِبْه مُثَلَّث محصور بين عَقْدَين مُتَجَاوِرَيْن [建]三角拱腹

تَسَنَّتَ (出身低微而富者)娶贵族女子

سَنُّوت/ سِنُّوت 干酪；蜂蜜；椰枣；莳萝；小茴香

سَنِت/ مُسْنِت 荒地，穷人

سَنِيت/ مُسْنِت 荒年，旱年

سَنْتِيجْرَاد (أ) (راجع سنتيغراد) centigrade 百度的(寒暑表)

مِقْيَاس ـ 摄氏寒暑表

سَنْتِيغْرَاد / سَنْتِيجَرَاد / سَنْتِيكَرَاد (أ)centigrade: مِئَوِيّ 百分度的

سَنْتِيغْرَام جـ سَنْتِيغَرَامَات (أ) (cg.) centigram 克，公毫

سَنْتِيمِتْر جـ سَنْتِيمِتَرَات(cm.) centimetre 公分，厘米

سَنَج ـُ سَنْجًا 玷污，染污

سِنَاج: شُحْوَار (مـ) 煤烟灰，锅烟，烟垢，油烟

سَنْجَة جـ سَنَجَات وسِنَج (مـ) (波) [体]哑铃

ـ المِيزَان (أ): عِيَار (波) 砝码

ـ المِيزَان (مـ): رُمَّانَة القَبَّان 秤锤，秤砣

ـ (مـ): سُنْكِي (مـ)/ حَرْبَة البُنْدُقِيَّة 刺刀

سِنْجَة جـ سِنَج (سـ) 步兵，军队

ـ (电车或电气机车顶上的)自动伸缩的聚电子，集电弓

سُنْج (أ) (波) 枣红

سِنْجَاب/ سُنْجَاب (أ) (波) 松鼠；(附在礼服上的)一种白色毛皮

سِنْجَابِيّ اللَوْن 灰色的，灰白色的

سَنْجَق جـ سَنَاجِقُ (مـ): لِوَاء 旗；军旗

ـ: مُقَاطَعَة (土耳其)省

ـ 长官

سَنَح ـَ سَنْحًا وسُنُحًا وسُنُوحًا الأمرُ والرأيُ: عرض وخطر 想起，忆想

ـ ه عن رأيه: صرفه 劝止，劝戒，规劝

ـ ت الفُرْصَةُ 碰上机会，适逢时机

عِنْدَمَا تَسْنَحُ الفُرْصَةُ 碰上机会的时机，当机会来的时候，当时机成熟的时候

سَنَّحَ له (مـ): تَسَامَحَ 姑容，宽恕，不计较

ـ عن الأمر (مـ): أَغْضَى 容忍，闭上眼睛装看不见(睁只眼，闭只眼)

ـ عنه (مـ): لم يَلْتَفِت إلى كلامه 不理睬他的话，完全不理

سانح جـ سَوَانِحُ / سَانِحَة جـ سَانِحَات: فُرْصَة 机会，良机

الفُرْصَة الـ ة 好机会，有利的时机

سَوَانِحُ الظُرُوف 好机会，有利的时机

سَانِحَة 突然出现的思想

سَنِيح جـ سُنُح 珍珠；首饰

سَنِخَ ـَ سَنَخًا وسَنَاخَةً الدُهْنُ: تَغَيَّرَ وفَسَدَ (油类)变质，变坏，哈剌

سَنَخ / سَنَاخَة: زَنَاخَة 腐臭味，霉臭，腐臭，哈剌

سِنْخ جـ أَسْنَاخ وسُنُوخ: أَصْل 根，根源

ـ السِنِّ: مَنْبِتُهُ 牙床，牙龈，齿槽

سَنِخ م سَنِخَة: زَنِخ 腐臭了的油脂；腐败的，陈腐的，哈剌的，霉臭的(胡桃)

سَنَدَ ـُ سُنُودًا واسْتَنَدَ إلى كذا: اتَّكأ عليه 倚靠，靠(在某物上)

ـ وـ إليه: اِعتمد عليه 依靠，依赖，仗恃；信托

ـ وـ إلى ...: اِرْتَكَن عند الحَاجَة 投靠，求助

ـ للأَرْبَعِين: قاربَها 接近四十

ـ ه وسَنَّدَه (مـ): دعمه 支持，支撑，支援，援助，拥护

ـ ه (مـ) وسَانَدَه: عَضَّدَه 援助，帮助，扶助，支持

أَسْنَدَ إليه الأمرَ أو الكلامَ 认为这件事是某人所做的、这句话是某人所说的；归功于…，归咎于…

ـ ه: أَصْعَدَه 帮助或扶助他上去

ـ إليه الأمرَ 责成，委托

ـ ظَهْرَهُ إلى الحَائط 背靠在墙上

ـ ه إلى كذا: جَعَلَه يَستنِد إليه 使依赖…，使投靠…

تَسَانَدُوا على كذا 互相支援

تَسَانَدُوا 互助

سَنَد جـ أَسْنَاد: دِعَامة 支柱，靠山；支持者，拥护者

ـ جـ سَنَدَات (مـ): صكّ بِدَيْن 账单，单据，债券，借条

ـ بَسِيط (مـ) 借据

ـ إسْعَاف (مـ) أو مُجَامَلَة 通融汇划的票据

ـ (مـ): سَهْم/ حِصَّة 不记名支票

ـ (مـ) / مُسْتَنَد (مـ): رُجْعَة 凭单(收条、收据等)

ـ (مـ) / ـ (مـ): وَثِيقة (可作证据的)文件，公文，证书

ـ 责任，义务，债务

ـ (山的)斜坡

سَنَدَات مَالِيَّة (مـ) 有价证券

سَنَدَات حُكُومَة (مـ) 公债券

السِنْد Sind 信德(巴基斯坦省名)

ـ 印度河

سِنْد الواحِد سِنْدِيّ 信德人

سَنِّيدة المُغَنِّي (مـ): مُرَدِّدُونَ 和唱者

إسْنَاد جـ أَسَانِيدُ: سَنَد 历史学上的线索

ـ (في عُلوم اللغة) [语]动词与主词或起词与述词之间的关系

تَسَانُد 互相援助

مُسْنَد (في علوم اللغة) [语]述词，谓语

ـ إلَيْه [语]起词，主语

الـ الحِمْيَرِيّ [史]希木叶尔文字时代

ـ جـ مَسَانِدُ

مُسْتَنِد إلى: مُتَّكِل على 依赖者，依靠者

مُسْتَنَد جـ مُسْتَنَدَات 支柱；支持力

ـ المِلْكِيَّة 地契，主权证件

مَسْنَد جـ مَسَانِدُ 围椅，安乐椅，沙发椅

ـ الخُدَيْوِيَّة 埃及国王的王位

مِسْنَد / مَسْنَد جـ مَسَانِدُ (مـ) 枕头，垫子

مَسَانِد الديوَان 围椅的扶手，沙发的靠枕

ـ الرَسَّام 画架

سَنْدَان جـ سَنَادِينُ (أ) (波) / سِنْدَال جـ سَنَادِيلُ (مـ) 砧，砧板，铁砧，案板

سِنْدَانَة (ع): أَصِيص (انظر أصص) 花盆

سَنْدَرَة (مـ): غُرْفَة صَغِيرة قُرْب السَقْف 阁楼，顶阁，亭子间

ـ 量谷的大斗

سَنْدَرِيّ 大胆的；高的；狮；有大眼睛的

سِنْدَرُوس/ سِنْدَلُوس (أ) sandarach(波) [药]山达脂

ـ بَلُّورِيّ 岩树胶

سُنْدُس (波): حَرِير رَقِيق (作里子用的)素纺，薄绸，绫

بِساط الأرض الـ يّ 绿草如茵

سَنْدَوِيش (أ) sandwich: شَطِيرة 夹心面包；三明治

سِنْدِيَان (أ) (波): بَلُّوط [植]栎树(冬青属植物)

سِنْدِيَانِيّ: من خَشَب السِنْدِيان 栎树的
ـ: كالسِنْدِيان 似栎树的
سِنْدِيك (أ) syndic (希): مَأْمُور التَصْفِيَة (破产财产)管理员
سِنْدِيكَالِيزْم (أ) sydicalism (希) 工团主义
الـ الفَوْضَوِيّ 无政府工团主义
سِنَّوْر جـ سَنَانِير: هِرّ / قِطّ 猫
ـ الزَبَاد 麝猫
ـ 王子；[解]颈椎骨
سُنَّارة / سِنَّارَة جـ سَنَانِير وسُنَّارَات وسِنَّارَات (衣领上的)小钩，风纪扣
شُغْل الـ والإبْرَة 编织，针织
سَنْسْكْرِيتِيَّة (أ) Sanskrit: اللغة الهِنْدِيّة الفُصْحَى 梵语，梵文
سَنْط: أَقَاقِيَا/ شجر شائك 阿拉伯胶树
خَشَب الـ 阿拉伯胶树木材
سِنْط: رُسْغ 手腕，腕关节
سَنْطَة (مـ): ثُؤْلُولَة 疣，瘊子
سَنْطَاوِيّ 萨塔威香瓜
سَنْطَلَة 长度
سِنْطِير/ سَنْطُور/ سِينْطُور: آلة طَرَب كالقَانون 洋琴，中古时代的八弦琴
سَنَعَ ـُ وسَنُعَ ـُ سَنَاعَةً وسُنُوعًا: كان جَمِيلاً لَيِّن المَفاصِل لَطِيف العِظام 柔曼，姣好
سَانِع/ سَنِيع م سَنِيعَة 柔曼的，姣好的
سِنْف وسِنْفَة جـ سِنْف جج سِنَفَة النَبات: وِعاء (豆)荚；胞；囊
سَنْفَرَ (مـ) 磨，磨光，研磨，擦亮；用金钢砂研光，用钢玉石磨光
سَنْفَرَة (مـ): سَفَن 金刚石，金刚砂，钢石粉
وَرَق ـ 砂纸，金刚砂纸
سُنَّيْق جـ سُنَّيْقات وسَنَانِيق 白色的星，一等星；粉刷过的房子
سُنُّوقَة (مـ) 漂亮的女人
سِنْكَة 刺刀
ـ (电车顶上的)自动伸缩的聚电子，集电弓，触轮
سُنْكِيّ (مـ): سنجه (مـ) (راجع سنج) 刺刀
سَنْكَرَ البابَ (مـ): سَكَّرَه (مـ) 锁门，上锁
سَنْكَرِيّ جـ سَنَاكِرَة (أ) tinker / سَمْكَرِيّ (مـ) 锡匠，补锅匠，洋铁匠
سِنْكِسَار/ سِنَكْسَار (أ) (希): مَجْمُوع تراجم الصالحين 殉教史，殉教者列传
سَنْكُونَا (أ) cinchona: شَجَر الكِينا 奎宁树，奎纳树，金鸡纳霜树
سَنِمَ ـَ سَنَمًا البَعِيرُ: كان عَظِيم السَنام (驼)有高峰
تَسَنَّمَ النَاقَةَ: رَكِبَ سَنَامها 骑在驼峰上
ـ الشيءَ: علاه 登，爬上去
سَنَامُ الجَمَلِ جـ أَسْنِمَة: حَدَبَتُه 驼峰
تَسْنِيمَة السَقْف (مـ) 房脊
سِنِمَّار 月亮；窃贼
ـ 一位希腊建筑家的名字
جَزاء ـ 忘恩负义，恩将仇报
سَنَمَكِّي/ سَنَامَكَّة (أ) senna of Mecca: نبات ورقه مُسْهِل [药]旃那叶
سَنَمُورَة (مـ): سمك مَمْقُور (مُمَلَّح) 鲳，沙丁鱼
سَنَّ ـُ سَنًّا وسَنَّنَ السِكِّينَ: أَحَدَّه 磨刀
ـ عَيْنَيْه 集中视力
سَنَّ سُنَّةً: وضَعها 制定规则，制定规章
ـ قَانُونًا: شرَعه 制定法律
ـ ه على الطَعَام: شحَذه 使食欲旺盛
ـ الرُمْحَ: ركَّب فيه السِنان 安上矛头
ـ الأَسْنَانَ: سوَّكها 刷牙

ـ الإبلَ: ساقَها سَوْقًا سريعًا 把驼群赶得飞快

ـ الرجلَ: طعنه بالسِنان 以矛刺人

ـ الأمرَ: بيَّنه وسهَّله 使(事情)容易，使顺当

ـ الطريقَ: مهَّدَه 铺平道路

ـ الطِينَ: عمله فَخَّارًا 做陶器

ـ الماءَ أو التُرابَ 倾倒

ـ (مـ) 刻成锯齿状

سَنَّنَ (مـ) الولدُ وأَسَنَّ: نبتَت أَسْنَانُه (小孩)长出牙齿

ـ المِسْمَارَ (مـ) (在钉子上)刻螺纹

ـ القَوْلَ: حسَّنه 修润，修饰(语言)

أَسَنَّ: تقدَّم في السِنّ 上年纪，年纪大，老迈

ـ المَاءَ: صَبَّه 倒水

اِسْتَنَّ الماءُ: اِنْصَبَّ (水)被倾倒

ـ الفرسُ: عَدَا إقْبَالاً وإدْبارًا (马)跑来跑去

ـ السَرابُ: اضطرب (海市蜃楼、蜃景)晃动，移动

اِسْتَسَنَّ الرجلُ: كبرت سِنُّه 上年纪，老迈

ـ الطريقَ: سار فيها 走路

ـ ت العينُ: انصبَّ دمعُها 流泪

ـ بالشيء: أتبعه 遵循(规章)

ـ الرجلُ: نظَّف أَسنانَه مما تخللها 剔牙

سَنّ: شَحْذ 磨快

سِنّ جـ أَسْنَان وأَسِنَّة وأَسُنّ: عظم نابت في فم الحيوان 牙齿

ـ: مِقْدَارُ العُمرِ 年齿，年龄，年纪

ـ: شُعْبَة 齿儿

ـ: مَكانُ البَرْي من القَلَم 笔尖

ـ المِسْلَفَة 耙齿

ـ القَرْن 犄角尖

ـ الأَسَد [植]蒲公英

ـ الثُعْبَان: نَابُه السَامَّة 蛇的毒牙

ـ الثُوم وأَمْثاله: فصّ 蒜瓣

ـ الدُولاَب: تِرْس (مـ) 轮齿，扣链齿，铁链车轮

ـ الرُشْد: البُلوُغ 成年，成丁

ـ الفِيل أو الخِنْزِير البَرِّيّ وأمثالهما: ناب (象、野猪等的牙齿)

ـ الفِيل: عَاج 象牙

ـ القَلَم أو المِسْمَار أو الإبْرَة الخ (笔、针、钉子等的)尖，尖端，尖头，尖梢

ـ اللبَن: أوَّل ما يظهر من الأسنان [解]乳齿，乳牙

ـ اللَوْلَب: حَزّ 螺纹

ـ المِحْرَاث 犁铧

ـ المِنْجَل: قُرْقُف/ طُوَيْئِر 山雀

ـ طاحِن: ضِرْس 臼齿

ـ قاطع: ثَنِيَّة 门齿

ـ (مـ): جَرِيش الطَحِين 混合粉，二箩面，粗粉

ـ الكَلْب (مـ): حِلْيَة مِعْمَارِيَّة [建]犬齿饰

ـ (مـ) / سِنَّة (مـ): حِلْيَة مِعْمَارِيَّة [建]齿饰

ـ (مـ) / سِنَّة عِدْلَة (مـ): خُوصَة (في المِعْمَار) [建](花边旁的)平边，(凹条花圆柱的)楞条螺纹

الـ بالـ والعَيْن بالعَيْن 以牙还牙，以眼还眼

حَدِيث الـ/ صَغِير الـ 年幼的，年轻的

كَبِير الـ/ مُتقدِّم الـ 年老的，上了年纪的

عَيْش ـ 次等面包

طاعِن في الـ 高龄的，年迈的

أَكْبَرُ سِنًّا من فلان 比某人老，比某人年纪大

أَلَمُ أو وَجَعُ الـ 牙痛

طَبِيب أَسْنَان 牙医

طَقْم أَسْنَان صِنَاعِيَّة 一副牙齿；全套牙齿

(指假牙)
حَشِيشَة الأَسْنَان [植]齿草
فُرْشَة أو فُرْشَاة أَسْنَان: مِسْوَاك 牙刷
مَسْحُوق الأَسْنَان 牙粉
مَعْجُون الأَسْنَان 牙膏
مختصّ بالأَسْنَان 牙齿的，齿科的
هم كَأَسْنَان المُشْط (他们像梳齿一样)他们是平等的
سِنَان جـ أَسِنَّة: نَصل الرُمْح 矛头，枪头
ـ: مِسَنّ 磨刀石
ـ السَهْم 箭镞；[植]茨菰
سَنُون: مَسْحُوق الأَسْنَان أومعْجُونها 牙粉；牙膏
سُنَّة جـ سُنَن: فَرْض 教训，告诫，格言，箴言
ـ 行为，品行，举止，态度
ـ: شَرِيعَة (伊斯兰教)教律，教法
ـ الطَبِيعَة 自然规律，自然法则
ـ (في الدِين الإِسْلاَمِيّ) (伊斯兰教四大立法基础之一)圣训，经外传说(穆罕默德圣人的言行)
أَهْل السُنَّة [伊]逊尼派，正统派(承认艾卜•白克尔、欧麦尔、欧斯曼和阿里四人都是合法的哈里发，相反的是什叶派，只承认阿里是合法的哈里发)
سُنِّيّ 逊尼派的，正统派的
سِنَّة جـ سِنَن 双刃的斧子
تَسْنِين: طُلُوع الأَسْنَان 长牙
ـ الشَرَائِع / ـ القَانُون 制定法律
سَنَّان السَكَاكِين 磨刀匠
مَسْنُون: مُشْحَذ 磨快的，磨得锋利的
مَرْمَر ـ 光滑的云斑石
رَجُل ـ الوَجْه 脸面光滑的，容光焕发的
حَمَأ ـ 臭泥

مُسِنّ: متقدِّم في السِنّ 年长的，上了年纪的
مُسَنَّن: مُشَرْشَر 锯齿形的
ـ: ذو أَسْنَان 有齿的
ـ: مُؤَسَّل 有尖的，带尖的，有刃的
شَرِيط حَدِيدِيّ ـ [铁]齿轨
طَرِيق مُسْتَسِنّ / مُسْتَسَنّ 走惯了的路
مِسَنّ جـ مِسَنَّات: مِشْحَذ/ دولاب سَنّ للسَكَاكِين 砂轮，砂轮机
ـ: حَجَر السَنّ 磨石，磨刀石
ـ الإِسْكَاف 鞋匠放在膝上磨锥子的膝石、砥石
ـ الزَيْت 油砥石，油磨刀石
ـ المُوسَى (الجِلْد): قَايِش (مـ) 砥皮，革砥
سَنْهَدْرِيم (أ) Sanhedrim: مَجْلِس اليَهُود الأَعْلَى 古犹太高等参议院，长老会
سَنِهَ ـَ سَنَهًا: جرت عليه سنون 成为陈旧的，老迈的
سَانَهَ الرجلَ: عامله بالسنة كساناه 订一年的合同，雇年工
ـ ت النَخْلَةُ: حَمَلَت سنةً ولم تَحْمِل أُخرَى 枣椰隔年结一次果实
تَسَنَّهَ الخُبْزُ (面包)陈腐
سَنْهَاء 隔年结实一次的枣椰树
سَنَا يَسْنُو سَنْوًا وسَنَاوَةً وسُنُوًّا وسِنَايَةً البَرْقُ: أضاء (闪电)闪亮，闪耀，闪烁
ـ السحابُ الأَرْضَ 以雨水浇灌(土地)
سَانَى الرجلَ: عاهَده أو استَأْجَرَه لِسَنَةٍ 订一年的合同，雇年工
سَنَة جـ سُنُون وسِنُون وسَنَوات وسَنَهَات: عَام/ حَوْل 年，岁，年度
ـ بَعْدَ ـ / ـ بعد أُخرَى 年年，逐年，年复一年，一年又一年地

ـ دِرَاسِيَّة 学年
ـ شَمْسِيَّة 阳历年，太阳年(365 日又 5 小时 48 分 46 秒)
ـ قَمَرِيَّة 阴历年，太阴年(354 日又 8 小时)
ـ كَبِيسَة 闰年
ـ مَالِيَّة 财政年度，会计年度
ـ مِيلاَدِيَّة 公历年
ـ هِجْرِيَّة 回历年，伊斯兰教历年
يَوْم رأْسِ الـ 元旦
سَنَوِيّ: عامِيّ / حَوْلِيّ 年度的，周年的
سَنَوِيًّا: في السَّنَة / عن السَّنَة 按年度地
ـ: كل سَنَة 每年，年年
سِنَة (في وسن)
سَانِيَة ج سَوَانٍ: سَاقِيَة/ نَاعُورَة 筒车，扬水车
مَسْنُوّ / مَسْنِيّ 用水车灌溉的(地)
مُسَنَّاة ج مُسَنَّوَات ومُسَنَّيات 水坝，堤坝
سَنُودِس (أ) synod: مَجْمَع رُؤَسَاء مَذْهَب دِينِيّ [宗]宗教会议
سِنَّوْر (في سنر)
السَنُوسِيّ 塞努西(1791—1859)
الـ ة 塞努西派
الطريقة الـ ة 塞努西教派
سُنُونُو الواحدة سُنُونُوَة وسُنُونِيَة: سَمَامَة 燕子
سَنِيَ يَسْنَى سَنَاءً: صار ذا سناءٍ ورفعة 成为高贵的、高尚的、高官显爵的
سَنَى يَسْنِي سَنْيًا الباب: فتحه 开门
ـ العُقْدَةَ: فكَّها وحلَّها 解开(绳结)
سَنَّى الأمرَ: يَسَّرَه وسهَّله 使容易，使简便，使便利
سَانَى الرجلَ: راضاه ودَاراه ولاينه في المطالبة 善待
أَسْنَى البَرْقُ: لَمَع وأَضاء (闪电)照亮

تَسَنَّى: تَيَسَّرَ 变成容易的、便利的
ـ الشيءُ: تغيَّر 改变，变更
ـ القفلُ: اِنْفَتَحَ 锁被开了
ـ الأمرُ: تهيَّأ (事情)准备就绪
ـ الرجلَ: تَرَضَّاه 使他高兴，使他愉快
سَنَاء: رِفْعَة 崇高，高贵，卓越
ـ: بَهاء 辉煌，华丽，壮丽
سَنَا / سَنَا مَكَّة / سَنَا مَكِّيّ / سَنَا حِجَازِيّ [植] 旃那叶，番泻叶(用作通便药)
السِنَايَة 全部，所有的东西
سَنِيّ م سَنِيَّة: بَهِيج/ بَهِيّ 辉煌的，灿烂的，华丽的
ـ: رَفِيع 崇高的，庄严的，高贵的，壮丽的
سِنْيُور (مـ) signior (意) 先生，老爷
سَهَبَ ـ سَهْبًا الشيءَ: أخذه 取，拿(东西)
أَسْهَبَ الدابَّةَ: أَهْمَلَها ترعى 让牲畜自由放牧
ـ الشاةَ ولَدُها (小羊)吃奶
ـ في الكلام عن ...: أطَالَ فيه 唠叨，絮说，细说，说得冗长
أُسْهِبَ: ذهب عقله أو تغيَّر لونُه من مرض أو حُبّ أو فزع (因害病、恋爱、恐怖而) 疯狂，失色
ـ ت البِئْرُ: لم يُدرك ماؤها لبعد قعرها 井深
سَهْب وسُهُب وسُهْب ج سُهُوب 大草原；(因地面受侵蚀而形成的)准平原
سَهْبَة / مُسْهَبَة 深(井)
إِسْهَاب 絮说，唠叨，谈得过长；细说，详述
بـ ـ 详细地，详尽地(叙述)
مُسْهَب: مُطَوَّل 详述的，冗长的
سَهَجَت ـ سَهْجًا الريحُ: اِشْتَدَّت وهبَّت هُبوبًا دائمًا

(风)经常猛吹，猛刮
ـ لَيْلَتَهُ 整夜走路、旅行
مَسْهَج 刮烈风之地
سَهِدَ ـَ سَهَدًا وتَسَهَّدَ: أَرِقَ 失眠，耿耿不寐，辗转反侧
أَسْهَدَه وسَهَّدَه: أَرَّقَه (忧愁)使他失眠
سُهْد/ سُهَاد: أَرَق 失眠，睡不着
ساهِد 失眠的
سُهُد/ مُسَهَّد: قليل النوم 失眠的，警醒的；戒备的
سَهِرَ ـَ سَهَرًا: لَمْ يَنَمْ لَيْلاً 熬夜
ـ عليه: رَاقَبَه 监视，注视，守护
ـ على الأَمْن العامّ 保卫社会治安
ـ عِنْدَه 在他那里熬夜
ـ اللَيَالِيَ (في الجِدّ) 通宵苦干，开夜车
سَهَّرَه (م) وأَسْهَرَه: جعله يَسْهَرُ 使他熬夜
سَهَر: عدَم النَوْم لَيْلاً 熬夜
ـ: تيقُّظ 警醒
سَهْرَة ج سَهَرَات 晚会
لِبَاس الـ/ ثِيَاب الـ 晚装，晚礼服，燕尾服
سَهْرَجِي ج سَهَرْجِيَّة (م): كَثِير السَهَر 彻夜不眠者；过夜生活的人
سَهَّارِيّ 通宵开的咖啡馆
مِصْبَاح ـ 夜明灯(寝室或病室用)
سَاهُور 月晕
سَاهِر ج سُهَّار/ سَهْرَان: صَاحٍ 熬夜的，不睡的
ـ/ ـ: يَقِظ 夜间醒着的，守卫的，警惕的
حَفْلَة ـ ة: حَفْلَة سَمَر 晚会
سَاهِرَة 大地；泉源；月亮
مَسْهَر ج مَسَاهِرُ 晚上的娱乐场、咖啡馆
سَهِفَ ـَ سَهَفًا: عطش شديدًا 焦渴
سَهْف 鱼鳞

سُهَاف: عُطاش وهو دَاء لا يَرْوَى صاحبُه 糖尿病，消渴症
سَهَكَتْ ـَ سَهْكًا الرِيحُ: مرت مرورًا شديدًا 刮大风，起暴风
ـ ت الريحُ الترابَ: أَطَارته (风)扬起尘土
ـ ت سُهُوكًا الدَابَّةُ: جَرَتْ جريًا خَفِيفًا (牲口)慢跑
سَهَك/ سُهْكَة/ سُهُوكَة (鱼、肉、汗等的)臭味
ريح سَاهِكَة وسَهُوك وسَيْهَك وسَيْهُوك ومَسْهَكَة 暴风，飓风
مَسْهَك / مَسْهَكَة: مَسْهَج 刮大风之处
سَهُلَ ـُ سُهُولَةً وسَهَالَةً الأمرُ: ضد عَسُرَ 容易
ـ سُهُولَةً الطريقُ: ضد وَعُرَ (路)平坦
سَهَّلَ الأمرَ له وعليه: يسَّره وصيَّره سَهْلاً 给以方便；使方便
ـ ه: مهَّده 铺平道路，作好准备
ـ المَوْضعَ: سوَّى العالي بالواطي 填平，平整土地
سَاهَلَه وتَسَاهَلَ معه 宽待，宽容，姑容，纵容，放任
أَسْهَلَ الدواءُ البطنَ: أَلانَهَا 通大便，使泻肚，使腹泻
أُسْهِلَ: انطلق بَطْنُه 泻肚，拉稀，腹泻
تَسَهَّلَ الأمرُ: صار سَهْلاً 变为容易的
اسْتَسْهَلَ الأمرَ: عَدَّه سَهْلاً 认为事情容易而不认真地对待
سُهُولَة: هَوْن 容易，简便
بـ ـ: بِلا عَنَاء 容易地，不困难地
إِسْهَال البَطْن 拉稀，泻肚，腹泻
تَسَاهُل: مُلايَنَة 宽容，宽大，姑容，纵容，放任
ـ: تَسَامُح 容忍，宽容，谅解

تَسْهِيلَات 简便，便利，方便

سَهْل ج سُهُول وسُهُولَة: يَسِير/ هيِّن 容易的，简便的，轻而易举的

ـ: بَسِيط 简单的，简易的，平易的

ـ: مُمَهَّد 平坦的，平整的，光滑的

ـ: أرض مُنْبَسِطَة 平原，原野

ـ الاِسْتِعْمَال 便于使用的，使用方便的

ـ الهَضْم 容易消化的(食物)，好消化的

من الـ أنْ ... 容易的是…，…是不难的

ـ الجانِب/ ـ الخُلُق 温和的，温厚的，温顺的

عُمْلَة سَهْلَة (التَداوُل) 纸币

سَهُول: دَواء مُسْهِل 泻药

سُهَيْل: نجم بَهِيّ طلوعُه على بلاد العرب فى أواخِر القَيْظ [天]老人星(南船座一等星，亮度仅次于天狼星)

سَهِل 容易的

نَهْر ـ (河床)多沙的河

مُسْهِل ج مُسْهِلَات: مَشْو/ شَرْبَة (م) 泻药

ـ: يُطْلِق البَطْن 泻药，通便药

ـ خَفِيف: مُلَيِّن 润肠药，轻泻药，轻泻剂

مُسْهَل/ مَسْهُول البَطْن 泻肚，拉稀，腹泻

مُتَسَاهِل: مُلاَيِن 宽大的，温和的

ـ: مُتَسَامِح 宽容的，容忍的，纵容的，谅解的

سَهَمَ ـَ وسَهُمَ ـُ سُهُومَةً وسُهُومًا: تغيَّر لَوْنُه من هُزَال 成为苍白的、憔悴的

ـ وجهُه: عَبَسَ 成为愁眉苦脸的

سُهِمَ: أصابه السَهام أي وهج الصيف 中暑

سَاهَمَه: قارَعه 抽签，拈阄，抓阄儿

ـ في الأمر / أسْهَمَ فيه: اشترك فيه 参与；作贡献

أَسْهَمَ له في كذا: جعل له سَهْمًا فيه 分给他一份

ـ في شركة / سَاهَمَ فيها 入股

سَهْم ج سِهَام: نَبلة 箭

ـ غَادِر / ـ من الخَلْف 暗箭

ـ يَدَوِيّ: حَظْوَة 短矛，标枪，镖

ـ (指示方向的)箭头

ـ: نَصِيب/ حَظّ 命运，运气

ـ ج أَسْهُم: حِصَّة 份儿，分得的一份，股，股份，股票

على رَمْيَة ـ من ... 相距一箭之远

طاشَ ـُه 射错，没射中

ـ الرَامِي [天]人马座

ـ 彩票

ـ 萨赫姆(埃及面积名；等于 1/24 吉拉特或 7.29 平方米)

ـ نَارِيّ: صارُوخ (م) 火箭；信号弹

نَفَذَ الـ: قُضِيَ الأمرُ (箭已射穿)木已成舟

حَشِيشَة السِهام [植]葛

سَهْمِيّ: كالسَهْم 似箭的，箭的

أَسْهُم نارِيَّة 烟火，火花

ـ مالِيَّة 股份

ـ عادِيَّة (في نظام الشركات) 普通股

ـ: حِصَص التَأْسِيس (公司的)发起人股

ـ مالِيَّة مَضْمُونَة [商]优良券，金边证券

حَمَلَة الـ 股东，持股人

مُسَاهَمَة 参与，共谋，同谋，贡献

شَرِكَة ـ / أو سَهَامِيَّة 有限公司

سَاهِم الوَجْه 面色苍白的

لها عَيْنَان سَاهِمَتَان 她有着一对沉思的眼睛

مُسَاهِم: حَامِل السَهْم المالِيّ 股东，持券人

سَهَا يَسْهُو سَهْوًا وسُهُوًّا عنه: غفَل عنه ونَسِيَهُ 遗

忘，忘却，忘记，忽略，疏忽

ـ إليه: نظر إليه ساكن الطَرْف 凝视，注视

مال لا يُسْهَى ولا يُنْهَى 无数的牲口（对游牧人而言）

سَاهَى الرجلَ: غافَله 利用他的疏忽

سَهْو: نِسْيان 遗忘，忘记

ـ: عَدَم انْتِباه 忽略，疏忽，马虎，不注意

ـ: سَرَحانُ الفِكْر 不留意，心不在焉，思想不集中

سَهْوًا 疏忽地，大意地，粗心地，马马虎虎地

سَهْوَة جـ سِهَاء 壁架；窗洞；窝棚

سُهَا / سُهَى / الـ [天]勾陈增四（小熊座三等星）

فَوْق الـ والثُرَيَّا 在难以达到的高处

سَاهٍ / سَهْوَان: غير مُنْتَبِه 粗心的，疏忽的，马虎的，不留心的，漫不经心的

سَهْيَان (مـ): شارد الفكر 恍惚的，头脑错乱的

سَاءَ يَسُوءُ سَوَاءً الشيءُ: قَبُحَ 丑恶，恶劣

ـ طالِعُه 运气不佳

ـ ـُ سَوْءًا وسَوَاءَةً وسَوَايَةً وسَوَائِيَةً ومَسَاءً ومَسَاءَةً ومَسَايَةً ومَسَائِيَّةً الخَبَرُ فُلانًا: أحْزَنَه （消息）使他忧虑，使他忧愁、悲痛

ـ الأمرُ فُلانًا: كدَّره 使他不愉快

ـ به ظَنًّا أو أساءَ به الظَنَّ 怀疑，猜疑，不信任，不相信

يَسُوءُنِي أنْ أقُولَ ... 我感到遗憾不能不说…

سَوَّءَ تَسْوِئَةً وتَسْوِيئًا عليه عَمَلَه: عابه ووبَّخه عليه 谴责，责备，指摘

أساءَ الشيءَ: أفْسَدَه 糟踏，作践，毁坏，伤害，损害，损坏

ـ إليه: ضد أحْسَنَ 损害，虐待，欺侮，伤害，侮辱

ـ إليه: كدَّره 触犯他，使他不愉快，使他恼恨，得罪他

ـ اِستعمال الشيء 误用，滥用

ـ التَصرُّف 胡乱处理，处理失当，草率从事

ـ الفَهْمَ 误会，误解

اِسْتَاءَ منه 不悦，不愉快，不满意

ـ من العَمَل أو الأمر: اِستنكره 发怒，生气

سُوء جـ أَسْوَاء: شرّ 害，祸，恶，罪恶

ـ 忧愁，悲伤

ـ: أذًى 伤害，损害，危害

ـ الإدارَة 管理不善，经营不良

ـ البَخْت 不幸，厄运，薄命，运气不好

ـ حالة الرُؤْيَة 其貌不扬

ـ الاِسْتِعْمَال 误用，滥用

ـ التَصرُّف 处理不当

ـ التَغْذِيَة 营养不良

ـ الحَظّ 不幸，厄运，薄命

لِـ ـ الحَظّ 由于运气不好

ـ الخُلُق 脾气坏，性情恶劣

ـ السُلُوك 行为恶劣，操行不良

ـ الظَنّ 疑心，猜疑，怀疑

ـ الفَهْم 误解

ـ العَاقِبَة 后果不良，结局悲惨

ـ التَفاهُم 误会

ـ القَصْد 恶意，坏主意

بـ ـ نِيَّة 恶意，坏心眼，居心不良

ـ الهَضْم 消化不良

تَقْدِير الـ: تَشاؤُم 悲观，悲观主义

مُقَدِّر الـ: مُتَشائِم 悲观者

زاده سُوءًا 使更坏、更糟糕
سَوْءَة (سَوْأَة) جـ سَوْءَات / مَسَاءَة جـ مَسَاوِئُ:
عَمَل قَبِيح 丑行，卑鄙的行为，可耻的行为
ـ: عَوْرَة 羞体，阴部，私处
وَا سَوْأَتاه! 啊，可耻！啊，丢人！
سواء (في سوي)
إسَاءَة: تَكْدِير 触犯，开罪，得罪，招惹
ـ الاستعمال 滥用，误用，妄用
ـ المُعامَلة 虐待，侮辱，委屈
اِسْتِيَاء: كَدَر 愤慨，愤怒，不满，不愉快
سَيِّئ: رَدِيء 坏的，恶劣的，不好的，不良的
ـ التَرْبِيَة 失教的，教养不良的
ـ الحَظّ 倒霉的，不幸的，运气不佳的
ـ الخُلُق 品质不良的，脾气不好的，性情恶劣的，品行不端的
ـ السُمْعَة 名声不好的，名誉扫地的，声名狼藉的
ـ الطالع 不幸的，命运不好的
سَيِّئَة جـ سَيِّئَات / إسَاءَة: ذَنْب 罪行，罪恶
مَسَاءَة جـ مَسَاوِئُ 丑行，卑鄙的行为，可耻的行为；不愉快的事；灾祸
مَسَاوِئ: عُيُوب ونَقَائِص 缺点，毛病
مُسِيء: مُكَدِّر 使人不愉快的，令人不悦的
ـ 恶棍，坏东西
ـ: مُؤْذٍ 伤人的，伤害人的，作恶多端的
مُسْتَاء: مُتَكَدِّر 不愉快的，愤慨的，不满的
ـ: مُشْمَئِزّ 厌恶的
ـ من أمر أو فعل 被触怒的，不满意的
ـ من شَخْص 不喜欢某人，讨厌某人
سَاجَ يَسُوجُ سَوْجًا وسُوَاجًا وسَوَجَانًا: ذَهَب وجَاء رُوَيْدًا 慢慢地踱来踱去

سَاج جـ سِيجَان الواحدة سَاجَة جـ سَاجَات:
شجر أو خَشَبه 麻栗树，麻栗树木材
ـ 肥大的斗篷
سَاجَات (مـ): صَنْج [乐]响板
سَاحَة جـ سَاح وسُوح وساحات: فِناء 院子，庭院，天井
ـ: رَحَبَة / مَيْدَان 广场，空地
ـ القِتَال / ـ الوَغَى 战场
ـ الأَلْعَاب: مَلْعَب 操场
ـ الأَلْعَاب الرِيَاضِيَّة أو المُصَارَعَات (قديمًا)
操场；古代(圆形)斗技场
بَرَّأَت المَحْكَمَةُ ـَـهم 法庭宣告他们无罪
سَوَّاح (مـ) / مُتَسَوِّح (مـ) 旅行者，游览者
حَشِيشَة السُوَّاح [植]月见草
سَاخَ يَسُوخُ سَوْخًا وتَسَوَّخَ في الطِين: غَاصَ وغَاب 陷入泥里
سَاخت بهم الأرضُ سُيُوخًا أو سُؤُوخًا أو سَوَخَانًا 陷入地里
ـ ت رُوحُه (مـ): أُغْمِيَ عليه 昏厥，昏倒，晕倒，昏迷过去
سَوِدَ ـ سَوَدًا واسْوَدَّ واسْوَادَّ: صار أَسْوَد 变黑，变成黑的
سَادَ يَسُودُ سِيادَةً وسُودَدًا وسُؤْدُدًا وسَيْدُودَةً وسُودًا قَوْمَه: صار سَيِّدَهم 成为领袖或首领
ـ ه: تَسَلَّط عليه 管理，统治，支配，指挥，控制
فَرِّقْ تَسُدْ 分而治之
سَادَ: عَمَّ 普及，传遍，盛行；占优势，占上风
ـ السُكُون (寂静占上风)一片寂静
ـ الاِضْطِرَابُ والفَوْضَى 一片嘈杂，一片混乱
سَوَّدَ الشيءَ: صيَّره أَسْوَد 弄黑，使成为黑色的

ـ: جَرُؤَ 成为勇敢的、大胆的
ـ الرجلَ: جعله سيِّدًا 使成为领袖或首领
ـ المَكْتُوبَ: كتب مُسَوَّدته 起草，打稿，写
草稿
ـ وَجْهَهُ وعِرْضَهُ 侮辱，羞辱
سَاوَدَه: كَايَدَه 欺诈，欺骗；秘谈；在黑夜
里相遇
تَسَوَّدَ 结婚；被拥为领袖
ـ (مـ) (土地)上过肥料，施过肥料
سُود وسُودُد وسُؤْدَد: سِيادَة 主权，领导，
指挥，管辖
السُود [棋]黑子
سِيَادَة: تَسَلُّط 主权，领导权，最高权力
ـ: لَقَب احترام 阁下
ـ (埃及)对首长的称呼
ذو ـ 有主权的
ـ: تَغَلُّب 优越，出众
سَوَاد جـ أَسْوِدَة جج أَسَاوِدُ: ضد بَياض 黑
ـ 模模糊糊的物体
ـ: شَخْص 人
ـ (مـ) 黑衣服
ـ: أَكْثَرِيَّة 大多数
ـ العَيْن: حدقتها 瞳仁
ـ المَدِينة: ما حولَها من الريف والقُرَى 郊区
ـ النَّاس/ ـ الشَّعْب: عامَّتهم 人民群众，老
百姓
ـ الوَجْه 耻辱
الـ الأَعْظَم 大多数
سُودَان الواحد "سُودَانِيّ"، جمع أَسْوَد: الجِنْس
الأَسْوَد من البَشَر 黑人，黑色人种
بِلَاد الـ 苏丹(国)
سُودَانِيّ: نِسْبَة إلى بلاد السودان 苏丹人；苏

丹的
فُول ـ 花生
تَسْوِيدة جـ تَسَاوِد (مـ) 草稿，稿本
ـ 校样
سَيِّد جـ سَادَة وأَسْيَاد وسَيَائِد: رئيس 首领，领袖
ـ: مَوْلًى 主人(如奴隶或仆人的主人)
ـ عِند المُسْلِمِين هو من سلالة النَبِيّ مُحَمَّد 对
圣裔或圣后(即穆罕默德的苗裔的)尊称
ـ جـ سَادَة 绅士；先生；老爷
ـ قِشْطَه (مـ): بَرْنِيق/ بَهِيموت 河马
ـ الوُحُوش (兽中王)狮子
ـ المُطْرِبِين 杰出的音乐家
أنت ـ العَارِفِين به 这个你比大家知道得更
清楚
السَّيِّدَان: الحَسَن والحُسَيْن ابنا فَاطِمةَ وعلِيّ 两位
圣裔哈桑和侯赛因(法特梅和阿里的两个
儿子)
سَيِّدَة جـ سَيِّدَات 女士，夫人，太太
الـ: قِشّة (حشرة) 瓢虫
صَحِيفَة السَّيِّدَات (杂志的)妇女专页
سَيِّدي/ يَا سَيِّدِي 先生，我的先生，我的老爷
سَيِّدَتِي/ يَا سَيِّدَتِي 女士；夫人，太太
سَيِّدَاتِي وسَادَتِي 女士们，先生们
سَادَه (مـ أ) (波): بَسِيط (سَاذَج) 简单的，
朴素的，平凡的
ـ 天然的
قَهْوَة ـ (مـ): بِلاَ سُكَّر 未加糖的咖啡，淡
咖啡
لَوْن ـ (مـ): مُصْمَت 没有颜色的，未上色
的，素色的
سَائد جـ سَادَة جج سَادَات: مُتَغَلِّب 优胜的，
优越的，杰出的，主要的

ـ: مُتَسَلِّط 统治的，支配的

ـ: سَيِّد / رَئِيس 先生；老爷；头儿，上司，首领

أَسْوَدُ م سَوْدَاءُ ج سُود وسُودَان: ضد أبيض 黑的

ـ فاحِم (غَطِيس (مـ)) 墨黑的，漆黑的

فَقْر ـ 赤贫

سُوق ـ (سَوْدَاء) 黑市

الأرض السَّوْدَاء 黑土，黑土壤

الحَبَّة السَّوْدَاء [植]芫荽子

سَوْدَاء / سُوَيْدَاء: داء المالِيخُوليا(melancholia) [医]抑郁症，忧郁病

ـ/ ـ: خلْط من أَخْلاَط الجسد 抑郁质

سُوَيْدَاء القلب: حَبَّتُه 心瓣

سَوْدَاوِيّ: مُصَاب بالمَالِيخُولِيَا 害抑郁症的

ـ المِزَاج 抑郁质的人，性情忧郁的人

مَسْؤُود: مُصاب بالسَّوْدَاء 害抑郁症的

مُسَوَّدَة المكتوب ج مُسَوَّدَات: ضد مبيَّضة 底稿，草稿，初校

ـ الطَّبْع: برُوفَة (أ) proof 校样

مُسْوَدَّة ج مُسْوَدَّات = مُسَوَّدَة

سَوْدَنَه (مـ) 使烦恼，使忧愁

ـ ه 使苏丹化

تَسَوْدَنَ (مـ) 烦恼，忧愁

سَوْدَنَة 苏丹化

سَوْذَق 铠甲；心

ـ / سَوْذَنِيق/ سُوذَنِيق/ سُوذَانِق/ سَوْذَانِق / سُذَانِق/ سَذَانِق/ سَيْذَانِق / سَيْذَقَان / سِيذَقَان (أ) (波) 鹞

سَارَ يَسُورُ سَوْرًا وسَوَّرَ وتَسَوَّرَ الحَائِطَ: تَسَلَّقَه 上墙，爬墙，攀登墙

ـ سَوْرًا وسُؤُورًا إليه: وثب وثار 向他扑去

ـ الشرابُ في رأْسِه: دار وارتفع فيه 酒涌上头来，醉了

ـ: ذهب (في سير)

سُرْسُرْ! 前进！

سَوَّرَ الحَدِيقَةَ وغيرَها (用篱笆或围墙)把花园等围起来，圈起来

سَاوَرَه: هاجَمه 猛扑，攻击

سَاوَرَه الشرابُ أو الأَفْكَارُ (酒或思绪)涌上心头

تَسَوَّرَت المرأةُ السِوَارَ: لَبِسَتْهُ (妇女)戴手镯

ـ الحَائطَ وعليه: صعِد عليه 爬围墙

سُور ج أَسْوَار وسِيرَان: حائط / جِدار 墙

ـ: سِياج 篱笆，栏杆

ـ: سِياج حَدِيديّ 铁栏杆

ـ من أَسْلاَك شَائكَة 铁丝网

ـ: كِرام الإبل 好骆驼

ـ: حاجز تحصين (كأَسْوَار المُدُن القَدِيمة) 城墙

ـ الصِّين العَظِيم 长城

سُورَة ج سُوَر وسُور وسُورَات وسُوَرَات: فَصل من كِتَاب 章，节

ـ من القُرْآن (古兰经的)一章

ـ 品级，地位

سَوْرَةُ الخَمْرِ: حِدَّتها 酒性的猛烈

ـ البَرْد: شِدَّته 酷寒，严寒

ـ الحُمَّى 热病的发作

ـ السُّلْطَان: سطوته 君主的暴烈

ـ المَجْد: أثرُه 光荣的遗迹

سُوَار وسِوَار وأُسْوَار ج سُور وأَسْوِرَة وأَساوِرُ وأَسَاوِرَة وسُؤُور 镯子

ـ الذِرَاع 手镯，臂钏

ـ القَمِيص: كُمّ (衬衫等的)袖子

سَوَارِيّ (مـ): جُنْدِيّ راكِب 骑兵

ـ (مـ) (波): خَيَّالة 骑兵队

سَوَّار 易醉的，饮少辄醉的，酒量小的
كَلْبٌ ــ 恶狗
أَلَمٌ ــ 剧痛
نَزْوَةٌ ــ ة 强烈的冲动，(疾病)剧烈的发作
مُسَوَّر: مُسَوَّد قَدِير 有威力的国王
ــ: مَوْضِع السُّوار من الزَنْد 腕上戴手镯的部分
ــ: مُحاط بِسُور 围篱的，有围墙的，用栏杆圈起来的
مِسْوَر ومِسْوَرَة جـ مَسَاوِرُ: مُتَّكأ من جِلد 皮枕
سُورَنْجَان: لَحْلاح (مـ) [植]秋水仙
سُورِيَا / سُورِيَة: بِلاد الشَام 叙利亚
سُورِيّ: شَامِيّ 叙利亚人；叙利亚的
سُورِيَانِيّ 古叙利亚的
الـ ة 古叙利亚语
سَاسَ يَسُوس سِيَاسَةً الدَوَابَّ: رَاضَهَا 照料牲畜，看，看守，照看(牛、羊)
ــ القَوْمَ: دبَّرهم وتولى أمرهم 统治，治理，统辖
ــ العَمَلَ: أَدَارَه 管理，办理，处理，料理
سَاسَ ـَ وسَوِس ـَ وسِيسَ يُسَاس سَوْسًا وسَوَّسَ وتَسَوَّسَ وسَاوَسَ الطعامُ (粮食)生虫
سَاسَتْ وسَوِسَتْ وسَوَّسَتِ السِنُّ (牙)渐坏，渐腐蚀，渐朽烂，蛀了
سَايَسَ القَوْمَ (مـ): لاَطَفَهُم 迎合，迁就，让步，变通办理
سِيَاسَة: إدارة 经营，管理
ــ: خُطَّة / تَدْبِير 政治；政策
ــ البَاب المَفْتُوح 门户开放政策
ــ التَوَسُّع / ــ تَوَسُّعِيَّة 扩张主义政策，扩张主义
ــ الحِيَاد الإيجَابِيَّة 积极的中立政策
ــ الحَرْب البَارِدَة 冷战政策
ــ المُغَامَرَة الهَوْجَاء 冒险主义的方针
الـ الانْقِسَامِيَّة 分裂政策
ــ الأَمْن الجَماعِيّ 集体安全政策
الـ المُوالِيَة للغَرْب 亲西方政策
ــ الأَفْضَلِيَّة 最惠国待遇政策
ــ التَفَاهُم 互谅政策
ــ حُسْنِ الجِوَار 睦邻政策
ــ العُزْلَة 孤立主义政策
الـ الدُوَلِيَّة / الـ الخَارِجِيَّة 外交，外交政策
الـ الاقْتِصَادِيَّة الجَدِيدة 新经济政策
اشْتَغَل بالـ 从事政治活动，研究政治问题
رَجُل ــ 政治家；政客
عِلْم الـ 政治学
سِيَاسِيّ جـ سَاسَة: مُختص بالأُمور السِيَاسِيَّة 政治的，政治学的；政治上的；政策上的；政治家；政客
ــ: حكِيم 精明的，机敏的
ــ مُحنَّك 老练的政治家，政客
سَجِين ــ 政治犯
مُمَثِّل ــ 使节，外交使节
عِلْم الاقتصاد السِيَاسِيّ 政治经济学
الدَوَائِر السِيَاسِيَّة 政界
المَسَائِل السِيَاسِيَّة 政治问题
لا سِيَاسِيّ 不关心政治的，不问政治的
اللاَّسِيَاسِيَّة 不问政治
سُوس واحدته سُوسَة جـ سِيسَان: عُثّ 蛀虫
ــ الحُبوب أي الغِلال (吃粮食的)象鼻虫
ــ: طبع 本性
ــ: طَبِيعة 自然
ــ: أَصل 根本，根源
عِرْق ــ [植]甘草

سَائِس جـ سَاسَة وسُوَّاس: مُدَبِّر 经理，管理人
ـ 政治家，政论家
ـ (مـ) 赛跑的人；跑差的
ـ الدَوابّ 马夫，饲养员
ـ الطَّيَّارة 领航员
مُسَوَّس 象鼻虫害蔓延的，遭象鼻虫害的
سِنّ ـ ة [医]龋齿
سَوْسَن/ سُوسَن/ سُوسَان جـ سَوَاسِنُ (أ)(波)：
نَبات وزَهْره [植]百合，百合花
ـ الوَادِي [植]铃兰
ـ مُعَمَّم [植]郁金香
سَاطَه يَسُوطُ سَوْطًا: ضربَه بالسَوْط 鞭打
ـ الشيءَ: خلطه 掺杂，混合
ـ وسَوَّطَ الحربَ: باشَرَها 开始战争
ـ ت نَفْسُه سَوَطَانًا: تقَلَّصَت 气馁，没精神，意志消沉
اِسْتَوَطَ الأمرُ: اختلط واضطرب (事情)复杂，错综
سَوْط جـ سِيَاط وأَسْوَاط: مِجْلَدَة / كُرْبَاج (مـ) 皮鞭
ـ: الضَرْب بالسَوْط 鞭打，笞打，鞭挞
ـ: زائِدة كالذَيْل [生](鞭形滴虫或细菌的)鞭毛
ـ 不幸，厄运；池塘
ـ باطل (从小孔射入的)阳光束，光束
يَتَعَاطيَان سَوْطًا واحِدًا 他俩的意见完全一致
سُوَيْطَاء 洋葱和豌豆的杂烩
سَوْطِيّ: كالسَوْط 鞭状的，鞭毛状的
سَايِط (مـ): كثير المَائِيَّة 多水的，水分多的
مِسْوَاط 驽马(不打不走)
مُتَسَوِّط: يجلد نفسه تعبُّدًا [基督]鞭身教教徒
سَاوَعَه: عامَلَه بالساعة 按钟点雇用

سَاعَة جـ سَاعَات وسَاعٌ: سِتُّون دَقِيقة 一小时，一个钟头
ـ: مُحَدِّدَة الوَقْت 钟，表
ـ جَيْب 怀表
ـ جَيْبٍ دَقَّاقة 弹簧自鸣表，打簧表，打点报刻表
ـ حَائِط 挂钟，壁钟
ـ سِبَاق 跑表，记录表
ـ يَدٍ / ـ مِعْصَم 手表
ـ الجَوَامِع (清真寺里用的)有摆的大座钟
ـ رَمْلِيَّة 沙漏(以流沙测时之器)
ـ بَيْضٍ (لتَوْقِيت سَلْقه) 煮蛋计时器(煮蛋时的记时表)
ـ نَحْسٍ 不幸之时，不吉之时
ـ شَمْسِيَّة 日晷
اِبْنُ سَاعَتِه: سَرِيع الزَوَال 短命的，暂时的，朝生暮死的，朝开暮谢的
الـ: الآنَ 现在，目前
للـ (مـ) / لِلسَّا (مـ) 还，现在还是，仍然，仍旧，到目前为止，(否定句时)还(不…)，还(没有…)
ما جاء للـ 直到现在他还没有来
في ـ ه / من ـ ه / لـ ـ ه 即刻，立刻，马上
مِنَ الـ 从今以后，今后
ـ ئِذٍ 当时，在那时
إلى الـ 到目前为止
رَجُل الـ 风云人物
زَهْرَة الـ 西番莲
الـ 复活时
سَاعَاتِيّ جـ سَاعَاتِيَّة: بائع السَاعَات أو مُصْلِحها 钟表商；钟表匠
سُوَيْعَة جـ سُوَيْعَات 个把钟头，一点来钟，短

时间

سُوَيْعَاتِيّ (مـ) 三心二意的人，浮躁的，无恒心的，操守不坚的

سَاغَ ـُ سَوْغًا وسَوَاغًا وسَوَغَانًا الشرابُ: هنأ وسهُل مدخله في الحلق 成为容易下咽的

ـ الأمرُ: جَاز فعله (事情)成为可行的、合宜的

ـ له الأمرُ (مـ) (事情)成为顺利的

سَوَّغَ الأمرَ: جوَّزه 准许做某事

ـ له كذا: أعطاه إيَّاه وتركه له خالصًا 给他东西

ـ (مـ): بَرَّرَه 辩解，辩护，辩明

أَسَاغَ الطعامَ: سهَّل بلعَه بالماء 用水把食物冲下喉咙

اِسْتَسَاغَ الطعامَ: وجَده سَائِغًا 发现(食物)是易吞的

سِوَاغ اقْرَبَاذِينِيّ [药](使苦药容易吃的)和药物(如丸药里的蜂蜜)

سَائِغ/ سَيِّغ / أَسْوَغ: جائِز/ مُبَاح 许可的，可行的

ـ: لذيذ التَعاطِي 美味的，好吃的

خَمْرَة ـ ة 爽口的酒，醇和的酒

لُقْمَة ـ ة 美味的食品

مُسَوِّغ جـ مُسَوِّغات: سَبَب مُجِيز 好理由；法律根据，漂亮的借口

سَاغُو (أ) sago: نشاء من جمَّار النَخْل الهِنديّ [植]西(谷)米(用西(谷)椰子茎髓做成的淀粉质食品)

سَافَ يَسُوفُ سَوْفًا واسْتَافَ الشيءَ: اشتمّه 嗅，闻

سَوَّفَه: مَطَلَه وقالَ له مرَّة بعد أُخرى "سوف أَعْمَل" 拖延，延迟

سَوْفَ: حَرْف اِسْتِقْبَال [语]将，要，将要(加在现在式动词前面表示未来)

ـ تَرى 你将会看到

ـ أَكْتُبُ مَكْتُوبًا 我将要写一封信

فُلان يَقْتَاتُ الـ: يعيش بالأَمَانِي (某人以"将要"为口粮)靠希望过活

سَاف / سَافَة جـ آسُف وسَافَات / سُوفَة جـ سُوف وسُوَف: صَفّ من اللَبْن أو الآجُر 一层土坯或砖

مَسَاف: أَنْف 鼻子

ـ / مَسَافة جـ مَسَاوِف ومَسَافَات/ سِيفَة: بُعْد/ مَدًى/ بَوْن 距离，间隔

مُسَوَّف 被拖延的，被减缓的，被耽误的

تِلْغرَافات ـ ة 普通电报

سُوفَسْطَائِيّ (أ) (انظر سفسط)sophistic 诡辩的，强词夺理的

سُوفَسْطَائِيَّة 诡辩

سُوفِيَات/ سُوفِيِيْت (أ) Soviet 苏维埃，代表会(议)

حُكُومَة الـ 苏维埃政府，苏联政府

سُوفيَاتِيّ/ سُوفِيِيْتِيّ 苏维埃的，苏联的

اِتِّحَاد الجُمْهُورِيَّات السُوفيَاتِيَّة الاِشْتِرَاكِيَّة 苏维埃社会主义共和国联盟(苏联)

سَاقَ يَسُوقُ سَوْقًا وسِيَاقًا وسِيَاقَةً ومَسَاقًا وسَوَّقَ واسْتَاقَ المَاشِيَةَ: حثَّها على السير من خلف (عكس قَادَهَا) 驱，赶(牲口)

ـ ه: حثَّه 鞭策，驱使

ـ إلى كذا: أدَّى إليه 引导，导致

ـ المَرِيضُ نفسَه وبنفسِه: شرع في نزع الروح 弥留，将断气

ـ إليه المالَ: قدَّمه بين يَدَيْه 把财产献给他

ـ الحَدِيثَ 继续谈下去，陈述话语

ـ الخَبَرَ 陈述消息

تَسَوَّقَ: بَاعَ واشْتَرَى 买，卖，买卖，在市场做生意

ـ الشيءَ (مـ): اِشْتَراه/ تَبضَّعَه (مـ) 买东西，采购

ـ للعيد 办年货

تَساوَقَتِ المَاشِيَةُ: تَزَاحَمَت في السَّيْر (牲畜)拥挤杂沓地走，挤成一堆地走

ـ: تَتَابع 鱼贯而行

اِنْسَاقَ 被驱赶

ـ بقَدَمَيْهِ إلى ... 他迈步到…

سَاق جـ سُوق وسِيقَان وأَسْوُق: ما بين الكَعْب والرُكْبَة 腿，胫，小腿

ـ الحَمَام/ أَخِيلِيَا: نَبات طِبِّي [植]楼斗菜

ـ الشَجَرَة: جِذْعها 树干，树身

ـ النَبات والوَرقة [植]茎，梗，柄

ـ (في الهَنْدَسَة) [数](三角形底边以外的)边

أَبُو ـ: طُوَّل 长脚沙锥鸟(涉禽科，腿长有三趾，大抵栖身于内地池沼中)

رَبْطَة الـ 袜带

وِسَام رَبْطة السَاق Garter 嘉德勋位(英国的最高勋位)，嘉德勋章

عَظْمُ الـ [解]胫骨

ـ حُرّ 雄斑鸠

ـ الأَسَد [天]室女座

الـ الأَسْوَد [植]过坛龙

قَامَتْ الحَرْبُ على ـ 大战方酣，战事正剧烈

وُلِدَتْ لَهُ ثَلاثَة وُلْدٍ ساقًا على سَاقٍ، على ساقٍ واحدةٍ 她一连生了三个儿子

كَشَفَ الأمرُ عن ـ ه 事情变得严重

العَمَلُ جارٍ على قَدَمٍ و ـ 工作正积极进行中

وَقَفَ على ـ الجِدِّ لـ ... 认真从事…

طَارَ يُسَلِّمُ للرِيح ـ يْهِ 跑得飞快，撒腿飞奔

سَاقَة: مُؤَخِّر 后方，后部

ـ الجَيْش: مُؤَخَّرته [军]后卫部队

سُوق جـ أَسْوَاق: مَكان البَيْع والشِراء 市场，市集，拍卖场

ـ حُرَّة 自由市场

ـ خَيْرِيَّة 义卖市场

ـ دَوْرِيَّة /ـ سَنَوِيَّة 集市，庙会，定期市场

ـ رَاقِدَة (أي هادئة) 萧条的市场

ـ مُسْتَطَارة (أي نَشِيطَة) 活跃的市场

ـ سَوْداء 黑市

الـ العَالَمِيَّة 世界市场

ـ مَرْكَزِيَّة 超级市场

ـ مُشْتَرَكَة 共同市场

ـ النَقْد /ـ نَقْدِيَّة 金融市场，货币市场

سِعْرُ الـ 市价

وَقْعُ ـ (مـ): مُسْتَعْمَل 旧货

سُوقِيّ: عَامِيّ 平民的，一般的，通俗的，粗俗的

خُبْز ـ 普通面包

ـ (مـ) 蔬菜商

ـ 市场的

سُوَيْقَة جـ سُوَيْقَات (مـ): سُوق صغيرة 小市场，小市集

ـ: عُنُق وَرَقَة النَبات [植]叶柄，叶梗

سُوقَة: رَعِيَّة (阴阳单复数通用)(革命前)被统治的人民

ـ: عَامَّة الناس 人民，民众，庶民，老百姓

سَيِّقَة جـ سَيَائِق وسَيِّقَات: ما استاقه العدو من الدوابّ 敌人掠夺的牲口

سِيَاق: تَتَابُع 连续

ـ الكِتَاب 续集

ـ الحَدِيث: مَجْرَاه 谈话的经过，谈话的次序

ـ الجُمْلَة / ـ الكَلام 句子的上下文，前后文，脉络，文气

ـ (مـ): وَسِيط / شَفِيع 调解人，仲裁人

ـ: مَهْر 彩礼，聘金

سِيَاقَة (汽车)驾驶业

تَسْوِيقَة (مـ): شَرْوَة رَخِيصة (مـ) 便宜货，廉价品

اِنْسِيَاق 服从，顺从

تَسَاوُق 鱼贯而行

الـ والاِنْسِجَام 协调性，一致性

سَوِيق جـ أَسْوِقَة: الناعم من دَقِيق الحِنْطَة والشَعِير (用大麦或小麦制的)细面，上等面粉

ـ 炒面粥

ـ: خَمْر 酒

سَائِق جـ سَاقَة وسُوَّاق وسَائِقُون 驾驶者，驾驶员

ـ السَيَّارَة 汽车司机

ـ القِطَار 火车司机

ـ الطَائِرَة 飞行员，飞机驾驶员

سَوَّاق التِرَام 电车司机

سَاكَ يَسُوكُ سَوْكًا وسَوَّكَ الشيءَ: دلَكه ونظَّفه 擦，搓擦，揩拭

ـ الأَسْنَانَ: نظَّفها 刷牙

ـ سِوَاكًا وتَسَاوَكَ: سار سَيْرًا ضَعِيفًا 蹒跚，摇摆，趔趔趄趄地走

تَسَوَّكَ واسْتَاكَ: تدلَّك بالمِسْوَاك 用牙刷刷牙

سُوكة (مـ): حَافَة حادّة 金属面雕后所剩的粗纹，木刻的粗刻边

سِوَاك جـ سُوُك/ مِسْوَاك جـ مَسَاوِيكُ 牙刷

ـ: خِلاَلَة 牙签

سَوْكَرَه (مـ): أَمَّنَ عليه (راجع أمن) 保险

ـ ه: ضَمِنَه 保证

ـ خِطَابًا: سجَّله 寄挂号信

سِيكَرَان [植]黑莨菪(一种茄科麻醉性的毒草)

ـ الحُوتِ [植]木防己(一种印第安草莓，可作麻醉剂)

سِيكُورْتَاه sicurta (意) / سُوكُرْتَاه / سَوْكَرَة: تَأْمِين 保险

ـ الحَرِيق: تَأْمِين ضد الحَرِيق 火灾保险

ـ الحَيَاة: تَأْمِين على الحياة 人寿保险

ـ ضِد أَخْطَار الحَرْب 战争保险

ـ ضد أَخْطَار البَحْر 海上保险

مُسَوْكَر: مُؤَمَّن عليه 被保险的

ـ: مَضْمُون 被保证的

ـ: مُسَجَّل (كخِطاب) 挂号的

قُفْل ـ 保险锁

سَالَ يَسَالُ سُوَالاً وسَوَالاً 询问；要求(سأل的简式)

سَوَّلَ له: أَغْوَى وزيَّن 诱惑，引诱

ـ تْ له نَفْسُه كذا: حدَّثَتْه نفسُه بكذا / زيَّنَتْه له 私欲怂恿他做…，起意

تَسَوَّلَ (راجع سأل) 乞讨，要饭，讨饭

مُتَسَوِّل 乞丐，讨饭者

سُولُون (أ) Solon: فَيْلَسُوف ومشترع وسِيَاسيّ إغريقيّ 梭伦(古希腊“七贤”之一，古雅典立法家，公元前638—558)

سَامَ يَسُومُ سَوْمًا وسُوَامًا وسَوَّمَه الأمرَ: كلَّفه إيّاه 委派，责成他(做某事)

ـ البَضَائِعَ: عَرَضها للبَيْع (商品)标价出售

ـ هُ خَسْفًا: أَذَلَّه 虐待他

ـ هُ المَذَلَّةَ والهَوانَ 使…受侮辱

سِيمَ الأَذَى 他受到损害

سَوَّمَ الشيءَ (مـ): ثَمَّنَه 估价

ـ الفَرَسَ: أعْلَمَه بالسُّومة (在马身上)烙印

ـ الخَيْلَ: أطلقها تَرْعَى 放马自由地吃草

أسَامَ الماشيةَ: أخرجها إلى المَرْعى 赶牲口到牧场或草地去

سَاوَمَه / تَساوم السِلْعَة وفيها 讲价，讨价还价

مُساوَمَة: فِصَال (مـ) / مُشَارَطَة 讲价，议价，讨价还价

بـ ـ 用协议的方式

سُومَة / سِيمَة / سِيمَا (سِيمَى) / سِيمَاء سِيمِيَا / سِيمِيَاء: عَلاَمَة وسمَة 记号，标志，信号，烙印，印记

سائِم جـ سَوَائِمُ 自由放牧的

ـ 游荡的，流浪的

كَلْب ـ 丧家犬

سائمة جـ سَوَائِمُ: مَوَاشٍ 家畜，牲畜

سُومَرِيّ (أ) 苏美尔人；苏美尔的(纪元前三千年美索不达米亚南部的民族)

سَوْمَلَة 小茶杯

سُونَة (أ) sone 苏纳(禾本植物的害虫)

سُونْكِي: سِنْجَة (انظر سنج) 刺刀，枪刺

سَوِيَ يَسْوَى سِوًى الرجلُ: استقام أمرُه 成为正直的，端正的，规规矩矩的

ـ وسَاوَى كذا (价)值若干，等于若干

لا يَسْوَى ولا يُساوِي شَيْئًا 不值分文，毫无价值

سَوَّى الأرضَ: جعلها مُسْتَوِيَة 平地

ـ البِنَاءَ بالأرض: هدمه 拆毁(房屋)，夷为平地

ـ وسَاوَى هذا بذلك 使相等，使平均

ـ ه وـ ه: أصلحه 修理，改良

ـ ه وسَوَّى بينهما وساواه: عَدَّلَه 调整，整顿

ـ وساوى بينهما: وَفَّقَ بينهما 和解，停调

ـ (ســ): صَنَعَ / عَملَ / فَعَلَ 做，干

ـ ه (مـ): أَنْضَجَه 使成熟

ـ ه (مـ): طَبَخَه 烹调，烹饪

ـ الطَّبْخَ نِصْفَ سِوًى (مـ) 煮得半熟

ـ الطَّبْخَ كثيرًا (مـ) 煮得过火了

ـ ه بالضرب (مـ): ضَرَبَه ضَرْبًا مُبَرِّحًا 痛打，毒打，打得死去活来，打得遍体鳞伤

تَسَاوَيَا في كذا: تَمَاثَلَ 相等

اِسْتَوَى: اِعْتَدَلَ 成为端正的，成为正直的，成为正义的

ـ هذا بذلك: صَار مِثله 等于，相等

ـ على الكُرْسِيّ: جَلَسَ 坐在椅子上

ـ على الدابَّة 骑稳牲口

ـ إلى الشيء: قصَده 前往

ـ الثمرُ وغيره (مـ): نَضِجَ 熟，成熟，变熟

ـ الطَّبْخُ (مـ): نضج (饭、肉等)煮熟了

سَوَاء جـ سَوَاسٍ وسَوَاسِيَة وسَوَاسِوَة / سِوًى وسُوًى مُثَنَّاه سَوَاءَانِ: عَدْل 公平，公正，正直

ـ / ـ: مِثْل 相等，一样

ـ / ـ: مُسْتَوٍ/ مُمَهَّد 平，平坦，平滑，光滑

ـ السَّبِيل: ما استقام منه 直路，正路

سَوَاءٌ 表两件事情完全相等的，经常放在句子的开端，作为倒装名词句的述词，以“平均的海木宰”همزة التَسْوِيَة冒起后面的两个动词或名词，作为倒装名词句的起词

سَوَاءٌ عليه أَكَانَ الجَوُّ حارًّا أَمْ كَانَ بَارِدًا 天热也好，天冷也好，(对他都一样)他满不在乎

ـ عَلَيَّ أَ زَيْدٌ جاء أَمْ عَمْرو 无论宰德来或者阿木尔来，对我来说都是一样的

هُمَا (هُمْ، نَحْنُ) ـ 他们俩(他们，我们)

一样

عَلَى حدٍّ ـ: بالمِثْل 平等地，平均地，公平地

على حدٍّ ـ: سِيَّان 完全一样，没有差别

على الـ: بالسَوِيَّة 相等地，平等地，一样地

سِوَى: غَيْر / مَا عَدَا 除了，除…之外

ذلك الدَرْبُ لم يَسْلُكْه أَحَدٌ سِواه 那条路除了他，谁也没有走过

سَوِيّ جـ أَسْوِيَاء: مُمَهَّد 平的，平坦的

ـ 正确的，适当的

سَوِيًّا 公平地；正确地

سَوِيَّة (مـ): مَعًا 一起，一道，一同，共同

بالـ 同样地，平均地

تَسْوِيَة: تَمْهِيد 使平，使光滑

ـ 煮，炊，烹调(食物)

ـ: تَعْدِيل وتَرتيب 整顿，排列，安排

ـ: تَوْفِيق 调整，调和，协调

ـ: حَلّ مُوَفَّق 解决，和解，调停

تَحْتَ الـ (مـ) 未决定的，未解决的，悬而未决的(问题)；正在解决中

مُسَاوَاة: تَسَاوٍ 平等

ـ الشُعُوب والأَجْنَاس 民族平等和种族平等

على مَبْدَأ الـ 按平等的原则

على قَدَم الـ/ على أَسَاس الـ التامّة 处于平等地位，在完全平等的基础上

ـ تِجارِيَّة 贸易平等

تَسَاوٍ: مُسَاوَاة/ مُعادَلَة 平等，相等，平均

ـ: مُمَاثَلَة 相似，类似

بالتَساوِي: بالمِثْل 公平地，平等地，平均地

اِسْتِوَاء: اِعْتِدَال 直，正直，端正

ـ: سُهُولَة 平，平坦

ـ: تَشَابُه 相等，相同，类似

خَطّ الـ (في الجُغْرَافِيَا) [地]赤道

اِسْتِوَائِيّ: مُخْتَص بخَطّ الاسْتِوَاء 赤道的，关于赤道的

ـ: مُختص بالمِنْطَقَة الاستوائيَّة 热带的，属热带的

المَدَار الـ (في الفلك) [天]回归线；二至线(夏至线和冬至线)

المِنْطَقَة الاِسْتِوَائِيَّة 热带

سِيّ جـ أَسْوَاء 同样的，相等的

سِيَّان: مِثْلاَن 两个同样的，相等的，相似的

ـ عِنْدِي 这俩对我来说没有不同，这俩对我来说完全一样

هُمَا ـ عِنْدِي: لا تَفاوُتَ بينهما 我看这两个是一样，完全相同，没有区别

وَلاَ سِيَّمَا: خُصوصًا 特别是，尤其是

مُسَاوٍ: مُمَاثِل/ مِثْل 相等的，相似的

ـ: مُعَادِل 相等的，等值的，等价的

مُتَسَاوٍ: مُتَمَاثِل أو مُتَعَادِل 相等的，相似的，等值的

مُتَسَاوِي الأَبْعاد [数]等距的

ـ أو مُتَشَابه الأَجْزاء: نَظِير [化]同分异性的，同质异性的

ـ الأَضْلاَع [数]等边的

ـ الحَرَارة [化]等温的

ـ الزَوَايَا [数]等角的

ـ السَاقَيْن [数]等腰的，二等边的

مُثَلَّث ـ السَاقَيْن 等腰三角形，二等边三角形

مُسْتَوٍ: مُعْتَدِل 直的，笔直的，正直的

ـ: مُمَهَّد 平的，平坦的，平滑的

ـ (مـ): ناضِج 熟的，成熟的

ـ (مـ): مَطْبُوخ 烹调过的，煮熟的

الهَنْدَسَة الـ ة: الهندسة السَطْحِيَّة 平面几何学

مُسْتَوًى 水平；[数]平面

ـ الحَيَاة أو المَعِيشَة 生活水平

على ـ السُفَرَاء (أو الوُزَرَاء) 大使(或部长)级

سُوَيْدِيّ (أ) Sweden 瑞典的；瑞典人

السُوَيْدِيَّة (أ) 瑞典语

السُوَيْس 苏伊士(埃及城市名)

قَنَاة أو قَنَال السُوَيْس 苏伊士运河

سُوَيْسِيّ 苏伊士的；苏伊士人

سُوِيْسْرَا (أ) Switzerland 瑞士

سُوِيسْرِيّ (أ) 瑞士的；瑞士人

سيّئ / سيئة (في سوأ) / **سياسة** (في سوس)

سياق (في سوق) / **سيّان** (في سوي)

سَابَه يَسِيبُ سَيْبًا (مـ) وسَيَّبَه: تركه 放任，放弃

ـ ه (مـ) وـ ه: هجَره 抛弃

ـ ه (مـ) وـ ه: تركه وأَهْمَلَه 忽视，忽略

ـ ه (مـ) وـ ه: أَرْخَاه 放松，松弛

ـ ه (مـ) وـ ه: أَطْلَقَه 释放，放走(野兽)

سَابَ يَسِيبُ سَيْبًا وانْسَابَ الماءُ: جَرَى (水)流

ـ وـ الرجلُ: سارَ مُسْرِعًا 疾行

ـ وـ الثُعْبَانُ: جَرَى (蛇)蠕行，爬行

انْسَاب 流进，渗透，浸透，潜入，深入

سَيْب: جَرَيَان أو جَرْي 流，流动

سِيبَان (مـ): صِئْبَان/ بَيْض القَمْل والبرغوث 虮子

سِيبَة (مـ) (波): رِكِيزَة بثلاث قوائم (照相机或测绘仪的)三脚架

ـ أَحْرُف المَطْبَعَة (مـ) 印刷厂的字母架

سَيَاب/ سَيَّاب/ سُيَّاب الواحدة سَيَابَة 未熟的椰枣

سَيَابَة: خَمْر 酒

التَسْيِيبِيَّة: الإِبَاحِيَّة 自由放任主义

انْسِيَابِيّ: مَشِيق 流线(型)的

سَيَّارَة ـ ة 流线型汽车

سَائِب م سَائِبَة جـ سُيَّب وسَوَائِب: مَتْرُوك 被放弃的，被丢开的，弃掉的，留下无人照管的

ـ: فالِت 随便的，不受限制的，迷路的，离正道的

ـ: حُرّ 自由的，被解放的(奴隶)

ـ: مَحْلُول 解开的，松开的

ضِلْع ـ [医]浮肋

دُولَاب (عَجَلَة) ـ 飞轮，[机]活轮

نَاقَة سَائِبَة 放生驼

سَايِب (مـ) 宽的，松弛的，脱散的，自由的；散装的；论斤、两出售的

سِيَة القَوْس جـ سِيَات 弓两端(弯曲部分)

سِيتُبْلَزْمَه (أ) cytoplasm: جِشْوَة [生]细胞质，细胞浆

سَيَّجَ الكَرْمَ: أحاطه بسِيَاج 用篱笆圈住(葡萄)

سِيجَة 跳棋

لَعِبُ الـ 玩跳棋

سِيَاج جـ سِيَاجَات وأَسْوِجَة وسُوج: سُور (انظر سور) 篱笆，围墙，栅栏

مُسَيَّج: مُحاط بسِيَاج 用篱笆围起来的

سِيجَارَة جـ سَجَائِرُ: دُخَيْنَة/ لِفَافَة صَغِيرَة 香烟，烟卷，纸烟

سِيجَارْزُنُوبِيَا (أ) cigar: دُخْنَة/ لِفَافَة تَبْغ كَبِيرَة 雪茄烟，吕宋烟

سَاحَ يَسِيحُ سَيْحًا وسَيَحَانًا الماءُ: جرى (水)流，在地面上流

ـ: تَجَوَّل في البلاد 旅行，游历，漫游

ـ الظلُّ (影子)移动

ـ الثَلْجُ والمَعْدِنُ (مـ): ذَاب (雪、金属)融化，溶化，熔化

سَيَّحَ وأَسَاحَ الماءَ: أَجْرَاه 使水流动

ـ الدُهْنَ (مـ): أذابه 融化，溶化，使成液体

ـ المَعْدِنَ (مـ): صهَره 熔化，冶炼，熔铸
ـ كَثِيرًا: نمق كلامَه 优雅地说话
ـ دَمَه 打得鲜血直流，打得浑身是血
سِيَاحَة جـ سِيَاحَات: رِحْلَة 旅行，旅游，游历
تَسْيِيح (مـ): اذَابَة 融化，熔化
سائح: جَارٍ 流的，流动的
ـ (مـ): ذائِب 融化的，熔化的
ـ جـ سُيَّاح وسَائِحُونَ / سَيَّاح / سَوَّاح (مـ): كثير السِيَاحة 旅行家，游览者，旅游者，游客
مُسَيَّح/ مُزَيَّح (مـ) / مخطَّط (راجع خطط) 有条纹的
ـ (مـ): مُذَاب بالحرَارة 熔化的，熔解的，炼过的
زُبْدَة ـ ة 炼过的黄油
سَاخَتْ ـِ سَيْخًا وسَيَخَانًا قدمُه في الطين: غاصت 脚陷在(泥里)
سِيخ جـ أَسْيَاخ (مـ): سَفُّود الشيّ 烤肉叉，炙肉的铁钎
ـ حديد أو صُلْب (مـ) 铁棍；钢棒
ـ (波): سِكِّين كَبِير 匕首，刀
السِيخِيَّة 锡克教(公元1500年创于印度)
سيّد/ سيّدة (في سود)
سَيْذَاق / سَيْذَقَان / سَيْذُقَانى / سَوْذَانِق / سَوْذَق 鹞
سَارَ يَسِيرُ سَيْرًا وتَسْيَارًا ومَسِيرًا ومَسِيرَةً وسَيْرُورَةً: ذهب في الأرض 旅行，游历
ـ: اِشْتَغَلَ 工作，做事
ـ: درَج 流动，流行
ـ: ذهَب 去，走开，离去
ـ: تقدَّم 前进，前往，前行
ـ: مَشَى 走路，步行，行走
ـ: سَلَكَ/ تَصرَّفَ 行为，做人，举动

ـ بمُقْتَضَى كذا 遵循，遵守
ـ به: قادَه 带领，引导，率领
ـ به: أخذه وذهَب 带走，携走
ـ المَثَلُ في الناس: شاع 流传
ـ الجَيْشُ 行军，进军
ـ في رِكَابه/ ـ ورَاءَه: تبِعَه 跟随
ـ على سِيَاسَة كذا 奉行政策
ـ كَتِفًا لِكَتِفٍ 并肩走，肩并肩走
ـ من سَيِّئ إلى أسوأ 恶化，变坏，愈变愈坏，益形恶化，每况愈下
سَيَّرَه وأَسَارَه: جعله يَسِيرُ 使运转，使走动，使行进
ـ ه: أَرْسَلَه 派遣，遣送
ـ الثَوْبَ أو السَهْمَ: جعل فيه خُطُوطًا كالسُيُور / زَيَّحَه (مـ) 使(衣服或箭杆)带条纹、有纹路
ـ عَمَلَه أو أُمُورَه 做工作，执行…
ـ المَثَلَ: جعله يَسِيرُ بين الناس 传布谚语
ـ السَيَّارَات بَيْن . . . 两地间建立汽车运输
ـ البَرِيد بَيْن بَلَدَيْنِ 两地间建立邮政联系
سَايَرَه: جَارَاه 同行，一块儿走
ـ الظُرُوفَ 适应环境
ـ ه: لاَطَفَه ودَارَاه 迁就，迎合，奉承，顺人情
ـ ه: سَار على هَوَاه 纵容，姑息
سَيْر: المَصْدَر من "سَار" 游历，旅行
ـ: مَشْي 行走，走路
ـ جـ سُيُور وسُيُورَة وأَسْيَار: قدّة من جلد مُسْتَطِيلَة 皮条，皮带
ـ الآلاَت (لإدارتها) [机]调带，调革
ـ التَدْوِير: حِزام النقل [机]皮带，传动带
ـ الحَوَادِث 事变的进程，事情的发展

ـ: حِزَام 腰带，带子
ـ (مـ) / سِيرَة: سُلُوك 品行，行为，做人
ـ (أ) Sir / الـ 先生(英美对男子的尊称)
تَسْيَار 旅行，游历
وفيها أَلْقَى عَصَا الـ (مـ) (他在那里放下旅行的拐杖)定居在那里，卜居于该处
سِيرَة جـ سِيَر: ذِكْر/ سُمْعَة 名誉，名声，名望
ـ: قِصَّة 故事，纪事
ـ: تَارِيخ 历史
ـ انسان أو شَخْص: تَارِيخ حَيَاته 传记
ـ: أُسْلُوب الحَيَاة 生活方式
ـ رَسُول الله 真主的使者(穆罕默德)传
فَتَحَ الـ على ... 他开始谈起…
سِيَرَاء: ذهب خالص 纯金
ـ: نَوْع من البرود فيه خُطُوط صُفْر 黄条纹的外衣
سَائِر: مُتَحَرِّك 走着的，行进的，移动的，转动的
ـ: مُتَقَدِّم 前进的
ـ على الأَقْدَام 步行的
ـ: مُتَدَاوَل/ جَارٍ 通用的，流通的，流行的
ـ النَاسِ: جَميعهم/ كُلُّهم 所有的人
ـ الشَيْء: بَاقِيه 其余的，剩下的，其他的
سَيَّار/ السَيَّرَة/ السَيُور: كثير السير 善走的，多行走的，流动的
سَيَّارَة جـ سَيَّارَات: كوكب سَيَّار [天]行星
ـ: قَافِلَة 商队，驼运队
ـ: أُوتُمْبِيل (أ) automobile 汽车
ـ الرُكُوب 客车，小轿车
ـ أُجْرَة / تَاكْسِي 出租汽车
ـ إِسْعَاف 救护车，红十字车
ـ إِطْفَاء 救火车，消防车
ـ جيب 吉普车
ـ الشَحْن/ ـ النَقْل 载重汽车，运输汽车
ـ مُدَرَّعة 装甲汽车
مُسَيَّر: مُخَطَّط 有条纹的
ـ: غير مُخَيَّر 非自动的，不能自由活动的
مُنْطَاد ـ 飞船，飞艇
مُسَيِّر 领航员
مَسِير 走，行走，步行，运动
ـ سَاعَةٍ على الحِمَار 骑驴走一小时的工夫
مَسِيرَة: مَسَافَة 距离，行程，途程
الـ الكُبْرَى 长征
سِيرَج (مـ) / شِيرَج: زَيْت (دهن) السِمْسِم 芝麻油，麻油，香油
سِيْسَبَان sesban 树木名(学名 aculcate sesbania)
سِيسِيّ جـ سَيَاسِيّ: مُسَلَّك/ حِصان صَغير الجِسْم 果下马，矮马
سَيْطَرَ وسَوْطَرَ وتَسَيْطَرَ عليهم: كان مُسَيْطِرًا عليهم أي رَقِيبًا ومتسلطًا ومتعهدًا لأعمالهم وأحوالهم 监督，管理，照料
سَيْطَرَة: تَسَلُّط 统治，管理，监督，控制
ـ: سُلْطَة 统治权
مُسَيْطِر: مُرَاقِب ومُتَسَلِّط 管理人，监督人，监视者，控制者
ـ: حَاكِم 统治者
سَاعَ يَسِيعُ سَيْعًا وسُيُوعًا الشيءُ: ضَاعَ 遗失
ـ وانْسَاعَ وتَسَيَّعَ الماءُ: جرى على وجه الأرض مضطربًا (水)乱流
سَيَّعَ الحائطَ بالطين: طيَّنه به (在墙上)抹(灰泥)
ـ الشيءَ: طلاه بالدهن أو القارطَلْيًا رقيقًا (在船上)涂(沥青或油)

ـ الشَّيْبُ رأسَه 满头白发

مِسْيَعَة / سِيَاع (抹灰泥用的)抹子，镘

سَافَه يَسِيفُ سَيْفًا وتَسَيَّفَه: ضربه بالسيف 用剑砍

سَايَفُوا وتَسَايَفُوا واسْتَافُوا: تَضَارَبُوا بالسُّيُوف 用剑厮杀，进行白刃战

سَيْف جـ أَسْيَاف وسُيُوف وأَسْيُف ومَسْيَفَة: حُسَام 剑，短剑，(骑兵的)马刀，军刀

ـ المُبَارَزَة: مِغْوَل (击剑练习用的)圆头剑

ـ الحِصَاد: مِقْضَاب 长柄大镰刀

أَعْمَلَ فيهم الـ 斩杀，杀死，砍死

سَبَقَ الـُ العَذْلَ (宝剑走在责备的前面) 太迟了，太晚了，来不及了

لا للـ ولا للصَّيْف 不三不四，非驴非马

ـ / ـ البَحْر / أبو ـ 箭鱼

ـ الغُرَاب [植]水仙菖蒲

مُسَايَفَة 剑术

سَيْفَان م سَيْفَانَة 苗条的，细条的，高挑儿

أَسْيَاف 持有武器的人群

سِيف جـ أَسْيَاف: ساحِل البَحْر 海边，海滨，海岸

ـ: ساحِل الوَادِي 河谷的边缘

سَيَّاف جـ سَيَّافَة 剑手，剑客

رَجُل ـ 屠夫，杀人犯

ـ الأَمِير 刽子手

سِيفُون / سَيْفُون (أ) siphon: مِمَصّ [物]吸管，虹吸管

ـ: صُنْدُوق سِيفُون (抽水马桶的)冲洗箱

ـ المَجَارِير: مَثْعَب [机]凝汽瓣，防臭瓣

زُجَاجَة ـ 吸管瓶，弯管瓶

سِيكَار (أ سـ) cigar: دُخْنَة 雪茄

سِيكَارَة جـ سَكَائِر (مـ) cigarette: دُخَيْنَة 香烟，烟卷，纸烟

سَيكْران (في سوكر)/ **سيكورتاه** (في سوكر)

سِيكَة 军刀，马刀

ـ 跳棋子

سَيْكُولُوجِي (أ) psychology 心理学

سَيْكُولُوجِيّ 心理学的；心理学者

سَالَ يَسِيلُ سَيْلاً وسَيَلانًا ومَسِيلاً ومَسَالاً الماءُ:

جَرَى 流，流动

ـ: ذَابَ 液化，融化

ـ: رَشَّحَ 漏，渗漏

ـ أَنْفُهُ 流鼻血

سَيَّلَه وأَسَالَه: أَجْرَاه 使流动

ـ ه وـ ه: أَذَابَه 使液化，使融化

ـ وـ الدَّمْعَ 使眼泪流下

ـ وـ اللُّعَابَ 使流唾液，使流出口水

تَسَايَلَ القومُ: تَوَارَدُوا من كُلِّ جِهَةٍ 人们从四面八方来聚会

ـ تِ الدُّمُوعُ 泪如雨下

سَيْل جـ سُيُول: ماء كَثِير 洪水，急流

ـ جَارِف 洪流，奔流，急流

سَيْلَة: مَسِيلُ ماء 小河，支流

سِيلَان جـ سَيَالِين: حَجَر كَرِيم [矿]石榴石

ـ 锡兰(南亚岛国斯里兰卡的旧称)

سَيَلَان: جَرَيَان 流，流动

ـ: تَرْشِيح 漏，渗漏

ـ: مَرَض [医]淋病，白浊

سَيَّال م سَيَّالَة: جَارٍ 流的，流动的

ـ سَالِب [物]负性流体，阴性流体

ـ كَهْرَبِيّ [物]电流体

قَلَم ـ 流畅的笔锋

سَيَّالَة جـ سَيَّالَات (مـ): مَسِيل ماء 水道，河床

ـ (مـ): جَيْب 口袋

سُيُولَة: ضد جُمُودَة 流动性，液体状

سَائِل جـ سُيُول/ سَيَّال: ضد جَامِد 流动的，
液体的；流体，流质，液汁
طَعَام ـ 流质膳食，流质食物
ـ: مائِيّ 水力的，水力学的
سَوَائِلُ الوَقُود 液体燃料
مُسِيل 溶解的，液化的
ـ الدُمُوع 催泪的
غَاز ـ الدُمُوع 催泪毒气，催泪瓦斯
مِسْيَل: مقياس الثقل النوعيّ للسوائل [物]液体
比重计，浮秤
مَسِيل جـ مَسَايِلُ ومُسُل وأَمْسِلَة ومُسْلاَن 河道，
河床

سيم (في سوم)/ **سيّما** (في سوي)

سيماء (في سوم) / **سية** (في سيي)

سيم (م) / سِيمَة / سُومَة / سِيمَى / سِيمَاء: عَلاَمة وهَيْئَة 记号，标志，信号，手势；外观，
风度

سِيمَافُور جـ سِيمَافُورَات (أ) semaphore: مُلَوِّح
信号机
ـ القِيَام الأَمَامِيّ 绿色信号(前进信号)

سِيمَانْتُو/ سِمِنْت / إسْمَنْت (أ) cement 水泥，
洋灰，水门汀

سِيمُون السَاحِر (أ) Simon Magus 西门(基督
教圣经中耶稣十二使徒之首)

سِيمُونِيَّة (أ) simony: المُتَاجَرَة بالدِين 买卖圣职
(罪)；买卖圣物(罪)

سِيمِيَا / سِيمِيَاء: غير الحَقيقيّ من السحر 戏法，
魔术，变戏法
ـ: سِينَمَاتُغْرَاف (أ) cinematograph 电影摄
影(放映)机
ـ (م): سِنَمَا / الصُور المُتَحَرِّكة 电影，影片
(علم) الـ (应用自然力的)魔术，戏法
سِيمِيَائِيّ/ سِيمَاوِيّ 魔术的，戏法的

سِينَا / سِينَاء: اسم جَبَل 西奈山(在西奈半岛)
إبن ـ 伊本•西那，阿维森纳(阿拉伯哲
学家，医士，公元 980—1037)

سِينَارِيُو جـ سِينَارِيَات (أ) scenario (意) 电影
脚本，电影剧本

سِينْفُونِيَّة (أ) symphony 交响乐，交响曲；
交响乐团(队)

سِينَمَا وسِينِمَا جـ سِينَمَات وسِينِمَات (أ) cinema
电影，影片；电影院
الـ النَاطِقَة 有声电影
الـ الصَامِتَة 无声电影
سِينَمَائِيّ 电影业的；电影工作者；影星
الفَنّ الـ 电影艺术
رِوَايَة ـ ة 电影故事
سِينَمَاتُغْرَاف / سِينَمَاتُوغَراف (أ) cinematograph
电影摄影(放映)机

سِيُوط/ أَسْيُوط 艾斯尤特(上埃及城市名)
سِيُوطِيّ / أَسْيُوطِيّ 艾斯尤特人；艾斯尤特的
جَلال الدِّين السِيُوطِيّ 杰拉鲁丁•赛尤兑
(埃及著名学者，公元 1445—1505)

سِينُودِس (أ): مَجْمَع رُؤَسَاءِ مَذْهَب دِينِيّ / مَجْمَع كَنَسِيّ synod [宗]宗教会议

سِينِيّ: الأشعة الـ ة 爱克斯光
سِينِيّ (أ) S 形的
التَعْرِيج الـ S 状弯曲

الشين

ش (الشين) 阿拉伯字母表第 13 个字母；代表数字 300

ش: شَعْبَان (阴历八月)的缩写

ش: شَكْل (式、图)的缩写

ش: شَمْسِيّ (太阳的)的缩写

ش: شَارِع (街道)的缩写

شاء (في شيأ) / **شائبة** (في شوب)

شائق (في شوق) / **شائك** (في شوك)

شائن (في شين) / **شاب** (في شيب وفي شوب)

شابّ (في شبب) / **شابه** (في شبه)

شاخ (في شيخ) / **شاد** (في شيد)

شادوف (في شدف) / **شاذّ** (في شذذ)

شارّ (في شرر) / **شار** (في شور)

شار (في شري) / **شارة** (في شور)

شَاسِّي الأُوتُمْبِيل chassis: القاعِدة بما فيها الآلات (马车、汽车等的)车身底盘

شاش (في شوش) / **شاط** (في شيط)

شاع (في شيع) / **شاف** (في شوف)

شاقّ (في شقق) / **شاكوش** (في شكش)

شال / **شالة** (في شول) / **شامة** (في شيم)

شان (في شين) / **شاه** / **شاة** (في شوه)

شاويش (في شوش) / **شاي** (في شيي)

شُؤْبوب جـ شَآبِيب: دفعة من المطر 阵雨

ـ: شدّة حرّ الشَمس 太阳的炎热

اِستَمْطَرَ شآبِيبَ الرَحْمَة 祈求怜悯

شَأْفَة: أصْل 根

اِستَأْصَلَ شأْفتَه: أزالَه من أصْلِهِ 根除，连根拔，斩草除根

شَأَمَ ـَ شأمًا القومَ وعليهم: جرَّ عليهم الشُؤْمَ 带来了厄运，引起不幸

أَشْأَمَ: قصد أو أتى الشام 到叙利亚去，来到叙利亚

تَشاءَمَ واستَشْأَمَ به: ضد تَفاءَل 认作凶兆，认为不祥，表示悲观

شُؤْم / شُوم (مـ): ضد يُمْن 凶兆；厄运，不幸

إنّ الـ التشاؤُم 悲观就是凶兆

شُؤْمِيّ 不吉的，不幸的，倒霉的

الشَام / الشَأْم: سُورِيَة 叙利亚；沙姆地区

ـ (سـ) 大马士革

بَرّ الشام (سـ) 叙利亚

شامِيّ / شَآمِيّ 沙姆的；叙利亚的

ـ / ـ (سـ) 叙利亚人；大马士革人

شَأْمَة / علامَة شُؤْم 凶兆

ـ / مَشْأَمَة: ضد اليَمْنَة والمَيْمَنَة 左边，左面

شِئْمَة / شِيمَة (في شيم)

تَشاؤُم 悲观

مشْأَمَة 左边，左面

أَشْأَم جـ أَشائِم م شُؤْمَى 带来凶兆的人

اليد الشُؤْمَى 左手

شائِم / أشأم: مَن يَأْتي بالشُؤْم 带来凶兆的人

مَشْؤُوم ومَشُوم / مَيْشُوم (سـ ع) جـ مَشَائِيمُ 凶兆

مُتَشائِم 悲观者

شَأْن جـ شُؤُون وشِئَان وشِئِين: حَاجَة / أَمر 事情，事务

ـ جـ شُؤُون وأشْؤُن: القناة الدمعيّة 泪管

ـ: دَخْل 事务，业务，商务

ـ: حال 情况，状况

و الـ أنَّ... 事情是…，问题在于…

ـ: عَلاقَة / صِلَة 关系，干系
ما ـ ك ولهذا: ما علاقتك بهذا؟ 这与你有什么相干？
لا ـ له بالجَرِيمة 他与这罪行无干
في هذا الـ 在这方面
ـ: مَنْزِلَة 地位
ـ: أَهَمِّيَّة 重要性
ذو ـ هامّ 重要的
صاحِب الـ 当事人
أُولُو الـ 有关当局
كَما هو الـ في ... 正像……一样
على ـ / عَلَشان (مـ) / من شأْن / مِنْشان (سـ): لأَجْلِ... 为了
بـ ـ / في ـ / من ـ كذا 关于某事
أنتَ وـَ ك 请便，随你便
هو وـَ ه / تُرِكَ لـ ـ ه 听其自便
من ـ ه أن يَفْعَلَ كذا 他会做…，他应做…
لَيْسَ من ـ ك أن... 你不该…
ما ـُ ك: ماذا تُرِيد؟ 有何贵干？干什么？有什么事？
غَضَّ مِنْ ـ ه 削弱其作用，贬低其地位
شَأَى يَشْؤُو شَأْوًا واشْتَأَى وشاءَى القومَ: سبقهم 超过他们，赶在他们前面
شَأْو: غايَة 目的；目标；志向
ـ: زَبِيل 筐，篮
فُلان بَعِيد الـ: عَالِي الهِمَّة 有大志
بَلَغَ شأْوًا بعيدًا في ... 在…方面达到相当高度、有很大进展
جَرَى شأْوًا (أي شوطًا) 跑了一趟
مِشْآة ج مَشَاءٍ 篮，筐；从井底掏出的黏泥
شَبَّ ـِ شَبَابًا وشَبِيبَةً وأَشَبَّ الغُلَامُ: صار فَتِيًّا 长成青年
ـ عن الطَّوْق: نمَا وكَبُر 成长，长大
مِنْ ـ إلى دَبَّ: من الشباب إلى أَنْ دَبَّ على العصا 自少至老
ـ وشَابَ على ... 他从小到老一直在…
مَنْ ـ على شيءٍ شابَ عليه 青年时代养成的习惯，到老也改不掉
ـ عن طَوْق الحَصْر 超越界线
شَبَّ ـِ شَبِيبًا وشِبَابًا وشُبُوبًا الحِصَانُ: رفَع يَدَيْه (马)用后脚站起
ـ الحِصانُ مَرَحًا (马)腾跃，跳跃
ـ على أَطْرَاف قَدَمَيْه 踮起脚尖
شُبَّ الشيءُ: زِيدَ ورُفِعَ 被增加，提高
شَبَّت ـُ شَبًّا وشُبُوبًا النارُ (火)燃烧起来
ـ ت الحَرْبُ 战争爆发
ـ ت فيه النَّارُ 着火，开始燃烧；发生火警
ـ الشيءُ: اِرتفع ونَمَا 长高，成长增高
ـ النارَ: أوقدها 燃火，点火
شَبَّبَ وتَشَبَّبَ بالفَتاة 赞美少女，歌颂少女
ـ (مـ): صَبَّى / جدّد شَبَابَه 变年轻，返老还童
أَشَبَّ وتَشَبَّبَ (مـ) فلانٌ: تجدَّد شبابُه 返老还童，又年轻了
شُبُوب: ثَوَرَان 爆发
شَبّ / شَبَّة (مـ): حَجَر الشبّ 明矾，白矾
ـ يَمَانِيّ 绿矾(硫酸铁)
ـ (مـ) / شَابّ ج شُبَّان وشَبَاب وشَبَبَة 青年，小伙子(约 16—30 岁)
ـ (مـ) / شَبَب: عِجْل كبير 小公牛，牛犊
ـ الليل: نَبات مُزْهِر 紫茉莉，草茉莉，胭脂花
تَشَبُّب: تجديد الشباب 返老还童
شَبَاب / شَبِيبَة ج شَبَائِبُ 青年，青年时期

جَدَّدَ ـ ه	使返老还童，使变年轻
تَجَدَّدَ ـُ ه	返老还童，青春焕发，变年轻
جِئْتُكَ في ـ النَّهار	我在早晨到你这里
شَبَابِيّ: مختصّ بالشَباب	青年的
الشَبِيبَة الشُيُوعِيَّة	共产主义青年团
اِتِّحاد الشَبِيبَة	青年联盟，青年联合会
شَابَّة جـ شَابَّات وشَوابّ وشَبَائِبُ وشَبَّات: فَتَاة	女少年，女青年(13—30)岁
شَبَّابَة / مِنْجِيرة (سـ)	芦笛
مَشْبُوب من الرِجال: شَهْم ذكِيّ الفُؤَاد	聪明机智的，机灵的
نار مَشْبُوبَة: مُوقَدة	点着的，灼热的
المَشْبُوبَتَان	金星和火星
شَبَت / شِبِتّ (مـ) / شِبَّة	[植]莳萝；莳萝子，莳萝叶
أبُو ــ: رُتَيْلاَء	意国蛛，南意狼蛛(全身披毛，有剧毒，产于南欧、北美)
شَبِثَ ـَ شَبَثًا وتشَبَّثَ بكذا: تَعَلَّق به	粘住，缠住，依附
تَشَبَّثَ بكذا: تَمَسَّك به	坚执，坚持，固执
شَبَث جـ أَشْبَاث وشِبْثَان: دُوَيِّبَة كالعنكبوت السامَّة	(猛蛛、意国蛛等体大的)毒蜘蛛
شِبِتّ / شِبَّة: شَبَت (مـ) / اسم نبات	[植]莳萝
رَجلٌ شَبِث: طَبْعُه التشبُّث	固执的人
شِبَّاث وشَبُّوث جـ شَبَابِيثُ: كَلاَلِيب النار	肉钩
مُتَشَبِّث: مُتَمَسِّك	固执的，执拗的
شَبَحَ ـَ شَبْحًا الشيءَ: مَدَّه ومدَّدَه	伸开，伸展开
ـ الرجلُ: مدّ يديه	(祈祷时)伸出两手
شَبَّحَ المُتَكَلِّم وشَبَّر (مـ) (انظرشبر)	做手势，指手画脚
ـ الشيءَ: جعله عَرِيضًا	扩大；展开
شَبْح وشَبَح جـ أَشْبَاح وشُبُوح: شَخص	人形，人影
ـ / ـ: خَيال	黑影，影像，幻影
ـ / ـ	大门，高大的门扇
ـ الحَرْب	战争的阴影
ـ الخَوْف	鬼，恐怖的根源，由疑惧而生的暗鬼，幽灵
شَبْح بلا رُوح	行尸走肉
أَشْبَاح المَال	有形的财产(牛羊群)
شَبْحَة (مـ) / شِبْحَة: قَيْد / أَصفَاد	脚镣；绊马索
شَبَحِيَّة: عدسة إيجَابِيَّة	(显微镜、望远镜等的)物镜
تَشْبِيح: حَركَات إيمَائِيَّة مع الكلام	做手势，指手画脚
شَبْحَان: طَوِيل	长的
مِشْبَاح: مِجْسَاد (انظر جسد)	体视镜，(一种观看立体像片或图画的光学仪器)
شَبْدِع وشِبْدَع وشِبْدِعَة جـ شَبَادِعُ	蝎子
شَبَرَ ـِ شَبْرًا وشَبَّرَ الثوبَ: قاسَهُ بالشِبْر	用拃量
شَبَّرَ (مـ): شَوَّرَ بِيدَيْه وأَتَى بِحَركَات إيمَائِيَّة	做手势，指手划脚
شَبْر	尺寸；身材；结婚；财礼
شِبْر جـ أَشْبَار: ما بين طَرَف الإبْهَام وطَرَف الخِنْصِر ممتدَّيْن	一拃(拇指尖至小指尖张开的长度，通常为 9 吋或 22.5 厘米)
شَبُّور جـ شَبَابِيرُ وشَبُّورَات: بُوق / نَفِير	(希伯来)军号，喇叭，号角
شَبُورَة (مـ) / شَابُورَة: ضَباب/ غُطَيْطَة (سـ)	雾，浓雾
شَبْرِيَّة (مـ)	(驮在骆驼两侧的)跨篮，跨兜
شَبْرَقَه: مزَّقه قِطَعًا	撕碎
ـ اللحمَ	切碎
ـ عَيْنَيْه	把眼角瞪开了

شَبْرَقَة جـ شَبَارِقُ (مـ): مَصْرُوف الجَيْب 零钱，零用钱

فَطِير الشَبَارِق 肉饼，肉馅面饼

شَبْشَبه 用鞋打，用鞋敲

شِبْشِب جـ شَبَاشِبُ: خُفّ 便鞋，拖鞋

شَبَطَ ـُ شَبْطًا وشَبَطًا فيه (مـ): شَبِثَ به 粘住，粘贴，系住，坚守

تَشَبَّطَ في الشيء (سـ) 握紧，攀附，依附

شُبَاطُ: فَبْرايِر / الثاني من شهور السنة الشَمْسِيَّة 阳历二月

شُبُوط وشَبُّوط وشَبُط جـ شَبَابِيطُ (سـ) 鲤鱼；诸子鲦(似鲤)

شَبُّوط (مـ) 用细树枝扎起来的帚

شَبِعَ ـَ شَبَعًا وشَبْعًا وشِبَعًا من الطعام: اكتفى 吃饱，饱足

ـ ضَحْكًا 笑够了，尽情欢笑

ـ منه: امْتَلأَ وتَضَايَقَ 厌烦，厌恶

شَبَّعه وأَشْبَعَه: جعله يَشْبع 让吃饱，使人吃饱

ـ وـ الشَهِيَّةَ أو الحَوَاسَّ 满足食欲；满足欲望

ـ (مـ) وـ: شَرَّبَ 使浸透，使饱和

ـ (مـ) وـ الفِكْرَ أو العَقْلَ 迷住

ـ (مـ) وـ الكلامَ: استَوْفاه 详说，详述，详尽叙述

أَشْبَعَه ذَمًّا وقَدْحًا 痛骂一顿，狠狠地挖苦一顿

ـ ه ضَرْبًا 痛打一顿

ـ المَوْضُوعَ دَرْسًا وتَمْحِيصًا 详细地研究问题

ـ فُضُولَه 满足他的好奇心

تَشَبَّعَ بـ...: تشرَّب 饱和，浸透，充满

ـ برأْيٍ أو فِكْرة 为某种主意或思想所萦扰

شِبْع / شِبَع: ما يُشْبِع 使人饱足的(食物)

شُبْعَة / أَكْلَة شِبَع 吃得饱的(饭)

شَبْعَانُ م شَبْعَى وشَبْعَانَة جـ شِبَاع وشَبَاعَى: ضد جَائع 饱食者，吃饱的人

رَجُل ـ (مـ): غَنِيّ 富翁，财主

مُشْبِع: كَافٍ 足够的，充分的

ـ: مُغَذٍّ 丰富的，有滋养的

مُشَبَّع بالماء: مُتَشَرِّب 浸润的，浸透水的

ـ بالهَواء 充满空气的

شَبِقَ ـَ شَبَقًا: غَلِمَ 好色，淫荡，性欲冲动

شَبَق: غُلْمَة 色情，淫欲，淫荡，性欲冲动

ـ الأُنْثَى 花癫，花痴，女子的色情狂，桃花癫

شَبَقِيَّة / شَبَق / غُلْمَة / شَهْوَانِيَّة 性欲，肉欲，色情，好色，淫荡；纵欲主义，肉欲主义

شُبُق / شُبُوق (土)长烟管，长杆烟袋

شَبَقَة جـ شَبَقَات 一根，一条

شَبِق: شَهَوانِيّ 色迷，色鬼，淫荡的，好色的，色徒

شَبَكَ ـِ شَبْكًا الأُمُورُ: تداخَلت واختلطت / شَرْبَكَ (مـ) (事情)错综复杂，盘根错节

ـ الشيءَ وشَبَّكَه: أنشب بعضَه في بعض 使错综，交叉

ـ الشيءَ بغيره: وصَلَه به 使纠缠起来

ـ الفَتَاةَ (مـ): خطَبَها 订婚

اِشْتَبَكَ وتَشَبَّكَ 混杂，错综，交错

ـ في الأمر 卷入(某事)中

ـ به 和…争吵，吵嘴，和…起冲突

ـ في حَدِيث 交谈，谈话

ـ ت الطَيَّارَةُ في الشَجَرَة 风筝缠在树枝上

اِشْتَبَكُوا في قِتَال 交战，混战

شَابَكَ بين الأَصَابع: أدخل بعضها في بعض 把手指交叉起来

تَشَابَكَ 错综，交错

ـ ت الأُمُورُ 混乱，混淆，错综，复杂

شُبُك / شُبُق / شُبُوق: غَلْيُون التَدْخِين / بِيبَة (土) 烟斗

ـ: قصَبة التَدْخِين 长烟袋

شَبْكَة (م): هَدِيَّة الخِطْبَة 订婚礼物

شَبَكَة جـ شَبَك وشِبَاك وشَبَكَات 网，网络

ـ 井网（多井的地方）

ـ: حِبَالَة / أُحْبُولَة （捕鸟兽的）圈套，罗网

ـ السِكَك الحَدِيدِيّة 铁路网

ـ السَمَّاك / شُبَّاك 鱼网

ـ الشَعر: شَكْبَة (م) 发网

ـ العَنْكَبُوت 蜘蛛网

ـ الإِنْتَرْنَت 因特网，互联网

ـ كمبيوتر 计算机网络

سِلْك ـ [机]铁丝网，烟囱篦

شَبَكِيَّة العَيْن [解]（眼睛的）网膜

ـ الصِمام 电子管网

شُبَّاك جـ شَبَابِيكُ: نافِذَة 窗棂，窗子；柜台（收款处）

ـ التَذَاكِر 售票处

ـ في سَقْفٍ مَائِل 屋顶的采光窗，天窗

ـ بَيْت نَار الفُرْن 火舱，汽锅室

شُبُكْجِي جـ شُبُكْجِيَّة (م) 制烟斗工人，烟斗商

شَوْبَك (م) / مِشْبَك جـ مَشَابِكُ: مِرْقاق / مِطْلَمة 擀面杖

ـ صَدْر 扣针，扣子，钩子，饰针，胸针

ـ (دَبُّوس) غَسِيل 衣服夹子

ـ الوَرَق (م) 纸钉，曲别针，回形针

مُشَبَّك / مُتَشَابِك 交织，交错，错综

ـ (في المِعْمَار) [建]格子细工，花饰窗格

ـ 排杈儿（一种松脆的油炸面食）

شَبَلَ ـُ شُبُولاً الغُلامُ: نشأ وشبّ في نعمة （小孩）在优裕生活中成长，在蜜糖里泡大

ـ (س) 轻轻缝合

شِبْل جـ أَشْبَال وشِبَال وأَشْبُل وشُبُول: وَلَد الأسد 幼狮，狮崽

هذا الـ من ذلك الأَسَد （这只小狮是那只大狮所生的）有其父必有其子

شَبِمَ ـَ شَبَمًا الماءُ: بَرُدَ 冷

شَبِم م شَبِمَة 冷水；饥寒

بَقَرَة شَبِمَة 肥母牛

شِبَام （动物的）口套；面幕的带子

مُشَبَّم 嘴被绑紧的

شَبَنَ ـُ شَبْنًا الغُلامُ: نشأ في نِعْمَةٍ （孩子）在优裕生活中成长，在蜜糖里泡大

شَابِن من الغِلْمان: ناعِم مُمْتَلِئ 胖娃娃，丰满的孩子

شَبِين جـ شَبَائِنُ (س) / إشْبِين العريس (س) （婚礼上的）伴郎，男傧相

ـ المُعْتَمِد (س) / عَرَّابة (س) 教父

ـ جـ أَشَابِين (م) 村庄，村落

شَبِينَة (س) / إشْبِينَة العَرُوس (س) （婚礼上的）伴娘，女傧相

ـ المُعْتَمِد (س): عَرَّابَة (س) 教母

شَبَنْزِي (أ) chimpanzee: بَعَام 黑猩猩

شُبِنْهَور (أ) Schopenhauer: فيلسوف أَلْمَانِيّ (Arthur)叔本华（德国唯心主义哲学家，唯意志论创始人，公元 1788—1860）

شَبَّهَه إيَّاه أو شَبَّهَه به: مثَّله به 比喻，比拟

ـ به: قَارَنَ بَيْنَهُمَا 比较，对比

شُبِّهَ عليه الأمرُ: أُبْهِمَ 混淆

شَابَهَ وأَشْبَهَ: مَاثَلَه 像，相似

ـ وـ والِدَه 像他父亲，子肖其父

أَشْبَهَ أُمَّه: عَجَز وضَعُفَ كالمَرْأة 他弱如女子

وما أشْبَهَ ذلك 等等，诸如此类
تَشَبَّهَ به 模仿，仿效
تَشَابَهَ واشْتَبَهَ الرَجُلاَن 彼此相像，彼此相似
اِشْتَبَهَ في الأمر: اِرْتَاب 怀疑，疑惑
ـ الأمرُ عليه: اِلْتَبَسَ 半信半疑，犹豫不决
يُشْتَبَه في أمر 形迹可疑
شِبْه وشَبَه جـ أَشْبَاه ومَشَابه 相似，相像，同样；模样
ـ الجَمْع [语]集合名词
ـ / شَبِيه: مَثِيل 相似的，相同的，同样的
ـ جَرِيمَة 准现行罪
ـ جَزِيرَة: بُحَيْث جزيرة (مـ) 半岛
ـ مُسْتَعْمَرَة 半殖民地
ـ مُعَيَّن [数]长斜方形
ـ رَسْمِيّ 半官方
ـ مُنْحَرِف [数]梯形
وَجْهُ الشَبَه 相似之点
عَرَفَه شَبَهًا 从外表(样子)知道了他
أَشْبَاه الإنْسَان 像人的
ـ المَهْجُورَة 半荒芜的，半荒废的
شِبْه / شَبَه / شَبَهَان / شِبْهَان 黄铜
شَبَهِيّ 黄铜的
شُبْهَة جـ شُبَه وشُبُهَات: اِشْتِبَاه 暧昧的，含糊的，可疑的，怀疑，疑虑，狐疑，嫌疑
تَحت الـ / مَشْبُوه به 形迹可疑的，可疑的人
أَوْقَعَ في (تحت) الـ 妥协，和解，私下了结
تَشْبِيه جـ تَشْبِيهَات وتَشَابِيهُ: تَمْثِيل 比喻，比拟
ـ (في عِلم البَيَان) [修]比喻，直喻，明喻
مُتَشَابِه جـ مُتَشَابِهُون 同样的，类似的，相似的，想像的
مُتَشَابِه 暧昧名词
مُتَشَابِهَات 古兰经中的隐晦经文
ـ 含糊的，不明的，不清楚的
مَشْبُوه (سـ) 形迹可疑的，嫌疑犯
اِمْرَأَة مَشْبُوهَة (سـ) 高等妓女
شَبَا يَشْبُو شَبْوًا الشيءُ: علاَ 高耸
ـ الفرسُ: قام على رِجْلَيْه (马)用后脚站起
ـ النارَ: أَوْقَدَها 燃火
شَبًا [植]水苔
شَبَاة جـ شَبًا وشَبَوَات 蝎；尖端；(植物的)刺
ـ السَيْف 剑刃，(刀)锋
ـ العَقْرَب / شَبْوَة 蝎子刺
جَارِيَة شَبْوَة 勇敢、大胆、豪放的女人
شبيّة (سـ أ): قِنْدَاق / كتاب الصَلاة 祈祷书
شتاء (في شتو) / **شتّان** (في شتت)
شَتَّ ـِ شَتًّا وشَتَاتًا وشَتِيتًا وتَشَتَّتَ: تفرَّق 散开，分散
شَتَّتَ وأَشَتَّ الأَشْيَاءَ: فرَّقها 使散开，使散乱
ـ شَمْلَهم 冲散，驱散，击溃
تَشَتَّتْ أَيْدِي سَبَا 烟消云散，分崩离析，东逃西散
شَتّ / شَتَات جـ أَشْتَات / شَتِيت جـ شَتَّى 散开的，散乱的，离散的，分散的
أمر شَتّ وشَتَات 乱七八糟的事情
قَصَّ عليه أَشْتَاتَ الأَضَاحِيكِ 讲各种笑话给他听
جَاءُوا شَتَاتَ شَتَاتَ أو أَشْتَاتًا: مُتَفَرِّقِين 他们散乱地来了
جَمَعَ شَتَاتَهم 使他们团圆
تَشْتِيت: تَفْرِيق 使散开，使散乱
تَشَتُّتُ الأَفْكَارِ 精神涣散，心烦意乱，心不在焉，漫不经心，心猿意马
شَتَّان: بَعُد (اسم فعل) (动名词)相距很远

ـ بَيْنُهما / ـ ما هما / ـ ما بَيْنَهما / ـ ما
زَيْدٌ وأَخُوهُ 他们两人有很大差别
شَتِيت جـ شَتَّى 不同的，个别的
أَشْيَاءُ شَتَّى 各种东西，杂货，杂事
مَسَائِلُ شَتَّى 各种各样的问题，五花八门的问题
مَصَارِيفُ شَتَّى 各种开支
مُشَتَّت: مُتَفَرِّق 分散的；散开的，不集中的
شِتْرَاة (أ) /شِتْرَات (أ) citrate: مِلْح أو رُوح اللَّيْمُون 柠檬酸盐
شَتَلَ ـِ شَتْلاً (مـ) الزرعَ: نَقَلَه 移种，移植
شَتْلَة جـ شَتَلَات: غَرْسَة 移植的树或苗，秧苗，苗圃里的植物
ـ القُطْن 棉株
ـ النِيل [植]靛，蓝靛
مَشْتَل النَبَاتَات جـ مَشَاتِلُ 苗圃
شَتَمَه ـِ شَتْمًا ومَشْتَمَةً ومَشْتِمَة ومَشْتُمَةً وتَشْتَامًا: سَبَّه 骂，辱骂
شَتُمَ ـُ شَتَامَةً: كان كَرِيه الوَجْه 长得难看
شَتَّمَه: بالغ في شتمه 大骂
شَاتَمَه 相骂，吵架
تَشَاتَمَ القومُ: تسابُّوا 他们吵起来
ـ مع فلان 和他吵架，争吵
شَتِيم / مَشْتُوم 挨骂的，被骂的
شَتِيمة جـ شَتَائِمُ: سَبّ 谩骂，辱骂，骂人的
قَذَفَ بالشَتَائِم 骂得又多又快
شَتَّام: كثير الشَتْم 好骂人的
شَتَا يَشْتُو شَتْوًا وشَتَّى وتَشَتَّى بالبلد: أقام به شِتاءً 在某地过冬
ـ وـ وـ المكانَ: أقام به شتاءً 在某地过冬
ـ وـ وـ الحَيَوَانُ: قضى الشتاءَ نائمًا 冬眠
شَتَا الشِتاءُ: بَرد (冬天)成为冷的
ـ وأَشْتَى القومُ: دَخَلُوا في الشتاء 入冬
الدُنْيَا تُشَتِّي (مـ) 下雨(阿拉伯的雨季在冬天)
شِتَاء جـ أَشْتِيَة وشُتِيّ 冬季，冬，冬天
ـ وشِتًا: قَحْط 旱，干旱
ـ (مـ): مَطَر 雨；雨季
شَتْوِيّ / شَتَوِيّ / شِتَوِيّ (مـ): مُختصّ بالشِتاء 冬令的，冬季的
شَتَاة / شَتْوَة / شِتْوِيَّة (مـ) 冬季
شاتٍ 寒冷的
ـ (مـ) 下雨的(天气)
مَشْتًى ومَشْتَاة جـ مَشَاتٍ: مكان الإقامة في الشِتاء 避寒地，过冬的地方
شَتَّى / **شَتِيت** (في شتت)
شَجَبَه ـُ شَجْبًا وأَشْجَبَه: أَحْزَنَه 使他苦恼，使他忧愁
ـ: أَهْلَكَه 使他毁灭
شَجَبَ ـُ شَجْبًا وشُجُوبًا وشَجِبَ ـَ شَجَبًا وتَشَجَّبَ 苦恼；死亡
ـ ه (س): اِسْتَنْكَرَه 谴责
شَجَب جـ شُجُوب: حُزْن 苦恼，悲伤
شِجَاب جـ شُجُب / مِشْجَب جـ مَشَاجِبُ: شَمَّاعة هُدُوم (مـ) 墙上衣帽架；活动衣帽架
ـ: سِدَاد 瓶塞
شَجْب 忧愁；需要
ـ جـ شُجُوب 帐幕的支柱
ـ جـ شُجُوب وأَشْجَاب 皮水桶
شَجَب 损失；废墟；忧愁，悲伤
شَاجِب 爱说话的，啰嗦的
شَجَّ ـُ شَجًّا وشَجَّجَ الرأسَ: كسَرَه 打破(头)，打破头盖骨
ـ المَرْكَبُ البَحْرَ: شَقَّهُ (船)破浪前进
شَاجَّ مُشَاجَّةً وشِجَاجًا وتَشَاجَّ القومُ: شجَّ بعضهم

بعضًا 打架，打得头破血流

شَجَّة جـ شِجَاج: كسر في الرأس 头上的伤口

شَجَرَ ـُ شَجْرًا البَيْتَ: دعَمه وسَنَده بِعَمُود 支住，撑住(房子)

ـ فَمَه بِعُودٍ 用棍撬开他的嘴

ـ الشيءَ: ربَطه 拴住，缚住

ـ ـُ شَجْرًا وشُجُورًا ما بينهم: تنازَعُوا فيه 争吵，争论

شَجِرَ ـَ شَجَرًا الرجلُ: كثر جمعه 人丁兴旺

شَجَّرَ النباتُ: صار شَجَرًا 长成树

ـ الشَجَرَة (مـ) 接枝，嫁接

شَاجَرَه وتَشَاجَرَ معه 吵，吵架，争吵

أَشْجَرَ المكانُ: أَنْبَتَ الشَجَرَ 长树，树多

اِشْتَجَرَ وانْشَجَرَ الرجلُ: تَقدَّمَ 前进

شَجَر جـ أَشْجَار وشَجْرَاء الواحدة شَجَرَة جـ شَجَرَات 树

شَجَرَة (عيد) رأْس السنة 新年的枞树

ـ عِيد الميلادِ 圣诞树

ـ اللّهِ [植]西洋杉(雪松属)

ـ النَسَب (انظر نسب) 家谱，世系图

شَجَرَان shagreen: نَوْع من الجِلْد 鲨皮革

شُجَيْرَة جـ شُجَيْرَات: تَصْغِير شَجَرَة 小树

شَجَار / شِجَار 敞篷的小驼轿

شِجَار جـ شُجُر: تِرْبَاس (مـ) 门闩，插销

ـ: نَقَّالَة الجَرْحَى (مـ) 担架

ـ / مُشَاجَرَة: عِرَاك 争吵，打架

شَجِرٌ / أَشْجَرُ / شَجِيرٌ / مُشْجِرٌ م شَجِيرَة / شَجِرَة 树木繁茂的，多树的(地方)

مكانٌ مُشْجِر: كَثِير الشَجَر 树木繁多的地方

مُشَجَّر: مُزَيَّن بِرُسُوم كالشَجَر 印上花草的(布匹)

ـ الصِين (枝形文字)方块字，汉字

شَجَّار جـ شَجَّارُون 植物学家

شَجْرِيّ [语]舌音

شَجَرِيَّة (مـ) 造林地；小树，小株，树丛，丛林，林荫道，果树园

مَشْجَر: مَنْبَت الشَجَر 树圃

تَشْجِير (عـ) 植树，造林

شَجُعَ ـُ شَجَاعَةً: كان شُجَاعًا 勇敢，英勇，大胆

شَجَّعَه: جَرَّأَه 鼓励，鼓舞，奖励

ـ ه: عضَّدَه 赞助，支持

ـ ه: قوَّى أملَه 鼓动，激励

ـ ه: حَرَّضَه 唆使，煽动

تَشَجَّعَ 奋勇，奋发，鼓起勇气

شَجَاعَة 勇气，勇敢，勇猛，无畏精神

تَشْجِيع 鼓励，鼓动，奖励，赞助，支持

شُجَاع وشَجَاع وشِجَاع جـ شُجْعَانٌ وشِجْعَانٌ وشِجَاع وشُجَعَاءُ وشُجْعَة وشَجْعَة وشَجَعَة / شَجِيع جـ شُجْعَان وشِجَاع وشُجَعَاءُ وأشْجِعَة م شَجِيعة جـ شَجَائِعُ وشِجَاع وشُجُع 勇敢的，英勇的，勇猛的，大胆的

رَجُلٌ شَجْعَةٌ وشُجْعَة: عاجِز جَبَان 懦弱的人，胆怯的人

أَشْجَعُ م شُجْعَى (比较名词)最勇敢的；(普通名词)勇敢的人；狮子；强壮的

ـ وإشْجَع جـ أَشَاجِعُ 指根关节

ـ م شَجْعَاءُ / شَجِع م شَجِعَة 勇敢的；浮躁的

شُجَاع وشِجَاع جـ شِجْعَان 大蛇

شَجَنَه ـُ شَجْنَةً وشَجْنًا وشُجُونًا وشَجَّنَه وأَشْجَنَه: أَحْزَنه 使悲哀、悲伤，使忧愁、忧伤

ـ ت ـُ شُجُونًا الحمامَةُ: نَاحَت (鸽)咕咕叫

شَجِنَ ـَ وشَجُنَ ـُ شَجَنًا وشُجُونًا: حزِن 忧愁，发愁

تَشَجَّنَ الأمرَ: تذكَّرَهُ 记起，忆起

شَجَن جـ شُجُون وأَشْجَان 悲哀，忧愁；需要，需求

مُثِيرُ الشُّجُون 令人伤感的，感人的

شَجَن / شِجْنَة / شُجْنَة / شَجْنَة 树枝；大树，枝叶繁密的大树；树木葱郁的山谷

بَيْنَهُمَا شَجْنَة أو شُجْنَة الرَحِم 两者之间有着密切的关系

شَجْن جـ شُجُون / شَاجِنَة جـ شَوَاجِنُ: طريق في الوادي أو في أَعلاه (山谷里的)道路，通路

الحَدِيثُ ذُو شُجُون: فنون متشعبة تأجذ منه في طَرَف فلا تلبث حتى تكون في آخر ويعرض لك منه ما لم تكن تقصده 话里套话

هُم في شُجُون من الأَحاديث 他们在漫谈、闲谈、聊天儿

شَجَاه يَشْجُو شَجْوًا وأَشْجَاه: أَحْزَنَه 使人忧愁，令人伤感

ـ ه: أطرَبَه 使他高兴

ـ بينهما 挑拨

شَجِيَ ـَ شَجًا: حزِن 悲伤，忧伤

ـ بعَظْمٍ 骨片卡在他喉里

شَجْو / شَجًا: هَمّ 忧愁，悲伤

شَجْوِيّ: مُحْزِن 悲伤的，悲惨的，可怜的

رِوَايَة أو تمْثِيل ـ 悲剧

شَجِيّ وشَجٍ م شَجِيَّة وشَجِيَة: مَشْغُول البال 挂念的，担心的，切望的

ـ: مُثِير الشُّجُون 感人的，感动人的

شَجًى / شَجًا 卡在喉里的骨或刺

كان ـ في حلْقِه 他是他的喉中刺，他是他的眼中钉

شَحَبَ ـُ وشَحُبَ ـُ شُحُوبَةً وشُحُوبًا وشُحِبَ وَجْهُه 憔悴，苍白

شَاحِب 憔悴的，苍白的

شَحَتَ ـَ شَحْتًا (مـ) / شَحَذَ: اِستجدى 乞讨，要饭，讨口，当乞丐，做叫化子

شِحَاتَة 乞讨，乞丐业

شَحْتَة 微小的礼品，小恩小惠

شَحّات (مـ): شَحَّاذ / مُسْتَعْطٍ 乞丐，叫化子，要饭的，讨口的

ـ العَيْن: شُعَيْرَة الجَفْن [医]睑腺炎

شَحْتَلَة 一撮(鼻烟)；少许，少量，一点儿

شَحَجَ ـِ شَحِيجًا وشُحَاجًا وشَحَجَانًا (鸦)鸣，(骡、驴)叫

شُحَاج وشَحِيج 鸦鸣，骡叫

شَحَّاج ومِشْحَج وشَاحج 野驴

بَنَات ـ / بَنَات شاحج 骡子

شَحَّ ـَـُ شَحًّا وشِحًّا وشُحًّا بالشيء وعليه: بَخُلَ وحرَص 吝啬

ـ تِ الأَمْطَارُ 不下雨，缺雨

ـ الشيءُ (مـ): قلّ 缺乏，贫乏，不足，缺少

شَاحَّ بالشيء على فلان: ضَنَّ به عليه 不肯给他，舍不得给他

شُحّ: بُخْل 吝啬，贪婪，小气

في حالة ـ الوَقُود 在燃料缺乏的情况下

شَحِيح جـ شِحَاح وأَشِحَّة وأَشِحَّاء م شَحِيحَة جـ شَحَائحُ: بَخِيل 吝啬的，吝啬鬼，小气的，小气鬼，守财奴

ـ (مـ): قَلِيل 少的，不足的，贫乏的

سَنَوَات شَحِيحَة 旱年，荒年

أَيَّام الشَحَائح (مـ) (التحاريق) / شَحَائح 干旱，大旱的

لا مُشَاحَّةَ في كذا 这是无可争论的

شَحَذَ ـَ شَحْذًا السِكِّينَ ونحوَه: سنَّه 磨(刀)

ـ المُوسَى (على القايش) 荡剃刀

ـ في التَسوُّل: أَلحّ فيه (乞丐)强讨，硬要，缠扰不休
شِحَاذَة / شِحَاته (مـ) 以乞讨为生(业)
شَحِيذ / مَشْحُوذ 快刀
شَحَّاذ جـ شَحَاحِذَة / شَحَّات (مـ): مُتَسوِّل مِلْحَاح 缠扰不休的乞丐，蛮缠的乞丐
ـ العَيْن (سـ) [医]睑腺炎
مِشْحَذ / مِشْحَذَة جـ مَشَاحِذُ / حَجَرُ الشَحْذ: مِسَنّ 磨刀石；磨床
شحَر ـَ شَحْرًا: فتح فَاه 张口
شَحَّرَ (مـ) وشَحْوَرَ (مـ): سَخَّمَ 用煤烟涂黑
شُحْوَار: سُخَام القِدْر والمَدَاخِن 煤烟，锅烟
ـ المِصْبَاح 灯烟
شُحَّار (سـ) 煤烟，灯烟
ـ (مـ) 肺
شُحْرُور جـ شَحَارِيرُ (سـ) / شَحْوَر: طائر مُغَرِّد 黑鸟；画眉；燕八哥
أَشْحَصَه: أَتْعَبَه 使疲倦
ـ ه من المكان: أبعده وأجلاه 驱逐，逐出
شَحَطَ وشَحِطَ ـَ شَحَطًا المكانُ: بَعُدَ 远，遥远
ـ الكِبْرِيتَة (مـ): حَكَّهَا 擦火柴
شَحَطَ ـَ شَحْطًا (مـ) وشَحَّطَ المَرْكَبَ (مـ) (船)搁浅
أَشْحَطَه: طرَده وأَبْعَدَه 驱逐，排除
ـ عن الكِبْرِيتَة (مـ) 擦火柴
شَحَّاطة جـ شَحَّاطَات 磷头火柴
شَحْط: ذرق الطائر 鸟粪
ـ / مِشْحَط (مَسْحُوك (سـ)) 葡萄架
شُحَيْطَة (سـ): كِبْرِيتَة (مـ) 火柴，黄磷火柴
شَوْحَط: سِدْر جَبَلِيّ [植]水松
شَاحِط: بَعِيد 远的，遥远的
ـ (مـ) / مُشَحَّط (مـ) (كالمركب) 搁浅的

شَحَفَه ـَ شَحْفًا 剥皮
شَحَّفَه 把西瓜切成小块
شَحُمَ ـُ شَحَامَةً وشَحَّمَ (مـ): كثر شحمه 长膘，发胖
شَحَّمَ العَجَلَ (مـ) 膏油，使滑润
شَحْم جـ شُحُوم: دُهْن 脂肪，油脂
ـ مُذَاب (كالمستعمَل في الصِناعة) 溶化的油脂
ـ 牛脂，兽脂
ـ الخِنْزِير 猪油
ـ الثَمَر: لُبُّه 果肉
شَحْمِيّ: دُهْنِيّ 油的，脂肪的
شَحْمَة جـ شَحَمَات: قِطْعَة الشَحْم 一块脂油
ـ الأُذُن: حَلَمَتُها 耳垂
ـ الأَرْض: كَمَأة [植]松露(调味用)
ـ العَيْن: مُقْلَتها 眼球，眼珠
حَجَر ـ 花岗岩
شَحْمَجِي جـ شَحْمَجِيَّة (مـ) 涂油工，注油工
تَشْحِيم الآلات (مـ) 膏油，(机器)上润滑油
زُيُوت الـ 润滑油，机器油
شَحِم / مُشْحِم: كَثِير اللُبّ (果)多肉而少汁的
شَحِيم / مُشَحَّم: سَمِين 胖的，肥的，多脂的
ـ (سـ) / شَحِيمَة (古叙)(天主教的)每日祈祷书
شَحَنَ ـَ شَحْنًا وأَشْحَنَ السَفِينَةَ 装船，装载
ـ البَضَائِعَ: أرسل بها بَحْرًا 海运(货物)
ـ البَطَّارِيَّة الكَهْرَبِيَّة (电池)充电
ـ به دِمَاغَه 充满他的脑子
ـ الرجلَ: طرَدَه وأبعدَه 驱逐，逐出
ـ ه وأَشْحَنَه: مَلأَه 填装，装满
شَحِنَ ـَ شَحْنًا عليه: حقد عليه 怨恨
شَاحَنَه: باغَضَه 憎恨，憎恶

ـ ه (مـ): خاصَمَه 吵嘴，相骂
تَشاحَنُوا: تَباغَضُوا 吵嘴，相骂
شَحْن وشِحْنَة السَفِينة جـ شِحَن: وَسْق 船货
بُولِيسَة ـ (مـ) (بُولِيصَة): سَنَد المَشْحونات
装货凭单，提货单
ـ 充电
شِحْنَة 一天的口粮
ـ كَهْرَبِيَّة 电荷
شِحْنَة جـ شِحَن 骑兵支队；驻军
ـ: شُرْطَة /بُولِيس (أ) 警察
ـ: عَداوة 仇恨，敌对
ـ جـ شِحَن وشَحَانٍ 警察厅长
رِجال الـ / شِحْنِيّ 密探
شَحْناء / مُشاحَنَة: عَداوَة وحقد 厌恶，怨恨，仇恨，憎恨
مُشاحَنَة (مـ): مُخاصَمَة 吵嘴，相骂
مَرْكَب شاحِن ومَشْحُون: مَوْسُوق 满载的船只
الكتابُ مَشْحونٌ بأَغْلاطٍ مَطْبَعِيّة 书中充满印刷上的错误
مَشْحُونَات 货物，运费
شحور (في شحر) / **شحيح** (في شحح)
شَخَبَ ـَـ شَخْبًا ومَشْخَبًا اللبَنُ: سال وتدفّق
(奶水)涌出，涌流，大量流出
مَرَّ يَشْخَبُ في الأرض 从地面上掠过
شُخْب / شَخْب / شُخْبَة جـ شِخَاب 一股奶水
شُخْبٌ في الإناء وشُخْبٌ في الأرض (一股奶在罐子里，另一股在地上)时而正确，时而错误
أُشْخُوب جـ أَشَاخِيبُ 挤奶时奶汁流动声
شَخْبَطَ في الكِتَابَة (مـ): ثَبَجَ 乱写，潦草地写
تَشَخْبَطَ 弄脏，弄污；草写
شَخْتُور وشَخْتُورَة جـ شَخَاتِيرُ (س) 小艇，轻舟

شَخَّ ـُ شَخِيخًا بِبَوْلِهِ وشَخْشَخَ: امتدّ منه كالقَضِيب 小便成流
ـ في النَوْمِ 打鼾
شَخَّخَ (مـ) 使小孩坐在瓦罐上小便
شَخّ / شُخَاخ (مـ): بَوْل 尿，小便
شَخَّاخ (مـ) 遗尿者，尿炕者
شَخَّة جـ شَخَّات (مـ) [医]大粪，粪便
مَشْخَّة جـ مَشَخَّات (مـ) 公共厕所
شَخَرَ ـِ شَخِيرًا: غَطَّ 打呼噜，打鼾
ـ (مـ): زَنْخَرَ / خَنْفَرَ (مـ) (不同意、轻蔑、惊愕、焦躁等时)喷鼻子，吹鼻子，哼哼鼻子
شَخَرَ ـِ شَخِيرًا وشَخْرًا الفَرَسُ أو الحِمَارُ: رفع صوتَه 马嘶，驴叫
شَخَّرَ (مـ) 打响鼾
شَخْرَة جـ شَخَرَات: غَطّ النَوْمِ 鼾声，呼噜
شَخِير: غَطِيط 打鼾，打呼噜；马嘶；山路
شِخِّير / شَخَّار: غَطِيط 打鼾者
شَخَزَ ـَ شَخْزًا عليه الأمرُ (事情)成为困难的、棘手的
ـ عَيْنَهُ 挖出眼睛
ـ بينهم 挑拨离间
تَشاخَزَ القومُ: تَبَاغَضُوا 吵嘴
شَخْشَخَ السِلاحُ وغيره 咔嗒咔嗒地发响，(武器)铿锵作响
شُخْشِيخَة جـ شَخَاشِيخُ وشُخْشِيخَات / خُشْخِيشَة (راجع شَخْلَلَ) (武器、纸张、新服装等)响声
ـ (مـ): أُلعُوبَة 玩具
ـ (مـ): مَنُور السَقْف 天窗
شَخَصَ ـَ شُخُوصًا الشيءُ: إرتفع 升起，向上
ـ النَجْمُ: طلَع (星辰)出现

ـ الميتُ بصَرَه وببَصَرِه: رفَعه (临危的人)	眼睛往上翻，翻白眼
ـ ببصره إلى الشيء	凝视，注视，定睛看
ـ من بَلَد إلى بَلَد: ذَهَبَ	从这地方到那地方
شَخَّصَ الشيءَ: عيَّنه وميَّزه عمَّا سِواه	甄别
ـ الرجلَ: مثَّله	表演，体现
ـ رِوايَة تمثيلية	表演，扮演
ـ الطَبِيبُ المَرَضَ	诊断
أَشْخَصَه: أَزْعَجَه	惊动，扰乱
ـ الرجلُ: حان وقت ذهابه	到他走的时候了
ـ به: اغتابه	诽谤，诋毁，说坏话
تَشَخَّص له: تَراءَى	出现，显现
شَخْص ج أَشْخَاص وأَشْخُص وشُخُوص: انسان	人
ـ ثَالِث	[法]第三党
ـ طَبِيعِيّ أو حَقِيقِيّ	[法]自然人
ـ مَعْنَوِيّ أو اعْتِبَارِيّ	[法]法人(团体、学校、公司等)
في ـ ه	对他本人
ـ غير مَرْغُوب فيه	一个不受欢迎的人
شَخْصِيّ: ذَاتِيّ	个人的，本人的，自身的，亲身的，本身的
ـ: خُصُوصِيّ	私有的，私人的，个体的
قَانُون الأَحْوَال الشَخْصِيَّة	特殊法
مَحْكَمَة الأَحْوَال الشَخْصِيَّة	遗嘱法庭
شَخْصِيًّا: بالذَات	本人，亲自
شَخْصِيَّة ج شَخْصِيَّات: ذَاتِيَّة	人格，个性
ـ بارِزة	杰出人物，主角，名流
تَحْقِيق الشَخْصِيَّة	确定身份
تَذْكِرَة تَحْقِيق الـ	身份证
عِبَادَة الـ	个人崇拜
تَشْخِيصِيّ: تَمْثِيلِيّ	戏剧的，戏剧性的
ـ: تَعْرِيفِيّ	诊断的
شَاخِص: مُحَمْلِق	注视者，凝视者，注目而视者
ـ ج شَوَاخِصُ المُهَنْدِس	杆，标杆，测量竿
شَخِيص: جَسِيم	魁梧的
ـ: سَيِّد	领袖
ـ من المَنْطِق: مُتَجَهِّم	刻薄的话，恶毒的话
مُشَخِّص: مُمَثِّل	男演员，男表演者
مُشَخِّصَة: مُمَثِّلَة	女演员，女表演者
شَخَطَ ـَ شَخْطًا فيه (مـ): صرَخ	喊叫
ـ ه (مـ)	恐吓；驱逐
شَخْطَة	大喊，吆喝
شَخْطُورَة (سـ): غَنْدُولَة (أ) gondola	平底船，小船，划子
شَخَلَ ـَ شَخْلاً الشرابَ: صفَّاه	滤酒
شَاخَلَه: صافَاه وصادَقه	真诚相交
مِشْخَل / مِشْخَلَة	滤器
شَخْلَع (مـ)	动摇，踉跄，跳民间舞
شَخْلَل (مـ): وَسْوَسَ	玎玲玎玲地响，玎玲声
شُخْلَيْلَة الدُفّ	小手鼓的玎玲声
شَدَا (في شدو)	
شَدَخَ ـَ شَدْخًا وشَدَّخَ الرأسَ: كسره	打破头
ـ: مال عن القصد	偏离方向
شَدْخَة من النَبات: رخصة رطبة	嫩绿的植物
غُلَام شَادِخ	年轻小伙子
رَكِبَ (الـ) الشادِخَة المُحَجَّلَة	为非作歹，穷凶极恶
شَدَّ ـُ شَدًّا الشيءَ: عقَده وأَوْثَقَه	拴紧，束紧，系紧，捆紧
ـ الحِمَارَ	鞴驴子
ـ الشَيْءَ: جَرَّه	拉，拖，曳，扯，拉紧
ـ الفَدَّانَ	把轭拴在车颈上

ـ: ضد أَرْخَى 拉紧，弄紧
ـ أَزْرَه 支持，扶持
ـ عَضُده 帮助
ـ الرحالَ إلى بَلَد: سَافَرَ 出发，动身
شَدَّ ـِ ـُ شَدًّا وشَدَّةً وشُدُودًا عليه: ضيَّقه / زَنَأَه 压紧，压缩
ـ على العدوّ: حمل عليه 猛攻(敌人)
ـ على الأيدي 握手
ـ على الشيء: ضغطه 压，压紧
شِدَّ حَيْلَك! (م) 鼓起勇气来！加油！
شَدَّ ـِ شِدَّةً: كان قَوِيًّا 有力量，猛烈，坚强
ـ ما أَخْطَأَ في كذا (对于某事)他大错特错
شَدَّدَ عليه: ضيَّقه 压迫，压紧，压缩
ـ ه: قوَّاه 加强
ـ على الأَمْرِ: أكَّدَه 强调，着重
ـ الأمرَ: جعله لازِمًا 使成为必要的
ـ في كذا: أصرَّ عليه ولَجَّ فيه 坚持
ـ الصَّوْتَ 加强音调，重读，读重音
ـ الحَرْفَ (在字母上)加叠音符
شَادَّه: غالَبه / قاواه 相争
اِشْتَدَّ وتَشَدَّدَ: تَقَوَّى / قَوِيَ 变成强烈的
ـ: اِزداد شِدَّةً 变得更猛烈、更厉害、更强烈
ـ عليه المَرَضُ 病重
ـ في السير: أَسْرَعَ 急行
شَدّ: رَبْط 束紧，系紧
ـ: جَرّ 拉，曳，扯
لُعْبَة ـ الحَبْل (م) 拔河
شَدَّة: نَبْرَة 叠音符
ـ: جَرَّة 一拉，一拖，一扯
ـ وَرَق اللعب (م) 一副纸牌
ـ أَسْنَان (م) 全副假牙
مُشَادَّة كَلَامِيَّة 顶嘴，口角
شِدَّة جـ شِدَد: قُوَّة 力量，力气
اِزْدَادَ ـً 更加强烈起来
ـ: عُنْف 严厉，强烈，猛烈，暴烈
ـ: صَلَابَة 坚固，坚韧，坚强
ـ: بَلِيَّة 苦痛，不幸，灾难
ـ: ضِيق 困难，困苦，艰难
اِجْتَاز الـ 度过困难或危机，逃过危险
وَقْت الـ 苦难的时候，艰苦的时刻
من ـ كذا 由于过度…；凭(某种)力量
بِـ ـ 加紧地，严厉地，严峻地
شَدَّاد السقف أو الجَمَلُون (م) 小屋梁
تَشْدِيد: ضَغْط 加压力
ـ: إصرار / لَجَاجَة 坚持
ـ: تَقْوِيَة 加强，加固，巩固
ـ: نَبْر تَأْكِيدِيّ 强调
ـ / (ـّ) 加叠音符
التَشَدُّد معه 从严(要求他)
شَدِيد جـ شِدَاد وأَشِدَّاءُ وشُدُود: قَوِيّ 强壮的，坚强的，有力的
ـ: حَادّ 强烈的，尖锐的，热烈的
ـ: عَنِيف 严酷的，粗暴的，猛烈的，顽强的
ـ البَأْس 勇敢的，骁勇的，豪壮的
ـ الشَكِيمَة 顽固的，执拗的，顽强的，顽梗的
ـ الوَطْأَة 残忍的，凶恶的
ـ الاهْتِمَام 很注意的，很关心的
احتِيَاطَات شَدِيدَة 紧急预防
شَدِيدَة جـ شَدَائِدُ 不幸，灾难
مُشَدَّد: مُؤَكِّد 语势强的，加强语气的
حَرْف ـ: عليه شِدَّة 带叠音符的字母

مَشْدُود: مُتَوَتِّر 拉紧的，紧张的

أَشَدّ: أقوى 更强壮，更有力量

أَشُدّ 力量，气力；活力，精力

بَلَغَ أَشُدَّه: اِسْتَكْمَلَ رُجُولَتَه 精力旺盛(18—30岁)

وكان الشِتاء في ـ ه 隆冬时节，冬天到了最寒冷的时候

وكان الخِلَافُ على ـ ه بين فلان وفلان 甲乙二人之间的分歧已达到最大限度

مِشَدّ: بُوسْتُو (مـ) 紧身褡，妇女的胸衣

شادر جـ شَوَادِرُ: مَخْزَن 仓库，栈房

ـ خَشَب 木材场

شَادَرْوَان / شَاذَرْوَان (波)水源，泉源

شدفه ـ شَدْفًا: قَطَعَهُ شُدْفَةً شدفة 切成块

شَدِفَ ـَ شَدَفًا الفرسُ: مَرِحَ (马)活泼，活跃

تَشَادَفَ: تَمَايَلَ 摇摆

شَدّاف (انظر شادوف)

شَادُوف جـ شَوَادِيفُ (مـ): مِنْزَفَة 桔槔(一种井上汲水的设备)

شدق ـُ شَدْقًا (مـ) 开大，放大

تَشَدَّقَ بكَلامه أو في الكلام: توسّع فيه من غير احتياط واحتراز 信口开河，胡说八道

شِدْق جـ أَشْدَاق وشُدُوق: باطِن الخَدّ 口角(面颊内部两侧)

ضَحِكَ بِمِلْءِ ـ يْه 笑得合不拢嘴

وَقَعَ بَيْنَ ـ يِ الوَحْشِ الاسْتِعْمَارِيّ 落于殖民主义的虎口里

نَفَخَ ـ يْه 撅嘴(由于骄傲)

ـ (مـ): عَظْم الفَكّ السُفْلِيّ 下颚骨

شِدْيَاق جـ شَدَايِقَة (أ) (希)[基督]副助祭，副补祭

أَشْدَقُ م شَدْقَاءُ جـ شُدْق 能言的，善辩的

شَدَه ـَ شَدْهًا الرجلَ: أَدْهَشَه وحيَّره 令人诧异，使人困惑

شُدِهَ: دُهِشَ 惊奇；哑口无声，目瞪口呆

مَشْدُوه 茫然的；受惊的；目瞪口呆的

شدا يَشْدُو شَدْوًا الرجلُ: أَنْشَدَ شعرًا فَمَدَّ صوتَه 朗诵(诗)，歌咏，吟诗

ـ الطائرُ: غَرَّدَ (鸟)鸣叫，啭

ـ من العِلْم شَيْئًا: أَخَذَه 获得一些知识

شَدْو: غِنَاء أو تَغْرِيد 歌唱，(鸟)啭，唱

شذب ـُ شَذْبًا وشَذَّبَ اللِحاءَ: قَطَعَه 剥树皮

ـ وـ الشجرةَ: قلَّمها 修剪(树枝)

تَشَذَّبَ القومُ: تفرَّقُوا 分散，分离

شَذْب / تَشْذِيب الشَجَر: قطع أَغصانه 修剪(树枝)

مِشْذَب: آلة لِشذب الشجر 修剪树枝的刀子

شذّ ـِ شَذًّا وشُذُوذًا: خالفَ القِيَاس 成为不规则的

ـ: اِنفرد عمَّا في بابِه 成为例外的，破例的

ـ عن الطريق: اِنْحَرَفَ وتباعَد 脱离(常轨)，误入歧途

شَذَّه ـُ شَذًّا وشَذَّذَه: جعله يَشِذُّ 使其不按常规

شَذّ / شُذُوذ: مُخالفة القاعدة 不规则，不照规则变化，反常

ـ / ـ: اِنحراف 越轨，脱离常轨

شَاذّ جـ شُذَّاذ وشَوَاذّ م شَاذَّة جـ شَوَاذّ: غير قِياسِيّ 不规则的

ـ: مُخالِف القاعدة 反常的，变态的

ـ جِنْسِيًّا 性欲反常的，性变态的

ـ: غير عَادِيّ 非寻常的，异常的

ـ: اِسْتِثْنَائِيّ 例外的，特别的，格外的

ـ: غَرِيب 奇怪的

ـ: نادِر 稀奇的，稀有的，稀罕的

ـ: مُسْتَهْجَن 不适当的，不合宜的
ـ: مُنْحَرِف 越轨的；偏远的
ـ الطَبْع أو الأَطْوَار: فُوَيْت 奇人，怪人，反常的，偏执的
أَمْر أو شيء ـ 不规则，非正规
شُذَّاذ الآفَاق 外国人，外地人，外来人，陌生人；外国船，进口货物，陌生事物
لِكُلِّ قَاعِدَةٍ شَوَاذّ 每条规则都有例外
شَذَّر النَظْمَ: فَصَّله بالخرز 用宝石把珠子分开
ـ كلامَه بشِعْر: أدخله فيه شِعْرًا 在散文中插入诗词
ذَهَبُوا شَذَرَ مَذَرَ: ذَهَبُوا في كُلِّ وَجْهٍ 他们风流云散
شَذْر الواحدة شَذْرَة ج شَذَرَات وشُذُور: قِطَع من الذهب يلقط من معدنه 金砂，金豆
ـ 玻璃球
ـ من تاريخ حَيَاتِه 他生活的片段
تَشَذَّرُوا: تَفَرَّقُوا 分散，离散，溃散
شَذَفَ ـ شَذْفًا / ما شَذَفْتُ مِنْهُ شَيْئًا أي ما أَصَبْتُ
我一点东西也没有得到（这个动词只用于否定句）
شَذَام 蝎子刺
شَذَا يَشْذُو شَذْوًا: تَطَيَّبَ 用香，涂用香水或香料
شذًا / شذًى: قُوَّة ذَكَاء الرَائِحَة 芳香，馥郁，馨香
شَذِيّ 芬芳的，有香味的
شَاذَنْج （波）血玉髓，血滴石
شراء (في شري) / **شراسيفى** (في شرسف)
شَرِبَ ـَ شُرْبًا وشَرْبًا وشِرْبًا ومَشْرَبًا وتَشْرَابًا الماءَ: جَرَعَه 饮（水），喝（水）
ـ نَخْبَ فُلَانٍ 为…而干杯

أَكَلَ عليه الدهرُ وـ: طال عمره 长寿
أكل عليه الدهر وـ: هلك 死亡
ـ الدُخانَ (م): دَخَّنَ التِبْغَ 抽烟，吸烟
شَرَّبَه وأَشْرَبَه الماءَ: سَقَاه 给（人）喝水，让（人）喝水
ـ ه وـ ه: لَقَّنَه 使浸染，感染，慢慢教，慢慢灌输，谆谆教诲
ـ وـ بِسائِلٍ وغيره: شَبَّع 浸透
ـ وـ في قَلْبِه حُبَّ الوَطَن 他心中充满对祖国的热爱
ـ الخشبَ (م): مسحه بالفأرة 刨平、刨光（木材）
ـ: نَشَّاه 上浆
شَارَبَه: شَرِبَ معه 共饮，同饮
أُشْرِبَ حُبَّه 深深地爱他
تَشَرَّبَ: اِمْتَصَّ 吸入，饱和
ـ بكذا 浸透
اشْرَأَبَّ لِلشيء: مَدَّ عُنُقَه لِيَنْظُرَ إليه 伸着脖子看，延首远望
شُرْب: جَرْع 饮，喝，吸，抽
ـ / تَشَرُّب: اِمْتِصَاص 吸收，吸入
شُرْبَة ج شُرُبَات: جُرْعَة 一口水，一口酒
ـ دَوَاءٍ （药的）一服，一剂，（一次的）服量，用量
ـ (م) / شُورْبَا (م): صُبَّة / حَسَاء 汤
شَرْبَات (م) sherbet: شَرَاب حُلْو 果子露
شَرَابَاتِيّ: بائع المَشْرُوبَات 清凉饮料贩卖商
شَرْبَة (م): مَشْو 泻药
شَرَاب ج أَشْرِبَة: مَشْرُوب ج مَشْرُوبَات 饮料
ـ: مَشْرُوب حُلْو / شَرْبَات (م) 果子露
ـ: خَمْر 酒
ـ التُفَّاح 苹果汁

شُرَّاب جـ شُرَّابَات (مـ): جَوْرَب (قصير) 短袜
ـ (مـ): جَوْرَب (طويل) 长袜
شُرَّابَة وشَرَّابَة جـ شَرَارِيبُ: رِسَاعَة / عَذَبَة 穗子，缨子
ـ الرَّاعِي: آس بَرِيّ 冬青；冬青树皮(或树叶、小浆果)
شَارِب جـ شَرْب: الذي يَشْرَب 喝的人，饮的人
شَارِب جـ شَوَارِب: شَنَب (مـ) 髭，嘴上边的胡子
ـ القِطّ (أو ما يُشْبِهه) 猫的胡须
ـ السَمَك 鱼的触须
شَرَّاب / شَرُوب / شِرِّيب: كثير الشرب 酒量大的人，好饮的
شَرِيب / يُشْرَب: صالح للشُرْب 可以喝的，可以饮的
مَشْرُوب جـ مَشْرُوبَات: شَرَاب 饮料
ـ رُوحِيّ: خَمْر 酒，酒类
مَشْرُوبَات رُوحِيَّة / ـ كُحُولِيَّة 酒精饮料，酒类
ـ مُرَطِّبَة (بلا كُحُول) 清凉饮料(不含酒精的饮料)
ـ ومَأْكُولَات 饮食，茶饭，饮食品
مُشَرَّب بِحُبّ كذا 心爱，对…衷心爱慕
مَشْرَب ومَشْرَبَة جـ مَشَارِب: مَوْضع الشُرْب 饮水处
ـ القَهْوَة 咖啡馆
ـ البِيرَة 啤酒店
ـ: مَيْل / ذَوْق 爱好，嗜好，趣味；审美力
مُشْرِبِيَّة (مـ) 有遮棚的阳台
شَرْبَك (مـ): شَبَّكَ 缠，结
شَرْبَكَة 混乱，乱七八糟
شَرْبِين: أَرْز لُبْنَان [植]黎巴嫩杉

ـ أَمْرِيكَا 美国杉
شَرِثَت ـَ شَرَثًا يدُه: غلظ ظهرها من برد: تقشَّف (مـ) 手皴(皮肤受冻而干裂)
شَرَث: قَشَف (مـ) 皴；冻疮
شَرْث: خَلَقٌ من كل شيء 破的(衣服、鞋、袜)
شَرْثَة: نَعْل خَلَق 破皮鞋
شَرَجَ ـُ شَرْجًا وشَرَّجَ الشيءَ: سرَّجه (مـ) 用大脚针缝，粗缝
ـ الشَرَابَ بالماء: مزجه 掺水
هما شَرْج واحد 他俩是一类的
شَرَج جـ أَشْرَاج وشُرُوج: أُنْشُوطَة 活结，绳环
ـ 纽扣孔；钱包
ـ: باب البَدَن (مـ) 肛门
حُقْنَة شَرَجِيَّة 注肠，灌肠
شِيرَج: دُهْن (زَيْت) السِمْسِم: سِيرَج (مـ) 芝麻油，麻油，香油
شَرَحَه ـَ شَرْحًا: بَيَّنَه / فسَّره 注解，注释，说明，解释
ـ الشيءَ: وَصَفَه 描述，叙述
ـ خاطِرَه: سرَّه 使喜欢，使高兴
ـ صدرَه للشيء أو بالشيء: سرَّه به 使高兴，使愉快
ـ اللحمَ: قَطَعَهُ قِطَعًا طِوَالاً 切肉，把肉切成薄片
ـ وشَرَّح الشيءَ: قطعهُ شَرَائح 薄薄地切
شَرَّحَ الشَيءَ (لغرض طِبِّيّ أو علميّ): قَطَعَه وفصَلَ بعضه من بعض 解剖
ـ الجُثَّة 验尸，尸体解剖
اِنْشَرَحَ: اِتَّسَعَ 宽敞
ـ صَدْرُه 高兴，愉快，心情舒畅
شَرْح جـ شُرُوح: تَفْسِير 解释，注解
ـ: وَصْف 描述，叙说

ـ ه ما قبلَه 前面所说的可以作为注解
شَرْحِيّ: تَفْسِيرِيّ 解说的，注解的
شَرِحٌ (مـ): طَلْق المنظر والهواء 晴朗的
شَرْحَة جـ شَرَحَات / شَرِيح وشَرِيحَة جـ شَرَائحُ:
قِطْعَة مُسْتَطِيلَة 薄片，小块，小片
ـ لَحم مَطْبُوخ: مُزْعَة 熟肉片
ـ بِطِّيخ أو شَمَّام 一片西瓜，一片香瓜
شَرْحُه: مِثْلُه / كما تَقَدَّم 同上，同前，如上所说
شَرِيحَة: قِدَّة خَشَب أو مَعْدِن أو وَرَقَة (مـ) 板，木板；金属板；纸板
ـ المِكْرُسْكُوب (مـ): شِقْفَة 显微镜的承物玻璃片
ـ الشُبَّاك الخَشَبِيَّة (مـ) 百叶窗
ـ الشُبَّاك الزُجَاجِيَّة (مـ) 玻璃窗
تَشْرِيح (لِغَرَض عِلْمِيّ أو طِبِّيّ) 解剖
ـ الجُثَّة (لِمَعْرِفَة سَبَب المَوْت) 验尸，尸体解剖
ـ المُقَابَلَة 比较解剖学
عِلْم الـ 解剖学
تَشْرِيحِيّ: مختصّ بعلم التشريح 解剖的
الصِفَة التَشْرِيحِيَّة للمَوْت (للوَفَاة) 尸体解剖
اِنْشِرَاح 快乐，满意，愉快，心情舒畅
شَارِح جـ شُرَّاح: مُفَسِّر 注释者，解说者，解释者
ـ الكِتَاب 注释者，注解者
مُشَرِّح 解剖者
مُنْشَرِح: ضدّ مُنْقَبِض 高兴的，快乐的，心情舒畅的
مَشْرَحَة: غُرْفَة التَشْرِيح 解剖室
شَرَخَ ـُ شُرُوخًا الصَبِيّ: صار شابًّا 变成青年
شَرَخَه ـَ شَرْخًا وشُرُوخًا (مـ): شدخه / صدعه
打破，打裂

ـ قلبَه (مـ) 使伤心，使肝肠寸断
تَشَرَّخَ (مـ) 被打破，打裂
شَرْخُ الشباب: أوّلُه 青春的初期
ـ (مـ): شَدْخ 裂缝，裂口
مَشْرُوخ (مـ) 破裂的，龟裂的
شَرَدَ ـُ شَرْدًا وشُرُودًا وشُرَادًا وشِرَادًا: نفَر وهرَب
逃走，逃跑，逃脱
ـ: ضَلّ 迷路，迷失方向
ـ: أَفْلَت 逃出，脱出
ـ الفِكْرُ 思想不集中，思想开小差，心不在焉，漫不经心
شَرَّدَه وأَشْرَدَه: هرَّبه 驱走，驱逐，使逃走
ـ ه: فرَّقه وبدَّده 分散，驱散，击溃
تَشَرَّدَ: عَارَ 漂泊，流离失所，无家可归，流浪
ـ القومُ: تَبَدَّدُوا 离散，分散
شَرْد (مـ): حَرُور / رِيح حارَّة 非洲热风，闷热的风，地中海的热风
شُرُود: هُرُوب 逃脱，逃走，流亡
ـ: ضَلَال 迷路
ـ الفِكْر 漫不经心，心不在焉，
في ـ 漫不经心地
تَشَرُّد: عَيْر 流浪，漂泊
شارِد جـ شَرَد: هارِب 逃亡的，逃走的
ـ: ضالّ / تائِه 迷路者，游荡的，漫游的
ـ الفِكر 心不在焉的，漫不经心的
شَارِدَة جـ شَوَارِدُ وشُرَّد 逃走的
ـ ووارِدَة 旧的和新的，未知的和已知的
شَوَارِد: نَوَادِر / غَرَائِب 少有的，稀有的；罕见物
شَوَارِد اللُغَة 语言中很少用的、冷僻的词句
شَرِيد / مُتَشَرِّد: تَائِه 流浪者，迷路者

ـ: طَرِيد 流浪的，无家可归的
مُشَرَّد 被驱逐的，被流放的
مُتَشَرِّد: لا مَسْكَن له 流浪人，无家可归的流浪者
ـ: عيَّار 流浪者，漂泊者；无赖，流氓
شَرْدَقَ (مـ) وتَشَرْدَقَ (مـ): شَرِقَ 窒息，噎，哽
شِرْذِمَة جـ شَرَاذِمُ وشَرَاذِيمُ: جَماعة قليلة 小队，小组，班；一小撮人
ثِيَاب شَرَاذِم 破衣服
شَرَّ ـِ شَرًّا وشَرَرَةً وشَرَرًا: كان شِرِّيرًا 坏，邪恶，凶恶
شَرَّ ـَ شَرِيرًا (مـ): ثَرَّ / قَطَرَ 滴下，淌下
شارَّه: عامله معاملة سَيِّئة 虐待
شَرّ جـ شُرُور وشُرُر: ضد خَيْر 坏的，不好的，恶意的，凶恶的
ـ: إِثْم 邪恶，罪恶
ـ: سُوء 伤害，损害，危害
ـ: سُوء الخُلُق 坏脾气，道德堕落的，品质低下
شَرّ جـ أَشْرَار وشِرَار وأَشِرَّاء م شَرَّة وشُرَّى / أَشَرّ:
أَكثر شَرًّا 最坏，最凶恶
ـ من كذا 比…还坏
شَرَر / شَرَار الواحدة شَرَرَة وشَرَارَة: ما تطاير من النار 火花，火星
شَرارَة تُحْرِق الحارةَ (一点儿火星可以烧掉一条街)星星之火可以燎原
شُرّ (مـ) [鸟]滨鹬
شِرِّير جـ شِرِّيرُون: كثير الشَرّ 坏的，邪恶的，坏蛋，歹徒
ـ: أَثِيم / خاطِئ 作恶的人，犯罪的人，凶犯
ـ: مُؤْذٍ 为害的，伤人的，扰害的

الـ: إِبْلِيس 恶魔，魔鬼
شَرَّار: يقدحُ شَرَرًا 发火花的
شَرَّانِي (مـ): نُفَطَة / سَرِيع الغَضَب 易怒的，性急的，暴躁的
شِيرَاز جـ شَرَارِيزُ وشَوَارِيز 凝结的牛奶
شَرْزَمَ 撕破(伤口)
تَشَرْزَمَ (伤口)破裂
شَرِسَ ـَ شَرَاسَةً وشَرَسًا وشَرِيسًا: سَاء خُلُقه (性情)变成恶劣的
شَرَس / شَرَاسَة 粗暴，恶癖，凶恶
شِرَاس / سِرَاس (مـ): رِسْرَاس (مـ) (制鞋用的)胶
شَرِس / شَرِيس: سيِّء الخُلُق 脾气坏的，性情恶劣的
ـ: ضَارٍ 凶恶的，残忍的
ـ الخُلُق 坏脾气的人
شُرْسُوف جـ شَرَاسِيفُ: طَرَف الضِلع 软骨，肋骨的软骨
شَرَاسِيفِيّ [解]腹上部的
القِسْم الـ [解]腹上部
شَرَّشَ (مـ): مَدَّ جِذْرًا 生根
تَشْرِيش الجُذُور 生根
شِرْش جـ شُرُوش 幼根，嫩根
ـ اللبَن: مَصْلُه 乳清
ـ النَجِيل [植]狗尾草
مُشَرَّش: ممتدّ الجُذُور 生根的
شَرْشَرَه: سَنَّنَه 刻成锯齿形，使成齿状
ـ السِكِّين: أحدَّها على حَجَر 磨刀
ـ ت المَاشِيَةُ النباتَ: أكلته (牲口)吃草
ـ (مـ): شَرّ (مـ) / ثَرَّ 滴下，一点点地流
شِرْشِر: نَجِيل [植]狗尾草
شَرْشَرَة: تَسَنُّن 锯齿形，牙状

ـ: ثَرّ 滴，流
ـ (مـ): مِنْجَل 镰刀
ـ (مـ) 撒在(袋外)的小麦或面粉
شُرْشُور جـ شَرَاشِيرُ: أَبُوبَرَاقِش [鸟]碛鹨
شَرَاشِر: نَفْس 心灵
ـ: جَمِيع الجسد 全身
أَلْقَى عليه ـَ ـه: أَحَبَّه حتى استهلك في حُبِّه 对他倾心
شَرْشِير (مـ): حَذَف [鸟]短颈野鸭，小凫
مُشَرْشَر: مُسَنَّن 锯齿状的，齿形的
شَرْشَف جـ شَرَاشِفُ: مِلاءة السَّرير 床单，垫单
شَرَط ـِ شَرْطًا واشْتَرَطَ عليه في بَيْع ونحوه: أَلزمه شيئًا فيه 约定，规定，定条件
ـ وشَرَّطَ الجِلد (لسَحْب الدم) 刺破(皮肤抽血)
شَرَّطَه (مـ): مزَّقه 撕成条条
شَارَطَه: شرَط كل منهما على صاحبه 约定，订合同，订条约
ـ (مـ): سَاوَمَ 讲价，议价，讨价还价
ـ على (سـ): رَاهَنَ 打赌，下注
أَنَا أُشَارِطُ على طَرْبُوشِي بأَنَّك... 我把自己的帽子押给你…
تَشَرَّطَ في عَمَله: تَأَنَّقَ 巧妙地工作
ـ عليه (مـ): أَثْقَل شُرُوطَه 严加规定，提出苛刻的条件
ـ 被划破
شَرْط / اِشْتِرَاط: تَعْيِين الشُّرُوط 规定条件，约定条款
ـ جـ شُرُوط 条件，条款
ـ (مـ): مَزْق مُسْتَطِيل (划破的)长缝，长口
ـ جزَائِيّ 罚则，处罚条例
ـ لا بُدَّ منه 必要条件

من دُون ـ 无条件地
بلا ـ أو قَيْد 无条件地
بـ ـ أَنْ / عَلَى ـ أن 以…为条件，条件是…
شُروط الاتّفاق 协定的条款
شَرْطِيّ: اِشْتِرَاطِيّ 带有条件的
جُمْلَة أو عِبَارَة ـ [语]条件句
شُرْطِيّ: بُولِيس (أ) 警察
ـ المرور / ـ السَّيْر 交通警
شَرْطِيَّة (مـ) / شُرُوط: اِتِّفَاق / تَعَاقُد 协定，合同，契约
ـ (مـ): عَقْد البَيْع 地契，卖契
شُرْطَة: ضَابِطة / شِحْنَة 警察(总称)
ـ الأَخْلاق والآدَاب 风化纠察队(取缔赌博、吸毒、卖淫等的警察)，风化警察
شَرْطَة (مـ): خَطّة 破折号(—)；[印]嵌线；一笔，一划
ـ قَصِيرَة (مـ): وُصْلة / صِلَة 连字号(-)
شَرِيط جـ أَشْرِطَة: حَبْل مُنْبَسِط 狭带，线带，带子
ـ (كالمستعمَل للأَرْبِطة): شِرَاك 带子，鞋带
قصّ الـ 剪彩
ـ التسجيل 录音带
ـ لَزّاق 胶条
ـ الحِذاء: شِرَاك / رِبَاط 鞋带
ـ زِينِيّ 缠子，条带，编带，金银带，金银花边，丝带，细带
ـ المِصْبَاح 灯芯
ـ الآلة الكاتِبَة 打字机的墨带
ـ تمييز رُتْبَة الجُنْدِيّ (下级军官的)袖章
ـ القِيَاس 卷尺，带尺，皮尺
ـ السِينَمَاتُغْرَاف 电影胶片

ـ ناطِق 有声电影片
ـ النار: فتيل المُفرْقِعات [军]信管，导火线，引线，引信
ـ: خطّ عريض 条纹
ـ سكّة الحَديد 铁路线
ـ الأُنْبُوب 电子管线路
ـ التخْزِين 铁路辅线
دُودَة الـ 绦虫
رَايَة الأَشْرِطَة والنُجُوم 星条旗(美国国旗)
شَرِيطَة جـ شَرَائِطُ 条件，条款；带子，条纹；刻纹，切痕
مُشَرَّط 有裂缝的，有切痕的
مِشْرَط الجَرَّاح / مِشْرَاط جـ مَشَارِط ومَشَارِيطُ: مِبْضَع [医]解剖刀
شَرْطَنَه [宗]授以僧职，任命，委派
شَرْطُوطَة جـ شَرَاطِيطُ 抹布，废布，烂布，烂衫，破衣
شَرَعَ ـَ شَرْعًا واشترَعَ (راجع قنّن) للقوم شريعة: سنّها 制定法律，法令
ـ الحَبْلَ: شدَّه 拉紧绳子
ـ ـَ شَرْعًا وشُرُوعًا الأَمرَ: بدأه 开始，开端，着手，动手
ـ في الأمر: خاض فيه 从事
ـ يَقُول 他开始讲话
ـ مَشْرُوعًا: اِخْتَطَّه 作计划，订计划
ـ وشَرَّعَ وأَشْرَعَ الرُمْحَ عليه: صَوَّبَه 瞄准
ـ وـ وـ سَيْفَه 举剑
شَرَّعَ وأَشْرَعَ الطريقَ: بيّنه 指示，指明道路
أَشْرَعَ الحَرْبَةَ في البُنْدُقِيَّة 上刺刀
شَرْع / شَرِيعَة: قَانون 法律，法令
خاضع للـ 守法的
شَرْعًا 合法的
شَرْعِيّ: قَانُونِيّ 法定的，法律的
ـ: حَلال 合法的，依法的，正当的
ـ: مُخْتَصّ بالقَضاء 法庭的，法庭用的
اِبْن غير ـ 不合法的儿子(私生子)
وارِث ـ 法定的继承人
طِبّ ـ 法医学
المالِك الـ 合法的占有者，合法的所有者
القَاضِي الـ 伊斯兰教的法官
القَضَاء الـ 按伊斯兰教法典的审判程序
الأحكام الـ ة 伊斯兰教的法律
المَحْكَمَة الـ ة 伊斯兰教法庭
شَرْعِيًّا: قَانُونِيًّا 合法地
شَرْعَة: سير (قدّة) من جِلد 皮带，皮条
ـ: قَانُون 法律，宪章
ـ حُقُوق الإنسان 人权宣言
ـ (أو مِيثَاق) الأُمَم المُتَّحِدَة 联合国宪章
شِرَاع المَرْكَب جـ أَشْرِعَة وشُرُع: قِلْع 帆
شِرَاعِيّ 带帆的
مَرْكَب ـ / سَفِينَة ـ ة 帆船
طَائِرَة شِرَاعِيَّة: سَابِحة 滑翔机
شَرَّاعَة الباب والشبّاك (م) (门上的)扇形窗
شُرُوع: بَدْء 开始，开端，着手
ـ في سَرِقة أو قتْل أو أي عَمَل 企图(偷窃、杀人等)
تَشْرِيع: سَنّ القَوَانِين 制定法律、法令
سُلْطَة الـ 立法权
الـ الدُوَلِيّ 国际法
تَشْرِيعِيّ: مُخْتَصّ بالتشريع 立法的
جَمْعِيَّة تَشْرِيعِيَّة 立法院，立法委员会
سُلْطَة تَشْرِيعيَّة 立法权
اشْتِرَاع 制定法律
تَثْنِيَة الـ [宗]申命记

اِشْتِرَاعِيّ 立法的
شَرِيعَة جـ شَرَائِعُ: قَانُون 法律，法令
ـ البِلاد 国法
ـ الضَمِير 天理，良心
الـ الغَرَّاء (السَمْحَة) (宽大的法律)伊斯兰教法律
الـ المُوسَوِيَّة 摩西的法律，犹太法律
ـ الغَابَة (مـ) (森林里的法律)暴力，弱肉强食
ـ مَاذِيَة (مادِى) وفَارِس 米底亚与波斯法
صَاحِب الـ 立法者
عِلْمُ الـ 法律学
نَهْر الـ: نَهْر الأُرْدُنّ 约旦河
شارِع 法律制定者
ـ جـ شَوَارِع 街道，马路，大街
مَشْرُوع جـ مَشْرُوعَات ومَشَارِيع: خُطَّة 计划；方案，提案，草案；项目，工程
ـ: عَمَل / اِسْتِحْدَاث 事业，企业
ـ: شَرْعِيّ 合法的，正当的
ـ قَانُون 议案，法案，法律草案
ـ كَهْرَبَة خَزَّانِ أَسْوَان 阿斯旺水电站计划
بَاعِث ـ 正确的动机
غير ـ 不合法，非法的
مَشْرُوعِيَّة 法制，合法性；企业，事业，计划
مُتَشَرِّع: مُحَامٍ 律师，法律顾问，法学者，法律家
مُشْتَرِع 立法者
شَرُفَ ـُ شَرَافَةً وشَرَفًا: كان ذَا شَرَفٍ 高贵，高尚，成为高贵的，成为高尚的
شَرَفَ ـَ شَرَفًا: اِرتفع 高升，凌驾，上升
شَرَّفَه: رفع مقامه 使高贵，抬高，升高，提拔
ـ ه: كَرَّمه 给予光荣，尊敬，敬重
شَارَفَه: فاخَره في الشَرَف 夸耀
ـ ه: قارَبه 接近
ـ الأَرْبَعِين 接近四十岁
ـ وأَشْرَفَ على العَمَل: ناظَر عليه 监督，管理
ـ وـ على المكان: أَطَلّ عليه 俯视，下临
أَشْرَف على المَوْت 临危，病危，垂死
ـ على الهَلَاكِ أو الإِفْلَاسِ 在死亡的边缘上，在悬崖上；将近破产
ـ على الأمر 主持，领导，指挥，统率；[军]控制，扼制(阵地)
تَشَرَّفَ: نَالَ شَرَفًا 荣幸，得到荣誉
ـ به: عدَّه شَرَفًا له 认为光荣，引以为荣
اِسْتَشْرَفَ 高耸，上升
ـ: انتصب 直立
ـ الشيءَ: رفع بصرَه لينظُرَ إليه باسِطًا كفَّه فوقَ حاجِبِه 手搭凉棚，用手遮眼(避免阳光)望着远方
شَرَف جـ أَشْرَاف: فَخْر 光荣，荣誉
ـ: عُلُوّ الحَسَب 高贵的身份
ـ: كَرَامَة 威严，威风，高贵，体面
حَرَس ـ 仪仗队
رَئِيس ـ 名誉主席，名誉会长
عُضْو ـ 名誉会员
على ـ ه 为了庆贺他，为了欢迎他
كَلِمَة ـ / عَهْدُ شرفٍ 誓言，誓词
اتِّفَاق ـ / اتِّفاق جَنْتِلْمَان 君子协定
قَسَمًا بـ ـي: في ذِمَّتي 誓必，一定要
شَرَفِيّ: فَخْرِيّ / إِكْرَامِيّ 名誉的，名誉上的，义务的，无薪给的，无报酬的
شُرْفَة القَصْر جـ شُرُفَات 城垛，雉堞

ـ الصِمَام 气门的尖端，活塞的尖端

شُرْفَة جـ شُرَف / مُشْرَف / شُرَّافَة (سـ): بَلْكُون balcony (أ) 凉台，阳台；包厢

ـ / مُسْتَشْرَفَة: تَرْسِينة (أ) terrace 高台，晒台，平屋顶

تَشْرِيف جـ تَشَارِيفُ 名誉，荣誉，尊敬，敬重，敬意，光荣

تَشْرِيفَة جـ تَشْرِيفَات: حَفْلَة رَسْمِيَّة 典礼，隆重的招待会，官方宴会

تَشْرِيفَات 礼法，礼节，仪式，仪式的程序

رَئِيس (مُدِير) الـ 典礼局局长，礼宾司司长

تَشْرِيفَاتِيّ (مـ): رَئِيس الحَفلات الرَسْمِيَّة 仪式主持人，司礼官，礼宾，司仪

إشْرَاف: مُنَاظَرَة / مُرَاقَبَة 管理，监督，指导

لَجْنَة ـ 管理委员会

ـ على طُلاَّب دِرَاسَات عُلْيا في إعْدَاد أُطْرُوحَة الدُكْتُوراه 指导几个研究生写博士论文

تَحْتَ ـ ه 在他的领导下，在他的指导下

شَارِف جـ شُرَّف وشُرُف وشُرُوف وشُرْف م شارِفَة جـ شَارِفَات وشَوَارِفُ 衰老的母驼

شَرِيف جـ شُرَفَاءُ وأَشْرَاف م شَرِيفَة جـ شَرَائِفُ وشَرِيفَات: نَبِيل 优秀的，高尚的，尊贵的

ـ: عريق الحسب 高贵的，贵族的，出身名门的

ـ: مُكَرَّم 光荣的，体面的，可敬的

الكِتَاب الـ 圣经

ـ 先知穆罕默德后裔的尊称(cherif, shereef)

ـ مَكَّة [史]麦加城的市长

ـ sheriff (أ) (英、美)州长，郡长，警察局长

صِنَاعَة أو حِرْفَة شَرِيفَة 高尚的职业

أَشْرَف م شَرْفَاءُ جـ شُرُف 有雉堞的建筑；高的，高耸的

الأَشْرَاف: الأَعْيَان 贵族；绅士

أُذُن شَرْفَاء 长耳朵

مُشْرِف على العَمَل 主任，科长；领导人，监督人，管理员，指导人

ـ على المَكان 俯视，鸟瞰

ـ على المَوْت 临危的，病危的，垂死的，快死的，濒死的

مُشْرَف جـ مَشَارِفُ: فَرَنْدَة (أ) veranda 走廊

مَشَارِفُ الأرض: أعَالِيهَا 高地

ـ المَدِينَة 近郊，郊外，城市周围

مُشَرَّف 可敬的，敬爱的

سَيْف مَشْرَفِيّ 也门出产的宝剑

شَرَقَتْ ـُ شَرْقًا وشُرُوقًا وأَشْرَقَت الشَمْسُ: طَلَعَت (太阳)升起

شَرِقَ ـَ شَرَقًا بريقِهِ: تَشَرْدَق (مـ) (被口水)窒息，噎，哽

ـ بالبُكَاء 饮泣，泣不成声

شَرَّقَ: سَارَ نَحْوَ الشَرْق 向东走，走向东方

أَشْرَقَت الشَمْسُ المكانَ: أَنارَتْهُ (太阳)照亮，照耀

ـ اللَحْمَ: قدَّده وجففه في الشمس (把肉切条)晒干

أَشْرَقَ وشَرَّقَ النخلُ: أَزْهَى 枣椰变黄

ـ وَجْهُه بِشْرًا 面带笑容，满面春风

تَشَرَّقَ: قعد في المَشْرِقَة (冬季)负暄，曝背，晒太阳

ـ 东方化，模拟东方人的习惯

اِسْتَشْرَقَ 研究东方的语言、文学等

شِرَاق (مـ): خَشَب سَرِيع الالتهاب 松明(老松树心，有油如蜡，可以代烛)

شرق 613 شرك

شَرَاقِيّ (مـ) 在尼罗河泛滥时期没有被水淹的土地

شَرْق جـ أَشْرَاق / مَشْرِق جـ مَشَارِق: جِهة شُروق الشمس 东，东方

الـ: البِلَاد الشَرْقِيَّة 东方国家

ـ البَحْر الأَبْيَض المُتوسِّط 近东诸国(指地中海东部沿岸各国)

الـ الأَدْنَى 近东

الـ الأَوْسَط 中东

الـ الأَقْصَى 远东

ـ الأُرْدُن 外约旦(约旦河以东)

شَرْقًا: نحو الشَرْق 向东，朝东

شَرْقِيّ: لِجِهَة الشَرق 东的，东方的，向东方的

ـ (مـ) 东风

ـ: من جهة أو من بلاد الشَرْق 从东方(东方国家)来的

ـ: نِسْبَة إلى شَرْق البَحْر الأَبْيَض المُتَوَسِّط 近东诸国的(指地中海东部沿岸各国)

ـ / مَشْرِقِيّ: نِسبة إلى بلاد الشَرْق 东方各国的；东方人

دِراسَات ـ ة 东方学

شُرُوق الشَمْس: طُلُوعها 太阳升起，日出

إشْرَاق: ضِيَاء 照耀

اِسْتِشْرَاق 东方学

مُشْرِق: مُضِيء 发光的，照耀的

بِلادُ الشَمْسِ الـ ةِ 升起太阳的地区

مَشْرِق ومَشْرَق ومَشْرُق جـ مَشَارِقُ: مكان أو جِهةُ شُرُوق الشمسِ 东方，太阳升起的方向和地方

في مَشَارِق الأَرضِ ومَغارِبها 在全世界，在世界上，东方和西方

المَشْرِقَان 东方和西方

مَشْرِقِيّ 东方各国的，东方人

ـ جَرْفٌ [植]葶苈

مَشْرِقَة / مَشْرَقَة / مَشْرُقة / مِشْرَاق / مِشْرِيق 当阳的地方

مُسْتَشْرِق 成为东方式的人；东方学家

شَرْقَرَق / شَرَقْرَاق: أَخْيَل/ شُقُرُّق (سـ) 鸳，啄木鸟

شَرِكَ ـَ شَرْكًا وشَرِكًا وشِرْكَةً وشَرِكَةً وشَارَكَ فُلانًا: كان شرِكًا له 成为伙友，合伙人；同伴，同伙，股东

شَارَكَ واِشْتَرَكَ وتَشَارَكَ معه: صار شريكه 合伙，合作

ـ ه وـ معه: كانت له حِصَّة 分享，同享，共享

ـ ه وـ معه في العَمَل 参加(工作)

ـ ه ومعه في العَوَاطِفِ 同情

أَشْرَكَه: جَعله شَرِيكًا 使他入伙，使他参加

ـ ه: جعل له حِصَّةً 让他分享，给他一份

ـ باللّهِ: عَبَدَ غيرَه معه 崇拜多神，成为多神教徒(除真主外，再崇拜他物)

اِشْتَرَكَ في الصُحُف والمَجَلَّات 预订(报刊)

ـ في اكْتِتَاب 捐赠，捐助，捐献

ـ في جَمْعِيَّة 成为会员，加入某团体

شَرَك جـ شُرُك وأَشْرَاك: شَبَكَة 网

ـ: أُحْبُولَة 圈套，罗网

أَوْقَعَ في ـ 使落入圈套，陷入罗网

وَاقِعٌ في ـ أَعْمَالِه 作茧自缚，害人反害己，自食其果

شُرُك (مـ): غير سَلِيم (土)有缺点的，不完全的，不健康的

عُمْلَة ـ 不合标准的货币

شِرْك جـ أَشْرَاك: تَعَدُّد الآلِهَة 多神教

ـ (م) 公共的东西或财产
شِرْكِيَّات 多神教的，崇拜偶像的(行为、行动、事情、工作、情形)
شَرِكَة جـ شَرِكَات / شِرْكَة جـ شِرْكَات 合伙营业，合伙，合股经营，公司，(商)行
ـ: جَمْعِيَّة (宗教、慈善事业等的)团体、协会、公会
ـ تِجارِيَّة 公司，商号，商行，商店，贸易公司，商业公司
ـ أُمٌّ (الـ الأُمّ) 母公司，总公司，主公司
ـ تَابِعَة 子公司
ـ فَرْعِيَّة 分公司
ـ التَّأْمِين 保险公司
ـ التِرَام 电车公司
ـ الطَيَرَان 航空公司
ـ عَابِرَة للبلدان / ـ مُتَعَدِّدَة الجِنْسِيّات 跨国公司，多国公司
ـ مُساهَمَة / سِهَامِيَّة 股份公司
ـ مُسَاهَمَةٌ مَحْدُودَة 股份有限公司
ـ مُسَاهَمَةٌ ذَاتُ مَسْؤُولِيَّةٍ مَحْدُودَة 责任有限股份公司
ـ قَابِضَةٌ 控股公司，持股公司
ـ مُهَيْمِنَةٌ 控股公司，控制公司
ـ النُور 电灯公司
ـ مُحَاصَّة 联合公司
ـ التَضَامُن 合股公司
ـ الشَرِكَات: مُوَاثَقَة 企业联合，托拉斯；信托公司
ـ مُغَفَّلة 匿名股份公司
ـ المِلاَحَة 航海团体(协会)
ـ في العَشاء الرَبّانِيّ 圣餐
بالـ: بالاتِّحاد 联合地，连带地，共同地

اِشْتِرَاك / مُشارَكَة 合伙，合作
ـ / محاصَّة / مُقَاسَمَة 参与，参加，加入，合作
ـ المَصَالح 休戚相关，利害与共
ـ: اِكْتِتَاب 捐赠，捐助，捐献
اِشْتِرَاكِيّ: تابع لِمَذْهَب الاشتراكيَّة 社会主义者；社会主义的；社会党人
النِظَام الـ 社会主义制度
اِشْتِرَاكِيَّة: مذهب الاشتِرَاكِيِّين 社会主义
ـُ الدَوْلَة 国家社会主义
الـ الأُطُوبَاوِيّة (أو اليُوطُوبِيَّة أو الطُوبَاوِيَّة) utopian 空想社会主义
الـ الشُوفِينِيَّة chauvinism 社会沙文主义
الـ العِلْمِيَّة 科学社会主义
مُشارَكَة 参加，合作，协作
ـ الأَتْرَاح والأَفْرَاح 同甘共苦，同欢乐共患难
بالـ 按照互分制(地租)
شِرَاك جـ شُرُك وأَشْرُك: شَرِيط النَعْل / رِبَاط الحِذاء 鞋带
شَرِيك جـ شُرَكَاءُ وأَشْرَاك م شَرِيكَة جـ شَرَائِكُ / مُشَارِك (في أي أمر) 同事，同伴，合伙者，合作者，协作者，参与者；同谋者，共谋者
ـ: صاحِب حِصَّة 股东，共享者，共受者，共分者
ـ مُوَصٍّ (غير عامل) 匿名合伙人
ـ في جَرِيمَة 同谋，共犯，从犯，连手，党羽
ـ ه في الحَيَاة / ـ ة حياته 生活的伴侣(爱人、妻子)
شُرَيْك (أ) (高加索的)烧饼，烤饼

مُشْرِك / مُشْرِكِيّ 多神教徒，偶像崇拜者
مُشْتَرَك: مُتَبَادَل 相互的，交互的，共通的，共同的
ـ: شائع 普通的，通常的，一般的，全面的
ـ: مُتَّحِد 联合的，结合的
لَفْظ ـ / كَلِمَة ـ ة 同形异义词，同音异义词，歧义词
حائط ـ (بين جارين) 隔壁，间壁，隔墙
مشترِك (في جريدة) (报刊)预订者，预约者
شَرْكَسِيّ Circassian [史]塞加西亚的；塞加西亚人
شَرْكَل (ـ) 使混杂，使纠纷
شَرَمَ ـِ شَرْمًا الشيءَ: شقَّه 割裂，劈开
ـ أَنْفَه: قطع أَرْنَبته 割掉鼻尖
ـ الفَخَّارَ: كسَرَه 打裂(陶器)
ـ له من ماله 他给了他一小部分的财产
اِنْشَرَمَ: تمزَّق / تشقَّق 被割裂，被割开，被撕裂
أَشْرَمُ م شَرْماءُ: مَشْقُوق الشَفَةِ العُلْيَا 兔唇，豁嘴
ـ (م): مُتَحَشِّف 邋遢鬼，不整齐的人，不修边幅的人，懒散的人
شَرْمَطَ 撕碎，撕成碎片
شَرْمُوطَة ج شَرَامِيطُ 破布，抹布
شَرْنَقَة الدُودَة ج شَرَانِقُ: فَيْلَجَة 茧
ـ الدُمَّل: أُمّ القَيح 肿瘤
شَرَانِقُ الحَيَّة: مِسْلاَخ 蛇蜕
ـ (م): حَبّ الحَشِيش 印度大麻烟子
شَرِهَ ـَ شَرَهًا وشَرَاهَةً إلى الطَعَام وعليه: نَهِمَ 贪吃
ـ: اِشتدَّ حِرْصُه 贪婪，贪心
شَرَه / شَرَاهَة: نَهَم 贪食
الشَرَاهَة: الشَهْوَة الجِنْسِيَّة [医]性欲，色欲，情欲
شَرِه وشَرْهَان: نَهِم 贪吃者，老饕，美食者
ـ: جَشِع 贪婪的
شَرْو / شِرْو: عَسَل النَحْل 蜂蜜
شِرْوَال ج شَرَاوِيلُ (أ): سِرْوَال (波)裤子
شَرْوَى: مِثْل 相似的，类似的，同样的
لا يَمْلِكُ ـ نَقِيرٍ (他没有像椰枣核上小孔那样大的东西)他手无分文，一贫如洗
شَرَى ـِ شِرَاءً وشِرًى واشْتَرَى الشيءَ: ابتاعه 买，购买
ـ وشَرَّى البَضَائعَ: عرَّضها للبَيْع 标价出售
اِسْتَشْرَى الرجلُ: غضِب 生气，发怒
ـ ت الأُمورُ: تفاقَمت وعظمت (事情)变为严重的
شَرًى / شِرًى / شِرَاء: ابتياع 买，购买
ـ: بُثُور حُمُر مكَّاكَة مُؤْلِمَة [医]风疹块，荨麻疹
قُوَّة شِرَائِيَّة 购买力
شَرْوَة (م): صَفْقَة 买卖，生意，交易，贸易
ـ (م): صَفْقَة رابِحة 有利的买卖
شَرْيَان ج شَرَايِينُ: عِرْق نابض 动脉
ـ تاجِيّ 冠状动脉
ـ سُبَاتِيّ 颈动脉
تصلُّب الـ [医]动脉硬化症
مِرْقَأَة أو ضَاغِطة الشَرَايِين 止血器，绞压器
شَرْيَانِيّ: مختصّ بالشَرَايِين 动脉状的
شَرِيَّة: طريقة 方法
ـ: طَبِيعة 自然
شَارٍ ج شُرَاة / مُشْتَرٍ / مُبْتَاع 买者，购买者
شَارِي الصَوَاعِق 避雷针
المُشْتَرِي: اسم أكبر السَيَّارَات [天]木星
مُشْتَرًى ج مُشْتَرَيَات ومُشْتَرَوَات 所购之物
مَكْتَبُ المُشْتَرَوَات 采购处

شُزْبَة: فُرْصَة 机会

شَازِب جـ شُزَّب وشَوَازِب: خَشِين 粗糙的

شَزَرَ ـِ شَزْرًا الرجلَ وإليه: نظر إليه شَزْرًا 瞟，睥睨，斜视(因愤恨、嫉妒斜着眼睛看)

شَزْرًا: بِجَانِب العَيْن 瞟，睥睨，斜视

عَيْنٌ شَزْرَاء: مُحمَرَّة غَضبًا 怒目，努目(眼睛因发怒而睁大，眼珠突出)

شَسَعَ ـَ شَسْعًا وشُسُوعًا المَنْزِلُ: بَعُدَ 远，遥远

ـ عن بَلَده: بعُد عنه 远离家乡

شُسُوع: بُعْد 远，遥远

شِسْع جـ أَشْسَاع: زمام للنَعْل بين الإصبع الوسطى والتي تليها 凉鞋的皮带

شَاسِع وشَسُوع جـ شُسُع: بَعِيد المَدَى 辽远的，遥远的

بُعْد ـ / على بُعْد ـ 远距离

فَرْق ـ 显然的差别，差别悬殊

شَسِّي الأُوتُمبِيل (انظر شاسي) chassis (马车、汽车等的)车身底盘

شَشْخَان (مـ) / شَشْخَانَة / شَشْخَنَة (راجع خشخن) 有来福线的枪炮筒

شَشْم (مـ): كُحْل أَبْيَض (波)白色眼药

شَشْمَة (مـ): بَيْت الأَدَب (土)厕所，盥洗室

شِشْنَة (مـ) / شِشْنِي جـ شَشَانِي: مِثَال / نَمُوذَج 货样，样品，标本，模型

شَشْنَجِيّ: فاحِص المَعَادِن الثَمِينَة 试金者，化验者

شَصَر جـ أَشْصار 小羚羊

شَاصِرة جـ شَوَاصِرُ 陷阱

شِصّ / شَصّ جـ شُصُوص: صِنَّارَة 钩，鱼钩

شَطَأَ ـَ شَطْأً وشُطُوءًا: مَشَى على الشَاطِئ 在河岸上走

شَطْء جـ شُطُوء / شَاطِئ جـ شَوَاطِئ 堤，岸

ـ / ـ النَهْر: جانِبه 河堤，河岸

ـ / ـ البَحْر: ساحِله 海岸，海滨

على الشَاطِئ 在堤上，在岸上

ـ وشَطْأ جـ أَشْطَاء 分蘖(大树根长出的小树)

شَطَبَ ـُ شَطْبًا الشيءَ: شَقَّه (بالطُول) 割开，割裂，切开

ـ (مـ): مَحَا 涂掉，抹去，擦掉

ـ الكَلِمَةَ (مـ): لطَعها / ضرَب عليها (مـ) 删去，涂去，勾销，注销

ـ اِسْمَهُ من كذا (مـ) 除名(从名册中删除)

ـ الدَعْوَى (مـ) 撤销诉讼

شَطَّبَ الشيءَ: شرَّحه / عَمِلَه شَرَائِح 切成薄片

ـ (مـ) 一个接着一个地删去

ـ (مـ) 卖光

ـ الجِلْدَ (مـ): شرَّطه 划破皮肤

ـ الجِلْدَ (مـ): خدَشه 抓伤、搔伤皮肤

ـ (مـ): أَنْهَى 完成，完结

ـ (مـ): اِنْتَهَى 完成了，完了

ـ الحِسَابَ (مـ): رَصَدَه 誊账，过账(由流水账过到总账)

شَطْب: قَطْع مُسْتَطِيل 割裂，割开，割成长条

ـ: طَوِيل مَمْشُوق القَوام 袅娜

ـ (مـ): خَدْش 抓伤，搔伤

ـ (مـ): مَحْو 删去，涂掉，勾销

تَشْطِيب الجِلد 划破皮肤

ـ: تَشْرِيح / تَفْلِيذ 切成薄片

ـ الحِسَابَات (مـ) 誊账，过账

ـ (مـ): إِنْهاء 完了，完结

شَطَحَ ـَ شَطْحًا (مـ): شَطَسَ 跑开；迷途，入歧途，徘徊；散步；旅行

ـ بالقَلَم 写

شَطْحَة جـ شَطَحَات (سـ) 散步；旅行

ـ (سـ) 失常，失去常态
ـ (سـ) 失掉知觉，昏迷入睡
شَطَرَ ـُ شَطْرًا وشَطَّرَ الشيءَ: قسَّمه 分开，分成若干份
ـ الجَيْشَ 把军队截成首尾两队
شَطَرَ ـُ شُطُورًا وشُطُورَةً وشَطَارَةً عنهم: اِنْفَصَلَ وابْتَعَدَ 退出，脱离(会、团体等)
ـ ه وشَطَّرَه 分成两半，分成二等分
ـ وشَطُرَ ـُ شَطَارَةً: اِتَّصَفَ بالدهاء والخَبَاثة 狡猾，诡诈
تَشَطَّرَ (مـ): أَظْهَرَ المَهارة 显示聪明，显出精明
شَاطَرَه: قاسَمه مناصَفة 平分(财产)
ـ ه الحُزْنَ أو المُصَابَ 同情，悼慰，安慰，慰问
اِنْشَطَرَ 被分成两半
شَطَارَة: دَهاء وخُبْث 狡猾，诡诈，奸猾
ـ (مـ): مَهَارَة 聪明，伶俐，灵巧，敏捷
شَطْر: قَطْع 分开，切开
ـ جـ أَشْطُر وشُطُور: نِصف 一半
ـ بَيْتِ الشِعْر 半句诗，半行诗
ـ: قِسْم 一段，一部分
ـ: جِهَة ونَاحِيَة 方向
وَلَّيْنا وُجُوهَنا ـ الجَنوب 我们动身向南方去
للنَاقَة شَطْرَان: قادِمان وآخِران وكُلّ خِلْفَيْن شَطْر 母驼的乳房分成两半，前面两只算一半，后面两只算另一半
حَلَبَ أَشْطُرَ الدَهْرِ: جرّبه وعرف خيرَه وشرَّه (他挤过时代的几只奶)他饱经风霜，他经验丰富
شَطِيرَة: سَنْدَوِيش sandwich 夹肉(心)面包
ـ 割下的薄片
شاطِر جـ شُطَّار: خبيث 狡猾的，诡诈的
ـ (مـ): ماهِر 聪明的，精明的，敏捷的，灵巧的
ـ: مُنَصِّف [数]二等分线
مَشْطُور: مَقْسُوم 被分割的，被分开的
مُشَاطِر 邻居，伴侣，伙友
شِطْرَنْج جـ شِطْرَنْجات (波)国际象棋
ـ صِينِيّ 中国象棋
أَحْجَار الـ / قِطَع الـ / بَيَادِق الـ 棋子
أُولائك الذين يُحَرِّكون قِطَعَ الـ (那些下棋的人)发踪(纵)指示者，幕后操纵者
لَوْحَة الـ: رقعتُه 棋盘
شِطْرَنْجِيّ 象棋的；棋手
شَطَّ ـِ شَطًّا وشُطُوطًا: بَعُد 远离
ـ ه وأَشَطَّ واشْتَطَّ عليه: ظَلَمَه 虐待，欺侮，压迫
ـ ـِ شَطَطًا: تَبَاعَد عن الحَقّ 违背真理
أَشَطَّ واشْتَطَّ: أفرط وجاوز القدرَ المحدود 过分，过度，超出限度
ـ وـ 违背真理
ـ في سِلْعَتِه 抬高物价
ـ عن المَوْضُوع 离题，扯到枝节上去
ولا أَشْتَطُّ إذا قُلْتُ... 我这样讲也不算过分
شَطَط: مُجاوزة الحَدّ 过分，过度，超出限度
ـ 过错，错误
شَطّ 不公正现象
شَطّ جـ شُطُوط وشُطَّان: شاطِئ 堤，岸
ـ النَهْر: شاطِئه 河堤，河岸
ـ البَحْر: ساحِله 海岸，海滨
ـ العرب 阿拉伯河
شَطَّة (مـ) / شُطَيْطَة (مـ): فُلْفُل حارّ 红辣椒
ـ القَلَم (سـ) 花押，花体
شَطَفَ ـُ شَطْفًا الرجلُ: ذهَب وتباعد 离开，

走开，远离

ـ الثَوْبَ وغيره: غسَله 洗涤，洗净，洗干净

ـ الحَافَةَ (مـ): جعَلها مائلة 斜切，弄斜，截成斜角形

شَطَّفَه: غسَّله 洗净，洗干净

شُطْف (مـ): صَوَّان 燧石，打火石，打火器

شُطْفَة جـ شُطَف (مـ): شَظِيَّة 小块，木块，碎木，木屑

تَشْطِيف: غَسْل 洗涤

حَوْض ـ: مَغْسِل 洗脸盆

مَشْطُوف (مـ): مَشْطُوب الحافَّة 斜切的，斜面的，有切面的

حافَّة مَشْطُوفة (مـ) 斜切的，有斜面的

شَطَنَه ـُ شَطْنًا: شَمَطَه (مـ) / ربَطه بِحَبْلٍ 用绳缠结，用绳绑紧

شَطَنَتـُ شُطُونًا الدارُ: بَعُدَت 宅第很深

ـ في الأرض 扎入地下

أَشْطَنَه أو الشيءَ: أَبْعَدَه 移开，弄走

تَشَيْطَنَ وشَيْطَنَ: تَعَفْرَتَ (مـ) 变成魔鬼，成为魔鬼，成为鬼鬼祟祟的

شَطَن جـ أَشْطَان 绳，粗绳

شَطُون 远的，深的；湛深的

بِئْر ـ القَعْر 深井

شَيْطَان: إبْلِيس 撒旦，魔鬼，恶魔

ـ 诱惑者，诱骗者，(特指)诱奸者

ـ: عِفْرِيت 鬼，鬼神，邪鬼

ـ 别扭的，顽皮的，淘气的

ولَد ـ 小鬼(爱称)，淘气的孩子

فَرَس الـ: أَبُو حَبِيب (南非产的食蛇鸟)蛇鹫

به ـ: عليه عِفْرِيت (مـ) (إنسان) 受迷的，着魔的，被鬼缠住的

به ـ: مَسْكُون بالجِنّ (مـ) (مكان) 凶宅，有鬼的住宅

لُعْبَة الـ 空竹，空筝，空钟

شَيْطَانَة 狐狸精

شَيْطَانِيّ: إبْلِيسِيّ 鬼的，恶魔的

ـ: جَهَنَّمِيّ 凶恶的，穷凶极恶的

ـ: بَرِّيّ (نبات) 野生的

عُشْبٌ ـ 莠草，害草

شَيْطَانِيَّة 残酷，残忍

شَيْطَنَة 妖术，魔法；恶作剧；极恶的行为

شَظَفَه ـُ شَظْفًا (مـ): طوَّشه 阉割，去势；敲(猪)，骟(马)

ـ ه عن كذا: منَعه 阻止，阻拦

شَظِفَ ـَ شَظَفًا العيشُ: كان ضَيِّقًا 生活艰苦

ـ الرجلُ: كان عيشُه ضَيِّقًا 过艰苦的生活

ـ ت اليدُ: خَشُنَتْ 手成为粗糙的

شِظْف جـ شِظَفَة: يَابِس الخُبْز 干面包

شَظَف: شِدَّة / عُسْر 艰苦，困难

عَيْشٌ شَظِف 艰苦的生活

شَظِي يَشْظَى شَظًى وتَشَظَّى: اِنْشَقَّ 劈成碎片，打成小片

شَظَّى 劈成木屑

شَظِيَّة جـ شَظَايَا وشَظِيّ: فلقة / شُطْفَة (مـ) 碎片，切片，破片，炮弹碎片，骨头片

ـ: صُغْرَى عَظْمَتَيْ السَاق 腓骨

شُعاع / **شُعّ** (في شعع) / **شَعَانِين** (مـ) (في شعن)

شَعَبَ ـَ شَعْبًا الشيءَ: فرَّقه 使分开，分散，分离

ـ الشيءُ: ظهر 显现，出现

ـ الأمير رسولاً إلى موضع كذا: أرسله 派遣(使者)

شَعَّبَه: فرَّعَه 使分支，使分派

تَشَعَّبَ 发生分支，产生分叉

ـ تِ الآراءُ 意见分歧

ـ الزَرْعُ 分支，分叉，分蘖
ـ النَهْرُ: تفرَّقَت منه أَنْهار (河流)分支
اِنْشَعَبَتْ أَغْصَانُ الشَجَرَةِ: تَفرَّعَت عن أَصْلِها
分枝，分叉，枝叶扶疏
اِشْتَعَبَ (道路、河流等)分支，分叉
شَعْب ج شُعُوب: قَوْم 民族；种族；部族；
人民，老百姓
ـ الكَنِيسَة [宗]会众，听众
الـ: الجُمْهُور 群众，民众，大众，黎民
عَامَّة الـ 人民大众
شَعْبِيّ: قَوْمِيّ 人民的，大众(化)的，民间的
أَغَانِيُّ شَعْبِيَّة 民歌，民谣
حِكَايَات شَعْبِيَّة: حَوَادِيت (م) 民间故事
شَعْبِيَّة 通俗性，大众性；人民性
يَتمتَّعُ بالـ 他很有声望
شُعُوبِيَّة [史]舒欧比主义(运动)，反阿拉伯民族主义(主张伊斯兰教各民族平等，否认阿拉伯民族的优越性)
شِعْب ج شِعَاب: طَرِيق في جَبَل 山路，羊肠小道
ـ البَحْر (م) 暗礁
شُعْبَة ج شُعَب وشِعَاب: فَرْع 分支，分科，部门，(机关的)部、处、科、股；(铁路的)支线；分部，支部，分厂，分行，分店，分院
ـ المُشْطِ وشَوْكَةِ الأَكْلِ وأَمْثَالِهِمَا: سِنّ 梳子齿，食用叉齿
ـ: غُصْن 树枝，小枝，细枝
شُعَبُ الرِئَة 支气管
اِلْتِهَاب الشُعَب الرِئَوِيَّة: نَزْلَة شُعَبِيَّة 支气管炎
شُعَبِيّ: مختصّ بشُعَب الرِئَة 支气管的
تَشَعُّب (道路、河流等的)分支，分叉
الشَاعِبَان 两肩

أَشْعَب 艾什阿卜(以贪婪著名的古代阿拉伯人)
أَشْعَبِيّ (艾什阿卜式的)贪婪者
المَطَامع الـ ة 发财的妄想，野心勃勃
شَعْبَانُ (作固有名词用，不带鼻音)伊历八月
شَعُوبُ (作固有名词用，不带鼻音)死亡
مُنْشَعِب 分支的，分叉的
مَشْعَب ج مَشَاعِبُ: طَرِيق 道路
شَعْبَذَ: شَعْوَذَ 念咒，使邪术；变戏法
شَعِثَ ـَ شَعَثًا وشُعُوثَةً الشَعْرُ: كان مُغْبرًا مُتلبِّدًا
(头发)蓬松
ـ 零散，零乱，分散，混乱，不整齐
ـ ـَ شَعَثًا الأمرُ: اِنْتَشَرَ 传播
شَعَّثَ الشيءَ: فرَّقه وشوَّشه 使散乱，使紊乱，使蓬松；抛撒
ـ منه شَيْئًا: أخذه وانتاشه 抽出，取出
تَشَعَّثَ 撒落，散开，分散，蓬松，散乱
ـ وشَعَّثَ من الطعام 吃一点儿东西
ـ الشَعْرُ 蓬头散发
لَمَّ اللّٰهُ شَعَثَهُمْ 愿安拉使他们团聚
شَعِث م شَعِثَة / أَشْعَثُ م شَعْثَاءُ ج شُعْث 蓬松的头发；蓬头散发的人
شَعْوَذَ: استعمل الشَعْوَذَة 使邪术
شَعْوَذَة: ادعاء السِحْر 妖术，邪术
ـ: أَلْعابُ خِفَّة اليَد 戏法，魔术
مُشَعْوِذ 魔术师，变戏法者
شَعَرَ ـُ شُعُورًا وشِعْرًا وشَعْرًا وشَعْرَى وشُعْرَى وشِعْرَى وشَعْرَةً (بتثليث الشين) وشُعُورَةً ومَشْعُورًا ومَشْعُورَةً ومَشْعُوراء به: أَحسَّ به
感觉，觉得
ـ: أَدْرَكَ 知道，知觉
ـ معه 同情，有同感

ـ: قَال الشِعْر 吟诗，作诗

أَشْعَرَه الأمرَ وبه: أَخْبَرَه به 通知，报告

ـ ه بالأمر: جعله يَشْعُرُ 使…感到

تَشَاعَرَ: تكلَّف قَوْلَ الشِعْر وأرى من نفسه أنه شَاعِر 装做诗人，假装诗人，冒充诗人

اسْتَشْعَرَ: أحسَّ 感觉到，意识到，觉察到

ـ 猜想到，领会到

شُعُور: إحْسَاس 感触，感觉，感动

ـ: إدْرَاك 知觉，理解力，辨别力

ـ: عاطِفة 感情，情感，情调，情绪，情趣，伤感，多情

ـ 体验，感受

ـ: قابِلِيَّة التَأَثُّر 敏感，敏感性，感受性

ـ داخِلِيّ: وِجْدَان 意识，知觉，自觉，自知

الـ الوَطَنِيّ 爱国主义，爱国情怀

دِقَّة الـ 敏感，敏感性

عَدِيم الـ 无情的，冷淡的，无感觉的，感觉迟钝的

فَاقِد الـ: مَغْمِيّ عليه 无意识的，失去知觉的，晕过去的，不省人事的

غَابَ عن الـ 失去知觉

فَقَدَ الـ الوَاقع 丧失真实的感觉

اللا ـ 下意识

أمّ الـ (مـ): صَفْصَاف بَاكٍ 垂柳

أمّ الـ (مـ): أَبُو حَلَّام 羊首鱼

شُعُورِيّ 感情的，自觉的，意识的

لا ـ 下意识的

شَعْر وشَعَر جـ شُعُور وأَشْعَار وشِعَار واحدته شَعْرَة وشَعَرَة جـ شَعَرَات: ما يَنْبُتُ من مسامّ البدن لَيْس بِصُوف ولا وبر 毛，发，头发(这个名词专指人和牛马等的毛。羊毛是صُوف，驼毛和兔毛是وَبَر，鸟毛是رِيش，不可与相混)

ـ خَشِن (مـ) (كشَعْر الحَلُّوف) 猪鬃，硬毛

ـ عارِيَة أي مُسْتَعَار 假发

ـ الأرض: كُزْبَرَة البير [植]过坛龙

ـ حِصَان 马鬃

ـ حَلُّوف 猪鬃

شَعْرَةُ العَيْن (مَرَض اِلْتِواء الرمُوش) [医]倒睫

تَعَلَّق بِشَعْرَةٍ 千钧一发

على الشَعْرَة (مـ): بتَمام الدِقَّة 丝毫不差，完全一样

عِنْدَه شَعْرة (مـ) (في عَقْله) 心神不定

شَعْرِيّ: كالشَعْر أو منه 毛的，多毛的，毛发的，毛制的，极细的

الجَاذِبِيَّة الشَعْرِيَّة 毛细管作用(现象)，毛细管引力

أُنْبُوبَة شَعْرِيَّة 毛细管

الأَوْعِيَة الشَعْرِيَّة 微血管

شَعْرِيَّة الشُبَّاك (مـ) 窗格子

مِيزَان الـ 药剂用精确天平

ـ الأَكْل (ع) / شِعْرِيَّة (مـ): إطْرِيَّة 面条，挂面

شِعْر جـ أَشْعَار: كلام مَوْزُون مقفًّى 诗，诗歌

ـ غِنَائِيّ 抒情诗

ـ قَصَصِيّ 叙事诗，史诗

ـ تَمْثِيلِيّ 剧诗

بَيْت ـ 一句诗，一行诗

عَرُوس الـ [神]诗神缪斯(司文艺、美术、音乐等的女神)

نَظْم الـ 作诗

لَيْتَ شِعْرِي 要是我能知道该多好，但愿我能明白

شِعْرِيّ: مَنْظُوم 诗的，诗歌的

الشِعْرَى / الشِعْرَى اليَمَانية / الـ العَبُور: الكَوْكَب الذي يطلع في الجوزاء وطلوعُه في شِدّة الحَرّ [天]天狼星(大犬座一等星)

الـ الشامِيَّة / الـ الغُمَيْصاء [天]南河三(小犬座一等星)

شَعْرَانِيّ / مُشْعَرَانِي (مـ) / مُشْعَر (عـ) 毛多的，毛厚的，有粗毛的；毛状的，毛制的

شِعَار جـ أَشْعِرَة وشُعُر: عَلاَمَة / عُنْوَان 口号，标语，箴言，格言，座右铭

ـ: رَمْز 标志，象征

ـ: شَارَة 徽章，标记，记号，符号

ـ: صُوف /فَانِلا (أ) flannel 法兰绒

ـ الحَرْب: سِرّ اللَيْل [军]口令

ـ الجَبْهَة المُتَّحِدَة 统一战线的口号

ـ تِجَارِيّ: مَارْكَة تِجَارِيَّة 商标

شُعْرُور: شاعِر ضَعِيف جدًّا 拙劣的诗人，蹩脚诗人

إشْعَار جـ إشْعَارَات: بَلاَغ 通告，布告，公告，告示

شَاعِر: حَاسّ 感觉的，感触的

ـ جـ شُعَرَاءُ: ناظِم الشِعْر 诗人

ـ مُفْلِق 杰出的诗人

ـ الدَوْلَة 桂冠诗人

الشُعَرَاء الرُحَّل 流浪诗人，行吟诗人，吟游诗人

شُوَيْعِر: شاعِر ركيك النَظْم 小诗人，打油诗人

شاعِرة جـ شَوَاعِر وشاعِرَات 女诗人

شَاعِرِيَّة 诗才

ـ 诗意

شَعِير 大麦

ـ مُنَبَّت (لصُنْع الوِسْكِي أو البِيرَا) / ـ بِيرَا 麦芽，麦曲

ـ لُؤْلُؤِيّ 珍珠麦

ـ الهِضَاب 青稞(产于高寒地区)

بُلْبُل الـ: طائر لَذِيذ اللَحْم 食米鸟(莺雀类)

شَعِيرَة جـ شَعِيرَات: حبَّةُ شَعِير 大麦粒，一颗大麦

ـ الجَفْن: شَحّاذ العين [医]睑腺炎(俗名偷针眼)

ـ جـ شَعَائِر: رَسم دِينِيّ (宗教)礼仪，礼式，仪式

شَعَائِرُ الحَجّ 伊斯兰教朝觐仪式

إقامَة الشعَائِر 举行仪式

شُعَيْرَة 细毛；(灯泡内的)钨丝

أَشْعَرُ م شَعْرَاءُ جـ شُعْر 多毛的，长毛的

مَشْعَر جـ مَشَاعِرُ: أحد الحَوَاسّ الخَمْس 感官，感觉器官

ـ: ما يُستظلّ به من الشجر 树荫处

ـ: مَوْضع مَنَاسِك الحَجّ 圣地(举行朝觐仪式的地方)

مَشَاعِرُ 情，感情，情感，情怀，情操

مَشَاعِرُ الوُدّ والاحْتِرام 友好与崇敬之情

مَشْعُور (مـ): مَفْلُوع / مَشْرُوخ (مـ) 弄破的，有裂痕的(陶瓷器等)

ـ العَقْل (مـ) 疯狂的，精神错乱的

شَعْشَعَ الشَرابَ: مَزَجَه بماء 冲淡，稀释，掺水

ـ: تَلألأَ 闪光，闪耀，闪烁

شَعْشَعَة 闪光，闪耀，辉煌

ـ 冲淡，掺水

شَعْشَاع (مـ) 葡萄藤

مُشَعْشَع: مُخفَّف بالماء 被冲淡的，被稀释的

ـ (مـ): نَشْوان 微醉的，有醉意的；半醉的

مُشَعْشَعَة 用水冲淡过的(指酒)

شَعَطَه ـَ شَعْطًا (س) وشَعْوَطَه (م): شيّطه 烘(面包)，烤(面包、肉)

شَعْطَة: حَرْقَة في الصدر أو الحلق / حَرْوَة 胃痛，胃痉挛，胃气痛；心口疼；喉头发烧

شَعَّ ـِ شَعًّا وشَعَاعًا الماءُ: تفرّق وانْتَشَرَ 流散

أَشَعَّ الشيءَ: فرّقه 分散，散播，散布

ـ ت الشَمْسُ: نشَرت أَشِعَّتَها 发光，放光

تَشَعَّعَ النورُ: اِنتشر 光芒四射

شَعاع: تفرُّق 分散，散漫

تَطَايَرَت الشَظَايَا شَعَاعًا 碎片向四处飞散

طَارَ قَلْبُه شَعَاعًا: تفرَّقَتْ هُمُومُه 他心神不宁，他方寸已乱，他心乱如麻

طَارَتْ نَفْسُه شَعَاعًا: تبدَّدت من الخَوْف ونحوه 他张皇失措，魂飞魄散

شِعَاعَة 照像，摄影

شُعَاع جـ أَشِعَّة: ضَوْء الشَمْس 阳光，光线

شُعَاعِيّ 光的，光线的

شُعَاعِيَّة 恒星光度

شُعّ: بَيْت العَنْكَبُوت 蜘蛛网

ـ / شُعاع جـ أَشِعَّة وشُعُوع وشِعَاع 阳光 光线，光芒

ـ و ـ الدُولاَب (العجلة) 辐条，辐，(自行车的)车条

ـ و ـ السُنْبُلَة: سَفا 谷芒

ـ 半径

أَشِعَّة رُونْتجِين röntgen / أَشِعَّة إكْس / الأَشِعَّة السِينِيَّة 爱克斯光，X 射线

أَشِعَّة أَلْفِيَّة وبَائِيَّة وجِيمِيَّة α、β、γ 三种射线，分别是：

أَشِعَّة أَلْفِيَّة / أَشِعَّة أَلْفَا α 射线

أَشِعَّة بَائِيَّة / أَشِعَّة بِيتَا β 射线

أَشِعَّة جِيمِيَّة / أَشِعَّة غَامًّا أو جَمًّا γ 射线

ـ دُونَ الحَمْرَاء أو تَحْتَ الحَمْرَاء 红外线

ـ فَوْقَ البَنَفْسَجِيَّة 紫外线

ـ كَوْنِيَّة 宇宙(射)线

تَصْوِير بالأَشِعَّة 射线(X 光)照相(术)

صُورَة أَشِعَّة / صُورَة بالأَشِعَّة X 射线照片，X 光照片

المُعَالَجَة بالأَشِعَّة [医]放射线疗法，镭锭疗法

إشْعَاع / تَشَعُّع: اِنتشار 发光，射光，辐射

ـ (精神的)流露

إشْعَاعِيّ 发光的，射光的；放射的，辐射的

نَشَاط ـ 放射能，辐射能，放射性

ذو نَشَاط ـ 有放射性的

إشْعَاعِيَّة 放射能，辐射能，放射性

مِشْعَاع 放射线照相，拍 X 光照片

تَصْوِير مِشْعَاعِيّ 射线照相术

مُشِعّ 发光的，射光的，辐射的

شَعَفَ ـَ شَعْفًا بفلان وبحُبّه: شُغِفَ به 迷恋，热恋，狂恋

شَعَفَه ـَ شَعْفًا الحُبُّ: غشي قلبَه وغلبه (爱情)迷住

شَعَفَة جـ شِعَاف وشَعَفَات وشَعَف وشُعُوف:

رأْس الجَبَل 山顶

ـ: خُصْلَة من شَعْر الرأس 一绺头发

ـ: قَطْرَة واحدة من المَطر 雨滴，雨点

شَعَلَ ـَ شَعْلاً وأَشْعَلَ وشَعَّلَ النارَ: أَلْهَبَها 点火，燃火，生火

ـ و ـ النارَ فيه: أَضْرَمَ 纵火，放火

ـ و ـ سيجارَة 点烟

ـ و ـ كِبْرِيتَة 擦火柴，划火柴

أَشْعَلَ نِيرانَ الحَرْب 点起战火，发动战争

ـ نارَ الفِتْنَة 暴动，(暴)乱，动乱
اِشْتَعَلَ: اِلْتَهَبَ 燃烧
ـ غَضَبًا: التهب غَضَبًا 愤怒，愤慨，怒火中烧
ـ رأسُه شَيْبًا: كثر فيه الشيب 头发半白了
ـ ت النارُ: اِلْتَهَبَت 燃烧，发焰
شُعْلَة جـ شُعَل: لَهَبَة / لَهِيب 火焰
إشْعَال: إلْهَاب 点火，燃火，生火
اِشْتِعَال: اِلْتِهَاب 燃烧
قَابِل الـ: مُلْتَهِب 可燃烧的
مُشْعِل 放火者，纵火者
مُشْعِلُو نِيرَان الحَرْب 战犯，点着战火的人
مُشْتَعِل: مُلْتَهِب 着火的，烧起来的，燃烧着的
مَشْعَل / مَشْعَلَة جـ مَشَاعِلُ 火炬，火把；灯，烛
مِشْعَل / مِشْعَال جـ مَشَاعِلُ ومَشَاعِيلُ: مِصْفَاة 粗滤器，滤网
مَشَاعِلِيّ جـ مَشَاعِلِيَّة: حَامِل المَشْعَل 持火炬者，火炬手，拿着火把的人，火炬游行者
ـ (مـ): جَلَّاد 刽子手，绞刑吏
شَعْلَلَة جـ شَعَالِيلُ (سـ) 篝火
شُعَيْلَة / شُعْلَيْلَة (مـ) 大篝火
شَعْلَقَه (مـ): شَبَكَه وعلَّقه 吊起，挂起，悬起
تَشَعْلَقَ: اِشْتَبَكَ وتَعَلَّقَ 粘住，缠住
شَعْنُون (مـ): طَائِش 轻率的，轻浮的，轻薄的
شَعْنِينَة جـ شَعَانِينُ 棕榈树枝(胜利的标志)
شَعَانِين (مـ): أحد الـ (السعف) [基督]棕榈树主日(复活节前的礼拜日)
شَعْوَاء: مُنْتَشِرَة 扩张的，展开的，分散的
حَرْب ـ 残酷的战争
حَمْلَة ـ 猛烈进攻

شَغَبَ ـَ وشَغِبَ ـَ شَغْبًا وشَغَبًا وشَغَّبَ القومَ وبِهِم وعَلَيهم: هَيَّج الشرَّ عليهم 煽风点火，煽动群众，激起暴动
شَاغَبَه: شَارَّه وشَاكَلَهُ (مـ) 寻衅，挑衅，找碴儿
شَغَب: اِضْطِرَاب 风潮，风波，动乱，变乱，骚动；骚扰
ـ: إخلال بالأمن 混乱，横行，暴动
ـ: هَيَجَان 骚扰，喧哗
ـ: عِرَاك 吵架，打架，吵闹
مُشَاغَبَة 寻衅，挑衅，找碴儿
شَغَّاب / مُشَاغِب / شَغُوب 制造混乱的人，引起纠纷的人
شَغَرَتْ ـُ شُغُورًا الأرضُ: لم يَبْقَ فيها مَنْ يحميها ويضبطها (地方)成为无防御的，无防备的
ـ الناسُ: تفرَّقُوا 解散，离散
تَفَرَّقُوا شَغَرَ بَغَرَ وشِغَرَ بِغَرَ 他们四散走了
شُغُور 空额，空位，空缺
شَاغِر: خَالٍ 空的，空虚的，空闲的
وَظِيفَة ـ ة 空额(指职务)，空缺
شَاغُور (سـ): شَلَّال (انظر شلل) 小瀑布，瀑布
شَغْرَبِيَّة / شَغْزَبِيَّة: اِعْتِقالُ المُصارع رجلَه برجل خصمه وصرعه إيَّاه بهذه الحيلة (摔跤者的)绊脚法
شَغْزَبَه: صرعه بالشَغْزَبِيَّة 用绊脚法把他摔倒
شَغِفَ ـَ شَغَفًا وشُغِفَ واِنْشَغَفَ به (مـ): أُولِعَ به 迷恋于…，爱得发狂
شَغَفَه ـَ شَغْفًا: أصاب شَغَافَ قَلْبِه (爱情深入他的心包)心爱，热爱，迷恋
شَغَفٌ 热爱，迷恋
ـ: حُبُّ التَعَلُّم 好学，发愤读书
ـ / شَغَاف جـ شُغُف وأَشْغِفَة القَلْب: غِلَافُه

الخارجيّ [解]心包
لَمِسَ شَغافَ الأفْئِدَة (سـ) 感动，触动心弦
شَغُوفٌ بكذا 酷爱，热爱
ـ بالحُرِّيَّة 爱好自由的，酷爱自由的
مَشْغُوف به 迷恋，热爱，酷爱
شَغَلَه ـَ شَغْلاً وشُغْلاً وشَغَّلَه بكذا: أعطاه عَمَلاً
使用，雇用，使唤
ـ ه وـ ه: جَعله يَشْتَغِلُ 不让他闲着，使他有事做
شَغَلَنِي كذا 我忙于某事
ـ وأَشْغَلَ المكانَ أو الوقتَ 使用(房间、办事处等)；花费，需要(时间)
ـ وـ البَالَ 使担忧，使放心不下，使挂念，使担心，烦恼；使全神贯注
ـ ه وشَاغَلَه: ألهاه 使分心，使牵挂
ـ ه وـ ه: خالَبَه 分散注意力
شَغَّلَه: اِسْتَعْمَلَه 雇用，使用
ـ ه: أداره (كالآلة) 运转，开动(机器)
ـ المَالَ 投资
ـ الخَشَبَ (对木料)加工
اِشْتَغَلَ وتَشَاغَلَ به: كان مَشْغُولاً به 忙于，从事于
ـ قَلْبُه: قَلِقَ 感觉不安，心神不安
ـ: دَارَ (كالآلَة) (机器)转动，开动
ـ: عَمِلَ عَمَلاً 作事，做工，劳动，担任工作
مَنْ لاَ يَشْتَغِلْ لاَ يَأْكُلْ 不劳动者不得食
تَشَاغَلَ بكذا: اِلْتَهَى 取乐，消遣
اِنْشَغَلَ (سـ) 被占用，被使用
ـ (سـ) 忙于，从事于，致力于
شُغْل جـ أَشْغَال وشُغُول: صَنْعَة 职业，业务
ـ: عَمَل 工作
ـ: شَأْن 事情，事务
ـ: خِدْمَة 服务，职业
ـ [物]功
ـ مَبْذُول [物]做的功
ـ شَاقّ جـ أَشْغَال شاقّة 体力劳动；劳役
ـ يَد (مـ): مَصْنُوع باليَد 手工的，手制的
اِلْزَمْ شُغْلَكَ! (مـ) 注意你自己的事吧！别多管闲事！
أَشْغَال شَاقّة 苦工，苦役，劳役
وزارَة الأَشْغَال العَامّة 公共工程部
شُغْلَة جـ شُغَل: بَيْدَر 打谷场
ـ: كُدْس 谷堆
تَشْغِيل 强迫劳动
الحَبْسُ مع الـ (监禁加苦役)有期徒刑
اِنْشِغَال 忙
ـ البَال 担心，挂念
شَاغِل جـ شَوَاغِلُ 烦闷，烦恼
شُغْل ـ 要事，重要任务
هو في شُغْل ـ 他有要事，他非常忙
شَوَاغِل الحَيَاة 日常事务，平常的工作
شَغِّيل جـ شَغِّيلَة 工人，劳动者，劳动人民
شَغَلْتِيّ جـ شَغَلْتِيَّة (مـ) (في المُوسِيقَى) (戏院雇用的)鼓掌者，喝彩者，捧场者
شَغَّال: عَامِل 工人，劳动者
ـ: لَدَيْهِ شُغْل كثِير 勤劳的，忙碌的，事情繁忙的
ـ / مُشتغِل: ضد بَطَّال 有职业的，有工作的
النَحْل الـ 工蜂
ـ: مُجْتَهِد 刻苦的，勤劳的，努力的，辛勤的
شَاغُول: حَبْل القلع 帆脚索
عُقْدَة الـ 卷结，酒瓶结

أُشْغُولَة / مَشْغَلَة جـ مَشَاغِلُ 职业，工作，事务
مَشْغُول: لَدَيْهِ شُغْل كَثِير 有事的，忙碌者
ـ: ضد خَام 精制的，精炼的
ـ البَال 焦急的，忧虑的；担心的，挂念的，放心不下的
حَدِيد ـ 锻铁，熟铁
مَشْغُولَات 成品，产品；手工艺品
مَشْغُولِيَّة البَال 焦急，挂念，热望，忧虑，悬念
مَشْغَل جـ مَشَاغِلُ 车间，作坊，工场
ـ: دار تَشْغِيل الفُقَرَاء 贫民习艺所
شَغَى ـَ (مـ): تَنَغَّشَ / اِكْتَظَّ 充满，装满
شِفْت جـ شُفُوت (مـ): مِنْتَاش 镊子
ـ (مـ): مِلْقَط / كَلاَّب 钳子
شَفْتَر (مـ): تَجَهَّمَ 噘嘴，绷脸
شَفْتُورَة جـ شَفَاتِيرُ: شَفَة تَحْتَانِيَّة 下唇
مُشَفْتِر 噘嘴者
شَفْتَشِي (مـ): مصوغات مُخَرَّمة 金银丝细工品
شَفَرَ ـَ شَفَارَةً: نَقَصَ / قَلَّ 少，缺少，减轻，减少
شَفَرَ ـِ شَفْرًا (مـ) 责骂，叱责
شَفَّرَ البَرْنَامَجَ 加密
شَفْر جـ أَشْفَار / شَفِير: حَدّ / حرف 边缘
شَفْر جـ أَشْفَار / شَفِير الجَفْن 眼睑边
ـ / ـ المَكَان المُرْتَفِع: شَفَا 崖
على شَفِير الإِفْلاَس 在破产的边缘上
شَفْر جـ أَشْفَار [解]阴唇
شَفْرَان كَبِيرَان [解]大阴唇
شَفْرَان صَغِيرَان [解]小阴唇
شَفْرَة جـ شَفَرَات وشِفَار وشَفْر: نَصْل 刃，刀口，刀片
ـ: سِكِّين كَبِيرَة 刀

شِفْرَة (مـ) / شِيفْرَة: كِتَابة سِرِيَّة /جِفْرَة (أ) cipher 密码
مُشَفَّر 加密的，被加密的
قَنَاة ـ ة 加密频道
شَفْشَفَ الضِرْعَ (مـ) 挤干(乳汁)
ـ ه: جَفَّفَه 汲干
ـ الصَقِيعُ النَبَاتَ: جَفَّفَه وأَحْرَقَه 霜使植物凋萎
شَفْشَاف / نَفْنَاف (س): مَطَر فيه برد (راجع دَمَق) 雨雹(雨中夹雹)
شَفْشَق (مـ): كُرَاز 玻璃水瓶，有玻璃塞子的圆酒瓶
شَفَطَ ـِ شَفْطًا (مـ) وشَفَّطَ (مـ): اِمْتَصَّ 吸，吮，喝干，倒空，排空，汲尽
ـ المَاءَ: رَشَفَه / مَصَّه 吸，饮，啜，呷
شَفَّاطَة جـ شَفَّاطَات (مـ) 吸管
ـ الغُبَار 吸尘器
ـ المِدْخَنَة 吹风器，送风器
شَفَعَ ـَ شَفَاعَةً وتَشَفَّعَ له أو فيه إلى فُلاَن 调停，调解；说合，说和；说情，讲情(代人求饶)
شَفَعَ ـَ شَفْعًا الشيءَ: جعله شَفْعًا أي زوجًا بأن يضيف إليه مِثله 配对，配成一对
ـ: اِشْتَرَى بالشُفْعَة 以先买权取得
اِسْتَشْفَعَه إلى فلان: سأل أن يشفع له عند فلان 求他调解，说情
شَفَاعَة: وِسَاطة 调解，调停，说情
ـ الأَنْبِيَاء 先知们的说情
شَفَع: اِزْدِوَاج البَصَر (مَرَض) [医]复视
شَفْع جـ أَشْفَاع وشِفَاع: زَوْج 一双，一对
شَفْعِيّ: خِلاَف وَتْرِيّ (في الرِيَاضَة) [数]可除尽的数，可约的数(如 25 是 5 的可约数)

عَدَد ـ: خلاف وتريّ [数]偶数
شُفْعَة: حَقّ الابتياع قبل الغير 先买权
شَافع 说情者，调解者，调停者
شَافِعِيّ 沙斐仪派的
الـ ـة 沙斐仪派(伊斯兰教律四大学派之一)
شَفِيع جـ شُفَعَاءُ / شَافع: صاحِب حَقّ الشُفْعَة 有先买权者
ـ: وَسِيط 说情者，调停者，调解者
قِدِّيس ـ [宗]守护神
شَفَاعِيّ 调停的，调解的，说情的
شَفَّ ـِ شُفُوفًا وشَفِيفًا وشَفَفًا الشيءُ: رَقّ فظَهَر ما وَراءه 透明，成为稀薄的、透明的
ـ عنه الثوبُ: قصر 衣服太短
ـ ـِ شُفُوفًا الجِسْمُ: رَقّ من النحول 消瘦
ـ ه ـُ شُفُوفًا وشَفَّه المَرَضُ أو الهمُّ: أَوْهَنَه (疾病或忧愁)使他消瘦
شَفَّفه (مـ) وشَفَّه: رقَّقه 弄薄，弄细，使薄
اِشْتَفَّ ما في الإنَاء: شرِب كل ما فيه 喝干，饮尽
اِسْتَشَفَّ الشيءَ: نظَر ما وراءه 看穿，看破，窥破，洞察，看透
ـ الثَّوبَ: نشَره في الضَوْء لِيَرَى عيْبًا إن كان فيه 透视布匹(看有无毛病)
ـ الشيءَ: نظر فيه وتبيَّنَه 细查，精查，彻查
شَفّ جـ شُفُوف: نَسِيج رَقِيق / شَاش (مـ) 罗纱，纱布
شَافّ / شَفِيف جـ شِفَاف: يحجب الأَشْباحَ لا النورَ 半透明的
شَفَّاف / شَفِيف: لا يَحْجُب مَا خَلْفَه 透明的
ـ: رَقِيق (كالنَسِيج) 薄的，脆弱的，透明的，细薄的
شِبْه ـ: شَافّ 半透明的

وَرَق ـ 透写纸，描图纸
شَفَافِيَّة / شُفُوف / شَفَف 透明性
شُفَافَة: بقية الشَرَاب في الإنَاء (瓶中的)剩水或剩酒
شُفُوفَة 面纱，脸帕，面幕
شَفِقَ ـَ شَفَقًا وأَشْفَقَ عليه: عطَف 可怜他，觉得他可怜；同情，怜悯，怜爱
ـ وـ عليه: حَرِصَ على خيره وإصلاحه 关心，关怀
أَشْفَقَ من الخَطَأ: خافَه وحاذره 谨防错误
شَفَق جـ أَشْفَاق: بَقِيَّة ضَوْءِ الشَمْسِ وحمرتها في أوّل الليل 晚霞，晚照，夕照，薄暮
ـ: سَدَف / ضَوْء الفَجْر 曙光，晓光
الـ الجَنُوبِيّ 南极光
الـ الشِمَالِيّ 北极光
الـ القُطْبِيّ 极光
شَفَقَة 怜悯，怜爱，同情
عَدِيم الـ 无情，残酷，残忍
شَفُوق (مـ) / شَفِيق 怜悯的，仁慈的，好心肠的
مِشْفَلَة جـ مَشَافِلُ 沙囊(鸟胃)
شَفَنَ ـِ وشَفِنَ ـَ شُفُونًا الرجلَ وإلى الرجل: نظر إليه شَزْرًا 睥睨，斜视，瞟
شِفْنِين وشَفْنِين جـ شَفَانِينُ: وَرْنَك 鳐鱼
شَفُون 斜视者
شَافَهَه: خاطَبَه فاهُ إلى فيه 跟他面谈、交谈
شِفَة جـ شِفَاه وشَفَوَات وشَفَائِف (مـ) / شِفَّة (مـ): شَفْر الفَم والإنَاء 唇，嘴唇
ـ أي شَيْء: حَرْفه 边，缘
ـ (مـ): كَمَرَة الحَدِيد وغيرها (机器的)凸缘
ـ الثَوْر (مـ) [植]西洋樱草
بِنْت ـ: كَلِمَة 一个词，一个字

مَاء الـ 饮用水

خَفِيف الـ 强讨的，硬要的

شَفَهِيّ / شَفَوِيّ: بالفم 口语的，口述的，口头的

ـ / ـ: مُخْتَصّ بالشَفَة 唇的

اِمْتِحَان شَفَوِيّ 口试

حُرُوف شَفَوِيَّة 唇音字母

شَفَهِيًا / شِفَاهًا / مُشَافَهَة 口述的，口头上的

شِفَاه 会话，会谈，交谈，座谈

شِفَاهِيّ 口头交谈的

شَفَا جـ أَشْفَاء: حَرْف / شَفِير 边，缘，界，岸，涯，滨，界限，境界

شَفَى ـِ شِفَاءً اللّٰهُ فلانًا من مرض: أَبْرَأَه 医治，治疗，恢复健康

شَفَاهُ اللّٰهُ (愿安拉使他恢复健康)祝他早日痊愈

ـ غُلَّته 满足他的愿望

ـ الجرحَ: دمَلَه 医治创伤

شُفِيَ المَرِيضُ: بَرِئَ 痊愈，恢复健康，康复

ـ الجرحُ: اِنْدَمَلَ 创伤痊愈

أَشْفَى المَرِيضُ على الموت: أَشْرَفَ عليه 病人临危，他就要死了

ـ على الغَرَق 他就要淹死

اِشْتَفَى: نَالَ مُرَادَه 满足自己的愿望，如愿以偿，心满意足

ـ (مـ) 幸灾乐祸

تَشَفَّى واسْتَشْفَى بكذا: نال به الشِفَاء 因某药而痊愈

ـ من خَصْمه: اِنتقم 报仇，复仇，报复

اِسْتَشْفَى: طلبَ الشِفاء 请医生看病

ـ قَلْبُهُ (سـ) 心满意足

شِفَاء: بُرْء 痊愈，恢复健康，康复

ـ: عِلَاج 治疗，医治

قابِل للـ 可治疗的，可医疗的

هذه الإصابةُ لا تَقْبَل الـ 这是无法治疗的创伤

شِفَاء جـ أَشْفِيَة جج أَشَافٍ: دَوَاء 药，药品，药饵，药物

اِسْتِشْفَاء 求医，请医生看病

مَدِينَة ـ 疗养城

آلات الـ 医疗设备

مِيَاه الـ 医疗用的矿泉

دَار للـ 疗养所，疗养院

تَشَفٍّ 幸灾乐祸

في ـ 幸灾乐祸地

إِشْفَى جـ أَشَافٍ وأَشَافِيّ: مِخْرَاز الجِلد (皮匠用的)锥子

شِفَائِيّ: عِلَاجِيّ 有关治疗的

شَافٍ 有疗效的

ـ: قاطع / بَاتّ 决定性的，断然的，绝对的

الدَوَاء الشَافِي 特效药，圣药，灵丹妙药

الجَوَابُ الـ 断然的回答

شِفَخَانَة جـ شِفَخَانَات (مـ) / شِفَاخَانَة جـ شِفَاخَانَات: مُسْتَشْفَى حَيَوَانَات 兽医院

مُسْتَشْفًى جـ مُسْتَشْفَيَات: إِسْبِتَالِيَّة (مـ)(意) ospedale 医院

ـ: مَصَحَّة 疗养院

ـ الأَمْرَاض العَفِنَة (المُعْدِية) 隔离医院

ـ الأَمْرَاض العَقْلِيَّة (المَجَاذِيب): مارِسْتان 精神病院，疯人院

ـ مَيْدَان (حَرْبِيّ) 野战医院，战地医院

مَشْفًى جـ مشافٍ 医疗机关；医院

أَشْقَحه: كَشَحَه (مـ) / أَبْعَدَه 驱逐，黜职，开除

شَقْدَفَ 把…搭在，把…投在

شَقْدَف جـ شَقَادِفُ (مـ) 抬床，担架

شَقَادِف الجِمال 驼轿

شَقِرَ ـَ وشَقُرَ ـُ شَقَرًا وشُقْرَةً واشْقَرَّ: كان أَشْقَر البَشَرة 肤色白皙红润，白里透红

شَقَّرَ على فلان (مـ): زَارَه 访问，看望，探望，谒见

شُقْرَة: لون يُؤْخَذ من الأحمر والأصفر 白皙红润，浅茶褐色

أَشْقَرُ م شَقْرَاءُ جـ شُقْر / أَشْقَرَانِيّ (سـ) (皮肤)白皙红润的，金发碧眼的(男人或女人)

ـ الشَعْر 金色的头发，亚麻色的头发，美发

شَقِرَّاق / شِقِرّاق / شَقْراق / شَرَقْرَاق: غُراب زَيْتُونِيّ [鸟]佛法僧，三宝鸟

شَقْرَقَ (مـ): قَهْقَهَ 狂笑，大笑，哈哈大笑

شَقْرَقَة 喜气洋洋，高兴，愉快，快活

شَقْشَقَ: زَقْزَقَ / صَوى (مـ) 啾啾地叫，唧唧地叫，喳喳地叫

ـ (骆驼等)发隆隆声

ـ (舌头等)摆动

ـ (蟋蟀等)唧唧叫声

ـ النَهَارُ (مـ): اِنْشَقَّ / لاَحَ 拂晓，破晓，黎明

شَقْشَقَة لِسَانٍ 饶舌，多言，空谈，无意味的谈话

ـ النهار (مـ): بُزُوغ الصَبَاح 拂晓，破晓，黎明

شِقْشِقَة الجَمل جـ شَقَاشِق: جُلّة (مـ) 骆驼的喉囊

هدرت ـُـه 他口若悬河，讲话滔滔不绝

شَقَف / شُقَافَة (مـ) / شَقَفَة: كِسَر الخَزَف (陶瓷器的)碎片

شَقَفَة جـ شَقَف: أَصِيص / كسرة آنية خزَفِيَّة (陶瓷器的)碎片，碎瓦片

شَقَّ ـُ شَقًّا وشَقَّقَ الشيءَ: صدعه وفرَّقه 劈开

ـ ثوبَه: مزَّقه 撕破，扯裂

ـ الأرضَ: حرَثها 犁地，耕种，耕地

ـ الشَوَارِعَ / ـ الطريقَ 筑路，修路，开路

ـ عَصَا الطَاعَةِ 造反，反叛；起义，暴动

ـ عَصا القَوْمِ 制造(挑起)纠纷

ـ التُرْعَةَ 开凿运河

ـ السُكُونَ 打破沉默

ـ الحَنَاجِرَ 喊哑了嗓子

شَقُّوا عَنَانَ السَماء بِهُتَافِهِمْ 他们的欢呼声震天

لا يُشَقُّ له غبارٌ في... 他是别人望尘莫及的

شَقَّ ـُ شَقًّا ومَشَقَّةً الأمرُ: صَعُبَ (事情)困难

ـ عليه الأمرُ: اِسْتَصْعَبَه 碰到困难，觉得(事情)困难

شَقَّ ـُ شُقُوقًا الزرعُ 发芽，萌芽

ـ النَبْتُ (植物)出土

ـ ت السِنُّ 长牙

ـ النهارُ وانْشَقَّ 破晓

ـ عليه (مـ): زارَه 访问，看望，拜望

اِنْشَقَّ: اِنْصَدَعَ 破裂，绽裂；裂变

ـ عنهم: خرَجَ 脱离他们

ـ ت الأرضُ 土地开裂

اِشْتَقَّ كَلِمَةً من أُخْرَى: أخرجها منها [语]由一个词派生别的词

ـ طَرِيقًا جَدِيدًا في البَحْثِ 探索新的研究方法

شَقَّقَ الكَلاَمَ: أخرجه أَحْسَن مَخْرَج 发音清晰

تَشَقَّقَ الخَشَبُ (木材)开裂

ـ الحَجَرُ وغيره: تفلَّق (石头等)破裂

شَقّ جـ شُقُوق 裂痕，裂缝，罅缝，空隙
ـ في خَشَب 木头的裂缝
ـ القَلَم （钢笔尖的）笔缝
ـ: مَزْق 撕裂，撕破，破缝，绽线处
ـ وشِقّ الشيء: نِصْفُه 一半，半个
بِـ الأنْفُس 非常困难地，千辛万苦地
شِقّ الرَجُلِ: شَبِيهُه 同时演二个角色以上的演员
ـ: جِنْس / صِفَة التَذْكِير أو التَأْنِيث 性别
ـ المَيْت: شَبَحُه 鬼，幽灵
بَيْنَ شَقَّيْ الرَحَى （在两扇磨盘之间）两面受敌，两头挨打，两头受气
شِقَاق: ضد اتِّحاد 分离，分裂，不和，倾轧
ـ: خِلَاف / نِزاع 争论，论战，意见不和
أَلْقَى الـ بَيْنَهُم 挑拨离间，挑动争端
بَثّ الـ 煽动纠纷，制造纠纷
شِقَّة / مَشَقَّة جـ مشاقّ ومَشَقَّات: صُعُوبَة 艰难，困难，费事，麻烦
ـ / ـ: عَنَاء 辛苦，辛劳，劳累，劳苦
ـ / شُقَّة جـ شُقَق: البُعْد والناحية يقصدها المُسافِرُ 旅行的目的地
ـ: المَسافة التي يَشُقُّها السائِر 途程，路程
ـ: سَفَر بَعِيد 远游
ما أَشَدَّ ـ الخُلْف بَيْنَنا وبَيْنَكُمْ 咱们之间的分歧真大啊！
شُقَّة جـ شُقَق / مَشَقَّة: سَفَر شاقّ 困难的旅行
ـ بَعِيدة 遥远的距离
بُعْد الـ 距离的遥远
ـ: هِلَال ［数］弓形，月牙形，半月形
ـ حِيَادٍ ［军］无人带（战时介于双方前敌战壕间的地带）
شُقَّة وشِقَّة من الأَرض 地段

ـ الحَرام 禁地
شَقَّة جـ شقَق (مـ): جُزْء من بيت 一套房间，套房，套间
اشْتِقَاق ［语］孳乳，派生
عِلْم الـ 字源学，词源学
انْشِقَاق: انفِصال 分裂，分离，离散，瓦解
شَاقّ: مُتْعِب 乏味的，讨厌的，麻烦的，繁重的，令人疲劳的
ـ: عَسِير 艰难的，困难的
ـ: عَنِيف / مُتْعِب 费力的
شَقِيق جـ أَشِقَّاء: أَخ 哥哥，弟弟
ـ الشيء: نِصْفُه 半，一半
أَخ ـ 胞兄（弟）
شَقِيقَة جـ شَقَائِقُ: أُخْت 姐姐，妹妹
أُخْت ـ 胞姐（妹）
البلاد (الأَقْطَار) الـ 兄弟国家，兄弟之邦
ـ: صُدَاعُ شِقّ الرَأْس ［医］偏头痛
شَقَائِقُ النُعْمَان الواحدة شَقِيقَة النُعْمَان: نبات وزهره ［植］白头翁
مَشْقُوق 有裂痕的，有裂缝的
مُشْتَقّ ［语］派生的
مُتَشَقِّق 劈开的，裂开的
شَقَل ـ شَقْلاً الدراهمَ: وزَنها （用天平称）银币
شَاقُول: مِيزَان المَاء 酒精水准器
ـ 带铁箍的手杖
شَاقِل (أ) shekel: عِيار أو وَزْن أو نَقْد عِبْرِيّ 古巴比伦的衡量单位；古犹太银币名
شَقْلَبه (مـ ع): سَقْلَبه / قلبه 推翻，颠覆，倾覆，翻倒
تَشَقْلَبَ (سـ): تَسَقْلَبَ 翻跟头，翻筋斗
شَقْلَبَة (سـ) / شُقْلَيْبَة (مـ): سَقْلَبَة 翻跟头，翻筋斗

شَقْلَبان (م) 骗子；操守不坚的
مُشَقْلَب 转方向
بالـ (س) 相反，颠倒
شَقَا يَشْقُو شَقْواً وأَشْقَى اللّه فلانًا: جعله شَقِيًّا 使成为不幸的、倒霉的、可怜的、悲惨的
شَقِيَ ـَ شَقًا وشَقَاءً وشَقَاوَةً وشِقَاوَةً وشَقْوَةً وشِقْوَةً: ضد سَعُدَ 成为不幸的、倒霉的、可怜的、悲惨的
شَقَاوَة / شَقَاء: تَعاسة 不幸，倒霉
ــ (م): عَرْبَدَة 顽皮，任性，蛮横
شَقْوَة 不幸，倒霉
شَقِيّ جـ أَشْقِيَاء: ضد سَعِيد 不幸的，可怜的
ــ: مُجْرِم 罪犯，恶棍，歹人，坏蛋
ــ (م) / شَقْوَة (م): عِرْبِيد 顽皮的，撒野的
شَكَرَ ـُ شُكْرًا وشُكُورًا وشُكْرَانًا الرجلَ وله وتَشَكَّرَ له: أثنى عليه لما أولاه من المعروف 谢，感谢，道谢(不用 لام 是更简洁的)
ــ ه: أَثْنَى عليه / مدَحه 赞扬，表扬
يُشْكَرُ عليه 值得感谢的
أَشْكَرَ الضَرْعُ: امتلأ لَبَنًا 乳房充满乳水
شُكْرًا لَكَ 谢谢
قُرْبَان الـ (表示感谢神灵的)供品，祭品
يَوْم الـ [基督]感恩节
شَكْر: فَرْج المرأة 阴户
ــ: نِكاح 性交，交合，交媾
شَكَارَة جـ شَكَائِر (س) 犁沟
عَيْنٌ شَكْرَى جـ شَكَارَى وشُكَارَى 泪汪汪的眼睛，泪眼
شُكْرَان 感谢，道谢
ضَرْعٌ شَكْرَان جـ شَكَارَى وشُكَارَى 充实的乳房
شَكُور جـ شُكُر / شَكِير: كَثِير الشُكْر (阴阳性通用)多谢的，感恩戴德的
شَاكِر جـ شَاكِرُون وشُكَّر 感谢者，感谢的
شَاكِرِيّ جـ شَاكِرِيَّة (أ) (波)佣工，雇工，被雇者
شَاكِرِيَّة 工资
ــ (م) 匕首
مَشْكُور 被感谢的，被赞扬的
مُتَشَكِّر 感谢者
ــ 谢谢!
شَوْكَرَان / شَيْكَرَان / شَيْكُرَان (أ): نَبات سامّ [植]毒人参，毒芹
شِكَارَة (م): مِشْوَاة/ إِسْكَارَة (ع) (波)(烤鱼肉等有把的)铁丝格子
ــ: كِيس 袋子
شَكَرْتُون (م): شَرِيط عازِل 绝缘电缆
شَكَّاز 阳痿的，早泄的
شَكُسَ ـُ شَكَاسَةً وشَكِسَ ـَ شَكَسًا: كان شَرِسًا / صَعب الخُلُق 有坏脾气的，性情恶劣的
شَاكَسَه: خَاصَمَه 争吵，吵架
ــ 挑衅，寻衅，找碴儿
تَشَاكَسَ القومُ: تَخَالَفُوا 争吵，吵架
شَكْس / شَكَس 坏脾气
شَكَاسَة: سُوء الخُلُق 坏脾气，性情恶劣
ــ: سُرْعَة الغَضَب 暴躁，性急，易怒
مُشَاكَسَة 争吵，吵架
شَكِس جـ شُكْس: سَيِّئ الخُلُق 脾气坏的
ــ: نَزِق 暴躁的，性急的，易怒的
شَكْسبير (أ) Shakespeare (William): شاعِر الانكليز الأعظم (威廉)莎士比亚(英国大诗人，剧作家，1564—1616)
شَكُوش (م) / شَكُوج / شَاكُوش (م): مِطْرَقَة (土)锤子

ـ بمَشْقَبِيَّة 夹锤，拔钉锤
ـ السَاعَة (钟表的)纵擒器
أبو ـ 双髻鲛
شَكَّ ـُ شكًّا فلانًا بالرُمْح: طَعَنَه وخرقه إلى العَظْم (矛)刺到骨头
ـ ت الشَوْكَةُ رِجْلَه: دخلت فيها (刺)扎进脚里
ـ في السِلاح: كان لَابِسًا سِلاحًا تامًّا وغارقًا فيه 全身武装
ـ الحِصَانَ بالمِهْمَاز: طعنه به وحضّه على الإسراع (用马刺)踢马，催马前进
ـ في الأمر: ارتاب فيه 疑惑，怀疑
ـ في الرجُل 怀疑，疑心，疑惑，觉得可疑，觉得靠不住，不相信
ـ الإسْمَنْتُ: جَمَدَ (水泥)凝固，变硬
شَكَّكَه: جعله يَشُكُّ 惹起怀疑，引起疑心、猜疑
ـ 多次刺穿
ـ: أَعطَى أو أَخَذَ بالدَيْن 赊卖或赊购
تَشكَّكَ في الأمر: شَكّ فيه وارتاب 怀疑
شَكّ جـ شُكُوك: ضد يَقِين 疑，疑惑
ـ: رِيْبَة 怀疑
لا ـَ 无疑的，毫无疑义
بلا ـٍ: يَقِينًا 无疑地，确实，当然
ما من ـ في أن... 关于…是无疑问的
من دُون ـ: بِلاَ رَيْب 无疑地
لا يَتطَرَّق إليه الـ 无疑的，确实的，明白的，无可置疑的
سَرِيع الـ (مـ) 快速凝结的
شِكَّة جـ شِكَك: خشبة صغيرة تجعل في خُرْت الفأس ونحوه يضيّق بها 楔子
شَكَّة جـ شَكَّات: وَخْزَة 扎，刺，踢马刺

شُكُك (مـ) / تَشْكِيك (مـ): بالدَيْن / نَسِيئَة 赊卖，赊销，赊购
شَاكّ: مُرْتَاب 怀疑的，疑惑的，疑心的，猜疑的
ـ سِلاح / ـ في سلاح: لابِس سِلاَحًا تامًّا 全身武装的
ـ السِلاح: على أُهْبة القِتال 已做好动武准备
شَاكَّة جـ شَوَاكّ: وَرَم في الحَلْق 喉咙肿胀
مَشْكُوك فيه: غير مُحقَّق 可疑的，不可靠的
ـ في أَمْره 可疑的，形迹可疑的
شَكَّاك / شَكُوك 多疑的人
شُكْشُوكَة (مـ): شَكِلَة 婀娜多姿的，娇艳的，风骚的，迷人的，娇滴滴的
شَكِلَت ـَ شَكَلاً المرأةُ: كانت ذات دَلال وتغنُّج 卖弄风情，妖里妖气，卖俏
شَكَلَ ـُ شَكْلاً وشَكَّلَ وأَشْكَلَ واستَشْكَلَ الأمرُ: التبس 成为暧昧的，含糊的，不明确的
ـ وـ الدَابّةَ: قيَّدها بالشِكَال 用羁绊把牲口的脚绊起来
ـ وـ الكِتَابَ: قيَّده بالحَرَكَات [语](在阿拉伯文的书上)加音符
ـ الأمرَ: عَرْقَلَه 使事情错综复杂，使事情纠缠混乱
شَكَّلَ الشيءَ: صوَّره 形成，构成，造成，铸成
ـ الشيءَ: نوَّعه 使变成多种多样的，成为丰富多彩的
ـ الوِزارَةَ: أَلَّفَها 组阁，组成内阁
شاكَلَه: ماثَلَه 像，似，类似
و ما ـ ذلك 诸如此类
ـ ه (مـ): شاكَسه 寻衅，挑衅，找碴儿
تَشكَّلَ: تصوَّر 形成
ـ بأَشْكَال الدِيَكَة 像公鸡的样子

تَشَاكَلاَ: تَمَاثَلاَ وتَوَافَقَا 彼此相似
اِشْتَكَلَ واسْتَشْكَلَ الأمرُ: اِلْتَبَسَ (事情)混淆
不清
شَكْل وشِكْل: دَلال 卖俏，卖弄风情
ـ جـ أَشْكَال وشُكُول: صُورَة 肖像，画像；
图解，插图；图片，照片
ـ: رَسْم 图，图形，画，图画，人物画，
图案，花样
ـ: رَسْم مَطْبُوع أو مَحْفُور للطبع 插图，
插画；木刻画
ـ: هَيْئَة 形状，形式，样子，外观，姿
态，模样，风姿
ـ: كَيْفِيَّة 风，风格，体裁，式样
ـ الكَلام: حَرَكَاته 阿拉伯文的音符
ـ / شَاكِلَة جـ شَوَاكِلُ: نَوْع 种类，性质，
品质
الـ والمَوْضُوع 形式和内容
ـ تَبَادُل المُنْتَجَات 产品交换方式
ـ إنْذار 以通牒的形式
بـ ـ قَوِيّ 蓬蓬勃勃地
بـ ـ سَافِر 公开地，以公开的形式
بهذا الـ أو بذلك 用这种或者那种形式
على ـ المِرْوَحَة 扇子式的；扇形的
كُرَوِيّ الـ 球形
مُسْتَدِير الـ 圆形的
أَشْكَال القَمَر 月相
شَكْلاً: صُورَةً 形式地，形式上地(按形式，
看样子)
شَكْلِيّ 形式的，形式上的
شَكْلِيَّة جـ شَكْلِيَّات 形式，手续，形式主义，
公式主义
تَشْكِيل: تَنْوِيع 使变换多端、各色各样

ـ 组织，构成；编队
ـ سِرِّيّ 秘密组织
ـ على نَسَق 横队编队
ـ رَتَلِيّ 纵队编队
تَشْكِيلِيّ 可塑的，造型的；编队的
فُنُون ـ ة 造型艺术
طَيَرَان ـ 编队飞行
تَشْكِيلَة (مـ): أشياء مُتَنَوِّعَة 货物的品种，各种
各样的东西，一套(全套)物品；编队
إشْكَال جـ إشْكَالاَت 复杂，困难
مُشَاكَلَة: مُمَاثَلَة 相似，类似
شَاكِلَة: خَاصِرَة (身体的)侧胁部
على ـ ه: من طِينَتِه 按他的性格
كل يَعْمَلُ على شَاكِلَتِهِ 各人按照自己的
方法而工作，各人有一套办法
اِمْرَأَة شَكِلَة: ذات دَلال 风骚的，妖娆的，轻
浮的，卖弄风情的女人
شُكَلِيّ جـ شُكَلِيَّة: شَكِس 好争吵的
شِكَال جـ شُكُل: قَيْد 羁绊，手铐，脚镣，桎梏
مُشْكِل: مُلْتَبِس 暧昧的，含糊的，不明确的
ـ: مُعْضِل 难于解决的
ـ / مُشْكِلَة جـ مَشَاكِلُ ومُشْكِلاَت: مُعْضِلَة
难题，困难的任务，没有把握的工作
ـ / ـ: وَرْطَة 困境
مُشَكَّل: مُتَنَوِّع 多样的，各种各样的，五花
八门的
ـ: مُحَرَّك 带音符的阿拉伯文
شَكَمَه ـُ شَكْمًا: بَرْطَلَه لِيَسْكُتَ 贿赂
ـ: أَسْكَتَه 使缄口，使无言
ـ الدَّابَّةَ (مـ): وَضَعَ الشَّكِيمَةَ في فَمِهَا (给牲
口带上)口衔
ـ ه (مـ): زَجَرَه / شَهَمَه 约束，抑制，控制；

套上笼头

شَكِيمَة اللِجام جـ شَكَائِمُ وشُكُم وشَكِيم 口衔，马嚼子

ـ: انتصار من الظُلْم 反抗压迫

ـ: أنفة 蔑视，藐视，鄙弃，不屑

ذو ـ / شَدِيد الـ / قَوِيّ الـ: أُنوف أَبيّ لا ينقاد 顽固的，倔强的，固执的，不屈服的

شَكْمَجِيَّة (مـ): عُلْبَة الحُلِيّ والتُحف الصغيرة (土)首饰盒

شَكَا يَشْكُو شَكْوَى وشَكْوًا وشَكَاةً وشَكَاوَةً وشِكَايَةً وشَكِيَّةً واشْتَكَى وتَشَكَّى إليه فلانًا: تظلَّم إليه من فلان 诉苦，诉委屈，抱怨，发牢骚

ـ وـ الأمرَ: عرَضه 诉说，陈述

ـ مَرَضَه للطَبِيبِ: شرَحه له (对医生)陈述病情

هو يُشْكَى بـ... 他被控告为…

ـَـ شَكْوًا وشَكْوَى وشَكَاةً المَرَضُ فلانًا: آلَمَه 疾病使他痛苦

تَشَكَّى واشْتَكَى: مَرِضَ 害病

اِشْتَكَى من فلان 对某人有意见

تَشَاكَى القومُ: شَكَا بعضهم إلى بعض 彼此诉苦

شَكْوَة جـ شَكَوَات وشَكَاء / شَكْوَى جـ شَكَاوٍ وشِكَايَة / شَكَاوَة / شَكِيَّة 申诉，控诉，告诉

ـ: قِرْبَة (مـ) (زِقّ) مَاء صغِيرَة 装水用的小皮袋

مِشْكَاة: كُوَّة غير نَافِذَة 壁龛(墙上放灯等的窟窿)

شَاكٍ / مُشْتَكٍ 鸣不平者，诉冤者，原告，控告者，申诉人，控诉人

شَاكِي أو شاكّ السِلاح 全身武装者

شَكِيّ م شَكِيَّة / شَاكٍ م شَاكِيَة 可怜的，不舒服的

شَكَّاء 经常抱怨者，满腹牢骚者

ـ 好哭者，爱哭者

مَشْكُوّ ومَشْكِيّ ومُشْتَكَى عليه 被告，被控告者，被告发者，犯人，罪犯，[法]刑事被告，未决犯，嫌疑犯

شِكُورِيَا (أ) chicory, succory: سَرِيس (مـ) / سِرِيس [植]苣菜，欧洲菊苣

شَكُوش (مـ): مِطْرَقَة (راجع شكش) 锤子，铁锤

شَكُولاتَه (أ) chocolate 巧克力，巧克力糖果，巧克力饮料

شَكُونِيتَه / شَكُونِيتَه (أ) joconet: نَوْع من الشيت 一种印花布

شِلْب (ع) 米

شِلْبَة: نوع من السَمَك 鲫鱼

شَلَبِيّ (مـ): مُتَأَنِّق / ظَرِيف (土)斯文的，文雅的，风雅的，清秀的，标致的

تَشَلْبَنَ (سـ) 成为风雅的，文雅的

شَلَّتَ (مـ): رَفَّسَ 尥蹶子(跳起来用后脚向后踢)

شلْتَة: حَشِيَّة رَقِيقَة 薄褥垫，精致的褥垫

شَلُّوت جـ شَلَالِيتُ 踢，推动力

شَلِيتَة جـ شَلِيتَات 袋

شَلْتَت 把面团擀薄，把面饼弄薄

شَلْتُوتَة جـ شَلَاتِيتُ 破布

مُشَلْتَت 薄馅饼

فَطِيرة ـ ة 千层饼

شَلْجَم / شَلْغَم: نَبات كاللِفْت [植]油菜，芸苔

شَلَحَ ـَ شَلْحًا ثِيابَه (مـ): خَلَعها 脱衣服

ـ الكَاهِنَ (مـ) أو الرَاهِبَ 剥去祭司的法衣(剥夺祭司的资格或权利)

شَلَّحَه: عَرَّاه 剥下他的衣服，脱下他的衣服

شلح 634 شمت

ـ: سَلَبَ 夺取，掠夺，抢夺

مَشْلَح (س): نَشِير 睡衣，化妆衣

شَلْحَاء وشَلْحَى جـ شُلْح: سَيْف حادّ 利剑

مُشَلَّح: غُرْفَة اللُّبْس 化妆室，更衣室

شَلْش جـ شُلُوش (س) 根

شَلْشَلَ الماءُ: قطَر 滴下，滴落，一点点地流

شَلْفَطَ (س) 污损，弄污；写得不清楚，潦草书写

ـ (س) 用吸墨纸吸干

شَلْفَطَة (س) 拙画，潦草不清的信；抹脏，乱涂；用吸墨纸吸干

شَلَقَه ـُ شَلْقًا: فلقه 劈，劈开，割裂，扯裂，扯破，撕裂

شُلُوق 热风，地中海的热风

شِلْق / شَلِق: طائفة من السَمك 泥鳅

شِلْقَاء: سِكِّين 小刀

شَوْلَقِيّ: مُولَع بالحَلْوى 好吃甜食者

شَلَّ ـُ شَلاًّ وشَلَّلَ الثَوْبَ: خَاطَ خِياطةً واسِعَةً 疏缝，粗缝，用大针缝

شَلَّت ـَ شَلاًّ وشَلَلاً وأُشِلَّت وشُلَّت يَدُهُ: يبست (手)瘫痪

لا شُلَّتْ يَدَاكَ أو لا شُلَّتْ عَشَرُكَ! (这是对百发百中者的祝贺)(愿你的两手永不瘫痪！愿你的十指永不瘫痪)好！好极了！射得好！

شَلَل: فَالج [医]麻痹，瘫痪，中风

ـ جُزْئِيّ أو رَجْفِيّ أو ارْتجَافِيّ 麻痹，瘫痪

ـ وَجْنِيّ: لَقْوَة 面部神经麻痹

ـ اِهْتِزَازِيّ أو رُعَاشِيّ أو هَازّ 震颤性麻痹，帕金森氏病

ـ نِصْفِيّ [医]偏瘫，半身不遂

ـ سُفْلِيّ 截瘫，下身麻痹

ـ الأَطْفَال [医]脊髓灰质炎，小儿麻痹症

ـ رُبَاعِيّ / ـ الأَطْرَاف الأَرْبَعَة 四肢麻痹，四肢瘫痪

شَلَّة وشُلَّة جـ شَلاَّت: قَصْد 目的，目标，宗旨

ـ خَيْط (م): سَبِيخَة 一支线，一束线，一绞线

ـ (م): زُمْرَة 群，团体，集团，派系，帮会，(志同道合的)伙伴，党派

شِلاَلَة: خِيَاطَة مُتَبَاعِدة 粗缝，暂时缝合，潦草草的缝合

أَشَلّ م شَلاَّءُ جـ شُلّ / مَشْلُول: مُعَطَّل الحَرَكَة 麻痹的，瘫痪的

ـ / ـ: مُصاب بالشَلَل 中风病人，瘫痪的人

شَلاَّل جـ شَلاَّلات: مَوْضع هُبُوط الماء 瀑布，小瀑布

ـ: مُنْحَدِر النَهْر 急流，奔流，急湍

شَلاَضِيم 嘴唇

شَيْلَم / شَوْلَم: زُؤان [植]毒麦，毒麦草

شَالِم (م): بَرَّاكَه 黑麦

ـ (م) (في الطِبَاعة): خَطّ العَنَاق ({}) 大括号({})

شِلِن جـ شِلِنَات (أ) shilling: عُمْلَة إنْكليزِيَّة 先令(英国银币，一镑的1/20或十二便士，略作 S.，sh.)

شَلاَ يَشْلُو شَلْوًا الشيءَ: شَالَ بالشيء / رفعه 举起，提起，抬高

شِلْو جـ أَشْلاَء: عُضْو من أعضاء اللحم 一块肉

أَشْلاَء الإنسان (残骸的)肢体，手，足

شُلِيك (م): فَرَاوْلَة (م) [植]杨梅，草莓

شَمْبَانْزِي (أ) chimpanzee: غُول / بَعام 黑猩猩

شَمْبَانِيَا / شَمْبَانِيَة (أ) champagne: مَشْرُوب فَاخِر 香槟酒

شَمْبَرَانُ العَقْد (م): حلية معمارِيَّة [建]拱缘

شَمِتَ ـَ شَمَاتًا وشَمَاتَةً به: فرح بِبَلِيَّتِهِ 幸灾乐祸

شَمَّتَه: خَيَّبَه 使失望，使绝望，使沮丧，使(计划)落空，使受挫折

ـ العاطِسَ وـ عليه: دعا له بقوله مثلاً "يَرْحَمُكَ اللهُ" 对打喷嚏的人说："愿真主慈悯你！"

ـ (م) وأَشْمَتَ 引起幸灾乐祸

شَمَاتَة 幸灾乐祸

شَامِت جـ شُمَّات 幸灾乐祸的人

شَمَخَ ـَ شَمْخًا وشُمُوخًا الجَبَلُ: عَلاَ (山)高耸，巍峨

ـ وشَمَّخَ أَنْفَهُ وبِأَنْفِهِ: رفَعه اعتزازًا وتكبُّرًا 仰首伸眉，轻视，轻蔑，看不起

تَشَامَخَ: تَكَبَّرَ 骄傲，傲慢

ـ: اِرتفع 高耸

شُمُوخ 高，高耸

شامخ جـ شُمَّخ م شَامِخَة جـ شَوَامِخُ وشَامِخَات:

عَالٍ 高的，巍峨的

رَجُلٌ ـ 高傲的人

جَبَلٌ ـ 高山

جِبَالٌ شَوَامِخُ 崇山峻岭

شامخ / مُتَشَامِخ: مُتَكَبِّر 骄傲的，高傲的，傲慢的，自大的，目空一切的，旁若无人的

شَمْخَرَ الرَجُلُ: تكَبَّرَ 骄傲，高傲

اِشْمَخَرَّ الجبلُ: كان عاليًا 高耸，巍峨

شَمْخَرَة: تَكَبُّر 傲慢，自大

مُشَمْخِر 傲慢的

شَمَرَ ـُ شَمْرًا وشَمَّرَ وتَشَمَّرَ وانْشَمَرَ الرجلُ: مَرَّ مُسْرِعًا 匆忙，急忙，匆匆地走

شَمَرَه ـُ شَمْرًا: سَحَبَه 撤回，收回，取消

ـ الشيءُ: تَقَلَّصَ 抽缩，收缩，缩回

ـ وشَمَّرَ كُمَّه 挽起、卷起袖子(准备行动)

ـ وـ للأمر: اِهْتَمَّ به 关心，注意，注重

ـ وـ عن سَاعِده 卷起衣袖(准备办事)

شَمَّرَ عن سَاعِد الجِدّ والكَدّ 积极工作

شَمَر / شُمْرَة / شَمَار: نبات 茴香

شِمَار جـ شِمَارَات (م): حِمَالَة (انظر حمل) (裤子的)背带

ـ (م): صَدْرِيَّة / شِمال (انظر شمل) 乳罩

شُمْرُوخ / شِمْرَاخ جـ شَمَارِيخُ: عِذْق عليه بَسْر أو عِنَب 带葡萄的细枝

ـ: غُصْن دَقيق رخص ينبت في أعلى الغصن الغليظ 细枝，嫩条

شَمَاشِيرُ (م) 衬衣

شَمَاشِيرْجِي جـ شَمَاشِيرْجِيَّة (م) (土)洗衣工人

ـ 仆人

شَمَزَ ـُ شَمْزًا واشْمَأَزَّ منه: نفر منه كَراهة (因嫌恶而)退缩

اِشْمَأَزَّ: اِقْشَعَرَّ كَرَاهَةً (见腐尸而)毛骨悚然

ـ ت نفْسُه 嫌恶，嫌忌，憎恶；发呕，要吐

ـ منه: اِسْتَاء 厌倦，嫌弃

تَشمَّزَ وجهُه: عبَس 皱眉头，瞪着眼看

اِشْمِئْزَاز 厌恶，嫌忌，憎恶

مُشْمَئِزّ: كَارِه 厌恶的，嫌恶的

ـ منه: مستاء ونافِر 嫌恶，厌弃，厌倦，嫌弃

شَمَسَ ـُ شُمُوسًا وشِمَاسًا: اِمْتَنَعَ وأَبَى 拒绝，不肯

ـ له: تَنَكَّرَ وأبدى له العداوة وهمّ له بالشرّ 表示敌意

ـ الفَرَسُ: كان لا يُمكِّن أحدًا من رُكوبه أو إسراجه ولا يكاد يستقرّ (马)倔强，难驾驭，不让鞴鞍子，不让人骑

شَمَسَ ـِ شَمْسًا وشَمِسَ ـَ شَمَسًا وأَشْمَسَ اليومُ: كانت الشمس فيه ظاهرة 晴，晴朗

شَمَّسَه: عَرَّضَه لنور الشَمْس 晒
تَشَمَّسَ: تدفَّأَ في الشَمْس 向太阳，晒太阳
ـ (س) 中暑，害日射病
شَمْس جـ شُمُوس: النيِّر الأَعْظَم 日，太阳
ـ / شَمِس: لا غَيْم فيه 向阳，日暖，晴朗
شُرُوق الـ 日出，日升，日出时，天亮时，拂晓，黎明
ضَرْبة ـ: رَعَن [医]中暑，日射病
ضَوْء الـ 日光，阳光
عبَّاد الـ: زَهْرَة [植]向日葵
عابِد الـ 太阳崇拜者
غُرُوب الـ 日落
هذا واضِحٌ وُضُوحَ الـ 这是十分明白的，这是昭然若揭的
شَمْسِيّ 日的，太阳的
ـ / مَشْمُوس 当阳的地方
حَجَر ـ [矿]青蛋白石
حَرْف ـ / حُرُوف ـ ة [语]太阳字母
(能与冠词 ال 中的 ل 同化的字母，例如：اَلشَّمْس 读成 اَشَّمْس)
شَهْرٌ ـ 阳历月(相对的是太阴月)
التَصْوِير الـ 照相，摄影
صُورَة ـ ة 相片，照片
ساعَة ـ ة 日规，日晷仪
سَنَة ـ ة 太阳年(三百六十五天五时四十八分四十六秒)，阳历年
شَمْسِيَّة جـ شَمْسِيَّات وشَمَاسِيّ / مِظَلَّة 伞，阳伞
ـ المَطَر: عَالَة 伞，雨伞
ـ الشُبَّاك (مـ) 百叶窗，窗帘，板帘
شَامِس جـ شَوَامِسُ (مـ) / شَمُوس جـ شُمُس: حَرُون 倔强的，难驾驭的
ـ / مُشْمِس 太阳的，向阳的，晒太阳的，曝于日光下的
شَمَّاس جـ شَمَامِسَةٌ: جُلاذِيّ / خادِم الكَنِيسَة (教会的)书记，执事，(教堂的)看门人
مَشْمَسَة: مكان الاستِمْتَاع بضَوْء الشَمْس 日光浴室
شَمْشَمَ (مـ): تَشَمَّمَ 想闻出食品的气味
شَمْشَمَة 嗅出，侦知，探知
انْشَمَصَ 害怕得发抖
شَمَطَ ـِ شَمْطًا الشيءَ (مـ): شطَن / ربَط بحَبْلٍ (用绳)捆绑
ـ البائعُ المُشْتَرِي (مـ) 要高价，漫天要价
شَمِطَ ـَ شَمَطًا واشْمَطَّ واشْمَاطَّ واشْمَأَطَّ شعرُه: خالط بياضٌ رأسه (头发)发白，变成花白的
شَمَاطَة (مـ) (土)吵闹，骚动
أَشْمَطُ جـ شُمْط وشُمْطَان م شَمْطَاءُ جـ شُمْط 须发斑白者，有灰白发的老人
شَمَعَ ـَ شَمْعًا وشُمُوعًا ومَشْمَعًا: لعِب ومزح 诙谐，说笑话，开玩笑
ـَ شُمُوعًا الشيءُ: تفرّق 分散，涣散，离散
شَمَّعَ الشيءَ: طَلاَه بالشَمْع 涂蜡，上蜡，用蜡擦
ـ الفَتْلَة (مـ): جَرَى هَارِبًا 逃走，溜之大吉；狂奔
تَشَمَّعَ 涂上蜡
شَمْع اسكندرانِيّ / شمع النَحْل / شمع العَسَل: مُوم العَسَل 蜡，蜂蜡
ـ الشَحْم 牛脂蜡烛
ـ الخَتْم / أَحْمَر: خِتَام 火漆
ـ البَرافِين 石蜡
شَمْعَة جـ شَمَعَات وشُمُوع: عُود شَمْع 蜡烛
شَمْعِيّ: كالشَمْع أو منه 蜡的，蜡制的，上蜡的，蜡黄的

شَمْعَدان جـ شَمَاعِدُ وشَمْعَدَانَات: ماثلة 烛台

شَمَّاع: صانع الشمع أو بائعه 蜡烛工人；蜡烛商

شَمَّاعَة المَلاَبِس (مـ): شِجاب 衣帽架（钉在墙上的）

ـ مَدْخَل (مـ) 活动的衣帽架

مُشمَّع جـ مُشَمَّعَات: ما عليه شَمْع 涂蜡的，已上蜡的，用蜡擦过的

ـ / ـ الفَرْش (مـ) 油布，漆布，胶布

ـ الأَرْض (مـ) 油毡

ـ طِبِّيّ (مـ) 橡皮膏

شَمِلَ ـَ وشَمَلَ ـُ شَمْلاً وشَمَلاً وشُمُولاً الأمرُ القومَ: عمَّهم 普及，普遍

ـ ه واشْتَمَلَ عليه: حَوَى 包含，包括

شَمَلَ ـُ شُمُولاً وشَمْلاً فلانًا بالعِنَايَة: اعْتَنَى به 关心，关怀

اِشْتَمَلَ على كذا: تألَّف منه 包含，由…组成，合成

ـ وتَشَمَّلَ بالشَمْلَة 穿上宽外袍，披上礼服

شَمْل: اِتِّحاد 联盟，联合

جَمْع الـ 再联合；重聚；团聚

تَشَتُّت الـ 分散，涣散

بدَّد ـ هم 驱散，击溃

شَمْلَة جـ شَمَلاَت / كِساء واسع 宽外衣，披风，斗篷，外套

ـ (مـ) 小头巾，头带

شِمَال جـ شِمَالات: مُقابِل الجَنُوب 北，北方，北部

ـ شَرْقِيّ 东北，东北部，东北地方

ـ غَرْبِيّ 西北，西北部，西北地方

ـ / رِيح الـ 北风

كَوْكَب الـ: نَجْم القُطْب [天]北极星

ـ: يَسَار 左(边)

ـ: شِمار (مـ) 乳罩

اليدُ الـ: اليُسْرَى 左手

شِمَالاً: نَحْوَ الشِمال 向北，向北方

شِمَالِيّ: من الشِمال أو مُختصّ به 北方的，北部的，北边的；北方人；左的，左边的

شَامِل: عامّ 一般的，普通的；普遍的，包罗万象的，无所不包的

ـ (كالوَصْف أو المَعْنَى) 广泛的，概括的

ـ / مُشْتَمِل على: حَاوٍ 包含的，包括的

شَمِيلَة جـ شَمَائِلُ: طبع 天性，本质；美德

مُشْتَمَلاَت: مُحْتَوَيَات 内容，(书籍的)目录

مَشْمُول: مُحْتَوًى 所包含的，所包括的

ـ بِرعَايته 在他的关怀下、眷顾下

ـ بالحِمَايَة 处在保护国的地位

مَشْمَلَة (مـ): شجَر وثمره 枇杷

شَمْلَلَ الرجلُ: أَسْرَعَ 快，敏捷，轻捷，飞快

شُمْلُول جـ شَمَالِيلُ: كَمِيَّة قَلِيلَة 少量

ـ (مـ): خَفِيف الحَرَكَة 轻快的，敏捷的，迅速的

شَمَّ ـَ ـُ شَمًّا وشَمِيمًا وشِمِّيمَى واشْتَمَّ وتَشَمَّمَ الوردَ: أخذ رائِحتَه بحاسّة الشمّ 闻，嗅

ـ الهواءَ (مـ) 散步

شَمَّ ـَ شَمَمًا: تكبَّرَ 高傲，骄傲，傲慢，目中无人，目空一切

ـ الجَبَلُ: اِرْتَفَعَ أعْلاَه 高耸，高峻，巍峨

ـ منه (مـ): انعدَى 受他传染

شَمَّمَه وأَشَمَّه الوردَ: جعله يشمّه 使他闻花

تَشَمَّمَه / شَمْشَمَه (مـ): شَمَّه في مهلة 闻着，闻出；察觉，发觉，看破

ـ الأَخْبَارَ 探索，侦探，探听，打听

اِسْتَشَمَّه: اِسْتَنْشَقَه 嗅，闻

شَمّ / شَامَّة: حَاسَّة الشمّ 嗅觉，嗅官
عيد ـ النَسِيم (埃及的)惠风节(在清明前后)
شَمَّة 一撮鼻烟
شَمِّيّ: مختصّ بالشمّ 属于嗅觉的，关于嗅觉的
شَمَم: أَنَفَة 高傲，傲慢，骄傲，目中无人，目空一切
ـ 高度，高处
شَمَّام الواحدة شَمَّامَة جـ شَمَّامَات: بِطِّيخ أَصْفَر 甜瓜，香瓜
ـ 嗅到的(烟味)
شَمَّامَة مِصْبَاح البِتْرُول (مـ) (煤油灯的)龙头
ـ مِصْبَاح الغاز (مـ) (煤气灯的)燃罩，白热纱罩
مَشْمُوم: ما يُدرَك بالشمّ 香味
ـ: مِسْك 麝香
مَشْمُومَات 香花
أَشَمُّ م شَمَّاءُ جـ شُمّ: أَنُوف 高傲的，骄傲的，目空一切的，瞧不起人的
شَمِيم 悦人的气味
مِشَمّ 鼻子，嗅官
شَمَنْدَر / شَمَنْدُور: بَنْجَر (مـ) 甜菜，萘菜，糖萝卜
شَمَنْدُورَة جـ شَمَنْدُورَات (مـ): عوَّامَة التَحْذِير 浮标
ـ (مـ) / ـ السَلامة: مِنْطَقَة النَجَاة من الغَرق 救生圈
شَمْوَاه (أ) chamois: حَيَوان كالغَزال 臆羚
جِلْد ـ 臆羚皮
شِنَّاوِي (مـ): طُوبة بطولها في اتّجاه الحائط (墙面的)露侧石，横砌石
شَنِئَ ـ وشَنَأَ ـ شَنْأً وشُنْأً وشَنْأَةً وشَنَآنًا ومَشْنَأً ومَشْنَأَةً ومَشْنُؤَةً الرجلَ: أَبْغَضَه مع عَداوَة 憎恶，痛恨
شَنْأَة / مَشْنَأَة 憎恶，痛恨
شَانِئ جـ شُنَّاء م شَانِئَة جـ شَوَانِئ 憎恶者，痛恨者
شَنْآن م شَنْآنَة وشَنْأَى 憎恶的，痛恨的
شَنِبَ ـ شَنَبًا اليَوْمُ: بَرُدَ (天气)寒冷
ـ الرجلُ: كان أبيض الأَسْنَان حَسَنَها 牙齿洁白，皓齿，齿如编贝
شَنَب جـ أَشْنَاب (مـ): شَارب 髭
ـ القِطّ وأَمثَاله (مـ) 猫须
أَبُو ـ 有髭的，留小胡子的
أَشْنَب وشَانِب وشَنِيب م شَنْبَاء وشَانِبَة: أَبْيَضُ الأَسْنَان حَسَنُها 牙齿净白漂亮的人
شَنْبَر جـ شَنَابِرُ (مـ): إطار 边，缘，(车胎外面的)轮圈，轮缘；眼镜框
ـ زُجَاجَة السَاعة (钟表)嵌玻璃的沟缘，企口，嵌宝石的座盘
ـ حَدِيد: شَرِيط حَدِيديّ للحَزْم [机]铁带，铁圈，铁箍
ـ 螺丝帽垫，垫圈
شَانْتَاج (مـ) chantage [法]敲诈，勒索
شِنْتِيان جـ شَنَاتِينُ (مـ): سَرَاوِيل 宽大的裤子，灯笼裤
شَنِجَ ـ شَنَجًا وتَشَنَّجَ وانْشَنَجَ وأَشْنَجَ الجلد: تقبّض وتقلّص من حَرّ أو بَرْد 皱，缩，收缩，缩拢
ـ 出皱纹
ـ وـ: أُصيب بالتَشَنُّج [医]起痉挛，抽筋，抽搐
تَشَنُّج: تَقَلُّص عَضَلِيّ 抽搐，抽筋
ـ رَعْشِيّ [医]阵挛性，痉挛，抽筋
ـ كُزَازِيّ [医]强直性痉挛，紧张性痉挛
شَنْدِي بَنْدِي (مـ): كَيْفَمَا اتَّفَق 偶然地，无目的地

شَنَّرَ عليه: عابَه وفضحه 侮辱，诽谤，中伤，毁坏名誉
شَنَار: أقبح العار 污辱，耻辱
شُنَارَى: فَهْد الثُلوج [动]雪豹
شِنْشِنَة جـ شَنَاشِنُ: عادَة مُسْتَحْكَمَة 习惯，习性，惯例，常例
ـ: خُلُق 天性，性格
شَنْشَنَة (مـ): صوت خَشِن 刺耳的声音，粗犷的声音
شَنَطَ ـُ شَنْطًا (مـ): نَشط / عَقَد 打结，结疙瘩
شَنْطَة (مـ) / شَنْتَه / شَانْطَه جـ شُنَط وشَنْطَات:
حَقِيبَة (土)袋，背包，行囊，旅行袋
ـ الكُتُب: قِمْطَر 书包，小皮包
ـ يَد (妇女的)手提包
شَنِيطَه (مـ): أُنْشُوطة / عُقْدَة 活结，滑结子
شَنُعَ ـُ شَنَاعَةً وشَنَعًا وشُنْعًا وشُنُوعًا: قبح 成为丑恶的，难看的，卑鄙的，不名誉的
شَنَعَه ـَ شَنْعًا: شتَمه وفضَحه 辱骂，咒骂
شَنَّعَ عليه الأمرَ: قبَّحه 指责，责备，非难
اِسْتَشْنَعَه: اِسْتَقْبَحَه 认作可恶的，丑恶的
شُنْعَة / شَنَاعَة: قُبح المَنْظر 丑恶，难看
ـ / ـ: فَظَاعَة 可怕，讨厌
أَشْنَعُ م شَنْعَاءُ جـ شُنْع 丑恶的，可恶的，卑劣的
ـ الجَرَائم: أَبْشَع الجَرَائم 滔天罪行
شَنِع / شَنِيع جـ شُنُع: قَبِيح المنظر 丑陋的，难看的，畸形的，可憎的
ـ / ـ: فَظِيع 可怕的，讨厌的，可恨的
شَنَفَ ـِ شَنْفًا إليه: نَظَرَ إليه كالمعترض عليه أو كالمتعجّب منه 凝视，注视，盯着看，目不转睛的看；瞪眼看，睁大眼睛看
شَنَّفَ الآذانَ: أَطْرَبَها 悦耳；听得过瘾

ـ الجارِيَةَ: ألبسها قُرْطًا 给女孩戴耳环
ـ إليه: نظَر بمؤخَّر عَيْنِه 送秋波，使媚眼，瞟；斜视
شَنْف جـ شُنُوف وأَشْنَاف: قُرْط / حلَق 耳环
شَنِيف (مـ) (装稻草、麦秸等的)网袋
شَنَقَ ـِ شَنْقًا رأسَ الدابَّة: شَدَّهُ إلى شجرة أو وَتد مُرتفع 把牲口拴在树上或高桩上
ـ الرجلَ: أَعْدَمَه شَنْقًا 处以绞刑，绞死
شَنَق: حَبْل 绳子，绳索
شَنْق: الإعْدَام شَنْقًا 绞刑
مشْنُوق 被绞死的
مِشْنَقَة: آلة الشَنْق 绞架
مَشْنَقَة جـ مَشَانِقُ: مكان الشَنْق 绞刑场
شُنْقُب / شِنْقَاب / بَكَاشِين (مـ) / جُهْلُول (عـ) / شُكُّب (سـ) [鸟]鹬
ـ مُزَوَّق [鸟]彩鹬，玉鹬
شَنْكَار النَجَّار (مـ) (木匠用的)画线器
شَنِّك جـ شَنَانِكُ (مـ) 庆祝典礼
شَنْكَله (مـ): أَعْثَرَه 绊倒，使跌倒，勾脚绊倒
تَشَنْكَلَ (مـ) 被勾住，绊倒
شَنْكَل التَعْلِيق جـ شَنَاكِلُ (مـ): كُلاَّب (土)钩，铁钩，吊钩；钓钩；窗子钩
ـ ورزَّه (مـ) (军装领上的)钩状扣子，领扣
شَنْكَلَة (مـ) 小钩
ـ (مـ) 角力动作中的绊子
شَنَّ ـُ شَنًّا وأَشَنَّ غارةً أو حَمْلَةً أو هُجُومًا عليهم: وجّهها عليهم 发动进攻
ـ حَرْبًا 发动战争
ـ الماءَ على الشراب: صَبَّه مُتَفَرِّقًا 掺水在酒里
أَشَنَّ وتَشَنَّنَ واسْتَشَنَّ: أَخْلَق (皮袋)用坏，磨损
شَنّ جـ شِنَان وأَشْنَان (运酒的)旧皮袋
مِشَنَّة: سَلَّة من عيدان الغاب 芦苇编织的提篮

شَنْهَفَ الباكِي (مـ): أَهْتَفَ 啜泣，呜咽
شَنْهَقَ الحِمارُ (مـ): نَهَقَ 驴叫
شَنِيشَة المَدْخَنَة أو المِدْفَأ (مـ): ثَقْب في الحائط
(烟囱的)烟道
شَهِبَ ـَ وشَهُبَ ـُ شَهَبًا: كان لونه شُهْبَة 成为
灰色的
شَهَب / شُهْبَة: بَياض يُخالِطه سَوَاد 灰色
شِهَاب جـ شُهُب وشُهْبَان وشِهْبَان وأَشْهُب: نَيْزَك
流星，陨石
ـ: كَوْكَب 星
ـ: سَهْم نارِيّ / صارُوخ 烟火，焰火，火箭
أَشْهَبُ م شَهْبَاءُ جـ شُهْب: لَوْنُه بين الأَبْيَض
والأَسْوَد 灰色的
شَهِدَ ـَ شُهُودًا المجلسَ: حضَره 到会，到场，
出席
شَهِدَ ـَ وشَهُدَ ـُ شَهَادَةً: كان شَاهِدًا 作证，证实
ـ بكذا: قَرَّره (كِتَابَة) 写证明书，立证据
ـ له بكذا: أَقَرَّ 承认，招认，招供
ـ لفُلان 替某人作证(提供有利于某人的
证据)
ـ على فُلان 对某人作证(提供对某人不
利的证据)
ـ على العَقْد أو الصَكّ 证实合同或契约
ـ وشَاهَدَ الشيءَ: اِطَّلَعَ عليه 目击，目睹，
亲眼看见
أَشْهَدَه واسْتَشْهَدَه: سأله أن يَشهد 请他证明，
求他作证人
تَشَهَّدَ المُسْلِمُ [伊]穆斯林诵作证词说：
أَشْهَدُ أنْ لا إلهَ إلاّ اللهُ وأَشْهَدُ أنَّ مُحَمَّدًا رَسُولُه
(我作证：万物非主，唯有真主；我作证：
穆罕默德是真主的使者)
اِسْتَشْهَدَ بِقَوْلٍ: ذَكَرَه 引证某人的话

أُشْهِدَ وأُسْتُشْهِدَ: مَاتَ كَشَهِيدٍ 殉教；牺牲
شُهْد وشَهْد جـ شِهَاد: عَسَل ما دام لم يُعْصَرْ من
شَمْعِه 蜂房(窝)里的蜜
شَهَادَة جـ شَهَادَات: إِقْرَار 证据，证明，口供，
供词
ـ زُور 伪证
أَدَّى ـً / أَدْلَى بـ ـ 作证，证明，证实
ـ: بَيِّنَة 证据，证物
ـ: عَالَم الأَكْوَان الظَاهِرة يقابله عالَم الغَيْبِ
物质世界(与之相对的是精神世界)
ـ (مَكْتُوبة) 证书，文凭，执照，凭照，
证券，证明文件
ـ حُسْن السَيْر والسُلُوك 操行优良证书
ـ تَحْقِيق شَخْصِيَّة 身份证
ـ خُلُوّ الطَرَف 起货证，卸货证
ـ الدراسَة الثَانَوِيَّة 中学毕业证书
ـ عالِيَة: إجازة /دِبْلُوما (أ) diploma 高等
学校毕业证书
اِمْتِحان الـ 毕业考试
ـ المِيلاَد 出生证书
ـ إِثْبَات 起诉证明，检举证据(为原告作
见证)
ـ نَفْي 辩护状，辩护证明(为被告作见证)
ـ بمِلْكِيَّة أَسْهُمٍ أو سَنَدَاتٍ مالِيَّة 临时股票
(证券)，临时钞票，临时通货
ـ / اِسْتِشْهَاد: المَوْت لأَجْل المَبْدَأ 殉教，殉
难；牺牲
ـ 关于信仰的证词(自白、忏悔)
اِسْتِشْهَاد: اِقْتِبَاس 引用，引证；引用语，引
用句，引用文
مُشَاهَدَة 参观，观察，视察
المُكَاتَبَةُ نِصفُ الـ 通信等于见了半面

شَاهِد جـ شُهُود وشُهَّاد: مُؤَدِّي الشهادة / رَاءٍ 见证人，观察者，目击者，目睹者

ـ إثْبَات 为原告作证者

ـ نَفْي 为被告作证者

ـ عَدْل 全权的证人

ـ عَيْن جـ شُهُود عِيان / ـ عِيَانِيّ (أو نظر) 见证，目击者，目睹者

ـ المُبَارِز 决斗的帮手

ـ: اِقْتِبَاس 例证

ـ: لِسَان 舌，舌头

ـ: مَلَاك 天使，天神

شَاهِدَة جـ شَوَاهِدُ وشَاهِدَات: بَلَاطَةُ الضَرِيح 墓石，墓碑，墓标

ـ: صُورَة المَكْتُوب 抄本，摹本；[法]副本

الـ: الأَرْض 地球

ـ (مـ): سَبَّابَة 食指

الـ: دَفْتَر الكُوبِيا (صُوَر الخِطَابَات الصَادِرَة) copy-book 复写簿(留信件的底稿)

وَرَق الـ: ورق كَرْبُون (مـ) carbon paper 复写纸

شَهِيد جـ شُهَدَاءُ م شَهِيدَة 烈士；殉教者，殉难者，死难者

ـ الواجِب 以身殉职者

مَشْهَد جـ مَشَاهِدُ: مُجْتَمَع الناس 集会，会议，会

ـ 场面，场景，镜头

ـ: مَوْكِب 队伍，行列，仪仗

ـ: مَكَان استشهاد الشَهِيد 殉难处

ـ: قَبْر الشهيد 殉教者的坟墓或祠堂；烈士墓

ـ (مـ): حَفْلَة الدَفْن 丧礼，葬礼

ـ: مَنْظَر / فُرْجَة (مـ) 风景，名胜，胜地

ـ / مَشْهَدَة / مَشْهُدَة 会场

ـ: نُصُب التِذْكَار 纪念碑

على ـ مِنَ الناسِ: أمامَهم 当众

مَشَاهِدُ المَدِينَة 城里的名胜

مَشْهُود: يستحقّ الذِكْر 值得记忆的，难忘的，重大的，著名的

يَوْمٌ ـ 纪念日，节日，(可纪念的)吉日

اليَوْم الـ: يوم القِيَامَة [宗]世界末日，最后的审判日

الـ: يوم الجُمُعَة 聚礼日(星期五)

ـ له بالكَفَاءَة 有才能的，有资格的

مَشْهُودَات (旅途中的)见闻

مُشَاهِد: راءٍ 看客，旁观者，参观者

مُشَاهَد: مَنْظُور 可见的，看得见的

شَهَرَ ـَ شَهْرًا وشَهَّرَ بكذا فلانًا: جعله شَهِيرًا 使成名，使有名

ـ وـ الأمرَ: أذاعه 传播，宣扬

ـ وـ السَيْفَ: سلّه فرَفَعَه 拔剑，抽剑

ـ الحَرْبَ: أَعْلَنَهَا 宣战

ـ البُنْدُقِيَّة 拿枪瞄准，对准目标

شَهَّرَ به: ندَّده 诽谤，中伤，毁坏名誉

شَاهَرَه: اِستأجره بالشَهْر 按月雇用，租用

اِشْتَهَرَ الأمرُ: صار شَهِيرًا 出名，著名，成为众所周知

ـ الرجلُ بالمَهَارَة 以技巧著名，驰名

ـ: ذاعَ 传布四方，散布，传开

شُهْرَة / اِشْتِهَار: سُمْعَة 名誉，名声，名望

ـ / ـ لَدَى الجُمْهُور 人望，声望，名望

ـ مُؤَسَّسَة (企业的)信誉，招牌

ما ـ هذه المَدِينَة؟ 这个城市以什么著名？

شَهْر جـ شُهُور وأَشْهُر: هِلَال 月牙，新月

ـ: قَمَر 月，月亮，太阴

ـ: جُزْء من أَجْزَاء السَنَة الاثْنَيْ عَشَرَ 月，月份
ـ العَسَلِ: أوائِل أيامِ الزوَاج 蜜月
رأْس ـ 月初
الـ المَاضِي أي المُنْصَرِم 上月
الـ الجَارِي أي الحالِيّ 本月
الـ المُقْبِل أي القَادِم 下月
ـ / إشْهَار: إعْلَان 公布，宣布
شَهْرِيّ: كل شَهْر 每月的，按月的
نِصف ـ 半月的，双周的
مَجَلَّة ـ ة 月刊(杂志)
شَهْرِيًّا: مُشَاهَرَة 按月的，月月的
شَهْرِيَّة 月薪
إشْهَار: إعْلَان 公布，宣布
ـ الإفْلَاس 宣告破产
مُشَاهَرَة: بالشَهْر 按月的
أَشْهَرُ 比较有名的；最有名的
هو ـ من نَار على عَلَم (他比山上的火光还要显著)名扬四海
شَهِير / مَشْهُور جـ مَشَاهِيرُ: ذائع الصيت 著名的，闻名的，出名的，驰名的；有名望的人，大名鼎鼎的人
ـ / ـ: مَعْرُوف لدى الجُمْهُور 知名的，众所周知的，名声在外的，有声望的
ـ / مُشَهَّر: رَدِيء السُمْعَة 声名狼藉的，名誉扫地的
شَخْص ـ: بَعِيد الصيتِ 名人，名士
على المَشْهُور: كالمُتَعَارَف 按照大家所知道的；根据一般的看法
شَهَقَ ـِ وشَهِقَ ـَ شَهِيقًا وتَشْهَاقًا الحِمَارُ: نهق 驴叫
ـ ـَ شَهِيقًا وتَشْهَاقًا وشُهَاقًا الرجلُ: ضد زَفَرَ (في التَنَفُّس) 吸气，吸入(空气、氧气)，把(烟)吸入(肺里)
ـ: تَرَدَّدَ البُكَاء في صَدْره 呜咽，哽咽，抽抽噎噎地哭
ـ: صَاح / هَتَفَ 叫喊，呐喊
ـ 临死时发出的喉鸣或痰声
ـ 打呃，打嗝儿
ـ شُهُوقًا الجبلُ وغيره: اِرتفع 高，高耸
شَهْقَة جـ شَهَقَات: صَيْحَة 叫喊，呐喊
ـ (مـ): السُعال الدِيكِيّ 百日咳
ـ 呃，打嗝儿
شَاهِق: عالٍ 高的，巍峨的
عُلُوّ ـ 极高，顶高
جَبَل ـ 高山
جِبَال شَوَاهِق 崇山峻岭
شَاهِقَة جـ شَوَاهِق 摩天楼，高楼大厦
شَهِيق: ضد زَفِير 吸气；呜咽，哽咽；(死人的)喉鸣，痰声
ـ الحِمَار: نَهِيق 驴叫声
شَهَّلَه (مـ) وأَشْهَلَه: عجَّله 加快，促进，催促
شُهْلَة: زُرْقَة العَيْنَيْن 眼睛的淡蓝色
شِهِل (مـ): شَوِل / سَرِيع في العَمل 轻快的，迅速的，敏捷的
أَشْهَلُ م شَهْلَاءُ جـ شُهْل: أَزْرَق العَيْنَيْن 蓝眼的，碧眼的
شَهَمَهُ ـُ شَهْمًا وشُهُومًا: زَجَرَه 赶马往前跑，策马前进
شَهُمَ ـُ شَهَامَةً وشُهُومَةً: كان شَهْمًا 成为豪迈的、聪明的、高贵的
شَهَامَة: نَخْوَة 豪侠，勇敢，高尚，高贵
ـ: ذكاء الفُؤَاد 聪明，伶俐，机灵，机智
شَهْم جـ شِهَام: ذَكِيّ الفُؤَاد 聪明的，伶俐的，机灵的

ـ: نَبِيل 高尚的，高贵的
شَاهِين جـ شَوَاهِينُ وشَيَاهِين 鸢
شَهَا يَشْهُو وشَهِيَ يَشْهَى شَهْوَةً واشْتَهَى وتَشَهَّى الشيءَ: أَحَبَّه ورَغِبَ فيه رَغْبَةً شَدِيدَةً 渴想，渴望，渴慕，极想，切望，热望
ـ وـ ما لغيره 羡慕，垂涎，妄想(别人的东西)
لا يُشْتَهَى: غير مَرْغُوب فيه 不值得想望的
شَهَّى الرجلَ: رغَّبه 诱惑，引诱，激起愿望，唤起希望
تَشَهَّى الشيءَ: رغِب فيه وأَحَبَّه 以…为乐，享受…的幸福
شَهْوَة جـ شَهَوَات وشُهًى / شَهِيَّة: قابِلِيَّة 食欲，胃口，嗜好
ـ / ـ: رَغْبَة 愿望，欲望
ـ: مَيْل شَدِيد 激情，兴奋
ـ: غُلْمَة 淫荡
ـ بَهِيمِيَّة 兽欲
ـ جِنْسِيَّة غَرِيزِيَّة: لَبِيد (أ) libido 性欲，情欲
إِمَاتَة الشَهَوَات (宗教上的)禁欲，苦行，制欲
شَهْوِيّ 肉欲的，性欲的，情欲的，好色的
اِشْتِهَاء 希望，愿望
ـ 食欲，胃口，嗜好
شَهِيّ / مُشْتَهًى جـ مُشْتَهَيَات: مَرْغُوب فيه 值得想望的；可口的
ـ / ـ: لَذِيذ 可口的，适口的，爽口的，美味的，好吃的
مُشْتَهٍ: تائِق 切望的，嗜好的，渴望的
ـ ما لغيره: حَسُود 忌妒的，垂涎的，羡慕的，妄想的
مُشْتَهَاة: صالِحة للزَوَاج 已到结婚年龄的，可婚配的
شَهْوَان م شَهْوَى جـ شَهَاوَى / شَهْوَانِيّ: طَمَّاع 贪婪的，贪心的，贪欲的
ـ / ـ: غِلِّيم 淫荡的
مُشَهٍّ جـ مُشَهِّيَات: جالِب الشَهِيَّة 美味，开胃的，促进食欲的
شَابَ ـُ شَوْبًا وشِيَابًا الشيءَ: خلَطه 混合，掺杂
ـ ه: أَفْسَدَه 掺假，降低质量
ـ الرجلَ: خانَه 欺诈，不忠
لا تَشُوبُهُ شَائِبَةٌ 他无疵瑕
شَاب الشَعْرُ (في شيب)
شَوْب: ما خلطتَه بغيرِه 含杂质的
ـ: خَلِيط 混合物
ـ (مـ): رِيحٌ حَارَّة (由非洲吹向意大利等地的)热风
ـ (سـ) 暖和，温暖；热心，热情
شَوْبَة 侵吞，挪用，盗用(公款等)；欺诈，奸诈
شَائِبَة جـ شَوَائِبُ: عَيْب 缺点，污点，疵瑕
لَيْلةٌ شَيْبَاء: آخرُ ليلةٍ من الشهر 晦(阴历月末)
مَشُوب: مَخْلُوط 混合的，掺杂的
ـ 污染的
ـ 弄坏了的；败坏的
شَوْبَق (أ) / شَوْبَك (مـ) / جـ شَوَابِكُ: مِطْلَمَة 擀面杖
شَوَّحَ الأمرَ: أَنْكَرَه 否认，不承认
ـ اللَحْمَ على النَار (مـ) 烧，烤，焙，炙
ـ (مـ) 扬手，挥手，指手画脚，做手势
شُوح: تَنُّوب [植]枞，冷杉
شُوحَة: حِدَأَة / أَبُو الخُطَّاف / أبو الصلْت 鸢
شُوحِيَّة جـ شُوحِيَّات وشَوَاحِيّ 樑，横木
شَوْحَط (في شحط)

شَارَ يَشُور شَوْراً وشِيَاراً وشِيَارَةً ومَشَاراً ومَشَارَةً
وأَشَارَ العَسَلَ: اِجْتَنَاهُ 取蜜
شَوَّرَ وأَشَارَ إليه وشَاوَرَ (مـ): أَوْمَأَ 指示，指出
ـ وـ: أَبْلَغَه بالإشَارَات 发信号，用信号
通知
ـ ه (مـ): زَيَّنَه 装饰，修饰
ـ وشَارَ الدَابَّة: رَكِبَهَا لِيَخْتَبِرها 试骑，骑骑
看
أَشَارَ إليه: دَلّ عليه 指示，指出
ـ إليه: شَاوَرَ له (مـ) 点头，招手，打手势
ـ إليه: ذَكَره تَلْمِيحًا 暗示，暗指，（婉转）
提到，指…说
ـ عليه: نَصَحَه 劝告，忠告，规劝
شَاوَرَه في الأمر واسْتَشَارَه وتَشَاوَرَ معه: طلب منه
المَشُورَةَ 请教，咨询，征求意见
ـ نَفْسَه 自忖，反省，反思，思考
شَوَّرَه: أَخْجَلَه 羞辱，凌辱
تَشَوَّرَ: خجل 惭愧，羞愧
شُورَى / مَشُورَة: نَصِيحَة 劝告，忠告，劝导
ـ / ـ: رَأْي 意见，见解，主张，提议，
建议
مَجْلِس شُورَى القَوَانِين 立法会议
مَجْلِس الـ السِيَاسِيَّة للشَعْب الصِينِيّ 中国
人民政治协商会议
مَجْلِس ـ الدولة 议会
شُورِيّ: اِسْتِشَارِيّ 商议的，协商的，咨询的，
顾问的
شَارَة: عَلَامَة 徽章，标志，表记，记号，信
号，手势
ـ الذِرَاع 臂章，臂铠
شَارَات: عَلَامَات الرُتَب 肩章
أَشْرَجِيّ (مـ) / إشَارَجِيّ جـ إشَارَجِيَّة: مُلَوِّح /
عَامِل الإشَارَات 信号手，信号兵
إشَارَة جـ إشَارَات / مَشُورَة: نَصِيحَة 劝告，忠
告，意见
ـ / ـ: اِقْتِرَاح 提议，建议
ـ بَرْقِيَّة (تِلِغْرَافِيَّة) 电报，电信
ـ: دَلِيل 记号，标记，表示，手势
ـ: ما نَتَفَاهَمُ به عن بُعْد 信号
ـ اليَد 手势
ـ الوَقْت (无线电)报时
قُوَّات الـ 通讯部队
سِلَاح الـ 通讯兵
فَصِيلَة الـ 通信排
سَرِيَّة الـ 通讯连
كَتِيبَة الـ 通讯营
ـ أَمْر 命令，号令
اِسْم الـ 指示名词
رَهْنُ ـ ـه 惟命是从，唯他的马首是瞻
كُشْكُ الإشَارَات (مـ) (في سِكَّة الحَدِيد) [铁]
信号房
ـ جـ أَشَائِرُ 旗子，信号旗
اِسْتِشَارَة: أَخْذُ الرَأْي 商议，评议，协议
ـ 问事处
اِسْتِشَارِيّ 商议的，协商的，谘议的
رَأْي ـ 建议
المَجْلِس الـ 协商会议
مَشُورَة / مَشْوَرَة جـ مَشُورَات ومَشْوَرَات 指示；
建议
بِـ ـ الأَطِبَّاء 依照医生的劝告，按医嘱
غُرْفَة الـ (法庭的)会议室
مُشَاوَرَة 会议
مِشْوَار جـ مَشَاوِيرُ (مـ): سَرْبَة / رِحْلَة قصيرة
旅行，远足

ـ (مـ): مُهِمَّة / غَرَض/ مَأْمُورِيَّة (مـ) (短程的)差使，差事，出差，差遣
ـ الآلة (مـ) (في المِكَانيكا) [机]冲程，行程
عَلَيَّ ـ ضَرُورِيّ 我有紧急的任务
مُشِير: دَالّ / دَلِيل 发指示者，指示者，指示物；[化]指示剂；[机]指示器，示压计，指压器
ـ: ناصِح 忠告者，劝告人
ـ (مـ): أَعْلَى رُتْبَت عسكريَّة [军]元帅
مُشَار إليه 上述的，上面所说的
مُسْتَشَار جـ مُسْتَشَارُون 顾问，参赞
ـ مَلَكِيّ 王室律师，王室顾问
ـ مَالِيّ 财政顾问
ـ قَضَائِيّ / قانُونِيّ 法律顾问
ـ ثَقَافِيّ 文化参赞
شُورْبَة (أ) / شُورْبَا / شَوْرَبَة soup: صُبَّة 汤，肉汁，羹
شَاشَتْ نَفْسُه (مـ): جَاشَت 觉得要呕，作呕，想吐
شَوَّشَ الأمرَ: خلطه 使混乱
ـ الأمرَ: جعَله مُضْطَرِبًا 扰乱，搅乱，使骚乱，紊乱；[无]干扰
ـ ه: أَرْبَكَه 使错综，纠缠
ـ على إرْسَال إذَاعِيّ [无]干扰
تَشَوَّشَ عليه الأمرُ: اِخْتَلَطَ 扰乱，混乱，纠缠
ـ (مـ): أُصِيبَ بمَرَض الزُهَرِيّ 染上梅毒
شُوشَة جـ شُوشَات وشَوَاشِيّ (مـ): قَزِيعَة 顶发(头顶上的一撮发)
للشُوشَة (مـ): إلى قِمَّة الرأس 达到极点
مَدْيُون لِلـ (مـ) 债台高筑
أَبو ـ 束状的，成簇的，丛生的
كُرَّاث ـ 韭菜

شَاشِيَّة جـ شَوَاشِيّ 小帽，伊斯兰教徒的缠头巾
شَوَاشِيّ الذُرَة (مـ) 玉蜀黍的花柱
شَاش: نَسِيج رَقِيق 罗纱，纱布；细洋布，软棉布
ـ مُعَقَّم 消毒的纱布
الشَاشَة (电影)银幕，银屏，屏幕
شَاشَة السِكُوب scope 宽银幕
تَشْوِيش: اِضْطِرَاب أو ارْتِبَاك 混乱，混杂，纠纷
ـ (电磁波等)干扰
ـ (مـ): المَرَض الزُهَرِيّ [医]梅毒
أَشْوَشُ م شَوْشَاءُ جـ شُوش وأَشَاوِشُ 勇敢的，大胆的
الفُرْسَان الأَشَاوِش 勇敢的骑士
شَاوِيش: قَائِد عَشَرَة 军士，军曹，班长，警官
مُشَوَّش: مُضْطَرِب 被扰乱的
عبارة ـ ة: غير مُسْتَقِيمة في التَرْكِيب أو المَعْنَى 不通顺的文字
ـ الفِكْر: حائِر 为难的，困惑的，思想乱的，不知所措的
ـ (مـ): مَرِيض بالزُهَرِيّ [医]梅毒患者；花柳病患者
شَوْشَرَة (مـ): ضَوْضَاء 嘈杂，喧哗
شَاطَ يَشُوطُ شَوْطًا به الغَضَبُ: اِشتعل 发火，恼火，发脾气
شَوَّطَ: سَافَرَ سَفَرًا طَوِيلاً 长途旅行，长途跋涉
شَوْط جـ أَشْوَاط: غَايَة 目的；志向；目标
ـ: مَسَافَة 距离，路程
ـ في الحَلْبَة 一趟；(比赛的)一回合，一场，一局，一次竞赛
الـ الأَوَّل (游戏或比赛的)前半场，上半场，第一回合，第一局
قَطَعَ شَوْطًا في... 大有成效，大有进步

شَوْطَة (مـ): وَبَاء 流行病，传染病

شُوَاظ / شِوَاظ: لَهَب لا دُخَان فيه 火焰

ـ / ـ: حَرّ النَار أو الشَمْسِ (火或太阳的)热力

ـ / ـ: شِدَّة الغُلّة 极渴

ـ / ـ: صِيَاح 喊叫

ـ / ـ: مُشاتَمَة 吵架，相骂

ـ الحَفِيظَة (سـ) 暴怒，狂怒

شَافَ يَشُوفُ شَوْفًا الجَمَلَ: طلاه بالقطران (给骆驼)涂柏油

ـ (مـ): رَأَى 看，瞧，瞅

ـ البَخْتَ 占卜

شِيفَت الجَارِيَةُ: زُيِّنت (女孩)被打扮

شَوَّفَ الجَارِيَةَ: زيّنها 装饰，打扮

ـ (مـ): أَرَى 指示，指给他看

تَشَوَّفَ من السَطْح: نَظَرَ وأَشرف 瞰，俯视，眺望，瞭望

ـ واشْتَافَ إلى الشيء: تطلّع إليه 观察，观测；渴望，期待，向往

شَوْف: مِسْلَفَة 耙子

ـ (مـ): نَظَر 视力，视觉，眼力

شَوْفَة جـ شَوْفَات (مـ) 样子；外貌；状态；风景

شَوَّافَة 浮石

شُوفَان: هُرْطُمَان 燕麦

ـ: زُمَّيْر 雀麦

ـ بَرِيّ 乌麦

طَحِين الـ 燕麦粉

في لَهْفَة وتَشَوُّف 有强烈的愿望

شَائِف (مـ) / شَايِف (مـ): نَاظِر 看见的，瞧见的

ـ نَفْسُه (مـ) / ـ رُوحُه (مـ) (只看见自己的)自负的，骄傲的，自高自大的

شُوفِير (أ) chauffeur (法) 汽车司机

شَاقَنِي ـُ شَوْقًا وتَشْوَاقًا الحُبُّ إليه وشَوَّقَنِي إليه: هَاجَنِي (爱慕)使(我)想念，怀念(他)

تَشَوَّقَ الشيءَ وإليه: أظهر الشوقَ الشديد إليه 热切希望，渴望

ـ 有趣味，引人入胜

اِشْتَاقَ الشيءَ وإليه: تَاقَ 渴望，渴慕，渴求

ـ إلى الشيء: حَنَّ أو صَبَا إليه 想念，怀念，热望，渴望

شَوْق / اِشْتِيَاق 想念，渴望，切望，热望

شَائِق: شَهِيّ 可想望的，值得想望的；有趣的

شَيِّق / مُشْتَاق 渴望的，想念的，怀念的

ـ / شَائِق / مُشَوِّق 有趣的，引人入胜的

مُشَوِّق 能引起兴趣的，有趣的，引人入胜的

مُشَوِّقَات (小说中)有趣的部分

شَاكَه يَشُوكُ شَوْكًا: أدخل شَوْكة في جِسْمه (刺)刺人，刺入

شَوَّكَ الشَجَرُ: كان شَائِكًا 有刺，生刺

ـ (مـ) وشَاكَ وأَشَاكَ 刺，戳，刺入

ـ الحَائِطَ: جعَل عليه الشوكَ (墙头)插满刺，覆满荆棘

شَوْك جـ أَشْوَاك واحدته شَوْكَة 刺，荆棘，针

ـ الجِمَال: حِيض (مـ) [植]叙利亚爵床

ـ الجِمَال: عَاقُول [植]单州漏卢(菊科)

ـ الجَمَل: نبات غير شَوْك الجِمال [植]蓟

ـ الجَمَل: حَسَك (مـ) / رعى الإبل [植]千日草

ـ النَصَارَى: عَكُوب [植]大蓟

ـ اليَهُودِ: كَنْكَر [植]爵床，苠芳花，英芹叶

تَاج الـ [植]荆冠

عُصْفُور الـ 篱雀

على الـ: على أَحَرَّ من الجَمْر 如坐针毡，热锅上的蚂蚁，忐忑不安

شَوْكِيّ: شائِك أو كالشَوْك 有刺的，像刺样的

أَرْضِي ـ [植]朝鲜蓟

التِين الـ: صُبَّير (س) [植]食用仙人掌（果实可以吃）

الحَبْل الـ 脊髓

العَمُود الـ 脊柱，脊梁

النُخَاع الـ [解]脊髓

الحُمَّى الـ ة المُخِّيَّة [医]脑膜炎，乙型脑炎

شَوْكَة جـ شَوْكَات واحدة الشَوْك 刺，荆棘

ـ: شُعْبَة / سِنّ 尖头，尖头物；（肉叉、鹿角等的）齿，叉

ـ: قُوَّة 力量，权力，威力，实力，势力

ـ: بأس وصَوْلة 勇气，勇猛，英勇，刚勇，大胆，无畏

ـ الحَرْب 三叉戟

ـ الأَكْل أو المَائِدَة (م) 叉，食叉

ـ السَمَك: حسَكه 鱼骨，鱼刺

ـ الطَرَابِيشِيَّة: حَسَك النَسَّاج [纺]起毛机

ـ العَقْرَب: حُمَة （蝎子的）刺

ـ القُنْفُذ （猬的）刺

ـ المِهْمَاز （刺马距上）齿轮，距轮

ـ الديك 公鸡的距

جَدِيد بِشَوْكَتِهِ: قَشِيب (م) 簇新的，全新的，崭新的

شَائِك جـ شَاكَة / شَوِك: ذُو شَوْك 有刺的，带刺的，长刺的，荆棘丛生的，棘手的，难办的

سِلْك ـ 铁丝网

مَسْئَلَة شَائِكَة 棘手的问题，难办的问题

شوكران (في شكر)

شُوكُولَاتَة (أ) chocolate 巧克力（糖）

شَالَ يَشُولُ شَوْلاً وشَوَلَانًا الذَنَبُ وكِفَّةُ الميزان: اِرْتَفَعَ （尾巴）翘起来；（天秤盘）扬起来

ـ بالشيء وأشاله: رفعه 举起

ـ بالشيء وشاله (م): حمَله 运，搬运，装运，拎，提，扛，担起

ـ تْ نَعامتُه: مَاتَ （他翘脚心了）死了

ـ تْ نَعامتُه: خَفّ 敏捷，轻快，迅速

ـ تْ نَعامتُهم: أَخْلَوْا مَنازِلَهم أو تفرقت كلمتُهم وذهبَ عِزُّهم 离乡背井；分崩离析

شَوَّلَ اللبنُ أو الماءُ: قلّ （水、乳）缺乏，不够，缺少

شَوَّلَ الرجلُ: استرخى ذَكَرُه عند محاولة الجِماع 阳萎

شَوْلَة: فاصِلة كَلام وعلامتها (،) 逗点（，）

شِوَال (م) / شُوَال جـ أَشْوِلَة: جَوَالِق （波）麻袋，毛袋（每只牲口驮两袋）

شَيْلَة (م): حِمْل 装载，驮子，担子

شَال جـ شِيلَان وشَالَات (م): غِطَاء للأكتاف أو الرأس / لِفَاع / تَلْفِيحَة / كُوفِيَّة 围巾，围脖，头巾

ـ كَشْمِير 克什米尔羊毛披风（巾）

شَالِيَة (م): أَصِيص 瓶，罐，瓦罐

ـ زَرْع جـ شَالِيَات وشَوَالَى (م): أَصِيص الرَياحِين / سِنْدانَة (س) 花盆

نَاقَة شَائِل: ناقة تشول بذنبها للِّقاح ولا لبَنَ لها أصلاً 发情的母驼

نَاقَة شَائِلَة: ناقة أتى عليها حَمْلُها سبعةَ أشْهرٍ فارتفع ضرعُها وجفَّ لبنُها 怀孕七月的母驼

شَوِل: شِهِل (م) / سَرِيع في عَمَلِهِ 快的，迅速的，敏捷的

أَشْوَلُ م شَوْلَاءُ جـ شُول: أَعْسَر 左撇子，左撇

掠(常用左手做事情的人)

شَوَّال جـ شَوَّالات جج شَوَاوِيلُ: الشهر القمريّ العَاشر 回历十月

شَوَّالَةُ وشُولَة 蝎子的专名

ـ أُورُوبَّا [鸟]器䳭

ـ: هازجة 沙漠莺

ـ: اِمْرَأَة نَمَّامة 嘴巴不干净的女人

شَيَّال (مـ): حَمَّال / عَتَّال 搬运工人

شِيَالَة (مـ) / مَشَال: أُجْرَة الحَمْل 挑费，运费

مِشْوَل: مِنْجَل صَغير 小镰刀

شَوْلَقِيّ: من يبيع الحلاوة أو المحبّ للحلاوة أو المولع بها 卖糖食者；好糖食者；美食者

شَولم (راجع شلم)

شُوم جـ شُومَات 梣，秦皮

عَصَا الـ 手杖，棍子

ـ: شُؤْم 凶兆

يا ـ ما عَمِلَ (مـ)! 他干了些什么事呀！他做的多么不好！

يا عَيْب الـ (مـ) 对不起

يكسب الـ في اليوم (مـ) 他的工钱不多

شَوَّنَ الغِلاَلَ (مـ): خزنها في شونة 藏在谷仓内，存入仓库

ـ ه (مـ): كوَّمه 堆积

تَشَوَّنَ: خَفَّ عَقْلُه 无知，愚笨

شُونَة (مـ) / شَوْنَة جـ شُوَانٍ: مَخْزَن الغَلَّة 仓，谷仓，粮库

شُونِيز (أ): شَهْنِيز / نَبات حَبَّة البَرَكة [植]芫荽子

شَوِهَ يَشْوَهُ شَوَهًا وشَاهَ يَشُوهُ شَوْهًا وشَوْهَةً وتَشَوَّهَ الوجهُ: قَبُح (面貌)丑陋，畸形

ـ العُنُق 脖子太长或太短

شَوَّهَ الوجهَ: مسخه 破相，损伤形象，使成残废

ـ ه: أَفْسَدَه 扭歪，弄歪(手、脚)

ـ وتَشَوَّهَ 曲解，歪曲

ـ سُمْعَتَه 破坏名誉

شَوَه / تَشَوُّه: مَسْخ 畸形，残废

ـ / ـ: فَساد 不正，歪斜

شَاه العَجَم shah (波) (古)波斯皇帝，(史)伊朗国王，阿富汗国王

ـ وفِرْزَان الشِطْرَنْج (国际象棋中的)王和后

ـ مات (في الشطرنج) (棋)将死，困死

شَاة جـ شَاء وشِيَاه وشِوَاه وأَشَاوِهُ الواحدة من الغَنَم للذكَر والأُنْثَى 羊(兼指山羊、绵羊、公羊、母羊)

شُوَيَّة وشُوَيْهَة جـ شُوَيْهَات 小羊

ـ (مـ): نَعْجَة 母羊

شَاهَانِيّ / شَاهِيّ: مُلُوكِيّ 波斯皇帝的，伊朗国王的；皇家的，官家的

شَاهِيّ (波)条纹丝巾

شَائِه جـ شُوَّه 残废的，畸形的

أَشْوَهُ م شَوْهَاءُ جـ شُوه 丑陋的，畸形的

مُشَوَّه: مَمْسُوخ 残疾的

ـ الحَرْب 残疾军人

شَاهبَلُّوط (أ):chestnut أَبُو فَرْوَة (مـ) /كَسْتَنَة (أ) 栗，板栗

شَاهْبَنْدَر (أ) (波)市长

شَوَى يَشْوِي شَيًّا اللَحْمَ وغيرَه: عرّضه للنار فنضج 烧，烤，炙，熏(肉)

اِنْشَوَى (被)烤，被烧、熏、炙

شِوَاء / شُوَاء / شَوِيّ: لَحْم مَشْوِيّ 烧肉，烤肉；熏肉

شَوًى وشَوَاة: جِلْدَة الرأْس 头皮

شَوَّايَة (مـ) / مِشْوَاة جـ مَشَاوٍ / شِيكَارَة (مـ) (انظر

شكر) (烧鱼、肉等的)有柄铁丝格子

شَيّ / شَوًى (مـ) 烧的，烤的，烙的，烘的

شَوَّاء 卖烤肉的

مَشْوِيّ 烤的

شاءه يَشاءُه شَيْئًا ومَشِيئَةً مَشاءَةً ومَشَائِيَةً: أرادَه 欲，想要，愿，愿望，希望，指望

ـ اللهُ الشيءَ: قدَّره 前定，注定

ما ـ اللهُ! (这是天意！)好！好极了！

إنْ ـ اللهُ: مَشيئتُه تَعالى (如果真主愿意) 如蒙天佑，事如可能，天如见许

إلى ما ـ اللهُ (到真主所注定的时候)永远地，永久地

أجِّلَ العَمَلُ إلى ما ـ اللهُ 把工作无期限搁置

وقد عَاشَ ما ـ اللهُ لَهُ أنْ يَعِيشَ 他活了若干年

ـ القَدَرُ أنْ ... 这是命里注定的…

ـ تِ المُصادَفاتُ أن ... 这是偶然的…

ـ أم أبَى 愿意也好，不愿意也好；不管他愿意不愿意

شِيءْ!: لفظة لاستِحثاث دَوَابّ الجَرّ 驰！驶！(驭马用语，表示前进)

شَيْء جـ أشْياءُ جج أشَاوَى وأشْياوات وأشاوَات وأشَايَا: ما يَصِحُّ أن يُعلَمَ ويُخْبَرَ عنه 事，物，事物，东西

ـ بذَاتِه / ـ قائِمٌ بذاته [哲]物自体，实体

ـ كائنٌ لأجْلِنَا [哲]为我之物

كُلُّ ـ 万物

شَيْءٌ ما: أمْرٌ ما 某物，某事

بَعْضَ الـ 有点儿

يَخافُ الصُعُوبَةَ بعضَ الـ في أوَّلِ الأمر 起初，他有点儿害怕困难

ـ من كذا 一点

هو على ـ من القَلَق 有点不安

لا يَفْهَمُ شَيْئًا 他一点也不懂

لا ـَ 零，无，空，什么东西也没有

أفْضَلُ من لا ـ 有一点总比什么没有强，有胜于无

لَيْس بِـ 那不算什么，那是微不足道的东西(事情)

شَيْئًا فَشَيْئًا: قَلِيلاً فقَلِيلاً 一点点地，轻轻地，慢慢地

شَيْئًا فَشَيْئًا: تَدْرِيجًا 渐渐地，逐渐地

لا شَيْئِيَّة 无，空虚，不存在；没用，无价值

شُيَيْء وشِيَيْء / شُوَيّ (مـ) / شُوَيَّه: شيء صَغِير 小事情，小东西

شُوَيَّه (مـ): قليلا 一点儿，一些

ـ شُوَيَّه (مـ) / شُوَيّ شُوَيّ 一点点地，轻轻地，慢慢地

شُوَيَّه أُخْرَى (مـ) 立刻，即刻，一会儿，马上，不久

مَشِيئَة: إرادَة 希望，愿望，指望

بِـ اللهِ 若蒙天佑，若天从人愿，但愿可能

شَاب يَشِيبُ شَيْبًا وشَيْبَةً ومَشِيبًا: اِبْيَضَّ شَعْرُه 变成白发老人

ـ شَعْرُه 头发变白

يَشِيبُ من هَوْله الوِلْدَانُ 那种恐怖能使儿童的头发变白

شَابَت لِحَانَا والعَقْلُ ما جَانَا (مـ) 胡子倒白了，智慧可没增

شَيَّبَ وأشَابَ الحزنُ فلانًا وبفلان: جعله يَشِيبُ 忧愁使头发变白

شَعْر شائب أو أشْيَب 白发

رجل شائِب أو أشْيَب جـ شِيب وشُيُب 白发老汉

امرأة شائبة أو شَمْطَاء 白发老妇(不用شَيْبَاء)

شُيَّب: هُدْهُد 戴胜鸟

شَيْبَة: خَميرة (مـ) [植]地衣，苔藓
ـ العَجُوز: حَزاز الصَخْر [植]地钱
بين الشَيْب والوِلْدَان 有老翁有儿童
شِيت: نَسيج قُطْنِيّ مُلَوَّن 有光印花布
شَاحَ يَشِيحُ شَيْحًا على حَاجَتِهِ: جَدَّ 努力，尽力，出力
أَشَاحَ عنه وجهَه أو بِوجهِه: أعرض مُتكَرِّهًا 避开，避远，把脸转过去，瞧不上眼
ـ بـ 改变…的方向(视线)
شِيح: نبات مُرّ الطعْم [植]苦艾
ـ خُراسانِيّ [植]茵陈，艾草
شَيَّخَ وشَاخَ يَشِيخُ شَيْخًا وشَيْخُوخَةً وشُيُوخَةً وشُيُوخِيَّة وشَيْخُوخِيَّة وتَشَيَّخَ: صَارَ شَيْخًا
上年纪，老迈，衰老
ـ وـ النباتُ أو ثمرُه (مـ) 结籽，成熟
ـ الرجلَ (مـ): جعله رئيسا 推他做族长
ـ الرجلَ: دَعَاه شيخًا أو قَال له "يا شَيْخُ" تَبْجِيلاً 尊称他为长者、前辈、先生
ـ عليه: عابه وشنَّع عليه 谴责，非难
ـ به: فضَحه 侮辱，凌辱
شَيْخ جـ شُيُوخ وأَشْيَاخ وشِيَخَة وشِيخَان ومَشْيَخَة ومَشِيخَة جج مَشَايِخ وأَشَايِيخُ: مُتَقَدِّم في العُمْر 老人，老头，老汉，老年人，老大爷
ـ: رئِيس 长老，领袖
ـ بَلَد (مـ) 村长
ـ قَبِيلَة 族长，酋长
ـ كَنِيسَة [宗]教会中的长老，教会和宗教的领袖
يَا شَيْخ 老人家，老大爷，老爷子，老先生，老师
ـ المَرْأَة: زوجها (老头)丈夫，老公
ـ النَار: إبْليس 魔鬼

ـ الإسْلاَم 伊斯兰教总教长
الـ الأَكْبَر: شيخ الجَامع الأَزْهَر 爱资哈尔大学校长
ـ المُسْتَشْرِقِينَ 东方学家的领袖
مَجْلِس الشُيُوخ 元老院，上议院，参议院
شَيْخَة: كَبيرة العمر 老妇，老妪，老大娘，老太婆
شَيْخُوخَة 高龄，龙钟，老迈，老年
في ـ الليل 在深夜里
شَيْخُوخِيّ: مختصّ بالشَيْخُوخَة 高龄的，老年人的
اِرْتِعَاش ـ 老人抖颤
المَشِيخِيَّة: البابَوِيَّة 家长式统治
ـ: النَزْعة التَسَلُّطِيَّة 家长作风
شايِخ (مـ): ضد غضّ أو رخص 不嫩的蔬菜
شَادَ ـِ شَيْدًا وشَيَّدَ البِنَاءَ: بَنَاه 建筑，修建
ـ القُصُور العَوَالِيَ 建筑高楼大厦
أَشَادَ بذِكْرِه أو بِاسْمِه: رفعه بالثناء عليه 颂扬，赞扬
شِيد: ما يُطْلَى به الحائطُ من الجصّ 胶泥，灰泥
تشييد 建筑
مَشِيد / مُشَيَّد: مرفوع 被建筑的，被建成的
شِير: رُكْح الجَبَل (أ سـ) (海岸等的)峭壁，断崖，悬岩，绝壁
شِيرَج / سِيرج (أ): زَيْت السِمْسِم (波)芝麻油，麻油，香油
شِيرَة الحُلْوى (مـ): سَائِل سُكَّرِيّ 糖稀
شِيراز (في شرز)
شِيش جـ شِيَاش (مـ): سَيْف الوَخْز / مِغْوَل (决斗用的)长剑，圆头剑
لَعْب الـ 剑术
ـ 枪的通条、洗条；烤肉的铁叉

ـ أو شَعْرِيَّة الشُبَّاك 威尼斯百叶帘，板帘

شِيشَة التَدْخِين جـ شِيَش (مـ): أَرْجِيلَة (سـ) 水烟袋，水烟筒

شَيْش (أ): سِتَّة (في النرد) (波)(骰子的)六点

ـ بَيْش 甘松香

شَيْشَرُون (أ) Cicero: أَشْهَر فلاسفة وخُطَبَاء الرومان 西塞罗(古罗马的雄辩家、政治家、哲学家，公元前 143—前 106)

شَاطَ يَشِيط شَيْطًا وشِيَاطَةً وشَيْطُوطَةً وتَشَيَّطَ الشيءُ: اِحْتَرَقَ 烧焦，烧糊

ـ ت القِدْرُ (الحَلَّةُ): لصِق بأَسْفَلِها شيء محترق من المطبوخ فيها 糊饭粘在锅底上

شَيَّطَ وأَشَاطَ الصَقِيعُ النبتَ: أَحرقه (霜)使植物枯萎

اِسْتَشَاطَ عليه غضبًا: التهب غَيْظًا 发怒，发火，生气

شِيَاط: ريح قُطْنَة أو نحوها اذا احترقت 糊味

شيطان (في شطن)

شَاعَ يَشِيعُ شَيْعًا وشُيُوعًا ومَشَاعًا وشَيَعَانًا وشَيْعُوعَةً الخبرُ: ذاع (消息)传开，流传

ـ ـِ شَيْعًا بالخبر: أذاعه 散布，传播(消息)

شَيَّعَه: ودَّعه 送行，送别

ـ ه إلى الباب 送他到门口

ـ جَنَازَة المَيت 送殡

ـ النارَ: ألقى عليها ما يذكيها به 添柴火，添煤，加燃料(使火旺)

ـ ه: شجَّعه وقوَّاه 鼓励，鼓舞，支持

ـ ه (مـ): أَرْسَلَه 寄出

ـ وأَشَاعَ الخبرَ: أَذاعه 散播，传播(消息)

شَايَعَه: والاه 跟随他，拥护他

ـ وتَشَيَّعَ له: تَحَزَّبَ 参加他的党派，成为他的党羽

تَشَيَّعَ: صَارَ شِيعِيًّا [宗]成为什叶派

تَشَايَعُوا على أمر: تَوَافَقُوا عليه 意见一致，同心协力

إشاعَة: إذَاعَة 宣布，传播，散播

ـ جـ إشَاعَات: خَبَر شَائع 谣言，流言，传闻，传言

اِنْتَشَرَت ـ (谣言)流传，风行，盛行

شِيعَة جـ شِيَع وأَشْيَاع: طَائِفَة / فِرْقَة 分派，宗派，教派，学派

ـ الرجُل: أَتْبَاعُه 追随者，弟子，门人

الـ: كل من تَوَلَّى عليًّا وأَهْلَ بيته / مَتَاوِلَة (سـ) 什叶教派

شِيعِيّ: طَائِفِيّ 教派的，宗派的

ـ: غير السُنِّيّ / مُتَوَالِي (سـ) 什叶派的

شُيُوع: اِنْتِشَار 传播，流播，风行，普及

على الـ: بالمُشَاع (مـ) 共同的，共有的

شُيُوعِيّ جـ شُيُوعِيُّونَ 共产党员，共产党人，共产主义者

الحِزْب الـ 共产党

شُيُوعِيَّة 共产主义

الأُمَمِيَّة الـ ة (الكُومِنْتَرِين) Comintern 共产国际

شَيَعَان 交尾期

شَائع / مُشَاع: ذائع 传播，散播，流传

ـ / ـ: عَامّ 公共的，公众的；共同的，共有的

ـ / ـ: مُشْتَرَك 公有地，共用地(特指荒地)

على الـ 共同的

الـ أنَّ ... 流传说…

مِلْك ـ أو مُشَاع 公用权，共用权

شَائِعَة جـ شَائِعَات وشَوَائِعُ 流言，谣言，传闻

مُشَاعِيَّة 公社，村社

الـ البَدَائِيَّة / الـ الابْتِدَائِيَّة / الكُومُنَة البَدَائِيَّة 原始公社

مُشَايِع / مُتَشَيِّع 偏爱者

مُشَيَّع 被鼓励的，得到支持的

مُشْتَاع: شريك على الشُيُوع (مـ) 合作者，合伙人，共有者

شَيْك جـ شَيْكَات (أ) cheque: صَكّ 支票，汇票

شِيك (مـ) chic (法): أَنِيق 别致的，精致的，潇洒的，漂亮的

شَيَاكَة (مـ): أناقة / حُسْن الهِنْدَام 别致，精致，潇洒，漂亮

شِيكَارَة (مـ) (انظر شكر) / مِشْوَاة (烤鱼肉等有把的)铁丝格子

شَيكران (في شكر) / **شيلم** (في شلم)

شيلة (في شول)

شَالَه يَشِيلُ شَيْلاً (مـ) 拿去，取走

ـ بـ (مـ) 拣起，拾起

ـ بـ (مـ) 携带，搬运，迁移

ـ بـ (مـ) 弄走

شَيَّلَه: رفَعه 提升

أَشَالَه (في شول)

شَالِيَة جـ شَالِيَات (مـ) 瓦罐，花盆

شَيْلَة جـ شَيْلَات (مـ) 担子，重物，负荷物

شِيَالَة (مـ) 搬运费；搬

بِالْمُشَايَلَة (مـ) 批发，趸卖

شَيَّال (مـ): حَمَّال 脚夫，挑夫，担架兵，搬运工

شَيَّالَة 背带

ـ 台子，架子，支架，支柱

شَام يَشِيمُ شَيْمًا الشيءَ: خَمَّنَه وقَدَّره 估量，揣度

شِيمَة جـ شِيَم: عادَة 习惯，风俗，常规

ـ: خُلُق / سَجِيَّة 性情，气质，品性，品格

شِيمِيَة الماء جـ شَيَامِي (مـ): دُرْدُور 漩涡，漩流

الشَامُ: سُورِيَة 沙姆，叙利亚

الـ الكَبِيرة: دِمَشْق (الفَيْحَاء) 大马士革

شَامَة الخَدّ جـ شَام وشَامَات: نُقْطَة عَنْبَر 黑痣，美人痣

مَشِيمَة الجَنِين جـ مَشِيم ومَشَائِمُ: خَلَاص (مـ) [解]胎盘；[植]胎座

شِيمَنْتُو (أ) cement 水泥，洋灰

شَانَه يَشِينُ شَيْنًا: عابه 污辱，使出丑

شَيْن: عار 耻辱

ـ: ضد زين 缺点

شَائِن / مَشِين: مُعِيب 可耻的，丢脸的

مَشَايِن 恶习，败行，毛病，缺陷

شية (في وشي)

شَاي (أ) 茶，茶叶

قالَب ـ / طُوبَة ـ 茶砖

إِبْرِيق ـ 茶壶

حَفْلَة ـ 茶会，茶话会

مِلْعَقَة ـ 茶匙

طَقْم ـ 茶具

مِنْضَدَة ـ 茶几

شُجَيْرَة ـ 茶树

مَزْرَعَة ـ 茶场

مُزَارِع ـ 茶农

مَشْرَب ـ: مَقْهى 茶馆

الـ والكعك 茶点

الصاد

ص (الصاد) 阿拉伯字母表第 14 个字母；代表数字 90

ص: صَفَر (回历二月)的缩写

ـ: صَفْحَة (页)的缩写

ـ: صَلَّى اللهُ عَلَيْه وسَلَّمَ (راجع صلو) (愿真主赐福给他，并使他平安)的缩写

ـ. ب. : صُنْدُوق البُوسْطَة / صندوق البَريد (邮政信箱)的缩写

صَاب (في صوب) / **صابِئة** (في صبأ)

صَاج (مـ): حَديد مُصَفَّح 铁板，铁片

ـ مُمَوَّج (مـ) / ـ مُضَلَّع 波状铁板，起线铁板

صاح (في صيح) / يا **صاحِ** (في صحب)

صاحٍ (في صحو) / **صاد** (في صيد)

صار (في صير) / **صاع** (في صوع)

صاغ (في صوغ) / **صافٍ** (في صفو)

صَالَة جـ صَالاَت (أ) / صَالُون جـ صَالُونَات وصَوَالِين (أ) saloon: بَهْو 大厅，客厅，接待室

ـ رَقْص 舞厅

ـ الحِلاَقَة 理发馆

صَالُوتُو (أ) salotta: طَلَلُ الدار / غُرْفَة الجُلُوس (意)休息室，娱乐室

صام (في صوم) / **صان** (في صون)

صُؤَابَة جـ صُؤَاب وصِئْبَان: سِيبَان (مـ) / بَيْض القَمْل 虮子

صَأْصَأَ (鸟虫等)发出吱吱声、唧唧声、啾啾声，(小鼠等的)尖锐叫声

صَأَى يَصْئِي ويَصْأَى صَئِيًّا وصِئِيًّا وتَصَاءَى الفَرْخُ: صاح (مـ) / صَوْصَوَ (مـ) (小鸡)唧唧叫，啾啾声

ـ 尖声说话

ـ 呜咽，泣诉

صَبا (في صبو) / **صبابة** (في صبب)

صَبَأَ ـَ وصَبُؤَ ـُ صَبْئًا وصُبُوءًا: خَرَجَ من دِين إلى دِين آخر 出教，改教(改信别的宗教)

ـ وأَصْبَأَ السِنُّ أو النباتُ: طلَع 出牙；发芽

صَابِئَة: دِين الصَابِئِين 萨比教；萨比教徒

صَابِئ جـ صَابِئُون Sabian: عابِد الكَوْكَب 萨比教徒

صَبَّ ـُ صَبًّا الماءَ: سكَبه 注，倒，泼(水)

ـ الزَيْتَ على النَار 火上加油

ـ في قَالِب 铸，铸造

ـ نِقْمَتَهُ عليه / ـ عليه سَوْطَ النِقْمَة 对…雪恨，向…报仇

ـ عليه اللَعْنَة 诅咒，咒骂

ـ الغِلالَةَ على الجِسْم 给自己穿上衬衣

صَبَّ ـِ صَبِيبًا النَهْرُ في البَحْر: اِنْسكَبَ (河水)注入，流入(海中)

ـ ـَ صَبَابَةً إليه: كَلِفَ به 渴望，热爱，钟爱，恋爱

تَصَبَّبَ الماءُ ونحوه: تحدَّر 流出，流下

ـ عَرَقًا 遍身流汗，汗流浃背

اِنْصَبَّ: اِنْسَكَبَ 流入，注入

ـ 急袭，猛扑

ـ على عَمَل: لزِمه 专心工作，全神贯注地工作

ـ على الدِرَاسَة 埋头学习

صَبّ: سَكَبَ 倾出，注出，泼出
ـ جـ صَبُّون م صَبَّة جـ صَبَّات: عاشِق وذُو
الوَلَع الشديد 热烈向望者，渴望者，极爱
者，钟爱者
ـ 铸造；铸造物
حَديد ـ 铸铁，生铁
مَصْنَع ـ الفُولاذ 铸钢厂
صُبَابَة جـ صُبَابَات 剩余，残余
ـ لا تُرْوِي وثُمالة لا تُغْنِي 无济于事
صَبَابَة: شَوْق شديد 渴望；热爱，钟情
صَبَب جـ أَصْبَاب (江河的)流注，流入；
倾斜，斜面，斜坡
صَبِيب / مَصْبُوب: مَسْكُوب 注入的，流出的，
倒出的
ـ: دَم أو عَرَق 血；汗
مَصْبُوب 倒出的，流出的，注入(铸型)的，
铸造的
سَوْط ـ 灌有铅的鞭子
مَصَبّ النَهْر جـ مَصَابّ ومَصَبَّات: مَوْضع
الانْصِبَاب 河口，(支流的)汇合处
ـ 终点，尽头(如输油管的尽头)
صبح ـَ صَبْحًا القومَ: أَتاهم صَبَاحًا 早晨来会见
他们
صَبُحَ ـُ صَبَاحَةً الوَجْهُ: أَشْرَقَ 容光焕发
ـ الغُلَامُ: كان ذا جَمال 长得帅，漂亮，英
俊，潇洒
صَبَّحَه: أَتاه صَبَاحًا 早上来到，早晨来到
ـ ه: حَيَّاه بالسلام صَباحًا 请早安，问早安，
致以早安
صَابَحَه (م) 早晨访问
ـ 早晨遇见，相逢
صابِح القومَ ولا تُمَاسِهِمْ 拜访人要在早上
而不要在晚上
أَصْبَحَ: دخَل في الصَباح 进入早晨
ـ الحَقُّ: ظَهَرَ 真理出现了
ـ: صَارَ (早晨变成)变成，成为
ـ غَنِيًّا 他已成为富翁
ـ يَقْرَأُ (م) 开始阅读
ـ الصَبَاحُ 天亮了
تَصَبَّحَ 吃早点
ـ بِغَيْرِه: لَقِيَهُ صباحًا 早起迎接某人
اِصْطَبَحَ واسْتَصْبَحَ: اِستضاء 点灯
ـ: فَطر / تَروَّقَ (س) 用早点
صُبْح جـ أَصْبَاح / أُصْبُوحَة / صَبِيحَة / صَبَاح:
نَقِيض مَسَاء 早晨，清晨
الـ / صَلَاةَ الـ 晨礼(伊斯兰教五礼之一，
在黎明之后，日出之前举行)
صَبَاحَ مَسَاءَ 朝朝暮暮，早早晚晚
ـ الخَيْر / عِمْ صَباحًا: طابَ عَيْشُكَ في الصَباح
早晨好，早安
صَبَاحًا 在早晨
صَبَاحِيّ 早晨的
الجَرَائِد الـ ـة 晨报
صَبَاحِيَّة 新婚后的早晨丈夫给妻子的礼物
ـ وصَبَاحَة: جَمَال 美丽，漂亮
صَبُوح 新鲜的，鲜艳的
ـ الوَجْه 容貌美丽的
ـ: ما أُكِلَ أو شُرِبَ صَبَاحًا 早点，早餐，
早奶
ـ (م) 新年的礼物，圣诞节的礼物
صُبْحَة: طَعام الصَبَاح 早点，早饭，早餐
ـ الخَيل (م): غُرَّة 马额上的白点
صَبِيحَة: ضُحًى / ضَحْوَة 清晨，早晨
صَبِيحَتَئِذٍ 在那天早上

صَابِح (مـ): جَدِيد / تازه (مـ) 新鲜的(面包、牛奶)

صَبِيح م صَبِيحَة جـ صِبَاح / صُبَاح م صُبَاحَة جـ صِبَاح 优美的，悦目的，美丽的，美妙的

مِصْبَاح جـ مَصَابِيحُ: لَمْبَه (أ) lamp 灯

ـ كَهْرَبِيّ 电灯

ـ بِتْرُولِيّ 洋油灯

ـ كَشَّاف 探照灯

مَصَابِيحُ النُجُوم 亮星

مَصْبَح / مُصْبَح / إصْبَاح 黎明，拂晓

صَبَرَ ـِ صَبْرًا واصْطَبَرَ وتَصَبَّرَ على الأمر 忍耐，有耐性，忍受，熬住，坚持，支持

ـ له 等待

ـ عنه 拒绝

صَبَّرَه: طلب منه أن يَصْبِرَ 请求…耐心，让…忍耐，让…坚持

ـ السَفِينَةَ: وَضَعَ فيها الصابورَة (船只)装底货，装压舱物

ـ المَيِّتَ (مـ): حنَّطه 制成香尸(木乃伊)，以香料殓藏，施以防腐剂

ـ بَطْنَه (مـ): تَلَمَّجَ 吃点心，小吃

صَابَرَه: غالبه في الصبر 耐心做…，表现耐心、倔强、忍耐、忍受

صَبْر / اِصْطِبَار: جَلَد 忍耐，忍受，忍耐力，刚毅性

ـ / صَبِر: صَمْغ شَدِيد المَرَارَة [植]芦荟(有苦味，可作轻泻药或堕胎药)

ـ أَيُّوب (约伯(Job)的耐性)极度的容忍

هُمْ في ـ هم كالجِمال 他们非常有耐性

الـ طَيِّب 忍耐是一种美德

قِلَّة الـ: جَزَع 缺乏耐性

بِفُرُوغ الـ / بفَارِغ الـ / بـ ـ نافِذ / بهذا الـ 急不可耐地，急切地，迫不及待地

إنَّ المَسْأَلَةَ لا تُطِيق ـ سَاعَة 问题不能拖延一刻

قَليل الـ: جَزُوع 缺乏耐心的

ضَاق صَبْرًا 失掉耐性

عَالَ وعِيلَ صَبْرُه: غُلِبَ 丧失耐心

قَلَّ ـُـه 缺乏耐心

يَمين الـ 强迫的誓言

شَهْرُ الـ: شَهْرُ الصَوْمِ 斋月

قَتَلَهم صَبْرًا 他杀害(四肢被捆住)无自卫能力的人

صَبَر جـ أَصْبَار: جَمَد 冰

صِبْر وصُبْر جـ أَصْبَار: ناحِيَة الشيء 边缘，止境；浓度；白云

أَخَذَه بِأَصْبَارِه 把它完全拿去了

ملأ الكأسَ إلى أَصْبَارِها 把杯子装得满到边儿

صُبْر / صُبُر 小石子覆盖的地

صَبْرَة / صَبَّارَة الشِتَاء 严寒

صُبْرَة جـ صِبَار: ما جمع من الطعام بلا كيل ولا وَزن 谷堆，粮食堆

أَخَذَه ـً 他把它整堆地拿走

صُبْرَةً وَاحِدَةً 批发

تَصْبِير البَطْن (مـ): لُمْجَة 小吃，点心

صُبَار / صُبَّار: بِطِّيخ شَوْكِيّ [植]仙人拳，仙人球

ـ / صُبَّير (سـ) / صُبَيْر: تِين شوكيّ (انظر شوك) [植]霸王树，仙人掌

ـ (مـ) / صَبَّارة [植]芦荟

صَبَارَة / صُبَارَة 石头

صَبَّارَة: أرض غَلِيظة لا نبت فيها 荒凉的高地

ـ (مـ) 侦察兵，斥候

صُبَيْرَة جـ صُبَيْرَات (مـ) [植]仙人掌

صَابُورَة المَرْكَب (船只的)压舱物

خَرَجت السُفُن على الـ 船带着压舱物出海了

صابِر وصَبِير جـ صُبَرَاءُ 忍耐的，沉着的，稳健的

صَبُور جـ صُبُر / صَبَّار 容忍的，温顺的

صَبِير / صَبِيرة 薄烙饼(包菜用)

ـ جـ صُبَرَاءُ 山

ـ جـ صُبُر 白云，厚云层

أمّ صَبَّار أو صَبُّور 热；灾难；战争

صَابُورِيَّة جـ صَابُورِيَّات وصَوَابِيرُ 苇筐

صَبَعَ ـَ صَبْعًا به وعليه: أشار إليه بإصْبَعه 用手指指着

ـ فلانًا عليه: دلَّه عليه بالإشارة 把他指示给…

ـ ه صَبْعًا ومَصْبَعَةً: جعله مُتَكَبِّرا 使他骄傲

أُصْبَع (مـ): قِياس = ٣/٤ القِيرَاط 乌斯巴(埃及长度名，等于 3.12 厘米)

إصْبَع وأُصْبُع وإصْبِع جـ أَصَابِع / صُبَاع اليد

جـ صَوَابِعُ (مـ) 手指

ـ / ـ القَدَم (مـ) 脚趾

على مَاشِيَته إصْبَع 他有很好的畜群

ـ طَبَاشِير وأَمْثَالِها 一支(粉笔)

ـ أَحْمَر الشِفَاهِ 一支口红，口红棒

ـ المَوْز 一只香蕉

أَصَابِعُ العَرُوس / ـ العَذَارَى: صِنف من العِنَب طَوِيل الحَبّ 黑色的牛奶葡萄

بَصْمَة الأَصَابِع 指印

لا يَزِيد على أَصَابِعِ اليَدَيْن عدًّا 屈指可数的

له إصْبَع في هذا 他被牵连在这件事里

أَصابِع (أَصَابِيع) العَذْرَاء: نَبات طِبّي [植]毛地黄

مَصْبَعَة 骄傲，傲慢

مَصْبُوع: مُتَكَبِّر 骄傲的

مُصَبَّع: شِكَارَة (مـ) (烤鱼、肉用的，有把的)铁格子

مُصَبَّعَات الفُرْن (مـ): بَاز (火炉上用的)铁格

صَبَغَ ـَـُـ صَبْغًا وصِبَغًا الثوبَ: لوَّنه 染布

ـ 装饰，修饰

ـ يدَه في الماء: غمسها فيه 把手浸入水中

ـ يدَه بالعمل: اشتغل به 从事，着手

ـ قَليلاً 淡染，轻染，浅染

ـ: طَلَى بِلَوْن 涂色

ـ بالماء: عمَّده [宗]施行洗礼

صَبَغُوني في عَيْنِكَ: غَيَّرُوني عندك بإساءة قولهم فيّ [伊]他们使你戴上有色眼镜来看我

اِصْطَبَغَ 修饰自己，涂脂粉；着色，染色

ـ 赋予…色彩

ـ 涂上颜色，涂上漆

صَبْغ: تَلْوِين 着色，染色，上色

ـ الشَعْر 染发

صِبْغ وصِبَغ جـ أَصْبَاغ / صِبْغَة / صِبَاغ: ما يُصْبَغُ به 染料，颜料；作料(醋、酱油等)

صِبْغَة / صَبْغَة (مـ): نَوْع / شَكْل 样子，方式，样式，形式，特色，特性，性质，品质

ـ: مَعْمُودِيَّة النَصَارَى [宗]洗礼，浸礼

ـ: خُلاصَة (في الطبّ) [医]酊，酊剂，药

ـ الأَفْيُون 劳丹，鸦片酊

ـ اليُود: الـ البَنَفْسَجِيَّة 碘酊，碘酒

ـ التَقْرِير 报告的特性

جَرِيمَة ذات ـ سِيَاسِيَّة 带有政治性的罪行

سِرِّيّ الـ 具有秘密性的

صِبْغِيّ جـ صِبْغِيَّات: مَادَّة نقل الصِفات الوِرَاثِيَّة

[生]染色体

صِبَاغَة: عَمَل الصَّبَّاغ أو حِرْفَتُهُ 染料业，染色工人的职业

صَبُوغَة (مـ) / صَابُوغَة: سَمَك نِيلِيّ 埃及熏鱼(曹白鱼)

صَبِيغ (ثوب صَبيغ أو ثِيَاب صبيغ) 着色的

صَبَّاغ / صَابِغ 染匠，染布者，染色工人

ـ: كَذَّاب 说谎者

يُوحَنَّا الـ (المَعْمَدَانُ) [宗]施洗的约翰

مَصْبُوغ 已染色的，已着色的，被染上色的

أَصْبَغُ: أَعْظَمُ سُيُول 急流

ـ م صَبْغَاءُ جـ صُبْغ 白额(马)

مَصْبَغَة جـ مَصَابِغ: مَحَلّ الصِبَاغَة 染房，染厂，染坊

صبن ـِ صَبْنًا المُقَامِرُ الكَعْبَيْنِ 用骗人手段掷骰子

صَبَّنَه: غَسَلَه بالصَابُون 用肥皂洗

صَابُون الوَاحِدَة صَابُونَة جـ صَابُونَات (أ): غَاسُول (波)肥皂

ـ الثِيَاب / عِرْق الحَلَاوَة [植]肥皂草(西班牙产的一种草，根含有肥皂素)

ـ عِطْرِيّ 香皂

ـ عادِيّ 普通肥皂

ـ للغَسِيل 洗衣肥皂

صَابُونَة الرِجْل (مـ): دَاغِصَة [解]膝盖骨，髌骨

صَابُونِيّ: كالصابون أو منه 像肥皂的，肥皂质的，属于肥皂的

صَابُونِيَّة: نبات يُؤْخَذ منه نوع من الغسول يُغْسَل به [植]石碱草

صَبَّان / صَابُونِيّ (مـ): صَانِع الصَابُون أو بائِعه 肥皂制造者，肥皂商

مَصْبَنَة جـ مَصَابِن: مَصْنَع الصَابُون 肥皂厂

صبا يَصْبُو صَبْوَةً وصُبُوَّةً وصُبُوًّا إليه وله: حَنّ واشتاق 想念，怀念，思慕，渴望，眷恋

صَبَا ـُ صَبْوًا وصُبُوًّا وصِبًا وصَبَاءً: مَالَ إلى الصبوة أي جهلة الصبيان 有孩子的癖好

صَبِيَ يَصْبَى صَبَاءً وتَصَابَى واسْتَصْبَى: فَعَلَ فِعْلَ الصِبْيَان 有孩子气的动作，动作像个孩子，举止轻率、幼稚、轻佻

صَبَّى (مـ): أعاد شَبَابَه 恢复青春，返老还童

تَصَابَى وتَصَبَّى: مال إلى اللعب 爱玩耍

ـ (مـ) وـ (مـ): تَجَدَّدَ شَبَابُه 返老还童

ـ وـ المرأةَ: اِسْتَهْوَاهَا 诱惑妇女，谄媚妇女

اِسْتَصْبَاه: عامله كما يعامَل الصبيّ 像孩子一样对待他，把他当作小孩看待

ـ 举止幼稚、愚蠢，认为不严肃

صُبُوّ / صَبْوَة / صِبًا: حَنِين وشَوْق 思慕，怀念，热望，渴望，眷恋

صَبْوَة 稚气，孩子气

صُبُوَّة / صَبَاء / صِبًا: شَبَاب 青春，青春时代

في شَرْخ الصِبَا 在青春时期

صَبًا جـ صَبَوَات وأَصْبَاء: رِيح شَرْقِيَّة 东风；微风(阴性名词)

صَابِيَة 东北风

صَبِيّ جـ صِبْيَان وصُبْيَان وصِبْوَان وصُبْوَان وأَصْبِيَة وصِبْيَة وصَبْيَة وصُبْيَة وصِبْوَة وأَصْبٍ: وَلَد / غُلَام 男孩，儿童，少年

ـ في التَمْرِين: تِلْمِيذ 徒弟，学徒，见习生，助手

أُمّ الصِبْيَان (俄罗斯童话中的)巫婆，妖婆

صَبِيَّة جـ صَبَايَا: بِنْت 女孩，小姑娘，少女

ـ: فَتَاة 姑娘，闺女

ـ (سـ) 少妇

صِبْيَانِيّ 儿童的，少年的，童年的，稚气的

صِبْيَانِيَّات 幼稚行为，孩子行为

صُبَيْدَج (س): أُمّ الحِبْر 墨鱼，乌贼
صَحِبَه ـَ صُحْبَةً وصَحَابَةً وصِحَابَةً وصَاحَبَه: رافقه 陪，伴，陪同，陪随
ـ ه وـ ه وتَصَاحَبَ معه: عَاشَرَه 交游，往来
ـ ه وـ ه وـ معه: اِتَّخذَه صَاحِبًا 交朋友，结交
صَاحَبَ المَرْأَةَ: اِتَّخذَها صَاحِبَةً 姘识，姘度
ـ المُغَنِّيَ 伴奏，和奏，伴唱
أَصْحَبَه الشيءَ: جعله معه 附加
تَصَحَّبَ منه: اِسْتَحْيَا 惭愧
تَصَاحَبَا: كانت بينهما صُحْبَة 他们俩要好
اِصْطَحَبَ الرجلَ: رافقه 陪同，偕同，陪随，陪伴，护送
اِسْتَصْحَبَه: جَعله في رِفْقَتِهِ 请他同行
ـ ه الشيءَ: جعله في صُحْبَتِه 让他随身携带，托他捎走
صُحْبَة: مُرَافَقَة 结伴，交往
ـ: صَدَاقَة 友谊，友情
ـ السَفِينَة (同船的关系)一面之交
ذَهَبَ ـ هم 和他们一起动身了
ـ زُهُور (م): بَاقَة 一束花
مُصَاحَبَة / اِصْطِحَاب 陪伴，陪同，陪随
صَاحِب ج أَصْحَاب وصَحْب وصُحْبَة وصِحَاب وصُحْبَان وصَحَابَة وصِحَابَة / أَصَاحِيبُ (جمع أَصْحَاب): رَفِيق 朋友，伙伴，同事，同仁，同伴
ـ الشيء: مالِكُه 物主，所有者，所有人
ـ الأمر 当事人；主人，老板，东家
ـ البَلَد: حَاكِمُه 统治者，地方长官
ـ الدَيْن: دائِن 债权人，贷方
ـ التَرْجَمَة 传记中的主人公
ـ التَوْقِيع 署名者
ـ الحَدِيث / ـ نا 谈话中所提到的主人公
ـ الشَكْوَى 请愿者
ـ الطَلَبِ 请求者，申请者
ـ الفِكْرِ 献策者，出谋者
ـ الكِتَاب 作者
ـ الكَرَامَات 演幻术者；奇迹创造者
ـ الامْتِيَاز 有特权者
ـ العِزَّة أو السَعَادَة أو المَعَالِي 阁下(对大臣、大使等的尊称)
ـ السُمُوّ أو الدَوْلَة 阁下(对总理、首相等的尊称)
ـ السُمُوّ المَلَكِيّ 殿下(对皇族的尊称)
ـ العَظَمَة أو الجَلاَلَة 陛下(对皇帝、国王的尊称)
أَصْحَاب المَذَاهِب الفَلْسَفِيَّة 哲学派别的创始人
ـ العِلْم والفَضْل 品学兼优者
ـ الأَطْيَان 地主，土地的所有者
ـ الأَمْلاَك 财产私有者，财产所有者
ـ العَمَل / ـ الأَعْمَال 企业主，资本家，业主，雇主
ـ الحَلّ والعَقْد 最高当局
يَا صَاحِ = يا صَاحِبُ 朋友！
صَاحِبَة ج صَاحِبَات وصَوَاحِبُ 妻子；主妇，女主人，老板娘
صُوَيْحِب (指小名词)小朋友
صُوَيْحِبَة ج صُوَيْحِبَات 小朋友(女)
صَحَابَة (جمع صَاحِب) والواحد صَحَابِيّ [宗] 穆罕默德的伙伴，门弟子，(音译)撒哈比
مَصْحُوب بكذا 带着，带有，兼有
ـ بالإِرْهَاب 带有威胁
مَصْحُوبًا 由…伴随着
ـ بالمُلْحَق 带有附件的，带有附录的

مُصَاحِب 密友，挚友
صَحَّ ـِ صُحًّا وصِحَّةً وصَحَاحًا واِسْتَصَحَّ: شُفِيَ 痊愈，恢复健康
ـ الجُرْحُ: اِلتَأَمَ 伤口合拢，愈合
ـ الشيءُ: سَلِمَ من العَيْب 成为健全的，无疵的，正确的，不错的
ـ ت النِيَّةُ 有坚决的意志
ـ ت العَزِيمَةُ على الأمر 有坚强的毅力
يَصحُّ القَوْلُ إنَّ ... 可以说…，…这样说是正确的
ـ الخَبَرُ: ثبَت 消息是真实的，正确的
صَحَّحَ المَرِيضَ: شَفَاه 使(病人)恢复健康，治好病人的病
ـ الكِتَابَ: ضَبَطه 校订，改订，修订，校正，修正，校对，校勘
ـ الخَطَأَ والعَيْبَ 改正，更正，矫正，纠正，勘误
ـ الخبرَ: أَثْبَتَه 证实，证明
تَصَحَّحَ بكذا: تَدَاوَى به (用某种药)治疗
صِحَّة: ضد خَطَأ 正确，准确，正确性
ـ: صِدْق 真实，确实，精确
ـ: حَقِيقَة 真实，现实，实在，真相
ـ: سَلاَمَة 健全，完美，完善
ـ: صَلاَحِيَّة / شَرْعِيَّة 正当，妥当，有效，效力，合法性
ـ: عَافِيَة 健康，无恙
ـ الرَأْي 意见的正确性
ـ عُمُومِيَّة 公共卫生
حِفْظ الـ 保健
عِلْم الـ 卫生学
مَصْلَحَة الـ 卫生局
قَانُون حِفْظ الـ 卫生法，摄生法，健康法
وزَارَة الـ 卫生部
اِنْحطَّت صِحَّتُه 衰弱，身体不好
صِحِّيّ: مختص بالأمور الصِحِّيَّة 卫生(上)的
ـ: مختص بقَوَاعِد حِفْظ الصِحّة 卫生学的
ـ / مَصَحَّة: نَجِيع 卫生的，健康的，健壮的，健全的
ـ / ـ (كالطَعام أو الشَراب) 有益于健康的(饮食)
غير ـ 不健康的，不卫生的，不合卫生的
مَحْجِر ـ: كُورَنْتِينَا (أ) quarantina (意)检疫所
تَصْحِيح 改正，修正，更正，纠正；恢复健康
جَمْع الـ / جمع سالم [语]完整的复数
إصْحَاح جـ إصْحَاحَات: فَصْل من الكِتاب المُقَدَّس (希伯来语圣经的)章
صَحّ (مـ) (书信等的)再启，附言，又及
صَحِيح جـ صِحَاح وأَصِحَّاءُ وأَصِحَّة وصَحَائِحُ: كامل / تَامّ 完全的，无疵的，圆满的，没有缺点的
ـ: حَقِيقِيّ 真的，真实的，真正的
ـ أَنَّ ... …是对的
فِعْل ـ [语]不带柔弱字母的动词
ـ: سَلِيم 健全的，完整的
ـ: صَحّ (مـ) / مَضْبُوط 对的，正确的，不错的
ـ: قَانُونِيّ 合法的
ـ الجِسْم 健康的，健壮的
غير ـ 不对的，不正确的
عَدَد ـ (بلا كَسْر) [数]整数
جَمْع ـ (أي سَالِم) [语]完整式复数名词
مُصَحِّح 校正器

ـ مُسَوَّدات الطَّبْع 校对人，校对员

مَصَحَّة ومَصَحّ جـ مَصَحَّات: مُسْتَشْفَى النقاهة 疗养所，疗养院

أَصْحَرَ: خَرَجَ إلى الصَّحْرَاء 到沙漠地方去

ـ المَكانُ: اتَّسَعَ (地方)空旷

ـ الأمرَ وبالأمر: أَظهره 表明，说明

ـ الرجلُ: اِعْوَرَّ 变成独眼

تَصَحَّرَت الأَرْضُ: صَارَت صَحْرَاوِيَّة 沙漠化

صَحْرَاء جـ صَحَارَى وصَحَارٍ وصَحَارِيّ وصَحْرَاوَات: الفَضَاء الواسع لا نَبات فيه 沙漠

صَحْرَاوِيّ 沙漠的，荒凉的，荒无人烟的

صَحَر / صُحْرَة 淡黄褐色

صَحِير / صُحَار 驴叫

أَصْحَرُ م صَحْرَاءُ جـ صُحْر 淡黄褐色的

صَحَّفَ الكَلِمَةَ: أَخْطَأَ في قِرَاءَتِها 读错，把发音弄错

ـ الكَلِمَةَ: حرَّفها عن وَضْعِها 写错，把拼写弄错

ـ الخَبَرَ: حرَّفه 误传(消息)，错传；颠倒黑白

ـ (في الطِّبَاعَة) [印]排错，误排

تَصَحَّفَ القَارِئُ: أَخْطَأَ في القراءة 读错

صَحْفَة جـ صِحَاف: صحن كبير 大盘子

ـ العَمُود (مـ): تَاجُه [建]柱头

ـ وقَدَمَة العَمُود (مـ) [建]圆柱的柱头和柱底

بَحْر الـ (مـ) (في المِعْمَار) [建](柱的)围颈

قالَب تَحْتَ الـ (مـ) (في المعمار) [建]柱头上的(卵)形花边

صِحَاف الطعام 各种菜肴，各种食物

صِحَافَة: إدَارَة جَرَائِد وتَحْرِيرها 新闻业

رِجَال الـ 新闻记者，新闻工作者

عالَم الـ 新闻界

تَصْحِيف (في الطباعة) [印]印刷错误

وَرَق ـ 打纸型用的纸

صَحِيفَة جـ صَحِيفَات وصَحَائِفُ وصُحُف: وجْه 脸，面孔，面庞

ـ الوَجْه: بَشَرَة جِلْده 脸皮，面皮

ـ: وَرَقَة من كِتَاب بِوَجْهَيْها (书的)一张(两页、两面)

ـ من دَفْتَر حِسَابَات: صَحِيفَتَان مُتَقَابِلَتَان 页上记以同一页码的左右两面，账簿占二面地位的贷借栏

ـ الدَّعْوَى 传票

ـ: جَرِيدَة 报纸

ـ يَوْمِيَّة: جَرِيدة يَوْمِيَّة 日报

ـ الشَّعْبِ اليَوْمِيَّة 人民日报

ـ رُخَام 大理石版

صَحَائِف من الفَخَّار 带号码的陶质门牌

صَحَفِيّ: مَن يَأْخُذُ العِلْمَ من الصحيفة لا عن أستاذ 自修者，自学者，无师自通者

ـ / صِحَافِيّ: مُشْتَغِل بالجَرَائِد 新闻记者，新闻工作者

صِحَافِيّ 新闻业的

صَحَّاف: من يُخْطِئ في قراءة الصحيفة 错读的人，念错的人

ـ: بائع الصُّحُف 报贩

مُصْحَف جـ مَصَاحِفُ / مَصْحَف / مِصْحَف: ما جمع من الصحف بين دَفَّتَيْ الكتاب المشدود 卷，册，本，部，书籍

الـ الشَّرِيف 古兰经

صُحْمَة 黄绿色(树叶开始萎黄时的颜色)

أَصْحَمُ م صَحْمَاءُ جـ صُحْم 黄绿色的

صَحْن الأكل جـ صُحُون: طَبَق 碟子，盘子

ـ الطَعام: صِنْف منه 一种食品
ـ الفِنْجَال: فَيْخَة (انظر فَنْجل) 茶碟
ـ الدَار: سَاحَتُها 院子，庭院
ـ المَسْجِد أو الكَنِيسَة 清真寺或教堂中部，本堂
ـ المَحْكَمَة (法庭的)律师席
بالصَحْن (مـ) 从菜单上
صَحْنَى وصَحْنَاة: سَرْدِين (أ) Sardine 沙丁鱼，鳁鱼
صَحَا يَصْحُو صَحْوًا وصُحُوًّا وصَحِيَ يَصْحَى صَحًا وأَصْحَى الرجلُ: اسْتَيْقَظ 醒，醒来，睡醒
ـ وـ السَكْرَانُ: ذهَبَ سُكْرُه 酒醒，清醒，苏醒
ـ وـ وأَصْحَى اليومُ: صَفَا ولم يَكُنْ فِيه غَيْم (天气)晴朗
صَحَّاه وأَصْحَاه: أَيْقَظَه 叫醒，唤醒
أَصْحَى اليومُ: صَفَا 晴朗
صَحْو: يَقْظَة 醒
ـ / صَحْوَة: رُشْد 意识，知觉，自觉，头脑清醒，神智清明
ـ / صَاحٍ: رائِق / خَالٍ من الغُيُوم 晴朗的
أَيَّام الـ 晴朗的日子
صَاحٍ جـ صَاحُون وصُحَاة م صَاحِيَة جـ صَاحِيَات وصَوَاحٍ (من نوم): مُسْتَيْقِظ 觉醒的，清醒的
ـ: يَقْظَان / متيقظ 警觉的，警醒的
ـ: ضد سَكْرَان / مُسْتَفِيق 清醒的，神志清明的
صَخِبَ ـَ صَخَبًا: صاحَ شَدِيدًا 吵嚷，吵闹，呼喊，吆喝，喝叫
تَصَاخَبَ القومُ: تَصَايَحُوا وتَضَارَبُوا 喧哗，叫嚣
صَخَب: صِياح 吵闹，吵嚷
اِصْطِخَاب 喊声，嘈杂，喧嚷

صَاخِب / صَخِب / صَخَّاب: صَيَّاح 吵闹的，吵嚷的，喧闹的，闹哄哄的
صَاخَّة: صَيْحَة شَدِيدة 轰响，爆炸声，震耳的声音；灾难
الـ [宗]世界末日的审判
صَخِدَ ـَ صَخَدًا وصَخَدَانًا اليومُ: اِشْتَدَّ حَرُّه 天气炎热，天气酷热
صَخْدَان / صَخَدَان: يَوْم شَديد الحَرّ 炎热天
صَخْر جـ صُخُور وصُخُورَة: حَجَر صُلْب 岩，岩石，磐石；礁石，暗礁
ـ مُحَبَّب 花岗石
حَيَّة الـ: شُجَاع 岩蚒(蟒类)
صَخْرة وصَخَرَة جـ صَخْر وصَخَر وصُخُور وصُخُورَة وصَخَرَات 岩石，石头
صُخُور نَارِيَّة 火成岩
صُخُور بُرْكَانِيَّة 火山岩
صُخُور مُنَضَّدَة 层矿岩，片状岩
عِلْم الـ / الصَخْرِيَّات 岩相学，岩石学
صَخِر / صَخْرِيّ: كَثِير الصَخْر أو مثله 岩石的，岩石重叠的，多岩石的，像岩石的
صَدِئَ ـَ صَدَأً وصَدُؤَ ـُ صَدَاءَةً الحَدِيدُ وصَدَّى (مـ): عَلاَهُ الصَدَأُ (铁)生锈，氧化
أَصْدَأَ الحديدَ ونحوَه: جعله يَصْدَأُ 使(铁等)生锈，氧化
صَدَأٌ / صَدَاءَة / صَدَى (مـ): تَأَكْسُد (أ) 生锈
صَدَأٌ: ما يَعْلُو المَعَادِنَ بِسَبَب الرُطُوبَة وغيرها 铁锈，锈屑
ـ الحِنْطَة: مَرَض الخَمِيرَة 小麦黑穗病
غير قابِل للـ 不锈的
يَأْكُلُ الـُ الحديدَ 铁生锈，铁被腐蚀
صَدِئ / مُصْدَأ / مِصَدِّى (مـ) 有锈的，生锈的
صُدْأَة 铁锈色

أَصْدأُ م صَدْآءُ 黑红色的，铁锈色的
مُصْدِئ: أُكْسجِين (أ) oxygen [化]氧
صدح ـَ صَدْحًا وصُدَاحًا الرجلُ أو الطائرُ: غَنَّى (人)唱，唱歌；(鸟)啭，啼
ـ ت المُوسِيقَى 奏乐
صَدْحَة جـ صَدَحَات (鸟的)鸣啭
ـ / صُدْحَة (用作护身符的)贝壳
صَادِح 唱歌的，歌手
صَدَّاح / صَدُوح / صَيْدَح / مِصْدَح: مُغَرِّد / مُغَنٍّ 唱歌的
طائِر ـ جـ صَوَادِحُ 鸣禽
صده ـُ صَدًّا عن كذا: منعه 制止，阻止，阻拦
ـ ه: أَعَاقه 阻止，阻碍，妨碍
ـ ه: قاوَمه 反抗，对抗，抵抗
ـ ه: ردَّه 击退，反击，回击
صَدَّ ـِ صَدًّا وصُدُودًا عنه: أَعْرَض ومال 避开，躲开，推开，拒绝
صَدَّدَ وأَصَدَّ الجُرْحُ: قَيَّح (伤口)化脓，生脓
اِنْصَدَّ 被打退，被击退
صَدّ: مَنْع 阻止，制止，禁止，遏止，抑制
ـ: مُقَاوَمَة 抵抗，反抗
ـ: رَدّ / دَفْع 弹回，拨回；击退；拒绝
صَدَد: خُصُوص (م) 关系，论点，要点，主眼，旨趣，论题，题目；话题
ـ: قَصْد / شَأْن 宗旨，目的，目标
ـ: تِجاه / أَمام 对面的，在…前面
داري صَدَدَ دارِه أو بصَدَدِهَا أو على صَدَدِهَا: قُرْبَها وقُبالَتَها 我的家在他家对面
في هذا الـ / بهذا الـ 在这方面，关于这一点，关于这个问题
في ـ هذه المَادَّة 关于这条款
هو بـ ـ ه 他在研究这个题目

صَدِيد: قَيْح 脓，化脓
صَدِيديّ: قَيْحِيّ 脓的，化脓的
صدر ـِ ـُ صَدْرًا ومَصْدَرًا إليه: ذهَبَ / صار إليه 去，赴，前去
ـ ـِ صُدُورًا الأمرُ: حدَث وحصَل 发生
ـ عنه: نَشأَ ونتج 产生
ـ منه: بَرز 发出
ـ الكِتَابُ 发行；出版
ـ الحُكْمُ القَضَائِيّ 宣布判决，宣判
ـ الأَمْرُ أو القَرَارُ 颁布，发布，公布(命令、决定)
صُدِرَ: شَكا صَدْرَه 害胸腔病
صَدَّرَ الكِتابَ بكذا: اِفْتَتَحه (给书)作序
ـ (م) وأَصْدَرَ الشيءَ: أَرْسَلَه 寄出
ـ (م) وـ البَضَائعَ إلى الخَارِج 出口，输出，运出(货物)
أَصْدَرَ الأمرَ: أَبْرَزَه للتَّنْفِيذ 颁布，颁发，发布(命令)
صَادَرَ المَالَ: اِستباحَه للحُكُومَة 没收，充公，查抄(家产)
ـ الحُقُوقَ 剥夺权利
ـ اِجْتِمَاعًا 结束会议，不让开会
ـ (م) وتَصَدَّرَ له: تَصَدَّى 反对，反抗，对抗，抗议；妨碍
تَصَدَّرَ المَجْلِسَ: رَأَسَه 主持会议，担任主席，坐在会议首席
ـ الحَفْلَةَ: جلَس في الصَدْر 坐在宴会首席，坐在前排
صَدْر: رُجُوع عن المَاء (从水源处)回来
ـ جـ صُدُور: ما بين العُنُق والبَطْن 胸，胸脯，胸膛
ـ الثَوْب 衣服前襟

ـ: نَهْد 乳房
ـ: فُؤَاد 胸襟，胸怀，心胸
ـ القَمِيص 衬衫的前襟
ـ الشَيء والمَكان: أَوَّلُه 前部，首位
ـ بَيْت الشِعْر 诗的前半句，前半行
ـ 中间，中心
ـ 荣誉地位
ـ: أَوَّل كل شيء كالنَهار والكِتاب 开始，起点
ـ الإسْلاَم 伊斯兰教初期
الـ الأَعْظَم: الوَزِير الأَكْبَر 宰相，首相
بَنَات الـ: الهُمُوم 心事，烦恼；苦恼，愁闷，操心
ذَاتُ الـ: عِلَّة فيه 胸腔病
رَحَب الـ / سَعة الـ 心胸开阔，度量大，气量大，胸怀宽广
ضِيق الـ 心胸狭窄
بِـ رَحِيب 真心欢迎，欣然欢迎
مُنْقَبِض الـ: ضدّ مُنْشرِح الصدر 郁闷的，烦闷的，沮丧的，意气消沉的，垂头丧气的，精神不振的，无精打采的
بِصَدْرَيْنِ (مـ) (سُتْرة أو مِعْطَف) 对襟的(外衣或大衣)
صَدْرِيّ: مختص بالصَدْر 胸的，胸腔的
أَمْرَاض ـ ة 胸腔病
التَجْوِيف الـ 胸腔
صَدْرِيَّة (مـ) / صُدْرِيَّة (مـ): شِمال 奶罩，乳罩，乳褡
صُدْرَة / صُدَيْرِيّ (مـ) / صَدْرِيَّة 马甲，背心，坎肩儿
صِدار: عَنْتَرَى (مـ) (女人的)紧身胸衣；鲸骨褡，乳褡

صَدَارَة 首席
إصْدَار 出版，发行
بَنْك الـ 纸币发行银行
تَصْدِير 输出，出口
إعَادَة الـ 再输出
ـ 创举，发起，着手，开始
ـ (书中)序言，引言
صَادِر: ضد وارد 出口的，输出的
قَرار ـ في ١٢ 十二日公布的决议
ـ عن: نَاشِئ 起于，起因于
ما له ـ ولاَ وَارِدٌ 他什么都没有
مَتَاجِرُ صادرة: ضدّ مَتَاجِر وَارِدَة 出口货
الصَادِرَات والوَارِدَات 出口货和进口货
مُصَدِّر 出口者，输出者
مَصْدَر ج مَصَادِر: ما يصدُر عنه الشيءُ 根源，来源，来路
ـ الدَخْل 财源
ـ البَلاء 祸根
ـ: أصْلُ النبأ أو الخبر 消息来源
ـ مُطَّلع 消息灵通人士
المَصادِر الرَسْمِيّة: ما يصدُر عن الشخْصيّات المسؤولة في الدولة 官方消息
المَصْدَر: أصل مُشْتَقَّات الأفعال [语]词根
ـ المِيمِيّ [语]米姆词根
مَصْدُور: مُصَاب بالسُلّ 害肺病的
صَدَعَ ـ صَدْعًا الشيءَ: شقَّه ولم يَفْتَرِقْ 割裂，扯裂，撕破；弄破，敲裂
ـ الأَمْر: كشفه وبيَّنه 揭露，揭穿
ـ بالحَقّ: تكلَّم به جهارًا 宣布真理
ـ صُدُوعًا إلى ... 倾向，偏向…
صُدِعَ وصُدِّعَ: أصابَه الصُداع 感到头痛，患头痛病

صَدَّعَ الخَاطِرَ (مـ): كَدَّرَه 骚扰，打搅，使烦恼，使头痛
تَصَدَّعَ وانْصَدَعَ: اِنْشَقَّ 破裂，裂开
ـ وـ الصَباحُ: أَسْفَرَ 破晓，东方发白，露出曙光
ـ القومُ: تفرَّقوا 散开，分散；分离
ـ السدُّ أو الحاجز (坝、堤)决口
صَدْع: شَقّ 破，裂
ـ جـ صُدُوع 裂口，裂缝
صِدْع / صِدْعَة جـ صِدَع / صَدِيع جـ صُدُع:
نِصْف الشيء المَشْقُوق نِصْفَيْن 半个(被打破的东西)
ـ: جَمَاعَة من الناس 一群人
صُدَاع 头痛
تَصْدِيع 剧烈的头痛
مَصْدُوع: مَشْقُوق 被劈开的，被打裂的，被敲破的
ـ 害头痛者
صَدَغَه ـَ صَدْغًا عن الأمر: ردَّه وصرفه 制止，阻止
ـ النَمْلَةَ: قتلها 扑杀蚂蚁
لا يَصْدَغُ نَمْلَةً (他不能弄死一只蚂蚁)懦弱无能的人
صَدَاغَة (مـ) 纠缠，无赖的行为
صُدْغ جـ أَصْدَاغ: ما بَيْن العَيْن والأُذُن من الرأس [解]太阳穴，鬓角，鬓脚
ـ: قُصَّة الصدْغ / مَقْصُوص (مـ) 鬓
صُدْغِيّ: مختص بالصُدْغ 太阳穴骨，太阳穴的
صِدِغ (مـ): وَقِحُ الوَجْه 厚颜无耻的
مِصْدَغَة جـ مِصْدَغَات 枕头，坐垫
صَدَفَ ـِ صَدْفًا وصُدُوفًا عنه: اِنصرف ومَالَ (把脸)转过去，(把脸)避开去

ـ عن كذا 鄙弃，嫌恶
صَدَفَ ـِ صَدْفًا وتَصَدَّفَ عنه: أَعرَضَ وصَدّ 拒绝，回避，逃避
ـ (مـ) وصَادَفَ (مـ): حدَث مُصَادَفَة 偶然发生，意外发生
ـ أنْ قَابَلْتُه 我偶然碰见他
صَادَفَه: قَابَلَه (بدون قصد) 偶然遇见，碰见
تَصَادَفَا: تَقَابَلاَ 相遇
صِدْفَة (مـ) / مُصَادَفَة: اِتِّفَاق 偶然，碰巧；偶然性，突然性，意外性
صُدْفَةً (مـ) / بالصُدْفَة (مـ) / مُصَادَفَةً: اتِّفاقًا 偶然地，意外地
ـ (مـ) / ـ (مـ): نَادِرًا 有时，间或，偶尔
لم يَكن من باب الـ أنْ ... 不是偶然的…
من باب المُصَادَفَة 偶然地
شَاءَتِ المُصَادفةُ أنْ ... 料不到会…，意外地
صُدَفِيّ 偶然的，意外的
صَدَف جـ أَصْدَاف الواحدة صَدَفَة جـ صَدَقَات:
مَحَار 介壳，贝壳，珠母
شُغْل الصَدَف 贝壳细工，螺钿
علم الأَصْدَاف 介类学，贝类学
صَدَفِيّ 贝壳的
صَدَفَة الأُذُن: صِيوَانها [解]外耳，耳壳，耳轮
ـ السُلَّم (مـ): المَسَطَّح من الدرج في مستَوَى الطابِق 梯台，梯顶，楼梯平处
صَدَقَ ـُ صَدْقًا وصِدْقًا ومَصْدُوقَةً وتَصْدَاقًا: ضد كَذَبَ 说真话，说老实话
ـ قَوْلُه أو ظَنُّه 他说的对，他说了实话；他猜对了，他猜得对
ـ في وَعْدِه 践约，履行诺言
ـ ه النُصْحَ أو الحُبَّ 对他忠告；待他以真诚的爱

أَصْدُقُ القولَ ... 我照实说…
يَصْدُقُ عليه كذا 这适用于他
صَدَّقَ الخبرَ والكلامَ أو بهما: ضد كَذَّبَه 相信(消息或话语)
ـ على الأمر: أَقَرَّه 证实，确定，证明；通过，批准，确认
ـ على إمْضاء أو تَوْقِيع [商]会签，副签，连署；同意，承认
يُصَدَّقُ: يُمْكِنُ تَصْدِيقُه 可信的，可靠的，被认为是诚实的
لاَ يُصَدَّقُ: لا يُمْكِنُ تَصْدِيقُه 不可信的，不可靠的，不能置信的
صَدِّقْ أَوْ لا تُصَدِّقْ 信不信由你，(我说的是真的)
صَادَقَه: صَاحَبَه 结交，交朋友，友好相待
ـ على الأمر (مـ): وافَقَه 赞成，同意
ـ على المُعاهَدَة (مـ): أجازها 批准条约
أَصْدَقَ ابْنَتَه: عَيَّنَ لها صِداقَها 给他女儿规定彩礼、聘礼、嫁资
تَصَدَّقَ على الفَقِير بكذا: أَعْطَاه إيّاه صَدَقَةً 施舍，布施
تَصادَقَا: تَوادَّا 彼此友好
صِدْق: حقّ أو حَقِيقة 真实，真理
ـ: أَمانَة 真实，诚实，忠诚
ـ: إخْلاص 真诚，诚实，诚意，实心
صِدْقًا: حقًّا / يَقِينًا 真，真实地，真地，确实地
صَدَقَة جـ صَدَقات: عَطِيَّة يُرادُ بها المَثُوبَةُ لا المَكْرُمة 布施；施舍物
المَاصْدَقَات: الأَفْراد [逻]外延
صِدَاق جـ أَصْدِقَة وصُدُق / صَدْقَة / صَدُقَة: مَهْر 奁资，聘礼，彩礼

صَدَاقَة: صُحْبَة 友谊，友好，友爱，友情
مُعاهَدة الـ 友好条约
جَمْعِيَّة الـ الصِينيَّة العربيّة 中阿友好协会
تَصْدِيق: قَبُول 信仰，相信
ـ: مُصادَقَة 批准，确认
سُرْعَة الـ 轻信
سَرِيع الـ: مِيقَان 轻信者
مُصَادَقَة 批准，核准，许可，承认
تَصادُق 友好
صَادِق / صَدُوق جـ صُدْق وصُدُق: ضد كَذُوب 诚实的，老实的，真诚的，说实话的人
ـ: حَقِيقِيّ 真正的，真实的
ـ / ـ: مُخْلِص 诚实的，诚心的，忠诚的
التَمرُ ـ الحَلاوَة 椰枣真甜
مُقاوَمَةٌ ـ ة 强烈的反抗
نِيَّةٌ ـ ة 诚意
صَدِيق جـ أَصْدِقَاءُ وصُدَقَاء وصُدْقَان جج أَصادِق م صَدِيقَة: خِلّ حَبِيب 朋友，友人
الـ عِنْدَ الضِيق 患难识知己，患难见真交
دَوْلَةٌ ـ ة 友好国家
صِدِّيق جـ صِدِّيقُون: بَارّ 正直的，公正的，正义的；信任的
ـ: حَمِيم 坚定的、忠实的朋友
أَبُو بَكْرٍ الـ [史]忠贞的艾卜·伯克尔(伊斯兰教的第一位哈里发)
مُصَدَّق: مُمْكِنٌ تَصْدِيقُه 可信的，可靠的
ـ عليه 被证实的；被批准的
مِصْدَاق 标准；试金石
صَدَمَه ـ صَدْمًا وصَادَمَه: دفعه وضربه (نَفْسِيًّا أو مَعْنَوِيًّا أو مَادِّيًّا) 碰，撞，冲撞，冲击，震荡
اِصْطَدَمَ وتَصادَمَ القِطَارَانِ: صَدَمَ أحدُهما الآخرَ (两列车)相碰，互撞

ـ وـ الرأْيان 两种意见互相冲突
صَدْمَة جـ صَدَمَات: المَرَّة من صدم 一撞，一碰
ـ العَبْوَة (射击)后座力
ـ: رَجَّة [医]震荡
ـ عَصَبِيَّة [医]脑神经震荡
ـ نَفْسِيَّة 精神创伤，心灵损伤
اِصْطِدَام / تَصَادُم 碰撞，冲突，抵触
ـ / ـ الآرَاء أو المَصَالح 各种意见或利益的冲突
ـ (مـ) / ـ (مـ): مِصَدّ / مُخَفِّف الصدْمة 车前的缓冲器，保险杠
مُصَادَمَة 冲突，撞击，相碰
صِدَام 口角，争论
فِرْقَة الـ 突击队，敢死队
صَدِيَ ـَ صَدًى: عَطِشَ شَدِيدًا 干渴，焦渴
صَدَّى تَصْدِيَةً بِيَدَيْه: صفق 拍掌，鼓掌
أَصْدَى الجَبَلُ: أجاب بالصدَى 反响，回声
تَصَدَّى له: تعرَّض له 干涉，反对，反抗，妨碍，障碍
ـ للأمر: رَفَعَ رأسَه إليه 专心，致志于(某事)
صَدَى الصَوْت جـ أَصْدَاء: رَجْعُه 回声，回音，应声，反响
لهذا الخَبَر صَدًى بَعِيد 这个消息得到广泛的响应
ـ: نَوْع من البُوم 猫头鹰，鸱鸺，夜猫子
(蒙昧时代的阿拉伯人相信被杀害者的头变成猫头鹰，夜间在坟上叫喊："用人血饮我！用人血饮我！"直到亲属替他复仇为止，因此，把猫头鹰叫صَدًى意思是"渴鸟")

صدى (في صدأ)
صَدٍ وصَادٍ وصَدْيَانُ م صَدْيَا وصَادِيَة جـ صَوَادٍ 渴的，口渴的人
صِرْب (أ) Serb 塞尔维亚人
صِرْبِيّ Serbian 塞尔维亚人；塞尔维亚的
الـ ة 塞尔维亚语
صَرُحَ ـُ صَرَاحَةً وصُرُوحَةً: صَفَا وخلُص وبَانَ 成为清的，纯洁的，纯粹的，纯种的
صَرَحَ ـَ صَرْحًا وصَرَّحَ وأَصْرَحَ الأمرَ: بيَّنه 说明，阐明，解释清楚
صَرَّحَ بالأمر: أَدْلَى به 声明，宣布，发表
ـ: خلاف عرَّض ولَمَّح 爽直地说，坦白地说，直言不讳
ـ وصارَح بما عنده: أبداه [法]直认，供认，自白，招认，自认，直认不讳
ـ ه (مـ): أَجَازَه 许可，允许，准许，答应
ـ ه (مـ): رخَّص له 发许可证(执照)
صَارَحَها بحُبِّه 向她表明爱情
تَصرَّحَ الزَبَدُ عن الخَمْر (泡沫消失，露出醇酒)真相大白，水落石出，昭然若揭
تَصَارَحَا 开诚布公地谈
صَرَاحَة / صُرُوحَة: خُلُوص ووُضُوح 纯洁，纯粹；明显，明白
ـ النِيَّة: إخلاص 坦率，老实，诚恳，忠诚
صَرَاحَةً / بِصَرَاحَةٍ: بِوُضُوح 清楚地，公开地，明明白白地
ـ / ـ: بالمَفْتُوح (مـ) 公开地，直爽地，坦白地，坦率地
صَرْح جـ صُرُوح: قَصْر (أو بِنَاء عَالٍ) 宫，宫殿，城堡，高楼大厦
ـ من الوَرَق (纸糊的大厦)银样蜡枪头(喻中看不中用)
ـ مُمَرَّد: نَاطِحَة السَحَاب (بناء سامِق) 摩天大楼

تَصْرِيح جـ تَصْرِيحَات: بَيَان 宣言，声明
ـ (مـ): إذْن 许可
ـ (مـ): إجازَة / رُخْصَة (مـ) 许可证(执照)
أدْلَى بـ ـ / أفْضَى بـ ـ 发表声明
صَرِيح جـ صُرَحَاءُم صَرِيحَة / صُرَاح: واضح
清楚的，明白的，坦白的，明显的
ـ / ـ: خَالِص 纯粹的，纯种的
ـ: مُخْلِص 诚挚的，忠诚的，真诚的
ـ بِذَاتِه 自明的，不言而喻的，显而易见的
جَوَاب ـ 明白的回答，明确的回答
رأي ـ 率直的意见，坦白的意见
العَرب الصُرَحَاء 纯血统的阿拉伯人
يَوْم مُصَرَّح ومُصَرِّح: لَيْس فيه غيم 晴朗的日子
صُرَاحِيَة من الخَمْر: خَالِصه 醇酒
صُرَاحِيَّة: آنِيَة الخَمْر 酒坛
صَرَخَ ـُ صُرَاخًا وصرِيخًا: صَاح شَدِيدًا 呼喊，
叫喊，惊喊，尖声叫喊，拼命地叫
ـ بَطْنُه من الجوع 肚子饿得直叫
ـ واسْتَصْرَخَ: اِسْتَغَاثَ 大声呼救，发出求救
的喊声
تَصَارَخَ واصْطَرَخَ القومُ: صرخ بعضُهم إلى بعض
واسْتَغَاثُوا 互相呼救
صُرَاخ / صَرِيخ: صِيَاح 呼喊，叫喊，惊叫
صَرْخَة جـ صَرَخَات: صَيْحَة 呼声，惊叫声
ذهبتْ توسُّلاتُه ـً في وادٍ ونَفْخَةً في رَماد
(他的哀求像沙漠中求救者的呼声，像吹
死灰那样得不到结果)得不到反响
صَارُوخ / صَارُوخَة جـ صَوَارِيخ: قَذِيفَة جَوِّيَّة
火箭
ـ: سَهْم نَارِيّ (يَصْعَدُ في الجوّ) 烟火
ـ 爆竹，炮仗
ـ إشارة 信号火箭

ـ بعِيد المَدَى 远程火箭
صَارُوخَة: طُرْبِيد (أ) torpedo 鱼雷
صَارُوخِيّ 火箭的
بُنْدُقِيَّة صَارُوخِيَّة: بَزُوكَة (أ) bazooka 火箭
炮，反坦克火箭炮
قُنْبُلَة صَارُوخِيَّة 火箭弹
طائِرة صَارُوخِيَّة 火箭式飞机
صَارِخ 公鸡
صَارِخَة 呼救声
صَرَّاخ: طَاوُوس 孔雀
صَرْد: بَرد قارِس 严寒，酷冷
صُرَّاد / صُرَّيْد: غَيْم رَقِيق لا ماء فيه 飞云，卷云
صَرَّ ـُ صَرًّا وصَرَّرَ الفرَسُ أُذُنَه وبأذنه: نَصَبَهَا
للاستِماع (马)侧耳，竖耳(细听)
ـ الشيءَ: حزَمه (用包袱)包起来
ـ النَاقَةَ: شَدّ ضِرْعَها بالصِرَار لِئَلاَّ يضرعها
ولدُها (用绳子)把母驼的乳房包扎起来
(不让小驼吃奶)
صَرَّ ـِ صَرًّا وصَرِيرًا البابُ: صَرَفَ / زيّق (مـ)
(门)嘎嘎响
ـ على أَسْنَانِه: حرَّقها 咬牙切齿
ـ ت الأَسْنَانُ 牙齿摩擦作响
ـ ت الأُذُنُ: سُمِعَ لها طَنِينٌ 耳鸣
أَصَرَّ على الأمر: عزَم وثبت عليه 坚持，固执
ـ على الذَنْب 怙恶不悛
ـ على أخْطَائه 他坚持自己的错误
صَرّ / صَرِير الباب: صَرِيف (门)嘎嘎响声
ـ / ـ الأَسْنَان (牙齿摩擦的)格格声，擦
擦声
صِرّ: كنَارِيّ (أ) canary/ عُصْفُور مُغَرِّد 金丝鸟
صُرَّة جـ صُرَر: ما يُصَرُّ فيه 钱袋
ـ: حُزْمَة 一捆

ـ نُقُود / صَرِيرَة جـ صَرَائِرُ 钱包，密封的钱袋

الـ / ـ الحَرَمَيْنِ 朝觐时带到麦加去的钱

صرّار اللَّيْل: صُرْصُر / جُدْجُد 蟋蟀，蛐蛐，油葫芦

إصْرَار: تَشَبُّث 坚持，固执

سَبْق الـ: تَصْمِيم سَابِق 预谋，蓄谋，处心积虑

قَتْلٌ مَسْبُوقُ الـ 蓄意杀害

مُصِرّ: مُتَشَبِّث 坚持的，百折不挠的，顽强的

ـ: عاقد النِيَّة 坚决的，毅然的

صَرُور / صَارُور / صَرُورِيّ / صَارُورِيّ: تارِك الزوَاج 独身者，独身主义者

صَرَارِيّ جـ صَرَارِيُّون: مَلَّاح 船夫，舟子，水手

صرصر الصُرَدُ والصَقْرُ: صَوَّتَ (雕或鹰)鸣，

ـ الرجلُ: صَاحَ شَدِيدًا 叫喊，吆喝，大声疾呼

صَرْصَرٌ من الرِيح: شديدة الهُبوب أو البَرْد 狂风，寒风

ـ: دِيك 公鸡

صُرْصُر جـ صَرَاصِرُ: صَرَّار الليل / جُدْجُد 蟋蟀，蛐蛐，油葫芦

صُرْصُور جـ صَرَاصِيرُ / صِرْصَار (مـ) 蜚蠊，蟑螂，灶鸡，灶马

صَرْصُور الأُذُن (مـ): [解](耳轮的)耳屏，耳珠

وَتَدَة

مُصَرْصِر / مُصَرْصَع (مـ): صوت حادّ 粗锐声

ـ / صَرْصَرِيّ: كَصَوْت الصُرْصُور (蝉、蟋蟀等昆虫)唧唧的叫，轧轧的叫；粗锐声，摩擦声

صِرَاط جـ صُرُط: طَرِيق 路，道路，大道

الـ المُسْتَقِيم 直路，正路，正确的道路

صَرَعَه ـ صَرْعًا وصِرْعًا ومَصْرَعًا: طرَحه على الأرض 摔倒，打倒，推倒，推翻

ـ ه (مـ): أَفْزَعَه 使震惊，使震动

ـ الشِعْرَ أو البابَ: جعله ذا مِصْرَاعَيْن (使诗)具有上下联；(使门)具有两扇

صُرِعَ: أصابه الصَرْع 发癫痫病，发羊角风病

ـ (مـ) [医]患偏头痛

ـ وانْصَرَعَ: سقَط 被摔倒，被打倒，被推翻

صَرَّعَه: صرعه شديدًا 使劲把他摔倒

صَارَعَه: حَاوَلَ صَرْعَه 摔跤，格斗

تَصَارَعَ واصْطَرَعَ الرجلان: حاولاَ أيُّهما يصرَع الآخَرَ 互相斗争，摔跤

اِنْصَرَعَ (مـ): كَلِبَ 发疯，发狂，犯疯癫，患狂犬病

صَرْع جـ أَصْرُع وصُرُوع: مَرَض عَصَبِيّ تَشَنُّجِيّ [医]癫痫，羊癫疯，羊痫疯

ـ / مَصْرَع: سُقُوط 摔倒，跌倒，崩溃，陷落，跌落

صَرَع (مـ) / صُرَاع (مـ): دَاء الكَلَب [医]恐水病，狂犬病

صُرْع (مـ): عِنَان 缰，缰绳

صِرَاع 摔跤

صِرَاعَة: صَنْعَة المُصَارَعَة 摔跤术，摔跤的职业

مُصارعَة: مُغَالَبَة 摔跤，格斗

ـ الثِيرَان 斗牛

ـ الدُيُوك أو الدِيكَة 斗鸡

ـ حُرَّة 自由式摔跤

ـ رُومَانِيَّة 古典式摔跤

مُصَارِع: مُغَالِب 摔跤者，角力者，扭斗者，格斗者

ـ مُحْتَرِف: مُجَالِد (古罗马)斗士，角斗士；

格斗者

صَرِيع ج صَرْعَى / مَصْرُوع: مُصَاب بِدَاء الصَرْع 害癫痫的

ـ ج صُرْع: مَجْنُون 疯人

خَرَّ ـ ًا 他倒在地上，失去了知觉

ـ اليأس والقنوط 处于完全绝望的状态中

مَصْرُوع (مـ): كَلِب 害恐水病的，患疯犬病的

ـ (مـ): مُفْزَع 被恐吓的，受惊的，被威胁的

ـ المُخدِّرَات 因吸毒而死

مِصْرَاع الباب ج مَصَارِيعُ: إحدى دَفَّتَيْه 门扇，一扇门，扉

ـ الشِعْر 诗的半句，半行

فُتِحَ البابُ على مِصْرَاعَيْه 敞开大门

مَصْرَع ج مَصَارِعُ: مكان السُقُوط 毁灭的地方，被害的地方

ـ: مَقْتَل / موت 死，死亡，牺牲

لَقِيَ مَصْرَعَه 遇难身亡

صَرَفَه ـِ صَرْفًا: سَرَّحَه أو أَبْعَدَه 驱逐，撵走

ـ ه عن رأي 劝阻，劝戒

ـ النَظَرَ عنه 漠视，轻视，忽视，不理，不管

ـ ه من العَمَل 解雇，免职，辞退

ـ العِنَايَةَ (الاهتِمَام) في ... 关心，关怀，注意

ـ المالَ (مـ): أَنْفَقَه 用(钱)，花费

ـ الوَقْتَ (مـ) 过(日子)，消遣(时间)

ـ الشيءَ (مـ): اِسْتَنْفَدَه 耗尽，取尽，用尽，用光，吃光

صَرَفَ ـُ صَرِيفًا البابُ: صَرَّ / زَيَّق (مـ) 叽叽嘎嘎地响

ـ تِ الأَسْنَانُ: صَرَّت 切齿，咬牙

ـ وصَرَّفَ النُقُودَ: بَدَّلَها 兑换(钱币)

ـ وـ الكَلِمَةَ: أَلحقها الجرَّ والتنوينَ [语]使名词带鼻音符

ـ وـ الفِعْلَ [语]动词人称变位

صَرَّفَه في الأمر: فَوَّضَ الأمرَ إليه 委托他处理事务

ـ الشيءَ: باعه 出售，出卖

ـ المِيَاهَ: أَجْرَاه 排水，放水

ـ العُمْلَةَ (مـ): أداها 使货币流通，周转

ـ الدُمَّلَ (مـ) أو الوَرَمَ 使(疮或疙瘩)消散

أَصْرَفَه عن عمله: ردّه ودفعه 解雇，辞退，解职

تَصَرَّفَ (مـ): سَلَكَ 举止，行动，行为

ـ في الأمر: احتال وتقلَّب فيه 自由处理，安排，收拾

اِنْصَرَفَ إلى مكان: ذَهَبَ 到某处去

ـ إلى السِيَاسة 献身于政治

ـ عن كذا 放弃，抛弃

ـ ت الكَلِمَةُ: دخلها الجرُّ والتَنْوِينُ [语]名词带鼻音符

ـ الفِعْلُ [语]动词人称变位

اِسْتَصْرَفَ اللهَ المكارِهَ: سأله أنْ يَصْرِفَها عنه 祈祷真主消灾

صَرْف: فَضّ أو إبعاد 辞退，解雇，免职

ـ (مـ): إنفاق 支出，开支，支付，消费，用完，耗尽

ـ / تَصْرِيف الكَلِمة [语]使名词带鼻音符

ـ / ـ الفِعْل [语]使动词人称变位

عِلم الـ: علم يَبْحَث عن صِيَغ الكلمات العربيّة وأَحْوَالها التي ليستْ بإعِراب ولا بِناء [语]词法学(研究的对象是阿拉伯语的各种词形变化，不涉及变格和定格的问题)

مَمْنُوع من الـ (كلمة) [语]半变尾名词

بـ النَّظَرِ عن ... 不管，不顾，不论
ـ النُّقُود: تَبْدِيلها 兑换(钱币)
الرِيّ والـ 灌溉和排水
تُرْعَة ـ 排水渠，排水道
صَرْفُ الدهر جـ صُرُوف 灾难，祸患
صَرْفِيّ 词法的，词法上的；词法学家
صَرِيف: صَرِير / تَزْيِيق (مـ) 硬物摩擦声
ـ الأَسْنَان 咬牙切齿
صِرَافَة (مـ) / صَرْفِيَّة (مـ) 回扣，佣钱，经手费
ـ (出纳、会计、售票)的职业
تَصْرِيف البَضائع: بَيْعها 出卖，出售，销售
ـ المِيَاه 放水，排水
مُعَدَّل الـ / حجم الـ 流量
ـ [语]名词尾上加鼻音符；动词变位
ـ الوَرَم (مـ) [医](疮、肿的)消散
تَحْتَ الـ (مـ): برسم البَيْع أو الرجوع 托卖，寄卖
مُصَارَفَة: فَرْق بين سِعْر العُمْلة في بَلَدَيْن 兑换率，汇率，贴水，汇兑行情
تَصَرُّف: تَدْبِير 布置，安排，处置，处理，安置
ـ جـ تَصَرُّفات (مـ): سُلُوك 举止，行动，行为，品行
مُطْلَق الـ 获得全权
تَحْتَ ـ ه 由他处置
تَحْتَ ـ الوَزِير 受部长的管辖
تَحْتَ ـ الاستعمار 在殖民主义的支配下
وَضَعَ تَحْتَ ـ ه 请他裁夺
ـ النَهْر 河堤决口
بـ ـ 自由地，不受拘束地
اِنْصِرَاف: ذَهَاب (车、船等)出发，开动；(军队)撤离，撤走

تَصَارِيفُ الدَهْر 时运的变迁，命运的波折
ـ المُفَاوَضَات 谈判的波折
صِرْف: خالِص 单纯的，纯粹的
ـ: غير مَشُوب بماء / صَافٍ 纯洁的，没有掺水的，没有冲淡的
ـ (مـ): مَحْض 单纯的，纯净的，真正的
صِرْفًا 充分地，完全地，彻底地，绝对地
الصَرْفَان أو الصِرْفَان: الليل والنهار 昼夜
صَرَفَان: رَصاص أو نُحاس 铅；铜
صَرَّاف جـ صَيَارِفَة: أَمين الصُنْدُوق 司库，会计，出纳员，收银员
الـ: العامِل المَنُوط بالدَفْع 发款员；[军]军需官
ـ النُقُود / صَيْرَفِيّ جـ صَيَارِفَة: فَلَّاس 钱币兑换商
مَصْرُوف جـ مَصْرُوفَات ومَصَارِيفُ (مـ): نَفَقَة 花费，消费，费用，开支，经费
ـ الجَيْب (مـ): شَبْرَقَة (مـ) 零用钱
ـ جَيْب الزَوْجة (مـ) (丈夫给妻子的)零用钱
خَالِص المَصَارِيف (مـ) [邮]免费递送的特件
مَصَارِيفُ الدَعْوَى (مـ) / مَصْرُوفَات القَضِيَّة 诉讼费
حُكِمَ عليه بمِئة قِرْشٍ والمَصارِيف (مـ) 他被罚了100个银币，外加诉讼费
وَفَى المَصارِيفَ (مـ) 支付，支给，付出(经费)
مُتَصَرِّف (س): حاكِم 省长
ـ لِوَاءِ بَغْدَاد 巴格达省省长
مُتَصَرِّفِيَّة 省
مُنْصَرِف [语]带鼻音符的
غَيْر ـ [语]不带鼻音符的
مُنْصَرَف 出口，门口，出路

ـ 离开，启程，出发，出发点

ليس لنا عنه ـ 我们不能摆脱这件事

مَصْرِف الماء جـ مَصَارِفُ: مَسْرَب / مَشْبَرة
排水槽，排水管；排水渠，放水渠

ـ جـ مَصَارِفُ: بَنْك (أ) bank 银行，钱庄

صاحِب الـ 银行家，银行业者

مَصْرِفِيّ 银行的

مَصْرِف 出售，销售，销路

ـ 费用，开支，经费

صرم ـِ صَرْمًا وصُرْمًا وصَرَّمَ الشيءَ: قطعه 切断，
割断，割掉，断绝

ـ ه: هجَرَه 舍弃，放弃，丢弃，抛弃

صَرُمَ ـُ صَرَامَةً السَّيفُ والرجلُ: كان ماضيًا
(刀、剑)成为尖锐的，锋利的，锐利的；
(人)成为英勇的，豪爽的；(俗义)严格的，
严厉的，严肃的，冷酷的，苛刻的

صُرِمَ وانْصَرَمَ أَجَلُهُ: مَاتَ 大限到了，寿数到
了，寿终正寝，死了

صَارَمَه: قاطعه 绝交

تَصَرَّمَ الرجلُ: تَجَلَّدَ 坚忍，(在困难面前)坚忍
不拔，屹然不动

ـ وانْصَرَمَ الوقتُ: انْقَضَى (时间)过去

ـ ت وـ ت السنةُ: انقضت 年终，岁暮

صَرْم: قَطْع 切断，割断，断绝

ـ: جِلْد (波)皮，皮革

صُرْم (م): سُرْم / طَرَف المَعْي المُسْتَقيم [解]直
肠头

صِرْم جـ أَصْرَام وأَصَارِم وأَصَارِيمُ وصُرْمَان /
صَرْمَة جـ صُرَم (م) / صَرْمَاية جـ صَرَامِيّ (س):
حِذاء 皮鞋

ـ: جَماعَة 人群，一群，一伙

ـ: جَماعة البُيُوت 一片房屋

ـ: صِنْف 式样，风格

صَرَمَاتِي جـ صَرمَاتِيَّة (م) 鞋匠

صَرْمَة (机械的)座板，承窝，闸片，闸瓦

ـ (船的)桅杆座，(甲板上的)铁板

صَرَامَة: مَضَاء 锐利

ـ: شِدَّة 严肃，严厉，冷酷

صَارِم جـ صَوَارِمُ وصُرُوم: قَاطِع 锐利的，尖
锐的，锋利的

سَيْف ـ 利剑

ـ: عَنِيف 严格的，严厉的，严肃的；苛
刻的，冷酷的

حُكْمٌ ـ 严法，峻刑

مُنْصَرِم: ماضٍ 过去的(时间)

العام الـ 去年，往年

صرى ـِ صَرْيًا القومَ: تَقَدَّمهم 领先，前导，
先行

صارٍ جـ صُرَّاء وصَرَارِيّ وصَرَارِيُّون: ملاَّح 船
家，舟子，艄公，水手

صَارِي المَرْكَب جـ صَوَارٍ 樯，桅，桅杆，帆桁

ـ العَلَم 旗杆

ـ الباب (م) [建](门的)竖框，竖柱

ـ الشُّبَّاك (م) [建]窗门的直棂

مِصْطَبَة ومَصْطَبَة جـ مَصَاطِبُ: مَكان ممهَّد قليل
الارتفاع عن الأرض يُجْلَسُ عليه 石凳，(纳
凉坐的)石台

صَعُبَ ـُ صُعُوبَةً عليه الأمرُ: ضدّ سَهُلَ (事情)成
为困难的，艰难的，难办的

ـ عليه من (م): شَقّ عليه 发怒，生气；被
触犯，被激怒

صَعَّبَ وتَصَعَّبَ الأمرَ: جعله صَعْبًا 造成困难，
造成难局，使人为难

تَصَعَّبَ وتَصَاعَبَ معه: ضد تساهَلَ 刁难，使

他为难

اِسْتَصْعَبَ الأمرَ: وَجَدَه صَعْبًا 认为困难，感到棘手

صُعُوبَة: ضد سُهُولة 困难，艰难，烦难

صَعْب م صَعْبَة جـ صِعَاب: شَاقّ 困难的，艰难的，艰巨的

ـ الاحْتِمَال 难忍的，难以承受的

ـ الإرْضَاء 挑剔的，苛求的，难以满足的，挑三拣四的，难说话的，难对付的

ـ المِرَاس 倔强的，不听话的，难驾驭的

مُصْعَب جـ مَصَاعِبُ ومَصَاعِيبُ: فَحْل 种马

مَصَاعِب: شَدَائِد ومَشَقَّات 艰难，困苦，窘境，难局，难事

صعتر: سَعْتَر / زَعْتَر (مـ) [植]百里香

ـ العَرْش [植]薄荷

ـ بَرِيّ: نَضَف (نبات) [植]野薄荷

صعد ـَ صُعُودًا وصُعُدًا وصَعَدًا: اِرْتَفَعَ / زَادَ 增加，上升，升高，增高

ـ: طَلَعَ 上升，升起

ـ السُّلَّمَ أو الجَبَلَ وفيه وعليه وإليه: اِرْتَقَاه 登楼，登山，上楼梯，爬山

ـ به: رَفَعَه 抬起，举起

صَعَّدَ الزَفَرَاتِ 叹气，叹息

ـ الشيءَ 激化，使升级

ـ الشيءَ: بَخَّرَه 使挥发，使蒸发

أَصْعَدَه: جعله يَصْعَدُ 使上升，使登上

تَصَعَّدَ وتَصَاعَدَ: تبخَّر 蒸发，挥发

ـ وـ: صَعِدَ (烟)袅袅上升，升起

تَصْعِيد الحَرْب 使战争升级

صُعُود: ضد نُزُول 上升，登高

في ـ 上升的，上涨的

عيد ـ المَسِيح / عيد الـ / خَمِيس الـ (عند النَصَارَى) [基督]耶稣升天节(复活节后第四十天)

عيد ـ العَذْرَاء (١٥ أُغُسْطُس) [基督]圣母升天节(八月十五日)

صُعَدَاء: تَنَفُّسٌ طويل من هَمّ أو تَعَب 叹气；喘气

تَنَفَّسَ الصُعَدَاءَ 长叹一声，长长地吐一口气

صَعْدَة جـ صِعَاد وصَعَدَات: قناة مُستوية مُسْتَقِيمَة 直溜溜的矛

تَصَاعُد 逐渐升高

تَصَاعُدِيّ 进步的，渐进的，[医]蔓延性的

ضَرَائِب ـ ة 累进税

صَاعِد جـ صُعَّد: طالع 上升的，上进的，升起的

فَصَاعِدًا: فَما فَوْق ذلك ونصبُه على الحال 以上

الأَوْلادُ من سِنِّ العَاشِرَةَ ـ 十岁以上的孩子

مِنَ الآنَ ـ 今后，从今以后

صَعِيد جـ صُعُد وصُعُدَات وصُعْدَان: ما ارتفع من الأرض 高地，高原

ـ جـ صُعُد وأَصْعِدَة 方面

ـ مصر: الوَجْهُ القِبْلِيّ (مـ) 上埃及

اِجْتَمَعَ النَاسُ في ـ واحد 人们聚集在一个地方

كُلُهم في ـ واحد 他们都站在同一立场上

صَعِيدِيّ جـ صَعَايِدَة 上埃及人

مَصْعَد: قُطْب إيجَابِيّ (في الكَهْرَبَا) [电]阳极

مِصْعَد جـ مَصَاعِد / مِصْعَاد 电梯，升降机

عامِل الـ 开电梯者

صعر ـَ صَعَرًا وَجْهُه: اِلْتَوَى 歪着脸

صَعَّرَ وصَاعَرَ وأَصْعَرَ خدَّه أو وجْهَه: أماله عن النظر إلى الناس تهاونًا وكبرًا 作歪嘴脸(露出厌恶或傲视的样子)

يَمْشِي مُصَعِّرًا خدَّه 趾高气扬

اِنْصَعَرَ (مـ): كَلِبَ 患狂犬病，害恐水病

صَعْرَان (مـ): كَلِب 害恐水病的，患狂犬病的

صُعُرُّر وصُعْرُور جـ صَعَارِيرُ: ما جَمَدَ من ماء الشجَر كالصَّمْغ 生橡胶

صَعَقَتْ ـَـ صَاعِقَةً وأَصْعَقَت السماءُ القومَ: ضربَتْهم بصاعِقَة (天)用雷打人，雷击

ـ و ـ: أَعْدَمَ الوَعْيَ 使昏过去

ـ ت الصاعِقَةُ القومَ: أصابتْهم (人)遭雷击

صاعِقَة جـ صَوَاعِقُ 雷，霹雳

وَقَعَ نَعْيُ هذا الرجُل وَقْعَ الـ على العالم أَجْمَعَ 这个人的噩耗，对全世界来说，是一个晴天霹雳

مانِعَة الصوَاعِق 避雷针

صَعِقٌ: مَصْعُوق 受雷击的

صُعْقُر: بَيْض السَمَك 鱼子，鱼卵

صَعْل [医]小头畸胎

ـ / أَصْعَلُ م صَعْلاءُ جـ صُعْل: دَقِيق الرأس من الناس 小头细颈的人

صَعْلَكَه: أَفْقَرَه 使他贫困

تَصَعْلَكَ: اِفْتَقَرَ 穷困

صُعْلُوك جـ صَعَالِيكُ وصَعَالِكُ: فَقِير وحَقِير 贫民，穷人

ـ 流浪者，二流子

صَعَالِيكُ العَرَب: لصوصُهم وفُقَرَاؤُهم (古)阿拉伯的草地英雄

مُتَصَعْلِك 流氓，流浪人，无家可归的人

صَعْو جـ صِعَاء وأَصْعَاء: هَابُوش (مـ) / شَرَّان [鸟]戴菊鸟

صَغِرَ ـَـ وصَغُرَ ـُـ صَغَرًا وصَغَارَةً وصِغَرًا وصُغْرَانًا: ضد كَبُرَ وعَظُمَ 小，渺小

صَغُرَ ـُـ صِغَرًا وصُغْرًا وصَغَارًا وصَغَارَةً وصُغْرَانًا: هَانَ وذَلَّ 下流，卑鄙，下贱

صَغَرَ ـُ وصَغِرَ ـَ صَغْرًا وصُغْرًا فُلانًا: كان أَصْغَرَ منه 比他年轻，比他年幼

يَصْغُرُني بِسَنَةٍ 他比我小一岁

تَصْغُرُه بعشَرَة أَعْوَامٍ 她比他小十岁

صَغَّرَه وأَصْغَرَه: جعله صَغِيرًا 缩小

ـ و ـ: جعله صاغِرًا أي حقيرًا 轻视，蔑视

ـ الكلمةَ: جعلها على صيغة تدلّ على صِغَر مدلولها [语]变为指小名词

تَصَغَّرَ 变小，缩小

تَصَاغَرَ الرجلُ: تحاقَرَ 自卑，自暴自弃

تَصَاغَرَتْ إليه نفسُه أي صغُرتْ ذُلاًّ ومَهانةً 灰心丧志

اِسْتَصْغَرَه: عدَّه صَغِيرًا 觉得小，看作小，认为小的，列为小的

ـ: استحقره 轻视，藐视，蔑视

ـ نفسَه 自卑，灰心，气馁

صِغَر: ضد كِبَر 小，少，微小

ـ السِنّ 年少，年幼，幼年时代

صِغْرَة البَنِين: أَصْغَرُهم 最小的儿子，最年轻的儿子

ـ الإخْوَة أو الأَصْحاب 弟兄或朋友中最年轻的

تَصْغِير: ضد تَكْبِير [语]变指小名词

اِسم الـ (في النحو) [语]指小名词

صَاغِر جـ صَغَرَة وصَاغِرُون: راضٍ بالذُلّ والضَيْم 自甘下贱的

صَغِير جـ صِغَار وصُغَرَاءُ: ضد كبير 小的，少的；年轻的，年幼的

ـ: دَقِيق 细小的，细微的，精细的

ـ السِنّ 年轻的，年幼的

ـ النَفْس 卑贱的，无大志的

ـ العَقْل 幼稚的，头脑简单的

صُغَيِّر / صُغَيير 小不点儿
صَغِيرَة جـ صَغَائِرُ 渺小的，微不足道的
صَغَائِر الأُمُور 细节，琐事，小事
مُصَغَّر 被缩小的
صُورَة ـ ة 缩图，缩影
أَصْغَرُ جـ أَصَاغِرُ وأَصَاغِرَة وأَصْغَرُون م صُغْرَى
جـ صُغْر 最小的，最年幼的
الأَصْغَرَان: القَلْب واللِسَان 二小：心和舌
المَرْءُ بأَصْغَرَيْه بقَلْبِه ولِسانِه 人的价值在于
二小——心和舌
آسِيَا الصُغْرَى 小亚细亚
النِهايَة الصُغْرَى 最小限度的，最小量，最
低点，最低额
صَغِيَ ـَ صَغًى وصُغِيًّا وصَغَا يَصْغُو ويَصْغَى صَغْواً
إليه: مَالَ 偏，偏向，靠向
ـ ت الشَمْسُ: مالت للغُرُوب (太阳)偏西
أَصْغَى إصْغَاءً إلى الحديث: اِسْتَمَعَ 倾听，注
意听，留心听，细心听，侧耳细听
ـ إليه: مال إليه بسَمْعه 注意听，留心听，
倾听，侧耳细听
أَصْغِ (فعل أمر)! 听！注意听！
صِغْو جـ أَصْغَاء: نَاحِية البِئْر 井壁
ـ: ما تثنّى من جوانب الدِلْو 桶壁
ـ الكَفّ أو المِغْرَفة: جوفها 手心；汤匙的
凹处
إصْغَاء: اِسْتِمَاع 倾听，注意听，留心听
ـ: اِنْتِبَاه 注意，留神，留心
ـ [医]听诊
صاغٍ (م) / مُصْغٍ: مُسْتَمع 倾听者，侧耳倾
听者，听讲者
ـ / ـ: مُنْتَبِه 注意的，留心的，留神的
صفاء (في صفو) / **صفَّاية** (في صفو)

صَفَحَ ـَ صَفْحًا عنه: سامَحَه 原谅，饶恕，宽恕
ـ وصَفَّحَ الشيءَ: بسَطه ورقَّقه 打成箔，打成
薄叶或薄板，轧、轧延、压延(金属)
ـ ه وـ ه: طَلاَه بقِشْرَة مَعْدِنِيَّة 涂箔(在镜
背等)，镀(金、银、锡等)
ـ ه وـ ه: غَشَّى بِصَفَائِح مَعْدِنِيَّة 用金属皮
包装，用铁板复盖
ـ ه وـ ه: دَرَّعَه 装甲
صَفَّحَ بِيَدَيْه: صَفَّقَ 鼓掌，拍掌，拊掌
صَافَحَه: وَضَعَ صَفْحَ كَفِّه في صَفْح كفّه كما
يفعل عند اللقاء والتسليم 握手
تَصَفَّحَ الشيءَ: تَأَمَّلَه / نظر فيه مَلِيًّا 细看，端详，
细查
ـ الكتاب: قَرَأَه 阅读，阅览，浏览，翻阅
تَصَافَحَ القومُ: صافح الواحدُ منهم الآخَرَ 互相
握手
تَصَافَحَتِ الأَجْفَانُ: انطبق بعضها على بعض
闭目，瞑目，合眼
اِسْتَصْفَحَه: استغفره 道歉，谢罪，告饶，请
求原谅，请求饶恕
صَفْح: عَفْو 饶恕，宽恕
ـ جـ صِفَاح: جانِب 边，旁，侧，侧面
ضَرَبَ عنه صَفْحًا 不理，不管，不顾，
漠视，轻视，不在意，置之度外
لقد ضرب صفحًا عمّا قلناه 他根本不听我
们讲的
صَفْحَة جـ صَفَحَات: وَجْه 面
ـ من الكِتاب: وجه من الورق 页
على ـ الماء 在水面上
ـ السِجلّ التِجَارِيّ (أو دَفْتَر الأستاذ) [印]
页上记以同一页码的左右两面；[簿记]
占二面地位的贷借栏

تَصْفِيح: تَغْشِيَة بصَفَائحَ مَعْدِنِيَّة (电)镀，镀金(术)

صَفِيح: وجه عريض 横断面

ـ (مـ): أَلْوَاح مَعْدِنِيَّة رَقِيقة 洋铁，白铁，马口铁

مَشْغُولَات من الـ 洋铁器具，白铁器具

صَفِيحَة جـ صَفَائحُ وصَفِيح (مـ): عُلْبَة من الصَفِيح 洋铁盒，洋铁罐

ـ: رَقِيقة مَعْدِنِيَّة 金属箔，金属板，(金属)薄片

ـ الصِمام 电子管的阳极

صَفَائح الجُبْنَة 干酪块

صَفَائح السُقُوف 房顶用的铁叶

صَفَّاح / صَفُوح: غَفُور 宽大的，原谅者，宽恕者，宽宏大量的

صُفَّاح جـ صُفَّاحَات وصَفَافِيح 宽大的石板

ـ الحُقُول 长石

مُصَفَّح: مُغَشًّى بصَفَائحَ مَعْدِنِيَّة 用金属板包装的

ـ: مُدَرَّع 装甲的，被装甲的

ـ: مُرَقَّق 被打成薄箔(板)的，薄片状的

ـ 平坦的，平伏的

ـ الرَأْس: مُسْتَطِيلُه 长头的

قِطَارٌ ـ [军]装甲列车

سَيَّارة ـ ة [军]装甲车

فِرْقَة ـ ة (أو مُدَرَّعة) [军]装甲师

مُصَفَّحة ومُصَفِّحة: سَيْف 剑

صَفَدَه ـِ صَفْدًا وصُفُودًا وصَفَّدَه وأَصْفَدَه: أَوْثَقَه وقَيَّده بالحديد 上脚镣，上手铐

ـ بأَغْلَال 带上脚镣、手铐

صَفَد جـ أَصْفَاد / صِفَاد: قَيْد 脚镣，手铐，枷锁，桎梏

ـ اليَدَيْنِ 手铐

صَفِرَ ـَ صَفَرًا وصُفُورًا وصُفُورَةً الإِنَاءُ: خَلاَ 空，空虚，空起来

صَفَرَ ـِ صَفِيرًا وصَفَّرَ وصَوْفَر (مـ) بالنفخ من شفتيه 吹哨，打口哨，打胡哨(忽哨)

ـ وـ الثُعْبَانُ: فَحَّ (蛇)发嘶嘶声

صَفَّرَ الثوبَ: صَبَغَه بلَوْن أَصْفَر 染成黄色

ـ وأَصْفَرَ البيتَ: أَخْلاَه 腾房子

اِصْفَرَّ: صَارَ ذَا صُفْرَة 发黄，变成黄色的

صَفَر جـ أَصْفَار: الشهر الثاني من السنة القَمَرِيَّة 回历二月

ـ / صُفَيْرَاء (مـ): يَرَقَان (مرض) [医]黄疸病，肝炎

صَفَرِيّ: مطر الخريف 秋雨

ـ: نَبات الخريف 秋天的草木

صَفْر / صَفِير / تَصْفِير 吹口哨，打胡哨、忽哨

صِفْر وصَفْر وصُفْر جـ أَصْفَار: خَالٍ 空的，空虚的

ـ اليَدَيْنِ 空手，空着手，一无所获

صُفْر: ذَهَب 金，黄金

ـ: نُحَاس أَصفر 黄铜

صِفْر جـ أَصْفَار: نُقْطَة [数]0，零；零位，零点；(摄氏表的)零度，冰点

تحت الـ 零下，冰点下

ـ: لاَ شَيْءَ 无，空，乌有，无价值

ـ على الشِّمال: عَدِيم القِيمَة (整数左边的零)毫无价值的

سَاعَة الـ 预定行动开始的时间；紧急关头；零时，子夜

صِفْرِيت جـ صَفَارِيتُ: فَقِير 穷人，贫民

عُرُوق الصُفْر [植]白屈菜

صُفْرَة / اِصْفِرَار 黄，黄色

ـ / ـ: شحُوبُ اللَون 脸色的苍白
صُفَيْرَة 槐树
صُفار وصَفار وصُفْر البيض (مـ): مُحّ 蛋黄
صَفْرَاءُ: ما تفرزه المَرَارة [解]胆汁
قناة الـ [解]胆汁管，胆汁导管
صَفْرَاويّ المِزاج 胆汁质的(脾气)，易怒的；脾气大的
ضَحْكَة صَفرَاوِيَّة (مـ): إهْناف 冷笑，嘲笑
صَافِر / مصفِّر 吹口哨的
صَفِير / صَفْر: صوت الصَفَّارة 警笛声，汽笛声，警报声
ـ مُزْعِج 惊人的汽笛声
حُرُوف الـ: هي الزَاي والسِين والصَاد 咝音字母
صَفِير (أ) sapphire 蓝宝石
صَفَّار: صانع الصُفْر أي النُحاس 铜匠
صَفَّارة النِداء (أو صوتها) جـ صَفَّارَات وصَفَافِيرُ / صَافُورة وصُوفَيْرَة (مـ) 哨子，口笛，叫子
ـ الإنذار أو التَحْذِير 汽笛，警报器
ـ الخَفِير وأمثالها 更夫或看守人的警笛
ـ الطَرَب أو المُوسِيقَى 笛子
ـ: اِسْت الإنسان 肛门
أُطْلِقَتْ صَفَّاراتُ الإنْذار 已经发出空袭警报
صُفَارِيَّة / صَفْرَايَة (مـ): طائِر أصفر الريش [鸟]金莺
أَصْفَرُ م صَفْرَاءُ جـ صُفر: لَوْنه الصُفْرَة 黄(色)的
ـ: شاحِب اللون 面有菜色，面黄肌瘦
الـ الرَنَّان 黄金，金币，金饰品
الهَواء الـ: وَبَاء [医]霍乱
الجِنْس الـ 黄种人
الأَصْفَرَانِ: الزَعْفَرَان والذَهَب 二黄：藏红花和黄金

اِبتسامَةٌ صَفْرَاء 冷笑
النِقَابَات الصَفْرَاء 黄色工会
مُصْفِر: مُفْتَقِر 手无分文的
مَصْفُور ومُصَفَّر: جائع 饥饿的
مِصْفَار: صَفَّارة الرُعَاة (牧神潘创制的)排箫
صَفْصَفَ (مـ) 整理，排列，分列成行
صَفْصَف جـ صَفَاصِفُ: أَرْض مُسْتَوِيَة 平原，原野，旷野
قاع ـ 平地
صَفْصَاف الواحدة صَفْصَافَة جـ صَفْصَافَات:
الخِلاف [植]柳树
ـ باكٍ / ـ مُسْتَحٍ (أو مُتَهَدِّل): أُمّ الشُعور [植]垂柳
صَفَعَه ـَ صَفْعًا: لَطَمَه 打巴掌，打耳光
صَفْعَة جـ صَفَعَات: لَطْمَة 一巴掌，一个耳光
صَفَّ ـُ صَفًّا وصَفَّفَ الشيءَ: رَتَّبه 整理，排列
ـ الشَعْرَ 梳头
ـ: رَصّ / سَتَّفَ (مـ) 装，装载，堆置，收藏
ـ الأَحْرُفَ: جَمَعَها (印刷)排字
صَفَّفَ وصَفَّ الشيءَ: رَتَّبه صُفُوفًا 排列，分列成行，排队，整队
تَصَافُّوا واصْطَفُّوا: اجتمعوا صفًّا 排列，排队
صَفّ جـ صُفُوف: سَطْر مستوٍ / شِكَّة 行，列，排
ـ: مَرْتَبَة (社会的)等级，地位，品级
ـ: رَصّ (أو أجرة ذلك) 装载，装货；装货费
ـ مَدْرَسِيّ (学校的)年级，班级
ـ جَانِبِيّ (أشياءُ بجانب بعضِها) [军]行
ـ طُولِيّ (أشياءُ وراءَ بعضها) [军]列
ـ أُنَاس أو مَرْكَبَات (售票处等买票的)

长蛇阵；一长串的车子

ـ مَقاعِد 一排坐位

ـ ضَابِط (مـ) (في الجيش) [军]军士，(陆军)准尉，(海军)兵曹长

الوُقُوف في ـ طويل (في انتظار) 排成长蛇阵

الزَمَنُ في ـ ه 时间是有利于他的

كان مِنْ ـ ه 站在他的一边，赞成他，拥护他

مِنْ ـ ي (مـ): مَعِي 在我的一边，赞成我的，拥护我的

صُفُوف طَبَقَة العُمَّال 工人阶级的队伍

صَفِّيّ 普通的，通常的，平常的，平凡的

صُفَّة جـ صُفَف وصُفَّات وصِفَاف (مـ): رَفّ 架子，搁板，吊板

ـ المَسْجِد: مَقْعَد بالقُرْب منه مُظَلَّل 清真寺的凉棚

أَهْل الـ: كانوا أَضْيَاف الإسلام وكانوا يَبِيتُون في صُفَّة مسجد النبي في المدينة [史]凉棚的宿客

صِفَة (في وصف)

مَصَفّ جـ مَصَافّ 行列，队伍，线路，方针

ـ الأَحْرُف (مـ) (في الطباعة) [印]排字手托

صَفَّاف الأَحْرُف / مُصَفِّف: مُنَضِّد 排字工人

صَفَقَ ـُ صَفْقًا البابَ: ردَّه بصوت 使劲关门，砰地关上门

ـ ه: ضربَه ضربًا يُسمَع له صَوْت (用巴掌)打

ـ له بالبَيْع وـ يدَهُ أو على يدِه بالبَيْع: ضربَ يدَه على يدِه وذلك عَلامة وجوب البيع 击掌(表示成交)

ـ العُودَ: حرَّك أَوْتَارَه 弹(琵琶)

ـ القَدَحَ: ملأَه 装满(酒杯)

ـ ت الرِيحُ الأَشجارَ: حرَّكَتْها (风)吹动(树)

ـ وصفَّقَ بِيدَيْه 拍手，鼓掌

ـ وـ له 拍手喝彩

ـ وـ الطائِرُ بجَناحَيْه (鸟)鼓翼，振翅

ـ وأَصْفَقَ الشرابَ: حوَّله من إناء إلى إناء ليصفُوَ 倒腾酒(使酒变得醇正)

ـ وـ الدمَ: نقله من جسم إلى آخر 输血

صَفُقَ ـُ صَفَاقَةَ النَسِيجُ: كان كَثِيفًا (布匹)成为细密的、紧密的、结实的

ـ الرجلُ: كان وقِحًا (人)成为厚脸的、厚颜的、厚颜无耻的

اِنْصَفَقَ 门被砰地关上

اِصْطَفَقَ البحرُ: تلاطمت أمواجُه 波涛澎湃，波涛汹涌

ـ ت الأَشْجَارُ: اهتزَّت بالريح 树木摇摆

صَفْق / تَصْفِيق الأَيْدِي 拍掌，鼓掌

ـ الدَم / وإصْفَاق الدم: عَمَلِيَّة نقل الدم 输血

التَصْفِيق الحَادّ 暴风雨般的掌声

صِفَاق جـ صُفُق: الجلد الأَسْفَل دون الجلد الذي يسلخ 真皮，内皮

ـ: الغشاء تحت الجلد وبين العضلات [解]筋膜，肌膜

صَفَاقَة 厚度，强度

ـ الوَجْه 厚脸，厚颜

بِكُلِّ ـ ووَقَاحةٍ 简直不要脸，毫无廉耻地

صَفْقَة جـ صَفَقَات: مرَّة من الصفق 一击掌，鼓一次掌

ـ: عَمَلِيَّة ماليَّة أو غير ذلك 一笔交易(买卖)

ـ خاسِرة 一笔赔钱的买卖

ـ رابِحة 一笔赚钱的买卖

ـ واحدةً: جُمْلَةً 全部地，完全地，统统，

一概

صَفِيق جـ صِفَاق: سَمِيك　紧密的，结实的

ـ الجِلْد　皮厚的

ـ الوَجْهِ: وَقح　厚脸皮，无耻的

مُصَفِّق　拍手者，鼓掌者，喝彩者

مِصْفَق ومَصْفَق جـ مَصَافِقُ: بُورْصَة (أ) bourse　(法)证券交易所

صَفَنَ ـِ صُفُونًا الفرسُ: قام على ثلاث قوائِمَ وطَرَف حافِر الرابعة　(马)三只脚站着，第四脚的蹄边轻轻地接触地面

صَفِنَ (مـ): سَكَتَ مُفكِرًا　沉思，沉吟，默想

صَفْن جـ صُفُن وصُفْن وأَصْفَان وصُفْنَان: وِعاء الخُصْيَة / كِيس　[解]阴囊

صافِن جـ صَافِنَات وصَوَافِنُ وصُفُون: عرق في أَسْفَل الساق　[解]隐静脉(股的大静脉)

جَواد ـ　良马，好马，良种马；用三只脚站着的马

صَفِينَة: أَبْهَل / أَبَق　桧，刺柏

صَفَا يَصْفُو صَفْوًا وصَفَاءً وصُفُوًّا الجَوُّ: رَاقَ　天气晴朗

ـ العَيْشُ　(生活)愉快，安定

صَفَّى الشيءَ: رَوَّقَه　澄清；精制，提炼

ـ ه: قَطَّرَه / رشَّحه (مـ)　蒸馏

ـ الماءَ: استَنْزَفَه　排水，排干

ـ بِمِصْفَاة　(用滤器)滤过，过滤

ـ الحِسابَ (مـ) (أو الأشغال)　清算，结算，付清，清偿

ـ على كذا (مـ) (الرِبح أو الوَزْن)　净赚，净得，获净利

ـ الخَشَبَ (مـ): مَسَحَه بالفارة　刨，刨平

أَصْفَى له الوِدَّ وصَافَاه: أَخْلَصَ له　真诚相处，诚心相待

تَصَفَّى　澄清，过滤

تَصَافَى الرجُلانِ　真诚相待，互爱，和好，和解

اِصْطَفَاه واسْتَصْفَاه: اختاره　挑选，选拔，拣选，选择，精选

اسْتَصْفَى المالَ: أخذه كُلَّه　取财产的全部

صَفْو / صَفَاء: رَوَاق　晴朗，清澈

ـ / ـ: إِخْلاص　真诚，忠诚，赤诚

ـ / ـ العَيْش　安乐，幸福

صَفْوَة / صُفْوَة: خِيار　精粹，菁华，精华

ـ: زُبْدَة　乳酪，乳精，乳皮

الـ المُخْتَارة　最好的

وـ القَوْل　总而言之

صَفَاة جـ صَفًا وصَفَوَات جج أَصْفَاء وصِفِيّ وصُفِيّ / صَفْوَانة جـ صَفْوَان وصَفَوان: حَجَر صَلْد ضَخْم　岩石，磐石

تَصْفِيَة: تَرْوِيق　澄清

ـ　过滤，提炼

ـ الأَشْغَال　(公司的)解散，(营业的)关闭；清算；了结

عَرَبَة ـ (مـ) (في سِكَّة الحديد)　(短途转运的)货车或行李车

فَارَة ـ (مـ)　接缝长刨

مَأْمُور الـ (مـ) / مُصَفٍّ　[法](破产财产)管理人

صَفِيّ جـ أَصْفِيَاءُ م صَفِيّ وصَفِيَّة / صِفْوَة: صَدِيق　密友，知心朋友，心腹朋友，真诚的朋友

ـ / صَافٍ: رائِق　晴朗的，明朗的，清楚的，清澈的

ـ　当选者

اِصْطِفَاء　选择，挑选，选拔，选(种)

الـ الطَبِيعيّ　自然选择，自然淘汰

عُلَمَاء الـ 选种家，选育家
اِصْطِفَائِيّ 选种的，选种家
صَاف: ضد قائِم (في الوَزْن) 净重
صَافِي النِيَّة: مُخْلِص 纯朴的，真诚的，赤诚的，有诚意的
ـ الربح 净利，红利，纯利润
ـ الإيراد 纯收入
مُصفِّي التَرِكة 遗产保管人
اِبْن حَرَامٍ مُصَفًّى (م) 十足的流氓
مُصَافَاة 真诚相交
مِصْفَاة ج مَصَافٍ / مَصْفَة اللَيْمُون والشاي (م) 过滤器
ـ الطَبْخ 漏锅，漏勺；笊篱
مُصْطَفًى: مُخْتار 精选的，纯良的
ـ 穆斯塔法(男名)
صَقَب ـَ صَقَبًا وأَصْقَبَ المكانُ: قَرُبَ 近，临近
صَقَبَه ـُ صَقْبًا الشيءَ: جمعه 收集，搜集
ـ ه: ضربه بجُمْع كَفِّه 用拳打，饱以老拳
ـ البِنَاءَ: رفعه 修建房屋
صَاقَبَه: قَارَبَه 靠近，接近
مُصَاقَبَة (م) 合适，合宜；巧合
صَقْب ج صِقَاب وصُقْبَان: طويل من كل شيء 细长的东西
صَقَب / صَقِب: قَرِيب 靠近的
صَيْقَبَانِيّ: عطَّار 香料商
صَقْر ج صُقُور وأَصْقُر وصُقُورَة وصِقَار وصِقَارَة وصُقُر 茶隼
صاقُور: قازِمَة / أَزْمَة (م) 鹤嘴锄
ـ: فَأْس تُكَسَّر بها الحجارة 碎石斧
ـ 新教的教堂
صَاقُورَة [解]颅骨的内上部
صَقَّار 谗言者，不信者；卖果子酱的

ـ 饲隼者，养猎鹰的人；鹰猎者
صَقَع ـَ صَقْعًا وصُقَاعًا وصَقِيعًا الديكُ: صاحَ (鸡)叫、啼、报晓
ـ ـَ صَقْعًا الرجلُ: ذهَبَ 去，走
لا أَدْرِي أين ـ 我不知道他到哪儿去了
صُقِعَ النباتُ: أَصَابَه الصَقِيعُ 被霜害，被冻伤
صَقَّعَ (م): بَرُدَ جدًّا 冻僵，冰冷
صُقَاع / صَقِيع الدِيك (雄鸡)叫，啼
صِقَاع: قناع الوقاية من الغازات السامّة 防毒面具
صُقْع ج أَصْقَاع: إقْلِيم / نَاحِيَة 地方，地区，区域
في كلّ أصقَاع البلاد 全国(各地)
صَقَعَة (م) / صَقْعَة: بَرْد قارس 严寒，酷寒
صَقْعَانُ (م) / صقعانين 冻僵的，冰冷的
صَقِيع: جَلِيد 霜
صَاقِع 说谎者
مِصْقَع ج مَصَاقِعُ: بَلِيغ 雄辩的，善辩的，有口才的
ـ: عالي الصوت 声音洪亮的
خَطِيب ـ 雄辩的演说家
صَقَلَ ـُ صَقْلاً وصِقَالاً الشيءَ: جلاه وملّسه وكشف صدأه 磨光，擦光，擦亮
ـ 锻炼
ـ تْه التجارِبُ 经验使他受到锻炼
اِنْصَقَلَ 被磨光，擦亮
صَقْل: جَلْي 磨光，擦亮，摩擦
صِقِلِّيَّة / صَقَلِّيَّة / صَقَلْيَة / صَقَالِيَة Sicily: اسم جزيرة في البَحْر المُتَوسِّط 西西里岛
صِقِلِّيّ: من جزيرة صقلية 西西里岛人；西西里岛的
صَقِيل: لامع 有光泽的，光辉的，光亮的

ـ / مَصْقُول: مَجْلُوّ 磨光的，擦亮的，光滑的

ـ: سَيْف 剑

مَصْقُول 被磨光的，研光的(纸张等)，有光泽的

صِقَال 研磨，擦亮

صِقَالَة جـ صَقَائِلُ 搭脚

ـ المَرْكَب (由舷门到码头的)跳板，扶梯

ـ الطائِرة (上下飞机的)扶梯，舷梯

ـ البَنَّاء 脚手架，鹰架

مِنْشَار ـ (مـ) (双人竖拉的)大锯

مِصْقَلَة جـ مَصَاقِلُ: ما يُصْقَل به 研磨工具

صَيْقَل جـ صَيَاقِلُ وصَيَاقِلَة / صَقَّال: شَحَّاذ السيف 磨剑工人，磨刀匠

صَقْلَب وصَقْلَبِيّ وصَقْلاَبِيّ جـ صَقَالِبَة (أ): سَلافِيّ (أ) slavonic 斯拉夫的；斯拉夫族的

الصَقَالِبَة: الجنس السَلافِيّ Slav 斯拉夫族；斯拉夫人

صَاقِن! (مـ) (土)当心！小心！留神！

صَكَّ ـُ صَكًّا البابَ: أَغلقه 关门

ـ الرجلَ: ضرَبه شديدًا 用力打，猛打，痛打

ـ صَدْرَه 打(拍)自己的胸膛

اِصْطَكَّ: ارتَجَفَ 发抖，哆嗦，颤动，战栗，战战兢兢

ـ تِ الأَسْنَانُ (因发抖而)牙齿相碰

ـ ت رُكْبَتَاهُ (因发抖而)双膝相碰

صَكّ جـ صُكُوك وصُكّ وأَصْكَاك: مُستنَد 文件，公文，证书，证券

ـ المِلكِيَّة: حُجَّتها [法]证书，证文，[法]地契

ـ مالِي /شِيك (أ) check 支票

ـ البَيْع 预购证，卖据

ـ الاِنتداب 委任状

صَكَّة 炎热；严寒

ـ الشِتاء 冬季的严寒

ـ الصَيْف 夏季的炎热

اِصْطِكَاك الأَسْنَانِ 牙齿相碰

ـ الرُكَب 双膝相碰

صَكَمَ ـ صَكْمًا الفرسُ على اللجام: عَضَّهُ (马)格格地咬(马嚼子)

صلاة (في صلو)

صَلَبَه ـِ صَلْبًا: علَّقه على الصليب 钉死在十字架上

ـ ه (مـ) وصَلَّبَه (مـ): دَعَمه 用支柱撑住

صَلُبَ ـُ وصَلِبَ ـَ صَلاَبَةً: ضِدّ لاَنَ 变硬，变成坚固的，变为结实的

صَلَّبَ الشيءَ: قسَّاه 使坚固，使坚硬

ـ القَلْبَ: قَسَّاه 使心肠冷酷无情

ـ: رسَمَ إشارةَ الصَلِيب (在胸口)划十字

تَصَلَّبَ: صار صُلْبًا 变硬，变坚固，变僵硬

ـ (器官)硬化

ـ في الكِفاح 斗争中表现坚强

ـ معه: ضِدّ لاَيَنَه 刁难，为难

صَلْب: تَعْلِيق على الصليب 钉死在十字架上

صَلْبَة (مـ): دِعَامة 支柱，撑柱

ـ (مـ) أو تَصْلِيبَة (مـ) العَقْد (للبِناء عليها) [建]拱架，假框

ـ رأسيَّة (مـ) (吊桥的)架柱

صُلْبَة العَيْنِ [解](眼球的)巩膜

صُلْب جـ أَصْلُب وأَصْلاَب وصِلَبَة: عَظم الظَهْر 脊柱，脊梁

ـ: مَتْن / حَقْو 腰

ـ الرَأْيِ / ـ الرَقَبَة 顽固的，倔强的，任性的，刚愎的，固执己见的

ـ الكِتاب 书的原文、本文，正文，文本
ـ المَوْضُوع 题目的要点、中心思想、主旨
ـ المُعاهَدَة 条约的本文、正文、文本
اِبن ـ ه 他的亲儿子
من ـ ه ودَمِه 他的亲骨肉
ـ: فُولاذ / بُولَاد (س) 钢
ـ الياي (م) (الزُنْبُرُك) 弹簧钢
ـ / صَلِيب: قاسٍ 冷酷的，无情的
صُلْبِيّ 钢的；与眼球的巩膜有关的
صُلَّب: حجر المِسَنّ 磨石，磨刀石
صَلَابَة: ضد لُيُونة 硬，坚硬，坚强
ـ: قَساوة 冷酷无情
ـ الرأْي 刚愎，任性，固执，坚持己见，不易说服
ـ الرقَبَة 顽强，顽梗，顽固，倔强
ـ العُود 坚强，坚忍，有骨气，刚毅
تَصَلُّب: تَيَبُّس 硬化，硬固
ـ الشَرَايين / ـ شَرْيَانِيّ 动脉硬化症
صالِب / حُمَّى صالِب: شديدة الحرارة معها رعدة 高烧
صَلِيب جـ صُلُب وصُلْبان: ما يُصْلَبُ عليه 十字架
الـ الأَحْمَر 红十字
جمعيَّة الـ الأَحْمَر 红十字会
الـ المَعْقُوف 曲十字卐(是德国纳粹党党徽和纳粹德国国徽的标志)
الـ البُوذِيّ 卍字饰，万字饰(古印度等 fylfot 雅利安族用卍作为象征太阳和吉祥的标志。我国人把卍叫做“万字”。而曲十字卐的字形与万字卍虽不同，但容易被混淆，所以应注意区分)
عُود الـ: عُود الريح / نبات مزهر 牡丹；芍药

عِيد الـ [基督]圣十字架节(九月十四日)
صَلِيبِيّ 十字架的；十字军士兵
ـ 十字架捧持者，十字勋章佩带者
حُرُوب ـ ة 十字军战役
مَصْلُوب جـ مَصَالِيبُ: مُعَلَّق على الصليب 被钉在十字架上的
ـ (م) 耶稣受难像
ـ: مُدْعَم 被支撑的
مصلَّب: مَدْعُوم 被支住的，被支持的
ثَوْب ـ: عليه نقش كالصليب 十字花布
سِنان ـ: مسنون 锋利的枪头
طريق ـ 十字路
قَبَوَات ـ ة (متقاطعة) [建]交错穹窿，交错圆顶建筑物
صَلْبُوت (س) 小的耶稣受难像
صَلُتَ ـُ صُلُوتَةً الرجلُ: كان صَلْتَ الجبين 有宽的前额
أَصْلَتَ السيفَ: جرَّده من غمده 拔剑出鞘
صَلْت: جَبين واضح مُسْتوٍ بارز 宽平而发亮的前额
ـ وصُلْت جـ أَصْلَات: سِكِّين كبِيرة 大刀
ـ / صَلْتَان / إصْلِيت / أَصْلَتِيّ / إصْلَات / مِصْلَت ومِصْلَات جـ مَصَالِيتُ من الرجال: شُجَاع ماضٍ في الحوائج 活泼的，敏捷的，积极的，灵活的，有勇气的，有生气的
صَلَجَ ـ صَلْجًا الفِضَّةَ: أذابَها 熔化银子
صُلَّج: دَراهِم صِحاح 本位货币
صُلَّجَة جـ صُلَّجات وصُلَّج: فَيْلَجة القزّ 茧，蚕茧
صَوْلَج / صَوْلَجَة (أ): فِضَّة خالصة 纯银
صَوْلَجَان (马球的)曲棍
ـ السُلْطَة جـ صَوَالِجَة 王笏，权标，权杖
ـ السُلْطَة الدِينِيَّة [宗]牧杖(主教或修道

院长的职标)
لُعْب الـ / هُوكِي 曲棍球
صَلُح ـُ وصَلَح ـَـ صَلاَحًا وصُلُوحًا وصَلاَحِيَةً:
كان صالِحًا 成为善良的
ـ لكذا: وافق 适合，合适，相合，适当
ـ وانْصَلَحَ (مـ): تحسَّن 改良，改善，改进，
进步
أَصْلَحَه وصَلَّحَه (مـ): ضِدّ أَفسدَه 修补，修理
ـ ه وـ ه (مـ): حسَّنه 改良，改善
ـ ه وـ ه (مـ): قوَّمه 矫正，改正，改造
(品行、思想等)
ـ وـ (مـ) الأَرَاضِيَ 开垦荒地；改良土壤
ـ ه وـ ه (مـ): صحَّحه 修正，订正，校正，
校勘
أَصْلَحَ بينهم وصَالَحَهم 调停，调解
صَلَّحَ المَسْأَلَةَ (مـ): سوَّاها 处理事务，解决问题
تَصَلَّحَ 改正了，变成有用的了
تَصَالَحَ واصْطَلَحَ القَوْمُ: ضد تَخاصَمُوا 言归于
好，彼此和解
اِصْطَلَحَ القومُ على كذا: اِتَّفقُوا عليه 一致同意
اِسْتَصْلَحَ الشيءَ: وجدَه صالحًا (觉得)发现
是良好的，认为是合适的
ـ الأرضَ 开垦荒地；改良土壤
صَلاح: جَوْدَة 良好，优良
ـ: بِرّ 善良
ـ / صَلاَحِيَة: مُوافقة 适合，适宜，中用
صَلاحِيَة ج صَلاَحِيَات 职权，权限，职能
عَدَم ـ 无权；无用
حَائِز الـ التامّة 具有一切权力
صُلْح: سِلْم 和平
ـ: وفاق 调停，和解，调和
ـ (في التجارة) [商]和解；契约，和约
الـ التَحَفُّظِيّ 破产者与债权人的协议
(协定)
قَاضِي الـ 治安推事
مَحْكَمَة الـ 调解法庭
مُعَاهَدَة الـ 和约
مُؤْتَمَر الـ 和会
تَصْلِيح 修理
ـ الأَراضِي 开垦荒地；改良土壤
تَصْلِيحَات كُلِّيَّة 大修理
تَصْلِيحَات مُرَكَّبَة 中修
إِصْلاَح: ضد إفساد 修改，改善
ـ: تَحْسِين 改善，改良，改进
ـ: تَقْوِيم 改革，矫正，改正
ـ الأَراضِي 开垦荒地；改良土壤
ـ اِجْتِماعِيّ 社会改革
ـ الأَخْطَاء في كِتاب 正误表，刊(勘)误表
ـ الخَطَأ: تَصْوِيب / تَصْحِيح 修正，订正，
校正，校勘
ـ اليَد 小修，(手工的)修理
عَهْد الإِصْلاح الدِينِيّ (القَرْن السَادِسَ عَشَر)
宗教改革时代(欧洲 16 世纪宗教大变动
时代)
لا يُمْكِن إصلاحُه (أي ترميمه) 不能修理的，
无法修理的
لا يمكن إصلاحه (أي تقويمه) 难望改正的，
不能矫正的，不可救药的
إِصْلاَحِيّ 改良主义的
الإِصْلاَحِيُّون الاشْتِرَاكِيُّون 社会改良主义者
إِصْلاَحِيَّة: سِجْن الإصلاح 感化院
ـ الأَحْدَاث 少年罪犯教养院
ـ 改良主义
اِصْطِلاَح ج اِصْطِلاَحَات: عُرْف 习惯，惯例，

习俗

ـ: تَعْبِير خاصّ 惯用语，成语，熟语

الـ الديوانِيّ 公文用语

ـ فَنِّيّ / اِصْطَلَحَات (ع) (خاصّ بأهل الفنّ) 术语，专门名词

ـ تِلِغْرافِيّ 电码

اِصْطِلاحِيّ: مُصْطَلَح عليه 因袭的，惯例的，常规的

ـ: مصطلح عليه في اللغة 成语，惯用语

ـ: فَنّيّ / مختص بفنّ 术语的，专门名词的

صَالِح جـ صَالِحُون وصُلاَّح: جَيِّد 良好的，优质的

ـ: ضد طالح / بارّ 有德行的，公正的，正义的

ـ: مُوافِق 适合的，合适的，适用的

ـ للمُرُور 适于通行的(指道路)

أَصْبَحَ ـً 变成适用的、合适的

ـ جـ صَوَالِحُ (مـ): مَصْلَحَة / مَنْفَعة 利益

اِسْتَغَلَّ الظُّرُوفَ لـ ـه 利用有利的条件

لـ ـه 为他的利益

من ـه أنْ ... …是对他有利的

الـ العَامّ 公益，共同的利益

مَصْلَحَة جـ مَصَالِحُ: فائدة 利益，裨益

ـ (مـ): إدَارَة حُكُومِيَّة 厅、处、局等(政府行政机构)

ـ التِجَارَة والصِناعَة 工商局

ـ الجَمَارِك 海关管理处

ـ الصِحَّة 卫生局

ـ الغاز 瓦斯管理处

الـ العَامَّة 公共福利

لـ ـ فُلان 为某人的利益，有利于某人

له مَصْلَحَة 对他有利

مَصَالِح حَيَوِيَّة 切身利益

مَصَالِحُ طَبَقَةِ العُمَّال 工人阶级的利益

مُصْلِح: مقوِّم 改革家，改革者，改良者，革新者

ـ / مُصَالِح: مزيل الخِصام 调解人，调停人

ـ (سـ) 盐

مُصْطَلَحَات 术语，行话

عِلْم الـ الفَنِّيَّة 工艺学，术语汇集

صَلِخَ ـَ صَلَخًا سَمْعُه: ذَهَبَ فلا يَسمع شيئًا 聋，听不见

أَصْلَخُ م صَلْخَاءُ جـ صُلْخ: أَصَمّ / أَطْرَش 聋子

صَلَدَتْ ـِ صُلُودًا وأَصْلَدَت الأرضُ: صَلُبَت (土地)变硬

صَلُدَ ـُ صَلاَدَةً وصَلَّدَ: بَخُلَ 吝啬，悭吝

صُلُودَة: يُبُوسَة 干硬

صَلْد جـ أَصْلاَد / صَلُود: يَابِس 硬的，不毛之地

ـ القَلْب 铁石心肠的

صِلَّوْر / سِلَّوْر / جِرِّيّ: سمك نهريّ يشبه الانكليس (欧洲中部产的)大鲶鱼

صَلْصَة جـ صَلَصَات جج أَصْلاَص (مـ): مَرَق 肉汁，肉汁卤子，调味汁；酱

ـ فُول الصُويا 酱油

ـ حاذِقة 辣酱

ـ الطَمَاطِم / ـ البَنْدُورَة 番茄酱

قارب الـ (مـ) (船形的)酱油壶

صَلْصَلَ وتَصَلْصَلَ: صَلَّ (刀剑)叮当相击，铿锵作响

صَلْصَلَة السُيُوف (剑相击时的)叮当声，铿锵声

صَلْصَال: طِين خزَفيّ 粘土

صَلْصَالِيّ 含粘土的，粘土的

مُصْلَطِح (مـ) / صَلاَطِح: أَرْوَح / قليل العمق 浅的

_ 平坦的，扁平的

صَلِعَ _َ صَلَعًا: سقط شعر مقدم رأسه 秃顶，头顶前部变为光秃的

صَلَع الرأس / صَلْعَة 前顶光秃，脱发

أَصْلَعُ م صَلْعَاءُ جـ صُلْع وصُلْعَان الرأس 秃子，秃头

صَلْعَمَ (صلَّى اللهُ عَلَيْهِ وسَلَّمَ的缩写) [伊]愿真主赐他福祉和安康

صَلِفَ _َ صَلَفًا وتَصَلَّفَ: تمدَّح بما ليس فيه أو عنده وادَّعَى فوق ذلك 吹嘘，夸口，自夸，夸耀，夸大，吹牛，说大话

صَلَف: تمدُّح باطل 夸大

_: أَنَانِيَّة 自尊，自大，自负，自我主义，自我中心癖

صَلِف جـ صَلِفُون وصُلَفَاء وصَلاَفَى م صَلِفَة جـ صَلِفَات وصَلاَئِفُ: مُدَّعٍ 爱吹嘘的，爱夸大的，爱吹牛的，说大话者

_: أَنَانِيّ 自负的，自高自大的

طَعَام _: لا طَعْمَ له 不好吃的，没有味道的

صَلَّ _ِ صَلِيلاً السلاحُ: سُمع له طنين (武器)叮当作响，当当声，叮叮声，铿锵作响

_ الشيءُ: صوَّت (东西)咔嗒咔嗒地响

صِلّ جـ أَصْلاَل وصِلاَل: حَيَّة سامَّة 蝮蛇

_ مِصْرِيّ: ناشِر 眼镜蛇

_ وصِلٌّ أَصْلاَلٍ: داهٍ خَبِيث منكر 狡诈的坏人

صَلَّة: جِلْد يابِس قبل الدباغ 干的皮革

_: نَعْل 皮便鞋

_: اِسْت 肛门

صَلِيل: صوت وقع الحديد بعضه على بعض 铁块相碰声

_ السلاح 武器当当声，铿锵声

صَلَمَ _ِ صَلْمًا وصَلَّمَ الشيءَ: قطعه من أَصْلِه 从根部割断

_ ه و_ ه: قَطَعَ أذنه وأنفه من أصلهما 把耳鼻齐根割去

أَصْلَمُ م صَلْمَاءُ جـ صُلْم / مُصَلَّم (أو مَصْلُوم) الأُذُنَيْنِ 两只耳朵被割掉的

رجُلٌ أَصْلَمُ الأذنين: من كانت أذناه كأنهما مقطوعتان خِلْقَةً 没耳人(两只耳朵生来就像被割掉一样)

ذهب الحمارُ يطلب قَرْنَيْن فعاد مصلومَ الأذنين 偷鸡不着蚀把米

صِلِنْبَاح (سـ): ثعبان الماء 鳝鱼，黄鳝

صلة (في وصل)

صَلْهَب / مُصْلَهِب: رجل طويل 身材高的人

صَلاَ يَصْلُو صَلْوًا فلانًا: أصاب صَلاه أي وسط ظهره 打伤他的脊背

صَلَّى صَلاَةً: أقامَ الصلاةَ 祈祷，祷告，做礼拜

_ اللهُ عَلَيْهِ وسَلَّمَ 愿真主赐他福祉和安康(每提到穆罕默德的名字就这样为他祝福，这是伊斯兰教的礼节)

صَلاً جـ أَصْلاَء وصَلَوات: خُرْبَة الظَهْر (مـ) 腰的(背部)

صَلاة جـ صَلَوات: ابتهال 祷告，祈祷，祝福，礼拜

_ المائدة 饭前(后)的祷告

الـ الرَّبَّانِيَّة [基督]主祷文(圣经马太福音第六章第九到十四节)

_ الغائب 为远方的死者举行殡礼

_ الجُمُعَة (星期五的)聚礼

_ الصُبح 晨礼

_ الظُهْر 晌礼

_ العَصْر 晡礼

_ المَغْرِب 昏礼

ـ العِشاء / ـ الليل 宵礼

ـ التَراوِيح (斋月中每夜举行的)间歇礼拜(两拜两拜地做，每做四拜休息片刻)

الصَلَوات الخَمْس (每日的)五次礼拜

كتاب الـ: قِنْدَاق / شَبِيّة (س) 祈祷书

مُصَلٍّ: مُقِيم الصلاة 祈祷者，祷告者，礼拜者

مُصَلًّى جـ مُصَلَّيَات: مكان للصلاة 礼拜堂

صَلِيَ ـَ صَلًى وصِلًى وصُلِيًّا وصِلِيًّا النارَ وبها: قاسَى حرَّها أو احترق بها 被火烤，被火烧

صَلَى ـِ صَلْيًا اللحمَ: شواه 烧，烤

صَلَّى وأَصْلَى يدَه: سخَّنها 烘手，烤火取暖

ـ العَصا على النار أو بالنار: لوّحها وليَّنها وقوَّمها 用烘软法矫正手杖

أَصْلاَه نارًا: أدخله إياها وأثواه فيها 把…投入烈火

ـ حَرْبًا عَوانًا 与…进行猛烈的战斗

تَصَلَّى بنار الاضطهاد 受到严重的迫害

اِصْطَلَى بالنار وتَصَلَّى النارَ وبالنار: استدفأ بها 烤火，取暖

صَلاَيَة / صَلاءَة جـ صُلِيّ وصِلِيّ: مِدَقّ الطِيب (捣碎香料的)石杵

ـ: كل حجر عريض يُدَقّ عليه (可以当臼杵用的)宽石头

ـ / ـ: هاوُن / مِدَقّ 臼，研钵，擂钵，乳钵

مُصْطَلًى: مِدْفَأ 壁炉

صَمَتَ ـُ صَمْتًا وصُمُوتًا وصُمَاتًا: سكت 沉默，无言，不讲话，不作声

صَمَتُوا وكأنَّ ألسِنَتَهُم رُبِطَتْ بِأَوْتَاد (他们不说话，好像舌头被拴在桩子上似的)噤若寒蝉

صَمَّتَه وأَصْمَتَه: أَسْكَتَه 使缄默，使无言

صَمْت / صُمُوت: سُكُوت 沉默，无言

ـ مُطْبِق 没有一点声音，鸦雀无声

صَمْتًا! 肃静！请不要说话！请安静！

صَامِت: ساكِت 沉默的，无言的

ـ: لا صَوْتَ له 静的，无声的，不响的

مال ـ ومال ناطِق 无声的财产和有声的财产(金、银和牲畜)

ما لَهُ ناطقٌ ولا ـ 他一无所有

المُوسِيقَى الـ ة 器乐

صِمِّيت / صَمُوت: ملازم الصمت 沉默寡言的，不好说话的

مُصْمَت: جامِد لا جَوْفَ له 密实的，实心的，坚硬充实的

حائط ـ (أو بَهِيم): لا نافِذَةَ (أو فرجةَ) فيه 没有窗子的墙壁；闷墙

أَلْفٌ ـ: مُتَمَّم 整整的一千

ـ: سَاكِن [语]无声音的，清音的

الحُرُوف الـ ة / الحُرُوف السَاكِنَة 辅音字母

صَمْحَاء / صِمْحَاءَة 坚硬的土地

صَمَخَ ـَ صَمْخًا أُذُنَه: أصاب صِماخَه 损伤耳道，耳道受伤

صِمْخ (س) 耳屎，耳垢；阿拉伯树胶

صِمَاخ جـ أَصْمِخَة وصُمُخ / أُصْمُوخ: خَرْق الأذن الباطن الماضي إلى الرأس [解]耳道，听管

صَمَدَ ـُ صَمْدًا وصَمَّدَ فلانًا وله وإليه: قَصَدَه 到他那里去

ـ وـ له: ثبُت 抵御，抵挡，抵抗，抵得住，经得起，禁受

ـ وـ الزُجاجةَ: سدَّها 塞住瓶子

ـ ه وـ ه بالعَصَا: ضَرَبَه بها 用棍子打

ـ إليه الأمرَ: أسنَدَه 依靠

صَمَّدَ الشيءَ (س): حوَّشه 储蓄，贮存，储存，

贮藏
صَامَدَه: جَالَدَه 斗争，战斗，抗衡
صَمَد: دائِم 永远的，永久的，永恒的，无穷的
صَمَدَانِيّ 永恒的
صامِد 坚定的，刚毅的，顽强的，坚决的
ـ (مـ) 净所得，纯收益
ـ (سـ) 存钱，储蓄
صُمُود 刚毅，坚强，坚固，坚忍不拔
صَمْصَمَ في الأمر: ثَبُتَ وثابر 坚持，执著，持久，耐久，干到底
ـ (مـ): لم ينَمْ 清醒
أَصْمَعُ م صَمْعَاءُ جـ صُمْع: صغير الأذن 耳朵小的人
صَمَّغَ الشيءَ: لزقه وطلاه بصَمْغ 用树胶粘合，涂树胶，涂抹胶水
أَصْمَغَتِ الشجرةُ: خرج منها الصَمْغُ 产橡胶，产树胶，产树脂
اِسْتَصْمَغَ الشجرةَ: شرطَها ليجريَ منها ما ينعقِد فيصير صَمْغًا فيأخذه 采树胶
صَمْغ جـ صُمُوغ: ما يتجمَّد من ماء الشجر 橡胶，树胶，树脂
ـ البُطْم 松脂精，松节油
ـ عَرَبِيّ 阿拉伯树胶
ـ اللَك shellac 虫胶片(由虫胶溶成的薄片，漆的原料)；虫漆
ـ الصَنَوْبَر 松香，松脂
ـ الكَثِيرَاء 黄耆胶(小亚细亚 Astragalus 树产品，制药、印染等用)
ـ هِنْدِيّ أو مَرِن: صُعْرُور / كَاوْتشُوك 弹性橡皮
ـ سائِل: مَحْلُول الصَمْغ 胶水

صَمْغِيّ: كالصَمْغ أو منه 胶质的，似胶质的，黏湿的，粘液的，粘质的
مُصَمَّغ 用胶封闭的，用胶粘住的
شَرِيط ـ (捕苍蝇的)脂质化合物，胶带
أَصْمَقَ البابَ: أَغْلَقَه 关门
ـ الماءُ أو اللبنُ: تغيَّر طعمه وخبث (水、奶)变味
صَمَلَ ـُ صَمْلاً وصُمُولاً على: تجلَّد 坚持，坚忍，忍耐，忍受，经受得起，能支撑
ـ ه بالعَصَا: ضربَه بها 用棍打
ـ (مـ): بَقِيَ واستمرَّ 继续，持久
صَمُولَة (مـ) / صَامُولَة جـ صَوَامِيل (مـ) [机]螺丝帽，螺丝母，阴螺旋
مِسْمَار بصَمُولَة (مـ) [机]螺丝栓，螺钉帽，螺栓和螺母
مِفْتَاح صَمولة (مـ) 扳钳，扳头，螺旋钳，螺丝起子
صُمَّيْلَة (سـ): هبوط الاست [医]脱肛
صِمْلاَخ الأُذُن: إفرازها 耳垢，耳屎
صَمَّ ـُ صَمًّا القَارُورَةَ: سَدَّها 塞住瓶口
ـَ صَمَمًا وصَمًّا وأَصَمَّ: طرش (耳)聋
ـ الدرسَ (مـ): استظهره 背书，背诵
صَمَّمَ على الأمر وفيه: مضى على رأيه فيه ولم يُصْغِ إلى من يَرْدَعُه كأنّه أصمّ 决定，决心，决意，决断
ـ الشيءَ 设计
ـ ه وأَصَمَّه: صيَّره أصمّ 使聋
ـ ه الدرسَ 呆板地教
تَصَامَّ عن الحديث: تظاهر أنه أَصَمّ 装聋，充耳不闻
صَمّ: استظهار 背记，背诵，熟读成诵
ـ: تكرار الكَلام دون فهم معناه 死记，死背

صَمَم: طَرَش 聋
ـ: لبّ / قلب 果心，木髓，(问题的)精髓、真髓、本质
صِمَام جـ صِمَامَات وأَصِمَّة / صِمَّة جـ صِمَم:
سدادَة 栓，塞子，软木塞子
ـ: بَلْف (أ) valve 活门，气门
ـ أَمْنٍ [机]保险阀，安全活门
ـ أَمْنٍ ذُو ثِقَلٍ ثابِت [机]重荷保险阀
ـ أَمْنٍ ذُو رافِعة [机]杠杆式保险阀
ـ اللاّسِلْكِيّ [机]电子管，真空管
ـ الخِناقِ (في الأُتُمبِيل) [机]节汽阀
ـ تَصْرِيف [电]放电器，放电叉
ـ إِلِكْتُرُونِيّ 电子管
ـ مُفَرَّغ 电子管，真空管
صِمَامَات القَلْب [解]瓣，瓣膜
اِلْتِهاب ـِ القَلْب [解]心脏瓣膜炎
تَصْمِيم: عزم 决定
ـ 预算，估计
ـ (مـ): خُطَّة 设计，计划，方案，规划；草案，图案
أَصَمّ م صَمَّاءُ جـ صُمّ وصُمَّان: أَطْرَشُ 聋子
ـ أَبْكَم 聋哑人
ـ أَصْلَخ 全聋的，一点也听不见的
ـ: لا صوتَ له 无声的
ـ: غير أَجْوَف 充实的，实心的，非中空的
جِذْرٌ ـ (في الجَبْر) [数]不尽根数
عَدَدٌ ـ [数]名数
حَرْفٌ ـ: لا يُلْفَظ [语]不发音的字母
غُدَدٌ صُمّ [解]内分泌腺
كَمِّيَّاتٌ صُمّ [数]无理数(式、方程式)
آلَةٌ صَمَّاء 爪牙，傀儡，走狗，被人利用者，受人愚弄者
صَمِيم: خالِص 真正的；纯粹的
ـ (冷、热的)顶点
شَرْقِيٌّ ـ 地道的东方人，真正的东方人
في ـ الحَرِّ 酷热的时候
من ـ الفُؤَادِ / من ـ القَلْبِ 衷心地，由衷的
مُصَمِّم 机器的设计师
أَصْمَى الصَيْدَ: رَماه فقتلَه مكانَه وهو يراه 当场射死、击毙(猎物)
صَمَيَان 鲁莽的，轻举妄动的
أَصَنَّ الماءُ أو اللحمُ: فسد وأَنْتَنَ (水、肉等)发臭
ـ وصَنَّنَ (مـ): كان ذا صُنَان 有狐臭
صِنَّة / صُنَان جـ أَصِنَّة: صَنَق وهو ذَفَر الإبط 狐臭，狐臊
ـ: نَتْن عمومًا 臭气，臊气，臭味，臊味
صِنَّبْر جـ صَنَابِرُ: رِيح بارِدة 冷风
ـ: ثانِي أيام العَجُوز 阳历二月廿六日
صَنَابِرُ الذهَب 金块
صُنْبُور جـ صَنَابِيرُ: ثقب الحوض الذي يخرج منه الماء 大桶或大盆的放水口
ـ: حَنَفِيَّة (放水)龙头
ـ الغَاز 煤气嘴
صَنَوْبَر / صُنُوْبَر (مـ): شجر دائم الاخضرار 松树
صَمْغ الـ 松香，松脂
حَبّ الـ 松子
صَنَوْبَرِيّ: ما كان بهيئة ثمر الصنوبر مُستدِيرًا طويلاً أو مخروطًا 似松果的，松球状的
ـ 圆锥(体、形)的
تُفّاح ـ: أَناناس (مـ) ananas 菠萝，凤梨
الغُدَّة الصَنَوْبَرِيَّة [解]松果腺
صَنْج جـ صُنُوج (أ): صَحْنان (波)镲；钹；铙，手鼓圈上的薄铜片

صَنْجَة (في المِعمار) [建]拱石
صَنَّاج / صَنَّاجَة 打响板的
صَنَّاجَات: سَاجَات (انظر سوج) 响板(硬木或象牙制的介壳状乐器，附在大中指上，跳舞时合击发音)

صَنْجَق جـ صَنَاجِقُ (في سنجق)
صِنْدِيد من الريح أو البرد: شَدِيد 狂风，暴风，大风；严寒
ـ وصِنْدِد جـ صَنَادِيدُ: سيّد شجاع 勇敢的、英勇的、刚勇的、英雄的、大胆的(领袖)
صَنَادِيد: قُوَّاد الجيش 将领
ـ قُرَيْشٍ 古莱什族精明干练的人物
ـ: دَوَاهٍ 灾难，祸患
صُنْدُوق جـ صَنَادِيقُ 箱，柜，匣，盒
ـ 基金会
ـ البَرِيد / ـ البُوسْطَة 邮政信箱
ـ الاقْتِرَاع / ـ الانْتِخَابات 投票箱
ـ المَلاَبِس (صغير الحَجْم) 衣箱，皮箱
ـ الدَّفْق: سَيْفُون 冲水箱(抽水马桶的水箱)
ـ (كبير): سَحَّارَة (مـ) 大箱子，大橱柜
ـ (مـ): حَدْبَة 瘤，肉峰
أَبُو ـ (مـ) 驼背，驼子
ـ الدُّنْيَا (مـ) 西洋镜，拉大片，拉洋片
ـ السُّرْعَة (لتَغْيِير سُرعة الأُوتُمْبِيل) [机]齿轮箱，(汽车的)排挡变速箱
ـ التَّوْصِيلة المُفْرِقيّة [机]差动器
ـ التَّوْفِير (الادِّخار) 储蓄银行
ـ الكَرْنْكِ [机](用以盖复机体的)箱，套，机匣
ـ الدَّيْن 公债局
ـ حَدِيد 金库，保险柜
الـ العَرَبِيّ 阿拉伯银行
ـ النقد الدوليّ 国际基金会
ـ المَيْت 棺材
ـ النُّقُود 钱箱，钱柜
أَمِين الـ 会计员，出纳员，司库员
دَفْتَر الـ (مـ) 现金账，现金出纳账
صَنَادِقِيّ 皮箱匠；棺材匠
صَنْدَل جـ صَنَادِلُ: مَرْكَب نَقْل نَهْرِيّ (波)小艇，轻舟，游船
ـ (أ): نَعْل / غِرْفَة sandal (古代希腊人、罗马人穿的)皮带鞋；现代的凉鞋
ـ / خَشَب الـ sandal [植]檀香
ـ الحَرائق 救火船
ـ وصُنَادِل جـ صَنَادِل 大头驴，大头骆驼
صَنْدَلَة: صَيْدَلَة 化学；配药学
صَنْدَلاَنِيّ جـ صَنَادِلَة: صَيْدَلاَنِيّ 化学家；药剂师
صَنْدَلِيَّة 长椅，凳子
صَنَار / صِنَّار (波)法国梧桐
صِنَّارَة / صِنَارَة جـ صَنَانِيرُ 鱼钩，钓钩；纺锤头；织针
صَنْط (مـ) 阿拉伯橡胶树
صَنَعَ ـ صَنْعًا وصُنْعًا الشيءَ: عَمِلَه 做，作，造，制造
ـ صَنِيعَهم 他仿效他们
ـ الأمرَ: فعله / أجراه 做事，办事，做工作
ـ ه: أنتجه بالصناعة 制造
ـ ه: جبله 做成，构成，形成，铸成，造成，构造
ـ إليه مَعْرُوفًا: قدَّمه 帮助他，救济他
ـ به صَنِيعًا قَبِيحًا: فعله 对他干缺德的事情
صَنَّعَ البَلَدَ: جَعَلَه صِنَاعِيًّا (使国家)工业化

ـ ه: زيَّنه وحسَّنه بالصناعة 装饰，修饰
صَانَعَه: داهَنه 阿谀，奉承，逢迎，谄媚，讨好，迎合
ـ ه: رَشاه 行贿，收买
تَصنَّعَ: أظهر عن نفسه ما ليس فيه 做作，装作，假装，装腔作势；矫揉造作
ـ العَطْفَ عليه 对他表示假慈悲
ـ الجُنُونَ 装疯卖傻
ـ الإبتسامةَ 假笑
ـ: تزيّق / تزيَّن 修饰，装饰，打扮
اِصْطَنَعَ شيئًا: أمر أن يُصْنَعَ له 托人制造，订购，订制，订货
ـ الشَّجاعةَ 表现勇敢，显示出勇气
ـ التِجارةَ 做生意，做买卖
ـ حقَّ الإنْتِخاب 行使选举权
ـ الأَناةَ / ـ الصبْرَ 尽量耐心
ـ الحَياةَ بِهُدُوء 过着平静的生活
ـ فتًى: أدَّبه وخرَّجه 教育，培养
ـ ه لنفسه: اِختَارَه لنفسه 提拔
ـ عِنْدَهُ صَنِيعةً: أحسن إليه 给他恩惠
صُنْع: عَمَل 制作，制造
حَدِيث الـ أو الصنْع 新制造的，不久前生产的
ـ يدٍ: مَصنُوع باليد 手工的，手制的
ـ: إحسان 恩惠，恩德
هو رَجُلٌ صَنْعُ اليَدَيْنِ: حاذِق في الصنعة ومَاهِر في عَمَلِ اليَدَيْن 他是个巧妙的手艺人
هم رِجال صَنْعُون 他们是手艺高强的
صَنْعَاء: قصبة في بلاد اليَمَن 萨那(也门首都)
صَنْعَانِي / صَنْعَائِيّ 萨那的；萨那人
صَنْعَة: عمل الصانع 手艺，技巧，作品，工艺品

مُتْقَن الـ 精制的，经心制造的
دُور الـ 工厂，作坊
ـ (مـ) / صِناعة الرجُل: حِرْفَته 手艺，专业，专门职业，职业
ـ الفَرَس 驯马术
صِناعَة جـ صَنَائِعُ وصِناعَات: أعمال صناعيَّة 工业，产业，实业
ـ: حِرْفَة 职业，手艺，专业，专门职业
ـ: عملِ الإنسان 手艺，技巧，技艺
ـ شَرِيفَة 正当的职业，高尚的职业
ـ يدَوِيَّة 手工业
الـ الثَقِيلَة 重工业
الـ الخَفِيفة 轻工业
ـ الخُمُور 酿酒业
ـ الزَيْت 榨油业
دار الـ 兵工厂，军需工厂；军械库
أَصْحَاب الصَنَائِع والحِرَف 工匠，技工
صِناعِيّ: غير طَبِيعيّ 人工的，人造的，非自然的
ـ: مُختصّ بالأعمال الصناعيَّة 工业的，产业的，实业的，工业上的；工业家，实业家；产业工人
رِجْل ـ ة 假腿
بلاد ـ ة 工业国
رأْسَمَال ـ 工业资本
حَرِير ـ (أو كِيمِيّ) 人造丝
مَطَّاط ـ 人造橡胶
زُبْدَة ـ ة 人造奶油
صَنَائِعِيّ جـ صَنَائِعِيَّة 工人，手工业者
ـ 匠人，技工，能手
تَصْنِيع: تَحْوِيل إلى عَمَل صناعيّ 工业化
ـ: تَحْوِيل / مُعَالَجَة 加工

ـ الطَعَام 食品加工
تَصنُّع: إظهار 做作，装作，装模作样，装腔
作势，矫揉造作
ـ: رِياء / تظاهُر 假慈悲，假仁假义，沽
名钓誉
تصنُّعِيّ 人造的，人工的，人为的
اِصْطِنَاع (مـ): صُنْع 制造，生产
اِصْطِنَاعِيّ (مـ): صِنَاعِيّ 人工的，人造的，
人为的
صَانِع جـ صُنَّاع: فاعِل 制造者，制作者，
创作者，创造者
ـ / صَنَايِعِيّ (مـ): عامل 工人，职工，劳
动者
ـ (سـ): أجير / خادم 仆人，佣人，用人，
雇工，雇员
مَصْنُوع 做好的，被制成的
ـ 人为的，非自然的
ـ جـ مَصْنُوعَات 产品，制成品
صَنِيع جـ صُنُع: عمل 行动，行为
ـ 制造好的，准备好的
ـ / صَنِيعَة: إحسان / مَعْرُوف 恩惠，善行
صَنِيعة جـ صَنَائع 创作，作品，手工业产品
ـ 傀儡，走狗
ـ الاِسْتِعْمار 殖民主义的走狗、傀儡
هو صَنِيعَتِي / هو صَنِيعِي 他是我的徒弟
صَنَاع (اليَدِ أو اليَدَيْن) جـ صُنُع (阴阳性通用)
熟练的，精巧的，能干的
يَدٌ ـ 巧手
مَصْنَع جـ مَصَانِع: فَوْرِيقَة (مـ) 工厂，制造厂
ـ: وَرْشَة (مـ) 车间，制造所，修理所；
工场，作坊
ـ الفُولاَذ 炼钢厂

ـ الإسْمَنْت 水泥厂
ـ المَعَادِن الحَدِيدِيَّة 黑色金属冶炼厂
ـ الغَزْل 纺纱厂
الـ التَعْدِينِيّ 冶金工厂
مَصَانِع للزَيْت والصَابُون 油脂肥皂工厂
قَوَانِين المَصانِع 工厂法
مَصْنَعِيَّة (مـ): أُجْرَة الصنع 工资，薪金
مُصْطَنَع (مـ): صِناعِيّ 人工的，人造的
ـ (مـ): كاذِب 虚构的，捏造的
مُسْتَصْنِع 制造人，生产者，工厂主
صَنَّفَ الشيءَ: ميَّز بعضَه من بعض 分类，分门
别类
ـ الكتابَ: ألَّفه 编辑，编纂，著作，著述
ـ (مـ) 虚构，捏造，杜撰，说谎
صِنْف جـ أَصْنَاف وصُنُوف: نَوْع 种，类，
类别，门类，种类，部类
ـ: طَبَقة / مَرْتَبَة 部属，类目，等级
ـ [军]支队，分队
صِنْفًا: عَيْنًا 用物品，用实物(不用现金)
تَصْنِيف: تَنْوِيع وتَمْيِيز 分类
ـ الأنْوَاع: تَرْتِيبُها / تَنْسِيقُها 分门别类
ـ: تَأْلِيف 编辑，编纂，创作，著作，著述
تَصْنِيفَة جـ تَصْنِيفات (مـ): تَشْكِيلَة (مـ) 种类，
品种
ـ 虚构，杜撰，捏造
مُصَنِّف: مُؤَلِّف 编辑，著者，作者
مُصَنَّف جـ مُصَنَّفَات: كِتاب 著作，文学作品
صَنْفَر (مـ): سَفَن 用砂纸擦
صَنْفَرَة: سَفَن 刚砂，刚石粉
وَرَق ـ 砂纸，刚砂纸
زُجَاج مُصَنْفَر (مـ) 毛玻璃，闷光玻璃
صَنِقَ ـَ صَنَقًا جسدُه أو إبْطُه: أخرجَ رائحة كريهة

(身上或腋下)发恶臭

صَنَق: شدّة ذَفَر الإبط 狐臭，狐臊

ـ جـ أَصْنَاق: حَلْقة في طرف المريرة [机]壳

筒，套管

صانِق جـ صَنَقَة: مُنْتِن شديدَ النَّتْن 发恶臭的，

有狐臭的，有狐臊的

صَنِق: مُنْتِن 臭的

صَنَم جـ أَصْنَام: ما يعبده الوَثَنِيُّون من صُورة أو

تِمْثال 偶像，佛像

بَيْت الأَصْنَام 偶像的寺庙，佛寺

عِبَادَة الأَصْنَام 偶像崇拜

صَنَمَة 翮，羽茎；翮笔，鹅毛笔

صِنْو جـ أَصْنَاءُ وصِنْوَانٌ: أَخ شَقيق 胞兄(弟)

صِنْوَة: أُخْتٌ شقيقة 胞姐(妹)

صِنْو وصُنْو مث صُنْوَانِ وصِنْيَان جـ صِنْوَانٌ: واحد

التَوْأَمِين 双生子之一

ـ 副本，复制品

ـ 同价物，同等的东西

صنوبر (في صنبر)

صَهْ!: اسم فعل بمعنى اُسْكُتْ (阴阳性，单、

双、复数通用)嘘！别出声！别响！肃静！

أَصْهَب م صَهْبَاءُ جـ صُهْب 赤褐色的

صَهْبَاء: خَمْر 酒

صَهَدَتْ ـَ صَهْدًا الشمسُ وجهَه: أصابته وأحرقَتْه

晒焦

صَهْد النار: حَرارتها (火的)热

صَهِيد: شِدَّة الحَرّ 酷热，炎热

يَوْم ـ: شَديد الحَرّ 酷热的日子

صَهَرَ ـَ صَهْرًا الشيءَ: أذابه (بحرارة النار) 熔，

熔化，熔解，冶炼

صَاهَرَ القومَ أو في القومِ وأَصْهَرَ إليهم أو بهم

أو فيهم: صار لهم صِهْرًا 成为他们的女婿

或姐夫或妹夫

اِنْصَهَرَ 熔化，熔解

صِهْر جـ أَصْهَار: زوج الاِبْنَة 女婿

ـ: زَوج الأُخْت 姐夫，妹夫

صَهير / مَصْهُور: مُذاب 被熔解的，熔化的

مَصْهُورَات 被熔物，熔岩

صَيْهُور: دِرَسْوَار (مـ) dresser 碗橱，橱柜

مُصَاهَرَة: قَرابة زَواج 姻亲，结成亲戚关系

مَصْهَرَة جـ مَصَاهِرُ 熔矿所

مَصَاهِر الحديد 炼铁厂

صِهْرِيج وصُهَارِج جـ صَهَارِيجُ (أ): حَوْض الماء

(波)水槽，水桶，蓄水池

ـ القاطِرة (机车后的)煤水车

ـ 拖船，驳船

ـ البِنْزِين 汽油槽，蓄油槽

عَرَبَة ـ (لِنَقْل الماء والسوائل) 运水(油)车

صَهَلَ ـِ صَهِيلاً وصَاهِلَةً وصُهَالاً الحِصانُ: حَمْحَمَ

马嘶，马鸣，马叫

صُهَال / صَهِيل 马嘶，马叫，马鸣

صاهِل: حِصان 马

صَهْوَة الحِصان جـ صَهَوَات وصِهَاء: ظَهْره 马背

ـ جـ صُهًى: بُرج في أعلى الجبَل 山顶上的

堡垒、城堡

صَهْيَنَ الشيءَ (مـ): أغضى عنه 漠视，装作

没看见，置之不理

ـ على كلامه 装聋，充耳不闻

ـ 吆喝，叫喊，大声喝斥

صَهْيُون 郇山(耶路撒冷的圣山，又译锡安

山)

صَهْيُونِيّ جـ صَهَايِنَة 犹太复国主义者

الصَهْيُونِيَّة 犹太复国主义

صَابَ يَصُوبُ صَوْبًا وصَيْبُوبَةً السَهْمُ نَحوَ الغَرَضِ

وأصابَ السهمُ الغَرَضَ 中的，命中，射中
目标
صابَ نَحْوَ المَحَزِّ وأصابَ المَحَزَّ 中肯
صَوَّبَه: وجَّهه 对准，向着
ـ إليه البُنْدُقِيَّةَ: مدَّدها وأشرعها 拿枪瞄准，
对准
ـ الخَطأَ: أصْلَحه 改正错误
ـ واسْتَصْوَبَ الرأْيَ والعَمَلَ: حكم له بالصَواب
承认，认可，赞成，嘉纳
أَصَابَ الرجلُ: أتى بالصَواب 做对了，做得
不错；说对了，说得好
ـ في عمله: فعلَ الصوابَ 做对了，做得
不错
ـ من الشيء: أَخَذَه وتَناولَه 取，拿
ـ تُ قَلِيلاً من الطعام 我吃了一点儿东西
ـ طَعامَه ومَنامَه 吃饭和睡觉
ـ الشيءَ: أدركه 认识
ـ الشيءَ: استأصله 根绝，根除
ـ ه بِعَيْنَيْه: رَماهُ (用恶眼、毒眼)看人
(阿拉伯人迷信嫉妒者恶狠狠的眼神能使
儿童害病)
ـ نَجَاحًا في عَمَلِه 他在工作上获得成就
ـ إصابةً [体]射中(一球)
ـ مَطْلُوبَه: ناله 获得，得到(所求)
ـ غَرَضَه: أدركه 中的，命中，(炮弹等)
打中、射中目标
أَصابَتْ (المُصيبةُ) فُلانًا: حَلَّتْ به (灾祸)临
头，临身，落在他身上
أُصِيبَ بمَرَض 生病，害病
ـ بالزُكَام 伤风，感冒
ـ بالعَيْن 遭受毒眼
تَصَوَّبَ: تسفَّل / ضد تصعَّد 下(山)，下(楼)

اِنْصَابَ الماءُ: انصبَّ 倾流，流注
صَوْب: جِهَة / نَاحِية 方向，方面，边，侧
ـ: نَحْو 朝，向，对
من كُلِّ ـ وحَدَب 从各处，从各方面，从
四面八方
ـ / صَواب: ضد خَطَأ 正确的，正当的，
端正的，不错的
صَاب [植]药西瓜(葫芦科植物)
صَابَة 药西瓜汁(用作泻药)
ـ ج صَابَات 灾难
صَواب: عَقْل 理智，道理，理性
ـ: رُشْد 意识，知觉
فَقَدَ أو أَضَاعَ ـ ه 丧失理智或知觉
ذَهَب بـ ـ ه 使他丧失理智或知觉
عاد إلى جَادَّة الـ 返回正路
غَاب عن ـ ه 失去知觉，昏迷不醒，不
省人事
غَائِب عن ـ ه 失去知觉的，昏迷不醒的，
不省人事的
هو على الـ 他是对的
صَوَابَة ج صَوَابَات / صُوبَة 温室
صَوَابِيَّة 正确性
إصَابَة ج إصابات 命中，击中
ـ [体]射中，打中，踢进
اِنْتَصَرَ بإصَابَتَيْنِ لِوَاحِدَةٍ 以二比一获胜
فَازَ بثلاث إصابَات نَظِيفة 以三比零获胜
ـ 伤，伤口
ـ مَرَضِيَّة 病症
ـ في حادث: عارِض 意外，不测，不幸，
事故，横祸，灾难，死伤
اِسْتِصْوَاب: استحسان 承认，赞成，称善
أَصْوَبُ: أَصَحُّ / أَصْلَحُ 更适当的，更得当

的；最正确的，最切实的

و الـ أن ... 最正确的是…

أَصْوَبِيَّة 正确性

مُصَاب: أُصِيبَ 被击中，被命中，被打中

ـ: جَرِيح 伤员，受伤者

ـ / مُصِيبَة جـ مَصَائِبُ ومَصَاوِب ومُصِيبَات: بَلِيَّة 灾难，祸患

يا لَلْمُصِيبَةِ! 真不幸呀！多倒霉啊！多么不幸啊！

صائِب جـ صِيَاب / مُصِيب: ضد مُخْطِئ 正确的，不错的

ـ / ـ: سَدِيد 确实的，切实的，中肯的

ـ / ـ: مُوَافِق 适当的，得当的，适宜的，合适的

صَوْب / صَيِّب: سحاب ذو مطر 含雨的云层

صُوباشِي (أ) (土)乡警

صَوْبَج وصُوبَج: شُوبَك 擀面杖，面棒

صَوْبَنَ 擦上肥皂

صَابُون والقطعة منه صابونة 肥皂

صَاتَ ـُ صَوْتًا وصَوَّتَ: أَحدث صوتًا 响，叫，发声，发音，发出声音

ـ و ـ: صَاحَ 叫喊

ـ و ـ: أَعطى صَوْتَه في انتخاب 投票

ـ على جانب ... أو ـ في جانب ... 投某人的票

صَوْت جـ أَصْوَات (في انتخاب) 选票

أَدْلَى بـ ـ ه 投票

ـ مُرَجِّح (赞成票与反对票同数时，主席所作的)决定性投票，决定性的一票

أَخْذ الأَصْوَات 表决

بِاتِّفَاق الأَصْوَات 一致通过

بأَغْلَبِيَّة الأَصْوَات / بـ ـ الأَكْثَرِيَّة 多数票(赞成或反对)

صَوْت جـ أَصْوَات: كل ما يُسْمَعُ 声音，声响

رَجْعُ الـ: صَدَاه 回声，共鸣，反响

بأَعْلَى ـ ه 提高嗓子

بـ ـٍ عالٍ 高声地，大声地

بـ ـٍ مَسْمُوع 用听得见的声音，声音清清楚楚地

بـ ـٍ واطِئ 低声地，悄悄地，悄声儿

ـ خافِت (خوفًا أو تخشُّعًا) 小声，轻声，低微的声音

ـ كَامِل [乐]全音

نِصْف الـ [乐]半音

جِدَار الـ [空]音障，声垒

سُرْعَة الـ 音速

عِلْم الـ 声学

بُعْدُ الـ: شُهْرَة 名声，声望，盛名

ـ أَجَشُّ 刺耳的声音；男低音

بـ ـ واحد 异口同声地

أَصْوَات 歌词，曲调，旋律；音调，语调，腔调

أَصْوَات اللُغَة 语言的声音，语音

عِلْم الأَصْوَات 语音学，发音学

صَوْتِيّ: له صَوْت 有声的，发音的

حَرْف ـ / حَرْف مُصَوِّت: غير الصامِت من الأَحْرُف 浊音字母(包括全部元音字母和浊辅音)

المُوسِيقَى الـ ة 声乐

المَوْجَة فوق الصَوْتِيَّة 超声波

صَوْتِيَّات 语音学，发音学

صِيت: سُمْعَة 名气，名声，名誉，声望

ـ حَسَن 好名声，好名誉

بُعْدُ الـ: شُهْرَة 盛名，声望；名声，名气

ذائع الـ / مُتصيِّت (مـ) 驰名的，著名的，
有名的，大名鼎鼎的
تَصْويت: صِياح 呼喊，叫喊
ـ للانْتِخاب 投票
الـ العَامّ المُتَساوِي والمُبَاشِر وبالاقتراع السِرِّيّ
全民的、平等的、直接的、秘密的选举
امتنع عن الـ 弃权，放弃投票
صائت / مصوِّت 能发音的
سِينَما ـ ة 有声电影
مُصَوِّت: له صوت في انتخاب 投票者，表
决者，选举人，选举者
صَاحَه يَصُوحُ صَوْحًا: شقَّه 劈开，破开
صَوَّحَ البَقْلُ: يَبس 枯萎
ـ ته الشَمْسُ أو الريحُ: جَفَّفَته 晒干，吹干
اِنْصاحَ: اِنْشَقّ 被劈开
ـ الفَجْرُ: أَضاء 破晓
صَاحِ / يا صاحِ: يا صَاحِبِي (في صحب)
صَاحَة: أرض لا تُنْبِتُ شَيْئًا 不毛之地
أَصاخَ إصاخَةً له: أَصْغَى واسْتَمَعَ 倾听，留心听
ـ بسَمْعِه 侧耳细听
صُودَا (أ): قِلْي soda 苏打，碱，碳酸钠
ـ كَاوِية (أ) caustic soda [化]苛性钠，
氢氧化钠，烧碱，火碱
مَاء الـ 苏打水，汽水，荷兰水
نَتْرَات (نَتْرَاة) الـ (أ) sodium nitrate [化]
硝酸钠，智利硝
صُودِيُوم (أ): شَذَّام sodium [化]钠
كُلُورِيْد الـ: مِلح الطعام sodium chloride [化]
氯化钠，食盐
صَوَّرَ الرجلَ: رَسَمَ صُورَتَه 画肖像
ـ: رَسَمَ 画(线、画)，勾(轮廓)
ـ: نَسَخَ 抄，誊，复写；复印

ـ الكتابَ: أَوضحه بالرُسُوم (用插图、图
解)说明(书中含义)
ـ بالأَلْوَان: نقش 画(油画、水彩画)
ـ بالفُتُغْرَافِية 照相，摄影，拍照
ـ ه: وَصَفَه 描写，描绘，形容，刻画
ـ ه: جعل له شكلاً 作形，形成，作成，
给与形状
أَصَارَ الشيءَ: أماله 使他倾斜
ـ البناءَ: هدَّه 破坏(建筑物)
ـ ه إلى صورة مُشَوَّهَة 丑化，使难看、寒碜
تَصَوَّرَ الشيءَ: تَخَيَّلَه 想像，设想
ـ 被描绘；被画成；被照相
ـ له الشيءُ: خُيِّلَ إليه 他想…，他以为…，
他觉得，据他看来…
لا يَتَصَوَّرُهُ العَقْلُ 不能想像的，不能设想的，
意想不到的
صُور: قَرْن يُنْفَخُ فيه / بُوق 号角
هو الذي ينفخ في الـ وأقامَ هذه القيامةَ 这场
风波就是他闹出来的
ـ: مِزْمَار البمّ [乐]大管，巴松管
(bassoon)，低音单簧管
ـ وصَيْدَا 苏尔和赛达(黎巴嫩两城市名)
صُورَة جـ صُوَر وصِوَر وصُور: شِبْه 像，画像，
肖像，写真；照片
ـ 轮廓，姿态
ـ / تَصْوِيرَة: رَسْم 画，图画
ـ شَخْص: رَسْمُهُ 肖像，画像，写真
ـ: شَكْل 形式，形状，样式，样子，
外貌，格式
ـ: كَيْفِيَّة 方法，做法，手段
ـ: نُسْخَة (文件、画等的)抄本
ـ طِبْق الأَصْل 正确的抄本

ـ رَسْمِيَّة (文件、文书等)正式的副本
ـ شَمْسِيَّة (فُتُغْرَافِيَّة) 相片，照片
ـ جَانِبِيَّة 侧面像
ـ كَارِيكَاتُورِيَّة 漫画，幽默画，讽刺画
ـ مُلَوَّنَة أو زَيْتِيَّة 彩画；油画；彩色图片
ـ مُصَغَّرَة 缩影，缩图
ـ وَصْفِيَّة (للإيضاح) 插图，图解
ـ الكَسْرِ: بَسْطه (في الحِساب) [数](分数的)分子
في ـِ مُصَغَّرَةٍ 小规模地
بـ ـِ خَاصَّةٍ: خُصُوصًا 特别地，专门地
بـ ـِ عَامَّةٍ: عُمُومًا 一般地，普遍地
بـ ـِ رَسْمِيَّةٍ 正式地
بـ ـِ سَرِيعَةٍ 迅速地，快速地，飞快地
بـ ـِ صَارِمَةٍ 严厉地，严格地，严正地
بـ ـِ غير قَانُونِيَّةٍ 非法地
على ـ ... 好像…，好似…
على ـِ ه ومِثَالِه 按照他的尺寸、式样
على ـ عَقْدِ بَيْعٍ 作为预售的
الصُوَر المُتَحَرِّكَة 动画，动画片，卡通(片)
صُورَةً: شَكْلاً 正式，形式上，照礼仪
صُورِيّ: بالشَكْلِ فَقَطْ 形式上的，形态上的，公式主义的
ـ: كاذب 虚构地
مَنْطِق ـ 形式逻辑
حُكُومَة ـ ة 傀儡政府
كَمْبِيَالَة (صُفْتَجَة) ـ ة cambiale (意)空头支票
مَحْكَمَة ـ ة (للتَمْرِين) 演习法庭，模拟法庭
مَعْرَكَة ـ ة 演习战，模拟战
تَصْوِير: رَسْم 画，绘画，描写
ـ: إيضاح بالرُسُوم 图解，插图

ـ: وَصْف 描画，描写，描绘，刻画
الـ الشَمْسِيّ 摄影，照相
آلة الـ (الشَمْسِيّ): كاميرا (أ) camera 照相机
آلة الـ السينَمَاتُوغرَافِيّ 电影摄影机
تَصْوِيرة جـ تَصْوِيرات وتَصَاوِيرُ: صُورَة 图画
تَصَوُّر: تَخَيُّل 想像，设想
ـ 观念，思想，概念
تَصَوُّرِيّ: تَخَيُّلِيّ 理想主义(者)的，观念论(者)的
ـ: خَيَالِيّ 想像的，想像上的，假想的
مُصَوِّر: الذي يرسم الصورة بيده 画家，艺术家，美术家
ـ شَمْسِيّ: فُتُغْرَافِيّ 照相师，摄影师
ـ صِحافِيّ 摄影记者
ـ الكَائِنَات 创造者，造物主，上帝
لَوْحَة الـ 调色板
مُصَوَّر: مَرْسُوم 所画的
ـ: موضَّح أو مُزَيَّن بالصور 带图解的，带插图的
ـ جُغْرَافِيّ: أَطْلَس (أ) atlas 地图集
مُصَوَّرَاتِيّ 摄影师
صَوْصَو (مـ) وصَوْصَى الكَتْكُوتُ: صَأَى الفَرْخُ (小鸡)啾啾，唧唧，吱吱吱的叫声
صُوص جـ صِيصَان (سـ): كَتْكُوت (مـ) / قُوب 小鸡，雏鸡
انْصَاعَ: رَجَعَ مُسْرِعًا 迅速折回
ـ (棋)让步
ـ: أَطَاعَ 服从，顺从
صَوْع / صَاع / صاعة: مَكَان ممهَّد للعب 运动场，游戏场
صَاع وصَوْع وصُوع جـ أَصْوُع وأَصْوَاع وصِيعَان:

صوع 696 صوف

مِكْيَال تكال به الحبوبُ ونحوُها 沙阿(利比亚容量单位名，等于 8.811 公升)

يُرِيد أنْ يَكِيلَ له الـ صَاعَيْن 他想加倍地酬谢他

صاعًا بـ ـِ 一报还一报，一拳来一脚去，以牙还牙

صُواع وصِواع جـ صِيعَان: جام يُشرب فيه 金(银)质酒杯

صَاغَ ـُ صَوْغًا الشيءَ: هَيَّأه على مثال مُستقيم 成形，作成，构成，作成公式，用公式表示

ـَـ ـُ صِيغَةً وصَيْغُوغَةً وصِياغَةً الشيءَ: سبكه 铸造

ـ: حَرَّرَ 起草，草拟，拟订，拟(稿)

ـ الذَهَبَ والفِضَّةَ 做金银细工，打金银首饰

ـ الخاتَمَ 打戒指

ـ الكلمةَ: بَناها من كَلِمَةٍ أُخْرَى على هَيْئة مَخْصُوصَة 创造新词、新语[例如依照تَفْعِيل的词型(صِيغة)创造تَصْنِيع (工业化)、تَأْمِيم(国有化)和تَدْوِيل(国际化)等]

ـ مُذَكِّرَةً 起草照会的正文

ـ كلامًا: اختلقه وكذب فيه 捏造，杜撰

صَوْغ / صِيغَة: تَهْيئة على مثال 成形，构成，作成

صِيغَة جـ صِيَغ: شَكْل 形式，式样，格式

ـ: أَصْل 发端，起点，根源，原因，由来

ـ 结构，组织

ـ [数][化]公式

ـ الكَلمة: صورتها [语]词形变化的公式

ـ عَقْد القِرَان 订婚仪式

ـ الفِعْل: صُورته [语]动词的词型

ـ شَرْطِيَّة [语]假设法

ـ الإمْكَان [语]可能法

ـ (الفِعْل) المجهول [语]被动式动词的词型

ـ (الفِعْل) المعلوم [语]主动式动词的词型

ـ قانُونِيَّة 法定格式，表格纸

ـ المَعادِن 锻冶术，冶炼术，铁匠业

ـ (مـ) / مَصَاغ جـ مَصَاغَات: حُلِيّ 珠宝类精细工艺品，镶有宝石的装饰品

صِيَاغَة 铸造；铸造物

ـ 精巧的艺术，珠宝首饰业

صَائِغ جـ صاغَة وصُيَّاغ وصُوَّاغ: صانع الحليّ 金匠；银匠；珠宝匠

صَاغ (مـ): سَلِيم 健全的，安全的，平安的

ـ (مـ): رُتْبَة عَسْكَرِيَّة 陆军少校

ـ (مـ) / عُمْلَة ـ 本位货币

قِرْش ـ (مـ) 吉尔什(埃及和叙利亚的本位货币，面值一角)

صَوَّفَ الخُبْزُ (مـ): كَرِج 发霉，霉烂

تَصَوَّفَ: تخلَّق بأخلاق الصوفيَّة [伊]加入苏非派，变成苏非派

صُوف جـ أَصْوَاف: شعر الغَنَم 羊毛

ـ: نَسِيج من الصوف 呢绒，毛织品，法兰绒

ـ مَغْزُول 毛线，绒线

صُوفِيّ: من الصُوف 羊毛的，毛织的，羊毛制的

ـ جـ صُوفِيَّة وصُوفِيُّون [伊]苏非派人

الصُوفِيَّة: مَذْهَب الصُوفِيِّين [伊]苏非派(神秘派)

تَصَوُّف 加入苏非派

صُوفَان: حُرَاق 火种，火绒，艾绒

صَوَّاف: تاجر الصُوف 羊毛商

ـ: تاجر الأَقْمِشَة الصوفيَّة 呢绒商

ـ (手工业式的)弹毛工人

مُتَصَوِّف 苏非派信徒

صَالَ ـُ صَوْلاً وصَوْلَةً عليه: وَثَبَ (猛兽)跳起来扑过去

ـ ـُ صَوْلاً وصِيَالاً وصَالاً وصُؤُولاً وصَيَلاَنًا ومَصَالَةً عليه: سَطَا عليه 袭击，突击，攻击

ـ (火)猛烈燃烧；(风)狂吹；(波涛)汹涌，澎湃

صَاوَلَه: وَاثَبَه 猛扑，进攻，袭击

ـ 斗争，奋斗，抵抗

تَصَاوَلاَ: تَوَاثَبَا 互相猛扑，急袭

صُول جـ صُولاَت (مـ): جُنْدِيّ بين النَفَر والمُلاَزِم (陆军)准尉；连部军士长；(海军)兵曹长

ـ تَعْيِين (مـ) 军需官

ـ (أ): سَمَك مُوسَى sole 鲽，板鱼，挞鲨鱼

صَوْلَة: سَطْوَة 势力，权势，权力，权柄

ذُو ـ 强有力的人物；勇猛的人，勇士

أهل ـ وشَوْكَة 强有力的人物

مِصْوَلَة: مِكْنَسَة 长把帚

صَوْلَج / صَوْلَجَان (في صلج)

صَامَ يَصُومُ صَوْمًا وصِيَامًا واصْطَامَ عن كذا 戒(酒)，戒绝

ـ عن الطعام 绝食，戒食

ـ شَهْرَ رَمَضَانَ: صام فيه (在斋月内)斋戒，封斋，把斋

صَوَّمَه: جعله يَصُوم 使人斋戒，使绝食

صَوْم / صِيَام عن الطعام والشَراب والجِمَاع 斋戒(在白天戒除饮食和房事)

ـ / ـ: إمساك (عن أي أمر) 戒除，断绝(任何事物)

شَهْر الـ: رَمَضَانُ [伊]斋月(回历九月，赖迈丹月)

الـ الكَبِير (عند النَصارَى) [基督]大斋，四旬斋(复活节前四十日间)

الـ الصَغِير (عند النَصارَى) [基督]小斋，耶稣降临的斋戒

صِيَامِيّ (مـ): قَاطِع (سـ) / بلا لَحم أو دُهن 素菜，素食品；四旬斋时吃的素食

صَائِم جـ صَائِمُون وصُوَّام وصُيَّام وصُوَّم وصُيَّم وصِيَام: مُنقطع عن الطعام 斋戒者，绝食者

ـ (مـ): لا شيء (في الألعاب) [体]零分

المَعْي الـ [解]空肠

صَوَّام 严守斋戒的

صَوْمَعَة جـ صَوَامِعُ 禅房，单人的僧房

ـ المُتَعَبِّد: مَنْسِك 茅舍，茅庵，隐居者的住处，僻静的住处

ـ غِلاَل: هُرْي (جـ أَهْرَاء) 粮仓(立式的圆柱形粮食仓库)，仓廪

الصُومَال 索马里(位于非洲东北)

صَانَه يَصُونُ صَوْنًا وصِيَانًا وصِيَانَةً واصْطَانَه: حفِظه 保管，保存，保藏

ـ ه: حَمَاه 保护，保卫，捍卫

ـ ه: حافَظ عليه 维持，维护，维修

صَوْن / صِيانة: حِفْظ 保管，保存

ـ / ـ: حِمَاية 保护，保卫

في الحِفْظ والـ (مـ) (在保护中的)完全的，完整的

صِيَانة 维持(秩序)，维护；维修

ـ السِلْم 保卫和平

ـ الأحْرَاش 保护森林

الـ الدَوْرِيَّة (للأجهزة) (机器的)定期保养、维修

ـ السَيَّارَة 汽车维修

صِوَان وصُوَان وصَوَان وصَيَان وصُيَان وصِيَان جـ
أَصْوِنَة: خِزانة / دُولاب (مـ) (عمومًا) 橱，柜
ـ الثِياب 衣橱，衣柜
ـ الكُتُب 书橱，书柜，书箱
ـ: صُنْدُوق 箱，盒
ـ: خَيْمة 大天幕，大帐篷
ـ الأُذُن [解]耳翼
صائِن: حافِظ 保管者，保护人
ـ: واقٍ / لأَجْل الوقاية 有保护作用的
صَوَّان / صَوَّانَة جـ صَوَّانَات وصَوَّان: حَجَر شديد
الصلابة [矿]燧石，火石
ـ شَفَّاف 石英岩
حَجَر الـ 花岗岩(石英、长石、云母三种结晶所成)
أدوات صَوَّانِيَّة 石器，燧石制的工具
مَصُون: مَحْفُوظ 被保存的，被储藏的，防腐的
صُوَّة جـ صُوًى جج أَصْوَاء: مَعْلَم 路标，指路碑；里程碑
ـ: صَوْت الصَدَى 回声
ـ: ما غلظ وارتفع من الأرض 小丘，土岗，假山
صُوًى وأَصْوَاء: قبُور 坟墓
صَوَى يَصْوِي صُوِيًّا وصَوِيَ يَصْوَى صَوًى وصَوًّى
وأَصْوَى النخلُ: يَبِسَ 凋谢，萎谢
ـ الضَرْعُ: ضمر ولم يبق فيه لبن (乳房)萎缩，无奶
ـ الكَتْكُوتُ (مـ): صَأَى النَقْفُ 小鸡啾啾地叫
صُويا (أ) / فُول الصُويا soya 大豆，黄豆
صُيَّاب وصُيَّابَة وصُيَاب وصُيَابَة: خالص صميم
纯粹的，精粹的

ـ: الخِيار من كل شيء 精华
هو من ـ العلماء 他是个优秀的科学家
صيت (في صوت)
صاحَ يَصِيحُ صَيْحًا وصَيْحَةً وصِيَاحًا وصُيَاحًا
وصَيَحَانًا: صوَّت بشِدَّة 叫喊，吆喝，大声疾呼
ـ بِفلان: ناداه 叫他，喊他，叫他的姓名
ـ عليه أو فيه: زجره 呵责，斥责
ـ: زعق 尖声叫喊，拼命叫喊
ـ: هتف 高呼，欢呼
ـ صِيَاحًا الديكُ 鸡鸣，鸡啼，报晓
ـ وصَيَّحَ: صرخ 叫喊，吆喝，大声疾呼
صَايَحَ وتَصَايَحَ القومُ: صاح بعضهم ببعض 互相喊叫
تَصَايَحَ 大家叫嚷起来，一片叫声，吵吵嚷嚷
صَيْح / صِيَاح 叫，喊
لَقِيتُه قَبْلَ كُلِّ ـ ونَفْر 我在黎明之前遇见他
صِيَاح الدِّيك 鸡鸣
وَقْتَ صِيَاحِ الدِّيك 鸡鸣时分，黎明，清晨
صَائِحَة: صَيْحَة المَناحة وهن النساء يجتمِعْنَ للحُزْن 号丧，嚎丧
صَيْحَة جـ صَيْحَات: صَرْخَة أو زَعْقَة 叫喊，呼喊，呐喊
ـ فَرَحٍ 喝彩，欢呼
ـ في وادٍ [圣]旷野里的呼声(无人理睬的呼声)
صَيَّاح: كثير الصِياح 扰攘的，吵闹的
ـ: صَرَّاخ 尖声叫喊的，拼命叫喊的
الكَاتب الـ: شاجَّة [鸟]呼叫鸟
صَادَ ـِ صَيْدًا وتَصَيَّدَ واصْطَادَ الطيرَ والحيوانَ:
قنصه وأخذه بِحِيلة 狩猎，打猎，捕猎

ـ وـ سَمَكًا 钓鱼，打鱼，捕鱼
ـ وـ بِفَخٍّ 用捕机捕捉，设圈套捕捉
ـ تْ أُذُنُه بعضَ الكَلِمَات 道听途说，耳闻
اصطاد في الماء العكِر 混水摸鱼
صَيْد: قَنْص 打猎，狩猎，游猎，猎捕
ـ السَمَك 打鱼，捕鱼
ـ / مَصِيد: ما يُصاد أو لحمه 猎物，野物，野味
تَذْكَار ـ 狩猎纪念章
الـ في البَرّ والبَحْر 狩猎业和渔业
بُوق الـ 猎人的号角
حِذَاء الـ 猎靴
سِكِّين الـ 猎刀
كَلْب الـ 猎狗
صَيَّاد / صائِد 打猎者，猎人，猎户
ـ / ـ سَمَك: عَرَكِيّ 渔夫，渔民
ـ السَمَك: قِرِلَّى [鸟]鱼狗，翠鸟
صَيَّادَة (ع): نِبْلَة (م) (儿童玩的)橡皮弹弓
مَصْيَدَة السمك جـ مَصَايِدُ: مَكان صيده 渔场
ـ اللؤلُؤ 采珠场
مِصْيَدَة جـ مَصَايِدُ: فَخّ 捕机，罗网，套索，圈套
صَيْدَلَة (أ): تَرْكِيب الأَدْوِيَة 药学，制药学，制药业
صُنْدُوق ـ 急救箱，药盒
صَيْدَلِيّ / صَيْدَلانِيّ جـ صَيَادِلَة 药剂师，配药人
صَيْدَلِيَّة جـ صَيْدَلِيَّات: أَجْزَاخَانَهْ (م) 药房，药铺
صَارَ يَصِير صَيْرًا وصَيْرُورَةً ومَصِيرًا: انتقل من حالة إلى أُخرى 变成，变为
ـ: جَرَى / حَدَثَ 发生
ـ له كذا: وقَع / جَرَى (事情)临头，临身

ـ يَفْعَل كذا 开始做，着手做
ـ يَمْشِي 开始走，开步走
ـ إلى كذا: اِنتهى إليه 终于，终归，终成，结果为…
ـ به إلى كذا: قاده إليه 导致…，成为…原因
ـ ه ـِ صَيْرًا: قطَعه 切断
صَيَّرَه وأَصَارَه: غيَّره من حالة أو صورة إلى أُخرى 致使，使变为
ـ ه بينَ حَلٍّ وتَرْحالٍ (生活)东飘西荡
أَصار إلى 导致…
صِير: شَقّ 裂缝，裂开
ـ: سَرْدِين (أ) sardine 鳁，沙丁鱼
صِيرَة جـ صِيَر وصِير 羊圈
صَيْرُورَة / مَصِير: تَحَوُّل 变成，变为
ـ / ـ جـ مَصَايِر: مُنْتَهَى الأمر وعاقبته 结局，终局，下场；命运
مَصِير المَعْرَكَة 战斗的结果
ـ كُلِّ حَيّ 众生的归宿
ـ الأُمَّة: مُسْتَقْبَل الأُمَّة 民族的命运
تَقْرِير الـ 自决，民族自决
قَرَّرَ ـ ه 决定他的命运
صِيصَة وصِيصِيَة جـ صَيَاصٍ: حِصْن 堡垒，要塞
ـ: شَوْكَة الديك (鸡)距
ـ: قَرْن بَقَرٍ وظَبْيٍ (牛、羚羊)角
صَاعَ يَصِيع صَيْعًا وأَصَاعَ الغَنَمَ: فرَّقها 使(羊群)散开，使散乱
اِنْصَاعَ الرجلُ: رجع مسرعًا 赶紧折回
ـ الطَيْرُ: ارتقى في الجوّ (鸟)高飞
صايِع جـ صِيَّاع (م): لا عَمَلَ له 游手好闲的人
صَافَ ـِ صَيْفًا وصَيَّفَ وتَصَيَّفَ واصْطَافَ بالمكان: أقام به في الصَيْف 在某地消夏，避暑
صَيَّفَ (م) 拾落穗

اِصْطَافَ إلى مكان 到某地去避暑，消夏
صَيْف جـ أَصْيَاف: أَحَد فُصول السنة الأربعة من ٢١ حَزِيران (يونيو) إلى ٢١ أيْلُول (سبتمبر) 夏，夏季，夏天
أَيَّام الـ 夏天
فَصْل الـ 夏季
صَيْفَ شِتَاءَ 在冬夏两季，无冬无夏地
صَيْفِيّ / صَيِّف: كالصَيْف أو مختص به 夏的，夏季的
مَنْزِل ـ 消夏的别墅
حِصَاد ـ 夏收
عُطْلَة ـ ة 暑假
تَصْيِيف / اِصْطِيَاف 避暑，消夏
أَماكِن الاِصْطِياف 避暑胜地
صَيِّف / صَيِّفَة: مَطَرة في الصيف 夏雨
ـ / صَيْفِيّ: كلأ يَنْبُت في الصيف 夏季生长的草
مَصِيف جـ مَصَائِفُ: مسكن الصيف 夏天的住所，避暑的别墅；避暑地
مُصْطَاف 避暑者，消夏的人；避暑地，夏天的住所
صيقباني (في صقب) / **صيقل** (في صقل)
صَيَّنَ الشيءَ: جَعَلَه صِينِيًّا 使中国化，把…中国化
الصِين / بِلَاد الصِين 中国，中华
جُمْهُورِيَّة الصِين الشَعْبِيَّة 中华人民共和国
سور الـ العظيم 万里长城
صِينِيّ: نِسْبَة إلى الصين 中国的；中国人
ـ: نَوْع من الفَخّار 瓷器
الصَلْصال الـ 高岭土，白瓷土
الحِبْر الـ 墨汁
الأُمَّة الـ ة 中华民族
الحَضارَة الـ ة 中华文明，中国文明
الرَسْم الـ التَقْلِيدِيّ 中国画，国画
الطِراز الـ 中国样式，中国模式，中国式，中式
الطَعَام الـ / الطبق الـ 中餐
اللغة الصِينِيَّة / الصِينِيَّة 中文，汉语；中国话
صِينِيَّة (مـ) / صَوَانِيّ: أوانٍ خَزَفِيَّة 中国瓷器
هو أَنْظَفُ من الـ بَعْدَ غَسِيلِها (مـ) 身无半文
ـ جـ صَوَانِيّ (مـ): فاثُور 大盘，盘子，托盘
ـ (مـ) (في سِكَّة الحديد) [铁]（用来转换机车等方向的）转车台，旋车盘
ـ المِخْرَطَة [机]面板，花盘
صَيْهَد أو صَيْهَد الرمل / صَيْهُود 沙漠，荒漠
ـ 赛海德大沙漠（内志与哈达拉毛间大沙漠的一部分）
صيهور (في صهر)
صِيوان جـ صَوَاوِينُ (مـ) 帐篷，帐幕
ـ الأُذُن [解]外耳，耳壳

الضاد

ض (الضاد) 阿拉伯字母表第 15 个字母；代表数字 800

ضاد 字母名称

لُغَة الـ 阿拉伯语

نَطَقَ بالـ 用阿拉伯语说话

ناطِق بالـ 用阿拉伯语说话的

أَهْل الـ 阿拉伯人

ضادِيّ 属于 ضاد 字母的

اللِسَان الضَادِيّ 阿拉伯语

ضادّ (في ضدد) / **ضارّ** (في ضرر)

ضارَ (في ضور) / **ضارٍ** (في ضرو)

ضاعَ (في ضيع) / **ضافَ** (في ضيف)

ضافٍ (في ضفو) / **ضاق** (في ضيق)

ضالّ (في ضلل) / **ضامَ** (في ضيم)

ضَامَة (مـ): رقعة الضامة 西洋棋盘，国际象棋盘

ـ (مـ) 西洋棋，国际象棋

ضَؤُلَ ـُ ضَآلَةً وضُؤُولَةً وتَضَاءَلَ: ضَمُرَ 瘦小

ـ وـ: تَنَاقَصَ 减缩，减少

ـ وـ: ضَعُفَ 衰弱

ضَآلَة / ضُؤُولَة / تَضَاؤُل: ضَعْف 瘦小，衰弱

ـ / ـ: قِلّة 少

ضَئِيل جـ ضُؤَلاَء وضِئَال وضَئِيلُون: ضَعِيف 虚弱的，软弱的，衰弱的，消瘦的

ـ: صغِير / قَلِيل / دَقِيق 微少的；微小的，纤细的

ضَائِن: ضَعِيف 软弱的，无力的

رَجُل ـ: لَيّن كأنه نَعْجة 像母绵羊一样懦弱无能的人

ـ جـ ضَأْن وضَأَن وضَئِين وضِئِين: ذو الصوف من الغنم 公绵羊

ـ ة جـ ضَوَائِنُ: مُؤنث الضائن 母绵羊

جُدْرِيّ الضَأْن 羊痘疮

ضَأْنِيّ / ضَانِيّ (مـ): لحم الغنم 绵羊肉

ضَبَّ ـِ ضَبًّا عليه: شدّ القَبْض عليه 紧握，抓紧

ـ في خِنَاقه (مـ) 揪住，揪住他的领子

ضَبَّ وضَبَّبَ على الشيء: احتوى عليه 积蓄，贮藏

ـ وـ على الشيء: أَقْفَل 锁上

ـ وـ البابَ 用门闩栓住门，闩门

أَضَبَّ اليومُ: صار ذا ضَبَاب 这天有雾

ضَبّ جـ ضِبَاب وأَضُبّ وضُبَّان ومَضَبَّة: حَيَوَان كفرخ التِمساح 鳄蜥

ـ (مـ): مُقَدَّم الأَسْنَان 门牙

ضَبَّة الباب جـ ضِبَاب: قُفْل من خشب 木闩，插销

ـ الباب: تِرْبَاس (مـ) 铁闩

ـ الفم (مـ): فَكّ 颚

أَبُو ـ (مـ): أَفْقَمُ 有獠牙的，有龅牙的，龇牙的

أَبُو ـ (مـ): دُرّاج 鹧鸪

ضَبَابَة جـ ضَبَاب 雾

مُضِبّ 有雾的

ضَبْر جـ ضُبُور: جُنَّة لِحماية جُنود مهاجمة الحُصون (古罗马)攻城用龟甲屏障，龟甲形大盾

إِضْبَارَة جـ أَضَابِيرُ وإِضْبَارَات وأُضْبُورَة: مِلَفّ أَوْرَاق 卷宗，纸夹，文件夹

خِزانة إِضبارات 卷宗柜，档案橱

ضِبَارَة وضُبَارَة جـ ضَبَائِرُ / إضْبَارَة جـ أَضَابِيرُ: حُزْمَة من الصُحُف أو السهَام 一捆，一束（纸、箭）

ضَبِير: شَدِيد 坚强的，强大的

ضَبَطه ـِ ضَبْطًا وضَبَاطَةً: قَبَضَ عليه 抓住，捉住，握住

ـ ه: أَلْقَى القَبْضَ عليه 逮捕，捉拿，擒获

ـ الكتابَ: صحَّحه 修正，修改，校正，校订

ـ ه: رتَّبه / عدَّله 整理，调整，调节，整顿

ـ ه: كبَحه 抑制，节制，约束

ـ ه: قهَره / أَخْضَعَه 制服，压服，征服

ـ العَمَلَ: أَتْقَنَه 做好（事情）

ـ نفْسَه 克制，自持

ـ الشيءَ: حبَسه 扣留，扣住

ـ أنفاسَه في صَدْرِه 屏息，忍住呼吸

ـ: حجَز أو منع أو صادَر 查封，扣押；扣留，征发

ـ المالَ (مـ): استباحه 没收，充公，查抄

ضُبِطَت الأرضُ: عمّها المطرُ 普降时雨

اِنْضَبَطَ (مـ): مطاوع ضبط 被没收，被查封

ـ (مـ) 被调节，被调整

ـ (مـ) 有秩序

ـ (مـ) 受约束

ضَبْط: حَجْز 扣留，扣押；没收，征发

ـ: تَصْحِيح 修正，改正，校正

ـ: صِحَّة 准确，正确

ـ: إحْكَام / إتقان 弄准确，做好

ـ: إلقاء القبض 逮捕，捕捉，捉拿

ـ الأموال (مـ): استباحتها 充公，征用

ـ: كَبْح 节制；控制，抑制，约束

ـ النَفْس 自制，自持

ـ الشَهْوَة 克制（欲望）

ـ الوَقَائع 审讯，审问

إدَارَة الـ 侦稽处（局）

الـ والرَبْط / الـ العَسْكَرِيّ 纪律，军纪

قَوانِين الـ والرَبْط 社会治安法

رِجَال (مأمورو) الـ والربط 警官

إشَارَة ـ الوَقْتِ 校对钟表的信号

مُحْكَم الـ 精密的，准确的（工具）

بالدِقَّة والـ 精密地，准确地

بالضَبْط: بالتَمام 恰好，正是

ضَبْطِيَّة جـ ضَبْطِيَّات (مـ): مَرْكَز الضَابِطَة 警察局

ضَابِط جـ ضُبَّاط: قائِد 军官

ـ الاتِّصَال 联络官

صَفّ ـ (مـ) （陆军的）准尉，军士

ـ 规章，规范；制度，体制

لا ـ لهم 他们是无纪律的

بلا قِياسٍ وـ 没有分寸，没有准则

ضَابِطِيّ جـ ضَابِطِيَّة 警察

ضَابِطَة جـ ضَوَابِطُ / بُولِيس (مـ) 警察

ـ مُوَازَنَة: حَكَمَة الآلة 调节器，调整器，调速器

مَضْبُوط: مَحْجُوز 被没收的

ـ: صَحِيح 正确的

ـ: مُتْقَن / مُحْكَم 精密的，准确的

غير ـ: غير صحيح 不正确的；不精密的

مَضْبُوطَات [法]物证

اِنْضِبَاط جـ اِنْضِبَاطَات 纪律

مَضْبَطَة جـ مَضَابِطُ (مـ): اِتِّفَاقِيَّة /برُوتُوكُول protocol(أ) 议定书，会议记录

ـ مَجْلِس أو جَلْسَة 议事记录，会议记录

أَضْبَطُ م ضَبْطَاءُ جـ ضُبْط: أَعْسَرُ يَسَرٌ 两手俱利的，两手同用的

اِضْطَبَعَ رِداءَه 右袒
ضَبْع وضَبُع جـ ضِباع وأَضْبُع وضُبْع وضُبُع
وضَبُوعَة وضَبُعات ومَضْبَعَة [动]鬣狗
ضَبْع جـ أَضْباع: عَضُد 胳膊
ـ: إبط 腋，胳肢窝
ضَبان الحذاء (س): فَرْش (مـ) / سُلْفة 鞋垫
ضَجَّ ـِ ضَجًّا وضَجِيجًا وضَجَاجًا وضُجاجًا
وأَضَجَّ: صَاحَ 吵嚷，叫嚣，喧哗，吵闹
ـ بالضَحْك 大笑
ـ بالشَكْوَى 叫苦不迭
ضَجَّة / ضَجِيج 叫嚷，叫嚣；喧闹声
ضَجَّاج / ضَجُوج 大喊大叫的，叫嚣的，喧嚣的
ضَجِرَ ـَ ضَجَرًا وتَضَجَّرَ منه وبه: قلِق وتَبَرَّم 烦恼，不安，急躁
أَضْجَرَه: ضَايَقَه 使厌烦，使心烦
ضَجَر: تبرُّم 不安，急躁
ضَجِر: مُتَضَجِّر 坐立不安的，急躁的
مُضْجِر جـ مَضَاجِرُ ومَضَاجِيرُ: مُضايق 麻烦的，使心烦的
ضَجَعَ ـَ ضَجْعًا وضُجُوعًا وانْضَجَعَ واضَّجَعَ
واضْطَجَعَ: وَضَعَ جَنْبَه بالأرض 侧卧，躺下；睡，睡觉
ضَاجَعَ امرأةً 和女人同衾共枕
ـ ه الهَمُّ: لازمَه 陷于烦恼
أَضْجَعَه: يجعله يضجع 使他睡下，安置他睡觉
ضُجْعَة / ضُجَعَة / ضِجْعِيّ / ضُجْعِيّ / ضُجْعِيَّة /
ضِجْعِيَّة: كثير الرقاد 懒汉，懒人，睡懒觉的人
ضَجْعَة 打盹，小憩
ـ: قَيْلُولَة 午睡
ضُجُوع / اِضْطِجَاع: رُقاد 睡，睡觉；躺卧

ضَجِيع / مُضَاجِع 同榻者
مُضْطَجِع: راقِد 躺着的
مَضْجَع جـ مَضَاجِعُ / مُضْطَجَع: سَرِير 床，床铺
ـ: غُرْفَة النوم 卧室，寝室
ـ الثَعْلَب 狐狸洞
ـ الغَيْث 多雨的地方
ضِحّ 太阳，阳光；当阳的地方
ضَحْضَحَ وتَضَحْضَحَ السرابُ: تَرَقْرَقَ (蜃景)闪烁，闪光，闪耀，闪动
ـ الأمرُ: تبيَّن (事情)明显，明白
ـ (مـ): طَحْطَحَ / كسَّر 打碎
ضَحْضَاح: قليل الغور 浅的，不深的；肤浅的，浅薄的
ضَحِكَ ـَ ضَحْكًا وضِحْكًا وضَحِكًا وضِحِكًا: ضد بَكَى 笑
ـ مِلْءَ قَلْبِه 尽情地笑；尽兴地嬉笑
ـ مِلْءَ شِدْقَيْه 哈哈大笑
ـ منه وبه وعليه: هزأ وسخر 奚落，嘲笑，讥笑
ـ عليه (مـ): خدعه 愚弄，欺骗
ـ معه (مـ): هزل 戏弄，开玩笑，揶揄
ـ في عُبِّه (مـ): غَتَّ ضَحْكَه 窃笑，暗笑，掩口(袖)而笑
ضَحَّكَه (مـ) وأَضْحَكَه: جعله يَضْحَكُ 引人发笑，惹人发笑，逗人发笑
ـ عليه (مـ): جعله أُضْحُوكَةً 嘲笑，嘲弄，开玩笑
ضَاحَكَه: يَضْحَكُ معه 一起说笑，一起开玩笑
تَضَاحَكَ وتَضَحَّكَ واسْتَضْحَكَ 笑
ـ القومُ 说笑，开玩笑，打哈哈，大家说说笑笑
ضَحْك / ضِحْك / ضَحِك 笑

ـ (مـ): هَزْل 戏弄，开玩笑
نَوْبَة (مـ) أو عِرْق ـ 捧腹大笑，笑得直不起腰
يُثِير الـ 逗人发笑
غتَّ ضَحْكَهُ 暗笑，窃笑，掩袖而笑
ضَحْكَة جـ ضَحَكَات 一笑
ـ صَفْراوِيَّة (مـ) 强笑，苦笑，冷笑
ـ مَكْتُومَة (مـ) 忍笑，吃吃地笑
ضُحْكَة / أُضْحُوكَة جـ أَضَاحِيكُ / مَضْحَكَة 笑话，戏言，玩笑；笑柄，笑料
ضَاحِك 笑的人，开玩笑的人
خَيْرُ الـِ ين آخِرُهم 最后笑的人才是真笑的
ضَاحِكَة جـ ضَوَاحِكُ 门齿
ضَحَّاك / ضَحُوك: كثير الضَحْك 爱笑的人；爱开玩笑的人；快乐者，快活人
ـ / مُضَحِّك: بُهْلُول 笑话多的人，会说笑的人；小丑，滑稽演员
غَاز ضَحَّاك (مُخَدِّر) [化]笑气(一氧化氮，轻微的麻醉剂)
مُضْحِك: باعث على الضحك 惹人笑的，引人发笑的
ـ: سُخْرِيّ 可笑的
ـ: هَزْلِيّ 滑稽的，好笑的
مُضْحِكَات 笑话，玩笑，戏言，趣语，小喜剧，小滑稽剧
ضَحَلَ ـَ ضَحْلاً الغَدِيرُ: قَلَّ ماؤُه (池水)变浅
ضَحْل جـ ضِحَال وأَضْحَال وضُحُول: ضد عميق 浅的，不深的
ضَحَا يَضْحُو ضَحْوًا وضُحُوًّا وضُحِيًّا الرجلُ: برز للشمس 负暄，向太阳，晒太阳(在阳光下取暖)
ـ الشيءُ: أَصابتْه الشمسُ 日晒
ـ ظِلُّه: مات 死亡
ضَحِيَ يَضْحَى ضَحًا وضَحَاءً: بدَا وظهر 出现，显出，露出
ضَحَّى تَضْحِيَة بالشَاة: ذَبَحها في الضحى من أَيَّام الأَضحى (在宰牲节日上午)宰羊
ـ بالشاة: ذَبَحها مطلقًا 宰羊
ـ بنفسه 自我牺牲，牺牲自己
ـ بماله: تبرّع به دون مقابل 捐款
أَضْحَى الشيءَ: أَظهره 揭露，揭示，露出
ـ يَفْعَلُ كذا 开始做，着手做
ـ: صار 变成
تَضَحَّى: أَكل في الضُحَى 吃早饭
ـ: نام إلى الضُحَى 睡到太阳出来
ضُحًى: وقت طُلوع الشمس 日出时分；清晨
ـ / ضَحْو / ضَحْوة / ضَحاء: وقت ارتفاع النهار بعد طلوع الشمس 上午
ضَحِيَّة جـ ضَحَايَا / إِضْحِيَّة وأُضْحِيَّة جـ أَضَاحِيّ / أَضْحَاة جـ أَضْحَى: ذَبِيحة 牺牲，祭物(羊等)
ـ: فَرِيسة / مَجْنِيّ عليه 牺牲品
ذَهَبَ ضَحِيَّةً 他牺牲了
عِيدُ الأَضْحَى: عيد القُرْبَان 宰牲节，古尔邦节
يَوم الأَضْحَى: يوم النحر وهو اليوم العاشر من ذي الحِجَّة 宰牲日，古尔邦节(伊历 12 月 10 日)
تَضْحِيَة 牺牲，献身
ـ الذات 自我牺牲，舍己精神
الـ بالحياة من أجل الوطن 为国捐躯
ضَاحِيَة المدينة جـ ضَوَاحٍ: ما حَوْلَها من الأَماكن 城郊，郊区，郊外
ضَخَّ ـُ ضَخًّا الماءَ: بَخّ (مـ) 喷出，射出，倾倒

(水)
مِضَخَّة جـ مِضَخَّات: بُخَيْخَة (مـ) 喷雾器
ـ: طُلُمْبَة (مـ) 水泵，抽水机
ـ الحَرَائِق 水龙，救火机，消防唧筒
ضَخُمَ ـُ ضَخَامةً وضِخَمًا: عظُم جِرْمُهُ 粗大，庞大
ضَخَّمَه: جعله ضَخْمًا 扩大，增大
ـ الصوتَ 扩大声音
تَضَخَّمَ: كَبُرَ 增大，膨胀
ضَخْم جـ ضِخَام م ضَخْمَة جـ ضَخْمَات: كبِير الجرم (体积)大的，巨大的，庞大的
ـ الجِسْم 身材高大的，魁梧的
ـ العِيار 大口径的
المَدَافع الـ ة 重炮
ضَخَامَة: كبر الجرم 庞大，巨大
ـ الجِسم 粗大，魁梧
تَضَخُّم: ازدياد الحجم 扩大，增大，壮大，膨胀
ـ الإِنْتَاج 生产过剩
ـ القَلْب [医]心脏扩张
ـ مَرَضِيّ: ضد ضُمُور [医]臃肿
ـ مَالِيّ: انتفاخ 通货膨胀
مُضَخِّم 使扩大的，使增大的
ـ الصَّوْت 扩音器，扬声器
ضَدَّ ـُ ضَدًّا فُلاَنًا في الخُصُومَة: غَلَبَه 战胜，胜过，打败
ضَادَّه مُضَادَّة: خالفه 反对，和…矛盾
ـ وأَضَادَّ: أتى بالضِدّ 反抗，妨碍
تَضَادَّا: تَخَالَفَا 矛盾，冲突，互相反对，相互矛盾，互相对抗
ضِدّ جـ أَضْدَاد: خصْم 敌对，对手，敌人
ـ كذا / بالـ: على عكسه 反对，敌对
انقلبتْ الحالُ إلى ـ ها 情况变为相反，事情转为自身的反面
فِرْقَةُ ... ـ فِرْقَةٍ ... 某队对某队
فُلانٌ ـ فُلانٍ (اصطلاح قضائيّ) [法]某人对某人(的事件)
ـ [语]反义词
وَحدة الأَضداد 对立的统一
ضِدُّه على خَطٍّ مُسْتَقِيم 正相反的，针锋相对
ضِدِّيّ 对立的，相反的，对抗的，矛盾的
تَضَادّ / مُضَادَّة: مُخالَفَة 反对，敌对，对立，对抗，矛盾
مُضَادّ 反对…的，反抗…的
الـ لِدَاء الإِسْكَرْبُوط 抗坏血病的(维生素丙，维他命 C)
مِدْفَع ـ للطَائِرَات 高射炮
مِدْفَع ـ للدَّبَّابَات 反坦克炮，平射炮
كَرَّة ـ ة 反攻，逆袭
التَناقُضَات المُتَضَادَّة 对抗性的矛盾
مُضَادَّات السُمُوم 解毒剂，抗毒素
ضَرَّاء / ضرّ (في ضرر) / **ضراوة** (في ضرو)
ضَرَبَ ـِ ضَرْبًا الشيءُ: تحرَّك 动，移动
ـ ه: خَبَطَه 打，击，殴
ـ رأْسَه في الحائط 以头撞壁
ـ ضَرْبًا مُبَرِّحًا 痛打，毒打，苦打
ـ الأَجَلَ: عيَّنَه 定期
ـ أَخْمَاسًا لأَسْدَاسٍ: سعى في الخديعة 策划，计划，阴谋
ـ أَخْماسًا لأَسْداسٍ: تحيَّر 为难，狼狈，不知所措
ـ الأُرْزَ: قشَره 用砻去稻壳，碾米
ـ أَطْنَابَه: تأصَّل 扎根
ـ الآلَةَ المُوسِيقِيَّة 弹奏，演奏

ـ البابَ: قرَعه 敲门
ـ البِلادَ طُولاً وعَرْضًا 周游全国，走遍各地
ـ بُويَه (مـ): نَقَشَ 油漆，上油漆
ـ البَيْضَ: دافه 打蛋，搅蛋
ـ تِلِغرَافًا: أَبْرَق 打电报
ـ تِلْفُونًا 打电话
ـ الجِذْرُ: سَرى 生根，扎根
ـ الجُرْحُ أو الضِرْسُ: اشتدَّ وجعُه (伤口、牙齿)剧痛
ـ الجُرْحُ (مـ): قاحَ 溃烂，化脓
ـ الجَرَسَ (النَاقُوس) 摇铃；打钟
ـ الحِصارَ على ... 包围，围攻，封锁
ـ الخاتِمَ: صَاغَه 打戒指
ـ الخَيْمَةَ: نَصَبَها 搭帐篷，支帐篷
ـ الرَقْمَ القِياسِيَّ في ... 打破…记录
ـ صُحْبَةً مع فلانٍ (مـ) 跟某人交朋友
ـ الصَلاةَ: أَقامها 做礼拜
ـ طُوبًا: صنَعه 造砖，烧砖
ـ ضَرِيبَةً: فَرَضَها 抽税，征税，课税
ـ عَدَدًا في آخَرَ [数]乘(以甲数乘乙数)
ـ العِرْقُ والقَلبُ (心脏、脉搏等)跳动，搏动
ـ عُنُقَه: قطَع رأسَه 斩首，砍头，杀头
ـ القَاضِي على يَدِه: حجَرَ عليه [法]禁治产
ـ النُقُودَ: سَكَّها 造币，制造货币
ـ لِصٌّ على جَيْبِه 扒手掏了他的口袋
ـ المَوْعِدَ 约定时间
ـ مَثَلاً: أوضح بمثل 打比方，举例说明
ـ المَثَلَ: قاله وبيَّنه 引用谚语，引用成语
ـ الوَدْعَ والرَمْلَ 占卦(以贝壳投在沙上占卦)
ـ في التِجارة بسَهْم 经商，做买卖，做生意

ـ ه بآفَةٍ 使遭殃
ـ بِاحْتِجَاجِه عُرْضَ الحائِط 不顾他的抗议，不理睬他的抗议
ـ بسَهْمٍ وَافِرٍ في مِضْمَار ... 在…方面取得巨大的成就
ـ بالسِلاح النارِيّ 开枪，放枪，开火，开炮
ـ بالمِدْفَع 炮击
ـ بالقُنْبُلَة 轰炸
ـ على الكلِمة (مـ): شطَبَها 删去，涂去
ـ عنه صَفْحًا: أعرض عنه وأهمله 不理，不顾，漠视
ـ عنه: مَال عنه 躲避，回避，避开
ـ إليه: مَال إليه 倾向，偏向
ـ في البَحْرِ (船)航行
ـ في البُوق: نفَخ 吹号角，吹喇叭
ـ تِ السَكِينَةُ بأَطْنَابِها هُنا 这里一片静寂，这里万籁俱寂
ـ تْه العَقْرَبُ: لَدَغَتْه 蝎螫
ـ تْه الشمسُ: أتعبتْه بفعل حرارتها 中暑
ـ تِ الطَيْرُ: ذهبت تبتغي الرزق (鸟)移栖；觅食
ـ وضرَّب بينهم: أَغْرى 挑拨离间，制造纠纷
ضَرَّبَ اللِحافَ 缝(被子)
ـ الشيءَ بالشيء: خلَطه 混合，掺杂
ضَارَبَه الرجلُ: ضرب أحدُهما الآخرَ 打架，斗殴，互相殴打
ـ في المال وبالمال: أتجَرَ 买空卖空，投机倒把
ـ ه: زاحَمَه 竞争，排挤
أَضْرَبَ: أقَامَ 居住，逗留
ـ عنه: أَعْرَضَ 舍弃，抛弃，避开

ـ العَامِلُ عن العَمَل	罢工
ـ الطَّالِبُ عن الدَرْس	罢课
ـ عن الطَعام	绝食
تَضَرَّبَ الشيءُ: تحرَّك وماج	动荡，晃摇，摇晃
تَضَارَبَ القومُ: ضرب بعضهم بعضًا	打架，斗殴，互相殴打
ـ القَوْلاَن: تناقضا	说话互相矛盾
اِضْطَرَبَ: تحَرَّك وماج	动荡，晃摇，摇晃
ـ في الأرض	漂泊，流浪
ـ الأمرُ: اختلَّ	混乱，紊乱
ـ الرجلُ: تردَّدَ وارْتَبَكَ	不安，局促
ضَرْب: خَبْط	打，击，敲
ـ بالمَدافع	炮轰，轰炸
ـ العِرْق أو القَلْب	(心脏、脉搏等)跳动，搏动
ـ الضَرائِب	征税，抽税，课税，派捐
ـ الأعداد في بعضها: عمليَّة الضرب	[数]乘法
ـ النار	开火，开枪
ـ النُقود	铸币，造币
ـ جـ أَضراب: نَوْع / صِنْف	样，种，种类，品种
ـ جـ أَضْرَاب: مِثْل	同样的，类似的，相似的
هم وأَضرابُهم	他们和他们同类的人
ـ جـ ضُرُوب وأَضْرَاب وأَضْرُب في العَرُوض	韵脚
ضَرْبْخانة (مـ): دارُ ضرب النقود	造币厂
ضَرْبَة جـ ضَرَبَات: خَبطة	一打，一击，一敲
ـ: بَلِيَّة	灾难，祸害，灾害
ـ: آفَة	疫病，瘟疫
ـ جزاء	[体]罚球
ـ شَمْس: رعْن	[医]日射病，中暑
ـ قاضِيَة	致命的打击
ـ الدَم: دَمَوِيَّة (مـ)	[医]消耗热
أَصْبَحَ هذا ـَ لازِبٍ	这是完全必要的，这是势在必行的
ضَرَبات النَبْض	脉搏
الضَرَبَات العشر	[圣]埃及所遭遇的十次灾殃
ضِراب	交尾
إِضْرَاب جـ إِضْرَابَات	罢工，罢课，罢市
ـ العُمَّال عن العمل: اِعْتِصَاب (مـ)	罢工
ـ عَامّ	总罢工
ـ أَصحابِ المَصَانع	闭厂，(厂主拒绝工人要求时的)停工，雇主同盟休业
أَعْلَنَ الـ	宣布罢工
لَجْنَة الـ	罢工委员会
حَرْفُ الـ (في النحو مثل بَلْ / لكن)	[语]转折词
تَضَارُب: تَنَاقُض	相互矛盾，抵触
ـ: تصَادُم	相互碰撞，冲突
اِضْطِرَاب: اِخْتِلاَل	动荡，混乱
ـ: ارتِبَاك	为难，狼狈
ـ: شَغَب	骚动，骚乱
ضَارِب: خابِط	打击的
ـ: نابِض (عِرْق)	跳动的
ـ: مضروب فيه (في الحساب)	[数]乘数
ـ إلى الحُمْرَة أو الصُفْرَة	带(红或黄)色
الوسط الـ إلى اليمين	中间偏右
طَيْرٌ ـ: قاطع	候鸟
ـ الرَمْلِ	用沙占卜者
ـ ة بالحَصَى	用小石子占卜者
ضَرَّاب	善打的人，打手
ـ الرَمْل	占卜人，算命的

ـ الطُوب 制砖的，烧砖的
ضَرِيب جـ ضُرَبَاء: ضارِب 打人的
ـ جـ ضَرْبَى: مضْرُوب 挨打的
ـ جـ ضَرَائِبُ: مِثْل / صِنْف 类似的，相似的
ضَرِيبَة جـ ضَرَائِبُ: رَسْم 税，关税
ـ الأمان (يدفعها التابع للمتبوع): جِزْيَة 贡税，贡品
ـ الأَطْيَان (الأرض الزراعيّة): خَرَاج 地税，土地税，赋税
ـ التَرِكَات 遗产税
ـ العَقَار أو المُسَقَّفات (س) (المَبانِي) 财产税，产业税
ـ الأَعْنَاق 丁税，人头税
ـ الدَخْل / ـ الإيرَاد 所得税
ـ الحَرْب: جِعَالة 战时税
ـ المِهَن الحُرَّة 自由职业税
ـ الإنتاج المَحَلِيّ 地方生产税
ـ إضافيَّة 附加税
ـ تصاعُدِيَّة 累进税
ـ استِثْنَائِيَّة 特别税
ـ الأَرْبَاح الاستثنائيَّة 附加所得税，特别所得税
ضَرَائِب مُبَاشَرَة 直接税
ـ غير مُباشَرَة 间接税
مَصْلَحَة الـ 税务局
ضَرَائِبِيّ 税的
مَضْرُوب 挨打的，被击的，被敲的
ـ (في الحساب) [数]被乘数
ـ فيه: ضارِب (في الحساب) [数]乘数
مُضْرِب 罢课者，罢工者，罢市者
مُضَرَّب (كاللحاف) 缝合的(被子)
مُضَرَّبَة / مِضَرَّبِيَّة (مـ) 被褥

مُضَارِب تِجَارِيّ: مزاحِم 竞争者，排挤者
ـ مَالِيّ: مُشْتَغِل بالمُضارَبات الماليَّة 投机商
ـ على الصُعُود: مُشْتَرٍ [商]多头，买方(企图提高股票价格的证券经纪人)
ـ على النزول: بائع [商]空方，卖方，看跌的人(交易所中企图使市价下跌者)
مُضَارَبَة مَالِيَّة 金融投机
ـ تِجَارِيَّة: مُزَاحَمَة 商业竞争
ـ حُرَّة 自由竞争
مُضْطَرِب: مُخْتَلّ / مُشَوَّش 杂乱的，混乱的
ـ: هائج 激动的，动荡的，不安定的
مُتَضَارِب: مُتناقض 矛盾的
ـ: متعارِض / متصادم 对立的，冲突的
مِضْرَب الكُرة جـ مَضَارِبُ: مِيجَار 球棒，球拍
ـ / مِضْرَاب التَنِس 网球拍
ـ: فُسْطَاط 大天幕，大营帐，大帐篷
مِضْرَاب (弹琴用的)指甲
مَضْرِب / مَضْرَب: حدّ السيف 剑刃
ضَرَج ـُ ضَرْجًا وضَرَّجَ الثوبَ بالدمِ 被血染污、弄脏
ضَرَّجَ الخَجَلُ وَجْهَهَا 她臊得满脸通红
تضَرَّجَ الخَدُّ: اِحْمَارَّ 面颊绯红
وقد ـ وجهُه غَضَبًا 气得他脸色发紫
اِنْضَرَجَ الطَيَّارُ: هبط بالمِهْبَطَة 跳伞
ـ الطَائِرُ 向下猛扑，俯冲
مُضَرَّج اليَدَيْنِ بعَمَلَتِهِ 双手血淋淋的，现行犯
ـ بدَمِه 浸在血泊里
خرَّ مُضَرَّجًا بدَمِهِ 倒在血泊中
ضَرَح ـَ ضَرْحًا القَبْرَ: حفره 掘坟，挖坟墓
ضَرِيح جـ ضَرَائِحُ: لَحْد 坟，墓
ضَرَّ ـُ ضَرًّا وضُرًّا فلانًا أو بفلان وأَضَرَّه أو به: ضد نفعه 损害，对某人有害，伤害

ضُرَّ بصرُه: صارَ ضَريراً 眼睛瞎了
ضَرَّرَ: ضَرَّ كَثِيراً 严重损害，使受大害
أَضَرَّه على كذا واضْطَرَّه إلى كذا 迫使，强迫
ـ الرجلُ: تزوَّج على ضَرَّةٍ 娶第二个妻子；重婚
ضَارَّه: ضَرَّه 损害
ـ امرأتَه: أخذ عليها ضَرَّة 再娶一个妻子
اُضْطُرَّ: أُلْجِئَ 被迫，不得不
ـ إلى كذا: اِحتاج إليه 需要，急需
تَضَرَّرَ وانْضَرَّ (مـ): أصابه ضَرَر 受害，受损害
ـ (مـ): شَكَا الضَرَرَ 诉苦
ضَرَر وضَرّ وضُرّ جـ أضْرَار: خَسَارة 亏损，损失
ـ / ـ: ضد نَفْع 害处，损害
مَسَّه الضُرُّ 遭受损害
ضُرّ: تعدُّد الزوجات 多妻；娶妾
ضَرَّة جـ ضَرَائِرُ: إحدى زوجتَيْ الرجل، أو إحدى زوجاته 妾，小老婆
ـ المَرْأَةِ: امرأة زوجها 姐妹(同夫之妻的相互关系或称呼)
ـ أُنثى الحَيَوان: ضرع / أصل الثدي 雌性动物的乳房
ضَرَّاء: ضد سَرَّاء 逆境，艰难，灾殃
في السَرَّاء والـ 快乐与痛苦，甘与苦
إخْوَةٌ في السَرَّاء والـ 同甘共苦的弟兄
ضَرَارَة 盲目，失明
ضَرُورَة جـ ضَرُورَات: اقتضاء / لُزوم 必须，必要，必要性
عند الـ 在必要时
ـ قاهِرة 迫切的急需
ـ / بالضَرُورة 必要地，必须地
للـ 不得已
للـ أَحْكَام (需要自有其特殊法则)需要面前无法律
الضَرُورَات تُبِيحُ المَحْظُورات 需要面前无法律
ضَرُورِيّ: لاَزِم 必要的，必须的
ـ: لا غِنًى عنه 不可缺少的，少不得的
ـ: لا مَنَاصَ منه 不可避免的，无可逃脱的
المَوادّ الـ ة 日用品，必需品
ضَرُورِيَّات: لوَازِم 必需品
اِضْطِرَار: شِدَّة اللُزُوم 急需，迫切需要
ـ: إلْزَام 强迫，强制
عِند الـ 迫不得已的时候
اِضْطِرَارِيّ: جَبْرِيّ 强迫的，强制的
هُبُوط ـ (飞机)被迫着陆，迫降
ضَارّ / مُضِرّ: ضدّ نافع 有害的
ـ / ـ: مُخَسِّر 有害的，使损失的，损伤的
ضَرِير جـ أَضِرَّاءُ وأَضْرَار م ضَرِيرَة جـ ضَرَائِرُ: أَعْمَى 瞎子，盲人
مَضْرُور: أصابه ضَرَر 被损害的，受害的
مَضَرَّة جـ مَضَارُّ: ضد مَنْفَعة 害处
مُضْطَرّ: مُلْزَم 被迫的
ـ: مُحْتَاج / مُعْوِز 贫穷的，贫困的
ـ إلى كذا: مُحْتَاج إليه 需要(某物)的
ضَرِسَ ـَ ضَرْسًا الشيءَ: عضَّه بشدَّة 使劲咬，用力咬
ضَرِسَت ـَ ضَرَسًا الأسنانُ: كَلَّت من تناوُل الحوامض (吃多了酸东西)牙倒了，牙碜
ضَرَّسَ وأَضْرَسَ الأسنانَ (مـ) 使牙齿酸倒，碜牙
ـ ته الحُرُوبُ أو الأيامُ: جرَّبته وحنَّكته 经历(战争等的)考验，锻炼
ضِرْس جـ أَضْرَاس وضُرُوس 臼齿
ـ العَقْل: ناجِذ 智齿
ضَرُوس: شديد مُهْلِك 残酷的
حَرْب ـ 残酷的战争

تَضْرِيس جـ تَضَارِيسُ (地面上)凸凹起伏部分
تَضَارِيس جُغْرَافِيَّة 地势，地形
ضَرَطَ ـِ ضَرْطًا وضَرِطًا وضُرَاطًا وضَرِيطًا: أَخرج رِيحًا من دُبُره مع صوت 放屁
ضَرَعَ ـَ ضَرَاعَةً وضَرِعَ ـَ ضَرَعًا وضَرُعَ ـُ ضَرَاعَةً وتَضَرَّعَ إليه: تذلَّل 谦恭，驯服，屈服
تَضَرَّعَ إليه: اِبْتَهَلَ 恳求，央告，哀求
ضارَعَه: شابَهَه 像，类似，相似
ضِرْع جـ ضُرُوع / مُضَارِع: مِثْل 类似的，相似的
صِيغَة المُضَارِع (في النحو) [语]现在式动词
ضَرْع جـ ضُرُوع: ثَدْيُ الحيوان (牛羊的)乳房
الزَّرْع والـ 全部财产(指庄稼和家畜)
ضَرَاعَة / تَضَرُّع: ابتهال 恳求，央告，哀告
مُضَارَعَة: مُمَاثَلة 相似，类似，像
ضَرِع / ضَارِع جـ ضَارِعُون وضُرُوع وضَرَعَة 谦恭的，驯服的，屈服的
ضِرْغَام / ضَرْغَم جـ ضَرَاغِم: أَسَد 狮子
ضَرِمَتْ ـَ ضَرَمًا وتَضَرَّمَت واضْطَرَمَت النارُ: اِشْتَعَلَت (火)燃着
ـ عليه: احتدم غَضَبًا عليه 对…发火、发怒
ضَرَّمَ وأَضْرَمَ واسْتَضْرَمَ النارَ: أشعلها 点火，生火，把火弄旺
ـ وـ النارَ في ... 放火，纵火
تَضَرَّم على فلان: احتدم غضبًا عليه (对谁)发火，发怒
ضَرَمَة جـ ضَرَم: نار 火，红炭
ما بالدار نافخُ ـ 屋里一个人也没有
ضِرام / اِضطِرام: اِتِّقاد 燃烧
إِضْرَام: إِشْعال 点火，点燃，放火
مُضْطَرِم: مُتَّقِد 燃烧的，炽烈的
مُضْطَرِمة فيه النارُ 着火的

ضَرِيَ يَضْرَى ضَرَاوَةً وضَرًى وضَرْيًا وضَرَاءَةً بالشيء 嗜好，贪婪
ضَرَّى وأَضْرَى الكَلْبَ بالصيد 训练猎犬
ضِرْو م ضِرْوَة جـ ضِرَاء وأَضْرٍ: كَلْبُ الصيد 猎犬
ضَرَاوَة 凶猛，凶恶，残忍，贪婪
ضارٍ جـ ضَوارٍ 凶猛的，凶恶的，残忍的，贪食的
حيوان ـ: مُفْتَرِس 猛兽，食肉兽
ضَعْضَعَه: هدَمَه حتى الأرض 毁坏，破坏，彻底拆毁
ـ ه: أَضْعَفَه 使衰弱，使软弱，削弱
تَضَعْضَعَ: تهدَّم 受挫折，精疲力竭；摇摇欲坠；被彻底摧毁
ـ: ضَعُفَ 软弱，虚弱
ضَعْضَع / ضَعْضَاع 弱的，微弱的，软弱的(东西)；优柔寡断的(人)
مُتَضَعْضِع: مُتهدِّم 被毁坏的，被破坏的
ـ: ضَعِيف 软弱的，虚弱的，脆弱的
ضَعَطَه ـَ ضَعْطًا: ذَبَحه 屠宰，杀戮
ضَعَفَ ـَ ضَعْفًا وضَعَّفَ وضَاعَفَ الشيءَ 加倍
ـ ه (مـ) وأَضْعَفَه: صَيَّره ضَعِيفًا 使弱，使软弱，使衰弱，削弱
ضَعُفَ ـُ ضَعَافَةً وضَعَافِيَةً وضَعَفَ ـُ ضَعْفًا وضُعْفًا: ضد قَوِيَ 弱，弱小，虚弱，软弱
ضَعَّفَه وتَضَعَّفَه واسْتَضْعَفَه: رآه أو عدَّهُ ضَعِيفًا 认为软弱；觉得软弱可欺
أَضْعَفَه: خفَّفه 冲淡，使稀薄；削弱，使弱
ضَاعَفَ الشَيْءَ 加倍
تَضَاعَفَ: صَارَ ضِعْفَ مَا كَانَ عليه 增加一倍，翻了一番，成倍增加
ضَعْف / ضُعْف: ضد قوّة 弱，衰弱，懦弱，软弱

الـ العَصَبِيّ 神经衰弱
ضِعْف الشيءِ جـ أَضْعَاف: مثله في المقدار 同等数量
ثلاثة أو أَربعة أَضْعافٍ 三倍或四倍
أَضْعافَ الكتابِ: أثناءَ سُطُوره 字里行间
مُضَاعَفَة جـ مُضَاعَفَات 加倍；复杂化；双料锁子甲
مضاعفات المَرَض وغيره ［医］并发症
إضْعاف: ضد تَقْوِيَة 削弱
ـ: تَخْفِيف / تَلْطِيف 使稀薄，冲淡；使弱，使细弱
ضَعِيف جـ ضِعَاف وضُعَفاءُ وضَعَفَة وضَعْفَى م ضَعِيفَة: ضدّ قَوِيّ 弱的，无力的，衰弱的，软弱的
ـ: واهِن 虚弱的，无力的，松懈的
ـ الإرادَة 意志薄弱的
ـ العَقْل 脑子迟钝的，笨的，智力不足的
ـ القَلْب: جَبان 懦弱的，无勇气的
ضَعْفَانُ جـ ضَعَافَى / ضَعُوف: ذو الضُعْف 衰弱的，软弱的
مُضَاعَف / مُضَعَّف 加倍的
الـ البَسِيط 最小公倍数
زَادَتْ مَطَالِبُ البلاد أَضْعَافًا ـ ة 国家的需要增加不知多少倍（无数倍）
أَفْعَال مُضَعَّفَة 带重字母的动词
ضَعَة / ضِعَة (في وضع)
ضَغَثَ ـَ ضَغْثًا الحَدِيثَ: خَلَطَه 语无伦次
ضِغْث جـ أَضْغَاث: حُزْمَة صَغيرة 一小捆，一把
ـ على إبَّالَة 火上加油，愈弄愈糟
جاء ضِغْثًا على إبَّالَة 这等于火上加油，这一来更糟了
أَضْغَاثُ أَحْلامٍ: أَحْلام مختَلِطة 杂乱的梦；噩梦，睡魔，梦魇
ـ أَحْلام: آمال وَهْمِيَّة 幻想，空想，泡影，白日做梦
ضَغَطَه ـَ ضَغْطًا وأَضْغَطَه: كبَسه 压，按，顶
ـ ه: عصَره 拧，挤，榨
ـ على: ضايَق 压迫，压抑，施加压力
ـ على: غَصَبَ 强迫，逼迫
ضَاغَطَه: زَاحَمَه 挤，排挤
تَضَاغَطُوا 互相挤，拥挤
انْضَغَطَ 被压缩，受压迫
ضَغْط: كَبْس 压，按
ـ: عَصْر 拧，挤，榨
ـ: إجْبَار / إكْرَاه 强迫，强制
ـ: مُضَايَقَة 压制，压抑，压迫
ـ الدَم / الـ الدَمَوِيّ 血压
الـ الهَوَائِيّ أو الجَوِّيّ 气压，大气压力
مِيزَان الـ 气压计，压力表
رفع بيديه ضَغْطًا ٨٠ كيلوغرامًا 他举起了80公斤
يَقْبَل الـ (أي الانضغاط) 可压缩的
انْضِغَاط (في علم الطبيعيات) ［物］压缩性
ضَاغِطَة جـ ضَوَاغِطُ 压缩机
ضَاغُوط: كَابُوس 噩梦，梦魇
مَضْغُوط 被压缩的，被压榨的，受压力的
هَواء ـ 压缩的空气
ضَغَمَ ـَ ضَغْمًا الشيءَ وبه: عضَّه بملء فمه 大口咬
ضَغِنَ ـَ ضَغَنًا عليه: حَقِدَ 憎恨，仇恨
تَضَاغَنُوا 彼此怀恨在心
اِضْطَغَنَ عليه ضَغِينَة 对…怀有仇恨
ضِغْن جـ أَضْغَان / ضَغِينَة جـ ضَغَائِنُ: حِقْد 憎恨，仇恨

ضَغِن: حَقُود 有恶意的，怨恨的，仇恨的

ضِفْدِع جـ ضَفَادِعُ وضَفَادِي الواحدة ضِفْدِعَة 青蛙

ـ الطِين: عُلْجُوم 蟾蜍，癞蛤蟆

ضَفَرَ ـِ ضَفْرًا وضَفَّرَ الشَعْرَ وغيره 打发辫，编辫子

ـ الحَبْلَ: فتله 搓、捻(绳子)

ضَافَرَه على الأمر: عاوَنَه 帮助，援助

تَضَفَّرَ 交织，交错；被编成，被织成

تَضَافَرُوا على الأمر: تَعَاوَنُوا 互相帮助，协助，合作

ضَفْر: جَدْل 编织；搓，捻

ـ جـ ضُفُور وأَضْفَار / ضَفَار جـ ضُفُر: حِزَام السَرْج (马等的)肚带

ضَفِيرَة جـ ضَفَائِرُ: جَدِيلَة 发辫，辫子

ـ (في التشريح) [解](神经或血管的)丛或网

الـ الشَمْسِيَّة [解]太阳神经丛(上腹部的神经丛)

مَضْفُور / مُضَفَّر: مَجْدُول 被编织的，被编成辫子的；搓好的

ضَفَف: قِلَّة المَال 贫困，贫穷，穷困

ضَفَّة: طَفَّة (مـ) / جَمَاعة 一群，一伙

ـ / ضِفَّة النهر جـ ضِفَاف 河岸，河边

ضَفَا يَضْفُو ضَفْوًا الإناءُ: فاضَ من امتلائه 漫出，溢出

ـ الرأسُ: كثر شعره 头发浓密

ضَفْوَةُ العَيْشِ 舒适的生活，安逸的生活，生活宽裕

ضافٍ: فائض 充溢的，漫出的，充分的；富余的

أَضْفَى عليه: عكس وردَّ 反射，反映

ـ عليه جمالا ونحوه 添上，增加

ضَلَعَ ـَ ضَلْعا الشيءُ: اعْوَجَّ 弯曲

ـ (مـ): أثَّر فيه جدًّا 给予重大的影响，使深受感动

ـ على فلان: مال وجار 虐待

ضَلُعَ ـُ ضَلاَعَةً: كان قَوِيًّا 强壮，健壮

ضَلَّعَه: عوَّجه وثَناه 使弯曲，弄弯

ـ النَسِيجَ: جعل وَشْيَه على هيئة الأضلاع (布上)织起棱线(如灯芯绒)

تَضَلَّعَ من العِلم: نَال منه حَظًّا وافِرًا 精通，博学，掌握科学

ـ: امتلأ شَبَعًا أو رَيًّا 吃饱，喝足

اِضْطَلَعَ بحمله 担负起，胜任

ضِلْع وضِلَع جـ ضُلُوع وأَضْلاَع وأَضْلُع: عظم مستطيل من عظام الجنب مُنْحَنٍ 肋骨

ـ [数]平方根

ـ من البطِّيخ 一块(西瓜)

ـ هَنْدَسِيّ [数]边，侧

ـ (مـ): خَيْزُرَانَة (مـ) (في المِعمار) [建](柱头或脚柱脚上的)圈线

ـ ثابِت (في التشريح) [解]真肋

ـ سائِب (في التشريح) [解]浮肋

ـ (كُسْتَلِيتَه (أ)): لحم الأضلاع (牛、羊)肋条，(猪)排骨；炸肉片，炸肉排

ـ ورَقَة النبات: عَيْر [植](叶的)中肋

ـ البِرْمِيل: دَفّ 桶板

بلا ـ: لا عَيْرِيّ (في النبات) [植]无肋的(叶等)

له ـ في الأمر 他参与这件事，这件事有他一份

متوازِي الأَضْلاَع 平行四边形

اِضْطِلاَع 担负，胜任

ـ بالتَبِعَة 承担责任

في أثناء اضطلاعي بمَنْصِبِي 在我履行职务期间

ضالع في كذا / ضَلِيع من كذا / مُتَضلِّع من كذا: ماهِر في كذا 精通的，内行

ضَلِيع ج ضُلُع: قَوِيّ الجسم 强壮的，强健的，健壮的

ـ الفَم 大嘴的

مُضْلِع ومُضْطَلِع 胜任者

حِمْل مُضْلِع 过重的负担

مُضَلَّع: له ضُلُوع أو ما يُشبهها 有肋骨的，起棱的

ـ خُمَاسِيّ 五边形

ـ سُداسِيّ 六边形

صاج ـ 波状铁板

الأَرْض المضلَّعة 打过沟的地

ضَلَّ ـِ ضَلالاً وضَلاَلَةً: ضد اهْتَدَى 迷误，走入歧途

ـ الطَّرِيقَ وعن الطريق: لم يهتد إليه 迷路

ـ الشيءُ عنه: ضاع وذهب 遗失，走失

ـ سَعْيُهُ 白费力，徒劳无功，枉费心机

ضَلَّلَه تَضْلِيلا وتَضْلالاً وأَضَلَّه: تَيَّهَه 使迷失方向，引入迷途

ـ ه وـ ه: صيَّره إلى الضلال 引入歧途

ـ ه وـ ه: خدَعَه 欺骗，诱惑

ـ ه وـ ه: أخفاه 伪装，掩饰

أَضَلَّ الشيءَ: أضاعه 遗失，丢掉，失落

ضَلاَل / ضَلاَلَة / أُضْلُولَة: ضد هُدًى 迷误，迷失

ـ: غُرُور 谬误

تَضْلِيل: تتييه 使迷惑，引入迷途

ـ: خَدْع 蒙骗，欺骗，诱惑

ضَالّ ج ضُلاَّل وضَالُّون: ضد مهتدٍ / مُخْطِئ 迷误的，错误的，误入歧途的

ـ عن الدِين وغيره 背离(宗教等)者

ـ: تائِه 迷途者

ـ: ضائع (حيوان) 走失的，迷路的(牲畜)

الكِلاب الضالّة (لا أصحاب لها) 野狗，丧家之犬

ضَالَّة ج ضَوَالّ 遗失的(东西或家畜)，寻觅的对象，追求的目标，理想

الحِكْمة ـ ه 哲学—他所追求的目标

ـ ه المَنْشُودة 他的珍贵的理想

رِوَايَة مُضَلِّلَة 讹传

مُضِلّ / مُضَلِّل: مُتَيِّه 使误入迷途的，令人迷误的

ـ / ـ: خدَّاع 骗子

مَضَلَّة ج مَضَلاَّت: ضدّ هُدًى 迷途

ضُلْمَة ج ضُلْمَات (土) طُولْمَه 菜馅

ضَمْج: بَقّ 臭虫

اضْمَحَلَّ: تَلاَشَى وانْحَلَّ 消失，消散

مُضْمَحِل: مُتَلاشٍ 消失的，消散的

ضَمَخَ ـَ ضَمْخًا وضَمَّخَ بالطِيب 涂香油，洒香水

ـ بالتَوابِل (食品里)加作料

ضَمَدَ ـِ ضَمْدًا وضَمَّدَ الجُرْحَ: شدَّه بالضِمَاد 包扎(伤口)

ـ بالمِنْدِيل دُمُوعَه 用手巾擦眼泪

ضِمْد: خليل الزوجة 情夫

ضِمَاد وضِمَادَة الجُروح ج ضَمَائِدُ 绷带

ـ: تعَدُّد الرجال الأزواج 一妻多夫

مُضَمِّدَة ج مُضَمِّدَات 压布(紧勒患处涂湿药的布带)

ضَمَرَ ـُ وضَمُرَ ـُ ضُمُورًا الرجلُ: هزَل ودقّ وقلّ لحمُه 消瘦

ـ (م): صغُر حَجْمُه 收缩，缩紧，缩小

ـ (مـ): ضد تضخّم (في الطِبّ) [医]萎缩，虚脱
أَضْمَرَ الأمرَ: أخفاه 隐匿，隐瞒
ـ له كذا 对他怀(恶意)
ـ في نَفْسِه كذا 心怀……
ـ ه وضَمَّرَه: هزَله 使消瘦，使憔悴
تَضَمَّرَ وجهُه: ضَمُرَ 变瘦，憔悴
اِنْضَمَرَ الغُصْنُ: ذَبُلَ 凋谢，萎谢
ضُمْر / ضُمُور: هُزال 消瘦，憔悴
ضُمُور في حَجَر كَرِيم (مـ): نَمَش (宝石的)瑕疵
ـ مَرَضِيّ (مـ): ضد تضخُّم [医]萎缩，虚脱
ضِمَار: دَيْن هالِك 倒账，呆账，收不回的债款
إِضْمَار: إخفاء 隐瞒，隐匿
ـ (في النحو) [语]省略法
ضامِر جـ ضُمَّر وضَوَامِرُ: هَزِيل 消瘦的，苗条的，憔悴的，枯萎的，萎谢的
ـ: ضد متضخِّم (في الطبّ) [医]萎缩的，虚脱的
ضَمِير جـ ضَمَائِرُ: ذِمَّة 天良，良心
ـ مَرْفُوع (مَنْصُوب، مَجْرُور) [语]主(宾、属)格代词
ـ إشَارِيّ [语]指示代词
ـ شَخْصِيّ [语]人称代词
ـ متّصل [语]连接代词
ـ مُنْفَصِل [语]独立代词
تَأْنِيب أو تَقْرِيع الـ 良心的责备，内疚，内愧
حيُّ الـ 有良心的，有天良的
شَرِيعَة الـ 自然律，自然法则，天理
فاقِد الـ 没良心的，丧尽天良的
مُستريح الـ 安心的，心安理得的
مُضْمَر: مَفْهُوم ضمنًا 含蓄的，不言而喻的，暗示的
ـ: مُخْفًى 隐藏的，隐匿的
مِضْمَار السَّبْق جـ مَضَامِيرُ 跑马场，赛马场
ضَمَّ ـُ ضَمًّا الشيءَ: جمعه 收集，聚集，搜集
ـ ه: حصدَه 收割，收获
ـ ه: وحّده / دغمه 合并，统一，归并
ـ الأعدادَ: جمَعها (把数目)加起来
ـ الشيءَ إلى الشيء: أضافه إليه 加添，加上，并入
ـ الشيءَ إلى آخَرَ: وَصَلَه به وأَلْحقَه 附加，添加，联结，接合
ـ إليه أو إلى صَدْرِهِ 抱，拥抱
ـ على كذا 包括，包含，含有
ـ الحَرْفَ: حرّكه بالضَمّ [语]加合口符
تضَامَّ القَوْمُ: اِتَّحَدُوا 联合，团结
اِنْضَمَّ إلى ...: اِتَّحد مع ... 参加，与…联合
ـ على كذا: انطوَى عليه 包含，包括，含有
ضَمّ / ضَمَّة: حَرَكَة الضَمّ (ـُ) [语]合口符
ضَمّة زُهور 花束
ضِمَام: مِشْبَك وَرَق 书钉，曲别针
إِضْمَامَة جـ أَضَامِيمُ: جَمَاعَة 一群，一伙
ضَمَايِم (مـ): إضافات / علاوات 津贴，贴补
ضَمِيم م ضَمِيمَة جـ ضَمَائِمُ 伙伴，朋友
مَضْمُوم [语]带合口符的
ضَمِنَ ـَ ضَمْنًا وضَمَانًا لفلان الشيءَ وبه: كفله 向…保证，担保
ضَمَّنَ الشيءَ الوِعاءَ ونحوَه: جعله فيه 放入，装入
ـ 保险，预防
ـ فلانًا الشيءَ: عدّه ضامنًا 要…保证，担保(某事)
تَضَمَّنَ كذا: اِشتمل على كذا 含有，包含，包括
تَضَامَنَ القومُ 互为保证，团结一致

ضِمْنَ كذا: داخِلَه 在…里面

ـ: بين 在…之间

صَراحةً أو ضِمنًا 直率地或含蓄地

ضِمْنًا: مع غيره 包括，包含，算入

مَفْهُوم ضِمنًا: مُضمَّن / ضِمْنيّ 含蓄的，不言而喻的

هو من ـ الناس المَطْلُوبِين 他是所需要的那些人当中的一个

ضِمْنِيّ 含蓄的，不言而喻的

ضَمَان جـ ضَمَانَات / ضَمَانَة (مـ): كَفَالة 保证，担保；保证物，保证金

الـ الجَمَاعِيّ 集体安全

شَرِكَة الـ (مـ) 保险公司

ـ: اِلْتِزام 责任，义务

شَرِكَةٌ مَحْدُودةُ الـ (مـ) 有限责任公司

ضَمَانُه عليَّ 我做他的保证人，我给他作保

ضَمَانَة ماليَّة 押金

تَضْمِين 含蓄，隐含

تَضَامُن: التزام مُشترَك 相互的义务或权利

ـ: تَماسُك واتِّحاد 团结一致，联合

بالـ: بالاشتراك 联合地，共同地

بوَجْه الـ والتَكَافُل 有连带的关系而又单独负责地

ضامِن وضَمِين جـ ضَمْنَى: كَفِيل 保证人

ـ / ـ: مُلْتَزِم 负责任的，负义务的

مَضْمُون: مَكْفُول 有保证的

ـ: مُؤْتَمَن 可靠者，可信赖者

ـ جـ مَضَامِين: مَعْنًى / فَحْوَى 内容，含义

الشَكْل والـ 形式和内容

ضَنُكَ ـُ ضَنَاكَةً: ضَعُفَ جِسْمُه أو رَأْيُه أو عَقْلُه (身体)虚弱、衰弱；(意见)无力、不充分；(智力)迟钝

ـ عَيْشُه (生活)穷困，窘迫

ضَنْك: ضَيق 困难，穷困，窘迫

عَيْشٌ ـ 困难的生活

ضَنَّ ـَ ضَنًّا وضِنًّا وضِنَّةً وضَنَانَةً ومَضَنَّةً واضْطَنَّ بالشيء: بَخُلَ 吝啬，吝惜，舍不得

ضَنِين: بَخِيل 吝啬的，小气的

ـ بماء وجهه 要面子

ـ (مـ): قَلِيل 少的，不足的

مَضِنَّة جـ مَضَانُّ 珍贵的东西，可珍惜的东西

ضَنِيَ ـَ ضَنًى: ضعُف وهزَل 瘦弱，虚弱无力

أَضْنَاه: أَنْهَكَه 使精疲力竭

ـ ه: هزله 使消瘦

ضَنًى: نَهْك 精疲力竭，疲惫；瘦弱

ـ (مـ) / ضَنْو: أَوْلَاد 孩子，子孙

ضَنٍ / مُضْنًى: مُنْهَك 精疲力竭的

ـ / ـ: مَهزول 憔悴的，瘦弱的

ـ وـ بالمَتَاعِب والهُموم 多忧多病的，积忧成疾的

ضَهَدَ ـَ ضَهْدًا وأَضْهَدَ واضْطَهَدَ الرجلَ: آذاه وعذَّبه 迫害

ـ ه وـ ه: جَار عليه 压迫，虐待

اِضْطِهَاد: إيذاء وتعذيب 迫害

ـ: جَوْر 压迫，虐待

مُضْطَهِد 压迫者，迫害者，虐待者

مُضْطَهَد 受虐待的，受迫害的，被压迫的

الشُعُوب الـ ة 被压迫的人民

ضَاهِر / ضَهْر جـ ضُهُور 山峰，山巅

ضَاهَى مُضَاهَاة الرجلَ: شَابَهَه وشاكَلَه 像，类似，相似

ـ الشيءَ بغيره (مـ): قَابَلَه 比较，对比

مُضَاهَاة (مـ): مُقَابَلَة 比较，对比

ضَهِيّ: شَبِيه 相似的，类似的，同样的

ضَاءَ يَضُوءُ ضَوْءًا وضُوءًا وضِيَاءً القَمَرُ وغيره 发光，照耀
ضَوَّأَ تَضْوِئَةً وأَضَاءَ المِصباحَ 点灯，开灯，把灯弄亮
ـ وـ البَيْتَ 照亮房内，房里点上灯
أَضَاءَ وضَاءَ القَمَرُ 照耀，发光
ـ عليهم 照耀，照明，照亮
ـ العُقُولَ 启蒙，启发
اِسْتَضَاءَ به: اِستنار 借光，请教，求教
ضَوْء وضُوء جـ أَضْوَاء / ضِيَاء / ضِوَاء: نُور 光，光线，光明
ـ الشَّمْس 阳光
ـ القَمَر 月光
ـ المِصْبَاح 灯光
ـ النَّهار 日光；白天，白昼
على ـ كذا 按照，依照，在…照耀下
شَهِدَ الـ في هذه الحياة 问世，降生，出生，诞生
ضَوْئِيّ 光的
السَّنَة الـ ة 光年
إشَارَات ـ ة 信号(灯)
الأَشِعَّة الـ ة 光线
مُضِيء: مُنِير 发光的，明亮的，照明的；启蒙者
ـ: مُشْرِق 光辉的，光明的
الإِعْلاَن الـ 灯光广告
غَازَات ـ ة 发光瓦斯
ضَوِّيّ جـ ضَوِّيَّة (مـ) / مُضِيءُ المَصَابِيح 管灯员
ضَارَ يَضُور ضَوْرًا: جَاعَ جدًّا 极饿
ـ ه الأَمرُ: أَضَرَّ به 损害
تَضَوَّرَ: تَلَوَّى من أَلم (因痛苦、饥饿)翻腾，挣扎

ضَوْر: سُعار 极饿
ضَوْضَى / ضَوْضَاء / ضِيضَاء: أصوات الناس في الحرب أو الازدحام 喧闹，喧哗，喧嚣
ـ / ـ: شَوْشَرَة (مـ) 吵闹
ـ / ـ: جَلَبَة 嘈杂
ضَاعَ يَضُوعُ ضَوْعًا وتَضَوَّعَ المِسْكُ: انتشرت رائحته (麝香)香气四溢
ضَوْع وتَضَوُّع الرَّائِحَة 香气四溢
اِنْضَوَى إليه: اِنْضَمَّ 加入，并入
ضَاوِيّ: نَحِيف دَقِيق 瘦小的，纤弱的
ضِياء (في ضوأ) / **ضِيافة** (في ضيف)
ضَيَان (مـ): مَتِين 牢固的，结实的
ضَارَه يَضِيرُ ضَيْرًا الأمرُ: أَضَرَّ به (راجع ضور) 损害，危害，对…有害
ضَيْر: ضَرَر 危害，害处
لا ـ! 不要紧！不妨！
ضَائِر 有害的
ضِيزَى: قِسْمَة ـ 不公正的分配
ضَاعَ ـِ ضَيْعًا وضِيعًا وضَيْعَةً وضَيَاعًا الرجلُ: فُقِدَ وهلك 失落，不知下落
ـ منه الشيءُ: فقده 遗失，失掉
ـ: هلَك 灭亡，坏掉
ضَيَّعَ الشيءَ وأَضَاعَه: فقده أو خسره 失掉，遗失，损失
ـ ه وـ ه: أَهْمَلَه 忽视，疏忽
ـ وـ وضَاعَ منه (كالفُرْصَة) 错过，失去(机会)，坐失(良机)
ـ وـ حَقَّهُ 丧失(权利等)
ـ ه وـ ه: أَهْلَكَه / أَتْلَفَه 毁坏，毁灭
ـ ه وـ ه: أفناه (كالمال والوقت والقوى) 糟踏，浪费，乱花(财产、时间、精力)
ـ كَثِيرًا من الفُرَص الذَهَبِيَّة 他错过了许多

ـ صَوْتَه في الضَوْضَاء 他的声音淹没在嘈杂的声浪中
ضَيْع / ضَيَاع: فُقْدان / هلاك 丧失，遗失，丢失，死亡
ضَيْعَة جـ ضِيَاع وضِيَع وضَيْعَات: أرض مُغِلَّة 农场，田庄
ـ: عَقَار 财产(指不动产)
ـ: قَرْيَة صَغِيرة 小村
ضِيعَان (س) 丧失，失掉
يا ـ ه! 多大的损失啊！
ضائع جـ ضُيَّع وضِيَاع: مفقود 丢失的，不知下落的
ـ الرُشْد 失去知觉的
مُضَيِّع / مِضْيَاع 浪费者，挥霍者
ضَافَه يَضِيفُ ضَيْفًا وضِيَافَةً: نزل به ضيفا 在…作客，客居
ضَيَّفَه وأَضَافَه: قبله كضَيْف 招待，款待，待以客礼
أضَافَ وضَافَ يَضِيفُ ضَيْفًا إليه (م): ضَمَّ 加添，加上，并入
أَضِفْ إلى ذلك 除此之外
انْضَافَ إليه: انْضَمَّ 加入，合并于…
اِسْتَضَافَه: طلب منه الضيافةَ 要求招待，投宿
ـ به: استغَاثَ 求救
ـ من فلان إلى فلان: لجأ إليه 投靠，投奔
ضَيْف م ضَيْف وضَيْفَة جـ ضُيُوف وأَضْيَاف وضِيفَان وضِيَاف وأَضَائِف: نَزِيل 客人
ـ: زائِر 访问者，拜访者，参观者，来宾
ـ الشَرَف 贵宾
إكْرَام الـ 殷勤招待客人
حَلَّ ضَيْفًا على فلان 作客

ضِيَافَة 款待，待客
إضَافَة: ضَمّ 并入；[语]正偏组合
ـ: زِيَادَة 加添，增加
بالـ إلى كذا 此外
إضَافِيّ: مَزِيد 附加的，增补的
ضَائِف 主人，东道主
مُضَاف (في النحو) [语]正次，如طَبَقَةُ العُمَّالِ的 طَبَقَة
ـ إليه (في النحو) [语]偏次，如طَبَقَةُ العُمَّالِ的 العُمَّال
مُضِيف: صاحِب الضِيافَة 主人，东道主
مُضِيفَة: صاحبة الضِيافة 女主人
ـ الطَائِرَات (飞机上的)女乘务员，女服务员，空姐
مَضِيف / مَضْيَفَة جـ مَضَايِفُ: مَكان الضُيُوف 客房，宾馆
مِضْيَاف: مِقْرَاء 善于招待的，好客的，招待周到的，殷勤的
ضَاقَ يَضِيقُ ضَيْقًا وضِيقًا: ضد اِتَّسع أو عَرَض 变窄，狭窄
ـ عن الاحتمال 不能忍受
ـ به ذَرْعًا 很厌烦他
ـ ذَرْعًا عن ... 对…无能为力，办不到
ـ صَبْرًا 再也不能忍耐了，失掉自持力
ـ صَدْرُه بكذا 烦闷，愁闷，忧郁
ـ المَتْحَفُ بالآثار 博物馆摆满了古物
ـ الوقتُ 时间紧
ـ تْ به السُبُلُ (他的)路窄，走投无路
ـ تِ الدُنْيا في وَجْهِه 感到无地自容，感到无路可走
ـ ت أخلاقُه 暴躁，不耐烦
ضَيَّقَ: ضد وَسَّعَ 使狭，弄窄，缩小

ـ: ضد مَدَّ وبَسَطَ 收缩，紧缩
ـ الثوبَ والرباطَ 收紧，拉紧，扣紧，束
紧(衣服、带子等)
ـ الخِناقَ على فلان 欺压，欺凌；控制
ـ على غيره: ضغَط عليه 压抑，强迫
ـ على العَدُوّ: حاصَره 包围，围攻
ـ عليه وضَايَقَه: شدَّد عليه 压迫，施加压力
ضَايَقَه: عاسَره 虐待
ـ ه: أزْعَجَه وكدَّره 打扰，扰乱，使烦恼
ـ ه: أتعبَه 使疲乏，使劳累
تَضَايَقَ فلان: انزعجَ وتكدَّر 不安，烦恼，闷
闷不乐
ـ منه: سَئِمَ 厌倦，厌烦
ـ مَالِيًّا 手头紧，财政吃紧，银根吃紧
ـ عاطِفِيًّا 闷闷不乐
ضِيق: ضد اِتِّساع أو عَرْض 狭窄，紧
ـ: هَمّ 烦恼
ـ: شِدّة / عُسْر 穷困，窘迫，困难
ـ ذَاتِ الْيَدِ 手头紧
ـ الوَقْت 时间紧
ـ المكان 地方窄
ـ النَفَسِ [医]气喘，哮喘病
ضِيقَة وضَيْقَة جـ ضِيَق وضَيْق / ضَائِقَة: سُوء
الحال أو الفقر 穷困的境遇，困难的遭遇，
情况不佳，困境，逆境，困窘
ضَائِقة مالِيَّة 财政困难，经济恐慌
ـ الوَقُود 燃料荒，缺乏燃料
ضَيِّق: ضد عرِيض أو واسع أو متَّسع 窄的，狭
窄的，狭隘的
ـ (للثِياب أو الأَرْبِطَة): ضد واسع 紧贴的，
窄的(衣服等)
ـ: مَحْصُور 受限制的，被局限的
ـ العَقْل 气量小的，心胸狭窄的
ـ الخُلُق 暴躁的，不耐烦的
ـ الحِيلة 无谋的
تَضْيِيق: ضد توسيع 弄窄，弄紧，缩小
ـ: ضَغْط 压抑，强迫
ـ الخِناق: ظُلْم 欺压
ـ الرِباط 扣紧，束紧(带子)
مَضِيق جـ مَضَايِق: مَمَرّ ضَيِّق 窄路，狭路
ـ: بُوغاز 海峡
ـ: مَمَرّ بين الجِبَال 山路，隘口
مُضايِق: مُزْعِج / مُتْعِب 烦扰的，令人心烦的
متَضَايِق 心烦的，闷闷不乐的
ضَامَه يَضِيمُ ضَيْمًا: قَهَرَه وظَلَمَه 欺压，虐待

الطاء

ط (الطاء) 阿拉伯字母表第 16 个字母；代表数字 9

ط: قِيراط (基拉脱)的缩写(基拉脱：①埃及面积单位，等于 1.75 公亩；②黎巴嫩长度单位，等于 2.83 厘米)

طاب (في طيب) / **طابة** (في طيب)

طارٌ (في طور) / **طارَ** (في طير)

طارة (في طور) / **طازه** (مـ) (في طزج)

طاسٌ (في طوس) / **طاشَ** (في طيش)

طَاطَوَى 杜鹃，布谷鸟，郭公鸟

طاع (في طوع) / **طاعون** (في طعن)

طافَ (في طوف) / **طافٍ** (في طفو)

طاق (في طوق) / **طاقة** / **طاقية** (في طوق)

طال (في طول) / **طالما** (في طول)

طَالِي (أ): تَالِيَا (أ) / Thalia رَبَّة المَهازِل والشِعْر الغِنَائِيّ [希神]塔利亚(司喜剧和田园诗的女神)

طامّة (في طمم) / **طامور** / **طومار** (في طمر)

طاميس (أ) Themis: رَبَّة العدل عند الإغريق [希神]特弥斯(司法律和正义的女神，宙斯王妻)

طاهِ (في طهو) / **طاووس** (في طوس)

طَأْطَأَ رأسَه وغيرَه: خفضه 垂头，低头；降低，使垂下

ـ الفَرَسَ: نخزه بِفَخِذَيْه وحرّكه للحُضْر 策、驱(马)前进

ـ يَدَه بالعِنان: أرسلها به للركض 松缰

مُطَأْطِئ 下垂的东西

ـ الرأس 低头的

طَبَّه ـُ طَبًّا وطَبَّبَه: دَاوَاه 医，医治，治疗

ـ على وَجْهه (مـ): أَكَبَّ / وقَع 跌倒，摔倒

ـ الوِعَاءَ (سـ) (把碗、盆、缸等)扣起来

ـ ـَ طَبًّا: صار طَبِيبًا 变成医生

طَبَّبَه: عالَجَه 治疗，医治

تَطَبَّبَ الرجلُ: تعاطى علم الطبّ وهو لا يَعْرِفُه مَعْرِفَةً جَيِّدَةً 医术不高硬从医，当庸医

اِسْتَطَبَّ الطَبِيبَ 请医生看病，延医诊治

طِبّ: عِلاج الجِسم 医疗

ـ: عِلْم الطِبّ 医学

ـ الآذان 耳科

ـ الأَسْنَان 牙科

ـ أَمْرَاض الفَم 口腔科

ـ الأَمْرَاض الجِلْدِيَّة 皮肤科

ـ العُقُول أو أَمْرَاض النَفْس / الـ العَقْلِيّ 精神病学，精神病治疗法

ـ النَفْس 精神疗法，心理疗法(尤指催眠术疗法)

ـ الرُكَّة 验方，民间药方，祝由科

ـ شَرْعِيّ / ـ قَضَائِيّ 法医学

مَدْرَسَة الـ 医科学校

كُلِّيَّة الـ 医学院

طِبِّيّ: مُختص بالطبّ 医药的，医学的，医术的，医疗的，医师的

طِبَابَة 医疗，医疗实习

طِبّ 愿望，希望；习惯

طِبَّة ج طِبَب / طِبَابَة ج طِبَاب 一长条，一长方块(布、皮、云、土地等)

طَبّ م طَبَّة: حاذِق / ماهر بعمله 能手，熟练者

طَبّ / طِبّ / طُبّ 医药，药；温柔；慈爱
طَبَّة (مـ): مُسْنَد (لتخفيف الضَغْط) 衬垫物(垫子、椅垫、坐垫)
ـ (مـ): سدادة الثقب / سُبُد 栓，塞子；救火栓
ـ [军]填弹塞
طَبِيب جـ أَطِبَّاء وأَطِبَّة م طَبِيبَة: حكيم (مـ) 医生，医师，大夫
ـ الآذان 耳科医生
ـ الأَسنان 牙科医生
ـ العُيُون: رَمَدِيّ 眼科医生
ـ بَيْطَرِيّ 兽医
ـ الأَمْراضِ الجِلْدِيَّة 皮肤科医生
ـ العائِلة 家庭医生
ـ الأَمْراض العَصَبِيَّة 神经学家
ـ الأَمْراضِ العَقْلِيَّة / الـ النَفْسَانِيّ 精神病医生
ـ أَمْراض النِساء 妇科医生
ـ شَرْعِيّ 法医
ـ جَرَّاح 外科医生
ـ نَفْسَانِيّ 精神病学家，精神病医生
ـ مُقِيم (يُقِيمُ في المستشفى) 住院医生，住院外科医生
ـ الشَيْخُوخَة 老年病学家
مَطَبّ أَرْضِيّ جـ مَطَبَّات أَرْضِيَّة (مـ): نُقْرَة / حُفْرَة 坑，凹地；煤坑，矿井
ـ هَوائِيّ (مـ): فَجْوَة هَوائِيَّة 空中陷阱(天空中因下降气流等使飞机突然下降的部分)
مُطَبِّب 医生
طُبْجِي جـ طُبْجِيَّة / طُوبْجِي (أ) 炮手
طَبَخَ ـُ طَبْخًا وطَبَّخَ اللحمَ: أنضجه 烹调，炒，烧
ـ الأمرَ (مـ): دبَّره 图谋，策划，计划

طَبَّخَ الصبيُّ: تَرَعْرَعَ (幼童)成长
اِنْطَبَخَ 被煮，被烹调
طَبْخ الطعام 煮，烹调
ـ / طِبْخ 熟食
خُضَار الـ (只能熟食的)青菜，蔬菜
صِنَاعَة الـ / طِبَاخَة: حِرْفَة الطَبَّاخ 烹调法，烹饪术
طَبْخِيّ / طِبَاخِيّ: لِأَجْل الطَبْخ 炊事用具，厨房用的(工具)
طَبْخَة (مـ) 熟食
طُبِخ له الـ 这是暗中为他布置好的，这是事先为他安排好的
الـ استوتْ 事情已经就绪了
طَبِيخ جـ أَطْبِخَة 熟食；熟石膏；砖
طَبِيخَة جـ طَبَائِخُ 热风
طابِخ 热病
طابِخة 一天中最热的时间
طَبَّاخ: طاهٍ 厨师，炊事员
ـ كَاز (مـ) 气炉，煤油炉
رَئِيس الطَبَّاخِين 炊事长
مَطْبُوخ: مُنْضَج 熟的，煮熟的，烹调过的，炒好的
ـ (مـ): مُدَبَّر 策划好的，安排好的
مَطْبَخ جـ مَطَابِخُ: مكان الطبخ 厨房，灶房
ـ (مـ): مَطْعَم 食堂，饭厅；饭馆，餐厅
مِطْبَخ: وابُور الطَبْخ 汽炉
ـ: آله الطَبْخ 炉灶
طَبَر / طَبَرْزِين (أ): فَأس الحَرْب (波)战斧
طِبْر 柱，柱子
بَنَات طَبَار 灾难，祸患
طَابُور جـ طَوَابِيرُ (مـ): تَابُور / قِسْم من الجَيْش (土)[军]营，团，大队，联队，纵队

الـ الخَامس 第五纵队

طَبَرْزَد (مـ) (波)冰糖

طَبْز 双峰驼

طَبَسَ ـُ طَبْسًا بالمَاء أو الطِين (مـ) 踩泥，踩水

طَبَّسَ 抹泥，涂泥

ـ (مـ) (小孩)玩泥巴

طَبَّشَ في الماء وغيره (مـ): تخَبَّط 玩水，溅着泥水前进

طَبَشِير / طَبَاشِير (أ): حُوَّارَى 白垩，白粉，粉笔

طَباشِيرِيّ 白垩的，白垩质的

طَبْطَبَ المَاءُ: اسمع صوت خريره 汩汩流出，发出汩汩声、潺潺声

ـ عليه (مـ): رَبَتَه 轻拍，轻打，抚摩

طَبْطَبَة (مـ) 汩汩声，潺潺声，淙淙声；轻拍，轻打，抚摩

على الطَبْطَاب (مـ): طِبْقَ المُرام 适当的，恰当的，恰好的，合适的

طَبْطَابَة: مِضْرَب الكُرَة (网球等的)球拍，(棒球、板球的)球棒

طَبَعَ ـَ طَبْعًا الكِتابَ وغيره 印刷(书、画)

ـ السيفَ: عمِله وصَاغه 铸剑

ـ الثوبَ: بَصَمَه 印染，印花(布匹)；盖印花税戳子

ـ على المَكْتُوب: ختمه 盖印

ـ الدِرْهَمَ: نقشه وسكَّه 铸造(货币)

ـ من الطِين جَرَّةً 他用泥做了一个瓮

طُبِعَ على كذا 天性如此，天性就这样，本性如此

طُبِعَ على الشَرّ 天性邪恶

ـ وانْطَبَعَ 被盖印；被印刷；被印染

طَبَّعَ الحَيوانَ: روَّضه 训练，驯养(牲畜、野兽)

ـ العَلاقاتِ بين البلدَيْن 使两国关系正常化

ـ ه (مـ): عَوَّدَه 使惯于，使习于，使熟悉

تَطَبَّعَ 感染，习染，受影响

ـ (بطِباع أبيه) 习染(他父亲的性格)，受(他父亲性格的)影响

طَبْع الكُتُب 印刷，刊行

ـ: بَصْم 印染；盖印花税戳子

ـ الحَجَر 石印术

ـ الأَحْرُف 活字印刷术

إعادَة الـ 再版，重版

تَحْتَ الـ: جَارٍ طَبْعُه 在印刷中

وَرَق الـ 印刷用纸

صِناعة الـ / طِبَاعة 印刷术，印刷业

طَبْع جـ طِبَاع / طَبِيعَة: سَجِيَّة 天性，本性，本质

ـ / ـ: خُلُق 品行，品性，品质，品德

ـ / ـ: مِزاج 气质，性情，脾气，性格

طَبْعًا / بالطَبْع 自然地，不用说

ـ (مـ): حَتْمًا / من كُلِّ بُدٍّ / لاَ بُدَّ 当然，一定

الطَبَائِعُ الأَرْبَعُ (古代医学中)身体的四种体液(血液、粘液、胆汁、忧郁液)

طَبْعَة جـ طَبْعَات: المَطبوع من الكتاب في المَرَّة 版

ـ أُولَى [印]初版，第一版，第一次印刷

نَفِدَتْ طبعتُه [印]已绝版

طِبَاعَة الحَجَر 石印术

طِباعة أوفْسِيْت offset [印]胶印，胶版印刷

آلة الطِبَاعة الدوَّارة 轮转印刷机

اِنْطِبَاع 印象

اِنْطِبَاعِيَّة 印象主义

طَابِع / طَبَّاع (مـ) / مَطْبَعِيّ (مـ) 排字工人，印刷工人，印染者

ـ: سَجِيَّة جُبِلَ عليها الإنسانُ 性格，脾气

ـ / طَابَع جـ طَوَابِعُ: خَتْم 戳记，印记，

印章，图章

ـ بَريد: وَرَقَة بُوسْتَة 邮票

ـ الحُسْن 美斑，美人斑(颊上化妆上的黑点)

الـ طَابع 印记是货物的保证

لُغَة عليها ـ الفَصاحة 有雅洁特征的语言

طَبِيعَة ج طَبَائِعُ: القُوَّة المُكَوِّنَة للعالَم المادِيّ 自然(现象)，自然界，天地万物

ـ صامِتَة 静物

الـ البَشَرِيَّة 人性

بِـ ـ الحَال 自然地，当然，不用说

عِلمُ الـ 物理学

عِلْمُ ـِ الأَرْضِ 地球物理学

عِلْمُ الـ الحَيَوِيَّة 生物物理学

ما وراءَ الـ / ما بَعْدَ الـ 玄学，形而上学

فَوْقَ الـ 超自然的，神奇的，奇异的，不可思议的

طَبِيعِيّ: مَنْسُوب إلى الطبيعة 自然的，自然界的

ـ: ضد مُصْطَنَع 天然的，不加修饰的，不加做作的

ـ: مختص بعلم الطبيعيّات 自然科学的，物理学(上)的

ـ: مَن ينسب كل شيء إلى قُوَّة الطبيعة 自然主义者

ـ: مَن يمارس علم الطبيعيّات 物理学家，博物学家

ـ: ضد شَاذّ 常态的，普通的，平常的

ـ (مـ): عادِيّ 通常的，正规的，常见的

مِنَ الـ أن 那是很自然的

تَارِيخ طَبِيعِيّ: علم المَوَالِيد 博物学

جُغْرَافِيَا ـ ة 自然地理

العُلُوم الـ ة 自然科学

طَبِيعِيَّات 自然现象

عُلَمَاء الـ 物理学家

علم الـ: فلسفة طَبِيعِيَّة 物理学

مَصْلَحَة الـ 自然科学处

طَبَّاع: صانع السيوف وأمثالها 铸剑者，制剑工人

مطبُوع: طُبِعَ 所印刷的

ـ 表格，格式纸

ـ على كذا: مجبول عليه 天赋的，生来的，生来就带有…性质

ـ على الشَرّ 本性邪恶的

شاعِر ـ 即兴诗人，天赋的诗人

مَطْبُوعَات 印刷品

قَلَم الـ (مـ) 出版管理局

مُرَاقِب الـ 报刊监察官，印刷品审查员

ناظِر الـ 报刊检查员

قَانُون الـ 报刊条例；出版法

مُطَبَّع: مُرَوَّض 养乖的(马)，教乖的(狗)

مَطْبَعْجِي ج مَطْبَعْجِيَّة (مـ) 印刷工人

مَطْبَع ومَطْبَعَة ج مَطَابِعُ: مكان الطَبْع 印刷所，印刷厂

مَطْبَعِيّ 印刷的，印刷所的

غَلْطَة مَطْبَعِيَّة: خَطَأ مَطْبَعِيّ 印错，印刷上的错误，手民之误

مِطْبَعَة ج مَطَابِعُ: آلة طَبْع 印刷机，印染机

ـ حَجَرِيَّة 石印机

ـ أُوفْسَيْت 胶印机

ـ نَضَّاحَة 真笔版

طَبِقَتْ ـَ طَبَقًا وطَبَقًا يَدُه: ضد انفتحتْ وانبسطت (手)握起来

ـ يَعْمَلُ 开始做，着手做

طَبَقَ ـِ طَبْقًا وأَطْبَقَ (مـ): أَقْفَلَ 锁(门)

طَبَّقَ الشيءُ: عَمَّ 普及，蔓延
ـ السَّحابُ الجَوَّ: غَشَّاه (云)遮住(天空)
ـ الماءُ وجْهَ الأرضِ: غطَّاه (水)淹没(地面)
ـ صِيتُهم الخَافِقَيْنِ 他们的声誉传遍东西
ـ الآفاقَ ذِكْرُهم 他们的声望传布四方
ـ (في الهَنْدَسة) [数](两个相同的几何形)重叠
ـ قاعِدَةً على كذا 把某规则应用于某事
ـ (مـ): طَوَى 折叠
ـ الحِصَانَ (مـ): نَعَله 钉马掌
ـ السيفُ المَفْصِلَ: أصابَه فأبانَ العضوَ 中肯綮，砍在节骨眼儿上
إنه يطبِّق المَفْصِلَ: إذا أصابَ الحُجَّةَ 说话中肯
طَابَقَه: وافقه 符合，适合，适应
ـ على الأمر 答应、承认(建议、条件)
أَطْبَقَ الشيءَ: غطَّاه 遮盖，覆盖
ـ عَيْنَيه إطباقةَ الأبَد 瞑目
ـ الكِتابَ: ضد فتحه 把书关起来，合起来
أَطْبَقُوا على الأمر: أَجْمَعُوا عليه 他们一致同意…
تَطَبَّقَ البناءُ: انهارَ (انطوى على نفسه) 倒塌，崩溃
تَطَابَقَ القومُ: اتَّفَقُوا 一致同意
اِنْطَبَقَ وتَطَبَّقَ: صار مُطْبَقًا 被关起来，被合起来
ـ على كذا 相符，符合
ـ على الجِسْم (衣服)合身
طَبَق جـ أَطْبَاق: غِطَاء 盖子，套子，罩子
ـ من الليل والنهار: مُعظمهما 大部分时间
ـ الأرض: وجهها 地面
ـ (سـ) 钳子，铗子
ـ: صَحْن (راجع صحن) 碟子，盘子
ـ الفِنْجَان: صَحْن فِنْجال 茶托
ـ فَاثُور / صِينِيَّة (مـ) 瓷碟，瓷盘
طِبْق: وَفق 依照，依据，按照
ـ: مُوافِق 与…一致的、相符的…
ـ المُرام 满意地，称心如意地
صورةٌ ـ الأَصْلِ 一册真抄本，精确的抄本
طِبْقًا لرَغْبَة كذا 依照某种愿望，按照某种愿望
طَبِق / مَطْبُوق: مُقْفَل 关着的，合着的
ـ / طِبِق (مـ): مَحْصُور 限定的，有限制的
يَدٌ طَبِقَة (握着的手)吝啬，悭吝
طَبقَة جـ طَبقَات وطِبَاق: مَرْتَبَة 阶级，等级
ـ العُمَّال 工人阶级
الـ المُتَفَكِّرة / الـ المُتَعَلِّمة 知识界，知识分子
ـ من التُّجّار المُرابِين 商业高利贷者
ـ المَلاَّكِين العَقَارِيين 地主阶级
ـ مُلاَّك الأَرَاضِي والكَمْبَرَادُور 地主买办阶级
ـ الرَأْسَمَالِيِّين المُحْتَكِرِين 垄断资产阶级
ـ الرَأْسَمَالِيِّين البِرُوقرَاطِيِّين 官僚资产阶级
ـ البُورْجُوازِيِّين القَوْمِيِّين 民族资产阶级
ـ صِغار البُورجُوازِيِّين / البُورْجُوازِيَّة الصغِيرة 小资产阶级
الـ البُورجُوازِيَّة الكبيرة 大资产阶级
الـ الأَرِسْتُقْرَاطِيَّة في العُمَّال 工人贵族
الـ الدُنْيَا 下层社会，老百姓
ـ: حَال 状况，状态，情况，情形
ـ: سافَة / رَاق (مـ) 层
ـ من الأرض 地层
الـ الطُخْرُورِيَّة 同温层，平流层
الـ من الطين الخَزَفيّ أو الصَلْصَال 粘土层
ـ النَغَم: مَقَامُه [乐]音调基音，主调音
ـ من النَاس 某阶级的人，某阶层的人
الطَبَقَات الخَاضِعَة 被统治阶级

الطَبَقَات المُتَوَسِّطَة / الطبقة الوُسْطَى 中产阶级
نِضال الطَبَقَات 阶级斗争
عِلْم طَبَقَات الأَرض: علم الهَلَك 地质学
طَبَقِيّ 阶级的，阶层的
المُجْتَمع الـ 阶级社会
لا ـ 无阶级的
طَبَاق (أ): دخان التدخين 烟叶，烟草
طِبَاق / طَبِيق: مُطَابق 与…一致，与…协调
الـ والمُقابَلة (في البديع) [修]对照，对仗
تَطْبِيق: تَوْفِيق 适应，应用，贯彻，实践
الـ الثَوْرِيّ 革命实践
ـ الشيء على غيره 适用，应用
بالـ على كذا 依照，按照
تطبيقًا لـ 按照…
ـ (مـ): طَيّ 折叠
تَطْبِيقَات 习题，练习
ـ عَمَلِيّة 实践课
تَطْبِيقِيّ 适用的，应用的，实践的，实习的
الفُنُون الـ ة / العُلُوم الـ ة 应用科学
الأَسْئِلة الـ ة 应用题
مُطَابَقَة: مُوَافَقَة 符合，适合
ـ / تَطَابُق (في الرياضة) [数](两图形的)
相同，全等，(两数的)相符，相等
ـ الحِسابات 账目的符合，账目的一致
إِطْبَاق 关闭，闭塞
حُرُوف الـ 闭塞音字母：ظ ط ض ص
تَطَابُق 相适合，相适应
طَابَق جـ طَوَابِقُ وطَوَابِيقُ من بيت (楼的)一层
ـ 油炸锅，煎锅；半只羊；盖子
طَابَاق وطَابُوق الزُجاج جـ طَوَابِيقُ (ع) 砖，玻
璃砖
مُطَابِق: موافِق 适合…的，与…一致的，符
合…的
مُطْبِق / سِجن ـ: سِجن تحت الأرض 地牢，
暗牢
ـ: كُلِّيّ 总括的，完全的，十足的，全体
的，全然的，绝对的
جَهْل ـ 一窍不通
صَمْت ـ 鸦雀无声
جُنُون ـ 十分癫狂，完全疯狂
طَبَلَ ـُ طَبْلاً وطَبَّلَ: ضرَب الطَبْلَ 打鼓，擂鼓
طَبَّلَ وزَمَّرَ لِشيءٍ (为某事打鼓吹箫)鼓吹，
吹嘘，宣扬，大吹大擂
طَبِّلْ لِي وأَنَا أُزَمِّرُ لَكَ (你为我打鼓，我为
你吹箫)互相标榜，互相吹捧
تَطَبَّلَ البَطْنُ [医]肠胃充气，(腹部)膨胀
طَبْل: صوت الطبول 鼓声
ـ جـ طُبُول وأَطْبَال: آلة التطبيل 鼓
زَخْمَة الـ: مَلَوِينَة (مـ) 鼓槌
طَبْلَة الأُذُن [解]鼓膜，鼓室，中耳
ـ الفُنُوغرَاف: سَمَّاعة (留声机)发声器，
机头
طَبْلِيَّة الأكل جـ طَبَالِيّ وطَبْلِيَّات (مـ) 小圆餐桌，
矮圆桌子
ـ (مـ) (في سِكَّة الحديد) [铁](转换机车
方向的)转车台，旋车盘
ـ العَمُود (مـ): كُشْفَة [建](圆柱顶部的)
顶板，冠板
مِيزَان ـ (مـ) 磅秤，台秤
ـ 人头税
ـ (سـ) [解]鼓膜
طَبَّال 鼓手
طُوبَالَة جـ طُوبَالات 母羊
مُطَبِّل للأرض (مـ): مشبَّعة بالماء 含水的土地

طَبَنَ ـِ طَبْنًا النارَ: دفنها كي لا تُطْفَأ 封火，埋火(使不灭)
ـ وطَبِنَ ـَ طَبَنًا وطَبَانَةً وطَبَانِيَةً وطُبُونَةً الشيءَ وللشيءِ: فطن له 精通，熟悉
طَبْن / طَبَن 人群
طُبْن 四弦琴，琵琶
طِبْنَة جـ طِبَن 机智，聪明，灵巧
طَابُون: حفرة يحفظ فيها النار 火塘
طُبُّنَة: خُبزة يابِسة / أنِّيطة (مـ) (船上用)硬饼干
طَبُونَة جـ طَوَابِينُ (مـ) / طَابُونَة: مَخْبَز (مـ) 饼店，面包店
طَبَّان (مـ) / طَبَان جـ طَبانات العَجَلة: إطارها (橡皮)轮胎，车胎，轮箍
ـ (مـ): سَطْح (في المِعمار) [建]柱头上的幕面
طَبَاهِجَة (أ): طبَق فارسيّ (波)盘子
طَبَنْجَة (مـ): سلاح نَارِيّ (土)手枪
ـ بمُشْط 自动手枪，连珠手枪
طُبُوغْرافِيَّة (أ) topography 地志，地形学
طُبْي / طِبْي جـ أَطْبَاء: حَلَمة 乳头，奶头
طَابِيَة جـ طَوَابِي: حِصْن صغير 小碉堡，小城堡
طَثَّ 掷铁环
مِطَثَّة 铁环
طَجَنَ ـُ طَجْنًا وطَجَّنَ الشيءَ: قَلاه 用油煎，用油炸
طَجِن وطَجْرَمَ (مـ) 说话鄙俚，说话粗俗
طاجِن / طَيْجَن جـ طَوَاجِنُ وطَياجِن: مِقْلاَة 煎锅，油炸锅，铛
ـ (مـ): وِعاء فَخَّارِيّ للطَبْخ 砂锅，陶铛，瓦铛
طَحَّ ـُ طَحًّا الشيءَ: بسَطه 摊开，展开

طَحَرَ ـِ طَحْرًا وطَحِيرًا وطُحَارًا الرجلُ: أخرج نَفَسه بأَنِين 呻吟，叹气
طَحْر / طَحَر / طَحَرَة 小片薄云
ما في السماء ـ 一碧长空，万里无云
طُحْرُور جـ طَحَارِيرُ 孤云
طَحْطَحَه: كسَره 压坏，压碎，打碎，打破
طَحَلَه ـَ طَحْلاً: أصاب طِحالَه 伤及脾脏
ـ الإناءَ: ملأَه 灌满，盛满
طُحِلَ ـ طَحْلاً: شكا طِحالَه 患脾脏病
طَحِلَ ـَ طَحْلاً وطَحَلاً: عظم طِحالُهُ 脾脏肿大，生痞块，痞积
طِحَال وطُحَال (مـ) جـ طِحَالاَت وأَطْحِلَة وطُحُل [解]脾，脾脏
طُحَال: التهاب الطحال [医]脾炎
طِحَالِيّ: مُختص بالطحال 脾的，脾脏的
طُحْل (مـ): ثُفْل 糟粕，残渣，沉渣，沉淀物
لَوْن أَطْحَل 灰黑色
طُحْلُب / طِحْلِب جـ طَحَالِب: خُضرة تعلو الماء المزمن والقطعة طحلبة [植]水棉，水藓，青苔
طَحَنَ ـَ طَحْنًا وطَحَّنَ القَمْحَ: جعله دقيقًا 磨面，磨成面粉
تَطَاحَنَ القومُ (مـ) 敌对，敌视，激战，打架，战斗
اِنْطَحَنَ (مـ) 被破坏，被磨碎
تَطَاحُنٌ (مـ) 互相敌视，残酷的斗争，互相歼灭
طِحَانَة 磨粉业
طَاحِن 磨粉的
ـ 残酷的
حَرْب ـ ة 残酷的战争
ـ (مـ) / طاحِنة جـ طَوَاحِنُ: ضِرْس 臼齿

طِحْن / طَحِين: دَقِيق 面粉

طَحِينَة (م): ثُفْل السِمْسِم المَعْصُور 芝麻酱

طَحِينِيّ: دَقِيقِيّ / كالدَقِيق 粉状的

لون ـ 赭色

طَحَّان: الذي يطحن أو صاحب المَطْحَنَة 磨坊工人；磨坊主，面粉厂主

طَاحُون / طَاحُونَة جـ طواحِينُ / مِطْحَنَة جـ مَطَاحِنُ 磨，磨粉机

ـ / ـ البُنّ 咖啡磨

ـ / ـ / مَطْحَنَة: مكان الطحن 磨坊，磨粉厂

ـ الريح / طَاحُونة الهَواء 风(力)磨

ـ الماء (تديرها المياه المنحدرة) 水(力)磨

دُولاب ـ الماء: ناعِرة 筒车

مِطْحَن جـ مَطَاحِنُ / طَاحُون 磨

مَطْحَنَة جـ مَطَاحِنُ: مكان الطَحْن 磨坊，面粉厂

طرا (في طرر)

طحا ـُ طَحْوًا الرجلُ: بعد 出发，启程

طَحَى ـَ الشيءَ: بَسَطه ومدّه 摊开，展开

ـ بالكُرَة: رَمَى بها 抛、掷、传(球)

مِظَلّة طاحِيَة ومَطْحُوّة ومَطْحِيَّة: عَظِيمة 大伞，华盖，天盖

طخف 忧愁，悲伤；酸奶

طَخَاف 薄云

طخم ـَ طَخْمًا وطَخُمَ ـُ طَخَامَةً: تَكَبَّرَ 骄傲

طَخْمَة 山羊群

طَخِيم 发黑的干肉

طخا ـُ طَخْوًا وطُخُوًّا الليلُ: أظلم 夜色苍茫

طَخاء 高云

طَاخِيَة 漆黑

طرأ ـَ طَرْأً وطُرُوءًا عليهم: جاءهم فجأة 突如其来，突然来临

ـ: حدث على غير انتظار 突然发生

ـ المكانَ: استعمَره 开发

أَطْرَأَه: بالغ في مدحه 赞扬，过分的夸奖

طَرَاءَة 新鲜

طُرْآنِيّ: بَرِّيّ / آبِد 野的，野生的

طَرِيء م طَرِيئَة 新鲜的

طَارِئ جـ طُرَّاء وطُرَاء: غريب 外来的,外附的

ـ: عارِض 偶然的，偶发的，临时的

ـ: غيرُ مُنْتَظَر 意外的，料想不到的

الأحوال الـ ة 紧急情况

المَصَارِيف الـ ة 意外的开支

طَارِئَة جـ طَوارِئُ وطَارِئات: داهية 灾难，祸患

ـ: أمر غير مُنْتَظَر 不测事变，突然事件，紧急情况，危急时刻

ـ: مُستعمَرة 殖民地

طَوارِئُ جَوِّيَّة 灾害性的大气现象

قانُون الطَوَارِئ 应急法

حالة الطَوارئ 紧急状态(情况)

اِحْتِياط الطَوَارِئ 紧急预防

قِسْم الطَوَارِئ 急诊室

طَرِبَ ـَ طَرَبًا منه أو له: اهتزَّ فَرَحًا 喜欢，高兴，兴奋

ـ: اِضْطَرَبَ حزنًا 烦恼，为难，不安，骚动，激动

طَرَّبَ وتَطَرَّبَ (س): غَنَّى 唱歌

ـ ه وأطْرَبَه وتَطَرَّبَه: فرَّحه 使高兴，使狂喜

اِسْتَطْرَبَ فلانًا: سأله أن يُطرِّبَ 要求他唱歌

طَرَب: فَرَح 愉快，喜欢，高兴，快乐

آلَة ـ / آلات مُطْرِبَة 乐器

هَزَّة الـ 狂喜，欢天喜地

طَرِب: مُهتَزّ فَرَحًا 高兴的，喜欢的

طُرْبِيّ 看坟人，守墓人
طُرْبَة 马鼻袋，旅行囊
طَرُوب / مِطْراب / مِطْرَابَة: كثير الطرب 活泼的，愉快的，精神旺盛的，充满活气的
مُطرِب: يحمل على الطرب 有趣的，迷人的，使人喜欢的，令人高兴的
ـ: مُغَنٍّ 歌手，歌唱家
صَوْتٌ ـ 悦耳之声，好听的、有旋律的曲调
طَرَابِزُون جـ طَرَابِزُونَات (أ) (دَرَابِزُون) (希) 栏杆，扶手
طَرَابُلُس (الشَام) (黎巴嫩)的黎波里
ـ (الغَرْب) (利比亚)的黎波里
طِرَابِيزَة (مـ) / تَرَابِيزَة (希)桌子
تَطَرْبَشَ 戴红毡帽
طَرْبُوش جـ طَرَابِيشُ (مـ) tarboosh 红毡帽 (无边而有黑穗)
طَرَابِيشِيّ 红毡帽商
مُتَطَرْبِش 戴红毡帽的
طُرْبِيد جـ طُرْبِيدَات (أ) torpedo: صَارُوخَة نَسَّافة 鱼雷
سَفِينَة الـ 鱼雷艇
طَرْبَقَ (مـ) 打破，推倒，推翻，摧毁
طِرْبِيل جـ طَرَابِيلُ: نَوْرَج 打谷机
طَرَحَ ـَ طَرْحًا الشيءَ وبه: أَلقاه 投，扔，掷，抛
ـ الثوبَ عليه: لبسه 给他穿上(衣服)
ـ: أَسقط عددًا من أكبر منه 减去，扣除
ـ عليه سُؤَالاً: أَلقاه 向他提出问题
ـ عليه أَسْئِلَةً: عرضها 对他提出问题
ـ عنه (أو جَانِبًا): نبذه 丢弃，抛弃，遗弃
ـ ه على الأَرْضِ: رَماه 摔倒，打倒，推翻
ـ على المَجْلِس 提交会议讨论
ـ للمُنَاقصَة 招标
ـ المَسْأَلَةَ للاقتراح (把问题)交付表决
ـ ت الحُبْلَى 早产，流产，小产
طَرَّحَ الحُبْلَى: أسقطَها 堕胎，使小产，使流产，使早产，人工流产
ـ به السفَرُ إلى نَاحيةِ كذا: قذف به إليها 旅行到…远方
طَارَحَه الأَسْئِلَةَ 互相问答，跟他辩论
ـ ه الكلامَ أو الشعرَ أو الغِنَاءَ: ناظره وجاوبه فيه 谈论，酬和，唱和
ـ ه الغَرَامَ / ـ ه الحُبَّ 相爱，互相恋爱
تَطَارَحَ القومُ الكلامَ أو الشعرَ أو الغِنَاءَ: طارح فيه بعضُهم بعضًا 互相问答，互相唱和
تَطَارَحَا العِلْمَ: طارح فيه بعضهما بعضًا 讨论科学
اِطَّرَحَه (مـ): رماه وقذفه 抛
ـ تْ (مـ) وطَرَّحتْ المرأةُ 堕胎，小产
اِنْطَرَحَ (مـ) 被扔掉；冲过去
ـ أرضًا 投射在地上
طَرْح: إلْقَاء 抛，掷，投
ـ: نَبْذ 抛弃，遗弃
ـ (في الحِساب) [数]减
ـ: حَذْف / خَصْم 扣除，折扣
ـ الجَنِين: إسقاط 早产，流产，小产，堕胎
ـ البَحْر: أرض نزَل عَنها البَحْرُ 冲积地，沙滩，沙洲
ـ (مـ) 果实
طِرْح: جنين طرحته أُمُّه قَبْلَ تمامه 流产的胎儿
طَرَح وطَرُوح وطَرَاح: مَكان بَعِيد 遥远的地方
طَرْحَة جـ طُرَح (مـ): غِطَاء الرأْس 面纱，面罩；头巾
ـ 封皮，(包装商品的)桶、箱；包皮

重量，车辆自重量
طَرْحِيَّة جـ طَرَاحِيّ (سـ) 一张纸
طَرّاحَة جـ طَرَّاحَات وطَرَارِيحُ: فَرْشَة / حشيَّة (床用)垫子，垫褥
طَرَّاح 褥垫匠
طَرِيح / مَطْرُوح / مُنْطَرِح 被扔弃者，被抛出的，被提出的
ـ الفِرَاش 卧床不起的(病人)
بالطَرِيحَة (مـ): بالحِتَّة (مـ) أو بالْمُقَاوَلَة 计件工，包工
أُطْرُوحَة: بحث يُطْرَحُ لِنَيْل دَرَجَة عِلْمِيَّة 学位论文，毕业论文
مَطْرُوح: ملقًى 被投掷的；被丢弃的；被提出的
ـ (في الحساب) [数]减数
ـ منه (في الحساب) [数]被减数
مَطْرَح جـ مَطَارِحُ: مَوْضع يُطرح إليه 投掷处，丢弃的场所
ـ (مـ): مَكان / مَوْضع 地方，场所
طَرْخَان جـ طَرَاخِنَة (土)王子，亲王，头领
طَرْخُون (أ): نَبات tarragon [植]茵陈
طَرَدَه ـُ طَرْدًا وطَرَدًا: أبعده 赶走，逐退；流放
ـ ه: أخرجه 驱逐，逐出；开除(学籍)
ـ ه من خِدمة 解雇，解职，撤职
ـ ه مِن حَضْرَته (أو أمامه) 赶出，逐出，撵出
طَرَّدَه وطَارَدَه طِرَادًا ومُطَارَدَةً: تَعَقَّبه 追，追赶，追踪，追击，紧跟着
طَارَدَ الحَيوانَ لِصَيْده (猎人)追捕(猎物)
اِنْطَرَدَ 被开除，被驱逐，被放逐
اِطَّرَدَ الأمرُ: تَبِعَ بعضُه بَعْضًا (事情)成为一贯的，连贯的，连续的，继续的
اِسْتَطْرَدَ في الكلام أو الحديث: تَنَقَّلَ من مَوْضوع إلى آخَر 离题，涉入枝节，离开本题，扯到枝节上去，说另一话题的话
طَرْد: إبْعاد 赶走，放逐
ـ: إخراج 逐出，驱逐，开除
ـ جـ طُرُود (مـ): رِزْمَة 包，小包，包裹
ـ بَرِيدِيّ (邮寄)包裹，邮包
طَرْدًا وعَكْسًا 前进和后退；纵横
مُطَارَدَة: مُلاحَقَة 追随，尾随，追踪
اِطِّرَاد: تَتَابُع 连续，继续，连贯，一贯
اِسْتِطْرَاد 离题的话，题外的话
طِراد / مِطْرَد جـ مَطَارِد: رُمْح قصير 短矛
طارِد: مُبْعِد 驱逐者，驱逐的
ـ الريح (من البطن) [医]驱风药
القُوَّة المَرْكَزِيَّة الـ ة [物]离心力
مُطَّرِد: مُتَتَابِع 连贯的，一贯的
ـ: مُتَوالٍ 继续的，连续的
ـ: عَامّ 一般的，无例外的
ـ النَسَق أو النَغَم 单调的，无变化的，千篇一律的
قاعِدة ـ ة 原则，通则，总则
طَرِيد / مَطْرُود: مُبْعَد 被赶走的，被逐出的，被流放的
ـ / ـ: مَنْبُوذ 被遗弃的
ـ: هارِب 逃亡的，流亡的，亡命的
ـ العَدَالَة: مَحْرُوم من حِماية القَانُون 丧失公权者，被剥夺法律保护者，歹徒，歹人
طَرِيدَة جـ طَرَائِدُ: ما طُرِدَتْ من الصَيْد 被追捕的猎物
ـ البَاب أو الشُبَّاك (مـ) (门或窗的)横框，横木
الطَرِيدَان: اللَيْلُ والنهار 昼夜，日夜，白天和黑夜

طرد 729 طرش

طَرَّاد / طَرَّادَة جـ طَرَّادَات: سَفِينة حَرْبِيَّة سَرِيعَة للمُطَارَدَة 巡洋舰

ـ النَهْر (مـ): جِسْره 堤，河堤

ـ النِيل (مـ) (非洲北部的)尼罗河的主堤

طَرَّ يَطُرُّ طَرًّا السِكِّينَ: حدَّدها 磨刀

ـ الإبِلَ: ضمَّها من نَواحيها 把(骆驼)集合起来

طَرَّ ـِ طَرًّا وطُرُورًا الشاربُ والنباتُ: طَلَعَ (小胡子或植物)长出

طُرًّا: جَمِيعًا 全体的，整个的

جاؤُوا ـ 他们全都来了

طُرَّة جـ طُرَّات وطُرَر وطِرَار وأَطْرَار: جَبْهَة 前额，脑门子

ـ (مـ): طُغْرَاء 花押字，组合文字(古时官方文书和钱币上的一种标志)

ـ أَمْ يَاظ ؟ (مـ) 是头还是尾呢？

ـ اللعب (مـ): مَخارِيق 捻起来的手帕(小孩的玩物)

ـ: ناصِيَة 额发，刘海

ـ 标题页

أَطْرَار البلاد: أطرافها 边境

طَارّ / طَرِير: شَابّ ـ 刚长胡子的小伙子

طَرَّار 扒手

طَرَزَ ـِ طَرَزًا في المَلْبَس: تأنَّقَ ولم يلبس إلاّ فاخِرًا 只穿华丽的衣服

طَرَّزَ الثوبَ تَطْرِيزًا: وَشَّاه 刺绣，绣花

طَرْز: طَرِيقَة / نَسَق 方法，式样，体裁

ـ / طِراز جـ طُرُز: نَمَط 形式，模样

من ـ حَدِيث / جديد الطِراز 新式的，时髦的

من ـ قديم / قديم الطِراز 老式的，旧式的，过时的

مُطَرِّز 刺绣者，刺绣工

مُطَرَّز: مُوَشًّى 绣花的，刺绣的

مُرَبَّع الكلمات المُطَرَّزة 四方联字(把字母摆成四方形，无论直读或横读，都能拼成一个词)。如右图：(自右而左或自上而下)مِلْح(盐)，لَحْم(肉)，حَمْل(胎)；(自左而右或自下而上)حُلْم(梦)，مَحْل(旱)，لَمْح(瞥)

ح	ل	م
م	ح	ل
ل	م	ح

طَرَسَ ـِ طَرْسًا الشيءَ: مَحاه 擦掉，抹去(字迹)

طَرَّسَ الكاتبُ: أعاد الكتابة على المَكْتُوب 校订，补正

ـ الباب: سَوَّدَه 把门漆成黑色

طِرْس جـ أَطْرَاس وطُرُوس: صحِيفَة 一张纸；刮去旧字、另写新字的羊皮纸

طَرِشَ ـَ طَرَشًا: ذَهَب سَمْعُه 耳聋，变聋，失聪，成为聋子，失去听觉

طَرَشَ ـُ طَرْشًا (مـ): قاءَ 吐，呕吐

ـ الجِدارَ بالجِير 粉刷(墙壁)

طَرَّشَه: أَصَمَّه 使聋，使听不见，使失去听觉

ـ ه (مـ): قيَّأه 使呕吐，引起呕吐

تَطَارَشَ: تَصامَّ وتظاهر بالطَرَش 装聋

طَرَش / طُرْشَة / طُرَاش (مـ): صَمَم 聋

طَرْش 石灰水

ـ جـ طُرُوش 牛羊群

طُرْشِي (مـ) بالفارِسيَّة تُرش أي حامِض: مُخَلَّل 泡菜，酸菜

طُرَاش (مـ) / طَرَش 聋

مُطَرِّش (مـ): مُقَيِّئ [医]吐药，吐剂

أَطْرَشُ وأُطْرُوش وأُطْرُش م طَرْشَاءُ جـ طُرْش:

أَصَمُّ 聋子

ـ أَسَكّ 全聋的

طُرْشَجِي جـ طُرْشَجِيَّة (مـ) 卖泡菜的，卖酸菜的

طَرْشَقَ (م) 破裂

طَرِطٌ وطَارِط 愚笨的，愚蠢的

طَرْطَرَ الرجلُ: فاخَر وصلف 傲慢，趾高气扬

طُرْطُر: يَسْرُوع [动]蠋，毛虫，青虫(蝴蝶、蛾等的幼虫)

طُرْطُور وطُنْطُور (س) ج طَرَاطِيرُ: رجل دَقِيق طَوِيل 细高挑儿的男人

ـ وـ: قَلَنْسُوَة طويلة دقيقة الرأس (黎巴嫩、叙利亚妇女戴的)圆锥形的帽子

ـ (كالذي يلبسه المُهَرِّجون) 小丑帽，滑稽帽

ـ المِعْطَف وأمثاله (附在雨衣等上面的)兜帽

طَرْطَشَ (م): رَشَّ 洒水

ـ البَنَّاءُ الحَائِطَ 粗涂(作)一堵墙

طَرْطَشَة الحائط 粗涂，打底子

طَرْطَقَ أُذُنَيْه (م): نصبهما (马、狗等)侧耳、竖耳

ـ 轧轧响，炸的响声

طَرْطَقة 呱嗒声

طَرْطُوفَة (م) / تَرْطُوفَة: تُفَّاح الأَرض [植]菊芋，洋姜，鬼子姜

ـ: طَرَف 尖端，尖头

طَرْطِير (أ) (أو مِلْح الطَرْطِير): صَامُور tartar [化]酒石

ـ الأسنَان: قَلَح 牙垢，齿垢，牙锈

مِلْح الـ 酒石英

طَرَفَ ـِ طَرْفًا بعينيه: رَمَشَ (م) 眨眼，睒眼

ـ عينَه: أصابها بشيء فدمعت 眯(尘土入眼，不能看东西)

طَرُفَ ـُ طَرَافَةً: كان أو صار طَرِيفًا 成为新颖的，成为很有趣的

طَرَّفَه: جعله في الطَرَف 置于末端

ـ بَنانَه: خضب أطراف أصابعه بالحِنَّاء 染红指甲

ـ الأَظافِر 修指甲

أَطْرَفَ: أتى بالطُرْفَة أي الحديث الجَدِيد المُسْتَحْسَن 谈新鲜的事情，谈有趣的话

ـ ه بكذا: أَتحفَه به 送他东西，赠给某物

تَطَرَّفَ: جاوَز حدَّ الاعتدال 过度，走极端

ـ: أَفْرَطَ 过分，过火，太过

اِسْتَطْرَفَ الشيءَ: وجده طَرِيفًا 认为新鲜，觉得新颖

طَرْف ج أَطْرَاف: عَيْن 眼睛；眨眼；眼力，视力，视觉

يَرَى بـ ـ خَفِيّ: غضّ معظم عينه ونظر بِباقِيها من الخَوْف أو الاستحياء 侧目，睥睨，瞟，斜视

من ـ خَفِيّ 秘密地，不被察觉地

كارْتداد الـ 一眨眼，一刹那，一霎时

ـ جُنُون أو حُمَّى الخ 疯病、热病等的发作

ـ وطَرَف ج أَطْرَاف جج أَطَارِيفُ: حَدّ 边缘，边界，界限

ـ / ـ: مُنْتهى 末端，极端，极点

ـ / ـ: آخِر 最后，末了，终点

ـ / ـ: رأس مُدَبَّب / سِنّ 尖端

طِرْفٌ ج أَطْرَاف: كَرِيم الطِرْفَيْنِ أي الأب والأمّ من الناس 由出身高贵的父母所生的人

ـ: حَدِيث من المال 新获得的财产

ـ ج طُرُوف وأَطْرَاف: كَرِيمُهما من غير الناس 良种的家畜

رَجُلٌ ـ في نسبه: حديث الشرف 新贵人

اِمْرَأَةٌ ـ الحديثِ: حسنَتُه 谈吐新颖的妇女

طَرَف: فَرِيق 一群，一伙，一队

ـ 边区，边疆

ـ: نَاحِية / جَبْهَة 边；(某)方，(某)方面

على ـ لِسانه 在舌尖上
ـ: عُضْو / جَارِحَة 肢体，手足，翅膀
ـ صناعيّ 假肢
الـ الآخَر / الـ الثاني [法]对方，乙方
وَحِيد الـ 片面的，单方面的
من طَرَفِي 从我这方面
بـ ـ فُلان: عِنْدَه / مَعَه 在某人那里，和某人一起，跟某人一块儿
لِي بـ ـ فلان (مـ) 某人欠我(该我)…
أَخْلَى ـ ه (مـ): عزَلَه 免职，解雇，开除
أَخْلَى ـ ه (مـ): برَّأه 开释，释放，免罪
طَرَفَا النَهار 早晚，朝夕，旦暮
طَرَفَا الخُصُوم [法]两造，当事人，诉讼关系人(原告和被告)
الطَرَفَان المُتَعَاقِدَان 缔约双方
أَحَد طَرَفَيْ الخُصُومة [法]原告或被告
أَطْرَاف المدينة 城郊
أَطْرَاف البلاد: طرفها 边区，边境，边疆
مُتَرَامِي الأَطْرَاف 宽广的，幅员辽阔的
أَطْرَاف البَدَن 四肢
أَطْرَاف الرَجُل: أقارِبه 亲戚
تَجاذَبَ أَطْرافَ الحديث / أَخَذَ بأَطْرافِ الحديث 攀谈，闲谈，聊天
طَرَافَة 新鲜，新颖，别致
طُرْفَة جـ طُرَف / طَرِيفَة: مُلْحَة 名言，妙语，俏皮话，笑话
ـ: تُحْفَة 珍品
ـ: هَدِيَّة 赠品，礼物
طَرْفَة 一眨眼
في ـ عَيْن 瞬息间，一眨眼功夫
طَرْفَاء الواحدة طَرْفَاءة وطَرَفَة: عَبَل 柽柳
طَرِيفَة جـ طَرَائِفُ / أُطْرُوفَة: حديث نادر مستحسن 奇谈
طَرَائِف الحديث: مُختاره 佳话
تَطَرُّف: تجاوُز الحَدّ 过度，过分，过激
مُتَطَرِّف: متجاوز الحد 过度的
ـ: ضد معتدِل 过火的，过分的
ـ (في السياسة) 过激的，极端的，激进的；过激分子，激进分子，极端分子
مِطْرَف ومُطْرَف جـ مَطَارِفُ: رِداء من خَزٍّ ذُو أَعْلام 花缎袍子
طَرَقَ ـُ طَرْقًا وطُرُوقًا القومَ: أَتاهم لَيْلاً 在夜间访问他们
طَرَقَه ـُ طَرْقًا: ضربه بالمِطْرَقَة (用锤)打，击
ـ الطرِيقَ: داسه 走路
ـ النَجَّادُ الصُوفَ: ضربه بالمِطْرَق 槌羊毛
ـ بالبال: خطر 想起，想到，心血来潮，灵机一动
ـ البابَ: قرَعه 敲门
ـ المَوْضُوعَ 提出、讨论(题目)
ـ أُذُنَه / ـ سَمْعَه 听见
هل ـ هذا آذانَكم ؟ 您听说这件事了吗？
ـ أَسْوَاقًا جَدِيدَةً 开辟新市场，开辟新商场
طَرَّقَ المعدنَ: مدَّده ورقَّقه 延展、压延(金属)
أَطْرَقَ الرجلُ: سكَت 沉默，缄默
ـ مُفَكِّرًا 沉思，沉吟，默想
ـ رأسَه 垂下头，低下头
تَطَرَّقَ إليه: سار حتى أَتاه 走到；寻求，追求
ـ إلى الأمر: ابتغى إليه طريقًا 设法达到
ـ إليه: تخلَّله 渗入，透过，穿过，贯穿
ـ إليه الشَكُّ 生疑心，产生怀疑
ـ إلى كذا 涉及，顺便提到
ـ إليه العَطَبُ 他死了！
ـ إلى الكلام في... 话题转到…

ـ في الحديث 谈起来

اِنْطَرَقَ (مـ) (金属)被压延

اِسْتَطْرَقَ الشيءَ: اِتَّخذه طريقًا 采用…方法

ـ إلى (مـ)... (路)通向…；成癖，上瘾

طَرْق: ضرب بالمِطْرَقَة 用锤击，用槌打

ـ الباب 敲门

ـ المَعْدِن: مَطْله 压延、锤薄(金属)

يُمْكِنُ ـُ ه (أي مَطْله) 可锻的、有展性的、可压延的(金属)

ـ 音乐声

ـ / طِرْق جـ أَطْرَاق / طَرَقَة جـ طَرَق: فخّ أو شبهه 圈套，罗网

طَرْقَة جـ طَرَقَات: مرَّة 一次

ـ: دقَّة / قرعَة 敲一下

ـ تَان: مرَّتَان 二次

أَتيتُه ـ ـً أو طَرْقَتَيْنِ 我到他那儿去了一二次

طُرْقَة جـ طُرَق 道路；方法；习惯；欲望

اِنْطِرَاق (مـ): تمدُّد بالطرق 延展

طَارِق جـ طُرَّاق وأَطْرَاق: قادِم لَيْلاً (敲门者)夜间的来客

الـ: كَوْكَب الصُّبْح 晨星，启明星(即金星、太白星或长庚星)

جَبَل ـ 直布罗陀

مَضِيق جَبَل ـ 直布罗陀海峡

طَارِقَة جـ طَوَارِقُ وطَارِقَات: داهِية 灾难，祸患

ـ: عَشِيرة الرجل 家族，部落

ـ: سَرِير صغير 坐位

طَرِيق جـ طُرُق وأَطْرُق وأَطْرِقَة وأَطْرِقَاءُ جج طُرُقَات / طُرْقَة جـ طُرَق: سَبِيل 路，道路

ـ عُمُومِيَّة 大街，街道

الـ المُلْتَوِيَة 曲折的道路

ـ / طُرْقَة: مَمَرّ 走廊

ـ: قابِل الانطراق 可锻的，可压延的

عن ـ كذا / من ـ كذا 通过，经过，取道

عن (من) ـ بَكِينَ 经过(路过)北京，取道北京

عن (من) ـ الصِحَافَة 经过刊物发表

قَطَعَ الـ على فلان: كَمَنَ له في الطريق 伏击，拦劫

قاطع الـ 土匪，强盗，匪徒，剪径者

عابِر ـ 过路的人，旅客，行人

طُرُق المُوَاصَلَات 交通线，联络路

بالطُرُق السِلْمِيَّة 用和平的方法

طَرِيقَة جـ طَرَائِقُ: كَيْفِيَّة 方法，做法，手段

ـ: أُسْلُوب 方式；体系

ـ: واسِطَة 手段，媒介

ـ: مَذْهَب 教义，主义

الـ العَشَرِيَّة [数]十进位法

مَطْرُوق: مَمْطُول 压延的，锻造的

ـ: مُرَقَّق بالطرق 锤薄的

ـ: (طريق) مَدُوس 踏平的、走熟的(道路)

ـ: (مكان) يتردَّد إليه الناس 游人杂沓的地方，热闹的地方

ـ 使用过的(方法)

مَطْرُوقِيَّة: قَابِلِيَّة الانطراق (金属)展性、可锻性

مِطْرَق ومِطْرَقَة جـ مَطَارِق (انظر شكش) 榔头，铁锤

مِطْرَقَة آلِيَّة 汽锤

المِنْجَل والـ 镰刀和锤子

ـ البَاب: دَقَّاقَة / سَمَّاعة الباب (انظر دقق) (叩门用的)兽环，门环

طَرِمَ ـَ طَرَمًا بيتُ النَحْلِ: امتلأ من الطِرْم أي الشَهْد (蜂房)充满蜂蜜

طَرَّمَ (مـ) 使离开；拔除；拔牙

أَطْرَمَت أَسْنَانُه: علتها الطرامة 有牙垢
ـ فوهُ: فسدت رائحته 口臭
ـ طَرَمًا العَسَلُ: سال من الخليَّة (蜂蜜)自蜂房流出
تَطَرَّمَ في الكلام: تعقَّد عليه الكلام واختلط 不知怎样说才好
ـ (مـ) 被拔除的
طَارِمَة جـ طَوَارِمُ وطَارِمَات (مـ): بيت من خَشَب / كَبِين (أ) cabin (波)小屋，木屋；园亭，凉亭，亭榭
طُرُمْبَة جـ طُرُمْبَات (مـ) / طُلُمْبَة / طُلُومبَة (مـ) / تُرُمْبَة (مـ): مِضَخَّة tromba (意)水泵；抽水机；水龙，救火机
ـ: حُقْنَة (مـ) 注射器，手动唧筒，水枪，注水器；灌肠器
طَرْمَذَ: صَلِفَ وكان مفاخِرًا وباهِيًا بما ليس فيه 夸口，夸大，自夸
طَرُوَ يطْرُو وطَرِيَ يَطْرَى طَرَاوةً وطَرَاءَةً وطَرَاءً وطَرَاةً الغُصْنُ واللحمُ: كان غَضًّا ولَيِّنًا (树枝或肉)新鲜，柔软，鲜嫩
طَرَّى الشيءَ: جعله طَرِيًّا 使柔软；使新鲜
أَطْرَى فُلانًا: أحسن الثناءَ عليه 称赞，赞美，颂扬，表扬
ـ: بالغ في مدحه 过誉，夸奖，盛赞，吹捧
تَطَرَّى (مـ) 成为懦弱不堪的
طَرَاوَة: لُيُونَة 新鲜，柔软
ـ (مـ): بَلَل / رُطُوبَة 湿气，水分，潮湿，湿润
ـ (مـ): هواء بارد / نَسِيم 冷气，凉爽的空气；微风，柔风，和风
ـ الإهاب 年轻，青春
إِطْرَاء: ثَنَاء 赞美，称赞，表扬；过誉，夸奖

طَرِيّ: لَيِّن 软的，柔软的，嫩的
ـ: جَدِيد / طازَهْ (مـ) 新的，新鲜的，鲜嫩的
هَوَاء ـ: بَلِيل / رَطْب 湿润的空气，新鲜的空气
إطْرِيَّة: كُنَافَه (مـ) 甜面条
طَزَاجَة 新鲜，清凉
طَازِج / طازَج: طازَه (مـ) 新的，新鲜的
طُزّ (مـ) / طُظّ (斥骂、唾弃语)呸！胡说八道！
النَتِيجة ـ فِشّ (مـ) 效果等于零
ـ من فلان! 某人真讨厌！
ـ فِيك! (مـ) 你真废物！
ما يَعْرِفْش ـ من سُبْحَان الله (مـ) 他不识好歹
طُزْلُق (مـ): ران / مِسْمَاة 绑腿，裹腿
طِسْت / طَسْت جـ طُسُوت: إناء من نُحاس لغَسل الأيدي 脸盆，面盆
طَسَعَ ـَ طَسْعًا في البلاد: ذهب 旅行
طَسَمَ ـُ طَسْمًا الشيءَ: طمسه 涂去，抹去，擦去
طَسِمَ ـَ طَسَمًا: اتَّخم 患消化不良症
طَسَم: ظلام / غَبَرَة 黑暗；灰尘
طَسْم [史]太斯木(一个已经绝迹的阿拉伯部族)
طَشْت وطِشْت جـ طُشُوت / طِسْت (波)脸盆
ـ لغسل الأيدي 洗手盆
ـ وإبْرِيق 脸盆和水壶
طُشَّة / طُشَاش: داء كالزُكَام [医]鼻粘膜感冒
طَشَاش: ضَعْف البصر [医]视力弱
طَشْطَشَ (在锅里煎东西时)吱啦吱啦地响
طَصْلَقَ العملَ (مـ): رمَّقه 拙劣地补缀，暂时弥缝

بِناءٌ مُطَصْلَق (أي مُرمَّق) 偷工减料的建筑；

工程草率的建筑

طَطْلِي (مـ) / طَاطْلِي / طَاتْلي 甜食，糖食，

蜜饯，果品

مطعجة 弯(管)机

طَعِمَ ـَ طَعْمًا وطُعْمًا وتطَعَّمَ الشيءَ: ذَاقَه 尝，尝

味，试味道

طَعِمَ ـَ طَعْمًا وطَعَامًا الطعامَ: أكله 吃

ـ طَعْمًا الغُصْنُ: اِتَّصل والتحم بغُصْنٍ من غير

شَجَرِه 被接枝，被嫁接

طَعَّمَ وأَطْعَمَ الغُصْنَ: وصل به غُصْنًا من غير شَجَرِه

ليكون من جِنْس الشجرة المأخوذ منها ذلك

الغصنُ 接枝，接木，嫁接

ـ (في الطبّ): لقَّح ببعض الجَراثيم أو بمَصْل

الأمراض الوبائيّة للوقاية والشفاء منها [医]

接种，打预防针，移植病菌

ـ بِلِقاح الجُدَرِيّ 种痘

ـ الخشبَ أو المعدنَ بالصدَف أو الفِضَّة (مـ):

رصَّعه به 镶嵌

ـ صِنَّارةَ صَيْدِ السمك (مـ) 把饵装上(鱼钩)

أَطْعَمَه: قاتَه 供养，抚养，赡养

ـ ه: جعله يطعم 给他东西吃，喂他

اِسْتَطْعَمَ: ذَاقَ الطَعْمَ 尝，尝味道

ـ ه: طلب منه الطعامَ 向他要吃的，请求

抚养、赡养

طَعْم جـ طُعُوم: مَذاق 味，滋味，味道

ـ: لَذَّة 香味，风味，美味

ـ 快感

له ـُ كذا 有…的味道，有…的风味

لا ـَ له 乏味的，没趣的，枯燥无味的

ذَاقَ من العَيش ـَ يْهِ الحُلْوَ والمُرَّ (尝过生活中

的甜味和苦味)饱尝世味，老于世故

طُعْم النَبات جـ طُعُوم 接枝，(嫁接用的)枝条

ـ طِبِّيّ: لِقاح 牛痘预防液

ـ (مـ): رِشْوَة 贿赂

ـ (مـ): مَغْوَاة (للسمك وغيره) 饵，诱饵；

囮子，鸟囮子

الـ السَامّ (打老鼠的)毒饵，鼠药

طُعْمَة جـ طُعَم 食物，饲料

ـ: دَعْوَة إلى الطعام 请客

ـ المَدافع 炮灰

طَعْمِيَّة 肉丸子；素丸子

تَطْعِيم النبات / تَطْعِيم القلم 接枝法

ـ العَيْن (البُرْعُم) 接芽法

ـ: تَلْقِيح [医]打针，注射，接种

ـ: تَرْصِيع 镶嵌

طَعِم: طَيِّب المَذَاق 好吃的，有滋味的

طَعَام جـ أَطْعِمَة جج أَطْعِمَات: قُوت 食物，食品

ـ المَرْضَى: غِذاء الحِمْيَة 规定的饮食，病号饭

ـ للمَدَافع 炮灰

خِوان الـ: المائِدَة 饭桌，餐桌

أَضْرَبَ عن الـ 绝食

تناوَل الـ: أكلَه 用饭，用膳

مَطْعَم جـ مَطَاعِم: مَوْضِع الأَكْلِ 饭厅，食堂

ـ: لُوكانْدَة أكل (مـ) 饭店，食堂，饭馆

مِطْعَم م مِطْعَمة: شَدِيد الأَكْل 狼吞虎咽的

مَطْعُوم جـ مَطَاعِيمُ 食物；接枝；痘苗，疫苗

مُطَعَّم: مُرَصَّع 镶嵌的

ـ 嫁接的

طَعَنَ ـُ طَعْنًا بالرُمح أو السِكِّين: ضربه ووخزه به

刺，刺穿，刺杀

ـ بالحَرْبَة 用短矛刺

ـ بخَنْجَر: ضرب به 用匕首刺

ـ في السِنّ: شاخ 上年纪，老迈

ـ فيه أو عليه: عابه وقدح فيه 诽谤，中伤，诬告，说坏话

ـ على الدين 侮辱宗教

ـ فيه أو عليه بالنَشْر 发表文章诽谤

ـ في شَرَفِه 毁人名誉

ـ في الحُكْمِ 申诉，抗告

ـ في قوْلِهِ: دحضه 驳斥，驳倒

ـ على ... 不接受、不同意(供词)

طُعِنَ الرجلُ: أصابه الطَاعُون 患鼠疫

تَطَاعَنَ القومُ تَطَاعُنًا وطِعَانًا واطَّعَنُوا 斗争，战斗，厮杀

طَعْن: وَخز 刺进，扎入，穿入

ـ: قَدْح 诽谤，中伤，诬告，毁坏名誉

ـ بالنَشْر: قَذْف 发表文章诽谤

لَجْنَة الطُعُون 资格审查委员会

طَعْنَة جـ طَعْن وطَعَنَات 刺

طَاعُون جـ طَوَاعِين: مرَض وافد 时疫，瘟疫，传染病

ـ رِئويّ [医]肺炎的传染病

ـ بَشَرِيّ / ـ دُمَّلي 鼠疫，腺鼠疫，黑死病

ـ المَوَاشِي: مَوَتَان 牛瘟，家畜流行病

طاعِن 刺杀者

ـ 诽谤者

ـ في السِنّ 老迈的，年纪大的，上了年纪的

مَطْعُون: مَضْرُوب بسِكِّين 被刺的

ـ: مُصاب بالطَاعون 害鼠疫的；害传染病的

كَلام ـ فيه 可驳倒的，可驳辩的，站不住脚的

مَطْعَن 弱点，要害

مَطَاعِن 谩骂；恶骂

طُوغْرِي (أ) (土)直的，直走，不拐弯

طُغْراء جـ طُغْرَيَات وطُغْرَاءَات / طُغْرَى (أ): طُرَّة (مـ) (انظر طرر) (土)花押，组合文字(古时官方文书和钱币上的一种标志)

طُغْمَة جـ طُغْمَات: جَماعة أمرهم واحد 帮，伙，队，班

ـ مالِيَّة 金融寡头，财政寡头

ـ الإكْلِيرس [基督]教士团

طَغام الناس: الأوغاد 低级阶层

طَغَا يَطْغُو طُغْوًا وطُغُوًّا وطُغْوَانًا البحرُ: هَاجَ 波涛汹涌、澎湃

ـ السيلُ: ارتفع وفاض (洪水)泛滥

ـ: جاوَز الحدَّ (انظر طغي) 超过限度，侵犯，侵害

طَغَى وطَغِي يَطْغَى طَغْيًا وطُغْيَانًا وطِغْيَانًا: طَغَا / جاوز الحدّ 超过限度，侵犯，侵害

ـ الرجلُ: أسرف في الظُلم والمَعاصِي 残暴，暴虐，专横，横行霸道

ـ الماءُ 泛滥

طُغْيَان: عُتُوّ 残暴，暴虐，专横，横行霸道

ـ: فَيَضَان 泛滥

طاغٍ: فائِض 泛滥的

ـ جـ طُغَاة وطَاغُون م طاغِيَة: عاتٍ / جَبَّار 暴君，压制者，专制者，霸道者，无法无天的

طاغِيَة 雷电，雷击，霹雳

طَاغُوت جـ طَوَاغٍ وطَواغِيتُ 魔鬼；偶像；叛乱的，造反的

الطَوَاغِي والطَوَاغِيت: بيوتُ الأَصْنام 庙宇

طَفِئَتْ ـَ طُفُوءًا وانْطَفَأَت النارُ: ذهب لَهَبُها (火)熄灭

ـ عَيْنُه: ذهب نُورُها (眼)失明，瞎了

طَفَأَ (مـ) وطَفَّأَ النارَ والمصباحَ 灭火，灭灯

ـ (مـ) وـ المِصْباحَ الكَهْرَبِيَّ 关电灯

ـ (مـ) وـ الجِيرَ 沸化石灰，消和石灰

ـ (مـ) وـ العَطَش أو الغَليلَ 解渴，止渴

إطْفاءُ النار 熄(灯)，灭、扑灭(火)

ـ الأنْوارِ (خَشْيَةَ الغارات الجَوِّيَّة) (空袭时的)灯火管制

إطْفائِيّ: مَنُوط بإطفاء الحَرائِق 救火员，消防队员

إطْفائِيَّة 消防队

طافِئ / مُطْفِئ: مُخْمِد 灭火者；消防队员

ـ / مُطْفَأ / مَطْفِيّ: خامِد 无火焰的，被熄灭的

مُطْفِئ الجَمْر: رابع أيَّام العجوز أو خامِسها 灭炭日(最冷的一天，2 月 28 日或 29 日)

ـ الرَضْفِ: الداهية 大灾，大难

مُطْفَأ / مَطْفِيّ (مـ): غير لامع 暗淡的，无光泽的

مِطْفَأَة / مِطْفَايَة جـ مَطَافِئ / طَفَّايَة جـ طَفَّايَات (مـ): آلة الإطفاء 灭火器

ـ الحَرائِق: آلة إطفاء الحرائق 灭火机；救火车

فِرْقَة المَطَافِئ 消防队

رِجَال المَطَافِئ 消防队员

طَفَحَ ـَ طَفْحًا وطُفُوحًا الإناءُ: امتلأ وفاض (器皿)充满，充溢

ـ ت كأسُه 他的杯里斟满了酒

ـ السَكْرَانُ: ملأهُ الشَرابُ (肚子被酒充满了)喝了一肚子的酒

ـ من كذا: امتلأ جدًّا 过食，过饮，吃(喝)得太多

ـ منه (مـ): تَضايَق 讨厌，不耐烦

اِطْفَحْ عَنِّي: اذهبْ 走开，滚开

ـ وطَفَّحَ وأطْفَحَ الإناءَ: مَلأَه حتى يَفِيض 装满，充满

اِطَّفَحَ القِدْرَ: أخذ رَغْوَتَها 撇去浮沫

طَفْح / طُفُوح: زِيادة الامتِلاء 充满，充实

ـ جِلْدِيّ [医]疹，发疹，疹热病

طَفْحِيّ 疹性的

تِيْفُوس ـ typhus 斑疹伤寒

طُفَاحَة: رَغْوة / رِيمَة (مـ) 泡沫，浮渣

طافح م طافِحَة: طَفْحَان م طَفْحَى 充满的，丰满的，溢出的，泛滥的

ـ بِشْرًا 喜气洋洋

كَيْلٌ ـ 足量的，满(斗)的

ـ (مـ) 醉汉

طَافِحَة 干燥的，枯干的，不毛的

مِطْفَحَة: مِرغاة / مَقْصُوصَة (مـ) 漏勺，网勺，笊篱

مَطْفَحَة (مـ) 罗网，捕机，活套

طَفَذَ ـِ طَفْذًا الميتَ: دفنه 埋葬

طَفْذ وطَفَذ جـ أَطْفَاذ: قَبْر 坟墓

طَفَرَ ـِ طَفْرًا وطُفُورًا: وثب في ارتفاع كما يطفر الإنسان على الحائط أي يثب إلى ما وَرَاءَهُ 跳高，跳墙，跳过去

طَفَّرَ وأطْفَر الفَرَسَ النَهْرَ: جعله يثب من أحد شطَّي النهر إلى الشطّ الآخر 使马跳过河

طَفْر: وَثْب 跳跃

طَفْرَة 一跳，一跃

طَفْرَةً 越级，躐等

طَفَر (مـ): ثَفَر / حِزَام السرج الخلفيّ 鞦(套在马臀上的皮带)

طافِر 蹦跳者，跳跃者

طَفْرَان (مـ) 穷人，贫民，贫农

طَفِسَ ـَ طَفَسًا وطَفَاسَةً: صار قَذِرًا 成为肮脏的

طَفِس 油腻的，肮脏的

طَفَشَ ـِ طَفْشًا (مـ): هرَب 逃走，逃跑

هو طافِش من الجُوع 饿得站不住了

طَفْشَان جـ طَفَاشَى 逃亡者，亡命徒

طَفْشَانَة (مـ): آلة فتح الأقفال 撬锁具，(可开各种锁的)万能钥匙

طَفَّ ـُ طَفًّا الشيءُ منه: دنَا 靠近，接近

طَفَّفَ المِكْيَالَ وـ الكَيْلَ: نَقصَه قليلاً 量米不足(克扣分量)

ـ المِيزَانَ 秤头不够(尅扣分量)

طَفّ جـ طُفُوف: جانِب (躯体的)侧，胁

ـ: شاطِئ 河堤

ـ: سفح الجبل 山麓，山脚

طَفَّة جـ طَفَّات (مـ): ضَفَّة / جماعَة 一群，一伙

طَفِيف: ناقِص 不足的，不满的

ـ: قَلِيل / يَسِير 少的；微少的，些微的，轻微的

ـ: زَهِيد 琐碎的，微贱的，无价值的

طَفَّاف 摊贩；粮商；面包贩

ـ من الخيل: سَرِيع خَفِيف 快马，走马

طَفِقَ ـِ طَفْقًا وطُفُوقًا بمُراده: ظفر به 达到目的，如愿以偿

ـ وطَفِقَ يَفْعَلُ كذا: اِبْتَدأَ وأَخَذَ 开始做，着手做，动手做

أَطْفَقَه بمُراده: أظفره به 使他达到目的

طَفَلَتْ ـُ طُفُولاً الشمسُ: دنت للغُرُوب (太阳)降落，下山

طَفَّلَ وتَطَفَّلَ: كان طُفَيْلِيًّا 成为不速之客

ـ وـ على: ورش 侵入，闯入，不请自至

أَطْفَلَ (مـ) 生长出来，产生，发生，首次出现

تَطَفَّلَ على القوم: دخل عليهم وهم يأكلون ولم يُدْعَ للأكل 做不速之客，闯入筵席

تَطَفَّلَ على الطِبّ 冒充医生

طَفَل / طَفَالَة / طُفُولَة / طُفُولِيَّة 婴儿期，幼时，幼年时代，童年时代

طَفْل م طَفْلَة جـ طِفَال وطُفُول: رَخْص ناعِم 柔软的，温柔的

ـ (مـ) / طُفَال: طِين خزَفِيّ 粘土；陶土，高岭土

ـ قارِيّ 沥青粘板岩

طَفْلَة 粘土，矾土

طِفْل جـ أَطْفَال م طِفْلَة: مَوْلُود صغير 婴儿，儿童

طِفْلَة 小姑娘，小女孩

رَوْضَة الأَطْفَال: مَدَارِس الحضانة 幼儿园

طُفُولِيّ / طِفْلِيّ 婴儿的，幼儿似的，幼稚的

طُفَيْلِيّ: يَعِيش على غيره 食客，寄生者，吃闲饭的；寄生物

ـ: وارِش 不速之客

ـ: مُتَدَخِّل في ما لا يَعْنِيه 好管闲事的人

نَبات ـ 寄生植物

أَمْرَاض ـ ة 传染病

طُفَيْلِيَّة جـ طُفَيْلِيَّات 寄生，寄食，寄生生活；寄生物；寄生虫；寄生菌；寄生植物；寄生矿物

عِلْم الطُفَيْلِيَّات 寄生物(虫)学

تَطَفُّل 作不速之客，作自来客

ـ 纠缠，讨厌的行为

مُتَطَفِّل 不速之客；寄食者，寄生者

طَفَا يَطْفُو طَفْوًا وطُفُوًّا: علا فوق الماء 浮，漂，浮起

ـ (مـ): أَطْفَأَ (راجع طفأ) 熄灯，灭火

طَفَى (مـ) (راجع طفأ) 扑灭，熄灭

ـ الشَرَاقِي (مـ) 灌溉尼罗河泛滥期浸不着水的土地

طَفْو: عَوْم 漂浮

طُفَاوَة: دارة الشمس أو القمر / هالَة 日晕，月晕，光圈

ــ: ما طَفا من زُبد القِدْر 锅里漂起的泡沫

السمكُ الطافِي 漂在水上的死鱼

طافِيَة جـ طَوَافٍ: قطعة جليد (رقيقة) عائمة 浮冰块

ــ: جَبَل جليد عائم 浮冰山

طَقْس جـ طُقُوس (س): حالة الجوّ (希)天气，气象

ــ (م): مُناخ 气候

ــ: طَرِيقَة 途径，方法

ــ دِينِيّ (宗教)仪式，典礼，礼仪

الـ الشرْقِيّ 东方礼节

كَنِيسة طَقْسِيَّة 仪式派的教堂

طُقَيْسِيّ (م): غُرْفَة مَسْحُورة 阁楼，顶楼，杂物房

طَقْطَقَ 发爆裂声，噼噼啪啪地响

ــ (كالمِلح في النار) (像盐放在火里)噼啪作响

طَقْطَقَة 噼啪声，爆裂声，马蹄答答声，指关节的声音

طَقْطُوقَة جـ طَقَاطِيقُ (م): طَرْطُوعَة 爆竹，花炮，烟火

ــ (م): أُغْنِيَة 轻松有趣的歌曲，短歌，小曲，小调

ــ (م): خِوان السَّجَايِر 小圆几，盘形茶几

ــ السَّجَايِر (م): مِنْفَضَة (انظر نفض) 烟灰缸，烟灰碟

طَقَّ ــُ طَقَقَانًا وطَقًّا: أخرج صوتًا شديدًا 发出爆裂声，发出轰隆声，发出巨响

ــ: فَقَعَ / فَرْقَعَ 坼裂，破裂；爆炸，爆裂

ــ 喋喋不休，嚼舌，磕牙

طَقْ: حِكَايَة صوت الحجَر وقع على الحجر 石头相击的磕打声

طَقَّقَه (م): جعله يفقع 引起爆炸，引起爆裂，使炸裂

طَقّ حَنَك (م): ثَرْثَرَة 空谈，瞎聊，啰唆，喋喋不休

طَقَّة (م) 进食(早点、午饭或晚饭)

طَقَّمَ الحِصانَ (م): شدَّ عليه عدَّته 备马，驾马，鞁马

ــ ه: أَلْبَسَه 给他穿衣

طَقْم جـ طُقُومَة وأَطْقُم (م) / طاقِم ثِياب (土) 一套衣服，一身衣裳

ــ: مَجْمُوعة أَشْيَاء 一套东西，一副工具

ــ جِلْد 一套皮家具

ــ الحِصان: عُدَّته 马具(包括马鞍、笼头等)，挽具

ــ أَسْنَان 一副假牙齿

ــ سُفْرة (أدوات المائدة) 一套餐具

ــ شَاي (أدوات شُرب الشاي) 一套茶具

ــ [军]炮兵班

طاقِم السَّفِينة 全体船员

مُطَقَّم 盛装的；上马具的

طلاء (في طلي) / **طلاوة** (في طلو)

طَلَبَ ــُ طَلَبًا وأَطْلَبَ الشيءَ: حاول وجوده وأخذه 寻找，寻求

ــ الشيءَ: رغب فيه 希望，想要，指望

ــ العِلْمَ 学习，求学

ــ اللُّغَةَ العَرَبِيَّة 学习阿拉伯语

ــ: سَأَلَ 要求，请求

ــ ه: اِسْتَدْعَاه 召来，叫来，召集，传(被告等)，派人去叫，遣人去拿

ــ بِثَأْره (م) 意图报仇

ـ إليه كذا: اِلْتَمَسَ 请求，恳求，哀求，乞讨
ـ منه: سَأَلَه 请求，要求，呼吁，求助
ـ المُحالَ 要求办不到的事，缘木而求鱼
ـ الزَواجَ / ـ يَدَها 求婚
طَالَبَه: طلب منه حقًّا له عليه 要求归还权利
ـ ه بكذا: طَلَبه منه 要求(常用于合理的)
تَطَلَّبَ الشيءَ: طلبه أو طلبه في مُهْلة 要求，需要
ـ الأمرُ كذا: احتاج إلى شيء يتمّه 要求做到，需要
اِنْطَلَب (م) وطُلِبَ 被要求，被请求，被寻求
طَلَب: نَشْد 寻找，寻求
ـ: سؤال 要求
ـ: إقبال 要求，需求，需要
ـ: توسُّل 哀求，祈求
ـ: التماس 请求，恳求
ـ: لُزوم / اقتضاء 需要，必需
ـ: اِستدعاء 召来，叫来，传唤，召唤
ـ: مُطالَبَة 要求权利
ـ: أَمْر 命令，训令
ـ المُحال 要求办不到的事，缘木求鱼
عَرْض وـ 供求，供给和需要
أَرْسَلَ في ـ ه 打发人去请他，派人去叫他
في سَنَوَات (عَهْد) الـ 在求学的年代里，在学习的时代
تَحْتَ الـ / بالـ 定做中，订购中
تَحْتَ ـ ه أو أَمْرِه 由他自由处置
عِنْدَ الـ 请求即…
يُدْفَع عِنْدَ الـ 来取即付
ـ جـ طَلَبَات 申请，申报；书面申请，书面要求；定货，订购；定制，定做；命令
طَلَبًا لِـ… 为寻求…
سَتَجْرِي هذه المُباحَثاتُ طَلَبًا لِحَلٍّ قَضِيَّة… 进行这些会谈的目的是为了解决有关…的问题
طَلَبِيَّة 定货，订购；定制，定做；要求，需要；命令，禁令
مُطَالَبَة جـ مُطَالَبَات: طَلَبُ الرَدّ 索回，要求权利
مَطْلَب جـ مَطَالِبُ: غَرَض 目的，目标
ـ: مُطالَبة 索回，需求权利
ـ: مَوْضُوع / مَسْأَلَة 主题，问题
طِلْبَة / طَلِبَة: ما يُطْلَبُ 期望的事物，希望的目的；[数]未知数，未知量
ـ / ـ 祈祷，祷告，祈祷文
طَلْبَة (م): صَلاة / استغاثة 连祷，祈祷
طِلْبَة جـ طِلْبَات 需要的，要求的
طَالِب جـ طُلاَّب وطَلَبَة وطَلَب وطُلَّب: ناشِد 探索者，探求者，寻找者
ـ: مُلتمِس / مقدِّم الطلب 请求者，申请人
ـ: مُتقدِّم (لنيل مركز أو غيره) 候选人
ـ عِلْم: تِلميذ 学生
ـ جَامِعِيّ 大学生
ـ نَهاريّ 走读生
ـ داخِليّ / ـ لَيْليّ 寄宿生
ـ مُنتقِل / مَنْقول 插班生
ـ مُستَمِع 旁听生
ـ بالمراسلة 函授生
ـ الدراسات العليا 研究生
ـ الزَواج: خَاطِب 求婚者
ـ / مُطَالِب: مُدَّعِي الحَقّ 要求者，申请者，请求者；[法]原告，债权人
مَطْلُوب جـ مَطَالِيب: مَنْشُود 所寻求的，所希冀的
ـ: مَرْغُوب فيه 所愿望的，所指望的

ـ: لازِم 必需的，有必要的
ـ: عليه إقْبَال 很需要的，有销路的
ـ: مُسْتَحِقّ الأداء (الدفع) 应支付的
ـ منه كذا: عليه كذا 债务人
مَطْلُوبَات التَاجِر: دُيونه (商人的)债务
مُطَالَب: مَسْؤُول 有责任的，应负责任的
طَلْبَقَ الرجلُ: قال "أَطَالَ اللّهُ بَقاءَك" [宗](愿真主使你长生)祝你长寿
طَلَحَ ـُ طَلاحًا: خلاف صَلُحَ 成为坏的、邪恶的、不义的、不正经的、不道德的
ـ ـَ طَلْحًا وطَلاحَةً 成为困倦的、疲惫不堪的
طَلْح: مَوْز 羊角蕉，羊角香蕉
ـ: سَيَال 阿拉伯橡胶树(金合欢属)
طَلَح 舒适的生活
طَلْحِيَّة جـ طَلاحِيّ: فرخ ورق (مـ) / طَرْحِيَّة (مـ) 一张纸
طَلِيحَة وَرَق (سـ): رِزْمَة 一令纸
طَلاح 坏，邪恶，不义
طَالح جـ طَالِحُون وطُلَّح: ضد صَالح 坏的，邪恶的，不义的，不正经的，不道德的
طَلَسَ ـِ طَلْسًا وطَلَّسَ الكتابةَ: مَحاها 涂去，擦去
طُلِس به في السِجْن 把他关在牢里
طَلِسَ ـَ طَلَسًا وطَلُسَ ـُ طُلْسَةً 成为土灰色
طَلْس: مَحْو 涂去，删除，灭迹，抹去
طِلْس جـ أَطْلاس: صَحِيفة مَمْحُوَّة 被涂抹的字纸
ـ: غير مَقْرُوء 模糊不清的，字迹潦草的
طُلْسَة 灰黑色
طَلَسَانَة (مـ): تَهْرِيمَة السُور (مـ) [建]盖顶，墙帽，遮檐
طَيْلَسان: كِساء أخضر يلبسه الخَواصُّ من المَشايخ والعلماء وهو من لِباس العَجَم 绿袍(波斯宗教学者的礼服)；波斯参议员礼服
ـ (مـ): خُلْخَال (في المعمار) [建]半圆花边
أَطْلَس جـ طُلْس: نَسِيج من الحرير 缎子
ـ جـ أَطَالِسُ: مَجْموعة مُصَوَّرات جُغْرَافِيَّة 地图集
ـ (أ): إلهٌ كان الإغريقُ والرومانُ يَزْعُمون أنه يحمل الأرض على مَنْكِبَيْه Atlas [希神]阿特拉斯(荷马诗中管理撑天柱的神)
أَطْلَسِيّ: حَرِيرِيّ 缎子的
المُحِيط الـ 大西洋
طِلَسْم جـ طَلاسِمُ / طِلَّسْم جـ طِلَّسْمَات (أ): كتابة سِحْرِيَّة talisman [希]符录
ـ 密码文件
فكّ طَلاسِم الرُمُوز 翻译密码，破译密码，译码，解码
طَلُوش (مـ) / طَالُوش المُبَيِّض (泥水匠用的)镘板
طَلَعَ ـُ طُلُوعًا ومَطْلَعًا ومَطْلِعًا الكَوْكَبُ: ظَهَرَ / بَزَغَ (日、月、星)上升，出来，出现在水平线上，出现在视线中
ـ عليهم: أقبل 来临，到来
ـ عنهم: غاب وابتعد 离开，远离
ـ النَهار (مـ) 黎明，拂晓，天亮
ما يَطْلُع بِيَدِي (مـ) 不是我力所能及的
طَلَعَ ـَ وطَلِعَ ـَ طُلُوعًا: ضد نَزَلَ 上升，上涨，增高
ـ وـ: صَعِدَ 上(楼)
ـ وـ التَلَّ: علاه 登山，爬山
ـ وـ السُلَّم 上梯子，爬梯子
ـ وـ من المَكَان 出来，走出
ـ وـ: اِنْطَلَقَ (كالعِيار النارِيّ) (枪、炸弹)

打出，爆炸，爆发

ـ وـ على الأمر: عَلِمَه 知道，晓得，发觉

ـ فيه (مـ): عنَّفه وتهدَّده 谴责，申斥，责备

ـ في عَقْلِه (مـ) / ـ على باله 他想起来

ـ خُلُقُه (مـ) 发起脾气，动气，动怒

ـ وأَطْلَعَ النباتُ أو السِنُّ (植物或牙齿等)
长出，露出，出现

طَلَّعَه: أَخْرَجَه 送，发送，派遣，发出(香气)，
生(芽)

ـ ه (مـ): أَصْعَدَه 抬起，举起，提高，使
上升，使升起

ـ (مـ): قَاءَ 呕吐

طَالَعَ الكِتَابَ: قرَأَه 阅读

ـ الكِتَابَ: قرَأه وأدامَ النظرَ فيه 精读，熟读，
学习，研究

ـ 在…面前出现

ـ بالأمر: عرَضه عليه 揭示，揭露，阐明，
解释

أَطْلَعَه على الأمر 告诉，报告，通知

ـ ه على السِرِّ 让他知道秘密，向他泄密

تَطَلَّعَ إليه: نظر 看，望

ـ فيه (مـ): تفرَّسَ 凝视，瞪眼看，睁大眼
睛看

ـ إلى الشيء: تَشَوَّفَ إليه 指望，渴望，热
望，期望，向往

اِطَّلَعَ على الشيء: رآه 看见，看到，瞧见

ـ على الأمر: علِمه 知道，明白，判明，
认知，知悉

ـ على الشيء: اِكْتَشفَه 发现，看出

ـ على العَمَل: راقَبَه 管理，监督，指挥

ـ على كذا 仔细研究、观察

ـ على كذا 收到情报，得到消息

اِسْتَطْلَعَ فُلانًا رأْيَه 磋商，征求意见；请教，
咨询

ـ 尽力看清楚，努力研究、探讨

ـ 侦察，探索

طُلُوع 升起，上升

ـ: ظُهُور 出现，呈现

من ـ الشَمْس إلى غُرُوبِها 从日出到日落

ـ (مـ): خُرَاج 脓疮，溃疡，肿瘤

مَطْلَع جـ مَطَالِعُ: سُلَّم 梯子，扶梯，楼梯

ـ: فاتِحة 序，序文，绪论，前言，小引，
引言

ـ: تَبَاشِير أو دَلائِل المُسْتَقْبَل 预兆，先兆，
征兆

ـ 东方，星辰、太阳上升的地方

ـ الفَجْر 破晓

ـ القَصِيدَة أو الدَوْر المُوسِيقِيّ (诗)首句；
[乐]序曲，序乐，前奏曲

ـ النَهْضَة 复兴的开端

مُنذ ـ الصُبْح حتى مَهْبِطِ اللَيْل 从早到晚

ـ [电]阳极

مُطَالَعَة 阅读，学习，研究；读物，作品

اِطِّلاع: عِلْم 知识，认识，学识；熟悉情形，
消息灵通

حُبُّ الـ 好学，好问，求知欲

سَعَة الـ 博览群书，博学强记，学问渊博

ـ: نَظَر 看，视，观；视力，视觉；眼界，
视野

ـ على الأعْمال: مُرَاقَبَة 监督，管理

عند الـ (اصطلاح ماليّ) 一见就…，见(票)
即(付)

اِسْتِطْلاع جـ اِسْتِطْلاعَات 勘查，勘探；调查，
考察

اِسْتِطْلاَعَات طُبُوغرَافِيَّة 地形勘查，地形测量
حُبّ الـ 好学，好问，求知欲，好奇心
اِسْتِطْلاَعِيّ 考察的，侦察的，探索的，勘探的
طَلْع النَخْل: ما يَبْدُو من زهر النخل في وعاء [植]肉穗花序，佛焰花序
ـ النَبات (مـ): لِقَاح 花粉
طَلْعَة: مَنْظَر 外观，外表，外形；面貌，相貌
ـ (سـ) 斜坡，登山
طُلَعَة 好问的，敏锐的，求知的
طَالع المَوْلُود 占星，算命，摆八字
طَالع جـ طَوَالعُ: ما يُتفاءَل به من السعد والنَحْس 吉星，凶星；吉兆，凶兆
سُوء الـ 厄运
حُسْنُ الـ 好运
كشف عن الـ 占卜，算命，看相
ـ: صاعِد 上升的，攀登者
ـ (مـ): مَظْهَر 容貌，相貌，姿态，风度
حَسَبَ ـ الإنْسَان 算命
سَيِّئ الـ 不幸的，倒霉的
عِلمُ الطَوَالع 占卜学，占星学，相命学
طَوَالع 前途，展望，标志，特征
طَلِيعَة جـ طَلاَئِعُ 先锋队，哨兵，斥候
الحِزْب الشُيُوعِيّ هو ـ طَبَقَة العُمَّال 共产党是工人阶级的先锋队
طَلاَئع 标志，特征，征候，预兆，先声
ـ الاستِسْقَاء 浮肿症状
طَلِيعِيّ 先进的，先锋的
طَلاَّع 有大志的
ـ الثَنَايَا والأَنْجُد 精明干练的人
مُطَّلع على الشيء: عالم به 精通，熟悉
ـ 专家，能手，内行人，鉴识家，博识家

مُطَالِع: قَارِئ 读者，阅读者
طَلَقَ ـُ طَلاَقًا: اِنْحَلَّ من عِقاله 不受束缚，不受约束
ـ تِ المَرْأَةُ من زوجها: بانَتْ عن زوجها وتركَتْه (妇女)离婚，与丈夫脱离婚姻关系
طَلُقَ ـُ طُلُوقَةً وطَلاَقَةً الرجلُ: كان طَلْقَ الوَجْه بَشُوشًا 和颜悦色，和蔼可亲
طُلِقَتْ الحُبْلَى طَلْقًا: أصابَها وَجَعُ الوِلادة (孕妇)阵痛
طَلَّقَ قَوْمَه: تركهم وفارَقهم 脱离群众，离开群众
ـ المَدْرَسَةَ 退学
ـ الآرَاءَ السَابِقَة 放弃以前的各种意见
ـ كُلَّ دِين وإيمَان 抛弃一切宗教信仰
ـ الرجلُ زوجتَه: خلاَّها قيد الزواج 休妻，出妻，离异，离婚
ـ ها ثلاثًا [伊]他三次表示休妻，出妻
ـ عَقْلَه 失常，发疯
أَطْلَقَه: حَلَّه 解开，放松，放开
ـ ه: حَرَّرَه 解放，释放(囚犯、俘虏、奴隶)
ـ المَوَاشِيَ: سَرَّحَها 把牲畜放出去
ـ سَبِيلَهُ 放了他，释放他
ـ سَاقَيْه للريح 撒腿，放步奔逃
ـ ت الشَجَرَةُ الأَزْهَارَ (树)开花
ـ صَفَّارَاتِ الإنْذَارِ في... 发空袭警报
ـ يَدَه: فتَحها 乐善好施，慷慨解囊，慷慨捐助
ـ يدَه (في الأمر) 自由行动
ـ بَطْنَه [医]通便，通大便
ـ لِحْيَتَه 留起胡子
ـ له العِنَانَ (放松他的缰绳)放任，放纵，任其自由

ـ العِنَانَ لِفَيْضِ الدُمُوع 挥泪，洒泪
ـ في كلامه: عمَّمه ولم يقيِّده 笼统地讲，概括地说，一般地说
ـ فيه النارَ 放火
ـ النارَ أو الرَصاص عليه 开火，开炮，开枪
ـ السِهامَ 射箭
ـ البَخُور 烧香
ـ المِدْفَعَ على ... 开炮轰击，炮轰
أُطْلِقَتِ الكلمةُ على كذا 这个词作某种解释
تَطَلَّقَ وانْطَلَقَ وجهُه 面孔和蔼，面带喜色
ـ (羚羊)很快地跑过
اِنْطَلَقَ: ذَهَبَ 去，离开，离去
ـ مِنْ 解脱，摆脱
ـ مُسْرِعًا 匆匆离去
ـ: خَرَجَ (كالعِيَار النَارِيّ) (枪)发射，(炸弹)爆炸
ـ ت الطائِرةُ: قامَتْ (飞机)起飞
ـ يعْدُو 他开始跑了
ـ ت البُنْدُقِيَّةُ 步枪走火
ـ لِسَانُه: كان طَلْقًا 口齿伶俐
ـ يَتَسَاءَلُ 他开始询问
ـ تْ كَفَاءَتُه 他的才能获得了发挥的自由
ـ تِ الزَوْبَعَةُ 暴风雨大作
اِسْتَطْلَقَ البَطْنُ 大便通畅
ـ (胃)变成衰弱
طَلْق: وجع الولادة [医]产痛，阵痛
ـ الخَوالِفِ (م): حِسّ [医]产后痛
ـ / طِلْق: كوكب الأرض / لطيف المَجَسّ / تَلْك (أ) talc [矿]滑石
ـ اليد أو اليدَيْنِ: سَمْح سَخِيّ 慷慨的，大方的
ـ اللِسان: فصيح 有口才的，口齿伶俐的

طَلْقِيّ: من طلق أو مثله 滑石的；像滑石的
طَلَق / ـ نارِيّ: حشوة السِلاَح النَارِيّ 子弹，炮弹
ـ 马跑(一趟)
طَلاَق: تَطْلِيق 休妻，出妻，离异，离婚
ـ بالثَلاثَة [伊]三次休妻
كِتَاب أو وَرَقَة الـ 休书
إطْلاَق: تَحْرِير / حَلّ 解放，释放，开释；解开，放开
ـ النَار 开火，开枪，开炮，射击
ـ الطاقة الذَرِّيَّة 原子能的释放
ـ اليَد 解除拘束，赋予行动自由
ـ: تَعْمِيم 概括，一般化，普通化
على الـ / مُطْلَقًا: عُمُومًا 一般地，绝对地，概括地，笼统地
ـ التَنَاقُض 矛盾的绝对性
اِنْطِلاَق 快速离去，疾驰；出发
ـ ذَرَّة اليُورَانِيُوم 铀原子放射
نُقْطَة الـ (田径赛的)起点，出发点
تَكَلَّمَ بالعَرَبِيَّة بـ ـ 流利地说阿拉伯语
ـ المِدْفع 开炮
طَلْقَة جـ طَلَقَات 一次发射，一次射击；一发子弹，一发炮弹
سَرِيع الطَلَقَات 速射的，疾射的
جَرَى كأنه ـ 他像子弹一样快地跑
طَلَقَات السلام 礼炮
أَطْلَقَت المِدْفَعِيَّة إحْدَى وعِشْرِينَ ـ 炮兵鸣放礼炮 21 响
أَغْلِفَة الطَلَقَات 子弹筒
طَلاَقَة 放开，直率，坦白
ـ اللِسَان 会说话，说话流利，口齿流利
ـ وطُلُوقة الوَجْه 高兴，愉快，快活，欢悦

طَلُوقَة (مـ): فَحْل الخَيْل 种马，公马

حِصَان ـ 公马

خَيْل الطَلائِق 大群公马

طَلْق / طُلْق / طِلْق / طُلُق / طَلِق / طَلَق / طَلِيق:

حُرّ 自由的，无拘束的

ـ / ـ / ـ اليَدَيْن: سَخِيّ 慷慨的，大方的，乐施的

ـ / ـ / ـ المُحَيَّا / ـ الوَجْه: ضاحِكه 面孔和蔼

ـ / ـ / ـ اللِسَان: فَصِيحه 有口才的，口齿伶俐的

بلِسَان ـ 用伶俐的口齿

في الهَوَاء الـ 在流通的空气中，在露天里，在户外，野外

مِطْلاَق 爱离婚的

طَلِيق جـ طُلَقَاءُ 自由的，无拘束的

ـ السَرَاح 处在自由中的

ـ من كلّ قَيْد 不受任何限制的

ـ 愉快的

مُطْلَق: سائِب / مَفْتُوح 自由的，公开的，无限制的，无拘束的

ـ: عامّ 一般的，普遍的，共同的，通常的

ـ: غَيْر مَحْدُود 绝对的，无限制的，无条件的

ـ: تامّ / كَامِل 十全的，完全的，完善的，完美的，完整的

ـ السَرَاح: طَلِيق / حُرّ 自由的，自主的，随意的，无拘束的

الحُكْم الـ 专制制度，专制政体

فَائِض القِيمَة الـ 绝对剩余价值

الحَقِيقَة الـ ة 绝对真理

الفِكْرَة الـ ة 绝对观念

مُطْلَقًا: أَبَدًا 不，决不，从不，永远不

ـ / على الإِطْلاَق 一般地，绝对地

مُطَلَّقة 被休的妇女

طَلَّ ـِ وطُلَّ طَلاًّ وأُطِلَّ الدمُ: هُدِر ولم يُثْأَرْ له (他的血白流了)没有人替他报仇

طَلَّ ـُ طَلاًّ على فلان (مـ): زاره 看望，拜访

ـ ت السماءُ: أنزلت الطَلّ 下毛毛雨，下小雨，微雨，细雨；降露珠

أَطَلَّ على الأمر: أشرف عليه 支配，控制，监督，指挥，管辖

ـ (من النافذة): نَظَر (从窗口)往下看，俯视，鸟瞰

طَلّ جـ طِلاَل وطِلَل: نَدًى كَثِيف 露水，露

ـ: مَطر خَفِيف 微雨，细雨，毛毛雨，牛毛细雨

طُلّ 牛奶；血

طِلّ: حيّة 大毒蛇

طَلَّة 香气；甜酒；阴凉的花园；舒适的生活；妻子

طُلَّة جـ طُلَل 稀释、冲淡的牛奶；颈，脖子

طُلاَطِلَة / طُلْطُلَة (مـ): لَحْمَةٌ تَتَدَلَّى في الحَلْق [解]小舌，悬雍垂

طَلَل جـ أَطْلاَل وطُلُول: بَقَايَا مرتفعة من دار 旧址，遗址，废墟

ـ (船只的)甲板

ـ الدار: قاعة الجلوس 起居室，休息室

أَطْلاَل ورُسُوم 废墟

مُطِلّ على كذا 支配的，管理的；监督的，管辖的；俯视的，下临的

مُطَلّ: مَنْظَر 景致，风景

ـ 凉台，露台，晒台

مِطَلَّة (م): زِيارة قَصِيرَة 就便拜访，短时间的拜访

طَلَم ـُ طَلْمًا وطَلَّمَ الخُبْزَةَ: بسطها بالمِطْلَمَة 擀面，烤饼前用手把饼压平

طُلْم 擀面板

طُلْمَة جـ طُلَم / طَلامِي (س) 小圆面包

مِطْلَمَة: شَوْبَك / مِرْقاق 擀面棍，擀面杖

طُلُمْبَة جـ طُلُمْبات (م): مِضَخَّة 水泵，抽水机

ـ بمِرْوَحَة [机]离心抽机

طُلُمْبَجِي جـ طُلُمْبَجِيَّة (م) 消防队员

طَلْمَس: قطَّب وجهَه 皱眉头，哭丧着脸

ـ (م): طَمَس 破相，损坏美观，损伤外观，损伤形象，损害风景

طَلَى يَطْلِي طَلْيًا الشيءَ بكذا: دهنه 涂油，油漆

ـ ه: موَّهه / غشَّاه 镀

ـ بالكَهْرَباء 电镀

ـ بالذَهَب 镀金

ـ بالفِضَّة 镀银

ـ بالقَصْدِير 镀锡

ـ بالمِيناء 上釉药，上釉烧

اِنْطَلَت عليه الحِيلَةُ 受骗，中计，上当，上圈套，陷入罗网

طُلْيَة وطُلاة جـ طُلًى 脖子

طَلاوَة: بهجة / رونق 文雅，优雅，风雅，温雅，雅致，斯文

طِلاء وطُلاية: كل ما يُطْلَى به 涂料，油漆

ـ 油，沥青；酒

ـ الوَجْه 脂粉，化妆品

طَلَّاء 镀金工人

طَلِيّ / مَطْلِيّ 上油的，有油漆的

طَلِيّ جـ طُلْيان (م) 有兴趣的，引人入胜的

ـ 小羊羔；可爱的人；齿垢

مَطْلًى ومِطْلاء جـ مَطالٍ 低地，洼地

مُطَلًّى 沉疾，重病；被终身监禁的

طُلْيانِيّ جـ طُلْيان 意大利人

طَمَثَت ـِ وطَمَثَتْ ـُ طَمْثًا المرأةُ: حاضت 行经，来月经，有月经，月经来潮

طَمْث: دم الحيض 月经，天癸，癸水

اِمْرَأةٌ طَامِث: حائِض 来月经的女人

طَمَح ـَ طَمْحًا وطِمَاحًا وطُمُوحًا به: ذهَب به 拿走，带走

ـ ببَصَرِه إليه: استشرف له 瞭望，眺望，抬头看，翘首而望

ـ بَصَرُه إليه: ارتفع نظره شديدًا 仰望，渴望

طُمُوح: حبّ الرِفْعَة 有大志，有抱负，有雄心

مَطْمَح جـ مَطامِحُ: غَرَض 目的，目标

طامِح / طَمَّاح / طَمُوح 有大志的，有抱负的，有雄心的，有壮志的

طَمَّاح / طَمُوح: طَمَّاع 有大志的，有雄心壮志的，雄心勃勃的

طَمَر ـِ طَمْرًا وطَمَّرَ الشيءَ: دفنَه 埋藏，掩埋

ـ ـِ طَمْرًا وطُمُورًا وطِمَارًا: وثب إلى أسفل أو في العُلُوِّ 跳，跳起，跳下

ـ وطَمَّرَ النارَ: غطَّاها بالرماد (把火)闷住，封住，用灰盖起来

طُمِرَ في ضِرْسِهِ: هاجَ وجعُه 牙齿疼

طَمِرَ ـَ طَمَرًا الجرحُ: اِنْتفخ 伤口肿胀

طَمَّرَ الحِصَانَ (م): حسَّه 刷马，梳马毛

طِمْر جـ أَطْمار: ثَوْبٌ خَلَق بالٍ 破衣，烂衫

ـ: الذي لا يَمْلِكُ شَيْئًا 赤贫者，穷光蛋

طُمَار (م) 马梳，马刷(梳刷马毛的铁篦)

طَمَار 高处

طَامُور وطُومَار جـ طَوَامِيرُ: دَرْج 册，卷，纸卷，卷物，卷轴

مَطْمُور: مَدْفُون 被埋藏的，被掩蔽的

مَطْمُورَة جـ مَطَامِيرُ 地窖，酒窖，地下仓库，地下室

مِطْمَر / مِطْمَار: مِيزَان اِستقامة البِنَاء 铅垂线，测线，准线，垂绳

ـ 悬锤，铅锤

هو على مِطْمَار أبيه 他很像他父亲

طَمَسَ ـِ طَمْسًا الشيءَ: مَحَاه 消去，抹去，涂去

ـ الشيءَ: غَطاه 遮盖，掩蔽

ـ ه: أطْفَأَه 镇压，压服(叛乱、暴动等)；扑灭，消灭(火灾)

ـ ه: أهْلَكَه 毁坏，根除，消灭

طَمَسَ ـُ طَمْسًا وطُمُوسًا وتَطَمَّسَ وانطَمَسَ: اِمَّحَى 消失，被抹去，被涂去

ـ وـ بصرُه: عَمِيَ 双目失明，变成瞎子

ـ ـِ طَمَاسَةً الشيءَ: قدَّره وحزره 猜测，臆测，忖度

طَمْس: مَحْو 抹去，擦去，涂掉

طَمِيس / مَطْمُوس 瞎子，盲人

طَمْطَمَ (مـ) 嘀咕，唧哝，低声细语

ـ 带着某种腔调说阿拉伯语

طَمَاطِم (أ): قُوطَة (مـ) / بَنْدُورَه (سـ) tomato 番茄，西红柿

طَمْطَام: عرض البحر 海上，海面

طِمْطِم وطِمْطِمِيّ وطِمْطِمَانِيّ / طُمْطُمَانِيّ 说阿拉伯语带着某种腔调的人

طُمْطُمَانِيَّة 发音上的缺陷

طَمِعَ ـَ طَمَعًا وطَمَاعًا وطَمَاعِيَةً فيه وبه: حَرِصَ عليه 贪，垂涎，希望，想要，妄想(别人的东西)

طَمُعَ ـُ طَمَاعَةً: كان كثير الطَمَع 贪心，妄想，贪得无厌

طَمَّعَه وأَطْمَعَه: جعله يَطْمَعُ 引诱，勾引，诱惑，诱骗，蛊惑

ـ ه (مـ): جرَّأه 怂恿，鼓动，壮胆

طَمَع جـ أَطْمَاع: حِرْص 贪婪，贪心，野心

ـ: حُبّ المَال 贪财，爱财

ذُو أَطْمَاع 有企图的人，有野心的人

طَمَع / طَمَاعَة / طَمَاعِيَة 贪图，贪婪，野心

طَامِع وطَمِع وطَمُع جـ طَمِعُون وطُمَعَاء وأَطْمَاع وطَمَاعَى 贪心的

طَمَّاع / مِطْمَاع / طَمْعَان (مـ): حَرِيص 贪心的，贪婪的，贪得无厌的，野心勃勃的

مَطْمَع جـ مَطَامِعُ: ما يُطْمَعُ فيه 使人贪婪的东西，引起贪心的东西；野心

المَطَامِع الاِسْتِعْمَارِيَّة 殖民主义的野心

مَطْمَعَة: ما يحرك الطمع 饵，诱饵，诱惑物；诱因，动机

طِمَاق وطُمَاق جـ طِمَاقَات: مِسْمَاة 鞋罩，皮鞋套，短绑腿

طَمَّ ـُ طَمًّا وطُمُومًا الماءُ: غَمَرَ 泛滥，漫出，溢出，流溢

ـ به البَحْرُ 被海淹没

ـ الشَعْرَ: جزَّه 理发，剃头

ـ الطائرُ الشَجَرَةَ وطَمَّمَها وتَطَمَّمَها 鸟歇在树上

ـ ـِ طَمًّا وطَمِيمًا الفَرَسُ: عدا عدوًا سهلاً (马)奔驰

طَامَّة: داهية عَظِيمَة 大难，重灾，大祸

طِمّ 海，一片汪洋；大的数量，大量

جَاء بالـ والرِمّ: بالمَال الكثير 带来大量财富

طَمْأَنَه وطَمَّنَه 使安心、放心、镇定、安定

ـ ظَهْرَه: خَفَضَه وحَنَاه 鞠躬

طَأْمَنَه 安慰，安抚

تَطَأْمَنَ وتَطَامَنَ: اِنْخَفَضَ 低下，垂下
اِطْمَأَنَّ اِطْمِئْنَانًا وطُمَأْنِينَةً 安心，放心
ـ إليه: سكن وآمن له 信任，信用，信赖，对他放心
طَمَان (مـ) / طُمَأْنِينَة / اِطْمِئْنَان: سُكون الرُّوع 平静，稳静，镇定，安心，放心
ـ / ـ / ـ: اِمْتِناع الخَوْف 安全，平安
ـ / ـ / ـ: سَلَام 和平，安静，安稳
ـ / ـ / ـ: ثِقَة 信任，信用，信赖，信念
مُطْمَئِنّ: مُرْتَاح البَال 安心的，安静的，平静的，舒适的
ـ: ضد خائف 沉着的，大胆的
ـ: آمِن 放心的，安心的，安全的，平安的
أَرْض مُطْمَئِنَّة: مُنْخَفِضَة 低地，洼地，低洼地
طَمَا يَطْمُو طُمُوًّا وطَمَى يَطْمِي طَمْيًا الماءُ: فَاضَ 泛滥，溢出，洋溢
ـ النباتُ: طال (植物)长高
طَامٍ: فائِض 洋溢的，溢出的，泛滥的，涨水的
ـ 带淤泥的
المَاء الطَامِي 带淤泥的水
طَمْيُ مَاءِ الأَنْهار / طَمًّى (مـ): غرين [地]淤泥，冲积层，冲积土
طَنَّبَ الخَيْمَةَ: شدَّها بالأَطْنَاب 扎帐幕，钉帐篷
ـ بالمَكان: أقام 住，居住
ـ (سـ) 骄傲，自满
أَطْنَبَ في الوَصْف أو المَدْح: بالغ 夸张，夸大；夸奖
ـ في الكَلَام 铺张，扬厉，张大其词
ـ في مَدْحه: تَمَلَّقَه وتَزَلَّفَ إليه 吹捧，奉承，讨好，谄媚阿谀

طُنُب جـ أَطْنَاب وطِنَبَة: حَبْل الخَيْمَة 帐篷绳
ضَرَبَ فيه أَطْنَابَه 他在那里张开帐幕
ـ: عَصَب / وتر العَضَلَة [解]腱
إطْنَابة جـ أَطَانِيبُ [修]铺张法
إطْنَابَة جـ أَطَانِيبُ 帐篷
مَطْنَب جـ مَطَانِبُ 肩
طَنْبَر جـ طَنَابِرُ 大车，四轮运货马车
طَنْبَار وطُنْبُور وطُنْبُورَة جـ طَنَابِيرُ: آلة طرب / تُنْبُور (波) 冬不拉，四弦琴
وقد زاد ـ هم نَغْمَةً أَنْ (مـ)… 使他们的四弦琴增加声调的是…
زَادَ الطِينَ بَلَّةً والـ نَغْمَةً (使泥巴更湿，使琵琶更响)火上加油
ـ / طَنْبُور (مـ): آلة الطبع [印]金属滚筒，鼓筒
ـ الريّ (مـ): تَابُوت (مـ) / البارِم المائيّ 螺旋水车
طَنْبُوشَة المِدْخَنَة جـ طَنْبُوشَات (مـ) 烟囱帽，(机车)烟囱罩
ـ الباخِرة النَهْرِيَّة (船只的)明轮壳
طَنْجَرَة جـ طَنَاجِرُ: قِدْر من نُحاس / كَفْت 有柄的小铜锅
طَنَّشَ (مـ): لم يُصْغِ إلى 不理，不理睬，置若罔闻
طَنْطُور (مـ) 妇女的角形帽
طُنْطُلَة (مـ): طُلَاطِلَة 小舌，悬雍垂
طَنْطَنَ (كالجَرَس) (钟、铃等)玎玲玎玲地响
طَنْطَنَة الأَجْرَاس: طنين 铃声，玎玲声
طَنْطَاوِيّ (埃及)坦塔城的居民
طَنْف / طُنُف / طُنُف جـ طُنُوف وأَطْنَاف: رَأْس 峰，巅；屋顶
ـ / ـ: افريز السَطْح 檐板，飞檐

طَنْفَسَة وطُنْفُسَة وطِنْفِسَة جـ طَنَافِسُ: بِسَاط (波)地毯，毛毯，毡子

طَنَّ ـِ طَنًّا وطَنِينًا وطَنَّنَ الجَرَسُ (钟、铃)响，发声

ـ وـ: جَلْجَلَ 叮当响

ـ ت الأُذُنُ (耳)鸣

ـ الذُبَابُ والنَحْلُ: زَنَّ (مـ) (蜂、蝇)发出嗡声

طُنّ جـ أَطْنَان وطِنَان: بَدَن الإنسان وغيره 身体，身躯，躯干

ـ: حُزْمَة / جُرْزَة (谷、苇等)一束，一捆

ـ جـ أَطْنَان: طُولُونَاتَه (مـ) / وَسْق ton 吨(重量单位，英吨为 2240 磅，1016.96 公斤；美吨为 2000 磅，908 公斤)

طَنَّان: رَنَّان (مـ) 叮当作响的，嘹亮的，响亮的

ـ: شَهير 著名的，有名的，驰名的

الطَّائِر الـ [动]蜂鸟

مَقَالَة ـ ة: رَنَّانَة 杰作，名著，有名声的文章

قَصِيدَة ـ ة 名诗

طَنِين: رَنِين 铃声，玎玲声，叮当声的

ـ: ـ [物]共振，共鸣

ـ النَحْل والذُبَاب (蜂、蝇的)嗡嗡声，营营声

طَهَرَ وطَهُرَ ـُ طَهَارَةً وطُهْرًا وطَهُورًا: كان طَاهِرًا 纯洁，清洁，洁净；廉洁，贞洁

طَهَّرَ الشيءَ: غسَله بالماء 洗涤，洗干净

ـ ه: عقَّمه 消毒，杀菌

ـ مَجَارِيَ الماءِ: كَرَاها 清理，疏通，疏浚

ـ ه (مـ) وطَاهَرَه: ختنه [医]割包皮

تَطَهَّرَ واطَّهَرَ: تنزَّه عن الأَدْنَاس 成为廉洁的，贞洁的

ـ وـ: اِغْتَسَلَ 被洗干净的

ـ: خُتِنَ (包皮)被割去

طُهْر / طَهَارة: ضد نَجاسة 清洁，纯洁，干净

ـ / ـ: عِفَّة 贞洁，贞节，贞操

ـ / ـ: قَداسة 神圣，清净，圣洁

الأَطْهَار: أَيَّام طُهْر المَرْأَة (妇女的)洁净期(无月经的日子)

طَهَارَة (مـ) / طُهُورة (مـ): خِتَان [医]割包皮

ـ الذَيْل 纯洁，廉洁，无罪，正直

طُهْرِيّ 清教徒

تَطْهِير 洗净，刷净，擦净，清洗，纯洁

مَحَطَّة الـ 消毒站

طَهُور: ما يُتَطَهَّر به 清水；酒精

ـ 割去包皮的

طاهِر جـ أَطْهَار: ضد نَجِس 纯洁的，清洁的，清净的，无瑕疵的，圣洁的

ـ: عُذْرِيّ 贞洁的，贞节的

ـ الذِمَّة: نَزِيه 廉洁的，正直的，公正的

ـ الذَيْل 无罪的，无辜的，无过失的

ـ القَلْب: عَفِيف / عَفّ 贞洁的，纯洁的

حُبٌّ ـ: هَوًى عُذْرِيّ 精神恋爱

مَطْهَر: الأَعْرَاف / مكان تَطْهِير أَنْفُس الأَمْوَات [宗]炼狱(天主教谓上天国前洗净灵魂上的罪恶的地方)

مُطَهِّر: مُنَقٍّ 清洁者；清洗装置

ـ: مُنَظِّف 清净剂，[化]去垢剂

ـ: مُضَادّ للفَسَاد 消毒剂，防腐剂

مُطَهِّرَة: آلَة لتَطْهِير مَلابس المَرِيض وأَدَوَاتِه فتُعَقِّمها 消毒器

مُطَهِّرَات 消毒的方法、工具、药剂等

مَطْهَرَة / مِطْهَرَة: إِنَاء يُتَطَهَّرُ به 盥洗用具

طهر 749 طور

ـ / ـ: بَيْت يتطهر فيه 沐浴室

طهش ـ طَهْشًا العملَ: أفسده 破坏

أطْهَفَ في كلامه: خفَّف وأسرع 说得很流利

زُبْدَة طَهْفَة 新鲜乳皮

طهق ـ طَهْقًا الرجلُ: أَسْرَعَ في مشيه 赶(路)，快步，急行

ـ منه (مـ): تَضَايَقَ 厌倦，发腻，讨厌，憎恶

طَهْقَان (مـ) 厌倦的，嫌恶的，厌恶的

طها يَطْهَى ويَطْهُو طَهْوًا وطُهُوًّا وطُهِيًّا وطَهَايَةً اللحمَ: طَبَخَه 煮，炖，烹调，烹饪

أَطْهَى 熟练，灵活

طَهْو / طَهَايَة: طَبْخ 烹调，烹饪

طَهَايَة 炊事员的职业，厨师的手艺

طُهًى 熟食

فَنّ الطُهِيّ 烹饪法

طَاهٍ جـ طُهَاة وطُهِيّ م طَاهِيَة جـ طَوَاهٍ وطَاهِيَات: طَبَّاخ 炊事员，厨师，厨子，大师傅

رَئِيس الطُهَاة 庖厨长

مَطْهًى جـ مَطَاهٍ 厨房

طَوَّبَ (مـ): غَبَط (في طيب) (天主教的)行列福典礼(宣布死者列入有福者中)

طُوب الواحدة طُوبَة جـ طُوبَات: آجُرّ 砖

ـ أَحْمَر 红砖

ـ أَخْضَر 砖坯；青砖

ـ نِيّ: لَبِن 土坯，土墼

ـ رَمْلِيّ أو أَبْيَض 沙砖，土砖

ـ نَار 耐火砖

ـ (مـ) 炮，炮队

طُوبَى: غِبْطَة 幸福，至福

طَوَّاب: صانع الطُوب 造砖者，制砖工人

طُوبْجِي جـ طُوبْجِيَّة (مـ): مِدْفَعِيّ 炮手，炮兵

طُوبْجِيَّة: مِدْفَعِيَّة 炮队

طُوبْخَانَة (土)兵工厂，军火库，武器库

طُوبُوغرَافِيَا (أ) topography: علم وصف الأماكِن 地志，地形学

طُوبَاوِيّ utopian 乌托邦的，乌托邦主义者；空想社会主义者

الاشتراكيّة الـ ة 空想社会主义

طَاحَ يَطُوحُ طَوْحًا: تَاهَ 徘徊，彷徨；迷路，误入歧途

ـ: أَشْرَفَ على الهَلاك 陷入危险

ـ السَهْمُ: خَرَجَ وتاه عن غَرَضِهِ (箭)未中的

طَوَّحَ به: حَمله على ركوب المهالك 使他遭受危险

ـ به: أَلقاه 扔，投，抛，掷

ـ الشيءَ: ضَيَّعه 遗失，丢失

أَطَاحَ الشيءَ (مـ): قطَعه 割断，切断，断绝

ـ ه: أهلكه 消灭，毁灭，使他死亡

ـ به 推翻，打倒，消灭

تَطَوَّحَ: تَوَرَّطَ 陷入困境

ـ في البلاد: رمى نفسه فيها 流浪，漂泊

ـ (مـ): تَرَنَّحَ 摇摇摆摆

ـ (مـ): تَطَوْطَحَ كالسكران (مـ) 摇摆，趔趄，踉跄

انْطَادَ: اِرْتَفَعَ في الجَوّ 升在空中

طَوْد جـ أَطْوَاد وطِوَدَة: جَبَل عَظِيم 山岳，大山

مُنْطَاد جـ مَنَاطِيدُ: بَلُّون كَبِير balloon 飞艇，飞船

ـ مُسَيَّر 硬式飞船，可操纵的气球

ـ بِلاَ مُحَرِّك 无推进器的气球

ـ مُقَيَّد 系留气球，拴放气球

طَارَ يَطُورُ طَوْرًا وطَوَرَانًا بفلان: قَرُبَ منه 走近，接近

طَوَّرَ الشيءَ 发展，使发达、进步；开发

ـ مُنْتَجًا جَدِيدًا 开发一种新产品
تَطَوَّرَ الشيءُ: تَحَوَّلَ من حال إلى حال (得到)发展，进化
طَوْر جـ أَطْوَار: حَدّ وقدْر 限度
ـ: مَرْحَلَة / درجة 阶段，过程，程度；[地]纪
ـ: حَال 情形，情况，状态
ـ: مَرَّة 次，回
طَوْرًا بَعْدَ ـ 屡次地，一再地，一次又一次地
الـ الثُلاثِيّ [地]三叠纪
الـ الطَبَاشِيرِيّ [地]白垩纪
الـ الكَوْنِيّ [地]宇宙时代
الـ الجِيُولُوجِيّ [地]地质纪
الـ البَدَائِيّ [地]太古代
أَخْرَجَه من ـ ه 使他失去常态
طَوْرًا… طَوْرًا… 时而…时而…
غَرِيب الأَطْوَار 古怪的，有奇癖的
نَظَرِيَّة أَطْوَار نُمُوّ النَبَات 植物生长阶段论
طُور: طَوْد / جَبَل 山
ـ سِينَا 西奈山
طُورِيّ / طُورَانِيّ: جَبَلِيّ 山上的，野生的
ـ / ـ: غَرِيب 外来的
ما بالدَار طُورِيّ 屋里一个人也没有
طُورِيَّة (مـ) 有7条分支的烛台；鹤嘴锄
طُورِيَّة جـ طُورِيَّات (مـ): فَأْس الزِرَاعَة 锄头
طُورَانِيّ Turanian 都兰的
الجَامِعَة الـ ة Pan-Turanism 泛都兰主义
اللُغَات الـ ة 都兰语系(乌拉尔•阿尔泰语系，包括维吾尔、鞑靼尔、乌兹别克等突厥语)
طُورَة (مـ): أَرْبَعَة 4个，4个一套的

طَوَار / طِوَار: فناء الدار 院子，庭院
طُوَار (法)便道，人行道
طَار / طَارَة: دُفّ 小手鼓(鼓身上装有小铃)
ـ (مـ) / ـ (مـ): التَطْرِيز 刺绣架，绣花箍
ـ (مـ) المُنْخُل وأمثاله: طَوْق 罗圈(儿)，桶箍，炮箍
طارة المَرْكَب البُخَارِيّ (明轮船的)蹼轮
ـ طَاحُونَة المَاء 上射水车
ـ الجَنَازِير 齿轮
ـ القُشَاط / ـ السَيْر 滑轮
ـ الدُومَان 舵轮，飞轮，整速轮
تَطَوُّر جـ تَطَوُّرَات: تَحَوُّل 发展，发达，进化
ـ عُضْوِيّ 器官的进化
ـ العَلَائِق الاجْتِمَاعِيَّة 社会关系的发展
نَظَرِيَّة أو مَذْهَب الـ 进化论，进化学说
تَطَوُّرِيّ: تَحَوُّلِيّ 发达的，进化的
مُتَطَوِّر 发达的，尖端的
الدُوَل الـ ة 发达国家
الأَسْلِحَة الـ ة / الأَسْلِحَة الأَكْثَر تَطَوُّرًا 尖端武器，先进武器
طُورْبِيد جـ طُورْبِيدَات / طُورْبِيل (أ) (法):
طُرْبِيد (انظر طربيد) torpedo 鱼雷，水雷
سَفِينَة ـ: نَسَّافَة 鱼雷艇，布雷艇
طُوزْلُك (مـ) / طُوزْلُق 复鞋套，绑腿套
طَوَّسَه: زيَّنه 装饰，打扮
ـ المَعْدِنُ (مـ): صَدِئَ 生锈，氧化
تَطَوَّسَ: عرضَ زِينته مفاخِرًا 炫耀
طَاس جـ طَاسَات / طَاسَة (مـ): إنَاء يشرب فيه 杯，酒杯
ـ / ـ (مـ): سُلْطَانِيَّة 碗
ـ / ـ الأَصَابِيع (مـ) (饭后洗指头的)洗指钵

طَاسة التَصادُم (م): مِصَدّ 缓冲器

طَوْس 月亮

طَاوُوس وطَاؤُوس جـ طَوَاوِيسُ وأَطْوَاس: طائِر جَميل الرِيش 孔雀

طُوَيْس 小孔雀

طَوَّشه (س): خصَاه 去势，阉割

طَوَاشِيّ جـ طَوَاشِيَة (م): خَصِيّ 阉人，宦官，太监

طَوْشَة (م) 混乱，骚乱；革命，起义；粗心，疏忽

مُطَوَّش: مَخْصِيّ 被去势的，被阉割的

طَاعَ ـُ طَوْعًا وانْطَاع وطَاوَعَ لفلان وأَطَاعَ فلانا (م): انقاد له 服从，顺从，听从

ـ وـ له وأطاع: أذعن 屈服，屈从

طَوَّعَه: جَعله يُطِيع 压服，制服，使他服从

ـ اللُغةَ العَرَبِيَّة 掌握阿拉伯语，精通阿拉伯语

ـ تْ له نفسُه كذا 自陷于…，沉湎于…

وقد ـ تْ له جُرْأَتُه أَنْ… 他敢作…

طَاوَعَه في الأمر وعليه: وَافَقه 同意

تَطَوَّعَ بالعمل أو في الجُنْدِيَّة 自愿(劳动或参军)

اِسْتَطَاع واسْطَاعَ الأمرَ: قدَرَ عليه 能做，会做

طَاعَة / طَوَاعِيَة: انقياد 服从，顺从，听从

ـ عَمْيَاء 盲从

عَدَم الـ 不服从，不听从

سَمْعًا وطَاعَةً 遵命!

تَطَوُّع 志愿

اِسْتِطَاعَة جـ اِسْتِطَاعَات: مَقْدِرَة 能力

على قَدْر الـ 在可能的范围内，力所能及的

في ـ هِ أَنْ… 他能以…

طَوْع وطَاع وطَيِّع / طائع جـ طَائِعُونَ وطُوَّع / مُطِيع 服从的，顺从的，听从的

ـ العِنان: سَهْل 温顺的，驯服的，好驾驭的

ـ أَمْرِه أو يَدِه 得手的，从命的，唯命是听的；得心应手的

طَوْعًا: اِخْتِيَارًا 自愿地

عَمِلَه ـ 他自愿做那件事

ـ أو كُرْهًا 愿意也好，不愿意也好，不管他是否愿意

مُطِيع / مِطْوَاع: طائع 听话的，顺从的，服从的

مُطَاوِع: مُطِيع 顺从的，听话的，服从的

فِعْلٌ ـ (في النحو) [语]感应动词，例如：

كَسَرْتُ الزُجَاجَ فَانْكَسَرَ الزُجَاجُ 我打玻璃，玻璃就裂了

كَسَّرْتُ الزجاجَ فتَكَسَّرَ الزجاجُ 我砸玻璃，玻璃就碎了

مُتَطَوِّع جـ مُتَطَوِّعُون 志愿兵；志愿者

الجَيْش المُتَطَوِّع 志愿军

مُسْتَطَاع: مُمْكِن 可能的，办得到的

بقَدْر الـ 尽可能，在可能范围内，就力所能及的

هذا الأمر ـ 这件事是办得到的

حشيشة **الطَوْغ** (س) [植]木贼

طَافَ يَطُوفُ طَوْفًا وطَوَافًا وطَوَفَانًا وطَوَّفَ تَطْوِيفًا وتَطْوَافًا بالمكان وحَوْلَهُ: دار حوله 绕行，环行

ـ وتَطَوَّفَ واسْتَطَافَ بالشيء وحَوْلَهُ: أكثر الطوف بجهاته 环行于，巡回于

ـ في البلاد: جال 漫游，周游，游历

ـ به الخَيالُ: حَلَمَ به 做梦

ـ النهرُ: طفَا (河水)泛滥

ـ بالكَعْبَة [伊]举行环绕克而白(天房)的仪式

ـ بأنْظَاره 环视，四面看看

طوف 752 طوق

ـ على وَجْه الماء: طفا / عام 浮，漂
أَطَافَ بالأمر: أَلَمَّ به 精通，熟悉
طَوْف جـ أَطْوَاف / رُومِس (مـ) 筏，桴，木排，竹排
ـ: حائِط 墙，墙壁
ـ: عَسَس / دَوْرِيَّة (مـ) 斥候，侦察队
طُوفَان: سَيْل مُغْرِق 洪水
الـ 大洪水
بَعْدَ الـ 大洪水后的
قَبْلَ الـ 大洪水前的
طَوَفَان / طَوَاف: جَوَلَان 巡视，巡行，绕行，漫游
طائِف / طَوَّاف: مُتَنَقِّل / جَوَّال 巡游者，巡行者，绕行者；漫游者
طَائِفِيّ: مَذْهَبِيّ 宗派的，教派的
طائِفَة جـ طَوَائِفُ وطَائِفَات: جَمَاعَة 群，伙
ـ: أَبْناء المذهب الواحد 同党的，同派的
شَيْخ الـ 行会长
أَلَمَّ بـ ـ اللُّغات 掌握几种语言
مُلُوك الطَوَائِف [史]封建诸侯，列国国王
طَوَّافٌ تِجَارِيّ: وَسِيط بين التَاجِر والزُبُون 推销员，兜揽生意者
ـ بَرِيدٍ 乡间邮递员，农村邮递员
طَوَّافَة جـ طَوَّافَات 哨艇，巡逻艇
مُطَوِّف 朝觐天房者的向导
طَاقَ يَطُوقُ طَوْقًا وطَاقَةً وأَطَاقَ الشيءَ: قدر عليه 忍耐，忍受，受得住，经得起，能胜任
أَطَاقَ الابْتِلاءَ 经得起考验
لا يُطَاقُ: لا يُحْتَمَل 受不了，吃不消，难忍
طَوَّقَ الشيءَ: أَحاط به 包围，围绕，环绕
ـ ه الطَوْقَ: أَلبسه إيّاه 给他戴项圈
ـ ه بِذِرَاعَيْه 拥抱他
ـ البِرْمِيلَ وغَيْره (给桶等)上箍
ـ الطُيُورَ (在鸟脚上)套环
ـ عُنُقَه بعَمَلٍ 责成他做某事
إنَّ جَمِيلَك يُطَوِّقُ عُنُقِي 你的恩惠是我不能忘记的
ما ـ صبرًا على كذا 他不能忍受
تَطَوَّقَت الحَيَّةُ: تحوَّت / صارت كالطوق (蛇)卷起，盘起，卷成一圈
ـ واطَّوَّقَ: لَبِسَ الطَوْقَ 戴项圈
ـ بحَلْقَة المَطَّاط (学游泳者)腰上系橡皮圈
طَاقَة / طَوْق / إطَاقَة: قُدْرَة 能力
ـ / ـ / ـ: احتمال 忍耐，忍受
ـ 能，能源，能量
الـ الذَرِّيَّة (راجع ذرر) 原子能
الـ النَوَوِيَّة 核子能
الـ الشَمْسِيَّة 太阳能
أَزْمَة الـ 能源危机
بَقَاء الـ 能量守恒，能量不灭
على قدر الـ 尽力，在能力范围内
لا ـ لِي 我无能为力
عَمِلَ جِدَّ ـ هِ 尽全力，尽心竭力
ـ: حُزْمَة 一捆，一束，一把
ـ (مـ): نَافِذَة 窗，气孔，壁孔
ـ الأَنْف وـ العِرْنِين 鼻孔
طَوْق جـ أَطْوَاق: كل ما يحيط بالعنق (人的)项圈；(狗的)脖圈；(马的)护肩，轭
لم يَعُدْ لها باحْتِمَاله ـ 她已无力忍受这个
ـ الثَوْب: قَبَّة (مـ) 领子
ـ القَمِيص: يَاقَة (مـ) 硬领
ـ الكِلاب 狗箍，狗脖圈
ـ: قِلادَة 项链，项圈，璎珞
ـ البِرميل وغيره (桶等的)箍

ـ المَطْبَعَة [印]活字铁框，活版架
ـ التَرَيُّض (孩子玩的)铁环
ـ النَجَاة 救生圈
في ـ نا أنْ… 我们应该…
طَاق جـ طِيقَان وطَاقَات: قَوْس (في المِعمار) (波)拱门，弓形门
ـ: طبقَة [地]层，地层
طَاقِيَّة جـ طَوَاقِيّ (مـ): لِباس للرأس 小帽，便帽
ـ النَوْم (مـ) 睡帽
مُطَاق: مُحْتَمَل 可以忍耐的，可以忍受的
غير ـ 难堪的，难忍受的
مُطَوَّق: مُحَاط 被环绕的，被包围的；带项圈的
ـ بالبَحْر 四面环海的
الحَمام الـ [动]斑鸠
طَالَ يَطُولُ طُولاً واسْتَطَالَ: ضد قصر 长
ـ وـ: اِمْتَدّ طولا 延长
لَمْ يَطُلْ عليه مَطال حتى تُوُفِّيَ 他活了没多久就死了
يَطُولُ بنا القولُ إنْ… 假如…说来话长
طَوَّل له: أمهله 准许延期
ـ للدابّة: أرْخَى لها الحبلَ في المَرْعَى (牲口放牧时)放长系绳
ـ بالَه على الأمر (مـ): صبر عليه 忍耐，忍受
ـ وأَطَالَ إطَالَةً وإطْوَالاً: ضد قصَّر 放长，加长
ـ وـ: مَدّ 延长，拉长，伸长
طَاوَلَه: مَاطَلَه 耽搁，迟延，拖延
ـ ه: غالبه في الطَوْل 比赛才能，比高低
أَطَالَ النَظَرَ إطَالةً وإطْوَالاً 长久注视
تَطَوَّلَ عليه: امتنَّ عليه 对他施恩，行好，行善
تَطَاوَلَ على فلان: اِعْتَدَى عليه 侵犯
ـ إلى … 延伸，伸长，伸展

ـ ت أَعْنَاقُهُمْ على … 翘望，引领而望，伸长脖子望
طَالَمَا 只要
اُمْكُثْ هُنا ـ تُحِبّ ذلك 只要你喜欢，尽管呆在这儿好啦
طُول جـ أَطْوَال: ضد قِصَر أو عَرْض 长，长度
ـ: ارتفاع 高，高度
ـ القَامَة: عُلُوّها 身长，身高
مُتوسِّط الـ 中等身材
ـ الأناة: صَبْر 忍耐，坚忍，耐性
ـ البَصَر 远视眼，花眼
ـ اللِسَان 长舌，多话，碎嘴
ـَ اليوم: كُلَّ اليوم 整天，全天
ـ الليل: كُلَّ الليل 整夜，终夜
ـ السَنَة 整年，终年，全年
ـ عُمْرِه 一生，终身，一辈子
ـ ما = طَالَمَا (مـ) 只要
خَطّ الـ (في الجغرافيا) 经度，经线
تَقَهْقَرَ على ـ الخَطّ 全线败退
على ـ (مـ) / طَوَّالِي (مـ): رأسًا 一直地
اِمْشِ على ـ (مـ) 一直走
على ـ (مـ): حَالاً 立刻，立即，马上
على ـ (مـ): بلا اِنقطاع 不停息地，一鼓作气地
على ـ الشَاطِئ (مـ) 沿着整个海岸
طُولاً / بالطُول 纵长
طُولاً وعَرْضًا 广泛而深入地
طُولِيّ 经度的，经线的，纵的
المِتْر الـ 尺度，长度
قِطَاع ـ 纵剖面
طَوْل: قُدْرَة 威力，强力，势力
أُولُو الـ والحَوْل 强有力的人物

ـ: فَضْل 优越
ـ: عطَاء 恩惠
ـ: غِنًى 财富
مُطَاوَلَة 拖延；比高低
الصَبر والـ (مـ) 坚忍，忍耐，镇静
ـ (مـ) / تَطَاوُل 骄傲，自大
إطَالَة / تَطْوِيل: ضد تَقْصِير 延长，增长，加长
ـ /: مَدّ 延长，展期，延期
في هذا الكِتَاب تَطْوِيل 这本书写得冗长了些
اسْتِطَالَة (في الرِيَاضَة) [数]增加率
أَطْوَلُ جـ أَطَاوِلُ م طُولَى جـ طُوَل: أكثر طُولاً 较长的，较高的；最长的，最高的
تَطْوِيلَة 延长的部分，增添的部分
طَائِل جـ طَوَائِلُ: نَفْع / فَائِدَة 利益，益处，好处
على غير ـ 无益地
مُنَاقَشَةٌ لا ـَ تَحْتَهَا 无益的争论
ـ / طائلة: قُدْرَة 能力，魄力，才能
لا ـَ فيه أو تَحْتَه 无益的，废物
ـ 巨大的
أَمْوَال ـ ة 大量的钱财
طَوِيل جـ طِوَال وطِيَال م طَوِيلَة جـ طَوِيلاَت: ضد قصير أو عريض 长的
ـ: مُطَوَّل 拉长的，加长的，冗长的
ـ الأَنَاة أو الرُوح 坚忍的，有耐性的，能忍耐的
ـ البَاعِ: جوَّاد مقتدر 慷慨的，宽宏大量的；有权力的，有势力的
ـ العِرْق أو الفَتْلَة (كالقطن) 长纤维的
ـ العُمْر 长生的，长寿的
ـ القَامَة: مديدُها 魁梧的，大个儿(子)，身躯高大的
ـ اللِسَان 长舌，饶舌的，多言的，多嘴多舌的
ـ النَفَس 深呼吸；气息长的
ـ اليَد: سَارِق 贼，小偷
وقت ـ: مدّة طويلة 长时间，长时期
بَحْر الـ (في العَرُوض) 塔维勒(阿拉伯古诗格律 16 式之一)
طَوِيلاً 长时间地，很久地
السَبْعُ الطِوَال 七长章(古兰经第 2 章到第 8 章)
طُولاَنِيّ 纵的
طُوَّل: أَبو سَاق 长脚沙锥鸟
طُوَالَة 托儿所，日托所
طُوَالَة: مِذْوَد 马槽，秣桶
ـ (ع): مَرْبَط الدَابَّة 马房，牛栏
طُوَّالَة: أَرْجُل خَشَبِيَّة طَوِيلَة 高跷
طُوَّالِيّ 伸直的，直接的
الخَطّ الـ (مـ) (في سكة الحديد) (铁路等的) 干线
قِطَار طُوَّالِيّ (مـ) 直达火车，直达车
طَاوِلَة (مـ) tavola: خِوان (انظر خون) (意) 桌子，饭桌，餐台
كُرَة الـ 乒乓球
لُعْبَة الـ (مـ) 西洋双陆棋
حِجَارة الـ (مـ) 双陆棋棋子
طِيلَة كذا 持久的，整个时间的
طِيلَةَ مُدَّةِ الحَرْب 战争期间
ـ نِصفِ قَرْن 五十年间，半个世纪中
مُتَطَاوِل / طُولاَنِيّ (مـ) 长方形的
مُطَوَّل: طَوِيل جِداً 很长的，漫长的(时间)，冗长的、啰啰唆唆的(演说或文章)
ـ: ضد مُقصَّر 增长的，拉长的，加长的
ـ: مُمْتَدّ 延长的

ــ: مُسْهِب 累赘的，冗长的，啰唆的
ــ 详细的，详尽的
مُسْتَطِيل: طَوِيل 长的
ــ الشكْلِ [数]长方形的，矩形的
ــ الشكْلِ (مـ) 平行四边形
طُونُولَاتَه (أ): وسق (نحو ألْفَيْ رِطْل) 吨
طُومَار جـ طَمَامِيرُ (في طمر)
طَوَان جـ طَوَانَات (مـ) 天花板，天棚
طَوَى يَطْوِي طَيًّا الثوبَ: ضد نشَرَه 卷起，折叠
ــ البِئْرَ: بناها بالحِجارة 砌井
ــ البلادَ: قطَعها 越过，跨过，度过
ــ كَشْحَه عَنِّي: أعرض عنّي بِوُدِّه مهاجرًا 他不理我，不睬我
ــ كَشْحَه على الأمر: أَخْفَاه 藏，隐蔽，隐匿，隐瞒
ــ الحديثَ: كتمه 保守秘密
طَوَاه الزَمَنُ 消失得无影无踪
ــ صَحِيفَتَه: هجرَه 放弃，丢弃，抛弃，断绝
ــ تْ هذه الصفحةُ على الكِتْمانِ 这一页被忘了
تَطْوِي السَّيَّارَةُ الأرضَ طَيًّا 汽车驶过
يَطْوِي الليلُ النهارَ (مـ) 夜以继日
طَوِيَ يَطْوَى طَوًى وأَطْوَى: جَاع 饥饿；忍饥，挨饿
تَطَوَّى الثُعْبَانُ: تَحَوَّى (蛇)卷成一盘
اِنْطَوَى واطَّوَى 被卷起，被折叠
ــ القَوْمُ على فُلان 聚焦在某人的周围
طَوًى: جُوع 饿，饥饿
على الـ: بلا أَكْل 斋戒，断食，绝食
طَوِيّ جـ أَطْوَاء 易变的，柔软的，柔顺的
في أَطْوَاء النُفُوس 内心里

طَوَوِيّ / اِنْطِوَائِيّ: لا يَهْتَمّ إلاّ بنفسه 自我本位(中心)的，顾己不顾人的，本位主义者
طَوَوِيَّة / اِنْطِوَائِيَّة 易弯性，柔软性
اِنْطِوَائِيّ / مُنْطَوٍ على نَفْسِه 性格内向的人
طَوِيَّة: ضَمِير 良心，天良
ــ: نِيَّة 意愿，意图
حُسْن الـ 好意
صِدْق الـ 磊落，光明
سَلِيم الـ 真诚的，真挚的，天真无邪的
ــ 衣服的折叠
طَوَّايَة (مـ) / طَوَا / طُوَّة: مقلاة 平锅，煎锅
طَيّ: ثَنْي 折叠
ــ البِئْر 井内的石壁
ــ مَجْرَى التَارِيخ 历史进程中
في ــ ه / في ــ هذا: ضِمْنه 外附
تَحْتَ ــ الكِتْمانِ 密封
طَيّة جـ طَيَّات: ثَنْيَة 折叠，折痕
ــ / طِيَّة جـ طِيَّات: نِيَّة 意愿，意图
لاَ نَعْرِفُ ما يَطْوِيه المُستقبَلُ بينَ طِيّاتِه 未来的事情是很难推测的
مَطْوِيّ: ضِد مَنْشُور 卷着的，被折叠着的
خَيْمَة ــ ة 折叠的帐篷
مِطْوًى / مِطْوَاة جـ مَطَاوٍ: مِبْرَاة 小刀，折刀
مَطْوًى جـ مَطَاوٍ 折子
قَرَأَ في مَطَاوِي سُطُور الكتاب 解读字里行间的意义
طَاب يَطِيبُ طِيبًا وطَابًا وطِيبَةً وتَطْيَابًا: كان أو صار طَيِّبًا 原是或变成善良的
ــ: لَذّ 有味，有趣
ــ له: راق له 他觉得愉快的是…，使他满意的是…
ــ (مـ): نَضِجَ (果实)成熟

ـ المَرِيضُ (مـ): ثابَ / شُفِيَ 痊愈，康复，复元

ـ قلبُه وـ تْ نَفْسُه: اِنْسَرَّ 心满意足，心甘情愿

ـ عَيْشُه 生活宽裕，生活美好

ـ مَساؤُكم 晚安

ـ عن الشيء نَفْسًا: تَركَه 放弃，抛弃

ـ نَفْسُه عن الدُخان والخَمْر 戒绝烟酒

فلا يَطِيبُ له عَيْشٌ إلا إذا ... 他的生活不美好，除非…

يَطِيبُ لِي أَنْ ... 使我感到美好的(愉快的)是…，我愿意…

طَيَّبَ الشيءَ: عطَّره 用香花熏

ـ الطَعامَ 加香料，加作料

ـ الخَمْرَ 加热，加香料于(酒、啤酒)

ـ خاطِرَه (مـ): شجَّعه 使欢喜，使快活；鼓舞，激励

ـ خاطِرَه (مـ): هدَّأه 安慰，抚慰，劝慰

ـ لخاطِره (مـ) 作某人愉快的事情

ـ للمُغَنِّي (مـ) (对歌唱家)鼓掌喝彩

ـ ه (مـ): شَفَاه 治疗，医治

ـ ه وأَطابَه: جعله طَيِّبًا 做好，搞好(工作)

أَطَابَ: أتى بالطَيِّب من كلام ونحوه 说好话，作好事

تَطَيَّبَ 撒满香水

طَايَبَه مُطَايَبَةً: مازَحه ولاعَبَه (跟他)玩耍，游戏，开玩笑，说笑话，打哈哈

ـ ه بِنَوادِرِه 用妙语奇谈引起他的兴趣

اسْتَطابَ واسْتَطْيَبَ الشيءَ: وجده طَيِّبًا 认为美好，认为美味

طَابَة جـ طَابَات: خَمْر 酒，加热和香料的酒

ـ 麦地那的别名

ـ (مـ): جَبِيرة العِظام المَكْسُورة [医]夹板

ـ (مـ): مِضْرَب الكُرَة 球拍，球棒

طِيب جـ أَطْيَاب وطُيُوب: عِطْر 香，香味，芳香；香水，香料

جَوْزَة الـ [植]肉豆蔻

زُجَاجَة الـ 香水瓶

عن ـ خاطِر 心甘情愿

طُيُوب: رَوَائح عِطْرِيَّة 香料类

طِيبَة 清酒，醇酒

ـ: بِئْرُ زَمْزَمَ 渗渗泉

طِيبَة: جودة أو حُسْن 良好，美好

ـ 快乐，舒服

طَيَاب (مـ): رِيح الشِمال 北风

طَيِّب م طَيِّبَة جـ طَيِّبَات وطُوبَى: جَيِّد أو حَسَن 好的，美好的，良好的，优良的

ـ: حَسَن (عن الحَال أو الكَيْفِيَّة) 好，妙，适当，恰当

ـ (مـ): معَافًى 健康的，健壮的

ـ: لَذِيذ 鲜美的，好吃的，美味的，香甜的

ـ الخُلُق 性格好的，脾气好的

ـ الرائِحَة 香的，芬芳的

ـ القَلْب 慈悲的，好心肠的，心地善良的

ـ الذِكْر 有声誉的

ـ النَفْس 愉快的，心情好的

كُلَّ سَنَةٍ وأَنْتَ ـ ! 新年好！

أَطْيَب جـ أَطَايِبُ م طُوبَى جـ طُوبَيَات 最美好的

ما ـَ ه ! 多香啊！真好吃！多好啊！

أَطَايِب / مَطايِب: أَشياءُ طَيِّبَة 好菜，美味

طُوبَى: غِبْطَة وسَعَادَة 愉快，幸福

طُوبَاكَ أو طُوبَى لَكَ 祝你幸福

مُطَيِّباتِي (مـ): شَغَلْتِي (مـ) (راجع شغل) (戏院

雇用的)鼓掌者，喝彩者，捧场者
مُسْتَطَاب 美味的，可口的
ثَناء ـ 感赞，赞扬
مُطَيَّب 芳香的，用香料熏过的
طَاحَ يَطِيحُ طَيْحًا: كطاح طَوْحًا أي هلك 死亡
طَيَّحَه: ضَيَّعَه 丧失，失掉，失去
طَارَ يَطِيرُ طَيْرًا وطَيَرَانًا وطَيْرُورَةً الطَائِرُ: تَحرَّكَ في الهَواء بجَناحَيْه (鸟)飞，飞翔
ـ الصيتُ في الناس: انتشر 驰名
ـ عقْلُه: فقَدَ صوَابَه 张皇失措
ـ طَائِرُه: غضِب 发怒，生气
ـ لُبُّه 丧失理智
ـ قَلْبُه 吃惊
ـ من الفرح 欢喜若狂
ـ سُرُورا 欢欣雀跃
ـ إليه: أسرع 飞奔，疾驰
ـ تِ الطائرةُ: قامَتْ (飞机)起飞
طار / طارة (في طور)
طَيَّرَه وأطَارَه وطَايَرَه مُطَايَرَةً: جعله يطير 使飞
ـ الطَيَّارَةَ 放风筝
ـ رأْسَه (م): أطَاحَه 斩首，砍头
ـ البَرْقِيَّةَ 拍电报
ـ الخَبَرَ 散布消息
أطَارَ من يَدِه 剥夺
انْطَارَ 破裂
تَطَيَّرَ واطَّيَرَ بالشيءِ ومنه: تَشاءَمَ 认某物为凶兆，从某物中得到凶兆
تَطايَرَ واسْتَطَارَ: تَفرَّقَ 分散，离散，分开
ـ قَلْبِي من أجْلِك (م) 我为你而魂飞魄散
اُسْتُطِيرَ: ذُعِرَ 吓得魂不附体
طَيْر / طَائِر جـ طَيْر وطُيُور وأطْيَار: كل ذي جناح من الحَيوان 鸟，禽
كَأَنَّ على رُؤُوسِهِمْ الـ (他们的头上好像有鸟雀)他们肃静地站着(乌鸦在骆驼头上觅食驼虱的时候，骆驼感觉舒服，生怕惊动它，所以一动不动)
ـ الجَنَّة (م) 蝴蝶
ـ (م): ذُبَاب 蝇，苍蝇
الطُيُور المُغَرِّدَة 鸣禽，啭鸟
عِلْم الطُيُور 鸟类学
طائِر: واحد الطُيُور 一只鸟
ـ: سابح في الهواء 飞的，飞行的，飞翔的
ـ الصيت 闻名的，驰名的
إشَارَة طائِرة 极短促的手势
طار طائِرُه 发怒，生气
هدَّأَ طائِرَه 安慰
مَيْمُونُ الطائِرِ 幸福的
سِرْ على الطائِرِ المَيْمُونِ / على الطائِر المَيْمُون 祝您一路平安
أكَلَ شَيْئًا على الطائر 匆匆忙忙地吃了一点东西
الطائر [天]河鼓二(天鹰座一等星)
طَيَرَان: رُكُوب الهَواء 飞行；航空
سِلَاح الـ 空军(兵种)
قُوَّة الـ 空军
ـ بَحْرِيّ 海上航空
ـ مَدَنِيّ 民用航空
طَيْرَة / طِيرَة: عَلَامَة شُؤم 凶兆
ـ: واحدة الطُيُور 一只鸟
ـ (م): ذُبَابَة 蝇，苍蝇
طائِرَة جـ طَائِرَات / طَيَّارة: مَرْكَبَة هَوائِيَّة 飞机
ـ الرُكَّاب 客机
ـ الانْقِضَاض: قاذِفة انْقِضاضِيَّة 俯冲轰炸机
الـ القاذِفَةُ القَنابِل / قاذِفة 轰炸机

ـ الهُجُوم / ـ مُقَاتِلَة / مُقاتِلَة 战斗机，冲击机，歼击机
ـ الاِسْتِطْلاع / ـ الاِسْتِكْشَاف 侦察机
ـ نَفَّاثَة 喷气式飞机
ـ المُطَارِدَة 驱逐机
ـ الأُسْطُول 舰上飞机
ـ فوقَ صَوْتِيَّة / ـ تُسَابِقُ الصوتَ 超音速飞机
ـ بِدُون طَيَّار 无人驾驶飞机
ـ عَمُودِيَّة أو حَوَّامَة: هَلِيكُوبتر (أ) helicopter 直升飞机
ـ مَائِيَّة 水上飞机
ـ نَاقِلَة / ـ النَقْل 运输机
ـ التَدْرِيب 教练机
ـ التَجَسُّس 间谍飞机
ـ ذاتُ سَطْح وَاحِد 单翼飞机
ـ ذات سَطْحَيْن 双翼飞机
ـ شِرَاعِيَّة أو سَحَّابَة 滑翔机
ـ صَارُوخِيَّة 火箭式飞机
ـ اِعْتِراضِيَّة 截击机
ـ دَوْرِيَّة 巡逻机
ـ الطُرْبِيد torpedo 雷击机，鱼雷机
على مَتْن الـ 在飞机上，乘飞机
طَيَّار: الذي يطيِّر الطائِرَةَ 航空员，飞行员
الجَرَاد الـ 飞蝗
ـ: سَرِيع الزوال 转瞬即逝的，很快消逝的
ـ: مُتَبَخِّر / مُتَصَعِّد 挥发的，挥发性的
طَيَّارَة جـ طَيَّارَات 女飞行员，女航空员
طَيَّارَة الصِبْيَان / طائِرَة وَرَق: رَايَة شَادِن (ع) 风筝，纸鸢
طَيَّارِيّ (مـ): غَيْر دَائِم 临时的，暂时的
خَادِمَة ـ 零佣的妇女，临时女帮工
مَطَار جـ مَطَارَات / مَطِير: مَوْضِع الطَيَرَان 机场，飞机场
مَطْيُور (مـ): طَايِش 轻浮的，轻薄的
مُسْتَطِير: مُنْتَشِر 分散的，散布的，四散的
ـ: مُتَشَائِم 悲观论者，悲观主义者
شَرّ ـ 普遍的祸害
طِيز جـ أَطْيَاز (مـ) 臀部
طَاشَ يَطِيشُ طَيْشًا السهمُ عن الغرض: جاوز ولم يُصِبْه 不中，没有命中
ـ: أَخْطأ 犯错误
ـ: خَفّ ونزق 轻率，轻浮，鲁莽
طَيْش / طَيَشَان: خِفَّة العَقْل 轻率；轻浮，鲁莽
أَطْيَش 红雀，梅花雀
طائِش: نَزِق 轻率的，轻浮的，鲁莽的，急躁的
ـ: على غير هدًى 无定见的；无主见的，无主意的
ـ: أرعَن 没有思想的
ـ 无意义的，荒谬的
طِيطوَى [鸟]紫鹬
طَافَ يَطِيفُ طَيْفًا ومَطَافًا خَيَالُهُ: جاء في النوم 梦中显现；梦中出现
طَيْف: خَيَال 幻影，幻象
ـ النُور [物]光谱，波谱
ـ شَمْسِيّ 太阳光谱
حَلّ الـ 光谱分析
طَيْفِيّ 光谱的
ـ 幻想的
بَحْث ـ 分光，分谱
المِرْقَب الـ / مِطْيَاف [物]分光镜，分光器
مِطْيَاف رَسَّام / مِطْيَاف الكُتْلَة 自记分光器
مِطْيَافِيّ 分光镜的
طَائِف 幻影，幻想，梦想

طَيْلَسَان جـ طَيَالِسَةُ (في طلس)
ـ 围巾(为了保护脖子不受太阳晒)
طَيَّنَ الحَائِطَ: طَلاَه بالطين　抹泥(在壁上)
ـ: لطَّخ بالطِين　涂泥，用泥涂污
طِين جـ أَطْيَان: تُرَاب مَمْزُوج بماء　稀泥，烂泥
ـ: مِلاَط / مُونَة (مـ)　灰泥，胶泥
ـ خَزَفِيّ　粘土，陶土，高岭土
ـ العَقد (مـ): تَنْفِيخ　[建]内拱弧
ـ أَرْمَنِيّ (مـ)　胶块土
ـ أَسْوَانِيّ (مـ)　耐火粘土
ـ (مـ): أَرْض　耕地，土地
جَعَلَ أُذُنًا من ـ وأخرى من عَجِين　置若罔闻，充耳不闻
من طِين وَاحِد　一脉相承，一丘之貉，一路货色
زَادَ في الـ بَلَّةً　火上加油，推波助澜，雪上加霜，助长气焰
أَصْحَاب الأَطْيَان　地主
طِينَة / طِين　本性，本质，性格
إنه من جِلْدَتِهِمْ وـ هم　他和他们是同一本质的
يَابِس الـ　固执的，顽固的，顽梗不化的，难以说服的
سَكْرَان ـ　烂醉如泥的
طِينِيّ　粘土的
الأَرْض الـ ة　粘土质土壤
طَيَّان: الذي يَحْمِلُ الطينَ إلى البِنَاء　灰泥砖瓦搬运工
طَيْهُوج　[鸟]山鸡，松鸡

الظاء

ظ (الظاء) 阿拉伯字母表第17个字母；代表数字900

ظَأَبَ ـَ ظَأْبًا: تزوَّجَ 结婚

ـ التَيْسُ: صَاحَ (公山羊)叫

ظَاءَبَه مُظَاءَبَةً: تزوَّج أُخْتَ امرأته 甲成为乙的连襟、僚婿(两人的妻子是姊妹)

تَزَوَّجَا بالمُظَاءَبَة 两人成为连襟，僚婿

ظَأْب جـ ظُؤُوب وأَظْؤُب 连襟，僚婿

ظَأَرَ ـَ ظَأْرًا وظِئَارًا وأَظْأَرَ وظَاءَرَ مُظَاءَرَةً المرأةَ على ولد غيرها 使她疼爱别人的儿子

ظِئْر جـ أَظْؤُر وأَظْآر وظُئُور وظُؤُورَة وظُؤَار 乳母，奶妈

ظَأْظَأَ التَيْسُ: صَاحَ (公山羊)叫

ظَبط (م): وَحْل 泥泞，泥地

ظابِط وظَبْط وظَبْطِيَّة الخ (م) 方言的错读，原是：ضابِط وضَبْط وضَبْطِيَّة (في ضبط)

ظُبَة جـ ظُبَات وظُبًى وظُبُون وظِبُون وأَظْبٍ 刀刃，剑锋，矛头

أَظْبَى المَكَانُ: كَثُرَت ظِبَاؤُه (地方)盛产羚羊

ظَبْي جـ ظِبَاء وظَبَيَات وأَظْبٍ وظُبِيّ: غزال (اسم النوع) 羚羊

ـ عَرَبِيّ: أَعْفَرُ 瞪羚

ـ: ذَكَرُ الغَزَال 公羚羊

ظَبْيَة جـ ظِبَاء وظَبَيَات: أُنْثَى الغَزَال 母羚羊

ظَرِبَان جـ ظَرَابِينُ وظِرْبِيّ جـ ظَرَابِيّ: عِرْسَة مُنْتِنَة 鸡貂

فَسَا بَيْنَهُمْ الـ 他们分裂了

ظُرَر وظِرّ وظُرَرَة جـ ظِرَّان وظُرَّان وظِرَار وأَظِرَّة: حَجَر كالصوَّان (أو هو) 硅石，燧石，打火石；石斧，石簇

الطَوْر أو العَصْر الظِرَّاني أو الظِرِّي 石器时代

ظرط (راجع ضرط)

ظَرُفَ ـُ ظَرْفًا وظَرَافَةً: كان ذَكِيًّا بَارِعًا 聪明，机智，机灵，伶俐

ـ: كان كَيِّسًا 雅致，文雅，有风趣

ظَرَّفَه: زَيَّنَه 装饰，修饰，润色

ـ ه: غلَّفه 包装，封箴

تَظَرَّفَ وتَظَارَفَ 假装文雅，附庸风雅

اِسْتَظْرَفَه: عدَّه ظَرِيفًا 认为文雅，以为雅致，认为有风趣

ظَرْف جـ ظُرُوف: وِعَاء (桶壶等)容器，装水的羊皮袋

ـ: غِلَاف 信封，封皮

ـ أو كَأس البَيْض (م) (吃溏心蛋的)蛋杯

ـ: خَرْطُوشَة (م) 弹药筒，子弹壳

ـ: حَالَة 情况，状况

ـ زَمَانٍ أو مَكَانٍ (في النحو) [语]时间宾词；空间宾词；时空宾词

ـ / ظَرَافَة: كِيَاسَة 雅致，文雅，风趣

ـ / ـ: ذَكَاء 聪明，机智，机灵，伶俐

ظُرُوف: أَحوال 境遇，处境，环境，情况；条件

ـ مُخَفِّفَة 可减罪的情况

ـ مُشَدِّدَة 可加罪的情况

الـ الحاضِرة 现在的情况，目前的条件

في ـ الأُسْبُوع 在一周内，一个星期的工夫

ظَرْفِيّ: مُختَصّ بظَرْف الزمان أو المكان 时间宾词的，空间宾词的；时空宾词的

دليلٌ ـ أو بيِّنة ـ ة 情况证据，做参考的间接证据

ظَرْفِيَّة [语]时空宾词

ظَرِيف جـ ظُرَفَاءُ وظِرَاف وظُرُف وظُرُوف وظَرِيفُونَ م ظَرِيفَة جـ ظَرِيفَات وظَرَائِفُ: كَيِّس 聪明的，机智的，伶俐的；雅致的，文雅的，优雅的，有风趣的

مَظْرُوف جـ مَظَارِيفُ 封口的(信)

ـ اليوم الأوَّل للإصْدار 首日封

ظرى يَظْرِي ظَرْيًا الماءُ: جَرَى (水)流

ظَرِيَ ـَ ظَرًى الغُلامُ: كان كَيِّسًا 成为聪明的、伶俐的

ظعن ـَ ظَعْنًا وظَعَنًا وظُعُونًا ومَظْعَنًا: سَارَ ورحل 动身，启程

اِظَّعَنَ الهَوْدَجَ 坐驼轿旅行

ظَعِينَة جـ ظَعَائِنُ وظُعْن وظُعُن جج أَظْعَان وظُعُنَات 驼轿；驼轿里的妇女、女眷

ظفره ـِ ظَفْرًا وظَفَّرَه وأَظْفَرَه 用指甲抓他的脸

ـ فلانًا 把某人的指甲弄破

ظَفِرَ ـَ ظَفَرًا واظَّفَرَ المَطْلُوبَ وبه وعليه: فازَ به وغلب 获得，赢得；战胜，克服

ظَفَّرَه وأَظْفَرَه بِعَدُوِّه: جعله يَظْفَرُ به 使他获胜，使他战胜

ظِفْر وظُفْر وظُفُر الإصْبَع جـ أَظْفَار جج أَظَافِيرُ 手指甲，脚趾甲

ـ الطَّيْر أو الحَيَوَان (禽兽的)爪

رَأَيْتُهُ بِظُفْرِهِ أي بِعَيْنِه 我看见他本人

مِقَصّ الأَظَافِير 指甲剪，指甲刀

ظَفَر: نَصْر / غَلَبَة 胜利，战胜

أُظْفُور جـ أَظَافِيرُ: ظِفْر 手指甲，脚趾甲

ـ نَبَاتِيّ: سِلْك نباتيّ (植物的)卷须

ظَفِر / ظَافِر / مُظَفَّر 胜利者，战胜者

ظلط (راجع زلط) 鹅卵石，砾石，碎石子

وَابُورُ الـ 压路机

ظلع ـَ ظَلْعًا البَعِيرُ: غمز في مشيه 蹒跚，跛行

ظَلْع 跛

ـ 缺点，缺陷

اِرْبَعْ على ـ ك 不要勉强

ظلف ـِ ظَلْفًا نَفْسَهُ عن الشيء: كَفَّ عنه 断绝，戒除

ـ ـُ ظَلْفًا القومَ: اِتَّبَعَ أَثَرَهم 跟踪

ظَلِفَت ـَ ظَلَفًا الأرضُ: كانت حَجِرة غليظة (土地)成为硬的

ظَلَّفَ على كذا: زَادَ 增加

ظِلْف جـ ظُلُوف وأَظْلاف: ظِفْر الحيوان المجترّ 分趾蹄，偶蹄

ـ 足迹，足印

جَاءُوا على ـ ه 他们跟着他的足印来了

أَبو أَظْلاَف: خِنْزِير الأَرْض [动]土豚

من ذَوَات الأَظْلاَف 属偶蹄类

ظَلْف 无用的，徒然的

ذَهَبَ دَمُهُ ظَلْفًا أو ظَلَفًا أو ظَلِيفًا 他的仇还没有报，他的血白流了

أَرْض ظَلْفَة وظَلِيفَة وظَلَفَة / أُظْلُوفَة جـ أَظَالِيفُ 硬地

ظَلِيف جـ ظُلْف وظُلُف 硬的(土地)；痛苦的(事情)；狡猾的(人)；灾难，厄运

ظلّ ـَ ظَلاًّ وظُلُولاً يَفْعَلُ كذا: دَام 继续(做)，不断地(做)，一直(做)

ظَلِلْتُ (ظَلْتُ وظِلْتُ) أُكَافِح في سبيل الوطن 我始终为祖国而斗争

ظَلَّ ـَ ظَلاًّ وظَلاَلَةً الشجرُ: صار ذا ظِلّ (树木)成荫

ظَلَّلَه وأَظَلَّه: أَلْقَى عليه ظِلَّه 遮荫，荫蔽

ـ وـ: ستره　遮，蔽，遮光

تَظَلَّلَ واسْتَظَلَّ بالشيء　以某物遮荫，在阴凉处

ـ بظِلِّ الدَوْلَة　受国家的保护

اِسْتَظَلَّ بالحِمَايَة　要求保护

ظِلّ الشيء ج ظِلاَل وظُلُول وأَظْلاَل: خَيَاله　影子，阴影

بَقِيتُ عِنْدَهُ ـ النَهَارِ　我在他那里待了一天

ـ الأرض على القمَر عند الخسوف　[天]本影（月食时地球投射在月亮上的阴影）

ـ: فَيْء　阴影

ـ هَنْدَسِيّ　[数]切线，正切

ـ التَمَام　[数]余切

خَيَال الـ　皮影戏

ـ　色度，色调，色彩

ظِلاَل مَعَانِي الكَلِمَة　词义的色调

خِفَّة الـ　和气，温和

خَفِيف الـ　和气的，温和的，和蔼可亲的

ثَقِيل الـ　讨厌的，可恶的，性情沉郁的

لا ـ له من الحَقِيقَة　无稽的

تَقَلَّصَ ظِلُّه　渐渐消灭

ظُلَّة ج ظُلَل وظِلاَل: خَيْمَة / تَنْدَهْ (مـ)　帐篷，棚舍，板棚

ظِلِّيلَة (مـ): نَجِيرَة / سَقِيفَة　小屋，棚屋，披屋

ظَلِيل / مُظِلّ / مُظَلِّل　有影的，遮荫的，多荫的

ظِلّ ـ　浓荫

بُسْتَان ـ　多荫的花园，绿荫如盖的花园

مِظَلَّة / مَظَلَّة ج مَظَالّ ومِظَلاَّت ومَظَلاَّت: شَمْسِيَّة　伞，阳伞

ـ وَاقِيَة / ـ النَجَاة: مِهْبَطَة　降落伞

مِظَلِّيّ / جُنْدِيّ الـ ج جُنُود المِظَلاَّت　伞兵

فِرْقَة المِظَلِّيِّين　伞兵师

عِيد الـ (عند اليَهود)　圣幕节(犹太人纪念他们祖先旷野天幕生活的秋节)

ظَلَمَه ـِ ظُلْمًا وظَلْمًا ومَظْلِمَةً: أَسَاء إليه　欺负，欺侮，虐待，委屈，使受冤枉

ـ ه: جارَ عليه　压迫，迫害

ـ: وضَع الشيء في غير مَوْضعه　滥用；错用

ظَلِمَ ـَ ظَلْمًا وأَظْلَمَ الليلُ: صار مُظْلِمًا　(夜)发黑

ـ ت الدُنْيَا　天黑，天色昏暗

تَظَلَّمَ منه: شَكَا من ظُلْمه　申诉，控诉，诉苦，抱怨，出怨言，鸣不平

تَظَالَمَ القومُ: ظَلَم بعضُهم بَعْضًا　互相欺侮，互相虐待

اِنْظَلَمَ واظَّلَمَ: وقع عليه الظلم　受冤屈，受冤枉；被虐待

ظُلْم: ضد عَدْل　不义，不公平，不公道

ـ: اِنْتِقَاض الحَقّ / جَوْر / إساءة　虐待，欺负，欺侮

ـ: عَسْف　压迫，迫害

ـ طَبَقِيّ　阶级压迫

ظُلْمًا: عُدْوَانًا　强制地，强横地

ظُلْمًا: جَوْرًا　不义地，不公正地，不公平地，不正当地

ظُلْمَة وظُلُمَة ج ظُلَم وظُلْمَات وظُلُمَات وظُلَمَات

/ ظَلاَم: ذَهاب النُور　黑暗，昏暗

ظُلُمات بَهِيمِيَّة　漆黑

بَحْر الظُلُمات: المُحيط الأَطْلَسِي　大西洋

ظُلاَمَة / مَظْلِمَة ج مَظَالِمُ: ظُلْم واقع　不义，不公正，不公道，不公平

ـ (مـ) / ـ: شَكْوَى من ظُلْم　诉苦，抱怨，出怨言

ظُلاَمِيّ　暴虐者，压迫者，迫害者

ظَلْمَاء / ظَلاَم: ذَهاب النُور　昏暗，黑暗

لَيْلَة ـ　黑夜

ظَالِم جـ ظَالِمُون وظَلَمَة وظُلاَّم: ضد عادِل 不公正的，不公平的，非正义的
ـ: عَاتٍ 压迫者，压制者，暴虐者
ظَلِيم جـ ظِلْمَان وظُلْمَان وأَظْلِمَة: ذكر النَعام 公鸵鸟
ـ / مَظْلُوم 受冤屈的，被虐待的
ظَلُوم / ظَلاَّم / ظِلِّيم: كثير الظُلْم 横行霸道者
مُظْلِم: ضد مُنِير 昏暗的，阴暗的，幽暗的
مُظَلِّم (مـ): مُعَتِّم (مـ) 致昏暗的，令阴暗的，使黑暗的
ظَمِئَ ـَ ظَمَأً وظَمَاً وظَمَاءً وظَمَاءَةً: عطِش شديدًا 干渴
ـ إليه: اشتاق 渴望，热望
ظَمَأ / ظَمَاء: عطَش شديد 干渴
روَى ـَ ه 解渴
ظَمِئ وظَمْآن وظَامِئ م ظَمِيئَة وظَامِئَة وظَمْأَى وظَمْآنَة جـ ظِمَاء: عَطْشَان 干渴的，口干的
ظُنْبُوب جـ ظَنَابِيبُ 胫，胫骨
ظَنَّ ـُ ظَنًّا الشيءَ: اِفتكر 想，思考，推想
ـ: حَسِبَ 推测，忖度，设想，以为，认为
ـ به وظَنَّه وأَظَنَّه واظَّنَّه واظْطَنَّه: اِتَّهَمَه 猜疑，怀疑
ـ به الظُنُونَ 多方推测，猜测
تظَنَّنَ وتظَنَّى: أَعْمَل الظَنّ 思考，推测，推想
ظَنّ جـ ظُنُون جج أَظَانِينُ: فِكْر 思考，意见，见解
ـ: تَخْمِين 推测，猜测，忖度，推想，设想
ـ منه أَنْ... 猜想，以为是…
حُسْن الـ 好印象，认为…好，相信
سُوء الـ 坏印象，认为…坏，瞧不起

أَكْبَرُ ـِ ي أَنْ... 依我看，多半是…
ظِنَّة جـ ظِنَن وظَنَائِن / مَظِنَّة جـ مَظَانُّ: رِيبَة / شَكّ 怀疑，狐疑，猜疑，疑心
ظَنِين جـ أَظِنَّاء: مُتَّهَم 可疑的，有嫌疑的，被怀疑的，被猜疑的
ظَنُون / ظَنَّان: سَيِّئ الظَنّ 多疑的，好疑的，疑心重的
ـ: قَلِيل الحِيلَة ضعيف لا يُوثَق به 直率的，天真的
مَظْنُون 被预料的
و الـ أَنَّ... 预料…，可以想到…
مَظِنَّة جـ مَظَانّ 迹象，征兆，征候
ـ (假设的、怀疑的)对象，客体
ظَهَرَ ـَ ظُهُورًا: بَان 出现，呈现，显露
ـ: بَدَا / لاَحَ 显出，显现
ـ: اِتَّضَحَ 清楚
ـ: طَلَعَ / خَرَجَ 浮现，现出，露出
ـ: حَضَرَ أو جَاءَ 出现，来到
ـ أَنْ... 显然…
ـ المَرَضُ: فَشَا (病)蔓延
ظَهَرَ ـَ ظَهْرًا وظُهُورا عليه: أعانه 帮助
ـ ه: ضرَب ظَهْرَه 打击背部
ـ البَيْتَ والجَبَلَ: عَلاَه 攀登，登上(屋顶、山巅)
ـ عليه: غلَبه 战胜，征服
ـ على السِرّ: اِطّلع 窥见…，探得(秘密)
ظَهَّرَ الصَكَّ المَالِيّ (مـ) 票据背签
ظَاهَرَه: عَاوَنَه 支持，帮助，拥护
أَظْهَرَ الشيءَ: بَيَّنَه 显示，使明显，说明，阐明
ـ ه: كشَفَه 显露，揭露，揭发
ـ ه: أَبْدَاه 表示，显出，使显现
ـ ه: أَعْلَنَه 发表，发布，宣布

ـ ه: أَوضَحَه 说明，解释，阐明
ـ ه في مَظْهَرِ... 把…描绘成…样子，装…
姿态
ـ نفسَه بمَظْهَر الصَدِيق 装作朋友
ـ الكتابَ: قرأه على ظهر لسانِه 背书，背诵
تَظَاهَرَ بالأمر: أظهره 表示，显示
ـ القومُ: تَعَاوَنُوا 互助，互相支持
ـ القومُ: تَدَابَرُوا 互相背弃
ـ بكذا: اِدَّعَاه 假装，装作
ـ بالبُكَاء 假哭，装哭
تَظَاهَرُوا: قَامُوا بِمُظَاهَرَة 示威游行
اِسْتَظْهَرَ على كذا 克服，战胜，打败
ـ به: اِسْتَعَان 向他求助，向他求援
ـ الدرسَ: حَفِظَه 背记，熟读成诵
ـ بالرُسُوم (مـ) 加图解
ظَهْر جـ أَظْهُر وظُهُور وظُهْرَان: ما يُقَابِل البَطْن
背，背脊
ـ الشَيء: سَطْحُه 表面，外面
ـ الشَيء: قَفَاه 背面，反面
ـ الجبل 山顶
ـ اليَد / ـ الكَفّ 手背
وَجَع الـ 背痛
ـ المَرْكَب: سَطْحُه 甲板，舱面
على ـ السَفِينَة 在轮船的甲板上
على ـ القَلْب أو اللِسَان 背记，背诵
ـ (مـ): حَدِيد مَسْكُوب 生铁，铸铁，铣铁
اِنْقَطَعَ ـ ُه (سـ) 丧失勇气
مِنْ وَرَاءِ ـ ه 背后；做他的后盾
كَسَّرَ ـ َه (سـ) 使他疲倦
له ـ (سـ) 有人支持他，有人给他撑腰
قَلَبَ له ـ المِجَنّ 和他翻脸
يَأْكُلُ على ـ يَدِي (我负担他的费用)他靠

我吃饭
سَافَرَ على ـ النِيل 在尼罗河上旅行
قتلَه ظَهْرًا 谋杀，暗杀
ظَهْرًا لِبَطْن 倒转，颠倒；反复地
قَلَّبَ الأمرَ ظَهْرًا لبَطْنٍ 他对这件事反复思考
بَيْن ظَهْرَانَيْهِمْ 在他们中间
ظُهْر جـ أَظْهَار / ظَهِيرة: مُنْتَصَف النَهار 中午，
日中，正午
بَعْدَ الـ 下午
قَبْلَ الـ 上午
سَأُرِيكَ نُجُومَ الـ (我要叫你看中午的星
星)我叫你知道知道，叫你知道我的厉害
ظِهْرِيّ جـ ظَهَارِيّ 置之脑后的，被抛弃的
نَبَذُوا هذه الأَحْكَامَ ظِهْرِيًّا (他们把这些条
例置之脑后)违法乱纪
ظِهَارَة الثَوْب: غير بطانته (衣服的)面子
ـ 搬夫的护背枕；鞍下褥
ظِهَارِيّ [解]上皮的
ظُهُور: ضد اختفاء أو غياب 显露，出现，显现
عيد الـ [基督]主显节(每年1月6日耶
稣显灵的节日)
حُبّ الـ أو التَظَاهُر 爱虚荣，爱出风头，爱
表现
ظُهُورات (مـ): وَقْتِيّ 暂时的，一时的，临时的
ـ 定额外的
إظْهَار: كَشْف 显露，揭露
ـ: ضد إخْفَاء 显示，揭示
ـ: إعْلَان 宣布，宣告
ـ: عَرْض 呈现，展示
تَظْهِير الصُكُوك المَالِيَّة (مـ) 票据背签
مُظَاهَرَة: مُعَاوَنَة 支持，做后盾
ـ: تَظَاهُرَة / اجتماع اِحْتِجَاجِيّ 示威游行

ــ سِلْمِيَّة 和平示威游行
ــ مُسَلَّحَة 武装示威游行
ظاهِر: بادٍ 显然的
ـــ: واضح 明白的，显明的
ـــ: خلاف الحقيقيّ / صُورِيّ 表面的，形式上的
ـــ: ضد داخل أو باطن 外部，外面，外观，外貌
ــ البلد: ضاحيته 郊外，郊区
في الـ / على ما يظهر 显然地，显明地
في الـ / ظاهِرًا: صُورِيًّا 表面上，形式上
من الـ: من الخارِج 从外部，外面，表面
ظَاهِرِيّ: خَارِجِيّ 外部的，外面的，表面的
ـــ: سَطْحِيّ 浅薄的，肤浅的，皮相的
مَذْهَب الظَاهِرِيَّة 现象论，现象主义
ظَاهِرَة جـ ظَاهِرَات وظَوَاهِرُ: مَنْظَر / صُورَة 现象
ــ جَوِّيَّة 气象
ــ عِلْمِيَّة أو طَبِيعِيَّة 科学的或自然的现象
ظَوَاهِرُ الحياة 生命现象
علم الظَوَاهِرِ الجَوِّيَّة 气象学
ظَهِير: مُعِين (للمُفرد والجمع) 支持者，做后盾者，撑腰者
ــ [体]（足球的）后卫
ــ مُسَاعِد [体]（足球的）中卫
ظَهِيرَة جـ ظَهَائِرُ: ظُهْر 日中，中午，正午
مَظْهَر جـ مَظَاهِرُ 外貌，外观，表面，表象
ــ 表示，显示
ـــ: مَشْهَد / مَنْظَر 现象
له ــ النُبُوغ 他有聪明的外观
مَظاهِرُ الحياة 生命现象
ــ الإكْبَار والإجْلاَل 敬重的表示
مَظْهَرِيّ 外部的，表面的
ــ 现象的，形象的
مَظْهَرِيَّة 表象，现象
مُتَظاهِر 示威游行者；假装…者
ظَيّ وظَيَّان 蜜
ظَيَّان 野素馨花
مَظْيَاة / مَظْوَاة 开满野素馨花的地方

العين

ع (العين) 阿拉伯字母表第 18 个字母；代表数字 70

ع: عدد (号数)的缩写

عائلة (في عيل) / **عاب** (في عيب)

عاتٍ (في عتو) / **عاث** (في عيث)

عاج (في عوج) / **عاد** (في عود)

عادٍ (في عدو) / **عادة** (في عود)

عارٌ (في عير) / **عارٍ** / عارية (في عري)

عارية (في عور) / **عاز** (في عوز)

عاس (في عوس) / **عاش** (في عيش)

عاف (في عيف) / **عاقّ** (في عقق)

عاق (في عوق) / **عال** (في عول)

عالٍ (في علو) / **عالة** (في عول)

عام / عام (في عوم) / **عامّ** (في عمم)

عانة (في عون) / **عاهة** (في عوه)

عايق (في عوق) / **عبّ** (في عبب)

عَبَأَ ـَ عَبْأً به أو إليه 注意，留意

لاَ أَعْبَأُ له: لا أُبالِي به اِحْتِقَارًا 我不理睬他，我不注意他

ما يَعْبَأُ بِكُمْ رَبِّي 我的主不会留意你们

لا يُعْبَأُ به 不值得留意的

ـ وعَبَّأَ الجيشَ (للحرب): حشده وجهَّزه 动员；调动，集结(兵力)

ـ وـ المَتاعَ: هيَّأه 准备，预备(行装)

عَبَّأَ الشيءَ في الوِعاء: عبّاه 装满，盛满，收拾，收装，装填

ـ القُنْبُلَة 把炸弹装满炸药

ـ [棋]排列，布置，布局

عِبْء ج أَعْبَاء: حِمْل 负担，负荷

ـ الضَرِيبَة 税的负担

ـ الإِثْبات 作证的义务

أَعْبَاء عَائِلَة 家庭负担

عَبَاء وعَبَاءَة ج أَعْبِئَة: رِداء شَرْقِيّ مَعْرُوف 斗篷

تَعْبِئَة 装满，盛满

ـ الجَيْش 动员，调动，集结

تَعْبَوِيّ 战术的，战略的

عَبَّ ـُ عَبًّا الماءَ: عَبَّه (م) 一口气喝完，一饮而尽

عُبّ / عِبّ (ع) ج عِبَاب وأَعْبَاب: رُدْن 抬肩，抬裉

ـ (س) 腋下，胳肢窝

فَتَحَ له ـ ه 把自己一切秘密托付给他人

عُبَاب / يَعْبُوب ج يَعَابِيب: مُعْظَم السَيْل 急流，激流

مَخَرَ في ـ البَحْر 在汪洋中破浪而前

شَقَّ ـَ الجَوِّ (飞机)冲开大气飞行

خاضَ ـَ البَحْث عن... 进行很多的研究

يَخُوضُونَ ـَ الكُتُب 他们读了很多书

عَبَثَ ـِ عَبْثًا الشيءَ وبالشيء: خَلَطَه 混，混合，搅拌，掺合

عَبِثَ ـَ عَبَثًا: لَعِبَ وهَزَلَ 游戏，嬉戏，玩耍

ـ بالشيء 玩弄

ـ بالقانون 扰乱，违犯

ـ بالأَمْنِ العَامّ 扰乱社会治安

ـ بالعُقُول 诱惑

ـ النَوْمُ بأَجْفَانِه 打瞌睡

ـ تْ به يدُ البِلَى 衰微

ـ به الدَهْرُ 消灭，毁灭，时运不济

عَابَثَه 开玩笑，恶作剧

عَبَث: لَعْب وهزل 玩，游戏，嬉戏
ـ 扰乱，损害，违犯
ـ: بَاطِل 无益的，无效的，枉然的
رأى مِنَ الـ أنْ... 他认为这是徒劳无益的
عَبَثًا / من الـ: سُدًى 徒劳地，枉然地，无益地，无效地
عَابِث / عِبِّيث 诙谐者，爱开玩笑的人
أُعْبُوثَة جـ أَعَابِيثُ (مـ) 游戏，玩笑，笑谈，戏言
مَعْبَث جـ مَعَابِثُ (مـ) 娱乐，消遣；开心，散心
عبد ـ عِبَادَةً وعُبُودَةً وعُبُودِيَّةً ومَعْبَدًا ومَعْبَدَةً الله: وحَّده وخدمه 崇拜，尊崇，崇敬(真主)
عَبِدَ ـ عَبَدًا وعَبَدَةً الشيءَ: لَزِمَه 依附，黏着
ـ على فلان: غضِب عليه 发怒
ـ على نَفْسِهِ: لاَمَهَا 自责，自我批评
عَبَّدَه واعْتَبَدَه واسْتَعْبَدَه: ذَلَّله / اِتَّخذَه عَبْدًا 奴役；使为奴隶
ـ الطَرِيقَ: مهَّده 铺路，砌路
تَعَبَّدَ: تَفرَّغَ للعِبادة 出家，修行
عَبَّدَ الرجلُ: أَسْرَعَ وهرب 疾走，奔逃
ما عَبَّدَ أَنْ فعل كذا: ما لَبِثَ 立刻，立即
عَبْد جـ عِبَاد وعَبِيد وعِبْدَان وعُبْدَان وعَبَدَة وعَبْدُون وأَعْبُد وعِبِدَّان وأَعْبَاد جج أَعَابِدُ ومَعَابِد وأَعْبِدَة: ضد حُرّ 奴隶
ـ: إنْسَان (حُرًّا كان أو رَقِيقًا) 人(无论是自由人或奴隶)
ـ زَنْجِيّ (مـ) 黑人，僧侣
ـ لاَوِي (مـ) / عَبْدَلِيّ 甜瓜，香瓜
ـ الله (男名)阿卜杜拉(真主的仆人)
ـ الإله / ـ الإلاَه (男名)阿卜杜勒•伊拉
الـ لله (مـ): المُخَاطِب / أَنا 鄙人，在下
العِبَاد: النَاس 人，人类

عِبَادَة 崇拜，尊崇，礼拜
ـ الأَوْثَان 物神崇拜(如龙、树、山川)
ـ الحَيَوَانَاتِ 动物崇拜
ـ الأَصْنَام 偶像崇拜
ـ الشَمْسِ 太阳崇拜，拜日
ـ النُجُومِ 星辰崇拜，拜星
ـ النَارِ 拜火
ـ ضَخَامَة الأَلْقَابِ 头衔崇拜(如博士、教授等)
عُبُودَة / عُبُودِيَّة: ضد حُرِّيَّة 奴隶的身份
ـ / ـ: طاعَة وإكْرَام 虔诚，虔敬，服从，忠诚
عُبُودِيّ 奴隶的，奴隶主义的
المُجْتَمَع الـ 奴隶社会
اِسْتِعْبَاد 奴役，当作奴仆、奴隶
تَعَبُّد 出家，修行
عَابِد جـ عُبَّاد وعَبَدَة وعابِدُون: مُقدِّم العِبادة 礼拜者，崇拜者
ـ وَثَنٍ 偶像崇拜者
عَبَّاد 崇拜者
ـ الشَمْسِ: نبات وزهرُه 向日葵
مَعْبُود 受崇拜的
ـ: الله 神，神灵
ـ 神像，偶像
مَعْبُودَة 女神
مَعْبَد جـ مَعَابِدُ: مُتَعَبَّد 寺，庙，庵，观，道院，僧院
مُعَبَّد: مُمَهَّد 铺砌的，铺石的
طَرِيق ـ 大道，公路，坦途，康庄大道
مُتَعَبِّد 虔诚的，信教的
مُسْتَعْبَد 被奴役的
عبر ـ عَبْرًا وعُبُورًا النهرَ وغيرَه: قطعه وجازه

过，横过，渡过，越过

ـ: مَرّ / فات 经过，通过

ـ: مَات 死亡

ـ: مَضَى 逝去，过去

ـ ـُ عَبْرًا وعَبِرَ ـَ عَبَرًا: جرت عَبْرَتُه 流泪，挥泪

ـ ـُ عَبْرًا وعِبَارَةً وعَبَّرَ الرُؤْيَا: فَسَّرَها 圆梦

ـ ه وـ ه: وزَنه 秤，衡

ـ ه وـ ه: قدَّره 重视，珍视，估价，评价

عَبَّرَ عَنْ كَذَا 表达，抒发，表示，表露

ـ به الأمرُ: اشتدَّ عليه 工作超过…的能力

اِعْتَبَرَ الشيءَ: عدّه وحسبه 当作，看作，认为，以为

ـ الشيءَ: اِختبره ونظر فيه 考虑，熟思，思索，观察

ـ الرجلَ: اعتدَّ به وأكْرَمَه 尊敬，尊重，敬爱，敬重

ـ به: اِتَّعَظَ 引以为戒，取得教训

اِسْتَعْبَرَتِ العَيْنُ 哭，落泪

عَبْر / عُبُور: قَطْع / اِجتياز 穿过，横渡，渡过，越过

ـ / ـ: مُرُور 经过，通过

ـ الصَحْرَاء 穿越沙漠

ـ المُحِيط 横渡大洋

ـ النَهْر 渡河，过河

عِبْرَانِيّ / عِبْرِيّ (الجِنْس) 希伯来人

العِبْرِيَّة 希伯来语

عَبْرَة جـ عَبَرَات وعِبَر: دَمْعَة 泪，泪珠

عِبْرَة جـ عِبَر: عِظَة 先例，警戒，教训

ـ: مِثَال رادِع 教训，殷鉴，前车之鉴

هذه ـ لِمَنْ يَعْتَبِر 善于学习者可以此为鉴

عِبْرِيّ: مِثَالِيّ 可以为鉴的，可以为戒的

عِبارَة: تَعْبِير / شَرْح 解释，说明，阐明，注明

ـ جـ عِبَارَات: بَيَان / أُسْلُوب التَعْبِير 措辞；风格

ـ: جُمْلَة صَغِيرَة دَالة على مَعْنى 短语，成语

ـ (في الجَبْر) [数]项

فلان حَسَنُ الـ 某人善于辞令

بِـ أَبْسطَ 更简单地说

بِـ أُخْرَى 换言之，换句话说

بِـ أَدَقَّ 更确切地说

ـ عن كذا 即，就是

هي عِبَارَة عن ... أو هذه عبارة عن... 这意味着…，这就是说…

عُبُور: اجتياز / قطع 过，横渡，迈过，渡过

ـ: مُرُور / فَوَات 逝去

مِرْقَب الـ (أي مُرُور النُجوم والكَوَاكب عند الهَاجِرة) 子午仪，测时子午仪

تَعْبِير جـ تَعَابِير: شرح 说明，解释，注解

ـ: إبَانَة 表示，表白，表达

الـ السَائِر 常用语，流行的说法

لا يُمْكِن الـ عنه 无法表达的，难以表达的

وبِـ آخَرَ 换言之，换句话说

تَعَابِيرُ لُغَوِيَّة 成语，习惯语

تَعْبِيرِيّ 表情的

اِعْتِبَار: اِحْتِرَام 敬重，尊敬，敬爱

ـ: اِعْتداد 考虑，熟思，考究

ـ (م): خُصُوص 关系

ـ (م) 原因

يَسْتَحِقّ الـ (أي الاحترام) 可尊敬的，可敬重的，令人敬仰的

يَسْتَحِقّ الـ: يُعْتَدّ به 值得注意的，重要的，有价值的

رَدُّ الـ / إعادَةُ الـ للمَحْكُوم (في القَضَاء) 恢复

名誉，恢复权利，复职，复位
اِعْتِبَارًا لِـ ... 考虑到…，顾虑到…
اِعْتِبَارًا مِن ... 从…起
اِعْتِبَارِيّ 名义上的，空有其名的，有名无实的；道义上的
شَخْص ـ [法]法人
عَابِر: مجتاز 横渡者
ـ: مَارّ 通行的，过去的
ـ: فَائِت / زَائِل 暂时的，片刻的，短促的，不久的，虚幻无常的
ـ سَبِيلٍ / ـ طَرِيق 行人，过路人
عَبِير: رَائِحَة طَيِّبَة 香，香气，芳香，馨香
مُعْتَبَر: يَسْتَحِقّ الاعتبار (الاحترام) 可尊重的，可尊敬的，令人钦敬的
ـ: يُعْتَدّ به 重要的
مَعْبَر جـ مَعَابِر 渡口
مِعْبَرَة ومِعْبَر جـ مَعَابِر: مُعَدِّيَة 渡船，摆渡船
عَبَسَ ـِ عَبْسًا وعُبُوسًا: قَطَّب وَجْهَه 皱眉头
ـ وعَبَّسَ الوَجْهُ: كلح 愁眉苦脸，作不愉快的表情
عَبْس / عُبُوس 皱眉，怒色，厉色
عَبُوس / عَابِس: ضد مُبْتَسِم 皱眉的，愁眉苦脸的
ـ / ـ: مُتَجَهِّم 严肃的，严峻的，严厉的；忧郁的，沉闷的，愁眉苦脸的
ـ (天气)阴沉的，阴暗的
عَبَّاس (天气)严寒的，恶劣的
الـ 阿拔斯(穆罕默德的叔父 573—652)
بَنُو الـ [史]阿拔斯王朝(750—1258)
عَبَّاسِيّ [史]阿拔斯王朝的
العَبَّاسِيَّة [史]阿拔斯王朝
العَبَّاسِيُّون 阿拔斯王朝人

عَبَطَ ـِ عَبْطًا واعْتَبَطَ الأمرَ: فعله اعتباطًا 乱作，乱搞，胡乱进行，随便行事
ـ ه (م): حَضَنَه 紧抱，相抱
عَبَّطَه (م) 拥抱，搂抱；紧握，紧夹
اِنْعَبَطَ 成为愚蠢的，成为愚笨的
عَبَاطَة 笨，愚蠢，愚钝
اِعْتِبَاطًا: عَفْوًا 任意地，随便地，胡乱地，侥幸地
عَبِيط جـ عُبَطَاءُ وعُبُط وعِبَاط (م): هَبِيت 愚蠢的，痴呆的，呆笨的，傻头傻脑的
ـ 新鲜的(血、肉)
عَبْعَبَ الثوبُ والجِلْدُ (م) (衣裳等)肥大，宽大
ـ 充满，装满，挤满
تَعَبْعَبَ الشيءَ: أتى عليه كله 取其全部
مُعَبْعَب: مُنْتَفِخ رَخْو 肥大的，膨胀如囊的
ـ 被充满的，被挤满的
عَبِقَ ـَ عَبَقًا وعَبَاقَةً وعَبَاقِيَةً المكانُ بالطيب أو الدُخان 充满香气的；满布烟雾的
ـ الطيبُ به: لزق 染上香气，熏香
عَبَّقَ رَائِحَةَ الطِيب: ذكَّاهَا وصيَّرها تنتشر 熏香，烧香
تَعَبَّقَ 芬芳四溢
عَبَق / عَبَاقَة / عَبِيق 馨香，芳香，芬芳
عَبْقَة صَدْر (م) 气闷，呼吸感觉困难，胸部感觉压迫
ـ: كَتْمَة الهَوَاء 密闭，窒塞，不通风，不通气
عَبِق / عَابِق / عَبِيق: فَائح 芳香的，芬芳的，有香气的
عَبْقَر: مَسْكَن الجِنّ 仙境，仙地，神仙世界，神话国土
عَبْقَرِيّ جـ عَبَاقِرَة: نَابغ 有天才的，有才干的

إنْسَان ـ 才子，英才，奇才
عَبْقَرِيَّة: نُبُوغ 天才
عبك (مـ): نَسِيج صُوفِيّ 驼毛布；羽纱，羽缎
عبل ـِ عَبْلاً الشيءَ: قطعه 割断
عَبِلَ ـَ عَبَلاً وعَبُلَ ـُ عَبَالَةً وعُبُولاً: ضَخُمَ 成为巨大的，成为硕大的，成为粗壮的
عَبَل (مـ): أَثْل [植]柽柳
عَبَال: وَرْد جَبَلِيّ 野蔷薇
أَعْبَل جـ أَعْبِلَة / حَجَر أَعْبَل: جَرَانِيت (أ) 花岗石，花岗岩
مِعْبَلَة جـ مَعَابِلُ 宽而长的镞、箭头
عَبِل / عَبْل جـ عِبَال / عابِل جـ عُبَّل م عَبْلَة جـ عَبْلات وعِبَال: ضَخْم 庞大的，巨大的，粗壮的
عبّى الجَيْشَ: عَبَّأه 动员
ـ الشيءَ في الوِعاء 装满，盛满，填满
ـ البُنْدُقِيَّةَ: حَشاها 装上枪弹
تَعَبَّى 被充满，被塞满
ـ 调理，布置，陈列
عَبَايَة جـ عَبَايَات وعَبِيّ (س) / عَبَاءَة جـ أَعْبِئَة 斗篷
عُبُوَّة (مـ): مَلْء 装填(弹药)，装满
ـ العَقْدِ جـ عُبُوَّات (مـ): تَصْلِيبَة خَشَبِيَّة يُبْنَى عليها [建]拱架
عُبُوَّات خَشَبِيَّة للبِناء (مـ) 板型，板模
عَتَبَ ـِ عَتْبًا وعِتَابًا وعِتِّيبَى فلانًا وعَاتَبَه: لامه 责备，责难，谴责，非难
عَتَبَ ـِ عَتْبًا وعُتْبَانًا ومَعْتَبًا ومَعْتَبَةً ومَعْتِبَةً عليه: أنكر عليه شيئًا من فعله 对…不满意
عَتَّبَ الرجلُ: أَبْطَأَ 耽搁，耽误，迟误
ـ بابَه (مـ): دخله (跨过某人的门槛)走进他的家里
ـ البابَ: جَعَل له عَتَبَة 装门槛

تَعَاتَبَ الصَدِيقَان: تَوَاصَفَا المَوْجِدَةَ 互相谴责，互相责备，互相非难，互相埋怨
عَتْب / عِتَاب / مُعاتَبة 忠告，劝告，告诫，责备，谴责，非难
عَتَب البِنَاء (مـ): عارضة تحمل حائطَه (窗或门的)横楣
عَتَبَةُ البابِ السُفْلَى جـ عَتَبَات وعَتَب 门槛，门限
عَتَبَةُ البابِ العُلْيَا 门楣，楣石，门上的横木
ـ: سُلَّمَة 梯级，台阶；(上下电车的)踏板；梯子
أُعْتُوبَة جـ أَعَاتِيبُ: ما تُعوتِبَ به 争论的问题，责备的原因
عَتْبَان جـ عَتْبَانِين (مـ) 谴责者，责备者
عَتُدَ ـُ عَتَادًا وعَتَادَةً الشيءُ: تَهَيَّأَ 有准备，准备好，预备妥当，准备就绪
أَعْتَدَ وعَتَّدَ الشيءَ: هيَّأَهُ وأَعَدَّه 准备，预备
عَتَاد جـ عُتُد وأَعْتُد وأَعْتِدَة: مَا أُعِدَ لأَمْرٍ مَا 装备，配备，装置，设备
عَتِيد: حاضِر / مُهَيَّأ 预备妥当的，准备就绪的
ـ: جَسِيم 巨大的，庞大的
ـ: قَرِيب الحُدُوث 临近的，下一次的
قَلَمٌ ـ 自来水笔
كَنَّتُها الـ ة 嫂嫂，弟媳
تَعَتَّرَ (مـ) 成为流氓，浪人，漂泊者，流浪者
عِتْر: أَصْل 起源，出身，宗族；种，品种
ـ [植]天竺葵
عَادَ إلى ـ ه 返本还原
عِتْرَة 亲属，亲戚
ـ: قِطْعَة من المِسْك 一块麝香
عَتْرَسَ الرجلَ: أخذه بالشدّة والعنف 严厉对待，粗暴对待
ـ ه (مـ): قاوَمَه 抵抗，反抗，抗拒

ـ ه مالَه: غَصَبَه إيَّاه 霸占财产
عَتْرَسَة 强力，暴力
عِتْرِيس 强大的；狂暴的，猛烈的
عَتَشْجِي جـ عَتَشْجِيَّة (مـ) 火夫，司炉，烧火工人
عَتَقَ ـِ عَتْقًا وعِتْقًا وعَتُقَ ـُ عَتَاقَةً: صار عَتِيقًا 变老，变旧，变陈旧
ـ ت وـ ت الخَمْرُ: قدُمت وحسنت 变为陈酒、醇酒
ـ ـِ عَتْقًا وعِتْقًا وعَتَاقًا وعَتَاقَةً العَبْدُ: خرَج من الرقّ والعبوديَّة 成为自由人
ـ (مـ) وأَعْتَقَ العبدَ: حرَّره 解放，释放
ـ (مـ) وـ الأسيرَ: أَخْلَى سَبِيلَه 释放，开释
عَتَّقَ الخمرَ: تركها تعتُق 使成陈酒、醇酒
اِنْعَتَقَ 被解放，获得解放，被释放，被开释
عِتْق / عَتْق: تَحْرِير 解放，释放
ـ / عَتَاقَة: قِدَم 陈旧
عَاتِق جـ عَوَاتِقُ وعُتُق: كَتِف 肩，肩膀
ـ / مُعْتِق: مُحَرِّر 解放者，释放者，救星
ـ الجَمَلُون [建]中柱，雄柱
ـ جـ عُتُق 姑娘，少女，女郎
أَلْقَى على ـ ه 使他负责
أخذ على ـ ه 担起，挑起，负起(责任等)
عَتِيق جـ عُتَقَاءُ وعُتُق: قَدِيم 古老的，陈旧的
ـ / مُعْتَق / مَعْتُوق 被解放的，被释放的
فَرَسٌ ـ جـ عِتَاق 纯种马，良种马
البَيْت الـ: الكَعْبَة 古房(克而白天房)
عَتِيقَة / مُعَتَّقَة (خمر) 陈酒，醇酒
خَمْرٌ مُعَتَّقَة 陈酒，醇酒
عُتْقِيّ (مـ): إسكاف (انظر سكف) 鞋匠，修鞋匠
عِتْقِيَّة جـ عَتَاقِيّ (مـ) 老母鸡

عَتَلَه ـُ عَتْلاً الشيءَ: حَمَله 携带，运送，搬运
ـ ه: جَذَبَه وجرَّه عنيفًا (用力)拖、拉、牵、扯
عَتَلَة جـ عَتَلات وعَتَل: عَصًا ضَخْمَة من حَدِيد يهدم بها 橇杠，铁橇
ـ (مـ): عَرَبَة نَقْل بضائع وحَقَائِب المسافرين 行李车
عِتَالَة 搬运，运送
ـ: حِرْفة العَتَّال 搬运业
ـ 搬运费
عُتُلّ: شَدِيد من كل شيء 强大的，有力的
ـ: أَكُول 贪吃的人，多吃的，老饕
عَتَّال جـ عَتَّالَة وعَتَّالُون: حَمَّال / شَيَّال (مـ) 挑夫，脚夫，搬运工人
عَتَمَ ـِ عَتْمًا وعَتَّمَ وأَعْتَمَ قِرَى الضيف: أَبْطَأَ 耽搁，耽误，延误
عَتَّمَ وأَعْتَمَ الليلُ: مَرَّ منه قطعةٌ 到二更时候
ـ وـ عن الأمر: كَفَّ عنه بعد المُضِيّ فيه 中止，中辍
ـ (镜)暗淡，失光泽
ما ـ أَنْ يَقُولَ 他接着说
ـ (مـ): أَظْلَم 变黑，变暗
عُتْمَة / عُتُم: شَجَرَة زَيْتُون بَرِيّ 野生的梣橄树，油橄榄树
عَتْمَة: ظُلْمَة 黑暗，阴暗
عَتَمَة: الثلث الأول من الليل 二更天
عَتَامَة: ضد شفوف 黑暗，暗淡，朦胧
تَعْتِيم 迟缓，拖延
نِظَام الـ 灯光管制
عاتِم م عَاتِمَة 黑的，黑暗的
ـ 迟到的，误时的
مُعْتِم / مُعَتِّم: مُظْلِم 黑暗的，阴沉的

عَتِهَ ـَ وعُتِهَ عَتَهًا وعُتْهًا وعَتَاهًا وعُتَاهًا وعَتَاهَةً
وعَتَاهِيَةً: نقَص عَقْلُه 变成傻子，变成白痴，
成为狂人
تَعَتَّهَ: تجَاهَلَ / تَجَنَّن 装疯卖傻
عُتْه / عَتَه / عَتَاهَة / عَتَاهِيَة 白痴，痴呆，愚钝，
愚蠢
عَتِيه جـ عُتَهَاء / مَعْتُوه جـ مَعَاتِيهُ / مُعَتَّه / عَتَاهِيَة:
نَاقِص العَقْل 白痴，傻子，狂人，疯子
عَتَا يَعْتُو عُتُوًّا وعُتِيًّا: اِسْتَكْبَرَ وجَاوَزَ الحَدّ 暴虐，
专横，跋扈
ـ 自大，高傲，傲慢
ـ عن أمر: لم يقبله 不服从，不接受
ـ ت الريحُ: كانت شديدة العصف وجاوزت
الحد 刮大风，暴风
تَعَتَّى: عَصَى ولم يُطِعْ 违抗，不服从，不听指挥
عُتُوّ / عُتِيّ: اِسْتِكْبَار 自大，傲慢
عَاتٍ جـ عُتَاة وعُتِيّ: مُسْتَكْبِر 自大的，傲慢的
ـ: قَوِيّ / شَدِيد 猛烈的，狂暴的，厉害的，
凶猛的
لَيْل ـ: شَدِيد الظُّلْمَة 漆黑的夜间
عَثَّ ـُ عَثًّا العُثَّةُ الصُوفَ: أَكَلَتْهُ (蠹鱼)蛀呢绒
عُثَّة جـ عُثَث وعُثّ: سُوس 蠹鱼，衣鱼
مَعْثُوث: فيه عُثّ 生蠹鱼的
ـ: أَكَلَه العُثّ 被蠹鱼蛀过的
عَثَرَ ـِ وعَثِرَ ـَ وعَثُرَ ـُ عَثْرًا وعَثِيرًا وعِثَارًا: زَلّ
وسَقَطَ 绊倒，摔倒，跌倒
ـ به الزَمانُ: أَخْنَى عليه 不走运，倒霉
ـ جَدُّهُ: تَعِسَ وهلَك 倒霉，不走运
ـ ـُ عَثْرًا وعُثُورًا على الشيء: وجده اتِّفاقًا
碰见，偶然发现
عَثَّرَه وأَعْثَرَه: جعله يَعْثُرُ 把他绊倒，使他跌倒
ـ وـ 使他遭受挫折

أَعْثَرَه على السِرّ: أطلعه 对他泄露机密
تَعَثَّرَ الرجلُ: عثر 绊倒，跌倒
ـ لِسانُه: تَلَعْثَمَ 口吃，结结巴巴地说话
عِثْيَر: تُرَاب وعَجَاج 尘土，尘埃，灰尘
عِثَار 颠踬，挫折
ـ الجَدِّ 倒霉，不走运
عَثْرَة 颠踬，挫折
ـ: سَقْطَة / زَلَّة 跌倒，绊倒，摔倒
حَجَرُ ـ / عِثَار 障碍，绊脚石
عَاثِر 绊倒的，遇到挫折的
الجَدّ الـ / الحَظّ الـ 不幸的命运
ـ الجَدّ / ـ الحَظّ 不幸的，不走运的
مُعَثَّر 不幸的，可怜的
ـ 流浪的，无家可归的
عُثْمَان 奥斯曼(男名)
عُثْمَانِيّ 奥斯曼(土耳其)帝国的；奥斯曼(土
耳其)的
الدَوْلَة الـ ة 奥斯曼帝国
عُثْنُون جـ عَثَانِينُ: لِحْيَة 胡须，胡子
عَثَى ـِ وعَثِيَ ـَ عُثِيًّا وعِثِيًّا وعَثَيَانًا وعَثَا ـُ عُثُوًّا:
بَالَغ في الفَساد 为非作歹
عَجِبَ ـَ عَجَبًا له ومنه وتَعَجَّبَ واسْتَعْجَبَ منه
惊奇，惊讶，诧异
أَعْجَبَه وعَجَّبَه الأمرُ: حمله على العَجَب 使惊讶，
使吃惊，使惊奇
أُعْجِبَ بالشيءِ: سرَّه الشيءُ وعجب منه 称赞，
赞赏，欣赏
ـ بنَفْسِه 自负，自夸，洋洋自得
عَجَب / تَعَجُّب 惊讶，惊愕
لا ـَ 毫不足奇
يا لَلْـَ / عَجَبًا 多奇怪！真奇怪！
لا يُعْجِبُه الـُ 难得使他高兴

عُجْب: زَهْو وكِبْر 自负，自大，自夸
يَتِيهُ عُجْبًا بكذا 以…自傲，自夸
عَجْب جـ عُجُوب: مؤخّر كل شيء / أصل الذنب
末端；尾巴根
إعْجَاب 赞扬，赞赏，欣赏
ـ بنَفْسِه 自负，自我欣赏
الـ بما هو أَجْنَبِيّ 崇洋媚外
عَجِيب / عُجَاب / عُجَّاب / أُعْجُوبَة جـ أَعَاجِيبُ:
مُدْهِش 奇异的，奇特的
ـ / عَجَائِبِيّ: يأتِي بالمُعْجِزات 奇迹般的，不
可思议的；创造奇迹者
عَجِيبَة جـ عَجَائِبُ / أُعْجُوبَة جـ أَعَاجِيبُ: مُعْجِزَة
奇迹
عَجَايِب! (مـ) 真妙！真美！
مُعْجِب: يَدْعُو إلى الإعْجَاب 可敬佩的；奇妙的
مُعْجَب بكذا 欣赏的，钦佩的，喜欢
ـ بِذاتِه أو بِنَفْسِه 自负的，自夸的，洋洋自
得的
عَجَّ ـِ عَجًّا وعَجِيجًا: صاح ورفع صوتَه 叫喊，
喧嚷，吵闹；(波涛)怒吼，咆哮；(雷声)
轰隆
عَجَّجَ الغُبَارَ: أثارَه 掀起尘埃，扬起灰尘
ـ البَيْتَ من الدخان (使房子)充满烟雾
عَجّ / عَجِيج: صِيَاح 叫喊，呼啸，喧哗
بِدُون عَجِيج ولا ضجيج 没有喧哗、扰攘
عَجَاج / عَجَاجَة: دُخَان 烟，烟雾，烟云
ـ / ـ: غُبَار 灰尘
ـ الوَاحِدة عَجَاجَة: رَعاع الناس 暴民，暴
徒，流氓，下流人，社会渣滓，乌合之众
عُجَّة البَيْض 炒蛋，蛋卷，煎蛋饼，煎鸡蛋
عَجَّاج: صَيَّاح 叫嚣的，喧嚷的，嘈杂的，
吵闹的

الـ: واق / طائر مائيّ [鸟]麻鸦
عَجَر: نُتُوء 隆起，突起，凸出部
عُجْر (مـ): لم ينضج 绿色的，不熟的，未成
熟的
عُجْرَة جـ عُجَر: عُقْدَة في الخَيْط والعَصَا 疙瘩，
节巴
ـ: دَرَنَة 结核病
عُجَرُه وبُجَرُه: عُيُوبُه أو أحزانُه 他的种种缺陷
或忧患
عَجُّور (مـ) / عَجُور: فَقُّوس 瓠
عَجْرَفَ وتَعَجْرَفَ: تَكَبَّرَ 傲慢，自高自大，妄
自尊大
عَجْرَفَة: جَفْوَة في الكلام 粗俗，粗鲁
مُتَعَجْرِف: مُتَكَبِّر 傲慢的，妄自尊大的
عَجَزَ ـِ وعَجِزَ ـَ عَجْزًا وعُجُوزًا وعَجَزانًا ومَعْجِزًا
ومَعْجِزَةً عن كذا: لم يقتدر عليه 无能，无法
ـ: كان ضَعِيفًا 成为虚弱的
عَجَزَت وعَجُزَت ـُ عُجُوزًا المرأةُ 变为老妇
عَجَّزَ وعَجُزَ وعَجَزَ ـُ عُجُوزًا: صار عجوزًا 年
老，衰老
ـ ه وأَعْجَزَه: صيَّره عاجِزًا 使不能，使无能
力，使丧失资格，使跛，使残废，使失去
战斗力
ـ (مـ): نَقص 不足，欠缺，欠收，缺乏
ـ ه (مـ): أَوْقَفَ النُمُوَّ 阻碍发育
أَعْجَزَ في القَوْل: أدّى مَعانيه بأَبْلَغ الأَسَالِيب 讲得
非常好，措词异常漂亮
عَجْز: ضَعْف 无力，无能，虚弱
ـ: قُصُور 不足，缺乏
ـ (مـ): نَقْص 不足，损耗
ـ 征收不足；[经]财政赤字(入不敷出)
ـ وعَجُز وعَجِز جـ أَعْجَاز: مؤخّر الشيء أو

الجسم 后部；臀部，屁股

ـ وـ وـ بيت الشِعر 诗的后半句

إعْجَاز 雄辩

عَجْز (مـ) / عُجُوز: كِبَرُ السِنّ 衰老，衰迈，老迈

عُجْز جـ أَعْجَاز 树桩

ـ ة أَبِيه / عِجْزَتُهُ: أَصْغَرُ الأَوْلَاد 最小的儿子，老儿子，老姑娘

عِجَازَة: أَرْدَاف مستعارة (妇女用以张开裙裾的)腰垫，裙撑

عَجُوز جـ عُجُز وعَجَائِزُ الواحدة عَجُوزَة: امرأة مُسِنَّة 老妇，老妪，老太婆

ـ: رَجل كبير السِنّ 老人，老头儿

أَيَّام الـ / بَرْد الـ 老太婆的苦日子(在雨水和惊蛰间的 7 天，自 2 月 24 日到 3 月 3 日)

عَجُوزَة (مـ): قَضِيب داخِليّ عند تقاطُع الخُطُوط الحَدِيدِيّة [铁]护轮轨条，双轮轨条

عاجِز جـ عَجَزَة وعَوَاجِز: ضَعِيف 弱的，虚弱的，无力的

ـ: مُقْعَد 残废人，丧失劳动力者

ـ: هَرِم / وَاهِن القُوَى 衰老的，年迈的

ـ (مـ): أَعْمَى / ضَرِير 盲人，瞎子

ـ عن كذا 不能胜任…的

مُعْجِز: عَجِيب 神奇的，不可思议的

الكَلَام المُعْجِز 超绝的文辞

مُعْجِزَة جـ مُعْجِزَات: أُعْجُوبَة 奇迹

عَجْعَجَ: بَالَغ في الصِياح 大嚷，大叫

عَجَفَ ـِ عَجْفًا وعُجُوفًا وعَجَّفَ نَفْسَه عن الطعام: حبَسها عنه 节食(省嘴待客)

ـ ـُ وأَعْجَفَ الدَابَّةَ: هزلها 使(牲口)瘦弱

عَجِفَ ـَ وعَجُفَ ـُ عَجَفًا: هزل وضعف 变瘦，瘦弱，憔悴

عَجِف / أَعْجَفُ م عَجِف / عَجْفَاءُ جـ عِجَاف 消瘦的，瘦弱的

عَجِيف جـ عَجْفَى: هَزِيل 瘦的，瘦弱的，憔悴的

عَجِلَ ـَ عَجَلاً وعَجَلَةً وعَجَّل وتَعَجَّلَ واستعجل (مـ): أَسرع / ضد بَطُؤ 赶快，赶忙，急行，急忙，匆忙

عَجِلَ الأمرَ: استبطأه فتصرف دونه 促进，促成，推进，助长

عَجَّلَه وأَعْجَلَه واسْتَعْجَلَه: استحثَّه 催促，督促，鞭策

عَجَّلَ عليه 速遣，急派

ـ له من الثَمَن كذا 先付，预付(物价的若干)

عَاجَلَه بضَرْبَة: سَبَقَه بها 他先动手打他

ـ تْه المَنِيَّةُ 夭折

ـ ه بِذَنْبِه: أخذَه به وعاقَبَه عليه ولم يُهْمِله 严惩不贷

عَجَل / عَجَلَة / اِسْتِعْجَال: سُرْعَة 急速，迅速，匆忙

على ـ / بِـ ة / في ـ ة 迅速地，急速地，匆忙地

عَجَلَة: تَسَرُّع 仓促，轻率，急躁，鲁莽

ـ جـ عَجَلَات وعَجَل وعِجَال وأَعْجَال: دُولَاب 轮，车轮

ـ: دَرَّاجَة 自行车

ـ: عَرَبَة 马车；车辆

ـ مُوبِيلِيَا (مـ) (钢丝床等的)脚轮

ـ الخَزَّاف 陶钧(陶工的转轮)

ـ المُنَاوَلَة [机]传动轴；(光、热、电)传动齿轮，(齿杆上的)小齿轮

ـٌ طائِرة (调节速度用的)飞轮

ـ قِيادَةٍ (船、汽车、飞机等的)舵轮，驾驶盘，操纵轮

ـ (婴儿)摇篮车，(半篷带弹簧的)四轮马车

عِجْل ج عُجُول وعِجَلَة وعِجَال / عِجُّول ج عَجَاجِيلُ: ولد البقرة (أو الجاموسة) 犊，小牛

ـ البَحْرِ 海豹

الـ الذَهَبيّ [圣]金犊(以色列人的崇拜物)

عُجْلَة / عُجْل / عُجَالَة: ما حضر من الطعام 便餐，便饭

عَجَّالِيّ (مـ): لَحْم العجُول / كَنْدُوس أو لَبَّانِيّ (مـ) 犊肉，小牛肉

عَاجِل / عَجِل / عَجْل: ضد آجِل 立刻的，紧急的，紧迫的

ـ / ـ / ـ: مُسْرِع 快的，急速的，迅速的

في القَرِيب الـ 不久的将来

عاجِلاً: حَالاً 即刻，立刻，马上

ـ أم آجِلاً 迟早

عَاجِلَة: قِطَار الأكْسبَرِس (مـ) express [铁]特别快车

الـ: الدُنْيَا [宗]现世，今世

عَجُول / عَجَّال: مُتَسَرِّع 火急的，紧急的，仓皇的，急遽的

ـ ج عُجُل / عَجِيل ج عِجَال: مُسْرِع 急速的，迅速的，快的

ـ: مَنِيّة 死亡

ـ ج عُجُل وعَجَائِلُ: ثَكْلَى 丧失孩子的母亲；丧失小驼的母驼

عَجِل: مُسْرِع 快速，迅速的，急速的

مُعَجَّل / مُسْتَعْجَل (مـ): يَسْتَلْزِم السرعة 紧急的，火急的，燃眉的

ـ(الدَفْع): ضد مُؤَجَّل 预付，先付

عَجْلَان م عَجْلَى ج عَجَالَى وعُجَالَى وعِجَال: مُسْرِع 急忙的

مُسْتَعْجِل (مـ): مُسْرِع 迅速的，匆忙的，紧急的

البريد الـ 快信

جَلْسَة ـ ة 紧急会议，临时会议，特别会议

أهْدَاف ـ ة 首要的任务

مُسْتَعْجَل 加速的；缩短的

مُسْتَعْجِلَة (مـ): قِطار الرُكَّاب البَطِيء 慢车

بَضَائع أو شَحْنَة ـ (مـ) 紧急货运

طَرِيق ـ: مُخْتَصَرة / تَخْرِيمَة (مـ) 捷径

عجم ـُ عَجْمًا وعُجُومًا الشيءَ: امتحنه واختبره 试，试验

ـ عُودَه: عَضَّه ليعلَمَ صَلابته من رَخَاوته 试验，考验

ـ ته العَيْنُ 看见

أعْجَمَه: فسَّره 说明，解释，注解

ـ وعجَّم الكِتَابَ 字母加点，打点

انْعَجَمَ عليه: اِسْتَبْهَمَ (说话)难理解，含糊不清

اِسْتَعْجَمَ 说话含糊，说话有外国口音

ـ عليه الكلامُ: صعُب واستبهم 难理解，含糊不清

ـ 像波斯人

عُجْمَة: إبهام وعدم إفصاح (言语)含糊，暧昧，费解，洋腔洋调

ـ 外国音，外国调

عَجَم ج أعْجَام: فُرْس 波斯人

العَجَم / بِلاد الـ: إيرَان 波斯

ـ /عُجْم: خِلاف العرب 外国人，非阿拉伯人

عَجَمِيّ جـ عَجَم: مَنْسُوب إلى العَجَم 波斯的，波斯人的；波斯语的；非阿拉伯的

عَجَمِيَّة (مـ): عَسَل مَعْقُود بالسَمْن 炼蜜，浓缩的蜜

عَجْمَاء جـ عَجْمَاوَات: بَهِيمَة 兽，牲畜，畜类

عَجَمَة جـ عَجَمَات وعَجَم: نَوَاة 核果的核，内果皮(如桃核、栗子、胡桃)

أَعْجَمُ م عَجْمَاءُ جـ عُجْم وأَعْجَمُون وأَعَاجِمُ / أَعْجَمِيّ: لَيْس بعَرَبِيّ 非阿拉伯人

ـ: أَخْرَسُ 哑巴，哑子

ـ: غَيْر عَاقِل 无理性的，无理智的，无思想的

حَيَوان ـ 不能说话的动物

أَعْجَمِيّ: غَرِيب 外国人；波斯人；外国的，外国人的

الأُمَم الـ ة 非阿拉伯民族

أَعْجَمِيَّة 外国口音

مُعْجَم: مُبْهَم 暧昧的，含糊的，不清楚的

ـ جـ مَعَاجِمُ: قَامُوس 字典，辞典，字汇集，词汇集

حَرْف ـ: مَنْقُوط / عليه نُقَط 加点的字母

حُرُوف الـ 字母表

مُعْجَمِيَّة 语汇

عَجَنَ ـِ عَجْنًا واعْتَجَنَ 用水和面

ـ / ـ الدَقِيقَ: اعتمد عليه بجُمْع كَفِّه يغمزه 揉面，擀面

ـ في الكلام (مـ) 重述，再说，反复地说

تَعَجَّنَ وانْعَجَنَ الشيءُ: صار عَجِينًا 变成面团

عِجَان (في التَشْرِيح) [解]会阴

عَجِين / عَجِينَة: دَقِيق مَعْجُون بالماء 生面团，面粉团

عَجِينَة جـ عَجَائِنُ: رخوة 浆糊，软膏

ـ أَسْنَان 牙膏

ـ خَشَب 木浆

ـ كِيمِيَائِيَّة 塑料

عَجِينِيّ: كالعَجِين 像浆糊的，像软膏的

عَجَائِنُ: لَدَائِن 柔软的，可塑的

عَجَّان 揉搓者，揉面者，擀面者

مَعْجُون: مَجْبُول 被揉的，被擀的

ـ جـ مَعَاجِين: عَجِينَة سُكَّرِيَّة فيها دَوَاء [医]糖果剂，舐剂

ـ (مـ): سُطَل (مـ) [医]麻醉性的糖果剂

ـ (مـ): كل ما جُبِلَ بالماء 糊，浆，膏

ـ (مـ): لِيقَة (لسدّ ثقوب الخشب وغيره) 油灰

ـ الأَسْنَان (لتنظيفها) 牙膏

سِكِّينَة ـ (مـ): مِلْوَق النَقَّاش 雕刻刀

مَعْجُونَات 面制品

مَكَارُونَة و ـ أُخْرَى 通心粉和一些别的面制品

مَعْجُونْجِيّ 制造药物合剂的工人

مِعْجَن / مِعْجَنَة جـ مَعَاجِنُ: ما يُعْجَن فيه 和面盆，揉面槽

مَعْجَنَ الثَقْبَ (مـ): مَلأَه بالمَعْجُون (用油灰)补洞，填洞

مُعَجَّنَات: فَطَائِر 面食，面制品

عجّة (في عجج)

عَجْوَة / عَجْوَى: تَمْر مَكْبُوس 压制的椰枣

عدا (في عدو)

عَدَّ ـُ عَدًّا وتَعْدَادًا الشيءَ: حسبه 数，算计

ـ الشيءَ: ظَنَّه / حسبه 想，看做，认为

عَدَدْتُهُ صَادِقًا 我认为他是诚实的

عُدَّ بالأَصَابِع 为数不多，屈指可数

لاَ يُعَدُّ: لا يُحْصَى 数不清的，无数的，不可胜数的，无法计算的

عَدَّدَ الْمَيْتَ: عدّ مَناقِبَه / أبَّنه 赞美死者，颂扬死者，致哀词，读诔文

ـ الزَوْجَات 娶几个老婆

ـ الشيءَ: أَحْصَاه 计算，统计

ـ المالَ: جعله عُدَّة للدهر 储蓄钱财

أَعَدَّه: هيَّأه 准备，预备；培养

ـ ه للأمر 准备，装备，安排

تَعَدَّدَ وتَعادَّ: كثُر عَدَدُه 增多

ـ وـ على ...: زاد على ... 超过

اِعْتَدَّ بنَفْسه 自信，自恃；任性，自作主张

ـ تِ المَرْأَةُ: دخلت في عِدَّتِها 丈夫死后守孝

ـ: صار مَعْدُودًا 变为可数的

ـ الشيءَ: حسبه وقدَّره 估计

يُعْتَدُّ به 重要的

لا يُعْتَدُّ به 不足道的，不重要的

اِسْتَعَدَّ للأمر: تَهَيَّأَ 准备，预备

عَدّ: حَسْب 计算

لا يَسْهُلُ ـ هم 不容易数清的

ـ / عَدَد: إحصاء 统计

ـ الأنفس: إحصاء السُكَّان 人口调查

عُدَّة جـ عُدَد: اِستعداد 准备，预备

ـ: جِهاز / عَتاد 装备，器材，设备

ـ حَرْبِيَّة 军用装备

ـ الحِلاقَة 一套刮脸具

اِتَّخَذَ عُدَّتَه ضِدَه 准备反对…

عَدَد جـ أَعْدَاد: رَقْم 数目，号码

ـ أَصْلِيّ [数]基数

ـ تَرْتِيبِيّ [数]序数

ـ أَوَّلِيّ [数]质数，素质

ـ أَصَمّ [数]名数

ـ مُبْهَم 不名数

ـ الجَرِيدَة 报纸的期数

ـ دائِر (في الكسر الدائر) [数]循环小数

ـ زَوْجِيّ 偶数

ـ صَحِيح 整数

ـ فَرْدِيّ 奇数

ـ قَانُونِيّ 法定人数

ـ مُرَكَّب [数]合成数，非素数

سِفْر الـ (من التَوْراة) [基督]（旧约）民数记

ـ: سُورَة / آيَة 章，节

الأَعْدَاد المُنْتَسِبَة (في الحساب) [数]复数

الأَعْداد الأَرْبَعَة المُتَناسِبَة 比例

عَدَدِيّ: رَقْمِيّ 数的，表数的，以数表示的

عِدَّة جـ عِدَد: جُمْلَة 几个，一些

ـ آلة (مـ): مَكِنَة (مـ) 机械，机器

ـ بُخارِيَّة 蒸汽机

ـ (مـ): أَداة 器具，用具，机器，工具

ـ الحِصَان وغيره (مـ) 马具，挽具

ـ المَرْأَة [法]守制（妇女在丈夫死后或者离婚后，必须等待四个月，才能另嫁别人）

تَعْدَاد: إحْصَاء 统计

ـ عَامّ 普遍登记，普遍调查

ـ السُكَّان أو النُفُوس: إحْصَاء السُكَّان العَامّ 人口普查

ـ 转账的款项

عِداد: قِرن 同等的，对等物，相似的

ـ: مَسّ من جنون 癫，疯狂

ـ 数

في ـ هم: واحد منهم 其中之一，他们中的一个

إعْدَاد: تَهْيِئَة / تَحْضِير 准备，预备

ـ العُدَّة 准备

ـ الرِسَالَة (أو الأُطْرُوحَة) 准备论文，写论文

إعْدَادِيّ: تَحْضِيرِيّ 准备的，预备的

تعدُّد: كَثْرَة العَدَدِ 几个，多数
ـ: كَثْرَة 许多，多数
ـ الأَزْوَاج: ضِماد 一妻多夫
ـ الزَوْجَات 一夫多妻
ـ الأُصُول (人种起源的)多源说，[生]多元发生说
ـ الأَقْطَاب 多极，多极化
ـ الثَقَافَات أو الحَضَارَات 多种文化，多元文化；文化多元化
ـ الآلِهة: شِرْك 多神教，多神论
ـ التُهَم 很多的罪状
الاعتداد بنفسه 自信，自恃，自作主张
اِسْتِعْدَاد: أُهْبَة 准备，有准备
ـ: مَيْل / قَابِلِيَّة 倾向，趋向，癖性，适应性
ـ لِمَرَض أو غيره [医]素因
ـ 才干，才能，本领
هو على ـ لـ ... 他准备做
هو على غير الـ لـ ... 他不准备做
عَدَم ـ 没有能力
اِسْتِعْدَادِيّ: تَحْضِيرِيّ 准备的，预备的
عَدِيد: عَدّ / حسب 估计，计算，算账
ـ: مَعْدُود 可数的，有数的
ـ 数目
ـ / مُتَعَدِّد: أكثر من واحد 多，众多，许多
ـ: كَثِير العَدَد 大批的，大量的
عَدِيَّة وَضْعِيَّة [数]记数法
ـ لَفْظِيَّة 计算法，命数法，读数法
الـ الوَضْعِيَّة الرُومَانِيَّة 罗马字标记数法
ـ عَشَرِيَّة 十进位记数法
مَعْدُود 被认为…；有限的，屈指可数的
في أَيَّامٍ ـ ات 在短短几天里
في سَنَوَاتٍ ـ ة 在短短几年中

عَدَّاد جـ عَدَّادَات (مـ) / عَادّ (أو آلة العدّ) 计数器，检数器
ـ التَاكْسِي 出租汽车的计程器(计费器)
ـ الخُطُوَات 步程器，记步器(悬于腰间以计步数)；跑表，马表
ـ دَوْرَات الآلة (机器)运转速度计
ـ السُرْعَة (汽车等的)速度计
ـ الكَهْرَبَاء والمَاء والغاز 电表，水表，煤气表
مِعْدَاد: أَدَاة للعَدّ 算盘
مُعَدّ: مُهَيَّأ 有准备的，预备妥当的，准备就绪的
ـ جـ مُعَدَّات 工具，器具，装置，设备
مُعَدَّات التَعْلِيم 教学用具
ـ الحَرْب / الـ الحَرْبِيَّة 军备，军用品
ـ المَصْنَع 工厂的设备
مُعَدِّدَة جـ مُعَدِّدَات: رَثَّايَة 职业哭丧者
مُعَدّ / بَغْل ـ 鞁了鞍的骡子
مُتَعَدِّد: كثير العَدَد 众多的，许多的，大量的，大批的
ـ / عَدِيد: أَكْثَر من وَاحِد 几个，许多
ـ 不同的，各种的
ـ الأَشْكَال 多种多样的，形形色色的
ـ الأَصَابِع 有多指(趾)的，指(趾)过多的
ـ الأَضْلَاع: مُضَلَّع 多边形的
ـ الأَلْوَان 多色的，杂色的
ـ الأَطْرَاف 多边的
ـ الجَوَانِب أو السُطُوح 多面的，多面形的，多面状的
ـ الزَوَايَا 多角的，有四个角以上的
ـ اللُغَات 多国语言的，以多国语言记述的，通几国语言的，说几国语言的

ـ المَقَاطع (لفظ أو كلمة) (3或4个音节以上的)多音节语
مُعْتَدّ بنفسه 自信的，自恃的，自作主张的
مُعْتَدَّة 守制的妇女
مُسْتَعِدّ: حاضِر / مَتَأَهِّب 有准备的，预备妥当的，准备就绪的
ـ لِمَرَض أو غيره [医]诱因，(易患病的)原因
عَدَس واحدته عَدَسَة: نبات وحَبُّه 小扁豆
عَدَسَة جـ عَدَسَات / عَدَسِيَّة جـ عَدَسِيَّات (زُجَاجِيَّة) 透镜
ـ وـ مُكَبِّرَة 放大镜
ـ مَرْئِيَّة 镜头，物镜
ـ العَيْن [解]水晶体
عَدَسِيّ: مِثل حَبَّة العَدَس 小扁豆形的；透镜状的，两面凸的
عَدَلَه ـِ عَدْلاً وعَدَّلَه وأَعْدَلَه: قَوَّمَه 矫正
ـ عَدْلاً وعَدَالَةً وعُدُولَةً ومَعْدِلَةً: أَنْصفَ 行为正当，正直行事，给予公正的裁判
ـ فلانًا بفلان: سَوَّى بينهما 等量齐观，等同起来
ـ عَدْلاً وعُدُولاً عن كذا: حَادَ 越轨，脱离常轨，误入歧途
ـ عن رَأْيِهِ 改变想法，变更意向
ـ عن كذا: تركه 放弃，舍弃，中断
ـ عُدُولاً إليه: رَجَعَ 退回，回来
عَدُلَ ـُ عَدَالَةً: كان عادِلاً 公平，公正，正当，正直，正义
عَدَّلَه وأَعْدَلَه: سَوَّاه 调整，整理，修正，纠正，矫正，[军]使排列整齐
ـ ه: لطَّفه 减轻，缓和
ـ الحُكْمَ 减刑，变更刑罚

عَادَلَه: وازَنَه 使平均，使平衡
ـ ه: سَاوَاه 抵得，及得，比得上
تَعَدَّلَ (مـ) 修正，变化
تَعَادَلَ 相称，相等；[数]按比例；[体]平局
اِنْعَدَلَ (مـ) 修改过，矫正过
ـ عن الطَّرِيق: حاد 脱离正轨
اِعْتَدَلَ: اِستقام 直，正直，端正
ـ: تَوَسَّطَ بين حَالَيْن 温和，中庸，中等，适度
ـ في مَجْلِسه 端坐，正坐
عَدْل / تَعْدِيل: تَقْوِيم 矫正，纠正
ـ: اِستِقَامة الخُلُق 正直，端正，爽直，诚实，正派
ـ / عَدَالَة: ضد ظُلْم 正义，公正，公平
ـ / ـ: إِنْصَاف 公道，不偏袒，公正裁判
شَاهِدٌ ـ 公正的证人
ـ / عَادِل جـ عُدُول وعُدْل: ضد ظَالِم 公正的，正直的，公平的，正义的
ـ / ـ: مُسْتَقِيم الخُلُق 正直的，正派的，直爽的，诚实的
بـ ـ / عَدْلاً 公平地，公正地
حَرْبٌ عَادِلَة 正义的战争
عَدْلِيّ 法院的
دَوَائِرُ التَّحْقِيق الـ 法院的侦查机关
عَدْلِيَّة 司法，司法制度
وِزَارَة الـ 司法部
عَدَالَة 司法
عِدْل جـ أَعْدَال وعُدُول: غِرَارة (驮粮食用的)口袋，麻袋，粗毛线袋
ـ جـ أَعْدَال / عَدِيل جـ عُدَلاَءُ: نَظِير / مَثِيل 相等的，平等的，同等的
عُدُول عن الأَمر 放弃

تَعْدِيل: تَقْوِيم 矫正，纠正
ـ: تَحْوِير / تَحْوِيل 变更，修改，改变
ـ: تَسْوِيَة 调整，调节，整顿，整理
ـ الأَحْكَام وغيرها 改判，减刑
ـ الضَرَائِب 改变税率
ـ وِزَارِيّ 内阁改组
تَعادُل / مُعَادَلَة: تَنَاسُب 比例相称，调和，相符
ـ / ـ: تَسَاوٍ 同等，平等，均等
ـ / ـ: تَوَازُن 平衡，均衡，均势
ـ الكِفَّة 秤盘平衡
ـ المِيزَانِيَّة 预算平衡
بالـ [体]平局，无胜负
مُعَادَلَة جَبْرِيَّة أو حِسَابِيَّة أو غير ذلك جـ مُعَادَلاَت 方程式
الـ ذات المَجْهُولَيْنِ من الدَرَجَة الأولى 二元一次方程式
اِعْتِدَال: اِسْتِقَامة / ضد اعْوِجَاج 正直，端正
ـ: تَوَسُّط بين حَالَيْن 温和，中等
ـ: ضدّ إفراط 适中，适度
ـ الخُلُق (品格)正直，端正，直爽，诚实，坦白
ـ 平均，平衡，匀称
على وَجْه الـ 温和地，适度地
ـ خَرِيفِيّ: تَسَاوِي الليل والنهار في الخَرِيف 秋分
ـ رَبِيعِيّ: تَسَاوِي الليل والنهار في الربيع 春分
ـ الليل والنهار [天]昼夜平分
زَمَن الـ الشَمْسِيّ 昼夜平分时(点)，春秋二分时
اِعْتِدَالِيّ 昼夜平分的，春秋二分的
عِدِيل (مـ): سِلْف 连襟，僚婿
مُعَادِل 同等的，平等的，相等的，等价的
عَدِل 正义的，公正的
مُعَدَّل: مُقَوَّم 被矫正的，被纠正的
ـ: مُحَوَّر 被修改的，被改变的
ـ: مُسَوًّى 被校准的，被调节的
ـ (مـ): نِسْبَة 率，比例，比率
ـ: مُتَوَسِّط 平均，平均数，平均量
ـ: نِصف قُطْر العَمُود [建]圆柱的半径度
بـ ـ واحِد في المِئَة 平均1%
بـ ـ 平均地
الـ الوَسَطِيّ 平均水平
مُعَدَّلات البَيْت: زَوَايَاه (房屋的)旮旯，角落
مُتَعَادِل: مُتَسَاوٍ 均衡的，平等的，相等的
مُعْتَدِل: مُسْتَقِيم / غير مُعْوَجّ 直的，正直的，端正的
ـ: ضدّ مُفْرِط 适中的，适度的
ـ: ضدّ مُتَطَرِّف 温和的，中间的
المِنْطَقَة المُعْتَدِلَة 温带
عَدِمَ ـ عُدْمًا وعَدَمًا الشيءَ: فقده 丧失，遗失，丢失
لاَ يَعْدَمُ أنْ يَقُولَ إنّ... 他不会不说…
عُدِمَ وانْعَدَمَ (مـ): فُقِدَ 消失，消灭
أَعْدَمَ الرجلُ: اِفتقر 变穷，贫困
ـ ه الشيءَ: أفقده إيَّاه 夺去，剥夺
ـ ه الحَيَاةَ: أَمَاتَه 处死
ـ ه: أَبَادَه 消灭，歼灭，灭绝，毁灭
ـ ه رَمْيًا بالرَصَاص 枪决
اِنْعَدَمَ 消灭，不存在
اِسْتَعْدَمَ (مـ) (衣服、鞋等)穿坏，穿破
عَدَم: ما لا وجُود له 无，空，不存在
ـ 无，不，没有，非(否定词根用)
ـ التَعَاوُن 不互助，不协作
ـ الحُضُور 缺席

ـ الوُجُود 不存在

ـ الاِعْتِداء 不侵犯，不侵略

ـ الإمْكَان 不可能

ـ التَرْتِيب 无秩序，紊乱

ـ الثِقَة 怀疑，不信任

ـ الرِضَى 不满意

ـ التَدَخُّل في الشُؤُون الداخِلِيَّة لبَلَدٍ آخَرَ 不干涉别国内政

وإلاَّ فهو والـ سَوَاءٌ 否则，这一切将化为乌有

ـ / عُدْم / عُدُم: فُقْدَان 丧失，损失，缺乏，贫乏

ـ / ـ: فَقْر 贫穷，困苦

عَدَمِيّ: لا شَيْئِيّ 虚无主义者

عَدَمِيَّة: لا شَيْئِيَّة 空，虚无，无效，乌有

ـ: نِهِلِسْتِيَّة (أ) nihilism 虚无主义

إعْدَام: إفناء 毁灭，歼灭，消灭

ـ: قَتْل 斩，杀死，处死

ـ 贫困，贫穷

ـ رَمْيًا بالرصَاص 枪决

الحُكْم بالـ 判处极刑，判决死刑

تنفيذ حكم الـ 执行死刑，处决

إعْدَامِيَّة 手巾式的缠头

اِنْعِدَام (س) 没有

عَدِيم كذا: مُجَرَّد منه 被剥夺掉…的

ـ كذا 无…的；丧失…的

ـ الحَيَاة 无生命的，无生气的，死的

ـ الخَوْف (有所恃而)不怕的，大胆的，无恐的

ـ القُوَّة 无力的，无能的

ـ النَظِير: مُنْقَطِع النَظِير 无比的，无双的，无敌的

ـ المَال: مُعْدِم 没钱的，贫穷的

ـ الإحْسَاس 失去知觉的

ـ الجَدْوَى / ـ الفائدة 无益的

ـ الخَطَر 无危险的

ـ الطَبَقَات 无阶级的

فَقِيرٌ مُعْدِم 极端贫困的，赤贫的；贫民，穷人

عادِم (مـ): غير مَوْجُود 不存在(实在)的，空的

ـ (مـ): لا يُمْكِنُ إصلاحُه 不能恢复的，难改的

ـ (مـ): ضائع / تالِف 废(气等)，废(物)

مَاسُورَة الـ (مـ) 排气管

ـ (مـ): لا يُمْكِن تحصيله (كَدَيْن) 不能恢复的，不能挽回的，不能收回的(如呆账)

دَين ـ أو هالِك 呆账

عَدْمَان (مـ) 处在死亡前夕的

مَعْدُوم: غير مَوْجُود 不存在(实在)的，空的

ـ القِيمَة / عادِمُ القِيمَة (مـ) 没有价值的

ـ: مفقود 失去的，失踪的，不见了的，下落不明的

عدن ـِ عَدْنًا الحَجَرَ: قلَعه 掘石，凿石，采石

ـ وعَدَّنَ الأرضَ: سمَّدها 施肥

ـ ـُ عَدْنًا وعُدُونًا بالمَكَان: أقام فيه 居住，定居

ـ البَلَدَ: توطَّنه 在某地落户

عَدَّنَ الأرضَ بالمِعْدَن: استخرج المعادنَ من الأرض 开矿

عَدْن: جَنَّة عَدْنٍ [宗]乐园，天国；伊甸园(亚当和夏娃初住的花园)

عَدَن 亚丁，亚丁港

عَدَنِيّ 亚丁的；亚丁城的居民

عَدْنَان: أَبُو مَعَدّ أَبِي العَرَب الحِجَازِيِّين 阿德南(男名)(阿拉伯人的祖先之一)

بَنُو ــ 阿德南人(北方的阿拉伯人)
تَعْدِين: اِستِخْرَاج المَعادِن من مَنَابِتها 采矿
ــ الفَحْم 采煤
فَنّ الـ 矿业技术；冶金学
تَعْدِينِيّ 冶金学的，冶金的
مَعْدِن جـ مَعَادِنُ: منبت الجواهر المعدنِيَّة / مَنْجَم (金属、矿石的)产地，矿山，矿坑，矿井
ــ: مَنْبِت / أَصْل 根本，本源，来源
ــ (كالحديد والنُحاس والذَهَب): فِلِزّ 金属
ــ: ما ليس بحيوان أو نبات 矿物，无机物
مَعَادِن فِلِزِّيَّة 金属
الـ الحَديدِيَّة 黑色金属
الـ غَيْر الحَدِيدِيَّة 有色金属
عِلْم الـ 矿物学
عِلْم اِستخراج الـ وتَحْضِيرِهَا 冶金学，冶金术
مَعْدِنِيّ: من مَعْدِن 金属的
ــ: غير نَبَاتِيّ أو حَيَوَانِيّ 矿物的，无机物的
زَيْتٌ ــ 矿物油，原油
مَاءٌ ــ 矿泉(水)，矿质水；人造矿泉(汽水、苏打水等)
مِلْحٌ ــ 矿盐，无机盐
مُخْصِبَاتٌ ــ ة 矿物质肥料
المَمْلَكَة الـ ة 矿物界
مُعَدِّن: مُسْتَخْرِج المَعَادِن من منابتها 矿工，冶金工人

عدّة (في عدد)

عدا ـُ عَدْوًا وعَدَوَانًا وعُدُوًّا وتَعْدَاءً وعَدًا: جَرَى وركض 跑，奔，驰
ــ عَدْوًا وعُدْوَانًا الأمرَ وعن الأمرِ: تركه 抛弃
لا أَعْدُو الصَوابَ إذَا قُلْتُ... 如果我说…也不算悖谬
ــ ـُ عَدْوًا وعُدُوًّا وعَدَاءً وعُدْوَانًا وعُدْوَى عليه: ظلَمه 侵害，迫害
ــ عليه العَوَادِي 他陷于各种灾难中，他遭到各种不幸
ــ وعَدَّى عن الأمر: تركه 离开，遗留，留下，放弃，离弃，抛弃
ــ وأَعْدَى (مـ): أصاب بالعَدْوَى 使感染，使染病，使得病
عَدَا / ما عَدَا: ما خَلا (كَلِمَة يستثنى بها مع ما المصدريَّة وبدونها) 除…外，…除外
جَاءَ القَوْمُ ــ زَيْدًا وــ زَيْدٍ (بالنَصْب والجَرّ) أو ما ــ زَيْدًا (بالنصب فقط) 除宰德外，大家都来了
عَدَّى الفِعْلَ [语]使成及物动词
ــ (مـ): فَاتَ / مَرّ 过，走过，通过
ــ النَهْرَ (مـ): اِجْتَازَهُ / قطعه 经过，越过，横过，穿过，渡过
عَادَى فُلانًا: خاصمه 与某人结仇，与某人作对，反对
ــ بين الصَيْدَيْنِ: أَقْرَنَ 一举两得，一箭双雕
تَعَدَّى: جاوزَ الحَدّ 超越，逾越(界限)
لم يَتَعَدَّ الخَامِسَةَ من عُمْرِه 他不到五岁
ــ: خَالَفَ (القَوَانِينَ والشَرَائِعَ) 违犯，违法乱纪
ــ على حقّه 侵犯他的权利
ــ الفِعْلُ: كَانَ مُتَعَدِّيًا 成为及物动词
ــ واعْتَدَى على ...: جارَ 侵害，侵犯，侵占，侵略
ــ وــ عليه: ظلَمه 虐待，迫害
ــ وــ عليه: باداه بالشرّ 挑衅
اِعْتَدَى على حَيَاة فُلان 谋害，谋杀
ــ على عِرْضِ امْرَأَةٍ 强奸妇女
تَعَادَى القَوْمُ: عادَى بعضُهم بَعْضًا 相互为敌

ـ الرجلُ: تَبَاعَدَ 远离
اِنْعَدَى بكذا (مـ) 感染，沾染上
ـ منه 由他感染(疾病)，被他传染
اِسْتَعْدَى الرجلَ على فلان: استعَان به واستنصره 嗾使他反对某人
عَدْو: رَكْض 跑
عِدَاء / عَدَاوَة: خُصُومَة 敌意，敌视
ـ / ـ: بُغْض 憎恨，怨恨
الـ للسَامِيَّة / اللاسَامِيَّة: المُعَادَاة لليَهُود 抗(反)犹主义，排犹主义 anti-Semitism
عِدَائِيّ 不友好的，有敌意的，敌视的，怨恨的
عُدْوَان: ظُلْم 侵略，侵犯，侵害
ظُلْمًا وعُدْوَانًا 非正义地，不公正地
عُدْوَان: ظُلْم صَرَاح 重大的侵害，很不公正
عَدْوَان / سَرِيع الـ 走得很快的，高速度的
عَدْوَى: انتقال المَرَض وأمثاله 传染
ـ وَبَائِيَّة (تَنْتَقِل بالمَاء أو الهَوَاء) 传染，感染，传染病(饮水、空气传染)
عُدْوَة وعِدْوَة جـ عِدَاء وعِدوَات: شاطِئ الوَادِي وجَانِبه 岸，河岸，山谷的两边
تَعْدِيَة 渡过；[语]变不及物动词为及物动词
اِعْتِدَاء / تَعَدٍّ: مُبَادأة بالشَرّ 侵犯
ـ: مُهَاجَمة 攻击，袭击，猛击
مُعَاهَدَة عَدَم الاِعْتِدَاء 互不侵犯条约
تَعَدٍّ: مُخَالفة الشرع 违法，乱纪
ـ: مُجَاوزة الحدّ 逾越(界限)，超越
مُعَادَاة 敌视，敌对，敌意
ـ اليَهُود 排斥犹太人
عَادٍ جـ عُدَاة: رَاكِض 奔跑者，赛跑者
عَادٍ م عَادِيَة 敌对者，仇视者，仇敌
عَادِيَة جـ عَادِيَات وعَوَادٍ 在前面行进的

ـ 向导，领导者；不正义，非正义，压迫，迫害，灾难
عَادِيَات الطَبِيعَة 自然灾害
عَادِيَات القَافِلَة 在商队前面行走的骆驼
عَادِيَات (عَوَادِي) الزَمَان 命运的打击，灾难
عَدُوّ جـ أَعْدَاء: مُعادٍ 敌人，仇人，仇敌
أَعْدَى أَعْدَائِه 他的死敌，他的不共戴天的仇人
عِدًى / أَعْدَاء 仇敌们，敌人们
عِدًى وعَدًى جـ أَعْدَاء 山谷边
مُعَادٍ 有敌意的，敌对的
ـ للعَرَب 反对阿拉伯人的
مُعْدٍ: ينتقل بالعَدْوَى 传染性的，传染病的，易传染的
مُتَعَدٍّ: ضد لازم (في النَحْو) [语]及物动词
مُتَعَادُون الواحد مُتَعَادٍ 互相敌视，互为仇人
مُتَعَادٍ 多石的，不平的地面
مُعْتَدٍ / مُتَعَدٍّ: بادِئ بالشَرّ 侵略者，侵犯者
دَوْلَة مُعْتَدِيَة 侵略国
مَعْدِيَّة جـ مَعَادٍ (مـ): مِعْبَر النَهْر 渡船
أُجْرَة الـ 摆渡费
مَعَدَاوِيّ جـ مَعَدَاوِيَّة (مـ): صاحِب المِعْبَر 渡船夫，摆渡者
عَذُبَ ـُ عُذُوبَةً واعْذَوْذَبَ الشَرَابُ: كان حُلْوًا 甜的，适口的
عَذَّبَه: أوقع به العذابَ 惩办，惩罚，折磨
ـ ه: ضَايَقَه 使痛苦，折磨，虐待
ـ المُتَّهَم (对嫌疑犯)严刑拷打
تَعذَّبَ: تَأَلَّمَ 遭痛苦，受折磨
اِسْتَعْذَبَ الرجلُ: استقى أو طلب ماء عَذْبًا 要水喝
ـ الشَرَابَ أو الطَعَامَ: وَجَدَه عَذْبًا 认为是适口的，可口的

ـ 享受，作乐
عَذْب: حُلْو 甜的，适口的，不涩的，不苦的
ماء ـ 淡水
عُذُوبة: حَلاوَة 甜；可口
عَذَبَة جـ عَذَبَات: رِساعَة / شُرَّابَة (مـ) (穆斯林戴的头巾末尾的)缨、穗
حِزَام ذو عَذَبَات 带穗(缨)的带子
عَذَاب جـ أَعْذِبَة: أَلَم 疼痛，痛苦，苦恼
تَعْذِيب: إيلاَم 使痛苦，使苦恼，折磨，虐待
ـ المُتَّهَم بجَرِيمَة (لكي يَعْتَرِفَ) 严刑拷打
مُعَذِّب 折磨者；使人痛苦者
عَذَرَه ـِ عُذْرًا وعُذُرًا وعُذْرَى ومَعْذِرَةً ومَعْذُرَةً وأَعْذَرَ في أو على ما صنع: رفع عنه اللَّوْمَ
原谅，宽恕
ـ ـِ عَذْرًا وـ الغُلامَ: ختنه [医]割包皮
تَعَذَّرَ عليه الأمرُ: تَعَسَّرَ 困难，艰难
ـ الأمرُ: اِمْتَنَعَ 不大可能，难做到
اِعْتَذَرَ عن ومن فعله: احْتَجَّ لنفسه 辩护，道歉，托词
ـ عن فلان: طلَب قبول عذره 请原谅，道歉
ـ عن نشر المَقالة كَامِلَةً 他因为不能发表全文，表示歉意
اِسْتَعْذَرَ إليه: قدَّم إليه العُذْرَ 辩解，申辩，道歉，请原谅
عُذْر جـ أَعْذَار: حُجَّة يُعْتَذَر بها 托辞，借口，辩护的理由
ـ / اِعْتِذَار: اِحْتِجَاج 辩解，辩护，抗辩
ـ أَقْبَحُ من ذَنْب 辩解甚于罪过
أَبْلَيْتُ عُذْرًا (مـ) 我已做了力所能及的一切
عُذْرَة: بَكَارَة 童贞，处女；处女膜
أبو ـ الكتاب 书的作者
عُذْرِيّ: بَتُولِيّ 处女的，童贞的
ـ: طَاهِر 纯洁的，贞洁的，清白的
حُبٌّ ـ 精神恋爱
الهَوَى الـ 精神恋爱
عَذْرَاء جـ عَذَارَى وعَذَارٍ وعَذْرَاوَات: بِكْر / بَتُول 处女，童贞女
الـ: بُرْج السُنْبُلَة [天]室女宫，处女座
غَابَةٌ ـ 处女林，原始森林
أَرْضٌ ـ 处女地，未开垦的荒地
ـ: خادِرَة / الحَشَرَة في طورها الثالث 蛹
مَرْيَم الـ: أُمّ المَسِيح 童贞女玛利亚(耶稣的母亲)
عَذْرَاوِيَّة: حَالَة أو صِفَة العَذْراء 处女，童贞
عِذَار: حَيَاء 羞涩，羞怯，腼腆
ـ: خَدّ 面颊，腮帮子
ـ 面颊上的毛发
ـ اللجام جـ عُذُر 马笼头(辔、辔、口衔的总称)，辔绳
خَلَعَ ـ ه 任性，放肆，不受拘束
خَالِعُ الـ 浪子，荡子，游荡儿
اِعْتِذَار جـ اِعْتِذَارَات 道歉，辩解
تَعَذُّر 困难，难处
مَعْذِرَة: عُذْر / حُجَّة 借口，托辞，辩解
ـ: صَفْح 原谅，宽恕，赦免
مُتَعَذِّر: عَسِير 困难的，艰难的，难做到的
ـ: مُمْتَنِع 不大可能的，难做到的
عِذْق جـ عُذُوق وأَعْذَاق: سُبَاطَة (مـ) 一串，一嘟噜葡萄
ـ: بَرَمة / شَمْرُوخ [植]串状花，总状花
عَذَلَه ـُ عَذْلاً وعَذَّلَه: لاَمَه 申斥，谴责，责备，非难
تَعَاذَلَ القومُ: عَذَلَ بعضُهم بَعْضًا 互相责备
عَذْل / عَذَل: مَلاَمَة 申斥，责备，非难，谴责

عَذُول / عَاذِل جـ عُذَّل وعُذَّال وعَذَلَة وعَاذِلُون م
عَاذِلَة جـ عَوَاذِلُ وعَاذِلاَت 申斥者，责备者，谴责者

عراء (في عري)

عَرُبَ ـُ عُرُوبَةً وعُرُوبِيَّةً وعَرَابَةً وعَرَبًا وعُرُوبًا: كان عَرَبِيًّا فَصِيحًا 是一个真正的阿拉伯人
عَرَّبَ (سـ): فَرَزَ 分类，分析
ــ ـِ عَرْبًا الطَعَامَ: أكَلَه 吃
عَرَّبَ الكتابَ ونحوَه: نَقَلَه إلى اللُّغَة العَرَبِيَّة 译成阿拉伯语
ــ 使阿拉伯化，使具有阿拉伯风格
ــ وأعْرَبَ اللَفْظَ الأعْجَمِيّ: صَيَّره عَرَبِيًا 变外语词阿拉伯化
ــ وــ عن حَاجَتِه: عبَّر 表达，表明，表示，表白
ــ وــ: أعْطَى العُرْبُونَ 付定钱
ــ وــ الجُمْلَةَ: حلَّلها 分析，解析，分解(句子)
تَعَرَّبَ واسْتَعْرَبَ: تشبَّه بالعَرَب 模仿阿拉伯人，变成具有阿拉伯人的性格，变成具有阿拉伯风格，成为阿拉伯化的(人)
عَرَب وعُرْب جـ أعْرُب وعُرُوب: سُكَّان بِلاد العَرَب 阿拉伯人
ــ رُحَّل 游牧的阿拉伯人
ــ عَرْبَاء وعَارِبَة وعَرِبَة وعَرَبِيَّة 纯粹的阿拉伯人，真正的阿拉伯人
ــ مُتَعَرِّبَة ومُسْتَعْرِبَة 归化的阿拉伯人
عَرْبَاوِيَّات (مـ) 阿拉伯游牧部落的女子
عَرَبِيّ جـ عَرَب 阿拉伯人
ــ: أعرابيّ جـ أعْرَاب 一个阿拉伯人；阿拉伯的
ــ / أعرابيّ: بَدَوِيّ 游牧的阿拉伯人，贝杜因人

ــ: نِسْبَة إلى العَرَب أو لُغَتِهِمْ 阿拉伯的；阿拉伯语的
الجَامِعَة الـ ة 阿拉伯国家联盟
الجُمْهُورِيَّة الـ ة المُتَّحِدَة 阿拉伯联合共和国
المَمْلَكَة الـ ة السُعُودِيَّة 沙特阿拉伯王国
عَرَبِيَّة جـ عَرَبِيَّات (مـ) 车
العَرَبِيَّة: اللُغة العَرَبِيَّة 阿拉伯语
كَلَّمَهُ بالـ 跟他说阿拉伯话
قُرَّاء الـ 阿拉伯文读者
عَرَبَة جـ عَرَب وعَرَبَات: نَهْر شَدِيد الجَرْي 水流湍急的河
ــ [乐]半音
ــ جـ عَرَبَات (土): مَرْكَب 车；马车；车厢
ــ: عَجَلَة / كل ما يَسِير على دَوَالِيب (马车、单车、雪车等的)轮；一切用轮子走的车
ــ أُجْرَة 出租马车
ــ الأَطْفَال (婴儿的)摇篮车
ــ الانْزِلاَق 雪橇
ــ الإِيَاب 上行车
ــ بَطِيئة 慢车
ــ تَرَامْوَاي (انظر ترام) tramway 电车，有轨电车，电车车厢
ــ الذَهاب 下行车
ــ رَشّ 洒水车
ــ السَجْن 囚车
ــ الرُكَّاب [铁](火车的)客车(车厢)
ــ صَغِيرة 小车
ــ الصِهْرِيج 油槽车
ــ العُرْس: مِزَفَّة (结婚用的)花车
ــ نَقْل البَضَائع (铁路上的)货车(车厢)
ــ لَنْدُو landau (顶盖可开合或卸下的)四轮马车；后部顶盖可开合的小汽车

ـ مُسْتَشْفًى 野战医院，运送伤病员的救护车

ـ مُسَطَّحَة أو سَطْح (无棚、无边的)平车，敞车，[铁]无盖货车

ـ النُزْهَة 游览车

ـ نَقْل البَضَائع: كَارُّو (مـ) 运货马车，小货车

ـ نَقْل المَوَادّ البِرَازِيَّة 粪车

ـ نَقْل المَوْتَى 柩车，灵车

ـ نَوْم (من قِطار) [铁]卧车(车厢)

ـ يَد بعَجَلَةٍ واحِدَةٍ 独轮车，手推车

ـ يَد 手车，摇车

عَرْبَجِي جـ عَرْبَجِيَّة (مـ): حُوذِيّ 马车夫

ـ أُجْرَة (مـ) 出租马车的车夫

ـ كَارُّو (مـ) 运货的马车夫

عُرُوبَة / عُرُوبِيَّة 阿拉伯主义，阿拉伯民族主义；阿拉伯民族性，阿拉伯特性，阿拉伯特征；泛阿拉伯主义

عُرُوبِيّ 阿拉伯主义者

عَرْبَخَانَة جـ عَرْبَخَانَات (停放大车、马车的)车房，棚舍

إعْرَاب عن ...: تَعْبِير 表达，表示，表明

ـ الكَلام (في النحو) (句法)分析，解析，分解

ـ: عِلم تَرْكِيب الكَلام 造句法

تَعْرِيب: تَرْجَمَة إلى العربية 译成阿拉伯语

ـ الكَلِمَة الأعْجَمِيَّة: اِعْتِبَارها عَرَبِيَّة 变外来语词阿拉伯语化

عَارِب 纯血统的阿拉伯人

عَرَب ـ ة 纯血统的阿拉伯人

عُرْبَان 游牧的阿拉伯人

عَرَّاب: كَفِيل المُعْتَمَد 教父，洗礼保证人

عَرَّابَة: كَفِيلَة المُعْتَمَد 教母，洗礼保证人

مُعَرِّب: ناقِل / مُتَرْجِم 阿拉伯文的译者、翻译者、翻译员

مُسْتَعْرِب 阿拉伯化的，变得具有阿拉伯风格的

مُعَرَّب: مَقْبُول كَعَرَبِيّ في لُغَة العَرَب 阿拉伯化的(外来语)

ـ: مُتَرْجَم 被译为阿拉伯语的

عَرْبَدَ: ساء خُلُقه 性情恶劣，好争论，好争吵，好吵架

ـ: أحدث شَغَبًا 横行，骚扰，性格暴躁

عَرْبَدَة: مُشَاغَبَة 暴动，骚动，混乱

عِرْبِيد / مُعَرْبِد: مُشَاغِب 横行的，暴动的，暴徒

عَرْبَسَ: رَبَكَ وعَرْقَلَ 弄乱，搞乱，弄得乱七八糟

مُعَرْبَس: مُعَرْقَل / مُرْتَبِك 混乱的，错综复杂的，乱七八糟的

عَرْبَنَه: قدَّم له العُرْبُون 付定钱

ـ: قدَّم كَعُرْبُون 抵押，典当，入质

عُرْبُون وعَرَبُون وعُرْبَان جـ عَرَابِينُ / رَعْبُون (مـ) 定钱，定金

عَرَجَ وعرِج ـَ عَرَجًا: مَشَى مِشْيَةً غيرَ مُتَسَاوِيَة 蹒跚，跛行，一步一颠地走，一瘸一拐地走

يَعْرَجُ في حَارَة العُرْج (在瘸子地区中瘸行)随乡入乡，入乡随俗

ـ ـُ عُرُوجًا ومَعْرَجًا في السُلَّم: اِرْتَقَى 登楼梯

عَرَجَت ـَ وعَرُجَت ـُ عَرَجًا الشمسُ: مالَت نحوَ المَغْرِب 太阳偏西

عَرَّجَ: وقف ولبث 站住，停住

ـ على يَمِينِه: مال / حَوَّد (مـ) 向右转，转向右边

ـ على فلان 顺便看望某人

ـ الخطَّ: لوّاه 弄成弯曲的，弄成曲折的，弄成之字形

ـ ه (مـ) وأعرجه: صيَّره أَعْرَج 使跛，使瘸，使跛行，使成为跛子

تَعَرَّج 弯曲，曲折，蜿蜒，迂迴，成起伏状

اِنْعَرَج: انعطف / مال 弯曲，曲折

ـ: اِعْوَجَّ 变为弯曲的

تَعارَج: تكلَّف العَرَج 装瘸子，跛子

عَرَج / عَرَجان: مِشْيَة الأعرج 蹒跚

تَعْرِيج: اِنحناء 曲折，弯曲

لِماذا هذا الـ واللَفّ؟ 何必这样转弯抹角呢

ـ جـ تَعارِيج 弯曲处；缝褶，绉褶，折痕

تَعارِيج ضَوْئِيَّة [物]光的波动

تَعَرُّج جـ تَعَرُّجَات: تَمَوُّج 波状，起伏，曲折(线)

تَعَرُّجات 锯齿形，曲折的线条

أَعْرَجُ جـ عُرْج وعُرْجَان م عَرْجَاءُ 跛的；瘸子

الـ (في وَرَق اللعب) (纸牌的)贾克

مِعْرَاج جـ مَعَارِيجُ / مِعْرَج ومَعْرَج جـ مَعارِج: سُلَّم نَقَّال 梯子

الـ [伊]穆罕默德的登霄

لَيْلَةُ الـ 登霄之夜

مُعَرَّج: مُخطَّط في التواء 有纹理的，有条纹的

مُتَعَرِّج: مُعْوَجّ 弯弯曲曲的，曲折的，蜿蜒的

ـ: مُتَمَوِّج 波状的

مُنْعَرَج جـ مُنْعَرَجَات (S 形道路等的)曲折、弯曲处

عَرَّادة جـ عَرَّادَات [军](古代的)弩炮

عَرَّه ـُ عَرًّا: جلب العارَ عليه 污辱，使丢脸

اِنْعَرَّ 受侮辱，受诽谤

عَرّ / مَعَرَّة جـ مَعَرَّات: عَيْب أو إثم 耻辱，罪恶，缺点，丑名，恶名，恶行

عُرّ / عُرَّة: جَرَب (牛、羊、狗等的)疥癣，癞疥疮

عَارُور 无耻的，不名誉的，失体面的，可耻的，卑劣的

عَرَار [植]牛眼菊，法兰西菊

عِرْزَال جـ عَرَازِيلُ: كُوخ جَبَلِيّ 山上的茅舍

أَعْرَس: أَقَامَ عُرْسًا 举行婚礼

تَعْرِيس 靠岸，拢岸，(途中)打尖，休息，歇息，停止，停息，停留

عُرْس جـ أَعْرَاس: زِفَاف 婚礼，结婚典礼

وَلِيمَة الـ 喜宴，喜筵，结婚宴会

ـ ذَهَبِيّ 金婚，金婚礼(结婚 50 年纪念)

ـ فِضِّيّ 银婚，银婚礼(结婚 25 年纪念)

عِرْس جـ أَعْرَاس: زَوْج أو زَوْجَة 配偶，夫或妻，新夫新妇

اِبن ـ جـ بَنَات عِرْس / عِرْسَة (مـ): كَلْكَسَة 鼬鼠，黄鼠狼

عَرُوس جـ عُرُس: رجل في عُرْسه 新郎

ـ / عَرُوسَة جـ عَرَائِسُ 新娘

ـ الشِتَاء: سَمَنْدَر / سَمَيْدَر / سَمَنْدَل (أ) salamander 蝾螈

ـ الشِعْر [希神]诗神缪斯

عَرَائِس النِيل: نِيلُوفَر [植]睡莲

عَرَائِسِيّ 结婚的，婚礼的，夫妇的

عَرُوسَة: دُمْيَة 玩偶，洋囡囡，洋娃娃

عَرِيس جـ عُرُس 新郎

عَرُوسَان 新婚夫妇

عِرِّيس / عِرِّيسَة: مَأْوَى الأَسَد / عَرِين 狮穴，狮窝，狮窟

عَرَشَ ـِ عُرُوشًا وعَرَّشَ (مـ) بالمكان: أقام 居住，定居

ـ ـُ ـِ عَرْشًا وـ البيتَ: بَنَاه 建筑房屋

ـ وـ البِئْرَ 砌井
ـ وـ الكَرْمَ: رفع دواليَه على الخَشَب搭葡萄架
عَرْش جـ عُرُوش وأَعْرَاش وعُرُش وعِرَشَة: سَرِير
المَلِك 皇帝的宝座，御位，帝位，王位
ـ: سَقْف 天花板，顶棚
خِطَاب ـ (议会开幕礼中的)国王的敕书
ـ / عَرِيش جـ عُرُش: مِظَلَّة أو خَيْمَة 天篷，
华盖，遮篷
ـ / ـ / تَعْرِيشَة جـ تَعَارِيشُ (مـ): تَكْعِيبَة (مـ)
(藤、葡萄等的)架，棚；凉亭，亭子
أَجْلَسَه على الـ 拥戴
أَنْزَلَه عن الـ / خَلَعَه من الـ 废黜
عَرِيش / عَرِيشَة جـ عَرَائِشُ 轿子，肩舆
ـ العَرَبَة (مـ): مَيْس 车辕，(车的)辕杆
مُعَرَّش / مَعْرُوش 用棚架支撑的
نَبَات مُعَرِّش 攀缘植物
عَرِصَ ـَ عَرَصًا وعَرِصَ ـَ عَرَصًا الرجلُ: نشط
ولعب ومرح 快活，活泼，有生气
عَرَّصَ (مـ) 拉皮条，介绍娼妓
عَرْصَة جـ عَرَصَات وعِرَاص وأَعْرَاص الدار:
سَاحَتها 庭，庭院，天井，院子
ـ 场，空地，广场
مُعَرِّص (مـ): قَوَّاد الزَانِي 拉皮条的，妓院老鸨
ـ (مـ): زَوْج الفاجِرة 奸妇的本夫，王八
عَرَضَ ـِ عَرْضًا الشيءَ له: أَظْهَرَه 暴露，陈列，
摆列(货物)；揭露，揭穿(秘密)
ـ الشيءَ: بسَطه 展开，公开展览
ـ: طلَب 申请，请求，请愿
ـ الشيءَ: قدَّمه 贡献，献纳，提出，提供
ـ المَتَاعَ للبَيْع: باع بالعَرْض 陈列商品，摆出
来卖
ـ الأمرَ عليه 提交，呈给，拿出…给…

ـ الشيءَ عليه: أَراه إيَّاه 把东西拿给…看
ـ القَضِيَّةَ على فلان: أَحالها 把案件提交某人
ـ رأْيًا: اِقْتَرَحَ 提议，建议
ـ الجُنْدَ 检阅，阅兵
ـ له كذا: أَصابه 遭遇(灾害、不幸等)
ـ ـُ ـِ عَرْضًا العُودَ على الإناء: وضَعه عليه
بالعَرْض 把棍子横放在盆上或桶上
ـ ـِ وعَرِضَ ـَ عَرْضًا له فِكْرٌ: بدَا 想到，想起
عَرُضَ ـُ عِرَضًا وعَرَاضَةً: ضد طال 成为宽的
عُرِضَ: جُنَّ 发疯，发狂，疯狂，癫狂
عَرَّضَ الشيءَ: جعله عَرِيضًا 加宽，放宽
ـ المَلابِسَ للشمس 晾衣服，把衣服暴晒在
太阳下
ـ به وله: ذكَرَه ولم يصرِّح به 暗示，暗指，
暗讽，讽刺
ـ ه لكذا: جعله عُرْضَةً له 使遭受，使受到…
عَارَضَه: قاوَمَه 反抗，对抗，抵抗
ـ ه: جانَبَه 避开，回避，躲开
ـ ه: خالَفَه أو عاكَسه 反对，对立
ـ الشيءَ بالشيء: قابَلَه به 比较，对比，相比
ـ: نَاقَضَ 矛盾，抵触，相反
أَعْرَضَ عنه: اِجْتَنَبَه 避开，躲避
ـ عن الشيء: نَبَذه 抛弃，放弃，丢弃
ـ عن الأمر: عَدَلَ 拒绝，放弃，停止，中止
ـ الشيءَ: جعله عَرِيضًا 加宽
ـ الأمرُ: ظَهَر وبرَز 呈现，露出
تَعَرَّضَ لكذا: كان عُرْضَةً له 遭受；易遭(危
险)，易惹(疾病)
ـ الأمرَ وله وإليه: تصدَّى له 反对，反抗，
对抗，抵抗
ـ للأمر: تَدخَّل فيه 干预，干涉
ـ لكذا 致力于，献身于

_ عليه 攻击，进攻

تَعارَضَ معه: تَصادَمَ 冲突，抵触，矛盾，对抗

اِعْتَرَضَ له: منعه 阻碍，阻止，阻拦

_ عليه: مانَعَه 反对，反抗

_ على الأمر: اِحْتَجَّ 抗议

وقد يَعْتَرِضُ مُعْتَرِضٌ بِأَنَّ ... 也许有人会反驳说…

انْعَرَضَ (م) 发疯，发狂

_ (م) 被陈列，被展出

اِسْتَعْرَضَ الشيءَ: طلب أنْ يُعْرَضَ عليه 要求显示，要求拿出来看看

_ الجيشَ: عرَضَه 阅兵，检阅

_ 回忆过去

_ 概述，综述

عَرْض: تَقْدِيم 提出，提供，供应，赠送，授予，给予，呈献；检阅，表演

_ وطَلَب 供求，供应和需要

_ عَسْكَرِيّ 阅兵，阅兵式，检阅

_ رِياضِيّ 体育表演

_: بَسْط 展开，摊开，展览

غُرْفَة الـ: تُعْرَضُ فيها المَعْرُوضَات 陈列室，展览室，陈列馆

يَوْم الـ: يَوْم الدَيْنُونَة [宗]最后审判日，世界末日

في _ كَلامِه 在他说话的过程中

_ حَال / عَرْضُحَال (م) 诉状，请愿书

_ ج عُرُوض: مَتَاع 家具什物

_: ضد طُول 宽，宽度

بالـ / _ًا 横

طُولاً و_ًا 纵横；到处

خَطّ الـ (في الجُغْرَافِيَا) [地]纬度，纬线

في _ ك (م): لِوَجْهِ اللهِ [宗]请你看在上帝的面上！请你可怜可怜吧！请你发发慈悲！

_ 综述，评述

عَرْضَانِيّ 横贯的，横的

قِطاع _ 横断面

عُرْض ج عِرَاض: جَانِب أو نَاحِيَة 侧，边，旁边，方面

_ البَحْر 海面，洋面

_ الحَدِيث: مُعْظَمُه (谈话的)大部分，主要部分

في _ الأُفُق 在水平线的远处

رَمَى (ضَرَبَ) به _ الحَائِط 抛弃，置之不顾，放在脑后

عُرْضَة: غَرَض 目标，目的

_ لكذا: مُعَرَّض له 易受…的，易遭…的，易患…的

عُرْضِيّ (土) أُرْدُو [史]阵营，营房

عِرْض ج أَعْرَاض: شَرَف 贞操，体面，名誉，荣誉

بَيْع الـ / تِجَارة الأَعْرَاض: بِغاء 卖淫，为娼，出卖肉体

هَتْك الـ 污辱，奸污

عَرَض ج أَعْرَاض: صِفَة / خَاصِّيَّة 本质，本性，特性，特质

_: لا دَوَام له 暂时性的东西

_: اِتِّفَاق 偶然，不测事件，偶发事件

_: غير الجَوْهَر [哲]偶然性，偶有性

_ (في الطِبّ) [医]症状，症候

عَرَضِيّ: غير جَوْهَرِيّ 偶然的，非本质的

_: اِتِّفَاقِيّ 不测的，意外的，巧遇的，偶然的

خَطِيَّة عَرَضِيَّة (م) 可原谅的过失，轻微的过失；[法]轻罪，微罪，小罪

عَرَضًا: اِتِّفَاقًا 偶然的，意外地
عَرُوض جـ أَعَارِيضُ: مِيزَان الشِعْر 韵律学
عَرُوضِيّ 韵律的；韵律学家
بَحْر ـ 韵律，音律
عُرَاضة (旅行归来的人赠送的)礼物，礼品，赠品
تَعْرِيض: إلماع (في عِلم البَيان) [修]暗示、委婉
إعْرَاض: مُجانَبَة 回避，躲避，躲开
مُعَارَضَة: مُقَاوَمَة 反对，敌对，对抗，抵抗
ـ 反对派
ـ (في القَضاء) [法]书面抗议，控诉书
ـ / عِرَاض: سِفاح 放荡，冶游，寻花问柳
تَعَرُّض 无掩蔽状态，暴露状态
تَعَارُض الآرَاء (各种意见的)抵触、冲突、分歧
ـ المَصَالح 利益冲突
اِعْتِرَاض / مُعَارَضَة: مُمَانَعة 反对、异议
ـ / ـ: مُقَاوَمَة 反对，敌对，对抗，对立，反抗
ـ جـ اِعْتِرَاضَات / ـ: اِحْتِجَاج 抗议
اِسْتِعْرَاض حَرَسِ الشَرَف: عَرْضه 检阅仪仗队
الـ الرِيَاضِيّ 检阅运动员；体育表演
مُبَارَاة اِسْتِعْرَاضِيَّة 表演赛
عَارِض جـ عَوَارِض: حادث / إصابة 事故，不测事件，横祸，灾难，偶发事件
ـ: سَحَاب 云
ـ: مانع 障碍，阻碍
ـ: ليس جَوْهَرِيًّا أو أَصْلِيًّا 偶然的，非本质的
ـ: خلاف الثابت 暂时的，临时的
ـ (مـ): جُنُون 疯狂，癫狂

ـ / عَارِضَة: صَفْحَة الخَدّ 面颊
أَسْوَد الـ يْن 有黑络腮胡的
خَفِيف الـ يْن 有稀疏的络腮胡的
عَوَارِض أَرْضِيَّة 自然障碍
عَارِضَة جـ عَوَارِض 横木，横梁；[铁]枕木
ـ التَوَازُن [体育]平衡木
ـ (سـ) 破折号
قُوَّة الـ 雄辩
عارِضِيّ 偶然的，意外的
عَرِيض جـ عِرَاض: ضد طَوِيل 宽的，宽阔的
ـ الجاه 著名的，驰名的
عَرِيضَة جـ عَرَائِضُ (مـ) / عَرْضُحَال (مـ) 请愿书，申请书
ـ الدَعْوَى 诉状，控诉书
مُقَدِّم الـ 原告，请愿人，申请人
ـ الاِسْتِئْنَاف 上诉诉状
مَعْرُوض (للبَيْع) (为了出售而)陈列的，展出的
مَعْرُوض جـ مَعْرُوضَات (سـ) 申请书
مَعْرُوضَات 陈列品，展览品
ـ 申请，请愿
مُعَارِض / مُعْتَرِض: مُمَانِع 反对者，对抗者
ـ / ـ: خَصْم 对手，敌手，反对派
مُعْتَرِض بين شَيْئَيْن 横跨的，横断的，横卧的
عِبَارَة ـ ة [语]插入句，插入语
مُسْتَعْرِض 检查者，检阅者
مَعْرِض جـ مَعَارِضُ: مكان عرض الأشياء 陈列室，展览馆，展览会，博览会
الـ المُتَنَقِّل 流动展览会
الـ الصِنَاعِيّ 工业展览会
ـ الجُثَث 无名尸体陈放所
قَال في ـ الحَدِيث ... 他在谈话的过程中说…

عَرْعَر: سَرْوٌ جَبَلِيّ 杜松(桧属)
عُرْعُر: خُلُق سَيِّئ 坏脾气
عَرَفَ ـِ مَعْرِفَةً وعِرْفَانًا وعِرْفَةً وعِرِفَّانًا الشيءَ: علِمه 知道，晓得，认识，认得
ـ الأمرَ: اِطّلعَ عليه 发现，看出，了解到
عَرَّفه الشيءَ: أَعْلَمَه / أَخْبَرَه 告知，通知，报告
ـ ه: حدَّده 下定义，下界说
ـ ه: أَوْضَحَه 说明，阐明，解释
ـ الرَّجُلَ بالرجُل 使甲乙互相认识，介绍
ـ الكَاهِنُ الرجلَ [宗]听忏悔
ـ الاسمَ: ضد نكّره 把名词变成确指的
اِعْتَرَفَ بالأمر: أَقَرَّ 供认，招认，承认，自白
ـ إلى الكاهن / اِسْتَعْرَفَ (مـ) 忏悔，要求教罪
ـ بابْنِه: قَبله 认领儿子
ـ له بالجَميل (مـ) 感谢某人的恩惠
تَعَرَّفَ الأمرُ: تحدّد 事情变成明确的、确定的
ـ الأمرَ: بحَث عنه 探求，研究
ـ الشيءَ: عرَفه 鉴定，验明
ـ الضَّالَّةَ: بحث عنها 寻找(丢失的牲口)
ـ على فلان 认识
ـ به: عرفه 熟悉，熟识
تَعارَفَ القَوْمُ 互相认识
اِسْتَعْرَفَ الشيءَ: عرَفه 认识，知道，晓得，认得
عُرْف جـ عُرَف وأَعْرَاف: جُود 恩惠，善行
ـ الديك 鸡冠
ـ الديك [植]鸡冠花
ـ الفَرَس والأَسَد (马或狮子的)鬃毛
ـ: شُوشَة (مـ) (أو قِمَّة) (鸟的)冠毛；羽毛饰，(盔上的)饰毛
ـ: ما أَلِفَتْه النُفوسُ / عادَة مَرْعِيَّة (社会上的)习惯，习俗
ـ: اِصْطِلَاح 习惯，惯例，常规
الـ السِيَاسِيّ 外交礼节
الـ التِجَارِيّ 商业习惯，商业常规，惯例
ـ الشَرْع 习惯法，不成文律
في ـ المَادِّيين 按照唯物主义的论断
عُرْفِيّ: اِصطلاحِيّ 通常的，常例的，照惯例的
قَانُونٌ ـ 习惯法，不成文律
حُكْمٌ ـ (عَسْكَرِيّ) 军令，军法，戒严令
عَقْدٌ ـ (不依照宗教仪式的)俗约，民间契约(如结婚等)
زَوَاجٌ ـ أو مَدَنِيّ 照俗约举行的结婚
مَحْكَمَةٌ عُرْفِيَّة (عسكريّة) 军事法庭
عَرَفَة 阿赖法(山名)
يَوْم ـ [宗]阿赖法日(回历 12 月 9 日为进驻阿赖法日)
عَرَفَات 阿赖法特(麦加城东 12 哩的平原，伊斯兰教徒到麦加朝觐时必须在这里举行一定的朝觐仪式)
عَرْف: رائحة طيّبة 香气，芳香
عِرَافَة: حِرْفَة أو عَمَل العَرّاف 占卜，卜卦，预言，算命
عِرْفَان 知识，认识，感激之情
ـ بالجَميل 感激，感恩
تَعْرِيف: تَحْدِيد 下定义，定界说；定义，界说
ـ: إِخْبَار / إعلام 告知，通知，报知，讲解
ـ الرَجُلِ بغَيْره 把别人介绍给他
أداة الـ / حَرْف الـ (الـ) [语]确指冠词
تَعْرِفَة جـ تَعْرِفَات: بَيَان الأَثْمَان وغيرها (旅馆、铁路等的)价目单，运费单

لَجْنَة الـ 税率委员会
تَعْرِفَات جُمْرُكِيَّة tariff 关税率，关税表
الأَعْرَاف: مَطْهَر أَنْفُس الأَمْوات [基督]炼狱
(上天国前洗净灵魂上罪恶的地方)
اِعْتِرَاف: إِقْرَار 承认，招认，自白，供认
ـ الْمُحْتَضَر إلى الكاهِن لنيل الغفران 临终忏悔
كُرْسِيّ الـ (عند بعض النَصارَى) [基督]忏悔所，忏悔室
اِعْتِرَافًا بكذا 为承认…而，为酬答而…
تَعارُف 相识，互相认识
عارِف 知道的，熟知的，通晓的，认识的
ـ: مِن أَصحاب مَذْهَب العارِفين Gnostic 诺斯替教徒
مَذْهَب أو فَلْسَفَة العَارِفين Gnosticism 诺斯替教(想用波斯、希腊的宗教哲学说明基督教教理的古代宗教哲学的一派)
عَارِفَة جـ عَوَارِف 礼品，赠品
عَرِيف جـ عُرَفَاءُ: مُساعِد الرئيس أو الْمُعَلِّم (学生的)班长，级长
ـ: مُعَلِّم 小学教师，小学教员
عَرَّاف: بَصَّار (سـ) 占卜者，算命的，看相的
أَعْرَفُ م عَرْفَاءُ جـ عُرْف: له عُرف 有鬃毛的；有冠毛的；有顶饰的
ـ: اسم التَفْضِيل من "عرف" 更熟悉的；最熟知的
مَعْرَفَة الأَسد والفَرَس وأمثالهما (狮、马等动物的)鬃毛
مَعْرِفَة جـ مَعَارِفُ: عِلْم / دِرَايَة 知识，学识，学问
ـ [语]确指名词
ـ: واحد مَعارِف الرجل 熟人，朋友
بـ ـه 在他的同意下…

يَجِبُ أَنْ يُحَرَّرَ الطَلَبُ بـ ـ الطَالِب نفسه 申请书必须由申请人自己写
نَظَرِيَّة الـ [哲]认识论
مَعَارِفُ الرَجُلِ: أَصْحَابُه 熟人，朋友
ـ الوَجْه: تَقَاطِيعه 容貌，相貌，面孔
وِزَارَة الـ: وِزَارَة التَرْبِيَة والتَعْلِيم 教育部
مَعْرُوف: مَعْلُوم 已知的
ـ: مَشْهُور 著名的，有名的，知名的
ـ: إحسان / فَضْل 恩惠，恩情，盛情，善行，善举
ناكِر الـ: جاحِده 忘恩负义者
بالـ: بالحُسْنَى 亲切地，和蔼地，友谊地，和协地，和平地
اِعْمَلْ ـًا (مـ) 劳驾！费心！做做好事吧！
آمِرٌ بالـ 劝人行善的
صاحِب الـ 善人，恩人，好人
مُتَعارَف 公认的
مُعَرَّف [语]确指的(名词)
عرق ـَ عَرَقًا: تَرَشَّح جِلْدُه 出汗，发汗
عَرَقَ ـُ عَرْقًا ومَعْرَقًا وتَعَرَّقَ العَظْمَ: أكَلَ ما عليه من اللَحْم 啃骨头
عَرَّقَه: جعله يعرق 使出汗，使发汗
ـ (مـ): رَسَمَ عليه عُرُوقًا 画满花纹
ـ وأَعْرَقَ وتَعَرَّقَ الشجرُ: تأصَّلَ 生根，根深柢固
ـ وـ وـ الخَمْرَ: مزجه بقليل من الماء 把酒冲淡
أَعْرَقَ الرجلُ: أتى العِراقَ 来到伊拉克
ـ الرجلُ: صار عَرِيقًا في الشَرَف 成为有门第的、高贵的
تَعَرَّقَ العَظْمَ: أكلَ ما عليه من اللحم 啃骨头，啃净骨头上的肉

عَرَقُ الجِلْدِ 汗
ـ: إفرازُ العَرَق 出汗，发汗，流汗
ـ أزْرَق 冷汗
ـ المَوْت 临死前出的冷汗
ـ (مـ) / عَرَقِيّ (مـ): خَمْر شَرْقِيَّة مَعْرُوفة 烧酒，蒸馏葡萄酒
يَأْكُل بـ ـ الجَبِين 自食其力，靠劳力吃饭
عِرْق جـ عُرُوق وأعْرَاق وعِرَاق: أَصْل / جذر 根，根柢，根本，基础
ـ 人种，种族，血种
ـ ساكِن: وَرِيد [解]静脉
ـ ضَارِب [解]动脉
ـ: قُوَّة تَمَاسُك الخَيْط (棉花、羊毛、亚麻等的)纤维
ـ الذَهَب: نبات طِبِّيّ 吐根(用作吐剂和下剂)
ـ اللُؤْلُؤ (مـ): صَدَفه 珍珠母，青贝，螺钿
ـ النَسَا: اسم مرض [医]坐骨神经痛
ـ حَلاَوَة 石硷草
ـ: رَوَاسِب مَعْدِنِيَّة في مَنْجَم 矿脉
ـ السُوس / عِرْقسُوس (مـ) 甘草
شَرَاب ـ السُوسِ (العِرْق سُوس) 甘草汤(夏季凉饮)
ـ الحَمْرَة [植]龙血，麒麟
ـ خَشَب (مـ) 梁，横梁
ـ في المِعْمَار (مـ) [建]搭架的横木，卧材
عُرُوق (叶子上的)脉纹
ـ الفُجْل 莱菔，小红萝卜
الـ الحُمْر 茜草
عِرْقِيّ 人种的，种族的
التَمْيِيز الـ 种族歧视
عِرْقِيَّة 种族主义

عَرَاقَة 生根，深入，渗透，根深蒂固
ـ 画押，签字
عِرَاق جـ أعْرِقَة وعُرُق وعُرُق: شاطِئ البَحر 海岸
ـ الرِيشَة [动]羽轴
ـ الظُفُر 指甲肉(指甲下的肉根)
العِرَاق 伊拉克
عِرَاقِيّ 伊拉克的；伊拉克人
إوزّ ـ: تَمّ 天鹅
الجُمْهُورِيَّة العِرَاقِيَّة 伊拉克共和国
عِرَاقَة الحَرْف: ذيله 字尾
عَرَقِيَّة جـ عَرَقِيَّات / عِرَّاقِيَّة (مـ) 便帽，小帽，戴在缠头巾下面的小帽
تَعْرِيق 使带纹理，使成波状花纹
جَمِيل الـ 带有美丽的纹理
عَرْقَانُ 出汗者，发汗者
عَرِيق 古老的，有根基的，根深蒂固的
ـ النَسَب 出身高贵的，生长名门的
ـ المَجْد 素有声誉的
ـ في القِدَم 极古的，上古的
مَعْرُوق 瘦的，消瘦的
مُعَرِّق 使发汗的，催发汗的
مُعَرَّق: مُجَزَّع 带纹理的，有波状花纹的
عَرْقَبَ الدَابَّةَ: قطَع عُرْقُوبَها 割断腿筋
ـ الرجلُ: اِحْتَال 用计
عُرْقُوب جـ عَرَاقِيبُ: وتَر المَأْبِض 腱
ـ: حِيلَة 计谋，计策
ـ: طَرِيق في الجَبَل 山路，小路
ـ: هو رَجُلٌ يُضْرَب به المَثَلُ في الكَذِب والخُلْف بالوَعْد 乌尔孤卜(男名)(是撒谎和爽约者的典型)
وَعْدٌ عُرْقُوبِيّ 虚伪的诺言
عَرْقَلَ الأمرَ: صَعَّبَه وشوَّشه 使事情变困难

ـ الأمرَ: ربّكه 使事情错综复杂
ـ ه: عاقه 妨碍，阻碍，阻挠
تَعَرْقَلَ الأمرُ: تصعَّب وتشوَّش 事情变得复杂、混乱、困难
عَرْقَلَة جـ عَرَاقِيلُ 妨碍、障碍、阻碍物
خَالٍ من العراقيل والمَحْظُورَات 没有阻碍和限制的，不受妨碍和限制的
سِبَاق العَرَاقِيل 跨栏赛；障碍赛
عَرَاقِيل الأمُور: صِعَابها 事情的种种困难
عَرَكَ ـُ عَرْكًا الأَدِيمَ: دعكه 擦，摩擦
ـ ه الدَهْرُ: حنَّكه 使他有经验、有阅历，磨炼
ـ أُذُنَه 揪他的耳朵
ـ ت المَاشِيَةُ النَبَاتَ: أكلَتْه كله 把草吃光，吃得干干净净
عَارَكَه: قاتَله 战斗，抗争，交战
تعارَكَ واعْتَرَكَ القومُ: تَقَاتَلُوا 格斗，厮杀
عَرْك: اختبار 考验，磨炼
عَرْكَة جـ عَرَكَات: مَرَّة 一回，一次
لَقِيتُه ـً 我遇见过他一次
عِرَاك / عَرَكَة (مـ) / مُعَارَكَة 战斗，格斗，打架
عَرِيكَة جـ عَرَائِكُ: خُلُق 性情，性格，气质
لَيِّن الـ 温和的，驯良的
شَدِيد الـ 倔强的，顽强的
مَعْرَك / مَعْرَكَة جـ مَعَارِكُ / مُعْتَرَك: مَيْدَان القِتَال 战场，战地
مَعْرَكَة: قِتَال 战斗，战争，战役；[体]竞赛，比赛
ـ كَلامِيَّة 论战，舌战
ـ انْتِخَابِيَّة 选举运动
مُعْتَرَك 战场，战地
عَرَّمَ الشيءَ: خلَطه 混合，搀和，掺杂
ـ الشيءَ (مـ): كوَّمه 堆积
تَعَرَّمَ علينا: مرح وأشِر 高兴，快乐
ـ العظمَ: نزع ما عليه من اللحم 剔骨头上的肉
عَرَم / عُرْمَة وعَرَمَة جـ عَرَم: كُوم 堆，垛
عَارِم وعَرِم جـ عَرَمَة م عَارِمَة جـ عَوَارِمُ وعَارِمَات: الشرس المُؤْذي 恶棍，坏家伙，为非作歹的
ـ / ـ 猛烈的，湍急的
عَرِمَة جـ عَرِم: سدّ يعترض به الوادي 坝，堰
ـ: مَطر شديد 暴雨，大雨
مُعَرَّم (مـ): مَلآنُ ومُقبَّب (مِلْعَقَة مُعَرَّمة) 堆满的
عَرَمْرَم: شَدِيد 凶暴的，残暴的
ـ: مُتَدَفِّق 涌出的，涌流的
ـ: جَيْش كَبِير 大军，重兵
عَرِين وعَرِينَة: مَأْوَى السِبَاع 兽窝，兽穴，兽窟
عِرْنَاس جـ عَرَانِيسُ: لَقَّاطة الغَزْل (مـ) 纱锭，纺线杆，(手纺用的)卷线杆
ـ (مـ): عَنَم / مِحْلاَق [植]蔓，卷须
عَرَانِيس الذُرة / عَرْنُوس (مـ) 玉米穗
عَرَا يَعْرُو عَرْوًا فُلانًا أَمْرٌ واعْتَرَى فُلانًا: أَلَمَّ به 遭遇，碰上(事件)
ـ ه وـ ه كذا: أصابه 遇上，碰上(灾难)
عَرَتْه دَهْشَةٌ 他大吃一惊
عُرْوَة الزِرّ جـ عُرًى 襻(衣服上纽扣的布圈套)，扣眼
ـ الحَبْل (用绳子做的)圈、环、活结
ـ الإبْرِيق والجَرَّة ونَحْوهما: أُذُنُه (壶的)柄、把、耳
ـ: ما يُوثَق به أو يعوَّل عليه 把柄(议论的根据，交涉的凭证)
تَمسَّك بـ ـ الوَحْدَةِ 坚持团结，拥护统一
الـ الوُثْقَى 坚固的把柄(指伊斯兰教)

بعُرْوَتِهِ وزِرِّه 完全，十足，充分
عُرَى الصَداقة 友谊关系
عَرِيَ يعْرَى عُرْيًا وعُرْيَةً وتَعَرَّى من ثِيَابِه: خلَعها 脱光衣服
ـ وـ من العَيْب وغيره: سلِمَ منه 没有缺点，无疵，没瑕疵
عَرَّى الرجلَ الثوبَ ومِنَ الثوبِ: جرَّده من الكساء 脱光他的衣服
ـ ه: كَشَفَه 使暴露，揭露，揭发
ـ ه: صيَّره عُرْيَانًا 使他裸露
ـ ه مِنَ الأمرِ: جرَّده وخلّصه 使他摆脱，使他逃脱，使他得免于
تَعَرَّى 变成赤裸裸的，暴露出来
ـ مِنْ كذا 摆脱…，没有…
عُرْي / عُرْيَة: تَجَرُّدٌ من اللِبَاس 裸体，裸露，一丝不挂
ـ / ـ: تَجرُّدٌ من الغِطاء 裸露，没盖子，没掩蔽
عَرَاء جـ أَعْرَاء: فَضاء أو خَلاء 野外，露天，室外
بَاتَ في الـ 露宿
عُرْيَان جـ عُرْيَانُون / عَارٍ جـ عُرَاة م عَارِيَة وعُرْيَانَة جـ عَوَارٍ وعَارِيَات: لا كساء عليه 赤身的，裸体的
ـ / ـ: مَكْشُوف 裸露的，无遮蔽的
ـ كما وَلَدَتْه أُمُّه (像出生时一样)赤条条的，一丝不挂的，赤身裸体的
ـ طُلُق: مَلْط (مـ) 赤裸裸的，一丝不挂的
مَعْرًى ومَعْرَاة جـ مَعَارٍ: ما يُرَى من الجسم 身体露出的部分(如手、脸等)
عَارٍ: مُجَرَّد 被剥夺的，被脱光的；光杆儿
ـ مِنْ كذا: مُجَرَّد منه 没有…的，缺乏某种性质的
ـ مِنْ كذا: خَالٍ منه 无…的，没有…的，缺乏…的
ـ من الصِحَّة 不正确的
عَارِي الأَقْدَام 赤脚的，光脚的
عَارِي الرَأْس 光头的
عَارِيَة: قرض بلا فائدة (无息的)借贷
ـ / عِيرَة (مـ): مُسْتَعَار 虚伪的，假借的
شَعْر ـ: جَمَّة 假头发
مُعَرًّى: مُجَرَّد من الكساء 赤身的，裸体的
ـ: مَكْشُوف 暴露的，无遮蔽的
عزاء / عزا (في عزو)
عَزَبَ ـِ عُزُوبًا وأَعْزَبَ: بعُد 动身，离开，远离
ـ عن البَال 被遗忘，被忘记
ولا يَعْزُبُ عن البَال أن ... 不应当忽略
يعزُب عنه بَسَائِطُ الأُمور 他不注意琐碎的事情
ـ ـُ عُزْبَةً وعُزُوبَةً: لم يَتَزَوَّجْ 未结婚，未成家，未安家
عُزُوبَة / عُزْبَة / عُزُوبِيَّة (مـ) 独身生活
عِزْبَة جـ عِزَب (مـ) / عَزْبَة جـ عِزَاب (مـ): مزْرَعَة / حَانُوت (سـ) 农场，庄园
عَزَب جـ عُزَّاب وأَعْزَاب / أَعْزَبُ م عَزْبَاءُ جـ عُزْب / عازِب (مـ) 光棍，独身的男人，未婚的男人
عَزَرَ ـِ عَزْرًا وعَزَّرَ الرجلَ: لامَه 责备，谴责
عِزْرَائِيل (أ): مَلاك الموت 伊兹拉依(希伯来和伊斯兰神话里的死神)
عَزَّ ـِ عِزًّا وعِزَّةً وعَزَازَةً: قَوِيَ 强大
ـ الشيءُ: قَلَّ وُجُودُه 稀罕，稀奇，很少有
ـ عليه عِزًّا: كان مَحْبوبًا عِنده / كَرُمَ 珍贵，宝贵

ـ عَلَيَّ أنْ ...: اِشْتَدَّ وصَعُبَ ... 我难以…，… 对我来说是困难的，我舍不得…
ـ: صعُبَ جِدًّا 很困难
اَللّٰهُ ـ وجَلَّ 尊严的安拉
عَزَّزَه: نصَره / أعانه 援助，帮助
ـ ه: أيَّدَه 支持，拥护
ـ ه: أثْبَتَه 确定，证实
ـ ه: قوَّاه 加强，巩固
ـ ه: أمدَّه بِقُوَّةٍ جَدِيدةٍ 增援，增加生力军
ـ ه: عَظَّمَه 赞美，称赞，颂扬
ـ وأعَزَّه: صيَّره قَوِيًّا 使强壮
ـ ه وـ ه: أحبَّه واعْتَنَى به 爱抚，珍爱，慈爱，钟爱
ـ ه وـ ه: جَعَله أو عدَّه عزيزاً 使他变为可爱的，认为他是珍贵的
أعَزَّه: أحبَّه 爱，喜爱，喜欢
اِعْتَزَّ وتَعَزَّزَ به: تَشَرَّفَ 自豪，自鸣得意
ـ وـ: صَار قَوِيًّا 强大，强壮
ـ به: عدّ نفسه عزيزاً به 仗恃，倚仗
ـ: فَاخَر وتَعَظَّم 自高自大，得意洋洋，趾高气扬
تَعَزَّزَ: تقوَّى 壮大，强大
ـ: أظهر الرَّفْضَ وهو راضٍ (مـ) 假装拒绝
ـ به: تَشَرَّف 引以为荣
اِسْتَعَزَّ عليه: غلبه 打败，战胜
ـ بالشيء (مـ) (对某物)估价很高，认为珍贵
عِزّ: مَجْد / رِفْعة 光荣，荣誉，尊贵
ـ الشِتَاء (مـ): مَعْمَعَانه 隆冬，严冬，酷寒
ـ (مـ): شدَّة 强烈，激烈
في ـ غِنَاه (مـ) 在他最富足的时候
ـ الصَيْف (مـ) 盛夏，酷暑，炎热

في ـ اللَيل (مـ) 在深夜，深更半夜
في ـ صِبَاه (مـ) 在他的青春时代，在他年轻的时候
في ـ الشَباب: في رَيْعَان الشباب / في رَبِيع العمر 风华正茂
في ـ المَعْرَكَة 在激战中，战斗方酣时
ـ: مَكانَة 地位，权力，权威
ـ: مَطَر شَدِيد 大雨，倾盆大雨
عِزَّة النَفْس 自重，自尊(心)
صاحِب الـ 阁下(对大臣、大使、总督等的尊称)
عَزِيز ج عِزَاز وأعِزَّاءُ وأعِزَّة: قَوِيّ 强壮的，有力的
ـ: نَادِر الوُجُود 稀罕的，罕有的，少见的
ـ: مَحْبُوب 亲爱的，心爱的，可爱的
ـ: شَرِيف 高贵的，高尚的
ـ: ثَمِين 珍贵的，贵重的，昂贵的
ـ الجَانِب 强大的，有力的，伟大的
ـ عليه: صعْب عليه 困难的，艰难的
ـ النَفْس 高尚的，高贵的
ـ المَنَال 难得的，可望而不可及的
الكِتابُ الـ: القُرآن الشَرِيف 古兰经
حَبُّ الـ: حَبّ الزلَم [植]乌芋，荸荠
خَشَبٌ ـ يّ 白皮松，枞
ـ مِصْر [史]埃及国王
مُعْتَزّ: فَخُور 欢跃的，狂喜的
ـ باللّٰه: قَوِيّ به [宗]因托靠真主而坚强者
عَزَفَ ـِ عَزْفًا وعَزِيفًا وعَزَّفَ: غَنَّى 唱，唱歌
ـ تْ ـُ عَزْفًا وعُزُوفًا النفسُ عن الشيء: زَهَدَ فيه ومَلَّه 厌倦
ـ على آلة طَرَب 弹，拉，吹，打(乐器)，奏乐，演奏

ـ تِ الرِيحُ (风)飒飒地刮
عازِف: مُوسِيقِيّ 演奏者，演唱者，乐师，音乐家
عَزِيف: صَوْت مستهجَن 嘈杂声
ـ الرَعْد 雷声
ـ الرِيح 飒飒的风声
عَزُوف وعزُوفَة جـ عِزَاف 嫌恶，不爱，不喜欢
مَعْزُوفَة 被演奏的曲子，演奏的乐曲
مِعْزَف جـ مَعَازِفُ: آلة طرب وَتَرِيَّة 弦乐器
مِعْزَفَة / مِعْزَاف 竖琴
عَزَقَ ـِ عَزْقًا الأرضَ: شقَّها 锄地，耨地，耕地
عَزْق / عَزِيق الأرض (مـ) 耕，锄，耨
عَزَقَة جـ عَزَقَات (سـ): جِلْبَة 洗净器，洗涤器
عَزَّاقِيَّة جـ عَزَّاقِيَّات 犁
مِعْزَقَة جـ مَعَازِقُ: فَأْس / طُورِيَّة (مـ) 锄头，镢头
تَعَزْقَلَ (مـ) أو اتْعَزْلَقَ 盛装，穿上节日的盛装
عَزْقَلة (مـ): تَأَنُّق 时髦，服饰华丽
عَزَلَ ـِ عَزْلاً وعَزَّلَ الشيءَ عن غيره 分开，隔开
ـ: منْع الاِتِّصال والتَسَرّب 隔离，绝缘
ـ ه: صرفه أو رفته (مـ) 开除，解雇，辞退
ـ فلانًا عن مَنْصِب سَامٍ: خلَعه 免职，革职
عَزَّلَ (مـ): نقَل مسكنه 迁移，搬家
تَعَزَّلَ واعتَزَلَ الشيءَ وانْعزَلَ عنه: تَنَحَّى عنه 退开，避开，辞退
عَزْل: فَصْل 分开，隔开
ـ: نَقْل / إبْعاد 迁移
عُزْلَة / اِعْتِزَال: تَنَحٍّ 退休，退职，隐居
ـ: انفراد 孤立，孤独
عِزَال (مـ): نَقْل المَسْكِن 迁移，搬家
عَزَل / عُزُل جـ أعْزَال / أعْزَل جـ عُزْل وأعْزَال
وعُزَّل وعُزْلاَن م عَزْلاَءُ: بِلاَ سِلاح 无武器的，手无寸铁的，赤手空拳的

عَازِل: فَاصِل 隔离者，隔离物，分离器，隔离板；选矿器；分液器，脱脂器
ـ: مانع الاتصال والتسرُّب [电]绝缘物，绝缘体，绝热体
مُعْتَزِل 引退者，避开者，离开者
الـ ة 穆尔太齐赖派(伊斯兰教学派之一)
مُعْتَزِلِيّ 穆尔太齐赖派人
مَعْزِل: مَكان الاِعْتِزَال 退休地，隐居地
عَزَمَ ـِ عَزْمًا وعُزْمًا ومَعْزَمًا ومَعْزِمًا وعَزِيمًا وعَزْمَةً وعَزِيمَةً وعُزْمَانًا الأمرَ وعليه: عقد ضميره على فعله 决心，立意
ـ وعزَّمَ الراقِي: قرأ العزائمَ 念咒语
ـ على ... (مـ): دعا إلى ... 请，邀请
اِعْتَزَمَ الأمرَ وعليه: أَرَادَ فِعْلَه 打算，意欲，想⋯
عَزْم: قصد / نِيَّة 意图，意向，心愿，目的，抱负
ـ / عَزِيمَة: إرادَة ثابِتَة 决心，决意
ـ (مـ) / ـ (مـ): قُوَّة 强力，力量
جَبَّار الـ 很坚决的，很果断的
ـ 榨后的葡萄渣
عَزْمَة جـ عَزَمَات: حقّ ووَاجِب 权利和义务
ـ: ثَبَات وصَبْر 坚决，刚毅，坚忍
ما له عَزْمَة 他没有决心
عُزُومَة (مـ): دَعْوَة إلى ولِيمَة أو غيرها 邀请
ـ (مـ): ولِيمَة 盛宴，宴会
تَعْزِيم جـ تَعَازِيمُ 咒语；阴谋
عَزِيمَة جـ عَزَائِمُ: رُقْيَة 呪，咒文，符呪，符箓
عازِم: نَاوٍ 立意者，决意者
عَزُوم: قَوِيّ العَزْم 刚毅的，意志坚决的，不屈不挠的
مَعْزُوم جـ مَعَازِيمُ 被邀请者，应邀者，客人
عَزَا يَعْزُو عَزْوًا الشيءَ أو فلانًا إلى فلان 把(某事)

归于…，说…与…有血统关系

ـ وتَعَزَّى واعْتَزَى لفلان وإلى فلان: اِنْتَسَبَ إليه وانْتَمَى صِدقًا أو كَذبًا 自认是…的亲戚

ـ إليه (أمرًا مستنكرًا) 归罪于，加罪于，嫁祸于

ـ الرجلُ: صبَر 忍受，忍耐

في ـ بَعْض (مـ) 一概，扫数（不管好歹）

عزَى يَعْزِي عزْيًا الشيءَ أو فلانًا إلى فُلان: نسبه (راجع عزو) 把（某事）归于（某人），说…与…有亲戚关系

عَزِيَ يَعْزَى عزَاءً على ما نابه: صبر عليه 忍耐，忍受

ـ وتَعَزَّى عنه: تصبَّر وتَسَلَّى 自慰

عَزَّى المُصَابَ 安慰，慰问

ـ أهلَ المُتَوَفَّى 吊唁，吊慰（死者家属）

عَزَاء: سَلْوَى 安慰，慰藉，安慰物

ـ: صَبْر 忍耐，忍受

نَطْلُب للعَائلة الـ والسَلْوَى 愿家属节哀尽礼

عِزْوَة: اِنتساب 亲戚关系

ـ (مـ): أَقارب 亲戚

تَعْزِيَة 安慰，慰问，吊慰，吊唁

خِطَاب تَعْزِيَة 慰问信，吊唁函

مُعَزٍّ: مُسَلٍّ 慰问者，安慰者

الـ: الرُوح القُدُس [基督]圣灵

يَعْسُوب جـ يَعَاسِيبُ: أميرة النحل 蜂王，母蜂

ـ القوم: رَئِيسهم 领袖，首领

ـ: ذَكَر النَحْل 雄蜂

ـ: حَشَرَة كالجَراد 蜻蜓

عَسِيب جـ عُسُب وعُسْب وعُسْبَان: جَرِيدَة من النَخْل كُشِطَ خُوصُها 无叶的枣椰树枝

ـ: عَظْم الذَنَب أو منبِتُ الشعْر منه 尾椎骨

ـ: ظاهِر القَدَم 脚背

ـ: شَقّ في الجَبَل 山的裂缝

عِسْبَر جـ عَسَابِرُ / عِسَّبَار: ذِئْب الأرض [动]食蚁兽，土狼

عُسْبُور / عُسْبُورَة: وَلَد الكَلْب من الذِئْبَة 狼犬（公狗与母狼交配而产生的杂种）

عَوْسَج: نَبات شائك [植]鼠李

عَسْجَد: ذَهَب 金子，黄金

ـ: جَوْهَر كالدُرّ واليَاقُوت 珠宝

عَسِر ـَ عُسْرًا وعُسُرًا وعَسَرًا ومَعْسُورًا وعَسُرَ ـُ عُسْرًا وعَسَارَةً: ضد يَسُرَ 困难；贫困，窘迫

ـ ـَ عَسَرًا: كان أَعْسَرَ / كان يَعْمَل بِشِمَالِه 左撇儿，左撇子，（用左手操作者）

عَسَرَ ـِ عِسْرًا وعُسْرًا وأَعْسَرَ الغريمَ: يطلب منه الدَيْنَ على عُسْرِه (向债务人)逼债

ـ ه وعَاسَرَه: ضايَقه 使苦恼，使烦恼，使疲倦

عَسَّرَ الأمرَ: جعله عَسِرًا 使事情困难，刁难

ـ عليه: ضَيَّقَ عليه 压制，强迫，虐待，压迫

ـ: خَالَفَه 违背

عَاسَرَه: عَامَلَه بالعُسْرَة 严厉地对待，严格地对待

أَعْسَرَ: اِفْتَقَرَ 贫乏，穷苦，生活困难

ـ: أَفْلَسَ 破产

تَعَسَّرَ وتَعَاسَرَ واسْتَعْسَرَ عليه الأمرُ: اِشتدَّ والتوى (事情)困难

اِسْتَعْسَرَ الأمرَ: وجَده عَسِيرًا 感觉困难，认为困难

عُسْر / عُسُر: فقر 贫困，穷困，困境

ـ مَالِيّ 财政困难，经济拮据

ـ البَوْل [医]尿闭，尿潴留

ـ الطَمْث [医]痛经，月经困难，干血痨，

月经不调

ـ: عُسْرَة / مَعْسَرَة 困难，困苦，窘境，困境

ـ الهَضْم 胃弱，消化不良

عُسْرَى: ضد يُسْرَى 穷困，窘境，困境

عَسِر / عَسِير: ضد سَهل 困难的

ماء ـ: ضد يَسِر [化]硬水(含矿物质的水)

أَعْسَرُ م عَسْرَاءُ ج عُسْر / أَشْوَل (مـ) 左撇子，左撇儿(用左手的人)

ـ يَسَر: أَضْبط 两手并用的人

مُعْسِر / مَعْسُور 穷苦人

ـ في التِجَارَة 无力偿付的商人，破产的商人

عَسَّ ـُ عَسًّا وعَسَسًا: طاف لَيْلاً للحراسة 守夜，值更

ـ (مـ): جَسّ 感觉

عَسَس: حُرَّاس الليل 守夜人，值更人

عَاسّ / عَسَّاس: حَارِس الليل 守夜人，值更人

عَسْعَسَ الشيءَ (مـ) 暗中摸索

ـ الليلُ: مَضَى 夜间过去了

ـ الشيءَ: حرَّكه 摇动，震动

ـ وتَعَسْعَسَ الذئبُ: طاف بالليل (狼)夜出觅食

عَسَفَ ـِ عَسْفًا السُلْطَانُ: ظلَم وجار 暴虐

ـ ه: ظلَمه 欺凌，压迫

ـ في الأمر: فعله من غير تَدبُّر 轻率行动，草率从事

عَسَّفَه وأَعْسَفَه: كلَّفه عملاً شَديداً 使负担过重，使工作过多

تَعَسَّفَ واعْتَسَفَ الأمرَ: فعله بلا رَوِيَّة 乱搞，瞎搞，轻率地干

ـ وـ عن الطَرِيق: حاد 越轨，离开正路

ـ في رأْيِه 武断，独断

ـ ه: ظلَمه 欺侮，欺凌

عَسْف / تَعَسُّف / اِعْتِسَاف: ظُلْم 暴虐

تَعَسُّفِيّ 专横的，霸道的

أَعْمَال ـ ة 横暴的举动，专横的行动

عَسِيف ج عُسَفَاءُ وعِسَفَة 零工，短工，临时工

عَسَّاف / عَسُوف: ظَالِم 暴君，暴虐者，迫害者，压迫者，压制者

عَسْكَرَ القَوْمُ: تَجمَّعُوا 聚集，集合

ـ الجندُ (مـ): خيَّمُوا 扎营，安营，扎寨

عَسْكَر ج عَسَاكِرُ: جَيْش 军队，部队

عَسْكَرِيّ (مـ): جُنْدِيّ 士兵，军人，战士

ـ (مـ): حَرْبِيّ 军事的，军用的，军人的

حُكْم ـ (راجع عُرْفِيّ) 军令，戒严令

حَاكِم ـ (要塞的)司令官，军事专员，军事总督

مَجْلِس ـ 军事法庭

نِظَام ـ 军纪，军队纪律

سُلْطَة ـ ة 军人政权

قُوَّات ـ ة 军队，部队

عَسْكَرِيَّة 军国主义，军阀主义

رِجَال الـ 军国主义者

رُوح الـ 军国主义精神

مُعَسْكَر ج مُعَسْكَرَات: موضع تجمّع الجيش 军营，野营，阵营，壁垒

ـ الاعتقال 集中营

عَسَّلَ وعَسَلَ ـِ عَسْلاً الطعامَ: خَلَطه بالعَسَل 掺蜜，加蜜

ـ وـ الطعامَ: حَلاَّه 使甜，弄甜，弄得可口

ـ ت عَيْنُه (مـ): تَهَوَّمَ 打盹，打瞌睡

عَسَل ج أَعْسَال وعُسُل وعُسْل وعُسُول وعُسْلاَن

القِطْعَة منه عَسَلَة: لُعَاب النَحْل 蜂蜜

ـ السُكَّر / ـ أسْوَد 糖稀
شَهْر الـ 蜜月
قُرْص ـ النحل 蜂窝
عَسَلِيّ 甜蜜蜜的，蜜制的；蜜色的
عُيُون عَسَلِيَّة 褐色的眼睛，蜜色的眼睛
تَعْسِيلَة (مـ): تَهْوِيمة / إغْفاءة 打瞌睡，打盹
مَعْسُول / مُعَسَّل: محلّى بالعَسَل 加蜜的
كَلام ـ 甜言蜜语，花言巧语
دُخَان ـ 蜜制烟草
لِسَان ـ 能说会道的，口齿伶俐的
عَسَّال: مُشْتَار العَسَل 采蜜者
عَسَّالَة / مَعْسَلَة: خَلِيَّة النَحل 蜂房
عُسْلُج جـ عَسَالِجُ / عُسْلُوج جـ عَسَالِيجُ: غُصْن لَيِّن 细枝，嫩枝，枝条
عَسَا يَعْسُو عَسَاءً وعُسُوًّا النباتُ: غلظ وصلب (树木)茁壮
عَسَى: فِعْل جَامِد من أخوات كَاد، ويكون للترجّي في المحبوب والإشفاق في المكروه 也许，或许，说不定
وـ أَنْ لا يُصَادِفَ هذا الأمرُ عَقَبةً 这件事情或许不会遇到什么障碍
عَسَايَ أُصادِفُه هُنَاك 我在那里也许会遇见他
عشاء / عشاوة (في عشو)
عَشِبَ ـَ عَشَبًا وعَشُبَ ـُ عَشَابَةً وعَشَّبَ المكانُ: نَبَت عُشْبُه 长草，生草
اِعْشَوْشَبَ المكانُ: كثُر عُشْبُه 青草茂盛
عُشْب جـ أعْشَاب: كَلأٌ رَطْب 青草，绿草
ـ / عُشْبَة: نَبَات / حَشِيش (مـ) 草本植物
مَجْمُوعَة ـ ة 植物标本集
عُشْبَة مَغْرِبِيَّة [植]菝葜，金刚刺，sarsaparilla 土当归
ـ القَلْب 番红花，藏红花

عُشْبِيّ: نَبَاتِيّ 草本的
عَاشِب جـ عَوَاشِبُ: حيوان يعيش على الأعشاب 吃草的动物
عَشِب / مُعْشِب / عَشِيب / مِعْشَاب: كَثِير العشب 多草的，如草的
عَشَّاب: عالم بالأعشاب الطِبِّيَّة أو متاجر بها 本草家；药草商
عَشَرَ ـُ عَشْرًا وعُشُورًا وعَشَّرَ المالَ: أخذ عُشْرَه 10中取1，征什一税
ـ القومَ: أخذ عُشْرَ أموالهم 取其财产的什一税
عَشَّرَتْ وأَعْشَرَتِ الناقةُ: صارت عُشَرَاءَ (骆驼)怀孕10个月
ـ الحِمَارُ: نهق عَشْرَةَ أَصْواتٍ متواليات 驴子连叫十声
عَاشَرَه: خالطه وصاحَبه 交往，结交，交际
أَعْشَرَت النَاقَةُ: صارت عُشَرَاءَ (母驼)怀孕10个月
ـ القَوْمُ: صَارُوا عَشْرَةً 成十个
ـ العددَ: جعله عشرة 构成十个，凑足十个
تَعَاشَرُوا 互相结交，互相交际
عَشْر م عَشَرَة جـ عَشَرَات 十
عَشَرَة أَضْعَافٍ 十倍
عَشْر مَرَّات 十倍
العَشْرُ الأُوَل 上旬
العَشْرُ الوُسَط 中旬
العَشْرُ الأُخَر 下旬
عُشْر جـ أَعْشَار وعُشُور: جُزء من عَشَرَة أجزاء (١/١٠) 十分之一
ـ أو عُشُور المال 财产的什一税
ـ أو ـ حَصِيلة الأَرْض (土地收获的)什一税

ـ أو ـ كَسْب العَمَل 动产的什一税

عُشُور النَخيل 枣椰树的什一税

عُشْرِيّ / أَعْشَارِيّ 十数的，十进位算法的

كَسْرٌ ـ أو ـ 小数

كَسْرٌ ـ دائِر (أو دَوْرِيّ) 循环小数

النِظَام الـ / الطَرِيقة الـ ة 十进位制

عِشْرَة / مُعَاشَرَة: صُحْبَة 结交，交友

ـ / ـ: مُخَالَطَة 交际，应酬，交往

ـ حَلَبِيَّة 聚餐，打平伙，拼东吃酒席

عِشْرُون (٢٠) 二十

الـ: الواقع بعد التاسع عشر 第二十

عِشَرِيّ (مـ): يُحِبّ مخالطة الناس 爱交际的

عِشَار (مـ) / عُشَرَاء جـ عِشَار وعُشَرَاوَات: حُبْلَى (للبَهَائِم) 怀孕的，受孕的(牲畜)

عُشَارَ / مَعْشَرَ 十个十个地(不带鼻音符)

جاءَ القومُ عُشَارَ أو مَعْشَرَ 十个十个地来了

عُشَارِيّ م عُشَارِيَّة 十岁的男孩；十岁的女孩

العَاشُورَاء / العَشُورَى / العَاشُور / العَاشُورَى
阿舒拉节(回历一月初十日)

عاشِر جـ عُشَّر م عَاشِرَة جـ عَوَاشِرُ: واقع بعد التَاسع 第十

عَشِيرَة جـ عَشَائِرُ وعَشِيرَات: قَبِيلَة 部落

ـ الشَخْص 亲戚，朋友

مَعْشَر جـ مَعَاشِرُ: جَمَاعَة 一伙，一群

مِعْشَار: جُزْء من عشرة 十分之一

عَشّ ـُ عَشًّا الشيءَ: طلَبه 寻找，寻求

ـ الشيءَ: جمَعَه 收集，搜集

عَشَّشَ واعْتَشَّ الطائِرُ: اِتّخذ عُشًّا (鸟)造窝，作窝

عَشّ وعُشّ جـ عِشَاش وعِشَشَة وأَعْشَاش وعُشُوش: بَيْت الطائِر 巢，窝，窠

ـ النَمْل 蚁穴

عِشَّة (مـ) / عُشَّة جـ عُشَش: خُصّ 茅屋，茅庐，茅庵，窝棚

عَشِقَه ـَ عِشْقًا وعَشَقًا ومَعْشَقًا: تَعَلَّق به قلبُه 热爱，恋爱

عَشَّقَ الشَيْئَيْن بِبَعْضِهِمَا (مـ) 接榫，上榫

تَعَشَّقَه: غَازَلَه 求爱，求宠，求婚

عَشَقَة جـ عَشَق: عَصَب [植]常春藤

عِشْق: فَرْط الحُبّ 热爱，热恋

تَعْشِيق الخَشَب (مـ): وَصْل 接榫，上榫

تُرْس ـ 齿轮

عَاشِق جـ عُشَّاق وعَاشِقُون م عَاشِقَة وعَاشِق جـ عَوَاشِقُ: مُحِبّ 爱人，情人

ـ ومَعْشُوق (مـ): فَحل ونِتْيَا (عـ) 鸽尾榫头和榫眼，楔形榫头和榫眼

لُعْبَة الـ (مـ): لُعْبَة الكِعَاب 蹠骨游戏

عَشِيق / مَعْشُوق: مَحْبُوب 心爱的，可爱的

ـ / ـ: حَبِيب 爱人，情人

عَشَّمَه (مـ): جعله يأمَل 给予希望

تَعَشَّمَ (مـ): أَمَلَ 希望，期待

عَشَم: طَمَع 贪心，贪婪，贪图

ـ (مـ): أَمَل 希望，期待

عَشَان (مـ) / عَلَشَان: عَلَى شَأْن 由于，因为，为了

ـ خَاطِرِي 为了我的情面

عَشَا يَعْشُو عَشْوًا وعَشِيَ يَعْشَى عَشًا: لم يبصر بالليل 患夜盲症

ـ وتَعَشَّى: أكل العَشاء 吃晚饭

عَشَّى الرجلَ: أطعمه العَشاء 招待晚餐，请吃晚饭

عَشْوَاء / عَشْوَة: ظُلْمَة 黑暗

عُشْوَة: ظُلْمَة 黑暗

ـ: أَوَّل رُبْع من الليل 初更，初夜

عَشَاء ج أَعْشِيَة: طعام المَساء 晚餐，晚饭
الـ السِرِّيّ / الـ الرَبَّانِيّ [宗]圣餐，圣餐式
عِشَاء / عَشِيَّة ج عَشِيّ وعَشَايَا وعَشِيَّات: أوّل الليل 夕，傍晚，黄昏
عَشِيَّةَ أَمْسِ 前夕，昨晚
عَشِيَّةَ صَفْقَةِ مُونِيخَ 慕尼黑协定的前夕
بَيْنَ عَشِيَّةٍ وضُحَاها 旦夕之间
عَشِّي ج عَشِيَّة (م) / عَشْجِيّ (م): طَبَّاخ / طَاهٍ 厨师，大司务，大师傅，炊事员
عَشًا / عَشَاوَة: العَمَى الليليّ 夜盲症，鸡宿眼
أَعْشَى م عَشْوَاء ج عُشْي: لا يَرَى لَيْلاً 夜盲眼，患夜盲症的
ـ: ضَعِيف البَصَر 近视的，视力弱的
خَبَطَ خَبْطَ عَشْوَاءَ 盲目从事，胡来，乱弹琴

عصا (في عصو)

عَصَبَ ـِ عَصْبًا الشيءَ: طَوَاه 折叠，卷起
ـ ه وعَصَّبَه: ربَطه بعِصَابَة 扎绷带
تَعَصَّبَ: شدّ العِصَابَة 扎绷带
ـ له ومعه: مال إليه وجدّ في نصرته 袒护，偏袒
ـ في مَذْهَبِهِ: كان غَيُورًا مُدافعًا عنه 盲信，顽固
ـ عليه: قَاوَمَه 抵抗，反抗
ـ واعْتَصَبَ القومُ (م): صاروا عُصْبَة 结盟，结伙
ـ وـ العُمَّالُ (م): أَضْرَبُوا 罢工
ـ وـ أَصْحَابُ المَصَانع (م) 停工，闭厂(雇主对付罢工的方法)
اِعْصَوْصَبَ 团结，集结
عَصْب: عِمَامَة 缠头巾
عَصَب ج أَعْصَاب: خَيْطُ (عِرْق) الحِسّ 神经
ـ: طُنُب 腱，筋根
قَرَابَة ـ: من جِهة الأب 男系亲属，父系亲属
ذُو الأَعْصَاب المُنْهَارة 神经衰弱的
عَصَبِيّ: مختصّ بالأعْصَاب 神经的
ـ المِزَاج 神经质的，神经过敏的，有神经病的
الجِهاز الـ 神经系统
الأَمْرَاض الـ ة 神经病
ـ 有精力的，强健的
ـ 宗族的，亲属的，(父系)亲戚的
عَصَبِيَّة / تَعَصُّب: تَحَزُّب (م) 团体主义，宗派主义
ـ: قَرَابة 亲戚关系
ـ 神经性，神经质，神经过敏
عَصْب وعُصْب: لَبْلاَب [植]牵牛；常春藤
عَصَبَة / عَصَبَات [解]腱
عُصَاب 神经官能病
عُصْبَة ج عُصَب / عِصَابَة ج عِصَابَات وعَصَائِبُ: جَمَاعَة 一伙，一帮，匪帮，团体
ـ الأُمَم [史]国际联盟
حَرْب العِصَابَات 游击战
رِجَال العِصَابَات 游击队员
عَصْبَة ج عَصَبَات (م) / عِصَابَة الجَبِين ج عَصَائِبُ 额带，头帕
عُصْبَجِي ج عُصْبَجِيَّة (م): عِرْبِيد / ابَضَايَة (س) 暴徒，歹徒
عُصْبَة (م) / عِصَابَة / عِصَاب: رِبَاط 绷带
تَعَصُّب 盲信，顽固，偏袒
ـ دِينِيّ أو مَذْهَبِيّ 门户之见，(宗教、学术等的)偏见
ـ أَعْمَى 狂热(性)
الـ الوَطَنِيّ 沙文主义

الـ العُنْصُرِيّ 种族主义
اِعْتِصَاب العُمَّال أو الطُلاَّب: إضْرَاب 罢工；罢课
ـ أَصْحَاب المَصَانع (ضد العمَّال) 停工，闭厂
ـ جـ اِعْتِصَابَات 罢工，罢课，罢市
الـ العَامّ 总罢工
عاصِب: قَرِيب من جهة الأب 宗族，父系亲属
يَوْمٌ عَصِيبٌ: شَدِيدُ الحَرّ 伏天，大热天
وَقْتٌ ـ 困难的时候，危险的时候，紧急的时候，艰难的岁月
مُتَعَصِّب: غَيُور 热心的，热忱的
ـ لِمَذْهَب 有偏见的，持门户之见的，入主出奴的
مُعَصَّب / مَعْصُوب 带绷带的
مُعْتَصِب 罢工的，罢课的，罢市的
عَصِيدَة: دَقِيق يُلَتّ بالسَمْن ويُطْبَخ 粥，稀饭
عصر ـِ عَصْرًا واعْتَصَرَ الشيءَ: اِستخرج مَاءَهُ 拧，挤，榨
ـ الغَسِيلَ 拧干衣服
ـ الحُبُوبَ: اِستخرج زَيْتَها 榨油
عَصَّرَ الشيءَ: عصره مرَّة بعد أخرى 一再地拧、挤、榨
عَاصَرَ فُلانًا: كان في عصره وزمانه 与…同时代
تَعَصَّرَ وانْعَصَرَ 被拧，被挤，被榨
عَصْر: استخراج الماء وغيره 拧，挤，榨
ـ: آخر النَهار / بعد الظُهْر 晡时(下午 3 点到 5 点)
صلاَة الـ [伊]晡礼(下午 3 点到 5 点前后的礼拜)
ـ جـ عُصُور وأَعْصُر وأَعْصَار: زَمَن 时代
ـ حَجَرِيّ 石器时代
في ـ الشباب 青年时代
في العُصُور الوُسْطَى 中世纪时代

ـ الإِصْلاح / ـ البَعْث: النَهْضَة العِلْمِيَّة 文艺复兴时代
عَصْرِيّ: حَدِيث 现代化的
عَصْرِيَّة 现代性；现代主义，适合时代的思想方法
عُصْرَة (م): مُبْتَلّ جِدًّا 湿淋淋的，湿得可以拧出水来
عُصَارَة / عَصِير / عَصِيرَة 汁，液，浆
ـ مَعِدِيَّة 胃液
عَصَّارَة جـ عَصَّارَات / مِعْصَرَة جـ مَعَاصِر ومَعَاصِيرُ: آلة العصر 压榨机
ـ / ـ الزُيُوت 榨油机
ـ / ـ البُرْتُقَال واللَيْمُون وأمثالهما (柑、柠檬)压汁机(器)
ـ / ـ قَصَب السُكَّر 榨糖机
ـ الغَسِيل 拧衣器
إعْصَار جـ أَعَاصِرُ وأَعَاصِيرُ: رِيح تَرْتَفع وتَسْتَدِير 旋风，飓风
مُعَاصِر 当代的，同时代的
مَعْصِر جـ مَعَاصِرُ 油坊；糖厂
مِعْصَار جـ مَعَاصِيرُ 榨油机
تَعَصْرَنَ (س) 吃午饭
عَصْرُونِيَّة (س) 午饭
عَصّ ـَ عَصًّا وعَصَصًا: صلُب واشتدَّ 坚硬
عُصَص / عُصُص: أصل الذَنَب [解]尾骨
عَصْعَصَ: عَصَّ 硬化，变硬
عَصْعَص وعُصْعُص جـ عَصَاعِصُ / عُصْعُوص جـ عَصَاعِيصُ: عَظْم الذَنَب [解]尾骨
ـ / ـ الطُيُور: زِمِكَّى [动]尾椎
عَصَفَت ـِ عَصْفًا وعُصُوفًا الريحُ: اِشتدَّت 起风暴，刮大风
ـ ت ريح الخريف بأوراق الأشجار 秋风扫

树叶

عَصْف: هُبوب 刮风

عَصْفَة ج عَصَفَات: رِيح 一阵暴风，一阵狂风

عُصَافَة: تِبْن 糠皮，麸子，切细的稻草秣

يَوْمٌ عَاصِف: تعصف فيه الريح 起暴风的日子，刮大风的日子

عَاصِفَة ج عَاصِفَات وعَوَاصِفُ: رِيح شَدِيدة 狂风，大风暴

ـ رَعْدِيَّة 雷雨

عَصْفَرَ الثوبَ: صبَغه بالعُصْفُر 染红

عُصْفُر (由红花提出的)红色染料

حَبّ الـ 红花子，红兰子

زَيْت الـ: دُهْنُه 红花油，红兰油

عُصْفُور ج عَصَافِيرُ م عُصْفُورَة: طَائِر 小鸟

ـ التين 野云雀

ـ الجَنَّة 燕子

ـ دُورِيّ (س) (انظر دور) 麻雀

ـ الرُّزّ 禾雀，文鸟

ـ الشَوْك 篱雀

ـ: مَلِك 国王

عُصَيْفِرَة: خِيرِيّ أصفر الزهر 紫罗兰

عُصْفُورَة (م): دُسْرَة (م) (في النجارة) [建]暗榫

صَمُولَة بـ ـ (م) 元宝螺丝帽

عُصْفُورِيَّة 公子哥儿，花花公子

عَصَمَ ـِ عَصْمًا الرجلُ: اكتسب 赚钱，获利

ـ الشيءَ: منعه 阻止，阻碍，抑制，克制

ـ اللهُ فلانًا من المَكْرُوه: حفِظه ووَقَاه 保佑

ـ وأَعْصَمَ القِرْبَةَ: شدّها بالعِصَام 绑，系，扎

ـ البَطْنَ (م): قَبَضَ الأَمْعاء 使便秘

أَعْصَمَ من الشرِّ: اِلْتَجأ وامْتَنَعَ 逃避，躲避

ـ به: أَمْسَكَ به 紧握，抓住

اِعْتَصَمَ واسْتَعْصَمَ به: التجأ 靠，依靠，凭借

ـ ه وـ به: لزمه / أمسكه بيده 紧抓住不放，固守，坚持，遵循

ـ وـ بالصبر 坚持，忍耐

عَصْم: مَنْع 阻止，阻碍

ـ / عِصْمَة: حفظ / وِقَايَة 保护，保卫，防止，预防

عِصْمَة: تَنَزُّه عن الخَطِيّة 无罪，无过

اِمْرَأَة في ـ رَجُلٍ 有夫之妇

ـ ج عِصَم وأَعْصُم وعِصَمَة جج أَعْصَام / عَصَمَة: قِلَادَة 项圈，狗项圈

صَاحِبة الـ 夫人阁下(对妇女尊称)

في ـ فلان 和…结婚的

هي في ـ ه 她是他的妻子

عِصَام ج أَعْصِمَة وعُصُم: حِمَالَة / حَمَّالَة (م) 吊带

ـ من القِرْبَة (袋子或皮罐上用作提手的)绳圈

ـ من الوِعَاء (器皿的)柄，把手

عِصَام 易萨木(男名)

عِصَامِيّ: مُرتَقٍ بجِدِّه (学问、功业等)自力更生的，白手起家的

كُنْ عِصَامِيًّا لا عِظَامِيًّا: أُشْرُفْ بنَفْسِك كعِصَام لا بآبائِك الذين صاروا أَعْظَامًا 你做一个像易萨木那样自力更生的人，不要做一个以门第自豪的人

عَاصِمَة ج عَوَاصِمُ: قاعِدة البلاد 首都；京城，省会，首府

مَعْصُوم: مَحْفُوظ 受保护的，被守护的，被防护的，受护佑的

ـ: مُنَزَّه عن ارتكاب الخَطَايَا 不犯错误的

و المَرْء غير ـ 没有不犯错误的人

ـ: مُنَزَّه عن الخطأ 无误的，不误谬的

ـ البَطْن (مـ) 便秘的，大便秘结的

مِعْصَم جـ مَعَاصِمُ: موضع السِوار من الساعِد 腕，手腕子，[解]腕关节

سَاعَة ـ 手表

عصا يَعْصُو عَصْوًا الرجلَ: ضربَه بالعَصَا 以杖打，用棍打

عَصًا جـ عُصِيّ وعِصِيّ وأعْصٍ وأَعْصَاء / عَصَايَة جـ عَصَايَات (مـ) الواحدة عَصَاة: قَضِيب 手杖，拐杖

ـ: عُود 棍，棒，杆

ـ البِلْيَارْدُو (أ) stick of billiard 台球棍

ـ الرَاعِي [植]萹蓄

ـ الصِنَّارة 钓竿

ـ ساحِرٍ / الـ السِحْرِيَّة (童话中的)魔棍，金箍棒

لَيِّن الـ 柔和的，温和的，好脾气的

شَقَّ الـ: خَالَفَ جَمَاعَتَه 独持异议，与众人分歧

شَقّ ـ الطَاعة 造反，反叛，叛变，叛逆

أَلْقَى ـ التَرْحَال: أَقَامَ 定居

اِنْشَقَّتْ عَصَاهم 他们意见分歧

تَشَظَّتْ ـ هم قِطَعًا 他们分崩离析

عُصَيَّة جـ عُصَيَّات [医]杆状菌，杆菌

عصى ـ عَصْيًا ومَعْصِيَةً وعَاصَاهُ واسْتَعْصَاهُ: خَالَفَ أمرَه 不服从，不听从

ـ ه وعَاصَاه واسْتَعْصَى عليه وتَعَصَّى عليه: تمرَّد 造反，反叛，叛变，起义，暴动

الكَلَامُ عَصَاه عند شَفَتَيْه 说走嘴，说漏嘴

اِسْتَعْصَى عليه القَوْلُ (他的话塞在喉咙里)说不出话来

عَصَّاه (مـ) 使反叛，使违抗，使不服从

اِسْتَعْصَى وتَعَصَّى واعْتَصَى الأمرُ (事情)困难，艰难

ـ و ـ المَرَضُ (病)沉重，难治

عِصْيَان / مَعْصِيَة: ضد طاعة 违背，反抗，不服从

ـ: تمرُّد 叛逆，叛变，造反

عَاصٍ جـ عُصَاة وعَاصُون: ضد طائع 违背的，反抗的，不服从的

ـ: مُتَمَرِّد 造反者，反叛者，起义者

مُتَعَصٍّ / مُسْتَعْصٍ على: صَعْب 困难的，艰难的

ـ / ـ: عُضَال 医不好的，不可医治的，不可救药的

ـ / ـ: مُتَمَكِّن 根深柢(蒂)固的，由来已久的，积重难返的

مَعْصِيَة جـ مَعَاصٍ 过错，过失，罪过

عضب 锋利的(剑)；刻薄的(嘴)

عضده ـُ عَضْدًا وعَاضَدَه: عَاوَنَه 帮助，援助

تَعَاضَدُوا: تَعَاوَنُوا 互助，合作，互相援助

اِعْتَضَدَ به: اِسْتَعَان به 求助于他

عَضْد / تَعْضِيد: مُعَاوَنَة 帮助，援助

ـ / مُعَضِّد: مُعِين 援助者，支持者

عَضُد وعُضُد وعَضِد جـ أَعْضَاد وأَعْضُد: ما بين المِرْفَق والكَتِف 上臂

عَظْم الـ [解]上膊骨，肱骨

شَدَّ ـ ه 帮助他，助他一臂之力

فَتَّ في ـ ه: فتَّ في ساعِده 使他衰弱，使他受挫折，掣肘

عِضَادَة جـ عَضَائِدُ من الطريق 路边，路旁

عِضَادَتَا البَاب 门方

يَعْضِيد / يَعْضِيض: جِعْضِيض / هندباء بَرِّيّة [植]野菊苣

ـ [植]苦菜

健壮的	**عَضَّه** ـَ عَضًّا وعَضِيضًا وبه وعليه: أَمْسَكَ بأسنانه وشدّه
咬，用牙齿咬住	
肌肉发达的，强壮的，健壮的	عَضيل وعَضُل: قَوِيّ العَضَل
固执，坚持	ـ الشيءَ: لزمه واستمسك به
不可治，难医治的，不可救药的	عُضَال: مُعْيٍ
受苦，遭难	ـ ه الزمانُ: اشتدّ عليه
困难的，疑难的	مُعْضِل / مُشْكِل
他很悔恨	ـ ه النَّدَمُ
费解的，使人为难的，使人狼狈的	ـ: مُحَيِّر
(由于后悔、生气)咬自己的指头	ـ بَنَانَه
他十分穷困	ـ ته الفَاقَةُ بنَابِها
难题	مُعْضِلة جـ مُعْضِلات: مُشْكِلَة
用力咬	عَضَّضَ الشيءَ: عَضْعَضَه (م) / عَضَّه كَثيرًا
刺树；[植]山楂	عِضة وعِضَاهه جـ عِضَاه
(马)格格地咬	ـ على اللِّجامِ: صكّم عليه
(马嚼子)	
肢体；成员，会员，委员	عُضْو جـ أَعْضَاء (جزء من جسم أو واحد من جماعة)
被咬伤，被咬住	انْعَضَّ
基本成员	ـ أَصْلِيّ / ـ أَسَاسِيّ
(时间、命运的)折磨	عَضّ / عِضَاض
名誉会员	ـ فَخْرِيّ
[植]山楂	عِضّ / عِضَّة / عِضَاء: نبات شائك
国会议员，下议院议员	ـ مَجْلِسِ النُّوَّاب
咬一口	عَضَّة جـ عَضَّات
候补委员	الـ المُرَشَّح
咬人的，凶恶的	عَضَّاض / عَضُوض
党员	ـ الحِزْب
被咬的	مَعْضُوض
(科学院的)通讯院士	ـ مُرَاسِل
成为肌肉发达的，变为强壮的	**عَضَلَ** ـُ عَضْلًا: كَبُرَ عَضَلُه
肢，翼	ـ: طَرَف (كالرجل والذراع)
(生物的)器官	ـ: آلَة
成为疑难的，暧昧的	أَعْضَلَ الأَمْرُ: استغلق
有机能的器官	ـ عامِل
这病使医生为难	ـ وتَعَضَّلَ الداءُ الأَطِبَّاءَ: أَعْيَاهم
生殖器，生殖器官	أَعْضَاء التَّنَاسُل
生理学	عِلْم وَظَائِف الأَعْضَاء
肌肉	عَضَلَة جـ عَضَلات وعَضَل / عَضِيلة جـ عَضَائِل: واحدة عَضَل الجسم
[医]器官的；[化]有机的	عُضْوِيّ: آلِيّ
[解]伸肌	ـ بَاسِطَة
[化]无机的	لا ـ
[解]弛肌	ـ رَاخِية
成员的身份、地位或资格	عُضْوِيَّة (في جَمْعِيَّة)
[解]随意肌	ـ إرَادِيَّة
[解]屈肌	ـ قَابِضَة أو عَاصِرَة
成为有机联系的	تَعَضْوَنَ
强壮的，肌肉结实的	مَفْتُول العَضَل
有机的	مُتَعَضْوِن
肌肉的，肌肉构成的	عَضَلِيّ: مُخْتَصّ بالعَضَل أو مكوَّن منه
	عطاء (في عطو) / **عطارد** (في عطرد)
由肌肉构成的	
毁灭，	**عَطِبَ** ـَ عَطَبًا واعْتَطَبَ: تَلِفَ وهَلَكَ
肌肉发达的，强壮的	ـ: قَوِيّ الجِسْم
灭亡，消灭	

عَطِبَه ـُ عَطْبًا وعُطُوبًا (مـ) وأَعْطَبَه: أتلفه 损坏，破坏，损害
ـ ه (مـ) وـ ه: أهلكه 毁坏，破坏，毁灭
عَطَّبَ الشرابَ: طَيَّبه (加糖、香料等)烫酒
ـ تِ الفَاكِهةُ (مـ) (水果)碰伤，压坏
تَعَطَّبَ 变成废物
اِنْعَطَبَ 被消灭，被毁掉
عَطَب: تَلَف 损害，损伤
ـ: هَلاَك 毁灭，灭亡
سَرِيع الـ (التَلَف) 易坏的，易碎的
سَرِيع الـ (الفساد والتعفن) 易腐败的，不能久藏的
عَوْطَبٌ: المُنْخَفِضُ بَيْنَ المَوْجَتَيْنِ [物]波谷
مُعَطَّب (مـ) / مَعْطُوب 被损坏的，被毁坏的
ـ (مـ) / ـ (كالفَاكهة) 撞坏的，压坏的(水果)

عَطِرَ ـَ عَطَرًا: كان طَيِّبَ الرائِحة 成为有芳香的，是芬芳的
ـ وتعطَّرَ: تطيَّب 搽香水，涂香膏
عَطَّرَه بـ ...: طيَّبه 使香，使发香，洒香水
ـ الفَمَ 使用口香，使口中气息不臭
تَعَطَّرَتِ البِنْتُ: لم تَتزَوَّجْ 变为老处女，老姑娘
عِطْر جـ عُطُور وعُطُورَات: طِيب 香，芳香
ـ: خلاصة عِطْرِيَّة 香精；香油；香水
ـ الوَرْد 蔷薇水
عِطَارَة: رَوَائح عِطْرِيَّة 香料，熏香物
ـ: عَقَاقِير طِبِّيَّة 药品，药材，药剂，药料
ـ 卖香料的行业
مَحَالّ الـ 卖香料的商店
عَاطِر جـ عُطُر 爱好香味的人；芬芳的，香的，芳香的
ثَنَاءٌ ـ 极大的赞扬

عَطِر / عِطْرِيّ / مِعْطَار م عَطِرَة وعِطْرِيَّة ومِعْطَارة: زَكي الرائِحة 芬芳的，馥郁的，芳香的
عِطْرِيَّات 香料
عَطَّار: بائع الطيوب 香料商，卖香料者
ـ: بائع العَقَاقِير / دَبُّوس (سـ) 药材商
مُعَطَّر: مُطَيَّب 加香料的，洒满香水的，浓香的

عُطَارِد: سَيَّار [天]水星

عَطَسَ ـِـُ عَطْسًا وعُطَاسًا وعَطَّسَ (مـ): أَتَتْه العَطْسَة 打喷嚏
عَطَّسَه: جعله يَعْطُس 使他打喷嚏，引起喷嚏
عَطْس / عُطَاس الواحدة عَطْسَة جـ عَطَسَات 喷嚏
عَاطُوس / عَطُوس (مـ): نَشُوق 鼻烟，闻烟

عَطِشَ ـَ عَطَشًا: ضد روي 渴，口渴
ـ إليه: اشتاق 渴望，渴想，渴慕
عَطَّشَه وأَعْطَشَه: أَظْمَأَه 使渴，引起口渴
ـ الجِيمَ 正确地发 ج 的音
تَعطَّشَ: تَكلَّف العَطَشَ 忍住渴
ـ لِكذا 渴望
عَطَش: ظَمَأ 渴
ـ 希望
عُطَاش: داء يصيب الإنسان فيشرب الماء ولا يروى [医]嗜水症
عَطِش / عَطْشَانُ جـ عِطَاش وعَطَاشَى وعَطْشَى م عَطْشَى وعَطْشَانَة جـ عِطَاش / عَاطِش 渴的，口渴的
ـ / ـ / عَاطِش: مُشْتَاق 渴望者，热望者
عَطَشْجِي جـ عَطَشْجِيَّة (مـ) / أَتشْجِي (土): وَقَّادُ الآلَة 火夫，司炉，烧锅炉工人

عَطْعَطَ القومُ: تتابعتْ أَصْواتُهم واختلطتْ في الحَرْب وغيرها 呐喊

عطف ـ عَطْفًا وعُطُوفًا إليه: مَال 倾向，偏向

ـ كَلِمَةً على أُخْرَى 把两个词连接起来

ـ عنه: اِنْصَرَفَ 避开，转过脸去

ـ الشيءَ: أماله 使偏向，使倾向

ـ وعَطَّفَ الوِسَادَةَ: ثَناها 折，折叠

ـ وتَعَطَّفَ على فلان 对某人有好意，表同情，怜爱，怜恤

عَطَّفَ النَاقَةَ على وَلَدِها: جعلها تعطف عليه 让母驼抚爱小驼

اِعْتَطَفَ وتَعَطَّفَ: لبِس العِطَاف 穿上衣，穿大衣

اِنْعَطَفَ: اِنثنى 被折叠

ـ 拐弯

ـ نَحْوَهُ (ـسـ) 对…是仁慈的，慈善的

اِسْتَعْطَفَه 恳求，乞求，哀求，求情，求怜爱

ـ فلانًا أو خاطِرَه: تَرَضَّاه 安抚，抚慰，怀柔

عَطْف: إمالَة 使倾向，偏向

ـ / اِنْعِطَاف: مَيْل 倾向，偏向，倾斜

ـ / ـ: حُنُوّ / شَفَقَة 同情，怜悯

أَدَاة أو حَرْف ـ (في النَحْو) [语]连接词

ـ البَيان [语]同格词

عَطْفَة ج عَطَفَات / مُنْعَطَف: حَوْدَة (مـ) 曲折，转折

ـ (مـ): زُقَاق 小巷，胡同，里弄

عِطْف ج أَعْطَاف وعِطَاف وعُطُوف 旁边，侧面

ثَنَى عَنِّي ـ ه 他不理睬我

عِطْفَا الرَجُل: جَانِبَاه 两肋

عِطَاف ج عُطُف وأَعْطِفَة / مِعْطَف ج مَعَاطِف: رِدَاء 大衣，外衣，上衣

عَطُوفَة 仁爱，善意，好意

صَاحِب الـ (مـ) (仁人)…阁下(对高级官员的称呼)

عَاطِف ج عُطُف وعَطَفَة: أداة عَطْف [语]连接词

ـ: واصِل 连接者，联结者

ـ / عَطُوف: شَفِيق 慈爱的，仁慈的，仁爱的

عَاطِفة ج عَوَاطِفُ وعَاطِفَات 情绪，情感，感情

ـ وَطَنِيَّة 爱国心

عَاطِفِيّ / عَوَاطِفِيّ 多情的，善感的，伤感的

كاتِبٌ ـ 伤感主义作家

عَاطِفِيَّة 情感主义

عَوَاطِفِيّ: رَقِيق العَوَاطِف 伤情主义者，多情善感的人，伤感主义者

مَعْطُوف [语]被连词(连接词后面的词)

ـ عَلَيْه [语]所连词(连接词前面的词)

مُنْعَطَف ج مُنْعَطَفَات 转折处，转折点

ـ 胡同，巷子，里弄

مَعْطِف ج مَعَاطِفُ: عُنُق 颈，脖子

مِعْطَف ج مَعَاطِفُ: بَلْطُو ج بَلْطُوَات 大衣，外套

عطل ـُ وعَطِلَ ـَ عَطَلاً من المال: خلا منه 缺钱

عَطَلَ ـُ عَطَالَةً الأجِيرُ: بطَل 失业

ـ (工厂、商店、机关等)关门，不工作

عَطَّلَ المرْأَةَ: نزع حَلْيَها 脱去首饰，下妆，卸妆

ـ ه: أَعْجَزَهُ عن العَمَل 使失业

ـ الشيءَ: تركه ضَيَاعًا 废弛，荒废，弃置

ـ المَجْلِسَ 闭会，停会

ـ ه (مـ): عَاقَه 延搁，迁延，耽搁，迟滞，妨害，妨碍

تَعَطَّلَ: بَقِيَ بلا عَمَل 失业，赋闲

ـ تِ المَدْرَسَةُ (学校)放假

ـ تِ الآلَةُ (مـ): فسدت (机器)损坏

ـ مِنَ السَيْر (车、船)抛锚，搁浅

ـ (مـ): تعوَّقَ 被妨碍，被阻碍，被耽搁

عُطْل من كذا: خالٍ منه 无某物的，缺乏某物的，不具有某物的

الـ والضَرر (مـ) 损伤，损害，损失

عُطْلَة: بَقَاء بلا عمل 失业

ـ: وقت الفَراغ من العمل 余暇，暇闲

ـ مَدْرَسِيَّة 学校假期，假日

ـ الشِتَاء 寒假

ـ الصَيْف 暑假

ـ (كعُطْلَة المَحاكِم والبَرْلَمَان) (法院)停审，(议会)休会，闭会

ـ العِيد 节日的放假

عَطْلاَن جـ عَطْلاَنِين (مـ) 懒惰的；闲散的

عَطَالَة 失业，失业现象

تَعْطِيل: القول بعَدَم وجُود إلاَهٍ 不信神，不信真主(上帝)

ـ: إعْجَاز عن العمل (工厂、商店、机关等)关闭，歇业，停业

ـ: إرجاء / تأجيل (议会的)闭会，停会

ـ (مـ): تَعْوِيق 阻碍，延搁，妨碍

عاطِل وعُطْل وعُطُل جـ أَعْطَال من كذا: خَالٍ منه 无…的，缺乏…的

ـ: بِدُون عَمَل 失业的，没有工作的，赋闲的

ـ / عاطِلَة جـ عَاطِلاَت وعَوَاطِل وعُطَّل / عُطُل جـ أَعْطَال 淡妆的，无首饰的(妇女)

ـ كامِل / ـ بصُورَة كُلِّيَّة 全失业的

ـ جُزْئِيّ / ـ بصُورة جُزْئِيَّة 半失业的

ـ: لا نفع له 坏的，拙劣的，无用的

مِعْطَال / عَوَاطِلِي (مـ): معتاد البطالة 闲散者，懒惰者，无业游民，游手好闲的

مُعَطِّل: كَافِر 不信神者

مُعَطَّل: بلا عمل 失业的，无工作的

ـ (العَيْن / البِئْر) 封上的，盖上的，不用的(井、泉)

ـ (الأرض) 处女地，没开垦的土地

ـ (الرأسمال) (资本)不收效的，积压着的

عطن ـِ عَطْنًا وعَطَّنَ الجلدَ أو الكتَّان: ألقاه في العِطَان 浸软(兽皮、亚麻皮)，鞣硝(皮)，制革

ـ (مـ) وـ (مـ): تَعَفَّن 腐败，腐烂，发霉

عَطْن / تَعْطِين 泡皮(落毛后而成熟皮)

تَعْطِين القِنَّب 沤软(亚麻皮)

عَطَن جـ أَعْطَان / مَعْطِن ومَعْطَن جـ مَعَاطِنُ 近水的牲畜休息地

ضِيق الـ 吝啬，悭啬

ضَيِّق الـ 吝啬的，悭啬的

رَحْب الـ 富有而又慷慨大方的

عَطِن م عَطِنَة / مُعَطَّن 被浸软的(兽皮)

ـ (سـ) / ـ 陈腐的，发霉的，腐臭的

عطا يَعْطُو عَطْوًا الشيءَ وإليه: تَنَاوله 取，接收，得到，领到，收到

عَاطَى الرجُلَ الشيءَ: نَاوَلَه إيَّاه 给，授予，交给，付给

أَعْطَاه الشيءَ: ضد أخذه 给，给予

ـ ه: منَحه 送给，赠送

ـ ه: قدَّمه 提供，贡献，提出

ـ مَثَلاً 举例

أَعْطِ ما لِقَيْصَرَ لِقَيْصَر 该撒的东西应当给该撒(马太福音 22 章)

أُعْطِيَ 被赠予；蒙，受，遭

تَعَاطَى الشيءَ: تَنَاوَلَه / أَخَذه 取，收，拿到

ـ الشيءَ 伸手取东西

ـ الرَجُلُ 伸手够东西

ـ الخمرَ أو غيرَه 喝酒，服药
ـ الحَشيشَ 吸食大麻烟
ـ الأمرَ: قامَ به 从事于…，致力于…
ـ الصِناعَةَ: مَارَسَهَا 从事职业
ـ صِنَاعَةَ الصَيْدَلَة 经营药房
تَعَطَّى واسْتَعْطَى: تَسوَّل 乞讨，要饭，讨口
ـ: تعجَّل 匆忙，急促
عَطًا وعَطَاء جـ أَعْطِيَة وعَطَاءَات جج أَعْطِيَات /
عَطِيَّة جـ عَطَايَا وعَطِيَّات: هِبَة 赠品，礼物
ـ (م) / ـ (م): ثَمَن مَعْرُوض 出价，给价
مقدِّم الـ (م) 出价人，投标者
صُنْدُوق العَطايا (في المَعَابِد) 捐款箱
عَطَاء (م) 出价，投标
اِسْتِعْطَاء: تَسوّل 乞求，要饭，讨口，讨饭
مِعْطَاء جـ مَعَاطٍ / مَعَاطِيّ (阴阳性通用)大方的
مُعْطٍ: ضد آخِذ 赠送者
مُعْطَيَات 资料，材料；论据，数据
عِظْلِم: وَسْمه / وَرْدُ النيل [植]蓝，蓼蓝(可制蓝色染料)
عَظُمَ ـُ عِظَمًا وعَظَامَةً: ضد صَغُرَ 成为伟大的，巨大的
ـ الأمرُ عليه: صَعُبَ وشَقّ (事情)困难，烦难
عَظَّمَه: فخَّمه وبَجَّله 尊敬，尊崇，赞美，颂扬，极口称赞
ـ ه: كبَّره 加大，扩大，放大
ـ ه وأَعْظَمَه: صيَّره عَظِيمًا 夸张，夸大
أَعْظَمَ واستَعْظَمَ الأمرَ: عَدَّهُ عَظِيمًا 重视
تَعَظَّمَ وتَعاظَمَ واسْتَعْظَمَ: تكبَّرَ 自大，傲慢
ـ (م): تَحَوَّلَ إلى عَظْم 骨化，成骨，僵硬如骨
تَعاظَمَ الأمرُ: صار عَظِيمًا (事情)成为重要的，成为重大的

ـ في مِشْيَتِه 趾高气扬，高视阔步，大摇大摆
اِسْتَعْظَمَ الأمرَ: رآه أو عدَّه عظيمًا 认作重要，认为重大
ـ تِ الفِتْنَةُ: اِشْتَدَّت 变乱扩大、严重
عَظْم جـ أَعْظُم وعِظَام وعِظَامَة الواحدة عَظْمَة
جـ عَظَمَات: قَصَب الحيوان 骨，骨骼
لَيِّن الـ [医]软骨病，佝偻病
ـُ فَخْذِيّ 大腿骨
عَظْمِيّ: كالعظم أو منه أو مختص به 骨的，如骨的，骨制的，多骨的
ـ 多骨刺的(鱼等)，骨骼粗大的
هَيْكَلٌ ـ (人或动物的)骨骼，骨架
عِظَم / عُظْم / عِظْم: ضد صِغَر 伟大，巨大，广大
ـ ـ: أَهَمِّيَّة 重要性
عَظَمَة: كِبْر 自傲，骄傲，傲慢
ـ: جَلال 庄严，崇高
ـ 壮丽，豪华，宏大
صاحِب الـ 国王陛下
مَرَض الـ / عَظَمُوت [医]偏执狂，妄想狂
عُظَام م عُظَامَة / عُظَّام م عُظَّامة: عَظِيم 伟大的，巨大的，雄伟的
عِظَامَة / عُظَّامَة / إعْظَامَة: أَرْدَاف مُسْتَعَارَة (妇女撑裙褶的)腰垫
عِظَامِيّ: ضد عِصَامِيّ 夸耀门第的，以祖先的光荣自豪的
تَعَظُّم 骨化，成骨
تَعْظِيم: تَفْخِيم 尊敬，表扬，颂扬
ـ (م): تَحِيَّة عَسْكَرِيَّة 军礼
تَعَاظُم: تَفَاخُر / تَكَبُّر 自夸，骄矜，浮夸，大言不惭

عَظِيم ج عُظَمَاءُ وعِظَام: ضد صَغِير 巨大的，伟大的

ـ: مَشْهُور 著名的，驰名的

ـ: فاخِر 华丽的，堂皇的，富丽堂皇的

ـ الأَهَمِّيَّة 最重要的

ـ: جَلَل / هَامّ 重大的，重要的

ـ النَّفس أو الأَخلَاق 豪爽的，大度的，豁达的，慷慨的，气量大的

عَظِيمَة ج عَظَائِمُ: مُصِيبَة شَدِيدَة 灾难，祸患，大灾大难

أَعْظَمُ م عُظْمَى ج أَعَاظِمُ: أَكْبَرُ 最伟大的，最巨大的

ـ: أَهَمُّ 最重要的

الخِيَانَة العُظْمَى 叛国，大逆不道

أَعَاظِمُ الناسِ 最伟大的人物

مُعْظَم ج مَعَاظِمُ 重大的，大多数，主要部分

ـ هُمْ 他们大多数

ـ: غَايَة / أَقْصَى 极度，极点

مُعَظَّم: مُبَجَّل 受赞美的，被称赞的，被颂扬的，受尊敬的

ـ (مـ): هزِيل / رَهِيش 瘦的，瘦削的，骨瘦如柴的，皮包骨头的

مُتَعَظِّم: مُتَكَبِّر 自大的，自负的

عِظَاءَة / عَظَاءَة / عِظَايَة / سِحْلِيَّة (مـ) [动]蛇舅母，蜥蜴，壁虎

عظة (في وَعَظ) / **عفا** (في عفو)

عَفَرَه ـِ عَفْرًا وعَفَّرَه في التُّرَاب: تَرَّبه 盖以灰土，使蒙尘土

ـ بـ ...: رشَّ بمسحوق (علاجِيّ) 撒药粉

ـ ه 凌辱，污辱，伤害尊严、体面

ـ (مـ): الْتقطَ فَضَلَات الحصَّادين 拾落穗

اِنْعَفَر وتَعَفَّر 满是尘土，被尘土盖住

عَفَر ج أَعْفَار / عُفَار (مـ): تُرَاب 灰尘，尘埃

عِفْر / عُفْر: حَلُّوف (مـ) / هَلُّوف 野猪

عُفْرَة وعُفُرَة الأَسَد والخَيْل (狮、马等的)鬃，鬣

ـ وـ الديك 公鸡的颈毛

عَفَّارَة المَسَاحِيق (مـ) 撒粉器

أَعْفَرُ م عَفْرَاءُ ج عُفْر: لَوْن أَسْمَر نُحَاسِيّ 古铜色的

عَفَارِمْ / عَفَارِم عَلَيْك (土)! 妙极！好极！真勇敢！

تَعَفْرَتَ: تَشَيْطَنَ 变得凶恶，变得邪恶，变得狡猾，行如恶鬼

عَفْرَتَة: شَيْطَنَة 恶意，恶毒，凶恶

ـ 恶魔的行为，凶恶的性质

عِفْرِيت ج عَفَارِيتُ: شَيْطَان 魔鬼，妖魔，鬼怪

ـ: الصبِيّ الكَثِير اللَّعِب 顽童，调皮的小孩，淘气的小孩；小鬼(爱称)

ـ: كثير الاحْتِيَال 狡猾的，诡诈的

ـ (في وَرَق اللَّعِب) (扑克牌中可作任何点数的)飞牌，丑角牌

ـ العِلْبَة (مـ) 盒子老头(盖一揭开就跃出的玩具)

عليه ـ (مـ): مَحْضُور (被鬼祟的、鬼附身的)疯狂的，癫狂的

مكان فيه ـ (مـ): مَسْكُون / مَعْمُور بالجنّ 凶宅，闹鬼的住宅

عِفْرِيتَة 女妖精，女恶魔；泼妇，母老虎

ـ رَفْع (مـ): كَرِيك (مـ) 起重机，千斤顶

عَفَشَ ـِ عَفْشًا الشيءَ وعفَّشه: جمعه 收集，搜集，聚集

عَفْش (مـ) / عُفَاشَة: ما لا خَيْر فيه 碎屑，下脚，废料，废物

ـ المُسَافِر (مـ): أَمْتِعَتُهُ 行李，行装

ـ المَنْزِل (مـ): أَثَاثُهُ 家具，器具，家庭陈设

عِفِش (مـ) 懒散的，邋遢的，不整齐的

عُفَاشَة من الناس (一伙)恶棍，流氓，地痞

عفص البَلُّوط 五倍子，没食子

عِفَاصة الزُجَاجة (القِنِّينَة) 瓶帽，封瓶锡包

عُفُوصَة: مَرارة وقبض 涩味

عَفِص: مُرٌّ قابِض 涩的

عفّ ـِ عَفًّا وعِفَّةً وعَفَافًا وعَفَافَةً وتَعَفَّفَ: كَفَّ وامْتَنَعَ عَمَّا لا يَحِلّ 清廉，贞洁，有德行，有操守，有贞操

ـ عن كذا وـ في كذا 节制，克制，抑制(一切不好的行为)

تَعَفَّفَ: تكلّف العِفَّة 表现清廉、贞洁

عَفَّ ـُ عَفًّا (مـ): جَمَعَ 聚集，采集(药草)

عِفَّة / عَفَاف: طَهَارَة 贞节，贞洁，纯洁，贞操，美德

ـ / ـ: نزاهة 廉洁，清廉，清正

نِطَاقُ الـ 处女带(童贞的象征)

عَفّ / عَفِيف جـ أَعِفَّة وأَعِفَّاء وعَفُّون م عَفَّة وعَفِيفَة جـ عَفَّات وعَفِيفَات وعَفَائِفُ: طاهِر 清白的，贞节的，贞洁的

ـ / ـ: نَزِيه 廉洁的，清廉的，清正的

عفن ـَ عَفَنًا وعُفُونَةً وعَفَّنَ (مـ) وتَعَفَّنَ الشيءُ: فَسَدَ 腐烂，腐败，腐朽

ـ وـ (مـ): كَرَج 霉烂

عَفَن / عُفُونَة: فَسَاد 腐烂

ـ / ـ: كَرَج 生霉

عَفِن / مُعَفَّن (مـ) / مُتَعَفِّن: كَرِج 腐烂的，霉败的，发霉的

مَرَضٌ عَفِن [医]脓毒病

مُسْتَشْفَى الأَمْرَاض العَفِنَة 隔离医院

تَعَفُّن: اِنْفِسَاد 腐败，腐烂，化脓

مُضَادّ للـ 抗毒剂，防腐剂

عفا يَعْفُو عَفْوًا عنه أو عن ذَنْبه 原谅，宽恕，饶恕

ـ عن الشيء: أمسك عنه 戒，断(烟、酒等)节制，克制

ـ اللهُ عَمَّا سَلَفَ 既往不咎，过去的事就让它过去了吧

ـ وعَفَّى الشيءَ: محاه 抹去，抹煞，消除，勾销

عَفَّى عليه الزَمَنُ (مـ) 苦于没有时间

عَافَى مُعَافَاةً وعِفاءً وعَافِيَةً اللهُ وأَعْفَى فلانًا: دفع عنه العِلَّةَ 使他痊愈，使他恢复健康

ـ ه وـ ه: دفع عنه السُوءَ 保佑

ـ (مـ) وـ من أو عن الأمر 免除，豁免

عَافَاكَ وعَفَاكَ وعُوفِيتَ! 做得好！勇敢！好极了！

تَعَفَّى: اِمَّحَى / اِضْمَحَلَّ 泯灭，消失

تَعَافَى: شُفِيَ 痊愈，复元，康复

اِسْتَعْفَى: طَلَبَ العفوَ 要求宽恕，请求原谅

ـ من ....: طلب إعفاءَه من أمر 拒绝，谢绝

ـ من منصب (مـ): اِستَقَالَ من خدمة 辞职

عَفْو / عَفَاء: مَحْو 涂去，抹掉，灭迹

ـ: صَفْح 饶恕，宽恕，原谅

ـ: فَضْل 恩惠，恩泽，友善

ـ عَامّ / ـ شَامِل (عن المُجْرِمين السياسِيِّين) 大赦

ـ الخاطِر أو الساعَة 即时的，即席的，当场的，临时作成的

عَفْوًا: أَرْجُو صَفْحَكم 对不起，请原谅

ـ: من تِلْقَاءِ ذَاتِه 自然地，自发地

ـ: اِعْتِبَاطًا 偶然地，没想到的

عَفَاء: تُرَاب 灰尘

عَفَوِيّ 自发的

ـ ة 放任，自流，自发性

عَفِيّ (مـ): قَوِيّ 强健的，强壮的，健康的

إعْفَاء / مُعافَاة (مـ) 豁免，取消

ــ 解救，拯救

اِسْتِعْفَاء: طلب العفو 请宽恕，请原谅，求赦免

ــ من مَنْصِب (مـ): استقالة 辞职

عَافٍ / مُعْتَفٍ: مُنْطَمِس 被抹煞的，被勾销的

رُسُوم ــ ة 刚刚看得清的痕迹

ــ جـ عُفِيّ وعُفَاة وعَافِيَة: ضَيْف 客人

عَافِيَة جـ عَافِيَات وعَوَافٍ: صِحَّة تامَّة 健康

ــ (مـ): قُوَّة 体力，气力，精力，元气

مُعافًى 健康的

ــ (从灾害、危险中)被拯救的，被解放的

ــ سَلِيم (مـ) 完整无缺的

عقبه ــُ عَقْبًا وعُقُوبًا وعَاقِبَةً وأَعْقَبَه: جاء بَعْدَه 接着来，跟着来，随后来

ــ بِبِرْسِيم 随后他种了苜蓿

أَعْقَبَ الرجلُ: رجع من شرّ إلى خَيْر 改邪归正

ــ نَسْلاً 生子，生育儿女

ــ الأمرُ: حسُنَتْ عاقِبتُه 结果良好，事情成功

عَقَّبَ عليه: ندَّد به 责备，谴责，指责，非难

ــ ه: جاء بِعَقِبِه 随后到

ــ على الحَدِيث 评论

عَاقَبَه بذَنْبِه عليه: أَخذه به واقتصّ منه 惩罚，处刑，处分，治罪

ــ ه: نَاوَبَه 顺序，交替，轮流

تَعَقَّبَه: تَتَبَّعَه 跟随，追随，尾追，追踪

ــ ه: لاحَقَه وطارَده 追赶，追逐，追击，追捕

تعاقَبَ الرَجُلَان: تَتَابَعَا 一个接着一个

ــ اللَيْلُ والنَهارُ 昼夜更替

عَقْب: تَابِع / لَاحِق 后来的，继起的

ــ / عَقِب جـ أَعْقَاب: مُؤَخَّر القَدَم 踵，后跟

ــ / ــ: وَلَد 后人，儿孙，后裔，苗裔

ــ البَاب 户枢(门的转轴)

ــ / ــ: وَلَدُ الوَلَدِ 孙子

ــ البُنْدُقِيَّة 枪托

ــ ذَلِك 其后，之后

جاء عَقَبَهُ وبعَقِبِه 在他之后接踵而来，紧接着他到来

رأْسًا على عَقِب 脚朝天，底朝上，颠倒过来

رَجَعَ على عَقِبِه أو أَعْقَابه 转回

في أَعْقَابِ القَرْنِ المَاضِي 上世纪末

رَدَّه على أَعْقَابِه 击退，打退

عُقْب وعُقُب جـ أَعْقَاب / عُقْبَى / عاقِبَة جـ عَوَاقِبُ: آخِر 结果，结局，下场

ــ / ــ / ــ: نَتِيجَة 后果

حَسَنُ العاقِبَة 善终，善果，好下场，好结果

وَقَعَ ما لا تُحْمَدُ عُقْبَاهُ 产生了不良后果

كَانَتْ عَاقِبَتُه كذا 终于…，终归于…，结果是…

عَقْب السِيجَارَة (مـ) 烟头，烟屁股

ــ دَفْتَر الوُصُولات وأَمْثالِه (مـ) (票据的)存根

ــ الشَمْعَة (مـ) 蜡烛头

ــ قَلَم الرَصَاص (مـ) 用剩的铅笔

عَقَبَة جـ عِقَاب وعَقَبَات: عائِق 障碍，阻碍，障碍物

ــ: الطَرِيق في الجِبَال 山路，羊肠小路

عُقَاب جـ عِقْبَان وأَعْقُب جج عَقَابِينُ: كاسر 鹏，鹫

ــ البَحْر: شَمِيطَة 羌鹫

ــ ذَهَبِيّ: لَمَّاعَة 鹏，鹫，狗鹫

ــ مَنْسُورِيّ [鸟]鹗

الـ	[史]鹫旗(罗马的军旗)
بُرْجُ الـ (في الفَلَك)	[天]天鹰座
أَبْصَرُ مِنْ ـ	目光敏锐的
عُقَابِيّ: مختصّ بالعِقْبَان	如鹫的，鹫的
نَسْر ـ	兀鹰鹫
عُقَيْب: طائِر من الكَواسِر	[鸟]泽鹫，鸡鹫
عِقَاب جـ عِقَابَات / عُقُوبَة جـ عُقُوبَات: قِصَاص	罚，处罚，刑罚，惩罚，治罪
قَانُون العُقُوبَات	刑法
عُقُوبَات اِقْتِصَادِيَّة	经济制裁
عِقَابِيّ / عُقُوبِيّ	刑罚的，惩罚的
تَعَقُّب: تَتَبُّع	后继
ـ: مُلاحَقَة ومُطارَدَة	追逐，追赶，追捕
تَعْقِيبَة (مـ): مَرَض السَّيَلان	[医]淋病
تَعَاقُب: تَتَابُع / تَوَالٍ	陆续，相继
مَعَ ـ الأَيَّام	随着时间的推移
يَزِيدُ مَعَ ـ الأيّام	与日俱增，日积月累
بالـ / على الـ: بالتَتَابُع	顺序地
بالـ: بالتَوَالِي	连续地，相继地
مُعَاقَبَة: إيقاع القِصاص	处罚，惩罚，处分
عَاقِب	[史]总督，全权代理者
عَقِيب: تَالٍ	后继者，后来的，继起的，其次的，下次的
ـ ذَلِك	此后，随后
ـ الطَعَام	饭后，餐后
مُعَاقِب: مُوقِع القِصَاص	处刑者，处罚者
ـ: مُتناوِب	轮流的，交替的
ـ: آتٍ بَعْدُ	后来者，接着来的
مُعَاقَب	受追击的，受惩罚的，受处分的
الأَعْمَال الـ عليها قَانُونًا	应受惩罚的行为
مُعَقِّب	评论员，观察家
مُعَقَّب	被紧跟着的
صَفَحَات المَخْطُوط الـ ة	抄本每页左下角写出下页第一个词，以代页码
مُتَعَاقِب: مُتَتَابِع	接连的，相继的
ـ: مُتَوَالٍ	轮流的，交替的
يَعْقُوب: ذَكَر الحَجَل	雄鹧鸪
ـ جـ يَعَاقِيبُ: اسم عَلَم	叶尔孤卜，雅各(男名)
يَعْقُوبِيّ جـ يَعَاقِبَة	[基督]一性派
عُقْبُول وعُقْبُولَة جـ عَقَابِيلُ	再生草
ـ: بَقَايَا العِلَّة والعداوة	病根，宿仇
ـ: شَدَائِد	灾难，祸患
ـ: ما يَخرج على الشفة بعد الحُمَّى	(发烧后唇边长出的)丘疹
عَقَد ـِ عَقْدًا الحَبْلَ: ضد حلَّه	结绳，结疙瘩
ـ البِنَاءَ	起拱，建拱门，架穹窿
ـ السُوقَ	开市，开集
ـ الصَفْقَةَ	(贸易)成交
ـ العَهْدَ والمُعَاهَدَةَ	缔结条约
ـ البَيْعَ	订买卖契约
ـ النِيَّةَ أو العَزْمَ على الأمر	决意，立志，下决心
ـ يَدَيْه خَلْفَ ظَهْرِه	背着手
ـ يَدَيْه على صَدْرِه	抄着手
ـ على المَرْأَة	订婚
ـ قَرْضًا	签订借款协定
ـ جَلْسَةً	开会，举行会议
ـ المَقَالَةَ	(在报上)发表文章
ـ نَاصِيَتَه / ـ جَبِينَه	蹙额，皱眉
ـ لِسَانَه: أَسْكَتَه	使咋舌，使张口结舌
ـ الخَوْفُ لِسانَه	他吓得说不出话来，吓得目瞪口呆
ـ رَجَاءً عليه / ـ به آمَالاً	指望于、寄希望

于(某人、某事)
ـ (مـ) وعَقَّدَ الطَّبْخَ: كثَّفه بالغَلْي 煮浓，熬成膏
ـ وا الخَنَاصِرَ 他们拉起手来，团结起来
ـ فَصْلاً: كتَبَه 写一篇，写一章
عُقِدَ الامتحانُ 举行考试
ـ لِوَاءُ الحَمْلَةِ له 他被任命为出征的将军
ـ لِوَاءُ النَصْرِ في بَرْلِين 胜利的旗帜插在柏林
ـ له لِوَاءُ الأَوَّلِيَّة 他得到冠军称号
عَقِدَ ـَ عَقَدًا 凝固，硬化，僵化
ـ لِسانُه: اِحْتَبَسَ 舌头发僵
عَقَّدَ الخَيْطَ 打节，结节
ـ الأمرَ 使事情复杂、混乱
ـ الكَلامَ: عَمَّاه 支吾，含糊，含混
تَعَقَّدَ وانْعَقَدَ الشرابُ واللَبَنُ (饮料、牛奶)凝结，变浓
ـ وـ: ضد انْحَلَّ 复杂，混乱，纠缠
ـ وـ الأمْرُ 事情变得困难、棘手
ـ [化]凝结，凝固
اِنْعَقَدَ المَجْلِسُ 开会
ـ الاتِّفَاق 缔结协定
ـ 舌头发僵
تَعَاقَدَ معه 和他缔结(契约)
اِعْتَقَدَ الأمرَ: صدَّقه 相信，信仰
عَقْد: ضد حَلّ 结，打结
ـ الاتِّفَاق 缔结协定
ـ الاجْتِماع 开会
ـ ج عُقُود: اِتِّفَاق مُدَوَّن 契约，合同
ـ إِيجَار 租约
ـ عُرْفِيّ 私人契约，私人合同
ـ المِلْكِيَّة: حُجّة 地契
ـ بَيْع [法]买卖契约
ـ: سَنَد / مُسْتَنَد 证券，证书，文件，公文，证件
ـ الزَوَاج 结婚证书
ـ رَسْمِيّ 公证证书
ـ من الأعداد: عشراتها 十位数，由十组成的数(10，20，30……90)
ـ من السِنِينَ 十年间
في الـ السادِس من القَرْن العِشْرِين 20世纪60年代
اِكْتَمَلَ ـُ هم 他们全都到齐了
هُوَ في الـ السادِس (من عُمْرِه) 他已六旬、六秩
ـ من بِنَاءٍ: قَوْس 弓架结构，拱廊，拱门，弓形，半圆形建筑
ـ نِصْفِ دائِرِيّ (مـ) [建]半圆拱
ـ رَقَبة الإوَزَّة (مـ) [建]跛拱
ـ: قَبْو [建]拱形圆顶，拱顶
ـ مُسْتَقِيم (مـ) [建]直拱，扁拱
ـ غُوطِيّ (مـ) [建]鸠胸拱，尖拱
ـ مَخْمُوس (مـ) [建]尖顶拱
ـ مَوْتُور (مـ) [建]圆弧状拱
ـ مَرْجُونِيّ (مـ) [建]椭圆状拱
ـ مُقَوْصَر (مـ) [建]桃形拱
ـ نَعْل الفَرَس (مـ) [建]马掌形拱
تَجْرِيد الـ (مـ): مُنْحَنِيه الخارجيّ 拱洞的外弧面，弧拱的外曲线
تَنْفِيخ الـ (مـ): مُنْحَنِيه الداخِلِيّ 拱洞的内弧面，弧拱的内曲线
رِجْل الـ (مـ): مُرتَكَز الصَنْجَة الأُولَى [建]拱座石
مِفْتَاح الـ (مـ): غَلَق [建]楔石，枢石，顶石，

拱心石
خصْر الـ (مـ) [建]起拱石
صَنْجَة الـ [建]拱石，悬顶石
صَاحِب الـ والحَلّ 最高统治者
ـ: حلْقَة 圆圈，圆周，环子
ـ إكْلِيل 加冕
كاتِب العُقُود الرَسْمِيَّة 出证人
عِقْد جـ عُقُود: قِلادَة (مـ) 璎珞
ـ من الخَرَز (宝石穿成的)项链
عُقْدَة جـ عُقَد: مَوْضع العقد من حبل 绳结，绳扣
ـ العُنُق 领带
ـ بَسِيطَة 对穿结
ـ التَقْصِير (使长绳暂时缩短的)缩结
ـ سَائِبَة 滑结，蝶结
ـ الشَاغُول (航海用)卷结，酒瓶结
ـ شِرَاعِيَّة أو أُفُقِيَّة 拱结(收帆索的一种打结法)
ـ العَرَكِيّ 蝴蝶花结
ـ مُنْزلِقَة 活结
ـ مُنْفَرِجَة 帆索结
ـ نَفْسِيَّة [心]情复，情意综；[俗]变态心理
ـ الرِوَايَة: حَبْكَة (مـ) (小说、戏剧的)结构
ـ: غُدَّة 腺，瘤，肿
ـ في خَشَب 木瘤，木节
ـ في قَصَبَة: عُقْلَة (甘蔗、竹子、芦苇等的)节
ـ: عِزْبَة (مـ) 田庄，庄园
ـ: مُشْكِلَة 难局，难事，难题
ـ: لُغْز 哑谜
ـ العُقَد 最困难的问题
ـ: مِيل بَحْرِيّ 浬，海里(约 1852 米)

اِنْفَكَّتْ ـ لِسَانِه 他大发议论，他打开了话匣子
الـ الجُورديَّة (gordian knot) 难解之结，难解决的问题
تَعْقِيد 使混乱，使复杂
تَعَاقُد 缔结合同，条约
اِنْعِقَاد: اِجْتِمَاع 召集会议
دَوْر ـ البَرْلَمَان 国会开会期间
يوم ـ السُوق 集市日，赶集日
اِعْتِقَاد: تَصْدِيق 信心，信仰
ـ: إيمَان 确信，坚信，信心，信念
ـ: رَأْي 意见，见解，主张
ـ / مُعْتَقَد جـ مُعْتَقَدَات 信仰，信条
عِقَادَة 服饰用杂货，服饰用品杂货店
عَقِيد / مُعَاقِد / مُتَعَاقِد: مُعَاهِد 订合同(契约、条约)人
ـ 凝固了的，硬化了的
ـ (س): أَمِيرَالاَي (رُتْبَةٌ عَسْكَرِيَّة) 陆军上校，团长
ـ: مُخَثَّر بالغَلْي 熬浓的，煎浓的
ـ (مـ) 首领，领袖，统率者
عَقِيدَة الإنْسَان جـ عَقَائِدُ: مَذْهَبُه 信仰
ـ رَاسِخَة 深信，坚信
ـ سِيَاسِيَّة 政治信念
ـ 教条，信条
عَقَائِد 思想，意识形态
أَعْقَدُ 最混乱的；更复杂的
المَسْأَلَة ـ من ذَنَب الضَبِّ (这个问题比鳄蜥尾巴的节还多)这个问题极其复杂
مَعْقُود: مَرْبُوط 拴起来的，结起来的
ـ اللِسَان 守口如瓶的，一言不发的；讷讷的，木讷的

ـ 所缔结的
ـ 硬化的
ـ (كقولك بناء مَعْقُود) 拱形的，半圆形的，拱架结构
مُعَقَّد: مُشَبَّك 错综的，复杂的
ـ: ذُو عُقَد 有结的
مُتَعَاقِد 订契约者
المُتَعَاقِدَان 缔约双方
مُعْتَقَد جـ مُعْتَقَدَات 信仰，信条
مَعْقِد جـ مَعَاقِدُ 结子，绳扣
مَعْقَد: غُدَّةُ البَنْكِرْيَاس pancreas [解]胰腺
عُنْقُود: عِذْق / قُطْف (س) (花果等)一串，一嘟噜
ـ عِنَب 一串葡萄，一嘟噜葡萄
عُنْقُودِيّ 累累如葡萄串儿的，成嘟噜的
عَقَرَه ـِ عَقْرًا: جَرَحَه 弄伤，使负伤
ـ ه: نَحَرَه 宰杀
ـ ه: عَضَّه 咬，啮
ـ الإبِلَ: قَطَعَ قَوَائِمَهَا بالسَّيْف 砍断驼腿
عَقُرَتْ ـُ عُقْرًا وعَقَارَةً وعِقَارَةً الأُنْثَى: كانت عاقِرًا 不妊，不孕，不能生育
عَاقَرَ الشيءَ: لازَمَه وأَدْمَنَ عليه 耽于，沉湎于，沉溺于
ـ الخَمْرَ 好酒成癖，有酒瘾
أَعْقَرَه: أَدْهَشَه 震惊，使他目瞪口呆
تَعَقَّرَ واعْتَقَرَ وانْعَقَرَ ظَهْرُ الدَّابَّةِ من الرَّحْل أو السَّرْج (驼、马等的脊背)被鞍子磨伤
عَقْر 空隙，裂缝；房屋内部
ـ الدار 房子的正屋，宅子中部
عُقْر / عَقْرَة / عُقْرَة / عِقَارَة: عَقْم 不孕，不育
ـ: أَحْسَنُ الكَلَإِ 最好的青草
ـ القَصَب وأمثاله من النبات 甘蔗等残株所发的芽
بَيْضَة العُقْر 鸡最初或最后所生的蛋
امرأةٌ عاقِر جـ عُقَّر وعَوَاقِرُ: عَقِيم 不妊的，不孕的，不能生育的(女人)
رجل عاقِر 不能生育的男人
عَقَار جـ عَقَارَات: مِلْك ثَابِت 不动产，房地产
عَقَارِيّ 有房产的，有田地的
مِلْك ـ 房地产的所有权
رَهْن ـ 地产抵押
عَقِيرَة: صَوْت المُغَنِّي والبَاكِي والقَارِئ 歌声；哭声；读书声
رَفَعَ ـَ ـهُ 提高嗓音，放大嗓门
عَقَّار جـ عَقَاقِيرُ: دَوَاء 药料，药材，药草
عَقَاقِيرِيّ 司药员，药材商
عَقُور: عَضَّاض 咬人的，伤人的(猛兽)
مَعْقُور 咬伤的
مَعْقَر جـ مَعَاقِرُ (م) 不动产
عَقْرَب جـ عَقَارِبُ: دُوَيْبَّة سَامَّة 蝎子(阴阳性通用，大半作阴性用)
حَشِيشَة الـ [植]天芥菜
ـ السَّاعَة (钟表的)指针
ـ الثَّوَانِي 秒针
ـ الدَّقَائِق 分针
بُرْج الـ [天]天蝎宫
فَصْل الـ 天蝎座的季节(相当于我国二十四节气中霜降到立冬，即10月24日到11月8日)
عَقَارِب: شَدَائِد 灾难
ـ الشِّتَاء: شِدَّة بَرْدِه 严冬，酷冷
مُعَقْرَب: مُعْوَجّ 弯曲的，曲折的
عَقَصَ ـِ عَقْصًا الشَّعْرَ: ضَفَرَه 编发，编辫子
عَقَّصَ (م) 蜇，咬

عِقْصَة جـ عِقَص وعِقَاص / عَقِيصَة جـ عَقَائِصُ
وعِقَاص: ضَفِيرة الشَعْر 发辫
عَاقُوص (مـ) (昆虫的)尾针，刺
عِقَاص جـ عُقُص: خَيْط يُشَدّ به أَطْرَاف الذوائِب 扎辫子的头绳或带子
عَقْعَق جـ عَقَائِقُ / قَعْق (سـ): طائر 喜鹊(阿拉伯人认为是凶鸟)
عَقَفَ ـِ عَقْفًا وعَقَّفَ العَوْدَ ونَحْوَه 弄弯，使弯曲
عَقْف 曲折，曲度
مُعَقَّفَان / مُعَقَّفَتَان 括弧
أَعْقَف م عَقْفَاءُ جـ عُقْف / مَعْقُوف 弯曲的，钩状的，如鹰嘴的
مَعْقُوف 弯曲的
أَنْفٌ ـ: أَقْنَى 钩鼻，鹰鼻
عَصًا ـ ة 曲柄的手杖
الصَلِيب الـ 卐，曲十字(为德国纳粹党的党徽，纳粹德国的国徽。它与万字饰“卍”(الصَلِيب البُوذِيّ)的字形不同，后者在印度相传为象征太阳、吉祥的标志，我国人称为“万字”)
عَقَّ ـُ عُقُوقًا ومَعَقَّةً الولدُ والدَه: عصاه وترك الشفقة عليه 忤逆，不孝顺父母
عَقّ / عَاقّ جـ عَقَقَة وعَاقُّون وأَعِقَّة م عَاقَة جـ عَوَاقّ وعَاقَّات: عَاصٍ / ضد بَارٍّ 逆子，不孝顺的
عَقَّة (مـ): بَرقة مُسْتَطِيلة 闪电
عَقِيق: خرَز أَحْمَر [矿]光玉髓
ـ أَبْيَض [矿]石髓
ـ يَمَانِيّ 玛瑙
ـ: وَادٍ ضَيِّق 峡谷，山涧，深谷
عَقَلَه ـِ عَقْلاً: ربَطه 绑，扎，拴
ـ الدَابَّةَ: ربَطها (把牲口的三只脚)绊起来
ـ الدَوَاءُ بَطْنَه: أَمْسَكه [医]使便秘
ـ ـِ عَقْلاً الشيءَ: فَهِمه 了解，理解，领会，通晓
ـ ه: كَعْبَلَه (مـ) / أَعْثَرَه 使跌倒，绊倒
عَقَّلَه: صيَّره عَاقِلاً 启发，开导，教导，训诲
تَعَقَّلَ: تفكَّر 深思，熟虑
ـ وتَعَاقَلَ 装作聪明，自作聪明
اِعْتَقَلَ الرجلَ: حجزه في مُعْتَقَل 拘禁，扣留
ـ: حبَسَ مُؤَقَّتًا 逮捕，拘押
ـ بُنْدُقِيَّةً 把步枪挂在肩上
اُعْتُقِلَ لِسَانُهُ 张口结舌，不能畅言
اِسْتَعْقَلَ فلانًا: ظنَّه عَاقِلاً 认为某人有才智
عَقْل جـ عُقُول: مَرْكَز أو قُوَّة الإِدْرَاك 智力，智慧；头脑
ـ: إِدْرَاك 意识，思虑
ـ: فَهْم 理解，了解，领会
ـ: تَمْيِيز 识别，鉴别
ـ: القُوَّة العَاقِلَة 推理力
ـ: ذاكِرَة 记忆，记忆力
ـ: رَبْط 结，系，拴
ـ: دِيَة القَتِيل / ثَمَن الدَم 杀人罪的赎金
ذُو ـ 聪明的
أَصْحَاب العُقُول 聪明人，英明的，有才智者
من ـ ه (مـ): بلا استِشَارة 自出心裁，照自己的意思
مُخْتَلّ الـ 发狂的，癫狂的
مُصَاب في ـ ه 发疯的，害精神病的
أَعَاد ـ ه إلى رأسِه 开导，启发
الـ السَلِيم 健全的理解力
سَلِيمُ الـ / صَحِيحُ الـ 神志清明的，头脑清醒的

عَقْلِيّ: ذِهْنِيّ 心的，精神的，智慧的，智力的，理智的
الأَمْرَاضُ الـ ة 精神病
المَذْهَب الـ / مَذْهَب الـ ين 唯理论
عَقْلِيَّة ج عَقْلِيَّات 唯理的事物
عِلْم العَقْلِيَّات / عِلْم المَعْقُولاَت: مَا وَرَاء الطَّبِيعَة 玄学，形而上学
عَقْلاَنِيّ 理性论的，纯理性的
عُقْلَة ج عُقَل (مـ): عقدة في قصبة (竹子、甘蔗的)节
ـ عِنَب 葡萄藤
ـ: قَيْد 枷锁，桎梏
لُعْبَة حَرَكَاتٍ على الـ 翻杠子
ـ التَّرِيُّض (مـ) (体操或马戏团用的)高鞦韆，吊环
اِعْتِقَال: حجْز أو حَبْس 拘留，监禁
عِقَال الدَّابَّة: قَيْد (绊马两脚的)羈绊，绊子
ـ ج عُقُل: مِطْوَلُ الدَّابَّةِ 系绳，系链，系马索
ـ ج عُقُل: ما يُشَدُّ على الرأس 阿拉伯的一种头箍
عَاقُول الغَزَال: شَوْكَان 克里特翘摇(一种豆科植物)
عَاقِل ج عَاقِلُون وعُقَّال وعُقَلاَءُ م عَاقِلَة ج عَاقِلاَت وعَوَاقِلُ: له عَقْل 有理性的，懂道理的
ـ: مُمَيِّز / مُدْرِك 懂道理的，明白事理的
ـ: حَكِيم 聪明的，有智慧的，有脑筋的
ـ: سَلِيم العَقْل 神志清醒的，理智健全的
عَقِيلَة ج عَقِيلاَت وعَقَائِلُ: كَرِيمَة مُخَدَّرَة 名门闺秀
ـ: زَوْجَة 夫人，太太
مَعْقُول: يقبله العقل 合理的，正当的，适当的，理所当然的
شِبْه ـ 好像有理的，表面上讲得过去的
غير ـ: لا يقبله العقل 不合理的，不正当的，没道理的，不像话
غير ـ: لا يُدركه العقل 不可理解的，荒谬绝伦的
ـ ج مَعْقُولاَت: يُدْرِكه العقل 可以理解的，可以领会的
عَقُول: مُدْرِك 理解的，领悟的，明白的
ـ: دواء يعقل البطن 止泻药，收敛剂
ـ / عَاقُول ج عَوَاقِل: شَوْك الجِمَال [植]驼荆 (学名 Alhagi maurorum)
مَعْقِل ج مَعَاقِلُ: حِصْن 炮台，碉堡，要塞
مُتَعَقِّل 聪明的，有理智的
مُعْتَقَل ج مُعْتَقَلاَت 集中营，监禁处

عقمت ـُ عَقْمًا وعُقْمًا وعَقُمَتْ ـُ عَقْمًا وعَقِمَتْ ـَ عَقَمًا وعُقِمَتْ عَقْمًا وعُقْمًا المرأةُ: كانت عَقِيمًا 不受孕的，不能生育的
ـ ـِ عَقْمًا وعَقَّمَ وأَعْقَمَ المرأةَ: صيَّرها عَقِيمًا 使不孕，使绝育
عَقَّمَ الشيءَ: قتَل ما فيه من الجَرَاثِيم والميكروبات 杀菌，消毒
تَعَقَّمَ 已消毒过，已杀菌过
عَقَم / عُقْم / عُقْمَة 不妊，不孕；不结果
تَعْقِيم: إبادة الجَرَاثِيم المَرَضِيَّة 杀菌，消毒
مَرْأَةٌ عَقِيمٌ ج عَقَائِمُ وعُقْم: لا تَلِد 不妊的，不受孕的，不能生育的
رَجُلٌ عَقِيم ج عُقَمَاءُ وعِقَام وعَقْمَى: الذي لا يُولَد له 不能生育的男人
عَقْل عَقِيم: لا خَيْرَ فيه 愚笨的，愚钝的，迟钝的
مُعَقِّم: مُبِيد الجَرَاثِيم 杀菌剂，消毒剂；消毒

器，消毒工人
مُعقَّم 消毒过的，杀菌过的
عَكِرَ ـَ عَكَرًا الماءُ: ضد صَفَا 浑浊，不清
عَكَّرَ وأعْكَرَ المَاءَ: ضد روَّقه 把水搅浑，使浑浊
ـ ه: كدَّره 使他忧虑，苦恼
اِعْتَكَرَ وتعَكَّرَ 变成浑浊的，变成昏暗的
ـ 忧虑
عَكَر: ضد صَفَاء ورواق 混浊
ـ (مـ): عَكَارَة 渣滓，糟粕，沉滓
عَكِر / مُعَكَّر: كَدِر 浑浊的，污浊的
ـ / ـ: مُضْطَرِب 不安的，被搅乱的，被困扰的
عَكْرَتَ (مـ) 为淫媒，诱淫，窝娼
عَكْرَتَة (مـ) 淫媒业，诱淫行为
عَكْرُوت (مـ) 淫媒，介绍男女幽会者
عَكَزَ ـُ عَكْزًا وتَعكَّزَ على عُكَّازَته: اِتَّكَأَ 扶杖，拄棍
عُكَّاز وعُكَّازَة ج عَكَاكِيز وعُكَّازَات: عَصًا 手杖，拐杖
ـ الأعْرَج 瘸子的拐杖
ـ الأُسْقُف 主教的权标
ـ الرَّاعِي 牧民的棍子
عَكَسَ ـِ عَكْسًا الكَلامَ أو نَحوَه: قلبه 颠倒，倒转，翻转
ـ النُورَ أو الحَرَارَةَ أو الصُورَةَ 反射，反照，反映
عَاكَسَه: خَالَفَه 反对，反抗，妨碍，起反作用
ـ ه (مـ): ضَايَقَه 使他厌烦，生厌，讨厌
ـ هُ: أَخَذَ كل منهما ناصيةَ صاحبِه 互相揪打
ـ (مـ) (风)逆来，迎面来，对面来
تَعاكَسَ وانْعَكَسَ: اِنْقَلَبَ 颠倒，反转，翻转
ـ وـ: اِرْتَدَّ (كالنُور والحَرَارَة) (光、热)反射，反照，反映
عَكْس: قَلْب 反转，翻转，颠倒
ـ كذا 反之，相反的
و الـُ بالـ 反过来也是一样
عَكْسِيّ 相反的，对立的
مُعَاكَسَة / عِكَاس 反对，反作用
اِنْعِكَاس النُور أو الحَرَارة (光、热的)反射，反映
زَاوِيَة الـ (في الطَبِيعَة) [物]反射角
عَاكِس: قالِب 回动的，倒来的，翻转过来的
ـ: رَادّ 反射的，有反射力的
ـ الكائِن 存在的反映
الـ الذَرِّيّ 原子反应堆
عَاكِسَة النُور أو الحَرَارَة ج عَاكِسَات (光、热的)反射器，反射镜，反射望远镜
عكِيس: تَرْقِيدة (مـ) [园艺]压条
مَعْكُوس / مُنْعَكِس 翻过来的，颠倒过来的
ـ / ـ (كالنُور أو الحرارة أو الصُورَة) (光、热的)反照，反射，反映
ـ (مـ) 倒霉的，走背运的
ـ 有碍健康的(气候)
جَاء هذَا بِنَتَائِج ـ ة 带来了相反的结果
مُعَاكِس: ضد مُوَافِق 逆的，反对的，相反的
هُجُوم ـ [军]反攻
ـ 交叉的，十字形的
مَطْلَب ـ [法]反诉，反要求
خَشَب ـ 三合板，胶合板
الفِعْل المُنْعَكِس 反射作用
الأَفْعَال المُنْعَكِسَة الشَرْطِيَّة 条件反射
عَكِشَ ـَ عَكَشًا الشَعْرُ والنَبْتُ: التوى وتلبَّد (发、草)蓬乱，缠结
عُكَاشَة: بَيْت العَنْكَبُوت 蜘蛛网

عَكِش 蓬松的，散乱的，杂乱的，混乱的；废物，无用的人

مَعْكُوش: مَنْكُوش (مـ) (头发)蓬松的，散乱的，缠结的

تعاكظ القومُ: تعاركُوا 战斗，厮杀

ـ: تَفَاخَرُوا 争胜，互相夸耀

ـ: تَجادَلُوا 争辩

عُكَاظُ [史]欧卡兹(离麦加不远的一个市镇，那里每年举行集市一次，诗人们在集市上朗诵自己的作品，由公证人加以评定)

عكفه ـِ عَكْفًا وعُكُوفًا عن الأمر: منعه 阻止，制止

ـ ه على الأمر: حبسه عليه وألزمه به 限制

ـ على الأمر: انكبّ عليه 埋头，专心于，致志于，顽强地从事

ـ يَصِف...(مـ) 用心地记述、描述、叙述…

ـ الذُّبَابُ على الطَّعام 苍蝇落在食品上

ـ وتَعَكَّفَ وانْعكَفَ واعْتَكَفَ في المَكان 隐居，蛰居，与世隔绝

ـ وـ وـ عن الناس 过隐居生活

ـ في المَسْجد 暂时在清真寺里隐居

ـ القومُ حولَه وبِه 环绕

اِعْتَكَفَ في غُرْفَتِهِ 在房中静坐，闭门不出，足不出户

ـ مُدَّةَ ثلاثَة أيَّام 他三天没有出门了

عَاكِف جـ عُكُوف وعَاكِفُون وعُكَّف على كذا: ملازم له 埋头于，专心于

ـ ومُعْتَكِف عن الناس 与世隔绝

عكّ ـِ عَكًّا اليومُ: اشتدّ حَرُّه مع احتباس الرِيح (天气)闷热

ـ ه بالسَوْط: ضَرَبَه 鞭打

ـ ه بالأمر أو بالقَوْل: ردَّده عليه حتى أَتْعَبَه (以事务或话语)使他劳神

عُكَّ الرجلُ: أصابتْه الحُمّى واشتدّت عليه 发高烧

عَكّ / عَكِيك جـ عِكَاك 闷热，酷热的(天气)

عَكًّا / عَكَّة: بَلَدة في فِلسطين 阿卡(巴勒斯坦西北部的海港城市)

عكم ـِ عَكْمًا المتاعَ: جمعه وصرَّه 包，捆，扎，包装

ـ المالَ (مـ): اِدَّخَره 积累，贮藏，储蓄

ـ عن كذا 戒(烟、酒等)；节制

ـ عن الأمر: تأخَّرَ 耽搁，延迟

عِكْم جـ أعْكَام / عِكَام جـ عُكُم 一捆，一把

عَكَّام 赶骆驼的，赶骡子的

عكننه (مـ): ضَايَقَه 烦扰，滋扰，使他烦恼，使他不快活，使他发急

ـ عليه 使他不舒服，使他没有精神

تَعَكْنَنَ واتَّعكْنَنَ (مـ) 烦恼，发愁；生气，发脾气

عَكْنَنَة الرَأْي العامّ (舆论)的不满

مُعَكْنَن: مُخْطَف 不舒服的，心绪不佳，没有精神

ـ: منحرف الصِحَّة 欠安，不舒服

علا (في علو) / **علاّته** (في علل) / **علاّن** / **علانية** (في علن) / **علاة** / **علاوة** (في علو)

علب ـُ عَلْبًا وعَلَّبَ الشيءَ: وَسَمَه وحزَّه 打烙印、刻痕、记号

ـ ـُ عَلْبًا وعَلِبَ ـَ عَلَبًا واسْتَعْلَبَ اللَحْمُ: تَغيَّرَتْ رائِحتُه بَعد اشْتِدَادِهِ (肉紧压后)变味

عَلَّبَ اللَحْمَ: عباه في عُلْبَة (肉食品)装罐头

عُلْبَة جـ عُلَب وعِلاَب: إناء ضَخْم من جِلْد أو خَشَب (皮制的或木质的)器皿

ـ اللَبَن: مِدْلَجَة / قِسْط (مـ) 奶罐

ـ صَدْرِيَّة 胸腔，胸部
ـ (مـ): صُنْدُوق صَغِير 盒，小匣
ـ صَفِيح (مـ): صَفِيحَة (مـ) 洋铁箱，洋铁盒
ـ سَجَاير (مـ) (لأجل السجاير) 纸烟盒
ـ كِبْرِيت (مـ) (لأجْل الكبريت) 火柴盒
ـ نَشُوق (مـ) (لأجل النَشوق) 鼻烟盒
ـ سَجَاير (مـ) (لحَمْل السجاير) 纸烟箱
ـ سَجَاير (مـ) (مملوءة بالسَجَايِر) 一包香烟
ـ كِبْرِيت (مـ) (مملوءة بالكبريت) 一盒火柴
ـ سَرْدِينٍ 一盒沙丁鱼
ـ (مـ): جِهاز البِناءِ تَحْتَ المَاءِ 沉箱（水面下的大箱，人在里面工作）
مُعَلَّب 被装入罐头的
لُحُومٌ ـ ة 罐头肉；牛肉罐头
أَطْعِمَةٌ مُعَلَّبة (مَحْفُوظَة في عُلَب) 罐头食品
عَالَجَ المريضَ: دَاوَاه 医治，医疗
ـ الأمرَ: مارَسَه 操作，办事
ـ الحديدَ أو الفولاذَ: سَقَاه 把钢铁回火，把钢铁加以热处理
ـ سَكَرَاتِ المَوْتِ 陷于濒死状态，作垂死挣扎
ـ بـ (化学品)加工精制
ـ كَسْرَ ... 设法打开、打破、拧开
ـ المَوْضُوعَ 讨论，应付，处理，解决(问题)
تَعَالَجَ المَرِيضُ: تَعَاطَى العِلاَجَ 就医，就诊
اِعْتَلَجَت الأَمْوَاجُ: اِلْتطمتْ 波浪起伏
ـ تِ الهُمُومُ في صَدْرِه 百感交集，忧心忡忡
عِلْج جـ عُلُوج وأَعْلاَج وعِلَجَة: كَافِر 不信教者，异教徒
ـ 驴；壮健的野驴；有大胡子的，胡子浓密的人
عِلاَج / مُعَالَجَة: مُدَاواة 治疗，医疗
ـ / ـ 改正，修正，矫正
ـ جـ عِلاَجَات: دواء / طِبَاب 药，医药
ـ وَقْتِيّ [医]缓和剂，姑息剂
ـ مَائِيّ 水疗法
ـ إِبْرِيّ 针灸
ـ كَهْرَبِيّ [医]电疗
ـ ضَوْئِيّ 光疗
ـ شَمْعِيّ 蜡疗
ـ رِيَاضِيّ 体疗
وعِلاَجًا لهذا 为了矫正、改正这个
مُعَالِج 治疗者，医师，医生
عَلَس 二粒小麦(阿拉伯的一种小麦种)；扁豆
عَلَشَان: عَشَان (في عشن)
عَلَفَ ـِ عَلْفًا وعَلَّفَ وأَعْلَفَ الدَابَّةَ: أَطْعَمَها 喂草料
ـ وسَمَّنَ الدابَّةَ: بنَّنَها 用干草饲养，关着饲养
اِعْتَلَفَت الدابَّةُ: أَكَلَت 牲口吃饲料
عَلَف جـ أَعْلاَف وعِلاَف وعُلُوفَة 饲料，刍草
ـ مُرَكَّب 混合饲料
عَلِيفَة جـ عَلاَئِفُ / عَلُوفَة (单、复): دابَّة مَعلوفة 关着饲养的牲畜
عَلاَّف جـ عَلاَّفَة: بائع العلف 饲料商，卖饲料者
مَعْلُوف: مُسَمَّن 饲肥的，喂肥的
مِعْلَف جـ مَعَالِفُ: موضع العَلَف 马槽，马鼻袋
مَعْلَف جـ مَعَالِفُ 马厩；羊圈；牛栏
عَلِقَ ـَ عَلَقًا وعُلُوقًا وعِلْقًا وعلاَقَةً فلانًا وبفلان: هَوِيَه وأحبّه / اِسْتَمْسَكَه 爱慕，喜爱，恋爱
ـ حُبُّه بِقَلْبِه: هَوِيَه وأَحبَّه 喜爱，依恋，爱慕，恋恋不舍
ـ وتَعَلَّقَ بالحِبَالَة 陷入罗网
ـ يَفْعَلُ كذا 开始，着手，动手做

ـ بصَري بـ ... 我注意到…
ـ ت الأُنْثَى: حَبلت 受孕，怀孕，妊娠
عَلَّقَ الأمرَ: أرجاه 使事情悬而不决
ـ الشيءَ بالشيءِ وعليه ومنه: جعله مُعَلَّقًا به 悬挂
ـ أهمِّيَّةً عَظِيمَةً على الأمر 认为有重大的意义，认为十分重要
ـ الآمالَ به 把希望寄托在他身上
ـ على الكِتَاب: شرَحَه 评论，注释
ـ في تَفْكِرته 记下来，记录
ـ البَعِيرَ أو عليه 喂驼
ـ للحمَار (مـ) 喂驴
ـ ه وأَعْلَقَه: دَلاَّه 吊，挂，悬
ـ البابَ: أَرْتَجه أي أَغْلَقَه 关门
أَعْلَقَ وتَعلَّقَ الشيءَ بالشيءِ: علَّقه به 缚紧，使附着
ـ الرجلُ: وضع دُودَ العَلَق ليمصّ الدمَ [医]用水蛭吸血
تَعَلَّقَ: تَدَلَّى 吊着，悬挂着
ـ به: خصّه 有关，关于(某人、某事)
فِيمَا يَتَعَلَّقُ بـ... 凡与…有关的
عَلَق، الواحدة عَلَقَة جـ عَلَقَات: دُود يَمْتَصُّ الدَم 水蛭，蚂蟥
ـ البَعُوضِ وغيره: يَرَق [动]幼虫，蠋，孑孓
عِلْق جـ أَعْلاَق وعُلُوق: نَفِيس 宝贵的，珍贵的
ـ جـ عُلُوق (مـ) 骗子，老奸巨猾的
الكُتُبُ هي ـ ه 对他来说书是最珍贵的东西
عَلَقَة 血块
عَلْقَة (مـ) 打，杖责，笞打，打屁股
ضَرَبَه ـً 鞭打，痛打，痛殴
عُلْقَة: ما يتعلل به قبل الغذاء 点心，小吃

ـ 一份饲料；财产，货物
عَلُوق 牝骆驼；紧紧吸附着的东西
تَعْلِيق: تدلية أو إرخاء 悬，挂，垂
ـ على كِتاب 注解，评论
مِصْبَاح ـ جـ تَعْلِيقَات وتَعَالِيق 挂灯，吊灯
تَعْلِيقَة جـ تَعَالِيقُ: ما عُلِّق على حاشية الكتاب أو هامشه من شرح ونحوه 批注，评语
عَلاَقَة جـ عَلاَقَات وعلائِقُ: صِلَة 关系
ـ: اِرتباط 关联
ـ غَرامِيَّة 爱情关系，恋爱关系
كان على ـ بـ... 这是由于…
ـ: حُبّ 爱恋，爱慕，依恋
عَلاَقَات سِيَاسِيَّة 外交关系
عَلاَقَات سَبَبِيَّة 因果关系
عَلاَئِق الإنْتَاج 生产关系
قطعَ العَلاَقَات (العَلاَئِق) 断绝关系
سُوء العَلاَقات 关系恶劣
تَوَتُّرُ العَلاَقَات 关系紧张
عِلاَقَة جـ عَلاَئِقُ / عَلاَّقَة (مـ): حَبْل التَعْلِيق (挂东西的)绳子
عَلاَّقَة الثياب 衣架
عُلَّيْق / عُلَّيْقَى: نَبات مُتسلِق [植]悬钩子，黑莓，覆盆子
ـ: مِداد [植]鸢尾花
ـ: مَدِيد [植]牛皮消(能治马病)
عُلَّيْقَة 丛林
ـ مُوسَى [植]卫矛
عَلِيق الدوَابّ: عَلَف 秣，饲料
نَباتات الـ 用作饲料的草料
أَعْلَقُ 更贵重的
هذا أَهَمُّ وـ من ... 这比…还重要、还贵重
مِعْلاَق جـ مَعَالِيقُ: لِسَان 舌头

ـ (م): قَلْب وكَبِد ورِئَة الذَبيحة (牛羊等的)脏腑，下水
مِعْلَقة (م) 匙，茶匙，调羹
مُعَلَّق جـ مُعَلَّقَات: مُدَلًّى 垂下的，悬吊的
ـ: مَوْقُوف 暂时被停顿的
ـ في المَحْكَمَة 悬案
ـ بكذا أو عليه 依赖，赖于，凭…而定
جِسْر ـ 吊桥
ـ عليه 被注解的，被评论的
حِسَاب ـ [簿记]悬账，暂记账
مُعَلَّقَة جـ مُعَلَّقَات 悬诗(古代阿拉伯的七篇长诗)
مُتَعَلِّق به 关于…的，与…有关的
عَلْقَم: حَنْظَل [植]苦西瓜，药西瓜
عَلَكَ ـِ عَلْكًا العِلْكَ ونَحْوَه: مَضَغَه ولاكَه 嚼，咀嚼
عِلْك، الواحدة عِلْكَة: كل صَمْغ يُعْلَكُ 口香糖
ـ (س): ثَرْثَرَة 磕牙，闲磕牙，闲谈，空谈
عَلاَّك 空谈者，闲谈者
عَلَّ = لَعَلَّ: عَسَى 大概，也许，或许，恐怕
عَلَّلَ الشيءَ: بيَّن السَبَبَ 说明原因，想出理由
ـ النَفْسَ بكذا 指望，预期，高兴地等待着
ـ ه بكذا: شغله ولهاه به 安慰，慰藉
تَعَلَّلَ بكذا: تَشَغَّلَ به 忙于
ـ 消遣，解闷
اِعْتَلَّ وعُلَّ عِلَّةً: مَرِضَ 生病，害病
ـ بكذا وتَعَلَّلَ: التمس عذرًا 剖白，辩解，托辞
ـ ت الكَلِمَةُ: كان بها حرف علّة [语]词里有柔弱字母
عِلَّة جـ عِلَل وعِلاَّت: مَرَض 疾病
ـ: عَيْب 缺点，缺陷，毛病
ـ: سَبَب 理由，原因
ـ: مَصْدَر / أَصْل (事物的)起源，来源，根源，由来
ـ العِلَل / الـ الأُولَى 主要原因
ـ الوُجُود 存在的原因
ـ: حُجَّة / عُذْر 借口，口实，托辞，理由
ـ (في النَحْو والصَرْف) [语]带柔弱字母
الـ والمَعْلُول 因果，原因和结果
حُرُوف ـ ا، و، ي [语]柔弱字母
رَأَى الأشياءَ على عِلاَّتِها: على الحالات والشُؤُون المُخْتَلِفة / على كل حالٍ 按实际情况观察事物
جَرَى على عِلاَّتِه: كما هو 原样的，照原来样子
رَوَيْتُ الخَبَرَ على عِلاَّتِه: على ما فيه من الأحوال والشُؤُون 所有经过的事情我全讲了，所有发生的事情我都叙述了
عَلَّة جـ عَلاَّت: ضَرَّة 同夫，僚妻
ـ 灾难，厄运；需要
بَنُو عَلاَّت: إخْوَة من أب واحد وأُمّهات مختلفة 同父异母的兄弟
عُلاَلَة / تَعِلَّة 消遣
تَعْلِيل جـ تَعْلِيلات: إيضاح السَبَب 辩解，剖白，推诿
لا يُمْكِن تعليلُه 无法辩解的，无法推诿的
اِعْتِلاَل الصِحَّة 生病，害病
إعْلاَل وتَعْلِيل و ـ [语]柔弱字母的互换
عَلِيل جـ أَعِلاَّء / مُعَلّ / مَعْلُول 有病的，患病的，有毛病的；有缺点的，有缺陷的
هَوَاء ـ 和风，微风
مُعْتَلّ الصِحَّة 有病的，不健康的
ـ: فيه حَرْف عِلَّة (وبمعنى ناقص) [语]带柔

弱字母的

عَلِمَ ـَ عِلْمًا الأمرَ: عَرَفه 晓得，了解，知道

ـ الأمرَ وبه: أَدْرَكَه 理解，领会，懂得

عَلَّمَه العِلْمَ أو الصَّنْعَةَ تَعْلِيمًا وعِلاَّمًا: جعله يعلمها 教，传授

ـ ه: هَذَّبَه 教育，训导，培养

ـ ه وعَلَمَه ـِ عَلْمًا: جعَلَ له علامةً 加标记，作记号

أَعْلَمَه الأمرَ وبه: أطلعه عليه 通知，告诉，报告

تَعَلَّمَ العِلْمَ أو الصنعةَ وغيرهما 学，学习

ـ الغُلاَمُ: تثقَّف / تهذَّب 受教育

ـ: دَرَس 学习

ـ اللُغَةَ العربيَّة 学习阿拉伯语

اِسْتَعْلَمَهُ الأمرَ 询问

عِلْم جـ عُلُوم: مَعْرِفَة 知识，学问

ـ: ضد جهل 认识

ـ: دِرايَة 晓得

ـ: واحد العُلوم المَبْنِيَّةِ على البَحْث والاختبار 科学

ـ الأَحْيَاء 生物学

ـ اللُغَة 语言学

ـ الأَنْساب 系谱学

ـ المَعَادِن 矿物学

ـ مَخارِج الحُرُوف 语音学

ـ الإِنْسَان 人类学

ـ الشَّعْب 民俗学

ـ الرَّمْل 沙卜

عن ـ 有意地，故意地

أهل الـ 学者

طالِب ـ: تِلْمِيذ 学生，学员

ـ اليَقِين 真知，灼见

ـ طَلَب (مـ): استدعاء إلى المَحْكَمَة 传唤，传审；传票

عَلى غَيْرِ ـِ منه / بِدُونِ ـِ ه 他并不知道

وَصَلَ إلى ـِ ه 他知悉了，他知道了

هو على ـِ به 他洞悉这件事的经过

والـُ عِنْدَ الله 只有真主知道，天晓得

لِيَكُنْ في عِلْمِكُمْ 谨此通知

عِلْمًا وعَمَلاً 知行，理论上的和实践上的

العُلُوم الإِنْسانِيَّة / العُلُوم البَشَرِيَّة 人文科学

العُلُوم الخَفِيَّة 神秘学，神灵学(超自然事物的研究)

عِلْمِيّ: ضد عَمَلِيّ / نَظَرِيّ 理论的，理论上的

ـ: مختصّ بعِلْم 科学的，学术上的

ـ: مَدْرَسِيّ 学派的

جَمْعِيَّة عِلْمِيَّة 学会，学术团体

حِرْفَة أو صَنْعة عِلْمِيَّة (تستلزم ثَقَافة عالِية) 学者的职业(如律师、医生、教授等的职业)

عَلَم جـ أَعْلاَم: رَايَة 旗帜，旌旗

ـ جـ أَعْلاَم: سَيِّد القَوْم 领袖，首领，头人

ـ من أَعْلاَم السِيَاسة 杰出的政治活动家

اِسْمُ ـٍ [语]专有名词

ـ: جبل 山

أَشْهَرُ من نَار على ـ (比山头上的火还要显著)赫赫有名的，鼎鼎大名的

عَلْمَانِيّ (مـ): ليس من أرباب الفنّ أو الحرفة 俗人(非僧侣)；外行，门外汉

عَلاَمَ = عَلَى+ مَا 为什么？

عَلاَمَة جـ عَلاَم وعَلاَمَات: سِمَة / إشارة 记号，符号，标记，表征

ـ: دَلِيل 记号，标志，征兆，形迹

ـ: صَفِيحَة العَلام 模板，型板，印刷底板

ـ الحَذْف 删号，省略号

ـ: طَحِين ناعم 细面，上等面粉

ـ تِجَارِيَّة / ـ مُسَجَّلَة 商标，牌子，注册商标
ـ الإِرْشَاد 方位标，方向标
ـ التَّنْصِيص 引号，(用作引号的)双括号
ـ التَعَجُّب / ـ التَّأَثُّر 感叹号(!)
ـ الاِسْتِفْهَام 问号(？)
عَلاَمَات مُمَيِّزَة (مـ) [军]肩章
عَلاَمَات الحدُود 国境界标
أُعْلُومَة جـ أَعَالِيمُ: ما يُنْصَب فيُهْتَدى به 路标，指路碑
ـ: عَلاَمَة 指示物，符号，标号
تَعْلِيم جـ تَعَالِيمُ: تلقين الدرس 教育，教导，学校教育
ـ: تَهْذِيب 培养，训练，教育
الـ العَالِي 高等教育
الـ الإِلْزامِيّ 义务教育
رِجال الـ 教育家，教育工作者
فَنّ الـ 教育学，教授法
تَعْلِيمَات (مـ): إِرْشَادَات 指示，训令，指令
تَعْلِيمِيّ: تَرْوِيضي 教练的，教育的，教导的
تَعْلِيمْجِي جـ تَعْلِيمْجِيَّة (مـ): مُرَوِّض 教练，教练官
إِعْلاَم جـ إِعْلاَمَات: إِخْطَار 通告，通知，报告
ـ شَرْعِيّ (证明死亡与财产转让的特种法庭，发给当事人的)执照
اِسْتِعْلاَم: اِسْتِخْبَار 询问，调查
مَكْتَب الاِسْتِعْلاَمَات 问讯处；情报局
عَالَم جـ عَالَمُون وعَوَالِمُ وعَلاَلِم: الخَلْق كلّه 世界，宇宙
ـ الحَيَوان 动物界
ـ النَبات 植物界
ـ مُتَمَدِّن 文明世界

ـ الخَيَالِ 梦境，梦乡
مَحَبَّة الـ 俗心，世欲，烦恼
عَالَمِيّ: دُنْيَوِي / زَمَنِي 世间的，世俗的，现世的，人世的，凡间的
ـ: كَوْنِيّ 宇宙的，万有的，全世界的
الحَرْب الـ ة 世界大战
عَالَمِيَّة 世界性，世俗性，世界主义
عَالِم جـ عُلَمَاء: مُتَعَلِّم 学者，科学家，有专门知识的人
ـ: رَجل عِلْم 科学家
ـ بالآثار المِصْرِيَّة 埃及考古学家
ـ جـ عُلَمَاءُ 伊斯兰教学者
ـ: ضد جاهل 博学的，见闻广博的
ـ المَشْرِقِيَّات: مُسْتَشْرِق / ـ الحَضَارَة الشَرْقِيَّة 东方学家
ـ بالأَمْرِ 认识的，通晓的，熟悉的
عَالِمَة جـ عَوَالِمُ: مُتَعَلِّمَة 女学者，女文学家，女科学家
ـ (مـ): مُغَنِّية 歌女，女歌唱家(almah)
عَالِمِيَّة 学士位
عَلِيم 专家，内行，有专门知识的
ـ 全知的(安拉)
عَلاَّم / عَلِيم 全知的，无所不知的
عَلاَّمَة / تِعْلاَمَة 博士，著名的学者，杰出的学者
مَعْلُوم جـ مَعْلُومَات: ضد مَجْهُول 已知的，有名的，大家知道的
ـ يَقِينًا (مـ) 确切的，无疑的
الـ [数]已知数
صِيغَةُ الـ [语]主动式动词
مِنَ الْـ أَنَّ... 大家都知道，众所周知的
ـ جـ مَعَالِيمُ (مـ) 薪金，报酬

مَعْلُومَات: أَخْبار 信息，资料；消息，情报
صِناعَة المَعْلُومَات 信息工业
مَعْلُومَاتِيَّة 信息科学
مَعْلُومَاتِيّ 信息的，信息科学的
مَعْلُومِيَّة: عِلْم 知识，认识
أَعْلَمُ 最有知识的，最有学问的
واللهُ ـ 真主最知道！天晓得！
مَعْلَم جـ مَعَالِمُ: أُعْلُومَة 路标，指路碑
مَعَالِمُ المَدِينَةِ: ما تراه منها عن بعد 城市面貌
مَعَالِمُ الجَرِيمَة 线索，罪行的迹象
مَعَالِمُ الجِنَايَة 罪迹
مُعَلِّم: مُدَرِّس 教师，教员
ـ خَاصّ (خُصُوصِيّ) 私人教师，家庭教师
مُعَلَّم: عليه عَلامة 有记号的，有标志的，加印记的
ـ / مُتَعَلِّم: مُدَرَّس 学生，受教育的
ـ / ـ: مُهَذَّب 受培养的，受训练的
مُعَلِّمَة جـ مُعَلِّمَات: مُدَرِّسَة 女教师，女教员
مَدْرَسَة المُعَلِّمِينَ 师范学校
مَدْرَسَة المُعَلِّمَات 女子师范学校
مُتَعَلِّم: ضد جاهِل 受过教育的，知识分子
مُتَعَلِّمُون 知识分子，知识界
مَعْلَمَة 百科全书，百科辞典
عَلَنَ ـُ وعَلِنَ ـَ وعَلَنَ ـِ عَلَنًا وعَلانِيَةً وعُلُونًا واعْتَلَنَ واسْتَعْلَنَ الأَمرُ: خلاف خَفِيَ 明白，显明，昭然若揭
عَالَنَ وأَعْلَنَ الأمرَ وبه 宣布，公布
أَعْلَنَه: أَذَاعَه 发表，颁布
ـ الحَرْبَ 宣战
ـ الحُكْمَ 宣判
ـ الخَبَرَ 公布消息
ـ عن كذا 广告，登广告

عَلَنِيّ: جَهْرِيّ / جِهَارِيّ 公开的，不隐瞒的，明目张胆地
بَيْعٌ ـ 公开拍卖
المَزَاد الـ 拍卖
عَلَنًا: جَهْرًا 公开地，坦率地，公然地，明目张胆地
عُلَنَة: مَن لا يكتُم السِرَّ 不能保密者
عَلانِيَة: ضد سِرّ 公开，坦白
ـً / في ـِ: جِهَارًا 公开地，坦白地
إِعْلان جـ إِعْلانَات: إِظْهَار 宣布，公布
ـ: نَشْر 发表，刊载
ـ: خَبَرٌ مُذاع 广告，公告，告示
ـ: إذاعَةُ الخَبرِ 广播，传播
ـ: نَشْرَة 通告，广告
ـ صَغِير (يُوزَّع باليَد) 传单
ـ يُلْصَق على الحِيطان 招贴，告白
ـُ حُضُورٍ إلى المَحْكَمَة [法]传票
ـٌ إلاهِيّ: وَحْي 启示，默示，灵感
شَرِكَةُ إِعْلانَاتٍ 广告公司
لَوْحَةُ عَرْضِ الإِعْلانَاتِ 广告牌
عَلِن: ضد خَفِيّ 公开的，显明的，彰明较著的
عَلْهَب: ذَكَرُ الأَوْعال 公鹿
عَلا يَعْلُو عُلُوًّا وعَلِيَ يَعْلَى عَلاءً الرجلَ: غلبه وقهره 打败，制服
ـ ه: صار أَعْلَى منه 凌驾，比他更高
ـ وعَلِيَ ـَ عَلاءً: فاقَ 胜过，优于，超过
ـ وعَلِيَ واعْتَلَى: ارْتَفَعَ 升起，直升，升高
ـ وـ وـ المكانَ: صعِده 登，上
ـ وـ وـ الدَابَّةَ 乘，骑
ـ وـ: كان عاليًا 成为高的，向上的，激昂的

عَلاَها الصَدأُ 长锈，生锈

عَلَت سِنُّه 年高，年迈

عَلَتْ على وَجْهها عَلائِمُ الدَهْشَةِ 她的脸上露出惊奇的样子

عَلَّى وأَعْلَى وعَالَى الشيءَ: رفعه 举起，提高

ـ ه و ـ ه: رقّاه 提升，擢升

تَعَلَّى الرجلُ: عَلا في تَمَهُّلٍ 逐步上升，步步高升

ـ 举止傲慢

اِعْتَلَى العَرْشَ (国王)即位，登基，登极

ـ الكُرْسِيَّ 就座

تَعَالَ م تَعالَيْ: هَلُمَّ / اُحْضُرْ 来！过来！

تَعَالَى واسْتَعْلَى: ارتفع 成为崇高的

ـ عن قَبُولِ شيءٍ 不肯接受

الله ـ 真主(至高无上)

اِسْتَعْلاَه: غلَبه وقهَره 克服，制服，战胜

ـ الشيءَ: صعده 登上，爬上

عُلُوّ / عَلاء: ارتفاع 高，高度

ـ / عُلًى: رِفْعة 崇高，优越，卓越

ـُ الكَعْبِ 高贵，显赫，优秀

نَظَرَ من عَلاءٍ إلى ...(مـ) 蔑视

عَلَوِيّ: سَمَائِيّ 天空的，天上的，神圣的

ـ 阿里派的，什叶派的

ـ / عُلْوِيّ: فَوْقانِيّ 上面的，上部的

عَلاَة جـ عَلا وعَلَوَات: سِنْدَان 铁砧

عَلُ: فوْق (راجع على) 上面，上半部

مِنْ ـُ / من عَلٍ / من عَلاً / من عَلْوٍ / من عالٍ 从上面，从上边，从头上，从顶上

نَظَرَ مِنْ ـُ إلى ... 蔑视

عِلاَوَة جـ عِلاَوَات وعَلاَوَى وعَلاوِيّ: زِيادَة 附加，额外，增补

ـ 头的上部；负担，担子

ـ: مَاهِيَّة (راتِب أو مَعاش) 补助金，额外津贴

ـً عن ذلك / ـً على ذلك 此外，并且，而且

ـ على البَيْعَة 加之，而且，此外，还有

تَعالٍ [数]垂线，高度

ـ 骄傲，自豪

تَعْلِيَة: رَفْع 举起，提高，升起

عَالٍ م عَالِيَة: مَرْتَفِع 高的

ـ: رَفِيع 崇高的，高尚的

ـ: شَدِيد (صوت) 高声的，大声

بصَوْت عَالٍ / عَالِيًا 高声地，大声地

الباب العَالي (في تركيا سَابِقًا) (帝制时代的)土耳其政府

جعَلَ عَالِيَه سَافِلَه (颠倒过来)翻天覆地

عَالْ (مـ): جَيِّد للغَايَة 好极，非常好

ـ العَال (مـ) 顶呱呱，天字第一号

عَلْيَاء: سَمَاء 天，太空

عَلِيّ: مُرتفع 巍峨的，崇高的

ـ: رَفِيع 杰出的，优秀的，高贵的

الـ المُتَعَالِي 至高无上的

ـ / عُلْيَا: مكان عالٍ 高处，高地；山头，山顶

عَلِيّ جـ عِلْيَة وعَلِيُّون 崇高的，高贵的

هُمْ عِلْيَةُ القوم: جُلَّتُهم وأَشْرَافُهم 他们是贵族

عِلِّيُّون: اسم لأَعْلَى الجَنَّة [宗]乐园中最高的地方

عِلِّيَّة / عُلِّيَّة جـ عَلاَلِيّ: غُرفة عالية [建]楼，阁楼

بَنَى العَلاَلِيَّ والقُصُورَ (مـ) 建立高楼大厦

عِلِّيَّة / عِلِّيُون: طَبَقة الأَشْرَاف 贵族，上层阶级

أَعْلَى م عُلْيَا جـ أَعَالٍ: ضد أَسْفَل 最高的，极高

的，至高无上的

ـ: أَرْفَعُ مِنْ / فَوْق 较高，更高，上级

ـ (أو أَقْصَى) دَرَجَة 最高级，最大限度

ـ مَنْزِلة: أَسْمَاها 最高的地位，最高的职位

مِنْ ـ إِلَى أَسْفَلَ 从头到脚，从上到下

القَائِد الـ (للجَيْش) 最高统帅

بِـ ـ صَوْت 用最大的声音的

ـ ه (أَعْلاَه): قَبْلاً 上面的，前面的

المَذْكُور ـ ه 上述的，上面所说的，前面所讲的

عُلْيَا: خِلاف سُفْلَى 较高的，高级的，上层的，更高的，更高级的

القِيَادَة العُلْيَا 最高统帅部

المَحْكَمَة الشَعْبِيَّة العُلْيَا 最高人民法院

مِنَ الأَعَالِي 从天上，自天空

مَعْلاَة ج مَعَالٍ 高贵，功绩，功勋

صَاحِب المَعَالِي 阁下(各部部长的尊称)

مُعَلًّى 高的

مُتَعَالٍ: مُرْتَفِع 崇高的

الحُرُوف المُسْتَعْلِية [语]强音字母(خ، ص، ض، ط، ظ، غ، ق)

عَلْوَنَ الخِطابَ: عَنْوَنَه 在信封上写地址

عُلْوَانُ الخِطاب: عُنْوَانُه 通讯地址

ـ الكِتَاب: اِسمه 书名

عَلَى 介词或名词，有下面 13 种意义：

(١) بمعنى فَوْق 上面

نَزَلَ من ـ القِطَارِ 他从火车上下来

عَادَ ـ قِطَار المَسَاء 乘夜车回来

ـ كِيسِه 用他的钱

ـ وَجْهِ الله 看在真主的情面上

هو ـ قِسْمَيْن 分成两部分

عَزَفَ ـ الكَمَنْجَة 他演奏提琴

تَسْلِيف ـ ... 凭…借款

لي عَلَيْه خَمْسَةُ جُنَيْهات 他欠我 5 镑钱

لا بَأْسَ عَلَيْكَ! 别害怕！

لا عَلَيْكَ! 不必担心！

لا عَلَيْك / ما عَلَيْكَ من كذا: مَعلَيْهَشِ (م) 不必介意，不要紧，没关系

يَكْذِبُ ـ صَدِيقِهِ 欺骗他的朋友

كانَ ـ حَقٍّ 他有理

(٢) بمعنى مَعْ 虽然，尽管

بَذَلَ المَالَ ـ فقْرِهِ 他虽贫穷，还捐赠钱财

ـ ضَعْفِي 我虽然衰弱(有缺点)…

هَاجَرَ مَوْطِنَهُ ـ حُبِّه 他尽管爱自己的故乡，但还是离开了它

ـ اختِلافِ أَنْوَاعِها 各式各样地

(٣) بمعنى لأَجْل أي في سَبِيل 为了…

ـ + مَا = عَلاَمَ: لِمَاذَا 为什么？

وَعَلَيْه / بِنَاءً عَلَيْهِ 据此

ولا شُكْرَ ـ الوَاجِبِ 分内的事，不值得感谢

(٤) 表示除法

٨ ـ ٢ 二除八

(٥) 经过，通过

ـ يَدِهِ 经他的手

(٦) 表示依照，根据

ثَوْبٌ ـ القِيَاسِ 照尺寸的衣服

ـ ضَوْء كذا 按照，借助

ـ ضَوْء هذه الحَوادث 就这些事件而论

ـ إِرَادَته 按照他的意愿

ـ ما هو عَلَيْه 像他那样

ـ نَحو الذي ذَكَرْنَاه 依照我们所提及的方式

ـ ذَوْقِه أو عَقْلِه (كَيْفِه) 依照他的兴趣或

智慧

يَرْقُصُ ـ المُوسِيقَى 随音乐而舞蹈

يُغَنِّي ـ العُود 随琵琶而歌唱

ـ حَسَبَ كذا 按照(某事)

ـ عَادَتِه 按照他的习惯

ـ ما نَعْلَمُ 据我们所知道的来说

ـ هذه الطَرِيقَة 用这样方法，按照这种方法

(٧) بمعنى في 在…期间

ـ العِيد 在节日

ـ وَشْكِ ... 就要，接近，差不多

ـ وَشْكِ ذَهَاب 将去之前

ـ عَهْدِ مَاو تِسي تُونْغ 在毛泽东时代

ـ حِينِ غَفْلَةٍ 措手不及，出其不意

(٨) بمعنى ضِدّ 对，反对

عَاوَنَهُمْ ـ هذا الرَّجُلِ 他帮助他们对付这个人

رَفَعَ الدَعْوَى عليها 他对她提出控告

(٩) 表示“应该”、“必须”(可看做省略了يجب)

عَلَيْه أَنْ يَفْعَلَ كذا 他应该(应当)…

هَلْ عَلَيْنَا أَنْ نَنْتَظِرَ؟ 我们必须等候吗?

(١٠) بمعنى حَوْلَ 在附近，在周围

جَلَسْنَا ـ النَّار 我们围坐在炉子周围

(١١) بمعنى مُنْذُ 从…起

مَضَى عَامَانِ ـ ذلك النَذْر 从许愿的时候算起已经两年了

(١٢) للاِسْتِدْرَاك 表示转折

ـ أَنَّ / ـ أَنْ 但是，可是，不过，而

الدَواءُ مُرٌّ ـ أَنّه مُفِيدٌ 良药苦口利于病

أُحَدِّثُكَ ـ أَنْ تَسْتُرَهُ 我可以告诉你，但是你要保守秘密

ـ أَنْ يَعُودَ بَعْدَ سَاعَةٍ 说好他在一个钟头后回来

(١٣) 其它

عَلَيَّ بِكَذَا: أَعْطِنِي إِيَّاه / هَاتِ لِي 给我

ـ اِسْتِحْيَاءٍ وصَمْتٍ 羞怯而且沉默地

ـ لِسَان واحِدٍ من الفَلاَّحِينَ 以一个农民的名义

كانَ ـ بَيِّنَةٍ / ـ حَقِيقةِ الحالِ 他洞悉实际情况

ـ سَبِيل المَثَلِ 比方，例如

ـ عَجَلٍ 迅速地，仓促地

ـ العَكْس: بالعكس 相反地

ـ العُمُوم 大概，一般地

ـ مَهْلٍ 慢点!

ـ التَقْرِيب 大约，左右

ـ الخُصُوص 特别是，尤其是

ـ غيرِ انْتِظَارٍ / ـ حِينِ غَفْلَةٍ 突然，忽然，骤然

عَلْي / عَلِّي / عُلَى / عَلْيَاء (في علو)

عِلِّيَّة / عِلِّيُّون (في علو) / **عِمْ** (في وعم)

عم = عليه السَلامُ (祝他平安)的缩写

عَمَدَ ـِ عَمْدًا إلى الرجل: قصَده 投奔，前往，动身到

ـ للأَمْر وإليه: قَصَدَ فِعْلَه 决意做，打算做

ـ وأَعْمَدَ السَقْفَ: أَقَامَه بعماد ودعمه 支撑，支持

ـ وعَمَّدَ الولدَ: غسله بماء المَعْمُودِيَّة / نَصَّرَه (م) [基督]施洗礼

تَعَمَّدَ الأمرَ: قصَد فعله 想做，打算做，故意做

ـ واعْتَمَدَ: قَبِلَ المَعمودِيَّة 受洗礼

اِعْتَمَدَ الحائِطَ وعلى الحائِط: اتَّكَأَ 倚靠，靠着(墙)

ـ على فلان: اِتَّكَلَ عليه 依靠，依赖

ـ (مـ): قبل وأجاز 许可，认可，批准，核准
ـ لـ ... 拨款
عَمْد: دعْم / سَنَد 支撑，支持
ـ / تَعَمُّد: قَصْد 有意，故意，打算
ـ وـ سابق 预谋，预计
عَمْدًا / تَعَمُّدًا 故意地，存心地
عَمْدِيّ / تَعَمُّدِيّ 有意的，故意的
عُمْدِيَّة 村长管辖的地区；村长职位、职务
عُمْدَة جـ عُمَد / عِمَاد جـ عُمُد وعَمَد 柱，支柱，柱子
ـ البَلَد 村长，乡长
ـ المَدْرَسَة 校务委员会
ـ 基础，基本，根基，发端，策源地；[军]根据地
عِمَاد: قَبُول المَعْمُودِيَّة 接受洗礼
ـ / عَمُود جـ أَعْمِدَة وعِمْدَان وعُمُد: دِعامَة 圆柱，圆柱状物，柱，桩，标
عَمُود / عَامُود جـ عَوَامِيدُ (مـ): قَائِمَة (كَعَمُود التِلغراف والمَصابيح) 电线杆，路灯柱
ـ الخَيْمَة 天幕柱，帐篷撑柱
ـ الصَحِيفَة (报纸的)栏
ـ السِتَار 窗帘梢棍
ـ: مَشْقَبِيَّة (مـ) 纺锤，锭子；测针；(机器的)轴
ـ / الخطّ العَمُودِيّ [几]垂线，垂直线
ـ القَنْطَرَة 桥墩
ـ السَرِير 床腿
الـ الفِقْرِيّ / الـ الشَوْكِيّ [解]脊柱
تَاج الـ / رأْس الـ [建]柱头，大头(圆柱的头部)
بَدَن الـ [建]柱身

قَاعِدَة الـ 柱脚，基石
ـ الصُبْح 曙光
ـ المِيزَان 秤杆
عَمُودِيّ: بِشَكْلِ العَمُود 圆柱的，圆柱状的，成圆柱形的
ـ: قَائِم 垂直的，直立的，陡峭的
طَائِرَة ـ ة 直升飞机
عَمْدِيَّة / عَمُودِيَّة [数]纵坐标，直坐标
اِعْتِمَاد: اِتِّكَال 信任，信赖
ـ: قَبُول ومُصَادَقَة 批准，认可，许可，核定
ـ جـ اِعْتِمَادَات: قَرْض 信用贷款
أَوْرَاق ـ (授给大使、公使的)国书
فتح ـًا ماليًّا 信用贷款
ـ مَالِيّ: مَبْلَغ مُعَيَّن لغرض ما 基金，拨款
وَثَائِق الـ / أوراق الـ (أو التَعْيِين) 委任书，委任状
ـ إضَافِيّ 补充贷款
خِطَاب ـ (银行发行的)活支汇信
ـ على الغَيْر 依靠他人，仰赖别人
اِعْتِمَادَات ذات آجَال طَوِيلة 长期贷款
ـ على النَفْس 自立，自恃，自力更生
عَمِيد جـ عُمَدَاءُ: رَئِيس 主任，负责人
ـ الهَيْئَة السِيَاسِيَّة 外交团团长
ـ كُلِّيَّة الآدَاب 文学院院长
مُعْتَمِد على كذا 依靠…，依赖…，有赖于…
مُعْتَمَد: يُوثَق به 可靠的，可以依赖的
ـ: صَحِيح 妥当的，可信的，确实的，真实的
ـ سِيَاسِيّ: سَفِير 大使
ـ: نَائِب / وَكِيل 代理人
مُعْتَمَدِيَّة جـ مُعْتَمَدِيَّات 代表机关，代表部、处；[军]代表权，代表资格，[军]代表，

代理

مَعْمَدَان (مـ) / مَعْمَدَانِيّ　[基督]施洗者

يُوحَنَّا الـ　施洗的约翰

مَعْمُودِيَّة (مـ)　洗礼，浸礼

عمر عَمَرَ ـُ عَمْرًا المنزلُ بالناسِ: كان مَسْكُونًا　(房屋)有人居住

ـ المَنْزِلَ: سَكَنَه　住房子

ـ بالمكانِ: أقام فيه　居住某地，定居

ـ وعَمَّرَ الدَّارَ: بَنَاها　建筑房屋

ـ عُمْرًا وعَمْرًا وعَمَارَةً وعَمِرَ ـَ عَمْرًا وعَمَرًا وعَمَارَةً وعَمَّرَ الرجلُ: عاش زَمانًا طَوِيلاً　长寿

ـ إلى التِسْعِينَ　活到 90 岁

ـ ه وعَمَّرَه اللهُ: أَطَالَ حياتَه　安拉使他长寿，天赐长寿

عَمَّرَ وأَعْمَرَ المَنْزِلَ: جعله آهلاً　使房屋变成有人居住的

ـ ه: أَصْلَحَه　修理，修补

ـ المِصْبَاحَ وأمثاله (مـ): ملأه　灌满灯油

ـ السِلاحَ النَارِيَّ وأمثاله (مـ)　(枪、炮)装填弹药

اِعْتَمَرَ المكانَ: قصَده وزَارَه　(除 12 月的 8、9、10 日外对麦加圣地)朝觐

ـ الرجلُ: تَعَمَّم بالعِمامة　缠头巾

اِسْتَعْمَرَه في المكان: جَعَله يعمره　使他居住某地

ـ المكانَ　以某地为殖民地

العَمْرَان: اللحمتان المتدليتان على اللهاة　小舌上的两条垂肉

عُمْرَان: بُنْيَان　建筑，建设

ـ: تَمَدُّن / مَدَنِيَّة　文化，文明

ـ: كَثْرَة السُكَّان ونُجح الأعمال　繁荣，兴盛，开化

العُمْرَان　两代(80 年)

عُمْرَانِيّ　文化的，文明的

عِمَارَة: بِنَاء　建筑物

ـ بَحْرِيَّة ج عَمَائِرُ: أُسْطُول　舰队

فَنّ الـ / صِنَاعَة الـ　建筑学，建筑术

قِسْم الـ　建筑部

عُمْر ج أَعْمَار: حَيَاة　寿命，一生

ـ: سِنّ　年龄

ـ جَدِيد　再生，再造，重生，新生

ما ـُك ؟ / كَمْ ـُك ؟　你多大年纪？

ـ ي ثَلاثُون سَنَة　我 30 岁

نِصْف ـ (مـ): مُسْتَعْمَل　半旧的，半新半旧的，使用过的

ذَوَاتُ العُمْرَيْنِ: تَعِيش في الماء وعلى الأرض　两栖类

مَرَّةً في الـ　终身一次

عَمْر: دِين　宗教

لَـ ـي: أُقْسِمُ لك بِدِينِي　凭我的宗教起誓

لَـ ـُ اللهِ　凭真主的宗教起誓

عَمَر: مِنْدِيل رَأْس　头巾，缠头巾

عُمْرَة　小朝觐(除 12 月 8、9、10 日外任何时候往麦加圣地的朝拜)亦称“巡礼”、“副朝”

اِعْتَمَرَ الـ　完成小朝觐

عُمَرُ بْنُ الخَطَّابِ　欧麦尔(伊斯兰教的第二位正统的哈里发 584—644)

العُمَرَان　两位欧麦尔(指欧麦尔和第一位正统的哈里发艾卜·伯克尔)

عَمْرُو بن العَاصِ　阿慕尔(埃及的征服者，574—663)

هُوَ كَوَاو عَمْرو　(像阿慕尔عَمْرو里的واو)赘疣(因为这个名词里的واو 是不发音的)

عَمْرَة: كل غِطَاء للرأس　头巾

ـ (مـ): مرَمَّة 修理，修补，修葺
عَمَار: تَحيَّة 敬礼，致敬
هُنَاك خَراب لا ـ فيه 那里是一片废墟，没有任何人住过的踪迹
لَيس بَيْنَهم ـ (مـ) 势不两立，互相仇视，不和睦
عَمارَة جـ عَمَائِرُ 分舰队，飞行大队
تَعْمِير 耕种，建筑，建设
إعَادَة ـ المَدِينَة 重建城市
بَنْكُ الـ والإنْشَاءِ الدُوَلِيُّ 国际复兴银行
تَعْمِيرَة جـ تَعْمِيرَات 充电；装弹药；填满烟斗
ـ: قَبِيلَة / عَشِيرَة 部落，部族
اِعْتِمَار / جَلْدُ عُمَيْرَة: اِسْتِمْنَاء باليد 手淫
اِسْتِعْمَار: اتخاذ المُسْتعمَرات 殖民主义
سياسة الـ 殖民主义政策
عَصْر الـ 殖民主义时代
اِسْتِعْمَارِيّ 殖民地的，殖民主义的
عَامِر جـ عُمَّار م عَامِرَة جـ عَوَامِرُ / عَمِير / مَعْمُور: آهل بالسُكَّان 人口稠密的
ـ: مَسْكُون 有人烟的，有人居住的
ـ: ضد غَامِر 被开拓的，被开垦的
ـ البَيْتِ جـ عَوَامِرُ: حَيَّة 家蛇
أُمُّ ـ: ضَبُع [动]鬣狗
مَرْجُ ابْنِ ـ 厄斯德罗伊伦草原(在巴勒斯坦西北)
أَبُو عُمَيْرٍ: كُنْيَة للذكَر 男生殖器的别称
عُمَيْرَة: تحت قَبِيلَة (في تَصْنِيف الأحْيَاء) [生]亚族
مِعْمَار (مـ) / مِعْمَارِيّ: بَنَّاء 建筑师，建筑家
مُهَنْدِس ـ أو مِعْمَارِيّ: رازٌ 建筑工程师
هَنْدَسَة الـ / فَنّ الـ / رِيَازَة 建筑术，建筑学；建筑工程

مُعَمِّرٌ (كالحَيوان والشَجر) 长命的，长存的(动植物)
نَبات ـ 多年生植物
مَعْمُور 耕过的，有人烟的
الـ ة / الـ 世界
مُسْتَعْمِر 殖民主义者，帝国主义者
مُسْتَعْمَرَة جـ مُسْتَعْمَرَات: ما تمتلكه دولة في غير بلادها 殖民地
وزارة المُستعمَرات 殖民部
عَمِشَتْ ـ عَمَشًا عينه: ضعُف بصرها مع سيلان دمعها في أكثر الأوقات 视力弱而流泪
أَعْمَشُ م عَمْشَاءُ جـ عُمْش: ضَعِيف البَصر 视力弱的，烂眼睛的
عَمَّصَتْ عينُه (مـ): رمَصت (眼)长眼眵(屎)
عُمَاص: رَمَص / غَمَص 眼眵(屎)，眵目糊
أَعْمَصُ م عَمْصَاءُ جـ عُمْص 眵目糊眼
عَمُقَ ـُ وعَمِقَ ـَ عُمْقًا وعَمَاقَةً المكانُ أو الطَرِيقُ: بعد وانبسط وطال 深远，遥远，辽远，迢迢
ـ تْ ـُ عُمْقًا وعَمَاقَةً البِئْرُ ونحوها: بعد قعرها 深，深沉，深邃
عَمَّقَ وأَعْمَقَ واعْتَمَقَ البِئْرَ: غوَّطها 加深，挖深
تَعمَّقَ في الأمر أو البحث: بالغ فيه وتشدّد طالبًا أقْصَى غَايَاتِهِ 深入，钻研
عَمَاقَة 深度
عُمْق: غَور 深，深浅，深度
ـ جـ أَعْمَاق: قرار 底，水底
قَلِيل الـ 浅的，肤浅的
مِنْ أَعْمَاقِ قَلْبِي 从我的内心深处，衷心地，由衷地
عَمِيق جـ عِمَق وعُمُق وعِمَاق: بعيد القرار 深的，深湛的，深奥的(道理)

عَمِلَ ـَ عَمَلاً: صنع 作，做，造，制造
ــ: فعَل 做事，做工作
ــ: اِشْتَغَلَ 劳动，做工
ــ على كذا 从事于，致力于
ــ فيه: أثَّر 起作用，发生影响
ــ بالأمر: سار بمُوجِبِه 遵命，执行命令
ــ: أَدّى 履行，实行，执行
ــ: تَصرَّفَ / سلك / سارَ 行为，行动
ــ 执政，成为执政者，统治，成为统治者
ــ على فلان (对某人)施奸计，用阴谋
ــ رُوحَهُ (مـ) 装作，佯作
عُمِلَ به (法律)有效，生效
عَمَّلَه وأَعْمَلَه على البلد: جعله عاملاً أو حاكمًا
任命他为地方长官(地方行政官)
ــ الجُرْحُ (مـ): قاح (伤口)化脓，溃烂
أَعْمَلَ الآلَةَ أو الرأيَ: عمل بهما 运用机械；使
(意见)起作用
ــ الهِمَّةَ 努力，致力于
عَامَلَه: تَصَرَّفَ معه 交往，相处，对待，待遇，
应酬，打交道
ــ ه: أخذ وأَعطى معه 交际，交易，对付，
对待，应付
تَعامَلَ القومُ: عَامَلَ بَعْضُهم بعضًا 彼此交际，
来往
اِعْتَمَلَ وانْعَمَلَ (مـ) وعُمِلَ 被做成
ــ (感觉)起作用
اِسْتَعْمَلَ الآلَةَ: عمل بها 使用，运用，利用
أُسْتُعْمِلَ فلان: وَلِيَ عَمَلا من أعمال الحكومة
某人被任命为行政官
ــ 被使用，被用于
عَمَل جـ أَعْمَال: فِعْل 行动，行为
ــ: صُنْع 做，制造，制作
ــ: شُغْل 工作，劳动，操作，作业
وَزير الـ 劳动部长
مَكْتَب الـ 劳动局
ــ 作品，著作
صَاحِب الـ 业主，雇主，资方，资本家
عِلْم وـ 理论和实际
ــ 事业
ــ: مُمَارَسَة / إجْراء 实行，实践
رَجُل ـ 事务家，实业家，商人
الأَعْمَالُ بالنِيَّات 行为看动机
أَعْمَال التَعْدِين 开采矿物
عَمَلاً بـ... 依照、根据…执行
عَمَلِيّ: إجْرَائِيّ / ضدّ عِلْمِيّ 实践的，实际的，
事务的
عَمَلِيَّة جـ عَمَلِيَّات 行动，动作，作业
ــ 工序，过程，进程
ــ الإزْهَار 开花的过程
ــ جِرَاحِيَّة: جِرَاحَة 外科手术
ــ [军]作战行动
ــ حِسَابِيَّة 演算，运算
عَمَلِيَّات 实际，实际问题
مُعَامِل الرِيَاضَة (مـ): مُسَمًّى (سـ) [数]系数
ــ الاسترداد 抗衡系数
ــ التَنَاسُب 相关系数
ــ السُرْعَة 速率
عَمْلَة جـ عَمَلَات وعَمَائِلُ: عَمَل رَدِيء 邪恶的
行为，恶劣的行为
بِعَمْلَتِه (مـ) 现行犯，当场的
عُمْلَة (مـ): نَقْد / نُقُود 货币，通货
ــ زَائِفَة 伪币
ــ نَادِرَة 稀有货币
ــ وَرَقِيَّة / ــ وَرَق 钞票，纸币

سِعْر الـ 货币行情
ـ صَعْبَة 外币，外汇
وَجْه الـ 货币的正面
قفَا الـ 货币的反面
عِمَالَة / عُمْلَة: أُجْرَة العَامِل 工资，薪水，薪金
ـ / عُمُولَة (مـ): جَعَالَة 佣金，回扣，经手费
عَمَالَة 省份，省行政区
مُعَامَلَة جـ مُعَامَلاَت: تَصَرُّف 对待，对付，来往，交际，联络，关系
ـ: أَخْذ وعطاء 交易，交际，往来
شهادة الـ (免除义务兵役的)证明书
ـ تَفْضِيلِيَّة 最惠国待遇
حُسْن الـ 待人好，善待
سُوء الـ 待人坏，虐待
اِسْتِعْمَال: مُمَارَسَة 使用，应用，实施
ـ: اِسْتِخْدَام 雇用，利用
ـ 实际，习惯
بَطَلَ اِسْتِعْمَالُه 作废，不实行，不再使用
أساءَ الاستعمالَ 误用，妄用，滥用
تَعَمُّل 矫揉，造作
تَعَامُل 合作，协作，相互作用
الـ الدُوَلِيّ 国际合作
عَمَّال 经常不断动作着的
ـ 工人
ـ يَأْكُلُ (مـ) 他正在吃饭
عَمُول: ذُو العَمَل 劳动者，能干的劳动者
ـ 勤勉的，积极工作的
عامِل: فاعِل / الذي فعَل الأمر 工人，劳动者
ـ 在职的
الجُيُوش الـ ة 作战的，常备的(军队)
عَسْكَرِيّ ـ 现役军人，在职军人
الطَبَقَة الـ ة 工人阶级，无产阶级
الخِدْمَة العَسْكَرِيَّة الـ ة 现役
ـ جـ عُمَّال وعَمَلَة 工人，劳动者
ـ ة التِلفُون 女电话员
ـ في مَصْنَع 产业工人，工厂工人
ـ زِرَاعِيّ 农业工人
ـ: خَادِم / صَانِع (سـ) 侍役，仆人
ـ على البَلَد: حاكِم أو والٍ 省长，总督
ـ [数]乘数
ـ اللاَسِلْكِيّ 无线电技师
ـ: صَانِع / الذي صَنَعَ الشيء 制造者
ـ: من يَعْمَل بِيَدَيْهِ 工人，手艺人
ـ 执政者，统治者；代理人
ـ [语]支配者(使他词的词尾发生变化者)
ـ جـ عَوَامِلُ (في الرياضيَّات وغَيرها) [数]因子，因素
حَرَكَة العُمَّال 工人运动
حِزْب العُمَّال 工人党，英国工党
طَبَقَة العُمَّال 工人阶级
عُمَّالِيّ 工人的；工党分子的
الحَرَكَة الـ ة 工人运动
ـ 英国工党党员
عَمِيل جـ عُمَلاَء: وَكِيل 代理人，代办人，中间人
ـ: زَبُون (مـ) 顾客，主顾，买主；订货人，定制人，订购人
ـ 走狗，爪牙
عُمَيْلَة جـ عُمَيْلاَت [电]尔格(功的单位，一达因力使物体移动一厘米的功)
مَعْمُول: مَصْنُوع 制成的，做好的，被制造的
ـ: مَفْعُول 做完的，完成的

ـ به: سَارِي المَفْعُول 通用的，通行的，有效的，在有效期内的

مَعْمَل جـ مَعَامِلُ: مَصْنَع 工厂，作坊

ـ 实验室，化验所

ـ لصُنْع الأسْلِحَة 兵工厂

ـ كِيمَاوِيّ 化工厂，化学实验室

مُسْتَعْمَل: جارٍ استعمالُه 正在使用的

ـ: غير جَدِيد 旧的，用过的，二手的

ـ المَرْكَب (مـ) 舵手

عِمْلاَق جـ عَمَالِقَة وعَمَالِيقُ (أ) Amalek: واحد عَمَالِقَة فِلَسْطِينَ 阿马里克人(古代巴勒斯坦的居民)

ـ: مارد / كبير مُرْتَفِع 巨人，大汉，大力士

عَمَّ ـُ عُمُومًا الشيءُ: شَمَلَ 普及，传开，流行，盛行；成为一般的，普遍的，全面的，概括的；占优势

ـ السُكُوتُ 寂然无声

ـ تْ به البَلْوَى (灾难普及了)已经成为风俗(如吸烟)

عَمَّمَ الشيءَ: ضد خصَّصه 使成为一般的、概括的、普遍的；推广，普及

ـ ه: ألْبَسَه العِمَامَةَ 使缠头巾，给戴上头巾，以头巾赠送他

تَعَمَّمَ واعْتَمَّ واستَعَمَّ: لبِس العِمَامَة 戴头巾

ـ ه: دَعَاهُ عَمًّا 称呼他伯伯、叔叔

اِسْتَعَمَّهُ: اتَّخَذَه عَمًّا 拜他为伯父，叔父

عَمّ جـ عُمُومَة وأَعْمَام وأَعْمُم: أَخُو الأب 伯父，叔父

ـ الأَبِ أو الأُمِّ 伯祖，叔祖；外伯祖，外叔祖

اِبْنُ الـ 堂兄弟

اِبْنُ الـ (مـ) 丈夫

زَوْجَة الـ 伯母，叔母，婶母

اِبْنُ العَمِّ لَحًّا 堂兄弟，从兄弟

اِبْنَةُ الـ / بِنْتُ الـ 堂姊妹

اِبْنَةُ الـ (مـ) / بِنْتُ الـ (مـ) 妻子

اِبْنُ العَمِّ كَلاَلَةً 再从兄弟

عَمَّة جـ عَمَّات: أُخْتُ الأَبِ 姑母，姑姑，姑妈，娘娘

ـ الأب 姑奶奶

ـ الأمّ 姨奶奶，姨姥姥

اِبْنُ الـ 表兄弟

اِبْنَةُ الـ 表姊妹

زَوْجُ الـ 姑父(夫)

عَمَّ = عمَّا؟ (عَنْ + مَا) 关于…？

عَمَّا قَرِيبٍ: بَعْدَ وَقْتٍ قَرِيبٍ 不久

عَمَّنْ (عَنْ + مَنْ) 关于谁？

عِمَامَة جـ عَمَائِمُ وعِمَام / عِمَّة (مـ) 缠头巾

عُمُوم: شُمُول 一般性，普遍性，概括性

ـ: كُلّ 一切，全部，整个

الـ (مـ): الجُمْهُور 群众，公众，大众

حُكُومَة ـ فِلَسْطِين 全巴勒斯坦政府

مَجْلِس الـ 众议院，下议院

عَلَى الـ: بِوَجْه الإجْمال 总之，总而言之

عُمُومًا 大概，普通，通常；一般，广泛

عُمُومَة: صفة العَمّ 伯父或叔父的身份

عُمُومِيّ: غير خُصُوصِيّ / مُشْتَرَك 公众的，大众的，公共的

ـ / عامّ: شامِل 普遍的，流行的，盛行的

ـ / ـ: كُلِّيّ 一般的，概括的

دارُ الكُتُب الـ ة 公共图书馆

مَكَانٌ عُمُومِيّ 公共场所

أَشْغَال ـ 社会工作，公共事务

عُمُومِيَّة 叔伯亲族

عُمُومِيَّات 具有一般意义的问题
تَعْمِيم: ضدّ تَخْصِيص 一般化，普通化
ـ 推广，普及，传播，登载，公布
ـ كَهْرَبَاء 电气化
عَامّ 全民的，公共的，社会的，总的
المُؤْتَمَر الـ العَرَبِيّ 全阿拉伯会议
الرَّأْي الـ 舆论
الصَالح الـ 公共福利
النِظَام الـ 公共秩序
الأَمْن الـ 公安
النَفْع الـ 公用事业
الأَمِين الـ 总书记
مُدِير ـ 总经理，总务司，总务长
القُنْصُل الـ 总领事
مَبْدأٌ عَامّ 原则，通则，总则
القِيَادَة الـ ة 最高指挥部
قاعدةٌ ـ ة 普通法则(规则)，普通准则
الأَعْمَالُ الـ ة 社会工作
اللَجْنَةُ الـ ة 全体委员会，委员会全体会议
يَعْلَمُه الـُ والخاصُّ 任何人都知道这个
عَامَّة جـ عَوَامّ 全体的
ـ النَاسِ: العَامَّة 平民，老百姓
لـ ـ الاتِّحادِ السُوفِيَاتِيّ 全苏联
مَجْلِس العَوَامّ 众议院
عَامَّة 总的，整个的
عَامَّة ... وخَاصَّة 总的…和部分的
عَامِّيّ: دارِج / مَأْلُوف 通用的，流行的，习惯的
ـ: من عَامّة الناس 平民
ـ: سُوقِيّ 俗的，通俗的
الـ ة 土语，方言
اللُغَة العَامِيَّة: لُغَة السُوقَة 俗话，土语

اللُغة العَامِيَّة: المَحْكِيَّة 俗语，口语，白话
عَمِيم م عَمِيمَة جـ عُمُم: شَامِل 总括的，全面的，包罗万象的
عَوَّام: عامة الناس 平民，老百姓
مُعَمَّم: لابِس العِمَامَة 戴缠头巾的人
ـ بالثَلْج (كالجبل) 积雪的，被雪覆盖的
عَمُون (أ) Ammon: الإله الفِرْعَوْنِيّ الأعظم 阿孟神，太阳神(古埃及最尊的神灵)
عَمَهَ وعَمِهَ ـ عَمَهًا وعُمُوهًا وعُمُوهِيَةً وعَمَهَانًا وتَعَامَهَ: تَحيَّر في طريقه 徘徊歧途，迷失方向
ـ: تَحَيَّر في أَمْرِه 狼狈，为难
عَمِيَ يَعْمَى عَمًى وتَعَمَّى: ذَهَب بَصَرُه كلُّه 双目失明，变成瞎子
ـ عن كذا 不明白，不认识，不了解
ـ عليه الأمرُ: التبس 模糊，不清楚，不明白
عمَّى المَعْنَى: أخفاه 使神秘，使暧昧
ـ: تكلّم بالأَلْغاز 说谜语，说隐语
ـ ه: أخفاه عن النظر 隐瞒，隐匿
ـ وأَعْمَى الرجلَ: أَضلَّه 使他迷惑
ـ وـ الرجلَ: صيَّره أَعْمَى 使他变成瞎子
تَعَامَى: أظهر العَمَى 装瞎
ـ عن كذا 熟视无睹，视而不见，假装看不见
عَمًى: ذهابُ البَصَر (حقيقيًّا أو مَجازِيًّا) 失明，盲目(本义的或借喻的)；轻率，无思虑
ـ / عُمِيَّة / عَمَايَة: ضلال 迷惑，迷误，谬妄
الـ اللَيْلِيّ 夜盲症
الـ اللَوْنِيّ 色盲
عَمَايَة 无学识，无教育；愚昧无知，不学无术
عَمَاء / عَمَاوَة 盲目，盲从；混乱，紊乱
ـ: سَحاب كَثِيف مُمْطِر 乌云，黑云，雨云

تَعْمِيَة: مُغَالَطَة /كَفْلَجَة (أ) camouflage [军]
掩饰，伪装

أَعْمَى م عَمْيَاءُ جـ عُمْي وعُمْيَان: ذاهِب البَصَر
(حقيقةً ومجازًا) 瞎子，盲人；盲目的

أبو ـ [动]鼹

ثِقَة عَمْيَاء 盲目信任

طَاعَة عَمْيَاء 盲目服从，盲从

عَمْيَان 瞎子，瞎的

على الـ يّ (مـ) 盲目地

أَطْلَقَ النَارَ على الـ يّ (مـ) 盲目射击

مُعَمًّى جـ مُعَمَّيَات: لُغْز 谜语，隐语；闷葫芦，莫名其妙的事物

عَنْ 介词，后面的名词居于属格，有下面12种意义：

(١) بمعنى مِنْ 从

سَافَر ـ بَلَدِه 他离别了故乡

ـ يمينه 从右面，从右方

(٢) بمعنى بَدَل أي نِيَابَةً عَنْ 代替

دَفَعْتُ ـ هُ ثَمَنَ التَذْكِرة 我替他付了票价

حَضَرَ الاجتماعَ ـ رئيسه 他代表首长出席会议

جَزَاكَ اللهُ عَنِّي خَيْرًا 愿真主替我报酬你

(٣) يعني من خُصُوص 关于

سَأَلْتُه ـ حِرْفته 我问及他的职业

أَجَابَ ـ سُؤَالي بأَدَبٍ 他有礼貌地答复我的问题

ـ شَهْر يُولِيُو 关于7月份的(工资)

(٤) بمعنى بَعْد 之后

تَبَيَّنَ الأمرُ عَنْ قَلِيلٍ 不久事情就明显了

ـ قَرِيبٍ / عَمَّا قَرِيبٍ 不久

(٥) بمعنى بِسَبَبِ 因为

فَعَلَ ذلك ـ اضْطِرارٍ 不得已而那样做

سَاعَدَكَ ـ رِضًى 他情愿帮助你

(٦) 留下，遗下

مَاتَ ـ وَلَدٍ 他抛下一个孩子死了

(٧) 当…的时候

مَاتَ ـ سِتِّينَ سنةً 他60岁的时候死了

(٨) 对于

لا يَخْفَى هذا الأمرُ ـ الأَفْهامِ 这件事是大家都能了解的

رَغِبْتُ ـ هذا 我不喜欢这个

(٩) بمعنى إلى 到

قُتِلُوا ـ آخِرِهِمْ 他们全被杀害了

(١٠) بمعنى على 根据

قال ذلك ـ خِبْرَةٍ ومَعْرِفَةٍ 他根据经验阅历而这样说

حَدَّثَنا ـ أُسْتاذِه 他根据他先生的传授而告诉我们

(١١) بمعنى استعلاء 与其…不如

أَحْبَبْتُ الاختصارَ ـ التَطْوِيلِ 我宁愿扼要，而不愿冗长

(١٢) بمعنى بـ

ـ كَ يا ... 够了！行了！得了！

ـ إِذْنِكَ 请允许我

ـ ظَهْرِ قَلْبٍ 背诵，背记

ـ عِلْمٍ وبَصِيرةٍ 故意，有意识地，自觉地

ـ كَرَمٍ وسَخاءٍ 慷慨地，大方地

دَافَعْتُ ـ ه 我保卫他

عنا (في عنو) / **عناء / عناية** (في عني)

عَنَّبَ الكَرْمُ: صَارَ ذَا عِنَبٍ 结葡萄

عِنَب جـ أَعْنَاب: ثَمَر الكَرْم 葡萄

ـ الذِئْب [植]龙葵

ـ الثَعْلَب 狐狸葡萄(北美的野葡萄，带麝香味)

عُنْقُود ـ / قُطْف (س) (انظر عقد) 一串葡萄
ـ النَصارَى: رِيبَاس [植]红醋栗
كَرْم الـ 葡萄树，葡萄蔓
عِنَبَة جـ عِنَبَات: حبَّة عِنَب 葡萄粒，一颗葡萄
ـ: نُتُوء (زِرّ) في العَيْن [医]葡萄肿
عُنَّاب، الواحدة عُنَّابة جـ عُنَّابَات 枣树；枣子
عَنَّاب 卖葡萄的
عَنْبَا 芒果
عَنْبَر: طِيب مَعْرُوف 龙涎香
ـ جـ عَنَابِر: حُوت المَنّ 抹香鲸
ـ / دم العَاشِق / زِرّ حَبَشِيّ [植]千日红
ـ جـ عَنَابِر (مـ): أَنْبَار / مَخْزَن 仓库，栈房，堆栈
ـ السَفِينَة (مـ): أَنْبَار / جوف 船舱
ـ (مـ) 机务段，机车修理厂
ـ (مـ) 飞机库，修机棚
ـ المَصْنَع (مـ) (工厂的)车间
ـ (مـ) (学校的)宿舍
ـ المُسْتَشْفَى (مـ) 病房，病室
ـ السِجْن (مـ) (监狱的)监房，号子
زَهْرَة ـ [植]矢车菊的一种
نُقْطَة ـ: شبه شامة على الوجه 美人斑，美斑(颊上化妆的黑点)
حُبُوب الـ (لتعطير الفم) 口香糖
عَنْبَرَة الشِتَاء 隆冬，冬季的严寒
عَنْبَرِيّ / عَرَق عَنْبَرِيّ: مُسْكِر حُلْو (liqueur) 香甜果酒
ـ 龙涎香薰过的
عَنِتَ ـَ عَنَتًا: لَقِيَ الشِدَّة وهلك 遇烦恼，受痛苦，遭不幸，陷入困境
ـ 犯罪
عَنَّتَه: شدَّد عليه 强迫，强使

أَعْنَتَه: أوقعه في أمرٍ شاقٍّ 使他陷入困难
ـ 使他苦恼，使他不安
تَعَنَّتَ الرجلَ: حيَّره 使他为难、狼狈
ـ: كابَرَ عِنادًا 顽固，固执，执拗
ـ ه: أدخلَ عليه الأَذَى 找碴儿，吹毛求疵
ـ ه وعليه في السُؤال 使他为难，使他迷惑
عَنَت 恶意，坏心眼；烦恼，困难，艰难，迫害；出难题
عَنُوت: أَكَمَة شاقَّة المَصْعَد 陡峭的山坡
إِعْنَات 强迫，逼迫
تَعَنُّت 固执，顽固，执拗；纠缠，找碴儿
مُتَعَنِّت 顽固的，固执的
ـ 好找碴儿的，好苛求的
عَنْتَر (مـ) / عَنْتَرَة بن شدَّاد (فارس شهير بشعره وفُرُوسِيَّته) 安特尔(阿拉伯古代著名的诗人和骑士)
ـ / عُنْتُر / عُنْتَر 青蝇
شَجَاعَة ـ (安特尔的英勇)无比的英勇
عَنْتَرِيّ (مـ) / عَنْتَرِيَّة جـ عَنَاتِر: صِدِيرِيّ (مـ) 乳褡(罩)，紧身胸衣
عَنْتِيل (مـ) 傲慢的，骄傲的，妄自尊大的
عَنَجَ ـِ عَنْجًا وأَعْنَجَ الشيءَ: جَذَبَه 拉，扯，拖，拽
عِنَاج جـ أَعْنِجَة وعُنُج 桶绳
عُنْجُهِيَّة 愚昧，无知；高傲，狂妄
عَنْجِيل / مَرَض الـ (dengue) [医]登革热(引起头部、四肢疼痛的一种急性流行病)
عِنْدَ: اسم ظَرْف للمكان أو الزمان 在，于，近(空间、时间宾词)
ـ اللُزُوم 在必要的时候，在需要的时候
جَلَس ـ فُلان 他坐在某人那里
جَاء ـ طُلُوع الشَمْس 他在日出时到来

ـ الظُهْر 在中午的时候
لي ـ ه مَال 他欠我债，他该我债
أتَيْتُ من ـ ه 我从他那儿来
عِنْدَئِذٍ 当时，那时，此时
عِنْدِي مَال 我有钱
عِنْدِي كذا: مِنْ رأْيي كذا / في نَظَرِي كذا
我想，我认为，在我看来，据我看来
عِنْدكَ: قِفْ 站住，停下
عَنَدَ ـِ عَنِدَ ـَ وعَنُدَ ـُ عُنُودًا عن الطريق أو القَصْد:
مَالَ وعَدَلَ 背离正路，离开目标
ـ الرجلُ: خالف الحقَّ وهو عارِفٌ به 顽固，
执拗，固执己见
عَانَده الرجلُ: جَانَبَه وفَارَقَه وعارَضه 反对，
反抗，抗拒，顽抗
تَعَانَدَ القومُ: عانَدَ بعضُهم بعضًا 互相反对，
互相抗拒
عِنْدِيَّة جـ عِنْدِيَّات: فرقة من السُوفَسْتائِيَّة يزعمون
أنَّ حقائِقَ الأَشْياءِ تابعة للاعتقاد 观念论，
主观唯心论
عِناد / مُعَانَدَة: مُعارضة 反对，反抗，抵抗，
对抗
ـ / ـ: عِصْيَان 顽固，执拗
عِنَادِيَّة 现象论
تَعَنُّد 顽抗，固执，任性，放肆，固执脾气
عَنِيد جـ عُنُد / مُعَانِد: عاصٍ 顽固的，执拗
的，固执的，倔强的；不屈不挠的
خصْم ـ 劲敌
ـ: صُلْبُ الرأْي 坚持己见的
عَانِد جـ عُنَّد وعَوَانِدُ 顽固的，任性的，放肆
的，不受约束的
عَنْدَلِيب جـ عَنادِلُ 夜莺
عَنْدَم: دَمُ الأَخَوَيْنِ / بَقَّم [植]苏木，巴西木

ـ 茵陈蒿，苦艾
عَنْدَمِيّ 红色的，血红的
عَنْز جـ أَعْنُز وعُنُوز وعِنَاز / عَنْزَة جـ عَنَزَات وعَنَز
(مـ): مَعْزَة (مـ) 母山羊
ـ 雌鹰，雌鸮；雌隼，雌兀鹰
ـ ولو طَارَتْ (مـ) 母羊终究是母羊，即便
能飞也是那样
ـ (مـ): لَقْلَقٌ أَبْيَضُ [鸟]白鹳
ـ الماء: أبو مِنْجَل 乌鹳，锅鹳
عَنَسَت ـَ وعَنَسَتْ ـُ عُنُوسًا وعِنَاسًا وعُنِّسَتْ
وأَعْنَسَتْ الجَارِيةُ: طال مكثها في بيت أهلها
بعد إدراكها ولم تتزوّج 当老处女
عَانِس جـ عَوَانِسُ وعُنْس وعُنَّس وعُنُوس، الواحدة
عَانِسَة جـ عَوَانِسُ: تَرِيكَة 老处女，老姑娘
أَعْنَش م عَنْشاءُ جـ عُنْش: ذُو ستة أصابع 枝指，
六指儿(有 6 个指头的人)
عُنْصُر وعُنْصَر جـ عَنَاصِرُ: أَصْل 源，本原
ـ: جِنْس 种族，民族
ـ: مادَّة / جَوْهَر 分子，成分；元素，因
素，要素
العَنَاصِرُ الغَرِيبَة 异己分子
العَنَاصِرُ القَوْمِيَّة 民族主义分子
عُنْصُرِيّ: مَادِّيّ 元素的，要素的
ـ: جِنْسِيّ 种族的，民族的
ـ 种族主义的；种族主义者
عُنْصُرِيَّة 种族主义
عِيدُ العَنْصَرَة: عِيد نَصْرانِيّ (基督教的)圣灵
降临节
عُنْصُل / عُنْصَل / عُنْصَلاء / عُنْصُلاء: بَصَل الفار
/ إشْقِيل [植]海葱
عَنْعَنَ الرَاوِي: قال في رِوَايَتِه: رَوَى فُلانٌ عَنْ فلانٍ
عَنْ فُلانٍ 追溯一个传说的来源(甲传自

乙，乙传自丙…如此类推）

عَنَّفَه: لامه بشدَّة 申斥，斥责，严责，痛骂

ـ ه وأعْنَفَه: عامله بالشدّة 严厉地对待

عُنْف / عَنْف / عِنْف: شدَّة 严格，严厉，粗暴，剧烈，暴力

إعْمَال الـ 使用暴力，镇压，迫害

تَعْنِيف: لَوْم شديد 严责，谴责，斥责，申斥，痛斥

اِعْتِنَافًا (مـ): ضد مُبَاشَرَةً 间接地

عَنَفَة جـ عَنَفَات: رِيشَة طارة المِرْوَحَة (مـ) （风车、推进机、轮机等的）翼、翼片

عَنَفَات بُخَارِيَّة 蒸汽涡轮机

عُنْفَة / عُنُفَة: اِئتناف وابتداء 开始；再，重新

عُنْفُوَان 茂盛，繁荣

ـ الشَّبَاب: أوَّله 青春

عَنِيف جـ عُنُف: شَدِيد 严厉的，严酷的，残酷的

ـ: مُجْهِد / مُتْعِب 猛烈的，顽强的，吃力的

مَوْتٌ ـ 横死

جِهادٌ ـ 激烈的斗争

إجْرَاءَات عَنِيفَة 严厉的措施，激烈的手段

مُعْتَنِف: غير مُبَاشِر 间接的

عَنَّقَه: أخذ بعُنُقه 抓住脖子

عَانَقَه: طوَّقه بذِراعَيْه 拥抱，紧抱

اِعْتَنَقَ وتَعَانَقَ الرَّجُلَان: عانَق أحدُهما الآخَرَ 互相拥抱

ـ الدينَ 信奉宗教

عُنْق وعُنُق جـ أَعْنَاق: رَقَبَة 颈，脖子

ـ (في التشريح) [解]颈；器官之狭窄或收缩部分（如子宫颈）

ـ (في المِعمار) [建]纽状饰

مَدْقُوق الـ (مـ) 被压迫的，被挤压的

حَنَى ـ ه لفلان 他对…卑躬屈节

في ـ ه أَرْبَعَةُ أَطْفَالٍ وزَوْجَة 他要赡养他的妻子和四个孩子

ووَاجِب مُقَدَّس في ـ ي أنْ أُصَرِّح بِأنّ … 我的神圣职责是声明…

في أَعْنَاقِنَا حَيَاةُ أَرْبَعَةِ أَشْخَاصٍ 我们有保护四条命的责任

يتصرَّف بالأَرْزَاق والأَعْنَاق 粮食和生命都操在他手中

عِنَاق / مُعَانَقَة 拥抱，抱紧

عَنَاق جـ عُنُوق: أنثى أولاد المعز 母山羊羔

خَطّ الـ: شالِم (مـ) 大括弧（{ }）

ـ الأَرض: تُفه [动]狞蝲

أَعْنَق م عَنْقَاءُ جـ عُنْق 长脖子的

عَنْقَاء مُغْرِبٍ / العَنْقَاءُ المُغْرِبُ والمُغْرِبَةُ: طائِر مجهول الجسم لم يوجَد [神]不死鸟

عَنْقَشَ به: تَعَلَّق / تَعَمْشَق (سـ) 依附，粘住，缠住，绕住

عَنْقَشَ (سـ): باع بالتجوُّل 负贩，叫卖，走卖，挑卖

عِنْقَاش (سـ): بَيَّاع مُتَجَوِّل 行商，负贩，小贩，流动摊贩

تَعَنْقَدَ 一串一串地悬挂着

ـ 堆（成垛），堆在一起

عُنْقُود (في عقد) 一串，一嘟噜

عَنْكَب وعَنْكَبَاة وعَنْكَبُوت جـ عَنَاكِبُ وعَنْكَبُوتَات 蜘蛛

بَيْت العَنْكَبُوت 蜘蛛网

زَهْر العَنْكَبُوت: كالزنبق يُستعمَل لمداواة لسع العقرب [植]紫鸭跖草（用于治疗蝎螫）

ـ [植]山慈姑

عَنَم: مِحْلَاق [植]卷须

عَنَّ ـِ عَنًّا وعَنَنًا وعُنُونًا واعْتَنَّ الشيءُ له: ظهَرَ أمامه 出现，呈现，显现

ـ مِنْ تَعَبٍ (مـ): أَنَّ / زَحَرَ (因疲倦而)哼，呻吟

ـ لي... 我想起了

ـ وعَنَّنَ الكِتَابَ وغيرَه: كتب عُنْوَانَهُ (في عَنْوَنَ) 取书名，标书名，(在文章上)加题目

عَنَان: سَحاب 云，云彩

شَقَّ ـَ السَماءِ 震天动地，响彻云霄

عِنَان جـ أَعِنَّة وعُنُن: سير اللجام / سُرْع (مـ) 缰绳，马勒

أَطْلَقَ له الـ / أَرْخَى الـ / تَرَكَ الـ 放任，放纵，任其自由，不加羁勒

أَطْلَقَ الـ لخَياله 妄想，乱想，胡思乱想；想入非非

أَلْقَتْ إليه اللُغَةُ العَرَبِيَّة أَعِنَّتَها (阿拉伯语让他自由驰骋)他精通阿拉伯语

عُنَّة / عِنِّينَة / عِنَانَة 无力，无能，虚弱；[医]阳痿

ـ: حَظيرة من خشب 驼圈；马厩

عِنِّين: عاجزٌ تناسُلِيًّا [医]阳痿者，不能性交者

عَنَا يَعْنُو عَنَاءً وعُنُوًّا له: خضع / أَنَّ (مـ) 投降，屈服，服从

ـ ه الأمرُ: أَهَمَّه 关心，关切，关怀，重视

ـ ـُ عَنْوَةً: أخَذَ الشيءَ قَهْرًا 夺取，强夺，攻取，霸占

ـ وعَنِيَ يَعْنَى عَنًا في القوم: صار أَسِيرًا فِيهم 成为俘虏

عَنْوَة: قَسْر 猛烈，激烈，剧烈，强烈

عَنْوَةً: قَسْرًا 强制地，用力地，强迫地

عَنْوَنَ الخطابَ: عَلْوَنَه 批通讯处，写通信地址

ـ الكتابَ: أسماه 起书名

عُنْوَان وعِنْوَان وعُنْيَان وعِنْيَان جـ عَنَاوِين وعُنْوَانَات 地址；题目，标题

ـ الخِطَاب 通讯地址

ـ الكِتَاب: اِسمُه 书名

ـ المَقالَة: رأسها 文章的标题

صَفْحَة الـ (من الكتاب) (书的)里封面，标题页

عَنَى يَعْنِي عَنْيًا وعِنَايَةً بِما قَالَهُ كذا: أَرادَه وقصَدَه 他的话意味着，意思是…，就是说

أَعْنِي ويَعْنِي (مـ): مَعْنَاه كذا 意思是…，就是说…

ـ ـِ عِنَايَةً وعَنَايَةً وعُنِيًّا الأمرُ فلانًا: أهمّه 使他关心、关怀、关切、注意

عَنَى اللهُ به عِنَايَةً: حَفِظه [宗]真主保佑他

هذا لا يَعْنِيكَ 这与你无关

عُنِيَ عِنَايَةً بالأمر:انشغل واهتمّ به 关心，注意

عَنِيَ يَعْنَى عَنَاءً: نَصِب وتَعِب 疲劳，疲倦

عَنَّاه وأَعْنَاهُ إِعْنَاءً: آذاه وكلَّفه مايشقّ عليه 麻烦他，烦扰他，使他痛苦

ـ الكتابَ: عنونه 加书名

عَانَى وتَعَنَّى الشيءَ: قاسَاه وعالجه 遭受(灾难、疾病)，感受，忍受(困难、痛苦)

اِعْتَنَى بالأمر: اِهْتمّ به 关心，关怀，关切，注意，重视

ـ به: حَافَظَ عليه 看守，照看，照料

تَعَنَّى: كَدّ وتعب 劳动，苦干

عِنَايَة / اِعْتِنَاء: اِهْتمام 关心，注意，关怀，重视

ـ / ـ: حِفْظ 看守，看护，管理，照料

الـ الإلاهِيَّة 天道，天命

عَنَاء / عَنًا / عَنْيَة / تَعَنٍّ: نَصَب 劳动，劳累

ـ: تَعَب 麻烦，困难，艰难，痛苦
كَفَانِي ـ الردّ 他替我负担了回答的困难
عِنْيَة (مـ) 预谋，存心
بالـ (مـ) 故意地，存心地
مَعْنًى جـ مَعَان: مدلول أو مضمون 意思，意义
ـ ومَبْنًى 词义，文字和意义；内容和形式
هذا ـ ه أنَّ... 这就是说…
بكُلِّ ـ الكَلِمَة / بكُلّ ما في الكلمةِ من ـ / بالـ الصحيح 真正的，名副其实的，地道
اِسم ـ [语]抽象名词
ذو ـ 有意义的，有意思的
مَعَانِي الإنسان: صِفاتُه المحمودة 德行，操行
عِلْم المَعَانِي 辞义学
أَهْل المَعَانِي 唯心论者，唯灵论者；信招魂术的人
مَعْنَوِيّ: دال على مَعنى 很有意思的，意味深长的
ـ: ضد حِسّيّ 智力的，精神的，理想的，观念的
ـ: ضد مَادّيّ 抽象的，无形的，非物质的
مَادّيًّا وـ ًّا 物质上的和道义上的
الرُوح الـ ة (军队的)士气、纪律；道义，道德
مَعْنَوِيَّة جـ مَعْنَوِيَّات 精神，心情，士气，情绪
تَعَنِّي (مـ): زُحار [医]痢疾；赤痢；里急后重
عَانٍ 受苦人，受难人，不幸的的人
مُعَنًّى (س): شِعر بلا وزْن 拙劣的诗，打油诗
مُعْتَنٍ: مُهْتَمّ 注意的，关心的，仔细的，小心的
عهد ـَ عَهْدًا الشيءَ: راعاه وتفقّده 关心，留心，注意，照料

ـ الأمرَ: عَرَفَه 知道，认识，晓得
ـ فلانًا بمكان كذا: لقِيَه 遇见，会见
ـ الوَعْدَ: وَفاه 践约，履行诺言
ـ إلَيْه بكذا: أَوْصاه بِه 托付，委托，责成
عَاهَدَه: حالَفَه وعاقَدَه 结约，联盟
تَعَاهَدَ القومُ: تَحالَفُوا وتَعاقَدُوا 互相结约，互相联盟，相互缔结条约，彼此协商
تَعَهَّدَ واعْتَهَدَ وتَعَاهَدَ الشيءَ: راعاه وتفقده 注意，留心，照看，照料
ـ بكذا: تكفَّل 承担，担任，答应
ـ له (مـ): وَعَدَ وضَمِنَ 保证，担保
ـ وـ أَمْلاكَه: أتاها وتَرَدَّدَ عليها وأصلحَها 照料财产
اِسْتَعْهَدَ منه: كَتَبَ عليه عَهْدَه 订约，立约
ـ ه من نَفْسه: ضمَّنه حوادثَ نفسه 保寿险，保障生命安全
عَهْد جـ عُهُود: وَفاء 践约，履行诺言
ـ: وَعْد أو ضَمَان 信约，誓约，保证
ـ: أمان أو ذِمّة 保护，保卫
ـ: مودَّة 友谊，友好，和睦
ـ: مِيثَاق 条约，契约，协定，合同
ـ: زَمان 时代
ـ ئِذٍ 在那个时代
ـ اللاَحَيَاة [地]无生物纪
ـ الجَليد [地]冰河纪
الـ الجَدِيد: الإنْجِيل [基督]新约
الـ القَدِيم: التَوْرَاة [基督]旧约
ـِ ي بِهِ قَرِيب 我刚认识他不久
قَرِيبُ الـ / حَدِيثُ الـ 最近的，不久以前的
من ـِ قَرِيبٍ / إلى ـِ قريبٍ 新近；最近，在不久以前
حَدِيثُ الـ بالوِلاَدَة 新生的

مُتَقَادِمِ الـ 古时的，年代久远的

ثَابِت الـ 坚贞不屈的，不屈不挠的

قَطَعَ ـًا 结约，立约，发出诺言

بَقِيَ عَلَى ـ ِهِ لـ ... 忠实于…

نَقْض الـ 违约，毁约，背信弃义

وَلِيُّ الـ / وَلِيُّ ـ المُلْكِ: الوارث الشَرْعِيّ 王储，皇储，皇太子

عَلَى ـ ِ فُلانٍ / في ـ ِهِ: في زَمانِه... 在他的时代

ـ 知识，通晓，认识

ـ ي به أنّه كذا: ما أَعْرِفُه عنه 据我所知，他是如此如此

كَانَ مُحَمَّدٌ كـ ـ ِي بِهِ فَلَمْ يَتَغَيَّرْ 穆罕默德还是我所认识的那样，没有变化

عَهْدِيّ 条约的，协定的

عَلاقَات ـ ة 条约关系，协定关系

عُهْدَة: مَسْئُولِيَّة 责任，职责，义务

ـ: ضَمان وكَفالة 保证，担保

ـ: ضَعْف 衰弱，软弱，懦弱

والـ على الرَاوِي 真实与否，由传说者负责

على ـ ه / في ـ ه 由他自费

ـ أَمِينِ المَخْزَنِ 仓库管理人的职责

على ـ صَاحِبِه: تَحْتَ مَسْئُولِيَّته 由所有者负责

مُعَاهَدَة جـ مُعَاهَدَات: اِتِّفَاق 条约，盟约，同盟，协定

ـ: اِتِّفَاقِيَّة 契约，盟约，公约，条约

ـ: مُحَالَفَة 同盟，联盟

ـ الأَمان والتَحْكِيم 安全及仲裁条约

ـ الصُلْح 和约，停战条约

ـ التَحالُف 同盟条约

ـ التِجارَة 商务条约

الـ الثُنَائِيَّة 双边条约

تَعَهُّد جـ تَعَهُّدَات: تَفَقُّد 注意，留心，关心，关怀，照料，照管

ـ: تَكَفُّل 担保，保证

ـ: اِرْتِبَاط 义务，责任，联系

ـ: اِتِّفاق 契约，约定，协定，合同

ـ كِتَابِيّ (双方签字的)契约

اِنْقِضاء التَعَهُّدات 契约满期

تَعَاهُد 条约，协定

تَعَاهُدِيّ 条约的，联邦制的

دَوْلَة ـ ة 联邦国

اِسْتِعْهَاد: تَأْمِين / ضَمَان / سِيكُورْتَا (مـ) 保险

عَهِيد: حَلِيف 缔约者，同盟者，同盟国，同盟军

وظَلُّوا على ذلك عَهْدًا عَهِيدًا 他们在那种情况下继续了一个长时期

مَعْهُود: مَعْلُوم 有名的，已知的

ـ إليه بكذا 以某事委托他

ـ 约定地点，会面地点

مَعْهَد جـ مَعَاهِدُ: جَمْعِيَّة 会，协会，学会，学院；专科大学

مُعَاهِد 缔结条约的一方，同盟者

مُتَعَهِّد / مُسْتَعْهِد: مُقَاوِل (مـ) 订契约者，承包人

ـ تَوْرِيدات (مـ) 承办商，进口商

مُتَعَاهِدُون: مُتَعَاقِدُون 契约当事人，条约缔结者

عهر ـ عَهَرًا وعَهَرَ ـ عَهْرًا وعِهْرًا وعُهُورًا وعَهَارَةً وعُهُورَةً إليها وعَاهَرَها: زَنَى بها 通奸，私通

عَهْر / عِهْر / عَهَارَةً: فِسْق 通奸，奸淫

ـ / ـ: بَيْع العِرْض 卖淫

عَاهِر جـ عُهَّار / عَهِر: زَانٍ 奸夫，嫖客

ـ / عَاهِرَة جـ عَاهِرَات وعَوَاهِرُ: زَانِيَة 淫妇，

_ / _: مُومِس 妓女
عَاهِل جـ عَوَاهِلُ: مَلِكٌ أعْظَم 皇帝
_: امْرَأَة لا زوجَ لها 没有丈夫的女人
عَهَنَتْ ـِ عُهُونًا جَرَائِدُ النَخْل: يبِست (枣椰枝) 枯干
_ ـِ عَهْنًا القَضِيبُ: تَثَنَّى وكاد يَنْكَسِر (棍子) 弯曲
عِهْن جـ عُهُون: صُوف أو ما كان منه مَصْبُوغًا
羊毛；染色的羊毛
عَوَاهِنُ الواحدة عَاهِنَة: جَرَائِد النَخْل اليَابِسَة 干枯的枣枝
رَمَى الكلامَ على عَوَاهِنِه: تَكَلَّم بما حضره ولم يبالِ أصاب أم أخطأ 信口开河
عَاجَ يَعُوجُ عَوْجًا ومَعَاجًا بالمكان: أقامَ فيه 住下，定居
عَاج: سِنّ الفِيل 象牙
عَاجِيّ 象牙的，牙骨的
البُرْج الـ 象牙之塔
عَوِجَ يَعْوَجُ عَوَجًا واعْوَجَّ وتَعَوَّجَ العُودُ ونحوه: انْحَنَى 弯曲
عَوَّجَ وعَوَجَ (م) العُودَ ونحوه: ضد قوَّمه 使棍子弯曲
_ شِدْقَيْه 撇嘴(表轻视、厌恶)
عِوَج واعْوِجَاج: عدم استقامة 偏邪(用于抽象的事物)
عَوَج واعْوِجَاج: اِلتواء / اِنْحناء 弯曲
_ أو _ العِظام (مرض ارتجاء العظام) [医] 佝偻病，小儿软骨病
أعْوَجُ م عَوْجَاءُ جـ عُوج / مُعْوَجّ: غير مُسْتَقِيم 偏邪的，弯曲的
_ / _: مُلْتَوٍ 蜷曲的，蜿蜒的

عَوَّاجَة 残废的，肢体不全者
عُوَيْجَة: ذُرَة _ 高粱，粟(特指埃及粟、大粟，学名 sorghum vulgare)
عَادَ يَعُودُ عَوْدًا وعَوْدَةً ومَعَادًا: رجع 回，回来，回归，返回
_ لكذا وإلى كذا: صار إليه 变成，成为
_: تكَرَّر 重复
_ عليه: آلَ إليه 恢复原状，回复(旧习惯)，复归(原主)
_ إلى الأمر 重新开始(已停的事)，继续(谈话)
_ تِ المِيَاهُ إلى مَجَارِيهَا 恢复正常
_ عليه بكذا: نتج عنه 导致…结果
_ عليه بالضَرَر 对他有害
_ له بالنَفْع 对他有利
_ فتحَسَّنَ الحالُ 情况又好转了
لا يَعُود يُحِسُّ بالبَرْد 他不再感到冷
_ ـُ عَوْدًا وعِيَادًا وعِيَادَةً وعُوَادَةً المَرِيضَ: زاره 访问，看望(病人)
_ إلى الاحتفال 举行庆祝
عَوَّدَ الرجلَ كذا: صيَّره يعتاده 使某人习惯于…
عَيَّدَ: اِحتفل بالعيد 庆祝节日
_ عليه (مـ): هنَّأه بالعيد 拜年，拜节，祝贺节日
عَاوَدَ الشيءَ: جعله من عادَتِه 使其成为习惯
_ ه بالمَسْأَلَة: سأله مرَّة بعد أُخرى 屡次问他
_ تْه ذِكْرَى... 他又想起…来了
_ تْه الحُمَّى: رَجَعَت إليه 重新发热
عايَدَهُ مُعَايَدَةً (مـ) 祝贺节日，拜节
أَعَادَ الشيءَ إلى مكانه: أرجعه أو رَدَّه 还，归还，返还，偿还，挽回，恢复
_ الأمرَ أو الكلامَ: كرَّره 重复，反复，再

طَبْعَ الكتابِ ـ 再版，重印，翻印

(preceding line) 做，再说

ـ طَبْعَ الكتابِ 再版，重印，翻印

ـ النَظَرَ في الدعْوى 再审，重审

ـ الإنْشاءَ 再建，重建，改造，复兴

تَعايَدا 互相祝贺节日

اِعْتادَ وتَعوَّدَ الأمرَ: صارعادةً له 习惯于…，有某种习惯

ـ و ـ: اِتَّخذَ عادةً 养成某种习惯

اِنْعادَ (م) 被退还，被重复

اِسْتَعادَه: سَأَلَه أن يَعُود 召回，叫回

ـ سُكُوتَه 他又沉默了

ـ جَلْستَه 他重新坐到自己的位子上

ـ إلى الأذْهَان 使人回忆

ـ عَافِيَتَه 恢复健康

ـ فلانًا ومن فلان الشيءَ: طلب منه إعادتَه 要求重复，要求归还

عَوْد / عَوْدَة: رُجُوع 回，归，折回，返回

ـ إلى أمر: الرجوع إليه 再做，重做，返工

ـ إلى الإجْرام 重犯，再犯

ـ / عِياد: تَكرار 反复，重复

ـ / عِيادَة: زِيارَةُ المَريض 看望病人

عِيادَة: زِيارة 看望病人

ـ طِبِّيَّة ج عِيادَات 门诊部，诊所

ـ طِبِّيَّة: زيارة 出诊

عُود ج أعْوَاد وعِيدَان وأعْوُد: عَصًا 棍，棒，杖，手杖

ـ: آلة طَرب شَرْقيَّة 欧得琴，琵琶

ـ: خَشَبٌ عَطِر 沉香

ـ الثِقاب / ـ كِبْريت: كِبْريتَه (م) 火柴

ـ القَرْح والسعوت [植]墙荆

ـ القَصَب 秸秆，甘蔗

ـ الرِيح / ـ الصَلِيب [植]芍药

ـ 管筒，烟斗，烟袋

ـ 体格，身段

عَجَمَ ـ ه: اِختبره 考验，试验

صَلابة الـ 硬性，坚固性；顽强性，顽强精神

عَوْدَة 返回，返还；恢复，复原

عِيد ج أعْياد: مَوْسِم / يوم عُطْلَة 节日，纪念日

ـ سَنَوِيّ تَذْكارِيّ 周年纪念日

ـ مِئْوِيّ 百年纪念日

ـ الفِطْر المُبارَك / الـ الصَغِير [伊]开斋节

ـ الأَضْحَى / الـ الكبير [伊]古尔邦节，宰牲节

ـ القِيامَة [基督]复活节

ـ جَمِيع القِدِّيسِين [基督]万圣节，诸圣节

ـ المِيلاد [基督]圣诞节

ـٌ مُبارَكٌ عَلَيْكَ 祝你过节好！

ـ رأس السَنَة الجَدِيدة 元旦，新年

أبو الـ: القِشَّة 瓢虫，花金电

أيَّام الأَعْياد 节日

عِيدِيَّة ج عِيدِيَّات: هَدِيَّة العيد 节日的礼物

ـ المِيلادِ (مِيلادِ المَسِيح) 圣诞节礼物

ـ رأْسِ السَنَة 新年礼物

عادُ 阿德人(古代阿拉伯部族)

عَادَة مَرْعِيَّة ج عَادَات وعَوائِدُ وعَاد وعِيد 惯例，习俗，风俗习惯

ـ مُسْتَحْكَمَة: شِنْشِنَة 癖，瘾，习气，脾性

ـ شَهْرِيَّة 月经，天癸

الـ السِرِّيَّة 手淫

كـ ـ ه 按其习惯

خَارِق الـ 异常的，非常的，反常的，打破惯例的

في الـ 通常，平常，一般

فَوْقَ الـ 特命的，特派的

المَنْدُوبُ فَوْقَ الـ 特任使节

اجتماعٌ فَوْقَ الـ 紧急会议

بخلافِ الـ 与习惯相反

عَادَةً 平常，寻常，通常，一般

عَادِيّ: ما جرت به العَادَة 通常的，正常的，常例的，合乎常规的，照惯例的

ــ: مَأْلُوف 普通的，一般的

ــ: مُنْتَظِم / طَبِيعِيّ 正常的，寻常的，正规的

غير ــ 罕有的，稀有的，非常的，临时的

ــ جـ عَادِيَّات: أَثَرٌ قَدِيم 古物，古迹，古董

عَادِيَّات 古代的建筑物

مَصْلَحَة الـ 考古局

تَاجِر الـ 古玩商

إعَادَة: إرجاع ورَدّ 还原，挽回，恢复

ــ: تَكْرَار 反复，重复

ــ: تَكْرِير 再做，重做，重复

ــ النَظَر في القَضِيَّة 重审，再审

ــ الانتِخاب 改选，重新选举

ــ التَنْظِيم 改组，改编

ــ أَسْرَى الحَرْب 遣返战俘

مُعَايَدَة 拜年，拜节，祝贺节日

اِعْتِيَاد / تَعَوُّد 习惯，习性

اِعْتِيَادِيّ: جرتْ به العادة 平常的，通常的，习惯的，依照惯例的

ــ: مَأْلُوف 平常的，普通的，习以为常的

ــ: مُنْتَظِم / طَبِيعِيّ 正规的，正常的

كَسْرٌ ــ [数]普通分数

ــًا 平常地，寻常地，照常地，通常地

غير ــ 异常的，非常的，例外的，破格的

عَائِد جـ عُوَّاد وعُود وعَوْد: راجع 折回的，返还的

ــ: مُتَكَرِّر 复归的，再发的，循环的

ــ جـ عُوَّاد م عَائِدَة جـ عَوَائِدُ وعَائِدَات: زائِر 看望病人者

ضَمِيرٌ ــ [语]归词(连接名词的代名词)

مُجْرِمٌ ــ: اعتاد الإجرام 惯犯

عَائِدَة جـ عَوَائِدُ: مَنْفَعَة 利益，收益，裨益，效果，好处，用处

عَوَايِد (مـ): ضرَائِب 税，捐税

ــ جُمْرُكِيَّة (مـ): مَكْس 关税

ــ الأَمْلَاك (مـ): ضَرِيبَة العَقَار 产业税

عَوَائِد بَلَدِيَّة 市政税

ــ الدِلَالَة 佣金，经纪费，手续费

ــ التَبْلِيط 过桥税，桥头税

ــ الرَصِيف 港税，码头税

مُعِيد: مُعَلِّم مُسَاعِد 助教，实验员

مُعَوَّد / مُعْتَاد / مُتَعَوِّد 有某种习惯者

ــ: مُكَرِّر 重做者

كالمُعْتَاد 跟平常一样

مُعْتَاد على الإجْرَام 惯犯

عَوَّاد 弹琵琶者

مَعَاد جـ مَعَاوِدُ: مَصِير 目的，目标，目的地，返回的地点

الـ [宗]来世的生活

الـ: الآخِرَة [宗]来世，后世

أَرْض الـ [圣经]上帝所应许的地方

ــ: حَجّ 朝觐圣地

عَاذَ يَعُوذُ عَوْذًا وعِيَاذًا ومَعَاذًا ومَعَاذَةً وتَعَوَّذَ واسْتَعَاذَ بفلان من كذا: لجأ إليه واعتصم 投奔，投靠，要求他保护

أَعُوذُ بِاللهِ [宗]求真主保佑(求上帝保佑)

عَوَّذَ وأَعَاذَ وأَعْوَذَ الرجلَ: رقَاه 替…禳解

ــ الرجلَ: علَّق عليه العُوذَ 给…带上护符

اِسْتَعَاذَ بالصَمْت 沉默，不作声

عَوْذ / مَعَاذ: مَلْجَأ 避难所，收容所，养育院

ـ / عِيَاذ: اِلْتِجاء 避难，投奔，投靠

عُوذَة جـ عُوَذ / تَعْوِيذ جـ تَعَاوِيذُ / مَعَاذَة جـ مَعَاذَات 符咒，符箓，咒语，咒文

ـ / ـ: حِجاب 护符，避邪符，避邪物

عِيَاذَ (مَعَاذَ) اللهِ أَنْ أَفْعَلَ كذا [宗]愿真主保佑，我不做此事

عُوَّذ 避居高山上的鸟群

عور ـ عَوَرًا: صار أَعْوَرَ 变成独眼

عَوَّرَه: صيَّره أَعْوَرَ 使成为独眼人

ـ وعَاوَرَ المَكَايِيلَ: قدَّرها 制定标准量器

ـ عليه أَمْرَهُ: عايَره به (مـ) / قبَّحه 责备，谴责，指责，非难

ـ ه (مـ) وعَارَه ـُ عَوْرًا: أَتْلَفَه 毁坏(面貌)

أَعَارَه الشيءَ ومن الشيء: أعطاه إيَّاه عارِيةً 借(给人)，贷与，借出

ـ ه أَهَمِّيَّتَه 加重其意义

ـ ه اهْتِمامًا 表示关心、注意

ـ ه أُذُنًا صاغِيةً لكذا 倾听…

أَعِرْنِي سَمْعَكَ 请听我讲！

عَاوَرَه (مـ) 借给，贷给

تَعَوَّرَ 被损害

ـ وتَعَاوَرَ واعْتَوَرَ القومُ الشيءَ: تَعَاطَوْه وتَدَاوَلُوه 互相借用东西

تَعَاوَرَتْه العِلَلُ 他先后生了各种各样的病

ـ الشُرَّاحُ القصيدةَ بالشَرْح 注释者先后注释了这首长诗

اِعْوَرَّ: صار أَعْوَرَ 变成独眼人

اِسْتَعَار الشيءَ من فلان واِسْتَعَار فلانا الشيءَ: اقترض منه (向某人)借钱，借东西

ـ الكُتُبَ من المكتبة 向图书馆借书

عارة / عَارِيَة / عَارِيَّة: قرض 借款，贷款

عارٍ م عارية (في عري)

عَوْرَة جـ عَوْرَات وعَوَرَات: الأعضاء المخجلة 阴部，下体，羞体

عُوَار / عَوَار / عِوَار 缺点，缺陷

ـ: خرق وشقّ في الثوب (衣服上的)破缝，裂缝

عِيرَة (مـ) 被借用的，被剽窃的

ـ 假的，假造的，捏造的，虚伪的，伪装的，伪善的

شَعْر ـ 假发

شَنَب ـ 假胡子，伪装的胡子

إعَارَة: إقْرَاض 借给，贷给，贷款，放款

قَانُون الـ والتَأْجِير (اصطلاح أميركيّ جديد) 租借法案

اِسْتِعَارَة: اقتراض 借，借贷

ـ (في علم البَيَان) [修]隐喻，借喻

اِسْتِعَارِيّ 隐喻的

أَعْوَرُ م عَوْرَاءُ جـ عُور وعُورَان وعِيرَان: بعَيْن واحدة 独眼人

الـ / المَعْيُ الأَعْوَرُ (انظر في معي) [解]盲肠

التهاب الـ 盲肠炎，阑尾炎

ـ جـ أَعَاوِرُ: غُراب 老鸦

ـ: طَرِيق لا عَلَم فيه 无路标的路

عُوَّار: الخطَّاف الجَبَلِيّ 褐雨燕

مُعِير: مُقْرِض 出借人，贷方

مُسْتَعِير: مُقْتَرِض 向人借贷者

مُسْتَعَار / مُعَار: مُقْتَرَض 被借的东西

ـ: مَجَازِيّ 隐喻法

اسم ـ للكتابة 笔名

اسم ـ 假名，雅号

ـ: كاذب 虚伪的，假的，捏造的

عوز ـ عَوَزًا وأَعْوَزَ الرجلُ: اِفْتَقَرَ 贫乏，贫穷
ـ الشيءُ: عَزّ فلم يُوجَدْ وأنتَ محتاج إليه (生活必需品)缺乏，不足，难得
ـ الأمرُ: اِشْتَدَّ (事情)困难，艰难
عَازَ يَعُوزُ عَوْزًا وأَعْوَزَ الشيءُ فُلانًا: احتاج إليه فلم يَجِدْه 缺乏，缺少，短少(某物)
يَعُوزُه كذا: يَنْقُصُه 他缺少某物
عَوْز / إِعْوَاز: اِحْتِيَاج 需要，需求
إِعْوَاز / عَوَز / عَازَة (مـ): فقر 贫乏，贫穷，贫困
عِنْدَ العَازَة (مـ) 在需要的时候
عَاوِز (مـ) 需要，要求
ـ أَيْه (مـ) 你要什么？
عَوِز / عَائِز / مُعْوِز / أَعْوَزُ 缺乏的；穷的，贫穷的，贫困的
عَوْسَج جـ عَوَاسِج: نبات شائك [植]鼠李
عَاصَ يَعَاصُ وعَوِص يَعْوَصُ عِياصًا وعَوَصًا
الكلامُ: صَعُبَ فهمه (文字)艰涩，费解，难懂，深奥
عَوِيص: صَعْب 艰涩的，费解的，难懂的，深奥的
عَاضَ يَعُوضُ عَوْضًا وعِوَضًا وعِيَاضًا وعَوَّضَ وعَاوَضَ وأَعَاضَ فلانًا من كذا: أعطاه عِوَضًا أي بَدَلاً وخَلَفًا 给他补偿，抵偿
ـ ه وـ ه وـ ه: كَافَأَه 报酬，奖赏
ـ وأَعَاضَ عن الضَرَر 赔偿，赔补
لا يُعَوَّضُ 不可补偿的
اِعْتَاضَ وتَعَوَّضَ منه 取得补偿，获得赔偿，获得抵偿
ـ عنه أو به 代替
ـ واسْتَعَاضَ فلانًا: سأله العِوَضَ 向…要求赔偿

عِوَض جـ أَعْوَاض: بدل 代替，等价物
ـ الصَابُون 肥皂代用品
أَعْوَاض النِفْط 石油代用品
عِوَض / تَعْوِيض جـ تَعْوِيضَات: مُكَافَأَة 报酬，奖赏
ـ / ـ عن ضَرَر 赔偿
تَعْوِيضَات الحَرْب 战争赔偿，军事赔款
عِوَضًا عن كذا ومن كذا 代替某物
تَعْوِيض: رَدّ (في علم الأحياء) [生]取代
عَوْضُ: قَطُّ 从来
ما رَأَيْتُه ـ 我从来没有看见他
ـ: أَبَدًا 永，永远
لا أَخُونُ وَطَنِي ـ 我永不出卖祖国
اِعْتِيَاض 代替
عوطب (في عطب)
عَاقَه يَعُوقُ عَوْقًا وعَوَّقَه وأَعَاقَه واعْتَاقَه عن كذا:
أَخَّرَه عنه 使延缓，拖延，耽搁
ـ ه وـ ه وـ ه: منعه 妨碍，阻碍，阻止
تَعَوَّقَ: تأخَّر وتثبَّط 被延缓、拖延、耽搁
ـ: مُنِعَ 受阻碍，被阻止，为难
عَوْق / إِعَاقَة: تَأْخِير 延迟，延缓，耽搁，拖延
ـ / ـ: مَنْع 阻碍，阻止，妨碍
عَاقَة (مـ) 耽搁，延迟，阻滞，妨碍
عَيَاقَة (مـ) 灵巧，熟练
عَائِق جـ عَوَائِقُ وعُوَّق / عَائِقَة جـ عَوَائِق: مانع 障碍，故障，困难
ـ (مـ): لسان العُصْفُور [植]飞燕草
ـ جـ عُيَّاق (مـ) / عَيُّوق (مـ): مُتَكَيِّس 纨袴子弟，花花公子
عَائِقَة جـ عَائِقَات / عَايْقَة (مـ): صاحبة المَاخُور 鸨母，妓院的老板
العَيُّوق: اسم نَجْم [天]五车二(牧夫座一

等星)

عَوَّاق 轮掣，煞车

عَوَّاقَة القِطَار الحديديّ: سِبِنْسَة (مـ) (意) (dis-pensa) [铁]缓急车(有手煞车的机车)

مُعَوِّقَات 障碍，困难

عوكر (مـ) وعكَّرَ وأعْكرَ الماءَ 把水搅浑

عال يَعُولُ عَوْلاً في حُكمِهِ: جارَ ومالَ عن الحقّ 不公道，不公正

ـ ـُ عَوْلاً وعَالَ يَعِيلُ عَيْلاً الشيءُ فلانًا: ثقل عليه وأهمَّه 成为重担

ـ ـُ عَوْلاً وعِيَالَةً وأعَالَ الرجلُ: كثُر عِيالُه 家庭人口众多

ـ الرجلُ عِيالَه: كفاهُمْ معَاشَهم 赡养全家

ـ و ـ الرجلُ: افتقر 贫穷，缺乏，贫困

ـ وعِيلَ صَبْرُه (راجع عيل): غُلِب 他忍耐不住了，迫不及待

عَوَّلَ وأعْوَلَ: رفع صوتَه بالبُكاء والصِياح 痛哭，恸哭，大哭，嚎啕大哭

ـ على فلان وبه: إِسْتَعَان به واتَّكَلَ واعتمد عليه 依赖，依靠，信赖

ـ على نفسه 自立，依靠自己

ـ على كذا: نَوى / عزم / صمَّم 决定，决心，决意

عَوْل / عَيْل: جوْر 不义，不公正，不公平

ـ / عِيَالَة: كفاية المعاش 抚养，赡养

ـ: مَن يعول العائلة 抚养者，赡养者

ـ / عَوِيل: نُواح 痛哭，哭啼

عَوِيل (مـ) / عِيَالَة على غيره 食客，随从，寄食者

عِوَل / تَعْوِيل (مـ) / مُعَوَّل: اتّكال واعتماد 信赖，依靠

عَالَة: شَمْسِيَّة مَطَر (مـ) 雨伞

ـ: ثَقْلَة 负担，累赘，拖累，重荷，包袱

كان ـً على فلان 决定于，取决于，依从于

عاش ـً على فلان 靠某人生活

إعَالَة 供养家庭

عَائِل (في عيل):فَقِير 贫困的，贫穷的

ـ / مُعِيل العَائِلة 抚养者，供养者

عَائِلة (في عيل) 家庭，家眷，眷属

عَيِّلُ الرجل جـ عِيَال: أَهل بيته 家属，亲属，家眷

ـ (مـ): وَلَد صَغِير 小孩子，年轻人

مِعْوَل جـ مَعَاوِلُ: أداة لحفر الأرضِ 镐，鹤嘴锄

مُعَوَّل 希望，期待，指望，支柱

لَيْسَ عليه ـ 他是靠不住的，不可以信任的

عُولُس (مـ) Aeolus: إلاهُ الرِيح عند الإغْرِيق [希神]风神伊俄勒斯

عام يَعُوم عَوْمًا في الماء: سبَح 游泳，凫水，泅水

ـ: طَفَا 浮，漂，浮起

عَوَّمَ السَفِينَةَ: أسبحها في البحر 放(船)下水

ـ المكانَ (مـ): غمرَه بالماء 淹没，泛滥

ـ 浮运(木材)

ـ 打捞(沉船)

ـ تْ وعَاوَمَت النَخْلَةُ: كانت تحمل عامًا وعامًا لا تَحْمِل (枣椰)每隔一年结实一次

عَاوَمَ فلان فلانًا: عَامَلَه بالعام 按年雇用

ـ 订一年的合同

عَوْم: سِبَاحَة 游泳，泅水，凫水

لِبَاس الـ 游泳衣

خَطّ الـ (船只)吃水线

عَوْمًا / بالعَوْم: سِبَاحة 游泳，游水，泅水，凫水

عَام جـ أَعْوَام: سَنَة 年，岁，一年，年度，年纪，年龄

ـ مَدْرَسِيّ 学年
كُلَّ ـ وأَنْتُمْ بِخَيْر 新年好，恭贺新禧!
ـ ئِذٍ 当年，在那年
عَامِيّ 一年的，每年一次的
عَامَة: طَوْف 筏，木排
عائِم: سابح 游泳者，泅水者，凫水者
ـ: طافٍ / ضد غاطِس 漂浮的
عَائِمَة: ذَهَبِيَّة (مـ) 屋形船，水上住宅
عامَّة وعَوامّ (في عمم)
عَوَّام: الذي يَعُوم 游泳者
عَوَّامَة جـ عَوَّامَات: شَمَنْدُورَة (مـ) 浮标，浮圈
ـ للنَجَاة من الغَرَق 救生圈
ـ صِنَّارة السمَك أو قِنْدِيل الزيْت وأمثالهما (钓鱼用的)浮子；(油灯内的)浮芯
ـ صُنْدُوقِ دَفْقِ المُسْتَراح (抽水马桶水箱内的)浮球
ـ السَمَكَة: نُفَّاخة 鳔
مُعَاوَمَة 以年为期的合同
عوَّنه وعاوَنه وأعانَه على الشيء: سَاعَدَه 帮助，援助，拯救，援救
أَعانه منه: خلّصه منه 援救，拯救
ـ 发给津贴，补助金
تَعاوَنَ واعْتَوَنَ القومُ على الأمر 互助，合作
اِسْتَعَانَ الرجلَ وبه: طلب منه المُساعدة والعَوْنَ 向…求援
ـ به 利用，使用，运用
عَوْن / إعَانَة / مَعُونَة: مُساعَدة 援助，帮助，扶助
ـ / ـ / ـ: نَجْدَة 援助，救援，救护
ـ جـ أَعْوَان / مُعِين: مُساعِد 助手，副手
مَدَّ يَدَ الـ 支援，援助，伸出援助之手
عَوْنَة: سُخْرَة 徭役，差役，强迫劳役，无偿劳动
عَوَان: في مُنْتَصَف السِنّ 中年(妇女)
حَرْب ـ 酣战，大战，剧烈的战争，残酷的战争
عَانَة: أَسْفَل البَطْن أو شَعْره 阴阜；阴毛
عَظْم الـ 耻骨
تَعَاوُن: اِشتراك في العَمَل 互助，合作
شَرِكَة الـ 合作团体
تَعَاوُنِيّ 合作的，合作制的，合作社(的)
جَمْعِيَّة ـ ة 合作社
الجمعيّة الـ ة الزراعيّة 农业合作社
تَعَاوُنِيَّة جـ تَعَاوُنِيَّات 合作化，合作制，合作社
تَعاوُنِيَّات البَيْع والشِراء 供销合作社
تَعاوُنِيَّات لِلإنْتَاج 生产合作社
إعَانَة مَالِيَّة 津贴，奖金，补助金
ـ دِراسِيَّة 奖学金，助学金
اِسْتِعَانَة: طلب المَعُونَة 求援，求助
مُعَاوِن: مُساعِد 副手，助手，助理
ـ رَئِيسِ أَرْكَانِ الْحَرْبِ العَامَّةِ 副总参谋长
مُهَنْدِسٌ ـ 助理工程师，副工程师
مُعَاوَنَة 帮助，协助
مِعْوَان جـ مَعَاوِين / مُعِين 得力的副手、助手、助理
مَعُونَة 帮助，援助；津贴，补助金；参考书
عَاه يَعُوهُ عُوُوهًا وعِيهَ الزرعُ: أصابَتْه العاهةُ (庄稼)受害，受病虫害
عَوَّهَ الإنْسَانَ: أصابَه بعاهَة 使他残废
عَاهَة جـ عَاهَات نَبَاتِيَّة: آفَة (植物的)虫害，病害
ـ: مَرَض 疾病，病症
ـ 残废，生理上的缺陷
ـ دَائِمَة (مُستدِيمة) 痼疾，不治之症

ذُو الـ 残废者，带残疾者，有生理缺陷者(如独眼、瞎子、瘸子等)

مَعُوهٌ / مَعْيُوهٌ: مُصابٌ بعاهة 遭受病虫害的

عَوَى يَعْوِي عُوَاءً وعَيًّا وعَوَّةً وعَوِيَّةً الكَلْبُ والذِئْبُ وغيرهما (狗、狼等)吠，嗥

عَوَّى 狂叫，狂吠

اِنْعَوَى: اِنعطف 变弯曲

عُوَاء: وَعْوَعَة 狗吠，狼嗥

العَوَّاء [天]牧夫座

مُعَاوِيَة: كَلْبَة 母狗

أبو ـ: فَهْد 猎豹

عُوَيْسِيَّة 小折刀

عُوَيْنَة (في عين) / **عَيّ** / **عياء** (في عيي)

عيادة (في عود) / **عيار** (في عير)

عَابَ يَعِيبُ عَيْبًا وعَيَّبَ الشيءَ: نسب إليه العَيْبَ 谴责，责备；指摘

ـ و ـ الشيءَ: جعله ذا عَيْب 损害，伤害，弄坏

ـ ه و ـ ه: شانه 污辱

ـ ه و ـ ه: ذَمَّه 贬责，诬蔑

ـ عليه (م): سَخِرَ به 嘲笑，挖苦，嘲弄

ـ في حقِّه 诽谤，中伤，毁坏名誉

عَيْب وعابٌ ج عُيُوبٌ / مَعَاب ومَعَابَة ج مَعَايِب: شائِبة 缺陷，缺点，毛病，瑕疵，短处；

[印]缺字，缺页

ـ / ـ: نَقِيصَة (خُلُقِيَّة) (性格上的)弱点，缺点，瑕疵

يا ـَ الشُوم! (م) 真可耻！真丢人！

ـ عَلَيْك (م): عَارٌ عَلَيك 真丢脸！真可耻！好不要脸！

عَيْبَة ج عِيَب وعِيَاب وعِيبَات: شَنْطَة (م) 皮包

ـ 保密者，可信任者

عَيَّاب 谴责者

مَعِيب / مَعْيُوب: به عَيْب 有缺点的，有缺陷的，不完满的；可耻的，不名誉的

مَعْيُوب 麻痹的，瘫痪的

مُعِيب: شائِن 可耻的，丢脸的，不名誉的

عَاثَ يَعِيثُ عَيْثًا وعُيُوثًا وعَيَثَانًا في ماله: بذَّره 浪费，挥霍

ـ 行凶，横行霸道，胡作非为

ـ الذِئْبُ في الغَنَمِ 狼残害羊群

ـ الشيءَ: أفسده 破坏，毁坏，蹂躏

عَيَّثَ الشيءَ: تلمَّسه / حسَّسه (م) 摸索，探索，瞎摸

عَيْثَانُ م عَيْثَى 挥霍者，蹂躏者

عيد (في عود)

عَارَ يَعِيرُ عَيْرًا: هامَ على وجهه 彷徨，漫游，游荡，漂泊，流浪

عَيَّرَ وعَايَرَ الرجلَ (م): قبَّح عليه فِعْلَه 责备，责骂，斥责，申斥，非难

ـ و ـ ه بعَيْب (م) 辱骂，侮辱，痛骂

عَايَرَ فلانًا: فاخَره 争荣，比赛光荣

ـ المِكْيَالَ أو المِيزانَ: فحَصَه وامتحَنَه 检查，查验，核查，查对

ـ: كَالَ / قَاسَ 测验，测定，衡量

عَيْر ج أَعْيَار وعُيُور وعِيَار وعِيَارَات وعُيُورَة م عَيْرَة 野驴

عَيْر: هَيْم 漫游，游荡，漂泊，流浪

ـ ورَقَة النَبات: ضِلْعُهَا [植]中肋

عِير ج عِيرَات وعِيَرَات: قَافِلَة 驼队，马帮，(在沙漠中旅行的)商队

لَيْسَ في العِير ولا في النَفِير 无用的，不中用的，无价值的，拙劣的，不三不四的

عِيَار ج عِيَارَات: مِقْيَاس 标准，尺度，规格，

规范
ـ البُنْدُقِيَّة أو المِدْفَع (枪、炮的)口径；[经]
本位
ـ نَارِيّ جـ أَعْيِرَة (مـ) 弹子，炮弹
ـ الذَهَب [经]金本位
ـ: مِثْقَال 砝码，秤锤
ـ (贵金属的)成色，(刻于贵金属的)
戳记
مُعَايَرَة (مـ) 标准化，统一度量衡
ـ: تَعْيِير 侮辱，辱骂，责备，谴责，责难
عَار جـ أَعْيَار: عَيْب 耻辱，玷辱，羞辱
ـ عَلَيْكَ! 真丢脸！真可耻！好不丢脸！
يا لَلْـ 真可耻！真丢脸！
عِيرَة (مـ) / مُسْتَعَار 假的，冒充的，骗人的
ـ (مـ): غير ثابت أو أصليّ 松的，不稳妥的
أَسْنَان أو شَعْر ـ 假牙，义齿；假发
عَيَّار / عَائِر: متردّد بلا عمل 游荡者，彷徨者，
狡猾的，奥妙的
ـ جـ عَيَّارَات (مـ): رافعة 起重机
مِعْيَار جـ مَعَايِيرُ (评判的)标准，准绳，规格，
尺度
مَعَايِر: مَعَايِب 缺点，瑕疵，毛病；恶习，
坏习惯；错误，过失；(印刷上的)缺字，
缺页

أَعْيَسُ م عَيْسَاءُ جـ عِيس 良种骆驼

عِيسَى: السيّد يَسُوعُ (اسم عِبْرَانِيّ) 耶稣
عِيسَوِيّ: نَصْرَانِيّ / مَسِيحِيّ 耶稣教徒

عَاشَ يَعِيشُ عَيْشًا وعِيشَةً ومَعِيشًا ومَعِيشَةً ومَعَاشًا
وعَيْشُوشَةً: حَيِيَ 活，生活
ـ على كذا: اقتات به 以…为生活，以…为
粮食
ـ: تحمَّل 耐用，经用

مَنْ يَعِشْ يَرَهُ! (谁活着就能看见)等着瞧吧！
ـ تْ جُمْهُورِيَّةُ الصِّينِ الشَعْبِيَّة! 中华人民共
和国万岁！
عِشْ وعَيِّشْ! 你活下去，也让别人活下去！
عَيَّشَه وأَعَاشَه: جعله يَعِيش 让他活着，允许他
生存
ـ وـ فلانًا: أقاته 养活，赡养，供养，供
生活资料
عَايَشَه: عاشَ مَعَه 和他一起生活；生活在其
中，经历
تَعَيَّشَ: سَعَى وَرَاءَ أَسْبَابِ المَعِيشَة 谋生
تَعَايَشُوا بالأُلْفَةِ والمَوَدَّةِ: عَاشُوا مُجْتَمِعِينَ على
الأُلْفَةِ والمَوَدَّةِ 他们亲密地生活在一起，他
们和睦共处
عَيْش: حياة 生活，生存
ـ (مـ): خُبْز 面包，馒头，馍馍
ـ بَايِت (مـ): خبز غَبِيب 过夜的面包，不新
鲜的面包
ـ الغُرَاب (مـ): فُطْر 蘑菇
ـ: طَعَام 食品，食物
ـ / عِيشَة: حالة الإنسان في حياته 生活情况
عِيشَةٌ راضِيَة 如意的生活，快乐的生活，
富裕的生活
إِعَاشَة 赡养，供养，供给食品、粮食
قِسْم الـ 粮食部门
بِطَاقَة الـ 购粮证，食物购买证
عَائِش: حَيّ 活着的，有生命的，活生生的
ـ: في خَفْض من العيش 小康的，富有的，
有钱的，手头宽裕的，生活舒适的
مَعَاش جـ مَعَاشَات / مَعِيشَة جـ مَعَايِشُ: ما تَعِيش به
生活资料
ـ: رَاتِب 工资，薪水，薪金，薪俸

ـ: عَوْل 年金，恤金，生活津贴
ـ التَقاعُد 养老金
ذو ـ: من أَرْباب المَعاشات 领年金的人
أَحالَه على الـ 发给年金使退职
الـ والمَعاد [宗]今世和来世
أرباب المَعاشات 领年金者；领养老金者，领恤金者或生活津贴者
مَعِيشَة جـ مَعَايِش 生活资料
مَعِيشِيّ 生活的
نَفَقَات ـ ة 生活费
المُسْتَوَى الـ 生活水平
عَيَّاش: بائع العَيْش 面包商
ـ 好放荡者，好吃好玩的人
عَيَّطَ: صَاح 呼喊，叫喊，吆喝
ـ عليه (س): ناداهُ 喊他，叫他
ـ (م): بَكَى 啼哭，号哭
عِيَاط (س): صِيَاح أو نِدَاء 叫喊，呼唤
ـ (م): بُكَاء 号哭，啼哭
عَافَ ـِ عَيْفًا وعِيَافًا وعَيَفَانًا الشيءَ: كرهه فتركه 嫌恶，憎恶，讨厌
ـ تْ نَفْسُه الكُتُبَ الرَدِيئَة 他看见坏书就讨厌
تَعافَهُ النَفْسُ 讨厌他，嫌恶他
يَعافُ النَظَرَ إليه 不愿看他
ـ ـِ عَيْفًا الطائرُ: استدار وحام على الشيء 翱翔，盘旋
ـ عِيَافَةً الطيرَ: زَجَرها فتَشاءَمَ أو تفاءَلَ بطَيَرانها 根据鸟的飞翔而占卜
عَيْف / عَيَفَان: اِشْمِئْزاز 厌恶，嫌忌，厌弃
عائِف 鸟卜者(根据鸟的飞行)
عَيُوف: عائِف 厌恶的，讨厌的
تَعايَقَ (م) 穿得极其华丽
عِيَاقَة (م) 浮华，华丽

عَيُّوق (م) 盛装的，装束华丽的
الـ [天]五车二(牧夫座一等星)
عَايِق (م) 好穿着的，好打扮的人，花花公子，纨袴子弟
عَالَ يَعِيلُ عَيْلَةً وعَيْلاً وعُيُولاً ومَعِيلاً: افتقر 贫困，贫乏
عَيَّلَ وأَعْيَلَ: كثُرَ عِيالُه (راجع عول) 家庭人口众多
ـ عِيالَه: كَفاهُمْ مَعاشَهم 抚养，供养，赡养
عَيْلَة / عَائِلَة: أهل 家庭，家眷
اِبْنُ ـ 身家清白的，出生名门的
رَبُّ ـ 家长，户主，有妻室的人
عِيلَ صَبْرُه 失去耐心
ـ صَبْرِي 我忍无可忍
عَيِّل جـ عَيَائِلُ وعِيَال وعَالَة (م): وَلَد / طِفْل 孩子，儿童
هم عِيال عليه (م) 他们靠他赡养
عِيالَة: عَوْل 抚养，赡养，供养
عَائِل جـ عَالَة وعُيَّل وعِيل وعَيْلَى: فَقِير (راجع عول) 穷的，贫穷的
عَائِلة جـ عَائِلات 家庭，家眷，眷属
عَائِلِيّ: أَهْلِيّ / بَيْتِيّ 家的，家庭的
مُعَيِّل: كثير العِيال 子女众多的
عَيَّنَ اللؤلؤةَ: ثَقَبَها (在珍珠上)钻孔，打眼
ـ الشيءَ: خصَّصه 指定，确定
ـ الشيءَ: أفرده 分出，标出，划出，选出
ـ الأمرَ: حصرَه وحدَّده 限定
ـ الأَجَلَ أو الحَدَّ: حدَّدَه 规定(日期、界线等)
ـ السببَ: ذكَره 指出原因，确定原因
ـ الشيءَ لفلان: خصَّصه 分配，分给
ـ الأمرَ: قرَّره 决定
ـ ه في مَرْكَز 任命，委任，指派

عَايَنَه وتَعَيَّنَه: رآه بعَيْنِه 目睹，目击，亲眼看见
ـ ه: تفحَّصه 检验，检查，查看
تَعَيَّنَ في الجُنْديَّة (مـ) 编入军队
ـ عليه كذا …成为他的任务
عَيْن: 阴性名词，有下列 10 种意义：
(١) عَيْن جـ عُيُون وأَعْيُن وأَعْيَان جج أَعْيُنات:
عُضْوُ البَصَرِ 目，眼睛
على مَدَى الـ 极目，满目，眼睛所能看到的距离内
بِأُمِّ الـ 亲眼看见
رآه بعَيْنَيْ رأْسِه / رآه رأْيَ ـَيْه 亲眼看见
كانتْ ـ ه ساهِرةً 随时戒备着、警惕着
جَرَى بـ ـَيْه على … 一瞥，略一过目，略一寓目
نَظَرَ إليه بـ ـ الرضَى 满意地看他
نَظَرَ إليه بـ ـ الجِدِّ 认真(严肃)地看他
يا ـَ العَمِّ! (伯伯的眼珠子)亲爱的！
ـٌ مُجَرَّدَة 肉眼(指不用任何光学仪器)
ـ / عَيْنٌ لامَّة (أو نَجِيئة) 毒眼，凶眼，恶眼 (阿拉伯人迷信毒眼能使人害病)
ـ الهِرِّ: اسمُ حَجَرٍ كَرِيم [矿]猫儿眼，猫眼石
ـ الجَمَلِ (مـ): جَوْز 胡桃
ـ سَمَكَة (مـ): ثُؤْلُول القَدَم [医]鸡眼
أَبُو ـ بَيْضَاء (مـ): طائِر صدَّاح [鸟]绣眼
شاهِدُ ـٍ 见证(人)，目睹者，目击者
صَدِيقُ ـٍ 虚伪的朋友，酒肉朋友
كَأْسُ الـ 洗眼杯
عَلَى الرأْسِ والـ 很高兴，很愿意
أَصابَتْه ـُ ها 他遭了她的毒眼
وقَدْ ضاعَ أَمامَ عَيْنَيْه 在他眼前消失了
مَلأَ الـ 使人欣赏，令人肃然起敬
لا يَمْلأُ الـ (مـ) 引不起尊敬

نَظَرَ بأَلْفِ ـ ٍ و ـ (看了一千零一眼)专心
نَزَلَ مِنْ ـ ي (مـ) 我再也看不起他了
بـ ـَيْ رأْسِي 我亲眼看见
عَلَى ـ ِك يا تَاجِرُ! 你这生意人，真不要脸！
ـٌ بِـ ـٍ / الـ ُ بِالـ 以眼还眼
أَصْبَحَ أَثَرًا بَعْدَ ـٍ 名存而实亡，只留下一点痕迹了
ـ: ثَقْب 孔，眼，小窗，窟窿
ـ شَبَكَةٍ 网眼，筛眼
ـ القَنْطَرَة 水闸，闸门
ـ السَاقِيَة 手枪的弹槽
(٢) ـ المَاء 泉，水源
(٣) ـ: بَيْت / قِسْم 室，房间；车厢；房舱
ـ لصَفِّ وحِفْظِ أَوْرَاقٍ أو غير ذلك (写字台上)鸽笼式文件架，分类架
(٤) ـ 芽，幼芽
(٥) ـ 东西，物品，所有物
ـ: نَقْد (خلاف الوَرَق) 硬币(相对的是钞票)
بِعْتُهُ عَيْنًا بِـ ـٍ 我以现款卖出
(٦) ـ 最好的，优美的东西
ـُ الشيءِ: خِيارُهُ 菁华，精华
طَلَبَ أَثَرًا بَعْدَ ـٍ 舍本逐末
(٧) ـ 一样，同样
ـ: ذات / نَفْس 自己，本人
ولهذا السببِ ـ ِه 正是由于这个原因
فأَجَبْتُه بِـ ـ الجَوابِ 我给了他同样的回答
هُوَ هُوَ بـ ـ ِه 他就是那个人
(٨) ـ: شَمْس 太阳
ـ الشَمْس: صَيْخَدها 太阳的光芒
(٩) ـ: إنْسَان 人，一个人
ما بالدار ـٌ 屋里一个人也没有
ـ: جَاسُوس 眼线，密探，间谍，奸细

ـ جـ أَعْيَان: سَيِّد 首领，头目
ـ: شريف قومه 贵族
أَعْيَان 显贵，贵族，名流，著名人士
مَجْلِس الـ 元老院
(١٠) ـ: نَوع / صِنْف 样，品种，种类，部类
عَيْنًا: صَنْفًا / من ذات الصَنْف 同类的
عَيْنِيّ: بَصَرِيّ 眼睛的，视力的，光学的
ـ: ثَابِت / مَادِيّ 真实的，物质的
حَقّ ـ / حُقُوق ـ ة 物权
مِلْك ـ 不动产，房地产
المُقَايَضَة الـ ة 商品交换，物物交易
أَمْوَال عَيْنِيَّة أو مَادِيَّة 动产
عُيَيْنَة: عَيْن صَغِيرة أو ثقب صغير 孔眼，小孔，洞洞眼
عُوَيْنَات (مـ): نَظَّارة 眼镜
عِيَان جـ عُيُن وأَعْيِنَة: حَدِيدة في المِحْرَاث 犁头
بَدَا لِلـ 显露，公开，明显
بادٍ لِلـ 明显的，显著的，显而易见的
شاهِد ـ 见证(人)，目击者，目睹者
لَيْسَ الخَبَرُ كالـ / (كالمُعَايَنَة) 耳闻不如目睹，百闻不如一见
عِيَانِيّ: ظَاهر 明显的，显著的，显眼的
تَعْيِين جـ تَعْيِينَات 确定，指定，选定，规定，任命，委任
ـ ناشِف 干粮
ـ الجُنْدِيّ أو غيره: جِرَايَة 粮饷，口粮
مُعايَنَة: مُشَاهَدَة 目击，目睹，亲眼看见
ـ: فَحْص 视察，观察，检查，查勘
عَيِّن: سَرِيع البُكاء 好哭的，爱流泪的
عَيِّنَة جـ عَيِّنَات: مثال / مِسْطَرة (مـ) 样品，货样，样本，标本

مَعِين / مَعْيُون / مُعْيَن (مـ): ماء جارٍ من عَيْن 泉水
ـ 被毒眼看过的
مُعَيَّن: (في الهَنْدَسَة) [数]菱形，斜方形
ـ منحرف [数]不等四边形
شَبِيه بالـ [数]平行四边形
مُعَيَّن: مُخَصَّص 专门的，特定的，指定的，有计划的
ـ: مَحْدُود 限定的，规定的
ـ في مَنْصِب 被任命的，被委任的
ـ: مُقَرَّر 确定的，规定的，决定的
في أَوْقَاتٍ ـ ة / لِمُدَّةٍ ـ ة 在一定的时间内，在规定的时间内，在一定期限内
مُعَايِن: مُشَاهِد 目击者，目睹者，亲眼看见者
检查者，检查员

عَيِيَ يَعْيَى وعَيَّ يَعَيُّ عَيًّا وعَيَاءً بأمره أو عن أمره: عجز عنه 无能，无能为力
ـ (مـ): مَرِضَ 害病，生病，患病
عَيِيَ يَعْيَى عِيًّا في الكلام 口吃，结巴
ـ لِسانُه في الكلام 他口齿不清，说话结巴
أَعْيَا المَاشِي: تَعِب وكَلَّ 疲倦，疲乏，疲惫，疲劳
ـ ه: أَتْعَبَه 使疲倦，使厌倦，使筋疲力尽
ـ الداءُ الطَبِيبَ: أعجزه 病使医生感到棘手，使医生束手无策
عَيّ / عَيَاء: عَجْز 无能
داء عَيَّاء 沉疴，痼疾，不治之症
عَيَاء (مـ) / عَيَا (مـ): مَرَض 疾病
عَيَّان (مـ) / مُعْيًى: كَالّ 疲倦的，疲惫的，疲劳的
ـ (مـ): مَرِيض 病人，生病的

الغين

غ (الغين) 阿拉伯字母表第 19 个字母；代表数字 1000

غاب / **غابة** (في غيب) / **غاث** (في غوث)

غادة (في غيد) / **غار** (في غور أو في غير)

غار (في غير) / **غارة** (في غور)

غازَ (في غزي) / **غازَ** (في غوز)

غازُوزَة / جازُوزَه / قازُوزَه (意) gasosa 汽水

غازولين / **غازيّة** (في غوز)

غازية (في غزي) / **غاص** (في غوص)

غاط (في غوط) / **غاظ** (في غيظ)

غاغة (في غوغ) / **غالّ** (في غلل)

غالٍ (في غلو) / **غاية** (في غيي)

غَبَّ ـُ غَبًّا وغِبًّا: جاء زائِرًا بَعْدَ أيَّامٍ 隔几天来访问一次

ـ الرجلُ 这个人间或来访

ـ الذئبُ في الغَنَمِ (مـ) 狼蹂躏羊群

ـ غَبًّا وغِبًّا وغُبُوبًا وغُبُوبَةً الطعامُ: بات ليلة (食物)过夜

ـ الماءَ (مـ): عَبَّه 一饮而尽，一气喝干

ـ تْ ـِ غَبًّا وغِبًّا وغُبُوبًا المَاشِيَةُ الماءَ (مـ) 牲畜每两天饮水一次

زارَه غِبًّا: في فَتَراتٍ مُتباعِدة 隔些时候访问他一次

زُرْ غِبًّا، تَزْدَدْ حُبًّا 间或访问一次，可以增加友谊

أَغَبَّتْهُ الحُمَّى وعليه: أتته يومًا وتركه يومًا 疟疾每两天发作一次

تَغَبَّبَ: انتظر الغِبَّ أي العاقبة 等候结果，指望成果

غُبّ ج أَغْبَاب وغُبُوب وغُبَّان: خَلِيج صغير 小海湾；低湿的地方

غِبَّ / غُبَّ (مـ): بَعْدَ 在…后

ـ المَطَر 雨后

غِبّ ج أَغْبَاب / مَغَبَّة: عاقبة 结果，后果，成果，结局，下场

حُمَّى الـ [医]隔日热，隔日疟

غَبَّة 一口(饮食)

غَبَب جـ أَغْبَاب: لحم يتدلى تحت الحنك من الديك 垂肉

ـ البقر وأمثاله: غَبْغَب / لَغْد (مـ) (牛脖子下的)垂肉

ـ الطُيُور (خاصَّةً): غَبْغَب (公鸡颈下的)垂肉

غَبِيب: ضد غَرِيض أي طازَج 陈腐的，不新鲜的(肉)

غَبِيبَة 新陈混合的奶

غَبَرَ ـُ غُبُورًا: مَضَى (时间)过去，逝去

ـَ: كان أَغْبَر 成为灰色的

غَبَّرَ الشيءَ: لطَّخه بالغُبَار 使…沾上灰尘

ـ: أثارَ الغُبارَ 扬起灰尘

ـ الشَرابَ أو الطعامَ بكذا 饮料或食品中加胡椒粉等

تَغَبَّرَ: علاهُ الغُبَارُ 落上灰尘

اِغْبَرَّ اليومُ: اشتدّ غُبارُه 满天灰尘

اِغْبَرَّ: صار أَغْبَر 呈灰褐色

أَغْبَرَ: صار أَغْبَر 呈灰褐色，变成褐色

غُبْرَة / غَبَرَة / غُبَار: تراب أو ما دقّ منه 土，尘土，尘埃，灰尘

ـ: لَوْنُ الغُبارِ — 灰褐色

غِبْر: حِقد — 怨恨

الغَبْراء: الأرض — 地，大地

اِفْتَرَشَ الـ والْتَحَفَ السَماءَ — (以地为褥，以天为被)在露天里睡觉

غُبار — 灰尘，粉末，[植]花粉

لا ـَ عليه — 无缺点的，无可非议的，无可指责的

لا ـَ على هذه النَظَرِيَّة — 这个理论是无可非议的

لا يُشَقُّ له ـٌ — 他是别人望尘莫及的

غُبارِيّ — 尘土的

الأَرْقام الـ ة — 阿拉伯数字

غُبَيْراء — [植]花楸树

تَغْبِيرة (مـ) / كَمِيَّة قَليلة من بهار أو فلفل وغيره — 小量的香料

غابِر جـ غُبَّر وغابِرُون: مَاضٍ — 过去的，逝去的，已往的

في العَهْد الـ — 在古代，在过去的时代

صارَ كَأَمْسِ الـ — (像逝去的昨天一样)一去不复返了

الأَزْمان الغَابرة — 昔日，古昔，古时

غَبِر: مُنْدَمِل على فساد — 溃烂的伤口

أَغْبَرُ م غَبْراءُ جـ غُبْر: بلَوْن التُراب — 土褐色的

مُغْبَرّ — 带着灰尘的，尘封的

غَبَسَ ـُ غَبسًا وأَغْبَسَ وأَغْبَسَّ الليلُ: أظلم — 昏暗，黑暗

غَبَشَ ـَ غَبَشًا وأَغْبَشَ الليلُ: خالط البياضُ ظُلْمتَه في آخره — 朦胧

غَبَّشَ الشيءَ (مـ) — (眼睛)看不清楚

تَغَبَّشَ: تَخَدَّع — 欺骗

غَبَش جـ أَغْباش: ظُلْمة آخِرِ الليل — 黎明前的黑暗

غَباشة (مـ) / عتامة — 暧昧，不透明

ـ على العَيْن — [医](角膜上的)薄翳，云翳

غُبْشَة: بقية الليل — 黎明前的黑暗

غَبِش / أَغْبَشُ م غَبْشَاءُ جـ غُبْش / مُغَبَّش (مـ) — 漆黑的，黑暗的

زُجَاج أَغْبَش — 毛玻璃

غَبَطَ ـِ غَبْطًا وغِبْطَةً الرجلَ: تَمَنَّى مِثْلَ حالِه — 羡慕

غَبَّطَه: حمله على الغَبْط — 令人羡慕

اِغْتَبَطَ واُغْتُبِطَ — 高兴，喜欢，快乐

غِبْطَة: مَسَرَّة — 欢欣，愉快，快乐，高兴

رأى بعَيْنِ الـ — 欣赏

صاحب الـ — 阁下(大主教的尊称)

ـ البَطْرِيك أو المَطْران — 监督或主教阁下

اِغْتِباط — 满意，高兴，快乐

غَبِيط جـ غُبُط — 骆驼的鞍子

ـ سَماد — 装肥料粉的袋子

مُغْتَبِط — 满意的，高兴的

مَغْبُوط: سَعِيد — 幸福的，幸运的

غَبْغَبُ البَقَرِ والطُيُورِ جـ غَباغِبُ (انظر غبب)

اِغْتَبَقَ الخمرَ: شَرِبَها في العشِيِّ — 晚上饮酒

غَبَنَ ـُ غَبْنًا الثوبَ: ثَنَاهُ لِيَضِيق أو يَقْصُر — 在衣服上打横褶，打裥

ـ ه: خدَعه — 欺骗，诈骗

ـ ه: ظَلَمه — 损害，虐待

تَغابَنَ القومُ — 互相欺骗，尔虞我诈

اِنْغَبَنَ (مـ) — 受欺骗

غَبْن / حَيْف — 欺骗，诈骗

غَبْنَة في ثوب (مـ) — 衣服上的横褶

غَبانَة — 愚笨，没主意

غَبانِيّ (مـ) — 克什米尔出产的山羊毛织物

غَبِينَة — 欺骗

غِبُون (أ): شِقّ gibbon — 长臂猿

مَغْبُون 被骗的，吃亏的

رَجَعَ بِصَفْقَةِ الـ 他两手空空地回来了

غَبِيَ ـَ غَبَاوَةً وغَبًا الشيءَ وعنه: جَهِلَه 不认识，不知道，不懂得，不了解

ـ الشيءُ عليه: غابَ عَنْه (事情)成为隐藏的，深奥的，秘密的，神秘的

تَغَابَى الرجلُ 装傻，装憨儿，装假糊涂

تَغَابَاه وعنه: تغافلَ عنه 忽视，无视

تَغَبَّاه واسْتَغْبَاه: عَدَّه أو وجَدَه غَبِيًّا 把他当作傻子，发现他是个傻子

غَبَاوَة: جَهْل 愚昧，无知

ـ: غَفْلَة 愚钝，愚笨，糊涂

غَبِيّ ج أَغْبِيَاء وأَغْبَاء: جاهل 愚昧的，无知的

ـ: أَحْمَق 傻的，愚笨的，愚蠢的，糊涂的

غَتَّ ـُ غَتًّا الضَحْكَ: أَخفاه بِوَضْعِ يَدِه أو ثَوْبِه على فَمِه 偷笑

ـ الشيءَ في الماء: غَطَّه 浸，泡

غَثَّ ـِ غَثًّا وغَثِيثًا عليه المكانُ: لم يوافقه 不服水土

ـ الجُرْحُ: سال غَثِيثُه 伤口流脓

غَثَّت ـِ غَثَاثَةً وغُثُوثَةً الشاةُ: عَجِفت وهَزِلت (羊)变瘦

ـ اللحمُ: كان مهزولاً (肉)成为瘦的，无膘的

غَثّ / غَثِيث: هَزِيل 瘦的

غَثُّها وسَمِينُهَا (مـ) 瘦的和肥的，坏的和好的，贱的和贵的

غَثَاثَة 瘦

غَثِيث: قَيْح 脓

غَثِيثَة القَرْحَة: خَشْكَرِيشَة (مـ) [医]腐肉

غَثَرَ ـُ غَثْرًا المكانُ بالقمح: مادَ به 麦浪起伏

غَاثِر (مـ) 稠密的，浓密的

صَمْتٌ ـ مُطْبِق 完全沉默

غَثَتْ تَغْثِي غَثْيًا وغَثَيَانًا وتَغَثَّتِ النَفْسُ: اضطربَتْ حتى تكادَ تَتَقيأ 作呕，恶心，欲吐

غَثْي / غَثَيَان النَفْس 反胃，恶心，作呕

غُثَاء / غُثَّاء / زَبَد 泡沫

غَجَّرَ (مـ) 骂，责骂

غَجَرِيّ ج غَجَر (مـ) / نَوَرِيّ (ع) / كَاوِلِيّ 吉卜赛人，茨冈人；小丑，演滑稽戏的

ـ (مـ) 杂技团，合唱团

غد (في غدو) / **غداة** (في غدو)

غَدَّ ـَ وغُدَّ وأَغَدَّ وأُغِدَّ: صار ذا غُدَّة 长瘤

غُدَّة وغُدَدَة ج غُدَد وغَدَائِدُ: سَلْعَة / عُقْدَة [解]腺

ـ / ـ: طَاعُون الإبِل 横痃

ـ / ـ: قطعةُ لَحْمٍ صُلْبَة تحدُث عن داءٍ بين الجِلْد واللَحْم [医]皮脂囊肿，甲状腺肿，腱鞘囊肿，瘰疬(淋巴腺结核病)

غُدَّة مُنْقَطِعَة أو صَمَّاء [解]无管腺(直接将分泌物输入血管的内分泌腺)

الـ الأُنْبُوبِيَّة [解]管状腺

الـ الصَنَوْبَرِيَّة [解]松果腺

الـ النُّخَامِيَّة [解]蝶鞍腺，大脑垂体

الـ الدَّرَقِيَّة [解]甲状腺

ضِخَم الـ الدَّرَقِيَّة: نَوْطَة / جُوتَر (أ) goiter 甲状腺肿

الـ التَيْمُوسِيَّة thymus gland [解]胸腺

الغُدَد ذاتُ الإفْرَاز الدَاخِلِيّ / الغُدَد الصُمّ 内分泌腺

الغُدَدُ جارَةُ الدرَقِيّة 一对甲状腺

الغُدَد الجِنسِيَّة [解]性腺

الغُدَد الليمفَاوِيَّة [解]淋巴腺

غُدَدِيّ: مختص بالغُدَد 腺的，属腺的

غَدَرَ ـِ وغَدِرَ ـَ غَدْرًا وغَدَرَانًا الرجلَ وبه: خَانه

ونقض عهده 欺骗，陷害，出卖(朋友)，
背叛，叛变，变节，背信弃义
ـ عليه (مـ): غضِب 对他生气
ـ عليه (مـ): غضَر عنه 背弃，放弃，抛弃
أَغْدَرَهُ: خلَّفه وجاوَزه 抛弃，放弃
غَادَرَه: تركه وأبقاه 离开
ـ بكِينَ إلى القاهرة 从北京动身到开罗去
اِنْغَدَرَ (مـ) 受骗了
غَدْر: خِيَانة 背叛，叛变，变节，背信弃义
غَدُور جـ غُدُر 多变节的，背信弃义的
غَدَّار 叛徒，卖国贼
غَادِر جـ غَادِرُونَ وغَدَرَة وغُدَّار م غَادِرَة جـ
غَادِرَات وغَوَادِرُ: خَائِن 变节的，不忠的，
无信义的，背信弃义的
غَدَّارَة جـ غَدَّارَات: فَرْد 手枪
غَدِير جـ غُدُر وغُدْر وغُدْرَان وأَغْدِرَة: بِرْكَة الماء
水池，池塘，水塘
ـ: نَهْر صغير 小河，溪流
غَدِيرَة جـ غَدَائِرُ: مَضْفُور من شَعْر النِساء 辫子，
发辫
مَغْدُور 受骗的，被欺骗的
غَدَف: نِعْمَة وسَعَة وخصب 繁盛，丰富，富足，
富饶
غُدَاف جـ غِدْفَان: غُرَاب القَيْظ [鸟]渡乌
غَدِقَ ـَ غَدَقًا وأَغْدَقَ واغْدَوْدَقَ المطرُ: كثُر قطرُه
大雨滂沱，大雨倾盆
أَغْدَقَ عليه 大量地给他
غَدِق / مُغْدِق: غزير 丰富的，充足的
غَدَن / غُدْنَة: استرْخَاء 疲倦，疲乏，无力气
غَدَان: شَمَّاعَة المَلَابِس (مـ) 衣帽钩
غَدَا يغْدُوغُدُوًّا: ذهب غُدْوَةً 早晨去，早晨出发
ـ: صار 变成，变为

ـ: اِنْطَلَقَ 出发，启程，动身
ـ وراحَ 早去晚归，往来
ـ بلا مُعِينٍ ولا نَصِير 陷于孤立无援的境地
غَدِيَ يَغْدَى غَدًا وتَغَدَّى: أكل صباحًا 吃早饭，
用早餐
غَدَّى الرجلَ: أَطعمَه أوَّلَ النهارِ 供给早餐，请吃
早饭
ـ الرجلَ (مـ): أَطعمه ظُهْرًا 供给午饭，请吃
午饭
غَادَى مُغَادَاةً الرجلَ: بَاكَرَه 早晨去拜访他
تَغَدَّى (مـ): أكل ظُهْرًا 吃午饭，用午餐
اِغْتَدَى 早上出发
غُدْوَة جـ غُدًى وغُدُوّ / غَدْوَة (مـ) 早晨(破晓
后，日出前)
غَدَاة جـ غَدَوَات: صَبَاح 早上，早晨；清晨，
拂晓
ـ ثَوْرَةِ أُكْتُوبَر 十月革命的早晨
ـ أَوَّلِ أُكْتُوبَر 十一国庆节的早晨
ـ أَوَّلِ مَايُو 五一劳动节的早晨
ـ: مَجِيء 来临，到来
الغَدُ: اليوم الذي بعد يومِكَ 明日，明天
غَدًا / في الغَدِ / من الغَدِ: بُكْرَة (مـ) 明天，明日
إنَّ غَدًا لِنَاظِرِهِ قَرِيبٌ 对等候者来说，明天
不是远的
غَادٍ 早上走的；出发到某地去的
كل رَائِح وـ 所有往来的人
غَادِيَة جـ غَادِيَات وغَوَادٍ 朝云，早上的云彩
غَدَاء جـ أَغْدِيَة: طَعَام الصَبَاح / فَطُور 早饭，
早餐
ـ (مـ): طعام الظُهْر 午饭
مَغْدًى 早晨动身的地方
في مَغْدَاه ومَرَاحه (مـ) 经常，不变

غَذَّ ــِ غَذًّا وأَغَذَّ الجُرْحُ: سال قَيْحُه وصديده 流脓
أَغَذَّ السَّيْرَ وفي السير: أسرع 奔跑，迅速前进
غَذِيذَة: ما في الجرح من قيح وصديد 脓
غَذَا ــُ غَذْوًا وغَذَّى الرجلَ بالطعام: أعطاه إيّاه 给他食物，供给他粮食
تَغَذَّى واغْتَذَى: اقتات 吸收养料，得到营养
غِذاء جـ أَغْذِيَة: قُوت 食物，食品；粮食，营养物
ــ لَحْمِيّ 肉食
ــ نَبَاتِيّ 素食
غِذَائِيّ: لأجل التَغْذِيَة 滋养的，有养分的
تَدْبِير ــ [医]摄生法；规定的饮食
المَوَادّ الــ ة 滋养品，食品
مُغَذٍّ 营养的，滋养的，滋补的
غَرا (في غرو)
غَرَبَت ــُ غُرُوبًا الشمسُ: غَابَتْ 日落
ــ وغَرَّبَ الرجلُ: ذهب 去了，走了
ــ وــ الرجلُ: بَعُدَ 走远，远离
غَرَبَ ــُ غُرْبَةً وغُرْبًا وغَرَابَةً: نزح عن وطنه 远离故乡
ولا يَغْرُبُ عن البَال ... 人所共知的是…
غَرُبَ ــُ غَرَابَةً الكلامُ: كان غَرِيبًا أي غير مألوف 生僻
غَرَّبَ: سَارَ نحو الغرب 向西走
ــ ه: نفاه 流放，放逐，发配，充军，逐出国外
ــ ه 使他西化，西方化
أَغْرَبَ: أتى بالشيء الغريب 做出奇怪的事情，应用生僻的词语
ــ في البِلاَد 深入内地
ــ: فصح وقال بالغرائب 说出奇妙的话
ــ ه: نحّاه 挪开，排除
ــ في: بَالَغَ في 过于…
ــ في الضَحْك: بالغ فيه 狂笑一阵
تَغَرَّبَ واغْتَرَبَ: نزح عن الوطن 离开故乡，移往异乡；流落他乡
اِغْتَرَبَ: تزوّج في غيرِ الأَقارب 外婚，异族结婚
اِسْتَغْرَبَ الأمرَ: وجده غَرِيبًا 惊奇，诧异，认为奇事，觉得奇怪
غَرْب جـ غُرُوب: مُقَابِل الشرْق 西，西方
ــ: دَمْع 泪
ــ الدَمْع: مَدْمَع 泪腺
سَهْمُ ــٍ 冷箭
ــ / غَرْبَة: بُعد 距离
ــ: حِدَّة (刀、剑等的)锐利；(脾气的)暴躁；(疼痛的)剧烈；(舌头的)尖酸，刻薄
فَلَّ ــ ه 压抑，遏制
غَرْبِيّ: مقابل شَرْقِيّ 西方的，在西边的，从西方来的
ــ: إفْرَنْجِيّ 西洋的，西洋人，欧洲人
غَرْبًا: ضد شَرْقًا 西方的，向西的；西方，西部
غُرْبَة 离乡
دار الــ 异乡，异地，外乡，外国
أَلَم الــ 思乡病
ــ: نَفْي 放逐，流配，充军
غُرَاب جـ أَغْرُب وغُرُب وغِرْبَان وأَغْرِبَة جج غَرَابِين: قاق (س) 乌鸦
ــ أَوْرَق (مِصْرِيّ) 埃及鸦(顶上有头巾状物)
ــ أَعْصَم (أعْقف المِنْقار) 红脚鸦(有曲喙)
ــ البَحْر: غِرْيَاق (مـ) (انظر في غرق) 鸬鹚，水老鸹，鱼鹰

ـ البَيْنِ 离别的乌鸦(阿拉伯人迷信乌鸦叫是预示妻离子散的凶兆)

ـ القَيْظ: غُداف (انظر غدف) 渡乌

ـ نُوحِيّ: الـ الأَسْحَم 白嘴鸦

ـ الزَرْع / ـ الزَيْتُون: زاغ (انظر زيغ) 穴乌

ـ: حَدّ 锋,刃,刀口

ـ الرأس [解]枕骨,后顶,后脑壳

دُون هٰذَا شَيْبُ الـ 直到乌头白,这件事也是不可能的

غُرَابَة (مـ): حِلْيَة معماريَّة [建](柱头上的)幕面

غَرَابَة: شذوذ 稀少,稀罕

غُرُوب: غِياب / أفول 没落,落下

ـ الشَمْس 日落,日没

تَغْرِيب 放逐,流配,充军

تَغَرُّب / اِغْتِرَاب 离乡,流落异乡,漂泊海外

بَدَلُ اِغْتِراب (مـ) 离乡津贴

عَلَامَةُ الاِسْتِغْراب 惊叹号(!)

غَارِب الحِصَان جـ غَوَارِب: كاهل 鬐甲(马肩骨间的隆起部)

أَلْقَى الحَبْلَ على الـ 信马由缰,给予充分自由

ـ: أعلى كل شيء 最高峰

غَوارِب البَحْر 浪

غَرِيب: دَخِيل 陌生的,外来的;异族的,外国人

ـ: بَعِيد عن وطنه 出门人,离乡人,异乡人

ـ جـ غُرَبَاءُ م غَرِيبَة جـ غَرَائِبُ: أَجْنَبِيّ 外国人

ـ: غير مَأْلُوف 生疏的,不熟悉的

ـ: عجيب 奇怪的,奇异的,罕见的,古怪的

من الـ أن 奇怪的是…

ـ: شَاذّ 例外的

مَادَّة ـ ة 杂质

غُرَيِّبَة (مـ) 杏仁点心

مَغْرِب: غَرْب 西,西部,西方

ـ الشمس: وَقْت غُروبها 日落时候

بعد الـ 日落后

الـ 傍晚

صَلاة الـ 昏礼

الـ 摩洛哥

بِلاد الـ 马格里布(指北非的利比亚、阿尔及利亚、突尼斯和摩洛哥)

في مَغَارِب الأرض ومَشَارِقها 东南西北,天下四方,全世界,世界各国

مَغْرِبِيّ جـ مَغَارِبَة 摩洛哥的;摩洛哥人

ـ: نِسْبَة إلى بلاد المَغْرِب 马格里布的;马格里布人

مَغْرِبِيَّة (مـ) 傍晚,黄昏

مُغَرَّب 被放逐的

ـ عن الناس 人群内的陌生人

مُغْتَرِب 异乡人,流落异乡者

مُتَغَرِّب: بعد عن وطنه 异乡人,远离国土者

مُسْتَغْرَب: غير مَأْلُوف 陌生的,生疏的

غَرْبَلَ الحِنْطَةَ وغيرَها: نَخلها 筛(麦子、稻米等)

غَرْبَلَة 过筛

غِرْبَال جـ غَرَابِيلُ: ما يُغَرْبَل به 筛,筛子

غَرَابِيلِيّ 编筛工人

مُغَرْبَل 筛过的

غَرِثَ ـَ غَرَثًا: جاع 饥饿

غَرِث وغَارِث: جَائِع 饥饿者,饥民

غَرْثَانُ جـ غَرْثَى وغَرَاثِي وغِرَاث م غَرْثَى جـ غِرَاث 饥饿者

غَرِدَ ـَ غَرَدًا وغَرَّدَ وأَغْرَدَ وتَغَرَّدَ الطائِرُ: رفع الطائِرُ صوتَه في غِنائِه وطرَّب به (鸟)叫,鸣,

	啭，啁啾
غَرَد / تَغْرِيد	鸟鸣，鸟叫
أُغْرُود (أو) أُغْرُودَة جـ أَغَارِيدُ: غناء الطائِر	鸟叫
غِرْد / غَرِد / غِرِّيد / مُغَرِّد	啭鸟
طائِر مُغَرِّد	鸣禽
الطائِر المُغَرِّد (اسم)	食虫的小鸣禽
غَرَّه ـُ غَرًّا وغِرَّةً وغُرُورًا: أطمع بالباطل	引诱，诱惑
ـ ه: خدعه	骗，欺骗，哄骗
غَرَّه ـ غَرًّا وغُرارًا وغَرِرَ ـَ غَرَارَةً: صار غِرًّا	缺乏经验
غَرَّرَ تَغْرِيرًا وتَغِرَّةً	欺骗，迷惑
ـ الطائِرُ: رفع جَنَاحَيْه وهمّ بالطَيَران	振翅欲飞
ـ به: عرَّضَه للخَطَر	使他陷入危险
ـ بنَفْسه	冒险
اِغْتَرَّه واسْتَغَرَّه: أتاه على غِرَّة	奇袭，突然袭击
اِغْتَرَّ واسْتَغَرَّ بكذا: خُدِعَ	受骗，被欺诈，被诱惑
ـ بنفسه	自负，自满，自尊，自大
غِرّ جـ أغْرَار: شَابٌّ لا خِبْرة له	冒失鬼，鲁莽的，轻率的，无经验的
يا لَكَ مِنْ ـِ أَحْمَق	你是多么愚蠢啊！
غِرَّة جـ غِرَر: غَفْلَة	疏漏，疏忽，大意
على ـِ/ على حِينِ ـِ	出其不意地，乘其不备地，冷不防地
غُرّ واحدته غُرَّة	[鸟]大鹬
غُرَّة جـ غُرَر: بياض في جبين الحِصان	(马额上的)白斑
ـ الشيء: أوّله	开端
ـ الشَهْر	阴历的月初
ـ القَوْم: شَرِيفهم	首领，头目人
ـ الشَباب	青春
غُرَر النَثْر والشِعْر	散文和诗最好的范本
ولَّتْ غُرَرُ أيّامه	他的黄金时代已逝去了
غِرَار / غِرّ: حدّ السَيْف	(刀、剑的)刃口，锋芒
ـ: قَلِيل من النَوْم وغيره	少量的睡眠
لا يَنَامُون إلاّ غِرارًا	他们只利用余暇睡觉
على غِرار: على عَجَلَة	仓促，仓皇，匆忙，急遽，急急忙忙地
على غِرار كذا: مِثْلُه	同…一样，相像
هُمْ على ـِ واحد: على مثال واحد	他们是一个样子的
وكَأَنَّ هذا على ـ المُعَاهَدَة	这似乎就像契约一样
غَرَر	危险
رَكِبَ الـَ	冒险，历险
غَرارَة: سَذَاجَة	朴实，朴素
ـ المَرَض: أوّله	疾病的开端
ـ: حداثة السِنّ	年幼，年轻
غِرارَة جـ غَرائِرُ: زكِيبَة	口袋，袋子
ـ	粗地毯
غَرُور: غَرْغَرَة / ما يُتَغَرْغَر به	含漱药，含漱剂
غَرَّار / غَرُور	欺骗的，虚幻的，虚假的
غَارّ	假的，虚伪的
غُرُور: خِدَاع	欺诈，欺骗
ـ: أَباطِيل	空虚，虚幻，虚假
ـ: إعْجاب بالنَفْس	自负，自满，自大
غَرِير جـ أَغِرَّة وأَغِرَّاء م غَرِيرَة جـ غَرِيرَات وغَرَائِرُ / مَغْرُور: مُنْخَدِع	受骗的，被引诱的
غُرَيْر / يَغْر (مـ) / غُرْغُور	[动]胡獾
مَغْرُور (مـ) / مُغْتَرّ بنفسه	自负的，自满的，自夸的，逞能的
أَغَرّ م غَرَّاءُ جـ غُرّ وغُرَّان: حَسَن	美妙的，优雅

的，优美的，漂亮的，俊美的

اليوم الـ 美丽的日子；炎热的日子

أيّامهُ الغُرّ 他的幸福日子，他的黄金时代

ـ: كَرِيم الأفعال 高贵的，豪爽的，可尊敬的，高尚的，高洁的，气量大的

الشَريعة الغَرّاء [伊]完美的伊斯兰教法典

جَرِيدتُكم الغَرّاء 贵报

غرَزَه ـِ غَرْزًا وغَرَّزَ وأَغْرَزَ الإبْرَةَ في الشيء: أدخلها فيه 刺进，扎入，插进

ـ (بالإبرة): نَخَس (用针)扎，刺，戳

ـ عودًا بالأرض: أدخله وأثبته 种植树苗

غُرْزَة ج غُرَز 一针

ـ الخِيَاطَة: دَرْزَة 针脚，缝法

ـ تَدْخِين الحَشِيش 鸦片馆，印度大麻烟馆，大烟馆

غَرِيزَة ج غَرَائِزُ: طَبِيعَة 本性，天性，秉性，本能；冲动

ـ: قَرِيحَة 直觉，直观，直觉的知识

غَرِيزِيّ: طَبِيعِيّ 天性的，本能的

غرَسَ ـِ غَرْسًا وغِرَاسَةً وأَغْرَسَ الشجرَ: أثبته في الأرض 植树，栽花

اِنْغَرَسَ 被种上，被栽上

غَرْس: زَرْع 庄稼，禾苗

غَرْس ج أَغْرَاس / غِرَاس: ما يُغْرَس 树苗，禾苗

غَرْس ج غِرَاس وأَغْرَاس / مَغْرُوس 种下的树苗

غَرْسَة ج غَرَسَات 一株树苗

غِرَاس: وَقْت غَرْسِ الأشْجار 种植的时节

غِرَاسَة 种植，栽种

غَرِيسَة ج غَرَائِسُ وغِرَاس: شَتْلَة (مـ) 树秧，树苗

مَغْرِس ج مَغَارِس 苗圃，种植园，种植地区

مَغْرُوسَات 植林

غِرْش (أ) (راجع قرش): قِرْش (مـ) 角(埃镑的 1/100)

أَغْرَضَ الغَرَضَ: أصابه 中的，命中(目的)

تَغَرَّضَ الغُصْنُ: تَثَنَّى وانكسر ولم يتحطم (树枝) 折而未断

ـ له (مـ): حَابَى 偏袒，袒护，左袒，附和

غَرَض ج أَغْرَاض: قَصْد 目的，宗旨，旨趣

ـ (مـ) 偏执，偏见，成见，私心

ـ: مَعْنًى مَقْصُود (文件、演说等的)意义，要旨，要领

الـ المَقْصُود 观点，着眼点；见地，见解

ـ: هَدَف 靶子，标的，目标，目的物

ـ: غَايَة 目的，任务，目的地

ـ: مُراد / حَاجة 意愿，愿望；需要

وَافٍ بالـ 适合目的

ـ (مـ): مَصْلَحة 利益，裨益

خَالِي ـ (مـ) 公正的，无私的，廉洁的，无野心的

غَرَضِيَّة (مـ) 特爱；偏爱；私利，私心，利己主义

غَرِيض: طَازَج 新鲜的，清新的，鲜嫩的；新歌，新曲

مُغْرِض (مـ) 自私自利的，怀有偏见的

دَوَافع ـ ة 自私自利的动机

غرغاج 榆树

غَرْغَرَ الماءُ على النار: بَقْبَقَ 咕嘟(沸水声)

ـ وتَغَرْغَرَ: ردَّد السائل في حَلْقِه 漱口，含漱，仰头漱口

ـ تْ وـ ت العينُ بالدمع (مـ) 眼泪汪汪，热泪盈眶，满眼含泪

غِرْغِر الواحدة غِرْغِرَة ج غِرْغِرَات: دَجاج الحَبَشَة [动]珠鸡

غَرْغَرَة: ترديد الماء في الحلق 含漱的声音

ـ: بَقْبَقَة 咕嘟(沸水声)
ـ المَوْت: حَشْرَجَة 死前的喉音，临终时的痰声
ـ / غَرُور: ما يُتَغرغَر به 漱口剂，含漱剂
غرَفَ ـِ غَرْفًا واغْتَرَفَ الماءَ بيده: أخذه بها 用手捧水
ـ وـ الشيءَ: أخذه بالمِغْرَفَة 用勺舀东西
ـ الطبخَ (في الصحن) 把食品盛在盘里
غِرْفَة جـ غِرَف: صَنْدَل (مـ) (古代罗马人、希腊人穿的)皮带鞋;(近代的漏风)凉鞋
غُرْفَة جـ غُرَف وغُرْفَات وغُرَفَات وغُرُفَات:
حُجْرَة / أُودَة (مـ) 室，房间，屋子
ـ الأكل: حُواطَة 餐室，食堂
ـ الأكل (في المَدارِس والأدْيِرَة) (学校、僧院的)饭厅
ـ النَوْم 寝室，卧室
ـ النَوْم (في المَدارِس وأمثالها) (学校等的)宿舍，大寝室
ـ تِجَارِيَّة 商会
ـ وِلْسُن [物]威尔逊云室
ـ الجَلَسات 会议室，会议厅
ـ الاِحتِرَاق [机]燃烧室
مِغْرَفَة جـ مَغَارِف: أداة الغَرْف 勺子，大匙
غرِقَ ـَ غَرَقًا: غاص (في الماء وغيره) 沉没，淹没(在水…里)
ـ المَرْكَبُ 船沉了
ـ الحَيُّ: ماتَ غَرَقًا (动物)淹死，溺死
ـ في كذا / ـ في شيء إلى أُذُنَيْه: انهمك 专心于某事，埋头于某事
ـ لِشُوشَتِهِ في كذا (مـ) 沉湎于…
غَرَّقَه وأَغْرَقَه: جعله يغرق 击沉，打沉，弄沉
ـ وـ الحَيَّ (مـ): أماته غَرَقًا 使…淹没，把…溺毙
ـ ه (مـ) وـ ه (مـ): بلَّله جدًّا 湿透，浸透
ـ وـ المكانَ: غَمَرَه بالماء 用水淹没
ـ وـ السُوقَ بالبَضَائع [经]倾销
أَغْرَقَ: بالغ وأطنب 夸大，夸张
ـ في الضَحْك 大笑，哈哈大笑
ـ في مَدِيحه 过分夸奖
اِغْتَرَقَ النَفَسَ 吸气
اِسْتَغْرَقَ الشيءَ: استوْعَبَه 独占，垄断
ـ الوقتَ: شَغَلَه كُلَّه 历时，占用时间
ـ تِ الخُطْبَةُ ساعَتَيْن 演说历时两小时
ـ الغُرْفَةَ: ملأَها / شغلها 装满(房间)
ـ في... 沉浸在…
ـ في الضَحْك 大笑，哈哈大笑
ـ في النَوْم 熟睡，沉睡，酣睡
اِغْرَوْرَقَتِ العينُ بالدَمْع 热泪盈眶，眼泪汪汪
غَرَق 淹没，沉溺
تَغْرِيق [修]夸张
غِرْيَاق: قاق / غاق / غُرَاب البحر 鸬鹚，水老鸦，鱼鹰
غَارُوق (مـ) / غَرُوقَة (مـ): مال الاستهلاك 长期贷款
تَأْجِير بالـ 长期出租
إغْرَاق: مُبَالَغَة 夸张，夸大
ـ: غلوّ (في البيان) [修]夸张法
ـ / تَغْرِيق 使沉没，使沉下
ـ / ـ السَفِينَة 使船沉没
ـ / ـ المَكان: غمر 淹没某处
الـ التِجارِيّ / ـ بالبَضَائع [经]倾销
غارِق: غاطِس 沉下的，潜入的
غَرِق / غَرِيق جـ غَرْقَى / غارِق 淹死的，溺死的
ـ / ـ في كذا 浸沉于(研究)，埋头于(工作)

作)，沉湎于(酒)

غَرْقَانُ في الدَّيْن 负债累累，债台高筑，欠了一身债

مُسْتَغْرِق في النَّوْم 熟睡，酣睡，沉睡

غُرْلَة جـ غُرَل القَضِيب: قُلْفَة [解]包皮

غَرِم ـَ غُرْمًا وغُرْمًا وغَرَامَةً ومَغْرَمًا في التِجَارَة: خَسِرَ 折本，亏本，赔钱

ــ: أَدَّى الغَرَامَةَ 缴纳罚金

غَرَّمَه وأَغْرَمَه: أَلْزمه بغَرَامة 使他缴纳罚金

أُغْرِمَ به: أُولِعَ 酷爱，热爱，恋爱，迷恋

تَغَرَّمَ: أَدَّى الغَرَامة 缴纳罚金

ــ بِخَمْسَة جُنَيْهَات 他缴纳五镑的罚金

غُرْم: خَسَارَة 亏折，赔累

الغُنْمُ لا يُسَاوِي الـ 得不偿失

غَرَام: حُبّ 爱，爱情，恋爱

ــ: شِدَّة الحُبّ 强烈的爱，炽烈的爱

رَسُولُ الـ [罗神]爱神丘比特

غَرَامِيّ: عِشْقِيّ 爱情的，恋爱的

رِسَالَةٌ غَرَامِيَّة 情书

عَلَاقَة غَرَامِيَّة 恋爱关系

غَرَام جـ غَرَامَات (أ) gram 克，格兰姆

غَرَامة 罚金

ــ الحَرْب 军事赔款，战争赔偿

غَرِيم جـ غُرَمَاءُ وغُرَّام: دَائِن 贷方，债权人

ــ: مَدِين / مَدْيُون 借方，债务人

ــ: خَصْم 敌手，对手，反对者，匹敌者，竞争者

مَغْرَم جـ مَغَارِمُ: خسَارَة 损失，亏折

مُغْرَم به: مُولَع 极爱者，酷好者，贪恋者，醉心于…者，迷恋于…者

غَرِين: طَمْي [地]泥沙，淤(冲)积层

غُرْنُوق وغُرَانِق وغُرْنَيْق وغِرْنِيق جـ غَرَانِيقُ وغَرَانِق وغَرَانِقَة: كُرْكِي مُتَوَّج 冠鹤

ــ / ــ: شَابّ جَمِيل 美男子，小白脸，纨袴子弟，花花公子

غَرَا يَغْرُو غَرْوًا وغَرَّى تَغْرِيَةً الجِلْدَ: أَلْصقه بالغِرَاء 胶着，粘上；使粘牢

غَرِيَ وأُغْرِيَ: أُولِعَ به على جهل 盲目地爱慕，依恋

أَغْرَاه: حضَّه 怂恿，鼓励，激励

ــ: رَغَّبَه 引诱，勾引，诱惑，撺掇

ــ بشَرٍّ 教唆，挑唆，煽动，嗾使

ــ العداوةَ بينَهم: أَلقاها وأفسد بينهم 挑拨离间，煽动仇恨

تَغَرَّى (مـ) 贴上，粘住

غِرَاء / غَرًا: ما يُلْصَق به 胶

ــ السَمَك 鱼胶

غِرَوِيّ: كالغِرَاء 粘的，粘性的，胶质的，胶状的，胶着的

ــ: لَزِج 粘的，胶粘的，粘性的

ــ جـ غِرَوِيَّات [化]胶质

إِغْرَاء: حَضّ 怂恿，鼓励，激励

ــ: تَرْغِيب 引诱，勾引，诱惑，撺掇

غَرْو: عَجَب 奇怪

لا غَرْوَ ولا غَرْوَى من كذا 不足为奇，并不稀奇，没什么奇怪；难怪

مُغْرٍ: مُحَرِّض 怂恿者，鼓励者，激励者

ــ 挑拨的，煽动的

ــ: مُرَغِّب 引诱的，勾引的，诱惑的

سَبَبٌ ــ 诱因，刺激物

ــ جـ مُغْرِيَات 饵，诱惑物，吸引人的东西

مِغْرَاة / غَرَّايَة جـ غَرَّايَات (مـ): وِعَاء الغِرَاء 胶锅

غزا (في غزو)

غَزُرَ ـُ غَزْرًا وغَزَارَةً وغُزْرًا الماءُ وغيرُه: كثر 多，

充沛，丰富，富裕

أَغْزَرَ المَعْرُوفَ: جعله غَزيرًا 慷慨地给予，毫不吝惜地赠给

ـ في تأْلِيفه 著作等身，有丰富的著作

غَزْر / غَزَارَة: كَثْرة 多，充沛，丰富，丰盛

بِغَزَارَةٍ 大量地，丰富地，充沛地

غَزِير جـ غِزَار: كَثِير 多的，丰富的，丰盛的

ـ الماء 多水的，水量充沛的（河流）

غَزَّ ـُ غَزًّا وغَزَزًا بفُلَانَ: اختصَّه من بين أصحابه 爱慕，依恋

ـ: خَزَّ / شكَّ 扎，戳，刺，刺穿

أَغَزَّ الشجرُ: كثُر شوكُه （树）多刺

انغزّ (مـ) 透入，渗透

غُزّ (مـ أ) 古兹人（突厥部落）

غَزَلَ ـِ غَزْلاً واغْتَزَلَ القطنَ أو الكتّانَ أو الصوفَ: مدّه وفتَله خيطانًا （用棉、麻、毛等）纺线，纺纱

غَزِلَ ـَ غَزَلاً وتَغَزَّلَ بالشيء 撩拨，挑逗

غَازَلَ المرأةَ: حادَثَها وراوَدها 调戏，勾引，玩弄（妇女）

تَغَزَّلَ بالمَرْأَة: غازَلها وتَحَبَّبَ إليها 调情，调戏，求爱，求婚

انْغَزَلَ (مـ) 已纺成

ـ (مـ) 勾引，调戏，开玩笑

غَزْل جـ غُزُول: فَتْل / بَرْم 纺纱，绩麻

مَعَامِل الـ 纺纱厂

ـ: الخَيْط المغزول 纱

ـ البَنات (مـ): حَلْوَى 棉花糖，绒线糖（用小机器把糖果变成绒毛状）

ـ السَعَالَى: حَجَر الفَتِيل [矿]石棉，石绒

غَزَل: لَهْو مع النِسَاء （男女的）挑逗，调情，调戏

غَزَلِيّ: غَرَامِيّ 恋爱的，调情的

شِعْر ـ 情诗

غَزَلِيَّة (سـ) 条花布

غَزَال جـ غِزْلان وغِزْلَة [动]（北非及亚洲产）羚羊

ـ （小提琴的）轸，弦柱

دَمُ الـ: عِصِير نَباتِيّ أحْمَر [植]血竭（麒麟竭）

غَزَالَة: أنثى الغزال 雌羚羊

الـ: الشمس الطالعة 旭日，东升的太阳

مَغْزُولَة جـ مَغْزُولات: مَفْتُول 纺过的

غَزَّال: الذي يغزل 纺纱工人

ـ: عَنْكَبُوت 蜘蛛

مِغْزَل ومَغْزَل ومُغْزَل جـ مَغَازِلُ: أداة الغَزْل 纺锤，纺车，锭子

ـ: مَصْنَع الغَزْل 纱厂

ـ / مِغْزَلَة: دولاب الغزل 多轴纺纱机

فِلْكَة الـ 纺锭轴的螺环

نَصْل الـ: سُرْسُور 纺锭轴，转轴

أَبُو مَغَازِل (مـ): طَوِيل الأَرْجُلِ 长脚的，长腿的

ـ (مـ): طُوَّل / أَبُو سَاق 长脚沙锥鸟

مُغَازِل النِسَاء 调戏女人的，追逐女人的

مَغَازِلِيّ 纺锭贩卖者

غَزَاه ـُ غَزْوا: طلبه وقصده 用意，意指，意味，有…意思

ـ: أَغَارَ على 袭击，侵略，入侵，进攻

غَزْو: إغارَة 袭击，入侵，侵略，入寇，进攻

غَزْوَة جـ غَزَوَات: غَارة 入侵一次，侵略一回

غَازٍ جـ غُزَاة وغُزًّى وغُزِيّ وغُزَّاء: مُغِير 入侵者，侵略者，侵犯者，征服者

غَازِيَة جـ غَوَازٍ وغَازِيَات: راقِصَة أو مُمَثِّلَة 舞女，女演员

مَغْزًى جـ مَغَازٍ 意思，意义，意旨，含义，目的

ذُو ـ 意味深长的

ـ أَدَبِيّ 教训，寓意，微旨

غَسَقَ ـِ غَسْقًا وغَسَقًا وغَسَقَانًا وأَغْسَقَ الليلُ: اشتدّت ظلمتُه 夜间漆黑

غَسَقٌ: ظُلْمَةُ أوَّل الليل 薄暮，傍晚，黄昏

غَسَلَ ـِ غَسْلاً وغُسْلاً الشيءَ: نظَّفه بالماء 洗，洗涤，洗净

ـ وَجْهَهُ 洗脸

ـ وكَوَى الثيابَ 把衣服洗洗熨熨

غَسَّلَه: غَسَلَه جيِّدًا 认真洗，加意洗

ـ المَيْتَ 浴尸

اِغْتَسَلَ: غسل بدنه 沐浴，洗澡

ـ [宗]做大净

ـ: استحمَّ 洗澡

اِنْغَسَلَ 洗过，洗干净

غَسْل / غَسِيل (مـ): الاسم من "غسل" 洗涤，洗濯

ـ المَعِدَة 洗胃

مَكان أو غُرْفَة الـ 沐浴所，浴室

طِشْت الـ: اجَّانَة 水盆，洗面盆，洗衣盆

غَسِيل جـ غَسْلَى وغُسَلاءُ م غَسِيلَة جـ غَسَالَى (مـ): مَغْسُول 洗过的衣服

ـ (مـ): ثياب مغسولة أو معدَّة للغسل 洗过的或该洗的衣服

حَبْل الـ (مـ): حَبْل التَّنْشِير 晾衣绳

مِشْبَك الـ (مـ) 晾衣夹子

كِيس الـ (مـ) 脏衣袋

مَكِنَة (مـ) (آلة) ـ 洗衣机

يَوْم الـ (مـ) 洗衣日

كُلُّه يَطْلَع في الـ (污点)完全可以洗掉

غُسْل وغِسْل جـ أَغْسَال / غِسْلَة / غَسُول / غَسُّول: كلّ ما يُغْسَل به من ماء وأُشْنان وغيرهما 洗涤用品(指水、肥皂、灰汁、硷液等)

غَسُول: دَوَاء لغسل القروح وغيرها 洗药，洗涤剂

غُسْل / غُسُل (غَسَلَ的动名词) 洗澡；浴尸；做大净

غُسَالَة: ماء غُسِل به 洗涤用过的水

غَاسُول: صَابُون 肥皂，钾碱

ـ [化]碳酸钾

ـ: خِطْمِيّ [植]肥皂草，厚岸草

ـ: عِرْق الحلاوَة (مـ) [植]石碱草

غَسَّال: الذي يَغْسِلُ الثِياب 洗衣匠，洗衣人

غَسَّالة جـ غَسَّالات 洗衣女，洗衣妇

ـ 洗衣机

مُغَسِّل 浴尸人

مَغْسِل جـ مَغَاسِلُ ومَغَاسِيلُ: مَكان الغسل 浴室，澡堂，洗涤所

مِغْسَل: حَوْض تشطيف 脸盆

مَغْسَلَة: لَغُومَانو (مـ) 洗脸架，面盆架

ـ: طِشْت غَسِيل (مـ) 洗衣盆

مُغْتَسَل جـ مُغْتَسَلات: مَكان الاِغْتِسَال 洗脸室，盥洗室，化妆室

غَسَّانِيّ جـ غَسَاسِنَة / الغَسَاسِنَة [史]加萨尼人

ـ 加萨尼的

غَشَّه ـُ غَشًّا وغَشَّشَه: خدعه 欺骗，出卖

ـ الشيءَ: زيَّفه 掺假

ـ ه: مكر به 作弊，玩(打)得不规矩

ـ: زيَّف المَعَادِنَ والمَشْرُوبَات 搀假

غَشَّشَتْ عَيْنُه (مـ): تغطَّشَتْ 眼睛变朦胧，视力减弱

اِغْتَشَّ وانْغَشَّ (مـ): دخل عليه الغشّ 受骗

ـ ه واسْتَغَشَّه: ظَنَّ به الغشّ 疑惑他有欺骗行为

غِشّ (词根名词): خداع 欺骗，欺诈

غَشّ (词根): خَدْع 欺骗

ـ: خِيانَة 舞弊；变节，反叛，叛逆；背信弃义

غَشَّاش: مُخادِع 骗子，骗人的，口是心非者

ـ: يَخْدَع / خَدَّاع 蒙人的，骗人的，靠不住的，使人误解的

مَغْشُوش: منخدع 受骗的

ـ: مُزَيَّف 伪造的(货币)

غشمه ـِ غَشْمًا وتَغَشَّمَه: ظلمه 损害，虐待

ـ ـِ غَشْمًا الحاطبُ: احتطب ليلاً فقطع كل ما قدر عليه بلا نَظَر ولا فكر 夜间打柴，乱砍乱割

ـ: اِعْتَبَطَ / فعل بغير رويَّة 轻率地干，胡干，乱干

غَشَّمَه (مـ) 认为他是无知的，认为他是无经验的

تَغاشَمَ (سـ) 假装无知，假装头脑简单

اِسْتَغْشَمَه (مـ): ظنَّه غِرًّا 视为缺乏经验的，认为愚昧无知的

غُشْم (سـ) 愚直，愚昧，无知

غَشِيم جـ غُشَمَاءُ (مـ سـ): عديم الخِبْرة 生手，无经验的

ـ (مـ): غير ماهِر 笨的，拙劣的，不灵巧的，不娴熟的

ـ (مـ): غير مُدرَّب 没有受过教训的

ـ (مـ): غُفْل / خَام / غير مَشْغُول 原料，生货，没有加工的

حجر ـ 未加工的石头

حَدِيد ـ 生铁

مِفْتَاح ـ 钥匙坯子，未加工沟齿的钥匙

غَشُوم / غَاشِم / غَشَّام: ظالِم / جائر 残暴的，蛮横的，暴虐的

ـ / ـ: غاصِب 压迫者，霸占者，掠夺者

القُوَّة الـ ـة 蠢劲，暴力

غُشُومِيَّة (مـ) 愚直，无知，无经验

غشا يَغْشُو غَشْوًا فلانًا: أتاه 到某人处

غَشْوَة / غِشْوَة / غُشْوَة / غِشَاوَة / غُشَاوَة / غَشَاوَة: غِطَاء 盖子，罩子，套子

غِشَاوَة / غَشَاوَة على العَيْن [医]角膜翳

غشي يَغْشَى غَشْيًا وغِشَايَةً المكانَ: أتاه 到某地

ـ الأمرُ فلانًا: غطّاه (أوحلّ به) 遭难，遭遇不幸

ـ ه النُعاسُ 使他陷入昏迷，假眠状态

ـ المرأةَ: دخل عليها 交合，交媾，性交

ـ الحصانُ الفَرَسَ (马)交配

غَشِيَه يَغْشَى غَشَيَانًا بالسَوْط 鞭打

ـ وأَغْشَى الليلُ: أظلم 夜黑

غُشِيَ عليه غَشْيًا وغُشْيًا وغَشَيَانًا: أُغْمِيَ عليه 昏厥，昏迷，昏倒，晕倒，晕过去

غَشَّى الشيءَ وعليه: غَطَّاه 覆盖，掩盖

ـ الشيءَ بالذهب 镀金

ـ التعصُّب على أَبْصَارهم 偏见蒙蔽了他们的眼光

ـ الشيءَ: طَلاه 涂，敷

أُغْشِيَ على بَصَرِه 他眼花缭乱

تَغَشَّى بثَوْبِه: تَغَطَّى به 用被子盖上

ـ المرأةَ: غَشِيَها 交合，交媾，性交

اِسْتَغْشَى ثوبَه وبثوبه: تغطَّى به 用被子盖上

غُشْي / غَشْيَة / غَشَيَان 昏厥，昏迷，晕倒

غِشاء جـ أَغْشِيَة: غِلاف 封皮，封面

ـ: جِلْد 表皮，皮肤

ـ: جِلْد رَقِيق / فُوف 薄皮，薄膜

ـ (في الحَيوان والنَبات) [解](动植物的)膜

ـ مَصْلِيّ 浆膜

ـ مُخَاطِيّ 粘膜

ـ البَكارة 处女膜

غِشَائِيّ 膜状的，膜性的

غَاشِيَة ج غَوَاشٍ: قميص القَلْب [解]心包

ـ: دَاهِية / نَكبة 灾难，祸患，灾害

ـ (م) 遮布，罩布，马鞍罩，鞍褥

غَشِيَتْه ـ من الحَنَق 他勃然大怒

غَشِيَتْه ـ من القَلَق 他忐忑不安

مَغْشِيّ عليه 晕过去的，不省人事的

غَصَبَه ـِ غَصْبًا على الشيء: أجبره 强制，强迫，威逼

ـ واغْتَصَبَ الشيءَ: أخذه قَهْرًا 强取，强夺，霸占

ـ وـ المرأةَ: زَنَى بِها كُرْهًا [法]强奸

ـ وـ حقًّا أو مَنْصِبًا أو مُلْكًا 夺取权利，篡夺职位

غَصْب: جَبْر 强制，强迫，霸占

غَصْبًا / بالغَصْب: جَبْرًا 强制地…

ـ عن كذا 尽管，纵然…

اِغْتَصَبَ الشيءَ: أخذه عَنْوَةً 强取，豪夺，凭暴力夺取

ـ المرأةَ 强奸妇女

ـ الأمْوالَ 掠夺钱财

ـ الحقوقَ في السِيادة أو المَنْصِب 夺取主权或职位

اِغْتِصَابِيّ 强制的

غَاصِب ج غاصِبُونَ وغُصَّاب / مُغْتَصِب 篡夺者，霸占者

مُغْتَصَب: مَأخُوذ بالقوّة 被霸占的

غَصَّ ـُـ غَصَصًا الرجلُ بالطعام أو الشراب 噎住，呛住

ـ واغْتَصَّ المكانُ (地方)拥挤不堪，人满为患，挤得满满的

أَغَصَّه: جَعله يَغَصّ 使他噎住，呛住

غَصَص: اعتراض الطعام أو الشراب في الحلق 噎住，呛住

ـ المَوْت 咽气

غُصَّة ج غُصَص: الهمُّ والحزن 苦恼，烦恼，悲痛，苦楚

ـ الحياة (生活的)辛酸、苦痛

ـ: ما اعترض في الحلق 骨鲠

غَاصّ / غَصَّان بكذا 被人挤得满满的，被东西充塞的

ـ بالسُكَّان 人口稠密的

أَغْصَنَتْ الشَجَرَةُ: نبتت أَغصانها 生枝，长杈

غُصْنُ الشَجَرَةِ ج أَغْصَان وغُصُون وغِصَنَة 树枝

غُصْنَة / غُصَيْن 嫩枝，细枝

غَضِبَ ـَ غَضَبًا ومَغْضَبَةً وتَغَضَّبَ واِسْتَغْضَبَ عليه: أبغضه وأحبَّ الانتقامَ منه 愤怒，生他的气

ـ مِنْ لا شيءٍ 无故生气

أَغْضَبَه وغَاضَبَه: حمله على الغضب 激怒，触怒，惹恼

غَضَب 发怒，生气

أَخَذَ منه الـ 他发脾气

إغْضَاب: إثارة الغَضَب 触怒，激怒，惹恼

غَضِب / غَضُب / غَاضِب / غَضُوب / غَضْبَان م غَضْبَى وغَضُوب وغَضْبَانَة ج غِضَاب وغَضْبَى وغَضَابَى وغُضَابَى: زَعْلَان (م) 发怒的，生气的，怒气冲冲的

غُضَابِيّ: حانِق 乖张的，脾气坏的

غَضُوب: سَرِيع الغَضَب 易怒的，急躁的，脾气大的；性情暴躁的

مَغْضُوب عليه 被怒恨的

غَضَرَ ـِ غَضْرًا وتَغَضَّرَ عنه: عدل 拒绝，不受理，不接受

ـ عليه: عطَف 怜恤，怜悯，关怀，同情

ـ عليه (م): غضب وتوعَّد 恼怒

غَضِرَ ـَ غَضَرًا وغَضَارَةً: أَخْصَبَ (树木)茂盛

غَضِر / غَضِير: خَصِيب 茂盛的

ـ / ـ: رَيَّان 多汁的，多液的

غَضَار 陶土，白土，胶泥，高岭土

غَضَارَة: خِصْب / نَضَارَة 兴旺，兴隆，繁荣

غُضْرُوف جـ غَضَارِيفُ: عظم مَرِن 软骨

غَضَّ ـُ غَضًّا وغَضَاضًا وغِضَاضًا وغَضَاضَةً طَرْفَه أو من طَرْفِه: خفضه 低下眼睛

ـ الطَرفَ أو النظرَ عن كذا 没有看到，假装不见，不理，不睬

ـ من فلان: حطَّ من قَدْره 降低，减损(价值、名誉)

ـ من شَرَفه 轻视荣誉

ـ ـَ غَضَاضَةً وغُضُوضَةً النباتُ: نضر وطرؤَ 柔嫩，鲜嫩，新鲜多汁

غَضّ: خَفْض 降低，贬值

ـ / غَضِيض جـ أَغِضَّاء وأَغِضَّة م غَضِيضَة جـ غَضَائِضُ: طريء 柔嫩的，鲜嫩的，新鲜的

ـ / ـ: ناضِر 繁茂的，郁苍的

ـ الطَرْف 假装不见，视而不见

بِغَضِّ النَظَر عن كذا 不顾，不管，不问，不论，尽管

غُضَّة جـ غُضَض / غَضَاضَة وغَضِيضَة جـ غَضَائِضُ / مَغَضَّة: ذِلَّة ومَنْقَصَة 降低，贬值

غَضَاضَة / غُضُوضَة: طَرَاوَة 鲜嫩，新鲜

ـ الإهاب 少年时代，青年时代

لَيس من ـ عليه أَنْ ... 对他来说，那不算是降低身份

لا يَجِدُون ـ في أَنْ ... 他们没有把这当作有伤体面的事

غَضَّنَ الشيءَ: ثَنَّاه وجعَّده 皱(眉)；使(纸、布等)起皱纹

غَاضَنَ المرأةَ: غازَلها بمُكاسَرَة العَيْنِ 眉来眼去，暗送秋波

تَغَضَّنَ: تجعَّدَ 发皱，起皱纹

غَضْن / غَضَن: تَجَعُّد 皱，皱纹

ـ / ـ: تَعَب وعَنَاء 疲倦，困惫

غُضُون: تجعّدات (皮肤的)皱纹，(衣服的)褶襞

ـ الأُذُن 耳轮的褶襞

في ـ ذلك: في أَثْنائِه 其间，在那当中

في ـ المَقَالة 在文章中

في ـ الحَرْب 战时，战争期间

مُغَاضَنَة: مُكاسَرَة النظَر 暗送秋波，眉目传情

مُغَضَّن / مُتَغَضِّن: مُجعَّد 皱着的，发皱的

صاج ـ (م): مُلَوَّب أو مضلَّع 波状铁板，起线铁板

مُغَضَّنَة: كَتُونَة صغيرة (ثَوْبٌ كَهَنُوتِيّ) [宗] 白(法)衣，白袈裟

أَغْضَى عينَه: طبق جَفْنَيْها 闭目，合眼

ـ عن الأمر 漏看，假装不见；宽恕

ـ وتَغَاضَى عنه 默许，装糊涂，假装不见

إغْضَاء: صَفْح 原谅，宽恕，恕宥

ـ / تَغَاضٍ 默许，姑息，姑容

غَضًا 柽树，观音柳

على أَحَرَّ مِنْ جَمْرِ الغَضَا (比柽柳炭还要热)如坐针毡，像热锅上的蚂蚁

غطاء (في غطي)

غَطْرَسَ وتَغَطْرَسَ: تكبَّرَ 骄傲，傲慢，自大，妄自尊大

تَغَطْرَسَ: تَبَخْتَرَ كِبْرًا 摆架子，装模作样

غَطْرَسَة: تكبُّر 骄傲，傲慢，自大

ـ: تَبختُر 摆架子，装模作样

غِطْرِس جـ غَطَارِس / غِطْرِيس جـ غَطَارِيسُ / مُتَغَطْرِس: مُتكبِّر 骄傲的，傲慢的，自大的，妄自尊大的

غَطْرَشَ (مـ): غَضَّ الطَرْفَ 装做不见；姑息，宽恕

غِطْرَاف وغِطْرِيف جـ غَطَارِيفُ وغَطَارِفَة 慷慨的，大方的(领袖)；清秀的，标致的，风雅的(青年)

غَطَسَ ـِ غَطْسًا في الماء: انغطس 潜水

ـ (مـ): غاص / ضد عام 沉下，沉没

ـ وغَطَّسَ الشيءَ: غمَسه 使某物下沉

ـ (س) [宗]行浸水礼

تَغَطَّسَ 浸，潜入，潜进；沐浴，洗澡

ـ 受洗礼，领洗

غَطْس: انغماس 潜水

ـ / تَغْطِيس: غَمْس، 使浸水，使下沉；[宗]浸礼

غِطَاس: عِيد الدِنْج (ع) / عِيد الظُهُور [宗] (1月6日祝耶稣出现的)主显节

غاطِس السَفِينَة (船只的)吃水

ـ (س) 无感觉的，不省人事的，昏厥过去的

غَطَّاس: غوَّاص 潜水员

ـ: اسم طائر [鸟]鹈鹕，野凫

غَطْسَان (مـ) 潜水者

مِغْطَس جـ مَغَاطِس 潜水用具

ـ: حَوْض الاِسْتِحْمَام 澡盆，浴盆；圣水盆

مَغْطِس: حَمَّام الغطس 大浴槽

غَطَشَ ـِ غَطْشًا الليلُ: أَظْلَمَ 夜黑，昏暗，天色黑暗

غَطِشَت ـَ غَطَشًا وتَغَطَّشَتْ عينُه: ضعف بصرها 视力衰弱

غَطْش 昏暗，黑暗

غَطَش 视力衰弱

أَغْطَشُ م غَطْشَاءُ جـ غُطْش / غَطِش م غَطِشَة جـ غَطِشَات 视力弱的人

غَطَّ ـِ غَطِيطًا النائمُ: شَخَرَ 打呼噜，发鼾声

ـ ـُ غَطًّا وأَغَطَّ الشيءَ في الماء: غمَسَه وغوَّصه فيه 使浸水，使下沉

اِنْغَطَّ في الماء: اِنغمس 潜入水中，沉入水中

غَطّ: غَمْس 浸入，沉入，泡进

غَطِيط النائم: شَخِير 鼾声，呼噜

غُطَيْطَة (س): ضَبَاب 雾

غَطَا يَغْطُو غُطْوًا وغُطُوًّا وغَطَّى الشيءَ: ستَره 覆盖，遮盖

ـ ه / ـ ه: واراه 掩盖，隐藏

ـ الصوتَ 把声音降低

ـ الدُيُونَ 抵偿债务

غَطَّى احْتِيَاجَاتِ كذا 满足需要

تَغَطَّى واغْتَطَى 被遮盖，覆盖

غِطَاء الوِعَاء جـ أَغْطِيَة 盖子，套子，罩子

ـ: كل ما يُغَطَّى به 封面，壳子，表皮；房顶；掩护物

ـ الرأْس 帽子

ـ المَائِدة 桌布，台布

ـ السَرِير 床单，床罩，垫单

غِطَايَة [解]膜，薄膜

تَغْطِيَة 遮上，覆盖，蒙上，盖上

ـ إخْبَارِيَّة 新闻报道，新闻采访

غَفَرَ ـ غَفْرًا الشيءَ: ستره 遮盖，掩盖

ـ غَفْرًا وغَفِيرًا وغَفِيرَةً وغُفْرَانًا ومَغْفِرَةً وغُفُورًا واغْتَفَرَ له الذنبَ: غطّى عليه وعفا عنه 饶恕，宽恕

يُغْفَر ويُغْتَفَر 可以原谅的，可以宽恕的

لا ـ ولا ـ 不能宽恕的，不能原谅的

غَفَّرَ الشيءَ: غَطَّاه وستره 遮盖，掩盖

ـ على الشيء (مـ): حرسه (راجع خفر) 防卫，护卫，守卫，保卫

اِنْغَفَرَ (مـ) 被原谅，被宽恕，被豁免

اِسْتَغْفَرَ الذنبَ ومن الذنبِ: طَلَبَ أنْ يَغْفِرَ له 乞求宽恕，乞求赦免

أَسْتَغْفِرُ اللهَ (真主饶恕)岂敢；惟愿不这样

غُفْرَة / غِفَارَة جـ غَفَائِرُ: غِطَاء 盖子，罩子，套子

غِفَارَة 圆锥形帽子

غَفَر (راجع خفر) 卫兵，哨兵，警卫队，护送队

غُفْرَان / غَفِير / مَغْفِرَة: صَفْح 饶恕，宽恕，原谅

ـ الخَطايا 恕罪，赦免

صَكّ الـ (عند بعض النصارَى) (某些基督教用的)免罪符

غَافِر جـ غَافِرُون وغَفَرَة: من يَغْفِر 宽恕者，饶恕者

غَفِير جـ غُفَرَاءُ (مـ) (راجع خفير): حارِس (特指夜间或无人时的)守卫者，巡逻者

جَمٌّ ـ 大众，群众

الجَمُّ الـ من العُمّال والفلاّحين 广大的工农群众

غَفَّار / غَفُور: كثير المَغْفِرَة 宽大的，多恕的；饶恕者

غَفَّارَة جـ غَفَافِيرُ: حَبْرِيَّة (ثوب كَهْنُوتِيّ) 法衣，道袍

مَغْفُور لَه 被宽恕的，被赦免的(人)

ـ لَهُ 逝世的，已故的，死去的

أَبِي المَغْفُور له 先父

مِغْفَر ومِغْفَرَة جـ مَغَافِرُ 盔，胄

غَفَّه ـُ غَفًّا (مـ): غافَله وفاجَأه 冷不防，乘其不备

غَفَلَ ـُ غُفُولاً وغَفْلَةً وغَفَلاً عن كذا: سَهَا عنه 疏忽，大意

ـ تْ عَيْنُه (مـ): نامَ 打瞌睡，打盹儿

غَفَّلَه: جعله يغفل 使他疏忽，使他大意

ـ: سَمّاه غافلاً 把他叫做傻子

تَغَفَّلَه تَغافَلَه اغْتَفَلَه واسْتَغْفَلَه: تَحَيَّنَ غَفْلَتَه 乘其不备，乘他疏忽的时候

ـ تُه 我乘他疏忽的机会

أَغْفَلَه: تركه وأهمله 疏忽，忽视，遗忘，不留神

ـ اسمَه عِنْدَ النَصّ 匿名发表

تَغافَلَ: تَظاهَرَ بالغَفْلَة 假装疏忽，假装大意

ـ عن الأمر: سَهَا 忽视，忽略

غَفَل /غَفْلَة 疏忽，疏漏

في غَفْلَة عَيْن 一霎时，转瞬之间

على حِينِ غَفْلَةٍ 忽然，突然，猝然，骤然

على غَفْلَةٍ منه 趁其不备，冷不防

عَنْ غَفْلَةٍ 由于草率，由于不经心

هو في غَفْلَة عن الأمر 他没有发觉，他没有注意到

مَوْت الغَفْلَة 猝死

غُفْل جـ أَغْفَال: لا عَلامَة فيه 没有记号的，没有标志的

ـ: بلا كتابَة / على بَياض (مـ) 空白的
ـ: لا حَسَبَ له 出身微贱的
ـ: خام / غير مَشْغول / غَشيم (مـ) 原料，生货，未加工的
ـ من التَاريخ 无日期的，未注明年月日的
ـ من التوْقِيع أو الإمْضاء 匿名的，没有签名的
إغْفَال: تَرْك وإهمال 疏忽，大意
ـ الأوَامِر أو الأُمُور 不遵守法令，忽视法令；不关心事务
تَغَفُّل 乘其不备；粗心大意，漫不经心
مُغْفَل 匿名的
رِسَالَة ـ ة 匿名信
مُغَفَّل: لا فِطْنَةَ له 蠢才，笨人，笨蛋，混蛋，糊涂虫
ـ: سَهْل الانخداع 容易受骗的
غفا يَغْفُو غُفُوًّا وغَفِيَ يَغْفَى غَفْيَةً وأَغْفَى: نَامَ نومة خَفِيفة 睡片刻，小睡，打盹
غَفْوَة: نومة خَفِيفة 假寐，小睡，打盹
غلا / غلاء (في غلو)
غَلَبَ ـ غَلْبًا وغَلَبًا وغَلَبَةً ومَغْلَبًا ومَغْلَبَة وغُلُبَّى وغِلِبَّى وغُلُبَّة وغَلَابِيَة الرجلَ وعليه: قهَرَه واعتزَّ عليه
打败，击败，战胜，克服
ـ: سَاد 支配，统治，控制，领导
ـ عليه كذا 其中大多数是…，大半是…
يَغْلِب على الظَنّ أنْ 十之八九是…，想必是…
يَغْلِبُ أنْ 在大多数的情况下是这样的
غُلِبْتُ أُكَلِّمه (مـ) 我和他谈得筋疲力尽
غَلَّبَه على فلان 使他战胜某人
تَغَلَّبَ على البلد: استولى عليه قهرًا 征服某地
غَالَبَه: قاهَره ونازَعه 相争，竞争，斗争
ـ ه: صارَعه 搏斗
تَغَالَبَ القُوم على البلد: غالب بعَضُهم بعضًا عليه 互相争夺…地方
غَلْب / غَلَبَة: ظَفَر أو فَوْز 得胜，战胜
غَلَبَة (مـ): ثَرْثَرة 瞎谈，饶舌，多嘴多舌
مُغَالَبَة: مُنازعة 竞争，博斗，相争
تَغَلُّب 克服，征服
غَالِب جـ غَالِبُون وغَلَبَة: قاهِر 征服者，战胜者
ـ: سائد 统治者，支配者，占优势的
ـ الأوْقَات 经常，常常
ـ ومَغْلُوب 战胜者和战败者
غَالِبًا / في الغَالِب / في الأَغْلَب 大概，时常，常常，往往
غَالِبِيَّة 多数
غَلْبَان (مـ): غَلَبَه الزمانُ 不幸的，可怜的，悲惨的
ـ 虚弱的
غَلَبَاوِيّ جـ غَلَبَاوِيَّة (مـ): ثَرْثَار 空谈的，健谈的，爱说话的，碎嘴子；捣乱分子
مَغْلُوب 打败的，战败的，败北的
ـ لا مَقْهُور 被打败，却未被征服
ـ على أَمْرِه 弱的，弱小的，从属的，附属的，失掉独立性的
أَغْلَب: مُعْظَمُ 大多数，大部分
ـ م غَلْبَاءُ جـ غُلْب 强大的，有力的
أَغْلَبِيَّة 大半，大多数
في الـ / على الـ 在大多数情况下
ـ سَاحِقة 绝大多数
مُتَغَلِّب 胜利者，征服者
غَلَس جـ أَغْلَاس: ظلمة آخر الليل 黎明前的黑暗
غَلَسًا 在黑暗中
ـ 悄悄地

غَلِس (مـ): ثقيل الظِلّ 讨厌的，不受欢迎的
غَلْصَمَة الحَلْق جـ غَلَاصِم [解]会厌
غَلِطَ ـَ غَلَطًا في الأمر: أخطأ 弄错，犯错误
غَلَّطَه واسْتَغْلَطَه (مـ): نسبه إلى الغلط 指出他的错误
ـ الدراهِمَ: زيَّفها 假冒，伪造
أَغْلَطَه وغَالَطَه: جعله يغلط 使…陷于错误
غَالَط (مـ): غشّ 掺假
ـ بالكلام 作遁词，诡辩
غَلَط جـ أَغْلَاط: وقوع في الخطأ 错误
ـ: غير صَحِيح 不对，不正确
غَلْطَة جـ غَلَطَات 一种错误
ـ كِتَابِيَّة 笔误
ـ مَطْبَعِيَّة 印错，手民之误
أُغْلُوطَة جـ أَغَالِيطُ وأُغْلُوطَات / مَغْلَطَة جـ مَغَالِط: ما يُغالَط به 诡辩法，强词夺理
تَغْلِيط: نِسبة إلى الغلط 认为错误
ـ (سـ): مُقلَّد 假的，假造的
مُغَالَطة كَلامِيَّة 遁词，搪塞
ـ مَنْطقِيَّة 诡辩
غَالِط / غَلْطَان (مـ) 错误的
مَغْلُوط فيه 错误的，不正确的
غَلُظَ ـُ غَلُظَ ـَ غِلَظًا وغِلْظَةً وغَلْظَةً وغُلْظَةً وغِلَاظَةً: خلاف دَقّ أو رَقّ 变粗硬，变成粗糙的
غَلَّظَ الشيءَ: جعله غَلِيظًا 使粗糙
ـ اليَمِينَ: أكَّدَها 起重誓，发重誓
غَالَظَه: عَادَاه 不和睦，互相为仇
أَغْلَظَ له القولَ أو في القول 对他说粗鲁话，对他声色俱厉
اِسْتَغْلَظَ صار غَلِيظًا 变粗糙
ـ ه: وجَدَه غَلِيظًا 认为粗鲁，认为粗糙
غِلَظ / غِلْظَة / غِلَاظَة: ضد رقّة 粗，粗大
ـ / ـ / ـ: خُشُونَة 粗，粗糙
ـ / ـ: فظَاظَة 粗鲁，粗暴，无礼
في غِلْظَة 粗野地，无礼地
غَلِيظ جـ غِلَاظ: ضدّ رقيق 粗大的
ـ: خَشِن 粗糙的
ـ: فَظّ 粗鲁的，粗暴的
ـ الرَقَبَة: عَنِيد 顽固的
يَمِينٌ ـ ة أو مُغَلَّظة 重誓，庄严的誓言
المِعَى الغَلِيظ (انظر معي) 大肠
غَلْغَلَ وتَغَلْغَلَ في المكان: دخل فيه 渗入，深入
غَلْغَمُونِي (أ): فَلْغَمُوني (أ) / حِبْن (phlegmon) [医]脓性蜂窝织炎
غَلَفَ ـُ غَلْفًا وغَلَّفَ وأَغْلَفَ الشيءَ: غطّاه / غشّاه 包，封，遮盖，遮蒙
ـ وـ وـ الشيءَ جعَلَه في غِلاف 装入信封，装入纸袋
ـ وـ الكتابَ: جعل له غِلافًا 装订书皮
تَغَلَّفَ 被封上，被封闭
غُلْفَة الذكَرِ جـ غُلَف 阴茎包皮
غِلَاف جـ غِلَافَات (مـ) وأَغْلِفَة (مـ) وغُلْف وغُلُف وغُلَّف: ظرف 信封，纸袋，封皮，外壳
ـ الطَلْقَة 子弹筒，炮弹壳
ـ الكتاب 书壳，书皮，封面
مُغَلَّف: مَوْضُوع في غلاف 装在信封内的，装在纸袋内的
ـ جـ مُغَلَّفَات (مـ): غلاف / ظرف 信封，纸袋；包皮；封皮，外壳
أَغْلَفُ جـ غُلْفٌ: أَقْلَف 有包皮的，没有割去包皮的
ـ العَقْل 愚蠢的，昏庸的
قَلْبٌ ـ أي لا يَعِي ولا يَفْهَم 一窍不通
غَلِقَ ـَ غَلَقًا الرَهْنُ [法]抵押品逾期，赎取

抵押品的权利被取消

أَغْلَقَ وغَلَّقَ وغَلَقَ ـِ غَلْقًا (مـ) البابَ: ضِدّ فتحه 关门

ـ وـ البابَ: سكّه 锁门

ـ الأَزْرَارَ 扣纽子

ـ وـ الرَهْنَ 取消赎取抵押品的权利

أُغْلِقَ عليه الأمرُ (事情)变成含糊的、暧昧的

اِنْغَلَقَ البَابُ 门被关起来、被锁起来

ـ (话的含意)变成隐蔽的、不明确的、不解的

اِسْتَغْلَقَ الأمرُ 事情变成模糊的

ـ الكلامُ عليه 张口结舌，哑口无言，说不出话

إغْلاَق: ضد فَتْح 关，锁

ـ الرَهْنِ 取消抵押品的赎取权

ـ: إفْلاس (商店)倒闭，倒账

غَلَق جـ أَغْلاَق جج أَغَالِيقُ / مِغْلاَق جـ مَغَالِيقُ: كَلُون (مـ) 闩，锁

ـ (مـ): مِفْتَاح العَقْد [建]拱心石

ـ جـ غُلْقَان (مـ): قُفَّة (用枣椰叶编的)筐，篮

فَتحَ مَغَالِيقَ قَلْبِه 推心置腹地说，说出他心里的话

غِلاَق (مـ) / غِلاقة الحِساب (مـ) [商]余额，尾数

غَلِق / مُغْلَق: صَعْب الفَهْم 费解的，深奥的，神秘的，玄妙的

مُغْلَق: ضد مَفْتُوح 关着的，锁着的

مُغْلَقَات النَفْس 内心的秘密

مَغْلُوق (مـ) 关闭着的，闭锁着的

مُغْلَق (مـ): مَكْشُوف (رصيدُ حِساب مع مَصْرِف) [商](透支)存款

مُسْتَغْلَق 费解的，模糊的，暧昧的

مِغْلَق جـ مَغَالِقُ 有利可图的事业，企业，赢钱

مَغْلَق خَشَب (مـ) 木场，木材堆置场

غَلَّه ـُ غَلاًّ وغَلَّله: وضَعَ في يدِه أو عُنُقِه الغُلّ 给他戴上枷锁或手铐

ـ في الشيء: دخَل 进入，深入

ـ ه في الشيء: أدخله 插进，嵌进

غَلَّ ـِ غِلاًّ وغَلِيلاً صدرُه: كان ذا حِقْد وغِشّ 心怀怨恨

غُلَّ غُلاًّ وغُلَّةً: اِشْتَدَّ عطَشُه 干渴，焦渴

أَغَلَّتْ وغَلَّتِ الأَرْضُ (مـ): أَعْطَتِ الغَلَّة 出产粮食

اِنْغَلَّ وتَغَلَّلَ في الشيء: دَخل فيه 进入，深入

اِسْتَغَلَّ الأَرْضَ: أخذ غَلَّتَها 利用土地(生产)

ـ المالَ: اِستثمره 投资

ـ عبدَه: كلَّفه أن يُغِلَّ عليه 剥削奴隶的劳动

غِلّ / غَلِيل: حِقْد 怨恨

أروى غليلَه (عَطَشَه) 止渴

شَفَى غَلِيلَه (حِقْدَه) 雪恨

هذا لا يَشْفِي غَلِيلاً 这是不能解渴或雪恨的

غُلّ جـ أَغْلاَل وغُلُول: قَيْد 脚镣，手铐，桎梏，枷锁

ـ / غُلَّة جـ غُلَل / غَلِيل: عَطَش شديد 焦渴，干渴；渴望

غَلَّة جـ غِلاَل وغَلاَّت: دَخْل 收益

ـ: نِتَاج 产物，产品

ـ الأرض: مَحْصُول 收获，收成

تاجِر ـ (مـ): قَمَّاح 粮商

ـ (مـ) / غِلال (مـ): حُبوب 谷物，粮食

غِلاَلَة جـ غَلاَئِل: قشرة رقيقة 膜，薄膜

ـ: ثوب تَحْتَانِيّ 衬衣，内衣

ـ المرأةِ: قميصُها الرقيق 女人的薄衬衣

ـ النيرَان [军]火幕，弹幕
اِسْتِغْلاَل: اِستثمار 投资
ـ الإنسان للإنسان 人剥削人
غَلِيلَة جـ غَلاَئِلُ: دروع 铠甲，潜水衣
مَغْلُول: عَاطِش جدًّا 焦渴的，干渴的
ـ (مـ): حاقد / حانق 怨恨的
ـ / مُغَلَّل: مُقيَّد 戴手铐的，戴枷锁的
ـ الأَيْدِي 手被捆着的，不自由的
مُغِلّ: حقود 有敌意的，怨恨的，怀恨的
ـ: مُثْمِر 有收益的，有出息的
مُسْتَغِلّ: مُسْتَثْمِر 投资者，剥削者
مُسْتَغَلّ جـ مُسْتَغَلاَّت: مَحْصُول 收获，收成，物产，粮食
收益，收入，进款
غَلِم ـَ غَلَمًا وغُلْمَةً واغْتَلَمَ: غَلِبَ شَهْوَةً 发情，性欲冲动
غُلْمَة: شَهْوَةُ الجِماع 性欲
غُلُومَة / غُلاَمِيَّة: حالة الغُلاَم 青春期
ـ: شَهْوَةٌ جِنْسِيَّة 性欲
غُلاَم جـ غِلْمَان وغِلْمَة وأَغْلِمَة: فَتًى 青年
ـ [棋]卒，兵
ـ: خادِم 仆人，佣人，侍者，勤务员
غَلِمٌ / غِلِّيمٌ: شَهْوَانِيّ 发情的，性欲冲动的
غَلِّيم 雄龟
غَلاَ يَغْلُو غَلاَءً السِعرُ: كان غَالِيًا 昂贵
ـ غُلُوًّا: زاد وارتفع 上升，上涨
ـ بالدِينِ: شدَّدَ وتصلَّبَ حتى جاوزَ الحَدّ (在宗教上)过度，过分，过火；固执，顽固，执迷
أَغْلَى وغَلَّى (مـ) السِعْرَ: رفعَه 涨价，抬高物价
غَالَى في الأمر: بالَغ 夸张，言过其实
ـ بالشيءِ: رَفَعَ ثَمَنَه 涨价，提高物价

تَغَالَى وأَغْلَى واغْلَوْلَى الشجرُ: التفّ وعظم (树)扶疏，茂盛
اِسْتَغْلَى الشيءَ: وجده غاليًا 觉得太贵，认为价高
غَلاَء: ارتفاع الثمن 价钱昂贵
ـ المَعِيشَة 生活费高，生活成本高
غُلُوّ / غُلْوَاء / مُغَالاَة: مجاوزَة الحَدِّ (宗教上的)过度，过火；固执，顽固，执迷
ـ / ـ / ـ: مُبَالَغة 夸张，言过其实
ـ 物价高涨，物价昂贵
بِلا مُغالاةٍ ولا إغْراقٍ 没有任何夸大和夸张
غَلْوَة جـ غَلَوَات وغِلاَءٌ: رمية سهم 一箭之路，一箭之远
على بُعْدِ ـ 相隔一箭之路
غَالٍ م غَالِيَة جـ غَالِيَات وغَوَالٍ / غَلِيّ: غالِي الثمن 高价的，昂贵的
ـ: عزيز 贵重的，宝贵的
غَالٍ جـ غُلاَة 过度的，过分的；顽固的，固执的，执迷的
الأُمْنِيَّة الغَالِيَة 夙愿，崇高的理想，念念不忘的理想
أَغْلَى: أَعْلَى ثَمَنًا من كذا 比…更贵，价格更高
غَلَى يَغْلِي غَلْيًا وغَلَيَانًا غلَتِ القِدْرُ: جاشَتْ بقوّة الحرارة (锅)沸腾
ـ الشرَانِق (مـ) 煮茧
ـ من الغَضَب 怒气冲冲
غَلَّى وأَغْلَى القِدْرَ: جعلها تَغْلِي 使锅沸腾
اِنْغَلَى (مـ) 煮沸，沸腾
غَلْي / غَلَيَان 沸腾
يَغْلِي العالَمُ غَلَيَانَ المِرْجَلِ على النار 世界如同火上的开水锅一样沸腾起来了
غَلاَّيَة جـ غَلاَّيَات: إناء الغَلْي / قَزان (مـ) 煮器

(铜壶、锅、釜等)，汽锅，锅炉，煮水装置

غالٍ م غالِيَة 煮沸的，沸腾的

غالِيَة ج غوالٍ 麝香和龙涎香的混合香料

مُغْلًى / غُلِي (مـ) 煮沸的，烧滚的

ـ الأعشاب وغيرها 煎好的药；煮好的菜汤

ـ البابُونَج أو المَرْيَميَّة [药]甘菊煎汁或藿香煎汁

الماء الـ 开水

مَغْلِيّ 已煮沸的，沸腾了的

غليسرين (أ): جِلْسِيَّة glycerine 甘油

غَلْيُون التَدْخين ج غَلايِين (أ) / غالْيُون (أ) / قالْيُون (土) galleo (西) 烟斗，水烟筒

ـ: سَفِينَة كَبِيرَة (تَسير بالقُلُوع والمَجاذِيف) galleon (古代作军舰或商船用的)西班牙大帆船

حَجَر ـ التَدْخين 烟管的斗

غَلِّينة (مـ) 风平浪静

غَلِيليُو (أ): أعظم علماء الطُلْيان وأوّل قائل بدَوَران الأرْض حَولَ الشمس بعد كُوبَرْنِيكُوس (في كتاب وضعه عام ١٦٣٢) Galiei, Galieo 伽利略(意大利天文学家 1564—1642)

غماء (في غمي)

غَمَدَ ـِ غَمْدًا وأَغْمَدَ السَيْفَ: أَدْخَلَه في الغِمْد 插入鞘

ـ وـ: أدخل (السيفَ أو الخَنْجَرَ) 将匕首刺进、扎入

ـ وغَمَّدَ وتَغَمَّدَ الشيءَ: ستره 遮蔽，掩盖

تَغَمَّدَ اللهُ الفَقِيدَ بِرَحْمَتِه [伊]愿真主慈悯亡人

غِمْد ج غُمُود وأَغْماد: قِراب 鞘

غَمَرَ ـُ غَمْرًا الماءُ المَكانَ: علاه وغطّاه 淹没

ـ المَكانَ بالماء 放水淹没

ـ ه بالهَدَايَا 送他很多礼物，大量地馈赠他

ـ ه بِفَضْلِه 给他很多好处，对他多施恩惠

ـ صَدِيقَه (سـ): حَضَنَه 拥抱他，向他行拥抱礼

غَمُرَ ـُ غَمارَةً وغُمُورَةً الماءُ: كثر 一片汪洋

غَمَّرَ وجهَه: طلاهُ بالغُمْرة 用番红花搽脸

غامَرَه: قاتَله وباطَشه ولم يُبالِ بالموت 决斗，拼命厮杀

ـ 冒险

انْغَمَرَ 被水淹没；潜入水中

غَمْر 淹没，沉溺

ـ ج غِمار وغُمُور: ماء كثير 汪洋

ـ: مُعْظَم البَحْر 大海，大洋

ـ: غِرّ لم يُجرِّبِ الأمور 生手，无知的，不熟练的，无经验的，不懂世故的

غُمْر وغُمْرة ج أَغْمار (مـ): ملء حضن 一抱(柴、草)

غَمْرَة ج غَمَرات وغِمار وغُمَر: شدَّة 苦恼，烦闷；痛苦，剧痛

ـ: زَعْفَران [植]番红花

ـ الحَرْب 剧烈的战争

ـ الكِفاح 残酷的斗争

ـ نُور القَمر 月光中

غَمَرات المَوْت: مكارهه وشدائده 死的痛苦

غَمار / غُمار / غَمارَة / غُمارَة: جَماعَة الناس 一群人

مُغامَرَة ج مُغامَرات 冒险，传奇故事

غامِر: كَثِير 多的，丰富的，丰盛的

ـ: ضد عامِر 荒凉的，荒无人烟的

مَغْمُور: خامل الذِكْر / ضد مَشْهُور 无名的，不出名的

ـ بالماء أو غيره 被淹没的

ـ بالدَّيْن 负债累累的，债台高筑的

مُغَامِر 冒险家

غَمَزَ ـِ غَمْزًا الشيءَ: جَسَّهُ 摸，摸摸看，接触

ـ قناتَه: عَضَّها لِيختبرها (咬咬他的枪杆，以测验其坚实的程度)摸摸他的底

ـ ه: كبَسَه بيَدِه 紧握

ـ بالعَيْن أو الحاجب 使眼色，以目示意，挤眉弄眼

ـ به وعليه: طعن عليه 中伤，诽谤，抨击

ـ في مَشْيِه 跛行，一瘸一拐

غَامَزَه (مـ) 对他使眼色

تَغَامَزُوا 他们眉来眼去，挤眉弄眼

ـ على فلان 秘密约定反对…

اِغْتَمَزَه: طعن عليه 指摘，非难，诽谤

غَمْز: إشارة بالعين 使眼色，眨眼示意，以目示意

غَمْزَة جـ غَمَزَات 眨眼，暗示，(以眼表示的)暗号

غَمِيزَة 诽谤

ـ 缺点，瑕疵，毛病，缺陷

غَمَّاز السِلاح النَارِيّ: نابضه (枪上的)扳机，制滑器

ـ ة الخدّ (مـ): نُونَة 笑靥，酒窝

ـ صِنّارة صَيْدِ السَمَكِ (مـ) 鱼竿的浮子

مَغْمَز جـ مَغَامِز: عَيْب 缺点，缺陷，毛病

غَمَسَ ـِ غَمْسًا وغَمَّسَ الشيءَ في المَاءِ: غَطَّه 浸湿，使沉入水中

ـ السِنَانَ في صدره 用枪刺入胸部

اِنْغَمَسَ واغْتَمَسَ في كذا 埋头于…，沉湎于…

ـ في المَلَذَّات أو الشرّ أو الدَيْن 沉湎于享乐中，陷于罪恶中或债务中

غَمْس: غطّ 浸入，泡进，沉没

غَمَّاسَة جـ غَمَّاس [鸟]阿比

غَمُوس جـ غُمُس: أمر شديد 困难的事情，严重的事情

يَمِين ـ 伪誓，妄誓，假誓

غُمُوس (مـ) (增加面包滋味的)副食品

غَمَضَ ـُ وغَمُضَ ـَ غُمُوضًا الكلامُ: خَفِيَ معناه (言语)含糊，模糊，暧昧

غَمَّضَ وأَغْمَضَ عَيْنَيْهِ: أَطْبَقَ أَجْفَانَهُمَا 闭目，瞑目，闭眼

ـ الكلامَ: أَبْهَمَه 含糊其词，模棱两可

أَغْمَضَ عن كذا: أَغْضَى 装没看见，不认真追究

ـ على كذا: تَحَمَّلَه ورَضِيَ عنه 容忍，原谅，宽容

اِنْغَمَضَ واغْتَمَضَ طَرْفُه: انغضّ 闭眼，睡眠

غُمْض / غِمَاض: نَوْم 睡眠

غَمْضَةُ عَيْنٍ 一瞬，一瞥

في غَمْضَةِ عَيْنٍ 转眼间，眨眼间，一瞬间

غُمُوض / غُمُوضَة: إبهام 含糊，暧昧

غَامِض جـ غَوَامِضُ: مُبْهَم 含糊的，暧昧的，费解的

ـ: خَفِيّ 奥妙物，神秘的，隐微的

ـ / مُغَمَّض: مُقْفَل 关闭着的，封闭着的

سِرّ ـ 极大的秘密，绝密

غَامِضَة جـ غَامِضَات وغَوَامِضُ: خَافِية 暧昧的，含糊的

غُمَيْضَاء (مـ): عَيَاف (مـ) / اِسْتُغُمَّايَة (مـ) 捉迷藏

غَمَطَ ـِ وغَمِطَ ـَ غَمْطًا النِعمةَ: لم يشكرها 忘恩负义

ـ ه: احتقره 轻视，蔑视，藐视，看不起

ـ الحَقَّ: جَحَدَه 否认权利

غَمْغَمَ الرجلُ الكلامَ: لم يُبَيِّنه 咕哝，咕唧，唧

吙，私语，小声说话	
咕哝，咕唧，唧	تَغمْغَمَ الرجلُ: لم يُبيِّن كلامَه
吙，耳语，私语，小声说话	
咕哝，咕唧，私语，耳语，	غَمْغَمَة جـ غَمَاغِمُ
低声说话	
	غمق ـُ وغمِقَ ـَ وغَمُقَ ـُ غَمقًا المكانُ: ركِبَه
(地方)湿润，潮湿	النَدَى والرُطُوبة
深，深湛，深远	ـ (مـ): غَمُقَ
加深，使深远	غَمَّقَه (مـ): عَمَّقَه
变成深色，暗色	اغْمَقَّ (مـ)
深，深度	غُمْق (مـ): عُمْق
深色	غُمُوقِيَّة
深色的	غامِق (مـ): قاتِم
深红色的，赭色的	أَحْمَرُ ـ
非常安静，特别沉默	صَمْت ـ
深的，深邃的，深远的	غِمِيق (مـ): عَميق
湿润的，潮湿的	غَمِق م غَمِقَة
	غملج / غُمْلُوج / غَمَلَّج / غِمْلاَج / غِمْلِيج م
	غَمْلَج وغَمَلَّج وغُمْلُوجَة وغِمْلِيجَة جـ غَمَالِيجُ
浮躁的，无恒的，易变的，三心二意的	
覆盖，遮盖，掩蔽	**غمّه** ـُ غَمًّا: غطَّاه
使悲伤，使忧伤，使愁苦	ـ ه وأغَمَّه: أَحْزَنَه
天气炎热	ـ اليومُ: اشتدَّ حَرُّه
(事情)变成暧昧的，不	غُمَّ عليه الأمرُ: خَفِيَ
清楚的	
蒙住眼睛	غَمَّمَ عَيْنَيْه (مـ): غَطَّاهما
天阴，满天	أَغَمَّتِ السماءُ: صارتْ ذاتَ غَمَامٍ
乌云	
悲哀，伤心，忧愁	اِغْتَمَّ وانْغَمَّ: حَزِن
忧愁，悲	غَمّ جـ غُمُوم / غُمَّة جـ غُمَم: حُزْن
伤，忧伤，悲痛，哀痛	
闷热的，酷热的	ـ / غَامّ / مُغِمّ: شديد الحرّ

云	غَمَام: سَحاب
雹，雹子	حَبّ الـ: بَرَد
一块云	غَمَامَة جـ غَمَامَات: سَحَابة
(驼、狗等的)口套，鼻笼	غِمَامَة / غُمَامَة (مـ)
(马的)眼罩，护眼罩	ـ الخَيْل: غُمَى (مـ)
使人悲哀的，伤心的	غَامّ / مُغِمّ: مُحزِن
阴云密布的	ـ / ـ: كثير الغُيُوم
悲哀的，悲伤的，凄惨	مَغْمُوم / مُغْتَمّ: حَزِين
的，可悲的	
模糊的，不清楚的	ـ
密云	أَغَمّ م غَمَّاء جـ غُمّ
	غُمْنَة: بُودْرَة (أ) (powder) / مَسْحُوق الزينة
化妆粉，爽身粉	
	غما يَغْمُو غَمْوًا وغَمَى يَغْمِي غَمْيًا البيتَ: سقَّفه
(用木头、泥土等)盖屋顶	بالخشب والطين
昏厥，昏倒，晕倒，昏过去	**غُمِيَ** وأُغْمِيَ عليه
蒙住眼睛	غَمَّى (مـ): غَطَّى عَيْنَيْه
眼睛蒙着	تَغَمَّى (مـ)
昏倒，晕倒，昏过去	غَمْي / إغْمَاء: غَشَيَان
昏迷的，晕过去的	غَمْيَان (مـ) / مُغْمِيّ عليه
捉迷藏	لُعْبَة الأُسْتُغُمَّايَة (مـ): غُمَيْضَاء
盖上，铺上，蒙上，包上	مَغْمِيّ
	غناء (في غني)
撒娇，卖俏，	**غَنِجَ** ـَ غَنَجًا وتَغَنَّجَ: دلّ وتَدَلَّلَ
妖娆，风骚，卖弄风情	
娇态，媚态，撒娇，	غَنْج / غُنُج / غُنَاج: دَلال
卖俏，妖娆，风骚，卖弄风情	
妖娆	غَنِجَة / مِغْنَاج / غُنُوجَة (مـ) / غَنَّاجَة (سـ)
的，狐狸精	
	غَنْجو (مـ) / غَانْجُو: دراع الاتصال بين عَرَبَات
挂钩，列车钩	القطار الحديديّ
打扮，修饰	**غَنْدَرَ** (مـ): زَيَّنَ

تَغَنْدَرَ 漂亮打扮，打扮得像花花公子

غَنْدَرَة (مـ) 豪华的服装，华丽的打扮

غُنْدُر: سَمِين 肥胖的，丰满的

غَنْدُور جـ غَنَادِرَة (مـ): متأنق في ملابسه 纨绔子弟，花花公子，服装时髦的人

غُنْدَاق (مـ) / (土) قُونْدَاق 枪托，炮架

غُنْدَقْجِي جـ غُنْدَقْجِيَّة (مـ): قُونْدَاجِي (ع) / سلاحِيّ 枪匠，炮匠，军火工人

غُنْدُول (أ): شَخْطُورَة (مـ) gondola (威尼斯的)平底狭长小船

غَنْغَرِينَا (مـ) / غَنْغَرِينَة / غَرْغَرِينَة (مـ): نَغَل / ذِرْب gangrene 坏疽

غَنْفَرَة (مـ): تَعْشِيق 鸽尾榫头或笱头，锲形榫眼

مُغَنْفَر: مُعَشَّق 鸽尾榫眼或笱眼，楔形榫眼

غَنِمَ ـَ غُنْمًا الشيءَ: فاز به وناله بلا بدل 获得；俘获；强行取得；夺得

ـ الفُرْصَةَ 乘机，利用机会

غَنَّمَه وأَغْنَمَه: منحه 授予，赐予，给予

اِغْتَنَمَ واسْتَغْنَمَ الفُرْصَةَ: انتهزها 乘机，借机，利用机会

غُنْم جـ غُنُوم / غَنِيمَة جـ غَنَائِمُ / مَغْنَم جـ مَغَانِمُ: ما يُؤْخَذ عَنْوَةً 战利品

ـ / ـ / ـ: مكسَب 利益，好处

غَنِيمَة بَارِدَة (易得的战利品)横财

غَنَم جـ أَغْنَام وغُنُوم وأَغَانِمُ: شَاء 羊(集合名词，兼指山羊和绵羊，没有单数。要指一只山羊或绵羊的时候用 شاة 代替)

غَانِم 获利者，成功者，胜利者

عَادَ سالمًا ـًا (胜利地，平安地回来)满载而归

غَنَّام: رَاعِي غَنَم 放羊的，羊把式，羊倌

غَنِيَ ـَ غِنًى وغَنَاءً وغُنْيَانًا الرجلُ: كثُرماله وكان ذَا وَفْر 富有，富足，富裕，有钱

غَنِيَ ـَ غِنًى ومَغْنًى بالمكان: أقام به 居住

ـ واسْتَغْنَى بالشيء عن غيره: اكتفى 以某物为满足，不需他物

غَنَّى الشِعْرَ وبالشعر: ترنَّم به 吟诗，诵诗；歌唱

ـ وتَغَنَّى بفلان: مَدَحَه 称赞，颂扬，歌颂

تَغَنَّى بالشِعْرِ: غَنَّى به 吟诗，诵诗

أَغْنَى الرجلَ: جعله غَنِيًّا 使他富足

ـ عنه: أَجْزَاه وكَفَاه 使他满足

ـ عنه غَنَاءَ فُلَانٍ: ناب عنه 代替某人

ما ـ شيئًا: لم ينفع 没有用处，毫无裨益

اِسْتَغْنَى واغْتَنَى وتَغَنَّى: صار غَنِيًّا 发财，致富，成为富人

ـ بالشيء عن غيره 以某物为满足，不需他物

غِنًى / غَنَاء: يَسار 富裕，富足

ـ / غُنْيَة / غِنْيَة / غُنْيَان: اِكْتِفَاء 满足

أنا في غِنًى عن أنْ أَصِفَ 我不必加以描绘

نَحْنُ في غِنًى عن وَصْفِه 我们不需要描述这个

لا غِنَى له عنه 这对某人是必要的

لا غِنَى عنه: لا يُسْتَغْنَى عنه 不可或缺的

ما لِي عَنْهُ غِنًى أو غُنْيَة 我离不了他，我需要它

ولا غَنَاءَ له عن كذا 他需要…

وفيه الغَنَاءُ 这就够了

غِنَاء: تَرْنِيم 歌咏

غِنَائِيّ 声乐的，歌唱的，抒情的

حَفْلَة ـ ة 歌咏的，音乐会

تَغَنٍّ 歌唱，赞颂，吟咏

أُغْنِيَّة جـ أَغَانِيّ وأَغَانٍ: تَرْنِيمة 歌，歌词，歌曲

غُنِيَّة جـ غَنَانِيّ (مـ): أُغْنِيَّة 歌曲，(诗歌的)一节，一章

غَنِيّ جـ أَغْنِيَاء: ضد فَقِير 富翁，财主，有钱人

ـ عن البَيَان 不言而喻的，不需解释的

ـ / مُسْتَغْنٍ عن غيره 独立的，自主的，自立的，不求人的，不依靠别人的

غَانِيَة: امرأة جميلة 淡妆素净的美女

مَغْنًى جـ مَغَانٍ 住所，住宅，郊外的别墅

مُغَنٍّ: مُنْشِد 歌手，歌唱家

مُغَنِّيَة: قَيْنَة 女歌手，女歌唱家

مُسْتَغْنًى عنه 多余的，不需要的

غَهِبَ ـَ غَهْبًا عنه: غفل عنه 疏忽，忽略，不留神，不注意

غَيْهَب جـ غَيَاهِب: ظَلَام 黑暗，阴暗

غُوتَابِرْكَا (أ): صَمْغ هِنْدِيّ gutta-percha 古搭波胶(印度、马来群岛所产赤铁科树的树胶)

غُوتَنْبَرْج: مُخْتَرِعُ طِبَاعَة الأَحْرُف gutenberg 谷腾堡(德国活版印刷的发明人 1397?—1468)

غَاثَه ـُ غَوْثًا وأَغَاثَه إغَاثَةً ومَغُوثَةً: أعانه ونصره 帮助，援助

اِسْتَغَاثَ الرجلَ وبه: استعان به 求助

غَوْث / غُوَاث / غَوَاث: مَعُونَة 帮助，援助

ـ / غِيَاث / غَوِيث: ما أَغَثْتَ به المُضْطَرَّ من طعام أو نَجْدَة 救济品

ـ واسْتِغَاثَة: اِستعانة 求救，求助

الغَوْثُ ! (نداء الاستغاثة باللاسلكيّ) (S.O.S. = Save Our Souls)无线电求救讯号，求救讯号

ـ / أَغِيثُونِي 救命！救命！

اِسْتِغَاثَة 求救，呼救，呼喊

مُغِيث 援助者，救援者，救护者，拯救者

الـ 真主，上帝，老天爷

غَارَ يَغُورُ غَوْرًا وغَوَّرَ الماءُ: ذهب في الأرض (水)渗入地内

ـ غُورًا وغُؤُورًا وغِيَارًا في الشيء: دخل فيه 进入，深入

ـ تْ عينُهُ: دخلتْ في الرأس وانخسفت 眼睛凹陷

ـ تْ وـ تِ الشَّمْسُ: غَرَبَتْ 日没，日落

ـ عن وَجْهه (مـ): اختفى 从某人面前消失

أَغَارَ إغَارَةً وغَارَةً ومَغَارًا عليهم: هجم وأوقع بهم 袭击，侵袭

غُرْ (مـ): إلى حيث القتْ 走开！滚蛋！

غَوْر جـ أَغْوَار: قَرَار 底，水底，底部

ـ: عُمْق 深，深度，深处，深远

ـ الأَرَاضِي (地球的)的内部，中部，地下

بَعِيدُ الـ: عَمِيقُ الـ 深湛的，深远的

قَرِيبُ الـ 浅薄的，肤浅的

سَبَرَ غَوْرَهُ 试探，摸底，试其深度，了解底细

أَغْوَار الظَّلَام 重重黑暗

غَار جـ أَغْوَار وغِيرَان: كَهْف 洞穴，岩洞

ـ: اِسم شَجَر أو وَرَقه [植]月桂树；月桂树叶

إكْلِيل الـ 桂冠

لم يَأْته بأَكَالِيل الـ 这并没给他带来荣誉

غَارَة جـ غَارَات: هُجُوم 袭击，侵袭，进攻

ـ جَوِّيَّة 空袭

ـ الجَرَاد 蝗虫袭击

شَنَّ الـ عَلَيْهِمْ 袭击，进攻

غَائِر: مُنْخَفِض 低洼

حَرَاثَة ـ ة 深耕

مَغَار / مُغار / مَغَارَة ومُغَارة جـ مَغاوِر ومَغَارَات:
كَهْف 洞穴，岩窟，山洞，窑洞
مِغْوَار: كثير الغَارَات 袭击者，侵入者，侵略者，入寇者
ـ: جَرِيء 大胆的，勇敢的
فَرس ـ: سَرِيع 快马，骏马，千里驹
غُورِلَّى / غُورِيلاَّ (أ): غُول / قِرْد كبير gorilla 大猩猩
غُوَيْشَة جـ غُوَيْشَات وغَوَايِشُ (مـ) 烧料(似玉的人造玻璃质，可以制造饰品，有各种颜色，但不如玻璃透明)
غَازَه ـُ غَوْزًا: قَصَدَه 去，到，赴，走向
غَاز 加斯纱(一种编织品)
غَاز جـ غَازَات (أ) gas: جوهر هَوائِيّ قابل للضغط 气，气体，瓦斯；煤气
ـ: جَاز (مـ) / بِتْرُول (أ) 石油；洋油，火油，灯油
ـ ضَحَّاك (مُنوِّم خَفِيف) [化]笑气，一氧化二氮
الـ الوَسِخ 没有提炼过的煤油
ـ سَامّ 毒气，毒瓦斯
ـ طَبِيعِيّ 天然煤气，天然瓦斯
الغَازَات المُخَنِّقَة / الغازات الخانِقَة 毒瓦斯，窒息性毒气
نُور الـ 煤气灯，气灯
قِناع الغازات السامّة: صِقاع 防毒面具
مِقْيَاس ضَغْط الغَازات والأَبْخِرَة والسوائل 测压器
غازِيّ: كالغاز أو منه 气体的，像气体的
ماء ـ: فَوَّار 汽水，碳酸水
غَازُولِين (أ) gasoline 汽油
غَازِيتَة جـ غَازِيتَات (مـ): جَازِيتَة gazette [史] 报纸，新闻纸；公报，官报

غَاص يَغُوصُ غَوْصًا وغِيَاصًا وغِيَاصَةً ومَغَاصًا في الماء وغيره 潜水，(头朝下)跳入水中
ـ على كذا 钻研，探究
ـ في المَنْجَم 下矿井
غَوَّصَه: جعله يغوص 使其下沉
غَوْص: غَطْس 潜水
جِهاز الـ أو الغَوَّاصِين 潜水器械，潜水装备
غِيَاصَة 采珠业
غَائِص جـ غَاصَة وغَوَّاص 潜水员
غَوِيص (سـ): عَوِيص 深的，深奥的，深湛的，费解的
غَوَّاص: غَطَّاس 潜水员，采珠工人
غَوَّاصَة: سفينة تسيرُ تحت سطح الماء 潜艇
ـ نَوَوِيَّة 核潜艇
ـ جـ غَوَّاصَات [鸟]大鷉
مَغَاص جـ مَغَاصَات ومَغَاوِص: مكان الغوص 潜水地区(地点)
ـ اللُؤْلُؤ 采珠区，采珠场
غَوَّطَ البِئرَ: حفرها فأبعد قعرها 掘深，加深
تَغَوَّطَ: قَضَى الحاجةَ 大便，出恭，解手，拉屎
غَوْط وغَاط وغَوْطَة جـ غُوط وأَغْوَاط وغِيَاط وغِيطَان: مُطمئن من الأرض 凹地
غُوط: عُمْق 深，深度
غُوطِيّ (أ): قُوطِيّ / جَرْمَانِيّ قَدِيم Gothic 哥特人的
خَطّ ـ 哥德体，粗黑体
عَقْد ـ [建]尖拱，交错骨
غُوطَة دِمَشْقَ / الغُوطَة: موضع بالشام 姑塔(大马士革城近郊的园林区)
غَائِط: بِرَاز 大便，人粪

ـ: مَوْضعُ قَضاءِ الحاجة 厕所，茅厕，茅司
ـ ج غِيطَان 盆地；小林，丛林；庭园，花园
غَويط (مـ): عَميق 深的，深远的
غَوْغَاء / غَاغَة: سِفْلَة من الناس متسرعون إلى الشرّ 暴徒，暴民，下流人，乌合之众，社会的渣滓
ـ (مـ) / غُوغَة (مـ): ضَوْضَاء 吵嚷，喧哗，嘈杂声，吵闹声
غَالَه يَغُولُ غَوْلاً واغْتَالَه: أتاه من حيثُ لا يَدْرِي 突击，奇袭，突如其来，出其不意
ـ ه وـ ه: قتله غَدْرًا 暗杀，刺杀
ـ وـ: سرق بالخِداع 偷窃，盗走
اِغْتَالَتْهُ المَنُونُ 他死了
غَوَّلَ (سـ) 狼吞虎咽
تَغَوَّلَتِ المرأةُ: تلوَّنَتْ 搽脂抹粉
غُول ج أَغْوَال وغِيلاَن: حَيَوَان وهْمِيّ مُخيف 魑魅，魍魉，妖怪
ـ: غُورِلَّى (أ) / قِرْد كبير 大猩猩
يَأْكُلُ مِثْلَ الـ 狼吞虎咽地吃
غُولَة: أُنثى الغُول 母大猩猩；(童话里的)食人鬼
اِغْتِيَال: قَتْل 暗杀，刺杀
غِيلَة / اِغْتِيَال ج اِغْتِيَالاَت: خِداع 狡猾，奸诈，欺诈
ماتَ غِيلَةً 横死，被害死
قُتِلَ ـ 他被暗杀了
غَائِل 想不到的，意外的，不测的，凶人，恶魔
هو ـ الأَنانِيَّة 他是个极端自私的人
غَائِلَة ج غَوَائِلُ: داهية 邪恶，灾难，祸患，祸害，灾害

مِغْوَل: سَيْف الوَخْز 匕首，短剑，刺剑(用于暗杀和决斗)
ـ المُثَاقَفَة: شِيش (مـ) (انظر شيش) 圆头剑(击剑练习或舞蹈用)
غَوَى يَغْوِي غَيًّا وغَوِيَ يَغْوَى غَوَايَةً: ضَلَّ 走错路，迷失方向
ـ (مـ): هَوِيَ 热爱，恋爱，倾心
ـ وغَوَّى وأَغْوَى واسْتَغْوَى الرجلَ: أَضَلَّه 迷惑，教唆，煽动
تَغَاوَى: تكلَّفَ الغَيّ وتَجَاهَلَ 装糊涂
غَيّ / إغْوَاء 迷惑，引入迷途
ـ وغَيَّة وغِيَّة وغَوَايَة ج غَيَّات 谬误，错误
اِبْنُ غِيَّةٍ: وَلَدُ زِنًى 私生子
غِيَّة / غَوِيَّة (مـ) 嗜好，癖好，爱物，嗜好品
إغْوَاء 教唆，煽动
غَاوٍ ج غَاوُونَ وغُوَاة: مُضَلِّل / خَدَّاع 迷惑者，骗子
ـ وغَوٍ وغَوِيّ وغَيَّان: ضَالّ ومنقاد للهَوَى 失望者；纵欲者
غَاوِي ج غُوَاة (مـ): هاوِي الخَيْل أو الحَمام 走马、飞鸽等的爱好者
ـ التَصْوِير أو المُوسِيقَى (مـ) (غير مُحْتَرِف) 摄影、音乐等的业余爱好者
غُوَاةُ العَادِيَّاتِ (مـ) 古董家，古玩爱好者
غُوَاة الرَادِيُو (مـ) 无线电爱好者
أُغْوِيَّة ج أَغَاوِيّ / مَغْوَاة ج مَغَاوٍ: مَهْلَكَة 陷坑，陷阱，险地
غُوَيْشَة (مـ): مُسْكَة (مـ) / سِوار من زُجاج 烧料镯头
غَابَ يَغِيبُ غَيْبًا وغُيُوبًا وغَيْبَةً وغِيَابًا ومَغِيبًا: غَرَبَ / أَفَلَ (太阳等)没落
ـ وتَغَيَّبَ: ضد حضر 缺席，不在场

ـ عن البَال 遗忘，忘记
يَجِب أنْ لا يَغِيبَ عن البال 应该记住
ـ عن صَوَابِهِ / ـ عن وَعْيِهِ / ـ عن رُشْدِهِ /
ـ عن الوُجُود (مـ): أُغْمِيَ عليه 昏厥，晕过去，不省人事
ـ عن الصَواب: أضَاع صوابَه 发狂，反常，发疯
ـ عن العَيْن / ـ عن النَظَر 消失
ـ الشيءُ في الشيء: اِسْتَتَرَ 渗入，侵入
ـ عنه مَعْرِفَتُه 他不知此事
غَابَه غَيْبَةً واغْتَابَهُ: عابَه وذَكَرَهُ بما فيه من السوء 背后诽谤，背地里骂
غَيَّبَه: أبعده 隐匿，隐藏
ـ (سـ) 背记，牢记在心头
غَيْب جـ غِيَاب وغُيُوب: مُسْتَتِر 隐藏的，不可见的，幽冥，命运
ـ / غَيْبَة / غِيَاب / مَغِيب 缺席，不在场
عِلْم الغَيْب 占卦，卜卦
عالِم الغَيْب / عَلَّام الغُيُوب 能知幽冥者（真主、上帝）
عالَم الغَيْب 来世，后世，幽冥世界，精神世界
في غَيْبَة البَرْلَمَان 当议会（国会）休会期间
غَيْبًا: عن ظهر القلب 暗（记），背（诵）
ـ ومَشْهَدًا 背后和当面
غَيْبِيّ 玄学的，形而上学的
غِيَاب: عَدَم وُجُود 缺席，没到场
ـ ومَغِيب الشمس 日落，太阳落山
غِيَابِيّ 不在的，缺席的，不到案的
حُكْم ـ 缺席判决
حُوكِمَ غِيَابِيًّا 缺席审判
غَيْبُوبَة: ذُهُول 出神，恍惚
ـ المَوْت ［医］昏睡，昏迷，人事不省
غَاب / غَابَات 丛林，森林
ـ (مـ): قَصَب بُوص 芦苇，芦丛
إنْسَان الـ 猩猩
ـ هِنْدِيّ 竹
غَابَة جـ غَاب وغَابَات 森林，树林；芦苇丛
ـ (مـ): دِيسَة / حرش (مـ) 莽丛，丛林，密林
ـ (مـ): أَجَمَة 丛林，密林
ـ (مـ): قَصَبَة 竹手杖，藤手杖
شَرِيعَة الغَابَة 丛林法则，弱肉强食
زِرَاعَة أو غَرْسُ الغاباتِ 造林
غَابِيّ 多森林的，森林的
غَائِب جـ غَيَب وغُيَّب وغُيَّاب وغَائِبُون: ضد حاضِر 缺席者，不在场者
ـ: مُسْتَتِر 隐藏的，隐蔽的，看不见的
الـ (في النَحْو) ［语］第三人称
رَوَى بِلِسَان الـ 用第三者的口吻叙述
صَلَاة الـ ［伊］为远方的亡人举行殡礼
مُغِيب / مُغِيبَة: زَوْجَة مُنْفَصِلة عن زَوْجِها 独守家中的妇人；离了婚的女人；跟丈夫分居的女人
مُغَيِّب جـ مُغَيِّبَات 麻醉剂
عقَّار ـ: يُفْقِدُ الوَعْيَ 蒙汗药，麻醉药
مُغْتَاب: وَاشٍ 谗言者，污蔑者，诽谤者
مَغِيبُ الشَمْسِ 西方；黄昏
غِيتُّو (أ) ghetto (意) （城市中）犹太人区
غَيْث: مطَر 雨，及时雨
أَوَّلَ الـ قَطْرٌ ثُمَّ يَنْهَمِل 开始下雨时只掉雨点儿，后来变成倾盆大雨
غَيِدَ يَغْيَدُ غَيَدًا الغُلَامُ: لانَتْ أعطافُه 婀娜，袅娜，体态轻盈

تَغَايَدَ في مِشْيَتِه 蹒跚

غَيَد: نَعُومَة 纤弱，柔弱

غَادَة ج غَادَات: اِمْرَأة لَيِّنَة بَيِّنَة الغَيَد 体态轻盈的姑娘

ـ هَيْفَاء 苗条的姑娘

أَغْيَدُ م غَيْدَاءُ ج غِيدٌ 婀娜的，袅娜的，体态轻盈的

غَارَ يَغَارُ غَيْرًا وغَيْرَةً وغَارًا الرجلُ على امرأتِه من فلان: أَنِفَ من الحَمِيَّة وكَرِهَ شَرِكَة الغَيْر في حقِّه بها 嫉妒，妒忌，吃醋

غَيَّرَه: بَدَّلَه 交换，更换；改变，改造

ـ فِكْرَهُ 左思右想，反复考虑

ـ ه (مـ) وأَغَارَه: جعله يغار 使他忌妒，使他猜忌，激起醋意

ـ مَلَابِسَه 换衣服

ـ على الجُرْح (مـ) 包扎伤口

غَايَرَه: خَالَفَه 和他不同，和他不一致

ـ ه: بَادَلَه 和他交换，和他互调，交易货品

تَغَيَّرَ: تَبَدَّلَ 变更，改变，互不相同

لا يَتَغَيَّر 不变，不渝，坚贞

تَغَايَرَتِ الأَشْيَاءُ: تَنَوَّعَتْ / اِخْتَلَفَتْ 五花八门，千差万别，形形色色

غَيْر: سِوَى 除…外

ـ: لَيْسَ 不，不是

ـ: آخَر 别的，另外的，另一个

ـ: خِلَاف 不同

إنَّ ظُرُوفَ اليومِ ـُ ها بالأَمْس 今天的情况和昨天的不一样

ـَ مَرَّةٍ 不止一次

ـُ صَافٍ 不纯的，不清的，混浊的

ـ موجودٍ أو كائن 不存在的

ـ مَشْرُوع 非法的，不合法的

ـ مُفِيدٍ 无益的，无效的

ـ مَأْلُوفٍ 陌生的，生疏的

ـ رَسْمِيّ 非正式的，非官方的

وـُ ذلك 等等

في ـ هذا المكان 在别的地方

مِنْ ـِ / مِنْ ـ أَنْ ...: بِلاَ 没有

ـَ أَنَّ 然而，但是

مَضَى لـ ـ عَوْدَةٍ / مضَى إلى ـ رَجْعَةٍ 一去不复返

على ـ العَادة 异乎寻常地

ـُ واحِد 不止一个

ـ هذا ولا ذلك 既不是这，又不是那

لا ـُ: فَقَطْ 只，仅仅，不过

ثَلَاثُونَ رِيَالاً لا ـُ 30 元整

إلى ـ نِهايَةٍ 无限的，无止境的

في ـ الكُلْفَةِ 随便地，自然地，从容不迫地

أَرْضُ الـ 别人的土地，他国的领土

أَفْكَارُ الـ 别人的思想，别人的意旨

ومِنْ ـِ مُنَاسَبَةٍ 无缘无故地

بـ ـ قليلٍ من المَرارة 带不少苦味

يَعْمَلُ في أرض ـِ ه 耕种别人的土地

على ـ رَغْبَةٍ منه 勉强地，无可奈何地

على ـ أَساسٍ 无根据地

غَيْرَة: الاسم من "غار يَغَار أو يَغِير" 忌妒，猜妒

ـ: نَخْوَة / حَمَاس 热心，热忱，热情

غِيرَة ج غِيَر 改换，改革，变化

غِيَرُ الدَهْرِ 命运的波折

غَيْرِيّ: ضد أَنَانِيّ 没私心的，大公无私的；利他主义者

غَيْرِيَّة: ضد أَنَانِيَّة 利他主义

غِيار / تَغْيِير: إِبْدَال 更换，变更，变化，变迁

قِطْعَةُ ـِ / جُزْءُ ـِ 零件
ـ (م) 绷带
وَضَعَ ـًا على ... 扎绷带于…
تَغيير 变动，变更，变化
قِطْعَةُ ـ (机器的)零件
ـُ مَلابِس 更换衣服
تَغَيُّر: تَبَدُّل 改变，变迁
مُغَايَرَة 区别，差别
غَيُور / غَيْرَان / مِغْيَار م غَيْرَى ج غَيَارَى وغُيُر ومَغَايِير 妒忌的，猜忌的，吃醋的
ـ: ذو نَخْوَة / حَمِس 热心的，热忱的，热情的
مُغَايِر 有别的，不同的
مُتَغَيِّر: متبدّل 变化的，变更的，变动的
مُتَغَايِر: مُتَنَوِّع 各种各样的，多种多样的
ـ 异质的，驳杂的，不纯的
غَيْسَر ج غَيَاسِرُ 间歇温泉，间喷温泉
غَاضَ يَغِيضُ غَيْضًا ومَغَاضًا وتَغَيَّضَ وانغاضَ الماءُ: غَارَ أو نَقَص أو نَضَبَ (水)干涸，枯竭
ـ الثمنُ: نقص 跌价
ـ تِ الدماءُ من وجهها 她脸上没血色
ـ وغَيَّضَ وأَغَاضَ الماءَ أو الثمنَ: نقصه 放水，除水，排水；减价
ـ (狮子)常出入于丛林
غَيْض: سِقْط لم يَتِمّ خَلْقُه 流产的胎儿，未成形的胎儿
ـ: قَلِيل 少量，小量
أعطاه غَيْضًا من فَيْض: قليلاً من كثير 给他一点点
غَيْضَة ج غِيَاض وأَغْيَاض وغَيْضَات: أَجَمَة 丛林，密林
مَغِيض ج مَغَايِض 低湿之地

غَاطَ ـِ غَيْطًا فيه: دخل (راجع غوط) 潜入，偷入，钻入
مُغَايَطَة: خصومة 争吵
غَيْط ج غِيطَان: حَقْل 田地，田野；园圃
غَيْطَانِيّ: صاحبُ لغَيْطٍ 地主，农场主
غَاظَه ـِ غَيْظًا وغَيَّظَه وغَايَظَه وأغاظَه: حمله على الغَيْظ 触怒，激怒，使他生气
تَغَيَّظَ واغتَاظَ وانْغَاظَ الرجلُ: انقاد للغيظ 发怒，发脾气
غَيْظ / اِغْتِيَاظ 愤怒，激怒，狂怒，暴怒
مَغِيظ / مُغْتَاظ: حَانِق 生气的，激怒的
غَاق: غُرَاب 乌鸦
ـ / غَاقَة: غَوَّاص (غراب الماء) [鸟]鸬鹚，水老鸦
غَالَتْ تَغِيلُ غَيْلاً وأَغَالَت المرأةُ ولدَها: أرضعته وهي حامل 孕妇哺乳
اِغْتَالَه: قتله على غِرَّة 暗杀，刺杀
ـ الأموالَ 骗去财产，诈取钱财
غَيْل / لَبَن الغَيْل 孕妇的乳汁
غِيلَة: خَدِيعة (راجع غول) 狡猾，奸诈，欺诈
قَتَلَهُ ـً: خَدَعَه فذَهبَ به إلى موضع فقتله 谋杀，暗杀，暗害
غَال ج غَالاَت (م): قُفْل / مِغْلاَق 扣锁，挂锁
أُمّ غَيْلاَن / مُغِيلاَن 阿拉伯橡胶树
غَامَتْ يَغِيمُ غَيْمًا وغَيَّمَتْ وأَغْيَمَتْ وتَغَيَّمَتِ السَّمَاءُ: كانت ذاتَ غَيْم 天阴
ـ تِ الشمسُ بِضْعَ سَاعَات 天阴了几小时
ـ تِ الدُنْيا أمامَ عَيْنَيْه 他眼前发黑
ـ البَعِيرُ: عَطِش وحَرَّجَوْفُه (驼)口渴
غَيْم ج غُيُوم الواحدة غَيْمَة: سَحَاب 云，云彩，乌云
غَائِم 多云的，阴天

غَيْمَانُ م غَيْمَى 口渴的，干渴的

غَيّ / غيّة (في غوي) / **غيهب** (في غهب)

غَيًّا وأَغْيَا الرايةَ: نصبَها 升(旗)，插旗子

ـ وأَغْيَا وتَغَيَّى الغَايَةَ: حدَّدها 确定目标，规定界限

غَايَة: رَايَة 旗帜，旌旗

ـ: قَصْد 意图；终点

ـ التاجِر: لافِتَة / لَوْحَة الاسم / يَافِطة (م) 招牌

ـ: مُنْتَهًى 极点，绝顶，最高峰

ـ: مَدًى / طَرَف 界限，极限，界线

ـ: غَرَض 企图，目的

بِدُخُول الـ في المُغَيَّا: الطَرَفان 包括一切，连…在内，包括…在内

تَعَجَّب ـ التَعَجُّبِ 非常惊讶

للـ: جِدًّا 极度，非常，异常

لـ ـِ ما: إلى أَنْ 直到

في ـ الصِحَّةِ 极健康

بـ ـ الدِقَّةِ 非常细心地，极细致地

لـ ـِ كذا: لحدِّ كذا 直到

لـ ـ مَبْلَغِ كذا 到这么一个数目

الفاء

ف (الفاء) 阿拉伯字母表第 20 个字母；代表数字 80

ف: فدَان “费丹”（埃亩）的缩写

فَ 连接词，有以下 6 种用法：

(1) 连接并列的名词或动词，表示先后紧接的次序，相当于汉语的“就、于是、然后”：

يَوْمًا فَيَوْمًا / سَنَةً فَسَنَةً 一天天，一年年；逐日，逐年

كَتَبَ مَكْتُوبًا فَأَرْسَلَهُ 他写了封信就寄走了

جَاءَ زَيْدٌ فعَمْرُو 宰德来了，阿穆尔也来了

حَبَسَهُ فَقَتَلَه 把他关进监狱，然后把他杀害了

سَأَلْتُه فَقَالَ 我问他，他就说了

(2) 连接条件句后面的特殊结句，相当于汉语的“就、那么”：

إنْ كُنْتُمْ تُحِبُّونَنِي فَاتَّبِعُونِي 你们假如爱我，就跟着我走

(3) 连接祈使句后面带结句意味的句子，相当于汉语的“则、就、那么”

عَلِّمْنِي فَأَشْكُرَكَ 你教导我，我就感激你

(4) 连接动词句后面的名词句，表示突然的意思：

فَلَمَّا رَفَعْتُ بَصَرِي فإذا طائِرَةٌ تُحلِّقُ في السَماءِ 我抬头一看，只见一架飞机在天空盘旋

(5) 连接疑问虚词 أ 后面的句子：

أَفَرَأَيْتَهُ 你看见他了吗？

(6) 连接 أَمَّا 后面的句子：

أَمَّا الصِّينُ الجَدِيدَةُ فَقَوِيَّةٌ مُتقدِّمَةٌ 至于新中国，则是强大而进步的

فا (راجع فوه)

فائدة (في فيد) / **فات** (في فوت)

فَاتِيكَان (أ) Vatican: الـ 梵蒂冈

فَاثُور: خِوان من رُخام 大理石桌子

فاح (في فوح وفيح) / **فاد** (في فيد)

فارَ (في فور) / **فارٌ** (في فأر)

فَارَنْهِيت للحرارة Fahrenheit: مِقياس انكليزيّ 华氏温度计

فاز (في فوز)

فَازِلِين (أ) Vaseline: مَرْهَم النِفْط 凡士林

فاس (في فأس) / **فاسوخ** (في فسخ)

فاسياء (في فسو) / **فاش** (في فيش)

فاصوليا (في فصل) / **فاض** (في فيض)

فاضٍ (في فضو) / **فاغية** (في فغو)

فاق / **فاقة** (في فوق) / **فالوذج** (في فلذ)

فَانِلَّة جـ فَانِلاَّت (أ) / فَنِلَّة (أ) flanella（意）:

صُوف / شِعَار 法兰绒，法兰绒衣服

ـ قُطْن 棉毛衫

ـ رِجَالِيّ بلا أَكْمَام (من صُوف أو قُطْن) 棉毛背心

فانوس (في فنس) / **فاه** (في فوه)

فَانِيلِيا (أ) vanille（法）［植］香荚兰，梵尼兰

فَاوْرِيقَه (أ) / فُورِيقَه: فَبْرِيقَه fabbrica（意）工厂，制造厂

فَايِظ (مـ): رِباء (في ربو) 利息

فَايِظجِي (مـ): مُرَابٍ 放重利的人，高利贷者

اِفْتَأَتَ عليَّ البَاطِلَ: اختلقه 他对我造谣中伤

ـ برأيِه: استبدَّ به 独断，独裁

ـ على الحقوق　侵犯权利

أُفْتُئِتَ: مات فَجْأَةً　暴卒

اِفْتِئَات　伪造，捏造

فَأَدَه ـَ فَأْدًا: أَصابَ فُؤَادَه　打中他的心脏

ـ الخوفُ فلانًا: صيَّره جبانًا　使丧胆，使胆怯

ـ اللَحْمَ في النار: شَوَاه　烤肉

ـ الخُبْزَ: جعله في المَلَّة　把饼放在热灰里

فُئِدَ ـَ فَأْدًا وفَئِدَ ـَ فَأَدًا: شكا فؤادَه　心疼，患心脏病

اِفْتَأَدَ الرجلُ: أوقد نارًا　点火烧烤

فُؤَاد جـ أَفْئِدَة: قَلْب　心，心脏；衷怀

ـ: عَقْل　智慧，理智

من صَمِيم الـ　衷心地

مِفْأَد ومِفْآد ومِفْأَدَة جـ مَفَائِدُ ومَفَائِيدُ　烤肉的铁叉；木火棒，铁火棒

مَفْؤُود: مَن يشكو فؤادَه　害心脏病的

ـ: من لا فؤادَ له　丧胆的，胆寒的

ـ: جَبان　胆怯的

ـ: خُبْز مجعول في المَلَّة　热灰中焖熟的饼子

ـ: مَشْوِيّ　烧烤的

فَأْر جـ فِئْرَان وفِئَرَة وفُؤَر الواحدة فَأْرَة　老鼠，耗子

ـ البَيْت　家鼠

ـ الخَيْل　鸡貂，黄鼠狼

ـ الغَيْط　田鼠，野鼠

سُمّ الـ　杀鼠药

لَعِبَ الـ في عُبّه (مـ): تَوجَّسَ　怀疑，狐疑

الفَأْرَة العَمْيَاء　鼹鼠

ـ النَجَّار (مـ)　刨，活动刨

ـ كَشْف (مـ)　台刨

كَسْتِير الـ (مـ)　刨刀

فَأْس جـ فُؤُوس وأَفْؤُس / فَاس: أداة قطع الخشب وغيره　斧子

ـ / ـ: مِعْزَقَة / طُورِيَّة (مـ)　锄头，镢头

Fez ـ　非斯城(摩洛哥)

تَفَاءَلَ به: ضدّ تَشاءَمَ　乐观

ـ: أَحْسَنَ الظَنَّ　乐观，成为乐观的，乐天的，乐天主义的

ـ منه خَيْرًا　把他当作吉兆

فَأْل جـ فُؤُول وأَفْؤُل: ضد شُؤْم　吉征，吉兆，吉祥

ـ خَيْرٍ / ـ حُسْنٍ　吉兆

ـ شَرٍّ　凶兆

تَفَاؤُل: ضد تشاؤُم أو تطيُّر　乐观，乐观主义

مُتَفَائِل: ضد متشائِم　乐观的，乐天的，乐观主义的

فِئَة جـ فِئَات وفِئُون: طائِفة أو جَماعة　一群，一伙，一派，阶层；等，等级；种类，范畴

ـ السُفُن　船的种类

ـ السَنَدَات　债券的类别

ـ المُوَظَّفِين　官员，官吏，公务员

ـ (مـ) / فِيَّة جـ فِيَّات (مـ): سِعْر　价格；价值

ـ التَعْرِيف الجُمْرُكِيّ　税率

فَبْرَايِرُ (أ): شُبَاط / الثاني من شهور السنة الشمسية February　阳历 2 月

فَبْرِيقَة (أ) / فَابْرِيقَة جـ فَابْرِيقَات وفَبَارِيقُ / فَابْرِيكَة / فَاوْرِيقَة: مصنع fabbrica (意)　工厂，制造厂

فِبْيَة (مـ): إبْزِيم fibula　扣子，钩子，紧子；扣针，别针

فَتِئَ ـَ فَتْأً عنه: اِنْكَفَّ　停止，停息

ما ـ / ما فَتَأَ: مَا زَالَ　仍旧，仍然；继续

ما ـ يَكْتُبُ　他仍在写，他还在写

فَتَّ ـُ فَتًّا وفَتَّتَ الشيءَ: كسره بالأصابع كِسَرًا

صغيرةً 弄碎，掰碎
ـ في سَاعِده: أَضعفه 削弱
ـ في عَضُده: كسر قوّته وفرّق عنه أعوانَه
削弱…，分散他的助手
فَتَّتَ الصخْرَ 粉碎岩石
ـ الشيءَ بَدَادِ 打成碎片
يُفَتِّتُ القَلْب 使人心碎，令人伤心
تَفَتَّتَ وانْفَتَّ: تحطَّم وانكسر وتكسَّر 被弄碎，
被粉碎
يَتفَتَّتُ منه الكَبِدُ 肝肠寸断
فَتّ 把面包、馒头等泡在汤里
هذا كالـ لِلأَهْتَم 这像没牙人吃的稀粥
فَتّة (مـ) / فَتِيتَة: خُبْز مَلْتُوت في المَرَق 泡馍(用
肉汤或牛奶泡的馍)
فِتَات / فَتِيتَة جـ فَتَائِتُ: فَتَافِيت (مـ) / حُطَامَة
小片，碎片，碎屑，面包屑
تَفَتُّت 碎，粉碎
فَتِيت 碎的，小片的，极小的，细小的
فَتَحَ ـَ فَتْحًا البابَ: ضد أغلقه 开(门)
ـ ه: فَضَّه 打开，拆开
ـ القَنَاةَ 开凿(运河)
ـ الحَنَفِيَّةَ 拧开(自来水龙头)
ـ النُورَ الكَهْرَبِيّ 开(电灯)
ـ الأَزْرَارَ 解开(纽扣)
ـ عليه: كشَف له الغَيْبَ 启示(他)
ـ البَخْتَ / ـ الفَأْلَ / ـ المِنْدَلَ: بَصَّرَ الأمرَ (س)
占卦，卜卦
ـ الرَمْلَ 以沙占卜
ـ الشَهِيَّةَ 开胃
ـ البِنْتَ 破瓜，使处女破身
ـ صَدْرَه (مـ) 不拘泥，不客气，不羞怯，
不害羞

ـ وافْتَتَحَ: بدأ 开始，着手
ـ وـ البلادَ: غَلَبَ عليها 攻克，克复，征服
ـ وـ المَوْضُوعَ 开言
ـ وـ المَكانَ (باحتفال) 开幕，开张
ـ ه وـ ه: أَنْشَأَه / أَسَّسه 开辟，开创，创立
فَتَحَ ـَ فَتْحًا وفَتَاحَةً (اللهُ) على فلان: نَصَرَه [伊]
(真主)默助他，援助他
اللهُ يَفْتَحُ عَلَيْكَ 但愿真主周济你(拒绝乞
丐时的用语)
فَتَّحَ الزهرُ (مـ) 花蕾开放
ـ ت الشَمْسُ (مـ) 太阳出来
فَاتَحَه بالأمر: بادأَه وخاطَبَه به 先发言，先开口
اِنْفَتَحَ البَابُ (门)开了
فَتَحْتُ البابَ فانفتَح البابُ 我开门，门就被
打开了
تَفَتَّحَ الزَهْرُ (花)开了
فَتَّحْتُ الشَبَابِيكَ فَتَفَتَّحَتِ الشبابيكُ 我打开
了窗子，窗子都被打开了
افْتَتَحَ المَعْرِضَ 开幕，剪彩，揭幕
اِسْتَفْتَحَ الأمرَ بكذا: ابتدأه به 以某物开端
ـ بهم: استنصر 向他们求援
ـ التَاجِرُ (مـ): باع أوّلَ بَيْعِه في يومه 开市，
开张
فَتْح: ضد إغلاق 开，打开，开放
ـ البَخْت / ـ المِنْدَل 占卜，占卦，卜卦
ـ جـ فُتُوح: نَصْر 胜利，战胜
فُتُوحَات البلاد: ما فُتِحَ من البُلْدانِ بالحرب 攻
克，征服，侵占他国
ـ عِلْمِيَّة 科学上的成就
فَتْحَة: فُرْجَة 破口，裂口，缺口
ـ في ثوب أو غيره: فُرْجَة (衣服等物的)
裂缝

فَتْحَة جـ فتَحَات: المَرَّة من "الفتح" 开一开
ـ: عَلامة الفَتْح [语]开口符
ـ 孔，窟窿；小窗，通口
ـ 沟，濠
افْتِتَاح: ابْتِداء 开幕
ـ رَسْمِيّ باحْتِفَال: تَدْشِين 开幕典礼，落成典礼
حَفْلَة ـ المَعْرِض 展览会开幕式
ـ التَّاجِر (مـ): أوّل البيع 开张，开市
افْتِتَاحِيَّة: مَقَالَة افْتتاحيَّة 社论，社评
ـ / افْتِتَاحِيّ: ابْتِدَائِيّ 导言，绪言
اسْتِفْتَاح: بَدْء 开始，着手
فَاتِح جـ فتَحَة وفَاتِحُون / فَتَّاح: الذي يَفْتَحُ 开发者
ـ: بادِئ 开创者，创立人
ـ البُلْدَان 侵入者，征服者，战胜者
ـ (مـ): ضد قَاتِم (لون) 浅色的，淡色的，鲜明的颜色
فَاتِحَة جـ فَوَاتِحُ: أوّل 开始，开端，发端
ـ الكِتَاب وغيره: مُقَدِّمَة (书的)前言，导言
الفَاتِحَة 古兰经首章：开端章
مَفْتُوح: ضد مُغْلَق 开着的，敞开的
بالـ 公开的，直率的，坦白的
ـ 被侵略的，被占领的
يَدُه مَفْتُوحَة (他的手是敞开的)他是大方的
شَهِيَّتِي مَفْتُوحَة 我胃口很好，食欲旺盛
سِيَاسَة الباب المَفْتُوح 门户开放政策
فَتَّاحُ الفَأْل 占卜者，星相家
الفَتَّاح 赐福者(真主)
فَتَّاحَة عِلَبِ صَفِيح (مـ) 罐头起子，开罐头刀
ـ قَزَايِز (مـ) (زُجاجات) (拔瓶塞的)塞钻，螺丝锥，酒瓶起子

مِفْتَاح جـ مَفَاتِيحُ: أَدَاة فتح الأقفال (وبمعنى دليلٍ) 钥匙；索引，关键
ـ 键，按键
ـ رئيسيّ لِعِدَّةِ أَقْفالٍ 总钥匙
ـ الاِشْتِعال (汽车的)发火电门，点火塞
ـ اِنْكليزيّ 螺丝钳，螺丝起子
ـ بُوز بَغْبَغان 扳头，扳钳
ـ صَمُولة 扳钳，扳头
ـ صَمُولةٍ بناحِيَتَيْن 两头扳子
ـ: مُحَوِّلَة (في الكهربا وسكة الحديد) [电]开关；电闸，电门；插头，插销，[铁]转辙器，轨闸
ـ العَقْد (انظر عقد) [建]拱心石
ثَقْب الـ 钥匙孔，钥匙眼
القُفْل والمِفْتَاح 锁和钥匙
مِفْتَاحِيَّة (进入住宅时的)第一道过口
مِفْتَاحْجِي جـ مِفْتَاحْجِيَّة (مـ): مُحَوِّل (铁路的)转辙手
مُفَتِّح 健胃剂，开胃药
مُفَتَّح 聪明的
مُفْتَتَح 开端，开始，开幕，开张
مَفْتَح جـ مَفَاتِحُ: مَخْزَن 库房，仓库
ـ: خِزَانَة 橱，柜
ـ: كنز 宝藏
فَتْخَة: حَلْقة كالخاتم لا فَصَّ فيها 无宝石的指环
فَتَرَ ـُ فُتُورًا وفُتَارًا وتَفَتَّرَ: هدأ 平息，平静，缓和
ـ وـ الماءُ: سكن حَرُّه 沸水变温
ـ عن العمل: قصَّر فيه (工作)松劲，松懈
ـ فَتْرًا وفُتُورًا وتَفَتَّرَ الجسمُ (身体)衰弱，软弱，萎靡
فَتَّرَ وأَفْتَرَ الماءَ: صيَّره فاتِرًا 使沸水变温

ـ ه وـ ه: هدّأه 使安静，使镇静，使缓和
ـ ه وـ ه: أَضْعَفَه 削弱，减弱
ـ الهِمَّةَ 使气馁，使沮丧，挫其锐气
فِتْر جـ أَفْتَار: ما بين طَرَفَيِ الإبْهام والسَّبَّابَة 虎口 (张开大拇指和食指两端的距离，约等于 15 厘米)
فَتْرَة / فِتْرَة جـ فَتَرَات: هُدْنَة 中止时期，断绝时期；［医］(热的) 分离期
ـ: حين / بُرْهَة 时期，阶段，一段时间
ـ / فِتْر: سمك رَعَّاد 电鳗
ـ: تَوْصِيم 疲倦，虚弱，衰弱，萎靡，颓唐
ـ الانْتِقَال 过渡时期
بَيْنَ ـ وأُخْرَى / في فَتَرَات مُتَقَطِّعَة 断断续续
من غَيْرِ ـ 连续地，不断地
ـ الاسْتِرَاحَة (工间、课间的) 休息时间
فُتُور: توسُّط درجة الحَرَارة 温，不冷不热
ـ الجِسْم: توصيم 疲倦，疲怠，无气力
ـ الوُدّ أو العَلاقات 冷淡，不热情
ـ الهِمَّة 意志松懈
فَاتِر / فَاتُور: بين الحَارّ والبَارِد 温的，温暾的，不冷不热的
ماءٌ ـ 温水
ـ الهِمَّة 萎靡的，颓唐的，暮气沉沉的
فَاتُورَة جـ فَاتُورَات (مـ): بَيَان المَطْلُوب (意) fattura ［商］发单，发票，装货清单
ـ الحِساب 账单
ـ صُورِيَّة 估量单，预算单
ـ: مِثال / عَيِّنَة (مـ) 样品，货样，模型
مُتَفَتِّر: ضد مستمِرّ 间断的，间歇的，断断续续的
فَتَشَ ـ فَتْشًا وفَتَّشَ الشيءَ 搜查，检查，搜寻，搜索
ـ وـ الأمرَ: فَحَصَه وراقَبه 检阅，检查，查阅
ـ وـ الأمرَ 调查，审查
ـ وـ عن 寻求，探求，追究
ـ السِرَّ (مـ): أَفْشَاهُ 泄漏秘密
تَفَتَّشَ 遭到搜查
تَفْتِيش: بَحْث 搜查，寻找，搜索
ـ: فَحْص 查阅，检查，审查
ـ الرَيّ (مـ) 视察水利
دِيوانُ الـ: مركز المُفَتِّش 视察员办公室
دِيوانُ الـ: مَحْكَمَة دِينيَّة قَدِيمة ［史］宗教裁判所
ـ (مـ) 地产，庄园
تَفْتِيشَة 监察，检查，检阅，视察
فَتَّاش: فاحِص 搜寻者，搜查者，探求者，调查者，搜索者
ـ / مُفَتِّش: مُرَاقِب 视察员，检查员，稽查员
فَتَّاشة السِلاح النَارِيّ (مـ) (擦枪的) 通条
ـ الأَقْفَال (مـ): طَفْشَانَة (مـ) / فَشَّاشَة (ع) 撬锁具
فَتِّيش (سـ): أَسْهُم نَارِيَّة 烟火，爆竹，炮仗
مُفَتِّش: مُرَاقِب 检查员，视察员，稽查员，督学
ـ عَامّ 总监察员，监察长官
ـ أَوَّل / بَاشْمُفَتِّش (مـ) 检察长，首席检查员
ـ ثَان 副检察长
ـ التَذَاكِر 查票员
فُتُغْرَافِيَا (أ): تَصْوِير ضَوْئِيّ photography 照相
ـ: آلة التَصْوِير (الضَوْئِيّ) / كَامِيرَا 照相机
صُورَة فُتُغْرَافِيَّة 照片，相片

فَتْفَتَ إليه: سَارَّه 附耳，咬耳朵，窃窃私语

ـ (مـ): فتَّتَ 弄碎，粉碎，撕碎

فَتْفُوتَة جـ فَتَافِيتُ (مـ): فُتَاتة 小片，碎片，碎屑，面包屑

فَتَقَ ـُ فَتْقًا وفَتَّقَ الثوبَ: نَقَضَ خياطتَه 拆衣服

ـ ه وـ ه: شقَّه 劈开，割裂

ـ ه وـ ه (مـ): كشَفَه 揭露，揭开

الحاجةُ تَفْتُقُ الحِيلَةَ 人急计生，需要是发明之母，有困难就有办法

تَفَتَّقَ وانْفَتَقَ 被撕裂，被扯裂

ـ ذِهْنُه 他聪明起来了

اِنْفَتَقَ من 从…分裂出来

ـ 扯破，裂开

فَتْق جـ فُتُوق: شَقّ 裂口，裂缝

ـ / فِتَاق (مـ): شقّ في الصِفَاق [医]疝气，赫尼亚(hernia)

حِزَام ـ 疝气带，赫尼亚带

ـ 拆开，劈开，割裂

رَتَقَ فُتُوقَه 修理，改正，调整

فَتِيق / مَفْتُوق: مَشْقُوق 裂开的

ـ / ـ الصِفَاق / مَفِيتَق (مـ) 患疝气者，患赫尼亚者

فَيْتَق: نَجَّار دِقِّيّ 小木匠，装修木匠，细木工

فَتَكَ ـِ فَتْكًا وفِتْكًا وفُتُوكًا بفلان: بطش به 攻击，袭击，殴打

ـ به: قتَلَه على غَفْلَةٍ 暗杀，刺杀

فَتْك: قَتْل 暗杀，刺杀，杀人，行凶

فاتِك جـ فُتَّاك: قاتِل 凶手，杀人犯

ـ 致命的，毁灭性的

فَتَّاك: قَتَّال 杀人不眨眼的

فَتَلَ ـِ فَتْلاً وفَتَّلَ الحَبْلَ: برَمه / جدله 捻绳，搓绳

ـ خُيُوطَ الرأْيِ (مـ) 打主意，绞脑汁，费脑筋

ـ القُطْنَ والصُوفَ: غزَلَه 纺棉花，纺羊毛

ـ له ذُؤابتَه: أزالَه عن رأْيه 使他改变自己的意志

تَفَتَّلَ وانْفَتَلَ 被捻，被搓

اِنْفَتَلَ عن كذا (مـ) 避开

فَتْل: بَرْم 捻，搓

ـ 纺，纺织

فَتْلَة جـ فَتْل وفِتَل: المَرَّة من "فتَلَ" 一捻，一搓

ـ (مـ): خَيْط 线

شَمَّعَ الـ (مـ) 潜逃，逃跑

فِتَالة 纺纱业

عُمَّال الفِتَالَة والنَسِيج 纺织工人

فَتَّال: الذي يفتِل 捻绳工，搓绳工

فَتِيل جـ فَتَائِلُ وفَتِيلات / فَتِيلَة المِصْبَاح وغيره 灯芯，灯捻

ـ المُفَرْقَعَاتِ 火绳，引火绳，火门，导火管，信管

ـ الجُرُوح [医](外科)插入伤口的纱布

ـ / مَفْتُول: مَبْرُوم 搓成的，捻成的

حَجَرُ الفَتِيل: غزْل السَعالَى / أَسْبِسْتُس (أ) (asbestos) [矿]石棉

مَفْتُول جـ مَفَاتِيلُ 捻成的，搓成的

ـ العَضَلِ 肌肉结实的，强有力的

سِلْكٌ ـ 巨缆，电缆

مُفَتَّل 捻成的，搓成的

ذَهَبٌ ـ 金线，金质细丝

مُفَتَّلَة (مـ) (做通心粉、布丁等用的)粗粒小麦粉

فَتَنَه ـِ فَتْنًا وفُتُونًا وفتَّنه وأَفْتَنَه: سَبَى عَقْلَه 迷惑，蛊惑，勾魂夺魄，使神魂颠倒

ـ ه وـ ه وـ ه: أَغْرَاه 勾引，引诱

ـ عليه (مـ): وَشَى به / بَلَّغَ 告发，密告
ـ لُبَّه 使丧失理智
ـ فلانًا عن رأْيِه: صَدَّه 劝阻
فُتِنَ وافْتُتِنَ به: جُنَّ 被迷住，被迷惑，被蛊惑
افْتَتَنَ: وقع في الفتنة 受难，遭殃
فِتْنَة / افْتِتَان: خَبَل / دَهَش 迷惑，迷恋
ـ: سِحْر الجَمَال 妩媚，妖娆，妖艳
ـ: كُفْر 迫害
ـ جـ فِتَن: شَغَب 起义，叛乱，民变，暴动，骚扰
ـ: مِحْنَة 灾难，患难，磨难，折磨
ـ: خِبْرَة 经验，体验
ـ: فَضِيحَة 丑事，丑行，舞弊
ـ (مـ): تبليغ الأَخْبار 讲坏话，搬是非
ـ / فُتْنَة (مـ): زَهْرة السَنْط (صَفْراء) 阿拉伯橡胶树花
فِتْنَجِي جـ فِتْنَجِيَّة (مـ) 造谣者，诽谤者，阴谋者，告密者，挑拨离间者
فَتَّان جـ فَتَّانون / فاتِن: خَلَّاب 迷惑人的，使人神魂颠倒的
ـ / ـ: مُغْرٍ 诱惑者，诱惑物
ـ (مـ): مُبَلِّغ / وَقَّاع 告密者，进谗言者，讲坏话者，搬是非者
الآداب الـ ة 优美的文学
ـ ة: حجرٌ يُخبَر به الذهبُ 试金石
مَفْتُون: مسلُوب العَقْل 被蛊惑的，被诱惑的
ـ: مَجْنُون 狂人，疯子，疯人
فَتِيَ يفْتَى فَتًى وتَفتَّى: كان فَتًى 成为青年
أَفْتَى فُلانًا في المَسْئَلَة: أبانَ له الحُكْمَ فيها وأخرج له فيها فَتْوَى 对伊斯兰教教律下判语，作出决定
اِسْتَفْتَى العالِمَ في مَسْأَلَة: سأله أن يُفْتِيَه فيها 请学者对某问题作出教律上的决定
ـ: طلَبَ رأْيَه 请教，领教，征求意见
اِسْتِفْتَاءُ النَاخِبِين (决定政策等的)选民投票
ـ عَامّ / ـ الشعب 公民投票，民意测验
فُتُوَّة: سَخاء وكَرَم ومُرُوءَة 义气，义行，义举
ـ / فَتاء: شَباب 青春
ـ جـ فُتُوَّات (مـ): عِرْبِيد 暴徒，歹徒，恶棍，无赖；拳师，拳击家
فَتْوَى وفُتْوَى وفُتْيَا جـ فَتَاوٍ وفتَاوَى 关于法律的决定，关于法律的意见
ـ: حِيلة شَرْعِيَّة 决疑论，诡辩，曲解
ـ: تَحِلَّة / مستَحِلّ دِينيّ (مـ) [宗]特免
ـ بَابَاوِيَّة (罗马教皇对法律或道德上的疑问所作的)答复书
فَتًى جـ فِتْيَان وفِتْيَة وفِتْوَة وفُتُوّ وفُتِيّ: شَابّ 青年人，小伙子
ـ: صَبِيّ 儿童，童子，男孩
ـ: عَبْد 奴隶，男奴
فَتاة جـ فَتَيَات وفَتَوَات: شَابَّة 少女，姑娘，女青年
ـ: صَبِيَّة 女孩子，小女孩，小姑娘
ـ: أَمَة 女奴
فَتِيّ جـ فِتَاء وأَفْتَاء م فَتِيَّة: شابٌّ من كل شيء 年轻的
فُتْيا (راجع فتوى)
مُفْتٍ (المُفْتِي): الذي يُعْطِي الفَتْوَى 穆夫替(亦译“穆夫提”，伊斯兰教法典说明官)
فَثَأَ ـ فَثْئًا وفُثُوئًا القِدْرَ: سكَّن غلَيانَها 止沸
ـ الغَضَبَ: سكَّن حِدَّتَها 止怒，息怒，抑制怒气
اِنْفثَأَ الحَرُّ: سكن 热气扩散
فَجَأَ وفَجِئَ ـ فَجْأً وفَجْأَةً وفُجَاءَةً وفَاجأَ وافْتَجأَ

الرجلَ: هجم عليه أو طرقه بَغْتَةً 突然袭击或访问

فُوجِئَ: مات فَجْأَةً 暴卒，无疾而终

فَجْأَةً / فُجَاءَةً / في الفَجْأَة 突然，忽然，猝然

فُجْأَة: ما فَاجَأَك 意外的事情

فُجَائِيّ / فَاجِئ / مُفَاجِئ 突然的，忽然的，意外的

مُفَاجَأَة جـ مُفَاجَآت 伏击，突袭，奇袭，偷袭

ـ 突然性；意外事故

حَرْف الـ / إذا الفُجَائِيَّة 突然虚词 إذا

خَرَجْتُ فَإِذَا المَطَرُ يَنْزِل 我出门后，突然下雨了

فَجَّ ـُ فَجًّا: باعَد ما بَيْنَ رِجْلَيْه 叉腿，跨开两腿

ـ وأَفَجَّ في المَشْي: أسرع / مَدَّ (مـ) 大踏步走

فَجَّتِ الرائحةُ (مـ): فَغَّت / فاحتْ فَجْأَةً (气味)散发

فَجّ جـ فِجَاج / فُجَاج: طريق بين جَبَلَيْن 山路，隘口

ـ 山涧，深谷

مِنْ كَلِّ ـٍ عَمِيق 从各处，从各方面

من كلِّ ـٍ وصَوْب 从四面八方

من جَميع فِجاجِ الأرْضِ 从世界各处

فِجّ / فَجَاجَة من الفَواكه وغيرها: غير ناضج 生的，不熟的(水果等)

فَجَج: فَرْشَحة 叉腿

فَجَرَ ـُ فَجْرًا وفَجَّرَ الماءَ: بَجَسه وفتح له مَنْفَذًا أو طريقًا فَجَرَى 放水

ـ القَنَاةَ: شقَّها 开凿运河

ـَـ ـُ فَجْرًا وفُجُورًا وأَفْجَرَ: رَكِبَ المَعاصِيَ 放荡，荒淫，佚乐

ـ وـ: كَذَب 说谎话

ـ بِامْرَأَةٍ: زَنَى بها 通奸

اِنْفَجَرَ وتَفَجَّرَ الماءُ: جَرَى (水)涌出，喷出，溢出

ـ: تَفَرْقَعَ 爆炸，爆发，爆裂

ـ في ضَحْكَة 大笑，哄堂大笑

ـ عليهم العدوُّ: أتى عليهم بكثرة ومن كلّ وجه 敌人围攻他们

تَتَفَجَّرُ العُيُونُ للمُصِيبَة 因灾难而潸然泪下

فَجْر: طُلُوع النَهار 黎明，破晓，拂晓

فَجْرِيّ 清晨的，黎明的

فُجُور: دَعارة 放荡，淫荡，淫乱

اِنْغَمَسَ في الـ 荒淫无度，沉湎于酒色

اِنْفِجَار جـ اِنْفِجَارات 爆炸，爆发

ـ البُرْكَان 火山爆发

اِنْفِجَارِيّ 爆发的，爆炸的，爆炸性的

فَاجِر جـ فَجَرَة وفاجِرُونَ وفُجَّار: دَاعِر 放荡的，荒淫的，淫乱的

ـ: زَانٍ 奸夫

ـ (مـ): وَقِح 无耻的，不要脸的

فَاجِرَة: زانِيَة 滥货，破鞋

المَوادّ المُتَفَجِّرة 炸药，爆炸物

مُنْفَجِرَات 炸药，爆炸物

فَجَعَه ـَ فَجْعًا وفَجَّعَه وأَفْجَعَه: أَوْجَعَه بإعدامه ما يتعلق به من أهل أو مال 使(因人、财损失)而烦恼、悲痛、苦恼

ـ أهلَه بوَفاته 他的家属因其死亡而悲痛

فُجِعَ في كذا أو بكذا 因受损失而悲痛

تَفَجَّعَ على كذا: توجّع 悲痛，悲伤

فاجع / فَجُوع: مُؤْلِم 使人痛苦的，令人苦恼的

رَجُلٌ ـ ومُتَفَجِّع: مُتَأَسِّف لَهْفانُ 伤感的男人

امرأةٌ ـ: مُصابَة بالفَجِيعة 悲痛的、痛苦的女人

فَاجِعَة ج فَواجعُ: رزِيئَة 悲剧，灾难，祸患，不幸事件

ـ الطائِرة 飞机惨事

تَفجْعَنَ (مـ): أَكَلَ بِنَهَمٍ 狼吞虎咽

فَجْعَنة (مـ) / فَجَاعَة (مـ) / فَجَع / فَجْعَة: نَهَم 暴食，贪食

فَجْعَانُ (مـ): ابنُ بَطْنِه 老饕，贪吃的

فَجْفَجَ / فَجْفَاج: فَشَّار (مـ) 吹牛的，大言不惭的

فَجْفَاج: نَفَّاج 骗子

فُجْل / فُجُل / فِجْل الواحدة فُجْلَة ج فُجْلَات 莱菔，萝卜

فَجَا يَفجُو فجْوًا البَابَ: فتحه 开门

فَجْوَة ج فَجَوات وفِجَاء: فرجة / فتحة 裂缝，空隙，罅隙

ـ: حُوَيْصِلَة [生]空胞

ـ هَوَائِيَّة: مَطَبّ هَوائِيّ (مـ) [航]空中陷阱（天空中因下降气流使飞机突然下降的部分）

ـ 秘密室，秘密场所；秘密角落

فَحَتَ ـَ فَحْتًا (مـ): حَفَرَ 挖，掘

أبو فَحْت: نَكّات [鸟]鉏鹬（长脚，嘴上弯）

فَحِجَ ـَ فَحَجًا وفَحْجَةً وفَحَّجَ وتفحّجَ في مِشْيَتِه: تدانى صدور قدميه وتباعد عقباه 脚尖向内、脚跟向外地走路，内八字

أَفْحَجُ م فَحْجَاءُ ج فُحْج 脚尖向内走路的人，内八字走路的人

فَحَّ ـِ فَحًّا وفَحِيحًا وتَفْحَاحًا الثُّعْبانُ: صات من فيه 蛇发丝丝叫声

ـ النَّائمُ: نفخ في نَوْمه 打鼾，打呼噜

فَحِيح الأَفْعَى 蛇叫声

فَحَرَ ـَ فَحْرًا (مـ) 挖，掘，锄

ـ (مـ) 雕刻

فَحَّار 蛆，软体虫

مُفَحَّر (مـ) 多孔的，满是窟窿的

فَحُشَ ـُ فُحْشًا وفَحَاشَةً الأمرُ: جاوزَ الحدّ 过度，过分，过火

ـ القولُ: كان قَبِيحًا 成为丑话、粗话、淫词、秽语

ـ تِ المرأةُ: قَبُحت وكَبِرت 丑陋

أَفْحَشَ وتَفَاحَشَ: قال الفُحْشَ 说粗话，说不正经的话

فُحْش: قَباحة 丑事，凶行，大罪，无法无天

ـ القَوْل 粗话，丑话，下流话

فَحَاشَة 下流，无耻

فَاحِش: مُتَجاوِز الحَدّ 过度的，过分的，过火的

ـ: لا يَقْبَلُه العقلُ 荒谬的，荒唐的，悖理的，妄诞的

ـ: بَذِيء 丑恶的，粗鄙的；说话不干不净的

فَحْشَاء / فاحِشَة ج فَوَاحِشُ: فِسْق 通奸，私通

ـ / ـ: أمر شديد القبح 丑事，凶行，大罪，极可耻的事

اِرْتَكَبَ الـ / فَعَلَ الـ: فاجَر 通奸

فَاحِشَة ج فَاحِشَات: عاهِرة 淫妇，妓女，娼妓

فَحَّاش 淫乱者，淫荡者

مُتَفَاحِش 非常的，过分的

فَحَصَ ـَ فَحْصًا عنه: بحث / اختبر 检查

ـ البولَ: فَسَّره (حلَّله) 验尿，分析小便

ـ الحِسَابَاتِ والدَفَاتِرَ التجاريّة 查账，做会计检查

ـ وتَفَحَّصَ: بحث 调查，研究，审查

ـ وـ: فَتَّش 搜，搜查，检查，抄查，搜

索，搜寻，寻找

فَحْص: امتحان 考查

ـ: اِختبار / تَجْرِبَة 试验，实验

ـ: بَحْث 调查，研究，审查

ـ: تَفْتِيش 搜，搜查，检查，抄查，搜索，搜寻

ـ الحِسابات أو الدَفاتِر التِجاريَّة: مراجعة 查账，会计检查

فاحِص: مُخْتَبِر 检查员，审查员，检查官

ـ حِسابات: مُراجِع 查账员，会计检查员

نَظْرَةٌ ـ ة 检查的看法，审视的目光

فَحَّلَ (م): سَمِنَ 养肥，变成胖子

اِسْتَفْحَلَ الأمرُ: تَفَاقَم (事情)变成重大的，严重的，重要的

فَحْل جـ فُحُول وأَفْحُل وفِحَال وفِحَالَة وفُحُولَة:

ذَكَر الحَيَوان 雄的，公的(动物)

ـ 精力旺盛的，精神饱满的

ـ الخَيْلِ / طَلُوقَة (م) 种马

ـ 优秀的，卓越的，杰出的

شَاعِرٌ ـ 桂冠诗人，杰出的诗人

أَدِيبٌ ـ 杰出的文学家

ـ وَنَثْيَا (ع): ذَكَر وأُنْثَى [木工](笱)榫和(笱)榫眼

مِسْمَار فَحْل ونِثْيَا: مِسْمَار بِصَمُولة (م) 螺丝钉和螺丝帽

فَحْلَة: امرأةٌ مَرْجُلانِيَّة 泼妇，悍妇，母老虎

فِحْلَة / فِحَالَة / فُحُولَة 雄伟，刚毅，男子气，丈夫气

فُحُولُ العُلَمَاءِ 优秀的科学家，杰出的学者

ـ الأَطِبَّاءِ 著名的医生

فَحَمَ ـَ فَحْمًا: لم يستطع جوابًا 目瞪口呆，哑口无言

ـ وفَحِمَ ـَ فَحْمًا وفُحَامًا وفُحُومًا وفُحِمَ

وأُفْحِمَ الصَبِيُّ: بَكَى حتى انقطع صوتُه 哽咽，泣不成声

فَحُمَ ـُ فُحُومًا وفُحُومَةً: اِسْوَدّ 变成黑色

فَحَّمَ الشيءَ: سوَّده 染黑，涂黑

ـ ه (م): صيَّره فَحْمًا 碳化，烧成炭

أَفْحَمَه: أَسْكَتَه بالحُجَّة في خصومة أو غيرها 驳得哑口无言

فَحْم نَباتِيّ (أي من الخشب) 木炭

ـ عُضْوِيّ: كَرْبُون (أ) carbon [化]碳

ـ حَجَرِيّ أو مَعَدِنِيّ 煤，煤炭

ـ رُجُوع / ـ رَجِيع (م) 煤灰

ـ كُوك (أ) (coke) 焦炭，焦煤

ـ أَنْتِرَاسِيْت (أ) anthracite 无烟煤

ـ قَطْرَانِ 煤焦油

قَلَم ـ 炭笔

مَنَاجِم الـ 煤矿

فَحْمَة جـ فَحَمَات وفِحَام وفُحُوم: قطعة فحم 一块炭，一块煤

ـ الليل 夜间的黑暗

فَحْمِيّ: أَسْوَد 漆黑的，墨玉似的

ـ: مختص بالفَحْم العُضْوِيّ / كَرْبُونِيك (أ) (carbonic) 碳的

الحُمَّى الـ ة / جَمْرَة فَحْمِيَّة (مرض) [医]炭疽，痈疽

فَحَّام جـ فَحَّامَة: بائع الفَحْم 煤商，卖炭的

ـ 火夫，锅炉工人

فَحَّامَة جـ فَحَّامَات 运煤船

فَحِيم / فَاحِم: شَدِيد السواد 漆黑的，墨玉黑的

مُفْحِم: مُسْكِت 使人缄默的，使人无话可说的

جَوَابٌ ـ / رَدٌّ ـ 断然的回答

فُحُومات 各种品级的煤炭
فَحْوَى / فَحْوَاء وفُحْوَاء جـ فَحَاوٍ: معنى 意思，意义
ـ: مغزًى / قصد 意旨，要旨
فَحًا وفِحًى جـ أَفْحَاء: بِزْر أو يابسه 种子，籽种
فَحَتَ ـ فَحْتًا السَّقْفَ: ثَقَبه 穿孔，打眼，钻眼
ـ (مـ): خفَض / خَسف 压低，降低
فَاخِتَة جـ فَوَاخِتُ: ضرب من الحمام المطوَّق 斑鸠
فَخّ جـ فُخُوخ وفِخَاخ وأَفْخَاخ: مِصْيَدَة 捕机，活套，圈套
صَادَ بِفَخٍّ 用捕机(圈套)捕获
وَقَعَ في فَخٍّ 落在圈套中
فَخْذ وفِخْذ وفَخِذ جـ أَفْخَاذ: ما بين الركبة والورك (阴性名词)大腿
عَظْم الـ 大腿骨
ـ لَحْم (羊等动物的)腿肉
ـ لَحْم خِنْزِيرٍ مُمَلَّحة 火腿
ـ لَحْم البَقَر 牛腿肉
فَخْذِيّ: مُخْتَص بالفَخْذ 大腿的
فَخَرَ ـ فَخْرًا وفَخَرًا وفَخَارًا وفَخَارَةً وفِخِّيرَى وفِخِّيرَاء وافْتَخَرَ: باهَى وتَمدَّحَ بالخِصال والمَنَاقِب والمَكارِم إمَّا فِيه أو في أَهْلِه 夸耀，引以为荣，引以自豪
فَخِرَ ـ فَخَرًا منه وتَفَخَّرَ: تكبَّر 骄傲，自高自大
فَاخَرَه: غالبَه في الفَخْر 争荣，比赛光荣
تَفاخَرَ القومُ: فخَر بعضُهم على بعض 互相夸耀
اِسْتَفْخَرَ الشيءَ: عَدَّه فاخِرًا 认为是荣耀的
فَخْر / فُخْرَة: شرف 光荣，荣誉，荣耀
و لا ـَ 毫无浮夸
إكْلِيل الـ 桂冠
فَخْرِيّ 名誉的，名誉上的，荣誉的
رَئِيسٌ ـ 名誉主席，名誉会长
عُضْوٌ ـ 名誉会员
فَاخُورَة جـ فَوَاخِيرُ: مَصْنَع الفَخَّار 陶器厂
مَفْخَرَة ومَفْخُرَة جـ مَفَاخِرُ: أمر يُفْتَخَر به 优点，长处，美质；功勋，业绩，成绩
فاخِر / مُفْتَخِر 优美的，堂皇的，华丽的，佳美的
ـ 自豪的，骄傲的，傲慢的，自高自大的
القِطار الـ 花车
وَلِيمَة فَاخِرَة 豪华的宴会，丰盛的宴会
فَخُور / فَخِير 高傲的，骄傲的
فَخَّار: خَزَف 陶器
صِنَاعَة الـ 陶器业
عُمَّال الـ 陶器工人
أَوَان فَخَّارِيَّة 陶器
فَخَّارِيّ / فَخَرَانِيّ جـ فَخَرَانِيَّة (مـ) / فَاخُورِيّ (سـ) 陶工
فَخْفَخَ الرجلُ: فَاخَر بالباطل 非常自负，虚荣心强，自以为了不起，自吹自擂
ـ على ظُهُور العُمَّال 依靠剥削工人发财
فَخُمَ ـُ فَخَامَة: ضَخُمَ 成为巨大的、壮丽的、雄伟的
فَخَّمَه: عظَّمه 夸张，夸大；尊敬，尊重
ـ [语]带有特别重点的高声发音
ـ 赞扬，颂扬
فَخَامَة: عَظَمَة 壮大，壮丽，堂皇，雄伟
صاحب الـ (对主席、总统等的)尊称
صاحِب الـ الرَّئِيس 主席或总统阁下
فَخْم / فَخِيم 壮大的，堂皇的，雄伟的
مُفَخَّم: مُعَظَّم 受崇敬的
فَدَار (مـ): احتياطيّ / فائِض / زائِد 多余的，剩余的，后备的

فَدَحَه ـَ فَدْحًا الأمرُ أو الحِمْلُ أو الدَيْنُ: أثقلَه وبَهَظَه 使他受累，使他负重担

فَداحَة 过度，过分

فادِح: صَعْبٌ مُثْقِل 沉重的，不能胜任的

ـ: باهِظ 过度的，过份的

خَسارة ـ ة 重大损失

مَطالِب ـ ة 过分的要求

فادِحَة جـ فَوادِحُ: مُصِيبَة 灾难，祸害，祸患

فَدَخَ ـَ فَدْخًا الشيءَ: كسَره 打碎，打破

ـ العُودَ: شَدَخَه 折断，撅断

فُدْس جـ فِدَسَة: عَنْكَبُوت 蜘蛛

فَدَشَ ـُ فَدْشًا رأسَه: شَدَخَه 打破头

فَدَعَه ـَ فَدْعًا: شَدَخه وشقّه شقًّا يَسِيرًا 打裂，打破

فَدَع: عِوَج في المَفاصِل 腕关节与踝骨的弯曲症，使人残废的关节炎

فَدَغَه ـَ فَدْغًا: شَدَخه 打碎，打破，敲开(胡桃)

اِنْفَدَغَ: انشدخ 砸碎，打开，打碎(胡桃)

فَدْفَد جـ فَدافِد: فلاة 荒地，荒野，荒漠

فَدَمَ ـِ فَدْمًا الإبْرِيقَ وعلى الإبريق: وضَع الفِدامَ عليه 在壶嘴上安置滤器

فَدُمَ ـُ فُدُومَةً وفَدَامَةً 成为迟钝的、愚蠢的

فادِم جـ فَوادِمُ: فادِن 铅锤线

فِدام وفَدّام جـ فُدُم / فَدّام / فَدّامَة / فَدُّوم: مصفاة صغيرة أو خرقة تجعل على فم الإبريق ليصفَّى بها ما فيه 小滤器，滤布

فَدَّنَ الإبلَ: سمّنها 把骆驼养肥，喂胖

فَدان وفَدّان جـ أَفْدِنَة وفَدادِينُ (راجع قِيراط) 费丹(埃及面积单位，等于 42 公亩或 24 吉拉特)

ـ أَرْضٍ 一费丹土地

ـ بَقَرٍ (同轭的)一对牛

فادِن جـ فَوادِنُ / فادِم: مِيزان البَنّاء 铅垂线

فَدَى يَفْدِي فَدًى وفِدًى وفِداءً وافْتَدَى الرجلَ مِنَ الأَسْرِ ونحوه: استنقذه بمال أو سواه 赎回，赎买，赎身

فَدَى وفَدَّى تَفْدِيَةً فلانًا بحَياتِه: قال له "جُعِلْتُ فِداكَ" 对某人说："我愿做你的替身"

فادَى الرجلَ: أطلقه وأخذ فِدْيَتَه 准他赎身

ـ ه: استنقذه 赎买他

تَفادَى الرجلُ من كذا: تَحاماه 谨防，戒绝

ـ الأمرَ: تَجَنَّبه 避开，避免

اِفْتَدَى به: فداه 赎回，赎买，赎身

فِدًى / فِدْيَة / فِداء: خلاص 赎回，赎买，赎身

ـ 牺牲，祭品

كَبْشُ الـ 赎罪的羔羊

فِدْيَة جـ فِدًى وفِدْيات / فِداء: ما يُعْطَى عِوَضَ المَفْدِيّ 赎金，身价

فِدائِيّ: جُنْدِيّ متطوِّع لخطَر الموت 突击兵，游击队员，敢死队

مُفاداة 赎回，赎买，赎身

أبْطال الـ والتَفانِي 自我牺牲的英雄

تَفادٍ 谨防，戒绝；避免

تَفادِيًا من 为避免

فادٍ: مُنْقِذ 赎身者，拯救者

مَفْدِيّ 被赎买的，被赎回的

ـ 可爱的，尊贵的，高贵的

فَذّ جـ أَفْذاذ وفُذُوذ: فَرْد 唯一的，独特的，无比的，无匹的，无双的

رِجالٌ أَفْذاذٌ 杰出的人物，卓越的人物

فَذْلَكَ الحِسابَ: فرغ منه 结算，清算

فَذْلَكَة جـ فَذالِكُ: خُلاصة 摘要，要略

ـ 发货清单

فَرَّاء (في فرو)

فُرَات 淡的，淡水

نهر الفُرَات Euphrates 幼发拉底河

الفُرَاتَان 幼发拉底河和底格里斯河

فَرَانْكُوفِيل (أ) francophile 亲法的，崇尚法国的

فَرَاوْلَة (أ): تُوت إفْرَنْكِيّ fragola (意) [植] 草莓

فَرَأ وفَرَاء جـ أَفْرَاء وفِرَاء: حِمار الوَحش 野驴

فَرْبَلَة / فَالْبَلاَ (أ) falbale (意) (女服的)裙褶

فُرْتُونَه (أ) Fortuna: إلاهةُ الحَظّ / بَخِيتَه 命运女神

ـ / فُرْطُونَة fortuna (意) 大风暴，暴风雨

فَرْث جـ فُرُوث: ما في الكَرْش من الأكل 牲畜胃里的草料

فَرَجَ ـِ فَرْجًا وفَرَّجَ الشيءَ: فتحه 打开，分开，开辟

ـ وـ الشيءَ: وسَّعه 扩大

ـ وـ الهمَّ: كشفه وأذهَبَه 解除，消除，驱散(忧虑)

ـ الأَزْمَةَ: أزالَها 消除危机

ـ وـ عنه: أَرَاحَه 安慰，使他安心、放心

فَرَّجَه على الشيء (مـ): أَراه إيَّاه 给他看…，让他参观…

ـ ه على البِلاد 引导…浏览各地

أَفْرَجَ القومَ عن المكان: اِنكشفوا عنه وتركُوه 离开某地

ـ عنه: أَطلق سَرَاحَه 释放，开释

تَفَرَّجَ وانْفَرَجَ: انفتح 被打开，被驱散

ـ وـ الغمُّ 忧愁消失

ـ ت وـ ت الأَزْمَةُ: انكشفَتْ (危机)消除

ـ على البلاد (مـ): شَاهَدها 参观，游览

اِنْفَرَجَ ما بَيْنَ الشَيْئَيْنِ: اِتَّسَعَ (两物之间的距离)扩大

ـ البابُ عنه: خرج منه 从门口走出来

فَرْجُ الأُنْثَى جـ فُرُوج: حَيَّها 阴户，阴门

ـ / فُرْجَة جـ فُرَج: فتحة 孔，空隙，裂缝

ـ المِفْتَاح 钥匙孔

فَرَج: ضد ضِيق 和缓；安慰；喜悦，满意

فَرَجِيَّة جـ فَرَجِيَّات / فَرَاجَه (土)大衣，宽袍

فُرْج: مِذْيَاع / لا يكتُم السِرَّ 小广播，不能保密的人

فُرْجَة جـ فُرَج وفُرُجَات (مـ): مَشْهَد 风景、名胜、胜地

ـ (مـ): أُضْحُوكَة 笑柄

فَرُّوج / فُرُّوج جـ فَرَارِيجُ / فَرُّوجَة (مـ): فرخ الدجاجة 鸡雏，小鸡

ـ: قَمِيص الولد الصَغِير 小孩的衬衫

تِفْرِجَة جـ تَفَارِيجُ: فَتْحة (衣的)开缝，破绽

فَرَارْجِي جـ فَرَارْجِيَّة (مـ): دَجَاجِيّ / بائع الدَجَاج 鸡贩子，卖鸡的

اِنْفِرَاج 张开；缓和，消除

ـ الأَزْمَة 危机的消除

الـ الدُولِيّ 国际局势的缓和

مُنْفَرِج: مُتَّسع 宽阔的，宽敞的

زَاوِيَة مُنْفَرِجَة [数]钝角

مُتَفَرِّج (مـ): مُشَاهِد 参观者，旁观者，(法庭上的)旁听者

فِرْجَار (سـ): بَرْجَل (مـ) / دَوَّارة 圆规，两脚规

فَتْحَة الـ 两脚规的开度

خَطٌّ فِرْجَارِيّ: مُسْتَدِير 圆周线

فِرْجَاطَة (سـ) frigate: فِرْقَاطَة / سَفِينَة حَرْبِيَّة 战舰

فِرْجَوْن: مِحَسَّة الخَيْلِ　马栉，马梳

ـ (س): فُرْشَة (م) / بَرْشِيمَة (س brush　刷子，毛刷

فَرِحَ ـَ فَرَحًا بالشيء: ضد حَزِنَ　高兴，欢喜，愉快，快乐

فَرَّحَه وأَفْرَحَه: سَرَّه　使他高兴，使他欢喜，使他快乐

فَرَح: سُرُور　高兴，欢喜，快乐，快活

ـ (م): عُرْس　喜事，婚礼

يَرْقُصُ فَرَحًا　快乐得手舞足蹈

فَرْحَة　欢喜

فَرِح / فَرْحَان م فَرْحَى وفَرْحَانَة ج فَرْحَى وفَرَاحَى / فارِح　高兴的，欣喜的，快乐的，愉快的

مُفْرِح: سارّ　令人兴奋的，使人愉快的

فَرَّخَ النباتُ: نَبَتَتْ أَفراخُه　长出小树，萌芽

ـ تْ وأَفْرَخَتِ الطائِرَةُ: صارتْ ذاتَ فَرْخ　孵出小鸟

ـ وـ البَيْضُ: انفلقتْ عن الفَرْخ　(蛋)孵化

ـ البَيْضَ (أو الجَراثِيمَ)　孵蛋；培养细菌

ـ وأَفْرَخَ الرَوْعُ: انكشف　(恐惧)消失

أَفْرَخَ القومُ بَيْضَتَهم: أَبْدَوْا سِرَّهم　宣布秘密

فَرْخ ج أَفْرَاخ وفُرُوخ وفِرَاخ وأَفْرُخ وأَفْرِخَة وفِرْخَان: ولد الطائر　小鸟，雏鸟，小鸡

ـ النَباتِ: ما يَخْرُج في أصوله من صِغاره　(从大树根发出的)树苗，萌芽

ـ الوَرَق (م): طَلِيحَة (س)　一张纸

ـ جَمْر (م): بَنْجَة السَبُع (ع)　[医]痈疽，炭疽

ـ (م): ذِئْب البَحْر　鲈鳜(鲈鱼类)

ـ نَهْرِيّ (م)　欧鲈

ـ نِيلِيّ: قُشْر (م)　鲈鱼

فَرْخَة ج فَرْخَات / فِرَاخ: دَجَاجَة　母鸡

ـ رُومِيّ (م) / ـ هِنْدِيّ　火鸡，吐绶鸡

فِرَاخ (م): دَجاج　鸡

ـ مَطْبُوخ أو للطَبْخ (م)　肉食鸡

ـ مُحَمَّر (م)　烧鸡

ـ (م): الطُيُور الدَاجِنَة　家禽

ـ السُودان (م): غِرْغِر (انظر غرغر)　珠鸡

ـ الغَيْط (م)　[鸟]鹬

تَفْرِيخ البَيْضِ والجَرَاثِيم　孵卵；培养细菌

ـ النَبَات　(植物根部)发出的幼苗

مَعْمَل الـ / آلَة الـ / جِهاز الـ　孵卵器，细菌培养器

مَفْرَخ ج مَفَارِخ: مَوْضَع التفريخ　孵卵厂

فَرَدَ ـُ وفَرُدَ ـُ وفَرِدَ ـَ فُرُودًا: كان فردًا　成为唯一的、无双的、无比的

ـ عن الشيء: اعتزل وتَنَحّى　退出，脱离，辞退，引退

ـ (م): مدَّ　延长，拉长

ـ (م): ضدّ طَوَى　展开，张开，铺开，摊开

ـ القِلْعَ　张帆，扬帆

فَرَّدَ: اعتزل الناسَ　隐退，隐居，与世隔绝

أَفْرَدَ الشيءَ: عزله　分离，隔离

ـ الاِسْمَ: جعله مُفْرَدًا　[语]变名词为单数

تَفَرَّدَ وانْفَرَدَ بالأمر: عَمِلَه وَحْدَه وخلا بِه　单干，独干

ـ وـ: كان فَرْدًا (لا نظيرَ له)　成为唯一的、无比的、无双的、独特的

اِنْفَرَدَ بالعِنَاية بالشُؤُون　只有他关心这些事

اِسْتَفْرَدَه: وَجَدَه وَحْدَه　发现他是单独的

ـ الشيءَ: عزله بالطريقة الكيماويّة　[化]使游离，分析出

فَرْد جـ فِرَاد: نصف الزوج أي الشَفْع (鞋、袜、手套的)一只
ـ جـ أَفْرَاد وفُرَادَى / فَرِيد: لا نظيرَ له 唯一的，无比的，无双的，独特的
ـ: شَخْص 个人
ـ / مُفْرَد (في النحو) [语]单数
ـ جـ فُرُودَة وفُرُود (مـ): سلاح ناريّ 单发手枪
ـ بسَاقِيَة (مـ) 左轮枪
ـ بِمُشْط (مـ) / ـ أُوتُمَاتِيك automatic 自动手枪
ـ كَبِير (راجع رُبْع) 大法尔德(容积单位，等于 14 个鲁勃或 115.5 公升)
ـ صَغِير 小法尔德(容积单位，等于 7 鲁勃或 57.75 公升)
عَدَدٌ فَرْدٌ أو فَرْدِيّ 奇数
رَجَبُ الـ 回历 7 月
الجَوْهَرُ الـ: ذَرَّة رُوحِيَّة [哲]单子(一种非物质的实在)；[生]单虫；[化]一价元素
كان فَرْدًا في صِنَاعَته 成为本行中独特的能手
إفْرَادًا وإجْمَالاً 单独地，成群地
أَفْرَادُ الجَيْش 战士
أَفْرَادُ المِهَنِ الحُرَّةِ 自由职业者
أَفْرَادُ النَاس 个别的人
فَرْدِيّ 单独的
ـ 个别的
ـ 单轨(路)
فَرْدِيَّة 个人主义，个体
النَظَرِيَّة الـ 个人主义，利己主义
فَرْدًا فَرْدًا: واحدًا واحدًا 一个个地
فِرَادًا / فُرَادَى: واحدًا واحدًا 一个个地
فَرْدَة (مـ): ضَرِيبَة الأَعْنَاق 人头税，人口税
اِنْفِرَاد: عُزْلَة 单独，孤独，独自
على ـ 单独地，孤立地，各别地
اِنْفِرَادِيّ 单独的，孤立的
حَبْسٌ ـ 单独监禁
اِنْفِرَادِيَّة 隔离，单独，单人
فَرِيد جـ فَرَائِدُ: وحِيد 单独的
ـ: لا نَظِيرَ له / بلا مَثِيلٍ 无比的，无双的，绝世的
ـ العَصْر 当代杰出的人物
ـ في بَابِه 唯一的，举世无双的
ـ في نَوْعِه 奇特的，独特的
فَرِيدَة جـ فَرَائِدُ: جَوْهَرَة نَفِيسَة 贵重的珍珠
ـ: جوهرة واحدة في حِلْيَة (多指钻石)独粒宝石
ـ وَرَق (مـ): ٢٤ فرخ (طَلْحِيّة) 一刀纸(24 张)
فَرِّيدِي (سـ): سَمَك مَرْجَان (مـ) 红棘鬣鱼，铜盆鱼
مُفْرَد جـ مُفْرَدَات: واحد 单独的，孤单的，孤零的
ـ ضد جَمْع [语]单数
بـ ـ ه: وَحْدَه 独自，单独
ـ: بلا مُعِين 单人独手的，孤立无援的
مُفْرَدَات: كَلِمَات 字，单字
ـ اللُغَة / ـ لَفْظِيَّة 词汇，语汇，单字表
ـ: مُفَصَّلات / تَفَاصِيل 细节
ـ 零件
مُفْرَدَانِيّ 孤独的，未婚的
مُفْرَدَة جـ مُفْرَدَات 药草
مُنْفَرِد: مُنْفَصِل عن غيره 隔离的，分离的；孤独的，单身的，单独的

ـ: وَحْدَه 独自

سِجْنٌ ـ أو انْفِرَادِيّ 独房监禁，单独监禁

ـ 独唱，独奏

كَمانٌ ـ 提琴独奏

مُنْفَرِدًا 单独地，分离地，孤立地

فِرْدَوْس جـ فَرَادِيسُ paradise: جَنَّةُ (عَدْنٍ) [宗] 天堂，乐园，伊甸园

ـ: بُسْتَان 花园

طائر الـ (غير عُصْفُور الجَنَّة) 风鸟，极乐鸟

فِرْدَوْسِيّ 天堂的，乐园的

فَرَدِي (أ) Faraday (Michael): عالِم كَهْرَبِيّ 法拉第(英国物理化学家 1791—1867)

فَرَّ ـِ فَرًّا وفِرَارًا ومَفَرًّا ومَفِرًّا: هَرَب 逃走，逃亡，开小差

ـ من الجُنْدِيَّة (兵)开小差

ـ هَارِبًا 逃走，溜掉，溜之大吉

أَفَرَّهُ وفَرَّرَه (مـ): جعله يهرب 使(敌人)溃窜

ـ الولد: سقطت رَوَاضِعُه وطلَع غيرُها 孩子换牙

اِفْتَرَّ: اِبْتَسَمَ 微笑，眉开眼笑，嫣然一笑

ـ ثَغْرُه 笑逐颜开，笑容可掬

ـ البَرْقُ: تَلأْلأَ 电光闪闪

فَرّ / فِرَار: هُرُوب 逃走，逃亡，溃窜

لاَذَ بالفِرَار 逃走，溃窜

الفِرَار من الجُنْدِيَّة 开小差

فِرَّة (سـ) 鹌鹑

فَارّ: آبِق (من الجنديَّة) 逃兵

فَرَّار: زِئْبَق 水银

ـ / فَارّ: هارِب 逃走的，逃亡的，亡命徒

فُرِّيرَة (مـ): قُرْصٌ دَوَّام 捻转儿，手转陀螺

مَفَرّ: مَهْرَب 逃跑的地方，逃避之处，出口，出路，逃路，太平门

لا ـ مِنْه 不可避免的，无法逃避的，必然的

فَرَزَ ـِ فرْزًا وأَفْرَزَ الشيءَ من غيرِه: عزلَه 隔开，隔离，分离，分开

ـ وـ الشيءَ: نقَده 选择，挑选，拣选

ـ وـ الشيءَ: ميَّزه 区别，辨别，识别

ـ وـ العَرَقَ وغيرَه 流汗，出汗

ـ وـ المادَّةَ (كالخُراج) 排出，流出(脓汁)

ـ تْ وـ تِ الغُدَّةُ وأمثالُها [解](腺)分泌

اِنْفَرَزَ (مـ) 被选择

فَرْز: عَزْل وفَصْل 分开，分离，隔开，隔离

ـ: نَقْد 选择，拣选，分等

ـ (مـ) / فِرْزَانُ الشِطْرَنْج [棋]皇后

إِفْرَاز جـ إِفْرَازَات / مُفْرَزَات: مايُخْرِجه الجَسَدُ

كالعَرَق 渗出(物)，分泌(物)

ـ الغُدَد [解]分泌物

ـ الخُرَاجَات 溢液，排出物

فَرَّاز 分离器，分液器，选矿器

ـ (邮局的)拣信员

ـ ة الحَلِيب (مـ) 脱脂器

مَفْرُوز: مَعْزُول 被分离的，被分开的，被隔离的

ـ: مَنْقُود 被选中的，被选择的

فَيْرُوز / فَيْرُوزَج: حَجَر كريم [矿]绿松石(甸子)

إِفْرِيز جـ أَفَارِيزُ frieze: بَحْر (مـ) (في المعمار) من الحائط: طَنْفُه [建]饰带，腰线

مُفْرَزَات دَاخِلِيَّة 内分泌

تَفَرْزَنَ البَيْذَقُ: صار فِرْزَانًا [棋]变成皇后

فِرْزَان جـ فَرَازِين (أ) (波) / فَرْزِين [棋]皇后，后棋

فَرَسَ ـِ فَرْسًا وافْتَرَسَ الأسدُ فريستَه: اصطادها

捕获

ـ وـ: دقَّ عُنُقَها 咬断脖子

فَرَسَ ـِ فِرَاسَة بالعَيْن: ثبَّت النظرَ وأدرك الباطنَ من نظر الظاهر 相面

ـ وتَفَرَّسَ فيه: نظر وثبَّت نظرَه فيه 凝视，注视

تَفرَّسَ فيه الخيرَ: توسَّمه 发觉，看出他的善良

اِفْتَرَسَ الكُتُبَ 纵览，浏览，纵观，涉猎

فَرَس جـ خَيْل / أَفْرَاس (للذكر والأنثى) 马(公的和母的)

ـ (مـ): حِجْر / أُنثى الخَيْل 母马，骒马，牝马

ـ أَصِيل 骏马，纯种马

ـ النَهْر والبَحْر 河马

ـ النَبِيّ (مـ): أبو صَلاح 螳螂

ـ الشِطْرَنْج [棋]马

ـ رِهَان 比赛的马

بُرْج الـ الأَعْظَم [天]飞马座

الـ المَسْحُور [童]妖马，仙马

هُمَا كَفَرَسَيْ رِهانٍ 并驾齐驱，棋逢敌手，不相上下

فُرْس / فَارِس: عَجَم / إيران 波斯人，伊朗人

بِلاد الـ: بِلاد إيران 波斯，伊朗

فَرَاسَة / فُرُوسَة: حِذْق في أمر الخيل 骑术

فُرُوسَة 骑士气概，英雄气概

عَصْر الـ 骑士时代

أَلْعاب الـ 骑术

فِرَاسَة: معرفة الأخلاق من المَلامح 相术，人相术

فِرَاسَة الدِماغ 骨相术

ـ اليَد 手相术

ـ 眼光，眼识，见识，洞察力

فَارِسِيّ جـ فُرْس 波斯的；波斯人

ـ: عابِد النار 祆教徒，拜火教徒

اللُغَة الفَارِسِيَّة 波斯语

فَارِسِيَّة / الـ 波斯语

فَارِس جـ فُرْسان وفَوَارِسُ: خَيَّال 骑士

ـ (مـ): بَطَل 英雄

النمل الفارسيّ 工蚁

فَرِيسة جـ فَرَائِسُ 捕获物，猎获物，猎物

فَرِّيسِيّ: واحِدُ الفَرِّيسِيين اليَهُود (希伯来)法利赛人

مُفْتَرِس: ضَارٍ 凶猛的，凶恶的

حَيَوَانٌ ـ 猛兽，肉食兽

فَرْسَاوُس (أ) Perseus: قاتل المِدُوسَا [希神]珀尔修斯(宙斯的儿子，杀死女妖墨杜萨者)

فَرْسَخ جـ فَرَاسِخُ (أ) 法尔萨赫＝6.24 公里

فَرْسَنَة (مـ) 勇敢，英雄

فَرَشَ ـُ فَرْشًا وفِرَاشًا الشيءَ: بسطه 张开，展开，铺开

ـ: كَذَب / فَشَرَ (مـ) 说谎

ـ المنزلَ: أَثَّثه 装备房屋(置备陈设和家具)

ـ بالأَسْفَلْت 铺柏油

ـ وفَرَّشَ الأرضَ: بلَّطها 墁地，用砖或石板铺地

فَرَّشَ الثِيابَ (مـ): نَظَّفها بالفُرْشَة 刷衣服

اِفْتَرَشَ ذِراعَيْه: بسطهما على الأرض كالفراش له 曲肱而枕之

ـ الخَضْرَاءَ 躺在草地上

ـ الغَبْرَاءَ 睡在地上

ـ الرجلَ: صَرَعَه 摔倒

ـ المرأةَ: تزوَّجَها 娶妻

فَرْش جـ فُرُوش: المَفْرُوش للرُقاد من متاع البيت

铺垫，铺陈

ـ البَيْت: أثاث 家具，什物

ـ البَيَّاع (مـ) / ـ البائع المُتَنقِّل (مـ) 小贩的货摊

ـ الحِذَاء (مـ): سُلْفَة / ضَبَان (مـ) 鞋垫

ـ بَنَاء (مـ) / ـ (مـ): أساس 建筑物的基础，房屋的墙基

ـ التُرْعَة (运河的)河床

ـ الطَاوِلَة 桌布

ـ القَنْطَرَة 桥面

ـ 黄貂鱼，黄魟，赤鲼

فَرْشَة (مـ) / فِرَاش جـ فُرُش وأَفْرِشَة: حشيَّة 床垫

ـ قَشّ (مـ): طَرَّاحة 草荐，草垫

فُرْشَة جـ فُرَش (مـ) / فُرْشَاة (مـ) / (土) فُرْجَة 刷子

ـ الثِيَاب 衣刷

ـ الأَسْنَان 牙刷

ـ الشَعْر / ـ الرأْس 发刷

ـ التَلْوِين / ـ شعر الرسم 画笔，笔毛

ـ الأَظَافِير 指甲刷

ـ الهُدُوم (مـ) 洗衣刷

ـ البُدْرَة (搽粉用)粉扑

ـ الحِلاَقة 修面刷，胡须刷

ـ البُويَه 毛刷(油漆用)

ـ جـ فَرَشَات 行李，铺盖，被褥

فُرْشَاة (مـ) / فُرْشَاية 刷子

فُرُوشَات 家具，什物，设备

فَرَاشَة جـ فَرَاش 蝴蝶

ـ: رجُل خَفِيف العَقْل 轻浮的人，轻薄的人，开玩笑的人，说无聊话的人，做无聊事的人，吊儿郎当的人

ـ الرَحَى وأمثالها (مـ) 磨轮，轮箍

فِرَاش جـ أَفْرِشَة وفُرُش: ما يُفْرَشُ ويُنَام عليه 床

ـ المَرَض 病床

ـ المَوْت 尸床

طَرِيح الـ 卧病在床的，卧床不起的

قَرْحة الـ: نَاقبة [医]褥疮

مَفْرَش جـ مَفَارِشُ 床单，垫单

مِفْرَش السُفْرَة (مـ): سِماط 桌布

ـ السَرِير (مـ) 床单

مِفْرَشَة جـ مَفَارِشُ: غِطاء السَرْج 鞍褥

فَرَّاش (مـ): خادِم 仆人，佣人，侍者；听差，(机关、学校的)工友，服务员

ـ (مـ): مُؤَجِّر لَوَازِم الحَفَلات 出租家具者

مَفْرُوش: مُنْبَسِط 铺开的，展开的，摊开的

ـ: مُؤَثَّث 被装备的，有设备的，有家具和陈设的

ـ: مُبَلَّط 墁好的，用砖或石板铺起来的

ـ بالبُسُط (للأرض) 铺着地毯的

أُوضَة ـ ة (مـ) 有家具和陈设的房间

مَفْرُوشَات: مَتَاع البَيْت / أَثاث 家具，什物，设备，陈设

فَرْشَحَة / فَرْشَخَة (مـ) 叉腿，叉开两腿

سَرْج ـ: سَرْج خَسْرَوَان 横鞍，女鞍

مُفَرْشَح 叉腿的，叉开两腿的

فُرْشِينَة جـ فُرْشِينَات (أ) forcina: دَبُّوس شَعْر (意)发针，发夹子

فَرَصَ ـُ فَرْصًا الشيءَ: شقَّه 劈开，割裂

اِفْتَرَصَ الفُرْصَةَ: انتهزها 乘机，利用机会

فُرْصَة جـ فُرَص: نُهْزَة 机会，机缘，良机，时机，好机会

ـ: نَوْبَة 轮流，轮班

ـ (مـ): عُطْلَة 假期

ـ سانحة 时机，良机，可乘之机

بِأَقْرَبِ ـ مُمْكِنَةٍ 在最近可能的时机
أَعْطَاه ـ 给予机会
اِنْتَهزَ الـ 乘机
فَرِيصة جـ فَرَائِصُ وفَرِيص: اسم عضلة [解]胸肌
اِرْتَعَدَتْ فَرِيصتُه أو فرائِصُه 发抖，震颤，战栗，哆嗦
مِفْرَاص جـ مَفَارِيصُ: زَرَدِيَّة قاطعة (مـ) 钳子
فِرْصاد: صِبْغ أَحْمَر 红色染料
ـ / كُبُوش (سـ) / تُوت 桑树，桑椹
فَرَضَ ـِ فَرْضًا الأمرَ: قدَّره 推测，假定，假设
ـ ه: تصوَّره 想像，设想
ـ فَرْضًا عِلْمِيًّا 推理，推论；建立理论
ـ وفَرَّضَ الخشبةَ ومنها: حزَّها 切口，割口，断口
ـ له كذا في الديوَان: رسم له شيئًا مَعْلُومًا وأثبت رِزْقَه فيه 规定他的薪俸
ـ لفلان كذا: جعله له فَرِيضةً 把…定为他的义务
ـ وـ الأَحكامَ: سنَّها 制定法律、法令
فَرْض جـ فُرُوض: تَقْدِير 假定，假设
ـ رِيَاضِيّ [数]已知数
ـ عِلْمِيّ أو مَنْطِقِيّ 科学的或逻辑的假设、臆说
على ـ / بالـ 假设，假定
ـ / فُرْضَة: حزّ 切口，刀痕，凹口
ـ / فَرِيضة جـ فَرَائِضُ: واجب 义务
ـ / ـ دِينِيّة 仪式，典礼，礼仪
ـ مَدْرَسِيّ 功课，习题，家庭作业
ـ جـ فُرُوض: ما يُعْطَى للجُنْد (军队的)饷
فَرْضِيّ: تَقْدِيرِيّ 假设的，设想的，臆说的
ـ: نَظَرِيّ 理论的，理论上的，纯理论的
فَرْضِيَّة 假设，假定

فُرْضَة جـ فُرَض وفِرَاض: ثُلْمَة / فَتْحَة 罅隙，裂口，裂缝，缺口，缺陷
ـ بَحْرِيَّة 海港，港口，口岸；(河岸上的)渡口
فُرُوض الشُكْر والإخْلاص 表达感激和真诚的心意
فَرِيضَة الحَجّ 朝觐天房的仪式
عِلْمُ الفَرَائِض [法]遗产继承学
اِفْتِرَاض 假设
ـ الأَحْكَامِ: سَنُّها 制定(法律、法令、法规)
اِفْتِرَاضِيّ 假设的
مَفْرُوض: مُقَدَّر 假定的，假设的
ـ: مُوجَب 被规定的
فَرَطَ ـُ فُرُوطًا: سبَق وتقدَّم 领前，领先，走在(他人)前头
ـ ـُ فَرْطًا منه شيء: ذهَبَ وفاتَ 失，失落，白费；没打中
ـ منه القولُ: قالَه من غَيْر رَوِيَّة 失言
ـ ولدًا: ماتَ له صغيراً 他死了幼儿
ـ (مـ): حَلَّ 放松，解开
ـ (سـ) 摇果树，使果子落下
ـ الذُرَة 剥掉玉米的壳
فَرَّطَ الشيءَ وفي الشيءِ: ضيَّعه 浪费，乱花(时间、财产等)，糟蹋，消耗
ـ في الشيء: أَساءَ اسْتِعْمالَه 滥用，妄用，误用，错用
ـ في الأمرِ: قصَّر فِيه 疏忽，忽视，怠慢，失职，渎职
ـ في الشيء (مـ): تركه 放弃，抛弃，抛开
أَفْرَطَ: جاوزَ الحَدَّ 过度，过份，过火
فَما أَفْرَطَ ولا فَرَّطَ 做事有分寸
اِنْفَرَطَ: اِنْحَلَّ 放松，解开

ـ عَقْدُ الاجْتِماع 散会
ـ عَقْدُ المُعاهَدة 条约被废除
ـ الدَمْعُ من مآقِيها 流泪，下泪
فَرْط: مُجاوَزة الحَدّ 过度，过份，过火
و لـ ـ دَهْشَتِه 由于他非常惊奇
ـ: شِدَّة 严重，厉害，激烈
ـ الإحْساس 神经过敏
ـ (مـ) / مُفرَّط (مـ): سائِب 无拘束的，放肆的，自由自在的
فَرَط (مـ): فائِدة المال 利息
فِرط (مـ): رَخِيص 贱的，廉价的，便宜的
فُرُط: أَمْر مَتْرُوك 被遗忘的，忘记了的事情
فُرْطَة: خُرُوج وتقدُّم 领先
هو ذو ـ في البلاد: ذو أَسْفارٍ كثيرة 他是一个旅行家
هو على ـ كعب من هنا (مـ) 这里到他那里很近
فُرُوط 失言
إفْرَاط: ضد اعتدال 过度，过分，过火
ـ الإنْتاج 生产过剩
تَفْرِيط 疏忽，怠慢；浪费
فَارِط جـ فُرَّاط 先到的；损失的(货物)
فُرَاطَة (سـ) / فَرْط (سـ) 零钱，辅币，小额货币
مُفْرِط: مُتَجَاوز الحَدّ 过度的，过份的，过火的
مُفَرِّط: مُبَذِّر 浪费者，挥霍者
فَرْطَحَه: بَسَطَه 使平，使平坦
ـ الشيءَ: عرَّضه 加宽，加阔，放宽
تَفَرْطَحَ 成为平坦的，变成宽阔的
مُفَرْطَح 平的，平坦的，宽阔的
ـ القُطْبَيْن [数]扁的，扁圆的
فُرْطُونَة (راجع فُرْتُونَة) furtuna (意)暴风雨，暴风雪，大风暴

فَرَّعَ المَسائِلَ من الأصل: جعلها فروعه واستخرجَها منه 推论，推断，演绎
ـ الشجَرُ (مـ) 树分枝，树出枝
تَفرَّعَ: تشعَّب 分枝，发枝，发杈
اِفْتَرَعَ البِكْرَ: أزال بَكارَتَها 破身，破坏贞操
فَرْعُ الشَجَرة جـ فُرُوع 树枝，枝条
ـ: ضد أَصْل 分支，枝条，支流，支派
ـ: قِسْم 部门，分支机构；部，处，科，股，组，区
أُصُول وفُرُوع 主要的和次要的
فَرْعِيّ: مُختص بفرع شجرة 树枝的
ـ: جزْئِيّ 局部的，部分的
مَحَطَّة ـ ة 小车站
خَطٌّ ـ 支线，侧线
لَجْنَةٌ ـ ة 分会，支会
دَفْعٌ ـ (في القانون) [法]抗辩
دَعْوَى فَرْعِيَّة [法]反诉
تَفَرُّع 长出枝条
فَارِع: طَوِيل 长的，高的
مِفْرَع جـ مَفَارِع: مُصْلح بين الناس 调解人，和事佬
مُتَفَرِّع 多支条的，多支线的，多支流的
مُتَفَرِّعَات (机器的)零件
ـ 副产品，次要产品
البِتْرُول وـ ه 石油及其加工品，石油及其副产品
فَرْعَنَ وتَفَرْعَنَ الرجلُ: تكبَّر 骄傲，自大，傲慢，妄自尊大
تَفَرْعَنَ النباتُ: طالَ وقَوِيَ (植物)繁茂，茂盛
ـ فُلان عَلَيْنا: طَغَى وتجبَّر 残暴，暴虐
فَرْعَنَة 骄傲，自大，傲慢
فِرْعَوْن جـ فَرَاعِنَة: واحد مُلوكِ مصرَ القُدَماء

法老(古代埃及国王的称号)；法老王(一种牌戏名)

ـ: ظالِم 暴虐的，专横的，霸道的

أَرْضُ الفَرَاعِنَة (法老的土地)埃及

فِرْعَوْنِيّ 法老的

فَرَغَ ـُ وفَرِغَ ـَ فَرَاغًا وفُرُوغًا من العمل: خَلاَ منه 空；完工，完毕

ـ الإناءُ 空，变成空虚的

ـ الشيءُ: نَفِدَ 用完，用尽，耗尽

ـ الصبرُ (أو صبره) 忍不住，忍无可忍

ـ له وإليه: قصده 赴，去

فَرَّغَ وأَفْرَغَ الإناءَ: أخلاه 倒空，使空，搬空，腾空(容器)

ـ وـ الشَّحْنَةَ 卸货，起货

ـ وـ الماءَ: صبَّه 倒水

ـ وـ في قالَبٍ: سبَك 铸，铸造，铸型

ـ وـ واسْتَفْرَغَ الشيءَ: استنفده 用完，用尽，耗尽

أَفْرَغَ 把子弹退出枪膛

ـ البارُودَ / ـ الرَّصَاصَاتِ 射击

ـ قُصَارَى جُهْدِهِ في الأمر 竭尽全力

ـ للمُطَالَعَة ساعاتٍ من الليل 熬夜阅读

تَفَرَّغَ: تخلّى من العمل 空闲，得闲，闲暇

ـ للأمر: بَذَلَ مَجْهُودَه فيه 专心致志，专心从事

استفرغ: تقيّأ 呕吐

ـ مجهودَه: بذل طاقته فيه 尽力，竭尽全力

فِرْغ / فَرَاغ: خلوّ 空虚，空

فَرَاغ: مَكان خالٍ 空地，空处，空白

ـ الفَم [解]口腔

ـ من العمل: عُطْلَة (学校等的)假期，假日；(法庭等的)休庭期

بَعْدَ ـٍ من دَرْسه 研究完毕之后；课后

بَيْت الـ 厕所，茅司，茅厕

وقتُ الفَرَاغ من العمل 空闲，闲暇，得空，得闲，闲工夫

فَرَاغِيّ 空闲的，空的

الهَنْدَسَة الـ ة 立体几何学

فُرُوغ 中空，空虚

ـ البَال 心境安宁

ـ الصَّبْر 不耐烦，忍不住，忍无可忍

إِفْرَاغ / تَفْرِيغ: إخلاء 使空，使闲，腾空

ـ / ـ / اِسْتِفْرَاغ: اِستنفاد 用尽，耗尽，费尽

ـ / ـ الوَسْق 卸货，起货

اِسْتِفْرَاغ: قَيْء 呕吐

فارِغ / فَرِغ: ضد مَلْآن 空的，空着的

الـ (في القِبانَة) (货物的)皮重，包装重量；(燃料等除外的)车身重量

عَقْلٌ ـ 空虚的头脑

كَلاَمٌ ـ 胡话，空谈，废话，糊涂话，无意义的话，荒诞的话

بـ ـِ الصَّبْرِ / ـَ الصَّبْرِ 焦急地，不耐烦地，迫不及待地

امرأةٌ ـ ة: غيرُ متزوِّجَة 无夫之妇

مُفْرَغ 铸成的，浇铸的

هُمْ كالحَلْقَة الـ ة لا يُدْرَى أَيْنَ طَرَفاها (他们如环无端)他们是一个模样的，他们的才干是一样的

مُفَرِّغ الهَوَاءِ / الآلَة الـ ة 抽气机

مُفَرَّغ 空的，空虚的

فَرْفَحَ (م): أَنْعَشَ 使有活力，给予生气

فَرْفَح: أرضٌ مَلْسَاءُ 平地；不毛之地

فَرْفَخ / فَرْفَخَة (أ) / فَرْفَحِين (م) (波)[植]马齿苋

فَرْفَرَ البعيرُ: انتفض (驼)摇动，颤动，振动
ـ (鸟)振翅，鼓翼
ـ القُطْنَ (مـ): نفضه 梳棉
ـ الصوفَ (مـ) 梳毛，刷毛
فَرْفَرَة 振翅
فُرْفُر / فِرْفِر / فُرْفُور / فُرَافِر: أَخْرَقُ / أَحْمَقُ
轻率的，浮躁的，没思想的
ـ / ـ: عُصْفُور 麻雀
فَرْفُورِيّ (مـ): فَغْفُورِيّ / خَزَفُ الصِين (土)
(天子的、天子之国的)瓷器
فُرْفِيرَة (سـ): دَوَّامَة / نَحْلَة (مـ) 陀螺
فَرْفَشَ (مـ): انْعَشَ 使兴奋，使高兴，使快活
مُفَرْفَش (مـ): جَذِل 兴奋的，高兴的
ـ مَالِيًّا: في سَعَة 宽裕的，富裕的
فَرْفَصَ 振翅，鼓翼
فَرْفَكَ 摩擦，磨破
فَرَقَ ـِ فَرْقًا وفُرْقَانًا بَيْنَ الشَيْئَيْنِ: مَيَّزَ 区别，辨
别，识别
ـ بَيْنَهما: فَصَلَ 分开，分离，隔开，隔离
ـ البحرَ: فلقه 破浪前进
فَرِقَ ـَ فَرَقًا منه: فَزِعَ 恐怖，恐惧，害怕
فَرَّقَ الرجلَ: خوَّفه 恫吓，吓唬
ـ الشيءَ: وزَّعه 分配，分给，配给，发放
ـ عليهم 分配给他们
ـ شَعْرَه بالمُشْط: سرَّحه 梳头
ـ: ضد جَمَعَ 分离，隔离，离间
ـ بَيْنَهم: أوقع الشِقَاقَ 挑拨，离间
ـ الشيءَ: بَدَّده 分散，解散；使散开，使
散乱；击溃(敌人)
ـ 分牌
فَارَقَه: اِنْفَصل عنه 离开，脱离，跟他绝交，
断绝关系

ـ البلدَ: بارَحَه 离开(某地)，离别(故乡)
ـ الدارَ الفانيَةَ إلى الدار الباقِيَة (离别幻
世，迁居永世)去世，逝世，归天，归
西，归真(回族用语)
ـ ه وافْتَرَقَ عنه 跟…分手，和…分别
تَفَرَّقَ تَفَرُّقًا وتِفِرَّاقًا وتَفَارَقَ: ضد تجمَّعَ 散开，
分散，解散，涣散
ـ: تبدَّد 散开，散乱
ـ تْ بِهِمُ الطُرُقُ: ذَهَبَ كُلٌّ منهم في طريق
分道扬镳
اِفْتَرَقُوا: ضد اِجتمعوا 他们分开，分离，散开
اِنْفَرَقَ عنهم: اِنْفَصل 和他们分离
فَرْق جـ فُرُوق: اِخْتِلَاف 差异，差别
ـ ما بَيْنَ الثرَى والثُرَيَّا (大地与昴星之间的
区别)天渊之别
ـ: مِيزَة 区别，特点，特征，特色
ـ: باقٍ (في الحِسَاب) [数]余数；余部，
余项；[商]差额，余额，尾数
ـ عُمْلَة: صرافة 汇水，贴水
ـ 零钱
ـ في شَعْر الرأس (头发的)分缝
ـ / تَفْرِيق: فَصْل 分开，隔开，隔离
فِرْق / قطيع 一群(牛、羊)
ـ: قِسْم (من كل شيء) 部分，部门
فِرْقَة جـ فِرَق: طائِفَة / جَمَاعَة 伙，队，班，团
ـ عَسْكَرِيَّة [军]支队，分队；师
ـ تَمْثِيلِيَّة 戏班，剧团，杂技团，马戏团
ـ مُوسِيقِيَّة 乐队
ـ الفُرْسَان 骑兵师
فُرْقَة / فِرَاق: افتراق 分开，分离
فِرَاق: رَحِيل 启程，出发，离去
فَرَق: فَزَع 恐怖，惊惶，战栗

فَرِق / فَرُوق م فَرِقَة وفَرُقَة / فَارُوق: شديد الفزع 恐怖的，惊慌的，惊弓之鸟
ــ: فَزِع 吃惊的，受惊的
فَرُوقَة / فَرُّوقَة / فَارُوقَة (阴阳通用)胆怯者，胆小鬼
فُرْقَان: بُرْهَان 凭证，证据
ــ 辨别，识别(真伪、善恶)
الــ: القُرْآن 古兰经
الــ: التَوْرَاةُ 摩西五经(旧约的头五卷)
تَفَرُّق: تشتُّت 散开，离散，涣散
ــ: انفصال 分开，分离
تَفْرِيق: فَصْل 分离，分开，隔开，分化
ــ: تَوْزِيع 分配，分给，发放
ــ: تَشْتِيت 拆散；击溃
ــ: تَمْيِيز 区别
بالتَفْرِيق: بالتَفْصِيل 详细地
ــ: أَجْزاءً 分步地，一部一部地
ــ / بالتَفَارِيق: بالقَطَّاعِي (مـ) (ضدّ بالجُمْلة) 零卖，零售
تَفَارِيق 分出部分
صَدَرَ الكِتابُ ــ 这部书分卷出版
تَفْرِقَة بَيْنَ كذا وكذا 以示二者的区别
مُفَارَقَة 分手，离别，启程，出发，动身
ــ 区别，差别
فارِق م فَارِقَة جـ فَوَارِقُ وفَارِقَات: فاصِل 差异，差别，区别，识别
ــ: مُمَيِّز 特点，特征，特色
فَرِيق جـ أَفْرِقَاء وأَفْرِقَة وفُرُوق وفُرَقَاءُ: جماعة 队，伙，班，群，社，组，派 (وبمعنى طَرَف)
ــٌ أَوَّل (في التعاقُد) (缔约中的)甲方
ــٌ ثان (缔约中的)乙方
ــٌ في الألعاب الرِيَاضِيَّة (运动比赛的)队
ــ: رُتْبَة عَسْكَرِيَّة [军]陆军中将
فَارُوق / فَارُوقَة (للمذكر والمؤنث): شديد الفَزَع (阴阳性通用)胆怯者，胆小鬼 الجَبان
الــ: الحَكِيم (ولقب عُمَرَ بْنِ الْخَطَّابِ ثانِي الخُلَفَاء) 英明的；英明的欧麦尔(第二位哈里发欧麦尔·伊本·赫塔布的尊号)
تِرْيَاق فَارُوقِيّ theriac (毒蛇咬伤时)有效的解毒剂
مُفَرِّق 邮差，邮递员
مُتَفَرِّق 各种各样的
بالمُفَرَّق 零售，零卖
مَفرِق / مَفْرِقة جـ مَفَارِق: نُقْطَة الانفصال 分界
ــ من الشَعْر: موضع افتراقه (头发的)分缝，分界
ــ من المِيَاهِ: أرض مُرتفعة بين نَهْرَيْن 分水岭
ــ الطُرُق: موضع ينشعب منه طريق آخر 岔口；路口
أَرْبَعَةُ مَفَارِقَ (مـ) 十字路口
فَرْقَد جـ فَرَاقِدُ مث الفَرْقَدَانِ [天](小熊座中的)帝星(北斗第二星)和太子星(北斗第一星)
ــ: ولد بَقَرةٍ وَحْشِيَّة 野牛犊
فُرْقَاطَة جـ فُرْقَاطَات (أ) fregatta(意) (帆船时代的有三桅和炮座的)巡洋舰
ــ [鸟]军舰鸟(热带猛禽)
فَرْقَعَ: فَقَعَ (راجع فقع) 发噼啪噼啪声
ــ بِسَوْطٍ 鞭子抽得噼啪噼啪响
ــ (مـ) وتَفَرْقَعَ (مـ): اِنفجر 爆炸，爆发
فُرْقُع لَوْز (مـ) 叩头虫
فَرْقَعة: طَقْطَقة 爆裂声
ــ: اِنفجار (أو صوته) 爆炸，爆炸声
ــ القَنَابِل 炸弹爆炸

مُفَرْقِعَات: مَوادّ اِنْفِجارِيّة 爆炸物，炸药

فِرْقِلّة جـ فِرِقلاّت (مـ): سَوْط الحرّاث 打耕畜的鞭子

فَرَكَ ـُ فَرْكًا الثوبَ: دلكه وحكّه 搓(衣服)

ـ 拭(目)，擦(眼睛)

تَفرّكَ وانفرَكَ 被搓洗，被擦净

فِرَاك (أ) / سُترة فِراك (مـ) frac (法) 大礼服(长达两膝)

فَارِك جـ فَوَارِكُ: تبغض زوجها 憎恨丈夫的(女人)

فَريك / مَفْرُوك 被擦的，被搓的

ـ: حِنْطَة الطَّبْخ 去壳的麦子

ـ: طَعام يُفْرَك ويُلَتّ بالسَّمْن 奶油炒麦饭

مَفْرُوك 柔软的

فَرْكَشَه (س) 撒布，撒播；分配，分送

فَرَمَ ـِ فَرْمًا (مـ) وفَرَّمَ (مـ) اللحمَ: هَرَّمَه / قطعه قِطْعًا صَغيرًا 剁碎(肉)

فَرَّمَ أَسْنانَه (مـ) (小孩)换牙

اِنْفَرَمَ (مـ) 被剁碎，被切碎

فَرْمَة 小块，碎块

فَرَّام (مـ) 切丝机(用于烟草或肉类)

فَرَّامَة اللَّحم (مـ): فَرَّامَة 绞肉器

فُرْمَة المِطْبَعة (وغيرها) (أ) form(e) [印]版

فِرْمَة جـ فِرْمَات (مـ) firma (意) 签名

مَفْرُوم (مـ) / مُفَرَّم: مُهَرَّم 剁碎的，切细的

لَحْمٌ ـ 碎肉，肉末，肉泥

مِفْرَمَة 切丝机(用于烟草或肉类)

فَرمَان جـ فَرَامِينُ (أ) friman: عهد السلطة للولاة 敕令，圣旨，(土耳其皇帝)钦赐；执照，复照

فَرَمْبُواز (أ) framboisier (法): تُوتُ العُلَّيْق [植]覆盆子

فِرْمَسُون (أ) freemason: مَسُونِيّ (مـ) (انظر مسن) 共济会会员；[史](中世纪的)石匠协会会员

فَرْمَاسُونِيَّة 共济会(以互济、友爱为目的一种秘密组织，导源于中世纪的石匠会)

فَرْمَلَة جـ فَرَامِلُ (مـ): ضابطة العَرَبة / كَمّاحة 刹车，制动机

فَرَامِلُ أُوتُمَاتِيكِيَّة 自动机动机

قِبْقَابٌ للفَرْمَلَة (مـ): إباضَة 刹车，刹车的皮或板

فَرْمَلْجِي جـ فَرْمَلْجِيَّة 轫手，制动机管理人

ـ القِطار (مـ) 火车制动机管理人

فَرْمِيلَة المَرْكَب (مـ): جَفيَّة (电车、火车前的)排障器，救护装置

فُرْن جـ أَفْرَان: تَنُّور يُخْبَزُ فيه 灶，炉

ـ: مَخْبِز 面包房

ـ عَال 高炉

ـ القُمَامَة (供烧毁垃圾、废物用的)销毁炉

أَفْرَان الصَّهْر 熔矿炉

فَرَّان: خَبَّاز 面包师

ـ 面包房老板

فَرَنْتُون (أ) frontone: حِلية واجهة [建]三角顶，人字墙，山形墙

فَرْنَجَ القومَ: صيَّرهم كالإفْرَنْج 使欧化

تَفَرْنَجَ: صار كالإفْرَنْج 欧化，洋化

إفْرَنْج / فِرَنْج / إفْرَنْجَة Franks / الـ: أُورُوبِيُّون 欧洲人，西洋人，洋人

فَرَنْجِيّ / إفْرَنْجِيّ: أُورُوبِيّ 欧洲的，西洋的；欧洲人，西洋人，洋人

مُتَفَرْنِج 欧化的

فِرِنْد جـ فَرَانِدُ (波)宝剑；石榴子

ـ اللُّؤْلُؤ 珠光

تفرنس 法兰西化，法国化
فرنسا / فرنسة 法兰西，法国
فَرَنْسِيّ / فَرَنْسَاوِيّ / فَرَنْسَوِيّ / فِرَنْسِيس (م) / إفْرَنْسِيّ 法兰西的，法国的；法兰西人，法国人
الـ ة 法兰西语，法语
فَرَنْك جـ فَرَنْكَات (أ) Franc: وَحْدَة النَقْد الفرنسيّ 法郎
فَرُه ـُ فَرَاهَةً وفُرُوهَةً وفَرَاهِيَةً: مهر وحذق 精巧，灵巧，熟练
ـ: نشط وخفّ 活泼，伶俐
فَارِه جـ فُرَّه وفُرَّهَة وفُرْهَة وفَرَهَة وفُرُه 灵巧的，熟练的；活泼的，伶俐的
فَرْهَدَ (س) 过度疲劳，使筋疲力尽
فَرْهُود (ع) (资本主义国家反动的或沙文主义的)屠杀
فَرَّى الجُبَّةَ: جعل عليها فروًا 挂毛皮里子
فَرْو الواحد فَرْوَة جـ فِرَاء: شيء كالجُبَّة يُبطَّن من جلود بَعْضِ الحيوانات 裘皮袄，皮衣
فَرْوَة: جلدة الرأس بشَعْرِها (带发的)头皮
أبو ـ (م): قَسْطَل / كَسْتَنَه (م) 栗子，板栗
ذَوَات الفِرَاء (من الحيوانات) 有毛皮护身的兽类
فَرَّاء: تَاجر الفِراء ومجهِّزها 毛皮商；制裘工人
ـ / فَرْوَجِي (س): تاجر جلود الفَرو 毛皮商
مُفَرًّى 毛皮的、毛皮里的(大衣)
فَرَى يَفْرِي فَرْيًا وافترَى عليه الكِذْبَ: اختلقه 诬蔑，诬告，诽谤，诋毁，造谣中伤
ـ وفَرَّى وأَفْرَى الشيءَ: قطعه وشقّه 剪断，截断，砍断，劈开，切开
فِرًى (س): سُمَّن 鹌鹑
فِرْيَة جـ فِرًى / اِفْتِرَاء: كذب 谎言，谣言
ـ / ـ: قَذْف 诽谤，谗言，诬蔑，中伤
اِفْتِرَائِيّ 捏造的，诽谤的，中伤的
دِعَايَة ـ ة 诽谤宣传，诬蔑宣传
فَرِيّ: عَجِيب 奇怪的，奇异的
أَمْر ـ 奇事
ـ: أمر مُختلَق مصنوع 捏造的，造作的，矫揉造作的
مُفْتَرٍ: واشٍ 诽谤者，中伤者
مُفْتَرَيَات 谣言，谣诼
فَزَرَه ـُ فَزْرًا: شقّه 割开，破开，劈开
فَزِرَ ـَ فُزُورًا وتفزَّرَ وانْفزر: انشقّ وتَقطَّع 被劈开，被破开，被折断
فَزَارَة: أنثى النَمِر 母豹，母老虎(没有阳性名词)
فَزُّورَة جـ فَوَازِيرُ (م) / حَزُّورَة (م) 谜语
فَزَّ ـِ فزازةً وفُزُوزةً: اِضْطَرَبَ 吃惊，震惊
ـ: وثب 惊跳，吓一跳
ـ ه ـُ فَزًّا وأَفَزَّه: أزعجه وأبعده 吓跑，惊散
ـ ه و ـ ه واسْتَفَزَّه: أفزعه 惊吓，恐吓，使他吃惊，震惊，吓一跳
ضَجِيجٌ يُفِزُّ الأَعْصَابَ 刺激神经的喧哗
تَفَزَّزَ 跳，跳起
اِسْتَفَزَّه: أثاره 激动，激起，鼓舞，煽动
فَزَّة: وَثْبة 惊跳，跳起
اِسْتِفْزَاز جـ اِسْتِفْزَازَات 挑衅
اِسْتِفْزَازِيّ 挑衅的
فَزِعَ ـَ فَزَعًا: خَاف 害怕，恐惧，恐怖
ـ إليه: لَجَأَ إليه 靠，依靠，凭借，诉诸，求助于，逃避于…
فَزَّعَه وأَفْزَعَه: خوَّفه 恐吓，恫吓，吓唬
اِنْفَزَعَ 害怕，畏惧，恐怖
فَزَع: خَوْف 害怕，恐怖，畏惧

فَزِعٌ / فَزْعَانُ (مـ) / مُفْزَع: فَرِقٌ 恐慌的，畏惧的，害怕的

فَزَّاعَة: شيء مُخِيف 怪物，妖怪

ـ / فُزْعَة: أَبُو رِياح (مـ) / مِجْدَار 草人，茅草人(放在田地里吓鸟的)

مُفْزِع: مُخِيف 可怕的，可怖的

مَفْزَع / مَفْزَعَة: مَلْجَأ 避难所，藏身处，防空洞

فَازِلِين (أ) vaseline 凡士林

فسا (في فسو)

فُسْتَان جـ فَسَاتِينُ (مـ أ) vestito (意) (土):

ثوب المرأة الخارجيّ 连衣裙

فُسْتُق (أ) 香榧子，开心果

ـ العَبِيد (سـ): فُول سودانيّ (مـ) 花生

شَجَرَة الـ 必思答树

فُسْتُقِيّ اللَوْن 海绿色

فَسْتُون (أ) festoon: حَبْلُ زِينَة 花彩

فَسَحَ ـَ فَسْحًا وفُسُوحًا وفَسَّحَ له في المجلس:

وسَّع له 让坐位给他

ـ وـ مَجَالاً 腾出房子，空出地方

ـ المكانَ: وسَّعه 加宽，扩展(地方)

ـ ولدَه (مـ): أخذه للنُزْهة 带孩子去散步、游逛、闲游

فَسُحَ ـُ فَسَاحَةً وأَفْسَحَ المكانُ: وسُع (地方)宽敞

تَفَسَّحَ وانْفَسَحَ المكانُ: اِتَّسع (地方)宽敞，宽阔

ـ (مـ): تَنَزَّه 散步，游玩；参观，游览

ـ (مـ): تَغَوَّطَ / قضَى الحَاجة 出恭，解手，大便，拉屎

فَسَاحَة 辽阔，广阔，宽敞

فَسْح: جَواز السَفَر 护照，通行证

فُسْحَة جـ فُسَح / فَسَح (مـ): اِتِّسَاع 宽敞，宽阔

ـ: فَضاء 空地

ـ (مـ): نُزْهَة 散步，游玩，游逛，闲游，参观，游览

ـ / خَلَوِيَّة (مـ): سيران (مـ سـ) 旅行，远足

ـ في عَرَبَة أو سَيَّارَة (مـ) 乘车(火车或汽车)旅行

ـ بين سَاعَات الدرس (مـ) 课间休息

ـ (مـ): عُطْلَة 假期，假日，例假

ـ (مـ): المرَّة من خُرُوج البَطْن 大便一次

فَسَحَة جـ فَسَحَات (مـ): رَدْهَة الدار 走廊，门廊，门厅

ـ التِيَاتْرُو (戏院)走廊，休息室

فَسِيح: مُتَّسع 宽敞的，广阔的

فَيْسَحَى: مباعدة الخطو 大步

هو يمشي الفَيْسَحَى 他大踏步地走路

فَسَخَ ـَ فَسْخًا وفَسَّخَ الأمرَ أو العقدَ: نقضه 废除，解除(契约、合同)

ـ رَأْيَ فلانٍ: أَفْسَدَه 驳斥(某人的意见)

ـ (مـ) ه وـ ه: شقَّه 割开，劈开

ـ المَفْصِلَ: أزاله عن موضعه / مَلَخ (مـ) 使脱位，错脱关节骨

ـ اللونُ (مـ): زال أو تغيَّر 褪色，变色

ـ: أَبْطَل تأثِيرَه / كسر حِدَّتَه 使失效

ـ وـ 陈腐，腐烂，腐败

فَسَّخَه: هَرَأَه ومزَّقه 划破，扯破，撕碎

ـ السَمَكَ: ملَّحه 腌鱼

تَفَسَّخَ: تساقط قِطَعًا 脱落，剥落，分崩离析

ـ 贪污，腐化

تَفَاسَخَا العقدَ: اِتَّفقا على فَسْخه 双方同意废除(契约、合同)

انْفَسَخَ العقدُ أو الأمرُ: انتقض (契约、合同)·

解除，作废
ـ ت الخِطْبَةُ: انتقضَتْ (婚约)解除
فَسْخ: نَقْض 解除，废除，取消
فَسْخَة: قِطْعَة مما فُسِخ 碎片，裂片
فَسُوخ / فَاسُوخ البَخُور: صمغ شجر الأَشَّق 臭树胶，硇精树胶
فَسِيخ: سَمَك مُملَّح 咸鱼，渍鱼
ـ فِرَنْجِيّ (مـ) 鳀鱼，沙丁鱼；鳕白鱼
فَسِيخَة جـ فَسِيخَات 小青鱼，小鲱鱼
مَفْسُوخ 被废除的，被取消的
فَسَخَانَة جـ فَسَخَانَات (مـ) 腌鱼厂
فَسَخَانِيّ جـ فَسَخَانِيَّة (مـ) 咸鱼贩
فَسَدَ ـُ وفَسُدَ ـُ فَسَادًا وفُسُودًا وانْفَسَدَ (مـ): تعفَّن 腐败，腐烂
ـ و ـ: ضد صلُح 腐化，堕落
ـ 无效，失效
أَفْسَدَه وفَسَّدَه: ضد أَصْلَحَه 毁坏，损坏，败坏，破坏
ـ و ـ الآدَابَ 败坏风纪，败坏道德，有伤风化，伤风败俗
ـ ه: خيَّبه وأَحْبَطَه 挫折，挫败，使失败
ـ بَيْنَهُمْ 挑拨，离间
ـ على فلان 疏远，离间，隔离
ـ تَأْثِيره أو قُوَّته 使他失效
اِسْتَفْسَدَ: ضد اسْتَصْلَحَ 损坏，毁坏
فَسَاد: تَلَف 坏，损坏
ـ: تعفُّن 腐朽，腐烂
ـ: بُطْلَان 无效
ـ الأَخْلَاق 堕落，腐化
إفساد 毁坏，破坏；使腐化，使腐烂
فاسِد: تالف 败坏的，损坏的
ـ: متعَفِّن 腐败的，腐烂的，腐朽的
ـ: باطِل 无效的
ـ الأَخْلَاق 堕落的，不正经的，不道德的，品质下流的
فَسْدَان جـ فَسْدَانِين (مـ) 淫荡的
مُفْسِد 诱惑的，诱奸者；离间者，挑拨者
مَفْسَدَة جـ مَفَاسِدُ 诡计，阴谋；恶劣的行为、行动、举动
ـ 堕落的原因
فَسَرَ ـِ ـُ فَسْرًا الأمرَ: أَوضحه وبيَّنه 说明，阐明，解释
ـ ـِ ـُ فَسْرًا وتَفْسِرَةً البولَ: فَحَصه 验尿
فَسَّرَه: أَوضحه 说明，阐明，解释
ـ ه: شَرَحه 说明，解说
ـ ه: أَوَّلَه وتَرْجَمَه 解说，解释，注解，注释
اِسْتَفْسَرَ وتَفَسَّرَ فلانًا عن الأمر: سأله أن يفسِّرَه له 询问，查问
ـ عن صِحَّتِه 请安，问安，问候
ـ: طلب الإيضاحَ 请求解释，要求说明
تَفْسِير: إِيضَاح 说明，阐明，解释
ـ: شَرْح 说明，解说
ـ: تَأْوِيل أو تَرْجَمَة 解说，解释，翻译
ـ جـ تَفْسِيرَات وتَفَاسِيرُ 注解，注释
ـ القُرْآن 古兰经注
لا يُمْكِنُ تَفسيرُه 费解的，无法解释的
تَفْسِيرِيّ: إيضاحِيّ 解释的，注释的
تَفْسِيرَات (地图、图表等的)附注，备考，凡例
اِسْتِفْسَار 查问，询问
مُفَسِّر: شَارِح 说明者，解释者，注释者
فُسْطَاط وفِسْطَاط جـ فَسَاطِيطُ (希) phossatum, (拉) (fassaiam): خيمة (营房)帐幕，大帐篷

الـ: مصرُ العَتِيقةُ (اسم أحد أحياء القاهرة) 旧开罗(开罗城区之一)

فُسْطَان جـ فَسَاطِينُ (مـ) (راجع فُستان) 女长衫，连衣裙

فُسْفَات (أ) phosphate: فُسْفَاة (راجع فُصْفات) [化]磷酸盐

فَسْفَس جـ فَسَافِسُ (سـ): بَقّ 臭虫

فَسْفُوسَة جـ فَسَافِيسُ (مـ): دُمَّلَة صغيرة 丘疹，脓疱，疙瘩

فُسَيْفِسَاء: قِطَعٌ صغيرة ملوّنة من الرُخام وغيره يُؤَلَّف بعضُها إلى بعض على أَشْكال مختلفة وصُوَرٍ متنوِّعة 马赛克，镶嵌细工，镶嵌花样

فُسْفُور (أ): فُصْفُور phosphorus 磷

فَسَقَ ـِ وفَسُقَ ـُ فِسْقًا وفُسُوقًا: فجر 淫荡，淫乱

ـ: ضلّ 迷路，堕落

ـ بالمَرأة: زَنَى بها 强奸；通奸

فَسَّقَه: كذّبه 驳斥，反驳；拒绝，不承认(他的作证)

فِسْق: فُجُور 放荡，淫荡，堕落

ـ: زِنًى 私通

ـ بإكراه 强奸

فِسْقِيَّة وفَسْقِيَّة الماء جـ فِسْقِيَّات وفَسَاقِي: مِطْفَرَة / نَفُورَة (مـ) (拉)piscina 喷泉

فاسِق جـ فَسَقَة وفُسَّاق وفَاسِقُون م فاسِقَة جـ فاسِقَات وفَوَاسِقُ: فاجر 荡子，浪子；放荡的，淫荡的

ـ: زانٍ 嫖客；奸夫，野汉子

ـ: ضالّ / كافر 不虔诚的，不信教的；[宗]自由思想者

يا فَسَاقِ: شَتْم للمرأة (骂妇女的话，专用于呼格)婊子！

فِسْكِل 下贱的，卑鄙的；(赛马时)跑在最后的马

فَسِلَ ـَ وفَسُلَ ـُ فَسَالَةً وفُسُولَةً وفُسِل: كان فَسْلاً أي ضَعِيفًا لا مُرُوءَة له ولا جَلَد 卑贱，低贱，微贱

فَسْل جـ أَفْسُل وفُسُول وفِسَال وفُسْل وفُسُولَة وفُسَلاء وأَفْسَال 卑贱的，下贱的

ـ 葡萄的插枝

فَسِلَة جـ فَسِيل وفَسَائِلُ جج فُسْلاَن (枣椰根部发出的)幼苗

فَسُولِية (意)fagiuoli: ضرب من القَطانِيّ 菜豆

فَسَا يَفْسُو فَسْوًا وفُسَاءً: أخرج رِيحًا من دُبُره بلا صوتٍ يُسْمَع 放无声屁

فَسَّى (مـ) 屡次放屁

فَسْو / فُسَاء: رِيح البَطْن 无声屁

فُسَيْفِسَاء (في فسفس)

فِسْيُولُوجِيَة / فِسْيُولُجِيَا (أ) physiology: علم وظائف الأَعْضاء 生理学

فِسْيُولُوجِيّ: وَظائِفِيّ 生理学的

فشا (في فشو)

فَشَخَه ـَ فَشْخًا: لطمه في لَعِب الصِبْيَان (儿童游戏中的)拍打

ـ (مـ): فَشَجَ / فَرَجَ بَيْنَ رِجْلَيْه 叉腿，迈开腿，叉开两腿，大步走

ـ (مـ) 划分，平分

فشَّخَ الرجلُ: أرخَى مَفاصِلَه 放松

فَشْخَة جـ فَشَخَات (مـ): خُطْوَة 一步，一跨步的宽度

فَشَرَ ـُ فشرًا (مـ): فَرَشَ / كَذَبَ 自夸，吹牛，自我吹嘘

فِشَار: ذرة متفقّعة بالتحميص 爆玉米花

فَشَّار: فَجْفَاج 吹牛家，牛皮大王

فَشْزَم / فَاشِيَّة / فَاشِيسِت / فَاشِيسْتِيَّة (أ) fascism 法西斯主义
فَاشِيّ جـ فَاشِيُّون وفَاشِسْتِيّ 法西斯主义的
فَشَّ ـُ فَشًّا الورمُ وانْفَشَّ 肿消退了
ـ المَنْفُوخَ 抽出空气，放出(袋里的)气
ـ غُلَّة فيه (مـ) / ـ خُلُقه فيه: نَقَعَ غُلَّةَ قَلْبِه 大发脾气
ـ القُفْلَ: فتحه بغير مفتاحه حيلةً ومكرًا 撬锁
فَشَّ وفَشَّشَ الورمَ 消肿
فَشّ / فَشُوش: كساء غليظ 粗布衣服
فِشَّة جـ فِشَش (مـ): رِئَة (牲畜的)肺
فَشَّاش 扒手，小偷
فَشَّاشة الأَقفال: طفشانة (مـ) 撬锁工具，万能钥匙
مِفَشّ (مـ) 夸口者，吹牛家
فَشَكَة جـ فَشَك وفَشَك (أ): خَرْطُوشَة (أ) (波)[军]子弹
بَيْتُ الفَشَك 子弹夹，子弹带
فَشْكَلَ (مـ) 扰乱，制造混乱
فَشِلَ ـَ فَشَلاً: خارَ عَزْمُه 扫兴，沮丧，颓废，颓唐，气馁
ـ (مـ) وتفَشَّلَ: خابَ 失败，失望，绝望
فَشَّلَه وأفْشَلَه 挫败，使失败
فَشَل: خَيْبَة 失败，沮丧
فِشْل (مـ): بَعْر 畜粪
فَشْل وفَشِيل وفَشِل جـ فُشْل وأَفْشَال: جَبَان 懦夫，胆怯的，胆小的
فَشَا يَفْشُو فَشْوًا وفُشُوًّا وفُشِيًّا: اِنتشر 散布，散开，传开
ـ الخبرُ: ذاع (消息)传开，传播
ـ السِرُّ (秘密)被暴露，泄露
ـ وتَفَشَّى المرضُ: انتشر (疾病)流行，蔓延
ـ (مـ) وأَفْشَى الخبرَ: نشرَه 散开，传开，传播
ـ (مـ) وـ السرَّ 暴露，泄露(机密)
اِنْفَشَى (مـ) 被宣布，暴露，揭穿，泄露
فَشْو / فُشِيّ 散开，传播，蔓延
فَاشٍ / مُتَفَشٍّ: مُنتشِر 蔓延的，流行的，传开的，盛行的
فاشِية جـ فَوَاشٍ: ما انتشر من المَوَاشِي 散牧的牲畜
مَفْشِيّ (مـ) 被揭穿的，泄露的
فَصُحَ ـُ فَصَاحَةً: جادَتْ لُغَتُه وحَسُنَ مَنْطِقُه 口齿伶俐
ـ الأَعْجَمِيّ: تكلَّم بالعَرَبِيَّة وفُهِمَ منه 非阿拉伯人说阿拉伯话而能表情达意
أَفْصَحَ: بَيَّنَ مُرادَه 声明，发表
ـ عن مُرادِه 老实说，照实说
ـ: تكلَّم بِفَصاحةٍ 说话洗练、精炼、朴素、简洁
ـ: أَوْضَحَ 说话清楚、明白
ـ الأمرُ: وَضُحَ (事情)清楚，明白，真相大白
ـ النَصارَى: عَيَّدُوا عِيد الفِصْح (基督教徒过)复活节
ـ اليَهُودُ: عَيَّدُوا عِيد الفِصْح (犹太教徒过)逾越节
تَفَصَّحَ وتَفاصَحَ: تَكلَّفَ الفَصاحةَ وتَشبَّهَ بالفصحاء 咬文嚼字，满口之乎者也
فَصَاحَة 口才，雄辩，能言善辩，口齿伶俐
تَفَاصُح: إظهار الفصاحة 咬文嚼字
فِصْح (عِيد مَسِيحِيّ) [基督]复活节
ـ (عيد يَهُودِيّ) [宗]逾越节
فَصْح / فَصِيح: كلام خالٍ من العُجْمَة 简洁的，朴素的，简练的(语言)

فَصِيح ج فُصُح وفُصَحَاءُ وفِصَاح م فَصِيحَة ج فَصَائِحُ وفِصَاح وفَصِيحَات: طَلْق اللِسان / ذُو الفَصَاحة 有口才的，口齿伶俐的
أُسْلُوبٌ ـ 简洁的、朴素的风格
أَفْصَحُ م فُصْحَى 最善辩的，最有口才的，口齿最伶俐的
اللُغَة الفُصْحَى 典型语言，标准语言
اللُغَة العربيَّة الفُصْحَى 标准的阿拉伯语，典型的阿拉伯语
مُفْصِح: وَاضِح 清楚的，明白的
يَوْمٌ ـ: بِلا غَيْم 晴天，晴朗的日子
فَصَدَ ـِ فَصْدًا وفِصَادًا المَرِيضَ: أخرج منه دمًا 放血，抽血
ـ تْ وانْفَصَدَتْ أَنْفُه (م) 流鼻血
تَفَصَّدَ الدَمُ: سال وجرى 流血
ـ جَبِينُه عَرَقًا 额上出汗
اِفْتَصَدَ العِرْقَ: شَقَّه 放血；切开静脉
فَصْد / فِصَاد 放血，抽血
ـ الأَنْفِ (م): رُعَاف 流鼻血
فِصَادَة: فَتْح الوَرِيد 静脉切开术
أَبُو فَصَادَة (م): ذُعَرَة [鸟]鹡鸰
مِفْصَد ج مَفَاصِدُ: مِبْضَع (外科用的)柳叶刀，双刃小刀
فَصَّصَ الخَاتِمَ: ركّب فيه الفَصّ 在戒指上镶宝石
ـ الفُولَ وأَمْثالَه (م): أخرجه من قِشْرَته 剥豆
ـ البُرْتُقَالَةَ وأَمْثالَها (م) 剥橙子
فَصّ وفِصّ وفُصّ الخاتِم ج فُصُوص وأَفُصّ وفِصَاص 镶在戒指上的宝石
ـ البُرْتُقالِة وأَمْثالِها (桔子、橙子等肉瓤的)瓣
ـ الرِئة والمُخّ ووَرَقَة النَبات [解]叶(肺叶、脑叶)；[植]裂片，瓣

ـ الثُوم وأمثالِه: سِنّ 蒜瓣
ـ: أَصْل وحَقِيقة 根本，本质
ـ (م): نِصْف عَمُود مُرَبَّع (لاصق بالحائط) [建]半露柱，挨墙柱
ـ مِلْح (م) 一团盐，一块盐
ـ مِلْح وداب (م): اختفى 消失，融化
مُفَصَّص: مُفَلَّق [生]分裂的，有裂片的
ـ (م): مَنْزوعةٌ قِشْرَتُه (كالفول والحمّص) 剥了皮的，剥了壳的(花生、豆子)
فُصْفَات / فُصْفَاة (أ) phosphate 磷酸盐
فِصْفِصَة ج فَصَافِصُ (أ): بِرْسِيم حِجازِيّ [植]紫花苜蓿
فُصْفُور (أ): كِبْرِيت phosphorus [化]磷
فُصْفُورِيّ 磷的，磷酸的，含磷的
ضِياءٌ فُصْفُورِيّ 磷光，鬼火
فَصَلَ ـِ فَصْلاً الشيءَ: فرّقه 分开，划分，分割
ـ ه: قَطَعه 切断，割断
ـ ه: أَبْعَدَه 驱逐，逐出
ـ ه من 开除，开革
ـ ه من الوَظِيفة 革职
ـ في الأمر: بَتّ 决定
ـ الولدَ عن الرَضاع: فَطَمه 断奶
ـ الشيءَ (م): عَرَضَ ثَمَنًا له [商]出价，作价
فَصَّلَ الكلامَ: بيَّنه 说清楚，讲明白
ـ: ضِد أَجْمَلَ 详述，缕述
ـ الشيءَ: جعله قِطَعًا مُتمايِزة 分成几部分
ـ الثوبَ: قطعه بقَصْد خياطته 裁衣服
فَاصَلَه (م): ساوَمه 议价，讲价钱，讨价还价
ـ وانْفَصَلَ عنه: باينه 和…分手
تَفَصَّلَ: تَقَطَّع عُضْوًا عضوا (牛、羊等)被肢解
اِنْفَصَلَ: ضد اِتَّصل 被分开，被拆散

ـ عن: ابتعد 退出，脱离(政党、社团等)
ـ عن الشَرِكَة 退出公司
فَصْل: تَفْرِيق 划分，分开
ـ: قَطْع 切断，割断
ـ جـ فُصُول: قِسْم 断片，部分，零件
ـ من كِتاب: بَاب / جُزْء (书的)章
ـ من السَنَة (وبمعنى أوانٍ) 季节
أَصْل وـ (راجع أصل) 根本和枝节
ـ من رِوَايَةٍ تَمْثِيلِيَّة (戏剧的)一幕，一场
ـ (مـ) 教室，课堂
ـ مَدْرَسِيّ 学期
ـ في الخُصُومات 裁判，审判，判决
ـ الخِطاب 最终判决，最后决定
ـ الخطابِ: قول الخطيب أَمَّا بَعْدُ 演说者向听众致敬后用来陈述本文的套语，相当于旧式书信中的套语"敬启者"
القَوْل الـ 决定性的言论
صاحِب القَوْل الـ 下断言的人
ـ بَارِد (مـ) 卑鄙的行为
يَوْمُ الـ [宗]最后的审判日
فَصْلَة: فاصِلة 逗号(，)
ـ مَنْقُوطَة 分号(；)
تَفْصِيل: ضد إجْمال 详述，详论
ـ الثِيَابِ (مـ): قطعُها لأَجْل خِياطتها 裁衣
ثِيَابُ ـ (مـ) 定做的衣服
ـ جـ تَفْصِيلات وتَفَاصِيلُ 详情，细节，细目
بالتَفْصِيل / تَفْصِيلاً: ضِد إجْمالاً 详细地
تَفَاصِيل: مُفْرَدات 细节，细目
اِنْفِصَال 分开，分离，脱离
اِنْفِصَالِيّ 分开的，划分的
ـ 分裂的，分裂主义的
اِنْفِصَالِيَّة 分裂主义，独立主义

فِصْلَة (论文的)单行本
فَاصِل جـ فَوَاصِلُ: حَاجِز 间隔，隔板，隔墙，区分线，区分物
ـ: باتّ 决定的，决然的，断然的，决定性的
دَوْلَةٌ ـ ة 缓冲国
فَاصِلَة جـ فَوَاصِلُ: شَوْلَة (وعلامتها "،") 逗号(，)
ـ: عَلامة الوَقْف في القراءة 句号(。)
ـ منقوطة 分号(；)
ـ السَجْع 韵脚
فَيْصَل جـ فَيَاصِلُ 仲裁者，公断人，公证人
ـ 费萨尔(男名)
فَصِيل جـ فِصَال وفُصْلاَن وفِصْلاَن: مَفْطُوم 断奶的(婴儿或动物)
فَصِيلَة جـ فَصَائِلُ: نَوْع [动]族，科；种类，种属，部类，[生]类，科
ـ عَسْكَرِيَّة [军]排
فَصَائِل الثَائِرِين 起义部队；叛乱部队
فَصَائِل من الجَراد 蝗群
مَفْصُول / مُنْفَصِل 分离的，被割的
مَفْصِل جـ مَفَاصِلُ: كل ملتقى عظمين من الجَسَد 关节
ـ: وُصْلَة مَفْصِلِيَّة (مـ) 肘形节
دَاء المَفَاصِل: رَثْيَة 风湿病
وَجَع المَفاصِل / اِلْتِهَاب المَفَاصِل: داء النِقْرِس 痛风；关节炎
مَفْصِلِيّ: مُخْتَصّ بالمَفَاصِل 关节的
ـ: ذُو مَفاصِل 有关节的
المَفْصِلِيَّات / الحَيَوانات المَفْصِلِيَّة 有铰节动物
مُفَصَّل: مَذْكُور بالتَفْصِيل 详述的，细论的
ـ (مـ): غير الجَاهِز من المَلابِس 定做的(衣服)

مُفَصَّلاً / بالتفصيل 详细地，条分缕析地
مُفَصَّلَة ج مُفَصَّلات (م): بُقْجَة 蝴蝶铰链
ـ بجَناح (م) (انظر جنح) 丁字铰链
مِفْصَلَة / مُفَصَّلَة (م) 铰链
فَصَمَ ـِ فَصْمًا الشيءَ: قطَعه 切开，割开；切断，割断
ـ عُرَى الصَدَاقة 绝交
اِنْفَصَمَ: اِنْقَطَعَ 间断，中断，断绝
ـ: انكسر من غير بَيْنُونة 折断
ـ: تصدَّعَ 弄破了的，弄裂了的
صِلَةٌ لا تَنْفَصِمُ 不可分割的联系
فَصْم: قَطْع 切断，割开
فَصُولِيَا / فَاصُولِيَة (أ) fagiuoli (意)：ضرب من القَطانيّ [植]菜豆
فَصَى يَفْصِي فَصْيًا الشيءَ من الشيء وعنه: فصلَه وأزالَه (使两物)分离，分开
تَفَصَّى من الشيء أو عنه: تخلَّص 脱离，摆脱
فضاء (في فضو)
فَضَحَه ـَ فَضْحًا: كشف مَساوِئَه 暴露，揭露，揭穿，揭破，揭发(丑恶)
ـ المُعَمَّى: كشف سِرَّ لُغْزِه وأظهرَه 猜出谜语；解决难题
ـ ه: جَلَبَ عليه العار 污辱，羞辱
ـ القمرُ النُجومَ: غلبَها بنُوره (月光)亮过(星光)
ـ المرأةَ: اعتدى على شرفها 强奸
اِفْتَضَحَ الأمرُ: اشتهر 被揭露，被揭穿
ـ وانْفَضَحَ: انكشفتْ مَساوِئُه 出丑，丢丑，丢脸，丢人，丢面子，失体面
فَضْح: كَشْف المَساوِئ 暴露，揭露，揭穿
فَاضِح: شَائِن 丢丑的，不光彩的
فَضِيح / مَفْضُوح 丢脸的，可耻的，被揭露的，被揭发的
فَضِيحَة ج فَضَائِح: انكشاف المَساوِئ 出丑，丢丑，丢脸
ـ: عار 耻辱，羞辱
فَضَّاح م فَضَّاحة 好揭发人的，爱揭别人底的
الجَهْل الـ 可耻的愚蠢，可耻的粗鲁
فَضَّ ـُ فَضًّا خَتْمَ الكتاب: كسرَه وفتَحه 拆信
ـ اللُؤْلُؤَةَ: ثَقَبها (在珍珠上)钻孔，打孔
ـ الشيءَ على القوم: فرَّقه وقسَّمه 分配，分送，发放
ـ القومَ: فرَّقهم 击溃(敌人)
ـ الاجتماعَ: فرَّقه 解散，结束(会议)
ـ الدُمُوعَ: صَبَّها 挥泪
ـ وافْتَضَّ البِكْرَ: كسرَ بَكارَتَها (弄破处女膜)破身
لا فُضَّ فُوكَ! (愿真主不让你的牙齿脱落)好极了！妙极了！
فُضَّ فُوهُ 胡说八道！
فَضَّضَه: مَوَّهَه بالفِضَّة 镀银
تَفَضَّضَ الشيءُ: تَموَّهَ أو تَرَصَّعَ بالفِضَّة 被镀上银或镶上银
اِنْفَضَّ: اِنْفَتَحَ 被揭开，被拆穿
ـ الشرُّ (م): اِرْفَضَّ / زَال 祸患消除
ـ وتَفَضَّضَ: تَفَرَّق 散开，分散，离散
اِفْتَضَّ الماءَ: صَبَّه شَيْئًا فشَيْئًا 点点滴滴地倒水
فَضّ: فَتْح 撕开，拆开
ـ: تَفْرِيق 解散，击溃
ـ وافْتِضَاض البَكارَة 破身，强奸处女，破坏处女的贞操
فِضَّة: لُجَيْن 银
نِتْرَات (نِتْرَاة) الـ (أ) Nitrate of silver 硝酸银

فِضِّيٌّ: كالفِضَّة 像白银的
ـ: من فِضَّة 银的，银制的
أَبْيَضُ ـ 银白色
السِّتَار الـ 银幕
الثَّعْلَبُ الـ [动]玄狐
العِيد الـ للزَوَاج / العُرْس الـ (٢٥ سنة) 银婚纪念(结婚 25 周年庆典)
فِضِّيَّات / أَوَانٍ فِضِّيَّة 银具，银制器皿
ـ السُفْرَة 白银餐具
تَفْضِيض 镀银
مُفَضَّض 镀银的
وَرَق ـ 银箔
فَضْفَضَ الثوبَ: وَسَّعَه 使(衣服)宽大
فَضْفَاض: واسع / مُبَحْبَح (م) 宽大的，肥大的(披风或袍子)
فَضَلَ ـُ وفَضِلَ ـَ فَضْلاً: بَقِيَ 留下，留存，剩下，剩余
ـ ه وعليه: فاقَه 胜过，超过，超越，凌驾
فَضَّلَه على غيره: حكم له بالفضل عليه 甲乙两物相比，取甲而舍乙，情愿要甲而不要乙
يُفَضِّلُ الموتَ على الاستسلام 宁死不降
أَفْضَلَ وتَفَضَّلَ عليه: أناله من فَضْله 施恩，施惠
تَفَضَّلَ 关照，关顾，惠顾
تَفَضَّلْ: أَرْجُوك 请！请求你！
ـ وخُذْ 请吃，请用
ـ وادْخُلْ 请进
ـ واجْلِسْ 请坐
تَفَضَّلُوا! 请，请进，请来
تَفَضَّلُوا بالجُلُوس 请坐
تَفَضَّلُوا بِقَبُولِ احترامِي 请接受我的敬意
فَضْل جـ فُضُول: إحْسَان 恩惠，恩德
ـ: مِيزَة 长处，特长，优点，特点，特征，特色，优越性
ـ: شَرَف 光荣，荣誉，名望，声望
ـ: اِسْتِحقَاق 功劳，功绩，功勋
صَاحِب ـ 有功绩的，有功勋的
أَصْحَاب الـ 有功绩的，有功劳的
الـ في ذلك عائِدٌ عليك 这得感谢你，这得归功于你
مِنْ ـ ك: إذا سَمَحْتَ 请，劳驾
مِنْ ـ فلان 烦某人转交(信封批语)
رِجَال الـ والعِلْم 学者
هو صَاحِب الـ في... 这件事应归功于他
بِـ الله [宗]由于真主的恩典
بِـ ه 由于他，多亏他
فَضْلاً عن كذا 况且，并且，此外，何况，更不用说
لا يَشْبَعُ الفُقَرَاءُ في الصِين القَديمة فَضْلاً عن التَعْلِيم 在旧中国，穷人饿肚子，更不用说受教育了
فَضْلَة جـ فَضَلَات وفِضَال / فُضَالَة: بَقِيَّة 残余，剩下的
ـ / ـ: مَا يَزِيد 多余，剩余，过剩
ـ / ـ: نُفَايَة 渣滓，残渣
ـ: قِطْعة من بَقايا الأَقْمِشَة / كُوبُون (أ) (法) coupon 布头，剩布
ـ 增加，增添
ـ / فُضُل / فِضَال / لِبَاس الـ 便服，睡衣，工作服
فَضَلَات 粪便
فُضُول: تَحَرُّش 多管闲事，好事，干涉
ـ الجِسْم: مُفْرَزات 分泌物，排泄物
فُضُولِيّ: مُتعرض لأُمور غَيره 好管闲事的
ـ: سَؤُول / سَئَّال 好问的，爱打听的

تَفْضِيل: تَمْيِيز 抉择
ـ: مُحابَاة 偏袒，偏护
اسم الـ [语]比较名词
تَفْضِيلِيّ 优惠的
رُسُومٌ ـ ة [经]优惠关税
مُفاضَلَة 比赛优越性
ـ 抉择，挑选，偏爱
تَفَضُّل 惠顾，关顾
تَفَاضُل 优势，优越性
حِساب التَمام والـ [数]积分学和微分学
تَفَاضُلِيّ [数]微分的，级差的，差别的
المُعادَلَة الـ ة [数]微分方程式
فَاضِل جـ فَوَاضِلُ: باقٍ 剩余的，残余的；[经]余额，差额，存额
ـ / فَضْلَة: بَقِيَّة 剩余物，残余
ـ جـ فُضَلاءُ: ذو فَضْل 有功绩的，有功德的
ـ: ذو فَضِيلة 优越的，杰出的，有德行的(学者)
فَاضِلَة جـ فَاضِلاَت وفَواضِلُ 功绩，功劳，劳绩，功德，高尚的品质
فَضِيلَة جـ فَضَائِلُ: ضِد رَذِيلة ونَقِيصة 美德，德行
ـ: مَزِيَّة 长处，优点，特点，特色
ـ: لَقَب احترام (كقولك صاحب الفضيلة)
大德(对宗教学者的尊称)
مَفْضُول 逊色的，次色的，劣等的
الفاضِل والـ 优劣，好坏，高低
أَفْضَلُ: أَحْسَنُ 更好的，较好的
ـ جِدًّا 好得很，远胜于
الطَعامُ الغَلِيظُ ـ جداً من الجُوع 粗食远胜于饥饿
الفَقر ـ من المَرَض 贫穷胜于害病
ـ: أَمْيَز 更可取的，略胜一筹的

الأَفْضَل جـ أَفْضَلُون وأَفَاضِلُ م فُضْلَى وفُضْلَيَات وفُضَل: الأحسن 最好的，最佳的，最优秀的
أَفْضَلِيَّة: اِمتياز 抉择，优越，优惠
سِيَاسَة الـ 最惠待遇政策
مِفْضَل / مِفْضَال: كثير الفضل 厚道的，慷慨的，大方的
ـ / مِفْضَلَة جـ مَفَاضِل: ثَوْب البَيْت 便服，便衣，工作服
مِفْضَلاَت: بَيَاضات اللُبْس والفَرْش (مـ) 亚麻布制品(衬衫、床单等)
مِفْضَلاَتِيّ: بائع البَياضات 亚麻布制品商
مُفَضَّل: مُمَيَّز 更可取的，被挑选的
فضا يَفْضُو فَضَاءً وفُضُوًّا المكانُ: اِتَّسع (地方)成为宽阔的、宽敞的
فَضِيَ (مـ): فرغ 成为空闲的，成为空虚的
فَضَّى (مـ): أخْلَى / أَفْرَغ 使空，弄空，腾空，使空虚
أَفْضَى إلى: أَدَّى 引导，导向，导致，有助于…，有裨于…，(路)通至…
ـ بِه إلى كذا: بَلَغ وانتَهَى به إليه 达到
ـ إليه بكذا: أعلَمَه به 告诉，通知，报告
ـ بسِرِّه 泄露秘密
تَفَضَّى للأمرِ: تَفرَّغ له 专心致志，专心从事，埋头于…，献身于…
فَضَاء جـ أَفْضِيَة: فُسْحة 空地，空处
ـ: فَراغ 空，空虚，空白
أَطْلَقَ العِيارات النَارِيَّة في الـ 对空射击
بَيْتُ الـ 便所，厕所，茅司，茅厕
فَاضٍ (مـ): فارغ / خالٍ 空的，空虚的，空闲的，闲着不用的
ـ (مـ): غير مُرْتبِط بعَمَل 有空的，得闲的，

闲暇的

فطحل: الزمن القديم جدًّا قبلَ خلْقِ الإنسانِ 洪荒，太古时代

فطاحِل العُلَماء: كِبارُهم 博学者，杰出的科学家

فطَرَ ـُ فطْرًا الأمرَ: اخترعه وابتداه وأنشأه 创造，创始，创建，开创，首创

ـ الشيءَ: شقّه 劈开

فُطِرَ على كذا 具有天生的特性，本能的爱好

فُطِرْتُ على كُرْهِ السفَر 我生来就不喜欢旅行

فطَرَ ـُ فَطْرًا وفِطْرًا وفُطُورًا وأفْطَرَ الصائم: أكلَ أو شَرِب 开斋

ـ وـ: تناوَلَ طعامَ الصَباح 吃早饭

فطَّرَ الشيءَ: شقّه 劈开

ـ ه وأفطره: أعطاه فطُورًا 给他早点，供给他早饭

ـ وـ الصائِمَ: صيَّره يفطر 使斋戒者开斋

اِنْفطَرَ وتفطَّرَ: اِنشقّ 被劈开

ـ بالبُكاء (مـ) 放声大哭

ـ قَلْبُه 他的心碎了

فَطْر: شَقّ 破开

فِطْر: كَسْر الصَوْم 开斋

عِيدُ الـ (عند المُسْلمين) (穆斯林的)开斋节

فِطْر / فُطْر: عَيْش الغُراب 菌，蘑菇

فِطْرَة: صِفَة طَبِيعيَّة 本能，本性，天性，禀性

ـ: إبْداع / خَلْق 创造

على الـ 天然的，自然的，自然状态，原始状态

يَعيشُ على الـ 过着原始人的生活

فِطْرِيّ: طَبِيعِيّ 自然的，生来的，天生的，天赋的，先天的，本来的

الإنْسان الـ 原始人

المَواهِب الـ ة 天资，天分

فَطُور / فُطُور / فِطَار: أَكْلُ الصَباح 早饭，早餐，早点

إفْطَار 开斋

مِدْفَع الـ (斋月中日落时鸣放的)开斋炮

فاطِر: خالِق 创造者，创作者

ـ (مـ): غيرُ صائم 不封斋的人

ـ / مُفْطِر: كاسِر الصَوْم 开斋者

فَطِير: خُبْزٌ غير مُخْتَمِر 死面饼，没发酵的面饼

ـ: لم يَنْضَج 生的，不熟的，没烤好的

رأْيٌ ـ: بَدِيهِيّ من غير رَوِيَّة 不成熟的意见

ـ: خام / غير مَشْغُول 生的，未加工的

عَجِينٌ ـ: لم يختَمِر 死面

ـ (مـ): عَجِينٌ مَرْقُوق 发面食品，面食点心

ـ الشَبارِق (أو طَيَّار) 馅饼

خُبْزٌ ـ: طَرِيّ / جَدِيد 新鲜面包

فَطِيرَة جـ فَطَائِر (مـ): قُرْصَة 薄烤饼，馅饼

ـ مَحْشُوَّة بلَحْم (مـ) 肉饼，馅饼，肉包子

فَطَائِرِيّ / فَطَاطِرِيّ (مـ): صانع الفَطائِر 制馅饼工人

فطَس ـِ فُطُوسًا: مَاتَ 死亡

فَطِسَ ـَ فَطَسًا: تطأمنتْ قَصَبَةُ أَنْفِه 鼻子扁平，带狮子鼻

فَطَّسَه: أَمَاتَه 致死，杀死，勒死，绞死

ـ ه (مـ): خنَقَه 使闷死，窒息死，扼杀，绞杀

فَاطِس 扁鼻子，狮子鼻

فَطِيس جـ فَطَائِس (مـ): مَخْنُوق 被闷死的

فِطِّيسَة: مِشْفَر ذَوَاتِ الخُفّ (反刍动物的)上唇和鼻端

أَفْطَسُ م فَطْساءُ جـ فُطْس 有扁鼻子的，带狮子鼻的

ـ الأَنْفِ 有狮子鼻的，有塌鼻子的，鼻子扁平的
فَطْسَان (مـ) 被闷死的，被绞死的
فَطَّ ـُ فَطًّا (مـ): نَهَرَ / طفر 喷出，迸出，涌出
فَطْفَطَ بكلام (مـ) 滑口说出，漏出
ـ بسِرِّه إلى (مـ): فَتْفَتَ 泄露秘密
ـ (مـ) 振翅，鼓翼
فَطَمَ ـِ فَطْمًا الولدَ: فصَلَه عن الرضاع (婴儿)断奶
فِطام 断奶
فاطِمَة 法帖梅(穆罕默德的女儿)
فاطِمِيّ [史]法帖梅人的；法帖梅朝的
الـ ون [史]法帖梅人
فَطِيم جـ فُطُم / مَفْطُوم 断奶的
فَطَنَ ـُ فَطْنًا وفَطِنَ ـَ فَطْنًا وفِطْنًا وفُطْنًا وفَطَنًا وفُطُنًا وفِطْنَةً وفَطَانَةً وفِطَانَةً وفُطُونَةً وفَطَانِيَةً وفِطَانِيَةً للأمر وبه وإليه: أَدْرَكَه 了解，理解，领会，晓得
ـ: كان فَطِينًا 成为聪明的、敏锐的
ـ إلى (مـ): تَذَكَّرَ 记忆，记起，想起来
فَطَّنَه بِالأمر: أفهمَه 使他了解，使他晓得
ـ ه (س): ذكَّره 提醒他
تَفَطَّنَ لكَلامِه (مـ): تفهَّمه 了解，明白，懂得
فِطْنَة جـ فِطَن: ذَكَاء 聪明，伶俐
ـ: فَهْم 理解力
فَطَانَة / فُطُونَة 智力，理解力
فاطِن / فَطِن / فَطِين / فَطُون / فَطُن / فَطْن جـ فُطْن وفُطُن: ذَكِيّ 聪明的，理解力强的
فَظَّ ـَ فَظَاظَةً وفِظَاظًا وفَظَظًا: كان فظًّا 成为粗鲁的、粗暴的、不礼貌的
فَظّ: فِيل البَحْر 海象
فَظّ جـ أَفْظَاظ: غَلِيظ سيّء الخُلُق خَشِنُ الكَلَام 粗鲁的，粗暴的，不礼貌的
الخَرْق الـ للحُدُود 粗暴地侵入国境
فَظُعَ ـُ فَظَاعَةً الأمرُ: كان فَظِيعًا 成为可怕的、骇人听闻的
فَظَّعَ الأمرَ: صَيَّره فظيعًا 使变为可怖的、骇人听闻的
اِسْتَفْظَعَ الأمرَ: عدَّه فظيعًا 认为可怕的、可恶的、可鄙的
فَظَاعَة: شَنَاعة 可怕，恐怖，惊吓
فَظَائع 可怕的事情，残暴的兽行
فَظِع / فَظِيع / مُفْظِع 可怕的，可恶的，骇人听闻的
إثْم أو عَمَل ـ 残暴的行为，无法无天的罪恶
فَعَصَ ـَ فَعْصًا (مـ): مَعَسَ / فَصَعَ 粉碎，压碎，挤烂
مَفْعُوص 压缩的，紧凑的
فَعَلَ ـَ فَعْلاً: عَمِلَ 做，执行，履行
ـ به 处置，处理，对待
ـ فيها (مـ) 跟她发生性关系
فَعَّلَ البَيْتَ الشِعْرِيَّ: قطَّعه ووَزَنَه بأجزاء مادَّتها كلها ف ع ل 按韵律分析诗句
اِفْتَعَلَ الشيءَ: اختَلَقه 捏造，虚构
ـ الخطَّ: زوَّره 伪造签字，伪造文书
اِنْفَعَلَ: عُمِلَ 做好，被做成
ـ: تَأَثَّرَ 受感动，受影响
ـ (مـ): اِغْتَاظَ وتهيَّج 生气，发怒，发脾气，使性子
اِسْتَفْعَلَ (مـ) 发生性关系
فِعْل جـ أَفْعَال وفِعَال جج أَفَاعِيل: عمل 行为，行动
قَوْل و ـ 言行

ـ: تَأْثِير 作用，影响，效果，效力，效能，效验，功效

بـ ـ الحَرَارَة 在高温的作用下

ـ (في النَحْو والصَرْف) [语]动词

ـ لازِم 不及物动词

ـ مُتَعَدٍّ 及物动词

ـ مَعْلُوم 主动式动词

ـ مَجْهُول 被动式动词

ـ مُسَاعِد 辅助动词

ـ نَاقِص 残缺动词

ـ شَاذّ 不规则动词

ـ قِيَاسِيّ 规则动词

ـ مُسْنَد إلى فَاعِل 定式动词

أَفَاعِيل / تَفَاعِيل: أَمْثِلة الأَجْزاء التي يتألّف منها الشعر وهي أربعة "فَعُولُنْ مَفاعِيلُنْ، مُفاعَلَتُنْ، فَاعِلاتُنْ" (诗的)音步(总计有 4 个型式)

في اِستطاعتِه أن يَفْعَلَ به الـ 他可能对他采取种种手段

فِعْلِيّ: عَمَلِيّ 实际的

ـ: وَاقِعِيّ 现实的

ـ: مُشْتَقّ من الفِعل 动词的

فِعْلا / بالفِعْل 事实上，实际上

فَعْلَة جـ فَعلَات: عَمْلَة 行为，行动

تَفْعِيل الشِعْر جـ تَفَاعِيلُ (诗的)音步

مُفَاعَلاتٌ ذَرِّيَّة 原子反应

تَفَاعُل 相互作用，相互影响，交相感应

ـ [化]反应

ـ فِيدَال 维达里反应

الـ المُتَسَلْسِل 连锁反应

اِنْفِعَال جـ اِنْفِعَالات: تَأَثُّر بالفعل 感受

ـ نَفْسَانِيّ 感动，感情

ـ (مـ): غَضَب 发怒，生气，使性子

في ـ 激动地

اِنْفِعَالِيَّة 敏感性

فَاعِل جـ فَعَلَة وفَاعِلُون: عامِل 行动者，行为者

ـ: مُشْتغِل / صانع 积极的

ـ: مُقْتَرِف 犯人，罪人，祸首，肇事人

ـ أَصْلِيّ 主要的，首要的

ـ (مـ): أَجِير / عَامِل 工人，劳动者

ـ (في النَحو) [语]主词

اِسم الـ [语]主动名词

نائِب الـ [语]代主词

فَاعِلِيَّة: تَأْثِير 效验，效力，实效，功能

فَعَّال: مُؤَثِّر 有效的，起作用的，效率高的

مَفْعُول: تَأْثِير 影响，效果，反应

ـ: مَعْمُول / عُمِل 做成的，完成的

ـ به [语]宾语

ـ له 原因宾词

ـ فِيه 时间宾词，空间宾词

ـ مَعَه 偕同宾词

ـ مُطْلَق 绝对宾词

اسم المَفْعُول [语]被动名词

يَسْرِي ـُه 见效，生效，有效验

مَفْعُولِيَّة (مـ) 愤怒，情绪激昂

ـ 行动，动作，影响

مُفَاعِل 反应堆

ـ نَوَوِيّ 核反应堆

مُنْفَعِل (مـ): محتدّ / متهيّج 激怒的，生气的，激动的，情绪激昂的

مُفْتَعَل: مُزَوَّر 假造的，伪造的

فعم ـَ فَعْمًا وفَعَّمَ وأَفْعَمَ الإناءَ: مَلأَه جداً 充满，装满

مُفْعَم: مَلآن / طافح 充满的，满溢的，满载的，挤满的

ـ بكذا 满载…的，装满…的

أفعى جـ أفاعٍ: حيَّة خبيثة وهي أنواع كثيرة كلها سامَّة 蛇，毒蛇，蝰，虺，竹根蛇

أُفْعُوان: ذكر الأفعى 公竹根蛇

ـ خَيَالِيّ: تِنِّين (纹章的)两脚飞龙

ـ قَرْنَاء 角蝰

أُفْعُوانِيّ: ملتفّ كالأفعى 蜿蜒的

أُفْعُوانِيَّة 阴险，毒辣

فغر ـَ فَغْرًا فاهُ: فتحه 张口，开口；打哈欠

فُغْرَة الوادي جـ فُغَر 谷口，河谷口

فاغِر / وَظِيفَة ـ ة 缺位，空额

فَغْفُور: تحريف الكلمة الفارسيّة "بَغْ بُور" بمعنى ولد الإله أي ابْنُ السماءِ وهو لقب مَلِك الصين 天子

فَغْفُورِيّ: فَرْفُورِيّ (مـ) / (صينيّ ملكيّ) خَزَف الصِّين 中国瓷器

فغم ـَ فُغُومًا وتَفَغَّمَ الوردُ: تفتَّح (花)盛开

ـ ـَ فَغْمًا وفُغُومًا الطيبُ فُلانًا: ملأ خَياشِيمَه 芬芳扑鼻，香味扑鼻

فَغَمَتْنِي رَائِحَةُ الطَّعامِ الشَهِيّ 可口的食物香味钻进我的鼻孔

فاغِم 芬芳的，香喷喷的

فغو / فاغِيَة: زَهر الحِنّاء (henna) (埃及产)指甲花(叶可染指甲、眼皮、头发)

فَغْوَة: رائحة طيِّبة 芬芳，香气，香味

فقأ ـَ فَقْأً وفَقَّأَ تَفْقِئَةً الدُمَّلَ: شقّه 弄破，刺破(脓泡)

ـ العَيْنَ 抉目，挖眼睛

تَفَقَّأَ وانْفَقَأَ 被处抉目之刑，被挖掉(眼睛)；被刺破(脓泡)

فقد ـِ فَقْدًا وفِقْدَانًا وفُقْدَان وفُقُودًا الشيءَ: أضاعه 丢失，失去，失掉，遗失；丧失，错过

فُقِدَ فلانٌ 失踪，下落不明，杳无音信

أَفْقَدَه الشيءَ: أعدمه إيَّاه 使他丧失，从他手中夺去…

ـ ه الحياةَ: أعدمه إيَّاها 使他送命，夺去他的生命

تَفَقَّدَه وافْتَقَدَه: طلبه عند غَيْبَته 找，寻找，搜查，检查(失物)

ـ (مـ) ه وـ ه: عَاده / زاره 看望(病人)

اِسْتَفْقَدَه (مـ): أَحَسَّ بغِيَابه أو بِنَقْصه 感到不够，发现缺少

فَقْد / فُقْدَان / فِقْدَان: ضَياع 丧失，丢失，遗失，失落

ـ / ـ: ثُكْل أو حِرْمَان (爱子等的)丧失，死别，被死亡夺去

اِفْتِقَاد / تَفَقُّد 寻，找，搜查，调查

ـ (مـ) / ـ: زِيارَة 看望(病人)

فاقِد: مُضَيِّع 失主，遗失者，失落者

ـ الشُعُور 无意识的，晕过去的，失去知觉的，不省人事的

ـ: التي مات زوجُها أو ولدُها 丧夫或丧子的妇人

فَقِيد / مَفْقُود / فاقِد (مـ): ضَائِع 丢失的，遗失的，失落的，丢掉的

ـ البِلاد 国家的损失(指去世的伟人)

مَاتَ غَيْرَ ـِ أو غير مَفْقُودٍ: غير مُكترَث به 死不足惜，死后无人悼念、无人惋惜

الـ: المُتَوَفَّى 故人，亡夫

فقر ـِ فَقْرًا وفَقَّرَ الخَرَزَ: ثقبه للنَظْم 穿孔，打眼，钻孔

ـ (مـ) ه وأَفْقَرَه: ضد أغناه 使他穷

فَقُرَ ـُ فَقَارَةً وافْتَقَرَ: صار فَقِيرًا 变成穷人，成为贫民

فَقَّرَ (م): أَخفقَ برأسه / تنوَّد 打盹，打瞌睡
اِفْتَقَرَ إلى كذا: احتاج إليه 需要
فَقْر / فُقْر: ضد غِنًى 贫穷，贫困，贫乏
ـ الدَم 贫血
فِقْرَة جـ فِقَر وفِقْرَات وفِقَرَات: جُمْلَة (文章的) 节，段
ـ (链条的)环，节
ـ وفَقْرَة جـ فَقْر / فَقَارَة جـ فَقَارَات وفَقَار:
خرَزَة الظَهْر 脊椎
فِقْرِيّ / فَقَارِيّ: ذو فِقَرات 有脊椎的
غير ـ / لا ـ 无脊椎的
عَمُودٌ ـ 脊柱，脊梁骨
الحَيوانات الـ ة 脊椎动物
اللافِقْرِيَّات 无脊椎动物
فَاقِرَة جـ فَوَاقِرُ: داهية شديدة فكأنها تَكْسِر فِقَرَ
الظَهْر 灾难，祸患
فَقِير جـ فُقَرَاءُ م فَقِيرَة جـ فَقِيرَات وفَقَائِرُ وفُقَرَاءُ:
ضد غَنِيّ 穷人，贫民，贫穷的
ـ (أ): ناسِكٌ هِنْدِيّ (伊斯兰教或婆罗门教的)行者，托钵僧
مُفْتَقِر إلى كذا 需要某物的，缺少某物的
مَفْقُور / ـ الظَهْر 害脊椎病的，脊椎断了的
فَقَسَ ـِ فَقْسًا الطائرُ بَيْضَتَه: كسرَها وأخرج ما
فِيها (鸟啄破蛋壳，使小雏出来)孵化
ـ البَيْضَةَ: فلَقها 打破蛋壳
ـ الحِيلَةَ 发现，看出，揭穿(诡计)
ـ (蝗虫)产卵
فَقْسُ البَيْض 孵化
ـ الجَرَاد 蝗虫卵
فَقُّوس: فَقُّوص 黄瓜
ـ الحَمِير 野黄瓜
فَقُّوسَة جـ فَقُّوسَات 香瓜，甜瓜

فَقَشَ ـُ فَقْشًا البَيْضَةَ: كسرَها بيده 打破，敲破(蛋壳)
فَقَّطَ الحِسابَ (م): كتب عليه كلمة "فَقَط" بعد تعيين مِقْداره خَشْيَةَ التزوير والزيادة 在数字后面加上 فَقَطْ (整、正)以防增添
فَقَطْ (ف+قَطْ): لا غَيْرُ 只有，仅有，只是
فَقَعَ ـَ فَقْعًا وفُقُوعًا اللَوْنُ: اِشتدَّت صُفْرَتُه (黄色)更加鲜艳，成为亮黄色
ـ الرجلُ: مات من شِدَّة الحَرّ 热死
ـ الرجلُ: مات حُزْنًا 愁死
ـ العَيْنَ (م): فقأها 抉目，挖眼睛
فَقَّعَ: فَرْقَعَ 发爆裂声
ـ أصابِعَه: فَرْقَعها 榧子，打榧指(捻两指作响)
اِنْفَقَعَ: انشقَّ 开裂，绽裂，裂缝，裂开
فَقْع وفِقْع جـ فُقُوع وأَفْقُع وفِقَعَة: البَيْضاء الرَخْوة من الكَمْأة 菌，蘑菇，调味的松露
فاقِع: فاتح / زاهٍ (لَوْن) 鲜明的，纯黄的(通常作黄色的形容词)
فُقَّاع: جِعَة /بيرا (أ) (beer) 啤酒，大麦酒(因多泡沫而得名)
فُقَّاعِيّ: بائع الفُقَّاع 啤酒商
فُقَّاعَة جـ فَقَاقِيعُ: نُفَّاخَة تَعْلُو الماءَ 沤，浮沤；泡，泡沫，气泡，水泡
فَقْفَقَ الرجلُ: افتقر فقرًا مُدْقِعًا 成为赤贫的
فَقْفَقَ الجِلْدُ (م): مكِيَ (皮肤)起泡，生泡
فَقْفُوقَة (م): مَكْيَة 水泡，脓胞
فَقِمَ ـَ فَقَمًا وفَقْمًا وفُقُومًا وفَقُمَ ـُ فَقَامَةً وتَفاقَمَ الأمرُ: عَظُم ولم يَجْرِ على استواء 变为严重的，重大的，危急的
فُقْمَة / فُقَّمَة جـ فُقَّم: عِجْل البَحْر 海豹
أَفْقَم: أَبُو ضَبَّة (م) / من تكون ثَنَاياه العُلْيا إلى

الخارج فلا تقع على السُفْلَى 翘牙(上门
齿露在嘴唇外面的人)
فَقِهَ ـَ فِقْهًا وتَفَقَّهَ الشيءَ والكلام: فهِمَه 明白，
通晓，懂得
ـَـ فَقَهًا وفَقُهَ ـُ فَقَاهَةً: عَلِمَ وكان فَقِيهًا 精通
伊斯兰教法
فَقَّهَ وأَفْقَهَ فُلانًا: علَّمه وأفهمه 启发，教导
ـ ه: فكَّره وذكَّره 提醒他，使他记起
تَفَقَّهَ الرجلُ: تعلَّم الفِقْهَ وتعاطاه 从事于法
律学，成为伊斯兰教法的专家
فِقْه: عِلْم / فَهْم 知道，了解，懂得，通晓
ــ: عِلْمُ الأَحْكامِ الشَرْعِيَّة 法律学
ــ اللُغَة 语言学
فِقْهِيّ 法学的
فَقِيه جـ فُقَهَاءُ م فَقِهَة وفَقِيهَة جـ فُقَهَاءُ وفَقَائِهُ:
عالِم بالفِقْه 伊斯兰教的法律学家
ــ / فِقِي (مـ): مُعَلِّم 教员，教师，老师
ــ / ــ (مـ): قارِئ القُرْآن 古兰经朗诵者，
古兰经诵读者
فَكَرَ ـِ فِكْرًا وفَكَّرَ وأَفْكَرَ وتَفَكَّرَ في الأمرِ:
أعمل الخاطِرَ فيه وتأمّله 想，考虑，思考，
思维
فَكَّرَه (مـ): ذكَّره 提醒，使他记起
اِفْتَكَرَ (مـ): تذكَّر 记起，想起，记得
فِكْر جـ أَفْكَار / فِكْرَة / فِكْرَى جـ فِكَر: خاطِر
思想，意思，想法，念头，观念
ــ: رأْي 意见，见解
ــ: شاغِل / هَمّ 心事，忧虑，挂念，悬念，
惦念
الفِكْرَة المُطْلَقة [哲]绝对观念
الـ اللازِمة 固执念头；[医]强迫观念
على فِكْرَة (مـ): قَبْلَما أَنْسَى 且说，却说；顺
便说，我想起来了
تَفْكِرَة جـ تَفْكِرَات (مـ) 提醒，备忘录
ـ (مـ) 笔记本，杂记本
فِكْرِيّ 思想的，有思想的
فِكْرِيًّا 思想上，思想方面
الفِكْرِيَّات: عِلْم التَفْكِير 观念学；观念形态
فَكْرُون 甲鱼，鳖
تَفْكِير 思想，思考，思维，思索，考虑
الـ الحُرّ 自由思想
ـ (مـ): تذكير 提醒
تَفَكُّر: تَأَمُّل 思想，思考，考虑
فَاكُورَة جـ فَوَاكِيرُ (مـ) (窗子的)扣闩
فِكِّير / فَيْكَر: كثير التَفَكُّر 深思的，顾虑多
的，细心的，关心的，亲切的，会体贴人
的；有思虑的，不轻率的；思想丰富的
مُفَكِّر 有思想的，能思维的；思想家，哲
学家
ـ 脑力劳动者；知识分子
ـُ و البِلاد 国家先进的人物
مُفَكِّرَة: مُذَكِّرَة 便笺，备忘录
ـ جَيْب 笔记本，杂记本
ـٌ يَوْمِيَّة 日记本
فَكَشَ ـِ فَكْشًا 挫伤，扭伤，使(关节)脱位
فَكَّ ـُ فَكًّا الشيءَ: ضد ركَّبه 拆开，拆散(机器)
ـ الشيءَ: فصَلَه 分离，分开
ـ حِزَامَه: ضد ربَطه 解开(腰带、领带等)
ـ الأَزْرَارَ 解开(纽扣)
ـ الخَتْمَ: فَضَّه 开封，启封
ـ العظمَ أو المفصلَ 关节脱位
ـ طَلاسِمَ الرُمُوز 翻译密码，翻译符号
ـ اللُغْزَ أو المَسْئَلَة 猜谜，破谜；解答问题
ـ الخَطَّ المُمَجْمَج 辨认潦草的字体

ـ المِسْمارَ اللَوْلَبِيّ 旋开螺丝钉
ـ النُقُودَ: بدَّلها 兑换(币钱)
ـ يده: فَتحها 松开手，放开手
فَكَّ ـُ فَكًّا وفِكَاكًا وفَكَاكًا الأسِيرَ: خلَّصه وأطلقه 释放(俘虏)
ـ الحُزْنَ (مـ) 服满，除服(守孝期满，脱去丧服)
فَكَّ ـُ فَكًّا وفُكُوكًا وافْتَكَّ الرَهْنَ: خلَّصه 赎回，赎出，赎当
فَكَّكَه [化]分解，解析
ـ 锄松(土壤)
ـ 拆开，拆散(机器)，拆除(工厂)
ـ كُتْلَتَهُمْ 解散(团体)
اِنْفَكَّ 被拆开、解开、释放
ما ـ يَفْعَلُ كذا 继续做，仍然做，还在做，不断做，一直在做
ما ـ يَكْتُبُ 他一直在写
تَفَكَّكَ 被拆散，瓦解，分崩离析
تَفَكَّكَت مَفاصِلُه 脱臼，四肢无力
اِفْتَكَّ الرهنَ: خلَّصه 赎回，赎出，赎当
فَكّ: ضد رَبْط 解开
ـ الزِمَام (مـ) (土地)测量
ـ وافْتِكَاك الرَهْن 赎当
ـ جـ فُكُوك: العَظْم الذي عليه الأسْنان 颚骨，牙床
الـ السُفْلِيّ (الأسْفَل) 下颌骨
الـ العُلْوِيّ (الأعْلَى) 上颌骨
فَكَّة (مـ) 享乐，享受
صَاحِب ـ (مـ) 愉快的人，快活的人，活泼的人
ـ (مـ) / ـ النُقُود 零钱
فِكَاك 摆脱，解放

لا يَسْتَطِيع منه ـًا 他逃脱不了这件事
لا ـ منه 不可分割的，不可分离的
ـ الرَهْن 赎当
ـ الأسِير: فِدْيَة (俘虏的)赎金，身价
تَفْكِيك 解开，拆开，拆散
ـ العُرَى 分开，分裂，割裂，撕毁
ـ 分化
مِفَكّ البَرَاغِي جـ مِفَكَّات (مـ) 旋螺钻，螺丝起子，瓶塞起子
مَفْكُوك: مَحْلُول 拆散的，散开的
فَكِهَ ـَ فَكَهًا وفَكَاهَةً: كان طَيِّبَ النَفْس مَزَّاحًا ضَحُوكًا مُضْحِكًا 成为高兴的，快活的，快乐的，愉快的，有趣的
ـ من الشيء: تعجَّب 诧异，惊讶
ـ الشيءَ: أعجبه 引起兴趣，引人入胜
فَكَّهَ الرجلَ: أطْرَفَه بِمُلَحِ الكلام وأطربه (用滑稽、好笑的谈论)给他助兴，供他消遣
ـ الرجلَ: أطْعَمَه الفَاكِهَة 给他吃水果
فَاكَهَه: مازحه 戏谑，打哈哈，开玩笑
تَفَكَّهَ: أكَلَ الفاكِهَةَ 吃水果
ـ بالشيء: تلذَّذ 欣赏
ـ بالشيء: تَمتَّع 享受
ـ بفلان: اغتابَه وتناوَلَ منه 诽谤
تَفَاكَهَ القومُ: تَمازَحُوا 互相开玩笑，互相戏谑
فُكَاهَة / فَكِيهَة / تَفْكِيه: مُزاح 戏谑，诙谐，笑话，俏皮话
فُكَاهِيّ 幽默的，滑稽的，诙谐的
فَكِه م فَكِهَة جـ فَكِهَات / فَيْكَهَان: ضَحُوك 高兴的，愉快的，欢乐的
ـ (مـ) / فَكِيه (مـ): قَدِيّ / لَذِيذ الطَعْم 好吃的，味美的，滋味好的，爽口的
فَاكِهَة جـ فَوَاكِه 水果

فَوَاكِهُ طازجَة 新鲜水果
فَوَاكِهُ مُجَفَّفة 果干
فَوَاكِهُ مُحَرَّمَة 禁果(诱人垂涎而不能得的东西)
فَوَاكِهُ مُسكَّرَة 蜜饯，果脯
أُفْكُوهَة جـ أَفَاكِيهُ: أُعْجُوبة وأُمْلُوحة 珍闻，名言，妙语，俏皮话
فَاكِهَانِيّ جـ فَاكِهَانِيَّة: بائع الفَوَاكِه 水果商
فلاة (في فلو)
فَلَتَ ـِ فَلْتًا وأَفْلَتَ فلانًا: أطلقه / خلَّصه 释放，开释
ـ وـ وانْفَلَتَ: انْطَلَقَ 被释放，被开释
ـ وـ وتَفَلَّتَ: تَخلَّصَ 潜逃，溜走，溜之大吉
فَلَّته: خلَّصه 释放，解放，放走
أَفْلَتَ: تَخَلَّصَ (气体)挥发，飞散，蒸发
انْفَلَتَ: تَخَلَّصَ 解脱，摆脱
فَلْت / إفلَات: تَخَلُّص 逃脱，释放
فَلْتَة جـ فَلَتَات: هَفْوَة 过失，错误，遗漏
ـ قَلَم: زلَّة 笔误，错写
ـ لِسَان 失言，误说，说错
ـ من فَلَتَات الطبيعة 天生的畸形(如矮子、长胡子的女人)
فَلْتَةً: من غير تدبُّرٍ 偶然，无意中
فَلَاتِي جـ فَلَاتِيَّة (مـ): دَاعِرٍ 浪子，荡子；放荡的，淫荡的，荒淫浪荡的，游手好闲的
فَلْتَان جـ فَلْتَانِين (مـ) 自由的，不受拘束的
فَرَسٌ فَلَتَان جـ فِلْتَان / فرسٌ فُلَت وفُلَّت: سَرِيع 快马，千里马
رَجُل ـ: نَشِيط جَرِيء حدِيدُ الفُؤاد مُتَسَرِّع إلى الشرّ 豪强
فَالِت: سَائِب 自由的，无拘束的，放纵的

فِلْتَر (أ) filter: رَاوُوق / راشح 滤器，滤净器
فَلَجَ ـُ فَلْجًا وفُلُوجًا وفَلَّجَ الشيءَ: شقّه وقسَّمه 劈开，破开，割裂
ـ الحرَّاثُ الأرضَ: شقّها للزراعة 犁地
ـ الوالِي الجِزْيَةَ بينَ القَوْم وعليهم: قسَّمها بينهم وفرَضَها عليهم 摊派人丁税
فُلِجَ وانفَلَجَ (مـ): أُصِيب بالفالج [医]害瘫痪；麻痺
فَيْلَجَة جـ فَيَالِجُ: شَرْنَقَة 茧；卵袋；(蚯蚓等的)土房；(蜘蛛等的)子囊
فالج: داء يحدُث في أحد شِقّيْ البَدَن فيُبْطِل إحساسَه وحركتَه 麻痺，瘫痪
ـ نِصفِيّ [医]偏瘫，半身不遂
ـ: جَمَل ذو سَنَامَيْنِ 双峰驼
مَفْلُوج جـ مَفَالِيجُ 瘫痪者，麻痺者
أَفْلَجُ م فَلْجَاءُ / مُفَلَّج الأَسْنَان 牙齿稀落的人
فَلَحَ ـَ فَلْحًا الأَرضَ: شقَّها 耕地
ـ (مـ) وأَفْلَحَ الرجلُ: نَجح 成功
أَفْلَحَ الرجلُ: نَجح في سَعْيه وأصاب في عمله 成功
فِلَاحَة / فَلَاحَة: زِرَاعَة 农业，务农，耕作
ـ بَسَاتِين 园艺术
فَلَح / فَلَاح: نَجَاح 成功
ـ 昌盛，富裕，平安，幸福，安乐，福利，善德
فِلْح (مـ): رِيف 农村，乡村，田园生活
فِلْحِيّ (مـ): رِيفِيّ (مـ) 农村的，乡村的，田园的，乡下气的，乡村风味的
ـ / فَلَّاحِيّ 农民的，乡下人的
فَالِح / مُفْلِح 成功的，得意的
فَلَّاح جـ فَلَّاحُون وفَلَّاحَة: مُزَارِع 农夫，农民
ـ: قَرَوِيّ 乡民，乡下人
فَلَّاحِيّ 农民的

المَسْأَلَة الـ ة 农民问题
فِلْذَة جـ فِلَذ وفِلْذ وأَفْلاَذ: قِطْعَة 一片，一块，一份
ـ كَبِد 心肝；宝贝；珍品
أَفْلاَذُ الأَرْض: كُنُوزها 地下的宝藏，宝物
فُولاذ جـ فَوَالِيذُ: صُلْب (مـ) / بُولاَد (سـ) / بُولاد (波) 钢
فُولاَذِيّ 钢的，钢制的，钢铁般坚强的
فَالُوذ وفالُوذَج وفالُوذَق جـ فَوالِيذ / بَلُوزَة (أ) / مُهَلَّبِيَّة (مـ): حَلْواء تُعْمَل من الدقيق والماء والعسل 蜜制凉粉
فِلِزّ جـ فِلِزَّات / فِلَزّ / فُلُزّ: جَوْهَر من جَوَاهِر الأَرْض 矿物
فَلَّس القاضِي التاجرَ: أشهر إفلاسَه 宣布破产
أَفْلَسَ التاجرُ وفَلَّسَ (مـ): عجز عن إيفاء ما عليه 商人破产，变成破产者
ـ وـ (مـ): عَدِمَ مالَه 一贫如洗，变成身无半文者，变成穷光蛋
فَلْس جـ أَفْلُس وفُلُوس: قِطْعَة مضروبة من النُحاس يُتعامَل بها 铜钱，铜币；钱
فِلْس جـ فُلُوس: نَقْد قديم يُعادِل ١/٢ مِليم 非勒斯(古代钱币名，等于现代埃及币的半分)
ـ 非勒斯(货币单位，第纳尔的 1/1000)
فِلْس (مـ) 肛门
فُلُوس السَمَك: قِشْرُه 鱼鳞
ـ: دَرَاهِم / مَصَارِي (سـ) 钱，银钱
إفْلاَس / تَفْلِيس 破产
ـ / ـ بالتَدْلِيس / ـ مُدَلَّس 欺骗性的破产
ـ / ـ بالتَقْصِير / إعْسَار 因无力支付而破产
فَلاَّس: بَائِع الفُلوس / صَرَّاف (مـ) 钱币兑换者

تَفْلِيسَة جـ تَفْلِيسَات وتَفَالِيسُ (مـ) 倒闭，倒账，破产
مُفْلِس جـ مُفْلِسُون ومَفَالِيسُ / مُفَلَّس: مُعْسِر 破产者，无力支付者
ـ / مُفَلِّس (مـ): عَدِيم المال 身无分文的，贫穷的
فِلَسْطِين 巴勒斯坦
مُنَظَّمَةُ تَحْرِير ـ 巴勒斯坦解放组织
فِلَسْطِينِيّ 巴勒斯坦的，巴勒斯坦人
القَضِيَّةُ الـ ة 巴勒斯坦问题
تَفَلْسَفَ: تَأَنَّقَ وتفنَّن في المَسائِل العِلْمِيّة 用哲学家的态度研究
ـ: تَظاهَرَ بالحِذْق وادَّعاه 自命为哲学家，以哲学家自居
ـ: تَعاطَى الفَلْسَفَةَ وتَحكَّم 从事于哲学研究
ـ: صار فَيْلَسُوفًا 成为哲学家
فَلْسَفَة philosophy: حِكْمَة 哲学，哲理
ـ أَدَبِيَّة 道德哲学，伦理学
ـ طَبِيعِيَّة 物理学
ـ وَضْعِيَّة 实证论，实证哲学
ـ الحَيَاة 人生哲学
ـ الذَرَائِع 实用主义
ـ المَدْرَسِيَّة 经院哲学，烦琐哲学
حَجَر الـ 哲理石，哲学难题
فَلْسَفِيّ 哲学的，哲学上的
المَذْهَب الـ 哲学的学说
فَيْلَسُوف جـ فَلاَسِفَة philosopher: حَكِيم / مُحِبّ الحِكْمَة 哲人，哲学家
فَلاَسِفَة ما وَرَاءَ الطَبِيعةِ 玄学家，形而上学的
مُتَفَلْسِف: مدَّعِي الحِكْمَة 自封的哲学家
فُلَش (أ) flush: من لون واحد في لعبة البُوكَر (扑克牌)同花

فَلْطَحَ القُرْصَ: بَسَطه وعرَّضه 压延，轧平，加宽，展宽，放宽
مُفَلْطَح / فِلْطَاح 平的，平坦的，平伏的
فَلَعَ ـَ فَلْعًا وفَلَّعَ الشيءَ: شقّه 劈开，破开，割裂
فَلْع / فِلْع جـ فُلُوع: شَقّ في القَدَم وغيرها 裂缝，裂口
فَلْفَلَ الطعامَ: جَعَل فيه الفُلْفُلَ (在食物中)撒胡椒粉
فُلْفُل / فِلْفِل 胡椒
ـ أَحْمَر 红辣椒
ـ أَخْضَر 青辣椒
ـ أَسْوَد 黑胡椒
ـ صِينِيّ 秦椒，花椒
دَار ـ 荜茇
فُلَيْفِلَة 小辣椒，辣子
فُلْفُلِيّ / مُفَلْفَل 胡椒(似)的，辣的
ـ 辛辣的，尖刻的，尖酸刻薄的
رُزّ مُفَلْفَل (مـ): ثُمَّن (عـ) 肉饭(米中加肉片和胡椒煮成)
شَعْر مُفُلْفَل (مـ): جَعْد 卷发
فَلَقَ ـِ فَلْقًا وفَلَّقَ الشيءَ: شقّه 劈开，破开，割裂，扯裂
ـ الصُداعُ رأسَها 头痛欲裂，头疼得要命
اِنْفَلَقَ وتَفَلَّقَ: اِنشقّ 破裂，开裂，绽缝
ـ و ـ الخَشَبُ (木)裂开，(木)有裂缝
ـ الصُبْحُ 破晓，天亮
بَكَى حَتَى ـ الصُبْحُ 一直哭到天亮
اِنْفَلِقْ! (مـ): رُحْ وَلّ (عـ) 滚开！滚蛋！
فَلْق جـ فُلُوق: شَقّ 裂缝，裂口，罅隙，破口
ـ (مـ) 樑，桁
رجلٌ زَيّ الـ (樑一般粗壮的人)魁梧的人，高大的人，彪形大汉
ـ في خشب 木板的裂口、裂缝
اِنْفِلاَق / تَفَلُّق 破裂，分裂，被劈开
ـ الصبح 天明，破晓
فَلَق جـ فُلْقَان: صُبْح 破晓，黎明
الفَلَقُ: الخَلْق كلّه 天地万物，包罗万象
ـ: فَجر 晓光，曙光，晨光
فِلْقَة جـ فِلَق: نصف الشيء المفلوق 半个
فَلَقَة (مـ) 笞蹠刑(打脚掌的刑罚)
فَيْلَق جـ فَيَالِقُ: جيش عظيم 军团
مَفْلُوق: مَقْسُوم 裂开的，破裂的，劈开的，裂缝的
ـ منه (مـ): مُتَضايِق 发腻的，讨厌的
مُفْلِق 杰出的(诗人的称号)
شاعِر ـ: مُبْدِع 大诗人，天才诗人，桂冠诗人
فَلَّكَ (مـ) 卜卦，算命
فُلْك: سَفِينة 船
ـ نُوح [基督]诺亚的方舟
فَلَك جـ أَفْلاَك وفُلْك وفُلُك: مَدَار [天]轨道，天球，天体；苍穹，苍天
دار في ـ ه 在他的势力之下
عِلْم الـ: عِلْم الهَيْئَة 天文学
عُلَماء الـ 天文学者
فَلَكِيّ: مُختصّ بعِلْم الفَلَك 天文学的，天文的，星学的
ـ جـ فَلَكِيَّة وفَلَكِيُّون: مُشْتَغِل بعِلْم الفَلَك 天文学家
ـ: مُنَجِّم 星士，占星家，阴阳生，算命的，算卦的
فَلَكَة جـ فَلَكَات (مـ) 臀部，屁股
فِلْكَة 小轮
ـ المِغْزَل 纺轮

فُلُوكَة جـ فَلائِكُ (س) felucca (意) : زَوْرَق
شِرَاعِيّ (地中海沿用的)三桅小帆船
ـ جـ فَلايِك (م): زَوْرَق 划子，小船，小舟，
小艇
فَلايِكِيّ (م): بَحْرِيّ 水手，船夫，舟子
إِفْلِكَان / إِفْلِيكَان: لَحْمَتَان تكتنفان اللَّهاة [解]
扁桃体
مَفْلُوك (س) 不幸者，失意者，失败者
فَلَّ ـُ فَلاًّ وفَلَّلَ السيفَ: ثَلَمه 作凹口，作缺口，
挫其锋芒
ـ وـ القومَ: هزَمَهم 打败，战胜
ـ غَرْبَه: أَذَلَّه 挫折他的气焰，使他丢人
لا يَفُلُّ الحديدَ إلاَّ الحديدُ (以铁制铁)以刚
克刚，以毒攻毒
فَلَّ (م): هرب 逃，逃跑，逃脱，逃走
فَلٌّ / رَجُل فَلّ: مُنهزِم 败北的，被打败的
قوم ـ: منهزمون 败北的，被打败的
ـ جـ فُلُول: كَسْر في حَدّ السيف أو أمثاله
(刀、剑的)缺口，凹口
ـ: ما ندر عن الشيء كبرادة الحديد وشَرَر النار
锉屑，火花，火星
فُلُول الجيش 溃军
فُلّ / فِلّ: نبات زهره أبيض عَطِر [植]茉莉花
ـ مكبَّس أو مجوَّز (م) 重瓣茉莉花
ـ: فَلِّين (م) 软木，软木塞
قُبَّعَة من فُلّ 软木盔
فِلَّة جـ فِلاَّت/ فِيلاّ (أ) villa (意) 别墅
فِلْم جـ أَفْلاَم (أ) film: رَقّ / شَرِيط تَصْوِير 软
片，胶片，影片
ـ فَنِّيّ 艺术片
ـ أَخْبَارِيّ وَثَائِقِيّ 文献纪录片
ـ مُلَوَّن 彩色片，五彩片
الـ المُلَوَّن العَرِيض 彩色宽银幕影片
فُلَيِّم 显微影片
فِلَمَنْكِيّ جـ فِلَمَنْك (أ)Fleming (法兰德 (土)
斯人)荷兰人，比利时人
فُلاَنٌ م فُلاَنَةُ 某人
فُلاَنِيّ م فُلاَنِيَّة 某件东西，某个地方
فَلَنْكَة جـ فَلَنْكَات (م): عارضة عليها القُضْبانُ
(في سكَّة الحديد) 枕木
فِلْو جـ أَفْلاَء وفِلاَء / فُلُوّ / فَلُوّ جـ أَفلاء وفَلاَوَى:
مُهْر أو جَحْش فُطِمَا أو بَلَغَا السنة (断奶的
或一岁的)马驹子，驴驹子
فَلاَة جـ فَلَوَات وفُلِيّ وفَلِيّ وفَلاً جج أَفْلاَء: صحراء
واسعة 旷野，沙漠
في الـ 在露天下
فْلُور (أ) fluorine [化]氟
فْلُورِين (أ) florin 菲洛林(原意大利货币名)
فَلَى يَفْلِي فَلْيًا وفَلَّى تَفْلِيَةً رأسَه أو ثوبه: نقّاهما
من القمل 捉虱子，除虱子
يَفْلِي البُرْغُوثَ (م) (捉跳蚤)见小不见大，
见树木不见森林
تَفَلَّى 捉虱子
اِفْتَلَى القومَ بَعَيْنِه: تأَمَّلَهم 端详(人群)
فالِيَة: خُنْفُسَاء رَقْطَاء 森蚖(一种甲虫)
ـ البُنْدُقِيَّة: فُونِيَة (م) (旧式砲的)火门
فُلَيًّا / فُلَيَّة: فَلِيحا / نَعْنَاع فُلْفُلِيّ [植]欧薄荷
فَلِّين (م): خشب رخف لَيِّن 软木
ـ جـ فَلِّينَات 软木塞
ـ الزُّجَاجَة 软木瓶塞
شَجَر الـ 软木槠，软木栎
فَلْيُون (أ): ابْنُ العِمادِ (عند النصارَى) [基督]
受洗礼的儿童
فَم مث فَمَان وفَمَوَان جـ أَفْوَاه 口，嘴

ـ التُرعَة: أوَّلها 渠口
ـ السِيجارَة: مَبْسَم (مـ) 烟嘴
ـ الشِيشَةِ وأَمْثالِها 水烟袋口
ـ المَعِدَة ［解］贲门
ـ النَهْر 河口
ـ البُنْدُقِيَّة 枪口
تَكَلَّمْتُ مَعَهُ فمًا لأُذُنٍ 我和他本人谈了话
ضَحِكَ مِلْءَ الـ 大笑
فَمِيّ / فَمَوِيّ 口的
فناء (في فني)
فَنْتَازِيَّة / فَانْتَازِيَّة / فَنطَزِيَّة / فَانطَاسِيَّة (意) fantasia 炫耀，排场，虚饰，铺张，夸示，盛大的仪式，华丽的行列
فَنْجَر عَيْنَيْهِ (مـ) 怒目凝视，凶狠狠地瞪着眼睛看
ـ (مـ) 慷慨，大方
فَنْجَرَة (مـ) 惊奇，惊讶，凝视
ـ (مـ) 骄傲，自豪，自尊
فَنجَرِيّ: سخِيّ 大方的，慷慨的，豪爽的；浪费的，挥霍的
فَناجِرَة: خيَّالة حاذقون في ركوب الخيل 骑士
فَنْجَل: مشى مباعدًا ما بين الساقَيْنِ والقَدَمَيْنِ 摇摇摆摆地走，趔趔趄趄地走
فِنجَال جـ فَنَاجِيلُ (أ) / فِنجَان جـ فَناجِينُ (أ) (波)杯子，茶杯
ـ وصَحْنه 茶杯和茶碟(一套茶具)
عاصِفة في ـ 茶杯中的风波
فَنَخ ـَ فَنْخًا (مـ) 食言，轻诺寡信
الخُطُوبَةُ فَنَخَتْ (مـ) 婚约被解除了
فَنَّدَه وأَفنَدَه: كذَّبه 驳斥，反驳，举反证
ـ ه وـ ه: خطَّأ رأْيه وضعَّفه 驳倒，驳住，证明错误
ـ (مـ): فصَّلَ 详述，详论
تفنَّدَ (مـ) 被反驳，被驳倒
تَفْنِيد 驳倒，驳住，反驳，举反证
فُنْدَان (أ): أَقْراص من السُكَّر والطَحِين 小糖果
فَنْدَق (مـ) 敞开，打开(门、窗)
فُنْدُق جـ فَنادِقُ (أ): نُزُل (希)客栈，小旅馆；旅店，饭店；(中世纪时代的)大旅馆，商队客栈
ـ: بُنْدُق 榛子
فُنْدُقَانِيّ 店老板，旅馆主人
فَنَار جـ فَنارَات (أ) fanal (意) (希): مَنارة 灯塔
ـ: مَشْعَل 灯笼
فَانُوس جـ فَوَانِيسُ: مَشْعَل يُحْمَل في الليل 灯笼
ـ سِحْرِيّ 幻灯
ـ زِيْنِيّ 宫灯
ـ السَيَّارَة الأَمامِيّ والخَلفِيّ (汽车的)头灯和尾灯
فَنَشَ 竖起毛发
ـ في الأمر: استَرْخَى 迟缓地、慢吞吞地做事
فَنَّط (مـ) 洗牌
فَنْطَاس جـ فَناطِيسُ: حَوْض السَفِينة (船上的)淡水槽
فِنطَاس (مـ) 洒水车
فَنطَاسِيَة / فَنطَزِيَة (راجع فَنْتَازِيَة) (意) fantasia 排场，铺张，虚饰，炫耀，夸示，盛大的仪式，华丽的行列
فِنطِيسَة جـ فَنَاطِيسُ (狗、狐等的)鼻子
ـ الخِنْزِير: خَطْم 猪鼻子
فَنَك fennec: ثَعْلَب صغير ناعِمُ الشعر أَغْبَرُ اللَوْن كَبِيرُ الأُذُنَيْن 郭狐
فُنُغْرَاف (أ) phonograph: حاكٍ 留声机
أُسْطُوَانَة الـ 留声机唱片

طَبْلَة الـ 留声机机头

فَنْلَة (في فانِّلات)

فَنَّنَ الشيءَ بالشيء: خالَطه 混合，混淆，混同

ـ رأْيَه: نوَّعه 使变化，变换花样，使成为多种多样

تَفَنَّنَ وافْتَنَّ في الحَدِيث: أخَذ في فُنُون وأساليبَ حَسَنةٍ من الكلام 讲论各种题目

ـ (مـ): اِخْتَرَع 发明，创制，首创

ـ: صار مُتَفَنِّنًا 成为艺术家

تَفَنُّن 发明，创造

فَنّ جـ فُنُون وأَفْنَان جج أَفَانِين: نَوْع 种，类，属，部门，分科

ـ جـ فُنُون: عِلْم عَمَلِيّ 艺术，技术；学问，学科

ـ: صِناعة شَرِيفة 职业，专门职业

ـ التَمْثِيل 演剧的职业

فُنُون العِلْم 科学各部门

الـ الجَمِيلَة (الرَفِيعة) 美术

كُلِيَّة الـ التَطْبِيقِيَّة 实用美术学院

أَفَانِينُ الكَلام: أساليبه 各种说法，各种口吻，各种语气

فَنِيّ: مُخْتَص بالفَنّ 职业的，专门的

ـ: اصطلاحيّ 艺术的，工艺的，技术的，技术性的

عَامِلٌ ـ 技术工人，熟练工人

ـ 技师，技术家，演员，艺术家

فَنِّيَّة: عِبَارة فَنِّيَّة 专门性，学术性；专门事项，学术性事项

فَنَن جـ أَفْنَان جج أَفَانِين: غُصْن مُستقيم 粗枝

مِفَنّ / مُتَفَنِّن: مستنبط 发明者，创造者

فَنَّان: مِفَنّ 演员，画家，美术家，艺术家

ـ: حِمَار الزرد 斑马

فَنِيَ وفَنَى يَفْنَى فَناءً: بَادَ 灭亡，消灭，毁灭，灭绝

ـ الرجلُ: هَرِمَ وصارشيخًا فانِيًا 老迈，衰老，衰迈，老态龙钟

ـ: عَدِمَ 消失

لاَ يَفْنَى: لا يَتلاشَى أو يَزول 不灭的，不朽的

لا يَفْنَى: لا يَنْفَد أو يَنْتَهِي 无穷无尽的，取之不尽，用之不竭的

أَفْنَى الشيءَ: أَبادَه 毁灭，消灭，歼灭，根除

ـ الشيءَ: اِسْتَنْفَده 消费，消耗；用完，用尽，耗尽，竭尽

تَفَانَى القومُ: أَفْنَى بعضُهم بعضًا 互相残杀

ـ الرجلُ في عمله (مـ) 努力地，忘我地

ـ الرجلُ لوَطَنه (مـ) 表现对祖国的忠诚

ـ لـ 表现极端努力，有忘我精神

فَناء: هَلاك 灭亡，毁灭

ـ: انتهاء / نَفاد 竭尽，用尽

ـ: زَوال 消灭，灭绝，完结，了结

ـ: ضدّ بَقاء 消失

ـ: مَوْت 死亡

دارُ الـ [宗]幻境，幻世(相反的是 دَار البَقاءِ，真境，永世)

فِناء جـ أَفْنِيَة وفُنِيّ: ساحةٌ أمامَ البيت 空地，空场，场院

ـ الدار 庭院，院子，院落，天井

فَانٍ: يَفْنَى / ينتهي 脆弱的，破旧的，陈腐的；腐朽的

ـ: مُضْمَحِلّ / مُتَلاَشٍ 消失的，消散的

ـ: زائل 虚幻的，无常的

ـ: مائت 会死的，有死的，不能长生的

ـ: هَرِم 衰老的，老迈的

شَيْخٌ ـ 衰迈的老人

تَفَانٍ (م) 无限的忠诚，忘我的精神

فُنْيَار (م) fanale (意) : شَمْعَدَان كبير 枝形灯架

فِنِيقِيّ 腓尼基的；腓尼基人

فِنِيك (أ) / حامِض الـ: حامِض كَرْبُولِيّ

phonol (=Carbolic acid) [化]酚，石炭酸

فَهْد جـ فُهُود وأَفْهُد 猎豹

فَهْرَس فَهْرَسَةً الكِتاب: عمل له فِهْرِسًا 加索引，编目录

فِهْرِس جـ فَهَارِس / فِهْرِسْت (أ): دَلِيل الكتاب (波)索引，目录

ـــ: بَيَان / قائِمة / كَتَالُوج (أ) catalogue 目录，目次，索引，清单，一览表

فِهْرِسِيَّة 书目，书目提要，书籍解题

فَهَق ـَـ فَهْقًا وفَهَقًا الإِنَاءُ: امْتَلأَ حتى يتصبّب (容器)满盈，盈溢

فَهْقَة جـ فِهَاق: أَوّل الفقار / حاملة الرأس [解]环椎，戴域(第一颈椎)

فَهْقَة: فَهكَة 河豚

فَهْلَوَة (م) 灵巧，敏捷

فَهْلَوِيّ [史]巴列维的

الـ ـة 巴列维语(伊朗中部的语言)

فَهِم ـَـ فَهْمًا وفَهَمًا وفَهَامَةً وفِهَامَةً وفَهَامِيَةً الأمرَ أو المعنَى: عَلِمه وعَرَفه وأدركه 知道，认识，了解，领悟，明白，体会，懂得

فَهَّمَه وأَفْهَمَه الأمرَ: جعله يَفهَمه 使他了解、领会、认识

تَفَهَّمَ الكلامَ: فهِمَه شيئًا بعد شيء 渐渐懂得，逐渐了解

ـــ الأمرَ: حاوَل فهمَه 企图了解

تَفَاهَمَ القومُ: فَهِم بعضُهم بعضا 相互了解，互相认识

ـــ القومُ على أمر (对某件事)互相谅解

ـــ مع فلان 与他谈判，交涉，协商

اِنْفَهَمَ (م) وفُهِمَ 被了解，被理解

اِسْتَفْهَمَه الأمرَ: طلب منه أن يُفْهِمه إيّاه ويُخْبِره عنه 询问，探问，打听

فَهْم: إدراك 了解，理解，领会，领悟

ـــ: ذَكاء 聪明，机敏，才智，智慧

سُوء الفَهْم 误会，误解

تَفاهُم 相互了解

حُسْن التَفاهُم 相互充分谅解

سُوء التَفاهُم 误解，误会

اِسْتِفْهَام جـ اِسْتِفْهَامَات 询问，探问，打听，质问，质询

حَرْف الـ [语]疑问虚词

عَلامَة الـ (؟) [语]问号，疑问号

اِسم الـ (في النحو) [语]疑问名词

اِسْتِفْهَامِيّ 疑问的，质问的，询问的

فَهِيم جـ فُهَماءُ 聪明的，机敏的，伶俐的，有见识的

مَفْهُوم / فُهِمَ 被了解的，被理解的，被领会的

ـــ / يُفْهَم: سَهْل الفَهْم 可以理解的，可以了解的

ـــ ضِمنًا 含蓄的，言外的，不言而喻的

والـ أنَّ ... 可以理解的是…

غَيْرُ ــِ: لا يُمْكِن فهمُه 费解的，难以理解的，不能理解的，高深莫测的，莫名其妙的

ـــ جـ مَفَاهِيمُ (名词的)内含，内包(相对的是مَا صَدَقَ外举，外延)

الـ عن العالَم 世界观

مَفْهُومِيَّة (م) 智力，才智，理解，理解力

فُو / فِي / فَا (في فوه)

فَاتَ يَفُوتُ فَوْتًا وفَوَاتًا الأمرُ: مَضَى / اِنتهى 过去，逝去；结束，了结
ـ: ذهبَ وقتُ عَمَلِه 过时
ـ: مرّ (时间)经过
ـ الشيءَ: جاوزه وتخطّاه 超过，越过，胜过
ـ ه فلان في كذا: سَبَقه فيه 追过，赶过，跑在他前面，把他抛在后面
ـ ه (مـ): تركه 遗留，留下，遗下，丢下
ـ كذا (مـ): تنازَل عنه وتَركه 断，戒，戒除；放弃，抛弃，弃绝
ـ أوانُه: مَضَى وقتُه 过时，陈腐
ـ عليه (مـ): زارَهُ زيارةً قَصِيرةً 顺便看望，便道访问，随便参观
ـ هُ أن يفعلَ كذا 没做到，来不及做
ـ هُ القِطارُ 他误了火车，他没赶上火车
ـ هُ أن يَذْكُرَ 忘了提一提
ـ تْه الفُرْصةُ 他错过机会，失去机会
ـ تْه الكَلمةُ 他漏掉了这个词，他没有听懂这个词
ولكنَّ الوَقْتَ كان قد ـ 但是时间已经过了
والذِي ـ ماتَ (مـ) (过了的事，如死了的人)已往不谏
فوّته (مـ) وأفاته: أمرّه 宽大放过，给马虎过去，随便看一看
ـ ه (مـ) وـ ه: أضاعَه 遗失，丢失，丧失
ـ الوَقْتَ 消磨时间，浪费时间
تَفَاوَتَ تَفَاوُتًا تَفَاوتًا تَفَاوتًا الشيْئان: اِختلفا وتباعَد ما بَيْنَهما 两物互异，互不相同，彼此悬殊
اِفْتَاتَ الكلامَ: ابتدعه 捏造，虚构
ـ بِرأْيِه: استبدَّ به 独断，独裁，刚愎自用
فَوْت / فَوات: مُضِيّ 过去，经过
ـ / ـ: ضَيَاع 遗失，丢失，丧失

مَوْتُ الفَوَات: موت الفَجْأة 骤亡，暴卒
هَرَعْتُ إليه ولكنْ بَعْدَ فَوَاتِ الفُرْصَة 我赶到他那去了，但是已经晚了
فُوَيْت: منفرد برأْيِه لا يُشاوِر أحدًا 偏执的，刚愎自用的
تَفَاوُت: اختلاف 互异，悬殊
فائِت / فايِت (مـ): مارّ / عابِر 一时的，暂时的，刹那间的
ـ الحُسْنِ 异常美丽的
على الـ / على الـ (مـ): بلا تَدْقِيق 仓猝，草草，草率，不注意地，不用心地，漫不经心地
فَائِتَة (鸟)从…掠过的；一刹即逝的，昙花一现的
لا تَفُوته ـ 没有他不注意的事，什么也逃不过他的眼睛
مُتفاوِت 不规则的，破格的，不整齐的，不一样的
فايِت (مـ): زائِل 暂时的，不长久的
ـ: مُنْتِن قليلاً 有恶臭的，将腐败的
فُوتُوغرَافِية (أ) (انظر فُتُغرَافِيا) photography 照相术
فُوتُوغرَافِيا / فُوطُوغرَافِيَة (أ) 照相术
فُوتُوغرَافِيّ 照相的
صُورَة ـ ة 相片
فُوتِيل (أ) 圈椅，安乐椅
فَوْج جـ فُؤُوج وأَفْوَاج جج أَفَاوِجُ وأَفَايِجُ وأَفَاوِيجُ: جَمَاعَة وطَائِفَة 组，群，集团；[生物]系组，类型
ـ [军]团，团队，部队
أَفْوَاجًا 大伙儿地，成群地，成群结队地
أَفْرادًا وأَفْوَاجًا 一个个地和成群结队地
فَاحَ يَفُوحُ فَوْحًا وفُؤُوحًا وفَوَحَانًا الزهرُ: اِنتشرت

رائحتُه (花)散发香气，芬芳四溢

ـ تِ الرائحةُ: انتشرت (香味)发散，散播，气味放散

فَوَحَان / فَوْحَة / فَوْح: انتشار الرائحة 气味发散

طَيِّب الفَوْحِ 芳香的，馥郁的

فَوَّاح 芳香四溢的，散发香气的

مُفَوَّح (مـ): مُنْتِن قليلاً 有恶臭的

فَوْد جـ أَفْوَاد: جانِبُ الرأس مما يَلِي الأُذُنَيْن إلى الأمام 鬓角，鬓脚

ـ: شَعْر على الفود 鬓，鬓发

فُودَره (أ) fodera (意) 衣服里子

فُودْكا (أ) vodka (俄) 伏特加酒，俄国白酒

فَارَتْ ـُ فَوْرًا فَوَرَانًا وفُؤُورًا القِدْرُ: غلَتْ وجاشت 开，沸，滚，沸腾

ـ: جَاشَ (水)沸腾

ـ الماءُ: نبع من الأرض وجرى (水)涌出，流出

ـ فائِرُهُ: ثارثائرُهُ وهاج غضبُه 愤怒，勃然大怒，大发雷霆

فَوَّرَ (مـ) وأَفَارَ الماءَ: جعله يفُور (把水)煮沸，烧开

ـ الدمَ: جعله يفُور 刺激，激怒，惹恼，使他人激昂慷慨

ـ دَمُه 他怒气冲冲

ـ الخادِمَ (مـ): سرَّحه 辞去，解雇(仆人)

فَور / فَوَرَان: غلَيَان 沸腾

ـ / ـ: جَيَشَان 兴奋，激昂

من ـ ه / لِـ ـ ه عَلَى الـ: حالاً دُونَ أن يستقِرَّ أو يَلْبَثَ 即刻，立刻，立即，马上

فَوْرًا (مـ): حَالاً 立刻地，即刻地

فَوْرًا (مـ): نَقْدًا [商]即付，即期现款

فَوْرِيّ: سَرِيع 立即的，立刻的，即时的；迫切的，紧急的

فَوْرَةُ الحَرِّ: حِدتّه 热气的猛烈

ـ الغَضَبِ 愤怒的爆发

ـ دَم 激昂，愤激，动怒，冲动

ـ مَالِيَّة [经]通货膨胀，(物价)暴涨

فَوَرَان / ـ الدَم 激昂，愤激，动怒

فَار / فارَة / فأر (راجع فأر) 耗子，老鼠

فَار الجبَلِ: مَرْمُوط (أ) marmot 土拨鼠

ـ الخَيْل 鸡貂，黄鼠狼

ـ الغَيط (انظر فأر) 田鼠

لَعِبَ الـ في عَبِّه: توجَّس 怀疑，狐疑

فائِر: جائش بالغَلَيَان 热血沸腾的，激昂慷慨的

ـ: جائش 起泡的，起沫的(酒)

فوَّار / يَفُور: يَجِيش 起泡性的，嘶嘶起泡的，多泡沫的，急躁的，易怒的

مَشْرُوبَات فوَّارة 起泡沫的啤酒，汽水

فَوَّارَة: نَوْفَرة (مـ) 喷泉，喷水池

فُورْبَاخ Feuerbach (Ludwig) 费尔巴哈(德国哲学家，1804—1872)

فورشة (في فرش) / **فورشينة** (أ) (في فرشن)

فَوْرِيقَة: مَصنع 制造厂，工厂

فُورْمَة جـ فُورْمَات (أ) forma (意) 靴型，鞋楦头

فَازَ يَفُوزُ فَوْزًا بالأمر: ظَفِرَ به 获胜，得胜；及格

ـ بِه: نالَه 获得，赢得，得到

ـ مِنْ المكرُوه: نجا 得救，被救，脱险

ـ بتَثْبِيت الكَتِفَيْن [体](摔跤时)使对方两肩着地而获胜

ـ بجائزةِ نوبل 获得诺贝尔奖

ـ بـ ... في اليَانَصِيبِ 中彩

ـ عليه بالنُقَطِ [体]在分数上取得胜利，优胜，赢

فَوْز: ظَفَر 胜利，凯旋
ـ: نَجاح 成功，成就，及格
ـ: نَجاة 逃脱，急脱，解脱，得救
مَفازَة جـ مَفازَات ومَفاوِزُ: فلاة لا ماء فيها
荒野，旷野，沙漠
فَائِز: ظافِر 胜利的，获胜的，凯旋的
ـ: ناجح 成功的，及格的
فُوسْفَات (أ): فُسْفاة / فُوصْفاة phosphate
磷酸盐
سُوبَر ـ (أ) superphosphate [化]过磷酸
钙；酸性磷酸盐
فُوسْفَاتِيّ 磷酸盐的
مُخْصِبات ـ ة 磷酸盐肥料
فُوصْفُور (أ) (راجع فُصْفُور)
فَوَّضَ له: أعطاه تفويضًا 授权，给予全权
ـ إليه الأمرَ: وكلَه إليه 委托，托付
فَاوَضَه في الأمر: جاراه وذاكره وحادثه فيه 商议，商请
تفاوَضَ القومُ في الأمر: فاوَضَ بعضُهم بعضًا
协商，谈判
فَوْضَى: ضدّ نِظام 混乱，紊乱，无秩序，无政府(状态)
ـ: بِلا نظامٍ 紊乱的，无秩序的，无政府的
ـ في الإنتاج 生产上的无政府状态
أَمْوالُهم ـ بَيْنَهم: هم شُركاء فيها مُتساوُون
共同享受财产
فَوْضَوِيّ 无政府论者，无政府主义者
فَوْضَوِيَّة 无政府论，无政府主义，无政府状态
تَفْوِيض 授权；委任状，令票(拘票、搜查证等)
ـ شَرْعِيّ أو رَسْمِيّ 代理委任状

ـ مُطْلَق 授予全权
مُفَوَّض: وكِيلٌ مُطْلَقُ التَّصرُّفِ 有全权的，被委托的
ـ سامٍ 最高代表
الوَزِير الـ 全权公使
مُفَوَّضِيَّة 公使馆
مُفَاوِض 谈判的一方
فُوطَة الأَيْدِي جـ فُوَط (餐桌上用的)餐巾
ـ الوَجْه: قَطِيلَة 毛巾
ـ الحَمَّام: بَشْكِير (مـ) 浴巾
ـ صُحُون 抹布，擦布
ـ المَدْرَسَة (للبَنات) (女学生制服外的)围裙
ـ لوِقاية الثِياب 围巾，围嘴，围腰布，围裙，外衣，罩衣
فَوْعَة / فَوْعَة: فَغْوَة / فَوْحَة / رائحة طيبة 芳香，香味，香气
فُوف / فُوفَة: قِشْرة 薄皮，薄膜；(谷物的)表皮，外壳；蓓蕾
فَوْف وفُوف جـ أَفْوَاف: نُقْطَة بَيْضاء على الظُفُر
指甲根的白斑
ثوبٌ مُفَوَّف: ثوب رَقِيق 薄布
ثوبٌ ـ: ثوب فيه خُطوطٌ بَيْضاء على الطول
白条花布
فَاقَ يَفُوقُ فَوْقًا وفَوَاقًا الشيءَ: عَلاَه 登上，爬上
ـ أَصحابَه بالفَضْل أو العِلم: رجَح عليهم
(品学)超众，出众，出类拔萃
ـ: زادَ عن كذا 超过，越过，胜过，优于
ـ: سَما / عَلَا 超越，胜过，凌驾，高于
ـ بنَفْسِه: ماتَ 死，断气
ـ إلى الأمر (مـ): تذكَّره 记起，想起
ـ وتَفَوَّقَ على 胜于，超过，优于，凌驾
ـ هُمْ عَدَدًا 在数量上他胜过他们

ـ فَوَاقًا: حَزَّقَ (مـ) / زَغَّط (مـ) 打嗝
فَوَّقَه على غيره: فضَّله 认为…比别的好，宁愿要…
ـ (مـ): أَصْحَاه من نوم 叫醒，唤醒
ـ (مـ): أَصْحَاه من إغْماء 使他苏醒
ـ إلى الأمر (مـ سـ): ذكَّره 提醒他
أَفَاقَ واسْتَفَاقَ من نَوْم 觉醒，睡醒
ـ وـ: اِنْتَبَهَ 知觉，发觉，注意
ـ وـ من مَرَض 痊愈，复原，康复
ـ وـ من إغْماء 苏醒，恢复知觉
فَوْقَ: ضِدَّ تَحْتَ 在上，在上面
ـ: أَزْيَدُ أو أَكْثَرُ من 多于
ـ: أَفْضَلُ من 优于，强于，胜于
ـ: زيادةً على 加之，除…之外又
ـ الكُلِّ: يَفُوقهم 尤其是，最重要的是
ـ الرِيح: عُلاوتها (راجع ريح في روح) 上风，上风(的)
ـ صَفَحات الجَرائِد 在报上，在报纸的篇幅上
ـ صِفْر 零上
ـ الحَدّ 过度，过分，过火
ـ ذلك 此外，再者，并且，而且
ـ مُتناوَل الظُنُون والشُبُهات 没有任何怀疑
إعلانٌ ـ الجُدْرَان 墙上的布告，广告，通告
ـ العَادة 非常的，临时的，特别的，极端的
ـ الطاقَة أو الاحْتِمالِ 不能胜任，忍受
ـ الطَبِيعَة 神奇的，超自然的，不可思议的
فَما ـُ 以上
من ـُ 自下(而上)，从上面
إلى ـُ (自下)而上，到上面
فَوْق / فَوَاق 胜过的，超越的，卓越的

فُوَاق / فُواق: زُغُطَّة (مـ) / حَزُّوقَة (مـ) 打嗝
ـ المَوت (临终时的)咽气
فَوْقَانِيّ: ضد تَحْتَانِيّ 在上的，上级的，高的，高级的；上面的，上层的
البِناء الـ 上层建筑
ـ تَحْتَانِيّ (مـ): رأسًا على عَقِب 颠倒的，倒栽葱
ـ خَالِص (مـ) 最上层
إفَاقَة 觉醒，苏醒
تَفَوُّق: سُمُوّ 优势，优胜，优越
فَاقَة: حاجَة وفَقْر 贫穷，穷困
فِيقَة جـ فِيق وفِيقَات وأفْوَاق وأفَاوِيقُ: لَبَن يجتمع في الضَرْع بينَ الحَلْبَتَيْن (两次挤奶之间)乳房里的存乳
أفَاوِيق (جج من أفْوَاق) 大气里的蒸气
ـ 流出，溢出
سَكَبَ هذا في قَلْبِه ـ الوَجْد 使他的心里充满了爱情
فَائِق جـ فَائِقُون وفَوَقَة 优胜的，优越的，卓越的
ـ الحَدّ 过度的，过分的，过火的
ـ الحَصْر 无限的，不能测量的
ـ الطَبِيعَة 神奇的，超自然的，不可思议的
ـ الوَصْف 难以形容的
ـ (مـ) / مُفِيق / مُسْتَفِيق 苏醒的
تَفَضَّلوا بِقبُولِ ـ الاحْتِرامِ 请您接受我崇高的敬意(用在信尾)
مُتَفَوِّق: غالِب 优越的，优胜的，卓越的
ـ: بارِع 精通的，精巧的，熟练的
فُول: بَاقِلَّى 蚕豆
ـ بَلَدِيّ (مِصْرِيّ) 小蚕豆
ـ رُومِيّ 大蚕豆

ـ سُودَانِيّ / فُسْتُق العَبِيد (ع) 花生
ـ صِينِيّ: فُول صُويَا 黄豆
ـ مَجْرُوش 磨碎的蚕豆
فُولَة جـ فُولَات 一粒蚕豆
فَهِمَ الفُولَة (مـ): أدرك السِرّ (能辨菽麦) 懂事，知道奥秘
كأنَّهما فُولَة وانْقَسَمَتْ (他俩好像是一粒蚕豆分成两半)活像，一模一样
فوّال: بائع الفُول 蚕豆商
فُولاذ (في فلذ)
فُولْتير (أ) Voltaire (Francois Marie Arouet) 伏尔泰(法国文学家、哲学家，1694—1778)
فُوم جـ فُومَان: لغة في ثُوم 蒜
ـ: حِنْطَة 小麦
ـ: حِمَّص 埃及豆，雏豆
ـ: خُبْز 面包，馒头，馍馍
فُون جـ فُونَات (أ) von (德) 冯(德国贵族姓名的特征)
فُونَتِيك (أ) phonetics 语音学，发音学
فُونَتِيكِيّ phonetic 语音的，语音学的；语音学家
فُونُوغْرَاف (أ): فُنُغْرَاف (انظر فنغراف)
phonograph 留声机
أُسْطُوَانَة الـ 唱片
فُونِيم جـ فُونَيْمَات (أ) phoneme [语]单音，音素
فُونِيَة (مـ) [矿]炸药管
ـ السِلاح النارِيّ (مـ): فالِيَة (旧式炮的)火门，(枪炮的)火门
فَاهَ ـُ فوهًا وتَفَوَّهَ بكلمة: نطق بها 说话，发言
ـ وـ: تكلَّمَ 讲，说

فُوه وفاهُ وفِيه جـ أَفْوَاهُه: فَمُه 嘴，口
صَاحَ بِمِلْءِ فِيهِ 放开嗓子喊
فُوّه / فُوَّة: عروق: عروق الصبَّاغِين [植]西洋茜草
أَفْوَاه جـ أَفَاوِيهُ: تَوابِل 香料
فُوهَة جـ فُوهَات / فُوَّهَة جـ فُوَّهَات وأَفْواه وفوَائِه: فَتْحَة 口，孔，穴，眼，窟窿
ـ / ـ البُرْكَان 喷火口，火山口
فُوَّهَة الناس: حَصَائِد الأَلْسِنَة / تَعِلَّة 中伤，诽谤，诬蔑
مُفَوَّه: بَلِيغ 有口才的，口齿伶俐的
خَطِيب ـ 雄辩家，出色的演说家
شَرَاب ـ: مُطَيَّب بالأفاويه (加香料的)香酒
فُويَة (أ) foil: بِطانَة الحِجارة الكريمة (خصوصًا الماس) (垫在宝石下的)薄金属片，衬托物
فِي: حرف جرّ (إذا كان للظرفيَّة) 介词，有下列 9 种用法:
(١) 表空间。在…，在…内，在…下
طائِرٌ في قَفَصٍ 笼中鸟
رَأَيْتُه في البَيْتِ 我在家里看见他
قابَلْتُه في السُوقِ 我在市场上遇见他
في حَالاتٍ مُتشابِهة 在类似的情况下，在相似的情况下
(٢) بمعنى عِنْدَ (للتَوْقِيت) 表时间。在…时候，当…时候
قُمْتُ في طُلُوعِ الشَمْسِ 在太阳出来时我起床
(٣) بمعنى لأَجْلِ أو بِسَبَبِ 表原因。为了，因为，由于
عُوقِبَ في ذَنْبِهِ 他因犯罪而被惩罚
(٤) بمعنى القِياس 表示比较。和…比起来

لَسْتُ شَيْئًا فيه 和他一比，我就微不足道了

(٥) بمعنى على (للاستعلاء) 在…上面，在…面前

قابَلْتُه في الطريق 我在路上遇见他

السَرَطَانُ في ازْدِيادٍ 癌症在恶化

اِرْتَفَعَ في الهواء 在天空中上升

الأَثْمانُ في ارْتفاعٍ 价钱在上涨

قُلْتُ ذلك في وَجْهِه 我当面和他这样说

(٦) بمعنى بَيْنَ 在其中，在…中间，在…之间

لَيْس فيهم أَحَدٌ 没有一个人在他们中间

(٧) بمعنى في أَثْناء 在…之际，在…期间

في الساعَة السابعة مِنَ الصَباحِ 在上午7点钟

في السادِس من الشَهر الجَارِي 在本月6日

في سَنَة ١٩٦١ 在1961年

فِيمَا مَضَى 在过去，在以前

(٨) بمعنى عَنْ أو بخُصُوصٍ 关于，论

تكلَّم في المَوْضُوعِ 他讲了这个问题

في دِكْتَاتُورِيَّة الشَعْبِ الدِيمُوقْرَاطِيَّة 论人民民主专政

في الأَدَبِ الجَاهِلِيّ 论蒙昧时代文学

في حَياتِي 我生平，在我的一生中

في الثَلاثِين من عُمْرِه 30岁时

جُنُون في أَمْرٍ واحد 为同一件事而发狂

(٩) ضَرْب في الحساب (算术上的)乘法

٥ في ١٠ 5乘10

ثَلاثُونَ في أَرْبَعَة 30乘4

في صَرَاحَة 坦白地，直率地，开诚布公地，露骨地

في غَيْرِ مَلَلٍ 有兴趣地

مُسابَقة في الوَثْب والعَدْو 跳远和竞走的比赛

هذا دَخَلٌ في دَخَلٍ 这是双重欺骗

وقال فيما قال إنَّ ... 他顺便说道

في (راجع فو)

فِيه (مـ): مَوْجُود 有

كان فِيه (مـ): وُجِدَ 曾经有

ما كانش فيه (مـ): لم يُوجَد 未曾有

ما فِيش (مـ): غَيْرُ مَوْجُود 没有

فَاءَ يَفِيءُ فَيْئًا: رجع 返回，回复

ـ إلى سَكِينة 又安心了

ـ الظِلُّ: تَحَوَّلَ (阴影)移动，转动

ـ الغَنِيمةَ: أخذها واغتنمها 当作战利品

فَيَّأَه الشجرُ: ظلَّله 遮蔽，庇荫

اِمْتَدَّ ساقُها وـ غُصْنُها (مـ) (树)扶疏

أَفاءَ الظِلُّ: رجَع (阴影)返回

تَفَيَّأَ الشجرةَ وفي الشجرة: استظلَّ بها 躲在树荫下

ـ بِفَيْءِ فلان: التجأ إليه 托靠某人

فَيْء جـ أَفْيَاء وفُيُوء: ظِلّ 荫，树荫，阴影，阴凉处

ـ: غنيمة 战利品

فَيْئَة: رُجُوع 返回，返还

فِيَه جـ فِيَّات (مـ) / (土) فِيئَات 价格，单价

فِيبِيَة (أ) fibbia (意): إبْزِيم 扣子，钩子，扣针，别针

فِيتُو (أ) veto (拉) 否决权

فَيْتُون جـ فَيْتُونَات (أ) phaeton 二马四轮马车，活顶四门汽车

فِيتَامِين جـ فِيتَامِينَات (أ) vitamin 维生素，维他命

فِيثَاغُورَس (أ) Pythagoras: رياضِيّ الإغْرِيق 毕达哥拉斯(古希腊著名数学家，公元前582—前500)

فَاحَ يَفِيحُ فَيْحًا وفَيَحَانًا الحَرُّ: اشتدّ (热)强烈

ـ تِ الرائحةُ (مـ): انتشرتْ (气味)芬芳四溢
فَيَّحَ الشيءَ: فرَّقه بكَثْرة وسَعَة 散布，撒播；挥霍
فَيْح وفَيَح: سعة وانتشار 宽广，广阔，辽阔
فَيَّاح 芬芳的；广阔的
أَفْيَح م فَيْحاءُ جـ فِيح: واسع 宽广的，广阔的，辽阔的
فَادَتْ تَفِيدُ فَيْدًا له فَائِدَةٌ: حَصَلَتْ 获利，生利，得到利益
فَيَّدَ الرجلُ (مـ) 放款生息，贷款取息
أَفَادَ الرجلَ عِلْمًا أو مالاً: أعطاه إيَّاه 使他受益，传授他学问，给他钱财
ـ كذا: دَلَّ عليه / عناه 表示，意味
ـ ه: عَرَّفه / أخبَره 告诉，报告，通知
ـ واستَفادَ منه (مـ) 得益，获益，受益
ـ وـ (مـ): رَبِح 获利，赚钱
وتُفِيدُ الأَنْباءُ أنَّ ... 消息说…
إفادَة: نَفْع 裨益
ـ (مـ): خِطاب / رِسالة 书信
فَائِدَة جـ فَوَائِدُ: مَنْفَعة 利益，裨益，好处
ـ: نَفْع 功效，用处
ـ: طائِل 利益，效用
ـ: ثَمَرة 果实
ـ: رِبْح 利润
ـ المال 利息
ـ بَسِيطَة 单利
ـ مُرَكَّبَة 复利
لِـ ـ فلان 为…的利益
عَدِيم الـ 无用的，无益的
ليس له من هذا ـ ولا عائِدة 这对于他没有丝毫利益
من غَيْر ـ 毫无利益
مَفَاد الكَلام 意思，意义，旨趣

مُفِيد: نَافِع 有用的，有利的，有益的
ـ: مُربح 能获利的，能赚钱的
مُسْتَفِيد: مُنْتَفِع 受益人
فِيدِرَالِيّ (أ) federal 联邦的，同盟的
فِيرَنْدَة (مـ) verandah 走廊，游廊
فَيْرُوز (أ) / فِيرُوز / فَيْرُوزَج / فِيرُوزَج: حجر كريم (波)[矿]绿松石(甸子)
فِيرُوزِيّ (لون) 绿松石色(蓝色)
فَيْرُوس (أ) virus: سُمّ نَوْعِيّ [医]病毒，传染毒
فِيرُوسِيّ: سامّ 有病毒的
فِيزِيَاء (أ) physics 物理学
ـ الأرض 地球物理学
فِيزِيائِيّ 物理的
دُكْتُور في العُلوم الـ ة والرِياضيَّة 物理学数学博士
فِيسُ (أ): (فِيس) أميرال vice (拉) 海军中将
فِيسِيُولُوجِيا (أ) physiology 生理学
فَاشَ ـِ فَيْشًا: افتخر وتكبر 自夸，自负，自大，骄傲
فَيْش: طَرْمَذَة 自夸，大话，吹嘘
فاش (مـ): قمل الطيور 鸟虱
فِيش 指纹
فِيشَة الكَهْرَباء جـ فِيشَات (مـ) [电]插头
ـ أَلْعابِ القِمار [牌]筹码，号码，号签
ـ: سكة للتعامل الخاص 表征；表记，记号
ـ المَفَاتِيح 钥匙的垂片
فيصل (في فصل)
فَاضَ ـِ فَيْضًا الإناءُ: امتلأ 充满，满盈
ـ بِمَكْنُونِ صَدْرِه 吐露心事，表明心迹，披肝沥胆
ـ ـِ فَيْضًا وفَيَضَانًا وفِيُوضًا وفُيُوضًا وفُيُوضَةً وفَيْضُوضَةً السَيْلُ: كثر وسال من ضِفَّة الوَادِي

(洪水)泛滥

ـ النهرُ على المكان (河水)淹没地方

ـ الخبرُ:شاع (消息)传开，传播

ـ (م): زاد 过度，过分，过多

ـ (م): بَقِيَ 剩余，剩下，遗留，留下

ـ تْ ـِ فَيْضًا وفُيُوضًا روحُهُ أو نَفْسُه: مات 死亡

ـ تْ روحُه إلى خالِقه 归真，归天

ـ عَنِ الحاجة 过剩；超过需要量

أَفاضَ الدَمْعَ: سَكَبه 流泪，挥泪，洒泪

ـ الماءَ: صَبَّهُ 倒水，泼水

ـ الإناءَ: طفَّحه 装满，注满(水缸)

ـ بِكَلِمَةٍ 说话，讲话

ـ في الحديث 细述，详论

الأنهارُ تَفِيض بالتَماسِيح 河里鳄鱼成群

اِسْتَفَاضَ الخبرُ: انتشر (消息)传开，传播

ـ المكانُ:اِتَّسَعَ 广阔，辽阔

فَيْض ج فُيُوض وأَفْيَاض: كَثْرة / وَفْرة 多，丰富，富裕，充裕

ـ كَثِير 许多的，很多的，丰富的

أَزْمَة ـ الإِنْتاج 生产过剩

ماءٌ ـ 泛滥的水

رَجُلٌ ـ: كثير المَعْرُوف 慷慨的人；好施者，慷慨的，大方的

ـ / فَيَضَانٌ: طُوفَان 洪水，大水，水灾

فَيَضَان ج فَيَضَانَات النَهْر (河)泛滥、涨水，洪水成灾

قِمَّة الـ 洪峰

مَشْرُوع تَعْوِيق الـ 拦洪计划

فَائِض: جَارٍ 流的，流动的，流畅的

ـ: وافِر / كثير 丰富的，丰盛的

ـ (م): مُفْرِط 过度的，过分的

ـ المِفْتَاح (م): قَصَبَته 钥匙柄

ـ (م): زائد عن الحاجة 多余的(钱财、衣服等)

فَيَّاض: وافِر 丰富的，充足的

ـ: جَوَّاد 宽宏大量的，慷慨大方的

مَفِيض 出口处

مُسْتَفِيض 详细的，详尽无遗的

فَاظَ يَفِيظ فَيْظًا وفَيَظَنًا وفُيُوظًا وفَيْظُوظَةً: مات 断气，死亡

فَيْظ: موت 死亡

فَايِظ (م): فائدة المال 利息

فَايِظْجِي (م) 放债人，高利贷者

فَيْف ج أَفْيَاف وفُيُوف / فَيْفَى وفَيْفَاء وفَيْفَاة ج فَيَافٍ: مفازة لا ماءَ فيها / مكان مستوٍ 没有水的荒野；平原，平地

فَيَّقَ (م) 唤醒，提醒

فِيكُونْت (أ) viscount 子爵

فِيكُونْتَه / فِيكُونتِسَّه (م) viscountess 子爵夫人，女子爵

فَيَّلَ رأيَهُ: خطَّأه وقبَّحه 评定他的意见是错误的

تَفَيَّلَ رأْيُهُ: ضَعُفَ (意见)成为不健全的

فِيل ج أَفْيَال وفِيَلَة وفُيُول م فِيلَة 象

ـ الشِطْرَنْج [棋]象；相

الـ المُنْقَرِض / الـ البائد: مَحْمُود [动]猛犸

ـ البَحْر: فَظّ (انظر فظظ) 海象

دَاءُ الـ / فُيَال [医]象皮病

داء الـ العَرَبِيّ [医]象皮病，腿象皮病

سِنّ الـ: عَاج 象牙

فَيَّال ج فَيَّالَة: صاحب الفيل 养象人

فِيلاّ (أ) / فِلَّة ج فِلاَّت (أ) villa (意) 别墅

فَيْلَجَة الدُودَة ج فَيَالِج: شَرْنَقة (م) 茧

فَيْلَسُوف (أ) (راجع فلسف) philosopher 哲学家，哲人，贤人，(土)炼金术士

فَيْلَق (في فلق)

فِيلْم (أ) / فِلْم film 软片，电影

فِيلْهَارْمُونِيك (أ) philos harmonia (希) 音乐爱好会，音乐馆

فِيلُوسِيبِيد (أ) velociped (没有脚蹬，乘者两脚踏地前进的)旧式自行车

فِيلُولُوجِيَا (أ) philology: علم اللغة (أو فقه اللغة) 语言学

فَيْنَ (مـ) 在哪里？往何处？

فَيْنَة: حِين وساعة 时间，时候

بَيْن الـ والفَيْنَة 时时

في الـ بَعْدَ الـ 有时，偶尔

فَيْنَانُ م فَيْنَانَة: حَسَن الشَعْر الطويل 头发又美又长的

فِيه: فمه (فوه)

فِينِيقِيّ 腓尼基的，腓尼基人

تَفَيْهَقَ في الكلام: توسَّع فيه 高谈阔论，夸夸其谈

فِيَّة (مـ) / فِئَة (في فأي) 价格，价值，价钱

فِيُونْكَة (مـ) / فِيُونْكُو (أ) fiocco (意): أُرْبَة 蝴蝶花结，蝴蝶领结

القاف

ق (القاف) 阿拉伯字母表第 21 个字母；代表数字 100

ق: دَقِيقة (分)的缩写

ق. م: قبل المِيلاد (公元前)的缩写

قاء (في قيأ) / **قائمقام** (مـ) / **قائمة** (في قوم)

قابُ (في قوب) / **قات** (في قوت)

قاح (في قيح) / **قاد** (في قود)

قار (في قور) / **قارٌ** (في قير)

قارّة قارورة (في قرر)

قَارِينَة (أ) carena (意)(船)龙骨

قارية (في قري) / **قازوز** (في قزز)

قاسَ (في قيس) / **قاسٍ** (في قسو)

قاشانيّ (في قيشانيّ) / **قاصّ** (في قصص)

قاصٍ (في قصو)

قَاصُون جـ قَوَاصِينُ (أ): جهاز العمل تحت سطح الماء 潜水钟

قاضٍ (في قضَى) / **قاعٌ / قاعة** (في قوع)

قافية (في قفو) / **قاق** (في قوق)

قاقُلَّة (في قفل) / **قالَ** (في قول وقيل)

قامَ (في قوم) / **قامة** (في قوم)

قانٍ (في قنو) / **قاوند** (في قند)

قَاوِرْمَة (مـ) (土)烤肉

قايش (في قوش) / **قايض** (في قيض)

قايين (في قين) / **قبّ** (في قبب)

قبا (في قبو)

قَبَاق (مـ) (土)战舟，搭浮桥用的铁舟

قَبَّ ـُ قَبًّا وقَبَّبَ القُبَّة: بَناها 建圆屋顶

ـ النباتُ: يَبِسَ (植物)枯槁

ـ (مـ): ارتفع 凸起，膨胀

ـ شَعْرُ رَأسِي(مـ) 我毛骨悚然

ـ ـُ قَبًّا واقْتَبَّ يدَ فُلان: قطَعها 割手

ـ ـِ قَبًّا وقَبِيبًا الأَسدُ أو الفحل: سُمِعَت قَعْقَعَةُ نابِه (狮子)咬牙，磨齿

قَبَّبَ الشيءَ: حدَّبه 使中凸，使圆凸

قَبُّ الدُولابِ (العجلة): وسَطُه 毂(车轮中心插轴的地方)

ـ الدُولابِ: الثقب يجري فيه المِحْوَرُ [机]轴承箱，轴承函，轴承座，车辆的轴箱

ـ المِيزان (مـ): القائمة التي تعلق بها كفّتاه 天平杆，杠杆

ـ الميزان (مـ): ذِراعه المدرّج 秤杆

ـ / قِبّ: رئيس القوم وسيِّدُهم 首领

ـ 骨轮的轴；种马

قَبّ: أصل الذَنَب [解]尾骶骨

قُبَّة جـ قِبَاب وقُبَب: سَقْف مستدير مُقَعَّر 圆屋顶

ـ الإسلام: مدينة البَصْرَة 巴士拉市(伊拉克港口城市)

ـ الخَاتِم 戒指上镶宝石的凹穴

ـ الشَهادَةِ أو الزمان: خيمة الاجتماع (عند اليَهود) (犹太人的)会幕，圣幕

ـ الجَرَس 钟楼，钟塔

الـ الزَرْقَاء / الـ السَمَاوِيَّة 苍穹，青天，苍天

تَحتَ ـ المَجْلِس النِيابيّ 在议院的圆顶下

قَبَّة جـ قَبَّات الثوب(مـ): طَوْقُه 衣领，领子

قَبَّان (في قبن) 秤，提秤

مُقَبَّب: له قُبَّة 有圆屋顶的；穹窿状的

ـ: مُحَدَّب 凸状的；凸圆的

قَبْج (أ): طائر كالحَجَل (波)[鸟]鹧鸪

ـ (س) [鸟]鹬，沙雏鸟

قَبَحَ ـُ قَبْحًا وقُبْحًا وقَبَاحَةً وقُبَاحًا وقُبُوحًا وقُبُوحَةً: كان قَبِيحًا 成为难看的，成为丑陋的

قَبَّحَه: صَيَّره قبيحًا 使成丑陋的

ـ عليه فعلَهُ 责备，苛评，谴责，找缺点

ـ عليه(م): تَسافَهَ 无礼，侮辱，凌辱，辱骂

اِسْتَقْبَحَه: عدّه قبيحا 认为是丑的，认为是难看的

ـ ه: ضد استحسنه 憎恶，嫌恶，厌恶；不赞成，指责

قُبْح / قَبَاحَة 丑，难看

قُبْحًا له! 呸，看他这德行！看他这种怪样子！

قَبَاحَة(م): سَفَاهة 无知，粗暴，粗鲁，粗野

قَبِيح ج قِبَاح وقَبْحَى وقَبَاحَى 丑的

ـ المَنْظَرِ 难看的

ـ: شائِن 可耻的，丢脸的，不名誉的

ـ: بَذِيء 卑污的，淫乱的，污浊的，丑恶的，下流的

ـ (م): سَفِيه 无知的，粗野的

قَبِيحَة ج قِبَاح وقَبَائح: عمل قبيح 不道德的行为，可耻的行为，丑行，可恶的事，恶劣的行为

مَقْبَحَة ج مَقَابِح 坏处，恶劣行为

قَبَرَ ـُ قَبْرًا ومَقْبَرًا الميتَ: دفنه 埋葬

اِنْقَبَرَ(م) 被埋葬

قَبْر ج قُبُور: مَدْفَن 墓，坟

ـ رَمْزِيّ: مَزار (كقبر الجُنْدِيّ المجهول) 纪念碑，纪念塔，象征性坟墓(如无名将士墓)

قَبْرِيَّة: عِبَارة مكتوبة على ضريح 墓志铭，碑文

قُبَّرَة وقُنْبَرَة وقُنْبَرَاء وقُنْبُرَة وقُنْبُرَاء ج قُبَّر وقُبَر وقَنَابِر: طائر 鹨，天鹨，百灵，云雀

مَقْبَر ومَقْبَرَة ومَقْبِرَة ومَقْبُرَة ومِقْبَرَة ج مَقَابِرُ 墓地，陵园，茔地

قُبْرُس 纯铜

قُبْرُص / قُبْرُس (أ) Cyprus: جَزِيرَة في شرقي البَحر المتوسّط 塞浦路斯(地中海东部一岛)

قُبْرُصِيّ ج قَبَارِصَة / قُبْرُسِيّ ج قَبَارِسَة 塞浦路斯的；塞浦路斯人

قَبَسَ ـِ قَبْسًا واقْتَبَسَ منه النارَ: أخذها شُعْلَةً (向…)借火

ـ وـ الحُمَّى 感染(热病)

ـ وـ العِلْمَ 学习，求知

اِقْتَبَسَ عِبَارَةً: نقلها 引证，举例，引用，借用

قِبْس: أصل 源泉，根源

قَبْسَة 借一次火，燃烧着的小块煤

عَلامَة الاقتباس (« ») 引号

قَبَس / مِقْبَاس / مُقْتَبَس: جَذْوَة 火炬，燃烧着的煤块

قَبَصَ ـِ قَبْصًا وقَبَّصَ الشيءَ: تناوله بأطراف الأصابع 撮，用手指头捏

قَبْص / قِبْص 沙堆

قِبْص 人群

قُبْصَة ج قُبَص: ما تناولته بأطراف أصابعك 一捏；一撮

ـ نَشُوق 一撮鼻烟

قَبَضَ ـِ قَبْضًا الشيءَ وعليه وبه: أمسكه بيده 抓住，握紧，捉住

ـ ه وقَبَّضَه: قلَّصه 弄皱，使收缩

ـ البطنَ: أمسكه 使便秘

ـ الصَّدْرَ 使(精神)沮丧，使(意志)消沉

ـ المَالَ 拿到钱，领到钱

ـ عليه: ألقى القَبْضَ 逮捕，捉住，捕获

ـ على زِمام الحُكْم 掌握政权

ـ على ناصيةِ الطائرة 自由地驾驶飞机
ـ على طَلاَسِمِ العُلوم 了解科学的秘密
ـ يدَه 握紧手，握拳
ـ يدَه على كذا 把…紧握在手里
ـ يَدَه عن كذا 放弃
ـ الأكُفَّ عن الدَفْع 规避付款
ـ ه اللهُ إلى جِواره / ـ الله روحَه [宗]他死了
قَبَّضَ المالَ فلانًا: أعطاه إيّاه في قَبْضَته 把钱亲手交给某人
تَقَبَّضَ وانقبضَ: تَقَلَّصَ 收缩，皱紧；(脸)变相
ـ وـ البَطْنُ 便秘，大便干燥
اِنْقَبَضَ صَدْرُه 不愉快，精神沮丧
ـ المالُ (钱)兑现，付现
قَبْض: مَسْك 握，抓住
أُلْقِيَ الـ على فلان 逮捕
هو في حالةٍ لا يَمْلِك مَعَها قَبْضًا ولا بَسْطًا
他处在连手指都不能伸缩的情况下
ـ: تَقَلُّص 收缩，皱紧
ـ البَطْنِ: إمْساك 便秘
ـ المال 收，纳
يومَ الـ (قَبْض الأُجُور) 发薪日
قَبْضِيَّة 工资
قَبْضَة / قُبْضَة: مَسْكة 握，抓
ـ: ملء الكفّ 一把，一握，一掬
ـ اليَد: جُمْع اليَد 拳，拳头
ـ 格布达(等于 12.5 厘米)
ـ من العُمْلة 一把硬币
هو في ـ القَضَاء 他已落入法网；他在受命运的摆布
وَقَع أسيرًا في ـ الجنود 他被士兵俘虏了
هدَّد بـ ـ يدِه 用拳头威胁
في قَبْضَتِه: في مِلْكِه (在某人的手掌里)拥有
في قَبْضَة يدِه: تحت سُلْطَتِه 受…支配，受指挥；被…管辖
قَبْضَة / مِقْبَض جـ مَقَابِضُ 柄，把；把手
ـ / ـ السَيْف والخَنْجَر (剑或匕首的)柄，把
ـ / ـ المِحْراث: الجزء الذي يمسكه الحَرَّاث 犁把，犁柄
اِنْقِبَاض: تقلّص 缩拢；皱紧
ـ البَطْن 秘结，便秘
ـ الصَدْر 沮丧，郁闷，不快
الـ النَقْدِيّ [经]通货紧缩
قَابِض: متسلّم 收受者，领受者
ـ على: ماسِك 握着的，拿住的，抓住的
ـ 涩的
ـ / دَواء قابض 收敛剂
ـ: يُمْسِك البَطْنَ [医]引起秘结的，使人便秘的
ـ الأَرْواح 死神
مَقْبُوض: مُسْتَلَم 接收的，拿到的
ـ عليه 被拘捕的
مَقْبُوضَات 字据，凭据，回执，收据
مُنْقَبِض / مُتَقَبِّض 收缩的，皱紧的
ـ الصَدْر / مَقْبُوض(مـ) 沮丧的，忧虑的，抑郁的
مِقْبَض ومَقْبِض ومَقْبَض ومِقْبَضَة ومَقْبَضَة ومَقْبِضَة جـ مَقَابِض: قَبْضَة 把，柄
قَبَّطَ وَجْهَه: قَطَّبَه 皱眉头，蹙额
قِبْط وقُبْط جـ أَقْبَاط الواحد قِبْطِيّ: نَصارَى مصر 埃及的科卜特人
قِبْطِيّ: مَنْسُوب إلى الأقباط (أو اللغة القِبْطِيّة) 科卜特的；科卜特人；科卜特语
القِبْطِيَّة والقُبْطِيَّة 埃及产科卜特亚麻布

قُبُّوط (س): جُنْدُب 蚱蜢；蝗虫
ـ 羊毛斗篷
قَبْطَان / قَبَّطَان / قُبْطَان جـ قَبَاطِينُ / قَبُوطَان (أ) capitano (意)船长，舰长
قَبَع ـَ قَبْعًا وقِبَاعًا وقُبَاعًا الخِنْزِيرُ والفِيلُ: نخر وصوَّت 猪叫；象鸣
ـ الرجلُ: صاح 呼喊，叫，嚷
قَبَعَ ـَ قُبُوعًا القُنْفُذُ وأمثاله: أَدْخَلَ رأسَه في جلده وخَبَّأه (刺猬等)把头藏起来，缩进去
ـ في عَقْرِ دارِه 躲在家里，隐藏起来
ـ فَوْقَ الغُصْن (鸟)不动地站在树枝上
ـ في مكانه 站在原地不动
ـ (س): نَزَعه / قَلَعه 拔出，抽出
ـ (م): جَرَع 大口喝
تَقَبَّعَ 戴帽子
اِنْقَبَعَ الطائرُ في وَكْرِه: دخل فيه (鸟)进窝，归巢
قَبْعُ البَنَّاءِ (م): فَأْسُه الصغيرة (石匠用的)小铁锤
قُبْع: بُوق 喇叭，军号
قُبْعَة [植]萼，花托
قُبَاع / قُبَع: قُنْفُذ 刺猬
قُبَّعَة جـ قُبَّعَات (س): بُرْنِيطَة 礼帽，帽子
ـ عالِيَة 大礼帽
ـ الإخْفَاء (童话中的)隐身帽
قَبْقَب (م): انتفخ وارتفع 涨大，膨胀，凸出
قَبْقَبَة: صَوْتُ جَوْفِ الفَرَس 马腹发出的声音
قَبْقَاب جـ قَبَاقِيبُ: حِذَاء خَشَبِيّ 木屐
ـ الفَرْمَلَة (م): إباضَة 煞车，制动器
ـ الزَحْلَقَة أو التَزَلُّج 带轮的溜冰鞋
قَبْقَب: صَدَف بَحْرِيّ [动]宝贝，海蚆
قَبِل ـَ قَبُولاً وقُبُولاً وتَقَبَّلَ الشيءَ: أخذه 接受，领受
ـ الكلامَ: صدَّقه 相信
ـ الأمرَ: رَضِيَ به 答应，赞成，同意，应允，满意
ـ الأمرَ والكلامَ: أذعن له 服从，听从
يَقْبَل التَجْزِئَة 可以分开
يَقْبَل الشِفَاء 可医治
قَبِلَ ـَ وقَبَلَ ـُ قَبَالَةً به: كفل به وضمنه 保证，担保
قَبَلَ ـَ قَبْلاً وأَقْبَلَ الوقتُ: صار آتيًا 时候快到了，时间临近
قَبَلَت ـُ قَبْلاً وقُبُولاً رِيحُ القَبُول: هبَّت 刮东风
قَبَّلَه: لثَمه / بَاسَه (م) 吻，接吻
ـ الأَرْضَ بينَ أَيْدِيهم (在他们面前吻土地)卑躬屈膝
ـ (م): سَارَ جَنُوبًا 向南去
قَابَلَه: واجَهه / لاَقاه 碰见，遇见
ـ ه: كان أمامَه 在…对面
ـ كذا بكذا: عارضه به ليرى وجه التماثُل أو التخالُف بينهما (拿两件事情)相比较
ـ الفِعْلَ بمِثْلِه 以牙还牙，以眼还眼
ـ الشرَّ بالشرّ 以怨报怨
ـ المِثْلَ بالمِثْل 还敬，以德报德，以怨报怨
أَقْبَلَ إليه: أَتَى 来，迎面走来
ـ الرَبيعُ بدِفْئِه ورَوْنَقِه 大地回春
ـ على الأمر 开始…，着手…
ـ المَحْصُولُ (م): كثر (谷物)丰收
ـ ت الأرضُ بالنبات: جاءت به (土地)丰产
ـ ت عليه الدُنْيا 走运，走好运
ـ على العَمَل: أخذ فيه ولزمه 着手做，开始干
ـ القومُ: أصابتهم رِيحُ القَبُول 遭遇东风
ـ اللهُ دُعاءَه: استجابَه [宗]真主答应他的

祈求

تَقابَلَ الرجلان: تواجها 相会，会见

اِقْتَبَلَ الكلامَ: ارتجله 即席演说

ـ الأمرَ: استأنفه 重新做

اِنْقبَلَ (مـ) 被接受

اسْتَقْبَلَه: لاقاه 接见，迎接，接待，招待

ـ الشيءَ: واجَهَه 面对

ـ الطريقَ 上路

ـ القِبْلَةَ 面对正向(克而白的方向)

قَبْلَ كذا: ضد بعدَه 在…之前

ـ ذلك / قَبْلَئِذٍ 在那以前，预先

ـ الحَرْبِ 战前

ـ شَهْرٍ 一个月以前

ـَ كُلِّ شَيْءٍ 首先

ـ ما / ـَ أنْ 在…之前

من ـُ / قَبْلاً: سابِقًا 从前，以前

مِنْ ذي ـُ 比以前

زادَ عددُ العُمَّال من ذِي ـُ 工人的数目比以前增长了

تابع ما ـ ه (في الحساب) [簿]结转

قُبَيْل... 在…前不久

قِبَلٌ: مَقْدِرة / طاقة 力量，能力

ما لي به ـ... 我无能为力

لِي ـ ه دَيْن 他欠我一笔债

ـ: جِهَة / ناحِيَة 方面，方向

أتاني من ـ ابْنِي 他从我儿子那里来

قُبْل / قُبُل: ضد دُبُر 前面，前部

مِنْ ـ 从前面

ـ وـ مِنْ الجَبَل جـ أَقْبَال: سَفْحه 山脚，山麓

قُبْلَة جـ قُبَل وقُبُلات: بُوسَة (أ) 接吻，一吻

قِبْلَة المُصَلِّي 礼拜者的正向(克而白的方向)

ـ الأنْظار 众望所归

ـ: مِشْكاة 壁龛(搁东西的墙壁凹处)

صار ـ أَنْظارِ العُلَماء 他成为学术界的泰斗

ولم تُصْبِحْ له ـ يَسْتَقْبِلها 他走投无路，他没有什么希望

قِبْلِيّ (مـ): جِهَة الجَنُوب (埃及的)南方

ـ (مـ): جَنُوبِيّ (埃及)南方的

الوَجْه الـ (مـ): صَعِيدُ مِصْرَ 上埃及

قَبَل: حَوَل مُتَقارِب [医]斜眼，集合性斜视

قِبَال من النَعْل: زِمامها 皮鞋带

قَبالَة: مَسْؤُولِيَّة 责任，职责，负担，义务

ـ: عَقْد / اتِّفاق 契约，合同

قِبالَة: صِناعة التوليد 助产术，助产学，产科学

قُبالَة: تِجاه 前面，对面

قَبُول / قُبُول: ضد رَفْض 同意，赞成

ـ: أَخْذ 接受，领受，收到

ـ: اسْتِعْداد 倾向，意向，性质

ـ: تَرْحاب 欢迎，友好地接待

ـ: إقْبال / يُسْر 兴旺，昌盛

عَدَم ـ التَجْزِئَة 不可分开的

مُقَابَلَة: مُلاقاة 遇见，碰见，相会

ـ: مُعارَضة 比较，对照

ـ المِثْل بالمِثْل 以…报…(如以德报德)

ـ 方程式

عِلْمُ الجَبْر والـ [数]代数学

تَشْرِيح الـ 动物解剖；动物解剖学

إقْبال: مَجِيء 到，来

ـ: اقْتِراب 走近，临近

ـ: يُسْر 幸运，昌盛，兴旺，顺遂

ـ: رَواج / طَلَب 有销路

عليه ـ: رائج / مَطْلُوب 销路好

ـ 欢迎，喜爱

وجدتْ هذه الأوبرا ـً من قِبَل الجُمْهور 这歌

剧得到观众的喜爱

سنةُ ـ: سنة خير 丰年

إقْبالاً وإدْبارًا: جيئةً وذُهُوبًا 往复，来回

اسْتِقْبال: لِقاء 迎接，招待，接见

ـ: مُقابلة بين جِرْمَيْنِ سَماوِيَّيْنِ [天]冲；(月的)望

ـ الاعْتِدالَيْنِ: مُبادَرة [天]岁差

ـ: مُسْتَقْبَل / غير الماضِي والحاضر 将来，未来，前途

غُرْفَة الـ 接待室，招待室，客厅

يَوْم الـ 会客日，接见日

حَفْلَة الـ 招待会

جِهَاز الـ 收音机，接收机

القَمَر في الـ 满月，望月

قابِل جـ قبَلَة: ضِد رَافِض 接受者，领受者；接收的

ـ: قادِم / آتٍ 次(日)，来(日)

الشَهْر الـ 下月

في الأيام الـ ة 在不久的将来

ـ 有用的，合适的

ـ أنْ يَكونَ أو يَصِير ... 有可能成为…

ـ لكذا: عُرْضَة له 易受…的，可…的

ـ للتَلَف 易损耗的

ـ للكَسْر 易断的，易碎的，脆的

ـ للعَزْل 可移的，可以更换的

ـ للحَلّ 可解决的

ـ للالْتِهاب 易燃的

ـ للتَجْديد 可更新的，易更新的

ـ للتَغَيُّر 可变换的

ـ للشفاء 可医治的

ـ للأَكْل 可吃的

غَيْرُ ـ لكذا 不适合的

ـ: مولِّد 产科医生

ـ / قَابِلَة: وِعَاء 容器

قَابِلَة جـ قَوَابِلُ: مَوَلِّدة / دَايَة(مـ) 助产士，接生婆

قابِلِيّة: اِسْتِعْداد 适应性，承受性

ـ: مَيْل 倾向，特质，偏向，意向

ـ (سـ): شَهِيَّة 欲望，胃口，食欲

ـ التَأَثُّر 感受性，易感性，灵敏性

ـ التَجْزِئَة 可分性

ـ العَزْل 可换性

قَبِيل جـ قُبُل وقُبَلاءُ: ضامِن 保证人；担保的

من ـ كذا 属于某类

من هذا الـ: مثل هذا 如此，诸如此类

من هذا الـ (الخصوص) 关于这件事

ـ 在前面的(东西)

لا يَفْرِقُ بَيْنَ ـ هِ ودَبِيره 晕头转向，糊涂，黑白不分，愚蠢透顶

قَبِيلَة جـ قَبَائِلُ: عَشِيرَة 部落，部族

ـ (في تَصْنِيف الأَحْياء) [生]门(动植物界分类的名目)

ـ: صَخْرة على رأْس البِئْر 井口的石盖

قَبَائِلُ الرأْس 头盖骨

قَبائِل الشَجَرة 树枝

قَبائِل الثَوْب 衣服的补丁

قَبَليّ وقَبِيلِيّ: عَشَائِرِيّ 部落的，部族的

أَقْبَلُ م قَبْلاءُ جـ قُبْل: أَحْوَلُ م حَوْلاءُ جـ حُول 斜眼的；斜视

مَقْبُول: قُبِلَ 被接受的，被领受的

ـ: يُقْبَلُ 可接受的，可承认的，可同意的

ـ: مُرْضٍ 使人满意的，令人愉快的

ـ: مَعْقُول 合理的，正当的，可理解的

تَأْلِيفٌ اعْتِيَادِيّ ـ [音]谐音，类似音

غير ـ 不能接受的

عُذْر ـ 正当的理由

مُقَبِّلَات 作料，开胃品

ـ: مُشهِّيات 拼盘，冷盘，冷碟儿

التَوَابِلُ والـ 各种调味品

مُقَابِل: أمام / تِجاه 在…的前面，面对

ـ 相遇的，相对的

اِقْتِرَاح ـ 相反的提议

في ـ 和…比较

بَلَغَتْ قِيمَةُ المُسْتَوْرَد منها … ـ … في العام الماضِي 进口价格达…，而去年是…，与去年相比的进口价格(成本)为…

ـ 代用品，等价物

ـ: بَدَل 代替

ـ: عِوَض 报答，报酬

في ـ ذلك 给报酬(报答)

بِلا ـ 无偿地

ـ الوَفاء (في الحقوق) [法]条款，条项，规定

مُقْبِل: قادِم / آتٍ 前来的，到来的，下次的

الشَهْرُ الـ 下月

الأُسْبُوع الـ 下星期

مُقْتَبَل الشَباب 青春，少壮期

في ـ العُمْر 青春，壮年

مُسْتَقْبَل: الزَمَن بعد الحاضِر 将来，未来，前途；(语)未来式

مُسْتَقْبَل: واجِهَة 前部，将来的

قَبَّنَ الشيءَ: وَزَنه بالقَبَّان 用秤称

ـ الشيءَ (م): وَزَنه باليَدِ 掂重量

قِبَانَة: أُجْرَة الوَزْن 称量费，过磅费

ـ: عَمَل القَبَّانِيّ 过磅员的职业、工作

قَبَّان: مِيزان القَبَّانِيّ 提秤，秤

حِمار ـ / عَيْر ـ 鼠妇(等脚类小甲虫)

قَبَّانِي جـ قَبَّانِيَّة: مُقَبِّن 过磅员，过秤员

مِيزَان الـ 秤

قَبَا يَقْبُو قَبْوًا وقَبَّى السَقْفَ: عقده 做拱形的天花板

ـ الشيءَ: جَمَعَه بِأَصابِعِه 用指头捏、撮

ـ الزَعْفَرانَ: جَناه وجَمَعه 采集番红花

ـ قَبًا الشيءَ: قَوَّسه 作成弓形

قَبَّى واقْتَبَى المَتاعَ: عَبّاه 整理(行李)

ـ الثوبَ: قَطَعه قَبَاءً 裁制(外衣)

تَقَبَّى القَباءَ: لَبِسه 穿(外衣)

قَبًا (م) 粗糙的，粗笨的，粗鲁的

قَبْو جـ أَقْبِيَة: سقف معقود البناء 圆屋顶，拱形圆顶，地下室，地窖

قَبْوَة جـ قَبَوَات (م): قَبْو صَغِير 小拱形圆顶

قَبَاء جـ أَقْبِيَة: ثَوْب خارِجِيّ 外衣，外套

انَّ السماءَ لا تُغَطَّى بالـ (长衫遮不住天) 手大盖不住天

قِبَاء: مَسافَة / قاب / مقدار 距离，间隔

مَقْبِيّ 拱形的，穹窿状的

قُبُودَان جـ قُبُودَانَات / قُبْطان جـ قَبَاطِينُ (أ) capitano (意)船长

ـ مِيناء 港务部长

قُبُودَانِيَّة (م) / قُبُودَانَه capitana (土)(意)港务部长办公室

قَتَب / قِتْب جـ أَقْتاب: رَحْل الدابَّة 驮鞍，驼鞍，马鞍

ـ (م): حَدَبَة الظَهْر 偻背，驼背

قِتْب وقِتْبَة جـ أَقْتاب: مِعًى 肠

مُقَوْتَب (م) / أَبو قَتَب: أَحْدَبُ 罗锅，驼背者

قَتَّ ـُ قَتًّا: كذب 撒谎

ـ الشيءَ: جمعه قليلا قليلا 一点一点地收集起来

ـ الشيءَ: قلَّله 减少

ـ إلى فلان / ـ أَثَر فلان: اتَّبعه سِرًّا 暗中跟踪

قَتَّتَ وقَتَّ الكلامَ 捏造谎话，说瞎话

اِقْتَتَّ الشيءَ: استأصله 根除，连根拔除

قَتّ (م): فِصْفِصَة 干苜蓿，青苜蓿

قَتَّة: قِثَّاء بَرِّيّ / فَقُّوس 野胡瓜

قَتَّات / قَتُوت: واشٍ 毁谤者，诋毁者，中伤者，诬告者

قَتَدَ القَتَادَ: قَطَعَهُ ونزع شوكَه وعلفه الإبلَ 砍下荆棘，削去刺喂骆驼

قَتَاد: نبات له شوك صلب 一种有刺的植物，可做骆驼饲料

ـ [植]黄耆胶

ما جَنَى من وَراءِ ذلك إلاَّ شَوْكَ الـ 这件事到底还是件麻烦事

قَتَرَ ـِ قَتْرًا وقُتُورًا وقَتَّرَ وأَقْتَرَ على عِيالِه: بَخِلَ، وضَيَّقَ عليهم في النَفَقَة 吝啬，舍不得给家用

قَتَرَ ـُ قَتْرًا وقُتُورًا وقَتِرَ ـَ قَتَرًا البخورُ أو اللحمُ: سطعتْ رائِحتُه (煎肉时)香气四溢

أَقْتَرَ: قَلَّ مالُه 钱财少，贫困

قُتْرَة جـ قُتَر 猎人的小屋

قُتَار (烤肉的)香味；烧香的香气

قاتِر / مُقْتِر 吝啬的，小气的

قَتِير / مِسمار بِطاسَة (م) 饰钉，大头钉

مُقْتِر 贫困的

قَتَلَه ـُ قَتْلاً وتَقْتَالاً: أَماتَهُ 诛，杀害，杀死

ـ ه: أعدَمَه 处死

ـ ه: فتَك به 谋杀，刺杀，凶杀

ـ الجُوعَ والبَرْدَ: كَسَر حِدَّتَه 消灭饥寒

ـ ه الحَرُّ 热得要命

ـ ه بَحْثًا 详细研究

ـ الخَمْرَةَ: مزَجَها بماء 往酒里搀水

ـ الوَجَعَ 减轻痛苦，减轻疼痛

ـ الوَقْتَ 消磨时间

ـ نَفْسَه: انتحر 自杀

قَتَّلَ القومَ: قتل كثيرًا منهم 屠杀，大量杀害

قاتَلَ فلانًا قِتالاً وقِيتالاً ومُقَاتَلَةً: حارَبه وعاداه 交锋，厮杀，战斗

قاتَلَه اللهُ: لعنه (上帝处罚他，上帝降灾于他，遭天罚，安拉诅咒他)该死！

تَقَتَّلَتِ المرأةُ: تقلَّبت في مَشْيها وتثنَّت 扭捏

تَقَتَّلُوا وتَقَاتَلُوا واقتَتَلُوا: تَحَارَبُوا 互相搏斗，互相残杀

اسْتَقْتَلَ: استسلم للقتل وعَرَّضَ نَفْسَه للموت 冒死，拼命

ـ (في العِراك) 鏖战，死战，拼命地打

قَتْل: إعدام الحياة 杀害，杀死

ـ: فَتْك / اغتيال 暗杀

ـ عَمْدٍ أو عَمْدِيّ [法]谋杀

ـ بلا تَعَمُّدٍ (أو خَطَأً) 误杀

ـ الذات: انتحار 自杀

ـ الأطفال 弑婴，屠杀儿童

ـ المَلِك 弑君

ـ الوالِد 杀父

قِتْل جـ أَقْتَال: عدوّ لدود 死敌，不共戴天的仇人

قِتْلَة 杀人的方式，杀人的手段

قِتَال: مَعْرَكَة 战役

ـ: حَرْب 战争，战斗

تَقْتِيل 屠杀

ـ جَمَاعِيّ 大量屠杀，集体屠杀，大屠杀

مُقَاتَلَة 厮杀，战斗

قَاتِل جـ قَاتِلُون وقتَلَة وقُتَّال 杀人者，凶犯，凶手

ـ: مُمِيت 致死的，致命的

ـ مُتَعَمَّد 谋杀者

ـ الحَشَرَات 杀虫剂

سُمّ ـ: سمّ نافع 剧毒

قَتِيل جـ قَتْلَى وقُتَلاء وقَتَالَى / مَقْتُول 被杀的，被杀害的

قَتُول جـ قُتْل وقُتُل 好杀成性的

قَتَّال / قَتُول 致死的，致命的

مَقْتَل جـ مَقَاتِلُ: عُضْو حَيَوِيّ 身体的要害

ـ 战场

مَقْتَلَة (مـ) 激战，血战，酣战，大战

مُقَتَّل: مُجَرَّب 有经验的，受过考验的

مُقَاتِل 斗士，战士，武士

مُقْتَتَل: مَوْضَع الاقتتال 战场，战地

مُسْتَقْتِل 决死的，拼命的

قَتَمَ ـُ قُتُومًا وقَتِمَ ـَ قَتَمًا الغُبارُ: ارتفع （尘土）飞扬

قَتَّمَه (مـ): سوَّده (مـ) 染成浅黑的、暗黑的

اقْتَمَّ: اسْوَدَّ 成为浅黑色、暗黑色

قُتْمَة / قَتَمَة / قَتَام / قَتَامَة: ظَلَام 黑暗，昏暗

ـ / ـ / ـ: سواد 浅黑色，暗黑色

قَاتِم جـ قَوَاتِمُ: مُظْلِم 黑暗的，深暗的

أَسْوَد ـ 漆黑的，墨黑的，极黑的

ظَلَام ـ 极暗的

قَثَّ ـُ قَثًّا واقْتَثَّ الشجرَ: استأصله 连根拔，拔除，拔出

قِثَّاء وقُثَّاء وقِثَّايَة جـ قِثَّايَات / قَثَّه (مـ) / مُقْثِي (س): خيار حَرْش طويل 黄瓜

مَقْثَأَة / مَقْثُؤَة جـ مَقَاثِئ 黄瓜地

مِقَثَّة: طَبَطَابَة (مـ) / مِضْرَب كُرَة 球棒，球拍

قَثْطَرَة جـ قَثَاطِرُ: قَسْطَرَة catheter 导管，导尿管

قُحّ جـ أَقْحَاح / قُحَاح: صَمِيم 纯粹的，真纯的

قُحَّة (مـ) 咳嗽

قِحَة (راجع وقح)

قَحَبَ ـُ قَحْبًا وقُحَابًا وقَحَّبَ: سَعَل 咳嗽

ـ ت المرأةُ: كانت فاسدةً فاجرةً (女子)下流，淫秽

قَحْبَة جـ قِحَاب: فاجرة / بَغِيّ 妓女

قَحَدَة جـ قِحَاد وأَقْحُد: سَنَام وأصله 驼峰

قَحَطَ ـَ قَحْطًا وقَحِطَ ـَ قَحَطًا المطرُ: احتبس 久旱不雨，不下雨

قَحَطَ ـَ وقَحِطَ ـَ قَحْطًا وقَحَطًا وقُحُوطًا وقُحِطَ وأَقْحَطَ العامُ: احتبس فيه المطر وأَجْدَب 成为无雨的，成为旱年

قَحَطَ (مـ) / قَحَّطَ (مـ): كَشَط 刮去，擦去

قَحَّطَ النَّخْلَةَ: لقَّحها 给枣椰授粉

قَحْط: امتناع المطر 旱，干旱

ـ: جَدْب 旱灾，欠收

ـ: مَجاعة 饥馑，饥荒

عَام قَحِط وقَحِيط ومَقْحُوط / سنة قَحِيط 旱年，荒年

قَحْطِيّ 不毛的，荒芜的，贫瘠的，干旱的

ـ (ع): أَكُول 贪吃的人

قَحْطَانُ (بن عابر) 盖哈坦(也门阿拉伯人的祖先)

بَنُو ـ 盖哈坦的后裔

قَحَفَ ـَ قَحْفًا واقْتَحَفَ ما في الإناء: شَرِبَه كلَّه بشدَّة 一饮而尽

ـ: كَسَرَ قِحْفَه 打碎头盖骨

ـ الشيءَ (مـ): جَحَفه / جَرَفه 冲走

قِحْف جـ قُحُوف وأَقْحَاف وقِحَفَة الرأس: عَظْم فوق دماغ 头盖，头壳

قَحْف جـ قُحُوف (مـ) 枣椰枝的最下部

صَعِيدِيّ ـ (مـ) 粗野的；上埃及的农民

قُحَاف: سَيْل جَارِف 急流，洪流

قَحَلَ ـَ قُحُولاً وقَحِلَ ـَ قَحْلاً وقَحَلاً وقُحِلَ

وتَقَحَّلَ الشيءُ: يبِس 凋残，枯槁

أَقْحَلَ الشيءَ: أَيْبَسَه 使干燥，使枯槁

قَحَل / قُحُول: يُبُوسَة 干燥，干旱

قَحِل / قَاحِل / قِحْل م قَحْلاَءُ / اِنْقَحْل 干燥的，干旱的

أَرْض قَحْلاَء 不毛之地

قَحَمَ ـُ قَحْمًا وقُحُومًا في الأمر: اندفع وتورَّط 蛮干，瞎干，贸然从事，冒冒失失地做

ـ إليه: دَنا 靠近，贴近

قَحَّمَه وأَقْحَمَه في الأمر: دفعه إليه 勉强他去做

أَقْحَمَ نَفْسَه إلى ... 管闲事

اِقْتَحَمَ وتَقَحَّمَ الأمرَ والشيءَ: رَمَى نَفْسَه فيه بشِدّةٍ ومَشَقّة 冲进

ـ المَكانَ: هَجَمه 冲进，闯入

ـ الأَخْطارَ 战胜危险，克服危险

ـ العَقَباتِ 克服困难

ـ الجَوَّ [航]征服天空

ـ الدَارَ 闯入家宅

ـ أَبْوابَ الغُرْفَة (强行)打开门

ـ أَبْوَابًا مَفْتُوحَة 作不必要的卖弄，虚张声势

قُحْمَة جـ قُحَم: أمر شاقّ 困难的事情

ـ: مَهْلَكَة 危险的地方

مِقْحَام جـ مَقَاحِيمُ: خَوَّاضُ الشَدَائِد 爱冒险的，胆大的，鲁莽的

قُحْوَان / أُقْحُوَان جـ أَقَاحٍ وأَقَاحِيّ [植]雏菊，延命菊

ـ / ـ أَصْفَر: بَابُونَج [植]春黄菊

قَدْ 有下列三种用法：

(1)虚词(加在过去式动词前表示事情已经发生)

قد قَامَ زَيْدٌ 宰德已经站起来了

قد جَاءَ صَدِيقُهُ 他的朋友已经来了

(加在现在式动词前表示事情可能发生)

قد يَحْضُرُ اليَوْمَ 今天他可能到

قد يَتَأَخَّرُ هذا العَمَلُ 这件事可能会推迟

(2)动名词

بمعنى كَفَى أو يَكْفِي (اسم فِعْل) 够了，足够

قَدْنِي كِتَابٌ 我有一本书就够了

(3)名词

بمعنى حَسْب 够了

قَدْ زَيْدٍ كتابٌ 宰德有一本书就够了

قَدَحَ ـَ قَدْحًا فيه: ذَمَّهُ 贬损，诋毁，毁谤

ـ في عِرْضِه: طعَن فيه 中伤

ـ السُوسُ في الأَسْنان أو الشجر: كان فيه تَأَكُّلٌ 蛀，腐蚀

ـ تْ عَيْنَاهُ الشَرَرَ 他眼中冒火

ـ زِنادَ فِكْرِه 集中思考，苦思

ـ واقْتَدَحَ النارَ بالزَنْد: حاول إخْراجَ النار منه (用火石)打火

ـ و ـ شَرَرًا 打出火花

ـ و ـ القَرِيحَةَ 苦思，绞脑汁

اِنْقَدَحَ 打出火花

قَدْح: ذَمّ 贬，诋毁，中伤

قَدَح جـ أَقْدَاح: إناء يشرب فيه 玻璃杯，茶杯，茶碗

ـ (م) 盖达哈(2.06 公升)

قِدْح جـ قِدَاح وأَقْدَاح وأَقْدُح وقِدْحَان جج أَقَادِيح 无羽箭；卜卦用的神签

الـ المُعَلَّى 头等地位，头等奖

ذُو الـ المُعَلَّى / صاحِبُ الـ المَعَلَّى 有优先地位的

قَادِحَة: سُوسَة القَدْح 尺蠖类果树害虫
قَدَّاح: قَدَّاحَة 火石，燧石
قَدَّاحَة / مِقْدَحَة جـ مَقَادِحُ (打火石用的)钢片
ـ: ولاَّعة السَجايِر 打火机
قداحَة 制杯业
قُدَيْح: كِمّ الزَهْرَة [植]花萼，花托
قَدَّ ـُ قَدًّا وقَدَّدَ واقْتَدَّ الشيءَ: قطعه مُستأصلاً 切断，割断，锯断
ـ و ـ و ـ: قطعه طُولاً أو شَقَّهُ 切成条，割成条，撕成条
ـ الكَلامَ: قطعَه 打断话头
قَدَّدَ اللحمَ أو السَمَكَ: جعله قِطَعًا وجففه 燻，腌(肉或鱼)
تَقَدَّدَ 被切成小块，被切成薄片
ـ الشيءُ: جَفَّ ويَبِسَ 干枯
ـ القومُ: تفرَّقوا 分散
قَدّ جـ قُدُود وأَقُدّ وقِداد وأَقِدَّة: قامَة / قَوام (人的)身材，身段
ـ: قَدْر أو حَجْم 数量，体积大小，尺寸，号码
عَلَى ـ لِحافِك (بِساطِك) مُدَّ رِجْلَيْك (伸脚要看被子的长短)量入为出
على قَدِّهِ: على مقداره 相等，等于，同样的(大小、尺寸、分量)
على قَدِّهِ: على قِياسِهِ 照他的身材，照他的尺寸
قَدْ أَيْه؟ (مـ): ما مِقْداره 有多大?
ـ أَيْه؟ (مـ): ما عدده 多少?
ـ أَيْش؟ (مـ) 多少?
قِدّ جـ أَقُدّ: سَيْر من جِلْد 皮条，皮带
قِدَّة جـ قِدَد وأَقِدَّة: شريحة خشب أو معدن / وَرَقَة (مـ) (木或金属的)板条

قُدّ: سمك القُدّ 鳕
قَدَاد: يَرْبُوع [动]跳鼠
قَدِيد: لحم مُقَدَّد (ومجفّف) 干肉，腌肉，燻肉，干粑
ـ: ثوب خَلَق 褴褛的衣服
حَصَل بشِقّ الأَنْفُسِ على الـ (很困难地赚取一片干肉)困难地谋生
مُقَدَّدَ جـ مُقَدَّدَات 晒干的，(腌)燻制的
اللَحْم الـ 腌肉，燻肉，干粑
قَدَرَ ـُ وقَدِرَ ـَ قَدْرًا وقُدْرَةً ومَقْدِرَةً ومَقْدَرَةً ومَقْدُرَةً ومِقْدارًا وقَدَارَةً وقُدُورَةً وقُدُورًا وقِدْرَانًا وقَدَارًا وقِدَرًا واقْتَدَرَ على الشيء: قوي عليه 能做，能够
ـ ـِ قَدْرًا وقَدَّرَ الشيءَ بالشيء: قاسه به 比较两物
ـ ـِ قَدْرًا الأمرَ: دبَّره 策划，预谋
ـ ـُ قَدْرًا وقَدَرًا وقَدَّرَ اللهُ عليه الأمرَ وقَدَّرَ له الأمرَ: قضى وحكم به عليه 命定，注定
قَدَرَ ـُ قَدْرًا وقَدَرًا اللهَ: عظَّمه [伊]尊敬真主
قَدَّرَ الثمنَ: ثمَّنه / عَرَف قِيمتَه 评价，估价
ـ الأمرَ 赞赏，尊重
ـ الضرائبَ وأمثالها 估定税额
ـ قِيمَةَ الشيء: عَرَفها 鉴识，识货
ـ واقتدر كذا بكذا: قاسه به 与…比较
ـ(مـ): حَسِبَ 臆测，忖度
ـ وأَقْدَرَ فلانًا على الأمر: مكَّنه منه 使能够
لا ـ (سَمَحَ) اللهُ 但愿不这样
قُدِّرَ له أنْ... 他被注定要…
تَقَدَّرَ: تعيَّن 已固定，已确定
ـ الثوبُ عليه: جاء على مِقْداره (衣服)正合身
اِقْتَدَرَ عليه: قَوِيَ عليه وتمكَّن منه 能够，有能

力做

قَدْر جـ أَقْدَار: كَمِّيَّة / مَبْلَغ 量，数量

ـ: دَرَجَة 等级，程度

ـ: قِيمَة 价值，价格

ـ: مَقَام 地位

على ـ الحاجة 按照需要的情况

على ـ ما استطاع / على ـ الطاقة / على ـ الإمْكان 尽力，尽可能地

بـ ـ ما ... 像…那样

على ـ كذا: بالنسبة إليه 按着…比例

على ـ كذا: يُساوِيه 与…相等

لَيْلَة الـ [伊]斋月第 27 晚

قَدَر جـ أَقْدَار: قَضاء الله 前定，天命，命运

بالقَضاء والـ 命中注定地，偶然地，意外地

الـ المَحْتُوم 不可逃避的命运，必然的结果

قَدَرِيّ: لا يؤمن بالقضاء والقدر 非决定论者，反宿命论者

قَدَرِيَّة: المَذْهَب القَدَرِيّ [哲]反宿命论

قِدْر وقِدْرَة جـ قُدُور (سـ): بُرْمَة الطَّبْخ 锅，砂锅

قَدْرَة / قِدْرَة جـ قِدَر(مـ): وِعاء فَخَّارِيّ 陶罐

قُدْرَة: مَقْدِرَة 能力，力量

من كل واحد حسب قُدْرَته 各尽所能

ـ المَصْنَع 工厂的生产力

ـ شِرائِيَّة 购买力

مَقْدِرَة / مَقْدَرَة / مَقْدُرَة: اِستِطاعَة 能力，潜力

تَقْدِير القِيمَة 估价，评价

ـ: تَخْمِين 推测，猜想，臆测

ـ: فَرْض 假定，假设

ـ: رَأْي / نَظَر 判断，辨别，考虑，斟酌

ـ السُوء: تشاؤُم 悲观，悲观主义，厌世主义

ـ الضَرائِب 估定税额

يَسْتَحِقُّ الـ 可称赞的，值得称赞的，可钦佩的

ـ المَوْقِف 估计形势

على أَقَلِّ الـ 至少，最少

تَقْدِيرًا: على سبيل الفَرْضِ 推测地，假定地，假设地

ـ لفَضْلِه 为承认…而，为酬答…而

تَقْدِيرِيّ 估计的

اِقْتِدَار: قُوَّة 能力，力量

ـ: كَفَاءَة 才能

ـ: غِنًى 财富

بـ ـ 能干地；尽最大能力

مِقْدَار جـ مَقَادِيرُ: كَمِّيَّة 分量；数量；重量

ـ: قِيَاس 尺度，程度

ـ عَظِيم 大量的

بمقدارٍ ما: على قَدَرٍ مَا 在某种程度上

لـ ـ كذا 到…程度，在…限度内

بهذا الـ 到这种程度

قَادِر: له قُدْرَة 能…的，有能力的

غير ـ 无能力的，不能的

ـ / قَدِير: قَوِيّ 强有力的

قَدِير: قادر على كل شيء 全能的，万能的

مَقْدُور 能力

كان في ـ ه أنْ ... 他能够，他有力量做…

مُقَدِّر: مُقَوِّم 估价者，评价者，鉴定人

ـ المَسافَة 测距器

ـ: مُثَمِّن / مُتَمَنّاتِي (مـ) 估价人，定价人

ـ السُوء / مُتَشائِم (مـ) 悲观论者，悲观主义者，厌世的人

مُقَدَّر: مُضْمَر 含蓄的，包含的，隐含的

ـ عليه 命定的，注定的，预定的

ـ بكذا 估计有…，估计达…

ـ / مَقْدُور جـ مَقَادِيرُ 注定的，命定的
مُقَدَّرات 贵重物品，珍品
مُقْتَدِر: قَوِيّ 有能力的，强有力的，有力量的
ـ: غَنِيّ 富裕的
رجُل ـ الطُول: رَبْعَة 中等身材的人
قَدُس ـُ قُدْسًا وقُدُسًا: كان طاهرًا أو قَدِيسًا 成为圣洁的
قَدَّسَه: جعله مقدَّسًا 奉他为神圣，崇为神圣
ـ الشيءَ: كرَّسه 奉献，把某物专供圣用
ـ ه: مجَّده 赞美，尊崇
ـ الميتَ: جعله من القِدِّيسين 追认死者为圣徒
ـ الكاهنُ (عندَ النصارى): أقام القُدَّاسَ
[基督]作弥撒，念经
تَقَدَّسَ: تَطَهَّرَ 成为神圣的，成为圣洁的
قُدْس جـ أَقْدَاس: مكان مقدَّس 圣地
ـ الأَقْدَاس (عندَ اليَهود) 犹太神殿的至圣所，最神圣的地方
الـ: بَيْتُ المُقَدَّسِ / أُورْشَلِيم Jerusalem 耶路撒冷
رُوحُ القُدُسِ / الرُوحُ القُدُسُ (عندَ النصارى):
الأُقْنُوم الثالث من الأَقانيم الإلهِيَّة [基督]圣灵
قُدْسِيَّة 神圣
قَادُوس جـ قَوَادِيسُ: قارُوس / قَطْرُس 信天翁
ـ السَاقِيَة (مـ): عُصْمُور (水车的)戽斗
ـ الطَاحُونَة (مـ): خُرّ 磨眼、磨机等的漏斗
قَدَاسَة 神圣，尊严
ـ المِطْرَان [基督]阁下(对大主教的尊称)
ـ البَابَا [基督]罗马教皇阁下
ـ الحَبْر الأَعْظَم [基督]阁下(对犹太教大祭司的尊称)

قُدُّوس / قِدِّيس: طاهِر 神圣的，圣洁的
الـ: الله 主，上帝，真主
قِدِّيس: وَلِيّ 圣徒
تَقْدِيس: تطهير 崇为神圣，奉为神圣
ـ الشيء: جَعْلُه مقدَّسًا 奉献，专供圣用
قُدَّاس جـ قَدَادِيسُ / قُدَّاسَات / صلاة القُدَّاس
[基督]弥撒祭
ـ المَيِّت [宗]葬仪；追悼
بَدْلَة الـ (牧师举行仪式时穿的)无袖外衣
مُقَدِّس(مـ): حاجّ نصرانيّ [基督]朝圣者
مُقَدَّس جـ مُقَدَّسَات / مُتَقَدِّس 圣洁的，神圣的
الكتابُ الـ 圣经
ـ: طاهر 纯洁的，纯净的
الأراضِي الـ ة 圣地
البَيْت الـ 耶路撒冷；(耶路撒冷的)圣堂，神殿
السِرّ الـ 圣礼，圣餐
الأرض الـ ة: فِلَسْطِين 圣地巴勒斯坦
مَقْدِس جـ مَقَادِس: مَكان مُقَدَّس 圣地
بَيْت الـ 耶路撒冷
قَدَعَ ـَ قَدْعًا فرسَه باللِجام: كبحه 勒马
ـ الخمسينَ من عمره: جاوزها 过 50 岁
ـ السَفِينةَ: دفَعها في الماء 把船推进水里
ـ من الشَراب: شَرِبَه جُرَعًا جُرَعًا 一口一口地喝酒
تَقَادَعَ على الشيء وفيه: تهافت 投入，投身于
قَدِع 盐水，咸水；常哭的，爱哭的
قَدَفَ ـُ قَدْفًا الماءَ: غرفه 舀水
ـ (مـ) 抛掷
قَدِمَ ـَ قُدُومًا ومَقْدَمًا وقِدْمَانًا المدينةَ: أتاها / جاء إليها 来到，到达

ـ من سَفَره: عاد 旅行归来
قَدُمَ ـُ قِدَمًا وقَدَامَةً: صار قَدِيمًا 成为古老的，成为旧的
قَدَمَ ـُ قَدْمًا وقُدُومًا وقَدَّمَ وتَقَدَّمَ القومَ: سبقهم 走在他们前面，先行
قَدَّمَه: ضد أخَّره 提前
ـ الكتابَ 写序言，写前言
كما ـْ نا سابِقًا 如我们前面所说的那样，如上所述
ـ ه: أورَده / ذكَره 引用，引证，举出，提出
ـ ه: رَقَّاه 提升；发展
ـ ه: أعطاه أو أهداه 交给，给予，赠给
ـ له: رَفَعَه إليه 奉上，呈上
ـ طَلَبًا أو شَكْوَى 提出要求、申请或控诉
ـ مُرَشَّحًا 推举…为候选人
ـ رأْيًا 提议，建议，提出意见
ـ خِدْمَةً 作出贡献，提供服务
ـ شَخْصًا إلى آخَر 把…介绍给别人
ـ شخصًا للمُحاكَمة 把…送交(法庭)审判
ـ التَهانِئ 表示祝贺
ـ عَرْضًا: عَرَضه 提出(建议、办法等)
ـ ه على سِواهُ 选择…，给他优先权
ـ ثَمنًا: عَرَضه 出价，给价
ـ الثَمَنَ: دفعه مُقَدَّمًا 预付
ـ اسْتِقالَتَه 辞职，提出辞呈
ـ له كذا: أمدّه به 供给，供应
ـ الساعةَ ساعةً 把钟表拨快一小时
ـ ت الساعةُ (钟、表)走快
يُقدِّم رِجْلاً ويُؤَخِّرُ أُخْرَى 踌躇，迟疑不决
قَدَمَ ـُ وقَدِمَ ـَ قَدْمًا وقُدْمًا وقُدُومًا وأَقْدَمَ على قِرْنه : اجترأ عليه 敢于，胆敢

قَدِمَ وـ على الأمر: شَجُعَ 大胆地做，勇敢地做
ـ وـ على العَمَل 着手，从事，承担
أَقْدَمَه إلى ...: بعثه ... 派遣他到
تَقَدَّمَ: ضد تَأَخَّرَ 前进，前行，提高
ـ: اِسْتَمَرَّ 继续，继续进行
ـ تْ به السِنُّ 衰老，上年纪
ـ: نَجَح 成功，进步
ـ: تَحَسَّن 改善
ـ من أو إلى ... 走近(某人或物)；到达
ـ إليه بكذا 提出
ـ بِاقْتِراح 提议
كما ـ 如上面所说的
ما ـ 过去的，上次的
ـ على غيره: سبَق / فاق 优于，胜过，超过，凌驾，先于
ـ بَيْنَ يَدَيْهِ 来到…的面前
تَقادَمَ: قَدُمَ 成为旧的，成为古老的
ـ العهدُ عليها 她变老了
اِسْتَقْدَمَ الرجلَ: طلب حُضُوره 请来，聘来，招来，派人叫来
قَدَم ج أَقْدام وقُدام: رِجْل 脚
ـ: خُطْوَة 步，一步
ـ: مِقْيَاس إنكليزيّ = ١/٣ ياردة أو ٣٠،٤٧٩ سنتيمتر 英尺，呎(等于 1/3 码或 30.479 厘米)
على ـ المُساوَاة 在平等的基础上
مَشَى قَدَمًا لـ ـِ مع ... 和…齐步行走，同…取得同一步调
وقفَ على ـ الاستِعداد 准备好了
له ـ راسِخة في الطِبِّ 他是个精通医学的人
ذُو ـ: شُجَاع 刚毅的，勇敢的，勇猛的，

英勇的
على ـِ وسَاقٍ 在进行中，在紧张进行中
على الأقْدام 徒步
عِلاج (أو طِبّ) الأقْدام 脚病治疗
عِلاَج الأقدام والأيْدِي 手足病治疗
قَدَمَة الغَنَمِ: الشّاة تتقدَّم القطيع 带头羊
قَدَمة سِفْل (م) (في المعمار) [建]柱础，柱脚，柱基，像基
ـ العَمُود (م) 圆柱的底，圆柱的基础
قَدَمِيَّة (ع): أُجْرَة الطبيب والمُحامِي والكاهن 酬金，谢礼，手续费，医生出诊费，律师费用，占卦费
قِدَم: ضِد حَداثَة 老，古老
ـ: عَتاقة 旧，陈旧
ـ / قِدْم / قُدْمَة 古时，古代
مُنْذُ القِدَم / مِنَ الـ 自古以来
تَقْدِيم: ضِد تأْخير 提前
بَعْدَ شَهْرَيْنِ بلا ـِ ولا تأخيرٍ 不多不少刚刚过了两个月
ـ: إهداء 献给，赠给，授予
ـ: تَعْرِيف 介绍
إقْدام: بَسالة وهِمَّة 刚毅，勇猛，大胆，无畏，英勇
تَقَدُّم: ضِد تَأَخُّر 前进，进步，发达
ـ: أَسْبَقِيَّة 优先权
ـ: نَجَاح 成功，进步
ـ في السِنّ 年老，高龄，年迈
تَقَدُّمِيّ 进步的，先进的，前进的
تَقْدِمَة جـ تَقَادِمُ: هَدِيَّة 礼品，赠品，礼物
ـ: تَكْرِيس 奉献，献身
ـ: قُرْبَان (献神的)祭品，供品，供献物
ـ (زَيْت وخَمْر): سَكِيبَة 奠酒

خُبْز الـ (犹太教的)供神面包
تَقادُمُ العَهْد: قِدَم 古老，旧，古代，古时
ـ: مرور زمَن (مُسْقِط للحَقّ) [法]消灭时效
ـ مُكْسِب (للمِلْك أو الحقّ) [法]取得时效
بالـ [法]由于时效
تَقادُمِيّ [法]基于时效的
قُدَّام: ضِد الخَلْف 前面，前边
ـ:ضِد بَعْد 以前，之前
ـ ه: تِجاهَه / أَمامَه 在他的前面
قُدُوم: مَجِيء / حُضُور 来，到，到达，到来
قَدُوم النَجّار جـ قُدُم وقَدَائِمُ / قَادُوم جـ قَوَادِيم (م) 锛子(木匠用的手斧)
ـ جـ قُدُم: مِقْدَام / جَرِيء 勇敢的，英勇的，刚毅的，大胆的
قُدُم / قُدْم: شُجَاع 刚毅的，勇猛的，英勇的，勇敢的
ـ: المُضِيّ للأَمام 勇往直前
قَادِم جـ قُدُوم وقُدَّام وقَادِمُون: آتٍ / مُقْبِل / حاضِر 来到的，到达的；即将到来的
الشَهْر الـ 下月
قَوَادِمُ الطَّيْر واحدتها قَادِمَة: كِبار رِيش جِناحِه 初列拨风羽(鸟翅沿翼缘外侧排为一列的羽毛)
قَدِيم / قُدَام جـ قُدَمَاءُ وقُدَامَى وقَدَائِمُ م قَدِيمَة جـ قَدِيمَات وقَدَائِمُ: ضد جديد 旧的，陈旧的
ـ: عَتِيق 古老的，古代的
ـ: سابِق 以前的，从前的，已往的
الـ: الأَزَلِيّ / الله [宗]无始的，古有的(指上帝)
العَهْد الـ 旧约(圣经)
من ـ / قَدِيمًا: مُنْذُ زَمَن بعيد 由来已久，老早，自古以来，多年以前

في الـ / قَدِيمًا 以前，从前，古时候

الضُبَّاط القُدَامَى 老军官

القُدَمَاء 古人

أَقْدَمُ: أكثر قِدَمًا 更老的，更旧的；最老的，最旧的

ـ: أعْتَق 更古的；最古的

ـ مَرْكَزًا أو مَقَامًا 地位最(更)高的，资格最(更)老的

الأَقْدَمُون / القُدَمَاء 古人

أَقْدَمِيَّة (في العُمْر أو المَرْكَز) 年资；资历，资格

مِقْدَام جـ مَقَادِيمُ 刚毅的，勇猛的，英勇的，勇敢的

مَقْدَم: قُدُوم / مَجِيء 来到

مَقْدَم: وقت القُدُوم 到达的时候

مُقْدِم / مُقَدَّم جـ مَقَادِيم: ضد مُؤَخَّر 前的，前面的，前部的

ـ السَّفِينَة: حَيْزُوم / بُرُوَّة (م) 船首，船头

مُقَدِّم: الذي يقدِّم 赠送的人，献给者，送礼人

ـ الطَّلَب 递请求书的人，申请人

ـ جـ مُقَدِّمُون (ع): قائمَقام (م) / عَقِيد (س) 陆军中校

ـ عُمَّال: وَهين (م) 工头，领班，工长

ـ العَطَاء (م) 投标人

مُقَدَّم 被提前的

ـ 预付的

مُقَدَّمًا 在前，在先，预先

مُقَدِّمَة ومُقَدَّمَة جـ مُقَدِّمَات / مُقْدِمَة: صَدْر / جَبْهَة 前部，前面

ـ الجَيْش 先锋队，先遣部队，前锋

ـ الكتاب: فاتِحة 前言，绪言，绪论，序

ـ مَنْطِقِيَّة [理论]前提

الـ والنتيجة 前提和结论

مُتَقَدِّم: ضد مُتَأَخِّر 先进的，进步的

ـ في العُمْر / ـ في السِنّ 年迈的，高龄的，年岁大的

ـ: ناجح 成功的

ـ: متحسِّن 改善的，改良的，好转的

ـ: أَمَامِي 在前面的，先驱的

الـ: الأَمَامِيّ 首位的，第一的，最初的，最进步的，最先进的

الـ ذِكْرُه 上述的，前边提过的

مُتَقَادِمُ العَهْد 旧时的，古时的，古老的

قَدَا يَقْدُو قَدْوًا وقَدِيَ ـَ قَدًى وقَدَاةً وقَدَاوةً الطعامُ: طاب طَعْمُه ورِيحُه 成为有滋味的、好吃的，(食物)有香味

اِقْتَدَى به في كذا: تسنَّن به وفعل فِعْلَه 仿效，模仿，照样做

قُدْوَة / قِدْوَة / قَدْوَة / قِدَة / قِدْيَة: أُسْوَة 模范，榜样

قَدٍ / قَدِيّ: طَيِّب الطَعْم 好吃的，美味的

قَذَاة (في قذي)

قَذِرَ ـَ وقَذُرَ وقَذَرَ ـُ قَذَرًا وقَذَارَةً: كان وَسِخًا 肮脏，污损，不干净，染污

قَذَرَ ـُ قَذْرًا وقَذِرَ ـَ قَذَرًا وقَذَّرَ الشيءَ: جعله وصيَّره قَذِرًا 弄脏，使脏

اِسْتَقْذَرَ الشيءَ: عدَّه قَذِرًا 认为是脏的，嫌脏

قَذَر جـ أَقْذَار: وَسَخ 污物，不洁物，脏东西

ـ / قَذَارَة 污秽，不清洁，肮脏

قَذْر / قَذِر / قَذَر / قَذُر: وَسِخ 污秽的，肮脏的，不干净的

قَذُور / قاذُور: عَيُوف 有洁癖的

قاذُورَة جـ قاذُورَات 卑劣行为，下流举动

قَذُورات / قاذُورات 垃圾，废物，污物

قَذَعَ ـَ قَذْعًا وأَقْذَعَ فُلانًا: شتمه 辱骂，乱骂

قَاذَعَه: شاتَمه وفاحَشه 谩骂，辱骂
أَقْذَعَ لفلان: أساء القولَ فيه 毁谤
قَذِيعَة: فُحْش وشَتِيمة 辱骂，谩骂
مُقْذِع 凌辱的，侮辱的，羞辱的
كَلِمات ـ ة 侮辱的话，骂人的话
مُقْذِعَات / مُقَذِّعَات 侮辱人的话，恶言
قَذَفَ ـِ قَذْفًا الشيءَ وبه: رَماه 投，掷，抛
ـ ه: أَخْرَجَه 排出，射出
ـ: قَاءَ 吐，吐出，呕吐；射出，排出
ـ الرجلَ وفي حقِّه 诽谤，中伤，诬告
ـ عَلَنًا في حقِّه 公开地非难、侮辱
ـ بقَذِيفة 发出、射出(子弹等)
ـ (في حقّه) بالنشْر: فَضَحَه [法]发表诽谤的文件，控告，控诉
ـ المَحبَّةَ في قَلْبِه 在…心中引起爱情
ـ في قَلْبِه الرُعْبَ 使畏惧
ـ وقَذَّفَ (مـ): جذَّف 划船，荡桨
تَقَاذَفُوا بكذا: تَرامَوْا به 互相投掷
ـ الشَتَائِمَ: تَشاتَموا 互相辱骂，互相谩骂
تَقَاذَفَتْهُ الأمواجُ: قذفَه بعضُها إلى بعض 被浪打得东摇西摆
اِنْقَذَفَ في ... 被抛，被投掷
قَذْف: رَمْي 投，掷，扔
ـ: إخراج 放出，射出，排出
ـ الجُلَّة [体]推铅球
الـ بالقَنَابِل 轰炸，炮击
ـ: سَبّ 诽谤，中伤，[法]诬告
ـ عَلَنِيّ (بالنشر) 诽谤文
ـ / تَقْذِيف: تَجْذِيف 划船，荡桨
قَذْفِيّ 诽谤的，中伤的
قَاذِفَات القَنَابِل 轰炸机
ـ اللَهَبِ 火焰喷射器

ـ مُقَاتِلَة 轰炸战斗两用机
قَذِيفَة جـ قَذَائِفُ: مقذوف نارِيّ 炮弹，子弹，枪弹
قَذَائِفُ مُوَجَّهَةٌ 导弹
القَذَائِفُ المُوَجَّهَةُ العَابِرَةُ للقَارَّات 洲际导弹
قَذَائِف مُوَجَّهة من طِراز "ما تادور"matadore 斗牛士式导弹
مَقْذُوف سَهْمِيّ 带有稳定装置的炮弹
مَقْذُوفَات 炸弹
ـ المَدَافع 炮弹
مِقْذَف جـ مَقَاذِف / مِقْذَاف جـ مَقَاذِيفُ 桨，橹
بيت الـ: اشْكَرْمَه (مـ) 桨架，桨叉
قَذَلَه ـُ قَذْلاً: عابه 讲坏话，污蔑，诽谤
قَذَل: عَيْب 缺点，短处，污点
قَذَال جـ قُذُل وأَقْذِلَة: ما بين الأُذُنَيْن من مؤخَّر الرأس 后头顶，后脑壳，枕骨部
قَذَالِيّ 后头顶的，枕骨部的
قَذِيَ يَقْذَى قَذًى وقَذَيَانًا وقَذْيًا عينُه: وقع فيها القَذَى 灰尘飞进眼内
قَذَى ـِ قَذْيًا وقَذًى وقُذِيًّا وقَذَيَانًا (عينه): قذفَ بالغَمَص والرَمَص 长眼眵
قَذَّى عَيْنَه: أَخرج منها القذى 从眼里弄出灰尘
أَقْذَى عَيْنَه: جعل فيها القَذَى 把灰尘弄进眼内
قَذًى جـ أَقْذِيَة وقُذِيّ وأَقْذَاء / قَذَاة 微尘
ـ في العَيْن 眼睛里的灰尘
ـ في العَيْن وشَوْكة في الحَلْق 眼中钉，喉中刺
يُغْضِي على القَذَى 忍辱
قراباذين (في قرب) / **قراصيا** (في قرص)
قَرَأَ ـَ قَرْأً وقِرَاءَةً وقُرْآنًا واقْتَرَأَ الكتابَ: طالعه 读，阅读
ـ: تَلاَ 朗读，朗诵
ـ عليه الدَرْسَ 背诵，给…读书或读

给…听
ـ العِلْمَ على فلان 在…指导下学习，就学于…
ـ عليه السلامَ وأَقْرَأَه السلامَ: أبلغه ايّاه 致意，传达问候
أَقْرَأَ فلانًا وقَرَّأَه (مـ): جعله يقرأ 叫他读
اِسْتَقْرَأَ الأمورَ: تتبَّعها لمعرفة أحوالها وخواصّها 研究，调查
ـ فلانًا الكتابَ: طلب إليه أنْ يقرأ 请…读，要…宣读
قُرْء جـ أَقْرَاء وقُرُوء وأَقْرُء: وقت 期间
أَقْرَاء الشِعْر: أنواعه وبحوره ومقاصده (诗的)种类、韵律
قِراءَة / قُرْآن: مُطَالَعَة 读，阅读
ـ / ـ: تِلاَوَة 吟诵，朗读，背诵
ـ البَخْت 算命，卜卦
ـ الكَفّ 看手相，手相术
الـ والكِتابة 识字，读书写字
قُرَّاء: يَهُودِيّ مُتَمَسِّك بِحَرْفِيَّة التوراة 犹太教的教条主义者
قَرَّاءٌ: حَسَن القراءة 朗诵家
القُرْآن الشَرِيف / القُرْآن الكَرِيم [伊]古兰经
قُرْآنِيّ 古兰经的，有关古兰经的
الآيَات الـ ـة 古兰经文
اِسْتِقْرَاء 考究，研究；[哲]归纳，归纳法
قَارِئ جـ قُرَّاء وقَارِئُون وقَرَأَة: مُطَالِع 读者
ـ: تَال 背诵者，朗诵者，吟诵者
ـ البَخْت 算命的，卜卦的
ـ الكفّ 看手相者，手相术者
قُرَّاء العربيَّة 读阿拉伯文的，阿拉伯文读者
نَضَعُ هذه المَقالةَ بين أَيْدِي قُرَّاءِ العربيَّة 向阿拉伯文读者推荐这篇文章

مَقْرُوء / مَقْرِيّ 读物
ـ: يُقْرَأ 易读的，值得一读的
ـ: واضح 清楚的，明了的
غير مَقْرُوء: طِلْس 字迹模糊的，不易读的，不清楚的
مُقْرِئ القُرْآن 诵古兰经者，领诵古兰经者
مِقْرَأ: مُسْنَد القراءَة (阅读报刊的)书报架；乐谱架
مَقْرَأ / مَقْرَأَة جـ مَقَارِئ 清真寺里朗读古兰经的地方
قَرِبَ ـَ وقَرُبَ ـُ قُرْبًا وقُرْبَانًا وقِرْبَانًا: كان قَرِيبًا 成为邻近的，变成接近的、亲近的
ـ ه وـ منه أو إليه واقْتَرَبَ منه: دنا منه 接近，逼近，走近，靠近
ـ واقْتَرَبَ الوقتُ (时间)逼迫，临近，快到时候了
اِنْتَظَرَ ما يقرُب من الساعة 他大约等了一小时左右
قَرَّبَه: أَدْنَاه 移近，挪近
ـ: جَعله يقترب 使接近，使靠近
ـ: قدّم ذبيحة 为供神而杀牲、献牲、献祭
ـ القُرْبَانَ 贡献，牺牲
قَرَّبَ وقَرَبَ ـُ قَرْبًا السَيْفَ: أدخله في القراب 插剑入鞘
ـ (مـ): ناول القُرْبانَ 授予圣餐
ـ (مـ) وقَرُبَ واقْتَرَبَ 接近，逼近，靠近
ـ على (مـ) وقَارَبَ: ناهَزَ 接近，将近，几及
ـ على (مـ) وـ ان: أوشك على 即将，就要，几乎
قَارَبَ: دَانَى 接近，走近；近似，约计
ـ بين ... و... 使…和…接近
أَقْرَبَتِ الحُبْلَى: قرب وقت ولادها 临盆，临产

تَقَرَّبَ إليه تَقَرُّبًا وتقرِّابًا: اِقترب منه　接近，走近，亲近

— إليه: حاول نَيْلَ رِضاه　趋附，奉承，巴结

— (مـ): تناول القُرْبانَ　用圣餐

تَقَارَبَ الشيئان: ضد تَباعدا　两物相近

اِسْتَقْرَبَ الشيءَ: ضد استبعده　认为接近

— (مـ): أتى من أقرب الطرق　走捷路，采用最简便的方法

قُرْب　接近，亲近，密切，附近，约计

— المَسَافَة　距离很近

بـ — / بالـ من: قريب من　靠近，在附近

— كذا　在某物附近

عن —　就近，从附近

قِرْبَة جـ قِرَب وقِرْبات وقِرِبات وقِرَبَات　(盛水、酒等的)皮囊，皮袋

هَطَلَ المطرُ كأفواهِ القِرَب　大雨如注，倾盆大雨

قِراب جـ قُرُب وأَقْرِبَة: غِمْد　鞘

— السَّيْفِ والخَنْجَرِ　剑鞘，匕首套

— الفَرْدِ (المتَّصِل بالحِزام)　手枪皮带，皮枪套

قَرَابَاذِين (أ)　(波)成药，解毒药；药类；药方书

قُرَابَة　大概，大约

قَرَابَة / قُرْبَى: قرب في الرحم　亲戚关系

قَرَابَة رِحْم　同族，亲族；女系亲，母系

— عَصَب　男系亲，父系

— الحَوَاشِي　旁系亲属，支亲

دَرَجَة الـ　[法]亲族亲等，亲戚亲等

صِلَة —　亲族关系

تَقْرِيب　使接近，使靠近

تَقْرِيبًا: بالتَّقْرِيب / على التَّقْرِيب　大约，大概

—: بوجه التقريب　大体，大致

—: نحوَ ذلك أو ما يقرُب منه　大约，上下，左右

تَقْرِيبِيّ　近似的，大概的

اِقْتِرَاب من　接近，走到…跟前，靠近，亲近

قُرْبَان جـ قَرَابِينُ: تَقْدِمَة　贡献，祭物，牺牲，献牲

الـ المُقَدَّس: اِفْخارِسْتِيَا (أ)　圣餐

عِيد الـ: عِيد الجَسَد　(天主教的)基督圣体节

قَدَّمَ الـ　献牲，献祭

قَرَّابَة (ع): عِيزَارَة بسَوْجَل / دَمَجانة (مـ)　酸瓶(有藤罩保护的小口大玻璃瓶)

قَارِب جـ قَوَارِبُ: زَوْرَق　小船，小艇，轻舟

— سَرِيع　快艇

— النَّجاة　救生船

— الصَّلْصَة (مـ)　船形的佐料容器

— الزُّبْدَة (مـ)　奶油碟或船形奶油碟

قَرِيب: ضد بَعِيد　近的，接近的，靠近的，手边的

— جـ أَقْرِبَاءُ وقُرَابَى م قَرِيبَة جـ قَرَائِبُ: نَسِيب　亲戚，有亲戚关系的

— من جِهة الأَب　男系亲属，父系亲属，同族

— من جِهة الأُمّ　母系亲属，外戚

— مُلازِم / — لَزَمْ (مـ)　近亲属

— من دَرَجَة بعيدة　远亲属，远房亲戚

— العَهْد　新的，新近的，近来的，近代的

في الـ العَاجِل　不久的将来

أَقْرِبَاء الرَّجُل وأقارِبُه وأَقْرَبُوه　亲属，亲戚，亲人，近亲

قَرِيبًا / عن قَرِيب / عَمَّا قَرِيبٍ　不久以后，不久，最近

ـ: مُنْذ عَهْد قريب 近来，不久以前
أَقْرَبُ 比较亲近的，较近的；最亲近的，最近的
أَقْرَب أَقْرِباء 法律上最近的亲属
مَقْرَب جـ مَقَارِبُ / مَقْرَبَة: طريق مختصر 捷径，最短的路，近路；最简便的方法
مَقْرَبَة / مَقْرِبَة / مَقْرُبَة 亲近，亲属关系
على ـ من … 在…附近
مُقَارِب: وَسَط 中等的，普通的，中流的
مُتقَارِب: بحر من أبحار الشعر 韵律的名称
قَرْبَطَ (مـ): قرَّط 俭省，节俭；吝啬
قَرَبُوس السَرْج جـ قَرَابِيس / قُرْبُوص جـ قَرَابِيصُ: حِنْوه 鞍头（马鞍前后隆起的地方）
ـ أمامِيّ 前鞍头，鞍的前穹
ـ خَلفِيّ 后鞍头
قَرْبَعَ الرجلُ (مـ) 冻得缩起来
قَرَبِينَة جـ قَرَبِينَات (أ) carabine: غَدَّارَة 马枪，卡宾枪
قَرَتَ ـِ قَرْتًا وقُرُوتًا وقَرِتَ ـَ قَرَتًا الدمُ: جَمُدَ / تخثَّر （血）凝结，凝固
قَرَت: غير المَصْل （血的）凝块
ـ: دم مُتجمِّد بين اللَحْم والجِلْد ［医］瘀斑
حَيَوان قَارِت: يأكُل كلَّ شيء 杂食的（动物）
قَرِحَ ـَ قَرَحًا وقرَّح (مـ) وتَقرَّح 生烂疮，化脓
قَرَحَه ـَ قَرْحًا وقَرَّحَه: جرحه 割伤，弄伤
اِقْتَرَحَ الخطبةَ: ارتجلها 即席，即席演说，临时说
ـ الأمرَ: ابتدعه 发明，创办，创造
ـ رأيًا: عرضه 建议，提议
ـ عليه كذا أو بكذا 命令，吩咐，责成
قَرْح جـ قُرُوح 擦伤；创伤，伤口
عُود الـ ［植］墙荆
قَرِح / مُتَقَرِّح: به القروح 溃伤的，生烂疮者

قَرْحَة / قُرْحَة جـ قَرَحَات وقُرَح 溃疡，烂疮，脓疮
ـ الفِرَاش: ناقِبة 褥疮
ـ (في) المَعِدَة 胃溃疡
ـ خَبِيثَة 恶性溃疡，恶性痈疽
ـ زُهَرِيَّة ［医］下疳，硬性下疳
اِقْتِرَاح: اِرْتجال 即席而作，即席发言
ـ: اِختراع 发明，创造
حَقّ ـ القَوَانِين 创制权
ـ: عَرْض رأي 提议，建议
ـ جـ اقْتِراحات: رأي مَعْرُوض 建议，提议
قَارِح جـ قَوَارِح وقُرَّح ومَقَارِيح م قَارِح وقَارِحَة جـ قَارِحَات وقَوَارِح: ما شَقَّ نابُه من ذي الحافِر 长成的有蹄动物
ـ (مـ): مُحْتَال / مَكَّار 狡猾的；诡诈的，骗子手
ـ (مـ) 经验丰富的，熟练的
قَارِح 怀孕的母驼
قَرِيح جـ قَرْحَى وقَرَاحَى: جَرِيح 负伤的，受伤的，伤员，伤号
قَرِيحَة جـ قَرَائِحُ: غَرِيزة 直觉，直观，本能，本性
ـ: عَقْل 才智；才能
قَرَاح جـ أَقْرِحَة / قَرِيح جـ قَرْحَى وقَرَاحَى: صَافٍ 纯洁的，清澄的，透明的
الماء القَرَاح / الماء القَرِيح: الماء الخالص 清澈的水
مُقَرِّح / مُتَقَرِّح 害溃疡的，生烂疮的
مُقْتَرَح جـ مُقْتَرَحَات 提议，建议
قَرَّدَ البَعِيرَ: اِنْتَزَع قِرْدَانَه 捉掉骆驼的扁虱
ـ الكلبَ: نقَّى قُرادَه 捉掉狗虱
ـ (مـ) وأَقْرَدَ الكلبُ: أُصِيبَ بالقُرَادِ （狗）生

扁虱

قِرْد جـ قُرُود وقِرَدَة وأَقْرُد وقِرَد وقَرِدَة م قِرْدَة جـ

قِرَد: سِعْدَان (سـ) / شَادِي (عـ) 猿，猴，狒狒

ـ مُذَنَّب (طَوِيل الذَنَب): نِسْنَاس (مـ) / سِعْدَان (سـ) 猴子；猕猴

ـ إنْسانِيّ (الحلقة المفقودة) 猿人

ـ (مـ): عِفْرِيت 恶魔；魔鬼

الـ في عَيْن أُمِّه غزَال (猴崽子在他妈眼里是瞪羚) 母不嫌子丑，癞痢头儿子自道好，个人的花个人红，个人的肉个人疼

قُرْد أو قُرَاد الكِلَاب جـ قِرْدَان / قُرَادَة جـ قُرَادَات / قُرْدَة جـ قُرُدَات 扁虱

أَبو قِرْدَان (مـ) 白鹭

أَبو قِرْدَان مِصْر (مـ) 朱鹭

قَرَّاد / قُرْدَاتِي (مـ) / قُرْدَاتِيّ: سائس القرود 训练猴子的人；耍猴的

قَرْداحِيّ جـ قَرَادِحَة (سـ) / قَرْدَحْجِي (مـ) 制造武器者，修配武器者

قَرَّ ـِ قَرًّا اليومُ: كان بارداً 天冷

ـ ت ـِ قُرَّةً قَرَّةً وقُرُورَةً عَيْنُه: بردت سروراً وجَفَّ دمعها 愉快，满意，高兴

ـ بَطْنُه (مـ): قَرْقَرَ 肚子咕噜咕噜地响

ـ الهِرُّ (مـ): قَرْقَر / دَنْدَن (猫喜时)作连续低吟声，作呜呜声

ـ ـَ قَرَارًا وقُرُورًا وقَرًّا وتَقْرَارًا وتَقِرَّةً واستَقَرَّ في المكان: سكن 安居，定居

ـ على العَمَل: ثَبَتَ 安心工作

ـ له قَرَار 他静下来了

ـ وـ: سَكَن 安定，安静，不动，平静

ـ وـ رأيُه على كذا 决定，决心，决意

ـ وـ الرأيُ على كذا 决定，一致认为…

قَرَّرَ الرجلَ بالأمر: جعله يعترف به 使…承认，要…供认；使…坦白，劝诱

ـ في نَفْسِه 决心，决定，拿定主意

ـ الخَبَرَ: ذكره 讲，说，陈述

ـ الأمرَ: عيَّنه وحدَّده 规定，指定，限定，确定，订定，约定

ـ 作报告，提出报告

ـ: شَهِدَ 声明

ـ الواقعَ 肯定事实

ـ: بَتَّ / فَصَلَ في الأمر 对…做出决定

ـ: صمَّم على 决心，决意

ـ الشَّعْبُ مَصِيرَه 人民决定自己的命运，自决

ـ ه وأَقَرَّه: وطَّده / ثبَّته 使安定；使固定

ـ ه وـ ه: أثبته 证实，证明

ـ فلانًا في المكان 安顿，使居住，使定居

أَقَرَّ عَيْنَه 使愉快、高兴，使精神爽快

ـ وقَرَّ (مـ): اِعترف 承认，直认，招认

ـ بِخَطَئِه: اعترف به 承认(错误)，自白

ـ بالحَقّ وله: أذعَن واعترف به 承认真理，承认事实

ـ بالجَمِيل له 对…表示感激

تَقَرَّرَ: ثبت 固定，安定，被确定，议决

اِسْتَقَرَّ بالمكان: سكن 安居，定居

قَرّ / قارّ: بارد 冷的；凉的

قُرّ / قِرَّة: بَرْد 冷；寒冷

قُرَّة: جَرْجِير الماء [植]水芹，水田芥

ـ العَيْنِ: حَبُّ الرَشادِ [植]水田芥

ـ العَيْنِ: كَرَفْسُ الماءِ [植]荷兰水芹

هو قُرَّةُ عَيْنِي أي ما تُقَرُّ به عَيْنِي وتُسَرُّ 他是使我喜悦的

قَرَار جـ قَرَارَات: قاع 底，基础

ـ: أبعدُ مكانٍ للداخِل 内部最深处
ـ: ثبات 稳固；安定，固定
ـ: مَقَرّ / مَسْكَن 住宅，家，居所，住所；驻在地
ـ في مَسألة 决定，决议
ـ في المُوسِيقَى (歌曲收尾的)叠句，覆唱词
لا ـ له 深不可测的，无底的
ـ 安静，静止
لا يستقِرُّ لها ـ / لا يَهْدأُ لها ـ 她坐卧不安
اتَّخَذَ قرارًا 通过决议；做出决定
دارُ الـ: الآخِرَة [宗]来世，来生
قَرارَة 深，深处
في ـ النَفْس 在心灵的深处
قَرارِيّ (م): مُحَنَّك 老手，老练的；嗜酒成癖的，根深蒂固的(吸烟者)
ـ 裁缝；机匠
إقْرار: اعتراف 招认，供认，承认
ـ: تَسليم / قَبُول 许可
ـ / تَقرِير: تَثْبِيت 使固定
ـ 允许，准许；通过
ـ الأَمْن 建立安全
ـ السَكِينَة 绥靖；安抚
ـ السَلاَم 确立和平
تَقرِير جـ تَقارِير وتَقْرِيرات: بَيَان 报告(书)
ـ رَسْمِيّ أو حُكُومِيّ 公告，公报，报告
ـ سَنَوِيّ 年度(决算)报告
ـ المَصِير 自决
ـ المَصْرِف 银行决算
قَدَّمَ تقريرًا عن المَسْئَلة 就问题提出报告
اِسْتِقْرار 静止，安定，不动，稳定
عدَم ـ 不稳定，动荡
ـ الأَحْوال 安定

قارّ 逗留的，静止的
قارَّة جـ قارَّات: يَبْس (في الجغرافيا) 洲，大陆
قَرِير العَيْن 喜欢的；满意的，愉快的，高兴的
قارُورَة جـ قَوارِير: إناء يجعل فيه الشراب 玻璃瓶，长颈瓶，药瓶
ـ 瞳仁
قَرّار: نَعّاب / نَقّاق 出怨言的，不平的；诉苦的，爱发牢骚的人
مَقْرُور 受冷的，受冻的
مَقَرّ جـ مَقارّ / مُسْتَقَرّ: موضع الاستقرار 居处，(官)邸；(指挥)部
ـ الحُكُومَة 政府官邸
ـ السُلْطَة 首都
ـ القِيادَة 司令部
ـ النُحاس 铜产地
ـ الوَظِيفَة 服务地点
الـ الأَخِير 坟墓
مُقَرِّر / مُقِرّ 承认者，供认者；报告人
مُقَرَّر: ثَابت 固定的，安定的
حَقِيقَة ـ ة 已定事实，既定事实
أَسْعَار ـ ة 定价，固定价格
الأَمْوَال الـ ة (اصطلاح حُكُومِيّ) 直接税，固定税
الأَمْوَال غير الـ ة 间接税，不定税，临时税
ـ جـ مُقَرَّرات 课程
مُقَرَّرات 决议；需要，要求
مُسْتَقِرّ: ثابِت 固定的，稳定的，安定的
غير ـ 不稳定的，不安定的，不固定的
قَرِسَ ـَ قَرَسًا البردُ: كان قارِسًا 严(寒)，寒冷刺骨
قَرَّسَ وأَقْرَسَ البردُ أصابِعَه (指头)被冻僵
قَرْس / قَرَس / قارِس: برد شديد 严寒，酷寒

قارِس: شَدِيد البَرْد 严寒的，极冷的
قَرِيس: جَامِد 凝固的
جُبْن ـ 干酪
قَرُوس (مـ) / قَارُوس / قارُوص 海鲈
قَرَاسِيا (أ): قراصِيا / قَرَاصية (مـ) (希)梅干；李干；樱桃
قَرَشَه ـُ قَرْشًا: قطعه 切，割
ـ وقَرَّشَ واقْتَرَشَ لعِياله: اكتسب 挣钱养家，谋生
ـ (مـ): قَرْقَشَ (مـ) / مضَغ بصوتٍ 咀嚼出声
أَقْرَشَ (مـ) 发财，致富
تَقَارَشَ القومُ: تطاعَنُوا بالرماح 用长矛厮杀
اِقْتَرَشَ لعِياله: كسب 挣钱养家
قِرْش جـ قُرُوش: غِرْش / نقد عُثْمانِيّ مِصْرِيّ 一角钱，一毛钱（埃及、叙利亚等地的小货币）
ـ: صَاغ 一角的银币
ـ تَعْرِيفَة 五分的镍币
ـ: كوسج / لَخْم بُنْبُك 鲨鱼
قَرِيش: الجُبْن الـ 干酪
قَرِيشَة 凝酸乳渣，凝乳块
قُرَيْش 古莱什族
قُرَشِيّ 古莱什族的
لُغَة ـ ة 古莱什语
مُقْرِش (مـ): ذُو مالٍ 有钱的，富裕的
قَرَص ـُ قَرْصًا لحمَه أو أذنَه: أخذه ولوى عليه بإصبعه فآلمه 拧(耳朵)
ـ ه: لذعه 刺，蜇
ـ زَهْرَ النَرْدِ (مـ): صَبَّنَ الكِعَابَ 用欺骗手段掷骰子
ـ 辣
ـ ته الحاجةُ 非常穷困
ـ ه بلِسانه 挖苦，讽刺
ـ وقَرَّصَ العَجِينَ 把面团做成扁圆的饼
انْقَرَصَ 被咬伤，被蜇
قُرْص جـ أَقْرَاص وقِرَصَة وقِرَاص: كل شيء مستدير ومنبسط 扁圆形的东西
ـ [体]铁饼
ـ صُلْب (لَيِّن) 硬(软)盘
ـ الجُبْن 圆形的干酪
ـ مِيكَانِيكِيّ 滑车轮；滑车
ـ / قُرْصَة جـ قُرَص: رَغِيف 圆面包
ـ دَوَائِيّ [医]药片，药丸
ـ دَوَّام: فُرَّيرة (مـ) 陀螺
ـ سُكَّرِيّ 甜饼，糖饼
ـ الشَمْس: صَيْخَد 太阳的表面，太阳的视面，日轮
ـ العَسَل 带蜜的蜂巢
ـ النَحْل 蜂巢，蜂房
أَقْرَاص مُسَجِّلة 唱片
أَقْرَاص النَعْنَاع 薄荷片
رَامِي القُرْص 铁饼运动员
قُرْصِيّ الشَكْل 平圆形的，扁圆形的
قُرَيْصَة 小圆饼；药丸
قَرْصَة بالأَصابع وأمثالها 拧一下
ـ (النَحْلَة وأمثالها): لَذْعَة 叮一口，蜇一下
ـ: عَضَّة 咬一口
ـ (مـ): مُخْل 撬棍，铁梃，铁橇，起钉橇
قَارِص: مُؤْلِم 刺痛的，致痛的，令人痛苦的
ـ: نِقْرِص (ع) / ذُبابة لاسِعَة 沙蝇(刺人的蝇)
قَوَارِص الكلام 刻薄话
قَرَاصِيَا / قَرَاصِيَة (أ): قَرَاسِيَا 梅干；李干
ـ (ع): كَرَز 樱桃

قُرَيْص / قُرَّاص / حُرَيْق: نبات على ورقه وَبَر يَقْرُص　荨麻
قُرُوص (مـ) / قاروس / قاروص　海鲈
قُرُوصَة (مـ) (١٢ دَسْتَه) gross　罗(12 打或144 个)
قَرَّاصَة (مـ)　钳子，铗子
مِقْراص جـ مَقَارِيصُ　铗子，钳子
قَرْصَنَة (أ): سرقة البحار　海上掠夺，海盗行为
ـ: سرقة المؤلفات　剽窃
قَرْصَنِيّ　海盗的
قُرْصَان جـ قَرَاصِينُ وقَرَاصِنَة: لِصّ البحر　海盗
عَلَم القَرَاصِنَة　海盗旗
قَرَضَ ـِ قَرْضًا الشِعْرَ: قاله　作诗；吟诗
ـ رِبَاطَه: مات　死
ـ الحِصَانُ اللِجَامَ　(马)咬马嚼子
ـ إصْبَعَه (مـ): قَرَصَه　夹痛(手指)
ـ وقَرَّضَ الفأرُ الثوبَ: أكله　咬啮；咬断
ـ وـ الشيءَ: نخره　蛀蚀
ـ وـ الشيءَ: قصَّه وقطعه　剪修(衣服)，剪裁(衣服)；切开，割掉
قَرِضَ ـَ قَرَضًا: مَاتَ　死
أَقْرَضَه: أعاره　借予，借钱给
ـ المالَ بضمان عَيْنِيّ　抵押借贷
ـ منه: أخذَ منه القَرْضَ　取得借款
قَارَضَ وتَقَارَضَ القومُ　相互借贷
تَقَارَضَا الثَنَاءَ　互相标榜，彼此夸奖，互相赞美
اِقْتَرَضَ: استعار　借，借用，借钱，借贷
ـ أموالاً: استدان　借债
اِنْقَرَضَ: باد　消灭，灭亡，死亡
ـ القومُ: هَلَكُوا جميعًا　全部消灭，灭亡，灭绝

اِسْتَقْرَضَ منه: طلب منه القَرْضَ　告贷，求借
قَرْض وقِرْض جـ قُرُوض: سُلْفه (مـ)　借款
ـ داخِلِيّ　国内债务(公债)；内部的债务
ـ عامّ　公债
قَرَض (مـ): قَرَظ (انظر قرظ)　阿拉伯橡胶树果实或荚
قَرْضَة / قَرَّاضَة: حَشَرَة　蠹虫，蠹鱼
قُرَاضَة: قُصَاصَة　剪(割)剩的碎片(如银屑、布片)
حَدِيد ـ (مـ)　碎铁
إقْرَاض: إعارَة　借予，借给
اِقْتِرَاض: اِستعارة　借，借贷
اِنْقِرَاض　消灭，死绝，灭绝
قَارِض　刺痛的，蛀蚀的
قَوَارِض (كالفأر والسِنْجاب والأرنب)　啮齿类，啮齿动物(如鼠、松鼠、兔等)
قَرِيض: شِعْر　诗
قَرَّاض　火车验票员，铁路检查员
قَرَّاضَة　蛾子；(车、船票的)日期穿孔器
مُقْرِض: مُعِير　出借人，贷方
اِبْنُ مِقْرَض　[动]伶鼬
مُقْتَرِض: مُستعِير　借款人，借用人
مُنْقَرِض: بَائِد　被消灭的，死绝的
مِقْرَاض جـ مَقَارِيضُ / مِقْرَض جـ مَقَارِض: مِقَصّ　剪子，剪刀
ـ التَذَاكِر　检票员的检票器
ـ الصُوف: مجزّ　大剪刀，羊毛剪
قِرْضَاب جـ قَرَاضِبَة: سَيْف قطّاع　利剑
قَرَطَ ـُ قَرْطًا وقَرَّطَ الكُرَاثَ: خرَّطه　剁碎，切细
قَرَّطَ الشَمْعَةَ والفَتِيلَة　剪烛花
ـ ها: ألبسها القُرْطَ　给她戴耳环
ـ عليه: أعطاه قليلاً قليلاً　稍稍地给，一点点

地给

ـ عليه (مـ): شدَّد عليه 逼迫，强迫

ـ الرِّبَاطَ (مـ): شَدَّهُ 束紧带子

ـ بَطْنُهُ (مـ): مُغِصَ مَغْصًا خفيفًا مُتقطِّعًا 肚子痛，肚子阵疼

قُرْط جـ أَقْرَاط وقِرَاط وقُرُوط وقِرَطَة: حلق (مـ) / حِلْيَة الأُذُن 耳环

ـ: بِرْسِيم [植]翘摇，车轴草

ـ (سـ): عُنْقُود 一嘟噜(葡萄)，一串(葡萄、香蕉等)

أَقْرَطُ اللِسانِ م قَرْطَاء جـ قُرْط (مـ): أَلْثَغ 咬舌者，大舌头的人，发音不清的(如把 س 发成 ث)

قِيرَاط جـ قَرَارِيطُ: عَرْض الإصْبَع (٢،٨٣ سَنْتِيمتر) 基拉特(长度单位，等于 2.83 厘米)吋

قِيرَاط كَامِل 基拉特(面积单位，等于 1/24 费丹或 175.035 平方米)

ـ 开(表示金质的用语，等于 1/16 دِرْهَم 或 0.195 厘米)

ـ: وَزْن حَبَّة الخُرْنُوب (٤ حبَّات) 基拉特，克拉(宝石或颗粒体的重量单位，等于 1/32 قَدَح 或 0.641 公升)

ـ: (١/٢٤ من أي شيء) 一物的 1/24

أَرْبَعَة وعِشْرِين قِيرَاطًا 足赤，十足，24 开的；最好的质量

قَرْطَجَنَّة [史]迦太基(古国名，建于公元前 223 年，首都位于今突尼斯附近，城市于公元前 146 年及公元 698 年曾两度被毁)

ـ 卡塔黑纳(西班牙港口名)；哥伦比亚海港城市名

قَرْطَس: أصاب الهدَفَ 击中目标，中的

قِرْطَاس جـ قَرَاطِيسُ: هَدَف / غَرَض 靶子，目标，目的物

قِرْطَس / قَرْطَس / قِرْطَاس وقُرْطَاس جـ قَرَاطِيسُ: وَرَق 纸，纸张

قرطاس وَرَق وغيره (مـ): قُمْع 纸包，圆锥形纸袋；圆锥形蛋卷

القَرَاطِيس المَالِيَّة 公债票，股票，有价证券

قِرْطَاسِيَّة (سـ): أَدوات الكِتَابَة 文具，文房四宝

قَرْطَلَه في الماء: غرَّقه 泡在水里，浸入水内

قِرْطَال: الحَيَّة ذات الأَجْرَاس 响尾蛇

قَرْطَمَ الشيءَ: قطَع الأَطراف 修剪，剪枝头，割短，剪短(犬耳、猫尾等)；沿周围咬啃

ـ: اِختلس قليلاً فقليلاً / قصْوَل (مـ) 一点一点地窃取

قِرْطِم / قُرْطُم / قِرْطِمّ / قُرْطُمّ: حب العُصْفُر 红花籽

قُرْطُمَان: جُلُبَّان [植]苦野豌豆

ـ (مـ) 燕麦

قَرْطَمَة اللِجامِ (مـ) 轻勒马嚼铁

ـ 锁链；链子

قُرْطُوم الحِذاء: بُنْطِيطَة (مـ) 鞋尖装饰，鞋尖饰皮

قَرْطَمِيثَة carthamus [植]红花

قَرَّظَه: مدحه وهو حَيّ 称赞，赞扬，褒奖

ـ الكِتَاب 评论(新书等)

قَرَظ: قَرَض (مـ) / ثمر السَنْط 阿拉伯橡胶树果实

تَقْرِيظ الكتب 评论新书，书评

قَرِيظ / تَقْرِيظ: مَدْح 称赞，赞扬，褒奖

قَرَعَ ـَ قَرْعًا الباب: دقَّه ونقر عليه 敲门，拍门

ـ الجَرَس 按铃；打钟

ـ الطَبْلَ 打鼓，击鼓，擂鼓
ـ الولدَ: ضربه 打孩子
ـ سِنَّه 咬牙
ـ سِنّ النَدَم على ... 切齿痛悔，悔恨
ـ ه ضَمِيرُه 受良心责备，天良发现
ـ آذانهم أنَّ ... 不断地说，重复地说
قَرَعَا كَأْسَيْهِمَا 碰杯
قَرِعَ ـَ قَرَعًا الرجلُ: سقَط شعرُ رأسه 头发脱落
ـ وقَرِعًا المَكانُ: خَلاَ (地方)空虚，无人
قَرَّعَ فلانًا: عنَّفه 痛斥，严厉谴责
قَارَعَ القومُ وتَقَارَعُوا: ضارَبَ بعضُهم بعضًا 打架，厮打
تَقَارَعُوا واقْتَرَعُوا على كذا 抽签；掷骰子戏；拈阄
اِقْتَرَعَ على هذه المَسْأَلة 投票表决，投票选举
قَرْع: دَقّ 敲，打，撞击，碰撞
ـ الطُبُول 打鼓，击鼓，擂鼓，敲鼓
ـ كُوسَى (مـ) 西葫芦，菜葫芦
ـ مِسْكِي 红南瓜
ـ مَغْرِبِيّ أو رُومِيّ (مـ): ضَرْب من اليَقْطِين 西葫芦
ـ حُلْو(مـ) أو اسْتَنْبُولِيّ أو عَسَلِيّ 番南瓜
ـ ضَرُوف [植]匏，葫芦
قَرْعِيّ 南瓜的
الفَصِيلَة الـ ة 南瓜科
قَرَع الرأس: صَلَع 秃头，秃顶，谢顶
ـ: تَقَرُّح جلدة الرأس 发疮，秃疮
قَرْعَة: واحدة القَرْع 一个葫芦；一个南瓜
ـ الرَأْس 头盖，头骨的上部，头顶
ـ الأَنْبِيق 蒸馏器的上盖
قُرْعَة جـ قُرَع: سهم / نَصِيب 命运，运气
ـ: ما تُلْقِيه لتَعْيِين النصيب 签，阄
أَلْقَى الـ / أَجْرَى الـ 拈阄，抽签；投选举票，投票球
ـ عَسْكَرِيَّة 新兵募集
إدارَة الـ 兵役站
مَجْلِس الـ العَسْكَرِيَّة 新兵募集委员会
تَقْرِيع 痛斥，谴责
اِقْتِرَاع 抽签，投票
ـ عَامّ 普选
الـ المُبَاشِر 直接选举和投票
الـ السِرِّيّ 秘密选举
مَرْكَز الـ 选举站(所、地点)
ـ عَسْكَرِيّ 新兵募集
قَارِع: طارِق 敲打的人；敲门者
قَارِعَة جـ قَوَارِعُ: دَاهِيَة 祸患，灾殃
ـ الطَرِيق 路心，路的中间
جَلَس على ـ الطريق / جلس على قَوارِعِ الطُرُق 坐在路心，坐在大道上
قَرَّاع جـ قَرَّاعَات 啄木鸟
قُرَاع (مـ) 钱癣，干癞痢；秃顶
أَقْرَعُ م قَرْعَاءُ جـ قُرْع وقُرْعَان: مُصَاب بمَرَض القَرَع 害秃疮的人
ـ: أَصْلَع 秃头，光头
ـ: مُجَرَّد / أَجْرَدُ 光的；赤裸裸的；光秃秃的，无毛的
مِقْرَعَة جـ مَقَارِعُ: سَوْط 鞭子
ـ الباب 门环(敲门用的铜环或铁环)
ـ المُعَلِّم 教鞭，戒尺，竹板
قُرْعُوش: جَمَل ذُو سَنَامَيْنِ 双峰驼
قَرَفَ ـِ قَرْفًا وقَرَّفَ الشيءَ: قشَره 剥皮，剥
ـ (مـ) وـ (مـ): أثارَ المَعِدَة للقَيْء 令人恶心，惹人厌恶
قَرِفَ (مـ): عاف 非常讨厌；不喜欢

قَارَفَ واقْتَرَفَ الذَّنْبَ: داناه 将犯罪
أقْرَفَ له: داناه وخالطه 接近…，与…相处
اِقْتَرَفَ الذنبَ: فعله 犯罪，犯法，做坏事
ـ المَرَضَ 染病，害病
قَرِفَ (مـ): عَوِفَ 嫌恶，不喜欢，发呕
قِرْفَة: قِشْرَة 果皮，树皮，面包皮
ـ: ضَرْب من الدارصِينِيّ له رائحة عَطِرة وطعمٌ حادّ 肉桂，桂皮
ـ الجُرْح أو القَرْحَة: جُلْبَة 痂，疮痂
قَرْفَان (مـ): جائِش النَفْس 恶心，欲吐；感到厌恶
ـ (مـ): عائف / كارِه 恶心的；厌恶的
قَرِّيف (مـ): قَذُور 有洁癖的；易呕吐的
قَرَافَة جـ قَرَافَات: جَبَّانَة 墓地；公墓
وَجْهٌ مُقْرِف: غير حسَن 丑的，难看的
ـ (مـ): يُجِيش النَفْسَ 令人发呕的，令人恶心的
ـ (مـ): تَعَافه النَفْسُ 讨人厌的
مُقَرِيف (مـ): مُضْطَرِب المِزَاج 觉得不舒服的，没有精神的
مُقْتَرِف: مُرْتَكِب الذَنْب 犯法的，犯罪的人
قَرْفَصَ: قَعد القُرْفُصَاءَ 蹲
قُرْفُصِيّ / قُرْفُصَاء / قُرْفُصاء 蹲
قَرْقَتْ ـ قَرْقًا الدَجَاجَةُ: صوَّتت وقد جمعت وضَمَّت فراخها أو بيضها بجناحيها (鸡用翅膀护住小鸡或鸡蛋时)咯咯地叫
قُرْقَة 菢母鸡，伏窝的母鸡
قُرَقِيَّة جـ قُرَقِيَّات (مـ) 铰链
قَرْقَذَانٌ (س) / قَرْقَذُونٌ: سِنْجَاب 松鼠
قَرْقَرَ الحَمامُ: ردَّد صوتَه (鸽等)咕咕地叫
ـ البَعِيرُ: هدَر 骆驼发出咕噜噜噜的声音
ـ الرَجلُ في ضحكه: استغرب ورجَّع فيه 咯咯地笑
ـ البَطْنُ: صوَّت 肠内辘辘作响
ـ الهِرُّ (猫)发呜呜声
ـ الرَعْدُ (雷)隆隆作响
ـ الماءُ (开水沸腾时)嘎啦嘎啦地响
قُرْقُور جـ قَرَاقِيرُ (مـ) 羊羔
ـ: السَفِينَة الطَوِيلَة 长形的船
قَرْقَشَ (مـ): مضَغ بصوتٍ 嘎扎嘎扎地咬、嚼(饼干)
تَقَرْقَشَ (مـ) 咬嚼得嘎扎嘎扎地响
قَرْقُوشَة جـ قَرَاقِيشُ: كَعْكَة هشّة 干脆的饼干，薄的硬饼干
ـ الأُذُن: وترة 耳朵的软骨
عَيْش (خُبْز) مُقَرْقَش 脆面包
قَرْقَضَ (مـ): قَرض 咬，嚼，咬碎
ـ على أَسْنانه: حَرَّقها 切齿，咬牙
ـ الحِصانُ اللِجامَ 马格格地咬(马嚼铁)
قَرْقَطَ الشيءَ (مـ) 咬，啃，啮；把东西切成小块
ـ على أَسْنَان (睡梦中)格格地咬牙
قَرْقَعَ (مـ) (راجع قعقع) 噼噼啪啪地响，叮当作响(打铁声)
قَرْقَعَة 噼啪声，叮当声，呱嗒
ـ الأَسْلِحَة 武器叮当作响
قُرْقُف: سنّ المنجل (انظر سنن) 山雀，花雀
قَرَقُوز جـ قَرَاقِيزُ (مـ) / كَرَاكُوز / قَرَاقُوز: قَرَه قوز 皮影子戏
قَرَقُول جـ قَرَقُولاَت (مـ) / قَرَاقُول: قِسْم (مـ) / ضَبْطِيَّة / قَرَه قُول 警察局，警察署
قِرِلَّى: أَبو الرَقْص [鸟]鱼狗，翠鸟，钓鱼郎(一种水禽)
قَرَمَ ـ قَرْمًا الطعامَ: أكله قليلاً فقليلاً 一点点咬

下来吃

ـ (م): كدَم / عَضّ 咬，啃

قَرَّمَ (م) 成为吝啬的、小气的

قُرْمَة خَشَب جـ قُرَم (م): زِنْد (م) 圆木头，原木，木节

ـ الشجرة (م): جِذْل 采伐后的树桩，木头墩儿

قَرْم جـ قُرُوم: سَيِّد 首长，领袖，首领，首脑，老爷

القِرْم / بِلاد القِرْم Crimea 克里米亚（黑海北岸的半岛）

قَرْمَدَ الحائطَ: طلاه بالقَرْمَد 用灰泥墁墙

ـ السقفَ: غطّاه بالقِرْمِيد 用瓦盖，（屋顶）铺瓦

قِرْمِيد جـ قَرامِيدُ: طُوب أَحْمَر 瓦，砖，红砖

ـ / قَرْمَد: طلاء الحائط وغيره 胶泥，灰泥，涂墙泥

قِرْمِز crimson: صِبْغ أَحْمَر 洋红（雌胭脂虫弄干后制的红色染料）

دُودَة الـ: لَعْل 胭脂虫，呀兰虫（墨西哥产的一种介壳虫，可制红色染料）

قِرْمِزِيّ 深红的，猩红的，洋红的

الحُمَّى القِرْمِزِيَّة 猩红热

قَرْمَش الخبز (م): صيّره هَشًّا 制酥脆的面包

عَيْش (خبز) مُقَرْمَش 脆面包

قَرْمَطَ الكتابَ: كتبه دقيقًا وقارب بين سطوره 把字写得又小又密

قَرْمُوط وقُرْمُوط جـ قَرَامِيطُ: سمك نهريّ 鲶鱼，鲇鱼

قَرْمَطِيّ جـ قَرَامِطَةُ 盖拉米塔派（伊斯兰教派之一）

قَرَن ـِ قَرْنًا الشيءَ بالشيءِ: شدَّه به ووصله إليه 把甲乙二物连接起来

ـ الثَّوْرَيْن: جَمَعَهما في نِير واحد 使两牛同轭（拉犁）

ـ أعمالَه بـ ... 把自己的工作与…联系起来

قَرَّنَ الفولُ (م) （豆）成荚，结荚

قارَنَه: صاحبه 与…结交，交朋友

ـ بين الشَّيْئَيْن: وازن بينهما 互相比较，对比，对照

أَقْرَنَ الصَّيَّادُ: عادى بين الصَّيْدين / ضرب طَائِرَيْنِ بطَلَقٍ وَاحِدٍ 一枪打下两鸟，一箭双雕

ـ واسْتَقْرَنَ الدُّمَّلُ: نَضَجَ وحان انفجاره 化脓，生脓

تَقَارَنَ 比较，对照，对比，比拟

اِقْتَرَنَ الشيءُ بالشيء 联结，联系，结合

ـ بامرأة 结婚，娶妻

ـ تْ به 与他结婚，嫁给他

قَرْن جـ قُرُون 角，犄角

ـ الشَّمْس: أول ما يبدُو منها 太阳的边缘

ـ: مائة سنة 世纪（百年）

ـ: عصْر / جِيل 年代，时代，世代

ـ الفُول وأمثاله 荚，壳

ـ الحَشَرة: ملْمَس （昆虫的）触角，感须

ـ الغَزال: كُتَيْهَة ［植］百脉根

ـ لإدْخَال القَدَم في الحِذاء 鞋拔

ـ هِلال القَمَر: أحد قَرْنَيْه وهو هِلاَل ［天］（新月的）尖头，月尖

أبو ـ: بُوقِير ［鸟］犀鸟

أبو ـ: حُوت 一角鲸，独角鲸

وَحيد الـ: كَرْكَدَّن 独角犀

ـ الرأس 额角

ـ الجَبَل: قِمَّته 山顶，山峰

ـ الخِصْب / ـ الخَيْرات [神]丰饶角(角内有花果)，丰富的象征
ـ (م) 天线
شُعْبَة من ـ 鹿角的支叉
ذَرَّ ـُ الخلافات بينهم 他们之间有矛盾
ذو القَرْنَيْن: لَقَبُ إسْكَنْدَرَ المَقْدُونِيّ 双角王(马其顿王亚历山大的别号)
القُرُون الوُسْطَى 中世纪
قُرُون البَحْر: المَرْجَان 珊瑚
قَرْنِيّ: كالقرن أو منه 角的，角状的；角制的
ـ: من الفَصِيلَة القَرْنِيَّة (في النَبات) 荚的，有荚的，荚豆的；豆科的
قَرْنِيَّة العَيْن (眼的)角膜
قِرْن جـ أَقْرَان: نَظِير 匹敌，对手
قُرْنَة جـ قُرَن: طرف شاخص من كل شيء 角，隅，棱
قِرَان / اِقْتِرَان: زَوَاج 结婚，婚配
ـ / ـ: اِتِّصَال شَدِيد 密切结合
ـ / ـ الكَواكب [天](行星的)会合，相合
مُقارَنَة: مُقابَلَة / تَنْظِير 比较，对照
عِلْم ـ اللُغَات 比较语言学
اِقْتِرَانِيّ: مختصّ بالاقتران الفلكيّ [天]会合
قَرِين جـ قُرَنَاء: مقرون بآخَر 连接的，结合的，联系的
ـ: مُصَاحِب 伙伴，同事，同伴
ـ: زَوْج / بَعْل 丈夫
ـ الصَواب 正确的，对的，正当的，正常的
قَرِينَة جـ قَرَائِن: زَوْجَة 妻，夫人
ـ: عِفْرِيتٌ مُلازِم (阿拉伯迷信的)护身灵(供役使的魔鬼)
ـ الكَلام: ما يُصَاحِبُه ويَدُلّ على المراد به 上下文，文章的前后关系，文气
ـ: صِلَة / عَلاَقَة 联系，关系
ـ 论据，论证，理由
ـ: بَيِّنَة ظَرْفِيَّة 情况证据(附随证据，间接作为参考的证据)
ـ حال 假定，推定，推测
الاستِنْتَاج بالـ 根据事实推定
قَرَائِن الأَحْوَال 已经形成的情况，证据，事态
قارُون: اسم مَلِك لِيدِيا الشهير بغناه 可拉(以色列的反叛首领之一，以豪富著名)
قَوارِين / ـ المَال 财主们，大资本家，陶朱之流
لا يَرْضَى به ولو أَعْطَوْه مالَ ـ 即使给他金山银山他也决不同意，他断不接受
أَقْرَنُ م قَرْنَاءُ جـ قُرْن: له قَرن أو قُرون 有(两)角的
ـ الحَواجِب / مَقْرُون الحاجِبَيْن 眉毛连接的
حَيَّة قَرْنَاء 角蝰；犀角蝰(毒蛇)
مَقْرُون / مُقْتَرِن: مُتَّصِل 相连的，连接的，结合的，联系的
مُقْتَرِن: مُتَزَوِّج 结婚的，已婚的
مِقْرَن: نِير 轭
قُرْنَافَة جـ قُرْنَافَات / ـ البُنْدُقِيَّة: كُرْنَافَة 枪托
قَرْنَبِيط (م) (انظر قُنَّبِيط) [植]花椰菜，菜花
قَرْنَص من البَرْد (م): قرس 冻结；冻僵
مُقَرْنَص: حِلْيَة مِعمارِيَّة [建]山形花边，回文状雕饰
قَرَنْفُل / قَرَنْفُول الواحدة قَرَنْفُلَة وقَرَنْفُولَة جـ قَرَنْفُلات: نَبات بُسْتانِيّ وزَهْره 石竹，洛阳花
ـ الشاعر [植]美洲石竹
ـ / شَجَرَة القَرَنْفُل 丁香树
كَبْش أو سِنّ ـ 丁香

قَرَنْفلِيّ اللَوْن 桃色，淡红色，粉红色
الدُودة الـ ة 红铃虫(棉花的害虫)
قَرَه قُول (مـ): قَرَهْ قُول عَسْكر 卫兵，哨兵，岗兵
ـ شَرَف 仪仗队
قَرَهْ كُوز (مـ) / قَره قُوز (في قَرَقُوز) 皮影子戏
قَرَهْ كُوزَاتِيّ 皮影子戏表演者
مَسْرَح قَرَهْ كُوزِيّ 皮影子戏院
قَرْو جـ قُرُوّ وأَقْرَاء وأَقْرٍ وقُرِيّ: حَوْض مُستطيل 水槽，饲叶槽
خَشَب ـ (مـ): خشب البَلُّوط 橡木
قَرَوانَة الأَكْل (مـ): صحفة كبيرة 大盘子，大碟子
ـ الطِين (لحمل الطين إلى البَنَّاء) 灰泥斗
قُرْوَة / قِرْوَة: مِيلَغَة الكلب (狗喝水的)水盆
قَرُوصَة (مـ) (في قرص) gross 罗(12 打或 144 个)
قَرَى يَقْرِي قِرًى وقَرَاءً واقْتَرَى الضَيْفَ: أضافه 招待客人，款待宾客
أَقْرَى واسْتَقْرَى: طلب الضِيافَة 要求别人款待
قِرًى 殷勤招待，好客，厚客，款待
أُمّ القِرَى: النَار 火
قَرْيَة وقِرْيَة جـ قُرًى وقِرًى: ضَيْعَة 村庄，村落
ـ النَمْل: مُجْتَمَع تُرابها 蚁塚，蚁垤
أُمّ القُرَى: عاصِمة البِلاد 首都，京城
أُمّ القُرَى: مَكَّة المُكَرَّمة 麦加城(伊斯兰教圣地)
قَرَوِيّ: من سكان القُرَى 村民，农民，老乡
قارِيَة وقارِيَّة جـ قَوارٍ وقَوارِيّ: وَرْوَار / طائر [鸟]蜂虎
ـ: خُضَيْرَاء / طائر 小绿蜂虎
ـ وقَرِيَّة المَرْكَب 主桅下桁，三角帆桁
مِقْرًى / مِقْرَاء جـ مَقارٍ: مِضْيَاف 殷勤的，好客的
قُرَيْدِس (سـ) / قُرَيْدَس: جَمْبَرِي (مـ) 虾
قَزَّح الحديثَ: زيَّنه 修饰，点缀
قَوْس قُزَح / قَوْسُ قُزَحَ: قَوْس السَحاب 虹
قُزَحِيَّة العَيْن [解]眼睛的虹彩
قُزْحَة جـ قُزَح: ألوان قَوْس القُزَح 虹的各种颜色
قَزْح / قِزْح: التابَل كالكَمُّون والكُزْبَرَة 香料，作料
قَزُّوح (مـ) [植]麝香草，百里香
مِقْزَحَة: إناء الخَلّ والزيت 醋、酱、酒瓶架
قَزَّ ـُ قَزًّا وتَقَزَّزَ من الدَنَس: قرف (مـ) 感到讨厌，感到厌恶，感到恶心
قَزَّزَ (مـ): رَكَّبَ الزُجَاجَ 装玻璃，镶玻璃
ـ (مـ): حوَّل إلى زُجاج 弄(变)成玻璃
تَقَزَّزَتْ منه النفسُ 令人作呕
قَزّ جـ قُزُوز: حَرير 丝，绸，绢
جَوْزَة الـ: فَيْلَجَة 茧
دُودة الـ: دودة الحرير 蚕
قَزَاز (مـ) / قِزَاز: زُجَاج 玻璃
ـ: ثُعْبان عظيم 大蛇，蟒
لَوْح ـ 窗玻璃
قِزَازَة جـ قِزَازَات وقَزَائِزُ (مـ): زُجاجة / قِنِّينَة (سـ) 玻璃瓶
قَازُوزَة: زُجاجة صغيرة 小玻璃瓶，药瓶
ـ (مـ): كَازُوزَة (مـ) 汽水
تَقَزُّز: غَثَيَان 恶心
ـ: اِشْمِئْزاز 厌恶，憎恶
قَزَّاز: بائع الحرير 丝商，绸缎商
ـ (مـ): خَبِير بِتَرْبِية دُود القَزّ 养蚕能手
ـ (مـ): حائك / نَسَّاج 织布工人，织工
قَزَع: سَحاب خَفيف مُتَقَطِّع 飞云，薄云，卷云
قُزَّعَة / قَزِيعَة: شُوشَة شَعْر (مـ) 一缕头发

قُزْعَة (مـ): قَزِم 矮子，矮人，侏儒

قَزْقَزَ (مـ) 咬碎(胡桃)；剥出

قَزَلَ ـِ قَزْلاً وقَزَلانًا: عَرِج 跛行，瘸

أَقْزَل م قَزْلاء جـ قُزْل 跛子，瘸子

قَزِم وقَزَم جـ قُزُم وأَقْزَام: صغير الجِسم 矮子，侏儒

قَزْمَة (أ): أَزْمَة / صَاقُور / قَازُومة 鹤嘴锄

قُزْمُغْرَافِيَا (مـ أ): عِلْمُ نِظام الكَوْن cosmography 宇宙志，宇宙结构学，宇宙志学

قُزْمُغْرَافِيّ 宇宙志的，天地学的

قَزَان جـ قَزَانَات (مـ): مِرْجَل 汽锅，锅炉

قَزَانْجِي جـ قَزَانْجِيَّة (مـ) 造锅匠

قَزِّير (مـ): قَصْدِير 锡，焊锡

قَسْحَرَ (مـ): قَاسَ الحَرارةَ 量体温，测温度

قِسْحَر: مِيزَان حرارة / مِحَرّ 寒暑表，体温表

قَسَرَه ـِ قَسْرًا واقْتَسَرَه على الأمر: أرغمه عليه 强迫，强制，压制

قَسْر: إرْغام 强制，强迫，压制

قَسْرًا: كُرْهًا 被迫地，不得已地，勉强地

ـ: إلْزامًا 义务地，强制性地

قَسْرِيّ 强迫的，强制的，压制的

قَاسِر 逼迫者，强迫者

قَسَّ ـُ قَسًّا وقُسًّا وقِسًّا وتَقَسَّسَ: تَتَبَّعَهُ 追踪，探寻，探索

ـ / ـ الأَخْبَار 打听消息

ـ قُسُوسَةً وقِسِّيسَةً: صَار قَسًّا 做牧师，当神父

قَسَّسَ الإبِلَ: أحسن رعيها 善于牧驼

قُسُوسَة 神父、牧师的职位

قَسّ جـ قُسُوس / قِسِّيس جـ قِسِّيسُونَ وقُسَّان وأَقِسَّة وقَسَاوِسَة: كاهِن 牧师，神父

ـ / ـ الجنود 随军牧师

ـ: راعِي كَنِيسَة إنْجِيلِيَّة 牧师

قَسَّاس: نَمَّام 污蔑者，毁谤者

قَسَطَ ـِ قِسْطًا وأَقْسَطَ: عدَل 做事公平、公正

قَسَّطَ الشيءَ: فرَّقه 把东西分开，分成若干份

ـ الدَّيْنَ: نجّمه 分期还债

تَقَسَّطَ القومُ الشيءَ بينهم: تقسَّموه على السَّواء 均分

قِسْط: عدْل 公平，公正，公道，正义

ـ: عادِل 公正的，公道的

قِسْط جـ أَقْسَاط: حِصَّة 份，部分

ـ: مِقْدَار 量，数量，分量，定量

ـ: مِيزَان 天平

ـ: نَجْم / دفعة 摊付金(按年或按月分付的金额)

ـ تأْمِين وغيره (每次所付的)保险费等

ـ: نَصِيب 份额

ـ لَبَن (مـ) (حَلِيب): مِدْلَجَة 奶桶

على أَقْسَاط / بالتَّقْسِيط 分期(付款、还债等)

تَقْسِيط الدَّيْن 分期还债

مُقْسِط: عادِل 公平的，公正的，公道的，正直的

قَسْطَرَ الدَّرَاهِمَ: انتقدها 检查钱币的真伪

ـ / قَثْطَرَ (أ): استقطرَ المَحصُورَ بَوْلَه 导尿(抽闭尿症者的尿)

قَسْطَرَة (أ): أُنْبُوب القَسْطَرَة catheter [医]导尿管

ـ (أ): اِستقطار البَوْل 导尿

قُسْطَاس وقِسْطَاس جـ قَسَاطِيس: قِسْط 公平，标准

ـ: مِيزَان 天平

بالعَدل والـ 公平地和平均地

قَسْطَل / قَسْطَال / قَسْطَلان وقُسْطُول جـ قَساطِل: أُنبوب الماء 水管

ـ 管子，钢管
ـ: أبو فَرْوَة (مـ) 栗子，板栗
ـ الأَرْض [植]风信子
أمّ ـ: داهِيَة 灾难，祸患
قَسَمَ ـِ قَسْمًا وقَسَّمَ الشيءَ: جزَّأه 分，划分，分成(几部分)
ـ و~ عليهم الشيءَ: فرَّقه عليهم 把…分给他们
ـ و~ الشيءَ بينهم: أعطى كلاً حِصَّتَه 分配，分发
ـ و~ الشيءَ: وزَّعه بينهم 分配，分给
ـ و~ العددَ إلى خانَات 读数法(每三位数加一分点)
ـ 进行除法演算
ـ الشيءَ: شقّه / نصّفه 分裂，分开，平分
ـ اللهُ عليه كذا 注定
على ما قُسِمَ (مـ): عُجْلَة / كَيْفَمَا اتّفق 便饭，现成饭菜
قاسم فلانا المال 和他分钱
اقتسم وتقاسم القوم المال 大家分钱
قَاسَمَه على كذا: حالَفَه عليه 和…同盟
أَقْسَمَ: حَلَفَ 发誓，宣誓
ـ باللهِ: حلف به [伊]以安拉发誓，以真主之名起誓
ـ على الخَمْر أو الدُخان 发誓不喝酒、不吸烟等
ـ اليَمِينَ أمامَ ... 在…前面宣誓，起誓
أُقْسِمُ بشَرَفِي 以我的名誉为誓
يَتَقاسَمُ الهَلَعُ أَفْئِدَتَهم 他们心里恐惧万分
تَقاسَمُوا يَمِينًا 他们相互起誓了
اِنْقَسَمَ وتَقَسَّمَ إلى 被分，被分开，分裂
اِسْتَقْسَمَ: طلب القِسْمَةَ 要求分(东西)

قِسْم جـ أَقْسَام جج أَقَاسِيمُ: جزء 部分
ـ: حِصَّة 份额
ـ: فرع من إدارَة أو مَتْجَر 部，部门；局；科；分局或分店，分号
ـ من بلاد 区，地区，管区；行政区
ـ: فَصْل / باب 章；篇
ـ (مـ): مَرْكَز الضَابِطة (البوليس) 警察分局
ـ / تَقْسِيمَة (مـ): عَيْن 室，隔室，小房间
قَسَم جـ أَقْسَام: يَمِين 发誓，宣誓，起誓
صِيغَة الـ 宣誓的公式
قَسَمًا 我发誓
ـ بِشَرَفِي 以我的人格发誓，誓必，一定
قَسَمَة وقَسِمَة جـ قَسَمَات وقَسِمات: وَجْه 面庞，面貌，相貌，面孔
وجْه بَدِيعُ القَسَماتِ 美丽的面孔
قِسْمَة: تَقْسِيم 区分，划分，分配
ـ / تَقْسِيم إلى حِصَص 分份儿
ـ جـ قِسَم: نَصِيب 份额
ـ 一份
ـ / عَمَلِيَّة القِسْمَة (في الحساب) [数]除法
ـ بَسِيطَة 短除法(用12以下之数的除法)
ـ مُرَكَّبَة 长除法(用12以上之数的除法)
خَارِجُ الـ [数]商
قَابِلِيَّة الـ (أي الانقسام) [数]可除性
قَسَام / قَسَامَة: حُسْن 漂亮，美丽
تَقْسِيم: تجزئة 区分，分割
ـ: تَفْرِيق / تَوْزِيع 分配，配给，摊派
ـ (في البديع) [修]缕述全类法
ـ (مـ) 独唱，独奏
ـ (في المُوسِيقَى) [乐]前奏曲，序曲
ـ العَمَل 分工
ـ العَمل الطَبِيعيّ 自然分工

ـ العَمل وتَنْسِيقه 分工协作
مُقاسَمَة: مُشاركة 共享，共分，协同
قاسِم: مُجَزِّئ 分配者；间隔物，分切器；
分割的，划分的，分担…的
ـ (في الحِساب): مَقْسُوم عليه [数]除数，
因子
الـ المُشترَك الأَعْظَم [数]最大公分母
قَسِيم ج أَقْسِمَاء وقُسَمَاء: شَرِيك 共分者，
共享者
هو ـ ي فيما قُسِمَ لنا من الحُلْو والمُرّ 他和我
同甘共苦
ـ: شَطْر (正副两份中的)一份，(尤指)
副本，副件，复本，拷贝
قَسِيمَة 誓言，誓约，宣誓
ـ ج قَسَائِمُ: جَوْنَة العَطَّار 香料盒
ـ الدَفْتَر (مـ): شُقَّة 支票等的存根，票根
ـ 卡片；证券；单，票据；支票
ـ الخُبْز 面包配给券
مَقْسُوم (في الحساب) [数]被除数
ـ عليه: قاسِم [数]除数
مُقَسِّم: الذي يُقَسِّم 分配人，分派人，配给者
ـ الحُظُوظ 财产的分与者
مُقَسَّم / مَقْسُوم: مُجَزَّأ 被分配的，被分开的；
被除数
مُقَاسِم: مشارك 共享者，共分者
قُسْمُغْرَافِيَة (راجع قُزْمُغْرافيا) cosmograph 宇
宙志，世界志，宇宙学
قَسَا يَقْسُو قَسْواً وقَسْوَةً وقَسَاوَةً وقَسَاءَةً: صَلُبَ
成为严厉的，冷酷的，刻薄的，生硬的
ـ معه وعليه 虐待
قَسَّى وأَقْسَى الشيءَ: جعله قاسِيًا 使坚固，使硬，
使冷酷

ـ 淬火，淬硬
قاسَى الأَلَمَ: كابَدَه 遭受(痛苦)
تَقَسَّى 变得残忍、残暴、残酷无情
قَسْوَة / قَسَاوَة القَلْب 残忍，残酷，冷酷，严厉
مُقَاسَاة: مُكابَدَة 受苦，受难
قِسِيّ: جمع قَوس (في قوس) 弓
قاسٍ ج قُسَاة / قَسِيّ ج قَسِيُّونَ: صُلْب 严厉
的，冷酷的，刻薄的，生硬的，残忍的
ـ: شَدِيد / عَنِيف 猛烈的，剧烈的
ـ: لا يرحم 残酷的，凶暴的，无情的，
不仁慈的
قاسِي القَلْب 冷酷，无情，硬心肠的人，没
有慈心的人
تَجْرِبَةٌ قاسِيَة 惨痛的经验
شُرُوطٌ قاسِيَة 苛刻的条件
قَشَبَ ـِ قَشْبًا الطعامَ بالسُمّ 在食物里放毒药
قَشَب وقِشْب ج أَقْشَاب: سُمّ 毒物，毒药，毒
قِشْب: صَدَأ الحديد 铁锈
قَشِيب ج قُشُب وقُشْب: جديد 新的
ـ: نَظِيف 清洁的
ـ: مَجْلُوّ 擦亮的，磨光的
قَشَدَه ـُ قَشْدًا: قشطه 撇取奶皮，取其精华
قِشْدَة الحَلِيب: كَثْأَة / قِشْطه (مـ) 乳皮
ـ: نبات وثمره (انظر قشطة) [植]番荔枝，
释迦果
قَشَرَه ـِ قَشْرًا وقَشَّرَه: نَزَعَ القِشْرَ 剥皮，削皮，
去壳
ـ وـ البُرْتُقَالَ أو الذُرَةَ أو البُنْدُقَ 剥桔子、
玉米、榛子皮(壳)
ـ وـ التُفَّاحَةَ والبَطَاطِسَ 削苹果或土豆皮
تَقَشَّرَ وانْقَشَرَ 被剥(削)皮
ـ الجلدُ وغيرُه 脱皮，(皮)剥落

ـ الطِلاءُ 油漆起皮

قِشْر جـ قُشُور 皮，表皮，壳

ـ الثَمَرِ 果皮

ـ الجَوْز والحُمَّص والفُول 胡桃壳，豌豆、蚕豆皮

ـ الحُبوب والذُرَة الخ 稻壳，玉米壳等

ـ العُود والشَجَرَة: لِحَاء (树枝或树干的)皮

ـ الرَغِيف وأمثاله: قِشْفَة (مـ) (面包等的)皮

ـ الجُرْح أو القرحة: جلبة (伤口和疙瘩的)痂

ـ البَيْض: قَيْض 蛋壳，蛋皮

ـ الرأس: هِبْرِيَة 头屑，头皮屑

ـ السَمَك وأمثاله: حَرْشَف / فُلُوس (鱼)鳞

ـ الحيَّة المُنسَلخ: مِسْلاَخ 蛇蜕

ـ من خَشَب ثمين / قشرة (مـ) (في النِجَارة) (装饰家具等所用的优质木料的)盖镶片，盖镶板

ـ: جِلْد 皮，皮肤

ـ: غِلاف 外封，封皮

ـ بَيَاض (مـ): فَرْخ نِيليّ (أ) 尼罗河鲈

بِقِشْرِه: غير مُقَشَّر 带皮的，带壳的，未剥皮的，未脱壳的

قِشْرَة جـ قِشْرَات 皮，鳞，硬壳，外壳，甲壳

ـ الأرض [地]地壳

ـ المُخّ 大脑皮层

لا يُسَاوِي ـ بَصَلَة (连一头葱的葱皮都不值)一文不值，鸡毛蒜皮

قُشَارَة: ما نُزِعَ من الشيء المقشور 剥掉的外皮，剥掉的壳

مُقَشَّر / مَقْشُور / أَقْشَرُ م قَشْرَاءُ جـ قُشْر 剥了皮的，被剥去皮的，裸的

شَعِير ـ 去皮的大麦，大麦仁

لَوْز ـ من القِشْرَة الخارِجِيّة 剥去硬壳(带软皮)的杏仁

لَوْزٌ ـ (من القِشْرَتَيْن) 剥去硬壳和软皮的杏仁

قَشَّ ـِ قَشًّا وقَشَّشَ: أكل من هنا وهناك 东吃西吃

ـ (مـ) وـ (مـ): كَنَسَ 扫，打扫

قَشَّ ـُ قَشًّا الشيءَ: جمَعه / لَمَّه 收集，搜集，集合

ـ 拿牌

ـ النَبَاتُ: يَبِسَ 枯萎，凋萎，干枯

قَشّ الواحدة قَشَّة جـ قَشَّات (مـ): وَقْش 稻草，麦秸

يَتَعَلَّق الغَرِيقُ بالقَشَّة 溺水者虽一草亦攀附求生

ـ البَحْر (مـ): حَمُول البحر 海草，海藻，海带

كُرْسِيّ ـ (مـ) 藤椅

كُرْسِيّ ـ (من عِيدان الصَفْصاف) 柳条制的椅子

خِيَار قَشَّة (مـ) (للتخليل) (做泡菜的)小黄瓜

قِشَّة: أبُو العِيد 瓢虫

ـ (مـ) 船尾

قَشُوش (مـ): وَرَقَة قَشَّاشة (رابحة) 王牌

قَشِيش: حَفِيف 沙沙声，飒飒声

ـ / قُشَاش / قُشَاشَى: لقاطة الحقل 田里拾的落穗

ـ / ـــ: كُنَاسَة 垃圾，废物

قَشَّاش (مـ) 清洁工人

قَشَّاشِيَّة (مـ): عِيزَارَة / قَرَّابَة (ع) (用柳条编护的)小颈大瓶

مَقَشَّة جـ مَقَشَّات (مـ): مِكْنَسَة / مِخَمَّة 扫帚
قَشَطَ ـُ قَشْطًا عنه كذا: نزعه 拿去，脱去，
脱掉，除去
ـ القِشْدَةَ وأمثالها 撇去奶油
ـ (مـ): كشَط 刮去，剥去
قشَّطَ: نَزَعَ الغطاء 使裸露，剥去覆蔽物
ـ (مـ): نَهَبَ 抢，抢劫，掠夺，抢光
تَقَشَّطَ 脱光；暴露；被抢劫一空
قِشْطَة اللَبَن وأمثاله: قشْدة 鲜奶油，乳皮，乳
脂，凝乳
ـ (مـ): فاكِهة [植]蕃荔枝，释迦果
سَيِّد ـ (مـ): جامُوس أو فَرَسُ النَهْرِ 河马
شَجَر الـ [植]蕃荔枝树
قَشَّاط 强盗，掠夺者
قُشَاط (مـ): اسار من جِلد 皮带，皮条
ـ (مـ) 筹码
ـ الطَاوِلة: حَجَر 棋子
مِقْشَط جـ مَقَاشِطُ 刮刀
ـ الكِتابة 擦刀，刮字刀
قَشَعَ ـَ قَشْعًا وأَقْشَعَ القومَ: فرَّقهم / شتَّتهم 击溃
(敌人)，驱散
ـ وـ: بدَّد وكشف 驱散(云雾)
قَشِعَ ـَ قَشَعًا الشيءُ: جفّ 干，干燥
تَقَشَّعَ 云散雾消，(天气)晴朗起来
اِنْقَشَعَ وتَقَشَّعَ 被解散，被击溃
ـ الضَبَابُ أو الظلامُ أو الغُيم 云消雾散，
黑暗消失
ـتِ الحَرْبُ 战争停止了
قَشْعَرَ (مـ) واقْشَعَرَّ بَرْدًا 冷得打颤，哆嗦，战
栗，发抖
ـ (مـ) وـ بَدَنُه أو جِلْدُه 发抖，打颤，战栗，
毛骨悚然

ـ بدنَه (مـ): جَعَلَه يَقشعِرّ 使毛骨悚然，使
战栗
قِصَّة تَقْشَعِرّ منها الأَبْدانُ 令人不寒而栗
的故事，惊心动魄的故事
قُشَعْرِيرَة: اِرتعاد 发抖，打颤，哆嗦
ـ الحُمَّى (疟疾发作时的)战栗，寒战
ـ الخَوْفِ 吓得哆嗦，怕得发抖
ـ: تقبُّض الجلد بردًا أو خوفًا (因冷或害怕)
起鸡皮疙瘩
قَشْعَمُ جـ قَشَاعِمُ وقَشَاعِيمُ: أسَد 狮子
ـ 年迈的(人、兀鹰)
أُمّ ـ: الضَبُع [动]鬣狗
أُمّ ـ: الداهِيَة 灾难，祸患，灾害
أُمّ ـ: الحَرْب 战争
قَشِفَ ـَ قَشَفًا وقَشُفَ ـُ قَشَافَةً وتَقَشَّفَ: ساءت
حاله 生活困苦，境遇不佳
ـ وـ: قَذُرَ جِلدُه 皮肤不干净
قَشَّفَ الجلدُ (مـ): شرِث (皮肤)皴裂，发皲，
变粗糙
تَقَشَّفَ: ضد تنعَّم 节俭，过艰苦朴素的生活
قَشَف / تَقَشُّف: ضد تنعُّم 节俭，节制
ـ الجلد (مـ) 皮肤开裂
ـ اليَدِ (مـ): شَرَث / شَأْف 手的皴裂
قِشْفَة الرغيف جـ قِشَف (مـ): قشرته 面包的
硬皮，面包皮
قَشَف (مـ): قشب 冻疮
تَقَشُّف: زُهْد في مَلَذَّات الحياة 苦行，禁欲主义
مُتَقَشِّف: زاهِد في نَعِيم الحياة 苦行者，禁欲主
义者，出家人
ـ: مُتعَفِّف / عَيُوف 有节制的，行动有分
寸的
ـ (مـ) / مُقشَّف (مـ): أَشْرَث 皴裂的

قَشْقَشَه من الجَرَب أو الجُدَرِيّ 治愈疥癣或治好天花

ـ (مـ): كَنَس 扫

ـ الوقودَ 拾柴

قُشْقُوش الواحدة قُشْقُوشَة (مـ): سمك 银鱼

قَشَلَ (مـ) وقَشَّلَ (مـ): أفلس 变穷，破产

قِشْلَة وقَشْلة وقُشْلَة جـ قِشَل (مـ): مُسْتَشْفَى الحُكومة 公立医院，国立医院，(学校、监狱等的公费)医院

ـ (سـ) / قُشْلاَق جـ قُشْلاَقَات (مـ): ثُكْنَة الجُنُود 兵营，营房

قَشَل / قَشْلاَن: مُفْلِس 破产的

قَاشاني (في قيشاني) / قصا (في قصو)

قَصَبَ ـِ قَصْبًا الذبيحةَ: قطعهُ (把屠宰的牲畜)割成块

قَصَّبَ الشَعْرَ: جعَّده 使头发卷曲

ـ الثوبَ: زَرْكَشه بالقَصَب 以金银线绣成浮花

ـ (مـ) 测量

ـ الأرضَ (مـ) 平整耕地

قَصَب: يَرَاع [植]蒹，芦苇；芦草，竹子；任何有节茎植物

ـ (مـ): خُيُوط الذَهَب والفِضَّة 金银线

ـ السُكَّر / ـ المَصّ 甘蔗

ـ السَبْق 锦标

أَحْرَزَ ـ السَبْقِ 获胜，取得冠军，成为胜利者

قَصَبَة جـ قَصَبَات: يَرَاعَة 一根芦苇；一根竹子；一根甘蔗

ـ الإصْبَع: عُقْلَة [解]指(趾)节骨，内节，指关节

ـ الأَنْفِ 鼻骨，鼻梁

ـ البِلادِ 京城，首都，都会

ـ الدُخَانِ 烟袋管

ـ الرِئَةِ 气管

ـ الساق 胫骨

ـ المَرِيءِ [解]胃管，食道

ـ (مـ): مِقْيَاس مِصْرِيّ 戛赛布(埃及长度名约合 4 码半或 3.55 米)

ـ مُرَبَّعَة 方戛赛布(土地面积单位，等于 0.003 费旦或 12.7025 平方米)

ـ مُكَعَّبَة 立方戛赛布(立方单位，等于 45.0938 立方米)

ـ / قَصَّابة: أُنْبُوبَة 管，筒

ـ المُسْتَراح (بيت الراحة) (厕所的)排水管

ـ مَرْضُوضَة 不可信赖的人(物)

ـ: مِزْمَار الرَاعِي 笛

ـ السِنَّارَة 钓竿梢

ـ الصَيْد 钓竿

ـ (سـ): كَبِدة (مـ) (الأكل) 肝

قَصْبَاء: جماعة القصب الواحدة قَصْبَاءَة 一片芦苇，芦苇地，苇塘

قَصَّاب (مـ): جَزَّار / لَحَّام (سـ) 屠夫，卖肉的

ـ (مـ): مَسَّاح الأَرَاضِي 土地测量员

قَصَّابِيَّة (مـ): أداة تَمهيد الأرض 耙土器，刮泥器

قِصَابَة: جِزَارَة 屠宰业

ـ 卖肉的职业

مُقَصَّب (مـ): مُزَرْكَش بالقَصَب 用金银线绣的

قُصَّاج جـ قُصَّاجَات (مـ): كَلاَّبَتَانِ صَغِيرَتَان 夹剪，钳子

قَصَدَ ـِ قَصْدًا الرجلَ وله وإليه 去，往，赴，到…去

ـ: نَوَى 打算，企图

ـ: عَنَى / أراد 想要…，指…而言，意思是，意味着…
ـ: دَلّ على … 象征，表示，表明，意味着…
ـ قَصْدَهُ: نَحَا نَحْوَه 仿效
ـ واقْتصَدَ في 俭省，节约，节俭
ـ وـ وأَقْصَدَ: نظَم 写诗，作诗
قَصَّدَ الشاعرُ: أطال وواصل عمل القصائد 作长诗
ـ القَصائِدَ: هَذَّبها وجوَّدها 修润长诗
أَقْصَدَه إلى … 使…来，使…去
أَقْصَدَنِي إليك هذا الأمرُ 这件事使我到你这里来
ـ ه وتَقَصَّدَه: قتله في مكانه 就地杀死，当场处决
تَقَصَّدَه (م): تَشَدَّدَ في مُعاملته 严厉对付(待)
تَقَصَّدَ وانقصَدَ الرُمْحُ: انكسر (矛)折断
ـ ه: قصَدَه 往，赴
قَصْد: نِيَّة 意向，意图，存心
ـ: غَرَض / غَايَة 目的，目标，宗旨
ـ: ضِد إفراط 俭省，节约
ـ خَفِيّ 秘密的意图，不可告人的意图
بِحُسْنِ ـ 善意地
بِسُوءِ ـ 恶意地
بِغَيْرِ ـ / بِلا ـ / من غَيْرِ ـ 无意地，无心地
عَن ـ / بِالـ / عَن ـ وتَعَمُّدٍ: قَصْدًا 故意地，存心地，有意地，蓄意地，处心积虑地
بِغَيْرِ ـ ولا تَدَبُّر 无目的地，无计划地
بـ ـ أنْ … 为了…
في ـ واعتدال 节省地，有节制地，稳健地
قَصْدًا: رأسًا / دُغْرِي (م) 一直地，照直地(走)
قَصْدِيّ: مَقْصُود 故意的，存心的，有意的
قَصْدَك / قُصادَك (م): أمامَك 在你前面

قِصْدَة ج قِصَد 一片，一块，碎片，碎屑
القِصادَة الرَسُولِيَّة 罗马教皇的使节职位
سَفَر قاصِد: سَهْل قَرِيب 轻快的旅行
طريق قاصد: مُسْتَوٍ 正路，直路，平坦道路
اِقتصاد: ضد تفريط 节省，俭省，节约，节用
ـ: تَدْبِير النَفَقَة 经济，理财
الـ الطَبِيعِيّ (生产专为满足经济成员的需要，不以交易为目的的)自然经济，自给经济
الـ العَائِليّ المُغْلَق 宗法经济
وَزِير الـ 经济部长
عِلْمُ الاقْتِصاد 经济学
عِلْمُ الاقْتِصاد السِياسِيّ 政治经济学
اِقْتِصَادِيّ: بِتَدْبِير 节俭的，节约的，经济的
ـ: مُختص بتدبير النَفَقَة 经济学的
ـ / مُقْتَصِد: مُدَبِّر (أو مُلِمّ بعِلْم الاقتصاد) 经济学家；节俭的人
ـ الوَقُود 省煤的，省油的(指机器)
العَلاقات الـ ة 经济关系
العَوامِل الـ ة 经济要素
من الوِجْهَة الـ ة 从经济观点去看
اِقْتِصَادِيّات 经济问题，经济，经济学
ـ البِلاد 国家经济
قاصِد ج قُصَّاد: الذي يَقْصِد 有意图的人，有企图的人
ـ رَسُولِيّ 使节
قَصِيد: لا عَيْبَ فيه 无过失的，完美无缺的，没缺点的
ـ: مَقْصُود 指望，目的，所欲的
بَيْتُ الـ (诗中警句)要点，题目的核心，关键，要害
هذا هو بَيْتُ الـ 这就是要点，精华，关键，

要害

قَصِيدَة جـ قَصِيد وقَصائِد 诗篇，长诗

مَقْصُود 志愿，心愿，目的，希望

الغَرَض الـ 预定的目的

غَيْر ـِ 非故意的，非预谋的，无意的

أَقْصَدُ 最经济的

على الوَجْه الـ 最经济的方法

مُقْتَصِد في القَلِيل ومُبَذِّر في الكَثِير 只见树木
不见森林，拾了芝麻丢了西瓜

مُتَقَصِّد 预谋的，故意的，有意的

مَقْصَد: قَصْد 意图，目的，意愿，意向

مَقْصِد جـ مَقَاصِدُ: مَكان القَصْد 目的地，要到
的地方

قَصْدِير (لِلَحْم وطَلاء المَعادِن) 锡，焊锡，
白镴(锡铅合金)

وَرَق الـ 锡箔，锡纸

قَصُرَ ـُ قَصْرًا وقِصَرًا وقَصَارَةً: ضد طال 短，
变短，缩短；缺乏

قَصَرَه ـِ قَصْرًا: حَبَسه 监禁，幽闭

ـ (مـ): مَنَعَه 防止，禁止，抑止，阻止

ـ الشَرَابَ (مـ): كَثَّفه بالغلي 熬(煮)浓，
浓缩

ـ الشيءَ على كذا 局限于…

ـ ه وقَصَّرَه وأَقْصَرَه: ضد أَطَالَه 缩短，弄短

ـ وـ وـ الثَوْبَ: أخذ من طوله 剪短，裁短
(衣服)

ـ وـ وـ الكلامَ: اِخْتَصَرَه 节略，摘要

ـ وـ الشعرَ: قصّ منه شيئًا ولم يَسْتَأْصِلْه 剪发

ـ ـُ قُصُورًا وقَصَّرَ السَهْمُ عَنِ الهَدَفِ: لم يبلُغه
(箭)没射到靶子，达不到目标

ـ وـ عن الشيء: كَفَّ عنه وتركه مع العجز
罢休，住手

ـ ـِ قَصْرًا وقَصَارةً وـ النَسِيجَ 漂白纺织品

قَصَّرَ في الأمر 疏忽，怠慢

أَقْصَرَ وتَقَاصَرَ عن الأمر 漠视，不关心

ـ 缩短，减缩，删短

تَقَاصَرَ: تَصَنَّعَ القِصَر 装做身材矮小

ـ عن الأمر: كَفَّ عنه وعَجز 未能胜任

ـ الظِلُّ: دَنَا وتقلَّصَ (阴影)逐渐缩小，逐
渐缩短

اِنْقَصَرَ (布匹、织物)变成白色

اِقْتَصَرَ على كذا: اكتفى به 以…为满足，安心
于…

ـ على كذا: لم يَتَعَدَّه 局限于…

اِسْتَقْصَرَه: عَدَّه قصيرًا 嫌短，认为是短的

قَصْر جـ قُصُور: مَنْزِل كبير 宫殿，公馆，大厦

ـ / قِصَر: خلاف الطول 短

ـ / قَصَر / قُصُور: كَسَل 懒惰，偷懒

ـ / ـ / ـ: تَقْصِير 疏忽，不尽心，不尽职

ـ / قَصَار / قُصَار / قُصَارَى 尽力，竭力，
尽最大的力量，尽所有力量

رجُلٌ قَصْرِيّ 高贵的，显贵的

قَصْرِيَّة الزَرْع جـ قَصَارٍ وقَصَارَى (مـ): أَصِيص
花盆

ـ (مـ): مِبْوَلَة / خَدَّامَة (مـ) 便盆，便壶，
尿罐

قِصَر البَاع 没才干，本事不大

ـ النَظَر [医]近视；浅见，眼光短浅，鼠
目寸光

قِصَر ذَيْل (مـ): شَهِيّ مُمْتَنِع 可望而不可及

قَصَرَة: عُصْعُص الطيور / زِمِكَّى 鸟尾骨

قُصُور: سِنّ القُصُور 未成年

ـ: عَدَم كِفَاية 不够，不足，不充分

القُصُور الذَاتِيّ (في الطبيعة) [物]惯性，惰性

قُصارَاكَ أَنْ تَفْعَلَ هذا 尽你最大的力量去做
قُصارَى الأمر 总之，要之，归结起来
بَذَلَ ـ طاقته 他尽力而为
ـ القَوْل 简而言之，扼要地说
قِصَارَة الأَقْمِشَة 漂布业
تَقْصِير: ضد تطويل 缩短
ـ: إهمال 忽略，疏忽
ـ: نَقْص / عَيْب 缺陷，缺点，短处
ـ في تَأدية الواجب 失职
عُقْدَة الـ (将长绳暂时缩短的)缩结
اقْتِصَار 节略，摘要
بالـ 扼要地，简略地
قاصِر: خِلاف الراشِد 未成年的
ـ: لازِم / خِلاف المُتَعَدِّي من الأفعال [语] 不及物动词
ـ على كذا 局限于
ـ اليدِ: قَصيرها 无力的，穷困的，贫穷的
يَتِيم ـ 未成年的孤儿
قَصِير جـ قِصَار وقُصَرَاء م قَصِيرَة جـ قِصَار وقَصِيرَات وقَصَائِرُ: ضد طويل 短的，短促的
ـ القَامة 矮身材，不高的个子
ـ العُمْر 短命的，短寿的
ـ اليَدِ أو الباع 无力的，缺乏才干的；穷困的，贫穷的
مَقْصُور / مُقَصَّر: ضد مُطوَّل 被缩短的，减小的；节略的，撮要的
ـ: مَحْدُود 有限的，局限的
نَسِيج ـ 漂白的(布)
مَقْصُورَة جـ مَقَاصِيرُ: حُجْرَة 小房间
ـ المَلاهِي (المَسارِح): خَلْوة (戏院的)包厢
قَصَّار الأَقْمِشَة 漂布工人
مُقَصِّر: الذي يُقَصِّر الطُولَ 节略者，撮要者

ـ: مُهْمِل 疏忽大意的人，不注意的人，不留心的人，不尽职的，不负责任的
ـ: مُتَأَخِّر 不及的，不达的，落后的
مُقْتَصَر: مُختصَر 简短的，节略的，扼要的
ـ: مُفِيد 简明的，简洁的，简单扼要的
قَيْصَر جـ قَيَاصِرَة: عاهل / إمْبِرَاطُور/ مَلِك أَعْظَم 皇帝
ـ الرُومان (قَديمًا) 罗马皇帝
ـ الرُوسِ (سابِقًا) 俄国沙皇
ـ الأَلْمانِ (سابِقًا) 德国皇帝
قَيْصَرِيّ 皇帝的，沙皇的
قَيْصَرِيَّة: قَيْسَرِيَّة 有屋顶的市场，有屋顶的菜市，劝业场
العَمليَّة الـ (للتوليد): بَقْر [医]子宫切开术，剖腹产术
قُصْرُمل المُونَة (مـ) (للبناء) 灰泥
قَصَّ ـُ قَصًّا: قطَع بالمِقَصّ 剪断
ـ الشَعْرَ والظُفْرَ 剪发，剪指甲
ـ الصوفَ من الغَنَم والزِئْبَر من المُخْمَل 剪羊毛，剪绒芒
ـ ـُ قَصَصًا عليه الخبرَ واقتَصَّ الخبرَ 讲述，叙述
ـ ـُ قَصًّا وقَصَصًا واقْتَصَّ وتَقَصَّصَ الأَثَرَ 跟踪，追赶
قَصَّص الشيءَ: قطَّعه 剪碎
قَاصَّه قِصَاصًا ومُقاصَّةً بما كان له عِنْدَه 相抵，抵消，扣除
ـ ه: جازاه وفعَلَ به مِثْلَما فَعَل 报仇，报复
تَقَصَّص أَثَرَه: تتبَعَه 追踪，跟踪，追赶
ـ الكلامَ: حفِظَه 记住话
اِقْتَصَّ منه وقاصَّه: عاقبه 处罚，惩罚
ـ منه وـ: انتقم 向…报仇

ـ الحديثَ عليه: رَواه على وجهه 传述，传说

انْقَصَّ 被裁去，被剪开

قَصّ: قطع بالمِقَصّ 剪裁，剪下

ـ الأَخْبارِ 讲述，叙述，传述

ـ الشَعْرِ 理发

ـ الصُوفِ: جزّ (في جزز) 剪羊毛

ـ ج قِصاص: عَظْم الصَدْرِ 胸骨

ـ / قَصَص / قُصاصة ج قُصاصَات 裁屑，切屑，剪毛，剪下的指甲、布条、羊毛等

قِصَّة ج قِصَص وأَقاصِيص: حِكَايَة 故事，传说，小说，轶事

ـ خُرَافِيَّة 寓言，童话，神话

ـ الأَسْرار [文艺](宗教上的)神秘剧

ـ خَيَالِيَّة 虚幻小说，想像丰富的故事

ـ شِعْرِيَّة 民谣，歌谣，小调

ـ / قَصَّة (مـ): نوع القصّ 剪，剪裁法

ـ / ـ: قاطع /بَتْرُون (أ) pattern 样子，模型；服装样本

قِصَصِيّ 故事的，小说的

ـ: مُؤَلِّف قِصَص 小说家

قُصَّة ج قُصَص وقِصَاص: شَعْر النَاصِية 额发，刘海儿

ـ الصُدْغ: مَقْصُوص (مـ) (女人的)娇发，鬓发，耳边卷发

ـ: خُصْلة شعر 一绺头发

ـ الماس (妇女的)头饰

قُصاصَة ج قُصَاصَات 小块，小片

قُصاصات الوَرَق 纸片

ـ من الجريدة 剪报

لُعْبَة الـ السبع 七巧板

قِصَاص: عِقاب 处罚，刑罚，惩罚

ـ: جزاء 报复，复仇

قَاصّ وقَصَّاص 说书人，讲故事人

قَصَّاص الغَنَم والدَواب: جَزّاز 剪羊毛的

ـ أو مُقْتَصّ الأَثَر 跟踪者

ـ أو قَاصّ الأَخْبار 讲故事的人，说书人

قَصَّاصَة الشَعْر (理发用的)推子

مَقْصُوص: انْقَصّ 切掉，切去，割，削去

ـ (مـ): قُصّة الصُدْغ 娇发，爱发，鬓发

مَقْصُوصة (مـ): مِطْفَحَة / مِرْغَاة 漏杓，漏铲

مِقَصّ ج مِقَصَّات ومَقَاصّ: آلة القصّ 剪子，剪刀

ـ الغَنَم والدَوابّ: مِجَزّ 羊毛剪

ـ تَقليم الشَجَر 修枝剪

ـ الفَتائِل: مِمْخَط (ع) 烛花剪

ـ شَرِيط سكّة الحديد (مـ) [铁]辙叉

ـ (مـ): تَصْلِيبة خَشَبِيَّة 床剪

أبو ـ: عُجْهُوم 撇水鸟(与燕鸥相似的长翼海鸟)

أبو ـ: حَشَرَة الأُذُن 蠼螋

قَلْب الـ (مـ): حِلْيَة مِعْمارِيّة [建]山墙的三角面部分，拱与楣间的部分

كُرْنِيش ـ (مـ) [建]山形墙，人字墙

مِقَصّدار (مـ): مُفَصِّل الثياب 裁缝，剪裁者

مُقَاصَّة (في الحقوق) [法]抵消，补偿，两抵；[法]反诉

ـ: مُوازَنة 平衡；比较

ـ (في حساب المَصارِف) 票据交换，(银行之间的)划汇结算

أُقْصُوصَة ج أَقاصِيص 短篇小说，短篇故事，短篇童话

قَصَعَ ـَ قَصْعًا: ابتلع جُرَعَ الماءِ 牛饮，一气喝干，咕咚咕咚地喝

ـ المَفْصِلَ (مـ): وثَأه 扭伤关节

ـ الماءُ العَطَشَ 解渴，消渴

ـ تِ الرَحَى الحَبَّ 磨碎，研碎

قَصْعَة جـ قِصَاع وقِصَع وقَصَعَات: صَحْن خَشَبِيّ كَبِير 木碟，木盘

ـ الشَرِيط الحَدِيدِيّ (مـ) (铁路)枕木

ـ العُود وأمثاله (مـ) 琴的主体

ـ المَرْكَب (مـ): هَيْكَل 船的外壳

قَصْعِين (سـ): مَرْيَمِيَّة (نَبات) [植]鼠尾草

قَصَفَ ـِ قَصْفًا وقَصِيفًا الرَعْدُ 雷隆隆响，轰鸣

ـ ـِ قَصْفًا المَكَانَ 轰炸，炮轰

ـ ـِ قَصْفًا الشيءَ: كسَره 折断，弄断

ـ ـُ قَصْفًا وقُصُوفًا: أقام في أكل وشربٍ ولَهْوٍ 开盛宴，纵酒狂欢，饮酒作乐

ـ وانْقَصَفَ: انكسر 被折断

قَصِفَ ـَ قَصَفًا العُودُ: كان سريع الكَسْر 易折断，脆

قَصَّفَه: كسّره 折断

تَقَصَّفَ 被折断

انْقَصَفَ 被折断

قَصْف: كَسْر 折断，打断

ـ: دَوِيّ 轰轰之声，隆隆之声

ـ الرَعْد (雷)隆隆声，霹雳声

ـ المَدَافِع 炮声隆隆

ـ / قُصُوف: أكل وشُرْب ولَهْو 纵酒狂欢，饮酒作乐

قاصِف: كاسِر 打破的，打碎的，粉碎的

ـ: شَدِيد الصَوْت 吼的，咆哮的，大声的，巨响的

قَصِف / قَصِيف: سريع الانقصاف 易折断的，脆的

مَقْصَف جـ مَقَاصِف: بُوفيه (法)(buffet)(车站、火车等的)餐室，小食馆，简便食堂

قَصْقَصَ الشيءَ: كسَره 打破，打碎

ـ الشيءَ (مـ): قصّ طَرَفه 剪短，修剪

قَصْقُوصَة جـ قَصَاقِيصُ 小块，小片，碎屑

قَصَلَ ـِ قَصْلاً واقْتَصَلَ الشيءَ: قطعه وحصده 切掉，切去；收割

قَصْل / قِصْل / قَصَل / قُصَالَة 秸

قاصِل / قَصَّال / مِقْصَل: قاطع 锋利的，快的，锐利的(刀)

قَصْوَلَ الخَيَّاطُ من القُماش (مـ) (裁缝)偷布料

مِقْصَلَة: آلة ضَرب الأَعْناق 断头台

قَصَمَ ـِ قَصْمًا الشيءَ: كسره 折断

ـ ظَهْرَ الظالِمِ 殄灭恶霸

تَقَصَّمَ وانْقَصَمَ 被破坏，被折断，被毁坏

قَصِم / قَصِيم: سَرِيع الانكسار 脆的，易折的

قاصِم 破坏的，毁坏的

عملٌ ـ للظَهْر 艰苦繁重的劳动

قاصِم جـ قَوَاصِمُ 大不幸

قُصَيمَة: باسِيل (أ) bacillus 杆状菌，杆菌

قَاصُون جـ قَوَاصِينُ (أ) 潜水钟

قَصِي يَقْصَى قَصًا وقَصَا يَقْصُو قَصْوًا وقُصُوًّا وقَصًا وقَصَاءً المَكانُ: بعُد 遥远，辽远

ـ وـ وتَقَصَّى عنهم: ابتعد 远离，疏远

أَقْصَى فُلانًا عنه: أبعده 赶走，驱逐

ـ الشيءَ: بلغ أقصاه 达到…极点

تَقَصَّى واسْتَقْصَى الأمرَ وفي الأمر: بلغ الغايةَ في البَحْثِ عنه 探索，彻底调查，深究

ـ: تَبَاعد 走得很远

اسْتَقْصَى الأمرَ وفي الأمر 探究，探问，考查

قَصَاء / قَصْو: بُعْد 遥远

تَقَصٍّ / اِستقصاء 研究，调查，探究

قاصٍ جـ قاصُون وأَقْصَاء / قَصِيٌّ جـ أَقْصَاء م قَصِيَّة جـ قَصَايَا 远的

القَاصِي والدانِي (远的和近的)毫无例外，全体

أَقْصَى جـ أَقَاصٍ م قُصْوَى وقُصيًا جـ قُصًى: أَبْعَدُ 较远的，更远的；极远的

ـ: آخِر / نِهَايَة 极端的，最后的，极限

ـ: غَايَة 极端的，终极的

ـ: مُعْظَم / أَعْلَى دَرَجَة 极点，最高级

ـ أَمَانِيهم 他们的最高希望，他们的最大愿望

ـ دَرَجَةٍ 最高级，最高学位或地位

الشَرْق الـ 远东

الجَامِع الـ 极远的清真寺，远寺，阿克萨清真寺(耶路撒冷的清真寺)

الغَايَة القُصْوَى 最终目的

الضَرُورة القُصْوَى 绝对需要，极端需要

من أَقْصَاهَا إلى أَقْصَاهَا (由这个边境到那个边境，从这头到那头)全国

أَقَاصِي الأَرْضِ 地球的最远的地方

ـ حُدود كذا 最大限度，最远的区域，最远的边界

الأَقْصَى: الأَبْعَد 最远的，极远的

قَصْوَلَ (مـ): سرق قليلا فقليلا (راجع قصل) 一点一点地偷

قصاء (في قصو)

قَضَبَ ـِ قَضْبًا وقَضَّبَ الشَجَرَةَ: قطعه 修剪树木

ـ الرجلَ: ضربه بالقَضِيب 用棍子抽打

اِقْتَضَبَ: قطَع 修剪，砍去，截去，切断

ـ: اختصر 节略，摘要

ـ الكلامَ: ارتجله 即席发言，即席致词

قَضْب / تَقْضِيب الشجر 修剪树木

قُضَابَة: قُلامَة 剪下来的树枝或杂物

قَضِيب جـ قُضْبَان: غُصْن مَقْطُوع / عُود 截断的青树枝、干树枝

ـ: عَصًا 棍，棒，杖

ـ الذكَر: عُضْو الذُكُورَةِ [解]阴茎，阳物

ـ السُلْطة 权杖，权标

ـ سِكَّة الحديد 钢轨，轨条

مِقْضَب جـ مَقَاضِبُ: سِكِّين التقليم 剪枝刀，修枝钩镰

ـ: مِقَصّ التقليم (剪枝用)大剪刀

مُقْتَضَب: مُرْتَجَل 即席讲的，即席说的

ـ (مـ): مُخْتَصَر 约略的，简短的；要略，节录

خَبَر ـ 简短的消息

قَضَّ ـُ قَضًّا الشيءَ: ثقَبه 穿孔，打眼

ـ الشيءَ: كسَّره ودَقَّه 打破；压碎，捣碎

ـ الحَائطَ: هدمه هدمًا عَنِيفًا 毁坏，摧毁，推倒

ـ الوَتِدَ: قلعه 拔出，拔掉

ـ ـَ قَضَضًا المكانُ أو الطعامُ 地上有沙石；食物中有沙子

ـ وأَقَضَّ المَضْجَعُ: خَشُنَ 床铺粗硬

أَقَضَّ هذا الكابُوسُ مَضْجَعِي 这场噩梦使我没有睡好

اِنْقَضَّ الطائرُ: هَوَى / نزَل (鸟)疾降，猛扑下来

ـ عليهم: هجَم 猛扑，猛冲，俯冲，突袭

قَضّ / قَضَض / قَضَّة: كسارة الحصى 砂砾

جاء القومُ قَضُّهم وقَضَضُهم وقَضِيضُهم وبِقَضِّهم وبِقَضِيضِهِم: جاءوا جميعُهم 他们全来了

قَضِيض 大砂子

طائرة الانقضاض 俯冲机，歼击机

قَضَعَه ـَ قَضْعًا: قهَره 使屈服，压服

قَضْع / قُضَاع: مَغْص 腹痛，肚绞痛，疝气痛

قَضْقَضَ 咔嗒一声折断
ـ 叩，敲，打(齿)
قَضِمَ ـَ قَضَمَ ـِ قَضْمًا الشيءَ: قطعه بِأَطْرافِ الأَسْنان 啃
قَضِيم ج قَضَم: سَيْف 剑
قَضْمَة 啃一口
قُضْمَة / قَضَام / قَضِيم / مَقْضَم: ما يقضم عليه 松脆的，可以啃着吃的
أسكتَ جَوْعَتَه بـ ـ 他吃一口饭解饥
قَضَامَة (س): حِمَّص 豌豆
قُضَامَة 煎豌豆
قَضِيم: سَيْف أو سنّ منكَسِر الحدّ 有豁口的(剑)，锯齿状的(剑、牙齿)
ـ: جِلْد أَبْيَض يُكْتَب فيه 书写用的羊皮
قَضَى يَقْضِي قَضاءً وقَضَّى العملَ: أَنْجَزَه 完成工作
ـ منه وَطَرَه 达到目的
ـ الواجِبَ 尽到责任，完成任务
ـ حاجَتَه 达到目的，满足要求
ـ الحاجَةَ / ـ الضَرُورَةَ: تغوَّط 大便，出恭
ـ الدَيْنَ: وَفاه 偿还债务
ـ الوقتَ: صرَفه / قطَعه 度过、花费时间
ـ الوقتَ: أضاعه سُدًى 浪费时光
ـ المُدَّةَ: وَفاها 满期
ـ على كذا: أباد 消灭，扑灭，根绝
ـ على الشيء: أَنْهاه 结束，终止，终结
ـ على الأمر: أبطله 破坏，废除，终结
ـ على حياته 夺取他的生命，致命
ـ عليه: خيَّبه 使他失望
ـ على شيءٍ: أعدمه 消灭，歼灭
ـ على رَجُلٍ: قتلَه 杀死他
ـ الرجلُ: مات 死，断气

ـ في زَهْرَةِ عُمْرِه 在盛年死去
ـ إجازَتَه في ... 在…度过假日
ـ أجلَه 寿终，死去
ـ وقدَّر على 命中注定
ـ منه العَجَبُ 惊叹，惊奇万分
قُضِيَ: انقضى 完成
ـ الأمرُ: نَفَذَ السَهْمُ 事已决定，木已成舟
ـ أَمرُه: مات 死亡
قَضَى ـِ قَضاءً وقَضْيًا وقَضِيَّة عليه: حكم عليه 定罪，判罪
ـ عليه بالإعدامِ 判死罪，宣告死刑
ـ الأمرَ عليه: حكَم عليه وأوجبه وألزمه به 作出不利于他的判决
ـ الأمرَ لَهُ: حكم عليه وأوجبه 作出有利于他的判决
ـ بين الخَصْمَيْنِ 裁判，审判，评判
ـ بكذا: حكَم 判决
قَضَّى الأمرَ: أمضاه 履行，实行，执行，完成
ـ فلانًا: جعله قاضِيًا 委派他为审判员
ـ وطَرَه: أتمَّ مُرادَه 达到目的
قاضَى فلانًا إلى الحاكِم 控诉，控告
ـ: أقام قَضِيَّةً على ... 对…提起诉讼
تَقاضاه الدينَ: طلبه وقبضه منه 追还债务
تَقاضَيا إلى الحاكم: تَرافعا 双方提出控诉，打官司
تَقَضَّى 被完成，被执行
انْقَضَى: قُضِيَ 已完成
ـ: تَمَّ 做完，结束，已完成
ـ: مرَّ / فَات 已成过去，逝去
ـ الأَجَلُ (المَوْعدُ) 期限已满，到期
ـ الأَجَلُ (العُمْرُ) 寿终
اِقْتَضَى الشيءَ: تطلَّبه / اِحتاج إليه 需要，要求

اِسْتَقْضَى فُلانًا الدَّيْنَ: طلب منه أن يَقْضِيَه 要债，
索债

قَضَاء: إنجاز 完成

ـ / قَضًى: حُكْم 判决，评断，鉴定，宣判

ـ / ـ: محاكمة 审判

ـ / ـ: شَرِيعَة 法律，法学

الـ والإدَارة 司法与行政

الـ الشَرْعِيّ 根据古兰经制定的伊斯兰教
司法，伊斯兰司法

دَارُ الـ: مَحْكَمَة 法院，法庭

كُرْسِيّ الـ 推事席，审判席位

الـ المُحْتَرَم 死

ـ اللهِ: موت 死亡

نَزَلَ ـ اللهِ فيه 他逝世了，他去世了

ـ وقَدَر 命运，天命，因缘，天数

بالـ والقَدَر 命运，天数，天命，宿命

الاعتِقادُ (القَوْل) بالـ والقَدَر 宿命论

قَضاءً وقَدَرًا: صُدْفَة 偶然，意外地

قَضَاء جـ أَقْضِيَة (سـ) 县

قَضَائِيّ: مُختص بالقَضَاء 司法的，审判的，
法院的，法官的

مُسْتَشَار ـ 法律顾问

حارِس ـ 财产没收人，财产查封人

قَضِيَّة جـ قَضَايَا: دَعْوَى قَضَائِيَّة 诉讼，诉讼案件

ـ: مَسْئَلَة / أمر 事情，问题

ـ جِنَائِيَّه 刑事案，刑事诉讼

ـ مَدَنِيَّة 民事诉讼

ـ عارِضَة (في الرياضِيَّات والمَنْطِق) [数、理
论]命题，补题，前提

ـ المسَلَّمة / الـ البَدِيهِيَّة 公理，原理

ـ عِلْمِيَّة (论理)命题；[数]定理

ـ فَرْعِيَّة [法]反诉

مَصَارِيف الـ 诉讼费

حَفْظ الـ 提出诉讼，受理案件

شَطْبَ الـ 取消诉讼，撤诉

أعاد النَظَرَ في الـ 再审，重审

أَوْقَفَ الـ 延期判决

قَضِيَّتَا القِيَاس (في المَنطِق) [论]大小前提

قَلَم قَضَايَا الحُكُومة 律师局，司法科

مُقَاضَاة: مُداعاة 诉讼，争讼

اِقْتِضَاء: لُزُوم 需要，必须

عند الـ 必要时，需要时，紧急关头

اِنْقِضَاء: انتهاء 终，终结，完毕；逝去

ـ التَعَهُّدَات (في الحقوق) [法]义务终了

قَاضٍ جـ قُضَاة 法官，推事

ـ عُرْفِيّ 仲裁人，公断人，公证人

ـ شَرْعِيّ (伊斯兰教国家)宗教生活法典
审判官

ـ: مُنْجِز / مُتَمِّم 决定的，决然的，断然
的，明确的，最后的；无争论余地的；
完成的，成全的

ـ منه 做好的，完成的，结束的

سُمٌّ ـ: مُمِيت 致命的毒药或毒物；烈性
毒物

ضَرْبَةٌ قَاضِيَة 致命的打击

قاضِي الإحَالَة 传审法官

ـ الأُمُور المُسْتَعْجَلَة 即决裁判的法官

ـ التَحْقِيق 预审法官

ـ الصُلْح / ـ المَوادّ الجَزائِيَّة 调解法官，和解
推事

ـ القُضَاة 审判长；[史]最高法官(相当
于最高法院院长)

ـ الحاجَات: المَال 钱，资金，金钱

لُقْمَةُ الـ (مـ): زَلَابِيَة / عَوَّامَات (سـ) 油香，

油炸饼
مَقْضِيّ: مُنْجَز 已执行的，已完成的
ـ: مَحْكُوم فيه 已决定的
ـ: مقدَّر 命定的，注定的
ـ عليه 被定了罪的
مُقْتَضًى: لازِم 需要的，必要的
بِمُقْتَضَى كذا / على مُقْتَضَى كذا 依照…的
要求，根据…
بِـ شَرِيعتِنا 根据我们的法律
بِـ الحال 临机应变，见机行事，因时制宜
بِـ العَقْلِ 按照情理
مُقْتَضَيَات: مُسْتَلْزَمات 急迫的需要
مُتَقَاضٍ جـ مُتَقَاضُون 诉讼者，起诉者
قطاة (في قطو)
قطب ـِ قَطْبًا الشيءَ: جَمَعَه 收集
ـِ قَطْبًا وقُطُوبًا وقَطَّبَ جَبِينَه 蹙额，皱眉头
ـ وـ وَجْهَه 不高兴，绷着脸
ـ (مـ) وـ الثوبَ (مـ): رَتَقَه 缝合，缝拢
اِسْتَقْطَبَ (في علم الطبيعة) [物]极化
قُطْب وقَطْب وقِطْب وقُطُب جـ أَقْطَاب / قُطْبَة
جـ قُطَب: مِحْوَر 轴，轴心，枢轴
ـ: مَدَار / دُنْجُل (مـ) 车轴，心棒
ـ جـ أَقْطَاب وقُطُوب وقِطَبَة: سَيِّد القَوْم 巨头，
显要，富豪；要人
ـ الأرض (واحد قُطْبَيْها) 极(如南、北极)
الـ الجَنُوبِيّ 南极
الـ الشِمَالِيّ 北极
ـ سَالِب: مَهْبِط [电]负极(阴极)
ـ مُوجَب: مَصْعَد 正极(阳极)
نَجْم الـ 北极星
قُطْبَا الأرضِ 地球的两极
أَقطابُ السِيَاسَةِ 杰出的政治家，政界巨头

قُطْبِيّ: مُختصّ بقطب الأرض (南、北)极的
الشَفَق الـ 极光
قُطْبَة خِياطَة جـ قُطَب 缝一针，针脚
تَقْطِيب: عُبُوس 皱眉
ـ / اسْتِقْطَاب (في علم الطبيعة) 极性，
磁性引力，(光的)偏极
قَطُوب / قاطِب: مُتَجَهِّم 皱眉头的，绷脸的，
愁眉苦脸的
قاطِبةً: جَميعًا 全部，整个
جاء القومُ قاطِبةً 群众都来了
قطر ـُ قَطْرًا البَعِيرَ: طَلاهُ بالقَطْرَانِ (给骆驼)涂
焦油
ـ المَرْكَبَ (مـ): جَرَّه 拉，拖(船)
ـ وقَطَّرَ الإبلَ: صفّ بعضَها إلى بعض على
نَسَق (把骆驼)排列成行
ـُ قَطْرًا وقُطُورًا وقَطَرَانًا الماءُ: سال وجَرَى
قَطْرَةً قطرةً 水一滴一滴地流出，滴水
ـ دمًا 出血，流血
قَطَّرَ الدَوَاءَ: استقطرَ ماءَه بالإنْبِيق 蒸馏
قَطَّرَ وأَقطرَ الماءَ: صَفَّاهُ 把水滤清，过滤
ـ وقَطْرَنَ البَعِيرَ: طَلاهُ بالقَطْرَان 涂焦油，涂
沥青
اِنْقَطَرَ 成为连接的，被列成纵队的
ـ (مـ) 被拖曳，被拖牵
تَقَاطَرَ القومُ: جاؤُوا وتَتابَعوا أَرْسَالاً 相继而至，
依次来到，陆续来到
اِسْتَقْطَرَ الخُمُورَ والعُطُورَ وغيرهما 蒸馏，提取
(酒或香料等)
قَطْر: تَنْقِيط 滴下
ـ: مَطَر 雨
ـ جـ قُطُورَات (مـ): قِطار سِكة الحديد 火
车，列车

ـ (مـ) وقِطَار الرُكَّاب 客车
ـ (مـ) وـ سَرِيع / إكْسبَرِيس (أ) 特别快车
ـ (مـ) وـ البَضَائع 货车
ـ التِرَام / ـ كَهْرَبَائِيّ 电车
ـ (مـ): سُكَّر محلول للتحلية 白蜜糖
ـ المَرَاكِب (مـ) 拖曳(船只)
رَفَّاصٌ لِـ المَراكِب (مـ) / وَابُور ـ 拖轮，拖驳
قَطْرجِي جـ قَطْرَجِيَّة (مـ): عامِل بسكة الحديد 火车挂钩工人
قِطَار جـ قُطُر وقُطُرات من الإبِل 骆驼队
ـ 火车，列车
ـ الضُحَى إلى بكين 去北京的早班车
قُطْر جـ أقْطَار: إقْلِيم 地方，区，地区，区域
ـ: ناحِيَة 地区，地方，边
ـ (مـ) 国家
خارِجَ الـ 国外
داخِلَ الـ 国内
الـ المِصْرِيّ 埃及，埃及地区
الـ الشَامِيّ 叙利亚，叙利亚地区
ـ الدَائِرة / ـ المُحِيط (圆的)直径
نِصْف ـ الدائرة 半径
ـ المُرَبَّع أو المُسْتَطِيل [数](方形或矩形)对角线
ـ / قُطُر: عُود التبخير 沉香
أَرْبَعة أَقْطَار المسكُونَة (المعمورة) (世界的四部分)全世界
قُطْرِيّ 直径的
خَطْوَة قُطْرِيَّة (مـ) (في التُرُوس) 齿距，径节，直径螺距
قَطْرَة جـ قَطَرات: نُقْطَة 一滴
ـ مَطَر: نُقْطَة منه 一个雨点，雨滴
ـ من البَحْر 沧海一粟
ـ نَدًى: نُقْطَة منه 一滴露水，露珠
ـ العَيْن: دَمْعَة 眼泪，泪珠
ـ العَيْن (مـ): ما تقطُره فيها من دَواء 眼药水
الـ التي تُرِيقُ الإناءَ 满溢的酒杯
تَقْطِير / استقطار 蒸馏
ـ: تَكْرِير (مـ) / تَصْفِيَة 滤清
ـ الكُحُول 蒸酒
قَاطِر 拖曳的，牵扯的
الباخِرة الـ ة 拖轮
قَاطِرَة جـ قَاطِرَات وقَوَاطِرُ / وَابُور (مـ) 机车，火车头
قَطِير بَحْرِيّ جـ قَطَائِرُ (مـ) 平底船，驳船
قَطَّارة: نَقَّاطَة 滴管，(有滴管的)眼药瓶
مِقْطَر / مِقْطَرَة جـ مَقَاطِرُ: مِبْخَرة 香炉
مِقْطَرة التَعْذِيب 足枷(刑具)
مُسْتَقْطَر / مُقَطَّر 蒸馏的
مَاء ـ 蒸馏水
مَقْطُورة جـ مَقَاطِيرُ (مـ) 妓女
قُطْرُب: ذُباب مُنِير 萤火虫
قَطْرَمِيز جـ قَطْرَمِيزَات (سـ) 瓶，壶，瓮，坛子
قَطْرَنَ البَعِيرَ: طَلاه بِالقَطْرانِ 涂焦油
قَطْرَان / قِطْرَان: دُجالَة 焦油
ـ مَعْدِنِيّ 矿物质的焦油
ـ نَبَاتِيّ 植物质的焦油
قُطَاس (أ): خُشْقَاء / بَقَر طويلُ الشَّعْر يستَوْطن أواسط آسيا (西藏)牦牛
قَطَشَ ـُ قَطْشًا وقَطَّشَ (مـ) 割去；切下；剪去
قَطَّ ـُ قَطًّا واقْتَطَّ القلمَ ونحوَه: قطع رأسه عَرْضًا في بَرْيِه 修剪鹅毛笔、苇子笔
ـ البَيْطارُ حافِرَ الدابَّة: نَحَته وسَوَّاه 修蹄
ـ الأَظافِيرَ والشَّعْرَ وغيرَهُمَا 修剪(指甲、

头发等)

قَطَّ وقَطِطَ ـَ قَطَطًا وقَطَاطَةً الشعْرُ: كان قصيرًا جَعْدًا 发短而卷曲

قَطَّطَ الخَرَّاطُ الخَشَبَةَ: سَوَّاها بالمِخْرَطة 镟木料

ـ االشيءَ: نَحتَه 雕刻

قَطّ ج قُطُّون وقِطَاط وأَقْطَاط وقَطَطُون: شديد الجُعُودَة 头发短而卷曲的

قاطّ / قاطِط: غالٍ 昂贵的，价格高的

قَطْ: حَسْبُ 足，够

ـ: فَقَطْ / لا غَيْرُ 只，惟，仅

قَطُّ: ظَرْفُ زمانٍ لاستغراقِ الماضِي وتختصّ بالنَّفْيِ 从(不)，从来(没有)

ما ... ـ / لم ... ـ 全不…，从未…

ما رَأَيْتُه ـ 我根本没有见过他

قِطّ ج قِطَطَة: سِنَّوْر ذكَر 猫，雄猫

ـ بَرِيّ 野猫

ـ الزَباد 麝猫，香猫，灵猫

ـ أَنْقَرة 安卡拉猫

حَشِيشَة الـ أو الهِرّ [植]广叶拔地麻

قِطَّة: هِرَّة 雌猫，母猫

قِطَاط ج أَقِطَّة: مِثَال يُحتَذَى عليه 模范，榜样，模型，标本

قَطَّاط: خرَّاط 镟工，车工

قُطَيْطَة: جَرْوُ القطّ 小猫，幼猫

قطع ـَ قَطْعًا ومَقْطَعًا وتِقِطَّاعًا الشيءَ: قسمه 切开，割开

ـ الشيءَ: فصَله 分开，分割开

ـ قَطْعَةَ الصديقَ: هجره 断绝友情，和朋友绝交，断绝往来

ـ العَلاقاتِ 断绝关系

ـ الشيءَ دَابِرَهُ 消灭，根绝

ـ ه عن حقّه: حَرَمَه ايّاه 剥夺他的权利

ـ المُساعدةَ عنه 拒绝对…援助

ـ ه: بَتَرَه 割断，切断

ـ لسانَه بالإحسان إليه: أسكته (用恩赐)使沉默

ـ ه: حجزَه / أوقفه 制止，阻止

ـ ه: جَرَحه 割伤

ـ الرأسَ 斩首；杀头

ـ الورقَ (ورقَ اللعب) 洗牌

ـ كَلامَه أو خِطَابَه 打断…的话或演讲

ـ الطُرُقَ 劫路

ـ الطريقَ عليه: كَمَن له 伏候，伏击

ـ الوقتَ: قتَله 消磨时间

ـ قَطْعًا الحَبْلَ والوَتَرَ 扯断，切断，割断(绳子或弦)

ـ الرَجاءَ منه 失望，绝望

ـ عليه: قاطَعَه 截断，截取，拦断；夺取，抢劫

ـ قَطْعًا وقُطُوعًا النهرَ: عبَره / اِجتازه 渡过，横渡(河流)

ـ الشدَّةَ أو الخَطَرَ 渡过难关，渡过危险

ـ المَسافَةَ 走完

ـ ه: استنفده / استهلكه 用完，吃完

ـ ـَ قُطُوعًا وقِطَاعًا وقَطَاعًا الطائرُ (鸟)迁移，移栖

ـ النَظَرَ عن الأمرِ 不顾，不考虑

ـ في القَوْلِ: جزم 断言；肯定；硬说

ـ ه من الكَنِيسة: فصَلَه 逐出教会，除名，开除

ـ فيه الكلامُ: أَثَّر 感动，打动

ـ عَهْدًا 约定，许诺

ـ عَهْدًا على نَفْسِه 承担义务

ـ عَقْلَه (م): أقنعَه 使信服，说服

ـ تَذْكِرَةً (مـ) 购票，买票，打票
ـ الثَّمَنَ (مـ) 议定价格
ـ الكَمْبِيَالَةَ (مـ): خَصَمَها (对期票)贴现，折扣
ـ اللبنُ (مـ): خَثَرَ / اِنْهَاجَّ (奶)凝结，凝固；(奶)分离成乳饼和乳清
ـ شوطًا كبيرًا في ... 在…中作出了很大成绩
ـ في مَسألة 决定问题
لا يُقْطَعُ خَيْطُ قُطْنٍ إلا بِإشارَتِهِ 一切按他的指示办事
قَطَّعَ الشيءَ: قطعه قِطْعَةً قِطْعَةً 切碎
ـ الثوبَ: مزّقه 撕，撕破，撕碎，扯破
ـ اللحمَ (على المائدة) 剁肉
ـ الشِعْرَ 按节奏念诗，按韵律读诗
يُقَطِّعُ أو يُمَزِّقُ القَلْبَ 使人心碎、伤心
قَاطَعَ وأَقْطَعَ عنه: بايَنَه 弃绝，绝交，断绝来往
ـ ه: أنكر مَعْرِفتَه 见面佯装不相识
ـ الكلامَ أو العملَ 打断说话或工作
ـ في المعامَلة التِجاريَّة 断绝贸易关系
أَقْطَعَ فُلانًا النَهْرَ 把某人带过河去
ـ ه الخَشَبَ 准许伐木
ـ ه الأَرْضَ 给封地，采邑
ـ ه مَعاشًا 赐予年金，赐给养老金
قُطِعَ وانقَطَعَ 被切开，被割断
ـ وـ الحَبْلُ والسِلْكُ (索、铁丝、绳)断了
ـ وـ الخَطُّ (الشريط) الحَدِيديّ 铁路线中断
ـ وـ التَيَّارُ 电流或气流中断
تَقَطَّعَ 被切碎
تَقاطَعَ الخَطَّانِ 线路交叉
تَقاطَعَا: ضد تَوَاصَلا 分裂，绝交
اِنْقَطَعَ المطرُ أو الصوتُ الخ (雨或声音)停了，中止
ـ عن كذا: كَفَّ 停止
ـ عن العَالَمِ 与世界隔绝
ـ عن كذا 戒，忌(烟、酒等)
ـ إلى كذا 专心于，埋头于
ـ لـ أو إلى ... 献身于
اِقْتَطَعَ من المال قِطْعَةً: أخذ منه شيئًا 分取一部分
ـ الأَحْجارَ 拆下石头，拆取石头
اِسْتَقْطَعَ أرضًا 请求分地，请求采地
ـ (مـ): خَصَمَ 扣除；折扣
ـ للمَعاش (مـ) 捐赠、捐助养老金
قَطْع: تَقْطِيع 切断，割断，切开，剪开，截开；[医]截断
ـ 关电门，切断电流，闭止(煤气等)
ـ: مكان القَطْع جـ قُطُوع (وبمعنى جُرْح) 伤口，割口，刀口
ـ: بَتْر [医]截断(手术)
هَمْزَة الـ [语]分读的海木宰
ـ: حَجْم / قِيَاس (东西的)大小，长短；(衣、鞋等的)尺寸，号码
ـ الحَوالات المَالِيَّة 银行折扣，期票的贴现
ـ الأَخْشاب (مـ) 森林采伐
ـ الرَأْس 斩首，砍头
ـ الرجَاءِ أو الأَمَلِ 绝望，失望，断念头
ـ الطُرُق 劫路，抢劫
ـ العَلاقَات 断绝关系
على سَبِيل الـ والتَحْتِيم 坚决地
ـ / قِطْع جـ أَقْطَاع وأَقْطُع وقِطَاع (في الهَنْدَسَة) [数]截面，断面，切面
ـ الرُبْع 4 开的(书刊)
ـ / ـ زائِد [数]双曲线
ـ / ـ مَخْرُوط أو المَخْرُوطِيّ 锥线；二次曲线

ـ / ـ مُكَافِئ: شَلْجَمِيّ [数]抛物线

ـ / ـ ناقِص: إهْلِيجِيّ 椭圆形

سِعْر الـ 贴现率

بِـ ـ النَظَر عن كذا 不顾，不问，不管

قَطْعًا: دون رَيْب 无疑地，肯定地

ـ: مُطْلَقًا / أبَدًا 决不，绝不，从来不

ـ بَتَاتًا 断然地

قَطْعِيّ: نِهَائِيّ 最后的，最终的，彻底的，绝对的

جَوَاب ـ 最后的回答，断然的回答

ـ: بَتِّيّ 坚决的，果断的，明确的，断然的，确切的

قَطْعِيًّا 坚决地，绝对地

قِطْعَة ج قِطَع: حِصَّة 一份，一股

ـ: جُزْء 一块，一截；(文章、作品)一部分，引文，摘录；(音乐会)的节目

ـ [军]队，部

ـ [棋]有花样的棋子(卒以外的棋)；钱币

ـ الدائِرة 弓形

ـ سُكَّر 一块糖

ـ غِيار: جُزْء غيار [机]零件

شُغْل بالـ / شغْل على أساس الـ 计件工

قُطْعَة ج قُطَع وقُطُعَات: ما قُطِعَ 一块，一片，一部分，一截

ـ: بُقْعَة أرْض مَفْرُوزَة 地段，地区

ـ / قِطْعَة: بَقِيَّة المَقْطُوع 树桩

قُطُوع (مـ): خَطَر 危险，威胁，危急

فاتَ عليه ـ (مـ) 他幸免于难

قُطُوعَات 大凹坑，沟凹，车辙的坑

قُطَاع الدائِرة [数]扇形

ـ أرْضِيّ 土壤(地层)的剖面；地层纵断面

ـ قُطْن (مـ) 棉花屑

قَاطُوع وقَطُوع ج قَوَاطِيعُ (مـ) / قاطع ج قَوَاطِعُ: ما يَفْصِلُ بين مكانَيْنِ 间壁，隔壁，隔板

قِطَاع ج قِطَعَة 大剪刀，剪毛机

ـ [建]断面，侧面，断面图

ـ السَدّ 堤(坝)的断面

إقْطَاع وإقْطَاعَة ج إقْطَاعَات 封地，采邑，采地

حُكْم الإقطَاعات 封建统治

إقْطَاعِيّ: التزاميّ 封建主义的；联邦的

نِظَام ـ 封建制度

إقْطَاعِيَّة 封建主义

ـ ج إقْطَاعِيَّات (世袭的或地主的)领地、田产

تَقْطِيع: قَطْع 切碎，割断，切断，剪断

ـ: مَغص في البَطْن / تَقْرِيط (مـ) [医]腹痛，腹绞痛；疝气

ـ: قَدّ وقامة 身段，身材

تَقَاطِيع الوَجْه 容貌，面貌，相貌

مُقَاطَعَة: مُبايِنة 离弃，绝交

ـ ج مُقَاطَعَات: إقليم 省，地区，区域

ـ الكَلام والعَمل 打断话，中断工作

ـ تِجَارِيَّة 断绝贸易，抵制

تَقاطُع الخُطُوط (线路的)交叉

خَطّ الـ 交叉线

نُقْطَة الـ 交点，交叉点

نُقْطَة الـ في سِكَّة الحديد 铁路交叉点(接合点)

اِنْقِطَاع: ضِد اتِّصال 分开，分裂，折断，断绝

ـ: توقُّف 停止，休止，停歇，中断

ـ البَوْل [医]小便闭塞

بلا ـ / بِدُونِ ـ 不停地，不断地，不息地

ـ المَطَر 缺雨，天旱

قَاطِع: حَادّ 锐利的
ـ: مُقْنِع 使人信服的，有力的，令人心悦诚服的
ـ: بَاتّ 坚决的，果断的，断然的
ـ: فاصِل / قَطُوع (مـ) 区分线，区分物；隔板，隔壁
ـ: قاسِم 横断的，隔开的
ـ: خطّ يقطع قَوْسًا 割线
ـ التَذاكِر 检票员
ـ تَمام الزَاوِية / ـ الدَائِرة [数]割线，正割
ـ: حامِض 酸的
ـ الطُرُق جـ قُطَّاع 路劫，劫匪，强盗
ـ النَفَس 死
ـ / سِنّ قاطع [解]门齿
ـ جَليد 破冰工人
طَعام ـ: بلا لَحْمٍ أو شَحْم / صِيَامِيّ (مـ) 素食
طَيْر ـ: قَوَاطِع 候鸟
قَطِيع جـ قُطْعان وقِطَاع وأَقْطاع جج أَقَاطِيعُ من الغَنَم أوالطُيُور 群(羊群、鸟群等)
ـ من الحَيَوان الكبير 畜群
قَطِيعَة: هِجْران 疏远，离弃
ـ جـ قَطَائِعُ: إقْطَاعة 封地，采地，采邑
مَقْطُوع: قُطِعَ 被切断的，被割断的
رجلٌ ـ 无亲无友的人，没有亲人的人
ـ الأَمَل 失望的
ـ به: يائس 绝望的，失望的，无望的，灰心的
مَقْطُوعَة (مـ) (文学作品的)片断，摘录；短诗；歌曲，音乐作品
مَقْطُوعِيَّة (مـ) (في التجارة وغيرها) [商]消费；消耗；消费量
قَطَّاع: الذي يقطع 割刀；截断器；割切的人
ـ (مـ) 石工，石匠
ـ الطريق 贼寇，抢夺者，劫路匪徒
قَطَّاعة 除草器
قَطَّاعِيّ (مـ): مُفَرَّق (سـ) 零售的，零卖的
سِعر الـ (مـ): سِعر المُفَرَّق (سـ) / سعر التَجْزِئة 零售价
بالـ (مـ): بالمفرَّق (سـ) / بالتَجْزِئة 零卖，零售
بَاع بالـ (مـ): أَخْتَى 零售，零卖
تاجِر الـ (مـ): سِلَعِيّ / تاجِر الإِخْتَاء 零售商，小贩
مَقْطَع النَهْرِ جـ مَقاطِعُ: مَكان اجتيازه 渡口
ـ 采石场
ـ الطُرُق والخُطوط 十字路口，岔路口
ـ هِجَائِيّ / ـ صَوْتِيّ 音节
مِقْطَع: آلة القَطْع 切削工具，雕刻工具
ـ وَرَق (أو الرُؤُوس) 切纸刀；铡刀；断头台
مُقَطَّع: تقطَّع 被切碎的，分成块的
ـ: مُمَزَّق 被撕碎的，被撕烂的
مُتَقَطِّع (声音)断断续续的
تَيَّار ـ [电]交流电
مُنْقَطِع: غير مُتَّصِل 中断的，停止的
ـ / مَقْطُوع: مَفْصُول 被分离的，被分开的
ـ لكذا 专心于…的
ـ النَظِير 无比的，无双的
ـ النَظِير في التاريخ 史无前例的，空前的
ـ 单个的，单独的
غير ـ 不停的，不息的，不断的
قَطَفَ ـِ قَطْفًا وقَطَّفَ واقْتَطَفَ الثمرَ والزهرَ 采，摘，掐(花、果实等)
ـ وـ وـ الشيءَ: أخذه بسُرْعَة 夺走，攫取，抢去

قَطَفَه: خَدَشَه　抓(伤)

ـ الدَقِيقَ (مـ)　(用细眼筛)筛面粉

اِنْقَطَفَ　(花、水果)被摘下

اِقْتَطَفَ الثَمَرَ: جَناه　采集，采，摘(果子)

ـ الكلامَ: أخذ خلاصتَه　摘要，摘录，撮要

قَطْف (سـ): عُنْقُود　一串，一嘟噜

ـ: خَدْش　抓(伤)

ـ / تَقْطِيف / اِقْتِطَاف　采，摘，掐

قِطْف جـ قُطُوف وقِطَاف: ثمار مَقْطُوفَة　摘下的果子

قِطَاف: أوان قَطْف الثَمَر　摘果子的时候

قَاطِفَة　收割机

ـ الكَتَّان　亚麻收割机

ـ القُطْن　棉花收割机

قَطِيفَة جـ قَطَائِفُ وقُطُف: مُخْمَل (من الحرير)　天鹅绒

ـ: مُخْمَل (من القُطْن)　棉天鹅绒，假天鹅绒

ـ المَفْرُوشَات　长毛绒

ـ: عُرْفُ الدِيكِ　鸡冠花

مَقْطَف جـ مَقَاطِفُ: قُفَّة　提篮，筐

مِقْطَف جـ مَقَاطِفُ: مِنْجَل يُقْطَف به　镰刀，(摘果用)剪刀

مُقْتَطَف جـ مُقْتَطَفَات　摘录的，文摘；选集，诗集，文选

قَطْقَاط: سَرِيع　快的，敏捷的，轻捷的，迅速的

ـ: زَقْزَاق / سَقْسَاق　[鸟]埃及鸻

قَطَلَ ـِ قَطْلاً وقَطَّلَ الشيءَ: قطعه　切断，割断

قَطِيلَة: بَشْكِير (مـ)　毛巾

قَطَمَه ـِ قَطْمًا: قضمه　咬，咬断

ـ ه: قَطَعَهُ / قَرْطَمَهُ (مـ)　砍掉，截去

ـ رقبَتَه (مـ): كسرها　扭伤或扭断脖子

اِنْقَطَمَ　被咬

قَطْمَة جـ قَطَمَات　(被咬下的)一口东西

ـ　一片，一块

قَطَامِي: صَقْر حديد البَصَر رافع الرأس　鹞

مَقْطَم: مَذَاق　味，味道，风味，滋味

مِقْطَم جـ مَقَاطِمُ: مِخْلَب　爪

المُقَطَّم　穆盖塔木山(开罗城名山)

قِطْمَار / قِطْمِير: قشرة رقيقة (كالتي بين النواة والتمرة)　(椰枣核上的)薄皮，薄膜

ـ　微末之物，小事，无价值的事

قِطْمِير　狗名

قَطَنَ ـُ قُطُونًا في المَكان وبه: أقام فيه　住，居住

قَطَّنَه: جعله يقطن　使定居在…

قَطَن جـ أَقْطَان　腰部；鸟尾根部；居住的地方

قَطَنِيّ　腰部的

قُطْن جـ أَقْطَان　棉花

ـ خَام (ببذرِه لم يُحْلَج)　籽棉，原棉

ـ زَهْر　粗棉

ـ طِبِّيّ　脱脂棉，药棉

ـ مُعَقَّم　消毒棉花

ـ سَكَارْتُو (مـ) scarto　(意)碎纱，纱头；棉屑，飞花

الـ الغُفْل　原棉

بِذْرَة الـ　棉花种籽，棉籽

دُودَة الـ　棉虫

شَجَرَة الـ　棉株

مِحْلَج الـ　轧棉机，弹棉机

قُطْنِيّ　棉的，棉质的，棉花的，棉织的

قُطْنِيَّة جـ قَطَانِيّ　豆科植物(如豌豆、蚕豆)；豆荚

قَطَانِيَا: بلد في صِقِلِّيَّة　喀大尼亚

قَاطُون جـ قَوَاطِينُ (مـ) / قَيْطُون　河岸上的私人

码头或游廊

قَاطِن جـ قُطَّان وقَطِين وقَاطِنَة 居民，住户，居住者

ـ 富有生命力的，难以磨灭的

قيطان (مـ): بَرِيم 条带，缠带，带子，花边

قَطِين جـ قُطُن 奴隶，仆人

مَقْطَنَة: مَزْرَعَة قُطْن 棉田

يَقْطِين الواحدة يَقْطِينَة: قَرْع مستدير 南瓜

قطا ـُ قَطْوًا: ثقُل مَشْيه 碎步而行，趔趔趄趄地走

قَطَاة جـ قَطًا وقَطَوَات وقَطَيَات 沙鸡

ذهَبُوا في الأَرْض بقطًا: تَفرَّقُوا متبدّدِين 他们散布到各地去

قَطُونا (مـ) / بِذْر قَطُونَا: حَشيشة البراغِيث 蚤草

قَطَوان: متقارب الخطو في مشيه 碎步而行，趔趔趄趄地走

قَعْب جـ قِعَاب وأَقْعُب وقِعَبَة 木杯

قَعَدَ ـُ قُعُودًا ومَقْعَدًا: جلَس 坐，坐下

ـ: بقي قاعِدًا 坐着

ـ على البَيْض 孵卵

ـ له: كمَن 埋伏

ـ عن: كفّ 停止，中止

ـ الطعام على المَعِدة (مـ): ثقُل 不消化，积食

ـ وأَقْعَدَ بالمكان: بقي / أقام 停留，逗留，定居

ـ به وأَقْعَدَه: أجلسه 使坐下，使就座

ـ به وأَقْعَدَه: ثبَّط عَزْمَه 使沮丧，使泄气

ـ به وأقْعدَه وقعَّدَه عن: منعه 阻拦，阻止

ـ به الإعْياءُ 疲惫至极

قامتْ لهذا الأمر المَدينةُ وـ تْ 全城为此事闹翻了天，满城风雨

ـ يَتكلَّم 继续说，继续谈

قَعَّدَه 扶…坐下，让…坐下

أَقْعَدَه عن العمل 使丧失劳动力

ـ ه الفِرَاشُ 卧病

أقام هذا الخبرُ المدينةَ وـ ها 这件新闻轰动了全城，闹得满城风雨

تَقعَّدَ وتَقَاعَدَ عن كذا: ترَك طَلَبَه 停止，放弃

تَقَاعَدَ عن الأمر: توقَّف وامتنع 拒绝，自制，节制

ـ: اعتزل الأعمال 退休，退职

اقتَعَدَ 占据（地方），坐到某处

قَعْدَة: جلْسَة 一座

ـ (مـ): وَضْع 态度，姿态，姿势，仪表

ـ (مـ): مَقْعَدَة / سَافِلَة 屁股，臀部

ـ / قِعْدَة: المكان يشغله القاعِد 坐位

قِعْدَة 坐态，坐相

ذُو الـ / ذُو القَعْدَة 回历 11 月

قَعُود جـ أَقْعِدَة وقُعُد وقِعْدَان وقَعَائِد: فَصِيل الإبل 驼羔

قُعُود: جُلُوس 坐

حَياة الـ 闲散的生活

تَقَاعُد: اعتزال الأعمال 退隐，退职，退休

سِنُّ ـ الشَّيْخُوخَة 退休年龄

مَعَاشُ الـ 退职金

مَعَاشُ ـ الشَّيْخُوخَة 养老金

قاعِد جـ قُعَّاد وقُعُود: جالِس 坐着的人，坐者

ـ الهِمَّة: كَسُول 意志消沉的人

قاعِدة جـ قَوَاعِدُ: مرتكز 基，基地，基础

ـ: أساس 根据，依据

ـ الحَرْب / ـ حَرْبِيَّة 军事基地

ـ جَوِّيَّة 空军基地

ـ العِمَارَة: أساسها （建筑物）基础，根基

ـ: ركِيزة 柱基，柱脚

ـ الحِزْب 党的基层(全体党员)
ـ: قانُون 规则，法则，章程，条例
ـ: مَبْدَأ 原理，原则，主义，定律
الـ الذَهَبِيَّة / ـ الذَهَب [经]金本位
ـ: مِثال يُحْتَذَى / مَشْق (مـ) 模型，规范，典型，样子
ـ: نَسَق 方法，式样
ـ البِلاد 首都，京城
الجَبْهَة والـ 前方(前线)和后方
ـ ثابِتة 固定规则
ـ (车床的)卡盘；子弹筒；镶嵌框
ـ المِلَفّ 卷线车把手
ـ الصِمام 真空管筒夹
قَواعِدُ السُلُوك 礼节
قَواعِدُ اللُغَة 语法
قاعِدِيّ: أساسيّ 基础的，基本的，基层的
قَعَدٌ: الذين لا يذهبون إلى الحرب 逃避兵役者
ـ: خَوارِج 反对者，反叛者
قُعَدَة / قُعَدِيّ / قَعُود: ملازِم الجُلوس 惯于坐的，好坐着的
ـ / ـ: مِكسَال 懒汉
قَعَّادَة: مِبْوَلَة / قَصْرِيَّة (مـ) 溺罐，便壶
قَعِيد جـ قَعَائِدُ: جَلِيس 朋友，伴侣，伙伴
ـ: حَافِظ 看守者
ـ المَرَض 卧病者
قَعِيدَة 妇女
مُقْعَد 瘫痪了的
مُتَقَاعِد: معتزل الأعمال 引退的，退职的，退休的
ـ: محال على المعاش 领退职金的人，领年金的人
مَقْعَد جـ مَقَاعِدُ: مكان الجلوس 位置，坐位，凳子，椅子
ـ: مُتَّكَأ / دِيوَان 长靠椅，沙发，睡椅
مَقْعَدَة جـ مَقَاعِدُ: سافِلة الإنسان 屁股，臀部
ـ السِرْوَال 裤裆
قَعُرَ ـُ قَعَارَةً: كان قَعِيرًا 深
قَعَرَ ـَ قَعْرًا وقَعَّرَ وأَقْعَرَ البِئرَ: عمَّقها 加深，掘深，挖深
قَعَّرَ البِئرَ: جوَّفها 挖空
ـ: صاحَ / جعَّرَ (مـ) 叫喊，大声呼叫
ـ وتقعَّر في الكلام 说话时使劲发喉音
تَقَعَّرَ: صار عَمِيقًا 成为深的
ـ: تَعمَّق 深入，深究
ـ 成为学究式的，拘泥形式
قَعْر جـ قُعُور: قاع 底，底面
ـ: تَجْوِيف 穴，洞，窟窿
قَعَر: عقل تام 聪明，机敏
قَعْرَة: تَجْوِيف 穴，洞，小坑
تَقَعُّر: ضِد تحدُّب 中凹，凹
مُفْرَد الـ 平凹(一面平一面凹的)
قَعُور / قَعِير / مُقَعَّر: عَمِيق 深的，深渊的，深处的
مُقَعَّر: ضد محدَّب 凹的，中凹的
ـ الوَجْهَين: مُزدَوِج التقعير 双凹的
ـ محدَّب 半凸半凹的，凹凸面
إناء قَعْران ومِقْعار: بَعِيد القَعْر 深的容器
قَعِسَ ـَ قَعَسًا واقْعَنْسَسَ: ضِد حَدِبَ 成鸡胸的，前胸凸出
قَعَسَ ـُ قَعْسًا: مشى مِشية القِعِس 挺胸而走
ـ رأسَه إلى الوَرَاءِ 向后仰首
تَقَاعَسَ عن الأمر: تأخَّر 耽搁，延迟，拖延，偷懒，迟迟不作，磨洋工
ـ: اِمْتَنَعَ 拒绝，不肯

بدُون تقاعُس 孜孜不倦地

أَقْعَسُ م قَعْساءُ جـ قُعْس: ضد أحدب 鸡胸的，前胸凸出的

قَعَّ (مـ): هعَّ / تكلَّف القَيْءَ 干呕，勉强吐

قُعّ / قُعاع: شديد الملوحة 很咸的水

قَعْقَعَ السِلاحُ 兵刃撞击作声

ـ الرَعْدُ 雷隆隆响

ـ: قَرْقَعَ (مـ) 噼啪作声，发爆裂声

قُعْقُع: عَقْعَق 鹊

ـ 多言的人，好吵嚷的人

قَعِيَ يَقْعَى قَعًا: أَشْرَفَت أرنبَة أنفه ومالَت إلى فوق 长着狮子鼻

أَقْعَى الكَلْبُ: جلَس مُنتصِبًا (狗)蹲，坐

قَفَرَ ـُ قَفْرًا وتَقَفَّرَ واقْتَفَرَ الأَثَرَ: اقتفاه 跟踪，追踪

أَقْفَرَ المكانُ: خلا من الناس والماء والكلأ (地方)荒凉，荒芜，荒无人烟

ـ المكانَ: جعله قَفْرًا 使荒凉，使荒芜

ـ العَظْمَ: عَرَكه / مَصْمَصَه (مـ) 啃骨头，吮骨髓

قَفْر جـ قِفَار وقُفُور / قَفْرَة جـ قَفَرَات 荒凉的，无人居住的，荒芜的

ـ اليَهُودِ: نوع من القار 地沥青

ـ / قِفَار (أرض) 荒野，荒地

خُبْز ـ وقَفَار: غير مَأْدُوم / حاف (مـ) 没有调味、作料的(面包)

إقْفَار 荒芜，荒凉

قَفِير النَحْل جـ قُفْرَان: خَلِيَّة 蜂巢，蜂箱

ـ الدَبَابِير والنَحْل البَرِّيّ: عُش (黄蜂、野蜂的)蜂窝

مُقْفِر 人迹罕到的，荒芜的，荒凉的

قَفَزَ ـِ قَفْزًا وقَفَزَانًا وقِفَازًا وقُفُوزًا الغَزالُ: وثَب 跳，跳起

تَقَفَّزَ بالحِنَّاء 用指甲花染手和指

ـ: لبِس القُفَّاز 戴手套

تَقافَزَ القومُ: تَواثَبُوا 一起跳

قَفْز: وَثْب 跳，跳跃

ـ مُثَلَّث [体]三级跳

الـ بالزانَة [体]撑杆跳

قَفْزَة جـ قَفَزَات 一跳，一跃

الـ الكُبْرَى إلى أَمامُ 大跃进

قُفَّاز جـ قَفَافِيز: جُوَنْتِي (أ) guanti (意) 手套

قَفِيز جـ أَقْفِزَة وقُفْزَان وقَفِيزَات (مـ): لسان الكَلُّون / رَفَّاس 锁簧

ـ التِرْبَاس أو الكَلُّون 锔子，U 字钉，骑马钉

ـ القُفْل (الغال) 铁扣，门钩搭钮

ـ المَواسِير 管钩

ـ 括弧

حَلْقَة بِقَفِيز 穿鼻环，圈扣

قُفَّيْزَى: حِصان خَشَبِيّ يتقافزون عليه [体]木马

قَفَشَ ـِ قَفْشًا الشيءَ: أخذه وجمعه 集合，搜集，采集

ـ (مـ): ضَبَثَ 捕，捉，擒，抓住

قَفَّشَ (مـ) 抓，抓住，捉到；一个个地捉住

انْقَفَشَ (مـ) 被抓，被捉，被捕

قَفْش 擒，抓住，捕捉

كَلام ـ (مـ) 胡说，废话

قَفْشَة 滑稽节日

قَفَص جـ أَقْفَاص: محبس الطَير أو الحيوان 鸟笼，兽笼

ـ الدَجاج أو العصافير 鸡笼或雀笼

ـ كَبِير: سَفَط (لنقل البضائع) 筐子，篓

ـ (مـ): التَجْوِيف الصَدْرِيّ [解]胸腔

ـ: سَلَّة / سَبَت (مـ) 篮子

ـ المُجْرِمِين: موقفهم في المحكمة 罪犯席

ـ الاتِّهام 被告席
حُبِسَ في ـ 关进笼内，入狱
تَقْفِيصَة الدَّجَاج (مـ): بيتها 鸡舍，鸡窝，鸡埘
قَفَّاص 卖筐的，编筐的
قُفْطَان جـ قَفَاطِينُ: ثوب شَرْقِيّ 长袖长衫
قَفَعَ ـَ قَفَعًا وتَقَفَّعَ الشيءُ: تقبَّض 收缩
قَفَّعَ الشيءَ: أيبسه وقبَّضه 使枯萎，使凋谢
قَفَع: جُنَّة تستعمل في حَرْب الهُجُوم (古罗马) 攻城用龟甲形大盾
مُقَفَّع 收缩了的(手指)
قَفَّ ـُ قُفُوفًا العشبُ: يبس 干枯，枯萎
ـ الشَّعْرُ 发毛，毛骨悚然
ـ الصَّيْرَفِيّ: سَرَقَ الدراهِمَ بين أصابعه 货币商在指缝间偷钱
تَقَفَّفَ من البرد: قَفْقَفَ 冷得发抖，冻得哆嗦
قُفُوف الشَّعْر أو الجِلْد 鸡皮疙瘩
قُفَّة جـ قُفَف: مقْطَف 双耳提篮
قُفَّة / قَفَّة / قُفُوف: قُشَعْرِيرَة 寒战，抖，哆嗦
قَفْقَفَ وتَقَفْقَفَ من البرد 冷得发抖，冷得哆嗦
ـ من الحُمَّى: اِصْطَكَّتْ أسنانُه (发疟疾时) 冷得牙齿打战
قَفْقَفَة البَرْد 冷颤，寒颤，打颤
ـ الحُمَّى أو الرُعْب (因疟疾或恐惧而)哆嗦
قَفَلَ ـِ قُفُولاً وقَفْلاً: رجَع من السفر خاصّة 旅行归来，还乡，返家
قَفَلَ ـِ قَفْلاً الطعامَ: جَمَعَه واحتكره 囤积粮食
ـ في الجَبَل: صَعِد 上山，登山
ـ (مـ) وأَقْفَلَ البابَ: ضد فتحه 关门，锁门
ـ (مـ) وـ الحَنَفِيَّة وأمثالها 关闭(自来水管等)
ـ (مـ) وـ النُور الكَهْرَبِيّ 关电灯
قَفَّلَ وأَقْفَلَ البابَ: جعل عليه قُفْلاً 锁住，锁上，锁门
أَقْفَلَ البابَ: أغلقه 关门
قُفْل جـ أَقْفَال وأَقْفُل وقُفُول: غَال (سـ) 钩锁
ـ: كَلُون (مـ) 弹簧锁
قَفْل / قَفْلَة / قَفَلَة: ما يبس من الشجر 枯树
قَافِل جـ قَافِلَة وقُفَّال: راجع 还乡的，旅行归来的
قَافِلَة جـ قَوَافِلُ 商队，驼队
قَفَّال: كَوالِينِي (مـ) 锁匠
مُقْفَل 被关闭的，被锁住的
ـ اليَدَيْن (مـ) 吝啬的
قَفَنْدَر (مـ): سمك كبير مُفَلْطَح 鳙鲽
قَفَا يقْفُو قَفْوًا وقُفُوًّا واقتفى أثَرَه: تبِعه 跟踪，尾追，追踪
قَفَّى فلانًا زَيْدًا أو به: أتبعه إيَّاه 令某人追
ـ الكلام 使押韵
اقتفى الشيءَ: اختاره 选择，挑选
ـ الرجلَ بأمر: آثرَه به واختصّه به 归因于他，认为是由于他的缘故
تقفَّى الرجُلَ: تتبّعه 追随，仿效
قَفْو واقْتِفَاء الأَثَر 追踪，跟踪
قَفًا وقَفَاء جـ أَقْفٍ وأَقْفَاء وأَقْفِيَة وقُفِيّ وقَفُون:
مُؤَخَّر العُنُق 项，脖子
ـ / ـ الرأس: قَذَال [解]后项，枕部，后脑壳
ـ: ظَهْر / خِلاف الوَجْه 背后，背面
ـ الثَوْب 衣服里子
ـ القُمَاش 布的里面，反面
ـ السِكَّة (العُمْلَة) 钱币背面
من ـ 从后面，在后方
قَافِيَة جـ قَوَافٍ: قَفَا العُنُق 项，脖颈子
ـ: سَجْع (诗)韵，韵脚

ـ (م): تَوْرِيَة 双关话

ـ (م): عِبَارَة بمَعْنَيَيْنِ (أحدهما مستهجَن) 俏皮话

بلا ـ 直说，直截了当地说，毫无粉饰地说，不拐弯地说

مُقفًّى: مُسَجَّع 押韵的

شِعْر ـ 押韵的诗

كَلام ـ 韵文

قَاقُلَّى (أ) cacalia: قَاقُ الله (ع) [植]野葛缕子，冈羊栖菜

قَاقُلَّة: حَبَّهَان [植]小豆蔻

عُود الـ 沉香

قَاقُم (أ) / قَاقُوم (土)[动]白鼬

قلا (في قلو) / **قلاوظ** (في قلظ)

قَلَبَ ـِ قَلْبًا وقَلَّبَ الشيءَ: حوَّله عن وجهه أو حالته 颠倒，倒转，反转

ـ وـ الشيءَ: جعل باطِنَه ظاهِرَه 翻过来，把里翻向外

ـ ه: حوَّله 变换，把…变为…

ـ ه: غيَّره 改变，变更

ـ الشيءَ: جعَل أَسْفَلَه أعلاَه 使倒过来

ـ ظَهْرَ المِجَنّ 掉转枪头，倒戈

ـ ه: عَكَسَه 颠倒，倒置

ـ الحقائقَ 颠倒是非，淆乱黑白

ـ ه: رماه / كبَّه (车、舟等)翻掉，颠覆

ـ المَعدةَ 反胃，使作呕，使厌恶

ـ الرأْسَ أو العَقْلَ 使神魂颠倒，使头晕目眩

ـ رأسًا على عَقِبٍ 本末倒置

ـ الدُّنْيا 翻天覆地

نَفْسِي ـ تْ 我要呕吐

قَلَّبَ الأمرَ بِعَقْلِه 慎思，盘算，深思熟虑

ـ صَفَحاتِ الكِتَاب 翻书页，翻阅

ـ الطَرْفَ 细看，打量

تَقَلَّبَ: تغيَّر 变，变化，改变，变更

ـ: تحوَّل 转变

ـ المَريضُ على الفِرَاش 在床上翻来覆去

ـ السِعْرُ 行市不定

ـ في أَحْوَالِهِ أو رأْيِه 易变，变化无常，游移不定，朝秦暮楚

ـ في المَنَاصِب 职位经常调动

اِنْقَلَبَ (مطاوِع قَلَبَ) 变化，被改变，变成，变更，变换，颠倒过来

ـ: اِنْكَبَّ 被颠覆，倒过来；翻过来

ـ عليه 反对他

ـ إلى ... 变成，化为

ـ إلى الهُجُوم 反攻

ـ إلى مكان 回到某处

ـ من دَارٍ إلى دَارٍ 从一所房子到另一所房子

قَلْب: تَغْيِير / تَحْوِيل 变化，改变，转变

ـ: عَكْس 颠倒，翻转

ـ 颠覆，打倒，推翻(政府)

ـ [语](字母的)改换

ـ ج قُلُوب: فُؤَاد وبكل معانيه المَجازِيَّة 心，心脏

ضَعِيف الـ 心脏衰弱的；意志薄弱的

قَوِيّ الـ 刚强的，大胆的，勇武的

قَاسِي الـ 心硬的，残忍的，冷酷的

قَساوَة الـ 无情，苛刻，残忍，心狠

كَسَرَ ـ ه 让他心碎，伤心

يَكْسِرُ الـ 伤心，断肠

مَكْسُور الـ 断肠的，伤心的人，伤感者

مُنقَبِض الـ 郁郁不乐的，无精打采的，心情不快的

يُمزِّق الـ 令人心碎

يُفَرِّح الـ 开心，振奋人心

يُقَوِّي الـ (حقيقيًا) 强心，兴奋

يُقَوِّي الـ (مجازيًا) 鼓励，鼓舞

قَوَّى ـ ه 鼓励，激励，振作(精神)

اِنْقِبَاض الـ 心情沉重，沮丧，消沉

من كل ـ ِهِ 全心全意

على ظَهْر الـ / عن ظَهْر الـ 背记，默诵

طَبَّ (مـ) (انخلع) ـ ُهُ 怕得心快跳出来了

في قلب بَعْضٍ أو بعضه (مـ) 彼此，相互之间

ـ 圆形或椭圆形的装饰品，镶有圆框的画像

ـ: لُبّ 心，果仁

ـ (مـ) 胃

ـ: شَجاعة أو قُوَّة 勇气，勇敢

ـ: عَقْل 智慧

ـ: باطِن / جَوْف 内部

ـ: وَسَط 中心，中央

ـ: مُنتصَف 中，正中，中间

ـ الشِتاء 严冬，隆冬

ـ الظَلام 黑暗的深处

ـًا وقالِبًا 热心地；竭力

ـ جـ قُلُوبَات (سـ): لُبّ الجَوْزِ واللَوْزِ وأمثالِهما 仁(如桃仁、杏仁)

أَفْعَال القُلوب 心意动词(如：ظَنَّ،عِلِمَ等)

قَلْبِيّ: مُخْتصّ بالقلب 心脏的，心脏病的

ـ: من القلب 真心诚意的，由衷的

ـ الشَكْل 心脏形的

مُساعَدة قَلْبِيَّة 诚恳援助，热心帮助

قَلْبِيًّا: من القلب 衷心地，诚恳地，真心诚意地

ـ: باطِنًا 内心的，秘密的

قَلْبة صَدْرِ الثوب (مـ) 上衣的翻领

ـ السُلَّم (مـ) 一级阶梯

قُلْب النَخْلة: جُمّار 枣椰树心，木髓

قُلْب جـ أَقْلاب وقُلُوب وقِلَبة: سِوَار صَغِير / غُوَيْشَة (مـ) 手镯，手钏，脚钏，镯子

ـ: حَيَّة بَيْضَاء 白蛇，毒蛇

قُلاب: مَرَض القلب 心脏病

قُلابَة صدر الثوب (مـ): قَلْبَة (مـ) 大衣的翻领

عَرَبَة ـ (لتفريغ محمولها) 倾倒车，倒垃圾车

تَقَلُّب: تحوُّل من جانب لجانب 翻转，翻倒

ـ: تغيُّر 变更，改变，变化，变革

ـ: عدم ثَبات 易变，不定，反复无常

ـ الأَسْعَار 价格波动，市价不稳定

ـ الأَفْكَار 犹豫，踌躇，不果断

ـ الظُروف 环境的变迁，情况的变化

تقَلُّبات الدَهْرِ / ـ الزَمَنِ 时代的变化

ـ الطَقْس / ـ الجَوّ 气候变化

اِنْقِلاب: تَغَيُّر 变，变化，改变，变革

ـ اجْتِماعيّ 社会变革

ـ سِيَاسِيّ 政变

ـ شَمْسِيّ [天]二至点(冬至、夏至)

قالَب السَبْكِ وغيرِه جـ قَوالِب 模子，[印]字模，铸模

ـ الأَحْذِيَة (لصنعها أو لحفظها) 鞋楦(制鞋或保护鞋形用)

ـ الصَابُون 小块肥皂

ـ الطُوب 砖

ـ (قَمْع) سُكَّر 漏斗形大块糖砖

قُلَّب / قُلُوب قَلاّب: كثير التَقَلُّب 无恒的，三心二意的，无主见的，朝秦暮楚的

ـ: محتال بَصِير بتقلُّب الأمور 狡猾的，有手腕的

قَلِيب جـ قُلْب وقُلُب وأَقْلِبَة 井，坑

مَقْلُوب: مَعْكُوس الوَضْع 颠倒的
ـ: أعلاه أسفله 上下倒置的
بِالمَقْلُوبِ (مـ): فَوْقَانِيّ تَحْتَانِيّ 上下倒置
ـ (كقولك لِبس الثوب بالمقلوب) 衣服穿反了
ـ: بالعَكْس 相反的
مُتَقَلِّب 改变的，变化的，变更的，变迁的
ـ الأَطْوَار 无恒的，易变的，浮躁的，三心二意的，脾气古怪的
مَقْلَب جـ مَقَالِبُ (في الفلك) [天]中天，南中
ـ (مـ): مَكِيدَة 阴谋，诡计
ـ أَتْرِبَة 垃圾堆，垃圾场
مُنْقَلَب (في الجُغْرافِيَا والفَلَك): مَدار 回归线(夏至线或冬至线)
ـ شِتَوِيّ 南回归线，冬至线
ـ صَيْفِيّ 北回归线，夏至线
ـ: مَرْجِع 娱乐场，热闹场所
قَلْبَق جـ قَلَابِقُ (أ) (土)(蒙有羊皮或毛皮的)皮帽、土耳其帽
قَلْت جـ قِلَات 洞，穴，窝
قَلَح / قُلَاحُ الأَسْنَان 牙垢，齿锈
قَوْلَحَة جـ قَوَالِحُ الذُرَة وأمثالها 玉米的穗轴
قَلْحَف (مـ) 变干，变硬，硬化
قَلْحَفَة (مـ) 干燥，干硬，硬化，硬固
قَلَدَ ـِ قَلْدًا الحَبْلَ: فتَله 拧绳，捻绳，搓绳
قَلَّدَه: وضَعَ قِلادة في عُنُقه 佩戴项链
ـ ه السَّيْفَ 给某人佩剑
ـ ه مَنْصِبًا أو رُتْبَةً 授予职位，授予品位
ـ ه الأمرَ: فَوَّضَه إليه 把事情委托给…
ـ ه في كذا: تَبِعه مِنْ غَيْر تَأَمُّل 仿效，盲从
ـ ه (مـ): زَيَّفه / زوَّره 假冒，伪造
ـ (مـ) (بقَصْد السُخْرِيَّة) 学样，学样取笑

تَقَلَّدَ: لبس القِلادَة 戴项链或项圈
ـ الأمرَ 担任(工作)
ـ وِزارةَ الداخِلِيَّة 任内务部长
ـ السَّيْفَ 佩剑
ـ السِلاحَ 佩带武器
ـ الوِسَامَ 佩戴勋章
ـ بفلان 学，摹仿某人
تَقْلِيد: اتِّبَاع 仿效，模仿
ـ جـ تَقَالِيد وتَقْلِيدَات: الأخبار والتعليم أو السُنَن المَنْقُولة بالسَماع 传统，习惯，传说
ـ المَنْصِب أو السُلْطَة 授予职位或权力
ـ (مـ): شيء مُقَلَّد 仿造品
ـ (مـ): صُورِيّ / كاذِب 假冒物，骗人货
ـ (مـ) / مُقَلَّد: تَغْلِيط (ع) / غير أَصْلِيّ 仿造的，冒牌的
ـ (مـ) / ـ: مُزَيَّف 假造的，虚假的
تَقْلِيدِيّ: نَقْلِيّ / مأخوذ بالسَماع 传说的，传统的，因袭的，惯例的，习俗的
طُرُقٌ ـ ة 传统的方法
قِلَادَة جـ قَلَائِدُ وقِلَاد: عِقْد 项链，项圈
قَلِيد / مَقْلُود: مَفْتُول 拧成的，捻起来的，搓成的
مُقَلِّد 模仿者，仿效者
ـ 伪造者
مُتَقَلِّد 戴着的，佩戴者
مِقْلَد جـ مَقَالِدُ / مِقْلَاد جـ مَقَالِيدُ: مِفتاح 钥匙
مَقَالِيد الأمور 管理权
أَلْقَى إليّ مَقَالِيدَ أُمورِه 他委托我照管(管理)他的事情
مَقَالِيد الرِئَاسة 主席的权限，权能
اِسْتَوْلَى على مَقَالِيدِ الحُكْم 执掌政权
قَلَاوُوز (مـ) (راجع قلظ) 领港员，领航员，

引水员

قَلْزَم / بَحْرُ القُلْزُم: البَحْر الأَحْمَر 红海

قَلَسَ ـِ قَلْسًا وقَلَسَانًا: رقص في غِنَاءٍ 又唱又
舞，边唱边舞，载歌载舞

ـ: خرَج من بطنه إلى فمه طعام أو شَراب 反胃

قلّسَ له: انْحنَى 鞠躬

ـ: ضرب بالدُفّ وغنّى 击鼓而歌

ـ ه: ألبسه القَلَنْسُوَةَ 给…戴帽子

ـ عليه (مـ): نقس / تهكّم 讽刺，嘲笑

قَلْس جـ قُلُوس وأَقْلاَس: حَبْل ضخْم 船缆

قَلُّوسَة جـ قَلاَلِيس (مـ) (神甫戴的)高筒帽

تَقْلِيس: ترجيع الطعام من المعدة إلى الفم 反胃

ـ (مـ): نَقْس/ تَهكُّم 讽刺，挖苦

اِنْقَلِيس (س): ثُعْبَان الماء / جِرِّيث 鳗鲡；黄鳝，
鳝鱼

قَلَّشَ: حسَّر / بدَّل صُوفه أو رِيشَه 脱换羽毛

قَالُوش (أ) galoche: حِذَاء المَطَرِ (法)套鞋，
雨鞋

قَلْشِين جـ قَلاَشِين: لِفافة السَاق 裹腿

قَلَصَ ـِ قُلُوصًا وتَقَلَّصَ الظِلُّ عن كذا: اِنْقَبَضَ
(阴影)移开，退开，缩短

ـ وـ ظِلُّه (变得黯然无光)威势减弱了

ـ وـ الثوبُ بعد الغَسل: انكمش وتشمَّل (衣
服下水后)抽了，缩水

قَلَّصَ القَمِيصَ: شمَّره ورفَعَه 卷起，撩起(衣服)

ـ الشيءَ: قبَّضَه 收缩，缩拢，紧缩，缩短

تَقَلَّصَ الشيءُ 收缩，紧缩，蜷缩

تَقَلُّص: ضد تمدُّد 收缩

تَقَلُّصِيّ: اِنكِمَاشِيّ 紧缩的

مُتَقَلِّص 收缩的，紧缩的

قَلَّطَ (مـ) 大便

قَلَط: أُدْرَة 疝气

قَلُّوط جـ قَلاَلِيطُ (مـ) 干牛粪块

قَلِّيط [医]赫尼亚，疝气，小肠气

قَلِيطَة [医]阴囊水肿

قِلِيط / مُقَيلَط (مـ): مأْدُور / آدِر 患疝气者

قِلِيط / قَلَطِيّ: رجل خبيث بارد 阴险的人

ـ / ـ: قصير جدًا من الناس 侏儒，矮子

قَلْوَظَ (مـ) 拧紧

قَلاَوُوظ (مـ) / قَلاَوُظ: دليل السُفُن في البُوغَاز
领港员，引水员

ـ (مـ) / قَلاَغُوز (ع): لَوْلَب 螺旋状物

مِسْمَار ـ (مـ) 螺丝钉

مُقَلْوَظ (مـ) 被拧紧的

قَلَعَ ـَ قَلْعًا وقَلَّعَ واقْتَلَعَ الشيءَ: استأصله 连根
拔起，拔，拔除，根绝

ـ وـ وـ: اِنْتَزَعَه 剥下，脱下

ـ ثوبَه: نزَعه 扒下衣服

ـ ثِيَابَه: خلَعها / تعرَّى 露体，脱光衣服

أَقْلَعَ المركبُ من ... 船只起航，拔锚

ـ عن كذا 停止，放弃，戒(烟、酒等)

اِنْقَلَعَ 脱落，被拔下

ـ 摆脱，逃出

ـ 辞职，辞退

قِلْع السفينة جـ قُلُوع وقِلاَع 帆

قَلْع / اِقْتِلاَع 拔出，根绝，拔掉，剥下

قَلْعَة جـ قِلاَع وقُلُوع: حِصْن كبير 城堡，要塞，
碉堡

ـ: رُخّ (في الشِطْرَنْج) (国际象棋的)车
(城堡形)

ـ طائِرة 飞行堡垒

إنَّ قَلْعَتَهم في هذا الأمر منيعة 他们在这个问
题上采取强硬态度

قَلْعَة جـ قَلْع وقِلاع: صَخْرَة تنقلع عن الجبل

منفردة 圆石，硬石
قُلْعَة: ما لا يدوم من المال 暂时的财产
قُلاَع (الواحدة قُلاَعَة): بَثَرَات في جِلْدَة الفَم
واللسان 口疮，[兽医]口蹄疫
قُلاَعِيّ 口蹄疫的
الحُمَّى الـ ة (牛羊等的)口蹄疫
تَقْلِيعَة (مـ): بِدْعَة 刷新，革新，新措施
ـ 怪癖
مَقْلَع الحجارة جـ مَقَالِعُ 采石场
مِقْلاَع جـ مَقَالِيعُ: مِعْكام / مِعْجان (ع) 投石器
ـ: آلة حَرْب قَديمة 石弩
قَلْعَط (مـ): لَوَّثَ 弄脏，乱涂，抹脏
اِقْلَعَطَّ: تَفَلْفَلَ 发卷曲
قَلْعَطَة: شدَّة جُعُودة الشَعْر 发卷曲
ـ (مـ): عَدَم ذَوْق 没味道，没趣味
قَلَفَ ـ قَلْفًا الشَجَرَةَ: نَزَعَ قِشْرَها 剥树皮
ـ القُلْفَة [宗]行割礼，[医]割包皮
ـ وقَلَّفَ السفينةَ: قَلْفَطَها (مـ) 填塞船缝
قَلْف وقُلاَفَة الشجر 剥下的树皮
قُلْفَة / قَلْفَة جـ قُلَف: غُرْلَة 阴茎包皮
قِلاَفَة المَرَاكب 塞船缝，船缝涂沥青、焦油
أَقْلَفُ م قَلْفَاء جـ قُلْف: غير مختون [医]包茎
(未割包皮的)
قَلْفا جـ قَلْفَاوَات (مـ): خَلِيفَة (土)(学校的)
助理教师；建筑师
قَلْفَطَ العملَ (مـ): رمَّقَه 马马虎虎，敷衍塞责
地做，工作苟且
ـ المركبَ: قلفه 填塞船缝
قَلْفَطَة 涂以焦油，填塞船缝
ـ 苟且，潦草，草率，马虎
قِلْفاط / قَلْفَطِيّ جـ قَلْفَطِيَّة 填塞船缝匠
قَلْفُونِيَّة colophony: لُبان شاميّ 松香

قَلِقَ ـ قَلَقًا وتَقَلَّقَ: انزعج واضطرب 不安，
忧虑，担心
ـ (مـ): أَرِقَ 失眠
أَقْلَقَه: أَزْعَجَه 搅乱，惊扰
ـ الراحةَ العامَّةَ 扰乱社会安宁
ـ بالَه 使不安
قَلَق: اضطراب 不安
ـ: مَلَل 厌烦
ـ الفِكْر 悬念，忧虑，担心
هو على مِثْلِ الجَمْرِ من الـ 坐立不安，忐忑
不安，如坐针毡，像热锅上的蚂蚁
ـ (مـ) 失眠
قَلِق: مُضطرب 不安的
ـ الفِكْر 悬念的，挂虑的，担心的
ـ / قَلُوق (مـ): قليل الصبْر 性急的，没耐性
的，急躁的
قَلْقَان (مـ) 不安的；患失眠症的
مُقْلِق 令人惊慌的，令人不安的
إشاعات ـ ة 令人惊慌的谣言
قُلْقَاس (أ) colocasia 芋头
ـ إفْرَنْجِيّ 洋芋(马铃薯)
ـ رُومِيّ 菊芋，洋姜
قُلْقَاسَة جـ قُلْقَاسَات 一个芋头
قَلْقَلَ الشيءَ: حرّكه وزحزحه 晃动，摇动，
移动
ـ: صوّت 发出响声
تَقَلْقَلَ: تحرّك 动，活动，震动
ـ في البلاد: تقلّب فيها 漫游
قَلْقَلَة: تحرُّك / عدَم ثَبات 动摇，不稳定
ـ جـ قَلاَقِلُ: اضطراب 骚动，动乱
ـ القُيُود 镣铐叮当声
حُرُوف الـ 带噪音的爆裂辅音(共 5 个，

(قُطْبُ جَدٍ) 合成

قُلْقَيْلَة جـ قُلْقَيْلاَت (مـ): قِطْعَة طِين يابِسة 干土
块，干泥块

مُقَلْقَل / مُتَقَلْقِل 被动摇的，不安定的，不稳
定的

مَرْكَز ــ: غير ثابِت أو مَأمون 不稳定的地位

قَلَّ ـِ قِلاًّ وقُلاًّ وقِلَّة: ضِد كثُرَ وزَادَ 少，变少

ــ: كان قَليلاً 少，不多

ــ: ندَر 罕见，稀有

ــ عن كذا: نقص 少于，低于

قَلَّمَا (قَلَّ ما) 很少(作…)

خَيْرُ الكلامِ ما ــ ودلَّ 最佳的言语，是言简
意赅的

قَلَّ ـُ قَلاًّ وأَقَلَّ الشيءَ: حمَلَه 捎，担，背，担负

ــ وــ الشيءَ عن الأرضِ: رفعه 举，升，抬

أَقَلَّ الشيءَ إلى ... 运到…，送到…

ــ ه وقَلَّلَه: نقَّصه 减少，减低，缩小，缩短

ــ الرجُلُ: قلَّ مالُه 财产少，穷

استقلَّ الشيءَ: رفَعَه وحمَلَه 载，举起，担起，
背起

ــ الشيءَ: عدّه قليلاً 认为少，嫌少

ــ الشيءَ: استخفَّ به 轻视

ــ: كَان مُستقلاًّ 独立，自主，自立

ــ مَطِيَّةً: ركبها 骑，乘(马等)

ــ قِطَارًا 搭火车，乘火车

قِلّ / قِلَّة: ضد كثرة 少，少量

ــ / قُلّ: كَفاف 一点，少量，少许

قُلَّة جـ قُلَل وقِلاَل: قِمَّة 顶，尖，顶点，绝顶

ــ: جرَّة كَبيرة 水罐

ــ الماء 长颈水罐

ــ الجمَل (مـ): جُلّة / شِقْشِقَة 骆驼的咽喉袋

قُلَلِيّ 水罐制造者

قِلَّة: نهضة من مَرَض أو فَقْر 痊愈，恢复健康；
宽裕

ــ: رَعْدَة 战栗，发抖，颤动，震动

ــ: ضِد كثرة 少，一点儿，少数，少量

ــ: نَقْص 缺乏，缺少

ــ وُجُود: نَدْرَة 稀有，罕有

ــ الأدب 没教养，没礼貌

ــ الحيَاء 厚颜无耻

ــ العَقْل 缺心眼

جَمْع الـ (في النحو العَرَبِيّ) 少量的复数

قِلِّيَّة جـ قَلاَلٍ: صَوْمَعَة (راجع قلى) (僧人、修
道士的)小舍，小室

بِقِلِّيَّتِه: بِجَمَاعَتِه 全部地

قَلاَّيَة (مـ) / قِلِّيَّة: صَوْمَعَة (僧人、修道士的)
小舍，小室

تَقْلِيل 减少，缩小，削减

مُقِلّ 贫困的

اِسْتِقْلاَل 独立，自主

ــ ذَاتِيّ 自治

ــ إدَارِيّ 自治

ــ سِيَاسِيّ 政治独立，自主

اِسْتِقْلاَلِيَّة 自治权；独立性

قَلِيل جـ قَلِيلُون وأقِلاَّء وقُلُل وقُلُّون م قَلِيلَة جـ
قَلِيلاَت وقَلاَئِل: ضِد كثير (كَمِيَّة أو قَدَر)
少的，少数的，少量的，一点儿

ــ: نَحيف 瘦的，瘦弱的

ــ: غير كَافٍ 缺乏的，不够的

ــ الاِختبار 缺乏经验的，经验不足的

ــ البِضَاعة 才疏学浅的

ــ الأَدَب 没礼貌的，失礼的，无礼的

ــ الحَيَاء 无耻的，不知耻的，不要脸的

ــ العَدَد 少数的，不多的

ـ الوُجود 少有的，罕见的，难得的
ـ المَعْرِفَة 知识浅薄的
بَعْدَ أيامٍ قلائِل 过几天
عَمَّا ـ 很快，过一会儿，不久
عَدَد ـ (من) 一些，少数
لا في ـ ولا في كَثِير 决不
كَمِّيَّة ـ ة (من) 一点儿，少量的
قَلِيلاً: ضد كثيرًا 稍，略，一点
ـ: نادرًا 很少，难得，好容易，勉勉强强
قَلِيلاً قَلِيلاً 一点点地，慢慢地，逐渐地
أَقَلّ: ضد أَكْثَر 较少的，更少的；最少的
ـ: أَحَطّ 较低的，更低的；最低的
ـ: أَصْغَر / أَخَفّ 更小的，较轻微的；最小的，最轻微的
على الـ 至少
أَقَلِّيَّة: ضِد أَكْثَرِيَّة 少数
ـ (قَوْمِيَّة) ج أَقَلِّيَّات 少数民族
مُسْتَقِلّ 独立的，自主的
قَلَمَ ـِ قَلْمًا وقَلَّمَ الظُفُرَ والحافِرَ: قطعَ ما طالَه منه 削，修，剪(指甲、马蹄等)
ـ و ـ الشجَرَ: شذَّبه 修剪树木
ـ (م): خطَّطَ (انظر خطط) 加条纹，弄成条纹，画出条纹
أَقْلَمَه (أ): عوَّدَهُ المُناخَ 使服水土
قَلَم ج أَقْلام وقِلام: يَراعة 笔，羽管笔，鹅翎笔
ـ حَجَر (م) / ـ أَرْدُواز ardoise (法)石笔
ـ بَسْطٍ أي قَصَبٍ (م) 芦管笔，竹笔
ـ رَصاص (م) 铅笔
ـ كُوبِيَة (م) copying pencil 复写铅笔
ـ حِبْر (م) 钢笔，自来水笔
ـ جَدْوَل (م): مِسْطار 直线笔，鸭嘴笔
ـ: نَصّ / أُسْلُوب الكِتابَة 风格，体裁，文体
ـ: كتابة / خَطّ 写，写作，习字
ـ (م): خَطّ مُسْتَطِيل / سَيْح 条，条纹，长线
ـ (م): صَفْعَة 一巴掌，耳光
ـ (م): نَفْدَة حِسابِيَّة 项目；品目，细目，入场，进口登记，入口登记
ـ (م): خَيْطُ عُضْوِ التَأْنِيث في النبات 雌蕊
ـ (م): مَكْتَب 科，局，所，处，办公室
ـ التَشْرِيفات 礼宾司
ـ الدَمْغَة 检验科
ـ التَرْجَمَة 翻译处
ـ التَحْرِير 编辑部
ـ الإدارَة (م) 总店，总公司，总社，总局，总管理处
ـ الاِسْتِعْلامات (م) 问讯处，问事处
ـ الحِسابات (م) 会计处；会计科
ـ المُراجَعَة (م) 会计检查部门(课、科)
ـ القَضايا (م) 立法部，律师处，法律部门
ـ حُمْرَة 口红
حَمَلَةُ الأَقْلامِ / أَصْحابُ الأَقْلام 作家，拿笔杆的人
بـ ـ فلان 某人作，某人写
زَلَّةُ ـِ 笔误
بالـ العَرِيض: صَراحَةً 坦率地，爽直地，简明地，用平易的语言
أَقْلامُ فَتْحِ الدَفاتِرِ التجارِيَّة (م) 开始登记
قَلَمِيّ 笔的
تَقْلِيم الأَظافِير والحَوافِر 剪指甲，修马蹄
ـ الشَجَر 修剪树木
مِقَصّ الـ (树木)修剪刀
سِكِّين الـ 修枝刀，剪修镰刀
قُلامَة الأَظافِير 剪下的指甲，指甲的碎屑

قَلَّما (قَلَّ ما) 稀有地，很少地，难得
إقْليم جـ أَقَاليمُ: مِنْطَقَة 地区，区域；省；地带
ـ: مُنَاخ 气候
إقْليمِي: مُنَاخِيّ 气候的
ـ 地区的，区域的
تَعَاوُن ـ 区域合作，地区合作
مِقْلَمَة جـ مَقَالِمُ: وِعاء الأقلام 笔盒，笔筒，
笔袋
مُقَلِّم 修剪者
مُقَلِّمَة الأظْفارِ 女修指甲师
مُقَلَّم / مَقْلُوم (للشجر والأظافير والحَوافر) 修剪
过的(树、指甲、马蹄)
ـ (مـ): مُخَطَّط / مُسَيَّح 有条纹的
تَقَلْنَسَ 戴帽子
قَلَنْسُوَة جـ قَلانِسُ وقَلانِيس وقَلاسٍ وقَلاسِيّ 帽
子，礼帽；烟囱帽
ـ: المَعِدَة الثانية للمُجْتَرَّات [解]蜂巢胃
(反刍动物的第二胃)
أَصْحابُ الـ السَوْدَاء 僧侣
أبو ـ: أَبُو طاقِيَة سَوْدَاء (طائر) 白鹡鸟
قَلْوَزَ المِسْمارَ 拧螺丝钉
قَلَى يَقْلِي قَلْيًا / قَلاَ يَقْلُو قَلْوًا اللحمَ والبَيْضَ 炒
(肉)，煎(鸡蛋)
ـ وـ الحِمَّصَ: حَمَّصه 炒豆
قَلَى يَقْلِي قَلْيًا وقَلِيَ يَقْلَى قِلًى وقَلاءً ومَقْلِيَةً الرجلَ:
أَبْغَضَه 憎恨，憎恶，厌恶
قَلَّى الشيءَ: جعله قِلْوِيًّا ... 使碱化，加碱
تَقَلَّى وانْقَلَى 煎好
ـ: أصبح قلويًا 碱化
تَقالَى الرَجُلانِ: تَباغَضا 互相憎恨
قَلاء / قِلًى 憎恨，憎恶
قَلْي / قَلْو 油煎，炸，炒

قِلْي / قِلًى / قِلْو: أُشْنَان [化]碱，纯碱，钾碱
قِلْوِيّ: له خَصائص قلويَّة 碱的，含碱的，碱
性的
شِبْه ـ: فيه قلي أو يُشْبهه 碱的，碱一样；含
碱的；生物碱
قِلْوِيَّة 碱性
قِلْوِيَّات 植物碱质
قَلاَّيَة (مـ) / قِلِّيَّة: صَوْمَعَة (修道士、和尚的)
密室，修道者的小室或小舍
ـ (مـ) / ـ: مَسْكِن الأُسْقُف 主教的官邸
ـ الأقْباط (مـ) 埃及科卜特人主教的官邸
مِقْلًى / مِقْلاَة جـ مَقَالٍ 手炒锅，煎锅
مَقْلِيّ / مُقَلًّى / مَقْلُوّ 已煎(炸)过的，炒过的
حِمَّص مُقَيْلِيّ (مـ): مغبَّر (سـ) 炒豌豆
مَقْلَى لبّ 炒仁店
قَمَأَ ـَ وقَمُؤَ ـُ قَمْأَةً وقُمْأَةً وقِمَاءَةً وقَمَاءً وقَمَاءَةً:
ذَلَّ وصَغُرَ 成为卑鄙的、下贱的
قَامَأَهُ: وافقه 适合
قَمِئ جـ قُمَاء وقِمَاء 卑鄙的，下贱的
قَمْبَرَ = قَنْبَرَ
قَمَّحَ: قَسَّطَ (مـ) 分期付款，零付
قَمْح: حِنْطَة / بُرّ 小麦
سُنْبُلَة ـ 麦穗
قَمْحَة جـ قَمْحَات: حَبَّة قَمْح 一颗小麦
ـ: وزن =٠،٠٦٤٨ من الجرام (重量名，等
于 0.648 克)
لم تَكُنْ في عَيْنَيْهِ ـ واحدةٌ من النوم 一点睡
意也没有
قَمْحِيّ 小麦色的
قَمَّاح: تاجِر غِلاَل 粮商
قَمِرَ ـَ قَمَرًا الرجلُ: تحيَّر بَصَرُه من الثلج 雪盲，
患雪盲症

قَمَرَ ـِ قَمْرًا وقَامَرَ: لعب المَيْسِر　赌，赌博

قَمَّرَ الخبزَ (مـ): جمّره　烘烤(面包)

أَقْمَرَ الهِلَالُ: صَار قمرًا　月牙变成月亮

قَامَرَهُ: راهنه ولاعبه في القِمار　赌，赌博

أَقْمَرَ الليلُ: أضاءَ بنور القمر　夜晚有月亮，成为月夜

تَقَامَرُوا　互相赌博

قَمَر: تحيُّرُ البَصَرِ من الثلج　雪盲

ـ ج أَقْمَار: الكَوْكَب النيّر المعروف　月亮

ـ: كل نَجْم يَدُور حَول سيّار　[天]卫星

ـ صِنَاعِيّ　人造卫星

ـ كاذِب　幻月(月晕时的光轮)，假月

ـ الدين (مـ): مَعْجُون المِشْمِش　杏脯；杏酱

حَجَر الـ　透明石膏

القَمَر والنُجُوم (مـ): بَوْصَاء (لُعْبَة نارِيَّة)　火花

ضَوْء الـ / قَمْرَاء　月光

القَمَرَان　日月

لَيْلَة قَمِرَة ومُقْمِرَة / مُقْمِر　月夜

قَمَرِيّ: متعلق بالقمر　月亮的，太阴的，新月形的

ـ: كالقَمَر　像月亮的

شَهْر ـ　太阴月(29日12时44分2.8秒)

حُرُوف قَمَرِيَّة　太阴字母(共14个，读时把字母前面冠词 الـ 里的 لام 读出，如 اَلْقَمر。与太阳字母相反)

قُمْرِيّ ج قَمَارِيّ وقُمْر الواحدة قُمْرِيَّة (مـ): حَمام مُطَوَّق　斑鸠

قَمَرَة ج قَمَرَات (مـ) / قَمَرِيَّة ج قَمَرِيَّات (مـ): مِنْوَر السَقْف　天窗

ـ (أ): حُجْرَة في سفينة　船室

ـ (أ): مُصَوِّرَة / آلة تَصْوِير / كَامِيرَا camera　照相机

قِمرَاتِيّ (مـ): زجَّاج　装玻璃的工人

قِمَار / مُقَامَرَة: مَيْسِر　赌博

نَوادِي الـ　赌场

أَقْمَر　月色的，白色的

قَمْرَاء　月光

قَمِير ج أَقْمَار / مُقَامِر / قِمَارَتِيّ ج قِمَارَتِيَّة (مـ) / قُمَرْتِيّ (مـ)　赌徒，赌棍，赌博者

مَقْمَر ومَقْمَرَة ج مَقَامِر　赌场,赌室

مُقَمَّر (مـ): (خُبْز) مُجَمَّر / مُحَمَّص　吐司，烤面包

قَمَزَ ـُ قَمْزًا الشيءَ: أخذه بأطراف الأصابع　捏，掐，挟，用指尖撮取

ـ (مـ): وثَبَ بخفّةٍ　(小羊、小孩等)跳蹦，(猫等)跳跃，纵跳

تَقَمَّزَ في مِشْيَته　走路连蹦带跳

قَمَسَه ـِ قَمْسًا وأَقْمَسَه في الماء: غَمَسه　把…浸在水里

قَامُوس ج قَوَامِيسُ: بَحْر عظيم　洋，海洋

ـ: مُعْجَم　字典，辞典

ـ جُغْرَافِيّ　地名辞典

جَامِع أو مُؤَلِّف الـ　辞典编辑者

قُمَّس ج قَمَامِسُ وقَمَامِسَةُ (أ) comes (拉)　大公，公爵

قَمَشَ ـُ قَمْشًا وقَمَّشَ القُمَاشَ: جمعه من هنا وهنا　捡拾碎屑

تَقَمَّشَ: أكل ما وجد وإن كان دُونًا　吃粗食品

قُمَاش ج أَقْمِشَة: سُقَاط / نُفَايَة　碎屑，垃圾，废料

ـ البَيْتِ: أَمْتِعَته　家具什物

ـ النَاسِ: أَوْبَاشُهم　地痞，流氓

ـ: نَسِيج　布匹，织品

ـ تِيلِيّ　亚麻布

ـ شُغْل الصِنَّارة 针织品

كُرْسِيّ ـ 帆布睡椅

أَقْمِشَة: مَنْسُوجَات 布匹

ـ صُوفِيَّة 呢绒，毛料

خَيَّاط وتاجِر أَقْمِشَة 裁缝兼布商

قَمَّاش: تاجِر أَقْمِشَة 布商

قَمَصَ ـِ قَمْصًا وقُمَاصًا وقِمَاصًا الفرسُ وقَمَّصَ: وَثَب ونَفَر (马)惊奔

ـ و ـ: رَكَض (马)跑，飞跑，疾驰

قَمَّصَه: أَلْبَسَه قَمِيصًا 给他穿上衬衫

تَقَمَّصَ: لَبِس قَمِيصًا 穿上衬衫

ـ ت الرُوحُ 投生，转生

قَمْص / قُمَاص: رَكض 跑，快跑，疾驰

قُمُّص جـ قَمَامِصَة 大祭司

تَقَمُّص الأَرْوَاح 投生，转生

قَمِيص جـ قُمْصَان وقُمْص وأَقْمِصَة الرِجَال (خصوصا المعروف بالقميص الإفْرَنْكِي) 衬衫，西式衬衣

ـ النَوْم: مَنَامَة 睡衣

ـ النِسَاء (التَحْتَانِيّ) 女衬衣，汗衣

ـ عُثْمَان (奥斯曼的衬衣)战争的借口

ـ: غِلَاف / غِشَاء 信封，封皮

ـ القَلْب: غَاشِيَة 心包，心囊

قَمَطَه ـِ قَمْطًا وقَمَّطَه: لَفّه بالقِمَاط 包婴儿

ـ ه (مـ): عَصَبَه 绑以布带，用带包扎

تَقَمَّطَ 被包起来

قَمْطَة النَجَّار (مـ) (木工用的)钳，铗

قِمَاط جـ قُمُط 襁褓，包布

قَمَّاطَة: حِنَاك 颈手枷(罪犯的头和两手被挟其间示众的古刑具)

مُقَمَّط 被包的，被裹的

قِمَطْر جـ قَمَاطِرُ: خِزَانَة الكُتُب 书橱

ـ: شَنْطَة الكُتُب (مـ) 小书箱

ـ المُسَافِر: حَال / خَرِيطَة 旅行用的帆布背包

ـ: خَشَبَة تُجْعَل في أَرْجُل المُجْرِمِين [史]足枷，木狗子

قَمَعَه ـَ قَمْعًا وأَقْمَعَهُ: صَرفه عما يُرِيد 抑制，约束，遏止

ـ ه و ـ ه: قَهَره / أَخْمَدَه 镇压，扑灭

ـ و ـ الثَوْرَةَ 镇压革命

ـ الشَرَّ في مَهْدِهِ 祸患初起，即行扑灭

تَقَمَّعَ في حَرَكَاته (مـ): اختال وتأنّق (用小步)装模作样地走

انْقَمَعَ 被镇压

قَمْع: كَبْح 镇压，抑制，扑灭，制止

ـ الشَهَوات 抑制情欲

قِمْع وقُمْع (مـ) جـ أَقْمَاع 漏斗

ـ و ـ الثَمَرَة جـ قُمُوع 花托，萼

ـ و ـ الخِيَاطَة (裁缝用)顶针

ـ و ـ السِيكَارَة والشَمْعَة: آخرها 烟头，香烟屁股；蜡头

ـ و ـ سُكَّر (漏斗形的)糖砖

ـ دَوَاء: لَبُوس للمُسْتَقِيم (مـ) [医]坐药

قُمْع (مـ) / مُتَقَمِّع (مـ) 假绅士，势利小人

قَمْقَمَ (مـ) وتَقَمْقَمَ: تَذَمَّرَ 发牢骚，抱怨，诉苦，发怨气

قُمْقُم جـ قَمَاقِمُ وقَمَاقِمَةُ: آنِيَة العِطر 香水瓶

ـ (مـ): قَمْعُولَة (حِلْيَة) [建]塔尖装饰物

قَمِلَ ـَ قَمَلاً وقَمَّلَ رَأْسُه 他头上生了虱子

قَمَل وتَقَمُّل 虱病(爱生虱子)

قَمْل: حَشَرَة مَعْرُوفَة 虱子

ـ الجِسْم: قُمْقَام (الواحدة قُمْقَامَة) 身虱(身上虱子)

ـ الرأس 头虱(头上虱子)
ـ العانَة 阴虱(阴毛上的虱)
ـ النبات 蚜虫
قَمْلَة جـ قَمَلات: واحدة القمل 一个虱子
ـ الدرْفيل (مـ): كَرْكَنْد الأنهار / إرْبِيان 龙虾
قَمِل / مُقمِّل 多虱的
مِقْمَل: استغنى بعد فقْر 暴发户
قَمَّ ـُ قَمًّا البيتَ: كنَسه 扫，打扫
قَمَّمه: جفّفه 弄干
قِمَّة جـ قِمَم 顶，顶上，绝顶；极点
ـ الرأس 头顶
قُمامَة جـ قُمام وقُمامات: كُناسَة 垃圾
صُنْدُوق الـ 垃圾箱
قَمِن / قَمِين جـ قُمَناءُ وقَمِينُون وقُمُن م قَمِينَة جـ قَمِينَات وقَمائِنُ: جَدِير 值得…的，宜于…的，配…的
قَمِين جـ قُمَناءُ / قَمِينَة (مـ): أَتُّون 窑，灶，炉
ـ / ـ الجير (الكِلْس) 石灰窑
ـ / ـ الطُوب (الآجُرّ) 砖瓦窑
قَنال جـ قَنالات (أ) canal: قَناة 运河，沟渠，水道
ـ السُوَيْس / قَناة السُوَيْس 苏伊士运河
أَحْمَرُ **قانِئ** 鲜红的，血红的
قنانة / **قنا** (في قنن) / **قناة** (في قنو)
قُنْب الزَهْرَة (انظر كأس وكمم) جـ قُنُوب [植]萼，花托
قُنَّب: نبات الكتّان 亚麻，大麻
ـ هِنْدِيّ 野大麻，印度麻
خَيْطُ الـ (س): دُوبارَة (مـ) 麻线，麻绳
قُنَّبِيّ 大麻的
قُنَّابَة / قُنَّيْبَة: ورَقة زَهريَّة [植]苞，托叶
قُنْبُر الواحدة قُنْبُرَة جـ قَنابِرُ 云雀

قُنْبَرَة / شُوشَة (مـ) (头发、羽毛等)一簇，一球，一团；鸡冠，冠毛
ـ الماء (مـ): جَرّاء الرَمْلِ (انظر جرى) 鹌鸲
أبو قَنْبُور 驼背，罗锅
قُنْباز جـ قَنابِيزُ 男人的长袍
قِنْبَس 帆布
قُنْبُع: غِلاف زهر النَبات (انظر كأس) [植]萼，花托
قَنْبَل: طائِفة من الناس أو الخيل 一伙(人)，一群(人、马)
قُنْبُلَة جـ قَنابِلُ 炸弹，炮弹
ـ المَدافع 炮弹
الـ الطائِرة 飞弹
ـ اليَد / ـ يَدَوِيَّة: قِذاف 手榴弹
ـ موجَّهَة 导弹
ـ هِيدرُوجِينِيَّة hydrogenuous bomb 氢弹
ـ ذَرِّيَّة 原子弹
ـ إضاءة 照明弹
ـ مُحْرِقَة 燃烧弹
ـ مائِيَّة 水雷
ـ الغاز السامّ 毒瓦斯弹，毒气弹
ـ الدُخان 烟幕弹
ـ الأعْماق 深水炸弹
ـ زَمَنِيَّة / ـ مَوْقُوتَة 定时炸弹
ـ مُسيلَة الدُمُوع 催泪弹
ـ مِيكْرُوبِيَّة microbic bomb 细菌弹
ـ النيُوتْرُون 中子弹
ـ هَدَّامة / ـ التَخْرِيب والتَدْمِير 地雷
قُنَّبِيط: قَرْنَبِيط (مـ) [植]菜花
قَنَتَ ـُ قُنُوتًا: تخشَّع لله وأطاعه [宗]敬畏真主，顺从真主
ـ 读祈祷文

قانِت جـ قُنَّت: مُتَخَشِّع 虔敬的，敬畏的
قَنْجَة جـ قُنَج وقَنْجَات (土)小船，平底船
قَنْد جـ قُنُود: عسَل قصَب السُكَّر اذا جمد 冰糖
قَاوَنْد: صَيَّاد السَمَك [鸟]鱼狗，翠鸟
قُنْدُز / قُنْدُس: كَلْب الماء 海狸
ـ المِسْك (انظر مسك) [动]水貂
قَنْدَق البَارُودَة (أ س) / قَنْدَاق: كُرْنَافه (مـ) 枪托
قُنْدَاقْجِي جـ قُنْدَاقْجِيَّة 兵器工人
قِنْدَاق: كِتاب الصَلاة 弥撒书，祈祷书
قَنْدَلَفْت جـ قَنْدَلَفْتِيَّة (أ): وَاهِف 圣器所看管人，圣器监守人，侍僧，天主教的赞礼员
قُنْدُول جـ قَنَادِيلُ: رَتَم / وَزَّال (مـ) 刺金雀
قِنْدِيل جـ قَنَادِيلُ: مِصْبَاح 灯
ـ المَعَابِد 枝形灯架
ـ: نَوَّاصَة (مـ) 夜明灯
ـ البَحْر: اسمُ سَمَك [动]水母
قَنْدِيلْجِي جـ قَنْدِيلْجِيَّة 卖灯的
قَنْزَح (مـ) وتَقَنْزَحَ: اختال 摆着架子走路
قُنْزُعَة جـ قُنْزُعَات وقَنَازِعُ / قِنْزِعَة 顶搭(留在头顶上的一撮头发)
قَنَصَ ـِ قَنْصًا واقْتَنَصَ الطيرَ: صاده 打猎，狩猎
قَنَص / قَنِيص 野物，野味，猎获物
قَانِصَة الطَّيْر جـ قَوَانِصُ / قَوْنَصَة (مـ) [动]砂囊(鸟胃)
قَنَّاص / قَانِص جـ قُنَّاص 猎人，射击手
قَنَّاص 神枪手，狙击手
قُنْصُل جـ قَنَاصِلُ (أ): وكِيل دَوْلَة consul (拉)领事
نائِب ـ / وكِيل ـ 副领事
ـ عامّ 总领事
قُنْصُلِيّ: مختص بقناصل الدول 领事的
قُنْصُلِيَّة /قُنْصُلاتُو جـ قُنْصُلاتَات (أ) consolato: بَيْتُ القُنْصُل (意)领事馆
قُنْصُلِيد (أ) consols: صُكُوكُ دَيْنِ الحكومة الانكليزيّة 英国统一公债
قَنَطَ ـُ قَنَاطَةً وقَنِطَ ـَ قَنَطًا وقَنَطَ ـِ قُنُوطًا من كذا: يَئِسَ 失望，绝望
قَنَّطَه وأَقْنَطَه 使失望，使沮丧，使灰心
قَنَط / قُنُوط 失望，绝望
قَنِط (مـ): مُتَزَمِّت 拘泥虚礼的，固执的，古板的，拘谨的
قَنِّيطَة (مـ): خُبزة المَلاَّحِين (古代航海员吃的)硬面包
قَنَاطَة (مـ) 固执，古板，拘谨
قَانِط: مَقْطُوع الرجاء 失望的，绝望的，丧气的，沮丧的
قَنْطَرَ: ملكَ مالاً كثيرًا 拥有万贯家财
ـ البِناءَ: عَقَده 给建筑物建拱形圆顶
تَقَنْطَرَ 成为带拱门的，带拱形圆顶的
ـ 堆集，积累
قَنْطَرَة جـ قَنَاطِرُ: جِسْر مَعْقُود 拱桥
ـ: بِناء مُرْتَفع 巍峨的建筑物，高楼大厦，摩天楼
ـ: عَقْد 拱门
ـ (مـ): كُوبْرِي صغير (مـ) 小桥
ـ صَرْف (مـ) 安全桥
عَيْن أو بَاب القَنْطَرَة (لحجز الماء) 水闸
قَنَاطِر البِنَاء: بَوَاكِي (مـ) 拱门，弓形门
القَنَاطِر الخَيْرِيَّة (في مصر) 福利坝(埃及)
قِنْطَار جـ قَنَاطِيرُ: يساوي ١٠٠ رطل مصريّ (أو ٤٤،٩٢٨ كِيلُوجرام) 堪他尔(埃及重量名，约等于 44.928 公斤)
قِنْطَارِيّ: صاحبُ مِلْيُونٍ فأكثر 百万富翁
قِنْطَارِيُون: حشيشة مُرَّة الطعم (希)[植]矢车菊

مُقَنْطَر 弓形的，半圆形的
ـ 大量堆积的
القَنَاطِيرُ الـ ة من الذَهَب 无数财宝
قَنْطَرَمَة اللِجام (مـ): شكِيمة 缰绳口衔
قَنْطُرُوس (أ) Centaur [希神]半人半马的怪物
قَنْطَرُوس: قَضِيب غداني / جَرَصُون (عـ) (桥梁工程的)悬臂；悬桁
قَنِعَ ـَ قَنَعًا وقَنَاعَةً وقُنْعَانًا واقْتَنَعَ بكذا: رَضِيَ 满足，满意；喜欢；以…而满足
ـ وـ: أَذْعَنَ 承认，信服
قَنَّعَ الوَجْهَ: حجَبَه بالقِناع 戴面纱，戴面具
ـ ه وأَقْنَعَهُ: أَرْضاه 使满足，使满意
ـ ه (مـ) وـ ه: حمَله على القَبول 说服，使确信，使承认，使接受
أَقْنَعَ الإناءَ: أماله ليصبّ ما فيه 倾倒容器(桶、壶、钵等)
تَقَنَّعَ بالقِناع: لبَسه للتنكّر 戴面具
ـ ت المرأةُ 妇女戴面纱
قَنَع / قَناعَة 满足，满意，知足
إقْناع: الحمل على القبول 使确信，说服
ـ: إرضاء 使满足，使满意
اِقْتِناع / قَنَع 满足，满意
ـ: تَصْدِيق / إيمَان 相信，信服
قَنِع / قَنُوع جـ قُنُع / قَانِع جـ قَانِعُون وقُنَّع 满足的，满意的，知足的
قِنْع جـ أَقْنَاع وقِنَعَة / قِنَاع جـ قُنُع: سلاح 武器
قِناع التنكُّر جـ أَقْنَاع وأَقْنِعَة وقِناعَات: وَجْه مُستعار 假面具
ـ التستُّر: بُرْقُع / خِمار 面纱；面罩
ـ الوِقَايَة (من الغازات السامّة): صِقاع 防毒面具
كَشَفَ القِناعَ 撕去假面具；揭穿

مَقْنَع جـ مَقَانِعُ 满足；称心如意
في هذا ـ 这足够了
مُقْنِع: كافٍ 令人满意的，令人称心的
ـ: يحمل على الاقْتِنَاع 使人信服的，有说服力的
مُقَنَّع 戴假面具的
قُنْفُذ جـ قَنَافِذُ / قُنْفُذ جـ قنافِذ: قُبَاع 刺猬
ـ وـ كبير: نَيْص [动]豪猪；箭猪
ـ البَحْر: رِتْسَة (مـ) [动]海胆
قُنَافِش 邋遢的，不修边幅的
مُقَنْفِش في اللِبَاس 衣服不整洁的
قِنْقِن / قُنَاقِن: دليل بصير بالماء والمعدن تحت سطح الأرض 水脉(矿物)占卜者
قَنِمَ ـَ قَنَمًا الزيتُ: فَسُدَ / قَنَّنَ (مـ) 哈剌，油变坏，油变了味
قَنُّومَة: سمَك نِيلِيّ 圣鱼，尼罗河鱼
أُقْنُوم جـ أَقَانِيمُ [宗]三位一体之一，基督人格
قَنَّنَ القَوانِينَ 制定法律，制定法规
ـ ه (مـ): حَدَّدَه 限定，限制，规定
ـ الزَيْتُ (مـ): قَنِمَ 油变坏，油变味
ـ الجَوْزُ والبُنْدُقُ الخ (مـ) (核桃、榛子等)哈剌
اقْتَنَّ: اتَّخَذَ قِنًّا 使用农奴
تَقْنِين 制定法律，立法
قِنّ جـ أَقْنَان وأَقِنَّة: عَبْد مُلْكٍ هو وأبَواه 家生奴(奴隶所生的)(阴阳性，单复数通用)
نِظَام الـ 农奴制
ـ القَمِيص: كمه 袖口
قُنّ الدَجَاج (مـ) 鸡窝
قَنَان (مـ): حِلْية مِعْمَارِيَّة [建]矢线
بَيَاضِيَّة وـ (مـ) [建]卵矢线脚
قُنَّة الجبل جـ قُنَن وقِنَان وقُنُون وقُنَّات 山顶，山巅

قُنونَة / قَنانَة: عُبُودَة 农奴地位，奴隶地位
قِنِّينَة ج قَنانِيّ وقِنِّينَات وقَنانٍ: زُجاجَة 玻璃瓶
ـ: زُجاجة صَغِيرة 小玻璃瓶
ـ الشَراب (有柄的)瓶
قَان (في قنا وقنو)
قَانُون ج قَوَانِينُ: شَرِيعَة 法律，法令；规律，法则
ـ: نِظَام مُتَّبَع 规则，规章，制度
ـ الأَحْوَال الشَخْصِيَّة 民法
ـ البِلاد 国法
ـ تِجَارِيّ 商法
ـ جِنَائِيّ أو قَانُون العُقُوبَات 刑法
ـ دُوَلِيّ 国际法律
ـ كَنَائِسِيّ [基督]教法，教规
ـ نِظَامِيّ / ـ أَسَاسِيّ 组织法
ـ وَضْعِيّ [法]成文法
ـ مَدَنِيّ 民法
ـ رُومَانِيّ 罗马法
ـ الزواج 婚姻法
ـ المُرَافَعَات 诉讼法
ـ العِلِّيَّة 因果律
ـ المِلاحة 航海法
ـ الاِنْتِخَاب 选举法
ـ وَحْدَةِ الأَضْداد 对立统一规律
مَشْرُوع ـ 法案，法律草案
وَاضِع الـ 立法者
خاضِع للـ 守法者
رِجَال الـ 法律家
لا يَسْرِي عليه الـ 他是被豁免的
جَمعُ القَوَانِين 法典编纂，法令集成
مَجْلِس شُورَى القَوَانِين 立法会议
قَوَانِينُ تَطَوُّر المُجْتَمَع 社会发展规律

قَانُونًا 按照法律
قَانُونِيّ: شَرْعِيّ 法律的，法律上的，法定的，合法的，正当的
ـ: صَحِيح / نافِذ 有效的
ـ: مُنْتَظِم 有规则的，有规律的
ـ: مُتَشَرِّع 法律家
غير ـ 非法的
قانونِيَّة 合法性
قَانُون ج قَوَانِينُ: آلة من آلات الطرب ذات أوتار 竖琴
قَانُونْجِي ج قَانُونْجِيَّة 竖琴手
مُقَنِّن 立法者
قَنَى يَقْنِي قَنْيًا وقُنْيَانًا وقَنَا يَقْنُو قُنْوَانًا وقُنُوًّا واقْتَنَى المالَ: حصل عليه 取得；获得
ـ واقْتَنَى: اِمْتَلَكَ 具有，占有，拥有
قَنِي يَقْنَى قَنًا الأَنْفُ: ارتفع وسَط قَصَبته 鼻如鹰嘴钩
قَنَّى القَنَاةَ: حفرها 挖水沟
قَنْو / قُنْوَة / اِقْتِنَاء 取得，获得
قِنْو البلح ج أَقْنَاء وقِنْيَان وقُنْيَان وقِنْوَان وقُنْوَان: عِذْق / زِبَاط (م) 一串枣，一嘟噜枣
قُنْيَة ج قِنًى / قُنْوَة: ما تقتنيه 获得物，取得物
قَنَاة ج قَنًا وقُنِيّ وقَنَوَات وقَنَيَات: رُمْح 矛，标枪
ـ: عُود الرُمح 矛杆，标枪杆
ـ ج قِنًى وقِنَاء وقَنَوَات: أُنْبُوب / مَجْرًى 管，筒，水管
ـ: قَنَال (أ) canal / تُرْعَة 运河，沟渠，渠道
ـ السُوَيْس 苏伊士运河
ـ تمرّ على قَناطِر (انظر قَنْطَرَة) 架空水道
ـ / قَنَايَة (م): مَجْرَى ماءٍ صغير 小河，溪流，小溪
ـ البُخَار (في الآلة البخاريَّة) [机]蒸汽口，

气门

الـ البَوْلِيَّة [解]尿道

الـ الدَمْعِيَّة [解]泪管

الـ المَنَوِيَّة [解]输精管

الـ الهَضْمِيَّة [解]消化管

صُلْب الـ 坚强的，健壮的

لا تُلِينُ الحَوادِثُ ـ ه 刚毅不屈，坚忍不拔

أَقْنَى م قَنْوَاءُ: مَعْقُوف 弯曲的，有钩的

ـ الأَنْف 鹰鼻的

قان / أَحْمَر ـ 深红的，血红的

ـ / مُقْتَنٍ: مالِك 获得者，占有人

مُقْتَنًى جـ مُقْتَنَيَات 被占有的(财物)

ـ بالحَرام: سُحْت 不义之财

قَنُوشَق / قَناوَشَق: صَمْغ 硇精橡胶

شَجَرُ الـ: قِنَّة 白松香树

قَهَرَه ـَ قَهْرًا: أخضعه 战胜，制服，克服

ـ ه على أو إلى كَذَا: أجبره عليه 强迫，逼迫，强制

ـ ه (مـ): أَحزنه 使悲伤，使忧伤，使痛心

لا يُقْهَر 不可战胜的

اِنْقَهَرَ (مـ) 被压服，战败，屈从，服从

قاهَرَه: غالَبَه 斗争

قَهْر: إخضاع 征服，战胜，压制

ـ (مـ): حُزْن 悲伤，痛心

ـ الجَسَدِ (لخلاص النَفْس) 苦行，节欲，节欲主义，苦行主义

ـ / قُهْرَة: إجْبَار 强迫，强制，逼迫

وَسَائِل الـ 强迫手段，强制手段

قَهْرًا 强制地，强迫地

قَهْرِيّ 强迫的，强制的，逼迫的

ـ 必然的，不可避免的

ـ 受约束的，不自主的

سَبَب قَهْرِيّ 不可抗拒的原因

طَوارِئ ـ ة 天灾

قُوَّة قَهْرِيَّة 强制力，压制力，[物]抗磁力

ظُرُوف قَهْرِيَّة 不得已的情况

قُهْرَة 强迫，强制

قَهْرَان (مـ) 悲伤的，忧愁的

قَاهِر جـ قَوَاهِر: شامخ 崇高的，高耸的

ـ 强迫者

ـ 强大的

قُوَّة قَاهِرَة 不可抗拒的天灾；不可战胜的力量

القَاهِرَة: عَاصِمة جمهوريّة مصر العربيّة 开罗

القَهَّار: أحد أسماء الله 全能的，万能的(安拉的称号)

مَقْهُور: مُخْضَع 被征服的，被打败的，被压制的，被欺凌的

ـ: مُجْبَر 被强迫的

ـ (مـ): حَزِين 悲伤的，难过的，伤心的，苦恼的

قَهْرَمَان جـ قَهَارِمَة: أَمِينُ الدَخْلِ والخَرْج (波)管家，会计员

قَهْرَمَانَة: لَوَنْجِيَّة (مـ) (波)主妇，女管家

ـ: مُعَلِّمَةُ أَوْلادِ العَائِلَة 家庭女教师

قَهْقَر وتَقَهْقَر: تَرَاجَعَ 退却，后退，倒退

تَقَهْقَرَ: تَأَخَّرَ / انْحَطَّ 退步，退化，落后，衰退

قَهْقَرَى / قَهْقَرَة / تَقَهْقُر: تَرَاجُع 退却，后退，倒退

ـ / ـ / ـ: تَأَخُّر / انْحِطَاط 后退，退步，衰退

رَجَعَ القَهْقَرَى 倒退回去，开倒车

قَهْقَه 大声笑，狂笑，哈哈大笑

أَقْهَى: أفرط في شرب القهوة 喝咖啡过多

قَهْوَة جـ قَهَوَات: بُنّ 咖啡；咖啡豆

ـ: شَراب البُنّ المعروف 咖啡

ـ جـ قَهَوَات وقَهَاوٍ / مَقْهًى: مَشْرَب القَهْوَة 咖啡馆

تَنَكة قهوة (مـ) (熬咖啡用的)咖啡壶

قَهْوَجِي جـ قَهْوَجِيَّة (مـ) 卖咖啡的

قَابَ يَقُوبُ قَوْبًا وقَوَّبَ الأرضَ: حفرها على شبه التقوير: قوّرها 挖，掘，挖开，挖通

تَقَوَّبَت وانْقَابَت البيضةُ (鸡蛋)裂开、打破

قَاب: مِقْدار 量，距离

على ـ قَوْسَيْنِ 很近，近在咫尺

ـ قَوْسَيْنِ من الموت 奄奄一息

قُوب جـ أَقْوَاب: فَرْخ / كَتْكُوت (مـ) 小鸟，小鸡，雏

قُوبَاءُ جـ قُوَب / قُوبَة جـ قُوبَات 金钱癣，牛皮癣

ـ 湿疹

ـ مِنْطَقِيَّة: مرض جلديّ مُؤْلِم 带状疱疹

قَاتَ ـُ قَوْتًا وقِيَاتَةً وأَقَاتَ فُلانًا وعلى فلان وقَوَّتَه (مـ): أطعمَه 供给食物

ـ ه وـ ه وـ ه: غذاه 抚养，养育；饲养，喂养

ـ ه وـ ه: عاله 养活，赡养

اِقْتَات وتَقَوَّتَ الشيءَ: اتَّخذه قُوتًا 作为食物

ـ وـ بالشيء: أكله 吃，食

قُوت جـ أَقْوَات / قِيت / قِيتَة: طَعَام 食品，粮食

ـ / ـ / ـ: غِذاء 营养物，滋养的

قَات [植]阿拉伯茶(产自也门)

مُقِيت: مغذّ 滋养的，滋补的

قَاحَ ـُ قَوْحًا وقَوَّحَ البَيْتَ: كنسه 打扫

قَاحَ وتَقَوَّحَ الجُرْحُ: تورَّم (راجع قيح) (伤口)肿

قَاوَحَ (مـ): قَاوَل / كَابَرَ 争论小事，为琐事争执

مُقَاوِح (مـ): مُكابِر 争论者

قَادَ يَقُودُ قِيَادَةً الجيشَ: كان رئيسا عليهم 统率，领导，引导，带领，指导，指挥

اِنْقَاد واقْتَاد لفُلان: مُطاوِع قَادَ 被引导，被指导，被带领，被领导

ـ له: أَذْعَنَ 听从，服从，屈服

اِسْتَقَادَ له: اِنقاد له 完全服从，完全屈服

قِيَادَة / قَوْد: إرْشَاد 引导，指导，指挥，领导

ـ / ـ: عَمَلُ القائِد 指挥者的任务，领导者的任务

ـ 司令部，指挥部

ـ عُلْيَا 最高司令部

قِيَادِيّ 领导的

مَرْكَز ـ 领导机关

قَوْد: عمل القَوَّاد 娼妓业；拉皮条

اِنْقِيَاد: إذعان 屈服，服从，归顺，顺从

ـ أعمَى 盲从

قِيد / قاد: قَدْر 量，分量，多少，数量

ـ: مَسَافَة 距离，路程，间隔

ـ إصْبَع 一指的距离

ـ أُنْمُلَةٍ 指尖的距离，丝毫

قَيِّد: سَلِس القِيَاد 温顺的，驯良的

قائِد جـ قُوَّاد وقُوَّد وقَادَة جج قَادَات: مُرْشِد 引导者，指导者，指挥者，导师

ـ: رَئِيس / زعيم 领导人，领袖，首领，首脑，主将，首长，长官

ـ الجَيْش 陆军司令官，指挥官，指挥员

ـ الأُسْطُول 舰队司令

ـ سِلاحِ الطَيَرَانِ 空军司令

ـ القَاطِرَة 机车司机，火车司机

الـ العامّ 总司令，总指挥

قُوَّادُ الثَوْرَة 革命领袖

قادَةُ الرأْيِ العامِّ 舆论领导者
ـ الفِكْرِ 思想家
قَوَّاد: دَيُّوث 龟奴，娼家
مَقُود / مُنْقَاد 被引导者，被指导者，被指挥者，被领导的，恭顺的，驯服的
قَؤُود / أَقْوَد: سَهْلُ الانقِيَاد 温顺的，驯良的；驯服的
مِقْوَد جـ مَقَاوِد / قِيَاد 牵绳，缰绳
ـ الحِصَان 缰绳，马缰
ـ الكَلْب 狗索
ـ السَّيَّارة 汽车的方向盘
ـ الدرَّاجة 自行车的把，龙头
قَارَ يَقُورُ قَوْرًا: مَشَى على أَطْرَاف قَدَمَيْه 用脚尖走路
ـ فلانًا: قوَّر عَيْنَه / فَقَأَها 剜出眼睛
قَوَّرَ واقْتَوَرَ الشيءَ: ثَقَبه من وَسطه 挖穿，挖通，挖空，在中间挖一个孔(洞)
ـ وـ الخِيَارَةَ 把黄瓜挖空
تَقَوَّرَت الحَيَّةُ: تثنَّتْ والتفَّتْ 蛇盘绕起来
قَار: زِفْت 沥青，柏油
قَارَة جـ قَار وقَارَات وقُور وقِيرَان: جَبَل صَغِير 小山，丘
قَارَّة (في قرر) 大陆，大洲
قُورَة جـ قُوَر (مـ): جَبْهَة 额，前额，脑门子
قُوَارَة جـ قُوَارَات (مـ) 做衣服时裁下来的碎片
تَقْوِير (مـ): خَشْخَشَان / حِلْيَة مِعْمَارِيَّة [建](圆柱等的)凹槽
ـ (مـ): نَحْر (مـ) 凹形缘饰，凹雕
ـ مُجَوَّف ناقِص (مـ) [建](柱基的)凹形饰
ـ وتَنْفِيخ (مـ): مَوْجَة مُعْتَدِلَة [建]波状花边(正面)
تَنْفِيخ (مـ) وـ: موجة مُنْعَكِسَة [建]波状花边(反面)
تَقْوِيرة الثَّوْب جـ تَقَاوِير: فَتْحَة الرَّقَبة 开(领)口
قَوَّارَة / مِقْوَرَة 挖(果子的)半圆凿
مِقْوَرَة الجَرَّاح: سِكِّين التكحيت [医]匙形器(用以割去外瘤)
ـ الطَّبَّاخ والنَّجَّار وغيرهما (厨师用的)削刀；(木工用的)凿子
أَقْوَرُ م قَوْرَاءُ جـ قُور 宽的
مُقَوَّر: مُجَوَّف بالمِقْوَرَة 挖(空)了的
ـ: مَطْلِيّ بالقَار 涂上沥青的
ثَوْب ـ: واسع الطوق 领口大的衣服
قَوْرَمَة (مـ) / قَاوُرْمَة: لَحْم مَحْفُوظ 罐头肉
قُوزَاق Cossacks: شَعْب رُوسِيّ شَهِير بالفُرُوسِيَّة 哥萨克
قُوزِي (مـ): حَمَل ولحمه 羊羔或羔羊肉
قَاسَ واقْتَاسَ وقِيس (في قيس)
قَوِسَ يَقْوَسُ قَوَسًا وقَوَّسَ واسْتَقْوَسَ الرَّجُلُ: انحنى ظهرُه 背弯曲，弯腰
قَوَّسَ الشيءَ وقَوَسَه (مـ): حناه 使弯曲
تَقَوَّسَ الشيءُ: انعطف وصار كالقوس 弯曲如弓
ـ ظهرُ الهرَّة 猫拱起了背
ـ (سـ): أَطلق النارَ على 射击，开火
قَوْس جـ أَقْوَاس وقِسِيّ وقُسِيّ وقِيَاس وأَقْوُس وأَقْيَاس 弓
ـ الدائِرَة [数]弧
ـ القَنْطَرَة أو العَقْد [建]拱弧，桥孔，桥洞
ـ قُزَح أو السَّماء 虹
ـ نَبْل / ـ عَرَبِيَّة 阿拉伯弓
ـ نُشَّاب / ـ فَارِسِيَّة 波斯弓
ـ النَّصْر: عَقْد النَّصْر 凯旋门(在巴黎)
ـ مُلاهِق 弹弓
ـ المِحْرَاث: مِقْوَم 犁柄，犁把

ـ النَدْف: كِرْبَال / مِنْدَف / مِنْدَافة 弹花弓
ـ 弓子（如胡琴弓子）
رَمَيْناهُمْ من ـٍ واحدة （我们用同一张弓射击他们）我们同仇敌忾，一致攻击他们
القَوْسُ: البُرْجُ التَاسع ［天］人马座，人马宫，射者宫
قَوْسَان: هِلالا الحَصْرِ () 括弧，括号(())
ـ معْقُوفَان (لِحَصْرِ الكلمة) 方括弧([])
قَوَّاس جـ قَوَّاسَة: الرامي بالأَقْوَاس 射手，弓箭手
ـ: صَانِع القِسِيّ 弓匠，造弓的人
ـ: صَيَّاد 猎人，猎户
ـ (مـ): يَسَقْجِي (مـ) 卫士，警卫员，武装侍从
مِقْوَس السِباق جـ مَقَاوِس （比赛的）出发标
قُوش وقَوْش جـ أَقْوَاش: إسار من جلد （土）皮条，皮带
ـ: ثَفَر السَرْج 后鞧
قَاوُوش جـ قَوَاوِيشُ （土）（监狱的）密室
قَاضَ يَقُوضُ قَوْضًا وقوَّض البِناءَ: هدمه 拆毁
ـ الصِحَّةَ: هدمَها 弄垮身体
تَقَوَّضَ وانْقَاضَ البِناءُ: انهدم 倒塌
قَوَّطَ عليه (مـ): خدعه 欺骗，哄骗
قَوْط جـ أَقْوَاط: قَطِيع من الغَنَم 羊群
قَوْطَة جـ قُوَط: بُقُوطِي (مـ) 水果篮
قَوْطَة (مـ) / قُوطَة: طَمَاطِم (أ) 番茄，西红柿
قَوطَة (مـ) / قُوَيْطَة (مـ): كُرِيز القُدْس / فُقَيْش (سـ) 冬樱桃，醋栗
القُوط Goth ［史］哥德人
قُوطِيّ (أ): غُوطِيّ (انظر غوطي) 哥德式的；哥德语的；哥德人的
قَاع جـ أَقْوَاع وأَقْوُع وقِيع وقِيعَان: أَرْضٌ سَهْلَة مُطْمَئِنَّة 平地，低地，盆地，山间平地
ـ (مـ): قَعْر 底，底部
ـ النَهْر (مـ) 河底
ـ الغُرْفَة 地板
قَاعَة جـ قَاعَات 大厅，礼堂
ـ 病房
ـ الدارِ: باحَتُها 厅，堂，客厅，客堂
ـ (مـ): غُرْفَة 大房间
ـ المُحاضَرَات 礼堂
ـ المُطَالَعَة 阅览室
ـ الطَعَام 食堂
ـ الشَعْب الكُبْرَى 人民大会堂
قَافَ يَقُوفُ قَوْفًا واقْتَاف أَثَرَ فلانٍ: تتبعه 跟踪，追缉
قائِف جـ قَافَة: الذي يتبع الآثار ويعرفها 跟踪者，追缉者
ـ: الذي يعرف النسب بفراسته ونظره إلى أَعْضاءِ المولود 能辨别儿童的血统者
القاف ［宗］哥夫山（传说是环绕地球的大山）
عاش وَرَاءَ جَبَلِ ـ （他住在哥夫山外）离群索居，单独生活
قُوفِيَّة = كُوفِيَّة
قَاقَتْ ـُ قَوْقًا وقَوْقَاتْ / قَوْقَتْ قَوْقَأَةً وقِيقَاءً / قَاقَى (مـ) الدَجَاجَةُ 母鸡咯咯地叫
قُوق / قاق جـ قِيقَان 鸬鹚，水老鸦
ـ: اوزّ عِرَاقِيّ / تِمّ 鹄，天鹅
قُوقَة: أُمّ قُوَيْق 叫枭（迷信为凶事的预言者）
قَاوُوق جـ قَوَاوِيقُ: لباس للرأس طويل （波斯国法官的）高帽子
قَوْقَع (مـ): وَدَع 贝壳
قَوْقَعَة جـ قَوْقَعات: حَلَزُونَة / بَزَّاقَة (سـ) 蜗牛

قَالَ يَقُولُ قَوْلاً وقَالاً وقِيلاً وقَوْلَةً ومَقَالاً ومَقَالَةً: تَكَلَّمَ 说，讲，说话

ـ بكذا: حكَم واعتقد به 表白信仰(某种宗教或主义)；主张

ـ عليه: افترى 污蔑，诽谤，诋毁，中伤

ـ فيه: تكلّم في شأنه 谈到，提到

يُقَال / على ما يُقَال: يُذْكَر 据说，传说，相传，所谓

ـ: يمكن ذِكْرُه 可言的，可说的，可述的，可以提及的，可以记载的

ـ عنه إنّه كذا 有人说他是…

مُجَرَّدُ كَلامٍ ـ 说说罢了

و الحَقُّ ـ 实际是…，老实讲，说实在话

أوْ قُلْ 或者说

قَوَّلَ وأقْوَلَ فلانًا ما لم يَقُلْ: ادعاه عليه 诬告，冤诬，冤枉，陷害

قَاوَلَه: سَاوَمَه 议价，谈判，交涉

ـ ه: جادَله / قاوَحَه (مـ) 争论，辩论

ـ ه (مـ): عاقَده 立合同，订契约，订婚约

ـ ه: اتَّفق معه على ثَمَن 议定价钱

تَقَوَّلَ عليه القولَ: ابتدعه كذبا 诽谤，中伤

القَالُ والقِيلُ 杂谈，闲谈，漫谈，谈心，谈天，瞎聊，聊天儿

قَوْل جـ أقْوَال جج أقَاوِيلُ: كلام 话，言语，话语

صِحَّة الـ 言语的真实性

ـ شَرَفٍ 老实话，凭良心说

ـ مَأْثُور / قَوْلَةٌ مأثورة 谚语，俗语，箴言，警句

الـُ الفَصْلُ 有决定意义的话

جُمْلَةُ الـِ 一言以蔽之，总而言之

قُصَارَى الـِ 简而言之

ما ـُـكَ؟ 你有什么意见？

بِالـِ والفِعْلِ 言行一致，言顾行，行顾言

أَقْوَالُ الشَاهِدِ 证人的证言

أَقَاوِيل 谣言，传闻，流言，蜚语

قُول جـ قُولاَت (土)队，部队，队伍，纵队，军团

ـ السَّيْر 行军纵队

مرَّ بـ ـ أَرْبَعَات 以四路纵队通过

مرّ بـ ـ بِلاتُونات 按每一步兵排通过

قالة 谈话；话语

سُوءُ الـ 谗言，恶语

قُوَلَة / قَوَّال جـ قُوُل 能说会道的，口齿伶俐的，唠叨的，饶舌的

مَقَالَة جـ مَقَالاَت / مَقَال 文章，论文

ـ افْتِتَاحِيَّة 社论，社评

مُقَاوِل (مـ): مُلْتَزِم / مُكافِل 承包人，包工头，包办商

مُقَاوَلَة: جدال 辩论，争论，争辩，争执

ـ على عَمَل (مـ): اتِّفاق 契约，合同

بالـ (مـ): اِلْتِزامًا 包工，承包，承揽

شُغْل بالـ (مـ) 包工，件工

تَقَوُّلاَت 闲谈，聊天；瞎说，乱讲(别人的私事等)

قَائِل جـ قُوَّل وقُيَّل وقَالَة وقُؤُول وقائلون 说话者，讲话者

ورُبَّ ـٍ يَقُولُ / وقَدْ يَقُولُ ـ 也许有人会说

قالَ ـٌ مِنْهُمْ ... 他们中间有人说

مَقُول جـ مَقُولاَت 所说的，所讲的

المَقُولات العَشَرَة [哲]十大范畴

  الجَوْهَر 实体

  الكَمّ 分量

  الكَيْف 性质

الإِضَافَة 关系

الأَيْنَ 处所

المَتَى 时间

الوَضْع 状态

المِلْك 附属

الفِعْل 能动

الانْفِعَال 所动

مِقْوَل: لِسَان 舌

قَوْلَحة الذُرَة (في قلح)

قُولَنْج (أ) / قَوْلَنْج colic: التهاب غِشاء المِعَى الغليظ (希)腹绞痛

قُولُون / قُولُون colon: قِسم من المعى الغليظ [解]结肠

الـ الصاعِد [解]升结肠

الـ المعتَرِض [解]横结肠

الـ النازِل [解]降结肠

قامَ يَقُومُ قَوْمًا وقَوْمَةً وقِيَامًا وقَامَةً: ضِد قعد 起，立，站起

ـ: اِنْتَصَبَ 直立，站立，立起

ـ: تَرَقَّى 升起，登上

ـ إلى مكان: سافَر 离开，动身，起身，启程，出发

ـ: شَرَع 开始

ـ يَطْلُب 他开始要求

ـ: صعِد 上升，升起；(价格)上涨

ـ الأمرُ: اعتدل (事情)就绪，顺序

ـ الحقُّ: ظهر وثبت (真理)昭著，昭然若揭

ـ العَجِينُ (面)发起来

ـ دُونَه 保护

ـ من نَوْمِه: نهض 睡起，起床

ـ المتاعُ بكذا 价值若干

ـ الماءُ: جمَد 冻结

ـ الهَوَاءُ 起风，刮风

ـ تِ الزَوْبَعَةُ 起了飓风

ـ تِ السوقُ: نفقت (市场)繁荣，(生意)兴隆

ـ القِطارُ (火车)开动

ـ تِ البَاخِرَةُ (轮船)起碇，解缆

ـ تِ الطائرةُ (飞机)起飞

ـ تِ الفكرةُ 想起来，计上心来

ـ على فلان أو ضِدَّه: ثار 反对，反抗，起义

ـ على عياله 养家，赡养家口

ـ على غَرِيمه 要债

ـ عن الطعام: تركه 吃饭已毕

ـ لنُصْرته 起来支援

ـ به ظَهْرُه: أوجعه 背痛

ـ بِي وقَعَد 他诽谤我

ـ بالأمر: تَوَلَّاه 主持(事务)，担任(职务)

ـ بالعَمَل: أجراه 进行，从事，执行

ـ بالواجِب: قَضَاه 践(约)，尽(义务)，清偿(债务)，完成，贯彻，执行(任务)

ـ بالوَعْد: أنجزه 履行(诺言)，实践(诺言)

ـ بوَعْدِه: حافظ عليه 守约

ـ بالمَصاريفِ: دفعها 支付，付出(经费)

ـ مقامَه 代替，替代，接任

قَامُوا بمُظاهَرَةٍ 举行示威

قَوَّم الشيءَ: عدَّله 纠正，矫正，改正

ـ الأَخْلَاقَ 端正品德

ـ [电]整流

ـ أَوَدَه / ـ اعوجاجَه 纠正偏差

ـ السِلعةَ: سعَّرها وثمَّنها 估价，定价，评价，标价

ـ ه (م) وأَقامه: جعله يقوم 升起，举起，竖起

ـ ه من النوم: نبَّهه 叫醒，唤醒
لا يُقَوَّمُ بِثَمَنٍ 不可估价，无法估价
قَيَّمَ الشيءَ: قَدَّرَ قِيمتَه 估价，评价
قَاوَمَه: ضادَّه 反抗，抵抗
أَقامَ الشيءَ: رفعه 举，升，举起，升起
ـ ه: شيَّده 建设，建立
ـ ه: أَوْقَفَه / نصبَه 树立，竖起，使起立
ـ المَعْرِضَ 举办展览会
ـ فُلانًا: نصَّبه وعيَّنه 委派，委任，任命
ـ ه: أثارَه / هيَّجه 煽动，激动
ـ في بلد: مكَثَ فيه 留，逗留，停留
ـ بالمكان: قطن به وسكنه 居住，定居
ـ الحُجَّةَ 提出论证
ـ الحَقَّ: أَظْهَرَه 证明，证实(真理)
ـ الدَّعْوَى على فلان [法]控告
ـ المَائِلَ 矫正
ـ الدَلِيلَ 举出证据
ـ الدُّنْيا وأَقْعَدَهَا 踢起灰尘；引起骚动，闹得满城风雨
ـ السُوقَ 繁荣市场
ـ الصَلاَةَ 作礼拜，作祈祷
ـ العَدْلَ 审判，执行法律
ـ على كذا: ثبت 固守，坚持
ـ على العهد 履行条约
ـ عَمُودًا على [数]引垂直线
ـ له وَزْنًا 酙酌，酌量
تَقَوَّمَ وانْقَام 变成直的
اِسْتَقَامَ: اعتدل 变成直的、正的
ـ: اِنْتَصَبَ 直立，竖起
قَوْمَة: نَهْضَة 兴起，崛起
قَامة الإنسان جـ قَامَات وقِيَم 身段，身材，个子
ـ: وحدة قِيَاس تُسَاوِي سِتّ أَقدام 英寻，寻(约等于 6 英尺，合 1.828 米)
ـ: البَكَرَة وأَدَوَاتها 滑车
ـ المُهَنْدِس أو المَسَّاح (مـ) (测量的)标杆
قَوْم جـ أَقْوَام وأَقَاوِم وأَقَائِم وأَقَاوِيم: شَعْب 人民，民族，民众，百姓，人们
قَوْمِيّ: شَعْبِيّ / وَطَنِيّ 人民的，民族的，国立的，国有的
قَوْمِيَّة جـ قَوْمِيَّات: شَعْبِيَّة / وَطَنِيَّة 国民性，民族性，民族主义
ـ مُشْتَرَكَة 一般(普通)市民身份(公民权、市民权、国籍)
قَوَام: اِعْتدال 正直，笔直
ـ الشيء: كَثافته 密度，浓度，稠度
ـ: أَساس وقُوَّة 精力，持久力
ـ: طُولُ القَامَة 身材，身段
ـ مُعْتَدِل / قامة معتدلة 中等身材
ـ (مـ) ! 快！快点！
قِوَام / قِيَام: سَنَد 支柱
ـ العائلة 家长，一家之主，赡养一家的人
قِيمَة جـ قِيَم الشيء: ما يُسَاوِيه 价值
ـ: مِقْدار 数，总额，分量，数量
ـ اِسْمِيَّة 票面价值，票额，面值
الـ الحَالِيَّة 市场价值
الـ الزَائِدَة 剩余价值
الخِطَابَات ذات الـ المُقَرَّرة 保险信
ذُو ـ: ثَمين 宝贵的，有价值的
لا ـ له 毫无价值的，半文不值的
القِيَم الثَقافِيَّة 文化价值
قِيَام: نُهُوض 站起，起立，立起
ـ! 起立！
ـ من نَوْم: اِسْتِيقَاظ 睡醒，起床
ـ (火车)开动

ـ النَسِيج: السَدا 经线

فرأينا قِيَامًا بالواجب أنْ ... 为了履行职责，我们认为…

قِيَامَة: وِصَايَة 监护

ـ الأَمْوَات: بعث [宗]死人复活

عِيد الـ: عِيد الفِصْح [基督]复活节

يَوْم الـ [宗]世界末日

ـ 混乱，骚乱

قَامَتِ الـ 骚乱开始

تَقْوِيم جـ تَقَاوِيمُ: نَصْب 直立，树立，竖起

ـ: تَهْذِيب 教化，启迪，陶冶

ـ: إصْلاَح 修正，改正，矫正，改革

ـ: تقدير القِيمَة 估价，评价，定价，标价

ـ البُلْدَان 地名辞典

ـ السَنَة: نَتِيجَة (مـ) 日历，月份牌

ـ فَلَكِيّ 天文年鉴

جِهَاز ـ التَيَّار /مُقَوِّم [电]整流器

مُقَاوَمَة 反对，抵抗

ـ السَامِيِّين 排(反)犹主义

إقامَة: رَفْع 抬起，举起

ـ: إنشاء أو تَأْسِيس 建立，建设，创设

ـ (التَماثِيل): نصبُها 树立(塑像)

ـ: تَشْيِيد 建筑

ـ مُوَقَّتَة: مُكُوث / نُزُول 逗留，停留

ـ: سَكَن 居住，定居

ـ الحُجَّة 提出论证

ـ العَدْل 审判，执行法律

ـ شَعَائِر الدِّين 举行宗教仪式

مَحَلّ الـ: مَسْكَن 居所，住宅

حَقّ الـ الحُرَّة 居住自由权

مُعَاهَدَة الـ 居住公约

الـ العَامَّة [史](摩洛哥)总督府

اِسْتِقَامَة: اعتدال 正直，笔直

ـ: انتصاب 直立，竖立

ـ الأَخْلاَق 正直，公正

قَائِم جـ قُوَّم وقُيَّم وقُوَّام وقُيَّام وقِيَم: ناهض 站立的；现存的

ـ: مُنتصِب / واقِف 直立的，立正的

ـ: عَمُودِيّ 垂直的

ـ البَابَا (مـ): مبدأ دَرَابزين السُلَّم (螺旋梯的)中柱

ـ الزَاوِيَة 直角的

ـ بِذَاتِه: مُسْتَقِلّ 独立的，自主的

ـ بذاتِه: بلا سَبَب 自然而然的

ـ بالأعمال 代理职务者，代办

ـ (مـ): ضِد صَافٍ (في الوزن) / الوزن ـ 总重，满载

ـ البَاب: تَزْنِيدة (مـ) [建]竖框，侧柱，门方

ـ مَقَام كذا 代替

ـ مَقَام جـ قُوَّام المَقَامَات / قَائِمَقَام: رُتْبَة عَسكريَّة تحت أميرالاَي 陆军中校

قَائِمَقَام المَلِك: رافد 摄政王

قَائِمَة جـ قَائِمَات وقَوَائِمُ: عَمُود 柱

ـ: سِنَادَة (في المِعمار) 支柱

ـ: فِهْرِس 目录

ـ: بَيَان / كَشْف (مـ) 清单

ـ المُشْتَرَوَات (مـ): فَاتُورَة (مـ) 发票

ـ الحِسَاب 账单

ـ الأَسْعَار / ـ البُيُوع 价目表

ـ الأَسْمَاء 名单，名册，花名册

ـ الجَرْد 盘货清单

ـ الدابّة والمائدة والكُرْسِيّ الخ (牲畜、桌、椅的)腿

ـ الشَرَف	阵亡者名单(名册、名簿)
ـ أَصْنَاف المَأْكُولاَت / ـ الطَعام	菜单
ـ المَزاد	拍卖货物的清单
ـ المَوْجُودَات	(商品、家具、财产等的)清单
ـ السُلَّمَة (م): ما تَرْتَكِزُ عليه نائمة السُلَّمة	[建](梯级的)竖板
الـ التَنفِيذِيَّة	执行命令书
زَاوِيَة ـ	直角
قَوَائِم الخِيام	帐篷柱
قَوِيم جـ قِيَام: مُعتدِل	正直的，公正的
ـ السِيرَة	品行端正的
الدِين الـ	正教
ـ: حَسَنُ القامة	苗条的身材
قَيِّم: مُسْتَقِيم / قَوِيم	直的，垂直的，直线的
ـ: وَكِيل / وَصِيّ	代理人，受委托者
ـ على فلان: وكيل عليه	保护人，监护人
ـ: ذو قِيمَة عَظِيمَة	贵重的，宝贵的，珍贵的
كُتُب قَيِّمة	重要的书籍，贵重的书籍
القَيَّام / القَيُّوم	永生者(上帝)
مُقَوِّم: مُقَدِّر القِيمَة	估价者，评价者，鉴定人
ـ جـ مُقَوِّمَات	[电]整流器
مُقَوِّمَات	成分
ـ الحَيَاة	生活之资，糊口之道
ـ الحَرْب	战争的主要因素
مُقَوَّم	被评价的，被估价的
مُقَوَّمَات: الأَشْيَاء الثَمِينَة	贵重的东西，宝贵的东西
مُقِيم: الذي يُقِيم	树立者，竖起者
ـ: ساكِن	居住者
ـ: دائِم	持久的，永久的，持续的
ـ الحُجَّة	提出论据者
ـ بِوَاجِبَاتِه	尽职的，尽责的
الـ العامّ	[史](驻摩洛哥)总督
مُقِيمِيّ	总督的
مُقَاوِم	反对者，抵抗者，反抗者，抗拒者
ـ: خَصْم	敌对者，对立者
مُسْتَقِيم: مُعْتَدِل	直的，笔直的，直线的，正直的，公正的，公平的
ـ: مُنْتَصِب	直立的，竖起的
ـ الأَخْلاَق	正直的，公正的
الـ: مُنْتَهَى القَناة الهَضْمِيَّة	[解]直肠
ضِدُّه على خَطٍّ ـ	正相反对
مُسْتَقِيمَة (س): حامِل	孕妇
مُسْتَقِيمِيّ: مُخْتَصّ بالمَعى المستقيم	直肠的
مُقَام: مَوْضِع	地方，场所，位置，地点，地位
مَقَام جـ مَقَامَات: مَنْزِلَة	地位，等级，品级
ـ: كَرَامة / اعتبار	威严，威风，尊严
صاحِب الـ الجَلِيل	部长阁下
صاحِب الـ الرَفِيع	总理阁下
ـ النَغَم: طَبَقَة	[乐]音阶
ـ الكَسْر: مَخْرَج (س) (في الحساب)	[数]分母
مَقَامَة جـ مَقَامَات	范围，领域；社会，(某)界
المَقَامَات التِجَارِيَّة	商界
المَقَامَات السِيَاسِيَّة	政界
مِقْوَم	笔杆
ـ المِحْرَاث: قبضة	犁把，犁柄
قُومِسَار / قُومِيسَيْر (أ)	政委，政治委员
ـ الشَعْب	人民委员
قُومِيسِيرِيَّة (أ)	人民委员部
قُومِسِير (أ): عَمِيل / وَكِيل	代表 commissary
ـ (أ): وَكِيل دولة	(国家任命的)委员

قومسيون 1024 قوي

قُومِسْيُون جـ قُومِسْيُونَات (أ) commission:
عُمُولَة (أ) 佣金，佣钱，手续费
قُومِسْيُونْجِي جـ قُومِسْيُونْجِيَّة (مـ): وكيل أشغال 代办人，代办商，代理人，代售人
قُومَنْدَان جـ قُومَنْدَانَات (أ): قائِد commandant 司令官，指挥官
ـ قُوَّةِ مَصْلَحَةِ الحُدُودِ 要塞司令员
ـ لِواءِ المُشَاةِ 步兵司令
ـ البَارِجَة 军舰指挥官
ـ البُولِيس 警察局长
قَوُون / قَاوُون: نوع من الشَمَّام 甜瓜的一种
ـ أَصْفَر 黄金瓜(一种甜瓜)
ـ شَمَّام 甜瓜，香瓜
قُونْتَرَاتُو جـ قُونْتَرَاتَات (أ) contratto: عَقْد (意) 契约，合同
قُونْدَاقْجِي (أ): سِلاحِيّ 枪炮工人，造武器的工人
قَوْنَصَة الطائرة (مـ) (في قنص) / قانِصَة [动] 沙囊(鸟胃)
قَوْنَة: رُقْعَة مَعْدِنِيَّة 金属补片
قُونَة جـ قُوَن /إيقُونَة جـ إيقُونَات (أ)icon : نَصَمَة 肖像，(希腊教会的)圣像

قُوَّة (في قوي)
قَوَّه: صَرخ أو تَأَوَّه (راجع أوه) 呼喊，叫喊
قَوِي يَقْوَى قُوَّة: ضد ضَعُفَ 强壮，健壮
ـ على الأمر: أطاقه 能够，能做
ـ على المَرَضِ والمَصَاعِبِ: تغلَّب 克服，战胜，打败
ـ الشَكُّ: اشتدّ 疑虑愈甚
قَوِي يَقْوَى قَوًى المطَرُ: احتبس 密云不雨
ـ: جاع شديدًا 为饥饿所苦，饿得要死
قَوِي يَقْوَى قِيًّا وقَوَايَةً المكانُ: خلا من السُكَّانِ (地方)荒凉，荒无人烟
قَوَّى الشيءَ: ضد أَضْعَفَه 增强，加强，巩固
ـ البِنْيَةَ 加强体格，滋补身体
ـ العَزْمَ 激动，鼓励，鼓舞
ـ ه: أَيَّدَه 支持，支援，增援
ـ ه: ثَبَّتَه 使坚定，使坚强
ـ ه: نَبَّهَه 刺激，鼓励，激励
قَاوَى فُلانًا: غَالَبه 搏斗，较量
أَقْوَى: اِفْتَقَرَ 贫穷，穷困
ـ المكانُ: خَلا مِن ساكنيه (地方)荒凉，荒无人烟
تَقَوَّى واسْتَقْوَى 转弱为强，强大起来
ـ: تشَجَّعَ 振作，鼓起勇气，振奋起来
قُوَّة جـ قُوًى وقِوًى وقُوَّات: عَكْسُ ضَعْف 力，力量，能力，强力，威力，势力，精力，毅力，武力
ـ: مقدرة 能力，才力
ـ: شدَّة 猛烈，强烈
ـ: عُنْف 强暴，暴力，暴戾
ـ: قوام / جَلَد 精力，持久力
ـ الحِصَان 马力
الـ العَامِلة 劳动力
ـ بَدَنِيَّة / ـ جَسَدِيَّة / ـ الأَبْدَانِ 体力
ـ الجِسْم: عافية 膂力；体力
ـ القَلْب: شَجَاعَة 胆量，勇气，锐气
ـ الاِستمرار: القُصُور الذاتِيّ 惰性，惯性，惯量
ـ آلِيَّة: طَاقَة 动力，功率
ـ بَحْرِيَّة 海军
ـ بَرِّيَّة 陆军
ـ جَوِّيَّة 空军
ـ عَسْكَرِيَّة 军事力量，武装力量，军队

ـ دَافِعَة أو مُحرِّكة [物]衡量，脉冲
ـ مَرْكَزِيَّة [物]矮力，有心力
ـ مَرْكَزِيَّة جاذِبة: جَذْب مركزيّ [物]向心力
ـ مَرْكَزِيَّة طَارِدَة: دَفْع مركزيّ [物]离心力
ـ الجَذْب / ـ جَاذِبيَّة [物]万有引力
ـ العَادَة 习惯的力量
ـ الإرادة 意志力
ـ حافِظَة: ذاكرة 记忆，记性，记忆力
ـ عاقِلة: عَقْل 智力，智能
ـ قاهِرة 不可抗拒的力量
ـ الكَهْرَباء 电力
ـ مَعْنَوِيَّة (军队的)士气，纪律，道义，道德
الـ الذَرِّيَّة 原子能
الـ الكامِنة 潜力，潜势
ـ المَصْنَع / ـ الإدَارة 工厂的生产力
بالـ الجَبْرِيّة 强迫地，强制地
بالـ: عَنْوَةً 凭暴力，凭力气
الـ المُنْتِجَة / الـ الإنْتاجِيَّة 生产力
إقْوَاء: إقْفار 荒凉
ـ (في الشعر) [诗]出韵，失黏
تَقْوِيَة: ضد إضْعاف 加强，增强
ـ: تَشْجِيع 奖励，鼓励，激励
ـ: تَعْزِيز 增援
ـ: تَنْبِيه / تَنْشِيط 刺激，激励，鼓励
جِهازُ الـ [电]增音机
قَوَاء / قَوًى: جُوع 饥饿，饥荒
ـ / ـ / قِوَاء جـ أَقْوَاء الأرض: قَفْر 荒凉
قَوِيّ جـ أَقْوِيَاء: ضِد ضَعِيف 强的，强壮的，强大的
ـ: شَدِيد 猛烈的，剧烈的
ـ: قَدِير 有能力的，有本领的

ـ: مَتِين 坚强的，坚固的，结实的
الـ: الله 全能的
مُقَوٍّ: ضد مضعف 加强的，增强的
ـ: منبِّه / مُنشِّط 激励的，鼓励的，鼓舞的
ـ: يُكْسِبُ قُوَّةً 补药，强壮剂
ـ للشَهْوَة الجِنسيَّة [医]春药
ـ للقَلْبِ: دَوَاء لِعلاج القَلْب 强心剂
ـ للقَلْبِ: مُشَجِّع 奖励的，鼓励的，激励的
مُقَوِّيات 兴奋剂
مُقَوًّى 被增强的
وَرَق ـ 纸板，卡纸板
قاءه يَقِيئُه قَيْئًا: أَلقاهُ من فمه 吐，呕吐
قَيَّأَ وأَقاءَ إقاءَةً فلانًا ما أكله: جعله يقيئه 使他吐、呕吐
تَقيَّأَ واسْتَقَاءَ: تكلف القيء 干呕，干哕
قَيْء / قُيَاء 吐，呕吐
ـ / ـ: ما يخرج بالقيء 呕吐物
ـ الوَحَم (أو ـ الحَبالَى) [医]晨吐，孕吐
مُقَيِّئ جـ مُقَيِّئات: دواء يحمل على القيء [医]呕药，催吐剂
الجَوْز الـ / جَوْزُ القَيْء 马钱子
قيادة (في قود) / **قياس** (في قيس)
قيافة (في قيف) / **قيامة** (في قوم)
قيثار وقِيثَارة جـ قَيَاثِير / قِيتَار / قِيتَارة جـ قَيَاتِير guitar 吉他，六弦琴
قِيثَارة: آلة طَرَب إغريقيَّة (古希腊的)竖琴，七弦琴
قِيثَارِيّ الشَكْل 竖琴状的
قاح يَقِيحُ قَيْحًا وأَقَاحَ وقَيَّحَ وتَقَيَّحَ الجرحُ: صار فيه القيح (伤口)生脓，化脓
قَيْح: مِدَّة بيضاء خاثرة لا يخالطها دم 脓
أمّ الـ / شَرْنَقَة الدمَّل [医](疖的)硬核

تَقَيَّح 化脓，生脓
ـ اللِثَة [医]齿槽脓溢，齿槽脓毒病
قَيْحِيّ / تَقَيُّحِيّ 脓性，生脓的，化脓的
مُقَيِّح 生脓的，化脓的
مُتَقَيِّح 脓性，生脓的，有脓的
قَيَّدَه: جعل القيدَ في رِجْله 上脚镣
ـ ه: حَصَرَه 限制，抑制，制约
ـ ه: رَبَطَه 捆扎，束缚
ـ ه: سجَّله 挂号，登记，注册
ـ ه: كتَبَه 记载，记录
ـ عليه (في الحساب) [簿]记入借方
ـ له (في الحساب) [簿]记入贷方
تَقَيَّدَ بكذا 严格遵守
ـ 被挂号，登记，注册，记载，记录
قَيْد ج قُيُود وأَقْياد: وِثاق 桎梏，羁绊
ـ: رباط 束缚物，带，绳索
ـ لِلْيَدَيْنِ: صِفَاد 手铐
ـ: شَرْط 条件
ـ (في التشريح): وَتَرة [解]韧带，系带
ـ الأسْنان: لثة 齿龈
بلا ـ ولا شَرْط 无条件地
طَلِيق من كل ـ 不受任何限制的
لا تزال المَسْأَلَة ـَ البَحْثِ والنَظَر 这问题还在研究中
كان ـ التَحْقِيق 他在待审中
هذه المُعاهَدة لا تزال ـ المُفاوَضات 这个公约仍在谈判中
ـ / قِيد: قَدْر 尺寸，尺度，长度，重量，分量，数量
ـ / ـ: مَسافَة 距离，路程
ـ / ـ شَعْرَة 一发之间，一发之差
على ـ شَعْرَة من ... 一发之差的，间不容发的
لم يَخرُجوا ـَ شَعْرَةٍ 他们毫不退让
على ـ خُطْوَة عن ... 相距一步之遥
على ـ الحَياة 健在，还活着
قَيْدِيّ 注册的
قُيُودات 登记簿，注册簿；案件，档案
قَلَم ـ 登记处，注册处
كاتِب ـ 登记员，注册员
تَقْيِيد الأَرْجُل 上脚镣
ـ: حَصْر 限制，约束，制约
ـ: رَبْط 拴住，绑住，捆住
ـ 记录，登记
ـ مُضاعَف 复式簿记
ـ النَسْل 节制生育
تَقْيِيدِيّ: تَضْيِيقِيّ 限制的，拘束的
تَقَيُّد 受限制，受制约
إفراط في الـ بحروف اللَوائح والقانون 拘泥于章则的文字
مُقَيَّد ج مَقايِيدُ: مُكَبَّل 戴脚镣的
ـ: مَرْبُوط أو مُرْتَبِط 被捆住的，被绑住的
ـ: مَحْصُور 被限制的，受拘束的
ـ: مُدَوَّن 记录的，登记的，注册的，挂号的
قَيْدُوم / قَيْدَام: مقدَّم الشيء وصدره 前部，胸部，突出的部分
ـ السَفِينة: حَيْزومها 船首，船头
قَيَّرَ الشيءَ: طلاه بالقارِ 涂以柏油
قِير / قار: حُمَر 沥青，柏油
قَيَّار 沥青商
قيراط (في قرط)
قَيْرَوَان ج قَيْرَوَانات caravan: قافِلة 商队
ـ: اسم قديم "لبَرْقة" 开汪(利比亚昔兰尼加

省的古名)

ـ: عاصِمة بلاد القَيْرَوان القديمة 开汪
(突尼斯的城市，古代开汪省的省会)

قَيْرَوانِيّ 开汪的；开汪人

قَاسَ يَقِيسُ قَيْسًا وقِيَاسًا: تبختر واشتدَّ 高视阔步地走，大摇大摆地走

ـ قِيَاسًا واقْتَاسَ الشيءَ بغيره أو على غيره: قدَّرهُ على مِثالِه 量，测量

ـ الثوبَ: لبسه وجرَّب قِياسَه 试穿衣服

ـ الشيْءَ بغيره: قايَسَه به 比较，对比

ـ ه من فَوْقُ لِتَحْتُ 从头到脚地打量他

وقِسْ عليه 等，等等，云云，诸如此类，照此类推

قَايَسَ الأمرَيْنِ: قدَّرهما 比较

اِقْتَاسَ بأَبِيه: اقتدَى به 模仿，仿效

قَيْس / قِيَاس: تَبَخْتُر 骄傲，傲慢，装模作样，摇摆而行

قِيَاس جـ قِيَاسَات وأَقْيِسَة: معايَرة / كَيْل 量，丈量，测量

ـ: مِكْيَال / عِيار 计，表，尺码，比例尺

ـ: تناسُب 比较，对比

بالـ إلى ... 比起…来，与…比较

ـ: قاعِدة 标准，准则

ـ مَنْطِقِيّ [逻]演绎法，三段论法

ـ فاسِد 假相似，似是而非的推理

ـ مَعَ الفَارِق 牵强附会

مُتَنَاسِب الـ 相称的，可成比例的

على الـ / قِيَاسًا على 类推；按照尺码

ـ على ... 类推

قِيَاسِيّ: ضد شاذّ 正常的，合格的，标准的，正规的，有规则的，有规律的

ـ: نِسْبِيّ 比较的

ـ: مَنْطِقِيّ 理论的，合理的，合逻辑的

رَقْم ـ 特例，空前的成绩；最高纪录

قِيَاسِيًّا 有规则地，有次序地，循规蹈矩地

مُقَايَسَة جـ مُقَايَسَات: تقدير 估计，估量，估价

ـ: وصف تفصيليّ لعمل / مواصفة (مـ) 说明书，设计书

قَيَّاس: الذي يقيس الأشياء 测量员

ـ الأَرَاضِي: مَسَّاح 土地丈量员

قَيَّاسَة جـ قَيَّاسَات (مـ): مركب شراعي كبير 大帆船，驳船，平底船

مَقَاس جـ مَقَاسَات 度，量，分量，尺寸，大小，长短，尺度，尺码

ـ المَرْكَب 船的吨位

أَخَذَ ـ ه 量取他身材的尺寸

مِقْيَاس (راجع مِيزَان في وزن) 标准，准则，测绳；仪表

ـ: مِقْدَار 量，分量，数量，额，定额，大小，长短，尺寸

ـ الحَرَارة 温度计(寒暑表)

ـ الزَوَايَا: منقلة 分度规

ـ الزَلازِل 地震计

ـ السُرْعة 速度计

ـ سِنْتِغْرَاد / الـ المِئَوِيّ centigrade 百分温度计，摄氏温度计

ـ الضَغْط 气压计

ـ الفَهْرَنْهِيت fahrenheit 华氏温度计

ـ المَطَر 雨量计

ـ المِيَاه 水量计

ـ النِيل (尼罗河)水位计

ـ التَيَّار الوُلْطِيّ voltameter 电量计

الـ الوُلْطِيّ voltmeter 伏特计，电压表

على ـِ عَالَمِيّ 按世界规格

مَقَايِيس الأطْوَال 度计(丈、尺、寸等)

ـ الكَيْل 量计(石、斗、升等)

ـ الوَزْن 衡计(担、斤、两等)

ـ الهَيْدُرجِين hydrometer 比重计

قَيْسَرِيّ ج قَيَاسِرُ وقَيَاسِرَة: كبير 强大的，庞大的，高大的

قَيْسَرِيَّة 环绕清真寺的街道

قِيسَارِيَّة / قِيصَارِيَّة 商品陈列所；(东方各地有顶篷的)市集

قَيْسُونِيّ 水槽，水池

قَيَّشَ المُوسَى: شَحَذَه على القايش 荡剃刀

قَايِش / قائش المُوسَى: مِشْحَذَة (土)(磨剃刀的)磨皮，砥皮，革砥，荡刀皮

قِيشَانِيّ / قَاشَانِيّ: زليج 上釉的瓷砖，花砖

ـ: كَاشَانِيّ (ع) / خزَف فَرْفُورِيّ (مـ) 瓷器，中国瓷器，法国彩色瓷器

قَيْصَانَة: سَمَك 月鱼

قَيْصَر / قَيْصَرِيَّة (في قصر)

قَاضَ ـِ قَيْضًا الشيءَ من الشيء: عاضه 换货，交换货物

ـ الشيءَ: شقَّه 割开，劈开

ـ الشيءُ: انشقَّ 开裂，绽裂，龟裂

قَيَّضَ اللهُ له كذا: قدَّره 命定，注定

ـ اللهُ فلانًا لفلان: جاءه به 老天爷把张三带到李四那儿去

قَايَضَ فلانًا بكذا: عَاوَضَه وبادَله (与某人)换货

تَقَيَّضَتِ البَيْضَةُ: تكسَّرت (蛋)破碎

ـ وانْقَاضَ الحائطُ: تهدَّم وانهار (墙)坍塌，倒塌

قَيْض: قشرة البيضة اليابسة 蛋壳

ـ / قِيَاض: مُساوٍ / معادِل 同等的，等价的，等值的，等量的

ـ / ـ / مُقَاوَضَة / مُقايضة 交换，交易，换货，用货换货，实物交易

مُقاوَضَة / مُقَايَضَة: بِداد / مُبادَّة 实物工资，实物工资制

قَيْطَس (مـ) / قَيْطَاس / قَيْطُوس kētōs 鲸

عظم (فكّ) الـ 鲸须

قيطان (في قطن)

قَيْظ: شِدَّة الحَرّ 酷热，炎热

ـ: إبَّان الصَّيْف 仲夏，盛夏，伏天

ـ (مـ): اِمتِناع المَطَر 天旱，干旱

ـ (مـ): عطَش 渴，干渴

غُرَاب الـ: غُداف 渡乌，大乌鸦

قَائِظ / قَيِّظ 炎热的，酷热的

قَيَّفَ أثَرَه: تتبَّعه 跟踪，尾随；盯梢

قِيافة الأثَر: تَتَبُّع 跟踪，尾随，盯梢

ـ (مـ): هَيْئَة 外貌，外观，外表，面貌

ـ (مـ): حسن اللباس 服装漂亮的

ـ: حسَن الهيئة 仪表堂堂的

قَيَّاف 跟踪者，尾随者，盯梢者

قَيْقَب: إسْفِنْدَان (سـ) / شَجَر [植]槭

قَالَ ـِ قَيْلاً وقَائِلَةً وقَيْلُولَةً ومَقَالاً ومَقِيلاً / تَقَيَّلَ / قَيَّلَ (مـ) 午睡，睡午觉

ـ: تكلَّم (في قول) / **قيل** (في قول)

أَقَالَ البيعَ: فسَخه 废除，解除(合同、契约)

ـ اللهُ عَثْرَتَك 真主使你跌倒复起

ـ من المَنْصِب 革职，撤职，免职

ـ عَثْرَتَه: صفَحَ 原谅，宽恕

اِسْتَقَالَ البيعَ: طلَب فَسْخَه 要求解除(合同、契约)

ـ: طَلَبَ أنْ يُقال 请求废除，解除(合同、契约)

ـ من الخِدْمَة 辞职，提出辞呈

قَيْل: رَئِيس (دون المَلِك الأعْلَى) جـ أَقْيَال (阿拉伯半岛的)酋长

ـ هِنْدِيّ 大君(印度国君的尊称)

قَيْلُولَة / قَائِلَة: نوم الظهيرة 午睡

إقَالَة: فَسْخ 废除，解除(合同、契约)

ـ: عَزْل 免职，革职，撤职，罢免

اِسْتِقَالَة جـ اِسْتِقَالاَت من الخِدْمَة 辞职

قِيلَة مَائِيَّة 阴囊水肿

قَائِلَة / قَيَّالة (مـ): ظَهِيرة 中午，正午，日中

قَيِّم / قيمة (في قوم)

قَان يَقِين قَيْنًا الحَدِيدَ: سَوَّاه 打铁，铸造

قَيَّنَ: زَيَّنَ 打扮，妆扮，妆饰，粉饰

قَيْن جـ قُيُون وأَقْيَان 铁匠

قَيْنَة جـ قَيْنَات: مغنية 女歌手

ـ / مَقَيِّنَة: ماشِطة 使女，女仆；女理发匠，女梳妆者

قَايِين: اسم عَلَم (قابِيل أخُو هابِيل) 该隐(男名)

الكاف

ك (الكاف) 阿拉伯字母表第 22 个字母；代表数字 20

ك.١: كانون الأوّل (12 月)的缩写

ك.٢: كانون الثاني (1 月)的缩写

ك. م: كِيلُومِتْر مُرَبَّع (平方公里)的缩写

كَ: ضَمير المُخاطَب (第二人称阳性单数代名词，宾格和属格)你；你的

أَحْتَرِمُكَ 我尊重你

كِتَابُكَ 你的书

كِ: ضمير المُخاطَبَة (第二人称阴性单数代名词，宾格和属格)你；你的

أُساعِدُكِ 我帮助你

قَلَمُكِ 你的笔

كَ: حرف تشبيه بمعنى "مِثْل" 比喻虚词兼介词，使名词变成属格，相当于汉语的如、似、像

كَالْعَادَةِ 照常，照习惯、和平常一样

كَمَا 正如，正像

كَمَا قَالَ ... 正如他所说的

كَذَا 如此，这样，这般

كَذَا وكَذَا 如此如此，这般这般

كَهٰذَا 像这样(阳性)

كَهٰذه 像这样(阴性)

كَذٰلِكَ 照那样

كائن (في كون)

كَابَارَيْه جـ كَابَارَيْهَات (أ) cabaret (法)(有舞蹈、音乐等表演的)酒馆，餐馆

رَاقِصَة ـ 酒馆的舞女，餐馆的舞女

كَابِلِيّ 红木，桃花心木

كَابُول جـ كَوَابِيلُ: حِبالة الصائد (猎人的)罗网

كابوليّ (مـ) (في كبل)

كَاتِدْرَائِيَّة (أ) cathedral: كَنِيسَة كَبِيرة 大教堂

كَاثُولِيكِيّ (أ) /كَاتُولِيكِيّ (أ) catholic 天主教的；天主教徒

كَاثُولِيكِيَّة 天主教

كَاخِيَة (أ) / كَتْخُودَا (波)管家

ـ البَلَدِيَّة (英、法等国的)市长

كاد (في كيد وكود)

كَادْمِيُوم (أ) cadmium [化]镉

كار (في كور) / **كارّة** (في كرر)

كَارْت (أ) carte: بِطَاقَة الزِيَارَة (法)卡片，名片

كَارُّو (أ) / مَرْكَبات ـ / عَرَبَات الـ 二轮运货马车，二轮轻便马车

كَارُوبِيم (أ) cherubim: كَرُوبِيم (أ) /كُرُوبُون [基督]基伯路，小天使

كَارِز / كَارُوز 基督教的传教士

كَاز (مـ): جاز gas 煤气；石油，煤油

كَازُوزَة / جَازُوزَة / قَازُوزَة (أ)gasosa(意) 汽水

كَازِينُو (أ) casino: مَلْهًى (意)娱乐馆，夜总会

كَاسِكِتَّة جـ كَاسِكِتَّات casquette (法)(有遮阳的)男帽

كَاسَة جـ كَاسَات (مـ): كأس 高脚杯；[体]锦标(杯)

ـ 签字末尾的花体字

كَاغَد: ورق 纸

كَافِئِين (أ) caffeine: جَوْهَرُ (رُوحُ) القَهْوَة [医]咖啡因，咖啡素

كافّة (في كفف)

كَافِتِريَا 自助餐厅

كَافه (أ) 军司令员

كَافُور (أ) (波)樟树，樟脑

كَافِيَار aviare (俄式)鱼子酱

ـ أَحْمَر 红鱼子酱

ـ أَسْوَد 黑鱼子酱

كَاكَاوْ (أ) cacao: اسم النبات 可可树

ـ cocao: مَسْحُوق بِذْر الكاكَاوْ 可可粉

كَاكُولَة ج كَاكُولَات (راجع جُبَّة) 旧式的外衣

كَاكِي (أ) khaki (波)卡其布，咔叽(黄褐色衣料)；柿，柿子

كال (في كيل) / **كالّ** (في كلل)

كَالُو / كَالّلُو / كالُّو (أ) callo (意)(脚上的)鸡眼，茧子，胼胝

كَالُوش ج كَالُوشَات (أ) galoches (法)橡皮套鞋

كَالُوري / سُعْر (وَحْدَة حَرارية) 卡，卡路里

كَالُومْبَا / كُلُمْبَا (أ) calumba: ساقُ الحَمام / نبات طِبّيّ [植]非洲防己根(一种苦味健胃剂)

كَالُومِيل / كَلُومِيل (أ) calomel: زِئْبَق حُلْو [化]甘汞，氯化亚汞

كَالُون / كَلُون ج كَوَالِينُ (أ) 锁

كَامْبِيُو / كَمْبِيُو (أ) cambio (意)汇兑，汇划

كَامِيرَا ج كَامِيرَات 照相机

ـ فِيدْيُو 摄像机

كانَة (م): قضيب حديد 铁条，铁棍

ـ مُشَرْشَرَة بِصَمُولَة [机]棘螺栓

كَاوتْشُوك (أ) caoutchouc (法): مَطَّاط / مُغَيَّط (س) 弹性橡胶，印度橡胶

عَجَلَة ـ 橡皮轮，(橡皮)车胎

كَئِبَ ـ كَأْبًا وكَأْبَةً وكَآبَةً واكتِئَاب: كان في غمٍّ وسوء حال وانكسر من حزن 悲哀，悲伤，烦恼，苦恼，悲惨，抑郁，无精打采

أَكْأَبَ الرجلُ: حزن 烦恼，悲伤，忧愁，垂头丧气

ـ الرجلَ: أَحْزَنَه 使他悲伤

كَأْب / كَأْبَة / كَآبَة 悲伤，抑郁，苦恼

كَئِب / كَئِيب: مُغِمّ 伤心的，悲伤的，难过的，忧愁的，沮丧的，垂头丧气的

ـ / ـ المَنْظَر 愁眉苦脸的

ـ / ـ / مُكْتَئِب: حزين 悲伤的，伤心的，难过的，沮丧的，垂头丧气的

ـ / ـ اللَّوْن 阴郁的，阴暗的，模糊的，不清爽的

تَكَأَّدَ وتَكَاءَدَ الأمرُ فلانًا: شَقَّ عليه 麻烦，折磨，使烦恼，使苦恼

ـ الأمرَ: تَكَلَّفَه وكابَدَه 勉为其难，苦干，硬干，硬着头皮干

كَأْدَاء: حُزن 苦恼，悲伤，忧愁

ـ: ليل مظلم 黑夜

عَقَبَة ـ وكَؤُود 难关，难以超越的障碍，不可克服的困难

كَأْس ج كُؤُوس وأَكْؤُس وكَأْسَات وكِئَاس: قَدَح 大高脚杯，锦标(杯)

ـ: خَمْر (杯中物)酒

ـ القُرْبَان 圣餐杯

ـ الحِجَامَة أو الهَوَاء [医]火罐

ـ الزَهْرَة: كِمّ (植)萼，花萼

ـ العَيْن: حَمَّام العين 洗眼杯

ـ البَيْض: ظَرْف البَيْض (食溏心鸡蛋的)蛋杯

ـ المَنِيَّة أو الحِمام 瓢蕈(有毒菌类)

ـ الدَوَاء [医](配药用的)量杯

مُبَارَاة على ـ 锦标赛

كَأْكَأَ وتَكَأْكَأَ: جبن ونكص 胆怯，懦弱

ـ القومُ عليه: تَجَمَّعُوا 集合

كَأَنَّ / كَأَنْ 比喻虚词，加在名词句上，能使起词变为宾格，使述词变为主格，起下面的三种作用：

(١) (1)比方

ـ القمَرَ مِصْبَاحٌ 月亮好像一盏灯

ـ جُنُودَنا أُسُودٌ 我们的战士像雄狮

(2)揣度

ـ العَدُوَّ لم يعتَبِرْ بما أصابه من الهَزِيمة 敌人似乎没有汲取战败的教训

(3)约计

ـ الفجْرَ يَجِيءُ 黎明大约就到来

كُؤُول (مـ): كُحُول alcohol 酒精

كَبَّ ـُ كَبًّا الإِنَاءَ: قلَبه على رأسه 翻转，颠倒，弄翻(杯、盆等)

ـ الرجلَ على وَجْهِه ولِوَجْهِه: أكبّه 推倒，推翻

ـ وكَبًا (مـ): دهَق / دَلَقَ (مـ) 倒(水)

ـ ه (مـ): صبّه 倒掉，倒出(水)

كَبَّبَ الشيءَ: كَتَّلَه 弄成球状，卷成线球

ـ: عَمِلَ الكَبَاب 做烤肉

أَكَبَّ / اِنْكَبَّ على وجهه: انصرع 跌倒，趴下

ـ وـ على الأمر: أقبل عليه ولزمه 专心工作

ـ على البَحْث 埋头研究

تَكَبَّبَ: تلفّف في ثوبه 裹在衣服里

ـ الرَمْلُ: تلبّد (沙)粘结

ـ الشَجَرُ 茂密

ـ ت الإبلُ: صُرِعتْ من داء (驼)病倒

اِنْكَبَّ السائِلُ (مـ): اندهق 流出，溢出，淌出

كَبّ: قَلْب 翻，翻转，颠覆，倒置

ـ (في عِلم وظائف الأعضاء): ضد بَطْح 旋前；内转(手掌向后)

ـ: مَيْل / انحناء 俯伏，前屈，下屈

كُبَّة الغَزْل جـ كُبَب: كرة 线球，线团

ـ: طاعون دَبْليّ أو دِمَّليّ [医]腺鼠疫

كِبَّة / كِبِيبَة (سـ): أَكْلَة سورية 五香碎肉炸丸子

كَباب: شَواء 烤肉

كَبَابْجِي جـ كَبَابْجِيَّة 卖烤肉的

كَبَابَة: نوع من البهار [植]毕澄茄

ـ صِينِيَّة [植]荜拨

كُبَّايَة جـ كُبَّايَات (مـ): كُوب 玻璃杯，(平底)大玻璃杯

بالـ (كفولك بِيرًا بالكُبَّاية) 生啤酒，另杯出售的啤酒

مُكِبّ على كذا 专心致志于…

مُكَبَّب: مُكتَّل 成球形的

مِكَبّ الخَيْط جـ مِكَبَّات ومَكَّابٌ: بَكَرة 纺车；线轴，绕线筒，卷线车

مِكَبَّة جـ مِكَبَّات 屋顶，盖子

كَبَتَ ـِ كَبْتًا غيظَه في جَوْفه: كَظَمَه ولم يخرجه 压抑愤怒，压着性子，忍气吞声

ـ ه لوجهه: صرعه 摔倒，撂倒

مَكْبُوت: مَكْظُوم 被抑制的，受压抑的，积在心头的

كَبُّوت جـ كَبَابِيتُ (مـ): مِعْطَف 带帽的斗篷，带帽的外衣(如雨衣、棉猴等外衣)

ـ العَرَبة (مـ) 车篷，车盖

ـ (مـ) capote: غِطَاءُ القَضِيب (法)阴茎套

كَبُوتُولَة (مـ): كُتْلَة 块，团，土块，泥团

ـ 滚珠，钢球

كَبَحَ ـَ كَبْحًا الدابَّةَ باللِجام 勒住(牲口)

ـ ه: رَدَعَه 抑制，阻止，阻拦

ـ العَوَاطِفَ: تغلَّب عليها 压制感情

كَبَح 勒住，抑制，约束

كَابِح جـ كَوَابِحُ 压制者，抑制者

بلا ـ 毫无拘束地

كَبَدَ ـِ كَبْدًا البردُ القومَ: شقّ عليهم وضيّق (寒冷)使人痛苦

كَبَّدَتْ وتَكَبَّدَتِ الشمسُ السَماءَ: صارت في كُبَيْدائِها أي وَسَطها (太阳)到中天，日丽中天

كَابَدَ وتَكَبَّدَ الأمرَ: قاساه 耐，忍耐

ـ وـ الأَهْوَالَ 经历(恐怖)，担惊受怕

ـ وـ الخَسَائِرَ 遭受损失

تَكَبَّدَ المَكانَ: صار في وسطه 达到某地的中心

كَبْد وكَبِد وكِبْد جـ أَكْبَاد وكُبُود: قَصَبَة (س) / جِهاز عن الجَنْب الأَيْمَن يُفْرِز الصَفْراء 肝，肝脏

ـ: جوف بكماله 内脏

ـ: وَسَط 中部，中间，中心

ـ الظُلُمات (م) 漆黑

عَجِينَة الأَكْبَاد 肝馅

كَبَد وكُبَيْداء السَماء 天中，子午线

كُبَاد: مرض الكبد [医]肝炎，肝硬化

مُكَابَدَة 遭受，忍受(艰难、困苦)

كَابِد / مُكَابِد 受苦者，遭难者

كُبَّاد: أُتْرُجّ (س) / نفّاش 枸橼，香橼

كَبِرَ ـَ كِبَرًا ومَكْبِرًا في السنّ: طَعَن 上年纪，上岁数，年纪大了

كَبَرَ ـُ كَبْرًا فلانًا بالسِنّ: كان أكبرَ منه سنًّا 比他年纪大

ـ فلانًا بالسِنّ بعَامَيْن 比某人大两岁

كَبُرَ ـُ كِبَرًا وكُبْرًا وكَبَارَةً في القدر: ضد صغُر 庞大，巨大，重大，伟大

ـ عليه الأمر: شقّ 烦难，艰巨，沉重

كَبَّرَ الشيءَ: ضد صغَّره 增大，放大，扩大，扩张

ـ ه: رقَّاه 提高，发展，促进

ـ ه: زادَه 增加

ـ ه: عظَّمه 尊重，尊敬

ـ الأمرَ: بالغ فيه 夸大，夸张，言过其实

ـ الجرمَ أو المُصِيبةَ: ضد خفَّفَه 加重，加深，使恶化

ـ المَسْأَلَةَ 把问题夸大

ـ: قالَ: اللهُ أَكْبَرُ [伊]说“大哉真主！”

ـ عُمْرَه: اِدَّعى أنَّه أكبر مِمَّا هو 虚报年龄，夸大年龄

كَابَرَه: عانَده 顽强地争论

ـ ه: غالَبه 竞争，争胜，争论，争辩

ـ على حقّه: جاحده 否定权利

أَكْبَرَ الأمرَ: رآه كَبِيرًا 视为伟大、重大、庞大

ـ الرجلَ: عظَّمه 尊重，推崇，抬举，赞扬，称赞

تَكَبَّرَ وتَكَابَرَ واسْتَكْبَرَ: تعظَّم 自大，自高自大，妄自尊大

ـ عليه 藐视，蔑视

اِسْتَكْبَرَ الأمرَ: رآه أو اعتدّه كَبِيرًا 视为伟大，认为重大

كِبْر / كِبْرِيَاء: تَجبُّر 自大，骄傲，傲慢

ـ / كُبْر: مُعْظَم الشيء 大部分，主要部分

ـ / ـ: شَرَف ورِفْعَة 伟大，高贵，卓越

كِبَر / كِبْرَة / كِبَر السِنّ 年老，年迈

ـ / كُبْر: ضد صغر 伟大，重大，宏大，庞大

كَبَر (أ) caper [植]续随子

تَكْبِير: ضد تَصْغِير 扩大，扩张，放大

ـ 尊重，推崇，赞扬

ـ [伊]说："大哉真主！"

تَكَبُّر: كِبْرِيَاء 自大，骄傲，傲慢

مُكَابَرَة 顽固，固执，偏执，顽梗不化

ـ 竞争，争胜，争论，争辩

نَحْسَبُ أنّه لم يَعُدْ هُناك مَجالٌ للـ 我们认为没有争论的余地

كُبَار / كُبَّار: كبير 大的，伟大的，重大的，庞大的

كَبِير ج كِبَار وكُبَرَاء: ضد صغير 大的，巨大的

ـ: عَظِيم القَدْر 上等的，优良的，优秀的

ـ: عظيم المِقْدار 大量的，巨额的

ـ: عظيم الأهَمِّيَّة 重大的，重要的，严重的，紧要的

ـ: هائِل 巨大的，庞大的，惊人的

ـ السِنّ 年老的，年迈的，老迈的

ـ العَدَد 许多的，大批的，大群的

ـ المَقام 伟大的，著名的，卓越的，杰出的

ـ النَفْس 豪爽的，豪迈的

ـ المُهَنْدِسين 总工程师

أبو ـ (مـ): حِلْتِيت [药]阿魏

إثْم ـ / كبيرة 大罪，罪行，暴行

كِبار قُوَّاد الحَرْبِيَّة 高级将领，高级指挥官

ـ المُوَظَّفِين 高级官员，高级职员，高级干部

الناسُ الـ 伟人，名人

كَبِيرَة ج كَبَائِرُ وكَبِيرَات 暴行，罪行，大罪

أَكْبَرُ ج أَكَابِر وأَكْبَرُونَ م كُبْرَى ج كُبَر وكُبْرَيَات 较大的，更大的；最大的，最伟大的

هُوَ أكْبَرُ مِنْكَ سِنًّا 他比你年纪大

اللّٰهُ ـ [伊]大哉真主！

الـ والأصْغَر / الكَبِير والصَغِير 大的和小的，尊的和卑的

الكِبار والصِغار 老的和小的，年长的和年幼的

الأكابِر (مـ) 贵族

ـ والأعْيان 贵族和名流，知名人士

أكَابِرِيّ (مـ): فَخْم 显眼的，堂皇的，宏大的，庄严的

كُبْرِي ج كَبارى (مـ): جِسْر (土)桥，桥梁

ـ متحرِّك 旋转桥

ـ عائِم (مـ) / ـ عوَّام 浮桥

ـ عَلَوِيّ 天桥

ـ قلّاب 吊桥

رأْس الـ 桥头堡，桥头阵地

مُكَبِّر: مُعَظِّم 扩大的，扩张的，放大的

ـ الصَوْت 话筒，扩音器，传声机

نَظّارة مُكَبِّرة 放大镜

مُكابِر 顽固的，固执的

يَقْطَع لِسانَ المُكابِرين 使顽固者哑口无言

مُتَكَبِّر 自大的，骄傲的，傲慢的，狂妄的，自高自大的

كَبُورِيَا (مـ): سَلْطَعُون (سـ) 螃蟹，蟹

كَبْرَتَ الشيءَ: طَلاه بالكِبْرِيت 涂以硫磺

ـ ه: مزجه بالكِبْرِيت 使硫化，使与硫磺化合

كِبْرِيت: معدن أصفر شَديد الإشْعال 硫，硫磺

ـ عَمُود 硫磺石

ـ الدَفاتِر 火漆，封腊

ـ: عُود الثِقاب 火柴

ـ هَوَاء (يَشْتَعِل في الريح) 耐风火柴

ـ الشَمْع 涂蜡火柴

زَهْرة الـ 硫华

كِبْرِيتة ج كِبْرِيتات: نَبْخة 一根火柴

كِبْرِيتِيّ: من الكِبْرِيت أو مختص به 硫磺的，含硫的

ـ: مِثل الكِبْرِيت 亚硫

ـ: له خَواصّ أو صِفات الكِبْرِيت 从硫磺衍生的，有亚硫酸、硫化氢等特别臭味的

حامِض ـ 硫酸

حُوَيْمِض ـ 亚硫酸

غاز ـ 二氧化硫

كِبْرِيتَات / كِبْرِيتَاة sulphate: سُلْفَات (أ) [化] 硫酸盐

كِبْرِيتُور sulphide: سُلْفَيْد (أ) [化]硫化物

مُكَبْرَت 硫化的

كَبَسَ ـِ كَبْسًا على الشيء: شَدَّ عليه وضَغَطه 压，压榨，压缩

ـ المَكَانَ: هجَم عليه فَجْأةً 袭击，突击

ـ السَنَةَ بيَوْم 置闰

ـ بالخَلّ والمِلْح 泡(菜)，腌(菜)

ـ بالسُكَّر 制蜜饯

ـ الآلَةَ المِيكَانِيكِيَّة (مـ): فحصَها 检验机器

كَبَّسَ على الشيء: كبس عليه كثيرًا 用力压，使劲压

ـ الجَسَدَ: دلَّكه 按摩，推拿

تَكَبَّسَ وانْكَبَسَ الرجلُ: أدخل رأسَه في قميصِه 用衫衣捂着头

ـ وـ النَهْرُ والبِئْرُ: انطَمَّ بالتُراب (河、井)被土填满

ـ وـ على الشيء: تقحَّم عليه 闯入，攻入

كَبْس: ضغط 压，压榨，压缩

ـ السَنَة 置闰

أيَامُ الـ 闰日

كُبْسُ الكَهْرَباءِ (أ): قابِس (أ) 信管，导火线，导火管

كَبْسَة: هُجُوم المُفَاجَاة (警察的)抄查，兜捕

ـ حَرْبِيَّة 袭击，突击

كِبَاسَة جـ كَبَائِس 一嘟噜椰枣

تَكْبِيس عِلاجِيّ 按摩术，推拿法

كَابُوس جـ كَوَابِيسُ: جُثَام 梦魇；梦魔

كَبِيس / مَكْبُوس: مَحْفُوظ بالخَلّ أو المِلح 醋渍的，盐腌的

ـ / مَكْبُوس بالسُكَّر 糖渍的，蜜饯的

ـ: إضَافِيّ / زَائِد 闰的，插入的

سَنَةٌ كَبِيسَة 闰年

مَكْبُوس / مُكَبَّس: مَضْغُوط 被压榨的，被压缩的

ـ بالخَلّ والمِلح 用醋渍的，用盐腌的

ـ بالسُكّر أو العَسَل 糖制的，蜜饯的

تَمْر ـ: عَجْوَة 椰枣饼

مَكْبُوسَات أو مُكَبَّسَات 罐头食品

كَبَّاس: كابِس 压榨者，压缩者；按摩者

ـ / مِكْبَس: آلة الكَبْس 压榨器

ـ / ـ الطُلُمْبَة: بِسْتِم (مـ) [机]活塞，鞲鞴

ـ / ـ: مِدَكّ (枪的)通条，洗杆

مِكْبَس القُطْن 压棉机

ـ مائِيّ 水压机

فُلّ مُكَبَّس (مـ) [植]重瓣茉莉花

كَبْسُولَة جـ كَبْسُولات (أ) capsula [拉][医]胶囊，[解]被膜，胞衣；[植]刺细胞；(瓶口的)金属帽

ـ البُنْدُقِيَّة capsule (法)[军](枪的)爆帽

ـ المُفَرْقِعات 雷管，爆管，引线

ـ الثِياب 子母扣

ـ التَنْبِيه (في سكة الحديد) [铁](警报用)信号雷管

كَبْسُونَة = كَبْسُولَة

كَبَشَ ـُ كَبْشًا الشيءَ: تناوَلَه بِجمعِ كفِّه 抓住，握紧，捉住

كَبَّشَ (مـ) 一把一把地撒(种子)

كَبْش جـ كِبَاش وأَكْبَاش وأَكْبُش وكُبُوشَة: ضَأن 羝羊，公绵羊

ـ الحَرْب 撞车，破城槌

ـ القَرَنْفُل [植]丁香

ـ لدَقِّ الخَوازِيقِ في الأرض [机]汽锤，打桩锤，打桩机

ـ الفِداء [宗]替罪羊，替死鬼，替人负罪者

كَبْش جـ كُبُوش (مـ) [植]桑椹

ـ العِلِّيق 黑莓果

كَبْشَة جـ كَبَشَات (مـ): ملء اليد 一撮，一把

ـ: مَسْكَة / قَبْضَة 一把

ـ (مـ): مِغْرَفَة 勺，大匙

كُبْشَة جـ كُبَش (مـ) 钩

ـ الثِياب (مـ) (军装领上的)领扣，钩状扣子

كَبَّاشَة جـ كَبَّاشَات (مـ): كُلاَّب 钩竿，抓机

ـ (مـ): هَوْجَن / مِلَمّ 耙

كَابُوك (أ) kapok 吉贝，木棉，攀枝花

كَبْكَبَ الشيءَ: قلبه وصرعه 推倒，推翻，翻转，颠倒

ـ (مـ): دَهَقَ / دَلَق (مـ) 倒出，溢出，泻出

كَبَلَه ـِ كَبْلاً وكَبَّلَه: قَيَّده 上脚镣，上手铐

ـ ه وكَابَلَه مكَابَلَةً الدَيْنَ: أخَّر وفاءَه 延期还债，迟付债款

ـ ه وـ ه: ماطَلَه 耽搁，拖延，延缓

تَكَبَّلَ: مطاوع كَبَلَ 带上脚镣，带上手铐

كَبْل وكِبْل جـ كُبُول وأَكْبُل: قَيْد 脚镣，手铐，桎梏

كَبُولِيّ (مـ) / كَابُولِيّ: دِعَامَة (突出壁上用以承物的)托架，撑架，丁字支架

ـ مِعْبَرَة (مـ) (في المِعْمَار) [建](飞檐下凸出的)平板

ـ بِبَحْرِ التَكْنَة (مـ) 三竖线花样

صَفْحَة الـ (مـ) 三竖线花样版

مُكَبَّل 戴脚镣的，带手铐的

ـ بالحديد 戴镣铐的

كَابُول جـ كَوَابِيل 窄平板，平板条

كَابُولِيّ [建]飞檐托，涡状支撑

كَبَا يَكْبُو كَبْوًا وكُبُوًّا وانْكَبَى لوجهه: اِنْكَبَّ على وجهه 向前跌倒，趴下

ـ وـ: عثَر وسقَط 失足，跌倒，摔倒，绊倒

ـ الكُوزَ: أفرغه 弄空，倒空，变空

ـ النورُ: نقص (光)暗淡，模糊，朦胧

ـ اللونُ: نقص 褪色，掉色

ـ وأَكْبَى الزَنْدُ: لم يُورِ (打火用具)不发火花

كَبْوَة: عَثْرَة فوقْعَة 蹶跌，失足，绊倒；过失，过错

لِكُلِّ جَوادٍ ـ 每匹骏马都会跌倒

كِبَاء جـ كُبًى 印度芦荟

كَابٍ 褪色的，无光泽的

كبوت (في كبت) / **كبوريا** (مـ) (في كبر)

كَتَبَ ـُ كَتْبًا وكِتْبَةً وكِتَابَةً وكِتَابًا الكِتَابَ: سطَّره وخطَّه 写，书写，写信，作书

ـ: نَقَشَ وحفَرَ 绘画，雕刻

ـ وصِيَّةً أو عَقْدًا 写遗嘱或订契约

ـ إليه بكذا (为某事)写信给…

ـ له: أوصَى له 传给他，遗赠他，遗留给他

ـ عن فلان 记录(…的谈话)

ـ اللهُ عليه كذا 真主注定要他做…

كَتَبَتْ عَلَيْنَا الأَقْدَارُ أَنْ 命运注定要我们…

ـ كِتَابَه على فُلانَةَ (مـ) 与…订婚

كَتَّبَ الولدَ: جعله يكتب 叫他写，教他书法

ـ الجُنُودَ: هيَّأهم وجعلهم كَتائِبَ　编制，编成若干营

أَكْتَبَه القصيدةَ: أملاه إيّاه　让他听写长诗

كَاتَبَه مُكَاتَبَةً: راسلَه　通信，通讯

ـ العَبْدَ: كتبَ على نَفْسه بثَمَنِه فاذا أدّاه صارَ حُرًّا　与奴隶签订赎身合同

تَكَتَّبَ الرجلُ: تحزَّم وجَمَعَ عليه ثِيابَه　系腰带

ـ تِ الكَتَائِبُ: تجمَّعت　(各营)聚集

اِنْكَتَبَ (م)　写好了的，编就的

اِكْتَتَبَ الكِتابَ: نسخه　抄写，誊写

ـ في كذا　认捐，在募捐簿上签名

تَكَاتَبُوا　互相通信

اِسْتَكْتَبَه القصيدةَ: سألَه أنْ يُمْلِيَها عليه　请求他口述长诗

ـ ه: جعله يكتب　请他写，叫他写

كَتْب / كِتابَة: الكلام المَكْتُوب　文件，契约

كِتابَة: خطّ　笔迹；手迹

ـ: نَقْش　碑文，铭刻

ـ　书记的职务，秘书的职务

الـ والقِرَاءَة　书写和阅读，书法和读法，写字和识字

مَائِدَة الـ: مَكْتَب　书桌，写字台

وَرَق الـ　信纸，信笺，稿纸

أَدَوَات الـ: قِرْطاسِيَّة (س)　文具，文房四宝

بائع أَدَوَات الـ: قِرْطاسِيّ　文具商

بالـ　书面地

بلا ـ: على بَيَاض (م)　空白的，无字的(纸张)

كِتَاب ج كُتُب وكُتْب: سِفْر　书，书本，书籍

ـ: خِطاب / رِسالَة　书信，函件

ـ الزَوَاج　婚约

ـ الطَّلاق　休书，离婚书

ـ مَدْرَسِيّ　教科书，课本

ـ مُطَالَعَة　读本，读物

ـ تَعْزِية　吊唁函

ـ الاِعْتِماد　国书，委任状，信任状

ـ القِراءَة　读本，读物

ـ التَهَجِّي　拼音课本

الـ العَزِيز: القُرآن الشَرِيف　珍贵的经典(古兰经)

الـ المُقَدَّس: التَوْراة والإِنْجِيل　圣经(旧约和新约)

أُمّ الـ: أَصْلُهُ　手稿，原稿

أَهْلُ الـ　有经典的人(犹太教徒和基督教徒)

دار الكُتُب　书店；图书馆

كِتابِيّ: متعلق بالكتابة أو الكاتب　书写的，书面的，书记的

ـ: بِحَسَبِ الكُتُب المُنْزَلة　圣经的，合圣经宗旨的

عَمَل ـ　书写工作，书记工作

غَلْطَة كِتابِيَّة　笔误

بَيِّنَة كِتابِيَّة　证明文件

كُتَيِّب: كِتاب صَغِير　小书，小册子

كُتُبِيّ / كُتُبْجِي ج كُتُبْجِيَّة (م): بائع الكتب　书商

كُتُبْخَانَة ج كُتُبْخَانَات (م): دار المطالعة　图书室，图书馆

ـ: مَحل بيع الكتب　书店，书铺，书局

مُكاتَبَة: مُراسلَة　通讯

كاتِب ج كُتّاب وكَتَبَة وكَاتِبُون: محرِّر / الذي كَتَب　作者，作家

ـ: مَن عَمَلُه الكِتابة　文书

ـ: نَسَّاخ　司书，抄写员，书记员

ـ: سِكْرِتير (أ) secretary　秘书，书记

ـ حِسَابَات 会计员，簿记员
ـ عُمُومِيّ 代笔人，代书人
ـ العُقُود الرَسْمِيَّة: مُوَثِّق 公证人
ـ على آلة الكِتابة 打字员
الـ: أبو جَيْب (南非产的)食蛇鸟
كاتِبَة 女作家，女书记，女文书，女抄写员
آلةٌ ـ: مِكْتَاب 打字机
كُتَّاب جـ كَتَاتِيبُ: موضع التعليم 私塾，小学
الـُ العُدُولُ 公证人
كَتِيبَة جـ كَتَائِبُ 文件，执照，证书，毕业证书
ـ عَسْكَرِيَّة 营；大队；分遣队；骑兵中队
مَكْتُوب: مُدَوَّن / مُسطَّر 成文的，书面的
غير ـ: مَنْقُول / سَمَاعِيّ 不成文的
ـ جـ مَكَاتِيبُ: رِسَالَة / خِطَاب 信，书信，信件，函件
ـ التَوْصِيَة 介绍信
ـ عليه: مُقَدَّر 注定的
مَكْتَب جـ مَكَاتِبُ: مَدْرَسَة 学校，走读学校
ـ: مَكان إدارة العمل 办公室，办事处，事务所，营业处
ـ البَرِيد 邮政局
ـ التِلْغَرَاف (مـ) 电报局
ـ المُحَامِي (مـ) 律师事务所
ـ التِلفُون (مـ) 电话局
ـ الاستِعْلَامَات (مـ) 问事处，问讯处
ـ: خِوان الكِتابة 书桌，写字台
ـ أميركَانِيّ بحَصِيرة (附有折叠式盖子的)写字台
ـ / مَكْتَبَة: غُرْفَة الدَرْس 书房，书斋，(个人的)事务室，工作室
مَكْتَبَة جـ مَكَاتِبُ ومَكْتَبَات: دار الكتب 图书馆
ـ: محلّ بيع الكتب 书店，书铺
مِكْتَاب: آلة كاتِبَة 打字机
مُكَاتِب: مُرَاسِل 记者，通讯员
مَكْتُوبْجِي جـ مَكْبُوبْجِيَّة (مـ) [史](旧土耳其的)检查官
كَتَّه ـُ كَتًّا وأَكَتَّه واكْتَتَّه: عدّه وأحصاه 数，计数
ـ الكلامَ في أُذنه: سارّه به 私语，咬耳朵
ـ كَتِيتًا: مَشَى رُوَيْدًا 慢行，慢步走
كَتَّتْ ـِ كَتًّا القِدْرُ: غَلَتْ وأَزَّتْ 滚，沸腾
كَتّ / كَتِيت القِدْر 沸腾
كَتَرَكْتَة العُيُون / كَتَرَكْتَا cataract: سَدّ / المَائِيَّة البَيْضَاء [医]白内障
كَتْخُدَا / كَخْيَى وكَخْيَا (مـ) (波)管事，管家；经理，干事
كُتْشِينَه (مـ): وَرَق اللعب 纸牌，扑克牌
لعبة الـ 纸牌游戏，扑克牌游戏
كَتِعَ ـَ كَتَعًا: كان أَكْتَع 手指残废，手指痉挛
أَكْتَعُ اليَد 手指残废的，手指痉挛的
أَكْتَعُ م كَتْعَاءُ جـ كُتْع 手指残废的，手指痉挛的
ـ (مـ): بِذِراع واحدة 独手的，缺臂的
كَتَفَ ـِ كَتْفًا وكِتَافًا وكَتَّفَ الرجلَ: شدَّ يديه إلى خلف 背接，背剪，背绑
ـ الطائرُ: طار ضامًّا جناحيه إلى ما وراءه (鸟)滑翔，敛翅而飞
ـ ه وـ ه: ربطه 捆绑
تَكَتَّفَ واسْتَكْتَفَ (مـ): ضمّ يديه إلى صدره 抱着手，把两臂交叉在胸前
كُتَاف 肩痛
كَتافَة [军]肩章
كَتِف وكِتْف وكَتْف جـ أَكْتَاف وكِتَفَة: عاتِق 肩，肩膀
ـ / ـ: عَظْم اللَوْح [解]肩胛骨

ـ (مـ) (في المِعْمَار): دِعامة مَبْنِيَّة　[建]控壁，扶壁

حَطَّ الـ (مـ)　全力准备逃走

إنَّه لَيَعْلَمُ من أَيْنَ تُؤْكَلُ الـ　(他知道怎样啃肩胛骨)他是老练的

أَكْتَاف الجِبَال　山坡

كِتَاف جـ كُتُف وكُتْف وأَكْتِفَة: قَيْد التكتيف　桎梏，枷锁，镣铐

أَكْتَفُ م كَتْفَاءُ جـ كُتْف　肩幅宽的

مَكْتُوف / مُكَتَّف　被反剪的，被背绑的

ـ و ـ اليَدَيْن　两手被背绑的、反剪的

مُتَكَتِّف　抱着手的，两手交叉放在胸前的

جَلَسَ متكتِّفًا　他抱着手坐下来

كَتْكَتَ الرجلُ (مـ): ضحك في فتور وأهنف　嘻嘻地笑

كَتْكت (مـ)　头发是卷曲的

كُتْكُت　亚麻屑

كَتَكَت (مـ)　丝棉；绒线

كَتْكُوت جـ كَتَاكِيتُ (مـ): فَرُّوج / فُرُّوج / صُوص (سـ)　小鸡，雏鸡

شَعْر مُكَتْكَت (مـ): مُفَلْفَل　卷发，卷曲的头发

مُتَكَتْكِت (مـ)　卷曲的

كَتَلَه ـُ كَتْلاً وكَتَّلَه: حَبَسه　拘留，监禁

كَتَّلَ الشيءَ: جَمَّعه ودوَّره　使成团，成球，成块

ـ الفَحْمَ　制造煤砖、煤球

ـ　建立同盟，联盟，集团

تَكَتَّلَ الشيءُ: تجمَّع وتلبَّد وتدوَّر　成团，成块，成球

كُتْلَة جـ كُتَل　(泥土的)块，球，团；集团，同盟，联盟

ـ　核，仁，核心，中心部，细胞(基层组织)

ـ خَشَب (مـ)　梁，托梁

كَتْلَة (مـ): اسم زهرة　针插花；[植]山萝卜

تَكَتُّلات　派别，集团

مِكْتَل ومِكْتَلَة جـ مَكَاتِلُ　枣椰叶编成的篮子，筐子

مُكَتَّل　凝结成块的

مُتَكَتِّل: مُتَجَمِّع　凝结起来的；形成集团的

كَثْلَكَة　天主教，罗马教

كَتَالُوج جـ كَتَالُوجَات (أ) catalogue　目录，总目，图书目录

كَتَمَ ـُ كَتْمًا وكِتْمَانًا وكَتَّمَ واكْتَتَمَ الشيءَ: أخفاه　掩藏，隐匿，隐瞒

ـ فلانًا الحديثَ أو منه الحديثَ　向某人隐瞒了话

ـ السِرَّ　保密，保守秘密

ـ نَفَسَه: لم يتنفَّس　屏息，屏气，不敢出声

ـ النَفَسَ　使窒息，闷死

ـ النارَ أو اللهيبَ　熄灭，闷熄，压死(火)

ـ الخبرَ أو الغضبَ الخ　隐藏消息；抑制愤怒

ـ الصَوْتَ　使无声音，压低声音，封闭声音

ـ البَطْنَ (مـ): أمسكه　[医]秘结，使便秘

كَتَمُوا أَفْوَاهَهم　他们默不作声，守口如瓶

الأرضُ لا تَكْتُمُ دَمًا　凶事终必败露；天网恢恢，疏而不漏

كَاتَمَه السِرَّ　对他保密

تَكَتَّمَ　隐瞒，保守秘密

اِنْكَتَمَ　成为隐秘的，秘密的

اِسْتَكْتَمَه السِرَّ　要求他保密

كِتْمَان / كَتْم　隐藏，隐匿，隐瞒

في الكَتْم　秘密的，不公开的

كَتْمَة الهَواء (مـ)　天气闷热

كِتَام (مـ) / اِنْكِتَام الْبَطْن (مـ): إمساك [医]秘结，
便秘
تَكَتُّم: كِتْمَان السِرّ 保密，隐讳
كَاتِم 隐匿者
ـ السِرّ 保密者
ـ السِرّ: سِكَرْتِير (أ) 秘书，书记
كَتِيم: لا يَنْفُذه شيء / مَسِيك (水、空气等)
不能透过的，不渗透的
ـ: مُحْكَم السَدّ 密封的，密闭的
كَتُوم: يكتم السِرّ 严守秘密者
مَكْتُوم 被隐藏的，隐瞒的，隐讳的
ـ البَطْن (مـ): مُمْسَك [医]秘结的，便秘的
صَوْت ـ 不清楚的声音
كَتِنَ ـَ كَتَنًا الوسخُ على الشيء: لزق به (衣服)
弄脏，(墙)被熏黑
أَكْتَنَ وكَتَّنَ الشيءَ: أَلصقه 胶着，粘牢
كَتَن: سِناج / هِبَاب (مـ) 煤烟，烟炱，烟油，
烟垢
كَتَّان: نَبَات التِيل [植]亚麻
الـ 夏布，亚麻布
بِزْر الـ 亚麻子
زَيْت بِزْر الـ: زَيْت حَارّ (مـ) 亚麻子油
خُيُوط أو نَسِيج الـ: تِيل (مـ) 亚麻线，亚麻布
نُسالة الـ 麻布绷带
كَتَّانِيّ / من الكَتَّان 亚麻的，亚麻布的，
亚麻制成品(衬衫、被单等)
كَتُونَة الكاهِن: ثوب أبيض من كتَّان (天主教
的)白麻布僧衣
ـ صَغِيرة: مُغَضَّنَة [宗]白法衣，白袈裟
كَتِينَة جـ كَتَائِنُ 锁链
ـ السَّاعة (مـ): سِلْسِلَة 表链
كَثَب: قُرْب 近，附近

عَنْ أو مِنْ ـ 就近，临近，在附近
كَثِيب جـ كُثُب وكُثْبَان وأَكْثِبَة 沙堆，沙丘
كَثَّ ـِ كَثَاثَةً وكُثُوثَةً وكَثَّ ـَ كَثًّا الشَعْرُ: كثف
(毛发)稠密，浓密
كَثّ / كَثِيث: كَثِيف 稠密的，浓密的
رَجُل كَثُّ اللِحْيَة 胡须浓密的男人
امرأة كَثَّة وكَثَّاء: شَعْرُها كَثّ 头发稠密的
女人
كَثَث: كَثَافة 稠密，浓密；[物]密度，比重
كَثُرَ ـُ كَثْرَةً وكَثَارَةً: ضد قلّ 多，增多，加多
ـ قالُ الناسِ وقِيلُهم 大家议论纷纷
ـ عن الحَاجَة: زادَ 超过需要
ـ حُدُوثُه 屡次发生
ـ وتَكَاثَرَ: اِزداد 繁殖，增殖
كَثَرَ ـُ كَثْرًا وكَاثَرَ الرجلَ: غلبَه في الكثرة 数量
上胜过
كَثَّرَ وأَكْثَرَ الشيءَ: جعله كثيرًا 使其增加，增
多，繁殖，增殖
ـ (مـ) وـ: أَتَى بالكثير 多做，多干，多给
ـ (مـ) وـ من الفِعْل: أَتاهُ كثيرًا 常做，常干
ـ (مـ) وـ في الكلام 啰唆，唠叨，多说话，
喋喋多言，呶呶不休
ـ اللهُ خَيْرَكَ (مـ): أَشْكُرُك (愿真主增加
你的幸福)多谢你，谢谢你
تَكَثَّرَ بالكلام 唠叨，啰唆
تَكَاثَرَ 增殖，繁殖
اِسْتَكْثَرَ الشيءَ: رآه أو عدّه كثيرًا 认为多
ـ ثمنَه 认为价格高
ـ من الشيء: أكثر فِعْلَه 多做，多干
ـ في الشيء: رَغِبَ في الكثير منه 贪多
ـ بخيره (مـ): شكَره 感谢，道谢
كَثْرَة / كُثْر 多，大量

ـ: ضد قِلّة 众多，繁多
ـ: وَفْرة 丰富，富足，充裕
ـ العَدَد 多数，大批
ـ الكلام 多言，饶舌，唠叨
بـ ـ 大量地，多多地
جَمْع الـ: جمع يشمل ما بين الثلاثة وما لا نِهاية له [语]大量复数式(从 3 以至无穷)
كثير: وافِر 丰富的，丰足的，充裕的
رِجالٌ ـ أو كَثيرة أو كَثيرُون 许多男人
نِساءٌ ـ أو كَثيرَة أو كَثيرَات 许多妇女
ـ الحدُوثِ أو الوقُوعِ 屡次发生的，经常发生的
ـ العَدَد 多数的，大批的
ـ الكَلام 话多的，唠叨的
ـ المِقْدار 大量的，多量的
بـ ـ 远，大大，非常
هذا خَيْرٌ من ذلك بـ ـ 这个远胜那个，这个比那个好得多
كَثيرًا 很，非常地，大大地
كَثيرًا ما 常常，往往，屡次，多次，再三
كَثيراء [植]西黄耆
ـ / صَمْغُ الكَثيراء 西黄耆胶
كَوْثَر: خَيْرٌ عظيم 多福
الـ [宗]多福河(乐园中支流很多的河)
أَكْثَرُ من ... 比…多，多于…
ـ عَدَدًا 数目较多的，数字较大的
ـ مِرارًا 更经常，多次的，屡次的，次数最多的
ـ النّاس 大多数人，大部分人
ـَ فـ ـَ 越发，渐渐，逐渐
ـ: مُعْظَم / أَغْلَب 大部分，大多数的
ـ من مَرّةٍ 一再，屡次，不止一次

لا ـُ ولا أقلُّ 不多不少，正好
على الـ / في الـ 至多，最多
و ـُ من ذلك فَقَدْ... 不但如此，而且
أَكْثَرِيَّة 大半，过半数，大多数
الـ 民众，群众
مَكْثُور عليه 负债累累者，债台高筑者
مِكْثار: كثير الكلام 多嘴的，嘴碎的，唠叨的
مُكْثِر: كثير المال 富翁，财主，老财
كَثُفَ ـُ كَثافَةً وتَكاثَفَ الشيءُ: غلظ وكثر والتفّ 变成稠密的，变成茂盛的
كَثَّفَه 使凝结，凝缩，密集
ـ الزراعةَ 密植
ـ ه بالتبخير: خثَّره وعقَده 使浓缩，煎浓，蒸浓，使浓厚
ـ 蓄电，充电
تَكَثَّفَ 凝结，变浓
كَثافَة: غِلَظ 浓，厚，稠密，茂盛
ـ [电]容量
ـ القَوام 浓度，密度，坚度，稠度
كَثيف: غَليظ 浓厚的，稠密的
مُكَثِّف (无线电)电容器
ـ ثابِت 固定电容器
ـ مُتغيِّر 可变电容器
مُكَثَّف 被蒸浓的，成为浓厚的，浓缩的；强化的
تَكَثْلَكَ 信天主教
كَثْلَكَة 天主教
كَثُولِيكِيّ (أ) / كَاثُولِيكِيّ (أ) catholic 罗马天主教的，天主教徒
كَثُولِيكِيَّة / كَاثُولِيكِيَّة 天主教
كُثْنَة: ضفيرة زُهُور مُستَديرة 花环，花圈
كَحَتَه ـَ كَحْتًا (مـ) وكَحَّتَه: كَشَطَه وحَكَّه 刮去，

削去

ـ ه 打发，革职，开除

انْكَحَتَ 被刮去，被刨平

كَحْت / تَكْحِيت: كَشْط 刮，削

عَمَلِيَّة ـ أو ـ (الرَّحِم) [医]刮宫手术

مِلْعَقَة ـ أو ـ [医]刮匙

كَحَّ ـُ كَحًّا (مـ): سَعَل / أَحَّ 咳嗽

كُحَّة: سُعال 咳嗽

كَحَّة جـ كَحَّات 咳嗽一声

كَحْكَحَ (مـ): سعَل سَعلة متقطّعة 不断干咳

كَحْكَحَة: سُعْلَة متقطّعة 短声咳嗽，不断的干咳

كَحَلَ ـُ كَحْلاً وكَحَّلَ العينَ: جعل فيها الكُحْل 点眼药水

ـ السُهادُ عينَه (失眠给他点眼药)他一夜没合眼

تَكَحَّلَ واكْتَحَلَ: وضَعَ الكحلَ في عينَيْه 在眼上涂软膏

اِكْتَحَلَ فلانٌ: وقع في شِدَّةٍ بعد رَخاء 宽裕后遭受艰难

ـ تْ عينُه برُؤْيَةِ أَهْلِه 因看见家属而高兴

كَحَل: سَوادُ الجُفُون 眼睑发黑

كُحْل / كِحَال: مَسْحُوق يُكْتَحل به 眼药粉

ـ لتَسْوِيد الجُفُونِ 化妆墨(阿拉伯妇女用来涂睑缘的)

حَجَرُ الـ: تُوتِيَا [化]皓矾(硫酸锌)

كُحْلَة أو تَكْحِيل البِناء (مـ) 砖缝的嵌填

كُحْلِيّ: أزرقُ قاتِمٌ (لون) 深蓝色

كُحُول جـ كُحُولاَت / الكُحُول alcohol 醇，酒精

ـ الخَشَبِ 甲醇，木醇

ـ فاسِد 变性酒精

ـ نقيّ 纯醇，纯酒精

كُحُولِيّ / كَحِيل 酒精的，含酒精的

كاحِل القَدَم جـ كَوَاحِلُ: كَعْب 踝骨

كَحَّال: طَبِيب العيون 眼科医生

كَحِل / كَحِيل / كَحِيلَة 搽黑的，搽化妆墨的(眼睛)

فَرَسٌ كَحِيل: نَجِيب 骏马

أَكْحَل م كَحْلاَءُ جـ كُحْل 眼睑乌黑的，眼睑上涂化妆墨的

طائرُ الكَحْلاَءِ: قَرْقَفَنَّة 白眉莺

كُحَيْلاَء [植]万寿菊

مِكْحَل / مِكْحَال 描眼用的笔

مُكْحُلَة جـ مَكَاحِلُ 眼药瓶，化妆墨瓶

كَخْيَى (مـ) / كَخْيَا / كَاخِيَا 管家，管事

كَدَحَ ـَ كَدْحًا في العمل: جهَد نفسَه فيه 操作，劳作，劳动

ـ واكْتَدَحَ لعِياله: سعى وكسب الرزق 为养家而奔波，劳累

كَادِح جـ كَادِحُون 劳动者

كَدَّ ـُ كدًّا: اشتدّ في العمل 苦干，辛勤劳动

ـ الرجلَ: أتعبه 使疲倦，使劳累

كَدَّدَه: طَرَدَه 打发开，解雇，斥退，开除

اِكْتَدَّه واسْتَكَدَّه 催促，督促，策励

كَدّ 努力，勤劳，辛苦，劳苦，劳动

كَدُود 勤劳的，刻苦的，不辞劳苦的

مَكْدُود 疲倦不堪的

كَدَرَ ـُ وكَدُرَ ـُ وكَدِرَ ـَ كدَرًا وكَدَارَةً وكُدُورًا وكُدُورَةً وكُدْرَةً: ضد صَفا (色)暗淡；(水)浑浊，不清

ـ على فلان: اغْتاظ منه 生气，发怒

ـ العَيْشُ: كان كدراً (生活)不愉快，不舒适

كَدَّرَ الشيءَ: عكَّره 搅浑，弄浊

ـ الرجُلَ: أغَمَّه 使苦恼，烦恼

ـ ه: أزْعَجَه 麻烦，打扰，打搅

ـ ه: أغضبه 触犯，得罪，激怒
ـ إحساساته 伤他的感情
تَكَدَّرَ الشيءُ: تعكَّر 被骚扰，被打扰，被扰乱
ـ: غَضِبَ 动怒，发火，生气，发脾气
ـ: استاءَ 伤心，痛心
كَدَارَة 浑浊，阴暗，暗淡
كُدْرَة اللَّوْن 微黑色，微暗色
كَدَر / كُدْرَة: عَكَر 浑浊
ـ: انزعاج 烦恼，烦闷
ـ: غمّ 忧愁，悲哀
كَدِر: عَكِر 浑浊的
ـ: غير شَفَّاف 暗淡的，微黑的
كَادِر جـ كَوَادِر (أ) cadre (法) 干部
مُكَدِّر 麻烦的，讨厌的
مُكَدَّر: مُعَكَّر 不愉快的，被扰乱的，被骚扰的
مُتَكَدِّر (من) 被扰乱的，被搅扰的
كَدَسَ ـِ كَدْسًا وكُدَاسًا وكَدَّسَ الحَصِيدَ: جعله أكْدَاسًا بعضه على بعض 堆，堆积(谷物)
تَكَدَّسَ: تراكم 被堆积
تَكَدَّسَ في هذا البيت ثلاثُ عائلاتٍ 三家人拥挤在这所房子里
كُدْس جـ أكْدَاس / كُدَّاس جـ كَدَادِيس: الحبّ المحصود المجموع 谷堆，粮食堆
كَدِيس (مـ): رِبَاح / زُرَيْقَاء / قِطّ الزَبَاد 麝猫
مُكَدَّس 被堆积的
كَدَشَ ـِ كَدْشًا: خدشه 抓，刮，划
ـ ه: ضربه بسيف أو رمح (用剑)砍，(用枪)刺
ـ ه: ساقه وطرده 驱，赶，鞭策
ـ لِعِيالِه: احتال وكسب (为家属)营谋，经营，谋生
كَدِيش جـ كُدُش (مـ): بِرْذَوْن 挽马，驮马
كَدَمَ ـُ كَدْمًا: عَضَّ بمقدَّم فمه 咬，啃
ـ (مـ): كَدَهَ / رَضَّ 打伤，挫伤，撞伤，跌伤，受暗伤，皮下出血
كَدْم جـ كُدُوم (مـ) 皮下出血，暗伤
كَدْمَة جـ كَدَمَات (مـ): كَدْهَة / رَضَّة 暗伤，挫伤，皮下出血
كَدَى يَكْدِي كَدْيًا وأكْدَى الرجلُ: بَخِل في العطاء 吝啬，悭吝，小气
كَدَّى: استَجْدَى 乞求，乞讨，讨饭
أكْدَى: لم يظفر بحاجته 失败，失意，失望
تَكَدَّى: تسوَّل وتكلف التَكْدِيَة 行乞，要饭
كُدْيَة جـ كُدًى: استجداء 行乞
ـ (مـ): عَتَلَة / مُخْل 杆，杠杆，撬棍，铁撬
ـ [矿]凝灰岩
كَذَا: كَذَلِك / هٰكَذَا 如此，这样，这般
ـ وـ 如此如此，这般这般
بمكان ـ وـ 在某处
قَبَضْتُ ـ وـ دِرْهَمًا 我收到若干银币
كَذَبَ ـِ كَذِبًا وكِذْبًا وكَذْبَةً وكِذْبَةً وكِذَابًا وكِذَّابًا: ضد صدق 说谎，撒谎
ـ عليه 诽谤，诋毁，诬蔑，中伤
ـ تْكَ عَيْنُكَ: أَرَتْكَ ما لا حقيقةَ له 你看错了
كَذَّبَه: نسبَه إلى الكِذْب 揭穿他的谎言，证明他的虚伪
ـ القَوْلَ: نَقَضه 驳斥，反驳
ـ النُبُوءَةَ 证明预言是假的
ـ نفسَه 自相矛盾，打自己的嘴巴
ـ ما رآه 不相信自己的眼睛
ما ـ أنْ فعلَ كذا: ما أبطأ 他立刻做，赶紧做
أعْمالُه تُكَذِّبُ أقْوالَه 他言行不一致，他行

不顾言
أَكْذَبَه: حَمَلَه على الكَذِب 逼他说谎
ـ ه: بيَّنَ كَذِبَه 揭穿他的谎言
تَكَذَّبَ فُلانًا وعليه: زعم أنّه كاذب 断言他是说谎的
كِذْب / كَذِب 谎言
بالـ 虚伪地，假装地
كِذْبَة / أُكْذُوبَة 谎话，小谎(不致得罪人的谎话)
ـ 虚构，捏造
ـ أَبْرِيل (مـ) / ـ نَيْسان (سـ) 四月的谎言
ـ بَسِيطة (لا يقصَدُ بها شَرّ) 无害的谎言
أُكْذُوبَة جـ أَكَاذِيبُ 谎话，谎言，妄语
تَكْذِيب 反驳，辟谣
كاذِب جـ كَذَبَة وكُذّاب وكُذَّب: ضد صادِق
假的，虚伪的，不真实的，不现实的
ـ / كَذّاب / كَذُوب 说谎者，造谣者
ـ / ـ: دَجّال 骗子
ماءُ الكَذّاب (مـ) 硝酸
كَذٰلِكَ: هٰكَذَا / كَذَا 如此，这样，像这样
ـ: أَيْضًا 也，亦，同样
كراء (في كري)
كَرَافَتَّة (أ) cravat: رباط الرقبة 领带
كَرَبَه ـُ كَرْبًا الأمرُ: شقّ عليه 作难，为难
ـ الأرضَ: قلبها وحرثها 耕地
ـ الدابَّةَ وغيرَها: أوقرها (使牲畜)载重过多
أَكْرَبَ في السَّيْر: أسرع 急行
ـ: تقرَّب 亲近
ـ الأمرُ: كَادَ يَقَعُ 几乎发生
اِكْتَرَبَ: اشتدّ حزنه 悲伤，伤怀，伤感
كَرْب جـ كُرُوب وكُرْبَة جـ كُرَب 忧愁，悲伤，悲哀

ـ: غُصَّة 苦闷，烦恼
كَرْب (أ) carp: شَبُّوط / مَبْرُوك (مـ) 鲤鱼
كَرِب 悲伤的，悲哀的
كَرُوب جـ كَرُوبِيُّون وكَرُوبِيَّة cherub 小天使，有两翅膀的童子
مَكْرُوب: متضايق 悲哀的，伤感的，忧愁的
مِكْرُوب جـ مِكْرُوبَات microbe: جُرْثُومَة 细菌，微生物
كُرْبَاج جـ كَرَابِيجُ (مـ): سَوْط (波)鞭子
يَد الـ: عَصَا السَوْط 鞭干，鞭柄
ذَيْل أو رَخْو الـ 鞭梢，鞭头绳
كِرْبَاس جـ كَرَابِيسُ (波)棉布
كِرْبَال جـ كَرَابِيلُ: مِنْدَف / قَوْس (مـ) 弹棉弓
كَرْبَع (مـ): جَرَعَ 大喝，拼命喝，一口气喝干
كَرْبُولِي (أ) / كَرْبُولِيك (أ) carbolic: فِينِيّ (أ)
碳的，煤焦油性的
حَامِض ـ / حَامِض كَرْبُولِيك carbolic
acid: حامِض فِينِيّ (苯)酚，石炭酸
كَرْبُون (أ) carbon: فَحْم [化]碳，炭精
وَرَق ـ: وَرَق الشاهِدة / وَرَق مُفَحَّم 复写纸
أَوَّل أُكْسِيد الـ 一氧化碳
ثَانِي أُكْسِيد الـ 二氧化碳
غَازُ حامِض للـ / حامِض كَرْبُونِيّ 碳酸气
كَرْبُونَات / كَرْبُونَاة carbonate 碳酸盐
ـ الصُودا [化]小苏打，碳酸氢钠
كَرْبُونِيّ: فَحْمِيّ 含碳的
الفُولاذ الـ 碳钢，碳素钢
كَرْبُونِيك: فَحْمِيك 碳的
أَكْرَت 卷曲的，弯曲的
كَرْتَنَ عليه: حَجَرَ 检疫，隔离，封锁
تَكَرْتَنَ عليه 使住在(被留在)检疫所里
كَرَنْتِينَة: حَجْر أو مَحْجَر صِحّيّ 检疫，隔离，

封锁

كَرْتُون (أ) cartone: ورَقٌ مقوّى (意)厚纸，纸板

كَرْتُونِيّ 厚纸的，纸板的

كريت Crete 克里特岛

كَرَثَ ـِ كَرْثًا وأَكْرَثَ الغَمُّ فلانًا: اشتدّ عليه وبلغ منه المشقّة 忧愁，苦恼

اِكْتَرَثَ للأمرِ: بالى به 注意，留心，关心

اِكْتِرَاث 注意，留心，关心

عَدَمُ ـِ 冷淡，漠不关心

عَدِيمُ ـِ 冷淡的，漠不关心的

قِلَّةُ ـِ 草率，不经心，不注意

بقِلَّةِ ـِ 草率地，不经心地

مُكْتَرِث بـ... 对…关心的，关怀的

غَيْرُ ـِ 冷淡的，漠不关心的

كارِث / كَرِيث 灾难的，悲惨的

كَارِثَة جـ كَوَارِثُ: نَكْبَة 灾难，灾祸，浩劫

كُرَّاث: كُرَّات (مـ) / أبو شُوشَة [植]韭菜

ـ الدُّبّ / ـ مِصْرِيّ [植]野韭

كَرِجَ ـَ كَرَجًا وكَرَّجَ وأَكْرَجَ وتَكَرَّجَ الخبز: فسد وعلَتْه الخُضْرةُ والعامّةُ تقول عفَّن 发霉

كُرْج: جِيل من نَصارَى القُوقَاز 格鲁吉亚人

بلاد الـ 格鲁吉亚

كُرْجِيّ 格鲁吉亚的；格鲁吉亚人

اللُّغَات الكُرْجِيَّة 格鲁吉亚语

كَرَّاجَة (عـ): درَّاجَة 自行车，脚踏车

كَرْخَانَة جـ كَرَاخِينُ وكَرْخَانَات (مـ): بَيْتُ العاهِرات / ماخُور 妓院

ـ (سـ): مَصْنَع 工厂，作坊，制造厂

كُرْد 库尔德族，库尔德人

بلادُ الـ / كُرْدِسْتَان 库尔德斯坦(分散于伊朗、伊拉克、土耳其)

كُرْدِيّ جـ أَكْرَاد 库尔德人；库尔德的

الـ ة 库尔德语

كِرْدَان جـ كَرَادِينُ (مـ): قِلَادَة (波)项链，项圈，项饰

ـ الأُتُمْبِيل 螺(旋)桨轴

كَرْدَسَ: مَشَى وقارَب خَطْوَهُ كالمقيَّد 趔趔趄趄地走，慢吞吞地或懒洋洋地走

ـ (مـ): كَدَّسَ 积，堆积，聚积

تَكَرْدَسَ (مـ) 被积，被堆积，被聚积

كُرْدُوسَة جـ كَرَادِيسُ وكَرَادِسُ 骑兵营

كُرْدَم جـ كَرَادِمُ / كُرْدُوم جـ كَرَادِيم 侏儒，矮子

كُرْدُون 饰条，饰带

كَرْدِينَال جـ كَرَادِنَة وكَرَادِلَة (أ) cardinal (天主教的)红衣主教，教廷内阁阁员

ـ [鸟]鸴鸟(北美红雀)

كَرَّ ـُ كُرُورًا وكَرًّا: عَادَ 退回，返回

ـ: رَجَعَ إلى الوَرَاءِ 退却，退去，倒退

ـ راجِعًا أو عائِدًا 折回

ـ اللَّيْلُ والنهارُ: عادا مرّةً بَعْدَ أُخْرى 昼夜轮替

ـ الفارسُ على العَدُوّ 进攻

كَرَّ ـِ كَرًّا صَدْرُه: أصابَه الكريرُ (临死时喉咙)发出格格的响声

كَرَّ ـِ كَرِيرًا المَرِيضُ: جاد بنَفْسِه عند الموت (临死的病人)咽气

كَرَّرَ الشيءَ: أعاده مرّة بعد أُخرى أو مرارًا كثيرة 反复，重复，再做

ـ الشيءَ (مـ): صفّاه 精制，精炼，提炼

ـ الشيءَ بالتَّقْطِير والتصعيد (مـ) [化](用蒸馏法或升华法)提炼

تَكَرَّرَ 屡次重做，再三重复；屡次发生

ـ (مـ) 被精制，精炼，提炼

كَرّ / كَرَّة: هُجُوم 进攻

بَيْنَ ـِ وفَرٍّ 或作或辍，时做时停

الـ والفرّ 进攻和退却

ـ الأَزْمَان 时间的经过，年深日久

ـ العُصُور 时代的交替，代久年湮

ـ السَفِينَة [航]索梯

كَرَّة مُضَادَّة 反攻

كَرَّة جـ كَرَّات: مَرَّة / دَوْر 一次，一转，一回，一阵

ـ: مائة ألف 十万

كَرَّة أُخرى 再，又一次

كَرار (مـ): بَيْت المَؤُونَة (土)地洞，地窖，食品室，藏肉所

كَرَارْجِي جـ كَرَارْجِيَّة (مـ) (土)管事，管家，管理员

كُرَّارِيَّة دُوبار جـ كُرَّارِيَّات (مـ) 线球，线圈，线团

كُرُورُ الأَيَّام 年深日久

تَكْرَار / تَكْرِير: إعادة 重复，反复

تَكْرَارًا 重复地，再三地

مِرَارًا وتَكْرَارًا 多次，三番五次地

تَكَرُّر الإِنْتَاج 繁殖，增殖，再生产

تَكْرِير (مـ): تَنْقِيَة / تَصْفِيَة 提炼，精炼，精制

مَعْمَل ـ السُكَّر (مـ) 制糖厂

مَصْنَع الـ 精炼工厂

كَرِير الصَدْر (临死时)喉间痰声

مُكَرَّر / مُتَكَرِّر 反复的，再三的

ـ العَدَد (في الحِساب) [数]倍数；多重

ـ (مـ): مُنَقًّى / مُصَفًّى 精制的，精炼的

رقم ٩ مُكَرَّر 重九号

مُكَرِّر: مُرَدِّد 反复者，重复者

مُتَكَرِّرُ الحُدُوث 屡次发生的，层出不穷的

كَرَزَ ـِ كُرُوزًا: اِختَبَأَ 躲藏，藏匿，潜伏

كَرَزَ ـِ كَرْزًا: وَعظ ونادَى بِبشارة الإنْجِيل 布道，传教，传福音

كَرْز / كِرَازَة: وعْظ [宗]讲道，传教，传福音

كَرْز جـ أَكْرَاز وكِرَزَة (牧人的)小袋，皮袋

كَرَز / كُرَيْز/ (土) كَراز 樱桃；樱桃树

ـ القُدْس: قَوطَة (مـ) 冬樱桃

كَرَزَة جـ كَرَزَات 一颗樱桃；一棵樱桃树

كَرْزَة جـ كَرَزَات [宗]讲道，传教

كَرَّاز جـ كَرَارِيزُ 驮粮袋的公绵羊

ـ 领头羊

كِرَازَة 宣传福音

كَارِز / كَارُوز 讲道者，传教士

كُرَيْز 樱桃；樱桃树

خَمْرُ الـ 樱桃酒

كَرِيزْ: أَقِط 酸干酪，酸乳饼

كُرَاز جـ كِرْزَان / كُرَّاز 细口瓶

كَرْزَمَة: هَجُورِيّ 午餐

كَرْزَن / كِرْزِين 大斧

كَرَزُوت (أ) creosote: خلاصة القَطْران [化]杂酚油

كَرَّسَ البناءَ: وضَع أساسَه 奠基

ـ الشيءَ: قدَّسه 使成神圣，使其神圣化

ـ ه: خصَّصه (لخدمة اللهِ وغيره) 奉献，供献，供奉

ـ ه: لقَّحه / احتفل بِقَبُوله كَعضو في جمعيَّة 使入会，接受其成为会员，举行入会仪式

تَكَرَّس 受人尊崇；基础坚固

كُرْسِيّ جـ كَرَاسِيّ وكَرَاسٍ: مَقْعَد 椅子

ـ قَشّ 草垫椅

ـ قَشّ (صَفْصَاف) 柳条椅子

ـ خَيْزُرَان 藤椅

ـ هَزَّاز 摇椅

ـ المَلِك: عَرْش (帝王的)宝座，王位，御位
ـ المَمْلَكَة / ـ الدَوْلَة: عاصِمة 首都
ـ (大学的)讲座；大学教授的职位；教研组，教研室
ـ اللُغَةِ العَرَبِيَّةِ 阿拉伯语教研室
ـ الآدَابِ 文学讲座；文学教研室(组)
ـ الأُسْقُفِ 主教的座位
ـ قُمَاش 帆布睡椅
ـ القَضَاء 推事席法庭
ـ الاِعْتِرَاف [宗]忏悔室
ـ الحُوذِيّ 马车夫的坐位
ـ بمَسانِد 扶手椅子
ـ 轴承
ـ بِلْي (أ) / ـ مِحْوَر البِيل [机]球轴承，滚珠轴承
ـ جِلْبَة [机]套管轴承
ـ رافِع [机]吊轴承
ـ بلا ظَهْر: اِسْكُمْلَة (م) 凳子，小凳子
ـ العَمُود أو التِمْثَال: قاعِدة 柱脚；(雕像等的)台、脚、架
ـ أُسْطُوَانَات [机]滚子轴承
ـ الخِلافة [史]哈里发帝国首都
ـ الهَمْزَة [语]海木宰的座子如：(مائة، سُؤال ،مَسْأَلة)
ـ السُلْطَان (م): جِعِرِيّ 王座，搭轿子(两人手交叉相握，搭成坐椅)
ـ الفُوط (م) (مَناشِف الوَجْه) 毛巾架
ـ بلْكُون (م) (في دُور المَلاهِي) 露台座，阳台座
ـ سِتَال (م) (في دُور المَلاهِي) (戏院)正厅头等座
آيَة الـ 库而西节(古兰经第2章第255节)

ذات الـ [天]仙后座
ـ (م): كِرْيَاس جـ كَرَايِيسُ / كَنِيف 抽水马桶
أُسْتَاذُ ـ 正教授
تَكْرِيس: تَدْشِين 奉献，供献
ـ: تَلْقِيح / احتفال بقبول شَخْص في جَمْعِيَّة 入会仪式
كَرُّوسَة (س): عَرَبَة 车，马车
دَرْبُ ـ 公路，马路
كُرَّاسَة جـ كُرَّاسَات / كُرَّاس جـ كَرَارِيسُ: دَفْتَر 习字簿，练习本
ـ / ـ: جُزْء من كتاب / مَلزَمَة [印]一帖
ـ / ـ: رِسَالة 论文，小册子
مُكَرَّس 被供献的，所供奉的
كَرْسَعَ الرجلُ: عَدَا 跑，(小孩、小走兽)跑来跑去
كُرْسُوع جـ كَرَاسِيعُ 靠近小指的腕骨
كَرْسَفَ الدَابَّةَ: قطعَ عُرْقُوبها 割断(牲口的)腘腱，使成残废
كِرْسِنَّة / كِرْسَنَّة: نبات وحَبُّه [植]苦野豌豆
كُرْسِيه (أ) corset: مِشَدّ (法)(女人的)胸衣，抹胸
كَرِشَ ـَ كَرَشًا وتَكَرَّشَ الجِلْدُ: تَقَبَّضَ 发皱，生皱，皱起来
كَرَشَ ـُ كَرْشًا (م) 驱逐，赶走，开除
كَرَّشَ: كَشَّرَ (م) / قطَّبَ وَجْهَه 皱眉头，愁眉苦脸
ـ (م) واسْتَكْرَشَ الرجُلُ: عَظُمَ بطنه 肚腹变大，大腹便便
اِنْكَرَشَ (م) 被驱逐，被开除
كِرْش جـ كُرُوش: المَعِدَة الأُولَى للمُجْتَرَّات [解]瘤胃(反刍动物的第一胃)

ـ (م): بَطْن 肚，腹，肚子
ـ الطَّبْخ / كِرْشَة (م): غَنَمِي (س) [烹] (反刍动物的) 千层肚
كُرْشَاتِيّ جـ كُرْشَاتِيَّة 叫卖羊杂碎的人
تَكْرِيشَة / مُكَرَّشة (م) 羊杂碎煮成的食品
أَكْرَشُ م كَرْشَاءُ جـ كُرْش / مُكْرِش (م) / مُكْتَرِش: كَبِير البطن 大肚汉，大腹便便的
كُرَيْشَة (م): نَسِيج دَقِيق 绉纱
ـ سَوْدَاء (م) (لِباس الحُزْنِ) (丧服用的) 黑绉纱
كَرْشُونِيّ (م) [语] 用叙利亚字母拼写的阿拉伯文
كُرْشِيه (م) crochet: صِنَّارَة أو إِبْرَةُ الحِياكة 钩针
كَرَعَ ـَ وكَرِعَ ـَ كَرْعًا وكُرُوعًا في الماء أو الإناء: مدّ عنقه وتناول الماء بِفِيهِ من موضعه 呷，啜，就着水桶喝水
تَكَرَّعَ الرجلُ: غَسَلَ أكارِعَه 洗腿
ـ (م): تَجَشَّأَ 打嗝
تَكْرِيعَة 打嗝
كُرَاع جـ أَكْرُع / كَارِع جـ كَوَارِعُ (م) (牛羊的) 脚
ـ: طَرَف 端
ـ [解] 胫骨
أَكَارِع / كَوَارِع الغَنَم وغيرِها (م) (羊) 脚
مَطْعَمُ الكَوارِعِ (م) 羊杂碎铺
كَرَفَ ـِ كَرْفًا وكِرَافًا وأَكْرَفَ الحِمارُ وغيرُه (驴、骡等) 闻尿而抬头
كَرَفْس 芹菜
كُرْك 皮袄，皮袍，皮大衣
كُرْكِيّ جـ كَرَاكِيّ: رَهْو 灰鹤
كَرْكَة: جِهاز التَّقْطِير 蒸馏器，蒸馏锅
كَرْكَة / كَرَاكَة (土) 本地妇女的外衣

كَرَاكِيّ: بَلَمِيطَة (م) 梭鱼
كَرَّاكَة جـ كَرَّاكَات (لتطهير مَجارِي المِياه) 疏浚机，疏浚船，挖泥船
كُرُوكِي (أ) croquis: رَسْم مُجْمَل (法) 略图，草图
كُرِيك (م): مِجْرَفَة 铲，铁锹
ـ الخَبّاز (م): رَفْش 锅铲
ـ (م): رافِعَة [机] 千斤顶，起重螺旋
كَرْكَبَ (م): شَوَّشَ 扰乱，搅乱，造成紊乱
ـ: قَرْقَعَ (车辆) 发隆隆声，发辚辚声
كَرْكَبَة: تَشْوِيش 扰乱，搅乱
ـ: قَرْقَعَة 发隆隆声，发辚辚声
ـ المَصَارِينِ: قَرْقَرَة 肠鸣
كَرْكُوبَة جـ كَرَاكِيبُ 破旧的家具
عَجُوزَةٌ ـ (م) 无依无靠的老太婆
كَرْكَدَّن [动] 犀，犀牛
ـ البَحْرِ: حَيوانٌ مائِيّ 一角鲸
كَرْكَرَ في الضَّحْك: أغرب في الضحك 哈哈大笑
ـ الماءُ (م) 发淙淙声、潺潺声
ـ الأمرَ: كرَّرَه / أعادَه 重复，反复
ـ بالدَّجاجةِ: صاح بها 叫鸡
ـ الرَّحَى: أدارَها 推磨
كَرْكَر: طائر مائيّ كالنُورس 大鸥
كَرْكَرَة 哈哈大笑
ـ: صوت يردّده الإنسان في جوفه 腹鸣声
كُرْكُم curcuma longa: اسم النَبات [植] 郁金
ـ: مَسْحُوق جُذُور الكُرْكُم 郁金根粉
كَرْكَنْد: يَاقُوت جَمْرِيّ [矿] 红晶石
ـ الماء العَذْب [动] 蝲蛄，螯虾
كَرَكُوز (م): قَرَهْ قُوز (م) 傀儡戏，皮影子戏
كَرْكَهَان [矿] 紫水晶 (紫晶、水碧)
كَرُمَ ـُ كَرَمًا وكَرَمَةً وكَرَامَةً: عَزّ وكان نَفِيسًا 贵

重，高贵

ـ: كان كَرِيمًا 成为慷慨的，大方的

كَرَّمَه وأَكْرَمَه: حفَى به 尊敬，尊重

ـ ه وـ ه: بجّله 重视，器重

ـ ه: عظّمه وشرّفه 给面子，给予荣誉

ـ اللهُ وَجْهَه [宗]愿真主赐他荣誉

أَكْرَمَ وِفادَتَه 殷勤接待

أَكْرَمَ اللهُ مَثْوَاه [宗]愿真主使他安息(替死者祈祷)

كَارَمَ فُلانًا 比高贵，比慷慨，比大方

ـ ه في الثَّمَن (مـ) 以廉价卖给他，讨价特别克己

تَكَرَّمَ: تكلّف الكرمَ 假装慷慨

ـ: سَخَى 慷慨，大方

ـ عليه بكذا: تفضّل 惠赠；[套]屈尊，屈驾，赏光

هل تَتَكَرَّمُ عَلَيَّ أنْ تَدُلَّنِي على الطريق إلى . . .
请你指示我到…去的道路

هل تَتَكَرَّمُ بالمَجيء إلى بَيْتِي غدًا نُدَرْدِشُ بعضَ الوقت 明日请屈驾来舍一叙

كَرَم: سَخَاء 慷慨，大方

ـ الأَخْلاَق 品格高贵

ـ المَحْتِد (الأصل) 家世的高贵

ـ: فَضْل 恩惠，恩泽

كَرَمًا 慷慨地，大方地，宽宏大量地

ـ (مـ): فَضْلاً 出于好意，由于恩惠

كَرْم جـ كُرُوم: بُسْتَان 花园，果树园

ـ: عِنَب 葡萄

ـ العِنَب 葡萄园

بِنتُ الـ أو الكَرْمة: الخَمْرة 葡萄酒

غَلَّة الـ أو الكَرْمة أو الكُرُوم 葡萄收获，葡萄收获期

زِرَاعَةُ الكُرُوم 葡萄栽培

كَرْمَةُ العِنَب: دَالِيَة 葡萄蔓，葡萄藤

كَرَامَة: شَرَف 尊敬，敬意，尊重；名誉，面子，体面，荣誉，光荣，尊严

ـ: هَيْبَة / اِعْتِبَار 威严，尊严

الـ الوَطَنِيّة (أو القَوْمِيّة): العِزَّة الوطنيّة 民族尊严

ـ: كَرَم / جُود 慷慨，大方，义气

ـً وكَرْمَةً أو كِرْمانًا لك (مـ) 看你的面子，看你的情分

لَيْس لِنَبِيٍّ ـ في وَطَنِه (先知不受本地人尊敬)外来和尚会念经

حُبًّا وـ 心甘情愿！非常愿意！

ـ 奇迹

صَاحب الكَرَامات 演幻术者；奇迹创造者

كِرُوم (أ) chromium [化]铬

تَكْرِيم 尊敬，尊重

تَكْرِيمًا له 以示尊重，为了对他表示敬意

إكْرَام 尊敬，尊重

ـ الضَّيْف: إقْراء 招待，款待，接待(客人)

إكْرامًا لِخاطِرِ "فلان" 看……的分上，看……的面上

ـ لوُجودِه 欢迎他的到来

إكْرَامِيّ 名誉上的，义务的，无薪给的

إكْرَامِيَّة جـ إكْرَامِيَّات 赏钱

إكْرَامِيَّةُ المُحَامِي: أُجْرَته / أَتْعابه (مـ) 律师费

كَرِيم جـ كِرَام وكُرَمَاءُ م كَرِيمَة جـ كَرِيمَات وكَرَائِمُ: ذُو الكَرَم 慷慨的，大方的

ـ: مِفْضَال 仁慈的，仁爱的，厚道的，施恩的，博施的

ـ مِضْيَاف 殷勤的，好客的

ـ: شَرِيف 高贵的，高尚的

ـ الأَخْلاَق 豪爽的，高洁的，气量大的，宽宏大量的

ـ الأَصْل 贵族出身的，生长名门的，身家清白的

ـ العَيْنِ 独眼的，独眼龙

ـ النَفْسِ 高贵的，高尚的

جَوَادٌ ـ 纯种马

دَمٌ ـ 出身高贵的

حَجَرٌ ـ 宝石

حِصَانٌ ـ 良种马

مَعْدِنٌ ـ 贵金属

وَجْهٌ ـ 清秀的面孔，高贵的相貌

القَارِئ الـ 敬爱的读者

الأَحْجَارُ الكَرِيمَة 宝石

المَعَادِن الكَرِيمة 贵重金属

كَرِيمَة جـ كَرَائِمُ 贵妇

ـ الرَجُل: اِبْنَتُه 女儿，千金

كَرَائِمُ السَيِّدَات 贵妇人

الكَرِيمَتَان: العَيْنَان 双眼

بِفَرْدَةٍ كَرِيمة(مـ): أَعْوَر 独眼的，独眼龙

كِرِيم cream 雪花膏

أَيْس كِرِيم (意)冰激凌，冰淇淋

كَرَّام: صاحِب الكَرْم 葡萄园丁

أَكْرَمُ: أكثرُ كَرَمًا 更慷慨的，更豪爽的，更高尚的

مُكْرَم 可尊敬的，可尊重的

مُكَرَّم: مُبَجَّل / مُعَظَّم 有尊严的，有威望的

ـ: يستحِقّ الإكرام 值得尊敬的

مَكَّةُ الـ ةُ 尊贵的麦加城

مَكْرُم ومَكْرُمَة جـ مَكَارِمُ ومَكْرُمَات 功绩，高贵的行为

كُرُمْب (في كُرنب)

كَرَمْبُولا (أ) carambole (法)以三球为戏的台球

كَرْمَشَ (مـ) وتَكَرْمَشَ: كَرِش / تَغَضَّنَ 起皱，生皱

كَرْمَشَة جـ كَرَامِيشُ: غَضْن 皱纹，折痕，叠痕

كَرْمَل Carmel: جَبَلُ الكَرْمَل 迦密山

راهِبٌ كَرْمَلِيّ 白袍僧，迦密派修道士

راهِبٌ كَرْمَلِيّ حافٍ 赤脚的迦密派修道士

راهِبةٌ كَرْمَلِيَّة 迦密派修女

كَرَمِلَّة (أ): حَلْوَى من السُكَّر المَحْرُوق 焦糖点心

كُرُنْب / كَرَنْب: مَلْفُوف (سـ) 甘蓝，卷心菜，洋白菜

ـ لِفْتِيّ / أبو رُكْبَة (سـ) 苤蓝

كُرُنْتِينَة وكَرَنْتِينَة جـ كَرَنْتِينَات (راجع كرتن) 检疫；隔离；封锁；停船

كَرْنَفَ: قطع الكَرَانِيف 修剪(枣椰树枝的残余)

كِرْنَاف وكُرْنَاف جـ كَرَانِيفُ: أصل سعفة النَخْل 枣椰树枝的残余

ـ البُنْدُقِيَّة / كُرْنَافَة (مـ): قَنْدَق (سـ) 枪托

كَرَنْك جـ كَرَنْكَات (أ) crank: مِرْفَق الآلة [机]曲柄

عَمُود ـ [机]曲轴

كُرْنِيش جـ كَرَانِيشُ (أ) corniche (法): إفْرِيز زُخْرُفِيّ 檐板，飞檐

ـ مِقَصّ (مـ) 山形墙，人字墙

كَرِهَ ـَ كَرْهًا وكُرْهًا وكَرَاهَةً وكَرَاهِيَةً ومَكْرَهَةً ومَكْرُهَةً الشيءَ: ضدّ أَحَبَّه 憎恶，厌恶，讨厌

كَرُهَ ـُ كَرَاهَةً وكَرَاهِيَةً الأمرُ: كان كريهًا 成为可恶的，讨厌的

كَرَّهَ فلانًا الشيءَ وإليه: نقيض حَبَّبَه إليه 使人憎

恶，令人讨厌

أَكْرَهَه على الأمر: أرغمه 强迫，逼迫，强制

ـ على الطاعَة 压制，压服，强迫服从

تَكَرَّهَ واسْتَكْرَهَ الشيءَ: وجَدَه أو عَدَّه كَرِيهًا 认为可恶，列为可憎，认为可厌

كُرْه / كَرَاهَة / كَرَاهِيَة: عدمُ رِضَى 厌恶，憎恶，讨厌

ـ / ـ: بُغْض 恨，怨恨

ـ أو ـ الكسل 厌恶懒惰

ـ أو ـ التَدْخِين 厌恶吸烟

على كُرْهٍ منه 他被迫地

كُرْهًا / على كُرْهٍ / عن كَرَاهِيَةٍ 厌恶地，被迫地，勉强地，不情愿地，无可奈何地

طَوْعًا أو كُرْهًا 不管愿意不愿意

كَرَاهَة عُنْصُرِيَّة 种族歧视

إكْرَاه: إرْغَام 强迫，逼迫

ـ: استعمال العُنْفِ 用暴力

سَرِقَة بـ ـ 抢夺，劫夺，抢劫

من غَيْرِ ـ 没有强迫的，不带强迫的

إكْرَاهِيّ 强迫的，强制的

تَكَرُّه 厌恶，反感

بـ ـ 厌恶地，勉强地，不愿意地

كارِه: ضد راضٍ 厌恶的，不满意的，不情愿的

ـ في كذا 厌恶的，嫌弃的

كَرِيه / كَرِه: لا يُحَبّ 可憎的，可恶的，讨厌的

ـ / ـ: بَغِيض 可恨的

ـ / ـ: تَعافُه النَفْسُ 令人发呕的

كَرِيهُ الرائحة 臊臭的，气味恶劣的

ـ الطَعْمِ 不好吃的，味道不好的

ـ المَنْظَرِ 丑恶的，丑陋的，难看的

كَرِيهَة جـ كَرَائِهُ: دَاهِيَة 灾难，祸患

ـ: حَرْب 战争

مَكْرُوه: ضِد محبوب 可恶的，讨厌的

ـ: مُبْغَض 可恨的，可憎的

ـ / مَكْرُوهَة: شِدَّة 艰难，苦难

مُتَكَرِّه 厌恶的，不愿意的，不满意的

كَرَا يَكْرُو كَرْوًا وكَرَى يَكْرِي كَرْيًا الأرضَ: حفرَها 挖、掘

ـ الشيءَ: صيَّره كُرَوِيًّا 使成团，成丸

كُرَة جـ كُرًى وكُرِينُ وكُرَات وأُكَر: جِسم مُسْتَدِير 球体

ـ اللَعِب (وكل شيء كُرَوِيّ الشَكْل) 皮球

ـ السَلَّة 篮球

ـ الطَاوِلة 乒乓球

الـ الطَائِرة 排球

ـ القَدَم 足球

ـ البِلْيَرْدُو / بِلْيَار / بِلْيَارْد bigliardo (意)台球

لُعْبَة ـ القَدَم 足球运动

لُعْبَة ـ السَلَّة (انظر سلل) 篮球运动

ـ المَاء / الـ المَائِيَّة 水球

ـ الأرض / الـ الأَرْضِيَّة 地球，地球仪

ـ الكَوَاكِب (فَلَكِيَّة) 天球仪

الـ السَمَاوِيَّة 天体

كُرَوِيّ / كَرَوِيّ / كُرِيّ: مستدير 球状的，圆的

شِبْه ـ 椭圆的；球状体的；略作球形的

نِصْف ـ 半球形的

كُرَوِيَّة 球状，球形

ـ الأرْض 大地的球状

كُرَيَّة جـ كُرَيَّات: كُرة صغيرة 弹，丸，小球

ـ ذَرَّة: ذَرَّة / جُسَيْمَة [物]微粒

ـ (في التشريح) 血球

الكُرَيَّات الحُمْر / كُرَيَّات الدَم الحَمْرَاء 红血

球，红细胞
الكُرَيَّات البِيض / كُرَيَّات الدَم عديمةُ اللون (أو البَيْضاء) 白血球，白细胞
كَرَوَان م كَرَوَانَة جـ كَرَاوِينُ وكِرْوَان: طائر مُغرِّد [鸟]麻鹬
ـ جَبَلِيّ [鸟]杓鹬
ـ الغَيْط [鸟]浒鹬
كَرُوب / كَرُبُو (أ) cherub (希伯来)美童，小天使，有翅膀的童子
كَرُوسَة جـ كَرُوسَات 马车；轻便马车
كُرُوكِي (مـ) / كِرُوكِي croquis: رَسْم تَخْطِيطِيّ / مُجْمَل (法)略图，草图，草样，草稿
كُرُوكِيه (أ) croquet: لعبة كُرَات تُضْرَب بمطرقة (户外的)槌球戏，循环球戏
كُرُوم (أ): مادَة مُلوَّنة chromium [化]铬
كَرَوَاته (أ) cravatta (意)领带
كُرُونَة (أ): رُغْلة 花冠；花圈，花环
كَرَوْيا / كَرَوْياء / كَرَاوِيَا: كَمُّون أَرْمَنِيّ [植]小茴香
كَرِيَ يَكْرَى كَرًى الرجلُ وتَكَرَّى: نَعسَ 瞌睡，打盹，微睡
كَرَى ـِ كَرْيًا: عدا شَدِيدًا 快跑，飞跑
ـ النهرَ: عمَّقه / طهَّره (مـ) 疏浚(河道)
كَارَاه وأَكْرَى دارَه: أجَّره 出租，出赁(房屋)；出雇(牲口)
اِكْتَرَى واسْتَكْرَى منه الدارَ وغيرَها: استأجرها 租用，雇用
ـ وـ خادمًا أو رُكُوبَةً 雇用人或牲口
ـ وـ بيتًا أو أرضًا 租(房子)，租(地)
كَرًى: نُعَاس 瞌睡，打盹，微睡
كِرَاء / كِرْوَة: أُجْرَة المستأجَر 工资
ـ الأَرض أو البيت 地租，房租
ـ العامِل 工资，薪水，薪给
إِكْرَاء: تَأْجِير 出租，出赁，出雇
اِكْتِرَاء: اِسْتِئْجار 租用，雇用
مُكْرٍ / مُكَارٍ: مُؤَجِّر 出租者，出赁人
مُكَارٍ 驴夫，骡夫
مُكَارِي جـ مُكَارُون (سـ): بَغَّال / صاحِب البَغْل 骡夫
ـ: حَمَّار 驴夫
مُسْتَكْرٍ: مُسْتَأْجِر (راجع أجر) 租用者，雇用者
مُكْرًى: مُؤَجَّر 被租的，被赁的，被雇的，所租的，所赁的，所雇的
كِرْيَاس 抽水马桶
كَرِيسُون cresson (法)水田芹
كِرِيكِت (أ) cricket: جَحْفَة 板球
كِرِيُوزُوت (أ) creosote: خُلاصَة القَطْران [化]杂酚油
كُرَيَّة (في كرو)
كُزْبَرَة: جُلْجُلان [植]胡荽，芫荽，香荽，香菜
ـ البِئْر [植]掌叶铁线蕨
ـ الثَعْلَب [植]毒芹，芹叶钩吻
ـ خَضْرَاء [植]细叶芹
كَزَّ ـُ كَزًّا الشيءَ: ضيَّقه 收缩，弄窄，使狭窄
كَزَّ ـَ كَزَازَةً وكُزُوزَةً: انقبضَ وييس 枯萎，收缩，干瘪
ـ على أَسْنانِه (مـ) 咬牙，切齿
ـ على شَفَتِه (مـ) 啮唇
ـ منه (مـ): تقزَّز 嫌恶，发呕
كُزَّ: أصابه الكُزاز 害破伤风
كَزّ جـ كُزّ: يابس 干枯的，干瘪的
ـ: منقبض 收缩的，起皱的
ـ اليَدَيْن: بَخِيل 吝啬的，小气的

كَزَازَة اليَد 悭吝，吝啬
كَزَز: بُخْل 悭吝，吝啬
ـ / كَزَازَة: يُبُوسَة / صَلَابَة 干硬，坚硬，
生硬
كُزَاز / كَزَّاز / كُزَّاز: قَصَر [医]破伤风
كَزْلَك جـ كَزَالِكُ (波)小刀
كَسَا / كساء (في كسو)
كَسَبَ ـِ كَسْبًا وكِسْبًا واكْتَسَبَ مالاً أو علمًا
获利，赚钱；获得知识
ـ وـ وتَكَسَّبَ: نَالَ 取得，获得(利益、
利润)
ـ في المُسابقة أو المُباراة (竞赛中)得胜，获
胜，占上风
ـ وكَسَّبَ وأَكْسَبَ فلانًا مالاً: أناله إيّاه 使获
利，使受益
ـ وـ وـ حقًّا 给予权利，授予所有权
或行使权
ـ وـ في اللعب 取胜，赢得
أَكْسَبَ شَكْلاً 赋予形式
تَكَسَّبَ بِـ ... 赚钱，谋生
كَسْب / اِكْتِسَاب 取得，获利，赚得，赢得
ـ: رِبْح 利润，利益，收益
ـ العَمَل 工资，薪金
كُسْب (مـ) / كُسْبَة: ثُفْل زيوت (榨油后的)
油饼，油枯
ـ المَوَاشِي 牲口吃的豆饼
اِكْتِسَاب 赢得，争取
ـ الوَقْت 赢得时间，争取时间
العِلْمُ ـ 学问是学来的
اِكْتِسَابِيّ / كَسْبِيّ [生]后生的，获得性的
كاسِب: رابح 获利者，赢利者
كَسِيب 获得的，取得的

مَكْسَب ومَكْسِب ومَكْسَبَة جـ مَكَاسِبُ 收获，
利益，利润
ـ [牌]垫的牌，被吃了的牌
مُكْتَسَب / مَكْسُوب 所获得的，所挣得的
ـ: اِكْتِسَابِيّ [生]后天的，获得性的
مُكْتَسَبَات 成果，成就
ـ العِلْم 科学成果，科学成就
كَسْبَان (مـ) 获得的，取得的
ـ 赢得的
كَسْبَانِيّ 油饼商，油枯商
كُسْبَرَة (راجع كُزْبَرَة) [植]胡荽，芫荽，香荽，
香菜
كُسْتَاك / كُسْتَك جـ كَسَاتِكُ 表链
كُسْتُبَان (مـ): قُمْع الخِيَاطَة / كُشْتُبَان (波)
顶针，针箍
كُسْتَلِيتَة (أ) costaletta (意): ضلع بما حَوله
من لحم للطباخ 排骨，(连骨的)一块肋肉
كَسْتَنَا (أ) castagna (意): شَاهْبَلُّوط / أَبُو فَرْوَة
(مـ) 板栗
ـ مُسَكَّرَة: مَرُون جلاَسِيه (أ) 糖炒栗子
لَوْن كَسْتَنِيّ 栗色的；褐红色的
كَسْتَنَائِيّ 栗子的；栗树的；栗色的
كَسْتِير الفَأرَة (مـ): حديدتُها 刨身，刨刀，刨刃
كَوْسَج: قِرْش / كَلْبُ البَحْرِ 鲛，鲨鱼
كَسَحَ ـَ كَسْحًا البيتَ: كنسه 扫除，扫净
ـ البِئْرَ / نَزَحها (مـ) 淘，清洗，洗刷(井、
坑、厕所等)
ـ هُ من الوُجُود 扫荡，消灭
كَسِحَ ـَ كَسَحًا وتَكَسَّحَ (مـ) 成为跛子、瘸子、
瘫子
كَسَّحَ 使瘫痪，使四肢失去活动力和知觉，
使残废

اِكْتَسَحَ الشيءَ: ذهب به 扫去，刮去，扫荡

ـ البَالُوعَةَ (المَجْرورَ(مـ)) 冲洗阴沟

كَسْح / كُسَاح: عجز 瘫痪

كُسَاح الأطفال: ارتخاء العِظام 佝偻病，婴儿软骨病

كُسَاحَة: كُنَاسَة 垃圾，废物

ـ المَرَاحِيض (مـ) 污物，污水

كاسِح 扫除的，扫荡的

كاسِحةُ الألْغامِ (سَفِينَة) 扫雷艇

كَسِيح / كُسَيْح / كَسْحَان / أَكْسَح م كَسْحَاء جـ كُسْحَان (مـ) / مُكَسَّح (مـ) 害佝偻病的，害软骨病的；驼背，跛子，瘸子，瘫子

مُكَسَّحة: عَرَبَةٌ مُكَسَّحة 手推车，空中吊运车

مِكْسَحة: مِكْنَسَة 笤帚，扫帚

كَسَدَ ـُ كَسَادًا وكُسُودًا الشيءُ: لم ينفُقْ (货物)滞销，没有销路，销不出去

ـ ت وأَكْسَدَت السوقُ: لم ينفق ما فيها (市场)萧条，呆钝

كَسَاد: ضد رَواج 萧条，呆钝

كاسِد / كَسِيد: ضِد رَائج 滞销的

سُوقٌ ـ / سوقٌ كاسِدة / سُوقٌ أَكْسَد 萧条的市场

سِلْعَة كاسِدة 滞货，滞销品

كَسَرَ ـِ كَسْرًا العُودَ وكلَ صُلْب: فصلَه في غير نُفُوذ جِسْم قاطع فيه 挫折，挫伤，拉伤，损害，损伤，打断

ـ الوَصِيَّةَ: نقضَها وخالَفَها 破坏，违背，违反(遗嘱)

ـ: طَوَى أو ثَنَى 折叠

ـ البابَ: فتَحه بعد كسره 打破门，破门而入

ـ التاجِرَ: أَفْلَسَه 使商人破产

ـ العَسْكَرَ: هزَمهم 击破，击溃(敌军)

ـ الجَيْشَ: غلَبه 打败，战胜

ـ السَفِينَةَ 船失事，船遇险

ـ الشِعْرَ 破坏诗的韵律

ـ العَطَشَ 解渴

ـ النُورَ: حرَّفه عن خَطّ سَيْره 折射

ـ حِدَّته أو قُوَّته 挫其锐气

ـ خَاطِرَه (مـ) 使气馁，使沮丧，使失望；不体贴，不通融

ـ رِيقَه 解馋

ـ رَقَبَته 扭伤(脖子)

ـ قَلْبَه 使沮丧，使受挫折，使垂头丧气

ـ شَرَفَه أو اسمَه 侮辱他，败坏他的名誉

ـ شَوْكَةَ الغَضَب أو المَرَض الخ 镇静，减轻、缓和(愤怒、疼痛等)

ـ شَوْكَتَه أو أَنْفَه 使丢脸，挫其锐气

ـ [语]标齐齿符

ـ هُ عن مُرَادِه: صَرَفه 劝阻，劝诫，告诫

ـ على من في طَرِيقه (مـ) 横切，横穿过，直穿过，走近路

ـ عَيْنَه (مـ) 使他羞愧，使他脸红

ـ تْ له عينَها وقالت ... 她侧目看了他一下，并且说道…

ـ وكَسَّرَ الشيءَ: حطَّمه 打碎；粉碎

ـ النُقُودَ 兑换(银钱)

ـ النُورَ (使光线)反射，反映

كَسَّرَ الكلمةَ: جمعها بتغيير بنائها [语]变破碎式复数

ـ الإضْرابَ 破坏罢工

كَسِّرْ لي هذا الرِيَال 请你替我兑换一元的零钱

كَاسَرَ 讲价(钱)以便降低价格

تَكَسَّرَ 被打碎，被打破，被粉碎

ـ النورُ (光线)折射
اِنْكَسَرَ 破裂；战败
ـ التاجرُ: أَفلس 破产
ـ الحرُّ والغَضَبُ (热、怒等)降低，缓和
ـ العَطَشُ 解(渴)
ـ النورُ (光线)折射
ـ العسكرُ: انْهزم وتبدَّد 被击溃，被击破
ـ (风)平息；(痛)止住
كَسْر / تَكْسِير 打破，打碎，打断，损害，
损伤，挫伤
ـ: نَقْض / مُخَالَفَة 破坏，违犯，违背
ـ (في عُود أو حائط) 裂缝，裂口
ـ (في عَظْم) 骨折
سَهْل الـ 脆的；易碎的
ـ (في الحساب) [数]分数
ـ اِعْتِيَادِيّ [数]普通分数
ـ عُشْرِيّ أو أَعْشَارِيّ [数]小数
ـ عُشْرِيّ دَائِر [数]循环小数
ـ حَقِيقِيّ [数]真分数
ـ مُرَكَّب [数]繁分数
ـ من كَسْر [数]复分数
ـ غير حَقِيقِيّ: عددٌ كَسْرِيّ [数]假分数
بَسْط الـ / صُورَة الـ (س) [数]分子
مَقَام الـ (م) / مَخْرَجُ الـ (س) [数]分母
كُسُور (م): زائِد 零头
جُنَيْهٌ وـ (م) 一镑多
كَسْر وكِسْر جـ أَكْسَار وكُسُور: جُزْء من العضو
أو جزء من العَظْم مع ما عليه من اللحم 肢体
的部分，一块带肉的骨头
كَسْرَة جـ كَسَرَات: هَزِيمة 败北，败溃
ـ [语]齐齿符
كِسْرَة جـ كِسَر وكِسْرَات وكِسَرَات: جُزْء من

الشيء المكسور 碎片，破片，断片，断简
残篇
ـ خُبْز 面包屑
كَسْرَى / كِسْرَى جـ أَكَاسِرُ وكَسَاسِرَة وأَكَاسِرَة
وكُسُور: لقب مُلُوكِ العَجَمِ سابقًا [史]科斯
鲁(古代波斯国王的称号)
كُسَار / كُسَارة من الحَطَب ونحوه: دِقاقُه المُتكسِّرَة
منه (柴、炭等的)碎片，断片
كَاسُور (م): خَنْزَرَة 石斧
كَاسُورَة 破器皿的碎片
إِكْسِير (أ) elixir: رُوح / خُلاصَة [医]酏剂
(一种含醇的芳香糖浆，大半含醇25%)
تَكْسِير جـ تَكَاسِيرُ 破碎
جَمْعُ الـ (في النَّحْوِ) [语]破碎式复数
تَكَاسِير 琐事
تَكَسُّر الجِسْم: فُتُور وتَوْسِيم 欠安，不适
اِنْكِسَار: تَحَطُّم 破碎，破烂
ـ: اِنْهِزام 失败，挫折
بِتَوَاضُع وـ 卑躬屈节地
ـ القَلْب 气馁，灰心，丧胆，失意
ـ النُور أو الأَشِعَّة (光线)折射
كاسِر جـ كُسَّر: عقاب 鹰
ـ: حاطم 破坏者，折断者，摧毁者
ـ الخَزَائِن 破门而入现金出纳处的强盗
ـ الإِضْراب 工贼，破坏罢工者
ـ [植]虎耳草
ـ م كاسِرة جـ كَاسِرَات وكُسَّر وكَوَاسِرُ 猛禽
ـ العِظَام: النَسْر المُلْتَحِي 秃鹰
طَيْر ـ: جَارِح 猛禽
كَسِير جـ كَسْرَى وكَسَارَى: مَكْسُور 被打破的，
被折断的
ـ الخَاطِر 沮丧的，灰心的，垂头丧气的

ـ القَلْب 伤心的，痛心的
كَسَّارَة الجَوْز واللَوْز (مـ) 胡桃钳
مَكْسُور / مُنْكَسِر 破裂的
ـ: مَغْلُوب أو مُنهزِم 战败，败北的
ـ الخاطِر / ـ القَلْب / ـ الرُوح 沮丧的，灰心的，垂头丧气的
مُكَسِّر 打碎者，粉碎者
ـ الإِضْراب 工贼，破坏罢工者
مُكَسَّر 被打碎的，被粉碎的
جَمْعٌ ـ [语]破碎式复数
مُنْكَسِر 破的，开裂的
خَطٌّ ـ 折线
ـ البال / ـ الخاطِر 抑郁不乐的，灰心丧气的
مِكْسَرَة جـ مَكَاسِرُ 胡桃钳
كَسَرُولَة / كَسَرُونَة (أ) casserola (意)瓦蒸锅，瓦炖锅，有柄的瓦锅
كُسّ جـ أَكْسَاس (波)阴户
كَسِيس 椰枣酒
ـ 干肉沫
كَسَفَتْ ـ كَسْفًا الشمسُ النُجُومَ: غَلَبَ ضَوءُها على النُجُومُ 日光夺星光
ـ ه (مـ): خَزَاه وأَخْجَلَه 伤害感情，使感耻辱
ـ: رَدَّه خائبًا 使失望，使沮丧
كَسَفَتْ ـ كُسُوفًا وانْكَسَفَتْ وتَكَسَّفَتْ الشمسُ: احتجبتْ 日食
ـ وجهُه: عَبَس وتغيَّر 皱眉头，愁眉苦脸
اِنْكَسَفَ الرجلُ (مـ): خَجِلَ 害羞，惭愧，难为情
كُسُوف / اِنْكِسَافُ الشَمْسِ [天]日食
ـ / ـ الكَوَاكِبِ [天]掩星
ـ جُزْئِيّ 偏食
ـ كُلِّيّ / الـ التام 全食
الـ الحَلَقِيّ 环食
ـ (مـ) 皱眉头，愁眉苦脸
كِسْفَة جـ كِسْف وكِسَف وأَكْسَاف وكُسُوف: قِطْعة من الشيء 碎屑，碎片
كاسِف 变成黑暗的，昏暗的，被遮盖的
ـ البال / ـ الخاطِر: سَيِّء الحال 忧郁的，郁闷的，沮丧的
ـ الوَجْه: عابس 愁眉苦脸的
مَكْسُوف / مُنْكَسِف [天]已食的
ـ (مـ): خَجْلان 害羞的，惭愧的
كَسْكَسَ الشيءَ: دقَّه شديدًا 捣碎，舂碎，粉碎，研细
ـ (مـ): تَراجَع 后退，倒退
كَسْكِسْ! 躲开！让路
ـ (车)退回去！倒回去！
كَسْكَسَة 捣碎，舂碎
ـ 后退，倒退
كُسْكُس / كُسْكُسِي (مـ): طَعام مَغْرِبيّ 麦片粥
كَاسْكِتَة جـ كَاسْكِتَات casquette (法)(有遮阳的)男帽
كَسِلَ ـ كَسَلاً وتَكَاسَلَ: فَتر وتَثاقل 懒，懒惰
أَكْسَلَ الأمرُ فلانًا: أوقعه في الكسل 使人懒惰
كَسَل وتكاسُل 懒惰，懒散，怠惰，懈怠
ـ المُصْران [医]肠弛缓
كَسِل / كَسْلاَن جـ كَسَالَى وكُسَالَى وكَسْلَى وكَسَالِى م كَسِلَة وكَسْلاَنَة وكَسْلَى / كَسُول 懒人，懒汉
كَسْلاَن / كَسُول [动]树懒
مِكْسَال 懒人，懒汉
كَسَمَ ـ كَسْمًا على عِيالِه: كَدَّ 为养家而辛苦

كَسَّمَ الشيءَ (مـ): شكَّله 成型，使定型
ـ 打扮，装扮，装饰，化妆
كَسْم (مـ): شَكْل 形状，形式，样子，模样，外观
ـ (مـ): زِيّ 样式，样子，款式，时兴，时新式样
مُكَسَّم (مـ) 样式好的，模样好看的，样子美观的
كَسَا يَكْسُو كَسْوًا وأَكْسَى الثوبَ فلانًا: ألبسه اياه 替他穿衣服，给他衣服
كَسِيَ يَكْسَى وكُسِيَ كَسًا واكْتَسَى وتَكَسَّى الثوبَ: لبسه 穿衣服
كُسْوَة وكِسْوَة جـ كُسًى وكِسًى وكَسَاوٍ: لِبَاس 衣服，服装
ـ رَسْمِيَّة (军、警等的)军服，制服
ـ خُصُوصِيَّة (للخَدَم أو السُّعَاة) (服务员的)制服，号衣
ـ الكَعْبَة [伊]克而白天房的罩子
تَكْسِيَة الحِيطان (مـ) 镶板，嵌板细工，壁板材料
كِسَاء جـ أَكْسِيَة: ثَوْب 衣服
الـ والغِذَاء 衣食
كَاسٍ جـ كُسَاة / مَكْسِيّ (مـ): خِلاف العارِي 穿衣服的
مَكْسُوّ بكذا: مُغَطًّى 为…所遮盖
كُشْتُبَان (مـ) / كُشْتُبَانَة (ع): قِمَعُ الخِياطَةِ 顶针，针箍
زَهْرُ الكُشْتُبَان / زَهْرُ أو نَباتُ الكَشَاتِبِين [植]毛地黄
كَشَحَه ـَ كَشْحًا: أشْقَحَه / طرَده 撵走，赶走，逐出，打发出
ـ القومَ: بدَّدهم 驱散，解散；击溃

ـ له وكَاشَحَه بالعَدَاوَة: عَادَاه 敌对，敌视；憎恨，仇视
اِنْكَشَحَ القومُ: تفرَّقُوا 分散，散开
ـ (مـ): انْقَشَعَ 被驱散，被扫除
كَشْح جـ كُشُوح: ما بين السُرَّة ووَسَط الظَهْر [生]腰窝，胁腹，横腹
طَوَى ـ ه على الأمر: استمرَّ عليه 继续，坚持
طَوَى ـ ه (أو كَشْحًا) عن فلان: تركه وأعرض عنه 与他绝交
وَلَّاه ـ هُ 背过脸去，转过脸去
كُشَاحَة: عداوَة مُضْمَرة ومقاطعة 恶意，敌意，怨恨
كاشِح: عَدُوّ باطن العداوة 暗敌
كَشَرَ ـِ كَشْرًا وكَشَّرَ عن أَسنانِه: كشف عنها وأبداها (因痛苦或愤怒)露出牙齿；露着牙齿笑
ـ (مـ): كرَّش وتجهَّم 现愁容，愁眉不展，愁眉苦脸
ـ السَبُعُ عن نابِه: هرّ للحراش (猛兽)张牙舞爪
ـ فلان له: تَنَمَّر له وأوعده 恫吓，威吓，吓唬
ـ في وَجْهه 怒目而视
كَاشَرَه: ضاحَكه 互相嘲笑，露着牙齿笑
كَشْرَة 露着牙齿笑
مُكَشَّر (مـ): عابِس 发愁的，愁眉苦脸的
مُكَاشِر: جارٌ قَريب 近邻
كَشَّ ـِ كَشًّا وكَشِيشًا الثُعْبانُ: صات في جلده لا من فيه 沙沙地响(蛇蠕动的声音)
ـ كَشًّا (مـ): تقلَّص 皱，收缩，缩短
ـ 凝聚，紧闭
ـ 驱逐，赶走

ـ الحَمامَ 赶走鸽子
كُشَّة: خصلة من الشَعَر في مقدّم الرأس 刘海
بَيْعُ الكِشَّةِ (سـ): بَيْعُ التَجَوُّل 走卖，行商，负贩业
كَشَّة [商]行商，负贩，摊贩，沿街叫卖者
كَشَّاش 追赶者；驱逐者；背篓商贩
ـ الحَمام 爱鸽者；饲鸽者
مِكَشَّة (مـ): مِنَشّة 蝇拂
كَشَطَ ـ كَشْطًا الرَغْوَةَ 撇奶油；揭乳皮
ـ: حَتَّ أو مَحَا 擦掉，刮掉
ـ الجِلْدَ: سَحَجَه 剥皮
اِنْكَشَطَ 被剥掉，被揭去，被擦掉
مِكْشَط / مِكْشَطَة: عُقَّابِيَّة (سـ) 刮刀
كَشَعَ ـ كَشْعًا القومُ: ذَهَبُوا 离去，离开，出发
كَشَفَ ـ كَشْفًا وكَاشِفَةً وكَشَّفَ الشيءَ: أظهره ورفع عنه ما يُغَطِّيه 揭开，打开
ـ عن الشيءِ: أَظْهَره 揭发，揭露
ـ ه: عرّاه 暴露，揭穿
ـ ه: عَرَضه 陈列，展出
ـ ه: وَجَدَه 发现，看到，找出来
ـ البَخْتَ وـ الحَظَّ وـ الطالعَ 预言(吉凶)
ـ السَتْرَ أو القِنَاع 揭穿假面具
ـ سَيِّئاته: فَضَحه 揭发罪恶
ـ عليه طِبِّيًّا (مـ): فحَصَه 诊查，检查
كَاشَفَه بكذا: أظهره له 告诉，透露
ـ ه بالعَداوة: جاهَره أو باداه بها 表示敌意、仇恨
تَكَشَّفَ الشيءُ: ظهَر 显露，暴露
اِكْتَشَفَ الشيءَ: كَشَّفَه 发现，发明
اِنْكَشَفَ الشيءُ: ظهَر 露出，现出，现露
ـ الرجُلُ: افتضَحَ 出丑，露出马脚
اِسْتَكْشَفَ عن الشيءِ: طلب أن يُكْشَفَ له 侦察，侦探，踏勘
ـ: استطلع 要求说明，探询
كَشْف: ضد تَغْطِيَة 揭开，打开
ـ: إظْهار 揭发，揭露；侦察，搜索
ـ: وَحْي [宗]天启，启示，默示
أهل الـ 预言者
ـ / اِكْتِشَاف: إيجاد 发明
ـ (مـ): بَيان 声明，说明
ـ الحِجاب 揭幕，开幕
ـ الحِساب (مـ) [商]清单，账单
ـ المَاهِيَّات (مـ) (الأجور) 薪水账，工资账
ـ طِبِّيّ (مـ) [医]诊查，检查
كَشْف جـ كُشُوف 表，名单，清单，统计表
كُشُوف انتخابِيَّة 选民名单
كَشْفِيّ 研究的，探索的
بِعْثَة ـ ة 考察队，勘查队，测量队
كُشْفَة الصَفْحة (مـ) (圆柱顶部的)顶板，冠板
ـ وَجْه المِعْبَرة [建]飞檐的上部
كَشَاف (مـ) 空旷的地方
كِشَافَة: عَمَل الكَشَّاف 侦探工作
ـ [地]勘探，探矿
اِكْتِشَاف جـ اِكْتِشَافَات: كَشْف 发现，发明
ـ: اِسْتِكْشَاف (مـ) 侦察，搜索
ـ: رَوْد 探险，探索
طائِرة ـ 侦察机
ـ 打开，开始，创立，开幕，开放，开办
اِكْتِشافِيّ 研究的，探索的
اِسْتِكْشَاف جـ اِسْتِكْشَافَات 暴露，发现，露出
ـ [军]侦察，搜索
ـ جَوِّيّ 空中侦察
كاشِف جـ كَشَفَة: الذي يكشف 揭发者，揭露

者，发现者

ـ جـ كُشَّاف [史]区长

ـ (无线电)检波器

ـ بَلُّورِيّ 晶体检波器

ـ / كاشِفة جـ كَوَاشِفُ (في الكِيمِياء): مادّة تُستَعمَل لإيجادِ تَفاعُلٍ كِيماوِيّ [化]试剂，试药

كاشِفَة 解救，解脱

أَزِفَتِ الآزِفةُ لَيْسَ لها ـ 发生了不可挽救的灾祸

كَشَّاف: كاشِف 揭露者，揭发者，发现者

ـ: طَلِيعَة / مُستَطْلِع 侦探，斥候，侦察兵

ـ 海关代理人

النُور الـ / المِصْباح الـ 探照灯

ـ 学者，科学家，研究者，探索者，探险家

كَشَّافَة: نَفضَة 斥候队，侦察队

الفِتْيَان الـ / الشُبَّانُ الـ 童子军

كَشِيف: مَكْشُوف 裸露的，打开的

ـ 空旷的，不设防的

مَكْشُوف: ضِد مُغَطًّى 显露的，被揭开的

ـ: مُعَرَّض 露天的，无掩蔽的，不设防的，没有防卫的

ـ: عُرْيَان 裸体的，赤裸裸的

ـ الرأْس 科头的，光头的

مكان ـ: لا سَقْفَ له / أَجْهَى 露天的，无屋顶的，没天棚的

على الـ 公然，坦白，直率

يَشْتَرِي على المَكْشُوف (مـ) 买空

يَبِيعُ (الأَسْهُمَ) على الـ (مـ) 卖空

البَيْعُ على الـ 卖空

مُكْتَشِف 发现者，发明人

ـ / مُسْتَكْشِف (مـ): رائِد 探险家

كُشْك جـ أَكْشَاك وكُشْكَات (مـ): جَوْسَق / كَوْشَك / كُوشُك (波)亭，亭子，棚子，小屋

ـ: طارِمة 小屋，小房间

ـ 报亭，邮亭，售货亭

ـ التِلِفُون 公用电话室

ـ الدَيْدَبَان 哨房，哨亭，岗亭

ـ الإشارَات (في سِكَّة الحَدِيد) [铁]信号房

ـ المُوسِيقَى 音乐台

ـ بَحْرِيّ 海滩上的小屋、茅舍

ـ حَمَّام البَحْرِ 海边浴室、洗澡间

كِشْك: طعام من اللبَن الحامِض وطِحِّين 酸奶煮燕麦片

ـ الماز (مـ) (قَوْش قَنماز): هِلْيَوْن [植]石刁柏(俗名)芦荀

كُشْكَار (مـ): طحين خَشِن 麦屑，粗碾粉

ـ / خُشْكَار 黑面包，粗粉面包

كَشْكَش: هَرَبَ 逃跑，逃走

ـ: خَشْخَشَ (蛇行时)沙沙地响

ـ كِ [语]第二人称阴性单数代名词 كِ 变成 شِ，例如 عَلَيْكِ 变成 عَلَيْشِ، رَأَيْتُكِ 变成 رأيْتِش

كَشْكَشَ (مـ): ثَنَّى 折叠

كَشْكُول جـ كَشَاكِيلُ: جِراب المتسوِّل (乞丐的)头陀袋，万宝囊

ـ: دفتر تُلْصَق فيه قُصاصاتُ الجرائد وغيرُها 剪贴簿

كَشَمَ ـُ كَشْمًا وكَشَّمَ واكْتَشَمَ الأَنْفَ: قطعه مستأصلاً 劓，割鼻子(野蛮的刑法)

كَشَمَ له (مـ): أَظهر الجِدَّ 严肃对待；拘谨地接待

كاشِم: أَنْجُذَانٌ رُومِيّ [植]阿魏树

كشمش 1060 كعب

كِشْمِش: زَبِيب بَناتِيّ (مـ) [植]无核葡萄干

كَشْمِير 克什米尔

ـ cashmere: نَسِيج من صُوف ثَمِين 开士米（一种细毛料），山羊绒；开士米织物，毛绸；克什米尔毛绸

شَال ـ 毛绸围巾；毛绸披肩

كُظْر: شَحْم على الكُلْيَتَيْنِ [解]肾上的脂肪

كُظْرِيّ: فوق الكُلْيَتَيْنِ [解]肾上的

الغُدَّة الكُظْرِيّة [解]肾上腺

كَظَّ ـُ كَظًّا الطعَامُ فلانًا: ملأه حتى لا يُطِيقَ التنفُّسَ 胀肚

ـ كَظَاظًا وكَظَاظَةً الأمرُ فلانًا: غَمّه وكَرَبَه وبَهظه 使悲伤，使忧伤，使痛心

ـ واكْتَظَّ بكذا: امتلأ به 充满，挤满，塞满

اِكْتَظَّ المَكانُ بالناس 挤满了人

ـ من الطَعام 胀肚

كِظَّة 胀肚

كَظِيظ / مَكْظُوظ: مُفْعَم 肚子胀的

مُكْتَظّ بكذا: مُمْتَلِئ به 装满的，充满的，挤满的

الحَدِيقَةُ ـ ة بالزُوَّار 公园里游人如织

كَظَمَ ـِ كَظْمًا البابَ: أغلقه 关门

ـ النَهْرَ: سدَّه 填塞河道

ـ القِرْبَةَ: ملأَها وسَدَّ فاها 装满皮袋，扎起袋口

ـ الشيءَ وعلى الشيء: حَبَسه 塞住

ـ كَظْمًا وكُظُومًا غَيْظَهُ: حبسه وأمسك على ما في نَفْسِه منه 抑制愤怒，压住性子

كَظِيمَة وكَاظِمَة جـ كَظَائِمُ: تِرمُس (أ) 热水瓶

مَكْظُوم: مَكْبُوت 被抑制的，受压抑的，积压在心头的

كَعَبَ ـَ كُعُوبًا الثَدْيُ: نَهَدَ 乳房凸出，鼓胀、膨胀、突出

كَعَبَت ـُ كُعُوبًا وكُعُوبَةً وكِعَابَةً الصَبِيَّةُ: ارتفع صَدْرُها （少女）乳房隆起，胸部突出

كَعَّبَ الشيءَ: جعله مُكَعَّبًا [数]变成立方形

ـ العددَ: ضربه بمربَّعه [数]自乘两次

كَعْب جـ كُعُوب: عُقْدَة في القَصَب 节，关节，茎节

ـ: شرف 光荣，荣誉，名望

عُلُوّ الـ 才干，才能，光荣，名誉

ـ جـ كُعْب وكِعَاب: مُكَعَّب [数]立方体，正六面体

ـ النَرْد: زَهْر الطَاوِلة (مـ) 骰子，色子

ـ جـ كِعَاب وكُعُوب وأَكْعُب: العَظْم الناشِز فوقَ القَدَم [解]距骨

ـ (مـ): كاحل 踝，踝部

ـ الرِجْل (مـ): عَقِب 踵，脚后跟

ـ الحِذَاء (مـ) 鞋后跟，袜后跟

ـ العصا (مـ): زُجّ （手杖的）镦

ـ حِذَا أخيل (مـ) 唯一弱点、短处

ـ جِلْدَة الكِتَاب (مـ) 书背

ـ القَسِيمَة (مـ) (الجُزء الذي يبقى في الدفْتَر) （发票等的）存根，票根

ـ دَفْتَرِ الوُصُولات أو الشِيكَات (مـ) （收据、支票等的）存根，票根

كَعْبَة جـ كِعَاب وكَعَبَات: كلّ بَيْت مُرَبَّع 立方形的房子，房间

الـ: البَيْت الحرام 克而白（麦加的天房，因具骰子之形而得名）

ـ 重心

ـ الآمَال 众望所归，期望的对象，希望的目的地）

كُعْبَة: بَكارَة الجارِية 童贞

أبو كُعَيْب (مـ) / كُعَيْب: اسم مَرَض [医]流行性腮腺炎

لُعْبَةُ الكِعاب (عـ): لُعْبَةُ العاشِق 用羊蹠骨作的游戏

تَكْعِيب الأعداد [数]自乘两次

تَكْعِيبَة (مـ): مِسْمَاك / عريش 格子，格子墙

ـ العِنَب (مـ) 葡萄棚，葡萄架

ـ 格子细工

تَكْعِيبِيّ 立方的，立方形的，立方体的

جِذْر ـ 立方根

مِساحَة ـ ة / سَعَة ـ ة 容积，求积法

كاعِب جـ كَوَاعِب: مُرْتَفِع 胸部丰满的，隆起的(少女、姑娘)

مُكَعَّب: جسم هَنْدَسِيّ 立方体，正六面体

ـ جـ مُكَعَّبات 立方，立方体

ـ: تَكْعِيبِيّ 立方的，立方形的，立方体的

ـ الشَكْل 立方形的

مِتْر ـ 立方米

كُعْبُرَة جـ كَعَابِير / كُعْبُورَة جـ كَعَابِير: عُقْدَة 结，疙瘩

ـ: عَظْم الزَنْدِ العَلَوِيّ [解]桡骨

كُعْبُرِيّ (في التشريح) [解]桡骨的

مُكَعْبَر: مُعَقَّد 有节的，多节的

كَعْبَلَه (مـ): عقله / أوقعه 绊倒，勾脚摔倒

تَكَعْبَلَ (مـ) 被绊倒

كَعَّ ـِ كَعًّا وكُعُوعًا وكَعَاعَةً وكَيْعُوعَة: جَبُنَ 怯懦，懦弱，胆小

ـ (مـ): قاءَ 吐，呕吐

ـ الغَرامةَ (مـ) 付出吓人的价钱

ـ مَبْلَغ كذا (مـ) 被迫付出若干款项

كَعْك الواحدة كَعْكَة جـ كَعكات (波)糕点

كَعَمَ ـَ كَعْمًا البعيرَ: كَمَّمه (给骆驼)上口套，带笼套

ـ الوِعَاءَ: رَبَط رأسَهُ 绑起皮袋口；盖上器皿

كَعَا يَكْعُو كَعْوًا: جَبُنَ 怯懦，懦弱，胆小

كَفَأ ـَ كَفْأً وأَكْفَأَ واكْتَفَأَ الإناءَ: أمالَه وقلبَه ليصبَّ ما فيه 倾注

ـ عن القَصْد: جار 改变宗旨

كَافَأَ الرجلَ: جازاه 奖赏，酬谢，酬劳

ـ ه: ساواه 相等，同等；[军]看齐

تَكَفَّأَ في مِشْيَتِه: ماد وتمايَلَ 摇摇摆摆地走

تَكافَأَ القومُ: تَساوَوْا 彼此相等

اِنْكَفَأَ: رجَع 归回，转回，返回

ـ القومُ: انهزموا 败北

ـ اللونُ: تغيَّر 褪色

ـ الإناءُ / اِنْكَفَى (مـ): انقلب (器皿)被推翻，被颠覆，倒置，颠倒

ـ وـ (مـ): كَبَا 倒摔下来

كَفَاء / كَفَاءَة: مُسَاوَاة 同等，相等，一样，均等

ـ / ـ: أَهْلِيَّة 资格，能力，才能，才干

كَفاءة الآلة: جَوْدَتها [机]率，功率，效率

مُكَافَأَة 报酬，酬劳

ـ عن خِدْمَته 酬答他的勤劳

تَكافُؤ 平等

عَدَم ـ 不平等，不公平

على أساس الـ 在平等的基础上

اِنْكِفَاء: انقلاب 被推翻，被颠覆，被倒置

كُفْء جـ أَكْفَاء وكِفَاء 对手，敌人；能干的，胜任的，有本事的，有能耐的

كُفْء لكذا 胜任某事的

ـ لكل شيء 多面手，事事能干的，样样都会的

كَفُؤ / كُفُؤ / كَفِيء م كَفِيئَة: مماثل 相等的，

同等的

مُكَافِئ: الذي يكافئ 酬谢者，奖赏者

ـ: مُسَاوٍ 相等的，同等的

الـ: الميكانيكيّ للحرارة [物]热功当量

كَفَتَه ـِ كَفْتًا: صرفه عن وجهه 阻止，抑制

ـ الشيءَ إلى نفسه: ضَمَّه 拉，拽，拖

ـ الشيءُ: تقلَّب ظَهْرًا لِبَطْنٍ 颠倒，倒置

ـ وكَفَّتَ ذَيْلَه: شَمَّرَه وضَمَّه إلى نَفْسه 撩起，
提起，收起(衣缘)

كَفْت: مَوْت 死亡

خُبْزٌ ـٌ: بلا إدَام 光面包,没有涂料的面包

كُفْتَة (م) (土)油煎的肉丸子

كَفَحَ ـَ كَفْحًا العَدُوَّ: واجهه واستقبله كَفَّة كَفَّة
迎敌，与敌交锋

كَافَحَه مُكَافَحَةً وكِفَاحًا 与之作斗争，反对；
奋斗

ـ عنه: دافَعَ عنه 保卫

ـ الأمرَ: باشَرَه بنفسه 亲自管理,亲自处理

تَكَافَحَ القومُ: تَضَارَبُوا تِلْقَاءَ الوُجُوه 殴打

مُكَافَحَة / كِفَاح: نِضَال 反抗，斗争

ـ / ـ: حرب 战争

ـ المُخَدِّرَات 禁毒

ـ الفَسَاد 反腐败

لَقِيتُهُ كِفَاحًا 我面对面地碰见他

كِفَاحِيّ 战斗性的

كَفَرَ ـُ كَفْرًا وكُفْرًا وكَفَّرَ الشيءَ: غَطَّاه وستره
盖，遮蔽，掩蔽

ـ كَفْرًا وكُفْرًا وكُفُورًا وكُفْرَانًا بالخالق: نَفَاه
وعطَّله 否认造物主

ـ كُفْرًا وكُفُورًا وكُفْرَانًا بالنِعْمَة: جحدها
وتناساها 忘恩负义，不知感谢

ـ: صار كافِرًا [宗]变成外道

كَفَّرَ عن ذَنْبِه: أَعطى الكَفَّارَةَ 赔偿，罚款，赎罪

ـ عن سَيِّئَاتِه [宗]赎罪，出罚款

ـ وأَكْفَرَ الرجلَ: حمله على الكفر 使信仰动摇

ـ وـ: صَيَّره كافِرًا 使变成不信者

ـ وـ: نَسَبَه إلى الكفر 使受不信的责任，使
负不信的罪名

ـ له الذَنْبَ: صَفَحَ عنه 原谅，饶恕，赦免

ـ الخَطَأَ عنه 原谅他的错误

كَفْر جـ كُفُور (س): قَرْيَة صغيرة 小村庄

كُفْر / كُفْرَانٌ 无信仰，不信神，不虔敬，
轻视宗教

ـ وـ بالله 不信真主,不信上帝

ـ وـ: نُكْرَانُ النِعْمَةِ 忘恩负义

ـ (م): تجديف 骂神，不敬，亵渎

كَفَّارَة 赎金，赎罪物，赎罪的祭品

ـ / تَكْفِير 赎罪，消孽，灭罪

كَفُور جـ كُفُر 背教者

كَفْرَانُ (م) 发怒的，愤慨的

ـ (م) 寂寞的，无聊的

كَافِر جـ كُفَّار وكَافِرُون وكَفَرَة وكِفَار: ضد مُؤْمِن
异教徒，邪教徒；不信教者，不信神者

ـ: ضد تَقِيّ 渎神者，不虔敬者

ـ: ناكِرُ النِعْمَةِ 忘恩负义的,不知感谢的

ـ: لَيلٌ مُظْلِم 黑夜

ـ: ظَلَام 黑暗，阴暗

حِصَانٌ ـ 黑马

كَافُور جـ كَوَافِيرُ وكَوَافِرُ (أ) 樟脑

زَيْتُ الـ 樟脑油

شَجَرَةُ الـ 中国樟脑树

الـ (م) / اليُوكَالِبْتُوس eucalyptus [植]桉，
蓝油木，有加利

حَشِيشَةُ الـ 樟脑草

كَوَافِر 瓶，瓮，酒罐，油罐

كَافِيَار (أ) caviar 鱼子

ـ أَحْمَر 鲑鱼子

ـ أَسْوَد 鱼子酱

كَفِسَ ـَ كَفَسًا الصَبِيُّ وكَفِسَتْ وانكَفَسَتْ رِجْلُه 成为弯脚的、鳄足的、罗圈腿的

أَكْفَسُ م كَفْسَاءُ ج كُفْس 弯脚的，鳄足的，罗圈腿的

كَفَّ ـُ كَفًّا وانْكَفَّ عن الأمر: انصرف وامتنع 放弃，抛弃

ـ ه عن الأمر: منعه 阻止，制止

ـ يَدَه (م) 收回，撤销(申请、约定等)

ـ ه عن عَزْمه 劝阻

ـ عن القِراءة 停止朗读

ـ الإِنَاءَ: مَلأَه مَلأً مفرطًا 装得太满

ـ وكُفَّ بَصَرُهُ (双目)失明，变成瞎子

كَفَّفَ (م) وكَفَّ الثوبَ: خاط حاشيتَه خياطةً ثانية بعد الشَلّ 缝边，管边，缲边

تَكَفَّفَ واسْتَكَفَّ الناسَ: مدّ إليهم كفّه يستعطي 乞讨，行乞，要饭，讨口

اِنْكَفَّ عن المَكان: تركه 离开某地

اِسْتَكَفَّ الناظرُ: ظلَّلَ عينَيْه بيَدِه 手搭凉篷，用手做遮阳

ـ تِ الحَيَّةُ: اِستدارَتْ (蛇)盘绕，卷成一圈儿

ـ به النَاسُ: أحاطوا به 包围

كُفَّ: قِفْ 停！别忙！等一等！

كَفّ: اِمتناع 停，中止，中断，放弃

ـ ج كُفُوف وأَكُفّ وكُفّ: يَد أو راحة مع الأصابع 手，手掌

ـ 一掬，一把

ـ: قُفَّاز (انظر قفز) 手套

ـ الحَيَوَان 爪

ـ: صَفْعَة 一巴掌

ـ الأَجْذَم / ـ إِبْرَاهِيم: نبات [植]西洋牡荆

ـ الأَسَد: راحة الأسد [植]樱草花

ـ الدُبّ: رِجْلُ العَنْقاءِ 熊足喷根草

ـ مَرْيَم: شجرةُ مَرْيَم [植]含生草

عِلْمُ قِراءةِ الـ 手相术

ضَرَبَ كفًّا على ـ 因(痛苦而)拍手

قارِئُ الـ 看手相者

الـ الخَضِيب [天]王良一(仙后座一等星)

بَسْط الأَكُفّ 乞讨，讨饭

كِفَّة الميزان ج كِفَف وكِفَاف 秤盘，天秤盘

الـ الرَاجِحَة (侧重的秤盘)优势

كِفَّة تَقْليم الحَوافِر (م) 削皮刀；指甲刀

كُفَّة ج كُفَف وكِفَاف: حاشية 边，缘

كَفَف / كَفَاف من الرزق: ما أغنى عن الناس 糊口的粮食

كِفَاف ج أَكِفَّة: حَدّ 边缘

كَفَاف 停止！够了！

كِفَافَة: خِياطة الحاشية 褶缝边缘

كَافَّةً: جَمِيعًا 全部，全体，通通，统统

حضَرَ الطُلاَّبُ كَافَّةً 学生们全体出席了

كَفِيف / مَكْفُوف ج مَكَافِيفُ: أَعْمَى 瞎子，盲人，瞽目

مُكَفَّف الأَصَابع: من ذوات الوَتَرَة 有蹼的

كَفْكَفَ دَمْعَهُ: مَسَحَه مرّة بعد أخرى 擦泪，拭泪

ـ ه عن الأمر: منعه وردّه 劝阻，阻止，制止

تَكَفْكَفَ عنه: انصرف وامتنع 被阻止，被制止

كَفَلَ ـُ وكَفِلَ ـَ وكَفُلَ ـُ كَفْلاً وكُفُولاً الرجلَ وبالرجل والمالَ وبالمال: ضَمِنَه 保证；保障，担保

ـ الكَفِيلُ المُتَّهَمَ 保释(被告)

كَفَلَ ـُ كَفْلاً وكَفَالَةً وكَفَّلَ عِيَالَهُ 供养，赡养
كَفَّلَ وأَكْفَلَ القاضِي المُتَّهَمَ [法]准许保释
ـ وـ: جعله يَكْفُله [法]使…保证，使…担保
كَافَلَه: حالفه وعاهَده 订契约，缔结协定
تَكَفَّلَ له بكذا: ضَمِنَه له 保证，担保
ـ بكذا: أخذه على عُهْدَتِه 保证，担保，承担责任
تَكَافَلَ القومُ: كَفَلَ بعضُهم بعضًا 互相担保，互相保证，团结一致
تَكَافُل 互相担保，团结一致
بالـ والتَضامُن 团结一致地
بوجه الـ والتضامُن 连带地
كَفَل جـ أَكْفَال: رِدْف (牲畜的)臀部，屁股
ـ الحِصَان 马屁股
كَفَالَة جـ كَفَالات: ضَمان المُتَّهَم لإخراجه من السِجْن [法]保释金
ـ: ضَمَان 保证
أُخْرِجَ فلان من السِجْن بـ ـ 某人在保释中
كَفُولَة الطفل (مـ): حِفاظ (婴儿的)尿布、裤子
كَفِيل جـ كُفَلاءُ / كافِل جـ كُفَّل: ضَامِن المُتَّهَم 保证人，保释人
ـ / ـ اليَتِيم: القائم بأمره [法]监护人，保护人
ـ: ضَامِن 保证人，负责人
مَكْفُول [法]被保释的，被担保的
كَفَنَ ـِ كَفْنًا وكَفَّنَ المَيْتَ: أَلْبَسَه الكَفَن 入殓，以白布裹尸，给亡人穿殓衣
تَكَفَّنَ بكذا: تَوارَى به وتَغَطَّى 披上…，以…裹起来
كَفَن جـ أَكْفَان: ما يُلْبَسُه المَيْتُ 寿衣，殓衣
أُدْرِجَ هذا في أَكْفان الزَمَن والتاريخ (已卷入历史的殓衣)已成为历史
ما يَبْكِي على المَيْتِ إلاَّ ـُـه (除殓衣外，没有谁在哭亡人)他早被遗忘了
طَعامٌ كَفْنٌ: لا مِلْحَ فيه / عادِب (مـ) 淡的食品，没盐味的食物
مُكَفَّن / مَكْفُون 入殓的，着寿衣的
اِكْفَهَرَّ الليلُ: اشتَدَّ ظلامُه 夜间变成漆黑、黑暗
ـ السَحَابُ: تراكب بعضه على بعض واسودّ 彤云密布
ـ وَجْهُهُ 皱眉头，愁眉不展，愁眉苦脸
ـ تِ السَماءُ 天阴，昏暗，阴沉，暗淡，暗无天日
اِكْفِهْرَار 昏暗
مُكْفَهِرّ: مُظْلِم 黑暗的，昏暗的，阴沉的
ـ: عابِس 愁眉不展的，愁眉苦脸的
كُفْو: نَظِير (راجع كفأ) 相等的，平等的，同等的
كَفَى يَكْفِي كِفَايَةً الشيءُ: حصل به الاستغناء عن سواه 够用，充足
ـ: حَسْبُ / بَسْ (مـ) 够了！
وـ: فَحَسْبُ 足够了！
لا (مَا أو لَمْ) ... وـ بل ... 不仅…而且…，不但…还…
ـ فُلانًا مُؤُونَتَه: جعلها كافِيةً له 给他充足的粮食
كَفَانِي مُؤُونَةَ الرَدّ 他已经替我答复了
كَفَيْتُه شَرَّ عَدُوِّه: مَنَعْتُ ذلك الشرَّ عنه 我保护他，不受敌人的伤害
كَفَى 主词上常加介词ب，主词后面常有分词：
ـ بالتَواضُع رِفْعَةً 谦虚足以提高声望
كَافَى الرجلَ: كافَأَه وجازَاه 报酬，酬劳，报答

اِكْتَفَى بكذا: قَنِع واستغنَى به 满足于……，以……为满足

اِسْتَكْفَى الرجلَ الشيءَ: طلب منه أن يَكْفِيَه إيّاهُ 要求他给予充足的东西

كِفَايَة: إغناء 充足，充分，充裕

ـ 才干，才能，能力

بالـ 充分地

عَدَم ـ 缺乏，不足，不充分

عَدَم ـ 无能，无才干，没本事，没能耐

ـ: ما يَكْفِي 充分的，足够的，够用的

ـ / كَافٍ جـ كُفَاة / كَفِيّ 充分的，足够的，使人满足的，令人知足的

مُكَافَاة: مُكَافَأَة 报酬，酬谢，奖赏

اِكْتِفَاء 满足，满意，知足

الـ الذاتِيّ 自给自足

مُكْتَفٍ 满意的，满足的，感到满足的

كُكُم: طَائِر 鸤鸠，郭公鸟，布谷鸟

كَلَأَ ـ كَلأً وكِلاءً وكِلاءَةً فلانًا: حرَسه وحفظه 看守，守护，保护

اِكْتَلأَت العينُ: سهرت ولم تنم 没合眼，没睡眠

كَلأ جـ أَكْلاء: عُشْب 草，饲草(包括青草和枯草)

كَلْء / كِلاء / كِلاءَة 看守，守护，保护

رَجُلٌ كَلُوءُ العَيْنِ 觉醒的，警醒的，不眠的(人)

عَيْنٌ كَلُوء: ساهرة 觉醒的，警醒的(眼睛)

كلاّ (في كلل) / **كلا وكلتا** (في كلي)

كَلِبَ ـ كَلَبًا الكلبُ: أصابه داءُ الكلب 害瘼咬病，恐水病，狂犬病

ـ الرَجُلُ: أصابَه جُنُونُ الكِلاب (人)害瘼咬病，恐水病，狂犬病

ـ على الأمر: حرص عليه 垂涎，妄想得到

ـ الشتاء أو الزمانُ: اشتدّ 年成不好

ـ وكَلَّبَ (مـ) في كذا: طمع 贪图，贪婪

كَلَّبَ الكَلْبَ: علّمه 训练(狗)

تَكَالَبَ القومُ على كذا: تواثبوا عليه 争夺，抢夺

ـ القومُ: تجاهروا بالعَداوة 公开地互相仇视

كَلَب: عَطَش 渴

دَاءُ الـ / مَرَضُ الـ [医]瘼咬病，恐水病

دَارُ الـ 瘼咬病人医院

كَلْب جـ كِلاَب وأَكْلُب جج أَكَالِبُ وكِلاَبَات 狗

ـ سَلُوقِيّ 灵猩

ـ البَحْر: قِرْش / كَوْسَج 鲛，鲨鱼

ـ الماء: قُضَاعَة 獭，水獭

الـ الأَصْغَرُ (في الفَلَك) [天]小犬座(南河三，是一等星)

الـ الأَكْبَر (في الفَلَك) [天]大犬座(天狼，是一等星)

ـ السِيجَة (西洋棋的)兵，卒

اِبْنُ ـٍ (骂人的鄙词，本义是狗的儿子)狗日的，王八羔子

بَيْتُ الكِلاب 狗窝，狗房

كَلْبِيّ / كِلاَبِيّ: مُختص بالكلاب 犬，犬属

ـ: زاهِد في اللذّة 犬儒学派的

كَلْبَة: أُنْثَى الكَلْب 母狗，草狗

ـ (مـ) / كَلْبَتَان: كَمّاشَة (مـ) 钳子，铗子

كُلُوب جـ كُلُوبَات club 俱乐部

كُلُوب 煤气灯

تَكَالُب 争夺，抢夺，互相仇视

كَلِب جـ كَلِبُون / كَلِيب جـ كَلْبَى / كَلْبَان / مَكْلُوب (مـ) 发疯的，癫狂的，患瘼咬病的，患恐水病的

ـ: شديد الحِرْص 极贪婪的；贪得无厌的

كُلاَّب جـ كَلاَلِيبُ / كُلُّوب: هَوْجَل 钩，铁钩，

吊钩；小锚，四爪锚；（蟹、虾等的）螯

كُلاَّبَة خَلْع الأَسْنان جـ كُلاَّبَات (مـ) 拔牙用钳子

مُكَلِّب: مُعَلِّم كِلاب 狗的教练，驯犬者

كَلَبْش (مـ) (انظر كَبْل) 桎梏，脚镣，手铐

كِلْتَا (في كلي)

مُكَلْتَم 颧骨高的

كَلَحَ ـَ كُلُوحًا وكُلاَحًا وأَكْلَحَ وتَكَلَّحَ وجهُه: عبَّس وتكشَّر （相貌）严肃，严厉，冷酷；愁眉不展，愁眉苦脸

ـ في وَجْهِ الصَبِيّ أو المجنون （对小孩或疯子）做鬼脸

كَلَحَة: الفَمُ وما حوالَيْه 口部；口鼻

ما أَقْبَحَ كَلَحَتَهُ 他多丑啊！他多难看啊！

كالح: عابِس 严肃的，皱眉的；忧郁的

ـ الوَجْه 面带忧色的

لَوْنٌ كالح （颜色）微黑的，阴暗的，暗淡的，模糊的

كَلَخ: لِزَاق الذَهَب ［化］阿摩尼亚橡皮

ـ المَوْقِد والأَفْران (مـ) 煤渣，煤屑，铁渣，熔滓，矿灰

كَلْدَانُ (أ) Chaldea 迦勒底（南美索不达米亚的闪族，公元前7世纪末形成新巴比伦国家）

بلاد الكَلْدَان 迦勒底国

كَلْدَانِيّ 迦勒底的；迦勒底人

اللُغَة الكَلْدَانِيّة 迦勒底语

كَلاَر （土）仓库；栈房；伙食房，食品室，藏肉所

كَلاَرْجِي 栈房管理人；储藏室管理员

كَلَّسَ الشيءَ: حوّله إلى كِلْس ［化］钙化，石灰化；烧成石灰

ـ البَيْتَ ［建］粉饰，涂上石灰，涂抹灰泥

تَكَلَّسَ: تحوَّل إلى كِلْس ［医］钙化，骨化，石灰性变

كِلْس: جير (مـ) 生石灰

كِلْسِيّ 钙的，含钙的

كَلْسَة جـ كَلْسَات (سـ): جَوَارِب 袜，长袜

كُلْسَة: لون الغُبْرة يَمِيل إلى السَوَاد 深灰色

كَلاَّس 石灰匠，石灰商

كَلاَّسَة 石灰窑

كَلاَسِيكِيّ classic 古典的，经典的，典型的

كَلْسِيُوم / كَالْسِيوم (أ) calcium ［化］钙

كَلِفَ ـَ كَلَفًا الوَجْهُ （脸）生雀斑

ـ بالشَيْء 热爱，酷好

ـ بالمَرْأَة 爱上，恋爱

كَلَّفَه الأمرَ: أَمَرَه به 委托，嘱托，责成，使负责任

ـ ه: أَمَرَه بما يشُقّ عليه 派给工作

ـ الخِزانَة 使国库负重担

ـ نفسَه العَنَاءَ في... 愿效劳

ـ كذا (مـ): كانَتْ نَفَقَتُه كذا 花费，耗费

ـ خاطِرَه (مـ): أَتْعَبَ نَفْسَه 为…而劳神、操心

مَهْمَا ـ الأمرُ 无论如何费钱，不管怎样麻烦

تَكَلَّفَ الأمرَ: تَجَشَّمه 承担工作

ـ العَمَلَ 勉强工作，勉为其难

ـ الابْتِسامة 嬉笑，强笑

لم يتَكَلَّفْ جُهْدًا 他没有经历什么困难

ـ كذا (مـ): أَنْفَقَ عليه كذا 耗费，花费

ـ (مـ): تمسَّك بالرَسْمِيَّات 客气，拘礼，墨守礼法，讲究仪式

كَلَف / كُلْفَة: لَوْن الكُمْرَة الكَدِرَة 棕红色，褐红色

ـ الجِلْدِ: نَمَش [医]雀斑，黄褐斑
ـ الشَمْسِ / الـ على وَجْه الشمس [天]太阳黑子
ـ: حُبّ شديد 热爱，强烈的爱情
ـ وكُلْفَة جـ أَكْلاَف 价值，价格，成本，费用
كُلْفَة جـ كُلَف: مَشَقَّة 麻烦，费力，劳苦
ـ (مـ): نَفَقَة 费用，开支
ـ الحَيَاة 生活费
ـ المَشْرُوع 工程造价
ـ المَلابِس (مـ) / خَرْج (مـ) (衣服的)装饰，附件
ـ 拘束，局促，紧张，窘迫
إظْهار الـ (مـ) 客气，拘于仪式，墨守礼法，讲究仪式
بلا ـ 从容地，无拘束地
كَلَفَة / بُقْعَة 雀斑，斑点
تَكْلِيف جـ تَكَالِيفُ 委托，嘱托，责成
ـ (مـ): تمسُّك بالرَسْمِيَّات 客气，拘礼，墨守礼法，讲究仪式
ـ الخاطِر (مـ) 劳神，费心
سِنّ الـ (مـ) 成年
لا ـ بَيْنَ الأَصْدِقَاءِ (مـ) 朋友之间没客气
بلا ـ (مـ) 不客气
تَكَالِيف 税，关税，租税
ـ الإِنْتَاج 生产费，生产成本
ـ المَعِيشَة 生活费
تَكَلُّف (مـ): تَصنُّع 假装，做作，装模作样，矫揉造作
بِدُون ـ 不受拘束，毫不客气
تَكَلُّفَات بَدِيعِيَّة 辞藻的堆砌
كَلِف 爱慕的，钟情的

كَلاَّف المَوَاشِي 饲养员
أَكْلَفُ م كَلْفاءُ جـ كُلْف البَشَرة 有雀斑的
مُتَكَلِّف 假装的，做作的，装模作样的
جِدّ ـ 假装的严肃
مُكَلَّف: مَسْؤُول 有责任的，负责任的
ـ بِاسْمِه (مـ) / ـ على اسْمِهِ (مِلْك) 用他的名义登记的(土地)
ـ (مـ): دافع الضَرائِب 纳税人
مُكَلَّفَة (مـ): سِجِلّ الأَراضِي الزِراعِيَّة 地册，地籍册
كَلْفَتَ العَمَلَ (مـ): رمَّقه 马马虎虎地做事，敷衍塞责地做
ـ 隐匿，隐藏，掩藏
كَلْفَتَة 隐藏
ـ 敷衍了事
كَلْفَنَ (أ): طَلَى المعدنَ بالكَهْرَبا 电镀
كَلْفَانِيّ: كَهْرَبِيّ [电]流电的，带电的
ـ Calvin: تابِعُ مَذْهَب كَلْفِن 加尔文教徒
بَطَّارِيَّة كَلْفَانِيَّة (انظر كلون) [电]伽法尼电池组
كَلَك (أ ع): طَوْف / مَرْكَب نَهْرِيّ (波) 筏子，木排
كَلْكُوعَة (مـ): كُعْبُرة 土块，泥块，块团
كَلْكَل جـ كَلاَكِلُ: أعلى الصَدْر 胸膛
نَزَلَ بـ ـ ه على ... (س) 全力做…
كَلْكَلَت اليَدُ من العمل: كَنِبَتْ 生茧皮，生趼子
كَلْكَلَة / كَنَب 老茧，茧皮，趼子
مُكَلْكَل / كَنِب 生趼子的
كَلَّ ـِ كَلاًّ وكِلَّةً وكَلاَلاً وكُلُولاً وكَلاَلَةً وكُلُولَة:
تعب وأعيا 疲倦，疲乏
ـ السيفُ: لم يقطع (刀)钝，不快，不锐利
كَلَّ النظرُ والفهمُ 迟钝，不灵敏

ـ ت قُوَاهُ 筋疲力尽
لا يَكِلّ: لا يَتْعَب 不疲倦
كَلَّله: أَلبسه الإكْليلَ 给他加冕，戴王冠
ـ بالنَجاح 成功，奏效
ـ ه على فُلانَةَ (مـ): عَقَد له عليها 为某人与某人订婚
أكَلَّه: أتْعَبَه 麻烦，劳累
ـ البُكاءُ بَصَرَهُ: صيّره كليلا (痛哭)使眼朦胧
تَكَلَّلَ (مـ): لبس الإكليل 戴冠，戴王冠，加冕
ـ عليها (مـ): تزوَّجها 娶她，跟她结婚
ـ بـ ... 以…结束
ـ بالنَجاح 获得圆满成功
كَلّ / كَلال / كَلالَة: إعْياء 疲倦，疲劳
ـ / ـ / ـ: ضَعْف 软弱，衰弱
ـ: ثِقَل 累赘，重担，负担，负荷
كان ـًّا عليه 成为他的负担
ـ / كَلِيل 弱的，衰弱的，迟钝的，不灵敏的
ـ / ـ البَصَر 老眼昏花，视觉不灵
ـ / ـ الفَهْم 脑筋迟钝，思想迟钝
ـ / ـ: ثَالِم / غير حادّ 钝的，不锐利的
كَلال المُرُونة [物]弹性疲乏
كَلالة 旁系血亲
اِبْنُ عمٍّ كَلالةً / اِبْنُ عَمِّ الـ 再从兄弟
كُلّ: جَميع 全，整，全体，全部，整个，一切，所有
ـ منهم 他们中的每个人
ـ واحِدٍ (جملة) 各人，每人，人人，谁都
ـ واحِدٍ (على حِدَة) 每个，个个
ـ إنْسانٍ (جميع الناس) 每人，全体，大家
ـ شيءٍ 凡事，万事，事事，凡物，万物，什么都

ـ لا يَتجزَّأُ 不可分割的整体
ـ شيءٍ كانَ / كُلِّشِنْكانَ (مـ) (肯定句)什么都
ـ مَكان 各处，到处，处处，哪里都
ـ مَنْ 不管谁，无论何人
الـ: الجَميع 全体，全部，通通，统统
ـُهُمْ: جميعُهُمْ 他们全体
ـٌ منهم/ ـُ واحِدٍ 他们每一个人
الـُ بلا اسْتِثْناءٍ 无例外地，一概，全，都
الـُ في الكُلّ 全部，一切
ـَ يَوْمٍ 每天，每日，天天，日日
ـَ اليَوْمِ 整天，整日，全天，全日
ـ الأيّامِ 所有的日子，全部光阴
في ـِ من البَلَدَيْنِ 在这两个地方的每个地方上，在这两个国家的每个国家中
إنَّ السَعادةَ ـَ السَعادةِ في ... 全部幸福在于…
يُدْرِكُ ـَ الإدْرَاكِ 完全了解
كُلَّمَا: عِنْدَمَا 无论什么时候，每逢…时候，每次…总是
كُلَّمَا ... كان ... 愈…愈…，越…越…
كُلِّيّ: تامّ 全的，完全的，全部的
ـ: عامّ وشامل 普通的，一般的，普遍的，全称的，全体的，全面的，概括的，总括的，笼统的
ـ: مُطْبِق 完全的，十足的
ـ: مُطْلَق 绝对的，无条件的，无限制的
ـ القُدْرَةِ 全能的，万能的
ـ المَعْرِفَةِ 全知的，无所不知的
ـ الوُجُودِ 普遍存在的，无所不在的
جُنُونٌ ـ 全疯，十足的疯狂
خَرَابٌ ـ 彻底的破坏

رَفْضٌ ـ / إِنْكار ـ 断然的拒绝
كُلِّيَّة: عُمُومِيَّة 通性，通则，一般性，普遍性
ـ مَنْطِقِيَّة [逻]全称名词
ـ ج كُلِّيَّات (综合大学里的)学院；分科大学，单科大学，专科学校
كُلِّيَّةً / بالـ: قَطْعًا 完全地，绝对，断然
في ـ ه وجُزْئِيَّاته 总纲和细目，通则和细则
بـ ـ ه: أَجْمَعَ 整个地，全部地
الكُلِّيَّات [逻]宾辞，五种宾辞(类、种、特异性、固有性、偶性)
كَلاَّ! 决不，毫不，根本没有，一点也不
ـ ولا (مـ) 略微，稍微，稍许
ومَعَ ـ: مع ذلك 虽然…但是，仍然，还是，虽然，尽管…仍
كِلَّة ج كِلَل وكِلاَل: نَامُوسِيَّة 蚊帐，防蚊的
كَالّ / كَلِيل: مُعْيِي 疲惫的，疲倦的
ـ / ـ: ضدّ حادّ 钝的，迟钝的，不锋利的
كَلَل 疲倦，厌倦
بِدُونِ ـ ولا مَلَل 不懈地
كُلَّة ج كُلَل (سـ) (土)，球，弹丸，(儿童游戏用的)石弹；[军]炮弹，炸弹；[体]铅球
أَلْعَاب الـ 练习铅球，铅球运动
إِكْلِيل ج أَكَالِيلُ وأَكِلَّة: تاج 冕，王冠
ـ من زُهور أو أَغْصَان وغيرها: كُتْنَة 花冠；花环，花圈
ـ فَخْر 桂冠；光荣，荣誉
ـ المَلِك [植]香草木樨
ـ شَوْكِيّ (耶稣披戴上的)棘冕，荆冠；痛苦，苦恼
ـ شعَاعِيّ أو نُورَانِيّ (神像后的)光轮，后光
ـ الزوج 婚礼的花冠
ـ الجَبَل: حَصَالُبان [植]迷迭香
ـ الزَهْرة [植]小冠，副冠
ـ زُهُور (للرأس) 花冠，花环
ـ القَمَر [天]月华(全食期间，在月亮周围的暗黑边缘)
ـ (مـ): صَلاَة الزَوَاج المَسِيحِيّ 婚礼式
إِكْلِيلِيّ 冠的，花冠的，冠状的
العَظْم الإِكْلِيلِيّ (في التشريح) 额骨
مُكَلَّل: مُتَوَّج 戴王冠的，已加冕的
ـ (مـ): مُتَزَوِّج 结婚的
كَلَمَه ـُ كَلْمًا: جرَحه 伤，伤害
كَلَّمَه تَكْلِيمًا وكِلاَّمًا: جَرَّحَه 损伤
ـ ه: حدَّثه 同他说话，和他谈话
ـ ه بالتِلفُون 给他打电话
كَالَمَه مُكَالَمَةً: ناطقهُ وجاوبَه 对话，交谈
تَكَلَّمَ: فاه / حَكَى (سـ) 说话，讲话
ـ كَلِمَة أو بكَلِمَة 谈话
ـ مَعَه 同他说话，和他谈话
ـ عن شَخْصٍ أو أمرٍ 提及、谈到(某人或某事)
ـ على أو في مَوْضُوع 谈论(某个题目)
ـ في أو على شَخْصٍ: مدَحه 赞扬，称赞
ـ في أو على شَخْصٍ: ذمَّه 责备，批评
تَكَالَمَ الرجُلانِ: تَحَدَّثَا بعدَ تَهَاجُرٍ 他俩在绝交后又说起话来了
كَلْم ج كُلُوم وكِلاَم: جُرْح 伤，创伤，伤口
كَلِمَة ج كَلِم وكَلِمَات / كِلْمَة 字，单字，词，单词
ـُ الله: الكُتُبُ المُنْزَلَة 天启的经典，天经
الـ / الأُقْنُوم الثاني [基督]逻各斯(三位一体中的圣灵)
ـً ـً / ـً فكلمةً: حَرْفِيًّا 一字一字地，逐字

逐句地

ـ السِرّ: سرُّ اللَّيْلِ [军](回答步哨的)口令，口号，暗语

ـ العِلْمِ الحاسِمة 科学上的最新发明

ـ مَسْمُوعَة 权威，威望

بـ ـٍ أُخْرَى 换言之，换句话说

ـ: خُطْبَة 演说，讲话

ـ: قَصِيدَة 长诗

أَلْقَى ـ 发言，讲话，致词

العَشَرُ الكَلِمَات: وَصايا اللهِ العَشَر (圣经的)十诫

الكَلِمَات المُتَقَاطِعة 纵横字谜(一种组字游戏)

كَلاَم: حديث / حَكْي (س) 言语

ـ: قَوْل 话，言语，谈话；[法]陈述，口供

ـ: مُحَادَثَة 会话，谈话，交谈

ـ: لُغَة / لِسان 语言

ـ فارِغ 废话，空谈，空话，空论

بالـ 口头上

كَثِيرُ الـ 健谈的，多嘴的，话多的，唠叨的，啰嗦的，喜欢说话的

عِلْمُ الـ: أُصُولُ الدِّينِ الإِسْلامِيّ (伊斯兰教)教义学，经院哲学

أَوَّل كَلاَمٍ (م) (اصْطِلاحٌ مَطْبَعِيّ) [印]首行缩进(首行缩排一、二字)

كَلاَمِيّ 口头的，口述的，言语的

حَرْبٌ ـ ة 舌战，笔战，笔墨官司

كَلْمَانِيّ / كَلَمَانِيّ / كِلِّمَانِيّ / كِلِمَّانِيّ / مِكْلِمَانِيّ (م): جيِّدُ الكلام وفَصِيحُهُ 能言会道的，口齿伶俐的(阴性一概加ة)

ـ / ـ / ـ: كَثِير الكلام 健谈的，多嘴的，话多的

رجُلٌ تِكْلاَمٌ وتِكِلاَّمٌ وتِكْلاَمَة وتِكِلاَّمة: جيِّد الكلام فَصِيحُه 能言会道的，口齿伶俐的，善于辞令的

مُكَالَمَة: مُحادَثة 会话，交谈

ـ تِلِفُونِيّة 电话交谈，用电话谈话

كَلِيم جـ كُلَمَاء: مُتَكَلِّم / خَطِيب 演说家，雄辩家

ـ: متكلِّم بالنِيَابَة عن غيره 发言人，代言人

ـ / مَكْلُوم: مَجْرُوح 受伤的，挂彩的

ـ: مخاطَب 对话者，交谈者

ـ اللهِ: لَقَبُ مُوسَى 真主的交谈者(穆萨的称号)

كَلِيم جـ أَكْلِمَة (م) (波)毡子，毯子

مُتَكَلِّم 说话者，发言人

ـ: الشَخْص الأوَّل (في النحو) [语]第一人称

ـ: عارِف بعِلْمِ الكَلام [伊]教义学家

كُلُمْبَا (أ) columbine: ساق الحَمَام / نَباتٌ طِبِّيّ [植]耧斗菜

كِلُوب (أ) club: نادٍ (راجع ندو) 俱乐部

ـ: مِصْبَاحُ نَفَسٍ 汽灯

كِلُور (أ) / كِلُورِين (أ) / غاز الكِلُور chlorine [化]氯，氯气

كِلُورَات (أ) chlorate: ثَانِي مِلح الكِلُورُور 氯酸盐

ـ البُوتَاسَا (أ) chlorate of potash [化]氯化钾

كِلُورَال (أ) chloral [化]氯醛，三氯乙醛

كِلُورْدِين (أ) chlordyne [医]克罗定(含有鸦片、氯仿、印度大麻等毒物的镇静剂和收敛剂，用以引睡或止泻)

كِلُورُوز (أ) chlorosis: أنِيمِيَا خَضْرَاء / رُمَاع [医]萎黄病，绿色贫血

كِلُورُوفُرْم (أ) chloroform: بَنْج 氯仿，三氯

甲烷

كلُورُوفِيل (أ) chlorophyll: خَضِير / يَخْضُور
[植]叶绿素

كلُورَيْد / كلُورُور (أ) chloride [化]氯化物；氯化物乳剂

ـ الجِير (الكِلْس) chloride of lime 漂白粉

ـ الزِئْبَق: سُلَيْمَانِيّ mercuraus chloride [化]甘汞，一氯化汞；氯化亚汞

ـ البُوتَاسِيُوم potassium chloride 氯化钾

ـ الصُودِيم / ـ الصُودِيُوم sodium chloride:
مِلْح الطعام [化]氯化钠，食盐

كَلُومِل (أ) calomel: زِئْبَق حُلْو [化]甘汞；氯化亚汞

كَلُون (مـ) / كَيْدُون / كَالُون جـ كَوَالِين: قُفْل 锁

ـ لَطْش 箱子锁

ـ داخِل الإسْطامَة 门锁

كَلْوِنِيّ / كَلْوَانِيّ / كَلْفَانِيّ (أ): كَهْرَبِيّ [电]流电的

بَطَّارِيَّة كَلْوَانِيَّة 伽伐尼电池组

كَلْوَانِيّ: كَلْفَانِيّ / تابع مذهب كَلْفِن الإنْجِيلِيّ
加尔文教徒

كَلِي يَكْلَى كَلًى وكُلِيَ واكْتَلَى: أُصِيبَتْ كليته
وأَلِمَتْ [医]肾痛

كُلْيَة جـ كُلًى وكُلْيَات / كُلْوَة جـ كُلًى / كُلْوَات
[解]肾，(俗名)腰子

ـ أو كُلْوة اليَد: أَلْيَةُ الإبْهام 鱼际隆凸(手掌或足底的隆凸)

استِئْصَال الـ أو شَقّها [医]肾切开术

اِلْتِهابُ الكُلَى [医]肾炎；白莱特氏病(最危险的肾炎，患者有蛋白尿)

كُلْوِيّ: مُختصّ بالكُلَى [医]肾的，肾病的，治肾病的

كِلاَ م كِلْتَا / كِلاَهُمَا / كِلاَكُمَا / كِلاَنَا 他俩，你俩，我俩

عَلَى ـ الوَجْهَيْن 从两方面来说

كُلِّيّ / كُلِّيَّة (في كلل)

كَلِيسَرِين (أ) glycerine: جَلْسِيَّة [医]甘油

كَلِيشِيه / كَلِيشِه جـ كَلِيشِيهَات (أ) cliché:
رَوْشَم (سـ) (法)[印]铅版；铅版制造，铅版印刷

كَلِّيْنِيّ الباب أو الشُبّاك (مـ): قائمة الكتف [建]侧柱，户柱

كُمْ م كُنَّ 您；你们；您的；你们的

كِتَابُكُمْ 您的书；你们的书

رآكُمْ 他看见您(你们)

كَمْ 定格的名词，有两种用途：

(١) اِسْتِفْهَامِيَّة 疑问名词，问数或问量

كَمْ: أَيُّ عَدَدٍ؟ 多少？(问数)

ـ: أيُّ مِقْدار أو كَمِيَّة 多少？(问量)

ـ السَاعَةُ الآنَ؟ 现在几点了？

بـ ـ هذا القَلَمُ؟ 这支笔卖多少钱？

(٢) خَبَرِيَّة 作叙述名词，表示“许多”、“大量”的意义

كَمْ عَمَلٍ (أو أَعْمَالٍ) عَمِلْنَا 我们做了许多工作

كَمْ: كثيرًا 许多，很多，好多

ـ ذَا أنتَ تحبّ عملكَ! 你多么热爱你的工作啊！

ـ يَسُرُّنِي أَنْ ... 我多么高兴…

ـ كَانَ يَقُولُ لي ... 他对我说过好多次…

ـ كُنْتُ أَتَمَنَّى أَنْ ... 我多么希望…

ـ من مَرَّةٍ أَيَّدَنِي 他支援我好多次

ـ بالحَرِيّ 多么应该

كَمْء جـ أَكْمُؤ وكَمْأَة: جُدَرِيّ الأَرْض [植]蕈，

菌，蘑菇，麦蕈，松露

كَمَا 如，像，犹如…一样，恰如…一般，
正如…那样
ـ لَوْ كانَ حاضِرًا 像他在场一样
ـ مَرَّ 正如上面说过的一样
ـ هُوَ 原样；照原样
ـ ذُكِرَ 正如上面所提到的一样
ـ هو: بحالته الراهنة 像这样的
ـ يَجِب أو يَنْبَغِي أو يَلِيق 恰如其分地，恰
到好处地
ـ يَجِب: كاللازم 恰当地

كَمَارَة النَعْل (م): نَعَامة الحِذاء 鞋袜的胫部

كَمْبَرِيت (أ) cambric: نَسِيج قُطْنِيّ 麻纱，细
棉布，仿葛布织成的棉布

كَمْبُوشَة المُلَقِّن (م): مكانه من المسْرَح 提辞人
所在的方向，演员的右方

كَمْبِيَالَة جـ كَمْبِيَالاَت (م) cambiala: سُفْتَجَة
(س) (意)［商］汇票，期票，本票
ـ صُورِيَّة 通融汇票
ـ تُدْفَع عِند الاِطِّلاع 报关单

كَمْبِيُو (أ) (意)cambio: مُصَارَفَة 兑换；汇兑，
汇划
سِعْرُ الـ 汇水，贴水，兑换率

كَمَتَ ـُ كَمْتًا غيظَهُ: كظمه 隐忍，压住性子

كُمَيْت جـ كُمْت:لون بين الأسود والأحمر 枣骝，
栗色，赤褐色

كُمَّثْرَى: إنْجاص (س) 梨
كُمَّثْرَاة جـ كُمَّثْرَيَات / كُمَّثْرَايَة (م) 一个梨

كَمَحَ ـَ كَمْحًا وأَكْمَحَ الحِصانَ: كبحه 勒马

كَمَّاحَة القِطار والمَرْكَبة: فَرْمَلَة (م) ［机］闸，
煞车，制动器

كَمَخَ ـَ كَمْخًا بأَنْفِه: تكبَّر وشمخ 骄傲，傲慢，
目中无人，目空一切

كَمَّخَ (م): غَمَّنَ 用温暖的被窝盖起来

كُمَاخ: أَنَفَة 骄傲，自大，自负

كَامَخ جـ كَوَامِخ: مُخَلَّل (波)酸菜，泡菜，
酸黄瓜

كَمْخَا (波)缎子，花缎，锦缎

كَمِدَ ـَ كَمَدًا الثوبُ: أخلَقَ فتغيّر لونُه 褪色，变
色，失去色泽
ـ الرجلُ: مَرِض قلبه من الكُمْدَة 因悲痛
而变色

كَمَّدَ وأَكْمَدَ العضوَ: سخّنه بوضع الكِمادة عليه
［医］温蒸敷，热湿敷，热罨敷

أَكْمَدَ الهمُّ فلانًا: غَمَّه وأمرض قلبه 使悲痛，
使悲伤

اِكْمَدَّ 褪色，变色
ـ وجهُه: صار كامِدًا أي قاتِمًا 脸带成色

كَمْد / كَمَد / كُمْدَة: حزن وغمّ شديد 悲伤，
忧伤
ـ / ـ / ـ: تغيّر اللون وذهاب صفائه 褪色，
变色，失去色泽

مات كَمَدًا 气死

كِمَاد / تَكْمِيد: تسخين العضو بخِرَقٍ ونحوها
［医］温蒸敷，热湿敷；热罨敷
ـ / كِمَادَة جـ كِمَادَات / مُكَمَّدَة جـ مُكَمَّدَات
(م): خرقة تسخَّن وتُوضَع على العضو الموجوع
［医］压布，热敷用的

كَمِد / كَمِيد / كَامِد 忧愁的，悲伤的，心情
沉重的
ـ 褪色的

أَكْمَد اللَوْن: متغيّر اللون 变色的；褪色的

كُمُدِينُو (م) comadíno (意)小柜子

كَمَرَه ـُ بالغطاء (م): غمره وستره به حتى لا

يظهر منه شيء 密封

كَمَر ج كَمَرَات (مـ): كيس في الوسط (波) 腰包，系在腰上的钱袋

كَمَرَة حَديد (أ) [建]铁梁

ـ التَصْوِير الضَوْئِيّ camera 照相机

كَمَرَات 叉梁，椽木，人字架

كُمْرُك ج كَمَارِكُ (سـ) / جُمْرُك ج جَمَارِكُ (مـ) (土)海关

كُمْرُكْجِي ج كُمْرُكْجِيَّة (سـ) / جُمْرُكْجِي ج جُمْرُكْجِيَّة (مـ) 海关人员

كُمْسَارِي ج كُمْسَارِيَّة (مـ) commisario (意)(电车或公共汽车)售票员

ـ القِطار الحَدِيدِيّ 列车乘务员，(火车上的)服务员

كَمَشَ ـُ كَمْشًا بالشيء (سـ): مسك به بقَبْضَتِه 握住，抓住

ـ ـُ كَمْشًا الناقةَ: شدّ ضَرْعها بالصرار لئلا يَرْضَعَها ولدُها 用绳子扎起母驼的乳房，不让小驼吮乳

كَمُشَتْ ـُ كَمَاشَةً المرأةُ: كانتْ صغِيرة الثَدَى 乳房小

كَمَّشَ (مـ): تقلّص 收缩，缩短

كَمَّشَ ذيلَه: شمّره 撩起，挽起(衣襟)

اِنْكَمَشَ / تَكَمَّشَ الجِلْدُ: تقبّض (皮肤)皱起，生皱，起皱纹

ـ وـ: تقلّص 收缩，缩短

اِنْكِمَاشِيّ: تقلّصيّ 收缩的，生皱的

كَمْشَة 一把，一撮

كَمُوش / كَمِشَة / كَمِيشَة: صغيرة الثدي أو الضرع 奶小的(妇人或牛、羊、驼)

كَمَّاشَة النَجّار ج كَمَّاشَات (مـ): مِنْتَاش 钳子，铁子

كَمَعَ ـَ كَمْعًا قوائمَ الدابَّةِ: قطَعها 截断，砍断(牲口的腿)

كَامَعَه: ضمّه إليه 拥抱

ـ ه: ضَاجعه 同床，共枕

كَمِيع: ضَجِيع 同床者，共枕者

كَمَلَ وكَمُلَ ـُ وكَمِلَ ـَ كَمَالاً وكُمُولاً واكْتَمَلَ وتكَامَلَ وتكَمَّلَ: تمّ وكان كاملاً 成为完全的，完整的，圆满的

ـ وـ: أُنْجِزَ 完成，完工，完毕

كَمَّلَ وأَكْمَلَ واسْتَكْمَلَ الشيءَ: أتمّه 完成，完结，完工

ـ عليه (مـ): أَجْهَزه 杀死(负伤的马)，结束其生命

كَمَال 完全，圆满

بـ ه / بأَكْمَلِه 整个地，全部地，完整地，完完全全地

كَمَالِيّ ج كَمَالِيَّات 奢侈品

كِمَالَة عَدَد (مـ): غير لازم 多余的，额外的

ـ وَزْن (مـ) 补足重量的东西

كِمَالَة (مـ) / تَكْمِلَة 补遗，增补，补充，附加，附加物

تَكْمِيل / إكْمَال: إتْمام 完工，完结

ـ / ـ: إنْجاز 完成，做完，告成，成就

تَكْمِيلِيّ 补充的，补足的，附加的

تَكَامُل وتفاضُل (في الرياضة) [数]演算；微积分(学)

ـ العدد القانونيّ / ـ النِصاب 足数，法定人数

حِساب الـ [数]积分数

ـ 充满，充足，充实，完全，完备

اِسْتِكْمَال 充满，充实，充足，完全

ـ 成就，完成

كامِل جـ كَمَلَة: تامّ 全的，完全的，完整的，完备的
ـ العَدَد 全体；客满
اجتماع ـ العَدَد 全体会议，大会
بالـ 完全地，十足地，充分地，详细地
بـ ـه 完全地，全部地，整个地，全然地
ـ: مُطْلَق 绝对地
ـ: مُتَمَّم / مُنْجَز 被完成的，被完结的，被完工的
أَكْمَلُ 更完备的，更完全的，更完美的
بـ ـه 完全，充分，十足
مُكَمَّل: مُتَمَّم 被完成的，被完结的
ـ 被补足的，被补充的，被充实的
كَمَّ ـُ كَمًّا الشيءَ: غطَّاه وستَره 盖，罩，复，遮
ـ البَعيرَ: شَدَّ فمَه بالكِمام 给骆驼戴上口套
كَمَّمَ وأَكَمَّ القَميصَ: جعل له كُمَّيْنِ 加袖子，安袖子
كَمّ 遮盖，上口套
ـ / كَمِّيَّة جـ كَمِّيَّات: مِقْدار 量，分量，定量，额，定额
من حيثُ الـ 在分量上
نَظَرِيَّة الـ 量子论
كَمِّيّ: يختصّ بالكمّيّة أي المقدار 量的，定量的，分量上的
تحليل ـ 定量分析
كُمّ جـ أَكْمَام وكِمَمَة: غطاء الذِراع من الثوب 袖子
ـ القَميص (الافرنكيّ): قُنّ 硬袖口
كِمّ جـ كِمَام وأَكْمَام وأَكِمَّة وأَكَاميمُ / كِمامَة
الزَهْرَة [植]萼，花托
ورَقة كِمِّيَّة [植]萼片
كُمَّة المِصْباح 灯罩

ـ الرأس (天主教僧的)法冠，四角帽
كِمَامَة / كِمَامُ الفَمِ 口套，鼻笼
ـ الوِقاية من الغازات السامّة: صِقَاع 防毒面具
مُكَمَّم / مَكْمُوم 戴口套的
كَمِنَ ـَ وكَمَنَ ـُ كُمُونًا: توارَى واختفى 隐藏，藏匿，潜伏，躲藏起来
كَمَنَ ـُ كُمُونًا وأَكْمَنَ الشيءَ: أخفاه 把…隐藏，藏匿
تَكَمَّنَ واكْتَمَنَ: استخفى 隐藏，潜伏，埋伏
كُمْنَة: ظُلْمَة بَصَرِيَّة [医]黑矇，青盲，黑内障
ـ [医]结合膜炎，眼皮发炎
كَمان (م): أيضًا 亦，也，又，再，再一次，再一回；更多的
أَدِّيني ـ (م) 再多给我些
أَنْتَ ـ (م) 连你也这样么！
ـ: كَمَنْجَة / كَانْجَة (波)小提琴
قَوْس ـ 小提琴的弓
كَمَانِيّ 小提琴手
كَمُّون [植]小茴香
ـ أَسْوَد 东方黑茴香
ـ أَبْيَض 罗马茴香
ـ حُلْو: يَانْسُون (م) / آنِيسُون [植]大茴香，八角茴香
ـ أَرْمَنِيّ: كَرَاوِيَا [植]莳萝，茴香
كَمِين جـ كُمَنَاءُ / كامِن: خَفِيّ 潜伏的，隐蔽的，暗藏的
ـ 伏兵，埋伏
قُوَّة كامِنَة 潜力，潜在力量
مَكْمَن جـ مَكامِنُ 埋伏地点
كَمَنْجَة جـ كَمَنْجات / كَمَنْجا: كَمَان 小提琴
قَوْسُ الـ 提琴弓

كَمِهَ ـَ كَمَهًا: عمى أو صار أعشى 失明，变成
瞎子，变成夜盲眼
كَمَه: عَمًى 瞎，盲，失明
أَكْمَهُ م كَمْهاءُ جـ كُمْه 天盲，失明的，盲目
的，半瞎的
كَمِيّ جـ كُماة وأَكْماءُ: شُجَاع 勇士，武士，
战士，军人
كُمُونَة جـ كُمُونَات / كُمْيُونَة جـ كُمْيُونَات
(法) commune 公社
الـ الشَّعْبِيَّة في الريف 农村人民公社
الـ الشعبيَّة في المَدِينة 城市人民公社
كَمِيَّة (في كمم)
كَمْيُون جـ كَمْيُونَات (法) camion 卡车，载重
汽车，军用卡车
كَنار (مـ): مُحِيط كلّ مسَطَّح 边缘，边境，
边界
ـ القُماش: حاشِيَة 布边，织品的边
كِنَّارَة 一种吉他
كَنارِيّ (أ) /كَنارِيَا (أ) canary: صِرّ / طائر مُغرِّد
金丝雀
جَزَائِر كَنارِيَا: الجَزائِر الخالِدات 加那利群岛
(大西洋东岸)
كَنِبَتْ ـَ كَنَبًا اليدُ والقدمُ: كَلْكَلَت (مـ) / غلظت
من العمل والمشي 胼胝(手、脚)起茧皮，
长趼子
كَنَب / كَلْكَلَة (مـ) (皮肤)茧皮，趼子
كَنِب / مُكْنِب: مُكَلْكَل 起茧皮的；有趼胝的
趼子
كَنَبَة جـ كَنَبات (مـ) / كَنَبِيه (مـ) canapé: مُتَّكَأ
(法)安乐椅，沙发，长沙发
كُنْتَراتُو جـ كُنْتَرَاتَات / قُنْتَراتُو جـ قُنْتَراتَات (أ)
(意) contratto: عَقْد 契约，合同

كَنْجَر / كَنْجَرُو (أ) kangaroo: قَنْقَر (أ) 袋鼠
كَنَدَ ـُ كُنُودًا النِعْمَةَ: كَفَرَها 忘恩，负恩，
忘恩负义，不知感谢
كَنُود 忘恩负义，不知感谢
كَنُود / كَنَّاد 忘恩负义的，不知感谢的
كَنَدا (أ) Canada 加拿大
كَنَدِيّ 加拿大人；加拿大的
كُنْدُر: لُبَان ذَكَر (مـ) [植]乳香
كُنْدُرَة / قُونْدُورَه (土)皮靴子，长筒皮靴
كُنْدُرْجِي جـ كُنْدُرْجِيَّة 皮鞋匠，皮鞋商
كُنْدُز 海狸，海獭，海龙
كُنْدُش: عَقْعَق 鹊
ـ 多言的人
كُنْدَنْسَة (أ) condenser: مُكَثِّف 凝结器
كُنْدُور (أ) condor: نَسْر فَحَّاح 秃鹰
كُنْدُوز 海狸
كَنَزَ ـِ كَنْزًا المالَ: جمعه وادّخره 储蓄，积蓄
ـ المال: دفَنه في الأرض 埋藏，窖藏
اِكْتَنَزَ: اِجتمع 被积蓄，聚集，收集
ـ اللَحْمُ (筋肉)坚实，结实，丰满
كَنْز جـ كُنُوز: جَمْع وادِّخار 积蓄，储蓄
ـ: ذَخِيرة 财宝，宝藏，珍藏
اِكْتِناز 积蓄，聚集
ـ المَال 资金的积累
كَنِز اللَحْم / كَنِيز / مُكْتَنِز / مَكْنُوز (筋肉)
紧密的，坚实的，结实的，充实的
ـ (مـ): ضَيِّق / ضد عَرِيض 窄的，窄狭的
كُنْزِيّ جـ كُنْزِيَّة (مـ) 守财奴
مَكْنُوز 被贮藏的，被埋藏的
聚集的，收集的，积累的，积蓄的
كَنَسَ ـُ كَنْسًا وكَنَّس البيتَ: كَسَحه بالمِكْنَسة
扫，打扫，扫除

ـ في وجهه فلان 扫脸，丢脸，轻视

كَنَس 扫，打扫，扫除

كُناسَة: قُمامة 垃圾

كَنِيس: مِخْلاَة العَلَف 饲料袋，马料袋

ـ 旅行囊

ـ / كَنِيسَة: مَعْبَد اليَهود 犹太教堂

كَنِيسَة ج كَنائِسُ: مَعْبَد النصارى 基督教堂

كَنَسِيّ / كَنَائِسِيّ 教会的，教堂的

كَنَّاس / كَانِس 清道夫，清洁工

ـ الطُرُق 清洁工人

مِكْنَسَة ج مَكَانِسُ: مِقَشَّة 扫帚，长把帚

ـ كَهْرَبائِيّة 吸尘器，真空除尘器

كُنَّاشَة ج كُنَّاشَات 茎，干，树干

ـ 笔记本；杂记本

كُنْصُول (أ) console [建]支柱，小支柱，螺旋支柱

كُنْصُولْتُو (أ) consulto: استشارةُ الأَطِبَّاء (意) 医生会诊

كَنْعَان 迦南

الكَنْعَانِيُّون 迦南人

كَنْغَر (أ) / كَنْغَار (أ) (انظر كنجر) 袋鼠

كَنَفَ ـُ كَنْفًا الشيءَ: صانَه وحفِظه 保护，庇护，掩护

ـ الإبِلَ: عمل لها حظيرة 造驼圈

ـ الدارَ: اتّخذ لها كنيفًا (在房子周围)打围墙

ـ وكَانَفَ وأَكْنَفَ الرجلَ: أعانه 帮助，援助

اِكْتَنَفَ الشيءَ: أحاط به 围，环绕，包围

ـ القومُ فلانًا: أحاطوا به 围绕，包围

تَكْتَنِفُهُ المَصَاعِبُ: تُحيط به 困难重重，被困难包围

كَنَف ج أَكْنَاف: جانب أو ناحية 侧，边

ـ: حِمَايَة 保护，保卫

هو في ـ أَبِيه 他靠父亲生活

ـ جَنَاح 翅膀，羽翼

ـ: ظِلّ 阴影，荫凉

ـ: حِضْن 怀抱，胸怀

ـ الإنْسان: سَماوَة 胸像

أَخَذَه تَحْتَ ـ ه 他庇护他

كِنَافَة (م) / كُنَافَة: إطْرِيَّة (加奶油和白糖制成的)一种粉丝

ـ البَحْر (م) [植]冰洲藓

كَنِيف ج كُنُف وكُنُف: حَظِيرة (牲畜)圈，围栏

ـ: مِرْحَاض 厕所，茅房

مُكَانَفَة 救援；帮助

رَجُلٌ مكنَّف اللِحْيَة: كَثِيفُها 大胡子，胡须稠密的人

كُنْكَان (أ) cooncan: لعبة وَرَق 一种牌戏

كَنْكَن: قعد في بيته 呆在家中

ـ (م): استكَنَّ 筑巢，造窝，栖息

كَنَكَة قَهْوة (م): بُلْبُلَة 咖啡壶

كَنَّ ـُ كَنًّا وكُنُونًا وكَنَّنَ وأَكَنَّ الشيءَ: ستره 掩蔽，遮盖

ـ له (الشُعُورَ) 怀着、抱着（情感）

ـ رِجْلَه (م) 蜷腿

كَنَّ ـُ كُنُونًا (م): هَدَأَ / سكت 安静，平息，平静，和缓

كَنَّنه (م): هدَّأه 抚慰，安慰，使镇静

اِسْتَكَنَّ واكْتَنَّ: استتر 隐藏，隐匿，躲藏，藏身

ـ: كَنْكَن (م) 筑巢，造窝，栖息

كِنّ ج أَكِنَّة وأَكْنَان: وكْر 巢，窝

ـ: بَيْت 家，住宅，房屋

ـ الدَجَاج 鸡窝

ـ النَبات 温室，暖花房
ـ / كِنَّة / كِنَان 隐藏处，掩蔽所，避难所
ـ / ـ / ـ (في حديقة) 园亭，凉亭
كَنَّة وكِنَّة جـ كَنَائِنُ (مـ): امرأةُ الابْنِ 儿媳
ـ 嫂嫂；弟妇
كُنَّ (第二人称阴性复数)你们，你们的
كِتابُكُنَّ 你们的书
رآكُنَّ 他看见你们
كُنَّةُ البابِ جـ كُنَّات وكِنَان / نِجافُ الباب 门口，门廊，走廊，柱廊
ـ / كِنَة: سِتْر 遮棚，天棚，天幔
كِنانَة جـ كِنَانَات وكَنَائِنُ: جَعْبَة 箙，箭袋，箭筒
الـ / أَرْضُ الـ 埃及
صَفْوَةُ الـ 精华
كَانُون جـ كَوَانِينُ: مَوْقِد 火炉
ـُ الأَوَّلُ: دِيسَمْبَر / الثاني عشر من شهور السنة الشمسيّة 阳历 12 月
ـُ الثَانِي: يَنَاير 阳历 1 月
كَنِين / مَكْنُون 隐藏的；隐蔽的，潜伏的
مَكْنُونَات النَفْس 内心的想法
مُسْتَكِنّ 隐蔽着的，紧密的，安居的
مُسْتَكَنّ 窝，巢穴
اِكْتَنَهَ الأمرَ: فَقِهَه وبلغ غايتَه 完全了解，充分领会，彻底理解，洞察底蕴，了解底细
اسْتَكْنَهَ الأمرَ 彻底调查，深入地研究
كُنْه الشيء: جَوْهَره 本体，实质
ـ: صِفَة 本性，性质
ـ: حَقِيقَة 真实，真相
ـ: قَدْر 分量
أَدْرَكَ كُنْهَهُ 知其底细，知其本质
لا يُدْرَكُ كُنْهُهُ 莫测高深的，难理解的，难揣测的，猜不透的

في غَيْرِ كُنْهِهِ 不适当的，不相称的，不得其所的(言语)
كَنَهْوَر: غَيْم الصيف [天]积云
كَنَى يَكْنِي وكَنَا يَكْنُو كِنَايَةً بالشيء عن كذا: ذكره ليدلّ على غيره 暗示，暗指，讽刺
ـ ـ كُنْيَةً وكِنْيَةً وكَنَّى تَكْنِيَةً وأَكْنَى زيدًا أبا فلان أو بأبِي فلان: سَمَّاه به 用别号称呼他，尊称他为…的父亲
تَكَنَّى واكْتَنَى بكذا: تسمّى به 以别号著名，以某人之父闻名
كِنَايَة [修]换喻，借代(如以“须眉” 借代男子，以“巾帼”借代妇女)
ـ 记号，标号，标志，信号，手势，暗示，暗语
ـ عن كذا: أي كذا 即，即是，意思是，就是说，换句话说
ـ عن: بَدَلاً من 代替
كُنْيَة وكِنْيَة وكُنْوَة وكِنْوَة جـ كُنًى: لقب نَعْتِيّ 别号(以 أَبُو 或 أُمّ 起头，表示某人的父亲或母亲，以 ابْن 或 بِنْت 起头，表示某人的儿子或女儿)
ـ: لقب تَهَكُّمِيّ أو وِدادِيّ 诨名，绰号
مُكَنًّى: ملقَّب 有别号的，有诨名和绰号
كِنِيزَر (مـ): نِصْفُ قالَبِ طُوبٍ مَشْقُوقٌ بالطُول 条钉头砖
كَهْرَبَ الشيءَ: جعلَ فيه القوّةَ الكهربائيّة [物]充(起)电，带电
ـ الرجُلَ 使他感动
تَكَهْرَبَ 被充(起)电，被带电
كَهْرَب جـ كَهَارِبُ / كُهَيْرِب: وَمْضَةٌ كَهْرَبِيَّة [物]电子
ـ مُتعادِل [物]中子

كَهْرَبَة / تَكَهْرُب [物]充(起)电，带电

كَهْرَبَاء / كَهْرَبَا: كَهْرَمَان 琥珀

ـ / كَهْرَبِيَّة [物]电；电学

ـ اِحْتِكَارِيَّة أو سَاكِنَة [物]静电；静电学

ـ مِغْنَطِيسِيَّة [物]电磁；电磁学

ـ كِيمِيَّة [物]电化学

طَلَى بالكَهْرَبَاء 电镀

كَهْرَبَائِيّ / كَهْرَبِيّ: مختصّ بالكَهْرَبَاء [物]发电的，导电的，蓄电的，电动的，电的

ـ: مُشْتَغِل بالكَهْرَبَا 电学家；电气技师；电机工人

المُجَمِّع الـ: مِرْكَم 蓄电池

المِثْقَب الـ 电钻

إعْدَامٌ ـ (أي بالكَهْرَباء) 处电刑

تَحليلٌ ـ [物]电解

تَيَّارٌ ـ 电流

جَرَسٌ ـ 电铃

دافِعٌ ـ 电动的

مُحَرِّكٌ ـ 电动机

عِلاجٌ ـ [医]电疗法

كاشِفٌ ـ [物]验电器

سالِبٌ ـ 阴电性的，负电性的

مُوجِبٌ ـ 阳电性的，正电性的

مُوَلِّدٌ ـ 电机，发电机

الطَاقَةُ الـ ة 电能

آلاتٌ ـ ة 电仪器

الشَحْنَةُ الـ ة [物]电荷

الساعةُ الـ ة 电钟

المِرْوَحةُ الـ ة 电扇；电通风机；电通风管

القاطِرةُ الـ ة 电力机车

كَهْرَبَائِيَّة / كَهْرَبِيَّة 电，电力；电灯

الـُ الإيجَابِيَّة 正电

الـ السَلْبِيَّة 负电

كُهَيْرِب [物]阳电子

مُكَهْرَب 被电化的，被通电的，充了电的

الحَالَةُ الـ ة 带电的空气，带电的大气

كَهْرَحَرَارِيّ 热电的

كَهْرَطِيس (أ): كَهْرَب مِغْنَطِيسِيّ 电磁铁

كَهْرَطِيسِيّ: كَهْرَبَاء مِغْنَطِيسِيّة 电磁的

كَهْرَطِيسِيَّة 电磁，电磁学

كَهْرَقِس (أ): مقياس الكَهْرَباء [物]静电计

كَهْرَكِيمِيّ (أ): كَهْرَبِيّ كِيمِيّ 电化学的

كَهْرَمَائِيّ 水电的

مَحَطَّة ـ ة 水力发电站

كَهْرَمَان: كَهْرَبَا 琥珀

ـ أَسْوَد [矿]煤玉，煤精；黑琥珀

كَهْف ج كُهُوف: مَغَارَة 洞，洞穴，岩洞

ـ: تَجْوِيف / نُقْرَة 穴，孔，窝，腔

ـ رِئَوِيّ [医]肺窝，肺脓洞

أَصْحَابُ (أو أهل) الـ [宗]七眠子(据说为避罗马皇帝德西乌斯迫害基督教之难在山洞里睡了200年的7个人)

كَهَلَ ـَ كُهُولاً وكَهُلَ ـُ كُهُولَةً واكْتَهَلَ: صار كَهْلاً 达到成熟年龄

كُهُولَة / كُهُولِيَّة 成年，壮年，中年

كَهْل ج كُهُول وكَهْلُون وكِهَال وكُهْلان وكُهَّل: من كانت سنه بين الثلاثين والخمسين تقريباً 壮年，中年(约介乎30岁与50岁之间)

كاهِل ج كَوَاهِل: أَعْلَى الظَهْرِ مما يلي العُنُق 肩，肩胛

ـ الفَرَس 鬐甲(马肩甲骨间的隆起部)

ثَقَّلَ ـ ه بالمَسَائِل (م) 以种种问题加重他的负担

كَهَمَ ـَ وكَهُمَ ـُ كَهَامَةً وكُهُومًا: ضَعُفَ 衰弱，

衰老

كَهُمَ ـُ وكَهِمَ ـَ كَهَامَةً وتَكَهَّمَ الرجلُ: بطُؤ عن الحرب والنصرة 迟钝

كَهَام 衰老的，衰弱的

سَيْف ـ 钝剑

كَهَامَة 衰弱，衰老

كَهَنَ ـَـُ كَهَانَةً وتَكَهَّنَ تَكَهُّنًا وتَكْهِينًا لفلان: قضى له بالغيب وحدَّثه به 预言，预示，预兆，占课，占卦

كَهُنَ ـُ كَهَانَةً: صار كاهِنًا 成为牧师、祭司、神父、教士；卜者，占卦者

تَكَهَّنَ 成为祭司、教会执事

كَهَانَة 僧侣、教士之职责；祭司之职务

كِهَانَة: عِلْم الغَيْب 占卜，卜卦，占验，预言，预测

ـ: عِرَافة 看相，算命

ـ / كَهَنُوت [宗]牧师职，教士职，祭司职，神父职

رجَال الـ 教士，祭司，牧师，神父

كُهْنَة (مـ): قديم لا يُرَمَّم 摇摇欲坠的，无法修缮的

ـ (مـ): خرق بالية 破布，破烂的衣服

الوَرَق الـ 废纸，烂纸

كُهْنَجِي جـ كُهْنَجِيَّة (مـ) 收破烂的

كاهِن جـ كَهَنَة وكُهَّان [宗]牧师，祭司，教士，神父

ـ / مُتَكَهِّن: عَرَّاف 卜者，占卦者，卜卦者，预言者；看相的，算命的

كَهِين (مـ) 狡猾的，诡诈的，机诈的，阴险的，足智多谋的，诡计多端的

كَوَالِيني (مـ): صانع الأقفال / قَفَّال 锁匠

كُوب جـ أَكْوَاب: كُبَّايَة (مـ) 玻璃杯，(平底)大玻璃杯

كُوبَة: مِدَقَّة 研杵，乳钵杵

ـ: شَطْرَنْج 国际象棋

ـ (مـ) (في ورق اللعب) cuppa (意)心形的纸牌

كُوبَرَا (أ) copperas: زَاجٌ أَخْضَر 绿矾

كُوبْرِي (مـ): جِسْر (انظر جسر) (土)桥

كُوبْس 安全插头

ـ 安全装置

كُوبَسْتَة 扶手，栏杆

كُوبُون السَنَد المَالِيّ جـ كُوبُونَات coupon(法) 息票

ـ الأقمشة 布片，碎布

كُوبِي (أ) coupé(法): عَرَبَة مُقْفَلَة 双座四轮轿式马车

كُوبِيَا (أ) copia(意): صُورَةٌ طِبْقَ الأصْلِ (文件、画等的)抄本，缮本，誊本，临本；(电影)拷贝；[法]副本

ـ: قَلَم النَقْل / قَلَم كُوبِيَة (مـ) 复写铅笔

حِبْر الـ / حِبْر كُوبِيَة (مـ) 拷贝墨水，复写墨水

وَرَق الـ 拷贝纸，誊写纸

شَرِيط الـ (打字机的)墨带，色带

دَفْتَر الـ 抄本

كُوتْشِينَة (游戏用)牌

كَوْث: خُفّ 拖鞋，靸鞋

كُوثَة: خِصْب 肥沃，丰富，丰产

كَوْثَر: كَثِير (في كثر) 许多的，丰富的

ـ: اسم نهر الجَنَّة [宗](乐园里的)多福河

لم يَرْوِ ظَمَأَهُ من ـ الحَنَان 慈爱未能满足他的切望

كَوْثَل وكَوْثَلّ: مُؤَخَّر السفينة / قِشّ (مـ) 船尾

كُوخ جـ أَكْوَاخ وكُوخَان وكِيخَان وكِوَخَة 小屋，茅舍
كَاخِيَة: كَاتِم سِرّ الوالي / كَتْخُودَا (波)省长秘书
كَادَ يَكَادُ كَوْدًا ومَكَادًا ومَكَادَةً: قَارَبَ / أَوْشَكَ 几乎，差点儿(没有)
ـ أَنْ يَمُوتَ 他几乎死了，他差点没死了
ما ـ يَفْعَلُ كذا 他几乎没作…
فما ـ يَبْعُدُ عن ... حتى 他刚刚离开…就…
كما ذاع أو ـ 刚一传布开就…
بالـ (مـ) 大概，好容易，勉勉强强，几乎，差点儿
لم يَكَدْ يراها 他好容易看了她
ما أَكَادُ أُبْصِر 我勉勉强强能看见
كَوَّدَ الشيءَ: كوّمه 堆积，累积
كَوْدَة: كَوْمَة 堆，垒，垛
كَادٌ هِنْدِيّ ceatechu: مَادَّة قابضة للدبغ [植] 阿仙药(黑色鞣皮染料)
كَاذِيّ 露兜树
كَوَّرَ العِمامةَ: لفّها وأدارها 缠(头巾)
كُور الحَدَّاد جـ أَكْوَار وأَكْوُر وكِيرَان وكُورَان: مِجْمَرَة من طين 熔铁炉
ـ: رَحْل الجَمَل 骆驼的鞍子
ـ (مـ) / كِير: مِنْفَاخ 鞲鞴，风箱
كُورَة جـ كُوَر: ناحية (希)省；县；区
ـ: بَلْدَة صَغِيرة 乡村，小市镇
ـ (مـ): كرة 球，弹，丸
كُوَارَة جـ كُوَارَات وكَوَائِرُ 蜂巢，蜂窝
ـ (مـ) 墙上的凹处，(可以放置东西)
كَار جـ كَارَات (مـ): صِنَاعة / حِرفة (波)手艺，工艺
ـ 运粮船
اِبن ـ 工人，职工
صاحِب ـ مَتِين 有经常工作的
أرباب الكَارَات (مـ) 工人，工匠
كارَة جـ كَارَات 捆，束
مِكْوَر / مِكْوَرَة: عِمَامَة 头巾，缠头布
بِالْكَوْرَجَة (مـ) / مَكْوَرَجَة 归总，总共
كُورْدُون جـ كُورْدُونَات (أ) cordou: شَرِيط 彩条，缎带，丝带
ـ صِحِّيّ: نِطَاق صِحِّيّ (传染病流行地带的)交通遮断线
كُورْس (أ) chorus 合唱；合唱队
كُورْسِيَة (أ) corset 女人胸衣
كُورُش (أ) Cyrus: اسم مَلِك فارِسِيّ شهير 居鲁士(公元前6世纪前后波斯的国王)
كُورَنْتِينا / كُورَنْتِينَة (أ) quarantina: حَجْر أو مَحْجَر صِحِّيّ (意)检疫法，检疫停船
كُورْنِيش (أ) corniche (法)檐板，飞檐
ـ 河岸街，海岸街
كُورِيرَة (مـ) cholera: كُولِيرَا (أ) 虎列拉，霍乱
كُورِيك (土)铁锹，铁铲
كُوز لِغَرْف الماء جـ أَكْوَاز وكِيزَان وكِوَزَة (波)(大口有把的)水罐，水壶
ـ 大啤酒杯
ـ الذُرَة (مـ) 玉米轴
ـ الصَنَوْبَر (مـ) 松球
رَجُل مُكَوَّز الرأس 长头人(具有长椭圆形头颅的人)
كُوس جـ كُوسَات (أ): طَبْل (波)铜鼓
ـ النَّجَار (أ) (波)斜角规，歪角曲尺
ـ: مُثَلَّث الرَسْم 三角板
كُوسَى / كَوْسَا (مـ) / كُوسَايَة جـ كُوسَايَات [植] 瓠，西葫芦，食用的葫芦

مِكْوَس جـ مَكَاوِسُ 錾子
كَوْسَج جـ كَوَاسِجُ: سَمَكٌ خُرْطومُه كالمنشار 鲛，鲨鱼
ـ 没有络腮胡的人
كُوسْمُوبُولِيتِيَّة (أ) cosmopolitanism 世界主义（与无产阶级国际主义针锋相对的一种资产阶级思想体系）
كُوسِيّ من الخَيْل: قصيرُ القَوائِم 果下马，短腿马
كُوشَة (مـ) couch: مُتَّكَأ 靠椅，长椅
كَوَّعَ (مـ): رقَد 卧，躺，睡，屈肱而枕之
كُوع جـ أكْوَاعٌ وكِيعَان (مـ): مِرْفَق 肘，手拐儿
ـ المَاسُورَة (مـ) 弯管，肘管
تَكَوَّفَ القومُ تَكَوُّفًا وكَوْفَانًا: تجمّع 集合，集会
الكُوفَة: اسم مدينة بالعراق 库法（伊拉克一城市名）
الكُوفِيّ: الخَطّ الكُوفِيّ 库法体（阿拉伯文的一种古体书法）
كُوفِيَّة جـ كُوفِيَّات: مِنْدِيل يُلَفّ به الرأس 头巾，缠头巾
كُوك (أ) coke: فَحْم كُوك 焦炭
كُوكَايِين (أ) cocaine [医]可卡因（一种有力的局部麻醉剂）
كَوْكَب جـ كَوَاكِب / كَوْكَبَة: نَجْم 星
ـ: سَيِّد 首领，领袖
ـ: نقطة بيضاء تحدث في العين [医]角膜白斑，角膜浑浊
ـ الأرض: حَجَر بَرَّاق [矿]滑石
الـ الأرْضِيّ 世界，地球
الكَوَاكِب الثابِتَة 恒星
الكَوَاكِب السَّيَّارَة 行星
نِظَام الكَوَاكِب [天]星系
كَوْكَبَة: جَماعة 一群，一伙，一队，一班；队伍，护送兵
ـ: فرقة من الخَيَّالة 骑兵队
ـ: مَجموعة نُجوم / صورة نُجُومِيَّة [天]星宿，星座
ـ: زَخِيخ / وَهِيج 发白热，生灼热
كَوْكَبِيّ: نَجْمِيّ 星的，星界的，星形的，星状的
ـ: عَالَمِيّ 世界主义者，无国家观念者
كُول col (法)领圈
كَوْلَان / كُولَان: نبات البَرْدِي [植]纸草（古埃及人造纸的原料）
كُولْخُوز جـ كُولْخُوزَات (أ) колхоз 集体农庄
كُولْخُوزِيّ (أ) 集体农庄的；集体农庄庄员
كُولُمْبُس (خرِسْتُوف) (أ) (Columbus, Christopher) 哥伦布(1446—1506)
كُولُون 锁
كُولُونِيَا (أ) cologna (意)哥隆香水（因产于德国哥隆而得名），花露水
كُولِيرَا / كُولِيرَة (أ) cholera: وَبَاء / الهَوَاء الأصْفَر [医]虎列拉，霍乱
كُولِيس المَسْرَح جـ كَوالِيسُ (أ) coulisse (拉)[剧]侧面布景
خَلْفَ الـ 在后台，暗中地，秘密地
كَوَّمَ التُّرابَ: جمعه وجعله كومًا 堆积
تَكَوَّمَ (مـ) 成堆，被堆起来
ـ 缩成一团
كُومَة وكَوْمَة جـ كُوَم وأكْوَام وكِيمَان / كُوم (مـ) 堆，垛
ـ من جِلْد وعَظْم 一堆皮子和骨头
بالكَوْم (مـ): بكَثْرة 论堆地，很多的
كُومِنْتَرِين (أ) komintern [史]第三国际（即共产国际）

كُومُودِينُو (أ) comodino (意)小柜

كَانَ يَكُونُ كَوْنًا وكِيَانًا وكَيْنُونَةً 这个动词分为两类:

(1) تَامَّة 完全的。只要一个主词就能表明完全的意思，这类动词相当于汉语的“有”、“存在”、“实在”、“发生”等动词:

ما شاءَ اللهُ كانَ [伊]真主所要的，就能发生

صارَ إلى كانَ: ماتَ 已成过去，明日黄花；死亡

أيَّ مَنْ ـ 不管谁，无论何人

دَخَلَ الأمرُ في خَبَرِ ـ 事情已经过去了

ـ ما ـ (م) 无论如何，无论怎样

(2) نَاقِصَة 不完全的。这类动词经常加在一个名词句上，原来名词句的起词变成这个动词的名词(相当于主词)，仍旧是主格。原来名词句的述词，变成这个动词的述词(相当于宾词)，变为宾格。必须这样，这个动词的意思才完全，这类动词相当于汉文的“是”:

ـ هُنَا 他曾在这里

ـ لَهُ بَيْتٌ 他曾有一所房子

ـ طَالِبًا 他原来是个学生

ـ يَقْرَأُ 他曾在读书

كَما لَوْ ـ هُنا 恰如他在这里

فما ـ لَه إلاّ أن جَلَسَ 他只得坐下来

كانت الصينُ القَدِيمةُ فَقِيرةً ضَعِيفةً 旧中国是贫弱的

وـ من أمْره ما ـ 他的结局就是这个，他的结果就是这样

وهو أشَدُّ ما يَكُونُ حَذِرًا 他是极其小心的，他是十分警惕的

لم يَقَعْ في يَدِه كتاب قَطُّ إلاّ اسْتَوْفَى في قِراءتِه كائِنًا ما ـ 不论什么样的书，一到他手里他就要把它读完

كَوَّنَ الشيءَ: أوْجَدَه 造成，构成，组成，作成，形成，建立，成立

ـ من كذا 组成，构成，造成，建立

تَكَوَّنَ من كذا 组成，构成，形成

اِسْتَكَانَ لِفُلانٍ: ذَلّ وخَضَعَ 服从，顺从，屈服

كَوْن / كِيَان / كَيْنُونَة [哲]实在，存在，本质

ـ: حَالَة 情况，状态，情形，形势

الـ: عالَم الوُجُود 宇宙，世界

لـ ـ: بِسَبَب 因，因为，由于

لـ ـ ه فَقِيرًا 因为他是穷人

مع ـ ه فَقِيرًا 他虽是穷人

كَوْنِيّ: عالَمِيّ 宇宙的，世界的

الأشِعَّة الـ ة 宇宙线

كِيَان: طَبِيعة 自然，天性，本性，本质

تَكْوِين جـ تَكْوِينَات: خَلْق 创造，造成，构成，构造，形成

ـ: نُشُوء 产生，发生，起源

سِفْر الـ (من التَوْراة) [圣]创世记

ـ 体质，体格

نَحِيف الـ 体格瘦弱的

اِسْتِكَانَة 驯服，柔顺

مَكَان جـ أمْكِنَة وأمْكُن جج أماكِنُ: موضع (راجع مكن) 处，处所，场所，位置

ـ: مَحَلّ / حَيِّز 席，位置，坐位，地位，空间，余地，余裕

ليسَ له ـ في البَيْت 房子里没他的坐位

ظَرْف ـ [语]空间名词

ـ ه: بَدَلاً منه 代替他

قامَ ـ ه 代替他

في ـ ه 代替他

ـ الحادِث 出事地点
في كل ـ 到处，处处
إنَّ هذا من الغَرابة بـ ـ 这确实是很奇怪的
هذا العملُ من الأَهَمِّيَّةِ بِـ ـ 这件事是很重要的
أَصابَه في ـ القَلْبِ 打中了他的心部
مَكانَكَ يا ...! 站住！等一下！
أماكِنُ عُمُومِيّة 公众集会的处所
مَكانَة جـ مَكانَات: مَوْضع 位置，处所，坐落
ـ: مَنْزِلة 地位，职位，身份，名望
كَيْنُونَة: إمْكَانيَّة الكِيان 存在的可能性
كائِن: حادِث / موجُود 存在的，实在的，现存的
ـ حَقِيقيّ 实体，实在，本质
ـ حَيّ 生物
ـ رُوحِيّ 神，鬼，灵物
ـ في مَكان كذا 位于，坐落于…
الـ المُطْلَق [宗]绝对的存在(指真主)
كائِنًا ما كانَ 无论如何，不管怎样
الكائِنَات: المَوْجُودات 宇宙，天地，万有，万物，森罗万象
مُكَوِّن: مُوجِد 创作者，创造者，造物主
مُكَوَّن من كذا (由某物)形成的、构成的、组成的
كُونْت (أ) count: قَوْمَس / لقب شَرَف 伯爵
كُونْتِس: قَوْمَسَة countess 伯爵夫人
كُونْتْرَاتُو (أ) contratto: عَقْد (意)契约，合同
كُونِسْتَابْل جـ كُونِسْتَابْلاَت (أ) constable 警察，警官
كُونْسَرْوَه (أ) conserva (意)糖食，蜜饯，果酱
كُونْسُولْتُو (أ) consulto (意)会诊
كُونْكُرْدَاة جـ كُونْكُورْدَاتُو (أ) concordáto:
تسوية تجاريّة (意)[商]妥协，和解，凭公证人断定
ـ: اِتِّفاقِيَّة / مِيثاق 契约，协定，条约
كُونْيَاك (أ) cognac (法)科纳克白兰地，上等白兰地(因产于法国科纳克镇而出名)
كُوَّة جـ كُوَّات وكُوًى: نافِذة 小窗，壁孔
ـ التَهْوِية 气窗
ـ حَرْبِيَّة 枪眼，炮眼
كَوَى يَكْوِي كَيًّا بالنار (حقيقيًّا ومَجَازِيًّا) فُلانًا 烙，烤，烘，烧灼
ـ الطَبِيبُ المَرِيضَ [医]灸(用烧灼法治疗)
ـ المَلابِسَ 熨(衣服)
ـ هذا قَلْبَه (مـ) 这件事使他心急火燎
ـ ه: لَدَغَه (蝎)蜇，刺，刺痛，刺伤
ـ: وسَم بالمِكْوَاة 打烙印，打火印
اِكْتَوَى 被烧伤，被灼伤，被熨平，被焙过，被灸过，被打上烙印
كَيّ / كَوْى (مـ) 烫，烧，灼，灸，烙，熨
ـ / كَيَّة: مَوْضع الكيّ 烧痕，烫伤
ـ / ـ: وَسْم / داغ (مـ) 烙印，火印
آخِرُ الدَواءِ الـ 灸是最后的药物
كَاوٍ: مُحْرِق 烫的，烙的，烧伤的，灼人的
ـ: أَكَّال 苛性的，灼热的，腐蚀性的
بُوتَاسَا كَاوِيَة (أ) 苛性钾，氢氧化钾
صُودَا كَاوِيَة (أ) 苛性钠，氢氧化钠，火碱，烧碱
كَوَّاء: شَتَّام 谗谮者，毁谤者，诋毁者，诬蔑者
ـ المَلابِس / مَكْوَجِي (مـ) 熨衣工人
ـ وغَسَّال 洗烫工人
كَوَّايَة وغَسَّالة 洗烫女工
ـ 造谣中伤的女人

مِكْواة المَلابِس ج مِكْوَيَات ومَكاوٍ / مَكْوَى (م) 熨斗，烙铁
ـ: مِيسَم 火印，烙印
ـ الطَبِيب (الجَرَّاح) [医]烙器，烧灼器
ـ لِحَام (السَمْكَرِي) 焊铁，铁焊头
ـ الشَعْر (烫发的)夹钳，卷发钳
مَكْوِيّ / مُكْتَوٍ 被烧的，被灼的，被烘的，被烙的，被灼伤的，被熨平的，打有火印的，被腐蚀的，被灸的
مَكْوَجِي ج مَكْوَجِيَّة (م) 熨衣匠
كُوَيِّس (م): كَيِّس 好的，美好的，良好的，精美的
كَوِيلَة (م): دَسْرَة (م) 夹缝钉，合板钉，两头钉
كَيْ / كَيْمَا / لِكَيْ / لِكَيْمَا 以便，为了，为…起见
ـ لا / لِكَيْ لاَ: لِئَلاَّ 以免，恐怕
كَيّ (في كوي)
كَيْتَ وكَيْتَ: كَذَا وكَذَا 如此如此，这般这般
كَادَه يَكِيدُ كَيْدًا وكَايَدَه: خدَعه 欺骗，哄骗，诱惑
ـ ه وـ ه: أغَاظَه 激怒
ـ له: دسّ عليه 图谋，暗算，谋害，施阴谋，施奸计
ـ (بمعنى "قارب" أو "أوْشَك" راجع كود)
كَيْد ج كِيَاد: مَكْر / خِدَاع 狡猾，诡谲，奸诈，机诈，欺诈，瞒骗，诡计
ـ (م): غَيْظ 愤怒，愤慨
ـ / مَكِيدَة: خَدِيعَة 计谋，机谋，暗算，诡计
مَكِيدَة ج مَكَايِدُ: دَسِيسَة 阴谋，奸谋，密谋，密计

كَيْدِيّ (م) 触怒的，致苦恼的，使烦恼的
دَعْوَى (قَضِيَّة) كَيْدِيَّة [法]诬告，无根据的诉讼，存心不良
كِيرُ الحَدَّاد ج أكْيَار وكِيرَة 铁匠的风箱
كِيرُوسِين (أ) kerosene 灯油，煤油
كَاس يَكِيسُ كِيَاسَةً وكَيْسًا الغُلامُ: كان كَيِّسًا 变得聪明，成为伶俐的
كَايِس (م): مَوْعُوك 没神气的，筋疲力尽的
كَيَّسه: صَيَّره كَيِّسًا 使他变得机智聪明
ـ المُسْتَحِمَّ (م): دلَّكه (澡堂里的)按摩，推拿
تَكَيِّس (م) 按摩，推拿
أكْيَسُ م كِيسَى وكُوسَى ج كِيس / أكْوَسُ (م): أحْسَن 更好的，更美的，更优良的
كَيْس / كِيَاسَة: عَقْل 机智，智慧
ـ / ـ: ظَرْف 优雅，文雅，雅致
ـ / ـ: فِطْنَة 精明，聪明
كِيس ج أكْيَاس وكِيَسَة: جِراب / خريطة 袋子，手提包
ـ: غِرارة / زكِيبَة (م) 粮袋
ـ الخُصْيَتَيْن: صَفَن [解]阴囊，卵袋
ـ: حَوْصَلَة (في التشريح) [医]囊肿
ـ من جلد (طبيعيّ أو مصنوع) 皮包，皮袋
ـ التَبْغ 烟叶包，烟叶袋
ـ الدراهِم 钱包，钱袋
ـ المَرْتَبَة (الحَشِيَّة) 被褥套，被褥袋
ـ الوِسَادة 枕套
على ـ ه (م): على نَفَقته 自费
كَيِّس ج أكْيَاس وكَيْسَى م كَيِّسَة ج كِيَاس: فَطِن 聪明的，伶俐的，精明的，慧敏的
ـ: ظريف 文雅的，优雅的
ـ / كُوَيِّس (م): مَلِيح 漂亮的，好看的，

美观的，美貌的

مُكَيِّسَاتِيّ جـ مُكَيِّسَاتِيَّة 按摩者，推拿者

كَيَّعه (مـ): أتعبَه وضايَقه 虐待，折磨，使人筋疲力尽

كَيَّفَ الشيءَ: جعل له كَيْفِيَّة معلومة 改变，使变形，使适应，使合宜，使具一定的形状、式样

ـ الهَواءَ 调节空气

ـ الشيءَ: شكَّله 构成，形成

ـ ه (مـ): سرَّه 使愉快，使兴奋，使高兴

تَكَيَّفَ: اِتَّخذ كيفيَّة 适应，变形，采取形式

ـ مع الأَوْضاع: سايَرها 紧跟形势

ـ (مـ): اِنْسَرَّ 愉快，兴奋，快活

تَكْيِيف 调整，使适合，使兴奋

ـ الهَواء 调节空气

كَيْفَ 如何？怎样？

ـ حالُكَ (أو أَنْتَ) ؟ 你好？你怎么样？

يَعْرِفُ ـ يَكْتُبُ 他知道怎样写

ـ (شَرْطِيَّة): كَيْفَمَا …怎样，…就怎样

ـ تَصنَعْ أَصْنَعْ 你怎样做我就怎样做

كَيْف: حال 情形，状态，形势，情况

ـ (مـ): مِزاج 气质，性情

ـ (مـ): هَوًى 爱好，嗜好，性癖

ـ (مـ): إرادة 意欲，意志，愿望

على ـِك (مـ): كما تريد 随你喜欢，随你的意思

على ـِك (مـ): أَنْتَ وشأنَك 随意做吧！看着办吧！

على ـِك (مـ): على هَوَاك 爱怎么就怎么办吧！

يهتمّ بالـ قَبْلَ الكَمّ 他关心的首先是质量而不是数量

لَيْسَ له ـ (مـ): مَوْعُوك 不适意的，没有精神的，觉得不舒服的

لَيْسَ له ـ (مـ): مُكتئِب 不愉快的，生着气的，发着脾气的

ـ (مـ) 神思恍惚，催眠状态

ـ 印度大麻烟(因有麻醉作用而得名)

كَيْفَمَا كَانَ: بأيِّ كَيْفِيَّة 无论如何，不管怎样

ـ كانَ / ـ اتَّفقَ 怎样都可以

ـ كانَ: على أيِّ حالٍ 在任何情况下

كَيْفِيّ 任性的，任意的，随心所欲的

ـ 质的，质量的

كَيْفِيَّة جـ كَيْفِيَّات: حَال 情况，状态，情形，形势

ـ: صِفَة 性质，品质，德性

ـ: صُورَة 形象，样子，体裁，模样，方法

بـ ـ غَرِيبَة 奇形怪状地

كَيِّيف (مـ) 内行，行家，专家

مُكَيِّف الهواء جـ مُكَيِّفَات 空调

مُكَيِّفَات (مـ) 麻醉剂

كَيْكَة جـ كَياكِي: بَيْضَة 蛋

كِيكَه (مـ) / لَقِّيطَه (سـ): طِيطَه (مـ) (لعبة) (意)触人游戏(在儿童中指定一人追触他人，被触的儿童再去追触别人)

حاوِرِيني يا ـ (مـ) 捉迷藏

كَالَ يَكِيلُ كَيْلاً ومَكِيلاً ومَكَالاً وكَيَّلَ القَمْحَ وغيرَه: قاسَه 量(米)

ـ وـ الشيءَ بالشيء 用标准衡量

ـ له آياتِ المَدِيح 恭维备至，十分赞扬

ـ الاتِّهامات 告发，控诉，控告

ـ شَتَائِمَ 破口谩骂

كَايَلَه: قابله المِثْلَ بالمِثْل 报复，还报，以其人之道还治其人之身

كَيْل جـ أَكْيَال (升、斗等)量器

طَفَحَ الـ 使粮食充满容器

كَيْلَة جـ كَيْلَات (مـ): ١/١٢ من الإِرْدَبّ 克莱 (谷物量度名，等于 1/12 伊尔德布)

كِيَالَة 测，度，测量，测定

كَيَّال الحُبُوب 谷物称量者，粮食经纪人

مِكْيَال جـ مَكَايِيلُ / مِكْيَل 米克雅勒(能容 8 加仑的容器)

تَحْتَ ـ: سِرًّا (扣在斗下)秘密地

كِيلَار (مـ) / كَلَار: بيت المُؤْنَة (土)仓库，栈房，伙食房，食品室，藏肉室，餐具室

كِيلُو 千（多与“克”、“米”合用）

كِيلُوجرَام وكِيلُوغرَام جـ كِيلُوجرَامَات وكيلوغرامات (أ) kilogramme: أَلْفُ جَرَام 千克，公斤

كِيلُومِتْر جـ كِيلُومِتْرَات (أ) kilometer: أَلف مِتْر 千米，公里

كيلوواط / كِيلُوَاط (أ) 瓩，千瓦(特)

ـ سَاعِيّ 千瓦(特小)时

كَيْلُوس (أ) chyle (希): مُستحلَب الطعام المَهْضُوم [医]乳糜(淋巴液之变形物)

كَيْلُون جـ كَوَالِينُ (أ): قُفْل (انظر قفل وكلون) 门锁

كَيْمَا (كَيْ + ما): لِكَيْ 以便

كَيْمُوس (أ) chyme: الطعام في الأَمْعاء الدِقاق 食糜，糜浆

كِيمُونُو (أ) kimono: ثَوب يَابَانِيّ (للنساء) 和服，日本妇女服装

كِيمِيَا / كِيمِيَاء (أ): عِلْمُ طَبَائع وخَاصِيَّات الأَجْسَام 化学

ـ / ـ alchemy: محاولة تحويل المَعَادِنِ إلى ذهب 炼金术，炼丹术

ـ / ـ: حَجَرُ الفَلاسِفة 点金石

ـ صِنَاعِيَّة 工业化学

ـ الأَمْرَاضِ chemical pathology 化学病理学

عِلْمُ الـ 化学

الـ الحَيَوِيَّة (المَوَادّ الحَيَّة) 生物化学

كِيمِيَائِيّ / كِمَاوِيّ / كِيمِيَاوِيّ: مشتغل بالكِيمِيَا الحَدِيثة 化学家

ـ / ـ: مُشْتَغِل بالكِيمِيا القَدِيمَة 炼丹家，炼金术士

ـ / كِيمِيّ 化学的，化学用的，由化学作用而得的

سِبَاخٌ كِيمَاوِيّ / سَمَادٌ كِيمَاوِيّ 化学肥料

مُرَكَّبَات كِيمَاوِيَّة 化学制品，化学药品，化学用品

كِيمِيَاوِيَّات 化学制品

كَانَ يَكِينُ كَيْنًا لفلان واسْتَكَان: خضع 服从，屈服

كَيْن / اِسْتِكَانَة (راجع كون) 顺从，屈服

كِينَا (أ) / شجرة الـ 金鸡纳树，规那树

لِحَاءُ الـ 金鸡纳皮

كِينِين / كِينا (أ) quinine 奎宁，金鸡纳霜

سُلْفَاتُ (أ) (سُلْفَاة) الكِينا sulphate: كِبْرِيتُها 硫酸奎宁

كِينَار (مـ): حَرْف / حاشية 边，边缘

كَيْنُونَة (في كون)

كِيهَك 科卜特历 4 月(阳历 12 月)

كَيَوَان (波)[天]土星

اللام

ل (اللام) 阿拉伯字母表第 23 个字母；代表数字 30

ل: شوّال (回历 10 月)的缩写

لَ 强调虚词，对名词不起作用，有下面四种意义

(1) 放在 إنَّ 后面，以加强语气，相当于汉语的“真”、“确”、“果然”

إنّ الصِحَّةَ ـ نَفِيسَة 健康的确是宝贵的

(2) 放在 لو 和 لولا 后面的结句上，以加强语气，相当于汉语的“一定”、“必定”、“必然”

لَوْ اجْتَهَدَ الطالِبُ ـ نَجحَ في الامْتحان. 假若那个学生用功，他必然及格了。

لَوْلاهُ لَهَلَكْنَا 假若没有他，我们一定死了。

(3) 放在名词前面，表示发誓

ـ عَمْرِي 凭我的宗教发誓

(4) 放在 يا 后面，表示惊叹，相当于汉语的“多”、“多么”

يا لَلْعَجَب! 多么奇怪！

يا لَهُ مِنْ عَمَلٍ حَسَنٍ! 多么好的工作呀！

لِ 介词，使名词变属格，（除第一人称单数外，与连接代名词相连时读 لَ ）有下面五种意义：

(1) 表示所有权，相当于汉语的“有”

لَهُ 他有

لَنَا 我们有

له كِتابٌ 他有一本书

لي عَلَيهِ دِرْهَمٌ 他欠我一个银币

ـ ه أنْ يَقُولَ 他有权说，他可以说

لَيْس له أنْ يَقُولَ 他不可以说，他不该说

(2) 表示原因，相当于汉语的“因”、“为”、“因为”、“由于”等

ـ أَجْل 为，因为

ـ ما 由于…

ـ أنَّ 因为

ـ مَ (ما的简化)؟ / ـ ماذا؟ / ـ أيّ شيء؟ / لَيْش؟ لَيْ؟ (م) (س) 为何？为什么？

(3) 与 إلَى 同义

لِلآنَ=إلى الآنَ 直到现在

لِلسَّاعةِ / لِسَّهْ (م) / لِسَّا (س): إلى هذه الساعة 尚未，还没有

(4) 加在肯定的现在式动词前面，以说明理由，而使动词变为宾格，相当于汉语的“为”、“好”、“好叫”、“以便”等：

تَعَلَّمتُ اللغةَ العربيّةَ لِأَخْدُمَ بها الشعْبَ 我学习阿拉伯语，以便用它为人民服务

加在否定的动词前面，写成 لِئَلاَّ，也起同样作用，相当于汉语的“省得”、“以免”：

نَظَّمْنَا فِرْقَةَ المِيلِيشيا لِئَلاَّ يَعْتَدِيَ العَدُوُّ على وَطَنِنا 我们组织民兵师，以免敌人入侵我们的祖国

在 ما كان 或 لم يَكُنْ 的后面，加在现在式动词的前面，加强否定的语气，而使动词变为宾格，这叫做否定的 لا (لام الجحود)，相当于汉语的“不会”、“不至于”：

مَا كَانَ الحزبُ لِيَغْفُلَ عَنْ مَصَالِحِ الشعب 党不会忽视人民的利益

(5) 加在第一人称和第三人称现在式动词的前面，表示命令和祝愿，使动词变为切格，相当于汉语的"让"、"叫"等：

لِنَبْذُلْ جُهودَنا فِي البِناءِ الاشْتِراكِيِّ 让我们致力于社会主义建设吧！

لِيَحْكُمِ الشَّعْبُ! 让人民来审判吧！

لاَ:

(1) ضد نَعَمْ 否定答词，相当于汉语的"不"、"否"

(2) بمعنى لَيْسَ 否定虚词，与 غَيْر 同义，相当于汉语的"非"

ـ اِجْتِمَاعِيّ 非社会性的

ـ حِزْبِيّ 无党派的

ـ فَقَارِيّ 无脊椎的

ـ طَبَقِيّ 无阶级的

ـ مُدَوَّن: غَيْرُ مَكْتُوب 口述的，口传的，不成文的，非记录的

ـ مَحْدُود 无限的，无止境的，无边无际的

ـ نِهَائِيّ 无穷的，无尽的

ـ إرادِيّ 非本意的，无意的，不自觉的，不知不觉的

ـ سِلْكِيّ: بلا سِلْك / شُعاعِيّ 无线的

رِسالَةٌ ـ سِلْكِيَّة 无线电报

بـ ـ: بِدُون 无，没有

يَئِنُّ بـ ـ مَرَض 无病呻吟

ـ في مِصْرَ و ـ في غَيْرِها 既不在埃及，也不在其他地方

ـ أَدْرِي: لا أعْرِفُ 我不知道，我不晓得

اللاأَدْرِيّون: أصحابُ مَذْهَبِ اللاأَدْرِيَّة 不可知论者

مَذْهَبُ اللاأَدْرِيَّة 不可知论

اللادِينِيَّة 无神论

اللامُبالاَة 冷淡，漠不关心

اللاسِيَاسِيَّة 不问政治

اللاسَامِيَّة 反闪族主义，排犹主义

(3) 否定全类的虚词，后面的名词必须是定格的单数，定于开口符，相当于汉语的"无"、"毫无"

ـ بُدَّ مِنْ 必须，不得不

ـ شَكَّ / لا رَيْبَ 无疑的，毫无疑问，毫无疑义

ـ سِيَّمَا 特别是，尤其是

ـ ... إلاَّ 无…不

ـ شَيْءَ 无，空，零

ـ ثقبَ إلاَّ دخلَه 无孔不入

ـ شرَّ إلاَّ فعلَه 无恶不作

ـ عَلَيْكَ 别担心！请放心！

(4) 禁戒虚词，使第二人称的现在式动词变为切格，相当于汉语的"别"、"莫"、"勿"、"不要"

ـ تَخَفْهُ 别害怕他

أنْ ـ / ألاّ 不

يَجِبُ ألاّ تُهْمِلَ كذا ... 你不该忽略…

لائحة (في لوح) / **لائق** (في ليق)

لات (في لت ولوت)

اَللاّتُ والعُزَّى 拉特和欧杂（古代阿拉伯的两个偶像）

لاتِين (أ) Latin 拉丁人，罗马人，天主教徒

لاَتِينِي (أ) 拉丁人的；拉丁语；拉丁语的；拉丁语系的

الحُرُوف الـ ة 拉丁字母

اللُغَةُ الـ ة 拉丁语，拉丁文

لاح (في لوح) / **لادن** (في لدن)

لاذ (في لوذ) / **لاز** (في لوز)

لازَوَرْد [矿]天青石(琉璃，璧琉璃)

لازَوَرْدِيّ 天蓝色的，浅蓝色的，淡青色的

ـ ة: بَنَفْسَج 紫花地丁

لاشْ (مـ) (لا شيءَ) 没啥，什么也没有

لاشى (في لشو) / **لاص** (في لوص)

لاط (في لوط) / **لاع** (في لوع)

لاف (في لوف) / **لاق** (في لوق وليق)

لاك (في لوك) / **لام** (في لوم)

لامَا / لامَة (أ) Lama: جَمَل أَميرِكا 骆马，美洲驼

لامىّ (في لوم) / **لان** (في لين)

لاهٍ (في لهو) / **لاهوت** (في لهت)

لايْنَة (مـ): قطعة تَوسيع (في الميكانيكا) [机](印刷用)间隔板，间隔片

لألأ وتَلألأ النجمُ أو البرقُ: لمع وأشرق 发光，闪光，发亮

ـ الكلبُ بذَنَبِه: حرّكه 狗摇尾巴

ـ بلسانِه: لهث 伸出舌头

لألأة: لَمَعَان 闪闪发光

لُؤْلُؤ جـ لآلِئُ: دُرّ 珍珠

عِرْقُ الـ 珍珠母，云母壳

مَحارة أو صَدَفَة الـ 珍珠贝

مَغاص الـ 采珠场

زَهْرَة الـ: اسم زهرة 雏菊，延命菊

لُؤْلُؤَة جـ لآلِئُ: واحدة اللُّؤْلُؤ 一颗珍珠

لُؤْلُؤِيّ: كاللُّؤْلُؤ 如珍珠的

تَلأْلُؤ 发亮，发光

لأّل / لأّاء / لأْلاء: بائع اللؤلؤ 珠宝商

مُتَلأْلِئ 闪耀的，闪亮的，发光的，发亮的

لَأَمَ يَلْأَمُ لَأْمًا الجُرْحَ: ضمّه وشدّه 包扎伤口

ـ ولاءَمَ الشيءَ: أصلحَه 修补，弥补

ـ وـ المَعدِنَ: لحَمَه بالإحْماءِ والطَرْق 焊接，熔合

لَؤُمَ ـُ لُؤْمًا وملأمةً ولآمَةً: كان غيرَ كَريم 卑鄙，下贱，贪鄙；吝啬，小气

لاءَمَ بَيْنَ القومِ: أصلَحَ بينَهم 调停，调解

ـ بين الأَمْرَيْنِ: وَفَّقَ 使协调，使一致，使融洽

ـ ه الشيءُ: وافقه 适合，合适

اِلْتَأَمَ وتَلاءَمَ الشيءُ الفاسدُ: اصطلح 被弥补，被修补，被纠正

ـ الشيءُ: انضمّ والتصق 熔合，联合，密切结合，凝聚，附着，粘着

ـ الشَيْئَان: اِتَّفقا 两物互相适应，互相符合，完全吻合

ـ الشَيْئَان: اتّحدا 联合，结合，合为一体

ـ الجُرْحُ: اِلْتَحَمَ وبَرِئَ (伤口)合拢，愈合

ـ القومُ: اجتمعوا 集合，聚会，成群结队

ـ المَجْلِسُ: انعقَدَ 开会，结会

أَلْأَمَ / تَلاءَمَ (مـ) 行为卑鄙，做卑鄙的事

اسْتَلْأَمَ: تَدَرَّعَ 穿铠甲

لِئْم / تَلاؤُم: اتِّفاق 和谐，协调，融洽，一致

ـ جـ أَلْآم ولِئَام: مِثْل وشِبْه 类似的，相似的

ـ / ـ: صُلْح / سَلَام 和解，和睦，和平

لُؤْم: دَناءَة / خِسَّة 卑贱，卑鄙，卑劣

ـ: بُخْل 吝啬，悭吝，小气

مُلاءَمَة: موافقة 合适，相符，切合，相适应

ـ: مطابقة / اتّفاق 一致，和谐，调和，配合

ـ: إصلاح البَيْن 调停，调解

لأْمَة جـ لأْم ولُؤَم: دِرْع 铠甲

لَئِيم جـ لِئَام ولُؤَمَاء: دَنِيء 卑鄙的，卑贱的，卑劣的，下贱的

ـ: مخادع 奸诈的，狡猾的，阴险的

ـ: بَخِيل 吝啬的，悭吝的，小气的

ـ: دَنِيءُ الأَصْلِ 出身微贱的

شَخْصٌ ـ 无赖，流氓，歹徒，恶棍

مُلائِم: مُنَاسِب 合适的，适当的，相当的

غير ـ 不合适的，不适当的

مُلْتَئِم: مُجتمع 集合起来的，会合起来的

ـ: مُنعقِد (اجتماع) 正在召开的（会）

ـ: مُنصلح 被调整的，修理过的，修缮过的，修正过的

ـ: مُنْدَمِل (جُرْح) （伤口）愈合的

ـ: مُلْتَحِم أو مُتَّحِد 联合起来的，结合起来的

لأي ولَأْي ولَأْوَاء جـ أَلْآء: مِحْنَة 灾难，祸患

ـ: شِدّة 艰难，困苦

ـ: تُرْس 盾

بـ ـ ما عَرَفْتُه 我好容易才认出他来

لِبَأ: مِسمار اللبن (مـ) / أوّل اللبن في النتاج 初乳（母畜生小畜后初挤的奶）

لَبْأة ولَبْوَة ولَبُؤَة ولَب ولَبَاة ولَبَة ولِبْوَة ولَبَاءَة ولَبُوَة جـ لَبُؤات ولَبَات ولُبًا ولَبُؤ: أُنْثَى الأسد 母狮

لَبّ ـُ لَبًّا اللَوْزَةَ: كَسَرَها واستخرج لُبَّها 破壳取仁

ـ بالمكان: أقام فيه 居住

لَبَّ ـَ لَبًا ولَبَابَةً: صار لَبِيبًا 成为聪明的

ـ (مـ): تَكَلَّمَ كَثِيرًا 多言，啰唆

ـ الحبلُ وغيرُه (مـ): ارتخى ما بين طَرَفَيْهِ / تَقَوَّس 松弛，松垂

لَبَّبَ الحَبُّ والجَوزُ واللَوزُ: صار له لُبّ 成仁，成核

تَلَبَّبَ للقتال أو العمل 准备战斗，准备工作

لَبّ: تقوّس ما بين الطرفين 松垂

لَبَب جـ أَلْبَاب: موضع القلادة 胸膛，胸脯

ـ: ما شُدَّ من سيور السرج في صدر الدابّة （马）鞅，胸带皮

لُبّ جـ أَلْبَاب وأَلُبّ وأَلْبُب / لُبَاب: خالص كل شيء 髓，菁华，精华，精粹

ـ / ـ الموضوع: جوهرهُ 问题的实质，问题的本质

ـ: عَقْل 智力，才智，理性

ـ: قَلْب 心，心灵

أَخَذَ بـ ـ ه 迷惑，吸引住，勾魂摄魄

طار ـُ ه وذهَب عقلُه 张皇失措，不知所措

ـ الشَعْرَة والريشة الخ 发心，毛髓

ـ الخَشَب 木髓

ـ جـ لُبُوب / ـ الجوز واللوز: قلب النواة 胡桃仁，杏仁等

ـ / لُبَاب الثمر: شَحْمَتُه 果肉

ـ / ـ الخُبْز: قلبه 面包心（面包的柔软部分）

ـ البِطِّيخ والخِيار وأمثالهما: لِبّ (مـ) 西瓜子，黄瓜子

أُولُو الأَلْبَاب 聪明人，有智慧的人

لُبَاب الوَسَائِل 交通枢纽

لَبَّة جـ لَبَّات / لَبَب جـ أَلْبَاب: مَوْضِع القِلادة 胸膛，胸脯

ـ (مـ): طعام للأطفال 面包粥，奶面糊；流体食物

لِبَّة (مـ): قِلادَة 项圈，锁链儿

نُصّ (نِصْف) ـ (مـ): ناقِصُ العَقْل 鲁钝的，迟钝的，发狂的，半吊子，半彪子，半憨子，半瓶醋

تَلْبِيب جـ تَلابِيبُ: طَوْق 领口，衣领

أَخَذَ بِتَلابِيبِهِ 扭住领口

لَبِيب جـ أَلِبَّاءُ م لَبِيبَة جـ لَبِيبَات ولَبَائِب: عاقل 聪明的，机智的

لَبَّيْكَ! 到！有！（点名时的回答），我来了，

我到了

لَبِثَ ـَ لَبْثًا ولُبْثًا ولَبَثًا ولَبَاثًا ولُبَاثًا ولَبَاثَةً ولَبَثَانًا
ولَبِيثَةً وتَلَبَّثَ بالمكان: مكث وأقام فيه 留，逗
留，盘桓，居住
ما ـ أن فَعَلَ كذا: ما أبطأ 立即做
لم أَلْبَثْ أَنْ كَتَبْتُ المَكْتُوبَ 我立即写了信
ما ـ تُ أن رَأَيْتُ ... 我很快就看到
تَلَبَّثَ بالمكان: توقَّف 停留，滞留，耽搁
لَبْث / لُبْث / لَبَث 居留，停留，逗留
لُبْثَة: توقُّف يَسِير 稍停，稍歇，暂住

لَبَخَ ـَ لَبْخًا فلانًا: ضربَه 打他，揍他
لَبَّخَ الدُمَّلَ أو القُرْحَةَ (مـ) 敷泥罨剂
لَبَخ 阿拉伯橡胶树
لَبْخَة جـ لَبَخَات (مـ): وضيعة ساخنة 泥罨剂
لَبِيخ: لَحِيم 肥的，肥胖的，多肉的

لَبَدَ ـُ لُبُودًا بالمكان: أقام فيه 居住
ـ بالشيء: لزق به 附着，依附，粘住
ـ ـِ لَبْدًا ولَبَّدَ الصُوفَ: نفشَه وبلَّه بالماء وصيَّره
يتلبَّد 擀毡子
ـ وـ الثَوْبَ: رقعه 补缀，补衣服，打补丁
تَلَبَّدَ الصُوفُ: تداخلتْ أجزاؤُه ولَزِقَ بعضُها
ببعض (毛、发)纠缠起来，粘在一起
ـ وأَلْبَدَ بالأرض: لَزِقَ بِها 粘着地面
ـ تِ السَماءُ بالغُيُوم 乌云密布
ـ تِ السُحُبُ فَوْقَ رؤوسِنا 黑云密聚在我们
的头上
ـ تِ الثُلوجُ على الجِبال 雪厚厚地积在山上
لُبُودِيّ (مـ): نَدّاف القطن والصوف 梳工，
梳毛工；弹棉工
لِبْد ولَبِدَ جـ لُبُود وأَلْبَاد: صوف متلبّد 纠结的
羊毛
ـ / لَبَّاد (مـ) 毡，毡子
ـ / لَبَّادَة جـ لَبَّادَات (مـ): ما يوضع تحت
السَرْج 鞍鞯
ـ / لُبَّاد (مـ) 毡，细毛毡
وَقُود لَبَد / لَبَد النَبات 泥炭
لِبْدَة جـ لِبَد (مـ) / لُبَّادَة جـ لَبَابِيدُ: قُبَّعَة من اللِبْد
毡帽
ـ ولُبْدَة الأَسَدِ 狮鬣
لَبِد / مُتَلَبِّد 成毡的，缠结的
لَبِيد (أ) libido: الشَهْوَة الجِنْسِيَّة الغَرِيزِيّة 性欲
لَبَّاد: صانع اللُبُودِ 擀毡匠，制毡工人

لَبَسَ ـِ لَبْسًا عليه الأمرَ: خلطه وجعله مشتبها
بغيره خافيًا 使事情混淆，模糊
لَبِسَ ـَ لُبْسًا: الثوبَ: ارتداه 穿、着(衣服、鞋
袜)，戴(帽子、手套)
ـ ه عِفْرِيت [宗]魔鬼缠身，魔鬼附体
ـ النَظَّارَةَ 戴眼镜
لَبَّسَ عليه الأمرَ: خلطه 使事情混淆、模糊
ـ الشيءَ: دَلَسَهُ 隐瞒(货物的缺点)，蒙混
ـ ه (مـ) وأَلْبَسَه: جعله يلبس 使他穿衣服，
给他衣服穿
ـ ه (مـ) وـ ه: غطَّاه 覆盖，包起，封起
ـ (مـ) وـ بطَبَقَة من طَلاء 油漆
ـ بالذَهَب (مـ) 镀金，包金
ـ الخَشَبَ بالعَاج (مـ): كفّته 用象牙镶嵌
لاَبَسَ الأمرَ: زَاوَلَه 从事于…
ـ ه: خالَطه وعاشَره 跟他成为亲密的朋友
ـ للأمْر 与某事有关系
تَلَبَّسَ بالأمر: اختلط به 干涉，干预，参预；
被拖累，被连累，陷入；被卷入(漩涡)
ـ لِبَاسًا حسَنًا: لبِسه 穿漂亮的衣服，妆扮
ـ في لِبَاس العِلْم 装作学者
ـ شَخْصِيَّةً ثانِيَة 附在某人身上，成为某人

的化身
ـ والْتَبَسَ عليه الأمرُ 看不清事实的真相
اِلْتَبَسَ الشيءُ بالشيء 混同，混合
ـ تْ به الخَيْلُ: لحِقتْه 马队赶上…
لَبْس / لَبْسَة / الْتِبَاس 混淆，暧昧，模糊
لِبْس جـ لُبُوس: كِساء 衣服，服装，服饰
لِبْسَة: ضرب من اللباس 装束
لِبَاس: اختلاط 混淆，混杂
ـ جـ لُبْس وأَلْبِسَة 衣服
ـ التَقْوَى: الحَياء 羞耻
ـ المَرْأَة (مـ) 女衬裤
ـ الرَجُل (مـ) 男衬裤
ـ رَسْمِيّ 制服，礼服
ـ السَهْرَة 晚礼服，夜礼服
كان في ـ المَيْدانِ 他是穿着军装的
ـ السَواد 丧服
لَبُوس 衣服，铠甲
ـ المَحافِل 法衣，袈裟
لُبُوس للمُسْتَقِيم (مـ) [医]坐药
تَلْبِيس / البَاس 妆扮…，给…穿衣服
ـ بطبَقَة خارجِيَّة (مـ): طَلاء 涂上油漆，包上一层
ـ الخَشَب بالعَاج (مـ): تكفيت 用象牙镶嵌
تَلْبِيسَة المُسْتَقِيم (مـ): قُمْع دَوائِيّ (مـ) [医]坐药
ـ للمَهْبِل (مـ): صُوفَة (مـ) 子宫托
مُلابَسَات (الظُرُوف) 时机，形势；危机，转机
تَلَبُّس 参与罪行
في حالة الـ 在犯罪的现场下
اِلْتِبَاس: إبْهَام 模糊，暧昧
لابِس كذا 穿着…的，戴着…的
لَبِيس: خَلَق بالٍ 破旧的衣服，褴褛的衣服

ـ: ثِياب مُستعمَلة 旧衣，故衣
لِسْبِيس (مـ): سمك كثير الحسَك 一种产在尼罗河的多刺的鱼
لَبِّيسَةُ الجَزْمَة (الحذاء) (مـ) 鞋拔
مَلْبُوس جـ مَلْبُوسَات:لباس 衣服，服装
ـ: لُبِسَ 故衣，旧衣服
ـ بالجِنّ (مـ): مُشَيْطَن [宗]魔鬼附体的人，着了魔的人
مَلْبَس جـ مَلابِس: لِبَاس 衣服，服装
مَلابِس سُفْلَى / مَلابِس تَحْتَانِيَّة 衬衣，内衣
مَلابِس مَخيطة / مَلابِس جاهِزة 成衣
مُلَبَّس جـ مُلَبَّسَات (مـ): لوز ونحوه يُلَبَّس بالسكّر 糖果(核桃糖、花生糖、杏仁糖等)
ـ بالعَاج أو الفِضَّة (مـ): مُكَفَّت 用象牙或银子镶嵌的
ـ بطَبَقَةٍ من طَلاءٍ واقٍ (مـ) 油漆过的
مُلْتَبِس: مُبْهَم 暧昧的，模糊的
مُتَلَبِّس 犯罪的
قُبِضَ عليه مُتلبِّسًا بالجَرِيمَةِ 当场逮捕，在犯罪现场被捕
لُبْسْتَر (أ) lobster: كَرْكَنْد / بِنْتُ الرُبَّان 龙虾
لَبَّشَ (مـ): حيَّر وربَك 慌张，张皇失措
ـ 集聚，打包，捆扎
ـ 用芦苇捆做堤坝
لِبْشَة جـ لِبَش (مـ) 一束，一捆
ـ قَصَب (مـ) 一捆甘蔗
لَبَطَ ـُ لَبْطًا بفلانٍ الأرضَ: صرَعَه وضرب به الأرضَ 摔倒
ـ ه برِجْلِه: رَفَسَه 蹴，踢
لَبَّطَ القَلَمَ (مـ): غَمَسه في الحِبْر 用笔蘸墨水
لابَطَه (مـ): صَارَعَه 摔跤
لابِطِ البدويّ ولا تُجارِه 只可跟游牧人摔

跤，不可跟他赛跑

لَبْطَة 踢一脚

لَبطَة 奔驰

مُلابَطَة 摔跤

لَبِقَ ـ لَبقًا ولَبُقَ ـُ لَبَاقَةً: ظَرُفَ ولانَتْ أَخلاقُه

成为优雅的、文雅的、温文儒雅的

ـ: حَذِقَ 成为精巧的，熟练的

ـ به: لاقَ 适合，相当，相称，相适应

لَبَّقَه (مـ): وفَّقه 调和，使适合

ـ 使温柔，使雅致

ـ 选配

لَبَقٌ / لَبَاقَة: لِياقة 圆滑，老练，八面玲珑

ـ / ـ: حِذْق 聪明，敏悟，机智，机敏

لَبَاقَة: ظَرْف (风采、姿态)优雅，文雅

ـ: حُسْن الذَوْق 欣赏力强，鉴赏力高

لَبِق م لَبِقَة: لائِق / موافِق 合适的，相称的，

适当的，合宜的

ـ / لَبِيق م لَبِيقَة: ظَرِيف 优雅的，文雅的

ـ / ـ: حاذِق 敏悟的，精明的，聪明的

لَبَكَ ـُ لَبْكًا ولَبَّكَ الأمرَ أو الشيءَ: خلطه 使事

情混杂，混乱

ـ وـ: شوَّش 扰乱

ـ وـ: رَبَكَ 使慌张、张皇失措

لَبِكَ ـ لَبَكًا والتَبَكَ وتَلَبَّكَ الأمرُ: اختلط 成为

混乱的、错乱的，成为错综的、复杂的

لَبْك / لَبْكَة: شيء مَخْلُوط 混合物，混杂物

ـ / ـ: اِختلاط 错综，混乱，乱七八糟

تَلَبُّكُ المَعدَةِ 消化不良

مَلْبُوك / مُلْتَبِك 混乱的，紊乱的

لَبْلَبَتْ المرأةُ بولدِها: رَقَّت له وحنَّت عليه (母亲)

爱抚(拥抱、接吻、抚弄)儿女

لَبْلَبَ القومُ: تفرَّقوا (人群)分散，离散，四散

لَبْلَبٌ / لُبْلُبٌ: بَرّ بأهْلِه 仁慈的，仁爱的；温

柔的，亲切的

لَبْلاب 扁豆，埃及菜豆

ـ كبير / ـ شَجَرِيّ: عاشِق الشجر 常春藤

لَبْلُوب جـ لَبَالِيبُ (مـ): عُسْلُوج 嫩枝，细枝，

小枝

ـ وَالِبَة 枝条

لَبَّنَ: ضرب طوبًا 制土墼，土坯

التَبَنَ: رَضِعَ اللبَنَ 吮乳，吃奶

لَبَن جـ ألبان: حَلِيب (سـ) 乳，奶，奶汁

ـ حَلِيب 鲜奶

ـ مُجَمَّد 炼乳

ـ مَقْطُوع 酸羊奶

ـ النَبات [植]乳状物，乳状液

ـ عِلَب (مـ): مَحْفُوظ في عُلَب 炼乳

ـ حامِض 酸乳

ـ رائِب / ـ زَبَادِيّ 凝乳，酸奶

ـ الخَضّ / ـ صَافٍ: خَبِيط 酪乳，酪浆

(提取乳油后的牛乳)

مَصْل الـ: شِرْش (مـ) 乳清(牛奶里的水分)

إبْرِيق الـ 奶壶

مِسْمَار الـ (مـ): لِبَأ 初乳(产后初次乳汁)

سِنّ الـ / أوّل ظُهُور الأَسنَان [解]乳齿

مِيزَان الـ 乳浮记，乳比重计(用以测验

奶的质量)

إفراز الـ 乳汁分泌

أبيَض كاللَبَن 洁白如乳

لَبِن / لِبْن / لِبِن: طُوب نَيّ (مـ) 土坯，土墼

لِبْنَة: طُوبَة 一块土坯，一块土墼

لُبْنَة (مـ): لُقْمَة 一口食物

لَبَنَات / لَبناة: لَكْتَات / لَكْتَاة (أ) lactate 乳酸盐

لَبَنِيّ: كاللبن 乳状的，乳白色的

ـــ: مُختص باللبن 乳的，乳汁的
الحامض اللبنيّ 乳酸
لَوْن لَبَنِيّ 天青色，浅蓝色
لَبَنِيَّة 用奶做的菜肴
لَبَنِيَّات 奶制品
لُبَان / لِبان (مـ) / لِبَانَة (مـ) 乳香；口香糖
ـ شامِيّ 柏树脂
ـ العَذْرَاء (سـ) 泻盐（硫酸镁）
ـ ذَكَر: كُنْدُر 乳香
لِبَان: رضاع 吮乳，吃奶
ـ المَرْكَب (مـ): حَبْل القَطْر (الجرّ) 纤，拖绳
لَبَان: صَدْر 胸部
لُبَانَة جـ لُبَان ولُبَانَات: حاجَة 事情，任务，需要，愿望
قَضَى ـــَهُ 他达到了自己的目的，满足了自己的心愿
لَبِنَة / لَبُون ولَبُونَة جـ لِبان ولِبْن ولُبْن ولُبُن ولَبائِن:
حلوب 奶牛，奶羊，奶驼
لُبْنان 黎巴嫩
لُبْنانِيّ 黎巴嫩的；黎巴嫩人
لَبُونات 哺乳动物
لَبَّان: ضَارِب الطوب (اللَّبِن) 制土坯的工人，制土墼的工人
ـــ: بائع الحليب 乳商，卖奶人
لِبَانَة 制奶业，制酪业
ـ شامِيَّة (مـ): قَلَفُونِيَّة calophony 松香
ـ / لَبَانَة 橡皮
ـ / لُبانة 口香糖
مِلْبَن جـ مَلاَبِن: مِصْفَاة اللَبَن / مِحْلَب 奶桶，滤奶器
ـــ: قالَب الطوب 土坯模，土墼模
مَلْبَن (مـ) 门框，窗框

ـ تُرْكِيّ (مـ): راحة الحلقوم rahat lakoum 土耳其饼
مَلْبَنَة: مَصنع الأَلْبَان ومُسْتَخْرَجاتها 制乳厂，制酪厂
ـ 乳牛饲养场
مِلْبَنَة: مِلْعَقَة 茶匙，调羹
لَبْوَة / لَبُوَة / لَبُؤَة / لَبْأَة: أُنْثَى الأسد 母狮
لَبَّى الرجلَ: اِستَجَابَهُ 回答，应答，响应
ـ نِداءَ رَبِّه (他应答了真主的召唤)他死了
لَبَّيْكَ! 到！有！(点名时的回答)；我来了，我到了
تَلْبِيَة: استجابة 应答，响应
ـ الدَعْوَة 接受邀请
لَتَّ ـُ لَتًّا الشيءَ: دقّه وفتّه وسحقه 捣碎，粉碎，弄成粉末
ـ الدقيقَ: بَلَّهُ بشيء من الماء (用水)和面
ـ العَجِين (مـ): عجنه 揉面
ـ (مـ): ثَرْثَرَ 饶舌，多言，唠叨，啰唆
لَتّ (مـ): ثَرْثَرَة 饶舌，唠叨，啰唆
صبر على ـ ه وعَجْنِه (مـ) 耐心地听他空谈
لَتَّة 小事，琐事
لَتَّات (مـ): ثَرْثار 饶舌者
اللاَّتُ والعُزَّى 拉特和欧杂(古代阿拉伯的两个偶像)
لِتْر (أ) litre: مِكْيَال للسوائل 公升
لِتْمُوس (أ) litmus: صِبَاغ أَزْرَق [化]石蕊
لَتَّن 拉丁化
مُلَتَّن 拉丁化的(指字母)
اَلَّتِي: تأنيث الَّذي (راجع لَذي) 连接名词الذي 的阴性式
بَعدَ اللُّتَيَّا والَّتِي 经过许多争论之后
بِالَّتِي هِيَ أَحْسَنُ: وِدِّيًّا 友好地，和睦地

اللاَّتِي / اللَّوَاتِي: جمع التي 连接名词 التي 的复数式

لَثّ: مدبَّق بالعرَق أو القذارة (مـ) 湿润的，潮润的

لَثّ: مُدَبَّق (مـ) 粘糊糊的

لَثِغَ ـَ لَثَغًا وتلاثَغَ: كان بلسانه لُثْغة 大着舌头发音，咬着舌头讲话(把 س 读成 ث，把 ر 读成 ل)

لَثَغ ولُثْغَة اللسان / لَدْغَة (مـ) 大着舌头发音

ـ وـ: ثِقَل اللِسان في الكلام 口吃，结巴

أَلْثَغ م لَثْغاءُ جـ لُثْغ: أَلْدَغ (مـ) 咬舌子，大舌头

ـ: ثَقِيل اللسان 结巴，口吃者

لَثَمَ ـِ ولَثِمَ ـَ لَثْمًا الفمَ والوجهَ: قبَّله 接吻

ـ أَنْفَه: لكمه 打鼻子

ـ وـ ولَثَّمَ وتَلَثَّمَ والْتَثَمَ الرجلُ: شَدّ اللِثامَ على أنفه أو فمه (乔装时)用围巾遮住口鼻

لاثَمَه: قبَّله 接吻

لَثْم: تَقْبِيل 接吻

لَثْمَة: قُبْلَة 一吻

لِثَام جـ لُثُم: بُرْقُع 围巾

حَسَرَ (أزاحَ) الـ عن فُلان / أَماطَ الـ عن فلان 揭去…的假面具，揭露…的真面目

مُلَثَّم / مُتَلَثِّم 用围巾遮住口鼻的

لَثِيَ يَلْثَى لَثًى وأَلْثَى شجرُ السمر: نَدِيَ وسال منه اللثَى (阿拉伯橡胶树)流出乳状树脂

لَثِيَتْ اليَدُ: تلزَّجتْ من دَسَم أو طين 手上有油腻或泥巴

لَثَى النَبات: دَمُهُ (植物的)乳状液

لِثَة الأَسْنَان جـ لِثَات ولِثًى ولُثِيّ 齿龈

لِثَوِيّ 齿龈的

الحُرُوف الـ ة 齿龈字母：ظ ذ ث

لَجَأَ ـَ لَجْأً ولُجُوءًا ولَجِئَ ـَ لَجَأً والتَجَأَ إلى الحِصْن أو غيره: لاذ إليه واعتَصَم به 投靠于…，避难于…，诉诸，采取

لَجَّأَ تَلْجِئَةً وأَلْجَأَ فُلانًا: اضطرَّه وأكرهه 逼迫，强迫

أَلْجَأَه: عصَمه 保护，庇护

ـ أَمْرَه إلى فلان: أسندَه إليه 委托，托付

لَجْأَة: سُلَحْفَاة البَرّ (والبحر) 海龟，玳瑁

لُجُوء / التِجَاء 隐匿，避难

لاجِئ / مُلْتَجِئ 难民；逃亡者

مُلتجِئ سِياسيّ 政治侨民，政治逃亡者

مَلْجَأ جـ مَلاَجِئُ: مَلاذ 避难所，隐蔽所

ـ الأَيْتَام: مَيْتَم 孤儿院，育婴堂

ـ العَاهِرات (التائبات) 妓女从良院

ـ العِمْيان 盲人院

ـ الشُيُوخ 养老院

ـ العَجَزَة (أي المُقْعَدِين أو المَرْضَى) 残废人收容所

لَجِبَ ـَ لَجَبًا القومُ: صاحوا وأجلبوا (人群)嘈杂，喧嚣，喧哗

ـ البحرُ: هاجَ 汹涌，澎湃

لَجَب: ضَوْضَاء 喧嚣，嘈杂，喧哗

لَجِب: شديد اللَجَب 嘈杂的，喧嚣的

لَجَّ ـِ لَجَجًا ولَجَاجًا ولَجَاجَةً في الخُصُومَة: عَنَدَ 顽强地争吵

ـ في الأمر: ثابَرَ عليه 坚持，持之以恒，坚持不懈，忍耐

ـ على فلانٍ في المَسْأَلة: ألحّ عليه وطلب السُرْعَةَ في قضائها 强求，再三要求

لاجَّ خَصْمَه: تَمادَى معه في الخُصُومة 顽强地争吵

التَجَّ البحرُ: اضطرب وهاج وغمر (海洋)汹涌，澎湃

لُجّ ولُجَّة جـ لُجَج ولِجَاج: مُعْظَم الماء 海，汪洋
لَجَّة: جلَبة 喧哗，嘈杂，吵闹，喧嚣
لُجِّيّ 汪洋大海般的
بَحْرٌ لُجِّيّ أو لُجاج 汪洋大海
لَجُوج / لاَجّ / لَجُوجَة / لُجَجَة / مِلْجَاج: مِلْحَاح
固执的，顽强的，执拗的，顽梗不化的
ـ / ـ: مُثَابِر 坚强的，坚忍的，有恒心的，
不屈不挠的
ـ 喧嚣的
لَجْلَجَ وتَلَجْلَجَ: تَلَعْثَمَ / تَرَدَّدَ في الكلام 口吃，
结巴
لَجْلاَج 口吃者，结巴
لَجَمَ ـ لَجْمًا الثوبَ: خاطه 缝，缝合
ـ (مـ) ولَجَّمَ (مـ) وأَلْجَمَ الحِصانَ: ألبسه اللجامَ
戴上辔头，套上笼头
ـ (مـ) وـ (مـ) وـ أيَّ قُوَّةٍ: رَوَّضها 驯服，
治理
ألجمَ هذا لِسَانَه 这使他哑口无言
التجَمَ الحِصَانُ 被套上笼头
لِجَام جـ لِجَامَات ولُجْم ولُجُم وأَلْجِمَة: آلة حربيَّة
قديمة لنَطْح السُفُن 古代撞敌船用的一种
武器
ـ الدَابَّة 马勒，笼头
ـ حديد 马嚼子
مُلْجَم / مَلْجُوم 上笼头的
لَجِنَ ـ لَجَنًا به: عَلِقَ 粘住，粘贴，依附
لَجْنَة جـ لِجَان 委员会；部，厅，局
ـ الإدَارَة 管理局，办公厅
ـ التَحْضِير / ـ تَحْضِيريَّة 筹备委员会
ـ التَحْقِيق 调查委员会，审查委员会
ـ دائمَة 常务委员会
ـ الشُؤُون الصِحيَّة 卫生委员会
ـ تَنْفِيذيَّة / ـ إجْرائيَّة 执行委员会
الـ المَرْكَزِيَّة 中央委员会
ـ الدَوْلة للدِفاع 国防委员会
ـ التَجْنِيد 兵役委员会
ـ صِيَاغَة 起草委员会
ـ فَرْعِيَّة 分委员会，小组委员会
ـ الأُمور الحُقُوقِيَّة 法律问题委员会
ـ شُؤُون الصحَّةِ 卫生局
ـ مِنْهَاج الدَوْلَة 国家计划委员会
لُجَيْن: فِضَّة 银
لُجَيْنِيَّة: دَرَاهِم 银币
لَحَبَ ـ لَحْبًا الطَرِيقَ: سَلَكها 行路，走路
ـ بفلانٍ الأرضَ: صَرَعه 把某人摔倒
ـ اللحمَ عن العَظْم: قَشَره 剔肉
ـ ه بالسيف: ضربَه به (用刀、剑)砍，斫
لاحِب جـ لَوَاحِبُ: قُطْب كَهْرَبِيّ 电极
ـ / لَحْب: طريق واضح 公路，大路
أَلَحَّ في السُؤَال: واظَب عليه وأَلْحَفَ 强求，硬
要，坚决要求，再三要求
ـ في المُطَالَبة بدَيْنٍ: عاسَرَ 催讨，催付，逼债
لَحِح / لاَحّ: ضَيِّق 狭窄的，狭隘的，偏窄的
لَحّ: لاصق النسب / لَزِم (مـ) 近亲，亲近
اِبْن عَمِّي لَحًّا أي لاصقَ النَسَبِ 堂兄，堂弟，
叔伯兄弟
إلْحَاح 强求，强讨，硬要
في ـ 坚决地，纠缠不清地
مُلِحّ / مِلْحَاح 坚决要求
لَحَدَ ـ لَحْدًا وأَلْحَدَ المَيْتَ: دفَنَه 埋，葬
ـ وـ اللَحْدَ: حَفَره 掘墓，挖坟，在坟坑
内挖一个壁龛
ـ في الدين وـ والتَحَدَ عن الدِين: مال وحادَ
وطعَن فيه 叛教，反教

ـ وـ السَّهْمُ عن الهَدَف: عدل عنه (箭)不中靶，偏离(目标)

ـ والْتَحَدَ إلى الشيء: مال إليه 偏向，倾向

لَحْد ولُحْد جـ أَلْحَاد ولُحُود: قَبْر 坟坑里的壁龛；坟墓

من المَهْد إلى الـ (从摇篮到墓穴)从小到老，一生

إِلْحَاد: كُفْر 叛教，反教

إِلْحَاديّ 叛教的

لَحَّاد: حَفَّار القُبُور 掘墓人，挖坟者

مُلْحِد جـ مُلْحِدُونَ ومَلاَحِدَة: كَافِر 叛教者，反教者

مَلاَحِدَة: فِرْقَة من الكُفَّار يُسَمَّوْن بالدَهْرِيَّة والدَهْرِيِّين 不信神者

لَحِس ـَ لَحْسًا الدودُ الصوفَ: أكله (虫)吃羊毛

ـ ه عَلْقَةً (مـ) 打他一顿

ـ ه بالكُرْبَاج (مـ) 鞭打，鞭挞

لَحِسَ ـَ لَحْسًا ولَحْسَةً ولُحْسَةً ومَلْحَسًا القَصْعَةَ: لَعِقَها 舔(盘子)

الكَلْبُ ـ يَدَ صاحِبِه 狗舔主人的手

الهِرَّةُ تَلْحَسُ اللَبَنَ 猫舔奶

لَحْس 舔

لَحْسَة 舔一下

مَلْحُوس / لُحِسَ 被舔的

ـ (مـ): خَفِيف العَقْل 轻浮的，轻率的，愚蠢的

لَحَظ ـَ لَحْظًا ولَحَظَانًا فلانًا وإلى فلان بالعَيْن: نظرَ إليه بمؤخَّر العَيْن عن يَمِينٍ أو يَسارٍ 瞟，斜着眼看

ـ ه ولاحظه: راقبه 观察，监视

لاحظ العَمَلَ (مـ): شارَفَه 主持，监督

ـ: قَدَّمَ مُلاَحَظَةً 陈述意见，提出批评

لَحْظُ العَيْنِ جـ لِحَاظ وأَلْحَاظ: باطنها [解](眼球)结合膜

لَحْظَة جـ لَحَظَات: نَظْرَة 一瞥，一瞬

ـ (مـ): بُرْهَة قَصِيرَة 顷刻，瞬息、刹那，霎时

في ـ (مـ) 瞬间，须臾，俄顷，顷刻间

ـ ئِذٍ 在那一瞬间

لَحْظِيّ: بُرْهِيّ 瞬息的，转瞬间的

لَحَاظ ولِحَاظ جـ لُحُظ: مُؤَخَّر العَيْنِ مما يَلِي الصُدْغ 外眼角

مُلاَحَظَة: مُرَاقَبَة 观察，监视，监察

ـ: إشراف 管理，监督

ـ جـ مُلاَحَظَات: تَعْلِيق 评论；评注，按语

ـ: وجْهَة النَظَر 观点，看法

ـ / مَلْحُوظَة جـ مَلْحُوظَات (مـ): انتقاد 意见，批评

لاَحِظَة جـ لَوَاحِظُ: عَيْن 眼，目，眼睛

مَلْحَظ جـ مَلاَحِظُ 着眼点，观察的地方

مُلاَحِظ: مُرَاقِب 观察者，监视者，监察人

ـ العَمَلِ (مـ): عَرِيف 管理者，监督者；工头，监工，领班

ـ بُولِيس (مـ) 警察局长

مُلاَحَظ 值得注意的，可以观察到的

والـ أَنَّ ... 值得注意的是…

لَحَفَه ـَ لَحْفًا وأَلْحَفَه: غَطَّاه باللِحاف ونحوه 给他盖被子

أَلْحَفَ في الطَلَب 强求，硬要，再三要求

ـ السائِلُ: أَلَحَّ (乞丐)纠缠

اِلْتَحَفَ وتَلَحَّفَ باللِحاف وغيره: تغطّى به 盖上被子、毯子等

ـ الجَوَّ 露宿

لِحْفُ الجَبَلِ: أَصْلُه 山麓，山脚，山根

لِحَاف جـ لُحُف وأَلْحِفَة / مِلْحَف / مِلْحَفَة جـ
مَلاَحِف: غِطاء 被子，被单，被窝；毯子
ـ / ـ / ـ: رِدَاء خَارِجيّ 斗篷，大衣
ـ السَرِير 床单，垫单
لَحِقَ ـَ لَحْقًا ولَحاقًا فلانا وبه والتحق به: أَدْرَكَه
赶上，追上
ـ القِطَارَ أو المُسَافِرَ: وَصَلَ قبل قِيامه 赶上火车，追上出门人
ـ ه: تَبِعَه 跟随，追随
ـ ه: لَصِقَ به 依恋某人，依附某人
ـ ته خَسَارَةٌ 遭受损失
ـ بالمَدْرَسَة 入学
ـ بعالَم الخُلُودِ 死亡，去世，逝世
لَحِقَ ـَ لُحُوقًا الثمنُ فُلاَنًا: لَزِمَه ووجب عليه
他应付物价
لاَحَقَه: تَبِعَه 跟随，尾随
ـ: تَتَبَّعَه وتابَعه 追踪，跟踪；追击，通缉
أَلْحَقَ كذا بكذا 使甲乙二物合并，使甲物附在乙物后
ـ ه بالمَدْرَسَة 送他进学校
ـ به خَسائِرَ فادحة 使他遭受重大的损失
تَلاَحَقَ القومُ: لَحِقَ بعضُهم بعضًا 接踵而来，一个跟着一个来
اِلْتَحَقَ بهم: اِنْضمَّ إليهم 加入，参加
ـ به: أدركه 追上，赶上
ـ بكذا: اِتَّصل 与…有联系
ـ بالخِدْمَة 服役
ـ بالمَدْرَسة 入学
اِسْتَلْحَقَه: ادَّعاه ونسبه إلى نفسه (父亲)认领(孩子)
ـ ته الخسارةُ 他遭受损失
لَحْق / لَحَاق: إدراك 追上，赶上

إِلْحَاق: وَصْل 使结合，联结，接续
ـ: ضَمّ 合并，归并
إِلْحَاقَات 附录，补遗，续篇
إِلْحَاقًا بخِطَابِنَا ... 附言，又及
مُلاَحَقَة 追踪，追击，通缉
لَحَاق بكذا 和某事结合
لَحَق جـ أَلْحاق / لاحِق: ضِدّ سابق 后继者，后来者，跟随者
لاحِق: مُدْرِك 追赶者，追及者
مُلْحَق جـ مُلْحَقَات: إضَافِيّ 补充，增补，补遗，拾遗
ـ: مُضَاف 附加的，增添品
ـ: تابِع 附属的，附属品
ـ الكِتَاب والجَرِيدة 书的补编、补遗，报刊的附刊、增刊
ـ في سفارة سياسيَّة 使馆的随员，专员
ـ عَسْكَرِيّ 武官
ـ تِجَارِيّ 商务随员，商务专员
ـ صَحَفِيّ 新闻随员，新闻专员
اِمْتِحَان (فَحْص) ـ 补考
مُلْحَق جـ مَلاَحِقُ 补考，复试
ـ: دَعِيّ مُلْصَق 螟蛉子，养子
مُلْحَقَات 附属国；附件
لَحْلَحَ (مـ) وتَلَحْلَحَ القومُ (مـ): ابتعدُوا 离去，离开，动身
لِحْلاح (مـ): حَسَك / شَوْك الجَمَل 蓟
مُلَحْلَح: سَيِّد 首领，头目
ـ (مـ): مِقْدَام / مُدَرْدَح (مـ) 英勇的，大胆的
لَحَمَ ـُ لَحْمًا الصائغُ الفِضَّةَ: لأَمَها (银匠)焊接银器
ـ بالقَصْدِير وغيره (用白镴)焊接
ـ: لأَمَ (بالإحْماء والطَرْق) 锻接，熔接，锻合

ـ بالكَهْرَباء 电焊
ـ والتَحَمَ الجُرْحُ (伤口)愈合
ـ الحديثَ 使谈话继续下去
لَحِمَ ـَ لَحْمًا بالمكان: لَزِمَه 定居于某地
ـ الصَقْرُ ونحوه: اِشتهى اللحمَ 想吃肉
ـ ولَحُمَ ـُ لَحَامَةً: كان كثيرَ اللَحْم 成为多肉的、肥大的
لُحِمَ: قُتِلَ 被杀死，被杀害
لاَحَمَ وأَلْحَمَ الشيءَ بالشيء: ألصق 使两物接合，粘在一起
ـ و ـ 焊接，熔接
تَلاَحَمَ القومُ: تَقَاتَلُوا 厮杀
ـ والْتَحَمَ الشيءُ: التَصَقَ وتلاءَم 粘住，结合
ـ و ـ الشَيْئَانِ: تَلاءَمَا 相合，吻合，符合
ـ 焊接
التحمتِ الحَرْبُ بَيْنَهم: اِشتَبَكَت 大战，血战
لَحْم ولِحَام المَعَادِن 锻接，熔接，焊接
لَحْم ولَحَم جـ لُحُوم ولِحَام ولِحْمَان ولُحْمَان وأَلْحُم: خِلاف العَظْم من الجسم 肉，筋肉，肌肉
ـ الأَكْلِ / لَحْمَة 肉，食用的兽肉
ـ أَبْيَض (كلَحْم الطُيُور والسَمَك) 白肉(鸡、鱼等的肉)
ـ البَقَر / لَحْم بَقَرِيّ 牛肉
ـ العِجْل: لَحْم عَجَّالِيّ 牛犊肉
ـ الخِنْزِير 猪肉
ـ الخِنْزِير المُعَالَج بالمِلْح والتَدْخِين 腊(猪)肉，咸肉
ـ الخِنْزِير المُعالَج بالسَلْق: جَمْبُون (أ) (法) jambon 火腿
ـ الصَيْد 野味
ـ الغَنَم / لَحْم ضَأْن 羊肉(山羊肉和绵羊肉)
ـ أَحْمَر: هَبْر 精肉，瘦肉(不带膘的肉)
ـ الثَمَرة: ما بين قِشْرتها ونواتها 果肉
ـ الأَسْنان 齿龈
لَبِسَ الثوبَ على الـ 穿贴身的衣服
أكل ـَ ه 诽谤，造谣中伤
لَحْمًا ودَمًا 血肉关系
لُحُوم مُقَدَّدَة 脯，肉干，干羓
التِحَام: اِلْتِصاق 粘着，粘住
ـ الجِرَاح (伤口)愈口
ـ العِظام 骨头接合
لَحْمَة: قِطْعَة لَحْم 一片肉，一块肉
ـ (胶、灰等)粘合的物体
ـ / لُحْمَة النَسِيج 纬线
لُحْمَة: قَرَابَة 姻亲，亲属，亲戚关系，血统关系
لَحْمِيّ 肉的，筋肉的，肌肉的
لَحْمِيَّة العَيْن [解](眼球)结合膜
ـ الأَنْف: سُدَاد [医]腺样增殖体
لِحَام جـ لِحَامَات: ما يُلْحَمُ به المعدن كالقَصْدِير 白镴
ـ مَرْقَد (مـ) (في المعمار) [建]接缝
ـ 焊接，焊接头
ـ بالكَهْرَبَاء 电焊
وَابُور لِحام 焊接灯
لاحِم م لاحِمة جـ لَوَاحِمُ 肉食的(动物)
لَحِم / لَحِيم: كَثِير اللَحْم 多肉的，胖的，肥满的
لَحَّام: بائع اللَحْم / جزَّار (مـ) 肉商，屠户
ـ 焊工
لَحَامَة: امتلاء الجِسْم 多肉，肥满，肥胖
مَلْحَمَة جـ مَلاحِمُ: مَوْقِعة عَظِيمة القَتْل في

الحَرْب 战争，残杀，屠杀，血战

ـ 史诗，叙事诗

مَلْحَمِيّ 史诗的，叙事诗的

مُلْتحِمَة العَيْن: لَحْمِيَّة [解]（眼球）结合膜

لَحْمِيَّات / لَوَاحِم: أَكَلَة اللُّحُوم 食肉类，食肉动物

لَحَنَ ـَ لَحْنًا ولَحَنًا ولُحُونًا ولَحَانَةً ولَحَانِيَةً في الكلام أو في القراءة: أَخْطَأَ في الإعراب وخالَف الصَّوابَ 在语法上犯错误

ـ له: لَمَّح 示意，暗示，发暗号

لَحِنَ ـَ لَحْنًا الرجلُ: فطن لحُجَّته وانتبه 了解

لَحَّنَ في القِرَاءة: ترنَّم فيها وطَرِب 朗诵

ـ 作曲

لَحْن جـ أَلْحَان ولُحُون: نَغْمَة 调子，和声，谐调，节奏，旋律

ـ: قِطْعَة مُوسِيقِيَّة 曲，歌曲，调子

ـ: لَهْجَة / لُغَة 方言，土语

ـ: خَطَأ في الإعراب 语法错谬

ـ الكلام: فَحْواه 意义，旨趣，意味

ـ جَنَائِزِيّ 哀乐

صِنَاعَة الأَلْحَان: المُوسِيقَى 音乐

تَلْحِين جـ تَلاَحِينُ: تَنْغِيم 协调；旋律，作曲

لَحِن: فَطِن 聪明的，有才智的，有理解力的

لَحَى يَلْحِي لَحْيًا ولَحَا يَلْحُو لَحْوًا الشجرةَ: قشرها 剥树皮

ـ / ـ فُلانًا: سبَّه / شَتَمَه 辱骂，谩骂，咒骂，诟骂

لاَحَى الرجلَ: نازَعه 和他争吵

تَلاَحَى القومُ: تَلاعَنُوا وتشاتموا: أو تباغضوا وتَنَازَعُوا 互相谩骂，互相咒骂

اِلْتَحَى: نَبَتَتْ لِحْيَتُه 长胡须

ـ: أَرْخَى لِحْيَته 留胡须

لَحْي / لَحْو: شَتْم 辱骂，咒骂，诟骂

لَحْي جـ أَلْحٍ ولُحِيّ: مَنْبِت اللِحْيَة 下巴颏儿

لِحْيَة جـ لِحًى ولُحًى: شعر الخَدَّيْنِ والذَقَن （两颊的）髯，（下巴颏儿的）胡须

ـ صَغِيرة: عُثْنُون 山羊胡须

ـ التَيْسِ: نَبات 婆罗门参

لِحَاء: قشر العُود أو الشجر 树皮

لَحْيَانُ / أَلْحَى / لِحْيَانِيّ: طويل اللحية 有长胡须的

مُلْتَحٍ: ذو لِحْيَة 有胡须的

النَسْر المُلْتَحِي 髭兀鹰

لَخْبَطَ الشيءَ (مـ): خَلَّطه 混合，掺杂，扰乱

ـ كيانَه: أضرَّه 危害，损害，毁坏，糟蹋

تَلَخْبَطَ (مـ) 混乱，紊乱

لَخْبَطَة (مـ) 使混乱、凌乱

مُلَخْبَط (مـ) 紊乱的，杂乱的

لَخَّصَ الكلامَ: اختصره 摘要，概括，概述，总结

ـ القولَ: بيَّنه وقرَّبه 摘要，撮要，扼要，重述，重述要点

ـ الشيءَ: أخَذَ خُلاصتَه 提炼，压缩，浓缩，去粗取精

تَلْخِيص 摘要，概括，概述，总结

مُلَخَّص جـ مُلَخصَّات: خلاصة 精华，精粹，真髓

ـ الكلام 摘要，撮要，梗概，概略

ـ: مُختصَر 简略的，概括的，压缩的

لَخْفَة جـ لِخَاف: حِجارة بِيض رِقاق 白石版

لَخْفَنَه: خبَلَه 混杂，掺杂，混乱，混淆

لَخْلَخَ الشيءَ (مـ): لَصْلَصَه / حرّكه ليخلعه 使动摇

ـ: ضعَّفه 使衰弱

تَلَخْلَخ (مـ) 动摇，变弱，衰弱
لَخْلَخَة (مـ) 使动摇，使衰弱
لَخَمَه ـُ لَخْمًا: لطَمه 打嘴巴，打耳光
ـ ه (مـ): ربكه 妨碍，阻碍，打扰，
使困难，使为难，使失措
رجلٌ لُخمَة ولَخَمَة / لَخمَة (مـ): ثقيل الرُوح
粗笨的，笨拙的，粗俗的；讨厌的家伙，
麻烦的家伙
لَخْمَة: فَتْرَة في الجِسْم 不适，欠爽，不舒服
ـ (مـ): ارتباك 为难，尴尬
لَخميُّون 莱赫米人(古代阿拉伯部族之一)
لَدَّ ـُ لَدًّا ولادَّ لِدادًا ومُلادَّةً والَدَّ الرجلَ: خاصَمه
خصومةً شديدة 激烈争论，强烈争吵
ـ ه عن الشيء: منَعه 阻止，禁止
لَدَّ ـَ لَدَدًا: كان شديدَ الخُصُومَةِ 争辩，强辩
لادَّ عنه: دافع 保护他
لَدَّدَه: حيَّره 使他惊慌失措，使狼狈不堪
ـ به: صرَّح بعيوبه وشهَّرها 揭露他的缺点
لَدَد: خُصُومة شديدة 激烈的争论，强烈的争吵
لَدُود / لَدِيد جـ أَلِدَّة / أَلَدّ م لَدَّاءُ جـ لُدّ ولِداد:
خصم شدِيد الخصومة 好争论的，好辩驳
的，强辩者
عَدُوّ ـ وـ وـ 劲敌，死敌，死对头，不
共戴天的仇人
لَدَغه ـَ لَدْغًا وتَلْداغًا الثُعْبانُ: عَضَّه (蛇)咬，啮
ـت العَقْرَبُ: لسَعت (蝎)叮，蜇，刺，
刺痛，刺伤
ـ ه بِكَلِمَةٍ: نخسه بها وطعن فيه 讥刺，诋毁，
挖苦
ـ (مـ): لَثَغَ 大着舌头发音，咬着舌头讲话
لَدْغَة 咬舌
ـ: عضَّة أو لَسْعَة 咬一口，刺一口，蜇一下

أَلْدَغ م لَدْغَاءُ جـ لُدْغ 咬舌子，咬舌儿，大
舌头
لَدِيغ جـ لَدْغَى ولُدَغاء: مَلْدُوغ 被咬的，
被刺的，被蜇的
لَدَمَه ـِ لَدْمًا: ضرَبه / لَطَمَه (مـ) 打击，打耳光
مِلْدَم: أَحْمَق 傻子，笨蛋
أُمّ ـ [医]热病
لَدُنَ ـُ لُدُونَةً ولَدَانَةً: كان لَيِّنًا 成为柔软的
لَدَّنَ الشيءَ: لَيَّنه 使柔软
ـ الخُبْزَ (مـ): جفَّفه قليلاً 把面包稍稍烘干
لَدَانة / لُدُونَة 柔软，柔软性，可塑性
لَدْن م لَدْنَة جـ لُدْن ولِدَان: لَيِّن 柔软的，软和的
ـ: يُجْبَل 可塑造的，可用模型制造的，
可任意捏成各种形态的
لَدُنْ / لَدَنْ: ظرف زمانيّ ومكانيّ بمعنى عند الاّ
أنه أقرب مكانًا وأخصّ 在某处，在某人
(物)跟前(面前、旁边)，当某时
جِئْتُ من ـ هُ: من عِنْدِه 我从他那里来
لَدُنِيّ 神秘的
لاَدِن (مـ): عِلْك اللُبان 树胶，树脂；口香糖
لدة (في ولد)
لَدَى: عِنْدَ 在旁边，在…跟前
ـ / أَمَام 在…面前
لِدِّيت (أ) lyddite: مادّة شديدة الانفجار 赖载特
(苦味酸炸药)
لَذِبَ ـَ لَذْبًا بالشيء (مـ): لَزِقَ 粘着
لاذِب (مـ): لازب 粘着的，胶着的
ضَرْبَة ـ (راجع لازب)
لَذَّ ـَ لَذاذًا ولَذاذَةً: كان لَذِيذًا 成为可口的、美
味的
لَذَّ ـَ لَذًّا والْتَذَّ وتَلَذَّذَ الشيءَ وبه واسْتَلَذَّ الشيءَ:
وجده لذيذًا 感到舒适，感到快乐，感到

愉快，感到有味、有趣

لَذَّذَه: جعله يتلذّذ　使他舒服，使他感到愉快

لَذّة جـ لَذّات　愉快，快活，快乐

مَلَذّة جـ مَلَذّات ومَلاذّ: شَهْوَة　欲望；食欲；性欲

لَذِيذ جـ لِذَاذ ولُذّ　可口的，美味的；美妙的，悦耳的

ــ: خَمْر　酒

لذعت ــ لَذْعًا النارُ الشيءَ: لفحته وأحرقته　燎，烧，燃烧，燎烧

ــ البعيرَ: وَسَمه بطَرَف المِيسَم　给驼打烙印

ــ الحُبّ قَلْبَه: آلمه　由于爱情，心如火灼

ــ ه بِلسانِه: أوجعه بكلام　讽刺，挖苦

لَذْعَة جـ لَذَعَات　烫伤，烧伤

لاذِعة جـ لَوَاذِع　讽刺的，刻薄的，挖苦的

لَذّاع / لاَذِع: مُحْرِق　烫人的，炽热的，灼人的

ــ / ــ: قارِص　尖酸的，尖刻的，刻薄的，讽刺的，讥刺的，挖苦的

ــ: حارّ / حرّاق (م)　辣的，辛辣的，刺激性的

رجُل مَذّاع ــ　轻诺寡信的人

لَوْذَع / لَوْذَعِيّ: ذَكِيّ الذِهْن حديد الفُؤاد　机智的，聪明的，精明的，有才智的

ــ: فَصِيح اللِسان　口才好的，善于辞令的，能言会道的

لَوْذَعِيَّة　聪明，才智，精明

اللاذقيّة: بلد بالشام　拉塔基亚（叙利亚城市）

لاذَن / لاذَنة laudanine: نوع من العلوك　（波）劳丹宁

لَذِيَ يَلْذَى لَذًى بالأمر: لزمه ولم يفارقه وأولع به　坚持，坚守，不变心，不离开（所喜爱的工作）

الّذِي (للمذكر العاقل وغير العاقل كالحيوان والجماد)　（阳性单数连接名词，用于人和物）者，的

اللَّذان (للمُثَنَّى)　阳性双数连接名词

الذِّينَ (للجمع)　阳性复数连接名词

لَزَبَ ــ لُزُوبًا: اشتدّ وثبت　坚定，坚强，固定

ــ به: لصِق به　粘着，附着，粘附

ــ ت السنةُ: أجدبت　成为荒年

لَزُبَ ــ لَزْبًا ولُزُوبًا ولَزِبَ ــ لَزَبًا الطينُ: لزق وصلب　（泥）凝固

ــ الشيءُ: دخل بعضه في بعض　收缩

لِزْب جـ لِزَاب: قليل　少，少量，少许

لَزَب / عَزَب لَزَب: غير متأهّل　未婚的，未成家的

لَزْبَة جـ لِزَب ولَزَبات: شِدَّة　灾难，患难，困苦，艰难

ــ: قَحْط　旱灾

سَنَة ــ: شدِيدة　荒年

لازِب: ثابت　固定的，坚强的

طين ــ: يلزب باليد لاشتداده　粘泥

صار الأمرُ ضَرْبَةَ ــٍ: صار لازمًا واجبًا　事情成为必要的、必须的、必然的、不可或缺的

لَزِجَ ــ لَزَجًا ولُزُوجًا: تمدّد وتمطّط ولم ينقطع وكان به ودك يعلق باليد كالعسل　粘的，胶粘的

ــ العَسَلُ بإصْبَعِه: عَلِق　粘住手指

تَلَزَّجَ: صار لَزِجًا　变成胶粘的

لُزُوجَة　粘性，粘质，胶性

رجل لَزْجَة ولَزِجَة ولَزِيجَة: مُلازِم بَيْتِه ولا يبرحه　常守在家中的人

لَزَّ ـُ لَزًّا ولَزَزًا ولَزَازًا الشيءُ بالشيءِ: لصق به 粘住

ـ الشيءَ بالشيءِ 使两物粘在一起

ـ ه بالرُمْح: طعنه 用矛刺

ـ ه إلى كذا: اضطرَّه إليه 强迫，威逼

لَزَّزَ الشيءَ: جعله مُلَزَّزًا 压紧，使坚实，使紧密，使结合

اِلْتَزَّ به: التصق 粘住，粘在一起

لَزّ / لَزَّة: رَزَّة (مـ) 带圈儿的螺丝钉

لَزَز / لِزَاز: خشبة يشدّ بها الباب 门闩

مَلْزُوز 坚固的，紧密的，压紧的

صُفُوف ـ ة 密集的行列

لَزِقَ ـَ لُزُوقًا والْتَزَقَ به: لصِق والتصق 粘着，粘贴

لَزَّقَ وأَلْزَقَ الشيءَ (مـ): ألصقه 使两物粘合

ـ الشيءَ: فعلَه بلا إتْقانٍ 马马虎虎做事，偷工减料地做

ـ له الشيءَ (مـ): دسَّه 拿假东西给人

لِزْق: لِصْق 邻近的，邻接的，隔壁的

بَيْتي ـ بَيْتِه 我家在他家隔壁，我和他是紧邻

لَزِق: لَصِيق 粘的，胶质的

لِزَاق: كل ما يُلصَق به 浆糊，胶水

لَزْقَة عِلاَجِيّة جـ لُزَق (مـ) / لَزُوق / لازُوق 膏药，泥罨剂

ـ أمريكَانِيّة (مـ) 有气孔的膏药

ـ خَرْدَل (مـ) 芥子泥

ـ (مـ) / لُزَقَة: لا مَفَرَّ منه / يُدْفَع فيَرجع 无法摆脱的东西

لَزِمَ ـَ لُزُومًا ولَزْمًا ولِزَامًا الشيءُ: ثبت ودام 成为必需的，不可缺少的

ـ بيتَه / ـ دارَه: لم يفارقه 闭门不出，守在家里

ـ حَدَّه 不超出(法律)范围

ـ الأَدَبَ 遵守礼法

ـ المَرِيضُ فِراشَه (病人)卧床不起

ـ الصَمْتَ 保持缄默

ـ ه كذا: احتاج إليه 需要(某物)

ـ ه الشيءُ: كان مُلْزَمًا به 对某事负责

ـ ه الأمرُ: وجب عليه حكمُه 成为他…的义务

ـ كذا عن كذا: نشأ عنه وحصل منه 由此得出结论

ـ ه ولازَمَه: لم يُفَارِقه 不离开，不分离

ـ ه وـ ه: رافقه 陪同，伴随

ـ وـ الأَمْرَ: استمرَّ فيه 继续干，坚持下去，孜孜不倦地干

ـ وـ المَشْرُوعَ 贯彻，彻底实行(计划)

لازَمَه: تعلَّق به ولم يفارقه 遵守，保持，抱定

ـ ه مُلازَمَةَ الظِلِّ لصاحِبه 和某人形影相依，若影随形地跟着他

ـ الصَبْرَ 坚忍，百折不挠，不屈不挠

ـ الصَمْتَ 保持缄默

أَلْزَمَه: أجْبَرَه 强迫，迫使

ـ ه بكذا: جعله لِزَامًا عليه 叫他负责，使他担负责任

ـ ه المالَ وبه 使他出钱、付款

ـ العملَ وبه: أوجبه عليه 责成他做某件事

ـ ه الفِراشَ 使他卧床不起

اِلْتَزَم: أُضْطُرَّ 被迫

ـ: كان مُلْزَمًا 负责任

ـ: اِرْتَبَطَ 受约束

ـ العملَ: أخَذَه على عُهْدَته 承担，承办，承揽，承包

ـ العَمَلَ والتجارةَ: احتكره 独占，垄断
ـ أَمْوَالَ الحُكُومَة: ضَمِنَها بمالٍ مُعَيَّن يدفعه للحاكم بدلها 包税
ـ ه: لازَمه 遵守，保持，抱定
ـ الاِحتراسَ 保持谨慎
ـ الكِتْمانَ 保持秘密
اِسْتَلْزَمَه: عَدَّهُ لازِمًا 认为是应当的、必需的
ـ: اِقْتَضَى 需要
لَزَمْ (مـ): لَحًّا 近亲
هو ابْنُ عمّي ـ 他是我的堂弟弟
لَزْمَة 包办权
لِزَام 必须，应该
لُزُوم: اِقتضاء 需要，必要，必需
ـ: فائِدة / حاجَة 用途
عِنْدَ الـ 当需要时，在必要时
إِلْزَام: إجبار 强迫，强制
إِلْزامِيّ: إجْبَارِيّ 义务的，强迫的
التَعْلِيم الـ 义务教育
إِلزامِيَّة 责任，义务
مُلازَمَة: تعلُّق 依附，关连，联系
ـ: عدَمُ مُفارَقة 不可分性
ـ: مُرافقة 伴随，偕同，陪同
ـ: مُتابَعَة / مُلاحقة 继续
ـ: مُثابَرة 坚持，固执
اِلْتِزَام: اِضْطِرار 迫不得已
ـ ج اِلْتِزَامَات: واجب 义务，本分，职责
ـ: اِحتكار 独占，垄断
ـ: اِمْتِيَاز (تمنحه الحكومة) 特权，特许权，专利权
ـ: مَسْؤولِيَّة 责任
ـ: اِرْتِبَاط 拘束，义务，债务
ـ 承租权

اِلْتِزامًا: بالمُقاولَة (مـ) 包做，包工，承包，包揽
لازِم: ضَرُورِيّ 必要的，必需的
قد أَصبح من الـ اللازِب أن ... 成为完全必要的
ـ: مُحَتَّم / لازِب 必然的，一定的
حَضْرَتُك ـ تَعْرِفُهُ (مـ) 您一定认识他
ـ: واجِب 义务，职责，本分
فِعْلٌ ـ: غير مُتَعَدٍّ [语]不及物动词
شَيْء ـ 必需的(需用的)东西
غير ـ 不需要的，不必要的
كالـ: كما يَجِب 应该的，理所当然的
لَوَازِم ج لَوَازِمَات: حَاجِيَّات 必需品，用具，装备，行装
مِلْزَمَة ج مَلازِمُ (مـ): مَنْكَنَة (ع) 虎头钳，老虎钳
ـ من كِتاب (مـ) [印]一帖纸(24张)；印成而未折叠的一张纸；讲义
مُلازِم: لا يفارِق 不可分离的
ـ: تابِع 追随者，跟随者
ـ بَيْتِه 守在家中者，闭门不出者
ـ الصَمْتِ 沉默的，缄默的，沉默寡言的
ـ الفِراش 卧病在床的
ـ أَوَّل (مـ): رُتْبَة عسكريَّة 陆军中尉
ـ ثَان (مـ) 陆军少尉
مُلْتَزَم / مَلْزُوم 被迫的，不得已的
ـ / ـ: مَسْؤُول 负责的
مُلْتَزِم: عَهِيد / مُقَاوِل (مـ) / مُتَعَهِّد (مـ) 承包者，承造者
ـ: صاحِب الاِمْتِياز 特许权所有人
ـ أَمْوَال الحُكومة (مـ) 包税者
مُتَلازِم 难以分离的

مُسْتَلْزَمَات 必需品

مَلْزُومِيَّة: اِلْتِزَام / مَسْؤُولِيَّة 责任

لِسَّا (مـ) / لِسَّه 尚，还，仍（正确的是 لِلسَّاعَةِ）

هو ـ هُنَاك (مـ) 他还在那里

لِسَّاكَ هُنَا؟ (مـ) 你还在这儿么？

ـ ما جَاشْ (مـ) 他还没有来

الساعَةْ ـ مُشْ عَشَرَهْ (مـ) 钟还没打 10 点呢

لسبيس (في لبس)

لَسْتِك / لَسْتِيك: مَطَّاط / مُغَيِّط / (土) لاَسْتِيق

(意)elastica 橡胶，橡皮

جَزْمَة (حِذاء) ـ 两边有松紧带的皮鞋

مَسَّاحَة ـ 橡皮擦

لَسَعَه ـ لَسْعًا: أَبَره / لَذَعه 刺，蜇

ـ ه بلسانه 讽刺，讥刺，挖苦

ـ ظَهْرَ الحصان بسَوْطِه 用鞭子打马背

ـ فَمَه بالفُلْفُلِ (مـ): لَذَعه 被辣椒辣了嘴

لَسْوَعَ بالسَوْط (مـ) 用鞭子轻打

لَسْعَة جـ لَسَعَات 刺一下，蜇一下

لَسِيع جـ لَسْعَى ولُسَعَاء / مَلْسُوع 被刺的，被蜇的

لاسِع: يلسَع / لاَذِع 刺人的，刻毒的

ـ: حَارّ / حَرَّاق (مـ) 辛辣的

لَسِنَ ـ لَسَنًا: فَصُحَ أو تَنَاهَى في الفَصَاحة والبَلاغة 成为能言会道的，成为口才伶俐的

لَسَنَ ـُ لَسْنًا فلانًا: أَخَذَه بلسانه وذكره بالسُوءِ 污蔑，诽谤，诋毁

ـ ولَسَّنَ الشيءَ: حدّد طَرَفَه 弄尖，使尖锐

لَسَّنَ عليه (مـ): تهكَّم 讽刺，讥刺，嘲笑

لَسَن: فَصاحَة 善辩，有口才

لِسَان جـ أَلْسُن وأَلْسِنَة ولُسْن ولِسَانَات: آلة النطق والذوق والبلع وتناول الغذاء 舌，舌头

ـ تَعْشِيق الخَشَب (مـ) [建]板边的细长突起

ـ (في النِجَارة) (مـ) 榫头，笱头

ـ ونَقْر (مـ): ذَكَر وأُنْثَى 榫和榫眼

ـ: لُغَة 语言

ـ العَرَب 阿拉伯语

ـ الأَرْض (في الجُغْرافِيا) [地]岬（海岸突出部分）

ـ البَحْر (في الجغرافيا) [地]小海湾

ـ البَحْر: زَبدُه 海浪的泡沫

ـ الحَال 情况表明

ـ حاله يَقول 根据他的情况可以看出

ـ القُفْل 锁簧

ـ المِفْتَاح 钥匙的齿

ـ القَوْم: المتكلِّم عنهم 代言人

ـ المِزْمَار (في التشريح) [解]会厌

ـ الميزَان （天平的）指针

ـ النَار: شُعْلَتُها 焰，火焰

ـ غِلاف الخِطَابَات （信封的）口盖

ـ الحِذَاء （皮鞋带下的）皮舌

ـ السَّبْع: اسم نبات [植]狮尾花（草）

ـ العَصَافِير: دردار [植]梣树子

ـ الغَزَال [植]阴地蕨

ـ الفَرَس [植]马舌草

ـ الكَلْب [植]倒提壶

ـ الحَمَل [植]大车前

ـ الخَابُور 楔刃，楔子的边缘

ضَرَبَ بالـ (مـ) 胡说八道

مُنْطَلِق الـ 唠叨的，多言的，爱说话的

طَلْق الـ 善辩的，雄辩的，有口才的

طَلاَقَة الـ 善辩，雄辩，口才

مَعْقُود الـ 舌头短的，（为难时）说不出话的，开不了口的

مَسَكَ ـ ه: صمت 缄默，沉默

بالـ: بالكلام 口头

لسن 1106 لصق

مُتحدِّث (ناطق أو متكلّم) بـ ـ وزارة الخَارِجيَّة 外交部发言人

على ـ ه 代表他，以他的名义

ذو لِسَانَيْنِ: بلُغَتَيْنِ 讲两国话的

ذو لِسَانَيْنِ: مَلْسُون 欺诈的，撒谎的，不诚实的，一口两舌的，口是心非的

الدائرُ على الألْسِنَةِ: تَقوُّلات 风闻，传闻

لِسَانِيّ: مختصّ باللسان أو الكلام 舌的，舌音的；语言的

ألْسُنِيَّة: عِلْم اللِسان / عِلْم اللغة 语言学

الـ السَامِيَّة المقارَنَة 比较闪族语言学

لَسِن / ألْسَن م لَسْنَاءُ ج لُسْن 能言的，善辩的，雄辩的，有口才的

تَلَسُّنَات (مـ) 湾，海湾，海港

لِشْمَانِيَا (أ) leishmaniasis: ـ الجِلْد [医]黑热病

لاشَى الشيءَ: صيَّره إلى العَدَم (وهو منحوت من لا شيء) 消灭，毁灭，歼灭

تَلاشَى الشيءُ: صار إلى العدم واضْمَحَلّ 灭亡，消失，化为乌有

ـ الصوتُ: صار إلى لا شيء (声音)停息，沉寂

ـ في كذا: اضمحَلّ 消失于某物中

لا يَتَلاشَى: لا يَنْعَدِم 不灭，不能毁灭，不能破坏

مُلاشَاة: اضمِحلال 灭绝，消灭，歼灭

تلاشٍ 灭亡，消失，化为乌有

مُتلاشٍ: يَتلاشَى 消失的，灭亡的，沉寂的

لَصَّ ـُ لَصًّا الشيءَ: سرقه 偷窃

ـ الأمرَ: فعله مُستَتِرًا 偷偷地做，秘密地干

لَصّ ـَ لَصَصًا ولَصَاصًا ولُصُوصِيَّةً ولَصُوصِيَّةً: كان لِصًّا 做贼

لَصَّصَ البُنْيَانَ: رصَّصه 使(建筑)坚固，巩固

تَلَصَّصَ: صار لِصًّا 当小偷，做贼，做强盗，变成窃贼

ـ: تخلَّق بأخْلاق اللُصُوص 贼头贼脑，鬼鬼祟祟

ـ إلى مكان: دخلَه مُستترًا 潜入，偷偷地走进

ـ عليهم 侦察，窥探，秘密地守护或监视

لِصّ ج لُصُوص وألْصَاص ولِصَصَة ولِصَاص: حَرَامِيّ 贼，小偷；强盗，盗贼

ـ البَحْر: قرْصَان 海盗

لُصُوصِيَّة 偷窃，偷盗，抢劫，偷窃行为

ـ البَحْر 海盗行为

لَصَفَ ـِ لَصْفًا ولَصِيفًا ولُصُوفًا لونُه: برق وتلألأ 容光焕发，红光满面

لَصْف: بَريق ولألأة مُلَوَّنة 荧光

لاصِف: فَلُوريد كَلْسِيُوم (أ) calcium fluoride [矿]萤石(氟化钙)

ـ / بَرَّاق مُتَلألِئ مُشعّ 发荧光的，有荧光性的

النُور الـ 荧光灯，太阳灯

مِلْصَاف: مِنْظار الألْوان 荧光镜

مِلْصَافِيّ 荧光镜的

لَصِقَ ـَ لَصْقًا ولُصُوقًا والتَصَقَ بالشيء: لزق والتزق به 粘著，附著

لاصَقَه: لازَقه 连接，毗邻，互相紧靠，彼此挨近

ألْصَقَه بالشيء: الزقه به 粘贴，粘在一起

ـ ه بالأمر 强加于，强迫…接受

اِلْتَصَقَ بالشيء 和…粘合，结合在一起

تَلاصَقَ الشيْئان 接近，毗邻

لَصِق: لازِق 粘的，粘性的，胶粘的

لِصْق / لَصِيق: بالقُرْب من كذا 接近的，邻近的，靠近的

بَيْتِي ـ بَيْته 我和他是紧邻
جَارٌ لَصِيق 最近的邻居，紧邻
لَصُوق / لَصْقَة جـ لَصْق / لَزْقَة (مـ) (عِلاَجِيَّة)
[医]膏药，泥罨剂
مُلاَصَقَة: مُجَاوَرَة 接近，邻近
ـ: جَاذِبِيَّة المُلاَصَقَة أو الالتصاق [物](分子的)内聚力，内聚性
مُلْصَق 粘住，贴住
مُلاَصِق / مُتَلاَصِق 接近的，邻近的
لَصْلَصَ الوَتَدَ ونحوه: حرّكه لنزعه 摇动桩子，以便拔出
لَصْلَصَة 摇动
لَصَّمَ (مـ): رمّق / رَهْيَأَ 马虎地做，偷工减料地做
لَضَمَ ـِ لَضْمًا الإِبْرَةَ: أدخل فيها الخَيط 穿针
ـ السُّبْحَةَ: نظمها 穿念珠
مَلْضُوم: مَنْظُوم 被穿成串的
لَطَخَ ـَ لَطْخًا ولَطَّخَ الشيءَ بالمداد ونحوه: لوّثه
污染，弄脏
ـ وـ فلانًا بالشرّ: رماه به 污蔑
ـ بالصابون 用肥皂擦
تَلَطَّخَ: تلوّث 沾染污秽
ـ بشرٍّ: فعله 作恶，干坏事
لَطْخَة جـ لَطَخَات 污点
لُطَخَة جـ لُطَخَات / لِطِّيخ / لَطْخ جـ لُطُوخَة (مـ):
أَحْمَق 愚人，傻子，笨伯，笨蛋
لَطَسَه ـُ لَطْسًا: لطَمه 打耳光，打嘴巴
مِلْطَاس جـ مَلاَطِيس: كَاسُور 槌子
لَطَشَ ـِ لَطْشًا (مـ): وَطَش / لَطَث (用巴掌或扁平的东西)拍，打
لَطْشَة جـ لَطَشَات 一拍
ـ الشَّمْس (مـ) 中暑，日射病

لَطَّاشَة الذُّبَاب 苍蝇拍
لَطَّه ـُ لطًّا بالعَصَا: ضَرَبَه 用棍子打他
لَطّ 殴打，毒打，摧残
مِلْطَاط: رَحَى البِزْر 小磨
لَطَعَهُ ـَ لَطْعًا: لطَمه (用巴掌或扁平的东西)打，拍
ـ اسْمَهُ: محاه من الدِيوان 勾销(他的名字)
لَطْعُ دُودة القُطْن 棉虫的卵子
لَطَفَ ـُ لُطْفًا بِفلان ولفلان: رفق (对人)亲切，恳挚，仁慈，仁爱
لَطُفَ ـُ لَطَافَةً: ضدّ كَثُفَ 成为精巧的，精致的
ـ: كان لَطِيفًا 举止文雅，性情温和
لَطَّفَ الأمرَ: خفّف شِدّته 缓和，减轻，节制
ـ الأَلَمَ 镇痛，减轻痛苦
ـ وَقْعَ الخَبَر السَّيِّئ 减轻噩耗的影响
ـ القَوْلَ 辩解，掩饰
ـ الذَّنْبَ 减罪
ـ الحُكْمَ 轻判，减轻判决
ـ الكَلاَمَ 把话说得温柔
لاَطَفَه: رَفَقَ به 善待，礼遇，亲切地对待，温柔地接待
ـ ه: داراه وسايَرَه 奉承，迎合，迁就
ـ ه: دَلَّلَه 溺爱，娇生惯养
تَلَطَّفَ وتَلاَطَفَ 表示亲切；显示殷勤
استَلْطَفَه: وجَدَه لطيفا 觉得雅致，认为亲切
لَطَف جـ أَلْطَاف: هَدِيَّة 礼物
ـ: إحسان وإتحاف 恩惠
لَطَفَة: هديّة 礼物，赠品
لُطْف / لَطَافَة: رِفْق 仁慈，厚道，礼貌，礼仪
ـ / ـ: دَمَاثَة / كِيَاسَة 温和，柔和，谦恭
ـ / ـ: رِقَّة 优雅，文雅，风雅，斯文
ـ اللهِ [宗]真主的仁慈，慈悲，恩惠，恩宠

لطف 1108 لعب

بِلُطْفٍ 优雅地，温柔地，温和地，温厚地，亲切地

لَطَافَة: ضدّ كَثَافَة 稀薄，稀疏

تَلطُّف 仁慈，厚道，礼貌

مُلاطَفَة 客气，抚爱，温情，和蔼可亲

لَطِيف ج لِطَاف ولُطَفَاء: ذُو اللُّطْف أو اللَطافَة 和蔼的，温和的，风雅的，斯文的；仁慈的，厚道的

ـ: ذو الرِفْق 亲切的，体贴的，仁慈的，仁爱的，厚道的，谦恭的，有礼貌的

ـ: ظَرِيف / مَلِيح 美丽的，漂亮的，清秀的

ـ: ضدّ كَثِيف 稀薄的，稀疏的

الجِنْس الـ 女流，女性，女人

يا لَطِيفُ 噫！啊呀！

مُلَطِّف: مُخَفِّف 缓和的，减轻的，镇静的

ـ: مُسَكِّن 安慰的，抚慰的

لطمه ـِ لَطْمًا: صفعه / لدَمه 掌击，打耳光，打嘴巴

ـ تِ النساءُ في المَأْتَم (مـ): التَدَمَتْ (妇女)批颊，(号丧时)打自己的耳光

تَلاطَمَتْ والتَطَمَتِ الأَمْواجُ: ضَرَب بَعْضُها بَعْضًا (波涛)澎湃

ـ وا: تَضارَبُوا 厮打，打架

لَطْمَة ج لَطَمَات 打一个耳光

لَطِيم: يَتِيمُ الأب والأمّ (父母双亡的)孤儿

مَلْطَم ج مَلاطِمُ: خَدّ 腮，面颊，腮帮子，嘴巴

ـ المُونَة (مـ): مَوْضع خَلْط المِلاط للبناء 灰泥坑，胶泥床

لَظِيَتْ تَلْظَى لَظًى وتَلَظَّتْ والْتَظَت النارُ: تَلَهَّبَتْ (火)猛烈地燃烧，发火焰

لَظًى: لَهِيب / نَار 火焰，火

لَعَب ولَعِبَ ـَ لَعْبًا الصَبِيُّ: سال لُعَابُهُ 流涎，垂涎，流口水

لَعِبَ ـَ لَعْبًا لِعْبًا ولَعِبًا وتَلْعَابًا ولَعَّبَ: لَهَا / عَبِثَ 嬉戏，玩耍

ـ: هَزَلَ / مَزَحَ 诙谐，戏谑，开玩笑

ـ القِمارَ 赌，赌博，赌钱

ـ المُوسِيقَى 演奏，奏乐

ـ الوَرَقَ 玩纸牌

ـ عليه 欺骗，哄骗，捉弄

ـ في الأمر: استخفّ به 玩弄，愚弄，小看，轻视

ـ بالسَيْف: ثاقَف 击剑，劈剑

ـ بالنَار 玩火

ـ دَوْرَ كذا 扮演角色，充当任务

ـ بِعَقْله 勾引，哄骗

ـ تِ الخَمْرُ بعَقْله (酒)上头，醉了

ـ تْ به الرِياحُ أو الهُمُومُ 他变为风(或忧愁)的玩弄品

ـ بالشِطْرَنْج 下象棋

لَعَّبَه وألْعَبَه: جعله يلعب 使…玩耍

ـ ذَيْلَه (مـ): حرَّكه 摆尾，摇尾巴

ـ وَجْهَه اِشْمِئْزَازًا (مـ): اختلج بوَجْهه 做苦脸，做愁脸，做脸色，做鬼脸

ـ ه على أصابِعِه 笼络(人)，玩弄(人)

ـ الأَشْداقَ بِغَيْر كلام 无声地活动嘴唇

لاَعَبَه: لعب معه 和…游戏，跟…玩耍

تَلاعَبَ: تَلعَّبَ 嘲笑，嘲弄，玩弄手法，使用卑鄙手段

ـ في الأمر (مـ) 营私，舞弊

تَلعَّبَ: لَعِبَ 游戏

لَعْب / لَعِب: لَهْو 游戏，玩耍，嬉戏，娱乐

ـ / ـ: مَزْح 玩笑，诙谐，戏谑

ـ (مـ) وـ ثَقِيل (أي سَمِج) 恶作剧
ـ السَّيْف: مُثَاقَفة 剑术，击剑，劈剑
ـ القِمَار (مـ): مَيْسِر 赌，赌博，赌钱
ـ وـ جـ أَلْعَاب 游戏
أَلْعَاب رِيَاضِيَّة 体育运动
ـ سِحْرِيَّة 魔术，戏法，把戏
ـ نَارِيَّة 烟火，花爆
ـ العُدَد 体操，器械操
ـ الفُرُوسِيَّة 最复杂的骑术，哥萨克奇妙的骑马术
ـ القُوَى / ـ القُوَّة 竞技，田径
ـ بالمَزَارِيق 掷标枪
ـ الخَانَة 轻骑表演
ـ سِيمِيَائِيَّة / ـ سِيمَاوِيَّة: ألعابٌ سِحْرِيّة 魔术，戏法，把戏
لُعْبَة جـ لُعَب / أُلْعُوبَة: ما يلعب به 玩具
ـ / ـ: ما يُسْخَر به 玩物，傀儡
ـ / لِعْبَة: نوع اللعب 一种游戏
ـ وـ وَرَق 一局纸牌戏
ـ الاِسْتِخْفَاء 捉迷藏
ـ الشَّيْطَان 空竹，空钟，空筝
لَعْبَة جـ لَعَبَات 一场，一盘，一次，一着，一局
لَعُوب جـ لَوَاعِب ولَعَائِبُ / أُلْعُبَان / لِعِبِيّ (مـ) 贪玩的，好玩耍的，爱游戏的
صَبِيَّة لَعُوب 风流的，风骚的，卖俏的，卖弄风情的(姑娘)
لُعَبَة / لَعَّاب / لِعِّيب: كثير اللعب 贪玩的，游戏能手
لُعَاب: رِيق (口里的)涎，唾液，口水
ـ: بُصَاق / تُفَال (吐出的)垂涎，唾沫，涎沫

ـ النَّحْل: عسَل 蜂蜜
ـ البِزْر: مُستحلَب 乳剂，乳状液
ـ الشَّمْس 游丝，蛛丝，蛛网
لُعَابِيّ: مُختصّ باللُعاب 唾液的
ـ: كاللُعاب أو بقِوامِه / لَزِج 粘液质的
لاعِب: الذي يلعب 游戏者，运动员
ـ الجُمْبَاز 体操运动员，体操家，体育家
مَلْعُوب جـ مَلاَعِيبُ: سائِل لُعَابُه 流涎者
ـ (مـ): خُدْعَة 奸计，诡计，巧计，策略，手段
مَلْعَب جـ مَلاعِب: ساحة اللَعِب 操场，运动场，游戏场
ـ: ساحة الأَلْعاب الرِياضِيَّة (周围有看台的)运动场，体育场
ـ الخَيْل وغيرها / قِرْق (ع) (圆形的)马戏场，竞赛场，杂技场
ـ: مَلْهًى 戏院，剧场，儿童游戏馆
ـ التِنس 网球场
ـ مُتَنَقِّل 流动的马戏
مَلاَعِب الجِنّ 迷路，迷津，迷宫
مَلْعَبَة: أُلْعُوبَة 玩具，玩弄品
مُلاَعِب: رَفِيق اللَعِب 游伴
ـ (مـ): مُخادِع 欺诈者，欺骗者
تَلاَعُب (مـ): مُخادَعة 欺骗，欺诈
لَعْثَم وتَلَعْثَمَ في الأمر: توقّف فيه وتَأَنَّى 迟疑，犹豫，踌躇；支吾，口吃，结巴
ـ وـ في الأمر: تبصَّره 沉思，考虑
لَعْثَمَة / تَلَعْثُم 迟疑；支吾，口吃，结巴
لَعَجَ ـ لَعْجًا الضَرْبُ فلانًا: آلمه وأحرق جِلْدَه (鞭打)使他疼痛，灼痛
ـ الحُبُّ أو الحُزْنُ فُؤادَه: استحرَّ في قلبه 爱火烧心，忧心如焚

لاَعَجَه الأمرُ: اِشتدَّ عليه (事情)使他苦恼、烦恼、疲倦
لاعج جـ لَوَاعِجُ: حُبٌّ مُحرِق 炽烈的爱情
لَوَاعِجُ الحُبِّ 爱情的烈火
لَعِقَ ـَ لَعْقًا ولَعْقَةً ولُعْقَةً العسلَ ونحوه: لَحِسَه وتناولَه بلسانه 舐，舔(蜂蜜等)
ـ فلان إصْبَعه (舔自己的指头)死了
لُعْقَة: مِلْءُ مِلْعَقَة 满满的一匙
ـ: قليل مما يلعَق 少量的，微量的
لَعُوق: كل ما يُلْعَق 可舐的东西
ـ: دَواء يُلْعَق [医]舐剂，糖果剂
مِلْعَقَة جـ مَلاَعِق / مَلْعَقَة (مـ) 匙，汤匙，调羹
ـ شَاي أو قَهْوَة 茶匙，咖啡匙
ـ شُورْبَة 汤匙，餐匙，大调羹
ـ (مـ) / مِلْءُ ـ: لُعْقَة 满满的一匙
أبو ـ: مَلاَعِقِيّ [动]蓖鹭
لَعَلَّ 是 إنَّ 类的虚词，加在名词句上，使起词变宾格，叫做 لَعَلَّ 的名词，使述词变主格，叫做 لَعَلَّ 的述词，可以表示指望，相当于汉语的“也许”、“或许”：
ـ المُدَرِّسَ قَادِمٌ 教师也许到来
ـ كُمْ بِخَيْر 愿您好，希望你们健康
又可以表示戒备，相当于汉语的“恐怕”：
سافرتُ بالمِمطَر ـ المَطَرَ ينزِلُ 我带着雨衣出门，恐怕下雨
因此，在 لَعَلَّ 后面的名词句是表示可能发生，而无法确定其发生与否的事情
لَعَلَّ 有时省略为 عَلَّ
لَعَلَّ 与第一人称单数连接代名词相连接时，可以说لَعَلَّنِي，但是通常是说لَعَلِّي
لَعْل: بَلَخْش / حَجَر كريم كاليَاقُوت (波)刺子，红玉，红宝石，红尖晶石

ـ: مادَّة دُودَة القِرْمِز 洋红，胭脂红
لَعْلِيّ 洋红的，胭脂红的
لَعْلَعَ الرَّعْدُ: صوَّت (雷)轰鸣，隆隆地响
ـ الصوتُ (مـ): دوى 反响，回响
ـ وتَلَعْلَعَ السَّرَابُ: تَلأْلأَ (蜃景)闪烁，闪耀
تَلَعْلَعَ جُوعًا: تضوَّر واضطرب (因饥饿)翻腾，折腾
ـ الكَلْبُ: دَلَعَ لِسانَه عَطَشًا (狗因渴)伸舌头
لَعْلَع جـ لَعَالِعُ: سَرَاب 蜃景
ـ: ذِئْب 狼
صَوْت مُلَعْلَع (مـ): مُجَلْجَل 轰鸣声，反响的声音，宏大的声音
لَوْن ـ (مـ): زَاهٍ 艳丽的颜色，鲜艳的颜色
لَعْلَعَة 雷鸣，轰响
لَعَنَ ـَ لَعْنًا فُلانًا: دعا عليه 诅咒，咒骂
ـ فلان نَفْسَه: قال ابتداء "عليَّ لعنةُ اللهِ" 诅咒自己，咒骂自己
ـ ه: طَرَدَه 驱逐，撵走
لاَعَنَه: لعن بعضهما بعضًا 互相诅咒，互相咒骂
تَلاَعَنَ القومُ: لعن بعضهم بعضًا 互相诅咒
لَعْن: اِسْتِنْزَال اللَّعَنَات 诅咒，咒骂
لَعْنَة جـ لَعَنَات ولِعَان 诅咒，咒骂
ـ الله عليه 天杀的东西，该死的东西
لُعْنَة جـ لُعَن / لَعِين / مَلْعُون جـ مَلاَعِين 可恶的，讨厌的，该死的
لَعِين: رَدِيء 坏蛋，流氓，歹徒
الـ المَلْعُون: الشَّيْطَان 恶魔
لَعْوَة جـ لِعَاء ولَعَوَات: سَوَاد حَوْلَ حَلَمَة الثَّدَى [医]乳头晕
لَعَيَانُ النَّفْس (مـ): غَثَيَان (راجع غثي) 恶心
لَغَبَ ـُ ولَغُبَ ـُ لَغْبًا ولَغُوبًا ولُغُوبًا ولَغِبَ ـَ لَغَبًا: تعب وأعيا أشدَّ الإعْيَاء 疲倦，疲乏，筋疲

力尽

لَغَّبَ وأَلْغَبَ وتَلَغَّبَ السيرُ فلانًا: أتعبه أشدَّ التعب 走得筋疲力尽

لُغُوب 疲倦，疲乏

لاغِب جـ لُغَّب: ضَعِيف 疲乏的，疲倦的

لُغْد جـ أَلْغَاد / لُغْدُود ولِغْدِيد جـ لَغَادِيدُ: ما أَطَافَ بأقصى الفم إلى الحلق من اللحم 软腭，腭帆

ـ الإنسان (مـ) (人的)双下巴，双下颏

ـ الحَيوان (مـ): غَبَب (牛的)垂肉

ـ الطُّيُور (مـ): غبْغَب (鸡的)肉垂

لَغَزَ ـُ لَغْزًا وأَلْغَزَ في الكلام أو أَلْغَزَ الكلامَ: عمّى مُراده به ولم يبيِّنه 出谜；含糊其词，说话支吾，说模棱两可的话

ـ في يَمِينه: دلَّس فيها على المحلوف له (在誓言中)说模棱两可的话

لُغْز ولُغَز ولَغَز جـ أَلْغَاز: معَمًّى 谜，谜语，字谜，画谜，难题，闷葫芦

ـ: سِرّ عَمِيق 神秘，秘密，玄妙，奥妙

ـ تُرَابِيّ [数]幻方，纵横图

لَغَّاز: وَقّاع بالناس 中伤者，毁谤者，诋毁者

مُلْغَز: ملتبِس 含糊的，暧昧的，神秘的

لَغَطَ ـَ لَغْطًا ولِغَاطًا ولَغَّطَ وأَلْغَطَ القومُ: صَوَّتُوا 喧哗 ，吵闹，嘈杂，叫嚣

ـ وـ بالخَبَر 哄传，谣传

لَغَط جـ أَلْغَاط: صوت وجَلَبة أو أصوات مُبْهَمة لا تُفْهَم 喧哗，吵闹，嘈杂，叫嚣

لَغَمَ ـَ لَغْمًا البعيرُ: رَمَى بِلُغامِه (骆驼)喷泡沫

ـ (مـ) وأَلْغَمَ المَكَانَ (مـ): وضع تحته لَغَمًا 埋地雷，敷设水雷

ـ (مـ) وـ البِنَاءَ (مـ): نسفه 炸毁

أَلْغَمَ مَلْغَمَ المَعْدِنَ: خلطه بالزئبق amalgamate 和汞，混汞，使与水银混合

لَغَم جـ أَلْغَام (مـ) / لُغْم جـ لُغُوم ولُغُومَة (سـ): مِنْسَف (土)地雷，水雷；炸药

ـ مُمَغْنَط 磁性水雷

ـ الأَعْمَاق 深水雷

لاقِطة الأَلْغَام 扫雷舰

قاذِفة الأَلْغَام 布雷舰

لُغَام: زَبَد أَفْواهِ الإِبِل (骆驼口里的)泡沫

مُلْغَم (مـ): مَخْلُوط بالزِئْبَق 汞剂，汞合金

لَغَمْجِي جـ لَغَمْجِيَّة (مـ) / لُغْمَجِي (سـ): طبردار (مـ) / من فِرْقَة المُهَنْدِسِين 坑道兵，地雷工兵

لَغَا يَلْغُو لَغْوًا بكذا: تكلَّم به 说，讲，说话，讲话

ـ الرجلُ: خاب 失望

ـ الشيءُ: بَطَلَ 被取消，撤销，注销，宣告作废

لَغَا يَلْغُو لَغْوًا ولَغَا يَلْغَى ولَغِيَ يَلْغَى لَغًى ولَغَايَةً ولاغِيَةً ومَلْغَاةً في قوله: تكلَّم عن غير رَوِيَّة وتفكُّر 胡言乱语，胡说八道，信口开河

ـ وـ: أَخطأ في الكلام 说错话

ـ ورَغَى (مـ) 空谈，瞎聊，说无聊话

لَغِيَ يَلْغَى لَغًى بالأمر: لَهِجَ به 唠叨，啰唆，喋喋不休

أَلْغَى الشيءَ: أَبْطَلَه 废除，取消，宣告无效

لَغْو / لَغًا: هُرَاء 胡说，胡扯，谬论，梦话，妄语

ـ في ـ 纯粹胡说

ـ / ـ: كَثْرة الكلام 唠叨，啰唆，多言，饶舌，喋喋不休

ـ / ـ: خَطأ 错误，差错

ـ / ـ: لُغَة غير صَحِيحة 不正确的语言，不健康的语言

ـ / ـ: بَاطِل 无效的，作废的

ـ (مـ): إلْغاء 废除，取消，作废，宣告无效

لُغَة جـ لُغَات ولُغُون ولُغًى: لسان 语言，文字

ـ: اصطلاح 术语，隐语，行话，黑话

ـ خُصُوصِيَّة: لَهْجَة 土语，方言

ـ المَوْلِد 本国话

ـ مَجَازِيَّة 比喻语，转义语

ـ الضَاد 达德语(阿拉伯语)

ـ الحَدِيث / ـ المُحَادَثَة 口语，白话

ـ الإنْشاء / ـ الكِتابَة 文言，书写语，书面语

عِلْم الـ (الألفاظ ومعَانِيها واشتقاقها) 文字学，语言学

عِلْم قوَاعِد الـ 语源学

كُتُب الـ: المَعَاجِم 字典，辞典

اللغات العَازِلَة / اللغات الوَحيدة المَقْطَع 孤立语(单音节语言，没有添接语)

اللُغات المُتلاَصِقَة 胶着语(有不变的添接语，语根不变化)

اللُغَات المُتصرِّفة 屈折语(有变化的添接语，语根也变化，如阿拉伯语)

مُزْدَوِج الـ 通两国语

لَغْوَة جـ لَغَوَات (مـ): لَهْجَة / لُغَة خُصوصيَّة 方言，土语

لُغَوِيّ: مختصّ باللُغَة 语言的，语言学的

ـ: بموجِب قواعد اللغة 语源学的

ـ: عالِم بلُغات كثيرة 语言学家，精通多种语言者

ـ: عالِم بمُفْرَدَات اللغة وأوضاعها 辞典编辑者

إلْغَاء: إبْطَال 废除，取消，作废，宣告无效

لاَغٍ: باطِل 无效的，无用的，作废的

ـ: مُلْغًى 被废除的，被宣告无效的

لاَغِيَة: لُغَة غير صَحِيحة 不正确的语言，不健康的语言

ـ 胡说，废话，谬论

مُلْغًى 被废除的，被作废的

لُغُومانُو (مـ): مَغْسَلَة 脸盆架

لَفَتَ ـِ لَفْتًا ولَفَّتَ وأَلْفَتَ الشيءَ: لواه وصرفه إلى ذات اليمين أو الشمال 转动，旋转，扭转

ـ وـ وـ فلانًا عن رأْيِهِ: صرفه 使改变主意

ـ نَظَرَه إلى كذا 使他注意…

اِلْتَفَتَ وتَلَفَّتَ إلى كذا: صرف وجهَه إليه 注视，凝视

ـ وـ يُمْنَةً ويُسْرَةً 左顾右盼，东张西望

ـ إلى كذا: انتبه إليه 注意

ـ إلى كذا: اِهْتَمّ به 照管，照应，照看，看管，照料

ـ إلى كذا: راعاه 斟酌，估量到

اِسْتَلْفَتَ النَظَرَ 引起注意

لِفْت: سَلْجَم [植]芜菁，大头菜，萝卜

لِفْتَة جـ لِفْتَات 一个芜菁

لِفْتِيّ الشَكْل: خُذْرُوفِيّ 芜菁状的

لَفْتَة جـ لَفَتَات / اِلْتِفاتَة جـ اِلْتِفاتَات: إدارة النَظَر 回顾

ـ / ـ: نَظْرَة جَانِبِيَّة 瞟

ـ / ـ: نَظْرَة عاجلة 一瞥，瞥见

ـ: عَطْفَة / حَوْدَة 回转，旋转

حانتْ منه اِلْتِفاتَةٌ إلى ... 他偶然看到

اِلْتِفات: إدارة النظَر أو الوجه 回顾，左顾右盼

ـ: انْتِباه 注意，留神

ـ: اهتمام 照料，照应，照看

ـ: رعاية 斟酌，估量到

عَدَم الـ 失察，疏忽，大意，不注意，

漠不关心
بلا ـ 简慢，不介意，不留心
بلا ـ إلى 不管，不顾，不拘
لافِتة جـ لَوافِتُ ولافِتات 招牌，标语牌，宣传画
لَفات / لَفوت: عَسِر الخُلُق 乖戾的，拗强的，
乖僻的，急躁的，易怒的，任性的，
左性的，左脾气，脾气暴躁的
ألْفَتُ م لَفْتاءُ جـ لُفْت: أعْسَر 左撇儿，左撇
子，左撇拨(惯用左手操作者)
مُلْتَفِت 注意的，留心的，关心的
غير ـ 疏忽，玩忽；简慢，怠慢；不留
心的，不注意的
لفح ـَ لَفْحًا فلانًا: ضَرَبَه 打，击
لَفَحَت ـَ لَفْحًا ولَفَحانًا النارُ: أحرقت 燎，烧，
燃烧
تَلَفَّحَ بكذا (م): تَلَفَّعَ 披上，盖上，蒙上(外
衣、大氅、被窝)
لَفُوح / لافِح جـ لَوافِحُ: مُحْرِق 炽热的，烧
灼的，酷热的，剧烈的
لَوافِح الأنْواء 炎热的暴风
رِيحٌ لافِحَة 热风，干风
لَفْحَة جـ لَفَحات 一阵狂风
ـ البَرد 冻伤
لُفّاح: تُفّاح الجِنّ / اسم نبات مُخَدِّر [植]曼陀
罗花(mandrake)
تَلْفِيحَة (م): لِفَاع (انظر لفع) 围巾，头巾
مَلْفُوح 焙焦的，烧焦了的
لفظ ـِ لَفْظًا ولَفِظَ ـَ لَفْظًا الشيءَ وبالشيء من
فَمِه: رَمَى به وطرَحه 吐出，喷出
ـ كَلِمَةً 说话，说出一个字
ـ النَفَس الأخير / ـ عَصَبَه: مات 咽气，死亡
ـ وتَلَفَّظَ بالكلام: نَطَق به 说出，读出

لَفْظ / تَلَفُّظ: نُطْق 发音，读音
أخطأ الـ 误读，发音错误
لَفْظًا ومَعْنًى 词义上，词义方面，就文字和
意义来说，明文和精神
لَفْظ جـ أَلْفاظ 字，单字；词，词句，措辞
لَفْظِيّ: نُطْقِيّ 发音的，发音上的
ـ: غير مَعْنَوِيّ 文字的，词句上的
ـ: بالكلام 口头的，口传的，言语的
كَسْر ـ [数]假分数
لَفْظَة جـ لَفَظات: كَلِمَة 字，单字；词，单词
لافِظ: ناطق 发音者，说出者
لَفِيظ / مَلْفُوظ: مَرْمِيّ به 吐出的，喷出的
ـ / ـ: مَنْطُوق به 发出的(音)，说出的(字)
لفع ـَ لَفْعًا ولَفَّع الشيبُ رأسَه: شَمَله 白发苍
苍，满头白发
اِلْتَفَعَ وتَلَفَّعَ بكذا: لفّ نفسه (用毯子等把自
己)裹起来，包起来
ـ وـ بكذا: تغطّى به (用衣服)蔽体
لِفَاع: تَلْفِيحَة (م): كُوفِيَّة 围巾，围脖，头巾
لفّ ـُ لَفًّا الشيءَ: ضدّ نَشَرَه 卷起，折起，迭起
ـ الشيءَ: غَطّاه 蔽，遮，蒙，覆，盖
ـ الشيءَ بالشيء: وصله به وضمّه إليه 接，
连接，接合
ـ الخَيْطَ على البَكَرة 把线缠在轴上
ـ المَكانَ (م): طافَ به 巡视，巡行，勘查
ـ والتَفَّ: دار 旋转
ـ رأْسَه بعِمامة 以头巾缠头
ـ البِضاعَة 把货物转向…
ـ لِفَّهم: عُدَّ فيهم وانتمى إليهم 与他们志同
道合，加入他们之中
ـ ساعِدَه بساعدِها 他和她肘挎肘
ـ يَدَه وَراءَ ظَهْرِه 背着手

لَفَفَ = لَفَّ

اِلْتَفَّ عليه القومُ: تَجَمَّعُوا 人们聚集在他周围

ـ النباتُ: اختلط بعضُه ببعض ونشب (植物) 错综在一起，纠缠在一起

ـ وتلَفَّفَ في ثوبه: اشتمل به 披上衣服

ـ وـ الثُّعْبَانُ: تَحَوَّى (蛇)卷，盘绕

ـ وا حَوْلَ قائِدِهم 他们团结在他们的领袖周围

لَفَّ: ضِدّ نَشْر 卷起，折起，迭起

ـ 巡视，巡行

ـ ونَشْر (في عِلْم البَيَان) [修]卷展法

لماذا التَعْرِيجُ والـ 为什么转弯抹角呢？为什么支吾躲闪呢？

لَفَّة جـ لَفَّات: دَوْرَة 一绕，一卷，一旋

ـ: حُزْمَة 包裹，小包

ـ: حِيلَة 周游

ـ 头巾，包头布

ـ 襁褓，包布

ـ: حَوِيّة 一盘(绳)

ـ 支吾，搪塞，躲闪

لَفَّاف: دَوَّار 回转的，旋转的，周转的

ـ 包纸烟者

بابٌ ـ (公园入口的)转门

لِفَافَة جـ لَفَائِفُ: ما يُلَفّ به 包皮，包纸，包袱，包东西的布带，货物的包装，包装材料

ـ: عِصَابَة / رِبَاط 绷带，(包裹用的)布带

ـ الطِفْل: قِمَاط 襁褓带

ـ تِبْغ: سِيجَارَة 卷烟，纸烟

ـ السَاق أو الرِجْل: قَلْشِين (مـ) 绑腿

ـ (مـ): رَأْس عِرْق (في المِعمار) [建](装饰柱头的)漩涡形，螺旋形

ـ وُسْطَى (مـ) 卷物，纸卷

لَفِيف: مَجْمُوع 集合起来的，收集起来的

ـ من الناس 一群，一伙，一组，一批

ـ ة من التِبْغ: سِيجَارَة 卷烟，纸烟

المَعْي اللَفِيفِيّ أو اللَفَائِفِيّ: نِهاية المَعْي الدقيق 迴肠

أَلَفُّ م لَفَّاءُ جـ لُفّ 稠的，密的，浓密的，滋蔓的(杂草等)

تَلافِيف 茂密的树林，丛生的草木

ـ الدِماغ [解]脑回

أُمّ الـ: المَعِدة الثالثة للمُجْتَرّات [动]重瓣胃(反刍类的第三胃)

مَلْفُوف (سـ): كُرُنْب [植]卷心菜，洋白菜

ـ صِينِيّ 大白菜

ـ باليد (كالسَجَايِر) 手工卷的（纸烟）

مِلَفّ جـ مِلَفَّات / مِلْفَاف 包袱，包裹

ـ (مـ): حَوْدَة / عَطْفَة 角，隅，变角

ـ (مـ): مِثْقَاب 摇钻，弓钻，曲柄钻

ـ 螺线，螺旋

ـ (无线电的)线圈

ـ أَوْرَاق / مِلَفَّة: دُوسِيهَات 卷宗，公文袋，档案袋，文件

ـ الخِدْمَة 履历表

مُلْتَفّ / مَلْفُوف 被卷起的，被包起的

ـ على بَعْضِه 纠缠在一起的

ـ بشَكْلِ حَوِيَّة 涡形的，螺旋形的

لَفَقَ ـ لَفْقًا الثوبَ: خاطَ لَفْقًا 缝合，缝上(如缝衣边)

لَفَّقَ الحديثَ: زَخْرَفَه ومَوَّهَه بالباطل 花言巧语

ـ الشَقَّتَيْن: ضمّ إحداهما إلى الأخرى فخاطهما 缝合，缝上

ـ الكَلامَ (مـ): اِخْتَلَقَه 捏造，虚构，杜撰

ـ التُهْمَةَ: دَبَّرَها 捏造罪名，假造罪状

لَفْق: خِياطَة 缝合，缝上，缝拢

تَلْفِيق جـ تَلْفِيقَات: حديث مُلَفَّق 花言巧语

ـ (مـ): اختلاق 捏造，虚构

تَلْفِيقَة (مـ): حِكَايَة مُختَلَقَة 奇谈，旅行谈；海外奇谈，小谎，不致得罪人的谎话

تَلْفِيقِيَّة 混成主义，混成说

مُلَفَّق: مُمَوَّه بالباطل 花言巧语

ـ (مـ): مُختلَق 捏造的，伪造的，杜撰的

لَفْلَفَ في ثوبه وتَلَفْلَفَ بثوبه: التفَّ به 披上衣服，用被盖起来

مِلْفَان ومُلْفَان جـ مَلاَفِنَة (سـ) 神学博士

أَلْفَى الشيءَ: وجده 发现，发觉，寻到

تَلاَفَى الأمرَ: تَدارَكَه 修正，更正，改正，校正；修理，修缮；改善，改良

ـ الخَسارَةَ 补偿，弥补

تَلاَفَى الشرَّ قَبْلَ استِفْحاله 防患于未然

تَلاَفٍ 改正，纠正，修正，修理，修补，修缮

وتَلاَفِيًا لـ ... 为了避免，为了预防

لِفَايَة (سـ) 陌生人，异乡人，外国人

لَقَّبَ فلانًا بكذا: جعله لَقَبًا له 加别号，用别号称呼他

ـ بلقبٍ تَهَكُّمِيٍّ أو وِدَادِيٍّ: نَبَزَ 加诨名，起绰号；用别号称呼，用外号称呼

لاَقَبَهُ: سَابَّه بالألقاب القبيحة 用诨名骂他

تَلاَقَبَ القومُ: تَسَابُّوا بالألقاب 用诨名相骂

تَلَقَّبَ بكذا: صار له لَقَبًا 被称以诨名或被称以绰号

ـ 被称以别号，被授以头衔

لَقَب جـ أَلْقَاب: اِسم ثانٍ 别号，别名

ـ: كُنْيَة وصِفَة 称号，性质性的外号

ـ تَهَكُّمِيّ أو وِدَادِيّ: نبز 诨名，绰号

ـ شَرَف 尊称，尊号，头衔

ـ أُستَاذ 教授的称号、头衔

مُلَقَّب بكذا 被加诨名的，被起绰号的

لَقِحَتْ ـَ لَقْحًا ولَقَحًا ولَقَاحًا الناقةُ ونحوها: قَبِلَت اللقاحَ أو حَمَلَتْ (母驼等)受孕，怀胎

لَقَّحَ ولَقَحَ ـَ لَقْحًا وأَلْقَحَ النخلةَ: أَبَرَها أي وَضَعَ طَلْعَ الذكرِ فيها (给枣椰树)授粉

ـ وـ النَّبَاتَ 授粉，接枝，嫁接

ـ وـ بِلَقَاحِ مَرَضٍ مُعْدٍ [医]接种

ـ بِمَصْلِ الجُدَرِيّ 种痘，种牛痘

ـ العُضْوَ: احتفل بقبوله في جَمْعِيَّة 使新会员入会

ـ ه (مـ): لَفَعَه / رمى به 投，掷，抛，扔

ـ عليه (مـ) / لَقَحَ عليه: تهكَّم 嘲弄，嘲笑，讽刺

أَلْقَحَ الفَحْلُ الناقةَ: أحبلَها (公驼使母驼)受孕，怀胎

اِلْتَقَحَت الأُنْثَى: قَبِلَت اللقاحَ 受精，受孕

لَقْح / تَلْقِيح الأُنْثَى [生]授精，授粉；接枝，嫁接

لِقَاح: مَادَّة التلقيح في ذكور الحيوان (动物的)精，精液

ـ النبات / لَقَاح: طَلْع [植]花粉

ـ: مَصْل (في الطبّ) /فَيْرُوس (أ) virus [医]病毒，传染毒

ـ الجُدَرِيّ 牛痘毒，牛痘苗

تَلْقِيح الأُنْثَى 授精

ـ صِنَاعِيّ / ـ اِصْطِنَاعِيّ 人工授精

ـ النَّبات [植]授粉

ـ (في الطبّ) [医]接种

ـ بِمَصْل الجُدَرِيّ 种牛痘

لَقَدْ (لَـ+ قَدْ) 加在过去式动词前面，以加强

语气，或表示动作是在不久之前实现的，相当于汉语的“果然”、“确已”、“刚才”

ـ نَجَحْنَا في البِنَاء الاقْتِصَادِيّ لِسَنَوات متَوالِيَة 我们确已取得连续多年经济建设的胜利

لَقَسَ ـِ لَقْسًا ولَقَّسَ على (م) 揶揄，讥笑

لَقَّسَ (م) 拖延，抑制，耽搁

تَلْقِيس (م) 迟到，耽误

لَقِّيس (م) 迟的，晚的

لَقَطَ ـُ لَقْطًا الشيءَ والْتَقَطَ الشيءَ: أخذه من الأرض بلا تَعَبٍ 拾起，捡起

تَلَقَّطَ الشيءَ: جمعه من هُنَا ومن هَهُنَا 收集，采集

اِلْتَقَطَ اللُقَطَ (فَضَلات الحِصاد): عفَّرَ (م) 收集落穗

ـ 收到、接收(无线电报或电话)

ـ الصُوَرَ 照相，摄影

لُقْطَة جـ لُقَط / لَقَط / لُقاطة جـ أَلْقَاط 落穗，摘剩的果实

ـ (م): لَقِيَّة 拾遗；搜集物；发现物，拾得物，掘获物，埋藏物(金、银等)

ـ (م): ما تشتريه رخيصا 便宜货，廉价品

لَقَط (س): لقيط 弃儿，拾来的儿子

لُقَاط / لُقَاطَة الحِصَاد 落穗

اِلْتِقَاط 拾起，捡起；收音，收听(无线电)

لاقِط 收集者，拾得者，捡得者

آلة الرادْيُو الـ ة 无线电收音机、收报机

لَقِيط جـ لُقَطَاء: طِفْل مَنْبُوذ 遗婴，弃儿

ـ / مَلْقُوط جـ مَلاقِيطُ / مُلْتَقَط 发现物，拾得物

البُنّ المَلْقُوط (م) 筛过的咖啡子

مِلْقَط جـ مَلاقِطُ / مِلْقَاط جـ مَلاقِيط 镊子，夹子；钳子

ـ السُكَّر 糖夹子

ـ النَار: ماشَة (م) 火钳，火筷

مُلْتَقَط / مَلْقُوط 拾得的，收集到的

لَقَعَ ـَ لَقْعًا الشيءَ: رَمَى به / لَقَّحَه (م) 投，掷，扔

لَقِفَ ـَ لَقْفًا ولَقَفَانًا وتَلَقَّفَ والْتَقَفَ الشيءَ: تناوله بسُرْعَة 捕，捉，抓，抓住，接住(球)

تَلَقَّفَ الطعامَ: بَلَعه 吞，咽

مَلْقَف هَواء (م) / مِلْقَف جـ مَلاقِفُ: مِهْوَاة 通风设备

لَقْلَق جـ لَقَالِق: أبو حُدَيْج 鹳

لَقْلَقَة 东西震动、摇动、碰撞的声音

ـ الكَلام: سِعاية 造谣，中伤

لِقْلاق (م): نَمّام 造谣者，中伤者

لَقَمَ ـُ لَقْمًا الطريقَ وغيرَه: سدَّ فمَهُ 堵塞(路口、瓶口等)

لَقِمَ ـَ لَقْمًا الطعامَ: أكله سَرِيعًا 快吃

لَقَّمَه وأَلْقَمَه الطعامَ: جعله يَقْلَمه 喂饭

ـ السَقْفَ (م) 盖平顶，盖天花板

ـ القَهْوَةَ (م) 在热水中搅拌咖啡

أَلْقَمَه الحَجَرَ 使哑口无言，驳得无言对答

اِلْتَقَمَ الطعامَ: ابتلعَه أو في مهلة 吞下，咽下

ـ أُذُنَه: سَارَّه 咬耳朵，窃窃私语

ـ (把乐器的嘴子)含在口中

لُقْمَة جـ لُقَم من طعام 一口食物

ـ سائغة 珍馐，美味

ـ السَبْك وغيره (م): قالَب 铸型，模型

ـ المِثْقاب (م) 钻头

ـ المِفْتَاح (م): لِسَانُه 钥匙的齿

ـ الفَارة (م) (المِسْحَاج) 刨刀

ـ القَاضِي (م): زَلابِيَة 炸面丸子，油香，果馅的油炸饼

ـ اللِجَام 马衔口，马嚼子

لُقَيمَة 一小块

لُقْمانُ الحَكِيم Lokman: اسم فَيْلَسُوف 哲人鲁格曼

تَلْقِيم الطَعَام 喂饭

تِلْقَامَة: لهمة / خَلِيَّةُ دم بَيْضاء [生]吞噬细胞

لَقُنَ ـ لَقَانَةً: كان ذَكِيًّا عَاقِلاً 聪明，机智，机灵

لَقِنَ ـ لَقْنًا ولَقْنَةً ولَقَانَةً ولَقَانِيَةً وتَلَقَّنَ الكلامَ من فلان: أخذه عنه مشافهةً وفَهِمَه 得自某人的口传、口述、口授

لَقَّنَه الكلامَ: فهّمه ايّاه مشافهةً 口授，口传

ـ ه: علّمه 教，教育，教导

ـ ه: قرّره في ذِهْنِه 谆谆教诲，慢慢灌输

ـ المُمَثِّلَ أو الخطيبَ 提醒，暗示(给演员暗暗提示台词)

أَلْقَنَ الكلامَ: حَفِظه بِسُرْعة 很快地记住，背记(词句)

لَقانة / لَقانِيَة: سرعة الفهم 颖悟

لَقّان: حَوْض / حَوْض الاجّان 酸面槽，造酒桶

مُلَقِّن المُمَثِّل 提台词者

كَمْبُوشَة الـ (مـ) [剧]提示者的坐侧，演员的右侧

لَقِن: سَرِيع الفهم 聪明的，机灵的

لَقْوَة: شَلَل وَجْنِيّ / ضَوط [医]面神经瘫痪，贝尔氏瘫痪(能使嘴变成歪斜的)

مَلْقُوّ / مَلْوُوق الفَمِ (مـ): مُصاب بداء اللَقْوَة 歪嘴，口歪斜的

لَقِيَ ـ لِقاءً ولِقَاءَةً ولِقَايَةً ولُقْيَانًا ولَقاءةً ولِقْيَانًا ولِقْيَانَةً ولُقِيًّا ولِقِيًّا ولَقْيَةً ولُقْيَةً ولُقًى فلانًا: استقبله 接见，接待

ـ ه ولاَقاه: صادفه وقابله 逢，遇，相遇，相会，会见，见面

ـ عَقَبات 受到，感受，遭受，蒙受(困难)

لَقَّى تَلْقِيَةً فلانًا الشيءَ: طرحه إليه 掷给，扔给

تَلَقَّى الشيءَ منه: تلقّنه 接受(他的传授)

ـ ه ولاقاه: استقبله 迎接，接见，接待

ـ الشيءَ: لَقِيَه 遇见

ـ بصدرٍ رَحِيب 张臂欢迎他

ـ 遇见，碰见，遇到

ـ 得到，遭受，接受，经受，承担

ـ العُلُومَ 求学，学习

ـ الدُرُوسَ 听课，上课

لاقَى الرَجُلَ لِقاءً ومُلاقاةً 相遇，会

ـ مَصاعِبَ جَمَّة 遇到许多困难

ـ الشيءَ: أخذه وتسلّمه 接受，领受；接到，收到；得到，博得

ـ هذا المَقالُ آذانًا صاغيةً وقلوبًا واعيةً 这篇文章受到注意，而且有良好的反映

أَلْقَى الشيءَ إلى الأرض: طرحه 抛，掷，投，扔

ـ عنه الشيءَ: طَرَحه 掷牌，抛出，扔掉

ـ عليه سُؤالاً 向他提问

ـ على عاتِقِه 担负起，承担起

ـ الحَبْلَ على الغارِب 放纵，放任

ـ الحِمْلَ على ظَهْره 把重担背起来

ـ القَبْضَ عليه 逮捕

ـ المَسْؤُولِيَّةَ عليه 使他承担使他(义务)

ـ عليه مَسْؤُولِيَّةَ كذا 使他对某事负责任

ـ عليه القولَ: أملاه وهو كالتعليم 口授

ـ عليه القولَ وبه: أبلغه ايّاه 传达，通知

ـ خُطْبَةً 演说，演讲，讲话

ـ قُرْعَةً 抽签，拈阄

ـ الدَرْسَ 授课，讲课

ـ عليه دَرْسًا 给他上一课，教训他一通

ـ إليه السَمْعَ: أصْغَى 倾听，静听

لقي 1118 لكك

ـ بِنَفْسِه في كذا 投身于某事之中

ـ بَصَرَه إلى كذا 把眼光投在某物上面

ـ الأمرَ جانبًا 扔在一边

ـ بنَفْسِه من ... 从…中跳出

ـ الرُعْبَ في القُلوب 引起恐惧，引起惊慌

ـ بالَه إلى ... 关心，注意

تلاقَى القَوْمُ / اِلْتقَوْا 相逢，相会，相聚

اِلْتقَى القَوْمُ / تَلاقَوْا 相逢，会晤，相聚

اِسْتَلْقَى: اِضْطَجَعَ 卧下，躺下

ـ على قَفاه أو ظَهْره 仰卧

لِقَاء / لُقْيان / لُقًى / لُقْى / لُقْيا 相遇，会晤，见面

ـ 会战，战役

إلى الـ 再见！

ـَ هُ 与他相对，在他前面

لَقًى جـ أَلْقَاء / لُقْيَة جـ لُقًى / لَقِيَّة جـ لَقَايَا (مـ) 被扔掉的东西，拾得的东西

أُلْقِيَّة جـ أَلاقِيُّ: أُحْجِية 隐语，谜语，难题

إلْقَاء: طَرْح 抛，投，掷，扔

ـ: كَيْفِيَّة إلْقاء الكَلام 演讲的姿态

ـ الكلام أو الخُطَب 演讲，演说

ـ الشيْءِ المَحْفُوظ / تَسْمِيع (مـ) 背诵，吟诵，朗诵，朗读

ـ القَبْضِ 逮捕

عِلْم الـ 演说法，雄辩法

اِسْتِلْقَاء 卧下，躺下

تِلْقَاء: مُلاقَاة 会见，会晤，遇见，迎接

ـ: إزاءَ 在…前面，对面

من ـ نَفْسِه 自动地，自发地，自觉地，自愿地

ـ ما قُوبِلُوا به (مـ) 礼尚往来，一报还一报

تِلْقَائِيّ 自动的，自觉的，自愿的

ـ 机械式的，不由自主的

تَلاقٍ / مُلاقَاة / مُلْتقًى 相逢，相晤，遇见，迎接

يَوْم التَلاقِي: يَوْم القِيامة [宗]世界末日

مَلْقًى / مُلْتقًى: مَكان اللِقاء 会场，指定的集合地；会面的地方

ـ و ـ الخُطُوط والفُرُوع: نُقْطَة اجتماعها [电]中继线，[铁]换车车站，联络车站

ـ و ـ الطُرُق 交叉路口，十字路口

إلى المُلْتقَى 再见

مُلْقًى: مَطْرُوح 被掷出的，被投出的，被抛弃的

ـ الكُناسات: موضع طَرْح الزُبالة 垃圾箱

مَلاقِي خزّان (مِياه) النَهْرِ (مـ) 水坝的闸门

مُسْتَلْقٍ 卧着的，躺着的

لك: لأَجْلك أو إلَيْك 为你，替你，给你

لَكَأَ ـَ لَكْأً بالسوط فلانًا: ضربه به 鞭打

تلَكَّأَ عن الأمر: أبطأ وتوقَّف / تَباطَأَ 慢，迟缓，迟延

ـ عليه: اعتلّ 道歉，认错，赔不是

لَكْتَات (أ) lactate: لبنات (مـ) [化]乳酸盐

لَكَزَه ـُ لَكْزًا: ضرَبَه بِجُمْعِ كَفِّه 用拳打

ـ ه بالرُمْح (مـ): لَهَزه / طعنه 用枪刺

تلَكَّزَ على فلان (مـ) 非难，挑剔

لَكْزَة 拳打

لَكِز: بَخِيل 吝啬的，悭吝的，小气的

لَكَاز: خَابُور (مـ) 木钉，木楔

لَكِعَ ـَ لَكَعًا ولَكَاعَةً: لَؤُمَ 卑鄙，下贱

اِمْرَأَةٌ لَكَاعِ: لئيمة 卑鄙的妇人

رَجُلٌ لَكَاعٌ: لئيم 卑鄙的男人

يا لُكَعُ 贱人！

لَكَّه ـُ لَكًّا: لَكَزَه في القَفا 用拳打脖颈子

ـ (مـ): تكلَّم كثيرًا 饶舌，多言，唠叨

ـ الشيءَ: خلطه 混杂，掺杂

اِلْتَكَّ العَسْكَرُ: تَضامّ وتَداخَل (军队)密集

ـ في كلامه: أخطأ 说错

لَكّ جـ لُكُوك وأَلْكَاك lakh: مِائة أَلْفٍ (梵)十万

ـ (أ) lac: صِبْغ أَحْمَر 虫漆，虫漆染料

لَكّ 树胶，树脂，松香

لَكَمَه ـُ لَكْمًا: ضَرَبَه بِجُمْع اليَد 用拳打

لاَكَمَه: لكم أحدُهما الآخَر 互相拳击

لَكْمَة جـ لَكَمَات 一拳

مِلْكَمَة: قُفَّاز المُلاكَمة 拳击手套

مَلْكَمَة: كرة أو كِيس التَمَرُّن على الملاكمة 练习拳击时所用的梨球或皮袋

مُلاكِم 拳击者，拳术家，拳击家

مُلاكَمَة 拳术，拳击

لَكِنْ (原来是 لاكِنْ，书法上省略 ألف，读法上不省略)，有“然而”，“但是”，“可是”等义。分两类：

(1) لَكِنَّ 的简式，不再起作用，当作句子的发端词，可以加于动词句，也可以加于名词句。有时带 واو：

قَام عَمْرُوٌ و ـ زَيْدٌ جالِس

(2) 原来的لكِنْ，用作连接词。连接两个句子的时候，必须带 واو。倘若 لكن的后面是单词，而不是句子，就不能带واو，而且前面必须有否定词或禁戒词：

ما قامَ زَيْدٌ ـ عَمْرٌو

لا تَضْرِبْ زَيْدًا ـ عَمْرًا

لَكِنَ ـَ لَكَنًا ولَكْنَةً ولُكُونَةً: ثَقُلَ لِسانُه 口吃，结舌，结巴

لَكَن جـ أَلْكَان / طِشْت (مـ) (波)铜盆

لَكْنَة: لَهْجَة 口音，腔调，土腔

أَلْكَنُ م لَكْنَاءُ جـ لُكْن: ثَقِيل اللِسان 口吃者，结舌者

لُكْنَة 口吃，结巴

لَكِنَّ (原来是 لاكِنَّ，书法上省略 ألف，读法上不省略)，有“然而”、“但是”、“可是”等义。لَكِنَّ 是 إنَّ 类的虚词，加在名词句上，使原来的起词变宾格，成为 لَكِنَّ 的名词，原来的述词变主格，成为 لَكِنَّ 的述词。لَكِنَّ 可以做限定词：

قامَ القَوْمُ ـ زيدًا جالِس

又可以做断言词：

لو زارَني زَيْدٌ لأكرمتُه ـ ه لم يَجِئ

لُكُومُوبِيل (أ) locomobile / كُومُوبِيل (مـ) 锅驼机

لِكَيْ / لِكَيْمَا (宾格工具词)以便，为了，为的是，为…起见

ـ لا 以免，免得，怕

لَمْ 否定虚词，加在现在式动词上，以否定过去，使现在式动词变切格，相当于汉语的“未”、“未曾”、“没”、“没有”

ـ يَأْكُلْ 他没吃，他没有吃

ـ يَحْضُرْ 他未曾出席，没有到场

انْ ـ/ ما ـ 如果不，要是不

ـ ... بَعْدُ 尚未，还不，还没有

لَمْ 若在疑问虚词 أ 之后，否定变为肯定，有断言和反问的意义，相当于汉语的“难道没有”

أَ لَمْ أَقُلْ لَكَ؟

أ 和 لم 之间有时加连词 و 或 ف，如：

أَفلَمْ (أَولَمْ) أَقُلْ لَكَ؟

لِمَ / لِمَاذَا (لِمَ ذا)؟ 为啥？为何？为什么？

لَمَّا 分三类：

(1)第一类与 لَمْ 同为否定虚词，加在现在式动词上，以否定过去，而使现在式动词变成切格。

(2)第二类是专用于过去式动词的，后面必须有两个由过去式动词构成的句子，说明第一句所表示的行为的发生，成为第二句所表示的行为发生的原因，相当于汉语的“既”、“既然”

ـ زارني صَدِيقي أكْرَمْتُه

(3)第三类与 إلاَّ 同义，专用于名词句。

لَمْ 与 لَمَّا 的差别是:

(1) لَمْ 前面可以有条件虚词 إنْ，如：إنْ لَمْ تَقُمْ，لَمّا 前面却不可以。

(2) لَمَّا 所否定的行为继续到目前，相当于汉语的“尚未”、“还没有”，而لم所否定的行为是可以继续，也可以中断的，相当汉语的“未”、“未曾”、“没”、“没有”

(3) لَمَّا 所否定的行为大半是临近现在的，لم 所否定的则不一定。

(4) لَمَّا 所否定的行为是可以指望其实现的，لم 所否定的则不一定。

لَمَّا تَنْجَحْ الثَوْرَةُ 革命尚未成功

(5) لَمّا 所否定的行为，如果意思明白，可以省略，لم 所否定的则不一定。

لَمْبَاغُو (أ) lumbago: زُلَخة [医]腰痛，腰肌痛

لَمْبَة (أ) lampa (意): مِصْبَاح (راجع صبح) 灯

ـ اسْبِرْتُو (أ) 酒精灯

لَمَجَ ـُ لَمْجًا الشيءَ: أكَلَه بأطرافِ فَمِه 一点点地咬下来吃

تَلَمَّجَ: أكَلَ اللُمْجَةَ / صَبَّرَ بَطْنَه (م) 吃点心，吃小食

لُمْجَة جـ لُمَج: تَصْبِيرَة (م) / لُهْنَة 点心，小食

لَمَحَ ـَ لَمْحًا وأَلْمَحَ والْتَمَحَ الشيءَ: أبصره بنَظَرٍ خفيف 瞥，瞥见

لَمَحَ ـَ لَمْحًا ولَمَحَانًا وتَلْمَاحًا البرقُ والنجمُ: لَمَعَ 闪烁，闪耀，闪光，突然出现

ـ في فِكْرِهِ أن 他忽然想起…

لَمَّحَ إلى الشيء: أشارَ إليه 暗示，暗讽，讽示，示意

لاَمَحْتُهُ: خالَسْتُه البَصَرَ 偷偷地看，悄悄地看

اُلْتُمِحَ بَصَرُه: ذُهِبَ به 双目失明，变成瞎子

لَمْح: نَظَر سريع 瞥，瞥见

كـ ـ البَصَرِ / في ـ البَصَرِ 顷刻，瞬间，一瞬间，转眼间

لَمْحَة: نَظْرَة خَفِيفة 一瞥

ـ البَرْق 闪，闪电，打闪

ـ مُوسِيقِيَّة [乐]十六分休止符

ـ جـ مَلاَمِح الوَجْهِ 相貌，容貌，面貌

فيه ـ (أو مَلاَمِحُ) من أبِيه 貌若其父，形如其父，肖似其父

مَلاَمِح الوَجْهِ: تَقَاطِيعُه 相貌，面貌，容貌

ـ الوَجْه: مَشَابِهُه 面貌相似

تَلْمِيح جـ تَلْمِيحَات 暗指，暗示，暗讽，讽示

أبْيَض لَمَّاح: شديد البَيَاض 洁白的，雪白的

لَمَزَه ـِ ـُ لَمْزًا: عَابَه 嘲笑，讥笑，讥讽，讽刺

ـ: أشار إليه بعَيْنه ونحوها مع كلامٍ خَفِيّ 使眼色，丢眼风，以目示意，以目传情

لَمَّاز / لُمَزَة: عَيَّاب للناس 挑眼者，挑剔者，吹毛求疵者

لِمُزِين (法) limausine: سَيَّارة مُقْفَلَة (司机坐位前有遮阳的)轿车

لَمَسَه ـِ ـُ لَمْسًا: مَسَّه 接触，抚摩；触觉到，摸

ـ لَمْسَ اليَدِ 亲手摸

ـ الشيءَ: طَلَبَه 寻觅，寻求，搜索

لامَسَه: ماسَّه 相触，接触
ـ 接壤，毗连
تَلَمَّسَ الشيءَ: تطَلَّبه 摸索，力图发现、发觉
ـ: تَطَلَّبَ على غير هُدًى 瞎摸，探求，暗中摸索
ـ عُذْرًا 请求原谅，请求饶恕
ـ طَرِيقَهُ 探索办法，寻找方法，寻求道路
اِلْتَمَسَ الشيءَ من فلان: طَلَبه 请求，要求，申请
لَمْس: مَسّ 触，碰，抚，摸，抚摸，接触
حاسَّة الـ 触觉
لَمْسِيّ / مَلْمَسِيّ: مُختَصّ باللَمْس 触觉的，可以触知的
لَمْسَة جـ لَمَسَات: مَسَّة 一触，一碰
اِلْتِمَاس: طَلَب 请求，要求
ـ إعادة النَظَر في الحُكْم 请求复审，申请重新审理
مَلْمَس: لَمْس 触，抚，摩，扪，摸，碰
ـ: مَوْضِع اللَمْس 触摸的地方，接触处
ـ الحَشَرَات جـ مَلامِسُ: عُضْو الحِسّ (动物的)触须，触毛，触手，触角
مَلْمَسِيّ: مُختص باللمس 触觉的，感触的，触知的
مُلامَسَة: تَماسّ 接触，相碰
مُلْتَمَس جـ مُلْتَمَسَات 请求物
مَلْمُوس: يُشعرُ به / مَحْسُوس 可触的，可以触知的；具体的
ـ: لُمِسَ 被触的，被摸的，被摩的
مَلْمُوسَات 可触的东西，可触知的东西
لمصه ـُ لمصا: عابه وعَوَّجَ فمَه عليه 撇嘴(表示轻视)
لَمَظَ ـُ لَمْظًا وتَلَمَّظَ / تَلَمَّضَ (م): أخرج لسانه بعد الأكل أو الشرب فمسح به شفتيه 吃喝后舔嘴唇
تَلَمَّظَ بذِكْرِه: عابه 诽谤
لُمْظَة: لَحْسَة 舐一下，舔一下
لَمَاظَة: فصاحة وطلاقة اللسان 善辩，能言
لَمَعَ ـَ لَمْعًا ولَمَعَانًا ولُمُوعًا ولَمِيعًا وتِلِمَّاعًا البرقُ وغيره: أضاء 闪光，放光，闪烁
ـ بِسَيْفِه: لوَّح به 挥(剑)，亮剑，舞(剑)
ـ وألْمَعَ بيدِه: أشار 指点，指示
ـ بالشيء: ذَهَبَ به 带走，携去，拿去
لَمَّعَ النَسْجَ: لوَّنه بِأَلْوانٍ مُختلِفة 印花，染花，加彩色
ـ الكتابَ: زيَّنه بأَلْوانٍ مختلفة (以图表、图解、图画等)装饰书籍
ـ الشيءَ (م): صقلَه 磨光，擦亮
ـ الأَظْفَارَ بالأَصْباغ 染指甲
أَلْمَعَ إلى فلان بثَوْبِه: أشار به إليه 暗示，示意
ـ بكلمةٍ إلى كذا 隐喻，以言暗示
تَلَمَّعَ 发光，闪烁，辉耀，成为五光十色的
اِلْتَمَعَ واُلْتُمِعَ لونُه: ذَهَب وتغيَّر 失色，变色，褪色
لَمْع / لَمَعَان 辉耀，闪耀，发亮
لَمْعَة / لَمَعَان: بَرِيق 光泽，光滑，光彩，光亮
ـ: صَقْلَة 润泽，光泽
ـ 特写，速写
لَمْعِيَّة 光辉，辉煌，闪烁，焕发
تَلْمِيع الأَحْذِيَة (用鞋油)擦皮鞋，擦亮皮鞋
لامِع جـ لُمَّع: بَرَّاق 发光的，闪耀的，闪光的，光辉的，辉煌的，灿烂的
لامِعَة جـ لَوامِعُ: يَافُوخ الطِفْل [解]囟门
لَمَّاع: صَقِيل 光滑的，光泽的
ـ: بَرَّاق 光亮的，光辉的，辉煌的，灿烂的

جِلْد ـ (مـ) / جِلْد لَمِّيع (مـ) 漆皮
لَمَّاعَة: عُقَاب ذَهَبِيّ 雕鹫，狗鹫
ـ: يَافُوخ الصَبِيّ ［解］囟门
إلْمَاعَة 指示，暗示
أَلْمَعُ / أَلْمَعِيّ: ذكيّ متوقّد 贤明的，聪明的，机敏的，机智的，机灵的，多才的
أَلْمَعِيَّة: ذكاء 贤明，聪明，机敏，机智
مُلَمَّع 绘上色彩的
خَدّ مُلْمَع 润泽的脸
لِمْفَاوِيّ / لِنْفَاوِيّ lymphatic/ بَلْغَمِيّ 淋巴的，淋巴性的，淋巴腺的
لَمْلَمَ الشيءَ: جمعه 收集，采集，搜集
ـ الحجرَ: جعله مستديراً كالكُرَة 把石头弄成球形
ـ غَضَبَه (مـ) 忍怒
لَمْلَمَة 收集，采集
مُلَمْلَمَة الفِيل: زَلُّومَة (مـ) 象鼻
لَمَّ ـُ لَمًّا الشيءَ: جَمَعه وضمّه 收集，采集，搜集，集聚
ـ بفلان: أتاه فنزل به 到家里住下
ـ شَعَثَهم / جمعَ شَمْلَهم 再集合，再团结，重新结合，重整旗鼓
لُمَّ فلانٌ: أصابَه طَرَفٌ من الجنُون 稍染疯病，变成微疯的，变成轻微的精神错乱者
أَلَمَّ: باشَرَ اللمَم أي صِغار الذُنوب 犯过错，犯小罪
ـ بالمَعْنَى: عرَفَه 理会，领悟，了解，懂得(意义)
ـ الغُلامُ: قارَب البُلُوغ 将成年
ـ به المَرَضُ 得病
ـ بالذَنْب: فعله 犯罪
ـ بالأمر: لم يتعمّق فيه 略懂，粗通
ـ بالمَوْضُوع (مـ) 稍微涉及主题
ـ بالطَعَام: لم يُسْرِفْ في أكله 稍稍吃些东西
ـ بالقوم وعلى القوم: أتاهم فنزل بهم وزارهم زيارةً غيرَ طويلة 访问
ـ باللغة العربيَّة 略懂(粗通)阿拉伯语
الْتَمَّ فلانًا: زاره 访问
لَمَم: جُنون خفيف 轻微的精神错乱
ـ: صِغار الذُنُوب 过失，小罪
لَمّ: جَمْع 收集，采集
ـ الشَعَث 团结，再集合
لِمًّا: سَفَن / سمك 鳐鱼，魟鱼(鲼、鲉、鳐鱼、海鹞鱼)
لَمَّة: كلّ ما جُمِعَ أو اجْتَمَع 收集物，搜集品
ـ: جَمعيَّة / اجتماع 聚会，集会
ـ من الجُنُون: لَمَم 微疯，轻微的精神错乱
ـ: شِدّة 灾难，祸患
لُمَّة: صاحِب أو أصحاب في السفر 同伴，伙伴(单数复数通用)
لِمَّة جـ لِمَم / لِمَام: شَعْر مُجاوِز شَحْمَةَ الأُذُن 鬓(耳边的头发)
لامَّة: عين مُصيبة بسوء 毒眼，凶眼
لَمَّام (مـ): نبات عِطْرِيّ ［植］欧薄荷
ـ 收集禾穗者，家畜饲料收集者
لِمَامًا: من حِينٍ لِآخَرَ 时时，不常，很少，难得
إلْمَام: دِرَايَة 经验，体验；知识，学识，学问
كان على ـ بكذا 洞悉某事
مَلْمُوم: به مَسّ من الجنون 微疯的，精神有点错乱的
ـ: مجموع 被收集的，被采集的
مِلَمّ: هَوْجَن / شَوْكَة (مـ) 耙子
مُلِمّ: ناهَز البُلُوغ 青年期的，青春期的

ـ بكذا 粗通某事
مُلِمَّة جـ مُلِمَّات: مُصِيبَة 灾难，祸患
لِمُوزِين (أ): لِمُزِين limausine (法) (司机坐位前有遮阳的)轿车
لَمُون / لَيْمُون (أ) lemon (راجع ليمون) 柠檬
لَنْ 否定虚词，加在现在式动词上，使其变成宾格，否定未来，表示强调
لا أذهَبُ وـ أذهَبَ 我现在不去，将来也不去
لَنْج: قشيب 新制的，簇新的
لَنْجُسْت (أ) langouste (法) / كَرْكَنْد شائِك: سَرَطَان نَهْرِيّ 龙虾
لُنْج فَلُّو (Longfellow W.H.): شاعر أمريكي مشهور 郎非罗(美国著名诗人)
لُنْدُرة (أ) londra (意) / لُنْدُن London 伦敦
ابْنُ ـ 伦敦人
لَنْدُو (أ) landau: عَرَبَة رُكُوب 分顶式四轮马车
لَهَا / **لَهَاة** (مـ) (في لهو)
لَهِبَ ـَ لَهَبًا ولَهَبَانًا الرجلُ: عَطِشَ 渴，口渴
لَهِبَتْ ـَ لَهَبًا ولَهْبًا ولَهِيبًا ولُهَابًا ولَهَبَانًا والْتَهَبَتْ وتَلَهَّبَتِ النَّارُ: اشتعلت خالصةً من الدخان 烧，燃烧，发焰
لَهَّبَ وأَلْهَبَ النارَ: أشعلها 点火，燃火
ـ وـ الرجلَ هيَّجه 激怒，激起，煽动
ـ وـ ظَهْرَه بالسوْط 用鞭抽打
أَلْهَبَ دماغَه بالرَصاص 子弹打进他脑袋
اِلْتَهَبَ: دَبَّت فيه النارُ 着火、起火
ـ وتَلَهَّبَ عَطَشًا 干渴，焦渴
ـ وتَلَهَّبَ غَيْظًا 大发脾气
لَهَب: لسان النار 火焰
لَهَبَة: لَهْلُوبَة (مـ) 火焰
لَهَب / لَهِيب / لُهَاب 火焰，火舌

أَبو ـ: نُحَام [动]红鹤，火鹤
قَاذِفَة الـ 火焰喷射器
لَهْبَان م لَهْبَى جـ لِهَاب: عاطش 口渴者
إِلْهَاب: إشْعَال 点火，发火，燃火
اِلْتِهَاب 燃烧，发炎
ـ الأُذُن [医]耳炎
ـ البِلُيورَا pleura: ذات الجَنْب [医]胸膜炎
ـ الجُفُون (المُلْتَحِمَة) [医]结膜炎
ـ الرِئَة [医]肺炎
ـ الزائِدة الدُودِيَّة [医]阑尾炎，盲肠炎
ـ الكِلَى [医]肾炎
ـ الأَدَمَة 皮炎
ـ بِطانَة القَلْب 心内膜炎
ـ التَّأْمور 心包炎
ـ الشُعَب 支气管炎
ـ اللَوْزَتَيْن 扁桃腺炎
ـ المَعِدَة 胃炎
سَرِيع الـ 易燃的，易着火的
قَابِل الـ: مُلْتَهِب 可燃的，可着火的
اِلْتِهَابِيّ [医]发炎性的，易红肿的
مُلْتَهِب: مُشْتَعِل 燃烧着的，起火焰的，如火如荼的
ـ: مُشْتَعِل أو مُتَهَيِّج 被激怒的，被煽动的
لاهُوت: أُلُوهِيَّة [宗]神性，神德，神格(相对的是ناسُوت人性，人格，人德)
عِلْم الـ 神学
الـ النَظَرِيّ 理论神学
الـ الأَدَبِيّ 伦理(实践)神学
لاهُوتِيّ: مُخْتَصّ بعلم اللاهوت 神学的，神学上的
مَدْرَسَة ـ ة 神学院
ـ: عالم باللاهوت 神学者，神学家

لَهَثَ ولَهِثَ ـَ لَهْثًا ولُهَاثًا الكلبُ: أَخرج لسانَه من التَّعَب أو العَطَش (狗)耷拉舌头，伸出舌头

ـ: لَهَدَ (م) / نَهَج (م) 喘息，哮喘

لَهِثَ ـَ لَهَثًا ولَهَثَانًا ولُهَاثًا الرجلُ: عطش 渴，口渴

لهثان م لَهْثَى / لاَهِث: مَبْهُور / لاَهِد (م) 喘息的，哮喘的

ـ / ـ: عَطْشَان 渴的，口渴的

لَهِجَ ـَ لَهَجًا وأَلْهَج بالشيء: أُغْرِيَ به فثابَر عليه 嗜(酒)，好(色)，贪恋，耽湎于，沉溺于，热衷于；惯于，习惯于，爱好成癖

ـ بذِكْرِه 时时提及，不断提到

ـ عليه (م): لعِب عليه 欺诈，哄骗

الْهَاجَّ اللَّبَنُ: تخثَّر (乳)凝结，凝固

لَهْجَة: طَرَفُ اللِسان 舌尖

ـ: لُغَة خُصوصيَّة 方言，土语

ـ: لُغَة الإنسان التي جُبِلَ عليها 本国语

ـ: أُسلوب اللَّفْظ 口音，腔调，语调

ـ (م): كَلاَم مُزَيَّف 废话，空谈；奉承，拍马屁

لَهْجَاوِيّ ج لَهْجَاوِيَّة (م): جَخَّاف 吹牛大家，牛皮大王

لَهَدَه ـَ لَهْدًا الحِمْلُ: أثقله وضغَطه 使疲劳，使过劳，使负担过度

ـ (م): لَهَثَ 喘息，哮喘

لَهْذَم ج لَهَاذِم ولَهَاذِمَة: حادّ / قاطع من السيوف والأسِنَّة والأنياب 尖锐的，锋利的

لَهَزَ ـَ لَهْزًا فُلاَنًا ولكَزَه (م): دفعه 用拳打他，推他，搡他

لَهَطَه ـَ لَهْطًا: ضرَبَه بالكفّ مفتوحةً 掌击，打耳光，打嘴巴

ـ (م): رَهَط / الْتَهَمَ 贪食，大食，吞噬，狼吞虎咽

لَهِفَ ـَ لَهَفًا وتَلَهَّفَ على ما فات: حزن وتحسَّر 叹气，叹息，悲叹，悲伤；惋惜，痛惜，哀悼；遗憾，后悔，悔恨

ـ وـ على الشيء: تَاقَ إليه 热望，渴望

لَهْف / لَهْفَة: حَسْرَة 悲伤，悲哀，悲叹，哀悼

ـ / ـ: تَوْق / تَوَقَان 爱慕，欲念；嗜好，热望，渴望，切望

بِلَهْفَةٍ 殷切地，渴望地

يَا لَهْفُ / يا لَهْفَاه: يا لَهْفِي 噫！哎呀！哎哟！

بِتَلَهُّفٍ 渴望地，切望地，殷切地

لَهْفَان م لَهْفَى ج لَهَافَى ولُهُف / لَهِيف / لاَهِف / مَلْهُوف: مُتَحَسِّر 悲伤者，忧伤者，惋惜者，哀悼者

ـ / مُتَلَهِّف: تَائِق 渴望者，热望者

لاَهِفَة ج لاَهِفَات ولَوَاهِفُ 悲伤者，忧伤者，惋惜者，哀悼者

لَهَبَ (م): الْتَهَبَ 燃，烧，燃烧，发焰

ـ ه بعلَقَة (م) 予以痛打，痛骂

لَهْبَة (م) 点火

لَهْلُوبَة (س): لَهَبَة 焰，火焰

وَلَد ـ 敏捷的孩子，伶俐的孩子

يَشْتَغِل زَيّ اللَهْلُوبَة 他如火如荼地工作，他用冲天的干劲在工作

لَهْلَقَ (م): لَقْلَقَ / أَخرج لسانه عَطَشًا 伸出舌头，耷拉舌头

لَهِمَ ـَ لَهْمًا الشيءَ: ابتلعه بمرّة 一次咽下，一口吞下

أَلْهَمَ فلانًا الشيءَ: جعله يَبْلَعه 使他吞下，咽下

ـ ه: أَوْحَى إليه 默示，启示，启迪，开导，教导，感化，感悟，感召，给以灵感

تَلَهَّمَ والْتَهَمَ الشيءَ: ابتلعه بمرّة 一次咽下，一口吞下

اِسْتَلْهَمَ: طلب الإلْهَام 祈求灵感，求神启示；求教，寻求启发

إلْهَام: وَحْيٌ إلاهيّ 灵感，天启，启示，默示

لَهِم / لَهُوم: أَكُول 饕餮，贪食家，美食家

مُلْهِم: مُوحٍ 感悟者，感召者，启示者，启发者

مُلْهَم: مُوحًى إليه 受天启者，得灵感者，被感召者，被启发者

لُهْنَة: هَدِيَّة الإيَاب من سَفَر (旅客带回家的)礼品

لَهَا يَلْهُو لَهْوًا الرجلُ: لَعِبَ 嬉戏，游戏，玩耍，娱乐，消遣

ـ: عَبَث 玩弄，闲混，做无聊事

لَهِيَ يَلْهَى لَهًا بكذا: أَحَبَّه وأُولِعَ به 爱好，喜爱，贪恋，醉心于…，为…所迷惑

ـ ولَهَا يَلْهُو لُهِيًّا ولِهْيَانًا عن الشيءِ: سلا عنه وغفل 忘怀，淡忘，排遣

لَهَّى وأَلْهَى فُلانًا عن كذا: شغله 妨碍他，打扰他，娱乐使他忘记

ـ وـ ولاَهَى (م) 使分心、转移注意力

لاَهَى: قَارَبَ / نَاهَزَ 接近，逼近，(时间)快来到

تَلَهَّى وتَلاهَى والْتَهَى بكذا: تَسَلَّى به 自娱，取乐，消遣，散心

ـ عن كذا 注意力离开某事物

اِلْتَهَى بكذا: لَعِبَ 玩弄

لَهْو: تَسْلِيَة 嬉戏，游戏，消遣，散心，解闷

أَماكِن اللهو 游戏场，游艺室，娱乐场所

لَهَاة الحَلْق جـ لَهَوَات ولَهَيَات ولُهِيّ ولِهِيّ ولَهًا ولَهَاء ولِهَاء: طُلاَطِلَة/ طُنْطُلَة (س) 小[解]舌，悬雍垂

لَهَوِيّ: مُختص باللهاة 悬雍垂的(小舌的)

الحرفان اللَّهَوِيّان: هما القاف والكاف 小舌音字母 ق 和 ك

تَلْهِيَة / أُلْهُوَّة / أُلْهِيَّة 自娱，娱乐，消遣，散心，解闷

لاَهٍ: غافِل 疏忽的，怠慢的，不注意的，不经心的

مِلْهًى جـ مَلاَهٍ: آلة اللهو 玩具，玩意儿

آلات المَلاَهِي / آلات اللهو 乐器

مَلْهَاة 喜剧，笑剧，引起玩笑的事

مَلْهًى جـ مَلاَهٍ: تَسْلِيَة 游戏，娱乐，消遣，解闷，散心

ـ: مكان اللهو 游戏场，娱乐场所

ـ: مَلْعَب / تِيَاتْرَة (م) (theatre) 剧场，剧院

مُلْهٍ: مُسَلٍّ 娱乐的，消遣的，有趣的，好笑的，消愁解闷的

ـ: مُوسِيقِيّ 音乐家

لَهْوَجَ العملَ: لم يحكمه ولم يبرمه 敷衍了事，草草了事，暂时弥缝，马马虎虎地做

رأْي مُلَهْوَج 不成熟的意见

لَهْوَقَ وتَلَهْوَقَ الرجلُ: تزيَّن بما ليس عِنْدَه من سَخاءٍ ومُروءة ودِين 自夸，夸大，吹嘘，吹牛

ـ في العمل والكلام: لم يبالغ فيه 暂时弥缝，粗拙地补缀

لَوْ 有四类：

(1)与词根性的 أَنْ 同义，加在现在式动词上，把它变成词根，但是动词不变宾格，لو 前面的动词以 وَدَّ 和 يَوَدُّ 为最常见

يَوَدُّ أَحَدُهُم ـ يُعَمَّرُ أَلْفَ سَنَةٍ 他们中有人希望能活千岁

(2) 与普通的条件词 إنْ 同义，加在现在式动词上，作为条件句，假定未来的行为如果发生，会有什么结果，但是动词不变成切格，相当于汉语的“倘若”、“如果”：

ـ تَزُورُني غدًا أُكْرِمُكَ 如果你明天访问我，我会款待你

(3) 作为特殊的条件词，这是三类中用途最广的，加在过去式动词上，假定未发生的行为如果发生，会有什么结果，相当于汉语的“假若”：

ـ تأَخَّرْنَا قَليلاً لَمَا أَدْرَكْنَا هذَا القِطَارَ 假若我们再晚一会儿的话，就赶不上这趟车了

(4) 表示减少，常在 واو 后面，相当于汉语的“即使”、“尽管”、“哪怕”

تَصدَّقُوا وـ بتَمْرَةٍ 即使是一颗椰枣，你们也应施舍！

ـ لَمْ: إذَا لَمْ 设非，若非，苟非，若不然，要不是

ـ لَمْ: مَا لَمْ 苟非，除非，若非，若无

و ـ أنَّه ... 假如他只是

كَمَا ـ أنَّ 好像，宛如，犹如，仿佛

وإنّي لأذكُرُ ذلك اليَوْمَ كما ـ أنّه حدَثَ البَارِحَةَ 今天我回忆那件事，好像是昨天才发生的

ـ كانَ ... لَكَانَ 假如…那么(那就)…

وـ 纵然，虽然，即使

ـ لاَ 要是没有，要不是，若非，若无

لواء (في لوو)

لاَبَ يَلُوبُ لَوْبًا ولُوَابًا ولَوَبَانًا الرجلُ والبعيرُ: عَطِش 口渴

لُوبَة جـ لُوب / لاَبَة جـ لاَبَات ولاَب: حرّة من الأرض 熔岩地

مَلاَب: طيب يشبه الزعفران 芳香

لُوبَاء (أ) / لُوبِيَاء / لُوبِيَا / لُوبِيَة (أ) (波) [植] 药豆

لاَتَ 否定虚词，有 لَيْسَ 的意味，但是后面的主格名词常被省略

وـ حِينَ مَنَاصٍ: وـ الحِينُ حِينَ مناصٍ 逃之晚矣；已经晚了，时机错过了

لُوت 欧洲石首鱼科的一种大鱼

لُوتَارِيَّة (أ) loteria (意): يا نَصِيبُ 彩票

لاَثَ يَلُوثُ لَوْثًا ولَوَّثَ ثوبَه بالطين: وسَّخه 弄脏

لَوِثَ يَلْوَثُ لَوَثًا في الأمر والْتَاثَ: أبطأ فيه 迟慢，迟滞，耽误，延搁

لَوَّثَ الشيءَ: لطَّخه 污染，玷污

تَلَوَّثَ ثوبُه بالطين: تَلَطَّخَ 弄脏，污染

الْتَاثَ الأمرُ: تعقَّد 成为纷乱的，成为繁杂的

لَوْثَة: لَطْخَة 污点

مُلْتَاث 纷乱的，繁杂的，含糊不清的

ـ العَقْلِ 理智不清的

لُوثَر (أ) Luther (Martin) / لُوثِيرُس: مُصْلِح دِينيّ 马丁·路德(1483—1546，欧洲有名的宗教改革家)

لُوج جـ لُوجَات وألْوَاج (أ) loge (法): خَلْوَة في مَلْهًى 剧场的包厢

ـ مَاسُونِيّ: مَحْفِل ماسُونِيّ lodge 共济社的支部会

لاَحَ يَلُوحُ لَوْحًا وألاَحَ الشيءُ: بَدَا وظَهَرَ 显出，显现

ـ وـ البَرْقُ: أَوْمَضَ 打闪

ـ وـ النَجْمُ: تَلأْلأَ 闪耀，闪烁，辉耀

ـ الفَجْرُ والنَهارُ 微照，发微光

ـ لي كَذَا 我了解某件事

يَلُوحُ لي كذا 我认为，我觉得

لَوَّحَ إلَيْه: أشار (من بعيد) 发指示，发信号

ـ وألاَحَ بسَيْفِه أو عَصَاهُ 挥舞，舞动(棒、剑等)
ـ وـ بَيْدِه أو بمِنْدِيله 摇动、摆动(手、手帕等)
ـ الشَيْبُ رأسَهُ 头变成灰白的
ـ الأرضَ (مـ): غطّاها بألواح الخَشَب 铺地板
ـ الشيءَ بالنَار 烘干，烤干
ـ ولاَحَ العطشُ أو السفرُ فُلانًا: غيّره (干渴或旅行)使人憔悴
لَوْح جـ أَلْوَاح وألاَوِيحُ 木板
ـ زُجَاج 玻璃板(片)
ـ أَرْدُوَاز ardoise (法) 石板；青石板
ـ سَرِير 床板
ـ مَعْدِنِيّ: صَفِيحَة 薄板，薄钢板，金属板
ـ: عَظْم اللَوْح 肩胛骨
ـ: الهواء بين السماء والأرض 大气
ـ / لَوْحَة (للرَسْم أو الكِتَابة) 牌子，匾额
ـ وـ الاِسْم (على الباب) 门牌
ـ الكِتَابة / الـ الأَسْوَد / بَشْتَخْتَه (مـ) 黑板
ـ 小扁石，磁砖
ـ [摄]感光板
ـ 布标，标语牌
ـ الشِطْرَنج 棋盘
ـ حَدِيد 铁片，铁板
لَوْحَة جـ لَوْحَات 小牌，门牌
ـ 瓦片
ـ أَلْوَان التَصْوِير 颜料板，调色板
ـ الإِعْلاَنَات 布告牌，广告牌
ـ مَائِيَّة 水彩画
ـ السِينَمَا 电影银幕
لاَحَة (مـ): شَبَه 外表，外观；外形，样子
تَلْوِيح باليَد أو السَيْف 挥舞，摇动(手或剑)

تَلْوِيحَة جـ تَلْوِيحَات: حَوَاشٍ 注解，傍注；评语，短评，意见
لَيَاح: أَبْيَض 白的，白色的
لِيَاحَة (مـ) / لاَح (مـ): بَيْضَة مَذِرَة 臭蛋，坏蛋
لاَئِح 清楚的，明显的，公开的，显著的
لاَئِحَة جـ لَوَائِحُ: مَظْهَر 形状，外观，外形
ـ (مـ): بَيَان 秩序表，顺序单；说明书；清单，表册，名册，统计表；时间表
ـ (مـ): أَمر حُكُومِيّ 条例
الـ الدَاخِلِيَّة 内部管理条例
ـ المُحَامَاة 律师业章程
ـ القَانُون 法案，法律草案
لوائح التعب 疲倦的迹象
لَوَايِح الحُكُومَة (مـ) (政府的)条例
مُلَوِّحَة: سِمَافُور (أ) semaphore 信号，信号器，信号机
مُلْتَاح: مُتَغَيِّرٌ لَوْنُه من الشَمْس 晒得乌黑的，晒焦的，晒黑的
لُوخْيَا (أ) lochia: السائل النِفاسِيّ [医]恶露
لُودر (أ) Loader 铲车，装载机
لَوْدَنُم / لَوْدَنُوم (أ) laudanum: صِبْغَة الأَفْيُون 劳丹，鸦片酊
لاَذَ يَلُوذُ لَوْذًا ولِوَاذًا ولَوَاذًا ولُوَاذًا ولِيَاذًا بالجبَل: استتَرَ به واحتصن والتجأ إليه 逃入山中，到山里避难
ـ بالكهوف 躲在洞里
ـ الطَرِيقُ بالدار: اِتَّصَلَ بها 路通到房子
ـ بأَذْيَال الفِرار / ـ بالفِرار 逃亡，逃走，逃之夭夭，溜之大吉
ـ بالصَمْت 沉默
لَوْذ / لِوَاذ 避难
لاَئِذ: مُلْتَجِئ 难民，避难者，亡命者

مَلاَذ ومِلْوَذة جـ مَلاَوِذ: مَلْجأ 避难所，逃避处，隐避所

لَوْذَعِيّ (في لذع)

لُورْد جـ لُورْدَات (أ) lord: سَيِّد 贵族，上议院议员

مَجْلِس اللُورْدَات (英)上议院

لُورِّيّ جـ لورِّيَّات (أ) lorry 卡车，载重汽车

لاَزَ يَلُوزُ لَوْزًا من النَمِر: هرب منه 逃避，躲开

ـ إلى البيت: التجأ إليه 躲在家里

ـ إلى الكَذِب 依赖谎言，依仗说谎

لَوَّزَ التمرَ: حشَاه باللَوْز 用巴旦杏仁做椰枣的馅

ـ القُطْنُ (مـ): عقد لوزًا 棉花结棉桃

لَوْز: ثمر شجرة اللوز 巴旦杏(扁桃)

ـ فَقْش 薄壳巴旦杏

ـ القُطْن / عُفَاز 棉桃

دُودَة الـ (لوز القُطْن) 红铃虫(棉花的害虫)

زَيْت (دُهْن) الـ 杏仁油

شَجَرَة الـ: لَوْزَة 巴旦杏树

لَوْزَة جـ لَوْزَات واحدة اللَوْز 一个巴旦杏

ـ الحَلْق: بِنْت الأذن (مـ) [解]扁桃体

اللَوْزَتَان / لَوْزَتَا الحَلْق [解]扁桃体

اِلْتِهابُ اللَوْزَتَيْنِ البَسِيط [医]扁桃体炎

اِلْتِهاب اللوزتَيْنِ التَقَيُّحِيّ [医]化脓性扁桃体炎

لَوْزِيّ: بشَكْل اللوز 杏仁形的

لَوْزِيَّة / لَوْزِينَج (波)杏仁馅饼

لُوَيْزَة [植]种子荚

أَرْضٌ مَلاَزَة: كثيرة شجر اللَوْز 盛产巴旦杏的地方

مُلَوَّز: تَمْر مَحْشُوّ باللوز 以杏仁为馅的椰枣

وجْهٌ ـ: حسَن مَلِيح 杏仁形的脸，美丽的容貌

لَوِيزَا / لَوِيزَة (أ) Louisa: فَرْفَحِين (سـ) / نبات عِطْرِيّ [植]防臭木

لاَسَ يَلُوسُ لَوْسًا الشيءَ: ذاقه 尝味

لاَشَ يَلُوشُ لَوْشًا ولَوَّشَ 疲劳过度，筋疲力竭

لَوَّشَ على الشيء (مـ): احتازه 捕，捉，擒，逮住；握紧，抓住，捉住

لَوَّاشَة 口枚，口衔，塞口物

ـ البَيْطَار: زِيَار (钉掌时制马用的)马鼻钳，(兽医的)捻鼻器

لاَصَ ـُ لَوْصًا ولاَوَصَ: لمح من ثَقْب أو خلَل باب 偷窥，窃视，窥探

ـ من كذا 为难，烦恼，烦闷

لاَوَصَه: نظر إليه كأنه يَرُوم أَمْرًا 注视，凝视，熟视，盯着眼睛看

ـ ه: خادَعَه 欺骗，哄骗

لَوْص: مُسارَقَة النَظَر 偷窥，窃视，窥探

لَوْصَة 为难，烦恼，烦闷

مُلاَوِص: مُتَمَلِّق / خَدَّاع / مُلاَوِع (مـ) 狡猾的，奸诈的，诡黠的

لاَطَ يَلُوطُ لَوْطًا ولاَوَطَ وتَلَوَّطَ: ضَاجَعَ الذُكُورَ 娶(鸡)奸

ـ الشيءُ بقلبه: لَصِق به وأحبّه 依恋，留恋，怀恋，眷恋

ـ الشيءَ بالشيء: ألصقه به 粘贴

ـ الحوضَ والحائطَ: مدَّره لئلاَّ ينشَف الماءُ 以灰泥涂抹水池或墙壁

اِلْتَاطَ الشيء بقلبه: لصق به وأحبَّه 留恋，依恋

لَوْط: مَلْط / تَبْيِيض (مـ) 涂灰泥

لُوط: اسم عَلَم 鲁特(罗得)

لُوطِيّ: مُضَاجِع الذُكُور 鸡奸者

لِوَاطَة / لِوَاط: مُضَاجَعَة الذُكور 娶(鸡)奸

(法律上所谓猥亵的行为)

لِياط / مِلاط: بَياض (م) 灰泥，胶泥，涂墙泥，熟石膏

لُوطَس (أ) lotus: عَرائِس النِيل / بِشْنِين [植]睡莲

لاعَ يَلُوعُ لَوْعًا الحُبُّ فلانًا: أَمْرَضَه 害相思病

ـ تِ الشمسُ فلانًا: غيَّرت لونه 晒黑

لاعَ يَلاعُ ويَلُوعُ لَوْعَةً: جَزِعَ 暴躁，急躁，不耐烦

ـ: مَرِضَ 害病，生病

لَوَّعَ فُلانًا (م): عذّبه 折磨，虐待

ـ ه الحُبُّ: أَمرضه 害相思病

لاوَعَ (م): لاوص / خادع 欺骗，欺瞒

تَلَوَّعَ (م) 苦恼，烦恼，烦闷

اِلْتاعَ قلبُه: احترق من الهمّ أو الشوق 焦心，焦急，焦虑，焦灼

لَوْعَة: حَرْقَة 痛苦，苦闷，烦恼；焦心，焦急，焦虑，焦灼

ـ: لَعْوة الحَلَمة [医]乳头晕

ـ الحُبِّ 相思病

مُلاوِع (م) / مَلاوِع: مُلاوِص 狡猾者，奸诈者，欺骗者

مُلْتاع / مُلَوَّع 害相思病者

لُوغارِثْما / لُوغارِيثْمَة جـ لُوغارِيثْمات (أ) logarithm: عِلْم الأنساب (في الرياضة) [数]对数

أَساس الـ [数]对数的基数

جَدْوَل اللُوغارِيثْمات [数]对数表

لُوغارِيثْمِيّ [数]对数的

لافَ يَلُوفُ لَوْفًا الطعامَ: أكله أو مَضَغه 吃或咀嚼

ـ عليه (م): اِئْتَلَفَ به 结交，交朋友

لُوف: نبات وثمره 丝瓜

لاقَه يَلُوقُ لَوْقًا: لَيَّنَه 使柔和，使软化

لَوَّقَ الطَعامَ: أصلحه بالزُبْدَة 用黄油调制食物

ـ الخُبْزَةَ بالزُبْدَة 以黄油涂面包

ـ (ع) 平整土地

ـ (س) 在松软土地上种植

مِلْوَق جـ مَلاوِقُ (س): مِلْعَقَة الصَيْدَلِيّ 药刮，药刀

مَلْوُوقُ الفَمِ (م): مَلْقُوّ 歪嘴的

لُوقا Luke 路加(四福音书著者之一)

لاكَ يَلُوكُ لَوْكًا اللُقْمَةَ: مَضَغَها 嚼，咀嚼

لَوْك: مَضْغ 嚼，咀嚼，嚼碎

لُوكانْده (أ) /لُوكَنْده جـ لُوكَنْدات (أ) locanda (意): فُنْدُق / نُزُل 客栈，旅馆，饭店

ـ أَكْلٍ: مَطْعَم 餐馆，饭馆

لُوكَنْدَجِي م لُوكَنْدَجِيَّة (土)旅馆老板

لَوْلا 要是没有，要不是，若无，倘若不

ـ الماءُ لَما كانَت الحَياةُ 要是没有水，就不会有生命

لَوْلَب جـ لَوالِبُ: بُرْغِي (م) 螺旋，螺丝钉；螺旋桨，推进机

ـ: زُنْبُرُك 发条

ـ مَطّاط 游丝

لَوْلَبِيّ 蜷线，螺旋形的

سُدُم ـ ة [天]螺旋星云

زُنْبُرُك ـ: سُسْتَه (م) 蜷簧

مِسْمار ـ 螺丝钉

ـ أَرْشَمِيدِس 螺旋水车

لَوْلَبِيَّة: لَيّ / التِواء 蜷曲，螺旋形

شِدَّة الـ (في الطَبِيعة) [物]单力强度

لامَ يَلُومُ لَوْمًا ومَلامًا ومَلامَةً وأَلامَه على كذا وفي كذا: عَذَلَه 斥责，责备，谴责，非难

لَوَّمَه: لامَه كثيرًا 谴责，斥责，非难，申斥，

لوم 1130 لوي

痛责

تَلَوَّمَ في الأمر: تمكَّثَ فيه 踌躇，游移

اِلْتَامَ واِتْلاَمَ (مـ): قَبِلَ اللَّوْمَ 被责难，被责骂，被斥责，受非难

تَلاوَمُوا 互相责难，互相谴责，互相非难

اِسْتَلاَمَ: اِسْتَحَقَّ اللَّوْمَ 该受责难，应受谴责

لَوْم / لَوْمَة / لاَئِمَة / مَلاَم ومَلاَمَة جـ مَلاَوِم
斥责，责备，责难，非难

تَلْوِيم: شِدَّة اللوم 痛责，叱责，申斥

لُوَمَة / لَوَّام / لاَئِم جـ لُوَّم ولُوَّام ولُيَّم 谴责者，责骂者

لاَمِيّ: بشكل قَوْس U字形的，舌骨的

العَظْم الـ 舌骨

ـة العَجَم وـة العَرَب 以 لام 为韵脚的两首长诗

مَلُوم / مَلِيم: يستحِقّ اللَّوْم 可以非难的，应受责备的

ـ: مُخْطِئ 有过失的，犯错误的

لُومَان (مـ): سِجْن الأشْغال الشاقَّة 徒刑

لُومَانْجِي جـ لُومَانْجِيَّة: مُعْتَاد الإجْرَام 囚犯，囚徒，惯犯

لَوَّنَ الشيءَ: صَبَغه 着色，染色，上色

ـ: جَعَله ذا أَلْوانٍ 彩画，使具彩色

تَلَوَّنَ: تبدَّل لونُه 变色

ـ: صارذا لَوْن 变色，变成有色的

ـ: اختلفتْ أَلْوانُه 成为杂色的

ـ في أَقْوَاله أو كلامِه 支吾，搪塞，推诿，耍赖

لَوْن جـ أَلْوَان 颜色，色泽，色彩

ـ: نَوْع / صِنْف 色，种，类，样

ـ طَعَام: صِنْف منه 一种菜肴，一种食品

ـ بَشَرَة الإنْسانِ 肤色

ـ: صِبَاغ 颜料，染料

ـٌ فاتح 浅色，淡色

ـٌ زاهٍ 华美的颜色，鲜明的颜色

ـ قاتِم / ـ غامِق (مـ) 深色，浓色

ـ قاتِم (مُعْتِم) 暗淡的颜色，阴郁的颜色

بلا ـ / لا ـ له 无色的

صِنْفُ اللَّوْن 色彩，色泽

أَشْكَال وأَلْوَان (مـ) 杂拌儿；零碎物件

أَلْوَانٌ بالزَيْتِ لِلرَسْمِ 油画颜料

أَلْوان أَتْرِبَة 散装颜料

فِيه أَلْوَانٌ من القُصُور 他也有各种缺点

قَائِمَة أَلْوانِ الطَعَامِ 菜单

لَوْنِيّ: مختص بالألوان 有色的，颜色的，有关颜色的

العَمَى الـ 色盲

لُوَيْن: لَوْن خَفِيف 浅色，淡色

تَلْوِين 着色，涂色，上色，彩画，染色

مُلَوَّن / مُتَلَوِّن 着色的，彩色的

ـ: بالأَلْوَان 杂色的，有各种颜色的

ماءٌ ـ: فيه لون 有色的水

مُتَلَوِّن: مُتَقَلِّب 易变的，变化多的

ـ: يتغيَّر لونُه باختلاف حالة النُور 色彩闪变的

حريرٌ ـ 闪光绸，闪光缎

لُونْجِيَّة (مـ): مُدِيرَة المَنْزِل 女管家

لَوَنْدَه (مـ) lavanda (意): خُزَامَى [植]薰衣草

ماء الـ 薰衣草香水

لَوَى (واويّة العين واللام) يَلْوِي لَيًّا ولِيًّا ولَيَّانًا ولِيَّانًا

فلانًا دَيْنَه: مَطَلَه 拖延还债

لَوِيَ يَلْوَى لَوًى: اِعْوَجّ (راجع لَوَى) 成为弯曲的，成为歪斜的

ـت المَعِدَةُ: كان بها أَلَمٌ 胃绞痛

ـ ت الحَيَّةُ: انطوَتْ (蛇)蟠屈，蟠蜿，翻腾
أَلْوَى بيَدِه: أشَارَ 作手势，挥手示意
ـ به: ذَهَبَ 拿去，带走
ـ اللِواءَ: رفعَه 升旗，举起旗帜
تَلَوَّى والْتوَى: اعوجَّ 成为弯曲的，成为扭曲的
اِلْتوَى عليه الأمرُ: اعتاصَ 成为纷乱的，繁杂的，成为错综复杂的
ـ 自己弄得脱臼、脱位
لِوَاء جـ أَلْوِيَة وأَلْوِيَات: عَلَم 旗帜，军旗
ـ جـ لِوَاءَات (مـ): قسم من الجيش 旅
ـ المُشَاة الثالث / ـ البِيَادَة الثالث 第三步兵旅
أَمِير الـ 旅长
ـ (مـ): رُتْبَة عَسْكَرِيَّة فَوْق مِيرَالاَي [军]少将(领一师军队)
ـ مَحَلِّي (مـ) 准将
قَاتَلَ تَحْتَ ـ ه 在他的旗帜下战斗
نَشَرَ أَلْوِيَةَ العُلُوم 普及科学
ـ (伊拉克的)省
لَوَّاء: أبو لُوَيّ (سـ) / طائر 鹟颈，蚁䴕颈
لَوًى: وَجَع في المَعِدة 胃痛
ـ: اعوجاج الظَهْر 驼背
لاَوِيّ: من سِبْطِ لاوِي 利未人
ـ: مختص باللاَوِيّين 利未族的
سِفْر اللاَوِيِّين (旧约书)利未记
عَبْد اللاوِي (مـ) 甜瓜
لَوَى (واويَّة العين يائيَّة اللام) يَلْوِي لَيًّا ولَوْيًا ولُوِيًّا
الحبلَ: فتَلَه 搓绳，捻线
ـ: عَوَّجَ / برَمَ 扭，扭歪，拧弯
ـ ه: عَطَفَه 弄弯，拗弯，屈折，折叠
ـ لَيًّا ولَيَّانًا أمرَه عني: طواه وأخفاه 隐瞒
يدَه (مـ): وثَأها 挫伤，扭伤(手)
ـ لسانَه بالتُرْكِيَّة 他说支离破碎的土耳其话
هَرَبَ لا يَلْوِي على شيء 拼命地逃跑
لَوَّى عليه الأمرَ: عوَّصه وعقَّده 使事情错综复杂
ـ ذَيْلَهُ: رعَّصه 摇尾巴
ـ وأَلْوَى العُودَ: عوَّجه 使弯曲
تَلَوَّى والْتوَى 被弯曲，被屈折
ـ: تَضَوَّرَ (因疼痛而)折腾，翻腾
ـ الثُعْبَانُ: استدار 蜷曲，盘绕，缠绕
ـ تِ الحَيَّةُ أو الدُودَةُ: تَرَعَّصَتْ 盘曲，蟠蜿
اِلْتوَى عليه الأمرُ 事情错综复杂
لَيّ / لَوْي (مـ) 扭，捻，扭转，折转
ـ الشِيشَة (مـ): نِبْرِيج / نَرْبِيش (سـ) 水烟筒的软管
لَوْيَة (مـ) 弯曲，曲折
ـ (مـ) 情绪不佳
لَيَّة: عَوْجَة 一扭，一拧，一捻，一撚
لِيَّة الخَرُوف (مـ): أَلْيَة 羊尾，绵羊尾
اِلْتِوَاء: اعوجَاج 屈折，弯曲，歪曲，扭转
ـ الظَهْر: لَوًى 脊柱弯曲(脊柱前凸或后凸，或侧突)
ـ العُنُق: قَصَر / اسم مرض 斜颈
ـ: تَمَرُّد 别扭，邪恶，倔强，乖僻，刚愎
ـ [医]脱骱，关节脱位，韧带伸展
لاوٍ (مـ): غير ـ على شيء 毫不介意的，不顾一切的
مَلْوِيّ / مُلْتَوٍ 不直，曲折，弯曲的，曲折的
مِلْوًى جـ مَلاَوٍ 螺丝扳子
مَلاَوٍ / ـ الدُرُوب: طريقٌ مُلْتَوِيَة 曲径，弯路，羊肠小路
مِلْوَى العُود والكَمَان (乐器上架弦线的)马
ـ / مَلْوِينَة (مـ): رَحَوِيَّة / أَرْغَاط (مـ) 绞盘，

起锚机

مَلَوِينة الطَبْلَة: زَخْمَة 鼓槌

ـ (مـ): وِنْش (أ) (用以转动机器的)

曲柄，曲拐

مُلْتَوٍ: مُعْوَجّ 弯曲的，蜿蜒的，盘绕的

لَي / **لَيّة** (في لوي) / **لَيَّاء** (في ليي)

لياح (في لوح) / **لياقة** (في ليق)

لِيبْرَا جـ لِيبْرَات libra (意) : رَطْل (453.59 克) 磅

ليت جـ أَلْيَات: صَفْحَة العُنُق 颈侧

لَيْت / رَيْت (مـ) 与 إنَّ 同类的虚词，用来表达希望，相当于汉语的“但愿”，但是所表达的大半是妄想：

ـ الشَبابَ يَعُود 但愿青春再来

ـ الأمر كان كذلك 但愿事情如此

ـ ك تَقْدِرُ أنْ تَذْهَبَ 但愿你能去

ـ ه كَانَ هُنَا 但愿他在这里

有时是可能的：

ـ العليلَ صَحِيحٌ 但愿病人是健康的

这个虚词加于名词句上，使原来的起词变宾格，叫做 لَيْتَ 的名词，使原来的述词变主格，叫做 ليت 的述词。

يا ـ نِي (يا رَيْتَنِي) شَابّ 呀！但愿我是个青年

ـ نِي كُنتُ أَقْدِر！ 但愿我有能力！

يا ـ الأمر وَقَفَ عِنْدَ هذا الحَدّ！ 呀！但愿如此了事，但愿事情就此为止

يا ـ شِعْرِي 呀！但愿我知道

ـ ولَعَلَّ 但愿和恐怕；无益的感叹和愿望

تَلَيْتَنَ 皈依（天主教）

لاتِين: الـ Latin 拉丁人，罗马人

لَيْث جـ لُيُوث ومَلْيَثَة م لَيْثَة جـ لَيْثَات: أَسَد 狮子

لِيرَا وليرة جـ لِيرَات lira (意) : جُنَيْه (مـ) 里拉（货币单位）

ـ إيطَالِيَّة 意大利里拉

ـ تُرْكِيَّة 土耳其里拉

ـ سورِيَّة 叙利亚镑，里拉

ـ لُبْنَانِيَّة 黎巴嫩镑，里拉

لَيِسَ ـ لَيَسًا الرجلُ: كان شُجاعًا 成为勇敢的

لَيَّسَ الحائطَ (مـ): جَصَّصَه 用灰泥涂墙

لَيْسَ 是 كان 类的动词，中间的字母 لَيْس 带静符，以过去式动词的形式否定现在，没有现在式动词，也没有主动名词等派生名词。最常见的现象是加在名词句上，把原来的起词变成主格，作为名词，把原来的述词变成宾格作为述词，在这方面，跟 كان 类相同，但是述词不能提前：

ـ هذا الأمرُ صَعْبًا 这件事不难做

不能说： لَيْس صَعْبًا هذا الأمرُ

لَيْسَ 可以代替 إلاَّ

حَضَرَ القومُ ـ زيدًا 除了宰德外，别人都来了

جاء جميعُ الناسِ ـ عُمَرَ 除欧麦尔外，大家都来了

لَيْسَ 的述词前面可以加 إلاَّ

ـ الطِيبُ إلا المِسْكَ 只有麝香才是香料

ليس 可以加在动词句前面，也可以加在名词句前面，而保持起词和述词原来的主格，在这种情况下，ليس 的名词是内含的代名词，而后面的动词句或名词句算作ليس 的述词：

ـ يَقُومُ زيدٌ (ـ زيدٌ قائم) 宰德不站起来

常在 ليس 的述词前面加介词 ب，以加强语气：

ـ بِعالِمٍ 他并非学者

ـ الأمرُ بمُسْتَحِيل 事情并非不可能的

فـ ـ من باب الصدْفَةِ أنْ ... …不是偶然的

ـ لَهُ أنْ يَقُولَ 他不应说，他没有权力说

ـ ... ولكِن ... 不是…而是…

ـ ... وإنَّمَا ... 不是…只是…

ـ ... فَحَسْبُ بل ... 不仅…，而且…

ـ إلاَّ: فقط 正是这样，如此而已，仅仅

فَشَلٌ ـ بَعْدَه فَشَل 最彻底的失败

أَلْيَسُ م لَيْسَاءُ جـ لِيس / لُوس: شُجاع 英勇的，勇敢的，骁勇的

لِيسَانْس (أ) licencie (法) 学士

ـ في ... (某学科的)学士

لَيْش (مـ) (لأيِّ شَيْء) 为何？为啥？

لِيط: طَبِيعَة 天性，本性

ـ: جِلْد 皮

لِيَاط: كِلْس / جَصّ 石灰，灰泥

لَيَّفَ الشيءَ: غَسَلَه بالليفة 用枣椰纤维或丝瓜瓤擦洗

لِيف جـ أَلْيَاف 植物纤维

ـ النَخْل 枣椰纤维

الـ الهِنْدِيّ: الجُوت (jute) 黄麻

لِيفَة جـ لِيفَات: خَيْط لِيفِيّ 纤维

ـ (مـ): قِطعة من لِيف النَخْل 一束枣椰纤维

ـ الاسْتِحْمَام (مـ) (洗澡用的)丝瓜瓤

لِيفِيّ / لِيفَائِيّ 含纤维的，纤维状的

النَبَاتَات الـ ة 纤维植物

تَلَيُّف (في الطبّ) خَفَع [医]硬化，硬变

لاقَ يَلِيقُ لَيْقًا ولِيَاقَةً ولِيَاقًا ولَيَقَانًا به الثوبُ: ناسَبَه 合身，合适，适合，适宜，适应，相称，相合

هذا الأمرُ لا يَلِيقُ بِكَ 这件事是与你不合适的，你不适合做这件事

لَيَّقَ الطعامَ: لَيَّنه 使柔和，使柔软

لَيْق / لِيَاقَة: مُنَاسَبَة 适合，适当，相宜

لِيَاقَة: حُسْن الذَوْق; 机智，机敏，圆通，老练；鉴赏力，欣赏力

ـ 礼貌，文雅

بالـ 有礼貌地

عدَم ـ 不适当，不合时宜

لِيقَة الدَوَاة جـ لِيَق 墨盒里的墨丝线

ـ: مَعْجُون (مـ) (لسدّ الثُقُوب وتَرْكِيب ألواح الزُجَاج) 油灰，桐油灰(填塞破孔或胶著玻璃于窗框)

لائِق م لائِقَة 适合的，适当的，相宜的，相应的

غير ـ 不适当的，不适合的，不相宜的，不相应的

لِيكَنْ (أ) lichen: حَشِيشة البحر [植]地衣

لَيْل جـ لَيَالٍ: ضد نَهَار 夜，夜间，夜晚

لَيْلاً / بالـ 在晚上，在夜间

ـ نَهَارَ 昼夜，日日夜夜，夜以继日

ـ أَلْيَلُ م لَيْلاَءُ: ليل طويل شديد السَوَاد 漫漫黑夜

لَيَالِي الأُنْس والسَمَر 晚会

لا أُوَافِق على هذا ما اختَلَفَ الـُ والنهارُ (مـ) 我永远不同意这件事

شَبٌّ أو نَوَّار أو وَرْد الليلِ 紫茉莉(俗称夜娇娇)

لَيْلَة جـ لَيْلاَت واحِدة اللَيَالِي 一夜

ـ: مساء أو سَهْرَة 夜晚，黄昏

الـ 今夜，今晚

ـ ثَوْرَة أُكْتُوبَر 十月革命前夕

ـ العِيد الوَطَنِيّ 国庆节前夕

ذاتَ ـِ 一个黑夜，某天晚上

الـ اللَّيْلاَء 漆黑的夜晚

أَلْفُ ـِ وـٌ 《一千零一夜(天方夜谭)》

ـ القَدْرِ (古兰经)珍贵的夜间

ـ حَمْرَاء 流血之夜，圣巴托罗缪之夜

لَيْلَى 莱义拉(女名)

لِكُلِّ لَيْلَى مَجْنُونُهَا (每个莱义拉都有自己的痴汉)情人眼里出西施

كلّ يُغَنِّي عَلَى لَيْلاَه (各人歌颂自己的莱义拉)情人眼里出西施

لَيْلِيّ: ضد نَهَارِيّ 夜的，夜间的

مَدْرَسَة ـ ة 夜校

لَيْلَك / لَيْلاَك (أ) lilac: نبات وزَهْرُهُ [植]紫丁香

لِيم: شِبه الرَجُل في قَدّه وشَكله وخُلُقه 一模一样的人

لِيمُه (مـ) 跟他一模一样的人

لِيمْفَاوِيّ المِزَاج (مـ) lymphatic: بَلْغَمِيَّة 淋巴体质的

لِيمَان جـ لِيمَانَات (أ) (希)海口，港湾，港口

ـ / لُومَان (希) 徒刑

لِيمُور lemur: قِرْدُ مَدَغَشْقَر [动]狐猴

لَيْمُون (أَضَالِيَا): حامِض (س) 香橼(并指柠檬)，西班牙意大利柠檬

ـ بَنْزَهِير: حامِض (س) 柠檬

ـ حُلْو 甜柠檬

ـ هِنْدِيّ [植]朱栾

عَصِير الـ 柠檬汁

شَرَاب الـ / لَيْمُونَادَه limonata (意) 柠檬水

حامِض ـ / حِمْض الـ (مـ) 柠檬酸

لاَنَ يَلِينُ لِينًا ولَيَانًا ولِينَةً: ضد صَلُبَ 成为柔和的，柔软的，柔韧的

ـ: ضد خَشُنَ 成为优美的，优雅的，润滑的，娇柔的

ـ: رَضَخَ 让路，让步，退让，屈服

ـ تْ أَخْلاَقُه 性格温和

لا يَلِينُ (حقيقيًّا ومَجازيًّا) 不服软，不屈不挠

لَيَّنَ وأَلاَنَ الشيءَ: جعله لَيِّنًا 使柔软，使软化

ـ وـ البَطْنَ 通便

لُيِّنَتْ قَنَاتُه 他让步，他屈服

لاَيَنَه: لاَطَفَه 善待，温和对待

اِسْتَلاَنَ الشيءَ: رآه لَيِّنًا أو وَجَدَه لَيِّنًا 认为是柔软的，觉得是柔和的

لِين / لُيُونَة 柔软，温和

ـ: إسْهال البَطْن 通便

ـ: تساهُل / رِفق 宽大，宽仁，温和，和蔼

حُرُوف الـ (بُو بِيْ بَا) 柔弱字母

لِينَة 柔软，温和

مُلاَيَنَة: ملاطَفَة 温和，亲切，和蔼

لَيِّن جـ لَيِّنُون وأَلْيِنَاء / لَيْن جـ لَيْنُون: ضد قاسٍ 柔和的，温和的

ـ / ـ: مَرِن 柔韧的，有弹性的

ـ / ـ: مِطْوَاع 温顺的，驯服的

ـ العَرِيكَة / ـ القَنَاة 温柔的，温和的

مُلَيِّن / مُلِين 使柔软的，使温和的

ـ وـ البَطْن 通便药

لِينِين Lenin 列宁(1870—1924)

لِينِينِيّ 列宁主义的

الـ ة 列宁主义

لِيَاء / لَيَّاء: أرض بَعِيدة عن الماء 远离海洋的陆地，内陆

لَيَّاء: سمك [动]鲭，青鲛

الميم

م (الميم) 阿拉伯字母表第 24 个字母；代表数字 40

م: مِيلاَدِيَّة (سنة) 公历纪元的缩写

م: مِلِّيم millim 米厘姆（埃及钱币一分）的缩写

م: مُحرَّم 穆哈赖姆（回历正月）的缩写

م: تَمّ 完（书籍结尾用）的缩写

م.م: مِلِّيمِتر (mm.) millimetre 毫米、公厘的缩写

ب.م: بَعْدَ المِيلاد 公元后的缩写

ق.م: قَبْلَ المِيلاد 公元前的缩写

ما 有两类：(一)虚词性的ما (ما الحَرْفِيَّة)，(二)名词性的 ما (ما الاسْمِيَّة)。

(一)虚词性的 ما 有下面五种：

(1)否定的 ما (ما النَّافِيَة)；不，未，没：

ـ أَدْرِي 我不知道，我不晓得

ـ رَأَيْتُه أَمْسِ 昨天，我没有看见他

ـ هو عَدُوًّا / ما هو بِعَدُوٍّ 他不是敌人

ـ كان له أَنْ يَقُولَ ذلك 他不该说那句话

ـ تَحَرَّرَ الشعبُ الصِينِيُّ حَتَّى شَرَعَ في البناء الاِشْتِرَاكِيِّ 中国人民才获得解放，就开始了社会主义建设

ـ من مَيْدَان من مَيَادِين البناء الاشتراكي إلاَّ اعْتَنَى به الحِزْبُ 社会主义建设的每个方面都受到了党的关怀

(2)附加的 ما (ما الزائِدة)：

سَيَنْزِلُ المَطَرُ عَمَّا (عَنْ+ما) قليلٍ 过一会儿就要下雨

(3)绝缘的 ما (ما الكافَّة)，加在介词、时空宾词、إنَّ 类虚词和 طال、قلَّ、كَثُرَ 等动词后面，使它们丧失作用。

①在介词后面的

أَخْدُمُ الشَّعْبَ كَـ تَخْدُمُه 你为人民服务，我也为人民服务

عُوقِبَ المُجْرِمُون بِـ جَنَتْ أَيْدِيهِمْ 他们因犯罪而受惩罚

رُبَّ ـ يَصْدُقُ الكاذِبُ 说谎的人有时也说实话

②在时空宾词后面的

كَيْفَ نَأْمَنُ كَيْدَ المُسْتَعْمِرِين بعدَ ـ جَرَّبْنَاهُمْ أكثر من قَرْنٍ؟ 考验了殖民主义者一百多年之后，我们怎能不提防他们的阴谋诡计呢？

بينـ سِرْتُ في الشارعِ إذْ رَأَيْتُ صَدِيقِي 我正在大街上走，突然看见我的朋友

إذْ ـ تَجْتَهِدْ في عَمَلِك تَنْجَحْ فيه 你若用功，便会成功

حَيْثُ ـ تَذْهَبْ تَجِدِ الغُرابَ أَسْوَدَ 天下乌鸦一般黑

أَيْنَ ـ تَزُرْ من أَرْجاءِ الصِّين تُشاهِدْ التَقَدُّمَ 无论你在中国访问什么地方，都能看到进步

تَنْفَعُكَ أَموالُك المُدَّخَرةُ عِنْدَ ـ تحتاج إليها 你所储蓄的钱财，当你需要的时候，对于你很有用处

③在 إنَّ 类虚词后面的

إنَّـ نعتمدُ على قُوَّةِ جَماهيرِ الشَّعْبِ 我们只依靠人民群众的力量

كَأَنَّـ القَمَرُ مِرْآةٌ صافِيَةٌ 月亮好像一面晶莹的镜子

نَزَلَ المَطَرُ أخِيرًا ، لكنَّـ تَأَخَّرَ كثيرًا 最近下了雨，然而太迟了

④在 كثُرَ、قلَّ、طالَ 等动词后面的

يَبْقَى تهديدُ الحَرْبِ طَالَمَا تَبْقَى الإمْبِرْيَالِيَّة 只要帝国主义存在，战争的威胁就存在

قَلَّما أَزُورُ مَكْتَبَةَ الجامعةِ لِضِيقِ الوَقْتِ 由于时间关系，我很少到大学图书馆去

كَثُرَمَا أُضَيِّعُ أوقاتِي في المُسْتَشْفَيَات 我往往把时间耗费在医院里

(4) 词根性的 ما (ما المَصْدَرِيَّة)

وضاقتْ عَلَيْهِمُ الأرضُ بِـ ـ رَحُبَتْ أي بِرُحْبِها 大地虽广，他们却无地自容

(5) 时间宾词性的 ما (ما الظَرْفِيَّة)

أَتَعَلَّمُ ما حَيِيتُ 只要我活着，我就学习；活到老，学到老

أَخْدُمُ الشَعْبَ ما دُمْتُ حَيًّا 我活一天，为人民服务一天

(二) 名词性的 ما 有下面五种：

(1) 疑问的 ما (ما الاِسْتِفْهامِيَّة)，通常用来问事物：什么？

ـ هذَا؟ 这是什么？

ـ تَفْعَلُ؟ 你在干什么？

ـ الخَبَرُ؟ 是怎么回事？

ـ العَمَلُ؟ 怎么办？

ـ لَكَ؟ 你怎么啦？

ـ لي بِهذا؟ 这与我何干？

这个疑问名词用在介词后面的时候，一律读 مَ:

بِمَ (بِـ + مَا) تَكْتُبُ؟ 你用什么写字？

لِمَ (لِ + ما) تَأَخَّرْتَ؟ 你为何迟到？

فِيمَ (في + ما) تَبْحَثُ؟ 你在研究什么？

عَلامَ (عَلَى + ما) تَبْنِي هذا الحُكْمَ 你根据什么作出这个判断？

إلامَ (إلَى + ما) تُضَافُ هذه الكَلِمةُ؟ 怎样分析这个正偏组合？

(2) 连接的 ما (ما المَوْصُولة)：者，的

ـ شاءَ اللهُ! 天意如此！妙极了！

قُلْ ـ تُرِيدُ! 你畅所欲言吧！

هذا ـ لَهُ وـ عَلَيْه 这是他的权利和义务

البَيَانُ ـ يَأْتِي 说明如下

وـ شاكَلَ ذلكَ 以及诸如此类的

الذِكْرَيَاتُ أَنْواعٌ شَتَّى، منها ـ هُو مُرٌّ مُؤْلِم، ومنها ـ هو جَمِيل سَارٌّ 回忆是多种多样的，有痛苦的，也有愉快的

هذا أَحْسَنُ ـ يَكُونُ 这是再好没有的

(3) 条件的 ما (ما الشَرْطِيَّة)：什么

ـ تَزْرَعْ تَحْصِدْ 种什么收什么

ـ تَقْرَأْ أَقْرَأْ 你读什么，我读什么

(4) 惊叹的 ما (ما التَعَجُّبِيَّة)：真…！多…！

ـ أَجْمَلَ هذه الزَهْرَةَ! 这朵花多美！

ـ أَقْوَى قُوَّةَ الشَعْبِ! 人民的力量真强大！

(5) 含糊的 ما (ما الإبْهامِيَّة)：某

سَوْفَ تَتَحَقَّقُ هذه الأُمْنِيَّةُ يَوْمًا ـ 这个愿望总有一天会实现的

نَجَحْنَا في عَمَلِنا إلى حَدٍّ ـ 我们的工作已获得一定的成就

ـ ذا؟ 什么？

ماجريات (راجع ماجَرَى) 事变，特殊的事情

ماجور جـ مَواجِيرُ (م) / مَجُور 瓦器，陶器

ماخُور جـ مَوَاخِرُ ومَوَاخِيرُ: بيت الدَعارة 妓院

مادام جـ مَادَامات (أ) madame (法) 太太，夫人

مَادَابُولَان (أ) madapolam (法) 麻达帕拉姆 (用中支纱织成的平丝棉织品); 白洋布
مَادِمُوَازِل (أ) mademoiselle (法) 小姐
مآء (في موأ) / ماء (في موه)
مائدة (في ميد) / مائع (في ميع)
مات (في موت) / ماج (في موج)
ماد (في ميد) / مادَّة (في مدد)
مَارْ (م س): قِدِّيس / وَلِيّ (基督教的)圣徒, 圣者; (佛教的)尊者
مارس (في مرس) / مارستان (في مرس)
مَارْش (أ): لَحْنُ السَّيْر march 进行曲, 军歌
مَارْشَال (أ) marshal 元帅
مَارْك mark 马克(德国货币名称)
مَارْكَة جـ مَارْكَات (أ) marca (意): عَلَامَة / سِمَة 记号, 符号, 标志
ـ تِجَارِيَّة 唛, 注册商标
ـ أَلْعَاب القِمَار: فِيشَة (أ) [牌]筹码, 号签
مَارْكْس 马克思(1818—1883)
مَارْكسِيّ 马克思主义的; 马克思主义者
المَذْهَب الـ / الـ ة 马克思主义, 马克思主义学说
مَارُونِيّ جـ مَوَارِنَة (أ) (في مرن) maronite 马龙教徒
مَازُوت (أ): زَيْت غَشِيم أو وَسِخ mazaut (法) 重油, 柴油
ماس (في موس) / ماس (في ميس)
ماسون (أ) (في مسن) / ماش (في موش)
مَاشْك (م): مَاشَه (ع) / مِلْقَطَة النار 火钳, 火箸
مَاشُولَة (م) / مَاشَالَة: كَبْش 打桩机
ماصول (في مصل) / ماكينه (أ) (في مكن)
مآل (في أول) / مال (في مول و ميل)
مَالِنْخُولِيَا / مَالِيخُولِيَا (أ) melancholia: سَوْدَاء [医]抑郁病
مُصَابٌ بالـ 患抑郁病的
مَامَا mamma (儿语)妈妈
بَابَا وـ papa (儿语)爸爸和妈妈
مان (في مين ومون) / مأن / مأنة (في مأن)
مَانْجَة mango 芒果
مَانُولِيَا / مَجْلُونِيَا (أ) magnolia [植]木兰
مَانِيفَاتُورَة (أ) manifattura (意) 曼彻斯特所产的棉布
مَانِيفَسْتُو (أ) manifesto (意) 宣言, 声明书
مَانِيزَا / مَغْنِيزِيَا / مَغْنِيسِيَا (أ) magnesia (希):
أُكْسِيد المَغْنِيسِيُوم [化]氧化镁, 镁氧
مَانِيزِيّ: مَغْنِيزِيّ 镁的; 氧化镁的
مَانِيزْيُوم (أ): مَغْنِيسِيُوم magnesium [化]镁
مَاهِيَّة جـ مَاهِيَّات ومَهَايَا (في موه)
مَايِسْتَرَة (أ) maestra (意)主桅, 大桅
مَايُو (أ) maggio: أَيَّار (س) / الخامس من شهور السنة الشمسية (意)阳历5月
مَئِق ـَ مَأَقًا الصَبِيُّ: نَشَجَ 哭诉, 啜泣, 哽咽, 呜咽, 抽抽噎噎地哭
مَأْقُ العَيْن ومُوقُها ومُؤْقِيها جـ آمَاق وأمْآق ومَوَاقٍ ومَآق: مِيق (م) 内眼角
مَأْقَة: نَشِيج 哭诉, 啜泣, 哽咽, 呜咽
مَأْمَأَ الخَرُوفُ: ثَغَى وواصَل صَوْتَه فقال "مِئْ مِئْ" (羊)咩咩叫
مَأْمَأَة 羊咩咩的叫声
مَأَن ـَ مَأْنًا الرَجُلَ: مَوَّنَه / امْتَارَه 供给粮食
مَأْنَة جـ مَأَنَات ومُؤُون: السُرَّة وما حَوْلَها من البَطْن 肚脐及其四周
مَؤُونَة ومُؤْنَة جـ مُؤَن: قُوت 粮食, 给养
ـ: شِدَّة 困难, 艰难
مِئَة ومِائَة جـ مِئَات ومِئُون ومُؤُون ومِأًى 百,

一百

خَمْسُ ـ رَجُلٍ 五百人

واحد بالـ / واحد في المائة 百分之一

ـ بالـ 百分之百的，十足的，十成的

هو رَجُلٌ عَسْكَرِيٌّ ـ بالـ 他是一个十足的军人

بالأُلُوف والمِئِينَ 数以千计地

مِئَوِيّ 百的；百数的；百年的，百年一回的；第一百的

الذِكْرَى الـ ة 百年纪念

ـ 百分率的

المِقْيَاس الـ 百度表，摄氏寒暑表

النِسْبَة الـ ة 百分比

مِئَوِيَّة 百年，一世纪

مباح (في بوح) / **مباراة** (في بري)

مبال (في بلي وبول) / **متاولي** (س) (في ولي)

متّه ـُ متًّا: مَدَّه 延长，拉长

ـ إليه بقَرَابَةٍ: وصل إليه وتوسل 认亲戚，拉关系，找门路

لا تَمُتُّ إليه بِسَبَبٍ (بِصِلَةٍ) 她跟他没有什么关系

متح ـَ مَتْحًا الماءَ: نزعه 汲水

متر ومِتْر جـ أَمْتَار (أ) meter 米，公尺

مِتْرِيّ: مَنْسُوب إلى المِتْر 公尺的，米制的

الطَرِيقة الـ ة 公制，公尺制

مِتْرُو (أ) metro (法) 地铁，地下铁道

مِتْرَاس 堡垒，壁垒，掩体，防御物

مِتْرُونُوم (أ) metronome: مِسْرَع / الرَقَّاص المُوسِيقِيّ [音]节拍计，节奏器

مَتْرِيُولُوجِيا meteorologia (希)气象学

مَتْرِيُولُوجِيّ 气象的；气象学的；气象学家

مُتَساوٍ (في سوي) / **مُتَّسِع** (في وسع)

مُتَّسِق (في وسق) / **مُتَّضِع** (في وضع)

متع ـَ مَتْعًا ومُتْعَةً بالشيء: ذهب به 带走

متَّعه وأَمْتَعَه بالشيء: جعله يتمتَّع به 使他欣赏，使他享受

ـ الشيءَ: أَطَالَه 延长

ـ ه اللهُ: أطالَ عُمْرَهُ [宗]愿真主为他延年益寿

ـ ه اللهُ بكذا: صيَّره ينتفع ويَلْتَذُّ به زَمانًا طويلاً [宗]愿真主让他长期享受

تَمَتَّعَ واسْتَمْتَعَ بكذا ومن كذا: انتفع وتلذّذ به زمانا طويلا 享有，利用，长期享受

مُتْعَة ومِتْعَة جـ مُتَع ومِتَع: تمتُّع / استمتاع 享受

ـ شَهِيَّة (مـ) 珍馐，令人垂涎的食物

ـ: زَادٌ قَلِيل 少量的粮食

ـ الطَلَاق: ما وُصِلَتِ المرأةُ به بَعْدَ الطلاق من نحو القَمِيص والإزار والمِلْحَفَة 离婚后女方得到的东西

زَوَاجُ الـ 临时的婚姻

تَمَتُّع 享有权，使用权，专利权

رَسْم الـ 专利税，营业执照税

مَتَاع 利用，享受

مَتَاع جـ أَمْتِعَة جج أَمَاتِعُ وأَمَاتِيعُ: كل ما يُنْتَفَع به من عُرُوضِ الدنيا كثيرها وقليلها سِوَى الفِضَّة والذَهَب 动产，家财(金银除外)

ـ وأَمْتِعَةُ البَيْتِ 家具，什物

ـ وأَمْتِعَة المُسَافِر 行李

ـ ه / بِتَاعَه (مـ) 他的东西

سَقَط الـ: رَدِيئُه 废物，无价值的东西，无用的东西

ماتِع: جَيِّد من كل شيء 优良的，精良的，优秀的

مُمْتِع 有趣的，引人入胜的

متّقد (في وقد) / **متّكأ** (في وكأ)
مَتْك [植]花药，花粉囊
مَتُنَ ـُ مَتَانَةً: صلُبَ واشتدَّ وقوِيَ 成为坚实的，成为坚固的，成为牢固的
مَتَّنَ له (في اللعب أو المباراة): باعَ (مـ) 掣肘，妨害(竞赛时对优者加上不利的条件，置诸不利的地位)
ـ ه: صيّره مَتِينًا 加强，使坚强，使坚固
مَتَانَة 坚固，坚牢，坚强，结实，牢固
مَتْن جـ مِتَان ومُتُون: ظَهْر 背，脊背
ـ الطَرِيق: جادّتُها أي وَسَطُها 路面；大道
ـ الكِتاب: خلاف الشَرْح والحَواشِي (书的)本文，原文，主文
ـ اللغة: أُصولها ومفرداتها 词汇
على ـ الطَائِرة 在飞机上；乘飞机
مَتِين جـ مِتَان: ثابِت / قَوِيّ 坚固的，坚实的，强壮的，结实的，牢靠的
ـ: يتحمَّل / ضَيَّان (مـ) 经穿的(衣料等)
تَمْتِين في الألعاب والمسابَقات: بَيْع (مـ) 掣肘，妨害(竞赛时对优者加上不利条件)
متناهٍ (في نهي) / **متّهم** (في وهم)
مُتوازٍ (في وزي) / **متوال** / **متوالي** (في ولي)
متوانٍ (في وني)
مُتوسكْل motorcycle 摩托车，机器脚踏车
مَتَى: اسم استفهام عن الزمان (疑问名词)何时？什么时候？
ـ: اسمُ شَرْطٍ يَجْزِم فِعْلَيْن (条件名词)当…的时候
ـ أَضَعِ العِمامةَ تَعْرِفُونِي 我脱下头巾，你们就认识我了
حَتَّى ـ؟ 到什么时候？
مَتَّى (أ) Matthew: عَطِيَّة / اسم الرجل 马太(男人名)
متياح (في تيح) / **مَثَابة** (في ثوب)
مَثَاث: دِهان للشَعْر أو الوَجْه 化妆品；发蜡，生发油，雪花膏
مَثَانة (في مثن) / **مُثْرٍ** (في ثرو)
مَثَلَ ـُ مُثُولاً فُلانًا ومَاثَلَه: شَابَهَه 相似，逼肖
ـ القَمَرُ: ظَهَرَ 呈现，显现，显露，露出
ـ ومَثُلَ ـُ مُثُولاً وتَمَثَّلَ بَيْنَ يَدَيْ فلانٍ: قَام مُنْتَصِبًا 站在他面前
ـ بِحَضْرَتِه 到他那里去
ـ ومَثَّلَ ومَاثَلَ فُلانًا بفلان: شبَّهه به 以甲比乙，用甲来比方乙
ـ وـ به: نَكَّلَ به 做模型，以他为例，用他做样子，把他当典型
ـ وـ به: شَوَّهه 毁伤，残害，破相，损伤形象
ـ وـ بِجَسَدِه 切断手脚，弄成残废
ـ وـ التِمْثَالَ: صَنَعه 雕(像)，塑(像)
مَثَّلَ الشيءَ لفلان: صوّره له بالكتابة ونحوها حتى كأنه ينظُر إليه 画，描画，描写；描绘，形容，叙述
ـ فُلانًا: ناب عنه 代表，代理，代替
ـ: أَعْطَى مَثَلاً 举例；体现，使具体化
ـ: ضَرَبَ مَثَلاً 比喻，打比方
ـ رِوايَةً 演戏，扮演，表演
ـ الطَعَامَ (مـ) 消化(食物)
ـ بجُثَّةٍ 凌辱尸体
تَمَثَّلَ به: تشبَّه 模拟，模仿，仿效，效法
ـ الشيءَ: تَصَوَّرَ مِثالَه 想像，设想
ـ بالشيء: ضَرَبَه مَثَلاً 以某物为例，以某物作比方
ـ أَمامَ عَيْنَيْه 出现在他眼前

تَمَاثَلَ الشَيْئان: تشابَهَا 两物相似
ـ العَلِيلُ من عِلَّته: أقبل وقارب البرء 渐愈，快好，渐渐复元
اِمْتَثَلَ: خضَع 屈服，归顺，投降
ـ الأمرَ: أَطاعه 服从(命令)
ـ الشيءَ: قَبِلَه / سلَّمه 默从，默认，勉强同意
ـ الشيءَ: احتذاه وعَمِلَ على مِثاله 仿效，模仿
ـ طَرِيقتَهُ: تبِعَها 遵照他的习惯
مِثْل ج أَمْثَال: شِبْه 相似的，类似的，逼肖的
ـ / كَمِثْل: شَبِيهٌ (没有性数的差别)像，似，如，同，好像，仿佛
بالـ: كَذلِك 照样，同样，也…
ـَ ما: كَمَا 如，正如，正好像
وأَمْثالُه 等等，诸如此类的
يَفُوقُ هذا المَبْلغُ ثَلاثةَ أَمْثالِ مجموع رَوَاتِبِه 这笔款超出他薪水 3 倍
مِثْلُه 像他一样
في مِثْل هذه الأَحْوَال 在类似这些情况下
مُقَابَلَةُ المِثْل بالمِثْلِ: ذَحْل / إِثّار 报复，复仇，回敬，以牙还牙
مَبْدَأ مُقابَلة المِثْلِ بالمِثْلِ 报复原则
مَثَل ج أَمْثَال: عِبْرَة 教训，鉴戒，前车之鉴
ـَ: قَوْل مُمَثَّل بمَضْرِبِهِ 谚语，俗语，古话
ـَ: قول مَأْثُور 格言，箴言，嘉言
ـَ: تَشْبِيه / قِصَّة مَجازِيَّة 寓言
الـ الأَعْلَى ج المُثُل العُلْيَا: مِثَال الكَمَال 理想；极致，典型，典范
عَلَى رَأْيِ الـ 俗话说(得好)
ـُهُ كَـ ... 他就如…，他就像…
سِفْرُ الأَمْثَال [旧约]箴言

مَثَلاً 例如，譬如说
مَثَلِيّ 典型的，规范的
مِثَال ج أَمْثِلَة ومُثُل ومُثْل: عِبْرَة 教训，鉴戒，殷鉴
ـ بَيَانِيّ 例，例子，例证，范例
ـ: شِبْه 相似，类似
ـ: مِقْدار 量，分量，定量
ـ: نَمُوذَج 标本，模型；典型，模范
على ـ ه 模仿他
مِثَالِيّ: نَمُوذَجِيّ 代表的，典型的，模范的
ـ: تَخَيُّلِيّ 唯心论的，唯心主义的；观念主义的
ـ: عِبْرِيّ / للعِبْرَة 惩戒性的
المَذْهَب الـ (التَصَوُّرِيّ) 观念论，唯心论
الـ ة: ضِدّ المادِيَّة 唯心主义，唯心论
مَثَالَة: فَضْل 优点，长处，高贵；优越，优胜
مَثَالَة ج مَثَالات ومَثَائِل (س) / مَثِيلَة ج مَثِيلات (学生的)功课，家庭作业
تِمْثَال ج تَمَاثِيلُ: صُورَة 像，画像，肖像
ـ: صُورَة مُجَسَّمَة 雕像，塑像
ـ العُمَّال والفَلاَّحِينَ والجُنُود 工农兵塑像
ـ يُعْبَد: صَنَم 偶像，佛像
ـ مَنْحُوت 雕像
ـ رَاكِب 骑马像
ـ نِصْفِيّ 半身雕像
ـ من الشَمْع 蜡像
ـ لِعَرْضِ أَزْياءِ المَلاَبِس عليه: دُمْيَة (橱窗中的)化装假人
ـ 人体模型
تَمْثِيل: ضَرْبُ الأَمْثال 例证，例解，以图说明
ـ: تشخيص (أو نيابة) 代理，代表
ـ المَسَارِح 扮演，演出，表演

ـ رِوايَة "هَمْلَت" “哈姆雷特”悲剧的演出
ـ حَرَكاتِيّ 哑剧
دار الـ 剧院，戏院，戏场
تَمْثِيلِيّ: تِياتْرِيّ (أ) (of theatre) 戏院的，剧院的
ـ 代议(制)的
تَمْثِيلِيَّة 戏剧，剧本
مُماثَلَة: مُشابَهة 相似，类似
ـ: مُقابَلَة [论]类推，比论
تَمَثُّل الطَعام 同化作用(包括消化和吸收)
تَماثُل: تشابُه 类似，相似
ـ من المَرَض 渐愈，快好，渐渐复元
اِمتِثال: طَاعَة 服从，顺从
مَاثِلَة: نَجَفَة (م) 枝形灯架
مَثِيل ج مُثُل: شَبِيه 相似的，同样的
ـ الشَخْص: لِيم 身段和相貌都相似的人
ـ: فاضِل 优秀的，卓越的
ـ: نظِير 对手，敌手，赶得上的，敌得过的
لَيْس له ـ 他是无敌的，无比的，无双的
أُمْثُولَة ج أُمْثُولات وأَمَاثِيلُ: ما يُتَمَثَّلُ به من الأَبْياتِ 警句；格言
ـ (س): دَرْس 功课，作业
أَمْثَلُ ج أَماثِلُ ومُثُل م مُثْلَى: أَفْضَلُ 更优秀的，更优越的；最优秀的，最高贵的
رَجُلٌ ـ وامرأةٌ مُثْلَى 理想的，典型的，标准的(男女)
الغايَة المُثْلَى 理想，极致，空想的东西
الطَرِيقة المُثْلَى: الشُبْهَى بالحَقّ 理想的方法
مُثْلَوِيَّة / أَمْثَلِيَّة 观念论，唯心论；观念主义，唯心主义
مُمَثِّل: نائِب 代表，代理人
ـ الرِوايات 戏剧演员
ـ سِيَاسِيّ 使节
مُمَثِّلَة 女演员
مُماثِل: مُشابِه 相似的，类似的
مُذَكِّرَة ـ ة (identic note) 同文通牒，相同照会(指措辞相同的照会)
ـ: مُقابِل 合适的，相当的，适当的，相应的，符合的
مُمْتَثِل: طائع 服从的，顺从的，驯服的
مَثَن: التِهاب المَثانَة 膀胱炎
مَثَانَة ج مَثَانات: كِيس البَوْل [解]膀胱，尿脬
مثوى (في ثوي) / **مجاز** (في جوز)
مجال (في جول) / **مجان** (في مجن)
مَجَّ ـُ مَجًّا الشيءَ وبالشيءِ: رماه من فَمه 吐，吐出
ـ الشيءَ: رمى به 唾弃，抛弃，摒弃
مَدِيح تَمُجُّه النَفْسُ: مديح رَخِيص 肉麻的吹捧
هذا كلام تَمُجّه الأَسْماعُ: تَقذِفه وتستكرهه 逆耳之言，刺耳的话
هذا يَمُجُّه النَظَرُ 这是不顺眼的
مَجَّج العِنَبُ: طال وصار حُلْوًا 成熟(葡萄等)
مُجَاج / مُجَاجَة: رِيق 唾沫，唾液，口水
ـ النَحْلِ: شَهْد / عَسَل 蜂蜜
ـ المُزْن (السَحابِ) : مَطَر 雨
ـ العِنَبِ: خَمْر 酒
مُجَاجَة: عُصَارَة 果汁；[植]花蜜
مَمْجُوج 被唾弃的，被抛弃的，被放弃的
مَجَدَ ـُ مَجْدًا ومَجُدَ ـُ مَجادَةً: كان ذا مَجْدٍ 成为荣耀的，光荣的，显赫的
مَجَّدَ وأَمْجَدَ فلانًا: عظَّمه 捧，推崇，夸奖，表扬

ـ وـ فلانًا: أَثْنَى عليه 赞美，称赞，颂扬
تَمَجَّد: تعظَّم 被推崇，表扬；被赞美，称赞，颂扬
مَجْد جـ أَمْجَاد: عِزّ 光荣，荣誉，尊贵，高贵
الـُ الخالِدُ له 永恒的光荣归于他
تَمْجِيد 推崇，表扬，赞美，称赞，颂扬
ـ جـ تَمَاجِيدُ 颂词
ماجِد م مَاجِدَة جـ مَوَاجِدُ: ذو مَجْد 优秀的，卓越的；高贵的，高尚的
مَجِيد جـ أَمْجَاد 光荣的，优秀的，卓越的
مَجِيدِيّ: مَنْسُوب إلى السُلْطانِ عَبْدِ المَجِيدِ 麦吉德的
رِيَالٌ ـ 土耳其银币
جُنَيْهٌ ـ 土耳其磅
أَمْجَدُ جـ أَماجِدُ 最光荣的，最高贵的，最卓越的
مجر ـُ مَجْرًا: عطشَ 渴，口渴
المَجر / بلاد الـ 匈牙利
مَجَر / الـ Magyar 匈牙利人，马扎尔人
ـ 马扎尔(相当于 18 克拉或 3.54 克)
مَجَرِيّ جـ مَجَر 匈牙利人，匈牙利的；匈牙利语的
مَاجَرَيَات (ما جَرَى) 事故，事变
ـ الحَوَادِث 事变的进程
مَجَرَّة (في جرر)
مَجُوس magus 祆教僧，拜火教僧
مَجُوسِيّ: واحد المَجُوس 祆教僧，拜火教僧
ـ: النِسْبَة إلى المَجُوس 祆教僧的；祆教徒
ـ 魔法师
مَجُوسِيَّة: نِحْلَة المَجُوس 祆教(拜火教)
مَجَلَتْ ـُ مَجْلاً ومُجُولاً ومَجِلَت ـَ مَجَلاً وأَمْجَلَتْ يَدُه: نفطت من العمل وظهر فيها المَجْل 手上起泡
أَمْجَلَ العملُ يَدَه: صيَّرها ماجِلة 使手起泡
مَجْلَة ومَجَلَة جـ مِجَال ومَجْل: نَفْطَة (م) / فَقْفُوقَة [医](由工作或烫伤引起的)水泡
مَجَلَّة (في جلل)
مَجْمَجَ في الكِتابة: شَخْبَط (م) 乱写，滥写，潦草地写
ـ في كلامه: مَغْمَغ 嘟哝，嘟囔，小声叨唠，喃喃自语
مُمَجْمَج: غير مَقْرُوء 难读的，不分明的，不清楚的，潦草不清的(字体)
مَجَنَ ـُ مُجُونًا ومُجْنًا ومَجَانَةً وتَمَجَّن: قَلَّ حَيَاءً كأنه صلُب وجهُه 粗鄙，粗野，粗俗，粗鲁，鲁莽，下流；脸皮厚，不要脸，厚颜无耻
ـ: مَزَحَ 戏谑，诙谐，开玩笑，打哈哈，讲笑话，讲俏皮话
ـ ـُ مُجُونًا الشيءُ: غلُظ وصلُب 成为厚的，粗厚的，粗糙的，粗大的，粗劣的
تَمَاجَنَ القومُ: تَمَازَحُوا 互相开玩笑
مُجُون: قِلّة الحَيَاء 厚颜无耻，恬不知耻
ـ: مِزَاح سَمِج 幽默，滑稽，打诨，谐谑
مَجَّان / ماجِن جـ مُجَّان: قليلُ الحَيَاء 厚颜的，无耻的，厚脸皮
ـ / ـ: مازِح 小丑，丑角，诙谐者，滑稽者，幽默家
ـ / مَجَّانِيّ: بلا مُقابِل 免费的，无偿的
مَجَّانًا 免费地，无偿地
مَجَّانِيَّة 免费
مَنْحَ الـ 给予免费教育
محا (في محو) / **مُحاب** (في حبو)
مَحار (في حور) / **مُحَال** (في حول)

مُحامٍ (في حمي) / **محتاج** (في حوج)
محتال (في حول) / **محتدّ** (في حدد)
محتد (في حتد) / **محجة** (في حجج)
مَحّ / مَاحّ: ثوبٌ بالٍ 破衣服，褴褛的衣服
مُحّ: خالِص كل شيء 精华，精髓
ـ ومُحّة: صُفْرة البَيْض 蛋黄
مَحَصَ ـَ مَحْصًا ومَحَّصَ الشيءَ: خلَّصه من كل عيب 提炼，精炼，使醇化
ـ السِنانَ: جَلاَه 磨光
ـ وـ الذهبَ بالنار: خلَّصه مما يشُوبه من الغِشّ 提炼，精炼
مَحَّصَ الرجلَ: ابتلاه واختبره 试验，考验
أَمْحَصَت وانْمَحَصَت الشمسُ: ظهرت من الكسوف وانْجَلَتْ (日食后)太阳再现
تَمَحَّصَ الظلامُ: انكشف 黑暗消除
محيص (في حيص)
مُمَحِّص: مُدَقِّق في أمور الدين / حَنْبَلِيّ 清教徒
مَحُضَ ـُ مُحُوضَةً نَسَبُ الرجلِ ومَحُضَ الرجلُ في نَسَبِه: كان أو صار خالصَ النسب 他的血统是纯洁的
مَحَضَ ـَ مَحْضًا وأَمْحَضَ فلانًا النُصْحَ أو الودَّ: أَخْلَصَه له 对他表示真诚的劝告或爱慕
ـ ه الثَنَاءَ 诚恳地赞扬，极赞扬
مَحْض ج مِحَاض: خَالِص / صَرِيح 纯粹的
أُمْحُوضَة: نَصِيحَة خَالِصَة 真诚的忠告或劝谏
مَحطّة (في حطط) / **محظية** (في حظي)
مَحَقَ ـَ مَحْقًا فلانًا: أهلكه 毁灭，歼灭
ـ الشيءَ: أبطله ومَحَاه 擦掉，抹掉，涂掉，删掉，勾销
ـ الشيءَ: ذهب بِبَرَكَتِه 剥夺某物有益的性能
أَمْحَقَ المالُ: هلك 财产遭损伤
ـ القَمَرُ: دَخَلَ في المَحاق 晦(阴历月底，月亮无光)
تَمَحَّقَ وانْمَحَقَ وامَّحَقَ وامْتَحَقَ النباتُ: يَبِسَ واحترق بِشِدّة الحَرّ (草木)枯干，枯槁
ـ الرجلُ: قارَبَ الموتَ (人)将死
مَحْق: إبادَة 歼灭，毁灭，消灭
مَحَاق ومُحَاق ومِحَاق القَمَر 晦(阴历月底，月亮无光)
(القَمَر) في الـ 晦(阴历月底，月亮无光)
ماحِق 致命的，毁灭性的
هَزِيمة ـ ة 惨败，致命的败仗
مَحَكَ ـَ مَحْكًا ومَحِكَ ـَ مَحَكًا وأَمْحَكَ وتَمَحَّكَ الرجلُ: شارّ ونازع في الكَلام 成为好争论的、爱争吵的、动不动就翻脸的
ـ وـ وـ: تمادى في اللجَاجَة عند مُساوَمة (议价时)争论不休
مَاحَكَ مُمَاحَكَةً فلانًا: خاصمه ولاجّه 口角，争吵，吵架
تَمَحَّكَ (م): حاوَل / راوغ 支吾，搪塞，推脱，推诿
مَحِك / مَاحِك / مُمَاحِك 好争论的，爱争吵者
مِحَكّ (في حكك)
مَحَلَ ـَ ومَحَلَ ـَ مَحْلاً ومُحُولاً ومَحُلَ ـُ مَحَالَةً وأَمْحَلَ المكانُ: أَجْدَبَ (土地)成为不毛的、干旱的、贫瘠的
مَحَلَ ـَ ومَحِلَ ـَ ومَحُلَ ـُ مَحْلاً ومِحَالاً به إلى الأمير: سعى به إليه وكادَه 诽谤，中伤，诬陷
أَمْحَلَ المَطَرُ: احْتَبَسَ 久旱不雨
ـ الأرضَ: جعلها مَحْلَةً 使(土地)成为不毛的、干旱的、硗瘠的
تَمَحَّلَ الشيءَ: احتال في طلبه 设法获得，用计

取得

ـ العُذْرَ 推辞，推诿，找借口，制造托辞，制造口实

مَحْل ج مُحُول وأَمْحَال: جَدْب 不毛，贫瘠

ـ: قَحْط 干旱

ـ: جُوع شَدِيد 饥馑，饥荒，饥饿

ـ: خَدِيعَة 狡猾，狡诈，诡计

إمْحَال: جَدْب 不毛，贫瘠

ـ: جُوع شديد 饥荒

محلّ (في حلل)

مَحَالَة ج مَحَال: بَكَرَة 大滑车，大滑轮

ـ: صَقَالَة (مـ) / خشبة يَسْتَقِرّ عليها الطَّيَّانُون 脚手架

لا ـ: لا بُدَّ ولا حِيلَةَ 一定，必定，断定，不得已的，不能避免的

مَاحِل / مُمْحِل 不毛的，贫瘠的

مَحَنَ ـَ مَحْنًا وامْتَحَنَ فلانًا: جرَّبه واختبره 尝试，试用，实验，试验，考验

ـ وـ: ابتلى واخْتَبَرَ 审查，检查，检验

مِحْنَة ج مِحَن: ما يُمْتَحَن به الإنسانُ 艰难，困苦，灾难，患难；痛苦，灾害；考验

اِمْتِحَان: اِختبار / تَجْرِبَة 考试，试验，考验，实验

ـ: فَحْص 审查，检查，检验，检定

مُمْتَحَن 被试验的，被考验的，被实验的，受考试的

الـ: المتقدّم للامتحان 受考人，应试者

مُمْتَحِن 审查员，检查员，考试委员

مَحَا يَمْحُو ويَمْحَى مَحْوًا ومَحَّى الشيءَ: أذهب أثره وأزاله 抹掉，擦掉，揩掉(痕迹)；涂掉，删掉，勾销(文字)

ـ فلانًا من الجَدْوَل: أزال منه اسمَه 除名

ـ وامَّحَى وامْتَحَى الشيءُ: ذهَب أثرُه وزال 被抹掉、揩掉；被涂掉、删掉

لا يُمْحَى (كالحِبْر): ثابِت 不能消除的(墨迹)

عار لا يُمْحَى 不可雪洗的耻辱，不可昭雪的耻辱

امَّحَى وانْمَحَى (流行病)被扑灭，停止蔓延

مَحْو: طَمْس 抹去，擦去，消除，磨灭

مَمْحُوّ / مَمْحِيّ 被擦掉的，被涂掉的，被抹去的，被消除的

مِمْحَاة / مَحَّايَة (مـ): مَسَّاحَة (مـ) 黑板擦，橡皮擦；挖字刀，消字灵

مَحَّايَة 抹布，搌布

محيا (في حيي) / **محيص** (في حيص)

محيط (في حوط) / **مخاص** (في مخص)

مخاضة (في خوض) / **مخّاضة** (في مخض)

مختار (في خير)/ **مختال** (في خيل)

مختلّ (في خلل) / **مختل** (في خلو)

مَخَّخ وتَمَخَّخَ وامْتَخَّ العَظْمَ: أخرج مُخَّه 取出骨髓

مُخّ العَظْمِ ج مِخَاخ ومِخَخَة وأَمْخَاخ: نُخاع 骨髓

ـ: خالص كل شيء 精华，精粹

ـ: دِماغ 脑

ـ (في التشريح): مقدَّم الدِمَاغ [解]大脑

مُخِّيّ 脑的

نَزِيف ـ 脑溢血，脑出血，中风

مُخَيْخ (في التشريح) [解]小脑

مَخِيخ ج مَخَائِخ: فيه مُخّ 髓多的

عَظْم ـ 有髓的骨头

مَخْتَرَ (مـ) (بَخْتَرَ之讹) 自大，摆架子，装腔作势

مخدة (في خدد)

مخر ـَـ مَخْرًا ومُخُورًا الأَرْضَ: شقَّها للزراعة 犁地，耕田

ـ ت السفينةُ: جرَتْ تَشقّ الماءَ مع الصوت (船)破浪而前

مَاخِرَة جـ مَوَاخِرُ: سفينة تشقّ الماء (破浪前进的)船，舰

مَاخُور جـ مَوَاخِرُ ومَوَاخِير: بيت الدَّعَارَة 妓院

مخرق: كَذَبَ 说谎

ـ على عقول الناس 愚弄人，迷惑人

مَخْرَقَة جـ مَخَارِيقُ 谎言，谣言

مَخَارِيق الصِبْيَان: لُعْبَة الطُرَّة (مـ) 有结的手帕(一种游戏)

مخض ـَـ مَخْضًا اللبَنَ: استخرج زُبْدَتَه 搅奶提油

ـ الشيءَ: حرّكه بشدَّة 使劲摇动，猛力震动

ـ الرأيَ: قلَّبه وتدبَّر عواقبه 深思，熟虑，细思，盘算，转念头，反复考虑

مَخِضَتْ ـَـ مِخَاضًا ومَخَاضًا ومُخِضَتْ ومَخَّضَتْ وتَمَخَّضَتِ الحاملُ: دنا وِلادُها وأخذها الطَلْقُ (孕妇)遭受阵痛

تَمَخَّضَ عن 生产，分娩

ـ 搅出(黄油)

اِمْتَخَضَ وتَمَخَّضَ الجَنِينُ: تحرّك في البَطْن 胎动

ـ وـ اللبنُ: صار مَخِيضًا 成为酪乳，酪浆

مَخَاض: طَلْق الوِلادَة (分娩时的)阵痛

مَاخِض: أخذها الطَلْقُ 遭受阵痛的

مَخِيض: لَبَن الخَضّ (مـ) 酪乳，酪浆(提取奶油后所余的牛奶)

مِمْخَض اللبَنِ جـ مَمَاخِض: مَخَّاضَة (مـ) (提取奶油用的)乳器

مِمْخَضَة جـ مَمَاخِض: فرَّازَة (مـ) 脱脂器，离心分离机

مخط ـُـ مَخْطًا وامْتَخَطَ وتَمَخَّطَ المُخاطَ: نفَّ (مـ) 擤鼻涕

مَخَّطَ الولَدَ: أخرج المُخاطَ من أنفه 给孩子擤鼻涕

مُخَاط جـ أَمْخِطَة: ما يَسِيل من الأنف 鼻涕

ـ الشَيْطان / ـ الشمس / لُعاب الشمس: ما يتراءى في عَيْن الشمس للناظر في الهَواء 阳炎，游丝

مُخاطِيّ 粘液的

ـ القَوام 胶粘的，粘糊糊的

غِشاء ـ [解]粘膜

مَادَّة مُخاطِيَّة (动植物的)粘液

مُخَيْط (مـ): دِبْقٌ لصَيْد العَصافير 鸟胶，粘鸟胶

مُخْل جـ أَمْخال ومُخُول / عَتَلَة (مـ): آلة مستطيلة من حديد ونحوه ترفع أو تقلع بها الحجارة 杠杆

ـ ذُو دارِك: قَرْصَة (مـ) 撬棍，铁撬

مِخْلَة (مـ) / مِخْلاة: كِيس 袋，囊

ـ / ـ الدَوابّ 饲料袋，马鼻袋

مخمض (مـ): مَضْمَضَ 漱口

مخنجي (مـ): مُولِّف التَبْغ 搅拌烟草者

مخوله (مـ): خَبَلَه وحَيَّرَه 使人惊奇，惊讶

مدار (في دور) / **مداس** (في دوس)

مدالية (أ) / مِيدالِيَة (مـ) medaglia(意): نَوْط 徽章，奖章，奖牌，记功牌

مِدالْيُون أو مِيدالْيُون: رَصِيعَة (انظر مَدْلْيُون) (法)medallion 大奖牌，大奖章

مدام / مدامة (في دوم)

مدحه ـَـ مَدْحًا ومَدَّحه وامْتَدَحه: أحسن الثَناءَ عليه 称赞，赞美，称扬，赞赏，颂扬

تَمدَّحَ: افتخر بما لَيْسَ عِنْدَه 自夸，吹牛，吹嘘

تَمادَحَ القومُ: مدح بعضُهم بعضًا 互相标榜，

互相吹捧

مَدْح / مِدْحة ج مِدَح / مَدِيح ج مَدَائح 颂扬，称赞，赞美

مَدْحِيّ / مَدِيحِيّ 赞美的，称颂的，颂扬的

مَمَادِح: عكس مَقَابح (复数)(可以称颂的)功勋，功绩

مَدَّاح (مـ): سائِل 乞丐(用赞颂真主的方式，沿街乞讨)

مَدِيح ج مَدَائح / أُمْدُوحَة ج أَمَادِيحُ / مَدِيحَة (مـ): ما يُمْدَح به 赞词，颂词，赞歌

مدّ ـُ مَدًّا ومَدَّدَ الشيءَ: بسَطه 伸张，扩张，展开，伸展

ـ وـ الشيءَ: أطَالَه 延长，引长，拉长

ـ وـ وأَمَدَّ الجُرْحُ: حصَلتْ فيه المِدَّةُ 化脓，生脓，脓溃

أَمَدَّهُ بِمَال: أعطاه 接济，给钱

مَدَّ وأَمَدَّ الرجلَ: أعانه وأغاثه 援助，救济

ـ وـ الرجلَ: أمْهَلَه 宽限

ـ وـ الجُنْدَ: نصرَهم بجَماعة غيرهم 增援，派援兵

ـ سُلْطَانَه على ... 扩张权力，把自己的权力扩张到…上

ـ يَدَه 伸手

ـ يَدَ المُسَاعَدة 帮助，援助，施以援手

ـ رَقَبَته (عُنُقَه) 伸颈，探头，伸脖子

ـ بَصَرَه أو نَظَره أو عَيْنَه 瞻望

ـ اللهُ عُمْرَهُ / ـ اللهُ في حَيَاتِه [宗]愿真主使他长寿

ـ الأرضَ: سَمَّدَها 施肥

ـ مَائِدَةً (سِمَاطًا) 安排餐桌

ـ النَهْرُ أو البَحْرُ (河)涨水，(海)涨潮

ـ الدَوَاةَ: جعل فيها مِدَادًا 把墨汁放在墨盒里

ـ واسْتَمَدَّ من الدَوَاةِ: أخذ منها مِدادًا بالقلم للكتابة 舔笔，蘸墨

ـ جِذْرًا (في الأرض) 生根

ـ في المَشْي: مَطَا 大踏步走

ـ خَطًّا حَدِيدِيًّا 修建铁路

ـ طريقًا 建筑道路

مَادَّه: ماطَله 耽搁，拖延，迁延

أَمَدَّه بكذا 供给，供应(某物)

اِمْتَدَّ وتَمَدَّدَ: اِنبسط 被展开，铺开；被延长，伸出

ـ إلى ... 扩充到，扩张到，扩大到…，延伸到…，延长到…

تَمَدَّدَ: ضد تَقَلَّص 延长，伸展，扩张，展开

ـ بالامتلاء من الداخِل 扩张，膨胀

ـ: تَمَطَّى / تَمَطَّعَ (مـ) 伸懒腰

ـ: استلْقَى 躺，横卧

اِسْتَمَدَّ منه: تلقَّى (从某处)获得，取得，得到

ـ فلانًا: طلبَ مَعُونَته (向某人)求援，求助

مَدّ: بَسْط 展开，铺开

ـ: إطَالَة 延长，伸长

ـ الأَجَل 延期，拖长期限，延长寿限

ـ البَحْر: خلاف الجَزْر 涨潮

ـ كَامِل 大潮，高潮

ـ وجَزْر 涨潮和退潮；高潮和低潮

ـ الطُرُق 建筑道路

كان على ـ يَدِه (مـ) 在手边，唾手可得，俯拾即是

ـ / مَدَّة: علامةٌ صورتُها (~) تجعل على الألِف الممدودة [语]长开口符

حُرُوف الـ ي ، و ، ا 半元音字母

مَدَّة النَسِيج (مـ): أَمِدَّة / سَدَاة 经线

مَدَد جـ أَمْدَاد: نَجْدَة 援兵，援军
ــ: عَوْن 帮助，援助，支援
مُدّ جـ أَمْدَاد ومِدَاد ومِدَدَة: مِكْيَال 莫德(容积名，约等于 18 公升)
مُدَّة جـ مُدَد (من الزَمان) 时间，(一定)时间；期，时期，一会儿
ــ: أَجَل / أَمَد 期限，期间
ــ قَصِيرَة 短期
في ــ كذا 在…期间
لِــ: إلى حِينٍ 暂时，一时
مُضِيّ الـ: مُضِيّ الوقت 时间的逝去、推移
مُضِيّ ــ: تَقَادُم [法](取得性或取消性)法定期限，时效
مِدَّة: قَيْح 脓
مِدَّان وامِدَّان: ماء ملح أو شديد الملوحة 咸水
مِدَاد: حِبْر 墨汁，墨水
ــ: سَمَاد 肥料
ــ: ما مَدَدْتَ بِه السِراجَ من زَيْت 灯油
ــ: مِثَال 标本，模型，模样
إِمْدَاد: إعانَة 帮助，援助，支援
ــ: نَجْدَة 援兵，援军
تَمَدُّد: ضد تَقَلُّص 延长，伸展，扩张，展开；膨胀
ــ: انْبِسَاط 被展开，被伸展，被延长
ــ الحَدَقَة [医]瞳孔放大，瞳孔散大，散瞳
قابِلِيَّة الـ 伸展性，膨胀性
مَادَّة جـ مَوَادّ ومَادَّات: هَيُولَى 物质，物品
ــ: ما يَتركَّب منه الشيءُ 原料，材料，资料，素材
ــ: عُنْصُر 要素，成分
ــ: بَنْد (م) / نُبْذَة 条款
ــ: شَرْط 条规，条件
ــ 科目
ــ 脓
ــ سَامَّة 毒物
المَادَّة الحَيَوِيَّة: جِبْلَة [生]原浆，原形质
مَوَادُّ أَوَّلِيَّة / ــُ خَامٌ / ــ غُفْلٌ 原料
ــ اللُغَة: أَلفاظُها 词汇
ــ الاتِّفاق (العَقْد) (协定、契约等的)条款
الـ الغِذَائِيَّة 滋养品
الـ المُشْتَعِلَة 易燃的物品
الـ شِبْهُ المَصْنُوعة 半成品
ــ التَجْمِيل 化妆品
مَادِّيّ: ضد مَعْنَوِيّ 物质的，有形的，具体的，实体的，形而下的
ــ: لا يُؤْمِنُ بالرُوحِيَّات 唯物论者，唯物主义者；唯物的
ــ: دُنْيَوِيّ 世间的，现世的，尘世的，世俗的
ــ: لا يَهْتَمُّ بغَيْرِ المَادِّيَّات 市侩，凡夫，俗子，庸俗的，没教养的，实利主义的
مَادِّيًّا 物质上
ــ وأَدَبِيًّا 物质上和道义上
مَادِّيَّة 物质性，现实性
الـ [哲]唯物主义
الـ الدِيَالَكْتِيكِيَّة dialektike (希)辩证唯物论，辩证唯物主义
الـ التَارِيخِيَّة 历史唯物主义
مَدِيد: طَوِيل 长的，漫长的，细长的，冗长的；延长的，拉长的，拖长的
عُمْرٌ ــ 长生，长寿，长命，高寿
قَدٌّ ــ: قامة طويلة 细长的身躯
من زَمَن ــ 很久以来
ــ القَامَة 细高挑儿

ـ: اسم بَحْر من بحور الشِعْر 麦底德(韵律的名称)

مَدَّاد / مَادّ: سُطَّاح / ما افترش من النبات 蔓草，有匍匐茎的植物

أَمِدَّة النَسِيج: سَدَاة / مَدَّة (مـ) 经线

أَمْدُود: عَادَة 风俗，习惯

مَمْدُود [语]带长音的词

مُمْتَدّ / مَمْدُود: مُنْبَسِط 伸展的，展开的，铺开的，扩展的，伸出的

ـ / ـ: مستطيل 拉长的，拖长的，延长的，细长的

ـ: مُتَّسِع 广大的，广阔的，辽阔的，宽阔的

ـ: ظَرْف 空间，距离

مُسْتَمَدّ 根源，来源，起源

مدر: طِينٌ عَلِكٌ لا يَخْلِطه رَمْل 胶泥，粘土

ـ: مُدُن وقُرًى لأن بُنْيانَها غالبًا من المَدَر 城市和乡村

ـ / أَهْل الـ: حَضَرٌ ويقابله بَدْوٌ 城居人(相反的是游牧人)

مدرة (في دري) / **مُدَّعٍ** (في دعو)

مدَلْيُون (مـ) medallion (法): رصيعة 奖章，奖牌，记功牌

مدماك (في دمك)

مَدَّنَ المَدَائِنَ: بَنَاها ومصَّرها 建筑城市

ـ ه (مـ): حضَّره 教化，使文明

تَمَدَّنَ: تخلَّقَ بأَخْلاق أهل المُدُن 仿效城居人的性格，城市化

ـ: انتقل من الهَمَجِيَّة إلى حالة الأُنسِ والظَرْف 开化，变成文明的

مَدَنِيّ: حَضَرِيّ 开化的，文明的

ـ: من أهل المُدُن 市民，城居人

ـ: مَلَكِيّ (مـ) / غير عَسْكَرِيّ 文的，民事的

ـ: من المَدِينَة 麦地那的；麦地那人

ـ: غير جِنَائِيّ (في الحُقُوق) [法]民事的

تَعْوِيض ـ 民事上的赔偿

قَانُونٌ ـ 民法

الحَقّ الـ 民权

دَعْوَى ـ ة 民事诉讼

مُهَنْدِسٌ ـ 土木工程师

مُدَّعٍ بالحَقّ الـ 民事原告人，债权人

مَدَنِيَّة / تَمَدُّن 文明，文化，开化

مَدِينَة ج مُدُن ومُدْن ومَدَائِنُ: بلدة كبيرة 城市，都市

ـ السَلَام: بَغْدَاد 和平城(巴格达的别称)

الـ (المُقَدَّسة): يَثْرِبُ 麦地那(伊斯兰教圣地，原名叶斯里卜)

المَدَائِن: مَدِينَةٌ قُرْبَ بَغْداد 马达茵

تَمَدْيَن: تَنَعَّم 享福，过舒适的生活

ـ: انتقل من الهَمَجِيَّة إلى حالة الأُنْس والظَرْف 开化，变成文明的

مُتَمَدْيِن 开化的，文明的

مَدُوسَة (أ) Medusa: سِعْلاة أَسَاطِير الإغْرِيق [希神]女怪麦杜萨

مَادَى وأَمْدَى فلانًا: أَمْهَلَه 宽限

تَمَادَى في غَيِّه: دام على فعله 固执，顽固不化，因循守旧，一味蛮干

ـ في الأمر: بلغ فيه المدى 坚持到底，进行到底，百折不回，不屈不挠

ـ به السَفَرُ: طال 他长期旅行

ـ: ذَهَبَ بَعِيدًا 他走得很远

ـ الزَمَنُ عليه في خِدْمَتِهِمْ 他长期为他们服务

مَدًى 程度

ـ: مَجَال 区域，范围，境界

ـ: بُعْد 距离

ـ: مَسَافَة 路程

ـ: غَايَة / مُنْتَهًى 极限，终点

ـ البَصَر / ـ عَيْنَيْهِ 视野，眼界，目力所及

ـ السُّلْطَة 权限，权力范围

ـ الصَوْت 声音所能达到的范围

ـ العُمْر 毕生，平生，终身，一辈子

ـ الحَيَاة 毕生，平生，终身，一生

على ـ السَنَة 全年，整年，终年，一年到头

السِّجْنُ ـ الحياةِ 终身监禁，无期徒刑

بَعِيد الـ (效果)远大的，(影响)深远的；射程远的(大炮)

مُدْيَة ومَدْيَة ومِدْيَة جـ مُدًى ومِدًى ومُدْيَات ومُدَيَات: سِكِّين 短剑，匕首

مَدَوِيّ: صَانِع أو بائع الآلات القاطعة 刀匠，制造利器者；售刀者

مُدير (في دور) / **مَدِين** (في دين)

مدينة (في مدن) / **مذاق** (في ذوق)

مَذِرَتْ ـَ مَذَرًا وتَمَذَّرَتِ البَيْضَةُ: مشَّش (مـ) / فسدَتْ (蛋)成为腐败的，变成腐臭的

مَذَّرَ الشيءَ: فرَّقه 散布，撒播

مَذِر / ماذِر 臭的，腐败的，败坏的

تَفَرَّقُوا شَذَرَ مَذَرَ 他们流离失所

تَهَشَّمَ وتَطَايَرَتْ كِسْرَاتُه شَذَرَ مَذَرَ 打得碎片四处飞扬

مَذَقَ ـُ مَذْقًا الشَرَابَ: مَزَجَه بالماء 冲淡，掺淡，掺水，稀释

مَذِق / مَذِيق 冲淡的，掺水的，稀释的

مَذَّاق / مُمَاذِق 伪君子，伪善者，虚伪者

مَذَلَ ـَ مَذْلاً ومَذِلَ ـُ مَذَلاً ومِذَالاً بِسِرِّه: باح به 吐露心事，表白心迹，说出机密，泄露秘密，透露消息

مَذْي: ماء يخرج من صُنْبُور الحَوْض 由龙头滴出的水

ـ: ماء الرجُل عِنْدَ المُلاعَبَة والتقبيل [医]精液

مَاذِيّ: عَسَل 蜂蜜

ماذِيَّة: خَمْرَة سَهْلَة في الحَلْق 甜酒

مَرأ ومَرِئَ ـَ ومَرُؤَ ـُ مَرَاءَةً الطعامُ: صار مَرِيئًا وصار من غير غَصَص (食物)成为适口的、可口的、爽口的

مَرُؤَ ـُ مُرُوءَةً: صار ذا مُرُوءَة 成为雄伟的、大胆的；成为勇敢的、刚毅的、有丈夫气概的

مَرُؤَ ـُ مَرَاءَةً المكانُ: حَسُنَ هَوَاؤُه (地方)成为适合卫生的、有益健康的

اِسْتَمْرَأَ الطعامَ: استطيَبَه وعدَّه أو وجَده مريئًا 觉得或认为适口、可口、爽口

مَرْء مث مَرْآنِ جـ رِجَال: إنْسَان 人，男人

اُمْرُؤٌ: إنْسَان 人，男人(连读时，هَمْزَة 不发音，راء 的动符随着词尾变化，如：جاءَ امْرُؤٌ، رَأَيْتُ امْرَأً، نَظَرْتُ إلى امرِئٍ，指小式不带 هَمْزَة，如：مُرَيْء 小男人)

مَرْأَة وامْرَأَة جـ نساء ونِسْوَة ونِسْوَان 女人，妇人(امرأة 经常不带冠词 الـ，指小式不带 همزة，如：مُرَيْئَة 小女人)

ـ / ـ: عَقِيلَة / زَوْجَة 妻子，老婆

الـ المُسَلْسَلَة (في الفَلَك) [天]仙女座

مُرُوءَة / مُرُوَّة: نَخْوَة وكمال الرجولِيَّة 豪侠，英勇，刚毅，丈夫气概

مَرِيءٌ جـ مُرُؤٌ وأَمْرِئَة: مَجْرَى الطَعام والشراب من الحُلْقوم إلى المَعِدة [解]食管

طَعَام ـ: طيِّب هَنِيءٌ حَمِيد المَغَبَّة 佳美的，有益健康的食品

هَنِيئًا مَرِيئًا: دعاء للآكل والشارب 祝你健康（饮食后的祝词）

مراء (في رأي) / **مراب** (في ربو)

مراد (في رود)

مَرّاكُش: بلاد المَغْرِب 摩洛哥

مرام (في روم) / **مِرآة** (في رأي)

مرايا (في رأي)

مَرَتَ ـِ مَرْتًا الشيءَ: ملّسه 使平滑，使光滑

ـ ه (مـ): مَرَّتَه / لَيَّنَه 揉软，搓软

مُرْتَاب (في ريب) / **مرتاح** (في روح)

مرتاع (في روع)

مُرْتَدَلاّ (مـ): سَلامَة (مـ) (salame) 意大利腊肠，红肠

مرتك (في رتك)

مَرَثَ ـِ مَرْثًا الصَبِيُّ ثَدْيَ أُمِّهِ: مَصَّه 吮乳，咂奶头

ـ الصَبِيُّ إصْبَعَهُ (婴儿)咂指头

ـ الشيءَ: لَيَّنَهُ 使柔软

ـ ه: دهكه وليَّنه / مَرَتَ (مـ) 搓软，揉软

ـ الشيءَ في الماء: نقعه فيه 浸，泡

مرثاة (في رثي)

مَرِجَ ـَ مَرَجًا الأمرُ والعهدُ والأمانةُ والدِينُ: اضطرب والتبسَ وفسد 混乱，紊乱，扰乱；纷扰，骚动，不稳，无秩序

مَرَجَ ـُ مَرْجًا الدَابَّةَ: أرسَلَها تَرْعَى في المَرْج 放牧

مَرَّجَ (مـ): مرَّخ واستَمْنَى بِيَدِه 手淫

مَرْج جـ مُرُوج: مَرْعًى 牧场

ـ: رَوْضَة 草地，草原

ـ / مَرَج: اضطِرَاب 纷乱，骚乱，变乱，紊乱，杂乱，无秩序

هَرْج وـ 嘈杂，喧哗，扰攘

مَرْجَان الواحدة مَرْجَانة: عُروق حُمْرٌ تَنْبُت في قاع البَحْر كأصابع الكَفّ 珊瑚

ـ: صِغار اللُؤْلُؤ 小粒珍珠

ـ: فِرِّيدِي (سـ) 红棘鬣鱼

سَمَك ـ 金鱼

مَرْجَانِيّ: من المرجان أو متعلّق به 珊瑚的

مَرْجُونَة جـ مَرْجُونَات (مـ) 小筐，提篮

مَرِحَ ـَ مَرَحًا ومَرَحَانًا الرجلُ: اشتدّ فَرَحُه ونشاطُه حتى جاوز القَدْرَ وتَبَخْتَرَ واختال 高兴，欢乐，兴致勃勃，兴高采烈，欢欣鼓舞

ـ المُهْرُ: طَفَرَ (马驹) 跳跃，腾跃

مَرَح: شِدّة الفَرَح 狂喜，高兴，欢喜，欢乐

في فَرَح وـ 欢天喜地的，兴高采烈的

مِرَاح: اسم من مَرِحَ (动名词) 高兴，欢喜，欢乐

مَرِح جـ مَرْحَى ومَرَاحَى / مِرِّيح جـ مِرِّيحُونَ: طَرُوب 高兴的，欢喜的，欢乐的

مِمْرَح / مِمْرَاح: نَشِيط 活泼的，活跃的

مَرْحَى: أَحْسَنْتَ / أَصَبْتَ (喝彩声，叫好声) 好！好极了！妙极了！

مَرْحَبَ الرجلَ وبه: قال له "مَرْحَبًا" أي صادفْتَ سَعةً ورُحْبًا (愿你安适，愿你自在) 欢迎

مَرْحَبًا (راجع رَحَّبَ) 欢迎！欢迎！

مَرَخَ ـَ مَرْخًا ومَرَّخَ جسدَه بالدُهْن: دَهَنَه (在身上) 搽油，涂油

مَرَّخَ وأَمْرَخَ العَجِينَ: أَكْثَرَ ماءَه حتى رَقَّ 在面团上加水，使它变成柔软的

تَمَرَّخَ بالدُهْن: اِدَّهَنَ به 身上搽油

مَرُوخ: دَلُوك [医]软膏，油膏；搽剂，擦剂

مَرِخ: لَيِّن / مِرق (مـ) 柔软的，很稀薄的，半流体的

مِرِّيخ / الـ [天]火星

مَرَدَ ـُ مُرُودًا ومُرُدَ ـُ مَرَادَةً ومُرُودَةً وتَمَرَّدَ: عَتَا

وعَصَى 造反，反叛，叛变，叛乱，起义
ـ وـ: جَاوَزَ حَدَّ أَمْثاله 成为巨人、大汉、大力士
مَرَّدَ الغُصْنَ تَمْرِيدًا وتَمْرَادًا: جرَّده من الوَرَق 摘掉树叶，使树枝光秃
مَرِدَ ـَ مَرَدًا ومُرُودَةً الغلامُ: بَقِيَ أَمْرَد زمانًا ثم التحَى وخرج شَعْرُه 还没长髭鬚
تَمَرَّدَ: اِسْتَكْبَرَ 骄傲，傲慢，自大
ـ 造反，反叛，起义
مَرْدِيّ (مـ) 倒霉的，悲惨的，可怜的，不幸的；卑鄙的，无耻的
مُرْدِيّ المَرَاكِبِي جـ مَرَادِيّ / مِدْرِيّ (مـ) / مِدْرَة (مـ): خشبة تُدفَع بها السفينةُ 篙
ـ السَّمَّاك: حَرْبَتُه لصَيْد الحِيتان 鱼叉
مَراد ومَرَّاد جـ مَرَارِيدُ: عنق 颈，脖子
مُرَاد (في رود)
تَمَرُّد: عِصْيان 造反，反叛，叛乱，叛变
ـ (خُصُوصًا بين رجال البَحْرِيَّة) (海军的) 兵变，抗命，哗变
تِمْرَاد جـ تَمَارِيدُ: بُرْج الحَمَام 鸽舍
مَارِد جـ مَرَدَة ومُرَّاد ومَارِدُون: عِمْلاق 巨人，大汉，大力士
ـ: شَيْطَان 魔鬼，恶魔，妖怪
ـ: مُرْتَفع / عَالٍ 高的，高耸的，巍峨的
ـ / مَرِيد جـ مُرَدَاء: عَاصٍ 叛逆的，抗命的，反抗的
أَمْرَد جـ مُرْد: بلا لِحْيَة 无鬚的
مَرْدَاء جـ مَرَادٍ: شجرة لا ورقَ عليها 落叶的树，光秃秃的树
مُتَمَرِّد: عاصٍ 反叛的，叛逆的
مُرْدَاسَنْج (أ) [化]密陀僧，一氧化铅
مَرْدَقُوش: مَرْزَنْجُوش / بَرْدَقُوش (مـ) / نبات عِطْرِيّ ذُو ورق دقيق وزهر صغير [植]香薄荷
مَرَّ ـُ مَرًّا ومُرُورًا ومَمَرًّا: فَاتَ 经过，走过，已过
ـ: ذَهَبَ 离去，走掉，出发，启程
ـ: انقضى (时间)逝去，过去
ـ: جَازَ / قَطَعَ / عَبَرَ 横渡，横过，跨过
ـ: جَازَ (الامتحانَ) 考试及格
ـ به وعليه: اجتازه 经过，走过，通过，越过
أَمُرُّ بِكُمْ بالحَوَادِث 我把发生的事件告诉您
ـ ـُ مَرَارَةً وأَمَرَّ: صارَ مُرًّا 成为苦的
مَرَّرَ الشَيْءَ: جعله مُرًّا 把…变成苦的
أَمَرَّهُ بِكذا: جعله يَمُرُّ 使他通过；传递
ـ ه: فَوَّتَه 放过，让他过去，任他逝去
ـ بِنَظَرِه 浏览，过目
ـ الحَبْلَ: فَتَله 搓绳，捻绳
اِسْتَمَرَّ: دام / بَقِيَ 继续，连续，延续，持久，耐久，经久
ـ في تَأْدِيَة الشَهَادَة 继续提出证据
مَرّ جـ مُرُور: حَبْل 绳，索
ـ: مِسْحاة 锹，铲
ـ / مُرُور: عُبُور 通过，横过，渡过，经过
ـ وـ الوَقْت أو الأَيَّام (时间或岁月)经过，推移，缓流
على ـ الأَيَّام / على ـ الزَمان 日积月累，日往月来，随着时间的推移
مُرّ: ضد حُلْو 苦的
ـ: مُؤْلِم / قارِص 苦的，辛苦的，艰苦的，痛苦的；严厉的，苛刻的，尖酸的，刻薄的
ـ صافٍ / ـ مَكَّة / ـ مَكَّاوِيّ 没药
ـ الصَحَارَى: حَنْظَل [植]苦瓜
خَشَب الـ quassia [植]括失亚木(南美产苦木科植物)

العُشْبَة الـ ة: جَنْطِيَانَا (مـ) gentiana 龙胆[植]
مُرِّيَّات 苦药
مَرَّة جـ مَرّ ومِرَار ومِرَر ومُرُور ومَرَّات 一次，一回，一度，一遍，一趟
مَرَّةً / ذاتَ ـ 有一次，有一回，有一度
لأَوَّلِ ـِ 初次，第一次
غيرَ ـ 一再，再三，好多次，不止一次
ـ أُخرَى: أَيْضًا 再一次，再来一次，再做一次
ـ أُخرَى (بَعْدَ هٰذِهِ المَرَّة) 下次，另一回
ـ وخَلَاصْ (مـ) 不再，只此一次
بالـ (مـ): أَبَدًا / قَطْعًا 决不，一点也不，从来没有
بالـ (مـ): في ذات الوَقت 其间，同时，一方面；在那当中，一会儿的工夫
بالـ (مـ): أيضًا 亦，也，同样
كَمْ ـً؟ 几次？多少次？
هذِهِ الـ 此次，这次，这回，这一次
ـً بَعْدَ ـٍ 屡次，再三，反复，一次又一次地
مَرَّتَان (مَرَّتَيْنِ) 两次，两回，两遍，两趟
ثَلَاثُ مَرَّاتٍ 三次，三回，三遍，三趟
مُرُور: اِجْتِيَاز 通过，经过，渡过，越过
ـ (مـ): تَفْتِيش 检查，审查，检阅
ـ زَمَنٍ: تَمَلُّك بِوَضْعِ اليَدِ مُدَّةً طويلة [法]时效
تَذْكِرَة ـ 通行证，(特指战时的)安全通行证；(尤指战时的)护照
حَرَكَة الـ 交通，运输；(人、车的)来往，通行
شُرْطِيّ الـ / عَسْكَرِيّ الـ 交通警察
مِرْصَد الـ (في علم الفَلَك) [天](精密的)子午仪；(普通用的)中心仪
مِرَارًا: مَرَّاتٍ عديدةً 屡次，多次，常常
ـ: أَحْيَانًا 有时，偶尔，偶然，往往
ـ وتَكْرَارًا 屡次，反复，一再，再三，好多次，三番五次
مَرَارَة جـ مَرَائِر ومَرَارَات: هَنَةٌ شِبْهُ كِيس لازِقةٌ بالكَبِد تكون فيها مادّةٌ صفراءُ هي المِرَّة 胆囊
ـ: ضد حَلَاوَة 苦，苦味
في ـ المُرّ 在苦恼中
بـ ـ: بِحُرْقَة 苦，痛
يشعُر بِـ ـ 伤心
يَبْكِي بِـ ـ 痛哭
اِسْتِمْرَار: دَوَام 继续，连续，连绵，(线路等的)延长
بـ ـ: دَوامًا 经常，常常，不断地
بـ ـ: بلا انقطاع / على طُول (مـ) 一气儿，不休息地
قُوَّة الـ: القُصُور الذاتِيّ (في الطَّبِيعَة) [物]惯性
مِرَّة جـ مِرَر جج أَمْرَار / مَرَارَة (مـ): صَفْرَاء 胆汁
مُرَّار / مُرِّير (مـ): دَرْدَرِيَّة [植]蒺藜
مَارّ جـ مَارَّة 行人，经过者；通过的，经过的
الـ ذِكْرُه 上述的，前面说过的
مَرِير ومَرِيرَة جـ مَرَائِرُ: عَزْم وشِدَّة 坚实，坚固，稳固，刚毅
ـ 痛苦的；长期的，继续的
ـ من الحِبال: ما اشتدّ فَتْلُه 结实的绳子
مُرَيْر [植]矢车菊
مَرِيرَة: حَلْقَة في طَرَف حَبْل 绳子头上的圈，环，活结
مَمْرُور 胆汁的，胆汁质的；易怒的，暴躁的，

脾气大的
أَمَرُّ: أَكْثَرُ مَرارَةً 较苦的；最苦的
الأَمَرَّانِ: الفقرُ والهَرَم 最痛苦的两件事（指贫
穷和衰老）
مُسْتَمِرٌّ: دائِم 继续的，连续的，持久的，
经久的，耐久的
ـ: غَيْر مُنْقَطِع 不断的，连绵的
الثَّوْرَة الـ ة 不断的革命
تَيَّار ـ [电]直流
مَمَرٌّ جـ مَمَرَّات 走廊，通路，出入口；小路，
人行道
مِرْزَا (أ) mirza (波)米尔札（伊朗对官吏、王
族、学者的尊称）
مَرْزُبَان جـ مَرَازِبَة (أ): رَئِيس (波)首长，长官
مَرَسَ ـُ مَرْسًا الدواءَ: نَقَعَه في الماء حتى يتحلّل
浸软，浸化
ـ يده بالمِنْدِيل 用手巾揩手
مَرِسَتْ ـَ مَرَسًا حِبَالُه: اِرتبكت أمورُه （他的事
务）成为麻烦的，错综复杂的
مَارَسَ الأمرَ أو العملَ: عالَجه وزاوله وعاناه
وشرع فيه 开业，从事…职业；实行，
行使（职权等）；忙着搞（工作或事情）
تَمَرَّسَ بالشيء: اِحْتَكَّ به 擦，摩
ـ بالطِيب: تَلَطَّخ به 搽香粉，涂香膏
تَمَارَسُوا: تَضَارَبُوا 打架，厮打，互相殴打
ـ (مـ): تَفَاوَضُوا 协商，商议，磋商
ـ في الثَّمَن (مـ) 议价，讲价，讨价还价
مَرَسَة جـ مَرَس وأَمْرَاس: حَبْل غَلِيظ 粗索，巨缆
مَرْسِين: آس (رَيْحَان شَامِيّ) [植]桃金娘
مِرَاس / مَرَاسَة: قُوَّة 体力，精力，气力，
膂力，力量，元气，勇气
سَهْلُ الـ 乖的，温顺的，驯良的，易驾
驭的，易管理的，易管辖的
صَعْبُ الـ 任性的，倔强的，执拗的，难
管的，难制的，难驾驭的
شِدَّة الـ 顽强的，顽强精神
مُمَارَسَة: مُزَاوَلَة 开业，实行，行使，从事
ـ: مُفَاوَضَة 协商，磋商，谈判，交涉
بالـ (كالبَيْع) 议价，讨价还价
بَيْع بالـ 根据双方议定的价格出售
بالـ: بالمُزَاوَلَة 由练习，由实践
مَرِس جـ أَمْرَاس: مُجَرَّب في الحروب 老练的，
有战斗经验的（兵）
مَرِيس: ما مَرَسْتَه في الماء من التمر 泡在水或
奶里的椰枣
مَرِيسَة (مـ): مِزْر (راجع بُوظة) 苏丹啤酒，
大麦酒，古埃及啤酒
ـ (مـ): نبيذ التَمْر 椰枣酒
مَرِيسِيّ (مـ): رِيح الجَنُوب 南风
مُمَارِس 从事者；熟练者，有经验者
مَارْس (أ) Mars (法)：آذار / الثالث من شهور
السنة الشمسية 阳历3月
ـ (أ): إلاهُ الحَرْبِ عند الرُومَان Mars ［罗神］
战神马耳斯（亦译“玛斯”）
مَارِسْتَان (مـ): دار المَرضَى / بِيمارِسْتَان （波）
医院
مَرَشَ ـُ مَرْشًا وَجْهَهُ: خدَشه 抓伤，搔破，划破
（脸面）
ـ ه: عضّه وتناوله بأطراف أصابعِه 咬伤或
掐伤
مَرْشَال / مَارْشَال (أ) marshal: مُشِير (مـ) 元帅，
陆军元帅
مَرِضَ ـَ مَرَضًا ومَرْضًا: سَقِمَ 害病，生病，患病
مَرَّضَ المَرِيضَ: داواه واعتنى به في مرضه 看护，

护理，服侍(病人)

ـ ه وأَمْرَضَه: وهَّنه وصيَّره مريضًا 致病，使害病，引起疾病

تَمَرَّضَ: ضَعُفَ في أمره 疏忽，怠慢，苟且，迟缓，慢吞吞地做，少气无力地做

تَمَارَضَ واسْتَمْرَضَ (مـ): أظهر أنه مَرِيض 装病，托病，诈病

مَرَض جـ أَمْرَاض: عِلَّة / دَاء 病

ـ بَسِيط: انحراف المِزَاج 小病，不适，微恙，不舒服

ـ مُسْتَوْطِن 风土病，地方病

ـ مُعْدٍ 传染病

ـ وَبَائِيّ 疫，瘟疫，流行病

ـ الرَّقْصِ /خُورِيا (أ) chorea 舞蹈病

فِرَاش الـ 病床

أَمْرَاضٌ سِرِّيَّة 花柳病

عِلْم الأَمْرَاض (وطَبَائِعها) [医]病理学

عِلْم تَرْتِيبِ الأَمْرَاضِ [医]疾病分类学

مُرْضٍ (في رضي)

تَمْرِيض 护理，看护

مَرَضِيّ 病的，病态的，关于病的

إجازَة مَرَضِيَّة 病假

حَالَةٌ مَرَضِيَّة 病情，病况，症候

تَمَارُض: اِدِّعاء المَرَض 装病，托病，诈病

مَرِض جـ مِرَاض 病人

مَرِيض جـ مَرْضَى: عَلِيل 病人

ـ الحُبِّ 害相思病的

مَرْضَان جـ مَرْضَانِين (مـ) 身体不舒服的

مُمَرِّض م مُمَرِّضَة 护士

مِمْرَاض / مُتَمَرِّض: كثير المَرَض 多病的，常病的

مَمْرُوض 多病的，虚弱的

مرط ـُ مَرْطًا ومَرَّطَ الشَّعْرَ أو الرِيشَ: نَتَفَه 拔(毛、羽)

تَمَرَّطَ الشَّعْرُ أو الرِيشُ: تَسَاقَطَ (毛、羽等)脱落

(سَهْمٌ) مَرِيط ومِرَاط وأَمْرَاط: لا ريش عليه 无羽的箭杆

أَمْرَطُ م مَرْطَاءُ جـ مُرْط: خَفِيفُ شَعْرِ الجَسَدِ والحَاجِبَيْنِ والعَيْنِ 毫毛、眉毛、睫毛等都稀疏的人

مِرْط جـ مُرُوط: كساء من صوف ونحوه يُؤْتَزَر به 斗篷

مَرْطَبَان جـ مَرْطَبَانَات (مـ) / بَرْطَمَان: كَفْت / كِفْت (希)(玻璃或陶质的)瓶

مرع ـَ مَرْعًا رأسَهُ بالدُهْنِ: مَسَحَه (头上) 擦油

ـ شعرَه: رجَّله 梳头

ـ (مـ): أفسد أَخْلاَقَهُ 纵坏，娇养坏，溺爱坏(孩子)

مَرِعَ ـَ مَرَعًا ومَرُعَ ـُ مَرَاعَةً وأَمْرَعَ المكانُ: أَخْصَبَ 肥沃

مَرْع جـ أَمْرُع وأَمْرَاع: كَلأٌ 青草，牧草

مُرْعَة: شَحْم 脂肪

مَرِع / مَرِيع جـ أَمْرَاع وأَمْرُع: خَصِيب 肥沃的，丰饶的，多产的，丰产的

مرغ مَرَّغَ تَمْرِيغًا وتَمْرَاغًا الشيءَ في التُرَاب: قلَّبه فيه 放在尘土里转动

ـ رأسَه: أَشْبَعَه دُهْنًا 在头发上多擦油

ـ وأَمْرَغَ عِرْضَه: دَنَّسَه 玷污名誉

تَمَرَّغَ في الوَحْلِ أو التُرَابِ: تَقلَّب 在泥土中打滚

ـ في الفِرَاش: تَضَوَّرَ 辗转反侧，在床上打滚

ـ في الأَمْر: تَرَدَّدَ 犹豫不决，拿不定主意

مَرْغَرِين (أ) margarine 人造奶油

مُرْفِين (أ) marphine: مادّة مُخَدِّرة 吗啡
مرق مَرَقَ ـُ مُرُوقًا السَهْمُ من الرَمِيَّةِ: نفذ فيها وخرج منها (箭)穿靶子
ـ من الدِين: خرج منه بضَلالة أو بِدْعَة 反教，叛教
ـ (مـ): مَرَن / اِنْطَلَقَ مُسْرِعًا 快速放射；突进，速逃，兔脱，迅速飞过或溜过
مَرَّقَ: غَنَّى 歌，唱，吟咏
ـ العَجِينَ (مـ): مَرَّخَه 使面团稀软，和稀面
ـ الرجلَ (مـ): جعله يَمُرُّ 放过，让他通过
مُرُوق: ضَلَال 脱离，越轨，偏向，偏差
ـ عن الدِين 叛教
مَرَق / مَرَقَة / مَسْلُوقَة (مـ): ماء أُغْلِيَ فيه اللَحْمُ فصار دَسِمًا 肉汤，羹汤
ـ / ـ الطَبْخ: دِمْعة (مـ) 肉汁，肉汁卤子
قارِبُ الـ (مـ) 盛肉汁的舟形皿
مَارِق جـ مَارِقُون ومُرَّاق عن الدِين 叛教者
ـ: ضَالّ 犯错误的，迷失正路的，误入歧途的
مِرِق (مـ): مَرِخ 柔弱的，柔软的，脆弱的
ـ (مـ) 被溺爱的，娇生惯养的
ـ (مـ): مُخَنَّث 娇柔的，温柔的，爱哭的，女人气的，女人似的，无丈夫气的
مَرْأَة ـ ة 浪漫的女人
مَرْقَعَ (مـ) 娇生惯养，不耐风霜
مَرْقَعَة (مـ) 温柔，娇柔，女人气
مَرْكَزَ 集中
تَمَرْكَزَ 集中化，集中起来
تَمَرْكُزَ الرَأْسَمَالُ 资本的集中
مَرْكُونِي (أ) (Gugliemo) Marconi 马可尼(意大利电学家，马可尼无线电报发明者 1874—1937)

مَرْكِيز (أ) marquis: لَقَب شَرَف 侯爵
خَاتِم ـ marquise-ring 几颗宝石镶成蛋形的戒指
مَرْكِيزَة 侯爵夫人；女侯爵
مَرْمَتُون جـ مَرْمَتُونَات / مَرْمَطُون جـ مَرْمَطُونَات
(أ) marmiton (法)洗碗的，厨师的助手、下手
مرمر مَرْمَرَ: غَضِبَ 发怒，愤怒，生气
ـ (مـ): مَرَّ / صَارَ مُرًّا 变苦，成为苦的
ـ عيشَه (مـ): نَغَّصَه 使生活痛苦
تَمَرْمَرَ الرملُ: مَاجَ (مـ) واضطرب (沙)波动，起伏
ـ: تَذَمَّرَ 诉怨，出怨言，鸣不平，诉委屈，发牢骚
مَرْمَر: نوع من الرُخَام 雪花石膏
مَرْمَرِيّ 雪花石制的
مَرْمَطَ الشيءَ (مـ): لَوَّثَه 弄脏，弄污，污染
مَرْمَطُون (مـ) / مَرْمَتُون 厨师的助手、下手，洗碗的
مَرْمَغَ في التُرَاب (مـ): مَرَّغ (在尘土中)滚，转
مَرْمُوط (أ) marmot: فَأْرُ الجَبَل 土拨鼠
مَرْمَلَاد (أ) marmelade (法)果子酱
مِرْمِيس: كَرْكَدَّن / وَحِيد القَرْن (埃塞俄比亚语)独角犀
مرن مَرَنَ ـُ مُرُونًا ومُرُونَةً ومَرَانَةً: لان في صلابةٍ 成为坚韧的，有弹性的，有弹力的
ـ ـُ مُرُونًا ومَرَانَةً على الشيء: اعتاده وداومه 惯于…
ـ: مَرَقَ (مـ) / انطلق مسرعًا 快速放射；突进，速逃，兔脱，迅速飞过或溜过
مَرَّنَ فلانًا على الأمر: دَرَّبَه 训练，教练，锻炼
ـ ه على الأمر: عَوَّدَه عليه 使他惯于…

ـ جَسَدَه وتمرَّنَ: تريَّض بحركات مَخصوصة 做体操，锻炼身体

تَمرَّنَ على الأمر: تدرَّب 实习，练习，操练

ـ على الأمر: تَعوَّدَه 惯于

مُرُونَة / مَرَانَة [物]弹性，柔顺性

ـ (مـ) 机灵，机变，机智

مِرَان / تَمرُّن / تَمْرِين 实习，练习，操练

ـ / ـ جَسَدِيّ 体育，体操

ـ أو ـ على عَمَل: تَلْمَذَة 当学徒，做见习生

في (تَحْتَ) التَمْرِين: تِلْمِيذ في صِنَاعَة 徒弟，学徒，见习生

أَدَّى مُدَّةَ التَمْرِين 当学徒，当见习生

تَمْرِينات رِيَاضِيَّة 体操

مَرِن: لَيِّن / يَلْتَوِي 柔软的，柔顺的

ـ: لَدْن / يَتَمَدَّد ويَنْضَغِط 坚韧的，有弹力的，有弹性的

صَمْغ ـ 弹性树脂，弹性橡皮

ـ (مـ) 随机应变的

السَوَائِل المَرِنَة (كالهواء والبُخَار والغَاز) 弹性流体(如空气、蒸汽、煤气等)

مُمَرِّن 教导员，教练员

مُمَرَّن /مُتَمَرِّن 熟练的，老练的，练达的

مَارُونِيّ / مُورَانِيّ (مـ) maronite 马龙派基督教徒

مَيْرُون (مـ): الزَيْت المُقَدَّس (希)圣油

مَرْوَة جـ مَرْو: حَجَر صَوَّان [矿]燧石，火石，石英，矽石

مَرَى ـِ مَرْيًا حَقَّهُ: جَحَدَه 否认他的权利；赖债

مَارَى فلانًا مِرَاءً ومُمَارَاةً: جادَلَه ونَازَعَه 争论，辩驳

اِمْتَرَى في الأمر: شَكّ 怀疑，疑惑

ـ اللبَنَ ونَحْوَهُ: استخرجه واستدرَّه 挤奶

مِرْيَة / مُرْيَة: شَكّ 怀疑，疑心，疑惑，疑虑

ـ / ـ / مِرَاء: جَدَل 争论，辩论

حَقِيقةٌ لا ـ فِيها 毫无疑义的真相，无可争辩的事实

مُمَارَاة 争论，辩驳

مَرْيَم: اسم امرأة (希伯来女名)马利亚

بَخُور ـ: آذانُ الأَرْنَب [植]篝火花

مَرْيَمِيَّة: نَبات [植]药用鼠尾草

مَرِينا (أ): سمك كُثْعُبان البَحْر 八目鳗

مَرِينَة خَشَب (مـ) 梁木，梁材，栋梁，横梁

مَرِينُوس (أ): نوع من غَنَم إسْبانِيا أو صُوفُها merino 螺角羊，麦利奴羊，麦利奴呢

مريوق (في يرقان) / **مزاد** (في زيد)

مَزَجَ ـُ مَزْجًا ومِزَاجًا الشرابَ بالماء: خَلَطَه (把酒)冲淡，掺水

ـ الدواءَ: ركَّبه 配药

مَازَجَه: خَالَطَه 结交，交游，交往，交际，亲密往来

ـ ه (مـ): لاَطَفَه 奉承，迎合，迁就

تَمَازَجَ القومُ: تَخَالَطُوا 相交，结交，交往

اِمْتَزَجَ به: اِخْتَلَطَ 与它混合，混淆，混杂；[化]化合

مَزْج: خَلْط 混合，混淆，掺杂

حِساب الـ والخَلْط [数]混合法

مِزَاج جـ أَمْزِجَة: ما أُسِّسَ عليه البَدَنُ من الطَبائع 气质，性情，资质，天资

ـ: بِنْيَة الجِسْم 体格，体质，素质

ـ: كَيْف (مـ) 脾气，性情，性癖，倾向；心情，兴致

ـ دَمَوِيّ 多血质

ـ سَوْدَاوِيّ 忧郁质

ـ صَفْرَاوِيّ 胆汁质

ـ عَصَبِيّ 神经质

ـ لِمْفاوِيّ: بَلْغَمِيّ 粘液质

صاحب مِزاج (مـ) 懂得风趣(文学、美术等)的人；爱好舒适的人

مُضْطَرِب أو مُعكَّر الـ: مُقَرْيَف (مـ) 不高兴

مُنْحَرِف الـ: مَوْعُوك 不适意的，没有精神的，觉得不舒服的

مِزاجِيّ (مـ) 女人头巾

امْتِزاج 混合，化合

مَزِيج: شيء مَمْزُوج 混合物，混合气；[医]合剂

ـ: تَرْكِيب 构造，组织，合成物

ـ: خَلِيط 混合体，混合种，杂种，混血儿

ـ زِئْبَقِيّ 汞合金；汞剂，汞膏

ـ كِيماوِيّ [化]化合物

ـ مَعْدِنِيّ 合金

مَمْزُوج / مُمْتَزِج 混合物，合剂；合成的，化合的

مَزَحَ ـَ مَزْحًا: هزل 诙谐，说笑话，开玩笑

مَازَحَه: داعبه 和他开玩笑，和他说笑话

تَمازَحَا: تداعَبَا 互相开玩笑，一块儿说笑话

مَزْح / مُزاح / مُزاحَة 诙谐，戏谑，说笑话，开玩笑

مازِح / مَزَّاح 小丑，滑稽家，诙谐者，戏谑者，嬉笑者，爱开玩笑的人

مَزْدَكِيَّة / الـ Mazdaism [史]麦兹达克教(古代波斯的拜火教)

مُزْدَوَج (في زوج)

مَزَرَ ـُ مَزْرًا اللبنَ: حساه للذوق / مَزْمَزَ (مـ) 尝味，试味

مِزْر: مَرِيسَة (مـ) (راجع بُوظة) 苏丹酒，大麦酒，古埃及大麦酒

مَازُور: صَيَّاد السَمَك [鸟]翠鸟，鱼狗

مزراب (في زرب) / **مزربن** (مـ) (في زرب)

مَزَّ ـ مَزازَةً ومُزُوزَةً الطَعْمُ: صار مُزًّا أي كان طعمه بَيْنَ الحُلْو والحامِض 成为酸甜的

مَزَّ ـُ مَزًّا الشيءَ: مَصَّه 啜饮，吸饮，吸吮

ـ 榨取

مُزّ / مِزز (مـ): بين الحامِض والحُلْو 带酸的，酸甜的

ـ ومُزَّاء ومَزَّة: خَمْر لذيذُ الطَعْمِ 味美的酒

مَزَّة (مـ) / مَازَّة (سـ) 咸菜，酒菜；开胃物，食欲刺激物

مَزَعَ ـَ مَزْعًا الظَبْيُ ونحوُه: أسرع وعَدَا عَدْوًا خَفِيفًا (羚羊等)跃进，小跑

ـ (مـ) ومَزَّعَ الشيءَ: مزَّقه 撕开，撕碎，撕成碎片

مَزَّعَ القُطْنَ: نفشه بإصْبَعِه 用手指梳理棉花

تَمَزَّعَ: تمزَّق 裂开，破裂，绽裂

مِزْعَة ومُزْعَة جـ مُزَع ومِزَع: قطعة 一片，一块，一口

مَزَقَ ـِ مَزْقًا ومَزْقَةً الثوبَ: شقّه 撕破，扯破

مَزَّقَ الثوبَ: خَرَّقَه 撕为碎片，扯成碎片

ـ ه شرَّ مُمَزَّقٍ 撕得粉碎；消灭，歼灭，毁灭，击溃，粉碎(敌军)

ـ الشَيْءَ إرْبًا إرْبًا 把…撕成碎片

ـ شَمْلَهُمْ 使他们离散，溃散，分崩离析

ـ عِرْضَهُمْ 诽谤，诋毁，中伤

يُمَزِّق القَلْبَ 使人伤心、断肠、心碎

تَمَزَّقَ: تخرَّقَ 被撕成碎片

مَزْق: شَقّ 撕裂，撕破，扯破

ـ: تَمْزِيق 撕碎，扯碎

مُزْقَة: عَنْدَلِيب / أَبُو هارُون 夜莺

مِزْقَة جـ مِزَق: قطعة من الثوب ونحوه 小片，小块

ثَوْب مِزَق ومَزَق ومَزِيق: مُمَزَّق 破烂的衣服，褴褛的衣服
مِزَق مُشتَّتة 零星的小簇，分散的小堆
مُمَزَّق 撕碎的
مَزْلَقَان جـ مَزْلَقَانات (مـ) 斜面，斜坡，铁路过道口，(入口的)斜坡，(湿地中的)堤道；(比马路高的)人行道
مَزْمَزَ الوتَدَ والسِنَّ: حرّكه ليقلعه 晃动(桩子)，摇松(牙齿)
ـ (مـ): مَزَرَ / ذَاقَ 尝味，试味
مَزْمَزَة 晃动，摇动；尝味，试味
مُزْن: سَحاب ذُو ماءٍ 雨云
حَبّ الـ / مُزْنَة: بَرَدَة 雹
مُزْنَة جـ مُزَن: مَطَرَة بَرَدٍ 雹
مزولة (في زول) / **مزيد** (في زيد)
مَزِيَّة جـ مَزَايَا / مَازِيَة: اِمْتِيَاز / فَضْل 优越，优胜，优势，优越性
ـ / ـ: فَضِيلَة 美点，优点，特点，特长，特征，长处，美德，优秀，卓越，功劳，功勋，高贵的品质
مساء (في مسو) / **مساحة** (في مسح)
مَسَارِيقَى (أ) (في التشريح) mesentery [解]系膜，肠系膜
مَسَارِيقِيّ [解]系膜的，肠系膜的
مسافة (في سوف) / **مسامّ** (في سمم)
مستاء (في سوء) / **مستبدّ** (في بدد)
مستبيح (في بوح) / **مستحدّ** (في حدد)
مستحيل (في حول) / **مستدقّ** (في دقق)
مِسْتَر (أ) mister 先生
مستراح (في روح) / **مُستشار** (في شور)
مستطاع (في طوع) / **مستعار** (في عور)
مستعدّ (في عدد) / **مستقلّ** (في قلل)

مستقيم (في قوم) / **مستلقٍ** (في لقي)
مَسْتَلَّة جـ مَسْتَلَّات (مـ) mastella (意)：نِصْف بِرْمِيل / بَسْتِلَة (مـ) 桶，浴桶，浴盆，木盆
مستمرّ (في مرر) / **مستوٍ** (في سوي)
مَسَح ـَ مَسْحًا ومَسَّحَ الشيءَ: جفَّفه بالمِسْح 擦干，揩抹，擦净，拭净，揩净
ـ وـ الشيءَ: مَحَاه 擦去，抹去，刮去，涂掉
ـ الحِذاءَ وغيرَه: نظَّفه 刷光，擦亮(皮鞋等)
ـ لوحَ الخَشَب (بالفارة) 刨光，刨平(木板)
ـ ه بالزَيْتِ أو الدُهْنِ: أمرَّ يدَه عليه به 搽油，涂油
ـ المَريضَ بالمَسْحَة (天主教)行临终涂油礼
ـ ـَ مَسْحًا ومِسَاحَةً الأرضَ: قَاسَها 测量(土地)
ـ الأرضَ: غسَلَها 拖地板，擦洗地板
ـ ومَسَّحَ ومَاسَحَ رأسَهُ: تَمَلَّقَهُ 哄，骗，勾引，诱骗；谄媚，奉承，逢迎，巴结
ـ نَظَّارَتَهُ 擦眼镜
ـ لِحْيَتَهُ 抚胡子
تَمَسَّحَ بالشيءِ: أمرَّ نَفْسَه عليه 擦痒
ـ بالماء ومن الماء: اغتسل 洗澡；洗涤
ـ بالأَعْتاب والأَقْدام (مـ) (在…面前)谄媚，曲意逢迎，摇尾乞怜
اِمْتَسَحَ السيفَ: استلَّه 拔剑
مَسْح 揩，拭，擦
ـ بالدُهْنِ 涂油，抹油；[宗]涂圣油
ـ الأَرْضِ: قِيَاسُها (土地)测量
ـ العُمْلَة بالاحتكاك 钱币的磨损
مَسْحَة: أثر خَفِيف ظاهر 痕迹，记号，标记，烙印
ـ المائِت (راجع مشح) (天主教的)临终涂

油礼

ـ (浓淡的)色度；(意义等的)细致差别

ـ: شيء قليل 一抹，轻抹，轻涂；意味

عليه ـ التهكّم 微带讽刺的意味

مِساحة الأرض: جُمْلَة قِياسها (土地的)面积

ـ الأراضِي: قياسها 土地的测量

ـ تَثْلِيثيَّة 三角测量术

ـ المُسطَّح 表面，面积

ـ الخَشَب (م): سقاطة المِسْحَج 刨花

عِلْمُ الـ (أي قياسُ الخُطوط والسُّطُوح والأجْسام) [数]测定法，求积法

مَصْلَحَة المِساحَة (م) 测量局

مَسَّاحَة (م): مِمْحَاة (انظر محو) 黑板擦，(擦字的)橡皮；挖字刀；消字灵

ماسح 揩拭者，擦抹者

ـ الأحْذِيَة 擦皮鞋的

مِسْح ج أَمْسَاح ومُسُوح: كساء من الشَّعْر 褐，粗毛布

مَسِيح ج مُسَحاء ومَسْحَى / مَمْسُوح الدهن 被涂油的，涂过油的，[宗]涂上圣油的

ـ Messiah / السَّيّد المَسِيح / عِيسَى الـ [宗]耶稣，基督

دِرْهَم ـ أو مَمْسُوح 磨损的钱币

مَسِيحِيّ: نَصْرَانِيّ 基督教的；基督徒

الدين الـ / المَسِيحِيَّة 基督教；耶稣教

البِلاد المَسِيحِيَّة / المَسِيحيَّة 基督教世界，基督教各国

مَسَّاحُ الأراضِي 测地学家，土地测量员，土地丈量员

ـ الأحْذِيَة 擦皮鞋的

مِزْوَلَة ـ الأراضِي 经纬仪

مَمْسُوح: مَمْحُوّ 被擦去的，被揩掉的，被抹去的(字迹)

ـ 磨损的，磨坏的(钱币)

ـ 平滑的，刨平的(木板)

أَمْسَحُ م مَسْحَاءُ ج مُسْح 平的，平整的，光滑的，平坦的

ـ من الأرض: مُسْتَوًى 平地

لَوْحَة مَسْحاء (未写过字的)白牌，白板

مِمْسَحَة الأرْض ج مَمَاسِحُ 拖布，拖把

ـ: قَطِيلَة / خِرْقَة 抹布，搌布

ـ الأرْجُل (من ليف وغيره) (放在门前擦鞋底的)鞋擦，棕垫

ـ الأحْذِيَة: أداة من حديد لتنظيف الأحْذِيَة (钉在门口用来刮鞋泥的)刮泥器

مُتَمَسِّحُ الجِلْد (م): صَفِيقه 厚皮的，脸皮厚的；感觉迟钝的

مَسَخَه ـَ مَسْخًا: حوّل الصورة إلى غيرها 使他变形，变态

ـ صُورَتَهُ: شَوَّهَها 毁容，破相，毁伤外貌

ـ الطعامَ: أذهَبَ طَعْمَه 使乏味，使无味

اِنْمَسَخَ 被曲解的，被歪曲的，意义模糊的

ـ [童话]变成某种动物

مَسْخ: قَلْب الصُّورَة 变态，变形

ـ: تَشْوِيه 毁容，破相，毁伤外貌

ـ: انتقال روح الإنسان إلى حيوان يناسبه [宗]投生，转生

مُسْخَة (م): مُهَرِّج 小丑，丑角，滑稽演员

مِسْخ 变成禽兽，变成畜类

ـ [神话、童话](借妖术而)变兽

ـ (م) 畸形儿，畸胎；丑陋的人，丑八怪

مَسِيخ / مَاسِخ (م): لا طَعْمَ له 乏味的，无味的；无风味的，无趣味的，不雅致的

ـ / مَمْسُوخ 外貌被毁伤的，被破了相的

الانكليزِيَّة الـ ة 蹩脚英语，洋泾浜英语

مَمْسُوخ 被歪曲的，被曲解的；变相的，

丑陋的，丑恶的，畸形的，残废的

فَرَس ـ: قليل لَحْم الكَفَل 瘦马

مَسَّدَ الشيءَ وعليه (مـ): أمرَّ يَدَه عليه شديداً

用手摩擦

ـ الشَعْرَ 梳平头发

ـ الجَسَدَ 按摩，推拿

تَمَسَّدَ 被按摩，被摩擦

مَسَد (擦洗用的)纤维团

ـ 棕榈纤维团，棕绳，棕缆

تَمْسِيد 按摩法，推拿法

مَاسُورَة جـ مَوَاسِيرُ / مَسُورَة (مـ): أُنبُوب 筒，管，

导管，试管

ـ البُنْدُقِيَّة 步枪枪筒(枪管)

مسرّة (في سرر)

مِسْرَى 密斯拉(埃及旧历12月)

مَسّ ـُ مَسًّا ومَسِيسًا ومِسِّيسَى الشيءَ: لَمَسَه 摸，

扪，触摸，轻摸

ـ ه: أصَابَه 使他遭到，受到，遇到

ـ ته (الحاجَةُ) إلى كذا: ألْجأته (需要)迫使

他，逼使他

ـ 触犯；侮辱

ـ ه بِسُوءٍ (مـ) 危害他

مَاسَّه: لاَمَسَه 接触，邻接，连接，贴近

تَمَاسَّ الشَيْئَانِ 互相接触，互相接近；互相

贴近

مَسّ / مَسِيس / مِسَاس / مُمَاسَّة 触，摸，接触

ـ: جُنُون 疯，疯狂，疯癫

عِنْدَ مَسِيس أو مِسَاس الحَاجَة 需要时，必要时

مِيسَاس [数]切点

مَسِيس [数]切点

مَسَّة جـ مَسَّات: لَمْسَة 接近，接触，一触，

一摩

تَمَاسّ: مُلاَمَسَة 接触，贴近；[数]相切

ـ: مَاس كَهْرَبِيّ (مـ) [电]短路

ـ 联合处，联络处

مَسُوس: (ماءٌ) بينَ العَذْب والمِلْح / أَسُونِي (مـ)

微咸的，稍有咸味的(水)

مُمَاسّ (في الهَنْدَسَة) [数]切线；正切

مُمَاسِّيّ [几]切线的；正切的

مُمَاسَّة 接触，触着

مَاسّ: لاَمِس 摩的，抚的，接触的

حَاجَة ـ ة 急需，迫切需求

القُوَّة الـ ة: حاسَّة المَسّ 触觉

مَسَّاس (مـ) (赶家畜用的)刺棒

مَمْسُوس: مَلْمُوس 被触的，被摸的，被接触

的，被抚摸的

ـ: يُلْمَس / مَحْسُوس 可触的，可触觉的，

可触知的

ـ: مَجْنُون 发狂的，疯狂的；癫狂的；

疯癫的，神经错乱的

أَمَسُّ حَاجَة إلى كذا 极其需要…的

هو في ـ حَاجَة إلى كذا 他最需要…

مَسَطَ ـُ مَسْطًا المَعْيَ: أخرج ما فيه بإصْبَعِه (用手

指)抠肠子里的东西

ـ الثوبَ: بَلَّه ثم خَرَطه بيدِه ليخرج ماؤه 拧

衣服

مَسَكَ ـِ مَسْكًا بالشيء وأَمْسَكَ الشيءَ وبه: قبضه

拿住，握住，抓住，掌握

ـ وـ الكُرَةَ والعُصْفُورَ وكُلَّ مُتَحَرِّك 捉住，

逮住，捕到，抓住

ـ ه وـ ه وهو يَسْرِق 当场捉贼，捕盗

ـ تْ وـ تِ النارُ بالخشب 火烧着了木头
ـ تِ النارُ بالبيت 房屋着火了
ـ وـ بِلسانه: صَمَتَ 缄默，守口如瓶
ـ (مـ) وـ البَطْنَ 便秘
ـ وـ وتَمَسَّكَ واستَمْسَكَ به: تعلّق أو تشبَّث به 依附，紧附，粘住，缠住，贴住
ـ وـ وـ وـ به: حَفِظَه 保留，保持，保有
ـ وـ بـ ... 遵守，遵循，抱定，抱着
ـ الحِسابَ 记账
ـ (مـ) أو قَرَصَ زَهْرَ النَرْدَ: صَبَنَ الكِعابَ 用骗人手段掷骰子
ـ يَدَهُ (مـ): اقتصد / قَرَّطَ 俭省，吝啬
مَسَّكَه: طيَّبه بالمِسْك 涂麝香，用麝香薰
ـ ه (مـ): جَعَله يُمْسِك 使拿着，使持着，使抓着，使掌握
أَمْسَكَ واسْتَمْسَكَ عن الأمر: كَفَّ عنه وامتنع 戒禁
ـ وـ عن الطَعام 戒食，绝食
ـ وـ عن الضحِكِ 忍住不笑
ـ عن الكلام 缄默，沉默，不作声
ـ عن البُكَاء 忍住了哭声
ـ به الرمَقَ / ـ به نَفْسَه 维持生命
ـ الشيءَ على نَفْسِه: حَبَسَه 保持，保留，保持所有
ـ اللهُ الغَيْثَ 久旱不雨
تَمَسَّكَ بـ ... 坚持，遵守，遵循
تَماسَكَ الشيْئَان 联合，结合，吻合
ما ـ عن أنْ ... 他抑制不住要…
ما ـ عن كذا / لم يتماسك أنْ فعل كذا: ما تَمَالَكَ 不能自持，不能控制自己，禁不住，忍不住，不禁
اِستَمْسَكَ بَوْلُه: انحبس 闭尿，小便不通

مَسْك: قَبْض 把持，执住，掌握，掌管；捉拿
ـ الدفَاتِر التِجارِيَّة [商]簿记
ـ الحِسابَات 会计
مِسْك 麝香
ـ رُومِيّ [植]晚香玉
غَزَال الـ [动]麝
قُنْدُس أو نِمْس الـ [动]水貂
مُسْك: قُوت / غِذَاء 粮食，食物，营养品
ـ: ما يَمْسك الأبدانَ من طَعام أو شَراب (维持生命的)食物，饮料，滋养品
مِسْكَة (مـ): رَوْث المَواشِي (牲畜的)粪，屎
ـ (مـ): جُلَّة (جِلَّة) الوَقُود (装燃料用的)箱，袋
مَسْكَة: مِقْبَض 柄，把
مَسَاك 联合的力量
ـ 堤，坝，障碍物
مُسْكَة / مُسُكَة / مَسَاكَة / مِسَاكَة: بُخل 吝啬，悭吝
ـ (维持生命的)食物；主见；大智
ليس له ولو ـ من العَقْل 他一点脑筋都没有
مُسُك / مُسْكَة: بَخِيل 吝啬者，悭吝人，守财奴
مُسَكَة: شَدِيد التَمَسُّك بالشيء 坚持者，顽梗不化者
مِسْكِيّ / مُسْكَاتِيّ (مـ) (عِنَب) 麝香葡萄(酒)
مَسَكَة 覆盖物；(汽车)外胎
مُسْكَان جـ مَسَاكِين: عُرْبُون 定银，定钱
إمْسَاك: بُخْل 吝啬，悭吝
ـ النَفْسِ 戒除，戒绝，忌(烟)，戒(酒)，节(欲)
ـ: قَبْض الأمْعاء [医]便秘，大便秘结

ـ	(伊斯兰教)封斋，把斋，斋戒
إِمْسَاكِيَّة	(伊斯兰教)封斋时间表
تَمَسُّك	墨守，拘泥，坚持，固执
ـ	(市价的)稳定性
تَمَاسُك	联合，结合，互相支持，团结
ـ	紧密，细密，充实，完整(性)，[哲]连续性
ـ	精神上的平稳
مَاسِك	拿着的，抓着的
ـ	硬的，坚固的，牢固的
يَدُهُ ـ ة	他有点吝啬
ـ الدَفَاتِر	会计员，簿记员
مَسِيك جـ مُسْك: بَخِيل	吝啬的，悭吝的，守财奴
ـ: لا يَنْضَح	不透水的，不漏水的(羊皮袋、防雨布、橡皮雨衣等)
ـ	紧握着的，紧紧抓住的
مَسَّاكة جـ مَسَّاكَات	回形针，别针，夹纸器
مُمْسِك: بَخِيل	吝啬的，悭吝的
ـ	拿着的，握着的；节约的，节俭的
مُمَسَّك	有麝香气的，麝香质的
صَابُون ـ	麝香皂
مُتَمَسِّك / مُتَمَاسِك	团结起来的，联合起来的
ـ بِحَقِّهِ	坚持权利的
مُسْكُوب (أ)	俄国人
مُسْكُوبِيّ (أ): رُوسِيّ	俄国的，俄语的，俄国人的
ريال ـ	卢布(俄国货币单位)
تَمَسْكَنَ: اِدَّعَى الفَقْرَ	装穷
ـ (مـ): تَذَلَّلَ	奉承，谄媚，卑躬屈膝
مَسْكَنَة	穷困，贫乏

مِسْكِين (في سكن) / **مسلّة** / **مسلول** (في سلل)

مسم (في سمم) / **مسنّ** (في سنن)

مَسَّى الرَّجُلَ / ـ عليه (مـ)	祝某人晚安
مَسَّاكُمُ اللهُ بالخَيْر	祝您晚安
مَاسَى	晚上遇到、遇见，迎接
أَمْسَى: خلاف أَصْبَحَ	渐近黄昏，夜晚来临
ـ: صَارَ	成为，变成
مَسَاء جـ أَمْسِيَة: عَشِيَّة (أو سَهْرَة)	傍晚，黄昏，晚上
ـَ الخَيْرِ	晚安！
ـ أَمْسِ	昨晚
مَسَاءً	晚上
مَسَائِيّ	黄昏的，晚上的
الصُحُف الـ ة	晚报
أُمْسِيَّة جـ أُمْسِيَّات وأمَاسِيّ	晚上的时间，夜晚
مُمْسًى	黄昏，晚上，晚间
قَضَى مُصْبَحَه ومُمْسَاه	度过早晨和晚上

مسواك (في سوك) / **مسورة** (في مسر)

مَاسُون (أ) mason	共济会(员)
مَاسُونِيّ (أ)/مَسُونِيّ (أ) masonic	共济会的，共济会员
ـ / ـ: بَنَّاء حُرّ	石匠，泥水匠
مَحْفَل ـ	共济会所，共济会支会
الكُوسُ الـ	木匠的曲尺
المَاسُونِيَّة / الأَخَوِيَّة المَاسُونِيَّة	共济会制度

مسيح (في مسح) / **مشاحّة** (في شحّ)

مشاع (في شيع) / **مشاقة** (في مشق)

مشتاق (في شوق) / **مُشْتَهٍ** (في شهو)

مُشْ (مـ)	不，非，不是
مَشَجَه ـُ مَشْجًا بكذا: خلطه	掺杂，混杂，混合，搅拌
مَشْج جـ أَمْشَاج	混合物，混合体；(书籍、杂志等的)杂组，杂录；[药]合剂

ـ من الأَلْوَان 混合颜料
مَشِيج جـ أَمْشَاج: جِسْم جِبِلِّيّ جِنسِيّ/غَمِيط (أ) [生物]配偶子，生殖细胞
ـ صَغِير [植]小配偶子
الخَلِيَّة المَشِيجيّة الصغيرة 精子体
الطَوْرُ المَشِيجِيّ [植]配偶体植物
الكِيس المَشِيجِيّ 精子囊
مَشَحَ ـ مَشْحًا المَرِيضَ (قبل الموت) (天主教)给临终的病人举行涂油仪式
مَشْحَة المَرِيض (天主教的)临终涂油仪式
مَشَّ ـُ مَشًّا ومَشَّشَ العَظْمَ: مَصَّ مُخَّه 吸髓，敲骨吸髓
ـ البَيْضُ (مـ): مَذِرَ (蛋)变成腐败的
مَشَّ الشيءَ: نَقَعه في الماء / بَشْبَشَ (مـ) 浸软，浸解，浸溶，浸化，泡，沤
مِشّ (مـ): ماء الجُبْن 干酪汁
مُمَشَّش (مـ): مَاذِر 腐坏的，腐败的(蛋等)
مَشَطَ ـِ مَشْطًا ومَشَّطَ الشَعْرَ: سَرَّحه 梳头，梳理头发
مَشَّطَ قاعَ البَحْر (寻找已沉的海船时)探查海底，搜索海底
اِمْتَشَطَ وتَمَشَّطَ 梳头，梳理头发
مُشْط ومِشْط التَسْرِيح جـ أَمْشَاط 梳子
ـ النَسَّاج أو بعض الحشرات أو الأصداف [动]梳状突起
ـ الكَمَنْجة أو العُود [乐]弦柱，弦马
ـ الرِجْل: عَسِيب القَدَم 跗，脚背
ـ التَذْيِيل (في الطِبَاعَة) [印]补白图样
هُمْ كَأَسْنَانِ الـ (他们像梳子的齿一样)他们是平等的
على أَمْشَاط الأَقْدَام 用脚尖走，蹑足而行
مِشْطَة 毛梳子，马梳子，刷；梳棉机，梳毛机
مُشْطِيّ: بشَكْل المُشْط 栉状，栉状物，如梳齿的
مَاشِط: مُزَيِّن 理发师
مَاشِطَة جـ مَاشِطَات / بَلَّانَة (مـ) 随侍女仆
مَشِيط / مَمْشُوط / مُمَشَّط (مـ) 梳过的
مَشْط / مِشْطَة (راجع وشظ): تِيلَة (مـ) 开尾栓
مَشَعَ ـَ مَشْعًا الشيءَ: مضغه بصَوْتٍ 大嚼
ـ الشيءَ: اختلسه 偷走，扒走，窃走
ـ القُطْنَ: نَفَشَه 梳棉(使起绒毛)
مَشَقَ ـُ مَشْقًا الشَعْرَ وغيره: مشّطه 梳头
ـ الكَتَّانَ: مَدَّه 把亚麻拉直
ـ: مَزَقَ 撕成碎片
ـ ه وأَمْشَقَه بالسَوْطِ: ضَرَبَه 鞭打，鞭挞，抽打，以鞭痛打
اِمْتَشَقَ: اِخْتَطَفَ 抢，攫，攫去，抢去
ـ السيفَ: استلّه 拔剑，亮剑
تَمَشَّقَ: تمزَّق 被撕破，被撕成碎片
مَشْق: مُغْرَة / تُرَاب أَحْمَر [矿]氧化铁，红粉
ـ: مِثَال / قَاعِدَة 模型，雏形，模范
مِشْق / مَشِيق / مَمْشُوق القَوَام م مَمْشُوقَة 细长的，纤细的，苗条的，体格匀称的，身材端正的
ـ / ـ: اِنْسِيَابِيّ 流线，流线型
مِشْقَة / مُشَاقَة / مُشَاق الكَتَّان 麻屑
مَمْشُوق القَدّ 体格匀称的
مِمْشَقَة جـ مَمَاشِقُ (梳毛和麻用的)梳子，篦子，麻刷
مَشْقَبِيَّة (مـ): عَمُود / مِحْوَر 锭子，纺锤
ـ المِخْرَطَة (车床或旋盘上的)轴，主轴
مشكاة (في شكو) / **مُشْمَئِزّ** (في شمز)
مِشْلَوْز: مِشْمِش حُلْوُ النَواة (رُكِّبَ من مِشْمِش

ولَوْز) 甜仁杏
مِشْمِش 杏
ـ لَوزِيّ أو حَمَوِيّ 甜仁杏，巴旦杏
ـ كِلابِيّ 苦仁杏
بُكْرَة في الـ (مـ) 海枯石(明天在杏子里)
烂，乌头白，马生角
مِشْمِشَة جـ مِشْمِشَات 一颗杏子；一棵杏树
مُشْمُلَة / مُشْمُلاً [植]欧楂
مُشْمُلاً صِينِيّ 枇杷
مَشَنَّة (مـ) (في شنن)
أَمْشَاهُ الدواءُ: أَطْلَقَ بَطْنَه 通大便
مَشْو: دَوَاءٌ مُسْهِل [医]泻药，轻泻剂
مَشْوَرَ (مـ) 徘徊，跋涉，踱来踱去
مِشْوَار جـ مَشَاوِيرُ (مـ) 徘徊，逍遥，漫步，
散步；差使，差事，出差
مَشْوَرَة (مـ) 散步，闲逛，游玩
مَشَى يَمْشِي مَشْيًا وتَمْشَاءً وتَمَشَّى: سار على
رِجْلَيْه 行，走，走路，步行
ـ على الأَقْدَام 徒步，步行
ـ [军]进行，操练，步法
ـ [机器]运转
مَشَّى وأَمْشَى الرجلَ: جعله يمشي 使他走动，
使他动作起来
ـ الأمورَ 完成工作，履行职责
ـ (مـ) وـ البَطْنَ 通便，使泻肚
مَاشَاه: سَايَرَه 与他并进，并列行走
تَمَشَّى: تَرَيَّضَ مَاشِيًا 散步
ـ مع فلان: جَارَاه وسَايَرَه 和…齐步前进，并
驾齐驱
تَمَاشَيَا 他俩一起走、一块走
مَشْي: سَيْر على الأقدام 步行
ـ [军]行军

مَشْيًا على الأَقْدَام 步行，徒步
مِشْيَة: هَيْئَة المَشْي 步态，步法，步调
مَشِيَّة: مَشِيئَة (في شيأ) 欲，愿，要，希望
تَمَاشِيًا مَعَ سياسةِ الاقتصاد في … 为了按照
节约的政策
مَشْيَان (مـ) 行走，步行
ـ 腹泻，泻肚
مَاشٍ جـ مُشَاة ومَاشُون: راجِل 步行者，徒步者
ـ على رِجْلَيْه 步行的
ـ: خلاف الخَيَّال / بِيَادَه (مـ) [军]步兵
المُشَاة: خلاف الخَيَّالَة (من الجيش) [军]步
兵队
على المَاشِي (مـ) 边走边…
لا يَزَال على المَاشِي (مـ) 他仍然没有工作
مَاشِيَة جـ مَوَاشٍ 家畜，牲口
مَشَّاء [哲]逍遥学派的人
ـ: كَثِيرُ المَشْي 善走者，飞毛腿
ـ: نَمَّام 中伤者，诽谤者
مَشَّايَة جـ مَشَّايَات (مـ): نخّ / بِساط طَوِيل 长而
窄的地毯
ـ الأَطْفال (مـ): حَال 小孩习步车
ـ (مـ) / مَمْشًى جـ مَمَاشٍ: طَرِيق المَشْي 人
行道
ـ (مـ) / ـ (مـ): دِهْلِيز [建]回廊，走廊
ـ 搭板，踏板，小桥
مَمْشًى جـ مَمَاشٍ [军]暗坑，[矿]坑道
ـ 回廊，过道，夹道，小路
ـ 搭板，踏板
مَشِيئَة (في شيأ) / **مشير** (في شور)
مَشِيمَة (في شيم) / **مصاغ** (في صوغ)
مصحّ (في صحح)
مَصَّرَ المَكَانَ: سَكَنَه 定居，居住，开拓(某地)

ـ الأَمْصارَ 建立城市

ـ 埃及化

تَمَصَّرَ المكانُ: صار مِصْرًا 地方变为城市

ـ (م): صار مِصْرِيًّا 取得埃及的国籍

تَمْصِير البُلْدَان 建设城市；埃及化

مِصْر جـ أَمْصَار ومُصُور / مَاصِر: حَدّ 境界，分界，界限

ـ: مَدِينَة 市镇，城市

ـ: مَكان مَعْمُور 人烟稠密的地方

ـ 埃及

ـ: عاصِمة مصرَ / القاهِرة 开罗

في كل عَصْر وـ 随时随地，古今中外

مِصْرِيّ: مَنْسُوب إلى مِصْرَ 埃及的；埃及人

ـ: قاهِرِيّ / اِبْنُ القاهِرة 开罗的；开罗人

القُطْر الـ 埃及

الـ يُون القُدَمَاء 古代埃及人

مِصْرِيَّة 埃及的出身，埃及的国籍

مِصْرِيَّات 埃及新闻(报纸的一栏)

مِصْرُلُوجِيَّة misrology 埃及学

مِصْرُولُوجِيّ 埃及学家

المِصْرَان: الكُوفَة والبَصْرَة 库法和巴士拉(伊拉克的两座城市)

مَصِير جـ أَمْصِرَة ومُصْرَان وجج مَصَارِين: مِعًى [解]肠

مَصِير (في صير)

مَصَارِي (س): نُقُود / فُلُوس (م) 钱，金钱

مَصّ ـُ مَصًّا وامْتَصَّ وتَمَصَّصَ الشيءَ: تشرّبه 吸收

ـ وـ الثَدْيَ 吮乳，吃奶

ـ وـ دَمَه 吸血

ـ وـ البُرْتُقَالَةَ 吮吸桔汁

ـ وـ الهَوَاءَ 吸气，吸空气

ـ وـ وتَمَصَّصَ: رَشَفَ 咂(一口酒)

الاسْفَنْج يَمْتَصُّ الماءَ 海绵吸水

مَصّ / اِمْتِصَاص: تَشَرُّب 吸收

ـ: رَشْف 咂

ـ رَضْع أو شَفْط 吮乳，吃奶

قَصَبُ الـ 甘蔗

مَصَّة: رَشْفَة 咂一口

اِمْتِصَاص: تَشَرُّب 吸收，吸入

مَاصّ 吸收的，吸取的

ـ 吮的

مَاصَّة جـ مَاصَّات ومَوَاصّ 吸水唧筒

مَصَّاص: حجَّام 拔火罐者

ـ: يَمْتَصّ السَوَائِل 吸收流质的，吸管

ـ [化]吸收剂；[机]吸收器

ـ / الوَطْوَاط المَصَّاص 吸血蝙蝠

ـ الدِمَاءِ: مُبْتَزُّ الأَمْوالِ [童]吸血鬼；剥削者，放高利贷者，重利盘剥者

ـ ة (م): بُومَة صَغِيرة 小枭

مَصِيص: نَدِيّ 潮湿的，湿润的

مَصِّيص (م): تُرَاب لتبييض الجُدْران 熟石膏

خَيْط ـ (س): مِقَاط / دُوبَارَة (م) 粗线，麻线

مَمْصُوص 被吸的，被吸收的，被吸入的

ـ: مَهْزُول 瘦削的，瘦弱的，憔悴的

مِمَصّ جـ مِمَصَّات: أُنْبُوبَة المَصّ 吸管，吸筒

ـ /سِيفُون (أ) 弯管，吸管

مُصَّان: قَصَبُ المَصِّ 甘蔗

مُصَاصَة: ما يُمَصّ 被吸收的

ـ القَصَبِ: ما يَبْقَى منه بعدَ عَصْره أو مَصّه 蔗渣，蔗滓

مُمْتَصّ 吸收的，吸收性的

مُصْطَكَا / مُصْطَكَى / مَصْطَكَاء (أ) mastic 乳香

شَجَرَة الـ [植]乳香树

مَصَل ـُ مَصْلاً ومُصُولاً الجُبْنُ ونحوُه: قطر 乳饼滴水

ـ الجُرْحُ: سال منه شيء يَسِيرٌ (伤口)出血清

ـ اللبَنَ: وَضَعه في خِرَق ونحوها ليَقْطُرَ ماؤه 滤出乳汁

مَصْلُ اللبَنِ جـ مُصُول وأَمْصِلَة 乳浆，乳清

ـ الدَمِ 血浆，血清

مَصْلِيّ: مَائِيّ 如水的，稀薄的，浆液的，像浆液的

مَصْلِيَّة: مائيَّة 稀薄，浆液性

مَاصُول: مِزْمَار كَبِير 单簧管

مُصَلٍّ (في صلو)

مُصَلًّى (في صلو)

مُصْلَطِح (مـ): مُفَرْطَح 扁平的

مَصْمَص الماءَ: حرّكه بطرَف لِسانه 舔

ـ: مَضْمَضَ 漱口

ـ العَظْمَ (مـ): مصّ نُخاعَه / مَشَّه 吸髓

ـ العَظْمَ (مـ): أَقْفَرَه / أكل ما عليه 啃骨头

تَمَصْمَصَ بِشفَتَيْه (مـ) 舔唇

مُصِيبة (في صوب) / **مَضَخّة** (في ضخخ)

مَضَر ـُ ومَضُرَ ـُ ومَضِرَ ـَ مَضْرًا ومَضَرًا ومُضُورًا

النَبيذُ أو اللبنُ: حَمُضَ (酒、奶)发酸

مَضِر / مَاضِر / مَضِير: حَامِض 酸的

مُضَرُ [古]木达尔(北部阿拉伯人的祖先)

بَنُو ـَ 北部阿拉伯人

مُضِرّ (في ضرر)

مَضّ ـُ مَضًّا ومَضِيضًا وأَمَضَّ الجرْحُ فلانًا: آلَمَه وأوجعه (伤口)使他疼痛

ـَ ـَ مَضَضًا من الشيء: أَلِم 痛苦

مَضَض: وَجَع المُصِيبَة 悲痛，痛苦

ـ: كُرْه 厌恶，憎恶

ـ: لَبَن حامِض 酸乳

على ـ 嫌恶地，不情愿地，勉强地

هو على ـ (مـ) 坐卧不宁，忐忑不安

قَاسَى ـَ المَجاعةِ 感受饥饿的痛苦

ـ فِراقِه 离别的悲痛

مَضّ: أَلِيم 疼痛的，痛苦的

مُضَاض: ماء شديد المُلُوحَة 盐水，卤水

مَضَاضَة 疼痛，痛苦

مَضِيض 痛苦，苦难

مُضْطَرّ (في ضرر) / **مضطرب** (في ضرب)

مَضَغ ـَـُ مَضْغًا الطعامَ: لاكَه بِلِسانِه 嚼，咀嚼，嚼碎

ـ الكلامَ (مـ) 咕唧，咕哝

ـ الصَمْتَ 沉默

ـ الحِقْدَ 怀恨

مَضْغ: لَوْك 嚼，咀嚼

مُضْغَة جـ مُضَغ / مُضَاغَة: ما يُمْضَغُ 口香糖，被嚼的东西

ـ: لُقْمَة 一口食物

ـ 反刍，倒嚼

وأَصْبَحَتْ هذه الأَحَادِيثُ ـً في الأَفْواهِ 这些谈话变成了话柄

ماضِغ جـ مُضَّغ 咀嚼的

مَاضِغَان ومَاضِغَتَان 上颌和下颌

مَواضِغُ: أَضْرَاس 臼齿，槽牙

مَضْمَضَ الماءَ في فيه: حرّكه وأداره في فيه 漱口

ـ الثوبَ: غَسَلَه / شَطَفَه (مـ) 洗衣服

مَضْمَضَة 漱口；洗涤

مُضْنًى (في ضني)

مَضَى يَمْضِي ومَضَا يَمْضُو مُضُوًّا ومُضِيًّا الشيءُ: ذَهَبَ وخَلاَ 去，逝去，消逝

ـ: فَاتَ / اِنتهى (时间)经过，过去

ـ: انقضى 满期

ـ في كذا 继续，接下去

ـ سَبِيلَه أو لِسَبِيلِه: مَاتَ 死，去世，逝世

ـ في الأمر 透入，侵入，透彻

فِيمَا (في + ما) مَضَى 以前，从前

ـ وقتُه أو أَوَانُه 过时，不时兴

مَضَى ـِ مَضَاءً ومُضُوًّا على الأمر وأَمْضَاه: أَتمَّه 实行，实施，执行；履行；贯彻；完成

ـ على البَيْع وأَمْضَاه: أَجَازَه 批准，承认，同意(买卖)

ـ (م) وأَمْضَى الصَكَّ أو الرِسالةَ (بتوقيعها) 签名，签署，签字

ـ ـِ مَضَاءً السَّيْفُ: كان مَاضِيًا 成为锐利的，锋利的

مَضَّى تَمْضِيَةً الأمرَ: أنفذه 实行，实施，执行，履行

أَمْضَى 度过；花费(时间)

ـ إجَازَتَه 度假

ـ الاخْتِبَارَات 进行实验；体验

مُضِيّ / مُضُوّ: ذَهَاب 去；逝去，离去

ـ / ـ: فَوَات (时间)经过，过去

ـ مُدَّة طويلة 过了很长时间

بَعْدَ ـ يَوْمَيْن 过了两天

ـ الوَقْت أو المُدّة 过期，过时

مَضَاء: حِدَّة 锋利，锐利

إمْضَاء: إتْمَام / إنْجاز 完成，结束

ـ / إمْضَاءَة: تَوْقِيع 签署，签名，签字

صَاحِب الـ 签署人

ـ مُسْتَعَار 笔名

إمْضَاءَات تَحْتَ النداء 在宣言上的签名

ماضٍ جـ مَوَاضٍ: حادّ 锐利的，锋利的

ـ: ذاهِب 逝去的，离去的

ـ: سالِف / سابِق 以前的，从前的，先前的

الشَّهْر الـ 上月

الـ / الزَمَن الـ (في النَحْو) [语]过去时

الفِعْل الـ [语]过去式动词

في الـ: سابِقًا 先前，以前，从前

يَسْرِي على الـ (قانُون أو حُكْم) 追溯既往的(法令)

مُمْضٍ: مُوَقِّع 签署者，签字者

مُمْضًى 被签署的，已签字的

مطرت ـُ مَطْرًا ومَطَرًا وأَمْطَرَتِ السَمَاءُ: نزل مَطَرُها 下雨

ـ تْهُمْ وـ تْهُمُ السَماءُ: أصابَتْهم بالمطر 雨淋了他们

مَطَرَ ـُ مُطُورًا ومَطْرًا الحِصَانُ: أَسْرَعَ (马)急驰，奔驰

ـ: أَبِقَ وهَرَبَ / مَطَعَ (م) 逃走，逃跑，逃避，逃遁，开小差

اِسْتَمْطَرَ اللهَ: سأله المطرَ 求雨，祈雨

ـ فلانًا ومنه: طلب معروفَهُ 请他帮忙，请他照顾

ـ عليه اللَعَنَاتِ 诅咒

ـ عليه سُحُبَ الرَحْمة 替他说情

مَطَر جـ أَمْطَار: غَيْث 雨

ـ خفيف: رَذَاذ 细雨，微雨，毛毛雨

ـ فيه بَرَد: شَفْشَاف 雨雹(雨中夹雹)

قَطْرَة ـ 雨点儿

مِقْيَاس الـ 雨量计

نُزُول (هُطُول) الـ 下雨，降雨

مَطْرَة ومَطَرَة جـ مَطَرَات (م): الدُفْعَة من المَطَر 骤雨，阵雨

مَطِر / مَاطِر / مُمْطِر / مَطِير 多雨的，常雨的，乍晴乍雨的

مَطَرِيَّة: عَالَة / شمْسِيَّة مَطَرٍ 雨伞

مِمْطَر ومِمْطَرَة جـ مَمَاطِرُ: رِدَاء المَطَر 雨衣

مِطْرَان جـ مَطَارِينُ ومَطَارِنَة (أ): فوق الأسقف ودُون البِطْرِيك (希)[宗]大主教，总主教

مَطْرَانِيَّة: كُرْسِيّ المَطْرَان 大主教的职位或教区

مَطْرَانْخَانَة جـ مَطْرَانْخَانَات 大主教宿舍

مَطْرَبِيطَه (مـ): آلة صُنْع البُرْغِي (اللَوْلَب) 螺丝钉制造机

مَطَّ ـُ مَطًّا الشيءَ: مَدَّه 延长

ـ الحَبْلَ 用力拉绳子

ـ شَفَتَيْه 噘嘴，努嘴

مَطَّطَ الشيءَ: مَطَّه شديدًا 用力拉；拽

ـ الرجُلَ: شَتَمَهُ 辱骂，侮辱，凌辱

تَمَطَّطَ 被拉长

ـ: تمدَّد وتلزَّج 成为粘的，成为粘性的、胶粘的

ـ في الكلام: مدَّه ولوَّن فيه 懒洋洋地说，慢声慢气地说

مَطّ: مَدّ 拽；用力拉

خَاصِّيَّة الـ أو التَمَطُّط 胶性，粘性，弹力，弹性，伸缩性

مَطَّاط: لَزِج / مُتَفَتِّل 粘的，胶粘的，粘性的

ـ: يتمدَّد ويتقلَّص / مرِن 有弹力的，有弹性的

ـ: مُغَّيط (سـ) 橡胶；弹性树胶

زُنْبُرُك ـ 弹簧

مَطَعَ (مـ): مَطَرَ / فَرَّ هارِبًا 逃走，逃跑，逃亡，开小差

تَمَطَّعَ: تمطَّى 伸腰，伸懒腰

ـ (مـ) 鼓足干劲

تَمَطَّقَ الطعامَ: تذوَّقه 尝味

ـ الرجلُ: صوَّت باللسان والغار الأعْلَى وذلك عند استطابة الشيء 咂嘴

مَطَلَ ـُ مَطْلاً الحبلَ: مدَّه 用力拉绳

ـ الحديدَ: طَرَقَه ومَدَّه 打铁，锻铁，锤展

ـ الحديدَ: سَبَكَه 铸铁

ـ ه ومَاطَلَه بِحَقِّه 拖延，迟延，延期偿还，延期支付

اِمْتَطَلَ النَبَاتُ: طَالَ والْتَفَّ 树木长大，枝叶扶疏

مَطْل / مُمَاطَلَة 拖延，迟延，因循，拖拉

ـ المَعادِن: طَرْقُها 锻，锤展，锤成薄片

خَاصَّة الـ 展性，延展性

يَقْبَل الـ 可锻的，有展性的

بِلا ـ ولا تَسْوِيفٍ 毫不拖延地

مِطَالَة: حِرْفَة المَطَّال 铁匠业

مَطُول / مُمَاطِل 拖延者，延搁者，因循者

مَطِيل: يقبل المَطْل (كالحديد وغيره) 有展性的(金属)

مَطِيلَة جـ مَطَائِلُ: حديدة مَطْرُوقَة 铁片，洋铁片

مَمْطُول: مَطْرُوق 锤薄的，锻延的

ـ: مُسَوَّف 被拖延的，被延期的

مَمْطُولِيَّة: قَابِلِيَّة مَطْل المَعادِن (راجع مطروقيّة) 展性，可锻性，柔韧性

مَطَا يَمْطُو مَطْوًا: أسرع في المَشْي / مَدّ (مـ) 阔步行走，快步走，大踏步前进

اِمْتَطَى وأَمْطَى الدابّةَ: رَكِبَهَا 骑(马、骡、驴等)

تَمَطَّى: تَمَطَّعَ (مـ) 伸懒腰

الكَسْلانُ يَتَثَاءَبُ ويَتَمَطَّى 懒汉又打呵欠，又伸懒腰

تَمَطَّى الرجلُ: تمدَّد وتَبَخْتَرَ ومَدَّ يدَيْهِ في المَشْيِ 高视阔步，趾高气扬

مَطْوَة من الليل جـ مَطَاوٍ (مـ): ساعة 片刻

ـ (مـ) / مِطْوَاة: مِبْرَاة (في طوي) 小刀，削笔刀，小折刀

مَطِيَّة جـ مَطَايَا ومَطِيّ: رَكُوبَة 牲口(阴阳性通用)

هذه ـ ه الأمِينَة 这是他驯顺的牲口

مُمْتَطٍ: راكِب 乘骑者

مُمْتَطِيًا جَوادَه الأبْيَضَ 骑着自己的白骏马

مَعَ: بمعنى الاجتماع أو المصاحبة 和，同，与，一道，一起

ـ ه كتابٌ 他手边有一本书

ـ الصباحِ 在早晨

أتَى ـَ الصَّباحِ 他早晨来了

ـ الوَقْتِ 同时，渐渐地，久而久之

كان مَعَها 他站在她一边，站在她的立场上

الحَقُّ ـَ كَ 你对，你有理

أنَا ـَ ه 我同意他

ـ أنَّ ... 虽然，纵然，即使，尽管…

ـ ذلِكَ 尽管如此，虽然如此

ـ كَوْنِه غَنِيًّا 尽管他是富裕的

مَعًا: سَوِيَّةً 一同，一道，一起，一块儿

مَعِي: بِصُحْبَتِي 同我一起，和我一块儿

ـ: من صَفِّي 在我的方面

مَعِيَّة: مُصَاحَبَة 陪同，陪伴

في مَعِيَّتِهِ 在他的陪同下

ـ المَلِكِ (مـ): بَلَاط 宫廷，朝廷

ـ (مـ): حَاشِيَة 卫士，侍卫

مظلة (في ظلل) / **معاد** (في عود)

مُعادٍ (في عدو) / **معاذ** (في عوذ)

معاش (في عيش) / **معاوية** (في عوي)

معتلّ (في علل) / **معتنٍ** (في عني)

مَعَجَ ـَ مَعْجًا البحرُ: مَاجَ واضطرب 起波动，起波浪，成为扬波的，成为波涛汹涌的

تَمَعَّجَ الثُّعْبَانُ أو السَّيْلُ: تَلَوَّى وتَثَنَّى في مروره 曲折而流(行)，迂曲而流(行)，蜿蜒而行

مُتَمَعِّج 蜿蜒的，弯曲的，曲折的

نَهْر ـ 一条蜿蜒的河流，曲折的河流

مَعِدَ: وَجَعَتْه مَعِدتُه 胃痛，害胃病，消化不良

مَعِدَة ومِعْدَة جـ مَعِد ومِعَد 胃

اِنْتَابَتْهُ آلامُ الـ 他的胃一阵阵地疼

ـ المُجْتَرَّات [动]瘤胃

مَرَضُ الـ 胃病

اِلْتِهَاب الـ (خصوصًا الغِشاء المُخاطيّ) [医]胃炎

وَحِيد الـ: له مَعِدة واحدة [动]单胃类

مَعِدِيّ / مِعَدِيّ: مختص بالمعدة 胃的

ـ: مُفِيد لتَقْوِيَة المَعِدة 健胃剂

الحُمَّى المَعِدِيَّة [医]胃热，(现在多指)伤寒

العَصِير المَعِدِيّ 胃液

مَمْعُود: مَرِيض بمعدته 害胃病的

مُعْدٍ (في عدو) / **مُعِدّ** (في عدد)

مَعِرَ ـَ مَعَرًا وتَمَعَّرَ الشَعْرُ أو الرِيشُ: قَلَّ 毛发(羽毛)稀疏

مَعَرَ ـَ مَعْرًا (مـ): فاخَرَ كذبًا 夸大，浮夸，吹牛，吹嘘

أمْعَرَ الرجلُ: افْتَقَرَ 贫困，贫穷

مَعَّار (مـ): فَجْفَاج 大言者，夸张者，吹牛的，牛皮大王，夸夸其谈的

مَعْز / مَعَز / مِعْزَى / مَعِيز جـ أَمْعُز ومَعِيز 山羊群(集合名词)

مَعْزِيّ: مختص بالمَعَز 山羊的

مِعْزَى (مـ): أنثى المعز / عَنْزَة 母山羊

مَاعِز جـ مَعْز م مَاعِزَة جـ مَوَاعِزُ 一只山羊

مَعَّاز: رَاعِي المَعز (山羊群的)牧人

معس ـَ مَعْسًا الشيءَ: فَعَصَ (مـ) 轧扁，压破，撞碎；揉，搓

مَعَض ـَ مَعَضًا وامْتَعَضَ من الأمر: غضِب منه وشقّ عليه 烦恼，懊恼，生气，愤慨

معط ـَ مَعْطًا الريشَ: نَتَفَهُ 拔毛，挦毛

مَعِطَ ـَ مَعَطًا وتَمعَّطَ الذِئبُ: سَقَط شَعْرُه (狼) 掉毛

مَعِط / أَمْعَطُ م مَعْطَاءُ: لا شَعْرَ له 无毛的，无发的，光秃的

رأْس مَعِط أو أَمْعَطُ 秃头

أَرْضٌ مَعْطَاءُ 不毛之地，无草木的地方

مَعَكَ ـَ مَعْكًا الشيءَ: دلَكه / دَهَكَه 摩擦

مَعْكَرُونَة (مـ سـ): مَكْرُونَة (مـ) macaroni 空心面，通心粼

مَعَلَيْهِش (مـ) (ما عليه شيء) 还行，可以，没关系

مُعَكْنِن (مـ) 不高兴，发脾气，心境不好

مَعْمَعَة جـ مَعَامِعُ: صَوْت الحَرِيق 噼啪声，火烧爆裂声

ـ: صَوْت الحَرْب 战争的喧嚣，战争中的嘶喊声

ـ: شدَّة الحَرّ 酷热，炎热，炙热

المَعامِعُ: الحُرُوب 战争，战役

مَعْمَعَان / مَعْمَعَانِيّ من الأيام: شديد الحَرّ 暑天，热天，伏天

ـ الصَّيْف 盛夏

ـ الشِتَاء 隆冬

ـ الزَوْبَعَة أو المَوْقِعَة وغيرهما: شدَّتها 暴风雨的猛烈，战争的激烈

ـ العَمَل 工作正忙

مَعْمَعِيّ: إمَّعَة / مُسَايِر الجِهَتَيْن 骑墙的，随波逐流的，没有主见的；趋炎附势的

أَمْعَنَ في كذا 注意地做，认真地做，专心致志地做

ـ النَظَرَ في الأمر وتَمَعَّنَ فيه 仔细观察，细心审查

ـ في الهَرَب (مـ) 飞跑，飞奔，快逃

إمْعَانُ النَظَر / تَمَعُّن 注意，深思，熟虑

ـ في العَمَل 勤奋，努力，孜孜不倦

مَاعُون: كل ما انتفعتَ به من فَأْس أو قِدْر ونحوهما من أشياء البيت 家庭用具，家用什物

ـ وَرَق (سـ): رِزْمَة وَرَق (مـ) 一刀纸，一令纸

ـ جـ مَعَاوِينُ (مـ) / مَعُونَة: مَرْكَب نَقْل 拖船，驳船，舢板，平底船

مَاعُونْجِي جـ مَاعُونْجِيَّة 船主，平底船所有者

مَعِين جـ مُعُن ومُعُنات: جَارٍ 流的，流动的

ـ:ماءٌ جَارٍ 流水

مُعِين (في عون وعين)

مَعَا يَمْعُو مُعَاءً السِنَّورُ: مَاءَ 猫叫，咪咪地叫

مِعًى ومَعْي جـ أَمْعَاء / مِعَاء جـ أَمْعِيَة 肠子

الـ الاِثْنَي عَشَرِيّ [解]十二指肠

الـ الأَعْوَر [解]盲肠

الـ الدَقِيق: عَفْج [解]小肠

الـ الغَلِيظ: الأَمَرّ [解]大肠

جُزْء من الـ الغَلِيظ (انظر قولون) [解]结肠

الـ الصَائِم [解]空肠

الـ اللَفَائِفِيّ أو اللَفِيفِيّ [解]回肠

مَعَوِيّ: مُختص بالأَمْعَاء 肠的

حُمَّى مَعَوِيَّة [医]伤寒

نَزْلَة مَعَوِيَّة / اِلْتِهَاب الأَمْعَاء [医]肠炎

مُعِيد (في عود) / **مُعِيل** (في عول وعيل)

مَعِيَّة (في مع) / **مُعَيِّر** (في عير)

مُغَاث / مُغَات (مـ) 野石榴根

مغارة (في غور) / **مغاص** (في غوص)

مَغَبّة (في غبب) / **مُغَذٌّ** (في غذو)

مَغَّرَ الثَوْبَ: صَبَغَه بالمُغْرَة 染以红赭色

مَغَر / مُغْرَة: لَوْن أَمْغَر 枯叶色，赤赭色

مَغْرَة / مَغَرَة: تُراب أَحْمَر [矿]代赭石，红赭石

أَمْغَر م مَغْراء ج مُغْر: بلَوْن المغرة / خَمْرِيّ 枯叶色的，赤赭色的

مَغَصَ ـَ مَغَصًا ومُغِصَ مَغْصًا وتَمَغَّصَ بَطْنُه وانْمَغَصَ (مـ) 腹痛，腹绞痛

أَمْغَصَه ومَغَصَ (مـ): سبَّب له مغصًا 致腹痛，引起腹绞痛

مَغْص / مَغَص / مَغِيص (مـ) 腹痛，腹绞痛

ـ كَبِدِيّ [医]肝绞痛

ـ كُلْوِيّ [医]肾绞痛

مَمْغُوص 害腹痛的，害腹绞痛的

مَغَطَ ـَ مَغْطًا ومَغَّطَ الشيءَ: مدَّه / مَطَّه 拉长，拉直，拉开，延长

تَمَغَّطَ 伸长，伸直，延长，加长

مُغَّيط (سـ): صَمْغ مَرِن / مَطَّاط 橡胶，弹性橡胶

مُتَمَغِّط: لَزِج 胶质的，粘性的

ـ: مَرِن 有弹力的，带弹性的，柔韧的

مِغْفُون (أ) megaphone: مُكَبِّر الصَوْت / نَدِيّ 扩音器，传声筒

مَغْطَسَ 磁化，起磁

تَمَغْطَسَ 应磁

مَغْمَغَ الشيءَ: خَلَطَه 掺合，搅拌，混杂，混合，混淆

ـ الكلامَ: لم يُبيِّنْهُ 含糊，叽哩咕噜

مَغْنَطَ ومَغْمَطَ (أ) الشيءَ: أَكْسَبَه خَواصّ المَغْنَطِيس 磁化，起磁

تَمَغْنَطَ 应磁

مَغْنَطَة / تَمَغْنُط / تَمَغْطُس 磁化，起磁

ـ التَقارُب 应磁，感生磁

قَابِلاَت الـ 磁质

مُمَغْنَط / مُمَغْطَس 应磁的

مُمَغْنِط 起磁的

مَغْنَطِيس / مَغْنَاطِيس (أ) magnet: جاذِب الحَدِيد 磁体，磁铁

ـ: جَذْب 磁，磁性，磁力

ـ كَهْرَبِيّ 电磁

حَجَرُ الـ [矿]磁石

عِلْم الـ 磁学

مَغْنَطِيسِيّ: جَاذِب / جَذَّاب 磁的，磁性的

اِضْطِرَاب ـ 磁暴

اِنْحِرَاف ـ 磁偏角

إِبْرَة الاِنْحِراف الـ 磁倾针

القُطْب الـ 磁极

جَذْب ـ 磁引力

الجَنُوب الـ 磁南

الشِمَال الـ 磁北

حَقْل (مَجال) ـ 磁场

سَيَّال ـ 磁性流体

خَطّ الاستواء الـ 地磁赤道

خَطّ الزَوال الـ 地磁子午线

تَقارُب ـ 磁感应

تَنافُر ـ 磁斥力

تَنْوِيم ـ: استِهْوَاء 催眠术

نَوَّمَه تَنْوِيمًا مَغْنَطِيسِيًّا 催眠

مُنَوِّم مَغْنَطِيسِيّ 催眠术家

إِبْرَة ـ ة: إِبْرة الحُقّ 磁针（指南针）

بَطَّارِيَّة ـ ة 磁性电池组

حِدْوَة ـ ة 蹄形磁体，马蹄形磁铁

زَوْبَعَة ـ ة 磁暴

كَهْرَبَا ـ ة 磁电
هَاجِرَة ـ ة [地]磁子午圈
مَغْنَطِيسِيَّة: جَذْب مَغنطيسيّ 磁性
مِقْيَاس الـ: مَنْيَتُومِتْر (أ) magnetometer [物]
磁强针，地磁仪
مُغْنَى / مُغْنَة / خَشَب المُغْنَى (أ): نِبْش 桃花心木
مَغْنِيسِيَا (أ) magnesium (في مَانِيزا) [化]镁
ـ: مَنِيزَة (أ) magnesia [化]氧化镁，苦土
كَرْبُونَات الـ (أ) carbonate magnesium
[化]碳酸镁
مغيًا (في غيي) / **مفاد** (في فيد)
مِفكّ (في فكك) / **مفيد** (في فيد)
مقالة (في قول) / **مقام** (في قوم)
مَقَانِق (مـ سـ): لُقَانِق / سُجُقّ (مـ) (انظر سجق)
腊肠，红肠
مَقَتَ ـُ مَقْتًا ومَاقَتَ ومَقَّتَ الرجلَ: أَبْغَضَه أشدَّ البُغْض 厌恶，嫌弃，痛恨，深恶痛绝
ـ (مـ): هَزَلَ 消瘦，瘦削，憔悴
مَقُتَ ـُ مَقَاتَةً فُلانٌ إليَّ: كان كَرِيها عندي 我认为是极可憎的、是被嫌厌的、是讨厌的、是令人痛心疾首的
مَقَّته إلى فلان: جعله يُبْغِضُه 使某人痛恨他
مَقْت: كَرَاهَة 憎恶，嫌恶，厌恶，嫌弃
مَقَات (مـ): سُطَّاح / ما افترش من النبات [植]蔓草，蔓生植物
مَمْقُوت / مَقِيت: كَرِيه 可憎的，可恶的，讨厌的
ـ (مـ): هَزِيل 瘦削的，瘦弱的，憔悴的
مَقْدُونَس: بَقْدُونَس (راجع بقدنس) (希)洋芫荽
مَقَرَ ـُ مَقْرًا وأَمْقَرَ السَّمَكَةَ المَالِحةَ: نقعها في الخَلّ 用醋泡咸鱼
مِقْسَاس: شَجَر الدِبْق [植]槲寄生(英国用以悬于天花板，如圣诞节的装饰)
مقشّة (في قشش) / **مقصّ** (في قصص)
مَقَعَ ـَ مَقْعًا الشرابَ: شَرِبَهُ أشدَّ الشُرْب 痛饮，畅饮，狂饮
اُمْتُقِعَ: تَغَيَّرَ لونُه من حزن أو فزع أو رِيبة (因悲伤、恐怖或疑虑等)变色，失色
مُمْتَقَع 失色的，变色的
مَقَلَه ـُ مَقْلاً: نَظَرَ إليه 视，看，观看，注视
مُقْلَة جـ مُقَل: عَيْن 眼，眼睛
ـ العَيْن 眼珠，眼球
تَخَطُّر مُقْلَة العَيْن [医]眼球颤动
مُقْل (راجع دوم) 野棕榈的果实
مقلاة (في قلي) / **مُقَوّ** (في قوي)
مَقْود (في قود) / **مُقِيم** (في قوم)
مكان (في مكن وكون) / **مُكِبّ** (في كبب)
مُكْتَظّ (في كظظ) / **مُكْتَف** (في كفي)
مَكَثَ ـُ مَكْثًا ومَكَثًا ومُكُوثًا ومُكْثَانًا ومِكِّيثَى ومِكِّيثَاء بالمكان: أقام 居住
ـ: لَبِثَ / بَقِيَ 待，逗留，居留
مَكَدَام (أ) macadam: دَكَّة خَرَسان (مـ) (铺路用的)碎石；碎石路
رَصَفَ الطريقَ بالـ 用碎石铺路
مَكَرَ ـُ مَكْرًا الرجلَ وبه: خَدَعَه 诓，诳，欺骗，诈骗，瞒哄
مَاكَرَه: خَادَعَه 企图欺骗，设法欺骗
مَكْر: خِدَاع 奸计，诡计，诡谲，狡猾
مَكْرَة: حِيلَة / خُدْعَة 巧计，计策，手段，权谋，策略
مَكَّار / مَكُور: مُخَادِع 阴险的，狡猾的，奸诈的，诡谲的；有机智的
ـ / مَاكِر جـ مَكَرَة ومَاكِرُونَ / مَكُور: حِيلِيّ 狡猾的，奸诈的，诡谲的；有机智的，

富于策略的

مِكْرُسْكُوب جـ مِكْرُسْكُوبَات (أ) microscope: مُجْهِر 显微镜

مِكْرُسْكُوبِيّ miscroscopic: مُجْهِرِيّ 微观的，极微的，显微镜的，用显微镜才能看见的

مِكْرُوب جـ مِكْرُوبَات ومَكَارِيبُ (أ) microbe: جُرْثُومَة 细菌，微生物

مِكْرُوبِيّ microbic: حُيَيْوِيْنِيّ / جُرْثُومِيّ 细菌的，微生物的

مِكْرُوفُون (أ) microphone: مِجْهَار كَهْرَبِيّ （无线电、电话的）传声器，麦克风

مَكَرُونَة (أ) macaroni: مَعْكَرُونَة 通心粉，空心面

مَكَسَ ـِ مَكْسًا ومَكَّسَ: جَبَى مالَ المَكْسِ 收税，抽税，征收过境税

ـ ومَاكَسَ: سَاوَمَ 还价，讲价钱

مَكَّسَ على السِلْعَة (مـ) 纳税，付税

مَكْس جـ مُكُوس: ضَرِيبَة استعمال الطُرُق للمُرور أو التِجارة 通行税，过境税，入市税

دار المُكُوس 税卡，收税所

مَكان تَحْصِيل المُكُوس: مَأْصر 关卡，关闸

مَكَّاس: جَابِي المُكُوس 税吏，收税人

مَكَّ ـُ مَكًّا وتَمَكَّكَ وامْتَكَّ العَظْمَ: مَصَّ مُخَّه 吸髓

مَكُّوك جـ مَكَاكِيك: طَاس يُشْرَب فيه （波）酒杯

ـ الخِيَاطَة أو الحِيَاكَة (مـ): مُوم （织机的）梭

شُغْل الـ 梭编法，用梭编法编的花边

عَظْم الـ （马的）骹骨

ـ 马库克（冲量）

مَكُنَ ـُ مَكَانَةً: كان أو صار قَوِيًّا 变成坚固的，强壮的

ـ عِنْدَه: صار ذَا مَنْزِلَةٍ 变成有地位的，有影响的，有威信的

مَكَّنَهُ: ثَبَّتَهُ 增强，加强，巩固

ـ ه وأَمْكَنَه من كذا: جعل له عليه سُلْطانًا وقُدْرَةً 使他能做某事，使他有可能做某事

أَمْكَنَ الأمرُ: كان مُمْكِنًا 事情成为可能的

إذا ـ / إنْ ـ 如果可能，当可能时

ـ ه: استطاع 他能够

يُمْكِنُ أنْ ... …是可能的

لا ـ أنْ: يَسْتَحِيل أنْ 是不可能的

لا يُمْكِنُهُ أنْ يَقْرَأَ 他不可能读，他不会读，他不识字

أَقَلُّ مَا ـ 最少的可能是…

في أَسْرَع ما ـ 尽可能快，尽量赶快

تَمَكَّنَ عِنْدَ فلان: صار ذا مَكَانَةٍ 变成有地位的，有影响的，有威信的

ـ: رَسَخَ 成为稳固的，坚强的

ـ في مَجْلِسه 就位，坐下

ـ واسْتَمْكَنَ من الأمرِ: قَوِيَ عليه 胜任，能制服，能处理…；控制，征服，克服

ـ وـ من عِلْم 精通（某种科学），掌握（某种技术）

ـ من كذا: قَدَرَ عليه 能做，会做，擅长

لَم أتَمَكَّنْ من الحُضُور 我未能到场

اِسْتَمْكَنَ 增强，增进，巩固

مُكْنَة / مَكِنَة: مَقْدِرَة 才能，技能

ـ / ـ: قُوَّة / شِدَّة 力量，强力，强度

مَكِنَة جـ مَكِنَات ومَكَائِنُ / مَاكِينَة جـ مَاكِينَات / مَاكِنَة (أ) machine: آلَة 机械，机器；机床

ـ خِيَاطَة 缝纫机

ـ قَصِّ الشَعْر (مـ) 剪发刀，推子

مَكَان جـ أَمْكِنَة وأَمْكُن جج أَمَاكِنُ: مَوْضِع / مَحَلّ (راجع كون) 地点，地方，处所

ـ: فَرَاغ / حَيِّز 空间，场所

ـ: مَرْكَز 地位，地盘

ـ: مَوْقِع 位置，坐落，境地，所在

ـ:مَوْقِف 立脚地，立足点

ـ: مَنْزِلة / مَكَانَة 地位，品位

ـَ ... في مَكانِ ...: بَدَلاً من ... 代替

ـ عُمُومِيّ (كالفَنادِق والحانات) 公共场所(旅馆、酒馆等)

لَيْسَ لك ـ 没有你的地位

إنَّ هذا مِنْ الغَرَابة بِـ ـِ 这是十分奇怪的

هو من كذا بـ ـ: له فيه مَقْدِرَة 他是精通某事的

لو كُنْتُ في ـ كَ 假若我在你的地位(职位、位置)

المائدةُ تشغَل مَكانًا كبيرًا 这餐桌占地很大

أخْلَى مَكانًا 腾空一个地方

مَكَانَة جـ مَكَانَات: مَنْزِلَة 身份，地位，职位，等级

ـ: رِفْعَة الشأْن 威严，威信，品位，品格，高位

ـ: رزَانَة ووَقار 威严，庄肃

ـ: نُفُوذ 势力，权力，权势，影响

ذُو ـ 有权力的，有权势的，有势力的，有影响的

إمْكَان: مَقْدِرَة 能力，技能，本事，本领

ـ / إمْكَانِيَّة: استطَاعة 可能，可能性

ـ: اِحْتِمَال 或然，或许

عِنْدَ الـ 当可能的时候

على قَدْر الـ / بقَدْر الـ 尽可能地

عَدَم الـ 不可能，没有可能性

في الـ القَوْلُ إنَّ 可以说

في ـ نا أنْ نَقُولَ 我们能说，我们可以说

مَكِين جـ مُكَنَاء / مَاكِن: رَاسِخ 坚固的，刚毅的

ـ / ـ: وَثِيق 坚实的，坚强的，坚定的

ـ: ذُو مَكانة 有地位的，有品位的

مَكِينَة: تُؤَدَة 缓慢

مُمْكِن: مُسْتَطَاع 可能的…

ـ: مُحْتَمَل 可以设想的

غير ـ: مُسْتَحِيل 不可能的，做不到的

من الـ أنْ ... 可能是

من الـ 或许，也许

مُمْكِنَات 可能的，可能性

مُتَمَكِّن: راسخ 巩固的，稳固的，确定的

ـ: مُتَأَصِّل 根深蒂固的，根基牢固的

ـ: مُثَبَّت 强固的，坚定的，有根基的

الـ: اِسْمٌ غَيْرُ مبْنِيّ (في النحو) [语]变格名词

المُتمَكِّنُ الأَمْكَنُ: اسمٌ مُنصَرِف تظهر في آخره جميعُ حركات الإعْرابِ مع التنوين [语]带鼻音符的变格名词

غير الـ: اسم مَبْنِيّ [语]定格名词

مَكَّة المُكَرَّمَة 麦加(伊斯兰教圣地)

مَكِّي / مَكَّاوِيّ (مـ) 麦加的，麦加人

مِكَنِكَا (أ) mechanic: عِلْم الحِيلِيَّات أو الآلات 力学，机械学

مِكَنِيكِيّ (أ) mechanical: آلِيّ / مَنْسُوب إلى الآلة 机械的，力学的

ـ (أ): آلِيّ / مُشْتَغِل بالآلات 机匠，机工

مُهَنْدِس ـ 机械工程师

مَكْيَاج / مَاكِيَاج (أ): تَمْوِيه مَسْرَحِيّ / تَصْنِيع (演员)化装，装扮，打扮

تَحْتَ الـ 化装的，假装的

وَضَع له الـ 替他化装，装扮，打扮

مَلأَ ـَ مَلأً ومَلأَةً ومِلأَةَ الإناءَ ماءً وبالماء ومن الماء: شَحَنَه (用水)盛满，装满，注满，斟满(器皿)

ـ المكانَ الخاليَ: أشغله 填补，填满，填写
ـ عَيْنَهُ: أَعْجَبَه مَنْظَرُه 悦目
ـ عَيْنَهُ (مـ): أعْجَبَه مَنْظَرُه 使他满足，满意，如愿
هي تَمْلأُ العَيْنَ 她很迷人，她令人消魂
ـ عينَه (مـ): جعله يَخْشَى 令人尊敬
ـ الكَشْفَ 填表
ـ الاِسْتِمَارة 填表格
ـ الأسْطُوَانَاتِ بالأغَانِي 灌唱片
ـ زُنْبُرُكَ الساعة 上表，上钟
ـ ه ومَالأَه على الأمر: عَاوَنَه 扶助，援助，支持
ـ ه وـ ه: مال معه 偏袒，左袒
مَلِئَ ـَ مَلأً وامْتَلأَ من كذا 充满…
مَلأً يُمَلِّئُ تَمْلِئَة 充满，装满，盛满，灌满
ـ في قَوْسِه: أغرق في النَّزْع 引满，拉满弓，开弓至满
تَمالأَ القَوْمُ على الأمر: اجتمعوا وتعاونوا عليه 同谋，共谋，协作，合作
امْتَلأَ حَنَقًا وغَيْظًا 满腔愤恨
مَلْء: مَصْدَر مَلأَ / تَعْبِئَة (مـ) / مَلْي (مـ) 装满，盛满，贮满，注满
مِلْءُ الإناء: ما يَمْلأُه / مَلْوُ (مـ) 一瓶，一罐，一坛，一缸，一瓮
ـ فَم 满嘴
ـ مِلْعَقَة 满匙，一匙
ـ خَانَة (مـ) 塞洞口的东西
ـ قَدَحٍ / ـ كَأْسٍ 一杯，满杯(酒)
ـ كُوبَة 一玻璃杯(水)
ـ اِخْتِيَاره 随便，任意
ـ اليَدِ أو الكَفّ 一把，一握
ـ كِسَائِه: سَمِين 肥胖的

ـ بَطْنِه 果腹，满腹
أَكَلَ ـَ بطْنِه 饱食
يَنامُ ـَ جَفْنِه أو جفنَيْه 熟睡，酣睡
صَرَخَ بـ ـ فَمِه 拼命地喊叫
تَنَفَّسَ الهواء ـَ رِئَتَيْه 深呼吸
قَابَلُوا هذا بـ ـ الأسَفِ 他们对此很遗憾
جَرَى ـَ سَاقَيْه 拼命地跑
مَلأٌ جـ أمْلاَء: جَماعة 人群，公众，群众
عَلَى الـ 当众，在大家面前
أمامَ الـ 当众，公开地
أعْلَنَ على ـ العَالَمِ 在全世界人民面前声明
الـ: الأشْرَاف 贵族，上等阶级，上流社会，显贵的，著名人士，名人
الـ الأعْلَى: عالَم الأرْواح المُجَرَّدَة [宗]天堂，天国
مُلاءَة جـ مُلاَء / مِلاَيَة النِساء جـ مِلاَيَات (مـ) 米拉叶(东方妇女的长袍)
ـ السَرير (مـ): شَرْشَف 垫单，床单
مُمَالأَة 偏袒，偏爱，偏私
اِمْتِلاَء 充满，充足
ـ دَمَوِيّ [医]多血，体液过多
ـ 肥满，丰实
مَلِيء ومَلِيّ جـ مِلاَءٌ وأَمْلِئَاءُ ومُلأَّءُ: الغَنِيّ المُقتدِر 富裕的，丰衣足食的
مَلْيَان (مـ) 充足的，十足的，完全的
ضَرَبَ النارَ في الـ (مـ) (向人群)开火，射击
مَلآن / مُمْتَلِئ: ضد فَارِغ 满满的，充满的，充足的，充分的
ـ / ـ: كامِل 充分的，完全的，圆满的，十分的，十全的，十足
ـ وـ الجِسْم 肥胖的
مُمَالِئ 偏袒的，偏护的，偏爱的

ـ 协助的，支持者

مُمْتَلِئ / مَمْلُوء / مَمْلُوّ 装满的，盛满的，填满的

ـ الجِسْم 丰满的，肥壮的

ملاذ (في لوذ)

مَلَارِيَا (أ) malaria: تَصَعُّدات آجامِيَّة 瘴气

حُمَّى الـ [医]疟疾

ملاط (في ملط) / **ملافاة** (في لفي)

ملاك (في ملك) / **ملامة** (في لوم)

مَلَانَة (مـ): حِمِّص أَخْضَر 青鸡豆，青山藜豆

مَلْت (أ) malt: نوع من الشَعِير المُنَبَّت 麦芽

مِلْتُن (أ) (John) Milton: شاعر إنكليزي شهير 约翰·弥尔顿(著名英国诗人，1608－1674)

مَلَجَ ـُ ومَلِجَ ـَ مَلْجًا وامْتَلَجَ الطِفْلُ أُمَّه (婴儿)吮乳，吃奶

مَالَج جـ مَوَالِجُ (أ): مَسْطَرِين (مـ) / مِيسَعَة (泥水匠的)抹子

مَلَحَ ـَ ومَلُحَ ـُ مُلُوحَةً ومَلَاحَةً ومُلُوحًا وأَمْلَحَ الماءُ: صَارَ مِلْحًا (水)成为咸的

مَلُحَ ـُ مَلَاحَةً ومُلُوحَةً: كان مَلِيحًا 成为美丽的，俊俏的，漂亮的

مَلَّحَ ومَلَحَ ـِ مَلْحًا الطعامَ (在食品中)加盐，以盐调味

ـ السَمَكَ ونَحْوَه 腌(鱼、肉等)

مَالَح فلانًا: أكل معه 与某人同餐

اِسْتَمْلَحَ الشيءَ: عدَّه أو وَجَدَه مَلِيحا حَسَنا 认为美丽、漂亮

مَلْح ومُلْحَة جـ مُلَح من الأحاديث: ما لَذَّ واسْتُمْلِحَ 名言，妙语，俏皮话

مَلَاحَة: حُسْن 绮丽，秀丽，优美

ـ / مُلُوحَة 咸味

مِلْح 盐

ـ خَشِن 粗盐

ـ حَيْرِيّ 白钨矿

ـ الطَعَام 食盐

ـ إنْكِلِيزِيّ 泻盐

ـ البَارُود (بَلْمُوت): نَتْرات البُوتاسا 硝石

ـ جَبَلِيّ 岩盐

ـ اللَيْمُون 柠檬酸盐

ـ النُشَادِر 硇砂

ـ طَيَّار 挥发盐

ـ: مالِحُ الطَعْم 咸的

ـ / مِلْحَة: حُرْمَة ومُعَاهَدَة 契约，条约；同盟，联盟

مِلْحِيّ 有盐的，含盐的

مُلْحَة جـ مُلَح / أُمْلُوحَة جـ أَمَالِيحُ: حديث لذيذ 名言，妙语，俏皮话

ـ 珍馐

أُمْلُوحَة 尖锐的批评

مِلَاحَة: سَلْك البَحْر 航行，航海，航运

صالح للـ 通航的，能航行的

الـ الجَوِّيَّة 航空

مِلَاحِيّ 通航的，能航行的

تَمْلِيح 加盐，盐腌

مَلِيح م مَلِيحَة جـ مِلَاح وأَمْلَاح: حَسَن 有趣的，良好的，优良的，适意的

ـ: حَسَن المَنْظَر 美观的，美丽的，标致的，清秀的，文雅的

ـ: جَمِيل 俊俏的，漂亮的

ـ / مُمَلَّح / مَمْلُوح: مَمْقُور 咸的，盐腌的

سَمَك مُمَلَّح 咸鱼

مَلَّاح: نُوتِيّ 水手，船员，海员；水兵

ـ دَلِيل 领航员，领港人

ـ	盐商
مَلاَّحو السفينة أو الطائرة	船员；航空员
مَلاَّحة / مَمْلَحَة: مَوضع استخراج الملح	盐场，盐田，盐池，盐矿
ـ (مـ) / مِمْلَحَة: وعاء المِلْح	(餐桌上的)盐瓶，盐罐
مُلاَحِيّ: عِنَب أبْيَض طويل	白而长的葡萄
مَوالح	(柑、桔等)酸水果
مُلاَّح / مُلِّيح (مـ): نبات يَنْمُو في الأرض المِلْحِيَّة	[植]藜，藜科植物
أَمْلَحُ العَيْنِ (والمرأة مَلْحاءُ)	眼大而闪亮的人
مُسْتَمْلَح	聪明的，伶俐的，有趣的，美丽的
مُوَيْلِح: بين العَذْب والمالح / أَسُونِيّ (مـ)	略有盐味的
ملخ ـَ مَلْخًا وامْتَلَخَ الشيءَ: اِنْتَزَعَه	拔出，撕下，扯掉
ـ المَفْصِلَ (مـ): فَسَخَه	使脱骱，使脱臼
اِمْتَلَخَ السيفَ: استلَّه مُسْرِعًا	迅速地拔出剑来
ـ يَدَه من القابِض عليه: اجتذبها	把手挣脱
مَلْخُ المَفْصِل (مـ)	脱骱，脱臼
مُلُوخِيَّة: نَبات يُطْبَخ	[植]锦葵
مَلِيخ: لا طَعْمَ له / مَسِيخ	无味的，无趣的
مَمْلُوخ	脱骱的，脱臼的
ملس ـَ ومَلُسَ ـُ مُلُوسَةً ومَلاَسَةً: كان مَلِسًا	成为光滑的，平滑的
مَلَسَ ـُ مَلْسًا الشيءَ: مَلَص (مـ) / اِنْتَزَعَه واسْتَأْصَلَه	拔出，拉出，扯出，拽出
مَلَّسَ الشيءَ: صيَّره أَمْلَس	使平滑，使光滑
ـ الأرضَ: سوَّاها	平地
ـ ه: زَلَّقَه	涂油，擦油；使滑，使润滑
تَمَلَّسَ وانْمَلَسَ: أَفْلَتَ / تَمَلَّصَ	潜逃，溜走，溜出，溜掉，溜之大吉
مَلاَسَة	平坦，平滑，光滑，滑溜
مَلَس (أ)	麦勒斯(做衣料的丝织品)
مَلِس / أَمْلَسُ م مَلْساءُ ج مُلْس: ضد خَشِن	平坦的，平滑的，光滑的
ـ / ـ: زَلِق	滑的，滑溜的，光滑的
ـ / ـ (كالشَّعْر)	光滑的，滑泽的(毛发等)
مَلاَّسَة ومِمْلَسَة: خشبة تُسَوَّى بها الأرض وتُملَّس	耙
مَلِّيسَا (أ سـ melissa): بَاذَرَنْجبُويه (أ) درنبوا (ع)	[植]西洋接骨木
ـ (أ) / مَاءُ الـ	西洋接骨木花水
مَلِّيسيّ (مـ) / إمْلِيسِيّ: نوع من الرُمَّان	无核石榴
مالُوش جـ مَوَالِيشُ: دُودة تقطَع أصولَ النبات فتُميته	蝼蛄
ملص ـَ مَلَصًا وتَمَلَّصَ وانْمَلَصَ وامَّلَصَ الشيءُ من يَدِه: أَفْلَتَ	失手，滑落
ـ الرجلُ: ولَّى هاربًا	潜逃，溜走，溜出，溜掉，溜之大吉
مَلَصَه (مـ): مَلَسَه / انتزعه واسْتَأْصَلَه	拔出，拉出，扯出，拽出
تَمَلَّصَ من واجب	逃避，规避，躲避，回避，忌避
أَمْلَصُ: رَطْب لَيِّن	润滑的
رَجُل ـ الرَأْسِ: لا شَعْرَ على رأسه	秃头，光头
تَمَلُّص: إفلات	溜走，溜掉，逃避，躲避，潜逃
مَلِص / مَلِيص: زَلِق	平滑的，光滑的
مَلِيص: ولد أَسْقَطَتْه أمُّه	被打下来的胎儿
ملط ـُ مَلْطًا ومَلَّطَ الحائطَ: طَلاه بالمِلاط	涂抹，粉饰，涂饰(墙壁)
ـ الشَّعْرَ: حلقه	剃发
مَلْط (مـ): عُرْيَان مَرْط (كُلِّيَّة)	裸体的，赤裸的

قلَعَ ـ (مـ): تعَرَّى 剥掉全身衣服

مِلْط جـ أَمْلاَط ومُلُوط: خَائِن 狡猾的，阴险的，不诚实的

ـ: لا حَسَبَ له 无族谱的，非世家的，家世不明的

خِلْط ـ 杂乱无章的，乱七八糟的

مِلاَطُ الحَائِط جـ مُلُط / بَيَاض (مـ) 胶泥，灰泥

مَالِطَة Malta 马尔他岛

حُمَّى ـ 浪热症，马尔他热，地中海热

يُؤَذِّن في ـ (مـ) 对牛弹琴

مَالِطِيّ 马尔他的，马尔他人

مَلِيط / أَمْلَطُ جـ مُلْط: لا شَعَرَ به 秃头，光头

مَلِق ـ مَلَقًا الرَجلَ وله ومَلَّقه (مـ) ومَالَقَهُ وتَملَّقه 阿谀，谄媚，奉承，巴结，迎合，讨好

مَلَّقَ الأرضَ أو الحائطَ: ملَّسه 使平坦，使光滑

أَمْلَقَ: اِفْتَقَرَ 贫穷，贫困

مَلَق / تَمَلُّق / تَمْلِيق 阿谀，谄媚，奉承，逢迎，巴结

ـ (مـ): مَلأ / مُتَّسَع من الأرض 空地

مَلَق / أرض ـ 收获后到(尼罗河)下次泛滥以前不种的土地

مَلَقَة جـ مَلَقَات (مـ): فرسخ أو مسافة بعيدة 哩；长距离

إِمْلاَق: شدّة الفَقْر 赤贫，贫穷，穷困

تَملُّق وتَزَلُّف 低首下心，奴颜婢膝

مَلِق / مَلاَّق / مِمْلاَق 阿谀者，谄媚者，奉承者

مَلاَّقَة / مِمْلَقَة: أداة لتسوية الأرض 耙

مُتَمَلِّق 阿谀者，奉承者

مَلَك ـ مَلْكًا ومُلْكًا ومِلْكًا ومَلَكَةً ومَمْلَكَةً ومَمْلِكَةً ومَمْلُكَةً وتَمَلَّكَ وامْتَلَكَ الشيءَ: احتواه قادرًا على التصرُّف والاِسْتِبْداد به 有，占有，领有，据有(财产、房屋等)

ـ وـ على القَوْم: اِسْتَوْلَى عليهم 治理，统治，管辖

ـ رُوعَهُ 镇静

ـ زِمامَ المُبادَرَة 掌握主动权，取得倡议权

ـ نَفْسَه أو حَواسَّه 克己，自制，忍住

تَمَلَّكَ على الشيء واسْتَمْلَكَه (مـ): وضَعَ يَدَه عليه 擅用，窃用，侵吞，盗用(公物)

ـ على القوم: صار مَلِكًا عليهم 治理，统治，成为他们的国王

ـ تْهُ العادةُ 学得，养得，沾染(某种习惯)

مَلَّكَ وأَمْلَكَ فلانًا الشيءَ 把…赠给、送给、让给(某人)

ـ وـ القومُ فلانًا على أَنْفُسِهم: جعلوه مَلِكًا 拥戴某人为王

اِسْتَمْلَكَ من الشيء (مـ): تمكَّن منه 精通，掌握(技能)

تَمَالَكَ عن كذا: مَلَكَ نَفْسَه 克制，自制，忍住

ما ـ عن كذا / لم يتمالكْ أن فعل كذا: ما تَمَاسَكَ 禁不住，忍不住，不禁

ما ـ عن الضحك / لم يتمالك أن ضَحِكَ 禁不住笑了，不禁失笑

مِلْك ومُلْك جـ أَمْلاَك ومُلُوك: ما يَمْلِكُهُ الإنسان 财产，产业；所有物

ـ: امْتِلاَك 占有，领有，所有权

ـ مَنْقُول 动产

ـ ثَابِت 不动产

ـ مُشاع 公共所有权

ـ الرَقَبَة 无收益权的财产

ـ مَحْبُوس أو مُرْصَد أو مَوْقُوف 永远管业

ـ يَدَيْه 他的所有权

جَعَلَ صناعةَ الفَحْمِ ـً ا للدَوْلَة 把煤炭工业

收归国有

صاحب الـ 所有者，私有者

عَوائِد الأمْلاك 财产税

من ذَوي الأمْلاك 有财产的，有资产的

مِلْكِيّ / تَمَلُّكِيّ: دالّ على المِلْك 财产的，财产上的，所有权的

مِلْكِيَّة / اِمْتِلاك 所有权

ـ: ما يَمْتَلِكُه الإنسانُ 主权，所有权

اِنْتَقَلَتْ ـُـه 他的所有权转移了

ـ 所有制

ـ اِجْتِمَاعِيَّة 社会公有制

ـ اِشْتِرَاكِيَّة 社会主义所有制

ـ خَاصَّة 私有制

ـ رَأْسمالِيَّة 资本主义所有制

نَزْع الـ 征用，让与

مُلْك: حُكْم / سُلْطَة (帝王的)统治权

ـ: مَلَكُوت 王国，王权

مَلَك / مَلاَك جـ مَلاَئِكَة: كائن سَمَاوِيّ [宗]天使，天神

ـ المَوْت [宗]死神

ـ الحُبّ 爱神

الـ الحَارِس 守护神

مَلَكَة جـ مَلَكَات: صفة راسخة في النفس 特征，特点，特性

ـ: سَلِيقة [哲]直观，直觉，直觉的知识

ـ: عادَة 习惯

ـ: قَرِيحَة 才能，技能

ـ الشِعْر أو التَصْوِير 作诗或画画的才能

مَلِك ومَلْك جـ مُلُوك وأملاك: صاحِب السُلْطَة على أُمَّة أو بِلاد 国王，君主

حَبُّ المُلُوك: بِزْر نَبات مُسْهِل [植]蓖麻子

داء المُلُوك: نِقْرِس [医]痛风

مَلِكَة جـ مَلِكَات: صاحبة السُلطة أو زوجة المَلِك 女王，王后

ـ النَحْل 蜂王

بَقْلَة الـ [植]元胡索

مَلَكِيّ / مَلاَئِكِيّ 天使的

مَلَكِيّ / مُلُوكِيّ 国王的，君王的，王室的

ـ 保皇党，帝制派

ـ: غير عَسْكَرِيّ / مَدَنِيّ 文官的

أَمْر ـ (君主国的)法令

مَرْسُوم ـ 敕令

مَرْسُوم ـ (مـ) 敕书，上谕，圣旨，谕旨

مُسْتَشَار ـ 王室法律顾问

مَلَكِيَّة 帝制，君主制，君主政体

مِلاَك الأمر: قوامه 主要部分，主要成分

مَلَكُوت: مُلْك عَظِيم 王国，帝国

ـ: العِزّ والسُلْطَان 王位，王权

التَمَلُّك [法]时效权

اِمْتِلاَك / تَمَلُّك: حِيَازَة 占有，领有，据有

حَقّ الـ الفَرْدِيّ [法]私有权

مالِك جـ مُلَّك ومُلاَّك: صاحِب المِلْك 物主，所有者，占有者

ـ الأَرْض الزِرَاعِيَّة 地主

ـ: حَاكِم على 统治者，管理者，执政者

ـ الحَزِين: بَلَشُون (مـ) (鸟)苍鹭

مُلاَّكُ الأَطْيَان (复数)地主们

صِغَارُ المُلاَّك (复数)小地主

طَبَقَة المُلاَّك 有产阶级

مالِكُ بْنُ أَنَسٍ 马立克(伊斯兰教教律四大派之一的创始者)

مَالِكِيّ 马立克派的

مَالِكِيَّة: نسبة إلى مَالِكِ بْنِ أَنَسٍ 马立克教派

مَلِيك جـ مُلَكَاءُ: مَلِك 国王，君主

ملك 1180 ملل

ـ / مَالِك 物主，所有者，占有者，持有者

مَمْلُوك / مُمْتَلَك 被占有的，被持有的，持有物(财产)

ـ 狂热的，疯狂的，被迷惑的

ـ ج مَمَالِيك: عَبْد / رِقّ 白奴；(土耳其)近卫骑兵

ـ: واحدُ مَماليكِ مِصْرَ 马木鲁克王朝的国王

مُمْتَلَكات 财产，资产

ـ 领土，版图

مَمْلَكَة ج مَمَالِكُ: ما تحتَ أمر المَلِك من البلاد 王国，帝国

ـ: عِزّ المَلِك وسُلطانُه 王位，王权

مُلْكُولَة (أ) molecule: جُزَيْء / أصغرُ كُتْلَةٍ حُرَّة [理、化]分子，克分子

مَلَّ ـُ مَلاًّ الثوبَ: شَرَّجَه / سرَّجه (م) وخاطه خياطةً أُولَى إعْدادِيَّةً 假缝，疏缝，大针大针地缝，打绷线

ـَ ـُ مَلاًّ وتَمَلَّلَ: تقلَّب مَرَضًا أو غَمًّا كأنه على مَلَّة 焦急，烦闷，烦躁，坐卧不安，坐立不定，辗转反侧，如坐针毡

ـَ ـَ مَلَلاً ومَلالاً ومَلَّةً ومَلالَةً الشيءَ ومنه: سَئِمَه 厌烦，恶感；厌生，厌倦，发腻

لَنْ نملَّ من الحَديث 我们不厌其烦地说

لا يَمَلُّ 不倦的，不厌烦的，不惮其烦的

أَمَلَّه وأَمَلَّ عليه الأمرُ: شقّ عليه وأوقعه في المَلال 为难，烦扰，使疲倦，使疲乏，使厌倦，使生厌，使发腻

أَمَلَّه الشيءَ: جعله يملُّه 使厌恶，使厌烦

ـ ه (أو عليه) الكِتابَ: ألقاهُ عليه ليَكْتُبَهُ 口授，使他默写

مَلَّلَ الشيءَ: قلَّبه 翻来覆去，颠来倒去

تَمَلَّلَ: تقلَّب مَرَضًا أو غَمًّا 烦躁，烦闷，焦急，坐卧不安，坐立不定，辗转反侧

ـ وامْتَلَّ مِلَّةً: اِعْتَنَقَها 信奉某种宗教，皈依某宗教

مَلّ / مَلُول 疲倦的，厌倦的，烦躁的，烦闷的，忧闷的

مَلَل / مَلال / مَلالَة: ضَجَر / سَآمة 疲劳，厌倦，萎靡，无聊

مُلال: تَبَرُّم 不定，局促，烦躁，惶恐

مُلَّة الخِيَاطَة ج مُلَل: شِرَاجَة / سِرَاجَة (م) 假缝，疏缝

ـ السَرِير ج مُلَل (م) 弹簧床，弹簧褥垫

مَلَّة 疲倦，厌倦

ـ: عَرَقُ الحُمَّى 发烧时出的汗

مِلَّة ج مِلَل: طريقة في الدين 教义，信条，礼仪，仪式，典礼

ـ: طائِفة 宗派，教派，派别

ـ 人民，民族

أَبْناء الـ 教友，同一信仰者

مِلِّيّ: طائِفِيّ 宗教的，宗派的，教派的

ـ 人民的，民族的

مَلَّة: رَماد حارّ 热灰

مُلَّى: خبز المَلَّة 在热灰里焖熟的面包

مَلُول / مَلُولَة ومَلاَّلَة مالُولَة: ذو مَلَل 疲倦的，厌倦的，精疲力尽的(阴阳性通用)

ـ: عَدِيم الصَبْر 性急的，急躁的，无忍耐的，无耐心的，局促不安的

مُمِلّ / مَلِيل 使人厌倦的，使人厌烦的，枯燥无味的

مَمْلُول 无聊的，没趣的

مُلاّ (مَوْلَى 的变形) 毛拉 mullah, molla

(伊斯兰教徒对伊斯兰教学者的尊称)

ملاًّ (ما هو إلاَّ) 不是别人，却是…

مَلْمَل: أَسْرَعَ 急忙，急行，仓促，慌忙，急躁，赶快

ـ هُ المَرَضُ: جعله يتمَلْمَلُ 疾病使其烦躁、不安、辗转反侧

تَمَلْمَلَ: تقلَّب على فِراشه مَرَضًا أو غمًّا 坐卧不安，辗转反侧

مَلْمَلَة / تَمَلْمُل: مُلال (راجع ملل) 坐立不定，局促不安，烦躁，暴烦，忧虑

مَلَنْخوليَا (أ) melancholia: سَوْدَاء [医]忧郁病

مَلْو: سَيْر شَدِيد / عَدْو 快步，急行，奔跑

ـ (مـ): مِلْء (في ملأ)

مَلَّى وأَمْلَى اللهُ عُمْرَه: أَطَالَ عمرَه ومَتَّعه به [伊] 真主延长他的寿命

ـ وـ عليه الكتابَ: استكتبه 口授，让他默写

تَمَلَّى عُمْرَه: طال عمرُه واستمتع به 享寿考，享长寿

ـ حَبِيبَه: تمتع به طويلاً 久享亲人

اِسْتَمْلَى فلانًا الكتابَ: سأله أن يُمْلِيَه عليه 请求口授

مَلاً جـ أَمْلاَء / مَلَق (مـ) / المُتَّسع من الأرض 空地

ـ: صَحْرَاء 沙漠，旷野，不毛之地，无人烟的地方

المَلَوَان: الليل والنهار 日夜

كُلَّمَا تَناسَخَ ـ 日夜更替，渐渐，逐渐

مَلِيّ: زمن طويل 长时间，好久

اِنْتَظَرْتُهُ مَلِيًّا 我等了他好大工夫

إِمْلاَء: تلقين أو استِكْتَاب 口授，听写

مَلْوَة جـ مَلَوَات 马尔瓦(度量单位，等于两个قدح 或4.125公升)

الأَمَالِيّ: الأقوال والمُلَخَّصات وما يُمْلَى / وهو جَمْعُ الإملاء 笔记，记录

ملوخيّة (في ملخ) / **مِلْوَق** (في لوق)

ملوم (في لوم) / **ملوى** / **ملوينه** (مـ) (في لوي)

مِلْيَار جـ مِلْيَارَات (أ) milliard: أَلْفُ مِلْيُون 十亿

صَاحِبُ المِلْيَاراتِ 富豪，大富翁

مِلِّيجْرَام (أ): جزء من ألف من الجرام milligramme 毫克(千分之一克)

مِلِّيمِتْر (أ) millimetre: جزء من ألف من المتر 公厘，毫米(千分之一米)

مِلِّيم جـ مِلِّيمَات (أ) millième 米里姆(埃及币一分)

مِلْيُون جـ مَلاَيِين (أ) million: رِبْوَة / رَبْوَة / أَلْفُ أَلْفٍ 百万

صاحب المَلاَيِين 富豪，大富翁

مِلْيُونِير (أ) millionaire: قِنْطَارِيّ 富豪，大富翁

مَمُّوث mammoth 猛犸，长毛象(古生代巨象)

مِمَّ / **مِمَّا** (من+ ما) / **مَمَاسّ** (في مسس)

مَمْبَرِيطَة (مـ): نَافِذَة في سَفِينة 舷窗

ممتاز (في ميز) / **مميت** (في موت)

مَنْ 定格名词，有下面三种意义和用法：

(1)疑问名词(اِسْمُ اسْتِفْهَامٍ)，专用于人类，通用于主、宾、属格和阴、阳性，相当于汉语的“谁”和“哪个”：

ـ أَنْتَ؟ 你是谁？

ـ أَنْتُمَا؟ 你俩是谁？

ـ تَسْأَلُ؟ 你问谁？

لِـ ـ هٰذَا القَلَمُ؟ 这是谁的笔？

(2)连接名词(اِسْمٌ مَوْصُولٌ)，专用于人类，通用于主、宾、属格和阴、阳性，相当于汉语的“者”和“的”：

ـ يُرْشِدُنا في الثَّوْرَة والبِناءِ نُحِبُّهُ ونَحْتَرِمُهُ 我们

(2) 表示部分(تبعيض)，可以用 بعض 代替：

他是他们的一分子 　　هو واحدٌ – هُمْ
　　– هُمْ قَائِمٌ و– هُمْ جَالِسٌ = بعضُهم قَائِم وبعضُهم جَالِس
他们中有站着的，有坐着的

　　– هُمْ مِن يَقُولُ كذا و– هم من يَقُولُ كذا
有这样说的，有那样说的

众所周知的是⋯ 　　– المَعلُومُ أَنَّ ⋯
奇怪的是⋯ 　　– الغَرِيبِ أَنَّ ⋯
优越性中有⋯ 　　فـ – بَيْنَ المَزَايَا كذا
很抱歉、很可惜、遗憾的是⋯ 　　فـ – دَوَاعِي الأَسَفِ أَنَّ ⋯
运输问题是属于重大问题 　　مَسْأَلَةُ النَقْلِ – المَسَائِلِ الخَطِيرَة
值得惋惜的是⋯ 　　مِمَّا يُؤْسَفُ لَهُ أَنَّ ⋯
值得一提的是⋯ 　　ومِمَّا هو جَدِيرٌ بِالذِكْرِ أَنَّ ⋯

(3) 说明种类(بَيَان الجِنس)，大半在 ما 的后面：

我感谢他的帮助 　　أَشْكُرُ له ما بَذَلَهُ – المُسَاعَدَة
我和他讨论了各种问题，有文学的，有政治的 　　بَاحَثْتُهُ في شَتَّى المَوَاضِيعِ – أَدَبِيَّة وسِيَاسِيَّة

(4) 说明原因(تَعْلِيل)：

承你接见，我深感荣幸 　　– حُسْنِ حَظِّي أَن تُقَابِلَنِي
无缘无故地，无端地 　　– غَيْرِ سَبَب
没有任何理由 　　– غَيْرِ ما مُنَاسَبَة

(5) 表示比较(تفضيل)：

预防胜于治疗 　　الوِقَايَةُ خَيْرٌ – العِلَاج

所敬爱者，在指导我们的革命和建设你要尊重参加过长征的人
احتَرِمْ – اشتَركَ في المَسِيرَةِ الكُبْرَى

我敬佩忠诚为人民服务的人
أنا مُعْجَبٌ بـ – يَخْدُمُ الشعبَ بإخلاص

(3) 条件名词(أَدَاةُ شَرْطٍ جازِمة)，专用于人类，通用于主、宾、属格和阴、阳性，能使后面的两个现在式动词变成切格，第一个动词句构成条件句，第二个动词句构成结句，相当于汉语的"者"和"谁"：

杀人者死，犯杀人罪者处死刑　　– يَقْتُلْ يُقْتَلْ
谁种谁收　　– يَزْرَعْ يَحْصِدْ
谁为人民服务，人民尊敬谁　　– يَخْدُمْ الشعبَ يَحْتَرِمْهُ الشعبُ

مِنْ (حَرْف جرّ) 介词，使后面的名词变成属格。这个介词有下面八种意义：

(1) 表示起点(ابتدَاءُ الغَايةِ)，这是这个介词最主要的意义。所谓起点，有空间方面的：

我从北京启程 　　سَافَرْتُ – بَكِين
我从上海来 　　جِئْتُ – شَنْغَهَاي
他从屋里出来 　　خَرَجَ – الدَار
他从飞机上下来 　　نَزَلَ – الطَائِرَة
从头到尾 　　– أَوَّلِهِ إلى آخِرِه
自始至终 　　– البِدَايَةِ إلى النِهَايَة
穿门而入 　　دَخَلَ – البَاب
滚开！ 　　أُخْرُجْ – هُنَا !
从上面，由上面 　　– فَوْقُ / – عَلُ

有时间方面的：

他星期五开始得病 　　مَرِضَ – يَوْمِ الجُمْعَة
今后，从今以后 　　– الآنَ
几天以来 　　– أَيَّامٍ
他即刻就来了 　　جاء – ساعته

هُوَ أَفْضَلُ مِنِّي 他比我优秀(好)

(6)表示区别(فَصْل),大半加在两种矛盾的事物之间:

يَعْلَمُ جَماهِيرُ الشَّعْبِ الصوابَ ــ الخَطَأَ والخَيْرَ ــ الشَّرِّ 人民群众是认识是非和善恶的

(7)表示代替(بَدَل):

أَ رَضِيتَ بالمالِ ــ الشَّرَفِ 难道你爱钱财,而不爱光荣么?

(8)附加的(زائدة),加在否定和疑问虚词后面,以加重语气:

ما جاءَنِي ــ رَجُلٍ 没有什么人到我这里来过

ما ــ أَحَدٍ يَقْدِرُ 没有什么人能够

هل ــ رَيْبٍ في أن... 对于这件事有什么怀疑么?

يا لَهُ ــ قَوْلٍ جَميلٍ! 讲得多美啊!多么漂亮的词藻啊!

هل لِلْوَاشِي ــ صديقٍ 进谗言者会有朋友吗?

لا تَظْلِمْ ــ أحدٍ 你别欺负任何人

مناجاة (في نجو) / **مناحة** (في نوح)

مناخ (في نوخ) / **مناداة** (في ندي)

منارة (في نور) / **مناص** (في نوص)

منال (في نيل) / **منام** (في نوم)

منَّان (في منن)

مُناوَشة / **مناويشي** (م) (في نوش)

مَنْتُول (أ) menthol [化]薄荷脑

مَنْجَنِيز / مَنْجانِيز / مَنْجَنِيس / مَنْغَنِيس (أ) manganese [化]锰

ــ حَدِيدِيّ 锰铁合金

مَنْجَنِيق جـ مَجانِق ومَجانِيق ومَنْجَنِيقات: آلة حرب قديمة تُرْمَى بها الحِجارة (古代的)弩炮

ــ المُسْتَراح (م) 厕所的便池

مَنْجُو (أ) / مَنْجَه (م): عَنْبَة / أَنْبَة mango [植]芒果

مَنْجُوس (م): نِمْس [动](印度产的)猫鼬

مَنَحَه ـَ مَنْحًا الشيءَ: أعطاه إيَّاهُ / وَهَبَهُ 给,给予

ــ الرُّتَبَ 授予官衔

مَانَحَه: واصَلَه بالعَطاء 继续赠予…

مَنْح 赠给,赠予,授予,提供

مِنْحَة جـ مِنَح 礼品,赠品

ــ دِراسِيَّة 奖学金,助学金

مَانِح: واهِب 赠予者,给予者,捐助者

مَنْخُوليا (في مَالَنْخُوليا) [医]忧郁病

مُنَدَة (أ): ذَرَّة رُوحِيَّة / جَوْهَرٌ فَرْدٌ حَيّ monad [哲]单子(一种非物质的实在);[化]一价元素

مَنْدَرَة جـ مَنَادِرُ 乡间的男客接待室

مَنْدَالَة (م) / **مَنْدَل** (في ندل)

مَنْدُولِين (أ) / **مِنْدِيل** (في ندل)

مُنْذ: مُذْ 自,从,从…以来

ــ ذلِكَ الوَقْتِ 自那时起,从那时候

ــ يَوْمَيْنِ 两天以来

ــ زَمَانٍ 很久以前,很久以来

ــ عَهْدٍ قَرِيبٍ 最近以来

ــ الآنَ 此后,今后,从今以后,从现在起

ــ سَنَةٍ 一年以来

ــ ما ... 自…以来

ــ (ما) بَدَأَتِ المَعْرَكَةُ 自从战役开始以来

ذَهَبَ ــ شَهْرٍ ولَمْ أَرَهُ لِلآنَ 自他走后一个月,我从来没看见他

مِنَرْفَا Minerva: إلاهة الحِكْمَة ورَمْزُ الاعتدال عند الرُّومَان [罗神]智慧、学问、战争的

女神密涅瓦

منسون (في نسو) / **منشّة** (في نشش)

منصّة (في نصص) / **منطاد** (في طود)

مَنَعه ـَ مَنْعًا ومَنَّعَه: عاقَه / حالَ بينه وبين غيره 禁止，制止，阻止，阻碍，阻拦

ـ حُدُوثَ الأَمْر 防止事情的发生

ـ وُقُوعَ الحَرْبِ أو الخَطَرِ 防止(战争或危险)

ـ ه الشيءَ أو عنه أو منه: كَفَّه ونَهَاه عنه 禁止

ـ ه الشيءَ أو منه: حَرَمَه إيَّاه 褫夺，剥夺

ـ ه الشيءَ أو منه أو عنه: رَفَضه إيَّاه 拒绝

ـ جَارَه: حامَى عنه 保护，保卫

مَنُعَ ـُ مَنَاعَةً ومَنَاعًا: قَوِيَ واشتَدَّ 成为强壮的，成为坚强的

ـ الحِصْنُ: كان مَنِيعًا (堡垒)成为坚固的，成为不可攻克的

ـ الشيءُ: اعتزّ وتعسّر 难以接近的，不可达到的

منَّعَهُ (مـ): قوَّاه 巩固，加强，增强

ـ ه ضد المَرَض وغيره (مـ): حَصَّنَه 使免疫

مَانَعَه: عارَضَه 反对，抗拒

ـ هُ الشيءَ: منعه إيَّاه 拒绝

تَمانَعَا 互相妨碍，相互掣肘

اِمْتَنَعَ وتَمَنَّعَ عن كذا 克己，自制，节制，戒断(烟、酒)

ـ وـ: رَفَضَ / أَبَى 拒绝，辞却

ـ وـ الشيءُ: تَعَذَّرَ 成为不可能的、做不到的

ـ عن التَصْوِيت 拒绝投票，投票时弃权

تَمَنَّعَ بكذا: اِحْتَمَى به 以某物为掩护

ـ: تَقَوَّى 增强意志，振作精神

مَنْع: إعاقَة 阻碍，阻止，防止，预防

ـ: نَهْي 禁止

مَنَاعة (ضد المرض): حَصَانة 免疫性

مَنْعَة / مِنْعَة: قُوَّة 力量，武力，膂力，威力

ـ / مَنَعَة جـ مَنَعَات / مَنَاعَة: حَرَازَة 巩固，坚固

مُمَانَعَة: مُعَارَضَة 反对，抗拒

اِمْتِنَاع: تَعَذُّر 不可能

ـ/ تَمَنُّع: رفض 拒绝

مانع جـ مَنَعَة ومَانِعُون: مُعِيق 禁止者，阻碍者

ـ جـ مَوَانِعُ: عائِق 妨害，障碍，障碍物

ـ: وَاقٍ 预防的，防御的

ـ الرُطُوبَة 防湿的

ـ الماء 防水的

مَنِيع: حَرِيز 坚固的，巩固的，难攻陷的，难接近的

ـ: قَوِيّ 坚强的，强大的

ـ: حَصِين 免疫的；不易攻破的

حِصْنٌ ـ 坚固的堡垒，难攻克的堡垒

جَيْشٌ ـ 常胜军，不可战胜的军队

عَائِق ـ 不能克服的障碍

مَمْنُوع: مَنْهِيّ عنه 违禁的

ـ من الصَرْفِ [语]不完全变格的，半变尾的

ـ / مُمْتَنع: غير مَسْمُوح به 被阻止的，不允许的

التَدْخِينُ (في المكان) ـ 禁止吸烟，不准吸烟

الدُخُول (إلى المكان) ـ 禁止入内，非请莫入

بَضَائِع مَمْنُوعَة 违禁品，违禁物，违禁货

مَمْنُوعَات 走私的货物

تِجَارَة المَمْنُوعَات 走私生意

أَمْنَعُ 比较难以达到的，比较难以进攻的

ـ من عُقابِ الجَوِّ 就像天空的老鹰那样难以取得

مُمْتَنِع: مُتَعَذِّر 不可能的，办不到的

ـ: رافِض 拒绝的，辞却的

مَنِفَسْتُو / مَانِيفَسْتُو manifesto (意): بيان شَحْنَة السَفِينة [商]货单，船货详单

ـ السَفَرِيَّة: بَيَان شَحْنَة البضائع بسِكَّة الحديد 铁路等的运货单

مَنِكان (أ) manikin: تمثال أو شخص لعَرْض المَلابِس 雕像衣架，人体模型

مُنْكَرِع (أ) Mycerinus: ملك مصريّ من العائلة الرابعة باني هرَم الجِيزة الأصغر 孟克里耳(埃及第四王朝法老名；吉赛小金字塔的建筑者)

مَنَّ ـُ مَنًّا وأَمَنَّ وتَمَنَّنَ الرجلَ: أضْعَفَه 使衰弱

ـ الحبلَ: قَطَعه 割断

ـ ـُ مَنًّا ومِنِّينَى عليه بكذا: أنعم عليه به من غير تعب 赠送，赠与

ـ عليه: صنع معه جميلاً 给以恩惠，照顾

ـ ـُ مَنًّا ومِنَّةً عليه بما صنع وامْتَنَّ عليه به وتَمَنَّنَهُ به: ذَكَر وعدَّد له ما فعَل له من الخير 数落，责备他忘恩负义

مَنّ جـ أَمْنَان: يساوي ١٨٠ مثقالا 重量单位，等于 180 砝码

مَنّ: كُلّ ما يُنْعَم به 恩惠，礼物，赠品

ـ النَبات: النَدْوَة العَسَلِيَّة manna [药]木蜜

ـ القَيْطَس 鲸脑，鲸蜡，鲸脑油

ـ بَنِي إسْرائِيل / مَنّ السَماء manna 吗拿(以色列人的甘露)

حَشَرَة الـ 蚜虫

سُكَّرُ الـ mannite [药]木蜜醇

بِمَنِّهِ تَعالَى [伊]由于真主的恩典

مُنَّة جـ مُنَن: قوَّة 精力，持久力

مِنَّة جـ مِنَن: مَعْرُوف / فَضْل 善行，恩惠，仁慈

ـ: نِعْمَة 恩典

اِمْتِنَان (مـ) 感谢，感恩，谢恩，感激

مَنَّان / مَنُون: مُحْسِن 仁厚的，仁慈的，行善的，博施的，慷慨的

الـ: اللهُ 大恩大惠的(真主)

مَنُون (مـ): كثير الامتنان 很感激的，很感谢的

ـ: مَوْت 死，死亡

اِغْتَالَتْه الـ 他死了

ـ: دَهْر 命运，劫数

رَيْبُ الـ: مَصَائِبُ الدَهْرِ 灾难，祸患

مَمْنُون: ضَعِيف 软弱的，衰弱的

ـ: مَقْطُوع 被割断的

ـ (مـ) / مُمْتَنّ: كثير الاِمْتِنانِ 很感激的，很感谢的

ـ (مـ) / ـ له 叨光的，叨教的，叨扰的

أنا مُمْتَنّ لَكُمْ جِداً 我非常感激您

مَمْنُونِيَّة (مـ) / اِمْتِنَان 感激，感谢，感恩

منهاج (في نهج) / **منوال** (في نول)

مَنُولِيا (أ): مَغْنُولِيا magnolia [植]木兰

مَنُومِتْر (أ) manometer 流体压力计

مَنَا جـ أَمْنَاء وأَمْنٍ ومُنِيٍّ 麦那(重量单位，等于两磅)

مَنَاة 麦那特(古代阿拉伯在麦加和麦地那地区的一偶像名称)

مَنَاهُ يَمْنِي مَنْيًا ومَنَاهُ يَمْنُو مَنْوًا: ابتلاه واخْتَبَره 试验，考验

مُنِيَ بكذا 受(灾)，遭(难)

ـ بِفَقْدِ والِده 遭父丧，丁父忧

ـ بهَزِيمةٍ نَكْرَاءَ ماحِقةٍ 遭受溃败

ـ بِخَسَارةٍ 折本，赔本，亏本

ـ لكذا: وُفِّقَ له 获得顺利

مَنَّى الرجلَ الشيءَ أو به: جعله يتمنّاه 使他希望

ـ وأَمْنَى الدمَ: أراقه 宰牲

ـ وـ الرجلُ: أَنْزَلَ مَنِيَّه 射精，泄精

ـ ه بالأَمَانِي 诱惑，迷惑

ـ نَفْسَه بالأَمَانِي والآمَال 自慰

تَمَنَّى الشيءَ: أَرَادَه ورَغِبَ فيه 希望，指望，希冀，期望

أَتمنَّى لكم نَجاحًا 祝您成功

اِسْتَمْنَى: حاوَل إخراجَ مَنِيِّه بغير جِماع 手淫

مَنًى / مَنِيَّة جـ مَنَايَا: قَدَرُ اللهِ 命运，宿命，定数，天数

ـ / ـ: مَوْت 死亡

وَافَتْه المَنِيَّةُ 他死了

رَسُول المَنَايَا: المَوْت 死神

مَنِيّ / مِنًى: ماء الذكَرِ 精液

مَنَوِيّ [解]精液的

الحَبْلُ الـ [解]精索

الحُوَيْوِينُ الـ 精子，精虫

السَائِلِ الـ 精液

السَيَلانُ الـ: مَذْي [医]精溢

الغُدَّة المَنَوِيَّة 精囊

مُنْيَة جـ مُنًى: بُغْيَة 希望，希冀，指望，愿望，期望

بَلَغ مُناه مِنه 从他那里得到自己的愿望

أُمْنِيَّة جـ أَمَانٍ وأَمَانِيّ: ما يُتَمَنَّى 指望，愿望，希望

تَمَنٍّ: اِبتغاء 愿望，指望，希望

إمْنَاء / تَمْنِيَة: إنزال المَنِيّ 射精，泄精

اِسْتِمْنَاء: جَلْدُ عُمَيْرَة 手淫

مُتَمَنٍّ: مُبْتَغٍ 希望者，希冀者，希求者

مُتَمَنَّيَات 祝愿，祝福

مَنِيزَا (في مانيزا) [化]氧化镁

مُنُولُوج جـ مُنُولُوجَات (أ) monologue 独白；独演剧本

مَنِيفَاتُورَة (أ) 布匹，织物

ـ manufactory 工场，手工业工场

مَهَابَة (في هيب) / **مَهَاة** (في مهو)

مهتر (في هتر) / **مهتمّ** (في همم)

مُهْجَة جـ مُهَج ومُهَجَات: دم 血

ـ: دَم القَلْب 心血

ـ: رُوح 精神；生命，性命

مَهَدَ ـ مَهْدًا ومَهَّدَ وتَمَهَّدَ الفراشَ: بسَطه ووطأه 铺床，铺毯子

مَهَّدَ الأمرَ: سَوَّاه وسهَّله 整理，整顿，安排，布置

ـ 看齐

ـ السَبِيلَ لكذا 铺平道路，预作准备

ـ الطَرِيقَ: رَصَفَه 铺路，筑路

ـ له عُذْرَهُ 原谅，宽恕

ـ له العُذْرَ 斟酌，酌量，体谅

تَمَهَّدَ له الأمرُ: تسهَّل وتَوَطَّأَ 容易，便利

ـ الرجلُ: تمكَّن 能够

مَهْد جـ مُهُود أو مَهْدُ الطِفْل 摇篮

ـ الحَضَارَة 文化的摇篮

ـ البَشَرِيَّة 人类的摇篮

من الـ إلى اللَحْد 从摇篮到坟墓

قَضَى على الشرِّ في ـ ه: تلافاه قبل استفحاله 防患于未然

مِهَاد جـ مُهُد ومُهْد وأَمْهِدَة: فِرَاش 床，铺，床铺，卧榻

تَمْهِيد: تَوْطِئَة 安排，布置，准备

ـ: مُقَدِّمَة 序，序言，导言，前言

تَمْهِيدِيّ 预备的，准备的；导言的

شَرْحٌ ـ 绪言，绪论

قَرَارٌ ـ 初步决定

حُكْمٌ ـ [法]中间判决
إجْراءاتٌ تَمْهِيدِيَّة 预备程序；预备措施
مُمَهَّد 铺平的；平坦的；准备就绪的，安排好的
مهر مَهَرَ ـَ مَهْرًا ومُهُورًا ومَهَارًا ومَهَارَةً الشيءَ وفيه وبه: حَذَق (对于某事)成为精巧的，熟练的，擅长的
ـ الخِطَابَ والصَكَّ: أَمْضَاه 签名，签字
ـَـُ مَهْرًا وأَمْهَرَ المرأةَ: أعطاها أو جعل لها مَهْرًا 赠送或规定彩礼
مَاهَرَه: غالبه في المَهَارَة 在技能上竞赛
مَهْر جـ مُهُور ومُهُورَة: صِدَاق المرأة 彩礼，财礼
ـ مُعَجَّل 现付的彩礼
ـ مُؤَجَّل 定期的彩礼
ـ: دُوتا (مـ) dot / بائنة [法]嫁妆，嫁资，妆奁
مُهْر جـ مُهُور: خَتْم 印，印记，图章，戳记，官印，印信
ـ جـ مِهَار وأَمْهَار ومِهَارَة: ولد الفرس 马驹，小马
مُهْرَة جـ مُهَر ومُهَرَات ومُهُرَات: أُنْثى المُهْر 母驹，小骒马
مَهَارَة 技巧，技能，本领，本事
بـ ـ: بِحِذْق 巧妙地，灵巧地，熟练地
مَاهِر جـ مَهَرَة 精巧的，熟练的，高明的
ـ في كذا 会做某事，擅长某事，精于某技术
مَهَرَاجَا maharaja (印度)王公，土帮主
مِهْرَجَان جـ مِهْرَجَانَات (مـ): عيد (波)秋分，中秋节；节日，欢庆，联欢
ـ شَبابِ العالَم 世界青年联欢节
ـ بوَفَاء النِيل 庆祝尼罗河水泛滥

الـ الرِيَاضِيّ 运动会
مُهْرِدَار جـ مُهْرِدَارِيَّة: حامِل الخَتْم 掌印人，掌玺官
مَهْرِيَّة جـ مَهَارَى ومَهَارِيّ مَهْرَةُ بْنُ حَيْدَانَ مِنْ عَرَبِ اليَمَن 快驼(因而著名)
مَهَكَ ـَ مَهْكًا ومَهَّكَ الشيءَ: سحقه سحقًا شديدا / هرَسه 研碎，捣碎，舂碎，磨碎
انْمَهَكَ 被研碎，被磨碎
مَهْكَة الشَباب: نَضارتُه 青春
مِمْهَكَة: أداة طِبَاخَة 捣碎机(烹调用)
مَهَلَ ـ مَهْلاً ومُهْلَةً وتَمَهَّلَ في العمل: عمل برِفْق ولم يُعَجِّل 慢慢做，从容不迫地做，慢条斯理地做
ـ (مـ) ومَهَّلَ وأَمْهَلَ: لم يُعاجِلْه 不催促，给予时间，宽限时间
اِسْتَمْهَلَه: سأله المُهْلَة 请延长时间，请求宽限时间
مَهْل / مَهَل / مُهْلَة جـ مُهَل: رِفْق 安闲，悠闲，闲暇，闲散
ـ / ـ: تَأَنٍّ 迟慢，缓慢
على ـ / على ـ كَ / مَهْلاً: رُوَيْدًا 慢点！别忙！别慌张！
على ـ: في الوَقْت المُناسِب 没事，有空，得闲
مُهْلَة: مُدَّة الإمْهال 宽限的日期
الـ القَانُونِيَّة (في التِجارة) (票据付款的)宽限日期(通常三天)
إمْهَال 给予迟延，特许耽搁
بلا تَرَدُّدٍ و ـ 毫不犹豫和迟缓地
تَمَهُّل 缓慢
مُتَمَهِّل 慢的，缓慢的，从容不迫的
مَهَلَّبِيَّة (مـ): مَحَلَّبِيَّة 牛乳凉粉
مُهِمّ / **مهمّة** (في همم)

مَهْمَا: اسمُ شَرْطٍ جازمٌ لِما لا يَعْقِل 条件名词，专用于事物，能使两个现在式动词变成切格，由第一个动词构成条件句，由第二个动词构成结句，相当于汉语的"无论如何"、"不论什么"、"不管怎样"等：

ـ تَفْعَلْ أَفْعَلْ 你干啥，我干啥

ـ يَكُنْ من شَيْءٍ فإنَّ ... 无论如何，总之…

ـ كانَتِ الفائدةُ ... 无论是什么好处

ـ كان الأمرُ 不管怎样

مَهْمَطه (مـ) 使他无精打采

مِهْمَنْدَار / مِهْمَانْدَار (波)管事，管家，干事，管理员

مَهْمَه جـ مَهَامِهُ: بَلَد مُقْفِر 荒野

مَهَامِه التَفْكِير 思想范围，幻想领域

مَهُنَ ـُ مَهَانَةً: كان حَقِيراً 成为可鄙的、卑鄙的，卑劣的

مَهَنَ ـَـُ مَهْنًا ومَهْنَةً ومِهْنَةً الرجلَ: خَدَمَهُ 服侍，侍候，伺候

ـ وماهَنَ: مارَس صِناعتَه 开业，从事职业，从事工作

ـ وامْتَهَنَ الشيءَ: ابتذله (把衣服等)用旧，穿破，磨损

اِمْتَهَنَهُ: احتقره 轻视，鄙视，蔑视

ـ الرجلَ: استعمله للخدمة 把他当作仆人使用

ـ الحقَّ 侵犯权利

أُمْتُهِنَ الرجلُ: أُسْتُعْمِلَ للخدمة 当仆人

مِهْنَة جـ مِهَن: شُغْل 职业；业务；事务

ـ: خِدْمَة 工作，服务；服役，供职，职务，任务

ـ حُرَّة: ليس عليها ضَرِيبَة 自由职业(免征所得税的)

ـ شَرِيفَة 正当职业

ـ يَدَوِيَّة (كالحِدادة والنِجارة والبِناء) 手艺，手工业(如铁匠、木匠、泥水匠等)

سِرُّ الـ 职业的秘密

مِهَنِيّ 职业的；专业的

مَدْرَسَةٌ ـ ة 职业学校

اِمْتِهَان: اِبْتِذَال 轻视，滥用，妄用，误用；侵犯(权利)

مَاهِن جـ مُهَّان ومَهَنَة ومِهَان: خادِم حقير 仆人，奴仆

مَهِين جـ مُهَنَاء / مُمْتَهَن: مُحْتَقَر 被轻视的，被鄙视的

ـ: حقير 下贱的，卑贱的，卑劣的，不足道的

مُمْتَهَن: مُبْتَذَل 常用的，用旧的，陈旧的

مَهُوَ ـُ مَهَاوَةً اللبَنُ: رقَّ وكثُر ماؤُه (奶)稀薄，淡薄，掺水过多

مَهَا يَمْهُو مَهْوًا الرجلَ: ضربه شديدًا 重打，猛击

أَمْهَى الحَدِيدَةَ: أحدَّها 磨尖

مَهْو: بِلُّور 水晶

ـ: مَخْلُوط أو مُخَفَّف بالماء 稀薄的，稀释的，冲淡的，掺水的

مَهَاة جـ مَهًا ومَهَوَات مَهَيَات: بقَرَة وَحْشِيَّة 野牛

ـ: بِلُّورَة 水晶

مَهْيَصَ (مـ) 吹嘘，夸耀，夸示

مِهْيَاص (مـ) 吹牛家

مَاءَ يَمُوءُ مُؤَاءً وأَمْوَأَ السِنَّوْرُ: صاح (猫)咪咪地叫

أَمْوَأَ الرجلُ: صاح صِياح السِنَّوْرِ 学猫叫

مَوَارْدِي: بائع ماء الوَرْد 蔷薇水商人

مواساة (في اسو) / **مَوَاشٍ** (في مشي)

مَوَالٍ (في ولي)

مُوبَذ جـ مَوَابِذَة 祆教的(拜火教的)术士

مَاتَ يَمُوتُ مَوْتًا ومَاتَ يَمَاتُ مَوْتًا الرجلُ: حلّ به المَوْتُ 死，亡，丧命

ـ: فَنِي / بَادَ 灭亡，枯萎，败坏

ـ عن وَلَدٍ 死后留下一个儿子

ـ عَنْ [棋]将死

ـ الرِيحُ والحَرُّ والنَارُ: سكن 平息，熄灭

ـ جُوعًا 饿死

ـ بَرْدًا 冻死，冷死

ـ كَمَدًا 气死

ـ بالسَّيْفِ 被砍死

ـ مَوَاتًا ومَوَتَانًا المكانُ 荒凉，变成无人烟的

مَوَّتَه وأَمَاتَهُ: جعله يموت 杀害，弄死，处死，剥夺生命

ـ ه وـ ه: كان سَبَبَ مَوْتِه 致人于死

ـ وـ نَفْسَه: انتحر 自杀，自尽

أَمَاتَ شَهَوَاتِه: قَهَرها 节制欲望

ـ غَضَبَه: سكّنه 节制愤怒，压住性子

ـ هُ جُوعًا 使他饿死

أُمِيتَتْ الكَلِمَةُ: تُرِكَ استعمالُها (词)作废，废弃，不用

تَمَاوَتَ: تظاهَرَ أنّهُ ماتَ 装死，假死

ـ: أَظْهَرَ الضُعْفَ 假装虚弱，佯作衰弱

ـ في عَمَلِه 磨蹭，磨洋工，慢腾腾地工作

اِسْتَمَاتَ: طلب الموتَ لنَفْسه 找死，自寻灭亡

ـ: اِسْتَقْتَلَ 拼死，拼命，拼死活

مَوْت / مَوْتَة: زَوال كل حَياة 枯死，枯萎，凋残

ـ: وَفَاة 死亡，逝世，去世

ـ: فَنَاء 毁灭，灭亡

ـ أَبْيَض / ـ طَبِيعِيّ 病死，寿终正寝，自然死亡

ـ أَبْيَض: ـ فُجَائِيّ 暴卒，突然死亡

ـ أَحْمَر: الموت قَتْلاً 横死，杀死

ـ أَسْوَد: الموت خَنْقًا 缢死，绞死，勒死

ـ زُؤَام / ـ كَرِيه 可怕的死，恐怖的死

ـ زُؤَام / ـ سَرِيع 立死，即死，暴死

ـ المَوَاشِي 牲畜病死

ـ / مِيتَة / مَوْتَة جـ مَوْتَات (مـ): حالة الموت أو نوعه 死亡的情况或种类

آخِرُ الحَيَاةِ الموتُ 生命的结尾就是死亡

صَحْوَةُ الـ 回光返照

صَحَا صَحْوَةَ الـ 他曾回光返照

نِسْبَة الـ (الوَفَيَات) 死亡率

مَيْتَة: الحيوان المَيْت بلا ذَبْح 自死的动物

مَيْت جـ أَمْوَات ومَوْتَى ومَيْتُون / مَيِّت جـ مَيِّتُون م مَيْتَة جـ مَيْتَات / مَيِّتَة جـ مَيِّتَات 死人，死尸，尸体

صُوف مَيِّت 死羊皮

دُيُونٌ ـ ة 倒账，呆账

البَحْرُ الـ 死海

مِيت (埃及)农村，乡村

إِمَاتَة: إعدامُ الحياة 杀死，杀害，处死

ـ الشَهَوَات 抑制欲望

مَوَات: حالة فُقْدَانِ الحَيَاة عُمومًا 无生命，无生气

ـ: أرض قاحِلة 荒地

ـ: ما لا رُوحَ فيه 无生物

ـ 固定资本

مُوتَان / مَوْتَان: مَوْت أو طَاعُون المَوَاشِي 牛疫，家畜流行病

ـ الفُؤَاد: بَلِيد 感觉迟钝的，漠不关心的

مائِت: مُحْتَضَر 垂死的，快死的，临死的，将死亡的

ـ: فانٍ 有死的，会死的，会灭亡的，

不能永生的
مَمَات: مَوْت 死亡
مُمَات: مَهْجُور / بَطَلَ استعمالُه 死字，作废的，
无用的，废弃的(词)
مُمِيت: قَتَّال 要命的，致命的，致死的
جُرْح ـ 致命伤
سُمّ ـ 剧毒，致命的毒药
مَرَض ـ 致命的病；不可救药的病症
خَطِيئَة مُمِيتَة 大罪，死罪
مُسْتَمِيت: مُسْتَقْتِل 拼命的，决死的，不顾死
活的，奋不顾身的
دَافَعَ دِفَاعَ الـ عن... 他拼命地保卫
مُوتُور جـ مَوَاتِيرُ / مُوطُور جـ مُوطُورَات (أ)
motor 发动机，马达
مُوتُوسِكْل (أ) motorcycle: جَوَّالَة 摩托车
مَاجَ ـُ مَوْجًا ومَوَجَانًا وتَمَوَّجَ البَحْرُ: ارتفع وهاج
واضطربت أَمْوَاجُه 波涛汹涌，波涛澎湃
تَمَوَّجَ 起波，波动，起伏
مَوْج جـ أَمْوَاج 浪，波浪，浪涛
على أَمْوَاجِ الأَثِيرِ ether 通过以太波
مَوْجَة جـ مَوْجَات: واحدة الأمواج 一个浪头，
一个巨浪
ـ قَصِيرة ومُتَوَسِّطة وطَوِيلَة (无线电的)短
波、中波和长波
ـ الشَّبَاب: عُنْفُوَانُه 青春，青年时代
تَمَوُّج 波动，起伏
الـ ات القَصِيرَة 短波波段
الـ ات الصَوْتِيَّة 声波
مائج / مُتَمَوِّج: هائج ومُضْطَرِب 澎湃的，
如浪的，波动的，起波浪的，波浪式的
مُودَة جـ مُودَات (أ) / مُوضَة (م)(意)moda : زِيّ
样式，款式，模样，时兴式样，摩登

على الـ 时新的，时髦的
مَوَدَّة (في ودد)
مُودِيل (أ) model 款式，式样；模特儿
مُؤذ (في أذي)
مَارَ يَمُورُ مَوْرًا وتَمَوَّرَ البَحْرُ 波动，摇动，动荡
تَمَوُّرًا: إقبالاً وإدباراً 来回走动，往来运动
حَرَكَة تَمَوُّرِيَّة 波动，摇动，如波的运动
مُورَاتُورِيُوم (أ) moratorium: تَأْجِيل دفع الديون
المستحقَّة [法](债务人的)延期偿付(权)，
延缓履行债务(权)
مُورْفِين (أ) morphine: خُلاصة الأَفْيُون المخدِّرة
吗啡
مُورِينَة جـ مُورِينَات (م) 梁，梁材
مَوْز (أ) musa 香蕉
ـ هِنْدِيّ: طَلْح 芭蕉
مَوْزَة جـ مَوْزَات 一根香蕉
مُوز (أ) moose: أَيِّل أميركيّ كبير [动]麋，
大角鹿
مُوزَة (法)musèe 博物馆，陈列所
مُوزَاييك mosaic 马赛克，镶嵌细工
مَاسَ يَمُوسُ مَوْسًا الرَّأْسَ: حلقه 剃头
مُوس جـ أَمْوَاس / مُوسَى جـ مَوَاسٍ: سِكِّين
الحِلاقَة 剃刀
ـ الأَمْن 安全剃刀，保安剃刀
مُوسَى Moses: اسم رجل [史]摩西，穆萨
سَمَكُ ـ: صُول (م) (انظر صول) sole 鲽；
板鱼，挞鲨鱼
شَجَرَةُ ـ 野蔷薇
مُوسَوِيّ: نِسبة إلى مُوسَى النَبِيّ 摩西的
ماسٌ / أَلْماسٌ (م) 钻石，金刚石
رَجُلٌ ـ: لا يَتَأَثَّرُ 铁石心肠的人
الـ وَرْدَه / ـ رُوزَه (أ) rosediamond 24 面

金刚石

الـ البِرِلَنْتِيّ (مـ) brilliant diamond 多面钻石

ماسَةُ القِمرَاتِيّ (زَجَّاج) 玻璃刀，划玻璃用的金刚钻

إرادة ماسِيَّة 金刚石般的意志，坚强的意志

مُوسر (في يسر)

مُوسِيقَى جـ مُوسِيقَات music: الغِناء والتَطْرِيب (أو اسم الفَنّ) 音乐

ـ 乐队

مُؤَلِّف الـ 作曲家

مُوسِيقِيّ: مختص بالمُوسِيقَى 音乐的

ـ / مُوسِيقَار: مُشْتَغِل بالموسيقى 乐师，音乐家

قائِد ـ 乐队指挥

آلة مُوسِيقِيَّة: آلة طَرَب 乐器

مُوسِيقِيَّة 音乐性

مُوسِلِين (أ) muslin: نوع من الشِفّ (الشاش) 细洋布，软棉布，纱

مُوسْيُو (أ) (مِسْيُو) monsieur (法)先生

مَاش: حبّ يُطْبَخ 印度豆

مُوضَه (مـ) (راجع مودة) 样式，模样，时装，时髦，摩登

مُوطُور جـ مُوطُورَات (أ) / موتور motor: مُحَرِّك كَهْرَبِي 发动机，马达

مُوق العَيْن: مِيق (مـ) 眦，眼角

مؤقت (في وقت) / **مؤكّد** (في وكد)

موقن (في يقن)

مَالَه ـُ مَوْلاً ومَوَّلَهُ وأَمَالَهُ: أعطاه المَالَ اللازِمَ لِعَمَلٍ 供给资金

مَالَ ـُ مَوْلاً ومُؤُولاً وتَمَوَّلَ واسْتَمَالَ: كثر مالُه 富裕，发财，变成富翁

مالَ ـِ (في ميل)

مَوَّلَه: صيّره ذا مالٍ 致富，使富足，使丰富

تَمَوَّل المالَ: أخذ المَالَ اللازِمَ 收取经费，取得资金，接受拨款

مال جـ أَمْوَال: رِزْق 财富，财产，资产

ـ: بَضَائِع 货物，商品

ـ: نُقُود 金钱，钱财，资金

ـ الحَرَام: سُحْت 不义之财，非法取得的钱财

ـ الحكومة (مـ): ضَرِيبَة 税款，捐税

ـ الأَطْيَان (مـ) (الأراضِي) 土地税

ـ العَقَارَات (مـ) (المُسَقَّفات) 财产税

ـ كثير: ثَرْوَة 财富，资源

ـ ثابِت 固定资本

ـ متحرِّك 流动资本

رَجُل ذُو ـ: كثير المال 富人，财主，有钱人

الـ الاحْتِيَاطِيّ 准备金，公积金

رأس ـ / رَسْمَال (مـ) 本钱，资本，基金

بَيْت الـ 国库，金库，出纳处，会计科

أَمِين الـ: أَمِين الصُنْدُوق 司库员，出纳员，会计员

جَمْع الـ 挣钱，赚钱

أَمْوَال 资金，财产

ـ مَنْقُولَة 动产

ـ ثابِتة 不动产

أَصْحاب رُؤُوس الـ / رِجال الـ 资本家

ـ أَمِيرِيَّة 捐税

ذُو ـ 财主

مالِيّ: نَقْدِيّ 金钱的；货币的

ـ: مُتَعَلِّق بالأمور المالِيَّة 财政的

ـ: مشتغِل بالأُمُور المالِيَّة 财务官，财政家，理财家，金融业者

ـ: مُخْتَصّ بمالِيَّةِ الحكومة 财政的，国库的

نِظَام ـ 财政制度，财务系统，财经系统
ـ / مُموِّل / مُتَموِّل: صاحب رأس المالِ 资本家
سَنَةٌ ـ ة 财政年度
سَنَةٌ ـ ة (ضَرائِبِيّة حُكوميّة) 会计年度
أَغْرَاضٌ ـ ة 财政的目的
الدَوَائِرُ الـ ة 金融界
سُوق ـ ة 金融市场
عُقُوبَة ـ ة 罚金处分
غَرَامَة ـ ة 罚款，罚金
مَالِيَّة (مـ): مَال 财政，金融
وِزَارَة الـ ة 财政部
تَمْوِيل 供给资金
مُموِّل 缴税者，纳税者
مَوَّال جـ مَوَاوِيلُ (مـ) / **مَوَالِيا** (في ولي)
مُولَص جـ مَوَالِصُ (مـ) / مُولُوز (土)防波堤，破浪堤
مُوم: شَمْع النَحْل 蜡，蜂蜡，蜜蜡，黄蜡
ـ الحَائِك 纺车，卷线车
ـ مَكِنَة الخِيَاطَة: مَكُّوك (مـ) 梭子
مُومِيا / مُومِيَاء جـ مُومِيَاءَات / مُومِيَة جـ مُومِيَات
(أ): جُثَّة مُحَنَّطة mummy 干尸，木乃伊
مَانَه يَمُونُه مَوْنًا ومؤُنَةً ومَوَّنَه: احتمل مُونَتَه وقامَ بكِفَايَتِه 供给粮食，供应食物
تَمَوَّنَ: ادَّخَرَ ما يلزَمُه من المُونَة 储粮
مُونَة جـ مُوَن: مُؤْنَة / قُوت 粮食，口粮，粮秣
ـ (مـ): مِلاطُ البِناء 灰泥，胶泥
بيتُ الـ 储藏室，小库房
تَمْوِين: مِيرَة (سـ) 供应，供给，给养，口粮，粮食
بِطَاقَة ـ 购粮证
وِزَارَة الـ 粮食部，供应部，物资供应部

مَوَّان جـ مَوَّانَة (مـ) 军需
مُونْتَاج (أ) montage: ترتيبُ المَناظِرِ السينمائِيَّة (法)剪辑画面(把零星镜头剪裁、选择、编辑成连贯的影片)，蒙太奇
مُونُغرام / مُونُوغرَام (أ) monogram: طُغْرَاء 花押字
مَاهَ يمُوهُ ويَماهُ مَوْهًا ومَاهَةً ومُؤُوهًا ومَوَّهَ المكانُ والبئرُ: كثر ماؤُه 多水，富有水，水力丰富
مَاهَ ـُ مَوْهًا وأماهَ الشيءَ بالشيء: خلطه به 混合，混淆，搀合
مَوَّهَ: أَمَاعَ 冲淡，稀释，使稀薄
ـ القِدْرَ: أكثر ماءَها 在锅里加水
ـ بكذا: طَلَى 涂上，抹上
ـ بماء الذَهَب 镀金
ـ بماء الفِضَّة 镀银
ـ عليه الخبرَ والأمرَ: زوَّره عليه وزخرفه ولبّسه أو بلّغه خلافَ ما هو 颠倒黑白，误传
ـ الحَقَائِقَ: حجبَها وأخفاها 掩盖事实真相
أَمَاهَ السِكِّينَ: سقى شَفْرَتَه 淬硬刀刃
مَاء (أصلُهُ مَوَه) جـ مِيَاه وأمْوَاه ومِيَاهَات / مَيَّهْ (مـ) / مَيْ (سـ) 水
ـ: عَصِير 汁，液
ـ: سائِل 液体，流质
ـ ثَقِيل [化]重水
ـ فَاتِر 温水
ـ مَغْلِيّ 开水
ـ صَافٍ 清水
ـ كَدِر 浊水
ـ نَاجِع 解渴的水
ـ البَحْر 海水
ـ البَصَل 洋葱汁
ـ الحَياة: الخَمْر 酒

ـ الذَهب 镀金属，包金的，镏金的

ـ الرَصاص: خلاّت الرَصاص [药]铅洗剂

ـ الزهْر 桔花水

ـ الشَباب: رَونَقه ونَضارَته 青春，年富力强

ـ الشُرْب / ـ الشفَة 饮料水

ـ العَقْد / ـ الكَذّاب (م): حامِضٌ نِتري 硝酸

ـ النار: حامضٌ إيدْروكْلُوريك 盐酸

ـ الوَجْه: الحَياء 羞耻，自尊心

ـ الوَرْد 蔷薇水

ـ قاسٍ (لا يَرْغُو فيه الصابُون) 硬水(有矿质的水)

ـ لَيِّن (يَرْغُو فيه الصابُون) 软水(无矿质的水)

الـ الأزرَق (مَرَض في العَيْن) [医]白内障

اِبْنُ الـ ج بَنَاتُ الـ 水鸟，水禽

حُورِيَّةُ الـ 美人鱼

عَرَبَةُ الـ (لحَمْل الماء) 运水车

مِيزَانُ الـ: شَاقُول 酒精水准器

المِيَاهُ المَعْدنِيَّة 矿泉水

المياه الإقليميّة 领海

مَائِيّ / مَاوِيّ / مَاهِيّ: مثل أو مُختَص بالماء أو فيه ماء 水的，水样的，含水的，水多的

ـ: مختص بالماء أو منه أو يَعيش فيه 水的，水生的，水栖的，水上的

ـ: سائِل 液体的，流质的

ـ: مختص بالسَوائِل المتحرّكة 水力的，水压的，水力学的

ـ: مختص بِتَوازُن السَوائِل 静水学的，流体静力学的

بُخَار ـ 水蒸气

مَسَالِك ـ ة 水路

مِكْبَس ـ 水压机

تَصْوِير ـ: بالماء بدَلَ الزَيْت 水彩画

رُطُوبَة مَائِيَّة (في العَيْن) [眼]水样液

نَبَاتَات مَائِيَّة 水草

المَلاهِي أو الألْعَاب المائيَّة 水上运动，水上游戏

مَائِيَّة النَبَات: ماؤُه (植物的)液，汁

مَاهِيَّة الشيء ج مَاهِيَّات ومَهَايَا: حَقِيقَتُه نسبة إلى "ما هُوَ" 本质，实质

ـ (م): رَاتِب 薪水，工资

تَموِيه: طَلاء 镀

ـ الأَخْبار والحَقَائِق 误传消息，掩盖事实真相

مُمَوَّه: مُغَشًّى 镀金的，镀银的

تَمَيُّؤ / تَمَوُّه 加水分解

مَوْهِبَة (في وهب) / **مَؤُونة** / **مُؤْنَة** (في مأن)

مي / **مِيَه** (في موه) (م) / **ميبر** (م) (في أبر)

مَاتَ يَمِيتُ مَيْتًا = مَاتَ يَمُوتُ مَوْتًا (في موت)

مِيتَافِيزِيَّة (أ) metaphysics: ما وَرَاءَ الطبيعة 形而上学

مِيتَافِيزِيّ 形而上学的

مَاثَ ـِ مَيْثًا ومَاثَ ـُ مَوْثًا ومَوَثَانًا ومَيَّثَ وامْتَاثَ الشيءَ في الماء 泡化，融解

أَرضٌ مِيثَاء: لَيِّنة سَهْلَة من غير رَمْل 无沙的，松软的土地

ميثاق (في وثق) / **ميثرة** (في وثر)

مِيثُولُوجِيَا (أ) mythology: أساطير أو خُرافات الأَقْدَمِين 神话集；神话学

مَيْج: سَمَك طَيَّار 蓝翅鱼

ميجار (في وجر)

مَاحَ يَمِيحُ مَيْحًا ومَيْحُوحَةً وتَمَيَّحَ: مَشَى مِشْيَةَ البَطَّة وتَبَخْتَرَ 摇摇摆摆地走，高视阔步地走

مَيَّحَ وتَمَيَّحَ وتَمَايَحَ الغُصْنُ والسَكْرَانُ: تمايَل
摇摆，摇晃，动摇
اِمْتَاحَ واسْتَمَاحَ الرجلَ: طلب فَضْلَه 要求恩惠，
请求赏赐
أَسْتَمِيحُ عَفْوَكُمْ / أَسْتَمِيحُ عُذْرَكم 请原谅，
对不起
ـ مُرافَقَتَكُمْ لي 请您陪我
ـ قَبُولَكم لكذا 请您接受…
ميحار (في بحر)
مَادَ يَمِيدُ مَيْدًا ومَيَدَانًا وتَمَايَدَ وتَمَيَّدَ: اِهْتَزّ
واضطرب 震动，动荡，左右摇摆
ـ وـ وـ: تَمَايَلَ 摇摆，摆动，前后摇动，
左右摇摆
ـ: دَارَ رأسُه / دَاخَ (مـ) 头晕
مَيْد / مَيَدَان: تَمَايُل 摇摆，摇晃，摇动
مِيدَاء الشيء: مَبْلَغُه وقِياسه 总数，大小，尺寸，
长度
هذا ـ ذلك: بحذائه 相对，相向
مَيْدَان ومِيدَان جـ مَيَادِينُ: سَاحَة 广场，空地
ـ: مَجَال 范围，领域，余地，活动场所
ـ الحَرْب: سَاحَتها 战场，战地
ـ القِتَال 战场，战地
ـ السِبَاق (سباق الخيل) 跑马场
ـ المُسَابَقَات 体育场，运动场
ـ السِيَاسَة 政治舞台
ـ ألاي 阅兵式
في ـ الثَقَافَة 在文化方面，在文化领域内
مائد جـ مَيْدَى / دَايخ (مـ) 晕眩的，头晕眼花的
مَائِدَة جـ مَوَائِدُ ومَائِدَات / مَيْدَة: خِوان 桌子
ـ: خِوان عليه الطعام 筵席
ـ الأَكْل والطَعَام 饭桌，餐桌
ـ الكِتَابَة 写字台，书桌

جَلَسَ إلى الـ 入座，就餐
غِطَاء الـ 桌布
الـ المُقَدَّسة [宗]圣餐
مِيدَة الأساس (مـ) (عارِضَة من الأسْمِنْت المسَلَّح)
钢筋水泥的横梁
ميدَالِية جـ ميدَالِيَات (أ) medaglia (意)奖章，
徽章，勋章，证章，纪念章
ميدَالِيُون (أ) medallion (法): مُرَصَّع 垂饰，
(附挂表链等下面装相片等的)小金盒
ـ: رَصِيعة 大奖章
مِيدِي جـ مَيَادِي (مـ) (راجع مؤيدى)
مَارَ يَمِيرُ مَيْرًا وأَمَارَ عِيَالَه: أتاهم بالطعام والمُونَة
供给家庭，赡养家庭
مَايَرَه مُمَايَرَةً: قدَّم إليه المِيرة 供应粮食
ـ ه: حَاكَاه / قلَّده 摹仿，摹拟
اِمْتَارَ لعياله أو لنَفْسه: جَمع الطعامَ والمونة 购粮
مَيْر / مِيرة: مؤُونة 粮食
مِيرِيّ: أَمِيرِيّ / حُكُومِيّ 政府的，公家的
مَال ـ 政府的捐税，国家的赋税
مَيَّار: مُتَعهِّد توريد المَؤُونَة 承办商，办粮人
مِيرَالاَي جـ مِيرَالاَيَات (مـ): أَمِيرَالاَي (فوق
قائمقَام) 上校
مِيرُون (مـ): الزَيْت المقدَّس (عند بعض النَصارَى)
(راجع مرن) (希)圣油
مَيَّزَ وأَمَازَ الشيءَ: فضَّله على غيره 选择，抉择，
拣选，挑选
ـ بَيْنَهم 区分，区别，歧视
ـ الشيءَ: فَرَزَه عن غيره 挑出，拣出，选出
ـ ه عن غيره (أو من غيره): فَرَقَ بينهما / أَدْرَكَ
الفَرْقَ 区别，鉴别，识别
ـ ه: فَصَلَه 分开，分出，分离，隔离
ـ الرجل: جعله مُمتازًا على غيره 给予特权

تَمَيَّزَ وامْتَازَ: انْفَصَلَ عن غيره وانْعَزَلَ 被区别开，具有…特色
ـ من الغَيْظ 发怒，发脾气，气呼呼
اِمْتِيَاز على غيره 卓越，卓绝，超群出众
مِيزَة جـ مِيزَات: صِفَة مُمَيِّزَة 特点，特征，特色，特性
ـ / اِمْتِيَاز جـ اِمْتِيَازَات: فَضْل / أَفْضَلِيَّة 优越性，优越
تَمْيِيز: فَرْق (أو إدراك الفَرْق) 区别，辨别
ـ: إدْرَاك 解事，明理
ـ: تَفْضِيل 选择，抉择，拣选，挑选
ـ: تَفْضِيل (وبمعنى مُحاباة) 偏好，偏爱，歧视
ـ: حَصَافَة 常识，正确的判断
ـ [语]分词
الـ الجُمْرُكِيّ 关税特惠权
ـ عِرْقِي / ـ عُنْصُرِيّ 种族歧视
سِنّ الـ أو الإدْرَاكِ 成年，解事年龄
عديم (أو بلا) الـ 无区别的，不分青红皂白的
اِمْتِيَاز: فَرْق 区别，差别
ـ: حَقّ مُمتاز أو خَاصّ 特权
ـ: رُخْصَة رَسْمِيَّة بإدارة عَمَل 特许
حَقّ الـ (باختراع أو سِواه) 专利权
صاحِب الـ 承租者
الامْتِيَازَاتُ الأَجْنَبِيَّة 治外法权，领事裁判权
أَمْيَزُ من كذا 好一些，较可取的，略胜一筹
مُمَيِّز: فارِق 特殊的，有区别的，有特色的
ـ: عَاقِل 明智的，有知识的，有理性的，能辨别是非的
صِفَة مُمَيِّزَة 特性，特征，特色，特点
مُمَيَّز 优异的，显著的，超群出众的

عَدَد ـ [数]名数
مُمْتَاز 优异的，卓越的，超群出众的
دُيُونٌ مُمْتَازَة 特有债权
مِيزَاب جـ مَيَازِيبُ (في ازب ووزب)
مِيزَان (في وزن)
مَاسَ يَمِيسُ مَيْسًا ومَيَسَانًا وتَمَيَّسَ الرجلُ: تَبَخْتَرَ 大摇大摆地走
مَيْس: عَرِيش العَرَبَة (مـ) 辕杆；(机车蒸汽机的)连接杆
ـ: نَشَم أَبْيَض 朴树
مِيس (مـ): هَدَف 靶子
مَيَّاس / مَائِس: مُتَمَايِل 摇摆而行者，大摇大摆地走路者
قَدّ ـ 苗条的，轻盈的，袅娜的，婷婷袅袅的
مِيسر (في يسر) / **مِيسم** (في وسم)
مِيضَأَة / مِيضَا / مِيضَة (مـ) (في وضأ)
مَاطَ يَمِيطُ مَيْطًا ومَيَطَانًا وأَمَاطَ عن كذا: تنحّى وابتعد 离开，避开，躲开
أَمَاطَ اللثامَ عن وَجْهه: نَحَّاه وأبعده 揭开面罩，除去面网
مِيطدة (في وطد)
مَاعَ يَمِيعُ مَيْعًا الشيءُ: سال وانتشر 流，淌
ـ وانْمَاعَ وتَمَيَّعَ السَمْنُ: ذابَ وسال 融解
أَمَاعَ الشيءَ: أَذَابَه 使融解，使溶化，使液化
ـ ه ومَيَّعَه (مـ): مَوَّهَه 稀释，冲淡
مَيْع / مَيْعَة / مَيَاعَة (مـ): سُيُولَة 流动
إمَاعَة: إذابة 液化，融解
مَيْعَة: صمغ يُتَبَخَّر به 苏合香
شَجَر الـ: حاذ أو اِصْطِرك styrax [植]安息香
ـ الشيءِ: أَوَّلُه 元始，起始，起源，开端，

最初

ـ الصِبَا أو الشَبَاب أو الفَتاء 青春，青春时代

مَائِع: سَائِل 溶液，液体，流体

ـ: مُرَقَّق / مُخَفَّف 已冲淡的，稀释过的

ـ: لا سائِل ولا جامِد / مِرِق (م) 半液体的，半流体的

مَيَعان 液体状态

ميعاد (في وعد) / **ميعاس** (في وعس)

ميق (في موق) / **ميقات** (في وقت)

ميقاتي (في وقت) / **ميقعة** (في وقع)

مِيْكا (أ) mica [矿]云母

مِيكَانِيكَا (أ) (راجع مكن) mechanics 机械学，力学

مِيكرُوب (أ) (راجع مكروب) microbe 细菌，微生物，微生虫

مِيكرُوبِيّ 细菌的，微生物的

مِيكرُوسْكُوب (أ) (انظر مكرسكوب) microscope 显微镜

ميكعة (في وكع)

مَيِل يَمْيَلُ مَيَلاً: كان مائلاً خِلْقَةً 倾斜，偏斜，倾侧

مَالَ يَمِيلُ مَيْلاً وتَمْيَالاً ومَيَلانًا ومَيْلُولَةً ومَمَالاً ومَمِيلاً: ضد استقام 倾斜，歪斜，倾向，偏向

ـ: تَحَدَّر 倾斜，斜下，成斜坡

ـ إلى الشيء: كان مَيَّالاً إليه 嗜好，偏好

ـ إلى فلان: أَحَبَّه 喜爱，爱慕

ـ إلى فلان: عَضَّده 赞成，赞助，奖励，支持；偏袒，袒护

ـ إلى المَكان: عرَّج 绕道至某地

ـ عن الطريق: حَادَ عنه 越轨，脱离常轨，误入歧途

ـ عَنْه: اِنصرف 躲开，避开，离开，转回

ـ على الحائط: اِنحنَى واستند إليه 靠着墙

ـ على الرَجُل: جار 欺侮，欺压

ـ على الرَجُل أو العُكّاز: اِتَّكَأَ 由人搀扶；拄杖

ـ مع فلان: كان من صَفِّهِ 袒护，偏袒

ـ الحاكِمُ 有偏见，不公道，不公正

ـ (مُيُولاً) النَهارُ أو اللَيْلُ: دنا من المُضِيّ 天快亮；天快黑

ـ تِ السفِينَةُ (船)倾斜

ـ تِ الشَمْسُ: قاربت الغِيابَ 日偏西

مَيَّلَ وأَمَالَ الشيءَ: حَنَاه 使倾斜，使偏斜

ـ وـ الشيءَ إلى أو نَحْوَ كذا 使倾向，使偏向

ـ وـ الوِعَاء لِتَفْرِيغِه 扳倒

تَمَايَلَ وتَمَيَّلَ: تَخَطَّر 摇摆，摇晃

ـ وـ: ترنَّحَ 蹒跚

اِسْتَمَالَه: جعله يَمِيلُ (حقيقيًّا ومجازيًّا) 使偏斜，使倾向某方

ـ إلى 拉过来，使改变意向

ـ: اجتذبه 吸引，引诱

ـ قَلْبَه 赢得同情，获得宠爱

مَيْل: ضد استقامة 倾斜，偏斜

ـ: انحِدار 倾斜，斜面，斜坡

ـ: انحِراف 歪斜，偏向，偏差

ـ: اِتِّجَاه 倾向，趋向，趋势，意向

ـ: اِنْعِطَاف 嗜好，偏爱，癖性

ـ: رَغْبَة 爱慕，喜爱，爱好，兴趣

ـ: مُحَابَاة 偏袒，偏爱

ـ / مَيَلَان: دَرَجَة مَيْل الانْحِدار 倾斜度

مِيل جـ أَمْيَال: مِرْوَد العَيْنِ 搽眼药的小棍

ـ الجَرَّاح: مِسْبَر [医]探针

ـ: نُصبَة الأَمْيَال 里程碑

ـ بَرِّيّ: قِياس طُوليّ (١٦٠٩ مِتْر) mile 哩，英里(长 1609 米)

ـ بَحْرِيّ 浬，海里(长 1852 米)

ـ هَاشِمِيّ (راجع ذِراع مِعْمَارِيّ) 古罗马里(约合 750 米)

مَائِل جـ مُيَّل ومَالَة م مَائِلَة جـ مَائِلات ومَوَائِل:

ضد مستقيم 弯的，曲的

ـ: غير قائِم أو قَوِيم 歪的，斜的，偏的

ـ: مُنْحَدِر 倾斜的，成斜坡的

السطح الـ (في الهَنْدَسة) 倾斜面

مَيَّال إلى … 倾向…的，嗜好…的

غَيْر ـ 公平的，公正的，公道的，不偏不倚的

أَمْيَلُ م مَيْلاءُ جـ مِيل 更偏斜

مَمَال: دَرَجَة المَيْل 倾斜度

ميلاد (في ولد) / **ميمون** (في يمن)

مِيلِيشِيا (أ) militia 民兵；民兵组织

مِيمُوزَا (أ): مُسْتَحِيَة mimosa [植]含羞草

مَانَ يَمِين مَيْنًا: كَذَبَ 说谎，撒谎，造谣

مَيْن جـ مُيُون: كِذْب 谎言，诳语

مَيَّان: مَائِن / كَذُوب 撒谎的

مِينَا / مِينَاء: طِلاء زُجاجِيّ مُلَوَّن 釉药，珐琅质

ـ / ـ السَاعة: وجهُها (钟表的)磁面

ـ / ـ جـ مَوَانِئ ومَوَانٍ ومِين / مِينَة جـ مِينَات

السُفُن: مَرْفَأ 港，湾，码头

ـ / ـ جَوِّيّ: مَحَطَّة طَيَرَان 航空站，飞机场

طَلَى الشيءَ بالـ 上釉，涂珐琅

مِينْ (مـ): مَنْ ؟ 谁?

مَيُّوه / مايُوه (أ): لِباس العَوْم 泳衣

مِيَة جـ مِيَات (مـ): مِائَة 百

مَيَّه (مـ): ماء (في موه) 水

النون

ن (النون) 阿拉伯字母表第25个字母；代表数字50

ن: رَمَضَان (回历9月)的缩写

ن 单独的 نون 有下面6种：

(1)阴性复数主格连接代名词：

①第三人称代名词

النِسَاءُ الصِينِيَّات خَرَجْنَ من بُيُوتِهِنَّ يُشَارِكْنَ الرِجَالَ في الأعمال الإِنْتَاجِيَّة 中国妇女从家中走出来跟男人一起参加生产劳动

②第二人称代名词

يا فَتَيَاتُ تُنَافِسْنَ مع الفِتْيَانِ في خِدْمَةِ الشعب 女青年们，在为人民服务方面跟男青年们竞赛吧！

(2)强调的虚词，专加在动词后面，以加强语气。这种 نون 有带静符的轻型 النون الخَفِيفَة الساكنة)

إنَّ الإِمْبِرْيَالِيَّةَ لَتَكُونَنْ صاغِرَةً أَمَامَ قُوَّةِ الشَعْبِ 帝国主义在人民的力量面前是渺小的

有带迭音符和开口符的重型 نون ، (النون الثقيلة المَفْتُوحَة)

لا تَحْسَبَنَّ الكادِحِينَ أَغْبِيَاء 你决不要把劳动者当作傻子

(3)保护的 نون(نون الوِقَايَة)，加在第一人称单数宾格连接代名词 ياء(ياء المتكلِّم)前面：

تُحِبُّنِي أُمِّي 我母亲爱我

(4)鼻音的 نون，加在一般名词后面，读出来，却不写出来：

كِتَابٌ (= كتابُنْ) / مُحَمَّدٌ (= مُحمَّدُنْ)

(5)作为主格标志的 نون，这种 نون 常加在现在式动词主格的双数连接代名词 ألف 后面：

الشَعْبُ الصينيُّ والشعبُ الكُورِيُّ يتعاوَنَانِ 中朝两国人民互相协助

或者加在复数连接代名词 واو 后面；

الفِتْيَانُ يَتَقَدَّمُونَ بِسُرْعَةٍ 青年人进步得很快

或者加在第二人称阴性单数连接代名词 ياء 后面：

أَنْتِ تَخْدُمِينَ الشَعْبَ بإِخْلَاص 你全心全意地为人民服务

(前一种 نون 带齐齿符，后两种 نون 都带开口符)

(6)加在双数和复数名词后面的 نون：

صُورَتَانِ في كِتَابَيْنِ 两本书上的两幅画

تَقَدُّمِيُّونَ من الفلاحِين 农民中的先进者

(前者带齐齿符，后者带开口符)

نَا:

(1)第一人称复数主格的连接代名词

دَافَعْنَا عن السَلَام 我们保卫了和平

(2)第一人称复数宾格的连接代名词

يُعَلِّمُنَا الأستاذُ اللُغَةَ العربيَّة 老师教我们阿拉伯语

(3)第一人称复数属格的连接代名词

نُحِبُّ وَطَنَنَا وحِزْبَنَا 我们爱我们的祖国和我们的党

ناء (في نيأ) / **نائب** (في نوب)

ناب (في نوب) / **ناب** (في نيب)

نَابَالْم (أ) napalmova bomb 凝固汽油弹

ناجى (في نجو) / **ناح** (في نوح)
ناحية (في نحو) / **نادٍ** (في ندو)
نادى (في ندو) / **نار** (في نور)
نَارْجِيل ، الواحدة نَارْجِيلَة: جوْزُ هِنْد 椰子
نَارْجِيلَة جـ نَارْجِيلاَت (أ) (راجع نَرْجِيلَة)
nargile: شِيشَة (مـ) 水烟筒，水烟袋
ناردين (راجع نردين) / **نارنج** (راجع نرنج)
نَازِلِيّ (مـ): سَمَكٌ بَحْرِيّ 钩鳕鱼[动]
نَازِيّ (أ) Nazi 纳粹分子，纳粹主义者，纳粹的
شَارَة ــ 纳粹的标志(卐)
نَازِيَّة 纳粹主义
ناس (في نوس)
نَاسُوت جـ نَوَاسِيتُ: الطبيعة البَشَرِيّة (ضد لاهوت) 人性，人道(与神性、神道相对)
ــ 人们
ناصية (في نصو) / **ناط** (في نوط)
ناعٍ (في نعي) / **ناغى** (في نغو)
ناف (في نوف) / **ناقة** (في نوق)
نال (في نيل) / **نام** (في نوم)
نامٍ (في نمو) / **ناى** (في نأي ونيي)
نَأْمَة 嘈杂声
نَأْنَأَ نَأْنَأَة وتَنَأْنَأَ عن الأمر: استرخى وعجز وقصر 松懈，怠慢
ــ في الرأي: ضعُف 优柔寡断
نَأْنَأ ونَأْنَاء ونُؤْنُؤ: عاجز جبان 懦弱无能的
نَأَى يَنْأَى نَأْيًا فُلانًا وعن فلان: بعُد عنه 远隔，远离
نَاءَى مُنَاآةً الرجلَ: باعَده 疏远
ــ الشرَّ عن فلان: دافع عنه 保护，保卫
أَنْأَى فلانًا عنه: أبعده 使远离，使离去
تَنَاءَى تَنَائِيًا وانْتَأَى انْتِئَاءً: ابتعد 遥远，辽远，远隔

نَأْي / مَنْأًى: بُعْد (راجع نوي) 辽远，遥远
ــ / نُؤْي / نِئْي / نُؤًى جـ آنَاء وأنْآء ونُئِيّ ونِئِيّ:
خَنْدَق (帐篷四周的)排水沟
نَأْي / نَايْ جـ نَايَات (مـ): مِصْفَار من الغَاب المثقَّب 笛，芦笛
النَاي الإفْرَنْجِيّ 横笛
نَايَاتِيّ جـ نَايَاتِيَّات 横笛演奏家
نَاء م نَائِيَة: بَعِيد / قَاصٍ 遥远的
بِمَنْأًى عن كذا 在(射程)之外；远离…
مَنْأًى 遥远的地方
بـ ــ عن ... 远离…的地方
نبا (في نبو)
نَبَأَ ـَ نَبْأً ونُبُوءًا الشيءُ: ارتفع 高，崇高，崇峻，高耸
ــ: تَجَافَى وتَبَاعَد 嫌恶，憎恶，嫌忌，背过脸去，转过脸去
ــ عن كذا: اِشمأزَّ منه 讨厌，厌恶，唾弃
نَبَّأَ تَنْبِئَةً وأَنْبَأَ فُلاَنًا الخبرَ وبالخبر: خَبَّره 告诉，告知，通知
ــ وــ: بَلَّغ الخبرَ 宣布，宣告，布告
تَنَبَّأَ بالأمر: تكلَّمه بالنُبُوءَة 预言，预告，预示；成为预言家
ــ: اِدَّعَى النُبُوَّة 自称先知，冒充预言家
اِسْتَنْبَأَ الرجلَ: سَأَلَه عن الأنباء 打听，探询
نَبَأ جـ أَنْبَاء: خَبَر 消息，信息，情报
ــ: حادِث / خَبَر (جديد) 新闻，消息
أَنْبَاء الحَرْب 战报，战争消息，战斗新闻
وكَالَة الأَنْبَاء 通讯社，新闻社
نَبْأَة: صوت خَفِيّ أو صوت الكلاب 微声；犬吠声
تَنَبُّؤ جـ تَنَبُّؤَات 预言，预报

ـ جَوِّيّ: نَشْرَة جَوِّيَّة 天气预报

نَبِيّ ونَبِيء جـ أَنْبِيَاء ونَبِيُّون وأَنْبَاء ونُبَاء: مُخْبِر عن الغَيْب أو المُسْتقبَل 先知，预言者

ـ العَرَب 阿拉伯人的先知(穆罕默德)

فَرَس الـ 螳螂

نَبِيئَة جـ نَبِيئَات: امرأة تَتَنَبَّأُ 女先知，女预言者

نُبُوءَة / نُبُوَّة: إخْبَار عن الغيب أو المستقبل 预言，预测

نَبَوِيّ 预言的，先知的

مُتَنَبِّئ 自称先知者，自称预言家者

ـ 预言者

ـ جَوِّيّ 天气预报表的编制者

المُتَنَبِّي أَبُو الطَّيِّب 穆泰奈比(阿拉伯大诗人(915—965)的外号)

نَبَّ ـِ نَبًّا ونَبِيبًا ونُبَابًا التيسُ خاصّة: صاح عند الهِيَاج وإدارة السِفاد 公山羊发情时候发出叫声

نَبَّبَ النَبَاتُ: صَارَت له أَنَابِيبُ (植物)生出有节的茎

أُنْبُوب جـ أَنَابِيبُ / أُنْبُوبَة: ما بين العُقْدَتَيْنِ من القَصَب (竹子、甘蔗等的)节

ـ / ـ: مَاسُورَة (مـ) 管，筒，中空柱

ـ مَرِن: نِبْرِيج / خُرْطُوم (مـ) 蛇管，水龙蛇管，皮带管，橡皮管

ـ الرِئَة: قَصَبَتُها [解]气管

أُنْبُوبَة: وِعَاء (牙膏)管，(颜料)管、筒

ـ اخْتِبَار 试管，量筒

أُنْبُوبِيّ 管状的，管式的

أُنْبُوبِيَّات: بَاشِلُوس (أ) bacillus 杆菌，杆状菌

نَبَتَ ـُ نَبْتًا ونَبَاتًا المكانُ: صار ذا نبات (地方)生长草木

ـ البَقْلُ: نشأ وخرج من الأرض (草)滋生，生长

ـ الحَبُّ في الأرض: أنتش 发芽，出芽，萌芽

نَبَتَ ـُ نَبْتَةً ونَبَاتًا الإنسانُ: بلغ مبلغ الرِجَال 成年，成丁

ـ نُبُوتًا ثَدْيُ الجَارِيَة: نهَد (少女)胸部隆起

نَبَّتَ الشجرَ: غَرَسَه 植树，栽树，种树

ـ الحَبَّ: زَرَعَه 播种，撒种，下种

ـ الحَبَّ: بلَّله كي يفَرِّخ 使发芽，使萌芽

ـ الخِيَاطَة (مـ) 细缝，密缝

أَنْبَتَ المكانُ: أخرج النباتَ (地方)生出草木

اِسْتَنْبَتَ 栽种(植物)

ـ البَكْتِرِيَا أو الأَنْسِجَةَ الحَيَّةَ [生]培养细菌或活组织

نَبْت الواحدة نَبْتَة جـ نُبُوت: نَبَات 植物，草木

نَبَات الواحدة نَبَاتَة جـ نَبَاتَات وأَنْبِتَة: كل ما تُنْبِتُ الأرضُ 植物，蔬菜，草木

ـ: زَرْع 庄稼

ـ: عُشْب 草，青草

ـ الشِيح 艾蒿

عِلْم الـ 植物学

ـ طُفَيْلِيّ 莠草，寄生植物

نَبَاتَات 植物，植物界

ـ زَيْتِيَّة 油料植物

ـ السِيَاج 带藤植物，种植在园圃四周当篱笆用的树木

ـ المَمَاشِي 草畦，草地

نَبَاتَة 行，线缝

نَبَاتِيّ / آكِل النبات: عاشِب 吃草的(动物)

ـ: إنسان يَعِيش على الأَطْعِمَة النَبَاتِيَّة 吃素的人，素食主义者

ـ: مختص بالنباتات 植物的

ـ: مختص بعلم النبات 植物学的

ـ: مشتغل بعلم النبات 植物学家

المَمْلَكَة النَّباتِيَّة 植物界

تَنْبِيت البُذُور: إنتاش 使发芽，使出芽，使萌芽

نابِت: نامٍ 滋生的，生长的

ـ / مُنبِت (مـ): مُستفرِخ 发芽的，出芽的，萌芽的

فُول ـ 芽豆，蚕豆芽

ـ: طَرِيّ من كل شيء حِينَ ينبُت صغيراً 芽，幼苗

نَابِتَة جـ نَوَابِتُ: ناشئة أي ما نشأ من الأولاد والأنعام 小孩；小牲畜

مَنْبِت جـ مَنَابِتُ: مكان النبت 生长的地方

ـ جَرَاثِيم الأَمْرَاض 细菌的温床

ـ: مَنْبَع / أَصْل 根源，起源，来源，策源地

ـ / مُسْتَنْبَت: مَشْتَل 苗圃

ـ الحَضارة 文明的策源地

فَرَنْسِيّ الـ 法兰西籍的

مُسْتَنْبَت جـ مُسْتَنْبَتَات 农作物；温床

مُسْتَنْبَتَات البَكْتِرِيَا [生]细菌培养基

نَبْتُون (أ) Neptune: سيّار (إله البَحْرِ عند الرومان) [天]海王星；[罗神]海神

نَبُّوت جـ نَبَابِيتُ: عَصًا طويلة / شُومَة 棍棒，大棒，狼牙棒

ـ (قصير): هِرَاوَة / زُقْلِيَّة (مـ) 短棍，短棒

نَبَثَ ـُ نَبْثًا البئرَ: نَبَشَها 凿井，挖井，掘井

أُنْبُوثَة: لُعْبَة للصبيان يَدْفِنُون شيئًا فمن استخرجه غَلَبَ 找埋藏物(孩子的游戏，把物品埋在土中，谁找到，谁胜利)

نَبَحَ ـَ نَبْحًا ونُبُوحًا ونَبِيحًا ونُبَاحًا ونِبَاحًا وتَنْبَاحًا الكلبُ: صاتَ 狗叫，狗吠

نَبْح / نُبَاح / نَبِيح الكلب وغيره 狗叫，狗吠

نَبَّاح: كثير النُّباح 好吠的

ـ: أَبُو طِيط (مـ) [动]田凫

ـ: وَعْل الغَابَة (南非产的)羚羊

نَبْخَة: كِبْرِيتَة (مـ) 火柴，洋火

نَبَذَ ـِ نَبْذًا ونَبَّذَ الشيءَ: طرحه لِقِلَّة الاعتداد به 抛弃，唾弃，扔掉

ـ العادةَ: تَرَكَها / أَقْلَعَ عنها 舍弃，放弃，弃绝，戒除(恶习等)

ـ ه: طَرَدَه 流放，驱逐，放逐

ـ ه: هَجَرَه 放弃，丢弃，断绝

ـ الأمرَ والشيءَ: أهمله 废除；取消，撤销

ـ العَهْدَ: نَقَضَه 违背，违犯，破坏(协定、条约等)

ـ الطَّاعَةَ 反叛，叛变，造反

ـ ونَبَّذَ وأَنْبَذَ النَّبِيذَ: عمِله (用葡萄、椰枣)制酒，酿酒

نَابَذَه: خَالَفَه وفارقه عن عَداوة 绝交，断绝关系

ـ ه الحَرْبَ: جاهره بها 宣战

تَنابَذَ القومُ: اختلفوا وافترقوا عن عداوة 绝交，断绝关系

اِنْتَبَذَ عن القَوْم: تَنَحَّى 脱离群众，离群索居

نَبْذ: طَرْح 放弃，抛弃

ـ: تَرْك 丢弃，废弃，弃绝，遗弃

ـ: إهْمَال 作罢，废弃；取消，撤销

ـ جـ أَنْبَاذ: شيء قَلِيل يَسِير 少量，些许，一点点，琐碎东西

ذَهَبَ مَالُهُ وبَقِيَ ـ منه 他的财产遭受损失、所剩无几

ـ الطَّاعَة 背叛，叛变，造反

أَنْبَاذ الناس: الأَوْبَاش 暴徒，下流人，社会的渣滓

نُبْذَة جـ نُبَذ: جُزْء 部分，(机关、企业的)部门，部，科，课，股，(工程的)工段

ـ: رِسالَة في مَوْضُوع 论文，短论，短篇，小册子

ـ: فِقْرَة (文章的)节，段

ـ: مَقالَة (报章杂志中的)文章，短文，特写，随笔

ـ تارِيخِيَّة 历史片段；历史概论

مُنابَذَة 绝交，断绝关系

تَنابُذ (互相)绝交，断绝关系

ـ في الرَّأْي 意见分歧

نَبِيذ جـ أَنْبِذَة: خَمْر (المائِدة) 葡萄酒；枣椰酒

ـ أَبْيَض 白酒

ـ أَحْمَر 红酒

ـ / مَنْبُوذ 被作废的，被废弃的，被撤销的，被取消的

نَبَّاذ: بائِع النَبِيذ 酒商，酒家

مَنْبُوذ: لَقِيط 弃婴，遗婴，弃儿

ـ هِنْدِيّ 印度所谓的贱民(被压迫的阶级)

أَمْر ـ: غير مَرْعِيّ / مُهْمَل 没有人遵守的

نَبَرَ ـِ نَبْرًا الشيءَ: رفعه 提高，举起，升起，升高

ـ المُغَنِّي: رفَع صَوتَه 提高声调，提高嗓门

ـ الكَلِمَةَ: نَطَقَ بها برَفْع صَوْته 强调，着重说(某词)

ـ الحَرْفَ أو المَقْطَعَ 重读，加上重音符号

ـ الرجلَ: زجره وانتهره 呵斥，呵责

ـ ه بلِسَانِه: اغتابَه ونال منه 诽谤，中伤，说坏话

اِنْتَبَرَ الجُرْحُ: تَوَرَّمَ (伤口)肿胀

ـ الخَطِيبُ: ارتفع فوقَ المِنْبَر 上讲台

نَبْرُ الصَوْتِ 强调，重读，力说

نِبْر / أَنْبار جـ أَنابِر وأَنابِيرُ وأَنْبارات: مَخْزَن التاجِر 货栈，仓房，仓库，货仓

ـ جـ أَنْبار ونِبار: ذُباب الخَيْل والغَنَم 马蝇，牛虻

نَبْرَة جـ نَبَرات: وَرَم 肿胀，膨胀，隆凸

ـ: رَفْع الصوت بعد خَفْضه 强调，重读

مِنْبَر جـ مَنابِرُ: مِنَصَّة الخَطِيب 讲台，讲坛，讲座，演讲台

مُنْبار (مـ): مُصْران يُحْشَى ويُطْبَخ 香肠，腊肠

نِبْراس جـ نَبارِيسُ: مِصْباح (عُمُومًا) 灯

ـ: مِنْوار / مِصْباح الشارِع 街灯，路灯

ـ: سِنان الرُمْح 枪头，矛头

ـ: جَرِيء جَسُور 勇敢的，骁勇的

ـ: أَسَد 狮子

نِبْرِيج: أُنْبُوب من جِلْد رَقِيق 蛇管，皮带管，水龙带，挠性管

نَبَزَه ـِ نَبْزًا ونَبَّزَه: لقَّبه بلقَبٍ تَهَكُّمِيّ 起绰号，叫诨名

تَنابَزَ القومُ بالأَلْقاب: تعايَروا ولقَّب بعضُهم بعضًا 以绰号互相称呼

نَبْز جـ أَنْباز: لقب تهكُّمِيّ 绰号，诨名，外号

نِبْز 卑贱的，卑微的，下贱的

نُبَزَة: الذي يُلَقِّبُ الناسَ كثيرًا 好给别人起绰号的

نَبَسَ ـِ نَبْسًا ونُبْسَةً ونَبَّسَ بالمجلس: تكلَّم 说话，发言(常用于否定)

لم يَنْبِسْ بِبِنْتِ شَفَةٍ 他一言不发

ـ السِرَّ: كتَمَه 保密

نَبَشَ ـُ نَبْشًا المَدْفُونَ: أَخْرَجَه 挖出，发掘，掘出

ـ السِرَّ: أَفْشاه 暴露，揭露，揭发(阴谋等)

ـ قَبْرًا: حفَرَه 掘墓

ـ الجُثَّةَ من القَبْرِ: أخرجها 挖尸，掘出尸体

ـ القَبْرَ: سَرَقَ ما فيه 劫墓，盗墓
ـ الكَنْزَ من الأرض: كشفه واستخرجه 发掘埋藏物(金、银、财宝)
ـ لعياله: اكتسب (为家属)谋生
نَبَّشَ (مـ): فتَّش 寻找，搜寻，搜索
نَبْش: حَفْر / تَنْقِيب 挖，挖掘，发掘
ـ القُبُور 挖坟，掘墓，劫墓，盗墓
أُنْبُوش جـ أَنَابِيشُ: ما نُبِشَ 被发掘的东西
نَبِيشَة: أرض أو بِئر مَنْبُوشَة 被掘开的地或井
مَنْبُوش (مـ) 被掘开的；被揭发的
ـ: أَشْعث (كالشعر) 蓬松的，散乱的(头发)
نَبَّاشُ القُبُور 偷尸贼，盗墓人
نَبَضَ ـِ نَبْضًا ونَبَضَانًا العِرقُ: تحرَّك وضَرَبَ (脉搏)跳动，搏动
ـ البَرْقُ: لمع خفيفًا 电光微闪
نَبَضَ ـُ نُبُوضًا الماءُ: سَالَ (水)流，流动
أَنْبَضَ الوَتَرَ وبِالوَتَرِ: جَذَبَهُ لِيَرِنَّ 拉弦使发声
نَبْض / نَبَض جـ أَنْبَاض (مـ س): حَرَكَة القلب أو الشَرَايِين 脉搏的跳动
جَسَّ ـَ ه (حقيقيًّا ومَجازيًّا) 按脉，诊脉；摸清底细，试探意向
نَبْضَة جـ نَبَضَات (脉搏)跳动
نَابِض: ضَارِب (كالقَلْب أو العِرْق) 悸动的，跳动的
ـ: خافِق 闪动的
ـ: زُنْبَرك كَعْكِيّ (مـ) (钟表的)发条
ـ السِلاح الناريّ: غَمَّاز (مـ) (枪上的)扳机，制滑器
مَنْبِض جـ مَنَابِض: موضع جَسِّ النَبْضِ 脉，脉搏
نَبَطَ ـُ نَبْطًا ونُبُوطًا الماءُ: نَبَعَ (水)涌出，喷出，流出
ـِ ـُ نَبْطًا ونَبَّطَ وأَنْبَطَ وتَنَبَّطَ واسْتَنْبَطَ البِئرَ: استخرج ماءها (从井中)汲水，打水，抽水
نَبَّطَ على فلان (مـ): ندّد به 嘲笑，嘲弄，讥讽，讥笑，讽刺
اِسْتَنْبَطَه: اِكْتشفه 发现，找出，看出
ـ ه: اخترعه 发明，想出，创制，设计
ـ وأَنْبَطَ الحُكْمَ: استخرَجه باجتهاده 推论，推断，演绎
اِسْتَنْبَطَ البِتْرُولَ بالمَاصَّات 用唧筒吸出石油
نَبَط جـ أَنْبَاط ونُبُوط: غَوْر الماء (水的)深度
فُلان لا يُدْرَكُ ـُ ه أي غورُه وقَدْرُ عِلْمِه 他是高深莫测的
ـ جـ أَنْبَاط ونَبِيط: قوم كانوا في جَنُوبِيّ فِلَسْطِين 奈伯特人(公元前 2 世纪时，住在巴勒斯坦南部的一个民族)
ـ: عَوَامّ الناس 平民，老百姓
نَبَطِيّ 奈伯特的；奈伯特人
ـ: عامِيّ 平民的，普通人的
كَلِمَة ـ ة: عامِيَّة 俚语，土语，方言
تَنْبِيط (مـ): تنديد 嘲弄，讥讽，讽刺
اِسْتِنْبَاط: اِكْتِشَاف 发现，发觉，查出，看出，找出
ـ: اِخْتِرَاع 发明，想出，创造，创制
ـ: اِسْتخراج 汲取，抽取，开采
مُسْتَنْبِط 发明者，发明家
نَبَعَ ـُ ونَبِعَ ـَ ونَبَعَ ـِ نَبْعًا ونُبُوعًا ونَبَعَانًا الماءُ: خرج من العَيْن (泉水)涌出，喷出
ـ النَهْرُ (河流)发源，导源
نَبْع / نُبُوع / نَبَعَان الماء 涌出，喷出
ـ / يَنْبُوع جـ يَنَابِيعُ / مَنْبَع جـ مَنَابِعُ: عَيْن الماء 水源，泉源
ـ: شجر تتخذ منه السهامُ والقِسِيّ 可以做弓箭材料的树

قَرَعُوا الـ بالـ: تلاقَوا وتطاعنوا 交锋，互相砍杀

يَنْبُوع / مَنْبَع: مَنْشَأ / أَصْل 泉源，根源

مَنَابِعُ النِفْط 石油源

نَبَغَ ـَ نَبْغًا ونُبُوغًا الشيءُ: خرج وظهر 出现，呈现，显现

ـ في العلم وغيره: أَجَادَ 精通(某门学问)

ـ الشَرُّ: فشَا وانتشر 散开，散布，弥漫

نَبْغ / نُبُوغ: تَفَوُّق 优越，优胜

نُبُوغ: نَجابَة 聪明，才智

نَابِغَة جـ نَوَابِغُ / نَابِغ جـ نُبَغَاءُ: رجل عظيم الشأن 出众的，杰出的

ـ: نَجِيب 才子，有才能的，有本领的

النَوَابِغ: ثَمانية من الشُعَرَاء المُجِيدِين 八位天才诗人

نَبَقَ ـُ نَبْقًا الشيءُ: خرج وظهر 出现，呈现，显现

نَبِق / نَبْق: ثَمَرُ شَجَر السِدْر 酸枣

شَجَرَ الـ 酸枣树

إِنْبِيق جـ أَنَابِيقُ alembic: جِهَاز للتقطير 蒸馏器

نَبْكَة جـ نِبَاك ونَبَك ونُبُوك: أَكَمَة مُحَدَّدَة الرأس 圆丘，圆顶小丘

ـ: تلّ صغير 小丘，小山

نَبَلَ ـُ نَبْلاً الرَجُلَ: رَمَاه بالنَبْل (用箭)射人

نَبُلَ ـُ نَبَالَةً الرجلُ: كان نَبِيلاً 高贵，高尚

ـ عن كذا: تَرَفَّعَ 戒(烟、酒)，节制

نَبْل الواحدة نَبْلَة جـ نِبَال وأَنْبَال: سهام 箭

نُبْلَة جـ نُبُلَات: عَطِيَّة 礼品，赠品

نِبْلَة (مـ): صَيَّادَة (儿童玩的)弹弓

نُبْل / نَبَالَة 尊贵，高贵，高尚，出身高贵

ـ / ـ: ذكاء / نَجابة 聪明

نَبَالَة 尊贵，高贵，高尚，高贵的身份

نِبَالَة: حِرْفَة صانع النِبال 制箭业

نِبْل (مـ) nipple: وصْلَة بين مَاسُورَتَيْنِ [机]螺纹接套

نَبْل / نَبِيل جـ نُبَلاءُ: ذو نجابة وفضل 高贵的，高尚的

أَنْبُولَة جـ أَنَابِيلُ (أ) ampule: قَارُورَة صَغِيرَة من زُجَاج تحوي دواء يُحْقَن 安瓿，注射液瓶(装一次用量的针剂)

نَابِل جـ نُبَّل ونَبَل / نَبَّال جـ نَبَّالَة: صاحِب النِبال والرامي بها 射手，弓箭手

ـ / ـ: حاذق بِرَمْي النِبال 善射者

اختلط الحابِلُ بالـ: مَثَلٌ يُضْرَب في اشتباك أو ارتباك الأمر 乱哄哄，乱七八糟，一塌糊涂

نَبَهَ ـُ ونَبِهَ ـَ ونَبُهَ ـُ نَبَاهَةً: اشتهر وكان ذا نَباهةٍ وهي ضِدّ الخُمُول 著名，出名

نَبِهَ ـَ نَبَهًا وتَنَبَّهَ وانْتَبَهَ للأمر: فَطِن له 注意，留意，留心

نَبِهَ ـُ نُبْهًا وـ وـ واسْتَنْبَهَ من نَوْمه: استَيْقَظَ 觉醒，醒来，惊醒

نَبَّهَه على أو إلى الأمْرِ: أَوْقَفَه عليه وأعلَمَه به 报告，通知，关照

ـ ه إلى الأمر: ذكَّره به 提醒

ـ ه إلى خطأٍ أو خطَر: حَذَّرَه 警告，警戒

ـ ه: أَيْقَظَه 唤醒，唤起

ـ ه: حَرَّكَه / نَشَّطَه 鼓励，激发，刺激，使兴奋

ـ ه على العمل (مـ): أَمَرَه 命令，指示

أَنبهَه من النَوْم: أَيْقظَه 唤醒，唤起

اِنْتَبَهَ الرجلُ: شَرُف 高贵，高尚

ـ للأمر: فَطِن له 注意，留意，留心

نُبْه / نَبَاهَة: فِطْنَة 聪颖，聪敏，聪慧，贤明，机敏，精明

نَبَاهَة: شُهْرَة 名望，声望，名声，名气
ـ: شَرَف 尊贵，高贵，高尚
نَبَه: ضَالَّة تُوجَد عن غَفْلة لا عن طَلَب 偶然发现的走失的牲畜
نَبَهًا: اِتِّفَاقًا 偶然，偶尔，适逢，碰巧
وَجَدْتُ الضَّالَّةَ نَبَهًا 我偶然发现走失了的牲畜
تَنْبِيه ج تَنْبِيهَات: إيقَاظ 唤起，唤醒
ـ: تَحْذِير 预告，警戒
ـ: تَنْشِيط / تَحْرِيك 刺激，激动，激发，激起，激励，鼓舞
ـ (م) 命令，指示
ـ 批注，摘要，短评，意见
اِنْتِبَاه: التفات / حَذَر 注意，留意，留心
ـ: يَقْظَة 醒悟，警觉，警惕，警惕性；小心谨慎，顾虑周到
من غَير ـ 由于疏忽，因为麻痹大意
استَرْعَى ـ هُ إلى كذا 引起他对某事的注意
بانتباهٍ 小心地，留意地，谨慎地
نَبِه ونَبِيه ونَابِه ج نُبَهَاء: فَطِن 聪明的，精明的，有才智的
ـ / ـ / ـ: شَرِيف 尊贵的，高贵的，高尚的，优秀的
مُنَبِّه: مُحَذِّر 警戒者，提醒者，预告者，忠告者
ـ: مُوقِظ 唤醒者，唤起者
ـ مُحَرِّك ومُنَشِّط 鼓舞者，激励者，激发者
ـ (م): ساعة مُنَبِّهة 闹钟
مُنَبِّهَات [医]刺激物，兴奋剂
مُنْتَبِه / مُتَنَبِّه: يَقْظَان 醒的，警醒的
ـ: مُلْتَفِت 注意的，留意的，留心的，谨慎的，关心的

ـ: حَذِر 警觉的，警惕的
نَبَا يَنْبُو نَبْوًا ونَبْوَةً السَهْمُ عن الهَدَف: قصر ولم يُصِبْه 不中，没命中，没射中，没打中
ـ السَّيْفُ عن الضَرِيبَة: كَلَّ وارتدَّ عنها ولم يقطع (剑)没砍中，砍不进去
ـ الطَبْعُ عن كذا: لم يَقْبَلْه 不合性情，不合脾气，不投脾味，格格不入
ـ جَنْبُه عن الفِراش: لم يَطْمَئِنَّ عليه 睡不稳，卧不安席
ـ المَكانُ به: لم يُوَافِقْهُ 不适合，不适宜，不相适应，水土不服
يَنْبُو عنه السَمْعُ 不入耳的
تَنْبُو عنه العَيْنُ 不顺眼，看不惯
نَبْو / نُبُوّ / نُبُوَّة: تَقْصِير 不中，没命中，没射中，没打中
نَابٍ: في غير مَوْضِعه 不适当的，不恰当的，不妥贴的
ـ: نافِر / شَاذّ 不协调的，不调和的，不谐和的，不一致的
كَلِمَةٌ نَابِيَة 生硬的，生涩的(词)
نَبُّوت: عصا طويلة (في نبت) 棍棒，大棒，狼牙棒
ـ قَصِير: هِرَاوَة 短棍，短棒
نُبُوَّة (في نبأ) / **نَبِيّ** (في نبأ)
نَتَأَ ـَ نَتْئًا ونُتُوءًا الشيءُ: اِرْتَفَعَ عما حَوْلَه 突出，凸起，隆起
ـ: ارتفع وانتفخ 肿，肿胀，肿起
نُتُوء 突出，凸起，隆起
ـ / نَتَأَة: أَكَمَة 小丘，小山
نَاتِئ / نَاتٍ: بَارِز 突起的，凸出的，隆起的，浮雕的，(图章)阳文
ـ / ـ: نافِر 鲜明的，显著的，像浮雕

样的

نَتَجَ ـ نَتْجًا الشيءُ من الشيءِ: خرج منه ونشأ (甲物由乙物)发生，发出，生出；由来
ـ عنه كذا (作为结果而)发生，由…发生，由…引起，起因于…
ـ ت ونُتِجَت نَتَاجًا وأُنْتِجَتْ البَهِيمَةُ ولدًا: وضعَتْه وولدَتْه (牲畜)下仔儿，生出仔畜
أَنْتَجَتِ الأَرْضُ: أَعْطَتْ غَلَّةً 生产(粮食)
ـ الشيءَ: أَوجَدَه / سَبَّبه 产生，引起，惹起，成为原因
اِسْتَنْتَجَ: استخرج نتيجةً من المُقَدِّمَات 推论，推理，演绎
ـ الأمر: استخرَجَه من غيره 引申，推断，推究，追本溯源
نِتَاج: غَلَّة / مَحْصُول 收成，农产品
ـ المَوَاشِي 仔畜，幼畜(羔、犊、驹等)
ـ المَصْنَع 产品，物品，商品，工业产品
ـ الأَرْضِ 农产品
ـ أَنْفُسِهِمْ 他们自己的劳动果实
إِنْتَاج 生产，制造
آلاَت الـ / أَدوَات الـ 生产工具
وَسَائِل الـ 生产资料
قُوَّة الـ 生产力
عَلاَقَات الـ / عَلاَئِقُ الـ 生产关系
تَكَالِيفُ الـ 生产成本
فَائِض الـ 生产过剩
الـ البَضَائِعِيّ 商品生产
إِنْتَاجِيّ 生产的，有关生产的
القُوَّة الـ ة 生产力
إِنْتَاجِيَّة 生产率
ـ العَمَل 劳动生产率
اِسْتِنْتَاج جـ اِسْتِنْتَاجَات 推论，推理，演绎

ناتِج: حاصِل 结果，结局
ـ 产品
ـ القُطْن 棉花的收成
ـ: ناجِم 结果，效果
ـ عن كذا 由于，起因于，发源于，由…得出结论
ـ / مُنْتِج: مُسْتَنْتِج 生产者，制作者
مُنْتَج جـ مُنْتَجَات 产品，制品
مُنْتَجَاتٌ نِصْفُ جاهِزَةٍ 半成品
مُنْتَجَاتٌ مَحَلِّيَّة 土特产；国产货
نَتِيجَة جـ نَتَائِج: حاصِل 结果，效果，成果
ـ: عاقِبَة 后果，结局，下场，必然后果
ـ: تَأْثِير 影响，效果，结果，功效，效验
ـ: ما تَسْتَخْرِجُه من المُقَدِّمَات 结论，论断，归结
ـً لِكذا / ـَ كذا 由于…结果
ـ 决定，决议
ـ (م): تَقْوِيم السَنَة 历，日历，历书，黄历，月份牌
بالـ 因而，所以，必然
مُقَدِّمات ونَتَائِج [哲]前提和结论
كَانَتْ نَتِيجَتُهُ كَذَا: أَدَّى إلى كذا 结果为…，导致
نَتَحَ ـِ نَتْحًا ونُتُوحًا العَرَقُ: خَرَجَ من البَدَن 流汗，出汗，发汗
ـ الدَسَمُ من الإناء: رَشَح (脂油)渗出
نَتْح: اِرْتِشَاح / تَحَلُّب 渗出
نَتَرَ ـُ نَتْرًا الشيءَ: جَذَبَه بِشِدَّة 急扯，急牵，用力拉
ـ القَوْسَ: نَزَعَها 拉弓，开弓
ـ الشيءَ (م): نَثَرَه 散布，撒布，散播
ـ الشيءَ (م): قذفه 扔，掷，投，抛

نِتْرات / نِتْرَاة (أ) nitrate: أَزُوتَات (أ) 硝酸盐
ـ البُوتَاسَا (أ) potassium nitrate: مِلْح البَارُود 硝酸钾；钾硝，火硝，硝石
ـ الجير (أي الكِلْس) 硝酸钙
ـ الصُودَا sodium nitrate 硝酸钠，智利硝
ـ الفِضَّة: حَجَرُ جَهَنَّم 硝酸银
ـ النُشَادِر 硝(酸)铵
ـ الطَفْلة 白垩土
نِتْرَاتِيّ 和硝酸盐有关
الطَفْل الـ 白垩土
نِتْرو بِنْزِين (أ) 硝基苯
نِتْرُوجِين (أ) nitrogen: آزُوت (أ) azote 氮，氮气
نِتْرُغَلِيسِرِين (أ) nitroglycerin 硝化甘油，甘油三硝酸脂，炸油
نِتْرِيك nitric: أَزُوتِيك 氮的，含氮的
أُوكْسِيد ـ nitric oxide 氧化氮，氧化一氮
حَامِض ـ: ماء العَقْد / ماء الكَذَّاب 硝酸
نَتْرُون / نَطْرُون (أ) nitron 硝酸盐，自然碱(制造塑胶的原料)
نَتَشَ ـِ نَتْشًا الشَوْكَةَ: استخرجها 拔出(刺)
ـ الشَعْرَ: نَتَفه 拔下(头发)
ـ (مـ): خَطَفَه 攫去，抢夺
ـ ه بالعَصَا: ضربه 打击，捶击
ـ ه عَلْقَةً (مـ) 鞭打
أَنْتَشَ النَبْتُ: أَفْرَخَ / نَبَّتَ 出芽，发芽，萌芽；(大树旁边)长树苗，小树
إِنْتَاش البُذُور: تَنْبِيت 出芽，发芽，萌芽
مِنْتَاش: مِلْقَط الشَعْرِ 镊子
نَتَعَ ـِ نُتُوعًا الدمُ من الجُرْح أو الماءُ من العَيْن: نَزَّ (مـ) / خرج قليلاً قليلاً 渗出，漏出，徐徐流出

نَتَعَ ـَ نَتْعًا الشيءَ (مـ): رَفَعَه 掀起，扬起，举起
ـ ه (مـ): أَنْقَذَه 挽救，拯救，营救，援救，解脱
نَتَفَ ـِ نَتْفًا وأَنْتَفَ ونَتَّفَ الرِيشَ أو الشَعْرَ ونحوَه: نَزَعه 拔(毛或羽毛)
نُتْفَة جـ نُتَف: ما تَأْخُذُه بينَ أصابِعِك 一捏捏儿，一星半点儿
ـ: شيء قليل 一点儿，一点点儿
ـ من الخطاب 摘录，引句
نُتَفَة: من لا يستقصي العِلْمَ ونحوه بل كأنه ينتتف منه نُتَفًا فقطْ 皮毛的，浅薄的，肤浅的，一知半解的
نُتَاف / نُتَافَة: ما سَقَطَ عند النَتْف 拔下的毛(羽)
نَتِيف / مَنْتُوف 被拔了毛(羽)的
حاجِب مَنْتُوف 拔过的眉毛，纤细的眉毛
مِنْتَاف: مِلْقَط الشَعْرِ / مِنْتَاش 镊子
نَتَقَ ـُ نَتْقًا الجِرابَ: نفضَه 抖皮袋
ـ تِ المَرْأَةُ أو النَاقَةُ: كَثُرَ ولدُها (妇女或母驼)多产
نَتَنَ ـِ ونَتِنَ ـَ نَتْنًا ونَتُنَ ـُ نَتَانَةً ونُتُونَةً وأَنْتَنَ: خَبُثَتْ رائحتُه 发臭味，发恶味
ـ (مـ) وـ ونَتَّنَ: دَبَّ فيه الفَسَادُ 腐朽，腐烂，腐败，堕落
نَتَّنَ الشيءَ: جعله مُنْتِنًا 使腐烂，使腐朽，使腐臭
نَتْن / نَتَانَة: تَعَفُّن 腐败，腐朽，腐烂，霉烂
ـ / ـ: رَائِحَة خَبِيثَة 恶臭，恶味，臭气
نَتِن / مُنْتِن: خبيث الرائحة 臭的，恶臭的
ـ / ـ / مُنَتَّن: مُتَعَفِّن 腐败的
ـ / ـ: قَذِر خَبِيث الرائحة 臭人，臭动物
ـ (مـ): بَخِيل / مُقَتِّر 吝啬的，悭吝的
نَثَّ ـُ نَثًّا الجُرْحَ: دَهَنَه (在伤口上)涂油，涂药

نَثَرَ ـِ نَثْرًا ونِثَارًا ونَثَّرَ الشيءَ: رماه مُتفرِّقًا 散布，散播

ـ عليه كذا (كالزُهُور) 对他撒(花等)

ـ الرملَ على الأرض 在地面上铺沙

ـ: أتى بالنَثْر في كلامه 写散文，作散文

اِنْتَثَرَ وتَناثَرَ 被散播，散布

ـ وـ: تَساقَطَ 落下，脱落，散落，纷纷落下，陆续脱落

ـ واسْتَنْثَرَ 洗鼻

نَثْر: بَعْثَرَة 散布，散播

ـ: خِلاف النَظْم 散文

نَثْرِيّ / مَنْثُور: خِلاف المَنْظُوم 散文，散文的

ـ: شَتِيت 零星的，零碎的，琐碎的

مَصَارِيفُ نَثْرِيَّة 零用钱，零星的开支

قَصِيدَةٌ نَثْرِيَّة 散文诗

نَثْرِيَّات: مُتَنَوِّعَات 杂物，杂货，杂事，杂费

نِثَار: وَرَق رَفِيع يُنْثَر في الحَفَلاَت (婚礼中投撒的)五彩碎纸，纸球

ـ شَرِيطِيّ: أشْرِطة وَرَقيّة يتراشقون بها في الحَفلات 彩色纸带，相思带(开船时送别用)

نُثَار / نُثَارَة 餐桌上的面包屑

ناثِر: خِلاف ناظِم 散文家

نَثِير: مَنْثُور / مبعثَر 散布开的，播散开的，铺散开的

مَنْثُور: نَبَات وزَهْره [植]紫罗兰花

نَثَلَ ـُ نَثْلاً وانْتَثَلَ البئرَ: استخرج تُرابَها 掏井

نجا (في نجو) / **نجاة** (في نجو)

نَجُبَ ـ نَجابَةً وأنْجَبَ: كان محمود الصِفات 品质优良，性格优美

ـ وـ: كان فاضِلاً نفيسًا 优越，高贵

أنْجَبَ الرجلُ: ولد وَلَدًا نجيبًا 生贵子，生优秀的儿子

اِنْتَجَبَ الشيءَ: اختاره واصطفاه 选择，挑选

نَجَابة: نَفَاسَة 优秀，卓越

نَجْب / نُجَبَة: كَرِيم 宽仁的，厚道的，高贵的，慷慨的，大方的

نَجِيب جـ أنْجَاب ونُجَبَاء ونُجُب م نَجِيب ونَجِيبَة جـ نَجَائِبُ: نَفِيس 优秀的，卓越的

ـ: أَصِيل 贵族出身的，门第高贵的(人)；纯种的(牲畜)

ـ (مـ): ذَكِيّ 聪明的，精明的，有才能的，有才干的

نَجِيبَة جـ نَجَائِبُ 良种马

نَجَحَ ـَ نُجْحًا ونَجْحًا ونَجَاحًا: أَفْلَحَ 成功，获得成绩；考试及格

ـ الأمرُ: تَيسَّرَ وسَهُلَ (事情)顺利，容易

ـ: أيْسَرَ 昌盛，兴隆，兴旺，发达

نَجَّحَه وأنْجَحَه 促成，使成功，帮助前进；使他及格

نَجْح / نَجَاح 成功

ناجِح: مُفْلِح 成功的，顺利的

رأْي نَجِيح: صائِب 正确的意见

نَجَدَه ـ نَجْدًا وناجَدَه وأنْجَدَ: أعانَه 援助，帮助

نَجِدَ ـَ نَجَدًا الرجلُ: عَرِقَ / تَرَشَّح جلده 出汗，流汗，发汗

نَجَّدَ البيتَ: زيَّنَه 布置

ـ النَجَّادُ الفَرْشَ: عالَجه وخاطه 填塞(靠枕、褥子等)

ـ القُطْنَ: نَدَفَه 弹棉花

أَنْجَدَ: أتى نَجْدًا أو خرج إلى نجد 到内志去

تَنَجَّدَ الشيءُ: ارتفع 高，崇峻，高耸

اِسْتَنْجَدَ فلانًا أو به: استعان 求助，求援，呼吁，呼救

ـ عليه: اجترأ عليه بَعْدَ أن كان يَهابُه 敢，冒昧

نَجْد: إعانَة 援助，支援，帮助

ـ جـ أَنْجُدُ ونُجُد ونِجاد ونُجُود وأَنْجاد

وأَنْجِدَة: ما ارتفع من الأرض 高地，高原

ـ: قسم من بلاد العرب مرتفع أعلاه تِهامةُ واليَمَنُ وأسفله العِراقُ والشام 内志（阿拉伯半岛的高原地带，以帖哈麦、也门、伊拉克、叙利亚为界）

ـ جـ نِجَاد ونُجُود : ما يُزَيَّن به البيتُ من فُرُش وبُسُط ووَسائِد 铺垫儿（褥垫、地毯、靠枕等）

نَجْدِيّ 内志的；内志人

نَجْدَة جـ نَجَدات: عَوْن / غَوْث 援助，帮助，救济；[军]援军

ـ: شَجاعة 勇敢，勇气

الـ! الـ! 救命！救命！

نُجُود البَيْت: سُتُوره التي تُعلَّق على حِيطانِه يُزَيَّن بها 墙上装饰品（窗帘、帷幕等）

نَجُود جـ نُجُد من الإبِل والأُتُن: الماضية والمتقدّمة في السير 带头的驼或驴

نِجاد 剑带

نِجادَة الفَرْش 室内装饰业

نَجَّاد / مُنَجِّد (إفرَنْكِي (مـ)) 室内装饰商

ـ / ـ (بَلَدِيّ(مـ)) 卧褥匠

مِنْجَدَة جـ مَنَاجِدُ: مِنْدَف / قَوْس المُنَجِّد 弹花弓

نَجَذَه ـُ نَجْذًا: عَضَّه بالنَواجِذ 用臼齿咬住

ـ: أَلَحَّ عليه 硬要，强讨，再三要求

ناجِذ جـ نَواجِذُ: أقصى الأضراس وهي أربعة 臼齿

أَنْجُذان: شجر الحِلْتِيت [植]阿魏

ـ رُومِيّ: كاشِم [植]独活草

مَنَاجِذ: (جُلْذ的复数) 鼹鼠

نَجَرَ ـُ نَجْرًا الخَشَبَ: نَحَتَه وسَوَّاه 刨平（木料）

نَجَّرَ (مـ): عمل كالنَجَّار 做木工

نِجار / نُجار: أَصْل 根本，根源，出处

نُجارَة: نُحاتَة (مُساحة) الخَشَب 刨花

نَجَّار 木匠，木工

نِجارَة: عمل النَجَّار أو حِرْفَته 木匠活，木匠业

أَنْجَرٌ / أَنْجَرَة جـ أَناجِرُ (أ): مِرْساة السفينة (波)锚

مَنْجُور: بَكَرة 滑轮，滑车

ـ البَيْت (مـ): أَخْشابُه 壁板，上壁板；壁板材料

نَجْرُو (مـ): سَرْغُو / ذُرَةٌ صَيْفِيَّة / ذُرَة نِيلِيّ / ذُرَة رَفِيعة / ذُرَة عُوَيْجَة [植]高粱，蜀黍

نَجَزَ ـُ نَجْزًا العملُ: تمّ 完成，完毕，竣工

ـ ونَجِزَ ـَ نَجزًا ونَجَّزَ وأَنْجَزَ العملَ: تَمَّمَ 完成，完毕，做完，成就，结束

ـ وـ الشيءُ: انقضى 完结，终了，告终

أَنْجَزَ الوعدَ: وَفَى به 实践、履行（诺言）

ـ على الجَرِيح: أجهز عليه 结束带伤者的性命

نَاجَزَه: بارَزه وقاتَله 厮杀，交锋

تَنَجَّزَ واسْتَنْجَزَ 请求履行（诺言）

نَجْز / نَجاز / إنْجاز / تَنْجِيز 完成，完毕，成就；完结

تَناجُز / مُناجَزَة 战斗，厮杀，交锋

ناجِز / مُنْجَز 已完成的，已履行的

مُنْجَزات 成就，成果

نَجِسَ ـَ نَجَسًا ونَجُسَ ـُ نَجاسة: كان قذرا غير طاهر ولا نظيف 成为污秽的、龌龊的、肮脏的、不干净的

نَجَّسَه وأَنْجَسَه: صيَّره نَجِسًا 染污，弄脏

تَنَجَّسَ: صار نَجِسًا 被染污，被弄脏

ـ الرجلُ: فعل فِعْلاً يخرج به عن النَجاسة 清洁身心，涤除罪污

نَجَس / نَجَاسَة 污秽，龌龊，肮脏

تَنْجِيس 染污，弄脏

نَجِس ونِجْس ونَجَس ونَجْس ونَجُس جـ أَنْجَاس 污秽的，龌龊的，肮脏的，不干净的

ـ (مـ): شَقْوَة (مـ) / خَبِيث 顽皮的，狡猾的，邪恶的，刁顽的

داء ـ أو نَجِيس: لا يُبْرَأ منه 不治之症，医不好的病

نَجَشَ ـُ نَجْشًا الصيدَ: نفره من مكان إلى مكان 赶出猎物

ـ الشيءَ (مـ): نَكَشَه / حَرَّكَه 鼓动

ـ في البيع: أراد بَيْعَ بضاعةٍ فيساومه آخرُ فيها بثَمَنٍ كثير ينظر إليه ناظرٌ فيقع فيها 与人共谋，使买主陷入圈套

نِجَاش (مـ): وَرْدَل (انظر نخاس في نخس) (鞋底和鞋面接缝间的)接缝皮条；(遮盖线缝的)贴边

نِجَاشِيّ (مـ) Negus: لَقَبَ ملوك الحَبَشَة [史]埃塞俄比亚古代国王的称号

نَجَعَ ـَ نُجُوعًا ونَجَّعَ وأَنْجَعَ الدواءُ أو الطعامُ: أَفَادَ ونَفَعَ (药物或食物)有效，有益

تَنَجَّعَ وانْتَجَعَ واسْتَنْجَعَ القومُ الكلأَ: ذهبوا لطلبه في موضعه 找水草，寻牧场

ـ وـ فُلانًا: قصَده طالبًا مَعْرُوفَه 求乞，乞讨

ـ أقْصَى الأرض (مـ) 到遥远的地方去

نَجْع جـ نُجُوع (مـ): بيت من شَعْر 帐篷

ـ: قَرْيَة صَغِيرة 小村庄

نَجِيع / ناجع جـ نَاجِعَة ونَوَاجِعُ: مُفِيد 有益的，有用的

ـ / ـ: مُؤَثِّر 有效的，奏效的

ـ: صِحِّيّ 有益于卫生的，能增进健康的

ـ: ماء ودقيق تُسْقَاه الإبلُ (由树叶、面粉拌成的)骆驼饲料

عِلاَج ناجع 有效的治疗

مَنْجَع / مُنْتَجَع جـ مُنْتَجَعَات 有水草的地方

ـ صِحِّيّ 休养所

نَجَفَ ـُ نَجْفًا الشَجرةَ: قطعها من أصلها (从根部)砍树

نَجَف جـ نِجَاف / نَجَفَة: تَلّ / أَكَمَة 小山，小阜，沙丘

ـ: مكان لا يعلُوه الماء في بَطْن الوادِي 河谷中的高处

الـ 纳杰夫(伊拉克的城市)

دُرّ الـ (مـ) [矿]水晶

نَجَفَة جـ نَجَفَات (مـ): ثُرَيًّا 枝形挂灯

نَجَلَ ـُ نَجْلاً الأرضَ: حرثَها 耕地，犁地

ـ الولدَ وبالولَد: ولده 生儿子

نَجْل جـ أَنْجَال: اِبْن 儿子

ـ: نَسْل 苗裔，后代，子孙，后裔

إنْجِيل evangel: بِشَارة 福音，喜讯

الـ: العهد الجديد [基督]新约书

إنْجِيلِيّ: مختص بالإنجيل 福音的，福音主义的

ـ: بَشِير (وبمعنى تابع للطائفة الإنْجِيلِيّة) 福音传道士，福音书著者

نَجِيل جـ نُجُل: شلش الإنْجِيل (س) [植]狗牙根，行仪芝

أَنْجَل جـ نُجْل ونِجَال م نَجْلاءُ جـ نُجْل 有杏眼者

عَيْنان نَجْلاوان: عَيْنَانِ واسِعتانِ 一双大眼

طَعْنَة نَجْلاء 宽大的创伤

مِنْجَل جـ مَنَاجِل: سَيْف الحِصَاد 镰刀，大镰刀，有锯齿的镰刀

ـ (صغير): شَرْشَرَة 小镰，手镰

سِنّ الـ: عُصْفُور (انظر سنن) 山雀，花雀

مَنْجَلَة (م): مِلْزَمَة / مَنْكَنَة (س) 老虎钳

نَجْلَزَه (أ): صيَّره إنْجِلِيزِيًّا 使英国化、英语化

تَنَجْلَزَ: صَارَ إنْجِلِيزِيًّا 英国化，英语化

إنْجِلِيزِيّ: إنكْلِيزِيّ 英国的；英国人

نَجَمَ ـُ نُجُومًا وأَنْجَمَ الشيءُ: ظهر وطلع 露出，呈现，出现

ـ عنه: نَتَجَ 由他发生，由他引起

ـ ونَجَّمَ الدَيْنَ: أدَّاه أقْساطًا 分期偿还

نَجَّمَ وتَنَجَّمَ: رَعَى النُجُومَ وراقبَها ليعلم منها أحوالَ العالَم 以星辰占卜，从事占星术

نَجْم: قِسْط 摊付金

ـ ج أَنْجُم: نَبات على غير سَاق 禾本科植物

ـ ج نُجُوم وأَنْجُم وأَنْجام ونُجُم الواحدة

نَجْمَة: كَوْكَب 星

ـ بِذَنَب: مُذَنَّب (انظر ذَنَب) 彗星

ـ أو نَجْمَة الصُبْح: الزُهَرَة / الطارِق 金星，启明，太白

ـ أو ـ المَسَاء 金星，长庚，太白

ـ أو ـ القُطْب 北极星

ـ (م): طَالِع 星占图，十二宫图，算命天宫图

حَسَبَ الـ 星占

ـُ ه في صعُود 走红运，吉星高照

أفِلَ ـُ ه 他倒霉了，他的星宿陨落了

النَجْم: الثُرَيَّا [天]昴宿，昴星团，七姊妹星团

النُجُوم الثَوابِتُ 恒星

عِلْم النُجُوم: عِلْم الفَلَك 天文学

العَلَم الأحمر ذو النجوم الخمسة 五星红旗

عِبادَة النُجُوم 崇拜星辰

نَجْمِيّ: كالنُجُوم 似星的，星状的

ـ: مختص بالنجوم 星的，星体的

سَنَة ـ ة [天]星年

نَجْمَة (في الطِبَاعَة) [印]星号

مَرَض الـ (يُصِيبُ الخَيْل) 非洲的一种马病

نُجَيْم / نُجَيْمَة ج نُجَيمَات: تَصْغِير نجم [天]小行星

تَنْجِيم: عِلم التَنْجِيم 星相学，星占学

ناجِم: ناتج 发生的，产生的

نَجَّام: مُنَجِّم / يَازِرْجِي (م) (波)占星家，星相家，星士，阴阳生

مُنَجِّم 占星家，星相家，星士，阴阳生

لا أَدْرِي ولا الـ يَدْرِي 我不知道，算命先生也不知道

مَنْجَم ج مَنَاجِمُ: مَنْبَع / أَصْل 根源，起源，泉源

ـ: مَنْبِت المَعَادِن 矿，矿山

ـ حَدِيد 铁矿

ـ فَحْم 煤矿

ـ ذَهب 金矿

حفْر المَنَاجِم: تعدين 开矿，采矿

مِنْجَم: حديدة المِيزَان فيها اللِسَان 秤杆，天秤横梁

نَجَا يَنْجُو نَجاة ونَجاءً ونَجْوًا ونَجَايَةً من كذا: خلص 得救，逃脱，脱离

ـ من المَوْت بِأُعْجُوبَةٍ 幸免于死，死里逃生，九死一生

ـ نَجْوًا ونَجْوَى ونَاجَى صديقَهُ: سارّه بما في فؤاده من الأسرار والعواطف 密谈，告密，咬耳朵

ـ وـ نَفْسَهُ 独白，自言自语；沉思，内省

نَجَّى وأَنْجَى الرجلَ من كذا: أنقذه 拯救，援救

تَنَاجَى الصَدِيقَان: تَسَارًّا 密谈，咬耳朵
اِسْتَنْجَى الشيءَ من فلان: استخلصه 挽回，取回，赎回
ـ: غَسَلَ أو مَسَحَ موضعَ النَجْو 净下(大便后用纸擦干净或用水洗干净)
نَجْو جـ نِجَاء: ما يَخرُج من البَطْن 粪便
ـ / نَجْوَى جـ نَجَاوَى: سِرّ 秘密，机密
نَجْوَى: مُنَاجَاة 密谈，秘密会议
نَجْوَة جـ نِجَاء:ما ارتفع من الأرض 高岗，高地，台地
إنَّهم في ـِ من كُلِّ هذا 对这些事，他们如隔岸观火
هو بـ ـِ من (الدَيْن) 他没有(债务)
نَجَاة / نَجَا / نَجْو / نَجَاء: خَلَاص 得救，脱离
ـ: سَلَامَة 平安，安全，稳妥
ـ: هرب 逃跑，逃脱，避免，逃避
طَوْقُ الـ من الغَرَق 救生圈，救生环
مُنَاجَاة: تبادُل الأسرار والعواطِف 亲密地交谈，谈知心话，谈心腹话
ـ الأَرْوَاح 招魂，关亡；招魂术
ـ الإِنْسان لنَفْسِه 自言自语，独白
ـ (用无线电)交谈
حَوْضُ الاستِنْجَاء: بِيدَيْه bidet (法) 净下盆，(房内浴洗身体局部用的有脚的)洗身盆
نَاجٍ جـ نُجَاة م نَاجِيَة جـ نَوَاجٍ ونَاجِيَات: هارِب 得脱的，获救的，幸免的
نَجِيّ جـ أَنْجِيَة: مَنْ تفاوِضه بِسِرِّك 密友，心腹，知己朋友
مُنجٍّ: مُنْقِذ 救星，拯救者，救命恩人
مَنْجًى جـ مَنَاجٍ 隐避所，藏身处
مَنْجَاة جـ مَنَاجٍ: مَهْرَب 生路，脱险的手段
نحا (في نحو)

نَحَبَ ـِ نَحْبًا ونَحِيبًا وانْتَحَبَ الرجلُ: رفع صوته بالبُكَاء 痛哭，恸哭，大哭
نَحْب: وَقْت / مُدَّة 时间；时期；期限
ـ: مَوْت 死，死亡
قَضَى ـَ هُ 死，去世，逝世
ـ / نَحِيب 痛哭，恸哭
نَحَتَ ـُ ونَحِتَ ـَ نَحْتًا الحَجَرَ: سوَّاه وأصْلَحه 雕，刻，琢磨，砍，劈
ـ التِمْثَالَ وغَيْرَه 雕刻(石像)
ـ كلمةً / ـ الكَلَامَ 造新词(如从باسم الله造新词بَسْمَلَ)
ـ ه بلسانِه 诽谤，中伤，辱骂，诬蔑
نَحْت 雕刻
ـ الكَلَام [语]造新词
ـ التَمَاثِيل 雕刻，雕塑
نُحَاتَة 碎屑
نَحِيت / مُنْحُوت: مَسَوًّى 砍平的，削平的
ـ / ـ: مَحْفُور 刻好的，雕刻好的
نَحَّاتُ الحَجَر 石匠，刻工
ـ التَمَاثِيل 雕刻家，雕塑家
مِنْحَت جـ مَنَاحِتُ: إِزْمِيل (مـ) 錾子，车刀，刻刀
نَحَرَ ـَ نَحْرًا وتَنْحَارًا البَهِيمَةَ: ذبحها 宰牲
اِنْتَحَرَ الرجلُ: قتل نفسَه 自杀
ـ وا وتَنَاحَرُوا على الأمر: تخاصموا وتَشَاحُّوا عليه فكاد بعضُهم يَنْحَر بعضًا 斗争，敌对
نَحْر: ذَبْح 宰，杀
ـ جـ نُحُور: أَعْلَى الصَدْر 胸脯上部
رَدَّ كَيْدَه على ـ 将计就计
ـ (مـ): تَقْوِير (حِلْيَة مِعْمَارِيَّة) [建]凹形雕饰
يَوْم الـ / عِيد الـ [伊]宰牲节，古尔邦节(伊历12月10日)

نِحْر / نَحِير جـ نَحَارِيرُ 熟练的，老练的，有经验的，经验丰富的

تَناحُر 斗争，敌对

ـ الأحْزَاب 党派间的斗争

اِنْتِحَار جـ اِنْتِحَارَات: قتل الذات 自杀，自尽，自缢

ـ يَابَانِيّ (بشقّ البَطْن) 切腹，剖腹

نَحِير جـ نَحْرَى ونُحرَاء ونَحائِرُ / مَنْحُور 被杀的，被宰的，被屠杀的，被杀害的

مَنْحُور (مـ): مُغْتَاظ 发怒的，被激怒的

مَنْحَر: رَقَبة 脖子，咽喉(宰牲时下刀之处)

مُنْتَحِر 自杀者

نَحِيزَة جـ نَحَائِزُ 自然，天性；坚硬的地面

نَحِس ـَ نَحسًا ونَحُسَ ـُ نَحَاسَةً ونُحُوسَةً طالعُ الإنسان: ضد سعُد 成为倒霉的，不幸的，不吉的

نَحَسَه ـُ نَحْسًا (مـ): أتى بالنحس عليه 带来厄运、不幸、灾难

نَحَّسَ الشيءَ: طَلَاه بالنُحاس 镀铜，包铜

ـ الأخْبارَ: تَتَبَّعَها وتَجَسَّسَها 侦察，侦探

تَنَحَّسَ: جاعَ 饥饿

ـ لشُرْب الدَواء: تَجوَّع له 服药前戒食

نَحْس جـ نُحُوس وأنْحُس: ضد سَعْد 厄运，不幸，倒霉

ـ / نَحِس: مَنْحُوس 不幸的，倒霉的，不走运的

ـ / ـ: سَيِّئ الطالع 不吉利的，有凶兆的

ـ / ـ: جالِب النَوَائِب 带来厄运的，带来灾难的，招致不祥的

في سَاعَة ـ 不巧，不幸

نُحَاس 铜

ـ أَصْفَر 黄铜

ـ أَحْمَر 紫铜

ـ: طَبِيعَة 性格，天性，气质

نُحَاسَة (مـ): نَقْد صَغِير القِيمَة 铜币，铜钱

ـ المَطْبَعَة (مـ) (آلة الطِبَاعَة) [印]整版盘

نُحَاسِيّ 铜的，铜质的

نَحَّاس 铜匠

مَنْحُوس جـ مَنَاحِيسُ: سيِّئ الحظّ 不幸的，倒霉的，不走运的

ـ الطَالع 不幸的，薄命的

ـ: مَشْؤُوم 不吉的，不祥的

مَنَاحِسُ 不吉祥的事件

نَحَفَ ـَ ونَحُفَ ـُ نَحَافَةً: كان قليل اللحم خِلْقَةً لا هُزَالاً 瘦，瘦削，清瘦，清癯，苗条

ـ وـ: هَزَلَ 瘦弱，消瘦，憔悴

أَنْحَفَه: صَيَّرَهُ نَحِيفًا 使瘦弱，使消瘦

نَحَافَة / نُحْف (مـ): دِقَّة الجِسْم 纤弱，细长

ـ / ـ 消瘦，瘦弱，衰弱，憔悴

نَحِيف جـ نِحَاف ونُحَفَاء / مَنْحُوف 消瘦的，瘦弱的，憔悴的

ـ القَوَام 瘦的，瘦削的，清瘦的，清癯的，苗条的

نَحَلَ ـُ ونَحِلَ ـَ ونَحُلَ ـُ نُحُولاً جِسْمُه: سَقِمَ ودَقَّ من مَرَض أو تَعَب 瘦弱，消瘦，憔悴

نَحَلَ ـَ نُحْلاً الرجلَ: أَعْطاه هَدِيَّةً 送礼，献礼，赠礼品

ـ المرأةَ: أعطاها المَهْرَ 送彩礼，交财礼

ـ الثَوْبُ (مـ): تَنَسَّرَ (衣服)磨损，穿坏

ـ الصُوفُ أو الشَعْرُ (مـ): تَسَاقَطَ (毛)落下，脱落

ـ ـَ نَحْلاً القولَ: أضاف إليه قولاً قالَه غيرُه وادَّعَاه عليه 伪造，捏造，杜撰(诗文)

نُحِلَ الشاعِرُ قَصِيدَةً: نُسبت إليه وهي لغيره 以甲

诗人的作品冒充乙诗人的作品
أَنْحَلَه الهَمُّ أو المَرَضُ: أنحفه 使瘦弱，使消瘦，
使憔悴
اِنْتَحَلَ مَذْهَبًا: اعتنقه 皈依某宗教、某教派
ـ الإِسْلاَمَ 信奉伊斯兰教
ـ شَخْصِيَّةً 冒充某人
ـ اسمَ غيره 冒名(顶替)
ـ لنَفْسِهِ صفة ... 担任…角色
ـ الأَعْذارَ لفلان 替某人找借口，作辩护
ـ وتَنَحَّلَ التَّأْلِيفَ: اِدَّعاه لنَفْسه 剽窃，抄袭
(作品、著作)
ـ الشيءَ: اغتصبه 霸占
نَحْل: ذُبَاب العَسَل 蜜蜂
ـ طَنَّان 土蜂，大黄蜂
ذَكَرُ الـ 雄蜂
تَرْبِيَة الـ / نِحالَة 养蜂；养蜂业；养蜂学
خَلِيَّة أو قَفِيرُ الـ: عَسَّالَة 蜂窠，蜂房，蜂箱
نُحْل / نُحْلَى / نُحْلاَن 礼物，赠品
نَحْلَة جـ نَحلاَت: واحدة النَحْل 一只蜜蜂
ـ كُرْبَاج (مـ) (用鞭抽的)陀螺
ـ (مـ) / نُحْلَة جـ نُحَل / ـ الصَبِيّ: دوَّامَة /
فُرَّيْرَة (سـ) / مِرْصَاع (عـ) (木制梨形)陀螺
نِحْلَة جـ نِحَل ونُحْلَة جـ نُحَل: عَطِيَّة 礼物，赠品
ـ / ـ: إعطاء المرأة مَهْرَها 送彩礼，赠财礼
ـ: مَذْهَب ودِيانة 宗教，教义，信条，教派
نُحُول: سَقَم 瘦弱，消瘦，憔悴
اِنْتِحال: اِعْتِنَاق 皈依，信奉，信仰
ـ المُؤَلَّفات 剽窃，抄袭(作品、著作)
نَحِيل جـ نَحْلَى / نَاحِل جـ نُحَّل ونُحُول م نَاحِلَة
جـ نَوَاحِلُ: سَقِيم 瘦的；瘦弱的，消瘦的，
憔悴的
ـ القَوَام 瘦削的，清瘦的，清癯的，苗
条的
مَنْحُول 杜撰的，虚构的
الرِوَايَات الـ ة 虚构的故事
ـ 磨损的，穿破的，褴褛的
ـ الوَبَر 穿旧的，穿到露线的
نَحَّال 养蜂者
مَنْحَل جـ مَنَاحِلُ 养蜂场
نَحَمَ ـِ نَحْمًا ونَحِيمًا ونَحَمَانًا الرجلُ: تَنَحْنَحَ
喘，喘气
نُحَام: بَشَرُوش (مـ) 红鹤，火鹤
نَحَمْيَا [旧约]尼希米书
نَحْنُ / نِحْنُ ونِحْنَا واِحْنَا (مـ) 我们，咱们
ـ المُوَقِّعِينَ 我们签名的人
نَحْنَحَ وتَنَحْنَحَ الرجلُ: تردّد صوته في صدره
清嗓子
نَحَا يَنْحُو نَحْوًا الشيءَ: قَصَدَه 往，向，到…去
ـ الرجلُ: مالَ على شِقَّيْهِ (身体)倾斜
ـ نَحْوَه: اِقْتَفَى أَثَره 模仿，仿效
ـ هذا النَحْوَ 他这样做
ـ ونَحَّى فلانًا عن مَوْضِعه: صرفه وعزله 解
雇，斥退，逐出
ـ ه وـ ه: نَقَلَه وأَبْعَدَه 迁移，挪移，搬开
نَحَّى الرجلَ عن موضعه: صرفه وعزله 解雇，
斥退，逐出
ـ قَضِيَّةً عن جَدْوَلِ الأَعْمَال 从议事日程
中取消一个问题
أَنْحَى عليه ضَرْبًا: أَقْبَلَ عليه مُهَاجِمًا 进攻，扑
过去
ـ عليه ضَرْبًا أو لَوْمًا (动手)攻击，(言论)
攻击
ـ بَصَرَه عنه: أماله 背过脸去，转过脸去
(表示轻蔑)

تَنَحَّى عن مَوْضِعه: اعتزل 辞职，退让；退开，让开，走开，回避

ـ عنه: تَخَلَّى عنه 放弃，抛弃，舍弃，断绝关系

ـ عنهم: تَرَكَهم 躲开，避开，让开

ـ عن مَكَانه 退让，让坐位(地位)

ـ وانْتَحَى للشيء: اعتمد عليه ومال إليه 靠，依靠，凭据

اِنْتَحَى القاعِدَةَ 遵守原则

نَحْو جـ أَنْحَاء: جِهَة أو جَانِب 方向，方面

ـ: طَرِيقَة 途径，方法，方式，样式，形式，款式；作风，惯例

ـ: اِتِّجَاه 方向，倾向，趋向

على هذا الـ 这样

على ـ ما ... 像…

على ـ ما تَرَى 像你所见到的那样

على ـ طَيِّب 很好地

عِلْم الـ 语法学

الصَرْف والـ 词法和句法

من نَحْوِي: من جِهَتِي 至于我，讲到我

في جَمِيعِ أَنْحَاءِ البِلَادِ 全国各地

في كُلِ أَنْحاءِ العَالَمِ 普天下，全世界

نَحْوَ: مِثْل / كَقَوْلك 如，譬如，例如

ـ: زهَاء 约，大约，上下，左右

ـ: لِجِهَة / صَوْب 向…

ـ الشَرْق 向东

و ـ ه: وقِسْ عليه 等等，诸如此类，如此类推

نَحْوِي: مختصّ بعِلْم النَحْوِ 语法学的，语法上的

ـ / نَاحٍ: عالِم بالنَحْو 语法学家

نَاحٍ جـ نُحَاة 语法学家

نَاحِيَة جـ نَوَاحٍ ونَاحِيَات وأَنْحِيَة: جِهَة / جَانِب 方向，方面，方位

ـ (ع) / مَرْكَز (مـ) / قَضَاء (سـ) (伊拉克的)县

ـ: جِهَة / صُقْع 地区，区域

من هذه الـ 从这方面，在这种关系上

من ـ ... ومن ـ أُخْرَى (ثانِية) 一方面…而另一方面…

تُرِكَ ـً 被放置一旁

نخا (في نخو)

نَخَبَ ـُ نَخْبًا وانْتَخَبَ الشيءَ: انتقاه 挑，选，挑选，拣选，选拔

ـ وـ: اِخْتَارَه 选择，抉择

ـ وـ لِمَنْصِبٍ أو عُضْوِيَّةِ مَجْلِسٍ الخ 选举(代表、议员)

ـ الشيءَ: نَزَعَه 脱(衣服)

نَخِبَ ـَ نَخَبًا: كان مَنْزُوعَ الفُؤادِ جَبانًا 胆怯，胆小

اِنْتَخَبَ الشيءَ: انتزعه 脱(衣服)

نَخْب جـ أَنْخَاب: ما تَشْرَبُه لصِحَّة صَدِيق 祝酒，敬酒

شَرِبَ ـَ فُلَان 敬某人酒，为某人健康而干杯

نُخْبَة جـ نُخَب: خِيرَة / صَفْوَة 精华，精粹，精选物

اِنْتِخَاب جـ اِنْتِخَابَات / نَخْب: اِخْتِيَار 选择，拣选，选拔

الـ الجِنْسِيّ 性择，性淘汰

الـ الطَبِيعِيّ [生]自然淘汰

إعَادَةَ الـ 改选，重选

حَقُّ الـ / أَهْلِيَّةُ الـ 选举权

حَقُّ الـ العَامِّ 普选选举权

لائِقٌ للـ 有被选资格的

غيرُ لائقٍ للـ 无被选资格的

انتخابات عامَّة 普选，大选

اِنْتخابَات جُزْئيَّة 地方选举，分区选举

دائِرَة اِنْتخَاب / دائِرَة اِنْتخابِيَّة 选区

اِنْتخابِيّ: مُخْتَصّ بالانتخابَات العامَّة 关于选举的，关于普选的

ـ: اِخْتِيارِيّ 选择的，选拔的，拣选的

حَرَكَة ـ ة / حَمْلَة ـ ة 选举运动

ناخِب 选民，选举人，有选举权者

مَنْخُوب / نَخِيب: جَبَان 畏缩的

ـ الفُؤاد 胆小的，胆怯的

مُنْتَخِب: الذي يختار 挑选者，选择的

ـ: ناخِب 选民，选举人，投票人

مُنْتَخَب: مُخْتَار 被选择的，精选出来的

ـ 被选举人；选手，代表队

ـ ج مُنْتَخَبات 选集，文选，诗选

نَخَّ ـُ نَخًّا: سَارَ مَسِيرًا عَنِيفًا 急行

ـ ونَخَّخَ الجَمَلَ (مـ): ساقها شديدًا 赶骆驼快走

ـ الجَمَلَ (مـ): استناخه / قال له اِخْ اِخْ أو نخْ نخْ لتبرك 喝令骆驼跪下

نَخّ ج أَنْخَاخ / نُخّ (مـ): بِسَاط طويل (走廊或楼梯的)长毯，廊毯

نُخّ / نُخاخَة: مُخّ / نُخَاع (مـ) / نِقْي 髓，骨髓

نَخَرَ ـِ نَخْرًا ونَخِيرًا الإنسانُ أو الدابَّةُ: خَنْفَر (مـ) / مَدَّ الصوتَ والنَفَسَ في خَيَاشِيمه (马)喷响鼻子；(人不同意、轻蔑时)吹鼻子，喷鼻息，哼哼鼻子

ـ الشيءَ: ثَقَبه 钻孔，打眼

نَخَرَ ـُ نَخْرًا الحَبَّ (مـ): هَمَّه / أكل لُبابَه 侵蚀，蚕食，蛀坏

نَخِرَ ـَ نَخَرًا العُودُ والعَظْمُ ونحوه: بَلِيَ وتَفَتَّتَ (棍棒、骨头等)腐蚀；蛀坏

نَخْر: بَلاء وتَفَتُّت 腐败，腐烂

ـ العِظام: تَقَرُّحها وتَفَتُّتها [医]骨疽，骨溃疡

ـ العِظام / نَخِيرَة: بلاء أو مَوْت العَظْم [医]坏疽，坏死

ـ / نَخِير: خَنْفَرَة (مـ) 鼻息

نَخِر / نَاخِر ج نُخُر: بالٍ مُتَفَتِّت 腐烂的，腐朽的

ـ 风化的(岩石)

مَنْخُور 被侵蚀的，被蛀坏的

ـ 腐烂的，腐蚀的(牙齿)

نَخِيرَة [医](骨)坏疽

مَنْخَر ومَنْخِر ومِنْخِر ومِنْخَر ومُنْخُر ومَنْخُور ج مَنَاخِرُ ومَنَاخِيرُ 鼻子

مُتَبَاعِد المَنْخَرَيْن: عَرِيض الأَنْف 阔鼻子的

مُتَقَارِب المَنْخَرَيْن 狭鼻子的

نَخْرَبَ الشيءَ: ثَقَبَه 钻孔，打眼

نُخْرُوب ج نَخَارِيبُ: ثقب أو شَقّ 孔，窟窿

ـ: حُفْرَة / نُقْرَة 穴，窝，坑，凹处

نَخَزَه ـُ نَخْزًا بالحديدة: وَخَزَه بها (用铁器)扎，刺，戳

ـ ه بكلمةٍ 讽刺，挖苦

نَخَسَه ـُ نَخْسًا الدابَّةَ: غرز جَنْبَيْها أو مُؤَخَّرَها بعُود ونحوه فهاجتْ 刺马(使其快跑)

ـ بفلان: هَيَّجه وأَزْعَجَه 刺激，激动，扰乱，搅乱

ـ البَكَرَة: جعل فيها نِخاسًا 加楔子

نَخْسَة ج نَخَسَات: وَخْزَة 一刺，一扎

نِخَاس ج نُخُس: نِجَاش / وَرْدَل (مـ) / جلدة بين الفَرْعَة والنَعْل يُخْرَزان عليها (鞋面和鞋底接缝间的)接缝皮条；(遮线缝的)贴边，贴缝

نِخَاسَة: تِجارة الدوابّ (المَوَاشِي) 牲口交易，

牲口买卖
ـ: تِجارة الرَقيق 奴隶交易，奴隶贩卖
نَخَّاس: تاجِر الرقيق / يَسِرْجِي (مـ) 奴隶贩子
ـ: تاجر المَواشي 马贩子，牲口商人
مِنخَس جـ مَناخِس / مِنْخَاس جـ مَنَاخِيسُ 锥刺，(赶牲口用的)刺棒，鞋刺，踢马刺，马扎子
نَخَشَ ـَ نَخْشًا الدَابَّةَ: ساقها شديدًا 赶牲口快走
نَخْشُوش جـ نَخَاشِيشُ (مـ) 鼻孔
ـ السَمَكِ (مـ): خَيْشُوم 鱼鳃
نَخَعَ ـَ نَخْعًا الذبيحةَ: جاوَز بالسِكّين مُنْتَهى الذَبْح فأصابَ نُخاعَها (宰牲时)割断脊髓
ـ الأمرَ عِلْمًا: كان خبيرًا به 精通，熟练
ـ (مـ): رَجَّ 摇荡，震动，颤簸
ـ نُخُوعا لفلان بحَقِّه: أَقَرَّ 承认某人的权利
تَنَخَّعَ: تَنَخَّمَ 吐出，咳出，吐痰
نُخَاع ونَخَاع ونِخاع جـ نُخُع: الحَبْل الشَوْكِيّ [解]脊髓
ـ العَظْم (مـ): نِقْي 骨髓
الـ المُسْتَطِيل [医]延髓
نُخاعَة 咳出物(如痰、粘液等)
نَخَلَ ـُ نَخْلاً الدقيقَ: غَرْبَلَه وأزال نُخالتَه 筛面
ـ وانْتَخَلَ وتَنَخَّلَ الشيءَ: اختاره وصفّاه 选择，挑拣，淘汰
نَخْلُ الدَقِيق وغَيْره 筛
ـ / نَخِيل: شَجَر البَلَح 枣椰林
نَخْلَة جـ نَخَلات: واحدة النَخْل 枣椰树
نُخالَة الطَحِين: رَدّة الدقيق (مـ) 麸，糠
سُمّ الـ (مـ) 毒饵
مُنْخُل ومُنْخَل جـ مَنَاخِلُ 箩筛
مَنَاخِلِيّ 卖箩筛的
نَخِمَ ـَ نَخْمًا ونَخَمًا وتَنَخَّمَ: دفع بشيء من صَدْرِه أو أَنْفِه 咳吐，吐痰
نُخَامَة 痰，咳吐物
نُخَامِيّ 痰的，咳吐物的
الغُدَّة النُخَامِيَّة [解]大脑垂体
نَخَا يَنْخُو نَخْوَةً الرجلَ: مدحه 称赞，赞扬
نُخِيَ نَخْوَةً الرجلُ: افتخر وتعظَّم 骄傲，自大
ـ (مـ): لَيَّنَ حِدَّتَه 缓和，减轻，抚慰
اِنْتَخَى (مـ) واِنْتَخَى (مـ): لاَنَ 变温和，变宽厚；心平气和，发慈悲心；默从，默认，勉强同意
نَخْوَة: مُرُوءَة / شَهَامَة 宽仁，宏量，豪爽，侠义，义勇，雅量，豁达
ـ: عِزَّةُ نَفْسٍ 自尊，骄傲，傲慢
ذُو ـ 豪爽的，义侠的，宽宏大量的，豁达大度的；自尊的，骄傲的
نَدَبَ ـُ نَدْبًا المَيْتَ: بَكَاه 痛哭，哭丧，号丧
ـ المَيْتَ: رَثَاه وعدّد مَحاسِنَه 吊丧，哀悼；赞扬，称颂(死者)
ـ وانْتَدَبَ فلانًا إلى الأمر أو له: دعاه ورشَّحه للقِيَام به 委派，派遣(代表)
نَدِبَ ـَ نَدَبًا وأَنْدَبَ الجُرْحُ: صلُبَتْ نَدْبَتُه (伤口)愈合，封口，长好，结痂，结瘢
نَدْبَة جـ نَدْب جج نُدُوب وأَنْدَاب: أَثَرُ الجُرْح الباقِي على الجلد 创疤，伤痕
نَدْب جـ نُدُوب ونُدَبَاء: سريع إلى الفضائل 积极行善的，好善的
ـ: ظَرِيف نَجِيب 活泼的，灵敏的，敏捷的
نَدَب جـ أَنْدَاب: خَطَر في الرِهان 赌物，赌金
نُدْبَة: مَرْثَاة 挽联，悼词，诔词，挽歌，葬歌，挽诗
اِنْتِدَاب 派遣代表(团)
ـ سِيَاسِيّ أو دُوَلِيّ (国际的)委任统治

اِنْتِدابِيّ 委任统治的
مِنْطَقة ـ ة 委任统治区
مَنْدَبَة ومَنْدَب جـ مَنادِبُ: نَدْب 悲痛，痛哭，哀悼，哭丧，号丧
بُوغازُ بَاب المَنْدَبِ 巴布厄尔曼得峡
(意思是哭峡，在红海南端)
نَادِب / نَدَّاب 哭丧者，作挽联者，作哀歌者
نَادِبَة جـ نَوَادِبُ / نَدَّابَة (مـ) 女号丧者
مَنْدُوب: مَرْثِيّ 被哭的，被哀悼的
ـ: نَائِب 委员，代表，使节，政治委员
ـ: وَكِيل إدَارِيّ مُفَوَّض 代理人
ـ مُفَوَّض 全权委员，全权大使
ـ سَامٍ 高级代表(专员)
ـ الجَرِيدَة 报社记者
ـ / مُنْتَدَب 被委派的，被委任的
مُنْتَدِب 委派者，委任者
مُنْتَدَب 被委派者，被委任者
عُضْو الإدَارَة الـ 被委派到管理处的人员
الحُكُومَة الـ ة / الدَوْلَة الـ ة 被委任统治的国家
ندح ـَ نَدْحًا الشيءَ: وَسَّعَه 扩展，扩大，扩张
مَنْدُوحَة / مُنْتَدَح: سَعَة وفُسْحَة 余地
لك عن هذا الأمر ـ أو ـ: يُمْكِنُك تَرْكُه والمَيْلُ عنه 你对于这件事有选择的余地
لا ـ لَه عن ... / لا ـ لَه من: لا مَفَرَّ له... 不可免的，无可选择的，免不掉的，迫不得已
أَصْبَح لا ـ عن ... 成为必然的
هذه مَعْلُومَات لا ـ له عنها 对他来说，这些情报是不可缺少的
اِسْتَرِحْ قليلاً فَفِي الوَقْتِ ـ 休息一会儿吧，时间足足有余！

نُدْحَة: ما اتّسع من الأرض 广阔的地方
نَدَّ ـِ نَدًّا ونَدِيدًا ونُدُودًا ونِدَادًا البَعِيرُ: نفر وذهب شارِدًا (骆驼)惊逃，被吓跑
ـ تِ الكلمةُ: شَذَّت (词)不按规则变化
يَجِب أَلاَّ يَنِدَّ عن البال أنَّ ... 不应该忽略的是…，应该注意的是…
نَدَّتْ عنه صَرْخَةٌ 他脱口喊出
لم تَنِدَّ عنه أيَّةُ شَكْوَى (أو تَذَمُّر) 他从未发过一句怨言
نَدَّدَ بالشيء: شَهَّره وشَيَّعه بين الناس 宣扬，宣传
ـ بفلان: صرَّح بعُيُوبِه 谴责，责备，非难，尖锐地批评
نَادَّه: خَالَفَه 与他分歧
تَنَادُّوا: تنافروا وتخالفوا 意见分歧
ـ: تَفَرَّقُوا 分散，四散
نِدّ جـ أَنْدَاد / نَدِيد جـ نُدَدَاءُ م نَدِيدَة جـ نَدَائِدُ: نَظِير 类似的，相同的，一样的
ما له ـ أو نَدِيد 他是无比的，无敌的，无双的
من نِدِّه (مـ): لِدَتِه / من عُمْرِه 同岁的
نَدّ ونِدّ: عُود البَخُور 龙涎香
تَنْدِيد 谴责，责备，非难，尖锐的批评
نَدَر ـُ نَدْرًا ونُدُورًا الشيءُ: قَلَّ وُجُودُه 稀少，少有，稀罕，罕见，不常见
نَدُرَ ـُ نَدَارَةً الكلامُ: فصح (语言)明白，流畅
ـ الكلامُ: جاد 词句优美，意味深长
ـ الكلامُ: غَرُبَ (语言)奇妙，新奇
أَنْدَرَ وتَنَادَرَ علينا: حدَّثنا بالنَوادِرِ 他给我们讲海外奇谈，他和我们谈笑风生
نَدْرَة / نُدْرَة: قِلَّة وُجُود 少有，稀有，罕见
لا يَكُون ذلك إلاَّ ـ أو في الـ 那是罕有的
في الـ / نَدْرَةً: قليلاً 很少，难得，不容易

لاقيْتُه ـ 我难得遇见他

نَدَرَى: نادر قليل الوجود 不常，很少，难得，好容易

لَقِيتُه ـ وفي ـ والـ وفي الـ: نادراً 我好容易才遇见了他

نَدْر / نَادِر: قليل الوجود 稀有的，稀罕的，罕见的，少有的，不常见的

ـ / ـ: شَاذّ غَرِيب 稀奇的，奇特的，新奇的，不寻常的

نادر م نَادِرَة 稀有的，罕见的

ـ من الكلام: ما شَذّ وخالَف القِياسَ 例外的名词或动词

ـ الوُقُوع: قَلِيل الحُدُوث 很少发生的，不平常的，罕有的

في الـ: نادراً 少有地，稀罕地

والـ لا حُكْمَ له 例外又当别论

مَعَادِن نَادِرَة 稀有金属

نَادِرَة جـ نَوَادِرُ: شيء نادِر 珍品，珍奇，罕见物，稀罕物，精美绝伦的物品

هو ـ الزَمَان 他是奇才

ـ (مـ): قِصَّة غَرِيبَة 传奇

نَوَادِرُ الكَلَام: غَرَائِبُه 奇谈，珍闻，奇谈

نَوادِرُ المُحْتالِينَ 狡猾的手段，骗子的奸计

مَنْدَرَة جـ مَنَادِرُ (乡下接待男客的)客房

أَنْدَرُ 安德尔(叙利亚的“杏花村”，以产酒著称)

نَدَعَتْ السَمَاءُ (مـ): رَذَّت 下毛毛雨，细雨纷纷

نَدَّغَ العَجِينَ: رَشَّ عليه طَحِينًا أو سُكَّرًا (在面团上)撒干面或白糖

نَدَّاغَة 洒粉器，洒粉盒

نَدَفَ ـِ نَدْفًا القُطْنَ أو الصُوفَ: ضربه بالمِنْدَف 弹棉花或羊毛

نُدْفَة جـ نُدَف (سـ): نُتْفَة 一点，一点儿，一捏捏儿

نَدِيف / مَنْدُوف 弹过的(棉花或羊毛)

نَدَّاف القُطْن: لُبُودِيّ (مـ) 弹棉工，梳毛工

مِنْدَف ومِنْدَفَة جـ مَنَادِفُ: مِنْجَدَة / قوس المُنَجِّد (مـ) 弹棉花弓

نَدَلَ ـُ نَدْلاً الشيءَ: جَذَبَه وخَطَفَه بسرعة 攫取，抢去，猛夺

ـ الدَلْوَ من البِئْر: أخرجها (从井中)提起水桶

نَدِلَتْ ـَ نَدَلاً يَدُهُ: وسخت (手)脏，污染

تَنَدَّلَ وتَمَنْدَلَ بالمِنْدِيل: تمسَّح به (用手帕)揩手

ـ وـ بالمِنْدِيل: شدّه برأسه واعتمّ به (用头巾)包头

نَادِل جـ نُدُل: خَدَم الضِيَافَة / سُفْرَجِي (مـ) 侍者，堂倌，招待，饭馆服务员

مَنْدَل جـ مَنَادِلُ 香，香料

ـ 魔法，妖术，晶球算命术

فَاتِح الـ 晶球算命人

مِنْدَالَة جـ مِنْدَالاَت (مـ): مِيطَدَة / مِرْصَافَة 夯，打桩机，捣固机，(打桩、锤地基用的)撞槌

مَنْدُولِين (أ) mandoline: آلة مُوسِيقِيَّة [乐]曼陀林(琴)，洋琵琶(形似琵琶的四弦琴)

مِنْدِيل جـ مَنَادِيلُ ومَنَادِلُ: مَحْرَمَة (سـ) 手帕，手绢；面纱，面罩，脸帕；头巾，包头

ـ أو بُرْقُع الجَنِين [医]羊膜

نَدِمَ ـَ نَدَمًا ونَدَامَةً وتَنَدَّم على ما فَعَلَهُ: حزن وأسِف وتاب وتَحَسَّرَ 悔悟，懊悔，悔恨

ـ النَدَمَ المُرَّ على ... / ـ نَدَمَ آدَمَ 沉痛地忏悔，深深地后悔

أَنْدَمَه: جعله يَنْدَم 使他后悔

نَادَمَه على الشَّراب: جالَسه عليه 同饮，成为酒友

تَنَادَمُوا على الشراب: تجالَسُوا 同席饮酒，结为酒友

نَدَم / نَدَامَة / تَنَدُّم / مَنْدَم 后悔，懊悔，悔恨

نَدْم: كَيِّس ظريف 活泼的，伶俐的

مُنَادَمَة 同席对饮

نَادِم جـ نَادِمُونَ ونُدَّام / نَدْمَان جـ نَدَامَى ونَدْمَان (كالمُفْرَد) م نَدْمَانَة ونَدْمَى / مُتَنَدِّم 后悔者，懊悔者，悔恨者

نَدِيم جـ نُدَمَاءُ ونِدَام ونُدْمَان / نَدْمَان جـ نَدَامَى ونَدْمَان: مُنَادِم على الشُّرْب 酒友

ـ / مُنَادِم: رَفِيق / جَلِيس 朋友，伙伴，伴侣

نَدَهَ ـَ نَدْهًا الرجلَ: صَوَّتَ 喊，叫

ـ الرجلَ: زَجرَه وطَرَدَه 哄走

ـ ه (مـ): نَادَاهُ (في ندو) 呼唤，叫喊

نَدْهَة جـ نَدَهَات 呼唤声，叫喊声

نَدَا يَنْدُو نَدْوًا القومُ: اجتمعوا في النَّادِي 在会所里集会，集合，开会

نَدِيَ يَنْدَى نَدًى ونَدَاوَةً ونُدُوَّةً الشيءُ: ابتلَّ 潮湿，湿润，淋湿

ـ ت الأرضُ: أصابها نَدًى 地上有露水

يَنْدَى له جَبِينُها 她因此而汗颜，她因此而害臊

نَدَّى الشيءَ: بَلَّلَه 使湿润

ـ الفَرَسَ: أركضَه حتى عَرِقَ 策马而进，致马流汗

نَادَى الرجلَ وبالرجل: نَدَهَه (مـ) / صَاحَ به 呼唤，喊叫

ـ الأَسْمَاءَ 叫名

ـ على ... 唤出，召出庭作证

ـ بالأمر: أعلنه 宣布，通知

ـ بالوَيْل والثُّبُور وعِظَام الأمور 叫苦连天

نَادَوْا به مَلِكًا 他们称他为王

أَنْدَى وتَنَدَّى: تَسَخَّى وتكرَّمَ 成为慷慨的、大方的

اِنْتَدَى وتَنَادَى القومُ: اجتمعُوا في النادي 在会所里集会，集合，开会

نُدُوَّة / نَدَاوَة: بَلَل 湿，潮湿，润湿，湿气，湿度

نَدْوَة: جَمْعِيَّة / جَمَاعَة 社团，公会，协会

ـ 会所

ـ / نَادٍ: مُنْتَدًى 俱乐部

ـ لَيْلِيَّة / نَادٍ لَيْلِيّ 夜总会

ـ عِلْمِيّة 学会，研讨会

ـ عَسَلِيَّة (مـ) (تصيب النبات) 麦角病

دَار الـ 国会，议会，议院

دُودَة النَدْوَة العَسَلِيَّة (مـ) 棉蚜虫

نِدَاء جـ نِدَاءَات: مُنَادَاة 喊叫，呼喊，号召，呼吁

حُرُوف الـ (يا، أَيْ، أَيَا، هَيَا) [语]呼唤词

نَدًى جـ أَنْدَاء وأَنْدِيَة: نَدَاوَة 潮湿，湿气，湿润；湿度

ـ: طَلّ الليل 露，露水，夜露

ـ: جُود / فَضْل 大方，慷慨，宽宏

مُنَادَاة 呼喊，喊叫

نَدِيّ م نَدِيَّة / نَدٍ م نَدِيَة / نَدْيَان: مُبْتَلّ 湿的，潮湿的，湿润的

ـ الكَفّ 大方的，慷慨的，大量的

ـ: مُذِيع (مُكَبِّر) الصَوْت 喊话筒，传声筒，扩音器，麦克风

ـ / نَادٍ: كُلُوب (أ) club 俱乐部

ـ الصَوْتِ 声音洪亮的人

نَغمَة النَدِيّ الأول: السُبْرَانُو (أ) soprano (نِسَائِيّ عَالٍ) 女高音

نادٍ جـ أَنْدِيَة ونَوادٍ جج أَنْدِيات 俱乐部

في كلِ نادٍ ووادٍ 各处，到处

نَادِيَة جـ نَوادٍ ونَادِيَات الدَهْر: حَوادِثُه 世变

مُنَادٍ 喊叫者，(乡下)传布公告者

مُنَدٍّ 蘸湿者，浸湿的

مُنْدِيَة: كَلِمَة يَنْدَى لها الجَبِينُ 丢人的话，令人汗颜的话

الصُوَرُ المُنْدِيَة للجَبِين 色情画，春宫画，有伤风化的图画和照片

مُنَدًّى: مُبْتَلّ 潮湿的，沾湿的，湿润的

مُنْتَدًى: نَادٍ /كُلُوب (أ) club 会所，俱乐部，论坛

نَذَرَ ـِ نَذْرًا ونُذُورًا: أَوْجَبَ على نَفْسِه ما ليس بواجب 许愿

ـ وانْتَذَرَ على نَفْسه كذا 许愿，捐献若干钱财

ـ الرجلُ (أو نَذَرتِ المرأةُ) العِفَّةَ 立誓修行(出家)

نَذِرَ ـَ نَذْرًا بكذا: عَلِمَه فَحذِرَه واستعدّ له 留意，留神，谨防，警戒

أَنْذَرَه بأَمْرٍ إنْذارًا ونَذِيرًا ونَذْرًا ونُذْرًا ونُذُرًا (والأربعة الأخيرة مصادرُ غيرُ قياسيةٍ): أَعْلَمَهُ وحذَّره من عَواقِبه 警告，忠告，劝告，告诫

ـ (مـ): تنبَّأ بالعاقِبَة 预言，预测，预示

ـ ه (مـ): أعلمه / أعلنه 通知

نَذْر جـ نُذُور 许愿

ـ / نَذِيرة جـ نَذائِرُ: ما يُعْطَى نَذْرًا 祭品，还愿物，谢恩奉献品

إنْذار جـ إنْذارَات: تَحْذِير 警告，警戒，警报

ـ: إعْلاَن 通知，布告

ـ قَضائِيّ 传唤，传票

ـ (في الطِبّ) [医]预后判症结局(根据症状对病症的经过和结果所作的预测)

ـ نِهائِيّ 最后通牒

صفَّارَات الـ / ـ غارَة جوِّيَّة 防空警报

إنْذارِيّ (في الطِبّ) [医]预后的

ناذِر 许愿人

نَذِير جـ نُذُر: مُنْذِر 警告者

ـ: دَلِيل 前驱，向导；预后的

ـ: مَنْذُور 发过愿的，许下愿的

مَنْذُور لله 发过愿的，献给主的，许给真主的

مُنْذِر: مُحذِّر 警告者，警戒者

نَذُلَ ـُ نَذَالَة ونُذُولَةً: كان نَذْلاً 成为怯懦的，卑鄙的，卑贱的，下流的

نَذْل جـ أَنْذَال ونُذُول / نَذِيل جـ نُذَلاءُ ونِذَال: سافِل 恶棍，无赖，流氓；下流的，下贱的，卑鄙的

ـ: جَبَان 懦夫，胆小鬼

نَذَالَة: جَبَانَة 胆小，懦怯；下贱

نَرْبِيش (س) / نِبرِيج: لَيّ الشِيشَة (مـ) 水烟筒的软管

نَرْجِس (أ): عَبْهَر (波)[植]水仙

نَرْجِيلَة جـ نَراجِيلُ / نارَجِيلَة جـ نارَجِيلاَت (أ) (波): شِيشَة (مـ) / أَرْكِيلة 水烟筒

نَرْد (أ): زَهْر الطَاوِلَة (مـ) 骰子

لُعْبَة الـ: لُعْبَة الطاوِلة (مـ) 双陆棋

نَرْدِين / نَارْدِين (أ) nardine: سُنْبُل رُومِيّ (希) [植]亚香茅(印度产的一种香草)

نَرْدِينِيّ 亚香茅的

نَرْكُتِين (أ) narcotine: مَادَّة مُخَدِّرة 尼古丁，鸦片内的赝碱质

نَرَنْج: نارَنْج (波) 酸橙

نَرْوَزَة nervousness [医]神经过敏

نَرْوَل narwal [动]一角鲸

نُرْوِيجِي / نُرُوجِيّ 挪威的；挪威人

نَزَا (في نزو)

نَزَحَ ـَ نَزْحًا ونُزُوحًا: بَعُدَ 远离，远隔

ـ وأَنْزَحَ البِئْرَ: نَزَفَ ماءها 汲尽(井水)

ـ وـ الماءَ من السَفِينَة 汲出，排出(船里的水)

ـ ونُزِح به وانْتَزَحَ عن دِيَارِه: غاب عنها غَيْبَةً بعيدة 出国，远离故乡，侨居异乡

مَاء لا يَنْزَحُ: لا يَنْفَد 不涸竭，不枯竭，汲之不尽，用之不完，无穷无尽

نُزُوح عن الوطن 出国，侨居

نَزَح جـ أَنْزَاح: ماء كَدِر 泥水，浑水，浊水

نازِح عن وَطَنِه 侨民，侨居者

ـ الماء 戽水人，车水者

ـ المَجَارِير: صَرَبَاتِيّ (مـ) 掏粪人，净厕人，清洁工人

نَزُوح / نَزِيح / نَازِح: بَعِيد جِدًّا 辽远的，遥远的，老远的，很远的

مِنْزَحَة: دَلْو وشِبْهُها مما تُنزَح به البِئْرُ 戽斗，抽水机，排水器械

نَزُرَ ـُ نَزْرًا ونُزْرَةً ونَزَارًا ونَزَارَةً ونُزُورَةً: قَلَّ 少，少有

نَزْر / نَزِير جـ نُزُر: يَسِير 少量，小量，微量，一点儿

نَزَّ ـِ نَزًّا ونَزِيزًا وأَنَزَّ المكانُ: رَشَحَ / نَشَعَ (مـ) (地方有水)渗出，漏出，徐徐流出

ـ وـ الوَتَرُ: اهتزّ واضطرب (弦)颤动，振动

نِزّ ونَزّ جـ نُزُوز / نُزَازَة / نَزَز (مـ): ماء النَشْع (مـ) / ما يتحلب من الأرض من الماء (地面上的)渗出水，渗透水

ـ / نَزِيز: لا يقرّ بمكان 活动的，活跃的；浮躁的，轻浮的，无恒的，易变的，烦乱的，坐立不定的

نَزَّة: شَهْوَة جِنْسِيَّة شَدِيدة 性欲

نَزِيز: شَهْوَان 淫荡的

مِنَزّ: أُرْجُوحَة الطِفْل 摇篮，摇床，吊床

نَزَعَ ـِ نَزْعًا وانْتَزَعَ ونَزَّعَ الشيءَ من مكانه: قلعه 移开，搬开，移去

ـ ه: عَزَلَه 免职，革职，撤职，罢免

ـ الدَلْوَ وبالدَلْوِ: جذَبَها واستقى بها 用桶汲水

ـ ثِيَابَه: خلعها 脱(衣服)

ـ عن غيره ثِيابَه 剥去衣服

ـ القِناعَ عن ... 揭破…假面具

ـ بالسَهْم: رَمَى به 射箭

ـ في القَوْس: مدَّها أي جذَب وَتَرَها 开弓，拉弓

ـ عن القوس: رَمَى بها 射箭

ـ منه كذا: جَرَّدَه منه 剥去，剥夺，褫夺

ـ منه أَمْلاكَه أو حُقُوقَه أو شُهْرَتَه الخ 剥夺他的财产、权利或名誉等

ـ منه مِلْكَه 征用他的土地

ـ مِلْكِيَّةَ العَقَار 没收产业

ـ القِشْرَ: قَشَرَه 剥皮，去皮

ـ عن الشجرَة قِشْرَتَها 剥去树皮

ـ السِلاَحَ / ـ التَسْلِيحَ 裁军，裁减军备，解除武装

ـ وانْتَزَعَ النُهْزَةَ (الفُرْصَة) 乘机，抓住机会，抓住时机

ـ ونَازَعَ نِزَاعًا المَرِيضُ: أشرف على الموت 濒死，临终，垂死

نَزَعَ ـِ نُزُوعًا عن كذا: كفّ وانتهى عنه 戒、断(烟、酒等)，戒除，避免(奢侈)

ـ الولدُ إلى أَبِيه: أشبهَه (儿子)像(父亲)

نَزَعَ ـِ نِزَاعًا ونُزُوعًا إلى أهله: اشتاق 想念，怀念，惦记

ـ نِزَاعًا: ذهب إليه 欲，想，愿望，希望

نَازَعَه: خَاصَمَه 争论，辩论

ـ ه: جَاهَدَه 斗争，格斗，奋斗

ـ أمامَ القَضَاءِ 打官司，告到法庭，诉诸法律

تَنَازَعَ القَوْمُ: تَخَاصَمُوا 口角，舌战，争论

اِنْتَزَعَ الشيءُ: انقلع 被脱下，被剥去，被移开

نَزْع: خَلْع 脱下

ـ السلاح 裁军，解除武装，卸去武器

ـ المِلْكِيَّة 征用，没收(土地)；剥夺所有权

ـ أو نِزَاعُ الموت [医]濒死苦闷，临终痛苦

نِزَاع: مُنَازَعَة 争论，纠纷

ـ الطَبَقَات 阶级斗争

ـ قَضَائِيّ 诉讼，起诉，打官司

بلا ـ 无可争辩地，不容争辩地

لا ـ فيه 无可争论的，不可辩驳的

عليه ـ 有争论的，可辩驳的

مَثَار الـ 争论的问题(对象)，争论的焦点

نِزَاعِيّ 有争论的，引起争论的

مُنَازَعَة: نِزاع 争论，辩论，争辩

ـ 濒死苦闷，临终痛苦，垂死挣扎

تَنَازُع 争论，争辩

ـ 斗争；[动]角力，角斗，摔跤

ـ البَقَاء [生]生存竞争

نَزْعَة ج نَزَعَات: مَيْل 倾向，趋势，嗜好，癖好，爱好

ـ 特点，特征，性格，性质，气质

ـ 意图，企望，志向，渴望

ـ 方向，趋向，目标，宗旨

ـ 倾向，风格，作风，观念

الـ الذاتيَّة 主观论，主观主义

الـ التَقَالِيدِيَّة 教条主义

نَزِيع ج نُزَّاع م نَزِيعَة ج نَزَائِعُ / نازِع ج نَزَعَة ونُزَّع ونُزَّاع م نَازِعَة ج نَوَازِعُ ونَازِعَات:

غَرِيب 异乡人，离乡人，陌生人，外国人

نَزَّاع إلى كذا 力图…者，力求…者

ـ إلى كذا 嗜好…者，爱好…者

مَنْزُوع 被脱掉的，被脱去的，被拿开的

ـ 被剥夺的，被夺去的

ـ 没有…的，丧失…的

مُنَازِع 争辩者，争论者

بلا ـ 无人争辩地，无人争论的

مُتَنَازَع فيه أو عليه 有争论的，有争执的

ـ فيه أمامَ القَضَاءِ (诉讼双方)所争执的

نَزَغَه ـَ نَزْغًا: طعنه بِيَدٍ أو رُمْح (用手或标枪)刺，扎，戳

نَزَغَ ـَ نَزْغًا بينهم: أَفسد 煽动，挑拨，离间

نَزْغَة ج نَزَغَات 挑拨，煽动，教唆

نَزَغَات السُوء 诱惑，煽动

نَزَغَات الشَيْطَان 恶魔的教唆

نَزَفَ ـِ نَزْفًا وأَنْزَفَ واسْتَنْزَفَ الماءَ وغيره: اِسْتخرجه كلَّه 汲尽，排尽

ـ وـ الدمَ: استخرجه بحِجامة أو فَصْد 抽血，取血，放血

ـ ت وـ ت البئرُ: نُزِحَتْ 井被汲干

ـ الدمُ فلانًا: خرج منه دم كثير حتى يضعف 流血过多，以致衰弱

نُزِفَ ماءُ البئر: اسْتُخْرِجَ كلُّه 井水被汲干

نَزْف: إفراغ 汲尽，排尽

ـ الدَم / نَزِيف (مـ) [医]出血

نَزِيف / مَنْزُوف 亏血的，(因出血而)虚弱的

الـ المُخِّيّ 脑溢血
نَزَّافة: الوَطْوَاط المَصَّاص [动]吸血蝙蝠
مِنْزَفَة: شَادُوف shadoof 桔槔
نَزِق ـَ نَزَقًا ونُزُوقًا الرجلُ: نشط وطاش وخفّ عند الغضب 轻率，轻浮，鲁莽，草率
نَزَق: خِفَّة في كلّ أمر 轻率，轻浮，轻举妄动
نَزِق: عَجُول في جهل 轻浮的，轻率的，冒失鬼，急躁的，暴躁的
ــ: خَفِيف العقل 轻率的，没思想的
نَزَكَه ـُ نَزْكًا: طعنه بالنَيْزَك (用短矛)刺，扎
نَيْزَك ج نَيَازِكُ: رُمْح قَصِير (波)短矛，短标枪
ــ: شِهَاب 流星
ــ كَبِير: كُرَة نَارِيَّة [天]火球(大而亮的流星)
جِسْم أو حَجَر نَيْزَكِيّ: رَجْم 陨石，陨星
نَزَلَ ـِ نُزُولاً من عُلْوٍ إلى أَسْفَل: ضدّ صعِد 下，下来(去)；降，落，降落
ــ المَطَرُ أو الثَلْجُ 下雨，下雪
ــ: سَقَطَ (كالثمن وغيره) (物价等)降低，下降
ــ: هَبَطَ (كالحُمَّى) (发热)降低，减退，减轻
ــ الطائرُ على الشَجَرَة: حطّ (鸟)栖落(在树上)
ــ عَنْ حَقٍّ 放弃(权利)
ــ عن رُكُوبِهِ 下马
ــ من المَرْكَبِ أو الطَائِرَةِ إلى البَرّ 下船，登陆，上岸；下飞机
ــ من القِطَارِ 下火车
ــ إلى المَيْدَان 出阵，开仗，上战场
ــ على العَدُوّ: هَاجَمَه 攻击，袭击
ــ على رأْيِه: وَافَقَه 同意，赞同
ــ على الأمرِ (مـ): شَرَعَ فيه 开始，着手
ــ به: جعله يَنْزِل 扯下，卸下，放下，拿下来，取下来，使降落
ــ به الأمرُ: حَلَّ (事情)临头，临身
ــ ـِ نُزُولاً ومَنْزِلاً القومَ أو بالقوم أو على القوم: حلّ بهم (旅客)投宿，寄宿
ــ في المَكَان (在某处)停留，逗留
ــ تِ الشَمْسُ (في بُرْج كذا) (太阳)进入(某宫分)
ــ تِ الطائِرةُ: حَطَّتْ (飞机)降落，着陆
نَزِلَ ـَ نَزْلَةً الرجلُ: أصابَه زُكام 伤风，感冒，着凉，受寒
نَزَّلَ وأَنْزَلَ الشيءَ: جعله يَنْزِل 取下，卸下，扯下，使降落
ــ ه وــ ه: ضدّ رَفَعَه 降低，减低
ــ وــ الدَلْوَ في البِئْر 放下(吊桶)
ــ وــ العَلَمَ 降旗
ــ وــ السِعْرَ 减价，跌价，打折扣
ــ وــ دَرَجَتَه 降格，降级，降低(品格、身价、价值等)
ــ ه وــ ه عن عَرْشِهِ 废黜，使退位
ــ وــ اللهُ كَلامَه على ... (真主)启示，默示
ــ وــ الضَيْفَ: أَحَلَّه 留客，接待，安置客人
ــ (مـ) وــ (مـ) عَدَدًا من آخَرَ 减去，扣除
ــ (مـ) وــ (كالفِضَّة في الخَشَب أو النُحاس) 镶嵌(如在木器或铜器上镶嵌银子)
ــ ذَقَنَه 蓄须，留须
ــ آيَاتِ السُخْطِ على فلان: غَضِبَ عليه 对某人生气，发怒，发脾气
أَنْزَلَ به العِقَاب 处分，惩罚
ــ الضابِطَ على العَسْكَرِيّ 军官降为士兵

ـ الجُيُوشَ على البَرّ 使陆战队登陆

ـ به الخَسارةَ 使他遭受损失

ـ الفَحْلُ ماءَه: أنزل مَنِيَّه (公畜)射出(精液)

نازَلَه في الحَرْب: نَزَل في مقاتَلته وقاتَل 交锋，交战

تَنازَلَ القومُ: نزلوا عن إبلهم إلى خَيْلهم فتضاربوا (从驼上下来，骑上马去)交锋，交战

ـ: تعطَّف 谦逊，放下架子

ـ عن العَرْشِ 禅位，退位，让位，放弃王位

ـ [体]角力，摔跤

ـ له عن مِلْكٍ 让与，转让，过户，交割

فتَنازَلْ بالبَحْث 那么，请找一下吧!

اِسْتَنْزَلَهُ عن رأْيِهِ أو حَقِّهِ: طلبَ نُزُولَه عنه 请求他放弃自己的意见或权利

ـ ه: طلب النزولَ إليه 请他下来

ـ العَدَدَ: طَرَحَه / خَصَمَه 减去，扣除

ـ الأَرْوَاحَ 关亡

ـ اللَّعَنَاتِ على فلان 诅咒某人

نَزْلَة / نُزُول (مـ): مَرَض كالزُكام 伤风，感冒，受寒

ـ شُعْبِيَّة أو صَدْرِيَّة [医]支气管炎

ـ مَعِدِيَّة [医]胃炎

ـ وَافِدة: إنْفلُونْزا [医]流行性感冒

ـ جـ نَزَلات: مَرَّة من نُزُول 下降一次

ـ 斜坡，斜面，坡度，倾斜度

أَرْضٌ ـ: زاكِيَةُ الزَرْع 肥沃的土地

نُزُول: ضِدّ صُعُود 下，下降，降落

ـ: هُبُوط 降低，(价格)跌落

ـ: حُلُول 寄居，寄寓

ـ إجْبَارِيّ 被迫降落

ـ الأَمْطَار 下雨

أُجْرَة الـ 房租，房钱

نُزُولاً على رَغْبَةِ فُلان 为了迁就(照顾)某人的愿望

تَنْزِيل / اِسْتِنْزَال: طَرْح (في الحِساب) 减去

ـ / ـ: خَصْم / حَسْم 扣除，折扣

ـ المَقَام أو الدَرَجَة 降级，降格

ـ الأَثْمان 减价

ـ كَلاَم الله: وَحْي 启示，默示，天启

ـ بالعَاج والفِضَّة وغيرهما (مـ): تَكْفِيت 镶嵌(象牙、银子等)

إنْزَال / تَنْزِيل: ضِدّ رَفْع 降下，降低，放下

نِزَال: قِتَال 交锋，交战

نِزَالَة: سَفَر 旅行

ـ: ضِيافة 招待，接待，款待

تَنَازُل: تَرْك 抛弃，放弃

ـ للغَيْر عن حَقّ 让给，让与(权利)

ـ عن الحُكْم 下野

ـ (في الحُقُوق) 转让，过户，让与

ـ 斗争，奋斗，[动]角力，摔跤

عَقْد الـ 让与证书，转让证书，过户证书，交付契据

نُزْل ونُزُل جـ أَنْزَال: فُنْدُق 客栈，旅店，旅馆，宾馆

نازِل جـ نُزَّال: ضِدّ صاعِد 下降的，降落的，落下的

نازِلَة جـ نازِلات ونَوَازِلُ: مُصِيبَة / كَارِثَة 天灾，灾难，祸患

الـ المَالِيَّة 财政危机

نَزَلَتْ بها ـ 她遭遇不幸

نَزِيل جـ نُزَلاءُ: ضَيْف 客人，旅客，宾客，来宾

ـ: ساكِن 居住者，寄宿者

نزل 1226 نزه

مَنْزِل جـ مَنَازِلُ: دار / بَيْت 房子，房屋

ـ: مَسْكِن 家，住宅，宿舍，公寓；邸，宅第

ـ: أحدُ مَنازِل القَمَر (في الفَلَك) [天]宿（二十八宿之一）

ـ المُسَافِرين （火车站）站内旅馆，（飞机场）场内旅馆

أَهْل الـ 家族，家属，同居一家的人

عِلْم تَدْبِير الـ 家政学

مَنْزِلَة جـ مَنَازِلُ: مَقَام / رُتْبَة 地位，学位；品位，职位，官职，职务；身份，等级，品级，阶级

ـ: مَقَام / اِعْتِبار 名望，声望，威信

بـ ـ كذا: يُعادِله 相似，相等，等于

مَنْزِلِيّ 家庭的，家里的，家养的

مُنْزَل: مُوحًى به 启示的，默示的，天启的

كلام ـ: حَقِيقِيّ لا شَكَّ فيه [宗]天启的语言；不容置疑的，天经地义的

الكُتُب المُنْزَلَة [宗]天书，天经，圣经

مُنَزَّل بالعَاج والفِضّة (مـ): مُكَفَّت （用象牙或银子）镶嵌的

مَنْزُول المِرْحَاض وأمثاله (مـ) （厕所、沟道等备人出入以便修理的）入孔，扫除孔

ـ (مـ): نوع من المُخَدِّرات 麻醉性舐剂，糖果剂

مُتَنَازِل (في الحقوق) [法]转让者，出让者

ـ عن حَقِّه 弃权者

مُتَنَازَل 被出让的

ـ إليه [法]让受人

نَزْنَزَ الرجلُ: حرَّك رأْسَهُ 摇头

ـ تِ الأُمُّ ولدَها: رَقَّصَتْه 抚弄，拨弄（孩子）

ـ (مـ): نَزَّ / رَشَحَ 渗出，渗透

نَزِهَ ـَ ونَزُهَ ـُ نَزَاهَةً ونَزَاهِيَةً: تباعَد عن المكروه 避开，离开（可恶的事物）

ـ عن فِعْلٍ دَنِيء 不屑于做卑鄙的勾当，不肯做下流事

ـ: كان عَفِيفًا 成为廉洁、贞节、有操守的

نَزَّهَ الرجلَ: نَحَّاه وباعَده عن القبيح 使他离开丑事

ـ نفسَه عن القبيح: نَحَّاها وباعَدها 不屑于做卑鄙的勾当，不肯做下流事

تَنَزَّهَ عن كذا: تباعَد وتصوَّنَ 避开，回避

ـ: خَرَج للنُزْهَة 游览，溜达

نَزَاهَة / نَزَه: بُعْد عن السُوء 贞节，纯洁，廉洁，清白

نُزْهَة جـ نُزَه: فُسْحَة 游玩，游览

ـ: شَمّ هَوَاء (مـ) 散步，溜达

ـ في عَرَبَة 兜风，乘车游玩

ـ على ظَهْر حِصان 骑马游玩

ـ خَلَوِيَّة (في مكان خلوِيّ بَعِيد): سِيرَان (سـ) 郊游，野游

أَمَاكِن الـ / مَوَاضِع الـ 名胜

مَكَان عُمُومِيّ للـ （公园、动物园等）公共娱乐场所

نَزِه جـ نُزَهَاءُ وأَنْزاه ونِزاه: عَفِيف 贞节的，纯洁的

ـ: شَرِيف 廉洁的，高尚的，清白的

نُزَهِيّ جـ نُزَهِيَّة (مـ) 贪图享受者，爱好吃喝玩乐者

نَزِيه جـ نُزَهَاء وأَنْزَاه ونِزَاه: عَفِيف 纯洁的，贞节的，清白的

ـ: لا يَقْبَل الرِشْوَة 清廉的，廉洁的

مُنَزَّه عن كذا 绝无（贪污行为）的

ـ عن الخَطَأ: مَعْصُوم 无误的

مُنْتَزَه جـ مُنْتَزَهَات / مُتَنَزَّه جـ مُتَنَزَّهَات 名胜，公园，娱乐场，消遣地

نَزَا يَنْزُو نَزْوًا ونُزُوًّا ونَزَوَانًا: وَثَبَ 蹦，跳，跳跃

ـ الذَكَرُ على الأُنْثَى: سَفَدَهَا (种畜)交配，交尾

ـ [动]发情

ـ به قَلْبُهُ إلى كذا: طمح وهام 企慕，渴望，热望，切望，向往

ـ عنه: تَفلَّتَ وهَرَبَ 潜逃，逃走，溜走，开小差，溜之大吉，逃之夭夭

تَنَزَّى إلى الشرِّ: تسرَّع إليه 有作恶的性癖、嗜好、倾向

نَزْو / نُزُوّ / نَزَوَان: وَثْب 蹦，跳，跳跃

ـ / نُزَاء فَحْلِ الحيوان (种畜)交尾，交配

ـ / ـ الحَيَوَانَات (母畜)发情

فَتْرَة الـ 发情期

دَوْرَة نَزَوِيَّة 发情周期

نَزْوَة جـ نَزَوَات 跳出，冲出

ـ الفِكْر (感情、机智等的)闪发，焕发

نَزَوَان: سَوْرَة وحِدَّة 爆发，勃发，突发；迸发

نِسَاء: جمع امرأة (في نسو)

نَسَأَ ـَ نَسْأً ومَنْسَأَةً وأَنْسَأَ الشيءَ: أخَّره 延迟，拖延，迁延，延宕，耽搁

ـ ه وـ ه البَيْعَ وفي البَيْع: باعه وأخَّرَ له دَفْعَ الثَمَن 赊，赊卖

نَسَاء: طُول العُمْر 长寿，长命

نُسْأَة / نَسِيئَة: التأْخير والتأجيل 延期，展期

ـ وـ: تأخير الدفع 赊欠，赊账

البَيْعُ بالنَسِيئَة 赊卖

نَسِيئَة: بالدَيْن 借债

نَسَبَ ـُ نَسَبًا ونِسْبَةً الرجلَ: وصفه وذكَرَ نَسَبَه 叙述他的家谱

ـ ه: سأَلَه أن يَنْتَسب 询问他的家谱

ـ ه إلى فلان: عَزَاه 追溯他的家谱

ـ إليه كذا: اِتَّهَمَه به 归罪于，加罪于，嫁祸于

ـ الفَضْلَ لِنَفسه 居功

نَاسَبَه مُنَاسَبَةً: وَافَقَه 与他相当，与他相称，适合于他

ـ ه: مَاثَلَه وشَاكَلَه 与他相似

ـ ه: كان قَرِيبَه 与他同族，同血统

ـ ه: صاهَرَه 联姻，结亲

تَنَاسَبَ الرَجُلاَن 两人有亲戚关系、血统关系

ـ الشَيْئَان 两物相配合，相适应

اِنْتَسَبَ الرجلُ: ذكر نسبَه 叙述家谱

ـ إلى مَدْرَسَة 考入某校

ـ إلى حِزْب 加入某党派

اِسْتَنْسَبَ الرجلَ: ذكر نَسَبَه 追溯家谱，查家谱

ـ (مـ): اِسْتَصْوَبَ 同意，赞同，认可

نَسَب / نَسَابَة: مُصَاهَرَة 姻亲

ـ حـ أَنْسَاب / ـ: قَرَابَة 亲戚，血统关系，亲属关系

ـ رِيَاضِيّ: لُوغَارِثْمًا logarithm (أ) [数]对数

أَسَاس الـ [数]对数的底数

سِلْسِلَة الـ 家谱，家系，世家，血统

عَرِيق الـ 生长名门的，出身高贵的

شَجَرَة الـ 谱图，谱系图；动物等的系统树

دَعْوَى ـ الوَلَد [法]认领

الحَسَب والـ 功勋和门第(自己的荣誉和祖先的荣誉)

علم الأَنْسَاب الرِيَاضِيَّة / عِلْمُ نِسْبَةِ الأَعْدَاد: لُوغَارِثْمًا logarithm [数]对数

المُتَسَلْسِلَة الأَنْسابِيّة [数]对数级数

نِسْبَة / نَسَب: عَزْو 归于，归因

ـ: قَرابَة 亲戚，亲谊

ـ: تَناسُب 比例

ـ: مُعَدَّل 比率，定率

ـ: تعلُّق وارتباط 关系，联系

ـ: تماثُل بين العلاقات 匀称，对称；协调

ـ [数]级数

الـ الحِسابِيَّة 算术级数

الـ الهَنْدَسِيَّة 几何级数

الـ التَرْبِيعِيَّة 二乘比

الـ الرِياضِيَّة 比例

الـ المُرَكَّبة 复比

الـ المِئَوِيَّة 百分法，百分数

اسمُ الـ / الاِسْمُ المَنْسُوبُ [语]关系名词

حُدُود الـ [数]（比例的）项

بالنِسْبَة إلى كذا: بالنَظَر إليه 关于…，对于…

بالنِسْبَة إلى أو لكذا: بالقِياس على كذا 与…相比，比较，较之

نِسْبِيّ: مُتَناسِب 成比例的，相称的，相应的，配合得宜的

النَظَرِيَّة النِسْبِيَّة [物]相对论，相对学说

النِيابَة النِسْبِيَّة (في الانتخابات) （选举）比例代表制

نِسْبِيَّة 关系，相对，比较

نَظَرِيَّة الـ / مَذْهَب الـ [物]相对论

مَناسَبَة: مُوافَقَة 适当，相当，适合，合宜

ـ: تَناسُب 比率，[数]比例

ـ: سَبَب 原因，缘故，理由

ـ: خُصُوص / اِرتباط 联系，关系

بهذه الـ 关于这个，就此而论

من غَيْرِ ما ـ 毫无理由，没有任何借口

بالـ 恰好，凑巧

تَناسُب: تعلُّق وارتباط 关系，联系

ـ: تَماثُل (بَيْنَ العَلاقات) 比例

ـ: تَعادُل 匀称，对称；协调，调和

بلا ـ / عَدَمُ الـ 不成比例；不匀称，不对称；不协调，不调和

اِنْتِساب 关系，联系

طَلَبَ الـ في عُضْوِيَّةِ ... 申请成为…成员

نَسِيب جـ أَنْسِباء ونُسَباء: قَرِيب 亲属，亲戚，亲眷；亲家

ـ: صِهْر 姻亲，女婿，姐夫，妹夫，妹婿

ـ: عَرِيق النَسَب 出身高贵的，出生名门的

ـ: غَرامِيّ (في الشِعْر) [诗]情诗，恋歌

نَسّاب جـ نَسّابُون / نَسّابَة جـ نَسّابات 家系学者，家谱学者

مَنْسُوب إلى كذا: مَعْزُوّ 归于，属于

ـ إليه كذا: مُتَّهَم به 归罪于他，归咎于他，嫁祸于他

ـ إلى كذا: يَنْتَسِب إليه 与某物有关系

ـ / الاسم الـ (في النَحْو) [语]关系名词（如：عَرَبِيّ、صِينِيّ）

ـ: مُعَدَّل 比例，比率

ـ البَحْرِ (مـ) 海平面

ـ الماء (مـ) 水平面

مَنْسُوبِيَّة 血统关系，亲属关系

مُناسِب: مُوافِق 适合的，相称的，协调的

ـ: لائِق 适当的，相当的

ـ [数]按比例的

غَيْرُ ـ 不适合的，不适当的，不相当的，不协调的，不成比例的

الوَسْط الـ [数]中项

مِنْساب: بَرْجَلُ تَناسُبٍ (مـ) [数]比例规义

مُتَنَاسِب 相称的，相适应的，成比例的
ـ الأعْضَاءِ 身材匀称的
غَيْرُ ـِ 不相称的，不相适应的，不成比例的

نَاسُوت جـ نَوَاسِيتُ: الطبيعة البَشَرِيّة 人性

نَسَجَ ـِ نَسْجًا الثوبَ: حاكَه 织，编织
ـ الأخْيِلَةَ حَوْلَ ... 幻想，虚构，面壁虚构
ـ على مِنْوالِه 摹仿，仿效
اِنْتَسَجَ: حِيكَ 被织成，被编织
نَسْج: حِيَاكة 织，编织，织造
صِنَاعَة الغَزْل والـ 纺织工业
نَسِيج جـ أَنْسِجَة ونُسُج: قُمَاش مَنْسُوج 纺织品
ـ: كَيْفِيَّة النَّسْج أو تَرْكِيبه (纺织品的)质地
ـ (في التشريح): غِشَاء [解]组织
ـ العَنْكَبُوتِ 蜘蛛网
مَعْمَل الـ 织布厂，织布工厂
هو ـ وَحْدَهُ: مُنْفَرِد بخِصالٍ مَحْمُودةٍ لا نَظِيرَ له فيها 无匹的，无双的，无比的，独特的，唯一的
مَنْسُوجات: أَقْمِشَة 纺织品
نَسَّاج / نَاسِج 织匠，织布工人
أَبُو ـ: تُنُوَّط [鸟]织巢鸟
حَسَك الـ: شَوْكَة الطَّرَابِيشِيَّة (م) [植]续断属
نِسَاجَة: حِرْفَة النَّسَّاج (أو عمَلُه) 织布业
مِنْسَج جـ مَنَاسِجُ: آلة نسج الأَقْمِشَة 织机
ـ آلِيّ 织布机器
ـ التَّطْرِيز 绣花架
شُغْل الـ 绣花，刺绣
مَنْسِج / مَنْسَج جـ مَنَاسِجُ: مَصْنَع النَّسْج 织布厂

نَسَخَ ـَ نَسْخًا وانْتَسَخَ الشيءَ: أزالَه 消灭，消除
ـ وـ القَانُونَ أو الأمرَ: أَلْغَاهُ 废除，取消(法律、命令)
ـ وـ الكتابَ: نَقَلَه 抄录，誊写
نَاسَخَه: أَبْطَلَه وحَلَّ مَحَلَّه 替代，代替，取代
تَنَاسَخَتِ الأَزْمِنَةُ: تَتَابَعَتْ 时间推移，岁月更迭，日居月诸，寒来暑往
ـ تِ الأَرْوَاحُ: انتقلت من واحد إلى آخر (佛教的)投生，投胎，转生，转世
اِسْتَنْسَخَ 抄录，复写；复制，克隆
نَسْخ: إِبْطَال 废除，取消
ـ: نَقْل 抄录，誊写
خَطّ ـِ / الخَطّ النَّسْخِيّ 小楷
نُسْخَة جـ نُسَخ (书)一本，一册，一部；(报刊)一份
ـ: صُورَة مَنْقُولَة 副本，临本，摹本，抄本
ـ أَصْلِيَّة 原文，原稿，蓝本
ـ ثَانِيَة: شَاهِدَة (绘画、相片等的)复制品；(文件的)誊本，复本，副本，副件
ـ خَطِّيَّة 抄本，原稿
ـ طِبْق الأَصْلِ (笔迹等的)摹写，模写，复写
ـ (م): وَصْفَة مَكْتُوبَة [医]处方，药方
تَنَاسُخ الأَرْوَاح: تَقَمُّص [宗]投生，投胎，转生
ـ الأَزْمِنَة والقُرُون: تتابُعها وتداوُلها 时间的推移，时代的更迭
تَنَاسُخِيَّة: مَذْهَب التَقَمُّص 轮回说
نَاسِخ: مُبْطِل 废除者，撤销者
ـ جـ نُسَّاخ / نَسَّاخ: ناقِل المَكْتُوب 誊写者，抄写者；模仿者；剽窃者
مَنْسُوخ / مُنْتَسَخ: أُبْطِلَ 被废除的，作废的，被取消的
ـ / ـ: مَنْقُول 抄录的，誊写的，复制的
مِنْسَاخ: بَنْطُغْرَاف (أ) pantograph 放大尺，缩放仪，比例绘图仪

نَسَرَه ـُ نَسْرًا عنه: كشطه 刮去，擦去
نَسَرَهُ ـِ نَسْرًا البازِي: نتف لَحْمَه بمِنْسَره (鹰) 啄食小动物的肉
ـ وـ ونَسَّرَ الحَبْلَ: نَسَلَه (مـ) / نَشَرَه ونقضه 拆开，拆散(绳、索)
نَوْسَرَ الجُرْحُ (مـ): أصابَه الناسُورُ 患瘘管
تَنَسَّرَ الثوبُ ونحوه: ذهب شيئًا بعد شيء 磨损，磨破
ـ الحبلُ: انتقض (绳索)被回松，被拆散
اِسْتَنْسَرَ الطائرُ: صار كالنَسْرِ قُوَّةً (鸟)变得像鹰一样强大，凶猛起来
نَسْر جـ نُسُور وأَنْسُر ونِسَار: أكبر الطيور 兀鹰
ـ الحافةِ جـ نُسُور: لحمة في باطن الحافر من أعلاه 蹄叉，马蹄软甲
الـ الطائِر (في الفَلَك) [天]河鼓二(天鹰座一等星)
الـ الواقع (في الفَلَك) [天]织女一(天琴座一等星)
الـ الفَحّاح (南美产)秃鹰
نُسْرَة: قِطْعَة 裂片，碎片，碎条
ـ خَشَب: قِطعة صغيرة 薄板，木片，碎木片
نَسْرِين: نبات كالنَرْجِس [植]长寿花
نُسَارة الحِبال وأمثالها 绳屑，粗丝，乱丝头
نُسَارِيَّة: عُقَاب 鹰
نَاسُور جـ نَوَاسِيرُ (أ) (راجع نَاسُور) [医]瘘管
ـ اِسْتِيّ أو شَرَجِيّ [医]肛门瘘
مِنْسَر الطائر جـ مَنَاسِرُ (猛禽类的)钩嘴
مَنْسَر جـ مَنَاسِرُ (مـ): عصابة لصوص 贼伙，匪帮
نَسْطُورِيّ جـ نَسَاطِرَةُ Nestorian [史][宗]景教徒，聂斯托利教徒
الـ ة nestorianism 景教，聂斯托利教
نِسْع / رِيح نِسْعِيَّة / مِنْسَع: رِيح الشمال 北风
ـ جـ أَنْسَاع 皮条，宽皮带
ـ اليَد: مَفْصِل بين الكَفّ والساعد 腕，腕子，手腕
نُسْغ النَبَات: ماء يخرج من الشجرة اذا قُطِعَتْ (植物的)液汁，乳汁，浆汁，树液
نَسَفَ ـِ نَسْفًا وانْتَسَفَ البناءَ: قلعه من أصله 摧毁，拆毁，毁坏，夷平(房屋)
ـ وـ البناءَ بالبَارُودِ أو الدِينَامِيت 爆破，爆炸，炸毁
ـ الغَلَّةَ بالمِنْسَفَة: غَرْبَلَه 筛(壳)
ـ وأَنْسَفَ الشيءَ: بَدَّدَه 分散，散布，撒布，播散
انتسفوا الكلامَ: قَلَّلوه وأَخْفَوْه 耳语，低声说话，窃窃私语
نُسَافَة المِنْسَفَة 粗糠，谷壳
نَسْفَة / نَسِيفَة / نِسْفَة / نُسْفَة / نَسَفَة جـ نِسَاف ونِسَف ونُسَف ونُسُف: حجر أسود ذُو تَخارِيبَ تُحَكّ به الرِجْلُ 浮石(用来擦掉脚上的污垢)
نَاسِفَة 炸药
نَسَّاف: بُوقِير / أَبُو قَرْن 犀鸟
نَسَّافَة: سَفِينَة حَرْبِيَّة 驱逐舰
قَذِيفَةٌ ـ: طُرْبِيد (أ) torpedo 鱼雷
مِنْسَف جـ مَنَاسِفُ / مِنْسَفَة: غِرْبَال كبير 粗筛，粗眼筛
مِنْسَفَة: آلة يُقْلَع بها البِناءُ (破坏建筑物的)破坏机
نَسَقَ ـُ نَسْقًا الكلامَ: عطَفَ بعضَه على بعض ورتَّبه 编写(文章、讲话)
ـ ونَسَّقَ الدُرَّ: نَظَمَه (把珠子)穿成串

اِنْتَسَقَتْ وتَنَاسَقَتْ وتَنَسَّقَتِ الأشْيَاءُ: انتظم بعضُها إلى بعض 整齐，有条理，有秩序，有条不紊

نَسْق / تَنْسِيق 整理，排列，(珠)穿成串

التَّنْسِيق الدَّاخِلِيّ 内部结构，内部协调

نَسَق / تَنَاسُق: تَرْتِيب 整顿，整齐

ـ: نِظَام 秩序，步骤

نَسِيق / مُنَسَّق / مُتَنَاسِق الترتيب 匀称的，均匀的，相称的

متناسِق الأعْضاء 肢体匀称的

مُنَسَّق: مُرَتَّب 布置好的，整顿好的，安排好的

نَسَكَ ـُ نَسْكًا ونِسْكًا ونُسْكًا ونُسُكًا ونُسُوكًا ونَسْكَةً ومَنْسَكًا وتَنَسَّكَ الرجلُ: تزهَّد وتعبَّد 出家，修行

نَسُكَ ـُ نَسَاكَةً: صار نَاسِكًا 成为隐士、修士

نَسْك / نُسْك / نُسُك 虔诚，虔敬

مَعْهَد الـ 隐居者居住的地方，修道院

تَنَسُّك: زُهْد 禁欲主义

نَاسِك جـ نُسَّاك 隐士，出家人

ـ العَمُودِ: صاحبُ الأُسْطُوَانَةِ [宗][史] 柱上人(旧时住在高柱顶上的苦行者)

مَنْسِك جـ مَنَاسِكُ: صَوْمَعَة 道院，僧院

مَنَاسِكُ الحَجّ [伊]朝觐典礼，朝圣仪式

نَسَلَ ـُ نَسْلاً الولدَ وبالولد: ولَدَه 生子，生育

ـ وأَنْسَلَ صُوفَهُ أو رِيشَهُ: نفشه وأسقطه 脱毛，换毛

ـ وـ ونَسَّلَ (م): حَلَّ 拆断(绳子等)，拆散(布边、索头等)

أَنْسَلَ الوالدُ الولدَ: أولده 生，生育，繁殖

تَنَاسَلَ القومُ: تَوالَدوا وأَنْسَل بعضُهم بعضًا 繁殖，繁育

ـ من فلان 遗传，传给

ـ بَنُو فلان: كثُر أولادُهم 子孙繁衍，人丁兴旺

نَسْل جـ أَنْسَال: ذُرِّيَّة 子孙，后代；后裔

ـ المَرْأَةِ [生理]卵子

إصْلاَح الـ 优生说，优种说，人种改良说

هو من ـ: سَلِيل 他是…种人

إنْقَاضُ الـ 绝育，断绝生育

نَسَل: لَبَن النبات (植物)浆汁，液汁

نَسْل / تَنْسِيل: حَلّ 拆断(绳子等)，拆散(布边、索头等)

نُسَال / نُسَالَة / نَسِيل (换毛时)脱落的羽毛(绒毛)

نُسَالَة الكَتَّان 绷带用的麻布

ـ الحِبال وأمثالها 绳屑，麻刀，乱丝头

نُسُول 脱毛

نَسُولَة: ماشية تُقْتَنَى للنَسْل 种畜

تَنَاسُل 生殖，生育，生产

أَعْضَاءُ الـ 生殖器

تَأَصَّلَ بالـ (用繁殖的方法)固定品种的特性

تَنَاسُلِيّ 生殖的

مَرَضٌ ـ 性病

نَسَمَ ـِ نَسْمًا ونَسِمَ ـَ نَسَمًا الشيءُ: تغيَّر 改变，变更，变化

نَسَمَت ـِ نَسْمًا ونَسِيمًا ونَسَمَانًا وتَنَسَّمَتْ ونَسَّمَتِ (م) الريحُ: تَحَرَّكَتْ وهَبَّتْ 刮风，起风

نَسَّمَ في الأمر: اِبْتَدَأَ 开始，着手

تَنَسَّمَ: تَنَفَّسَ 呼吸

ـ تِ الريحُ: هَبَّتْ هُبُوبًا رُوَيْدًا (风)轻轻地吹，微风吹拂

ـ المكانُ بالطِيب: أَرِجَ (地方)发出香气

ـ الخبرَ: تشمَّمه 打听、探听、刺探(消息)
نَسَم الواحدة نَسَمَة جـ أَنْسَام: نَفَس الرُوح 呼吸，气息
ـ: نَفَس الريح إذا كان ضعيفًا 微风，和风，惠风，清风
نسَمَة جـ نَسَم ونَسَمَات: نَفَس الرُوح 呼吸，气息
ـ: إنْسان 人
ـ: مَخْلُوقٌ حَيّ 生物
ـ: هَوَاء 空气
نَسِيم جـ أَنْسِمَة ونَسَائِمُ ونِسَام: رِيح لَيِّنَة 微风，和风，惠风，清风
مَنْسِم جـ مَنَاسِمُ للإِبل كالظُفُر للإنسان 驼鸟或骆驼脚趾
نَسْنَاس جـ نَسَانِيسُ: إنْسَان وَهْمِيّ 独脚侏儒(童话里的独脚妖怪)，矮子，侏儒
ـ (م): سِعْدَان (س) / القِرْد الذَيَّال 长尾猴
نَسَا مث نَسَوَانِ ونَسَيَانِ جـ أَنْسَاء: عِرْق من الورك إلى الكَعْب (م) 坐骨神经
مَرَض عِرْق الـ (م) [医]坐骨神经痛
نُسْوَة / نِسْوَان / نِسَاء: جمع امرأة 女人，妇女
حُقُوق النِسَاء 妇女权利
جَمْعِيَّة النِسَاء 妇女协会
نِسْوِيّ / نُسْوِيّ / نِسَائِيّ 妇女的，阴性的，女性的，温柔的
الحَرَكَة النِسَائِيَّة أو النِسْوِيَّة 妇女运动
نِسَائِيَّات 女人话，妇女做的事情
نَسْوَنَة (م): مُماثَلة النِساء 柔弱，懦弱，女人气，优柔寡断
مُنَسْوَنَ (م): مُتَشبِّه بالنِساء 柔弱的，女人气的，女人似的，无丈夫气的
نَسِيَ يَنْسَى نَسْيًا ونِسْيَانًا ونِسَايَةً ونَسْوَةً الشيءَ: ضدّ حَفِظَه 忘记，忘却，忘掉
ـ الشيءَ: غفل عنه 忽略，疏忽
ـ نَفْسَه أو ذاتَه 忘我
لا تَنْسَنِي (م): زَهْرَة آذان الفار 勿忘我，勿忘草
نَسَّى وأَنْسَى فلانًا الشيءَ: حَمَلَه على نسيانه 使人忘却，使人忘记
تَنَاسَى الشيءَ: تَظَاهَرَ أنّه نَسِيَه 假装忘记，装作忘却
ـ الشيءَ: حاوَلَ أنْ يَنْساه 尽力忘却，企图忘记
نَسْي / نِسْيَان 忘却，忘记
أَيَّام الـ (١١ يوما) [天]闰日(阳历一年间超过阴历的日数，通常为 11 天)
نَسْي / نِسْي: ما نُسِيَ 被遗忘的
نَسِيّ: كثير النِسْيان 健忘者
نَسْيَان = نَسِيّ
نِسْيَان (مَرَض النَسْي) [医]健忘症
أَصْبَح في زَوَايَا الـ 淹没无闻，被世间忘掉
نَسَّاء / نَسِيّ / نَسْيَان 好忘的，健忘的
مَنْسِيّ 忘却的，被遗忘的
نَشَأَ ـَ ونَشُؤَ ـُ نَشْأً ونُشُوءًا ونَشْأَةً ونَشَاءً ونَشَاءَةً
الشيءُ: حَدَثَ 发生，产生
ـ وـ الولدُ: نَمَا 发育，成长，长大
ـ وـ: بَدَأَ 开始，创始，开端
ـ وـ: نَتَجَ 发生
ـ وـ من كذا 起因于
نَشَّأَ تَنْشِئَةً وأَنْشَأَ الولدَ: رَبَّاه 抚养，养育，教养
أَنْشَأَه: أَوْجَدَه / أَحْدَثَه 创造，创办，创设，创作(文章等)
ـ: بَدَأَ 开始，着手
ـ: بَنَى 建立，建设
ـ: أَسَّسَ 树立，奠基

ـ الشَرِكَةَ أو أيَّ مُؤَسَّسَةٍ 创办，创设(公司或任何企业)

ـ الحَدِيثَ: أَلَّفه 编写讲稿

ـ يَقُولُ 他开始讲话

اِسْتَنْشَأَ الأَخْبارَ 采访新闻，打听消息

نشْءٌ / نُشُوء / نَشْأَة: حُدُوث 发生

ـ / ـ: تَوَلُّد 发生，起源

ـ / ـ: نُمُوّ وارتقَاء 发展，演变，进化

نَظَرِيَّة النُشوء والاِرْتِقاءِ / مَذْهَبُ النُشُوء والاِرْتِقاءِ 进化论

نَشْأَة: شَبِيبَة 青年，青年一代

الـ الحَدِيثَة 新生的一代

النَشْءُ: النَسْل 子孙，后代

إنْشاء: إحْداث / إيجاد 创造，创作，建立

ـ: بِناء / تَرْكيب 建设，建造，建立

الـ الاِشْتِراكِيّ 社会主义建设

إعادة الـ 重建，改建

ـ: تَأْليف 写作，著作，编写

ـ: مَوْضُوع إنْشائِيّ 文章，散文

ـ: نَصّ / أُسْلُوب التأليف 体裁，风格，文体

ـ المُرَاسَلات 尺牍

إنْشائِيّ 创作的，创造性的

ـ 体裁的，风格的

ـ 琢磨文体的人

جُمْلَة ـ ة 祈使句(命令、祈祷等)

النَمَط الـ 体裁，风格

الأَلْفاظ الـ ة 修辞用语

مَقالَة ـ ة (في جَرِيدة) 社论

نَاشِئ جـ نَشْء ونَشَأ ونَاشِئَة (على غير القياس): غُلام أو جارِيَة إذا جاوَزا حَدَّ الصِغَر وشَبَّا 青年(男女)

ـ: نامٍ 发育的，成长的，发展的

ـ من كذا: ناتج 由…发生的

ـ / نَشَاوِي (مـ): جَدِيد / حَدِيث 生手，新手，外行，门外汉

نَاشِئَة جـ نَوَاشِئُ: جارِية إذا شَبَّت 女青年

مَنْشَأ: مَصْدَر 起源，根源

ـ: مكان النُشُوء 本地，生长地，故乡

ـ الأَوْبِئَةِ 瘟疫发源地

بَصَرِيّ الـ 出生于巴士拉城的

مُنْشِئ: مُوجِد 发起人，创始人，创立者

ـ: مُؤَسِّس 奠基者，助长者，奖励者，创建者

ـ: مُحَرِّر / مُؤَلِّف 编者，著者，作者；起草人，执笔者

مُنْشَأَة جـ مُنْشَآت: مُؤَسَّسَة 机关，机构，企业，产业，公司

نشاء / **نشا** (في نشو) / **نشاوى** (مـ) (في نشأ)

نَشِبَ ـَ نَشَبًا ونُشُوبًا ونُشْبَةً الشيءُ في الشيء: علِق 黏住，缠住，黏贴

ما ـ أنْ ... / لم يَنْشَبْ أنْ ... 赶快(做)，立刻(做)，马上(做)

ـ ـَ نُشُوبًا الأمرُ فلانًا: لزمه (事情)成为义务，成为当务之急

ـ العَظْمُ في الحَلْقِ (骨头)卡在喉中，骨鲠在喉

ـ بالشِراك 陷入圈套，堕入罗网

ـ تِ الحَرْبُ بينَهم: ثارتْ واشتبكتْ (战争)爆发，交战

نَشَّبه وأَنْشَبَه في كذا: عَلَّقه وأعلقه 悬挂

نَاشَبَه مُناشَبَةً الحربَ: نابَذه إيّاها (对他)开火，开仗

تَنَشَّبَ فيه: تعلَّق 黏住，缠住，挂住

نُشُوب حَرْبٍ 战争的爆发

نَشَّاب: الرامِي بالنُشّاب 射手，弓箭手

نُشَّاب جـ نَشَاشِيبُ الواحدة نُشَّابَة جـ نُشَّابَات:

سَهْم 矢，箭

ـ حَجَر [古生]箭石(乌贼类的化石)

نُشَّابَة الفَطَائِرِيّ / شَوْبَك طويل (مـ) 长擀面杖

ـ صَيْد الحِيتَان 铦，渔杈

ـ عَجَلَةٍ 辕杆，(机车的)连接杆

نَشَب: عَقَار 不动产

ـ: مالٌ أَصِيل من ناطِق وصامِت 资本(包括金银、牲畜等)

نَشَجَ ـِ نَشْجًا ونَشِيجًا البَاكِي: غُصَّ بالبُكاء من غير انتحاب 啜泣，哽咽，呜咽，抽抽噎噎地哭

نَشَج جـ أَنْشَاج 河流；河床

نَشِيج 啜泣，呜咽，哽咽

نَشَدَ ـُ نَشْدًا ونِشْدَانًا ونِشْدَةً وأَنْشَدَ الضالَّةَ: نادَى وسأَلَ عنها وطلبَها 寻找，寻求，寻觅(走失的牲畜)

ـ هُ ونَاشَدَهُ اللهَ وبِاللهِ: استحلفه بِاللهِ أي سأله وأقسَم عليه باللهِ (以真主的名义)恳求，恳请，请愿(指以真主发誓，非答应不可)

نَاشَدَه الأمرَ وفي الأمر: طلَبه إليه 要求他做…

أَنْشَدَه الشِعْرَ: قرأه عليه (对…)诵诗，念诗，朗诵诗篇

ـ: غَنَّى 歌唱

نَشْد / نِشْدَان: طلَبَ 寻觅，寻求，寻找

مُنَاشَدَة 恳请，恳求

نَشِيد ونَشِيدَة جـ نَشَائِدُ / أُنْشُودَة جـ أَنَاشِيدُ 歌，歌曲

ـ الأَنَاشِيدِ (旧约书)雅歌

الـ الوَطَنِيّ 国歌

الـ الأُمَمِيّ 国际歌

ـ المَوْتِ 送葬曲，哀悼曲

مُنْشِد 歌手，歌唱家，朗诵者，歌唱者

مَنْشُود 所寻觅的，所探求的，所期望的

نُشَادِر / نُوشَادِر (波) [化]氨，阿摩尼亚

رُوح الـ [化]氨水

سُلْفَات (سُلْفَاة) الـ [化]硫酸铵

مِلْح الـ [化]氯化铵，(俗称)硇砂

غَاز ـ 氨气

مِلْح الـ العِطْرِيّ: خَضَّاضَة 碳酸铔，醒药

نُشَادِرِيّ 氨的

صَمْغ ـ 胶体氨

نَشَرَ ـِ نَشْرًا ونَشَّرَ الشيءَ: بسَطه / مَدَّه 铺开(地毯)；张(帆)

ـ وـ الشيءَ: ضدّ طَوَى 张开，展开，摊开

ـ وـ الغَسِيلَ 晾衣服，晒衣服

ـ الخَبَرَ: أَذَاعَهُ 宣布，公布，传播

ـ الرائِحَةَ أو الأَشِعَّةَ: أرسلها 散布，放散，发散，播散；发，放(光)

ـ العَلَمَ: رفعه 升旗

ـ الخَبَرَ أو الكِتَابَ 发表，发行；印行，出版

ـ إعْلانًا عن ... 登广告

ـ دِينًا أو مَبْدَأً: أذاعه وعلَّم به 传播宗教；宣扬主义

ـ الخَشَبَ: قطعه بالمِنْشَار 解木料，锯木头

ـ يَدَيْهِ في الهَوَاء 在空中挥手

ـ ـُ نَشْرًا ونُشُورًا وأَنْشَرَ اللهُ المَوتَى: أَحيَاهم 复活，使死者复生

اِنْتَشَرَ وتَنَشَّرَ الشيءُ: انبسط 被铺开，被展开

ـ المَرَضُ في كل أَنْحاء المدينة 疾病蔓延全城，疾病传遍全城

ـ الخَبَرُ: ذاعَ وفَشا 消息传开了

نَشْرُ الأَخْبَار وغيرِها 发布、发表(消息等)

ـ الكُتُبِ أو الأخْبَار أو الإعلاَنات 出版，
发行，发表
ـ الدَعْوَةِ 宣传
ـ الخَشَبِ 锯木头，解木料
مَكَنَةُ ـ الخَشَبِ 锯木机；大型锯机
دارُ الـ 出版社
ـ / نُشُور: قِيَامَة الأَمْوات 复活
يَوْمُ الـ أو النُشُور [宗]复活日，世界末日
نَشْرَة جـ نَشَرَات: إعلان 宣布，公布，公告
ـ: مَنْشُور 传单
ـ يَوْمِيَّة أو أُسْبُوعِيَّة 日刊，日报；周报，周刊
ـ رَسْمِيَّة 告示，公告，公报
ـ الأخْبَار 新闻播送，广播新闻
نُشَارَة الخَشَب: تُراب النَشْر 锯末
نِشَارَة 锯木职业
اِنْتِشَار 铺开，张开，伸展，传播
ـ المَرَض 疾病蔓延
نَاشِر 公布者，宣布者，宣传者
ـ الكُتُب أو الأخبار أو الإعْلانات 出版者，
发行者，发表者，登广告者
ـ: الصِلّ المِصْرِيّ 眼镜蛇
اِمْرَأَة ـ (مـ): ناشِز 悍妇，泼妇
مَنْشُور: مَقْطُوع بالمِنْشار 被锯开的
ـ: مُنْتشِر 张开的，展开的，宣布的
ـ جـ مَنَاشِيرُ ومَنْشُورَات: نَشْرَة 传单；讲义
ـ تِجارِيّ (创办公司的)计划书，意见
书，发起书，(新书刊等的)内容样本
ـ من مَلِك أو حاكِم 告示，布告，公告
ـ: مَوْشُور / جِسْم هَنْدَسِيّ [数]棱柱；[物]
棱镜
مَنْشُورِيّ: مَوْشُورِيّ 棱柱的、棱镜的
نَشِير: رُوب دِشَمْبَر (أ) robe de chambre 妇女
在室内所穿的衣服；睡衣
نَشَّار الخَشَبِ 锯木者，锯木工人
مِنْشَار جـ مَنَاشِيرُ: آلة النَشْر 锯子
ـ (مـ): حِلْيَة أو دَوَرَان [建]回纹或卍字纹
花条
ـ شَرْح (مـ) 木锯
ـ شَرِيط (مـ) 带锯
ـ صِقَالَة (مـ) 双人用竖拉大锯
ـ الجُمْجُمَة: تِرْبَان (أ) trepan 圆锯
ـ / أَبُو ـ: كَوْسَج [动]锯鲛
ـ تِمْسَاح (مـ) 粗齿锯，手锯
مُنْتَشِر: مُمْتَدّ 伸展的，展开的，蔓延的
ـ: شَائِع / ذَائِع 流行的，普及的
تَنَاشِير (لا واحِدَ لها): خطوط صِبْيَان المَدارِس
乱写，瞎画，小学生的字体
نَشَزَ ـُ نَشْزًا في أو عن مَكانِه: اِرتفع 凸出
ـ تْ ـُ نُشُوزًا المرأةُ بزوجِها ومنه وعليه:
استعصَتْ عليه وأبغضَتْه 妻子虐待丈夫
ـ الرجلُ بزوجتِه ومنها وعليها: جَفاها وأَضَرَّ
بها 丈夫虐待妻子
نَشَاز / نَشْز جـ نُشُوز / نَشَز جـ نِشَاز وأَنْشَاز:
مَكَان مرتفع 高地
نَاشِز / نَشَّاز: نَاتِئ 突出的，伸出的
زَوْجَةٌ ـ أو ناشِزة جـ نَوَاشِزُ: عاصِيَة 悍妇，
泼妇
نَشَّ ـِ نَشًّا ونَشِيشًا اللَحْمُ: سُمِعَ له صوتٌ في
القِدْر أو المِقْلَى (肉在锅中发出)沸腾声
ـ الغَدِيرُ: أخذَ ماؤُه في النضوب (池水)
开始干涸，枯竭
ـ الذُبابَ (مـ): طَرَدَه 赶苍蝇
نَشّ 奈什(重量单位，等于 20 第尔汗或
18.7 克)

ورق نَشَّاش: ورق نَشَّاف (مـ) 吸墨纸
مَنَشَّة الذِبَّان (مـ): مِذَبَّة 蝇拂
نَشِطَ ـَ نَشَاطًا وتَنَشَّطَ: طابت نفسُه 活泼，愉快，高兴，快活，爽快，兴致勃勃
ـ في عمله 主动，积极，勤勉，奋发，精神饱满
نَشَطَ ـُ نَشْطًا ونَشَّطَ الحَبْلَ: عقده 打活结
ـ وـ العُقْدَةَ: شَدَّها 拴紧活结，系紧活扣
نَشَّطَه وأَنْشَطَه: صيّره نَشِيطًا 使活泼；使活跃
ـ وـ: قَوَّى عَزْمَه 鼓励，鼓舞
تَنَشَّطَ: صار نَشِيطًا 变成活泼的、精神勃勃的
ـ للعمل: تهيَّأ له وأقبل عليه نشيطًا 精神饱满地从事于工作
اِسْتَنْشَطَ (مـ) 活跃起来，变成积极工作的
نَشَاط 活泼，愉快，高兴
ـ إشْعَاعِيّ [物]（镭等的）放射能，辐射能
ـ 积极性
بـ ـ 积极地，兴致勃勃地，
تَنْشِيط 鼓励，鼓舞
أُنْشُوطَة جـ أَنَاشِيطُ 活结，活扣
ـ الشَنَق (حَبْل المِشْنَقَة) （绞架上的）绞首索
ناشِط 活泼的，活跃的；积极的，勤勉的，主动的
نَشِيط جـ نِشَاط ونَشَاطَى / ناشِط إلى عَمَله 活泼的，积极分子
ـ: خَفِيف الحَرَكَة 敏捷的
ـ: طَيِّب النَفْسِ 愉快的，精神勃勃的，兴致蓬勃的
سُوق ـ ة 活跃的市场，生意兴旺的市场
مُنَشِّط جـ مُنَشِّطات 兴奋剂
نَشَعَ ـَ نَشْعًا الشيءَ: انتزعه بعُنْفٍ 抢夺，抢去
ـ ـَ (مـ) نَشْعًا الماءُ: نَزَّ / نَثَّ （水）渗出

نَشْع (مـ): نَزَازَة 渗出
نَشَع: ماء خَبُثَ طَعْمُه 臭水
نَشُوع: نَشُوق 鼻烟
مُنَشَّع (مـ): مُشبَّع بالماء (للأرض) 发潮的，浸湿的，渗水的（土地）
نَشِفَ ـَ ونَشَفَ ـُ نَشْفا وتَنَشَّفَ الثوبُ العَرَقَ: شرِبَه （衣服）吸收（汗）
ـ الماءُ في الأرض: ذَهَبَ ونَضَبَ （水）干涸，枯竭
ـ المُبْتَلُّ (مـ): جفَّ （湿衣服等）晾干，晒干，烘干
نَشَفَ ـِ نَشْفًا ونَشَّفَ الماءَ: أزاله بالمَسْح 擦干，揩干
ـ وـ يَدَيْه أو وَجْهَه بِمِنْشَفَةٍ （用毛巾）擦（手、脸等）
ـ وـ الحِبْرَ: جَفَّفَه 吸干（墨水）
نَشَّفَه: جفَّفَه 晾干，晒干，烘干
تَنَشَّفَ: مَسَحَ الماءَ عن جَسَده 拭净、擦干（身上的水）
نَشَف / نَشُوفَة (مـ): نُضُوب الماء 干涸，枯竭
نَشْفَة ونِشْفَة ونُشْفَة ونَشَفَة جـ نَشْف ونِشَف ونَشَف ونُشَف ونِشَاف 浮石（澡堂中用作擦垢腻的工具）
نُشُوفَات (مـ) 干果
تَنْشِيف 揩，拭，擦，抹
وَرَقُ ـ 吸墨纸
ناشِف: جَافّ 干的，干涸的，干燥的
ـ (مـ): صُلْب 干硬的，坚实的
رَجُلٌ ـ (مـ) 严肃的人
نَشِف 干的，干澡的
أَرْضٌ ـ ة 干地，干燥的土地
نَشَّاف / وَرَقٌ نَشَّاف 吸墨纸

نَشَّافَة: مِنْشَفَة / قَطِيلة / بَشْكِير (م) 毛巾，面巾
ـ الحِبْرِ 吸墨纸
ـ الحُبُوبِ 粮食干燥室
ـ مكْتَبٍ: مِرْفَقَة 吸墨纸垫
مِنْشَفَة ج مَنَاشِفُ الوَجْه / مِنْشَف ج مَنَاشِفُ: قَطِيلَة / بَشْكِير 毛巾，面巾
نَشْفان (م) 消瘦，憔悴，疲倦，衰弱
نَشِقَ ـَ نَشْقًا ونَشَقًا وتَنَشَّقَ واسْتَنْشَقَ الهواءَ أو الرائِحةَ: شَمَّهُ 吸(空气、香气)
أَنْشَقَ ونَشَّقَه (م) المَنْشُوقَ: أَشَمَّه 使吸(鼻烟、药物等)
تَنَشَّقَ واسْتَنْشَقَ الماءَ في أَنْفِه: صبَّه فيه 灌水在鼻孔里，以洗涤鼻孔
ـ (م) وـ (م) الأَخْبَارَ: اِستنشأه 采访新闻，探听消息
نَشْق / تَنَشُّق / استنشاق 吸入，吸收
نَشُوق: سَعُوط 鼻烟；嗅药
تَنْشِيقَة (م): قَبْصَة نَشُوق 一撮鼻烟；一点嗅药
نَشَلَ ـُ نَشْلاً وانتَشَلَ الرجلُ الشيءَ: نزعه وخطفه مسرعًا 攫去，抢去，夺去，抓去
ـ ه وـ ه من ....: خَلَّصَه / أَنْقَذَه 救，拯救救出，解救
ـ ه (م): سَلَبَه 抢夺，劫掠
ـ الكِيسَ من الجَيْبِ (م) 扒取(钱包)
نَشْل (م): سَرِقَة الجُيُوب 扒窃，摸窃，掏摸
نَشَّال (م): سارِق الجُيُوب 扒手，窃贼
نَشِمَ اللحمُ: تغيَّر وابتدأتْ فيه رائحة كريهة (肉)发臭，腐烂
ـ وتَنَشَّمَ في الأمرِ: ابتدأ فيه 开始，着手
نَشَم أَبْيَض: مَيْس [植]朴树
نَشَّنَ على الشيء (م): صوَّب نَحْوَهُ 向…瞄准
ـ البَضَائِعَ 在商品上标商标

نِشَان ج نِشَانَات / نِيشَان: تَصْوِيب 对准，瞄准
ـ / ـ: هَدَف 靶，靶子，目标，鹄的
ـ / ـ: وِسَام 勋章，奖章
مُنَشِّن [军]瞄准的
نَشَنْجِي (م) / نَشَانْجِي / نِشَانْجِي ج نِشَانْجِيَّة: هَدَّاف 射手，神枪手
نَشَنْكَاه: مُوَجِّه / موجِّه السِلاح النارِيّ (枪炮的)准星，照尺
نَشْنَشَ وتَنَشْنَشَ: كان خَفِيفًا في حَرَكَاتِه 活泼，轻快，敏捷
ـ تِ القِدْرُ: بَقْبَقَتْ عند الغَلَيان (水)沸，沸腾
تَنَشْنَشَ: انتعشَ 痊愈，复元
ـ مَالِيًّا 繁荣，兴旺
نَشْنَاش: خفيف اليَدِ في عمله 敏捷，灵敏
نَشِيَ ـَ نَشْوًا ونَشْوَةً ونِشْوَةً ونُشْوَةً وتَنَشَّى وانْتَشَى: سَكِرَ 喝醉，烂醉，沉醉，酩酊大醉
نَشَّى القُمَاشَ (م) 浆布，上浆
اِسْتَنْشَى 嗅，吸入
نَشْو / نَشْوَة: سُكْر 醉，酩酊
نَشْوَة: أوّل السُكْر 微醉
ـ الطَرَبِ 入迷，忘形，狂欢，销魂，狂喜，欢天喜地，洋洋得意，心荡神移
نَشًا / نَشَاء 淀粉，小粉
ـ ج أَنْشَاء / نَشْوَة: رَائِحَة 气味，味道
يَاقَات الـ 浆过的领子
نَشَوِيّ: من النَشَا 淀粉的
ـ 醉人的(饮料)
نَشْوَان م نَشْوَى ج نَشَاوَى / السَكْرَان 喝醉了的
ـ: طَرُوب 洋洋得意的，欢天喜地的
نَشْيَان: مُلْتَقِط الأَخْبَار 爱聊天的，爱讲新闻的人

مُنَشًّى: فيه نَشَا 浆过的

قَميص ـ 浆过的衬衣

مَنْشِيَّة (希) 乡村，村庄，农村

نَصَبَه ـُ نَصْبًا: رفعه وأقامه 树立，竖起，举起

ـ الخَيْمَةَ: ضَرَبَها 竖起帐篷

ـ الشَجَرَةَ: غَرَسَها 种树，植树

ـ مِصْيَدَةَ (شَرَكًا) 布网，张网，张罗

ـ ه المَرَضُ أو الهَمُّ: أتعبه (疾病等)折磨

ـ عليه (م): غَشَّه 欺骗，哄骗，骗取

ـ له ونَاصَبَه الشَرَّ: أظهره له 公开反对，表示敌意

ـ له وـ ه الحَرْبَ: أَقَامَها عليه 向他开战

ـ الكلمةَ: ألحقَها علامةَ النصب أو نطقها مَنْصُوبَةً [语]使词尾变成宾格

ـ ونَصَّبَ فلانًا: وَلَّاه مَنْصِبًا 任命，委任

نَصِبَ ـَ نَصَبًا في الأمر: جَدَّ واجتهد 尽力，努力，勤劳

ـ: تعب وأَعْيَا 疲乏，疲倦

نَصَّبُوه مَلِكًا عليهم 他们拥戴他为王

نَصَّبَ أُذُنَيْه: رَفَعَهُمَا / أَرْهَفَهُمَا （竖起双耳）侧耳倾听

نَاصَبَه: عاداه وقاوَمه 反抗，敌对，怀敌意

ـ ه العداءَ 怀敌意地对待

أَنْصَبَه: أتعبه 折磨，使疲倦

ـ ه: جعل له نَصِيبًا 分给他一份

تَنَصَّبَ 被任命，被委任

اِنْتَصَبَ: قامَ 树立，竖起

ـ للحُكْم (法官)起立宣判

ـ الشَّعْبُ الصينيُّ وَاقِفًا 中国人民站起来了

اِنْتَصَّبَ (م) 被委任，被任命

نَصْب: إقَامَة / رَفْع 建立，树立，举起，竖起

ـ: داء / مَرَض 疾病

ـ (م): اِحتيال للسَرِقَة 诈取，骗取

ـ / نُصُب: الشيء المَنْصُوب 柱，桩，标杆，[体]起跑标，终点标

ـ [语]宾格

نَصْبَة: علَامَة النَصْب / فَتْحَة [语]宾格标志

نُصْبَة جـ نُصَب: مَعْلَمُ الطريق 路标

ـ الأَمْيَال (لمعرفة طول الطريق) 里程碑

ـ الطَبْخ (م): مِنْصَب (支锅的)三脚铁架

ـ جـ نُصَبات 奸计，诡计，卑鄙的勾当

نُصْب و نُصُب جـ أَنْصَاب: تِمْثَال 塑像，雕像

ـ: ما عُبِدَ من دون اللهِ من الأَوْثان 物神，偶像

ـ تَذْكَارِيّ 碑，纪念碑

هذا ـ عَيْنَيَّ: أَمَامَهما 在我眼前，在我面前

وَضَعَ الأمرَ ـ عَيْنَيْهِ 留心，记住，牢记

نَصَب: كَدّ 辛勤劳动，劳累

ـ: تَعَب / إعْيَاء 疲劳，困倦

ـ جـ أَنْصَاب: عَلَم مَنْصُوب 升起的旗帜

نِصَاب جـ نُصُب: أصل 根源

ـ السِكِّين: مِقْبَض 刀把，刀柄

رَدَّ كذا إلى ـ ه 使复原，使还原

أعَادَ (رَدَّ) النِظامَ إلى ـ ه 恢复秩序

ـ السَيْف 剑把，剑柄

الـ القَانُونِيّ لـ ... 法定的数额

ـ 法定人数

اِنْتِصَاب 直立

اِنْتِصَابِيّ 竖得起来的，站得起来的

نَاصِب جـ نَوَاصِبُ [语]宾格工具词，如: أَنْ 、إذَن 、كَيْ 、لَنْ

نَصِيب جـ نُصُب وأَنْصِبَاء وأَنْصِبَة: حِصَّة 份额，股份

ـ: حَظّ / بَخْت 福分，运气

يا ـ: لُوتَارِيَّة (أ) lottery 彩票

ـ الأَسَدِ 狮子的份额(伊索寓言)，过当的份额，最好的份儿

نَصَّاب (مـ): مُحْتَال للسَرِقَة 扒手

ـ (مـ): دَجَّال 骗子

مَنْصُوب: مُقَام 被树立的

مَنْصِب جـ مَنَاصِب: مَقَام أو وَظِيفَة 职位，职务，官职

أَرْبَابُ المَنَاصِبِ 职员，官吏

أَرْبَابُ المَنَاصِبِ العَالِيَة 高级官员，高级职员

مِنْصَب جـ مَنَاصِبُ: آلة من حديد تُنْصَب تَحْتَ القِدْر للطبخ (支锅的)三脚，三脚铁架

ـ: وَابُور الطَبْخ (مـ) 煤气灶

مُنْتَصِب 直立的，竖起的

نَصَتَ ـِ نَصْتًا له وأَنْصَتَ له: أَصْغَى 倾听，仔细听，侧耳细听

تَنَصَّتَ وانتصَتَ: تَسَمَّعَ خِفْيَةً / تَصَنَّتَ (مـ) 偷听，窃听

نَصْت / نُصْتَة: تَسَمُّع 倾听，留心听

تَنَصُّت: تَصَنُّت (مـ) 偷听，窃听

مُتَنَصِّت: مُتَصَنِّت (مـ) 偷听者，窃听者

نَصَحَ ـَ نُصْحًا ونُصْحًا ونَصَاحَةً ونِصَاحَةً ونَصَاحِيَةً الرجلَ ولَهُ: وَعَظَهُ 忠告，劝告，规劝，谏

ـ الرجلَ وله: أخلص له المَوَدَّة 以诚相待

نَاصَحَه: نصح كلٌّ منهما الآخَرَ 互进忠言，互相劝告

اِنْتَصَحَ: قَبِلَ النُصْحَ 接受忠告

ـ فُلانًا: عدَّه ناصِحًا 认为忠诚

اِسْتَنْصَحَه: طلب نَصِيحَتَه 咨询，请教，征求意见

ـ ه: عدَّه نَصِيحًا 认为他是忠诚的

نُصْح / نَصِيحَة جـ نَصَائِحُ 忠言，劝告；教训，训导

نَاصِح: مُقَدِّمُ النَصِيحَة 忠告者，劝告者

ـ: صادِق / مُخْلِص 忠诚的，诚恳的

ـ الجَيْبِ 赤诚的，忠心耿耿的

نَصُوح: ناصِح / نَاصِحَة (阴阳通用)忠诚的，诚恳的

تَوْبَةٌ ـ: صادقة 诚心的悔过，真实的忏悔

نِصَاحَات الواحدة نِصَاحَة: حِبال يُجْعَل فيها حلق وتُنْصَب فيُصاد بها الحيوان (猎取动物的)套绳，圈套

نَصَرَه ـُ نَصْرًا ونَاصَرَه: أعانه على دَفْعِ ضَرٍّ أو رَدِّ عَدُوٍّ 帮助，援助，协助

ـ ه من عَدُوِّه ونَجَّاه منه 拯救，援救，救援，救助

ـ ه على عَدُوّه: أعانَه عليه 助他抵抗敌人

ـ اللهُ فلانًا [宗]真主赐他胜利

نَصَّرَه: جعله نَصْرَانِيًّا 使他成为基督教徒

ـ ه (مـ): عمَّده 给他施洗，举行洗礼

تَنَصَّرَ وتَنَصْرَنَ (مـ): صار نَصْرَانِيًّا 成为基督教徒，受基督洗礼

ـ له ونَاصَرَه: سَعَى في نَصْرِه وإعانَتِه 尽力帮助，努力援助，竭力支援

تَنَاصَرَ القومُ: تَعَاوَنُوا على النَصْرِ 互助，互相帮助，互相支援

ـ تِ الأَخْبارُ: صَدَّقَ بَعْضُها بَعْضًا (传说)互相印证

اِنْتَصَرَ: وغَلَبَ وفازَ بالنَصْرِ 胜利，获胜

ـ على خَصْمِه 战胜敌人，打败敌人；打败对手

ـ من عَدُوِّه: انْتَقَمَ مِنْه 报复，报仇，复仇

ـ له 支持，拥护

اِسْتَنْصَرَه: استمَدَّه وطَلَبَ نُصْرَتَه 求助，求援

ـ به: استغاثَ 呼救，喊救命
نَصْر / اِنْتِصار 胜利，凯旋
ـ / نُصْرَة: مَعُونَة 帮助，援助，协助
عُقِدَ له النَصْرُ 得胜，成功
نَصْرَان / نَصْرَانِيّ جـ نَصَارَى: نَاصِرِيّ / من النَاصِرَة 拿撒勒的；拿撒勒人
ـ / ـ: مَسِيحِيّ 基督教徒
نَصْرَانَة / نَصْرَانِيَّة: مَسِيحِيَّة 女基督教徒
النَصْرَانِيَّة 基督教，耶稣教
نُصَيْرِيّ جـ نُصَيْرِيَّة 努赛里教派（诸斯替教派在叙利亚的一个支派）
تَنْصِير (مـ): عِمَاد ［宗］洗礼，浸礼
اِنْتِصار جـ اِنْتِصارَات: ظَفَر 胜利；告捷
نَاصُور جـ نَوَاصِيرُ: نَاسُور ［医］瘘管
نَاصِرَة / النَاصِرَة: مَدِينة في فلسطين فيها وُلِدَ المسيحُ 拿撒勒（在巴勒斯坦加利利境内，相传为耶稣的诞生地）
نَاصِرِيّ: من النَاصِرَة 基督教的；基督徒的
نَصِير جـ نُصَرَاءُ وأَنْصَار / نَاصِر جـ نَاصِرُون ونُصَّار وأَنْصَار ونَصْر 扶助者，帮助者，援助者，支持者
أَنْصَارُ السِلْم 和平拥护者
ـ مَاخ ［哲］马赫主义者
ـ المَلَكِيَّة 保皇党
الـ ، الواحِد أَنْصَارِيّ ［史］辅士（麦地那穆斯林的称号，因为他们是穆罕默德的辅助者）
حَرَكَة الـ 游击运动，支援运动
مَنْصُور / مُنْتَصِر 得胜者，胜利者
مَنْصَر جـ مَنَاصِرُ (مـ): عِصَابَة لُصُوصٍ 匪帮，股匪，一群匪徒
نَصَّ ـ نَصًّا الحَدِيثَ: رفعه وأسنده إلى من أَحْدَثَه 追溯传说的来源
ـ الكَلَامَ أو الرِسَالَةَ: هذَّبه وسطَّره 草拟，编写（文稿）
ـ الرجلَ: استقصى مَسْأَلتَه حتى استخرج ما عِنْدَه 盘问，追问，追根究底，盘根问底
ـ على كذا: عَيَّنَه / حَدَّدَه （以明文）规定
ـ ونَصَّصَ المَتاعَ: رَصَّه (مـ) 堆积，堆起
نَصّ جـ نُصُوص: تَحْدِيد المَعْنَى 以明文规定含义
ـ الكِتابِ: مَتْنُه / خِلافُ الشَرْح 本文，原文，明文
ـ: شَرْط 条款，条文
ـ: عِبَارَة / أُسْلُوبُ التَعْبِير ［语］措词，用字，用语，语调，风格，文体，体裁
بـ ـ ه وفَصِّه 以同样的词句
نُصّ (مـ): نِصْف (١/٢) 一半，二分之一
ـ على نُصّ (مـ): بَيْنَ بَيْنَ 平常，中等，不好不坏
نُصَّة: قُصَّة شَعْرٍ / ناصِيَة 额发；额毛
مَنْصُوص عليه: مُعَيَّن 规定的
مِنَصَّة العَرُوسِ 新娘的花座
ـ الخِطَابَة 讲坛，讲台
ـ التَصْوِير 画架
ـ القَضَاء 法庭推事席
نصع ـ نُصُوعًا ونَصَاعَةً الأمرُ والحَقُّ: وَضُحَ 清楚，明白
ـ الشيءُ: كان خالصًا 纯洁，纯粹
ـ وأَنْصَعَ بالحَقِّ: أقرَّ به 承认（真理）
ـ نَصَاعَةً اللَوْنُ: اشتدَّ بياضُه 雪白，洁白，晶莹
ناصع / نَصِيع: واضح 清楚的，明白的
ـ / ـ: خالِص 纯洁的，纯粹的

ـ البَيَاضِ 雪白的

حَقٌّ ـ 显明的真理，明白的真理，昭著的真理

دَليلٌ ـ 明证，明显的证据

مَنْصَع ج مَنَاصِعُ: مَوَاضِع يُتَخَلَّى فيها للبَوْل أو قَضاءِ الحَاجَة 厕所，茅厕，茅房

نَصَفَه ـُ نَصْفًا: بلغ نِصْفَه 达到一半，到达中央

ـ الكِتابَ 他读了半本书

ـ عُمْرَه 他活了半生，活了半辈子

ـ ونَصَّفَ الشيءَ: قَسَمَه نِصْفَيْنِ 二等分，分为两半

نَصَفَ وأَنْصَفَ وانْتَصَفَ النَهارُ أو اللَيْلُ: بلغ نِصْفَه 到中午(半夜)

ـ (مـ) وأَنْصَفَ الرجلَ: عامَلَه بالعَدْلِ 公平对待

ـ (مـ) وـ الرجلُ: كان عادلاً 成为公正的

ـ نَصْفًا ونَصَافًا ونِصَافًا ونَصَافَةً ونِصَافَةً

وأنصف وتَنَصَّفَ الرجلَ: خدمه 服侍，伺候

نَصَفَ ـُ نَصْفًا ونَصَافَةً ونِصَافَةً الشيءَ: أخذ نِصْفَه 取一半

ـ القومَ: أَخَذَ منهم النِصْفَ 从他们手中取一半

ـ الشيءَ بين الرَجُلَيْنِ: قَسَمَه بينهما نِصْفَيْنِ 替他俩平分某物

ـ القدحَ: شرب نِصْفَه 喝半杯

نَاصَفَه مُنَاصَفَةً: قاسَمه على النِصْفِ 和他平分

ـ ه المَالَ: أعطاه نِصْفَه 给他一半财产

تَنَصَّفَ فُلَانًا وانْتَصَفَ واسْتَنْصَفَ من فلان: طَلَبَ منه الإِنْصَافَ 要求公平，请求公道

ـ وـ من فلان: أخذ حقَّه منه حتى صار وإيَّاهُ على النِصْفِ 从…财产中拿到公道的补偿

ـ وـ من فلان: انتقم منه 报复

نِصْف / نُصْف / نَصْف جـ أَنْصَاف / نُصّ (مـ) 一半，二分之一

ـ: مُنْتَصَف / وَسْط 中间，中央

ـ دَائِرَةٍ 半圆，半圈

ـ أُسْبُوعِيٌّ 半周的，半星期的

ـ سَاعَةٍ 半小时，半点钟，半个钟头

ـ أُجْرَةٍ (لرُكُوبِ عربة أو قِطار أو بَاخِرة أو طائِرة) (车船、飞机等的)半费，半价

ـ فَرَنْسِيٌّ 半法兰西人

ـ شَهْرِيٌّ 半月的

ـ قُطْرٍ 半径

ـ الكُرَةِ 半球

ـ عُرْيَان 半裸体的

ـ أو مُنْتَصَف النَهَار 中午，正午，晌午

ـ أو ـ اللَيْلِ 中宵，中夜，子夜，半夜

ـ أو ـ الرَبيع 仲春，春分

ـ أو ـ الشِتاءِ 仲冬，隆冬，冬至

ـ أو ـ الصَيْفِ 中夏，仲夏，盛夏，夏至

ـ أو ـ الخَرِيفِ 中秋，秋分

ـ أو ـ الطَرِيق 中途，半途，中道

ـ سَنَوِيٌّ 半年的

بَيْض ـ سَلْقٍ: نِمْبِرِشْت 溏心蛋(半熟的蛋)

لَحْمٌ ـ شَيٍّ: مُغَرَّض 半生不熟的烤肉

ـ سِوا (مـ): مُهَضَّب / مَطْبُوخ قليلاً 半熟的，烧(煮)得很嫩的(肉)

ـ عُمْرٍ (مـ): مُسْتَعْمَل 旧的，半新的(用过的书籍、衣服等)

ـ / نَصَف / نَصَفَة: إنصاف وعَدْل 公道，公平

رَجُلٌ ـ: من أَوْسَاط الناسِ أي لا صغيرٌ ولا كبيرٌ عُمْرًا أو قامةً 中年人；中等身材

اِمْرَأَةٌ ـ / نِسَاءٌ ـ 中年妇女；中等身材的女子
نِصْفِيّ 由两半组成的
تِمْثَالٌ ـ 胸像
تَنْصِيف: شَطْر 平分，二等分
إِنْصَاف: عَدْل 公平，公道
ـ الحُلُول 不彻底的解决
إنصافًا لكذا 公平对待
بِـ ـ 公平地，公允地
مُنَاصَفَة 彼此各半
بالـ 各半，平分
مِنْصَف ومَنْصَف م مِنْصَفَة / مَنْصَفَة جـ مَنَاصِفُ / نَاصِف جـ نَصَف ونَصَفَة ونُصَّاف: خادِم 仆人，佣人
مُنْصِف: عادِل 公平的；公正的，公道的，正义的
مُنَصِّف: شاطِر 平分者，分某物为二等分者；平分线
ـ الزَاوِيَة 二等分线，平分线
مُنْتَصَفُ كذا 中(年)，中(途)，中(午)
ـ الساعةِ العَاشِرة 九点半
ـ الليلِ 中夜，中宵，半夜
نَصَلَ ـُ نَصْلاً ونُصُولاً وتَنَصَّلَ من كذا: تَخَلَّص 摆脱，解除
ـ اللونُ: تَغَيَّرَ / بَهِتَ (مـ) 褪色，变色
ـ خِضابُ اللَّيْلِ الأَسْوَد 夜间的昏暗消失
تَنَصَّلَ من: تَبَرَّأَ 断绝关系
ـ من المَسْؤُولِيَّة / ـ من كل تَبِعَة 逃避责任
نَصْل جـ نِصَال وأَنْصُل ونُصُول الرُمْح: سِنَانه 枪头，矛头
ـ السَهْم: سنانُه 镞，箭头
ـ الرِيشَة 翈，(翮上的)短羽

ـ السِكِّينِ والسَيْفِ وأمثالهما 刀刃，剑锋
ـ المِغْزَل: سُرْسُور 纺锤，锭子，纺车轴
وَقَعَ الـُ على الـِ 针锋相对
ناصِل 褪色的，失去光泽的
مُنْصُل ومُنْصَل جـ مَنَاصِلُ: سَيْف 剑
مِنْصَال جـ مَنَاصِيلُ / نَصِيل / مِنْصَل: حَجَر مستطيل يُدَقُّ به 石杵
نَصَمَة: صُورة تُعْبَد (希腊教会)圣像
نَاصَى الرجلَ: قَبَض كلٌّ منهما بناصيةِ خَصْمِه 互相抓住额发
تَنَاصَى القومُ: أخذ بعضُهم بنواصِي بعضٍ في الخصومة (他们)互相揪住额发
ـ تِ الأَغْصَانُ ونحوها (树枝)互相缠绕
نَاصِيَة: شَعْرُ مُقَدَّمِ الرأسِ 额发，刘海
نَاصِيَة جـ نَوَاصٍ ونَاصِيَات: مُقَدَّم الرأس 脑门儿，脑门子
ـ (مـ): رُكْن 角；角落
حَجَرُ النَاصِيَة أو التَرْوِيسَة (مـ) [建]突角，外角；(房间的)角落，隅石
قَبَضَ على ناصيةِ السُوق أو الحالةِ 在市场或局势中占上风、占优势
(اِمْتَلَكَ) على ـ الحال 操主动权
وَقَعتِ المَسْؤُولِيَّةُ على أمِّ ـ ه 责任落到他头上
قَبَضَ على ـ الطَائِرَة 对飞机操纵自如
ـ الأُمُورِ 事情的关键
نَوَاصِي الناسِ: أشْرافُهم 贵族，头目
نَضَبَ ـُ نُضُوبًا الماءُ: غارَ في الأرض (水)渗入地下
ـ النهرُ: ذهبَ ماؤُه 河道干涸
ـ الشيءُ: نَفِدَ 枯竭，罄尽，竭尽，耗尽
ـ: مات 死，死亡
ـ ماءُ وَجْهِه 厚颜，无耻

لا يَنْضُبُ: لا يَفْرَغ 无穷无尽的
نُضُوب: نَفَاد 枯竭，耗尽
نَاضِب: لا ماءَ أو خَيْرَ فيه 干燥的，干涸的，不毛之地
ـ: غير مُثْمِر أو مُنْتِج 不生产的，无收益的；无收获的
نَضِجَ ـَ نَضْجًا الثَمَرُ: أدرك وطابَ أكْلُه (果实)成熟
ـ اللَحْمُ: أدرك وطاب أكله (肉)烧熟，煮熟
ـ الأمرُ أو المشروع (事情或计划)就绪
أَنْضَجَ الثَمرَ: جعله ناضجًا 使熟，使成熟
ـ اللَحْمَ: جعله ناضجًا 煮好，煮熟
نُضْج / نَضْج 成熟，发育完全
الـ السِيَاسِيّ 政治上的成熟
ناضج / نَضِيج (الثَمَر والحُبُوب وغيرهما) 熟的，成熟的(果实、谷物)
ـ / ـ (للحْم) 做熟的(食物)
ـ / ـ (للدُمَّل) 成熟的(疮、疖)
ـ وـ الرَأْي 见解成熟的
مُنْضِج / مَنْضَج جـ مَنَاضِجُ (مـ) 化脓剂
مِنْضَاج: سَفُّود 烤肉铁杈
نَضَحَ ـِ نَضْحًا البيتَ بالماء: رَشَّه (在屋里)洒水，喷水
ـ الجِلْدَ بالماءِ: بلَّه لِئَلاَّ ينكسرَ 使皮子湿润
ـ عَطَشَه: سكَّنه 解渴，止渴
ـ الزَرْعُ: ابتدأ الدقيق في حبّه (稻、麦等)灌浆
ـ الشِواءَ بالدُهْن: سَأْسَأَه (在烤肉上)洒油
ـ الإناءُ: رَشَحَ (器皿)渗水
ـ الجَسَدُ: عَرِقَ 出汗，流汗
ـ العَرَقُ وكلُّ سائِلٍ: خَرَجَ 渗出
نَضْح: رَشّ 洒水，喷水
ـ: رَشْح 渗出
ـ: امتصاص خارِجيّ [物]外渗现象
تَنَاضُح: اِرتشاح غِشَائيّ [物]渗透作用
تَنَاضُحِيّ: ارتشاحِيّ [物]渗压，渗透压力，渗透压强
نَضَّاحَة / مِنْضَحَة: مِرَشَّة 喷壶，洒水器，洒水车
ـ / ـ: رَشَّاشَة (مـ) (洒水器的)喷头
مِطْبَعَة ـ 真笔版
مِنْضَح: دُوش (أ) douche (法) 淋浴
مِنْضَحَة الزَرْع: رَشَّاشَة (مـ) (浇花用的)喷壶
نَضَخَه ـَ نَضْخًا: بَلَّه 浸湿
مِنْضَخَة 喷头
نَضَدَ ـِ نَضْدًا ونَضَّدَ المَتَاعَ: ضَمَّ بعضَه إلى بعضٍ مُتَّسِقًا أو مركومًا 堆积，堆放，堆置
ـ وـ الشيءَ: نسَّقه 整理，布置，陈列
تَنَضَّدَتِ الأَسْنَانُ ونحوُها: تراصَفَتْ (牙齿等)整齐地排列，布置
نَضَد جـ أَنْضَاد / مِنْضَدَة جـ مَنَاضِدُ: سَرِير الرُقَاد 床架，床凳
نَضِيدة جـ نَضَائِدُ: حَشِيَّة / فَرْشَة 褥，床垫
ـ: وِسَادَة 枕头，靠枕
مِنْضَدَة 小桌子
ـ كُتُبٍ 书架
نَضَرَ ـُ ونَضِرَ ـَ ونَضُرَ ـُ نَضْرًا ونَضْرَةً ونَضَرًا ونُضُورًا ونَضَارَةً وأَنْضَرَ اللونُ أو الوَجْهُ: نَعِمَ وحسُنَ وكان جميلاً (颜色、脸色)成为清新的、鲜嫩的、鲜美的、鲜艳的；气色好的，(颊)红润的
ـ وـ الشَجَرُ: اِخضرَّ وَرَقُه (树木)发绿，青郁，青翠
نَضَرَه ـُ نَضْرًا ونَضَّرَه: جعله ناضِرًا 使清新、

鲜艳

نَضْرَة / نَضَارَة 美丽，鲜艳，新鲜；红润

ـ: غِنًى 丰富，丰盛

نَضَارَة الشَبَاب 青春

نُضَار / نَضِير: ذَهَب 金子

نَاضِر: ناعِم أو حَسَن 新鲜的，美丽的

لَوْن ـ: شَدِيد 鲜艳的颜色

نَضِر / نَضِير / نَاضِر 新鲜的，鲜艳的，气色好的

نَضَّ ـِ نَضًّا ونَضِيضًا الماءُ: سال قليلاً قليلاً أو رَشَحَ (水)渐渐流出或渗出

نَضَّ مَالُهُ: صَار عَيْنًا بعدَ أن كان مَتاعًا 货物变成现金

نَضَّ ونَضْنَضَ الشيءَ: حرَّكه 摇动，振动

ـ الطائرُ جَنَاحَيْهِ (鸟)振翅，鼓翼

نَضّ: نَقْد 现金，现钱，现款

نَضًّا: نَقْدًا 付现款，付现金

نَضَفَ ـِ نَضْفًا ونَضِفَ ـَ نَضَفًا وانتَضَفَ الفصيلُ ما في ضَرْعِ أمِّه: رَضِعَ كل ما فيه (羊羔、牛犊等)吮尽乳房里的奶

نَضَف: صَعْتَر بَرِّيّ (植)野茉沃刺那

نَضَافَة (مـ): نَظَافَة 清洁

نَضِف / نَضِيف: نَجِس 污秽的，肮脏的

نَضِيف (مـ): نَظِيف 清洁的，干净的

نَضَلَه ـُ نَضْلاً: سبقه وغَلَبَه في النِضال 战胜，胜过

نَاضَلَه نِضَالاً ونِيضَالاً ومُنَاضَلَةً: باراه في رمْي السِهام 竞争，竞赛，比赛(射箭)

ـ عَنْه: حامَى وجادل ودافع عنه 辩护

ـ من أَجْلِ كذا 为…而斗争

تَنَاضَلُوا 竞争，竞赛，比赛

نِضَال / مُنَاضَلَة 竞争，斗争

ـ لا هَوادَةَ فيه 毫不调和的斗争，无情的斗争

الـ الطَبَقِيّ 阶级斗争

الـ البُطُولِيّ 英勇的斗争

الـ في سَبِيل السِلْم 为和平而斗争

النِضَالاَت الأَيْدِيُولُوجِيَّة 意识形态的斗争，思想斗争

مُنَاضِل 战士，斗士

نَضْنَضَ الرجلُ: كثُرَ نَضُّه أي دراهِمُه ودَنانِيرُه 现金增多

نَضَا يَنْضُو نَضْوًا ونَضَى يَنْضِي نَضْيًا السَيْفَ: سَلَّه 拔剑，抽刀

ـ الرجلَ من ثَوْبِه أو الثوبَ عنه ونَضَّى ثوبَه عنه: نَزَعه وخلعه 剥下…的衣服

أَنْضَى البَعِيرَ: هزله 使驼消瘦

اِنْتَضَى السيفَ: استلَّه من غِمْدِه 拔剑，抽剑

نَطَحَه ـَ نَطْحًا ونَاطَحَه الثورُ ونحوه: أصابه بقَرْنِه أو برأسه (用角或头)抵，碰，撞，顶

اِنْتَطَحَ وتَنَاطَحَ الكَبْشَانِ: نطَحَ أحدُهما الآخَرَ 互相顶撞，互相抵触

نَطْح الواحدة نَطْحَة جـ نَطَحَات 碰，撞，抵触

نَاطِحَة السَحَابِ: صَرْح 摩天楼，凌霄阁

نَطِيح / مَنْطُوح م نَطِيحَة جـ نَطْحَى ونَطَائِحُ 被抵触的

ـ: الذي مات من النطح 被抵死的

نَطَّاح 好抵触的，被顶撞的

نَطَرَ ـُ نَطْرًا ونِطَارَةً الكَرْمَ أو الزَرْعَ: حَفِظه وسهر عليه 看守，防卫，护卫(葡萄、庄稼等)

ـ (مـ) 下雨，落雨

ـتِ السماءُ (مـ) 下雨

ـ (سـ): اِنْتَظَرَ 等待，等候，期待

نَطْر / نِطَارَة: حِرَاسَة 看守，防卫，护卫

ناطِر وناطُور جـ نُطّار ونَطَرَة ونَواطِير ونُطَراءُ (果园、庄稼等的)看守者，防卫者，护卫者

نُطّار: فَزّاعَة / خَرّاعَة (ع) (田里吓鸟的)草人，威吓物

نَطْرُون (أ) natron 泡碱(天然苏打、碳酸钠)

نَطِسَ ـَ نَطَسًا: صار نَطْسًا 成为学者；成为很讲究(穿着)的

تَنَطَّسَ: تَأَنَّقَ في كلامه ومَلْبَسِه وغير ذلك 爱好推敲词句，讲究服装等

ـ: أدقَّ النظرَ في الأمور واستقصَى عِلْمَها 仔细观察、研究

نَطْس / نَطِس / نَطُس / نِطَاسِيّ / نَطَاسِيّ: عالِم 学者

نِطِّيس / نِطَاسِيّ ونَطَاسِيّ جـ نُطُس: طَبِيب حاذِق 名医，高明的医生

نَطَّ ـِ نَطِيطًا: وَثَب 跳，蹦，跳跃，跳过

ـ الحَبْلَ (كالبَنات في لُعَبِهِنَّ) 跳绳

ـ السُّدُود 跳过障碍

ـ في الأرض: ذهَبَ 走开

ـ على ... (مـ): سَفَدَ (禽兽)交配，交尾

نَطَّطَه (مـ): جعله يَثِب 使他跳越

ـ (مـ) 使牲畜交配

تَنَطَّطَ: تقمَّز 戏跃，跳跃，嬉戏

نَطّ 跳跃，跃过

حَبْل الـ 跳绳用的绳子

نَطَّة جـ نَطّات: وَثْبَة 一跳，一蹦

لُعْبَة الـ (مـ): دُبّاخ (مـ) 跳背游戏

نَطّاط: وَثّاب 好跳的，好蹦的，活泼的人

جَرَاد ـ 蝗虫

نَطِيط 跳

نُطِّيط (مـ) / أَبو النُطِّيط (مـ): جُنْدُب 蚱蜢

نُطِعَ نَطْعًا وأُنْتُطِعَ واُسْتُنْطِعَ لَوْنُه: اُمْتُقِعَ 变色，失色

تَنطَّعَ في شَهَواتِه: تَأَنَّق 讲究吃穿

ـ في الكلام: تَفصَّحَ فِيه وتَعمَّقَ 咬文嚼字

نَطْع ونِطْع ونِطَع ونَطَع جـ نُطُوع وأَنْطَاع: بِسَاط من جلد يُفْرَش تحتَ المحكوم عليه بالعذاب أو بقَطْعِ الرأسِ 皮垫子(进行酷刑或斩首时放在犯人脚下接血水用)

نِطْع / نِطَع جـ نُطُوع: مُقَدَّم سَقْف الحَلْقِ 齿龈

نِطْعِيّ 齿龈的，齿音的

حَرْف نِطْعِيّ (ت، د،ط) 齿音字母

نَطْع جـ نُطُوعَة (مـ): جِلْف 粗鲁的，粗暴的，粗糙的，草率的

نَطَفَ ـُ نَطْفًا وتَنْطَافًا ونَطَفَانًا ونِطَافَةً الماءُ: سال قليلاً قليلاً (水)缓流

ـ تِ القِرْبَةُ: قَطَرتْ (水皮袋)滴水

ـ الماءَ: صَبَّه 倒水，注水

نُطْفَة جـ نِطَاف ونُطَف: ماء صافٍ 清水

ـ: ماء الذكَرِ أو الأُنْثَى [生]精液

ناطِف (س): سُكَّر معقود لتزيين الفَطائِر 点心上的碎糖晶

نَطَقَ ـِ نُطْقًا ومَنْطِقًا ونُطُوقًا: تكلَّمَ 说话，发言

ـ الكتابُ: بَيَّنَ وأَوْضَحَ 叙述，说明

ـ بالحُكْمِ 宣判

لا يُنْطَقُ به: لا يُقَال 说不出的，说不得的，不可名状的，非言语所能形容的

نَطَّقَه وأَنْطَقَه: جعله يَنْطِقُ 使说话或发言

ـ ه: أَلْبَسَه المِنْطَقة 给…系腰带

ـ الطَبْخ (مـ): حرَّكه 搅拌锅里的食物

تَنطَّقَ وانتطَقَ وتَمَنْطَقَ: شدَّ وَسَطَه بمِنْطَقَة 束腰带

اِنْتَطَقَتِ الأرضُ بالجِبَال: أحاطتْ بها الجبالُ كالنِطاق (地方)以山为带，四面皆山

اِسْتَنْطَقَ الشاهِدَ: طلَبَ منه النُطْقَ [法](反问对方叫来的证人)盘诘，反复讯问
ـ المُتَّهَمَ بتَعْذِيبِه 拷问嫌疑犯
ـ (مـ): قاءَ 呕吐，吐出
نُطْق: كَلام 话，言语
ـ خارِجِيّ: لَفْظ 发音，语音
ـ داخِلِيّ: فَهْم 智力，理性
فاقِدُ الـ 哑的，无言的，不能说话的
نِطَاق جـ نُطُق: زِنَّار / حِزام 腰带
ـ: حَدّ / تُخْم 边界
ـ: نُقْبَة / تَنُّورَة (مـ) 女裙
ـ: دائِرة / مِنْطَقَة 地带，地区，领域
ـ: كُرْدُون (أ) cordon [军]哨兵线，封锁线，非常警戒线
ـ صِحِّيّ / ـ الحَجْرِ الصِحّيّ 防疫线，卫生交通封锁线
ـ التَبِعات 职责范围
واسِع الـ 大规模的，范围广阔的
اِسْتِنْطَاق: اسْتِجْواب 讯问，盘诘
ـ (مـ): قَيْء 呕吐
ناطِق: مُتَكَلِّم 发言人
ـ بلِسانِ وِزارةِ الخارِجِيَّةِ 外交部发言人
ـ 有理智的
حَيَوَان ـ 有理性的动物(人)
ما لهُ ـ ولا صَامِت 他什么也没有
فِلْم سِينَمَائِيّ ـ (مـ) / السِينَمَا الـ ة 有声电影
صُورَةٌ ـ ة 逼真的画像，逼肖的画像，栩栩如生的相
النَفْسُ الـ ة 人
مَنْطُوق: خِلاف المَفْهُوم (法律、法令的)词句(与含义相对。如：我国宪法规定年满18岁的公民都有选举权，这就是مَنْطُوق，不满18岁的公民则否，这就是مَفْهُوم)
ـ الحُكْم 判决书
ـ الكَلِمَةِ 照字面的意思
ـ اللَوَائِح 条例的词句
ـ النَصِّ 课文的词句
مَنْطِق 话，发言；谈话，言语；谈话能力
عِلْم الـ 逻辑学(理论学)
مَنْطِقِيّ / مِنْطِيق: عَقْلِيّ (أو مُخْتَصّ بعِلْم المَنْطِق) 逻辑的，逻辑上的，合乎逻辑的
ـ: عالِم بالمَنْطِق 逻辑学家(理论学家)
مَنْطِقِيَّة 合理性
ـ 辩证法
ـ مَادِّيَّة 唯物辩证法
مِنْطَق ومِنْطَقَة جـ مَنَاطِقُ: حِزَام 腰带
مِنْطَقَة: دائِرة [地]带
ـ: إقْلِيم 区域，地区
ـ مَمْنُوعَة 警戒地带
ـ عَسْكَرِيَّة 军管区，军事区
ـ اِنْتِدابِيَّة 托管区
الـ الدُوَلِيَّة 公共租界
ـ النَجاة (من الغَرَق) 救生圈
ـ الحِياد / ـ حَرام / شِقَّة حَرام 中立地带
ـ حَرام (مُحَرَّمٌ دُخولُها) 禁区
ـ نُفُوذٍ 势力范围
ـ البُرُوج (انظر برج) [天]黄道带
الـ الحارَّة الإسْتِوائِيَّة 热带，赤道地带
المِنْطَقَتانِ المُعْتَدِلَتَانِ 南温带和北温带
المِنْطَقَتانِ المُتَجَمِّدَتَانِ 南极和北极
مِنْطَقِيّ 带状的，地带的，区域性的
مُنَطَّق (مـ): مُحَمَّر سريعًا بقليل من الزُبْدَة 嫩煎的，嫩炸的
مُسْتَنْطِق 预审官，检察官

مِنْطِيق: فَصيح 有口才的，长于辞令的，能言会道的

نَطَلَ ـُ نَطْلاً الخَمْرَ: عَصَرَهَا 榨酒，榨葡萄汁酿酒

ـ الماءَ من البئر (مـ): دلَجَه / نَزَحه 汲水

ـ ونَطَّلَ رأسَ العليل بالنطول: صَبَّ عليه النَطُول قليلاً قليلاً 把温热的汤药慢慢地浇在病人头上；（用泡过药汤的温布等）敷（患处）

نَطول: ماء تُغْلَى فيه الأَدْوِيَةُ والحَشائِش ويُصَبّ فاترًا على العُضْو المُصاب ［医］热罨剂，温蒸敷

نَطَّال / نَطَّالَة (مـ): شِبْه دَلْو يُدْلَجُ به الماءُ （戽出船肚积水用的）水斗

مِنطَل: مِنْضَح (انظر نضح) 淋浴

مَنَاطِل: مَعاصِر يُنْطَل فيها 酒榨，榨床（榨葡萄汁的工具）

نَظَره ـُ ونَظِرَه ـَ نَظَرًا ومَنظرًا ومَنْظَرَةً وتَنْظارًا ونَظَرَانًا وإليه: أبصرَه وتأمَّلَه بعيْنِه 看见

ـ إلى الشيء: رمَقَه 旁观，参观

ـ إلى الشيء: تأمَّله 盯，注视，细看

ـ من عَلٍ إليه 瞧不起他

ـ في الأكْتاف 猜测，臆断

ـ في أَسْرَار الكَفّ / ـ في خُطُوط الكَفّ 看手相

نَظَرَ ـُ نَظَرًا في الأمر: تَدَبَّره وفكَّر فيه 考虑，细想；查看，检查，审查

ـ بَيْنَ الناسِ: حكَم وفَصَلَ دَعاوِيَهم 审判，裁判

ـ الدَعْوَى (القَضِيَّة) 审理案件

ـ للقوم: رَثَى لهم وأعانَهم 怜悯，体恤，同情，关心，关怀，照顾，帮助

ـ الشيءَ: باعَه بنَظِرةٍ 赊卖

أُنْظُرْ لي كذا أو فلانًا: أُطلُبْه لي 请你替我找某物或某人来

دَارِي تَنْظُر دارَه: تُقابِلها 我家和他家是两对门

نَاظَرَه: صار نَظِيرًا له 相似，相等，同等

ـ كذا: قارَبَه 接近，将近

ـ الجَيْشُ أَلْفَيْنِ: قارَبَهما 军队将近二千人

ـ كذا بكذا: جعله نَظِيرَه 以甲物比拟乙物

ـ ه: نافَسه 竞争，比赛

ـ: جادَلَه 争辩，争论

ـ الشيءَ (مـ): أَشرف عليه 俯瞰，眺望，展望

ـ العملَ (مـ): شارَفه 管理，监督，指挥

أَنْظَرَه الدَيْنَ: أخَّره وأمهله 允许他延期还债

ـ الرجلَ: باعَه الشيءَ بنَظِرَة 赊卖

تَنَظَّرَه: تأمَّلَه بعيْنِه 盯，注视，细看

ـ ه: تأنَّى عليه وانتظرَه بمُهْلَة 等待，等候

ـ فلان: توَقَّعَ ما انتظرَه 期待

تَنَاظَرَ القومُ: نظر بعضُهم إلى بعض 互看，互相观望，面面相觑

ـ البَيْتَان: تَقَابَلاَ 两所房子互相对立

تَنَاظَرَا في الأَمر: تَجادَلاَ 辩论，争论，口角

اِنْتَظَرَه واسْتَنْظَرَه: تَوَقَّعه 预期，预料，期待，指望，瞩望，巴望，盼望

ـ وـ: تَرَقَّبَه / تَطَلَّعَ إليه 等，等待，等候

ـ (مـ) وـ: صبَر 忍耐，容忍

اِسْتَنْظَرَه: طلب منه النَظِرَةَ 请求延期偿还

نَظَر جـ أَنْظَار: بَصَر 眼力，视力，视觉

ـ: بَصِيرَة 眼光，眼识，见识，先见，悟力，辨别力，洞察力

ـ: رِعَايَة أو اعتِبار 尊重，尊敬，敬意

ـ: اِلتِفات / مُلاحَظَة 注意，留心，观察
ـ (مـ): فَضْل 恩惠，厚意，好意
ـ (مـ): حِمًى 保卫，保护
هو تَحْتَ ـ فلانٍ 他在某人的照看下（保护下）
ـ الدَعْوَى (في المَحْكَمَة) / الـ في القَضِيَّةِ [法]审理案件
ـ ثاقِب 锐利的眼光
إعادَةُ الـ / أَعَادَ الـَ في كذا 重新考虑，重新审查
ـ 改订，改正，校正
بَعِيدُ أو طَوِيلُ الـ 好眼力，好眼光，明达的，有远见的，看得远的，高瞻远瞩的，有先见之明的；[医]远视的
قَصِيرُ الـ 鼠目寸光的，短视的，浅见的，眼光浅的；[医]近视的
في هذا الأَمْرِ ـ 这件事是可争辩的、是成问题的
مَسْأَلَةٌ فيها ـ 未决的问题，有待讨论的问题
تَحْتَ الـ 在考虑中，在考究中
أَمامَ ـِهِمْ 当着他们的面，他们眼看着
بصَرْفِ الـِ عن كذا 不管，不顾，不拘，不问
مَحطّ أَنْظَارِ العَالَمِ 全世界关注的目标
في ـِ العالَمِ 在全世界眼中
في نَظَرِي (أي تَقْدِيرِي) 我认为，依我估计，在我看来
نَظَرًا لكذا أو نَظَرًا إلى كذا أو بالنَظَرِ إلى كذا: ملاحَظَةً واعتباراً 关于…；鉴于…；为了，因为，为…起见，考虑到…
نَظَرِيّ [解]眼的，视力的；视觉的，光学(上)的
ـ: ضد عَمَلِيّ 理论的，理论上的
نَظَرِيًّا: ضد عَمَلِيًّا 理论上，理论方面
نَظَرِيَّة جـ نَظَرِيَّات في الهَنْدَسَة: قَضِيَّة تحتاج إلى بُرْهان 命题，定理
ـ: رَأْي / مَذْهَب 理论，学理，学说
الـ والعَمَلِيَّة / الـ والتَطْبِيق 理论和实践
الـ المارْكَسِيَّة واللِينِينِيَّة 马克思列宁主义
ـ القِيمَةِ 价值学说，价值论
الـ المَادِيَّة 唯物论
نَظْرَة جـ نَظَرَات: المَرَّةُ من نَظَرَ 一看，一望
ـ: لَمْحَة 一瞥，一见
ـ: رَحْمَة 怜悯，同情，体恤
ـ إلى المَاضِي 回顾，追想
أَرْسَلَ ـً على / أَلْقَى ـً على … 眼光投向，视线放到
لأَوَّلِ ـٍ 初见，乍见
نِظَارَة جـ نِظَارَات: إدَارَة 管理，经营
ـ (مـ): وِزَارَة （政府的）部
تَنْظِير: مُقارَنَة 比较，对照
اِنْتِظَار واسْتِنْظَار: تَوَقُّع 指望，瞩望，巴望，盼望，期待，预料，预期
ـ و ـ: تَرَقُّب 等，等待，等候
على غَيْرِ ـ 料想不到地，出乎意外地
غُرْفَة ـ 候诊室；候车室
ناظِر جـ نُظَّار: عَيْن 眼睛
ـ: راءٍ 看者，旁观者
ـ (مـ): مُدِير 经理（人），管理人，代理人
ـ مَزْرَعَةٍ (مـ) (أي عِزْبَةٍ أو أَبْعَادِيَّة) 地主管家
ـ مَحَطَّةٍ (مـ) (سِكَّةِ الحديد) （火车站）站长
ـ مَدْرَسَة (مـ) 校长
ـ مِيرَاثٍ (مـ) 遗产保管人

ـ الخارِجِيَّة 国务卿

ناظِرَة جـ نَواظِرُ: عَيْن 眼睛

ـ: رَئِيسَة (宿舍等的)女舍监；护士长

نَظِير جـ نُظَرَاءُ: مَثِيل 同等的，对待物

ـ: مِثْل 相似，类似

لَيْسَ له ـ / مُنْقَطِعُ الـ 无比的，无双的，无敌的，绝世的

الـ / ـ السَّمْتِ (في الفَلَك) [天]天底

في ـ ه 代替，替换

نَظِيرَة جـ نَظائِرُ 复制品，抄本，复本

ـ [物]同位素

مَنْظُور: يُرَى 可见的，有形的

ـ: مَرْئِيّ 被看见的

ـ: مُنْتَظَر 预期的，瞩望的

ـ: يُرْجَى خَيْرُهُ 有出息的，有希望的

ـ: مَحْسُود 被嫉妒的

ـ: مُصاب بالعَيْنِ 遭毒眼的

ـ أَمْثَل 理想的

ـ 透视法，配景法

ـ جَوِّيّ 远近透视，浓淡远近配景法

ـ خَطِّيّ 线条透视，直线配景

ـ جانِبِيّ 侧面图，侧面形状

أَدَوات ـ ة 实物，直观教材

دَعْوَى ـ ة 在审理的案件

رَسْم الـ / رَسْم نَظَرِيّ 透视画，配景画

غَيْرُ ـ 看不见的

مَصْرُوفاتٌ ـ ة 预期的开支

مَصْرُوفاتٌ غَيْرُ ـ ةٍ 意外的开支

نَظَّار: شديدُ النَظَرِ 远视的，看得远的

نَظَّارَة جـ نَظَّارات: مُتَفَرِّجُون 观众

ـ: عُوَيْنات (مـ) 眼镜

ـ (راكِبَة) الأَنْفِ 夹鼻眼镜

ـ لِعَيْنٍ واحِدَة / ـ مُنْفَرِدَة 单眼镜

ـ المَسارِح 观剧用的望远镜

ـ حَرْبِيَّة (双筒眼)望远镜

ـ مُعَظِّمَة 放大镜

ـ الرَّصْد الفَلَكِيّ: تِلِسْكُوب (أ) telescope 天文望远镜

ـ مُقَرِّبة: مِقْراب 小望远镜

ـ مُكَبِّرَة: مُجْهِر (انظر جهر) 显微镜

ـ مُجَسِّمَة 体视镜，双眼照相镜

أَبُو ـ (مـ): ذُو النَظَّارة 戴眼镜者

ـ الخَيْلِ (مـ) (马的)眼罩

زِنَاق الـ (مـ) 牲畜的脖羁

بُوزْ الـ (مـ) (马的)鼻羁

نَظَّاراتِيّ 光学家；眼镜商人；光学器械商人

مَنْظَر جـ مَناظِرُ: مَشْهَد 景致，景色，景象，风景，风光，名胜

ـ: طَلْعَة 神色，脸色，相貌，面貌，容貌，外貌，外观，模样，样子

ـ عامّ / مَنْظَرَة 全景

ـ / ـ: مَكان مُرْتَفع تَنْظُر منه 望楼，岗楼，瞭望台，瞭望塔

ـ من عَلٍ (مكان مُرْتَفع) 鸟瞰图

عِلْمُ المَناظِر: لمَعْرِفة مَقادير الأَشْياء باعتبار قُرْبها أو بُعْدِها من الناظر 透视画法

مَنْظَرِيّ / مَنْظَرانِيّ: حَسَنُ المَنْظَرِ 风姿绰约的，品貌端庄的

مَنْظَرَة: مَنْدَرَة (مـ) / غُرْفَة استِقْبالِ الضُيُوفِ (في مصر) 客厅，会客室，接待室

ـ: نَظَّارَة / مُتَفَرِّجُون 观众

مِنْظَر جـ مَناظِرُ / مِنْظار جـ مَناظِيرُ: نَظَّارَة 眼镜，望远镜等

مِنْظار: مِرْآة 镜子

ـ طِبِّيّ (وبمعنى مِرآة مَعْدِنِيَّة) [医]内窥镜(用以检查体腔内部)

ـ آلة التَصْوِير (照相机上的)反光镜

ـ طَيْفِيّ [物]分光镜

مُناظِر: مِثْل 相似的

ـ: مُنَافِس 对手，敌手，竞争者

مُنْتَظَر: مُتَوَقَّع 所指望的，所盼望的，所期待的，所预期的

غَيْرُ ـ 意外的，预料不到的

نَظُفَ ـُ نَظَافَةً الشيءُ: كان نَقِيًّا من الوَسَخ والدَنَس بَهِيًّا حَسَنًا 清洁，干净

نَظَّفَ الشيءَ: طَهَّره 洗涤，洗涮，清除，扫除，擦干净，弄清洁，收拾干净

ـ الجُرْحَ 洗涤，弄干净(伤口)

ـ عليه (م) (把钱)花完，输完；掏空腰包

تَنَظَّفَ (大便后)擦干净，把自己弄干净

ـ الشيءُ: كان نَظِيفًا 成为清洁的、干净的

ـ الرجلُ: تكلَّفَ النَظَافَة 爱好清洁，讲究卫生

ـ الرجلُ: تنزَّهَ عن المَساوِئ 洁身自好

نَظَافَة: ضد وَسَاخَة 清洁，干净

نَظِيف: ضد وَسِخ 清洁的，干净的

ـ الأَخْلاَقِ أو الصِفاتِ 正直的，清廉的，秉性淳朴的，光明正大的，纯洁的

مُنَظِّف 清洁工人

ـ: مُطَهِّر 去污粉，清洁剂，除污剂，[化]去垢剂

نَظْلِيّ (م): نُسْوِيّ 优雅的，温柔的，柔弱的，娇弱的(男人)

نَظَمَ ـِ نَظْمًا ونِظَامًا ونَظَّمَ الشيءَ: رتَّبه 组织，整理，安排，排列，编制，布置

ـ وـ اللُؤْلُؤَ في خَيْط: أَلَّفَه وجَمَعه في السِلْك 串珍珠

ـ وـ الأَمْرَ: أَقَامَهُ 较准、调准(机械等)，调节(温度、速度等)，调整，整顿

ـ وـ الشِعْرَ 作诗，写诗

اِنْتَظَمَ وتَنَظَّمَ وتَنَاظَمَ: ترتَّب 整理好，安排好，组织好

ـ وـ وـ اللُؤْلُؤُ (珍珠)被串成一串

ـ وـ وـ الأَمْرُ (事情)就绪，调整好，整顿好

ـ في سِلْكِ الدِرَاسَة في مَعْهَد ... 进…学院学习

ـ في سِلْكِ وِزَارَةٍ 参加内阁

ـ في سِلْكِ الجَمْعِيَّة 参加社团

ـ في هيئةٍ 加入…团体

نَظْم / تَنْظِيم 组织，安排，整顿，整理

ـ: شِعْر 诗，韵文

ـ الشِعْر: تَأْلِيفه 作诗，写诗

ـ اللُؤْلُؤ 串珍珠

نِظَام جـ نُظُم وأَنْظِمَة وأَنَاظِيمُ: تَرْتِيب 组织，编制

ـ سِيَاسِيّ 制度，政体

ـ صِحِّيّ أو غِذَائِيّ [医]摄生法，养生法

ـ: نَسَق 体系，系统；方法，方式；规律，秩序

ـ: تَعْلِيم / تَهْذِيب 规则，礼法；纪律，风纪

ـ نِقَابِيّ 工会组织、制度

الـ الشَمْسِيّ [天]太阳系

الـ العَسْكَرِيّ 军纪

ـ التَوْرِيث 世袭制

ـ الإِشَارَة 信号制度

ـ فِرْسَايَ 凡尔赛协定

الـ الاقتصادِيّ 经济秩序；经济制度

الـ العامّ 公共秩序
الـ الاجْتِمَاعِيّ 社会制度
ـ الحُكْم 政体
الـ الداخِلِيّ 内部规章
ـ الشرِكَة 公司章程
ـ الرقّ 奴隶制
ـ المِلْكِيَّة 所有制
الـ السَارِي 现行制度
ـ المِلْكِ العامِّ في الأَراضِي 土地公有制
الـ الاشْتِرَاكِيّ 社会主义制度
الـ الرأْسَمَالِيّ 资本主义制度
ـ المُشَاعَةِ البَدائِيَّة 原始公社制
نِظَامِيّ: مُرَتَّب 整齐的，有秩序的，井井有条的；正规的
جُنْدِيّ ـ 常备兵，现役军人
جَيْش ـ / عَسْكَر ـ 常备军；正规军
قَانُون ـ: قَانُون أَساسِيّ [法]构成法
حَرْب نِظَامِيَّة 正规战，阵地战
نِظَامْنَامَة (波) 条例，章程
تَنْظِيم 组织，安排，整理，整顿
ـ المُحَارِبِين: فَنّ الحَرَكات الحَرْبِيَّة 战术，兵法
خطّ الـ (م) (في الحَرْبِيَّة) [军]整列线
مَصْلَحَة الـ (م) 建设局
إِعَادَة الـ 改组，改编
تَنْظِيمَات 企业，机关
اِنْتِظَام 整齐，齐整，有规则
عَدَم ـ 紊乱，混乱，无秩序，无规则
بـ ـ 整齐地，按秩序地
نَاظِم: شاعِر 诗人
ـ: مُرَتِّب 组织者，整理者，安排者
مَنْظُوم: خِلاف الكَلام المَنْثُور 诗歌，韵文
مُنَظِّم: مُرَتِّب أو مُدَبِّر 组织者，安排者，整顿者
ـ 剧团经理人，承包人
مُنَظَّم / مَنْظُوم 安排妥当的，布置就绪的
مُنَظَّمَة جـ مُنَظَّمَات 组织，机构，团体
مُنَظَّمَة الصِحَّة العَالَمِيَّة 世界卫生组织
ـ الشَبِيبَة الشُيُوعِيَّة 共产主义青年团
مُنْتَظِم 有秩序的，有规则的，有组织的，有系统的
غير ـ: شاذّ 不规则的，例外的
نَعَبَ ـَ نَعْبًا ونُعَابًا ونَعِيبًا ونَعَبَانًا وتَنْعَابًا الغُرَابُ: صَوَّتَ (乌鸦)叫
ـ الغُرَابُ: أَنْذَرَ بالبَيْنِ (على زَعْمهم) (乌鸦)预报不吉，预示凶事(阿拉伯的迷信)
ـ المُؤَذِّن: مَدَّ عُنُقَه وحَرَّكَه في صِياحِه (宣礼者)伸着脖子(喊叫)
نَعْب / نَعِيب 乌鸦叫
نَعَّاب: قَرَّار (م) / نَقَّاق (م) 渡乌，大乌鸦
نَعَتَه ـَ نَعْتًا: وَصَفَه 叙述，描写，形容
نَعْت جـ نُعُوت: وَصْف 叙述，描写，形容
ـ: صِفَة 特质，属性
ـ (في النَحْو) [语]形容词
ـ ونَعْتَة ونَعِيت ونَعِيتَة ومُنْتَعِت من الخيل: عتيق سَبَّاق تمدحه الأَلْسُن 走马，骏马
شيء ـ: جيّد بالغ 极优良的
نَعْتِيّ 形容的，限定的，修饰的
هو نُعْتَة: غاية في الرفعة والجمال 极高贵的，极美丽的
نَعْجَة جـ نَعَجَات ونِعَاج: أُنْثَى الضَأْن 母绵羊
نَعَرَ ـِ نَعِيرًا ونُعَارًا الرجلُ: صاحَ وصَوَّتَ بِخَيْشُومِه 吹鼻子，喷鼻息，哼哼鼻子
ـ الثَوْرُ (م): جَأَرَ (牛)哞哞叫
ـ العِرْقُ بِالدَمِ (血管)喷出，迸出(血液)

ـ 发杂音，(水车)嘎嘎声，轧轧声

نَعْرَة ج نَعَرات: صوت من الأنف 鼻声，鼻音

نُعَرَة ونُعَرَة ج نُعَر ونُعَرَات: ذُبابة الخَيْل أو الحَمِير أو الغَنَم 马蝇，牛虻，牛蝇

ـ / نُعَرَة: خَيْشُوم 鼻，鼻孔

نُعَرَة: كِبْر وخُيَلاء 自大，骄傲，傲慢

ـ قَوْمِيَّة 沙文主义，极端的民族主义

الـ الدِينِيَّة 宗教的偏见

نَاعُور / نَاعُورَة ج نَوَاعِيرُ: سَاقِيَة 筒车，扬水车(用流水转动，将水提上岸)

نَاعِرَة: دُولاَب طاحُون الماء 水磨的轮子

نَعِير: صُرَاخ / صِيَاح 大喊，大叫，大嚷

ـ الثِيرَان (مـ): جُؤَار 牛叫

نَعَّار: صَيَّاح 吵闹的，扰攘的

ـ: طائِرٌ حَسَنُ الصَوْتِ 金丝雀

نَعَّارَة (مـ): خُذْرُوف مُصَوِّت 响陀螺

نَعَس ـُ نَعْسًا الرجلُ: أخذَتْه فَتْرةٌ في حَوَاسِّه فقارَبَ النَوْمَ 困倦，犯困，打瞌睡，打盹儿

ـ (مـ): نَامَ 睡眠，睡觉

ـ تِ السوقُ: كَسدَتْ 市面萧条

أَنْعَسَه ونَعَّسَه (مـ) 催眠，使他睡，使他想睡

تَنَاعَسَ: تَنَاوَمَ 假睡，装睡

نَعْسَة 微睡，假寐

نُعَاس 瞌睡

مَرَضُ الـ (غيرُ مَرَضِ النَوْمِ) [医]昏睡病(非洲的地方病，因锥虫所致)

نَعْسَان / نَاعِس ج نُعَّاس 瞌睡的

مُنَعِّس 催眠的

صَوْتٌ ـ: يَجْلِب النُعَاسَ 催眠的声调

نَعَشَه ـَ نَعْشًا ونَعَّشَه وأَنْعَشَه: رَفَعَه / أَقَامَه 树起，扶起；提升，提拔

ـ ه وـ ه وـ ه: أَحْيَاه 使苏醒，使复活

ـ ه وـ ه وـ ه: نَشَّطَه 激励，鼓励，鼓舞，使有生气，使精神振作

اِنْتَعَشَ من سَقْطَة: قامَ (跌倒后)爬起来，站起来

ـ من مَرَضٍ 复原，恢复元气，恢复健康

ـ: نَشِطَ 活泼，有生气，振作起来，恢复精神

نَعْش ج نُعُوش: سَرِير أو خَشَبَة المَيْتِ 尸床，尸架，棺架

ـ: تَابُوت (صُنْدُوق) المَوْتَى 棺材

بَنَاتُ ـ الكُبْرَى [天]大熊星，北斗

بَنَاتُ ـ الصُغْرَى [天]小熊星，小北斗

مُنْعِش 使人兴奋的，使人振作精神的，使人有生气的，使人心神清爽的

طَقْسٌ ـ 晴朗的天气

هَوَاءٌ ـ 清风，凉风；新鲜空气，清新的空气

مُنْعِشَات 冷饮品，茶点

نَعْص 沼泽，泥潭

نَعَظَ ـَ نُعُوظًا القَضِيبُ: قام (阴茎)勃起

أَنْعَظَ الرجلُ أو المرأةُ: علاه الشَبَقُ 性欲亢盛

نَعْظ: عِلَّة في القَضِيب [医]阴茎异常勃起

نَاعُوظ: مُقَوٍّ للباهِ 春药

نَعَقَ ـِ نَعْقًا ونَعِيقًا ونُعَاقًا ونَعَقَانًا الغُرَابُ: نَعَبَ (乌鸦)哇哇地叫

ـ البُومُ (枭)唬唬叫

نَعْق / نَعِيق الغُرَاب أو البُوم 枭、乌鸦叫，渡乌或枭鸟的叫声

نَعَلَ ـَ نَعْلاً الرجلَ: وهَبَ له نَعْلاً 赠送他鞋子

ـ ونَعَّلَ وأَنْعَلَ الحِصَانَ: أَلبسه النعلَ (给马) 钉马掌

نَعِلَ ـَ نَعْلاً وتَنَعَّلَ وانْتَعَلَ الرجلُ أو الحِصَانُ (人)穿鞋，(马)钉上马掌

نَعْل جـ نِعَال وأَنْعُل: حِذَاء 鞋，履，凉鞋

ـ الحِذَاء 鞋底，靴底

ـ الفَرَس: حِدْوَة (مـ) 马掌，马蹄铁

ـ: غِرْفَة / صَنْدَل 草鞋，凉鞋，镂空皮鞋

ـ غِمْدِ السَّيْفِ (剑鞘的)铜箍，铁箍

أَرْضُ الـ: ما أصابَ الأرضَ منها 鞋的底面(与地面接触的部分)

نَاعِل / مُنْعَل: ذُو نَعْل 穿鞋的；钉着马掌的

نَعْلَبَنْد (سـ) (波) 打制马掌的铁匠

نَعِمَ ـَ ونَعَمَ ـُ نَعْمَةً ومَنْعَمًا الرجلُ: رَفُهَ 享福，过舒适的生活

ـ عَيْشُه: طَابَ ولاَنَ واتَّسَعَ 生活宽裕，生活舒适

هذا بَيْتٌ يَنْعَمُهُمْ: يُوافِقهم ويَطِيب لهم 这所房子对他们很合适

ـ به عَيْنًا: سُرَّ به وفَرِحَ 喜欢，高兴

نَعِمَ ـَ نَعَمًا العودُ: اِخضرَّ ونَضِرَ (树枝)发青，发绿

نَعُمَ ـُ نُعُومَةً: لانَ مَلْمَسُهُ 柔和，光滑，滑溜

ـ المَسْحُوقُ: صار ناعِمًا (粉)变细

نَعَّمَ الشيءَ: جعله ناعِمًا 使柔和，使光滑

ـ الرجلَ: رفَّهه 使舒适，使安逸

ـ المَسْحُوقَ (مـ): جعله ناعمًا 使粉末变细

أَنْعَمَ النَظرَ في المَسألة: حقَّقَ النظرَ فيها وبالَغ 仔细研究，认真研究

ـ في الأمر: بالغ فيه وأجاد 勤勉地做事，刻苦地办事

ـ عليه بالنِعْمة: أوصلها إليه 赠予；给予

ـ اللهُ صَبَاحَكَ وأَنْعِمْ صَبَاحًا: جعله ذا لِين ورَغَدٍ [伊](愿真主使你的早晨宽裕)早安

تَنَعَّمَ: تَرَفَّهَ 过舒适生活

ـ بالشَيء: تمتَّعَ 享受，欣赏

نِعْمَ الرجلُ زَيْدٌ 宰德是多么优秀的人

ـ ما فَعَلْتَ 你做得好

نَعَمْ: أَجَلْ 是，是的，对的

ـ: حَقًّا (回答)好，当然，诚然，不错，的确是那样

ـ: مَوْجُود 到！有！

نَعَم جـ أَنْعَام جج أَنَاعِيمُ: إبِل وبَقَر وغَنَم 驼、牛、羊三种家畜

نُعْم جـ أَنْعَام / نَعْمَة: خِلاَف بُؤْس 安逸，安乐，快活，舒适

نِعْمَة جـ نِعَم وأَنْعُم ونِعْمَات ونِعَمَات ونِعِمَات:

صَنِيعَة ومِنَّة 恩惠，恩赐

ـ الله 天赐，天惠，天恩

حديثُ ـِ 暴发户，平步青云的人

واسع الـ 富裕的，多财的，有钱的

وَلِيّ الـ 施主，恩人，保护人，捐助人

نِعَمُ الحَيَاةِ: أطايِبُها 生活的愉快，快事，乐事

نُعُومَة: لِين المَلْمَس 柔软，温柔，柔和，光滑

مُنْذُ ـ أَظْفَارِه: مُنْذُ طُفُولَتِهِ 自幼

نَعْمَاءُ جـ أَنْعُم 幸福，富裕

الـ والبَأْسَاء 幸福和痛苦

نُعْمَى 幸福，富裕

نُعْمَان: دَم 血，血液

شَقَائِق الـ: نَبَات مُزْهِر [植]罂粟，秋牡丹

نَعَامَة جـ نَعَام ونَعَامَات ونَعَائِمُ 鸵鸟

ـ أُسْتُرَالِيَا [鸟]鸸鹋

تَرْبِيَة الـ 饲养鸵鸟；饲养鸵鸟的职业

نَعَامَة الدِمَاغ [医]脑膜

ـ القَدَم: بَطْنُ الرِجْلِ (مـ) 脚心，脚底心

رَكِبَ جَنَاحَيْ الـ: جَدّ في أمره 努力工作
شَالَتْ ـُ ه: مات (他伸腿瞪眼了，他翘辫子了)死了
إِنْعَام جـ إِنْعَامَات: عَطِيَّة 赠品，礼物
ـ النَّظَر: إِمْعَان 细看，精查，仔细研究
نَاعِم: لَيِّن المَلْمَس 光滑的，温柔的，柔和的，柔软的
ـ (مـ): ضد خَشِن (مَسْحُوق) 粉状的，细腻的
ـ البال 安闲的，悠闲的，宁静的
ـ الحَرَكَة: سَهْل 滑溜溜地转动
ـ اللِسَان 油嘴滑舌的，甜言蜜语的，花言巧语的
سُكَّر ـ (مـ) 糖粉，粉状白糖，绵白糖
شَعْر ـ 有光泽的头发
عَيْش ـ 安逸的生活，舒适的生活
حِلَاقَة نَاعِمَة 剃光
نَعِيم: رَغَدُ العَيْش 安乐，安心，悠闲，舒适，愉快
ـ: سَعَادَة 幸福，幸运
ـ: فِرْدَوْس 天堂，乐园
ـ الله: عَطِيَّته 天恩，天惠
ـ البالِ: هادِئ البال 平静的，安宁的
ـ الحَيَاة 生活的乐趣，生活的快乐
دَار الـ 天国，极乐世界
مِنْعَام: كثير الإنْعَام 乐善好施的，博施济众的
مُنْعِم 施主，恩人，善人
مُنَعَّم / مُتَنَعِّم 生活舒适的，生活富裕的
ـ 柔嫩的，新鲜的
كَلَام ـ: لَيِّن 甜言蜜语
نَعْنَشَ (مـ): أَنْعَشَ (راجع نعش) 鼓舞，激励
نَعْنَع / نَعْنَاع [植]绿薄荷(留兰香)

ـ أو ـ فِلْفِلِيّ: لَمَّام [植]胡椒薄荷
نَعَى يَنْعَى نَعْيًا ونَعِيًّا ونُعْيَانًا لنا وإلينا فُلَانًا: خَبَّرنا بوفاته 报丧，讣告
ـ الأصحابَ: دعاهم إلى دَفْن مَيْته 邀请亲友参加葬礼
ـ عليه عَمَلَه 责备，挑剔
ـ (مـ): بَكَى 痛哭，恸哭，哭泣
ـ فَقْرَه (مـ): شَكَاهُ 诉穷
ـ على الأَقْدَار 抱怨命运
نَعِيّ / نَاعٍ جـ نَاعُون ونُعَاة ونُعْيَان: مُخْبِر بِوَفَاة 报丧人
ـ / نَعْي / نُعْيَان 讣告
نَعْيَة جـ نَعْيَات / نَعْوَة (مـ) / مَنْعًى / مَنْعَاة: خبر وَفَاة 讣文，讣闻
نَغْبَشَ (مـ) 素描
نَغْبَشَة (مـ) 线条，图案，花纹
نَغَرَتْ ـِ ونَغِرَتْ ـَ نَغِيرًا ونَغَرَانًا القِدْرُ: غلتْ 煮滚，煮沸
أَنْغَر البَيْضُ: فَسُدَ / مشَّش (مـ) (蛋)腐坏
نَغَزَ ـَ نَغْزًا الصَبِيَّ: دَغْدَغَه / زَغْزَغَه (مـ) 胳肢，呵(痒)
ـ بَيْنَهم 挑拨，离间
ـ (مـ): نَزَغَ / وَخَزَ (用针等)扎，刺，戳，穿，挑
نَغَّزَ 多次刺入
نَغْزَة جـ نَغَزَات (用针尖等)刺，扎，戳
عِنْدَهُ نَغْزَة (مـ) (في عَقْله) 发疯，心神不宁
نَغَشَ ـُ نَغْشًا ونَغَشَانًا وتَنَغَّشَ: تحرَّك واضطَرَبَ (人心)骚乱，激昂
نَاغَشَه (مـ): دَاعَبه / لعِبَ معه 弄，玩耍，嬉戏
ـ ها (مـ): غَازَلَها وداعَبها / ناغاها 撩拨，挑逗，调戏，求爱

راكِبٌ بِلاَش ويُناغِشُ مَرْأَةَ الرئيس (مـ) (免费坐船还向船长的妻子求爱)以德报怨

تَنغَّشَ وانْتَغَشَ المكانُ بأهله: ماج / عجّ / شَغَى (مـ) 充满，充斥，挤满，拥挤

تَنَغَّشَ بـ (生物)群集，蠢动，(人)拥挤

مُناغَشَة (مـ): مُغازَلَة شَهْوانيَّة 调戏妇女

نَغِشَة (مـ): شَمُوع 狐狸精，妖娆女子，轻浮的女人

نُغَاش / نُغَاشِيّ: قَطْقُوط / قُزْعَة (أ) 矮子，侏儒

نَغَّصَ وأَنْغَصَ عَيْشَه: كدَّرهُ 使生活困苦

ـ لَذَّةَ عَيْشِهِ 使舒适的生活变为艰苦的

تَنغَّصَ عَيْشُهُ (生活)成为困苦的、艰苦的

نُغْصَة جـ نُغَص 失意，忧愁，烦恼，不愉快

نَغِلَ ـَ نَغَلاً الجِلْدُ أو الجُرْحُ: عَمِّلَ (مـ) / أغذَّ (伤口)化脓，酿脓，溃脓

ـ الجِلْدُ: فسَد / ذَرِبَ [医]坏疽，坏死

ـ قلْبُه على فلان: ضَغِنَ 记仇，含恨，怀怨

نَغُلَ ـُ نُغُولَةً المولودُ: فسَد نسبُه (婴儿)血统不纯，成为杂种

نَغْل / نَغِل / نَغِيل: حيوان متولد من الحِصان والأتان (公马和母驴交配而生的)骡子，驴骡

ـ / ـ: ولدُ الزانِيةِ لفَسادِ نَسَبِهِ 私生子

نَغَمَ ـِ ونَغِمَ ـَ نَغْمًا الرجلُ ونغَّم وتَنَغَّمَ: طرَّب في الغِناء 哼，低唱，用鼻哼出(歌调)

ـ في الشراب: شرب منه قليلا 少饮

نَاغَمَه مُناغَمَةً: كلَّمَه كلامًا رَقِيقًا ضَعِيفًا 私语，耳语，打耳喳

تَناغَمَ القومُ 齐声唱，齐唱

نَغْم ونَغَم جـ أَنْغَام جج أَنَاغِيم: تَطْرِيب في الغِناء 甜蜜的音乐，好听的调子

أَنْغَامُ المُوسِيقَى [乐]曲调

نَغْمَة ونَغَمَة جـ نَغَمَات 谐调，和声

نَغْمَشَ (مـ): دَغْدَغَ 呵痒，胳肢

نَغْنَغَه (مـ): بَلَّلَهُ 浸透，使湿润

تَنَغْنَغَ: اِنْغمس في الخير / رَغْرَغَ 穷奢极欲，沉湎于奢侈生活中

نَغَا يَنْغُو نَغْوًا ونَغَى يَنْغِي نَغْيًا وأَنْغَى إليه: تكلَّم بكلامٍ يُفْهَمُ 说话清晰，话语明白

نَاغَى الصَبِيَّ: كلَّمه بما يُعْجِبُه ويَسُرُّه 对儿童亲切地讲话

ـ المرأةَ: غازَلَها 调戏，求爱

ـ الصَبِيُّ (مـ) 小孩呀呀学语，说话发音不清

ـ الطائرُ (مـ): غرَّد (鸟)啭鸣，喊喊喳喳地叫

نَغْو / نَغْي: كلام 言语，讲话

نَغْوَة / نَغْيَة: نَغَمَة حَسَنَة 和谐的音调

ـ / ـ: كلام حسَن 动听的话

ـ / ـ: أَوَّلُ ما يَبْلُغُكَ من الخبر قَبْلَ أن تَسْتَثْبِتَه 传闻，传说，流言，谣言

مُنَاغَاة 亲切的谈话

ـ: تَغْرِيد 啭鸣

ـ: مغازَلَة 调戏，求爱

نَفْتَالِين (أ) naphthalene [化]萘

كُرَة ـ 萘球，萘丸，樟脑丸，卫生球

ـ نَقِيّ 萘精

نَفْتُول / نَفْطُول (أ) naphthol 萘酚(洋樟脑)

نَفَثَ ـِ نَفْثًا ونَفَثَانًا المَصْدُورُ: رمَى بالنُفَاثَة 咳出，咳吐，咳痰

ـ: بَزَقَ 吐(唾沫)，吐出，喷出，喷射，迸出(食物)

ـ الثُعْبانُ السُمَّ (蛇)吐出毒液，喷出毒液

ـ السُمُومَ 散布毒素

ـ آخِرَ زَفَرَاتِ حياتِه 咽气，气绝，断气
ـ الحُزْنَ 诉苦
ـ الدُخانَ (吸烟者)喷烟
ـ الغَضَبَ على فلان 向人发怒，发脾气
ـ غُلَّه على فلان 泄怒，发怒
ـ فيه الحياةَ 使…有生气
نَفْث / نُفَاثَة 唾液，唾沫，痰
ـ الشَيْطَان: شِعْرٌ غَزَلِيّ 情诗
نَفْثَة جـ نَفَثَات 分泌毒液
ـ (火山)喷出，爆发
ـ 唾液，唾沫，痰
ـ القَلَمِ الأُولَى 优秀的文艺作品
حَلَّ بِنَفَثَاتِ مَكْرِه عُقْدَةَ جامِعَتِنا 他以恶毒的言词破坏我们的团结
نَفَثَاتُ الفُؤَادِ 思想，念头，观念
نُفَاثَة 吐痰
نَافِث ونَفَّاث في العُقَدِ 巫师，术士，妖术者
طَائِرَة نَفَّاثَة 喷气式飞机
مُنَفِّث: يَطْرُدُ البَلْغَمَ من الصَدْرِ 祛痰剂
نَفَجَ ـُ نَفْجًا ونُفُوجًا ونَفَجَانًا وانْتَفَجَ الأَرْنَبُ: ثَارَ وعَدَا (兔)惊走
ـ و ـ وتَنَفَّجَ الرجلُ: افتخر بما ليسَ له 夸，夸大，夸张，吹嘘，吹牛，说大话
صَوْتٌ نافِج: غَلِيظ مُرْتَفِع 刺耳的声音
نَفَّاج: فَشَّار (مـ) 夸口者，吹牛者，牛皮大王
نَفَحَ ـَ نَفْحًا ونَفَحَانًا ونُفُوحًا ونُفَاحًا الطِيبُ: انتشرتْ رائحتُه (香气)发散，散播
ـ تِ الريحُ: هَبَّتْ 刮风
ـ تْهُ الريحُ 冷风砭骨
ـ ه بكذا: أعطاه إيَّاه 给予，赠予
نَافَحَه: خَاصَمَه 斗争
ـ عن فلان: دافَعَ عنه 保卫，保护，捍卫

نَفْح: هُبُوب الرياح في البَرْد (خلاف اللَفْح) 刮冷风
نَفْحَة الطِيب جـ نَفَحَات: رائِحته 香味，香气，芳香，馥郁
ـ الريح: هبَّته 一阵风
ـ: عَطِيَّة 礼物，赠品
اِنْفَحَة وإِنْفِحَة وانْفَحَّة جـ أَنَافِحُ / مِنْفَحَة جـ مَنَافِحُ للتَجْبِين [化]凝乳酶
ـ المَعِدَةَ الرابعة للمُجْتَرَّات 皱胃(反刍动物的第四胃)
نَفَخَ ـُ نَفْخًا ونَفَّخَ بفَمِه: أخرج منه الريح 吹，吹气
ـ النارَ أو فيها 吹火
ـ البُوقَ أو فيه 吹号
ـ الشيءَ: ملأَه بالهَواء 吹胀，使膨胀
ـ إطارَ الدَرَّاجة أو السَيَّارة (车胎)打气
ـ الشَمْعَةَ: أطفأها بالنفخ 吹熄烛火
ـ فيه (من رُوحِه) 灌输，注入
ـ فيه رُوحًا جَديدةً 灌输新精神
ـ ه: فَخَّمَه 推崇，夸奖
ـ ه: عظَّمه وفرَّحه 使自满，使昂然自得，使得意洋洋，使骄傲自大
ـ شِدْقَيْه وانتفخَ / نَفَخَ رُوحَه (مـ): تعظَّم وتكبَّر 不可一世，自夸，自负
ـ في بُوقِ الثَوْرَة 吹起革命号角
ـ في الصُور / ـ في النَفِير 吹响号角
هو الذي ـ في الصُور وأقام هذه القِيامةَ 他是引起这次骚动的人
إنّه لا يَنفُخ في غَيْرِ ضَرَمٍ 没有柴，吹不起火来
تَنَفَّخَ 膨胀起来，被吹胀起来
اِنْتَفَخَ: امتلأ بالهَواءِ 胀起，鼓起，充满气体

ـ الرجلُ: تَعَظَّم وتكبَّر 骄傲，自大
ـ تْ أَوْداجُهم 发怒，恼怒，怒不可遏
ـ تْ أَوْداجُه غُرُورًا 他由骄傲而自满
ـ: وَرَمَ أو ارتفع 胀，膨胀
نَفْخ 吹，鼓风，送风
ـ: مَلْء بالهَوَاء 打气，充气
ـ / نَفْخَة (مـ): كِبْر 骄傲，自负，自大
كان هذا نَفْخًا في رَماد 这是件吃力不讨好的事
نَفْخَة من الفَمِ جـ نَفَخَات: مرَّة من نفخ 吹一口
ـ رِيح 一阵风
ـ كاذِبة (مـ): غُرُور 自负，浮夸，吹牛
ـ (مـ) / نُفَّاخ: وَرَم 瘤，疙瘩
نَافُوخ الطِفْل (مـ): يَافُوخ [解]囟门，囟脑门
ـ (مـ): قِمَّة الرَأْسِ 头顶，脑盖
تَنْفِيخ العَقْدِ (مـ): طِين العَقْد 内拱弧
تَنَفُّخ 膨胀
اِنْتِفَاخ / تَنْفِيخ: وَرَم 瘤，疙瘩
ـ: امتلاء بالهَواء 充满空气
ـ البَطْن [医]胃肠充气，腹胀
ـ تِيهًا 傲慢，自负
نافخ: الذي يَنْفُخ 吹的人，吹的东西(鼓风机、通风机)
ما بالدار ـ ضَرَمَةٍ 屋里一个人也没有
كان أَوَّلَ ـ ٍ في الصُور 他是…的首创者(发起人)
ما به دَيَّارٌ ولا ـ نَارٍ 荒无人烟
مَنْفُوخ / مُنْتَفِخ: مُمْتَلِئ بالهَوَاء 膨胀的，打足气的
قارِبٌ ـ 橡皮艇
ـ: وارِم 肿起的，肿胀的
ـ: سَمِين 肥胖的，肥大的

ـ (مـ): مُتَكَبِّر 骄傲的，自大的，自负的，浮夸的，瞎吹的
ـ الأَوْداج 发怒的，怒不可遏的
نَفَّاخ / نافخ: مِرْيَاح [医]胃肠充气，腹胀
ـ 傲慢的，自大的
نُفَّاخَة جـ نُفَّاخَات: فَقَّاعَةُ ماءٍ 泡，水泡，浮沤
ـ السَمَكِ: عَوَّامَة 鱼鳔
مِنْفَاخ جـ مَنَافِيخ / مِنْفَخ جـ مَنَافِخُ 风箱，鞴鞴(俗称皮蛤蟆)
ـ إطارات العجلات: طُرُمْبَة 唧筒，打气筒
ـ الصائغ: تِلام / بُورِيّ (مـ) 吹管
نَفِدَ ـ نَفَدًا ونَفَادًا الشيءُ: فرغ وانقطع وفنى 竭尽，耗尽，用完，用尽，完蛋
ـ زادُ القَوْمِ 绝粮
ـ تْ طَبْعَةُ الكِتاب (书)绝版
نَفَدَ (مـ): نَجا 逃走，逃亡，逃脱，溜走
أَنْفَدَ القومُ: نَفِدَتْ أموالُهم أو فَنَى زادهم 财产耗尽，粮食用尽
أَنْفَدَ واسْتَنْفَدَ الشيءَ: أفناه 竭尽，耗尽，用完，花光
اِسْتَنْفَدَ وُسْعَه: استفرغه 竭力
ـ كلَّ جُهودِه (أو قُواه) 用尽气力
نَفَدَة حِسَابِيَّة 条，条款，项目
نَفَاد 竭尽，耗尽，用尽
نَفَادِي (مـ) (حارة) 能通行的胡同、巷道
اِسْتِنْفَاد 耗尽
نَافِد: فارِغ 消耗的，耗尽的
ـ الصَبْرِ 失去忍耐
نَفَذَ ـ نُفُوذًا ونَفْذًا ونَفَاذًا الشيءُ الشيءَ وفي الشيء ومنه: خَرَقَه وجازَ عنه وخلص منه 刺穿，戳穿，贯穿，穿通，穿过
ـ السَهْمُ الرَمِيَّةَ وفيها ومنها: دخَل جوفَها

وخرج طرفُه من الشقّ الآخر 箭穿过靶子

ـ الأمرُ أو القولُ: جَرَى وتَمَّ 被实行、实施、执行、履行、贯彻

ـ المَنْزِلُ إلى الطريق: اِتَّصَلَ إليه (房子)大门开向大街

ـ المَنزلُ إلى الطريق: أدَّى إليه (房子)大门通着大街

ـ الكِتابُ إليه: بلغ إليه (书信)送到，递到，寄到

ـ السَهْمُ: قُضِيَ الأمرُ 大势已去，事已定局，事已决定

لا يَنْفُذه الرَصاصُ 防弹的；避弹的

لا يَنْفُذه المَاءُ 防水的，不透水的，不漏水的

لا ينفذه المَطَرُ 防雨的，不透水的

نَفَّذَه وأَنْفَذَه: جعلَهُ يَخْتَرِق 使刺透，使穿过，使戳进

ـ ه وـ ه إلى ...: بَعث به إليه 转递(信件)，送到，递送，运送(货物)

وـ الأمرَ 实施，实行，执行，履行，贯彻

نَفَذ: إنفاذ / إجراء 实行，履行，执行，贯彻

ـ جـ أَنْفاذ: مَنْفَذ / مَخْرَج 出口，出路，排泄口

ـ: خَرْق 口，穴，洞，孔

نَفاذ / نُفُوذ: اِختراق 穿，洞穿，钻孔，透入，贯穿

ـ / ـ: إجراء 进行，执行，实行，履行

نُفُوذ: سُلْطَة 势力，权势，感化力

ـ قَوِيّ 强力，强权，权势

ذُو ـ 有力的，有势力的

مَناطِق الـ 势力范围

تَنْفِيذ 执行，实施，实行，履行，贯彻

إيقاف الـ 停止判决；中止执行，中止实行

تَنْفِيذِيّ: إجْرَائِيّ 执行的，实行的，施行的

الهَيْئَةُ أو السُلْطَةُ التَنْفِيذِيَّةُ 行政部门；执行机构

اللَجْنَة التنفيذيَّة 执行委员会

إنْفاذ: إرسال 发送，寄出，送出(信件)；派遣，派出(使者)

ـ / تَنْفِيذ: إجْرَاء 执行，实行，履行

نَافِذ جـ نَوَافِذُ: مَعْمُول به 有效的，实施的，有效力的，有效验的

ـ الكَلِمَة 有势力的，强有力的，有威望的；(议论等)使人心服的

ـ: ثَاقِب 钻入的，穿入的，洞穿的，透入的

ـ المَفْعُولِ: مُؤَثِّر 有影响，有效验的

أمرٌ ـ 雷厉风行的命令

طَرِيق ـ: سالِك أو مَطْرُوق 走过的路，踏开的路

طَرِيق ـ: مَفْتُوح من الطَرَفَيْن 街道，道路，通行的大街，小巷(不是死胡同)

نَوَافِذ رأس الإنْسَان: مَنافِذه 七窍(口、两眼、两耳、两鼻孔)

نَافِذَة جـ نَوَافِذُ: خَرْق في حائِط أو غيره (墙上的)洞，孔，窟窿；枪眼；换气孔

ـ: شُبَّاك 窗子，窗户

نَفَّاذ 有远见的，有洞察力的，眼光敏锐的

مُنَفِّذ: مُنْجِز 实行者，执行者，执行人员

ـ الوَصِيَّة [法]指定的遗嘱执行人

ـ الحُكْم بالإعْدام 刽子手，死刑执行人

مُتَنَفِّذ 有势力的，有威信的，权贵

مَنْفَذ جـ مَنَافِذُ: مَجاز 过道，通路

ـ: مَخْرَج 出口，出路

ـ: خَرْق 洞，孔，窟窿

مَنَافِذُ رأس الإنسان: نَوافِذُهُ 七窍（口、两眼、两耳、两鼻孔）

نَفَرَت ـِ نُفُورًا ونِفارًا ونَفِيرًا الدابَّةُ من كذا: جزعت منه تباعَدتْ عنه 吃惊，受到惊吓而躲开，吓走，吓跑

نَفَرَت ـِ نُفُورًا العَيْنُ وغيرها: هاجتْ ووَرِمَتْ （眼睛）红肿

ـ نَفْرًا ونُفُورًا ونفارًا ونفَرانًا واسْتَنْفَرَ الظَّبْيُ وغيرُه: شرد وأبعد （羚羊等）吓跑，惊逃

نَفَرَ ـِ نَفْرًا إلى الشيء: أسرع إليه 赶忙，赶快，急于

ـ منه: كَرِهَه 讨厌，憎恶

ـ عنه: تَبَاعَدَ / أعرَضَ 躲开，避开，远避

ـ الدمُ (مـ): نَهَرَ （血）流出，迸出，涌出

لا تَنْفِرُ منه الأُذُنُ 不难听，不刺耳

نَفَّرَه وأنْفَرَه: أَجْزَعَه وأَبْعَدَه 吓走，吓退，惊走

ـ منه (مـ): جعله يَكْرَهه 使厌恶，使憎恶

ـ منه (مـ): جعله يَشْمَئِزّ منه 使厌弃，令人恶心

ـ بَيْنَ رَجُلَيْنِ (مـ) 离间

نَافَرَه: حَاكَمَه 控诉

ـ ه: فاخَره في الحَسَب والنَسَب 夸耀功勋和门第

تَنَافَرَ الرَجُلاَن: تَحاكَمَا 打官司

ـ الرَجُلاَن: تفاخَرَا 比赛功勋和门第

ـ الرجُلان (مـ) 不和睦，互相嫌恶

اِسْتَنْفَرَ القومَ: اسْتَنْجَدَهم واسْتَنْصَرَهم وكلَّفَهم أنْ يَنْفِروا 动员人民

نَفَر جـ أَنْفَار: جَمَاعَة 一群，一队，一组，一伙（从 3 人到 10 人）

ـ: شَخْص 人，个人

ـ (مـ): جُنْدِيّ بَسِيط 战士，普通士兵

ـ قُرْعَة (مـ) 新兵

ثَلاثَة ـ (أَنْفار) من العرَب 三个阿拉伯人

أَنْفارٌ مُسلَّحُونَ 武装人员

نَفْرَة 厌恶，反感，躲避

نُفْرَة (مـ) 符咒，护身符

نُفُور: هُرُوب 逃走，溜走

ـ: كَرَاهَة 厌恶，讨厌，反感

ـ: تَبَاعُد 疏远，远离，避开

نَافُورَة جـ نَوَافِيرُ (مـ) / نَوْفَرَة (مـ): فِسْقِيَّة 喷泉，喷水池；喷油井

مُنَافَرَة 争论，竞争，斗争

تَنَافُر: عَدَم مُطابقة أو مُوافقة 不协调，不和谐

ـ القُلُوب 意见分歧

ـ الأَصْوَات [音]音调不和谐

ـ الأَلْوان 色彩不协调

ـ: خِصَام 争执，冲突

مُتَنَافِر: مُتَبَايِن 不协调的，不一致的，互相矛盾的

نافِر منه جـ نَفْر ونُفَّر: كارِه فيه 厌恶的，憎恶的

ـ: وَارِم 膨胀的，肿胀的

ـ: بَارِز 突出的，凸出的，浮起的；浮雕

تَأْلِيف ـ [音]噪音，不调音

رَسْمٌ ـ أو كِتابة نافِرة 浮雕；阳文

نَفُور: هَيَّاب 胆怯的，害羞的，腼腆的

ـ 孤僻的

نَفِير جـ أَنْفَار: جَمَاعَة 伙，群，组，队，团体（3 人到 10 人）

الـ العَامّ: قِيامُ عامَّةِ الناسِ لِقِتالِ العَدُوّ 总动员

ـ (أ): بُوق 号角，喇叭

هُو لا في العِير ولا في النَفِير （他不在商队

里，也不在军队里）无足轻重的人

نفْرالجيا (أ) nevralgia: أَلَمٌ عَصَبِيٌّ ［医］神经痛

نَفِسَ ـَ نفسًا ونَفَاسِيَةً بالشيءِ: ضَنَّ به 扣留，留住，不给

ـ على فلان بخَيْر: حسَدَه عليه 嫉妒

نَفُسَ ـُ نَفَاسَةً ونِفَاسًا ونُفُوسًا ونَفَسًا: كان نَفِيسًا 成为有价值的，成为珍贵的

نُفِسَت ونَفِسَتْ ـَ نَفَسًا ونَفَاسَةً ونِفَاسًا ونَفَّسَتِ المرأةُ غُلامًا (مـ): صارتْ نُفَسَاء 分娩，生育，坐月子

نُفِسَ فلان: وُلِدَ 出世，诞生，被生出来

نَفَّسَ تَنْفِيسًا الكُرْبَةَ: لطَّفها وفرَّجها 安慰，抚慰，慰藉，慰问

ـ فُلانًا: أزَال كَرْبَه （从苦痛中）救出，拯救

ـ الشيءَ المنفوخَ (مـ) 放气

نَافَسَ في الأمر: فاخَره وباراه فيه 竞争，竞赛，比赛

ـ في الشيء: بالَغَ فيه وغالَى وزايَد 努力寻求，竭力追求

أَنْفَسَ الشيءُ: كان نَفِيسًا 成为珍贵的

ـ الشيءُ فلانًا: أَعجَبَه （某物）博得…赏识，欣赏

ـ فلانًا في الشيء: رغَّبه فيه 使（某人）喜爱…

تَنَفَّسَ: أدخلَ النَفَس إلى رِئَتِه وأخرجه منها 呼吸

ـ الصُبْحُ: تبلَّج 黎明，破晓

ـ النَهْرُ: زاد ماؤُه （河）涨水

ـ ت القَوْسُ: تصدَّعتْ （弓）绽裂，开裂

ـ النَهارُ: انتصف （昼）到中午，当正午

ـ الرجلُ: أطالَ في الحديث 长谈，漫谈

ـ الرجلُ في الإناء: شربَ من غير أن يُبْعِده عن فِيهِ 一气喝完，一气喝饱

ـ (مـ): اِسْتَراحَ 歇息，休息

ـ الصُعَدَاءَ (أي تَنَفُّسًا عَمِيقًا) 深呼吸

ـ الصُعَدَاءَ: تنفس تنفسًا طويلاً من تَعَب أو كرب 叹气，叹息，抽口气

تَنَافَسَ القومُ في الأمر: بالغوا فيه وتزايَدوا 互相竞争，竞赛，比赛

نَفَس جـ أَنْفَاس: نَسَمَة 息，气息，呼吸

ـ المؤلِّف أو الكِتاب: طريقة كِتابتِه 风格

ـ 休耕地

ـ (مـ): بُخَار الماء الغالِي 汽，蒸汽

ـ دُخَّان (مـ) （喷）一口烟

نَفَسًا واحدًا: جُرْعَة واحدة 喝一口

بـ ـ واحد (مـ): بصوتٍ واحِد 异口同声地

أَخَذَ ـَ ه (مـ): تَنَفَّسَ 呼吸

أَخَذَ ـَ ه (مـ): اِسْتَراحَ 休息，歇息

أَخَذَ نَفَسًا من السِيجارَة (مـ) 抽一口烟

أَرْسَلَ ـَ ه 叹一口气

مِصْبَاح ـ (مـ) 汽灯

بابُ الـ (مـ): صِمَام حاكِم ［机］止阀，闭塞阀

جَابَ الـ (مـ): ولَّدَ البُخَار المحرِّك 用汽力开动

شَمَّ ـ ه (مـ): قَوِيَ 强壮起来

طَوِيل الـ 呼吸长的，气息长的；冗长的，长得讨厌的，喋喋不休的，啰里啰嗦的，唠唠叨叨的，喜欢夸夸其谈的

قَصِير الـ 喘气的，气促的，呼吸困难的

لَفَظَ الـ الأخيرَ 气绝，咽气，断气

فاضَتْ أَنْفاسُه 气绝身亡

نَفْس جـ أَنْفُس ونُفُوس: رُوح 精神；魄，魂

ـ: عَقْل / الرُوح العاقِلة 灵魂，魂魄

طَارَتْ ـُ ه شَعَاعًا: طارَتْ روحهُ رُعْبًا 张皇失措，魂飞魄散

ـ / نِفْس (مـ): عَيْن حاسِدة / لاَمَّة 毒眼

ـ: شَخْص 人

ـ: مُراد / إرادَة 希望，愿望，欲望，意图，企图
ـ: هِمّة 热情，热心，热忱
ـ: أَنَفَة 自尊；自尊心
ـ: عَظَمَة 骄傲，傲慢
ـ: دَم 血，血液
ـ: ذَات / عَيْن 同样的、相同的东西
ـ: شَخْص الإنْسَان 自己，自身
في ـ الوَقْتِ / في الوقتِ ـِ ه 同时，与此同时
ـ الشيء: عَيْنُه 物自体，同样的东西
ـ الرجُل: هو ذاتُه 本人，同一个人
ـ الكلام 同样的话，同一句话
بـ ـِ ه = نَفْسُه 他自己，他亲自，他亲身
جاءَنِي هو ـُ هُ أو بـ ـ هِ 他亲自来看我
جاء من ـِ هِ (مـ) 他自己来的，他自动地来了
ـ الأمر: حقيقتُه 事实的真相
في ـ الأمر 其实，实际上，事实上
في ـ البلد 在本地，在当地，在同一地方
في نَفْسِي أن أَفْعَلَ كذا 我想做…，我打算做…
صَغِير الـ 卑鄙的
كَبِير الـ 高洁的，豪爽的，勇敢的，气量大的，宽宏大量的
مُنْقَبِض الـ 垂头丧气的，无精打采的，郁郁不乐的
الثِقَة بالـ 自信
الاعتماد على الـ 自恃，自靠，自力更生
تَرْوِيح الـ 娱乐，消遣
ضَبْط الـ 克己，自制，克制
طِبّ الـ [医]精神病学
مَحَبَّة الـ (الذَاتِ) 自爱，利己，自私自利，利己主义

عِلْم الـ /نَفْسُلُوجِيَا (أ) psychology 心理学
مُنَاقِضُ ـ ه 自相矛盾的
لَعِبَتْ (مـ) أو قَلَبَتْ ـُ ه 恶心，作呕，觉得要呕
ـ (مـ): شَهِيَّة / قَابِلِيَّة 食欲，欲望，嗜好
لَيْسَ له ـ (مـ): (رَغْبَة أو شَهِيَّة) 他没有胃口、食欲，他不想吃东西
فتحَ ـَ هُ (مـ): شَهَّاه 开胃，增进食欲
شَايِف ـ هُ (مـ): غِرٌّ 自负的，自大的，自满的
كَسَرَ ـَ ه (مـ): فَلَّ من غَرْبِه 侮辱，使献丑，使丢脸
بِيَأْكُلُ ـَ ه من الغَيْظ (مـ) (因愤怒、嫉妒等而)苦恼，伤心
نَفْسِيّ / نَفْسَانِيّ: رُوحِيّ 精神的，精神上的
ـ / ـ: عَقْلِيّ 理智的，理性的
ـ / ـ: مختص بالنَفْس العاقلة 心理的；心理学的
تَحْلِيل ـ أو ـ 心理分析
طَبِيب ـ أو ـ 精神病理学家
نَفْسِيًّا: رُوحِيًّا 道德上，道义上
نَفْسِيَّة 心理，精神
نَفْسِيَّات 心理学现象，心理学问题
نُفْسَة: مُهْلَة 延期，延搁，展延，迁延，迟缓，耽搁
نُفَسَاء ونَفْسَاء ونَفَسَاء جـ نِفَاس ونُفْس ونُفَّس ونُفَّاس ونَوَافِس ونُفَسَاوَات / نَفَسَة (مـ): امرأة إذا ولدَتْ 产妇
نَفْسَانِيّ 利己的；情欲的
نَفْسَانِيَّة 利己主义；仇恨，恶意；嫉妒
نِفَاس: وِلَادَة 分娩

ـ: حَالَة النُفَساء 坐月子
ـ: السائِل النِفَاسيّ [医]恶露
حُمَّى ـ [医]产褥热
دَار الـ 产科医院
نِفاسِيّ 产褥，产后
نَفاسَة 贵重，高价，昂贵，珍贵
تَنْفِيس (مـ): هُرُوب الهَوَاء من المَنْفُوخ 漏气，泄气
مُنَافَسَة: مُزَاحَمَة 竞争
ـ تِجَارِيَّة 商业竞争
تَنَفُّس 呼吸
ـ لا هَوَائِيّ 在水中呼吸的
أَعْضَاء الـ: مُتَنَفَّس 呼吸器官
تَنَفُّسِيّ 呼吸的
المَسَالِك التَنَفُّسِيَّة 呼吸管道
نَفِيس م نَفِيسَة جـ نَفَائِسُ 贵重的，高价的，昂贵的
مَنفَس جـ مَنَافِسُ 鼻孔，通气孔
مُنَافِس 竞争者
مُتَنَفَّس: أَعضاء التنفُّس 呼吸器官
مُتَنَفِّس: يَتَنَفَّسُ 呼吸的
حَيَوَان ـ: حيوان هَوَائِيّ 在空气中呼吸的动物

نَفَشَ ـُ نَفْشًا ونَفَّشَ القطنَ أو الصوفَ: شعَّثه وفرَّقه 梳理，整理(棉花、羊毛等)
ـ (مـ) وتَنَفَّشَ (كالحَبّ المُبْتَلّ) 泡胀(谷粒)
ـ الطَائِرُ رِيشَه (مـ) وتَنَفَّشَ (鸟)竖起(羽毛)
تَنَفَّشَ وانْتَفَشَ القِطُّ (猫)竖起毛来
نَفَش: صُوف مَنْفُوش 梳过的羊毛
ـ / نَفِيش 破烂儿，破烂的东西
عَفْش ـ (مـ) 碎屑，废物，烂东西
ناس عَفْش ـ (مـ) 社会的渣滓
نَفْشِيَة (سـ) 杏仁饼
نَفَّاش: نوع من اللَيْمُون الكبير [植]酸橙
مُنْتَفِش / متنفِّش / مَنْفُوش 绒毛的，有毳毛的；绒毛蓬蓬的
أَنْف ـ أو ـ: أَفْطَس 狮子鼻，扁鼻子
شَعْر ـ أو ـ: أَشْعَث 散乱的头发，乱蓬蓬的头发

نَفَضَ ـُ نَفْضًا الثوبُ أو الصبغُ: ذهبَ بعضُ لونه 变色，褪色
جَيْبِي ـ (مـ) 我的腰包干了
بَيْتُه ـ 他家里什么也没有了
ـ ونَفَّضَ الثوبَ: هزَّه ليَزولَ عنه التُرابُ 一抖，掸，拍，拂(衣服)
ـ وـ التُرَابَ 抖去，拂去，掸去，刷去(灰尘)
ـ وـ الشَجَرَةَ: هزَّها ليسقُطَ ما عليها 把果实(树叶)从树上摇下来
ـ وـ عنه أيَّ شيء: تخلَّص منه 摆脱，解脱，除去，免除，脱离
ـ وـ عنه الكَسَلَ 抛弃懒惰的恶习
ـ المَرِيضُ من مَرَضِه (病人)复元
ـ المكانَ: نظرَ جميعَ ما فيه حتى يتعرفه (对某地方进行)踏勘，探查，探究，探险
ـ يَدَه من الأمر 放弃责任，断绝关系
ـ تْهُ الحمَّى: أَرْعَدَتْهُ 震颤，发抖，打摆子，害疟疾
ـ وأَنْفَضَ القومُ: ذهَبَ مالُهم 变穷，贫穷
ـ فلانٌ: نظرَ إلى كلِّ جانِبٍ 东张西望，东瞻西顾
أَنْفَضَ القومُ زادَهم: أنفدُوه 耗尽，吃完(粮食)
ـ الرجلَ عنه 与…绝交

اِنْتَفَضَ: ارتعَدَ وارتعَشَ 哆嗦，发抖，战栗，抖战，震颤，震动，颤动
ـ القومُ: تَمرَّدوا 起义，暴动
ـ وتَنَفَّضَ من التُراب 把灰尘掸掉，不沾灰尘
زَيْتُ النَفْض: زَيْت النَفْط 松节油
نَفَض / نِفَاض / نُفَاض / نُفَاضَة 被摇落的东西
نَفَضَة / نَفِيضَة جـ نَفَائِضُ: جَماعَة يُبْعَثُون لِيتجسَّسُوا الأرضَ 侦察队，斥候
نُفْضَة / نُفَضَة / نَفَاض / نُفَضَاء: رعدة الحمّى 疟疾，打摆子
نِفَاض جـ نُفُض: مِيدَعَة / إزار للصِبْيَان (小孩、女工的)围裙
إنْفَاض 缺乏，穷困，赤贫
تَنْفِيض 拂去，抖掉，掸掉，刷去，拍去(灰尘)
اِنْتِفَاض 暴动，起义
ـ مُسَلَّح 武装暴动，武装起义
مِنْفَض: مِنْسَف 粗筛，煤筛
مِنْفَضَة جـ مَنَافِض 拂，拂子
ـ السَجائِر: طَقْطُوقَة (مـ) 烟灰盘(碟、缸)
ـ رِيش 掸子
نَفِطَتْ ـَ نَفْطًا ونَفَطًا ونَفِيطًا يَدُه (مـ) ونَفَّطَت وتَنَفَّطَت: قَرِحتْ أو تجمَّعَ فيها بين الجلد واللحم ماء بِسبَب العَمَلِ (手)烫伤；烫起泡，磨起泡，起小泡
نَفَطَ ـِ نَفْطًا وتَنَفَّط: احترق غضبًا 怒火中烧，大怒，勃然大怒
ـ ت القِدْرُ: غَلَتْ (锅)开，滚，沸腾
نَفْط / نِفط naphtha: سائل طَيّار سريع الالتهاب 石脑油，粗挥发油
ـ: بِتْرُول (أ) petroleum 石油，汽油
آبَار الـ 油井，石油探孔，石油钻井
زَيْت الـ: زيت التَرْبَنْتِيَّة 松节油

مَنَابِع الـ 油井，油泉
نَفْطَة / نِفْطَة / نَفِطَة: بَثْرَة مَلْأَى ماءً 水泡
ـ: جُدَرِيّ 痘症，天花
نَفْطِيّ 石油的，原油的
نُفَطَة: سريع الغَضَب 急躁的，易怒的，易受刺激的，脾气大的
يَدٌ نَافِطَة 起水泡的手
نَفَّاط جـ نَفَّاطَة ونَفَّاطُون: مستخرِج النَفْط من مَعادِنه 石油工人
ـ: رَمَى النَفْط 抛掷石脑油火器者
نَفَّاطَة 油田，探油场
نَفِيط / مَنْفُوط: من كان في يَدِهِ نَفْطَة 手上起小泡者
مُنَفِّط جـ مُنَفِّطَات: دَوَاء يُخرِج بُثُورًا [医]起泡药，起泡剂
نَفَعَ ـَ نَفْعًا فُلانًا بكذا: أفادَه 有益，有用，有效，裨益
ـ لكذا: صَلُحَ 适于…，适用于…
لا يَنْفَع 无益，无用，无效
نَفَّعَ (مـ) واسْتَنْفَعَ الشيءَ: طلب نَفْعَه (جعله نَافِعًا) 利用；使有用
اِنْتَفَعَ به ومنه: حَصَلَ على مَنْفَعة منه 利用，享受
نَفْع: فائِدة / عائِدَة 利益，裨益，效用，功用，功效，效力，用途，用处
ـ: رِبْح 收益，利益，利润，利息
ـ: خَيْر 福利，幸福，好处
الـ العَامّ 公益，公共福利
الـ المُتَبَادَل 互利
نَفْعِيّ 自私自利的，唯利是图的
نَفْعِيَّة 效用，功用，用处；功利主义，自私自利
اِنْتِفَاع: استفادة 利用，享受

ـ: رِبْح 收益，利益，利润，利息

حقّ الـ: استغلال (مَدَى الحَياة) [法]收益权，用益权

نافِع 有益的，有利的，有效的，有用的

نَفّاع / نَفُوع جـ نُفُع: كثير النَفْع 很有用的，很有益的，很有效的

مَنْفَعَة جـ مَنافِعُ: فائِدة / عائِدة 利益，裨益，功用，功效，效用

ـ: رِبْح 收益，利益，利润

لِـ ـ فلان 有益于某人，为某人的利益

مَنافِع الغُرْفَة 房间里必要的设备

ـ الدارِ: مَرافِقُها 房屋的附属部分(如厨房、厕所、沐浴室、汽车房等)

الـ الأَدَبِيَّة والاِقْتِصادِيَّة 精神上和经济上的福利

المَنافِع العامَّة / المَنافِع العُمُومِيَّة 公益，公共福利

مَنافِع الدَوْلَة 国家企业

مَنْفَعِيّ: يَرى أَنَّ النَفْعَ غايةُ الفَضِيلة 功利主义者

مُنْتَفِع: مُسْتَفِيد 受益人

ـ بالرَيْع [法]收益权者，用益权者

نَفّ ـُ نَفًّا الأرضَ: بَذَرَها 在地里播种；撒种

ـ (م): مَخَطَ 擤鼻涕

نِفاف / نَفّة 鼻涕，鼻粘液

نِفّ (م): ذُباب 蝇，苍蝇

نَفَقَ ـُ نَفاقًا ونَفِقَ ـَ نَفَقًا الشيءُ: نَفِدَ 用完，耗尽，消费完

ـ البَيْعُ: راجَ ورُغِبَ فيه (买卖)活跃，生意兴隆

ـتِ السُوقُ: قامتْ وراجتْ تِجارتُها (市场)活跃，繁荣，兴旺

ـتِ البِضاعةُ (货物)畅销

نَفَقَ ـُ نُفُوقًا الرجلُ أو الدابَّةُ: خرجَتْ روحُهما (人或动物)死亡

نَفَقَ ـُ ونَفِقَ ـَ نَفْقًا ونَفَّقَ ونافَقَ وتَنَفَّقَ واِنْتَفَقَ اليَرْبُوعُ: خَرَجَ من نافِقائِه أو دخَلَ فيها 跳鼠出洞或进洞

نَفَّقَ وأَنْفَقَ البِضاعةَ: رَوَّجها 推销

نافَقَ في دِينِه: ستر كُفْرَه بقَلْبِه وأظهر إيمانَه بلسانِه 伪信(口头表示信仰而心中不信)

ـ: أظهر خِلافَ ما يُبْطِن 矫饰，伪装，伪善，装好人，虚情假意，假仁假义

أَنْفَقَ: اِفْتَقَرَ 贫穷；穷困

ـ المالَ: صَرَفَه 用钱，花钱，开销

اِسْتَنْفَقَ المالَ: أَنْفَدَه 耗尽钱财

نَفَق جـ أَنْفاق: سَرَبٌ في الأرض له مَخْرَج إلى مكان معهود 隧道，坑道

ـ السِكَّة الحَدِيدِيَّة 铁路隧道

نَفَقَة جـ نَفَقات ونِفاق وأَنْفاق: خَرْج / مصروف 费用，经费，消费，花费，开销，开支，支出

ـ: إنفاق 消费，花费，开支，支出

ـ: ما يَلْزَم من المال للمَعِيشَة 生活，生计，生活之资，糊口之道

ـ المَعِيشَة 生活费

ـ شَرْعِيَّة / ـ الزَوْجَة (المطلَّقة والمُنْفَصِلة) (离婚后的)生活费，赡养费，抚养费

طالَبَتِ الزوجةُ ـ لاِبْنِها 妻子为儿子要求抚养费

على ـ فُلان 由某人担负费用；拿某人吃亏

نِفاق / مُنافَقَة 伪善，假仁假义，耍两面手法

إنْفاق 花费，开销，支出

نافِقاء جـ نَوافِقُ / نُفَقَة / نُفَقاء: إحْدَى جِحَرَة اليَرْبُوع يكتُمها ويُظْهِر غيرَها 跳鼠的秘窟，

狡兔三窟之一
نَافِق: ضد كاسِد 畅销的，销路好的
مِنْفَاق 浪费者，败家子
مُنَافِق 伪善者，伪君子，阳奉阴违的
اِنْتَفَلَ وتنفَّلَ: فَعَلَ أكثرَ من الواجب 做额外的工作；[宗]作余功
نَفَل جـ أَنْفَال: زائد عن المطلوب 多余的，分外的，额外的
ـ / نَافِلَة جـ نَوَافِلُ: عمل ليس واجبًا 额外的工作，职务以外的工作；[宗]余功，功德
ـ / ـ: غَنِيمَة 战利品
ـ / ـ: هِبَة 礼物；赠品
ومن ـ القَوْل أنَّ ... 这里可以补充说明
ـ: نوع من البِرْسِيم [植]草木樨
ـ الماء: بِرسيم الماء [植]睡菜
نَفْنَفَ 稍肿，稍微肿起
نَفْنَف: هَوَاء 空气，大气
ـ: ما بَيْنَ السَماء والأرض 天空，太空
ـ: صُقْعُ الجبَل الذي كأنَّه حائط مبنيّ مُسْتَوٍ 悬崖，绝壁
ـ: كلُّ مَهْوَاةٍ بين جَبَلَيْنِ 深谷，深渊
نَفْنَف (م): تورَّمَ قليلاً 膨胀，微肿
نَفْنُوف (س): ثَوْب المَرْأَة 连衣裙
مُنَفْنَف: وارم نوعًا 膨胀，微肿
نَفَى يَنْفِي نَفْيًا الشيءَ ونَفَا يَنْفُو نَفْوًا: ضد أَثْبَته 反驳，驳斥，举反证
ـ وـ الشيءَ: أَنْكَره 否定，否认
ـ وـ الشيءَ: نبذه 拒绝，不接受，不受理；放弃，丢弃，遗弃
ـ ه وـ ه: أبعدَه / نحّاه 逐出，赶出，驱逐，开除
ـ الرجلَ من البلاد 驱逐出境

ـ الرجلَ من بَلَده 放逐，流放，充军
ـ ـِ نَفْيًا بَاتًّا 坚决否认，坚决否定，坚决驳斥
نَافَاه: طارَده 驱逐，赶走，撵走
هذا يُنَافِي ذلك: يَتَنَافَر مع ذلك 互不相容，格格不入，互相矛盾
اِنْتَفَى الشيءُ: ضد ثبت 被驳斥，被否定，被驳倒
نَفَاهُ فـ ـ: طَرَده فطُرِدَ 驱逐了他，他就被驱逐了
ـ فلان من فلان: رَغِبَ عنه أنفًا واستِنْكافًا 疏远，嫌弃
تَنافَتِ الأشياءُ: تباينَتْ وتخالَفَتْ 不一致，不协调，不和谐
تَنَافَى مع الأصُول 不合情理
اِسْتَنْفَى (م): عَدَّه نُفَايَة 认为废物，作为废品
نَفَاء / نَفَاة / نُفَايَة جـ نُفَايَات / نَفَاوَة 废料，废物，碎屑，垃圾，没用的东西
نَفْي: ضِد إثْبات 否定，反驳，驳斥
ـ: إنْكار 否认，不承认
ـ: إبعاد / إقْصَاء 驱逐，开除
ـ من البَلَد 驱逐出境；放逐，流放
حُرُوف ـ 、 لَمْ 、 لا 、مَا 、لَمَّا [语]否定虚词：لَمْ、لا、مَا、لَمَّا
شَاهِد ـ [法]免责证人
شَهادَة ـ 反面证据
أَجَابَ بالـ 给以否定的回答
نَفْيِيّ: سَلْبِيّ 否定的
تَنَافٍ / مُنَافَاة 不一致，不协调，不和谐
نَفِيّ / مَنْفِيّ: مَنْبُوذ 被放弃的，被丢弃的
ـ / ـ: مُبْعَد 被驱逐的，被开除的
ـ / ـ من بَلَدِهِ 被驱逐出境的，被放逐

的，被流放的
شَخْصٌ ـ 流犯，充军者，亡命者
أَرْسَلَه مَنْفِيًّا إلى ... 把他流放（放逐）到…
مَنْفِيّ: سالِب / خِلاف مُوجَب 否定的
مَنْفًى جـ مَنَافٍ 流放地，流放所
مُنَافٍ 抵触的，对立的，反对的，不相符合的
ـ للآدَاب 不体面的；不礼貌的，不成体统的

نقاء (في نقي)

نَقَبَ ـُ نَقْبًا الحائِطَ أو غيره: خَرَقَه 钻孔，打洞，挖窟窿
ـ الأَرْضَ: حَفَرَها 掘，挖
ـ الأرضَ: حفر فيها حُفْرَةً 掘洞，挖坑
ـ الصَخْرَ وغيرَه: ثَقَبَه 凿孔，穿孔
ـ ونَقَّبَ في الأرض 踏勘，勘探
ـ و ـ وتَنَقَّبَ عن كذا: بحث عنه 搜索，寻找，查究
ـ و ـ و ـ: فَحَصَه 检查，考查，调查
ـ في الأرض: ذهَبَ 前往某地旅行
نَقِبَ ـَ نَقَبًا الخُفُّ المَلْبُوسُ وتَنَقَّبَ (م): تخرَّقَ (皮靴)破烂不堪
نَاقَبَه: فاخَره بالمَنَاقِب 以美德相竞赛
تَنَقَّبَتْ وانْتَقَبَتِ المرأةُ: لبِستِ النِقابَ 戴面纱
نَقْب: حَفْر 挖，掘，刨
ـ: ثَقْب 钻孔，打眼
ـ جـ نِقَاب وأَنْقَاب: قُرْحَة في الجَنْب 肋部的溃疡
ـ جـ نِقَاب / أَنْقَاب: ثُقْب 孔，窟窿，洞眼
نُقْب جـ نِقَاب وأَنْقَاب: طريق في الجبل 山路
نُقْبَة جـ نُقَب: تَنُّورَة (م) 裙子
نِقْبَة: هَيْئَة الانتقاب 戴面纱的方式
نِقاب جـ نُقُب: قِنَاع (انظر لثام وبرقع) 面纱
كَشَفَ الـ عن ... 揭露，揭穿
نِقَابَة جـ نِقَابَات 工会；行会；联盟
ـ تِجَارِيَّة 辛迪加(syndicate)，企业联合组织
ـ تَعَاوُنِيَة 基尔特(guild)，同业公会
ـ عُمَّال 工会
دُوَلِيَّة النِقَابَاتِ الحَمْرَاء [史]红色工会国际
اِتِّحاد نِقَابَاتِ العُمَّالِ لعموم الصِّينِ 中华全国总工会
نِقَابِيّ 工会的
الحَرَكَة الـ ة 工会运动
تَنْقِيب 踏勘，勘探
نَاقِب / نَاقِبَة: قُرْحَة الفراش (من طُول الضَجْعَة) [医]褥疮
ـ 发掘者，挖掘者
نَقِيب جـ نُقَبَاء: رَئِيس 会长，主席，首领，工头，司务长
ـ: لسان الميزان 天秤指针
ـ كُلِّيَّةٍ أو جَامِعَةٍ 学院或大学的教务长
ـ الأَشْرَافِ 贵族首长(穆罕默德的后裔)
ـ المُحَامِين 律师公会主席
نَقِيبة: نَفْس 精神，灵魂
ـ: عَقْل 理智，理性
ـ: طَبِيعَة 天性，本性，性格，性情
ـ: مَشُورَة 商议，商量；忠告，劝告
مِنْقَب ومَنْقِب ومَنْقَبَة جـ مَنَاقِبُ: طريق في الجَبَل 山路
ـ / مِنْقَبَة: أداة النَقْب 钻子，钻孔机，凿岩机
مَنْقَبَة جـ مَنَاقِبُ: مَحْمَدَة 贞操，美德；功劳，功绩，功勋
مَنَاقِب الرجُل: مَحَامِدُه 良好的性格，优秀的品质

نَقَّاب 矿工，车务监督

مُنَقِّب 勘探家，考古学家

نَقَحَ ـَ نَقْحًا ونَقَّحَ العَظْمَ: استخرج مُخَّه 取骨髓

ـ ونَقَّحَ الجِذْعَ: شَذَّبَه ونقّاه وأزال عُقَدَه 剥树皮

ـ الشيءَ: قشَرَه وخلَّص جيِّده من رَدِيئه 提取精华，去粗取精

نَقَّحَ وأَنْقَحَ الكتابَ: هَذَّبَه وأَصْلَحَه 修正，修改，改订，改正，更正，订正，校正

تَنْقِيح 修正，修改，改正，订正，校正

نَقَدَ ـُ نَقْدًا وتَنْقَادًا وانتَقَدَ وتَنَقَّدَ الدَرَاهِمَ وغيرَها: فحصه ليعرِف جَيِّده من رَدِيئه 挑选(钱币等)；细查，审查，检查，检定

ـ وانْتَقَدَ الكلامَ: أظهر ما به من المَحَاسِنِ والعُيُوبِ 批评，评论(诗、文)

ـ فلانًا ولفلانٍ الثَمَنَ: أعطاه إيّاه نَقْدًا معجَّلاً 付现钱，付现银

نَقَدَه دِرْهَمًا: أعطاه إيّاه 给他一个银币

ـ الطائرُ الشيءَ: ضرب فيه بمِنْقَارِه (鸟)啄食

ـ الرجلُ الشيءَ وإلى الشيء بنَظَره: اِختلس النظرَ نحوَه 窥视，偷看

ـ: أدامَ النظرَ إليه باختِلاسٍ 盯，盯梢

ـ نَفْسَهُ من ... (م) 脱离，摆脱

نَقِدَ ـَ نَقَدًا الضِرْسُ: نَخِرَ (牙)破裂，腐蚀

ـ الجِذْعُ: أَرِضَ وانتقدتْه الأَرَضَةُ فتركتْه أَجْوَفَ (树干)被白蚁蛀坏，蛀成中空

نَاقَدَه: ناقشَه في الأمر 责问，质问，责难，非难

أَنْقَدَ الشَجَرُ: أَوْرَقَ (树)发叶

اِنْتَقَدَ الولدُ: شَبَّ 变成青年

ـ الشِعْرَ على قائله: أظهر عَيْبَه 批评诗词

نَقْد / اِنْتِقَاد: فَحْص 批评，评论

ـ ذَاتِيّ 自我批评

ـ: دَرَاهِم 现金，现钱

ـ نَقْدِيَّة (م) 优质货币

نَقْد جـ نُقُود: مَسْكُوكَات 硬币

وَرَق الـ 钞票，纸币

حِسَاب الـ أو الصُنْدُوق (في التِجارة) [商]现金账

المَبِيع بالـ [商]现卖

نُقُود / نَقْدِيَّة (م): مَال / دَرَاهِم 钱，现钱，通货

نَقْدًا: نَضًّا [商]付现金，付现款

ـ / بالنَقْد: خلاف بالدَيْن 用现金

اِشْتَرَى نَقْدًا 现金购买

نَقْدِيّ: مَالِيّ 金钱的，现金的，货币的

نِظَام ـ 货币制度

جَزَاء ـ 现金罚款

اِنْتِقَاد جـ اِنْتِقَادَات: ضد اِستحسَان 批评，指责，非议

ـ هَزْلِيّ: تَهَكُّم 讽刺，讥讽

الـ الذَاتِيّ 自我批评

الـ من القَاعِدَة 自下而上的批评

عُرْضَة للـ 易受批评，有可议之处

نَقَّاد / نَاقِد جـ نَقَدَة ونُقَّاد / مُنْتَقِد 批评者，指责者，挑剔者；批评家，评论家

مَنْقَد جـ مَنَاقِدُ (م): مَوْقِد 炉子，火炉，火盆

مِنْقَاد جـ مَنَاقِيدُ: مِنْقَار (انظر نقر) 喙，鸟嘴

مُنْتَقَد: فُحِص 被检查的，受批评的

ـ: يُعَاب 有异议的，该反对的，可以反对的，可以抗议的

نَقَذَ ـُ نَقْذًا وأَنْقَذَ وتَنَقَّذَ واسْتَنْقَذَ فلانًا من كذا: نَجَّاه وخلَّصه 救，援救，营救，拯救，救援，救出

نَقِذَ ـَ نَقَذًا: نَجا وسَلِمَ 逃脱，免脱，幸免

نَقْذ / إنْقاذ 救，援救，拯救，营救

مُنْقِذ 救星，救命人，援救者

نَقَرَ ـُ نَقْرًا: قرع الوُسْطَى على الإبْهام فأحدَثَ صَوْتًا 打榧子(捻两指作响)

ـ بظُفُرِ الإصْبَعِ الوُسْطَى: نَقَفَ 用指头弹(灰)

ـ الحَجَرَ أو الخَشَبَ: حفره 刳，凿(石头或木头)

ـ في الحَجَرِ: كتَبَ حَفْرًا 刻，雕刻，铭刻

ـ الطائرُ الشيءَ: ثقَبه بمِنْقارِه (鸟)啄穿

ـ الطائرُ البَيْضَةَ عن الفَرْخِ (鸟)啄破蛋壳(让小鸟出来)

ـ الطائرُ الحَبَّ: لقَطه من هنا وهنا (鸟)到处啄食

ـ الشيءَ: ضَرَبَه 打，敲

ـ على الباب: قَرَعَ 敲门

ـ العُودَ: عزفَه 弹琵琶

ـ الدُفَّ: ضَرَبَه ليصوِّت 击鼓，打鼓，敲鼓

ـ على أوْتارِ الرَحْمةِ 松弦

ـ فلانًا ونقَّرَ عليه: عابَه 找错儿，找疮疤，吹毛求疵

ـ ونقَّرَ عن الشيء: بحث عنه 寻，觅，寻找，搜寻

نَقِرَ ـَ نَقَرًا عليه: غَضِبَ 发怒，恼怒

نَاقَرَه: راجَعه في الكلام وحاجَّه 辩论，争论，争辩

ـ ه: هَاتَرَه 斗嘴，吵嘴，口角，互骂

نَقْر: حَفْر 刳，凿，雕刻

ـ الأَصابعِ 榧子(捻指作响)

ـ (م): حَزّ 沟，细槽，凹槽

ـ: ثَقْب 洞，孔，眼儿，窟窿

ـ ولِسَان (م) 榫眼和榫头，雌雄榫

نَقِر: غَضْبَان 愤怒的，愤怒的

نِقْر: حُفْرَة صَغِيرَة في ظَهْر النَواة 椰枣核上的小孔

نَقْرَة جـ نقَرَات 一打，一敲

ـ 轻叩，哒哒声

نَقَرَات التِلْغَرَاف 电报机声

نَقَرَات الآلة الكَاتِبَة 打字机声

نِقْرَة / نَاقِرَة جـ نَوَاقِرُ / مُنَاقَرَة / نِقَار: مُهَاتَرَة 斗嘴，吵嘴，互骂

نُقْرَة جـ نُقَر ونِقَار: حُفْرَة / تَجْوِيف 坑，洞，穴，窝，凹处

ـ العَيْنِ: تَجْوِيفها 眼窝

ـ الكَفِّ 掌心，手心

نُقَّارِيَّة جـ نُقَّارِيَّات (م) / نُقَيِّرَة (س) 罐鼓

نَقَّار: حَفَّار 木刻师，雕刻工，镌版工，雕刻家

ـ الخَشَب: طائر 啄木鸟

نَقِير جـ أنْقِرَة: أَصْل 根，根本，根源

لا يَمْلِكُ شَرْوَى ـ 一无所有，不名一钱，手无分文

لا يُسَاوِي نَقِيرًا 不值半文

ـ (س): قَرَوَانَة المُونَة (م) / حَوْض 煤斗，(搬运灰泥的)灰斗

مِنْقَار جـ مَنَاقِيرُ 雕刻刀，切削工具

ـ الطائر 喙，嘴

ـ / مِنْقَر جـ مَنَاقِرُ: مِعْوَل / صَاقُور 鹤嘴锄，十字镐；(原始人的)石斧

أَبُو ـ: خَرَمَان 青骨鱼(一种长嘴硬鳞鱼)

مُنَقَّر العَيْن / مُنْتَقِر العَيْن 抠搂眼

نَقْرَزَان (م) / نُقَّارِيَّة (م) 罐鼓

نِقْرِس جـ نَقَارِسُ: مَرَض [医]痛风，尿酸性关节炎

ـ / نِقْرِيس: طَبيب ماهر مدقِّق 良医，名医，高明的医生

ـ / ـ: دليل حاذق 聪明的向导

نَقَزَ ـِ نَقْزًا ونَقَزانًا ونِقازًا الظَبيُ: وَثَبَ صُعُدًا (羚羊)跳，蹦，跳跃

ـ (م): نطَّ فَزَعًا 惊跳，惊起，惊动

نَقَّزَتِ الأُمُّ الطِفلَ: هَشَّكَتْه (م) / رَقَّصَتْهُ 舞弄，拨弄，使婴儿跳跃，宠孩子，逗弄、抚弄、摇荡(孩子)

نَقْزَة جـ نَقَزات 一跳，一跃

نَقَسَ ـُ نَقْسًا وانْتَقَسَ الناقُوسَ بالخَشَبة: ضربَه بها 打锣，打钟，撞钟，摇铃

ـ الناقوسُ: صوّت 钟响，锣响

نَقِسَه ـَ نَقْسًا الرجلَ: عابَه وسخِرَ منه 戏弄，开玩笑

ناقُوس جـ نَوَاقِيس: آلة مُوسِيقِيَّة [乐]三角震动器

ـ: جَرَس 钟，铃

ـ: طَبَق من مَعْدِن يَقْرَعُونَهُ للتَنْبِيه 铜锣

قَرَعَ ـ الخَطَرِ 打警钟

نِقْس جـ أَنْقَاس وأَنْقُس 墨汁，墨水

نَقَشَ ـُ نَقْشًا ونَقَّشَ الشيءَ: لوّنه وزيّنه بألْوانٍ 彩画

ـ الفصَّ: حَفَرَه 凿，錾，镌，雕

ـ التِمْثَال: نَحَتَه 雕像

ـ البيتَ: دهنه بلَوْنٍ 油漆，彩画(房子)

ـ وانْتَقَشَ الشَوْكَةَ من رِجْله: استخرجها 拔出脚里的刺

ـ الشيءَ: استخرجه 取出

ـ فُلانًا: اختارَه 选择，挑选

نَاقَشَه: جادَله 争论，讨论

ـ ه الحِسابَ وفي الحساب: طلب منه البَيانَ 要求辩明，要求解释

نَقْش جـ نُقُوش: تَلْوين أو تَزْيِين 彩画，着色

ـ: حَفْر 雕，镌

ـ: صُورَة مُلَوَّنَة 水彩画

ـ: صُورَة أو كِتابة مَحْفُورَة 雕刻(雕刻的形象或文字)

نُقُوشَات 雕刻

نِقَاش: مُحاجَّة / جِدَال 辩论，争论，争辩

نِقَاشَة: حِرْفَة النَقَّاش 漆匠的手艺，雕刻家的职业

مُنَاقَشَة جـ مُنَاقَشَات: جِدَال 讨论，争论，辩论

ـ: مُحاوَرَة / مُحادَثَة 对话，会话

ـ بَرْلَمانِيَّة (议会的)讨论报告

ـ حادَّة 热烈的争论

نَقَّاشُ الجُدْرَان (الحِيطَان) والبُيُوت 油漆匠

ـ: حفّار أَحْجُر وألواح مَعْدِنِيَّة 雕工，雕刻师，镌版工

ـ تَمَاثِيل / نَحَّات (石像等的)雕工，雕刻师

مَنْقُوش: مُلَوَّن 着色的，彩画的

ـ: مَحْفُور 雕刻的

مِنْقَش جـ مَنَاقِشُ / مِنْقَاش جـ مَنَاقِيشُ لِحَفْرِ المَعادن 錾子，雕刀(刻金属物的尖头钢刀)

بالمَنَاقِيش: بالباع والذِرَاع 千方百计，费了九牛二虎之力

اِسْتَخْرَجْتُ منه حَقِّي ـ 我费了九牛二虎之力，才从他手中夺回我的权利

نَقَصَ ـُ نَقْصًا ونُقْصَانًا وتَنْقَاصًا الشيءُ: ضد زاد أو كثُر (وبمعنى قلَّ أو هبَط) (自己)减少，减低

ـ الشيءُ: صَغُرَ / ضِد كَبُرَ 减缩

ـ ونَقَّصَ وأَنْقَصَ الشيءَ: قلّله (使他)减少，减低，缺少

ـ وـ وـ الثمنَ أو الدرَجَةَ أو الحَجْمَ 减价，降级，缩小体积

ـ وانْتَقَصَ الرجلَ حَقَّه 克扣；剥夺

ـ وـ الرجلَ قَدْرَه 轻蔑，轻视，贱视，减损名誉

ـ ه كذا: عازَه 需要

لا يَنْقُصُه الاّ كذا 他只缺乏…

ـ عن كذا: قلَّ عنه / لم يُضارِعْهُ 短少，缺少，欠缺，缺乏，不够格，(年龄)不够(规定)，(子弹)达不到(标的)，(生产)达不到(指标)，(产品)达不到(规格)

تَناقَصَ الشيءُ: نقص شيئًا فشيئًا 渐渐减少，逐渐变少或变小，愈来愈少或小

ـ القمَرُ وأَمْثالُه: أمحقَ / تَضاءَلَ (月)亏；变小，衰微

اِسْتَنْقَصَ الثمَنَ: طلب تَنْقِيصَه 要求减价，要求折扣

ـ الشيءَ: وجَدَه ناقِصًا 发现某物是不足的

ـ الشيءَ: وجَدَه قليلاً 发现…是少的

ـ ه: نَسَبَ إليه النُقْصانَ 认为…是欠缺的、不足的

نَقْص / نُقْصان: ضد زِيادَة 减少，减低，降低

ـ / ـ: فَقْد / عَجْز (م) 欠缺，缺乏，不敷，亏空，短少；[财]赤字

ـ / ـ: ضد كَمال 亏空，不足，不足额

ـ / نَقِيصة جـ نَقَائِصُ / مَنْقَصَة جـ مَنَاقِصُ:

عَيْب 缺点，缺陷，短处

مُركَّب الـ (精神分析)自卑感，劣等感

إنْقَاص / تَنْقِيص: تَقْلِيل 减少，减缩

ـ / ـ: تَنْزِيل 降低，降级，减低

مُناقَصَة جـ مُناقَصات: ضد مُزايَدَة 投标(与拍卖相反)

نَاقِص جـ نُقُص: ضد كامِل 亏欠的，欠缺的，缺乏的，不敷的，不足的，不完满的，不完全的，不完美的

ـ: غيرُ مَوْجُودٍ 没有，缺乏，缺少，短少，欠缺，不敷，不足，不够

ـ: به نَقْص أي عَيْب 残缺的，有缺点的，有缺陷的，有短处的

ـ كذا: ينقص منه كذا 缺少…，缺乏…

ـ كذا: مَطروح منه كذا (في الحِساب) 减去

ـ عن كذا: أَقَلُّ من كذا 不及(格)，不够(数)，不满(几岁)，达不到(指标)

ـ / مُنَقِّص 减少者，减缩者，降低者

ـ العَقْلِ 糊涂的，愚蠢的，不聪明的

فِعْلٌ ـ (في علم النحو) [语]残缺动词

مَخْرُوط ـ [数]平截头圆锥体

هَرَم ـ [数]平截头棱锥体

أَنْقَصُ: أَقَلُّ (من) 比…更少

مَنْقَصَة جـ مَنَاقِصُ 缺陷，缺点，毛病

مُتَناقِص: آخذ في النقصان 逐渐缺乏的

ـ: مُتَضائِل / مُمْحِق (月)渐渐亏的，衰微中的，逐渐残缺的

نَقَضَ ـُ نَقْضًا البناءَ: هدَمَه 拆毁，摧毁

ـ الحَبْلَ: حلَّه 解散绳索

ـ الوَصِيَّةَ أو الشَرِيعَةَ: كَسَرَها 破坏，撕毁

ـ الأمرَ: أَبْطَلَه بعد إحكامه 破坏(事情)

ـ التُهْمَةَ: أَبْطَلَها 驳斥，驳倒(控告)

ـ الشَرِيعَةَ 破坏，违反，违背，违犯(法律)

ـ البُرْهَانَ أو الحُجَّةَ: فَنَّده 驳斥，巧辩过去；反驳，举出反证

ـ العَقْدَ: أبطله 取消，撤销(合同)

ـ العَهْدَ: خالفه 违反(条约、协定)

ـ الوَلاءَ 放弃(拒绝)臣从义务

ـ حُكْمَ المَحْكَمَةِ: أَلْغَاه [法]取消(推翻)法院的判决
لا يُنْقَضُ 不可争辩的，不可辩驳的
أَنْقَضَ أصابِعَه: ضَرَبَ بها لِتصوِّتْ 榧子(捻指作响)
ـ تِ العُقَابُ: صَوَّتَتْ (鹰)叽叽地叫
ـ الحِمْلُ الظَهْرَ: أثقلَه 使过劳，使负担过重
نَاقَضَ قَوْلُه الثانِي قولَه الأَوَّلَ: خالفه 自相矛盾
تَنَاقَضَ القَوْلَانِ: تَعَارَضَا 互相矛盾
ـ الرَأْيَانِ: تَصَادَمَا 互相抵触，互相冲突
ـ وتَنَقَّضَ وانْتَقَضَ الحَبْلُ والبِناءُ: انتكث وانحلَّ إبْرامُه (绳索)散开，(房屋)开裂，破裂
اِنْتَقَضَ الشعبُ على الحُكُومَة الرَجْعِيَّة 人民反对反动政府
ـ: انحلَّ وتخرَّب 瓦解，崩溃，坍塌
نَقْض 破坏，取消，违背，驳斥
ـ الحُكْم 取消判决
ـ السَبْتِ [宗]破坏安息日，不守安息日
ـ العَهْدِ 违约
مَحْكَمَة الـ والإبْرَام [法]最高法院
نُقْض جـ أَنْقَاض ونُقُوض: بناء مَنْقُوض أي مَهْدُوم 残垣，断壁，废墟
ـ / اِنْتِقَاض / نُقَاضَة (مـ): نَقْلٌ / حَجَر الهَدْم 瓦砾，残砖，碎瓦
اِنْتِقَاض: دُثُور خَلَوِيّ في الأَجْسام الحَيَّة [医]分解性代谢
تَنَاقُض جـ تَنَاقُضَات 矛盾，相反
ـ ظَاهِرِيّ paradox 反论，似非而是的议论
مُنَاقَضَة جـ مُنَاقَضَات 矛盾，相反，背驰，抵触
نَاقِض جـ نَوَاقِضُ 不发生效力的，被废除的
نَقِيض: ضد مُقَابِل / عَكْس 相反的，违反的，相违背的
وعلى الـ من ذلك 与此相反的是…
على طَرَفَيْ ـ 正相反的，正反对的，互相对立的，立于两极端的
نَقِيضَان 互相矛盾的
نَقِيضَة جـ نَقَائِضُ 对立的，相对的，相反的
ـ: ما يُنْقَض به من الشِعْر 反驳对方的诗
مَنْقُوض 被拆毁的，被破坏的，被取消的，被驳倒的
ـ: يُنْقَضُ 可驳斥的，可驳倒的
مُنَاقِض 相反的，矛盾的，格格不入的
ـ ذَاتِه 自相矛盾的
مُتَنَاقِض 互相反对的，互相矛盾的
ـ الظَاهِر 反论的，似非而是的
المُتَنَاقِضَات 相反物，矛盾物

نَقَطَ ـُ نَقْطًا ونَقَّطَ الحَرْفَ: جعل له نُقَطًا 在阿拉伯字母上加点
ـ وـ الكَلَامَ: فَصلَه بعَلامات الوَقْف 点句读，加句点
نَقَّطَ ثَوبَه بالمِداد: لَطَّخَه بنُقَطٍ منه / رقَّط 使衣服沾染墨迹
ـ الماءُ (مـ): قَطَرَ (水)滴，滴下，滴落
ـ الماءَ (مـ): جعله يَقْطُرُ 使水滴下
ـ العَرُوسَ (مـ): أعطاها هَدِيَّة 把礼物送给新娘
نُقْط (مـ): سَلْمُون مُرَقَّط 斑鳟
نُقْطَة جـ نُقَط ونِقَاط على الحَرْف أو تحتَه 阿拉伯字母的点
ـ: مَكَان / بُقْعَة 地点，场所，位置
ما اخْتَلَفُوا في ـ 他们之间没有一点分歧，他们是完全一致的
ـ: مَادَّة تَفْصِيلِيَّة 条款，细目

ـ الخِلافِ 不同点，分歧点
ـ الضَعْفِ 弱点
ـ الدائِرَةِ: مَرْكَزُها 中心点
ـ الذَنَبِ (في الفَلَك) [天]远日点(行星轨道上距日最远之点)
ـ الرأْس (في الفَلَك) [天]近日点(行星轨道上距日最近之点)
ـ الوَقْفِ (بين الجُمَل) 句点
الـ السَوْداء 污点，劣迹，疵瑕
الـ ان 冒号(：)
ـ الاتِّكاز 据点
ـ الانْطِلاق 出发点，起点
ـ عَنْبَر: شَامَة الخَدِّ 痣
ـ العَيْنِ (مـ): كَوْكَب 角膜白斑
ـ الخَفِير أو الشُرْطِيّ (مـ) (巡警、守望者的)巡逻区域，巡逻道路
ـ العُرْس جـ نُقُوط (مـ): هَدِيَّة (赠给新娘的)结婚礼物
ـ (مـ): سَكْتَة دِمَاغِيَّة [医]中风
ـ (مـ): قَطْرَة 一滴，一点
النُقَط الأَرْبَع 四方(东南西北)
تَغَلَّبَ عليه بالـ 战胜
نُقُوط الزَوَاج (مـ): جِلْوَة (赠给新娘的)结婚礼物
نَقَّاطَة (مـ): قَطَّارَة (附有滴管的)滴瓶
مَنْقُوط / مُنَقَّط: مُرَقَّط 有斑点的
ـ 带点的字母
الفَصْلَة الـ ة 分号(；)

نَقَعَ ـَ نَقْعًا من الماء وبالماء: رَوِيَ 饮足，喝够
نَقَعَ ـَ نَقْعًا ونُقُوعًا وأَنْقَعَ الشيءَ في الماء: أَقَرَّه فيه 泡，浸，浸渍(在液体里)
ـ وـ الشيءَ: مَشَّه وبَشْبَشَه (مـ) 浸软，浸化
ـ وـ (كالأعشاب الطبيّة لاستخراج خَوَاصِّها) 泡茶，泡药，煎药，熬药，制药酒
ـ وـ العطشَ: سكَّنه وقطَّعه 止渴，解渴
ـ الماءُ في بَطن الوادِي: اجتمع فيه وطال مكثه (水)停滞，不动，不流
أَنْقَعَ واسْتَنْقَعَ الماءُ: اصفرَّ وتغيَّر (死水)变坏，发黄
أُنْتُقِعَ (لغة في امْتُقِعَ) لونُه: تغيَّرَ واخْتُطِفَ لأمرٍ أصابَهُ كالحزن والفزع (大惊)失色，(谈虎)色变
اِسْتَنْقَعَ فلان في النهر: دخله ومكث فيه يتبرد (在河里)洗澡
نَقْع 泡，浸，浸渍
ـ جـ أَنْقُع: ماء مُسْتَنْقِع 死水
ـ جـ نِقاع ونُقُوع: غُبَار 灰尘
نُقَاعَة / نَقِيع / مَنْقُوع [医]浸剂，冲剂
الحَيَوانُ النُقَاعِيّ 微生物
نُقَاعِيَّات [生]滴虫类
نَقُوع / مُنْقَع: كل ما ينقع كالزبيب والتَمْر والتِين المُجَفَّف 干果，果脯
نَاقِع: الذي ينقع 浸者，泡者，浸渍者
سُمّ ـ: بالغ قاتل ثابت 剧毒，致死毒药
دَوَاء ـ: ناجع 特效药，有效的药品
شَرَاب ـ: قاطع العطش 解渴的饮料
مَنْقَع جـ مَنَاقِعُ / مُسْتَنْقَع جـ مُسْتَنْقَعات: مَوْضِع يَسْتَنْقِع فيه الماء 沼泽，沼地，泥淖

نَقَفَ ـُ نَقْفًا هامةَ الرجلِ: كَسَرَها عن الدِماغ 打破脑壳，打出脑浆来
ـ الفَرْخُ البَيْضَةَ: نَقَبَها وخَرَجَ منها (小鸡)破壳而出
ـ الرُمَّانَةَ: قَشَرَها واستخرج حَبَّها 剥石榴皮
ـ ه بِإِصْبَعِهِ 用指弹

ـ ه بالعصا أو بالسَوْط: ضربَه أيسرَ الضرْبِ (用棍或鞭)轻轻打击

نِقْف جـ أنقاف: كَتْكُوت (مـ) 小鸡，鸡雏

نَقَّ ـِ نَقِيقًا الضِفْدِعُ: صاتَ 蛙鸣

ـ تِ الدَجاجةُ: صاتَتْ 母鸡咯咯叫

ـ (مـ): أكْثَرَ من التَشكّي / تَذَمَّرَ 发牢骚，出怨言，说闲话

ـ تْ ضَفادِعُ بَطْنِه: جاعَ (饥饿时腹部辘辘作声)饥肠辘辘

نَقّ (مـ) / نَقِيق (مـ): تَذَمُّر 怨言，牢骚，闲话

نَقِيق الضَفادِع وأمثالِها 蛙鸣，蛙鼓

نَقّاق: كَثِير التَشَكّي 发牢骚的，口出怨言的，唠唠叨叨的

نَقّاقَة: ضِفْدِعَة 蛙

نَقَلَ ـُ نَقْلاً الشيءَ: حوَّلها من مَكانٍ إلى آخر 移，挪，搬

ـ الرِسالةَ: أوْصَلَها وسلَّمها 寄，送，投递

ـ البِضاعةَ: حمَلها 运，搬运，装运，转运，运输，输送

ـ الشيءَ: حرَّكه 震动，摇动

ـ الرجلُ (مـ): غيَّرَ مَسْكِنَه / عزَّلَ (مـ) 移居，迁居，迁移，搬家

ـ الكتابَ: نَسخَه 抄书，抄写

ـ سُرْعَةَ الأُتُمْبِيل 换挡，改变汽车的时速

ـ عن فلان: رَوَى عنه 引用，引证(某人的说话或文章)

ـ الحِسابَ (التجاريّ) 过账，誊账

ـ الكتابَ من لُغةٍ إلى أُخرَى: تَرْجَمَه 逐译，翻译

ـ الخَبَرَ 传达消息

ـ المَرَضَ 传染疾病

ـ الزَرْعَ: شتَلَه (مـ) 移植，移种

ـ مِلْكِيَّةَ الشيءِ [法]交付，移交，转让，让与，过户

نَقَّلَ الشيءَ:نَقلَهُ كَثِيرًا 多次运送

ـ الأشْياءَ: بَدَّلَ مَواضِعَها 调换，换位，改变次序

ـ (مـ): أَمْلَى على ... 口授

نَاقَلَ الفَرَسُ: أسرع في نَقْلِ القَوائِمِ (马)大跑，飞跑

ـ ه الأقْداحَ: ناوَلَه إيَّاها وتناوَلها منه (共饮者)相互传杯

ـ تُ فلانًا: نازَعتُه الشَرابَ 互相敬酒

نَاقَلْتُهُ الحَدِيثَ: حَدَّثْتُهُ وحَدَّثَنِي 交谈

اِنْتَقَلَ وتَنَقَّلَ من مكان إلى مكان: تحوَّل 迁移，迁居，迁徙，搬家

ـ من مالكٍ إلى آخَرَ (货物、商店等)换主，易主

ـ إلى رَحْمَةِ رَبِّهِ / ـ إلى جَوارِ رَبِّهِ / ـ إلى دار الآخِرَةِ 死，逝世，去世，归天，归西

تَناقَلَتْهُ الأَلْسُنُ 流传，满城风雨，辗转相告

تَناقَلَتْهُ الأَيْدِي 屡次换主，易主

تَناقَلَتْهُ الجَرائِدُ 被报纸反复转载

نَقْل جـ نُقُول ونُقُولات: تَحْوِيل من مَوْضِع إلى آخر 移，挪，搬

ـ: حَمْل من مكان إلى آخر 运输，装运，转运

ـ: إيصَال 寄，送，投递

ـ: تَرْجَمَة 逐译，翻译

ـ: نَسْخ 抄写，誊写

ـ: سَماع / تَقْلِيد 传述，口耳相传

ـ مِلْكِيَّةِ الشيءِ 交付，移交，转让，让与，过户

أَثْناءَ الـ (货物)在运送中

أُجْرَة الـ 运费

جِهَاز ـ الحَرَكَة (في الأُتُمْبِيل) (汽车的)传动装置
عَمَلِيَّة ـ الدَمِ: إصْفَاق 输血
نَقْلِيّ جـ نَقْلِيَّات/ منقول (ضد معقول): سماعِيّ 传说的，传统的，惯例的
المَذْهَب الـ 传统主义
نُقْل جـ نُقُول (مـ): قُلُوب (سـ) : كالجَوْز واللَوْز والبُنْدُق / مُكَسَّرَات (مـ) 坚果(胡桃、榛子等)
كَسَّارَة الـ (مـ) 胡桃钳
نَقَل جـ أَنْقَال ونِقَال: صِغَار الحِجَارة / دَبْش (مـ) 碎石，石子
ـ: عُقْبَة / الفَاكِهَة والحَلْوَى بَعْد الطَعام 餐后食品(水果、点心等)，下酒物(花生仁、胡桃仁等)
نُقْلَة: نَمِيمَة / لَقْلَقَة الكلام 搬弄是非
ـ (مـ): مَشْق / مِثال 模子，模型
ـ: انتقال 迁移
نُقْلِيّ جـ نُقْلِيَّة: بائع النُقْل (مـ) / جَوَّاز 坚果商
انتقال من مكان إلى آخر 转移，移动
ـ: تَحَوُّل / تَغَيُّر من حال إلى غيره 变更，转变
ـ: وَفَاة 死亡，逝世
اِنْتِقَالِيّ 暂时的，临时的，过渡的
عَهْدٌ ـ 过渡时期
حُكُومَةٌ ـ ة 临时政府
ـ: سَهْل النَقْل 轻便的，可搬运的，手提式的
تَنَقُّل جـ تَنَقُّلاَت (继续的、经常的)迁移，变迁，变更
تَنْقِيل 交换，交替，交代
نَاقِل جـ نَاقِلُون ونَقَلَة م نَاقِلَة: حامِل 搬运工人
ـ: مُتَرْجِم 译员，翻译

ـ: ناسِخ 抄写员，誊写员
ـ: مُوَصِّل 传达者，送达者，投递员
ـ الحَرَكَة (في الأُتُمْبِيل) 传动装置
ـ الصَوْت 播音器
ـ ة مُتَحَرِّكَة 传送带
ـ ة البِتْرُول 油船，油轮
نَاقِلِيَّة (مـ) 运费
نَقَّالَة المَرْضَى والجَرْحَى جـ نَقَّالاَت (مـ): مِحَفَّة 担架
ـ (مـ): عَرَبَة لنَقْل المَرْضَى والجَرْحَى 救护车
ـ (مـ): سَفِينة نَقْلِ الجُنُود [军]运输舰
نَقَّالِيّ 活动的，流动的，可移动的
مِنْقَل جـ مَنَاقِلُ: مِقْيَاس زَوَايَا الأَجْسَام 角度计，测角仪，测向器
مَنْقَل: طَرِيق في الجبل 山路
ـ (مـ) 铜火盆
ـ: الخُفّ أو النَعْل الخَلَق 旧鞋
مَنْقَلَة: مَرْحَلَة 站，驿站
ـ (مـ): مِقْيَاس زَوَايا السطوح 分度计，半圆规量角器，分度规
مِنْقَلَة جـ مَنَاقِلُ 运输(交通)工具
مَنْقُول: يُنْقَلُ 可搬运的，可移动的
ـ: نُقِلَ 被移动的，被迁移的，被运送的
ـ: مَنْسُوخ 被抄写的，被誊写的
ـ / مَنْقُولاَت: خلاف الثابت من الأملاك 动产
مَنْقُولاَت المَنْزِل / ـ مَنْزِلِيَّة: أَثَاثُه 家具
مَنْقُولِيَّة 遗传性
مُتَنَقِّل: غيرُ ثابتٍ في مَكَانٍ معيَّن 流动的
ـ: متجوِّل 游历的
ـ: رَحَّال 流浪的，漂泊的
المَسْرَح الـ 流动剧院
نَقِمَ ـَ ونَقَمَ ـِ نَقْمًا ونِقَامًا وانْتَقَمَ من فلان: عاقبه

惩罚

ـ الأمرَ على فلان ومن فلان: أنكره عليه وعابَه وكرِهَه أشدَّ الكَراهة لسُوءِ فِعْلِه 非难，谴责，责备，责骂，指摘

ـ و ـ لِدَمِ ابْنِه: أخَذَ ثأرَهُ (替儿子)复仇、报仇

ـ عليه (مـ): حَقَد 怨恨，仇恨

ـ عليه حَقَّهُ (مـ) 否认别人的权利

نَقَّمَ: بالَغَ في كَراهة الشيء 痛恨，深恶痛绝

نِقْمَة ونَقْمَة ونَقِمَة جـ نِقَم ونَقِم ونَقِمَات / اِنْتِقَام: ثأْر 复仇，报仇；惩罚

ـ: غضب 发怒

اِنْتِقَامِيّ 报复的，复仇主义的

نَاقِم على ... (مـ): حاقِد 怨恨的，仇恨的

ـ على الحَياة 左性的，乖僻的，执拗的，抱怨的，脾气暴躁的，愁眉不展的

ـ / مُنْتَقِم: الذي ينتقم 复仇者，报复者

كان نَاقِمًا عليه 对他抱有敌意

مُنْتَقِم: طالب الانتقام 有复仇心的，存心报仇的，怀恨在心的

نَقْنَقَ الضِفْدَعُ: صوَّت صوتًا يَفْصِل بينه مَدّ وترجيع (蛙)格格不断叫，蛙鸣

ـ في الأكل (مـ): لَمج 一点一点地吃

نِقْنِق م نِقْنِقَة جـ نَقَانِقُ 鸵鸟

نَقَانِق (مـ) ومَقَانِق (مـ) 红肠，腊肠，香肠

نَقْنَقَة 蛙鸣格格声

نَقِهَ ـَ نَقَهًا ونَقَهَ ـَ نُقُوهًا وانتقَهَ فلان من مَرَضِه: صَحَّ وفيه ضَعْف 痊愈，渐渐复元，在疗养中，在复元期中

نَقه / نُقوه / نَقْهَة / نَقَاهَة (مـ) 痊愈，渐渐复元，在疗养中，在复元期中

دَوْر الـ 复元期

دار النَقَاهَة 疗养院

نَقِه / نَاقِه جـ نُقَّه 痊愈的，渐渐复元的，在疗养中的，在复元期中的

نَقِيَ يَنْقَى نَقَاءً ونَقَاءَةً ونَقَاوَةً ونُقَاوَةً ونُقَايَةً: نظُف 成为清洁的、干净的

ـ: صَفا وخلُص 成为纯洁的、纯粹的

نَقَّاه وأنْقَاه: جَعله نَقِيًّا 澄清，滤清，滤净

ـ ه وانْتَقَاه اِنْتِقَاء: اِختاره 拣，选，挑选

ـ القَمْح 精选麦种

تَنَقَّاه: اِختاره 拣选，挑选

نَقَاء / نَقَاوَة جـ نَقَاوَى 清洁，纯洁

نُقَاوَة / نُقَايَة الشيء: خِيَارُه 精华，精粹，精髓

نَقَايَة (مـ): نَوَاة الثَمَرة 核

تَنْقِيَة 使干净，使纯净，使纯洁

اِنْتِقَاء: اِختيار 选择，挑选

ـ القَمْح 选麦种

نِقْي جـ أنْقَاء العِظام: مُخّ العظام 骨髓

نَقِيّ جـ نِقَاء وأنْقِيَاء ونُقَوَاء: صَافٍ / نَظِيف 干净的，清洁的

ـ: طَاهِر / غير مُلَوَّث 纯洁的，纯色的，无瑕疵的

أنْقَى م نُقْوَى: أكثر نَقَاءً 最纯洁的，最清洁的，最干净的

نَكَبَ ـُ نَكْبًا ونَكَبًا الدَهْرُ فُلانًا: أصابه بنَكْبَةٍ 使人不幸，使人遭灾、受难

ـ تْ ـُ نُكُوبًا الريحُ: مالتْ عن مَهَبِّها 风向改变

نَكَبَ ـُ نَكْبًا ونُكُوبًا ونكَّبَ وتَنَكَّبَ عن الطريق: عدل عنه 迷路，走错路

تَنَكَّبَ عنه: تجَنَّبَ واعتزلَه 回避，避开，躲开

ـ الشيءَ: ألقاهُ على عاتِقه 肩负，担负，肩挑，扛起

نَكْب جـ نُكُوب / نَكْبَة جـ نَكَبَات 灾难，灾害，
祸患
رِيح نَكْبَاءُ جـ نُكْب ونَكْبَاوَات 隅风，偏风
(指东北风，西北风，东南风，西南风)
نَكْبَاءُ الصَبَا والشِمال: نُكَيْبَاء 东北风
مَنْكِب جـ مَنَاكِبُ: عاتِق أو كَتِف 肩膀，肩头
ـ: جانِب / ناحِيَة 边，侧边
هو في السَعْيِ المُسْتمِرّ في مَناكِب الأرض 他周
游世界各国
مَنْكُوب: مُصاب بِنَكْبَة 遭灾的，受难的；难
民，灾民
نَكَتَ ـُ نَكْتًا الأرضَ بقَضِيبٍ أو بإصْبَعِه: ضَرَبَها
به حالَ التَفكُّرِ فأثَّرَ فِيها (沉思时)以杖击
地，或以指抠土
ـ الرجُلَ: ألقاهُ على رأسِه 使他倒栽葱
نَكَّتَ في كلامه: جاء بالنُكَتِ 说名言、妙语、
俏皮话；滑稽，诙谐，幽默
ـ على فلان (مـ): مازَحه 开玩笑
انْتَكَتَ فلان 倒栽葱
نُكْتَة جـ نُكَت ونِكَات: نُقْطَة (白色中的)黑点，
(黑色中的)白点
ـ: مُلْحَة 笑语，滑稽，妙语，诙谐，幽
默，俏皮话
تَبادَلَ الـ 说笑话，互相诙谐
تَنْكِيت (مـ): اِنتقاد هَزْلِيّ 讥讽，挖苦
ـ (مـ): الإتيان بالنُكَت 用妙语，说幽默话
ـ: نَمْنَمَة 点刻(法)，点画(法)，点彩(法)
نَكَّات / مُنَكِّت: طَعَّان في الناس 批评家，
评论家
ـ: أبو فَحْت 长嘴鸟
ـ / نُكَتِيّ (مـ): الذي يجيء بالنُكَت في كَلامه
幽默家，滑稽家

نَكَثَ ـُ نَكْثًا العَهْدَ: نَقَضَه 破坏(诺言、契
约、盟约、誓言等)
اِنْتَكَثَ الحَبْلُ: انتقَضَ 被破坏
نَكْث 破坏
ـ العَهْدِ أو العُهُودِ 失约，失信，食言
ـ العَهْدِ بالزَوَاج 废除婚约
ناكِثُ العَهْدِ 背信者，无信者，不忠于诺言者
نَكِيثة جـ نَكَائِث 心；灵魂，自然
نَكَحَ ـِ نَكْحًا ونِكَاحًا المرأةَ: تَزَوَّجَها 娶妻
ـ تِ المرأةُ: تزوَّجَتْ 出嫁
أَنْكَحَه المَرْأَةَ: زوَّجَه إيَّاها 把…许配给他
نِكَاح: زَوَاج 结婚，婚姻
ـ: عَقْد الزَواج 婚约
ـ: جِماع 性交
نُكْح / نِكْح 婚约
نُكَح / نُكَحَة 一夫多妻的
نَاكِح / نَاكِحَة: مُتَزَوِّجَة 已婚女子，有夫之妇
مَنَاكِح: نِسَاء 妇女，妻室
نَكِدَ ـَ نَكَدًا العَيْشُ: اشتدَّ وعَسُرَ 生活困难，
日子难过
ـ الرَجُلُ: نَكِدَ عيشُه 生活艰难，不幸
نَكَّدَ عَيْشَهُ: جعله نَكِدًا 使…的生活困难
ـ فُلانًا: كدَّر عَيْشَهُ 使他过艰难的生活
ـ عليه (مـ): كدَّره 使他苦恼
نَاكَدَه: عاسَره 扰乱，搅乱，妨碍，妨害，
使烦恼
تَنَكَّدَ عَيْشُهُ 生活成为困难的
نَكَد: كَدَر 烦恼，不幸
رجلٌ نَكِد ونَكَد ونَكْد جـ أَنْكَاد ومَنَاكِيدُ:
عَسِر قليلُ الخَيْر 无益的，无用的；易怒
的，性急的，暴躁的，爱闹脾气的，坏
脾气的

عَطَاء مَنْكُود / مُنَكَّد: قَليل 少量的赠品

أَنْكَدُ م نَكْداء ج نُكْد / مَنْكُود الحَظّ 不幸的；倒霉的

نَكِرَ ـَ نَكَرًا ونُكْرًا ونُكُورًا ونَكِيرًا الأمرَ: جَهِلَه 不知道，不了解，不晓得，不明白

ـ الرجلَ: لم يعرفه 不认识，不相识

نَكُرَ ـُ نَكارة الأمرُ: صَعُبَ واشتدّ 困难，艰难

نَكَّرَ الشيءَ: غيَّره إلى مجهول 掩饰，掩盖，改头换面，改变面貌

ـ الرجلُ نَفْسَهُ: أخفى حقيقته 化装，伪装，假装，假扮，戴假面具

ـ الاسْمَ: جعله نَكِرَةً [语]变名词为泛指名词

نَكِرَه (م) وأَنْكَرَه: جَهِلَه 不认识，不知道

أَنْكَرَ الأمرَ: دحضه 取消，撤回，收回意见、命令、前言；否认，不承认(教义)，拒绝(要求)

لم يُنْكِرْ شيئًا أوّلَ الأمرِ 起初他一点也没有否认

وتُنكِرُ عَيْنَيْكَ حِينَ ... 在…时候，你不敢相信自己的眼睛，你还以为自己看错了，还以为自己在做梦

ـ ذاتَهُ 自制，克己，忘我

ـ ابْنَهُ 不承认自己的儿子，断绝父子关系

ـ عليه الأَمْرَ: استنكرَ الأمرَ 反对，不赞成，谴责

ـ الأمرَ (م): كَرِهَه 憎恶，嫌恶

تَناكَرَ واسْتَنْكَرَ الأمرَ: جَهِلَهُ 不知道，不认识

ـ الأمرَ: تَجاهَلَه 假装不知道

ـ الرجلَ 不理，不睬，不打招呼

ـ القومُ: تَعادَوْا وأَنْكَرَ بعضُهم بعضًا 视如路人，互相敌视

تَنَكَّرَ الرجلُ: تخفّى 假装，化装，假扮

ـ الإسْمُ: صار نَكِرَةً [语]成为泛指名词

ـ لي: لَقِيَنِي لِقاءً بَشِعًا 他以不高兴的(敌意的)态度会见了我，破脸

ـ له الدهْرُ 倒霉，背时，背运，运气不顺，命运不佳

نَكْر / نُكْر / نَكارَة / نَكْرَاء: دَهاء وفِطْنَة 机智，机敏，机灵；奸诈，狡猾

نَكِرَة ج نَكِرَات: خِلاف مَعْرِفَة [语]泛指名词

ـ: غير مَعْرُوف 无名小卒，未成名的，没有名的人物

إنْكار أو نُكْرَانُ الجَمِيل / نُكْرَانُ المعروف 忘恩负义

ـ الذَّات: نُكْران الذات 克己，自制，忘我

لا نُكْرَانَ أنَّ ... 不能否定的是

تَنَكُّر 假装，假扮，伪装；化名，用假名，用笔名

قِنَاع الـ 假面具

لِبَاس الـ أو التَهْرِيج 化装服装

حَفْلَة رَقْصٍ تَنَكُّرِيَّة 化装舞会

اِسْتِنْكار 非难；责备，谴责

نَاكِر الجَمِيل 忘恩负义者

ـ ونَكِير (م) [宗]纳基尔和奈基尔(在坟墓里预审死人的两个天神)

نَكْرَاء 灾难，祸患

أصابَتْهُمْ من الدَهْرِ ـُ 他们遭难了

رَجُلٌ نَكِر ونَكُر ونُكُر: داهٍ فطِن 机智的，精明的，狡猾的(男人)

امْرَأَةٌ نُكُر: داهِيَة فطِنَة 机智的，精明的，狡猾的(女人)

أَمْرٌ نَكِير: شديد صَعْب 艰难的(困难的)事情

حِصْنٌ نَكِير: حَصِين 坚固的堡垒

مُنْكَر جـ مُنْكَرَات ومَنَاكِرُ: ضد مَعْرُوف 坏事，
恶事，丑事，罪恶
ـ ونَكِير [宗]孟凯尔和奈基尔(在坟墓
里预审死人的两个天神)
ـ جـ مُنْكَرُونَ ومَنَاكِير 机灵的，精明的，
狡猾的
مُنْكَرَات 坏事，恶事，丑事；罪恶
مُنَكَّر: خِلاف مُعَرَّف [语]泛指的名词
مُتَنَكِّرٌ: مُتَخَفٍّ 化装的，假扮的
ـ: بصفة غير رَسْمِيَّة أو حَقِيقِيَّة 化名的，
微访的，微服出游的
نَكْرَزَة (أ) necrosis: نَخِيرَة / بلاء العَظْم [医]
坏死(一部分组织的死亡)
نَكَزَ ـُ نَكْزًا الشيءَ: غرزه بشيءٍ مُحَدَّد الطَرَف
刺，扎
نَكَسَه ـُ نَكْسًا ونَكَّسَه: قلَبه على رأسه وجعل
أسفلَه أعْلاهُ ومُقَدَّمَه مُؤَخَّرَهُ 颠倒，倒转，翻
转，翻过来
ـ وـ رَأْسَهُ: طَأْطَأَهُ 垂头，低头，俯首
ـ وـ الطعامُ وغيرُه داءَ المريضِ: أعاده 使病
复发
نُكِسَ وانْتَكَسَ المريضُ: عاوَدَتْه العِلَّةُ بعد النَقَه
(病)复发
نَكَّسَ العَلَمَ (مـ) 升半旗，挂半旗，降半旗
تَنَكَّسَ: انحطّ عن أَصلِه الطَيِّب 变坏，堕落，
衰颓，衰败，变质，退化，蜕化
اِنْتَكَسَ: وقع على رأسه 倒栽葱
نَكْس 倒置，颠倒，倒转，翻转
تَعْسًا لفلان ونَكْسًا! 愿他遭灾受难!
نُكْس / نُكَاس: اِنْتِكاس (病)复发
تَنَكُّس: فساد الأَصْل الطَيِّب 堕落，衰颓，退化
نَاكِس جـ نَوَاكِسُ 发病的

ـ 低头的
الحُمَّى الـ ة [医]间歇热(如疟疾)
ـ جـ نُكُس: مُدْرَهِمّ 衰朽的老人
مَنْكُوس / مُنَكَّس: مَقْلُوب 颠倒的，反过
来的，倒过来的，翻转过来的
ـ / ـ / مُنْتَكِس 旧病复发的
ـ: وَلَد تخرُج رِجْلاه قَبْلَ رأْسِه عند ولادته
倒生婴儿(脚先落地的婴儿)
نَكَشَ ـِ نَكْشًا وانْتَكَشَ البِئْرَ: طَهَّرَها 掏井
ـ (مـ): نَجَشَ / حَرَّشَ 煽起，激起
ـ (مـ): نَجَشَ / فَتَّشَ 翻查，搜查
ـ (مـ): شَعَّثَ 弄乱
ـ أُذُنَه بعُودٍ أو غيره (مـ) 挖耳垢，掏耳垢
مِنْكَاش جـ مَنَاكِيش: كَرَّاءَة / آلة تطهير الآبار
والتُرَع 疏浚机，疏浚船
ـ النار (مـ): مِسْعَر 火钳，拨火钩
مَنْكُوش (مـ): أَشْعَث 披头散发的，头发蓬松的
نَكَصَ ـِ نَكْصًا ونُكُوصًا ومَنْكَصًا عن كذا: أَحْجَمَ
عنه 畏缩，退缩，退避，回避，退让
ـ على عَقِبَيْهِ / ـ على الأَعْقاب وانتَكَصَ:
تَراجَعَ 后退，退去，退回，退却
نَكَّصَه: جعلَه يَتراجَع 使后退、倒退、退却
انْتَكَصَ: رَجَعَ على عقبَيْه 后退，退却
نَكَفَ ـُ نَكْفًا منه وعنه: أَنِفَ منه وامتنع 不屑，
鄙弃，瞧不起
ـ دَمْعَتَه: مَسَحَها 拭泪，揩眼泪
بَحْرٌ لا يُنْكَفُ 深不可测的海洋
جَيْشٌ لا يُنْكَفُ 数不清的军队
نَاكَفَه الكلامَ: قابَله بمثله 回嘴，反驳
ـ ه: نَازَعه 斗嘴，吵嘴，吵架，口角
ـ ه في الشِراء أو البَيْع 讲价，讨价还价
تَنَاكَفُوا الكلامَ 争论，争执

اِسْتَنْكَفَ من كذا: امتنع أَنَفَةً وحَمِيَّةً واستِكْبارًا
不屑，鄙弃，瞧不起

ـ: اِسْتَكْبَرَ 傲慢，骄傲

نَكَفَة: غُدَّة نَكَفِيَّة (بجوار الأُذُن) [解]腮腺

نَكَف: التِهابُ الغُدَّة النَكَفِيَّة [医]腮腺炎

ـ: أَبُو كُعَيْب [医]流行性腮腺炎

نَكَفِيّ: بِقُرْب الأُذُن 腮腺的

نِكَفِيّ (مـ) / مُنَاكِف (مـ): نَكِد 吹毛求疵的，
爱小题大做的，爱大惊小怪的

نُكَاف: داء في حلوق الإبل يقتُلها قَتْلاً ذريعا
[医]牛颌瘤

مُنَاكَفَة (مـ): مُنَازَعَة / مُضَايَقَة 斗嘴，吵嘴，
吵架，口角

نَكَلَ ـُ نُكُولاً ونَكِلَ ـَ نَكَلاً عن كذا أو من كذا:
نكص وجُبن 畏缩，退缩，倒退，退回

نَكَلَ ـُ نَكْلَةً ونَكَّلَ بفلانٍ: صنعَ به صنيعًا يحذِّرُ
غيرَه اذا رآه 加以惩戒处罚，惩一警百

نَكَّلَه وأَنْكَلَه عن الشيء: دفعه وصرَفه 逐退，
击退，打退(敌军)

نِكْل جـ أَنْكَال ونُكُول: قَيْد شَدِيد 坚固的羁
绊，镣铐，桎梏

ـ: حَدِيدة اللِجام 衔，嚼子，马勒口

ـ / نِيكِل (أ) nickel: فَلاّز / معدن أبيض
[化]镍

نِكْلَة 镍币

نَكَال / نُكْلَة / مَنْكَل: ما يُجْعَلُ عِبْرَةً للغَيْر 儆戒，
惩戒，训诫，前车之鉴

أَذَاقَه الـ 加以惩戒处分

تَنْكِيل 惩戒处罚

نَكَه ـَ نَكْهًا له وعليه: تنفَّس على أَنْفِهِ (对着别
人的鼻子)喷气，呼吸

نَكِهَه ونَكَهَه ـَ نَكْهًا واسْتَنْكَهَه: شمَّ رِيحَ فِيهِ 嗅到
(闻见)别人的口臭(气)

نَكِهَ الرجلُ: تغيَّرت نَكْهَتُه من التُخَمَة (因消化
不良而发生)口臭(气)

نَكْهَة: رائحة الفَم 口臭

ـ (مـ): طَعْم 味，味道，滋味，风味

نَكَى يَنْكِي نِكَايَةً العَدُوَّ وفيه: قَهَرَه بالقَتْل والجَرْح
战胜，打败(敌人)

ـ الرجلَ (مـ): أَغَاظَهُ 惹，逗恼，使发急，
使烦恼

اِنْتَكَى (مـ) 生气，被激怒

نِكَايَة: قَهْر 战胜，击败，打败

ـ: إغاظَة / كَيْد 惹怒，激怒

نِكَايَةً فيه 为了刁难他

الأَنْكَى من ذلك 比那更惨的是…

نَلْك / نُلْك [植]枸杞；山楂

نَمِرَ ـَ نَمَرًا ونَمَّر وتَنَمَّرَ الرجلُ: غَضِبَ وساء
خُلُقُه 生气，发怒，发脾气

نَمَّرَ (مـ): رَقَّمَ 记号数，加号码

نَمِر ونَمْر جـ أَنْمَار وأَنْمُر ونُمْر ونِمَار ونِمَارَة
ونُمُور ونُمُورَة ونُمُر: حَيَوَان 老虎；豹

ـ أميركا: جَغْوَر (أ) jaguar [动]美洲虎

نَمِرَة جـ نَمِر: فَزَارَة / أنثى النَمِر 母老虎；雌豹

نُمْرَة جـ نُمَر: نُقْطَة / رُقْطَة 点，斑点

ـ عَيْنِيَّة 视点

ـ / نِمْرَة (أ) numero: رَقْم (意)号数，号码

ـ / ـ: يَانَصِيب 彩票

ـ (مـ): دَرَجَة / عَلاَمَة 记号，符号，标
志；(考试等的)分数

ـ واحِد (مـ) 头号，天字第一号

طلعَتْ له الـ 他得了头彩

تَنْمِير (مـ): تَرْقِيم 记号数，加号码

نَمَّارَة جـ نَمَّارَات (أ): مِرْقَم 印号码机

أَنْمَرُ م نَمْرَاءُ جـ نُمْر: أَرْقَط 有斑点的
مُنَمَّر: مُرَقَّط 有斑点的
ـ: مُرَقَّم 带号数的，有号码的
نُمْرُسِيّ جـ نَمَارِسَة (مـ): خَزَّاف 瓷器商
نُمْرُق ونُمْرُقَة جـ نَمَارِق: وِسادة صغيرة يتّكأ عليها 靠枕
نَمَسَ ـ نَمْسًا السِرَّ: كتَمه 保密，保守秘密
ـ / نَامَسَ الرجلَ: سَارَّهُ 密谈，吐露秘密，透露机密
نِمْس جـ نُمُوس: جُرَيْدِيّ النَخْلِ [动]猫鼬，蒙哥 (mungo)
ـ مِصْرِيّ: فَأْرُ فِرْعَوْن [动]埃及獴
ـ مِسْكِيّ (انظر مسك) [动]麝鼠，麝鼩
نَامُوس جـ نَوَامِيسُ: حاذِق 敏锐的，灵敏的，聪明伶俐的
ـ: مَوْضع السِرّ 知己，心腹朋友
ـ: مَكَّار 狡猾的，诡诈的
ـ: نَمَّام 污蔑者，诽谤者，诋毁者，背地骂人者
ـ: شَرِيعَة 法律，法令，法规
ـ: قَاعِدَة 规则，规章，规纪，章程
ـ الانتِخَابِ الطَبِيعِيّ [生]自然淘汰
ـ الواحدة نَامُوسَة: بَعُوض 蚊子
النَوَامِيسُ الطَبِيعيَّة 自然法，自然规律
نَامُوسِيَّة جـ نَامُوسِيَّات: كِلَّة 蚊帐
النَمْسَا: بلاد النِمْسَا 奥地利
نِمْسَاوِيّ 奥地利的；奥地利人
نَمِش ـ نَمَشًا: صارَ فيه نَمَش 生雀斑
نَمَّش (مـ): نكَّت (انظر نكت) 点刻(法)，点画(法)，点彩
نَمَش الجِلْدِ 雀斑
ـ الظُفْر: بَيَاض هِلالِيّ في أصل الظفر 半月甲(指甲根弧形白斑)
ـ الحِجَارَة الكَرِيمَة: ضُمُور (مـ) (宝石上的)瑕疵
نَمِش / أَنْمَشُ م نَمْشَاءُ جـ نُمْش 有雀斑的
نَمَط جـ أَنْمَاط ونِمَاط: طِرَاز 方式，格式，式样
حَدِيث الـ 新式的
عَتِيق الـ 旧式的
على هذا الـ 如此，照这样
على ـ واحد 一律的，一样的
على ـ واسع 大规模地
نَمَطِيّ: رَتِيب 常规，惯例，例行公事，日常工作
نَمَطِيَّة [经]标准，规格，本位
نَمَّقَ الكتابَ: حسَّنه وزيَّنه 修饰，装饰，点缀
مُنَمَّق 被装饰的，被点缀的
كلام ـ 词藻丰富的语言(文章)
ثَوْب نَمِيق ومُنَمَّق: مَنْقُوش 花布
نَمِلَتْ ـ نَمَلاً ونَمَّلَت الرِجْلُ (مـ): خَدِرَتْ (脚)麻木
نَمَلَ ـ نَمْلاً ونَمِلَ ـ نَمَلاً وأَنْمَلَ: نَمَّ 搬弄是非，挑拨离间
نَمِلَ ونَمَّلَ الجِلْدُ والجَسَدُ (مـ) (皮肤像虫爬一样)发痒
نَمْل الواحدة نَمْلَة جـ نِمَال: حَشَرَة معروفة 蚁，蚂蚁
الـ الأَعْمَى: الأَرَضَة 白蚁
بَيْت الـ / قَرْيَة الـ 蚁垤，蚁封，蚂蚁窝
نَمْلِيّ: يُشْبِهُ النَمْل 如蚁的
الحامِض الـ (أو النَمْلِيك) 蚁酸，甲酸
نَمْلِيَّة: خِزَانَة لحِفْظِ الطَعام من النَمْل والحَشَرات (防蚁、虫等的)橱柜，菜橱
نَمَل: تَنْمِيل 麻木，发痒

نَمِل: خَفِيف الحَرَكَةِ 敏捷的，灵敏的
ـ / مُنَمَّل (مـ) 痒痒的
ـ القَوائِم: خَفيفُها في الحركة 轻步的，轻快的
ـ / مَنْمُول: كثير النَّمْل 集满蚂蚁的，尽是蚂蚁的
نَمِل / نامِل / نَمَّال / مِنْمَل / مُنْمِل: نَمَّام 诽谤者，中伤者，告密者，搬弄是非者
أَنْمُلَة وأَنْمَلَة وإِنْمِلَة جـ أَنَامِلُ وأُنْمُلاَت: رأْس الإِصْبَع 指尖，指端
قِيد ـ 一点，一点儿
نَمَّ ـِ نَمًّا الحديثَ: أظهرَه بالوِشاية 告密，中伤
ـ على الأَمْرِ: أَظْهَرَه 透露、泄漏(秘密)，揭露，揭发，暴露
ـ الحديثُ: ظَهَرَ 被透露，被泄漏
ـ بَيْنَهم: أفسدَ 挑拨，离间，拨弄是非
نَمّ: نَمِيمَة 诽谤，中伤
ـ جـ نَمُّون وأَنِمَّاء ونُمّ / نَمَّام 诽谤者，中伤者，搬弄是非者，挑拨离间者
نَمَّام: نَبات عِطْرِيّ [植]野百里香
نِمَّة: قَمْلَة 虱子
نامَّة: حَرَكَة 活动，运动
ـ: حَيَاة 生命，生活，生气
نَمِيمَة جـ نَمائِم: وِشاية 诽谤，中伤
نَمْنَمَه: نَقَشَه وزَيَّنَه وزَخْرَفَه 装饰，修饰，点缀
نَمْنَمَة 点缀，装饰，修饰
نِمْنِمَة: صَعْوَة / طائر 鹪鹩
ـ (مـ) / نَمْلة: قَمْلَة صغيرة 虮子
نَمْنَمِيّ (أ): إنسان يأكل لحم البَشَر 食人肉的人
مُنَمْنَم: منكَّت (انظر نكت) / مُنَمَّش (مـ) 点刻的，点画的，点彩的
ـ: متناسِق الصِغَرِ 小巧的，精美的，小得可爱的，娇小玲珑的
ـ: مُنَمَّق / مزيَّن 被装饰的，被修饰的

نَمَا يَنْمُو نُمُوًّا: زاد وكثر 生长，成长，长大
نَمُوذَج جـ نَمُوذَجات ونَماذِج / أُنْمُوذَج جـ أُنْمُوذَجات (波)：مثال / نُمُوده 模范，典型，榜样，样本，样子，范例，标本，范本
ـ: عَيِّنَة (مـ) / مِسْطَرَة (سـ) 货样，样品
ـ: مِعْيار 标准，规格，准据
نَمُوذَجِيّ: مِثاليّ 模范的，典型的，范例的
ـ: مفضَّل (对成长繁殖等的)最宜条件
نَمَى ينمي نَمْيًا ونَمِيًا ونَماءً ونَمِيَّةً المالُ وغيرُه: زاد وكثر 生长，成长，增加，增多
ـ السِعْرُ: ارتفع وغلا (物价)上涨，高涨
ـ الحديثُ إلى فلان: عُزِيَ إليه (谈话)归因于…，据说是…所说
ـ فلانٌ الخَبَرَ إلى فلان: رفعه إليه وعَزاه 引证他的传述
نَمَّى وأَنْمَى الشيءَ: جعله نامِيًا 使生长、成长、发育
ـ وـ الشيءَ: زادَه / زَيَّدَه 使增长，增加，增多
اِنْتَمَى إليه: اِنْتَسَبَ إليه 属于(某族)，加入(某组织)，与(某团体)有联系
نَماء / نَمِيّ: نُمُوّ 生长，滋长，成长，发育
نَماة جـ نَمًى: نِمْنِمَة / قَمْلَة صغيرة 虮子
تَنْمِيَة / إِنْماء 抚育，培养，发展，促进
مَجْلِس ـ التِجارَة الدُوَلِيَّة 国际贸易促进委员会
نامٍ 发育的，生长的，增长的，成长的
دَوْلَة نامِيَة 发展中国家
نامِيَة جـ نَوامٍ: قُوَّة النموّ 生长力
ـ مَرَضِيّة 赘疣，赘瘤

نمي 1282 نهد

الـ السَرَطانِيَّة 癌，毒瘤

نهاء (في نهي) / **نهاية** (في نهي)

نَهَبَ ـُ ونَهِبَ ـَ نَهَبًا وناهَبَ الغَنِيمَةَ: أخذَها 抢，抢夺，掠夺，抢劫

ـ و ـ القومُ فلانًا: تناولوه بأَلْسِنَتِهم وأغلظوا له 找错儿，揭疮疤，吹毛求疵

ـ الكلبُ فلانا: أخذ بعُرْقُوبِه 狗咬脚后跟

نَاهَبَه: بَاراه في العَدْو 赛跑

تناهَبَتِ الإبِلُ الأَرْضَ: أخذَتْ منها بِقَوائمِها أخذًا كثيرا (驼队)急驰，奔驰

تناهَبَ الفَرَسان: ناهبَ كل منهما صاحِبَه وسابَقه في العَدْوِ (两匹马)争先急驰

نَهْب: سَلْب 抢，抢劫，抢夺，掠夺

السَلْب والـ 强夺，掠夺

ـ: جَرْي سَرِيع (马)大跑，飞跑

نَهْب / نُهْبَة / نُهْبَى / نُهَيْبَى / نُهَّيْبَى: أخْذُ الغنيمة 抢劫，抢夺，掠夺

ـ / ـ / ـ / ـ: الشيء المنهوب 赃物，抢劫品，掠夺物

نَهَّاب 抢劫者，掠夺者

مَنْهُوب 被抢夺的，被掠夺的

نَهَتَ ـِ نُهَاتًا ونَهِيتًا الأسدُ: زأر (狮)咆哮

ـ الحمارُ: نهق (驴)叫

نَهَجَ ونَهِجَ ـَ نَهَجًا الرجلُ: اِنْبهَرَ وتَتابَعَ نَفَسُه وأخَذَ يَلْهَثُ 喘气

نَهَجَ ـَ نَهْجًا وأَنْهَجَ الأَمْرَ: أَوْضَحه 解释，说明事情

ـ الطريقَ: سَلَكه 踏成(道路)，走(路)

نَهَجَ ـَ نَهْجًا ونُهُوجًا وأنهجَ الأمرُ: وَضَحَ 明白，清楚，明显

أَنْهَجَ الدابَّةَ: سار عليها حتى انبهرَتْ 把牲口骑得喘气

ـ فلانًا: جعله يَلْهَثُ 使…喘气

اِنْتَهَجَ الطريقَ: سَلَكَه 踏成(道路)，走(路)

ـ سِياسَةَ كذا 实行(某种)政策

اِسْتَنْهَجَ الطريقُ: صار نَهْجًا أي واضِحًا (道路)被踏成

ـ فلان مَسْلَكَ فلانٍ: سلك مَسْلَكَه 跟随，仿效，模仿

نَهَج / نَهِيج: لُهَاث 喘气

نَهْج : طَرِيق واضِح 道路，公路

طَرِيقٌ ـ ج طُرُق نَهْجَة / نَهَجات / نُهُج / نُهُوج 坦途，平坦的道路

ـ: مَخْرَفَة / طَرِيق عَرِيض 大路，康庄大道

ـ: أُسْلُوب / خُطَّة 方法，作风；计划

ـ البَلاغَة: طريقها الواضح 修辞的坦途

مَنْهَج ومَنْهَج ج مَنَاهِج / مِنْهَاج ج مَنَاهِيج:

طَرِيق واضِح 道路，公路

ـ / ـ: أُسْلُوب 方法，作风

ـ / ـ: خُطَّة 计划

ـ / ـ التَعْلِيم 教学计划

مِنَهاجِيّ 有计划的

الاقتصاد الـ 计划经济

نَهَدَ ـَ نُهُودًا الثَدْيُ (乳房)发育，膨胀，隆起

ـ: قام / نَهَضَ 起来，兴起

ناهَدَهُ: ناهضهُ في الحرب 斗争

ـ ه: تَحدَّاه 挑战

تَنَهَّدَ: تَنفَّسَ طَوِيلاً 叹息，叹气，长叹

ـ تَنَهُّدًا عَمِيقًا 深深地叹口气

تَنَاهَدَ الأَصْحابُ: تَشارَكُوا على نَفَقَة الطَعام 醵，聚餐(合资会餐)

ـ وا الشيءَ: تَناوَلُوه بَيْنَهم 分担共同的费用

نَهْد: شيء مُرْتَفِع 突起，隆起

ـ ج نُهُود: ثَدْي 乳房

نِهْد: ما تُخْرِجه الرِفْقَة من النَفَقَة بالسَوِيّة في السَفَر 醵金，醵资，份子(摊派的旅费)

تَنْهِيد ج تَنْهِيدات 叹息

مُناهَدَة: مُخاصَمَة 争执，争斗

تَنَهُّد 叹息，叹气

نَاهِد: بَارِز (للثدي) 丰满的乳房

ـ ج نَوَاهِد: امرأة نَهَد ثَدْيُها 乳房丰满的女子

غُلامٌ ـ: مُرَاهِق 青春期的(青年)

نَهْدَانُ: مَلآنُ 丰满的，充满的

نَهَر ـَ نَهْرًا الدَمُ: سال بشِدَّة / نَفَرَ (م) (血)涌出，喷出，迸出

ـ وانتَهَرَ فلانًا: زجَره 斥责

ـ وـ: صاح مُتَوَعِّدًا 喝斥

اِسْتَنْهَرَ: اتَّسَعَ 扩大

نَهْر ج أَنْهُر وأَنْهار ونُهُر ونُهُور: مَجرَى الماء الكبير 溪，河，河流

ـ من صَفْحَةِ كتابٍ أو جَرِيدَةٍ: عَمُود / حَقْل (书、报的)栏

ـ المَجَرَّة / ـ اللبَنِ 天河，银河

نُهَيْر: نَهْر صَغِير 渠，小河，小溪

نَهْرِيّ: مختص بالأنهُر 河的，河流的

سَمَكٌ ـ 河鱼，淡水鱼

نَبَاتٌ ـ 生在河里的植物，水生植物

سُفُنٌ نَهْرِيَّة 河船

نَهَار ج أَنْهُر ونُهُر: ضد لَيْل 日，白天，白昼

ـٌ أَنْهَرُ: شديد الضِيَاء 晴朗的日子

شَبّ الـ: اسم نبات مُزْهِر 牵牛花

ضَوْء الـ 日光，晓光

طُلُوع الـ 黎明，拂晓

مُنْتَصَف الـ 中午，晌午，正午

لَيْلَ نَهَارَ 昼夜，夜以继日地

نَهَارِيّ 白昼的

اِنْتِهَار: زَجْر 斥责

ـ: زَجْر وطَرْد 斥退，喝退

كَلَّمَهُ انْتِهارًا: انتهَرَه 斥责

نَهِير: كَثِير / وَافِر 多的，丰足的，旺盛的

نَهَزَه ـَ نَهْزًا: دفعه 推，搡

نَاهَزَه: قارَبه / دَانَاه 接近，靠近

ـ البُلُوغَ 接近成年期

ـ الخَمْسِينَ (من عُمْرِه): دَنَا منها 年近五旬，他快 50 岁了

ـ وانْتَهَزَ الفُرْصَةَ: اغتنَمها 乘机，抓住机会，趁势

اِنْتَهَزَ فُرْصَةَ كذا 乘…机会，利用…机会

نُهْزَة ج نُهَز: فُرْصَة 机会，时机

اِنْتِهاز الفُرَصِ 乘机，利用机会

اِنْتِهازِيّ 机会主义的；机会主义者

الـ ون اليَمِينِيُّون 右倾机会主义者

اِنْتِهازِيَّة 机会主义

الـ اليَمِينِيَّة 右倾机会主义

الـ اليَسَارِيَّة 左倾机会主义

نَهَّاز الفُرَصِ 机会主义者，投机取巧者，投机倒把者

نَهَشَه ـَ نَهْشًا: عَضَّهُ 咬，咬住

يَنْهَشُ الحِقْدُ صَدْرَهُ 仇恨折磨着他，恨得咬牙切齿

ـ العِرْضَ 侮辱

يَنْهَشُهُ الغَيْظُ 他非常生气，怒火中烧

نَهَّاش 爱咬人的(狗)

نَهَضَ ـَ نَهْضًا ونُهُوضًا وانتَهَضَ: قام 起，起来；复兴

ـ للأمرِ: قامَ وشرَع فيه 开始，着手，动手

ـ للأمر: قام واستعَدَّ له 给事情做准备

ـ على فلان: قام ضدَّهُ 起来反抗
ـ إلى ... 冲向
ـ واثبًا 跳起，一跃而起
ناهَضَ قِرْنَهُ: قاوَمه 抵抗，反抗，对抗
ـ ه: تحَدَّاه 挑战
ـ ه: خاصَمَه 争论，争执，抗争
أنْهضَه: أقامَه (وبِكُلِّ معَانيها المَجازِيَّة) 扶起，
举起，抬起，抬高，提起
ـ ه: حرَّكه للعمل 激发，鼓舞，鼓励
ـ ه واسْتَنْهَضَه: استفزَّه 唤醒，唤起，振奋
نَهْضَة / نُهُوض: اِنتعاش أو تحرُّك 苏醒，更生，
复兴
ـ: حَرَكةٌ نَحْوَ التقَدُّمِ 复兴运动
ـ: طاقة وقُوَّة 能力，才能
الـ العِلْمِيَّة 科学复兴
الـ الوَطَنِيَّة 民族复兴
عَصْر الـ 复兴时期
ناهِض: قائم 站起的，奋起的，复兴的，
振兴的
ـ: ثابت 确定的，固定的，不变的
ـ: مُجْتَهِد 勤勉的，勤奋的，奋发的，
努力的
نَهْفَة (م): مُلْحَة 妙语，俏皮话
نَهَقَ ـَـ ونَهِقَ ـَـ نَهْقًا ونَهِيقًا ونُهاقًا وتَنْهاقًا الحِمارُ:
صوَّت 驴叫，驴鸣
نَهَكَ ـَـ نَهْكًا ونَهاكَةً الثَوْبَ وغيرَه: لَبِسَه حتى
خَلَقَ 损耗，磨破，穿破(衣服)
ـ عِرْضَهُ 诽谤，中伤，破坏名誉
نَهِكَ ـ نَهْكًا فلان الشَرابَ: أفناه / استنفده 耗
尽，用尽
نَهِكَتْ ـ نَهْكًا ونَهْكًا ونَهْكَةً ونَهاكَةً وانْتَهَكَتِ
الحُمَّى فُلانًا: أَضْنَتْهُ وهزَلَتْه / مَقَتَ (م) 使瘦
弱，使憔悴
ـ و ـ قُوَّتَهُ: أَفْناها 使筋疲力尽，使耗尽
体力，使困顿不堪，使衰竭
نُهِكَ نَهْكًا: ضَنِيَ 瘦弱，憔悴
أَنْهكَه: عَذَّبَه 拷打，折磨
ـ البِناءَ: قَوَّضَه 摧毁，拆除
ـ (م): نَهَكَ 用光，用尽；耗尽
اِنْتَهَكَ الحُرْمَةَ: تناوَلها بما لا يَحِلّ 干犯，违犯
(禁忌)
ـ الهُدْنَةَ 违反停战协定
ـ الشيءَ: أساءَ اسْتِعْمالَه 滥用，妄用，糟踏
ـ حُرْمَةَ امْرَأَةٍ 强奸妇女
ـ الرَجُلَ / ـ كَرامتَه 诽谤，污辱
لا يُنْتَهَكُ: حَصِين / حَرَم 不可侵犯的
نَهْكَة: ضَنًى وهُزال 憔悴，瘦弱
نُهُوك 困乏，衰弱，疲惫
ـ القُوَى 疲倦
اِنْتِهاك الحُرْمَةِ 干犯，违犯(禁忌)
ـ حُرْمَةِ المَعابِد والأشْياءِ المُقَدَّسة 亵渎神物，
窃取圣物；[法]渎圣罪
مَنْهُوك: مُسْتَنْفَد 被消耗尽的，被消费完的
ـ القُوَى 筋疲力尽的，力竭的
مُنْهِك: مُتْعِب 使人疲劳的，使人筋疲力尽的
نَهِلَ ـ نَهَلاً ومَنْهَلاً الإبِلُ: شَرِبَ 饮，喝
مَنْهَل جـ مَناهِلُ: مَوْضِع الشُرْب 饮水处，泉源
نِهِلِسْتِي (أ) nihilist: فَوْضَوِيّ مُتَطَرِّف / عَدَمِيّ
虚无主义者
نِهِلِسْتِيَّة nihilism: عَدَمِيَّة / فَوْضَوِيَّة متطرِّفة 虚
无论，虚无主义
نَهِمَ ـ نَهَمًا: كثُرَ أكلُه 多吃，滥吃
نَهِمَ ـ ونُهِم نَهَمًا ونَهامَةً في الأكل: شَرِهَ وحَرَص
وأفرط الشهوةَ فيه 贪吃

ـ في الشيء: رَغِبَ فيه جدًّا 垂涎，贪图，
贪婪
نَهَم: بِطْنَة 多吃
ـ: شَرَاهَة 贪心，贪婪
نَهْمَة 强烈的愿望
مَنْهُوم بكذا: مُولَع به لا يَشْبَع منه 酷爱…的
نَهِم / نَهِيم: فَجْعَان (مـ) 老饕，贪吃的
ـ / ـ / مَنْهُوم: شَرِهٌ 贪心的，贪婪的，
垂涎的，不知足的，贪得无厌的
نَهْنَهَ فلانًا عن كذا: كفَّه عنه وزجَره بالفعل
أو القول 阻止，制止；斥退，喝退
ـ (مـ): أَتْعَبَ 疲劳，困惫
نَهَاه ـَ نَهْيًا ونَهَاه ـُ نَهْوًا عن كذا 禁止
ـ ونُهِيَ وأُنْهِيَ وانْتَهَى إليه الخبرُ: بلغه (消息)
传到，得到消息，听说
نَهَّى وأَنْهَى إليه الخبرَ: أبلغه 告诉，通知
أَنْهَى الشيءَ: أتمَّه 作完，完成，完结，结束
ـ الأمرَ: جعله يَنْتَهِي 停止，终止，截断
اِنْتَهَى الشيءُ: تَمّ 结束，完成
ـ: زَالَ / اِنْقَطَعَ 停止，中止，断绝
ـ الأمرُ 完结，完成，结束，完事
ـ أمرُهُ 他全完了，他无望了，他完蛋了
ـ الأَجَلُ أو المَوْعِدُ 期满，到期
ـ الشيءُ 用完，用尽
ـ بكذا 以…而结束，以…而告终
ـ إليه الخَبَرُ: بلَغَه 消息传到他那里，他得
到消息，听说
ـ به إلى كذا 导致，带到
ـ وتَنَاهَى الوَقْتُ 期满，到期，时间已过
ـ وـ عن كذا 放弃，抛弃，丢弃
تَنَاهَى الشيءُ: بلغ نِهايتَه 到头，到底
ـ في البُعْدِ 极远，远极了

إِنْهَاء: إِنْجاز 完结，完成，结束
ـ / نَهْي: مَنْع 禁止，制止
نِهًى / نُهَاء: زُجَاج 玻璃，水晶
نُهًى: عَقْل 理性，理智，智慧
نِهَاء: رُخَام شَفِيف 雪花石膏
ـ / نِهَايَة: آخِر 终点，终极，尽头，末端，
结局，终局
ـ / ـ: غَايَة / مُنْتَهًى / أَقْصَى 极端，极点，
极限
نِهَايَة جـ نِهَايَات: حَدّ 界限，限度
ـ الطريق (路的)终点，尽头
الـ الصُّغْرَى 最低限度，最小限度
الـ الكُبْرَى أو القُصْوَى أو العُظْمَى 最高限度，
最大限度
إلى الـ: إلى الآخِر 到底，到最后
إلى ما لا ـَ / إلى غَيْرِ ـ 无限地，无尽
地，无穷地，无止境地
لا ـَ له / لَيْسَ له ـ 无限的，无尽的，无穷的
في الـ 最后，结果
نِهَائِيّ: أَخِير 最后的，最终的
ـ: بَاتّ 决定性的
بَلاغٌ ـ / إِنْذارٌ ـ 最后通牒
حُكْمٌ ـ 最后的判决，最后的决定
عِلاَجٌ ـ 最后的医治，最后的治疗，最
后的补救法
فَوْزٌ ـ 最后胜利
المُبَارَاة الـ ة 决赛
ناهٍ جـ نُهَاة: مَانِع 禁止的，禁止性的
ـ: آمِرٌ بالاِمْتِناع 禁止者
نَاهِيَة جـ نَوَاهٍ [宗]禁令，戒律，清规戒律；
金科玉律
نَاهِيك من كذا (أو به كذا) (这能使你满足，

这不让你再寻求别的)表示惊叹和赞美的意义

نَاهِيكَ بِزَيْدٍ صَدِيقًا 宰德真够朋友

هذا رَجُلٌ نَاهِيكَ من رَجُلٍ 这是令人佩服的男子汉

هذه امرأةٌ ناهيَتُك من امرأةٍ 这妇人真够贤惠

نَهْيِيّ 禁令的；禁止的，抑制的

مَنْهِيّ عنه: مُحَرَّم 违法的，被禁止的

مُنْتَهٍ: مُنْجز / تامّ 被完成的，已做完的，已完毕的，已结束的

ـ: مُنْقَضٍ 过去的，期满的

ـ: لَمْ يبقَ منه شيء / خالص (مـ) 用光了的，全完了的(一点没剩的)

مُتَنَاهٍ: مَحْدُود 有限的，有定限的

ـ: للغَايَة 极…的，到极点的，极端…的

غيرُ ـٍ: لا حَدَّ له 无限的，无限量的

غيرُ ـٍ: لا آخِرَ له 无尽的，无穷的，无止境的

كَمِّيَّات مُتَنَاهِيَة [数]无限级数

مُنْتَهًى: آخِر 终尽，末端，终点

ـ: غايَة 极端，极点

ـ: أَقْصَى 极度的，极端的，极限的，最大限度的

ـ الجُمُوع (في النَّحْو) [语]极限复数

إنَّ هذا ـ الجُرْأَة 这是绝顶勇敢

نَاءَ يَنُوءُ نَوْءًا وتَنْوَاءً: نَهَضَ بجَهْدٍ ومَشَقَّة 挣扎着起来

ـ بالحِمْل: نَهَض به مُثْقَلاً 担负重担

ـ به أو أناءَه الحِمْلُ: أَثْقَلَه 感到担子沉重

ـ / نَأَى: بَعُدَ 辽远，遥远

ـ: سَقَطَ 跌倒

ـ النَّجْمُ: سَقَط في المَغْرِب مع الفَجْر وطلع آخَرُ يقابِلُه من ساعَتِه في المَشْرِق 星宿没落

نَاوَأَه: فاخَره وعارَضه 比赛光荣

ـ: عاداه 敌视，仇视

نَوْء جـ أَنْوَاء ونُوآنٌ وأَنْوُء / نَوّ (مـ): اضطراب البَحْر 飓风，暴风，狂风

ـ: مَطَر 雨

طائر الـ: بُطْرُسِيّ 海燕

مُناوَأَة / نِوَاء 比赛光荣；抵抗，反抗；敌对

ـ الثَّوْرَة 反革命

مِنْوَأَة: مُسَجِّلة التَقَلُّبات الجَوِّيَّة 气象记录器

مِنْوَئِيّ: مختص بالأَرْصادِ الجَوِّيَّة 气象的

مُنَاوِئ 对手，敌手，竞争者

نَواة (في نوي)

نَابَ يَنُوبُ نَوْبًا ومَنَابًا ونِيَابًا ونِيَابَةً عنه: قامَ مَقَامَه 代替

ـ مَنابَه أو عنه: كان نَائِبًا عنه 代表他，成为他的副手

ـ ه كذا (مـ): نالَه 得，获得

ـ ه كذا (مـ): خَصَّه 分给他一部分

نَابَهُ يَنُوبُ نَوْبًا ونَوْبَةً وانْتَابَهُ أَمرٌ: وقع له 遇到，遭到，受到

نابَ إليه وأنابَ إليه وانْتَابَهُ: رَجَعَ إليه مَرَّةً بَعْدَ مَرَّةٍ 常去，时常往来

ناوَبَه: داوَلَه 轮流做…

أَنَابَ ونَوَّبَ عنه وكِيلاً في كذا: وكَّله 委托…代理某事，派…为代表

ـ إلى الله [宗]忏悔

تَنَاوَبَ القومُ على الماء: تقاسموه على حَصاةِ الماء 轮流饮水

تَنَاوَبُوا على العمل: تداولوه بينهم يفعله هذا مرةً وهذا مرة 轮流做工作

تناوَبَته الخُطوبُ 遭到重重灾难

إِنْتَابَهُ أمرٌ: أصابه 遭遇，遭受

ـ تْه آلامُ المَعِدَةِ 一阵阵的胃痛

إِسْتَنَابَ فلانًا 派…当代表，托…代替

نَوْب / نِيَاب: مَنَاب 代替，代理，代表

نَوْبَة جـ نُوَب ونَوْبَات: دَوْر 轮流，轮班

ـ: فُرْصَة 机会，时机

ـ (مـ) / مَرَّة 一次，一回，一遍

ـ مَرَضِيَّة (أو ما يُشْبِهُها) (病的)发作，阵发

ـ زِرَاعِيَّة: دَوْرَة [农]轮种

ـ تَمَام (مـ) (في الحَرْبِيَّة) [军]归营号

بالـ / مُنَاوَبَةً: بالدَوْر 轮流地，轮班地

جاءَتْ ـُـك 该你的班了，轮到你了，该你的了

قامَ بـ ـِهِ 值班

صَاحِبُ الـ 值班的，值日的，值班员

ـ قَلْبِيَّة 心脏病的发作

نُوبَتْجِي جـ نُوبَتْجِيَّة (مـ): في الخِدْمَة 值班的，值日的

نِيَابَة: وكَالَة 代理，代表

الـ العُمُومِيَّة (في المَحَاكِم الانكليزيَّة) (英、法)刑事部

الـ العُمُومِيَّة (العامَّة في المحاكِم المِصْرِيَّة) 检察总署

رَئِيس الـ 检察长

وكِيل الـ 检察官的代理人

بِالـ عَنْ فلانٍ: بالوِكالةِ عنه 代表某某；以某某的名义，替某某

وَزِير بالـ 代理部长

نِيَابَةً عن: بَدَلاً من 以…代替

نِيَابِيّ: بالوِكالة 代表的，代理的

ـ: مُخْتَصّ بالمجلس النِيابِيَّة 议会的，代议制的

حُكُومَة نِيَابِيَّة 议会政体

مَجْلِسٌ نِيَابِيّ: مَجْلِس النُوَّابِ 议会，国会

اِنْتِخَابَاتٌ نِيابِيَّة 议员选举

مَنَاب: بَدَل 代用物，代用品

ـ: نَوْب / نِياب 代理，代替，代表

ناب ـَ ـه: قام مَقامه 代替他

إِنَابَة: إِبْدَال 代替，代理

ـ: إيفادُ النائِبِ 派遣代表，委派代表

مُنَاوَبَة / تَنَاوُب: تَعاقُب / تَداوُل 交互，交替，顺序，挨次

ـ (مـ) (في الريّ وغيره) 轮流(灌溉等)

ـ زِرَاعِيَّة 轮种

بالـ / بالتَنَاوُب / مُنَاوَبَةً / على التَنَاوُب: بالدَوْر 轮流，顺序，挨次

نُوبَة جـ نُوَب / نائِبَة: مُصِيبَة 灾难，祸患

بلاد الـ 努比亚

نُوبِيّ: من بلاد النُوبَة 努比亚的；努比亚人

نائِب جـ نَوْب ونُوَّاب 代表，代理人

ـ: عُضْو مَجْلِس نُوّابٍ (议会的)议员

ـ الرَئِيس 副总统，副主席，副总裁，副议长，副会长

ـ القُنْصُل 副领事

ـ المَلِك 总督

ـ (قاصِدٌ) رسُولِيّ 罗马教皇的使节

ـ الفاعِل (في النَحْو) [语]代主词(被动语态动词的主语)

ـ عُمُومِيّ 检察长，检察官

الـ العَامّ 总检察长

مَجْلِس النُوَّاب 议会

نايِب (مـ): حِصَّة 一份

نائِبَة جـ نَوائِبُ ونائِبَات: مُصِيبَة 灾难，祸患

نَوَائِب الأيّام / نَوَائِب الدَهْرِ 灾祸，灾难

مُنِيب 归来的，返回的

ـ إلى اللهِ 忏悔的，改邪归正的

مُتَنَاوِب: مُتَعَاقِب 轮流的，交替的

نَاتَ يَنُوتُ نَوْتًا: تمايَلَ من ضَعْف (因衰弱而)
身体摇摇晃晃

نُوتِيّ جـ نُوتِيَّة ونَواتِيّ (أ) (拉): مَلاَّح 水手，
船员，海员

نُوتَة جـ نُوتَات (أ) note 笔记本，记事簿

ـ 乐谱

نَاحَتْ ـُ نَوْحًا ونُوَاحًا ونِيَاحًا ونِيَاحَةً ومَنَاحًا المرأةُ
المَيْتَ أو على المَيْتِ: بَكَتْ بصِياحٍ وعَوِيل
哭丧，号丧

ـ الحَمَامَةُ: سجَعَتْ (鸽子)咕咕地叫

نَاوَحَه: قابَلَه / واجَهَه 相对，面对面

تَنَوَّحَ الشيءُ: تحرَّك وهو مُتَدَلٍّ (吊着的东西)
摆动，摇晃

تَنَاوَحَ الجَبَلاَنِ 相对，两山对立，两峰相峙

ـ تِ الرِيَاحُ (风)猛刮；交替着刮

نَوْح / نُوَاح / نِيَاح 痛哭，恸哭，号啕

ـ / ـ / ـ الحَمام 鸽子的咕咕声

نُوح Noah: اسمُ صاحبِ الفُلْكِ [基督]诺亚；
[伊]努哈

سَفِينَةُ ـ 诺亚的方舟

نَوْحَة 号哭，号丧

غُرابٌ نُوحِيّ 白嘴鸦，白颈鸦

نَوَّاح / نائح جـ نَاحَة 号丧者

نَوَّاحَة / نَائِحَة جـ نَوَائح ونُوح وأَنْوَاح ونُوَّح
ونَائِحَات 女号丧者

مَنَاحة جـ مَنَاحات ومَنَاوِح 号哭，号丧

نَوَّخَ الفَلاَّحُ الأَرْضَ طَرُوقَةً للماء: مهَّدها وجعلها
مِمَّا تُطِيقه 农民使土地能贮藏水

أَنَاخَ الجَمَلَ: أَبْرَكَهُ 使骆驼跪下，使骆驼伏卧

ـ بالمَكان: أقامَ (在某地)居住，逗留

اِسْتَنَاخَ الجَمَلُ: برك (骆驼)跪下，伏卧

مُنَاخ جـ مُنَاخَات: مَحَلّ الإقامة 停留的地方

ـ: مَبْرَكُ الإِبِلِ 骆驼伏卧处

ـ: طَقْس (مـ) / حالة هَواء المَكان 气候

نَادَ ـُ نَوْدًا ونُوَادًا ونَوَدَانًا وتَنَوَّدَ: تَمايَلَ (树枝)
摇晃，摇摆

ـ وـ من النُعاس: أَخْفَقَ برأسِه (瞌睡者)
点头

نَوْد / نَوَدَان: تَمايُل 摇晃，摇摆

ـ وـ: تنكيس الرأسِ نُعاسًا / تَفْقِير (مـ)
(瞌睡者)点头，打盹

نَارَ يَنُور نَوْرًا ونِيَارًا: أضاءَ 发光，放光

نَوَّرَ النَباتُ: أَزْهَرَ (植物)开花

ـ لفلان: جَعَل له نُورًا (给他)点灯

ـ وأنار الشيءُ: أضاءَ 放光，辉煌，灿烂

ـ وـ المِصْباحَ: أشعلَه 点灯

ـ وـ العَقْلَ 启发，启迪，启蒙，开导，
教导，教化

نَاوَرَه: شاتَمه 辱骂

أَنَارَ المَسْأَلَةَ: أوضَحَها 说明，阐明，解释，分
析(问题)

أَنْوَرَ الشيءُ: ظَهَرَ 出现，显现，呈现

تَنَوَّرَ المَكانُ: أضاءَ (地方)有阳光，有灯光，
光线充足

ـ: تَطَلَّى بالنُورَة 涂上脱毛剂

ـ: استنارَ عَقْلُه 被启发

اِسْتَنَارَ بكذا: استمدَّ نُورَه 用某物照明

ـ العَقْلُ 得到启发，受了教导

نَوْر جـ أَنْوَار (الواحدة نَوْرَة): زَهْر 花

نَوْرَة جـ نَوْرَات / نُوَّارَة جـ نُوَّارَات ونَوَاوِير: زَهْرَة
花

نَوْرِيَّة (مـ): وَرَقَة الزَهْرَة /بَتَلَة (أ) petal [植]

花瓣

نُور جـ أَنْوار ونِيران: ضَوْء 光，光亮，光明，光辉；灯

ـ كَهْرَبِيّ 电光，电灯

ـ العُيُون 目光，视力

ـ الوَجْهِ 脸色，气色，血色

ـ الزينَة 作装饰的灯光

ـ الغَاز (راجع ضوأ) 汽灯

ـ نِيُون neon light 霓虹灯

ـ الشَمْسِ 阳光

ـ القَمَرِ 月光

عَلَيْك ـ (مـ): عافاكَ / للهِ دَرُّك 好！好极了！妙极了！做得好！

سَبْت الـ [基督]圣礼拜六，复活节的前夕

نُورِيّ: مُنِير 发光的，照明的

ـ: النسبة إلى النور 光的，光明的，光辉的

جِسْم ـ / جِرْم ـ (كالكَوَاكِب) 发光体(尤指日月)

سَنَةٌ نُورِيَّة (بقياس سُرْعة سَيْر النور) 光年

نُورَة: حجر الكِلْس 石灰石

ـ: مَزِيج من كِلْس وزِرْنِيخ وغيره لإزالة الشعر/ جَمِيش / جَمُوش 脱毛剂(由生石灰、砒霜等混合而成)

نَوَرِيّ جـ نَوَر 吉卜赛人，茨冈人

ـ (مـ): مُحْتَال 流浪者，漂泊者；流氓，无赖

نَار جـ أَنْوُر ونِيرَان ونِيرَة: جَوْهَر مُحْرِق (وبمعنى حَرِيقَة) 火；火灾，失火

ـ: سِمَة / كَيّ 烙印，火印

جَبَل الـ: بُرْكَان 火山

الـ: جَهَنَّم 火狱，地狱

عِبَادَة الـ 拜火教

شَرِيط الـ 导火线

الـ اليُونَانِيَّة (الإغْرِيقِيَّة) 火硝(古代火攻敌船用)

ـ المَدَافِع 炮火

إطْلَاق الـ 打枪，开枪

أَطْلَقَ الـ عِمْيَانِيّ (مـ) 盲目射击，无的放矢

الـ ولا العارَ 宁死不屈，宁折不弯

حَجَرُ الـ 黄铁矿

قَعَدَ على ـ 如坐针毡，坐卧不宁，忐忑不安

الـ الفَارِسِيَّة 丹毒

بَيْن نَارَيْنِ 进退维谷，左右为难，腹背受敌

نَارِيّ: من نار أو يحتوي أو يُشْبِه ناراً 火的，有火的，火似的，火红的

سِلَاحٌ نَارِيّ 火器，手枪

خِطَابٌ ـ 热烈的演说

أَسْهُمٌ نَارِيَّة: فَتِّيش (سـ) 烟火，花爆，火箭

نُورَانِيّ 辉煌的，光辉的

نُورَانِيَّة 光亮，光明，光辉，卓越

تَنْوِير الزُهُور 开花

إنَارَة / تَنْوِير: إضَاءَة 照明，照亮，点灯

ـ / ـ العُقُول 启发，启蒙，开导，教导，教化

مُنَاوِرَة جـ مُنَاوِرَات manovra (意): مُحَاوَنَة / مُحَاوَلَة [军](军队、兵舰的)运动，运用，演习

ـ حَرْبِيَّة (أ): عَرْض حَرْبِيّ 军事演习

ـ (أ) (في سِكَّة الحديد) 转轨，调车

عَامِل الـ (مـ) (في سِكَّة الحَدِيد) [铁]转轨工人，岔道工人

وَابُور ـ (مـ) 转轨器

نُوَّار جـ نَوَاوِيرُ / نُوَّارَة جـ نُوَّارَات: زَهْر 花

نَيِّر: مُنِير 发光的，明亮的，辉耀的，照耀的，光彩的，灿烂的

ـ / نِور (مـ): ضد مُظْلِم 光明的，明朗的

ـ / ـ: واضح / جَلِيّ 清楚的，明晰的

ـ: ساطع النُور / مُشْرِق 光明的，有光泽的

ـ 受过启发的，受过教育的

طِلاء أو دِهَان ـ 发光的涂料，发光的油漆

عقل ـ 才气纵横的头脑

نَيِّر جـ نَيِّرَات 发光体

الـ الأَعْظَم: الشَمْس 太阳

النَيِّرَان: الشَمْس والقَمَر 日月

نَوَّار اللَيْلِ (مـ): شَبّ اللَيْل (مـ) / نَبَات 紫茉莉，胭脂花

نَؤُور: نِيلَج / دُخَان الشَحْم يُعَالَج به الوَشْمُ حتى يَخْضَرَّ 烟炱，靛青(用于刺青)

مِنْوَار جـ مَنَاوِيرُ: مِصْبَاحُ الشارِع 街灯，路灯

مَنَار / مَنَارَة جـ مَنَاوِر ومَنَائِر: موضع النُور 烛台，灯台

مَنَارَة المَسْجِدِ: مِئْذَنَة (清真寺的)尖塔

ـ: فَنَار (مـ) 灯塔

رُسُوم المَنَائِر 灯塔费

مَنْوَر جـ مَنَاوِرُ / ـ السَقْفِ (مـ): جِلْي 天窗

مِنْوَر البَيْتِ (مـ) 灯台，烛台

مُنَوَّر 被照亮的，被照明的

ـ 晴的，明朗的

مُنِير: مُضِيء 发光的，照耀的，辉耀的

ـ: سَاطِع أو مُشْرِق 发光的，光耀的，光亮的

جِسْمٌ ـ 发光体

مُتَنَوِّر 开明的，进步的，文明的，有知识的

المُتَنَوِّرُون 受过教育的人

نَوْرَج جـ نَوَارِجُ: ما تُداسُ به أكداسُ البُرِّ من خَشَب كان أو حديد أو حجر (牛拉的)打谷机；碌碡

ـ: سِكَّة الحَرَّاث 犁铧

نَوْرَس: زُمَّجُ المَاء 海鸥

نُورَسْتِينِيَا (أ) neurasthenia: خَيْلَع [医]神经衰弱

نَوْرُوز / نَيْرُوز (波): رأس السنة عند الفرس والأقباط (波斯人和埃及科卜特族的)元旦

نَاسَ يَنُوسُ نَوْسًا ونَوَسَانًا الشيءُ: تحرَّك وتَذَبْذَبَ مُتَدَلِّيًا (悬挂物的)摆动，摇晃

نَوْس: ذَبْذَبَة 摆动，摇晃

نَاس / أُنَاس (والمفرد إِنْسَان) 人们

كَلام الـ 大众语；人家的闲话，骂人的话

اِبْنُ الـ 好人，世家子弟

نَوَّاس: مُتَذَبْذِب 摆动的，摇晃的

نَاوُوس جـ نَوَاوِيسُ / نَاؤُوس: تَابُوت حَجَرِيّ للمَوْتَى 石椁，石棺材

نَاسُوت جـ نَوَاسِيتُ: ضدّ لاَهُوت 人情，人性，人道(对神性而言)

نَوْسَرَ الجُرْحُ (أ) [医]成瘘，构成瘘管

نَاشَ يَنُوشُ نَوْشًا الشيءَ: تَنَاوَلَه 拿

نَاوَشَ العَدُوَّ في القِتَال: نازَلَه 和敌人交锋

تَنَاوَشَ وانْتَاشَ الشيءَ: تَنَاوَلَه 得到，拿到

ـُوا بالرِمَاح: تَطَاعَنُوا 交锋，厮杀

اِنْتَاشَه: أَنْقَذَه 拯救

نَوْشَة جـ نَوْشَات (مـ): حُمَّى تَيْفُودِيَّة (مِعَوِيَّة) typhoid 伤寒

مُنَاوَشَة جـ مُنَاوَشَات: نِزَال 小战，小冲突

نَؤُوش: قَوِيّ 有力的，强有力的，有勇气的

مَنَاوِيشِيّ (مـ) (土): لَوْن أَزْرَق أُرْجُوَانِيّ 紫红色的，绛红色的

نَاصَ يَنُوصُ نَوْصًا ومَنَاصًا ومَنِيصًا عن قِرْنِه: هَرَبَ

وتَنَحَّى عنه وفارقه 逃避，躲避，回避

اِنْتَاصَ ونَاصَ المِصْبَاحُ (مـ): ضَعُفَ نُورُه （灯光）渐渐地灭，逐渐微弱

نَوْص: حِمَارٌ وَحْشِيّ / عَيْر 野驴

ـ / مَنَاص / مَنِيص: مَفَرّ 逃避处，逃避所，太平门

لا مَنَاصَ منه 免不了的，无可避免的，不可逃避的

نَوَّاصَة (مـ): قِنْدِيل 灯，夜明灯

ناطه ـُ نَوْطًا ونِيَاطًا ونَوَّطَه وأنَاطَه: علَّقَه 吊，挂，悬，悬挂

ـ وـ وـ به الأمرَ: كَلَّفَه به 委托，信托

ـ وـ وـ عليه الأمَلَ: علَّقه عليه 寄以希望

نِيطَ به الأمرُ 被委托，被信托

ـ عليه: عُلِّقَ عليه 靠他，凭他，依靠他

نَوْط جـ أَنْوَاط ونِيَاط: كل شيء مُعَلَّق 垂饰，耳环；[建]吊钟饰

ـ: وِسَام 徽章，奖章，勋章

ـ الذِكْرَى 纪念章

نِيَاط [解]主动脉

ـ القَلْبِ 心弦，情绪

نُوط جـ نُوطَات (أ) note 笔记，略记，备忘录；注，注解，注释

تُنَوِّط / تَنَوُّط 织巢鸟

هذا مَنُوط به: مُعَلَّق 与此有关，以此为准则，以此为条件

مَنَاط: موضع التَعْلِيق 悬挂处

ـ 物件，物品，物体，物像

هُوَ مِنِّي مَنَاط الثُرَيَّا (他与我的距离，如在昴宿的悬挂处)可望而不可及的，高不可攀的

ـ الآمَالِ 希望的寄托，渴望的东西

نَوَّعَ الأشْيَاءَ: جعلها أنواعًا 分门别类

ـ الأشْيَاءَ: جعلها أشْكَالاً 使多样化，使变成形形色色

ـ الشيْءَ: غيَّره / عدَّله 改变，变更，改换，改造

تَنَوَّعَتِ الأشياءُ 变成各种各样，变成形形色色，变成五花八门

نَوْع جـ أَنْوَاع: جِنْس 种类，形式，式样

ـ: صِنْف 性质，品质，品种，等级

ـ العَمَلِ 工作的性质，工作的种类

الـ الإنْسَانِيّ 人类

ـ من ... …之流，…之类

بِنَوْعٍ ما / نَوْعًا / نَوْعًا مَا 稍微，有点，一点儿

بـ ـٍ خَاصٍّ 特别是，尤其是

على اخْتِلاطِ أَنْواعِهِم 所有氏族；所有品种

نَوْعِيّ [生]种的

ثِقَلٌ ـ [物]比重

صِفَةٌ ـ ة 特性，特征，特色

نَوْعِيَّة 方法，方式，办法；质量

تَنَوُّع: تعَدُّد الأنْواعِ 多种多样，多样性，形形色色，五花八门

مُتَنَوِّع 多种多样的，各式各样的，形形色色的，五花八门的

نَافَ يَنُوفُ نَوْفًا الشيءُ: ارتفع وأشرف 成为高的，崇高的，高耸的

ـ على ... 越过，超越

نَيَّفَ وأَنَافَ عليه: زادَ 越过，多于

نَوْف جـ أَنْوَاف: سَنَام عالٍ 高的驼峰

نِيَاف من الجِمال والنُوق (جَمَلٌ نِيَاف / نَاقَةٌ نِيَاف): الطويل في ارتفاع 高大的公驼或母驼

اِمْرَأَةٌ نِيَاف: تامّة الطول والحسْن 又高又美的

女人

نِيَافَة (مـ) / إنَافَة المَطْرَان 大主教阁下，大监督阁下

ـ الكَرْدِينَال cardinal 红衣主教阁下，教庭内阁阁员阁下

نَاف جـ نَافَات (مـ): نِير 牛轭

نَيِّف أو نَيْف 有余，多

عِشْرُون ونَيِّف أو نَيْف 20 余

مائَة ونَيِّف 百余

مُنْذ أَرْبَعِينَ سَنَةً و ـ 40 余年来

مُنِيف 华丽的，壮丽的，堂皇的

مَنَاف: اسم صَنَمٍ للعَرَب 麦那夫(阿拉伯偶像名)

نَوْفَر (مـ): قَطِيفة / اسم نبات [植]睡莲

نَوْفَرَة جـ نَوْفَرَات (مـ) (انظر نفر) 喷泉，喷水池；喷油井

نُوفِمْبَر / نُوفَمْبَر (أ) November: تَشْرِين الثَانِي / الحادي عشر من شهور السنة الشمسيَّة 阳历11月

أَنَقَ إيناقًا ونيقًا الشيءُ فلانًا: أعجَبَه (آنقَ مقلوب أناقَ والمصدر "نِيقًا" غير قِياسيّ) 使高兴、满足，中意，使觉得好、觉得有趣

تَنَوَّقَ وتَنَيَّقَ في مَلْبَسِه ومَطْعَمِه أو أُمُوره 讲究吃穿，有洁癖，好文雅

نَاقَة جـ نَاق ونُوق وأَنُوق وأَوْنُق وأَنْؤُق وأَيْنُق ونِيَاق ونَاقَات وأَنْوَاق جج أَيَائِقُ ونِيَاقَات: أُنْثَى الجَمَل 母驼

ـ البَحْر: أَطَمَة [动]儒艮，人鱼，海牛

لا ـ لِي فيها ولا جَمَلَ 与我无干

نَيِّق: صَعْب الإِرْضَاء 难侍候的，挑三拣四的，过分讲究细节的，吹毛求疵的

نَالَ يَنُولُ نَوَالاً ونَوْلاً ونَوَّل وأَنَالَ فلانًا العَطِيَّةَ وبالعَطِيَّة ونَالَ له العَطِيَّة وبالعَطِيَّة: أعطاه إيَّاها 给，授予，给予

نَالَ: حَصَل على (في نيل)

نَاوَلَه شَيْئًا: أعطاه إيّاه أو أعطاه إيّاه مادًّا به يَدَه 给，给予，授予，递给，交给，交付

تَنَاوَلَ الشيءَ: أَخَذَه 取，拿，接受，收到

ـ الطعامَ أو الشايَ الخ 吃(饭)，喝(茶)，服(药)

ـ ه 提到，涉及

ـ ه بالنَقْد 加以批评

نَوْل جـ أَنْوَال / مِنْوَل الحائكِ / مِنْوَال جـ مَنَاوِيلُ: مِنْسَج 织布机，手织机

ـ / نَوْلُون / نَاوْلُون (أ) (土): أُجْرَة الشَحْن 船钱，运费，水脚，装货费

مُنَاوَلَة: تَسْلِيم 转送，递送，传递

مِنْوَال: أُسْلُوب / نَسَق 方法，做法，方式，形式，样式

ـ واحِد 单调的，千篇一律的

على ـ ه / نَسَجَ على ـ ه 像他一样，摹仿他，效仿他

على هذا الـ 照这样，像这样

مُنَاوِل (مـ) [机]传动

مُتَنَاوَل 力所能及的地方，可以到达的范围

هذا في ـ يَدِنَا 这是在我们手边的，这是我们力所能及的

فَوْقَ ـ الظُنُون والشُبُهاتِ 无可怀疑的

نَامَ يَنَامُ نَوْمًا ونِيَامًا: ضد استيقظ / غَفَا 睡眠，睡觉

ـ: رَقَدَ / دَخَل سَرِيرَه لينامَ 就寝

ـ البَحْرُ: هَدَأَ (海)平静，安静

ـ عن حاجَتِه: لم يَهْتَمَّ لها 疏忽，忽略，不留神，不注意

ـ تِ البِضَاعَةُ: كسَدَتْ (货物)滞销，没有脱手，没卖出去

ـ تِ الرِجْلُ: خَدِرَتْ (脚)麻痺，麻木

ـ تِ الريحُ: سَكَنَتْ (风)平静，平息

ـ تِ السُوقُ: كسَدَتْ (市面)萧条

ـ تِ النارُ: همَدَتْ (火)熄，灭

ـ واسْتَنَامَ وتَنَاوَمَ إليه: اِطمَأَنَّ (对他)信任，信赖

ـ وـ إليه: رَضِيَ به 默从，默认，满意

ـ وـ إليه: أذْعَنَ 服从，顺从，屈从

ـ على أَكَالِيل النَصْرِ (安于胜利的花冠) 以既得的成绩为满足，不求进取

ـ مِلْءَ جَفْنَيْهِ 沉睡，酣睡，睡得很香

نَوَّمَه وأنَامَه ونَيَّمه (مـ): جعَله يَنَامُ 使他入睡，安排他睡觉

ـ وـ وـ الوَلَدَ (مـ): أدخله سَرِيرَه لِيَنَامَ 把小孩搁在床上让他睡觉

ـ ه: خَدَّرَه (用麻药)麻醉他

ـ ه بِالْكُلُورُفُرْمِ chloroform 用氯仿使他麻醉

ـ تَنْوِيمًا مَغْنَطِيسِيًّا 催眠，施催眠术

تَنَوَّمَ واسْتَنْوَمَ الرجلُ (مـ): احْتَلَمَ [生理]梦遗

تَنَاوَمَ: تَظاهَرَ بالنَوْمِ 装睡

اِسْتَنَامَ إليه: استأنَسَ به 和他亲密，交情好

ـ إلى الصُدْفَةِ 靠机会，等机缘，守株待兔

نَوْم ونِيام ونُوام: ضد يقظة 睡，睡眠

ـ مَغْنَطِيسِيّ 催眠状态

ـ الشَفَقِ (لتخفيف آلامِ الوَضْعِ) 无痛分娩

ـ وأَكْل 寝食，寝食与共

ـ أَهْلِ الكَهْفِ 长梦

أَبُو الـ (مـ): خَشْخَاش [植]罂粟

بِزْر أَبُو الـ (مـ): شَنَارِق (مـ) / جُنَارِك 罂粟子

قِلَّة الـ 失眠，失眠症

غُرْفَةُ الـ 寝室，卧室

قَمِيصُ الـ: نِيم / مَنَامَة 睡衣

مَرَضُ الـ أو النُعَاسِ 昏睡病(非洲的地方病，患者衰弱，消瘦，嗜睡，最后昏迷不醒而死)

نَوْمِيّ 睡眠的，关于睡眠的

الكَلَام الـ 梦话，呓语，梦吃

اليَقَظَة النَوْمِيَّة: التَرَوْبُصُ 梦中行走，梦游

نَوْمَة جـ نَوْمَات: المَرَّة من النوم 一睡，睡一觉

تَنْوِيم 使睡

ـ بالكُلُورُفُرْم 用氯仿使人麻醉

ـ مَغْنَطِيسِيّ (راجع مغنط) 催眠术

نِيم: ثَوْبُ النَوْم 睡衣

نائِم جـ نِيَام ونُوَّم ونُيَّم ونِيَّم ونُوَّام ونُيَّام ونَوْم: ضد مُسْتيقظ 睡着的，睡眠的

ـ (كالرِجْل أو اليَد): مُخَدَّر 麻醉的，麻木的

نُوَام: مَرَض النَوْم الخَطِر 昏睡病

نَايْمَة السُلَّمَة (مـ): خَلاف القائِمة (楼梯)踏板

نَؤُوم / نُومَة / نَوِيم / نَوَّام (مـ) 好睡者，贪眠者

الفَأْرَة النَوَّامَة [动]睡鼠

مَنْوَمَة: دَوَاء مُنَوِّم (مُنَعِّس) 催眠剂

مُنَوِّم / مَنْوَمَة: يَجْلِب النُعاس 催睡的，催眠的

ـ: مُخَدِّر 麻醉药，麻醉剂

جُرْعَةٌ منوِّمة 一服催眠剂

حَبَّة مُنَوِّمة 一片安眠药

مَنَام جـ مَنَامَات: نَوْم 睡眠，睡觉

ـ: حُلْم 梦

ـ / مَنَامَة: مَوْضِع أو فِراش النَوْم 床

ـ / ـ: غُرْفَة النوم 寝室，卧室

ـ / ـ: غُرفة النَوْم في المَدَارِس 学校宿舍

مَنَامَة: قَمِيص النوم 睡衣

مُنِيم جـ مَنَائِم [铁](铁轨下的)轨座

نَوَّنَ الكَلِمَةَ [语]在词尾加上鼻音符

تَنْوِين [语]在词尾加鼻音符

نُون جـ نُونَات 字母 نون 的名称

ـ جـ نِينَان وأنْوَان: سَمَك 鱼，鱼类

ـ: بَال / حُوت كَبِير 鲸鱼

ذُو الـ: يُونَان / يُونُسُ النَبِيُّ [宗]曾入鱼腹者，指先知约拿，优努斯(圣经约拿书)

نُونَة جـ نُونَات: نُقْرَة في ذَقَن الطِفْل 婴儿下巴上的小窝

قَصِيدَة نُونِيَّة 以 نون 为韵脚的长诗

نَوَّه الشيءَ: رفعَه 举起，抬起

ـ به: ذَكَرَه 叙述，说到，谈到，提到

ـ به: مدَحَه وعَظَّمه 赞美，称赞，颂扬

ـ عن أو إلى كذا (مـ): لَمَّح أو أشارَ إليه 暗示，暗指

تَنْوِيه: ذِكْر 叙述，说到，提到，提及

ـ: مَدْح 赞美，称赞，颂扬

مُنَوَّه به: مَذْكُور 被说到的，被提到的，被提及的

ـ عنه أو إليه (مـ): مُشَار إليه 被暗示的，指示的

نَوَى يَنْوِي نَوَاةً ونِيَّةً ونِيَة وانْتَوَى الشيءَ: قَصَدَه وعزَمَ عليه 想，打算，决定，决意，立意，决心

ـ ـِ نِيَّةً ونَوًى المُسافرُ: تَبَاعَدَ 出远门，远离故乡

ـ (مـ) ونَوَّى السِنَّوْرُ (مـ): مَاءَ (猫)咪咪地叫

نَوَّى: عَقَدَ النَوَى (果实)成核，结核

نَاوَاه (由ناوأه变来)

ـ ه: عاداه 反对，反抗，敌视

نَوًى: بُعْد (راجع نأى) 远离，远去，到远方去，远走

ـ: ما يَقْصِدُه المُسَافِرُ من قُرْب أو بُعْد (阴性名词)(旅客的)目的地

نِيَّة جـ نِيَّات: عَزْم 决心，决意

ـ: قَصْد 心愿，心意，意图，意旨

حُسْنُ ـِ 诚意，好意，善意

سُوءُ ـِ 恶意，敌意

سَلِيم الـ 质朴的，天真烂漫的

سَلَامَة الـ 诚实，忠实，诚意，善意；质朴，朴素，天真

بِسَلَامَةِ ـِ 诚实地，诚心地

بِسُوءِ ـِ 恶意地

صَحَّتِ الـ على ... 有意，有决心

عَقَدَ الـ على ... 决心作…

على نِيَّاتِه (مـ): خُدْعَة 不疑人的，易上当的

على نِيَّاتِه (مـ): غِرّ 无经验的，未成熟的

والأَعْمَالُ بالنِيَّات 行为的善恶，决定于动机

نَوَاة جـ نَوًى ونَوَات جج أَنْوَاء ونُوِيّ ونِوِيّ: عَجَمَة التمر ونحوه أي حَبُّه أو بِزْره (枣)核，果(核)

ـ: جُزْء مَرْكَزِيّ 核，核心

ـ صَغِيرة / نُوَيَّة 核仁，核小体；细胞核；原子核

تَحْطِيم ـ الذَرَّة 原子核分裂

نَوَوِيّ 核的，原子核的

جِبْلَة ـ ة 核形质

الأَبْحَاث الـ ة 原子核研究

غِشَاء ـ 核膜

اِنْتِوَاء: عَقْد النِيَّة 决心，决意

ناءَ يَنِيءُ نَيْئًا ونُيوءًا ونُيُوءَةً اللحمُ وغيرُه: لم ينضَج (肉、果实)生，未熟

ـ بحِمْلِه (في نوء)

نَيَّأَ تَنْيِيئًا الأمرَ: لم يُحْكِمْهُ 未完成，做得不仔细，未把某事作好

نِيْء / نَيّ من اللحم (مـ): الذي لم تَمَسَّه النار 生的，未熟的，未煮的

ـ / ـ (مـ): نَاقِص النَضْج 夹生的，半煮的

ـ / ـ (مـ): فِجّ 生的，未熟的(果子等)

نيابة (في نوب) / **نياط** (في نوط)

نيافة (في نوف)

نَيَّبَ فُلانًا: عَضَّه بالأَنْيَاب 用犬齿咬

نَاب جـ أَنْيَاب وأَنْيُب ونُيُوب وأَنَايِيبُ: السِنّ خَلْفَ الرُباعِيَّة 犬齿

ـ الحَيَّةِ وكلِّ حَيَوانٍ مُفْتَرِس (蛇的)毒牙，(野兽的)牙

ـ الخِنْزير البَرِّيّ أو الفِيل وأَمثالهما 象牙，野猪獠牙

كَشَّرَ عن أَنْيَابِه 龇牙瞪眼

نِيتْرات (أ) nitrate (راجع نِتْرات)

نَيْتْرُوجِين (أ) nitrogen: أَزُوت (أ) [化]氮

نِير جـ أَنْيَار ونِيرَان: نَاف (مـ) 牛轭

نِيرَة الأَسْنَان (مـ): لِثَة 齿龈，牙肉

نَيِّر (في نور)

نَيْرُوز: أَوَّل يوم من أَيّام السنة الشمسيّة عند الفُرْس 波斯人的元旦(阳历年 1 月 1 日)

ـ: رأس السنة القِبْطِيَّة 科卜特人的元旦

نَيْرُون (أ) Nero: عاهِل رُومَانِيّ اشتهر بإحْراق رُوما 罗尼(罗马暴君，曾烧过罗马城 37—68)

نَيْزَك (في نزك)

نَيْسَان (أ): إِبْرِيل / الرابع من شهور السنة الشمسيّة 阳历 4 月

يَوْمُ كِذْبَةِ ـ 愚人节(阳历 4 月 1 日)

نِيشَان (مـ) (في نشن)

نِيص (أ): قُنْفُذ كبير [动]豪猪，箭猪

نيط (في نوط) / **نيف** (في نوف)

نيّق (في نوق)

نِيقَة: اسمُ تَنَوَّقَ 讲究吃穿

نَاكَ يَنِيكُ نَيْكًا المرأةَ: جامَعها 交媾

مَنْيُوكَة 妓女

نَيكَل / نِكَل nickel: فَلاَّذ [化]镍；一般镍币

مُنَكَّل 镀镍的

نِيكُوتِين nicotine: خُلاصَة التِبْغ / جُبَاظ (مـ) [化]菸咸，菸草素，尼古丁菸

نَالَ يَنِيلُ ويَنَالُ نَيْلاً ونَالاً ونَالَةً مَطْلُوبَهُ: أصابَه/ حَصَل عليه 取得，博得，获得，得到

ـ الشيءَ: أَدْرَكَه 遂(愿)，获得(胜利)，达到(目的)

ـ: رَبِحَ 博得，赢得，得利，获利，挣(钱)，赚(钱)

ـ نَجاحًا في ... 在…方面取得成就，获得成功

ـ منه: أَثَّر فيه 感染(他)，影响(他)

ـ منه الشَيْبُ 他的头发变白了

ـ من نَفْسِي هذا الحديثُ 这番谈话给我留下了印象

ـ عَطْفَه 博得他的同情

ـ بُغْيَتَه 得遂所愿

ـ جَائِزَةً 得奖

ـ رِضَاهُ 得到他的欢心

ـ حُظْوَةً لَدَيْه أو في عَيْنَيْه 取得他的宠爱

ـ من عِرْضِه: سَبَّه 诽谤，中伤，侮辱，辱骂

ـ ه بسُوءٍ 使他受害

ـ ه: وَصَلَه / حصل عليه 接受，得到

ـ ه وأَنَالَه: جعله ينال 使他得到，使他获得

ـ ه وـ ه: أعطاه 给，给予，授予，赐予

نَيَّلَه 涂以靛蓝

ـ 用尼罗河水灌溉

نَيْل / نَوَال (مـ): إدْرَاك 得到，获得，取得

نِيل: نبات يُصْبَغُ به أَزْرَق [植]蓼蓝，蓝

ـ / نِيلَة (مـ) /نِيَلج (أ): صِبَاغ أَزْرَق 靛，靛青，靛蓝

كُرَة الـ (للغَسِيل) / زَهْرَة الـ: زَهْرَة (مـ) 兰粉(洗涤剂)

نَهْر الـ / الـ (埃及的)尼罗河

بَنُو الـ 埃及人

عَرَائِسُ الـِ [植]莲花，荷花

نِيلِيّ 蓝色的，青色的

ـ: مختص بنَهْر النِيلِ 尼罗河的

تَنْيِيل (مـ) (الزِراعَة والرِيّ) 用淤泥做肥料

نَائِل: الذي يَنَالُ 得到者，获得者

مَنَال 得，得到，获得，取得

بَعِيدُ أو صَعْبُ الـِ 难得的

قَرِيبُ أو سَهْلُ الـِ 易得的

مَنِيل (مـ): مُدْرَك 所取得的，所获得的

مَنْيَل (مـ): مِقْيَاس النِيل 水位计(测量河水的标尺)

نِيلَج (أ) / نِيلَة (مـ): صِبَاغ أَزْرَق 靛青，靛蓝

نِيلُوفَر (أ) nenuphar: بِشْنِين 睡莲

نَيْلُون (أ) nylon 尼龙，锦纶

جَوَارِب ـ 尼龙袜

نيم (في نوم)

نِينَة (مـ) 妈妈

نِيمْبِرِشْت: شُوِيَ نِصْفَ شَيٍّ (波) 烤得嫩的，煮得嫩的，半生不熟的

بَيْض ـ: بَيْض بِرِشْت / نِصْف سَلْق 溏心蛋

نِيَّة (في نوي)

نِيُوتْرُون (أ) neutron: دَقِيقَة كَهْرَبِيَّة محايِدة [物]中子

نِيُوتُنُ (أ) Newton: إسْحَقُ نِيُوتُن مكتشِفُ قوَانِين الجاذِبِيَّة والنُور 牛顿(英国物理学家，1642—1727)

نُوتُنِيّ / نِيُوتُنِيّ 牛顿的；牛顿学说的

نَايٌ: مِزْمَار من الغاب [乐]长笛

الهاء

ه (الهاء) 阿拉伯字母表第 26 个字母；代表数字 5

هـ: هِجْرِيَّة (回历纪元的)缩写

ـهُ 他，他的；它，它的(宾格和属格的连接代名词)

رَأَيْنَاهُ 我们看见了他

أَخَذْنَاهُ 我们拿了它；我们攻下了它，我们夺取了它

كِتَابُهُ 他的书

هَا 她，她的(宾格和属格的连接代名词)

رَأَيْنَاهَا 我们看见了她

كِتَابُهَا 她的书

ـ 呵！(提起注意的虚词)

ـ هُوَ 呵！他(他在那儿；他来了)

ـ أَنَذَا 呵！我在这儿；就是我

و ـ أنا قائم 呵！我站在这儿

ـ: بمعنى خُذْ 拿着！

و ـ كَ مَثَلاً آخَرَ 再给你举个例子吧！

إِذَا شِئْتَ دَلِيلاً فَـ كَهُ 想要证据，就请听吧！

لهذه المُشْكِلَةِ حَلٌّ وَحِيدٌ و ـ نَحْنُ ذاكِرُوهُ 这个难题只有一个解决办法，我们就来谈一谈吧

ـ هُنَا 就在这儿

هٰذَا (ها + ذا) (阳)这，这个

هٰذِه (阴)这，这个

هٰؤُلَاءِ 这些

هٰكَذَا 这样，这么样，如此

هاب (في هيب) / **هات** (في هيت)

هاتُور: إلاهة الجوّ الفرعونيّة 哈突尔(古代埃及女神，牛头人身，专司恋爱和娱乐)

هاء (في هوأ) / **هاجَ** (في هيج)

هاجٍ (في هجو) / **هاد** (في هود)

هادٍ (في هدي) / **هاذٍ** (في هذي)

هَارَاكِيرِي (أ): انتحار يابانِيّ (日本的)切腹，剖腹(自杀行为)

هَارُون: هرُون 哈伦(男名)

أَبُو ـ: عَنْدَلِيب / مُسْهِر 夜莺

هاش (في هوش) / **هاص** (في هيص)

هاط (في هيط) / **هاع** (في هوع)

هاف (في هيف) / **هالة** (في هول)

هَالِيُوم (أ) helium: غازُ المِنْطادِ / عُنْصُرٌ غازِيّ [化]氦

هام (في هيم) / **هامّ** (في همم)

هامة (في هوم) / **هامّة** (في همم)

هان (في هون) / **هاوية** (في هوي)

هَأْهَأَ هِئْهاءً وهَأْهاةً: قَهْقَهَ 哈哈大笑，哄笑

هَأْهأ وهَأْهاء 哈哈大笑的人

هَبْ (في وهب) / **هَباء** (في هبو)

هَبَّ ـُ هَبًّا وهُبُوبًا هَبِيبًا وهِبَابًا يَفْعَلُ كذا: طَفِقَ يَفْعَلُهُ 开始做，着手

ـ يَكْتُبُ 他开始写

ـ هَبًّا وهُبُوبًا في الحَرْبِ: انهزَمَ 战败，败北

هَبَّ ـُ هُبُوبًا وهَبِيبًا وهَبًّا من نَوْمِهِ: انتبَهَ واستَيْقَظَ 醒来；起床

ـ للحَرْبِ 拿起武器，奋起应战

ـ في وَجْهِهِ المُعارِضُونَ 反对者群起而攻之

ـ في 奋起反抗

ـ تِ الرِيحُ: ثَارَتْ 刮风，起风

ـ تِ العَاصِفَةُ 起暴风

ـ تِ النَارُ 着火；战火燃起

ـ فيه الكَلْبُ (مـ): هَجَمَ عليه 狗向他扑去

كُلُّ مَنْ ـ ودَبَّ 无论张三李四

هَبَّ الثَوْبَ: خرَّقَه / قطَّعه 撕破，撕碎

ـ ه (مـ): سخَّمه / سوَّده 用煤烟涂黑

تَهَبَّبَ الثوبُ: بَلِيَ / تَقَطَّع 衣服破旧

هَبَّةُ رِيحٍ 一阵风

هِبَة (في وهب)

هَباب: هَبَاء 细灰尘，细尘埃

هِبَابُ الدُخَانِ (مـ): كتَن 煤烟，烟炱，烟垢，油烟

ـ المِصْبَاحِ: سِنَاج / سُخَام 灯烟

هُبُوب الرِيحِ 起风，刮风

هَبُوب / هَبُوبَة / هَبِيب: ريح مُثِيرة للغُبْرَة 扬尘大风

مَهَبّ جـ مَهَابُّ الريح 起风的方向

هبته ـِ هَبْتًا: ضَرَبَه / هَبَدَه (مـ) 打击

هُبِتَ الرجلُ: كان هَبِيتًا 成为白痴、傻子、呆子

هَبِيت: عَبِيط (مـ) 白痴，呆子，愚人

ـ: جَبَان 懦夫，胆小鬼

هبجه ـُ هَبْجًا بالعَصَا (用棍)击

هبد ـِ هَبْدًا الولدَ (مـ): رَمَاه 砰然把…摔倒、打倒、推倒

ـ ه بالهِرَاوَة: هَبَتَه بها 棒打，棒击

انْهَبَدَ (مـ) 挨打；被推倒

هَبْدَة: هَدَّة / صوتُ الشيءِ الثَقِيل الساقط على الأرض 重物砰然落地的声音

ـ: سَقْطَة 砰的一下摔倒

هبر ـُ هبْرًا اللحمَ: قطعه قِطَعًا كِبارًا 把肉切成大块

هَبْر: لَحْم 肉

ـ: لَحْمٌ بلا عَظْمٍ 剔骨肉，没有骨头的肉

ـ: شَرِق (مـ) / لَحْمٌ أحمرُ (بلا دُهْنٍ) 精肉，瘦肉(不带膘的肉)

هَبْرَة جـ هَبَرَات: قِطْعةُ لَحْمٍ 一块肉

هِبْرِيَة / هُبَارِيَة: قِشْرَةَ الرأسِ 头垢，头皮屑

ريح هُبارِيَّة: ذاتُ غُبَارٍ 风沙

هُبَيْرَة: ضَبُع 鬣狗

أبو ـ: ذَكَرُ الضِفْدِع 雄蛙

أمّ ـ: أُنْثَى الضِفْدِع 雌蛙

هبش ـُ وهَبِشَ ـَ هَبْشًا الشيءَ: جَمعه 收集，采集，搜集

ـ باليَد وبالمِخْلَب (مـ) 握住，抓住

ـ فلانًا: ضَرَبَه ضَرْبًا مُوجِعًا 痛击

هَابُوش (مـ): نَامُوس كاذِب 蚊，蚋

هَبْصَة (مـ): دَثْر / مال كثير 大批的货物

هبط ـِ هُبُوطًا الرجلُ من الجَبَلِ: نزل 下(山)

ـ تِ الطائرةُ أو الطيَّارةُ (鸟、飞机)落下，降落

ـ قَلْبُهُ 灰心，消沉

ـ الثمنُ: نَقَصَ (物价)跌落，回跌

ـ إلى الأرضِ 掉到地上

ـ السَقْفُ (屋顶)坍塌

ـ من السَماءِ 从天而降

ـ تِ الريحُ والحُمَّى (风)平息，(疫病)消退

ـ إليه الوَحْيُ 他得到了灵感

ـ ـُ هَبْطًا المكانَ: أتاه 来到(某地)

ـ ه وأَهْبَطَه: أَنْزَلَه 降低，使下降

ـ المَرَضُ لَحْمَه (هَبْطًا): هزله (病)使他消瘦

ـ لَحْمُه مِنَ المَرَضِ (مـ) 他病瘦了

ـ وـ الثمنَ وغَيرَه: خَفَضَه 减价，跌价

هَبْط / إهْبَاط: تَنْزِيل 降低，减少

ـ: نقْصَان 降低

هَبْطَة: نَزْلَة 降低一次
ـ: سَقْطَة 降落一次，跌落一次，落下一次
ـ: وَهْدَة / مَطَبّ (مـ) 低地，洼地；洞穴
هُبُوط: نُزُول أو سُقُوط 降落，跌落
ـ اضْطِرَارِيّ 被迫降落
ـ: تَنَاقُص 减少
ـ الأَسْعَار: تَدَهْوُر 跌价，忽然落价
ـ المَقْعَدَة: صُمَّيْلَة (س) 脱肛
ـ صِحِّيّ 衰弱
ـ 来临
هَبُوط: مُنْحَدَر 斜坡，斜面
هَابِط: نازِل 降下的，落下的，跌落的
ـ بِالمِظَلَّة 跳伞降落者
هَبِيط / مَهْبُوط: مَهْزُول 消瘦的，憔悴的
أَهَابِيط: الهَابِطُون بالمِظَلاَّت 伞兵
مَهْبِط ج مَهَابِطُ: مَوْضِع الهُبُوطِ 降落的地方
ـ الطَّائِرَات 机场
ـ ج مَهَابِطُ: قُطْب كَهْرَبِيّ سَالِب [电](分解液的)阴极
أَشِعَّةُ الـ [物]阴极射线
مَصْعَد وـ 阳极和阴极
هو ـُ السُّيَّاحِ مِنْ جَمِيعِ أَنْحاءِ العالَم 世界各地游客的云集之地
المجتمع الشيوعيّ ـ آمال الإنسانية المُتَقَدِّمَة 共产主义社会是进步人类希望的归宿
مُنْذُ طَلْعَةِ الصُّبْحِ حتى ـ الليلِ 从早到晚
دَالِف مَهْبِطِيّ [化]阳离子，正电离子
مُهْبِطُ الحَرَارَة 解热剂，清凉剂
مِهْبَطَة / هابِطة: مِظَلَّةٌ وَاقِيَةٌ 降落伞
هَبَلَ وتَهَبَّلَ واهْتَبَلَ الرجلُ لعِيالِه: تكسَّب 挣得，赚得(钱财)
ـ (مـ) وهَبَلَ ـُ هَبْلاً (مـ): أَذْهَبَ عَقْلَه 使愚蠢，弄糊涂
ـ الطَّبْخَ (مـ): طَبَخَه بالبُخَارِ 蒸熟
تَهَبَّلَ بالبُخَارِ (مـ) 洗蒸气浴
ـ واهْتَبَلَ الفُرْصَةَ: اِنْتَهَزَهَا 乘机，利用机会
اِهْتَبَلَ بـ 关心，关怀
ـ الصَّيْدَ 诱骗猎物
اِنْهَبَلَ 糊涂
هَبَل: شَأْن 事务，事情
ـ: بَلَه 痴愚，白痴
هَبَلَة: بُخَار 蒸气
هُبَلُ 胡伯勒(伊斯兰教以前供在麦加克而白里的偶像)
هَبُولَى (مـ) / بالـ 大量，许多；为数众多
هِبَلّ / هِبِلّ: رَجُل طويل 个高的人，高个子
هَبَالَة 愚蠢，白痴
هَبِيل / هَابِيل: ثاني أولادِ آدَمَ [宗]亚伯(亚当的次子)
ـ / أَهْبَل / مَهْبُول (مـ): أَبْلَه 白痴，傻子
أَهْبَلُ م هَبْلاَءُ ج هُبْل 白痴，傻子
مَهْبِل ج مَهابِلُ المَرْأَةِ: مَسْلَك الرَحِم [解]阴道
مِنْظَارُ الـ [医]子宫镜
مَهْبِلِيّ: مختص بالمَهْبِل 阴道的
مِهْبَل: خَفِيف 轻的，轻便的
هَبْهَبَ النَجْمُ والسَرابُ: تَرَقْرَقَ 闪烁，发亮
ـ الكلبُ (مـ): نَبَحَ 狗吠，狗叫
هَبْهَاب: سَرَاب 蜃景
ـ / هَبْهَبِيّ: سَرِيع 敏捷的，轻捷的，飞快的
هَبَا ـُ هُبُوًّا الغُبَارُ: سَطَعَ (灰尘)飞扬
ـ: هَبَأ (مـ) / فَرَّ 逃跑，逃走，溜之大吉
هُبُوُّ الغُبَارِ: سُطُوعُه (尘土)飞扬
هَبَاء ج أَهْبَاء: غُبَار 微尘，灰尘
ذَهَبَ ـً ا (مَنْثُورًا) (变成飞扬的微尘而消

散)烟消云散

هَباءَة: ذَرَّةُ تُرَابٍ 微尘

ـ: ذُرَيْرَة 微粒子

هَبِيك (مـ): واحد وواحد في نَرْدَيْن (骰子的) 双么

هَتَّ ـُ هَتًّا الرجلَ: حطَّ من قَدْرِه 使声名狼藉，破坏名誉

ـ الرجلَ وعَلَيْه (مـ): تَهَدَّده 恐吓，吓唬

ـ ه بكذا: عيَّره 责骂，谩骂，辱骂

هَتَرَ ـِ هَتْرًا الكِبَرُ فلانًا: أفقدَه عقْلَه 老糊涂了

ـ عِرْضَ فلانٍ: مزَّقَهُ 破坏，损坏(名誉)

هاتَرَه: شاتمه 谩骂，口角，吵嘴

أَهْتَرَ وأُهْتِرَ الرجلُ: خَرِفَ 老糊涂

ـ / ـ: هَذَى (因病等)发谵语，说胡话

تَهاتَرَ الرَجُلان 争辩，口角，吵嘴

ـ ت الشَهَادَاتُ: تعارضت (各种证词)互相矛盾

اِسْتَهْتَرَ: اِتَّبَعَ هَوَاهُ 任性，放荡，纵欲无度

ـ بكذا 放肆，任性

ـ بالأمر (مـ): اِسْتَخَفَّ به 不重视，不注意；草率从事，漫不经心地对待

أُسْتُهْتِرَ بكذا: صار مُسْتَهْتَرًا (مُولَعًا) 沉湎于…，迷恋于…

ـ بالقُوَّة 滥用武力，穷兵黩武

هُتْر: خَرَف 昏聩

هِتْر جـ أَهْتَار: السَقَط من الكلام 胡说八道，糊涂话

ـ: كِذْب 谎话

مُهاتَرَة: مُشادَّة 争执，争吵，口角

ـ مُشاتَمَة / مُشاحَنَة 谩骂，辱骂，争吵

اِسْتِهْتَار 放荡，任性

هاتِر جـ هاتِرُون وهَتَرَة 易怒的，好口角的，

مُهْتَر: خَرِف 老糊涂，年老昏聩的

ـ: هاذٍ 说胡话的，说呓语的

مُسْتَهْتِر 轻率的，鲁莽的

مُسْتَهْتَر بالشيء: مُولَع به 迷恋于…的

ـ: كثيرُ الأَباطِيلِ 好说瞎话的

هَتَفَ ـِ هَتْفًا وهُتَافًا فلان بفلان: صاحَ به 高呼，呼喊，大声喊

ـ الحَمَامُ: صات (鸽等)咕咕叫

ـ به: نَادَاه 招呼，叫唤

ـ به 打电话给他

ـ به وبذِكْرِه: مدَحه 赞美，称赞，颂扬

ـ بالعَيْبِ في حَقِّه 诋毁，诽谤

ـ له / ـ بحَيَاتِه 呼…万岁

ـ بسُقُوطِه 高呼打倒…

ـ به هاتِف 良心，预感

هُتَاف جـ هُتَافَات: صياح 呼喊，高呼；大声疾呼

ـ الاِسْتِحْسَانِ 热烈的欢呼，大声喝彩

ـ الحَرْبِ 呐喊，喊杀

ـ الفرح أي السُرُور 欢呼

ـ أو نداء عِدائِيّ 呐喊

هَتْفَة 喊一声，叫一声，大喊一声

هَاتِف جـ هَوَاتِفُ: صائح 喊叫的，高呼的

ـ: صائح غَيْر مَنْظُورٍ 无形的呼唤者

ـ: تِلِفُون 电话

هَاتِفِيّ 电话的

مَرْكَز ـ 电话站

هَتَّاف (琴弦等)响亮的

قَوْس هَتَّافَة: تَرِنّ 响亮的弓弦

هَتَكَ ـِ هَتْكًا وهَتَّكَ السِتْرَ وغيرَه: خَرَقَه أو شَقَّه 撕开，割开(帷幕)

ـ وـ السِتْرَ: جذَ به فقَطَعَه من موضِعِه 割掉，
撕掉(帷幕)
ـ: جرَّسَ به / فَضَحَه 诽谤，中伤，毁坏名誉
ـ سِتْرَه: فَضَحَ مَساوِئَه 揭发，揭露，揭穿
ـ سِتْرَه: جَلَبَ عليه العارَ 侮辱，使丢脸
ـ عِرْضَ امْرَأَةٍ 强奸
هَتَّكَ السِتْرَ: خَرَقَهُ 撕开，割开；撕掉，割掉
تَهَتَّكَ وانْهَتَكَ السِتْرُ: تمزَّق 被撕开、割开
ـ وـ: افْتَضَحَ 出丑，丢丑
ـ: انْكَشَفَ 被揭发、揭露
ـ في سُلُوكِه 厚颜无耻地行事
ـ 淫乱，淫荡
هَتْك أو هُتْكَة السِتْرِ 撕开，割掉(帷幕)
ـ 无耻
ـ العِرْضِ (عِرض المرأة) 强奸
تَهَتُّك: عَدَمُ حَياء 无耻
ـ: تمزُّق / تقطُّع 被撕破，被扯破
ـ 淫乱，淫荡
هَتِيكَة: فَضِيحَة 出丑，丢脸
مُتَهَتِّك / مُسْتَهتِك 无耻的，厚颜的，淫荡的
هتم ـِ هَتْمًا وأَهْتَمَ الرجلَ: كسر مُقَدَّم أسْنانِه
打掉门牙
هَتِمَ ـَ هَتَمًا الرجلُ: كان أَهْتَم 门牙掉光了
هَتَم 没有牙齿
هُتَامَة: كِسْرَة 碎片，破片
أَهْتَم م هَتْماء ج هُتْم: أثْرَم / سَقَطَتْ ثَناياه 门牙
掉光了的人
ـ: أَدْرَدُ / لا أَسْنانَ له 没有牙齿的
هذا كالفتِّ للـ 这像没牙人吃的稀饭
تُرْس ـ (م) 内齿齿轮半周
هتنت ـِ هَتْنًا وهُتُونًا وهَتَنانًا وتَهْتانًا وتَهاتَنَت
السَماءُ: تَتابَعَ انْصِبابُ مَطَرِها 大雨倾盆，
(雨)哗啦啦地下
ـ الدَمْعُ: قَطَرَ (眼泪)簌簌地流、不断地流
هَتْن: مطر مُتَتابِع 倾盆大雨，哗啦啦的大雨
هَتُون / هاتِن / هَتَّان 眼泪汪汪的；大雨倾盆的
هج (في هجج) / **هجا** (في هجو)
هجأ ـَ هَجْأً وهُجُوءًا جُوعُه: سَكَنَ وذَهَبَ
(饥饿)平息
أَهْجَأَ جُوعَه: سكَّنه 充饥，果腹
تَهَجَّأَ الكَلِمَةَ (راجع هجو) 拼音
هجت ـُ هَجًّا وهَجِيجًا النارُ: أَجَّتْ / وَجَّتْ (م)
发焰，熊熊地燃烧
ـ البَيْتَ: هَدَمَه 破坏，毁坏(房屋、建筑物等)
هَجَّ (م): وَجَّ / هَرَبَ 逃跑
هَجَّجَ النارَ: أشْعَلَها 点着火，燃着火
هجد ـُ هُجُودًا: نامَ بالليْلِ أو سَهِرَ 夜里睡觉或
熬夜
تَهَجَّدَ الرجلُ: نامَ ليلاً / سَهِرَ 夜里睡觉或熬夜
تَهَجُّد 深夜礼拜
هجر ـُ هَجْرًا وهِجْرانًا الشيءَ: تركَه وأعرَضَ عنه
放弃，丢弃
ـ زَوْجَهُ 遗弃(妻子)
ـ الوَطَنَ 迁居异乡，流亡国外，侨居外国
هُجِرَ 被废弃，遗弃
هَجَّرَ القَوْمَ 移民
هاجَرَ من البَلَدِ 迁居，迁移
ـ الطائرُ (候鸟)迁移
أَهْجَرَه: تَرَكَه 放弃，丢弃；遗弃
ـ: تكلَّم بالهَذَيان (病人)说胡话；说梦话
تَهاجَرُوا: تقاطَعُوا 绝交
هَجْر: تَرْك 放弃，遗弃，背弃，丢弃
ـ / هَجِير ج هُجُر / هَجِيرَة / هاجِرَة ج
هاجِرات وهَواجِر: نِصْفُ النَهارِ 正午，中午

ـ / ـ / ـ: شِدَّةُ الحَرِّ 炎热，酷热
هُجْر / هَجْرَاء / هَاجِرَة: كلام قَبِيح 下流话，淫猥的言语
هِجْرَة: تَرْكُ المَكان بسُرْعَةٍ 迅速地移出某地
ـ / هُجْرَة جـ هُجَر: مُهاجَرة 迁出，移居
الـ النَّبَوِيَّة [伊]先知的迁移(公元 622 年 7 月 16 日穆罕默德从麦加出走到麦地那)
هِجْرِيّ 伊斯兰历纪元的
السَّنَة الهِجْرِيَّة 伊斯兰历年(纯阴历年)
هِجْرَان 别离，丢弃，离弃；绝交
مَهَاجِر: كلام قَبِيح 下流话
هَاجِرَة جـ هَوَاجِرُ وهَاجِرَات 中午，晌午；正午的炎热；子午线，经线；下流话
ـ مِغْنَطِيسِيَّة 磁性子午线
هَاجِرِيّ: مُختص بنصْف النَهَارِ 正午的，日中的；子午线的
ـ: حَضَرِيّ 市民的，公民的
ـ: حَسَن / جَيِّد 优越的，上等的，优良的
مَهْجُور: مَتْرُوك 被遗弃的，被丢掉的
ـ: بَطَلَ استعمالُه 废弃的，不用的
ـ لِقِدَمِه (كلام) 陈词
مُهَاجِر 移民，侨民；移居的
الـ [伊]迁士(在穆罕默德前后从麦加迁移到麦地那的穆斯林)
الطُيُور الـ ة 候鸟
مَهْجَر جـ مَهَاجِرُ: مَوْضع الهِجْرَة 异乡，移民地，侨居地

هجس ـِ هَجْسًا الشيءُ في صَدْرِه: خطَرَ ببَالِه (念头、主意)浮起；想起
هَجَّسَ في كلامِه (م) 说无聊话
هَجْس: كلام تَسْمَعُه ولا تفهَمُه 听不懂的话
ـ / هاجِس جـ هَوَاجِسُ: خاطِر 念头，主意，思想
هاجِس جـ هَوَاجِسُ: بِلْبَال 系念，悬念
ـ: خالج 顾虑，忧虑，疑虑，不安
هَوَاجِس: مَخاوِف 恐惧
الاستِغْرَاقُ في الهَوَاجِس 沉思，空想，幻想，梦想，妄想
هَجَّاس (م): مُدَّعٍ 骗子；庸医，江湖医生
ـ: نَفَّاج / فَشَّار (م) 说大话的，吹牛大王

هجّص (م) 胡说八道，说无聊话
تَهْجِيص (م) 胡说，说无聊话
بَلاشْ ـ! (م) 别胡说!

هجع ـَ هُجُوعًا وتَهْجَاعًا: نَامَ 睡觉，睡眠
ـ: اِسْتَكَنَّ 平静，平息
ـ وأَهْجَعَ الجُوعَ وغيرَه: سكّنه 疗饥，果腹，解饱
ـ ه وـ ه: هدّأه 使平静，使安静
هُجُوع: نَوْم 睡眠
ـ: هُمُود / سُكُون 安静，平静
ـ العَاصِفَة وما يُشْبِهُهَا (暴风雨等)暂息，暂止
ـ المَرَضِ (疾病)减轻，暂松
هَاجِع جـ هُجُوع وهُجَّع: راقِد 睡眠的
هَجِيعٌ من اللَّيْلِ: هَزِيع 更次(一夜分 5 更，每更的时间叫更次)
مَهْجَع جـ مَهَاجِع 卧室，寝室

هجلت ـُ هَجْلاً المرأةُ بِعَيْنِها: بَصْبَصَتْ (م) 暗送秋波，眉目传情

هجم ـُ هُجُومًا عليه وهاجَمه: انقضَّ عليه 攻击，袭击，猛扑
ـ على المكانِ وهَاجَمَه: كَبَسَه (军警)查抄，兜捕
ـ على المدينةِ وهَاجَمَهَا: حَمَلَ عليها 攻打，

عليه: دخل بغير إذنه	围攻，进攻(城市)
	闯入，闯进，突然到来
ـ الشتاءُ: أسرع دخوله	冬季早临，早入冬
هَجَمَ ـ هَجْمًا وهُجُومًا الرجلُ: سَكَتَ وأطْرَقَ	沉默，肃静
هَجَّمَه وأهْجَمَه: جعله يَهْجُمُ	迫使进攻
ـ	唆使，煽动，鼓动…(去做)
تَهَجَّمَ على فلان	攻击(某人)
ـ الزائر على الدار	(客人)突然来访
تَهاجَمَا: هجَم أحدُهما على الآخرِ	互相攻击
اِنْهَجَمَ البيتُ: اِنْهَدَمَ	(房屋)倒塌
ـ الدمعُ: سَالَ	流泪
ـ الرجلُ: هَرِمَ / ظهر الضَعْفُ أو الكِبَرُ	衰弱，衰老
هُجُوم / مُهَاجَمَة	攻击，进攻，袭击，突击
ـ	[体]进攻；(疾病)侵袭
ـ / هُجُومِيّ: ضد دِفَاعِيّ	进攻的，攻击的
ـ ودِفَاع	攻守，攻击和防卫
تحالُف هُجُومِيّ	侵略同盟
هَجْمَة جـ هَجَمَات / هُجُوم	猛攻，袭击，突然的攻击
ـ الشِتاءِ: اشتدادُ بَرْدِه	严寒，酷冷
هَجُوم: ريح شديدة	暴风，狂风
ـ: مُعَرِّق	发汗药
هَجَّام: شُجاع	大胆的；无耻的，无礼的，老脸厚皮的，旁若无人的
ـ (مـ): صَيّاد أو حَاوِي الثَعَابِينِ	捕蛇者；要蛇者，弄蛇者
مُهَاجِم: ضد مُدافِع	攻击者，进攻者，袭击者，侵略者

هجن ـُ هُجْنَةً وهَجَانَةً وهُجُونَةً الكلامُ: كان فيه عَيْب — (言语)不妥，错误，不正确

ـ: كان هَجِينًا	成为杂种、混血儿(父亲是阿拉伯人，母亲是异族的奴隶)
هَجَّنَه	[生]使杂交
اِسْتَهْجَنَه: استقبحه	认为丑恶，认为低级
هُجْنَة جـ هُجَن: عَيْب	缺点，缺陷，毛病
ـ: ضَيَاع	丧失，遗失
هِجْنَة (مـ): غَرَابَة	奇怪，奇特
تَهْجِين	杂交，异种交配
اِسْتِهْجَان	认为丑恶，认为低级
هَجِين جـ هُجُن وهُجَنَاء وهُجْنَان ومَهَاجِين ومَهَاجِنَة م هَجِينَة جـ هُجُن وهِجَان وهَجَائِن: لَئِيم	下贱的，卑贱的，劣等的
ـ: غيرُ أَصِيلٍ	杂种，混血儿
ـ	非纯种的，出身低贱的
ـ (مـ) / هِجَان: جَمَل سَرِيع	单峰驼
حَيَوان ـ: مُختلِط الأَبَوَيْنِ	杂种生物，杂交动物
هَجَّان جـ هَجَّانَة (مـ): صاحِب الجَمَلِ	骆驼骑兵
فِرْقَةُ الهَجَّانَةِ (مـ) (في الجيش المصْرِيّ)	(埃及的)骆驼兵团
مُسْتَهْجَن	坏的，不好的；奇特的

هجاه ـ هَجْوًا هِجَاءً وتَهْجَاءً الرجلَ: عدَّدَ مَعايِبَه — 诋毁，诽谤，中伤，谩骂

ـ ه بقَصِيدَةٍ	用长诗诋毁他
ـ بالنَثْرِ	用文章诋毁
هَجَا يَهْجُو هَجْوًا وهِجَاءً وهَجَّى وتَهَجَّى الحُرُوفَ: عَدَّدَها	拼音
تَهَاجَيَا	互相谩骂，互相诋毁
هَجْو / هِجَاء: ذِكْرُ المَعَايِبِ	诽谤，中伤，诋毁
ـ عَلَنِيّ (بالنَثْرِ)	诽谤文，中伤文，讽刺文
هَجْوِيّ	嘲笑的，奚落的，诽谤的

هِجَاء / تَهَجٍّ / تَهْجِيَة 拼音
حُرُوفُ الهِجَاءِ 字母表
على حُرُوفِ الـ 按字母顺序
عِلْمُ الـ 正字法
هِجَائِيّ 字的，正字法的
الحُرُوفُ الـ ة 字母表
رتَّب حَسَبَ الحُرُوفِ الـ ة 按字母顺序排列
هِجْيَان (م) 奚落，嘲笑，讥笑
أُهْجُوَّة / أُهْجِيَّة ج أَهَاجِيّ 讽刺文，讽刺诗
تَهَجٍّ / تَهْجِيَة 拼音
كِتابُ التَهَجِّي 拼音课本
تَهْجِيَة الحُرُوفِ 发音，拼音
قَامُوس الـ 标音字典
هَاجٍ: الذي يَهْجُو 嘲笑的(人)，讽刺家
ـ بالنَشْرِ 诽谤者，公开诋毁者
مَهْجُوّ 被讽刺的，被诽谤的
هدأ ـ هَدْأً وهُدُوءًا: سَكَنَ 安静，宁静，平静
ـ المَوْجُ والرِيحُ والغَضَبُ (风浪、怒火等)平息，平静
ـ البَرْدُ والحُمَّى والعَاصِفَةُ الخ (寒冷、发烧、暴风等)减低，减轻
ـ بالمكان: أقام 居住
ـ وأَهْدَأَ الطِفْلَ: رَبَّتَه لِيَنَامَ 轻轻地拍婴儿睡觉
وقد هَدَأَت العَيْنُ والرِجْلُ 夜深人静，在静静的夜里，在寂静的夜里
هَدَّأَه وأَهْدَأَه: سَكَّنَه 安慰，使安静，使镇定，使平息
ـ وـ السُرْعَةَ 减低速度
ـ وـ بَالَهُ 使安心，使心神安定
ـ خاطِرَهُ 抚慰，使心神安静
ـ رُوعَهُ 使安心，解除忧虑
ـ الطِفْلَ: رَبَّتَه 轻轻地拍婴儿睡觉

هَدِّئْ رُوعَكَ 别怕！别紧张！放心好啦！
هَدْء / هُدُوء: سُكُون 平静，安静，静寂
ـ / هُدْء: هَزِيع من اللَيْلِ 更次(一夜分5更，一更的时间叫更次)
بَعْدَ هَدْأَةٍ من الليل 夜深人静时
هُدُوء الرُوعِ 安静，寂静，平静
بـ ـ 安静地，平静地，从容地，安然地
تَهْدِئَة 使安静，使缓和
ـ الخَوَاطِرِ 安慰，安抚
ـ الرُوعِ 安慰，安抚
هَادِئ 平静的，安静的，安然的
ـ النَفْسِ / ـ البالِ 平心静气的，心平气和的
المُحِيط الـ 太平洋
هدبت ـ هَدَبًا العَيْنُ: طالَ هُدْبُها 眼睛有长睫毛
ـ الشَجَرَةُ: طالتْ أَغْصَانُها 枝条繁茂，有垂悬的树枝
هَدَّبَ الثَوْبَ: جعَلَ له هُدْبًا 加穗饰，用穗子装饰
ـ واهْتَدَبَ الثَمَرَةَ: جَنَاها 采摘(果子)
هُدْب ج أَهْدَاب: شَعْرُ أَشْفارِ العَيْنِ 睫毛
ـ الثَوْبِ: خَمْلَتُه (绒布等的)毛
ـ / هُدَّاب الثَوْبِ: حاشِيَتُه 穗饰
تَعَلَّقَ بأَهْدابِه (م) 挂在…上，纠缠在…上
هُدْبِيّ / مُهَدَّب: له أهداب 有长睫毛的；有纤毛的
هَدِب / أَهْدَبُ م هَدْبَاءُ ج هُدْب: طَوِيل الأَهْدَابِ 有长睫毛的
شَجَرَة هَدْبَاء: مُتَدَلِّيَة الأَغْصانِ 有垂悬枝条的树
هُدَّاب / هُدُبّ / هَيْدَب: غَبِيّ ثقيل 笨拙的，迟钝的
هدج ـِ هَدَجًا وهَدَجَانًا وهُدَاجًا: مَشَى كالشَيْخ

像老人一样慢吞吞地走，小步小步地走，拖着脚步走
ــ: مشى في ارْتعاش 颤巍巍地走路
تَهَدَّجَ الصوتُ: تَقطَّعَ في ارْتعاش (声音)抖颤，发抖
هَوْدَج جـ هَوَادِجُ 象轿；驼轿
ــ: رِجَازَة (东方式的)轿子
مُتَهَدِّج 战栗的，颤抖的(声音)
هَدَّ ـُ هَدًّا وهُدُودًا البِناءَ: هَدَمَه 破坏(建筑物)，拆毁
ــ ه: ضَعْضَعَه 使弱，削弱
ــ: كَسَرَه 打破
ــ صِحَّتَه 损害(健康)
ــ قُوَّتَه 打倒，击溃
هَدَّ ـِ هَدِيدًا الحَائِطُ: صَاتَ عندَ وقُوعِه 轰然倒塌
هَدَّدَه بكذا وتَهَدَّدَه: تَوَعَّدَه 威胁，恫吓
ــ ه: خَوَّفَه 吓唬
اِنْهَدَّ البَيْتُ: انهدَمَ 倒塌，倾倒
ــ تْ صِحَّتُه أو قُوَاه 身体衰弱
هَدّ / هَدَد (مـ): هَدْم 破坏，拆毁
ــ / ــ (مـ) / هَدَّة: هَبْدَة (مـ) 砰的一声
ــ: كَسْر 打破，破坏
هَدَّة: هَبْدَة (مـ) / وَقْعَة لها صوت غَلِيظ 砰地落地
هَدَاد: رِفْق وتَأَنٍّ 温和，和缓
هَدَادَيْكَ: مَهْلاً 慢慢地！大大方方地！
تَهْدِيد جـ تَهْدِيدَات / تَهَدُّد: توَعُّد 恫吓，威胁，胁迫
ــ / ــ: إرْهَاب 恐吓，吓唬
الـ الذَرِّيّ 原子讹诈，原子弹威胁
تَهْدِيدِيّ 威胁的
مَهْدُود 被破坏的，筋疲力尽的
مُهَدِّد 威胁者，恫吓者
مُهَدَّد 被威胁的，受恫吓的
مِهَدَّة (مـ) 铁棍，铁梃
هَدَرَ ـِ هَدْرًا وتَهْدَرًا الحَمامُ: سَجَعَ (鸽)咕咕地叫
ــ الأَسَدُ أو الرَعْدُ أو البَحْرُ (狮)吼，(雷)轰鸣，(海)啸
ــ: غَلَى (غَلْيًا) (水)沸腾
ــ ـِ هَدْرًا وهَدِيرًا البعيرُ (驼)咆哮
ــ ـُ ـِ هَدْرًا وهَدَرًا الدمَ: أَبْطَلَهُ 白白地流血，杀人不偿命
ــ صِحَّتَهُ أو مَالَهُ 浪费、消耗(金钱、体力)
ــ الدمُ والصحّةُ والمالُ الخ: ذهب هَدَرًا (血)白流，(健康)白白消耗，(金钱)白费
أَهْدَرَ دَمَ فلانٍ: أَبطلَه وأباحَه (国王)准许随便杀害他，准许对他格杀勿论
ــ حقَّه 侵犯…权利
هَدَرًا / هَدْرًا: باطِلاً 白白地，无益地，徒然地
ذَهَبَ ماله هَدْرًا 他的钱白费了
ذَهَبَ سَعْيُه هَدْرًا 徒劳无益，枉费心机
هُدْر (مـ): وَقْعَة 重物的跌下，摔下，坠落，跌倒，摔倒
هَدِيرُ الأَسَدِ والبَحْرِ والرَعْدِ وغيرِها 狮吼，海啸，雷鸣等
ــ (مـ) / هَدَّار (مـ): مِئْزَاب / مَسِيل مَاءِ الطَاحُون (磨的)流水槽
هَدَّارَة (مـ) 瀑布
مَهْدُور 白费了的，乱花了的
ــ الشرف 失掉荣誉的
ــ الدَم 失掉公民权的人
دَمٌ ــ 白白流掉的血，无辜被杀害的人
هِدْرُجِين (أ) (hydrogen): إدْرُجِين 氢

هَدَسَ ـِ هَدْسًا في الأمر(مـ): تكلَّمَ عنه كثيرًا 发狂似地讲

هَدَفَ ـُ هَدْفًا وأَهْدَفَ للخَمْسِين: قاربَه (年)近五十

هَدَفَ ـِ هَدْفًا وـ إليه: دَخَلَ 进去

أَهْدَفَ إلى 瞄准(目标)；指望(成功)；目的在于…；力图

اِسْتَهْدَفَ له 易受攻击，易遭危险

ـ إلى كذا 以…为目标，旨在

إنَّنا لا نَسْتَهْدِفُ (نُهْدِفُ) إلاَّ إلى صِيانَةِ العَدالَةِ

我们只以维护正义为目的

هَدَف جـ أَهْدَاف: دَرِيئَة 靶子，目标

ـ: غَرَض / مَطْمَح 目的，目的物

ـ 球门；[军](射击、轰炸的)目标，对象

جعَلَه هَدَفًا لكذا 把他变成…目标，充当…目标

أَهْدافٌ عَسْكَرِيَّة 军事目标

هَدَّاف: نَشَانْجِي (مـ) 神枪手，狙击手

مُسْتَهْدِف لكذا 成为…目标的，易遭受…的

هَدَلَ ـِ هَدْلاً الشيءَ: أرسَلَه إلى أَسْفَلَ وأَرْخاه

垂下，放下(帷幕)

هَدَلَ ـِ هَدِيلاً الحَمامُ: هدَر (鸽子)咕咕叫

هَدِلَ ـَ هَدَلاً وتَهدَّلَ: تدَلَّى / اِسْتَرْخَى 下垂，低垂

ـ الثوبُ: استرْسَلَ 松松地垂着

هَدِيل: فَرْخُ الحَمام 小鸽子

ـ: صوتُ الحَمام 咕咕声

أَهْدَلُ م هَدْلاءُ جـ هُدْل / مُهدَّل: مُسْتَرْسِل 垂悬着的

ـ: مُتَدَلٍّ ومُسْتَرْخٍ 垂着的，吊着的，悬着的

هَدَمَ ـِ هَدْمًا وهَدَّمَ البِناءَ: نَقَضَهُ / ضِدّ بَنَاه 破坏，毁坏，拆毁(建筑物)

ـ ه وـ ه: خرَّبَه 破坏，毁坏

ـ ه وـ ه: دكَّه / قلَبَه 推翻，打倒

ـ الطريقَ: خرَّبَه 破坏道路

هُدِمَ الرجلُ: أصابَه الدُّوَار في البحر 晕船

انهدَمَ وتَهدَّمَ البِناءُ: انهدّ (建筑)倒塌

ـ وـ: تَخَرَّبَ 被破坏，被毁坏

هَدْم: هَدّ / ضد بِنَاء 拆毁，破坏

هِدْم جـ أَهْدَام وهِدَم: ثَوْب بال 破旧的衣服

هِدْمَة جـ هُدُوم (مـ): ثَوْب / رداء 衣服

هُدُوم (مـ): مَلاَبِس 衣服

دُولاَبُ ـ (مـ) 衣橱

هُدَام: دُوَار البَحْر 晕船

تَهْدِيم: تَخْرِيب 毁坏，破坏，拆毁

تَهَدُّم 倒塌

ـ القُوَى 衰弱

هَادِم 摧毁者，破坏者

ـ اللَذَّاتِ (快乐的破坏者)死亡

هَدَّام 摧毁的，毁灭性的

مَهْدُوم 被破坏的，被拆毁的，被摧毁的

مُهَدَّم / مُتَهَدِّم 被摧毁的；虚弱的

هَدَنَ ـِ هُدُونًا: سَكَنَ 安静，平静，安宁

هَادَنَه: صَالَحَه / وادَعَه 和他订停战协定

هُدْنَة جـ هُدَن / هُدُون: سُكُون 安静，安宁

ـ: فَتْرَةُ وُقُوفٍ 中止，中断，中止的时间

ـ / هِدَانَة / مُهَادَنَة: مُتَارَكَة 休战，停战，临时停战

الهُدْنَة الإلهِيَّة (中世纪教会命令的暂时的)停止私斗

هَدْهَدَ الطِفْلَ: هزَّه لِيَنَامَ 摇婴孩睡觉

هُدْهُد / هُدَهِد / هُدَاهِد الواحدة هُدْهُدَة وهُدَهِدَة وهُدَاهِدَة جـ هَدَاهِدُ وهَدَاهِيد 戴胜鸟

هَدْهَدَة 摇小孩睡觉

هَدَى ـِ هُدًى وهَدْيًا وهِدْيَةً هِدَايَةً الرجلَ الطريقَ أو إلى الطريق أو للطريق: أرشدَه 指导，引导

ـ ه: ضد أَضَلَّه 指引正路

ـ إلى: دَلَّ على 指出，说明

هَدَى هِداءً وأَهْدَى إهْداءً العروسَ إلى بَعْلِها: زَفَّها إليه 送亲(引新娘到新郎家里)

أَهْدَى كذا لفلان وإلى فلان: بَعثَ به إليه وأَتْحفَه به إكْرامًا 赠送(礼物)

هَادَى بعضُهم بعضًا وتَهادَوْا: تَبادَلُوا الهَدايَا 交换礼物

تَهَدَّى: استرشَدَ 寻找正确道路，请求指导

تَهادَى في مِشْيَتِهِ: تمايَلَ 摇摇摆摆地走，蹒跚而行，踉跄而行

اِهْتَدَى إلى كذا: عَرَفَه 发现，发觉，找着

ـ إلى الطريقِ 找到正确的道路，走上正确的道路

ـ: اِقْتَبَلَ / جدَّد صَحِيفةَ حَيَاتِه 改过自新，革面洗心，重新做人，改邪归正

ـ بـ 遵循，以…为指南；按…辨别方向

اِسْتَهْدَى: طلَبَ الإرْشادَ 领教，请教

ـ بـ 遵循

هُدًى / هِدَايَة: إرشاد 指导，引导

ـ / ـ: تَجْدِيدُ أو تجدُّدُ القَلْبِ 改过自新，革面洗心

ـ: ضد ضَلاَل 正途，正道

إنَّه على ـ 他对了

على غَيْرِ ـ 盲目地，胡乱地；信步(而行)

هَدْي 指引，领上正路

ـ: طَرِيقَة 方法

ـ 牺牲(作祭品的牲畜)

ـ: سِيرَة 行为

هَدْيَة / هِدْيَة: طَرِيقَة 道路；方法；行为

هَدِيَّة جـ هَدَايَا وهَدَاوَى وهَدَاوٍ: تَقْدِمَة 礼物，赠品

ـ الزوَاج 结婚礼品

ـ المُسَافِر: لُهْنَة (出门人带回家的)礼物

إهْدَاء 赠送，奉献

اِهْتِداء: الوُصُول إلى الغَرَض 发现，找到

ـ بـ 遵循，以…为指南；按…辨别方向

مَهْدِيّ 被引导的，获得指引的

ـ / مُهْتَدٍ: ضد ضَالّ 得正道者

ـ / ـ: تجدَّدَ قَلْبُه / مَوْلُود من جديد 改过自新者

ـ / ـ إلى دِينٍ أو عَقِيدةٍ 改奉某种宗教者

الـ 麦海迪(伊斯兰教什叶派所期待的救世主)

هٰذَا م هٰذِهِ جـ هٰؤُلَاءِ 这，这个，这些

لـ ـ 因此

لـ ـ السَبَبِ 由于这个理由

مَعَ ـ 虽然如此，尽管如此

هَذَبَ ـِ هَذْبًا وهَذَّبَ الشَجَرَ وغيرَه 修剪(树枝)，删改(文章、法律)

ـ ه وـ ه: طَهَّره مما يَعِيبه 精炼，提炼，精制

هَذَّبَه: صحَّحه وقوَّمه 改订，改正，矫正

ـ ه: نقَّحه 修正，校正(书、文章等)

ـ ه: علَّمه وأَصْلَحَه 训导，教导

ـ الولدَ: علَّمه وربَّاه 教育，教养

تَهَذَّبَ الشَجَرُ (树)被修剪

ـ الرجلُ: صَارَ مُهَذَّبًا 有文化，有教养，受过教育

هَذْب / تَهْذِيب: إصْلَاح 修剪，删改

ـ / ـ: تَنْقِيَة / تَطْهِير 提炼，精炼，精制

تَهْذِيب: تَعْلِيم 教导，训导

ـ: تَثْقِيف / تَرْبِيَة 教育，教养
ـ: تَقْوِيم 修正，矫正
ـ: تَنْقِيح 校正，修正
تَهْذِيبِيّ: تَرْبَوِيّ 教育的
مُهَذِّب 老师，导师，师傅，教员
مُهَذَّب / مُتَهَذِّب: مُثَقَّف 受过教育的，有修养的
ـ / ـ: مُؤَدَّب / مُرَبًّى 文雅的，有礼貌的，文质彬彬的，斯文的
ـ: مُنَقَّح / مُصَحَّح 改订的，修订的
هذر ـِ هَذْرًا وتَهْذَارًا الرجلُ في كلامه: تَكَلَّم بما لا يَنْبَغِي 饶舌，喋喋不休，夸夸其谈
هَذَّرَ مع (مـ): هَزَلَ 诙谐，开玩笑，说笑话
هَذْر: دَرْدَشَة (مـ) 闲聊，瞎聊
هَذِر م هَذِرَة وهَيْذَرَة / مِهْذَار 饶舌的，喋喋不休的
هِذَار (مـ): هَزْل 笑谈，诙谐，闲聊
هذرم: أكثَرَ الكلامَ 唠叨，饶舌，喋喋多言
هُذْلول ج هَذَالِيلُ: تَلٌّ صَغِير 岗，小丘
ـ: مسيل الماء الصغير 水沟，小溪
هُذْلُولِيّ: خَطٌّ ـ [数]双曲线
هذى ـِ هَذْيًا وهَذَيَانًا: تكلَّم بغير مَعْقُول 说胡话，发谵语，说梦话
هَذْي / هَذَيَان / هُذَاء: خَطْرَفَة (مـ) 胡话，梦话，谵语
ـ /ـ الحُمَّى: بُحْرَانٌ 谵妄
هَذَيَانُ السكارَى 酒狂，酒后谵语
هَاذٍ 说胡话的，精神错乱的
هرأ ـَ هَرْأً وهَرَاءَةً هَرَأً وأَهْرَأَ اللَحْمَ: أَنْضَجَه جِدًّا (把肉)炖烂，煮烂
ـ ه وـ ه وـ ه البَرْدُ 被冻伤
ـ تِ الريحُ: اشتدَّ بَرْدُهَا (冷风)刺骨，(寒风)袭人
هَرَأَ ـَ هَرْأً في كلامه 说无聊话
ـ الشيءَ وهَرَاه (مـ): مزَّقه 撕碎，扯破
ـ الثوبَ: أبلاه (把衣服)穿破
هَرِئَ ـَ هَرْأً وهُرْأً وهُرُوءًا وتَهَرَّأَ اللحمُ بالطَبْخ: اِهْتَرَى (مـ) (肉)被炖烂，煮烂
ـ وـ: تمزَّق 被划破，撕破，扯破
ـ وـ: بَلِيَ 磨破，穿破
اِهْتَرَأَ (肉)被煮烂；(衣服)穿破，穿烂
هُرَاء: كلامٌ فارغ 废话，胡说
ـٌ في ـ 完全胡说八道
مُهْتَرِئ بالطَبْخ 炖烂的，煮烂的
ـ: مُمَزَّق 被扯破的，被撕破的
ـ: بال 穿破的，磨破的
هرب ـُ هَرَبًا وهُرُوبًا ومَهْرَبًا وهَرَبَانًا: فَرَّ 逃走，逃跑
ـ من كذا: أَفْلَتَ ونَجَا 逃脱，脱离
ـ من الجُنْدِيَّةِ 开小差，逃避兵役
ـ معَ امْرَأَةٍ أو هَرَبَتْ مع رَجُلٍ (男人)拐带，(妇女)私奔
ـ من المَدْرَسَةِ 逃学
ـ بِجِلْدِهِ 死里逃生，九死一生
هَرَّبَه: جعله يَهْرُب 放走，帮助逃跑
ـ ه: اضْطَرَّه إلى الهَرَب 迫使逃去
ـ ه: ساعَدَه على الهَرَب 营救犯人；[法]非法劫夺(囚犯)
ـ الأشياءَ المَحْجُوزَة 偷运
ـ البَضائعَ من الجُمْرُك 走私
ـ المَحْظُورَات أو تاجَرَ فيها 贩卖禁物，私运违禁品
تَهَرَّبَ 躲避，逃脱，摆脱
ـ من واجبٍ أو غيره 躲避，逃避(责任、

义务等)

هَرَب / هُرُوب / هَرَبَانٌ 逃跑，逃脱

ـ / ـ الرَجُل مع امْرأةٍ وبالعكس 拐带，私奔

ـ / ـ من الجُنْديَّة 开小差

هَرْبَانُ (مـ) 逃跑者，逃脱者

هِرَابُ السَفِينَةِ: قاعِدَتُها / أَتْرَابِل (مـ) (船只)龙骨

تَهْرِيب: اضطرارُ الغَيْرِ إلى الهَرَب 迫使逃跑

ـ: تَخْلِيص 帮助逃脱

ـ الأشْياءِ المَحْجُوزة أو شخصٍ من سِجْنٍ الخ 偷运违禁品；营救(犯人)

ـ من الجُمْرُك 走私，偷税

ـ المَحْظُوراتِ أو المُتاجَرَةُ بها 贩运违禁品

هارِب / هَرْبَان (مـ) 逃亡的，逃走的，亡命的

ـ / ـ مِنَ الجُنْدِيَّة (مـ) 逃兵

مَهْرَب جـ مَهارِبُ: مَلاَذ 出路，隐匿所，藏身所

ـ: مَخْلَص 出口，太平门

مُهَرِّبُ المَحْظُوراتِ الجُمْرُكِيَّة 走私者

مُهَرَّب 被走私的，被偷运的

مُهَرَّبات 走私货

هربده (مـ): هرته / هرأه / هرده / مزَّقه 撕碎，扯碎

تَهَرْبَدَ 撕碎，撕成碎片

هَرْبَدَة 撕碎，撕破

هِرْبِذ جـ هَرابِذُ وهَرابِذَة 祆教寺院的杂役；祆教博士

هرته ـِ هَرْتًا بالرُمْحِ: طَعَنَه 刺穿

ـ الثوبَ: مزَّقه 撕破

هَرِت / هَرَّات / هَرُوت / هَرِيت: أَسَد 狮子

هَرْتَك (مـ) 行李；衣服；烹调用具

هَرج ـِ هَرْجًا النَاسُ: وَقَعُوا في اضطراب 陷于骚乱中

ـ في الحَدِيثِ: خَلَطَ فيه 胡说，瞎说

هَرَّجَ في الحديث: مزَح وأتى بالمُضْحِك 诙谐，打诨，开玩笑

ـ بالسَبْع: صاح به ليُهَيِّجَه 以吼叫激怒或触怒猛兽

تَهَارَجَ القومُ: تَهارَشُوا (人群)激动，激昂起来，骚动起来

هَرْج 骚动，紊乱，混乱

ـ ومَرْج 喧嚷，嘈杂，乱哄哄

مُهَرِّج (سـ): مُضْحِك 丑角，小丑，逗笑的，引人发笑的

هَرْجَلَ: اختلط مَشْيُه 蹒跚地走，踉跄地走

ـ: مَشَى بِخُطْوَاتٍ متباعِدة (واسِعة) 迈大步走

ـ (مـ): عَمِلَ بلا تدبُّر 做事没计划，盲目行动

هَرْجَلَة (مـ): عدمُ انْتِظامٍ 纷乱，杂乱

ـ 迈大步走

مُهَرْجَل (مـ): غيرُ مُنْتَظِمٍ 纷乱的，杂乱的

هرده ـِ هَرْدًا: مزَّقه 撕破

هَرْدَبَشْت (مـ): سَقْطُ الكلام 妄语，胡说，废话

ـ: لا قِيمَةَ له / سَقْطُ المَتاع 废物，垃圾

هَرْدَمَ (مـ) هَرْدَمَةً 撕破，撕碎；弄坏，破坏

هَرْدُومَة (مـ) 破片，碎块

هَرَّ ـِ هَرِيرًا الكلبُ: عَوَى (狗)因天寒而响鼻子，发出悲哀的声音

ـ القِطُّ: قَرْقَر 猫咕噜咕噜叫

ـُـ هَرًّا الدواءُ بَطْنَه: أطلقَها (药)通便

هَرّ (أ) herr (德) 先生

هِرّ جـ هِرَرَة: قِطّ 猫

عَيْنُ الـ: حَجَر كريم [矿]猫眼石

حَشِيشَةُ الـ (أو القِطّ) (م) [植]广叶拔地黄

هِرَّة جـ هِرَر: قِطَّة 雌猫

حَشِيشَة الـ: نَعْناعٌ بَرِيّ / فافدلج جبليّ [植]假荆芥

هَرِيرُ الكَلْبِ 狗响鼻子

ـ الهِرّ: خَرِيره في نَوْمِه (猫)睡时发出咕噜噜的声音

هُرَار 腹泻

الهَرَّارَانِ [天]织女一和心宿二(天琴座及天蝎座一等星)；12 月和 1 月

هرس ـُ هَرْسًا الشيءَ: دقَّه وسحَقه 压碎，捣碎，舂碎

ـ ه: مَهكَه / دَهكَه 揉碎，捣碎，压烂

ـ الإصْبَعَ بالمِطْرَقَة (手指等被铁锤)打伤

اِنْهَرَسَ 被捣碎，揉碎

هَرَّاسَة البَطَاطِس وغيره (马铃薯等的)压碎机

ـ بُخَارِيَّة 蒸汽碾压机，蒸汽轧路机

هَرِيس / هَرِيسَة 肉丸子

مَهْرُوس: مَمْهُوك 压碎的，捣碎的

بَطَاطِسُ ـ 压碎的(捣碎的)马铃薯

مِهْرَاس جـ مَهَارِيس: جُرْن الدَقّ (م) 臼，研钵，乳钵

هرش ـُ هَرْشًا جِلْدَه (م): حَرَشَه / حكَّه 搔痒

ـ رأسَه (م) 搔首，抓头

هَرِشَ ـَ هَرَشًا: ساءَ خُلُقُه 急躁，易怒，脾气坏

هَرَّشَ بينَهم: حَرَّشَ 挑拨，离间

هَارَشَ الدِيكُ على الآخَرِ (两只雄鸡)打架

ـ فلان فلانًا: واثَبَه وخاصَمَه 两人争执

تَهَارَشَتْ واهْتَرَشَتِ الكِلابُ: تَحَرَّشَ بعضُها على بعض (狗)咬架

هَرْش (م): حكّ 搔抓

ـ (م): الاستِهلاك بالاستعمال 磨损，耗损

ـ عُدَّة (م): استهلاك الآلات [机]磨损

هِرَاش / مُهَارَشَة: خِصَام 争吵，打架，吵闹

حَرْفٌ مَطْبَعِيٌّ مَهْرُوش (م) 用旧了的铅字

هَرْشَفَة: قَطِيلَة (擦地板用的)拖把，墩布

هَرْطَقَ (أ س): ضَلَّ في الدِينِ 变成邪教徒，变成异教徒

هَرْطَقَة: بِدْعَة (تُسَبِّب الشِقاقَ) 异端，邪说，旁门，左道

هَرْطُوقِيّ جـ هَرَاطِقَة heretic: مُبْتَدِع / من أهل البِدَعِ 异端者，异教徒

هُرْطُمَان / الواحدة هُرْطُمَانَة: شُوفَان 燕麦

هرع ـَ هَرَعًا إليه: ذهَبَ إليه مُسْرِعًا 奔赴，赶往

أَهْرَعَ الرجلُ: أَسْرَعَ 奔跑，疾行

هَرَع / هُرَاع 疾行，快跑

هرف ـِ هَرْفًا بفلان: أطراه إعجابًا 赞美，称赞，赞扬

ـ به: مَدَحَه بلا خِبْرة 过奖，过誉

يَهْرِف بما لا يَعْرِف 乱说，胡诌，随便说

لا تَهْرِفْ بما لا تَعْرِف 不知道就别说

هرق ـَ هَرْقًا وأَهْرَقَ الماءَ: صبَّه 注，泼，倾倒(水)

ـ الدَمْعَ 流泪，挥泪

هَرَاقَ الماءَ يُهْرِيقُهُ هِرَاقَةً: أَرَاقَه 注，灌，倾倒

اِهْرَوْرَقَ يَهْرَوْرِقُ اِهْرِيرَاقًا الدَمْعُ 流泪，落泪

هَرْق / إِهْرَاق / هِرَاقَة 流出，倒出

مُهْرَق / مُهْرَاق 倒出的，流出的

ـ جـ مَهَارِق: رَقّ / جِلد يُكْتَب فيه (用来写字的)羊皮纸

مُهْرَقَان / مُهْرُقَان / مَهْرَقَان: ساحِل البَحْرِ 海滩

هِرَقْل Hercules [希、罗神]赫尔克里斯，大力神(主神宙斯之子，力大无比的英雄)

هِرَقْلِيّ: جَبَّار 力大无比的

هَرْكُول (أ) rorqual: أَضْخَمُ الحِيتَانِ / هايشة (م)

脊鳍鲸，鳁鲸

هَرْكَنَ (مـ) 撕坏，扯烂；破坏，毁坏

هَرِمَ ـَ هَرَمًا ومَهْرَمًا ومَهْرَمَةً: بلَغَ أقصى العُمْرِ وضَعُفَ 衰老，老朽

هَرَّمَه: فَرَمَه (مـ) 剁碎

ـ ه وأَهْرَمَه الدَهْرُ: جعله هَرِمًا 使衰弱，使衰老

هَرَم: ضَعْفُ الشَيْخُوخَة 衰老，衰弱

ـ جـ أَهْرَام وهِرَام: شكل هَرَمِيّ 棱锥(体)，角锥(体)

الأَهْرَام 金字塔报

أَهْرَامُ مِصْرَ 埃及的金字塔

ـ جـ أَهْرَامَات 金字塔群

هَرم / تَهْرِيم: فَرْم 剁碎，切碎

هَرَمِيّ: بشَكْل الهَرَم 角锥形的，棱锥形的，金字塔形的

العَضَلَة الـ ة [解]锥状肌

شَكْلٌ ـ [数]角锥(体)，棱锥(体)

تَهْرِيمَة السُور أو الدَرَابِزِين (مـ) [建](墙等的)顶盖，遮檐，墙帽

هَرِم: بالغ أقصَى الكِبَرِ 老迈，老耄，衰老的，老弱的，老朽的

اِمْرَأَة هَرِمَة 皱皮老太婆

هَرَّامَة 剁刀

اِبْنُ هِرْمَةَ 老儿子(最幼的儿子)

هُرْمَان 智慧，智力，才智，智能

هِرْمِز (أ) Hermes: رسول الأَرْبَاب عند الإغريق [希神]赫尔梅斯(兼司学艺、商业、辩论等)

حِذَاء ـ [希神]有翼的靴

هَرْمَسَ وجهُه: عَبَسَ 皱眉，蹙额

هِرْمِس (أ) [天]水星

هِرْمِسِيّ (أ): مُحْكَمُ السَدِّ 密封的

هُرْمُون جـ هُرْمُونَات (أ) hormone: رَسُول / تَوْر جـ أَتْوار 激素，荷尔蒙

ـ قِشْرِيّ 外皮激素，皮质激素

عِلْمُ الهُرْمُونَاتِ (الغُدَدِ الصُمِّ) 内分泌学

هَرْهَرَ الشيءَ: حرّكه 振动，摇动，移动，挪动

ـ عليه: تَعَدَّى 攻击，侵犯，抨击

ـ (مـ): وكَفَ / سَحَّ 漏出，泄漏，渗出

هَرَا ـُ هَرْوًا فلاناً وتَهَرَّاه تَهَرِّيًا: ضَرَبَه بالهِرَاوَة 用棍棒打

ـ ه (مـ): هَرَأَهُ 撕破，划破

هِرَاوَة جـ هَرَاوَى وهُرِيّ: عَصًا غليظة وقصيرة 粗短的棍棒

هَرْوَلَ: أَسْرَعَ 跑，奔，疾走

ـ إليه 奔到，赶到

هَرْوَلَة 快走，疾走，急驰，快跑

هَرُون (راجع هارون) 亚伦(摩西的哥哥，犹太教第一位大祭司)

هَرُوِين (أ) heroin: مادَّة مُخدِّرة من المَرْفِين 海洛因，二乙醯吗啡

هَرَى ـِ هَرْيًا الرجلَ: ضَرَبَه بالهراوة (راجع هرو) 用棍棒打

ـ ه (مـ): هَرَأَه 撕破，用破，划破

اِنْهَرَى 被撕破，用破，穿破

اِهْتَرَى (مـ) وتَهَرَّى (مـ): تَهَرَّأَ 撕破，扯破

ـ (مـ): بَلِيَ 磨损，用破，穿破

هُرْي جـ أَهْرَاء: شُونَة (س) / مَخْزَنُ الغَلَّة 谷仓，粮仓

هُرْيَة (مـ): مُهْتَرِي 穿破的，破旧的

هَزَأَ وهَزِئَ ـَ هَزْأً وهُزْءًا وهُزُوءًا ومَهْزَأَةً وتَهَزَّأَ واسْتَهْزَأَ به أو منه: سَخِرَ منه 嘲弄，奚落，嘲笑，侮弄，挖苦

ـ وـ به: لم يُبَالِ به 轻视，忽视，蔑视

هُزْء / هُزُء / اِسْتِهْزَاء / مَهْزَأَة 嘲笑，嘲弄，侮弄，挖苦，奚落

هُزْئِيّ / اِسْتِهْزَائِيّ 嘲笑的，讥笑的

هُزَأَة: يَهْزأ بالنَاسِ 嘲弄者，嘲笑者

هُزْأَة: يُهْزَأُ منه 笑柄，嘲笑的对象

بِاسْتِهْزَاءٍ 嘲弄地，冷嘲热讽地

هَازِئ / مُسْتَهْزِئ 嘲笑者，讥笑者；嘲笑的，讥笑的

هِزَبْر وهِزْبَر جـ هَزَابِر وهَزَابِرَة 狮子

رَجُلٌ ـ (م) 大力士，身大力壮的人

هَزِجَ ـَ هَزَجًا وهَزَّجَ المُغَنِّي في غِنَائِه: تَرَنَّمَ في غِنائه أو قِرَاءَته 低声唱，哼哼地唱

هَزَج 声音，声响；雷声；(马跑)迅速，敏捷

ـ: صَوْتُ الرَعْد 雷声

ـ: مَفَاعِيلُنْ ... (重复6次)四步韵(韵律名称)

ـ: سُرْعَةُ وَقْعِ القَوائِم ووَضْعِها (马跑时)蹄子得得声

هازِجَة: شَوَّالَة 唓鸟

ـ أورُوبَا [鸟]嚣鹟

أُهْزُوجَة جـ أَهَازِيجُ: أُغْنِيَة 流行歌曲

هَزِرَ ـِ هَزْرًا الرجلُ: ضَحِكَ 笑

هَزَّرَ (م): هَزَلَ 开玩笑，嘲弄，诙谐，嘲笑

هَزَار جـ هَزَارَات: عَنْدَلِيب / أَبُو هارُون 夜莺

هِزَار (م): هَزْل 说笑话，开玩笑，嘲弄

هَزَّ ـُ هَزًّا وهَزَّزَ الشيءَ أو بالشيء: حرَّكه 摇动，摆动，晃动

ـ وـ ذَنَبَه أي ذَيْلَه 摇尾

ـ وـ رأْسَه 摇头；点头

ـ وـ الرُمْحَ والسَيْفَ: لوَّحَ به 舞矛，挥剑

ـ من عَطْفِه: استحثَّه 感动，激动，鼓动，刺激，鼓励，激励

ـ الأَعْصابَ 刺激神经

ـ يَدَهُ 握手

ـ أَكْتَافَهُ 耸肩

ـ الأُرْجُوحَةَ 打秋千

ـ تِ الزَلْزَلَةُ الأرضَ 地震

اِهْتَزَّ وتَهَزَّزَ وانْهَزَّ: تحرَّك 被振动，被激励，被鼓动

ـ وـ: ترجَّح 振动，摆动，摇摆，振荡

ـ: اِرْتَجَفَ / اِرْتَجَّ 战栗，打颤，发抖，哆嗦

ـ إليه قَلْبُهُ 感兴趣，为之心动

ـ فَرَحًا 狂喜，欢欣鼓舞

هَزّ / تَهْزِيز: تَحْرِيك 摆动，摇动，晃动

هَزَّة جـ هَزَّات 一动，一摇，一晃，一摆

ـ: رَجْفَة / رَجَّة 一抖，一哆嗦，一战栗

ـٌ أَرْضِيَّة: زَلْزَلَة 地震

ـ الجِمَاع 性欲亢进

ـ الطَرَبِ أو السُرُورِ 欢天喜地，欢欣鼓舞

هِزَّة 兴奋，激动，喜悦，欢喜，欢乐

اِهْتِزَاز 动摇，摆动，震动，振动；颤抖

هَزِيز الرَعْدِ: دَوِيُّهُ 雷的隆隆声

هَزَّاز 摆动的，摇动的，摇摆的

كُرْسِيّ ـ 摇椅，安乐椅

حَمَام ـ 凸胸鸽，大膆鸽

مَهْزُوز 被摆动的，被震动的；颤抖的，动摇的

مِهَزَّة (م): مِنْسَف / غِرْبَال كبير 大筛

مُهْتَزّ: مُرْتَجّ 摆动的，动摇的，振动的，动荡的

ـ: من طائفة المُهْتَزِّينَ المَسِيحِيَّة 震教徒(基督教一派，祭神时跳摇摆舞)

ـ طَرَبًا أو فَرَحًا 狂喜的，快乐的

هزع ـ هزعًا وتهزَّعَ واهتزَعَ الرجلُ: أَسْرَعَ 赶快，急忙，迅速

هِزَاع: مُنْفَرِد 一个，独个

ما في الجُعْبَة إلاَّ سَهْمٌ ـ 箭壶里只剩一支箭了

هَزِيع جـ هُزُع من اللَّيْل 更次

الـ الأوَّلُ من اللَّيْلِ 更头

الـ الأخيرُ من الليل 五更

هزل ـ هَزِلَ ـَ وهُزِلَ هَزْلاً وهُزْلاً وهُزَالاً وانهزَلَ (مـ): صار مَهْزُولاً 憔悴，消瘦

هزَلَ ـِ هَزْلاً في كلامه: ضد جَدَّ 嘲弄，诙谐，开玩笑

ـ ه وهَزَّلَه وأَهْزَلَه: صيَّره مَهْزُولاً 使憔悴，使消瘦

هَازَلَ فلانًا: مازَحَه 与某人开玩笑，互相打诨

هَزْل / هُزْل: مِزَاح 开玩笑，诙谐，嘲弄

هَزْلاً: على سبيل الهَزْل 开玩笑地，诙谐地

هَزْلِيّ 滑稽的，好笑的；诙谐地，幽默地

ـ جِدِّيّ 半严肃的；半滑稽的，亦庄亦谐的，装作庄重，其实是滑稽的

صُورَةٌ ـ ة 漫画，讽刺画

رِوَايَةٌ ـ ة 喜剧；滑稽故事

رِوَايةٌ ـ ةٌ غِنَائِيَّة 小歌剧

هَزْلِيَّات 笑话，笑谈，玩笑，滑稽故事

هُزَال: ضَوًى [病理]消瘦

هَزِل / هَازِل / هَزَّال 嘲弄者，取笑者；打诨者，诙谐者，开玩笑者，滑稽角色

هَزْلاَن 消瘦的，瘦弱的

هَزِيل جـ هَزْلَى / مَهْزُول جـ مَهَازِيلُ 消瘦的，瘦弱的

صُورَةٌ ـ ة عَنْ... 拙劣的摹写品

هُزَّيْلَى 戏法，把戏

مَهْزَلَة جـ مَهَازِلُ: مَسْلاَة / رِوَايَةٌ هَزْلِيَّة 喜剧，滑稽剧

هزم ـ هَزَمَ ـِ هَزْمًا العَدُوَّ: غلَبَه 击败，打败

ـ الجَيْشَ: كسرَه 打垮，击破，击溃

ـ وتَهَزَّمَ الوَتَرُ (弓弦)嗡嗡响

هُزِمَ وانهزَمَ 败北，溃退，被击败，被打垮

هَزَّمَ 打败，打退，击溃

هَزْمَة / تَهْزِيم: صوتُ وَتَرِ القَوْسِ 弓弦声

اِنْهِزَامِيّ 失败主义的，失败主义者

اِنْهِزَامِيَّة 失败主义

هَزِيم: رَعْد 雷

ـ الرَّعْدِ 隆隆的雷声

ـ الرِّيحِ 飒飒的风声

ـ المَوْجَة [物]波动

هَزِيمَة جـ هَزَائِمُ / اِنْهِزَام 失败，败北

نَصِيرُ الـ: قَعَدِيّ 逃避者，偷懒者，失败主义者

ـ جـ هَزَائِمُ: بِئْرٌ كثيرةُ المِيَاهِ لِتَطَأْمُنِها 水源旺盛的井

مَهْزُوم 被击败的，被击溃的

هزهز الشيءَ: هزَّه / حرَّكه 摇动，摇荡

ـ ه: ذَلَّله 降服

تَهَزْهَزَ الشيءُ: اِهتزَّ 被摇动

ـ إليه قَلْبِي: ارتاحَ للسرور وهَشَّ 高兴，喜欢

هُزْهُز / هَزَاهِز / هُزَاهِز: ماء كثير جارٍ 涌流的水

هس ـ هَسَّ ـُ هَسًّا الشيءَ: دَقَّه وكسَّره 打碎，捣碎，压碎

ـ ـ هَسًّا الكلامَ: أَخْفَاه 低声说，悄悄地说

ـ: حَدَّثَ نَفْسَه 自言自语

هَسِيس: كَلاَمٌ خَفِيّ 低声细语

ـ 碎片

هُسْ (مـ) hush: اُصْمُتْ 别作声！

هِسْتِيرِيَا (أ) Hysteria: مَرَضٌ عَصَبِيٌّ نِسَائِيٌّ ［医］
癔病，歇斯底里症
هِسْتِيرِيّ (أ) 癔病的，歇斯底里的
هُسْهُس (س): بَعُوض صغير / سُكِّيت (م) 蚋，小
蚊子
هَشّ ـِ هُشُوشَةً الخُبْزُ: كان هَشًّا 脆，易碎
هَشَّ ـَ هَشَاشَةً وهَشَاشًا: تَبَسَّمَ 温和地笑，
亲切地笑
ـ له وبه 亲热地迎接他，欢喜地接待他
هَشَّ ـَ هَشَاشَةً وهُشُوشًا الشيءُ: لانَ 软，柔和
ـ الذُبَابَ والطَيْرَ (م) 赶走苍蝇，轰走鸟儿
هَشَّشَه: فَرَّحَه 使快乐，使欢喜，使高兴
هَشَاشَة 高兴，愉快，欢喜，和蔼
هُشُوشَة 脆，易碎
هَاشّ 欢喜的,快乐的
ـٌ بَاشّ 又欢喜又亲热的
هَشّ / هَشَاش / هَشِيش: سَرِيعُ الكَسْرِ 脆的，
易碎的
ـ: سَهْلُ السَحْقِ 干脆的
ـ: مُقَرْمَش (م) (كالخُبْز والكَعْك) 酥的，
脆的(面包、饼干)
ـ الوَجْهِ: طَلْقُ المُحَيَّا 和颜悦色的，和蔼可
亲的，满面春风的
ـ / هَشَاشُ المَكْسِرِ 软弱的，懦弱的，不坚
定的
ـٌ بَشّ 欢乐的，愉快的
هَشَّكَ الطِفْلَ (م): رقَّصَه 拍，摇，抚慰(婴儿
入睡)；抚弄，拨弄(婴儿)；溺爱，娇生，
惯养
تَهَشَّكَ وانْهَشَكَ (م) 被摇，被抚慰；被溺爱，
娇生，惯养
هَشَمَ ـِ هَشْمًا وهَشَّمَ الشيءَ 打碎；掰碎

ـ الذَرَّةَ: فَكَّكَهَا 使原子分裂
هَشَّمَ الرأسَ: كسَرَه 打碎头骨
تَهَشَّمَ وانْهَشَمَ 被掰碎；被打碎
هَشْم / تَهْشِيم 打碎，掰碎
هَاشِمِيّ 哈希姆族的
مَيْلٌ ـ 有哈希姆族倾向的
هَشِيم: النَبات اليابِس 干草；枯树
ـ: ضَعِيف 软弱的
ـ 易碎的
مُهَشَّم 被打碎的，被打烂的
هَصَرَ ـِ هَصْرًا الشيءَ: كسَرَه 打破，破坏，打碎
ـ واهْتَصَرَ الغُصْنَ أو بالغُصْنِ: عطفَه وكسَرَه
折断
ـ ه وبه: أمالَه 使偏向某方
ـ ه: دفعَه / أَدْنَاه 推开；拉近
اِنْهَصَرَ واهْتَصَرَ 被折断；被拉近
ـ الأسَدُ فَرِيسَتَه (狮)咬断(猎物)
هَصِر / هُصَر / هَصُور / هَاصِر / هُصَرَة / هَصْوَرَة
/ هَيْصَر / هَيْصَار / هَيْصُور / هَصَّار / مِهْصَر /
مِهْصَار / مِهْصِير / مُهْتَصِر 狮子
هَضَبَت ـِ هَضْبًا السماءُ: مطَرَتْ 下雨
ـ تِ السماءُ القومَ: بَلَّتْهم بَلًّا شديدًا 淋湿
اِسْتَهْضَبَ الجبلُ: صار هَضْبَةً (山)变成高地
هَضْبَة ج هِضَب وهَضْب وهِضَاب وهَضَبَات
وجج أهاضِيب: ما ارتفع من الأرض 高原
هَضَمَت ـِ هَضْمًا المَعِدَةُ الطعامَ: أحالتْه إلى صُورةٍ
صالحةٍ للغِذاء (胃)消化食物
ـ واهْتَضَمَ الرجلَ: ظَلَمَه 虐待，欺侮，欺凌
ـ وـ الرجلَ حقَّه 侵占(权利)
ـ ه (م): أخجلَه 使羞惭,使脸红
ـ ه (م): احتملَه / طاقَهُ 忍，耐，捱
ـ ه (م): أحبَّه 喜欢

اِنْهَضَمَ الطعامُ: مُطاوِعُ هَضَمَ (食物)被消化
سُوءُ الهَضْمِ: تُخَمَة 食积，消化不良
عُسْرُ الهَضْمِ 难消化，不易消化
عَسِرُ الهَضْمِ 难消化的，不易消化的
سَهْلُ الهَضْمِ 易消化的
الجِهاز الهَضْمِيّ 消化器官
القَناة الهَضْمِيَّة 食管，食道
اِنْهِضام 被消化
هَاضِم / هَضُوم جـ هُضُم: يُساعِد على الهَضْم 消化剂，助消化药
هَضِيمَة جـ هَضَائِم: ظُلْم 压迫，虐待
ـ: الطَّعَامُ يُعْمَل للمَيْتِ 葬礼正餐
مَهْضُوم: يُهْضَم 被消化的
ـ / هَضِيم: هَضَمَتْه المَعِدَةُ 被消化的(指胃内食物)
هطع ـَ هَطْعًا وهُطُوعًا إلى وأَهْطَعَ: أسرع مُقْبِلاً خائفًا 恐惧地跑来
أَهْطَعَ البَعِيرُ: مدَّ عُنُقَه وصوَّبَ رأسَهُ (骆驼)伸直脖颈
هطل ـِ هَطْلاً وهَطَلاَنًا وتَهْطَالاً المَطَرُ: نزل مُتَتابِعًا متفرِّقًا عَظِيمَ القطْرِ 下暴雨，下猛雨
ـ تِ العينُ بالدَمْعِ 流泪，挥泪，泪如雨下
هَطْل: مَطَرٌ ضَعِيف 零星小雨
هِطْل: ذِئْب 狼
هَيْطَلُ جـ هَيَاطِلُ وهَيَاطِلَة: ثَعْلَب 狐狸
هفت ـِ هَفْتًا: تكلَّم بلا رَوِيَّة 信口开河，随便说话
ـ (مـ): هَفَا / جَاع وضَعُفَ 饿得没劲
تَهَافَتَ على الشيءِ: تَسَاقَطَ عليه وتتابَعَ 鲁莽地做事
ـ الفَرَاشُ على النار 飞蛾扑火
ـ الثَّلْجُ (雪片)纷飞

ـُ وا على الماءِ: ازْدَحَمُوا 人们争先恐后地取水
تَهافُت 猛扑，扑向，陷入
ـٌ عَصَبِيّ (مـ) 神经衰弱
ـ (مـ) (客人)来得很多
ـ (مـ) 极端衰弱，精疲力尽
هَفْتَان (مـ): هافٍ / جائع 饥饿的，挨饿的
هَافِت (مـ): خَافِت 虚弱的，无力的
هَفِيتَة: جَمَاعَةٌ اقتحمتْهم المَجاعةُ 饥民
مَهْفُوت 为难的，狼狈的，张皇失措的
هفّ ـِ هَفًّا وهَفِيفًا الرجلُ: مرَّ بسرعةٍ 飞逝，很快地过去
ـ: أَسْرَعَ في سَيْرِه 疾行
ـ تِ الريحُ: هَبَّت فسُمِعَ صَوْتُ هُبُوبِها (风)怒号，作飕飕声
ـ الهَوَاءُ (مـ): هَبَّ بخِفَّةٍ (风)轻轻地吹
ـ تِ الرائحةُ: فاحَتْ 芬芳四溢
ـ تْ نَفْسُه إلى كذا (مـ): تاقَتْ إليه 渴望
ـ على البالِ (مـ) 霎时想起，灵机一动
ـ ه (مـ): ضَرَبَه 轻打，轻击
ـ ه (مـ): مَسَّه بِخِفَّة 轻摸，轻触
ـ واهْتَفَّ: بَرَقَ 发光，闪烁
اِهْتَفَّ 发光，闪耀
هِفّ: خَفِيف 轻的
ـ: خَفِيف العَقْلِ 轻率的，轻浮的
هَفَّاف: بَرَّاق 闪烁的，闪耀的
ـ: مُهَفْهَف (مـ) 浮在天空的,在空中飘荡的
ـ: رَقِيق / شَفَّاف 稀薄的,透明的
ـ (مـ): يَلْمِس بخِفَّةٍ (كالريح أو اللَهَب) 轻轻摇曳的，微微发光的，轻轻抚摸的
رِيحٌ هَفَّافَة: سريعةُ المُرُور في هُبوبها 疾风
مِهَفَّةُ رِيشٍ (مـ): مِنْفَضَة 鸡毛掸子

هَفْهَفَ وتَهَفْهَفَ: مُشِقَ بَدَنُه 成为苗条的，成为细腰的

ـ (مـ): تَطَايَرَ لِخِفَّتِه 浮在空中，飘在空中

هَفْهَف / هَفْهَاف: بارد 凉的，冷的

هَفْهَاف / مُهَفْهَف م مُهَفْهَفَة (مـ): رَقِيقٌ شَفَّاف 透明的，稀薄的

ـ / ـ (مـ): نَحِيفُ القَوَامِ 细腰的，苗条的

مُهَفْهَف (مـ): هَفَّاف 飘在空中的

مَهْفُوف (مـ) / يَهْفُوف / هِفّ: خَفِيف العَقْلِ 轻佻的，轻浮的，轻率的

ـ 心情忙乱的，慌慌张张的

هَفَا ـُ هَفْواً وهَفْوَةً وهَفَوَانًا الرجلُ: زَلَّ 搞错，弄错，犯错误，出纰漏

ـ: جَاعَ / هَفَتَ (مـ) 饿

هَفَتْ إليه نَفْسُه 渴望，希望，愿望

هَفَا يَهْفُو هَفْواً وهُفُوًّا الطائرُ: خَفَقَ بجَنَاحَيْه وطار 飞翔

هَفَتِ الريشةُ في الهَواءِ 羽毛飘在空中

هَفْوَة جـ هَفَوَات: زَلَّة 过失，错误，纰漏

هَافٍ م هَافِيَة جـ هَوَافٍ: هَفْتَان (مـ) / جائع 饥饿者

هٰكَذَا 如此，这样

و ـ دَوَالَيْكَ 如此等等

هَكَّلَ الحِصَانُ أو المرأةُ: مَشَى اختِيَالاً 大摇大摆地走，趾高气扬地走，高视阔步地走

هَيْكَل جـ هَيَاكِلُ: ضَخْم 巨大的，庞大的

ـ: بِنَاءٌ عظيم 大厦，大建筑物

ـ البِنَاءِ وغيرِه (房屋、伞、扇子等的)骨子，架子，骨架，构架，钢骨架

ـ: مَعْبَد 庙宇，寺院

ـ الكَنِيسَةِ: مِحْرَاب / مَذْبَح 祭台，圣台

الـ العَظْمِيّ 骨骼

ـ من الخَشَبِ 木模特儿

هَيْكَلِيّ 骨骼的

هَيْكَلِيَّة / طَلْقَة هَيْكَلِيَّة 实习用的子弹，空弹

هَكَّمَ فلانٌ لفلان: غَنَّى له 歌颂，颂扬

تَهَكَّمَ البِنَاءُ: تهدَّم 坍塌，倒塌

ـ الرجلَ وعليه: سَخِرَ منه 嘲笑，嘲弄，奚落，讥讽，揶揄，挖苦

ـ على فلانٍ: اشتَدَّ غَضَبُه عليه 大发脾气

ـ على الأمرِ الفائتِ: تندَّم 悔恨，后悔

أُهْكُومَة 讽刺，嘲笑，奚落

تَهَكُّم: تَرْيَقَة (مـ) / سُخْرِيَّة 讽刺，奚落，嘲笑，讥讽，揶揄，嘲弄，挖苦

بـ ـ 讽刺地，嘲笑地，奚落地

تَهَكُّمِيّ 讽刺的，嘲笑的

مُتَهَكِّم: مُسْتَهْزِئ 讽刺者，奚落者，嘲笑者，嘲弄者

مُسْتَهْكِم: مُتَكَبِّر 自负的，爱吹牛的，爱说大话的

هُكِي (أ) horkey: جَحْفَة / لُعْبَة التجاحُف بِالكُرَة 曲棍球

هَلْ (疑问虚词，专用于肯定句)吗？

هَلْ قَامَ القطارُ؟ 火车开了吗

(1)هل 后面的名词句必须是由两个名词组成的：

هَلِ القِطارُ قامَ؟不可以说هَلِ القِطارُ قَائِمٌ؟

(2)هل 不能用于条件句前面，如：

هَلْ إنْ نَزَلَ المَطَرُ تُسافِرُ؟ 倘若下雨，你还出门么？

(3)هل 与 إنَّ 不能连用，如：

هَلْ إنَّ الجوَّ بَارِدٌ؟ 天气真冷么？

(4)现在式动词前面加 هَلْ 就变成将来式，所以不可以说：

هَلْ تُسافِرُ الآنَ؟ 你现在出门么？

(5) 凡是不能用 هل 的地方，都可用 هَمْزَة 来代替。

ـ هو مُجْتَهِد؟ 他用功吗？

ـ أَبِي هُنَا؟ 我父亲在这儿吗？

ـ يَقْرأُونَ؟ 他们在读书吗？

ـ قُلْتُ لَكَ؟ 我跟你说过吗？

ـ لَكَ في ...؟ 你喜欢…吗？你愿意…吗？你想…吗？

ـ مِنْ إنْسَان ...؟ 有人…吗？

ـ كَتَبْتَ هذا؟ 你写了这个吗？

هَلاَّ (هَلْ + لا) 何不？怎不？

هَلِبَ ـَ هَلَبًا: كَثُرَ شَعْرُه 毛发蓬蓬，多毛发

هَلَبَ ـِ هَلْبًا ذَنَبَ الفَرَسِ: جَزَّه 截短马尾

هُلْبَة جـ هُلَب: شَعْرٌ خَشِن 硬毛；睫毛；猪鬃，马尾

هِلْب جـ أَهْلاَب (مـ): مِرْسَاة السَفِينَة 锚

ـ (مـ): كُلاَّب 钩；四爪锚

هَلِب / أَهْلَبُ م هَلْبَاءُ جـ هُلْب: خَشِنُ الشَعْرِ 毛发蓬蓬的，毛发多的

مَهْلُوبُ الذَنَبِ: مَجْزُوز الذَيْلِ 被截短尾巴的

مُهَلَّبِيَّة (مـ): فَالُوذَج 甜奶粥(用糖、奶、大米或淀粉制成)

هَلْج (مـ): خَبَر غيرُ يَقِين 传闻，风闻，谣言

ـ: هَلْس (مـ) / كَلامٌ فارِغ 废话，无意义的话

هَلِيلَج / إهْلِيلَج (أ): نَبَات وثَمَرُه [植]诃黎勒

ـ / ـ (في الهَنْدَسَة) 椭圆

إهْلِيلَجِيّ 椭圆的，椭圆形的

هَلَسَ ـِ هَلْسًا وأَهْلَسَ المَرَضُ الرجلَ: هَزَلَهُ 使憔悴，使消瘦，使衰弱

ـ ـِ هَلْسًا (مـ) 说梦话，说胡话

هُلِسَ: سُلَّ / اِنْسَلَّ (مـ) 害肺病

ـ: ضاع عَقْلُه 发狂，发疯

هَلَّسَ الرجلُ: هَزَلَ 憔悴，变瘦，消瘦

ـ (في الكلام) (مـ): خَلَطَ 胡扯，说无聊话

أَهْلَسَ: ضحِك في فُتُور 嗤笑

هَلْس / هُلاَس: مَرَض السُلّ 肺结核

ـ (مـ): كلام فارغ 废话，无聊话

ـ (مـ): فُجُور 淫乱

هَلْوَسَ (مـ): تَهَوَّسَ 发生错觉，发生幻觉

هَلْوَسَة (مـ): هَذَيَان [医]谵妄，呓语，说胡话

ـ (مـ): تَخَيُّلاَت 错觉，幻觉

مَهْلُوس 发狂的；害肺痨的

هَلاَّس 爱说谎的，大言不惭的

هَلْضَمَة (مـ): شَقْشَقَةُ لِسَانٍ 废话，空谈，嘴碎，多嘴

هَلِعَ ـَ هَلَعًا: جَزِعَ 焦急，焦躁

ـ قَلْبُهُ: فَزِعَ 胆战心惊

فَرَّ هَلَعًا 吓跑了

هَلِع / هَلُوع 焦躁的，惊慌的；贪婪的

مُنْهَلِعُ القَلْبِ 心惊胆战的

هِلَّوْف: عَظِيم اللِحْيَة 大胡须的

ـ: حَلُّوف (مـ) 野猪

هَلْقَمَ الشيءَ: ابتلعه 吞食

هَلَكَ ـِ هَلاَكًا وهُلْكًا وهُلُوكًا وتُهْلُوكًا ومَهْلَكًا ومَهْلِكًا وتَهْلُكَةً: مَاتَ أو فَنِيَ 死亡，丧命，消灭

ـ جُوعًا 饿死

هَلَّكَه وأَهْلَكَهُ: جعله يهلك 使死亡，消灭

ـ ه وـ ه: قتَلَه / أَعدَمَه 杀死，杀害，处死

يُهَلِّك من الضحِك (مـ) 捧腹大笑，笑得喘不过气来

أَهْلَكَ المالَ: بَاعَه 卖掉(牲畜、动产)

تَهَالَكَ واستَهْلَكَ في الأمر 拼命地干，不顾死活地干

ـ على الشيءِ: اشتدَّ حِرْصُه عليه 渴望，垂涎，贪图，力求得到…

ـ على الفِرَاشِ: تَسَاقَطَ عليه 倒在床上

ـ في مَشْيِهِ: تَمَايَلَ 蹒跚地走，曳步而行

ـ في الأمرِ: جدَّ فيه مستَعْجِلاً 敏捷地行动

ـُ وا على أو في الشيءِ: رَمَوْا أنفُسَهم في المَهالِكِ لِأَجْله 奋不顾身地做

اِنْهَلَكَ واهْتَلَكَ: رَمَى نَفْسَه في المَهالِك 拼命

اِسْتَهْلَكَ الشيءَ: أَفْنَاهُ 消费，消耗，用完，用尽

ـ الدَّيْنَ 还债，偿清债款

ـ السَنَدَاتِ المَالِيَّةَ 收回债券

هَلَكَة / تَهْلُكَة: خَطَر 危险

أَوْقَعَ في تَهْلُكَة 使陷于危险，使陷于危境

هَلاَك / هُلْك / هَلَكَة 毁灭，灭亡

ـ / هَلَكَة جـ هَلَكَات: مَوْت 死亡

اِسْتِهْلاَك 消费，消耗

ـ الدَّيْنِ (债务的)偿还

ـ السَنَدَاتِ (公债的)偿还，(票据的) 抵消，(支票的)开发，付给

ـ الأَشْيَاءِ بالاستعمال 消磨，消耗，磨损

تَعَاوُنِيَّةُ الـ 消费合作社

مالُ الـ: غَرُوقَة (مـ) 还债基金

هالِك جـ هَلْكَى وهُلَّك وهُلاَّك وهَوَالِكُ: قابِلُ الفَنَاءِ 灭亡的，死亡的

ـ: فانٍ 毁灭的

ـ: مُقَدَّر له الهَلاَكُ 注定要灭亡的

ـ: عادِم 不能偿还的(债务)，不能赎回的(抵押)，不兑现的(钞票)

دَيْنٌ ـ (مـ): لا يُمْكِنُ تَحْصِيلُه 倒账，呆账

هَالُوك (مـ): نَوْعٌ من جزَر البَقَرِ [植]花土当归

مُهْلِك: مُبِيد 毁灭的，破坏的

ـ: مُمِيت 要命的，致命的，致死的

ـ: خَطِر 危险的，险恶的

مَهْلَكَة ومَهْلُكَة جـ مَهَالِكُ: موضع الهَلاَك 危险的地方，危险的地点

مَهَالِكُ المَرْأَة (مـ): حَوْضُها [解]骨盆

مُسْتَهْلِك: ضد مستنتج 用户，消费者

هَلَّ ـُ هَلاًّ وأَهَلَّ الهِلالُ: ظَهَرَ (新月)显现，出现

ـ الشَهْرُ: بدأ هِلالُه (阴历月份)开始

ـ وانْهَلَّ المطرُ: اشتدَّ انصبابُه (大雨)倾注，倾盆

ـ هِلاَلُك، شَهْر مُبارَك، يَجْعَل نُورَكَ في عَيْنَيْنا، الخ (新月出现)祝你幸福

ـ: فَرِحَ 欢喜

هَلَّلَ: سَبَّحَ [伊]赞主，赞颂真主

ـ: قال لا إلهَ إلاَّ الله [伊]说："万物非主，唯有真主"

ـ له: أثْنَى عليه بالهُتافِ أو التَصْفيق وغيرهما 欢呼，喝彩(迎接某人)，拍手喝彩

ـ الرجلُ: جَبُنَ وفَرَّ 恐怖，逃去

تَهَلَّلَ الوجهُ: تَلأْلأَ 容光焕发

ـ وَجْهُه سُرُورًا 笑逐颜开，喜形于色

ـ: اِبْتَهَجَ 高兴，欢喜

اِسْتَهَلَّ المُتَكَلِّمُ: رَفَعَ صَوْتَه 大声讲话，高声演讲

ـ الشَهْرُ: ظَهَرَ هِلاَلُه (阴历月份)开始

ـ العملَ وبالعملِ: شَرَعَ فيه 开始，着手(工作)

هِلّ (月份的)开始，月初

هِلاَل جـ أَهِلَّة وأَهَالِيلُ: غُرَّةُ القَمَرِ 新月，月牙，蛾眉月

ـ: قَمَرُ أَوَائِلِ الشَهْرِ 新月

ـ: قَمَرُ أواخرِ الشهْرِ 残月
ـ: شُقَّة (اِصْطِلاح هَنْدَسِيّ) [数]月牙形，半月形
ـ الحَصْرِ: واحِد هِلالَيْ الحَصْرِ 括弧之一(月牙形)
الـ الأَحْمَر 红新月
هِلالان / هِلالا الحَصْرِ 括弧( )
كَلِمَةٌ أو عِبارَةٌ مَحصورةٌ بينَ هِلالَيْنِ 括弧内的词句
هِلالِيّ: قَمَرِيّ 月的，太阴的，似月的
ـ: بشَكْلِ الهِلالِ 新月形的，月牙形的
شَهْر ـ 阴历
حَواجِبُ هِلالِيَّة 蛾眉
قُرُونٌ هِلالِيَّة (بِشَكْل الهِلالِ) 弯犄角
هِلالَة 希拉莱(也门货币单位，等于 1/2 巴克什)
هَلَل: فَزَع وخَوْف 恐怖，恐惧
ـ: أَوَّلُ المَطَرِ 初雨
هَلَّة ج هَلَل 雨
تَهْلِيل: هُتَاف السُرُورِ 喝彩，欢呼
ـ: تَسْبِيح 赞美真主
تَهَلُّل: اِبْتِهاج 欢喜，高兴
اِسْتِهْلال: اِفْتِتاح 开始，开端
ـ مُوسِيقِيّ: مُوَشَّح [乐]序曲
اِسْتِهْلالِيّ 开始的，初步的，开端的
هَالّ: على وَشْكِ الظُهُورِ 即将出现的
مُهَلَّل: بشكل الهِلالِ 新月形的，弧形的
مُتَهَلِّل الوَجْهِ 满面春风，容光焕发
ـ: مَسْرُور 欢喜的，快乐的，高兴的
مُسْتَهَلّ: أَوَّل 开始，起头
هَلِّلُويَّا: سَبِّحُوا الربَّ [宗]哈利路亚(希伯来语，意为：你们赞美主吧！)

هَلُمَّ: تَعالَ 来！跟我来！赶快来！
ـ: أَحْضِرْ 拿来！取来！带来！
ـ بِنَا: فَلْنَذْهَبْ 让我们去(走)吧！
و ـ جَرًّا 等等，以此类推
هُلام: بَلُوظَة (مـ) 肉冻，果冻；胶，胶质，明胶，凝胶体，精制胶
هُلامِيّ: كالهُلام 胶质的，如胶的
ـ: مَنْسُوب إلى الهُلامِيَّات 属软体动物，软体动物似的
هُلامِيَّات: حَيَوانَاتٌ رَخْوَة 软体动物类
هِلَّم م هِلِّمَة: مُسْتَرْخٍ 颓唐的，疲倦的，萎靡不振的，没精打采的
هَلْهَلَ النَسِيجَ: نَسَجَه نَسْجًا سَخِيفًا 织得薄，织得松
ـ ه (مـ): مَزَّقَه 撕碎，撕成碎片
تَهَلْهَلَ 爆裂，破裂；撕破；变成破旧的；穿破(衣服)
هَلْهَل / هُلاهِل: رَقِيقٌ سَخِيف 稀薄的
هُلَيْهِلِيّ (مـ): طَرُوب 高兴的，愉快的
هَلْهُولَة (مـ): خِرْقَة 破布，碎布
هَلاهِيل (مـ) 破衣服，旧衣服
ـ (ع) 妇女欢迎、庆贺的呼喊声
مُهَلْهَل: سَخِيف / رَقِيق 稀薄的
ـ (مـ): مُمَزَّق 被扯破的，被撕破的
هَلِيلَج (في هلج)
هِلِّينِيّ (أ) Hellene: يُونانِيّ عَتِيق 古希腊人；古希腊的
هِلْيُوم Helium [化]氦
هِلْيَوْن / هِلْيُون: كِشْك المَاز (مـ) [植]石刀柏(俗称芦笋)
هُمْ: ضَمِير الغائِبِينَ الذُكُور 他们，他们的
أَعْطَاهُمْ حُقُوقَهُمْ 他把他们的权利给了

هم 他们

هُمْ في بُيُوتِهِمْ 他们在自己的房子里

هُمَا 他俩；她俩；他俩的；她俩的

هُمَا عَامِلانِ 他俩是工人

أُحِبُّهُمَا 我喜欢他(她)俩

عَمَلُهُمَا جَيِّد 他(她)俩的工作是好的

أَعْتَمِدُ عَلَيْهِمَا 我信任他(她)俩

هَمَجَ ـُ هَمْجًا وهَمِجَ ـَ هَمَجًا: جَاعَ 饥饿，
挨饿，受饿

هَمَج / هَمَجَة 饥饿，挨饿

ـ جـ أَهْمَاج / ـ: رعاع من الناس 流氓，
恶棍，下流人

ـ / ـ: مُتَوَحِّشُونَ 野人，野蛮人

ـ: ذُبَاب صَغِير 蚋

هَمَجِيّ 野蛮的；野蛮人

هَمَجِيَّة: تَوَحُّش 野蛮，残忍，粗暴

هَمَدَ ـُ هُمُودًا الغَضَبُ والحمّى والأَلَمُ والعَاصِفَةُ
(怒火、发烧、疼痛、暴风等)减轻，降
低，缓和，平息，平静

ـ الصوتُ: سَكَتَ (声音)静寂，中止

ـ تِ النارُ: ذهبَتْ حَرارتُها (火)熄灭

ـ ت هِمَّتُه: قَنَطَ (热情)冷淡，消失

ـ تِ الهِمَّةُ: بَرُدَت 心灰意冷

هَمَّدَه وأَهْمَدَه: هَدَّأَه 使平静，镇静

ـ ه وـ ه: أَسْكَتَه 使肃静，使沉默

ـ وـ الهِمَّةَ 抑制(热情)，使沮丧

ـ وـ النَّارَ 熄灭，扑灭(火)

ـ وـ الغَضَبَ 息怒

أَهْمَدَ في السَّيْرِ: أَسْرَعَ 快走，疾行

هُمُود: سُكُون 平静，平息

ـ: خُمُود / هُجُوع 静止，寂静

ـ: اِنْطِفَاء 熄灭

تَهْمِيد (مـ): تَوْصِيم 身体不适，不舒服

ـ 熄灯，灭火

هَامِد: ساكِن 不动的，静止的，寂静的

ـ: مُنْطَفِئ 被熄灭的，已熄灭的

جُثَّةٌ ـ ة 死尸

هَمْدَانُ 平静的，安宁的，和平的

مُهَمَّد (مـ): مُوَصَّم 疲劳的，不舒适的

هَمَرَ ـُ هَمْرًا الماءَ: صَبَّه 倾，注，倒，浇(水)

ـ وانهمَرَ الماءُ: اِنصبَّ 流出，倾注

ـ ه (مـ): عَضَّه 咬，啃

ـ ومَهْمَرَ (مـ): زَمْجَرَ 咆哮，怒吼

هَمْرَة من المَطَر: هَتْن 大雨如注，倾盆大雨

ـ / مَهْمَرَة (مـ): دَمْدَمَةٌ بِغَضَبٍ 怒吼，咆
哮，吼叫

هَمَزَه ـِ هَمْزًا: نَخَسَه 用靴刺踢赶，用刺棒驱赶

ـ ه: ضَرَبَه 打，殴打，打击

ـ ه:عَضَّه 咬，啃

ـ ه: اِغتابَه 诽谤，中伤

ـ [语]加“ء”符，读海木宰

هَمْز 用靴刺踢赶，用刺棒驱赶

هَمْزَة جـ هَمَزَات: الحرف الأَوَّل من حروف المَبَاني
海木宰(阿拉伯语第1个字母)

ـ القَطْعِ [语]分读的海木宰

ـ الوَصْلِ [语]连读的海木宰；交通枢纽

ـ 刺，扎

هُمَزَة / هَمَّاز: مُغْتَاب / عَيَّاب 诽谤者，中伤者

مِهْمَز جـ مَهَامِزُ / مِهْمَاز جـ مَهَامِيزُ 靴刺，
马刺，马札子；刺棒

شَوْكَة المِهْمَاز (马刺上的)齿轮，距轮

مِهْمَاز: لِسان العُصْفُور [植]翠雀

هَمَسَ ـِ هَمْسًا الصَّوْتَ: أَخْفَاه 咕唧，咕哝，
咕噜，叽叽咕咕，低声细语

ـ إليه: وَشْوَشَه 密谈，咬耳朵

ـ في أُذُنِه 耳语，附耳低言

ـ كلامَهُ 悄悄地说，叽叽咕咕，低声说

ـ الطعامَ: مَضَغه وفمُه منضمّ 闭口咀嚼

تَهامَسُوا عليْهِ 交头接耳，低声交谈，窃窃私语

هَمْس: وَشْوَشَة 耳语，低语，密语

هَمْسًا 悄悄地，耳语地，密谈地

تَكَلَّمَ هَمْسًا 密谈，低声地说，悄悄地说

هَمْسَة ج هَمَسَات 耳语，低语

مَهْمُوس 低声发出来的

ـ ［语］清音的，无声的，不带声音的

حَرْف مَهْمُوس 清音字母(共十个，构成 حثّه شَخصٌ فسكَتَ)

هَمَشَ ـُ هَمْشًا الشيءَ: عَضَّه 咬

هَمَّشَه 使边缘化

هامِشُ الكتابِ والصَّحِيفةِ ج هَوَامِشُ: حاشية الكتاب 书的页边，空白处

ـ المَدِينَة 郊区

على ـ الحَوَادِثِ 时事述评；处于边缘

حَاشِيَة أو شَرْح على الـ 旁注，标注

هامِشِيّ: على الهامش 旁注的；边缘的

هَمَعَت ـَ هَمْعًا وهَمَعًا وهُمُوعًا وهَمَعَانًا وتَهْمَاعًا العَيْنُ: أسالتِ الدَّمْعَ 流泪

هامِعَة ج هَوامِعُ: سَيَّالَة 泪如泉涌的

هَمَكَه ـُ هَمْكًا في الأمر: لَجَّجه 鼓励，督促

اِنْهَمَكَ في الأمر: جَدَّ ولَجَّ 埋头于，专心于

ـ في شَهَوَاتِه 沉湎于酒色，醉生梦死

هَمَك (أ) hammock: سَرِيرٌ مُعَلَّق 吊床

بِانْهِمَاكٍ 专心地，埋头地

مُنْهَمِك في كذا: عَاكِف عليه 埋头于，专心于

ـ في شَهَوَاتِه 沉湎于酒色，醉生梦死

هَمَلَت ـُ هَمْلاً وهَمَلانًا وهُمُولاً وانْهَمَلَتْ عَيْنُه: فاضَتْ دُمُوعُها 泪如雨下，泪如泉涌

و ـ السماءُ: دَامَ مَطَرُهَا 雨不停地下，雨不断地下，霪雨连绵

أَوَّلُ الغَيْثِ قَطْرٌ ثم يَنْهَمِلُ (初雨是点滴，然后倾盆而下)聚沙成塔，集腋成裘

هَمَلَ ـِ هَمْلاً وأُهْمِلَ الشيءُ: تُرِكَ سُدًى 被忽视，被忽略，被轻视

أَهْمَلَه: تركَه ولم يستعمِلْه 轻视，疏忽，忽视

ـ الحَرْفَ: ضد أَعْجَمَه (字母上面)不加点

تَهامَلَ في عَمَلِه (م): قَصَّرَ 工作疏忽，怠慢

هِمْل: ثَوْب مُرَقَّع 有补丁的衣服

هَمَل من الإبل: المتروك ليلاً ونهارًا يرعى بلا رَاعٍ 日夜放牧在外，无心照料的骆驼

هَمَلّ: بَيْت صَغِير 小屋

إِهْمَال / تَهامُل (م): توانٍ / تغافُل 忽视，玩忽，疏忽，轻视，轻率对待

ـ: عَدَمُ مُراعاةٍ 不遵守(法律、规则、秩序等)

ـ جِنائِيّ 怠慢罪，不周到

بِإهْمَالٍ 玩忽地，疏忽地，不留心地，不检点地，不注意地

مُهْمِل 玩忽的，疏忽的，不留心的，不介意的，草率的

مُهْمَل / مَهْمُول: مَتْرُوك 被忽视的，被疏忽的

ـ / ـ: غير مَرْعِيّ 不被遵守的

ـ / ـ: مَهْجُور / غير مُسْتَعْمَل 已废的，无用的

ـ 没有点的(字母)

ـ التاريخ 没有注明年月日的

ـ التَوْقِيع 没签名的，未署名的；匿名的

ـ الهَيْئَةِ 不美观的，不好看的，其貌不扬的

سَلَّةُ المُهْمَلاتِ 字纸篓

هَمْلَجَ الحِصَانُ: تَرَهْوَنَ (م) (马术)慢步，溜蹄，缓步，溜花蹄(同侧两足同时并举的步调)

هَمْلَجَة (马)溜蹄

مُهَمْلِج / هِمْلاَج جـ هَمَالِيج: رَهْوَان 溜花蹄的马

هَمَّ ـُ هَمًّا ومَهَمَّةً وأَهَمَّ الأَمْرُ فلانًا: أقلقه 使不安，使忧虑，使担心，使烦扰

ـ ه و ـ ه: أَحْزَنَه 使苦恼，使烦恼

ـ ه و ـ ه: عَنَاه 使感兴趣

هذا لا يَهُمُّنِي 这对我没兴趣,这与我无关系

هَمَّ ـُ هَمًّا بالعَمَلِ: شَرَعَ فيه 开始，着手，下手

ـ بالانصرافِ 想离开

ـ: قام فَجْأَةً 突然站起来

ـ من مَقْعَدِهِ 他从坐位上突然站起来

ـ تِ السُّوسَةُ الحِنطَةَ: أكلتْ لُبَابَها وجَوَّفَتْهَا 被虫蛀了，被虫蛀空了

هَمَّ ـِ هُمُومَةً وهَمَامَةً وأَهَمَّ وانهَمَّ الرجلُ: صار هِمًّا 老耄，衰老，衰朽

هَمَّمَتِ الأُمُّ للطِفْلِ لِيَنَام: هَنْهَنَت (م) 唱歌催眠

اهتَمَّ: اِغْتَمَّ 担心，忧虑

ـ به: بَالَى به 注意，留心，当心

ـ بأمره: اعتنَى به 照看，看管，关心

ـ بعمله: كَدَّ وتعب 费力，尽力

ـ بشُؤُونِهِمْ 从事，参与(…的事情)

ـ لِمَرَضِهِ: اِنْشَغَلَ بَالُه 关心，挂念(…的疾病)

هَمّ: قَلَق 不安，担心，忧虑

ـ جـ هُمُوم: حُزْن / غَمّ 苦恼，烦闷，愁闷

ـ: قَصْد 意向，企图，目的

ـ / اِهْتِمام 注意，留心，关心

صَرَفَ ـ ـَهُ إلى 对某事有兴趣

مُثْقَلٌ بالهُمُومِ 心事沉重，满心忧愁的

مُضْنًى بالهُمُوم 不胜忧虑的，不胜悲伤的

هِمّ جـ أَهْمَام م هِمَّة جـ هِمَّات وهَمَائِمُ: شَيْخ هَرِم 年迈的，衰老的，高龄的

هِمَّة وهَمَّة جـ هِمَم: عَزْم 决心，决意

ـ: نَشَاط 精力，活力

ـ: غَيْرَة 热心，热情，热忱

هَمَدَتْ ـُ ه 他的热情冷了

بَرَّدَ الـ 使沮丧,使垂头丧气

صاحِبُ الـ / عالِي الـ 勤勉的,有毅力的

قاعِدُ الـ 懒惰的

تَهْمِيم: هَنْهَنَة (م) 哼催眠曲

تَهْمِيمَة: هَنْهُونَة (م) 催眠曲，摇篮曲

اِهْتِمَام: قَلَق 担心，忧虑

ـ: هَمّ 苦恼，烦恼，愁苦

ـ: مُبَالاَة 关心，挂念，注意，留意

ـ: اِلْتِفَاتٌ وعِنَايَة 殷勤地照料，周到地注意

بمَزِيدِ الـ 以很大的兴趣

بِلا ـِ أو مُبَالاَةٍ 冷淡地，不关心地，不以为意地，漫不经心地

عَدَمُ أو قِلَّةُ ـِ 冷淡，不关心，不介意，不注意

عَدِيمُ أو قَلِيلُ الـ 冷淡的，不关心的，不注意的，不很关心的，不太注意的

هَامّ: عَظِيم / خَطِير 重要的，重大的

ـ: يَسْتَوْجِبُ الاِهْتِمامَ / يُلْفِتُ النَظَرَ 应予关注的，令人关注的

هَامَّة جـ هَوَامّ 害虫，毒虫

هَامَة (في هوم)

مَهْمُوم: قَلِقُ البَالِ 忧虑的，担心的，焦虑的，不安的

ــ: مُغْتَمّ 苦恼的，烦恼的，愁闷的

هُمَام جـ هِمَام: شُجَاع / سَخِيّ 勇敢的，英勇的

ــ: بَطَل 英雄，勇士

أَهَمُّ مِنْ: أَكْثرُ أَهَمِّيَّةً 更重要的

أَهَمِّيَّة 重要性

بَخَسَ الـ 贬低重要性

عَدِيمُ الـ 不重要的，无关紧要的

عَلَّقَ ـ على 看重，着重于

مُهِمّ جـ مَهَامّ: خَطِير / عَظِيم 重要的，重大的

ــ: يَسْتَوْجِبُ الاهتِمامَ 有趣的

الـ في الأمر: بَيْتُ القَصِيد 问题的核心

مُهِمَّة جـ مُهِمَّات: مَأْمُورِيَّة / رِسَالَة 任务，差事，使命

ــ: أَمْر هَامّ 要事，重要的事情，重大的事情

مُهِمَّات: أُمُور هَامَّة 重大事件，重要事故

ــ (مـ): عَتاد 装备，设备，必需品

ــ (مـ): مُؤَن 粮食，供应品

ــ البِنَاءِ (مـ): مَوَادّ 建筑材料

ــ الحَرْبِ 弹药，军需品

مُهْتَمّ 担心的，关切的

هَمْهَمَ: دَمْدَمَ 叽咕，叽叽咕咕

هَمْهَمَة 叽咕

هِمْيَان جـ هَمَايِينُ (波)系在腰带上的钱袋(包)

هَمَيُونِيّ (مـ) / هَمَايُونِيّ: مُلُوكِيّ (波)皇帝的，皇家的，王室的

هَمَا ـُ هَمْوًا وهَمَى ـِ هَمْيًا وهُمِيًّا وهَمَيَانًا الماءُ والدمعُ: سالَ لا يَثْنِيهِ شيء (水或泪)流出，奔涌

هُنَا / **هُنَاك** / **هُنَالِك** (في هنو)

هَنَأَ ـَـُ هَنْأً وهَنْأً وهَنَاءً الطعامُ أو الشَرابُ الرجلَ وللرجلِ: كان هَنِيئًا وساغَ (饮食)可口，有益健康

لَمْ يَهْنَأْهُ النَوْمُ 他未入梦

ـ ه وهَنَّأَه بكذا: ضدّ عَزَّاه 祝贺，庆贺

ـ ه وـ ه: أَثْنَى عليه / مَدَحَه 赞扬，称赞

ـ ه وـ ه بالعيد 祝贺节日

يَقُول العربُ في الدعاء لِيَهْنِئْكَ الوَلَدُ ومعناه لِيَسُرُّكَ 但愿他使你高兴

هَنِئَ ـَ هَنَأً وهَنْأً وتَهَنَّأً به: فَرِحَ 愉快，快乐，欢喜

ـ الطعامَ: تَهَنَّأَ به 觉得好吃

أَكَلْنَا مِنْ هذا الطعامِ حتى هَنِئْنَا منه: شَبِعْنَا منه 我们吃饱为止

ـ في 感到幸福

هَنَّأَه وهَنَّاه (مـ): أَسْعَدَه 使幸福，使快活，使愉快

ـ ه بكذا: ضد عَزَّاه 祝贺，道贺

هَنَاء: سُرُور 愉快，快乐

هِنَاء: قَطْرَان 柏油，沥青，焦油

تَهْنِئَة جـ تَهَانِئُ: ضد تَعْزِيَة 祝贺，道贺，庆贺

ــ: صَفَاء وسَعَادَة 幸福，安乐，安逸

هَنِيء /هَنِيّ: سَارّ 愉快的，快乐的，舒适的，快活的，有趣的，惬意的

ـ / ــ: بلا مَشَقَّة 舒适的，安乐的，畅快的，安逸的

ـ / ــ: سائغ 可口的，适口的，有滋味的

هَنِيئًا لك به 祝你愉快

هَنِيئًا مَرِيئًا 祝你饭后健康

هَنْبَثَة جـ هَنَابِثُ وهَنْبَثَات 难事；含糊的言语；混乱的消息

هَنَّدَ الرجلُ: صَاحَ صِيَاحَ البُوم 像猫头鹰似的

叫唤

ـ في الأمر: قصَّر فيه 怠慢，疏忽，玩忽

ـ السيفَ: شَحَذَه 磨剑

ـ فلانًا: شَتَمَه شتْمًا قَبِيحًا 破口大骂

الهِنْدُ (أ): بلاد الهِنْدِ 印度

جَزَائِر الـ الشرْقيَّة (الغَرْبيَّة) 东(西)印度群岛

جَوْزُ الـ: نارَجِيل 椰子，椰子果

هِنْدِيّ ج هُنُود: هِنْدُوَانِيّ 印度的；印度人

الـ الأَحْمَرُ / الـ الأَميركِيّ الأَصْلِيّ 印地安人；红种人

ـ: اللُغَة الهِنْدِيَّة (خُصُوصًا لُغَة شِمَال الهِنْدِ) 印地语(特指印度北方的语言)

ـ أَميركِيّ (أَصْلِيّ) = الهِنْدِي الأَحْمَرُ

دِيك ـ 火鸡，吐绶鸡

ـ شَعِيرِيّ: إِهْلِيلَج هِنْدِيّ [植]诃黎勒

الأَرْقَامُ الهِنْدِيَّة: هي أَرْقَام هِنْدِيَّة الأصل أدخلها العرب إلى أوربا ابتداء من القرن التاسع الميلاديّ 阿拉伯数字

مُهَنَّد: سَيْف مصنوع من حديد الهِنْدِ 印度生产的剑

هِنْدَب / هِنْدِبَاء / هِنْدِبَى [植]苣荬菜

هِنْدِبَا بَرِّيَّة: خَسّ بَرِّيّ [植]蒲公英

هَنْدَزَه (مـ): رَتَّبَه 整理，安排，排列，布置

ـ (مـ): رَاعَى اللِيَاقَةَ في سُلُوكِه 有规矩，礼貌，善于处世，会待人接物

ـ (مـ): قَلَّدَ المُهَنْدِسَ 做工程师

ـ 测量

مُهَنْدِز (مـ): مُهَنْدِس 工程师

هِنْدَاز: قِيَاس (波)测度

هِنْدَازَة: مِقْيَاس للأَقْمِشَة (في الشرق) 东方古尺名(等于 0.656 米)

هَنْدَسَ 做工程师工作，画几何学图形

ـ (مـ): هَنْدَزَ 测量

ـ (مـ) 安排，安置，组织

ـ الطَرِيقَ 设计公路

هَنْدَسَةٌ عَمَلِيَّة 工程，土木工程

ـٌ عِلْمِيَّة (أو عِلْمُ الهَنْدَسَةِ) 几何学

ـ المِعْمَارِ أو البِنَاءِ: رِيَازَة 建筑术，建筑学

ـ الزِرَاعَة: زَرْدَقَة / زَرْدَقَة 农学，农艺学

ـٌ تَحْلِيلِيَّة 解析几何学

ـ السُطُوحِ 平面几何(学)

ـٌ فَرَاغِيَّة 立体几何

ـٌ مِيكَانِيكِيَّة 机械工程

ـٌ وَصْفِيَّة 图法几何(学)

ـ: قِيَاس وحَدّ 测度

مَدْرَسَةُ الـ 工程技术学校；工学院

ـ 计划，设计，规划，建设

هَنْدَسِيّ 几何(学)的

شَكْلٌ ـ 几何图

قَلَمٌ ـ 鸭嘴笔

مَشْرُوعٌ ـ 设计图，建筑平面图

مُهَنْدِس 工程师，技师，技术员

ـ رِيٌّ 水利工程师，水利工程学家

ـٌ رِيَاضِيّ: صاحبُ عِلْمِ الهَنْدَسَةِ 几何学家

ـ زِرَاعِيّ 农学家

ـ كَهْرَبَائِيّ 电气工程师

ـٌ مِعْمَارِيّ: رَاز / رَائِز 建筑工程师

ـٌ مِيكَانِيكِيّ 机械工程师

سِلَاحُ المُهَنْدِسِين 工兵

مُهَنْدِسْخَانَة / مَدْرَسَة الـ 工程学校

هِنْدَاسَة = هِنْدَازَة

هِنْدُسْتَانِيّ Hindoostanee, Hindustani 印度的；印度人；印地语

هِنْدُوس 印度教徒

هِنْدُوسيّ / هِنْدُوكِيّ 印度教徒
الهِنْدُوسِيَّة / الهِنْدُوكِيَّة 印度教
هَنْدَمَه: سَوَّاه 整理，整顿，布置
ـ الشيءَ: ظَرَّفَه 装饰，修饰
ـ العودَ وغيرَه: سَوَّاه وأصلَحَه على مِقْدارٍ 削平，刨平，刨光
تَهَنْدَمَ: أصلَحَ هِنْدَامَه 打扮
هِنْدَام / هَنْدَمَة 匀称
ـُ: حَسَن القَدِّ (身材)匀称的
مُهَنْدَم 优美的，雅致的
ـ 被削平的；被刨平的
هُنْغَارِيّ / هُنْجَارِيّ (أ) Hungarian 匈牙利的；
匈牙利人
الـ ة 匈牙利语
هَنَّفَ الرجلُ: أَسْرَعَ 迅速，赶紧
أَهْنَفَ وتَهَانَفَ وهَانَف: ضَحِكَ باستهزاءٍ 嘲笑，讥笑，嘲弄
ـ وـ الصَبِيُّ: تَهَيَّأَ لِلبُكَاءِ 要哭，将哭
ـ وـ: شَنْهَفَ (مـ) 啜泣，哽咽，抽抽噎噎地哭
هِنَاف / إهْنَاف / مُهَانَفَة: ضَحْكَة صفراوِيَّة (مـ) 嘲笑，冷笑，讥笑
هَنْك (مـ): تَرْدِيد / صَدًى (في المُوسِيقَى) [乐] 和声，应声
هَنْكَرَ (مـ) 大惊小怪地动来动去
هَنْكَرَة: كَثْرَةُ العَمَلِ والحَرَكَة 大惊小怪地动来动去
هَنَم: تَمْر 干椰枣
هانِم (مـ): سَيِّدَة / خَاتُون (土)太太，夫人，贵妇人
هَوَانِمِيّ 贵妇人似的，优雅的
هَن م هَنَة: شَيْء 事物，东西
هذَا هَنُكَ 这是你的东西
هُنَّ 她们(主格，宾格)，她们的(属格)
هُنَّ عَامِلاتٌ 她们是工人
أُعَلِّمُهُنَّ العَرَبِيَّةَ 我教她们阿拉伯文
هِمَّتُهُنَّ عَالِيَة 她们的志向很高
نَرْضَى عَنْهُنَّ 我们喜欢她们
هَنْهَنَتْ الأُمُّ للطِفْل لِيَنَامَ (مـ): هَمَّمَتْ 唱催眠曲
هَنْهُونَة: تَهْمِيمَة / هَيْنَمَة 催眠曲，摇篮歌
هَنُو: وَقْت 时间
هُنَيْهَة (هَنَة的指小名词): وَقْتٌ قَصِير 片刻，瞬间，一霎时
هَنَة / **هَنّ** (في هنن)
هُنَا / هٰهُنَا 这里，在此地
إلى ـ / لـ ـ: إلى هذا المَكَان 到这里，到这个地方
إلى ـ / لـ ـ: لهذا الحَدِّ 到这个程度，到这步田地
من ـ: من هذا المَكَان 从这里，从此处
من ـ: من ذَلِك 由是，从此；今后，此后；因此，所以
هُنَاك / هُنَالِكَ 那里，那儿，那边
إلى ـ 到那里，到那个地方
من ـ 从那里，从那个地方
إلى آخِرِ مَا هُنَالِكَ 如此等等，诸如此类
هُوَ: ضَمِير الغَائِب (للمُذَكَّر العَاقِل المُفْرَد) 他(阳性单数第三人称代名词)
ـ: ضمير الغائب (للمذكَّر غير العَاقِل) 它，牠(指人以外的单数阳性事物)
أَنَا ـ 我就是
ـ ذَا 这就是他
هُوَ هُوَ 正是他
إنَّ المَوْقِفَ لَمْ يَتَغَيَّرْ بل ـ كَمَا كَانَ 情况像

过去一样，没有变化

كمَا ـ 原样，照原来的样子，照事实

هُوِيَّة: حَقِيقَةٌ مُطْلَقَة (راجع هوي) 本质，实质，

个人，个性，人格，人品

تَذْكِرَة الـ (س) / شَهَادَة الـ: بِطَاقَةٌ شَخْصِيَّة (م) 身份证

رَجُلٌ مَجْهُولُ الـ 身份不明的人

لم يَتَكَلَّمْ بِشَيْءٍ عن ـِ ه 他没有说出他的身份

هَاءَ يَهُوءُ هَوْءًا بنَفْسِه إلى المَعَالِي 立志做大事

هَوْء: هِمَّة 目标，志向

هَواء (في هوي) / **هَوَامّ** (في همم)

هُوتَة وهَوْتَة جـ هُوَت: أَرْض مُنْخَفِضَة 凹地，低地，洼地

ـ (م): هُوَّة 深渊，深坑

هَوِجَ ـَ هَوَجًا: كان طويلاً في حُمْق 傻大个

ـ 鲁莽，轻率

أَهْوَجُ م هَوْجَاءُ جـ هُوج: أَوْهَج (م) / أَحْمَق مُتَسَرِّع 愚蠢的，轻率的，暴躁的

ـ: جَرِيء بَطِيش 蛮勇的，愚勇的，有勇无谋的

ـ 强大的，猛烈的(风)

هَوْجَاء جـ هُوج: رِيحٌ دوَّامة 狂风，旋风，飓风

الحَرْب الـ 残酷的战争

هُوجُو (أ) (فِكْتُور) Hugo (Victor) 雨果(法国作家 1802—1885)

هَادَ ـُ هَوْدًا وتَهَوَّدَ الرجلُ: صار يَهُودِيًّا 犹太化，信犹太教

ـ: تَابَ ورَجَعَ إلى الحقّ 忏悔，改过自新

هَوَّدَ: مَشَى رُوَيْدًا 慢慢地走

ـ الشرابُ فلانًا: أَسْكَرَه 使醉，使陶醉

ـ في الكلام: قَالَهُ بتَأَنٍّ ورِفْق 慢慢地说

ـ الرَّجلَ: صيَّره يَهُودِيًّا 把他犹太化

ـ الثمنَ (م): خفضَه قَلِيلاً 稍稍减价

هَاوَدَه: سايَرَه 迎合，奉承；纵容

ـ ه: صالَحَه 讲和，和好，和解

ـ ه: وادَعَه وتساهَل معه 放任，纵容，容忍

ـ ه (م): أَطَاعَه 服从，听从，顺从

ـ (م): قَبِلَ ثَمَنًا مُعْتَدِلاً 接受合理价格

هُود / يَهُود: إسْرَائِيلِيُّونَ 犹太人，希伯来人，以色列人

شَوْكُ اليَهُودِ: كَنْكَر [植]莨芳花

يَهُودِيّ: إسْرَائِيلِيّ 犹太人，希伯来人

ـ: مَنْسُوب إلى اليَهُود 犹太的

اليَهُودِيَّة: أُورْشَلِيم وما يَلِيهَا 犹太(耶路撒冷及其属地)

ـ: دِين اليَهُودِ 犹太教

هَوَادَة: رِفْق 宽大，宽容，姑容，宽大处理，酌情减罪

ـ: رَحْمَة 仁慈，慈悲

حَرْبٌ بلا ـٍ 残酷的战争

في غَيْرِ ـٍ 不留情地，毫不宽假地

مُتَهَاوِد 适中的，公道的

أَسْعَارٌ ـ ة 公道的价格，适中的价格

هَوْدَج (في هدج)

هُوَذَا: هُوَ هَذَا 这就是他

هَا ـ: أَنْظُرْ 瞧！看呀！

هَارَ ـُ هَوْرًا فلانًا وهوَّرَه: صَرَعَه 摔倒

هَارَ وانْهَار وتَهَوَّرَ: انْهَدَمَ 坍塌，倒塌

هَوَّرَه: أَوْقَعَه في تَهْلُكَة 破坏，毁坏，使受危害

تَهَوَّرَ: اندفع بلا مُبَالاةٍ 猛冲，直冲

ـ في الكلام 轻率，鲁莽地说话

ـ الوَقْتُ: وَلَّى (时间)消失，逝去

ـ البِنَاءُ: اِنْهَدَمَ وسَقَطَ 倒塌，坍塌

هَوْر جـ أَهْوَار: بُحَيْرَةٌ مُفَلْطَحَة واسِعة 泻湖，礁湖

هَوْرَة جـ هَوْرَات: تَهْلُكَة 危险；死亡，灭亡

تَهَوُّر: اندِفَاع وتسرُّع 轻率，鲁莽

ـ: تَطَرُّف 放肆，无节制

اِنْهِيَار: اِنهدام 坍塌，崩溃；瓦解（如山崩、墙塌等）

ـ الأَسْعَارِ (物价)猛跌

ـ الطَّيَّارَةِ [航]失速下落

ـٌ عَصَبِيّ 神经衰弱

هَارٍ / هَائِر: مائِل للسُّقُوط 倾颓的，要塌的，要倒的

هَيِّر: مُتَهَوِّر 鲁莽的，轻率的

هَوَّارِيّ جـ هَوَّارَة: عساكِرُ غيرُ منظَّمة (非正规军)民兵，志愿军，义勇军

مُتَهَوِّر: مُنْدَفع 鲁莽的，轻率的

ـ مُتَطَرِّف 放肆的，无节制的

هُورْمُون جـ هُورْمُونَات (أ) hormone 激素，荷尔蒙

هُورُس Horus: مَعْبُود فِرْعُونِيّ [埃神]何露斯(古代埃及的太阳神，形象为鹰或鹰头人)

هَوِسَ ـَ هَوَسًا الرجلُ: تحيَّر واضطرب 处于困境，不知所措

ـ: كان به هَوَس 成为发狂的，成为神经错乱的

هَوَسَه وهَوَّسَه (مـ): حيَّرَه 使他惊讶，使他手足无措

ـ ه وـ ه (مـ): جنَّنَه 使他发疯，发狂

تَهَوَّسَ وانهوَسَ (مـ) 神经错乱，成为狂人

هَوَس: اِفْتِتَان / خَبَل 发疯，发狂，神经错乱

ـ: هَلْوَسَة / هَذَيَان 说胡话，谵妄

الـ الوَطَنِيّ 沙文主义

هَوِيس: فِكْر 观念，思想，思维

ـ جـ أَهْوِسَة وهَوِيسَات وهَوَاوِيسُ التُرَعِ والأَنْهُرِ (مـ): حَوْز (运河等的)水闸，闸门

أَهْوَسُ م هَوْسَاءُ وهَوْسَى / مُهَوَّس / مَهْوُوس (مـ) 神经错乱的

مُتَهَوِّس 疯狂的，精神错乱的

هَوِشَ ـَ هَوَشًا وهَاشَ ـُ هَوْشًا القومُ: هاجُوا أو اضطربُوا 混乱，骚动

هَوَّشَ القومَ أَلْقَى بَيْنَهُمْ الفِتْنَةَ والخلافَ 煽动(群众)，掀起(风潮)，引起混乱

ـ الشيءَ: خلَطه 掺杂

ـ ه (مـ): أَثَارَه 唆使，嗾使，煽惑

ـ ه (مـ): تهدَّده بالصَخَبِ 恫吓，虚张声势

ـ الكَلْبَ على الصبِيّ (مـ) 嗾狗咬孩子

ـ الكِلاَبَ على بَعْضِها (مـ) 嗾狗咬架

ـ الدُنْيَا 引起骚乱

هَوْشَة جـ هَوَشَات: فِتْنَة 骚乱，暴乱

تَهْوِيش (مـ): تهديد بالصخب والادعاء الباطل 恫吓，虚张声势

هَاعَ ـُ هَوْعًا وتَهَوَّعَ الرجلُ (مـ): تَبَوَّعَ (مـ) / تكلَّفَ القَيْءَ 作呕，干呕

هَوَّعَ الرجلَ ما أكلَه: قيَّأه إيَّاه 引起呕吐

تَهَوَّعَ: تَقيَّأَ مَعَ تكلُّفٍ 呕吐

هَالَ ـُ هَوْلاً الأمرُ فلانًا: أفزَعَه (事情)使恐怖，使恐惧，使害怕

ـ ه الأمرُ: عظُمَ عليه (事情)使人烦恼、苦恼

هَوَّلَ الأمرَ: شنَّعَه 丑化事物

ـ الأمرَ: بَالَغَ فيه 夸张，夸大

ـ ه: أفزَعَه 恫吓，威胁

ـ عليه بكذا: تَهَدَّدَه به 恫吓，威胁

استهالَ يَسْتَهِيلُ فلانٌ الأمرَ 认为可怕

هَوْل جـ أَهْوَال وهُؤُول 恐怖，恐惧，畏惧
يا لَلْـ ـِ ! 多可怕！
أَبُو الـ ـِ 狮身人面像
قَاسَى أَهْوَالاً شِدَادًا من البَرْد 遭受可怕的严寒
هَوْلَة: شيء مُفْزِع 怪物，怪兽，妖怪
هَال: سَرَاب 蜃景
حَبّ الـ [植]小豆蔻
هَالَة: دَارَةُ القَمَرِ 晕，月晕
ـ (حَوْل رَأْسِ قِدِّيسٍ) (神像头上的)后
光，光轮；威望，声望，光彩，荣誉
ـ ذَهَبِيَّة (圣像头上的)光环，光轮
قَمَرٌ هَالِيّ (أيْ كاذِبٌ) 幻月，假月
تَهْوِيل: إِرْهَاب 威吓，恫吓，恐吓
ـ: مُغَالاَة 夸张，夸大
تَهَاوِيل: أَلْوانٌ مختلفة 彩色，五光十色
ـ الرَّبِيع 万紫千红
هَائِل / مَهُول 可怕的，可怖的，骇人听闻的
ـ الحَجْم 巨大的，庞大的
هُولَنْدَا (أ) Holland 荷兰
هُولَنْدِيّ 荷兰的；荷兰人
هَوَّمَ وتَهَوَّمَ: نَامَ قَلِيلاً 假寐，打瞌睡，打盹
ـ وـ: هزَّ رَأْسَه من النُّعاسِ 打盹，瞌睡，
因困倦而晃头
هَامَة جـ هَامَات وهَام: رَأْسُ كُلِّ شيءٍ 头，顶
ـ: رئيسُ القَوْمِ وسيِّدُهم 头目，首领
ـ الرَّأْسِ 脑盖
ـ: بُوم 枭，猫头鹰
هو ـ اليَوْم أو غدٍ 他是朝暮人，他命在旦
夕，他朝不保夕

هامّة (في همم)
هُومِيرُس Homer: شاعرُ الإغريقِ صاحبُ الإِلْيَاذَةِ
荷马(古希腊史诗《伊利亚特》的作者)

هَانَ ـُ هَوْنًا الأمرُ عليه: سَهُلَ (事情)容易，
不难，轻而易举
ـ عليه هذا الأمرُ 这件事对他来说是轻而
易举的
ـ عليه أن ... (مـ): طاوَعَه قَلْبُهُ 打算
هَانَ ـُ هُونًا وهَوَانًا ومَهَانَةً الرجلُ: ذَلَّ وحَقُرَ 卑
鄙，卑贱
هَوَّنَه: سهَّلَه وخفَّفَه 简化，使变容易
هَوِّنْ عَلَيْكَ 从容点！别紧张！别费事！
أَهَانَه: اِسْتَخَفَّ به 轻视，蔑视，看不起
ـ ه: حقَّره بالشَّتْم أو غيره 侮辱，凌辱
تَهَاوَنَ واسْتَهَانَ بالأمر أو فيه: استَسْهَلَه 认为容
易，看做易事，认为轻而易举
ـ وـ بِه: استحقَرَه واستخَفَّ به 轻视，蔑
视，看不起
ـ بعَمَلِه: لم يَعْتَنِ به 轻视，忽视，草率，不
经心
لا يُسْتَهَانُ به 不可轻视的
قُوَّةٌ لا ـ بِها 不可轻视的力量
هُوْن / هَوَان: ذُلّ وخِزْي 耻辱，羞辱，丢脸，
不光彩
ـ / ـ: اِحتقار 轻视，藐视，看不起
ـ: سُهُولَة 容易，平易
على ـِ / هَوْنًا 慢慢地，轻轻地，轻松地，
从容不迫地
هُون 屈辱，羞辱
ـ (سـ) / هُونِي (سـ): هُنَا / هِنَا (مـ) 这里，
在这里
هَاوُون / هَاوُن جـ هَوَاوِينُ / هُون جـ أهْوان (مـ):
صَلاَّيَة 研钵，乳钵
يَدُ الـ: فِهْر 杵，乳钵槌儿
مِدْفَعُ الهاوُون / مِدفَعُ الهاوُن 臼炮，迫击炮

هُوَيْنَا: تُؤَدَة ورِفْق 轻轻地，慢慢地；沉着地，从容地，悠然自得的
سارَ الـ 缓步；悠然自得地走，自由自在地走
إهَانَة 轻视，侮辱，凌辱，屈辱，玷辱
تَهَاوُن / اِسْتِهَانَة: استخفاف 轻视，蔑视，藐视
ـ: إهْمال 疏忽，大意，不经心，不注意
هَيْن / هَيِّن: سَهْل 容易的，轻而易举的
لَيْسَ هذا بالأمر الـ 这不是一件容易的事
هِينَة: سُهُولَة 容易，简易，轻便
على الـ 容易地，轻松地
أَهْوَنُ: أَسْهَلُ 比较容易的
ـ: هَيِّن 容易的，平易的
ـ الكُلِّ / الأَهْوَن 最容易的
ـ الشَرَّيْنِ 两个祸害中较轻的一个
مُهِين 丢脸的，凌辱的，屈辱性的
مُهَان 受侮辱的，受屈辱的
مَهَانَة: خِزْي 耻辱，屈辱，羞辱
ـ: ذُلّ 耻辱，卑贱，下贱
مُتَهَاوِن 不注意的，疏忽大意的
هُوَّة جـ هُوًى: وَهْدَة عَميقَة 深渊，鸿沟，无底洞，深谷，深水港
هوى ـ هَوِيًّا وهُوِيًّا وهَوَيَانًا الشيءُ: هبَط / سَقَطَ 落下，降落
ـ: أسرع 快行
ـ هُوِيًّا الطائرُ: انقضَّ (鸟)俯冲下来
ـ الرجلُ: ماتَ 死去
ـ تِ الريحُ: هبَّتْ (风)刮，吹
هَوِيَ ـ هَوًى فلانًا: أَحَبَّه 爱，爱慕，思慕
ـ الشيءَ: أَرادَه وأحبَّه 喜欢，爱好(某物)
ـ الشيءَ: اشتهاه 希望，愿望
هَوَّى الغُرْفَةَ: جدَّدَ هَواءَها 通风
ـ بِمَروحَةٍ (مـ): روَّحَ بها 搧扇子
ـ الشيءَ (مـ): عرَّضَه للهَوَاء 晾，吹吹，露露风
ـ ه (مـ): شبَّعه أو مَزَجَه بالهَواءِ 暴露在空气中，充以空气
هَاوَى فلانٌ: اشتدَّ سَيْرُه 疾行
هَاوَاه: لاطَفَه سايَره 迎合，奉承，讨好，阿谀；纵容，姑息，放任
أَهْوَى وانهَوَى الشيءُ: سقَط 落下
ـ بيدِهِ إلى ...: مَدَّها 伸手，向…伸手
ـ بيَدِهِ على 打，打中
تَهَوَّى 通风
تَهَاوَى الرجلُ: سارَ شديدًا 疾行
ـ القومُ في المَهْوَاةِ: سقَطَ بعضُهم في أثَر بعضٍ 相继进入深谷
ـ (泪)接连落下；坠落
صِحَّتُه تَتَهَاوَى 健康恶化
اِنْهَوَى الشيءُ: سقط من عَلْوٍ إلى أَسْفَلَ 落下，坠落，跌下
اِسْتَهْوَاه: أَغْرَاهُ / استمالَهُ 引诱，诱惑，勾引
ـ عَقْلَه 迷惑，引诱
ـ ه: ذهَبَ بعَقْلِه أو حيَّره 迷住，使神魂颠倒
ـ ه: جعله في حَالَةِ ذُهُولٍ 使出神，使发迷
ـ ه (مـ): أصابَه الزُكامُ 伤风，感冒
هَوَاء جـ أَهْوِيَة: المادَّة المالِئَة للفضَاءِ 空气
ـ: جَوّ / لُوح 大气，大气层
ـ: ريح 风
ـ: مُنَاخ 气候
ـ: جَبَان (单、复数通用)懦夫，胆小鬼
الـ الأصفَرُ (مـ): وَبَاء / شَوْطَة (مـ) 霍乱
الـ الجَوِّيّ 大气，空气
الـ الطَّلْقُ 新鲜空气

الـ المَضْغُوط 压缩的空气

تَجْدِيدُ الـ 通风，换气

بُنْدُقِيَّةُ ـ 气枪

عِلْمُ الـ أو طَبَقَاتِ الـ 气象学

عِلْم سَلْكِ الـ 航空学

مِنْفَاخ ـ 打气筒

هَوَائِيّ: مختص بالهَواءِ 空气的，大气的

آلَة ـ ة 吹奏乐器；气体仪器

المِطْحَنَة الـ ة 风磨

ـ: كالهَواء والغَاز / غَازِيّ 气体的

ـ: يشتَغِل بقُوَّةِ الهَواءِ أو فيه هَواء 气动的，风动的

ـ: آرِيَة (مـ) (aerial) / السِلْك أو الشَبَكَة اللاقِطة للصَوْت اللاسِلْكِيّ 无线电天线，天线网

ـ إطَارِيّ 线圈天线

ـ خَال 架空天线(成卷状)

ـ مِظَلِّيّ 伞状天线，网状天线

ـ (مـ): مُتقَلِّب الأطْوارِ والأهْواءِ 任性的，无定见的，见异思迁的，反复无常的

حِسَابٌ ـ: حساب ذِهْنِيّ 心算，口算

تَنَفُّسٌ ـ 在空气中呼吸(不是在水中呼吸)

حَيَوَانٌ ـ 需氧的动物

مِكْرُوبٌ ـ (يَعِيش بالهَوَاء) [动]需氧菌

مَطَبّ ـ (مـ) / فَجْوَة ـ ة 空中陷阱(天空中因下降气流等使飞机突然下降的部分)

لا ـ 真空的

مِيناءٌ ـ 机场，航空港

سَفِينَةٌ ـ ة 飞艇

مَرْكَبَة ـ ة: طَيَّارَة 飞机

مِضَخَّةٌ ـ ة 风车，风轮机

سِلْكُ الـ / خَطُّ الـ / هَوَائِيَّات 无线电天线

هَوَائِيَّات 空间

هَوًى جـ أَهْوَاء: حُبّ 爱，爱情，恋爱；情欲

الـ العُذْرِيّ 精神恋爱

ـ: مَيْل 倾向，爱好

ـ: مِزَاج / كَيْف (مـ) 嗜好，癖好，爱好

بِنْتُ الهَوَى 放荡的女人

في الـ 在恋爱中

في الـ سَوَى 处同一窘境

على هَواه: كما يُرِيد 照他的意愿，随心所欲

على هَواه: كما يُرِيد أنْ يكونَ 合意的，称心的

تَصرَّفَ على هَواه في ... 自行处理，斟酌办理

تَهْوِيَة (مـ): تَجْدِيدُ الهَواءِ 通风，通气

ـ (مـ): تَشْبِيع بالهَواء 灌满空气

هَوَايَة 情欲，性欲

هَوَوِيّ 爱情的，爱好的，热爱的

هَوِيّ: دَوِيّ في الأُذُن 耳鸣

ـ 有奇癖的，任性的

هَوٍ م هَوِيَة: مُتَقَلِّبُ الأَطْوَارِ 任性的，无定见的，见异思迁的，反复无常的

هَوِيَّة جـ هَوَايَا: بِئْر عَمِيقة 深井

ـ (مـ): غَوِيَّة / غِيَّة (مـ) 嗜好，兴趣

هُوِيَّة (في هو)

اِسْتِهْوَاء 迷惑，诱惑；感冒

ـ الفُلُورا (مـ) [医]作气胸，胸膜填充空气

هَاوٍ جـ هُوَاة: ساقِط / هابِط 落下的，坠下的

ـ: مُحِبّ 爱好者，喜爱的

ـ: ذُو الهَواء 空的，有空气的

ـ / هَوِيّ / غَاوِي (مـ) (业余)爱好者

هَاوِي التِلْغراف اللاسِلْكِيّ 无线电爱好者

هَاوِي أوبْرا بكِين 京剧票友，京剧爱好者

هَاوِيَة / أُهْوِيَّة: جَوّ 大气

ـ / ـ: وَهْدَة عَميقة 深渊，鸿沟，深谷，深水港

الـ: جَهَنَّمُ 地狱，火狱

هذا أهْوَى إليّ مِنْ ... 这对于我是更合意的

مَهْوًى / مَهْوَاة جـ مَهَاوٍ: جَوّ 天空，大气

ـ: ما بين جَبَلَيْن 山谷

بِئْرٌ بَعِيدة الـ 深井

صارَ ـ الأفْئِدَة (مـ) 他引起人们的同情

مُهاوَاة 讨好，迎合，奉承，谄媚，拍马屁

مِهْوَاة: نَافِذَةٌ أو أَدَاةٌ لتجديد الهَواءِ 通风孔，通风设备

هِيَ: ضَمير الغائبة (للعاقِل) 她(指人)

ـ: ضَمير الغائبة (لغير العاقِل) 它(指事物)

هَيَّا / هَيّ (في هيي)

هَاءَ يَهِيءُ وهَيِئَ يَهاءُ ويَهْيَأُ وهَيُؤَ يَهْيُؤُ هَيْأَةً وهَيَاءَةً:

صار حَسَنَ الهَيْئَة 风度优雅，有优美的风姿

هَاءَ ـ هِيأَةً إليه: اِشتاق 想望，想念

هَيَّأَه تَهْيِئَةً وتَهْيِيئًا: أَعَدَّه 准备，预备，筹备

ـ ه: رتَّبه 整理，整顿，安排，排列

ـ ه لكذا: جعله مَيَّالاً له 培养，训练(他做某事)

ـ (مـ): جعل له رَوْنَقًا 修饰，装饰

هَايَأَه في الأمر: وافقه 同意他，和他达成协议

تَهَيَّأَ لكذا: استعدَّ له 对某事有准备

ـ له الأمرُ: أَمْكَنَه (事情)成为可能，能做得到

ـ له (مـ): تصوَّر 想像，臆测

ـ (مـ): تهَنْدَمَ 讲究穿戴

كَمَا يَتَهَيَّأُ لَهُمْ (مـ) (正如他们所想起来的)凭一时的兴致

هَيْئَة / هَيَأَة جـ هَيْئَات: شَكْل 式样，样子，形式，形状

ـ / ـ: كَيْفِيَّة 方式，方法

ـ / ـ: صُورَة 模样，容貌，相貌，神色，体态，姿态，丰采

ـ / ـ: جَماعَة مُنَظَّمَة 组织，机构，团体，公会；委员会，常设委员会

ـ الأُمَم المُتَّحِدَة 联合国

ـ المَحْكَمَة 司法人员，法院员额

ـ (مـ) / هَيِّئ: حسَنُ الهَيْئَة 庄严的，威风凛凛的，相貌堂堂的

ـ السُفَراء 外交团

ـ أَرْكَان الحَرْب 参谋总部

الـ الاِجْتِماعِيَّة 社会团体

الـ الحَاكِمَة 当局，官方

الـ السياسيَّة 外交团

عِلْمُ الـ 天文学

ـ العُلَماء 伊斯兰教学者公会

الـ التَفْتِيشِيَّة 监察委员会

اِجْتمعَ المَجْلِسُ بكامِلِ ـ ه 议会开全体会议

تَهْيِئَة: إعْداد 准备，预备

مُهَيِّئ: مُعِدّ 准备者，预备者

مُهَيَّأ: مُعَدّ 准备好的，预备的

مُهَيَّئَات (مـ): بَضَائِعُ كبيرةُ الحَجْمِ خَفِيفةُ الوَزْنِ 庞大而分量轻的货物

هَابَ يَهابُ هَيْبًا وهَيْبَةً ومَهَابَةً واهْتَابَ وتَهَيَّبَ الرجلَ أو الشيءَ: خافَه 怕，害怕，畏惧

ـ ه وـ ه وـ ه: وقَّره واحترمه 敬仰，尊敬，尊重

هَيَّبَه إليه (مـ): جعلَه مَهيبًا عِنْدَه 使甲害怕乙

هَيَّبَ عليه (مـ) وتَهَيَّبَه: تَهَدَّدَه 恐吓，恫吓，

威胁

أَهَابَ به: صاحَ 叫，喊，叫唤，呼唤

ـ بصاحِبِه: دَعاه 请，请求，呼吁，求助于

تَهَيَّبَه: أخافَه / أَفزَعَه 使害怕，使恐惧

اِهْتَابَه: هابَه 害怕，畏惧，恐惧

هَيْب (س): عَتَلَة 橇棍，铁橇

هَيْبَة / مَهَابَة: خَوْف 怕，害怕，恐惧

ـ / ـ: خُشُوع 尊敬，崇敬

ـ / ـ: اِحْتِرام / اِعْتِبار 尊敬，尊重，敬重

ـ / ـ: وَقَار 庄重，庄严，严肃

ـ / ـ: كَرَامة 威信，威望

هَيُوب / هَيَّاب / هائِب: يَخَافُ الناسَ 胆小的，胆怯的，畏惧的，畏缩的

ـ / هَائِب 感觉惶悚的

ـ / مَهُوب / مَهِيب: يَخَافه الناسُ 严厉的，尊严的，威严的

مَهُوب / مَهِيب: وَقُور 庄严的，严肃的，庄重的

ـ / ـ: مُحْتَرَم 可敬的，尊敬的

هَيَّتَ به: صَاحَ به ودَعَاه 叫喊，呼喊

هَاتِ (اسمُ فِعْلٍ): أَعْطِنِي 你给我

هَاتِي: أَعْطِينِي 你给我(阴性单数)

هَاتِيَا: أَعْطِيَانِي 你俩给我(阴阳性双数)

هَاتُوا: أَعْطُونِي 你们给我(阳性复数)

هَاتِينَ: أَعْطِينَنِي 你们给我(阴性复数)

هَيْتَ / هِيتَ: تَعَالَ 到这儿来(阴阳性单多数不分)

هَاجَ يَهِيجُ هَيْجًا وهِيَاجًا وهَيَجَانًا وتَهَيَّجَ واهْتَاجَ الشيءُ: ثارَ وتحرَّكَ وانبعثَ 兴奋，奋起

ـ هَائِجُهُ: ثارَ ثائِرُه 骤然发怒，勃然大怒

ـ البَحْرُ وغيرُه (海)怒涛汹涌，波涛澎湃；(人心)骚动，激昂

هَيَّجَه: أَثارَه 激起，激发，刺激，煽动，鼓动

ـ ه: حَرَّكَه 激发(感情)，鼓励，激励(士气)，鼓舞(精神)

ـ: أَزْعَجَه 使麻烦，使烦恼，使不安

ـ الدمَ: فَوَّرَه (م) 惹起他的热情或欲望

ـ الشَهِيَّةَ: حَرَّكَهَا 开胃，引起食欲，刺激食欲

ـ العَيْنَ: أَلْهَبَهَا 使(眼)发炎，红肿

ـ الغَضَبَ: أثارَه 激怒，触怒，使发怒

أَهَاجَ فُضُولَه 引起好奇心

هَيْج / هَيْجَا / هَيْجَاء: قِتال / حَرْب 战斗，战争

ـ / هِيَاج / هَيَجَان: تَحرُّك واضطراب 不安，动摇，骚动，纷乱，混乱

هِيَاج / هَيَجَان: ثَوَرَان 暴动，骚扰

ـ / ـ: اِضطراب / شَغَب 不安，不稳；动乱，变乱

ـ / ـ: غَضَب 愤怒，愤激

هَيَجَان (动物)交尾期，交尾欲

تَهْيِيج: إثارَة 刺激，激起，煽动，鼓动

تَهَيُّج 兴奋，振奋，激昂，愤怒，愤激

الـ الثَوْرِيّ 革命的(宣传)鼓动

ـ: إلْهَاب 发火，发炎

ـ (في الكَهْرَبَاء) [电]电感，感应系数

هائج: مُضْطَرِب 不安的

هائج: مضطرِب (كالبحر) 翻腾的

ـ: غاضِب 发怒的，愤怒的，狂怒的

ـ: غَضَب 愤怒，激怒，狂怒

مَهَاج الأُتُمْبِيلِ: دافع / داسِر (汽车的)发动器，推进器

مُهَيِّج: مُثِير 激起者，激动者，刺激者，煽动者

ـ: مُثِيرُ الاِضْطِرابِ 煽动变乱者

ـ: مُلْهِب 激怒的，激动的，刺激的，发火的；使发炎的，使红肿的
مُهْتاج 被激动的
ـ الأعْصابِ 神经错乱的
مُتَهَيِّج: هائج 激怒的，激昂的，愤怒的，激动的，受刺激的
هِيدْرُوجِين (أ) /هِدْرُوجِين (أ) hydrogen [化]氢
هِيدْرُوجِينِيّ 氢的
قُنْبُلَة ـ ة 氢弹
هِيدْرُولُوجيا (أ) hydrology: عِلْمُ خصائِصِ المِياهِ ونَواميسِها 水理学，水文学
هَيَّرَهُ: أوْقَعَهُ 摔倒
ـ: أوْقعه في هَلَكَة 使陷于灭亡
ـ ه (مـ): عَجَّلَه 催促，加快
تَهَيَّرَ 倒塌，崩溃
هِيرُوغَلِيف (أ) Hieroglyphy 象形文字，象形字，象形符号
هِيرُوغَلِيفِيّ: بَرْبَاوِيّ 象形文字的，用象形文字写成的
خَطٌّ ـ 象形文字的字体
الكِتَابَة الـ ة: الخَطُّ البَرْبَاوِيّ 象形文字
اللُغَة الـ ة: اللغة البَرْبَاوِيَّة 象形文
هِيرُوغَلِيفِيَّة 象形文字，象形文字学
هَاشَ ـِ هَيْشًا القومُ: هَاجُوا وتَحَرَّكُوا 兴奋，奋起，振奋，激昂，激动
هَيْشَة ج هَيْشَات (راجع هوشة): اضطراب 骚乱，骚动，暴动
هِيش (مـ) / هِيشَة: غابَة مُتَلَبِّدَة / دِيسَة 密林，丛林，莽丛
هَايْشَة (مـ): هَرْكُول / الحُوت الأَحْمَر (أكبر الحِيتان) 鳁鲸
هَاصَ (مـ) وهَيَّصَ (مـ): مَرِحَ وطَرِبَ 狂欢，喝酒，欢闹
ـ وـ: هَاطَ / ضَجَّ وأَجْلَبَ 吵闹，喧哗，叫嚣
هَيْصَة (مـ) / هَيْط: ضَخِيج وجَلَبَة 吵闹，喧哗，叫嚣
مِهْيَاص (مـ) 快乐的人，快活的人
هَاضَ ـِ هَيْضًا المَرِيضُ: نُكِسَ (病)再发，复发
ـ الشيءَ: كَسَرَهُ وفَتَّته 弄成小块，弄碎，压碎，捣碎
ـ العَظْمَ: كَسَرَه بعدَ الجُبُور (骨骼)再次折断
هَيْضَة: انطلاقُ البَطْنِ / إسْهال [医]腹泻
ـ: عَوْدَةُ المَرَضِ / نَكْسَة [医](病)复发，再发
ـ آسيَوِيَّة (مـ) / الـ الوَبَائِيَّة: هَوَاء أَصْفَر /كُولِرَا (أ) cholera [医]霍乱，虎列拉
ـ الدَجاج 鸡瘟，鸡霍乱
هَيْضِيّ 霍乱症的，霍乱性的
مَهِيض: مَكْسُور 折断的，折伤的，被打碎的
ـ الجَنَاح 翅膀被打断
هَاطَ ـِ هَيْطًا: ضَجَّ وأَجْلَبَ 吵闹，喧哗，叫嚣
هِيَاط 吵闹，喧哗，叫嚣
هَيْعَة: زَعْقَة / صَيْحَة 叫，喊，嚷，尖叫
هَيِفَ يَهْيَفُ وهَافَ يَهَافُ هَيْفًا وهَيَفًا: كان نَحِيلاً 成为苗条的，成为细长的，成为瘦削的
هافَ يَهاف هَيْفًا: هرب 逃，逃走，逃跑，逃避，潜逃
هافَ يَهِيفُ هَيْفًا: عَطِشَ جِدًّا 干渴
ـ (مـ): خابَ / لم ينجح 失败
هَيَّفَ (مـ): أضاع منه فُرْصَةً 使失掉机会，错过机会
هَيْف: رِيحٌ حارَّة تيبِّس النَباتَ وتعطِّش الحَيَوَان 热风

هَائِف / هَيْفَان: شَدِيد العَطَش 干渴的
ـ (مـ) / ـ (مـ): خائِب 失败的
ـ (مـ): سَخِيف 愚蠢的，糊涂的
أَهْيَف م هَيْفَاءُ جـ هِيف: ضَامِر البَطْن رَقِيق الخَصْر 苗条的，体态轻盈的
غَادَة هَيْفَاء 苗条的姑娘
هَيْفَاءُ القَدِّ 身材苗条的

هيكل (في هكل)

هَالَ ـ هَيْلاً وهَيَّلَ عليه التُرَابَ: صَبَّه 倒土，撒土
اِنْهَالَ التُرَابُ 土倒成堆
اِنْهَالُوا عليه بالضَرْبِ والشَتْمِ 打骂交加，又打又骂
هَيْل / هَيْلَان: ما انهال من الرَمْل أو غيره 落下的沙土等
ـ / هَال (ع): حَبّ الهَال / حَبَّهَان (مـ) [植] 小豆蔻
الـ والهَيْلَمَان: المال الكَثِير 大堆的金钱
أَغْرَاه بالـ والهَيْلَمَان 以大量的金钱诱惑
هَالَة: دَارَةُ القَمَر (في هول) 月晕
هَيُولَى / هَيُولَى: المادَّة الأولَى [哲]第一物质
هَيُولِيّ / هَيُولَانِيّ 物质的
هَيْلَاَيْصَا (مـ) 唷嗬！(拔锚等的喊叫)
هِيلِيكُبْتَر (أ) Helicopter: (طائِرة) حَوَّامَة أو عَمُودِيَّة 直升飞机

هَامَ ـ هَيْمًا وهُيُومًا وهِيَامًا وهَيَمَانًا وتَهْيَامًا به: أَحَبَّه 热爱，恋爱，狂爱
ـ على وَجْهِهِ 徘徊，彷徨，徘徊歧途，走投无路
ـ هياما: عطش 渴，口渴
هَيَّمَه: تَيَّهه وحيَّره 使彷徨
ـ هُ الحُبُّ: جعله ذا هيَام 使他害相(恋爱)思病
اُسْتُهِيمَ: ذهب فؤادُه وخُلِبَ عقلُه 神魂颠倒，心荡神迷
ـ في الحُبِّ 迷恋
هِيَام / هُيَام: عَطَش شديد 干渴
ـ / ـ: عشق شديد 恋爱，狂爱，热恋
هائِم / هَيُوم: مُتَحَيِّر 彷徨的，走投无路的
ـ / هَيْمَان م هَيْمَى جـ هِيَام وهَيْمَى: شَدِيد الحُبّ 狂爱的，热恋的，迷恋的
ـ على وَجْهه 徘徊歧道的，走投无路的
ـ / مُسْتَهَام 热恋的

هَيْمَنَ: قال "آمين" 祈祷时念“阿门”(意思是但愿如此)
ـ على كذا: صار رَقِيبًا عليه وحافِظًا 照管，监护
ـ على كذا: سَيْطَرَ / تَسَلَّطَ 控制；称霸
هَيْمَنَة: سَيْطَرَة 控制；霸权
نَزْعَة الـ 霸权主义
مُهَيْمِن / مُهَيْمَن 照管人，监护人

هين (في هون)

هَيْنَمَ 低声

هَيْهَات / هَيْهَاتِ / أَيْهَات / أَيْهَان / هَيْهَان / هَايَهَات / هَايَهَان (اسمُ فعْلٍ): بَعُد 太遥远了！好远哪！多么远啊！
ـ أَنْ 难于实现，不可企及

هَيِّ / هَيَّا هَيَّا: أَسْرِعْ 快，赶快
هَيَّا بِنَا 我们走吧
هَيُّ بْنُ بَيٍّ / هَيَّانُ بْنُ بَيَّانَ 暴发户，来历不明的人，不知其父的人

الواو

و (الواو) 阿拉伯字母表第 27 个字母；代表数字 6。半元音字母；与合口符构成长音；可作字母“ء”的底座。这个字母自成一个名词或虚词，有下面几种意义：

(1) 主格的阳性复数连接代名词

①第三人称的代名词

ثَارُوا 他们革命了

يَبْنُونَ الاِشْتِرَاكِيَّةَ 他们在建设社会主义

②第二人称的代名词

تَخْدُمُونَ شَعْبَكُمْ 你们为自己的人民服务

يَا عُمَّالَ العَالَمِ اتَّحِدُوا 全世界无产者联合起来

كُونُوا مُجْتَهِدِينَ في الدِّرَاسَة يَا شَبَابُ 年轻人，努力学习吧

(2) 普通连接词（没有先后次第之义），有“与”、“和”、“同”、“跟”、“并且”等义

يُحِبُّ السَّلاَمَ شَعْبُ الصِينِ وحُكُومَتُهَا 中国人民和中国政府都热爱和平

قَامَ الشَّعْبُ الصِينِيُّ وحَرَّرَ نَفْسَهُ 中国人民站起来了，并且解放了自己

(3) 状语句的媒介：状语句可以是名词句

جَاءَ زَيْدٌ والشَّمْسُ طَالِعَة 宰德来到时，太阳已经出来了

也可以是动词句

جَاءَ زَيْدٌ وقد طَلَعَتِ الشمسُ

(4) 另起句的媒介

لاَ تَأْكُلِ السَمَكَ وتَشْرَبُ اللَبَنَ 你别吃鱼，你喝奶

(5) 偕同宾词的媒介

أَذْهَبُ وإِيَّاكَ 我同你一道去

سِرْتُ وسَفْحَ الجَبَلِ 我沿山麓而行

اِتَّفَق السَّلاَمُ ومَصْلَحَةَ الشَعْبِ 和平与人民的利益是一致的

(6) 宾格的现在式动词的媒介

لا تَنْهَ عن خُلُقٍ وتَأْتِيَ مِثْلَه 别禁止别人干某件坏事，而你却干同样的坏事

(7) 表示发誓

واللهِ العَظِيم ［伊］凭伟大的真主发誓

(8) 与 رُبَّ 同义

ولَيْلٍ كَمَوْجِ البَحْرِ أَرْخَى سُدُولَهُ 波涛般的黑夜，放下了它的帐幕

(9) 表示区别

جَاءَ حَسَنٌ وعَمْرٌو 哈桑和阿穆尔来了

（在主格和属格的情况下，عَمْرو 和 عُمَر 就靠 واو 做区别）

(10) 附加的

مَا مِنْ رَأْسمَاليٍّ في العالِم إلاَّ وهو مُستغِلّ 世界上没有一个资本家不是剥削者

(11) (واو النِيَابَة) 的代替 أَمَّا

تَحِيَّةً وسَلاَمًا وبَعْدُ فَقَدْ وَصَلَنِي كِتَابُكَ （致敬和问候）敬启者，来信收悉

وَا: حَرْف نِداء مختصّ بالنُدْبَة （表示哀悼的虚词）哎呀！哎哟！

ـ أَسَفَاهْ 咳！可惜！

وَابُور (في وبر)

واح (م) / وَاحَة ج وَاحَات: أرض خَصِيبة في صَحْرَاء قاحِلة （沙漠中的）绿洲

وَاحِيّ 绿洲上的居民

وَاد (م) (أي ولَد) 小孩，小伙子，伙计

وادٍ (في ودي) / **واشٍ** (في وشي)

وَاشِنْطُن / وَشِنْطُن Washington: عاصِمَةُ الوِلايات المُتَّحِدَة 华盛顿(美国首都)

جُورْج ـ: أوّلُ رؤساءِ الوِلايات المتّحدة • 乔治华盛顿(1732—1799，美国第一任总统)

وَاط (أ) / وَطِّيَّة (انظر وط) Watt 瓦特(电力实用单位，简称瓦)；瓦特(苏格兰发明家，1736—1819)

وافٍ (في وفي) / **واقٍ** (في وقي)

واقَ (في ويق) / **والٍ** (في ولي)

والى (في ولي) / **واه** (في وهي)

واوِي جـ واوِيَة: اِبْن آوَى 胡狼

وأبَة / ويْبَة (م) 威伯(容量单位，等于32.9公升)

وَأَدَ يَئِدُ وَأْدًا بِنْتَهُ: دفنَها حيَّةً 活埋(女儿)

اِتَّأَدَ وتوَأَّدَ في الأمر: تمهَّلَ 从容不迫地做，慢条斯理地做

وَأْد البَنَات 活埋女婴的风俗(阿拉伯人在伊斯兰教以前的风俗)

ـ: صَوْت كصوت الحائطِ إذا وقَعَ 砰，轰(如墙倒的声音)

تُؤَدَة: تَأَنٍّ 迟缓，缓慢

على ـ / في ـ: وئِيدًا 慢慢地，缓慢地，稳重地，从容地

وئِيد / وَئِيدَة / مَوْؤُودَة 被活埋的女孩

وَأَرَ يَئِرُ وَأْرًا وإرَةً الرجلَ: وَهَرَه (م) / فَزَّعَه 恐吓，吓唬

وَأَلَ يَئِلُ وَأْلاً ووَئِيلاً ووُؤُولاً ووَاءَلَ إليه: لَجَأَ 避难，逃避，逃入

ـ وـ من كذا: طَلَبَ النَّجاةَ منه 避开，躲开

وَأْل / مَوْئِل / مَوْأَلَة: مَلْجَأ 避难所，隐匿所，[军]掩蔽部

وَاءَمَه: وافَقَه 与…和睦相处，与…符合，与某事一致

تَوَاءَمَ: توافَقَ وتَناسَبَ 相互协调，互相配合

وِئَام / مُوَاءَمَة 一致，相称，符合；和睦

وَأْوَأَ الكَلْبُ: عَوَى 犬吠，狗咬，狗汪汪叫

وَبَأَ يَوْبَأُ وَبْأً وأَوْبَأَ إليه: أَوْمَأَ 点头，招手，打手势

وَبِئَ يَوْبَأُ وَيِبَأُ وَبْأً ووَبُؤَ يَوْبُؤُ وَبَاءً ووَبَاءَةً وإبَاءً وإبَاءَةً ووُبِئَ يُوبَأُ وَبْأً وأَوْبَأَ المكانُ: كثُرَ فيه الوَبَاءُ 时疫流行，瘟疫流行

وَبَأ جـ أَوْبَاء / وَبَاء جـ أَوْبِئَة: مَرَض عامّ 疫，时疫，瘟疫，流行病，传染病

ـ / ـ: كُولِيرَا (أ) (cholera) [医]霍乱，虎列拉

ـ / ـ مُسْتَوْطِن 地方病

ـ / ـ وَافِد 流行病，传染病

عِلْم الأَوْبِئَة [医]流行病学

وَبَائِيّ: مُنْتَشِر / عامّ 流行性的

ـ: كالوَبَاء أو مُخْتَصّ به أو مُسَبِّب له 传染病的，生瘟疫的，酿成疫病的

أَبْخِرَة ـ ة 瘴气

وَبِئٌ / وَبِيء / مَوْبُوء 生瘟疫的，时疫流行的(地方)

جَوّ مَوْبُوء 不良风气

فِلْم مَوْبُوء 不健康的影片

وَبَّخَه: لامَهُ وعَيَّرَه وهَدَّدَه 申斥，斥责，训诫

ـ ه ضَمِيرُه 他受良心的谴责

تَوْبِيخ 申斥，训诫，谴责

المَحْكَمَة حَكَمَت عليه بالـ 法院判他受申斥处分

وَبِرَ يَوْبَرُ وَبَرًا وأَوْبَرَ: كان كثير الوَبَر 长厚绒毛，

有很多绒毛

وَبْر ج وُبُور ووِبَار ووِبَارَة: أَرْنَب رُومِيّ [动] 峣黄(体格大小如家兔)，蹄兔

وَبَر ج أَوْبَار: وَبَر الجَمَلِ والأَرْنَب كصُوفِ الغَنَم (驼、兔的)绒毛

ـ: زَغَب 软毛，绒毛

ـ (مـ) / وَبَرَة (مـ): زِئْبَر (绒布等的)软毛，(布反面的)毛头

أَهْل الـ: أَهل البَدْو 游牧人，贝杜因人

وَبِر م وَبِرَة / أَوْبَر م وَبْرَاء: له شَعْر 绒毛多的；绒毛密的

ـ / ـ: له زَغَب 绒毛多的；毛茸茸的

مُوَبَّر (مـ) / له وَبَرَة (مـ): مُزَأْبَر 有绒毛的；毛茸茸的

وَابُور (أ) ج وَابُورَات / بَابُور vapore: كل آلة بُخَارِيَّة أو كَهْرَبِيَّة (意)机器(一切蒸汽机或电动机)

ـ أَكْسبَريس express 快车

ـ بُخَارِيّ 蒸汽机

ـ عَادَه [铁]区间车

ـ: قَاطِرَة / ـ كُومُوبِيل locomobile 机车，火车头

ـ الحَرْث 拖拉机

ـ الحَرِيقَة أو المَطَافِئ / ـ طُلُمْبَة tromba(意) 救火机，消防汽车

ـ الرُكَّاب 客船；旅客列车

ـ الحَلِيج 轧棉机

ـ الزَلَط: هَرَّاس 压路机

ـ الرَيّ 抽水机，排灌机

ـ الطَحِين 磨粉机

ـ الغَاز / ـ الجَاز 煤气炉，煤油炉

ـ القَطْر / ـ جَرَّار 拖轮，拖船

ـ المِيَاه (لتقديم مِيَاهِ المُدُن) 自来水设备(指给水设备的全部)；喷水装置，扬水机，水泵

ـ بَحْر: بَاخِرَة (انظر بخر) 轮船，汽船

ـ وَرْدِيَّة 清道车，先驱车

ـ سَبِيرْتُو (انظر سبيرتو) (spirit lamp)酒精灯

ـ بَرِيمُوس primos stove 汽炉子，煤油炉子

وَبَش ج أَوْبَاش / أُبَاشَة / أُوبَاش: رَعَاعُ النَاسِ 歹徒，地痞，流氓，恶棍，凶汉

ـ الكَلَام 梦话，胡说，胡扯，无聊话，荒唐的话，荒谬的话，无意义的话

وَبَقَ يَبِقُ ووَبِق يَبِقُ وَبْقًا ووَبِقَ يَوْبَقُ وَبَقًا ووُبُوقًا ومَوْبِقًا واسْتَوْبَقَ: هَلَكَ 灭亡，死亡，被毁坏

أَوْبَقَه: أَهْلَكَه 毁坏，破坏，毁灭，使死亡

ـ ه: أَذَلَّه 凌辱，侮辱

مَوْبِق ج مَوَابِق: موضع الهَلَاكِ 灭亡的地方，毁灭的地方

ـ: مَحْبِس 监狱

مُوبِقَة ج مُوبِقَات: مَعْصِيَة 罪恶，罪过

ـ: فَاحِشَة 暴行，丑恶行为，可憎恨的行为

يَرْكَبُ المُوبِقَاتِ (المَهَالِك) 冒险，铤而走险

يَفْعَلُ المُوبِقَاتِ (المَعَاصِيَ) 违法乱纪，作恶多端

وَبُلَ يَوْبُلُ وبَلاً ووَبَالاً ووُبُولاً ووَبَالَةً المكانُ: وَخُمَ (地方)有瘴气，不卫生，不适合居住，对身体有害

ـ الشيءُ: اشتدَّ 严重，厉害，剧烈

وَبَلَتْ تَبِلُ وَبْلاً السماءُ: أَمْطَرَتْ بِشِدَّةٍ 下大雨，下暴雨，大雨倾盆，大雨如注

وَبْل / وَابِل: مَطَر شَدِيد 暴雨，倾盆大雨，滂沱大雨

وبل 1338 وتر

وَبَال: وَخَامة 不健康，不卫生

ـ: أَذًى 伤害，损害，灾害，危害

ـ: سُوءُ العاقِبَةِ 结果不佳，后果严重

وابِلٌ من الرَّصَاصِ 弹雨

وابِلة: طَرَفُ عَظْمِ الفَخْذِ أو العَضُدِ [解]髁(骨端的圆突)

وَبِيل: سَيِّئ العاقِبَةِ 结果恶劣的，后果严重的

داء ـ 重病

ـ: وَخِيم 不健康的，恶劣的，不良的

ـ: مُؤْذٍ 有害的，伤人的

ـ / وَبِيلَة / مَوْبِل / مِيبَل: عَصًا غَلِيظَة 粗棍

ـ: خَشَبَة يُضْرَب بها النَّاقُوسُ (敲锣鼓的)棒槌，鼓槌

ـ: مِدَقَّةُ القَصَّار التي تُدَقّ بها الثِيابُ بَعْدَ الغَسْلِ (漂布匠捶布的)砧杵

وَبِيلَة: حُزْمَة حَطَبٍ 一捆柴

وَبَهَ ووَبِهَ يَوْبَهُ وَبْهًا ووَبَهًا ووُبُوهًا وأَوْبَهَ له أو بِهِ (راجع أبه): فَطِن 注意，留心

لا يُوبَهُ بِهِ أو له 无意义的，不足取的，不足道的，不为人重视的

وَتَدَ يَتِدُ وَتْدًا وتِدَةً ووَتَّدَ الوَتَدُ: ثَبَتَ (橛子或桩子)被钉牢

ـ وـ وأَوْتَدَ الوتدَ: ثَبَّتَه 打入，打进，钉上，插入(桩子、橛子)

ـ وـ في بَيْتِهِ: أَقَامَ 呆在家里，留在家里，住在家里

وَتَد ووَتْد جـ أَوْتَاد: خَابُور (م) 木(竹)钉，木桩，梢子，楔子，橛子

ـ مَقْرُون أو مَجْمُوع (في عِلم العَرُوض) (接连的桩子)诗的一种格律(三个字母中头两个字母带动符，第三个字母带静符，如 عَلَى)

ـ مَفْرُوق (في عِلْم العَرُوض) (分离的桩子)诗的一种格律(三个字母中两头的字母带动符，中间字母带静符，如قَوْل)

ـ / وَتِدَة الأُذُنِ: صُرْصُورُهَا [解]耳珠，耳屏(耳内的小凸)

لُعْبَة التِسْعَةِ الأَوْتَادِ 九柱戏(立柱 9 根，以大木球撞倒)

أَوْتَاد البِلادِ: رُؤَسَاؤُهَا 国家的柱石，国家的领导人，国家的栋梁

وَتَرَ يَتِرُ وَتْرًا وتِرَةً وأَوْتَرَ القَوْسَ: جعل لها وَتَرًا 张弓，上弓弦

ـ فُلانًا: أَصَابَه بظُلْمٍ 虐待，欺侮人

ـ فُلانًا: أَفْزَعَه 恐吓，吓唬

وَاتَرَ العَمَلَ 间歇地工作

ـ الكُتبَ: أرسل بعضَها في أَثَر بعض 不断地寄发(书信)

أَوْتَرَ ووَتَّرَ الحَبْلَ أو الوَتَرَ: شَدَّه 拉紧、扯紧(绳索)；上紧(弓弦)

ـ الشَيْءَ: جعله وِتْرًا أي فَرْدًا 使成为奇数，使成为单数

تَوَتَّرَ الحَبلُ: اِشْتَدّ وصَلُبَ (弦、绳等)被拉紧，被抽紧，紧张起来

ـ العَصَبُ (神经)紧张

ـ تِ العَلائِقُ (关系)紧张

ـ تِ الأَوْضَاعُ (局势)紧张

تَوَاتَرَتِ الأَشْيَاءُ: تتابعَتْ مع فَتَراتٍ بينها 陆续到来，陆续传来

وَتْر ووِتْر جـ أَوْتَار: فَرْد 奇数；单数

ـ / ـ: اِنْتِقَام 报复，复仇

ـ / ـ [宗]奇数拜(伊斯兰教徒在宵礼后举行的礼拜)

وَتْرِيّ / وِتْرِيّ: خِلاف شَفْعِيّ (في الحِساب)

[数]奇数
عَدَد ـ 奇数
تِرَة tort: شِبْه جُنْحَة (في القَانون الجِنائيّ) [法]
私犯，非法行为
ـ 报仇，复仇
تَتْرَى (أَصْلُها وَتْرَى) 接连，接着，一个接着
一个
وَتَر جـ أَوْتَار ووِتَار: حَبْل أو خَيْط 线，绳子
ـ: خَيْط أو سِلْك للآلَة المُوسِيقِيَّة [乐]肠线，
丝线；铜丝，钢丝
ـ الآلة الموسيقيَّة (أو صوته) (乐器的)弦，
[乐]和弦，和音，谐音
ـ العَضَلَة [解]腱
ـ قَوْسِ الرِمَايَة (弓的)弦
ـ القَوْسِ (في الهَنْدَسة) [数]切弦(连接弦
两端的直线)
ـ الزَاوِيَةِ القائمة 弦(勾股形的斜边)
مُرَبَّع الـ 弦方(自乘)(勾股形的弦自乘)
لَمَسَ الـ الحسَّاسَ 触及心弦
أَوْتَار الحَنْجَرَة الصَوْتِيَّة 声带
وَتَرِيّ 弦的，有弦的
فِرْقَة مُوسِيقَى وَتَرِيَّة 弦乐队
وَتَرَة جـ وَتَر ووَتَرَات: غُضْرُوف الأُذُنِ 耳朵的
软骨
ـ: الجِلْدَة بين الأصَابع 蹼
ـ: عَصَبَة تَحْتَ اللسان [解]舌系带
ـ / وتِيرَةُ الأنفِ: الفاصل بين المَنْخرَيْن [解]
鼻梁
من ذَوَات الـ: مُكَفَّف الأَرْجُل 有蹼的，蹼
足的
تَوَتُّر 紧张
ـ العَلاقَات 关系紧张

الـ العَصَبِيّ 神经紧张
الـ [电]电压
خَطّ عالِي الـ 高压线
تَوَاتُر 连续，连贯，接连
على الـ 不间断地，接连不断地
وَتِيرَة: طَرِيقَة 方法，做法
ـ العَمَلِ 工作方式
ـ: عَقْدُ العَشَرَة 旬(十天，如上旬，中
旬，下旬)；旬(十岁，如年过六旬)，秩
(十年，如七秩寿辰)
ـ 样子，形式
على ـ واحدة 单调地，无变化地
على ـ واضحة 明显地
مَوْتُور 抱屈的，受委屈的，被欺侮的，受
压制的
ـ 苦主(被杀害者的家属)
مُتَوَتِّر: ضد مُرْتَخٍ 紧张的
ـ: مَشْدُود (كالحَبْل) 拉紧的，绷紧的
مُتَوَاتِر 连续的，接连的，接连不断的
وَتِين جـ أَوْتِنَة ووُتُن 大动脉
وَثَأَ يَثَأُ وَثْأً وأَوْثَأَ اليَدَ: صدَعَها دُونَ أن يَكْسِرَها
(撞、跌、压、打)伤，挫伤(没有打断)
ـ يَدَه: قَصَعَها (مـ) 扭伤(手)
ـ يَدَه: مَلَخَها (مـ) / فَسَخَها 使脱臼
وَثِئَ يَوْثَأُ وَثْأً ووَثَأً ووُثُوءًا ووُثِئَ اللحمُ: أَصابَه
صَدْع 被撞伤，被压伤，被打伤，被挫伤
وَثْء / وَثَاءَة: صَدْع 撞(跌、压等)伤
ـ / ـ: قَصْع (مـ) / فَكْش (سـ) 扭伤
مِيثَأَة: آلة يُضْرَب بها الوَتَدُ 打桩的木槌
وَثَبَ ـِ وَثْبًا ووُثُوبًا ووَثَبَانًا ووِثَابًا ووَثِيبًا وثِبَةً: قَفَزَ
跳，跳跃
ـ: نَهَضَ 奋起，振作起来

ـ من أو عن مكانٍ مرتفع 从高处跳下
ـ فَوْقَ الحاجِز 跳栏，跳过障碍
ـ عليه: اِنْقَضَّ عليه 猛扑，猛冲，猛烈攻击
ـ على ... 马交配
ـ إلى ... 跳上，跳到
وَثَّبه وأَوْثَبَه: جعله يَثِبُ 使跳，使跳过
وَاثَبَه: بادرَه وانقضَّ عليه 猛扑过去
تَوَثَّبَ عليه في أَرْضِه: استوْلَى عليها ظُلْمًا 霸占他的土地
ـ 跳起，跃起
ـ للتَحَرُّر 奋起要求解放
ـ على ... 猛扑，攻击，进攻
ـ السُؤَالُ على فَمِي 问题到我嘴边上了
تَوَاثَبَ 跳跃，跳跃前进
ـ القومُ: وثَبَ كُلٌّ إلى الآخَرِ 相扑，肉搏
وَثْب / وَثَبَان / وُثُوب / وَثِيب 跳，跳跃，跳起
وَثْبَة جـ وَثَبَات 一跳，一跃，跳跃一次
ـ كُبْرَى 大跃进
ـ الفِكْرِ 思想进步
ـ 高潮，高涨，运动
ـ تَحْرِيرِيَّة 解放运动
ـ عُرْوِيَّة / شُقْلَبِيَّة (مـ) 翻跟头，翻筋斗
وِثْبَة 跳势，跳姿，跳跃的姿势
وَثَبَ ـ الأَسَدِ 他像狮子般地跳起来
وَثَّاب: نطَّاط 好跳的，多跳跃的，善于跳跃的
ـ إلى ... 力求…的，渴望…的
ـ إلى العُلَى 爱好功名的，力求上进的
ـ (سـ) [医]神经胶质；神经挛缩
وَثُجَ يَوْثُجُ وَثَاجَةً: كَثُفَ 变厚，成为浓密的
ـ الفَرَسُ: كَثُر لحمُه (马)肥壮
وَثِيج: كَثِيف 浓密的，厚的

وَثُرَ يَوْثُرُ وَثَارَةً الفِرَاشُ: لاَنَ (床)成为软而舒服的
وَثَرَ يَثِرُ وَثْرًا ووَثَّرَ الفِرَاشَ: مَهَّدَه ولَيَّنه 整理床铺，铺好床垫，把床弄得软软的
وَثْر: بَنْطَلُونٌ قَصِير (مـ) 短裤
وِثَار: فِرَاش لَيِّن 舒服的床铺，绵软的被褥
وَثْر / وَثِير 柔软的，软绵的
وَثِير م وَثِيرَة: كثير اللَحْم 胖子
مِيثَرَة جـ مَوَاثِرُ ومَيَاثِر: وِسَادَة 垫子，椅垫，枕头
وَثِقَ يَثِقُ ثِقَةً ووُثُوقًا ومَوْثِقًا به: اِئْتَمَنَه 相信，信任，信赖
ـ بكلامه: صدَّقه 相信他的话
يُوثَقُ به 可靠的，可信赖的，可信任的
مَصَادِرُ يُوثَقُ بِهَا 可靠的来源(指传说、消息等)
وَثُقَ يَوْثُقُ وَثَاقَةً الشيءُ: كان وَثِيقًا 成为坚固的，成为坚实的，(关系)成为密切的
ـ الرجلُ: كان ذا ثِقَةٍ 可靠，可相信，可信任
ـ من كذا 确信，深信
وَثَّقَ الأمرَ: أَحْكَمَه 使巩固，使牢固，使密切
ـ الوَثِيقَةَ 批准，承认(文件)
وَاثَقَه: عاهَدَه 立契约，缔结盟约
أَوْثَقَه: شَدَّه بالوِثَاق 捆绑，缚牢
تَوَثَّقَ: تثبَّت وتَقَوَّى 成为坚强的，成为巩固的，成为密切的
ـ في الأمر: أَخَذَ فيه بِثِقَةٍ 安心地做事，有把握地做事
اِسْتَوْثَقَ منه 弄明白，查明白
ـ من الأَمْوَالِ: شدَّد في التحفُّظ عليها 防护，保护(财产)
ثِقَة جـ ثِقَات: يُعْتَمَدُ عليه 可靠的，可信任的，

权威人士

ـ / وُثُوق: اِئْتمان / اعْتماد 信任，信用，信赖，依赖，依靠

أَخُو ـ 可靠的，可信赖的

عَدَمُ الـ 不信任

أَهْلُ الـ 可信赖的人，权威人士

على ـ: وَاثِق 确信，深信

أَنا على ـ بأنَّ ... 我确信…，我相信…

بَلَغَه من أَعْظَم ـ 据最可靠消息…，从权威人士得知…

الـ بالنَفْسِ 自信，自恃，自信心

هُوَ ـ في ... 在…方面他是权威

وَثَاق ووِثَاق جـ وُثُق: ما يُشَدُّ به من قَيْد وحَبْل ونحوهما / رِبَاط 枷锁，镣铐，桎梏

وَثِيق جـ وِثَاق: مُحْكَم 坚固的，结实的，牢固的

ـ التَرْكِيبِ: مُمْتَلِئ البَدَنِ 体格坚实的，身体结实的

اتِّصَالٌ ـ 密切的联系，密切的接触

وَثِيقَة جـ وَثَائِقُ: مُسْتَنَد 文件，公文，证书，证券，收据

ـ الزَوَاج 结婚证

ـ المِلْكِيَّة: حُجَّة [法]地契

وَثَائِقِيّ 可以当文件的

فِلْم ـ 新闻片，记录片，文献片

الاِسْتُودِيُو المَرْكَزِيّ لِلأَفْلاَمِ الأَخْبَارِيَّة والوَثَائِقِيَّة 中央新闻记录电影制片厂

مَوْثُوق به 可靠的，可信任的

من المَصَادِرِ الـ بها 从可靠的来源(方面)

أَوْثَقُ م وُثْقَى 最坚固的，最可靠的

العُرْوَة الوُثْقَى 最坚固的把柄

مَوْثِق جـ مَوَاثِقُ ومَيَاثِقُ / مِيثَاق جـ مَوَاثِيقُ ومَيَاثِيقُ:

عَهْد 契约，合同

مِيثَاق 盟约，条约，公约

ـ عَدَمِ الاِعْتِداءِ 互不侵犯条约

ـ السَلام 和平公约

ـ 宪章，章程，条例，规章

ـ جَمْعِيَّة الأُمَم [史]国际联盟章程

ـ الأُمَم المُتَّحِدَة 联合国宪章

مُوَثِّق: كاتِب العُقُود الرَسْمِيَّة 公证人

وَثْل / وَثِيل: حَبْل من اللِيف أو القِنَّب 棕绳或麻绳

وَثَن جـ أَوْثَان ووُثْن ووُثُن وأُثُن: صَنَم / تِمْثَال يُعْبَد 偶像

وَثَنِيّ م وَثَنِيَّة: عابِد الأَوْثَان 偶像崇拜者，拜佛像者，多神教徒

ـ: أَمَمِيّ (س) 异教徒，邪教徒(不信上帝的)，不信天启教的

الوَثَنِيَّة: عِبادةُ الأَوْثان 偶像崇拜

وَجَأَ يَوْجَأُ وَجْأً وتَوَجَّأَ فلانًا بالسِكِّينِ أو بِيَدِهِ: ضَرَبَه في أيِّ مَوْضِعٍ كانَ (用匕首、拳头)乱刺，乱打

وَجَبَ يَجِبُ وُجُوبًا وجِبَةً الأمرُ: لَزِمَ 必然，当然，应该，应当

ـ الأمرُ عليه: تَحَتَّمَ 他应该…，他必须…

يَجِبُ عليه أَنْ ... 他必须，他应该，他应当

يَجِبُ عليه أن يَذْهَبَ 他应该去

كَمَا يَجِبُ: كاللاَزِم 好好地，适当地，恰如其分地

ـ يَجِب وَجْبًا ووَجِيبًا ووَجَبَانًا القَلْبُ: رَجَفَ وخَفَقَ (心)跳动，悸动

ـ تْ وَجْبًا ووُجُوبًا العَيْنُ أو الشمسُ: غارَتْ 太阳落山，落下；(眼睛)陷下去，凹陷

ـ يَجِبُ وَجْبَةً الحائطُ: سَقَطَ (墙)倒，倒塌，

坍塌

ـ ووَجَّبَ وأَوْجَبَ وتَوَجَّبَ: أكَلَ أَكْلَةً واحدة في اليوم 一天吃一顿饭

وَجَّبَ وأَوْجَبَ الأمرَ عليه: ألزَمَه به 责成他做…事

ـ الضَّيْفَ (مـ): قام بواجِبِ ضِيَافَتِهِ 接待，款待，殷勤招待(客人)

وَاجَبَه: أَلْزَمَه 使尽义务，使担负义务

أَوْجَبَ له حقَّه: راعاه 照顾他的权利

ـ كذا 引起(遗憾、惋惜等)

ـ قَلْبَه: جعله يَخْفِق ويَرْتَجِف 使心跳

تَوَجَّبَ الأمرُ 成为必然的

يَتَوَجَّبُ عليه أنْ ... 他应当作…

اِسْتَوْجَبَ الشيءَ: استحقَّه 应受，应享…

ـ ه: عَدَّه واجِبًا 认为是义务

وَجْبَة جـ وَجَبَات: أَكْلَة 一餐，一顿饭

ـ: طَقْمُ أَسْنَانٍ / شَدَّة (مـ) 一套牙齿，一件假牙，一副假牙

وُجُوب: لُزُوم 应该，必须，必然性

إيجَاب: إلْزَام / ضدّ اِخْتِيَار 责成

ـ [法]提议(相反的是قَبُول接受，同意)

ـ [法]确认，誓言

ـ: ضدّ سَلْب (نَفْي) 肯定，断言

إيجَابِيّ: ضدّ سَلْبِيّ 正面的，肯定的，积极的

ـ [电]正的，阳性的；(照相的)正片

كَمِّيَّة إيجَابِيَّة [数]量

إيجَابِيًّا 积极地

ـ: بالإيجَاب 肯定地

وَاجِب: لاَزِم 必要的，必需的，不可缺少的

ـ: مُحَتَّم 必然的，必定的，不可逃的，不可避免的

ـ عليه: مَفْرُوض / لازِم 义务的

ـ جـ واجِبَات: فَرْض 义务，本分，职务，任务，职责

نَرَى من الـ عَلَيْنَا أنْ... 我们认为…这是我们分内的事

الحُقُوق والوَاجِبَاتُ 权利和义务

رَجَعَ إلى البَيْتِ واجِبَ القَلْبِ 他心怦怦跳动着回到家里来

وَاجِبُ الوُجُودِ [宗]自存的(真主)

مُوجِب جـ مُوجِبَات: بَاعِث / دَاعٍ 原因，理由，动机，动因

ـ: اِقْتِضَاء 需要

بِـ...: بِحَسَب... 依照，根据

مَوْجِب جـ مَوَاجِبُ: مَوْت 死，死亡

مُوجَب (من الكلام): ما لا يَكُون نَفْيًا ولا نَهْيًا ولا استفهامًا 肯定句(话)

ـ: ضد سالِب 肯定的，正面的

ـ 阳电

قُطْب ـ [电]阳极

مُوجَبَة: ضد سالِبة (في المَنْطِق) [逻辑]肯定命题

مُسْتَوْجِب 应受…的，应得…的

وَجَّ ـُ وَجًّا: هَرَب / هَجَّ (مـ) 逃跑，逃亡

ـ: أَسْرَعَ 赶快

ـ تِ النارُ (مـ): هجَّتْ 发焰，火着旺

وَجَدَ ووَجِدَ يَجِدُ وَجْدًا ووُجْدًا وجِدَةً ووُجُودًا ووِجْدَانًا وإجْدَانًا المَطْلُوبَ: أصابَه وأدْرَكه 得到，获得，取得

ـ ه: أدْرَكه / عَلِمَه 发现，看出，发觉

وَجَدَ يَجِدُ ويَجُدُ وَجْدًا وجِدَةً ومَوْجِدَةً ووِجْدَانًا عليه: غَضِبَ 对…生气

ـ يَجِدُ ويَجُدُ ووَجِدَ يَوْجَدُ وَجْدًا وتَوَجَّدَ به: أحبَّه حُبًّا شديدًا 爱上，钟爱，热爱

ـ وتَوَجَّدَ له: حزِن عليه 哀悼，悼念
وُجِدَ وُجُودًا وانْوَجَدَ (مـ) وتواجَدَ (مـ) 被发现，被发觉，被找着
ـ: كان وحَصَلَ (فهو مَوْجُود) 有，在；存在
أَوْجَدَ الشيءَ: جعله مَوْجُودًا 制造，搞出，使发生
ـ ه: خَلَقَه 创造，创设，发明
ـ ه: سبَّبه 惹起，引起，造成
ـ الشيءَ: أَحْضَرَه 拿来，带来，取来
ـ ه مَطْلُوبَه: أَظْفَرَه به 使他得到，使他获得
ـ ه على الأمر أو إليه: اضْطَرَّهُ إليه 强迫做，使不得不做
تواجَدَ: تظَاهَرَ بالحُبِّ 假装爱慕
ـ (مـ): وُجِدَ 有，存在
وَجْد / وُجْد / وِجْد: شِدَّة الحُبّ 热爱，钟爱
ـ / جِدَة / مَوْجِدَة / وِجْدَان: غَضَب 恼怒，愤怒
ـ / ـ / وُجْد / وِجْد: غِنًى 富，富裕
ـ / وُجْد / وِجْد: مَحَبَّة 爱，热爱，钟爱，爱情
ـ / ـ / ـ: قُدْرَة 能力
ـ / ـ / ـ: فَرَح 快乐，高兴；兴高采烈
وُجُود / وِجْدَان / وَجْد / وُجْد 发现，找到
ـ / ـ: كِيَان 本质，实体，实在，存在
عَدَمُ ـ 没有，不在，不存在
الـ الاجْتِمَاعِيّ 社会存在
وُجُود: ضد غِيَاب أو عَدَم 有，存在；在场
كُلِّيُّ الـِ / مَوْجُود في كلّ مَكانٍ 无所不在的，普遍存在的
غَابَ عن الـ (مـ): غابَ عن صَوابِه 失去知觉，不省人事
وُجُودِيّ: من المُؤْمِنِينَ بالوُجُودِيَّة 生存主义者
وُجُودِيَّة: الاعتقاد بِأَنَّ الإنسانَ هو وَحْدَةُ الوُجُودِ (الواقع) 自觉存在论，生存主义（一种主观唯心主义哲学思潮）
مَوْجِدَة: حِقْد 怨恨，恶意
إيجَاد 创造，创作，创设
ـ الثَرْوَة 积累资本
وِجْدَانٌ: النَفْس وقُواها الباطِنة 直觉，直观
الوِجْدَانُ الباطِن 下意识，半意识，副意识
وِجْدَانِيّ 直觉的，直观的
وِجْدَانِيَّات 凭直觉认知的事物
وَاجِد: من يَجِد 发现者
ـ عليه: غاضِب 生气的，恼怒的
مُوجِد 创造者
ـ الكائنَات ［宗］造物主
مَوْجُود: وُجِدَ 被发现的
ـ: حاضِر / ضدّ غائِب 出席的，在场的
ـ: كائِن 现存的，现有的，存在的
ـ في اليَدِ 手头的，在手边的，在手里的
ـ في المَتْجَر 存货，现有货品
المَوْجُودَات: الكَائِنَات 万物
ـ (في التِجارة) (مـ): خلاف المَطْلُوبَات ［商］资产，财产
وجر يَوْجَرُ وَجَرًا من كذا: خافَ 害怕
وَجَرَه يَجِرُ وَجْرًا وأَوْجَرَه: جعل الوُجُورَ في فِيهِ 喂药，灌药，把药汤灌入口中
ـ فُلَانًا: أَسْمَعَه ما يَكْرَهُه 让他听他所厌恶的东西
أَوْجَرَه الرُمْحَ: طَعَنَه به في فِيهِ 将矛刺入…口中
وَجَر جـ أَوْجَار: كَهْف 穴；山洞，窑洞
وَجْرَة ووَجَرَة جـ أَوْجَار: حُفْرَة للصَيْد 陷阱
وِجَار ووَجَار جـ أَوْجِرَة ووُجُر: جُحْر السِبَاع / مغَارَة 洞窟，兽穴，兽窝

ـ الأرانِب وأمثالها: جُحْر 兔窝
ـ: الجَرْفُ حفَرَه السَيْلُ من الوادِي 水潭
وُجُور / وَجُور: جَرْعَة تُصَبّ في الفَم / لَدُود
药水，药汤
مِيجَر: إناء لصَبِّ الدَواء أو الغِذاء في الفم 喂奶
杯；灌药器
مِيجَرَة الدَوَابّ: مِلَدَّة (牲畜的)灌药器
مِيجَار: مِضْرَبُ الكُرَة 球棒；球拍
ـ: مِضْرَبُ كُرَة لُعْبَة التَنِس 网球拍
ـ: صَوْلَجَان (古时打弹子用的)平头杆
وجز يَجِزُ وَجْزًا وأَوْجَزَ الكلامَ أو فيه: جعله وَجِيزًا
说得简明、简洁
وَجَز ووجُزَ يَوْجُزُ وَجْزًا ووَجَازَةً ووُجُوزًا وأَوْجَزَ
الكلامُ: كان وجِيزًا (话)简明，简洁
أَوْجَزَ واسْتَوْجَزَ الكلامَ: اختصرَهُ 摘要，扼要，
简略
وَجْز / وَجَازَة / وُجُوز: اختصار 摘要，要略
ـ / وَجِيز / وَاجِز / مُوجَز: مُختصَر 缩短的，
简要的，简练的，简明的
بالإيجَاز / بِطَرِيق الإيجَاز 扼要地，简洁地
وَجِيز: مختصَر مُفِيد 简明的，扼要的
وجس يَجِسُ وَجْسًا: خَفِيَ 隐藏，隐蔽
ـ وَجْسًا ووَجَسَانًا: فَزِع ممّا سمِعَه أو وَقَعَ في
قَلْبه 恐惧，害怕
أَوْجَسَ وتَوَجَّسَ شَرًّا: أَحَسَّ به 疑惧，预感不祥
تَوَجَّسَ الصَوْتَ: سمِعَه وهو خائِف 心惊胆战
地倾听，提心吊胆地倾听
ـ الطعامَ أو الشرابَ: تذوَّقه قليلاً قليلاً 品茶，
品酒，品尝
وَجْس: قَلَق وخَوْف 悬念，忧虑，担心，恐
惧，惶恐，害怕
تَوَجُّس 疑惧

واجِس: هاجِس 疑虑，胡思乱想
ـ / مُتَوَجِّس 疑惧的，有预感的
وجع يَوْجَعُ وَجَعًا: تَأَلَّمَ 疼痛
وَجَعَ وأَوْجَعَ فلانًا رأسُه: حصل له من رأسه أَلَم
头痛，有头痛病
ماذا يُوجِعُك؟: مِمَّ تَتَأَلَّم؟ 那里不舒服？觉
得那儿痛？
أَوْجَعَه: آلَمه 使痛，致疼，使受痛苦
ـ في العَدُوِّ: أَثْخَنَ فيه ونال منه 痛杀敌人
تَوَجَّعَ: تَأَلَّمَ 疼痛
ـ: تَشَكَّى 诉苦，控诉，鸣不平
ـ له: رَثَى له 怜悯，怜恤，同情，哀怜
جِعَة: خَمْر الشَعِير (وغيره) / بِيرًا 啤酒
وَجَع ج أَوْجَاع ووِجَاع: أَلَم 痛，疼痛，病痛
ـ: مَرَض بَسِيط 微恙，小病
ـ الأُذُن (أو البَطْن أو الرأْس الخ) 耳(腹、
头)痛
وَجِيع / مُوجِع: مُؤْلِم 致痛的，使疼痛的；令
人痛苦的
وَجِيعَة 疼痛
مَوْجُوع 致痛的；有病的，患病的
الضِرْس الـ 有病的臼齿
وجف يَجِفُ وَجْفًا ووَجِيفًا ووُجُوفًا الشيءُ:
اضطرَبَ 动荡，颤抖
ـ وَجِيفًا القَلْبُ: خَفَقَ (心)悸动，跳动，
忐忑
ـ وَجْفًا ووَجِيفًا الفَرَسُ: عدَا وسَارَ سرِيعًا
飞奔，驰骋
أَوْجَفَ الشيءَ: حَرَّكه وصَيَّره يضطرب 摇动，
晃动
ـ الفَرَسَ 使(马)快跑，使飞奔
اِسْتَوْجَفَ الحُبُّ فُؤادَهُ: ذَهَبَ به 爱情激动了

他的心；爱情掳走了他的心

واجِف: مضطرِب 发抖的，哆嗦的，忐忑的

وُجاق جـ وُجَاقَات (مـ) / أُوجَاق: مَنْصَب النَّار (للتَدْفِئة) (土)火炉

ـ (مـ) / ـ الطَّبْخ 炉灶

ـ (مـ) / ـ (土耳其军队的)一队，一团

ـ (مـ) / ـ 训练所

وُجَاقْلِي جـ وُجَاقْلِيَّة (أ) [史]旧土耳其近卫兵 (1328—1826)

وَجِل يَوْجَلُ وَجَلاً ومَوْجَلاً: اِسْتَشْعَرَ بالخَوْف 害怕，恐慌，恐惧，畏惧

وَجَل جـ أَوْجَال: خَوْف 畏惧，害怕，担心，恐怖，惶恐

في ـ 惶恐地，恐惧地

وَجِل جـ وَجِلُون ووِجَال م وَجِلَة: خائف 害怕的，畏缩的，畏惧的

وَجَمَ يَجِمُ وَجْمًا ووُجُومًا: سَكَتَ 沉默，缄默，默不作声

ـ: عَجَزَ عن الكلام من شِدَّة الغَيْظِ أو الخَوْف 目瞪口呆，气得或吓得说不出话来

ـ: عَبَسَ وَجْهُه وأطرَقَ لشِدَّةِ الحُزْن 愁眉苦脸，愁眉不展

ـ لفلان من كذا: رَثَى له وغَمَّ بسَبَبِه 哀悼，悼念

وَجْم / وُجُوم 愁眉苦脸，愁眉不展，闷闷不乐，默不作声

بِوُجُومٍ 愁眉不展地，闷闷不乐地

وَجِم / وَاجِم: ساكِت 哑然的，默不作声的

ـ / ـ: عابِسٌ مُطْرِقٌ 不高兴的，愁眉不展的，闷闷不乐的

وَجْنَة / وِجنة / وُجْنَة / وَجَنَة / وَجِنة / أَجْنَة / إِجْنَة / أُجْنَة جـ وَجَنَات: خَدّ 腮，面颊

العَظْم الوَجْنِيّ 颊骨，颧骨

وَجُهَ يَوْجُهُ وَجَاهَةً: كان وَجِيهًا 成为显贵，成为著名人士，成为头面人物，成为有名望的

وَجَهَ يَجِهُ وَجْهًا فلانًا: ضَرَبه على وَجْهه 打耳光，打嘴巴

وَجَّهَ وتَوَجَّهَ إليه: ذهب إليه 去，往，赴

ـ هُ إلى فلان: أرسلَه إليه 派遣

ـ الشيءَ إلى فلان: أداره نَحْوَه 寄给，送给

ـ اِلْتِفاتَه إلى الأمر: حوَّله نَحْوَه 注视，把视线转向…

ـ التفاتَه إلى الأمر: انْتبَهَ إليه 注意

ـ كلامَه إليه 跟…攀谈

ـ إليه سُؤَالاً 向…提出质问、提出问题

ـ سِلاحَه إلى فلان: صوَّبه 向…瞄准，把武器对准…

ـ نَشاطَه إلى جِهَةٍ مُفِيدَةٍ 把活动转向有益方面

ـ ه وأَوْجَهَه: شرَّفه أو جعلَه وَجِيهًا 尊重，器重，使光荣，给予面子

وَاجَهَه: قابَلَه وَجْهًا لوجهٍ 迎面碰见，面对面地遇见

ـ ه: اجتمع به / قابَلَه 会见，碰面，碰头

ـ: كان مُواجِهًا 面对，面临，对着

ـ الخُصُومَ بَعْضُهُمْ بِبَعْضٍ 对质(使被告与原告当面对质)

ـ ه بالأدِلَّة على ... 使当面对证

تَوَجَّهَ إلى ...: ذَهَبَ 赴，到…去，前往

تَوَاجَهَ الرَّجُلانِ: تقابلاَ وَجْهًا لوجهٍ 碰见，遇见，面对面相遇

ـ المَنْزِلاَنِ 两座房子面对面

اِتَّجَهَ إلى ...: أدَارَ وَجْهَهُ نَحْوَ ... 朝向，

把(脸)转向

ـ إلى ...: مَالَ 偏向，倾向，趋向

ـ له رأْيٌ: سَنَحَ 想起，想到

جِهَة وجَهَة وجُهَة ج جِهات وجَهَات وجُهَات:

نَاحِيَة / جانِب 方位，方向，方面；地方

إلى ـ كذا: نَحْوَهُ 向着…方面

مِنْ ـ: من خُصُوص 关于，对于

مِنْ ـ الشِمالِ 从北方

مِنْ ـ المَبْدَأ 从原则上

من كُلِّ ـ 从各方面

من الـ الأُخْرَى 从另一方面

... من ـ و... من ـ أُخْرَى 从一方面来说…，从另一方面来说…

الجِهَات المُخْتَصَّة 有关方面，有关机关

الجِهَاتُ الأَرْبَعُ 四方

من جِهَتِي: من خُصُوصِي أو نَحْوِي 就我而论，至于我，从我这一方面来讲

من جِهَتِي: من صَفِّي / مَعِي 在我这方面，在我这边，是我这方面的

وِجْه / وُجْه: جانِب / ناحِيَة 方位，方向，方面

وَجْه ج وُجُوه وأَوْجُه: مُحَيًّا / وِشّ (م) (راجع وشش) 脸，面，面孔

ـ: ما يَبْدُو للناظر من أيِّ شَيْءٍ 面，表面（跟“里”相反）

ـ: مَظْهَر / مَنْظَر 外表，外观

ـ الكَلُون (م) 锁眼上的盖

ـ: جِهَة / ناحِيَة 方位，方向，方面

ـ: قَصْد 意向，目的

ـ: مَعْنًى 意义

ـ: طَرِيقة / سَبِيل 方法，方式

ـ: سَبَب 原因，理由

لا ـَ لِ ... 没有理由

من غَيْرِ ـِ حَقٍّ 没有道理，没有理由，毫无根据

ـ: سَطْح 表面，面

ـ الأَرْضِ 地面，地表

ـ البَحْرِ 海面，海平面

ـ: الجِهَة الأَمَامِيَّة 前面，正面

ـ: طِلاء 一层油漆

ـ: وَجِيه / ذوجَاهٍ 大官，绅士，头面人物

ـ الشَبَهِ 相似点，相同之处

ـ القَدَمِ: عَسِيب 脚背，脚面

ـ الكَلامِ: السبِيل المَقْصُود به (谈话的)大意，要旨

ـ الثَوْبِ: ضد بِطَانَتُه (衣服)面子

ـ القُمَاشِ: ضد ظَهْرِه 布面

ـ الساعةِ وأَمْثالِها (钟或表等的)字盘，面

ـ السِكَّة (المَسْكُوكَات) 货币的正面

ـ القَوْمِ 首领，酋长，族长，头子

ـ مُسْتَعَار 假面具

ـ النَهَارِ 白昼

ـ من الكِتَابِ (م): صَحِيفَة منه 页

الـ البَحْرِيّ (م) 下埃及

الـ القِبْلِيّ (م): صَعِيد مصر 上埃及

بِ ـ الإِجْمَالِ 概括地，扼要地

بِ ـ التَقْرِيبِ / على ـ التَقْرِيب 大致，大约，差不多，大体上

بـ ـٍ ما / بـ ـ من الوُجُوهِ 设法，想办法，想方设法

على الـ الآتِي 如下，按下面所说

على ـ العُمُومِ 总之，一般说来

على ـ الخُصُوصِ 尤其是，特别是

على ـ التَحْقِيقِ 确切地说

على ـ الدِقَّةِ 详细地，精确地

على ـِ آخَرَ 按另一种方法，从另一方面

على خَيْرِ ـِ 最好地

لِـ ـ اللهِ: لمَرْضاتِه تَعالَى [伊]看在真主面上，为了真主的情分

لِـ ـ اللهِ: مَجَّانًا [伊]免费地

في ـِ ـهِ: أمامَ عَيْنَيْهِ 在他的面前

أغلقَ البابَ في ـ ـهِ 当面拒绝，拒之门外

رَجَعَ و ـ ـهُ مِثْلُ قَفَاهُ 空手而归

اِخْتَلَجَ بـ ـ ـهِ 做苦脸，做愁状，做鬼脸

أهانَه في ـ ـه 当面侮辱

مَضَى على ـِ ـهِ بلا انتباهٍ ولا مُبالاةٍ 他满不在乎地走了，他毫不介意地走了

بَيَّضَ ـَ ـه 尊敬，尊重

اِبْيَضَّ ـُ ـه 受尊敬，受尊重

اِسْوَدَّ ـُ ـه 被污辱

سَوَّدَ ـَ ـهُ 侮辱，诬蔑，中伤

ماءُ الـ 面子，体面

أخَذَ ـ العَرُوسَةِ (مـ): دَخَلَ بها 成婚，完婚，圆房

أخَذَ وَجْهًا عليه (مـ): استنجد عليه 随意使用他

وَجْهًا لِوَجْهٍ / وَجْهًا بِوَجْهٍ 当面，面对面地

اِلْتَقَى به وَجْهًا لوجهٍ 面对面地与某人相逢

بِوَجْهَيْنِ: مُرَاءٍ 两面的，伪善的

لهذا القَوْلِ وَجْهَانِ (أي مَعْنَيَانِ) 这话有两种意思

قَوْلٌ ذُو وَجْهَيْنِ 语意双关的话，模棱两可的话

ذُو الوَجْهَيْنِ 口是心非的，两面派的，阳奉阴违的

يَحْتَمِلُ الوَجْهَيْنِ 语义双关的，可能有两种意思的

من كُلِّ الوُجُوهِ 在一切方面

من كُلِّ وُجُوهِ (احتمالاتِ) المَسْأَلَة 从问题的各方面来想

أَوْجُه القَمَرِ 月相

وُجُوه البِلادِ 显贵，国家的头面人物

أَنْفَقَ المالَ على وُجُوه البِنَاءِ 把钱花在建设事业上

وَجْهِيّ: مختصّ بالوجه 脸的，面的，表面的，正面的

وِجْهَة / وُجْهَة: جِهَة 方位，方向，方面

ـ: قَصْد / ما تَقصِدُه 目的，意向，旨趣

ـ نَا بَكِينُ 我们的目的地是北京

ـ: الجِهَة المُقابِلة 事物的对面，对立面

ـ: خُصُوص 关系

ـ النَظَرِ 观点，看法

الـ التاريخيَّة 历史观点

من الـ السِيَاسِيَّة 从政治观点

من الـ القَانُونِيَّة 从法律观点

من الـ العِلْمِيَّة 从科学观点

تَجاه / تِجاه / تُجاه / وَجاه / وِجاه / وُجاه: تِلْقَاء / إزاء 在…对面，面对着…

وَجَاهَة 显著，著名，名望，尊严，权位，权势

ذُو ـ / وَجِيه جـ وُجَهَاء م وَجِيهَة جـ وَجِيهَات ووَجَائِهُ 绅士，著名人士，有名望的人

اِتِّجاه جـ اِتِّجاهَات: وِجْهَة 方向，方面

ـ: مَيْل 倾向，趋势

ـ 路线，方针

الـ الحِيادِيّ 中立倾向

تَوْجِيه جـ تَوْجِيهَات 指点，指示

عَجَلَةُ الـ: دُومَان (مـ) 方向舵，转向器，方向盘，操纵盘，转向齿轮

تَوْجِيهِيّ 指出方向的，指导性的
الفَصْلُ الـ / القِسْمُ الـ 预科，预备班，补习班
شَهَادَة الـ ة 预科毕业证书
مُوَاجَهَة 面对，面对面，迎面相逢
ـ الخُصُومِ 对质
جَلَسَ في ـ هِ 对着他坐着，坐在他对面
ـ: وَجْهًا بوجهٍ 面对面
وَاجِهة جـ وَاجِهَات (مـ): مُستَقْبَل الشيء 前面
ـ البِنَاءِ وغيرِه 建筑物的正面、前面
ـ المَخْزَنِ 橱窗
طُولُ الـ 房屋的正面
مُوَجِّه: دُومَانْجِي (مـ) 舵手
سَبَبٌ وَجِيه 正当的理由

وحد يَحِدُ وَحْدًا ووَحْدَةً وحِدَةً ووُحُودًا ووَحُدَ يَحِدُ وَحَادَةً ووُحُودَةً: انفردَ بنَفْسِه (راجع أحد) 单独，独自
وَحَّدَه وأَحَّدَه: جعلَه واحدًا 统一，合而为一
ـ بَيْنَهم: رَبَطَ وأَلَّف 联合，团结
ـ اللهَ: آمَنَ بِهِ وَحْدَه [伊]信仰真主独一
ـ اللهَ: قال لا إلهَ إلاَّ اللهُ [伊]说“万物非主，唯有真主”，说“除安拉外绝无应受崇拜者”
ـ: ضَمَّهُ / دَعَمَهُ 混合，合并
ـ الدُّيُونَ أو الجُيُوشَ 整理债务；统一集中军队
ـ العَمَلَ 统一行动，行动一致
ـ المَرْكَزَ 集中，集聚
تَوَحَّدَ: بَقِيَ وحْدَه 独自，单独，成为孤独的
ـ: عاشَ وَحْدَه 独居，单独生活，过孤独生活
ـ بالأَمْرِ 独干，单干，独自做
ـ هُ بِعِنَايَتِه 特别关怀，注意力集中于…

ـ تِ الأَشْيَاءُ (事物)被合并，合成一个
ـ تِ الدُّيُونُ أو الجُيُوشُ (公债或军队)统一
اِتَّحَدَ الشَيْئَانِ: صارَا شيئًا واحدًا 变成一个，统一起来，合而为一，合成一体
ـ الشيءُ بالشيءِ: اقترنَ به 合并起来，结合起来
ـ القومُ: اِتَّفَقُوا 意见一致，行动一致，团结一致
ـ تِ المَعْرِفَةُ مع العَمَلِ 知行合一
ـ تِ الآراءُ 意见一致，没有分歧
حِدَة: اِنْفِرَاد 独自，单独，孤独
على ـ: على انْفِرَادٍ 独自地，单独地，个别地
على ـ: على جَنْبٍ 在一侧，在一边
على ـ: مُنْفَصِلاً 分开地，一个个地
على ـ: بَعِيدًا عن سِواه 独自地
وَحْد 单独，独自
وَحْدَهُ: مُنْفَرِدًا بلا رَفِيقٍ 独自地，单独地
هُوَ وَحْدَهُ 他独自一个
هِيَ وحْدَهَا 她独自一个
وَحْدَهُ: بمُفْرَدِه / بلا شَرِيك 独自地，孤独地，单独地
وَحْدَة: اِنفراد / عُزْلَة 孤独，孤单，孤寂
ـ: ضد كَثْرَة 一个，单独
ـ: اتِّحَاد 统一，合一，一致，协调，团结
ـ القُوَى 力量的统一
ـ الجَيْش جـ وَحَدَات 部队的单位
ـ مُتَكَامِلَة 整体，全体
ـ تَرْكِيبِ الأَحْيَاءِ 生物结构的统一
ـ القِيَاس (والحِسَاب) 测量(计算)单位
ـ الزَوَاج: ضد تعدُّده 一夫一妻制
الـ بينَ الذاتِ والمَوْضُوع 主观与客观的统一

الـ العَرَبِيَّة 阿拉伯的统一，阿拉伯的团结
وَحَدَات الاِسْتِطْلاع 前哨部队
وَحْدَانِيّ: مُنْفَرِد بنَفْسِه / وَحِيد 单独的，独自的
ـ: غيرُ مُتَزَوِّج 光棍，光身汉
اِبْنٌ ـ (مـ): وَحِيد 独子，独生子
وَحْدَانِيَّة: حالةُ المتوحِّد 孤独，独居，孤寂
ـ: فَرْدِيَّة 单一，唯一，无二
الـ: مَذْهَبُ الوَحْدَةِ 一元论
العَقِيدَة الـ: التَوْحِيد 一神教；一神论
اِتِّحَاد: وِفاق / أُلْفة 一致，统一，调和
ـ 团结
ـ 联合，联合会，联盟，联邦，会，协会
الـ السُوفِيَاتِيّ 苏联
ـ الجُمْهُورِيَاتِ الاِشْتِراكِيَّةِ السُوفِيَاتِيّة 苏维埃社会主义共和国联盟
ـ الطَّلَبَة 学生会
ـ الشَّبَابِ الدِيمُقْراطِيّ العالَمِيّ 世界民主青年联盟
الـ الدَوْلِيّ لِلعِلْمِ الفَلَكِيّ 国际天文学协会
ـ البَرِيدِ العَامّ 万国邮政联盟
ـ الصَحَفِيِّينَ الدُوَلِيّ 国际新闻工作者协会
ـ القَانُونِيِّينَ الدِيمُقْرَاطِيِّينَ الدُولِيّ 国际民主法律工作者协会
الـ النِسْوِيّ الدِيمُقْراطِيّ الدُوَلِيّ 国际民主妇女联合会
ـ النِقَابَات الدولِيّ 世界工会联合会
ـ الاِتِّجاه 目的一致，方向一致
ـ الآرَاء 意见一致，同心协力
بـ ـ الآرَاءِ 无异议地，全体一致地，意见一致地
بالـ: مَعًا / بالاشتراك 共同，一同，一起，

一齐
عَلَمُ الـ البَرِيطَانِيّ 英联邦国旗
اِتِّحَادِيّ 联合的，团结的，联邦的，联盟的
تَوَحُّد: عُزْلَة 孤独，孤单，孤寂
ـ 联合，结合，统一，团结
تَوْحِيد: جَعْلُ الشيءِ واحدًا 统一，合一，划一，合成一体
الـ / دِينُ الـ: الاعتقادُ بِوَحْدَانِيَّةِ الله 一神教
الـ: إنْكارُ عَقِيدَةِ تَثْلِيثِ الأَقانِيمِ (否认三位一体的)一元教
وَاحِد م واحِدَة جـ وَاحِدُونَ: أَوَّلُ العَدَدِ 一，一个
ـ جـ وُحْدَانٌ وأُحْدَانٌ: فَرْد 个体
ـ: شَخْصٌ مَا 某人，一个人
ـ: لا نَظِيرَ له 无双的，唯一的
ـ: وَحْدَهُ / ليس مَعَه غَيْرُه 独自的，单独的
ـ وعِشْرُونَ 二十一
ـ قَوْمِهِ 卓越的，超群出众的
ـ كهذا 这样一个人
و لا ـَ 没人
الـُ الأَحَدُ: أَللّٰهُ تَعَالَى [宗]独一无二的真主
أيُّ ـٍ 任何一个人
كُلُّ ـٍ 每个，每一个
واحِدًا وَاحِدًا / وَاحِدًا بَعْدَ آخَرَ 一个一个地，一个接着一个地，陆续
واحِدَةً بواحِدَةٍ: صاعًا بِصاعٍ 一报还一报
واحِدَةُ المُوسِيقَى [乐]拍子
وُحْدَانًا وجَمَاعَاتٍ 个体地和集体地，一个个地和成群结队地
وَحِيد: مُفْرَد 单独的，唯一的，单一的
ـ: فَرِيد 唯一的，无双的，无匹敌的
ـ: مُنْفَرِد 孤独的，单独的

ـ: لا مُؤْنِسَ له 寂寞的，孤零的，孤苦伶仃的

ـ الجِنْسِ (حَيَوان أو نَبات) [植]单性的，雌雄异体的

ـ الخَلِيَّة [动、植]单细胞(组织)的，有单细胞的

ـ الطَرَفِ / ـ الجانِب 单方面的，片面的

ـ القَرْنِ: له قَرْن واحد 独角动物，独角兽

ـ القَرْنِ: كَرْكَدَّن / خَرْتِيت (م) 单角犀，印度犀

ـ القَرْنِ: الحِصان المُقْرَن / حَيَوان خَيَالِيّ (幻想中的)独角兽，独角马

ـ البَتْلَة (في النبات) [植]单瓣的，单花瓣的

ـ المِحْوَرِ [形]单轴的

ـ المَعِدَةِ [动]单胃的

ـ النَسَقِ والنَمَطِ 统一的，均匀的

ـ الوَرَقِ (في النبات) [植]单叶的

الاِبْنُ الـ 独子，独生子

الغَرَضُ الـ 唯一目标，唯一目的

أَحَد: واحِد 一，一个

ـ / أَوْحَدُ ج أُحْدَان: وَحِيد / فَرِيد 无比的，无双的，无敌的

ـ النَاسِ 某人，有一个人

يَوْمُ الـ 星期日

لَمْ أَرَ أَحَدًا 我没看见任何人

خَانَةُ أو مَرْتَبَةُ الآحادِ (في الحساب) [数]个位数

مُوَحِّد: الذي يُوَحِّدُ الأَشْياءَ 统一者，联合者

ـ: يَعتقِد بوَحْدَانِيَّةِ اللهِ 一神教徒；一神论者

ـ: يُنْكِر عَقِيدةَ تَثْلِيثِ الأَقانِيمِ 一元论者(否认三位一体论者)

مُوَحَّد 被统一的，合成一体的

ـ (账目)被统一的，经过整理的

مُتَّحِد: مُتَضَامّ 统一的，合并了的，联合起来的

ـ الاتِّجَاهِ 目标统一的，方向一致的

جَبْهَةٌ ـ ة 统一战线

الأُمَم الـ ة 联合国

الوِلايَاتُ الـ ة (الأَمْرِيكِيَّة) 美利坚合众国，美国

مُتَّحِدُونَ: صارُوا كَأَنَّهم واحد 联合起来的，同心协力的，团结在一起的

ـ: على وِفاقٍ 协调的，调和的，一致的

مُتَوَحِّد 唯一的

وَحَسَه ـ وَحْسًا (م): وَرَطَهُ 使陷于困难，使陷入绝境

اِتْوَحَسَ (م): تَوَرَّطَ 陷入绝境，处于困难中

وَحْسَة: وَرْطَة 绝境，困境

وَحَشَ يَحِشُ وَحْشًا ووَحَّشَ بالثَوْبِ أو السِلاح: تَخَلَّصَ منه 丢盔弃(卸)甲

وَحَشَه الشيءُ (م): تَاقَ إليه 渴想，渴望，思慕

ـ ه صَدِيقُه (م): أَحَسَّ بالوَحْشَة لِفِراقِه (因朋友离别而)感觉寂寞

وَحُشَ يَوْحُشُ وُحُوشَةً ووَحَاشَةً 成为野的

وَحَّشَ (س) 使成为荒无人烟的

ـ 使残忍、粗野

أَوْحَشَ المكانُ: هَجَرَهُ الناسُ 成为荒凉的

ـ الرجلُ: جَاعَ / نَفِدَ زادُه 闹饥荒

ـ الرجلَ: جعله يَسْتَوْحِش 使他寂寞无聊

ـ ْتَنَا (م) 我们很想念你

تَوَحَّشَ: صارَ كالوَحْش 成为野蛮的，变成野性的

ـ: خَلا بطنُه من الجوع 饿得肚子空空的

ـ: رَمَى بثَوْبِه 扔掉衣服

وحش 1351 وحوح

ـ واستَوْحَشَ المكانُ: هجَرَه الناسُ 成为荒凉的

اِستَوْحَشَ: ضد استَأْنَسَ 感觉寂寞，感到孤独

ـ منه: لم يَأْنَسْ به 觉得讨厌，感到反感，嫌恶

ـ (مـ) له وأَوْحَشَه (مـ): تاقَتْ نَفْسُه إليه 渴想，渴望，想念，怀念

ـ لصَدِيقِهِ (مـ): شعَربالوَحْشَة لفِراقِه (与朋友分离后)觉得孤寂

وَحْش جـ وُحُوش ووُحْشَان: حَيوان البَرّ 野兽

ـ (مـ): هَوْلَة / شيء مُخِيف 怪物，妖怪

حِمارُ ـٍ / الحِمارُ الوَحْشِيّ 野驴

مَكان ـ (أي قَفْر) 荒凉地方，荒无人烟的地方

وَحْشِيّ: بَرِّيّ / آبِد 野的，野生的

ـ: هَمَجِيّ 野蛮的，未开化的

ـ: ضَارٍ / مُفْتَرِس 凶恶的

ـ: قاسٍ / بَرْبَرِيّ 残忍的，残酷的

ـ: ضِد أُنْسِيّ (في التشريح) [解]侧面的，外部的

كَلام ـ: مَهْجُور / غير مَأْلُوف 鄙俗的话

وَحْشِيَّة جـ وَحْشِيَّات 野蛮行为，兽行，暴行，残忍的、惨无人道的行为

ـ: ريح تدخُل ثِيَابَك لقوّتها [气]疾风

وَحْشَة: كَآبَة 沉寂，凄凉，惆怅

وِحِشْ (مـ): وَخْشٌ قَبِيح 丑恶的，恶劣的；卑鄙的

تَوَحُّش 野蛮，粗野，残忍，粗暴，残暴

مُوحِش: مُقْفِر 荒凉的，不毛的，荒无人烟的

مُتَوَحِّش: على الفِطْرَة / بَرِّيّ 野的，野生的

ـ: غير مُتَمَدِّن 野蛮的，未开化的

ـ 凶狠的，残暴的

مُسْتَوْحِش 荒凉的，偏僻的，人烟稀少的

وَحُف يَوْحَفُ وَحْفًا ووَحُفَ يَوْحُفُ وَحَافَةً ووُحُوفَةً الشعْرُ أو النَباتُ: كَثُفَ (头发)浓厚，(植物)稠密

وَحْف وواحِف من الأجْنِحَة: كثير الريش 羽毛丰满的(鸟翼)

وَحِلَ يَوْحَلُ وَحَلاً ومَوْحَلاً: وقع في الوَحَل 陷入泥泞，掉进泥坑

ـ (مـ): تَوَرَّط 进退维谷，进退两难，深陷泥淖中

وَحَلَه (مـ) وأَوْحَلَه: أَوْقَعَه في الوحل 使跌进泥坑，使陷入泥泞

ـ ه (مـ): وَرَّطَه 使困窘，使为难，使进退两难

وَحَّلَ الشيءَ (مـ): لوَّثه بالوَحَل 弄脏，染上污泥

ـ (مـ) وتَوَحَّلَ واسْتَوْحَلَ 变成泥泞的

ـ تِ الأَرْضُ 地面上泥泞难行

تَوَحَّلَ: تَلَوَّث بالوَحَل 被泥弄脏，沾上污泥

وَحَل ووَحْل جـ أَوْحَال ووُحُول: رَدْغَة / ظَبَط (مـ) / طِين رَخْو 泥泞，稀泥

وَحِل / مُوحِل: فيه وحل 泥泞的，多泥的

ـ / مُوَحَّل (مـ): متلطِّخ بالوَحَل 沾满污泥的

وَحِمَتْ الحُبْلَى تَحِمُ وتَوْحَمُ وَحَمًا وتَوَحَّمَتِ الشيءَ: حَبِلَت واشتدَّتْ شَهْوَتُها لبعض المآكِلِ 孕妇害馋，孕妇害口，害喜

ـ الشيءَ: اِشتهاه 热望，渴望，切望

وَحَم / وَحام (孕妇)害馋，害喜，害口

قَيْءُ الـ (孕妇)晨吐，孕吐

وَحْمَة (مـ): أثر الوِحام في الوَلَد 胎记，胎痣

وَحْمَى جـ وِحام ووَحَامَى 害馋的，害口的(孕妇)

وَحْوَحَ من البَرْد أو الأَلَم (因冷或痛)战栗，哆

嗦，发抖，打颤

ـ: نَفَخَ في يَدَيْهِ من شِدَّة البَرْدِ 呵手取暖，搓手取暖

وَحَى يَحِي وَحْيًا وأَوْحَى إليه: أَخْبَرَه بسِرٍّ 告密，报密

ـ في قَلْبِهِ كذا وأَوْحَى إليه بكذا: أَلْهَمَه به 启示，默示，感召，授意，指点，启发

ـ ـِ وَحْيًا ووَحًى ووَحَاءً وتَوَحَّى: أسرع 赶快，迅速

وَحَّاه: عَجَّلَه 催促，加速，使快

أَوْحَى العَمَلَ: أَسْرَعَ فيه 迅速地工作

أَوْحَى إليه: أَوْعَزَ 暗示，讽示，默示，指点，启发，授意

اِسْتَوْحَى الشيءَ: استفهَمَه 求教于…，寻觅灵感，吸取灵感，寻求启示

وَحْيٌ إلهِيّ: إلْهَام [宗]灵感，感悟，真主的默示，真主的启示

ـ / إيحَاء: إيعَاز 暗示，讽示，启发，授意

إيحَاء ذَاتِيّ (心)自我暗示，自我启发

ـ: إلْهَام 启示，默示

ـ: إسْرَاع 快，迅速

وَاحٍ 无线电报局

ـ جـ وَاحُونَ ووُحَاة 启示者，暗示者

أَوْحَى: أَسْرَعُ 最快的

مُوحًى بِهِ 受灵感的，得到启示的

وَاحَة جـ وَاحَات (م) 绿洲；沙漠中沃地

وَخَزَه يَخِزُ وَخْزًا: نَخَزَه 扎，刺，锥，蜇

ـ ه: آلَمَه 刺痛

ـ ه ضَمِيرُه 悔恨，受良心责备

ـ ه الشَّيْبُ: خالَط سَوادَ رأْسِهِ 头发斑白

وَخْزَة 一扎，一刺，一锥，一蜇

وَخَّاز: مُؤْلِم 刺痛的

ـ 挖苦的，讽刺的，尖刻的

أَلَمٌ ـ 刺痛，钻心的痛

وَخَطَ يَخِطُ وَخْطًا الشَّيْبُ فلانًا أو رأْسَهُ: خالَطَ سَوادَ شَعْرِهِ 头发变成灰白的，头发变成斑白的

ـ فلانًا بالرُمْحِ: طعنَه به (用枪)刺，扎

ـ في البَيْعِ: رَبِحَ فيه مَرَّةً وخَسِرَ مرَّةً 有赔有赚

وَخَفَ ـِ وَخْفًا السَوِيقَ: صَبَّ فيه المَاءَ وضَرَبَ ليَخْتَلِط ويَتَلَزَّج 合炒面

وَخُمَ يَوْخُمُ وَخَامَةً ووُخُومَةً ووُخُومًا المكانُ: كان رَدِيءَ الهَواءِ (地方)不卫生，空气恶浊，对身体有害

ـ الطَعَامُ: كان مُضِرًّا بالصِحَّةِ (食物)不卫生，有损健康

وَخِمَ يَوْخَمُ وَخَمًا واتَّخَمَ من كذا وعنه: أصابَتْه منه تُخَمَة 吃伤，消化不良，(胃)不消化，食滞，积食饱胀，撑着了

وَخَّمَ (م): شَعَر بثِقَلٍ ونُعَاس 打盹，想睡，瞌睡，昏昏欲睡

أَتْخَمَهُ وتَخَمَه (م) الطَعَامُ: أوقعه في التُخَمَة 吃伤，食滞，饱胀，吃撑着

تُخَمَة: مُضَايَقَة المَعِدَة 过饱，伤食，食滞

ـ جـ تُخَمَات وتُخَم: سُوء الهَضْم 不消化，消化不良

وَخَم (م): الشُعُور بالمَيْل إلى الكَسَل والنَوْم 疲倦，困倦，迟钝，想睡

ـ جـ أَوْخَام 污秽

وَخْم ووَخِم جـ أَوْخَام 迟钝的，愚钝的(人)

وَخِم جـ أَوْخَام / وَخِيم: ثَقِيل الهَضْم 难消化的，不好消化的

ـ / ـ: مُضِرّ بالصِحَّة 不卫生的，有损健

康的

ـ (م): قَذِر 不洁的，污秽的

وَخِيم / وَخُوم جـ وَخَامَى ووِخَام: ضَارّ 恶劣的，有害的，有危险性的

ـ العَاقِبَة 结果坏的，有不良后果的

وَخْمَان (م) / مُوَخَّم (م) 困倦的，打盹的，瞌睡的

وَخَى يَخِي وَخْيًا ووَخَّى وتَوَخَّى الأمرَ: قَصَدَه 欲，想，要，打算，意欲

وَاخَى فلانًا: آخاه (راجع أخو) 结拜，结义，换帖，结为异姓兄弟

تَوَخَّى وتَأَخَّى الأمرَ: تعمَّده وتَطَلَّبه دُونَ سِواهُ 想，企图，立志要，指望

وَخْي / وَخَى / خِيَّة: قَصْد 想，要，打算，指望，企图

ـ جـ وُخِيّ ووِخِيّ: قاصِد 意欲者，力求者

مُوَاخَاة: مُؤَاخَاة 结拜，结义，换帖，结为异姓兄弟

وَدَج يَدِجُ وَدْجًا ووَدَّجَ الدَّابَّةَ: قطع وَدَجَها 割断牲畜的颈静脉(一种放血治病的方法)

وَدَج جـ أَوْدَاج / وِدَاج: وَرِيد العُنُق [解]颈静脉

نَفَخَ أَوْدَاجَه 生气，气得脖子发粗，气得脸红脖子粗

وَدَجِيّ / وِدَاجِيّ: عُنُقِيّ (أو مَنْسُوب إلى الأوداج) [解]颈部的，颈静脉的

وَدَّه يَوَدُّ وَدًّا ووُدًّا ووِدًّا ووَدَادًا ووُدَادًا ووِدَادًا ووَدَادَةً ومَوَدَّةً ومَوْدِدَةً ومَوْدُودَةً: أَحَبَّهُ 爱，喜欢

ـ ه: أَرَادَهُ 想，欲，愿，希望

وَدِدْتُ لَوْ شَهِدْتُهُ سَعِيدًا 我多么希望看见他幸福呀！

أَوَدُّ أَنْ أَذْهَبَ لَوْ أَمْكَنَنِي 如果可能的话我要去

كَمَا يَوَدُّ (أي يريد) 随他的便，照他的意愿

وَدِدْتُ لَوْ كانَ مُجْتَهِدًا 我希望他用功

أَوَدُّ ما عَلَيَّ (م) 很想，很愿，很希望

وَادَّ وِدَادًا ومُوَادَّةً فلانًا: حَابَّه 与某人友好、相好、交好、做朋友

تَوَدَّدَ فلانًا: طلَبَ مَوَدَّتَه 表示好感

ـ إليه: تَحَبَّبَ 表示亲爱，表露爱情

تَوَادَّ الرَّجُلَانِ: تَحَابَّا 相亲相爱，友好相处

وَدّ ووُدّ ووِدّ / وِدَاد / وُدَاد / وَدَاد: مَوَدَّة 友谊，友好，好感，亲善

خَطَبَ ـَـ ه 向他表示亲善

كان بـ ـ ي أنْ 我原想，我本来要

وَدّ ووُدّ ووِدّ جـ أَوْدَاد وأَوُدّ وأَوِدّ 友爱者

ـ ووَدُود ووَدِيد جـ أَوِدَّة وأَوِدَّاء: مُحِبّ 有深情的，深爱的，爱的

ـ و ـ و ـ: أَنِيس / يُحِبّ المُعَاشَرَة 爱交际的，讨人喜欢的

بِوَدِّي / بِدِّي (م س): أُرِيدُ أَنْ 我想，我要，我希望

وُدِّيّ / وِدِّيّ / وِدَادِيّ / وُدَادِيّ / وَدَادِيّ: حُبِّيّ 友好的，友谊的，友爱的

عَلَاقَاتٌ وُدِّيَّة 友谊关系，友好关系

تَوَادّ: تَحَابّ 相亲相爱，互相交好

مَوَدَّة 爱，爱情，好感，友谊，友好

أَوَاصِرُ الـ 友好关系

وَدَرَه: أوقعه في مَهْلَكَةٍ 置之险地，使陷于危险，诱入危险境地

ـ المالَ: بذَّره وأسرف فيه 浪费，挥霍

ـ الرجلَ: أغواه 引诱，诱惑

وَدَع يَدَعُ وَدْعًا الشيءَ: تركه وَدِيعَةً 寄存，存放

ـ المالَ في المَصْرِفِ 储蓄，储存

ـ البَضائعَ في المَخْزَنِ 贮藏，存放
ـ الرجلَ: تَرَكَه 让，允许，答应
دَعْ: اِسْمَحْ / خَلِّي (مـ) (قَلّ استِعمالُ ماضِي هذا الفعل ومصدره) 让，允许
دَعْه يَذْهَبْ 让他去吧
دَعْنِي أَفْعَلْ 让我做吧
دَعْ عَنْكَ هَذَا ! 丢开！别管！不用管！
فَلْنَدَعْ لَهُمْ الأمرَ... 让我们把这件事留给他们去作！我们让他们去做这件事吧！
وَدَعَ يَدَعُ وَدْعًا وَدُعَ يَوْدُعُ وَدَاعَةً: كان وَدِيعًا 成为温顺的，柔和的
ـ وـ: سَكَنَ واطْمَأَنَّ 成为安静的，安心的
وَدَّعَ الذاهبُ أَصْحَابَهُ: خلَّفَهم خافضين 告别，道别，辞别，辞行
ـ الأَصْحَابُ الذَاهِبَ 送别，送行
وَدَّعْنَاكُمْ! 再见！
وَادَعَه: تارَكه العداوةَ أي صالَحه وسالَمه 讲和，媾和
أَوْدَعَ واسْتَوْدَعَ الرجلَ الشيءَ: تركه عنده وديعة 委托，付托，寄托，寄存，委托保管
ـ ه وـ ه السِرَّ: باحَ له بِه وسأله الكِتْمانَ 要他保密
ـ التَأْمِينَ 付保证金
ـ كِتَابَه كذا: كتَبَه فيه 在信中写…，在书中记载
ـ ه السِجْنَ: سَجَنَه 收监，下牢，投入监狱
ـ الجُثَّةَ القَبْرَ 埋葬
نَسْتَوْدِعُكُمْ اللهَ! 再见，求真主保佑你们！
再见，祝你平安！
وَدْع / إِيدَاع 委托，寄存
دَعَة / وَدَاعَة 温顺，柔和
ـ العَيْشِ 生活的舒适，生活的安静

وَدَع / وَدْع / الواحدة وَدَعَة جـ وَدَعَات 贝壳
ضَرْبُ الـِ والرَمْلِ 用贝壳和沙土占卜
ضَرَّابُ الـ 占卜者，算命的，卜卦的
وَدَاع: تَوْدِيع 告别，辞别，握别，送行
الـ! 再见！
الـ! / أَسْتَوْدِعُكُمْ اللهَ! 再见，一路平安！
الـُ الأَخِيرُ 诀别，永别，最后的握别
حَفْلَة الـ 饯行宴会
خُطْبَة الـ 告别词；欢送词
نَظْرَة الـ 临别眺望，临别张望，分别时最后一瞥
وَدَاعِيّ / تَوْدِيعِيّ 告别的，送行的，饯行的
اِسْتِيدَاع (مـ) (في الجَيْش) [军]预备军，后备役
ضَابِط الـ 后备军官
جُنْدِيّ الـ 后备兵士
في الـ (مـ) 候役(预备役)名册
مَخْزَنُ الـ 仓库
وادِع / مُودِع / مُسْتَوْدِع 委托人，存放人
وَدِيع جـ وُدَعَاء 温顺的，柔和的，温和的
ـ الأَخْلاَقِ 性情温和的
الحَمَل الـ 驯服的羔羊
ـ: المُودَع لَدَيْه 受托人，保管人
ـ جـ وَدَائِعُ 墓地，茔地，坟地
وَدِيعَة جـ وَدَائِعُ: ما أُودِعَ / أَمَانَة 寄存物，寄托物
ـ مَالِيَّة (في مَصْرِف) 储蓄，存款
ـ ثابتة: مُودَعَة لِمُدَّةٍ مُحدَّدة 定期存款
ـ جارِيَة 活期存款
المُودَع لَدَيْهِ 受托人，保管人
مُوَدِّع 辞别者，送行人
مُسْتَوْدِع: مُودِع 委托人，存款者
مُسْتَوْدَع جـ مُسْتَوْدَعات: مَخْزَن 仓库，栈房，

贮藏室

ـ الذخِيرَةِ 弹药库，军火库

مُسْتَوْدَعَات التَّبْرِيد 冷藏库

مِيدَع / مِيدَعَة / مِيدَاعَة ج مَوَادِعُ: إتْب / مَرْيُول (س) (小孩的)围嘴，围裙，(女工等的)工作罩衣

ودك يَوْدَكُ وَدَكًا: دَسِم وسَمِن 成为多脂的

وَدَّكَ الطعَامَ: وضَعَ فيه الوَدَكَ 放油在食物里

ـ ه (م): مرَّنه / عوَّده 锻炼，训练

وَدَك: دَسَم 油脂，脂肪

وَدِك / وَدُوك / وَدِيك / وَادِك: سَمِين 肥的，多脂的，油腻腻的

مُوَدَّك (م): مُعَوَّد 经过锻炼的，有训练的

وَدَّنه: ليَّنه 使柔软

ـ ه: قصَّره 弄短，缩短

ـ ه: رطَّبه 使湿润

ـ ه: نقَّصَه 缩减

وِدْن ج أودَان (م): أُذُن (راجع اذن) 耳

ـ الظُّفْرِ (م) (甲下的)肉根，指甲肉

ـ الحِذَاء (م): تَرَنْتي (م) (鞋后帮的)小拔子

ـ الفِنْجَان (م) (茶杯的)把，柄

ـ الأَرْنَبِ (م): حِلِبْلاَب [植]常春藤

بَيْتُهُ جَنْبَ الـ (م) 他就住在附近

وِدْنَة (م): نَبَات [植]瓦松，石莲花

وِدْنِيّ (م): سريع التَّصْدِيق والتغيّر 浮躁的，易变的，轻信的

وَدْوَدَ في أُذُنِهِ (م): أَسَرَّ إليه 耳语，咬耳朵，窃窃私语，附耳低言

وَدَى يَدِي وَدْيًا ودِيَةً القاتلُ القَتِيلَ: أعطَى وَلِيَّه دِيَتَهُ 交付杀人的罚金

ـ وَدْيًا الشيءُ: سَالَ 流

وَدَّى (م): بَعَثَ 送，寄，派遣，发(信)

ـ (م) (راجع أدّى) 通向

السِكَّةْ دِي تُوَدِّي على فَيْن؟ (م) 这条街通哪儿?

ـ (م) 付(款)

أَوْدَى: هَلَكَ 毁灭，死亡

ـ به: أَعْدَمَه 杀死，杀害

ـ به المَوْتُ: ذهَبَ به 死亡

ـ به إلى الدمار 使遭毁灭

ـ بصِحَّتِه 损害健康

ـ بمَالِهِ 耗费金钱，浪费金钱

وَادٍ / الوادِي ج أَوْدِيَة وأَوَادِيَة وأَوْدَاء وأَوْدَاةٌ ووِدْيَان (س) 山谷，河谷，流域

ـ 旱谷，旱水道(只在大雨以后偶然有水的水道)

ـ النِيلِ 尼罗河河谷，尼罗河流域

ـ ضَيِّق: عَقِيق 峡谷，深谷，幽谷，涧谷

أَنْتَ في ـ ونَحْنُ في ـ (你在这个山谷，我们在另一个；你和我们分道扬镳)分道而行，趣向不同，我们彼此目的不一

من ـ واحِد 一丘之貉

نَزَلَتْ كَلِمَتُهُ بِـ غَيْرِ ذِي زَرْعٍ 对牛弹琴

ذَهَبَتْ هذه المُلاحَظةُ كصَرْخَةٍ في ـ أو نَفْخَةٍ في رَمَادٍ (这个意见像山谷里的呼声或吹死灰一样)这个意见没有被采纳

دِيَةُ القَتِيل ج دِيَات / دِيَّة (م) 杀人的罚金

وَذَر يَذَرُ وَذْرًا الشيءَ: تركَه 留下(这个动词只用现在式和命令式)

النَارُ لا تُبْقِي ولاَ تَذَرُ 火烧得一干二净，火不留情

ذَرْهُ!: أُتْرُكْهُ! 别动他，由他吧!

وَرَاء: خَلْف 在…后面、后边

ـ: وَلَد الوَلَد 孙子

ـ: أَبْعَدُ من 越出，超过

ما ـَ البَحْرِ 海外

ما ـَ النَهْرِ 河外地(阿姆河以北的地方)

إلى الـ 向后，往后

تَرَكَ ـَ هُ 遗留，遗下

جَنَى من ـ ذلك ... 他从中得到了…

سَعَى ـَ... 追求

سَعَى ـَ صَدَاقَته 追求友谊

ورب يَوْرَبُ وَرَبًا العِرْقُ: فَسد (血管)腐坏，腐烂

وَرَّبَه (مـ): جعله مُنْحَرِفًا 使斜，使倾斜

ـ البابَ (مـ): فَتحه قليلاً 把门微开

وَرَّبَ عنه: ورَّى عنه بالمُعارَضات 蒙混，推托，搪塞，说话支吾，用含糊话，说模棱两可的话

وَارَبَ الرجلَ: خاتَلَه 欺骗，行骗，笼络

وَرْب (مـ) / وِراب: اِنْحِراف 倾斜，弯曲

بِالـ (مـ): بانحراف 侧着，斜着，歪斜着

تَوْرِيب: تَوْرِية 含糊其词，模棱两可，语带双关

مُوارَبَة (مـ) 欺骗，欺诈，笼络

في غَيْرِ مُداراةٍ ولا ـ (مـ) 毫不隐讳地，爽直地，直截了当地，干脆

مَوْرُوب (مـ): مُنْحرِف 斜的，歪斜的

ـ (مـ): مَفْتُوح قليلاً (باب) 微开的(门)

وكَانَ البَابُ مَوْرُوبًا (مـ) 门是微开的，门是半开半掩的

ورث يَرِثُ وِرثًا ووَرْثًا وإرْثًا وإرْثَة ورِثَة وتُراثًا فُلانًا وعنه المالَ وغيرَه 继承(遗产)

وَرَّثَه: ترَكَ له إرْثًا 留下遗产

ـ وأَوْرَثَ الرجلُ فلانًا: جعله وَارِثًا 指定继承人

ـ وـ بوَصِيَّةٍ 遗赠动产

أَوْرَثَه كذا: سَبَّبَه 导致，惹起，引起，造成，产生

تَوَارَثَ القومُ الشيءَ 相互继承；把…传下去

إرْث / وِرْث / وِرَاثَة / تُرَاث: وِرْثَة (مـ) 遗产，遗物，继承物

ـ مَتْرُوك بِوَصِيَّة: تَرِكَة 遗赠的动产

وِرَاثِيّ 继承的，世袭的，祖传的，遗传的，先天的

وِرَاثِيَّة 遗传性

وَارِث جـ وَرَثَة ووُرَّاث / وَرِيث جـ وُرَثَاءُ (مـ) 继承人；接班人

ـ شَرْعِيّ 法定继承人，合法承继人

مَوْرُوث / مُوَرَّث 被继承的

مُوَرِّث: تارِك الإرْثِ 被继承人，遗赠人

مُوَرِّثَة جـ مُوَرِّثات: جُرْثُومَة التَوْرِيثِ(gene) [生]遗传，基因

مِيرَاث جـ مَوَارِيث: وِرْثَة (مـ) 遗产，遗物

رَقِيب الـ: شَفْن 遗产管理人

ورد يَرِدُ وُرُودًا الرجلُ المَكانَ: بلَغَه 来到(某地)

ـ في الكتاب كذا (书中)提到，列有

ـ عليه كذا: وَصَلَه 接到，收到

ـ نِي منه المَكْتُوبُ 我接到他的来信

ـ المَاءَ 来到源泉，来饮水，来汲水

وُرِدَ الرجلُ: أخذَتْه الحُمَّى 患间歇热(疟疾、回归热、浪热症等)

وَرَّدَ الشَجَرُ: أَخرَجَ الوَرْدَ 开花

ـ تِ المرأةُ: حَمَّرَتْ خدَّها 搽胭脂

ـ الثَوْبَ: صبَغَه على لَوْن الوَرْد 染成红色

ـ (مـ) وتَوَرَّدَ الخَدُّ: اِحْمَرَّ 脸红，双颊绯红，双颊泛起红晕

ـ (مـ) وأَوْرَدَ الشيءَ: أَحضَرَه وقدَّمه 提供，供给，供应

ـ (مـ) وـ المالَ: دفَعه 缴款，付款

أَوْرَدَه الماءَ: قادَه إليه 带到(泉源)

ـ الكلامَ أو البُرْهَانَ: ذَكَرَهُ 援引，引证

تَوَرَّدَ: اِحْمَرَّ 变红

ـ تِ الخدُودُ 双颊绯红，双颊泛起红晕

تَوَارَدَ القومُ: حَضَرُوا الواحدَ بَعْدَ الآخرِ 陆续来到，相继来到

ـ الشَاعِرَانِ 两位诗人诗句的词义偶然一致

ـ تِ الأَخْبَارُ 消息陆续传来

ـ تِ الخَوَاطِرُ (意见)不约而同

اِسْتَوْرَدَ الأشياءَ: جَلَبَها من الخارج 输入，进口(货物)

وُرُود: بُلُوغ 来到，到达

وَرْد جـ وُرُود / الواحدة وَرْدَة جـ وَرَدَات 蔷薇，玫瑰

مَاءُ الـ 蔷薇水

ـ الحُبّ [植]波斯毛茛

ـ الحَمِير 芍药

ـ جَبَلِيّ أو جُبَيْلِيّ (مـ) 野蔷薇

الـ الصِينِيّ / الـ الجُبَيْلِيّ 月季花

ـ جُورِي [植]大马士革蔷薇

ـ ة كَثِيرة الورق [植]西洋蔷薇

ـ الزينَة / الزَوَانى (سـ) / خِطْمِيّ [植]药用蜀葵

ـ اللَيْل 紫茉莉

الـ من الخَيْل: ما كان أحمرَ اللون إلى صُفْرَة 枣骝，骅骝

وَرْدَة الرياح 风媒花

ـ (مـ): حِلْيَة مِعْمَارِيَّة [建]圆窗

ـ اللِفافَة (مـ) (في المعمار) [建](漩涡状花样的)中心点

ـ جـ وِرَد (مـ) / عَزْقَة (سـ) [机]垫圈，金属垫板

وَرْدِيّ: بلَوْن الوَرْد 玫瑰色的，绯红的

لَوْن ـ: وُرْدَة 玫瑰色，玫瑰红

وَرْدِيَّة: شَوْك الوَرْد (مـ) / مَرَض نَفَاطِيّ [医]玫瑰疹

ـ (مـ): نَوْبَة 轮班，值班，一班

ـ (مـ) أو عَلَيْه الـ (مـ): في النَوْبَة 站岗，值班

وِرْد جـ أَوْرَاد 古兰经选读(礼拜后背诵的祈祷词)

ـ (مـ): بَيَان ما تَدْفعه من الضَرَائِب (على الأَمْلاك) 地税收据，地税一览表

ـ: حُمَّى [医]热病，发热

حُمَّى الـ [医]间歇热

ـ: إبِل واردة أو قومٌ وارِدو الماء 到泉源去的(骆驼或人)

كَرِيهُ الـ والصَدْرِ 不能喝的水

ـ: جَيْش 军队

ـ: القَطِيع من الطَيْر 鸟群

بِنْتُ وَرْدَان جـ بَنَاتُ وَرْدَان 土鳖，地鳖

تَوْرِيد 输入，进口

إيرَاد: تَقْدِيم 提供，供给，供应

ـ: ذِكْر 援引，引用，列举

ـ جـ إيرَادَات (مـ): مَحْصُول / دَخْل (مـ) (不动产的)收入，收益，进项，所得

إيرَادَات (مـ): مُتَحَصِّلات 收入，股益，进款，利润，赢利，赚头，货价收入，实收款项

ـ سَايْرَة (مـ) (مُتَنَوِّعة) 各种收入，零碎入款

الـ لا تُغَطِّي النَفَقات 入不敷出

إيرَادْجِي جـ إيرَادْجِيَّة (مـ) 食利者

ـ 靠收益生活者

تَوَارُد 陆续到来

ـ الشاعِرَيْنِ 两位诗人诗句词义偶合、不谋而合

ـ الخَوَاطِر (意见)不约而同

اِسْتِيرَاد: جَلْب 进口，输入

إجَازَة الـ 进口许可证

زِيَادَة الـ على التَصْدِير 入超

وَارِد جـ وَارِدُونَ ووُرَّاد ووُرُود ووَارِدَة: حاضر 来的，到的，到达的

ـ: مَجْلُوب / ضد صادِر 进口的，输入的

وَارِدَات 进口货

الـ والصَادِرَات 进口货和出口货，进出口物资

الـ الجَدِيدة (من البَضَائع) 新货，新到货

وَرِيد جـ أَوْرِدَة ووُرُد ووُرُود: غير الشَرْيَان من العُرُوق [解]静脉

ـ / حَبْل الوَرِيد [解]颈静脉

الـ البَابِيّ [解]门静脉

أَقْرَبُ إليه من حَبْل الـ (比颈静脉还近)迫在眉睫

اِلْتِهَابٌ وَرِيدِيّ [医]静脉炎

مَوْرِد جـ مَوَارِد: مَجْنًى 泉源，资源，财源，富源

ـ / مَوْرِدَة: مكان وُرود الماء 饮水处，汲水处

ـ 收入，收益

مَوْرِدَة (مـ): مَرْسَى المَرَاكِب النَهْرِيَّة 码头，埠头

مُوَرِّد: مُسْتَعْهِد 承包人，承办商

مُوَرَّد: أحمر بلَوْنِ الوَرْد 玫瑰色的

مُتَوَرِّد 脸红的；玫瑰红的

مُسْتَوْرِد: جَلاَّب 进口商人

مُسْتَوْرَد 输入的，进口的

مُسْتَوْرَدَات 进口货

وَرْدَل (مـ) welt (英): نِجَاش (皮鞋鞋底和鞋面接缝间的)贴边，革条

وَرَّسَه: صبغه بالوَرْس 用姜黄染色

وَرْس [植]姜黄

وَرْسِيّ / وَرِيس / مُوَرَّس: مَصْبُوغ بالوَرْس 用姜黄染的

وَرَشَ يَرِشُ وَرْشًا ووُرُوشًا عليهم: حَضَرَ بلا دَعْوَةٍ 不请自来，作不速之客

لا تَرِشْ عليَّ: لا تُقَاطِعْنِي 不要妨碍我说话，不要打断我讲话

وَرِشَ يَوْرَشُ وَرَشًا: كان نَشِيطًا خَفِيفًا 成为活泼的，成为好动的，生机勃勃的

وَرَّشَ بَيْنَهم: حَرَّشَ 挑拨离间

وَرَشَان جـ وِرْشَان ووَرَاشِينُ 雉鸠

وَرْشَة جـ وُرَش ووَرَشَات (أ) workshop: مَصْنَع 车间，作坊，工厂，工作场

ـ الحَرَكَة 牵引车间

ـ العَرَبَات 车厢车间

ـ العُدَد 工具车间

ـ المَرَمَّات 修配车间

ـ الخَرَّاطِين 镟工车间

ـ النِجَارَة 木工车间

وَارِش: طُفَيْلِيّ 不速之客

وَرِش م وَرِشَة جـ وَرِشَات: نَشِيط خَفِيف 活泼的，好动的，生气勃勃的

نَوْم ـ (مـ): مُضْطَرِب 不安的睡眠

وَرَّطَه وأَوْرَطَهُ: أَوْقَعَه في وَرْطَة 置于窘境，使陷入困境

تَوَرَّطَ واسْتَوْرَطَ: وقع في وَرْطَة 进退维谷，进退两难，陷入窘境，处于困境中

ـ وـ: ورَّط نَفْسَه (مـ) 委身于，专心致志于

ـ في الخَطَأ 犯错误，陷入错误中

ـ في الاِسْتِدَانَة 负债累累，债台高筑

ـ في الشرِّ 陷于罪恶中

وَرْطَة جـ وَرَطَات ووِرَاط 困难，艰难，穷境，困境，苦境，进退维谷，进退两难，左右为难

مُوَرَّط / مَوْرُوط 在困难中的，陷入窘境的

ورع يرِعُ ويورَعُ ووَرَعَ يرَعُ ووَرُعَ يورُعُ وَرَعًا ووَرْعًا ووَرُوعًا ووُرُوعًا: كان وَرِعًا 成为虔诚的，成为虔敬的

تَوَرَّعَ عن كذا: تجنَّبه وتعفَّفَ عنه 顾虑，顾忌；戒除，停止，避免，不做

لا يَتوَرَّعُ عن كذا 不惜…

وَرَع: تَقْوَى 虔诚，虔敬

وَرِع: تَقِيّ 虔诚的，虔敬的

ورف يرِفُ وَرْفًا ووَرِيفًا ورِفَةً ووَرَّفَ وأَوْرَفَ الظلُّ: امتدَّ واتَّسع 成荫，多荫，阴翳

ـ النباتُ: نَضُرَ (草木)绿，繁茂，茂密

وَارِف: نَضِير 青葱的，翠绿的，繁茂的，茂密的

ـ: ظليل 成荫的，多荫的，阴翳的

ورق يرِقُ وَرْقًا ووَرَّقَ وأَوْرَقَ الشجرُ: ظَهَرَ وَرَقُهُ 发叶，生叶

ـ وـ: أخَذَ وَرَقَه 采树叶，摘树叶

وَرَّقَ الحائطَ (م): كساه بالورق 用纸糊墙

أَوْرَقَ الرجلُ: كَثُر مالُه 发财致富，变成富翁

ـ الطالِبُ: لم يَنَلْ مَطْلُوبَه 失败，未达目的，未能如愿以偿

ـ الصائدُ: لم يَصِدْ (猎人)空手而归

تَوَرَّقَ (م) 裱上了纸

وَرَق جـ أَوْرَاق: قِرْطَاس / قَرْطَاس / قُرْطَاس / كاغَد (ع) 纸

ـ الشَجَرِ 树叶

ـ تِبْغ 烟叶

ـُ طَبْع 印刷纸

ـُ خِطَابَاتٍ 信纸

ـُ كِتَابَةٍ 写字用纸

ـُ مُسْتَرَاحٍ 手纸，厕所用纸

ـُ رَسْمٍ 图画纸

ـٌ نَشَّاف أو نشَّاش 吸墨纸

ـُ زِيَارَةٍ 名片，卡片

ـٌ مُقَوًّى 厚纸，纸板，牌纸，千层纸，卡片纸

ـٌ أَبْيَض / ـ عَادَة 无格纸

ـٌ مُسَطَّر 格子纸

ـ اللَعِب أو الشَدَّة (س) 纸牌，扑克牌

ـٌ نَقْدِيّ: عُمْلَةٌ وَرَقِيَّة 纸币，钞票

ـٌ مَالِيّ 有价证券(包括股票、债券)

ـُ حِيطَانٍ / ـٌ لتَغْطِيَة الحِيطانِ 糊壁纸，裱糊用纸

ـ الذبَّان (لصَيْد الذُباب) 捕绳纸

ـ يانَصِيب 彩票

ظلَّ حِبْرًا على الـ 只不过是一纸空文

ـ السَجَائِر 香烟纸

ـ الكَرْبُون carbon paper 复写纸

ـ للحَزْم والرَبْط 包装纸

ـٌ مُشَمَّع 蜡纸

ـ الصَنْفرَة: سَفَن 砂纸

ـٌ هِنْدِيّ 圣经纸，字典纸

ـ خُبْر [化]试纸

ـٌ مُفَضَّض 锡纸，锡箔

ـ / وِرْق / وَرْق / وُرْق: الدَرَاهِمُ المَضْرُوبَة 硬币，货币，银币

ـ / ـ: فكَّة (م) / فِرَاطَة (س) 零钱

نَمِر من ـ 纸老虎

أَوْرَاقُ الانْتِخاب 选票

أَوْرَاقُ الاعْتِمادِ 信任状；（大使、公使递呈的）国书

أَوْرَاقُ البَرُوفاتِ proof [印]校样

وَرَقَة جـ وَرَقَات: قِطْعَةُ وَرَقٍ 一页纸，一张纸

ـ بُوسْطَةٍ (مـ) 邮票

ـ البَرِيدِ 明信片

ـ نَبَات أو من كتاب أو دَفْتَر 一片树叶，一页书

ـ مَعْدِنِيَّة 金属薄片

ـ (سـ): عُمْلَة تُعادِل عِشْرِين فَرَنْكًا فَرَنْسِيًّا 里拉(等于 20 法郎)

ـ (مـ): قِدَّة / شَرِيحَة خَشَب أو مَعْدِن 一块木板，一块金属片

ـ الزَهْرَة: نُورِيَّة [植]花瓣

ـ 文件，公文，证书

ـ الاتِّهام 诉状，状纸，起诉书

ـ تَكْلِيفٍ بالحُضُور 法院的传票

ـ مُرُورٍ 通行证

وُرَيْقَة 小纸片

وَرَقِيّ 纸的

وَرِق / وَارِق / مُورِق: ذُو وَرَقٍ 有叶的，叶多的，叶茂盛的

ـ / ـ / ـ: أَخْضَرُ ناضِر 翠绿的，青葱的

وَرَّاق: صَانِعُ الوَرَق 造纸工人

ـ / مُوَرِّق: بائع أَدَوات الكِتَابَة 纸商，文具商

وِرَاقَة: صِناعَة الوَرَق 造纸工业

ـ: قِرْطَاسِيَّة (سـ) / تِجارة أَدَواتِ الكِتابَة 文具业

وَرْقَاء جـ وَرَاقٍ ووَرَاقَى 鸽子

وَرْك ووَرِك جـ أَوْرَاك: ما فَوْقَ الفَخْذ 臀部，屁股

ـ (مـ): فَخْذ 大腿

عظم الـ 坐骨

وَرَل جـ وِرْلَان وأَوْرَال وأَرْؤُل: دَابَّة بَرْمَائِيَّة كالضَبِّ وأكبرُ منه [动]巨蜥

ـ البَرّ 黄巨蜥

ـ النيل 泽巨蜥

وَرِمَ يَرِمُ وَرَمًا وتَوَرَّمَ الجِلْدُ: انتفخَ من مَرَض 肿胀

وَرَّمَ الجِلْدَ: صَيَّره يَرِمُ 使肿胀

ـ بِأَنْفِهِ: تكبَّر وشَمَخَ 瞧不起，不理会

ـ أَنْفَهُ: أَغْضَبَه 使怒，激怒

وَرَم جـ أَوْرَام [医]肿胀，膨胀，肿瘤

ـ عَظْمِيّ 骨瘤

ـ غُدَدِيّ 腺瘤

ـ لَحْمِيّ 肉瘤

ـ لِيفِيّ 纤维瘤

ـ وِعَائِيّ 血管瘤

ـ خَبِيث 恶性肿瘤，癌，癌肿

وَارِم / مُوَرَّم 肿起的，肿胀的

وَرَن / الواحدة وَرَنَة جـ وَرَنَات: وَرَل [动]泽巨蜥

وَرْنَك (أ): سَفَن 鳐鱼，魟鱼

وَرْنَش (مـ): دَهَن بالوَرْنِيشِ / بَرْنَق 上清漆，上泡立司，涂凡立水

وَرْنِيش (أ) vernice (意): بَرْنِيق / صِقَال 洋漆，假漆，清漆，泡立司

ـ جِزَم (مـ) (أَحْذِيَة) 鞋油

وَرْنِيَّة (أ) vernier: مِقْيَاس السُمْك 游尺，游标，副尺(沿大尺所刻的分度而移动，表零数用)

القَدَمَة ذاتُ الوَرْنِيَّة [机]游尺卡钳，游尺脚规

وَرِهَ يَوْرَهُ وَرَهًا: حَمُقَ 成为笨的，成为愚蠢的

أَوْرَهُ م وَرْهَاءُ جـ وُرْه 笨的，愚蠢的

وَرْوَار [鸟]蜂虎，食蜂鸟

ورى وورِيَ يَرِي وَرْيًا ووُرِيًا ورِيةً ووَرَّى وأَوْرَى الزَّنْدُ: خَرَجَتْ نارُه (火镰)发出火花

وَرَّى (مـ) وأَوْرَى (مـ): أَرَى 给看；显出，显示

ـ ووارَى الشيءَ: أَخْفَاه 藏，隐藏，隐匿

ـ عن كذا: أرادَه وأظهرَ غَيْرَه 掩饰(真情)，假充，虚饰

ـ في كَلامِه 用双关语，说双关语

ـ وأَوْرَى الزَّنْدَ: أخرجَ نارَه 打火

وَارَى المَيْتَ التُّرَابَ 葬，埋葬

تَوَارَى وتَوَرَّى عنه: تَخَفَّى 潜伏，隐藏，隐蔽

ـ عن الأَنْظَارِ: اِختفى 消失

اِسْتَوْرَى الزَّنْدَ: أَخرجَ نارَه 打火

ـ زِنادَ غَيْظِه 引起他的愤怒

الوَرَى: الخَلْق 宇宙，创造物，天地万物，森罗万象

التَّوْرَاة [基督]讨拉，律法书，摩西五经(旧约圣经卷首的五卷)

تَوْرِيَة: إِخْفاء 藏，隐藏，隐蔽，隐匿

ـ: إِظْهارُ خِلافِ المَقْصُودِ 假装；暗示，暗讽

ـ (في عِلْمِ البَلاغَة) 双关语

ـ (في عِلْمِ المَنْطِق) 遁词

ـ (مـ): إِظْهار 显示出，显露

وارٍ / وَرِيّ: شَحْم سمين 脂肪

ـ 发出火花的

مِسْك وَارٍ 优质麝香

وَارِي الزَّنْد في الاقتراح 即席而作者，即席演说者

وراء (راجع ورأ)

وزب وَزَبَ يَزِبُ وُزُوبًا الماءُ ونحوُه: سَالَ 流，流动

مِيزَاب / مِئْزَاب جـ مَيَازِيبُ ومَآزِيبُ ومَوَازِيبُ 笕口，下水管

وزر وَزَرَ يزِرُ ووَزَرَ يَوْزَرُ ووُزِرَ يُوزَرُ وَزْرًا وزِرةً: اِرْتَكَبَ إِثْمًا 犯罪

وَزَرَ يَزِرُ وِزْرًا ووَزْرًا الشيءَ: حَمَلَه 承担，负担

وَزَرَ ـِ وِزَارَةً للمَلِكِ: صار وَزِيرًا له 做大臣，当宰相

وَازَرَه وآزَرَه: عَاوَنَه 帮助，援助，支持

تَوَزَّرَ: صار وَزِيرًا 成为大臣，成了部长

اِتَّزَرَ بكذا: لَبِسَه 穿(衣)

ـ: لَبِسَ الوِزْرَةَ 围腰布，穿围裙

ـ: رَكِبَ إِثْمًا 犯罪

اِسْتَوْزَرَ فلانًا: اِتَّخَذَه وَزِيرًا 任命他为大臣，指定他为部长，委任他为部长

وِزْر جـ أَوْزَار: إِثْم 罪，罪恶

ـ: حِمْلٌ ثَقِيل 重担

وَضَعَتِ الحَرْبُ أَوْزَارَهَا (战争放下了自己的重担)停战，战争结束

وِزْرَة جـ وِزْرَات ووِزِرات ووِزَرَات: غِطَاء الحَقْوَيْنِ 腰布，围裙

وِزْرَة الحائط (مـ): إِزار 墙脚板

وِزَارة ووَزَارة جـ وِزَارَات: جُمْلَةُ الوُزَرَاءِ 内阁；部

ـ: رُتْبَةُ الوَزِير ووِلايَتُه 大臣的职位，部长的职位

وِزَارَةُ الأَشْغَالِ / ـ الأَشْغَالِ العُمُومِيَّة 公共工程部

ـ الأَوْقَافِ 永久管业部(归法人所有，不能变卖的土地等叫永久管业 mortmain)，(伊斯兰国家的)宗教基金部

ـ التَّمْوِين 供应部(粮食部)

ـ الدفاع الوَطَنِيّ 国防部

ـ العَدْلِ / ـ الحَقَّانِيَّة 司法部

ـ الخَارِجِيَّة 外交部

ـ الخَارجيَّة الأَمْريكيَّة (美国)国务院

ـ الدَاخِلِيَّة 内务部，内政部

ـ الزِراعَة 农业部

ـ الشُؤُون الاِجْتِماعيَّة 社会事务部

ـ المَاليَّة 财政部

ـ التَرْبِيَة والتَعْلِيم / ـ المَعَارِف 教育部

ـ سِكَّة الحَدِيدِ 铁道部

ـ المُوَاصَلاَت 交通部

ـ الاِسْتِعْلاَمَات 情报部

ـ البَحْرِيَّة 海军部

ـ الحَرْبِيَّة 军政部

ـ الأَمْنِ العَامّ 公安部

ـ التِجارَة 商业部

ـ التِجارَة الخارِجيَّة 对外贸易部

ـ الخِدْمَة لِلمُدُن 城市服务部

ـ الصِناعَة الخَفِيفَة (الثَقِيلَة) 轻(重)工业部

ـ الصِناعَة المِيكَانِيكيَّة 机械工业部

ـ صناعة الغَزْلِ والنَسْج 纺织工业部

ـ صِناعة النَفْطِ 石油工业部

ـ الجِيُولُوجِيَا 地质部

ـ صِناعَة الطَاقَة الكَهْرَبَائِيَّة 电力工业部

ـ الثَقافَة 文化部

ـ البَرِيد والبَرْقِيَّة 邮电部

ـ العَمَل 劳动部

ـ الصِحَّة 卫生部

ـ هَنْدَسَة الرَيِّ 水利部

وكيل وِزارَة الدَاخِلِيَّة 内务部副部长

وِزَارِيّ 部的，内阁的

وَزِير جـ وُزَرَاء وأَوْزَار 部长，大臣，阁员

ـ الخَارِجيَّة 外交部长，外交大臣，(美)国务卿

ـ المَالِيَّة 财政部长，财政大臣

ـ دَوْلَة: بلا وِزَارةٍ مُعَيَّنةٍ 不管部大臣，国务部长

ـ مُفَوَّض 公使

ـ الشِطْرَنْج: فِرْزَان (国际象棋的)棋后，女王

ـ السُلْطَانِ (伊斯兰教国家的)大臣

ـ الدِفاعِ 国防部长

ـ بلا وِزَارة 不管部部长，不管部大臣

الـ الأَعْظَمُ أو الأَوَّلُ (土耳其帝国的)首相，宰相

مُساعِدُ الـ / مُعَاوِنه 部长助理

رَئِيس الوُزَرَاء 首相，总理，内阁总理，部长会议主席

وكيلُ رئيسِ الوُزَرَاء 副总理，副首相，部长会议副主席

مَجْلِس الوُزَرَاء 内阁，内阁会议，部长会议

رَئِيس مَجْلِس الوُزَرَاء 国务院总理；部长会议主席

وَزِيرِيّ 部长的

وَزَّ عليه (مـ): وَزَعَ به 挑拨，教唆，煽动，怂恿

وَزّ جـ وَزَّات الواحدة وَزَّة: إِوَزّ 鹅

ـ عِرَاقِيّ: تَمّ 天鹅，鹄

ـ بَرِّيّ 雁，大雁

فَرْخُ الإِوَزِّ 小鹅，雏鹅

وَزَعَ يَزَعُ ويَزِعُ وَزْعًا فلانًا وبه ووزَّ عليه (مـ) 煽动，挑拨，教唆，怂恿

ـ ه: مَنَعَه وكَفَّه 制止，阻止，抑制

وَزَّعَ المالَ عليهم: قسَّمه وفرَّقه 分配，分给，配给，分发

ـ ه (مـ): هرَّبه 让(他)逸去，让逃走

تَوَزَّعَ: تفرَّقَ 被分给，被配给

وزع	1363	وزن

تَوْزيع: تَفْريق	分配，分派，配给，分发	
‐ الجَوائِز	发奖，分发奖品	
سُوءُ الـ ‐	分配不当，分配得不好	
وازِع ج وَزَعة ووُزّاع: زاجِر	抑制，节制，拘束，束缚	
دُونَ ‐: دُونَ رادِع	公然	
بِلا ‐: بِلا رادِع	毫无顾忌地	
‐: مَنْ يُدَبِّر أمورَ الجيش	将领	
‐: كَلْبُ الراعي	牧羊犬	
الوَزَعة: أعْوانُ المَلِك وشُرَطُه	近卫军	
وَزيعة ج وَزائِع (م): حِصَّة	份儿，股份，份额	
أوْزاع: جَماعات (ولا واحد لها)	人群，群众	
وَزَغَة ج وَزَغ وووْزاغ وأوْزاغ ووِزْغان وإزْغان: سامّ أبْرَص / بَرَص (م) / أبو بُرَيْص (م)		
[动] 守宫，壁虎		
[植] 金雀花	وَزَل (م) / وَزّال: رَتَم / قُنْدول	
秤东西	وَزَنَ يَزِنُ وَزْنًا وزِنَةَ الشيءَ	
结账，结清账目	‐ الحِسابَ وغيرَه	
节奏	‐ الشِعْرَ: قَطَّعه أو نَظَّمه موافِقًا للميزان	
分析		
用铅锤检查墙是否垂直	‐ الحائِطَ والبِناءَ	
称东西…	‐ له الشيءَ: أعطاه له بالوَزْن	
从各方面考虑	‐ المَسْألةَ بمختلِف المَوازين	
(衡量) 问题		
稳健，沉稳，沉着，沉达	وَزُنَ يَوْزُنُ وَزانةَ الرجلُ: كان راجِحَ الرأي	
沉重，沉甸甸	‐ الشيءُ: ثَقُلَ	
使平均，使平衡，使均衡	وازَنَ الشيءَ: ساواهُ في الوَزْن	
比较；对照	‐ بين الشَيْئَيْن: نَظَرَ أيُّهما أوْزَن	
平均；平衡，相等	تَوازَنَ: تَعادَلَ في الوَزْن	
保持平衡，成为平衡；成为稳重的，	اِتَّزَنَ	

稳健的		
称东西	‐ الشيءَ: أخذَه بالوَزْن	
秤	وَزْن / زِنَة: تقدير الثِقْل	
重量，分量	‐ ج أوْزان / ‐: ثِقْل	
重要性	‐: أَهَمِّيَّة	
[物] 原子量	الـ الجَوْهَرِيّ / الـ الذَرِّيّ	
净重	الـ الصافي	
毛重	الـ القائم	
皮重	الـ المَطْروح	
[体] 重量级	الـ الثَقيل	
[体] 轻量级	الـ الخَفيف	
[体] 中量级	الـ المُتَوَسِّط	
[体] 轻重量级	‐ الديك	
[动] 最轻量级 (羽量级)	‐ الريشة	
[体] 次轻量级	‐ الوَرَقة	
结账，清账	‐ الحِساب	
韵律，节奏分析	‐ الشِعْر	
[语] 词形变化格式	‐ الكَلِمة (في الصَرْف)	
可称的， 有分量的	له ‐: يُوزَن (في الطَبيعة وغيرها)	
不可称的，无重量的	عَديم الـ: لا وَزْنَ له	
斟酌，估量到	أَقامَ لَهُ وَزْنًا	
给以某种评价，予以某种估计	أَقامَ له وَزْنًا ما	
砝码	وَزْنة ج وَزَنات: ما تَزِن به / سِنْجَة (م)	
泰伦 (talent 古希腊货币)	‐: عُمْلة قَديمة	
平衡，均衡	تَوازُن / اِتِّزان: مُوازَنة	
镇定，泰然	‐ العَقْل	
(国际) 势力均衡	‐ القُوَى (الدَوْلِيَّة)	
政治均势	‐ السِياسيّ	
[物] 静力学	عِلْمُ ‐ القُوَى: عِلْمُ السُكون	
[物] 流体静力学	عِلْمُ ‐ المَوائِع (السَوائِل)	

مُوازَنَة: تَوازُن 平衡，均衡

ـ 比较，对照

وِزَانُ الشيءِ: يُعادِله في الوَزْن 同重的

ـ كذا: على وَزْنه أي قَافِيَتِه 同韵的

وَازِن: كَامِل الوَزْن 足秤的

ـ: الذي يَزِن 秤；掌秤员，检衡员

ـ: سَكْرَان 醉汉；酩酊的，喝醉了的

ـ: وَزِين 沉重的，有分量的

وَزِينُ الرَأْيِ: رَزِينُه وأَصِيلُه 沉着的，稳健的

ـ 重的，有分量的

ـ الخُطَى 稳健的，严肃的

مَوْزُون / مُتَوازِن 平衡的，均衡的

ـ: وُزِنَ 被称过的，被估量过的

ـ: مَنْظُوم 押韵的

ـ (مـ): سَكْرَان 喝醉了的，醉醺醺的

كلامٌ ـ (مـ) 审慎的、慎重的、细想过的(话)

ـ (مـ): وَزِينُ الرَأْيِ 稳健的，沉着的

وَزَّان: قَبَّان 司秤，掌秤员，过磅员，检衡员

مُوازِن: مُعَادِل لكذا 同等的，相等的，等值的

ـ: ضَابِطُ المُوازَنَةِ [物]平衡器

مُتَّزِن 平衡的；稳健的，稳重的

سارَ بخُطًى ـ ة 稳步前进

مِيزَان: عَدْل 公道，公平

ـ جـ مَوَازِينُ: آلةُ الوَزْن 秤，天平，衡器

ـ رُوبَرْفَال (إفْرَنْكِيّ) Roberval's balance 天平，洋秤

ـ طَبْلِيَّة (مـ) 台秤，磅秤

ـ الثِقْلِ النَوْعِيّ [物]比重计，密度计

ـ ثِقْلِ الهواءِ 气压计

ـ الحَائِط / ـ البِنَاء 铅垂线

ـ حَرارَةٍ: مِحَرّ 温度计

ـ النَظْم: مِقْيَاس 韵律

ـ (في عِلْمِ الحِساب) [数]公式

ـ البُخَار 蒸汽计

ـ ضَغْطِ البُخَار 气压计

ـ القَبَّان 秤，提秤

ـ المَاءِ: شَاقُول [物]水准仪

ـ اللَبَن (لمَعْرِفَة كَثَافَتِه) 乳汁密度计

ـ النُقُود (كالمُسْتَعْمَل في المَصارِف) (称银钱的)戥子

الـ التِجارِيّ 差额，余额，尾数

بُرْج الـ [天]天秤座，天秤宫

مِيزَانِيَّة جـ مِيزَانِيَّات (مـ) (في الحِسابِ التِجارِيّ) 差额账，贷借对照表

ـ مَالِيَّة (مـ) (خُصُوصًا الحكومِيَّة) 预算

أَبْوَاب الـ 预算项目

ـ (مـ): اتِّزَان 平衡，均衡

وَزَى يَزِي وَزْيًا الشيءُ: تَقَبَّضَ 收缩，缩拢

وَازَاه: قَابَلَه وحَاذَاه 平行，并行，并列

ـ ه: سَاوَاه 相等

ـ ه 符合，适合

تَوازَى الشَيْئَانِ 互相平行，相对

تَوازٍ / مُوَازَاة 平行，并行

التَوْصِيل على التَوازِي [电]并联(电路)

تَوازِي القُوَى [物]力之平行四边形

مُوَازٍ / مُتَوَازٍ 平行的，并列的；[电]并联的

مُتَوازِي الأَضْلاَع 平行四边形

ـ السُطُوح 平行六面体

ـ المغنطسيَّة 顺磁的

المُتَوازِيَان [体]双杠

المُسْتَقِيمَان الـ / خَطَّان متوازِيان / خُطُوط مُتَوازِيَة 平行线

وَسِخَ يَوْسَخُ ويَاسَخُ ويَيْسَخُ وَسَخًا واتَّسَخَ وتَوَسَّخَ

واسْتَوْسَخَ الشيءُ: صار وَسِخًا 成为肮脏的、龌龊的、污秽的、不干净的

وَسَّخَ وأَوْسَخَ الشيءَ: جعله وَسِخًا 弄污，弄脏，染污

ـ اسْمَهُ 玷污，败坏，毁损(名誉)

وَسَخ جـ أَوْسَاخ: أيُّ شيءٍ قَذِر 脏物，污秽，垢泥

ـ (مـ) / وَسَاخة: قَذَارَة 污秽，龌龊，不洁

وَسِخ: قَذِر 肮脏的，龌龊的，污秽的，不洁的，不干净的

ـ / مُتَّسِخ: مُلَوَّث 被弄秽的，被玷污的

وَسَّدَه: وَضَعَ وِسَادَةً تَحْتَ رَأْسِهِ (在他头下)放枕头

ـ إليه الأمرَ: أسندَه إليه 委托，委任

تَوَسَّدَ وِسَادَةً: جعلَها تَحْتَ رَأْسِه 枕枕头，把头放在枕头上

ـ الثَّرَى 死，死亡

وَسَادَة ووِسَادَة ووُسَادَة السَّرِير جـ وَسَائِدُ ووَسَادَات ووِسَادَات ووُسَادَات: مِخَدَّة 枕头

وَسَاد ووِسَاد ووُسَاد المَقَاعِدِ جـ وُسُد: مُتَّكَأ / نُمْرُقَة 靠枕，椅垫，坐褥

وَسَطَ يَسِطُ وَسْطًا وسِطَةً القومَ أو المكانَ: كان في وَسَطِهم 在其中，在中间，在当中

وَسُطَ يَوْسُطُ وَسَاطَةً: صار شَرِيفًا وحَسِيبًا 变为高贵的

وَسَّطَه ووَسْطَنَه (مـ): جعله في الوَسَط 放在中间，搁在当中

ـ ه: جعلَه وَسِيطًا 选做中间人，选做调解人

تَوَسَّطَ المكانَ أو القومَ: جلَسَ في وَسَطِهم 坐在中间，坐在当中

ـ في عَمَلِه 在工作中行中道，采中庸之道

ـ بَيْنَهُمْ: قام وَسِيطًا ومُصْلِحًا 调解，调和，调停，仲裁

وَسَط / وَسْط: مُنْتَصَف 中部，中间，中央

ـ جـ أَوْسَاط: بَيْنَ بَيْنَ 中等的，普通的，第二流的，平平常常的

ـ: كَائِن بَيْنَ شَيْئَيْنِ 中部的，居间的

ـ: بِيئَة / مُحِيط 环境

ـ / وَسْط: قَلْب 中，正中，中央，中心，核心

ـ / ـ: خَصْر 腰，腰部

ـ و ـ الشِّتَاءِ 仲冬，冬至前后

ـ و ـ الصَّيْفِ 仲夏，夏至前后

ـ و ـ الطَّرِيقِ 中途，半路

ـ / وُسْطَانِيّ (مـ): مُتَوَسِّط 中间的，中等的，中部的

ـ [数]平均数

ـ هَنْدَسِيّ 等比中项(中数)，几何平均数

ـ حِسَابِيّ 算术中项，等差中项，算术均数

الـ المُنَاسِب (في الرِّيَاضَة) [数]比例中项

القِسْمَة ذاتُ الـ والطَّرَفَيْنِ [数]比例中项除法

حَجْم ـ 中型的，中等大的

في ـ كذا 在…当中，在…中间，在…中央

في ـ الخَطِّ 在线的当中、中部、中央

في ـ الظَّلَامِ 在黑暗中

في ـ اللَّيْلِ 在半夜，在午夜

في ـ المَدِينَةِ 在城市中央

في ـ نا (أو وَسَطِهم الخ) 在我们中间

حَلّ ـ 妥协，互让

سَبِيل ـ 中间路线

الـ الضارِب إلى اليَمِين 中间偏右

أَشْيَاءُ ـ 平常的事物，平凡的事物

وَسَاطَة ووِسَاطَة (بين مُتَخَاصِمَيْن) 调解，调停，仲裁

ـ: وَسِيلة 方法，手段，媒介，工具

ـ: شَفَاعَة 求情，说情，说项

تَوَسُّط: الوُجُود في الوَسَط 在中间，居中，居间

ـ: تَدَاخُل 调解，调停，和解，仲裁

وَاسِط: بَاب 门

وَاسِطَة ج وَسَائِطُ: وَسِيلَة 方法，手段，媒介

بـ ـ كذا 通过，用某种方法、手段

بهذه الـ 用这种方法

ـ: وَسِيط / شَفِيع 中间人，调解者，说情人

ـ: جَوْهَرَة في وَسَط القِلادَة وهي أَجْوَدُها 项圈上最大最好的珍珠

هو ـ عِقْدِهِمْ / هو ـ قِلادتِهم 他是他们中的中心人物

وَسِيط (بين متخاصمَيْن) 调解者，调停者，说和者，仲裁者

ـ: شَفِيع 求情者，说情者

ـ: سِمْسَار 经纪人，掮客，牙子

ـ بَيْنَ التَاجِر والمستَصْنِع والزَبُون 推销员，兜揽生意的

أَوْسَط ج أَوَاسِطُ م وُسْطَى ج وُسْط: مُتوسِّط 当中的，中央的，中间的，中部的

الشَرْقُ الـ 中东

العُصُور الوُسْطَى / القُرُون الوُسْطَى 中世纪

أَوَاسِط أَفْرِيقِيَا 中非，非洲中部

أَوَاسِط الشَهْر 月中，中旬

الوُسْطَى (من الأصابع) 中指

مُتَوَسِّط: في الوَسَط 当中的，中间的，中等的，中庸的

ـ: مُعَدَّل (في الحِساب) [数]平均数

ـ الحَرَارَة السَنَوِيّ / الـ الحَرَارِيّ السَنَوِيّ / الـ السَنَوِيّ (لدَرَجاتِ الحَرَارة) 年平均气温

ـ: مَرْكَزِيّ 中心的，中央的

ـ الحَجْم 中型的，中等大的

ـ العُمْر 中年的

ـ القَامَة 中等身材的

ـ النَوْع 中等的，普通的，第二流的，过得去的，不好不坏的

البَحْرُ الـ 地中海

الفَلاَّح الـ 中农

وَسُعَ يَوْسُعُ سَعَةً ووَسَاعَةً ووَسِعَ يَسَعُ ويَسِعُ سِعَةً وسَعَةً المكانُ: ضد ضَاقَ 成为宽广的、广阔的、开阔的

وَسِعَ يَسَعُ ويَسِعُ سَعَةً وسِعَةً الشيءَ 容，容纳

ـ: أَحَاطَ به 围绕，包括

ـ القومَ فَضْلُه: عَمَّهم 广施恩惠，博施济众

ـ: قَدِرَ على كذا 能，能够

يَسَعُنِي ... 我能够

لا يَسَعُكَ أن تَفْعَلَ كذا: لا تقدَر 你不能做

لا يَسَعُكَ أن تَفْعَلَ كذا: لا يَجُوز لك 你不该做，不可以做

لا يَسَعُنِي إلاّ أَنْ ... 我只得…，我不得不…

ما أَسَعُ هذا: لا أُطِيقه 我不能忍受

هذه الزُجاجَةُ تَسَعُ لِتْرَيْنِ 这个瓶子能容两公升

وَسَّع وأَوْسَعَ الشيءَ: ضدّ ضَيَّقه 放宽，扩大，扩张

ـ و ـ له مكانًا 给他让地位(位置)，腾地方

ـ و ـ الخَرْقَ في المَعْدن: خَوَّشَ (مـ) 用车刀扩大(口径)

ـ و ـ عليه: أَغْنَاه 使富足，使富裕

أَوْسَعَ: صار ذا سعَةٍ وغِنًى 变富，成为富翁

ـ النَفَقَةَ وتوسَّعَ فيها　增加开支，增加费用
ـ دَرْسًا　好好地研究
ـ شَرْحًا　详细地解释
ـ ه ضَرْبًا　痛打，痛殴
تَوَسَّعَ القومُ في المكان: تَفَسَّحُوا فيه　他们舒适地住在某处
ـ: ضد تضيّق　成为宽阔的
ـ في أَشْغَالِه　扩大营业，大展宏图
ـ في الكَلَامِ: أَسْهَبَ　细说，详述，畅谈，高谈阔论
اِتَّسَعَ واسْتَوْسَعَ: ضد ضاقَ　成为广阔的，成为宽大的
ـ: صارَ ذا سَعَةٍ　变富，变成富翁
ـ النهارُ: امتدَّ وطالَ　(春分后)白昼渐长
ـ الوقتُ　时间宽裕，来得及
ـ لِكَذَا　能容纳，容纳得下
اِسْتَوْسَعَ المكانَ: وجدَه واسِعًا　发现某地是广阔的、宽敞的
سَعَة / وُسْعَة: اِتِّسَاع　广阔，广大，宽敞
ـ / ـ: اِمْتداد　广狭，宽窄，长短
ـ / ـ: وَفْرَة　丰富，充足
ـ الصدْرِ　豁达，度量宽宏
ـ الاِطِّلَاعِ　渊博，博学，博洽
ـ　容量，容积
ـ كَهْرَبِيَّة　[电]电容
ـ: يَسَار　富裕，富足
ذُو ـٍ　富裕的，殷实的，家道富裕的
بـ ـٍ / عَنْ ـٍ　广泛地，充足地
أَنْفَقَ بـ ـ　大量花钱，大方地花钱
على الرَّحْبِ والسَعَةِ !　欢迎！
وُسْع / وِسْع / وَسْع: طَاقَة　能力
ـ حَرَارِيّ　[物]热容量
ـ كَهْرَبِيّ　[物]电容量
في ـِهِ أَنْ يَفْعَلَ كذا　他能…，能做到
لَيْسَ في ـِهِ أَنْ يَفْعَلَ كذا　他不能…，做不到
بَذَلَ ـَهُ　他尽力做，竭力做，努力做
وُسْعَةٌ من الوَقْتِ أو المَالِ　足够的，宽裕的(时间或钱财)
وَسَعٌ (م) / اِتِّسَاع: مكان واسع　宽阔的地方，辽阔的地方
اِتِّسَاع　广阔，广大，宽大
ـ　容积，容量
ـ / تَوَسُّع　扩展，扩大，展开
تَوَسُّعِيّ　扩张的
التَوَسُّعِيَّة　扩张主义
واسع / وسِيع: فَسِيح　宽的，广大的，宽广的，辽阔的
ـ الرَحْمَةِ أو العَدْلِ　慈悲的，公道的
ثَوْب ـ　宽大的衣服
حِذَاء ـ　宽鞋，大鞋
رَجُلٌ ـُ الحِيلَةِ　有策略的，富于机智的，富于智谋的，足智多谋的
سَهْلٌ ـ　广阔的平原，辽阔的原野
شارِعٌ (طريقٌ) ـ　大街，大马路
غُرْفَة ـة　宽敞的房间
مَوْسُوعَة عِلْمِيَّة جـ مَوْسُوعَات: دائرة مَعَارِف　百科全书
ـ لُغَوِيَّة　语言的宝库(辞典等)
هو ـ حَيَّة　他是一本活字典，他是一部活的百科全书
مُوسِع: غَنِيّ　富裕的，多财的，殷实的，财主，富翁
مُوَسِّعَةُ الحِذَاء　鞋楦头
ـ الكُفُوفِ　手套楦头

مُتَّسع: واسِع 宽的，宽广的，广阔的
مُتَّسَع: فُسْحَة (من الوَقْت وغيره) 充裕的时间，足够的时间
سَيَكُونُ لَدَيَّ ـ من الوَقْتِ لـ ... 我将有足够的时间去…
ـ: مَكان واسع 广阔的，宽敞的(地方)
وسَقَ يسِقُ وَسْقًا وأَوْسَقَ الشيءَ: حمَّله أو شحَنَه 装货，装载，装运
ـ أَكثَرَ من اللازم 装载过重
أَوْسَقَتِ النَخْلَةُ: كثُر حَمْلُها (椰枣)果实累累
اِتَّسَقَ الأمرُ (راجع نسق): اِنْتَظَمَ 事情安排好，被布置好，有条不紊
ـ القَمرُ: استوى وامتلأ (月亮)圆了
اِسْتَوْسَقَ الأمرُ: انتظم (事情)有条理
ـ له الأمرُ: أمكنه (事情)就绪，成为切实可行的
ـ له النَصْرُ 他获得了胜利
وَسْق جـ أَوْسَاق: حِمْل / حُمُولَة (مـ) 一担，一驮，一车(货物)
ـ المَرْكَبِ: شِحْنَة 船货，一船货
ـ جـ أَوْسَاق ووُسُوق: وِقْرُ النَخْلةِ (椰枣)一树的果实
مَوْسُوق 被装载的，装满货物的
مُتَّسِق: مُنْتَظِم 安排好的，布置好的，有条不紊的
وسْكي (أ) whisky: مُسْكِر معروف 威士忌酒
وسَلَ ـ وَسِيلَةً ووَسَّلَ وتَوَسَّلَ إلى اللهِ بِعَمَلٍ أو وَسِيلَةٍ: عَمِلَ عَمَلاً تَقرَّبَ به إليه 做善事以求真主的喜悦
تَوَسَّلَ إليه: تَوَصَّلَ إليه بِوُصْلَةٍ وسَبَبٍ 夤缘，攀附，走内线
ـ بـ 把…作为工具，使用…方法
تَوَسُّل جـ تَوَسُّلات 恳求，央求，请求，[宗]祈求
وَسِيلَة جـ وَسَائِلُ ووَسِيل ووُسُل: واسِطة 媒介，工具，方法
وَسَائِل النَقْل 运输工具
وَسَائِل المُواصَلات 交通工具
وَسَائِلُ مُضادَّة لِلدَبَّابَاتِ 反坦克工具
وَسَائِل الإِنْتَاج 生产工具；生产资料
وسَمَه يَسِمُ وَسْمًا وسِمَةً بعَلامَةٍ ثَابِتَة: جعل له عَلامَةً يُعْرَفُ بها 打烙印，加标志，作标记
تَوَسَّمَ الشيءَ: تَفرَّسَه 细查，细看
ـ الشيءَ: تَعَرَّفَه 看出，发觉，识别，认出
ـ وَجْهَه 审视容貌，端详面孔
ـ فِيهِ الخَيْرَ 窥出他的善良，指望他有出息，看见他有前程
اِتَّسَمَ 打上烙印，标有记号，附有标记
ـ بكذا 具有…特色，具有…特征
وَسْم: وَضْعُ العَلامَة 打烙印，作记号
ـ جـ وُسُوم / سِمَة: عَلامَة 烙印，记号
وَسْمَة: عَار 耻辱的痕迹
سِمَة جـ سِمَات: بَصْمَة 烙印，戳记，印记，刻印，盖印，记号，标志，痕迹
ـ 特征，特性
ـ الدُخُول 入口签证
وِسَام جـ أَوْسِمَة ووِسَامَات: نِيشَان (مـ) 奖章，徽章
ـ الاسْتِحْقَاق 勋章
ـ العَلَم الأَحْمَرِ 红旗勋章
حامِل الـ 勋章获得者
وَسَامَة: حُسْن 清秀，美丽，漂亮
وَسِيم جـ وُسَمَاء ووِسَام م وَسِيمَة جـ وَسِيمات ووِسَام: حَسَنُ الوَجْهِ 清秀的，美丽的，

漂亮的，标致的

مَوْسُوم 打印的，盖印的，有符号的，加标志的，圈点的

الـ بِخَتْم 盖有戳(印、章)的

مَوْسِم ج مَوَاسِمُ: سُوق دَوْرِيَّة 集市，庙会

ـ: أَوَان / فَصْل 时期，季节

ـ البَلَح 椰枣的季节

ـ الاِصْطِياف 避暑的时期

ـ الحَصَاد 收割季节

ـ الحَجّ 朝觐时期

ـ: عِيد كَبِير 节日

أَيَّام المَوَاسِمِ والأَعْيَادِ 假期和节日

مَوْسِمِيّ 季节性的

الرِيحُ الـ ة 季候风

مِيسَم ج مَيَاسِمُ: مِكْواةُ الوَسْمِ 烙铁

ـ: الجُزْءُ العُلْوِيّ من المُتَأَبِّر [植]柱头

ـ: أَثَرُ الوَسْمِ 标志，记号，烙印

وَسِنَ يَوْسَنُ وَسَنًا وسِنَةً: أَخَذَهُ النُعَاسُ 瞌睡，打盹儿

ـ: غُشِيَ عليه من انفساد الهَواءِ 晕厥，窒息，气闭

وَسَن / سِنَة: نَوْم 微睡，瞌睡，打盹儿

أَخَذَتْهُ سِنَةُ النَوْم 开始睡，打起盹儿来

وَسِن / وَسْنَان / مِيسَان م وَسِنَة ووَسْنَى ومِيسَان: نَعْسَان 想睡的，困倦的，瞌睡的，微睡的

وَسْوَسَ له وإليه: وَشْوَشَه 打耳喳，窃窃私语，说悄悄话

ـ له وإليه: حدَّثه بِشَرٍّ 唆使，嗾使，教唆

ـ في صُدُورِ النَاسِ 蛊惑，诱惑

ـ القُطْنُ (مـ): بَرْعَمَ (棉花)长蓓蕾，打骨朵

ـ وتَوَسْوَسَ (مـ): أَصابَتْه الوَسَاوِسُ 忧虑，担心，悬念

تَوَسْوَسَ (مـ): اِرْتَابَ 迟疑，顾疑，计较

وَسْوَاس / وَسْوَسَة 诱惑，教唆，蛊惑

ـ ج وَسَاوِس ووَسَاوِيسُ: فِكْر شِرِّير 邪念，恶意

ـ (مـ): شَكّ 疑心，怀疑，猜疑

ـ: مَالِيخُوليا (أ) melancholia [医]忧郁症，抑郁症

ـ: جُنُون في أمر واحد 单狂，偏狂

ـ القُطْنِ (مـ): بَرْعَم 棉花蓓蕾，棉花骨朵

الـ: الشَيْطَان 魔鬼，恶魔

وَسْوَسَة: هَسِيس 耳语，私语，悄悄话

ـ الحُلِيِّ: صَوْتُها (首饰的)叮当声，玎玲声

ـ (مـ): رِيبَة 疑心，怀疑，猜疑

مُوَسْوِس: مُصَاب بالمَالِيخُولِيَا 忧郁症患者，抑郁症病人

ـ: مَجْنُون في أمرٍ واحدٍ 单狂者，偏狂者

ـ: ظَنُون 多疑的，疑惧的，猜疑的，怀疑的，猜忌的

ـ: ركبتْه الشياطِينُ / مَمْسُوس 鬼迷心窍，中邪

ـ على ... (مـ): قَلِق 忧虑的，担心的，顾虑的

وَسَى يَسِي وَسْيًا وأَوْسَى رأسَه: حَلَقَه 剃头

وَاسَاه وآسَاه: عَاوَنَه 安慰，抚慰；帮助，相助，协助

مُوسًى ج مَوَاسٍ (راجع موس) 剃刀

وَسِيَّة (مـ): مَزْرَعَة عَظِيمَة 庄园

بَيْت الـ 庄园领主的邸宅

وَشْب ج أَوْشَاب 乌合之众

وَشَجَتْ تَشِجُ وَشْجًا وتَوَشَّجَتْ وتَوَاشَجَتْ الأَغْصَانُ: تَشَابَكَتْ (树枝)交叉丛生，

枝桠交错

وَشِيجة جـ وَشَائج 树根

هُمْ ـ القَوْمِ: دُخلاءُ فِيهم 他们是外邦人

وَشائجُ النَسَبِ 亲戚关系，血统关系

وَشَّحَه: أَلْبسَه الوُشَاحَ والوِشاحَ 饰以佩带，
授给饰带，给他带上绶带

تَوَشَّحَ واتَّشَحَ بكذا: لَبِسَه 戴上，佩戴，系上

ـ وـ بسَيْفٍ: تقلَّده 佩剑

وِشَاح ووُشَاح جـ وُشُح وأَوْشِحَة ووَشَائح: شِبْهُ
قِلادةٍ من نَسِيج عَرِيض 饰带，绶带，佩带

ـ / وِشَاحَة: سَيْف 剑

تَوْشِيح (مـ) / مُوَشَّح مُوسِيقِيّ جـ مُوَشَّحات (مـ)
[乐]序乐，序曲，前奏曲

ـ [诗]二重韵，女性韵

مُوَشَّح جـ مُوَشَّحَات 二重韵诗

وَشَرَ يَشِرُ وَشْرًا الخَشَبَ بالمِنْشَار: نَشَرَه 锯木

مَوْشُور جـ مَوَاشِيرُ: مَنْشُور [数]棱柱；[物]
棱镜，三棱镜

مَوْشُورِيّ 棱柱的，三棱镜的

مِيشَار: مِنْشار 锯

وَشَّتْ الأُذُنُ: طَنَّتْ 耳鸣

وَشَّشَ (مـ): تَكلَّم القَبِيح 说下流话，说淫猥
话，说猥亵话

وَشّ ووِش جـ وُشُوش (مـ): وَجْه أو صَفْحَة (انظر
وجه) 面，脸；页

ـ دِهَان: طَبَقَة طِلاءٍ (油漆的)层，次数

وَشّ الآذَان (مـ): هَوِيّ [医]耳鸣

تَوْشِيش (مـ): رَفَث 下流话，猥亵话，淫猥话

وَشَظَ يَشِظُ وَشْظًا الفَأْسَ: ضَيَّقَ خَرْقَها بخَشَبٍ
在斧孔内加楔，用木片塞紧斧柄

ـ العَظْمَ: كَسَرَ منه قِطْعَةً 敲下一块骨头

وَشِيظ / وَشِيظَة جـ وَشَائِظُ: إسفِين / سَفِين 楔，
尖劈，楔形物

وَشَعَ يَشَعُ وَشْعًا ووَشَّعَ الخَيْطَ: لَفَّه 捻(棉纱)

ـ الشيءَ: خَلَطَه 混合，搀合

ـ وَشْعًا ووُشُوعًا الجَبَلَ وفيه: صَعِدَه وعَلاه
爬山，登山

أَوْشَعَ الشَجَرُ: أَزْهَرَ 开花

وَشِيع: سِيَاج من الشَوْك ونحوه 树篱，篱笆

وَشِيعَة (النَسَّاج) جـ وَشِيع ووَشَائع: مَكُّوك 梭子

ـ: لَفِيفَة / بَكَرَة (مـ) 线轴，绕线筒

وَشَقَ يَشِقُ وَشْقًا اللحمَ: شَرَّحه وقدَّده 把牛肉切
成薄片晒干或燻干

ـ هُ بالرُمْح: طعَنَه 用矛刺，扎

وَشَق 山猫

وَشِيق ووَشِيقَة جـ وَشَائِقُ: بَسْطَرْمَهْ (مـ) 干粑，
牛肉干

وَشُكَ يَوْشُكُ وَشْكًا ووَشَاكَةً ووَشَّكَ الأمرُ: سَرُع
成为快的，成为迅速的

أَوْشَكَ أَنْ 快要…，将近…，行将…

وَشْك / وُشْك / وَشْكَان / وِشْكان / وُشْكَان:
سُرْعَة 快，迅速

على ـ ... 接近…，临近…，快要…

على ـ الظُهُورِ: عَتِيد 现成的，可以随时
供应的

وَشِيكُ الوُقُوعِ (أي الحُدُوث) 临头的，迫在
眉睫的，快要发生的，行将发生的

وَشِيكًا: عَمَّا قَرِيبٍ 很快就，不久将

عَادَ وَشِيكًا 他很快地回去(来)了

وَشَلَ يَشِلُ وَشْلاً ووَشَلانًا الماءُ: سال وقطر 水点
滴地流下

وَشَل جـ أَوْشَال 山上滴下的泉水

وَشَمَ يَشِمُ وَشْمًا ووَشَّمَ اليدَ: دقّ عليها (مـ) 刮
青，黥墨

وَشْم: دَقّ (م) (手上或身上刺的)剳青，黥墨

وَشْنَة / وِشْنَة: كَرَز أسْوَد جافّ (波)黑樱桃干

وَشْنطن / وَاشِنْطُن Washington 华盛顿

وَشْوَشَ فُلانًا: هَمَسَ إليه الكلامَ 耳语，打耳喳，窃窃私语

تَوَشْوَشُوا عليه: تَهامَسُوا 私下谈论某人，背谈某人

وَشَى يَشِي وَشْيًا وشِيَةً ووَشَّى الثوبَ: زَيَّنَه 装饰，彩饰(衣服)

ـ وـ الشيءَ: زَيَّنَه بالتطريز 刺绣，绣花

ـ وـ الكلامَ: كذب فيه 造谣，捏造，花言巧语

ـ يَشِي وَشْيًا ووِشَايَةً به إلى المَلِك: سَعَى به 中伤，毁谤，诬告，谗毁

ـ به: بَلَّغَ عنه 告发，密告

وَشْي / وِشَايَة: سِعَايَة 中伤，毁谤，诬告，谗毁

ـ / تَوْشِيَة: تزيين بالنُّقُوش 装饰，彩饰

ـ / ـ: تَزْيين بالتَطْرِيز 绣花，刺绣

ـ جـ وِشَاء (衣服上的)花样，花纹

وِشَايَة جـ وِشَايَات 密告，谗谤，诽谤

شِيَة جـ شِيَات: رُقْطَة 斑点

ـ: عَيْب 缺点，污点，瑕疵，缺陷

وَاشٍ جـ وُشَاة ووَاشُون: نَمّام 毁谤者，中伤者，诬告者

ـ: مُغْتَاب 背谈者

مُوَشًّى 刺绣的，被装饰的，被修饰的

وَصَبَ يَصِبُ وُصُوبًا: دَامَ وثَبَتَ 持久，不间断

وَصِبَ يَوْصَبُ وَصَبًا ووَصَّبَ وأَوْصَبَ وتَوَصَّبَ: مَرِضَ 生病，有病

وَصَب جـ أَوْصَاب: مَرَض دَائِم 痼疾，慢性病

وَاصِب: دائِم 经常的，持久的，不间断的

وَصِب جـ وَصَابَى ووِصَاب 有病的

وَصَدَ يَصِدُ وَصْدًا: ثَبَتَ 坚固，结实，稳定

ـ بالمكان: أقامَ 居住

ـ ووَصَّدَ الثوبَ: نَسَجَهُ 织布

أَوْصَدَ البابَ: أَغلَقَه 关门，锁门

ـ واسْتَوْصَدَ: اِتَّخَذَ وَصِيدَةً (用石料)修建羊圈

وَصِيد جـ وُصُد 门槛；天井，庭院；洞窟，洞穴

ـ ووَصِيدَة جـ وَصَائِدُ (用石块筑成的)羊圈

مُوصَد: مُغْلَق 关闭的，被关的，闭上的

وِصْر /وَصِيرَة / أَوْصَر: حُجَّة [法]地契

ـ جـ أَوَاصِر: عَهْد 合同，契约

أَوَاصِرُ الصَدَاقَة 友好关系

وَصَفَ يَصِفُ وَصْفًا وصِفَةً الشيءَ: نَعَتَه بما فيه 记述，叙述，评述，描写，描绘，形容

فَرَح لا يُوصَف 难以形容的欢乐

ـ وَصْفَةً الطَبِيبُ للمَرِيض: كتبها له 开药方

اِتَّصَفَ بكذا 具有某种性质，具有某种特性

اِسْتَوْصَفَ الطبيبَ: استشاره 请(医生)看病，请求开药方

صِفَة جـ صِفَات: ما يَقُوم بالمَوْصُوف 属性，性质，品质，特质

ـ: ما يُعْرَف به المَوْصُوفُ 记述，叙述，描写

ـ: نَعْت (في النحو) [语]形容词

ـ خُصُوصِيّة / ـ مُمَيِّزة 特质，特性，特色，特征

ـ ذاتِيَّة 本质，本性

ـ مُؤَهِّلَة 资格

بِـ ـ كذا 以…资格，以…身份

بِـ ـ هِ سِكْرِتيرًا عامًّا لـ ... 以秘书长的资

格(身份)
بـ ـ سِرِّيَّةٍ 秘密地
بـ ـ وَقْتِيَّةٍ 临时地，暂时地
بـ ـ دَوْرِيَّةٍ 定期地，周期地
بـ ـ خَاصَّةٍ 特别地
بـ ـ رَسْمِيَّةٍ 正式地
بـ ـ غَيْرِ رسميَّةٍ 非正式地
وَصْفُ الشيءِ: ذِكْرُ صِفَاتِهِ 叙述，描写，形容，说明
ـ جـ أَوْصَاف: صِفَة 性质，特质，特征
ـ: تَصْوِير / شَرْح 叙述，描绘，阐明
نَحْنُ في غِنًى عن ـ ـهِ 我们不需对此加以说明
لا يُمْكِنُ ـ ـُهُ: لا يُوصَف 难以形容的，难以说出的
يَفُوقُ الـ 难以尽述
وَصْفِيّ 记述的，叙述的，叙事的
تَحْلِيل ـ [化]定性分析
وَصْفَة جـ وَصَفَات: ما يَصِفُه الطبيبُ 药方，处方
ـ مكْتُوبَة: نُسْخَة (مـ) / وَصَاة 验方，经验方
مُوَاصَفَة جـ مُوَاصَفَات (مـ): وَصْف تَفْصِيلِيّ 规格，清单，说明书
ـ هَنْدَسِيَّة (مـ) 工程说明书
وَصِيف جـ وُصَفَاء: غُلَام 青年，小伙子
ـ: خَادِم خُصُوصِيّ 小侍者，小听差，小仆役
وَصِيفَة جـ وَصَائِفُ: فَتَاة / جَارِيَة 婢，侍女，女仆
ـ المَلِكَةِ والأَمِيرةِ 宫女，宫娥
مَوْصُوف: مَذْكُورَة أَوْصَافُه 被叙述的，被描写的，被形容的
الإِسْم الـ [语]被形容的名词

ـ: مَذْكُور كَوَصْفَةٍ 所开列的，所规定的
مُسْتَوْصَف طِبِّيّ جـ مُسْتَوْصَفَات 药房；诊所，诊疗所
وَصَلَ يَصِلُ وُصُولاً ووُصْلَةً وصِلَةً المكانَ وإليه: بَلَغَه 抵，到，到达(某地)
ـ إلى بَيْتِه 到家
ـ إلى المِقْدَارِ الفُلانِيّ 达到某种程度
ـ إلى عِلْمِه 获悉，得知
ـ إلى الحُكْمِ 获得政权，上台执政
ـ الشيءُ: أَتَى / وَرَدَ 来，来到
ـ ـِ وَصْلاً وصِلَةً فلانًا بكذا: بَرَّه وأعطاه 赠给，赠送
ـ ـِ وَصْلاً وصِلَةً ووَصَّلَ الشيءَ بالشيءِ: رَبَطَه به 接合，联结，联系
ـ ه وـ ه: ضَمَّه / جَمَعَه 联合
ـ ه الشيءُ: استلمه 收到，接，接到
ـ ه الخَبَرُ: بَلَغَه / نُمِيَ إليه 获悉，得知，得到消息
ـ نِي خِطَابُكَ 接读来函，来信已收到
ـ الليلَ بِالنَّهارِ 夜以继日地，整天整夜，黑天白日
كُلُّ مَا ـ ـتْ إليه يَدُهُ ... 凡是他能抓到的东西
وَصَّلَ وأَوْصَلَ فلانًا إلى ...: أدَّى إلى ... 送到，导致
ـ ه وـ ه إلى ...: نَقَلَه 传达，传递
ـ وـ الحَرَارَةَ أو الكَهْرَبَاءَ (في عِلْمِ الطَّبِيعَةِ) [物]传(热、电等)
ـ ه وـ ه: رَافَقَه 陪伴，伴送，陪行，护送
ـ ه وـ ه: أَرْشَدَه وقَادَه 指导，引导
ـ وـ الشيءَ إلى ... 把…送到，把…交付
وَاصَلَه: ضد هَجَرَه وصَارَمَه 与…保持紧密

关系

ـ الحَبِيبُ حَبِيبَه 和爱人联系、来往

ـ العَمَلَ وفيه: دَاوَمَ أو وَاظَبَ عليه 继续，不断，连续(工作)

ـ ليلَه بنَهاره 夜以继日地，整天整夜地，黑天白日地

ـ الجَيْشُ التَقدُّمَ 部队继续前进

تَوَصَّلَ إلى كذا: بلَغَه وانتهى إليه 达到，达成，获致…结果

تَوَاصَلَ الرجلانِ: ضد تَهاجَرَا 相互联系，相互来往

اِتَّصَلَ بالشيء: ارتبط 连接，联系，接合

ـ به الخَبَرُ: عَلِمَه 他得此消息

ـ به: كان مُلاَصِقًا له 毗邻，邻接，紧挨，紧靠

ـ بفلان 与…接触，和(某人)联系

ـ به: اجتمع به 会面，会晤

ـ العَمَلُ: استدام (工作)继续，不间断

ـ تِ النارُ بـ ... 火延烧到…

ـ إلى ...: بَلَغَ وانتَهَى 到达，抵达

ـ إلى العائلةِ الفُلانِيَّة: انتسب 属于某个家庭，是某个家庭的亲戚

صِلَة جـ صِلاَت: عَلاَقَة / اِرْتباط 联系，关系

ـ: رابِطة 契约，盟约

ـ: عَطِيَّة / مِنْحَة 赠品，礼物；赐金，补助金

ـ قَرابَةٍ 亲戚关系，血统关系

ـ الاتِّصال 联合环节

ـ 环节

للبَحْثِ ـ 未完，待续

لا يَمُتُّ إليه بـ ـ 他与这个毫不相干，彼此是风马牛不相及的

وَصْل: رَبْط أو إلْحاق 连接，联系，关联(及物)

ـ: ارتباط 联系，接合，联结(不及物)

ـ (مـ): إقرار كتابِيّ بالاِسْتِلام 收据，收条

هَمْزَةُ الـ [语]连读的海木宰(与分读的海木宰 هَمْزَة القَطْع 相对)

هَمْزَة الـ 交通要冲，交通枢纽

قَوْسُ الـ أو الاتِّصال: رابِطة مُوسِيقِيَّة [乐]联结线

لَيْلَةُ الـ: آخِر لَيالِي القَمَرِ 晦(阴历每月末夜)

وَصْلَة جـ وَصَلاَت (مـ) 幕与幕间的休息；休息间的余兴或节目

وُصْل ووِصْل جـ أَوْصَال: عُضْو 肢体，手足；翼，翅膀

أَوْصَال: مَفَاصِل [解]关节

حَلَّ أَوْصَالَه 肢解

وُصْلَة: اِتِّصَال 连接，联结，联系，结合

ـ جـ وُصَل: حَلْقَة الاتِّصال 环，链环，[机]连杆，滑环

ـ 接合管，连接管

ـ الكلامِ: رَبْطَة [印]接字(印在前页末尾的次页的第一字)

ـ بَيْنَ كَلِمَتَيْنِ: علامةُ وَصْلٍ (ـ) 连字符，连字号

ـ ذاتُ الأَسْنَانِ (مـ) (في المِكَانِيكا) [机]爪形连接机(器)

ـ بِرْشَام (مـ) [机]铆钉接缝

ـ المِحْوَر المُتقطِّع الحَرَكَة (مـ) [机]圆锥形啮合子

ـ القُورَة في القُورَة (مـ) (في النِجَارة) [机]对接

ـ النُصّ على النُصّ (مـ) [机]余面铆钉接缝

وُصُول: مَجِيء / إتْيَان 来，到
ـ: بُلُوغ 到达，抵达
ـ: اِستلام 收，受，领到
ـ جـ وُصُولاَت (مـ): إقرار كتابيّ باستِلامِ أيِّ شيء 收条，收据
وُصُولِيّ: طالِبُ المَنْفَعَة الذاتيَّة 利己主义者，自私自利的人，追求地位的人
وِصَال: مُوَاصَلَة 交际，来往，联络，联系
مُوَاصَلَة: تَبادُل الاتِّصال 联系，联络，交际，往来
ـ: استمرار 继续，连续
ـ (مـ): نُقْطَةُ اتِّصالِ الطُرُقِ (路的)交叉点，接合点
مُوَاصَلات 交通；通讯
المُوَاصَلاَت الجَوِّيَّة 航空，空中交通
طُرُقُ المُوَاصَلاَت 交通工具
وِزَارَةُ المُوَاصَلاَت 交通部
اِتِّصَال: اِرتباط 连接，联系
ـ: اِستمرار / ضِدّ اِنْقِطاع 连续，继续
ـ: مُوَاصَلَة 联络，交际，往来
ضَابِطُ ـ 联络官
على ـ بكذا 和…有联系，和…有接触
قَوْس الـ: رَابِطَة مُوسِيقِيَّة [乐]连接线
ـ لاسِلْكِيّ 无线电联络，无线电通讯
صِلَة الـ / حَلْقَة الـ 联络组，联环
إيصَال / تَوْصِيل: وَصْل 连接，联系
ـ / ـ 接通(电流)
ـ / ـ 送到
ـ / ـ: نَقْل 传达，传递，转达
ـ جـ إيصَالاَت (مـ): مُسْتَنَد / رَجْعَة 收据，收条，回执
ـ بمَبْلَغ ... 若干款额的收据

دَفْتَر الإيصَالاَت 收据本
جِهَازُ تَوْصِيلِ الحَرَكَة 传动装置
التَوْصِيل على التوَازِي [物]并联电路
التَوْصِيل على التَوالِي [物]串联电路
مِسْمَارُ تَوْصِيل (مـ) (في المِكَانِيكَا) [机]轴头销，杆头销
تَوْصِيلَة جـ تَوْصِيلاَت (مـ): أُجْرَةُ رُكُوب المَطِيَّة مرّة واحدة (骑牲口的)脚钱
ـ الصُنْدُوق (مـ) [机](联结杆的)连机柜，连机匣，联结器，联轴节
عُلْبَةُ الـ المَفرِقِيَّة (مـ) (في المِكانيكا) [机]示差箱，差动器箱
ـ 分线，支线，分管
إيصَالِيَّة / تَوْصِيلِيَّة [物]传导性，传导率
تَوَاصُل: تبادُل المُعَامَلَة 互相来往，交际，互相联系
وَاصِل: قادِم / آتٍ 来到的，到达的，前来的
ـ: الذي يُوصِل بَيْنَ شَيْئَيْن 连接物，结合物
ـ: رابِط 联系人
ـ (مـ): مُطْلَقًا / أبدًا 决不，永远不，完全不
وَصِيل الرجُلِ: صديقُه الذي لا يُفارِقه 好朋友，同窗好友，形影相倚的朋友
وَصِيلَة جـ وَصَائِلُ: الأرض الواسعة البعيدة 辽阔的土地
ـ: كُبَّةُ الغَزْل 线球，线团
ـ جـ وَصِيل ووَصَائِلُ: ثَوْب مُخطَّط يَمَانِيّ 也门的条纹布
مَوْصُول: مُتَّصِل 被连接的，被联系的
الاِسْمُ الـ [语]连接名词
مُوَصِّل / مُوصِل إلى: مُؤَدٍّ 导致…的，通向…的
ـ / ـ: رابط 连接的，联系的，联络的
ـ / مَادَّة ـ ة / (في علم الطبيعة) [物]导体

ـ جَيِّد 良导体
ـ رَدِيء 非导体；不良导体
شِبْهُ ـ 半导体
مُتَّصِل / مُتَوَاصِل 连续的，不间断的，不停息的
ـ بكذا: مُجاوِر أو مُلاصِق له / بالقُرْب منه 邻近的，接近的，相连的
ضَمِير ـ [语]连接代名词
مُتَوَاصِل 连续的，不间断的，不停息的
وَصَمَه يَصِمُ وَصْمًا: عَابَه / شَانَه 羞辱，侮辱，使丢脸，使受辱
ـ العَظْمَ: كَسَرَه 折骨，挫伤
ـ بِعَارٍ أو بعَيْبٍ 诬蔑，责难
ـ ووَصَّمَ وتَوَصَّمَ: شَعَرَ بفُتُور وتَعَبٍ 微恙，有小病，不舒服
وَصْمَة / وَصْم جـ وُصُوم: عَار 侮辱，羞辱
ـ / تَوْصِيم الجِسْم 小病，不舒服
ـ: عَيْب 缺点，污点，毛病
وَصْوَصَ عَيْنَه: صَغَّرَها ليستثبتَ النَظَرَ 眯起眼来看
ـ: نظر من الوَصْوَاص 由小孔里窥视
وَصْوَص جـ وَصَاوِصُ / وَصْوَاص جـ وَصَاوِيصُ: ثَقْب على قَدْرِ العَيْنِ 窥孔，窥穴，孔隙
وَصْوَصَةُ العُيُون 由空隙窥探，偷瞧
وَصَى يَصِي وَصْيًا الشيءُ به: اِتَّصَلَ 相联系，相连接
وَصَّى وأَوْصَى فلانًا بكذا: عهِدَ إليه فيه 委托，托付，嘱咐，嘱托
ـ وـ بِعَمَل: طلَبَ صُنْعَه أو إحضارَه 定(货)，预订
ـ وـ بفلانٍ 介绍，推荐
ـ به خَيْرًا 嘱咐别人要好好地照顾他
ـ وـ بِمَالِه لكذا 遗嘱把遗产充做…之用
ـ وـ له بكذا: جعَلَه مِيراثًا له 把…遗赠给…
ـ وـ به: مَدَحَه 称赞，赞扬
ـ ه وـ ه بكذا: أَشَارَ به 忠告，劝告
تَوَاصَى القومُ 互相介绍，互相推荐
اِسْتَوْصَى بفلان خَيْرًا: قَبِلَ وَصِيَّةَ مَنْ وَصَّى به 依照介绍信或遗嘱而优待某人
وَصَاة جـ وَصًى (من طبيب): تَذْكِرَة طِبِّيَّة 药方
ـ 介绍，推荐
ـ 遗嘱，遗训
ـ 劝告，忠告
وَصَايَة / وِصَايَة: وِلاَيَة أَمْرِ التَرِكَة 遗产管理
ـ (وِلاَيَة) شَرْعِيَّة [法]保护，监护
تَحْتَ الـ [法]被保护人
مَجْلِس الـ 孤寡监护委员会
تَحْتَ وَصَايَةِ الأُمَمِ المُتَّحِدَةِ 受联合国托管
إِيصَاء / تَوْصِيَة: أَمْر 命令，训令
تَوْصِيَة: نُصْح 劝告，忠告
ـ بصُنْعِ شيءٍ أو إحْضَارِه 定(货)，预订
ـ بمِيرَاثٍ 遗赠
ـ 介绍，推荐
خِطَابُ ـ 介绍信，推荐书
مَصْنُوع بالـ (كالثَوْب والحِذاء الخ) 定做的
وَصِيّ جـ أَوْصِيَاء: مُنَفِّذُ الوَصِيَّةِ [法]指定遗嘱执行人
ـ: وَلِيُّ أَمْرٍ (شَرْعِيّ) [法]保护人，监护人
ـ: مُوَصٍّ / مُوصٍ 立遗嘱者
ـ المَلِكِ / ـ العَرْشِ 摄政者，摄政王
وَصِيَّة جـ وَصَايَا / وَصَايَة / وِصَايَة: أَمْر 命令，训令
ـ / ـ: نَصِيحَة 劝告，忠告，遗训
ـ الإنسانِ بما يتركه لوَرَثَتِه [法]遗嘱，遗言
تَرِكَة بلا ـ 没有遗嘱的财产

مات ولم يَكْتُبْ وَصِيَّتَهُ 没有写遗嘱就死了
جَرَحَ (أَبْطَلَ) الوَصِيَّةَ 推翻遗嘱，使遗嘱无效
الوَصَايا العَشَر [宗]十诫
المُوصِي / المُوَصِّي: الذي يُوصِي 介绍人，推荐人
ـ / ـ: صاحِبُ الوَصِيَّة 立遗嘱人
مُوصًى بهِ: مُوَرَّث بالوَصِيَّة 遗赠的动产
ـ بِهِ: مُشار به 被介绍者，被推荐者
ـ له وإليه [法]受遗赠人，遗产承受人
ـ عليه: مُسَجَّل / مُسَوْكَر (مـ) 登过记的，注过册的，挂过号的
وَضُؤَ يَوْضُؤُ وُضُوءاً ووَضَاءَةً الشيءُ: كان نَظِيفًا حَسَنًا 成为清洁的，鲜明的，爽朗的
وَضَّأَه بالماءِ: نَظَّفَه وغَسَّلَه 洗涤，洗涮，洗净
تَوَضَّأَ بالماء للصَلاةِ: اغتسل وتَنَظَّف [宗]小净
وَضَاءَة / وُضُوء: نَظَافَة 清洁，干净
وُضُوء / تَوَضُّؤ: الاغتسال قبلَ الصَلاةِ [宗]小净 (洗手到肘，洗脸，洗脚到踝，抹头)
وَضُوء: ماءٌ يُتَوَضَّأُ به 小净用水
وَضِيء جـ وِضَاء وأَوْضِياء / وَاضِئ جـ وَضَأَة / وَضَّاء جـ وَضَّاؤُون ووَضَاضِئ: نَظِيف حَسَن 清洁的，整洁的，洁白的，爽朗的，干净的
قَسِيم ـ 俊美的，漂亮的
مِيضَأَة / مِيضَاءَة: مِيضَه (مـ) 盥洗室
وَضَّبَه (مـ): رَتَّبَه 整理，安排，布置
ـ ه (مـ): أَعَدَّه / جَهَّزَه 准备，预备，筹备
ـ ه (مـ): وفّقه / أصلحه 调整，整顿
ـ وَرَقَ اللعْبِ (مـ) (ليغِشَّ به) 洗牌作弊
تَوَضَّبَ (مـ) 整顿好，调整好，准备就绪
ـ على الشُغْلِ (مـ) 学手艺

تَوْضِيب المَطْبَعَةِ (مـ): من أَدَوَات الطباعة 印刷厂的设备
وَضَحَ يَضِحُ ضَحَةً وضِحَةً ووُضُوحًا وتَوَضَّحَ واتَّضَحَ الأمرُ أو الكلامُ: بَانَ وانكشف 明显，明白，清楚
ـ وـ وـ: اِنْجَلَى 明了，清晰
وَضَّحَ وأَوْضَحَ الأمرَ: جعله واضِحًا 澄清，使明白，弄清楚
ـ ه وـ ه: فسَّره 解释，阐明，说明
ـ ه وـ ه: بيَّنه 指示，指出
ـ ه وـ ه: عبَّر عنه 表示，表白，表达，叙述
ـ بالفَانُوس السِحْرِيّ 用幻灯说明
اِسْتَوْضَحَ: طالَبَ الإيضاحَ 要求解释，请求说明
ـ عن الأمر: بَحَثَ عنه 探究，调查
وَضَح: ضَوْء 光，光线
ـ الصُبْح 晨光，曙光
في ـ النَهارِ 在光天化日之下
وُضُوح: اِتِّضَاح / جَلَاء 清楚，明白，明晰
ـ: ظُهُور 显现，露面
بـ ـ: بِجَلاءٍ 明显地，清楚地，明白地，明晰地
إيضَاح / تَوْضِيح: تفسِير 阐明，说明，解释
ـ / ـ: إظهار 表明，表示
إيضَاحِيّ 详解的，有说明的，有例证的
اِتِّضَاح: وُضُوح / ظُهُور 显现，露面
ـ: جَلَاء 清楚，明白，明晰
وَاضِح: جَلِيّ / صَرِيح 清楚的，明白的，明晰的
ـ: ظاهِر 表面的，显眼的，明显的，显然的
ـ بِذاتِه: لا يَحتاج إلى إيضاح 明明白白的，清清楚楚的，显而易见的

من الـ أَنَّ ... 显然…

غَيْرُ ـ 模糊的，不清楚的

وضَّاح 明亮的，辉耀的

مُتَّضِح: واضح 明白的，清楚的，明显的，显而易见的

مُوَضَّح 说明了的，阐述清楚的

كالـ بعاليه 如上所述的

وضر جـ أَوْضَار: قَذَارَة / وَساخة 垢泥，污秽

وضعه يضَعُ وَضْعًا وضِعةً وضَعَةً ووُضُوعًا: أَذَلَّه 贱视，侮辱，使丢脸，贬抑，降低(身份、地位等)

ـ نفْسَه: أذَلَّها 谦下，自卑

وَضَعَ ـَ وَضْعًا الكتابَ: أَلَّفَه 编写，编纂，著作

ـ الحَدِيثَ: افتراه 捏造，杜撰

وَضَعَ ـَ وَضْعًا ومَوْضَعًا ومَوْضِعًا ومَوْضُوعًا منه: حطّ من قَدْرِهِ 轻视，轻蔑，毁谤，减损(价值、名誉)

ـ الشيءَ في مَكان: حَطَّه 放，安置

ـ السِياسةَ في القِيادَة 政治挂帅

ـ الشيءَ من يَدِهِ: أَلْقاه 扔，掷，抛

ـ نُصْبَ عَيْنَيْهِ: تَذَكَّرَ 记住，铭记，不忘

ـ ثِقَتَهُ في فلانٍ 信任，信赖

ـ حَدًّا لِلأَمْرِ 结束，了结，停止，制止

ـ الأَساسَ أو المَشْرُوعَ 奠基，打基础；设计，制定计划

ـ خَتْمًا على ... 盖章，盖印

ـ يَدَه على ...: تملَّكَ 拿到，占有，占领

ـ على جَنْبٍ 搁开，暂搁；停止，抛弃，打消

ـ على حِدَةٍ 单独放，分别放

ـ الشيءَ في غَيْر مَوْضِعِه 放错地方

ـ تِ المرأةُ خِمارَها: رفعَتْه (妇女)除去面纱

ـ ه خارجَ القانُون 置于法律保护之外

ـ تِ الحَرْبُ أَوْزارَها 战争结束了

ـ الاتِّفاقَ مَوْضِعَ التَنْفِيذ 使协定发生效力

ـ ت وَضْعًا ووُضْعًا وتُضْعًا الحُبْلَى حَمْلَها: وَلَدَتْه 生产，分娩

وَضُعَ يَوْضُعُ وَضاعَةً وضَعَةً وضِعَةً: لَؤُمَ وكان في حَسَبه انحطاط وخسَّة 出身微贱

وَضِعَ يَوْضَعُ ووُضِعَ يُوضَعُ ضَعَةً وضِعَةً ووَضِيعَةً وأَوْضَعَ في تِجارَتِه: خَسِرَ 亏本，蚀本

أَوْضَعَ البَعِيرُ: أَسْرَعَ في سَيْرِهِ (驼)疾行

ـ البَعِيرَ: جعله يُسْرِعُ 鞭策骆驼疾行

وَضَّعَ اللِحافَ أو الجُبَّةَ: ضَرَّبَه (مـ) 絮棉被，絮棉衣

اِتَّضَعَ وتَواضَعَ: ضِدُّ تَكَبَّرَ 成为谦逊的，成为谦下的

تَواضَعُوا على أمر: اِتَّفَقُوا 取得协议，意见一致

وَضْع: حطّ 放，搁，放置

ـ 著作，编作

حَدِيثُ الـ 不久以前写成的

ـ جـ أَوْضاع / وِضْعَة: مَرْكَز 位置，地位

ـ / ـ: حالة الوَضْع 姿势，姿态

ـ: ظَرْف 情况，状况；环境；形势，局势

ـ: وِلادَة 生产，分娩

ـ اليدِ: تَمَلُّك 占有，占领，拿到

حَقّ التَمَلُّكِ بِوَضْعِ اليَدِ [法]时效(的取得)

ـ حَدٍّ لكذا 制止，限制

ـ الأَيْدِي (اصطلاح كنيسيّ) [宗]按手礼

الـ السِياسِيّ 政治形势

الوَضْعُ الدُوَلِيّ 国际形势

الأَوْضاع الاِجْتِماعِيَّة 社会形态

وَضْعِيّ 实用的

ـ 实在的，实证的

قَانُونٌ ـ [法]成文法
العُلُومُ الـ ة 应用科学
وَضْعِيَّة 形势，局势，情况
ـ الفَلاَّح 农民的地位，情况
ضَعَة / ضِعَة / وَضَاعَة: ذُلّ النَفْس 卑鄙，卑贱
تَوَاضُع / اِتِّضَاع: ضد تكبُّر 谦恭，谦让，谦逊，谦虚
واضع / واضِعَة (مـ): والِدَة 产妇
ـ: لا خِمَارَ عليها / سافِرة 除去面纱的（妇女）
واضع م واضعة 放置者，安置者
ـ الكِتَابِ وغيره 作者，著者
ـ اليَدِ 占有人，占有者，占领者
وَضِيع جـ وُضَعَاء: دَنِيء / حَقِير 下贱的，卑贱的，卑鄙的
الـ والرَفِيع 贵贱，上下，贵族和平民
من أَصْلٍ ـ 出身微贱的
وَضِيعَة جـ وَضَائع 税，赋税
ـ: وَدِيعة 寄存物
ـ: أَقْوَامٌ من الجُنْدِ يُوضَعون في كُورةٍ لا يغزون منها 驻军，守备队，警备队
ـ 谚语集，成语集
ـ: دَعِيّ 养子，义子
ـ 人质
مَوْضُوع: مَحْطُوط 被放置的，被安置的
ـ: مُخْتَلَق 杜撰的，捏造的，虚构的
ـ 规定的，确定的
ـ 由…著作的
ـ جـ مَوْضُوعَات ومَوَاضِيعُ: مَسْأَلَة 问题
ـ: مَدَارُ الكَلاَمِ 题目，论题，话题
ـ العِلْمِ أو الكِتَابِ 主题，题目，内容
ـ دَقِيق 细致的问题
ـ 事情的实质，本质
ـ 对象，客体，目标
في الـ / داخِلَ الـ 题内的，对题的
خارِج عن الـ 题外的，不对题的
مَوْضُوعِيّ 客观的
مَوْضُوعِيَّة 客观性，客观态度
مَوْضِع جـ مَوَاضِعُ: مَكَان / مَحَلّ 位置，地点，场合，地方
الـ الجُغْرَافِيّ 地理位置
في غَيْرِ مَوْضِعِهِ 碍事的，不适当的，不相称的，不得其所的
ـ آمالٍ 希望所在
ـ الجَدَلِ 争论的题目，争端
ـ الإِعْجابِ 令人钦佩的
لا يَعْرِفُون مَوَاضِعَ هذا الكلام 他们不知道什么时候说才恰当
مَوْضِعِيّ 地方的，局部的
وَضَم جـ أَوْضَام وأَوْضِمَة: خَشَبة الجَزَّار 俎，砧板，肉案，肉墩
وَطَأَ يَطَأُ وَطْأً ووَطَّأَ الشيءَ: سَهَّلَهُ ومَهَّدَه (为某事)准备，预备，布置，做好准备，铺平道路
ـ وـ الفِرَاشَ: هيَّأه 预备床铺，铺好床铺，整理卧榻
ـ ووَطَّى الموضعَ: جعله وَطِيئًا 压下，压低
ـ ه وـ ه: خَفَضَه 降低，减低
وَطِئَ يَطَأُ وَطْأً الطريقَ أو الأرضَ: مَشَى عليها 踩，踏，践踏，从上面走过
ـ ووَطَّأَ الشيءَ وتَوَطَّأَه برِجْلِه: دَاسَه 踩，踏，践踏
ـ عَتَبَةَ دَارِه 拜访，访问，登门拜访
ـ الفَرَسَ: رَكِبَهُ 乘(马)，骑(马)

ـ المرْأَةَ: جامَعَها 交合，性交
لم تَطأْهُ قَدَمٌ 未受践踏的，人迹未到的，没有人迹的
وَطُؤَ يَوْطُؤُ وَطَاءَةً ووُطُوءَةً المَوْضعُ: صار وَطِيئًا 成为平坦的
تَوطَّأَ 成为平坦的
ـ ه على الأمر: وافقه 同意
وَاطَأَ وتَوَاطَأَ الرجلَ على الأمر: وافقه عليه 赞成，同意
ـ المرْأَةَ 交媾，性交
تَوَاطَأَ القومُ على أمر: توافقُوا عليه 获得协议，意见一致
ـُوا على شَرٍّ 共谋，同谋，勾结，串骗
ـُوا على قَتْلِهِ 共谋杀人，串通杀人
وَطْء: دَوْس 踩，踏，践踏
ـ: جِمَاع 性交
ـ / وَطَاء: أرض مُنْخَفِضة 平地，平坦的地方
وَطْأَة: ضَغْط 压迫，压制
ـ الضَنْكِ 贫困的压迫
خَفِيفُ الـ 柔和的，温和的
شَدِيدُ الـ 残忍的，凶恶的
الحُمَّى الشديدةُ الـ 恶性疟疾
تَوْطِئَة / تَوْطِيَة: خَفْض 降低，减低
ـ: إعْداد / تَمْهِيد 准备，预备，筹备
ـ 普及，通俗化，大众化
ـ 序，绪言，引言
تَوَاطُؤ / مُوَاطَأَة 共谋，串骗，勾结
دَعْوَى بالـ (بَيْنَ المتخاصِمَيْنِ) 共谋的诉讼，串通的控告
وَاطِئ 劣等的，低级的(品种等)
وَطِيء / وَاطِئ: مُنْخَفِض 低的，矮的
مَوْطُوء: مَدُوس 被踩踏的

أَوْطَأُ من كذا 低于…
مَوْطِئ / مَوْطَأُ القَدَم جـ مَوَاطِئُ: مُرْتَكَزها 脚蹬，踏板
ـ 脚步，足迹
وَطْب جـ أَوْطُب ووِطَاب وأَوْطَاب جج أَوَاطِبُ:
قِرْبَة اللَّبَن أو الماء (装水或奶的)皮袋
وطد يَطِدُ وَطْدًا ووَطَّدَ الشيءَ: ثَبَّتَهُ 使固定，使稳定
ـ ه وـ ه: قَوَّاه 加强，增强，巩固
ـ وـ الأرضَ 打夯，砸地基
ـ وـ له: أَعَدَّ (为某事)作准备，铺平道路
ـ وـ ثِقَتَه فيه 深信，坚决相信，绝对信任
ـ وـ عَزْمَه على ... 决心，决意，下决心
ـ وـ سُلْطَتَه 加强职权，巩固权力
تَوَطَّدَ 巩固，增加，加强，巩固起来，确立起来
تَوْطِيد 巩固，加强，增强
ـ العَلاقَات الوُدِّيَّة 加强友好关系
ـ السِلْم أو السَلاَم 巩固和平
وَطِيد 固定的，坚定的，坚固的，巩固的，稳定的
وأَمَلِي ـ في أَنْ ... 我坚决希望
سِلْمٌ ـ 巩固的和平，持久的和平
أَوْطَاد: جِبَال 山岳
مِيطَدَة: مِنْدَالة (مـ) 夯(砸地基的工具，多为木制)
وطر جـ أَوْطَار: بُغْيَة / غَايَة 愿望，欲望，目的，目标
قَضَى منه وَطَرَه 到达目的，得遂所愿
وطسه يَطِسُ وَطْسًا: ضَرَبَه / طَسَّه (مـ) (用巴掌或其他扁平的东西)打，击，拍
تَوَاطَسَ المَوْجُ: تَلاطَمَ (波涛)澎湃

وَطِيس جـ أَوْطِسَة ووُطُس: تَنُّور 炉灶，火炉
ـ: مَعْرَكَة 战争，战斗，战役
حَمِيَ ـ الجِدال 辩论热烈，争吵得很激烈
حَمِيَ الـ: اشتدَّتِ المَعْرَكة 鏖战，战争激烈
مُباراة حامِيَة الـ 一场激烈的比赛
وَطَشَه يَطِشُ وَطْشًا: ضَرَبَه / لَطَشَه (مـ) 打，击，拍
وَطّ (أ) watt / وَطِّيَّة: وَحْدَةُ قِياسِ القُوَّةِ الكَهْرَبِيَّة [电]瓦，瓦特(电力的实用单位)
جَيْمس وَطّ (أ) watt (James): مُخْتَرِع المُحَرِّك البُخَارِيّ 詹姆斯瓦特(苏格兰发明家，蒸汽机的发明人 1736—1819)
مِقْيَاسٌ وَطِّيّ (لِقياس قُوّة التَيَّار الكَهْرَبِيّ) [电]瓦特计
مِقْيَاسٌ وَطِّيّ سَاعِيّ [电]瓦(特小)时计
وَطِفَ يَوْطَفُ وَطَفًا: كثُر شَعْرُ حاجِبَيْهِ وعَيْنَيْهِ 有浓眉和长睫毛
أَوْطَفُ م وَطْفَاءُ جـ وُطْف: ذو وَطَف 有浓眉和长睫毛的
وِطَاق جـ وِطَاقات: خَيْمَة 帐篷
وَطَنَ يَطِنُ وَطْنًا وأَوْطَنَ إيطانًا بالمكان: أَقَامَ به 居住
وَطَّنَ وأَوْطَنَ وتَوَطَّنَ واتَّطَنَ واسْتَوْطَنَ المكانَ: اِتَّخَذَه وَطَنًا 在某处安家，落户，定居
ـ نَفْسَه على الأمر وللأمر: هَيَّأَها لفعله وحَمَلَها عليه 培养(锻炼)自己做…，养成做…的习惯
ـ العَزِيمَةَ على كذا 他决定…
وَطَن جـ أَوْطَان 家乡，故乡，祖国，故国
حُبُّ الـ: وَطَنِيَّة 爱国，爱祖国
مُشَاعُ الوَطَنِ: يَعْتَبِر كلَ الدنيا وطنَه 世界主义者(与无产阶级国际主义者针锋相对)

فَاقِدُ ـ ه 战时流民
وَطَنِيّ: ابنُ البِلاد 本地人，本国人，土著
ـ: قَوْمِيّ / أَهْلِيّ 本国的，民族的
ـ: مُحِبُ لِوَطَنِه 爱国者，爱国主义者
العِيد الـ 国庆日，国庆节
المَجْلِس الـ 全国委员会
ـ: مُخْتَصّ بِحُبِّ الوَطَن 爱国的，爱国主义的
الـُ ون الإِصْلاَحِيُّون 改良主义的民族主义者
حُقُوق ـ ة 民族权利
حُكُومَةٌ ـ ة 国民内阁，国民政府，民族政府
لُغَةٌ ـ ة 国语，本国语，民族语言；土话
مَصْنُوعَاتٌ ـ ة 国货，国产品
نُعْرَةٌ ـ ة 沙文主义
الحَرَكَة الـ ة 民族运动
الوَطَنِيّة (القَوْمِيَّة) المُشْتَرَكة 共同的国籍
ـ: القَوْمِيّة 爱国心，国家主义，民族主义，民族性，国民性
اِسْتِيطَان 安家，落户，安居，定居
مَوْطِن جـ مَوَاطِن: مُقَام / مَقَرّ 寓所，住所；家乡，故乡，出生地，祖国
ـ الحَيَوَانِ والنَباتِ (动、植物的)产地，原产地，栖息地
ـ الفَحْمِ الحَجَرِيّ 产煤的地方
ـ الضَعْفِ 弱点
مُوَاطِن الإِنْسان: بَلَدِيُّه 同乡，同胞，同国人
مُسْتَوْطِن: مُقِيم 居民，本地人
ـ 地方的，本地的，土著的
مَرَضٌ ـ: خَاصّ بمكانٍ أو قَوْم 地方病
وَطْوَاط جـ وَطَاوِطُ ووَطَاوِيطُ: خُفَّاش 蝙蝠
وطى (في وطأ)

وَظَبَ يَظِبُ وُظُوبًا وواظَبَ الأمرَ أو عليه: داوَمَهُ 继续做，不断做，经常做

واظَبَ على عَمَلِه: ثابَرَ 勤奋，勤劳，勤勉，坚持工作，有恒

مُواظِب: مُثابِر 有恒的，坚持的，坚忍不拔的，勤勉的

ـ على الحُضُور 坚持出席者

وَظَّفَ الرجلَ: عيَّن له في كل يوم وَظِيفَةً 给他定口粮

ـ الرجلَ: ولاَّه مَنْصِبًا 任命，委任，任用(担任某职)

ـ المالَ (مـ): أثَّله / ثمَّره 投资

تَوَظَّفَ: تعيَّنَ 被委任，被任命，被任用(担任某职)

وَظِيف الحِصَان وأَمْثالِه جـ وُظُف وأَوْظِفَة (马的)胫骨

وَظِيفَة جـ وَظَائِفُ ووُظُف: جِرَاية 口粮，一天的粮食定量

ـ: راتِب 工资，薪水，薪金，薪俸；饷

ـ: خِدْمَة 服务，工作，事务，业务，职业

ـ: مَنْصِب 位置，职位，公职，官职

ـ العُضْوِ: عَمَلُه (器官的)功用，官能，机能

أَدَّى ـ َهُ 尽职责，起作用，生效果

عِلْمُ الوَظَائِفِ / عِلْمُ وَظَائِفِ الأَعْضاءِ: فِزِيُولُوجِيَا (أ) physiology 生理学

وَظَائِفِيّ: فِزِيُولُوجِيّ (أ) 生理学上的

مُوَظَّف: مُعَيَّن 被任命的，被委任的，被任用的

ـ: عامِل / مُسْتَخْدَم (مـ) 职员，雇员

نِقَابَة الـ ـِينَ 职员工会

ـ حُكُومَةٍ / ـ عُمُومِيّ 官员，公务员

وَعَبَ يَعِبُ وَعْبًا وأَوْعَبَ واسْتَوْعَبَ الشيءَ: أخذَه كلَّه 全部拿去

أَوْعَبَ الشيءَ في الشيءِ: أَدْخَلَه فيه 插入，放进，装入

اِسْتَوْعَبَ الشيءَ: اِسْتَأْصَلَه 铲除，根除，根绝，连根拔出

ـ الوِعَاءُ الشيءَ: وَسِعَه 容纳

ـ الدَّرْسَ 精通，掌握(功课)

ـ الحديثَ: فَهِمَه 领悟，理解，懂得

وَعِثَ يَوْعَثُ وَعْثًا ووَعَثًا ووَعُثَ يَوْعُثُ وُعُوثَةً الطريقُ: تعسَّر سُلُوكُه (道路)成为崎岖的，成为难行的

وَعْث / وَعِث / مُوَعَّث / أَوْعَثُ: عَسِير / شَاقّ 崎岖的，难行的(道路)

أَرْضٌ وَعْثَة 崎岖的地方，高低不平的地方

وَعْثاء: مَشَقَّة وتَعَب 困难，艰难，困苦，辛苦

ـ السَّفَرِ 旅行的辛苦

وَعَدَ يَعِدُ وَعْدًا وعِدَةً ومَوْعِدًا ومَوْعِدَةً ومَوْعُودًا ومَوْعُودَةً وأَوْعَدَ فلانًا كذا أو به 约，约定，订约，许诺，允许，应许

ـ تِ الأرضُ: رُجِيَ خَيْرُها (土地)有丰收的希望

ـ ه وَعِيدًا وأَوْعَدَه بشرٍّ وتَوَعَّدَه 恐吓，威吓，恫吓，吓唬

وَاعَدَه وتَوَاعَدَا: وعَدَ كُلٌّ منهما الآخَرَ 互相允诺，相互约定

ـ و ـ: اِتَّفَقَا على مَوْعِدٍ 双方约好时间

وَعْد جـ وُعُود / عِدَة جـ عِدَات / مَوْعِد / مَوْعِدَة 许诺，诺言，约言

ـ شَرَفٍ 誓言，拿名誉来担保的诺言

أَخْلَفَ بِوَعْدِهِ 违约，食言，失约，失信

تَوَعُّد / إِيعاد: تَهْدِيد 恐吓，威胁

وَاعِد: مُعْطِي الوَعْدِ 立约者，订约者，许诺者

ـ: مَرْجُوّ المُسْتَقبَلِ 有希望的，有前途的
مَوْعُود [法]受约人
وَعِيد / تَوَعُّد: ما تَتَهَدَّدُ به 恐吓的话，威胁
的话
وَعِيدِيّ / تَوَعُّدِيّ 威胁的，威胁性质的
مَوْعِد جـ مَوَاعِدُ: وَعْد / عَهْد 约，许约，约定，
约会
ـ / مِيعَاد جـ مَيَاعِيدُ / مُوَاعَدَة: اِتِّفاق على
مقابَلَة 约定，约会
ـ مَضْرُوب 确定的期限，规定的期限
أَرْضُ المَوْعِد / أَرْضُ المِيعَاد: أرض كَنْعَان [基
督]上帝许给亚伯拉罕的地方，即迦南
مِيعَاد جـ مَوَاعِيدُ: وَقْتٌ مُعَيَّن 约定的时间，期限
ـ المَرْأَة: حَيْض 月经，天癸，红潮
حَضَرَ في الـ 他按时出席、到场
وَصَلَ القِطارُ في ـ ه 火车准时到站
بَيان مَواعِيدِ قِطَارَاتِ سِكَّة الحديد 火车时刻
表，行车时刻表
مُحافِظ على المَواعِيدِ / مُراعِي المِيعادِ 严守时
间的
وعر يَعِرُ وَعْرًا ووُعُورًا ووَعِرَ يَوْعَرُ ويَعِرُ وَعَرًا ووَعُرَ
يَوْعُرُ وَعَارَةً ووُعُورَةً وتَوَعَّرَ الطريقُ: صَلُبَ
وصَعُبَ السَّيْرُ فيه (路)成为崎岖的，难行的
وَاعِر ووَعْر جـ أَوْعُر ووُعُور وأَوْعَار ووُعُورَة /
وَعِر جـ أَوْعَار / وَعِير جـ أَوْعَار / أَوْعَر: يصعُب
السيرُ فيه 崎岖不平的，难行的，不平坦
的(地方)
وَاعِر (م): مُخِيف 可怕的
وعز يَعِزُ وَعْزًا ووَعَّزَ وأَوْعَزَ إليه بكذا 提示，启
示，启发，开导，暗示，提醒，授意；
怂恿，煽动，策动，唆使，教唆
بِإِيعَازٍ منه 受某人煽动，唆使

إِيعَازِيّ 暗示的，讽指的
مُوعِز 授意者，暗示者，讽示者，唆使者
مُوعَز به 用以暗示的
مَقَالَةٌ ـ بها 御用文章，受某方面指使而
写的文章
وعس يَعِسُ وَعْسًا الدَهْرُ الرجُلَ: حَنَّكَه 锻炼，
磨炼，使练达
ـ الشيءَ: وَطِئَه 踩踏，践踏
وَعْس جـ أَوْعَاس / مِيعَاس جـ مَوَاعِيسُ: رَمْل
تَسُوخُ فيه الأَقْدامُ (陷脚的)流沙，浮沙
أَوْعَسُ م وَعْسَاءُ جـ وُعْس جج أَوَاعِسُ 沙地
وَعْسَاء 产蔬菜的沙地
وَعْسَاء / ـ الرمال 平坦的沙地
وعظه يَعِظُه وَعْظًا وعِظَةً: نَصَحَ له 劝告，忠告，
告诫，劝诫
ـ: أَلْقَى مَوْعِظَة 训诫，讲道，说教
اِتَّعَظَ: قَبِلَ النَصِيحَةَ 接受劝告，接受告诫
ـ بكذا 得到教训，以此为戒
وَعْظ 训诫，讲道，说教
الـ الإِمْلائيّ 人所共知的说教
عِظَة / مَوْعِظَة 训诫，诲言
عِظَة جـ عِظَات / مَوْعِظَة جـ مَوَاعِظُ / وَعْظَة جـ
وَعَظَات: ما يُتَّعَظُ به 教训，训诫，惩戒，
殷鉴
وَاعِظ جـ وَاعِظُونَ ووُعَّاظ: الذي يَعِظ 讲道者，
说教者，训诫者
وعق / وَعِق: شَرِسٌ 性急的，急躁的，易怒的
وعك يَعِكُ وَعْكًا ووَعْكَةً الحَرُّ: اشتدَّ مع سكون
الريح 闷热，酷热，炎热
ـ وتَوَعَّكَ: انحرفتْ صِحَّتُه 不适，不适意，
不爽快，不舒服
وَعْكَة / تَوَعُّكُ المِزَاج 病，微恙，不爽快，不

舒服

ـ: اِشتدادُ الحَرِّ مع سُكون الريح 闷热，酷热，炎热

وَعِك / مَوْعُوك / مُتَوَعِّك (مُتَوَعِّك الصِحَّة) 有小病的，不舒服的

وَعْل ووَعِل ووُعِل جـ أَوْعَال ووُعُول ووُعُل ووَعِلَة ومَوْعَلَة م وَعِلَة جـ وَعِلات ووِعَال: نوع من المَعْز الجَبَلِيّ 羱羊，北山羊

ـ هِنْدِيّ 印度羚羊

وَعَم ووَعِم يَعِمُ وَعْمًا الديارَ: حيَّاها 问候

عِمْ صَبَاحًا 早安！早上好！

ـ مَسَاءً 晚安！晚上好！

وَعْوَعَ الكلبُ: عَوَى (狗)吠，汪汪地叫

وَعْوَع جـ وَعَاوِع: اِبْن آوى 胡狼

وَعَى يَعِي وَعْيًا وأَوْعَى الشيءَ: حَوَاه 容纳，包含，包括

ـ وـ الحديثَ: قَبِلَه وحَفِظَه 领会，领悟，了解

ـ الكلامَ أو إليه (مـ): اِلتفتَ إليه 注意，留心

ـ الأمرَ (مـ): أَدْرَكَه 认知，认识，意识到

لا يَعِي شيئًا مُدَّةَ ٢٤ ساعةً 昼夜不省人事，24 小时内失去知觉

ـ الأمرَ (مـ): تذكَّره 记起，想起，回忆起

وعَّاه من كذا (مـ): حذَّره 警告，使提防

أَوْعَى واسْتَوْعَى الشيءَ: أَخذَه كلَّه 全部拿走

ـ الشيءَ: جعلَه في وِعَاءٍ 盛起来，装起来，放进容器

ـ ه وعليه: شَحَّ وبَخِلَ عليه 吝啬

تَوَعَّى منه (مـ): اِحترز منه 警觉，提防，留心

اِوْعَ! وأَعِ! وأُوعَ! (مـ): حَذَارِ! 注意！留心！

ـ منه (مـ): اِحْذَرْه 当心他！小心他！提防他！

وَعْي / إيعاء: اِحْتِوَاء 容纳，包含，包括

ـ (مـ): حَذَرٌ وانتباه 注意，留心，留神，警惕

ـ (مـ): إدراك / يَقَظَة 意识，知觉，自觉，自知，觉悟

ـ طَبَقِيّ 阶级意识，阶级觉悟

عَادَ إلى الـ 苏醒，恢复知觉

ـ الجِنْس 同类意识

أَعَادَ إليه ـ ه 使某人恢复知觉

غَائِب عن الـ 不省人事的，失去知觉的，昏迷不醒的

اللاـ 下意识，潜在意识

من غَيْرِ ـٍ / من دُونِ ـٍ / عن غَيْرِ ـٍ 不自觉地，不知不觉地，无意识地

لا وَعْيِيّ: مُدْرَك بلا وَعْيٍ 下意识的，潜意识的

الإدْرَاكُ بِلاَ وَعْيٍ 下意识，潜在意识

وَاعٍ (مـ): مُلْتَفِت أو حَرِيص 注意的，留心的，留意的

ـ (مـ): يَقِظ 警惕的，警觉的

ـ (مـ): مُدْرِك 意识的，知觉的，自觉的，自知的

وَاعِيَة 自觉，意识，自觉性

الـ الخَفِيَّة 下意识，潜在意识

وِعَاء ووُعَاء جـ أَوْعِيَة جج أَوَاعٍ: إنَاء 容器，器皿

ـ دَمَوِيّ [解]血管

وِعَائِيّ [解]脉管的，血管的

نَسِيج ـ [解]脉管组织

وَغْد جـ أَوْغَاد ووُغْدَان ووِغْدَان م وَغْدَة: أَحْمَق 愚笨的，愚蠢的

ـ: دَنِيء 下贱的，卑贱的，卑鄙的，下

流的

ـ: عَبْد 奴隶

ـ: خَادِم 仆人，家仆

وَغَرَ ووَغِرَ يَوْغَرُ ويَيْغَرُ وَغَرًا عليه صدرُه وتوَغَّرَ: تَوَقَّدَ غَيْظًا 发怒，发脾气，勃然大怒

ـ عليه صَدْرُهُ: حَقَدَ عليه 怀恨，怨恨

وَغَّرَ وأَوْغَرَ صَدْرَهُ على فلان 激怒，使愤怒；使怀恨，使怨恨

وَغْر / وَغَر: عَدَاوَة 仇恨，怨恨，遗恨

ـ / ـ: حِقْد / ضِغْن 黑心，恶毒，恶意，坏心肠

واغش (م): هَوَامّ 害虫，恶虫，寄生虫

وَغَلَ يَغِلُ وُغُولاً وأَوْغَلَ وتَوَغَّلَ في كذا: دخل فيه وتَوارَى به 渗入，渗透，深入，潜入，突入

ـ وَغْلاً ووُغُولاً ووَغَلانًا على القوم: أَتاهُمْ بلا دَعْوَةٍ 闯进，作不速之客

أَوْغَلَ في السَّيْرِ: أَسرع 快走，疾行

ـ وتَوَغَّلَ في البلاد: ذهَبَ وأبعد 深入某地

ـ في الكلام: بَالَغَ 吹牛，夸口，说大话

ـ ه في كذا: أدخلَه فيه 推进，扔进，插进

تَوَغَّلَ في كذا 埋头于(书本中)，专心致力于

ـ في الإِجْرَام 堕入罪恶中

ـ في الدُّيُون 债台高筑，深陷于债务中

وَغْل جـ أَوْغَال / وَاغِل: طُفَيْلِيّ 食客，不速之客

وَغْنَر (أ) Wagner: مُوسِيقِيّ أَلْمَانِيّ 瓦格纳(德国作曲家，1813—1883)

وَغًى / وَغْي: جَلَبَة 吵闹，喧嚣，叫喊

ـ / ـ: حَرْب 战争，战斗

سَاحَةُ الـ 战场，沙场，疆场

وفاء / وفاة (في وفي)

وَفَدَ يَفِدُ وَفْدًا ووُفُودًا ووِفَادَةً وإِفَادَةً إلى أو على الأَميرِ: قَدِمَ رَسُولاً (以使节的身份)到，来到

وَفَّدَ وأَوْفَدَ فلانًا إلى أو على الأمير: أَرسلَه 派遣某人(为使节)

ـ ه وـ ه: أرسله بصفةِ وكيلٍ أو مَنْدُوبٍ 派他为代表

تَوَافَدَ القومُ عليه: توارَدُوا 陆续来到

وَفْد / وُفُود / وِفَادَة: قدوم 来到，莅临

ـ جـ وُفُود: نُوَّاب مَبْعُوثُون 代表团，使节团

الـ المِصْرِيّ 华夫脱党(以埃及派往英国谈判的代表团为基础的党派)

وَفْدِيّ 华夫脱党的；华夫脱党人

أَحْسَنَ وِفَادَتَه 欢迎他，殷勤地款待他

شَكَرَ له حُسْنَ وِفَادَتِه 感谢某人殷勤款待

وَافِد جـ وَفْد ووُفُود ووُفَّاد ووُفَّد وأَوْفَاد: قادِم 来者，来人

ـ: رَسُول / مَبْعُوث 代表，使者

مَرَضٌ ـ: سِعْر دَاير (م) 流行病，传染病

أَمْرَاض وافِدة 瘟疫，流行病

الوَافِدة الإِسْبَانِيُولِيَّة / النَزْلَة الوافِدة 流行性感冒

وَفَرَ يَفِرُ وَفْرًا ووُفُورًا وفِرَةً ووَفُرَ يَوْفُرُ وَفَارَةً وتَوَافَرَ المالُ أو المَتاعُ: كَثُرَ (财物)增多，增长

ـ وـ وـ: كان وافِرًا 成为丰富的、富饶的、丰饶的、充足的

ـ عِرْضَ فلانٍ: صانَه ولم يشتُمه 保全他的名誉，顾全他的体面

ـ وَفْرًا وفِرَةً له الشيءَ ووَفَّرَ وأَوْفَرَ الشيءَ: كثَّره 使增加，使丰富，使富饶，使充足，使充分

وَفَّرَ شَعْرَه أو لِحْيَتَه 蓄发，留胡须

ـ له جميعَ الوَسَائِلِ 为他准备好一切条件

ـ المالَ: اِدَّخَرَه 攒，积聚，储蓄，贮存

ـ (مـ): اِقْتَصَدَ 省，节省，节约，节俭

لا يُوَفِّرُ جُهْدًا (مـ): لا يَأْلُو جُهْدًا 不遗余力

ـ عليه التَعَبَ (مـ) 使他免受麻烦

تَوَفَّرَ على كذا 专心从事，专心致志地做

ـ تْ فيه الشُرُوطُ 条件已然齐备，他具备了条件

ـ (مـ): لم يُنْفِقْ 节约，节省，俭省

تَوافَرَ: كان وافِرًا 成为富饶的，丰富的，充足的

وَفْر: غِنًى 丰富，富裕，富足

ـ (مـ) / تَوْفِير (مـ): اِقتصاد 节俭，节约

ـ (مـ) / ـ (مـ): ادِّخَار 储蓄，贮存

ـ جـ وفُورَات (مـ): المال المُقْتَصَد 储蓄金

وُفِتَ بالـ (مـ) 因节约开支而被解雇、免职

وَفْرَة: كَثْرَة 丰富，富裕，丰盛，富饶，充足

ـ جـ وِفار: ما سال من الشَعْر على الأُذُنَيْنِ 又密又长的头发

وَفارَة 丰富，富饶，富足

تَوْفِير: تَكْثِير 增加，增多

ـ (مـ): اِقْتِصَاد 节约，节俭，俭省

ـ: ادِّخار 贮存，储藏，储蓄

دَفْتَرُ الـ 存款折

صُنْدُوقُ الـ: صُنْدُوق الادِّخارِ 储蓄银行

تَوافُر 多，充足，丰富

وافِر / مُتَوافِر: كَثِير 丰富的，富饶的，充足的

ـ العَدَدِ 多数的，大量的，大批的

ـ المالِ 富足的，富裕的，有钱的

ـ 由 مُفَاعِلَنْ 组成的诗律

غيرُ مُتوافِر 不充足的

أَوْفَرُ: أَكْثَرُ 更多的，更富的，更充足的

ـ (مـ): أكثر اقتصادًا / أَقَلُّ نَفَقَةً 更经济的，更节省的

النَصِيبُ الـ 较大的份额

وَفِير 丰富的，充足的

مَوْفُور 丰富的，充足的，富裕的

مُوَفَّر: مُكَثَّر 增加的，增多的

ـ (مـ): مُقْتَصَد 被节约的，被节省的

اِسْتَوْفَزَ في قَعْدَتِهِ: قعد غيرَ مُطْمَئِنٍّ كأنَّه يتهيّأ للوثوب 不安于席

وَفْضَة جـ وِفَاض: وِعاء كالجَعْبَة من الجِلْد 皮制的箭袋；(旅行者的)万宝袋；头陀袋；(皮制)牧人干粮袋

خَالِي الوِفَاضِ 囊空如洗，手无半文

وَفِقَ يَفِقُ وَفْقًا الأمرُ: كان مُوافِقًا للمُراد 适合，合格

وَفَّقَ الأمرَ: جَعَلَهُ مُوافِقًا 使适合，使适应，使符合

ـ بَيْنَ النَقِيضَيْنِ / ـ الخِلافات 调和不同的意见，统一矛盾

ـ بَيْنَ المُتَخاصِمَيْنِ 调解，调停

ـ بَيْنَهم: صالَحَهُمْ 调解，调停

ـ اللهُ فلانًا لِلخَيْرِ [伊]愿真主给他顺利，愿真主默助他成功

وُفِّقَ لكذا: صادَفَه ولَقِيَه 偶然遇见，侥幸碰见

ـ إلى حَلِّ هذه المَسْأَلَةِ 他成功地解决了这个问题

وافَقَ الشيءُ الرجلَ: نَاسَبَه 适合，适应，适宜

ـ ه: لاءَمَه 调和，融洽，符合，一致

ـ ه: طَابَقَه 符合，吻合

ـ: لم يتعارَضْ مع 赞成，同意

ـ بَيْنَ الشَيْئَيْنِ: وفَّق 配合，适应，使协调

ـ هُ الثَوْبُ 衣服合身

ـ ه الشيءُ: استحسَنَه 赞成，嘉纳，称许

ـ ه في أو على الأمر: ضد خالَفَه 同意，赞成

ـ على القرارات 通过(决议)
جَوَابٌ يُوَافِق كُلَّ سُؤَالٍ 一个适合一切问题的答案(即我不知道)
الطَعَامُ الواحدُ لا يُوافِق كلَ الأَمْزِجَة (一种食品不能适合每个人的脾性)众口难调
اِتَّفَقَ معه: وَافَقَه 赞同，同意
ـ الرجُلانِ: ضد اختَلَفا 谈妥，商妥，谈判成功
ـ له كذا: حَصَلَ (事情)临身，临头；遇，遭遇，适值，碰到(危难、灾难)
ـ الأمرُ: وقع عَرَضًا 偶然发生，碰巧…
ـُ وا: عَقَدوا اِتِّفاقًا 订合同，订协定，订条约
ـُ وا على كذا 一致同意，互相约定
كَيْفَمَا ـ: بلا تَرَوٍّ 胡乱地，随便地，轻率地
كَيْفَمَا ـ: بِأَيِّ وَسِيلةٍ 无论如何，无论用什么方法
تَوَفَّقَ: نَجحَ مَسْعَاه 成功，有成就
ـ: أَيْسَرَ 顺利，兴旺
تَوَافَقَ القومُ في الأمر 一致同意
ـُوا: تساعَدُوا 互相帮助；投合，合得来
وَفْقَ كَذَا / وَفْقًا أو وِفَاقًا لِكَذا 按照，根据，依据
وِفَاق / اِتِّفَاق: ضد خلاف 一致，同意，调合，和睦，亲睦；缓和
تَوْفِيق 使适合，使适应，使符合
ـ: تَسْوِيَة / مُصَالَحَة 和解，调解，调停
لَجْنَة الـ 调解委员会
ـ: نَجَاح 成功，成就
ـ: يُسْر 兴隆，繁荣，昌盛，顺利
ـ: حَظّ 幸运，好运气
اِتِّفَاق / تَوَافُق: مُطَابَقَة 一致，适合，符合
ـ: مُصادَفَة 偶然，意外，适值
ـ جـ اِتِّفَاقَات: عَقْد / كُنْتَرَاتُو (أ) 合同，契约

ـ الآرَاء: إجْماع 无异议，同意，全体一致
ـ / اِتِّفَاقِيَّة جـ اِتِّفَاقِيَّات: مُعَاهَدَة 协定，协议，条约
ـ التَعَاوُن العِلْمِيّ والفَنِيّ والثَقَافِيّ 科学、技术、文化合作协定
ـ الدَفْع 支付协定
دُونَ ـٍ سابِق 不约而同地
الـ الجِنَائِيّ (罪犯的)串通，串供
باتِّفَاق أو اتِّحَاد الآراءِ: بالإِجْماع 无异议地，全体一致同意地，一致地，全场一致地
اِتِّفَاقِيَّة الدِفَاع المُشْتَرَك 共同防御协定
اِتِّفَاقِيّ: عَرَضِيّ 偶然的，不测的，意外的
ـ: مُتَّفَق عَلَيْه / عُرْفِيّ 约定俗成的，惯例的
مُوَافِق: مُنَاسِب 适合的，合适的，符合的，合宜的
ـ: مَقْبُول 适意的，适应的，适当的，可行的
ـ: مُؤَاب 顺利的，恰当的
ـ: سَدِيد 正确的，中肯的，切合的
غيرُ ـٍ 不符合的，不适当的，不恰当的，不正确的，不中肯的，不切合的
أنا ـ 我同意！
مُوَافَقَة: قَبُول / مُصَادَقَة 同意，赞成，应允，答应，批准
ـ: مُنَاسَبَة 适应，符合，切合，适合
ـ على كذا (通过)决议，决定，法律，法规
مُوَفَّق / مُتَوَفِّق 顺利的，顺遂的
غيرُ ـٍ 麻烦的，棘手的，不顺利的
مُتَّفِقٌ وكذا / ـ مع كذا 一致的，符合的，切合的
مُتَّفَق: مَقْبُول 被承认的，被同意的，被接

受的

ـ عليه: عُرْفيّ 依照惯例的，约定俗成的

عَمَلٌ ـ عليه 一致的行动

وفى يَفِي وَفَاءً وأَوْفَى بالوَعْدِ: أَتَمَّهُ 实践诺言，履行(条约)，遵守约言

ـ وـ بالوَعْدِ: حافَظ عليه 忠实，忠义，坚贞

ـ وـ بالحَاجَة 供给需要，满足需要

ـ وـ بعَهْدِه 履行誓约

ـ وـ النَذْرَ: أَبْلَغه 还愿，实践誓愿

ـ وـ الدَيْنَ 偿还，清还(债务)

ـ بالطَلَبِ 满足(需要、要求)

ـ بالغَرَضِ 适合目的

ـ بِنفَقَاتِ الإِنْتَاج 够生产费，够生产成本

وَفَى ـِ وُفِيًّا الشيءُ: تَمَّ وكَثُرَ 足，够，足够，充足，充裕，富裕

هذا يَفِي بذلك 足敷，足以抵偿，补偿

أَوْفَى ووَفَّى الرجلَ حَقَّهُ: أَعْطاه إِيَّاه تامًّا 把他所应得的全部权利给予他，给他一个公正的评价

ـ على المَكان: أَشْرَفَ 下临(某地)

ـ المكانَ: أَتاه 到，到达

ـ الكَيْلَ: أَتمَّه 量足，给予足够的分量，不克扣升斗

ـ على مائةٍ: زادَ 超过一百

وَفَّى الدُيُونَ 偿清欠债

وافَى الرجُلَ: فَاجَأَه 邂逅相遇

وافاه: أَتاه 到，来到(某人处)

ـ ه القدرُ أو الأَجلُ: تُوُفِّيَ / توفَّى (سـ) 死，寿终

وافَتْهُ المَنِيَّةُ 死了

توَفَّى حقَّه: أَخَذَه كامِلاً 全数得到，全数拿到(工资、薪金、付款等)

تُوُفِّيَ / تَوَفَّاهُ اللهُ: مَاتَ 死，去世

ـ عن وَلَدٍ 死后留下一个儿子，遗下一个儿子

تَوافَى القومُ: جاءُوا كلُّهم 全体来到

اِسْتَوْفَى كذا 要求实现，要求履行

ـ حَقَّهُ: أَخَذَهُ تامًّا وافِيًا 全数得到，全数拿到(工资、薪金、付款)

ـ الخَانَاتِ 填写表格

ـ مُدَّةَ الخِدْمَةِ العَسْكَرِيَّةِ 服役期满

ـ مدَّةَ الحُكْم كلَّها 服刑期满

ـ الشُرُوطَ 完全合乎条件，具备条件

ـ حَاجِيَّاتِهِ 完全满足他的要求

وَفَاءُ الوَعْدِ 实践诺言，履行誓约

ـ الدَيْنِ 还清债款，清偿债务

ـ الشَيْءِ: تَمامُه 完全，圆满，完成

ـ النيلِ (مـ) (泛滥时)尼罗河最高水位

ـ: حِفْظُ العَهْدِ / أَمانَة 忠实，忠诚，坚贞

بَيْع الـ (مـ) / بَيْعٌ وَفَائِيّ (مـ) 典卖(对绝卖而言，俗称活卖，期满得备原价赎回)

وَفَاءً لِكذا 为履行(条约)；为清偿(债务)；为报答…

وَفَاة جـ وَفَيَات: مَوْت 死，死亡

بَعْدَ الـ 死后

إِيفَاء: وَفَاء 实践约言，履行诺言

عَدَمُ ـ أو وَفَاءِ الوَعْدِ أو العَهْدِ 爽约，失信，不守约，不履行诺言

عَدَمُ ـ أو وَفَاءِ الدَيْنِ 不还债务，不清偿积欠

قادِرٌ على الـ أو الوَفَاءِ / مِيفَاء 有偿付能力的

مُوَافَاة 来到

اِسْتِيفَاء 完成，实现，做完

ـ 还清，偿清

وَفِيّ: تَامّ 完全的，圆满的

ـ جـ أَوْفِيَاء: صادِقُ الوَعْدِ 守约的人

ـ: أَمين / مُخْلِص 忠实的，诚实的，忠诚的

ـ / مِيفاء: قَادِر على إيفاءِ دُيُونه 有偿付能力的

ـ / وَافٍ: تَامّ 完全的，圆满的

ـ الغَرَضِ 适合目的的，满足要求的

ـ: كَافٍ 足够的，充足的，充分的

غيرُ ـٍ: غيرُ كافٍ 不足的，不充分的

وَافٍ بالغَرَضِ 适合目的的，满足要求的

مُتَوَفًّى: مَيِّت 死者，亡人，去世的

مُسْتَوْفًى 全数付清的

وَقَبَ يَقِبُ وَقْبًا ووُقُوبًا الظَلامُ: انتشر (黑暗)蔓延，铺开，覆盖

ـ القَمَرُ: دخَلَ في ظِلّ الكُسُوفِ (月)蚀，食

ـ تِ الشمسُ: غابَتْ (日)落，没

ـ الرجُلُ: غارَتْ عَيْنَاه (人)有眍䁖眼

ـ ت عَيْنَاه: غارَتَا (眼睛)眍䁖，(眼)凹下去

وَقْب جـ وُقُوب ووِقَاب / وَقْبَة: نُقْرَة في الصَخْرَة يجتمع فيها الماء 积水的石窝；(肩、眼的)窝

وَقَتَ يَقِتُ وَقْتًا ووَقَّتَ الأمرَ: جعَل له وَقْتًا يُعْمَل فيه 规定工作时间

ـ وـ: بيَّن مِقدارَ المُدَّةِ لعَمَله 规定工作期限

وَقْت جـ أَوْقَات: مِقْدَار من الزمَن 时间

ـ الأَكْلِ 吃饭时间

ـ الرُقَادِ 睡觉时间

ـ الفضاءِ (الفَرَاغ من العمل) 闲时，余暇，空闲，业余时间

ـ إضَافِيّ (زائد عن المقرَّر للعَمَل) 加班时间(规定时间外的时间)

من ـ لآخَرَ / من ـ لـ ـ 时时，不时地

فَاتَ ـُه (أي زَمَنُه أو أَوَانُه) 迟了，过时了，不合时宜了

في ـِه: في حِينِه 及时的，适时的，合时的，应时的

في ـِه: في الوَقْتِ المُحَدَّد 按时，按期，在规定的时间内

في ـِه: في الوقت المُناسِب أو اللازِم 正合时，在恰好的时候

في ـِه: في أَوَانه 应时的，正合时的，时机正好的

في غَيْرِ ـِه 不合时的，不应时的，已失时机的

في الـ الحَاضِر 现在，目前

في أَقْرَبِ ـٍ مُمْكِنٍ 在尽可能短的时间内

في نَفْسِ الـ 同时

أَهْلُ الـ 同时代的人

كانَ الـ صَبَاحًا 那时正是早晨

سَايَرَ الـ 跟上时代，随机应变

قَتَلَ الـ (مـ) 消闲，消磨时间

صَرَفَ الـ 闲混

أَوْقَاتُ السَنَةِ 一年四季

في أَوْقَاتِ العَمَلِ 在工作时间，在办公时间

مع الـ 日积月累地

لِلوَقْتِ / لِوَقْتِهِ: حَالاً 立刻，即刻，顿时，立时，当时

في وَقْتِنَا هذا: في هذا الزمَن 现在，目前，现今，现时，今天，在现在，在今天

وَقْتًا مَا 任何时候，无论何时

من وَقْتِها (مـ): من ذلك الوَقْتِ 从那时起

وَقْتِيّ / مُوَقَّت: لحِينٍ فَقَطْ 暂时的，临时的

ـ: قَصِيرُ المُدَّةِ 瞬息间的，顷刻的

رِبْحٌ وَقْتِيّ أو مُوَقَّت / دُفْعَة وَقْتِيَّة (未决算前的)暂分红利

وَقْتِيًا / مُوَقَّتًا 暂时地，临时地
وَقْتَئِذٍ / وَقْتَ ذَاكَ 在那时候
تَوْقِيت 确定(时间)，算定(时间)，规定标准时间
في الساعة العاشِرة من ـ بَكِينَ 北京时间 10 点钟
الـ العَرَبِيّ 按阿拉伯的时间计算(大约昼夜各 12 小时)
الـ المَحَلِّيّ 地方时(非标准时)
الـ الإفْرَنْجِيّ 按欧洲的时间计算
دِلْوَقْتِ (مـ) / دِلْوَقْتِي (هَذَا الوَقْت) 现在
مُوَقِّت: مُحافِظ على المَوَاعِيدِ 严守时刻的，不误限期的
مُوَقِّتَةُ البَيْضِ 煮蛋用的计时器
مُؤَقِّت (مـ) / مُوَقَّت / مَوْقُوت: مَحْدُود 定时的，定期的，限期的
ـ / ـ / ـ: ضد دائم 暂时的，临时的
ـ / ـ: لحينٍ فَقَطْ 暂时的，临时的
قُنْبُلَة موقوتة 定时炸弹
حكومةٌ مُوَقَّتة 临时政府
مَوْقِت جـ مَوَاقِتُ / مِيقَات جـ مَوَاقِيتُ: الوقتُ المَضْرُوب 期限，规定的时间
ـ / ـ: مكان أو زمان محدَّد لأَمْرٍ ما 指定的集合地点或时间
مَوَاقِيت 时刻表，时间表
مِيقَاتِيّ / مُوَقِّت: حاسِب الوَقْتِ للعُمَّال (运动比赛等的)计时员；工作时间管理员
وَقَحَ يَقِحُ قِحَةً ووقَحَ يَوْقَحُ وَقَحًا ووَقُحَ يَوْقُحُ وَقَاحَةً ووُقُوحَةً وتَوَقَّحَ واتَّقَحَ: قلَّ حَيَاؤُهُ 厚颜无耻，厚脸皮
تَوَقَّحَ (مـ) وتَوَاقَحَ عليه (مـ) 侮辱，凌辱，无礼，放肆

تَوَاقَحَ: تَظَاهَرَ بالوَقَاحَة 厚着脸皮
وَقح / وَقِيح: قليل الحَيَاءِ 厚脸的，无耻的，不要脸的，厚颜无耻的
وَقَاحَة / قِحَة /وُقُوحَة: قِلَّةُ حَيَاءٍ 无耻，无廉耻，不要脸，不知羞耻，厚颜无耻
ـ / ـ: جَرَاءَة مُسْتَهْجَنَة 唐突，鲁莽，孟浪，冒失，冒昧
وَقِيحُ الوَجْهِ 无耻的，厚脸皮，不要脸的
وَقَدَتْ تَقِدُ وَقْدًا ووَقَدًا ووُقُودًا ووَقَدَانًا وقِدَةً واتَّقَدَتْ وتَوَقَّدَتِ النارُ: اشتعلَتْ (火) 燃，燃烧，着火，发焰
وَقَّدَ وأَوْقَدَ وتَوَقَّدَ واسْتَوْقَدَ النارَ 烧、点火，生火
تَوَقَّدَ الذِهْنُ 聪明，机敏，敏锐，机警；狡黠，狡猾
ـ الكَوْكَبُ: تَلأْلأَ 闪耀，闪闪发光
أَوْقَدَ فِيه النَارَ 放火，放火烧
ـ نَارَ الحَرْبِ 燃着战火，发动战争
ـ المِصْبَاحَ: أَشْعَلَهُ 点灯
اتَّقَدَ غَضَبًا 发火，冒火，暴怒，愤怒
وَقْد / وُقُود / إيقَاد / تَوَقُّد: اِشتعال 燃烧，发焰
ـ (مـ) / وِقَاد / وَقُود / وَقِيد 燃料
وَقُودٌ سائِل 液体燃料
وَقَاد الحَرْبِ 炮灰
وَقْدَةُ الحَرِّ / وَقْدة القَيْظِ: أَشَدُّ الحَرِّ 高温，炎热，炽热，酷热
إيقَاد: إشْعال 点火，放火
وَقَّاد: متوقِّد 燃烧的，烧得炽烈的
ـ الآلات البُخَارِيَّة: أَطَشْجِي (مـ) 火夫，司炉，锅炉工人
كَوْكَبٌ ـ: مُضِيء شَدِيدُ التَوَقُّدِ 灿烂的星辰
رَجُلٌ ـ: سريعُ توقُّدِ القَلْبِ 聪明人
مَوْقُود: مُشْعَل 被燃烧的，被点着的

مُتَّقِد / مُتَوَقِّد: مُشْتَعِل 燃烧的，炽燃的
مُتَوَقِّد الذِهْن 聪明人
مَوْقِد جـ مَوَاقِدُ / مُسْتَوْقَد: مَوْضِع نارِ التَدْفِئَة 壁炉
ـ / ـ: أَتُّون 灶，炉，熔炉
ـ: مَنْقَد (مـ) / وُجَاق (مـ) (取暖用)火盆，火炉
وَقَذَه يَقِذُ وَقْذًا: صَرَعَه 摔倒，推翻
ـ ه: ضَرَبَه شديداً حتى أشرَفَ على المَوْت 把他打得半死
ـ ه النُعاسُ: غلبَه 困倦，打盹，瞌睡
وَقْذَةُ الداء 因病虚弱
وَقَرَ يَقِرُ قِرَةً ووَقَارَةً ووَقْرًا ووَقُرَ يوْقُرُ وَقَارَةً ووَقَارًا الرجلُ: كان ذا وَقَارٍ 成为庄重的、威严的、严肃的
ـ في نَفْسِهِ أَنَّ ... (مـ) 他相信，他认为
وَقَرَ يَقِرُ وَقْرًا العَظْمَ: صَدَعَه 挫伤骨头
وَقَرَتْهُ الأَسْفَارُ: صَلَّبَتْه (旅行)把他锻炼得坚强起来
ـ تْ تَقِرُ ووَقِرَتْ تَوْقَرُ وَقْرًا ووُقِرَتْ ووَقَّرَتْ أُذُنُه: ثَقُلَتْ أو ذهَبَ سَمْعُه كلُّه 耳沉，变成聋子
وَقَّرَ الشَيْخَ: بَجَّلَه وعظَّمه 尊敬，尊重(老人)
أَوْقَرَ إيقاراً وقِرَةً الدَابَّةَ: أَثْقَلَ حِمْلَها (给牲口)装载过重，使负担过度
ـ الشَجَرُ: كثُرَ حَمْلُهُ 果实累累
ـ الدَيْنُ فُلانًا: أثقلَه 负担重债，债台高筑
وَقْر جـ وُقُور / وَقْرَة جـ وَقَرَات: نُقْرَة 穴，窝，孔，洞
وِقْر جـ أَوْقَار: حِمْل ثَقِيل 重担，重荷
وَقَار: هَيْبَة واحتِرَام 威严，威风
ـ: رَزَانَة وحِلْم 沉着，坚定，严肃，庄重，稳重，持重
وَقُور جـ وُقُر 沉着的，坚定的，庄重的，庄严的，持重的
مُوَقَّر 可敬的，值得尊敬的
وَقَسه يَقِسُ وَقْسًا بالمَكْرُوه: قذفَه به 诟骂，辱骂
وَقْش / وَقَش: قَشّ (مـ) (انظر قشش) 稻草，麦秸，木屑，薄木片
وَقَظ يَقِظُ وَقْظًا الرجلَ: ضربه حتى أشرف على الموت 打得半死
وَقَعَ يَقَعُ وُقُوعًا الشيءُ من يَدِي: سَقَطَ 落下，掉下
ـ الأمرُ: حَصَلَ / حَدَثَ (事情)发生
ـ تْ بينهم مَعْرَكَةٌ 他们之间发生了战争，他们起了冲突
ـ له أمرٌ (他)遭到，遭遇
ـ الأمرُ منه مَوْقِعًا حَسَنًا 中意，使他喜欢
ـ عِنْدَه مَوْقِعَ الرِضَى 中意，使他喜欢
ـ من قَلْبه (في نَفْسِهِ) مَوْقِعَ القَبُولِ 使喜欢，喜爱
ـ تَحْتَ كذا: دخَل ضِمْنَ كذا 归入，属于
ـ الطائِرُ على الغُصْنِ: حطّ (鸟)落在、歇在(枝上)
ـ الكلامُ في نَفْسِهِ (话)使他深受感动
ـ الحَقُّ عليه 被判决有罪
ـ في حَيْرَةٍ 感觉为难、狼狈
ـ بِلِسَانِه أو في كَلَامِه (مـ) 失口，失言，说溜了嘴，泄露机密
ـ وَاقِفًا (مـ) (سالِمًا) 两脚落地而跌下
ـُ وا في بَعْضِهِمْ (مـ): تَخاصَمُوا 互相争吵
يَقَعُ الكِتابُ في ثَلَاثٍ وتِسْعِينَ صَفْحَةً 这本书有93页
لَمْ يَقَعْ في النَفْسِ 不中意，不中听

وقع 1391 وقع

ـ وَقْعًا ووَقَّعَ النَصْلَ: حدَّده 磨刀，磨剑

وَقَعَ يَقَعُ وُقُوعًا ووَقِيعَةً في الرجُلِ: اغْتابَه 中伤，诽谤，暗骂，背后骂人

وَقَّعَ الخِطَابَ أو الصَكَّ: وضع اسْمَه في ذَيْلِه 签名，签字，签署

ـ بَيْنَهُمْ (مـ) 挑拨，离间

ـ تِ الإبِلُ: بَرَكَتْ (骆驼)伏卧

ـ حَجْزًا على ... (مـ) 查封，扣押

ـ ه (مـ) وأَوْقَعَه: جعله يَقَع 摔倒，使跌倒，使倒下，使落下

ـ ه (مـ) وـ ه: رماه / ألقاه 扔，掷，投

ـ (مـ) وـ نَفْسَه 委身于…，埋头于…，专心致志于…

ـ عليه عِقابًا (مـ) / ـ به قِصَاصًا 处罚，惩罚

ـ أَوْتارَ عُودِه 弹琵琶

ـ على البِيَانُو 弹钢琴

ـ على الكَمَنْجَة 拉小提琴

أَوْقَعَ بالعَدُوّ: بالَغَ في قِتاله 猛打，猛攻

ـ هُ صَرِيعًا 杀死

ـ بِه على الأَرْضِ 推倒，摔倒

ـ عليه القصاصَ أو الجَزاءَ 处罚，惩罚

ـ هُ في تَهْلُكَةٍ 使受危害，使陷险境

ـ هُ في فَخّ 使陷罗网，陷害，诱入圈套

ـ ه تَحْتَ الشُبْهَةِ 连累，使受嫌疑

ـ بَيْنَهم 挑拨，离间

ـ ه في الارْتِبَاكِ 使他为难，使他狼狈，使他不知所措

ـ به الخَسارَةَ: أَنْزَلَها به 让他吃亏，使他亏本，使他受损失，给他带来损失

ـ الرُعْبَ في قُلُوبِ ... 使人惶恐

ـ المُوسِيقِيُّ 调音，校准(乐器的)音调

وَاقَعَ المَرْأَةَ: جَامَعَها 交媾，性交

ـ الرجلَ: حارَبَه 打架，厮杀

تَوَقَّعَ واسْتَوْقَعَ الأمرَ: انتظرَ حُصولَه 预测，预料，预期，期待，盼望，指望

ـ على ... (سـ) 恳求

اِسْتَوْقَعَ الأمرَ: تَخَوَّفَ منه 惟恐，恐怕，担心(某事发生)，(对某事)提心吊胆

وَقْع / وُقُوع: سُقُوط 落下，降下，跌落，陷落

ـ / ـ: حُدُوث 发生

ـ الأَقْدَام 脚声，脚步声

ـ الكَلَامِ: تَأْثِيرُه (话的)影响，效力，效果，功效

وكان لكلامِه ـٌ شديد 他的话产生了重大的影响

ـ سُوقٍ (مـ): مُسْتعمَل 旧货，旧东西

وِقْع / وِقَاع: جِمَاع 性交，交媾

وَقْعَة جـ وَقَعَات: سَقْطَة 一落，一跌，跌一跤

ـ: صَدْمَة 一碰，一撞，一次冲突

ـ: هَجْمَة 攻击，袭击，突击

ـ: وَجْبَة / أَكْلَة 一餐，一顿饭

وُقُوع 发生

كَثِير الـ 经常发生的

تَوْقِيع الخِطاباتِ أو الصُكُوكِ: إمضَاء 签字，签名，签署

ـ جـ تَوْقِيعَات وتَوَاقِيعُ: إمْضَاء 签名，签字，署名

مُهْمَلُ الـ: بلا إمضاءٍ 匿名的，不署名的；没有签字的

تَحْتَ ـ ه 由他签名的，由他签署的，由他署名的

ـ [乐]和声，谐音

حَسَنُ الـ 调和的，和谐的，悦耳的，音调优美的

ـ ج تَوَاقِيع 敕令

تَوْقِيعَات (سـ): تَرْقِيَات 升级，晋级

تَوْقِيعِيّ 有节奏的，有旋律的

رَقْصٌ ـ 有音乐伴奏的舞蹈；有节奏的舞蹈

مُوَاقَعَة: مُبَاشَرَة جِنْسِيَّة 性交

إيقَاع / تَوْقِيع (مـ): إسْقَاط 降下，使落下

ـ / ـ العِقَابِ (مـ) 处罚，惩罚

ـ (في المُوسِيقَى) [乐]和声，谐音

فَنُّ الـ [乐]和声学

إيقَاعِيّ 有节奏的，有旋律的

رَقْصٌ ـ 有节奏的舞蹈

تَوَقُّع: اِنْتِظَار 期待，期望，预料，指望

واقِع: ساقِط 落下的，下降的，坠落的，跌落的

ـ: حاصِل 发生的

ـ: كائِن 现实的，实际的

الـ أَنَّ . . . 事实是…

أَمْرٌ ـ أو واقِعِيّ 事实，实际

مَنْزِلٌ ـ على جَبَلٍ 山房，山上的房子

بـ ـِ واحِدٍ في أَلْفٍ 以一比千来计算

النَسْرُ الـ (Vega) [天]织女(天琴座一等星)

في الـ (مـ) / في ـ الأَمْرِ 实际上，事实上

واقِعِيّ: طِبْق الواقِع 现实的，实际的，事实的，确实的

ـ: تابِع مَذْهَبِ الواقِعِيَّةِ 现实主义的；现实主义者

المَذْهَبُ الـ: الواقِعِيَّة 现实主义

واقِعَة ج وَقَائِع: حادِثَة 事件，事变，变故，大事

ـ: أَمْرٌ مَفْرُوضٌ وُقُوعُه 事实，实际

ـ: نازِلَة / مُصِيبَة 灾害，灾难

ـ: مَعْرَكَة 战斗，战役

وَقَائِعُ الدَعْوَى 案情(案件的事实)

ـ الجَلْسَةِ (مـ) (某会的)议事

مَحْضَر ـ الجَلْسَةِ (مـ) (会议)纪要，议事录，决议录，记事簿，记录簿

دَفْتَرُ ـ الجَلَسَاتِ (مـ) 记录簿，记事簿，会议记录簿

ـ مُزَوَّرَة 伪造的文件

وَقِيعَة: اغتِيابُ الناسِ 中伤，诽谤，暗骂，背地里骂

ـ ج وَقَائِع ووِقَاع: مَجْثَم الطائِرِ (鸟笼和鸡舍中的)栖木，栖枝

ـ: قِتَال أو صَدْمَة الحَرْبِ 战斗，争斗，冲突，会战，遭遇战，厮杀

ـ: خِرْقَة يُمْسَح بها القَلَمُ 擦笔布

مُوَقِّع: صاحِبُ التَوْقِيعِ أي الإمْضاءِ 签字者，签名者，签署者

نَحْنُ الـ ينَ 我们签字者

الـ أَدْنَاه 签名人

مُوَقَّع عليه: مُمْضًى 已签字的，已签署的，签过名的

مُتَوَقَّع 所预料的，所指望的，所期待的

وَقَّاع / وَقَّاعَة 污蔑者，诽谤者，中伤者

مَوْقِع ج مَوَاقِعُ: مَكان 地方，地点，地位，处所，场所；肇事地

وَقَعَ في نَفْسِهِ ـَ القَبُولِ 使他满意，投其所好，正中其怀

وَقَعَ من نَفْسِه ـً ا أَلِيمًا 使感到痛心

ـ الحَرْبِ / مَوَاقِعُ الحَرْبِ 战场，阵地

مَوَاقِعُ القُوَّة 实力地位

مَوْقِعَةُ ومِيقَعَةُ الطائِرِ ج مَوَاقِعُ 栖木，(鸡)栖架，鸡埘，鸡舍

ــ: مَعْرَكَة 战争，斗争，战役

مِيقَعَة ج مَوَاقِعُ: مِسَنّ 磨石，磨刀石

ــ من جِلْد: قَايِش المُوسَى (مـ) 磨革，革砥（磨刀用的皮革）

وَقَفَ يَقِفُ وَقْفًا ووُقُوفًا: ثَبَتَ في مكانِهِ (ضِدّ استمرّ) 停，停止，停留，停顿，站住

ــ: قامَ / اِنْتَصَبَ 起立，站起来

ــ: ضدّ مَالَ أو وَقَعَ 直立，挺立

ــ أمامَه / ــ في وَجْهِهِ / ــ ضِدَّه: قاوَمَه 抵抗，反抗，反对

ــ على الأمر: فَهِمَه 了解，理解，明白

ــ على الأمر: عَرَفَه 知道，晓得，认识

ــ على الأمر: تَبَيَّنَه / تَحقَّقَه 查清，弄清楚

ــ على أثَرٍ 发现足迹

ــ في المَسْأَلَةِ: اِرْتَابَ 踌躇，迟疑，怀疑

ــ شَعْرُ رأْسِهِ (مـ): قَفَّ 毛骨悚然

ــ ت الجَرِيدةُ عن الصُّدُور (报纸)停刊

ــ وَقْفًا الأمرَ على كذا: عَلَّقَه عليه 以甲事为乙事的条件

ــ ه عن كذا: مَنَعَه عنه 阻止，制止，劝止

ــ ه وَقْفًا ووَقَّفَه وأَوْقَفَه: جعلَه يَقِفُ 使他站立，让他站起来，把(车、马等)停住

ــ ه وــ ه: عَاقَه / مَنَعَه / صَدَّه 阻止，阻挠，阻挡

ــ ه وــ ه على الأمر: أطلعه عليه 通知，告知，报告，使了解，使认识

ــ وــ مِلْكَه لأوْلادِهِ (مَثَلاً) [法]限嗣继承（如指定儿子为遗产继承人）

ــ وــ مالاً: حَبَسَه في سَبِيلِ الخَيْرِ 把财产捐给慈善机关

ــ وــ وَقْتَه (وغيرَ ذلك) على كذا: كرَّسه له 把全部时间用于某件工作

ــ حَيَاتَه 毕生致力于…，终身致力于…

أَوْقَفَ نُمُوَّ (النباتِ والحيوانِ): عَجَّزَه 阻碍(动、植物的)生长，发育

ــ الجَرِيدَةَ: عطَّلها 勒令(报纸)停刊

ــ العامِلَ عن العَمَل 使雇员停职；使工人停工

ــ العَمَلَ: عطَّله 阻止，妨害，抑制，遏制，耽误(工作)

ــ العَمَلَ: أَبْطَلَه 停工，停止工作

ــ النَزْفَ: أَرْقَأَ الدَمَ 止血

ــ تَنْفِيذَ الحُكْمِ الجِنَائِيِّ: أجّله لِمُدَّةٍ 缓刑

ــ تَنْفِيذَ الحُكْمِ المَدَنِيِّ 停止判决

ــ ه ووَقَّفَه: أَقامَه 树立，竖起；使起立

ــ عن الأمرِ: أَقلَعَ عنه 中止，中断，中辍；戒，戒除，忌，断

تَوَقَّفَ في المَكان: تمكَّثَ فيه 逗留，停留

ــ عن كذا: تمنَّع وكَفَّ 中止，中断，中辍；戒，戒除，忌，断

ــ التاجرُ عن الدَفْعِ 倒账，停止支付

ــ الأمرُ على كذا: تعلَّقَ به 有赖于…，取决于…，以…为转移

ــ في الأمرِ: تَرَدَّدَ 踌躇，迟疑，犹豫不决

ــ (مـ): تَصاعَبَ 持异议，打麻烦，故意刁难

تَوَاقَفَ القومُ في الحَرْبِ: وقف بعضُهم مع بعضٍ 互相抗衡，互相对抗

اِسْتَوْقَفَه: طَلَبَ منه الوُقُوفَ 要求某人停住、站住，把他叫住；要求起立，叫他站起来

ــ ه: حَمَلَه على الوُقُوفِ 阻挠，阻止，制止，遏止，抑止，使停止，使中止；使站住，使站起来

ــ الأَنْظارَ 引起注意，引人注视

وَقَفَ / وُقُوف 起立，站住；停止，中止

ـ التَجَارِب على الأَسْلِحَة النَوَوِيَّة من جَانِبٍ واحد 单方面停止核武器试验

ـ و ـ الحال أو حَرَكَة الأعمال (商业)停滞，呆钝，萧条

ـ جـ أَوْقَاف ووُقُوف: مال مَوْقُوف [法]永久管业(土地归法人所有，不得变卖，如寺院的不动产)

ـ المِلْكِ: حَبْسُهُ [法]限嗣继承

ـ على عَمَلٍ خَيْرِيّ 捐赠基金，捐赠财产，创办慈善事业

ناظِرُ الـ 永久管业的管理员

نُقْطَة الـ (بَيْنَ الكَلاَم) 句点[。]

وِزَارَة الأَوْقَاف 永久管业部，(伊斯兰国家的)宗教基金部

أَوْقَافٌ مَضْبُوطَة 由国家管理的永远管业

وَقْفَة جـ وَقَفَات 句读，断句，停读

ـ عَرَفَات [伊]驻阿拉法特山(朝觐仪式之一)

ـ العِيدِ 节日的前夕

ـ (م) 姿势，姿态，立场

وَقْفِيّ 永远管业的

وَقْفِيَّة (م) 基金；基金的捐赠

وُقُوف: قِيام / ضِدّ جُلُوس 起立

ـ على كذا 认识，了解

إيقاف / تَوْقِيف: رَفْع / إقامة 竖起，树立

ـ: مَنْع السَيْر / تعطيل / إعاقة 阻挠，阻止，制止，遏止

ـ: إرْجاء أو تَعْطِيل 停止，中止

ـ إطْلاقِ النارِ 停火，停止射击

ـ: تَعْلِيق / إرْجاء 缓议，缓办，暂搁

ـ التَنْفِيذِ 延期或停止执行

ـ الحُكْمِ 延期或停止审判

ـ الدَعْوَى 诉讼手续中止

ـ الدَفْعِ (في التِجارة) 停止支付

ـ العَمَلِ 停业，停止工作

ـ المُوَظَّف 停职

تَوَقُّف: عَدَمُ اسْتِمْرار 停顿，停止，中止

ـ: تَرَدُّد 踌躇，迟疑，犹豫不决

ـ على كذا 有赖于…，取决于…

ـ عن الدَفْع 停止支付

وَاقِف جـ وُقَّف ووُقُوف: مُنْتَصِب / ضِد جَالِس 起立者，站立者，站着的

ـ: ضِدّ مُتَحَرِّك 停止的，中止的

ـ على كذا 了解者，洞悉的

ـ الوَقْفِ (基金、永久管业的)捐赠者，捐献者

الجِهاتُ الـ ةُ على سَيْرِ الأُمُورِ 消息灵通人士，消息灵通方面

مَوْقُوف 被停止的，被中止的，被制止的

ـ عن عَمَلِه 被停职的，被停止工作的

ـ: مَحْبُوس (مِلْك أو مال) وهو عند الفقهاء كالوَقْف 永远管业

ـ أو مُتَوَقِّف على كذا 有赖于…，取决于…

حِسابٌ ـ أو مُعَلَّق 未清的账款

عَقَار أو مِلْك ـ 捐作慈善基金的产业，限定继承人的产业

ـ [语]句尾的名词读静符的

مَوْقِف جـ مَوَاقِفُ: مَرْكَز / حَالَة 位置，地点，处所，地位，形势，情形，情况，立场，态度

الـ السِيَاسِيّ 政治形势；政治态度，政治立场

الـ التَحْرِيفِيّ 修正主义立场

ـ: مَحطَّة 车站，停车处

ـ حَرَج 困境，窘境

ـ عَرَبَاتٍ أو مَرْكَبَاتٍ 停车场

ـ الشاهِدِ في المَحْكَمَة (法庭的)证人席

اِتَّخَذَ لِنَفْسِه ـ المُدَافع عن ... 采取保卫者

的态度，站在保卫者的立场

وَقَفَ من هذه الحَوَادِثِ ـَ غَيْرِ المُكْتَرِث 他对

这些事变漠不关心，袖手旁观

وِقَّة جـ وِقَّات (مـ) / أُوقَّة: أُقَّة (٣/٤ ر ٢ رطل

مِصْرِيّ أو نِصْف رَطْل سُورِيّ) 欧克(埃 oke

及为 1.248 公斤；黎巴嫩为 1.283 公斤)

وَقَل يَقِلُ وَقْلاً وتَوَقَّلَ في الجبل: صَعِدَ فيه 登山，

爬山

وَقْوَقَ الكَلْبُ: نبح (犬)吠

ـ الطائرُ: صوَّت (鸟)鸣

ـ الرجلُ: ضَعُفَ 体弱，身体衰弱

وَقْوَق / وَقْوَاق: كَكَم 杜鹃，布谷鸟，郭公鸟

وَقْوَقَة 鸟鸣声；狗吠声

وَقَى يَقِي وِقَايَةً ووَقْيًا ووَاقِيَةً ووَقَّى فُلانًا: صانه

وستره عن الأذى 保护，保卫

وَقَاهُ اللهُ السُوءَ ومن السُوءِ [伊]愿真主保佑他

تَقَى يَتْقِي تُقًى وتِقَاءً وتَقِيَّةً: اِتَّقَى 谨防，防备，

提防

تَوَقَّى واتَّقَى كذا: حَذِرَه وخافَه 谨防，防备，

提防

ـ وـ اللهَ: خافَه [伊]敬畏真主

ـ ه وـ ه: تجنَّبَه 回避，躲避，逃避

اِتَّقِ كذا: احْذَرْهُ 谨防！注意！留心！当心！

小心!

وَقْي / وِقَايَة / تَوْقِيَة: دَفْعُ الأَذَى 保护，保卫，

防卫，防护，预防

وِقَايَة: حَذَر واحتِياط 小心，警戒，谨防，预防

ـ / وُقَايَة / وَقَاية / وِقَاء: ما وَقَيْتَ به الشيءَ

保护物，防护工具

ـ من الغَازَاتِ 预防毒气，防毒瓦斯的工作

الـ خَيْرٌ من العِلاَج 预防胜于治疗

نُونُ الـِ 保护的 نون (动词与宾格的接尾

代名词连接时加 نون الوِقَايَة 以免词尾带

齐齿符音符。如 (سَاعَدَنِي صَدِيقِي)

وِقَائِيّ 预防的，预防性的

وَاقٍ / وَقِيّ: حَامٍ 保护者，保卫者，防卫者

ـ: لأَجْلِ الوِقَايَة 预防的

تُقًى / تَقْوَى: مَخَافَةُ اللهِ 敬畏真主

ـ / ـ: تَدَيُّن 虔信，虔敬，虔诚

ـ / تَقِيَّة 预防，防备，提防

تَقِيّ جـ أَتْقِيَاء وتُقَوَاء / مُتَّقٍ: من يَخَافُ اللهَ 敬畏

者，敬畏真主的

ـ: مُتَدَيِّن 虔信的，虔敬的，虔诚的

وُقِيَّة جـ وُقِيّ ووَقَايَا / أُوقِيَّة جـ أَوَاقِيّ وأَوَاقٍ:

(١/١٢ من الرطل المِصْرِيّ) (希)欧基亚

(在埃及等于 37.4 克)

اِتَّكَأَ وتَوَكَّأَ على الشيء: اعتمد عليه 凭，靠，倚靠

ـ وـ على عَصَاه 拄着手杖

ـ على السَرِيرِ 倚在床上；靠在睡榻上

ـ على الحائِطِ 靠着墙，依着墙

اِتِّكَاء (في عِلْمِ العَرُوضِ): الحشْو والفُضُول (诗

韵)冗言，冗长

تُكَأَة / مُتَّكَأ جـ مُتَّكَآت: ما يُتَّكَأُ عليه / عُكَّاز

拐杖，支柱，支持物

ـ: عُذْر / حُجَّة 借口，口实，托辞

ـ: كَسُول 懒汉，怠惰者

تَكِيَّة جـ تَكَايَا (مـ): مَلْجَأ العَجَزَة (土)收容所，

养育院，救济院

ـ 伊斯兰教的修道院

مُتَّكَأ جـ مُتَّكَآت: ما يُتَّكَأُ عليه 沙发，躺椅，安乐椅

مُتَّكِئٌ على كذا 靠着的，倚靠着的

وَكَبَ يَكِبُ وَكْبًا ووُكُوبًا ووكَبَانًا: مَشَى في تُؤَدَةٍ وتَمَهُّل 缓步，慢行，慢步前进

ـ وكْبًا: قامَ وانتصبَ 起立，立正，站立

ـ وواكَبَ على الأمر: وَاظَبَ 坚持到底，持之以恒

وَاكَبَ المَوْكِبَ: سَارَ مَعَهم 在行列中前进，随着仪仗队行进

وكْب / وُكُوب / مُوَاكَبة (مـ) 缓步，慢行，慢腾(مـ)腾地走

مَوْكِب جـ مَوَاكِبُ 行列，队伍，仪仗队

ـ جنازةٍ 送殡的行列，送葬的人群

وَكَدَ يَكِدُ وُكُودًا بالمَكان: أقامَ به 居住

ـ وكْدًا المكانَ: قَصَدَه 赴，前往(某地)

ـ الأمرَ: مَارَسَه 做工作，从事于…

وكَّدَ وآكَدَ وأكَّدَ وأَوْكَدَ 强调，断言，肯定，确认

تَوكَّدَ وآكَدَ وتَأَكَّدَ وأَوْكَدَ 被肯定，被证实，被强调，断言，肯定，证实，确认

ـ وـ من كذا 确定，弄明白，查明白

وكْد: مُراد / قَصْد 宗旨，目的，愿望

وُكْد: سَعْي وجُهْد 致力，尽力

تَأْكِيد / تَوْكِيد 断言，肯定，确定，证实，确认

ـ / ـ (في البلاغة) [修]语势，加强，强调，强声法

ـ / ـ الكَلَام 断言，确言

بالـ / أَكِيدًا / من المُؤَكَّد 肯定地，必定地

تَأْكِيدِيّ / تَوْكِيدِيّ: لأَجْل التَّأْكِيد 肯定的，强调的，确认的，断言的

أَكِيد / مُؤَكَّد / وكِيد 确实的，肯定的，确定的，断然的

مُتَأَكِّد / مُتَوكِّد من كذا (对某事)确信的，确认的，有信心的

وَكْر جـ أَوْكَار وأَوْكُر ووُكُور / وكْرَة جـ وُكَر: عُشّ الطَّائِرِ عُمُومًا 巢，窠，窝

ـ الزَّنَابِير 黄蜂窝

ـ النار [军]火力点

وَكَزَه يكِزُ وكْزًا: ضَرَبَه بجُمْعِ الكَفّ 拳击，用拳头打，饱以老拳

ـ ه بالرُمْح: طعنه 用枪刺，用矛扎

وَكَسَ يَكِسُ وكْسًا ووكَّسَ وأَوْكَسَ الشيءَ: بَخَس قِيمَتَه 减价，落价，贬值；低估，评价过低；轻视，看轻，小看

وُكِسَ وأُوكِسَ التاجِرُ: خَسِرَ مَالَه 折本，蚀本，亏本，赔本

وكْس: خَسَارَة 折本，亏本，赔本

بَاعَ بالـ 亏本卖出

أَوْكَسُ 最贱的，最微贱的，最不幸的

وَكُعَ يَوْكُعُ وكَاعَةً الشيءُ: اشتدَّ وصلُب 成为坚固的

مِيكَعَة الطُيُور جـ مِيكَع: عَظْم عِنْدَ ذَيْلها [解](鸟的)犁骨，锄形骨

ـ الإنسانِ: عَظْمٌ داخِليّ بَيْنَ ثُقْبَيْ الأنف [解]犁骨

ـ: سِكَّة (سلاح) المِحْرَاث 犁头

وَكَفَ يَكِفُ وكْفًا ووكِيفًا ووُكُوفًا ووكَفَانًا وتَوْكَافًا الدَمْعُ ونَحْوُه: سال قليلاً قليلاً 滴下，点点滴滴地流下

ـ وأَوْكَفَ وتَوكَّفَ البَيْتُ: قطَرَ سَقْفُه (房屋)漏雨

وكَف جـ أَوْكَاف: عَيْب 缺点，毛病

ـ: ضَعْف 懦弱，衰弱

ـ: سَفح الجَبَلِ 山脚，山麓

ـ: فَساد 腐败，堕落

وِكَاف / إكَاف جـ وُكُف: بَرْذَعَة (驴的)驮鞍

واكِف: مَطَر 雨

وَكَلَ يَكِلُ وَكْلاً ووُكُولاً إليه الأَمْرَ: سلَّمه إيَّاه وفوَّضه إليه واكتفى به 委托，托付

أَوْكَلَ باللهِ: استسلم إليه [伊]信赖真主，信任真主

وكَّلَ فلانًا: جعَلَه وكِيلاً 指定代表，委派代理人

ـ ه (مـ): أَطعَمَه 饲养，喂养，供给食物

وَاكَلَ وتَواكَلَ القَوْمُ: اتَّكَلَ بعضُهم على بعض 互相信赖，互相信任

توَكَّلَ: قَبِلَ الوكالةَ وضَمِنَ القِيامَ بها 接受委托

ـ له بكذا: تكفَّلَ له به 保证，担保

ـ في بَيْعِ البَيْتِ (مَثَلاً) 受委托代卖房屋

ـ واتَّكَلَ على فلان: اعتمد عليه 依赖，倚靠

ـ وـ عليه: وَثِقَ به 信任，信赖，信托

ـ وـ على اللهِ [伊]信赖真主

رَجُلٌ نَتَّكِلُ عليه 我们所依靠的人，我们认为可靠的人

وَكَل / وُكَلَة / تُكَلَة / مُوَاكِل: عاجز يكل أمره إلى غيره 无能的人（把一切都委托给别人的人）

وَكَالَة ووِكَالَة: حالَةُ أو وظيفةُ الوَكِيلِ 代理，经售，代理店家，代售商家，代办

ـ جـ وكَالاَت 通讯社

ـ أَنْباءِ الصينِ الجَدِيدةِ 新华社，新华通讯社

ـ الأَنْباءِ العَرَبِيَّةِ 阿拉伯通讯社

ـ تَاس 塔斯社

ـ أَشُوشِيتَدْبَرِس 美联社

ـ يُونَايْتَدْبَرِس 合众社

ـ رُويتَرْ 路透社

رَئِيس الوُزَرَاء بالـ 代理总理

ـ جـ وكَائِل ووكَالاَت (مـ): مَنْزِل مُقَسَّم لعِدَّةِ مَسَاكِنَ 共同住宅，几家分住的住宅

ـ (مـ): فُنْدُقٌ رَخِيص / نُزُل 客店，小旅店，队商旅馆

تَوْكِيل: تعيين الوكيل 指定代理人

ـ: تَفْوِيض 委任，委托，授权

ـ جـ تَوْكِيلاَت (مـ) 委任状

على التَوكُّل 凭信用地，不立证据地

تَوَاكُل: الاتِّكَالُ على الغَيْرِ 倚赖他人

اِتِّكَال: اعتماد 倚，靠，凭

ـ / توكُّل: وثوق 信任，信托，信赖

وَكِيل جـ وُكَلاَء 副…；代表，代理人

ـ قُنْصُلٍ 副领事

ـ مُدِيرٍ 副经理；大学的副校长

ـ مُدِيرِيَّةٍ 副省长

ـ رَئِيسٍ 副主席，副会长，副…

ـ وِزَارَةٍ 次长，副部长

ـ الدَعْوَى [法]律师

مَوْكُولٌ إلى ... 被委托给…的，被托付给…的

مُوَكِّل 委托者，授权者

ـ المُحَامِي [法]被辩护人，委托律师辩护者

مُتَّكِل على كذا 依靠…的，信赖…的

ـ على اللهِ 信赖真主的

المُتوكِّل على اللهِ 哈里法穆台瓦基勒

وَكَنَ يَكِنُ وَكْنًا ووُكُونًا الطائرُ بَيْضَه أو على بَيْضه: حَضَنَه 孵卵，抱蛋

وَكْن جـ وُكُون وأَوْكُن ووُكُن / وَكْنَة ووَكْنَة ووُكْنَة ووُكُنَة جـ وُكْنَات ووُكُنَات ووُكَنَات

وُكُن / مَوْكِن / مَوْكِنَة: عُشُّ الطائر 巢，窠，窝

ولاء / ولاية (في ولي)

وَلَبَ ـِ وُلُوبًا: دخل وأسرع 进入，进来，匆匆忙忙地进来

وُلْتَرسْكُوت (أ) (Sir) Walter Scott: كاتِب وشاعر اسكُتْلَنْدي 司各特(苏格兰小说家，1771—1832)

وَلَجَ يَلِجُ وُلُوجًا ولِجةً وتولَّجَ: دَخَلَ 进入；渗入，透入，突入

أَوْلَجه وأَتْلَجه: أَدْخَلَه 推入，插入，嵌进

وِلاَج جـ وُلُج 小巷，胡同

تُلَج: فَرْخُ العُقَاب (أَصْلُه وُلَج) 小鹰

وَلِيجَة: صَدِيق لَصِيق 知己，心腹，密友，好友

ـ: دَخِيلَة 内部，内心

قَرَّرَ في ـ نَفْسه 他内心里决定要…

وَلاَّج: كثيرُ الوُلُوج 常进来的

ـ خَرَّاج 狡猾的，权术家，阴谋家，好管闲事的

وَلُوجٌ خَرُوجٌ: كثير الدُخُولِ والخُروج 老是出出进进的

مَوْلِج جـ مَوَالِجُ: مَدْخَل 进口，入口

وَلَدَت تَلِدُ لِدَةً ووِلاَدًا وولاَدَةً وإلاَدَةً ومَوْلِدًا الأُنثَى: وضعَتْ حَمْلَها 生育，分娩，临盆，临蓐

ـ تِ الأرضُ النباتَ: أنتجتْه 出产

كمَا وَلَدَتْهُ أُمُّهُ (像他母亲生他的时候那样)赤裸裸的，赤身裸体的，一丝不挂的

وَلَّدَ الوَلَدَ: رَبَّاه 教养，抚养，教育孩子

ـ الشيءَ من الشيء: أَنْشَأه منه 引出，诱导出

ـ الكَهْرَبَاءَ [电]发电，产生电流

ـ تِ القَابِلَةُ الحُبْلَى 接生，助产

أَوْلَدَتْ إيلاَدًا المَرْأَةُ: حانَ زمنُ وِلادِها (孕妇)临产，临月

ـ الشاةُ: وضعَتْ (母羊)产羔，下儿

وُلِدَ وانْوَلَدَ (مـ) 诞生

تَوَلَّدَ من كذا: نَشَأَ عنه 由…产生，起源于…

ـ من كذا: نَتَجَ 由…发生，由…引起

تَوَالَدُوا واسْتَوْلَدُوا: كَثُروا 繁殖，繁衍

اِسْتَوْلَدَ المرأةَ: أَحْبَلَها 使怀孕

ـ زَوْجَتَهُ وَلَدًا 他跟他妻子生了一个儿子

وَلْدَة: مَرَّةُ الوِلاَدَة 生产一次，分娩一次

ـ: بَطْن (مـ) (للحَيوانات الوَلُودَة خَاصة) (牲畜的)一胎，一腹仔

وِلادة: وضع 生产，分娩

ـ: بداية / ظهور 起头，开始，开端

ـ جَدِيدة: تَجَدُّد الحياة 新生，再生，更生

ـ طَبِيعيَّة 足月的生产，正常的生产

ـ مُعَجَّلَة 早产，不足月的生产

ـ قَيْصَرِيَّة (بفتح البَطْن) 剖腹生产

ـ سَهْلَة 顺产

عِلْمُ الـ 产科学

حَدِيثُ الـ 新生的

قِسْمُ الـ 产科

يَوْمُ الـ 生日，诞辰

وَلَد ووُلْد ووَلْد ووِلْد جـ أَوْلاَد ووِلْدَة وإلْدَة ووُلْد: مَوْلُود (ذكَر أم أُنثَى) 小孩，婴儿(不分男女)

ـ / ـ / ـ / ـ: أَوْلاَد / بَنُونَ 子女，子孙

ـ: صَبِيّ (بمعنى ابْن) 男孩

بَيْتُ الوِلْدِ (مـ): الرَحِم [解]子宫

أَوْلاَدُ العَرَبِ 阿拉伯人

لِدَة: وَقْتُ الوِلادةِ 分娩期，生产期

ـ (المُثَنَّى لِدَان) جـ لِدَات ولِدُونَ: تِرْب 同庚，同年龄的

ـ: مِيلاَد 生日，诞辰

تُلْد / تَلِيد / تِلَاد / تَالِد جـ تَوَالِدُ: ضِدّ طَارِف (في تلد) 祖传的(财产)

تَلِيدِيَّة: كَلَاسِكِيَّة (أ) classic 古典的

تَوَلُّد: تَنَاسُل 生育，生殖

نَامُوسُ ــِ الأَحْيَاءِ [生]生物续生说

تَوْلِيد: مُسَاعَدَةُ الوَالِدَة 助产

صِنَاعَة الـ: قِبَالَة 助产术

مُسْتَشْفَى الـ 产科医院

ــ: تَرْبِيَة 养育，抚养，培养

وَالِد جـ وَالِدُون: أَبٌ 父亲

وَالِدَة: أُمّ 母亲

الوَالِدَان: الأب والأُمّ 双亲，父母

وَالِدِيّ: مختصّ بأَحَدِ الوالدَيْنِ 亲的，父母的

ــ: أَبَوِيّ / مُختصّ بالأب 父亲的，父系的

وَلِيد جـ وِلْدَة ووِلْدَان / وُلَيْد: مَوْلُود / طِفْل 婴孩，婴儿

ــ: صَبِيّ / غُلَام 男孩，幼儿，儿童，少年

ــ البَحْثِ 研究的结果

هذا كان ــ اسْتِعْجَالِي 这是我匆忙的结果

ــ: عَبْد 奴隶

أُمّ الـ: دَجَاجَة 母鸡

وَلِيدَة جـ وَلَائِدُ 女婴，小女孩

ــ 结果

وَلَّادَة / وَلُود جـ وُلْد 多产的(妇女)

وُلُودِيَّة / وَلُودِيَّة / وَلْدَنَة (مـ) 稚气，孩子气

مَوْلُود جـ مَوَالِيدُ: طِفْل 婴儿，婴孩，新生儿

ــ: وُلِدَ 被生产的，被生下的

ــ مَيْتًا: حَشِيش 死胎

ــ ثَانِيَةً: مُتَجَدِّد 再生的，复生的，新生的

مَوَالِيدُ ووَفَيَات 出生和死亡

عِلْمُ الـ: التاريخ الطَبِيعِيّ 博物学(动、植物学，矿物学)

مَوْلِد: وِلَادة 出生，诞生，分娩

صِينِيُّ الـ 在中国生的

ــ جـ مَوَالِد: مَكَانُ الوِلَادة / مَسْقَطُ الرَأْسِ 出生地，诞生地，故乡

ــ: وَقْتُ الوِلادةِ / مِيلَاد 生日，诞辰

ــ النَبِيِّ [伊]先知(穆罕默德)诞辰

لُغَةُ الـ 土话，家乡话，本国语

مَوْلِدِيّ 出生的，诞生的

مُولِد (مـ): عِيدٌ تَنْعَقِد فيه سُوقٌ دَوْرِيَّة 集市，庙会

سَاقِيَة الـ (مـ) 旋转木马(一种玩具)

مُوَلِّدَة: قَابِلَة / دَايَة (مـ) 助产士，接生员，接生婆

مُوَلَّد: مُخْتَلِطُ الوالِدَيْنِ 杂种，混血的，杂交的

ــ: من والدَيْنِ أحدُهما أَسْوَدُ والآخَرُ أَبْيَض 黑白混血儿

شَاعِرٌ ــ 古典时代后的诗人

كَلَامٌ ــ 新语，古典时代后的语言

بَيِّنَةٌ ــ ة: غيرُ مُحَقَّقَةٍ 不确定的，可疑的，不可信赖的(证据)

مُسْتَوْلَد 产科医院

مِيلَاد جـ مَوَالِيدُ: وَقْتُ الوِلادةِ 生日，诞辰

ــ 生产，分娩

شَهَادَةُ الـ 出生证

ــ السَيِّدِ المَسِيح 圣诞，基督的诞辰

عِيدُ الـ: (مَوْلِدُ المَسِيحِ) 圣诞节

بَابَا ــ 圣诞老人

مِيلَادِيّ 公元的，纪元的

سَنَةٌ ــ ة 公元

ولس يَلِس وَلْسًا ووَالَسَ الرجلَ: خَدَعَه وخَانَه 瞒哄，欺骗，有背信弃义的行为

وَالَسَ وأَوْلَسَ بالحَدِيث: عَرَّضَ به ولم يُصَرِّحْ

支吾，搪塞，推诿

ولط / وُلْط (أ) volt: وَحْدَةُ القُوَّة الكَهْرَبِيَّة الحَرَكِيَّة [电]伏特，伏(电压的实用单位)

وَلْطمِتْر (أ) voltameter: مِقياس التَحَلُّلِ الكِيمِيّ الناتج عن تَيَّار كَهْرَبيّ [电]电量计

ـ: مقياسٌ وَلْطِيّ voltmeter [电][物]伏特计，电压表

وَلْطِيّ: حَرَكِيّ 流电的，动电的

ولع يَوْلَعُ ويَلَعُ وَلَعًا ووَلُوعًا وأُولِعَ وتَوَلَّعَ به: أَحَبَّه جِدًّا 酷爱，心爱，热爱，热衷于，迷恋于

ـ (مـ): اِشتعَلَ 着火，燃烧

وَلَّعَ وأَوْلَعَ فلانًا بكذا: جعله يُولَعُ به 使他热爱，使他酷爱

ـ (مـ): أَشْعَلَ 燃着，点火

وَلِع / مُولَع / وَلُوع 酷爱的，热爱的，迷恋的

وِلْعَة (مـ) ووَلْعَة جـ وَلَعَات: بَصْوَةُ نارٍ 火把，明子

وَالع جـ وَلَعَة م وَالِعَة (مـ): مُشْتَعِل 着火的，燃烧的

وَلَّاعَةُ سَجَايِرَ (مـ): قَدَّاحَة 打火机

مُولَع بكذا 爱好者，…的酷爱者，迷恋者，热衷者

ولغ يَلَغ ووَلِغ يَلِغُ ويَوْلَغُ ويالَغُ وَلْغًا ووُلُغًا ووُلُوغًا ووَلَغَانًا الكلبُ الإناءَ وفي الإناء: شَرِبَ ما فيهِ بِأَطْرَافِ لِسانِه أو أدخلَ فيه لسانَه وحرّكه (狗)以舌舐，舔

ولف (مـ): خَلَطَه ومزَجَه 混合

وَالَفَ الرجلَ: أَلِفَه واتَّصَلَ به 亲近，和睦

وِلْف / وَلِيف: إِلْف / صَاحِب 朋友，同事，伙伴，伴侣

ـ / ـ: واحد الزَوْجَيْنِ 配偶(夫妻之一)

تَوْلِيفَة (مـ): مَزِيج مُؤْتَلِف 混合物

أَوْلَم: صَنَعَ وَلِيمةً 宴请，请客；设宴，款待，招待，接待

وَلْم / وَلَم: حِزَام السَرْج (马的)肚带，鞍带

وَلِيمَة جـ وَلَائِمُ: مَأْدُبَة 宴会，盛筵，酒会席，午餐会，晚餐会

ـ العُرْس 喜宴，结婚宴会

وَلَهَ يَلِهُ ووَلِهَ يَلَهُ ويَوْلَهُ وَلَهًا واتَّلَهَ وتَوَلَّهَ: تَحَيَّر من شِدَّةِ الوَجْدِ 忧郁，沮丧；狼狈；张皇失措；神魂颠倒

وَلَّهَه وأَوْلَهَهُ الحزنُ ونحوُه: حيَّره وأَذْهَبَ عقلَه 迷惑，使他忧郁、沮丧、狼狈；使他张皇失措，使他神魂颠倒

وَلْهَانُ / وَالِهٌ 张皇失措的，神魂颠倒的，精神错乱的，心烦意乱的

وَلْوَل وَلْوَلَةً ووَلْوَالاً: أَعْوَلَ 痛哭，恸哭，大哭，号哭

ـ: دَعَا بالوَيْلِ 大声叫喊：真伤心呀！

ـ تِ القَوْسُ: هَزَمَتْ وصَوَّتَتْ (弓弦)发响声

وَلَى ووَلِيَ يَلِي وَلْيًا فُلانًا: دَنَا منه وقَرُبَ 接近，邻近，靠近

ما يَلِي 下述的，下列的

وَلِيَ يَلِي وِلايَةً ووَلايَةً الشيءَ وعليه: مَلَكَ أمرَه 主持，管理，掌管

ـ بلدًا: تسلَّطَ عليه 统治，管理，统辖

وَلَّى فلانًا: أَقَامَه والِيًا 委他为省长

ـ فلانًا الأمرَ 任命他，委任他，使他主管

ـ هَارِبًا أو مُدْبِرًا: أَدْبَرَ 逃跑，逃走

ـ الشيءَ وعنه: أَعْرَضَ وابْتَعَدَ 回避，逃避，避开

ـ وَجْهَه إلى كذا 把脸朝向(转向)…

وَلَّاهُ ظَهْرَهُ: جعلَه وَرَاءَه 离开，离去

ـ ه ظَهْرَه: هَجَرَه 舍弃，抛弃

ـ ه ظَهْرَه: نَبَذَه احتقاراً 鄙弃

ـ ه اهْتِمَامًا / ـ ه عِنَايَةً 照顾，加以注意，给予注意

وَالَاه: نَاصَرَه 支持，赞助，协助

ـ الرجلَ: صَادَقَه ونَاصَرَه 友好，支持，赞助

ـ العَمَلَ: تابَعَه 继续工作，不断地做

أَوْلَى فلانًا الأمرَ: جعلَه والِيًا عليه 委任，任命，使主管(某事)

ـ ه مَعْرُوفًا: صَنَعَه إليه 帮他忙，接济他，对他施惠，做好事

ـ ه ثِقَتَهُ 信任，信赖，给予信任

ـ ه اهْتِمَامًا 注意，关怀

ـ ه كذا: جلَبَه عليه 给他惹起，引起，带来，招致

تَوَلَّى الأمرَ: قامَ بِه 承担，担任，管理，主持

ـ الحُكْمَ 执政，掌握政权

ـ أَعْمالَ السكْرتَارِيَّةِ 担任秘书工作

ـ عنه: أعرَضَ عنه 回避，躲避，躲开，离去

ـ تْه الدَهْشَةُ 感到惊异，大吃一惊

تَوَالَيَا: تتابَعَا 连续，继续，相继

إِسْتَوْلَى عليه: تَمَلَّكَه 据有，占据，霸占，占有

ـ على الشيءِ (لغَرَضٍ حَرْبِيّ) (为军事需要而)征用

ـ عليه: غلَبَه أو تمكَّنَ منه 打败，征服

ـ على العِلْمِ 掌握，精通(科学)

وَلَاء: مَحَبَّة وصَدَاقَة 友谊，友好，和睦

ـ: أَمَانَة 忠心，忠贞，忠实

ـ: قُرْب / قَرَابَة 亲戚

وِلَاء: تَتَابُع 继续，连续

جاءُوا وِلَاءً أو على وِلَاءٍ 相继到来

وِلَايَة: حُكْم / سُلْطان 统治，支配，管理

ـ شَرْعِيَّة 合法的保管、监视；保护，看守；监护，守护

ـ على الأَوْلَادِ 监护孩子

ـ العَهْدِ 王位承继

ـ: البِلاد التي يتسلّط عليها الوَالِي 省，州

ـ: دولة صغيرة / أمّة 小国；民族

هُمْ على ـٍ واحِدةٍ 他们团结一致，他们同心协力

أَهْلُ الوِلَايَةِ 圣徒

الوِلَايَات المُتَّحِدَة (الأميركِيّة) 美利坚合众国，美国

تَوَالٍ: تتابُع 连续，继续，连贯

على التَوَالِي: باستِمْرَارٍ 继续地，连续地，接连地，不断地

على التَوَالِي: بالتَتَابُع 连贯地，相继地

التَوْصِيل على التَوَالِي [电]串联(电路)

وَلِيّ ج أَوْلِيَاء: نَصِير 赞助者，拥护者，扶助者

ـ: صَدِيق 朋友

ـ: قِدِّيس 圣徒

ـ الشيءِ: صاحِبُه 物主，持有人，占有人，所有者

ـ شَرْعِيّ: قَيِّم 管理人，保管人，保护人，监护人

ـ الله [宗]真主的友人，受真主宠爱的

ـ أَمْرِ الطالِبِ 学生的家长、监护人

ـ الدمِ: أَقارِبُ المَقْتُولِ 苦主，报仇者(被杀害者的骨肉)

الـ 当权者，掌握政权者

ـ العَهْدِ 皇太子，皇储，王太子，王储

ـ النِعْمَة 施主，恩人

أَوْلِيَاء الأَمْرِ: الحُكَّام 官方，当局，当权者

اللهُ وَلِيُّك (أي حافِظك) [宗]愿真主保佑你

وَلِيَّة: قِدِّيسة 女圣徒

ـ (مـ): اِمْرَأَة 太太(对伊斯兰教妇女的敬称)

ـ (مـ): امرأةٌ لا مُعِيلَ لها 无依无靠的女人

دارٌ ـ: قَرِيبَة 邻近的房屋

وَالٍ جـ وُلاَة: حَاكِم 省长，州长

وُلاةُ الأمُورِ / وُلاةُ الأمْرِ 官方，当局，当权者，领导人

أَوْلَى مُثنّاه أَوْلَيَانِ جـ أَوْلَوْنَ وأوَالٍ م وُلْيَا جـ وُلَى ووُلْيَيَات ومُثناه وُلْيَيَان: أحقّ (راجع أول)
最相宜的，最适当的

ـ له: أَجْدَرُ له / أَحْرَى به 最合适的，最合宜的

بالـ / من بابِ ـ 最好

أَوْلَوِيَّة 优先权，优先地位

مَوْلًى جـ مَوَالٍ: سَيِّد 主人，主子，主人公，老爷，首领，头目

ـ: عَبْد 奴隶

ـ: مُنْعِم 施主，恩人

ـ: شَرِيك 伙计

ـ: حَلِيف 盟友，同盟者

ـ: اِبْن 儿子

ـ: اِبْنُ العَمِّ 堂兄，堂弟

ـ: اِبْنُ الأُخْتِ 外甥

ـ: عَمّ 伯父，叔父

ـ: صِهْر 女婿，妹夫

ـ: صاحِب 朋友

ـ: نَزِيل 客人

ـ: جَار 邻人，邻居

ـ: مُعْتَق 被释放的奴隶

الـ عَزَّ وجَلَّ 真主

مَوَالِيَا / مَوَّال جـ مَوَاوِيلُ (مـ) [乐]轮旋曲，反复重唱的民歌，(每句尾上都是 يَا مَوَالِيَا 主人公呀！)，因此把这种诗歌叫 مَوَالِيَا 情歌)

مَوْلَوِيَّة: قَلَنْسُوَةٌ من صُوفٍ مُستطِيلَةٌ يلبَسُها المَوْلَوِيّ 伊斯兰教修道士戴的呢帽

مُوَالٍ: تابع (封建时代的)诸侯，封臣；奴隶，农奴

ـ: نَصِير 支持者，援助者，拥护者，赞成者，赞助者

ـ للقانُون 守法者，温顺的，顺从的

المُوَالِي لليابانِ 亲日者，汉奸，卖国贼

مُتَوَلِّي أَمْرِ كذا (某事的)管理者，负责人

مُتَوَلِّي الأعْمالِ 总务长

مُتَوالٍ: متتابِع 连续的，相继的，接二连三的

ـ: مُسْتَمِرّ 继续的，不停的，不断的

ـ يَةٌ هَنْدَسِيّة [数]等比级数，几何级数

المُتَوَالِي / مُتَاوِلِي (سـ): شِيعِيّ من المَتَاوِلة 穆特瓦里(拥护阿里及其苗裔的什叶派人)

وَمَأ يَمأُ وَمْأً ووَمَّأَ تَوْمِئَةً وأَوْمَأَ إيماءً بحاجِبِه أو يَدِه أو غيرِ ذلك: أشار 努嘴，丢眼色，使眼色，打手势，做手势

أَوْمَأَ إلى كذا: دَلَّ عليه 指示，指出，指明

ـ برأْسِه 点头；摇头

إيمَاء 努嘴，丢眼色，打手势，做手势

ـ ةُ الرأْسِ 点头；摇头

إيمَائِيّ 暗示的，用暗号表示的，用记号表示的

التَمْثِيل الـ 哑剧

مُومَأٌ إليه: مُشَار إليه 所指的，被指出的

ـ إليه: مَذْكُور 上述的，上面提到的

وَمِدَتْ تَوْمَدُ وَمَدًا الليلة: اشتدّ حَرُّها مع سُكُون

الريح (夜间)闷热
ليلةٌ وَمِدٌ أو وَمِدَة 闷热的夜间
وَمَدَة: شِدّة حَرِّ الليلِ 夜间的闷热
وَمَسَ يَمِسُ وَمْسًا الشيءَ بالشيء: احتكّه به حتّى
يَنْجَرِدَ 摩擦，磨光，擦干净
أَوْمَسَتِ المرأةُ: صارَتْ مُومِسًا 变成妓女
مُومِس ومُومِسَة جـ مُومِسَات ومَوَامِسُ ومَوَامِيس
ومَيامِسُ ومَيامِيسُ: مرأة مجاهرة بالفُجُور 妓女
وَمَضَ يَمِضُ وَمْضًا ووَمِيضًا ووَمَضَانًا وأَوْمَضَ البرقُ
وغيرُه: لَمَع خَفِيفًا 闪光，发微光，闪烁
أَوْمَض بِعَيْنِه: سارَقَ النَظَرَ 偷看，窥视
ـ: أَشَار إشارةً خَفِيَّة 暗示，使眼色
وَمْض / وَمِيض: تأَلُّقٌ بَرِيقٍ 发光，闪光，闪烁
ـ / ـ البَرْق 闪电
ـ / ـ فُصْفُورِيّ: أَلْقَة 磷光
وَمِقَه يَمِقُ مِقَةً ووَمْقًا: أحبَّه 爱，喜爱
وَامَقَه وتوَامَقَ الرجلان: أحبّ كلّ منهما الآخرَ
相爱
وَمِيق / مَوْمُوق: مَحْبُوب 可爱的，被爱的
وَنَّبه: أنّبه / وبَّخه 责备，责难，非难，斥责，
谴责
وَنَّسه (مـ): رافَقه 交际，交往，交游
وَنَس: بَطٌّ ثَمِينُ الريشِ [鸟]绵凫
مُوَنَّس (سـ): سُورٌ واقٍ 栏杆
وَنْش جـ وِنْشَات (أ) winch: رافِعةُ الأثقالِ
起重机
وَنَمَة / وَنِيمُ الذُبابِ: سَلْحُهُ أو بَيْضُه 蝇屎；蝇卵
وَنَّ يَوِنُّ وَنًّا (مـ): وَنَّى ووَنِيَ 宽松；缓和；
放松，松弛；懈怠；舒畅；软弱
ـ (مـ): طَنَّ (蜂、蝇)嗡嗡叫，营营叫
ـتِ الرَصاصةُ (مـ): أَزَّتْ (子弹或箭空中快
速穿过的声音)嘘，嗖

وَنَّن (مـ): سَكِرَ 醉，喝醉
مُوَنَّن (مـ): نَشْوَان 半醉的
وَنَى يَنِي ووَنِيَ يَوْنَى وَنْيًا ووَنًى ووَنِيًّا ووَنَاءً ووِنْيَةً
ونِيَةً ووَنًّى وتَوَانَى: فَتَرَ وضَعُفَ 松弛，疲倦，
疲乏，劳累，衰弱
لا يَنِي: لا يَتْعَب 不疲劳，不疲倦，不懈怠
لا يَنِي يُفكِّر في ...: لا يزال يُفكِّر في ...
孜孜不倦地在考虑…
بِهِمَّةٍ لا تَنِي 努力不懈地
تَوَانَى ووَنَّى: لم يَجِدّ في عمله 不卖力，不努力
ـ: تَأَخَّرَ 迟缓，耽搁，迟延
ـ 疲倦，懈怠
وَنًى / وَنَاء: فُتُور / تَرَاخٍ 松弛，松懈
ـ / ـ: تَعَب أو ضَعْف 疲倦，劳累；衰弱
تَوَانٍ: تَأَخُّر / بُطْء 耽搁，拖沓，迟缓；慢吞吞
ـ: إهْمَال 疏忽，忽视，怠慢
بِغَيْرِ ـ 不懈怠地，孜孜不倦地，不迟
缓地
وانٍ: ضَعِيف 软弱的，衰弱的
مُتَوَانٍ / وانٍ 怠慢的，疏忽的
مِينَا ومِينَاء (阴性) جـ مَوَانٍ ومَوَانِئُ: مَرْفَأُ السُفُنِ
港，港口
مِينَا: طِلَاءٌ خَزَفِيّ (في مينا) 搪瓷，珐琅
وَهَبَ يَهَبُ وَهْبًا ووَهَبًا وهِبَةً الرجلَ وللرجل الشيءَ:
أعطاه اِيّاه بلا عِوَضٍ 送礼，赠送，馈赠
ـ الشيءَ: كَرَّسَه / خصَّصه 献，贡献，供奉，
奉献
ـ حَيَاتَه لِكذا 把生命献给…，毕生致力
于…
ـ الشيءَ: قدَّمه كَهَدِيَّةٍ (لِغَرَضٍ خَيْرِيّ) 捐赠
ـ الخادمَ: أعطاه حُلْوَانًا 给小费，给酒钱、
茶钱，给赏钱

ـ هُ اللّٰهُ كذا [伊]真主赏赐他…

هَبْ: اِفْرِضْ 假定…，假设…，假如说…，就算是

هَبْنِي فَعَلْتُ كذا 假定我做了

تَوَاهَبَ القومُ: وهَب بعضُهم لبعضٍ 互相赠礼

اِتَّهَبَ اتِّهَابًا الهِبَةَ: قَبِلها 接受赠品

اِسْتَوْهَبَ الهِبَةَ: طلَبَها 要礼物，要赠品

ـ فلانًا ومن فلانٍ الهِبَةَ: طَلَبَ منه أنْ يَهَبَها له 向某人要礼物、赠品

هِبَة / وَهَب / وَهْب / إيهَاب (مـ): مَنْح 馈赠，赠送，赏赐

ـ جـ هِبَات: مِنْحَة 礼物，赠品

ـ شَرْعِيَة 赐金，补助金

ـ لغَرَضٍ خَيْرِيّ 献金，捐赠物

عَقْدُ الـ [法]授予证

وَهْبَة (مـ) / مَوْهِبَة جـ مَوَاهِب: راشِن / حُلْوَانٌ 酒钱，茶钱，小费，赏钱

وَهُوب 慷慨的，大方的，乐善好施的

وَاهِب: الذي يَهَبُ 赠送人，施主

الوَهّاب 好施者(真主的美名之一)

الوهّابِيّة [伊]瓦哈比派(因创建者 مُحَمَّدٌ عَبْد الوَهَّاب(1703—1787)而得名)

مَوْهُوب: مُعْطًى كَهِبَةٍ 被赠的，被赐予的

ـ عَقْلِيًّا 有天才的，天资聪颖的，有天赋之才的

كاتِبٌ ـ 天才作家

المَوَاهِبُ الفِطْرِيَّة / صِفَاتٌ ـ ة 本性，天性，天赋的品质，天生的品质

الـ له: قابِل الهِبَة 受赠者，接受礼物者

مَوْهَبَة / مَوْهِبة (عقليّة) 天才，天赋，天资

وَهَجَتْ تهِجُ وَهْجًا ووَهِيجًا ووَهَجَانًا وتوَهَّجَت النارُ والشمسُ: اتَّقَدَتْ 灼热，炎热，炽烈

أَوْهَجَ النارَ: أَوْقَدَها 点火，点燃

وَهَج / وَهِيج / وَهَجَانُ النارِ 灼热，白热，(无焰的)燃烧

ـ / ـ / ـ الشمسِ 强烈的日光，灼热的阳光

وَهّاج 炽热的，灼热的，白热的

نُورٌ ـ 耀眼之光，眩目之光，使人眼花的光亮

أَوْهَج (مـ): أَهْوَج (في هوج)

مُتَوَهِّج 热烈的，炽热的，炎热的

وَهَّدَ له الفِرَاشَ: مَهَّدَه 弄平，铺平(床铺)

وَهْدَة جـ وِهَاد ووَهْد: أَرْضٌ مُنْخَفِضَة 低地，盆地

ـ: هُوَّة 深谷，深渊

أَوْهَد: مُنْخفِض 低下的，低洼的

وَهَرَه يَهِرُ وَهْرًا ووَهَّرَه: أَوْقَعَه فيما لا مَخْرَجَ له منه 使为难，使进退维谷，使陷入困境

ـ ه (مـ): وَأَره / أفزعَه 使恐怖，使惊骇，使胆寒

تَوَهَّرَه في الكلام: حَيَّره وأَسْكَتَه 使哑然，使发呆，使哑口无言

وَهَر: تَوَهُّج وَقْعِ الشَّمْسِ على الأرض حتّى تَرَى له اضطرابًا كالبُخار 阳光的闪耀

ـ: سَرَاب 蜃景

وَهْرَة (مـ): وَهْلَة 恐怖，恐惧，惊惶

وَهْرَانُ / مَوْهُور (مـ): خائف 受惊的，害怕的

وَهَقَ يَهِقُ وَهْقًا وأَوْهَقَ الحيوانَ: أمسكه بالوَهَق 用套索套住(动物)

وَهْق / وَهَق جـ أَوْهَاق (捕野马用的)套索

أَوْهَاقُ المَرَضِ 疾病的纠缠

وَهَلَ يَوْهَلُ وَهْلاً: فَزِع 害怕，恐惧

ـ: ضَعُفَ 衰弱，虚弱

وَهَلَ يَهِلُ ويَوْهَلُ وَهْلاً إلى الشيء: وَهَمَ / ذهَبَ إليه وَهْمُهُ وهو يُرِيد غَيْرَه 猜，推测，猜想，揣度，估量

وَهَّلَهُ: خوَّفه وأفزعه 使害怕，使恐惧

وَهَل / وَهْلَة 害怕，恐惧，惧怕

أَوَّلَ وَهْلَةٍ (أو وَهَلَةٍ) 最初，起初，首先

لَقِيتُه أَوَّلَ وَهْلَةٍ 我首先见到他

يَبْدُو الاِسْتعمارُ لأَوَّلِ وَهْلَةٍ قويًّا جبَّارًا ولكنّه في واقعِ الأمرِ نَمِرٌ من وَرَقٍ 帝国主义，乍看起来，好像强大，但实际上是一只纸老虎

وَهِل: فَزِع 害怕的，恐惧的，惧怕的

وهم ـَ وَهْمًا وتَوَهَّمَ الشيءَ: تصوَّره 想像，幻想，空想

ـ في الشيءِ: ظَنَّ خطأً 误解，误会，误认

ـ ووَهِمَ يوْهَمُ وَهَمًا في الحساب: أَخْطَأَ فيه 算错

ـ ه (م): خَوَّفَه 威胁，恐吓，吓唬

وَهَّمَه وأَوْهَمَه: أَوْقَعَه في الوَهْمِ 欺骗，哄骗

أَوْهَمَ فلانًا بكذا 使他想像、幻想、妄想

تَوَهَّمَ الأمرَ: تَخَيَّل وُجُودَه 幻想，想像

ـ المَرَضَ 疑心有病，怀疑生病

اِتَّهَمَ وأَتْهَمَ فلانًا بكذا: اِدَّعَى عليه به 告，控告，告发

ـ وـ فلانًا بكذا: عزاه إليه 归(罪)于…，归(咎)于…，嫁(祸)于…，使背(罪)

ـ الرجلَ: شَكَّ في أمرِه أو صِدْقِهِ 怀疑，疑心，觉得可疑

ـ الرجلَ باطِلاً: تَبَلَّى عليه (م) 陷害，栽诬，诬告，诬陷，诬赖，诬蔑

وَهْم جـ أَوْهَام ووُهُم: تَخَيُّل 想像，幻想，空想，妄想，幻觉，错觉

ـ: ما يَقَعُ في القَلْبِ من الخاطِرِ 想法，念头

ـ: خَوْف 恐惧，惊慌，畏惧，害怕

ـ: خَوْفُ المَرَض [医]疑病(怀疑自己的健康)

ـ: شَكّ 怀疑，疑心，疑惑

ـ: اِنْخِداع 妄想，错觉

ـ / واهِمَة / وَهْمِيَّة 想像力

وَقَعَ في وَهْمِي أنْ ... 我觉得好像…，我错误地认为…

وَهْمِيّ: خيالِيّ 想像的，幻想的，空想的，虚构的

نَظَرِيَّات وَهْمِيَّة 空想的理论

الاِشْتِراكِيَّة الوَهْمِيَّة 空想的社会主义

اِتِّهام 控告，告发；归罪，归咎

وَرَقَةُ الـ / قَرارُ الـ [法]起诉书

اِتِّهامِيّ 控告的，告发的

هَيْئَة المُحَلَّفين الاِتِّهامِيَّة 大陪审委员团

تُهْمَة جـ تُهَم وتُهَمَات / اِتِّهام 罪名，罪状

ـ باطِلَة 诬告，栽诬

بِـ ـ كذا 因…罪名

واهِم: مُخْطِئ 错误的，想错了的，误解的，误会了的

ـ في رأْيِه 想错的，持有错误意见的

مَوْهُوم 想像的，想像中的，空幻的，虚妄的，虚构的，杜撰的

مُتَّهَم / تَهِيم: الذي وقعتْ عليه التُّهْمَةُ 被告

ـ / ـ: مَشْكُوكٌ في أمرِه 嫌疑犯

مُتَّهِم 原告，控告者，告发人

وهنه يَهِنُ وَهْنًا ووَهَّنَه وأَوْهَنَه: أضعفَه 使衰弱，使无能

ـ وأَوْهَنَ العَزْمَ 使沮丧，使受挫折，使垂头丧气，使意志消沉

وَهَنَ ووَهِنَ يَهِنُ ووَهُنَ يَوْهُنُ وَهْنًا ووَهَنًا ووَهِنَ

يَوْهَنُ وَهْنًا: ضعُف في الأمر أو العَمَل أو البَدَن (身体)软弱，懦弱，衰弱，虚弱，无力；(工作)无能力

ـ تْ عَزِيمَتُه 颓废，气馁，沮丧，萎靡不振，意志消沉

ـ تْ قُوَاه 疲倦，疲乏

ـ عَظْمُه وذهَبَتْ رِيحُه 筋疲力尽，老弱无能

بِعَزِيمَةٍ لا تَهِنُ: لا تضعُف 不疲倦地，不屈不挠地

وَهْن من الليل (نحو مُنْتَصَفِه أو بعدَ ساعة منه) 深夜，半夜，半夜三更，深更半夜

واهِن: ضَعِيف 衰弱的，虚弱的，懦弱的

سَبَبٌ ـ 不充足的理由，不正当的理由

واهِنَة 风湿病

وَهِين: رئيسُ فَعَلَةٍ / مُقَدَّم (مـ) 工头，监工，领班

وَهْوَهَ في صَوْتِهِ: رَدَّدَه جزعًا أو حُزْنًا 惊叫，哀号，悲鸣，号叫，哭叫，长吼，狂啸

وَهَى ووَهِيَ يَهِي وَهْيًا الثوبُ: انشقَّ وتخرّقَ (衣服)破烂

ـ و ـ: ضعُف 微弱，无力

أَوْهَى فلانا: أضعفَه 使衰弱，使软弱，使无能

واهٍ جـ واهُون ووُهَاة م واهِيَة: ضَعيف 软弱的，懦弱的，萎靡不振的，有气无力的

ـ: ركيك 不简洁的

ـ: سَخِيف 稀薄的，不足取的

ـ: طَفِيف / زَهِيد / تافِه 琐碎的，轻微的，微不足道的

ـ: مُسْتَرْخِي الرباطِ 松弛的，放松的

سَبَبٌ ـ 不充足的理由，不正当的理由

عُذْرٌ ـ 浅薄的辩解

وَاهَ / وَاهِ / وَاهًا / وَاهًا له وبه: ما أَحْسَنَهُ 多美啊！好极啦！

ـ / ـ على ما فاتَ 嗳呀，我们错过机会了！天哪！真可惜！

وَيْ (كلمة تعجُّب) 惊叹词，表示鄙弃

ـ لِزَيْدٍ 宰德真卑鄙！

或表示钦佩

ـ لِزيدٍ 宰德真了不得！

وَيْبَة جـ وَيْبَات (مـ) (راجع وأْبَة): سُدُسُ الإِرْدَبّ 威伯(埃及容积名，等于 32.9 公升)

وَيْح (كلمة ترحُّم وتوجُّع) 表示怜悯

ويحٌ لزيدٍ / وَيْحًا لزيدٍ / وَيْحَ زيدٍ 宰德真可怜！

وَيْحَكَ 愿你受难！愿你吃苦头！

واح (مـ) / وَاحَة جـ وَاحَات (مـ): أرض خصيبة في قَفْر 绿洲

وِيرْكُو (مـ) / وِيرْكُو: إتَاوَة مصرَ لتركيا سَابِقًا (土耳其帝国时代)埃及所纳的贡税

ـ: ضَرِيبَة الصُّنَّاع 工匠税

وِيسْكِي whiskey 威士忌酒

واق / أَبُو الواق (عـ) / وَاقَة [鸟]麻鸦

ـ الشَّجَرِ (مـ): غُرَابُ الليل 夜苍鹭

وَيْك: وَيْلَكَ 愿你受难！

وَيْكَة (مـ): بَامْيا (مـ) (نباتٌ ثمرُه يُطْبَخ) 秋葵

وَيْل: الشرُّ أو حلولُه 苦难，艰难，悲哀

ـ للخُطَاةِ 罪人们真该死！

ـ لِي 我真伤心呀！

ـ لَهُ / وَيْلَه 他这个倒霉的家伙，该死的

وَيْلَة جـ وَيْلات: بَلِيَّة 重大的灾难、祸患

الياء

ي (الياء) 阿拉伯字母表第 28 个字母；代表数字 10

ي 有两种意义：

(1) 第二人称阴性单数主格的连接代名词，可以加在现在式动词后面

يا فَاطِمَةُ ألا تُحِبِّينَ أَنْ تَكُونِي فَتاةً مُثَقَّفَةً؟ 法特梅，难道你不愿做个有文化的青年么？

也可以加在命令式动词后面

تَعَلَّمِي يا عَائِشَةُ ما يَنْفَعُكِ من العِلْمِ 阿依莎，学习对你有用的东西吧！

(2) 第一人称单数连接代名词，用于属格，放在介词后面：بِي، لي، إلَيَّ، عَلَيَّ，或者放在名词后面做偏次：كِتَابِي، مَعِي，还可以用于宾格，但要加一个保护的نون，而写成 نِي 如：يُعَلِّمُنِي الأُستاذُ ما لا أعْلَمُ（先生把我不知道的教给我）

يَا: حَرْف نِدَاء (كقولك: يا زَيْدُ) (呼唤虚词) 喂！（喂，宰德！）

ـ اللهُ! (مـ) 走！来！跟我来！快一点儿！

ـ اللهُ بِنَا! (مـ) 让我们去吧！

ـ أَيُّهَا النَّاسُ 诸位呀！老乡们！

ـ رَفِيقُ / ـ أَيُّهَا الرَفِيقُ 同志！

ـ تُرَى / ـ هَلْ تُرَى: يا رَجُلُ هَلْ تَرَى وتَظُنُّ 哎呀！（表示惊讶）

ـ لَيْتَنِي... 但愿我…

ـ رَيْتَهُ هُنَا (مـ) 但愿他在这儿

ـ لَلْعَجَبِ 真奇怪！

ـ لَهُ مِنْ قَوْلٍ جَمِيلٍ! 多么漂亮的话！

فـ ـ حَبَّذَا لَوْ... 如果…那该是多么好！

ـ لَه من رَجُلٍ 真是一条好汉！

ـ ... ـ (مـ) （波）不是…就是

اليابان Japan 日本

زَهْرَة ـ: أُرْطَنْسِيَة (سـ) Hydrangea hortensia [植]绣球花，八仙花，紫阳花（日本名词）

يَابَانِيّ 日本的，日本人

الـ ة 日本语

يَأْجُوجُ: يَأْجُوجُ ومَأْجُوجُ 雅朱者和马朱者（古代北方的强悍民族）

يَا دُوب (مـ): بَالكَاد 刚…就…，好容易

يَا دُوب جَا (مـ) 好容易他来了

يَا دُوب يِيِي (مـ) 他一来到就…

يا دُوب قِرْشَيْن (مـ) 刚好两角钱，不多不少

يَارْدَه جـ يَارْدَات (أ) yard: قِيَاس طُولِيّ يُسَاوِي ٠،٩١٤٤ من المتر 码（等于 91.44 厘米）

يازَرْجَة (مـ) (في يزرْجَه) / **ياسَمِين** (في يسمين)

ياظ (مـ): الناحيةُ المَكْتُوبةُ من العُمْلَة 硬币的反面、背面

طُرَّة أَمْ ياظ 是这边还是那边，是钱的正面还是反面（投钱决事时常说的话）

يَافَثِيّ Japhetic 雅弗的

اللغات الـ ة Japhetic languages 雅弗系语言（为“印欧系语言”的旧称）

يَاقَةُ الثَوْبِ جـ ياقات (مـ): طَوْق 衣领，领子

ـ عِيرَة 活领，可以取下的硬领

ـ واقفة 硬领

ـ مَقْلُوبَة 翻领

الياقات المُنَشَّاة 浆硬的领子

ياقوت (في يقت)

ياما (مـ): كَمْ وكَمْ 经常，不止一次

ـ كَلَّمْتُه (مـ) 我不止一次地对他说

ـ ناس 成群的人

يَاميش (مـ) / يَمِش (土)干果(胡桃、榛子等)

يَانْسُون (مـ) / ينسون 大茴香

يَانَصِيبُ 彩票

يَانْكِيّ جـ يَانْكِيُّونَ (أ) Yankee (英俗)美国佬

الإمْبِرْيَالِيَّة الـ ة 美帝国主义

يَاوِر جـ يَاوِرِيَّة ويَاوِرَان (مـ) (波)副官，侍从武官

يَاي جـ يَايَات (مـ): زُنْبُرُك إهْلِيلَجِيّ 弹簧，蜷簧

يَئِسَ يَيْأَسُ ويَيْئِسُ يَأْسًا ويَئَاسَةً منه: قَطَعَ الرَّجَاءَ 失望，绝望，断念，死心

أَيْأَسَه إيئاسًا وآيسَه إيَاسًا: أوقعَه في اليَأْسِ 使失望，绝望

اِتَّأَسَ اِتِّئَاسًا واسْتَيْأَسَ منه: قَطَعَ الأَمَلَ 对他失望、绝望

يَأْس / يَئَاسَة: قُنُوط 失望，绝望，死心

سِنُّ الـ 关口，转机，危机

سِنُّ الـ (عند المرأة): انقطاعُ الطَّمْثِ 妇女绝经期(一般在 45 岁至 50 岁之间)

أَخْلَدَ إلى الـ 陷于悲观失望

يَائِس ويَؤُس ويَؤُوس جـ يُؤُوس 失望的，绝望的

مَرَضٌ مَيْؤُوس منه 不治之症，绝症

مُتَّئِس / مُسْتَيْئِس: يائِس 失望的，绝望的

يَأْمُور: يَحْمُور 麋

يَبَاب: خَرَاب 遗迹，废址，废墟

خَرَابٌ ـ 一片荒凉

يبروح (في برح)

يَبِسَ يَيْبَسُ ويَيْبِسُ يُبْسًا ويَبْسًا واتَّبَسَ: جَفَّ 干，干燥

يَبَّسَ وأَيْبَسَ الشيءَ: جففه 晒干，烘干，使干燥

يَبْس / يَبَس / يُبْس / يُبُوسَة: جَفَاف 干，干燥

ـ / يَابِس جـ يُبَّس: جَافّ 干的，无水分的

ـ / يَابِسَة: أرض 陆地，大陆

يَتَمَ يَتِمُ ويَتِمَ يَتَمُ ويَتُمَ يَتْمُ يُتْمًا ويَتْمًا وتَيَتَّمَ الصَبيُّ من أبيه: صار يَتِيمًا 成为孤儿

يَتَّمَه وأَيْتَمَه: صيَّره يَتِيمًا 使成为孤儿

أَيْتَمَتِ المَرْأَةُ: صار أولادُها يَتامَى 女子丧夫，其子女成为孤儿

يُتْم / يَتْم: حالة اليَتِيم 孤苦，孤儿的景况

يَتِيم جـ أَيْتَام ويَتَامَى ومَيْتَمَة ويَتَمَة ويَتَائِم / مُيَتَّم: من فَقَدَ أباه ولم يَبْلُغْ مَبْلَغَ الرجالِ 孤儿

ـ من البَهائِم: الذي فَقَدَ أمَّهُ 无母的幼畜

ـ الأبِ 无父的孩子

ـ الأمِّ 无母的孩子

ـٌ لَطِيم 无父无母的孩子

ـ: فَرِيد / وَحِيد 唯一的，单独的

ـ: لا نَظِيرَ له 无比的，无双的，无匹的，无敌的

دُرَّةٌ يَتِيمَة 稀有的珍珠

نُسْخَةٌ يَتِيمَة 海内孤本，唯一珍本

الجُمْعَة اليَتِيمَة 伊历 9 月(斋月)最后的聚礼日(星期五)

الليلةُ اليَتِيمَة 节日的前夕

مَيْتَم (مـ): مَلْجَأُ الأيْتَامِ 孤儿院

ـ (مـ): مَأْتَم (راجع أتم) 追悼会

يَجُوج = ياجُوج

يَحْبُور (في حبر)

يَحَار: صَوْلَجَان 权标(古时皇帝所持的杖)

يَحْمُور: أَحْمَرُ 红的，赤色的

ـ: نوع من الأيايِل قصيرُ الذَنَبِ لكلٍّ من قَرْنَيْهِ

ثَلاثُ شُعَبٍ 麋

ـ: حِمار الوَحْش (中亚和西亚产)野驴

يَحْمُوم: أَسْوَدُ من كلّ شيء 黑物，黑色的东西，很黑的，黝黑的

ـ: دُخان 烟，烟子

يَخْت جـ يُخُوت / يَخْتَات (أ) yacht: سَفِينةُ نُزْهَةٍ (خاصَّة) 游艇

يَخْضُور 叶绿素

يَخْنَة (مـ) / يَخْنِي (مـ) (波)炖肉，菜炖肉

يَد جـ الأَيْدِي واليُدِيّ وجج الأَيَادِي ومث يَدَان: كَفّ 手，手掌(自指尖至腕)

ـ: ذِرَاع 下臂，小胳膊(自腕至肘)

ـ بَيْضَاءُ 恩惠，恩德，恩典

ـ الجَوْزَاءِ [天]参宿四(猎户座一等星)

ـ الحَيَوَانِ (兽的)前脚

ـ الشَيْءِ: مِقْبَضُه 把，柄，把柄，扶手

ـ الفَأْسِ 斧柄

ـُ ه خَفِيفَة 他的手是灵巧的，他的手法是高妙的，他是手指轻捷的

ـُ ه طَوِيلَة 他是个小偷，他的手不稳(有窃盗癖的)

ـُ ه قَصِيرة 他是无能的

ـُ ه مَفْتُوحَة 手松，大方

ـُ ه ناشِفَة 手紧，吝啬

الـ العامِلة / الأَيْدِي العامِلة 劳动力

أَخَذَ بـ ـِ ه 提携，提挈，拉巴，帮助

ساعَة ـٍ 手表

قُنْبُلَة ـٍ 手榴弹

عَرَبَة ـٍ 手车

مَصْنُوع بالـ 手工的

هُمْ على ـٍ واحدة 他们采取一致行动

هُمْ عليه ـٌ واحدة 他们一致反对他

أَصْبَحُوا يَدًا واحدةً على الاِسْتِعْمار 他们一致反对帝国主义

صُنْعُ يَدِي 我亲手做的

الظُرُوفُ لا ـ لَهُ فِيها 束手无策的情况

كان له الـُ الطُولَى في 他擅长于…

له اليَدُ الطُولَى في العِلْمِ 他有丰富的知识，渊博的学问

يَمْشِي ـ مِنْ وَرَاءُ وـ مِنْ قُدَّامُ (مـ) (甩着两手走回来)一无所有

عَنْ أو على ـِ فلانٍ: بواسِطَتِه 凭(由)…的手，经…的手

على ـِ الأَطِبَّاءِ 在大夫的协助下

في الـِ: مقبوض (ومعناه تحتَ النَظَرِ أو الإجْراء) 在手边的，在掌握中，在预备中，在进行中

في الـِ / تَحْتَ الـِ: مَوْجُود 现有的

في مُتَنَاوَل ـِ ه 在手边的，够得着的

تَحْتَ يَدِهِ (أَيْ سَيْطَرَته) 在他的权力下，权限内

وَضَعَ ـَ هُ على (راجع وضع) 拿到，占有，占领

له ـٌ في الأَمْرِ 他曾参与这件事

له ـٌ بَيْضَاءُ في الأمر: حاذِقٌ فيه (他对某事是)精通的，通晓的，熟练的，擅长的

طَلَبَ ـَ المرأةِ: خطبَها 向女人求婚

مَدَّ ـَ المُساعَدَةِ 助一臂之力

سُقِطَ (أُسْقِطَ) في ـِ هِ (راجع سقط) 错误；懊悔；惶惑，不知所措，张皇失措

بَيْنَ يَدَيْهِ: أمامَه 在…面前

ذَهَبُوا أَيْدِي سَبَا 他们流离失所

صاحِبُ الأَيادِي البِيضِ (البَيْضَاء) 施主，恩主

لا أَفْعَلُه يَدَ الدَهْرِ 我永不做这件事

يد

يَدَوِيّ / يَدَوِيّ	手的，手工的
شُغْلٌ يَدَوِيّ	手工，手工活
صِنَاعَةٌ يَدَوِيَّة	手艺，手工业
يَدَس (م): يَادَسْت (ع): (اسم لُعْبَة)	各种社交游戏中视作罚品的赠物
عَظْمُ الـ: تَرْقُوَةُ الطُّيُور	(鸟胸的)叉骨
يَرْبُوع ج يَرَابِيع: حَيَوان كالفأر	[动] 飞鼠，跳鼠
يَرِع يَرَعَ يَرَعًا: كان جَبَانًا	成为懦夫，胆小鬼
يَرَاع / يَرَاعَة: قَلَم	苇笔
– / –: قَصَب	芦苇
– / –: حُبَاحِب	萤火虫
يَرَاعَة: مِزْمَار / مَاصُول	黑管
يَرَقَانٌ / أَرَقَانٌ: آفَةٌ زِرَاعِيَّة	(植物的)枯萎病
– الإنسان: صَفَر	黄疸病
مَيْرُوق / مَرْيُوق (م): ما أصابَه اليَرَقَانُ من النبات	害枯萎病的
–: مصابٌ بمَرَضِ اليَرَقَان (حيوان)	害黄疸病的
يَرَقَة ج يَرَقَات / يَرَقَانَة / أَرَقَة: دُودَةٌ بين النَقْفِ والتَفْرِيش	蛹
يَزرْجِه (م) / يَازِرْجَه (م): علم التَنْجِيم	(波)占星学
يَزرْجِي (م) / يَازِرْجِي ج يَازِرْجِيَّة (م): مُنَجِّم	占星家
يس: سُورَةُ – (ياسين)	雅辛章(古兰经第36章的名称)
بِسْ!	呵!(喝止牲畜的呼声)
يَسَرَ يَيْسِرُ يَسْرًا ويَسَرًا: لانَ وانقادَ	(人)善良，和蔼，亲切; (牲畜)温顺，驯良，易于驾驭
– ت وأَيْسَرَتِ الوالدة: سَهُلَت عليها الوِلادة	顺产，易产
يَسَرَ يَيْسِرُ يَسْرًا: لعب بالقِمار	赌，赌博，赌钱

يسر

يَسَرَ يَيْسُرُ يُسْرًا ويَسَرَ يَيْسَرُ يَسَرًا الأمرُ: سَهُلَ	容易，顺利
–: قَلَّ / كان قَلِيلاً	少了，成为少的
يَسَّرَ الشيءَ لفلان: سَهَّله له ووفَّقه له (يكون في الخير والشرّ)	使容易，使顺当，助长，促进，给予方便，为他开方便之门
ياسَرَ الرجلَ: تَسَاهَلَ مَعَه / لايَنَه	纵容，放纵
أَيْسَرَ: صار ذا غِنًى	兴隆，繁荣，生活宽裕，家道小康
– تِ المرأةُ	顺产，易产
تَيَسَّرَ واسْتَيْسَرَ الأمرُ: تسهل	(事情)容易，顺利
– وـ له كذا: تَهَيَّأ	方便，便利，顺利
تَياسَرَ القومُ: اقتسمُوا بَيْنَهم لَحْمَ المَيْسِر	抽签分肉
اسْتَيْسَرَ له (م): اسْتَأْسَر	屈服，投降
يُسْر / يُسُر / يَسَار / يَسَارَة / سُهُولَة:	容易，平易
– / – / – / –: غِنًى	富裕，财富
– / – / – / –: نَجَاحُ الأعْمَالِ	兴隆，昌盛，繁荣
– / – / – / –: ضد عُسر	小康的家道
ذُو اليَسَار	富裕的，富足的
يَسْرَة	左，左边
يَسَار ج يُسُر ويُسْر: ضدّ يَمِين	(阴性)左手
– المُرْكَب	(船的)左舷
جِهَةُ اليَسَار	左边
قَعَدَ يَسَارًا / عَنْ يَـ الـ	他坐在左边
أَهْلُ الـ	左翼
عُضْوُ الـ	(坐在审判长左边的人)陪审员
يَسَارِيّ	左边的，左翼的
شِعَارَاتٌ –ة	左的口号
سِياسَةُ الـ يـنَ	左派的政策
يَسَارِيَّة	左派
يَسَر ج أَيْسَار: سَهْل	容易的，不难的

ماءٌ ـ: عَذْب يَرْغُو فيه الصَابُونُ 软水
رَجُلٌ أَعْسَرُ ـ: يعمَلُ بكِلْتَا يَدَيْهِ 兼用左右手劳动的男人
عَسْرَاءُ يَسْرَاءُ 兼用左右手劳动的女人
يُسْرَى ج يُسْرَيَات / اليَدُ اليُسْرَى 左手
يَسِير: قليل 少的
ـ: هَيِّن 轻易的，容易的
ـ (م): أَسِير 俘虏
ـ (م): عَبْد / رِقّ 奴隶
يَسِيرْجِي ج يَسِيرْجِيَّة (م): نَخَّاس / تاجِرُ رقِيقٍ 奴隶贩子
مَيْسُور / مُتَيَسِّر (م): سَهْل 容易的，方便的
ـ / ـ: سَهْلُ النَيْلِ 易致的，容易得到的，容易达到的，唾手可得的
مِنَ الـ أنْ ... …是容易的
لَيْسَ في ـ ه أنْ ... 他难以…
أَيْسَرُ: أَهْوَنُ / أَسْهَلُ 更容易的，最容易的
أَيْسَرُ م يُسْرَى 左的，左边的
الجانِبُ الأَيْسَرُ 左边
جَناحُ الحِزْبِ الأَيْسَر 党的左翼
اليَدُ اليُسْرَى 左手
الجِهَة اليُسْرَى 左边，左方
الصَفْحَةُ اليُسْرَى من كتابٍ (书籍的)左页
مَيْسِر: قِمَار 赌博
مَيْسَرَة ج مَيَاسِرُ: نَقِيضُ المَيْمَنَة 左边
ـ الجَيْش (军队的)左翼
ـ / مَيْسُرَة: سُهُولَة 容易
ـ / ـ: غِنًى 财富，富裕
مُوسِر / مُيَسَّر: ذُو اليَسَارِ 富裕的，富有的
رَجُلٌ ـ أو ـ 财主，富翁，有钱的
مُتَيَسِّر 容易的，方便的
مُيَسَّر / مَيْسُور ج مَيَاسِير / مُتَيَسِّر (م): ضدّ مُتَعَسِّر ومَعْسُور 昌盛的，顺利的
كُلٌّ ـٌ لِمَا خُلِقَ لَه 生成的一半，学成的一半
يَسْرُوع (في سرع)
يَسْقْجِي ج يَسْقْجِيَّة (م) / يَسَاقْجِي ج يَسَاقْجِيَّة: حارِس / قَوَّاس (م) 卫兵，卫士
يَسْمِين / يَاسَمِين [植]素馨，耶悉茗
ـ أَبْيَضُ: سِجِلاَّت (م) [植]白素馨
ـ اللَيلِ 茉莉
ـ حِجَازِيّ [植]栀子
ـ هِنْدِيّ 榕树
ـ البَرِّ: ظَيَّان 野素馨
يَسُوعُ (希)耶稣
ـ المَسِيح (希)耶稣基督
يَسُوعِيّ ج يَسُوعِيَّة / جَزْوِيتِيّ (أ) jesuit (天主教的)耶稣会会员
يَاسِين 雅辛章(古兰经第 36 章的名称)
هو مَحْفُوظ بـ ـ 他处在雅辛保护之下
يَشْب / يَصْب / يَشْف / يَصْف jasper: حَجَرٌ كَرِيم 碧石(碧玉)
ـٌ مِصْرِيّ 埃及碧石(碧玉)
ـٌ عَقِيقِيّ 碧石玛瑙
ـٌ فِتنِيّ 玄武碧石(碧玉)
يَشْم (ع) / جَاجَه: حجرٌ كريم 玉，硬玉
يَشْمَك (م) / يَشْمَق / يَاشْمَق: خِمَار (土)面纱
يَصْب (لَعَلَّه اليَشْب) 碧石
يَطَق ج يَطَقَات / (土) يَاتَاق (轮船、火车、露营等椅床两用的)床铺
يَطْقَان (土)(土耳其人等用的)无锷长剑
يَعْبُوب: عَبَاب 奔流，洪流
يَعْرُب 叶耳鲁卜(南方阿拉伯人祖先的名称)
يَعْرُبِيّ 叶耳鲁卜的
يَعْسُوب (في عسب) / **يعضيد** (في عضد)

يَغْفُور: غزَال 小羚羊
يعقوب (في عقب)
يَغَمَ يغْمًا (م) (土) 抢劫，掠夺
يَغْمَة (م): غَنيمة 战利品
يَغْمَجِي جـ يَغْمَجِيَّة (土) يَغْمَاجِي (م) 强盗，掠夺者
يَغْمُور (م) / يَاغْمُور 雨衣(土)
يَغْنِيش (م): مُوالَسة 欺骗
ـ: مُحابَاة أو تَستُّر 偏爱，偏袒
يَفَخَ يَيْفَخُ يَفْخًا الولدَ: ضَرَبَ يَافُوخَه 打小孩的顶门
يَافُوخ ويَأْفُوخ ويَفُوخ جـ يَوَافِيخُ 头顶，顶门
ـ رأس الطِفْلِ: نَافُوخ (م) [解]顶门
ـ: قِمَّةُ الرأسِ 头顶
يَفْطَة جـ يُفَط ويَفَطَات / يَافْطَة جـ يَافْطَات (土)
يَافْته (م): لافِتَة / لَوْحَة الاسْمِ 招牌，横标
ـ الباب 门牌
ـ الطُرُودِ وأَمْثالِها (包裹等的)标签
ـ الشَارِعِ 街道名牌，路牌
يَفَعَ يَيْفَعُ يَفْعًا وأَيْفَعَ وتَيَفَّعَ الغلامُ: ناهزَ البلُوغَ 情窦初开，接近发情期、青春期
ـ الجبَلَ: صَعِدَه 上山，爬山，登山
يَفَع / يَفَاع جـ يُفُوع: كلُّ ما ارتفع من الأرض 小岗，高地
ـ جـ أَيْفَاع / يَافِع جـ يَفَعَة ويُفْعَان: مُنَاهِزُ البُلُوغِ 情窦初开的，接近青春期的
يَفَعَة: غلام إذا تَرَعْرَعَ وناهز البلوغ 情窦初开的少年(单、双、复数通用：غُلامٌ ـ / غلامانِ ـ / غِلْمانٌ ـ)
يافِعات مِن الأُمُور 难事，难题
ـ من الجبال: شامخة 崇山，峻岭
مَيْفَعَة: ما ارتفع من الأرض 高地

يَاقُوت جـ يَوَاقِيتُ: حجرٌ كريم صُلْبٌ رَزِين شَفَّاف مختلف الألوان 宝石
ـٌ أَحْمَر / ـٌ بِهْرَمَانِيّ 红宝石
ـ أَزْرَق: بَنَفْسَجِيّ 蓝宝石
ـ أَصْفَر 黄玉
ـ جَمْرِيّ: كَرْكَنْد 紫刚玉
يَقْطِين (في قطن): قرع مستدير 南瓜
يَقِظَ يَيْقَظُ يَقَظًا ويَقُظَ ـُ يَقَاظَةً واسْتَيْقَظَ: ضدّ نامَ 醒
ـ و ـ: صار يَقِظًا 成为觉醒的
ـ و ـ وتَيَقَّظَ: حَذِرَ 警觉，警惕
ـ و ـ و ـ إلى الأمر: تنبَّهَ 注意，留心，留神
ـ و ـ و ـ إلى الأمر: تذكَّره 想到，想到
يَقَّظَه وأَيْقَظَه واسْتَيْقَظَه: أَصْحَاه 唤醒，叫醒
ـ ه و ـ ه: حرَّكه 使动起来
ـ ه و ـ ه: حذَّره 警告
ـ: ذكَّره 提醒，使记住，使想起
تَيَقَّظَ: حَذِرَ 成为警觉的，警戒着的，时时警惕的
يَقَظَة: ضدّ نَوْم 清醒，醒悟
ـ / تَيَقُّظ: انتباه 警醒，注意
ـ / ـ: حَذَر 谨慎，警惕，留心
في الـ 醒着
لا يَنْسَى ذلك في ـ هِ ونَوْمِه 寤寐不忘
بَيْنَ اليَقَظَةِ والنَوْمِ 醒睡(虽睡而提防警觉)，在半睡眠状况中
يَقِظ ويَقُظ ويَقْظَانُ جـ أَيْقَاظ م يَقْظَى جـ يَقَاظَى / مستيقِظ: صَاحٍ 醒着的
ـ / ـ / ـ / مُتَيَقِّظ: واعٍ 警醒的，警惕的，注意的
أَبُو اليَقْظَانِ (كُنْيَة الديك) 公鸡
يَقَق: جُمَّار النَخْلِ وأَمْثالِه (枣椰的)木髓

ـ: قُطْن 棉花

أَبْيَضُ ـٌ: شديدُ البَياضِ 雪白的，洁白的

يقن يَيْقَنُ يَقْنًا ويَقَنًا الأمرُ: وضُح وثبت （事情）明白，清楚，确定，确实，肯定

ـ وأيْقَنَ وتَيَقَّنَ واسْتَيْقَنَ الأمرَ وبه: عِلمَه وتحقّقه 确信，深信

يَقَن / يَقْن / إيقَان 深信，确信

ـ / يَقِن / يَقُن / يَقَنة / مِيقَان م مِيقَانة 轻信者

يَقِين: تحقّق 确实，确定

ـ: اقتناع وتصديق 确信，深信

ـ: محقّق / ثابِت 确实的，确定的

حَقُّ الـ: واضِحُه وخالِصُه 明显的事实，无疑的真理

خَبَرُ الـ 确实的消息

عِلْمُ الـ 真实的知识

عَلِمَ عِلْمَ اليَقِين 他确切地知道

عَلَى ـٍ مِنْ 确信…

أنا على ـٍ مِنْ أَنَّ ... 我深信…

يَقِينًا 的确，无疑

يَقِينِيّ 确实的，肯定的

ـ جـ يَقِينِيَّات 公理，自明之理

مِيقَان: سَرِيع التصديق 轻信者

مُوقِن 确信的，深信的

يك: واحِد （波）一，一个

لَمْ يَكُ: لم يَكُنْ (انظر كان)

اليَكُونُ العُمُومِيّ (مـ) 总计，合计

يَكْلَنْجِي جـ يَكْلَنْجِيَّة (مـ): رئيس نواتيّ السفينة （土）掌帆长，水手长

يَلَك جـ يَلَكَات (مـ) （土）（妇女的）背心，马甲，衬衣，紧身衣

يَلْمَق جـ يَلامِق （波）皮袄

يَمَخَانَة (مـ) / يَمَكْخَانَة جـ يَمَكْخَانَات: قاعةُ الأَكْلِ في المَدْرَسة وأمثالها （土）（学校等的）饭厅，餐厅

يَمَك (مـ) （土）口粮，一餐，一顿

يَمَّم كذا أو إليه: قصَده واتّجه إليه 往，去，赴（某地）

تَيَمَّمَ الأمرَ: تعمَّده 要，想（做某事）

ـ 代净（穆斯林因故不能用水作大小净时，用手拍净土、净沙或净石摸脸和小胳膊以代水洗）

يَمّ جـ يُمُوم: بَحْر 海

يَمَام الواحدة يَمَامَة جـ يَمَامَات / يَمَم: حَمَام برّيّ 野鸽

ـ يَتِيمِيّ 斑鸠

يَامُوم 小鸽子，小鸵鸟

يَمَنَ يَيْمَنُ ويَمِنَ يَيْمَنُ ويَمُنَ ـ ويُمِنَ يُمْنًا: ومَيْمَنَةً كان ذا يُمْنٍ 成为幸运的、幸福的、侥幸的

ـ لِقَوْمِهِ وعلى قَوْمِهِ: كان مباركًا عليهم 他造福于人民

يَمَّنَ ويَامَنَ وتَيَامَنَ وأَيْمَنَ: ذهَبَ نحوَ اليَمِين 向右走，到右边去

ـ وـ وـ وـ: أَتَى اليَمَنَ 去也门

تَيَمَّنَ واسْتَيْمَنَ به: تبرك به 认…为吉兆

ـ: ابتدأ في الأفعال أو الحركات باليَدِ اليُمْنَى أو الرِجْل اليُمْنَى أو الجانب الأَيْمَن 行动中先用右手或右脚，或自右至左做起

يُمْن: بَرَكَة 幸运，吉庆

يَمَن / يَمْنَة: ناحِية اليَمِين 右边，右方

اليَمَن / بِلادُ اليَمَن 也门

بِنْتُ اليَمَن: القَهْوَة 咖啡

يَمَنِيّ جـ يَمَنِيُّون / يَمَانٍ جـ يَمَانُونَ / يَمَانِيّ جـ يَمَانِيُّون 也门的，也门人

بُنٌّ ـ 也门咖啡，摩卡咖啡（因从也门的

摩卡港输出而得名）

خطٌّ ـ: الخطُّ المُسْنَد 希木叶尔书法

يَمَانِيٌّ: عَقِيق 玛瑙

حَجَرٌ ـ: عَقِيق أَحْمَر 光玉髓，肉红石髓

يَمِين جـ يَمِينَات وأَيْمَان وأَيْمُن وأَيَامِنُ وأَيَامِينُ:

ضِدّ يَسار 右边，右手

ـ المَرْكَب 右舷

ـ: قَسَم (راجع قسم وحلف) 誓言，誓约，盟约

ـ الإِخْلاص / ـ الأَمانَة أو الطَاعَة 效忠的盟约，表示忠顺的誓言

ـ اللغْوِ 妄誓

ـ الصَبْرِ 伪誓

ـٌ حاسِمَة 果断的誓言，坚定的誓言

ـ مُتَمِّمَة 补充的誓言

ـٌ غَلِيظة أو مُغَلَّظَة 重誓，海誓山盟

عُضْو الـ （法庭上坐在主审官右面的）陪审员

أَدَّى الـ / حَلَفَ الـ / أَقْسَمَ الـ (أمامَ المَحْكَمَةِ) （法庭上的）宣誓，发誓

خَلِّيكَ على ـِكَ (مـ) 靠右边走！

يَمِينًا 向右，在右边

يَمِينِيّ 右方的，向右的

الانْتِهَازِيَّة الـ ة 右倾机会主义

أَصْحابُ الانْحِرافِ الـ 右倾分子

دَوْرَةٌ يَمِينِيَّة 右旋，右转，顺时针的

يُمْنَى / مُثَنَّاها يُمْنَيَانِ جـ يُمْنَيَات: اليَدُ اليُمْنَى 右手

الجِهَة الـ 右方，右边

الصَفْحَةُ الـ من كِتاب 书籍右侧之页

أَيْمُ اللهِ: بِاللهِ 指真主发誓！

أَيْمَنُ م يَمْنَاء جـ يُمْن وأَيَامِن: ضِدّ أَيْسَر 右，右侧的

الذراع الـ 右小胳膊

أَيْمُنُ اللهِ: اسم وُضِعَ للقسم 指真主发誓

مَيْمُون: ذُو اليُمْنِ 幸运的，有福的

ـ (مـ): قِرْد / رُبَّاح 短尾猿

ـ الطائِرِ / مُيَمَّن 吉庆的

سِرْ على الطائِرِ الـ 祝你一路平安

مَيْمَنَة جـ مَيَامِنُ: خِلاف المَيْسَرَة 右，右边

ـ: يُمْن 吉利，幸福

ـ الجَيْشِ 军队的右翼

مُيَمَّن: يَأْتِي بالخَيْر 吉利的

يَنَايِرُ (أ) January: كانُونُ الثانِي / الأول من شهور السنة الشمسيّة 阳历 1 月

يَنْبُوع جـ يَنَابِيعُ (في نبع)

ينبغي (في بغي)

يَنْسُون (مـ) / يَانْسُون (مـ): آنِيسُون 大茴香

يَنَعَ يَيْنَعُ ويَيْنِعُ يَنْعًا ويُنْعًا ويُنُوعًا وأَيْنَعَ الثمرُ: أَدْرَكَ وطابَ （果实）熟，成熟

يانع جـ يَنْع / يَنِيع 成熟的（果实）

ـ: أَحْمَرُ 红色的

يَهْفُوف: أَحْمَق / مَهْفُوف (مـ) 轻率的，轻浮的，愚妄的，愚蠢的

ـ: جَبَان 胆怯的

يَهُودِيّ جـ يَهُود 犹太的，犹太人

الـ ة 犹太教

يَهْوَه （希伯来）耶和华（上帝）

يُوان / يَن (أ) 圆（中国货币单位）

يُوبِيل (أ) jubilee: عِيدٌ خَمْسِينِيّ 50 年纪念

يُوجِنِيَّة (أ) / يُوجِينِيَّة (أ) eugenics: عِلْمُ إصْلاحِ النَسْلِ 优生学

يُوحَنَّا (أ) Johanan 约翰（男名）

يُود (أ) iodine ［化］碘

يود 1415 يوم

صِبْغَةُ الـ iodine of tincture: الصِبْغَة البَنَفْسَجِيَّة 碘酒

يُودَات (أ) iodate: مِلْح الحامِض اليوديك [化] 碘酸盐

يُودُور (أ) iodide: مَزِيج اليُودِ بعُنْصُر آخَرَ 碘化物

ـ البُوتَاسَا iodie of potassium 碘化钾

يُودُوفُرْم (أ) iodoform 黄碘，碘仿，三碘甲烷

يُورَات / يُورَاة (أ) urate: مِلح الحامض البَوْلِيّ 尿酸盐

يُورَانِيُوم (أ) uranium: عُنْصُر إشْعَاعِيّ مَعْدِنِيّ أبْيَض 铀

يُورِيَا urea: بَوْلِينا / مادّة البَوْل 脲，尿素

يُورِيك (أ) uric: بَوْلِيّ 尿的

أَسِيدُ ـ uric acid: حامِض بَوْلِيّ 尿酸，尿囿酸

يُورِيمِيَا (أ) uraemia: تسمُّمٌ بَوْلِيّ 尿毒症

يُوزْبَاشِيّ جـ يُوزبَاشِيَّة (مـ) (土)上尉

ـٌ بَرِّيّ (مـ): نَقِيب (سـ) 陆军上尉

ـ بَحْرِيّ 海军上尉

يُوسُفُ: اسم رجل 约瑟，优素福(男名)

ـ أَفَنْدِي (مـ) / يُوسُفِيّ 桔子

يُوسِيفُس (أ) Josephus: مُؤَرِّخ قَدِيم 佑西法斯(犹太史学家，生于1世纪时)

يُوطُوبِيَا (أ) utopia 乌托邦，空想

يُوطُوبِيّ 乌托邦的，空想的

يُوغَا (أ) Yoga: طائِفة صُوفِيّة هِنْدِيّة 瑜珈宗(印度的神秘学派)

يُوغِيّة: اتِّحادِيّة كَوْنِيّة 瑜珈的教理

يُوغُرْت (مـ): قَنْبَرِيس / لَبَن حامِض 酸奶

يُولِيُو / يُولِيَه (أ) July: تمُّوز / السابع من شهور السنة الشمسيّة 阳历7月

يَوْم جـ أَيَّام جج أَيَاوِيمُ: ٢٤ ساعة (أو بمعنى نهار) 一日；白天

ـ: وَقْت 时，时间

ـٌ أَبْيَضُ 吉日，良辰，黄道吉日

ـٌ أَسْوَدُ 凶日，黑道日

ـُ الأَحَدِ 星期日，礼拜日

ـُ الجَلْسَةِ (يومُ انْعِقادِ المَحْكَمَة) 开庭日，审判日

ـ عُطْلَةٍ 假日

ـٌ مَشْهُود 节日，纪念日，重大的日子，难忘的日子

ـٌ بَرْهَمِيّ (سَنْسِكْرِيتِيّ): ٤٣٢٠ مليون سنة (梵文)劫(43亿2千万年)

كُلَّ ـٍ 每天，天天

قُوتُ ـِهِ 当天的口粮

ذَاتَ ـٍ / في ـٍ من الأَيَّامِ: يَوْمًا مَا 有一天，有那么一天

في الـ ذَاتِه 在同一天，就在那一天

إلى الـ / حتَّى ـِ نا هذا 到今天，直到现在

حَتَّى الـ 直到现在，直到今天

من ـ ليوم 日日，日复一日，一天一天

ـَ كانَ مُعَلِّمًا 在他当教员的时期

ـُ العُطْلَةِ الرَسْمِيَّةِ 公休日，假日

يومًا ويومًا 每隔一天

يَوْمًا 每天，天天

يَوْمًا فيَوْمًا / يومًا بَعْدَ يَوْمٍ 日复一日，一天天地

اِبْنُ يَوْمِهِ: سَرِيعُ الزَوالِ 暂时的，短命的，朝生暮死的，昙花一现的

اِبْنُ الأَيَّامِ 世故深的人，久经世故的人

اليَوْمُ 今天

في اليَوْمِ (مـ): كُلَّ يَوْمٍ 每天

الـ الآخِر 末日

يَوْمَئِذٍ 在那天；那时候

يَوْمِيّ: كُلَّ يَوْمٍ 每天的

ـ: لِكلِّ يَوْمٍ 一天的

جَرِيدَة يَوْمِيَّة 日报

دَوْرَة الأَرْضِ اليَوْمِيَّة 地球自转

يَوْمِيَّة: أُجْرَةُ اليَوْم 日薪，每天的工资

ـ (مـ): دَفْتَرٌ لقَيْد أَعمال اليَوْمِ 日志，日记本

ـ التاجِر (مـ): دَفْتَرُهُ الأَوَّلِيّ 流水账，收支薄

يَاوَمَهُ يِوَامًا ومُيَاوَمَةً: عَامَلَهُ بأُجْرَةِ اليَوْم 做零工，做日工

مُيَاوَمَةً: باليَوْمِ 按日记工

عُمَّال الـ 日工，短工，零工

يُونَان Jonah: يُونُسُ / اسمُ نَبِّيٍّ 约拿(希伯来的先知)

اليُونَان: الشَّعْبَ اليُونَانِيّ 希腊人，希腊人民

الـ / بِلَاد الـ 希腊

يُونَانِيّ 希腊的，希腊人

اليُونَانِيَّة 希腊文

يُونُس: يُونَان / ذُو النُونِ / اسمُ نبيٍّ Jonah 约拿(希伯来的先知)

سَمَكُ ـ: خِنْزِير البَحْرِ 海豚

يُونِيسْكُو 联合国教科文组织

يُونِيُو / يُونِيَه (أ) June: حَزِيرَان / السادس من شهور السنة الشمسيّة 阳历 6 月

附 录

一、月份名称 (أسماء الشهور)

汉语名称	التقويم القبطي 科卜特历名称	التقويم الهجري 伊斯兰历名称	التقويم السرياني 古叙利亚历名称	التقويم الروماني 罗马历名称
一月	توت	المُحَرَّم / مُحَرَّم	كَانُونُ الثَّانِي	يَنَايَر
二月	بابه	صَفَر	شُبَاطُ	فَبْرَايَر
三月	هاتور	رَبِيع الأول	آذار	مَارْس
四月	كِيهَك	رَبِيع الآخر (الثاني)	نَيْسَان	إبْرِيل
五月	طوبة	جُمَادَى الأولى	أَيَّار	مَايُو
六月	أَمْشِير	جُمَادَى الآخِرَة	حَزِيرَان	يُونِيُو
七月	بَرَمْهَات	رَجَب	تَمُّوز	يُولِيُو
八月	بَرْمُودَة	شَعْبَانُ	آب	أُغُسْطُس
九月	بَشَنْس	رَمَضَان	أَيْلُول	سَبْتَمْبَر
十月	بَؤُونَة	شَوَّال	تِشْرِين الأول	أكتوبر
十一月	أَبِيب	ذو القِعْدَة	تِشْرِين الثاني	نُوفَمْبَر
十二月	مِسْرَى	ذو الحِجَّة	كَانُون الأول	دِيسَمْبَر

二、字母数字对照表 (حساب الجُمَّل)

ق = ١٠٠		أ = ١
ر = ٢٠٠	ك = ٢٠	ب = ٢
ش = ٣٠٠	ل = ٣٠	ج = ٣
ت = ٤٠٠	م = ٤٠	د = ٤
ث = ٥٠٠	ن = ٥٠	هـ = ٥
خ = ٦٠٠	س = ٦٠	و = ٦
ذ = ٧٠٠	ع = ٧٠	ز = ٧
ض = ٨٠٠	ف = ٨٠	ح = ٨
ظ = ٩٠٠	ص = ٩٠	ط = ٩
غ = ١٠٠٠		ي = ١٠

三、阿拉伯国家、首都、主要城市
(البلدان العربية وعواصمها ومدنها)

الْمَمْلَكَة الأُرْدُنِّيَّة الْهَاشِمِيَّة (الأُرْدُنّ)

约旦哈希姆王国(约旦)

عَمَّان	安曼
السَلْط	萨勒特
العَقَبَة	亚喀巴
إِرْبِد	伊尔比德
الزَّرْقَاء	扎尔卡

دَوْلَة الإِمَارَات العَرَبِيَّة الْمُتَّحِدَة (الإِمَارَات)

阿拉伯联合酋长国(阿联酋)

أَبُو ظَبِي	阿布扎比
عَجْمَان	阿治曼
دُبَيْ	迪拜
الفُجَيْرَة	富查伊拉
رَأْس الخَيْمَة	哈伊马角
الشَارِقَة	沙加
أُمّ القِيوَيْن	乌姆盖万

مَمْلَكَة البَحْرَيْن (البَحْرَيْن) 巴林王国(巴林)

الْمَنَامَة	麦纳麦

الْجُمْهُورِيَّة التُّونِسيّة (تُونِس)

突尼斯共和国(突尼斯)

تُونِس	突尼斯
صَفَاقِس	斯法克斯
سُوسَة	苏萨

الْجُمْهُورِيَّة الْجَزَائِرِيَّة الدِّيمُقْرَاطِيَّة الشَّعْبِيَّة (الجَزَائِر)

阿尔及利亚民主人民共和国(阿尔及利亚)

الجَزَائِر	阿尔及尔
عَنَّابَة	安纳巴
قُسَنْطِينَة	君士坦丁
وَهْرَان	瓦赫兰
سِيدِي بالعَبَّاس	西迪比尔阿贝斯

جُمْهُورِيَّة جِيبُوتِي (جِيبُوتِي)

吉布提共和国(吉布提)

جِيبُوتِي	吉布提

الْمَمْلَكَة العَرَبِيَّة السُّعُودِيَّة (العَرَبِيَّة السُّعُودِيَّة)

沙特阿拉国王国(沙特阿拉伯)

الرِيَاض	利雅得
الظَهْرَان	达赫兰
جِدَّة	吉达
الْمَدِينَة	麦地那
مَكَّة	麦加
حِجَاز	希贾兹

جُمْهُورِيَّة السُّودَان (السُّودَان)

苏丹共和国(苏丹)

الخَرْطُوم	喀土穆
عَطْبَرَة	阿特巴拉
كَسَلاً	卡萨拉
وَاد مَدَنِي	瓦德梅达尼
أم دُرْمَان	乌姆杜尔曼

الْجُمْهُورِيَّة الْعَرَبِيَّة السُّورِيَّة (سُورِيَا)
阿拉伯叙利亚共和国(叙利亚)

دِمَشْق	大马士革
حَلَب	阿勒颇
بَانِيَاس	巴尼亚斯
دَيْر الزُّور	代尔祖尔
دَرْعَا	德拉
حَمَاة	哈马
الحَسَكَة	哈塞克
حِمْص	霍姆斯
القَامِشْلِي	卡梅什利
اللاذِقِيَّة	拉塔基亚
السُّوَيْدَاء	苏韦达
طَرْطُوس	塔尔图斯

جُمْهُورِيَّة الصُّومَال الديمقراطيّة (الصُّومَال)
索马里民主共和国(索马里)

مُقَدِيشُو	摩加迪沙
مِيرْكَا	梅尔卡

جُمْهُورِيَّة الْعِرَاق (الْعِرَاق)
伊拉克共和国(伊拉克)

بَغْدَاد	巴格达
البَصْرَة	巴士拉
كَرْكُوك	基尔库克
كَرْبَلاء	卡尔巴拉
الكُوفَة	库法
المُوصِل	摩苏尔
نِيْنَوَى	尼尼微
سَامَرَّاء	萨马腊
السُّلَيْمَانِيَّة	苏莱曼尼亚

سَلْطَنَة عُمَان (عُمَان) 阿曼苏丹国(阿曼)

مَسْقَط	马斯喀特
صَلالَة	塞拉莱
السيب	锡卜
صحار	苏哈尔
صُور	苏尔
نِزْوَى	尼兹瓦

دَوْلَة فِلَسْطِين (فِلَسْطِين)
巴勒斯坦国(巴勒斯坦)

القُدْس	耶路撒冷
حَيْفَا	海法
غَزَّة	加沙
نَابُلُس	那不勒斯
يَافَا	雅法

دَوْلَة قَطَر (قَطَر) 卡塔尔国(卡塔尔)

الدَوْحَة	多哈

جُمْهُورِيَّة القُمُر المتّحدة (القُمُر)
科摩罗联邦共和国(科摩罗)

مَارُونِي (مُورُنِي)	莫罗尼

دَوْلَة الكُوَيْت (الكُوَيْت) 科威特国(科威特)

الكُوَيْت	科威特
ميناء الأَحْمَدِي	艾哈迈迪港
جزيرة بُوبِيَان	布比延岛
جزيرة فَيْلَكَة	法拉卡岛
الجَهْرَة	贾赫腊

الْجُمْهُورِيَّة اللُّبْنَانِيَّة (لُبْنَان)
黎巴嫩共和国(黎巴嫩)

曼苏腊 المَنْصُورَة

米尼亚 الْمِنِيَا

塞得港 بُور سَعِيد

索哈杰 سُوهَاج

苏伊士 السُّوَيْس

坦塔 طَنْطَا

卢克索 الأُقْصُر

亚历山大 الإِسْكَنْدَرِيَّة

伊斯梅利亚 الإِسْمَاعِيلِيَّة

札加齐格 الزَّقَازِيق

الْمَمْلَكَة الْمَغْرِبِيَّة (الْمَغْرِب)

摩洛哥王国(摩洛哥)

拉巴特 الرِّبَاط

达尔贝达(卡萨布兰卡) الدَّار البَيْضَاء

丹吉尔 طَنْجَة

非斯 فَاس

马拉喀什 مَرَّاكِش

الْجُمْهُورِيَّة الإِسْلامِيَّة المُورِيتَانِية (مُورِيتَانِيَا)

毛里塔尼亚伊斯兰共和国(毛里塔尼亚)

努瓦克肖特 نُوَاكْشُوط

努瓦迪布 نُوَاذِيبُو

也门共和国(也门) الْجُمْهُورِيَّة الْيَمَنِيَّة (الْيَمَن)

萨那 صَنْعَاء

荷台达 الْحُدَيْدَة

塔伊兹 تَعِزّ

亚丁 عَدَن

扎比德 زُبَيْد

贝鲁特 بَيْرُوت

巴勒贝克 بَعْلَبَكّ

的黎波里 طَرَابُلُس

塞达(西顿) صَيْدَا

苏尔 صُور

扎勒 زَحْلَة

利比亚国(利比亚) دولة ليبيا (ليبيا)

的黎波里 طَرَابُلُس

拜达 البَيْضَاء

班加西 بَنْغَازِي

贝雷加港 مَرْسَى البَرِيقَة

德尔纳 دَرْنَة

胡姆斯 الخُمْس

米苏拉塔 مِصْرَاتَة

扎维亚 الزَّاوِيَة

جُمْهُورِيَّة مِصْرَ العَرَبِيَّة (مصر)

阿拉伯埃及共和国(埃及)

开罗 القَاهِرَة

阿斯旺 أَسْوَان

阿西尤特 أَسْيُوط

阿里什 العَرِيش

贝尼苏维夫 بَنِي سُوَيْف

达曼胡尔 دَمَنْهُور

杜姆亚特 دِمْيَاط

法尤姆 الفَيُّوم

赫勒万 حُلْوَان

吉萨 الجِيزَة

拉希德 الرَّشِيد